全国人民代表大会

——年　鉴——

【2012年卷】

中国民主法制出版社

图书在版编目(CIP)数据

全国人民代表大会年鉴.2012 年卷/窦树华主编.
—北京:中国民主法制出版社,2013.6
ISBN 978-7-5162-0360-6

Ⅰ.①全… Ⅱ.①窦… Ⅲ.①全国人民代表大会—
2012—年鉴 Ⅳ.①D622-54

中国版本图书馆 CIP 数据核字(2013)第 093264 号

责任编辑 陈 偲　　封面设计 聂 强

书名/全国人民代表大会年鉴 2012 年卷
QUANGUO RENMIN DAIBIAO DAHUI NIANJIAN 2012 NIAN JUAN
作者/窦树华 主编

出版·发行/中国民主法制出版社
地址/北京市丰台区玉林里 7 号(100069)
电话/63058790 63056573
传真/63056983
经销/新华书店
开本/16 开 880 毫米×1230 毫米
印张/65 **字数**/1932 千字
版本/2013 年 2 月第 1 版 2013 年 6 月第 1 次印刷
印刷/ 河北省永清县金鑫印刷有限公司

书号/ISBN 978-7-5162-0360-6
定价/325.00 元

全 国 人 民 代 表 大 会

2012年3月5日，第十一届全国人民代表大会第五次会议在北京人民大会堂开幕。图为大会会场。

《全国人民代表大会年鉴》
编　辑　部

目　录

第一编　特　辑

第二编　第十一届全国人民代表大会第五次会议

第三编 常委会工作安排和会议议程日程

一、常委会工作安排

二、常委会会议议程日程

第四编 委员长讲话

第五编　立法工作

一、副委员长讲话

二、法律和有关法律问题的决定

三、立法后评估报告

第六编 批准公约和条约

第七编 监督工作

一、听取和审议专项工作报告

二、审查和批准决算，听取和审议计划、预算执行情况和审计工作报告

三、检查法律实施情况

四、规范性文件备案审查

五、特别行政区报送备案的法律目录

第八编 人事任免

第九编 代表工作

一、代表议案处理

二、代表建议办理

三、代表培训

四、代表资格审查

第十编　对外交往

一、委员长会见外国来宾

二、委员长出国访问

三、对外定期交流机制

四、外事委员会致函和声明

第十一编 专门委员会工作

第十二编　常委会相关活动

一、副委员长讲话

二、有关领导讲话

附:《人民日报》评论员文章

第十三编　大事记

特　辑

坚定不移沿着中国特色社会主义道路前进 为全面建成小康社会而奋斗

——在中国共产党第十八次全国代表大会上的报告

(2012 年 11 月 8 日)

胡锦涛

同志们:

现在,我代表第十七届中央委员会向大会作报告。

中国共产党第十八次全国代表大会,是在我国进入全面建成小康社会决定性阶段召开的一次十分重要的大会。大会的主题是:**高举中国特色社会主义伟大旗帜,以邓小平理论、"三个代表"重要思想、科学发展观为指导,解放思想,改革开放,凝聚力量,攻坚克难,坚定不移沿着中国特色社会主义道路前进,为全面建成小康社会而奋斗。**

此时此刻,我们有一个共同的感觉:经过九十多年艰苦奋斗,我们党团结带领全国各族人民,把贫穷落后的旧中国变成日益走向繁荣富强的新中国,中华民族伟大复兴展现出光明前景。我们对党和人民创造的历史伟业倍加自豪,对党和人民确立的理想信念倍加坚定,对党肩负的历史责任倍加清醒。

当前,世情、国情、党情继续发生深刻变化,我们面临的发展机遇和风险挑战前所未有。全党一定要牢记人民信任和重托,更加奋发有为、兢兢业业地工作,继续推动科学发展、促进社会和谐,继续改善人民生活、增进人民福祉,完成时代赋予的光荣而艰巨的任务。

一、过去五年的工作和十年的基本总结

十七大以来的五年,是我们在中国特色社会主义道路上奋勇前进的五年,是我们经受住各种困难和风险考验、夺取全面建设小康社会新胜利的五年。

十七大对推进改革开放和社会主义现代化建设、实现全面建设小康社会宏伟目标作出全面部署。为贯彻十七大精神,中央先后召开七次全会,分别就深化行政管理体制改革、推进农村改革发展、加强和改进新形势下党的建设、制定"十二五"规划、推进文化改革发展等关系全局的重大问题作出决定和部署。五年来,我们胜利完成"十一五"规划,顺利实施"十二五"规划,各方面工作都取得新的重大成就。

经济平稳较快发展。综合国力大幅提升,二〇一一年国内生产总值达到四十七点三万亿元。财政收入大幅增加。农业综合生产能力提高,粮食连年增产。产业结构调整取得新进展,基础设施全面加强。城镇化水平明显提高,城乡区域发展协调性增强。创新型国家建设成效显著,载人航天、探月工程、载人深潜、超级计算机、高速铁路等实现重大突破。生态文明建设扎实展开,资源节约和环境保护全面推进。

改革开放取得重大进展。农村综合改革、集体林权制度改革、国有企业改革不断深化,非公有制经济健康发展。现代市场体系和宏观调控体系不断健全,财税、金融、价格、科技、教育、社会保障、医药卫生、事业单位等改革稳步推进。开放型经济达到新水平,进出口总额跃居世界第二位。

人民生活水平显著提高。改善民生力度不断加大,城乡就业持续扩大,居民收入较快增长,家庭财产稳定增加,衣食住行用条件明显改善,城乡最低生活保障标准和农村扶贫标准大幅提升,企业退休人员基本养老金持续提高。

民主法制建设迈出新步伐。政治体制改革继续推进。实行城乡按相同人口比例选举人大代表。基层民主不断发展。中国特色社会主义法律体系形成,社会主义法治国家建设成绩显著。爱国统一战线巩固壮大。行政体制改革深化,司法体制和工作机制改革取得新进展。

文化建设迈上新台阶。社会主义核心价值体系建设深入开展,文化体制改革全面推进,公共文化服务体系建设取得重大进展,文化产业快速发

展，文化创作生产更加繁荣，人民精神文化生活更加丰富多彩。全民健身和竞技体育取得新成绩。

社会建设取得新进步。基本公共服务水平和均等化程度明显提高。教育事业迅速发展，城乡免费义务教育全面实现。社会保障体系建设成效显著，城乡基本养老保险制度全面建立，新型社会救助体系基本形成。全民医保基本实现，城乡基本医疗卫生制度初步建立。保障性住房建设加快推进。加强和创新社会管理，社会保持和谐稳定。

国防和军队建设开创新局面。中国特色军事变革取得重大成就，军队革命化现代化正规化建设协调推进、全面加强，军事斗争准备不断深化，履行新世纪新阶段历史使命能力显著增强，出色完成一系列急难险重任务。

港澳台工作进一步加强。香港、澳门保持繁荣稳定，同内地交流合作提高到新水平。推动两岸关系实现重大转折，实现两岸全面直接双向"三通"，签署实施两岸经济合作框架协议，形成两岸全方位交往格局，开创两岸关系和平发展新局面。

外交工作取得新成就。坚定维护国家利益和我国公民、法人在海外合法权益，加强同世界各国交流合作，推动全球治理机制变革，积极促进世界和平与发展，在国际事务中的代表性和话语权进一步增强，为改革发展争取了有利国际环境。

党的建设全面加强。党的执政能力建设和先进性建设继续推进，思想理论建设成效明显，学习实践科学发展观活动取得重要成果，党的建设改革创新迈出重要步伐。党内民主进一步扩大。干部队伍建设取得重要进展，人才工作开创新局面。创先争优活动和学习型党组织建设深入进行，基层党组织不断加强。党风廉政建设和反腐败斗争取得新成效。

同时，必须清醒看到，我们工作中还存在许多不足，前进道路上还有不少困难和问题。主要是：发展中不平衡、不协调、不可持续问题依然突出，科技创新能力不强，产业结构不合理，农业基础依然薄弱，资源环境约束加剧，制约科学发展的体制机制障碍较多，深化改革开放和转变经济发展方式任务艰巨；城乡区域发展差距和居民收入分配差距依然较大；社会矛盾明显增多，教育、就业、社会保障、医疗、住房、生态环境、食品药品安全、安全生产、社会治安、执法司法等关系群众切身利益的问题较多，部分群众生活比较困难；一些领域存在道德失范、诚信缺失现象；一些干部领导科学发展能力不强，一些基层党组织软弱涣散，少数党员干部理想信念动摇、宗旨意识淡薄，形式主义、官僚主义问题突出，奢侈浪费现象严重；一些领域消极腐败现象易发多发，反腐败斗争形势依然严峻。对这些困难和问题，我们必须高度重视，进一步认真加以解决。

过去五年的工作，是十六大以来全面建设小康社会十年实践的重要组成部分。

这十年，我们紧紧抓住和用好我国发展的重要战略机遇期，战胜一系列重大挑战，奋力把中国特色社会主义推进到新的发展阶段。进入新世纪新阶段，国际局势风云变幻，综合国力竞争空前激烈，我们深化改革开放，加快发展步伐，以加入世界贸易组织为契机，变压力为动力，化挑战为机遇，坚定不移推进全面建设小康社会进程。前进过程中，我们战胜突如其来的非典疫情，认真总结我国发展实践，准确把握我国发展的阶段性特征，及时提出和全面贯彻科学发展观等重大战略思想，开拓了经济社会发展的广阔空间。二〇〇八年以后，国际金融危机使我国发展遭遇严重困难，我们科学判断、果断决策，采取一系列重大举措，在全球率先实现经济企稳回升，积累了有效应对外部经济风险冲击、保持经济平稳较快发展的重要经验。我们成功举办北京奥运会、残奥会和上海世博会，夺取抗击汶川特大地震等严重自然灾害和灾后恢复重建重大胜利，妥善处置一系列重大突发事件。在十分复杂的国内外形势下，党和人民经受住严峻考验，巩固和发展了改革开放和社会主义现代化建设大局，提高了我国国际地位，彰显了中国特色社会主义的巨大优越性和强大生命力，增强了中国人民和中华民族的自豪感和凝聚力。

十年来，我们取得一系列新的历史性成就，为全面建成小康社会打下了坚实基础。我国经济总量从世界第六位跃升到第二位，社会生产力、经济实力、科技实力迈上一个大台阶，人民生活水平、居民收入水平、社会保障水平迈上一个大台阶，综合国力、国际竞争力、国际影响力迈上一个大台阶，国家面貌发生新的历史性变化。人们公认，这是我国经济持续发展、民主不断健全、文化日益繁荣、社会保持稳定的时期，是着力保障和改善民生、人民得到实惠更多的时期。我们能取得这样的历史性成就，靠的是党的基本理论、基本路线、基本纲领、基本经验的正确指引，靠的是新中国成立以来特别是改革开放以来奠定的深厚基础，靠的是全党全国各族人民的团结奋斗。

在这里，我代表中共中央，向全国各族人民，向各民主党派、各人民团体和各界爱国人士，向香港特别行政区同胞、澳门特别行政区同胞和台湾同胞以及广大侨胞，向一切关心和支持中国现代化建设的各国朋友，表示衷心的感谢！

总结十年奋斗历程，最重要的就是我们坚持以马克思列宁主义、毛泽东思想、邓小平理论、“三个代表”重要思想为指导，勇于推进实践基础上的理论创新，围绕坚持和发展中国特色社会主义提出一系列紧密相连、相互贯通的新思想、新观点、新论断，形成和贯彻了科学发展观。科学发展观是马克思主义同当代中国实际和时代特征相结合的产物，是马克思主义关于发展的世界观和方法论的集中体现，对新形势下实现什么样的发展、怎样发展等重大问题作出了新的科学回答，把我们对中国特色社会主义规律的认识提高到新的水平，开辟了当代中国马克思主义发展新境界。科学发展观是中国特色社会主义理论体系最新成果，是中国共产党集体智慧的结晶，是指导党和国家全部工作的强大思想武器。科学发展观同马克思列宁主义、毛泽东思想、邓小平理论、“三个代表”重要思想一道，是党必须长期坚持的指导思想。

面向未来，深入贯彻落实科学发展观，对坚持和发展中国特色社会主义具有重大现实意义和深远历史意义，必须把科学发展观贯彻到我国现代化建设全过程、体现到党的建设各方面。全党必须更加自觉地把推动经济社会发展作为深入贯彻落实科学发展观的第一要义，牢牢扭住经济建设这个中心，坚持聚精会神搞建设、一心一意谋发展，着力把握发展规律、创新发展理念、破解发展难题，深入实施科教兴国战略、人才强国战略、可持续发展战略，加快形成符合科学发展要求的发展方式和体制机制，不断解放和发展社会生产力，不断实现科学发展、和谐发展、和平发展，为坚持和发展中国特色社会主义打下牢固基础。必须更加自觉地把以人为本作为深入贯彻落实科学发展观的核心立场，始终把实现好、维护好、发展好最广大人民根本利益作为党和国家一切工作的出发点和落脚点，尊重人民首创精神，保障人民各项权益，不断在实现发展成果由人民共享、促进人的全面发展上取得新成效。必须更加自觉地把全面协调可持续作为深入贯彻落实科学发展观的基本要求，全面落实经济建设、政治建设、文化建设、社会建设、生态文明建设五位一体总体布局，促进现代化建设各方面相协调，促进生产关系与生产力、上层建筑与经济基础相协调，不断开拓生产发展、生活富裕、生态良好的文明发展道路。必须更加自觉地把统筹兼顾作为深入贯彻落实科学发展观的根本方法，坚持一切从实际出发，正确认识和妥善处理中国特色社会主义事业中的重大关系，统筹改革发展稳定、内政外交国防、治党治国治军各方面工作，统筹城乡发展、区域发展、经济社会发展、人与自然和谐发展、国内发展和对外开放，统筹各方面利益关系，充分调动各方面积极性，努力形成全体人民各尽其能、各得其所而又和谐相处的局面。

解放思想、实事求是、与时俱进、求真务实，是科学发展观最鲜明的精神实质。实践发展永无止境，认识真理永无止境，理论创新永无止境。全党一定要勇于实践、勇于变革、勇于创新，把握时代发展要求，顺应人民共同愿望，不懈探索和把握中国特色社会主义规律，永葆党的生机活力，永葆国家发展动力，在党和人民创造性实践中奋力开拓中国特色社会主义更为广阔的发展前景。

二、夺取中国特色社会主义新胜利

回首近代以来中国波澜壮阔的历史，展望中华民族充满希望的未来，我们得出一个坚定的结论：全面建成小康社会，加快推进社会主义现代化，实现中华民族伟大复兴，必须坚定不移走中国特色社会主义道路。

道路关乎党的命脉，关乎国家前途、民族命运、人民幸福。在中国这样一个经济文化十分落后的国家探索民族复兴道路，是极为艰巨的任务。九十多年来，我们党紧紧依靠人民，把马克思主义基本原理同中国实际和时代特征结合起来，独立自主走自己的路，历经千辛万苦，付出各种代价，取得革命建设改革伟大胜利，开创和发展了中国特色社会主义，从根本上改变了中国人民和中华民族的前途命运。

以毛泽东同志为核心的党的第一代中央领导集体带领全党全国各族人民完成了新民主主义革命，进行了社会主义改造，确立了社会主义基本制度，成功实现了中国历史上最深刻最伟大的社会变革，为当代中国一切发展进步奠定了根本政治前提和制度基础。在探索过程中，虽然经历了严重曲折，但党在社会主义建设中取得的独创性理论成果和巨大成就，为新的历史时期开创中国特色社会主义提供了宝贵经验、理论准备、物质基础。

以邓小平同志为核心的党的第二代中央领导集体带领全党全国各族人民深刻总结我国社会主义建设正反两方面经验，借鉴世界社会主义历史经验，作出把党和国家工作中心转移到经济建设上来、实行改革开放的历史性决策，深刻揭示社会主义本质，确立社会主义初级阶段基本路线，明确提出走自己的路、建设中国特色社会主义，科学回答了建设中国特色社会主义的一系列基本问题，成功开创了中国特色社会主义。

以江泽民同志为核心的党的第三代中央领导集体带领全党全国各族人民坚持党的基本理论、基本路线，在国内外形势十分复杂、世界社会主义出现严重曲折的严峻考验面前捍卫了中国特色社会主义，依据新的实践确立了党的基本纲领、基本经验，确立了社会主义市场经济体制的改革目标和基本框架，确立了社会主义初级阶段的基本经济制度和分配制度，开创全面改革开放新局面，推进党的建设新的伟大工程，成功把中国特色社会主义推向二十一世纪。

新世纪新阶段，党中央抓住重要战略机遇期，在全面建设小康社会进程中推进实践创新、理论创新、制度创新，强调坚持以人为本、全面协调可持续发展，提出构建社会主义和谐社会、加快生态文明建设，形成中国特色社会主义事业总体布局，着力保障和改善民生，促进社会公平正义，推动建设和谐世界，推进党的执政能力建设和先进性建设，成功在新的历史起点上坚持和发展了中国特色社会主义。

在改革开放三十多年一以贯之的接力探索中，我们坚定不移高举中国特色社会主义伟大旗帜，既不走封闭僵化的老路、也不走改旗易帜的邪路。中国特色社会主义道路，中国特色社会主义理论体系，中国特色社会主义制度，是党和人民九十多年奋斗、创造、积累的根本成就，必须倍加珍惜、始终坚持、不断发展。

中国特色社会主义道路，就是在中国共产党领导下，立足基本国情，以经济建设为中心，坚持四项基本原则，坚持改革开放，解放和发展社会生产力，建设社会主义市场经济、社会主义民主政治、社会主义先进文化、社会主义和谐社会、社会主义生态文明，促进人的全面发展，逐步实现全体人民共同富裕，建设富强民主文明和谐的社会主义现代化国家。中国特色社会主义理论体系，就是包括邓小平理论、“三个代表”重要思想、科学发展观在内的科学理论体系，是对马克思列宁主义、毛泽东思想的坚持和发展。中国特色社会主义制度，就是人民代表大会制度的根本政治制度，中国共产党领导的多党合作和政治协商制度、民族区域自治制度以及基层群众自治制度等基本政治制度，中国特色社会主义法律体系，公有制为主体、多种所有制经济共同发展的基本经济制度，以及建立在这些制度基础上的经济体制、政治体制、文化体制、社会体制等各项具体制度。中国特色社会主义道路是实现途径，中国特色社会主义理论体系是行动指南，中国特色社会主义制度是根本保障，三者统一于中国特色社会主义伟大实践，这是党领导人民在建设社会主义长期实践中形成的最鲜明特色。

建设中国特色社会主义，总依据是社会主义初级阶段，总布局是五位一体，总任务是实现社会主义现代化和中华民族伟大复兴。中国特色社会主义，既坚持了科学社会主义基本原则，又根据时代条件赋予其鲜明的中国特色，以全新的视野深化了对共产党执政规律、社会主义建设规律、人类社会发展规律的认识，从理论和实践结合上系统回答了在中国这样人口多底子薄的东方大国建设什么样的社会主义、怎样建设社会主义这个根本问题，使我们国家快速发展起来，使我国人民生活水平快速提高起来。实践充分证明，中国特色社会主义是当代中国发展进步的根本方向，只有中国特色社会主义才能发展中国。

发展中国特色社会主义是一项长期的艰巨的历史任务，必须准备进行具有许多新的历史特点的伟大斗争。我们一定要毫不动摇坚持、与时俱进发展中国特色社会主义，不断丰富中国特色社会主义的实践特色、理论特色、民族特色、时代特色。

在新的历史条件下夺取中国特色社会主义新胜利，必须牢牢把握以下基本要求，并使之成为全党全国各族人民的共同信念。

——必须坚持人民主体地位。中国特色社会主义是亿万人民自己的事业。要发挥人民主人翁精神，坚持依法治国这个党领导人民治理国家的基本方略，最广泛地动员和组织人民依法管理国家事务和社会事务、管理经济和文化事业、积极投身社会主义现代化建设，更好保障人民权益，更好保证人民当家作主。

——必须坚持解放和发展社会生产力。解放和发展社会生产力是中国特色社会主义的根本任务。要坚持以经济建设为中心，以科学发展为主题，全面推进经济建设、政治建设、文化建设、社会建设、生态文明建设，实现以人为本、全面协调可持续的科学发展。

——必须坚持推进改革开放。改革开放是坚持和发展中国特色社会主义的必由之路。要始终把改革创新精神贯彻到治国理政各个环节，坚持社会主义市场经济的改革方向，坚持对外开放的基本国策，不断推进理论创新、制度创新、科技创新、文化创新以及其他各方面创新，不断推进我国社会主义制度自我完善和发展。

——必须坚持维护社会公平正义。公平正义是中国特色社会主义的内在要求。要在全体人民共同奋斗、经济社会发展的基础上，加紧建设对保障社会公平正义具有重大作用的制度，逐步建立以权利公平、机会公平、规则公平为主要内容的社会公平保障体系，努力营造公平的社会环境，保证人民平等参与、平等发展权利。

——必须坚持走共同富裕道路。共同富裕是中国特色社会主义的根本原则。要坚持社会主义基本经济制度和分配制度，调整国民收入分配格局，加大再分配调节力度，着力解决收入分配差距较大问题，使发展成果更多更公平惠及全体人民，朝着共同富裕方向稳步前进。

——必须坚持促进社会和谐。社会和谐是中国特色社会主义的本质属性。要把保障和改善民生放在更加突出的位置，加强和创新社会管理，正确处理改革发展稳定关系，团结一切可以团结的力量，最大限度增加和谐因素，增强社会创造活力，确保人民安居乐业、社会安定有序、国家长治久安。

——必须坚持和平发展。和平发展是中国特色社会主义的必然选择。要坚持开放的发展、合作的发展、共赢的发展，通过争取和平国际环境发展自己，又以自身发展维护和促进世界和平，扩大同各方利益汇合点，推动建设持久和平、共同繁荣的和谐世界。

——必须坚持党的领导。中国共产党是中国特色社会主义事业的领导核心。要坚持立党为公、执政为民，加强和改善党的领导，坚持党总揽全局、协调各方的领导核心作用，保持党的先进性和纯洁性，增强党的创造力、凝聚力、战斗力，提高党科学执政、民主执政、依法执政水平。

我们必须清醒认识到，我国仍处于并将长期处于社会主义初级阶段的基本国情没有变，人民日益增长的物质文化需要同落后的社会生产之间的矛盾这一社会主要矛盾没有变，我国是世界最大发展中国家的国际地位没有变。在任何情况下都要牢牢把握社会主义初级阶段这个最大国情，推进任何方面的改革发展都要牢牢立足社会主义初级阶段这个最大实际。党的基本路线是党和国家的生命线，必须坚持把以经济建设为中心同四项基本原则、改革开放这两个基本点统一于中国特色社会主义伟大实践，既不妄自菲薄，也不妄自尊大，扎扎实实夺取中国特色社会主义新胜利。

只要我们胸怀理想、坚定信念，不动摇、不懈怠、不折腾，顽强奋斗、艰苦奋斗、不懈奋斗，就一定能在中国共产党成立一百年时全面建成小康社会，就一定能在新中国成立一百年时建成富强民主文明和谐的社会主义现代化国家。全党要坚定这样的道路自信、理论自信、制度自信！

三、全面建成小康社会和全面深化改革开放的目标

综观国际国内大势，我国发展仍处于可以大有作为的重要战略机遇期。我们要准确判断重要战略机遇期内涵和条件的变化，全面把握机遇，沉着应对挑战，赢得主动，赢得优势，赢得未来，确保到二〇二〇年实现全面建成小康社会宏伟目标。

根据我国经济社会发展实际，要在十六大、十七大确立的全面建设小康社会目标的基础上努力实现新的要求。

——经济持续健康发展。转变经济发展方式取得重大进展，在发展平衡性、协调性、可持续性明显增强的基础上，实现国内生产总值和城乡居民人均收入比二〇一〇年翻一番。科技进步对经济增长的贡献率大幅上升，进入创新型国家行列。工业化基本实现，信息化水平大幅提升，城镇化质量明显提高，农业现代化和社会主义新农村建设成效显著，区域协调发展机制基本形成。对外开放水平进一步提高，国际竞争力明显增强。

——人民民主不断扩大。民主制度更加完善，民主形式更加丰富，人民积极性、主动性、创造性进一步发挥。依法治国基本方略全面落实，法治政府基本建成，司法公信力不断提高，人权得到切实尊重和保障。

——文化软实力显著增强。社会主义核心价值体系深入人心，公民文明素质和社会文明程度明显提高。文化产品更加丰富，公共文化服务体系基本建成，文化产业成为国民经济支柱性产业，中华文化走出去迈出更大步伐，社会主义文化强国建设基础更加坚实。

——人民生活水平全面提高。基本公共服务均等化总体实现。全民受教育程度和创新人才培养水平明显提高，进入人才强国和人力资源强国行列，教育现代化基本实现。就业更加充分。收入分

配差距缩小,中等收入群体持续扩大,扶贫对象大幅减少。社会保障全民覆盖,人人享有基本医疗卫生服务,住房保障体系基本形成,社会和谐稳定。

——资源节约型、环境友好型社会建设取得重大进展。主体功能区布局基本形成,资源循环利用体系初步建立。单位国内生产总值能源消耗和二氧化碳排放大幅下降,主要污染物排放总量显著减少。森林覆盖率提高,生态系统稳定性增强,人居环境明显改善。

全面建成小康社会,必须以更大的政治勇气和智慧,不失时机深化重要领域改革,坚决破除一切妨碍科学发展的思想观念和体制机制弊端,构建系统完备、科学规范、运行有效的制度体系,使各方面制度更加成熟更加定型。要加快完善社会主义市场经济体制,完善公有制为主体、多种所有制经济共同发展的基本经济制度,完善按劳分配为主体、多种分配方式并存的分配制度,更大程度更广范围发挥市场在资源配置中的基础性作用,完善宏观调控体系,完善开放型经济体系,推动经济更有效率、更加公平、更可持续发展。加快推进社会主义民主政治制度化、规范化、程序化,从各层次各领域扩大公民有序政治参与,实现国家各项工作法治化。加快完善文化管理体制和文化生产经营机制,基本建立现代文化市场体系,健全国有文化资产管理体制,形成有利于创新创造的文化发展环境。加快形成科学有效的社会管理体制,完善社会保障体系,健全基层公共服务和社会管理网络,建立确保社会既充满活力又和谐有序的体制机制。加快建立生态文明制度,健全国土空间开发、资源节约、生态环境保护的体制机制,推动形成人与自然和谐发展现代化建设新格局。

如期全面建成小康社会任务十分艰巨,全党同志一定要埋头苦干、顽强拼搏。国家要加大对农村和中西部地区扶持力度,支持这些地区加快改革开放、增强发展能力、改善人民生活。鼓励有条件的地方在现代化建设中继续走在前列,为全国改革发展作出更大贡献。

四、加快完善社会主义市场经济体制和加快转变经济发展方式

以经济建设为中心是兴国之要,发展仍是解决我国所有问题的关键。只有推动经济持续健康发展,才能筑牢国家繁荣富强、人民幸福安康、社会和谐稳定的物质基础。必须坚持发展是硬道理的战略思想,决不能有丝毫动摇。

在当代中国,坚持发展是硬道理的本质要求就是坚持科学发展。以科学发展为主题,以加快转变经济发展方式为主线,是关系我国发展全局的战略抉择。要适应国内外经济形势新变化,加快形成新的经济发展方式,把推动发展的立足点转到提高质量和效益上来,着力激发各类市场主体发展新活力,着力增强创新驱动发展新动力,着力构建现代产业发展新体系,着力培育开放型经济发展新优势,使经济发展更多依靠内需特别是消费需求拉动,更多依靠现代服务业和战略性新兴产业带动,更多依靠科技进步、劳动者素质提高、管理创新驱动,更多依靠节约资源和循环经济推动,更多依靠城乡区域发展协调互动,不断增强长期发展后劲。

坚持走中国特色新型工业化、信息化、城镇化、农业现代化道路,推动信息化和工业化深度融合、工业化和城镇化良性互动、城镇化和农业现代化相互协调,促进工业化、信息化、城镇化、农业现代化同步发展。

(一)全面深化经济体制改革。深化改革是加快转变经济发展方式的关键。经济体制改革的核心问题是处理好政府和市场的关系,必须更加尊重市场规律,更好发挥政府作用。要毫不动摇巩固和发展公有制经济,推行公有制多种实现形式,深化国有企业改革,完善各类国有资产管理体制,推动国有资本更多投向关系国家安全和国民经济命脉的重要行业和关键领域,不断增强国有经济活力、控制力、影响力。毫不动摇鼓励、支持、引导非公有制经济发展,保证各种所有制经济依法平等使用生产要素、公平参与市场竞争、同等受到法律保护。健全现代市场体系,加强宏观调控目标和政策手段机制化建设。加快改革财税体制,健全中央和地方财力与事权相匹配的体制,完善促进基本公共服务均等化和主体功能区建设的公共财政体系,构建地方税体系,形成有利于结构优化、社会公平的税收制度。建立公共资源出让收益合理共享机制。深化金融体制改革,健全促进宏观经济稳定、支持实体经济发展的现代金融体系,加快发展多层次资本市场,稳步推进利率和汇率市场化改革,逐步实现人民币资本项目可兑换。加快发展民营金融机构。完善金融监管,推进金融创新,提高银行、证券、保险等行业竞争力,维护金融稳定。

(二)实施创新驱动发展战略。科技创新是提高社会生产力和综合国力的战略支撑,必须摆在国家发展全局的核心位置。要坚持走中国特色自主

创新道路，以全球视野谋划和推动创新，提高原始创新、集成创新和引进消化吸收再创新能力，更加注重协同创新。深化科技体制改革，推动科技和经济紧密结合，加快建设国家创新体系，着力构建以企业为主体、市场为导向、产学研相结合的技术创新体系。完善知识创新体系，强化基础研究、前沿技术研究、社会公益技术研究，提高科学研究水平和成果转化能力，抢占科技发展战略制高点。实施国家科技重大专项，突破重大技术瓶颈。加快新技术新产品新工艺研发应用，加强技术集成和商业模式创新。完善科技创新评价标准、激励机制、转化机制。实施知识产权战略，加强知识产权保护。促进创新资源高效配置和综合集成，把全社会智慧和力量凝聚到创新发展上来。

（三）推进经济结构战略性调整。这是加快转变经济发展方式的主攻方向。必须以改善需求结构、优化产业结构、促进区域协调发展、推进城镇化为重点，着力解决制约经济持续健康发展的重大结构性问题。要牢牢把握扩大内需这一战略基点，加快建立扩大消费需求长效机制，释放居民消费潜力，保持投资合理增长，扩大国内市场规模。牢牢把握发展实体经济这一坚实基础，实行更加有利于实体经济发展的政策措施，强化需求导向，推动战略性新兴产业、先进制造业健康发展，加快传统产业转型升级，推动服务业特别是现代服务业发展壮大，合理布局建设基础设施和基础产业。建设下一代信息基础设施，发展现代信息技术产业体系，健全信息安全保障体系，推进信息网络技术广泛运用。提高大中型企业核心竞争力，支持小微企业特别是科技型小微企业发展。继续实施区域发展总体战略，充分发挥各地区比较优势，优先推进西部大开发，全面振兴东北地区等老工业基地，大力促进中部地区崛起，积极支持东部地区率先发展。采取对口支援等多种形式，加大对革命老区、民族地区、边疆地区、贫困地区扶持力度。科学规划城市群规模和布局，增强中小城市和小城镇产业发展、公共服务、吸纳就业、人口集聚功能。加快改革户籍制度，有序推进农业转移人口市民化，努力实现城镇基本公共服务常住人口全覆盖。

（四）推动城乡发展一体化。解决好农业农村农民问题是全党工作重中之重，城乡发展一体化是解决“三农”问题的根本途径。要加大统筹城乡发展力度，增强农村发展活力，逐步缩小城乡差距，促进城乡共同繁荣。坚持工业反哺农业、城市支持农村和多予少取放活方针，加大强农惠农富农政策力度，让广大农民平等参与现代化进程、共同分享现代化成果。加快发展现代农业，增强农业综合生产能力，确保国家粮食安全和重要农产品有效供给。坚持把国家基础设施建设和社会事业发展重点放在农村，深入推进新农村建设和扶贫开发，全面改善农村生产生活条件。着力促进农民增收，保持农民收入持续较快增长。坚持和完善农村基本经营制度，依法维护农民土地承包经营权、宅基地使用权、集体收益分配权，壮大集体经济实力，发展农民专业合作和股份合作，培育新型经营主体，发展多种形式规模经营，构建集约化、专业化、组织化、社会化相结合的新型农业经营体系。改革征地制度，提高农民在土地增值收益中的分配比例。加快完善城乡发展一体化体制机制，着力在城乡规划、基础设施、公共服务等方面推进一体化，促进城乡要素平等交换和公共资源均衡配置，形成以工促农、以城带乡、工农互惠、城乡一体的新型工农、城乡关系。

（五）全面提高开放型经济水平。适应经济全球化新形势，必须实行更加积极主动的开放战略，完善互利共赢、多元平衡、安全高效的开放型经济体系。要加快转变对外经济发展方式，推动开放朝着优化结构、拓展深度、提高效益方向转变。创新开放模式，促进沿海内陆沿边开放优势互补，形成引领国际经济合作和竞争的开放区域，培育带动区域发展的开放高地。坚持出口和进口并重，强化贸易政策和产业政策协调，形成以技术、品牌、质量、服务为核心的出口竞争新优势，促进加工贸易转型升级，发展服务贸易，推动对外贸易平衡发展。提高利用外资综合优势和总体效益，推动引资、引技、引智有机结合。加快走出去步伐，增强企业国际化经营能力，培育一批世界水平的跨国公司。统筹双边、多边、区域次区域开放合作，加快实施自由贸易区战略，推动同周边国家互联互通。提高抵御国际经济风险能力。

我们一定要坚定信心，打胜全面深化经济体制改革和加快转变经济发展方式这场硬仗，把我国经济发展活力和竞争力提高到新的水平。

五、坚持走中国特色社会主义政治发展道路和推进政治体制改革

人民民主是我们党始终高扬的光辉旗帜。改革开放以来，我们总结发展社会主义民主正反两方面经验，强调人民民主是社会主义的生命，坚持国

家一切权力属于人民,不断推进政治体制改革,社会主义民主政治建设取得重大进展,成功开辟和坚持了中国特色社会主义政治发展道路,为实现最广泛的人民民主确立了正确方向。

政治体制改革是我国全面改革的重要组成部分。必须继续积极稳妥推进政治体制改革,发展更加广泛、更加充分、更加健全的人民民主。必须坚持党的领导、人民当家作主、依法治国有机统一,以保证人民当家作主为根本,以增强党和国家活力、调动人民积极性为目标,扩大社会主义民主,加快建设社会主义法治国家,发展社会主义政治文明。要更加注重改进党的领导方式和执政方式,保证党领导人民有效治理国家;更加注重健全民主制度、丰富民主形式,保证人民依法实行民主选举、民主决策、民主管理、民主监督;更加注重发挥法治在国家治理和社会管理中的重要作用,维护国家法制统一、尊严、权威,保证人民依法享有广泛权利和自由。要把制度建设摆在突出位置,充分发挥我国社会主义政治制度优越性,积极借鉴人类政治文明有益成果,绝不照搬西方政治制度模式。

(一)支持和保证人民通过人民代表大会行使国家权力。人民代表大会制度是保证人民当家作主的根本政治制度。要善于使党的主张通过法定程序成为国家意志,支持人大及其常委会充分发挥国家权力机关作用,依法行使立法、监督、决定、任免等职权,加强立法工作组织协调,加强对"一府两院"的监督,加强对政府全口径预算决算的审查和监督。提高基层人大代表特别是一线工人、农民、知识分子代表比例,降低党政领导干部代表比例。在人大设立代表联络机构,完善代表联系群众制度。健全国家权力机关组织制度,优化常委会、专委会组成人员知识和年龄结构,提高专职委员比例,增强依法履职能力。

(二)健全社会主义协商民主制度。社会主义协商民主是我国人民民主的重要形式。要完善协商民主制度和工作机制,推进协商民主广泛、多层、制度化发展。通过国家政权机关、政协组织、党派团体等渠道,就经济社会发展重大问题和涉及群众切身利益的实际问题广泛协商,广纳群言、广集民智,增进共识、增强合力。坚持和完善中国共产党领导的多党合作和政治协商制度,充分发挥人民政协作为协商民主重要渠道作用,围绕团结和民主两大主题,推进政治协商、民主监督、参政议政制度建设,更好协调关系、汇聚力量、建言献策、服务大局。加强同民主党派的政治协商。把政治协商纳入决策程序,坚持协商于决策之前和决策之中,增强民主协商实效性。深入进行专题协商、对口协商、界别协商、提案办理协商。积极开展基层民主协商。

(三)完善基层民主制度。在城乡社区治理、基层公共事务和公益事业中实行群众自我管理、自我服务、自我教育、自我监督,是人民依法直接行使民主权利的重要方式。要健全基层党组织领导的充满活力的基层群众自治机制,以扩大有序参与、推进信息公开、加强议事协商、强化权力监督为重点,拓宽范围和途径,丰富内容和形式,保障人民享有更多更切实的民主权利。全心全意依靠工人阶级,健全以职工代表大会为基本形式的企事业单位民主管理制度,保障职工参与管理和监督的民主权利。发挥基层各类组织协同作用,实现政府管理和基层民主有机结合。

(四)全面推进依法治国。法治是治国理政的基本方式。要推进科学立法、严格执法、公正司法、全民守法,坚持法律面前人人平等,保证有法必依、执法必严、违法必究。完善中国特色社会主义法律体系,加强重点领域立法,拓展人民有序参与立法途径。推进依法行政,切实做到严格规范公正文明执法。进一步深化司法体制改革,坚持和完善中国特色社会主义司法制度,确保审判机关、检察机关依法独立公正行使审判权、检察权。深入开展法制宣传教育,弘扬社会主义法治精神,树立社会主义法治理念,增强全社会学法尊法守法用法意识。提高领导干部运用法治思维和法治方式深化改革、推动发展、化解矛盾、维护稳定能力。党领导人民制定宪法和法律,党必须在宪法和法律范围内活动。任何组织或者个人都不得有超越宪法和法律的特权,绝不允许以言代法、以权压法、徇私枉法。

(五)深化行政体制改革。行政体制改革是推动上层建筑适应经济基础的必然要求。要按照建立中国特色社会主义行政体制目标,深入推进政企分开、政资分开、政事分开、政社分开,建设职能科学、结构优化、廉洁高效、人民满意的服务型政府。深化行政审批制度改革,继续简政放权,推动政府职能向创造良好发展环境、提供优质公共服务、维护社会公平正义转变。稳步推进大部门制改革,健全部门职责体系。优化行政层级和行政区划设置,有条件的地方可探索省直接管理县(市)改革,深化乡镇行政体制改革。创新行政管理方式,提高政府公信力和执行力，推进政府绩效管理。严格控制机构编制，减少领导职数，降低行政成本。推进事业单位分类改革。完善体制改革协调机制，统筹规划和协调重大改革。

（六）健全权力运行制约和监督体系。坚持用制度管权管事管人，保障人民知情权、参与权、表达权、监督权，是权力正确运行的重要保证。要确保决策权、执行权、监督权既相互制约又相互协调，确保国家机关按照法定权限和程序行使权力。坚持科学决策、民主决策、依法决策，健全决策机制和程序，发挥思想库作用，建立健全决策问责和纠错制度。凡是涉及群众切身利益的决策都要充分听取群众意见，凡是损害群众利益的做法都要坚决防止和纠正。推进权力运行公开化、规范化，完善党务公开、政务公开、司法公开和各领域办事公开制度，健全质询、问责、经济责任审计、引咎辞职、罢免等制度，加强党内监督、民主监督、法律监督、舆论监督，让人民监督权力，让权力在阳光下运行。

（七）巩固和发展最广泛的爱国统一战线。统一战线是凝聚各方面力量，促进政党关系、民族关系、宗教关系、阶层关系、海内外同胞关系的和谐，夺取中国特色社会主义新胜利的重要法宝。要高举爱国主义、社会主义旗帜，巩固统一战线的思想政治基础，正确处理一致性和多样性的关系。坚持长期共存、互相监督、肝胆相照、荣辱与共的方针，加强同民主党派和无党派人士团结合作，促进思想上同心同德、目标上同心同向、行动上同心同行，加强党外代表人士队伍建设，选拔和推荐更多优秀党外人士担任各级国家机关领导职务。全面正确贯彻落实党的民族政策，坚持和完善民族区域自治制度，牢牢把握各民族共同团结奋斗、共同繁荣发展的主题，深入开展民族团结进步教育，加快民族地区发展，保障少数民族合法权益，巩固和发展平等团结互助和谐的社会主义民族关系，促进各民族和睦相处、和衷共济、和谐发展。全面贯彻党的宗教工作基本方针，发挥宗教界人士和信教群众在促进经济社会发展中的积极作用。鼓励和引导新的社会阶层人士为中国特色社会主义事业作出更大贡献。落实党的侨务政策，支持海外侨胞、归侨侨眷关心和参与祖国现代化建设与和平统一大业。

中国特色社会主义政治发展道路是团结亿万人民共同奋斗的正确道路。我们一定要坚定不移沿着这条道路前进，使我国社会主义民主政治展现出更加旺盛的生命力。

六、扎实推进社会主义文化强国建设

文化是民族的血脉，是人民的精神家园。全面建成小康社会，实现中华民族伟大复兴，必须推动社会主义文化大发展大繁荣，兴起社会主义文化建设新高潮，提高国家文化软实力，发挥文化引领风尚、教育人民、服务社会、推动发展的作用。

建设社会主义文化强国，必须走中国特色社会主义文化发展道路，坚持为人民服务、为社会主义服务的方向，坚持百花齐放、百家争鸣的方针，坚持贴近实际、贴近生活、贴近群众的原则，推动社会主义精神文明和物质文明全面发展，建设面向现代化、面向世界、面向未来的，民族的科学的大众的社会主义文化。

建设社会主义文化强国，关键是增强全民族文化创造活力。要深化文化体制改革，解放和发展文化生产力，发扬学术民主、艺术民主，为人民提供广阔文化舞台，让一切文化创造源泉充分涌流，开创全民族文化创造活力持续迸发、社会文化生活更加丰富多彩、人民基本文化权益得到更好保障、人民思想道德素质和科学文化素质全面提高、中华文化国际影响力不断增强的新局面。

（一）加强社会主义核心价值体系建设。社会主义核心价值体系是兴国之魂，决定着中国特色社会主义发展方向。要深入开展社会主义核心价值体系学习教育，用社会主义核心价值体系引领社会思潮、凝聚社会共识。推进马克思主义中国化时代化大众化，坚持不懈用中国特色社会主义理论体系武装全党、教育人民，深入实施马克思主义理论研究和建设工程，建设哲学社会科学创新体系，推动中国特色社会主义理论体系进教材进课堂进头脑。广泛开展理想信念教育，把广大人民团结凝聚在中国特色社会主义伟大旗帜之下。大力弘扬民族精神和时代精神，深入开展爱国主义、集体主义、社会主义教育，丰富人民精神世界，增强人民精神力量。倡导富强、民主、文明、和谐，倡导自由、平等、公正、法治，倡导爱国、敬业、诚信、友善，积极培育和践行社会主义核心价值观。牢牢掌握意识形态工作领导权和主导权，坚持正确导向，提高引导能力，壮大主流思想舆论。

（二）全面提高公民道德素质。这是社会主义道德建设的基本任务。要坚持依法治国和以德治国相结合，加强社会公德、职业道德、家庭美德、个人品德教育，弘扬中华传统美德，弘扬时代新风。

推进公民道德建设工程，弘扬真善美、贬斥假恶丑，引导人们自觉履行法定义务、社会责任、家庭责任，营造劳动光荣、创造伟大的社会氛围，培育知荣辱、讲正气、作奉献、促和谐的良好风尚。深入开展道德领域突出问题专项教育和治理，加强政务诚信、商务诚信、社会诚信和司法公信建设。加强和改进思想政治工作，注重人文关怀和心理疏导，培育自尊自信、理性平和、积极向上的社会心态。深化群众性精神文明创建活动，广泛开展志愿服务，推动学雷锋活动、学习宣传道德模范常态化。

（三）丰富人民精神文化生活。让人民享有健康丰富的精神文化生活，是全面建成小康社会的重要内容。要坚持以人民为中心的创作导向，提高文化产品质量，为人民提供更好更多精神食粮。坚持面向基层、服务群众，加快推进重点文化惠民工程，加大对农村和欠发达地区文化建设的帮扶力度，继续推动公共文化服务设施向社会免费开放。建设优秀传统文化传承体系，弘扬中华优秀传统文化。推广和规范使用国家通用语言文字。繁荣发展少数民族文化事业。开展群众性文化活动，引导群众在文化建设中自我表现、自我教育、自我服务。开展全民阅读活动。加强和改进网络内容建设，唱响网上主旋律。加强网络社会管理，推进网络依法规范有序运行。开展“扫黄打非”，抵制低俗现象。普及科学知识，弘扬科学精神，提高全民科学素养。广泛开展全民健身运动，促进群众体育和竞技体育全面发展。

（四）增强文化整体实力和竞争力。文化实力和竞争力是国家富强、民族振兴的重要标志。要坚持把社会效益放在首位、社会效益和经济效益相统一，推动文化事业全面繁荣、文化产业快速发展。发展哲学社会科学、新闻出版、广播影视、文学艺术事业。加强重大公共文化工程和文化项目建设，完善公共文化服务体系，提高服务效能。促进文化和科技融合，发展新型文化业态，提高文化产业规模化、集约化、专业化水平。构建和发展现代传播体系，提高传播能力。增强国有公益性文化单位活力，完善经营性文化单位法人治理结构，繁荣文化市场。扩大文化领域对外开放，积极吸收借鉴国外优秀文化成果。营造有利于高素质文化人才大量涌现、健康成长的良好环境，造就一批名家大师和民族文化代表人物，表彰有杰出贡献的文化工作者。

我们一定要坚持社会主义先进文化前进方向，树立高度的文化自觉和文化自信，向着建设社会主义文化强国宏伟目标阔步前进。

七、在改善民生和创新管理中加强社会建设

加强社会建设，是社会和谐稳定的重要保证。必须从维护最广大人民根本利益的高度，加快健全基本公共服务体系，加强和创新社会管理，推动社会主义和谐社会建设。

加强社会建设，必须以保障和改善民生为重点。提高人民物质文化生活水平，是改革开放和社会主义现代化建设的根本目的。要多谋民生之利，多解民生之忧，解决好人民最关心最直接最现实的利益问题，在学有所教、劳有所得、病有所医、老有所养、住有所居上持续取得新进展，努力让人民过上更好生活。

加强社会建设，必须加快推进社会体制改革。要围绕构建中国特色社会主义社会管理体系，加快形成党委领导、政府负责、社会协同、公众参与、法治保障的社会管理体制，加快形成政府主导、覆盖城乡、可持续的基本公共服务体系，加快形成政社分开、权责明确、依法自治的现代社会组织体制，加快形成源头治理、动态管理、应急处置相结合的社会管理机制。

（一）努力办好人民满意的教育。教育是民族振兴和社会进步的基石。要坚持教育优先发展，全面贯彻党的教育方针，坚持教育为社会主义现代化建设服务、为人民服务，把立德树人作为教育的根本任务，培养德智体美全面发展的社会主义建设者和接班人。全面实施素质教育，深化教育领域综合改革，着力提高教育质量，培养学生社会责任感、创新精神、实践能力。办好学前教育，均衡发展九年义务教育，基本普及高中阶段教育，加快发展现代职业教育，推动高等教育内涵式发展，积极发展继续教育，完善终身教育体系，建设学习型社会。大力促进教育公平，合理配置教育资源，重点向农村、边远、贫困、民族地区倾斜，支持特殊教育，提高家庭经济困难学生资助水平，积极推动农民工子女平等接受教育，让每个孩子都能成为有用之才。鼓励引导社会力量兴办教育。加强教师队伍建设，提高师德水平和业务能力，增强教师教书育人的荣誉感和责任感。

（二）推动实现更高质量的就业。就业是民生之本。要贯彻劳动者自主就业、市场调节就业、政府促进就业和鼓励创业的方针，实施就业优先战略

和更加积极的就业政策。引导劳动者转变就业观念,鼓励多渠道多形式就业,促进创业带动就业,做好以高校毕业生为重点的青年就业工作和农村转移劳动力、城镇困难人员、退役军人就业工作。加强职业技能培训,提升劳动者就业创业能力,增强就业稳定性。健全人力资源市场,完善就业服务体系,增强失业保险对促进就业的作用。健全劳动标准体系和劳动关系协调机制,加强劳动保障监察和争议调解仲裁,构建和谐劳动关系。

(三)千方百计增加居民收入。实现发展成果由人民共享,必须深化收入分配制度改革,努力实现居民收入增长和经济发展同步、劳动报酬增长和劳动生产率提高同步,提高居民收入在国民收入分配中的比重,提高劳动报酬在初次分配中的比重。初次分配和再分配都要兼顾效率和公平,再分配更加注重公平。完善劳动、资本、技术、管理等要素按贡献参与分配的初次分配机制,加快健全以税收、社会保障、转移支付为主要手段的再分配调节机制。深化企业和机关事业单位工资制度改革,推行企业工资集体协商制度,保护劳动所得。多渠道增加居民财产性收入。规范收入分配秩序,保护合法收入,增加低收入者收入,调节过高收入,取缔非法收入。

(四)统筹推进城乡社会保障体系建设。社会保障是保障人民生活、调节社会分配的一项基本制度。要坚持全覆盖、保基本、多层次、可持续方针,以增强公平性、适应流动性、保证可持续性为重点,全面建成覆盖城乡居民的社会保障体系。改革和完善企业和机关事业单位社会保险制度,整合城乡居民基本养老保险和基本医疗保险制度,逐步做实养老保险个人账户,实现基础养老金全国统筹,建立兼顾各类人员的社会保障待遇确定机制和正常调整机制。扩大社会保障基金筹资渠道,建立社会保险基金投资运营制度,确保基金安全和保值增值。完善社会救助体系,健全社会福利制度,支持发展慈善事业,做好优抚安置工作。建立市场配置和政府保障相结合的住房制度,加强保障性住房建设和管理,满足困难家庭基本需求。坚持男女平等基本国策,保障妇女儿童合法权益。积极应对人口老龄化,大力发展老龄服务事业和产业。健全残疾人社会保障和服务体系,切实保障残疾人权益。健全社会保障经办管理体制,建立更加便民快捷的服务体系。

(五)提高人民健康水平。健康是促进人的全面发展的必然要求。要坚持为人民健康服务的方向,坚持预防为主、以农村为重点、中西医并重,按照保基本、强基层、建机制要求,重点推进医疗保障、医疗服务、公共卫生、药品供应、监管体制综合改革,完善国民健康政策,为群众提供安全有效方便价廉的公共卫生和基本医疗服务。健全全民医保体系,建立重特大疾病保障和救助机制,完善突发公共卫生事件应急和重大疾病防控机制。巩固基本药物制度。健全农村三级医疗卫生服务网络和城市社区卫生服务体系,深化公立医院改革,鼓励社会办医。扶持中医药和民族医药事业发展。提高医疗卫生队伍服务能力,加强医德医风建设。改革和完善食品药品安全监管体制机制。开展爱国卫生运动,促进人民身心健康。坚持计划生育的基本国策,提高出生人口素质,逐步完善政策,促进人口长期均衡发展。

(六)加强和创新社会管理。提高社会管理科学化水平,必须加强社会管理法律、体制机制、能力、人才队伍和信息化建设。改进政府提供公共服务方式,加强基层社会管理和服务体系建设,增强城乡社区服务功能,强化企事业单位、人民团体在社会管理和服务中的职责,引导社会组织健康有序发展,充分发挥群众参与社会管理的基础作用。完善和创新流动人口和特殊人群管理服务。正确处理人民内部矛盾,建立健全党和政府主导的维护群众权益机制,完善信访制度,完善人民调解、行政调解、司法调解联动的工作体系,畅通和规范群众诉求表达、利益协调、权益保障渠道。建立健全重大决策社会稳定风险评估机制。强化公共安全体系和企业安全生产基础建设,遏制重特大安全事故。加强和改进党对政法工作的领导,加强政法队伍建设,切实肩负起中国特色社会主义事业建设者、捍卫者的职责使命。深化平安建设,完善立体化社会治安防控体系,强化司法基本保障,依法防范和惩治违法犯罪活动,保障人民生命财产安全。完善国家安全战略和工作机制,高度警惕和坚决防范敌对势力的分裂、渗透、颠覆活动,确保国家安全。

全党全国人民行动起来,就一定能开创社会和谐人人有责、和谐社会人人共享的生动局面。

八、大力推进生态文明建设

建设生态文明,是关系人民福祉、关乎民族未来的长远大计。面对资源约束趋紧、环境污染严重、生态系统退化的严峻形势,必须树立尊重自然、顺应自然、保护自然的生态文明理念,把生态文明建设放在突出地位，融入经济建设、政治建设、文化建设、社会建设各方面和全过程，努力建设美丽中国，实现中华民族永续发展。

坚持节约资源和保护环境的基本国策，坚持节约优先、保护优先、自然恢复为主的方针，着力推进绿色发展、循环发展、低碳发展，形成节约资源和保护环境的空间格局、产业结构、生产方式、生活方式，从源头上扭转生态环境恶化趋势，为人民创造良好生产生活环境，为全球生态安全作出贡献。

（一）优化国土空间开发格局。国土是生态文明建设的空间载体，必须珍惜每一寸国土。要按照人口资源环境相均衡、经济社会生态效益相统一的原则，控制开发强度，调整空间结构，促进生产空间集约高效、生活空间宜居适度、生态空间山清水秀，给自然留下更多修复空间，给农业留下更多良田，给子孙后代留下天蓝、地绿、水净的美好家园。加快实施主体功能区战略，推动各地区严格按照主体功能定位发展，构建科学合理的城市化格局、农业发展格局、生态安全格局。提高海洋资源开发能力，发展海洋经济，保护海洋生态环境，坚决维护国家海洋权益，建设海洋强国。

（二）全面促进资源节约。节约资源是保护生态环境的根本之策。要节约集约利用资源，推动资源利用方式根本转变，加强全过程节约管理，大幅降低能源、水、土地消耗强度，提高利用效率和效益。推动能源生产和消费革命，控制能源消费总量，加强节能降耗，支持节能低碳产业和新能源、可再生能源发展，确保国家能源安全。加强水源地保护和用水总量管理，推进水循环利用，建设节水型社会。严守耕地保护红线，严格土地用途管制。加强矿产资源勘查、保护、合理开发。发展循环经济，促进生产、流通、消费过程的减量化、再利用、资源化。

（三）加大自然生态系统和环境保护力度。良好生态环境是人和社会持续发展的根本基础。要实施重大生态修复工程，增强生态产品生产能力，推进荒漠化、石漠化、水土流失综合治理，扩大森林、湖泊、湿地面积，保护生物多样性。加快水利建设，增强城乡防洪抗旱排涝能力。加强防灾减灾体系建设，提高气象、地质、地震灾害防御能力。坚持预防为主、综合治理，以解决损害群众健康突出环境问题为重点，强化水、大气、土壤等污染防治。坚持共同但有区别的责任原则、公平原则、各自能力原则，同国际社会一道积极应对全球气候变化。

（四）加强生态文明制度建设。保护生态环境必须依靠制度。要把资源消耗、环境损害、生态效益纳入经济社会发展评价体系，建立体现生态文明要求的目标体系、考核办法、奖惩机制。建立国土空间开发保护制度，完善最严格的耕地保护制度、水资源管理制度、环境保护制度。深化资源性产品价格和税费改革，建立反映市场供求和资源稀缺程度、体现生态价值和代际补偿的资源有偿使用制度和生态补偿制度。积极开展节能量、碳排放权、排污权、水权交易试点。加强环境监管，健全生态环境保护责任追究制度和环境损害赔偿制度。加强生态文明宣传教育，增强全民节约意识、环保意识、生态意识，形成合理消费的社会风尚，营造爱护生态环境的良好风气。

我们一定要更加自觉地珍爱自然，更加积极地保护生态，努力走向社会主义生态文明新时代。

九、加快推进国防和军队现代化

建设与我国国际地位相称、与国家安全和发展利益相适应的巩固国防和强大军队，是我国现代化建设的战略任务。我国面临的生存安全问题和发展安全问题、传统安全威胁和非传统安全威胁相互交织，要求国防和军队现代化建设有一个大的发展。必须坚持以国家核心安全需求为导向，统筹经济建设和国防建设，按照国防和军队现代化建设“三步走”战略构想，加紧完成机械化和信息化建设双重历史任务，力争到二〇二〇年基本实现机械化，信息化建设取得重大进展。

国防和军队现代化建设，必须以毛泽东军事思想、邓小平新时期军队建设思想、江泽民国防和军队建设思想、党关于新形势下国防和军队建设思想为指导。要适应国家发展战略和安全战略新要求，着眼全面履行新世纪新阶段军队历史使命，贯彻新时期积极防御军事战略方针，与时俱进加强军事战略指导，高度关注海洋、太空、网络空间安全，积极运筹和平时期军事力量运用，不断拓展和深化军事斗争准备，提高以打赢信息化条件下局部战争能力为核心的完成多样化军事任务能力。

坚持以推动国防和军队建设科学发展为主题，以加快转变战斗力生成模式为主线，全面加强军队革命化现代化正规化建设。毫不动摇坚持党对军队的绝对领导，坚持不懈用中国特色社会主义理论体系武装全军，持续培育当代革命军人核心价值观，大力发展先进军事文化，永葆人民军队性质、本色、作风。坚定不移把信息化作为军队现代化建设发展方向,推动信息化建设加速发展。加强高新技术武器装备建设,加快全面建设现代后勤,培养大批高素质新型军事人才,深入开展信息化条件下军事训练,增强基于信息系统的体系作战能力。加大依法治军、从严治军力度,推动正规化建设向更高水平发展。

紧跟世界新军事革命加速发展的潮流,积极稳妥进行国防和军队改革,推动中国特色军事变革深入发展。坚持以创新发展军事理论为先导,着力提高国防科技工业自主创新能力,深入推进军队组织形态现代化,构建中国特色现代军事力量体系。

坚持走中国特色军民融合式发展路子,坚持富国和强军相统一,加强军民融合式发展战略规划、体制机制建设、法规建设。加快建设现代化武装警察力量。增强全民国防观念,提高国防动员和后备力量建设质量。巩固和发展军政军民团结。

中国奉行防御性的国防政策,加强国防建设的目的是维护国家主权、安全、领土完整,保障国家和平发展。中国军队始终是维护世界和平的坚定力量,将一如既往同各国加强军事合作、增进军事互信,参与地区和国际安全事务,在国际政治和安全领域发挥积极作用。

十、丰富“一国两制”实践和推进祖国统一

香港、澳门回归以来,走上了同祖国内地优势互补、共同发展的宽广道路,“一国两制”实践取得举世公认的成功。中央政府对香港、澳门实行的各项方针政策,根本宗旨是维护国家主权、安全、发展利益,保持香港、澳门长期繁荣稳定。全面准确贯彻“一国两制”、“港人治港”、“澳人治澳”、高度自治的方针,必须把坚持一国原则和尊重两制差异、维护中央权力和保障特别行政区高度自治权、发挥祖国内地坚强后盾作用和提高港澳自身竞争力有机结合起来,任何时候都不能偏废。

中央政府将严格依照基本法办事,完善与基本法实施相关的制度和机制,坚定支持特别行政区行政长官和政府依法施政,带领香港、澳门各界人士集中精力发展经济、切实有效改善民生、循序渐进推进民主、包容共济促进和谐,深化内地与香港、澳门经贸关系,推进各领域交流合作,促进香港同胞、澳门同胞在爱国爱港、爱国爱澳旗帜下的大团结,防范和遏制外部势力干预港澳事务。

我们坚信,香港同胞、澳门同胞不仅有智慧、有能力、有办法把特别行政区管理好、建设好,也一定能在国家事务中发挥积极作用,同全国各族人民一道共享做中国人的尊严和荣耀。

解决台湾问题、实现祖国完全统一,是不可阻挡的历史进程。和平统一最符合包括台湾同胞在内的中华民族的根本利益。实现和平统一首先要确保两岸关系和平发展。必须坚持“和平统一、一国两制”方针,坚持发展两岸关系、推进祖国和平统一进程的八项主张,全面贯彻两岸关系和平发展重要思想,巩固和深化两岸关系和平发展的政治、经济、文化、社会基础,为和平统一创造更充分的条件。

我们要始终坚持一个中国原则。大陆和台湾虽然尚未统一,但两岸同属一个中国的事实从未改变,国家领土和主权从未分割、也不容分割。两岸双方应恪守反对“台独”、坚持“九二共识”的共同立场,增进维护一个中国框架的共同认知,在此基础上求同存异。对台湾任何政党,只要不主张“台独”、认同一个中国,我们都愿意同他们交往、对话、合作。

我们要持续推进两岸交流合作。深化经济合作,厚植共同利益。扩大文化交流,增强民族认同。密切人民往来,融洽同胞感情。促进平等协商,加强制度建设。希望双方共同努力,探讨国家尚未统一特殊情况下的两岸政治关系,作出合情合理安排;商谈建立两岸军事安全互信机制,稳定台海局势;协商达成两岸和平协议,开创两岸关系和平发展新前景。

我们要努力促进两岸同胞团结奋斗。两岸同胞同属中华民族,是血脉相连的命运共同体,理应相互关爱信赖,共同推进两岸关系,共同享有发展成果。凡是有利于增进两岸同胞共同福祉的事情,我们都会尽最大努力做好。我们要切实保护台湾同胞权益,团结台湾同胞维护好、建设好中华民族共同家园。

我们坚决反对“台独”分裂图谋。中国人民绝不允许任何人任何势力以任何方式把台湾从祖国分割出去。“台独”分裂行径损害两岸同胞共同利益,必然走向彻底失败。

全体中华儿女携手努力,就一定能在同心实现中华民族伟大复兴进程中完成祖国统一大业。

十一、继续促进人类和平与发展的崇高事业

当今世界正在发生深刻复杂变化,和平与发展

仍然是时代主题。世界多极化、经济全球化深入发展,文化多样化、社会信息化持续推进,科技革命孕育新突破,全球合作向多层次全方位拓展,新兴市场国家和发展中国家整体实力增强,国际力量对比朝着有利于维护世界和平方向发展,保持国际形势总体稳定具备更多有利条件。

同时,世界仍然很不安宁。国际金融危机影响深远,世界经济增长不稳定不确定因素增多,全球发展不平衡加剧,霸权主义、强权政治和新干涉主义有所上升,局部动荡频繁发生,粮食安全、能源资源安全、网络安全等全球性问题更加突出。

人类只有一个地球,各国共处一个世界。历史昭示我们,弱肉强食不是人类共存之道,穷兵黩武无法带来美好世界。要和平不要战争,要发展不要贫穷,要合作不要对抗,推动建设持久和平、共同繁荣的和谐世界,是各国人民共同愿望。

我们主张,在国际关系中弘扬平等互信、包容互鉴、合作共赢的精神,共同维护国际公平正义。平等互信,就是要遵循联合国宪章宗旨和原则,坚持国家不分大小、强弱、贫富一律平等,推动国际关系民主化,尊重主权,共享安全,维护世界和平稳定。包容互鉴,就是要尊重世界文明多样性、发展道路多样化,尊重和维护各国人民自主选择社会制度和发展道路的权利,相互借鉴,取长补短,推动人类文明进步。合作共赢,就是要倡导人类命运共同体意识,在追求本国利益时兼顾他国合理关切,在谋求本国发展中促进各国共同发展,建立更加平等均衡的新型全球发展伙伴关系,同舟共济,权责共担,增进人类共同利益。

中国将继续高举和平、发展、合作、共赢的旗帜,坚定不移致力于维护世界和平、促进共同发展。

中国将始终不渝走和平发展道路,坚定奉行独立自主的和平外交政策。我们坚决维护国家主权、安全、发展利益,决不会屈服于任何外来压力。我们根据事情本身的是非曲直决定自己的立场和政策,秉持公道,伸张正义。中国主张和平解决国际争端和热点问题,反对动辄诉诸武力或以武力相威胁,反对颠覆别国合法政权,反对一切形式的恐怖主义。中国反对各种形式的霸权主义和强权政治,不干涉别国内政,永远不称霸,永远不搞扩张。中国将坚持把中国人民利益同各国人民共同利益结合起来,以更加积极的姿态参与国际事务,发挥负责任大国作用,共同应对全球性挑战。

中国将始终不渝奉行互利共赢的开放战略,通过深化合作促进世界经济强劲、可持续、平衡增长。中国致力于缩小南北差距,支持发展中国家增强自主发展能力。中国将加强同主要经济体宏观经济政策协调,通过协商妥善解决经贸摩擦。中国坚持权利和义务相平衡,积极参与全球经济治理,推动贸易和投资自由化便利化,反对各种形式的保护主义。

中国坚持在和平共处五项原则基础上全面发展同各国的友好合作。我们将改善和发展同发达国家关系,拓宽合作领域,妥善处理分歧,推动建立长期稳定健康发展的新型大国关系。我们将坚持与邻为善、以邻为伴,巩固睦邻友好,深化互利合作,努力使自身发展更好惠及周边国家。我们将加强同广大发展中国家的团结合作,共同维护发展中国家正当权益,支持扩大发展中国家在国际事务中的代表性和发言权,永远做发展中国家的可靠朋友和真诚伙伴。我们将积极参与多边事务,支持联合国、二十国集团、上海合作组织、金砖国家等发挥积极作用,推动国际秩序和国际体系朝着公正合理的方向发展。我们将扎实推进公共外交和人文交流,维护我国海外合法权益。我们将开展同各国政党和政治组织的友好往来,加强人大、政协、地方、民间团体的对外交流,夯实国家关系发展社会基础。

中国人民热爱和平、渴望发展,愿同各国人民一道为人类和平与发展的崇高事业而不懈努力。

十二、全面提高党的建设科学化水平

我们党担负着团结带领人民全面建成小康社会、推进社会主义现代化、实现中华民族伟大复兴的重任。党坚强有力,党同人民保持血肉联系,国家就繁荣稳定,人民就幸福安康。形势的发展、事业的开拓、人民的期待,都要求我们以改革创新精神全面推进党的建设新的伟大工程,全面提高党的建设科学化水平。

全党必须牢记,只有植根人民、造福人民,党才能始终立于不败之地;只有居安思危、勇于进取,党才能始终走在时代前列。新形势下,党面临的执政考验、改革开放考验、市场经济考验、外部环境考验是长期的、复杂的、严峻的,精神懈怠危险、能力不足危险、脱离群众危险、消极腐败危险更加尖锐地摆在全党面前。不断提高党的领导水平和执政水平、提高拒腐防变和抵御风险能力,是党巩固执政地位、实现执政使命必须解决好的重大课题。全党要增强紧迫感和责任感,牢牢把握加强党的执政能力建设、先进性和纯洁性建设这条主线,坚持解放思想、改革创新,坚持党要管党、从严治党,全面加强党的思想建设、组织建设、作风建设、反腐倡廉建设、制度建设,增强自我净化、自我完善、自我革新、自我提高能力,建设学习型、服务型、创新型的马克思主义执政党,确保党始终成为中国特色社会主义事业的坚强领导核心。

(一)坚定理想信念,坚守共产党人精神追求。对马克思主义的信仰,对社会主义和共产主义的信念,是共产党人的政治灵魂,是共产党人经受住任何考验的精神支柱。要抓好思想理论建设这个根本,学习马克思列宁主义、毛泽东思想、中国特色社会主义理论体系,深入学习实践科学发展观,推进学习型党组织创建,教育引导党员、干部矢志不渝为中国特色社会主义共同理想而奋斗。抓好党性教育这个核心,学习党的历史,深刻认识党的两个历史问题决议总结的经验教训,弘扬党的优良传统和作风,教育引导党员、干部牢固树立正确的世界观、权力观、事业观,坚定政治立场,明辨大是大非。抓好道德建设这个基础,教育引导党员、干部模范践行社会主义荣辱观,讲党性、重品行、作表率,做社会主义道德的示范者、诚信风尚的引领者、公平正义的维护者,以实际行动彰显共产党人的人格力量。

(二)坚持以人为本、执政为民,始终保持党同人民群众的血肉联系。为人民服务是党的根本宗旨,以人为本、执政为民是检验党一切执政活动的最高标准。任何时候都要把人民利益放在第一位,始终与人民心连心、同呼吸、共命运,始终依靠人民推动历史前进。围绕保持党的先进性和纯洁性,在全党深入开展以为民务实清廉为主要内容的党的群众路线教育实践活动,着力解决人民群众反映强烈的突出问题,提高做好新形势下群众工作的能力。完善党员干部直接联系群众制度。坚持问政于民、问需于民、问计于民,从人民伟大实践中汲取智慧和力量。坚持实干富民、实干兴邦,敢于开拓,勇于担当,多干让人民满意的好事实事。坚持艰苦奋斗、勤俭节约,下决心改进文风会风,着力整治庸懒散奢等不良风气,坚决克服形式主义、官僚主义,以优良党风凝聚党心民心、带动政风民风。支持工会、共青团、妇联等人民团体充分发挥桥梁纽带作用,更好反映群众呼声,维护群众合法权益。

(三)积极发展党内民主,增强党的创造活力。党内民主是党的生命。要坚持民主集中制,健全党内民主制度体系,以党内民主带动人民民主。保障党员主体地位,健全党员民主权利保障制度,开展批评和自我批评,营造党内民主平等的同志关系、民主讨论的政治氛围、民主监督的制度环境,落实党员知情权、参与权、选举权、监督权。完善党的代表大会制度,提高工人、农民代表比例,落实和完善党的代表大会代表任期制,试行乡镇党代会年会制,深化县(市、区)党代会常任制试点,实行党代会代表提案制。完善党内选举制度,规范差额提名、差额选举,形成充分体现选举人意志的程序和环境。强化全委会决策和监督作用,完善常委会议事规则和决策程序,完善地方党委讨论决定重大问题和任用重要干部票决制。扩大党内基层民主,完善党员定期评议基层党组织领导班子等制度,推行党员旁听基层党委会议、党代会代表列席同级党委有关会议等做法,增强党内生活原则性和透明度。

(四)深化干部人事制度改革,建设高素质执政骨干队伍。坚持和发展中国特色社会主义,关键在于建设一支政治坚定、能力过硬、作风优良、奋发有为的执政骨干队伍。要坚持党管干部原则,坚持五湖四海、任人唯贤,坚持德才兼备、以德为先,坚持注重实绩、群众公认,深化干部人事制度改革,使各方面优秀干部充分涌现、各尽其能、才尽其用。全面准确贯彻民主、公开、竞争、择优方针,扩大干部工作民主,提高民主质量,完善竞争性选拔干部方式,提高选人用人公信度,不让老实人吃亏,不让投机钻营者得利。完善干部考核评价机制,促进领导干部树立正确政绩观。健全干部管理体制,从严管理监督干部,加强党政正职、关键岗位干部培养选拔,完善公务员制度。优化领导班子配备和干部队伍结构,注重从基层一线培养选拔干部,拓宽社会优秀人才进入党政干部队伍渠道。推进国有企业和事业单位人事制度改革。加强和改进干部教育培训,提高干部素质和能力。加大培养选拔优秀年轻干部力度,重视培养选拔女干部和少数民族干部,鼓励年轻干部到基层和艰苦地区锻炼成长。全面做好离退休干部工作。

(五)坚持党管人才原则,把各方面优秀人才集聚到党和国家事业中来。广开进贤之路,广纳天下英才,是保证党和人民事业发展的根本之举。要尊重劳动、尊重知识、尊重人才、尊重创造,加快确立人才优先发展战略布局,造就规模宏大、素质优良的人才队伍,推动我国由人才大国迈向人才强国。统筹推进各类人才队伍建设,实施重大人才工程,加大创新创业人才培养支持力度,重视实用人才培养,引导人才向科研生产一线流动。充分开发利用国内国际人才资源,积极引进和用好海外人才。加快人才发展体制机制改革和政策创新，建立国家荣誉制度，形成激发人才创造活力、具有国际竞争力的人才制度优势，开创人人皆可成才、人人尽展其才的生动局面。

（六）创新基层党建工作，夯实党执政的组织基础。党的基层组织是团结带领群众贯彻党的理论和路线方针政策、落实党的任务的战斗堡垒。要落实党建工作责任制，强化农村、城市社区党组织建设，加大非公有制经济组织、社会组织党建工作力度，全面推进各领域基层党建工作，扩大党组织和党的工作覆盖面，充分发挥推动发展、服务群众、凝聚人心、促进和谐的作用，以党的基层组织建设带动其他各类基层组织建设。健全党的基层组织体系，加强基层党组织带头人队伍建设，加强城乡基层党建资源整合，建立稳定的经费保障制度。以服务群众、做群众工作为主要任务，加强基层服务型党组织建设。以增强党性、提高素质为重点，加强和改进党员队伍教育管理，健全党员立足岗位创先争优长效机制，推动广大党员发挥先锋模范作用。严格党内组织生活，健全党员党性定期分析、民主评议等制度。改进对流动党员的教育、管理、服务。提高发展党员质量，重视从青年工人、农民、知识分子中发展党员。健全党员能进能出机制，优化党员队伍结构。

（七）坚定不移反对腐败，永葆共产党人清正廉洁的政治本色。反对腐败、建设廉洁政治，是党一贯坚持的鲜明政治立场，是人民关注的重大政治问题。这个问题解决不好，就会对党造成致命伤害，甚至亡党亡国。反腐倡廉必须常抓不懈，拒腐防变必须警钟长鸣。要坚持中国特色反腐倡廉道路，坚持标本兼治、综合治理、惩防并举、注重预防方针，全面推进惩治和预防腐败体系建设，做到干部清正、政府清廉、政治清明。加强反腐倡廉教育和廉政文化建设。各级领导干部特别是高级干部必须自觉遵守廉政准则，严格执行领导干部重大事项报告制度，既严于律己，又加强对亲属和身边工作人员的教育和约束，决不允许搞特权。严格规范权力行使，加强对领导干部特别是主要领导干部行使权力的监督。深化重点领域和关键环节改革，健全反腐败法律制度，防控廉政风险，防止利益冲突，更加科学有效地防治腐败。加强反腐败国际合作。严格执行党风廉政建设责任制。健全纪检监察体制，完善派驻机构统一管理，更好发挥巡视制度监督作用。始终保持惩治腐败高压态势，坚决查处大案要案，着力解决发生在群众身边的腐败问题。不管涉及什么人，不论权力大小、职位高低，只要触犯党纪国法，都要严惩不贷。

（八）严明党的纪律，自觉维护党的集中统一。党的集中统一是党的力量所在，是实现经济社会发展、民族团结进步、国家长治久安的根本保证。党面临的形势越复杂，肩负的任务越艰巨，就越要加强党的纪律建设，越要维护党的集中统一。各级党组织和广大党员、干部特别是主要领导干部一定要自觉遵守党章，自觉按照党的组织原则和党内政治生活准则办事，任何人都不能凌驾于组织之上。要坚决维护中央权威，在思想上政治上行动上同党中央保持高度一致，坚决贯彻党的理论和路线方针政策，保证中央政令畅通，决不允许"上有政策、下有对策"，决不允许有令不行、有禁不止。加强监督检查，严肃党的纪律特别是政治纪律，对违反纪律的行为必须认真处理，切实做到纪律面前人人平等、遵守纪律没有特权、执行纪律没有例外，形成全党上下步调一致、奋发进取的强大力量。

同志们！在中国特色社会主义道路上实现中华民族伟大复兴，寄托着无数仁人志士、革命先烈的理想和夙愿。在长期艰苦卓绝的奋斗中，我们党紧紧依靠人民，付出了最大牺牲，书写了感天动地的壮丽史诗，不可逆转地结束了近代以后中国内忧外患、积贫积弱的悲惨命运，不可逆转地开启了中华民族不断发展壮大、走向伟大复兴的历史进军，使具有五千多年文明历史的中华民族以崭新的姿态屹立于世界民族之林。在新的征程上，我们的责任更大、担子更重，必须以更加坚定的信念、更加顽强的努力，继续实现推进现代化建设、完成祖国统一、维护世界和平与促进共同发展这三大历史任务。

面对人民的信任和重托，面对新的历史条件和考验，全党必须增强忧患意识，谦虚谨慎，戒骄戒躁，始终保持清醒头脑；必须增强创新意识，坚持真理，修正错误，始终保持奋发有为的精神状态；必须增强宗旨意识，相信群众，依靠群众，始终把人民放在心中最高位置；必须增强使命意识，求真务实，艰苦奋斗，始终保持共产党人的政治本色。

中国特色社会主义事业是面向未来的事业，需要一代又一代有志青年接续奋斗。全党都要关注青年、关心青年、关爱青年，倾听青年心声，鼓励青年成长，支持青年创业。广大青年要积极响应党的号召，树立正确的世界观、人生观、价值观，永远热爱我们伟大的祖国，永远热爱我们伟大的人民，永远热爱我们伟大的中华民族，在投身中国特色社会主义伟大事业中，让青春焕发出绚丽的光彩。

中国特色社会主义事业需要全体中华儿女万众一心、团结奋斗。团结就是大局，团结就是力量。全党同志要用坚强的党性保证团结，用共同的事业促进团结，自觉维护全党的团结统一，巩固全国各族人民大团结，加强海内外中华儿女大团结，促进中国人民同世界各国人民大团结。

让我们高举中国特色社会主义伟大旗帜，更加紧密地团结在党中央周围，为全面建成小康社会而奋斗，不断夺取中国特色社会主义新胜利，共同创造中国人民和中华民族更加幸福美好的未来！

在首都各界纪念现行宪法公布施行30周年大会上的讲话

（2012年12月4日）

习近平

同志们，朋友们：

1982年12月4日，五届全国人大五次会议通过了《中华人民共和国宪法》。我国现行宪法公布施行至今已经30年了。今天，我们在这里隆重集会，纪念这一具有重大历史意义和现实意义的事件，就是要保证宪法全面有效实施、推动全面贯彻党的十八大精神。

历史总能给人以深刻启示。回顾我国宪法制度发展历程，我们愈加感到，我国宪法同党和人民进行的艰苦奋斗和创造的辉煌成就紧密相连，同党和人民开辟的前进道路和积累的宝贵经验紧密相连。

我国现行宪法可以追溯到1949年具有临时宪法作用的《中国人民政治协商会议共同纲领》和1954年一届全国人大一次会议通过的《中华人民共和国宪法》。这些文献都以国家根本法的形式，确认了近代100多年来中国人民为反对内外敌人、争取民族独立和人民自由幸福进行的英勇斗争，确认了中国共产党领导中国人民夺取新民主主义革命胜利、中国人民掌握国家权力的历史变革。

1978年，我们党召开具有重大历史意义的十一届三中全会，开启了改革开放历史新时期，发展社会主义民主、健全社会主义法制成为党和国家坚定不移的基本方针。就是在这次会议上，邓小平同志深刻指出："为了保障人民民主，必须加强法制。必须使民主制度化、法律化，使这种制度和法律不因领导人的改变而改变，不因领导人的看法和注意力的改变而改变。"根据党的十一届三中全会确立的路线方针政策，总结我国社会主义建设正反两方面经验，深刻吸取十年"文化大革命"的沉痛教训，借鉴世界社会主义成败得失，适应我国改革开放和社会主义现代化建设、加强社会主义民主法制建设的新要求，我们制定了我国现行宪法。同时，宪法只有不断适应新形势、吸纳新经验、确认新成果，才能具有持久生命力。1988年、1993年、1999年、2004年，全国人大分别对我国宪法个别条款和部分内容作出必要的、也是十分重要的修正，使我国宪法在保持稳定性和权威性的基础上紧跟时代前进步伐，不断与时俱进。

我国宪法以国家根本法的形式，确立了中国特色社会主义道路、中国特色社会主义理论体系、中国特色社会主义制度的发展成果，反映了我国各族人民的共同意志和根本利益，成为历史新时期党和国家的中心工作、基本原则、重大方针、重要政策在国家法制上的最高体现。

30年来，我国宪法以其至上的法制地位和强大的法制力量，有力保障了人民当家作主，有力促进了改革开放和社会主义现代化建设，有力推动了社会主义法治国家进程，有力促进了人权事业发展，有力维护了国家统一、民族团结、社会稳定，对我国政治、经济、文化、社会生活产生了极为深刻的影响。

30年来的发展历程充分证明，我国宪法是符合国情、符合实际、符合时代发展要求的好宪法，是充分体现人民共同意志、充分保障人民民主权利、充分维护人民根本利益的好宪法，是推动国家发展进步、保证人民创造幸福生活、保障中华民族实现伟大复兴的好宪法，是我们国家和人民经受住各种困难和风险考验、始终沿着中国特色社会主义道路前进的根本法制保证。

再往前追溯至新中国成立以来60多年我国宪法制度的发展历程，我们可以清楚地看到，宪法与国家前途、人民命运息息相关。维护宪法权威，就是维护党和人民共同意志的权威。捍卫宪法尊严，就是捍卫党和人民共同意志的尊严。保证宪法实施，就是保证人民根本利益的实现。只要我们切实尊重和有效实施宪法，人民当家作主就有保证，党和国家事业就能顺利发展。反之，如果宪法受到漠视、削弱甚至破坏，人民权利和自由就无法保证，党和国家事业就会遭受挫折。这些从长期实践中得出的宝贵启示，必须倍加珍惜。我们要更加自觉地恪守宪法原则、弘扬宪法精神、履行宪法使命。

在充分肯定成绩的同时，我们也要看到存在的不足，主要表现在：保证宪法实施的监督机制和具体制度还不健全，有法不依、执法不严、违法不究现象在一些地方和部门依然存在；关系人民群众切身利益的执法司法问题还比较突出；一些公职人员滥用职权、失职渎职、执法犯法甚至徇私枉法严重损害国家法制权威；公民包括一些领导干部的宪法意识还有待进一步提高。对这些问题，我们必须高度重视，切实加以解决。

同志们、朋友们！

党的十八大强调，依法治国是党领导人民治理国家的基本方略，法治是治国理政的基本方式，要更加注重发挥法治在国家治理和社会管理中的重要作用，全面推进依法治国，加快建设社会主义法治国家。实现这个目标要求，必须全面贯彻实施宪法。

全面贯彻实施宪法，是建设社会主义法治国家的首要任务和基础性工作。宪法是国家的根本法，是治国安邦的总章程，具有最高的法律地位、法律权威、法律效力，具有根本性、全局性、稳定性、长期性。全国各族人民、一切国家机关和武装力量、各政党和各社会团体、各企业事业组织，都必须以宪法为根本的活动准则，并且负有维护宪法尊严、保证宪法实施的职责。任何组织或者个人，都不得有超越宪法和法律的特权。一切违反宪法和法律的行为，都必须予以追究。

宪法的生命在于实施，宪法的权威也在于实施。我们要坚持不懈抓好宪法实施工作，把全面贯彻实施宪法提高到一个新水平。

*第一，坚持正确政治方向，坚定不移走中国特色社会主义政治发展道路。*改革开放以来，我们党团结带领人民在发展社会主义民主政治方面取得了重大进展，成功开辟和坚持了中国特色社会主义政治发展道路，为实现最广泛的人民民主确立了正确方向。这一政治发展道路的核心思想、主体内容、基本要求，都在宪法中得到了确认和体现，其精神实质是紧密联系、相互贯通、相互促进的。国家的根本制度和根本任务，国家的领导核心和指导思想，工人阶级领导的、以工农联盟为基础的人民民主专政的国体，人民代表大会制度的政体，中国共产党领导的多党合作和政治协商制度、民族区域自治制度以及基层群众自治制度，爱国统一战线，社会主义法制原则，民主集中制原则，尊重和保障人权原则，等等，这些宪法确立的制度和原则，我们必须长期坚持、全面贯彻、不断发展。

坚持中国特色社会主义政治发展道路，关键是要坚持党的领导、人民当家作主、依法治国有机统一，以保证人民当家作主为根本，以增强党和国家活力、调动人民积极性为目标，扩大社会主义民主，发展社会主义政治文明。我们要坚持国家一切权力属于人民的宪法理念，最广泛地动员和组织人民依照宪法和法律规定，通过各级人民代表大会行使国家权力，通过各种途径和形式管理国家和社会事务、管理经济和文化事业，共同建设，共同享有，共同发展，成为国家、社会和自己命运的主人。我们要按照宪法确立的民主集中制原则、国家政权体制和活动准则，实行人民代表大会统一行使国家权力，实行决策权、执行权、监督权既有合理分工又有相互协调，保证国家机关依照法定权限和程序行使职权、履行职责，保证国家机关统一有效组织各项事业。我们要根据宪法确立的体制和原则，正确处理中央和地方关系，正确处理民族关系，正确处理各方面利益关系，调动一切积极因素，巩固和发展民主团结、生动活泼、安定和谐的政治局面。我们要适应扩大人民民主、促进经济社会发展的新要求，积极稳妥推进政治体制改革，发展更加广泛、更加充分、更加健全的人民民主，充分发挥我国社会主义政治制度优越性，不断推进社会主义政治制度自我完善和发展。

*第二，落实依法治国基本方略，加快建设社会主义法治国家。*宪法确立了社会主义法制的基本原则，明确规定中华人民共和国实行依法治国，建设社会主义法治国家，国家维护社会主义法制的统一和尊严。落实依法治国基本方略，加快建设社会主义法治国家，必须全面推进科学立法、严格执法、公正司法、全民守法进程。

我们要以宪法为最高法律规范，继续完善以宪法为统帅的中国特色社会主义法律体系，把国家各项事业和各项工作纳入法制轨道，实行有法可依、有法必依、执法必严、违法必究，维护社会公平正义，实现国家和社会生活制度化、法制化。全国人大及其常委会要加强重点领域立法，拓展人民有序参与立法途径，通过完备的法律推动宪法实施，保证宪法确立的制度和原则得到落实。国务院和有立法权的地方人大及其常委会要抓紧制定和修改与法律相配套的行政法规和地方性法规，保证宪法和法律得到有效实施。各级国家行政机关、审判机关、检察机关要坚持依法行政、公正司法，加快推进法治政府建设，不断提高司法公信力。国务院和地方各级人民政府作为国家权力机关的执行机关，作为国家行政机关，负有严格贯彻实施宪法和法律的重要职责，要规范政府行为，切实做到严格规范公正文明执法。我们要深化司法体制改革，保证依法独立公正行使审判权、检察权。全国人大及其常委会和国家有关监督机关要担负起宪法和法律监督职责，加强对宪法和法律实施情况的监督检查，健全监督机制和程序，坚决纠正违宪违法行为。地方各级人大及其常委会要依法行使职权，保证宪法和法律在本行政区域内得到遵守和执行。

第三，坚持人民主体地位，切实保障公民享有权利和履行义务。公民的基本权利和义务是宪法的核心内容，宪法是每个公民享有权利、履行义务的根本保证。宪法的根基在于人民发自内心的拥护，宪法的伟力在于人民出自真诚的信仰。只有保证公民在法律面前一律平等，尊重和保障人权，保证人民依法享有广泛的权利和自由，宪法才能深入人心，走入人民群众，宪法实施才能真正成为全体人民的自觉行动。

我们要依法保障全体公民享有广泛的权利，保障公民的人身权、财产权、基本政治权利等各项权利不受侵犯，保证公民的经济、文化、社会等各方面权利得到落实，努力维护最广大人民根本利益，保障人民群众对美好生活的向往和追求。我们要依法公正对待人民群众的诉求，努力让人民群众在每一个司法案件中都能感受到公平正义，决不能让不公正的审判伤害人民群众感情、损害人民群众权益。我们要在全社会加强宪法宣传教育，提高全体人民特别是各级领导干部和国家机关工作人员的宪法意识和法制观念，弘扬社会主义法治精神，努力培育社会主义法治文化，让宪法家喻户晓，在全社会形成学法尊法守法用法的良好氛围。我们要通过不懈努力，在全社会牢固树立宪法和法律的权威，让广大人民群众充分相信法律、自觉运用法律，使广大人民群众认识到宪法不仅是全体公民必须遵循的行为规范，而且是保障公民权利的法律武器。我们要把宪法教育作为党员干部教育的重要内容，使各级领导干部和国家机关工作人员掌握宪法的基本知识，树立忠于宪法、遵守宪法、维护宪法的自觉意识。法律是成文的道德，道德是内心的法律。我们要坚持把依法治国和以德治国结合起来，高度重视道德对公民行为的规范作用，引导公民既依法维护合法权益，又自觉履行法定义务，做到享有权利和履行义务相一致。

第四，坚持党的领导，更加注重改进党的领导方式和执政方式。依法治国，首先是依宪治国；依法执政，关键是依宪执政。新形势下，我们党要履行好执政兴国的重大职责，必须依据党章从严治党、依据宪法治国理政。党领导人民制定宪法和法律，党领导人民执行宪法和法律，党自身必须在宪法和法律范围内活动，真正做到党领导立法、保证执法、带头守法。

我们要坚持党总揽全局、协调各方的领导核心作用，坚持依法治国基本方略和依法执政基本方式，善于使党的主张通过法定程序成为国家意志，善于使党组织推荐的人选成为国家政权机关的领导人员，善于通过国家政权机关实施党对国家和社会的领导，支持国家权力机关、行政机关、审判机关、检察机关依照宪法和法律独立负责、协调一致地开展工作。各级党组织和党员领导干部要带头厉行法治，不断提高依法执政能力和水平，不断推进各项治国理政活动的制度化、法律化。各级领导干部要提高运用法治思维和法治方式深化改革、推动发展、化解矛盾、维护稳定能力，努力推动形成办事依法、遇事找法、解决问题用法、化解矛盾靠法的良好法治环境，在法治轨道上推动各项工作。我们要健全权力运行制约和监督体系，有权必有责，用权受监督，失职要问责，违法要追究，保证人民赋予的权力始终用来为人民谋利益。

同志们、朋友们！

全党全国各族人民要紧密团结在党中央周围，高举中国特色社会主义伟大旗帜，坚持以邓小平理论、“三个代表”重要思想、科学发展观为指导，坚持依法治国、依法执政、依法行政共同推进，坚持法治国家、法治政府、法治社会一体建设，扎扎实实把党的十八大精神落实到各项工作中去，为全面建成小康社会、开创中国特色社会主义事业新局面而努力奋斗！

第十一届全国人民代表大会第五次会议

第十一届全国人民代表大会第五次会议关于政府工作报告的决议

（2012年3月14日第十一届全国人民代表大会第五次会议通过）

第十一届全国人民代表大会第五次会议听取和审议了国务院总理温家宝所作的政府工作报告。会议充分肯定国务院过去一年的工作，同意报告提出的2012年工作总体部署和主要任务，决定批准这个报告。

会议号召，全国各族人民紧密团结在以胡锦涛同志为总书记的党中央周围，全面贯彻党的十七大和十七届三中、四中、五中、六中全会精神，高举中国特色社会主义伟大旗帜，以邓小平理论和“三个代表”重要思想为指导，深入贯彻落实科学发展观，坚持稳中求进的工作总基调，万众一心，开拓进取，扎实工作，保持经济平稳较快发展，保持社会和谐稳定，把中国特色社会主义伟大事业继续推向前进，以新的成绩迎接中国共产党第十八次全国代表大会的胜利召开。

政府工作报告

——2012年3月5日在第十一届全国人民代表大会第五次会议上

国务院总理　温家宝

各位代表：

现在，我代表国务院，向大会报告政府工作，请各位代表审议，并请全国政协委员提出意见。

一、2011年工作回顾

过去的一年，面对复杂多变的国际政治经济环境和艰巨繁重的国内改革发展任务，全国各族人民在中国共产党领导下，同心同德，团结奋进，改革开放和社会主义现代化建设取得新的重大成就。国内生产总值47.2万亿元，比上年增长9.2%；公共财政收入10.37万亿元，增长24.8%；粮食产量57121万吨，再创历史新高；城镇新增就业1221万人，城镇居民人均可支配收入和农村居民人均纯收入实际增长8.4%和11.4%。我们巩固和扩大了应对国际金融危机冲击成果，实现了“十二五”时期良好开局。

一年来，我们主要做了以下工作：

（一）加强和改善宏观调控，遏制物价过快上涨，实现经济平稳较快发展。我们实施积极的财政政策和稳健的货币政策，坚持正确处理保持经济平稳较快发展、调整经济结构和管理通胀预期的关系，更加注重把握好政策实施的重点、力度和节奏，努力做到调控审慎灵活、适时适度，不断提高政策的针对性、灵活性和前瞻性。在全球通胀预期不断增强，国际市场大宗商品价格高位波动，国内要素成本明显上升，部分农产品供给偏紧的严峻形势下，我们把稳定物价总水平作为宏观调控的首要任务，坚持综合施策，合理运用货币政策工具，调节货币信贷增速，大力发展生产，保障供给，搞活流通，加强监管，居民消费价格指数、工业生产者出厂价格指数涨幅从8月份起逐月回落，扭转了一度过快上涨势头。下半年，世界经济不稳定性不确定性上升，国内经济运行出现一些新情况新问题，我们一方面坚持宏观调控的基本取向不变，保持宏观经济政策基本稳定，继续控制通货膨胀；一方面适时适度预调微调，加强信贷政策与产业政策的协调配合，加大结构性减税力度，重点支持实体经济特别是小型微型企业，重点支持民生工程特别是保障性安居工程,重点保证国家重大在建、续建项目的资金需要,有针对性地解决经济运行中的突出矛盾。我们坚定不移地加强房地产市场调控,确保调控政策落到实处、见到实效。投机、投资性需求得到明显抑制,多数城市房价环比下降,调控效果正在显现。我们高度重视防范和化解财政金融领域的潜在风险隐患,及时对地方政府性债务进行全面审计,摸清了多年形成的地方政府性债务的总规模、形成原因、偿还时限和区域分布。这些债务在经济社会发展中发挥了积极作用,形成了大量优质资产;也存在一些风险隐患,特别是部分偿债能力较弱地区存在局部性风险。我们认真开展债务清理整顿和规范工作,严格控制增量,积极稳妥解决债务偿还和在建项目后续融资问题。目前,我国政府性债务水平是可控的、安全的。总的看,我国国民经济继续朝着宏观调控预期方向发展,抗风险能力不断增强,呈现增长较快、价格趋稳、效益较好、民生改善的良好态势。

(二)加快转变经济发展方式,提高发展的协调性和产业的竞争力。我们坚持有扶有控,促进结构调整和优化升级,增强发展后劲。

巩固和加强农业基础。全面落实强农惠农富农政策,加大农业生产补贴力度,稳步提高粮食最低收购价,加强以农田水利为重点的农业农村基础设施建设,开展农村土地整治,加强农业科技服务和抗灾减灾,中央财政"三农"支出超过 1 万亿元,比上年增加 1839 亿元。农业全面丰收,粮食总产量实现了历史罕见的"八连增",连续 5 年超万亿斤,标志着我国粮食综合生产能力稳定跃上新台阶。继续推进农村危房改造,解决了 6398 万农村人口的饮水安全和 60 万无电地区人口的用电问题,农村生产生活条件进一步改善。

加快产业结构优化升级。大力培育战略性新兴产业,新能源、新材料、生物医药、高端装备制造、新能源汽车快速发展,三网融合、云计算、物联网试点示范工作步伐加快。企业兼并重组取得新进展。支持重点产业振兴和技术改造,中央预算投资安排 150 亿元,支持 4000 多个项目,带动总投资 3000 亿元。加快发展信息咨询、电子商务等现代服务业,新兴服务领域不断拓宽。交通运输产业快速发展,经济社会发展的基础进一步夯实。

推进节能减排和生态环境保护。发布实施"十二五"节能减排综合性工作方案、控制温室气体排放工作方案和加强环境保护重点工作的意见。清洁能源发电装机达到 2.9 亿千瓦,比上年增加 3356 万千瓦。加强重点节能环保工程建设,新增城镇污水日处理能力 1100 万吨,5000 多万千瓦新增燃煤发电机组全部安装脱硫设施。加大对高耗能、高排放和产能过剩行业的调控力度,淘汰落后的水泥产能 1.5 亿吨、炼铁产能 3122 万吨、焦炭产能 1925 万吨。实施天然林保护二期工程并提高补助标准,实行草原生态保护奖补政策,开展湖泊生态环境保护试点。植树造林 9200 多万亩。

促进区域经济协调发展。深入实施区域发展总体战略和全国主体功能区规划。出台实施促进西藏、新疆等地区跨越式发展的一系列优惠政策。制定实施新 10 年农村扶贫开发纲要和兴边富民行动规划。区域发展协调性进一步增强,中西部和东北地区主要经济指标增速高于全国平均水平,东部地区产业转型升级步伐加快。城镇化率超过 50%,这是中国社会结构的一个历史性变化。胜利完成四川汶川特大地震灾后恢复重建任务,积极推进青海玉树、甘肃舟曲、云南盈江抗灾救灾和恢复重建工作。

(三)大力发展社会事业,促进经济社会协调发展。各级政府加大对科技、教育、文化、卫生、体育事业的投入,全国财政支出 2.82 万亿元。

持续提升科技创新能力。加强基础研究和前沿技术研究。实施国家科技重大专项,突破一些关键核心技术,填补了多项重大产品和装备的空白。天宫一号目标飞行器与神舟八号飞船先后成功发射并顺利交会对接,成为我国载人航天发展史上新的里程碑。

扎实推进教育公平。深入贯彻落实教育改革和发展规划纲要。经过 25 年坚持不懈的努力,全面实现九年制义务教育。免除 3000 多万名农村寄宿制学生住宿费,其中 1228 万名中西部家庭经济困难学生享受生活补助。建立起完整的家庭经济困难学生资助体系。初步解决农民工随迁子女在城市接受义务教育的问题。推动实施"学前教育三年行动计划",提高幼儿入园率。大力发展职业教育。加强中小学教师培训工作,扩大中小学教师职称制度改革试点,提高中小学教师队伍整体素质。首届免费师范生全部到中小学任教,90% 以上在中西部。

大力加强文化建设。中央财政加大对文化惠民工程的支持,各地对公益性文化事业投入显著增加。扩大公共文化设施免费开放范围,服务面逐步拓展。文化体制改革继续推进,文化产业快速发展。文物保护、非物质文化遗产保护和传承取得重要进展。大力加强群众体育设施建设,全民健身活动蓬勃开展，体育事业取得新成绩。

积极稳妥推进医药卫生事业改革发展。基本医疗保险覆盖范围继续扩大，13 亿城乡居民参保，全民医保体系初步形成。政策范围内住院费用报销比例提高，重大疾病医疗保障病种范围进一步扩大。各级财政对城镇居民医保和新农合的补助标准由每人每年 120 元提高到 200 元。国家基本药物制度在政府办基层医疗卫生机构实现全覆盖，基本药物安全性提高、价格下降。公立医院改革试点有序进行。基层医疗卫生服务体系基本建成。基本公共卫生服务均等化取得新进展。

(四)切实保障和改善民生，解决关系群众切身利益的问题。我们坚持民生优先，努力使发展成果惠及全体人民，促进社会公平正义。

实施更加积极的就业政策。多渠道开发就业岗位，全力推动以创业带动就业，加强职业技能培训和公共就业服务体系建设。加大财政、税收、金融等方面支持力度，着力促进高校毕业生、农民工等重点人群就业。高校毕业生初次就业率 77.8%，同比提高 1.2 个百分点。农民工总量 2.53 亿人，比上年增长 4.4%，其中，外出农民工 1.59 亿人，增长 3.4%。

积极调整收入分配关系。着力提高低收入群众收入。农村居民人均纯收入实际增速为 1985 年以来最高，连续两年快于城镇居民；各地普遍较大幅度调高最低工资标准；连续第 7 年提高企业退休人员基本养老金，全年人均增加 1680 元，5700 多万人受益；进一步提高城乡低保补助水平以及部分优抚对象抚恤和生活补助标准，对全国城乡低保对象、农村五保供养对象等 8600 多万名困难群众发放一次性生活补贴；建立社会救助和保障标准与物价上涨挂钩的联动机制。扩大中等收入者所占比重。个人所得税起征点从 2000 元提高到 3500 元。降低 900 多万个体工商户税负。中央决定将农民人均纯收入 2300 元(2010 年不变价)作为新的国家扶贫标准，比 2009 年提高 92%，把更多农村低收入人口纳入扶贫范围，这是社会的巨大进步。

加强社会保障体系建设。社会保障覆盖范围继续扩大，全国参加城镇基本养老保险、失业保险、工伤保险和生育保险人数大幅增加。2147 个县(市、区)实施城镇居民社会养老保险试点，1334 万人参保，641 万人领取养老金。2343 个县(市、区)开展新型农村社会养老保险试点，3.58 亿人参保，9880 万人领取养老金，覆盖面扩大到 60% 以上。解决了 500 多万名集体企业退休人员养老保障的历史遗留问题。将 312 万名企业“老工伤”人员和工亡职工供养亲属纳入工伤保险统筹管理。养老保险跨地区转移接续工作有序推进。社会保障体系不断健全，向制度全覆盖迈出重大步伐，这是推进基本公共服务均等化取得的重要成就。

大力推进保障性安居工程建设。出台关于保障性安居工程建设和管理的指导意见，完善财政投入、土地供应、信贷支持、税费减免等政策，着力提高规划建设和工程质量水平，制定保障性住房分配、管理、退出等制度和办法。中央财政安排资金 1713 亿元，是 2010 年的 2.2 倍，全年城镇保障性住房基本建成 432 万套，新开工建设 1043 万套。

努力维护社会公共安全。加强安全生产监管，做好重特大安全事故的处置、调查、问责工作。完善食品安全监管体制机制，集中打击、整治非法添加和违法生产加工行为。坚持以人为本、服务为先，加强和创新社会管理，着力排查化解各类社会矛盾，依法打击违法犯罪活动，保持社会和谐稳定。

(五)深入推进改革开放，为经济社会发展注入新的活力和动力。我们按照“十二五”规划提出的改革任务，加大攻坚力度，推动重点领域和关键环节的改革。

完善公共财政体系特别是预算管理制度，把预算外资金全部纳入预算管理，扩大国有资本经营预算实施范围，深化部门预算改革，推进政府预算、决算公开，98 个中央部门和北京、上海、广东、陕西等省市公开“三公经费”。在全国范围实施原油、天然气资源税从价计征改革，出台营业税改征增值税试点方案。把跨境贸易人民币结算范围扩大到全国，启动境外直接投资人民币结算试点，开展外商直接投资人民币结算业务。深化集体林权制度改革，启动国有林场改革试点，依法开展草原承包经营登记。推进水利建设管理体制改革，创新水资源管理体制。深化国有企业改革。启动实施电网主辅分离改革重组以及上网电价和非居民用电价格调整方案。基本完成乡镇机构改革。事业单位分类改革有序开展。

我们坚持出口和进口并重，利用外资和对外投资并举，全面提升开放型经济水平。积极推进市场多元化战略，努力优化贸易结构。全年货物进出口总额 3.64 万亿美元，增长 22.5%，其中，出口增长 20.3%，进口增长 24.9%，贸易顺差进一步下降。实际使用外商直接投资 1160 亿美元，服务业和中西部地区比重提高。企业“走出去”步伐加快，非金融类对外直接投资 601 亿美元。积极参与国际和区域经济合作，多边双边经贸关系继续深化。

我们在民主法制建设、国防和军队建设、港澳台工作和外交工作等方面，都取得了卓有成效的进展。

过去一年的成绩来之不易，显示了中国特色社会主义的优越性和生命力，增强了中华民族的自豪感和凝聚力。这是以胡锦涛同志为总书记的党中央科学决策、正确领导的结果，是全党全军全国各族人民齐心协力、顽强拼搏的结果。我代表国务院，向全国各族人民，向各民主党派、各人民团体和各界人士，表示诚挚的感谢！向香港特别行政区同胞、澳门特别行政区同胞、台湾同胞和海外侨胞，表示诚挚的感谢！向关心和支持中国现代化建设的各国政府、国际组织和各国朋友，表示诚挚的感谢！

我们也清醒地看到，我国经济社会发展仍然面临不少困难和挑战。从国际看，世界经济复苏进程艰难曲折，国际金融危机还在发展，一些国家主权债务危机短期内难以缓解。主要发达经济体失业率居高难下，增长动力不足，新兴经济体面临通货膨胀和经济增速回落的双重压力。主要货币汇率剧烈波动，大宗商品价格大幅震荡。国际贸易投资保护主义强化。从国内看，解决体制性结构性矛盾，缓解发展不平衡、不协调、不可持续的问题更为迫切、难度更大，经济运行中又出现不少新情况新问题。主要是：经济增长存在下行压力，物价水平仍处高位，房地产市场调控处于关键阶段，农业稳定发展、农民持续增收难度加大，就业总量压力与结构性矛盾并存，一些企业特别是小型微型企业经营困难增多，部分行业产能过剩凸显，能源消费总量增长过快。一些长期矛盾与短期问题相互交织，结构性因素和周期性因素相互作用，国内问题和国际问题相互关联，宏观调控面临更加复杂的局面。政府工作仍存在一些缺点和不足，节能减排、物价调控目标没有完成；征地拆迁、安全生产、食品药品安全、收入分配等方面问题还很突出，群众反映强烈；政府管理和服务水平有待提高，廉政建设亟需加强。

我们一定要以对国家和人民高度负责的精神，采取更加有力的措施，切实解决存在的问题，努力把各项工作做得更好，决不辜负人民的重托。

二、 2012 年工作总体部署

今年是“十二五”时期承前启后的重要一年，也是本届政府任期的最后一年。我们要恪尽职守、锐意进取、攻坚克难，决不懈怠，交出一份人民满意的答卷。

我国发展仍处于重要战略机遇期，在较长时期内继续保持经济平稳较快发展具备不少有利条件。工业化、城镇化和农业现代化快速推进，消费结构和产业结构升级蕴藏着巨大的需求潜力；经过 30 多年改革开放，我国发展建立了良好的物质基础和体制条件，宏观调控经验不断丰富，企业竞争力和抗风险能力明显提高；东部地区创新发展能力增强，中西部地区和东北等老工业基地发展潜力不断释放；经济发展的传统优势依然存在，劳动力资源丰富、素质提高；财政收支状况良好，金融体系运行稳健，社会资金比较充裕。世界经济政治格局正在发生深刻变化，和平、发展、合作仍然是时代潮流，总体上有利于我国和平发展。我们要坚定信心，善于运用有利条件和积极因素，继续抓住和用好重要战略机遇期，推动经济平稳较快发展，不断增强我国的综合国力和国际影响力。

我们要高举中国特色社会主义伟大旗帜，以邓小平理论和“三个代表”重要思想为指导，深入贯彻落实科学发展观，坚持稳中求进，加强和改善宏观调控，继续处理好保持经济平稳较快发展、调整经济结构和管理通胀预期的关系，加快推进经济发展方式转变和经济结构调整，着力扩大国内需求特别是消费需求，着力加强自主创新和节能减排，着力深化改革开放，着力保障和改善民生，全面推进社会主义经济建设、政治建设、文化建设、社会建设以及生态文明建设，努力实现经济平稳较快发展和物价总水平基本稳定，保持社会和谐稳定，以经济社会发展的优异成绩迎接党的十八大胜利召开。

今年经济社会发展的主要预期目标是：国内生产总值增长 7.5%；城镇新增就业 900 万人以上，城镇登记失业率控制在 4.6% 以内；居民消费价格涨幅控制在 4% 左右；进出口总额增长 10% 左右，国际收支状况继续改善。同时，要在产业结构调整、自主创新、节能减排等方面取得新进展，城乡居民收入实际增长和经济增长保持同步。这里要着重说明，国内生产总值增长目标略微调低，主要是要与“十二五”规划目标逐步衔接，引导各方面把工作着力点放到加快转变经济发展方式、切实提高经济发展质量和效益上来，以利于实现更长时期、更高水平、更好质量发展。提出居民消费价格涨幅控制在 4% 左右，综合考虑了输入性通胀因素、要素成本上升影响以及居民承受能力，也为价格改革预留一定空间。

综合考虑各方面情况，要继续实施积极的财政政策和稳健的货币政策，根据形势变化适时适度预调微调，进一步提高政策的针对性、灵活性和前瞻性。

继续实施积极的财政政策。保持适度的财政赤字和国债规模。今年拟安排财政赤字8000亿元，赤字率下降到1.5%左右，其中中央财政赤字5500亿元，代发地方债2500亿元。优化财政支出结构、突出重点，更加注重向民生领域倾斜，加大对教育、文化、医疗卫生、就业、社会保障、保障性安居工程等方面的投入。更加注重加强薄弱环节，加大对“三农”、欠发达地区、科技创新和节能环保、水利、地质找矿等的支持。更加注重勤俭节约，严格控制“三公经费”，大力精简会议和文件，深化公务用车制度改革，进一步降低行政成本。继续控制楼堂馆所建设规模和标准，压缩大型运动会场馆建设投入。全面加强对重点领域、重点部门和重点资金的审计。实施结构性减税。认真落实和完善支持小型微型企业和个体工商户发展的各项税收优惠政策，开展营业税改征增值税试点。继续对行政事业性收费和政府性基金进行清理、整合和规范。加强地方政府性债务管理和风险防范。按照分类管理、区别对待、逐步化解的原则，继续妥善处理存量债务。进一步清理规范地方政府融资平台公司。坚决禁止各级政府以各种形式违规担保、承诺。同时，把短期应对措施和长期制度建设结合起来，严格控制地方政府新增债务，将地方政府债务收支分类纳入预算管理。

继续实施稳健的货币政策。按照总量适度、审慎灵活的要求，兼顾促进经济平稳较快发展、保持物价稳定和防范金融风险。综合运用各种货币政策工具，调节好货币信贷供求，保持社会融资规模合理增长。广义货币预期增长14%。优化信贷结构，支持国家重点在建、续建项目和保障性安居工程建设，加强对符合产业政策、有市场需求的企业特别是小型微型企业的信贷支持，切实降低实体经济融资成本。继续严格控制对高耗能、高污染和产能过剩行业的贷款。完善人民币汇率形成机制，增强人民币汇率双向浮动弹性，保持人民币汇率在合理均衡水平上的基本稳定。大力发展外汇市场，丰富外汇产品，为市场主体提供更多的汇率避险工具，管好用好外汇储备。建立健全系统性金融风险防范和监管协调机制，增强抵御风险能力。加强跨境资本流动监控。规范各类借贷行为，引导民间融资健康发展。

全面做好今年的工作，必须坚持突出主题、贯穿主线、统筹兼顾、协调推进，把稳增长、控物价、调结构、惠民生、抓改革、促和谐更好地结合起来。稳增长，就是要坚持扩大内需、稳定外需，大力发展实体经济，努力克服国内外各种不稳定不确定因素的影响，及时解决苗头性、倾向性问题，保持经济平稳运行。控物价，就是要继续采取综合措施，保持物价总水平基本稳定，防止价格走势反弹。调结构，就是要有扶有控，提高经济增长质量和效益，增强发展的协调性和可持续性。惠民生，就是要坚持把保障改善民生作为工作的根本出发点和落脚点，把促进社会公平正义放在更加突出的位置，切实办成一些让人民群众得实惠的好事实事。抓改革，就是要以更大的决心和气力推进改革开放，着力解决影响经济社会长期健康发展的体制性、结构性矛盾，在一些重点领域和关键环节取得新突破。以开放促改革、促发展、促创新。促和谐，就是要正确处理改革、发展、稳定三者关系，积极有效化解各种矛盾和风险隐患，防止局部性问题演变成全局性问题，促进社会和谐稳定。

三、 2012年主要任务

(一)促进经济平稳较快发展

扩大内需特别是消费需求是我国经济长期平稳较快发展的根本立足点，是今年工作的重点。

着力扩大消费需求。加快构建扩大消费的长效机制。大力调整收入分配格局，增加中低收入者收入，提高居民消费能力。完善鼓励居民消费政策。大力发展社会化养老、家政、物业、医疗保健等服务业。鼓励文化、旅游、健身等消费，落实好带薪休假制度。积极发展网络购物等新型消费业态。支持引导环保建材、节水洁具、节能汽车等绿色消费。扩大消费信贷。加强城乡流通体系和道路、停车场等基础设施建设。加强产品质量安全监管。改善消费环境，维护消费者合法权益。

不断优化投资结构。保持投资稳定增长，促进投资和消费良性互动。认真落实《国务院关于鼓励和引导民间投资健康发展的若干意见》，出台具有可操作性的实施细则。加强政府投资对结构调整的引领作用，优先保证重点在建、续建项目，有序推进国家重大项目开工建设。把好土地、信贷、节能、环保、安全、质量等准入和审核关，加强对重大项目特别是政府和国有投资项目的监管、督查，提高投资质量和效益。

(二)保持物价总水平基本稳定

这是关系群众利益和经济社会发展全局的重点工作。要在有效实施宏观经济政策、管好货币信贷总量、促进社会总供求基本平衡的基础上，搞好价格调控，防止物价反弹。

增加生产、保障供给。继续把抑制食品价格过快上涨作为稳定物价的重点。落实好“米袋子”省长负责制和“菜篮子”市长负责制，保障主要农产品供给。大中城市要有合理的菜地保有量，稳定和提高本地应季蔬菜自给水平，同周边地区和优势产区协作建设“菜篮子”产品基地。加强重要商品产运销衔接，完善政府储备和商业储备体系，做好主要农产品收储和投放，增强市场调控能力。

搞活流通、降低成本。严格执行蔬菜等鲜活农产品运输绿色通道政策。认真落实对农产品批发市场、集贸市场、社区平价菜店等的扶持政策，鼓励城市连锁超市、高校、大型企业、社区与农产品流通企业、专业合作社、种养大户对接，减少流通环节，增加零售网点，充分发挥流通主渠道作用。深化流通体制改革。扩大物流企业营业税差额纳税试点范围，完善大宗商品仓储设施用地税收政策。调整完善部分农产品批发、零售增值税政策，推动流通标准化、信息化建设。要多管齐下，切实把流通效率提上去、中间成本降下来，真正让生产者和消费者都得到好处。

加强监管、规范秩序。重点加强对食品、药品价格和医疗、通信、教育等服务收费的监督检查，坚决治理交通运输领域乱收费乱罚款，纠正大型零售商业企业违规收费行为，严厉查处发布虚假信息、囤积居奇、操纵价格、恶意炒作等违法行为。把握好舆论导向，正确引导社会预期。

(三)促进农业稳定发展和农民持续增收

在工业化和城镇化发展进程中，要更加重视农业现代化。必须坚持把解决好“三农”问题作为各项工作的重中之重，进一步加大强农惠农富农政策力度，巩固和发展农业农村好形势。

稳定发展农业生产，多渠道增加农民收入。继续开展粮食稳定增产行动，稳定粮食种植面积，着力提高单产。引导农民调整结构，扩大紧缺、优质农产品生产，支持蔬菜、肉蛋奶、水产品等生产。农业补贴要继续增加总量，提高标准，扩大范围，完善机制，新增补贴重点向种养大户、农民专业合作社及各种生产服务组织倾斜。继续提高粮食最低收购价，今年小麦、稻谷最低收购价平均每50公斤分别提高7.4元和16元。健全主产区利益补偿机制，增加粮油、生猪等重要农产品生产大县奖励补助资金。实施新10年农村扶贫开发纲要，按照新的国家扶贫标准，全面做好扶贫开发工作，加大集中连片特殊困难地区扶贫开发力度，让扶贫对象更多地分享改革发展成果。

加快农业科技进步。农业的根本出路在科技。要大力推动农业科技创新，加大对良种繁育、疫病防控、农产品质量安全等关键技术研发和应用的支持力度。加快推进基层农技推广服务体系改革和建设，健全乡镇或区域性农业公共服务机构。完善农业技术补贴制度，促进先进适用农业技术到田到户。建好现代农业示范区，推进高产创建和标准化创建。加快农业机械化步伐。

加强农业农村基础设施建设。今年中央财政用于“三农”的投入拟安排12287亿元，比上年增加1868亿元。要搞好灌区配套改造和小型农田水利建设，大力发展节水农业，加大土地开发整理复垦力度，大规模建设旱涝保收高标准基本农田。加快中小河流治理、小型水库除险加固和山洪地质灾害综合防治。加强农村水电路气以及文化体育等基础设施建设，推进农村环境治理，加快农村危房改造，继续改善农村生产生活条件。

深化农村改革。坚持农村基本经营制度不动摇。要认真搞好土地确权登记颁证。土地承包经营权、宅基地使用权、集体收益分配权是法律赋予农民的财产权利，任何人都不能侵犯。加强土地承包经营权流转管理和服务，发展适度规模经营。严格保护耕地。制定出台农村集体土地征收补偿条例。扶持发展农民专业合作社、产业化龙头企业，开展多种形式的农业社会化服务，发展农业保险，提高农业产业化、组织化程度。深化农村综合改革。推进国有农场、林场体制改革，继续深化集体林权制度改革。

(四)加快转变经济发展方式

解决发展不平衡、不协调、不可持续的问题，关键在于加快转变经济发展方式，推进经济结构战略性调整，这既是一个长期过程，也是当前最紧迫的任务。

促进产业结构优化升级。推动战略性新兴产业健康发展。建立促进新能源利用的机制，加强统筹规划、项目配套、政策引导，扩大国内需求，防止太阳能、风电设备制造能力的盲目扩张。发展新一代信息技术，加强网络基础设施建设，推动三网融合取得实质性进展。大力发展高端装备制造、节能环保、生物医药、新能源汽车、新材料等产业。扩大技改专项资金规模，促进传统产业改造升级。以汽车、钢铁、造船、水泥等行业为重点，控制增量，优化存量，推动企业兼并重组，提高产业集中度和规模效益。落实并完善促进小型微型企业发展的政策，进一步减轻企业负担，激发科技型小型微型企业发展活力。实施有利于服务业发展的财税、金融政策，支持社会资本进入服务业，促进服务业发展提速、比重提高、水平提升。

推进节能减排和生态环境保护。节能减排的关键是节约能源，提高能效，减少污染。要抓紧制定出台合理控制能源消费总量工作方案，加快理顺能源价格体系。综合运用经济、法律和必要的行政手段，突出抓好工业、交通、建筑、公共机构、居民生活等重点领域和千家重点耗能企业节能减排，进一步淘汰落后产能。加强用能管理，发展智能电网和分布式能源，实施节能发电调度、合同能源管理、政府节能采购等行之有效的管理方式。优化能源结构，推动传统能源清洁高效利用，安全高效发展核电，积极发展水电，加快页岩气勘查、开发攻关，提高新能源和可再生能源比重。加强能源通道建设。深入贯彻节约资源和保护环境基本国策。开展节能认证和能效标识监督检查，鼓励节能、节水、节地、节材和资源综合利用，大力发展循环经济。加强环境保护，着力解决重金属、饮用水源、大气、土壤、海洋污染等关系民生的突出环境问题。努力减少农业面源污染。严格监管危险化学品。今年在京津冀、长三角、珠三角等重点区域以及直辖市和省会城市开展细颗粒物（$PM_{2.5}$）等项目监测，2015年覆盖所有地级以上城市。推进生态建设，建立健全生态补偿机制，促进生态保护和修复，巩固天然林保护、退耕还林还草、退牧还草成果，加强草原生态建设，大力开展植树造林，推进荒漠化、石漠化、坡耕地治理，严格保护江河源、湿地、湖泊等重要生态功能区。加强适应气候变化特别是应对极端气候事件能力建设，提高防灾减灾能力。坚持共同但有区别的责任原则和公平原则，建设性推动应对气候变化国际谈判进程。我们要用行动昭告世界，中国绝不靠牺牲生态环境和人民健康来换取经济增长，我们一定能走出一条生产发展、生活富裕、生态良好的文明发展道路。

促进区域经济协调发展。实施区域发展总体战略和主体功能区规划，充分发挥各地特色和优势，进一步提高区域发展的协调性和基本公共服务均等化水平。认真落实西部大开发新10年的政策措施，加大实施中部地区崛起战略的力度，加快推进东北地区等老工业基地振兴，积极支持东部地区转型发展、在更高层次上参与国际竞争与合作。要加大对革命老区、民族地区、边疆地区和贫困地区的扶持力度。更好地发挥经济特区、上海浦东新区、天津滨海新区在改革开放中先行先试的重要作用。制定和实施海洋发展战略，促进海洋经济发展。加强和完善跨区域合作机制，消除市场壁垒，促进要素流动，引导产业有序转移，推动区域经济良性互动、协调发展。

积极稳妥推进城镇化。要遵循城市发展规律，从各地实际出发，促进大中小城市和小城镇协调发展。根据资源环境和人口承载能力，优化全国生产力布局，形成合理的城镇体系和与国土规模、资源分布、发展潜力相适应的人口布局。各类城市都要夯实经济基础，创造就业机会，完善基础设施，改善人居环境，加强管理服务，提升城镇化质量和水平。更加注重把在城镇稳定就业和居住的农民工有序转变为城镇居民；放宽中小城市落户条件，合理引导人口流向，让更多农村富余劳动力就近转移就业。加强对农民工的人文关怀和服务，着力解决农民工在就业服务、社会保障、子女入园上学、住房租购等方面的实际问题，逐步将城镇基本公共服务覆盖到农民工。关爱留守儿童、留守妇女和留守老人。让农民无论进城还是留乡，都能安居乐业、幸福生活。

（五）深入实施科教兴国战略和人才强国战略

大力发展科技、教育事业，培养高素质的人才队伍，是国家强盛、民族复兴的必由之路。

坚持优先发展教育。中央财政已按全国财政性教育经费支出占国内生产总值的4%编制预算，地方财政要相应安排，确保实现这一目标。教育经费要突出保障重点，加强薄弱环节，提高使用效益。深入推进教育体制改革，加强教师队伍建设，大力实施素质教育，逐步解决考试招生、教育教学等方面的突出问题。推进学校民主管理，逐步形成制度。促进义务教育均衡发展，资源配置要向中西部、农村、边远、民族地区和城市薄弱学校倾斜。继续花大气力推动解决择校、入园等人民群众关心的热点难点问题。农村中小学布局要因地制宜，处理好提高教育质量和方便孩子们就近上学的关系。办好农村寄宿学校，实施好农村义务教育学生营养改善计划。加强校车和校园安全管理，确保孩子们的人身安全。加强学前教育、继续教育和特殊教育，建设现代职业教育体系。办好民族教育。高等教育要与经济社会发展和国家战略需要紧密结合，提高教育质量和创新能力。完善国家助学制度，逐步将中等职业教育免学费政策覆盖到所有农村学生，扩大普通高中家庭经济困难学生资助范围。大力发展民办教育，鼓励和引导社会资本进入各级各类教育领域。教育寄托着人民的希望，关系国家的未来，我们一定要把这项事业办得更好！

大力推进科技创新。加强国家创新体系建设。深化科技体制改革，推动企业成为技术创新主体，促进科技与经济紧密结合。支持企业加强研发中心建设，承担国家和地区重大科技项目。引导科研机构、高等院校的科研力量为企业技术创新服务，更好地实现产学研有机结合，提高科技成果转化和产业化水平。推动基础研究和前沿技术研究，提高原始创新能力。完善科技评价和奖励制度。倡导学术诚信，鼓励独立思考，保障学术自由，弘扬科学精神。坚定不移地实施国家知识产权战略。

全面加强人才工作。深化人才体制改革，大力培养造就高水平创新创业人才、青年人才和急需紧缺人才，引进高层次人才。完善人才培养、任用、评价、激励机制。努力营造人才辈出、人尽其才、才尽其用的良好社会环境。

(六)切实保障和改善民生

实现好、维护好、发展好最广大人民的根本利益是以人为本理念的具体体现。要把保障和改善民生作为政府工作的重要任务。

千方百计扩大就业。就业是关系国家发展和人民福祉的大事。今年就业压力仍然很大，各级政府务必坚持就业优先战略，继续实施更加积极的就业政策。重点扶持就业容量大的服务业、创新型科技企业和小型微型企业，创造更多就业岗位。鼓励以创业带动就业。抓好高校毕业生、农民工和城镇就业困难人员就业，加强退役军人技能培训与就业安置工作。鼓励高校毕业生投身农村、基层、中西部地区建设。加强职业培训和公共就业服务工作。加快建立健全统一规范灵活的人力资源市场。积极构建和谐劳动关系，加强对劳务派遣的规范管理，开展劳动关系争议排查，加强劳动监察和调解仲裁，维护劳动者合法权益。

加快完善社会保障体系。今年年底前实现新型农村社会养老保险和城镇居民社会养老保险制度全覆盖。扩大各项社会保险覆盖面。增加企业退休人员基本养老金。加强城乡低保和社会救助工作，加快发展社会福利事业和慈善事业。加强各项社会保障制度衔接。多渠道增加社会保障基金，加强社会保险基金、社会保障基金投资监管，实现保值增值。加强社保服务能力建设，有条件的地方可对各类社保经办机构进行整合归并，有些服务可委托银行、商业保险机构代办。加快全国统一的社会保障卡发放。

大力推进医药卫生事业改革发展。加快健全全民医保体系，巩固扩大基本医保覆盖面，提高基本医疗保障水平和管理服务水平。城镇居民医保和新农合补助标准提高到每人每年240元。全面推开尿毒症等8类大病保障，将肺癌等12类大病纳入保障和救助试点范围。巩固完善基本药物制度，加强基层医疗卫生服务体系建设。推进公立医院改革，实行医药分开、管办分开，破除以药补医机制。鼓励引导社会资本办医，加快形成对外开放的多元办医格局。充分调动医务工作者积极性，建立和谐的医患关系。加强公共卫生服务，预防控制严重威胁群众健康的重大传染病、慢性病、职业病。加强药品安全工作。扶持和促进中医药和民族医药事业发展。

全面做好人口和计划生育工作。继续稳定低生育水平，综合治理出生人口性别比偏高问题，提高出生人口质量。加快实现计划生育优质服务全覆盖，将免费孕前优生健康检查试点范围扩大到60%的县(市、区)。提高农村部分计划生育家庭奖励扶助、特殊扶助标准。加强流动人口计划生育服务管理。做好妇女儿童工作，扩大农村妇女宫颈癌、乳腺癌免费检查覆盖面，提高妇女儿童发展和权益保障水平。进一步完善残疾人社会保障体系和服务体系。积极发展老龄事业，加快建设社会养老服务体系，努力让城乡老年人都老有所养，幸福安度晚年。

继续搞好房地产市场调控和保障性安居工程建设。严格执行并逐步完善抑制投机、投资性需求的政策措施，进一步巩固调控成果，促进房价合理回归。继续推进保障性安居工程建设，在确保质量的前提下，基本建成500万套，新开工700万套以上。抓紧完善保障性住房建设、分配、管理、退出等制度。采取有效措施，增加普通商品住房供给。加快建设城镇住房信息系统，改革房地产税收制度，促进房地产市场长期平稳健康发展。

加强和创新社会管理。加强社会矛盾化解、社会管理创新、公正廉洁执法。强化政府社会管理和公共服务职能。提高城乡基层群众性自治组织的自治能力。发挥社会组织在社会管理中的积极作用。积极稳妥推进户籍管理制度改革，推动实行居住证制度，为流动人口提供更好服务。以信息共享、互联互通为重点，加快建设国家电子政务网。大力推进政务诚信、商务诚信、社会诚信建设，构建覆盖全社会的征信系统。加强和改进互联网管理，营造健康的网络环境。健全重大决策社会稳定风险评估机制和突发事件应急管理机制。实施安全发展战略，加强安全生产监管，防止重特大事故发生。深入开展打击侵犯知识产权和制售假冒伪劣商品行动。增强食品安全监管能力，提高食品安全水平。加强和改进信访工作，健全群众利益诉求表达机制。加强法律服务和法律援助。严密防范和依法打击违法犯罪活动，保障人民群众生命财产安全。

（七）促进文化大发展大繁荣

文化是人类的精神家园，优秀文化传承是一个民族生生不息的血脉。要提供优质丰富的文化产品，不断满足人民群众的精神文化需求。深入推进社会主义核心价值体系建设。加强社会公德、职业道德、家庭美德和个人品德教育，做好青少年思想道德教育工作，努力形成知荣辱、讲正气、守诚信、作奉献、促和谐的良好风尚。大力发展公益性文化事业。以农村和中西部地区为重点，加强基层文化设施建设。推动哲学社会科学繁荣发展，积极发展新闻出版、广播影视、文学艺术和档案事业。加强文化遗产保护，繁荣发展少数民族文化事业。深化文化体制改革，继续推动经营性文化单位转企改制。提高文化产业规模化、集约化、专业化水平，推动文化产业成为国民经济支柱性产业。深入开展对外人文交流，促进中外文化相互借鉴。广泛开展全民健身活动，增强人民体质，促进体育事业和体育产业协调发展。中华文化具有强大的向心力和震撼力，当代中华儿女一定要肩负起弘扬中华文化的历史重任。

（八）深入推进重点领域改革

改革开放是决定中国前途命运的正确抉择。必须按照科学发展观要求，尊重群众首创精神，大胆探索，以更大决心和勇气继续全面推进经济体制、政治体制等各项改革，破解发展难题。当前和今后一段时期，改革的重点领域和关键环节是：进一步转变政府职能，完善宏观调控体系，理顺政府与市场的关系，更好地发挥市场配置资源的基础性作用；推进财税体制改革，理顺中央与地方及地方各级政府间财政分配关系，更好地调动中央和地方两个积极性；深化土地、户籍、公共服务改革，理顺城市与农村的关系，推动工业化、城镇化和农业现代化协调发展；推进社会事业、收入分配等改革，理顺经济与社会发展的关系，有效保障社会公平正义；推进依法行政和社会管理创新，理顺政府与公民和社会组织的关系，建设服务、责任、法治、廉洁政府。今年改革的重点任务是：

深化财税金融体制改革。完善分税制，健全转移支付制度，提高一般性转移支付规模和比例。完善县级基本财力保障机制。稳步推进地方财政预算、决算公开。深化国库集中收付、政府采购及国债管理制度改革。健全消费税制度。全面深化资源税改革，扩大从价计征范围。深入推进国有控股大型金融机构改革，规范发展小型金融机构，健全服务小型微型企业和“三农”的体制机制。推动实施银行业新监管标准。推进建立存款保险制度。深化政策性金融机构改革。健全完善新股发行制度和退市制度，强化投资者回报和权益保护。积极发展债券市场。推进保险业改革发展。深化利率市场化改革。稳步推进人民币资本项目可兑换，扩大人民币在跨境贸易和投资中的使用。

推动多种所有制经济共同发展。毫不动摇地巩固和发展公有制经济，毫不动摇地鼓励、支持、引导非公有制经济发展。深入推进国有经济战略性调整，完善国有资本有进有退、合理流动机制。研究推进铁路、电力等行业改革。完善和落实促进非公有制经济发展的各项政策措施，打破垄断，放宽准入，鼓励民间资本进入铁路、市政、金融、能源、电信、教育、医疗等领域，营造各类所有制经济公平竞争、共同发展的环境。

深化价格改革。稳妥推进电价改革，实施居民阶梯电价改革方案，完善水电、核电及可再生能源定价机制。逐步理顺煤电价格关系。完善成品油价格改革，推进天然气价格改革。实行最严格的水资源管理制度，合理制定和调整各地水资源费征收标准，推进农业水价综合改革。开展碳排放和排污权交易试点。

深化收入分配制度改革。抓紧制定收入分配体制改革总体方案。努力提高居民收入在国民收入分配中的比重，提高劳动报酬在初次分配中的比重。完善工资制度，建立工资正常增长机制，稳步提高最低工资标准。创造条件增加居民财产性收入。建立公共资源出让收益的全民共享机制。加大对高收入者的税收调节力度，严格规范国有企业、金融机构高管人员薪酬管理，扩大中等收入者比重，提高低收入者的收入，促进机会公平。规范收入分配秩序，有效保护合法收入，坚决取缔非法收入，尽快扭转收入差距扩大的趋势。

*积极稳妥推进事业单位分类改革。*科学划分事业单位类别，分类指导、分业推进、分级组织、分步实施，深化事业单位管理体制和人事、收入分配、社会保障制度改革。

*加快推进政府改革。*扩大社会主义民主，依法实行民主选举、民主决策、民主管理、民主监督，保障人民的知情权、参与权、表达权和监督权。全面贯彻依法治国基本方略，尊重和维护宪法和法律的权威，严格依法行政，坚决纠正有法不依、执法不严、违法不究、粗暴执法、渎职失职和执法腐败等行为。加强廉政建设，深入开展反腐败斗争，扎实推进惩治和预防腐败体系建设的各项长期性、基础性工作，着力解决人民群众反映强烈的突出问题。严格依法设定、实施、清理、规范行政审批事项。严禁领导干部插手政府采购、工程招标、土地矿业权拍卖等经济活动。严格执行领导干部廉洁从政各项规定。加强行政监督、民主监督、舆论监督。坚决查处各类违纪违法案件，严厉惩治腐败分子。

(九)努力提高对外开放的质量和水平

我国对外开放已进入新的阶段，进出口贸易、双向投资的地位和作用发生了深刻变化。必须适应新的形势，创新对外经济工作思路，转变对外经济发展方式，提升开放型经济水平，形成开放型经济新格局。

*保持对外贸易稳定发展。*我们强调扩大内需，但决不能忽视外需对我国经济发展的重要作用。要保持外贸政策基本稳定。稳定出口退税政策，扩大贸易融资和信用保险，改进海关、质检、外汇等方面的监管和服务，帮助企业克服订单不足、成本升高、摩擦增多等多重困难和压力。要加快转变外贸发展方式。深入实施科技兴贸、以质取胜和市场多元化战略，支持企业培育自主品牌、营销网络和研发中心，引导加工贸易向产业链高端延伸、向中西部转移。巩固美日欧传统市场，开拓新兴市场。稳定劳动密集型产品出口，扩大高技术、高附加值产品出口，控制高耗能、高污染产品出口。大力发展服务贸易，承接服务外包。制定加强进口、促进贸易平衡的指导意见，完善进口政策，搭建更多的进口促进平台，推动进出口平衡发展。

*提高利用外资质量。*坚持积极有效利用外资的方针，更加注重优化结构和提高质量。实施新修订的外商投资产业指导目录，引导外资更多投向先进制造业、高新技术产业、节能环保产业、现代服务业和中西部地区。

*实施“走出去”战略。*我国正处于对外投资加快发展的重要阶段，要加强宏观指导，强化政策支持，简化审批手续，健全服务保障。引导各类所有制企业有序开展境外能源、原材料、农业、制造业、服务业、基础设施等领域投资合作和跨国并购。创新境外经贸合作区发展模式，支持“走出去”的企业相互协同、集群发展。规范发展对外劳务合作。放宽居民境外投资限制。加强对外投资风险管理，维护我境外企业人员和资产安全。

*参与全球经济治理和区域合作。*努力保持与发达国家经贸关系稳定发展，全面深化与发展中国家的互利合作。继续推进自贸区建设和区域经济一体化进程。积极参与二十国集团等全球经济治理机制建设，加强与主要经济体宏观经济政策协调，反对各种形式的保护主义，继续在多哈回合谈判、国际金融体系改革中发挥建设性作用。

各位代表！

我国是统一的多民族国家，各民族共同团结奋斗、共同繁荣发展，国家才能兴旺发达。要坚持和完善民族区域自治制度，认真贯彻落实中央支持少数民族和民族地区发展的政策措施，大力实施扶持人口较少民族发展、推进兴边富民行动和发展少数民族事业规划。坚定不移地巩固和发展平等团结互助和谐的社会主义民族关系。

认真贯彻党的宗教工作基本方针。维护宗教团体、宗教界人士和信教群众的合法权益，充分发挥他们在促进经济发展、文化繁荣、社会和谐中的积极作用。

全面贯彻党的侨务政策。维护海外侨胞和归侨侨眷合法权益，支持他们积极参与祖国现代化建设与和平统一大业。

各位代表！

巩固的国防和强大的军队，是维护国家主权、安全和发展利益的坚强后盾。要着眼全面履行新世纪新阶段军队历史使命，全面加强军队革命化现代化正规化建设，不断提高以打赢信息化条件下局部战争能力为核心的完成多样化军事任务的能力。加强思想政治建设，坚持党对军队绝对领导的根本原则和人民军队的根本宗旨。积极开展信息化条件下军事训练。加快全面建设现代后勤步伐。大力提高国防科技和武器装备自主创新能力。着力培养高素质新型军事人才。积极稳妥地实施国防和军队改革。坚持依法治军、从严治军。全面建设现代化武装警察力量。加强国防动员和后备力量建设。坚决完成反恐维稳、处置突发事件、抢险救灾等任务。坚持军民结合、寓军于民，走中国特色军民融合式发展路子。巩固发展军政军民团结。

各位代表!

香港、澳门与祖国休戚相关、荣辱与共。我们将坚定不移地贯彻“一国两制”、“港人治港”、“澳人治澳”、高度自治的方针,全力支持香港、澳门发展经济,改善民生,推进民主。支持特区政府积极应对国际经济风险挑战,维护经济金融稳定和长期繁荣发展。衔接和落实好支持港澳经济社会发展的系列政策措施,大幅提升内地对港澳服务贸易开放水平,加快推进港珠澳大桥等基础设施建设和对接,深化合作,支持港澳参与国际和区域经济合作。支持香港巩固和提升国际金融、贸易、航运中心地位,建设离岸人民币业务中心。支持澳门建设世界旅游休闲中心,推进横琴新区建设,促进经济适度多元发展。我们相信,有伟大祖国作为坚强后盾,香港、澳门同胞一定能够把自己的家园建设得更加美好!

过去的一年,两岸关系经受了严峻考验,取得了积极进展。反对“台独”、认同“九二共识”,巩固交流合作成果,促进两岸关系和平发展,日益成为两岸同胞的共同意愿。新的一年,我们要继续坚持中央对台工作的大政方针,增强两岸关系发展的政治、经济、文化和民意基础,拓展两岸关系和平发展新局面。要全面深化经济金融合作,推动两岸经济合作框架协议后续商谈取得新进展。加快海峡西岸经济区建设。积极扩大各界往来,开展文化、教育等交流,使两岸同胞联系更紧密,感情更贴近,利益更融合。全体中华儿女要更加紧密地团结起来,为完成祖国统一大业、实现中华民族伟大复兴而努力奋斗!

各位代表!

新的一年,外交工作要更好地服务于改革开放和社会主义现代化建设大局,为促进世界经济增长、维护和平稳定作出更大贡献。我们将继续深化同周边国家的睦邻友好关系,积极参与周边各种合作机制,推动区域合作深入发展,共同营造和平稳定、平等互信、合作共赢的地区环境。我们将与广大发展中国家加强团结合作,深化传统友谊,扩大互利合作,推动实现联合国千年发展目标,维护发展中国家的正当权益和共同利益。我们将加强与各大国的战略对话,增进战略互信,拓展合作领域,推进相互关系长期稳定健康发展。我们将积极参与多边事务和全球治理,推动国际秩序朝着更加公正合理的方向发展。我们将坚定不移地走和平发展道路,坚持独立自主的和平外交政策,奉行互利共赢的开放战略,同世界各国一道,为促进人类文明进步,增进各国人民的福祉和建设一个持久和平、共同繁荣的和谐世界而不懈努力!

各位代表!

回顾过去,我们拼搏奋进,取得显著成就;展望未来,我们任重道远,仍须不懈努力。让我们紧密团结在以胡锦涛同志为总书记的党中央周围,解放思想,开拓创新,扎实工作,奋力开创社会主义现代化建设新局面!

附注:

1.“三网”融合:是指电信网、广播电视网和互联网融合发展,实现三网互联互通、资源共享,为用户提供话音、数据和广播电视等多种服务。

2. 云计算:是基于互联网的服务的增加、使用和交付模式,通常涉及通过互联网来提供动态易扩展且经常是虚拟化的资源。是传统计算机和网络技术发展融合的产物,它意味着计算能力也可作为一种商品通过互联网进行流通。

3. 物联网:是指通过信息传感设备,按照约定的协议,把任何物品与互联网连接起来,进行信息交换和通讯,以实现智能化识别、定位、跟踪、监控和管理的一种网络。它是在互联网基础上延伸和扩展的网络。

4. 学前教育三年行动计划:2010 年 11 月国务院下发《关于当前发展学前教育的若干意见》,要求各省(自治区、直辖市)深入调查,准确掌握当地学前教育基本状况和存在的突出问题,以县为单位编制学前教育三年行动计划。预计通过三年行动计划的实施,各地将新建改扩建幼儿园 9 万多所,可新增园位 500 多万个,有效缓解“入园难”问题。

5. 城镇居民医保:全称城镇居民基本医疗保险。我国 2007 年启动城镇居民医疗保险试点,对象为不属于城镇职工基本医疗保险制度覆盖范围的中小学阶段学生、少年儿童和其他非从业城镇居民。筹资方式以家庭缴费为主,政府给予适当补助。重点解决参保居民住院和门诊大病医疗支出。2011 年政府补助标准达到每人每年 200 元,参保人数达到 2.2 亿,政策范围内住院费用报销比例和开展门诊统筹地区比例分别达到 70% 和 85%。

6. 新农合：全称新型农村合作医疗，是由政府组织、引导、支持，农民自愿参加，个人、集体和政府多方筹资，以大病统筹为主的农村居民医疗互助共济制度。2003 年，我国正式启动新农合试点，2008 年基本实现制度全覆盖。2011 年，新农合参保人数达到 8.32 亿，参合率超过 96%。2011 年政府补助标准达到每人每年 200 元，政策范围内的住院费用报销比例达到 70%，超过 85% 的统筹地区开展了门诊统筹。

7. 服务业营业税改征增值税：是指按照建立健全有利于科学发展的税收制度要求，对服务业由征收营业税改为征收增值税的一项重要改革。从 2012 年 1 月 1 日起，在上海市交通运输业和部分现代服务业开展营业税改征增值税试点，试点行业总体税负不增加或略有下降，基本消除重复征税，并逐步推广到其他行业，条件成熟时选择部分行业在全国范围内进行全行业试点。

8. 尿毒症等 8 类大病：儿童白血病、儿童先天性心脏病、终末期肾病（尿毒症）、乳腺癌、宫颈癌、重性精神病、耐多药肺结核、艾滋病机会性感染。

9. 肺癌等 12 类大病：肺癌、食道癌、胃癌、结肠癌、直肠癌、慢性粒细胞白血病、急性心肌梗塞、脑梗死、血友病、1 型糖尿病、甲亢、唇腭裂。

第十一届全国人民代表大会第五次会议关于 2011 年国民经济和社会发展计划执行情况与 2012 年国民经济和社会发展计划的决议

（2012 年 3 月 14 日第十一届全国人民代表大会第五次会议通过）

第十一届全国人民代表大会第五次会议审查了国务院提出的《关于 2011 年国民经济和社会发展计划执行情况与 2012 年国民经济和社会发展计划草案的报告》及 2012 年国民经济和社会发展计划草案，同意全国人民代表大会财政经济委员会的审查结果报告。会议决定，批准《关于 2011 年国民经济和社会发展计划执行情况与 2012 年国民经济和社会发展计划草案的报告》，批准 2012 年国民经济和社会发展计划。

关于 2011 年国民经济和社会发展计划执行情况与 2012 年国民经济和社会发展计划草案的报告

——2012 年 3 月 5 日在第十一届全国人民代表大会第五次会议上

国家发展和改革委员会

各位代表：

受国务院委托，现将 2011 年国民经济和社会发展计划执行情况与 2012 年国民经济和社会发展计划草案提请十一届全国人大五次会议审议，并请全国政协各位委员提出意见。

一、2011 年国民经济和社会发展计划执行情况

2011 年，面对复杂多变的国际政治经济环境和国内经济运行的新情况新变化，各地区、各部门按

照中央的决策部署,以科学发展为主题,以加快转变经济发展方式为主线,按照十一届全国人大四次会议审议批准的国民经济和社会发展计划,加强和改善宏观调控,正确处理保持经济平稳较快发展、调整经济结构和管理通胀预期的关系,巩固和扩大应对国际金融危机冲击成果,国民经济继续朝着宏观调控的预期方向发展,呈现增长较快、价格趋稳、效益较好、民生改善的良好态势。计划执行情况总体是好的,实现了"十二五"良好开局。

(一)经济平稳较快发展。

经济运行总体平稳,效益保持较高水平。初步核算,国内生产总值 471564 亿元,比上年增长 9.2%,超过预期目标 1.2 个百分点。经济增速较上年出现了适度回落,但符合年初确定的调控方向,仍处在较快区间。第一、二、三产业分别增长 4.5%、10.6% 和 8.9%,超过预期目标 0.2 个、2.4 个和 0.4 个百分点。全部工业增加值 18.86 万亿元,增长 10.7%。加强煤电油气运供需衔接,居民生活、重点时段、重要领域的需求得到较好保障。经济增长的质量和效益继续改善,规模以上工业企业实现利润 5.45 万亿元,比上年增长 25.4%;全国财政收入 10.37 万亿元,增长 24.8%,财政赤字比预算减少 500 亿元。

图表一、图内生产总值增长率(单位:%)

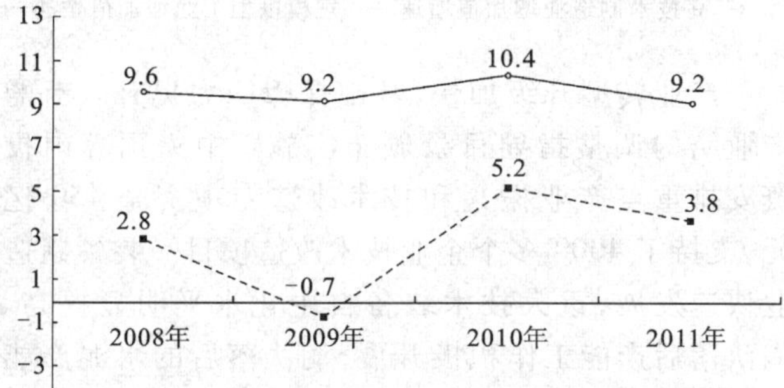

—○— 中国　- -■- - 世界

注:世界经济增长率数据来源于国际货币基金组织数据库

消费、投资稳定增长,内需动力明显增强。扩大消费的各项政策措施得到认真落实并不断完善。社会消费品零售总额 183919 亿元,增长 17.1%,超过预期目标 1.1 个百分点。投资结构得到调整和优化,民间投资的增速和比重继续提高。全社会固定资产投资 311022 亿元,增长 23.6%,超过预期目标 5.6 个百分点,其中,东部、中部、西部和东北地区投资分别增长 20.1%、27.5%、28.7% 和 30.4%;民间投资(不含农户)增长 34.3%,所占比重提高 4.5 个百分点。最终消费、资本形成总额分别拉动经济增长 4.7 个和 5 个百分点;最终消费的贡献率为 51.6%,提高 10.1 个百分点,资本形成总额的贡献率为 54.2%,提高 1.4 个百分点。

(二)物价涨势得到初步遏制。

市场供应保持稳定。大力发展农业特别是粮食生产,支持蔬菜生产基地建设,落实生猪生产扶持政策;启动实施棉花、油菜籽、大豆、玉米临时收储,建立北方大城市冬春蔬菜储备制度;适时组织玉米、大豆、食用油、棉花、食糖、猪肉等紧缺商品进口和投放,累计投放国家储备粮 3986 万吨、食糖 127 万吨。

货币条件明显改善。综合运用多种货币政策工具,6 次上调存款准备金率,3 次上调存贷款基准利率。全年新增人民币贷款 7.47 万亿元,比上年少增 3901 亿元;年末广义货币供应量 M_2 余额同比增长 13.6%,低于预期目标 2.4 个百分点。

流通成本得到控制。取消、降低和减免了一批涉农涉企收费。对农副产品生产用水、用电实行了价格优惠政策,对蔬菜批发、零售免征增值税。收费公路专项清理和取消政府还贷二级公路收费工作有序推进。农贸市场摊位和超市进场的收费行为得到进一步规范。

市场监管继续加强。严厉查处少数商贸企业的价格违法行为,深入开展反价格欺诈、打击恶意囤积、查处散布虚假涨价信息等专项行动,大力推进反价格垄断执法工作。全年共查处各类价格违法案件 4.51 万件,实施经济制裁 20.91 亿元。

价格涨幅逐步收窄。居民消费价格同比涨幅由 7 月份的 6.5% 逐月回落到 12 月份的 4.1%,全年上涨 5.4%,没有实现预期目标。重点城市房价涨幅回落,12 月份,70 个大中城市中,新建商品住宅价格同比下降的有 9 个,环比价格下降的城市扩大到 52 个。

图表二、居民消费价格同比涨幅月度变化情况(单位:%)

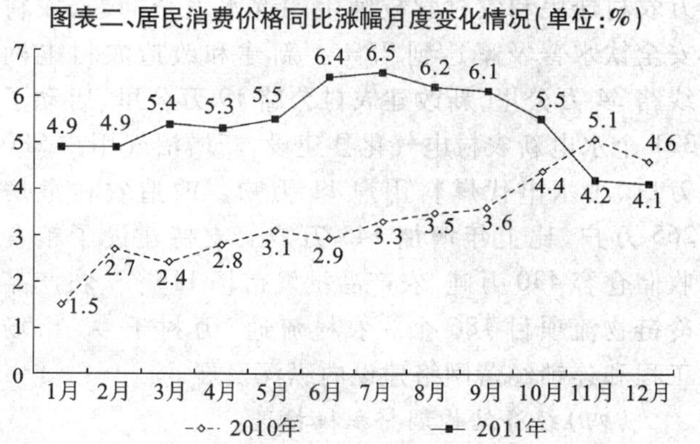

	1月	2月	3月	4月	5月	6月	7月	8月	9月	10月	11月	12月
2010年	1.5	2.7	2.4	2.8	3.1	2.9	3.3	3.5	3.6	4.4	5.1	4.6
2011年	4.9	4.9	5.4	5.3	5.5	6.4	6.5	6.2	6.1	5.5	4.2	4.1

涨价影响得到缓解。社会救助和保障标准与物价上涨挂钩的联动机制全面建立,价格调节基金

制度依法设立并不断完善，各地全年累计发放价格临时补贴近百亿元。

（三）农业和农村发展保持良好态势。

主要农产品全面增产。夏粮、早稻、秋粮季季丰收，分别比上年增产 2.5%、4.5% 和 5.1%；全年粮食产量达到 57121 万吨，增长 4.5%，实现连续 8 年增产，总产、单产都创历史新高。油料产量 3279 万吨，增长 1.5%；糖料产量 12520 万吨，增长 4.3%；棉花产量 660 万吨，增长 10.7%；肉类总产量 7957 万吨，增长 0.4%；水产品产量 5600 万吨，增长 4.2%。

图表三、粮食连续 8 年增产情况（单位：万吨）

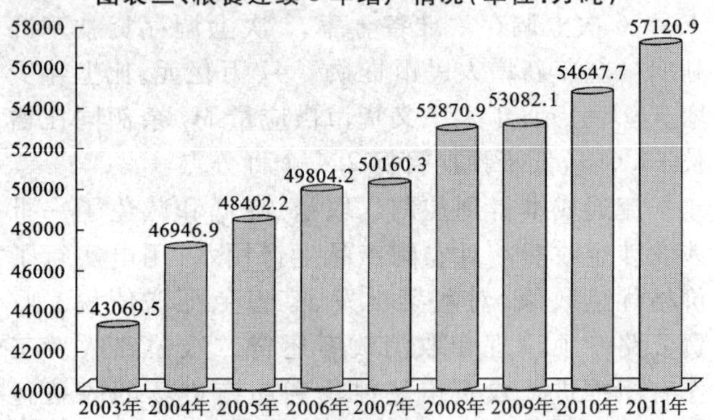

强农惠农富农政策全面落实。全国财政用于“三农”的支出达 29342 亿元，增长 21.2%；中央预算内投资用于农业和农村建设的比重超过 50%。新增千亿斤粮食生产能力建设全面推进，江河治理、骨干水源、大型灌区建设与节水改造等重点工程的投入增加，农田水利建设和中小河流治理得到加强。全年补充耕地 31.33 万公顷，建成高标准基本农田 400 多万公顷。对农业生产的补贴力度加大，小麦、稻谷最低收购价平均每 50 公斤分别提高 5.4 元和 14 元。

农村生产生活条件进一步改善。解决了 6398 万农村居民和农村学校师生的饮水安全问题，农村安全饮水普及率达到 75%。新建和改造农村电网线路 34 万公里，新改建农村公路 19 万公里，启动了 331 个水电新农村电气化县建设，新增沼气用户 280 万户、小水电代燃料用户 11 万户。改造农村危房 265 万户，比上年增加 145 万户。支持建设了粮食收储仓容 430 万吨、农产品批发市场 115 个、农产品冷链物流项目 186 个。农村流通“万村千乡”市场工程和连锁经营网络建设向纵深发展。

（四）经济结构调整积极推进。

自主创新能力增强，战略性新兴产业发展势头良好。创新 2020 工程开始实施。新建国家（重点）实验室 54 家、国家工程实验室 28 家，认定国家科技基础条件平台 23 家、国家级企业技术中心 88 家，中央和地方联合共建实验室（工程中心）173 家。天宫一号与神舟八号成功实现交会对接，北斗卫星导航系统投入试运行服务，百亩超级杂交稻试验田亩产突破 900 公斤。设立战略性新兴产业专项资金，新增新兴产业创业投资基金 41 只。具有自主知识产权的地面数字电视国家标准和第四代移动通信技术标准成为新的国际标准。平板显示、集成电路、智能制造装备、生物制药和育种、国家基因库等重大工程实现阶段性突破，21 个电子商务示范城市、5 个云计算示范城市启动建设，中关村国家自主创新示范区发展规划纲要颁布实施。高技术制造业增加值增长 16.5%，比规模以上工业增加值增速高 2.6 个百分点。

图表四、高技术制造业增加值情况（单位：%）

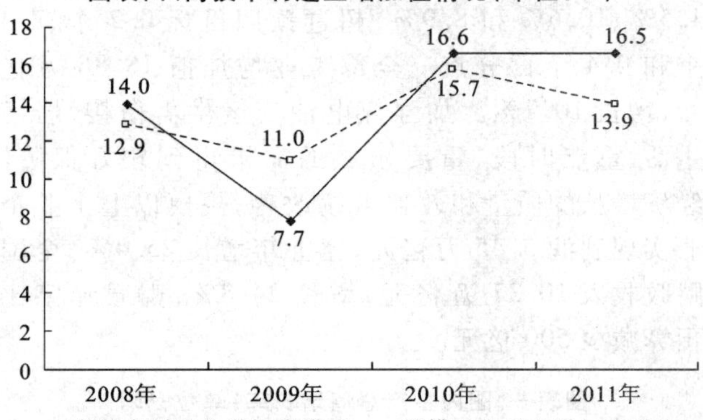

产业转型升级加快，基础保障能力提升。新的产业结构调整指导目录颁布实施。中央预算内投资安排重点产业振兴和技术改造专项资金 150 亿元，支持了 4000 多个企业技术改造项目。装备制造业快速发展，重大技术装备自主化水平明显提高。淘汰落后产能工作积极开展，淘汰落后的水泥产能 1.5 亿吨、炼铁产能 3122 万吨、焦炭产能 1925 万吨、煤矿产能 2463 万吨，关闭小火电机组超过 700 万千瓦，均超额完成计划目标。交通基础设施建设加快推进，新建铁路投产里程 2167 公里，京沪高铁投入运营；新增公路通车里程 7.14 万公里，改扩建国省道完成 2 万公里；改善内河航道里程 1091 公里；新增运输机场 5 个。能源特别是可再生能源和清洁能源加快发展，新增非化石能源电力装机超过 3400 万千瓦，占全部新增装机的三分之一以上。全年原煤产量 35.2 亿吨，增长 8.7%；原油产量 2.04 亿吨，增长 0.3%；发电量 47001 亿千瓦小时，增长 11.7%。

服务业发展环境不断改善，水平继续提高。颁布实施了支持现代物流业、高技术服务业、家庭服务业发展的政策措施，运用国家服务业发展引导资金支持了服务业集聚区和生产性服务平台建设。积极推进服务业综合改革试点和现代服务业创新发展示范城市建设。加强现代服务业新兴业态培育，推动服务业规模化、品牌化、网络化经营，信息、咨询、文化创意、电子商务等现代服务业发展加快。

区域发展总体战略深入推进，主体功能区战略实施开局良好。西部大开发新10年政策措施全面实施。新开工22项西部大开发重点工程，投资总规模2079亿元。促进西藏、新疆跨越式发展和长治久安以及加快青海等四省藏区发展的各项举措得到较好落实，新时期对口支援工作全面开展。东北地区等老工业基地振兴成果得到巩固和扩大，产业结构调整和改革开放取得新的进展，中央财政用于资源枯竭城市财力性转移支付资金达到135亿元，比上年增加60亿元。促进中部地区崛起规划全面实施，“三基地、一枢纽”建设稳步推进，中西部地区承接产业转移工作有序展开。东部地区经济转型升级迈出新步伐，全国海洋经济发展试点工作稳步开展。出台了成渝经济区、海峡西岸经济区、河北沿海等区域规划和云南桥头堡、中原经济区等区域性政策文件，深圳前海、珠海横琴、福建平潭、浙江舟山等试验功能区建设顺利推进。全国主体功能区规划颁布实施，对国家重点生态功能区实行了财政转移支付政策。汶川地震灾后恢复重建胜利完成，灾区基本生产生活条件和经济社会发展水平明显超过震前。玉树、舟曲、盈江灾后恢复重建进展顺利。

（五）节能减排和生态环境保护工作进一步加强。

节能工作积极推进。全年单位国内生产总值能耗下降2.01%，虽然没有完成计划目标，但工作力度继续加大，政策措施不断完善。“十二五”节能减排综合性工作方案颁布实施。支持重点节能项目924个，建成后可形成2200多万吨标准煤的年节能能力。节能产品惠民工程深入实施，推广高效节能空调1600多万台、电机500多万千瓦、节能灯1.6亿只。节能与新能源汽车示范推广试点工作进展顺利。半导体照明应用工程试点在37个城市开展。合同能源管理政策进一步落实。支持循环经济和资源节约重大项目415个，建成后可形成年节水9.2亿吨、废物循环利用量7240万吨的能力。国家“城市矿产”示范基地、产业园区循环化改造、餐厨废弃物资源化利用进展顺利，再制造产业化取得初步成效。

生态环境保护得到加强。长江黄河上中游水土保持、天然林资源保护二期、京津风沙源治理、岩溶地区石漠化综合治理、小流域治理、防护林体系建设等重点工程继续推进，坡耕地水土流失综合治理试点扩大，退耕还林成果进一步巩固，退牧还草政策进一步完善，开展湖泊生态环境保护试点。植树造林610多万公顷。塔里木河、石羊河近期治理任务基本完成，太湖等重点流域水环境综合治理积极推进。城镇污水垃圾处理设施建设力度加大，新增城镇污水日处理能力1100万吨、垃圾日处理能力11万吨。5000多万千瓦新增燃煤发电机组全部安装脱硫设施。80%以上的铅蓄电池企业已关闭或停产。全年二氧化硫排放量、化学需氧量排放量分别下降2.2%和2%，超额完成计划目标0.7个和0.5个百分点；氨氮排放量下降1.52%，完成计划目标；氮氧化物排放量上升5.73%，没有完成计划目标；万元工业增加值用水量82立方米，下降8.9%，完成计划目标；工业固体废物综合利用率66.74%，没有完成计划目标；城市污水处理率和生活垃圾无害化处理率分别达到82.6%和78%，超额完成计划目标。

图表五、城市污水处理率和生活垃圾无害化处理率情况（单位：%）

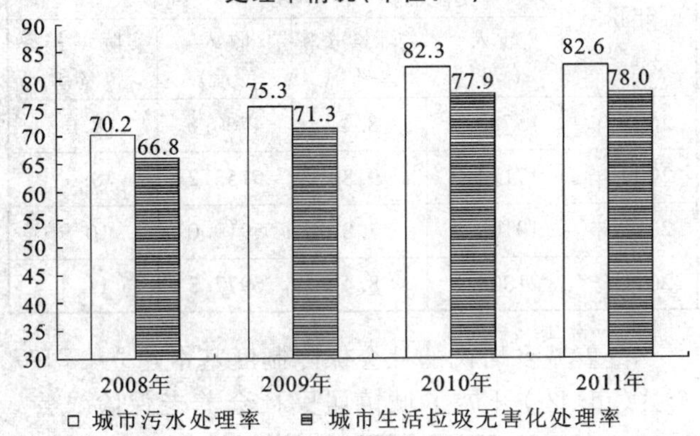

应对气候变化工作务实推进。“十二五”控制温室气体排放工作方案颁布实施，在七省市开展碳排放权交易试点，积极参加联合国气候大会德班会议等国际谈判，加强应对气候变化国际合作和人才培训。

（六）保障改善民生力度加大。

就业形势保持稳定。就业政策得到较好落实，城镇新增就业人数1221万人，超过预期目标321万人，年末城镇登记失业率4.1%，实现了预期目标。高校毕业生初次就业率达到77.8%，比上年提高1.2个百分点。下岗失业人员和就业困难人员实现再就业分别达到553万人和180万人。外出农民工15863万人,增长3.4%。

图表六、城镇新增就业情况(单位:万人)

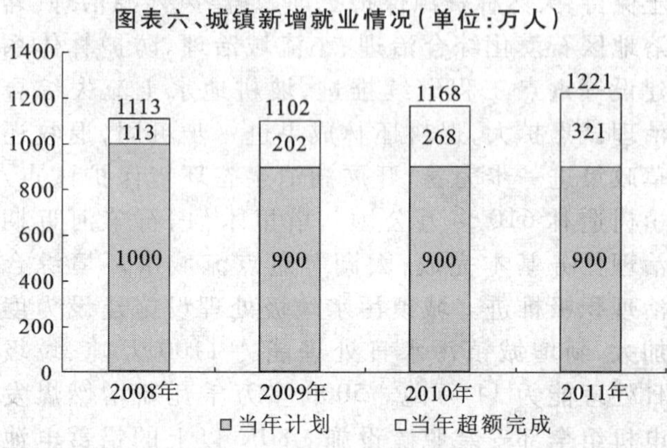

居民收入继续提高。城镇居民人均可支配收入和农村居民人均纯收入分别达到21810元和6977元,剔除价格因素,实际增长8.4%和11.4%,农民收入是1985年以来增速最快的一年。外出农民工平均月工资收入达到2049元,比上年增长21.2%。颁布了新10年农村扶贫开发纲要,集中连片特殊困难地区扶贫攻坚启动实施,易地搬迁农村贫困人口90万人,超额完成计划目标3万人。

图表七、城乡居民收入增长情况

年份	城镇居民人均可支配收入		农村居民人均纯收入	
	收入(元)	实际增长率(%)	收入(元)	实际增长率(%)
2008年	15780.8	8.4	4760.6	8.0
2009年	17174.7	9.8	5153.2	8.5
2010年	19109.4	7.8	5919.0	10.9
2011年	21809.8	8.4	6977.3	11.4

覆盖城乡居民的社会保障制度基本建立。2147个县(市、区)开展了城镇居民社会养老保险试点,2343个县(市、区)开展了新型农村社会养老保险试点,覆盖面达60%以上。连续第7年提高企业退休人员基本养老金,新型农村合作医疗和城镇居民基本医疗保险的财政补助标准提高到每人每年200元,将312万名企业"老工伤"人员和工亡职工供养亲属纳入工伤保险统筹管理。年末参加城镇基本养老、城镇基本医疗、失业、工伤、生育保险人数分别达2.89亿人、4.73亿人、1.43亿人、1.77亿人和1.39亿人,国家新农保试点地区参保人数达3.26亿人。城乡最低生活保障制度惠及农村5300多万人、城市2200多万人。

大规模推进保障性安居工程建设。落实并完善优惠政策,运用多种融资渠道,支持廉租住房建设,国有工矿、林区林场、垦区和中央下放煤矿棚户区改造,以及农村危房改造、游牧民定居工程,其中中央安排财政性资金1713亿元,是上年的2.2倍。增加保障性安居工程用地供应,做到了应保尽保。截至年末,基本建成城镇保障性安居工程住房432万套;新开工1043万套(户),超额完成计划目标。

(七)教育、卫生、文化等社会事业全面发展。

教育事业改革发展积极推进。农村义务教育经费保障水平继续提高,公用经费年生均基准定额又提高了100元,中西部地区小学年生均达到500元、初中700元。在集中连片特殊困难地区启动实施了农村义务教育学生营养改善计划,惠及2600万农村在校学生。九年义务教育巩固率91.5%,比上年提高1.8个百分点;高中阶段教育毛入学率84%,比上年提高1.5个百分点;普通高等学校招生681.5万人,研究生56万人,均完成计划目标。基层医疗卫生服务体系进一步健全,全科医生临床培养基地、基层医疗卫生信息化建设启动,每千人口医院和卫生院病床数达到3.51张,比上年增长7.3%。中央对深化文化体制改革、推动社会主义文化大发展大繁荣进行了全面部署,公共文化服务体系建设成效显著,文化产业加快发展,广播电视村村通工程、文化信息资源共享工程、新闻出版东风工程取得重要进展,国家文化和自然遗产地保护性基础设施建设力度加大,国家博物馆改扩建工程、国家话剧院剧场工程竣工。哲学社会科学、新闻出版、文学艺术等事业繁荣发展。全国重点景区和旅游线路的配套设施进一步改善,旅游产业规模持续扩大,旅游接待总人数达到27.8亿人次,增长12.7%。人口自然增长率4.79‰,完成计划目标。社会养老服务体系建设步伐加快,每千名老人拥有养老床位数达到20.1张,比上年增长11.7%。全民健身计划深入推进,体育事业加快发展。残疾人康复和托养工程启动实施。

(八)改革开放继续深化。

重点领域和关键环节改革迈出新步伐。25个省份基本完成集体林权制度改革任务,国有林场改革试点正式启动,水利建设管理体制改革顺利推进。国有企业改革继续深化,电网企业主辅分离改革取得实质性进展,三网融合试点扩大到各直辖市和各省(区)的省会城市及其他符合条件的城市。制定出台了促进小型微型企业发展的扶持政策,非公有制经济发展的体制环境进一步改善。资源性产品价格改革稳步推进,煤炭电力价格综合调控方案和试行居民阶梯电价指导意见出台，天然气价格形成机制改革在部分地区试点，排污权有偿使用和交易试点以及水价改革有序推进。全民基本医保体系初步形成，基本药物制度在城乡政府办基层医疗卫生机构基本实现全覆盖，公立医院改革试点稳步推进。修订后的资源税暂行条例颁布施行，个人所得税改革方案出台实施。逐步建立金融宏观审慎政策框架，实施差别准备金动态调整机制，符合现代银行特点的公司治理体制机制不断健全，跨境贸易和投资人民币结算范围扩大到全国。国有文艺院团转企改制取得实质性进展，非时政类报刊出版单位改革正式启动，教育体制改革试点工作顺利推进。综合配套改革试验取得积极进展。

开放型经济水平继续提升。进出口贸易趋向平衡。外贸进出口总额 36421 亿美元，增长 22.5%，其中，出口 18986 亿美元，增长 20.3%；进口 17435 亿美元，增长 24.9%；贸易顺差 1551 亿美元，比上年减少 264 亿美元。利用外资结构继续优化。全年非金融领域实际使用外商直接投资 1160 亿美元，增长 9.7%，其中服务业使用外资增长 20.5%。借用国外贷款 252 亿美元，增长 23%。企业“走出去”稳步推进。全年非金融类境外直接投资 601 亿美元，与上年基本持平；对外承包工程业务完成营业额 1034 亿美元，增长 12.2%。

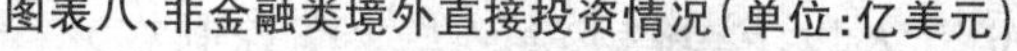
图表八、非金融类境外直接投资情况（单位：亿美元）

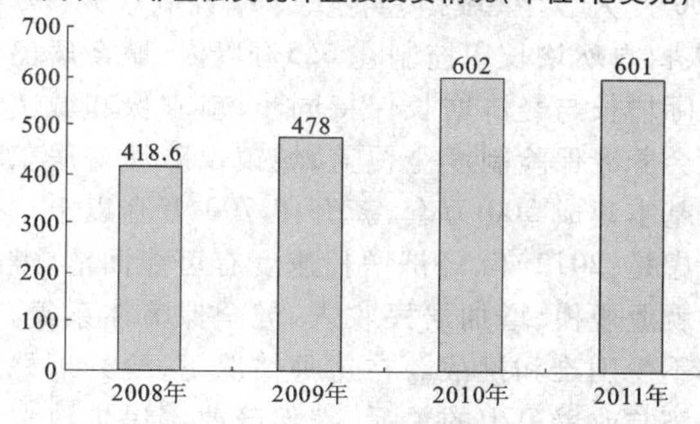

“十二五”规划实施总体上进展顺利。（1）进行年度分解的 7 个约束性指标中的 11 个分项指标，单位工业增加值用水量、化学需氧量排放量、二氧化硫排放量、氨氮排放量、城镇参加基本养老保险人数、城乡三项基本医疗保险参保率、城镇保障性安居工程建设、全国总人口 8 个分项指标，完成或超额完成年度任务；但是，单位国内生产总值能源消耗和二氧化碳排放量、氮氧化物排放量 3 个分项指标，没有完成年度计划目标。（2）进行年度分解的 9 个预期性指标中，国内生产总值、城镇化率、高中阶段教育毛入学率、城镇居民人均可支配收入、农村居民人均纯收入、城镇登记失业率、城镇新增就业人数等 7 个指标，实现或超额完成年度预期目标；但是，服务业增加值比重、研究与试验发展经费支出占国内生产总值比例 2 个指标没有实现年度预期目标。（3）一些指标未能完成年度计划任务或实现年度预期目标，主要原因是：经济发展方式还没有根本转变，经济结构调整仍然滞后，重化工业比重偏大，产业技术水平总体偏低；有的约束性指标是“十二五”规划新确定的，工作基础比较薄弱，尚未形成完整有效的政策措施，已有措施的作用还没有得到充分发挥，实际工作也需要进一步提高和改进。

在严峻复杂的国内外环境下，我国经济社会发展保持良好态势，成绩来之不易。这是党中央国务院科学决策、正确领导的结果，是各地区各部门不懈努力、扎实工作的结果，是全国各族人民同心同德、团结奋斗的结果，也充分体现了中国特色社会主义制度的优越性。

在充分肯定成绩的同时，我们清醒地认识到，2012 年宏观调控面临的形势仍然严峻复杂。从国际看，世界经济复苏的不确定性不稳定性上升，下行压力明显增加，欧洲主权债务危机继续恶化，国际金融市场剧烈动荡，贸易和投资保护主义加剧。国际和地区热点问题此起彼伏，全球能源资源稳定供应面临重大挑战。从国内看，发展中不平衡、不协调、不可持续的矛盾和问题仍很突出。一是经济增长存在下行压力。外需持续疲弱和内需增长放缓可能同时显现。2011 年 9 月份以来我国出口增速持续回落，2012 年面临的困难进一步加大。内需增长的制约因素继续增多，消费增速可能稳中趋缓，企业投资能力和意愿有所减弱。二是物价上涨压力仍然较大。劳动力、土地、能源资源等要素价格上涨呈长期化趋势，面临的输入性通胀因素不容低估，部分农产品紧平衡格局难以改变，理顺资源性产品价格关系也会在一定程度上推升价格总水平。三是农业稳定增产的难度较大。农业基础尚不巩固，科技水平不高，资源约束加剧，务农比较收益较低。同时，粮食在实现“八连增”后，面临产量基数高、生产成本高等新的情况。四是节能减排形势严峻。结构不合理问题突出，淘汰落后产能、促进服务业和战略性新兴产业发展的市场条件和政策环境有待完善，能源消费增长较快，节能减排长效机制尚不健全，污染物排放量仍然较大，环境污染事故呈多发态势。五是部分企业生产经营困难加重。一些行业产能过剩问题凸显，企业亏损面扩大，特别是一些小型微型企业经营困难突出。同时，财政金融领域存在潜在风险，房地产市场调控处于关键阶段,收入分配差距依然较大,教育、卫生事业改革发展任务艰巨,在安全生产、产品质量、征地拆迁等方面存在一些群众反映强烈的问题,影响社会的和谐稳定。对于上述问题,我们将高度重视,在工作中认真加以解决和应对。

二、2012 年经济社会发展的总体要求和主要目标

2012 年的经济社会发展工作,要全面贯彻党的十七大和十七届三中、四中、五中、六中全会精神,以邓小平理论和"三个代表"重要思想为指导,深入贯彻落实科学发展观,继续实施积极的财政政策和稳健的货币政策,保持宏观经济政策的连续性和稳定性,增强调控的针对性、灵活性、前瞻性,继续处理好保持经济平稳较快发展、调整经济结构、管理通胀预期的关系,加快推进经济发展方式转变和经济结构调整,着力扩大国内需求,着力加强自主创新和节能减排,着力深化改革开放,着力保障和改善民生,保持经济平稳较快发展和物价总水平基本稳定,保持社会和谐稳定,以经济社会发展的优异成绩迎接党的十八大胜利召开。

按照上述总体要求,综合考虑需要和可能,并与"十二五"规划《纲要》相衔接,提出 2012 年经济社会发展的主要预期目标:

——经济平稳较快增长。国内生产总值增长 7.5%,比上年的目标下调 0.5 个百分点。主要考虑:一是反映国内外经济走势和发展速度的趋势性变化,当前国际金融危机深层次影响持续显现,国内稳增长、控物价、转方式任务相当繁重,增长速度预期目标适当调低一些,可以更好地反映经济走势。同时,7.5% 仍是一个较快的增速,在我国经济总量较大、外部环境严峻的情况下,实现这一目标仍需付出艰苦的努力。二是与"十二五"规划目标逐步衔接,引导各地把工作着力点进一步放到调整经济结构、转变发展方式、提高经济增长的质量和效益上来。三是充分考虑资源环境的承受能力,增长目标适当调低一些,有利于减轻日益凸显的资源环境约束压力,也有利于缓解经济运行中的一些突出矛盾。

——经济结构优化升级。进一步增加科技投入,研究与试验发展经费支出占国内生产总值比例进一步提高;稳定发展农业,提高农产品供给能力;大力发展战略性新兴产业,推动信息化与工业化的深度融合,传统产业改造升级取得新进展;加快发展服务业,提高服务业增加值占国内生产总值的比重;切实加大节能减排工作力度,单位国内生产总值能耗下降 3.5% 左右,二氧化碳排放强度降幅更大一些,化学需氧量、二氧化硫排放量均下降 2%,氨氮排放量下降 1.5%,氮氧化物排放量实现零增长。主要考虑是:国内外经济环境的发展变化,给我国经济发展带来不少困难和挑战,同时也对调整经济结构形成一种"倒逼机制"。要按照主题主线的要求,依靠科技和体制创新推动产业升级,促进三次产业在更高水平上协同发展,健全节能减排激励约束机制,推动经济结构调整向纵深发展,增强发展的平衡性、协调性和可持续性。

——物价总水平基本稳定。居民消费价格涨幅控制在 4% 左右,低于 2011 年实际涨幅。主要考虑是:一方面,当前我国总供给和总需求基本平衡,绝大多数产品供应充足,特别是粮食生产实现"八连增",为保持物价总水平基本稳定奠定了物质基础;引发物价过快上涨的短期因素有所减弱,2012 年的翘尾影响约为 1.1 个百分点,低于上年。另一方面,要素价格上涨呈长期化趋势,成本推动价格上涨的压力将持续存在;全球流动性仍比较充裕,输入性通胀因素不容低估;而且要为疏导价格矛盾、推进价格改革留出一定空间。

——人民生活水平进一步提高。城镇新增就业 900 万人以上,城镇登记失业率控制在 4.6% 以内,人口自然增长率控制在 6.5‰以内,城乡居民收入实际增长与经济增长保持同步,新农保和城镇居民社会养老保险制度全覆盖,城镇保障性安居工程住房基本建成 500 万套,新开工 700 万套以上。主要考虑是:2012 年,经济增长速度有可能回落,继续扩大就业规模、增加居民收入、健全保障体系等,将面临不少困难和挑战。在这种情况下,要处理好发展经济与改善民生的关系,把保障改善民生放在更加突出的位置,加大投入力度,完善制度安排,下更大力气解决好涉及人民群众切身利益的现实问题,顺利实现民生领域各项预期目标。

——国际收支状况继续改善。外贸进出口总额增长预期目标为 10% 左右,贸易顺差进一步缩小,服务贸易较快发展;利用外资结构继续优化,对外投资稳步扩大。主要考虑是:2012 年,世界经济整体发展环境不会明显好转,贸易和投资保护主义加剧,外部需求疲弱,我国出口将面临十分严峻的形势。但是,我国劳动力素质持续提高,技术创新步伐加快,拓展国际市场的能力进一步增强,具有全方位、多层次、宽领域参与经济全球化的综合优

势，只要我们实施好更加积极主动的开放战略，加快转变外贸发展方式，敏锐捕捉国际市场变化中蕴含的新机遇，努力巩固传统市场，深度开拓新兴市场，就能够稳定和扩大来之不易的国际市场份额，保持对外贸易稳定发展。

三、2012年经济社会发展的主要任务和措施

2012年是实施"十二五"规划承前启后的重要一年，做好经济社会发展各项工作，对于巩固和扩大应对国际金融危机冲击成果，促进科学发展，加快转变经济发展方式，具有十分重要的意义。为顺利完成经济社会发展目标任务，要突出把握好稳中求进的工作总基调，按照稳增长、控物价、调结构、惠民生、抓改革、促和谐的要求，重点做好以下十个方面工作：

（一）进一步提高针对性、灵活性、前瞻性，加强和改善宏观调控。坚持统筹兼顾，切实把握好各项目标、任务之间的平衡，正确处理速度、结构、物价三者关系，特别是要把解决经济社会发展中的突出矛盾和问题、有效防范经济运行中的潜在风险放在宏观调控的重要位置，准确把握调控的力度、节奏和重点。继续实施积极的财政政策和稳健的货币政策。在财政政策方面，要完善结构性减税政策，保持适度的财政赤字和国债规模，着力优化支出结构，更加注重向民生领域倾斜。2012年，全国公共财政收入预算拟安排113600亿元，比上年增长9.5%，公共财政支出124300亿元，比上年增长14.1%；拟安排财政赤字8000亿元，比上年减少500亿元，其中，中央财政赤字5500亿元，代地方发债2500亿元。在货币政策方面，综合考虑经济增长与物价走势，按照总量适度、审慎灵活的要求，调节好货币信贷供给，保持社会融资规模合理增长。着力优化信贷结构，加强对国家重点在建续建项目和保障性安居工程建设的支持，加强对符合产业政策、有市场需求的企业特别是小型微型企业的支持。强化贷后管理，使信贷资金更好地服务实体经济。继续严格控制对高耗能、高污染行业和产能过剩行业的贷款。建立健全系统性金融风险防范和监管协调机制，加强跨境资本流动监控，促进民间借贷规范化发展。2012年广义货币供应量M_2预期增长14%，比上年提高0.4个百分点。搞好财政、货币、投资、产业、价格、土地、环保等各项政策的协调配合，努力形成宏观调控的整体合力，提高调控的科学性，增强调控的有效性。

（二）着力扩大国内需求，保持经济平稳较快发展。（1）促进消费需求持续增长。2012年，社会消费品零售总额预期增长14%。着力增加低收入者收入，稳步提高最低工资标准和企业退休人员基本养老金水平，完善机关事业单位工资制度。加强农村和中小城市商贸流通、文化旅游、体育健身、宽带网络等基础设施建设。健全鼓励节能、节水、环保产品的消费政策，优先支持首套自住普通商品住房贷款需求。进一步研究制定促进消费持续增长的长期政策。积极发展旅游业，2012年，旅游业总收入预期达到24750亿元，增长10%。落实好带薪休假制度，鼓励文化、旅游、健身、家政、医疗保健和养老消费，积极发展网络购物等新兴消费业态。扩大消费信贷。强化产品质量安全监管，加大对食品药品生产经营中违法行为的惩处力度。（2）进一步优化投资结构。2012年，全社会固定资产投资预期增长16%；拟安排中央预算内投资4026亿元，比去年增加200亿元，优先保障国家批准的在建续建项目，有序推进"十二五"规划确定的重大项目开工建设，加大对保障性安居工程、教育、卫生、文化、水利、新疆、西藏以及青海等四省藏区发展等方面的投入力度，重点支持"三农"、节能减排、环境保护和生态建设、自主创新和结构调整、社会事业和社会管理等领域的基础设施建设。加强对重大项目特别是政府和国有投资项目的监管、督查，提高投资质量和效益。完善鼓励引导民间投资的配套措施和实施细则，支持民间投资进入铁路、市政、金融、能源、电信、教育、医疗等领域。严格控制高耗能、高排放和产能过剩行业盲目扩张，从严控制党政机关楼堂馆所建设。（3）加强煤电油气运的运行调节。做好煤炭产运需衔接，强化电力需求侧管理，稳定油气供应，搞好运输综合协调，确保重点时段、重点地区、重点单位和居民生产生活需求。加强经济运行特别是能源形势的分析研判，完善应急机制，强化应急保障。加强煤、电通道建设，尽快开工建设蒙西至华中地区煤运通道，扩大既有铁路运煤能力。2012年，预期原煤产量36.5亿吨左右，增长3.7%；原油2.04亿吨，产量与上年持平；发电量5.05万亿千瓦时，增长7.5%；铁路货运量41.6亿吨，增长5.8%。同时，通过国际市场调节，提高国内保障能力。

（三）标本兼治、综合施策，保持物价总水平基本稳定。（1）保障市场供应。把稳定农副产品价格作为稳物价的重点。落实好"米袋子"省长负责制和

"菜篮子"市长负责制。加强重要商品特别是生活必需品的产运销衔接,完善政府储备与商业储备体系,做好主要农产品收储和投放工作,搞好进出口调节。继续严格控制玉米深加工。(2)降低流通成本。制定实施降低流通费用综合性工作方案。继续执行鲜活农产品运输绿色通道政策,落实好对公益性农产品批发市场、农贸市场等的扶持措施,推动大中城市建设平价商店,支持粮油仓储设施建设,积极发展农产品冷链物流和粮食现代物流。加快推进西部地区取消政府还贷二级公路收费,规范农贸市场、大型零售商业企业的收费行为。扩大物流企业营业税差额纳税试点范围,落实好大宗商品仓储设施用地城镇土地使用税政策,调整完善部分农产品批发、零售增值税政策。加快发展农超对接、农校对接、农批对接等直供直销模式。(3)增强调控能力。完善粮食、生猪、食用油、化肥、电煤等重要商品价格调控预案。加快建立基本蔬菜品种政策性保险制度,健全冬春蔬菜储备制度。合理把握政府管理价格调整的时机、节奏和力度。建立健全价格调节基金制度,落实并完善社会救助和保障标准与物价上涨挂钩的联动机制,保障低收入群众基本生活。制定政府定价成本监审、经营者价格行为规范、经营服务性收费等法律法规。(4)加强市场监管。深入开展涉农涉企涉及广大群众生活的价格和收费检查,规范电信服务行为,强化资费监管,组织电煤合同执行情况检查,清理涉煤基金和收费,开展商业银行收费专项检查,整顿交通运输领域乱罚款乱收费,继续加大反价格垄断执法力度。严厉查处各类价格违法行为。

(四)坚持不懈抓好"三农"工作,促进农业稳定发展、农民持续增收。(1)增强农产品供给保障能力。组织实施好全国新增千亿斤粮食生产能力规划,加强粮食综合生产能力建设,稳定粮食种植面积。落实好重要农畜禽产品生产扶持政策。加强渔政渔港建设与管理。2012 年,粮食播种面积预期 16 亿亩以上,粮食产量 5000 亿公斤以上,棉花、油料、糖料、肉类总产量分别达到 600 万吨、3280 万吨、12600 万吨、8100 万吨。(2)加快推进农业科技创新。继续实施种养业良种工程、植保工程、动物防疫体系和农产品质检体系建设项目。加快研究和推广农业优良品种、高效节水等先进技术,全面推进基层农技推广体系改革与建设,提高农业劳动生产率。(3)加强农业基础设施建设。继续推进黄河、淮河、太湖等大江大河大湖治理,加快实施南水北调东中线一期等重大水利工程,加大重点水源工程建设力度,加强中小河流治理、病险水库和病险水闸除险加固以及山洪地质灾害监测预报预警体系建设和综合防治。积极推进大型灌区建设与节水改造、节水灌溉增效示范、大型灌溉排水泵站更新改造工程以及田间工程建设。加大土地开发整理复垦力度,大规模建设旱涝保收高标准基本农田。2012 年,拟安排中央预算内投资 683 亿元用于水利建设,比上年计划增加 32 亿元。(4)改善农村生产生活条件。加快农村饮水安全工程建设步伐,大力发展农村可再生能源,加强农村电网改造和农村公路建设,积极推进农村危旧房改造,扎实推进游牧民定居工程。2012 年,再解决 6000 万农村人口的饮水安全问题,农村安全饮水普及率达到 81%,新改建农村公路 20 万公里。(5)落实并完善强农惠农富农政策。进一步提高小麦和稻谷最低收购价,平均每 50 公斤分别提高 7.4 元和 16 元。适时启动玉米、大豆、油菜籽、棉花、食糖、生猪临时收储,落实和完善糖料收购价格政策。增加农机购置补贴和农资综合补贴,完善农作物良种补贴政策,扩大化肥淡季储备规模。大力发展农村二三产业特别是农产品加工业,加大对农民专业合作组织发展的扶持力度。重视解决农民工特别是新生代农民工在就业、社保、劳动报酬、居住、子女入学等方面的困难,有序引导符合条件的农民工进城落户。

(五)加快推进经济结构调整,提高发展的质量和效益。(1)加快培育发展战略性新兴产业和高技术产业。2012 年,拟安排中央预算内投资 75 亿元,支持自主创新和战略性新兴产业发展。建立健全以企业为主导的产业技术创新体制。实施战略性新兴产业规划和自主创新能力建设规划,编制发布战略性新兴产业重点产品和服务指导目录,组织实施一批重大产业创新工程和应用示范工程,加大新兴产业创投计划实施力度,深入开展国家创新型城市试点工作。加强信息资源开发和共享,提升信息安全保障能力。实施宽带中国战略,启动宽带上网提速工程和下一代互联网商用推广计划,推进物联网应用示范,开展医药卫生、安全生产等国家信息化试点示范。2012 年,研究与试验发展经费支出占国内生产总值比例达到 1.92%。(2)促进传统产业转型升级。2012 年,拟安排中央预算内投资 160 亿元支持重点产业振兴和技术改造,比上年计划增加 10 亿元。推进煤炭、钢铁、水泥、有色、石化、装备、船舶、汽车等产业跨区域、跨行业、跨所有制兼并重组。鼓励和支持实体经济发展。发布实施重点产业生产力布局和调整规划。支持产业结构调整重点项目。继续依法淘汰落后产能。积极推动能源生产和利用方式变革，加快现代能源产业和综合交通运输体系建设。2012年，预期新增铁路营业里程6366公里、公路通车里程10万公里、运输机场4个，新增水电发电量560亿千瓦时、核电107亿千瓦时。(3)推动服务业加快发展。2012年，服务业增加值预期增长7.9%，达到22.81万亿元。发布实施"十二五"服务业发展规划，研究进一步推进服务业综合改革试点的支持政策。制定鼓励服务业新兴产业、新型业态发展目录。开展国家服务业发展示范区建设。大力发展信息服务、研发设计、检验检测、节能环保、电子商务等高技术服务业，积极发展现代物流业和家政服务业。(4)改善中小企业发展环境。重点支持实体经济尤其是符合产业政策的小型微型企业发展。推动建立一批公共服务平台。认真落实和完善支持小型微型企业发展的各项税收优惠政策。健全对小型微型企业的信贷支持、信用担保、贷款贴息和风险补偿等机制，积极稳妥发展股权投资、小企业集合债券、创业投资等融资工具。(5)促进区域协调发展。全面实施西部大开发"十二五"规划，加快制定西部大开发政策实施细则，新开工一批西部大开发重点工程，积极推进基础设施建设，促进特色优势产业和社会事业发展。组织实施东北振兴"十二五"规划，统筹推进老工业基地调整改造和资源型城市可持续发展，研究制定新10年振兴政策措施。出台进一步实施促进中部地区崛起战略的若干意见，重点推进农业现代化、新型工业化和城镇化协调发展。积极支持东部地区转型发展，加快产业升级和体制创新，在更高层次上参与国际竞争与合作，积极推进海洋经济发展试点。按照"十二五"规划《纲要》要求，积极促进重点区域发展。发挥东中西部产业发展比较优势，引导中西部地区有序承接产业转移，建立区域产业合作的新机制和新平台。全面实施对口支援规划，认真做好民生、产业、教育卫生、科技文化以及干部人才等方面的对口支援工作。支持西藏、新疆以及青海等四省藏区跨越式发展和长治久安，加大对革命老区、民族地区、边疆地区、贫困地区、库区和移民安置区发展的支持力度。增加以工代赈、易地扶贫搬迁规模，重点支持直接关系贫困人群基本生产生活的工程项目建设和集中连片特殊困难地区发展。扎实做好玉树、舟曲、盈江等灾后恢复重建工作。全面落实全国主体功能区规划，加快制定并实施相关配套政策，抓紧出台分类管理的区域政策和绩效评价办法，完成省级主体功能区规划编制，推进主体功能区建设。积极稳妥推进城镇化，2012年末，全国城镇化率预期达到52.07%，提高0.8个百分点。

（六）下大力气推进节能减排和环境保护，加快建设资源节约型环境友好型社会。(1)严格落实目标责任。抓紧制订出台合理控制能源消费总量工作方案。开展对省级政府节能减排目标责任评价考核。推进节能减排绩效管理，完善评价考核机制和奖惩制度。(2)突出抓好重点领域。实施万家企业节能低碳行动，开展重点用能单位能源消耗在线监测体系建设试点。推进能效标识和节能产品认证。实施绿色节能建筑行动方案，加快既有建筑节能改造，推进新型墙体材料发展。搞好新能源汽车示范推广。大力支持公共交通发展，鼓励老旧汽车报废更新。实行最严格水资源管理制度。继续深入开展节能减排全民行动。(3)加快重点工程建设。加大节能技术改造、节能技术产业化示范、节能产品惠民、合同能源管理推广和节能能力建设等重点工程实施力度。推进城镇生活污水和垃圾处理设施建设，加强脱硫脱硝设施建设和运行监管。2012年，拟安排中央预算内投资145亿元，用于城镇污水垃圾处理设施及污水管网工程建设；城市污水处理率、生活垃圾无害化处理率分别达到83%和79%，提高0.4个和1个百分点。(4)大力发展循环经济。扩大循环经济专项资金规模，加快实施产业园区循环化改造，加强"城市矿产"示范基地建设，深化再制造示范试点，推进餐厨废弃物利用，实施资源综合利用"双百"工程。加大清洁生产技术产业化示范和推广力度，实施重点污染物产生量削减工程。推进海水淡化示范工程。2012年，万元工业增加值用水量下降7.2%，工业固体废物综合利用率提高1.02个百分点。(5)强化政策引导。加大差别电价、惩罚性电价实施力度，试行电厂烟气脱硝电价，适当提高氮氧化物等污染物排放收费标准。严格执行固定资产投资项目节能评估和审查制度。开展节能量交易试点。积极支持非化石能源发展，在确保安全的基础上高效发展核电。(6)加强生态环境保护。积极推进重金属污染、农村面源污染和重点流域特别是大江大河大湖水污染防治，搞好农作物秸秆综合利用，加强海洋污染治理。强化大气污染治理，推进重点区域联防联控。继续实施巩固退耕还林成果专项、天然林资源保护二期、防护林体系、青海三江源自然保护区、西藏生态安全屏障等重点生态保护工程，加强长江黄河上中游、京津风沙源、石漠化地区、黄土高原、南方崩岗地区、东北黑土区等重点区域生态治理。继续推进石羊河流域综合治理、敦煌水资源合理利用与生态保护工程。开展天然草原退牧还草工作。抓好生态补偿机制立法和生态文明示范工程试点。加大汛期和重点区域地质灾害防治力度。2012年，综合治理水土流失面积5万平方公里，新增造林面积600万公顷以上。(7)扎实做好应对气候变化工作。落实“十二五”控制温室气体排放工作方案，推进低碳发展试验试点，探索建立碳排放交易市场，加快建立温室气体排放统计核算体系，实施全社会低碳行动。积极参与应对气候变化的国际合作。认真做好联合国可持续发展大会参会筹备工作。

(七)深化重点领域和关键环节改革，健全科学发展的体制机制保障。(1)加强改革的总体指导和综合协调。落实2012年深化经济体制改革重点工作的意见，扎实推进各类综合配套改革试验。(2)进一步转变政府职能，完善宏观调控体系，理顺政府与市场的关系，更好地发挥市场配置资源的基础性作用。(3)坚持和完善公有制为主体、多种所有制经济共同发展的基本经济制度。深入推进国有经济战略性调整和国有企业公司制股份制改革，健全国有资本经营预算和收益分享制度。按照政企分开、政资分开的要求，研究制定铁路体制改革方案。稳步开展电力输配分开试点，促进形成分布式能源发电无歧视、无障碍上网新机制，制定出台农村电力体制改革指导意见。扩大三网融合试点。落实并完善促进非公有制经济发展的各项政策措施，增强非公有制经济和中小企业参与市场竞争、增加就业、发展经济的活力和竞争力。(4)稳步推进资源性产品价格和环保收费改革。加快推进销售电价改革，试行居民用电阶梯价格制度，完善水电、核电及可再生能源电价形成机制。积极稳妥推进输配电价改革和电力市场竞价上网。择机推出成品油价格改革方案。逐步理顺煤电价格关系、天然气与可替代能源比价关系。继续开展排污权交易试点。(5)深化收入分配制度改革。提高居民收入在国民收入分配中的比重，提高劳动报酬在初次分配中的比重，健全初次分配和再分配调节体系。稳步提高最低工资标准，逐步扩大工资集体协商覆盖范围。建立公共资源出让收益的全民共享机制。创造条件增加居民财产性收入。加大对高收入者的税收调节力度，扩大中等收入者的比重，提高低收入者的收入。规范收入分配秩序，有效保护合法收入，坚决取缔非法收入，尽快扭转收入分配差距扩大趋势。(6)继续深化医药卫生体制改革。制定实施“十二五”深化医药卫生体制改革规划。完善全民基本医保制度，2012年城镇职工和城镇居民基本医保参保率、新农合参合率稳定在95%。继续提高城镇居民基本医保和新农合政府补助标准。探索建立重特大疾病保障机制，积极发展商业健康保险。推进以县级医院为重点的公立医院改革，深化基层医疗卫生机构综合改革。加快全科医生制度建设。巩固完善基本药物制度，落实基本药物集中采购、多渠道补偿政策。(7)加快财税、金融体制改革。提高一般性转移支付规模和比例，加强县级政府的财力保障。完善预算编制和执行管理制度。推进营业税改征增值税试点，适时扩大试点范围。合理调整消费税征收范围和税率结构。深化资源税制度改革，扩大从价计征范围。研究制定住房保有、交易环节税收改革方案。因地制宜培育面向小型微型企业和“三农”的金融机构，创新服务模式，引导大中型银行延伸服务网点，规范发展小额贷款公司和村镇银行。深化利率市场化改革和汇率形成机制改革。稳步推进人民币资本项目可兑换，扩大人民币在跨境贸易和投资中的使用。促进多层次资本市场健康发展，完善股份制企业特别是上市公司分配制度，稳定和提升市场信心。加强和改进金融监管，有效防范和及时化解潜在金融风险。(8)深入推进农村领域改革。稳定和完善农村土地承包关系，稳步扩大农村土地承包经营权登记试点，按照依法自愿有偿原则引导土地规范有序流转，加强土地承包经营权流转管理和服务。健全水利工程建设和管理体制。继续推进农村综合改革，深化集体林权制度改革，稳定和完善草原承包经营制度，推进国有农场、林场和林区改革。

(八)实施更加积极主动的开放战略，进一步提高开放型经济水平。(1)保持对外贸易稳定发展。进一步落实出口退税、出口信贷、出口信用保险等政策措施，稳定出口增长，优化出口结构。继续严格控制高耗能、高污染产品出口。积极扩大进口，完善进口贴息、进口信贷、进口关税等政策措施，增加重要资源、先进技术设备、关键零部件和紧缺农产品进口。大力发展服务贸易和服务外包。深化国际交流合作，推进自由贸易区谈判，妥善处理贸易摩擦。(2)提高利用外资质量和水平。不断扩大对外经济技术合作，引导外资重点投向高端制造、高技术产业、现代服务业、新能源、节能环保等领域，投向中西部地区和东北地区。深化沿海地区对外开放，扩大内陆开放，出台沿边地区开发开放指导意见，推动跨境经济合作区建设，支持与周边国家基础设施互联互通。健全外商投资项目管理制度,发挥好外资并购安全审查机制作用。完善全口径外债管理,提高国外贷款使用效率。2012 年,预期非金融领域外商直接投资 1200 亿美元,增长 3.5%。(3)加快实施"走出去"战略。推进双边重要投资合作项目。完善境外投资管理制度,创新境外经贸合作区发展模式,建立健全境外投资风险评估和突发事件应急处理机制。继续做好对外援助工作。2012 年,预期非金融类境外直接投资 660 亿美元,增长 10%。

(九)大力保障和改善民生,进一步提高城乡居民生活水平。(1)落实就业优先战略。大力发展就业容量大的劳动密集型产业、中小企业、创新型科技企业和服务业。加强对高校毕业生、农民工、城镇就业困难人员等重点人群的就业创业服务和职业技能培训,培养和发展技能型人才,落实自主创业扶持政策。建立统一规范灵活的人力资源市场,推进基层劳动就业服务体系建设。健全劳动关系协调机制。(2)完善社会保障体系。提升社会保险统筹层次和待遇水平,提高城乡低保和社会优抚对象补助标准。积极稳妥推进机关事业单位养老保险制度改革和重特大疾病医疗救助试点。加强社会保障公共服务能力建设。积极发展老龄事业,加快建设社会养老服务体系,支持残疾人康复托养设施和工伤康复中心建设。政府对城镇居民医保和新农合补助标准提高到每年每人 240 元。2012 年,实现新型农村和城镇居民社会养老保险制度全覆盖;城镇基本养老保险、城镇基本医疗保险、失业保险、工伤保险、新型农村社会养老保险的参保人数分别增长 5.4%、1.5%、2.5%、4.6%和 10.3%;为残疾人服务设施数达到 3410 个,每千名老人拥有养老床位数达到 22.1 张,分别增长 5.6%和 10%。(3)扎实推进保障性安居工程建设。加快保障房项目前期工作进度,切实保障土地供应,加大财政金融支持,鼓励社会力量参与保障房及配套设施建设,建立健全保障性安居工程投融资、建设、营运、分配和管理机制,确保质量安全和公平公正分配。加快棚户区改造、农村危房改造、国有垦区林区危房改造和游牧民定居工程建设。拟安排保障性安居工程中央预算内投资 690 亿元,比去年增加 100 亿元。(4)巩固和扩大房地产市场调控成果。继续严格执行并逐步完善抑制投机投资性需求的政策措施,改进房地产价格监管办法,鼓励支持中小户型、中低价位普通商品住房建设,促进房价合理回归。抓紧研究健全促进房地产市场健康发展的长效机制。

(十)全面加强社会建设,提升公共服务能力和水平。(1)加快教育事业改革发展。进一步增加教育投入,2012 年,国家财政性教育经费支出占国内生产总值比例达到 4%,中央预算内投资用于教育的比重达到 7% 左右。促进义务教育资源向中西部、农村、边远民族地区和城市薄弱学校倾斜,巩固义务教育普及成果,继续实施中小学校舍安全工程,推进义务教育学校标准化建设,合理布局建设寄宿制学校,加强边远艰苦地区农村学校教师周转宿舍建设。推动建立健全校车管理制度。建立健全保障农村义务教育学生在校膳食营养的长效机制。提升职业教育基础能力,改善民族地区教育基础薄弱县普通高中办学条件。推进农村学前教育发展。完善特殊教育体系。在集中连片特殊困难地区实施教育扶贫工程。支持中西部高校改善办学条件。推进教育信息化建设。2012 年,九年义务教育巩固率达到 91.8%,高中阶段教育毛入学率达到 85%,普通高等学校计划招生 685 万人,研究生 58.4 万人。(2)完善医疗和公共卫生服务体系。加强卫生应急和重大疾病防控。加快推进儿童医疗服务体系、重大疾病防控体系、基层医疗卫生服务体系建设,实施基本公共卫生和重大公共卫生服务项目。继续推进人口和计划生育服务体系建设,扩大农村妇女宫颈癌、乳腺癌免费检查覆盖面,将免费孕前优生健康检查试点范围扩大到 60% 的县(市、区)。2012 年,拟安排中央预算内投资 230 亿元,支持医疗卫生事业发展;每千人口医院和卫生院病床数达到 3.72 张,增长 6%,每万人口全科医生数达到 0.89 人。(3)促进社会主义文化大发展大繁荣。推进社会主义核心价值体系建设。深化文化体制改革。大力发展公益性文化事业,完善覆盖城乡的公共文化服务体系。继续实施文化信息资源共享工程、广播电视村村通工程等重点文化惠民工程。启动地市级图书馆、文化馆、博物馆建设。加强各类文化遗产和自然遗产保护。繁荣和发展哲学社会科学。积极发展新闻出版、广播电视、文学艺术等事业。2012 年,广播、电视人口覆盖率分别达到 97.26% 和 97.92%。推进文化产业结构调整和科技创新,大力弘扬中华优秀传统文化。实施一批重大文化产业项目,发展壮大传统文化产业,加快培育新的文化业态,促进文化产业与其他产业融合发展。完善公共体育服务体系,提高群众体育水平。(4)加强和创新社会管理。编制实施国家基本公共服务体系规划,加强以城乡社区为核心的基层社会管理服务平台建设,促进公共服务信息和社会管理信息共享。推进社会信用体系建设。引导规范社会组织发展。完善综合防灾减灾体系。加强对社会发展形势和潜在风险点的评估和动态监测,妥善解决群众合法合理诉求,做好社会治安、安全生产、食品药品安全监督和应急管理等工作,维护社会和谐稳定。

继续加强内地与香港、澳门两个特别行政区在经贸、科技、教育、文化、卫生、体育等领域的交流合作,落实更紧密经贸关系安排及其补充协议的各项优惠措施。支持香港进一步巩固和提升国际金融、贸易、航运中心地位,加强内地与香港基础设施领域合作;支持澳门建设世界旅游休闲中心,促进经济适度多元化发展。深化两岸经济文化合作与交流,不断提高两岸经贸和产业合作水平,支持海峡两岸经济区在两岸交流合作中发挥先行先试作用。

各位代表,做好 2012 年经济社会发展各项工作,任务艰巨,责任重大。我们将更加紧密地团结在以胡锦涛同志为总书记的党中央周围,高举中国特色社会主义伟大旗帜,坚持以邓小平理论和"三个代表"重要思想为指导,深入贯彻落实科学发展观,认真接受全国人大的指导和监督,虚心听取全国政协的意见和建议,坚定信心,开拓进取,扎实工作,努力实现经济社会发展目标任务,以优异成绩迎接党的十八大胜利召开!

附件:

名词解释

1. 创新 2020 工程。2010 年,国家批准中科院启动实施知识创新工程(2011—2020)(简称创新 2020 工程)。该工程以提升自主创新能力和可持续发展能力为主线,以解决关系国家全局和长远发展的基础性、战略性、前瞻性的重大科技问题为着力点,推进学科基础能力建设,凝聚和培养创新人才,促进科技成果转化,力争在空间、信息、资源、生态环境等领域突破一批关键技术,用五年左右时间实现重点跨越,再用五年左右时间实现创新能力质的飞跃。

2. 碳排放权交易试点。按照中央关于应对气候变化工作的总体部署,以及国家"十二五"规划关于逐步建立国内碳排放交易市场的要求,综合考虑有关地区申报情况和工作基础,国家有关部门确定在北京市、天津市、上海市、重庆市、湖北省、广东省及深圳市率先开展碳排放权交易试点工作。试点内容包括研究制定碳排放权交易试点管理办法,确定本地区温室气体排放总量控制目标及指标分配方案,培育建设交易平台和支撑体系等。通过试点积累经验,为逐步建立全国碳排放交易市场奠定基础。

3. 新闻出版东风工程。指国家为繁荣发展少数民族新闻出版事业、提高各族群众文化素质而实施的新闻出版公共服务体系建设工程,主要包括民族文字出版、党报党刊传播、基层宣传发行、出版物市场监管等的能力建设,初期在新疆地区,"十二五"时期扩大到新疆(含新疆生产建设兵团)、西藏、内蒙古、广西、宁夏 5 个自治区及四川、云南、甘肃、青海四省藏区。

4. 残疾人康复和托养工程。指国家"十二五"时期实施的一项服务残疾人的工程,包括建设一批专业化和标准化的残疾人康复和托养服务设施,广泛开展康复医疗、功能训练、辅助器具适配、心理辅导、康复转介等康复服务,并为精神、智力残疾人和其他各类重度残疾人提供生活照料、托养等服务,旨在全面提高服务残疾人的能力,为形成社会化康复服务网络和托养服务体系搭建骨干平台。

5. 国有林场改革试点。按照《关于开展国有林场改革试点的指导意见》,国家确定河北、浙江、安徽、江西、山东、湖南、甘肃 7 省先行启动试点工作,内容包括改革国有林场领导体制、理顺国有林场管理体制、创新生态公益型及商品经营型林场经营机制、解决历史遗留问题等,为全国国有林场改革发挥示范和带动作用。

6. 三网融合改革试点。三网融合是指电信网、广播电视网、互联网在向宽带通信网、数字电视网、下一代互联网演进过程中,其技术功能趋于一致,业务范围趋于相同,网络互联互通、资源共享。三网融合改革试点是指选择有条件的地区以推进广电业务和电信业务双向阶段性进入为重点开展试点,加快网络升级改造,调整完善管理体系,基本形成保障三网融合规范有序开展的政策体系和体制机制。试点工作于 2010 年启动,第一阶段试点在 12 个城市(地区)开展,目前已经完成;第二阶段试点将在 42 个城市展开。

7. 天然气价格形成机制改革试点。按市场化改革思路，国家于2011年底启动天然气价格形成机制改革，将原来以“成本加成”为主的定价方式，改为按“市场净回值”的定价方法(即以市场上竞争性替代商品的当量价格为基础，推算确定上游净供货价格)，建立天然气与可替代能源价格挂钩的动态调整机制，旨在进一步理顺二者比价关系，引导天然气资源合理配置，促进节约用气。由于改革涉及面广、影响大，故采取了整体设计、分步到位，先试点后推广的渐进式方式，确定广东、广西两省(区)先行开始试点。

8. 降低流通费用综合性工作方案。指国家有关部门正在研究制定的综合性工作方案，拟综合运用经济、法律和必要的行政手段，强化流通领域价格和收费监管，规范市场交易收费行为，加大政府对公益性流通设施和公共服务的投入，推进流通领域现代化、组织化、信息化，促进市场竞争，降低社会流通费用。

9. 宽带中国战略。宽带网络是信息基础设施的组成部分，对提高信息化整体水平、推进经济社会发展有着重要作用。宽带中国战略旨在通过制定国家宽带网络发展的目标、路线图、时间表和促进政策等，加快推进宽带基础网络建设、提高网络接入带宽、扩大用户普及和拓展应用领域，着力构建宽带、融合、安全、泛在的下一代国家信息基础设施。

10. 下一代互联网商用推广计划。下一代互联网是指以IPv6(国际互联网协议第6版)技术为基本特征和起点，继续演进和发展的互联网，重点解决网络地址短缺、网络信息安全等重大技术难题。我国下一代互联网商用推广计划主要分为两个阶段:一是IPv6网络小规模商用试点阶段(2011—2013年)，形成成熟的商业模式和技术演进路线;二是全面商用部署阶段(2014—2015年)，开展IPv6网络大规模部署和商用，为“十三五”期间下一代互联网产业创新发展做好准备。

11. 万家企业节能低碳行动。指依据节能法等有关法规，国家实施的加强重点用能单位节能监督管理行动，即将年综合能源消费量1万吨标准煤以上、以及有关部门指定的年消费量5000吨标准煤以上的用能单位(2010年全国共有1.7万家左右)纳入政府重点节能管理对象，综合运用经济、法律、技术和必要的行政手段，强化节能目标责任考核，落实奖惩机制，推动重点用能单位切实加强节能管理，推广先进节能技术，不断提高能源利用效率。该行动拟在“十二五”期间节约能源2.5亿吨标准煤。

12. 绿色节能建筑行动方案。是指从规划、法规、技术、标准、设计等方面，对推进绿色建筑、节能建筑建设进行全面部署和总体安排，提高新建建筑能源资源利用水平，抓好既有建筑节能改造和用能管理，切实转变建筑业发展方式和城乡建设模式，最大限度地节能、节地、节水、节材，减少污染，保护环境，提高居住的安全性、舒适性和健康性。

13. 资源综合利用“双百”工程。指按照《“十二五”资源综合利用指导意见》的要求，培育“百个示范基地和百家骨干企业”，具体包括:推进共伴生矿产及尾矿资源综合利用示范基地建设，加快培育一批产业废物高附加值综合利用示范基地，开展废旧纺织品、废旧轮胎、包装废弃物等再生资源综合利用试点示范，扶持和培育一批资源综合利用量大、产值高、技术装备先进、引领示范作用突出的骨干企业。

第十一届全国人民代表大会财政经济委员会关于2011年国民经济和社会发展计划执行情况与2012年国民经济和社会发展计划草案的审查结果报告

(2012年3月10日第十一届全国人民代表大会第五次会议主席团第二次会议通过)

十一届全国人大五次会议主席团:

第十一届全国人民代表大会第五次会议审查了国务院提出的《关于2011年国民经济和社会发展计划执行情况与2012年国民经济和社会发展计划草案的报告》以及2012年国民经济和社会发展计划草案。全国人民代表大会财政经济委员会在对计划报告和计划草案初步审查的基础上，根据各代表团和有关专门委员会的审查意见，又作了进一步审查。国务院根据审查意见对计划报告作了修改。现将审查结果报告如下。

一、财政经济委员会认为，过去的一年，国务院和地方各级人民政府认真落实中共中央决策部署和十一届全国人大四次会议决议，围绕科学发展主题和加快转变经济发展方式主线，贯彻实施"十二五"规划和年度计划，巩固和扩大应对国际金融危机冲击成果，正确处理保持经济平稳较快发展、调整经济结构和管理通胀预期的关系，国民经济继续朝着宏观调控的预期方向发展，计划执行情况总体是好的，实现了"十二五"规划的良好开局。同时也要看到，经济社会发展中不平衡、不协调、不可持续的问题仍很突出，经济结构调整进展缓慢，农业基础仍然薄弱，实体经济发展面临不少困难，部分企业特别是小型微型企业经营困难加剧，节能减排、物价调控目标没有完成，环境保护形势更为严峻，财政金融领域存在潜在风险，教育、医疗、社会保障和征地拆迁、安全生产、食品药品安全、收入分配等方面问题还很突出，群众反映强烈。对此，必须增强忧患意识，采取有效措施加以解决。

二、财政经济委员会认为，2012年国民经济和社会发展计划报告与计划草案符合中央经济工作会议精神和"十二五"规划纲要总体要求，符合我国经济社会发展实际，指导思想明确，重点突出，主要目标和总体安排可行，建议批准国务院提出的《关于2011年国民经济和社会发展计划执行情况与2012年国民经济和社会发展计划草案的报告》，批准2012年国民经济和社会发展计划草案。

三、财政经济委员会认为，2012年是实施"十二五"规划承上启下的重要一年，在计划执行过程中，要坚持以科学发展为主题，以加快转变经济发展方式为主线，按照稳中求进的工作总基调的要求，着重做好以下工作。

（一）切实加强和改善宏观调控，促进经济平稳较快发展。保持宏观经济政策的连续性和稳定性，合理把握宏观调控的力度、节奏和重点，切实增强调控的针对性、灵活性、前瞻性，统筹处理好稳增长、调结构、控物价三者关系，促进经济平稳较快发展。继续实施积极的财政政策，重点是加强对保障改善民生和经济结构调整的支持，完善有利于转变发展方式的财税政策。采取更加积极有效措施加大结构性减税力度，进一步清理行政事业性收费，切实减轻企业特别是小型微型企业负担。继续实施稳健的货币政策，综合运用多种货币政策工具，保持货币信贷总量合理增长，调整优化信贷结构，认真研究并合理确定存贷款利差，着力提高金融服务实体经济的水平，防范和化解潜在金融风险。继续搞好房地产市场调控，促进房价合理回归和房地产市场健康发展。精心搞好物价调控，有效管理流动性和通胀预期，保障基本生活必需品和重要生产资料供给，降低食用农产品税费水平，降低流通成本，保持物价总水平基本稳定。

（二）坚持扩大内需方针，着力提高居民消费需求。尽快出台收入分配体制改革总体方案，科学确定政府性收入水平，建立工资正常增长机制，扩大中等收入者比重，再分配要向低收入群体倾斜，尽快扭转收入差距扩大趋势，逐步提升"居民收入在国民收入中所占比重"和"劳动报酬在初次分配中所占比重"，提高居民收入水平和消费能力。完善消费政策，优化消费环境，拓宽消费领域，培育新的消费热点，增强消费对经济增长的拉动作用。调整优化投资结构，切实抓好重点在建、续建项目，严格新上项目准入标准，注重提高投资质量和效益。积极稳妥推进城镇化，加快新农村建设，统筹城乡协调发展。

（三）加快推进经济结构战略性调整，强化节能减排和生态环保工作。制定有效政策措施，加大经济结构调整力度，提高发展的质量、效益和水平。巩固和加强农业基础地位，继续实施最严格的耕地保护政策，加强农村农业基础设施建设，加快农业科技进步，稳定发展粮食生产，提高种粮比较效益。改造提升传统产业，培育发展战略性新兴产业，切实加强以企业为主体的科技创新能力建设，全面落实企业科技投入的激励政策，加大研发和技改投入，整合科技资源，加大科技攻关力度，提高科技资金的使用效率，加速科技成果转化为现实生产力。加快发展服务业，提高服务业发展水平和所占比重。下更大力气抓好节能减排和生态环境保护工作。抓紧完善并严格执行节能环保标准，加大执法检查力度，坚决淘汰落后产能，制止高耗能、高排放产能扩张，控制产能过剩行业重复建设。强化政府目标责任，采取切实可行措施，努力完成节能减排约束性目标。加强生态环境保护，重点抓好大气、水体、重金属、农业面源污染防治。实行能源消费强度和总量双控制，优化能源结构，大力推动煤炭清洁生产和高效利用，扎实做好应对气候变化工作。

（四）深化重点领域和关键环节改革，全面提升对外开放质量和水平。坚持社会主义市场经济改革方向,坚持用改革的办法解决发展中的突出矛盾和问题,加强改革顶层设计和制度安排,健全科学发展的体制机制。深化投资管理体制改革,加强对政府投资的有效监管,从严管理和规范地方政府举债融资行为。健全分层有序的金融市场体系,积极发展面向小型微型企业和“三农”的中小金融机构,加快利率市场化改革和汇率形成机制改革,加强和改进金融监管,引导规范民间融资健康发展。深化价格改革,完善能源资源价格形成机制,稳步推进各类电价定价机制改革,逐步理顺煤电价格关系。深化农村综合改革,保障农民合法权益。深化国有企业改革,推进国有经济战略性调整。完善和落实促进非公有制经济发展的各项政策措施,打破垄断,放宽准入,促进非公有制经济健康、快速发展。加快行政管理体制改革,切实转变政府职能,理顺政府与市场的关系,更好地发挥市场配置资源的基础性作用。稳步推进事业单位分类改革。保持外贸政策基本稳定,促进外贸稳定增长。推动出口结构优化升级,积极扩大进口,着力转变外贸发展方式。把促进资本双向流动和转变发展方式结合起来,提升我国企业参与国际分工的层次和国际化经营水平。

(五)大力保障和改善民生,促进社会和谐稳定。继续实施更加积极的就业政策,支持劳动密集型产业、服务业和小型微型企业发展,加强创业服务和职业技能培训,保护劳动者合法权益。健全覆盖城乡的社会保障体系,扩大保障覆盖范围,提高统筹层次。完善城乡低保制度和社会救助机制,积极发展老龄事业,完善残疾人社会保障和服务体系,促进社会公益事业健康发展。积极实施国家中长期教育改革和发展规划纲要,在增加教育投入的同时,注重管好用好教育经费,提高教育质量,推进义务教育均衡发展,促进教育公平。大力发展公益性文化事业,推进社会主义核心价值体系建设。继续深化医药卫生体制改革,完善基本医疗和公共卫生服务体系,加快推进公立医院改革。完善基本住房保障制度,抓紧制定并严格执行保障性住房建设、分配、管理、退出等制度和办法,切实做到公开、公正、透明。强化食品、药品、生产安全监管,有效防范并坚决遏制重特大事故发生。加强和创新社会管理,健全应急管理体制机制,妥善解决群众合法合理诉求,从源头上预防和减少各类社会矛盾,促进社会和谐稳定。

以上报告,请予审议。

全国人民代表大会财政经济委员会

2012 年 3 月 10 日

第十一届全国人民代表大会第五次会议关于 2011 年中央和地方预算执行情况与 2012 年中央和地方预算的决议

(2012 年 3 月 14 日第十一届全国人民代表大会第五次会议通过)

第十一届全国人民代表大会第五次会议审查了国务院提出的《关于 2011 年中央和地方预算执行情况与 2012 年中央和地方预算草案的报告》及 2012 年中央和地方预算草案,同意全国人民代表大会财政经济委员会的审查结果报告。会议决定,批准《关于 2011 年中央和地方预算执行情况与 2012 年中央和地方预算草案的报告》,批准 2012 年中央预算。

关于 2011 年中央和地方预算执行情况与 2012 年中央和地方预算草案的报告

——2012 年 3 月 5 日在第十一届全国人民代表大会第五次会议上

财　政　部

各位代表:

受国务院委托,现将 2011 年中央和地方预算执行情况与 2012 年中央和地方预算草案提请十一届全国人大五次会议审议,并请全国政协各位委员提出意见。

一、2011 年中央和地方预算执行情况

2011 年,在中国共产党的坚强领导下,全国各族人民同心同德、团结奋斗,各地区、各部门全面贯彻中央的决策部署,认真落实第十一届全国人民代表大会第四次会议的有关决议,牢牢把握科学发展主题和加快转变经济发展方式主线,加强和改善宏观调控,国民经济朝着宏观调控预期方向发展,人民生活不断改善,改革开放继续深化,实现了“十二五”良好开局。在此基础上,财政发展改革深入推进,预算完成情况较好。

(一)公共财政预算执行情况

全国财政收入 103740. 01 亿元,比 2010 年(下同)增长 24. 8%。加上预算安排从中央预算稳定调节基金调入 1500 亿元,使用的收入总量为 105240. 01 亿元。全国财政支出 108929. 67 亿元,增长 21. 2%。加上补充中央预算稳定调节基金 2892 亿元和地方财政结转下年支出 1918. 34 亿元,支出总量为 113740. 01 亿元。全国财政收支总量相抵,差额 8500 亿元。(见附表一、附表二)

其中:中央财政收入 51306. 15 亿元,完成预算的 111. 9%,增长 20. 8%。加上从中央预算稳定调节基金调入 1500 亿元,使用的收入总量为 52806. 15 亿元。中央财政支出 56414. 15 亿元,完成预算的 103. 8%,增长 16. 7%。其中:中央本级支出 16514. 19 亿元,增长 3. 3%;中央对地方税收返还和转移支付 39899. 96 亿元,增长 23. 4%。加上补充中央预算稳定调节基金 2892 亿元,支出总量为 59306. 15 亿元。收支总量相抵,赤字 6500 亿元,比预算减少 500 亿元。2011 年末中央财政国债余额 72044. 51 亿元,控制在年度预算限额 77708. 35 亿元以内。

图一:2011 年中央财政平衡关系

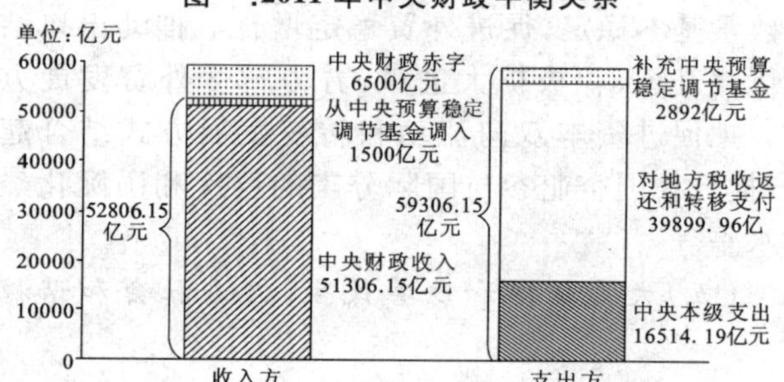

地方本级收入 52433. 86 亿元,加上中央对地方税收返还和转移支付 39899. 96 亿元,地方财政收入总量 92333. 82 亿元,增长 26. 6%。地方财政支出 92415. 48 亿元,增长 25. 1%,加上结转下年支出 1918. 34 亿元,支出总量为 94333. 82 亿元。收支总量相抵,差额 2000 亿元。

图二:2011 年地方财政平衡关系

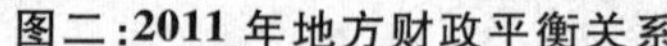

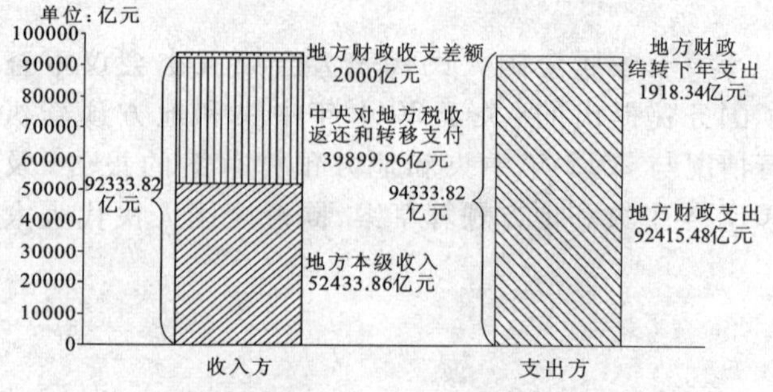

1. 中央预算主要收支项目执行情况

(1)主要收入项目执行及超收使用情况

财政收入总体情况较好,是经济平稳较快增

长、企业效益较好、物价上涨、税收征管水平提高以及将原预算外资金纳入预算管理等因素的综合反映。中央财政收入超过预算5446亿元，主要是年初收入预算安排是根据2011年国民经济和社会发展相关预期指标测算的，执行中大部分经济指标超过预期，相应带动税收收入超过预算。具体看：外贸进口增长24.9%，超过年初预期较多，进口环节税收比预算超收2729亿元；规模以上工业增加值增长13.9%，全社会固定资产投资增长23.6%，社会消费品零售总额增长17.1%，居民消费价格上涨5.4%，工业生产者出厂价格上涨6%，工业生产者购进价格上涨9.1%，均高于年初预期，国内增值税和消费税比预算超收1143亿元；全国规模以上工业企业实现利润增长25.4%，好于年初预期，企业所得税比预算超收1642亿元。（出口退税比预算增加1200亿元，相应冲减财政收入。）

主要收入项目。国内增值税18277.39亿元，完成预算的104%；国内消费税6935.93亿元，完成预算的106.7%；进口货物增值税、消费税13560.26亿元，完成预算的120.9%；关税2559.1亿元，完成预算的117.9%；企业所得税10021.81亿元，完成预算的119.6%；个人所得税3633.06亿元，完成预算的116.4%；出口货物退增值税、消费税9204.74亿元，完成预算的115%；非税收入2676.95亿元，完成预算的128.7%。（见附表三、附图一）

超收收入使用。按照有关法律法规和第十一届全国人民代表大会第四次会议有关决议要求，在中央财政超收的5446亿元中，用于增加对地方税收返还和一般性转移支付944亿元，增加教育支出300亿元，增加科学技术支出76亿元，增加保障性安居工程支出160亿元，增加公路建设、对部分困难群众和公益性行业油价补贴支出621亿元，增加困难群众一次性生活补贴支出207亿元；用于削减中央财政赤字500亿元；用于补充中央预算稳定调节基金2638亿元，留待下年度经预算安排使用。2011年中央财政超收收入安排使用情况，国务院已向十一届全国人大常委会第二十四次会议报告。

（2）主要支出项目执行情况

按照中央决策部署，经全国人大审议批准，中央财政进一步加大了对农业、教育、医疗卫生、社会保障和就业、保障性安居工程、文化、科学技术等方面的投入，各项重点支出得到较好保障。（见附表四、附图二）

教育支出3248.6亿元，完成预算的109.6%，增长27.5%。其中，中央本级支出999.05亿元，对地方转移支付2249.55亿元。支持中西部地区和民族地区发展农村学前教育，支出101.3亿元。完善农村义务教育经费保障机制，支出859.1亿元，农村中小学公用经费年生均基准定额提高100元，全国所有农村义务教育学生全部享受免除学杂费和免费教科书政策，1228万名家庭经济困难寄宿生获得资助，2600万名学生得到营养膳食补助。实施农村义务教育薄弱学校改造计划，支出186.81亿元。免除2900万名城市义务教育学生学杂费，支持1167万名农民工随迁子女在城市接受义务教育，支出77亿元。加强职业教育基础能力建设，免除395万名中等职业学校家庭经济困难学生和涉农专业学生学费，支出133.98亿元。健全家庭经济困难学生资助政策体系，支出311.19亿元，约1867万名学生受益。支持高等教育发展，支出1090.54亿元。

科学技术支出2034.06亿元，完成预算的104.6%，增长17.7%。其中，中央本级支出1942.14亿元，对地方转移支付91.92亿元。实施国家科技重大专项，支出435亿元。支持“973计划”等基础研究，支出294.8亿元。加强应用技术研究，支出997.7亿元。全面启动重大科研装备自主研制工作，提高我国科研装备研发水平。加强地方科技基础条件建设，改善科研工作环境。

文化体育与传媒支出415.88亿元，完成预算的111.1%，增长31.6%。其中，中央本级支出188.72亿元，对地方转移支付227.16亿元。支持44751家博物馆、纪念馆等公益性文化设施免费开放，推进广播电视无线覆盖等重点文化惠民工程，强化重点文物、大遗址、红色文化资源和非物质文化遗产保护，提高重点媒体国际传播能力。深化文化体制改革，促进文化产业发展。

医疗卫生支出1747.78亿元，完成预算的101.2%，增长17.7%。其中，中央本级支出71.32亿元，对地方转移支付1676.46亿元。将新型农村合作医疗和城镇居民基本医疗保险的财政补助标准由每人每年120元提高到200元，补助766.55亿元。全面实施国家基本药物制度，深化基层医疗卫生机构综合改革，清理化解基层医疗卫生机构债务，将城乡居民年人均基本公共卫生服务经费标准由15元提高到25元，实施重大公共卫生服务项目，补助352.2亿元。推进公立医院体制机制改革，加强医疗卫生机构能力建设，支出149.99亿元。加大城乡医疗救助力度，支出114.83亿元。

社会保障和就业支出4715.77亿元，完成预算的106.8%，增长23.9%。其中，中央本级支出

502.48亿元，对地方转移支付4213.29亿元。新型农村和城镇居民社会养老保险覆盖面扩大到60%以上地区，对60周岁及以上居民发放养老金，补助196亿元。对全国城乡低保对象、农村五保供养对象等8600多万名困难群众发放生活补贴，补助311亿元。提高企业退休人员基本养老金，月人均水平达到1500多元，健全企业职工基本养老保险省级统筹制度，妥善解决未参保集体企业退休人员基本养老保险问题，补助企业职工基本养老保险基金1846.9亿元。建立社会救助和保障标准与物价上涨挂钩的联动机制，将城乡最低生活保障标准分别由月人均251元和117元提高到278元和135元，提高孤儿基本生活补助标准，增加救助流浪乞讨人员的补助，支持残疾人社会保障和服务体系建设，补助797.4亿元。落实优抚对象等人员抚恤和生活补助待遇，适时调整抚恤补助标准，支出236.88亿元。保障受灾群众基本生活，支出86.4亿元。支持做好国有企业政策性关闭破产相关工作，妥善安置职工。扩大鼓励创业的财税政策扶持范围，落实各项就业扶持政策，增加小额担保贷款财政贴息，支出413.84亿元。

住房保障支出1720.63亿元，完成预算的133.1%，增长52.8%。其中，中央本级支出328.82亿元，对地方转移支付1391.81亿元。加快保障性安居工程建设，支出1432.57亿元，加上通过以前年度结转资金安排的280亿元，共支出1712.57亿元。

农林水事务支出4785.26亿元，完成预算的104.3%，增长23.3%。其中，中央本级支出416.57亿元，对地方转移支付4368.69亿元。加强农业农村基础设施建设，支出1398.78亿元，推进1250个小型农田水利重点县建设，支持1100个县开展山洪地质灾害防治，提前完成重点小型病险水库除险加固任务，治理1239条中小河流。完善农资综合补贴动态调整机制和农业保险保费补贴政策，稳定农作物良种补贴政策，进一步扩大农机购置补贴范围，支出1351.3亿元。加大农业技术推广力度，推动现代农业和农民专业合作组织发展，支出163亿元。改造中低产田、建设高标准农田2428.7万亩，支出230.12亿元。在主要牧区省份建立草原生态保护补助奖励机制，支出136亿元。构建财政综合扶贫政策体系，支持集中连片特殊困难地区扶贫攻坚，补助314.1亿元。建成村级公益事业一事一议财政奖补项目34万个，有序推进公益性乡村债务化解试点，支出183亿元。

节能环保支出1623.03亿元，完成预算的102%，增长12.5%。其中，中央本级支出74.19亿元，对地方转移支付1548.84亿元。强化重点节能工程建设，可形成2200多万吨标准煤的年节能能力；加大节能产品惠民工程实施力度，推广节能电机500多万千瓦、高效节能空调1600多万台、节能灯1.6亿只，淘汰1.5亿吨水泥、3122万吨炼铁、1925万吨焦炭的落后产能；实施三河三湖及松花江流域水污染防治等重大减排工程，建设城镇污水处理设施配套管网2万公里，在17个省份约1万个村庄开展农村环境连片整治示范，支出节能减排资金944亿元。实施天然林资源保护二期工程，巩固退耕还林、退牧还草成果，支出474.56亿元。推进新型能源建筑应用示范工程，强化生物质能源综合利用，开展可再生能源建筑应用示范，鼓励发展循环经济，支出139.43亿元。

交通运输支出3298.59亿元，完成预算的115.1%，增长26.9%。其中，中央本级支出331.11亿元，对地方转移支付2967.48亿元。强化公共交通基础设施，改扩建国省道完成2万公里，改善内河航道里程1091公里，新改建农村公路19万公里，支出2199.21亿元。对城市公交等公益性行业给予油价补贴，支出641.48亿元。支持取消政府还贷二级公路收费，补助地方260亿元。

资源勘探电力信息等事务支出826.96亿元，完成预算的111%。其中，中央本级支出464.12亿元，对地方转移支付362.84亿元。加强资源勘探电力信息等基础设施建设，支出429.75亿元。支持战略性新兴产业技术研发和产业化示范，实施重大产业创新发展等工程，对高端装备研发给予补贴，支出35亿元。促进中小企业发展，支出102.96亿元。

粮油物资储备事务支出890.62亿元，完成预算的78.8%，下降2.4%，与预算有差异主要是据实结算的储备粮食利息费用补贴少于预计。其中，中央本级支出540.08亿元，对地方转移支付350.54亿元。全额取消粮食主产区粮食风险基金地方配套并解决粮食风险基金缺口，落实粮食直补政策，支出320.33亿元。稳步提高小麦、稻谷最低收购价，实施油菜籽、大豆等临时收储政策，增加石油、有色金属等重要物资储备，支出450.23亿元。

国防支出5835.97亿元，完成预算的100%，增长12.6%。其中，中央本级支出5829.62亿元，对地方转移支付6.35亿元。支持改善官兵生活待遇，加强军队信息化建设，更新装备及配套设施，提高军队抢险救灾应急能力。

公共安全支出1695.47亿元，完成预算的

104.8%，增长14.9%。其中，中央本级支出1037.01亿元，对地方转移支付658.46亿元。推进政法经费保障体制改革，增强基层政法部门的服务能力。

需要说明的是，因据实结算的粮油物资储备事务等支出减少，2011年中央财政支出结余254亿元，转入中央预算稳定调节基金。

(3)中央对地方税收返还和转移支付执行情况

中央对地方税收返还和转移支付39899.96亿元，完成预算的106.9%，增长23.4%。其中：税收返还5078.38亿元，增长1.7%；一般性转移支付18299.93亿元，增长38.3%；专项转移支付16521.65亿元，增长17.1%。在一般性转移支付中，均衡性转移支付7486.81亿元，义务教育转移支付1065.01亿元，基本养老金和低保等转移支付2750.98亿元，新型农村合作医疗等转移支付779.81亿元，村级公益事业奖补等转移支付184.71亿元，资源枯竭城市转移支付135亿元，成品油税费改革转移支付581亿元。(见附表五)

2. 地方预算主要收支项目执行情况

主要收入项目。国内增值税5989.25亿元，增长15.3%；营业税13504.05亿元，增长22.7%；企业所得税6738.54亿元，增长33.5%；个人所得税2421.03亿元，增长25.2%；城市维护建设税2608.09亿元，增长50.2%；契税2763.61亿元，增长12.1%；非税收入11342.75亿元，增长43.4%。

主要支出项目。教育支出15117.06亿元，增长27.8%；科学技术支出1864.23亿元，增长17.3%；文化体育与传媒支出1701.58亿元，增长22.2%；医疗卫生支出6296.17亿元，增长33.1%；社会保障和就业支出10641.41亿元，增长22.6%；住房保障支出3493.67亿元，增长75.5%；农林水事务支出9473.49亿元，增长22.4%；城乡社区事务支出7641.01亿元，增长27.8%；交通运输支出7141.26亿元，增长78.6%。以上各项支出，包括地方用中央税收返还和转移支付资金安排的支出。

汇总各项支出，2011年全国财政用在与人民群众生活直接相关的教育、医疗卫生、社会保障和就业、住房保障、文化方面的民生支出合计38108亿元，增长30.3%；用在农业水利、公共交通运输、节能环保、城乡社区事务等方面与民生密切相关的支出合计35629亿元。全国财政用于“三农”的支出合计29342亿元，增长21.2%。其中：支持农业生产支出10393亿元，对农民的粮食直补、农资综合补贴、良种补贴、农机购置补贴支出1439亿元，促进农村教育、卫生等社会事业发展支出16240亿元，农产品储备费用和利息等支出1270亿元。需要说明的是，民生和“三农”支出不是单独的预算科目，为了便于审议，将与民生和“三农”相关的支出项目综合反映出来，因而存在一些交叉重复。

(二)政府性基金预算执行情况

2011年全国政府性基金收入41359.63亿元，增长12.4%；全国政府性基金支出39642.43亿元，增长16.8%。

1. 中央政府性基金预算执行情况

中央政府性基金收入3125.93亿元，完成预算的110.6%，下降1.6%。其中：铁路建设基金收入648亿元，港口建设费收入136.02亿元，彩票公益金收入317.45亿元，大中型水库移民后期扶持基金收入217.41亿元，中央农网还贷资金收入100亿元等。加上2010年结转收入794.87亿元，2011年使用的中央政府性基金收入总量为3920.8亿元。中央政府性基金支出3103.49亿元，完成预算的85.8%，增长2.9%。其中：中央本级支出2156.87亿元，下降5.6%，包括铁路建设支出682.92亿元，港口建设支出73.35亿元，彩票公益金用于社会福利、体育、教育等社会公益事业支出191.25亿元，中央农网还贷资金支出105.26亿元等；对地方转移支付946.62亿元，增长29.2%。中央政府性基金结转下年支出817.31亿元。(见附表六、附表七)

2. 地方政府性基金预算执行情况

地方政府性基金本级收入38233.7亿元，增长13.8%。其中：国有土地使用权出让收入33166.24亿元，城市基础设施配套费收入857.26亿元，彩票公益金收入311.6亿元，地方教育附加收入688.13亿元。加上中央政府性基金对地方转移支付946.62亿元，地方政府性基金收入为39180.32亿元。地方政府性基金支出37485.56亿元，增长18.4%。其中：国有土地使用权出让收入安排的支出32931.99亿元，包括征地拆迁补偿等成本性支出23629.97亿元、农业土地开发整理和农村基础设施建设以及补助农民等支出2351.06亿元、用于教育支出197.46亿元、用于农田水利建设支出120.35亿元、用于保障性安居工程支出668.58亿元、按城市房地产管理法规定用于城市建设支出5964.57亿元；彩票公益金用于社会福利、体育、教育等社会公益事业支出301.4亿元；城市基础设施配套支出741.04亿元；地方教育附加安排的教育支出386.51亿元。地方政府性基金收入大于支出部分结转下年使用。

（三）中央国有资本经营预算执行情况

2011 年中央国有资本经营收入 765.02 亿元，完成预算的 90.6%，增长 36.9%，与预算有差异主要是国有股减持数量少于预期。加上 2010 年结转收入 35.59 亿元，使用的收入总量为 800.61 亿元。中央国有资本经营支出 769.54 亿元，完成预算的 89.6%，增长 42%，与预算有差异主要是国有股减持收入减少，支出相应减少。其中：国有经济和产业结构调整支出 491.66 亿元，中央企业改革脱困补助支出 23.12 亿元，重大科技创新支出 35 亿元，重大节能减排支出 35 亿元，境外投资支出 23.18 亿元，安全生产保障能力建设支出 9.55 亿元，兼并重组支出 80 亿元，新兴产业等发展支出 26.09 亿元，调入公共财政预算用于社会保障等支出 40 亿元。（见附表八、附表九）

以上有关预算执行的具体情况详见《中华人民共和国 2011 年全国预算执行情况 2012 年全国预算（草案）》。

（四）积极的财政政策实施情况

扎实落实积极的财政政策，进一步巩固和扩大应对国际金融危机冲击成果，促进经济平稳较快发展和物价总水平基本稳定。

充分发挥财税政策的作用，促进物价总水平保持基本稳定。大力支持增加农产品供给，稳定成品油、化肥等供应，加大对生猪生产的扶持力度，加强储备物资市场调控，实施政策性粮油定向销售，扩大生活必需商品、原材料进口，促进市场供求平衡。对鲜活农产品运输车辆免收车辆通行费，开展收费公路专项清理，降低流通成本。落实对城乡低收入群体的各项补助政策，对部分困难群众和公益性行业给予油价补贴，降低物价上涨对困难群体的影响。

增加城乡居民收入，提高居民消费能力。合理调整国民收入分配关系，扩大财政补助规模，增加对农民的补贴，加强农业基础设施建设，深入推进财政扶贫开发，促进农民增收；提高城乡居民最低生活保障标准，增加企业退休人员基本养老金，扩大新型农村和城镇居民社会养老保险试点范围，落实义务教育学校、公共卫生和基层医疗卫生事业单位绩效工资等政策，提高居民消费能力。完善家电下乡和家电以旧换新政策。支持商贸流通发展，改善消费环境。

优化投资结构，加强经济社会发展的薄弱环节。中央基建投资主要用于支持保障性安居工程、以水利为重点的农业基础设施、教育卫生基础设施建设，节能减排和生态环保，新疆、西藏及青海等四省藏区经济社会发展，自主创新和战略性新兴产业发展等方面，优先保证重点在建、续建项目的资金需求，有序启动“十二五”规划重大项目建设。

完善结构性减税政策，引导企业投资和居民消费。将个人所得税工薪所得减除费用标准由 2000 元/月提高到 3500 元/月并调整税率结构，降低中低收入者税负。对部分小型微利企业继续实行所得税优惠政策，出台提高增值税、营业税起征点等一系列税收减免政策，减轻中小企业负担。对 600 多种资源性产品、基础原材料和关键零部件实施较低的年度进口关税暂定税率。继续实施西部大开发等税收优惠政策。取消和减免 77 项收费和基金，减轻企业和居民负担。

（五）财税改革进展情况

继续优化转移支付结构，增加一般性转移支付。完善县级基本财力保障机制，提高基层政府公共服务保障水平。在 27 个省份的 1080 个县实行省直管县财政管理方式改革。健全公共财政预算，细化政府性基金预算，扩大国有资本经营预算实施范围和社会保险基金预算试编范围。全面取消预算外资金，将所有政府性收入纳入预算管理。完善部门预算、国库集中收付、政府采购等预算管理制度，积极推进全过程预算绩效管理。出台营业税改征增值税的试点方案，促进服务业发展。改革个人所得税制度。开展对个人住房征收房产税改革试点，调整个人住房转让营业税政策。在全国范围内实施原油、天然气资源税从价计征改革，统一内外资企业的油气资源税制度。提高中央财政补助标准，在全国推进厂办大集体改革。支持国有金融机构改革，完善金融企业绩效评价制度。

（六）落实全国人大预算决议有关情况

按照第十一届全国人民代表大会第四次会议有关决议，以及全国人大财政经济委员会的审查意见，实施有利于转变经济发展方式的财税政策，着力保障重点支出，严格预算执行，健全预算管理制度，完善县级基本财力保障机制。深入推进财政科学化精细化管理。加强财税立法工作，积极做好出台车船税法和修订个人所得税法、资源税暂行条例的相关工作，稳步推进修改预算法、注册会计师法以及资产评估立法等工作。细化公共财政预算编制，预算年初到位率继续提高。狠抓预算支出执行管理，预算执行进度进一步加快。开展重大财税政策实施情况的专项检查，强化对“三农”、医改等重点民生资金的监督，覆盖所有政府性资金和财政运行全过程的监督机制不断健全。深入推进“小金库”专项治理工作，防治“小金库”长效机制初步建立。深化中央财政预决算公开，向社会公开的财政决算细化到项级科目。92个中央部门向社会公开了部门预算表和财政拨款表，并公开了部门决算。省级公共财政预算全部公开，地方部门预算、基层财政专项支出等公开工作明显加快。中央和地方有关部门公开了“三公经费”支出情况。规范地方政府融资平台公司债务管理，清理核实地方政府融资平台公司债务金额。接受全国人大常委会的询问，向全国人大常委会报告预算执行情况，并根据审议意见落实改进措施。国务院已向全国人大常委会报告有关情况。

总的看，2011年预算完成情况较好，各项财政工作取得了新的进展。这是党中央、国务院科学决策、正确领导的结果，是全国人大、政协监督指导、大力支持的结果，是各地区、各部门密切配合、扎实工作的结果，是全国各族人民共同努力、艰苦奋斗的结果。同时，我们也清醒地认识到，财政运行和财政工作还面临一些困难和问题：税制结构不尽合理，财税政策在促进经济发展方式转变和调节收入分配等方面作用发挥不够充分；转移支付制度尚不完善，转移支付结构需进一步优化；财政支出结构调整难度增加，保障和改善民生的任务艰巨；地方政府性债务举借和偿还机制不够健全，风险不容忽视；损失浪费现象时有发生，财政管理仍需加强，资金使用效益需进一步提高等。我们将高度重视这些问题，继续采取有效措施，努力加以解决。

二、2012年中央和地方预算草案

（一）当前我国财政经济形势

2012年我国经济发展面临的形势更加复杂，财政收支矛盾比较突出。收入方面，经济保持稳定增长将为财政增收奠定坚实基础。但国内外经济形势存在较多不确定性，企业实现利润增幅下降，加上结构性减税力度加大，提高个人所得税工薪所得减除费用标准和调整税率结构翘尾，开展营业税改征增值税试点，提高石油特别收益金起征点，延长实施并扩大小型微利企业所得税优惠政策适用范围，提高增值税和营业税起征点等，都将减少收入，影响财政收入增长。支出方面，增加国家财政性教育经费投入，实现新型农村和城镇居民社会养老保险制度全覆盖，提高企业退休人员基本养老金水平以及新型农村合作医疗和城镇居民基本医疗保险财政补助标准，加大保障性安居工程投入力度等，都需要增加较多的财政投入，财政支出压力较大。

（二）财政预算编制和财政工作总体要求

根据中央决策部署，2012年财政预算编制和财政工作，将全面贯彻党的十七大、十七届三中、四中、五中、六中全会和中央经济工作会议精神，以邓小平理论和“三个代表”重要思想为指导，深入贯彻落实科学发展观，紧紧围绕科学发展主题和加快转变经济发展方式主线，把握好稳中求进的工作总基调，实施积极的财政政策，深化财税制度改革，完善结构性减税政策，推动国民收入分配格局调整，进一步优化财政支出结构，加大对“三农”、教育、医疗卫生、社会保障和就业、文化、保障性安居工程、节能环保以及欠发达地区的支持力度，严格控制一般性支出，切实保障和改善民生，坚持依法理财、统筹兼顾和增收节支的方针，加强财政科学管理，提高财政资金使用绩效，推动经济结构调整和区域协调发展，促进经济平稳较快发展和物价总水平基本稳定，保持社会和谐稳定，以经济社会发展的优异成绩迎接党的十八大胜利召开。

实施积极的财政政策，主要体现在以下几个方面：

一是完善结构性减税政策，减轻企业和居民负担。落实新的个人所得税法。实施好提高增值税、营业税起征点等减轻小型微型企业税费负担的政策。对小型微利企业实施所得税减半征收优惠政策。开展好营业税改征增值税试点，并稳步扩大试点范围，促进服务业特别是现代服务业发展。降低部分进口商品关税，增加能源资源性产品、先进设备和关键零部件进口。扩大物流企业营业税差额纳税试点范围，完善大宗商品仓储设施用地城镇土地使用税政策，对蔬菜的批发、零售免征增值税，减轻物流企业和农产品生产流通环节的税收负担。依法落实好其他各项税收减免政策。清理取消部分涉及企业的行政事业性收费。

二是增加居民收入，提高消费能力。实施更加积极的就业政策，落实最低工资制度。扩大财政补助规模，提高城乡居民特别是中低收入者的收入，减轻群众在教育、医疗、住房等方面的负担，增强城乡居民消费能力。支持商贸流通体系建设，为城乡居民创造良好的消费环境。

三是进一步优化支出结构，着力保障和改善民生。保持较大的财政支出力度，加大民生投入，向基层、农村、边远地区和困难群体倾斜，推动教育、医疗卫生、社会保障和就业、保障性安居工程、公共文化等社会事业加快发展。优化投资结构，加强经济社会发展的薄弱环节。严格控制新上项目，防止重复建设。严格控制行政经费等一般性支出，切实降低行政成本。

四是促进经济结构调整和区域协调发展，推动经济发展方式加快转变。充分发挥财税政策在结构调整方面的重要作用，不断增加财政投入，完善有利于经济发展方式转变的财税体制机制。加大科技投入，优化科技支出结构，大力支持自主创新和提高产业核心竞争力。积极推动节能减排，加快发展新能源、可再生能源和清洁能源。建立健全排污权有偿使用和交易政策体系。将草原生态保护补助奖励政策覆盖到国家确定的全部牧业半牧业县。加大对中小企业的资金支持力度，实施税费减免政策，促进中小企业稳健经营和持续发展。大力支持战略性新兴产业和高技术产业发展，促进传统产业优化升级，推动现代服务业加快发展。实施重大文化产业项目带动战略。落实促进区域协调发展的各项财税政策，提高困难地区落实各项民生政策的保障能力。扩大绿色重点小城镇试点，积极稳妥推进城镇化。

2012 年，全国财政将在统筹兼顾的基础上集中财力办几件保障和改善民生的大事：一是加大教育投入力度，确保实现国家财政性教育经费支出占国内生产总值 4% 的目标；二是加快推进社会保障体系建设，实现新型农村和城镇居民社会养老保险制度全覆盖；三是深化医药卫生体制改革，提高新型农村合作医疗和城镇居民基本医疗保险的财政补助标准，加快公立医院改革试点，缓解看病贵、看病难的问题；四是扎实推进保障性安居工程建设，在做好未完工项目建设的同时，新开工建设 700 万套以上，缓解城镇低收入群众、新就业职工、农民工住房困难问题；五是大力促进文化发展繁荣，保证公共财政对文化建设投入的增长幅度高于财政经常性收入增长幅度，更好地满足人民群众精神文化需求；六是加大强农惠农富农政策力度，大力支持农田水利等农村生产生活基础设施建设，着力推动农业科技创新，促进农业增产、农民增收和农村繁荣。

（三）公共财政预算安排情况

根据中央经济工作会议确定的 2012 年经济社会发展预期指标、经济社会政策和预算编制的总体要求，2012 年公共财政预算主要指标拟安排如下：中央财政收入 55920 亿元，比 2011 年执行数（下同）增长 9%；从中央预算稳定调节基金调入 2700 亿元，合计可使用的收入总量为 58620 亿元。中央财政支出总量 64120 亿元，增长 13.7%。其中，中央本级支出 18519 亿元，增长 12.1%；中央对地方税收返还和转移支付 45101 亿元，增长 13%；中央预备费 500 亿元，与 2011 年预算持平。收支总量相抵，中央财政赤字 5500 亿元，比 2011 年执行数减少 1000 亿元。中央财政国债余额限额 82708.35 亿元。

图三：2012 年中央财政预算平衡关系

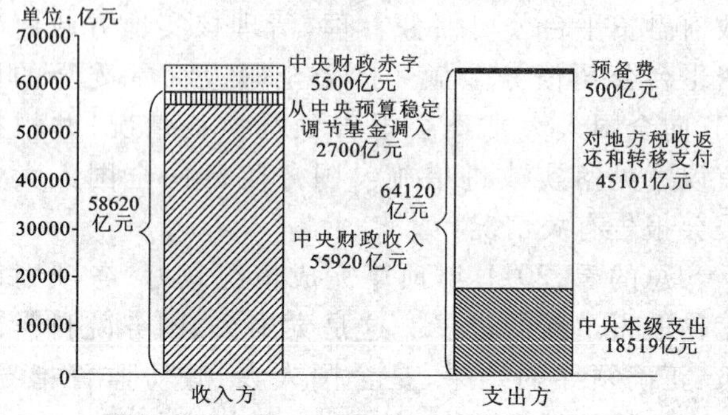

根据地方预算初步安排情况，中央财政代编的地方本级收入 57680 亿元，增长 10%，加上中央对地方税收返还和转移支付 45101 亿元，地方财政收入合计 102781 亿元；中央代地方发债 2500 亿元。地方财政支出 105281 亿元，增长 13.9%。发行地方债比上年增加 500 亿元，主要是考虑保障性安居工程需加大投入，规范地方政府融资平台公司债务管理后公益性在建项目需要安排一部分后续资金等。地方财政收支预算由地方各级人民政府编制，报同级人民代表大会批准。

汇总中央和地方预算安排，全国财政收入 113600 亿元，增长 9.5%。加上从中央预算稳定调节基金调入 2700 亿元，可安排的收入总量为 116300 亿元。全国财政支出 124300 亿元，增长 14.1%。收支差额 8000 亿元（其中，中央财政赤字 5500 亿元），比上年减少 500 亿元，占国内生产总值的比重下降到 1.5% 左右。（见附表十、附表十一）

1. 中央预算主要收支项目安排情况

（1）主要收入项目安排情况

根据国民经济和社会发展计划相关预期指标，考虑财税政策调整的增减收因素，对各项收入进行具体分析测算，2012 年中央财政主要收入项目指标拟安排如下：国内增值税 20250 亿元，增长 10.8%；国内消费税 7700 亿元，增长 11%；关税和进口货物增值税、消费税 17528 亿元，增长 8.7%；企业所得税 11120 亿元，增长 11%；个人所得税 3400 亿元，下降 6.4%；出口货物退增值税、消费税 9950 亿元，增长 8.1%；非税收入 2826 亿元，增长 5.6%。（见附表十二、附图三）

(2)主要支出项目安排情况

进一步优化财政支出结构，中央财政主要支出项目拟安排如下(见附表十三、附图四)：

教育支出3781.32亿元，增长16.4%。其中，中央本级支出1028.87亿元，对地方转移支付2752.45亿元。落实促进学前教育发展的一系列政策措施，重点支持中西部地区和东部困难地区，补助150亿元，增长48.1%。完善农村义务教育经费保障机制，推进农村义务教育薄弱学校改造，实施农村义务教育教师特设岗位计划和中小学教师国家级培训计划，促进义务教育均衡发展，安排资金1057.54亿元。在集中连片特殊困难地区实施农村义务教育学生营养改善计划，安排奖补资金160亿元。免除城市义务教育学生学杂费，支持进城务工人员随迁子女公平接受义务教育，安排资金82亿元。继续加强职业教育基础能力建设，逐步实行中等职业教育免费制度，安排资金256.8亿元，增长91.7%。健全家庭经济困难学生国家资助政策体系，补助206.97亿元。推进"985工程"、"211工程"等，大力支持地方高校发展，安排资金1352.5亿元，增长24%。

科学技术支出2285.46亿元，增长12.4%。其中，中央本级支出2234.4亿元，对地方转移支付51.06亿元。保障国家科技重大专项实施，安排资金456亿元。增加对国家自然科学基金投入，推动国家重点实验室和基础科研机构能力建设等，安排资金324.59亿元。支持前沿技术研究、社会公益研究和重大共性关键技术研究开发等，安排资金1193.9亿元，增长19.7%。加强产业关键技术研发、产业化和企业创新能力建设，安排资金41.2亿元。启动国家科技成果转化引导基金，推动科技成果转化。引导地方科技工作发展，促进形成各具特色的区域创新体系。加大知识产权保护力度，推动发展自主知识产权。

文化体育与传媒支出493.84亿元，增长18.7%。其中，中央本级支出207.33亿元，对地方转移支付286.51亿元。大力推动公共文化服务体系建设，支持博物馆、公共图书馆等公益性文化设施免费开放，继续实施重点文化惠民工程，安排资金145.46亿元。加大对国家重点文物、大遗址、红色文化资源和非物质文化遗产保护力度，安排资金61.24亿元，增长40%。加强重点媒体国际传播能力建设，促进中华文化"走出去"，安排资金27.5亿元，增长37.5%。支持文化产业发展，安排资金34亿元，增长70%。

医疗卫生支出2035.05亿元，增长16.4%。其中，中央本级支出83.31亿元，对地方转移支付1951.74亿元。将新型农村合作医疗和城镇居民基本医疗保险的财政补助标准增加到每人每年240元，并适当提高报销水平，补助1050亿元，增长37%。完善国家基本药物制度，深化基层医疗卫生机构综合改革。健全城乡基本公共卫生服务经费保障机制，继续实施基本公共卫生服务项目和艾滋病、结核病等重大传染病防治，安排资金358亿元。加快推进以县级医院为重点的公立医院改革试点。支持做好城乡医疗救助工作，安排资金114.83亿元。

社会保障和就业支出5750.73亿元，增长21.9%。其中，中央本级支出570.63亿元，对地方转移支付5180.1亿元。从7月1日起实现新型农村和城镇居民社会养老保险制度全覆盖，补助771亿元。继续提高企业退休人员基本养老金水平，健全企业职工基本养老保险省级统筹制度，补助2173.73亿元。适当提高城乡居民最低生活保障标准，中央财政分别按月人均15元和12元增加补助，进一步完善孤儿、残疾人、流浪乞讨人员等社会救助体系，安排资金928.88亿元。适时调整优抚对象等人员抚恤和生活补助标准，安排资金288.37亿元。保障受灾群众基本生活，安排资金130亿元。加大就业扶持政策力度，安排资金439.17亿元。

住房保障支出2117.55亿元，增长23.1%。其中，中央本级支出374.4亿元，对地方转移支付1743.15亿元。加强保障性安居工程建设，适当扩大农村危房改造范围并提高中央财政补助标准，扎实推进游牧民定居工程建设，安排资金1787.46亿元，增长24.8%。

农林水事务支出5491.45亿元，增长14.8%。其中，中央本级支出427.44亿元，对地方转移支付5064.01亿元。大力推进小型农田水利重点县建设，适当提高建设标准和补助标准，加强中小河流治理、小型病险水库除险加固和山洪地质灾害防治，安排农业农村基础设施建设支出1654.46亿元。完善农作物良种补贴政策，增加农资综合补贴、农机购置补贴规模，扩大农业保险保费补贴区域和品种，进一步加大造林补贴力度，安排资金1693.38亿元。加大农业科技投入，改善农业科技创新条件，支持现代种业发展和基层农技推广体系建设，促进农业科技成果转化与技术推广，安排资金101亿元，增长53%。以粮食主产区和产粮大县为重点，加强农业综合开发，安排资金290.12亿元。全面落实草原生态保护补助奖励政策，安排资金 150.58 亿元。大幅增加综合扶贫投入，其中财政专项扶贫资金安排 372.86 亿元，增长 18.7%，提高农村贫困地区和贫困人口自我发展能力。深入推进村级公益事业建设一事一议财政奖补，完善村级公益事业民办公助机制等，补助 248 亿元。

节能环保支出 1769.1 亿元，增长 9%。其中，中央本级支出 63.44 亿元，对地方转移支付 1705.66 亿元。推进重点节能工程建设，加强重点领域节能，加大节能产品惠民工程实施力度，淘汰落后产能，强化重金属污染防治和农村环境综合整治，推进城镇污水处理设施配套管网建设，安排节能减排资金 1069.19 亿元，增长 13.3%。巩固天然林保护、退耕还林、退牧还草成果，安排资金 474.56 亿元，与上年持平。加快发展新能源、可再生能源和清洁能源，推进能源清洁化利用，大力支持循环经济发展，安排资金 141 亿元。积极应对全球气候变化，支持落实控制温室气体排放行动目标。

交通运输支出 3565.93 亿元，增长 8.1%。其中，中央本级支出 434.65 亿元，对地方转移支付 3131.28 亿元。提高综合交通运输能力，推进国省干线、内河航运、综合客货运枢纽等公共交通基础设施建设，安排资金 2367.44 亿元。继续对城市公交、农村客运等公益性行业给予油价补贴，安排资金 659.46 亿元。支持地方取消政府还贷二级公路收费，补助 260 亿元。

资源勘探电力信息等事务支出 877.26 亿元，增长 6.1%。其中，中央本级支出 450.6 亿元，对地方转移支付 426.66 亿元。促进中小企业特别是小型微型企业发展，安排资金 146.59 亿元，增长 42.4%。推进资源勘探电力信息等基础设施建设，安排资金 396.74 亿元。继续支持战略性新兴产业技术研发和产业化示范，安排资金 70 亿元。

粮油物资储备事务支出 974.19 亿元，增长 9.4%。其中，中央本级支出 609.57 亿元，对地方转移支付 364.62 亿元。继续实施粮食直补政策，安排粮食风险基金 320.3 亿元。健全粮、棉等主要农产品收储制度，稳步提高小麦、稻谷最低收购价，安排粮油等重要物资储备资金 518.76 亿元。

国防支出 6503.11 亿元，增长 11.4%。其中，中央本级支出 6479.2 亿元，对地方转移支付 23.91 亿元。支持国防和军队现代化建设，改善部队训练生活条件，提高完成多样化军事任务的能力。

公共安全支出 1826.64 亿元，增长 7.7%。其中，中央本级支出 1142.89 亿元，对地方转移支付 683.75 亿元。完善政法经费保障体制，稳步提高地方政法经费补助水平，支持地方特别是中西部地区化解政法机关基础设施建设债务，提高公共服务和社会管理能力。加强基层监管部门食品检验检测能力建设，促进保障食品安全。

(3)中央对地方税收返还和转移支付安排情况

中央对地方税收返还和转移支付 45101 亿元，增长 13%。其中：税收返还 5188.55 亿元，增长 2.2%；一般性转移支付 22526.19 亿元，增长 23.1%；专项转移支付 17386.26 亿元，增长 5.2%。在一般性转移支付中，均衡性转移支付 8583.65 亿元（其中：县级基本财力保障机制奖补资金 1075 亿元，重点生态功能区转移支付 371 亿元，产粮大县奖励资金 277.65 亿元），义务教育等转移支付 1680.32 亿元，基本养老金和低保等转移支付 3774.38 亿元，新型农村合作医疗等转移支付 1063.48 亿元，村级公益事业奖补等转移支付 253.09 亿元，成品油税费改革转移支付 784 亿元。（见附表十四）

汇总各项支出，2012 年中央财政用在与人民群众生活直接相关的教育、医疗卫生、社会保障和就业、住房保障、文化方面的民生支出安排合计 13848 亿元，增长 19.8%；用在农业水利、公共交通运输、节能环保、城乡社区事务等方面与民生密切相关的支出安排合计 15124 亿元；中央对地方税收返还和一般性转移支付大部分也将用于保障和改善民生。中央财政用于“三农”的支出安排合计 12286.6 亿元，增长 17.9%。其中：支持农业生产支出 4724.2 亿元，对农民的粮食直补、农资综合补贴、良种补贴、农机购置补贴支出 1628 亿元，促进农村教育、卫生等社会事业发展支出 5313.9 亿元，农产品储备费用和利息等支出 620.5 亿元。中央基建投资安排合计 4026 亿元（见附表十五）。

中央预算稳定调节基金情况。2011 年初余额为 878 亿元，执行中用超收收入补充和支出结余转入，共增加 2892 亿元，年底余额为 3770 亿元。2012 年初预算调入使用 2700 亿元后，剩余 1070 亿元。

2. 地方预算主要收支项目安排情况

主要收入项目。国内增值税 6640 亿元，增长 10.9%；营业税 14820 亿元，增长 9.7%；企业所得税 7550 亿元，增长 12%；个人所得税 2267 亿元，下降 6.4%；城市维护建设税 2920 亿元，增长 12%；契税 3050 亿元，增长 10.4%；非税收入 12485 亿元，增长 10.1%。

主要支出项目。教育支出 17900.24 亿元，增长

18.4%；科学技术支出2110.3亿元，增长13.2%；文化体育与传媒支出1971.5亿元，增长15.9%；医疗卫生支出7264.6亿元，增长15.4%；社会保障和就业支出12367.29亿元，增长16.2%；住房保障支出4024亿元，增长15.2%；农林水事务支出10816.78亿元，增长14.2%；城乡社区事务支出8586.05亿元，增长12.4%；交通运输支出7790亿元，增长9.1%。以上各项支出，包括地方用中央税收返还和转移支付资金安排的支出。

地方财政收支预算由地方各级人民政府编制，报同级人民代表大会批准。

（四）政府性基金预算安排情况

1. 中央政府性基金预算安排情况

中央政府性基金收入2990.35亿元，下降4.3%。其中：铁路建设基金收入680.4亿元，港口建设费收入92亿元，民航基础设施建设基金及机场管理建设费收入218.35亿元，彩票公益金收入349.2亿元，大中型水库移民后期扶持基金收入234.8亿元，中央农网还贷资金收入105亿元等。加上上年结转收入817.31亿元，可安排的中央政府性基金收入总量为3807.66亿元。中央政府性基金支出3807.66亿元，增长22.7%。其中：中央本级支出2497.33亿元，增长15.8%，包括铁路建设支出680.4亿元，港口建设支出64.44亿元，民航基础设施建设及机场管理建设支出134.08亿元，彩票公益金用于社会福利、体育、教育等社会公益事业支出319.51亿元，中央农网还贷资金支出109.68亿元等；对地方转移支付1310.33亿元，增长38.4%。（见附表十六、附表十七）

2. 地方政府性基金预算安排情况

地方政府性基金本级收入31806.41亿元，下降16.8%。其中：国有土地使用权出让收入27010.66亿元（下降18.6%），城市基础设施配套费收入722.49亿元，彩票公益金收入304.41亿元，地方教育附加收入770.04亿元等。加上中央政府性基金对地方转移支付1310.33亿元，地方政府性基金收入为33116.74亿元。地方政府性基金支出33116.74亿元，下降11.7%。其中：用国有土地使用权出让收入安排的支出28241.05亿元，包括征地拆迁补偿等成本性支出19415.71亿元、农业土地开发整理和农村基础设施建设以及补助农民等支出1534.92亿元、教育支出305.94亿元、农田水利建设支出297.97亿元、保障性安居工程支出624.89亿元、城市建设支出6061.62亿元；彩票公益金用于社会福利、体育、教育等社会公益事业支出312.49亿元；城市基础设施配套费安排的支出637.44亿元；地方教育附加安排的教育支出665.99亿元。

汇总中央和地方预算安排，全国政府性基金收入34796.76亿元，下降15.9%，加上上年结转收入817.31亿元，可安排的全国政府性基金收入总量为35614.07亿元；全国政府性基金支出35614.07亿元，下降10.2%。

（五）国有资本经营预算安排情况

1. 中央国有资本经营预算安排情况

2012年，进一步扩大中央国有资本经营预算实施范围，将部分部委所属的一些企业纳入国有资本经营预算，增加用于保障和改善民生的支出。中央国有资本经营收入844亿元，增长10.3%。其中：利润收入823亿元，产权转让收入20亿元等。加上上年结转收入31.07亿元，可安排的中央国有资本经营收入总量为875.07亿元。中央国有资本经营支出875.07亿元，增长13.7%。主要用于：中央企业兼并重组支出80亿元，国有经济和产业结构调整支出133亿元，重大科技创新支出110亿元，节能减排支出80亿元，支持企业“走出去”支出80亿元，企业改革补助支出225亿元，新兴产业发展支出45亿元，国有股减持收入补充全国社会保障基金支出20.1亿元，其他用于国有企业改革发展的支出51.97亿元，调入公共财政预算用于社会保障等民生方面的支出50亿元（增长25%）。（见附表十八、附表十九）

2. 地方国有资本经营预算安排情况

地方国有资本经营收入402.49亿元。其中：利润收入208.98亿元，股利、股息收入76.2亿元，产权转让收入79.91亿元，其他国有资本经营收入36.02亿元等。地方国有资本经营支出402.49亿元。主要用于：企业兼并重组支出30.46亿元，国有经济和产业结构调整支出166.98亿元，科技创新及产业化支出28.11亿元，节能减排支出16.79亿元，企业改革补助支出70.2亿元，其他项目支出49.1亿元等。

汇总中央和地方预算安排，全国国有资本经营收入1246.49亿元，加上上年结转收入31.07亿元，可安排的全国国有资本经营收入总量为1277.56亿元；全国国有资本经营支出1277.56亿元。

汇总上述公共财政预算、政府性基金预算中安排用于教育的支出，以及其他财政性教育经费，2012年国家财政性教育经费支出21984.63亿元，占国内生产总值4%以上。（见附表二十）

以上有关预算安排的具体情况详见《中华人民

共和国2011年全国预算执行情况2012年全国预算（草案）》。

三、坚持依法理财，强化科学管理，确保完成2012年预算

（一）加强和改善财政宏观调控。密切跟踪经济发展变化，督促检查积极的财政政策实施情况，处理好保持经济平稳较快发展、调整经济结构、管理通胀预期的关系，保持财政政策的连续性和稳定性，增强财政宏观调控的针对性、灵活性和前瞻性，注重财政发展的可持续性。发挥财政政策的作用，推动经济结构调整，扩大居民消费，支持科技创新和节能环保，推进战略性新兴产业和现代服务业发展，促进区域协调和城乡统筹发展，切实提高经济发展的质量和效益。发挥财税政策稳定物价的作用。努力保障粮食稳产增产，增加主要农副产品供应。加强重要商品物资储备和投放，支持生活必需商品、重要原材料进口。推进现代农产品流通体系建设，减轻物流企业和农产品生产流通环节税收负担，完善公路收费政策，切实降低流通成本。健全社会救助和保障标准与物价上涨挂钩的联动机制，落实好城乡低保对象、农村五保供养对象以及大中专院校家庭经济困难学生的补助政策。

（二）深化财税体制改革。健全财政转移支付制度，继续提高一般性转移支付规模和比例，清理归并部分专项转移支付项目，提高转移支付资金使用效益。完善省以下财政体制，健全县级基本财力保障机制，进一步均衡省以下财力分配，增强县级政府基本公共服务能力。深化预算管理制度改革，完善公共财政预算，提高政府性基金预算的规范性和透明度，扩大国有资本经营预算实施范围，健全社会保险基金预算制度。将部门预算制度改革覆盖到县级，将国库集中收付制度改革覆盖到各级政府及所属预算单位。推进政府会计改革，逐步建立政府财务报告制度。加快建立健全预算绩效管理制度。完善增值税制度，推进营业税改征增值税试点。健全消费税制度，促进节能减排和引导合理消费。进一步推进资源税改革，促进资源节约和环境保护。研究制定房产保有、交易环节税收改革方案，稳步推进房产税改革试点。推进城市维护建设税改革。深化环境保护税费改革。按照正税清费的原则，继续清理整合行政事业性收费和政府性基金。

（三）强化财政科学化精细化管理。加强财政法制建设，做好修改预算法、注册会计师法的相关工作，推进环境保护税法、资产评估法等法律以及国有资本经营预算条例等行政法规的立法工作。细化预算编制，进一步减少代编预算规模，提高预算年初到位率。强化基本支出管理，推动项目滚动预算编制，完善重大项目预算事前评审机制。切实加强预算支出执行管理，提高预算支出的及时性、均衡性、有效性和安全性。扩大预算支出绩效评价试点范围，原则上所有中央部门和省、市、县都要开展预算支出绩效评价试点。强化财政管理基础工作和基层建设。

切实加强地方政府性债务管理和风险防范。按照分类管理、区别对待、逐步化解的原则，继续妥善处理存量债务，落实偿债责任。进一步清理规范地方政府融资平台公司，坚决禁止各级政府以各种形式违规担保承诺。同时，把短期应对措施和长期制度建设结合起来，建立健全地方政府性债务管理制度。严格控制地方政府新增债务，建立地方政府债务规模管理和风险预警机制，把地方政府债务收支分类纳入预算管理。

积极推进财政预决算公开，增强预算透明度。扩大部门预决算公开范围，细化部门预决算公开内容。做好“三公经费”、行政经费公开工作，推进基层财政专项支出公开。严格财政监督，深入开展中央重大决策落实情况和民生、“三农”等政策资金使用的监督检查，保障政策有效落实。

（四）狠抓增收节支。在落实完善结构性减税政策的基础上，依法加强收入征管，坚决制止和纠正越权减免税收，严厉打击偷骗税违法活动，努力实现应收尽收。切实保障各项重点支出，严格控制一般性支出和“三公经费”，严格控制各种论坛、研讨会、庆典等活动和楼堂馆所建设，切实降低行政成本。积极推动节约型机关建设。坚持勤俭办一切事业，严肃财经纪律，厉行节约，坚决反对大手大脚花钱和铺张浪费行为。

各位代表，完成2012年预算意义重大。我们将在以胡锦涛同志为总书记的党中央领导下，高举中国特色社会主义伟大旗帜，坚持以邓小平理论和“三个代表”重要思想为指导，深入贯彻落实科学发展观，自觉接受全国人大的监督，虚心听取全国政协的意见和建议，开拓进取，扎实工作，确保预算圆满完成，为全面实现2012年经济社会发展目标做出积极贡献，以优异成绩迎接党的十八大胜利召开！

附表一：

2011 年全国公共财政收入情况

单位：亿元

项　　目	预算数	执行数	执行数为预算数的%	执行数为上年决算数的%
一、税收收入	79291.00	89720.31	113.2	122.6
国内增值税	23427.00	24266.64	103.6	115.0
国内消费税	6500.00	6935.93	106.7	114.2
进口货物增值税、消费税	11220.00	13560.26	120.9	129.3
出口货物退增值税、消费税	-8005.00	-9204.74	115.0	125.6
营业税	11990.00	13678.61	114.1	122.6
企业所得税	13810.00	16760.35	121.4	130.5
个人所得税	5200.00	6054.09	116.4	125.2
资源税	510.00	595.88	116.8	142.7
城市维护建设税	2040.00	2777.46	136.2	147.2
房产税	990.00	1102.36	111.3	123.3
印花税	1100.00	1042.24	94.7	100.2
其中：证券交易印花税	567.00	438.45	77.3	80.6
城镇土地使用税	1080.00	1222.26	113.2	121.7
土地增值税	1380.00	2062.51	149.5	161.3
车船税	260.00	301.99	116.2	125.0
船舶吨税	28.00	29.74	106.2	111.7
车辆购置税	1927.00	2044.45	106.1	114.1
关税	2170.00	2559.10	117.9	126.2
耕地占用税	950.00	1071.97	112.8	120.6
契税	2630.00	2763.61	105.1	112.1
烟叶税	84.00	91.45	108.9	116.7
其他税收		4.15		233.1
二、非税收入	10429.00	14019.70	134.4	141.7
专项收入	2150.00	3042.28	141.5	149.1
行政事业性收费	3200.00	4010.71	125.3	133.9
罚没收入	1122.00	1296.30	115.5	120.6
其他收入	3957.00	5670.41	143.3	150.1
全国公共财政收入	**89720.00**	**103740.01**	**115.6**	**124.8**
调入中央预算稳定调节基金	**1500.00**	**1500.00**	**100.0**	
支出大于收入的差额	**9000.00**	**8500.00**	**94.4**	

注：全国公共财政支出总量大于收入总量的差额 =（全国公共财政支出 + 补充中央预算稳定调节基金 + 地方公共财政结转下年支出）-（全国公共财政收入 + 调入中央预算稳定调节基金）

附表二：

2010 年全国公共财政支出情况

单位：亿元

项目	预算数	执行数	执行数为预算数的%	执行数为上年决算数的%
一、一般公共服务	9765.75	11109.00	113.8	119.0
二、外交	317.87	309.58	97.4	115.0
三、国防	6011.56	6026.70	100.3	113.0
四、公共安全	6244.21	6293.32	100.8	114.1
五、教育	14262.91	16116.11	113.0	128.4
六、科学技术	3689.79	3806.37	103.2	117.1
七、文化体育与传媒	1713.40	1890.30	110.3	122.5
八、社会保障和就业	10372.71	11143.89	107.4	122.0
九、医疗卫生	5360.06	6367.49	118.8	132.5
十、节能环保	2811.03	2617.62	93.1	107.2
十一、城乡社区事务	6599.24	7652.64	116.0	127.8
十二、农林水事务	9330.19	9890.06	106.0	121.7
十三、交通运输	6146.29	7472.37	121.6	136.1
十四、资源勘探电力信息等事务	3650.70	4014.22	110.0	115.2
十五、商业服务业等事务	1377.66	1412.24	102.5	110.1
十六、金融监管等事务支出	592.71	648.61	109.4	101.8
十七、地震灾后恢复重建支出	19.00	175.41	923.2	15.5
十八、国土资源气象等事务	1472.48	1509.60	102.5	113.5
十九、住房保障支出	2583.63	3822.49	148.0	160.8
二十、粮油物资储备事务	1579.43	1267.62	80.3	97.3
廿一、国债付息支出	2219.28	2388.29	107.6	129.5
廿二、其他支出	2960.10	2995.74	101.2	110.9
廿三、预备费	1140.00			
全国公共财政支出	**100220.00**	**108929.67**	**108.7**	**121.2**
补充中央预算稳定调节基金		**2892.00**		
地方公共财政结转下年支出		**1918.34**		

附表三：

2011年中央公共财政收入情况

单位：亿元

项 目	预算数	执行数	执行数为预算数的%	执行数为上年决算数的%
一、税收收入	43780.00	48629.20	111.1	120.0
国内增值税	17570.00	18277.39	104.0	115.0
国内消费税	6500.00	6935.93	106.7	114.2
进口货物增值税、消费税	11220.00	13560.26	120.9	129.3
出口货物退增值税、消费税	-8005.00	-9204.74	115.0	125.6
营业税	160.00	174.56	109.1	113.8
企业所得税	8380.00	10021.81	119.6	128.6
个人所得税	3120.00	3633.06	116.4	125.1
城市维护建设税	160.00	169.37	105.9	112.3
印花税	550.00	425.28	77.3	80.6
其中：证券交易印花税	550.00	425.28	77.3	80.6
船舶吨税	28.00	29.74	106.2	111.7
车辆购置税	1927.00	2044.45	106.1	114.1
关税	2170.00	2559.10	117.9	126.2
其他税收		2.99		
二、非税收入	2080.00	2676.95	128.7	135.3
专项收入	300.00	349.67	116.6	117.3
行政事业性收费	420.00	394.97	94.0	99.7
罚没收入	32.00	38.41	120.0	120.8
其他收入	1328.00	1893.90	142.6	151.1
中央公共财政收入	**45860.00**	**51306.15**	**111.9**	**120.8**
调入中央预算稳定调节基金	**1500.00**	**1500.00**	**100.0**	**1500.0**
支出大于收入的差额	**7000.00**	**6500.00**		

注：中央公共财政支出总量大于收入总量的差额=（中央公共财政支出+补充中央预算稳定调节基金）-（中央公共财政收入+调入中央预算稳定调节基金）

附表四：

2011年中央公共财政支出情况

（含中央本级支出及对地方税收返还和转移支付）

单位：亿元

项　　目	预算数	执行数	执行数为预算数的%	执行数为上年决算数的%
一、一般公共服务	1118.84	1190.31	106.4	110.9
二、外交	316.65	307.73	97.2	114.8
三、国防	5835.91	5835.97	100.0	112.6
四、公共安全	1617.32	1695.47	104.8	114.9
五、教育	2963.57	3248.60	109.6	127.5
六、科学技术	1944.13	2034.06	104.6	117.7
七、文化体育与传媒	374.43	415.88	111.1	131.6
八、社会保障和就业	4414.34	4715.77	106.8	123.9
九、医疗卫生	1727.58	1747.78	101.2	117.7
十、节能环保	1591.85	1623.03	102.0	112.5
十一、城乡社区事务	154.04	142.90	92.8	87.9
十二、农林水事务	4588.83	4785.26	104.3	123.3
十三、交通运输	2866.91	3298.59	115.1	126.9
十四、资源勘探电力信息等事务	744.86	826.96	111.0	99.9
十五、商业服务业等事务	706.14	737.66	104.5	108.1
十六、金融监管等事务支出	452.21	451.60	99.9	89.9
十七、地震灾后恢复重建支出		21.55		2.7
十八、国土资源气象等事务	454.89	431.84	94.9	116.7
十九、住房保障支出	1292.66	1720.63	133.1	152.8
二十、粮油物资储备事务	1130.50	890.62	78.8	97.6
廿一、预备费	500.00			
廿二、国债付息支出	1839.84	1819.96	98.9	120.6
廿三、其他支出	567.22	375.67	66.2	99.6
廿四、对地方税收返还	5067.99	5078.38	100.2	101.7
廿五、对地方一般性转移支付	12089.29	13017.93	107.7	126.8
中央公共财政支出	**54360.00**	**56414.15**	**103.8**	**116.7**
补充中央预算稳定调节基金		**2892.00**		

注：本表对地方一般性转移支付未包括已列入本表有关科目的教育、社会保障和就业、医疗卫生等转移支付。如加上这部分转移支付，则与2011年中央对地方税收返还和转移支付情况表（附表五）中的一般性转移支付一致。

附图一:2011 年中央公共财政收入结构

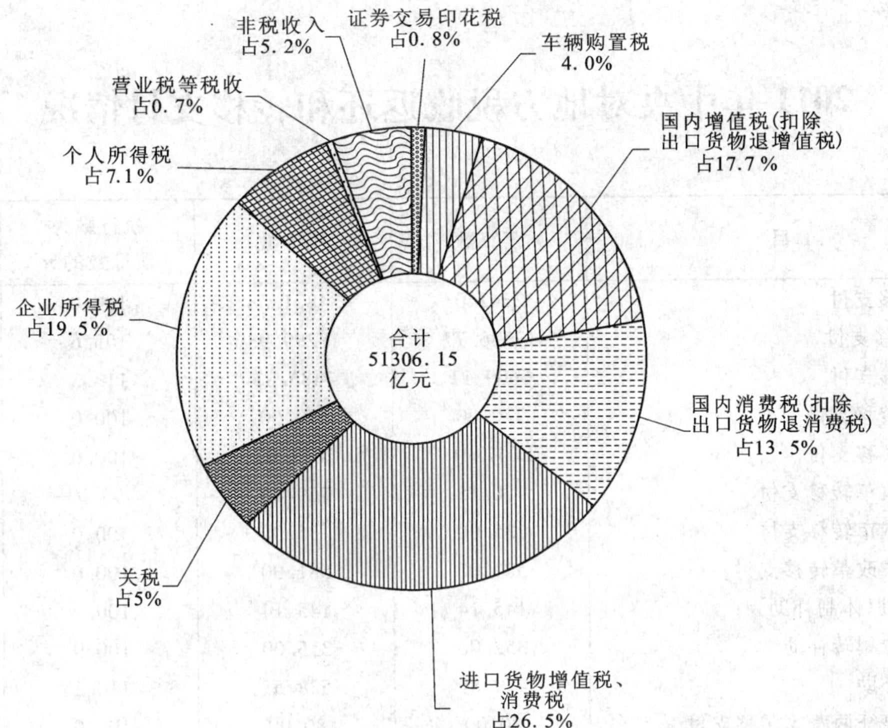

附图二:2011 年中央公共财政支出结构

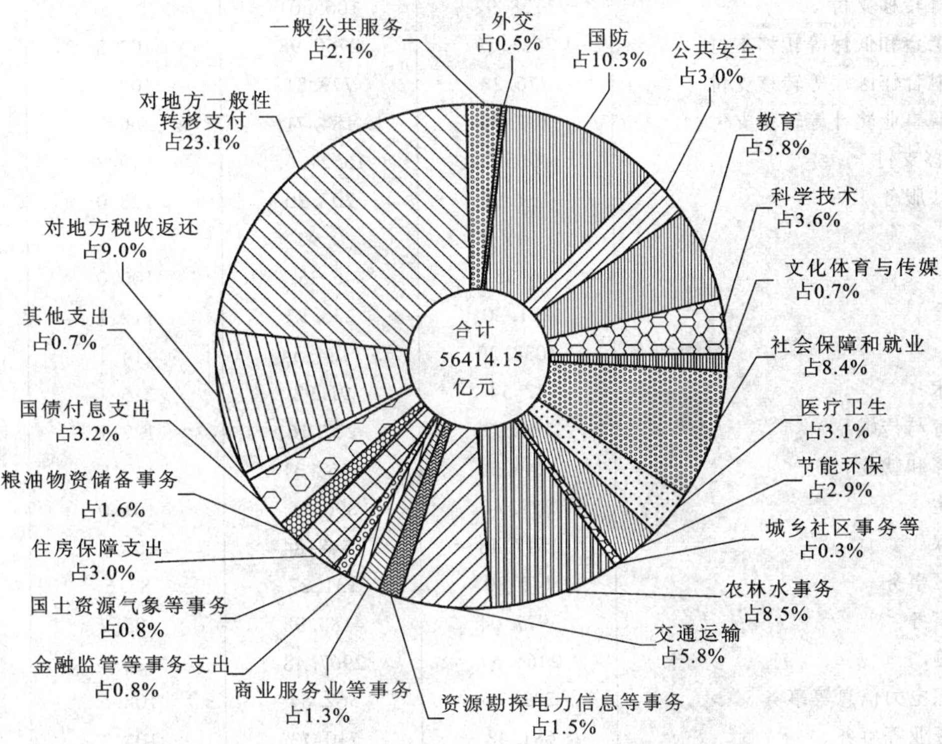

附表五:

2011年中央对地方税收返还和转移支付情况

单位:亿元

项目	预算数	执行数	执行数为预算数的%	执行数为上年决算数的%
一、中央对地方转移支付	32242.01	34821.58	108.0	127.3
(一)一般性转移支付	17336.77	18299.93	105.6	138.3
均衡性转移支付	6609.11	7486.81	113.3	137.6
民族地区转移支付	370.00	370.00	100.0	112.1
调整工资转移支付	2647.01	2647.01	100.0	111.4
农村税费改革转移支付	770.15	769.46	99.9	100.0
资源枯竭城市转移支付	135.00	135.00	100.0	180.0
成品油税费改革转移支付	581.00	581.00	100.0	166.0
定额补助(原体制补助)	145.14	145.14	100.0	103.6
企事业单位划转补助	352.00	355.00	100.9	101.4
结算财力补助	479.88	528.51	110.1	121.4
工商部门停征两费等转移支付	80.00	80.00	100.0	76.6
基层公检法司转移支付	381.49	421.49	110.5	116.3
义务教育转移支付	1138.92	1065.01	93.5	112.4
基本养老金和低保等转移支付	2683.19	2750.98	102.5	192.5
新型农村合作医疗等转移支付	776.28	779.81	100.5	4790.0
村级公益事业奖补等转移支付	187.60	184.71	98.5	172.0
(二)专项转移支付	14905.24	16521.65	110.8	117.1
一般公共服务	161.99	207.30	128.0	158.3
外交		0.92		
国防	6.35	6.35	100.0	107.3
公共安全	211.30	236.97	112.1	99.7
教育	1038.20	1184.54	114.1	134.8
科学技术	42.54	91.92	216.1	137.1
文化体育与传媒	186.03	227.16	122.1	137.0
社会保障和就业	1246.36	1462.31	117.3	75.9
医疗卫生	887.74	896.65	101.0	64.3
节能环保	1517.48	1548.84	102.1	112.8
城乡社区事务	149.80	131.27	87.6	86.1
农林水事务	3977.04	4183.98	105.2	123.6
交通运输	2466.67	2967.48	120.3	267.3
资源勘探电力信息等事务	333.98	362.84	108.6	106.9
商业服务业等事务	681.48	710.73	104.3	108.5
金融监管等事务支出	22.50	37.66	167.4	263.4
地震灾后恢复重建支出		21.55		2.8
国土资源气象等事务	287.41	200.16	69.6	103.4
住房保障支出	1001.03	1391.81	139.0	188.3
粮油物资储备事务	334.22	350.54	104.9	115.0
其他支出	353.12	300.67	85.1	107.8

续表

项 目	预算数	执行数	执行数为预算数的%	执行数为上年决算数的%
二、中央对地方税收返还	5067.99	5078.38	100.2	101.7
增值税和消费税返还	3705.00	3780.00	102.0	104.9
所得税基数返还	910.19	910.19	100.0	100.0
成品油税费改革税收返还	1531.10	1531.10	100.0	100.0
地方上解	－1078.30	－1142.91	106.0	108.8
中央对地方税收返还和转移支付	**37310.00**	**39899.96**	**106.9**	**123.4**

附表六:

2011年中央政府性基金收入情况

单位:亿元

项 目	预算数	执行数	执行数为预算数的%	执行数为上年决算数的%
一、中央农网还贷资金收入	96.01	100.00	104.2	109.4
二、铁路建设基金收入	648.00	648.00	100.0	105.0
三、民航基础设施建设基金收入	63.32	60.88	96.1	103.8
四、民航机场管理建设费收入	147.32	147.08	99.8	107.8
五、港口建设费收入	123.93	136.02	109.8	118.9
六、旅游发展基金收入	6.33	6.55	103.5	108.8
七、文化事业建设费收入	12.02	10.55	87.8	114.1
八、国家电影事业发展专项资金收入	6.10	6.10	100.0	129.5
九、新增建设用地土地有偿使用费收入	290.00	304.09	104.9	105.5
十、森林植被恢复费收入	1.03	3.03	294.2	216.4
十一、中央水利建设基金收入	38.53	39.25	101.9	134.5
十二、南水北调工程基金收入	32.90	26.77	81.4	150.6
十三、大中型水库移民后期扶持基金收入	198.11	217.41	109.7	118.5
十四、大中型水库库区基金收入	3.39	3.47	102.4	107.4
十五、三峡水库库区基金收入	6.70	6.20	92.5	92.7
十六、中央特别国债经营基金财务收入	607.75	706.84	116.3	95.0
十七、彩票公益金收入	261.50	317.45	121.4	128.1
十八、国家重大水利工程建设基金收入	198.00	214.43	108.3	117.1
十九、船舶港务费收入	39.86	41.68	104.6	120.3
二十、贸促会收费收入	0.27	0.79	292.6	292.6
廿一、长江口航道维护收入	15.15	11.64	76.8	
廿二、核电站乏燃料处理处置基金收入	30.00	24.93	83.1	361.3
廿三、铁路资产变现收入		16.50		5.0
廿四、电力改革预留资产变现收入		51.37		
廿五、无线电频率占用费收入		28.90		
廿六、其他政府性基金收入	0.05	－4.00		
中央政府性基金收入	**2826.27**	**3125.93**	**110.6**	**98.4**
上年结转收入	**790.16**	**794.87**	**100.6**	**125.0**

注:2011年其他政府性基金收入执行数为－4亿元,主要是2011年将已取消的国有土地有偿使用基金、政府住房基金、水运客货运附加费、库区维护建设基金、烟草商业专营利润等五项政府性基金预算结余4.53亿元调入公共财政预算,财务上冲减当年政府性基金收入。

附表七：

2011 年中央政府性基金支出情况

单位：亿元

项　　目	预算数	执行数	执行数为预算数的%	执行数为上年决算数的%
一、中央农网还贷资金支出	105.95	105.26	99.3	102.3
其中：中央本级支出	105.95	105.26	99.3	102.3
二、铁路建设基金支出	682.92	682.92	100.0	117.3
其中：中央本级支出	682.92	682.92	100.0	117.3
三、民航基础设施建设基金支出	90.34	72.49	80.2	182.3
其中：中央本级支出	90.34	72.49	80.2	182.3
四、民航机场管理建设费安排的支出	186.84	149.02	79.8	102.0
其中：中央本级支出	87.77	54.36	61.9	116.3
对地方转移支付	99.07	94.66	95.5	95.3
五、港口建设费安排的支出	138.36	115.00	83.1	96.3
其中：中央本级支出	101.71	73.35	72.1	84.2
对地方转移支付	36.65	41.65	113.6	129.1
六、旅游发展基金支出	8.57	7.00	81.7	115.5
其中：中央本级支出	2.81	2.30	81.9	105.5
对地方转移支付	5.76	4.70	81.6	121.1
七、文化事业建设费安排的支出	21.89	10.46	47.8	145.5
其中：中央本级支出	17.69	8.45	47.8	149.6
对地方转移支付	4.20	2.01	47.9	130.5
八、国家电影事业发展专项资金支出	9.46	4.61	48.7	120.4
其中：中央本级支出	3.46	0.56	16.2	14.6
对地方转移支付	6.00	4.05	67.5	
九、新增建设用地土地有偿使用费安排的支出	586.16	457.21	78.0	159.5
其中：中央本级支出		1.72		135.4
对地方转移支付	586.16	455.49	77.7	159.6
十、森林植被恢复费安排的支出	1.54	1.46	94.8	93.0
其中：中央本级支出	0.71	0.20	28.2	153.8
对地方转移支付	0.83	1.26	151.8	87.5
十一、中央水利建设基金支出	74.56	52.56	70.5	195.8
其中：中央本级支出	71.23	12.44	17.5	164.6
对地方转移支付	3.33	40.12	1204.8	208.1
十二、南水北调工程基金支出	37.13	30.82	83.0	168.4
其中：中央本级支出	37.13	30.82	83.0	
十三、大中型水库移民后期扶持基金支出	292.74	185.88	63.5	117.4
其中：中央本级支出	0.47	0.49	104.3	108.9
对地方转移支付	292.27	185.39	63.4	117.5
十四、大中型水库库区基金支出	4.35	3.80	87.4	148.4
其中：对地方转移支付	4.35	3.80	87.4	148.4

续表

项　　目	预算数	执行数	执行数为预算数的%	执行数为上年决算数的%
十五、三峡水库库区基金支出	11.09	3.23	29.1	55.6
其中:中央本级支出	1.50	0.31	20.7	
对地方转移支付	9.59	2.92	30.4	50.3
十六、中央特别国债经营基金财务支出	682.87	682.87	100.0	100.0
其中:中央本级支出	682.87	682.87	100.0	100.0
十七、彩票公益金安排的支出	333.92	284.72	85.3	118.8
其中:中央本级支出	244.02	191.25	78.4	137.5
对地方转移支付	89.90	93.47	104.0	92.9
十八、国家重大水利工程建设基金支出	247.09	166.75	67.5	124.4
其中:中央本级支出	158.19	166.75	105.4	124.4
对地方转移支付	88.90			
十九、船舶港务费安排的支出	39.16	37.34	95.4	105.6
其中:中央本级支出	39.16	37.34	95.4	105.6
二十、贸促会收费安排的支出	0.54			
其中:中央本级支出	0.54			
廿一、长江口航道维护支出	15.15	13.60	89.8	
其中:中央本级支出	15.15	13.60	89.8	
廿二、核电站乏燃料处理处置基金支出	36.89	2.25	6.1	
其中:中央本级支出	36.89	2.25	6.1	
廿三、铁路资产变现收入安排的支出	4.13	16.50	399.5	5.0
其中:中央本级支出	4.13	16.50	399.5	5.0
廿四、无线电频率占用费安排的支出		15.63		
其中:中央本级支出		0.63		
对地方转移支付		15.00		
廿五、其他政府性基金支出	4.78	2.11	44.1	
其中:中央本级支出	0.29	0.01	3.4	
对地方转移支付	4.49	2.10	46.8	
中央政府性基金支出	**3616.43**	**3103.49**	**85.8**	**102.9**
结转下年支出		**817.31**		

附表八：

2011年中央国有资本经营收入情况

单位：亿元

项　　目	预算数	执行数	执行数为预算数的%	执行数为上年决算数的%
一、利润收入	788.35	757.36	96.1	178.4
烟草企业利润收入	155.10	139.39	89.9	118.9
石油石化企业利润收入	264.24	266.85	101.0	216.3
电力企业利润收入	49.62	54.54	109.9	1084.3
电信企业利润收入	112.29	92.52	82.4	111.8
煤炭企业利润收入	47.51	45.24	95.2	173.5
有色冶金采掘企业利润收入	1.39	1.62	116.5	405.0
钢铁企业利润收入	16.72	17.32	103.6	269.4
运输企业利润收入	14.22	17.26	121.4	560.4
电子企业利润收入	0.82	0.43	52.4	477.8
机械企业利润收入	28.65	25.41	88.7	252.8
投资服务企业利润收入	4.26	4.33	101.6	162.2
纺织轻工企业利润收入	0.68	0.13	19.1	118.2
贸易企业利润收入	24.95	23.97	96.1	241.9
建筑施工企业利润收入	22.17	21.92	98.9	195.9
建材企业利润收入	2.35	2.48	105.5	272.5
境外企业利润收入	21.15	22.07	104.3	256.0
对外合作企业利润收入	0.21	0.20	95.2	250.0
医药企业利润收入	1.42	1.57	110.6	176.4
农林牧渔企业利润收入	0.17	0.01	5.9	16.7
转制科研院所利润收入	1.56	1.42	91.0	
地质勘查企业利润收入	0.22	0.27	122.7	
教育文化广播企业利润收入	0.23	0.24	104.3	
机关社团所属企业利润收入	1.37	2.17	158.4	
其他企业利润收入	17.05	16.00	93.8	
二、股利、股息收入	6.04	7.01	116.1	708.1
三、产权转让收入	50.00	0.65	1.3	0.5
四、清算收入				
五、其他国有资本经营收入				
中央国有资本经营收入	**844.39**	**765.02**	**90.6**	**136.9**
上年结转收入	**14.17**	**35.59**	**251.2**	**188.2**

附表九：

2011年中央国有资本经营支出情况

单位：亿元

项　　目	预算数	执行数	执行数为预算数的%	执行数为上年决算数的%
一、教育	5.00	0.21	4.2	
其他教育支出	5.00	0.21	4.2	
二、文化体育与传媒	25.00	6.03	24.1	
文化	10.00	4.00	40.0	
广播影视	10.00	0.42	4.2	
新闻出版	5.00	1.61	32.2	
三、社会保障和就业	50.00	0.51	1.0	0.4
补充全国社会保障基金	50.00	0.51	1.0	0.4
四、农林水事务	13.53	19.33	142.9	350.8
农业	13.53	19.33	142.9	350.8
五、交通运输	21.90	23.20	105.9	51.4
公路水路运输	5.55	5.97	107.6	116.1
民用航空运输	13.08	13.96	106.7	34.9
邮政业支出	3.27	3.27	100.0	
六、资源勘探电力信息等事务	611.53	592.03	96.8	215.6
资源勘探开发和服务支出	107.56	112.22	104.3	958.3
制造业	218.26	244.72	112.1	176.8
建筑业	13.44	10.65	79.2	309.6
电力监管支出	165.93	176.94	106.6	1534.6
工业和信息产业监管支出	27.84	29.83	107.1	202.0
其他资源勘探电力信息等事务支出	78.50	17.67	22.5	18.7
七、商业服务业等事务	90.10	87.23	96.8	124.0
商业流通事务	74.94	81.01	108.1	232.7
旅游业管理与服务支出	15.00	5.00	33.3	333.3
涉外发展服务支出	0.16	1.22	762.5	3.6
八、地震灾后恢复重建支出	1.50	1.00	66.7	10.7
工商企业恢复生产和重建	1.50	1.00	66.7	10.7
九、转移性支出	40.00	40.00	100.0	400.0
调出资金	40.00	40.00	100.0	400.0
中央国有资本经营支出	**858.56**	**769.54**	**89.6**	**142.0**
结转下年支出		**31.07**		**87.3**

注：本表按政府支出功能分类科目归类编制，预算报告中中央国有资本经营支出按用途归类。

附表十:

2012 年全国公共财政收入预算安排情况

单位:亿元

项　　目	2011 年执行数	2012 年预算数	预算数为上年执行数的%
一、税收收入	89720.31	98289.00	109.6
国内增值税	24266.64	26890.00	110.8
国内消费税	6935.93	7700.00	111.0
进口货物增值税、消费税	13560.26	14838.00	109.4
出口货物退增值税、消费税	-9204.74	-9950.00	108.1
营业税	13678.61	15005.00	109.7
企业所得税	16760.35	18670.00	111.4
个人所得税	6054.09	5667.00	93.6
资源税	595.88	752.00	126.2
城市维护建设税	2777.46	3100.00	111.6
房产税	1102.36	1228.00	111.4
印花税	1042.24	1128.00	108.2
其中:证券交易印花税	438.45	464.00	105.8
城镇土地使用税	1222.26	1370.00	112.1
土地增值税	2026.51	2310.00	112.0
车船税	301.99	330.00	109.3
船舶吨税	29.74	31.00	104.2
车辆购置税	2044.45	2200.00	107.6
关税	2559.10	2690.00	105.1
耕地占用税	1071.97	1180.00	110.1
契税	2763.61	3050.00	110.4
烟叶税	91.45	100.00	109.3
其他税收	4.15		
二、非税收入	14019.70	15311.00	109.2
专项收入	3042.28	3345.00	110.0
行政事业性收费	4010.71	4450.00	111.0
罚没收入	1296.30	1390.00	107.2
其他收入	5670.41	6126.00	108.0
全国公共财政收入	**103740.01**	**113600.00**	**109.5**
调入中央预算稳定调节基金	**1500.00**	**2700.00**	
支出大于收入的差额	**8500.00**	**8000.00**	

注:全国公共财政支出总量大于收入总量的差额 =(全国公共财政支出 + 补充中央预算稳定调节基金 + 地方公共财政结转下年支出)-(全国公共财政收入 + 调入中央预算稳定调节基金)

附表十一：

2012年全国公共财政支出预算安排情况

单位：亿元

项 目	2011年执行数	2012年预算数	预算数为上年执行数的%
一、一般公共服务	11109.00	11666.84	105.0
二、外交	309.58	345.28	111.5
三、国防	6026.70	6702.74	111.2
四、公共安全	6293.32	7017.63	111.5
五、教育	16116.11	18929.11	117.5
六、科学技术	3806.37	4344.70	114.1
七、文化体育与传媒	1890.30	2178.83	115.3
八、社会保障和就业	11143.89	12937.92	116.1
九、医疗卫生	6367.49	7347.91	115.4
十、节能环保	2617.62	2965.36	113.3
十一、城乡社区事务	7652.64	8593.00	112.3
十二、农林水事务	9890.06	11244.21	113.7
十三、交通运输	7472.37	8224.65	110.1
十四、资源勘探电力信息等事务	4014.22	4323.20	107.7
十五、商业服务业等事务	1412.24	1530.34	108.4
十六、金融监管等事务支出	648.61	655.85	101.1
十七、地震灾后恢复重建支出	175.41	50.00	28.5
十八、国土资源气象等事务	1509.60	1616.94	107.1
十九、住房保障支出	3822.49	4398.40	115.1
二十、粮油物资储备事务	1267.62	1417.57	111.8
廿一、国债付息支出	2388.29	2733.68	114.5
廿二、其他支出	2995.74	3625.84	121.0
廿三、预备费		1450.00	
全国公共财政支出	**108929.67**	**124300.00**	**114.1**
补充中央预算稳定调节基金	**2892.00**		
地方公共财政结转下年支出	**1918.34**		

附表十二：

2012 年中央公共财政收入预算安排情况

单位：亿元

项目	2011 年执行数	2012 年预算数	预算数为上年执行数的%
一、税收收入	48629.20	53094.00	109.2
国内增值税	18277.39	20250.00	110.8
国内消费税	6935.93	7700.00	111.0
进口货物增值税、消费税	13560.26	14838.00	109.4
出口货物退增值税、消费税	-9204.74	-9950.00	108.1
营业税	174.56	185.00	106.0
企业所得税	10021.81	11120.00	111.0
个人所得税	3633.06	3400.00	93.6
城市维护建设税	169.37	180.00	106.3
印花税	425.28	450.00	105.8
其中：证券交易印花税	425.28	450.00	105.8
船舶吨税	29.74	31.00	104.2
车辆购置税	2044.45	2200.00	107.6
关税	2559.10	2690.00	105.1
其他税收	2.99		
二、非税收入	2676.95	2826.00	105.6
专项收入	349.67	360.00	103.0
行政事业性收费	394.97	400.00	101.3
罚没收入	38.41	40.00	104.1
其他收入	1893.90	2026.00	107.0
中央公共财政收入	**51306.15**	**55920.00**	**109.0**
调入中央预算稳定调节基金	**1500.00**	**2700.00**	**180.0**
支出大于收入的差额	**6500.00**	**5500.00**	

注：中央公共财政支出总量大于收入总量的差额 =（中央公共财政支出 + 补充中央预算稳定调节基金）-（中央公共财政收入 + 调入中央预算稳定调节基金）

附表十三：

2012年中央公共财政支出预算安排情况

单位：亿元

项　　目	2011年执行数	2012年预算数	预算数为上年执行数的%
一、一般公共服务	1190.31	1230.61	103.4
二、外交	307.73	342.31	111.2
三、国防	5835.97	6503.11	111.4
四、公共安全	1695.47	1826.64	107.7
五、教育	3248.60	3781.32	116.4
六、科学技术	2034.06	2285.46	112.4
七、文化体育与传媒	415.88	493.84	118.7
八、社会保障和就业	4715.77	5750.73	121.9
九、医疗卫生	1747.78	2035.05	116.4
十、节能环保	1623.03	1769.10	109.0
十一、城乡社区事务	142.90	87.25	61.1
十二、农林水事务	4785.26	5491.45	114.8
十三、交通运输	3298.59	3565.93	108.1
十四、资源勘探电力信息等事务	826.96	877.26	106.1
十五、商业服务业等事务	737.66	474.72	64.4
十六、金融监管等事务支出	451.60	452.55	100.2
十七、地震灾后恢复重建支出	21.55		
十八、国土资源气象等事务	431.84	475.99	110.2
十九、住房保障支出	1720.63	2117.55	123.1
二十、粮油物资储备事务	890.62	974.19	109.4
廿一、国债付息支出	1819.96	2093.68	115.0
廿二、其他支出	375.67	593.89	158.1
廿三、对地方税收返还	5078.38	5188.55	102.2
廿四、对地方一般性转移支付	13017.93	15208.82	116.8
中央本级和补助地方支出	**56414.15**	**63620.00**	**112.8**
中央预备费		**500.00**	
中央公共财政支出	**56414.15**	**64120.00**	**113.7**
补充中央预算稳定调节基金	**2892.00**		

注：①本表对地方一般性转移支付未包括已列入本表有关科目的教育、社会保障和就业、医疗卫生等转移支付。如加上这部分转移支付，则与2012年中央对地方税收返还和转移支付预算安排情况表（附表十四）中的一般性转移支付一致。

②造林、森林抚育等林业补贴、草原生态保护补助资金列农林水事务支出，重点生态功能区转移支付列对地方一般性转移支付，未反映在节能环保支出中。

③中央公共财政支出＝中央本级和补助地方支出＋中央预备费

附图三:2012年中央公共财政收入结构

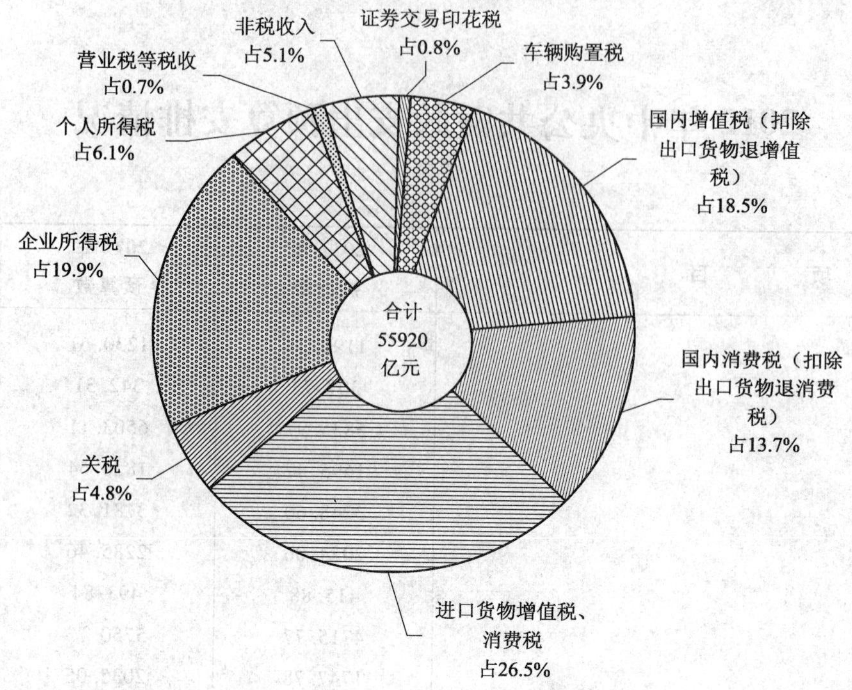

附图四:2012年中央公共财政支出结构

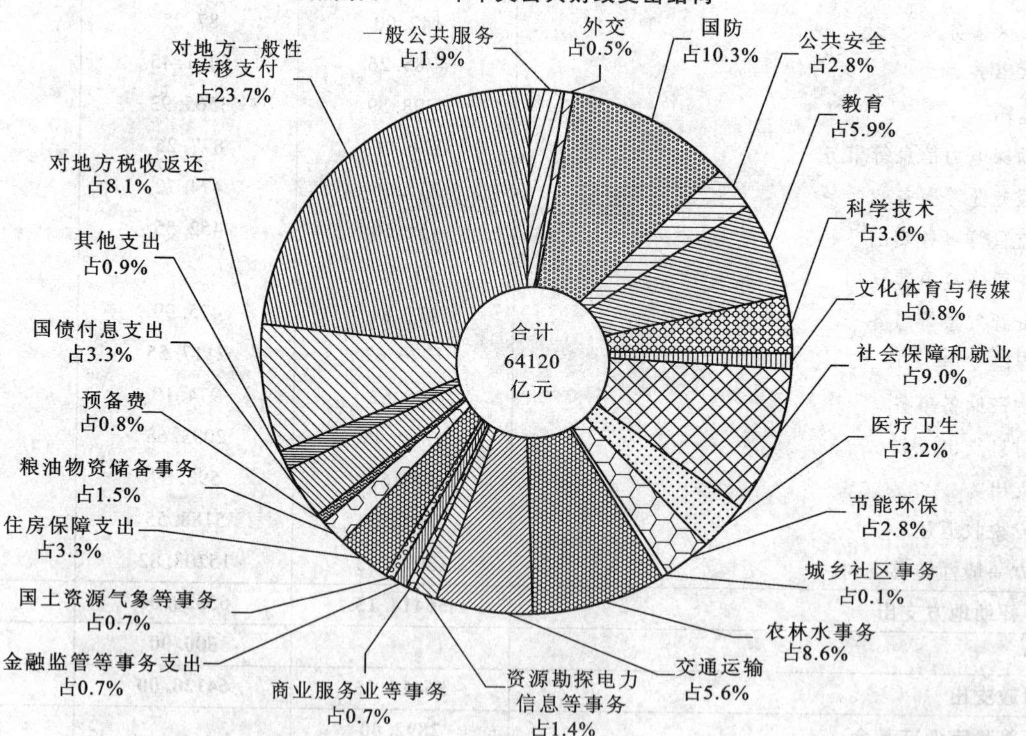

附表十四：

2012年中央对地方税收返还和转移支付预算安排情况

单位：亿元

项　　目	2011年执行数	2012年预算数	预算数为上年执行数的%
一、中央对地方转移支付	34821.58	39912.45	114.6
（一）一般性转移支付	18299.93	22526.19	123.1
均衡性转移支付	7486.81	8583.65	114.7
革命老区、民族和边境地区转移支付	370.00	550.76	148.9
调整工资转移支付	2647.01	3218.45	121.6
农村税费改革转移支付	769.46	753.22	97.9
资源枯竭城市转移支付	135.00	160.00	118.5
成品油税费改革转移支付	581.00	784.00	134.9
体制补助	1028.65	1158.75	112.6
工商部门停征两费等转移支付	80.00	80.00	100.0
基层公检法司转移支付	421.49	466.09	110.6
义务教育等转移支付	1065.01	1680.32	157.8
基本养老金和低保等转移支付	2750.98	3774.38	137.2
新型农村合作医疗等转移支付	779.81	1063.48	136.4
村级公益事业奖补等转移支付	184.71	253.09	137.0
（二）专项转移支付	16521.65	17386.26	105.2
一般公共服务	207.30	203.77	98.3
外交	0.92		
国防	6.35	23.91	376.6
公共安全	236.97	217.66	91.9
教育	1184.54	1072.13	90.5
科学技术	91.92	51.06	55.5
文化体育与传媒	227.16	286.51	126.1
社会保障和就业	1462.31	1405.72	96.1
医疗卫生	896.65	888.25	99.1
节能环保	1548.84	1705.66	110.1
城乡社区事务	131.27	80.30	61.2
农林水事务	4183.98	4810.92	115.0
交通运输	2967.48	3131.28	105.5
资源勘探电力信息等事务	362.84	426.66	117.6

续表

项　　目	2011 年执行数	2012 年预算数	预算数为上年执行数的%
商业服务业等事务	710.73	451.58	63.5
金融监管等事务支出	37.66	55.20	146.6
地震灾后恢复重建支出	21.55		
国土资源气象等事务	200.16	282.45	141.1
住房保障支出	1391.81	1743.15	125.2
粮油物资储备事务	350.54	364.62	104.0
其他支出	300.67	185.43	61.7
二、中央对地方税收返还	5078.38	5188.55	102.2
增值税和消费税返还	3780.00	3900.00	103.2
所得税基数返还	910.19	910.19	100.0
成品油税费改革税收返还	1531.10	1531.10	100.0
地方上解	-1142.91	-1152.74	100.9
中央对地方税收返还和转移支付	**39899.96**	**45101.00**	**113.0**

注：为规范中央对地方财政转移支付管理，自 2012 年起，将地方高校生均拨款奖补经费、国家助学金和助学贷款贴息等由教育专项转移支付调整列入一般性转移支付（义务教育等转移支付），将革命老区转移支付、边境地区转移支付由其他专项转移支付调整列入一般性转移支付（革命老区、民族和边境地区转移支付），将西部地区基层政权建设补助资金由其他专项转移支付调整列入一般性转移支付（体制补助），将民兵训练补助由一般性转移支付（农村税费改革转移支付）调整列入国防专项转移支付。

附表十五:

2012年中央公共财政基建投资安排情况

单位:亿元

项 目	数 额
农村民生工程及基础设施	1406.00
其中:水利工程	683.00
农村电网、公路、沼气等民生工程	258.00
农业基础设施和服务体系建设	228.00
支持边疆、少数民族地区发展	237.00
保障性安居工程	690.00
其中:廉租住房建设	375.00
棚户区改造等	315.00
节能减排、环境保护和生态建设	488.00
其中:节能减排和环境保护	334.00
生态建设	154.00
医疗卫生教育文化等社会事业	646.00
其中:教育	167.00
卫生	230.00
文化、旅游和公检法司建设等	249.00
自主创新、高技术产业化及服务业	299.00
其中:自主创新和战略性新兴产业	75.00
产业结构调整和技术改造	224.00
铁路、公路、机场、能源等重大基础设施	241.00
其中:铁路公路机场等	126.00
能源等其他项目	115.00
中央本级建设等其他项目	256.00
合 计	**4026.00**

附表十六：

2012 年中央政府性基金收入预算安排情况

单位：亿元

项　　目	2011 年执行数	2012 年预算数	预算数为上年执行数的%
一、中央农网还贷资金收入	100.00	105.00	105.0
二、铁路建设基金收入	648.00	680.40	105.0
三、民航基础设施建设基金收入	60.88	63.92	105.0
四、民航机场管理建设费收入	147.08	154.43	105.0
五、港口建设费收入	136.02	92.00	67.6
六、旅游发展基金收入	6.55	6.88	105.0
七、文化事业建设费收入	10.55	11.61	110.0
八、国家电影事业发展专项资金收入	6.10	6.71	110.0
九、新增建设用地土地有偿使用费收入	304.09	243.27	80.0
十、森林植被恢复费收入	3.03	2.12	70.0
十一、中央水利建设基金收入	39.25	38.62	98.4
十二、南水北调工程基金收入	26.77	26.77	100.0
十三、大中型水库移民后期扶持基金收入	217.41	234.80	108.0
十四、大中型水库库区基金收入	3.47	3.75	108.1
十五、三峡水库库区基金收入	6.20	6.20	100.0
十六、中央特别国债经营基金财务收入	706.84	583.78	82.6
十七、彩票公益金收入	317.45	349.20	110.0
十八、国家重大水利工程建设基金收入	214.43	237.60	110.8
十九、船舶港务费收入	41.68	45.85	110.0
二十、贸促会收费收入	0.79	0.87	110.1
廿一、长江口航道维护收入	11.64	4.50	38.7
廿二、核电站乏燃料处理处置基金收入	24.93	20.00	80.2
廿三、铁路资产变现收入	16.50	16.00	97.0
廿四、电力改革预留资产变现收入	51.37	8.87	17.3
廿五、无线电频率占用费收入	28.90	32.00	110.7
廿六、废弃电器电子产品处理基金收入		15.00	
廿七、其他政府性基金收入	-4.00	0.20	-5.0
中央政府性基金收入	**3125.93**	**2990.35**	**95.7**
上年结转收入	**794.87**	**817.31**	**102.8**

附表十七:

2012年中央政府性基金支出预算安排情况

单位:亿元

项　　目	2011年执行数	2012年预算数	预算数为上年执行数的%
一、中央农网还贷资金支出	105.26	109.68	104.2
其中:中央本级支出	105.26	109.68	104.2
二、铁路建设基金支出	682.92	680.40	99.6
其中:中央本级支出	682.92	680.40	99.6
三、民航基础设施建设基金支出	72.49	79.35	109.5
其中:中央本级支出	72.49	79.35	109.5
四、民航机场管理建设费安排的支出	149.02	192.01	128.8
其中:中央本级支出	54.36	54.73	100.7
对地方转移支付	94.66	137.28	145.0
五、港口建设费安排的支出	115.00	127.45	110.8
其中:中央本级支出	73.35	64.44	87.9
对地方转移支付	41.65	63.01	151.3
六、旅游发展基金支出	7.00	8.66	123.7
其中:中央本级支出	2.30	2.25	97.8
对地方转移支付	4.70	6.41	136.4
七、文化事业建设费安排的支出	10.46	21.57	206.2
其中:中央本级支出	8.45	19.18	227.0
对地方转移支付	2.01	2.39	118.9
八、国家电影事业发展专项资金支出	4.61	11.55	250.5
其中:中央本级支出	0.56	0.47	83.9
对地方转移支付	4.05	11.08	273.6
九、新增建设用地土地有偿使用费安排的支出	457.21	386.31	84.5
其中:中央本级支出	1.72		
对地方转移支付	455.49	386.31	84.8
十、森林植被恢复费安排的支出	1.46	4.20	287.7
其中:中央本级支出	0.20	2.41	1205.0
对地方转移支付	1.26	1.79	142.1
十一、中央水利建设基金支出	52.56	61.34	116.7
其中:中央本级支出	12.44	46.43	373.2
对地方转移支付	40.12	14.91	37.2
十二、南水北调工程基金支出	30.82	26.95	87.4
其中:中央本级支出	30.82	25.47	82.6
对地方转移支付		1.48	

续表

项　　目	2011年执行数	2012年预算数	预算数为上年执行数的%
十三、大中型水库移民后期扶持基金支出	185.88	360.96	194.2
其中:中央本级支出	0.49	0.51	104.1
对地方转移支付	185.39	360.45	194.4
十四、大中型水库库区基金支出	3.80	4.38	115.3
其中:中央本级支出			
对地方转移支付	3.80	4.38	115.3
十五、三峡水库库区基金支出	3.23	13.56	419.8
其中:中央本级支出	0.31	1.66	535.5
对地方转移支付	2.92	11.90	407.5
十六、中央特别国债经营基金财务支出	682.87	682.87	100.0
其中:中央本级支出	682.87	682.87	100.0
十七、彩票公益金安排的支出	284.72	454.35	159.6
其中:中央本级支出	191.25	319.51	167.1
对地方转移支付	93.47	134.84	144.3
十八、国家重大水利工程建设基金支出	166.75	334.38	200.5
其中:中央本级支出	166.75	205.53	123.3
对地方转移支付		128.85	
十九、船舶港务费安排的支出	37.34	49.49	132.5
其中:中央本级支出	37.34	49.49	132.5
二十、贸促会收费安排的支出		1.93	
其中:中央本级支出		1.93	
廿一、长江口航道维护支出	13.60	2.54	18.7
其中:中央本级支出	13.60	2.54	18.7
廿二、核电站乏燃料处理处置基金支出	2.25	49.57	2203.1
其中:中央本级支出	2.25	49.57	2203.1
廿三、铁路资产变现收入安排的支出	16.50	20.13	122.0
其中:中央本级支出	16.50	20.13	122.0
廿四、电力改革预留资产变现收入安排的支出		60.24	
其中:中央本级支出		60.24	
廿五、无线电频率占用费安排的支出	15.63	45.27	289.6
其中:中央本级支出	0.63	2.52	400.0
对地方转移支付	15.00	42.75	285.0
廿六、废弃电器电子产品处理基金支出		15.00	
其中:中央本级支出		15.00	
廿七、其他政府性基金支出	2.11	3.52	166.8
其中:中央本级支出	0.01	1.02	10200.0
对地方转移支付	2.10	2.50	119.0
中央政府性基金支出	**3103.49**	**3807.66**	**122.7**
结转下年支出	**817.31**		

附表十八：

2012年中央国有资本经营收入预算安排情况

单位：亿元

项　　目	2011年执行数	2012年预算数	预算数为上年执行数的%
一、利润收入	757.36	823.00	108.7
烟草企业利润收入	139.39	160.00	114.8
石油石化企业利润收入	266.85	278.97	104.5
电力企业利润收入	54.54	58.82	107.8
电信企业利润收入	92.52	98.95	106.9
煤炭企业利润收入	45.24	56.91	125.8
有色冶金采掘企业利润收入	1.62	3.08	190.1
钢铁企业利润收入	17.32	13.76	79.4
化工企业利润收入		0.71	
运输企业利润收入	17.26	9.65	55.9
电子企业利润收入	0.43	1.49	346.5
机械企业利润收入	25.41	26.03	102.4
投资服务企业利润收入	4.33	5.88	135.8
纺织轻工企业利润收入	0.13	0.30	230.8
贸易企业利润收入	23.97	28.20	117.6
建筑施工企业利润收入	21.92	25.11	114.6
建材企业利润收入	2.48	3.63	146.4
境外企业利润收入	22.07	25.68	116.4
对外合作企业利润收入	0.20	0.30	150.0
医药企业利润收入	1.57	1.67	106.4
农林牧渔企业利润收入	0.01	0.35	3500.0
转制科研院所利润收入	1.42	1.90	133.8
地质勘查企业利润收入	0.27	0.39	144.4
教育文化广播企业利润收入	0.24	0.26	108.3
机关社团所属企业利润收入	2.17	2.74	126.3
其他企业利润收入	16.00	18.22	113.9
二、股利、股息收入	7.01	1.00	14.3
三、产权转让收入	0.65	20.00	3076.9
四、清算收入			
五、其他国有资本经营收入			
中央国有资本经营收入	**765.02**	**844.00**	**110.3**
上年结转收入	**35.59**	**31.07**	**87.3**

附表十九：

2012年中央国有资本经营支出预算安排情况

单位:亿元

项目	2011年执行数	2012年预算数	预算数为上年执行数的%
一、教育	0.21	0.21	100.0
其他教育支出	0.21	0.21	100.0
二、文化体育与传媒	6.03	0.04	0.7
文化	4.00		
体育		0.01	
广播影视	0.42	0.03	7.1
新闻出版	1.61		
三、社会保障和就业	0.51	20.10	3941.2
补充全国社会保障基金	0.51	20.10	3941.2
四、农林水事务	19.33	2.87	14.8
农业	19.33	2.69	13.9
林业		0.18	
五、交通运输	23.20	63.07	271.9
公路水路运输	5.97	25.89	433.7
民用航空运输	13.96	22.12	158.5
邮政业支出	3.27	15.06	460.6
六、资源勘探电力信息等事务	592.03	574.54	97.0
资源勘探开发和服务支出	112.22	86.42	77.0
制造业	244.72	203.24	83.1
建筑业	10.65	6.14	57.7
电力监管支出	176.94	217.36	122.8
工业和信息产业监管支出	29.83	20.76	69.6
其他资源勘探电力信息等事务支出	17.67	40.62	229.9
七、商业服务业等事务	87.23	94.27	108.1
商业流通事务	81.01	48.68	60.1
旅游业管理与服务支出	5.00	2.00	40.0
涉外发展服务支出	1.22	43.59	3573.0
八、地震灾后恢复重建支出	1.00		
工商企业恢复生产和重建	1.00		
九、其他支出		69.97	
十、转移性支出	40.00	50.00	125.0
调出资金	40.00	50.00	125.0
中央国有资本经营支出	**769.54**	**875.07**	**113.7**
结转下年支出	**31.07**		

注:本表按政府支出功能分类科目归类编制,预算报告中中央国有资本经营支出按用途归类。

附表二十:

2012年国家财政性教育经费安排情况

单位:亿元

项　目	2012年预算数
一、公共财政预算部分	20937.43
“教育”科目支出	18929.11
科研、社保等其他科目用于教育的支出	2008.32
二、政府性基金预算部分	971.93
地方教育附加支出	665.99
土地出让收益计提教育资金支出	305.94
三、其他财政性教育经费	75.27
企业办学、校办产业和社会服务经费	75.27
国家财政性教育经费	**21984.63**

注:根据教育部、国家统计局《中国教育经费统计年鉴》,企业办学经费指国有企业在企业营业外资金列支或企业自有资金列支,并实际拨付所属学校的办学经费;校办产业和社会服务经费指学校举办的校办产业和各种经营取得的收益及投资收益中用于补充教育经费的部分。

附件:

名词解释

公共财政预算:指政府凭借国家政治权力,以社会管理者身份筹集以税收为主体的财政收入,用于保障和改善民生、维持国家行政职能正常行使、保障国家安全等方面的收支预算。

政府性基金预算:指政府通过向社会征收基金、收费,以及出让土地、发行彩票等方式取得收入,专项用于支持特定基础设施建设和社会事业发展等方面的收支预算。

国有资本经营预算:指国家以所有者身份依法取得国有资本收益,并对所得收益进行分配而发生的收支预算。

社会保险基金预算:指根据国家社会保险和预算管理法律法规建立,反映各项社会保险基金收支的年度计划。我国自2010年开始试编社会保险基金预算。

中央财政收入:指中央财政年度的收入,包括中央本级收入和地方上解收入。2009年,将地方上解收入与部分中央对地方税收返还作对冲处理后,中央财政收入即为中央本级收入。

中央财政支出:指中央财政年度的支出,包括中央本级支出、中央对地方税收返还和转移支付支出。

中央财政赤字:指中央政府年度收不抵支的差额,通过发债弥补。由于我国设立中央预算稳定调节基金,中央财政赤字计算公式为:中央财政赤字=(中央财政收入+调入中央预算稳定调节基金)-(中央财政支出+安排或补充中央预算稳定调节基金)。

中央本级支出:指按照现行中央政府与地方政府事权的划分,经全国人大批准,用于中央政府本级事务所需的支出。

税收返还:指 1994 年分税制改革、2002 年所得税收入分享改革、2009 年成品油税费改革后,对原属于地方的收入划为中央收入部分,给予地方的补偿。包括增值税、消费税返还,所得税基数返还,以及成品油税费改革税收返还。

转移支付:指中央政府按照有关法律法规、财政体制和政策规定,给予地方政府的补助资金。现行中央对地方转移支付主要包括一般性转移支付和专项转移支付。

一般性转移支付:指中央政府对有财力缺口的地方政府(主要是中西部地区),按照规范的办法给予的补助。包括均衡性转移支付、民族地区转移支付、农村税费改革转移支付、调整工资转移支付以及义务教育转移支付等,地方政府可以按照相关规定统筹安排和使用。其中,均衡性转移支付是指以促进地区间基本公共服务均等化为目标,选取影响各地财政收支的客观因素,考虑地区间支出成本差异、收入努力程度以及财政困难程度等,按统一公式分配给地方的补助资金。

专项转移支付:指中央政府对承担委托事务、共同事务的地方政府,给予的具有指定用途的资金补助,以及对应由下级政府承担的事务,给予的具有指定用途的奖励或补助。主要用于教育、社会保障、农业等方面。

中央预算稳定调节基金:指中央财政通过超收收入和支出预算结余安排的具有储备性质的基金,视预算平衡情况,在安排下年度年初预算时调入并安排使用,或用于弥补短收年份预算执行的收支缺口,基金的安排使用接受全国人大及其常委会的监督。中央预算稳定调节基金单设科目,安排或补充基金时在支出方反映,调入使用基金时在收入方反映。

地方本级收入:指根据现行财政管理体制规定,划归地方财政的税收和非税收入。主要包括房产税、车船税、城镇土地使用税等固定收入,增值税、企业所得税、个人所得税等共享收入部分。

超收:指财政收入执行数超过预算的数额。

国债余额限额:指全国人大限定的年末不得突破的国债余额上限。

保障性安居工程:指政府为解决城乡中低收入家庭住房困难而出台的一项惠民政策,包括廉租房、经济适用房、公共租赁房、限价房、各类棚户区改造、农村危房改造和游牧民定居工程等。其中,廉租房、经济适用房、公共租赁房又统称保障性住房。

农村义务教育经费保障机制:指从 2006 年开始,逐步将农村义务教育全面纳入公共财政保障范围,建立起的中央财政和地方财政分项目、按比例分担,全面保障农村义务教育发展的一系列制度。具体内容包括:免学杂费、免费提供教科书、对家庭经济困难寄宿学生补助生活费,提高公用经费保障水平并制定和适时调整公用经费生均基准定额,建立校舍维修改造长效机制等。

农村义务教育薄弱学校改造计划:指为巩固提高义务教育水平,推进义务教育均衡发展,2010—2015 年集中力量解决义务教育发展面临的薄弱环节和突出问题的计划。中央财政重点支持中西部地区农村义务教育薄弱学校按照国家基本标准配置图书、教学实验仪器设备、体音美等器材,县镇学校扩容改造,农村寄宿制学校及其附属设施建设,以及配置多媒体远程教学设备等。

国家科技重大专项:指通过核心技术突破和资源集成,在一定时限内完成的重大战略产品、关键共性技术和重大科技工程。2005 年国务院颁布的《国家中长期科学和技术发展规划纲要(2006—2020 年)》确定了 16 个科技重大专项。中央财政于 2007 年设立专项资金,并建立滚动预算管理机制,保障科技重大专项实施。

农资综合补贴:指国家统筹考虑柴油、化肥等农业生产资料价格变动对农民种粮的增支影响,对种粮农民给予适当补助,以有效保护农民种粮收益,调动农民种粮积极性。

良种补贴:指国家对农民选用良种进行的资金补贴,目的是支持农民积极使用优良种子,加快良种推广,提高良种覆盖率,增加农产品产量,改善农产品品质,推进农业区域化布局、规模化种植、标准化管理、产业化经营。

农机购置补贴：指国家对农牧渔民、农场（林场）职工和直接从事农机作业的农业生产经营组织，购置先进适用的农业机械给予一定比例的补贴，目的是促进提高农业机械化水平和农业生产效率。

财政综合扶贫：是国家财政支持农村扶贫开发事业各项政策措施的总称。指通过加大一般性转移支付力度，安排基础设施建设、教育、文化、医疗卫生、社会保障、生态建设等方面专项转移支付时，向贫困地区、贫困人口倾斜，保持财政专项扶贫资金的稳定增长等措施，支持贫困地区提高落实各项民生政策的保障能力，促进贫困人口增收，改善贫困地区、贫困人口的基本生产生活条件，增强贫困地区、贫困人口自我发展能力。

粮食直补：即对种粮农民的直接补贴，原则上按粮食种植面积，把粮食补贴直接落实到种粮农户手中，实现对种粮农民利益的直接保护，调动农民的种粮积极性。补贴资金从粮食风险基金中列支。

村级公益事业建设一事一议财政奖补：是农村税费改革后中央出台的一项强农惠农富农制度创新，是以农民民主议事为前提，以农民自愿筹资筹劳为基础，政府按照先议后筹、先筹后补的原则，通过民办公助的方式，对村内道路、农田水利、村容村貌等村级公益事业建设项目给予适当奖补。其目的在于解决农民群众急需并共同受益的村级公益事业不足问题，改善农民生产生活条件，促进社会主义新农村建设。

政法经费保障体制改革：指为进一步提高基层政法机关经费保障水平，从2009年起，将基层政法机关“分级负担、分级管理”的经费保障体制，改革为“明确责任、分类负担、收支脱钩、全额保障”的体制。中西部地区政法机关的办案（业务）经费和业务装备经费，由中央、省级和同级财政按照规定分别承担，同时要求同级财政切实做好本级政法机关的经费保障工作；东部地区政法机关的办案（业务）经费和业务装备经费原则上由同级财政负担，中央财政予以奖励性补助。

新型农村社会养老保险试点：指按照“保基本、广覆盖、有弹性、可持续”的原则，采取个人缴费、集体补助、政府补贴相结合的模式，实行社会统筹与个人账户相结合，与家庭养老、土地保障、社会救助等其他社会保障政策相配套，保障农村老年居民基本生活的基本养老保险制度。政府对符合领取条件的参保人全额支付基础养老金，其中中央财政对中西部地区按中央确定的基础养老金标准给予全额补助，对东部地区给予50%的补助。

城镇居民社会养老保险试点：指按照“保基本、广覆盖、有弹性、可持续”的原则，采取个人缴费与政府补贴相结合的模式，实行社会统筹与个人账户相结合，与家庭养老、社会救助、社会福利等其他社会保障政策相配套，保障城镇非从业老年居民基本生活的基本养老保险制度。政府对符合领取条件的参保人全额支付基础养老金，其中中央财政对中西部地区按中央确定的基础养老金标准给予全额补助，对东部地区给予50%的补助。

县级基本财力保障机制：指为增强基层政府提供公共服务能力，以实现县级政府“保工资、保运转、保民生”为目标，中央财政根据地方县级基本财力保障情况实施的奖补机制。建立县级基本财力保障机制以地方财政为责任主体，中央财政根据地方工作实绩实施奖励，对地方给予支持和帮助。

营业税改征增值税：指将目前对大多数劳务、不动产和无形资产征收的营业税改为增值税，实现对所有货物和劳务统一征收增值税，从根本上解决重复征税、抵扣链条不完整等问题，促进社会化分工、现代服务业发展和产业结构调整优化。

房产税改革试点：是对个人住房征收房产税改革试点的简称。指为调节收入分配，促进社会公平，引导居民住房合理消费，促进节约集约用地，根据国务院常务会议精神，上海市、重庆市自2011年1月28日起进行对个人住房征收房产税改革试点。两市试点以新购多套住房和高档住房为主要征税对象，并规定了一定免税面积，对超出标准的面积征税。下一步，将在总结两市试点经验的基础上，稳步推进房产税改革试点，逐步扩大试点范围。

农村义务教育学生营养改善计划：指为改善中小学生营养状况，从2011年秋季学期起，为集中连片特殊困难地区农村义务教育学生每天提供3元的营养膳食补助，所需资金全部由中央财政承担。同时，将中西部地区农村家庭经济困难寄宿生生活费补助标准每人每天再提高1元，达到小学年生均1000元，初中年生均1250元。

环境保护税费改革：指为进一步理顺环境税费关系，按照先易后难和分步推进的原则，选择防治任务重、技术标准成熟的税目开征环境保护税，相应取消有关收费，并在总结经验的基础上逐步扩大改革范围。

第十一届全国人民代表大会财政经济委员会关于 2011 年中央和地方预算执行情况与 2012 年中央和地方预算草案的审查结果报告

（2012 年 3 月 10 日第十一届全国人民代表大会第五次会议主席团第二次会议通过）

十一届全国人大五次会议主席团：

第十一届全国人民代表大会第五次会议审查了国务院提出的《关于 2011 年中央和地方预算执行情况与 2012 年中央和地方预算草案的报告》和 2012 年中央和地方预算草案。全国人民代表大会财政经济委员会在对预算报告和预算草案进行初步审查的基础上，根据各代表团和有关专门委员会的审查意见，又作了进一步审查。国务院根据审查意见对预算报告作了修改。现将审查结果报告如下。

一、财政经济委员会认为，2011 年中央和地方预算执行情况总体是好的。全国公共财政收入 103740 亿元，完成预算的 115.6%，比上年（下同）增长 24.8%；加上调入中央预算稳定调节基金 1500 亿元，收入总量为 105240 亿元。全国公共财政支出 108930 亿元，完成预算的 108.7%，增长 21.2%；加上补充中央预算稳定调节基金 2892 亿元和地方财政结转资金 1918 亿元，支出总量为 113740 亿元。全国公共财政收支总量相抵，差额 8500 亿元，比预算减少 500 亿元。其中，中央公共财政收入 51306 亿元，完成预算的 111.9%，增长 20.8%，加上调入中央预算稳定调节基金 1500 亿元，收入总量为 52806 亿元；中央公共财政支出 56414 亿元（含中央对地方税收返还和转移支付支出），完成预算的 103.8%，增长 16.7%，加上补充中央预算稳定调节基金 2892 亿元，支出总量为 59306 亿元。中央公共财政收支总量相抵，赤字 6500 亿元，比预算减少 500 亿元。中央对地方转移支付 34822 亿元，完成预算的 108%，增长 27.3%。2011 年末，中央财政国债余额 72045 亿元，控制在全国人大批准的 77708 亿元限额之内。地方公共财政收支差额 2000 亿元，与上年持平，由财政部代理发行地方政府债券弥补。

全国政府性基金收入 41360 亿元，完成预算的 160.2%，增长 12.4%；全国政府性基金支出 39642 亿元，完成预算的 149%，增长 16.8%。其中，中央政府性基金收入 3126 亿元，完成预算的 110.6%，下降 1.6%；中央政府性基金支出 3103 亿元，完成预算的 85.8%，增长 2.9%。

中央国有资本经营收入 765 亿元，完成预算的 90.6%，增长 36.9%。中央国有资本经营支出 770 亿元，完成预算的 89.6%，增长 42%。

财政经济委员会认为，2011 年国务院和地方各级人民政府认真贯彻落实中共中央的决策部署和十一届全国人大四次会议提出的各项要求，贯彻落实科学发展观，加强和改善宏观调控，实施积极的财政政策和稳健的货币政策，巩固和扩大应对国际金融危机冲击成果，保持经济平稳较快发展，努力保障和改善民生，财政改革深入推进，各项社会事业发展取得新的成绩。2011 年，预算管理进一步加强，预算的完整性进一步提高；积极调整支出结构，“三农”、教育、社会保障和就业、医疗卫生、科技等重点支出得到较好保障；县级基本财力保障机制建设取得积极进展；代编预算规模有所压缩。预算报告专门汇报了落实人大预算决议的情况，回应了人大代表的关切。同时，也应该指出，在预算执行和财政运行中还存在一些不容忽视的问题，主要是：在促进转变经济发展方式和调节国民收入分配方面，财税政策的针对性和有效性需要增强；财政支出绩效考核体系不够健全，工作有待加强；转移支付结构不够合理，均衡性转移支付所占比重偏低；追加预算多、结转资金多的现象仍比较突出；地方政府性债务管理制度不够完善，存在一定风险；地方土地出让收入使用不够规范。这些问题都应当认真研究，切实加以解决。

二、国务院提出的 2012 年中央和地方预算草案，全国公共财政收入安排 113600 亿元，比 2011 年预算执行数（下同）增长 9.5%，调入中央预算稳定调节基金 2700 亿元，全国公共财政收入总量 116300 亿元；全国公共财政支出 124300 亿元，增长 14.1%；收支相抵，全国公共财政收支差额 8000 亿元。其中,中央公共财政收入安排55920亿元,增长9%,调入中央预算稳定调节基金2700亿元,中央公共财政收入总量58620亿元;中央公共财政支出安排64120亿元,增长13.7%;收支相抵,中央公共财政赤字5500亿元,减少1000亿元。中央对地方转移支付安排39912亿元,增长14.6%。到2012年末,中央财政国债余额限额82708亿元。国务院拟安排发行地方政府债券2500亿元,增加500亿元。

全国政府性基金收入安排34797亿元,下降15.9%;全国政府性基金支出安排35614亿元,下降10.2%。其中,中央政府性基金收入2990亿元,下降4.3%;中央政府性基金支出3808亿元,增长22.7%。

全国国有资本经营收入安排1246亿元,全国国有资本经营支出安排1278亿元。

财政经济委员会认为,国务院提出的2012年中央和地方预算草案,体现了中央关于稳增长、控物价、调结构、惠民生、抓改革、促和谐的总体要求,继续实施积极的财政政策,着力推动加快转变经济发展方式和经济结构调整,完善结构性减税政策,进一步优化财政支出结构,切实保障和改善民生,促进经济平稳较快发展和社会和谐稳定。总的看,预算草案是可行的。

财政经济委员会建议,批准国务院提出的《关于2011年中央和地方预算执行情况与2012年中央和地方预算草案的报告》,批准2012年中央预算草案。地方各级政府预算依法由本级人民代表大会审查批准。

三、2012年是实施"十二五"规划承上启下的重要一年,圆满完成预算,对于深入贯彻落实科学发展观,加快转变经济发展方式和经济结构调整,促进经济平稳较快发展和社会和谐稳定,都具有重要意义。为此,财政经济委员会提出以下建议。

(一)进一步增强积极财政政策的针对性和有效性。完善和落实结构性减税政策,切实减轻企业和居民负担。重点围绕推动转变经济发展方式、调整经济结构和国民收入分配结构,完善有利于扩大就业、增加居民收入、发展服务业、扩大居民消费,以及鼓励自主创新和节能减排的财税政策。支持小型微型企业吸收劳动力就业,引导民间扩大投资,鼓励企业加大研发投入,推动技术改造、科技创新和产业升级。健全以税收、社会保障、转移支付为主要手段的再分配调节机制,推动收入分配结构调整。

(二)积极落实好改善民生的各项政策。财政安排的民生支出应当主要用于改善公共服务和保障群众生活,努力解决好群众最关心、最迫切、最现实的重点问题。实现财政性教育经费占国内生产总值比重达到4%的目标,并明确使用方向,加强薄弱环节,解决突出问题,提高使用绩效,促进教育公平。政府性基金预算应当全面反映国有土地出让收益用于农田水利建设、教育、保障性住房建设等方面的情况。大力支持和推动公立医院体制机制改革。建立健全财政民生支出的绩效考核体系,加强管理和监督,落实好改善民生的各项政策措施。2012年,国务院审计部门应当对全国社会保障资金进行全面审计。

(三)严格预算执行。依法加强税收收入和非税收入管理,做到应收尽收。严格按照人大批准的预算执行,执行中一般不出台新的减收增支或增收减支政策,未经法定程序,不得改变预算。执行中如有超收,可以用于减少财政赤字、增加预算稳定调节基金和其他必要的支出,超收收入安排使用情况应当向人大常委会报告。加强土地出让收支管理,对地方土地出让收支情况进行全面审计。

(四)规范预算管理。进一步明确公共财政预算、政府性基金预算和国有资本经营预算的功能定位和收支范围。研究健全覆盖全部国有企业的国有资本经营预算和收益分享制度。清理整合政府性基金项目,提高政府性基金预算的规范性。做好社会保险基金预算试编工作,2013年向全国人大正式提交全国社会保险基金预算。进一步清理整顿地方财政专户,严格财政收支管理,健全监督检查和责任追究机制。进一步推进预算和决算公开。研究切实可行的办法,妥善处理地方政府性债务,依法加强政府性债务管理。

(五)深化财税体制改革。加快建立健全中央和地方财力与事权相匹配的财政体制,科学划分各级政府财政支出责任,切实提高均衡性转移支付比重,为基层政府履行职责提供基本财力保障。中央部门安排专项转移支付项目,应当充分考虑地方需求和财力状况,减少资金配套要求。要进一步优化税制结构,积极推进增值税和消费税改革,加快环境保护税费改革,完善资源税制,稳步推进房产税改革试点。加快财税立法进程,及时将条件成熟的税收法规上升为法律。完善部门预算管理制度,科学确定部门预算收支范围,健全支出绩效考评机制。进一步推进政府会计改革,逐步建立政府财务报告制度。

以上报告,请予审议。

全国人民代表大会财政经济委员会

2012年3月10日

中华人民共和国主席令

第五十五号

《全国人民代表大会关于修改〈中华人民共和国刑事诉讼法〉的决定》已由中华人民共和国第十一届全国人民代表大会第五次会议于2012年3月14日通过，现予公布，自2013年1月1日起施行。

中华人民共和国主席　胡锦涛

2012年3月14日

全国人民代表大会关于修改《中华人民共和国刑事诉讼法》的决定

（2012年3月14日第十一届全国人民代表大会第五次会议通过）

第十一届全国人民代表大会第五次会议决定对《中华人民共和国刑事诉讼法》作如下修改：

一、将第二条修改为："中华人民共和国刑事诉讼法的任务，是保证准确、及时地查明犯罪事实，正确应用法律，惩罚犯罪分子，保障无罪的人不受刑事追究，教育公民自觉遵守法律，积极同犯罪行为作斗争，维护社会主义法制，尊重和保障人权，保护公民的人身权利、财产权利、民主权利和其他权利，保障社会主义建设事业的顺利进行。"

二、将第十四条第一款修改为："人民法院、人民检察院和公安机关应当保障犯罪嫌疑人、被告人和其他诉讼参与人依法享有的辩护权和其他诉讼权利。"

删去第二款。

三、将第二十条修改为："中级人民法院管辖下列第一审刑事案件：

"（一）危害国家安全、恐怖活动案件；

"（二）可能判处无期徒刑、死刑的案件。"

四、将第三十一条修改为："本章关于回避的规定适用于书记员、翻译人员和鉴定人。

"辩护人、诉讼代理人可以依照本章的规定要求回避、申请复议。"

五、将第三十三条修改为："犯罪嫌疑人自被侦查机关第一次讯问或者采取强制措施之日起，有权委托辩护人；在侦查期间，只能委托律师作为辩护人。被告人有权随时委托辩护人。

"侦查机关在第一次讯问犯罪嫌疑人或者对犯罪嫌疑人采取强制措施的时候，应当告知犯罪嫌疑人有权委托辩护人。人民检察院自收到移送审查起诉的案件材料之日起三日以内，应当告知犯罪嫌疑人有权委托辩护人。人民法院自受理案件之日起三日以内，应当告知被告人有权委托辩护人。犯罪嫌疑人、被告人在押期间要求委托辩护人的，人民法院、人民检察院和公安机关应当及时转达其要求。

"犯罪嫌疑人、被告人在押的，也可以由其监护人、近亲属代为委托辩护人。

"辩护人接受犯罪嫌疑人、被告人委托后，应当及时告知办理案件的机关。"

六、将第三十四条修改为："犯罪嫌疑人、被告人因经济困难或者其他原因没有委托辩护人的，本人及其近亲属可以向法律援助机构提出申请。对符合法律援助条件的，法律援助机构应当指派律师为其提供辩护。

"犯罪嫌疑人、被告人是盲、聋、哑人，或者是尚未完全丧失辨认或者控制自己行为能力的精神病人，没有委托辩护人的，人民法院、人民检察院和公安机关应当通知法律援助机构指派律师为其提供辩护。

"犯罪嫌疑人、被告人可能被判处无期徒刑、死刑，没有委托辩护人的，人民法院、人民检察院和公安机关应当通知法律援助机构指派律师为其提供辩护。”

七、将第三十五条修改为：“辩护人的责任是根据事实和法律，提出犯罪嫌疑人、被告人无罪、罪轻或者减轻、免除其刑事责任的材料和意见，维护犯罪嫌疑人、被告人的诉讼权利和其他合法权益。”

八、增加一条，作为第三十六条：“辩护律师在侦查期间可以为犯罪嫌疑人提供法律帮助；代理申诉、控告；申请变更强制措施；向侦查机关了解犯罪嫌疑人涉嫌的罪名和案件有关情况，提出意见。”

九、将第三十六条改为二条，作为第三十七条、第三十八条，修改为：

“第三十七条　辩护律师可以同在押的犯罪嫌疑人、被告人会见和通信。其他辩护人经人民法院、人民检察院许可，也可以同在押的犯罪嫌疑人、被告人会见和通信。

“辩护律师持律师执业证书、律师事务所证明和委托书或者法律援助公函要求会见在押的犯罪嫌疑人、被告人的，看守所应当及时安排会见，至迟不得超过四十八小时。

“危害国家安全犯罪、恐怖活动犯罪、特别重大贿赂犯罪案件，在侦查期间辩护律师会见在押的犯罪嫌疑人，应当经侦查机关许可。上述案件，侦查机关应当事先通知看守所。

“辩护律师会见在押的犯罪嫌疑人、被告人，可以了解案件有关情况，提供法律咨询等；自案件移送审查起诉之日起，可以向犯罪嫌疑人、被告人核实有关证据。辩护律师会见犯罪嫌疑人、被告人时不被监听。

“辩护律师同被监视居住的犯罪嫌疑人、被告人会见、通信，适用第一款、第三款、第四款的规定。

“第三十八条　辩护律师自人民检察院对案件审查起诉之日起，可以查阅、摘抄、复制本案的案卷材料。其他辩护人经人民法院、人民检察院许可，也可以查阅、摘抄、复制上述材料。”

十、增加二条，作为第三十九条、第四十条：

“第三十九条　辩护人认为在侦查、审查起诉期间公安机关、人民检察院收集的证明犯罪嫌疑人、被告人无罪或者罪轻的证据材料未提交的，有权申请人民检察院、人民法院调取。

“第四十条　辩护人收集的有关犯罪嫌疑人不在犯罪现场、未达到刑事责任年龄、属于依法不负刑事责任的精神病人的证据，应当及时告知公安机关、人民检察院。”

十一、将第三十八条改为第四十二条，修改为：“辩护人或者其他任何人，不得帮助犯罪嫌疑人、被告人隐匿、毁灭、伪造证据或者串供，不得威胁、引诱证人作伪证以及进行其他干扰司法机关诉讼活动的行为。

“违反前款规定的，应当依法追究法律责任，辩护人涉嫌犯罪的，应当由办理辩护人所承办案件的侦查机关以外的侦查机关办理。辩护人是律师的，应当及时通知其所在的律师事务所或者所属的律师协会。”

十二、增加二条，作为第四十六条、第四十七条：

“第四十六条　辩护律师对在执业活动中知悉的委托人的有关情况和信息，有权予以保密。但是，辩护律师在执业活动中知悉委托人或者其他人，准备或者正在实施危害国家安全、公共安全以及严重危害他人人身安全的犯罪的，应当及时告知司法机关。

“第四十七条　辩护人、诉讼代理人认为公安机关、人民检察院、人民法院及其工作人员阻碍其依法行使诉讼权利的，有权向同级或者上一级人民检察院申诉或者控告。人民检察院对申诉或者控告应当及时进行审查，情况属实的，通知有关机关予以纠正。”

十三、将第四十二条改为第四十八条，修改为：“可以用于证明案件事实的材料，都是证据。

“证据包括：

“（一）物证；

“（二）书证；

“（三）证人证言；

“（四）被害人陈述；

“（五）犯罪嫌疑人、被告人供述和辩解；

“（六）鉴定意见；

“（七）勘验、检查、辨认、侦查实验等笔录；

“（八）视听资料、电子数据。

“证据必须经过查证属实，才能作为定案的根据。”

十四、增加一条，作为第四十九条：“公诉案件中被告人有罪的举证责任由人民检察院承担，自诉案件中被告人有罪的举证责任由自诉人承担。”

十五、将第四十三条改为第五十条，修改为：“审判人员、检察人员、侦查人员必须依照法定程序，收集能够证实犯罪嫌疑人、被告人有罪或者无罪、犯罪情节轻重的各种证据。严禁刑讯逼供和以威胁、引诱、欺骗以及其他非法方法收集证据，不得强迫任何人证实自己有罪。必须保证一切与案件有关或者了解案情的公民，有客观地充分地提供证据的条件，除特殊情况外，可以吸收他们协助调查。”

十六、将第四十五条改为第五十二条，增加一款，作为第二款：“行政机关在行政执法和查办案件过程中收集的物证、书证、视听资料、电子数据等证据材料，在刑事诉讼中可以作为证据使用。”

将第二款改为第三款，修改为：“对涉及国家秘密、商业秘密、个人隐私的证据，应当保密。”

十七、将第四十六条改为第五十三条，修改为：“对一切案件的判处都要重证据，重调查研究，不轻信口供。只有被告人供述，没有其他证据的，不能认定被告人有罪和处以刑罚；没有被告人供述，证据确实、充分的，可以认定被告人有罪和处以刑罚。

“证据确实、充分，应当符合以下条件：

“（一）定罪量刑的事实都有证据证明；

“（二）据以定案的证据均经法定程序查证属实；

“（三）综合全案证据，对所认定事实已排除合理怀疑。”

十八、增加五条，作为第五十四条、第五十五条、第五十六条、第五十七条、第五十八条：

“第五十四条　采用刑讯逼供等非法方法收集的犯罪嫌疑人、被告人供述和采用暴力、威胁等非法方法收集的证人证言、被害人陈述，应当予以排除。收集物证、书证不符合法定程序，可能严重影响司法公正的，应当予以补正或者作出合理解释；不能补正或者作出合理解释的，对该证据应当予以排除。

“在侦查、审查起诉、审判时发现有应当排除的证据的，应当依法予以排除，不得作为起诉意见、起诉决定和判决的依据。

“第五十五条　人民检察院接到报案、控告、举报或者发现侦查人员以非法方法收集证据的，应当进行调查核实。对于确有以非法方法收集证据情形的，应当提出纠正意见；构成犯罪的，依法追究刑事责任。

“第五十六条　法庭审理过程中，审判人员认为可能存在本法第五十四条规定的以非法方法收集证据情形的，应当对证据收集的合法性进行法庭调查。

“当事人及其辩护人、诉讼代理人有权申请人民法院对以非法方法收集的证据依法予以排除。申请排除以非法方法收集的证据的，应当提供相关线索或者材料。

“第五十七条　在对证据收集的合法性进行法庭调查的过程中，人民检察院应当对证据收集的合法性加以证明。

“现有证据材料不能证明证据收集的合法性的，人民检察院可以提请人民法院通知有关侦查人员或者其他人员出庭说明情况；人民法院可以通知有关侦查人员或者其他人员出庭说明情况。有关侦查人员或者其他人员也可以要求出庭说明情况。经人民法院通知，有关人员应当出庭。

“第五十八条　对于经过法庭审理，确认或者不能排除存在本法第五十四条规定的以非法方法收集证据情形的，对有关证据应当予以排除。”

十九、将第四十七条改为第五十九条，修改为：“证人证言必须在法庭上经过公诉人、被害人和被告人、辩护人双方质证并且查实以后，才能作为定案的根据。法庭查明证人有意作伪证或者隐匿罪证的时候，应当依法处理。”

二十、增加二条，作为第六十二条、第六十三条：

“第六十二条　对于危害国家安全犯罪、恐怖活动犯罪、黑社会性质的组织犯罪、毒品犯罪等案件，证人、鉴定人、被害人因在诉讼中作证，本人或者其近亲属的人身安全面临危险的，人民法院、人民检察院和公安机关应当采取以下一项或者多项保护措施：

“（一）不公开真实姓名、住址和工作单位等个人信息；

“（二）采取不暴露外貌、真实声音等出庭作证措施；

“（三）禁止特定的人员接触证人、鉴定人、被害人及其近亲属；

“（四）对人身和住宅采取专门性保护措施；

“（五）其他必要的保护措施。

“证人、鉴定人、被害人认为因在诉讼中作证，本人或者其近亲属的人身安全面临危险的，可以向人民法院、人民检察院、公安机关请求予以保护。

“人民法院、人民检察院、公安机关依法采取保护措施，有关单位和个人应当配合。

“第六十三条　证人因履行作证义务而支出的交通、住宿、就餐等费用，应当给予补助。证人作证的补助列入司法机关业务经费，由同级政府财政予以保障。

“有工作单位的证人作证，所在单位不得克扣或者变相克扣其工资、奖金及其他福利待遇。”

二十一、将第五十一条改为第六十五条，修改为：“人民法院、人民检察院和公安机关对有下列情形之一的犯罪嫌疑人、被告人，可以取保候审：

“（一）可能判处管制、拘役或者独立适用附加刑的；

“（二）可能判处有期徒刑以上刑罚，采取取保候审不致发生社会危险性的；

“（三）患有严重疾病、生活不能自理，怀孕或者正在哺乳自己婴儿的妇女，采取取保候审不致发生社会危险性的；

“（四）羁押期限届满，案件尚未办结，需要采取取保候审的。

“取保候审由公安机关执行。”

二十二、将第五十五条改为第六十八条，修改为：“保证人应当履行以下义务：

“（一）监督被保证人遵守本法第六十九条的规定；

“（二）发现被保证人可能发生或者已经发生违反本法第六十九条规定的行为的，应当及时向执行机关报告。

“被保证人有违反本法第六十九条规定的行为，保证人未履行保证义务的，对保证人处以罚款，构成犯罪的，依法追究刑事责任。”

二十三、将第五十六条改为三条，作为第六十九条、第七十条、第七十一条，修改为：

“第六十九条　被取保候审的犯罪嫌疑人、被告人应当遵守以下规定：

“（一）未经执行机关批准不得离开所居住的市、县；

“（二）住址、工作单位和联系方式发生变动的，在二十四小时以内向执行机关报告；

“（三）在传讯的时候及时到案；

“（四）不得以任何形式干扰证人作证；

“（五）不得毁灭、伪造证据或者串供。

“人民法院、人民检察院和公安机关可以根据案件情况，责令被取保候审的犯罪嫌疑人、被告人遵守以下一项或者多项规定：

“（一）不得进入特定的场所；

“（二）不得与特定的人员会见或者通信；

“（三）不得从事特定的活动；

“（四）将护照等出入境证件、驾驶证件交执行机关保存。

“被取保候审的犯罪嫌疑人、被告人违反前两款规定，已交纳保证金的，没收部分或者全部保证金，并且区别情形，责令犯罪嫌疑人、被告人具结悔过，重新交纳保证金、提出保证人，或者监视居住、予以逮捕。

“对违反取保候审规定，需要予以逮捕的，可以对犯罪嫌疑人、被告人先行拘留。

“第七十条　取保候审的决定机关应当综合考虑保证诉讼活动正常进行的需要，被取保候审人的社会危险性，案件的性质、情节，可能判处刑罚的轻重，被取保候审人的经济状况等情况，确定保证金的数额。

“提供保证金的人应当将保证金存入执行机关指定银行的专门账户。

“第七十一条　犯罪嫌疑人、被告人在取保候审期间未违反本法第六十九条规定的，取保候审结束的时候，凭解除取保候审的通知或者有关法律文书到银行领取退还的保证金。”

二十四、增加三条，作为第七十二条、第七十三条、第七十四条：

“第七十二条　人民法院、人民检察院和公安机关对符合逮捕条件，有下列情形之一的犯罪嫌疑人、被告人，可以监视居住：

“（一）患有严重疾病、生活不能自理的；

“（二）怀孕或者正在哺乳自己婴儿的妇女；

“（三）系生活不能自理的人的唯一扶养人；

“（四）因为案件的特殊情况或者办理案件的需要，采取监视居住措施更为适宜的；

“（五）羁押期限届满，案件尚未办结，需要采取监视居住措施的。

“对符合取保候审条件，但犯罪嫌疑人、被告人不能提出保证人，也不交纳保证金的，可以监视居住。

“监视居住由公安机关执行。

“第七十三条　监视居住应当在犯罪嫌疑人、被告人的住处执行；无固定住处的，可以在指定的居所执行。对于涉嫌危害国家安全犯罪、恐怖活动犯罪、特别重大贿赂犯罪，在住处执行可能有碍侦查的，经上一级人民检察院或者公安机关批准，也可以在指定的居所执行。但是，不得在羁押场所、专门的办案场所执行。

“指定居所监视居住的，除无法通知的以外，应当在执行监视居住后二十四小时以内，通知被监视居住人的家属。

“被监视居住的犯罪嫌疑人、被告人委托辩护人，适用本法第三十三条的规定。

“人民检察院对指定居所监视居住的决定和执行是否合法实行监督。

“第七十四条　指定居所监视居住的期限应当折抵刑期。被判处管制的，监视居住一日折抵刑期一日；被判处拘役、有期徒刑的，监视居住二日折抵刑期一日。”

二十五、将第五十七条改为第七十五条，修改为："被监视居住的犯罪嫌疑人、被告人应当遵守以下规定：

"（一）未经执行机关批准不得离开执行监视居住的处所；

"（二）未经执行机关批准不得会见他人或者通信；

"（三）在传讯的时候及时到案；

"（四）不得以任何形式干扰证人作证；

"（五）不得毁灭、伪造证据或者串供；

"（六）将护照等出入境证件、身份证件、驾驶证件交执行机关保存。

"被监视居住的犯罪嫌疑人、被告人违反前款规定，情节严重的，可以予以逮捕；需要予以逮捕的，可以对犯罪嫌疑人、被告人先行拘留。"

二十六、增加一条，作为第七十六条："执行机关对被监视居住的犯罪嫌疑人、被告人，可以采取电子监控、不定期检查等监视方法对其遵守监视居住规定的情况进行监督；在侦查期间，可以对被监视居住的犯罪嫌疑人的通信进行监控。"

二十七、将第六十条改为第七十九条，修改为："对有证据证明有犯罪事实，可能判处徒刑以上刑罚的犯罪嫌疑人、被告人，采取取保候审尚不足以防止发生下列社会危险性的，应当予以逮捕：

"（一）可能实施新的犯罪的；

"（二）有危害国家安全、公共安全或者社会秩序的现实危险的；

"（三）可能毁灭、伪造证据，干扰证人作证或者串供的；

"（四）可能对被害人、举报人、控告人实施打击报复的；

"（五）企图自杀或者逃跑的。

"对有证据证明有犯罪事实，可能判处十年有期徒刑以上刑罚的，或者有证据证明有犯罪事实，可能判处徒刑以上刑罚，曾经故意犯罪或者身份不明的，应当予以逮捕。

"被取保候审、监视居住的犯罪嫌疑人、被告人违反取保候审、监视居住规定，情节严重的，可以予以逮捕。"

二十八、将第六十四条改为第八十三条，第二款修改为："拘留后，应当立即将被拘留人送看守所羁押，至迟不得超过二十四小时。除无法通知或者涉嫌危害国家安全犯罪、恐怖活动犯罪通知可能有碍侦查的情形以外，应当在拘留后二十四小时以内，通知被拘留人的家属。有碍侦查的情形消失以后，应当立即通知被拘留人的家属。"

二十九、将第六十五条改为第八十四条，修改为："公安机关对被拘留的人，应当在拘留后的二十四小时以内进行讯问。在发现不应当拘留的时候，必须立即释放，发给释放证明。"

三十、增加一条，作为第八十六条："人民检察院审查批准逮捕，可以讯问犯罪嫌疑人；有下列情形之一的，应当讯问犯罪嫌疑人：

"（一）对是否符合逮捕条件有疑问的；

"（二）犯罪嫌疑人要求向检察人员当面陈述的；

"（三）侦查活动可能有重大违法行为的。

"人民检察院审查批准逮捕，可以询问证人等诉讼参与人，听取辩护律师的意见；辩护律师提出要求的，应当听取辩护律师的意见。"

三十一、将第七十一条改为第九十一条，第二款修改为："逮捕后，应当立即将被逮捕人送看守所羁押。除无法通知的以外，应当在逮捕后二十四小时以内，通知被逮捕人的家属。"

三十二、增加一条，作为第九十三条："犯罪嫌疑人、被告人被逮捕后，人民检察院仍应当对羁押的必要性进行审查。对不需要继续羁押的，应当建议予以释放或者变更强制措施。有关机关应当在十日以内将处理情况通知人民检察院。"

三十三、将第五十二条改为第九十五条，修改为："犯罪嫌疑人、被告人及其法定代理人、近亲属或者辩护人有权申请变更强制措施。人民法院、人民检察院和公安机关收到申请后，应当在三日以内作出决定；不同意变更强制措施的，应当告知申请人，并说明不同意的理由。"

三十四、将第七十四条改为第九十六条，修改为："犯罪嫌疑人、被告人被羁押的案件，不能在本法规定的侦查羁押、审查起诉、一审、二审期限内办结的，对犯罪嫌疑人、被告人应当予以释放；需要继续查证、审理的，对犯罪嫌疑人、被告人可以取保候审或者监视居住。"

三十五、将第七十五条改为第九十七条，修改为："人民法院、人民检察院或者公安机关对被采取强制措施法定期限届满的犯罪嫌疑人、被告人，应当予以释放、解除取保候审、监视居住或者依法变更强制措施。犯罪嫌疑人、被告人及其法定代理人、近亲属或者辩护人对于人民法院、人民检察院或者公安机关采取强制措施法定期限届满的，有权要求解除强制措施。"

三十六、将第七十七条改为二条，作为第九十九条、第一百条，修改为：

“第九十九条　被害人由于被告人的犯罪行为而遭受物质损失的，在刑事诉讼过程中，有权提起附带民事诉讼。被害人死亡或者丧失行为能力的，被害人的法定代理人、近亲属有权提起附带民事诉讼。

“如果是国家财产、集体财产遭受损失的，人民检察院在提起公诉的时候，可以提起附带民事诉讼。

“第一百条　人民法院在必要的时候，可以采取保全措施，查封、扣押或者冻结被告人的财产。附带民事诉讼原告人或者人民检察院可以申请人民法院采取保全措施。人民法院采取保全措施，适用民事诉讼法的有关规定。”

三十七、增加一条，作为第一百零一条：“人民法院审理附带民事诉讼案件，可以进行调解，或者根据物质损失情况作出判决、裁定。”

三十八、将第七十九条改为第一百零三条，增加一款，作为第四款：“期间的最后一日为节假日的，以节假日后的第一日为期满日期，但犯罪嫌疑人、被告人或者罪犯在押期间，应当至期满之日为止，不得因节假日而延长。”

三十九、增加一条，作为第一百一十五条：“当事人和辩护人、诉讼代理人、利害关系人对于司法机关及其工作人员有下列行为之一的，有权向该机关申诉或者控告：

“（一）采取强制措施法定期限届满，不予以释放、解除或者变更的；

“（二）应当退还取保候审保证金不退还的；

“（三）对与案件无关的财物采取查封、扣押、冻结措施的；

“（四）应当解除查封、扣押、冻结不解除的；

“（五）贪污、挪用、私分、调换、违反规定使用查封、扣押、冻结的财物的。

“受理申诉或者控告的机关应当及时处理。对处理不服的，可以向同级人民检察院申诉；人民检察院直接受理的案件，可以向上一级人民检察院申诉。人民检察院对申诉应当及时进行审查，情况属实的，通知有关机关予以纠正。”

四十、将第九十一条改为第一百一十六条，增加一款，作为第二款：“犯罪嫌疑人被送交看守所羁押以后，侦查人员对其进行讯问，应当在看守所内进行。”

四十一、将第九十二条改为第一百一十七条，修改为：“对不需要逮捕、拘留的犯罪嫌疑人，可以传唤到犯罪嫌疑人所在市、县内的指定地点或者到他的住处进行讯问，但是应当出示人民检察院或者公安机关的证明文件。对在现场发现的犯罪嫌疑人，经出示工作证件，可以口头传唤，但应当在讯问笔录中注明。

“传唤、拘传持续的时间不得超过十二小时；案情特别重大、复杂，需要采取拘留、逮捕措施的，传唤、拘传持续的时间不得超过二十四小时。

“不得以连续传唤、拘传的形式变相拘禁犯罪嫌疑人。传唤、拘传犯罪嫌疑人，应当保证犯罪嫌疑人的饮食和必要的休息时间。”

四十二、将第九十三条改为第一百一十八条，增加一款，作为第二款：“侦查人员在讯问犯罪嫌疑人的时候，应当告知犯罪嫌疑人如实供述自己罪行可以从宽处理的法律规定。”

四十三、增加一条，作为第一百二十一条：“侦查人员在讯问犯罪嫌疑人的时候，可以对讯问过程进行录音或者录像；对于可能判处无期徒刑、死刑的案件或者其他重大犯罪案件，应当对讯问过程进行录音或者录像。

“录音或者录像应当全程进行，保持完整性。”

四十四、删去第九十六条。

四十五、将第九十七条改为第一百二十二条，第一款修改为：“侦查人员询问证人，可以在现场进行，也可以到证人所在单位、住处或者证人提出的地点进行，在必要的时候，可以通知证人到人民检察院或者公安机关提供证言。在现场询问证人，应当出示工作证件，到证人所在单位、住处或者证人提出的地点询问证人，应当出示人民检察院或者公安机关的证明文件。”

四十六、删去第九十八条第二款。

四十七、将第一百零五条改为第一百三十条，第一款修改为：“为了确定被害人、犯罪嫌疑人的某些特征、伤害情况或者生理状态，可以对人身进行检查，可以提取指纹信息，采集血液、尿液等生物样本。”

四十八、将第一百零八条改为第一百三十三条，第一款修改为：“为了查明案情，在必要的时候，经公安机关负责人批准，可以进行侦查实验。”

增加一款，作为第二款：“侦查实验的情况应当写成笔录，由参加实验的人签名或者盖章。”

四十九、将第一百一十条改为第一百三十五条，修改为：“任何单位和个人，有义务按照人民检察院和公安机关的要求，交出可以证明犯罪嫌疑人有罪或者无罪的物证、书证、视听资料等证据。”

五十、将第二编第二章第六节的节名、第一百五十八条中的"扣押"修改为"查封、扣押"。

五十一、将第一百一十四条改为第一百三十九条，修改为："在侦查活动中发现的可用以证明犯罪嫌疑人有罪或者无罪的各种财物、文件，应当查封、扣押；与案件无关的财物、文件，不得查封、扣押。

"对查封、扣押的财物、文件，要妥善保管或者封存，不得使用、调换或者损毁。"

五十二、将第一百一十五条改为第一百四十条，修改为："对查封、扣押的财物、文件，应当会同在场见证人和被查封、扣押财物、文件持有人查点清楚，当场开列清单一式二份，由侦查人员、见证人和持有人签名或者盖章，一份交给持有人，另一份附卷备查。"

五十三、将第一百一十七条改为第一百四十二条，修改为："人民检察院、公安机关根据侦查犯罪的需要，可以依照规定查询、冻结犯罪嫌疑人的存款、汇款、债券、股票、基金份额等财产。有关单位和个人应当配合。

"犯罪嫌疑人的存款、汇款、债券、股票、基金份额等财产已被冻结的，不得重复冻结。"

五十四、将第一百一十八条改为第一百四十三条，修改为："对查封、扣押的财物、文件、邮件、电报或者冻结的存款、汇款、债券、股票、基金份额等财产，经查明确实与案件无关的，应当在三日以内解除查封、扣押、冻结，予以退还。"

五十五、将第一百二十条改为第一百四十五条，修改为："鉴定人进行鉴定后，应当写出鉴定意见，并且签名。

"鉴定人故意作虚假鉴定的，应当承担法律责任。"

五十六、将第一百二十一条、第一百五十七条中的"鉴定结论"修改为"鉴定意见"。

五十七、在第二编第二章第七节后增加一节，作为第八节：

"第八节　技术侦查措施

"第一百四十八条　公安机关在立案后，对于危害国家安全犯罪、恐怖活动犯罪、黑社会性质的组织犯罪、重大毒品犯罪或者其他严重危害社会的犯罪案件，根据侦查犯罪的需要，经过严格的批准手续，可以采取技术侦查措施。

"人民检察院在立案后，对于重大的贪污、贿赂犯罪案件以及利用职权实施的严重侵犯公民人身权利的重大犯罪案件，根据侦查犯罪的需要，经过严格的批准手续，可以采取技术侦查措施，按照规定交有关机关执行。

"追捕被通缉或者批准、决定逮捕的在逃的犯罪嫌疑人、被告人，经过批准，可以采取追捕所必需的技术侦查措施。

"第一百四十九条　批准决定应当根据侦查犯罪的需要，确定采取技术侦查措施的种类和适用对象。批准决定自签发之日起三个月以内有效。对于不需要继续采取技术侦查措施的，应当及时解除；对于复杂、疑难案件，期限届满仍有必要继续采取技术侦查措施的，经过批准，有效期可以延长，每次不得超过三个月。

"第一百五十条　采取技术侦查措施，必须严格按照批准的措施种类、适用对象和期限执行。

"侦查人员对采取技术侦查措施过程中知悉的国家秘密、商业秘密和个人隐私，应当保密；对采取技术侦查措施获取的与案件无关的材料，必须及时销毁。

"采取技术侦查措施获取的材料，只能用于对犯罪的侦查、起诉和审判，不得用于其他用途。

"公安机关依法采取技术侦查措施，有关单位和个人应当配合，并对有关情况予以保密。

"第一百五十一条　为了查明案情，在必要的时候，经公安机关负责人决定，可以由有关人员隐匿其身份实施侦查。但是，不得诱使他人犯罪，不得采用可能危害公共安全或者发生重大人身危险的方法。

"对涉及给付毒品等违禁品或者财物的犯罪活动，公安机关根据侦查犯罪的需要，可以依照规定实施控制下交付。

"第一百五十二条　依照本节规定采取侦查措施收集的材料在刑事诉讼中可以作为证据使用。如果使用该证据可能危及有关人员的人身安全，或者可能产生其他严重后果的，应当采取不暴露有关人员身份、技术方法等保护措施，必要的时候，可以由审判人员在庭外对证据进行核实。"

五十八、将第一百二十八条改为第一百五十八条，修改为："在侦查期间，发现犯罪嫌疑人另有重要罪行的，自发现之日起依照本法第一百五十四条的规定重新计算侦查羁押期限。

"犯罪嫌疑人不讲真实姓名、住址，身份不明的，应当对其身份进行调查，侦查羁押期限自查清其身份之日起计算，但是不得停止对其犯罪行为的侦查取证。对于犯罪事实清楚，证据确实、充分，确实无法查明其身份的，也可以按其自报的姓名起诉、审判。"

五十九、增加一条，作为第一百五十九条："在案件侦查终结前，辩护律师提出要求的，侦查机关应当听取辩护律师的意见，并记录在案。辩护律师提出书面意见的，应当附卷。”

六十、将第一百二十九条改为第一百六十条，修改为：“公安机关侦查终结的案件，应当做到犯罪事实清楚，证据确实、充分，并且写出起诉意见书，连同案卷材料、证据一并移送同级人民检察院审查决定；同时将案件移送情况告知犯罪嫌疑人及其辩护律师。”

六十一、将第一百三十三条改为第一百六十四条，修改为：“人民检察院对直接受理的案件中被拘留的人，应当在拘留后的二十四小时以内进行讯问。在发现不应当拘留的时候，必须立即释放，发给释放证明。”

六十二、将第一百三十四条改为第一百六十五条，修改为：“人民检察院对直接受理的案件中被拘留的人，认为需要逮捕的，应当在十四日以内作出决定。在特殊情况下，决定逮捕的时间可以延长一日至三日。对不需要逮捕的，应当立即释放；对需要继续侦查，并且符合取保候审、监视居住条件的，依法取保候审或者监视居住。”

六十三、将第一百三十九条改为第一百七十条，修改为：“人民检察院审查案件，应当讯问犯罪嫌疑人，听取辩护人、被害人及其诉讼代理人的意见，并记录在案。辩护人、被害人及其诉讼代理人提出书面意见的，应当附卷。”

六十四、将第一百四十条改为第一百七十一条，第一款修改为：“人民检察院审查案件，可以要求公安机关提供法庭审判所必需的证据材料；认为可能存在本法第五十四条规定的以非法方法收集证据情形的，可以要求其对证据收集的合法性作出说明。”

第四款修改为：“对于二次补充侦查的案件，人民检察院仍然认为证据不足，不符合起诉条件的，应当作出不起诉的决定。”

六十五、将第一百四十一条改为第一百七十二条，修改为：“人民检察院认为犯罪嫌疑人的犯罪事实已经查清，证据确实、充分，依法应当追究刑事责任的，应当作出起诉决定，按照审判管辖的规定，向人民法院提起公诉，并将案卷材料、证据移送人民法院。”

六十六、将第一百四十二条改为第一百七十三条，第一款修改为：“犯罪嫌疑人没有犯罪事实，或者有本法第十五条规定的情形之一的，人民检察院应当作出不起诉决定。”

第三款修改为：“人民检察院决定不起诉的案件，应当同时对侦查中查封、扣押、冻结的财物解除查封、扣押、冻结。对被不起诉人需要给予行政处罚、行政处分或者需要没收其违法所得的，人民检察院应当提出检察意见，移送有关主管机关处理。有关主管机关应当将处理结果及时通知人民检察院。”

六十七、将第一百五十条改为第一百八十一条，修改为：“人民法院对提起公诉的案件进行审查后，对于起诉书中有明确的指控犯罪事实的，应当决定开庭审判。”

六十八、将第一百五十一条改为第一百八十二条，修改为：“人民法院决定开庭审判后，应当确定合议庭的组成人员，将人民检察院的起诉书副本至迟在开庭十日以前送达被告人及其辩护人。

“在开庭以前，审判人员可以召集公诉人、当事人和辩护人、诉讼代理人，对回避、出庭证人名单、非法证据排除等与审判相关的问题，了解情况，听取意见。

“人民法院确定开庭日期后，应当将开庭的时间、地点通知人民检察院，传唤当事人，通知辩护人、诉讼代理人、证人、鉴定人和翻译人员，传票和通知书至迟在开庭三日以前送达。公开审判的案件，应当在开庭三日以前先期公布案由、被告人姓名、开庭时间和地点。

“上述活动情形应当写入笔录，由审判人员和书记员签名。”

六十九、将第一百五十二条改为第一百八十三条，修改为：“人民法院审判第一审案件应当公开进行。但是有关国家秘密或者个人隐私的案件，不公开审理；涉及商业秘密的案件，当事人申请不公开审理的，可以不公开审理。

“不公开审理的案件，应当当庭宣布不公开审理的理由。”

七十、将第一百五十三条改为第一百八十四条，修改为：“人民法院审判公诉案件，人民检察院应当派员出席法庭支持公诉。”

七十一、增加二条，作为第一百八十七条、第一百八十八条：

“第一百八十七条　公诉人、当事人或者辩护人、诉讼代理人对证人证言有异议，且该证人证言对案件定罪量刑有重大影响，人民法院认为证人有必要出庭作证的，证人应当出庭作证。

“人民警察就其执行职务时目击的犯罪情况作为证人出庭作证，适用前款规定。

“公诉人、当事人或者辩护人、诉讼代理人对鉴定意见有异议,人民法院认为鉴定人有必要出庭的,鉴定人应当出庭作证。经人民法院通知,鉴定人拒不出庭作证的,鉴定意见不得作为定案的根据。

“第一百八十八条 经人民法院通知,证人没有正当理由不出庭作证的,人民法院可以强制其到庭,但是被告人的配偶、父母、子女除外。

“证人没有正当理由拒绝出庭或者出庭后拒绝作证的,予以训诫,情节严重的,经院长批准,处以十日以下的拘留。被处罚人对拘留决定不服的,可以向上一级人民法院申请复议。复议期间不停止执行。”

七十二、将第一百五十九条改为第一百九十二条,增加一款,作为第二款:“公诉人、当事人和辩护人、诉讼代理人可以申请法庭通知有专门知识的人出庭,就鉴定人作出的鉴定意见提出意见。”

增加一款,作为第四款:“第二款规定的有专门知识的人出庭,适用鉴定人的有关规定。”

七十三、将第一百六十条改为第一百九十三条,修改为:“法庭审理过程中,对与定罪、量刑有关的事实、证据都应当进行调查、辩论。

“经审判长许可,公诉人、当事人和辩护人、诉讼代理人可以对证据和案件情况发表意见并且可以互相辩论。

“审判长在宣布辩论终结后,被告人有最后陈述的权利。”

七十四、将第一百六十三条改为第一百九十六条,第二款修改为:“当庭宣告判决的,应当在五日以内将判决书送达当事人和提起公诉的人民检察院;定期宣告判决的,应当在宣告后立即将判决书送达当事人和提起公诉的人民检察院。判决书应当同时送达辩护人、诉讼代理人。”

七十五、将第一百六十四条改为第一百九十七条,修改为:“判决书应当由审判人员和书记员署名,并且写明上诉的期限和上诉的法院。”

七十六、将第一百六十五条改为第一百九十八条,第三项修改为:“由于申请回避而不能进行审判的。”

七十七、增加一条,作为第二百条:“在审判过程中,有下列情形之一,致使案件在较长时间内无法继续审理的,可以中止审理:

“(一)被告人患有严重疾病,无法出庭的;

“(二)被告人脱逃的;

“(三)自诉人患有严重疾病,无法出庭,未委托诉讼代理人出庭的;

“(四)由于不能抗拒的原因。

“中止审理的原因消失后,应当恢复审理。中止审理的期间不计入审理期限。”

七十八、将第一百六十八条改为第二百零二条,第一款修改为:“人民法院审理公诉案件,应当在受理后二个月以内宣判,至迟不得超过三个月。对于可能判处死刑的案件或者附带民事诉讼的案件,以及有本法第一百五十六条规定情形之一的,经上一级人民法院批准,可以延长三个月;因特殊情况还需要延长的,报请最高人民法院批准。”

七十九、将第一百七十二条改为第二百零六条,修改为:“人民法院对自诉案件,可以进行调解;自诉人在宣告判决前,可以同被告人自行和解或者撤回自诉。本法第二百零四条第三项规定的案件不适用调解。

“人民法院审理自诉案件的期限,被告人被羁押的,适用本法第二百零二条第一款、第二款的规定;未被羁押的,应当在受理后六个月以内宣判。”

八十、将第一百七十四条改为第二百零八条,修改为:“基层人民法院管辖的案件,符合下列条件的,可以适用简易程序审判:

“(一)案件事实清楚、证据充分的;

“(二)被告人承认自己所犯罪行,对指控的犯罪事实没有异议的;

“(三)被告人对适用简易程序没有异议的。

“人民检察院在提起公诉的时候,可以建议人民法院适用简易程序。”

八十一、增加一条,作为第二百零九条:“有下列情形之一的,不适用简易程序:

“(一)被告人是盲、聋、哑人,或者是尚未完全丧失辨认或者控制自己行为能力的精神病人的;

“(二)有重大社会影响的;

“(三)共同犯罪案件中部分被告人不认罪或者对适用简易程序有异议的;

“(四)其他不宜适用简易程序审理的。”

八十二、将第一百七十五条改为第二百一十条,修改为:“适用简易程序审理案件,对可能判处三年有期徒刑以下刑罚的,可以组成合议庭进行审判,也可以由审判员一人独任审判;对可能判处的有期徒刑超过三年的,应当组成合议庭进行审判。

“适用简易程序审理公诉案件,人民检察院应当派员出席法庭。”

八十三、增加一条,作为第二百一十一条:“适用简易程序审理案件,审判人员应当询问被告人对指控的犯罪事实的意见,告知被告人适用简易程序审理的法律规定,确认被告人是否同意适用简易程序审理。”

八十四、将第一百七十六条改为第二百一十二条，修改为：“适用简易程序审理案件，经审判人员许可，被告人及其辩护人可以同公诉人、自诉人及其诉讼代理人互相辩论。”

八十五、将第一百七十七条改为第二百一十三条，修改为：“适用简易程序审理案件，不受本章第一节关于送达期限、讯问被告人、询问证人、鉴定人、出示证据、法庭辩论程序规定的限制。但在判决宣告前应当听取被告人的最后陈述意见。”

八十六、将第一百七十八条改为第二百一十四条，修改为：“适用简易程序审理案件，人民法院应当在受理后二十日以内审结；对可能判处的有期徒刑超过三年的，可以延长至一个半月。”

八十七、将第一百八十七条改为第二百二十三条，第一款修改为：“第二审人民法院对于下列案件，应当组成合议庭，开庭审理：

“（一）被告人、自诉人及其法定代理人对第一审认定的事实、证据提出异议，可能影响定罪量刑的上诉案件；

“（二）被告人被判处死刑的上诉案件；

“（三）人民检察院抗诉的案件；

“（四）其他应当开庭审理的案件。

“第二审人民法院决定不开庭审理的，应当讯问被告人，听取其他当事人、辩护人、诉讼代理人的意见。”

八十八、将第一百八十八条改为第二百二十四条，修改为：“人民检察院提出抗诉的案件或者第二审人民法院开庭审理的公诉案件，同级人民检察院都应当派员出席法庭。第二审人民法院应当在决定开庭审理后及时通知人民检察院查阅案卷。人民检察院应当在一个月以内查阅完毕。人民检察院查阅案卷的时间不计入审理期限。”

八十九、将第一百八十九条改为第二百二十五条，增加一款，作为第二款：“原审人民法院对于依照前款第三项规定发回重新审判的案件作出判决后，被告人提出上诉或者人民检察院提出抗诉的，第二审人民法院应当依法作出判决或者裁定，不得再发回原审人民法院重新审判。”

九十、将第一百九十条改为第二百二十六条，第一款修改为：“第二审人民法院审理被告人或者他的法定代理人、辩护人、近亲属上诉的案件，不得加重被告人的刑罚。第二审人民法院发回原审人民法院重新审判的案件，除有新的犯罪事实，人民检察院补充起诉的以外，原审人民法院也不得加重被告人的刑罚。”

九十一、将第一百九十六条改为第二百三十二条，修改为：“第二审人民法院受理上诉、抗诉案件，应当在二个月以内审结。对于可能判处死刑的案件或者附带民事诉讼的案件，以及有本法第一百五十六条规定情形之一的，经省、自治区、直辖市高级人民法院批准或者决定，可以延长二个月；因特殊情况还需要延长的，报请最高人民法院批准。

“最高人民法院受理上诉、抗诉案件的审理期限，由最高人民法院决定。”

九十二、将第一百九十八条改为第二百三十四条，修改为：“公安机关、人民检察院和人民法院对查封、扣押、冻结的犯罪嫌疑人、被告人的财物及其孳息，应当妥善保管，以供核查，并制作清单，随案移送。任何单位和个人不得挪用或者自行处理。对被害人的合法财产，应当及时返还。对违禁品或者不宜长期保存的物品，应当依照国家有关规定处理。

“对作为证据使用的实物应当随案移送，对不宜移送的，应当将其清单、照片或者其他证明文件随案移送。

“人民法院作出的判决，应当对查封、扣押、冻结的财物及其孳息作出处理。

“人民法院作出的判决生效以后，有关机关应当根据判决对查封、扣押、冻结的财物及其孳息进行处理。对查封、扣押、冻结的赃款赃物及其孳息，除依法返还被害人的以外，一律上缴国库。

“司法工作人员贪污、挪用或者私自处理查封、扣押、冻结的财物及其孳息的，依法追究刑事责任；不构成犯罪的，给予处分。”

九十三、增加二条，作为第二百三十九条、第二百四十条：

“第二百三十九条　最高人民法院复核死刑案件，应当作出核准或者不核准死刑的裁定。对于不核准死刑的，最高人民法院可以发回重新审判或者予以改判。

“第二百四十条　最高人民法院复核死刑案件，应当讯问被告人，辩护律师提出要求的，应当听取辩护律师的意见。

“在复核死刑案件过程中，最高人民检察院可以向最高人民法院提出意见。最高人民法院应当将死刑复核结果通报最高人民检察院。”

九十四、将第二百零四条改为第二百四十二条，修改为：“当事人及其法定代理人、近亲属的申诉符合下列情形之一的，人民法院应当重新审判：

“（一）有新的证据证明原判决、裁定认定的事实确有错误，可能影响定罪量刑的；

“（二）据以定罪量刑的证据不确实、不充分、依法应当予以排除，或者证明案件事实的主要证据之间存在矛盾的；

“（三）原判决、裁定适用法律确有错误的；

“（四）违反法律规定的诉讼程序，可能影响公正审判的；

“（五）审判人员在审理该案件的时候，有贪污受贿，徇私舞弊，枉法裁判行为的。”

九十五、增加一条，作为第二百四十四条：“上级人民法院指令下级人民法院再审的，应当指令原审人民法院以外的下级人民法院审理；由原审人民法院审理更为适宜的，也可以指令原审人民法院审理。”

九十六、将第二百零六条改为第二百四十五条，修改为：“人民法院按照审判监督程序重新审判的案件，由原审人民法院审理的，应当另行组成合议庭进行。如果原来是第一审案件，应当依照第一审程序进行审判，所作的判决、裁定，可以上诉、抗诉；如果原来是第二审案件，或者是上级人民法院提审的案件，应当依照第二审程序进行审判，所作的判决、裁定，是终审的判决、裁定。

“人民法院开庭审理的再审案件，同级人民检察院应当派员出席法庭。”

九十七、增加一条，作为第二百四十六条：“人民法院决定再审的案件，需要对被告人采取强制措施的，由人民法院依法决定；人民检察院提出抗诉的再审案件，需要对被告人采取强制措施的，由人民检察院依法决定。

“人民法院按照审判监督程序审判的案件，可以决定中止原判决、裁定的执行。”

九十八、将第二百一十三条改为第二百五十三条，第一款修改为：“罪犯被交付执行刑罚的时候，应当由交付执行的人民法院在判决生效后十日以内将有关的法律文书送达公安机关、监狱或者其他执行机关。”

第二款修改为：“对被判处死刑缓期二年执行、无期徒刑、有期徒刑的罪犯，由公安机关依法将该罪犯送交监狱执行刑罚。对被判处有期徒刑的罪犯，在被交付执行刑罚前，剩余刑期在三个月以下的，由看守所代为执行。对被判处拘役的罪犯，由公安机关执行。”

九十九、将第二百一十四条改为第二百五十四条，修改为：“对被判处有期徒刑或者拘役的罪犯，有下列情形之一的，可以暂予监外执行：

“（一）有严重疾病需要保外就医的；

“（二）怀孕或者正在哺乳自己婴儿的妇女；

“（三）生活不能自理，适用暂予监外执行不致危害社会的。

“对被判处无期徒刑的罪犯，有前款第二项规定情形的，可以暂予监外执行。

“对适用保外就医可能有社会危险性的罪犯，或者自伤自残的罪犯，不得保外就医。

“对罪犯确有严重疾病，必须保外就医的，由省级人民政府指定的医院诊断并开具证明文件。

“在交付执行前，暂予监外执行由交付执行的人民法院决定；在交付执行后，暂予监外执行由监狱或者看守所提出书面意见，报省级以上监狱管理机关或者设区的市一级以上公安机关批准。”

一百、增加一条，作为第二百五十五条：“监狱、看守所提出暂予监外执行的书面意见的，应当将书面意见的副本抄送人民检察院。人民检察院可以向决定或者批准机关提出书面意见。”

一百零一、将第二百一十五条改为第二百五十六条，修改为：“决定或者批准暂予监外执行的机关应当将暂予监外执行决定抄送人民检察院。人民检察院认为暂予监外执行不当的，应当自接到通知之日起一个月以内将书面意见送交决定或者批准暂予监外执行的机关，决定或者批准暂予监外执行的机关接到人民检察院的书面意见后，应当立即对该决定进行重新核查。”

一百零二、将第二百一十六条改为第二百五十七条，修改为：“对暂予监外执行的罪犯，有下列情形之一的，应当及时收监：

“（一）发现不符合暂予监外执行条件的；

“（二）严重违反有关暂予监外执行监督管理规定的；

“（三）暂予监外执行的情形消失后，罪犯刑期未满的。

“对于人民法院决定暂予监外执行的罪犯应当予以收监的，由人民法院作出决定，将有关的法律文书送达公安机关、监狱或者其他执行机关。

“不符合暂予监外执行条件的罪犯通过贿赂等非法手段被暂予监外执行的，在监外执行的期间不计入执行刑期。罪犯在暂予监外执行期间脱逃的，脱逃的期间不计入执行刑期。

“罪犯在暂予监外执行期间死亡的，执行机关应当及时通知监狱或者看守所。”

一百零三、将第二百一十七条改为第二百五十八条，修改为："对被判处管制、宣告缓刑、假释或者暂予监外执行的罪犯，依法实行社区矫正，由社区矫正机构负责执行。"

一百零四、将第二百一十八条改为第二百五十九条，修改为："对被判处剥夺政治权利的罪犯，由公安机关执行。执行期满，应当由执行机关书面通知本人及其所在单位、居住地基层组织。"

一百零五、将第二百二十一条改为第二百六十二条，第二款修改为："被判处管制、拘役、有期徒刑或者无期徒刑的罪犯，在执行期间确有悔改或者立功表现，应当依法予以减刑、假释的时候，由执行机关提出建议书，报请人民法院审核裁定，并将建议书副本抄送人民检察院。人民检察院可以向人民法院提出书面意见。"

一百零六、增加一编，作为第五编："特别程序"。

一百零七、增加一章，作为第五编第一章：

"第一章 未成年人刑事案件诉讼程序

"第二百六十六条 对犯罪的未成年人实行教育、感化、挽救的方针，坚持教育为主、惩罚为辅的原则。

"人民法院、人民检察院和公安机关办理未成年人刑事案件，应当保障未成年人行使其诉讼权利，保障未成年人得到法律帮助，并由熟悉未成年人身心特点的审判人员、检察人员、侦查人员承办。

"第二百六十七条 未成年犯罪嫌疑人、被告人没有委托辩护人的，人民法院、人民检察院、公安机关应当通知法律援助机构指派律师为其提供辩护。

"第二百六十八条 公安机关、人民检察院、人民法院办理未成年人刑事案件，根据情况可以对未成年犯罪嫌疑人、被告人的成长经历、犯罪原因、监护教育等情况进行调查。

"第二百六十九条 对未成年犯罪嫌疑人、被告人应当严格限制适用逮捕措施。人民检察院审查批准逮捕和人民法院决定逮捕，应当讯问未成年犯罪嫌疑人、被告人，听取辩护律师的意见。

"对被拘留、逮捕和执行刑罚的未成年人与成年人应当分别关押、分别管理、分别教育。

"第二百七十条 对于未成年人刑事案件，在讯问和审判的时候，应当通知未成年犯罪嫌疑人、被告人的法定代理人到场。无法通知、法定代理人不能到场或者法定代理人是共犯的，也可以通知未成年犯罪嫌疑人、被告人的其他成年亲属，所在学校、单位、居住地基层组织或者未成年人保护组织的代表到场，并将有关情况记录在案。到场的法定代理人可以代为行使未成年犯罪嫌疑人、被告人的诉讼权利。

"到场的法定代理人或者其他人员认为办案人员在讯问、审判中侵犯未成年人合法权益的，可以提出意见。讯问笔录、法庭笔录应当交给到场的法定代理人或者其他人员阅读或者向他宣读。

"讯问女性未成年犯罪嫌疑人，应当有女工作人员在场。

"审判未成年人刑事案件，未成年被告人最后陈述后，其法定代理人可以进行补充陈述。

"询问未成年被害人、证人，适用第一款、第二款、第三款的规定。

"第二百七十一条 对于未成年人涉嫌刑法分则第四章、第五章、第六章规定的犯罪，可能判处一年有期徒刑以下刑罚，符合起诉条件，但有悔罪表现的，人民检察院可以作出附条件不起诉的决定。人民检察院在作出附条件不起诉的决定以前，应当听取公安机关、被害人的意见。

"对附条件不起诉的决定，公安机关要求复议、提请复核或者被害人申诉的，适用本法第一百七十五条、第一百七十六条的规定。

"未成年犯罪嫌疑人及其法定代理人对人民检察院决定附条件不起诉有异议的，人民检察院应当作出起诉的决定。

"第二百七十二条 在附条件不起诉的考验期内，由人民检察院对被附条件不起诉的未成年犯罪嫌疑人进行监督考察。未成年犯罪嫌疑人的监护人，应当对未成年犯罪嫌疑人加强管教，配合人民检察院做好监督考察工作。

"附条件不起诉的考验期为六个月以上一年以下，从人民检察院作出附条件不起诉的决定之日起计算。

"被附条件不起诉的未成年犯罪嫌疑人，应当遵守下列规定：

"（一）遵守法律法规，服从监督；

"（二）按照考察机关的规定报告自己的活动情况；

"（三）离开所居住的市、县或者迁居，应当报经考察机关批准；

"（四）按照考察机关的要求接受矫治和教育。

"第二百七十三条 被附条件不起诉的未成年犯罪嫌疑人，在考验期内有下列情形之一的，人民检察院应当撤销附条件不起诉的决定，提起公诉：

"（一）实施新的犯罪或者发现决定附条件不起诉以前还有其他犯罪需要追诉的；

“（二）违反治安管理规定或者考察机关有关附条件不起诉的监督管理规定，情节严重的。

“被附条件不起诉的未成年犯罪嫌疑人，在考验期内没有上述情形，考验期满的，人民检察院应当作出不起诉的决定。

“第二百七十四条　审判的时候被告人不满十八周岁的案件，不公开审理。但是，经未成年被告人及其法定代理人同意，未成年被告人所在学校和未成年人保护组织可以派代表到场。

“第二百七十五条　犯罪的时候不满十八周岁，被判处五年有期徒刑以下刑罚的，应当对相关犯罪记录予以封存。

“犯罪记录被封存的，不得向任何单位和个人提供，但司法机关为办案需要或者有关单位根据国家规定进行查询的除外。依法进行查询的单位，应当对被封存的犯罪记录的情况予以保密。

“第二百七十六条　办理未成年人刑事案件，除本章已有规定的以外，按照本法的其他规定进行。”

一百零八、增加一章，作为第五编第二章：

“第二章　当事人和解的公诉案件诉讼程序

“第二百七十七条　下列公诉案件，犯罪嫌疑人、被告人真诚悔罪，通过向被害人赔偿损失、赔礼道歉等方式获得被害人谅解，被害人自愿和解的，双方当事人可以和解：

“（一）因民间纠纷引起，涉嫌刑法分则第四章、第五章规定的犯罪案件，可能判处三年有期徒刑以下刑罚的；

“（二）除渎职犯罪以外的可能判处七年有期徒刑以下刑罚的过失犯罪案件。

“犯罪嫌疑人、被告人在五年以内曾经故意犯罪的，不适用本章规定的程序。

“第二百七十八条　双方当事人和解的，公安机关、人民检察院、人民法院应当听取当事人和其他有关人员的意见，对和解的自愿性、合法性进行审查，并主持制作和解协议书。

“第二百七十九条　对于达成和解协议的案件，公安机关可以向人民检察院提出从宽处理的建议。人民检察院可以向人民法院提出从宽处罚的建议；对于犯罪情节轻微，不需要判处刑罚的，可以作出不起诉的决定。人民法院可以依法对被告人从宽处罚。”

一百零九、增加一章，作为第五编第三章：

“第三章犯罪嫌疑人、被告人逃匿、死亡案件违法所得的没收程序

“第二百八十条　对于贪污贿赂犯罪、恐怖活动犯罪等重大犯罪案件，犯罪嫌疑人、被告人逃匿，在通缉一年后不能到案，或者犯罪嫌疑人、被告人死亡，依照刑法规定应当追缴其违法所得及其他涉案财产的，人民检察院可以向人民法院提出没收违法所得的申请。

“公安机关认为有前款规定情形的，应当写出没收违法所得意见书，移送人民检察院。

“没收违法所得的申请应当提供与犯罪事实、违法所得相关的证据材料，并列明财产的种类、数量、所在地及查封、扣押、冻结的情况。

“人民法院在必要的时候，可以查封、扣押、冻结申请没收的财产。

“第二百八十一条　没收违法所得的申请，由犯罪地或者犯罪嫌疑人、被告人居住地的中级人民法院组成合议庭进行审理。

“人民法院受理没收违法所得的申请后，应当发出公告。公告期间为六个月。犯罪嫌疑人、被告人的近亲属和其他利害关系人有权申请参加诉讼，也可以委托诉讼代理人参加诉讼。

“人民法院在公告期满后对没收违法所得的申请进行审理。利害关系人参加诉讼的，人民法院应当开庭审理。

“第二百八十二条　人民法院经审理，对经查证属于违法所得及其他涉案财产，除依法返还被害人的以外，应当裁定予以没收；对不属于应当追缴的财产的，应当裁定驳回申请，解除查封、扣押、冻结措施。

“对于人民法院依照前款规定作出的裁定，犯罪嫌疑人、被告人的近亲属和其他利害关系人或者人民检察院可以提出上诉、抗诉。

“第二百八十三条　在审理过程中，在逃的犯罪嫌疑人、被告人自动投案或者被抓获的，人民法院应当终止审理。

“没收犯罪嫌疑人、被告人财产确有错误的，应当予以返还、赔偿。”

一百一十、增加一章，作为第五编第四章：

“第四章　依法不负刑事责任的精神病人的强制医疗程序

“第二百八十四条　实施暴力行为，危害公共安全或者严重危害公民人身安全，经法定程序鉴定依法不负刑事责任的精神病人，有继续危害社会可能的，可以予以强制医疗。

“第二百八十五条　根据本章规定对精神病人强制医疗的，由人民法院决定。

“公安机关发现精神病人符合强制医疗条件的，应当写出强制医疗意见书，移送人民检察院。

对于公安机关移送的或者在审查起诉过程中发现的精神病人符合强制医疗条件的，人民检察院应当向人民法院提出强制医疗的申请。人民法院在审理案件过程中发现被告人符合强制医疗条件的，可以作出强制医疗的决定。

“对实施暴力行为的精神病人，在人民法院决定强制医疗前，公安机关可以采取临时的保护性约束措施。

“第二百八十六条　人民法院受理强制医疗的申请后，应当组成合议庭进行审理。

“人民法院审理强制医疗案件，应当通知被申请人或者被告人的法定代理人到场。被申请人或者被告人没有委托诉讼代理人的，人民法院应当通知法律援助机构指派律师为其提供法律帮助。

“第二百八十七条　人民法院经审理，对于被申请人或者被告人符合强制医疗条件的，应当在一个月以内作出强制医疗的决定。

“被决定强制医疗的人、被害人及其法定代理人、近亲属对强制医疗决定不服的，可以向上一级人民法院申请复议。

“第二百八十八条　强制医疗机构应当定期对被强制医疗的人进行诊断评估。对于已不具有人身危险性，不需要继续强制医疗的，应当及时提出解除意见，报决定强制医疗的人民法院批准。

“被强制医疗的人及其近亲属有权申请解除强制医疗。

“第二百八十九条　人民检察院对强制医疗的决定和执行实行监督。”

一百一十一、第九十九条、第一百二十六条、第一百二十七条、第一百三十二条、第一百四十六条、第一百六十六条、第一百七十一条、第一百九十二条、第一百九十三条中引用的条文序号根据本决定作相应调整。

刑事诉讼法的有关章节及条文序号根据本决定作相应调整。

本决定自2013年1月1日起施行。

《中华人民共和国刑事诉讼法》根据本决定作相应修改，重新公布。

中华人民共和国刑事诉讼法

（1979年7月1日第五届全国人民代表大会第二次会议通过　根据1996年3月17日第八届全国人民代表大会第四次会议《关于修改〈中华人民共和国刑事诉讼法〉的决定》第一次修正　根据2012年3月14日第十一届全国人民代表大会第五次会议《关于修改〈中华人民共和国刑事诉讼法〉的决定》第二次修正）

目　录

第一编　总　　则

第一章　任务和基本原则

第一条　为了保证刑法的正确实施，惩罚犯罪，保护人民，保障国家安全和社会公共安全，维护社会主义社会秩序，根据宪法，制定本法。

第二条　中华人民共和国刑事诉讼法的任务，是保证准确、及时地查明犯罪事实，正确应用法律，惩罚犯罪分子，保障无罪的人不受刑事追究，教育公民自觉遵守法律，积极同犯罪行为作斗争，维护社会主义法制，尊重和保障人权，保护公民的人身权利、财产权利、民主权利和其他权利，保障社会主义建设事业的顺利进行。

第三条　对刑事案件的侦查、拘留、执行逮捕、预审，由公安机关负责。检察、批准逮捕、检察机关直接受理的案件的侦查、提起公诉，由人民检察院负责。审判由人民法院负责。除法律特别规定的以外，其他任何机关、团体和个人都无权行使这些权力。

人民法院、人民检察院和公安机关进行刑事诉讼，必须严格遵守本法和其他法律的有关规定。

第四条　国家安全机关依照法律规定，办理危害国家安全的刑事案件，行使与公安机关相同的职权。

第五条　人民法院依照法律规定独立行使审判权，人民检察院依照法律规定独立行使检察权，不受行政机关、社会团体和个人的干涉。

第六条　人民法院、人民检察院和公安机关进行刑事诉讼，必须依靠群众，必须以事实为根据，以法律为准绳。对于一切公民，在适用法律上一律平等，在法律面前，不允许有任何特权。

第七条　人民法院、人民检察院和公安机关进行刑事诉讼，应当分工负责，互相配合，互相制约，以保证准确有效地执行法律。

第八条　人民检察院依法对刑事诉讼实行法律监督。

第九条　各民族公民都有用本民族语言文字进行诉讼的权利。人民法院、人民检察院和公安机关对于不通晓当地通用的语言文字的诉讼参与人，应当为他们翻译。

在少数民族聚居或者多民族杂居的地区，应当用当地通用的语言进行审讯，用当地通用的文字发布判决书、布告和其他文件。

第十条　人民法院审判案件，实行两审终审制。

第十一条　人民法院审判案件，除本法另有规定的以外，一律公开进行。被告人有权获得辩护，人民法院有义务保证被告人获得辩护。

第十二条　未经人民法院依法判决，对任何人都不得确定有罪。

第十三条　人民法院审判案件，依照本法实行人民陪审员陪审的制度。

第十四条　人民法院、人民检察院和公安机关应当保障犯罪嫌疑人、被告人和其他诉讼参与人依法享有的辩护权和其他诉讼权利。

诉讼参与人对于审判人员、检察人员和侦查人员侵犯公民诉讼权利和人身侮辱的行为，有权提出控告。

第十五条　有下列情形之一的，不追究刑事责任，已经追究的，应当撤销案件，或者不起诉，或者终止审理，或者宣告无罪：

（一）情节显著轻微、危害不大，不认为是犯罪的；

（二）犯罪已过追诉时效期限的；

（三）经特赦令免除刑罚的；

（四）依照刑法告诉才处理的犯罪，没有告诉或者撤回告诉的；

（五）犯罪嫌疑人、被告人死亡的；

（六）其他法律规定免予追究刑事责任的。

第十六条　对于外国人犯罪应当追究刑事责任的，适用本法的规定。

对于享有外交特权和豁免权的外国人犯罪应当追究刑事责任的，通过外交途径解决。

第十七条　根据中华人民共和国缔结或者参加的国际条约，或者按照互惠原则，我国司法机关和外国司法机关可以相互请求刑事司法协助。

第二章　管　　辖

第十八条　刑事案件的侦查由公安机关进行，法律另有规定的除外。

贪污贿赂犯罪，国家工作人员的渎职犯罪，国家机关工作人员利用职权实施的非法拘禁、刑讯逼供、报复陷害、非法搜查的侵犯公民人身权利的犯罪以及侵犯公民民主权利的犯罪，由人民检察院立案侦查。对于国家机关工作人员利用职权实施的其他重大的犯罪案件，需要由人民检察院直接受理的时候，经省级以上人民检察院决定，可以由人民检察院立案侦查。

自诉案件，由人民法院直接受理。

第十九条　基层人民法院管辖第一审普通刑事案件，但是依照本法由上级人民法院管辖的除外。

第二十条　中级人民法院管辖下列第一审刑事案件：

（一）危害国家安全、恐怖活动案件；

（二）可能判处无期徒刑、死刑的案件。

第二十一条　高级人民法院管辖的第一审刑事案件，是全省（自治区、直辖市）性的重大刑事案件。

第二十二条　最高人民法院管辖的第一审刑事案件，是全国性的重大刑事案件。

第二十三条　上级人民法院在必要的时候，可以审判下级人民法院管辖的第一审刑事案件；下级人民法院认为案情重大、复杂需要由上级人民法院审判的第一审刑事案件，可以请求移送上一级人民法院审判。

第二十四条　刑事案件由犯罪地的人民法院管辖。如果由被告人居住地的人民法院审判更为适宜的，可以由被告人居住地的人民法院管辖。

第二十五条　几个同级人民法院都有权管辖的案件，由最初受理的人民法院审判。在必要的时候，可以移送主要犯罪地的人民法院审判。

第二十六条　上级人民法院可以指定下级人民法院审判管辖不明的案件，也可以指定下级人民法院将案件移送其他人民法院审判。

第二十七条　专门人民法院案件的管辖另行规定。

第三章　回　　避

第二十八条　审判人员、检察人员、侦查人员有下列情形之一的，应当自行回避，当事人及其法定代理人也有权要求他们回避：

（一）是本案的当事人或者是当事人的近亲属的；

（二）本人或者他的近亲属和本案有利害关系的；

（三）担任过本案的证人、鉴定人、辩护人、诉讼代理人的；

（四）与本案当事人有其他关系，可能影响公正处理案件的。

第二十九条　审判人员、检察人员、侦查人员不得接受当事人及其委托的人的请客送礼，不得违反规定会见当事人及其委托的人。

审判人员、检察人员、侦查人员违反前款规定的，应当依法追究法律责任。当事人及其法定代理人有权要求他们回避。

第三十条　审判人员、检察人员、侦查人员的回避，应当分别由院长、检察长、公安机关负责人决定；院长的回避，由本院审判委员会决定；检察长和公安机关负责人的回避，由同级人民检察院检察委员会决定。

对侦查人员的回避作出决定前，侦查人员不能停止对案件的侦查。

对驳回申请回避的决定，当事人及其法定代理人可以申请复议一次。

第三十一条　本章关于回避的规定适用于书记员、翻译人员和鉴定人。

辩护人、诉讼代理人可以依照本章的规定要求回避、申请复议。

第四章　辩护与代理

第三十二条　犯罪嫌疑人、被告人除自己行使辩护权以外，还可以委托一至二人作为辩护人。下列的人可以被委托为辩护人：

（一）律师；

（二）人民团体或者犯罪嫌疑人、被告人所在单位推荐的人；

（三）犯罪嫌疑人、被告人的监护人、亲友。

正在被执行刑罚或者依法被剥夺、限制人身自由的人，不得担任辩护人。

第三十三条　犯罪嫌疑人自被侦查机关第一次讯问或者采取强制措施之日起，有权委托辩护人；在侦查期间，只能委托律师作为辩护人。被告人有权随时委托辩护人。

侦查机关在第一次讯问犯罪嫌疑人或者对犯罪嫌疑人采取强制措施的时候，应当告知犯罪嫌疑人有权委托辩护人。人民检察院自收到移送审查起诉的案件材料之日起三日以内，应当告知犯罪嫌疑人有权委托辩护人。人民法院自受理案件之日起三日以内，应当告知被告人有权委托辩护人。犯罪嫌疑人、被告人在押期间要求委托辩护人的，人民法院、人民检察院和公安机关应当及时转达其要求。

犯罪嫌疑人、被告人在押的，也可以由其监护人、近亲属代为委托辩护人。

辩护人接受犯罪嫌疑人、被告人委托后，应当及时告知办理案件的机关。

第三十四条　犯罪嫌疑人、被告人因经济困难或者其他原因没有委托辩护人的，本人及其近亲属可以向法律援助机构提出申请。对符合法律援助条件的，法律援助机构应当指派律师为其提供辩护。

犯罪嫌疑人、被告人是盲、聋、哑人，或者是尚未完全丧失辨认或者控制自己行为能力的精神病人，没有委托辩护人的，人民法院、人民检察院和公安机关应当通知法律援助机构指派律师为其提供辩护。

犯罪嫌疑人、被告人可能被判处无期徒刑、死刑，没有委托辩护人的，人民法院、人民检察院和公安机关应当通知法律援助机构指派律师为其提供辩护。

第三十五条　辩护人的责任是根据事实和法律，提出犯罪嫌疑人、被告人无罪、罪轻或者减轻、免除其刑事责任的材料和意见，维护犯罪嫌疑人、被告人的诉讼权利和其他合法权益。

第三十六条　辩护律师在侦查期间可以为犯罪嫌疑人提供法律帮助；代理申诉、控告；申请变更强制措施；向侦查机关了解犯罪嫌疑人涉嫌的罪名和案件有关情况，提出意见。

第三十七条　辩护律师可以同在押的犯罪嫌疑人、被告人会见和通信。其他辩护人经人民法院、人民检察院许可，也可以同在押的犯罪嫌疑人、被告人会见和通信。

辩护律师持律师执业证书、律师事务所证明和委托书或者法律援助公函要求会见在押的犯罪嫌疑人、被告人的，看守所应当及时安排会见，至迟不得超过四十八小时。

危害国家安全犯罪、恐怖活动犯罪、特别重大贿赂犯罪案件，在侦查期间辩护律师会见在押的犯罪嫌疑人，应当经侦查机关许可。上述案件，侦查机关应当事先通知看守所。

辩护律师会见在押的犯罪嫌疑人、被告人，可以了解案件有关情况，提供法律咨询等；自案件移送审查起诉之日起，可以向犯罪嫌疑人、被告人核实有关证据。辩护律师会见犯罪嫌疑人、被告人时不被监听。

辩护律师同被监视居住的犯罪嫌疑人、被告人会见、通信，适用第一款、第三款、第四款的规定。

第三十八条　辩护律师自人民检察院对案件审查起诉之日起，可以查阅、摘抄、复制本案的案卷材料。其他辩护人经人民法院、人民检察院许可，也可以查阅、摘抄、复制上述材料。

第三十九条　辩护人认为在侦查、审查起诉期间公安机关、人民检察院收集的证明犯罪嫌疑人、被告人无罪或者罪轻的证据材料未提交的，有权申请人民检察院、人民法院调取。

第四十条　辩护人收集的有关犯罪嫌疑人不在犯罪现场、未达到刑事责任年龄、属于依法不负刑事责任的精神病人的证据，应当及时告知公安机关、人民检察院。

第四十一条　辩护律师经证人或者其他有关单位和个人同意，可以向他们收集与本案有关的材料，也可以申请人民检察院、人民法院收集、调取证据，或者申请人民法院通知证人出庭作证。

辩护律师经人民检察院或者人民法院许可，并且经被害人或者其近亲属、被害人提供的证人同意，可以向他们收集与本案有关的材料。

第四十二条　辩护人或者其他任何人，不得帮助犯罪嫌疑人、被告人隐匿、毁灭、伪造证据或者串供，不得威胁、引诱证人作伪证以及进行其他干扰司法机关诉讼活动的行为。

违反前款规定的，应当依法追究法律责任，辩护人涉嫌犯罪的，应当由办理辩护人所承办案件的侦查机关以外的侦查机关办理。辩护人是律师的，应当及时通知其所在的律师事务所或者所属的律师协会。

第四十三条　在审判过程中，被告人可以拒绝辩护人继续为他辩护，也可以另行委托辩护人辩护。

第四十四条　公诉案件的被害人及其法定代理人或者近亲属，附带民事诉讼的当事人及其法定代理人，自案件移送审查起诉之日起，有权委托诉讼代理人。自诉案件的自诉人及其法定代理人，附带民事诉讼的当事人及其法定代理人，有权随时委托诉讼代理人。

人民检察院自收到移送审查起诉的案件材料

之日起三日以内，应当告知被害人及其法定代理人或者其近亲属、附带民事诉讼的当事人及其法定代理人有权委托诉讼代理人。人民法院自受理自诉案件之日起三日以内，应当告知自诉人及其法定代理人、附带民事诉讼的当事人及其法定代理人有权委托诉讼代理人。

第四十五条　委托诉讼代理人，参照本法第三十二条的规定执行。

第四十六条　辩护律师对在执业活动中知悉的委托人的有关情况和信息，有权予以保密。但是，辩护律师在执业活动中知悉委托人或者其他人，准备或者正在实施危害国家安全、公共安全以及严重危害他人人身安全的犯罪的，应当及时告知司法机关。

第四十七条　辩护人、诉讼代理人认为公安机关、人民检察院、人民法院及其工作人员阻碍其依法行使诉讼权利的，有权向同级或者上一级人民检察院申诉或者控告。人民检察院对申诉或者控告应当及时进行审查，情况属实的，通知有关机关予以纠正。

第五章　证　　据

第四十八条　可以用于证明案件事实的材料，都是证据。

证据包括：

（一）物证；

（二）书证；

（三）证人证言；

（四）被害人陈述；

（五）犯罪嫌疑人、被告人供述和辩解；

（六）鉴定意见；

（七）勘验、检查、辨认、侦查实验等笔录；

（八）视听资料、电子数据。

证据必须经过查证属实，才能作为定案的根据。

第四十九条　公诉案件中被告人有罪的举证责任由人民检察院承担，自诉案件中被告人有罪的举证责任由自诉人承担。

第五十条　审判人员、检察人员、侦查人员必须依照法定程序，收集能够证实犯罪嫌疑人、被告人有罪或者无罪、犯罪情节轻重的各种证据。严禁刑讯逼供和以威胁、引诱、欺骗以及其他非法方法收集证据，不得强迫任何人证实自己有罪。必须保证一切与案件有关或者了解案情的公民，有客观地充分地提供证据的条件，除特殊情况外，可以吸收他们协助调查。

第五十一条　公安机关提请批准逮捕书、人民检察院起诉书、人民法院判决书，必须忠实于事实真象。故意隐瞒事实真象的，应当追究责任。

第五十二条　人民法院、人民检察院和公安机关有权向有关单位和个人收集、调取证据。有关单位和个人应当如实提供证据。

行政机关在行政执法和查办案件过程中收集的物证、书证、视听资料、电子数据等证据材料，在刑事诉讼中可以作为证据使用。

对涉及国家秘密、商业秘密、个人隐私的证据，应当保密。

凡是伪造证据、隐匿证据或者毁灭证据的，无论属于何方，必须受法律追究。

第五十三条　对一切案件的判处都要重证据，重调查研究，不轻信口供。只有被告人供述，没有其他证据的，不能认定被告人有罪和处以刑罚；没有被告人供述，证据确实、充分的，可以认定被告人有罪和处以刑罚。

证据确实、充分，应当符合以下条件：

（一）定罪量刑的事实都有证据证明；

（二）据以定案的证据均经法定程序查证属实；

（三）综合全案证据，对所认定事实已排除合理怀疑。

第五十四条　采用刑讯逼供等非法方法收集的犯罪嫌疑人、被告人供述和采用暴力、威胁等非法方法收集的证人证言、被害人陈述，应当予以排除。收集物证、书证不符合法定程序，可能严重影响司法公正的，应当予以补正或者作出合理解释；不能补正或者作出合理解释的，对该证据应当予以排除。

在侦查、审查起诉、审判时发现有应当排除的证据的，应当依法予以排除，不得作为起诉意见、起诉决定和判决的依据。

第五十五条　人民检察院接到报案、控告、举报或者发现侦查人员以非法方法收集证据的，应当进行调查核实。对于确有以非法方法收集证据情形的，应当提出纠正意见；构成犯罪的，依法追究刑事责任。

第五十六条　法庭审理过程中，审判人员认为可能存在本法第五十四条规定的以非法方法收集证据情形的，应当对证据收集的合法性进行法庭调查。

当事人及其辩护人、诉讼代理人有权申请人民法院对以非法方法收集的证据依法予以排除。申请排除以非法方法收集的证据的，应当提供相关线索或者材料。

第五十七条 在对证据收集的合法性进行法庭调查的过程中，人民检察院应当对证据收集的合法性加以证明。

现有证据材料不能证明证据收集的合法性的，人民检察院可以提请人民法院通知有关侦查人员或者其他人员出庭说明情况；人民法院可以通知有关侦查人员或者其他人员出庭说明情况。有关侦查人员或者其他人员也可以要求出庭说明情况。经人民法院通知，有关人员应当出庭。

第五十八条 对于经过法庭审理，确认或者不能排除存在本法第五十四条规定的以非法方法收集证据情形的，对有关证据应当予以排除。

第五十九条 证人证言必须在法庭上经过公诉人、被害人和被告人、辩护人双方质证并且查实以后，才能作为定案的根据。法庭查明证人有意作伪证或者隐匿罪证的时候，应当依法处理。

第六十条 凡是知道案件情况的人，都有作证的义务。

生理上、精神上有缺陷或者年幼，不能辨别是非、不能正确表达的人，不能作证人。

第六十一条 人民法院、人民检察院和公安机关应当保障证人及其近亲属的安全。

对证人及其近亲属进行威胁、侮辱、殴打或者打击报复，构成犯罪的，依法追究刑事责任；尚不够刑事处罚的，依法给予治安管理处罚。

第六十二条 对于危害国家安全犯罪、恐怖活动犯罪、黑社会性质的组织犯罪、毒品犯罪等案件，证人、鉴定人、被害人因在诉讼中作证，本人或者其近亲属的人身安全面临危险的，人民法院、人民检察院和公安机关应当采取以下一项或者多项保护措施：

（一）不公开真实姓名、住址和工作单位等个人信息；

（二）采取不暴露外貌、真实声音等出庭作证措施；

（三）禁止特定的人员接触证人、鉴定人、被害人及其近亲属；

（四）对人身和住宅采取专门性保护措施；

（五）其他必要的保护措施。

证人、鉴定人、被害人认为因在诉讼中作证，本人或者其近亲属的人身安全面临危险的，可以向人民法院、人民检察院、公安机关请求予以保护。

人民法院、人民检察院、公安机关依法采取保护措施，有关单位和个人应当配合。

第六十三条 证人因履行作证义务而支出的交通、住宿、就餐等费用，应当给予补助。证人作证的补助列入司法机关业务经费，由同级政府财政予以保障。

有工作单位的证人作证，所在单位不得克扣或者变相克扣其工资、奖金及其他福利待遇。

第六章 强制措施

第六十四条 人民法院、人民检察院和公安机关根据案件情况，对犯罪嫌疑人、被告人可以拘传、取保候审或者监视居住。

第六十五条 人民法院、人民检察院和公安机关对有下列情形之一的犯罪嫌疑人、被告人，可以取保候审：

（一）可能判处管制、拘役或者独立适用附加刑的；

（二）可能判处有期徒刑以上刑罚，采取取保候审不致发生社会危险性的；

（三）患有严重疾病、生活不能自理，怀孕或者正在哺乳自己婴儿的妇女，采取取保候审不致发生社会危险性的；

（四）羁押期限届满，案件尚未办结，需要采取取保候审的。

取保候审由公安机关执行。

第六十六条 人民法院、人民检察院和公安机关决定对犯罪嫌疑人、被告人取保候审，应当责令犯罪嫌疑人、被告人提出保证人或者交纳保证金。

第六十七条 保证人必须符合下列条件：

（一）与本案无牵连；

（二）有能力履行保证义务；

（三）享有政治权利，人身自由未受到限制；

（四）有固定的住处和收入。

第六十八条 保证人应当履行以下义务：

（一）监督被保证人遵守本法第六十九条的规定；

（二）发现被保证人可能发生或者已经发生违反本法第六十九条规定的行为的，应当及时向执行机关报告。

被保证人有违反本法第六十九条规定的行为，保证人未履行保证义务的，对保证人处以罚款，构成犯罪的，依法追究刑事责任。

第六十九条 被取保候审的犯罪嫌疑人、被告人应当遵守以下规定：

（一）未经执行机关批准不得离开所居住的市、县；

（二）住址、工作单位和联系方式发生变动的，在二十四小时以内向执行机关报告；

（三）在传讯的时候及时到案；

（四）不得以任何形式干扰证人作证；

（五）不得毁灭、伪造证据或者串供。

人民法院、人民检察院和公安机关可以根据案件情况，责令被取保候审的犯罪嫌疑人、被告人遵守以下一项或者多项规定：

（一）不得进入特定的场所；

（二）不得与特定的人员会见或者通信；

（三）不得从事特定的活动；

（四）将护照等出入境证件、驾驶证件交执行机关保存。

被取保候审的犯罪嫌疑人、被告人违反前两款规定，已交纳保证金的，没收部分或者全部保证金，并且区别情形，责令犯罪嫌疑人、被告人具结悔过，重新交纳保证金、提出保证人，或者监视居住、予以逮捕。

对违反取保候审规定，需要予以逮捕的，可以对犯罪嫌疑人、被告人先行拘留。

第七十条　取保候审的决定机关应当综合考虑保证诉讼活动正常进行的需要，被取保候审人的社会危险性，案件的性质、情节，可能判处刑罚的轻重，被取保候审人的经济状况等情况，确定保证金的数额。

提供保证金的人应当将保证金存入执行机关指定银行的专门账户。

第七十一条　犯罪嫌疑人、被告人在取保候审期间未违反本法第六十九条规定的，取保候审结束的时候，凭解除取保候审的通知或者有关法律文书到银行领取退还的保证金。

第七十二条　人民法院、人民检察院和公安机关对符合逮捕条件，有下列情形之一的犯罪嫌疑人、被告人，可以监视居住：

（一）患有严重疾病、生活不能自理的；

（二）怀孕或者正在哺乳自己婴儿的妇女；

（三）系生活不能自理的人的唯一扶养人；

（四）因为案件的特殊情况或者办理案件的需要，采取监视居住措施更为适宜的；

（五）羁押期限届满，案件尚未办结，需要采取监视居住措施的。

对符合取保候审条件，但犯罪嫌疑人、被告人不能提出保证人，也不交纳保证金的，可以监视居住。

监视居住由公安机关执行。

第七十三条　监视居住应当在犯罪嫌疑人、被告人的住处执行；无固定住处的，可以在指定的居所执行。对于涉嫌危害国家安全犯罪、恐怖活动犯罪、特别重大贿赂犯罪，在住处执行可能有碍侦查的，经上一级人民检察院或者公安机关批准，也可以在指定的居所执行。但是，不得在羁押场所、专门的办案场所执行。

指定居所监视居住的，除无法通知的以外，应当在执行监视居住后二十四小时以内，通知被监视居住人的家属。

被监视居住的犯罪嫌疑人、被告人委托辩护人，适用本法第三十三条的规定。

人民检察院对指定居所监视居住的决定和执行是否合法实行监督。

第七十四条　指定居所监视居住的期限应当折抵刑期。被判处管制的，监视居住一日折抵刑期一日；被判处拘役、有期徒刑的，监视居住二日折抵刑期一日。

第七十五条　被监视居住的犯罪嫌疑人、被告人应当遵守以下规定：

（一）未经执行机关批准不得离开执行监视居住的处所；

（二）未经执行机关批准不得会见他人或者通信；

（三）在传讯的时候及时到案；

（四）不得以任何形式干扰证人作证；

（五）不得毁灭、伪造证据或者串供；

（六）将护照等出入境证件、身份证件、驾驶证件交执行机关保存。

被监视居住的犯罪嫌疑人、被告人违反前款规定，情节严重的，可以予以逮捕；需要予以逮捕的，可以对犯罪嫌疑人、被告人先行拘留。

第七十六条　执行机关对被监视居住的犯罪嫌疑人、被告人，可以采取电子监控、不定期检查等监视方法对其遵守监视居住规定的情况进行监督；在侦查期间，可以对被监视居住的犯罪嫌疑人的通信进行监控。

第七十七条　人民法院、人民检察院和公安机关对犯罪嫌疑人、被告人取保候审最长不得超过十二个月，监视居住最长不得超过六个月。

在取保候审、监视居住期间，不得中断对案件的侦查、起诉和审理。对于发现不应当追究刑事责任或者取保候审、监视居住期限届满的，应当及时解除取保候审、监视居住。解除取保候审、监视居住，应当及时通知被取保候审、监视居住人和有关单位。

第七十八条　逮捕犯罪嫌疑人、被告人，必须经过人民检察院批准或者人民法院决定，由公安机关执行。

第七十九条　对有证据证明有犯罪事实，可能判处徒刑以上刑罚的犯罪嫌疑人、被告人，采取取保候审尚不足以防止发生下列社会危险性的，应当予以逮捕：

（一）可能实施新的犯罪的；

（二）有危害国家安全、公共安全或者社会秩序的现实危险的；

（三）可能毁灭、伪造证据，干扰证人作证或者串供的；

（四）可能对被害人、举报人、控告人实施打击报复的；

（五）企图自杀或者逃跑的。

对有证据证明有犯罪事实，可能判处十年有期徒刑以上刑罚的，或者有证据证明有犯罪事实，可能判处徒刑以上刑罚，曾经故意犯罪或者身份不明的，应当予以逮捕。

被取保候审、监视居住的犯罪嫌疑人、被告人违反取保候审、监视居住规定，情节严重的，可以予以逮捕。

第八十条　公安机关对于现行犯或者重大嫌疑分子，如果有下列情形之一的，可以先行拘留：

（一）正在预备犯罪、实行犯罪或者在犯罪后即时被发觉的；

（二）被害人或者在场亲眼看见的人指认他犯罪的；

（三）在身边或者住处发现有犯罪证据的；

（四）犯罪后企图自杀、逃跑或者在逃的；

（五）有毁灭、伪造证据或者串供可能的；

（六）不讲真实姓名、住址，身份不明的；

（七）有流窜作案、多次作案、结伙作案重大嫌疑的。

第八十一条　公安机关在异地执行拘留、逮捕的时候，应当通知被拘留、逮捕人所在地的公安机关，被拘留、逮捕人所在地的公安机关应当予以配合。

第八十二条　对于有下列情形的人，任何公民都可以立即扭送公安机关、人民检察院或者人民法院处理：

（一）正在实行犯罪或者在犯罪后即时被发觉的；

（二）通缉在案的；

（三）越狱逃跑的；

（四）正在被追捕的。

第八十三条　公安机关拘留人的时候，必须出示拘留证。

拘留后，应当立即将被拘留人送看守所羁押，至迟不得超过二十四小时。除无法通知或者涉嫌危害国家安全犯罪、恐怖活动犯罪通知可能有碍侦查的情形以外，应当在拘留后二十四小时以内，通知被拘留人的家属。有碍侦查的情形消失以后，应当立即通知被拘留人的家属。

第八十四条　公安机关对被拘留的人，应当在拘留后的二十四小时以内进行讯问。在发现不应当拘留的时候，必须立即释放，发给释放证明。

第八十五条　公安机关要求逮捕犯罪嫌疑人的时候，应当写出提请批准逮捕书，连同案卷材料、证据，一并移送同级人民检察院审查批准。必要的时候，人民检察院可以派人参加公安机关对于重大案件的讨论。

第八十六条　人民检察院审查批准逮捕，可以讯问犯罪嫌疑人；有下列情形之一的，应当讯问犯罪嫌疑人：

（一）对是否符合逮捕条件有疑问的；

（二）犯罪嫌疑人要求向检察人员当面陈述的；

（三）侦查活动可能有重大违法行为的。

人民检察院审查批准逮捕，可以询问证人等诉讼参与人，听取辩护律师的意见；辩护律师提出要求的，应当听取辩护律师的意见。

第八十七条　人民检察院审查批准逮捕犯罪嫌疑人由检察长决定。重大案件应当提交检察委员会讨论决定。

第八十八条　人民检察院对于公安机关提请批准逮捕的案件进行审查后，应当根据情况分别作出批准逮捕或者不批准逮捕的决定。对于批准逮捕的决定，公安机关应当立即执行，并且将执行情况及时通知人民检察院。对于不批准逮捕的，人民检察院应当说明理由，需要补充侦查的，应当同时通知公安机关。

第八十九条　公安机关对被拘留的人，认为需要逮捕的，应当在拘留后的三日以内，提请人民检察院审查批准。在特殊情况下，提请审查批准的时间可以延长一日至四日。

对于流窜作案、多次作案、结伙作案的重大嫌疑分子，提请审查批准的时间可以延长至三十日。

人民检察院应当自接到公安机关提请批准逮捕书后的七日以内，作出批准逮捕或者不批准逮捕的决定。人民检察院不批准逮捕的，公安机关应当在接到通知后立即释放，并且将执行情况及时通知人民检察院。对于需要继续侦查，并且符合取保候审、监视居住条件的，依法取保候审或者监视居住。

第九十条　公安机关对人民检察院不批准逮捕的决定，认为有错误的时候，可以要求复议，但是必须将被拘留的人立即释放。如果意见不被接受，可以向上一级人民检察院提请复核。上级人民检察院应当立即复核，作出是否变更的决定，通知下级人民检察院和公安机关执行。

第九十一条　公安机关逮捕人的时候，必须出示逮捕证。

逮捕后，应当立即将被逮捕人送看守所羁押。除无法通知的以外，应当在逮捕后二十四小时以内，通知被逮捕人的家属。

第九十二条　人民法院、人民检察院对于各自决定逮捕的人，公安机关对于经人民检察院批准逮捕的人，都必须在逮捕后的二十四小时以内进行讯问。在发现不应当逮捕的时候，必须立即释放，发给释放证明。

第九十三条　犯罪嫌疑人、被告人被逮捕后，人民检察院仍应当对羁押的必要性进行审查。对不需要继续羁押的，应当建议予以释放或者变更强制措施。有关机关应当在十日以内将处理情况通知人民检察院。

第九十四条　人民法院、人民检察院和公安机关如果发现对犯罪嫌疑人、被告人采取强制措施不当的，应当及时撤销或者变更。公安机关释放被逮捕的人或者变更逮捕措施的，应当通知原批准的人民检察院。

第九十五条　犯罪嫌疑人、被告人及其法定代理人、近亲属或者辩护人有权申请变更强制措施。人民法院、人民检察院和公安机关收到申请后，应当在三日以内作出决定；不同意变更强制措施的，应当告知申请人，并说明不同意的理由。

第九十六条　犯罪嫌疑人、被告人被羁押的案件，不能在本法规定的侦查羁押、审查起诉、一审、二审期限内办结的，对犯罪嫌疑人、被告人应当予以释放；需要继续查证、审理的，对犯罪嫌疑人、被告人可以取保候审或者监视居住。

第九十七条　人民法院、人民检察院或者公安机关对被采取强制措施法定期限届满的犯罪嫌疑人、被告人，应当予以释放、解除取保候审、监视居住或者依法变更强制措施。犯罪嫌疑人、被告人及其法定代理人、近亲属或者辩护人对于人民法院、人民检察院或者公安机关采取强制措施法定期限届满的，有权要求解除强制措施。

第九十八条　人民检察院在审查批准逮捕工作中，如果发现公安机关的侦查活动有违法情况，应当通知公安机关予以纠正，公安机关应当将纠正情况通知人民检察院。

第七章　附带民事诉讼

第九十九条　被害人由于被告人的犯罪行为而遭受物质损失的，在刑事诉讼过程中，有权提起附带民事诉讼。被害人死亡或者丧失行为能力的，被害人的法定代理人、近亲属有权提起附带民事诉讼。

如果是国家财产、集体财产遭受损失的，人民检察院在提起公诉的时候，可以提起附带民事诉讼。

第一百条　人民法院在必要的时候，可以采取保全措施，查封、扣押或者冻结被告人的财产。附带民事诉讼原告人或者人民检察院可以申请人民法院采取保全措施。人民法院采取保全措施，适用民事诉讼法的有关规定。

第一百零一条　人民法院审理附带民事诉讼案件，可以进行调解，或者根据物质损失情况作出判决、裁定。

第一百零二条　附带民事诉讼应当同刑事案件一并审判，只有为了防止刑事案件审判的过分迟延，才可以在刑事案件审判后，由同一审判组织继续审理附带民事诉讼。

第八章　期间、送达

第一百零三条　期间以时、日、月计算。

期间开始的时和日不算在期间以内。

法定期间不包括路途上的时间。上诉状或者其他文件在期满前已经交邮的，不算过期。

期间的最后一日为节假日的，以节假日后的第一日为期满日期，但犯罪嫌疑人、被告人或者罪犯在押期间，应当至期满之日为止，不得因节假日而延长。

第一百零四条　当事人由于不能抗拒的原因或者有其他正当理由而耽误期限的，在障碍消除后五日以内，可以申请继续进行应当在期满以前完成的诉讼活动。

前款申请是否准许，由人民法院裁定。

第一百零五条　送达传票、通知书和其他诉讼文件应当交给收件人本人；如果本人不在，可以交给他的成年家属或者所在单位的负责人员代收。

收件人本人或者代收人拒绝接收或者拒绝签名、盖章的时候，送达人可以邀请他的邻居或者其他见证人到场，说明情况，把文件留在他的住处，在送达证上记明拒绝的事由、送达的日期，由送达人签名，即认为已经送达。

第九章　其他规定

第一百零六条　本法下列用语的含意是：

（一）“侦查”是指公安机关、人民检察院在办理案件过程中，依照法律进行的专门调查工作和有关的强制性措施；

（二）“当事人”是指被害人、自诉人、犯罪嫌疑人、被告人、附带民事诉讼的原告人和被告人；

（三）“法定代理人”是指被代理人的父母、养父母、监护人和负有保护责任的机关、团体的代表；

（四）“诉讼参与人”是指当事人、法定代理人、诉讼代理人、辩护人、证人、鉴定人和翻译人员；

（五）“诉讼代理人”是指公诉案件的被害人及其法定代理人或者近亲属、自诉案件的自诉人及其法定代理人委托代为参加诉讼的人和附带民事诉讼的当事人及其法定代理人委托代为参加诉讼的人；

（六）“近亲属”是指夫、妻、父、母、子、女、同胞兄弟姊妹。

第二编　立案、侦查和提起公诉

第一章　立　　案

第一百零七条　公安机关或者人民检察院发现犯罪事实或者犯罪嫌疑人，应当按照管辖范围，立案侦查。

第一百零八条　任何单位和个人发现有犯罪事实或者犯罪嫌疑人，有权利也有义务向公安机关、人民检察院或者人民法院报案或者举报。

被害人对侵犯其人身、财产权利的犯罪事实或者犯罪嫌疑人，有权向公安机关、人民检察院或者人民法院报案或者控告。

公安机关、人民检察院或者人民法院对于报案、控告、举报，都应当接受。对于不属于自己管辖的，应当移送主管机关处理，并且通知报案人、控告人、举报人；对于不属于自己管辖而又必须采取紧急措施的，应当先采取紧急措施，然后移送主管机关。

犯罪人向公安机关、人民检察院或者人民法院自首的，适用第三款规定。

第一百零九条　报案、控告、举报可以用书面或者口头提出。接受口头报案、控告、举报的工作人员，应当写成笔录，经宣读无误后，由报案人、控告人、举报人签名或者盖章。

接受控告、举报的工作人员，应当向控告人、举报人说明诬告应负的法律责任。但是，只要不是捏造事实，伪造证据，即使控告、举报的事实有出入，甚至是错告的，也要和诬告严格加以区别。

公安机关、人民检察院或者人民法院应当保障报案人、控告人、举报人及其近亲属的安全。报案人、控告人、举报人如果不愿公开自己的姓名和报案、控告、举报的行为，应当为他保守秘密。

第一百一十条　人民法院、人民检察院或者公安机关对于报案、控告、举报和自首的材料，应当按照管辖范围，迅速进行审查，认为有犯罪事实需要追究刑事责任的时候，应当立案；认为没有犯罪事实，或者犯罪事实显著轻微，不需要追究刑事责任的时候，不予立案，并且将不立案的原因通知控告人。控告人如果不服，可以申请复议。

第一百一十一条　人民检察院认为公安机关对应当立案侦查的案件而不立案侦查的，或者被害人认为公安机关对应当立案侦查的案件而不立案侦查，向人民检察院提出的，人民检察院应当要求公安机关说明不立案的理由。人民检察院认为公安机关不立案理由不能成立的，应当通知公安机关立案，公安机关接到通知后应当立案。

第一百一十二条　对于自诉案件，被害人有权向人民法院直接起诉。被害人死亡或者丧失行为能力的，被害人的法定代理人、近亲属有权向人民法院起诉。人民法院应当依法受理。

第二章　侦　　查

第一节　一般规定

第一百一十三条　公安机关对已经立案的刑事案件，应当进行侦查，收集、调取犯罪嫌疑人有罪或者无罪、罪轻或者罪重的证据材料。对现行犯或者重大嫌疑分子可以依法先行拘留，对符合逮捕条件的犯罪嫌疑人，应当依法逮捕。

第一百一十四条　公安机关经过侦查，对有证据证明有犯罪事实的案件，应当进行预审，对收集、调取的证据材料予以核实。

第一百一十五条　当事人和辩护人、诉讼代理人、利害关系人对于司法机关及其工作人员有下列行为之一的，有权向该机关申诉或者控告：

（一）采取强制措施法定期限届满，不予以释放、解除或者变更的；

（二）应当退还取保候审保证金不退还的；

（三）对与案件无关的财物采取查封、扣押、冻结措施的；

（四）应当解除查封、扣押、冻结不解除的；

（五）贪污、挪用、私分、调换、违反规定使用查封、扣押、冻结的财物的。

受理申诉或者控告的机关应当及时处理。对处理不服的，可以向同级人民检察院申诉；人民检察院直接受理的案件，可以向上一级人民检察院申诉。人民检察院对申诉应当及时进行审查，情况属实的，通知有关机关予以纠正。

第二节　讯问犯罪嫌疑人

第一百一十六条　讯问犯罪嫌疑人必须由人民检察院或者公安机关的侦查人员负责进行。讯问的时候，侦查人员不得少于二人。

犯罪嫌疑人被送交看守所羁押以后，侦查人员对其进行讯问，应当在看守所内进行。

第一百一十七条　对不需要逮捕、拘留的犯罪嫌疑人，可以传唤到犯罪嫌疑人所在市、县内的指定地点或者到他的住处进行讯问，但是应当出示人民检察院或者公安机关的证明文件。对在现场发现的犯罪嫌疑人，经出示工作证件，可以口头传唤，但应当在讯问笔录中注明。

传唤、拘传持续的时间不得超过十二小时；案情特别重大、复杂，需要采取拘留、逮捕措施的，传唤、拘传持续的时间不得超过二十四小时。

不得以连续传唤、拘传的形式变相拘禁犯罪嫌疑人。传唤、拘传犯罪嫌疑人，应当保证犯罪嫌疑人的饮食和必要的休息时间。

第一百一十八条　侦查人员在讯问犯罪嫌疑人的时候，应当首先讯问犯罪嫌疑人是否有犯罪行为，让他陈述有罪的情节或者无罪的辩解，然后向他提出问题。犯罪嫌疑人对侦查人员的提问，应当如实回答。但是对与本案无关的问题，有拒绝回答的权利。

侦查人员在讯问犯罪嫌疑人的时候，应当告知犯罪嫌疑人如实供述自己罪行可以从宽处理的法律规定。

第一百一十九条　讯问聋、哑的犯罪嫌疑人，应当有通晓聋、哑手势的人参加，并且将这种情况记明笔录。

第一百二十条　讯问笔录应当交犯罪嫌疑人核对，对于没有阅读能力的，应当向他宣读。如果记载有遗漏或者差错，犯罪嫌疑人可以提出补充或者改正。犯罪嫌疑人承认笔录没有错误后，应当签名或者盖章。侦查人员也应当在笔录上签名。犯罪嫌疑人请求自行书写供述的，应当准许。必要的时候，侦查人员也可以要犯罪嫌疑人亲笔书写供词。

第一百二十一条　侦查人员在讯问犯罪嫌疑人的时候，可以对讯问过程进行录音或者录像；对于可能判处无期徒刑、死刑的案件或者其他重大犯罪案件，应当对讯问过程进行录音或者录像。

录音或者录像应当全程进行，保持完整性。

第三节　询问证人

第一百二十二条　侦查人员询问证人，可以在现场进行，也可以到证人所在单位、住处或者证人提出的地点进行，在必要的时候，可以通知证人到人民检察院或者公安机关提供证言。在现场询问证人，应当出示工作证件，到证人所在单位、住处或者证人提出的地点询问证人，应当出示人民检察院或者公安机关的证明文件。

询问证人应当个别进行。

第一百二十三条　询问证人，应当告知他应当如实地提供证据、证言和有意作伪证或者隐匿罪证要负的法律责任。

第一百二十四条　本法第一百二十条的规定，也适用于询问证人。

第一百二十五条　询问被害人，适用本节各条规定。

第四节　勘验、检查

第一百二十六条　侦查人员对于与犯罪有关的场所、物品、人身、尸体应当进行勘验或者检查。在必要的时候，可以指派或者聘请具有专门知识的人，在侦查人员的主持下进行勘验、检查。

第一百二十七条　任何单位和个人，都有义务保护犯罪现场，并且立即通知公安机关派员勘验。

第一百二十八条　侦查人员执行勘验、检查，必须持有人民检察院或者公安机关的证明文件。

第一百二十九条 对于死因不明的尸体，公安机关有权决定解剖，并且通知死者家属到场。

第一百三十条 为了确定被害人、犯罪嫌疑人的某些特征、伤害情况或者生理状态，可以对人身进行检查，可以提取指纹信息，采集血液、尿液等生物样本。

犯罪嫌疑人如果拒绝检查，侦查人员认为必要的时候，可以强制检查。

检查妇女的身体，应当由女工作人员或者医师进行。

第一百三十一条 勘验、检查的情况应当写成笔录，由参加勘验、检查的人和见证人签名或者盖章。

第一百三十二条 人民检察院审查案件的时候，对公安机关的勘验、检查，认为需要复验、复查时，可以要求公安机关复验、复查，并且可以派检察人员参加。

第一百三十三条 为了查明案情，在必要的时候，经公安机关负责人批准，可以进行侦查实验。

侦查实验的情况应当写成笔录，由参加实验的人签名或者盖章。

侦查实验，禁止一切足以造成危险、侮辱人格或者有伤风化的行为。

第五节 搜 查

第一百三十四条 为了收集犯罪证据、查获犯罪人，侦查人员可以对犯罪嫌疑人以及可能隐藏罪犯或者犯罪证据的人的身体、物品、住处和其他有关的地方进行搜查。

第一百三十五条 任何单位和个人，有义务按照人民检察院和公安机关的要求，交出可以证明犯罪嫌疑人有罪或者无罪的物证、书证、视听资料等证据。

第一百三十六条 进行搜查，必须向被搜查人出示搜查证。

在执行逮捕、拘留的时候，遇有紧急情况，不另用搜查证也可以进行搜查。

第一百三十七条 在搜查的时候，应当有被搜查人或者他的家属，邻居或者其他见证人在场。

搜查妇女的身体，应当由女工作人员进行。

第一百三十八条 搜查的情况应当写成笔录，由侦查人员和被搜查人或者他的家属，邻居或者其他见证人签名或者盖章。如果被搜查人或者他的家属在逃或者拒绝签名、盖章，应当在笔录上注明。

第六节 查封、扣押物证、书证

第一百三十九条 在侦查活动中发现的可用以证明犯罪嫌疑人有罪或者无罪的各种财物、文件，应当查封、扣押；与案件无关的财物、文件，不得查封、扣押。

对查封、扣押的财物、文件，要妥善保管或者封存，不得使用、调换或者损毁。

第一百四十条 对查封、扣押的财物、文件，应当会同在场见证人和被查封、扣押财物、文件持有人查点清楚，当场开列清单一式二份，由侦查人员、见证人和持有人签名或者盖章，一份交给持有人，另一份附卷备查。

第一百四十一条 侦查人员认为需要扣押犯罪嫌疑人的邮件、电报的时候，经公安机关或者人民检察院批准，即可通知邮电机关将有关的邮件、电报检交扣押。

不需要继续扣押的时候，应即通知邮电机关。

第一百四十二条 人民检察院、公安机关根据侦查犯罪的需要，可以依照规定查询、冻结犯罪嫌疑人的存款、汇款、债券、股票、基金份额等财产。有关单位和个人应当配合。

犯罪嫌疑人的存款、汇款、债券、股票、基金份额等财产已被冻结的，不得重复冻结。

第一百四十三条 对查封、扣押的财物、文件、邮件、电报或者冻结的存款、汇款、债券、股票、基金份额等财产，经查明确实与案件无关的，应当在三日以内解除查封、扣押、冻结，予以退还。

第七节 鉴 定

第一百四十四条 为了查明案情，需要解决案件中某些专门性问题的时候，应当指派、聘请有专门知识的人进行鉴定。

第一百四十五条 鉴定人进行鉴定后，应当写出鉴定意见，并且签名。

鉴定人故意作虚假鉴定的，应当承担法律责任。

第一百四十六条 侦查机关应当将用作证据的鉴定意见告知犯罪嫌疑人、被害人。如果犯罪嫌疑人、被害人提出申请，可以补充鉴定或者重新鉴定。

第一百四十七条 对犯罪嫌疑人作精神病鉴定的期间不计入办案期限。

第八节 技术侦查措施

第一百四十八条 公安机关在立案后，对于危害国家安全犯罪、恐怖活动犯罪、黑社会性质的组织犯罪、重大毒品犯罪或者其他严重危害社会的犯罪案件，根据侦查犯罪的需要，经过严格的批准手续，可以采取技术侦查措施。

人民检察院在立案后，对于重大的贪污、贿赂犯罪案件以及利用职权实施的严重侵犯公民人身权利的重大犯罪案件，根据侦查犯罪的需要，经过严格的批准手续，可以采取技术侦查措施，按照规定交有关机关执行。

追捕被通缉或者批准、决定逮捕的在逃的犯罪嫌疑人、被告人，经过批准，可以采取追捕所必需的技术侦查措施。

第一百四十九条　批准决定应当根据侦查犯罪的需要，确定采取技术侦查措施的种类和适用对象。批准决定自签发之日起三个月以内有效。对于不需要继续采取技术侦查措施的，应当及时解除；对于复杂、疑难案件，期限届满仍有必要继续采取技术侦查措施的，经过批准，有效期可以延长，每次不得超过三个月。

第一百五十条　采取技术侦查措施，必须严格按照批准的措施种类、适用对象和期限执行。

侦查人员对采取技术侦查措施过程中知悉的国家秘密、商业秘密和个人隐私，应当保密；对采取技术侦查措施获取的与案件无关的材料，必须及时销毁。

采取技术侦查措施获取的材料，只能用于对犯罪的侦查、起诉和审判，不得用于其他用途。

公安机关依法采取技术侦查措施，有关单位和个人应当配合，并对有关情况予以保密。

第一百五十一条　为了查明案情，在必要的时候，经公安机关负责人决定，可以由有关人员隐匿其身份实施侦查。但是，不得诱使他人犯罪，不得采用可能危害公共安全或者发生重大人身危险的方法。

对涉及给付毒品等违禁品或者财物的犯罪活动，公安机关根据侦查犯罪的需要，可以依照规定实施控制下交付。

第一百五十二条　依照本节规定采取侦查措施收集的材料在刑事诉讼中可以作为证据使用。如果使用该证据可能危及有关人员的人身安全，或者可能产生其他严重后果的，应当采取不暴露有关人员身份、技术方法等保护措施，必要的时候，可以由审判人员在庭外对证据进行核实。

第九节　通　　缉

第一百五十三条　应当逮捕的犯罪嫌疑人如果在逃，公安机关可以发布通缉令，采取有效措施，追捕归案。

各级公安机关在自己管辖的地区以内，可以直接发布通缉令；超出自己管辖的地区，应当报请有权决定的上级机关发布。

第十节　侦查终结

第一百五十四条　对犯罪嫌疑人逮捕后的侦查羁押期限不得超过二个月。案情复杂、期限届满不能终结的案件，可以经上一级人民检察院批准延长一个月。

第一百五十五条　因为特殊原因，在较长时间内不宜交付审判的特别重大复杂的案件，由最高人民检察院报请全国人民代表大会常务委员会批准延期审理。

第一百五十六条　下列案件在本法第一百五十四条规定的期限届满不能侦查终结的，经省、自治区、直辖市人民检察院批准或者决定，可以延长二个月：

（一）交通十分不便的边远地区的重大复杂案件；

（二）重大的犯罪集团案件；

（三）流窜作案的重大复杂案件；

（四）犯罪涉及面广，取证困难的重大复杂案件。

第一百五十七条　对犯罪嫌疑人可能判处十年有期徒刑以上刑罚，依照本法第一百五十六条规定延长期限届满，仍不能侦查终结的，经省、自治区、直辖市人民检察院批准或者决定，可以再延长二个月。

第一百五十八条　在侦查期间，发现犯罪嫌疑人另有重要罪行的，自发现之日起依照本法第一百五十四条的规定重新计算侦查羁押期限。

犯罪嫌疑人不讲真实姓名、住址，身份不明的，应当对其身份进行调查，侦查羁押期限自查清其身份之日起计算，但是不得停止对其犯罪行为的侦查取证。对于犯罪事实清楚，证据确实、充分，确实无法查明其身份的，也可以按其自报的姓名起诉、审判。

第一百五十九条　在案件侦查终结前，辩护律师提出要求的，侦查机关应当听取辩护律师的意见，并记录在案。辩护律师提出书面意见的，应当附卷。

第一百六十条　公安机关侦查终结的案件，应当做到犯罪事实清楚，证据确实、充分，并且写出起诉意见书，连同案卷材料、证据一并移送同级人民检察院审查决定；同时将案件移送情况告知犯罪嫌疑人及其辩护律师。

第一百六十一条 在侦查过程中，发现不应对犯罪嫌疑人追究刑事责任的，应当撤销案件；犯罪嫌疑人已被逮捕的，应当立即释放，发给释放证明，并且通知原批准逮捕的人民检察院。

第十一节 人民检察院对直接受理的案件的侦查

第一百六十二条 人民检察院对直接受理的案件的侦查适用本章规定。

第一百六十三条 人民检察院直接受理的案件中符合本法第七十九条、第八十条第四项、第五项规定情形，需要逮捕、拘留犯罪嫌疑人的，由人民检察院作出决定，由公安机关执行。

第一百六十四条 人民检察院对直接受理的案件中被拘留的人，应当在拘留后的二十四小时以内进行讯问。在发现不应当拘留的时候，必须立即释放，发给释放证明。

第一百六十五条 人民检察院对直接受理的案件中被拘留的人，认为需要逮捕的，应当在十四日以内作出决定。在特殊情况下，决定逮捕的时间可以延长一日至三日。对不需要逮捕的，应当立即释放；对需要继续侦查，并且符合取保候审、监视居住条件的，依法取保候审或者监视居住。

第一百六十六条 人民检察院侦查终结的案件，应当作出提起公诉、不起诉或者撤销案件的决定。

第三章 提起公诉

第一百六十七条 凡需要提起公诉的案件，一律由人民检察院审查决定。

第一百六十八条 人民检察院审查案件的时候，必须查明：

（一）犯罪事实、情节是否清楚，证据是否确实、充分，犯罪性质和罪名的认定是否正确；

（二）有无遗漏罪行和其他应当追究刑事责任的人；

（三）是否属于不应追究刑事责任的；

（四）有无附带民事诉讼；

（五）侦查活动是否合法。

第一百六十九条 人民检察院对于公安机关移送起诉的案件，应当在一个月以内作出决定，重大、复杂的案件，可以延长半个月。

人民检察院审查起诉的案件，改变管辖的，从改变后的人民检察院收到案件之日起计算审查起诉期限。

第一百七十条 人民检察院审查案件，应当讯问犯罪嫌疑人，听取辩护人、被害人及其诉讼代理人的意见，并记录在案。辩护人、被害人及其诉讼代理人提出书面意见的，应当附卷。

第一百七十一条 人民检察院审查案件，可以要求公安机关提供法庭审判所必需的证据材料；认为可能存在本法第五十四条规定的以非法方法收集证据情形的，可以要求其对证据收集的合法性作出说明。

人民检察院审查案件，对于需要补充侦查的，可以退回公安机关补充侦查，也可以自行侦查。

对于补充侦查的案件，应当在一个月以内补充侦查完毕。补充侦查以二次为限。补充侦查完毕移送人民检察院后，人民检察院重新计算审查起诉期限。

对于二次补充侦查的案件，人民检察院仍然认为证据不足，不符合起诉条件的，应当作出不起诉的决定。

第一百七十二条 人民检察院认为犯罪嫌疑人的犯罪事实已经查清，证据确实、充分，依法应当追究刑事责任的，应当作出起诉决定，按照审判管辖的规定，向人民法院提起公诉，并将案卷材料、证据移送人民法院。

第一百七十三条 犯罪嫌疑人没有犯罪事实，或者有本法第十五条规定的情形之一的，人民检察院应当作出不起诉决定。

对于犯罪情节轻微，依照刑法规定不需要判处刑罚或者免除刑罚的，人民检察院可以作出不起诉决定。

人民检察院决定不起诉的案件，应当同时对侦查中查封、扣押、冻结的财物解除查封、扣押、冻结。对被不起诉人需要给予行政处罚、行政处分或者需要没收其违法所得的，人民检察院应当提出检察意见，移送有关主管机关处理。有关主管机关应当将处理结果及时通知人民检察院。

第一百七十四条 不起诉的决定，应当公开宣布，并且将不起诉决定书送达被不起诉人和他的所在单位。如果被不起诉人在押，应当立即释放。

第一百七十五条 对于公安机关移送起诉的案件，人民检察院决定不起诉的，应当将不起诉决定书送达公安机关。公安机关认为不起诉的决定有错误的时候，可以要求复议，如果意见不被接受，可以向上一级人民检察院提请复核。

第一百七十六条 对于有被害人的案件,决定不起诉的,人民检察院应当将不起诉决定书送达被害人。被害人如果不服,可以自收到决定书后七日以内向上一级人民检察院申诉,请求提起公诉。人民检察院应当将复查决定告知被害人。对人民检察院维持不起诉决定的,被害人可以向人民法院起诉。被害人也可以不经申诉,直接向人民法院起诉。人民法院受理案件后,人民检察院应当将有关案件材料移送人民法院。

第一百七十七条 对于人民检察院依照本法第一百七十三条第二款规定作出的不起诉决定,被不起诉人如果不服,可以自收到决定书后七日以内向人民检察院申诉。人民检察院应当作出复查决定,通知被不起诉的人,同时抄送公安机关。

第三编 审 判

第一章 审判组织

第一百七十八条 基层人民法院、中级人民法院审判第一审案件,应当由审判员三人或者由审判员和人民陪审员共三人组成合议庭进行,但是基层人民法院适用简易程序的案件可以由审判员一人独任审判。

高级人民法院、最高人民法院审判第一审案件,应当由审判员三人至七人或者由审判员和人民陪审员共三人至七人组成合议庭进行。

人民陪审员在人民法院执行职务,同审判员有同等的权利。

人民法院审判上诉和抗诉案件,由审判员三人至五人组成合议庭进行。

合议庭的成员人数应当是单数。

合议庭由院长或者庭长指定审判员一人担任审判长。院长或者庭长参加审判案件的时候,自己担任审判长。

第一百七十九条 合议庭进行评议的时候,如果意见分歧,应当按多数人的意见作出决定,但是少数人的意见应当写入笔录。评议笔录由合议庭的组成人员签名。

第一百八十条 合议庭开庭审理并且评议后,应当作出判决。对于疑难、复杂、重大的案件,合议庭认为难以作出决定的,由合议庭提请院长决定提交审判委员会讨论决定。审判委员会的决定,合议庭应当执行。

第二章 第一审程序

第一节 公诉案件

第一百八十一条 人民法院对提起公诉的案件进行审查后,对于起诉书中有明确的指控犯罪事实的,应当决定开庭审判。

第一百八十二条 人民法院决定开庭审判后,应当确定合议庭的组成人员,将人民检察院的起诉书副本至迟在开庭十日以前送达被告人及其辩护人。

在开庭以前,审判人员可以召集公诉人、当事人和辩护人、诉讼代理人,对回避、出庭证人名单、非法证据排除等与审判相关的问题,了解情况,听取意见。

人民法院确定开庭日期后,应当将开庭的时间、地点通知人民检察院,传唤当事人,通知辩护人、诉讼代理人、证人、鉴定人和翻译人员,传票和通知书至迟在开庭三日以前送达。公开审判的案件,应当在开庭三日以前先期公布案由、被告人姓名、开庭时间和地点。

上述活动情形应当写入笔录,由审判人员和书记员签名。

第一百八十三条 人民法院审判第一审案件应当公开进行。但是有关国家秘密或者个人隐私的案件,不公开审理;涉及商业秘密的案件,当事人申请不公开审理的,可以不公开审理。

不公开审理的案件,应当当庭宣布不公开审理的理由。

第一百八十四条 人民法院审判公诉案件,人民检察院应当派员出席法庭支持公诉。

第一百八十五条 开庭的时候,审判长查明当事人是否到庭,宣布案由;宣布合议庭的组成人员、书记员、公诉人、辩护人、诉讼代理人、鉴定人和翻译人员的名单;告知当事人有权对合议庭组成人员、书记员、公诉人、鉴定人和翻译人员申请回避;告知被告人享有辩护权利。

第一百八十六条 公诉人在法庭上宣读起诉书后,被告人、被害人可以就起诉书指控的犯罪进行陈述,公诉人可以讯问被告人。

被害人、附带民事诉讼的原告人和辩护人、诉讼代理人,经审判长许可,可以向被告人发问。

审判人员可以讯问被告人。

第一百八十七条 公诉人、当事人或者辩护人、诉讼代理人对证人证言有异议，且该证人证言对案件定罪量刑有重大影响，人民法院认为证人有必要出庭作证的，证人应当出庭作证。

人民警察就其执行职务时目击的犯罪情况作为证人出庭作证，适用前款规定。

公诉人、当事人或者辩护人、诉讼代理人对鉴定意见有异议，人民法院认为鉴定人有必要出庭的，鉴定人应当出庭作证。经人民法院通知，鉴定人拒不出庭作证的，鉴定意见不得作为定案的根据。

第一百八十八条 经人民法院通知，证人没有正当理由不出庭作证的，人民法院可以强制其到庭，但是被告人的配偶、父母、子女除外。

证人没有正当理由拒绝出庭或者出庭后拒绝作证的，予以训诫，情节严重的，经院长批准，处以十日以下的拘留。被处罚人对拘留决定不服的，可以向上一级人民法院申请复议。复议期间不停止执行。

第一百八十九条 证人作证，审判人员应当告知他要如实地提供证言和有意作伪证或者隐匿罪证要负的法律责任。公诉人、当事人和辩护人、诉讼代理人经审判长许可，可以对证人、鉴定人发问。审判长认为发问的内容与案件无关的时候，应当制止。

审判人员可以询问证人、鉴定人。

第一百九十条 公诉人、辩护人应当向法庭出示物证，让当事人辨认，对未到庭的证人的证言笔录、鉴定人的鉴定意见、勘验笔录和其他作为证据的文书，应当当庭宣读。审判人员应当听取公诉人、当事人和辩护人、诉讼代理人的意见。

第一百九十一条 法庭审理过程中，合议庭对证据有疑问的，可以宣布休庭，对证据进行调查核实。

人民法院调查核实证据，可以进行勘验、检查、查封、扣押、鉴定和查询、冻结。

第一百九十二条 法庭审理过程中，当事人和辩护人、诉讼代理人有权申请通知新的证人到庭，调取新的物证，申请重新鉴定或者勘验。

公诉人、当事人和辩护人、诉讼代理人可以申请法庭通知有专门知识的人出庭，就鉴定人作出的鉴定意见提出意见。

法庭对于上述申请，应当作出是否同意的决定。

第二款规定的有专门知识的人出庭，适用鉴定人的有关规定。

第一百九十三条 法庭审理过程中，对与定罪、量刑有关的事实、证据都应当进行调查、辩论。

经审判长许可，公诉人、当事人和辩护人、诉讼代理人可以对证据和案件情况发表意见并且可以互相辩论。

审判长在宣布辩论终结后，被告人有最后陈述的权利。

第一百九十四条 在法庭审判过程中，如果诉讼参与人或者旁听人员违反法庭秩序，审判长应当警告制止。对不听制止的，可以强行带出法庭；情节严重的，处以一千元以下的罚款或者十五日以下的拘留。罚款、拘留必须经院长批准。被处罚人对罚款、拘留的决定不服的，可以向上一级人民法院申请复议。复议期间不停止执行。

对聚众哄闹、冲击法庭或者侮辱、诽谤、威胁、殴打司法工作人员或者诉讼参与人，严重扰乱法庭秩序，构成犯罪的，依法追究刑事责任。

第一百九十五条 在被告人最后陈述后，审判长宣布休庭，合议庭进行评议，根据已经查明的事实、证据和有关的法律规定，分别作出以下判决：

（一）案件事实清楚，证据确实、充分，依据法律认定被告人有罪的，应当作出有罪判决；

（二）依据法律认定被告人无罪的，应当作出无罪判决；

（三）证据不足，不能认定被告人有罪的，应当作出证据不足、指控的犯罪不能成立的无罪判决。

第一百九十六条 宣告判决，一律公开进行。

当庭宣告判决的，应当在五日以内将判决书送达当事人和提起公诉的人民检察院；定期宣告判决的，应当在宣告后立即将判决书送达当事人和提起公诉的人民检察院。判决书应当同时送达辩护人、诉讼代理人。

第一百九十七条 判决书应当由审判人员和书记员署名，并且写明上诉的期限和上诉的法院。

第一百九十八条 在法庭审判过程中，遇有下列情形之一，影响审判进行的，可以延期审理：

（一）需要通知新的证人到庭，调取新的物证，重新鉴定或者勘验的；

（二）检察人员发现提起公诉的案件需要补充侦查，提出建议的；

（三）由于申请回避而不能进行审判的。

第一百九十九条 依照本法第一百九十八条第二项的规定延期审理的案件，人民检察院应当在一个月以内补充侦查完毕。

第二百条 在审判过程中，有下列情形之一，致使案件在较长时间内无法继续审理的，可以中止审理：

（一）被告人患有严重疾病，无法出庭的；

（二）被告人脱逃的；

（三）自诉人患有严重疾病，无法出庭，未委托诉讼代理人出庭的；

（四）由于不能抗拒的原因。

中止审理的原因消失后，应当恢复审理。中止审理的期间不计入审理期限。

第二百零一条　法庭审判的全部活动，应当由书记员写成笔录，经审判长审阅后，由审判长和书记员签名。

法庭笔录中的证人证言部分，应当当庭宣读或者交给证人阅读。证人在承认没有错误后，应当签名或者盖章。

法庭笔录应当交给当事人阅读或者向他宣读。当事人认为记载有遗漏或者差错的，可以请求补充或者改正。当事人承认没有错误后，应当签名或者盖章。

第二百零二条　人民法院审理公诉案件，应当在受理后二个月以内宣判，至迟不得超过三个月。对于可能判处死刑的案件或者附带民事诉讼的案件，以及有本法第一百五十六条规定情形之一的，经上一级人民法院批准，可以延长三个月；因特殊情况还需要延长的，报请最高人民法院批准。

人民法院改变管辖的案件，从改变后的人民法院收到案件之日起计算审理期限。

人民检察院补充侦查的案件，补充侦查完毕移送人民法院后，人民法院重新计算审理期限。

第二百零三条　人民检察院发现人民法院审理案件违反法律规定的诉讼程序，有权向人民法院提出纠正意见。

第二节　自诉案件

第二百零四条　自诉案件包括下列案件：

（一）告诉才处理的案件；

（二）被害人有证据证明的轻微刑事案件；

（三）被害人有证据证明对被告人侵犯自己人身、财产权利的行为应当依法追究刑事责任，而公安机关或者人民检察院不予追究被告人刑事责任的案件。

第二百零五条　人民法院对于自诉案件进行审查后，按照下列情形分别处理：

（一）犯罪事实清楚，有足够证据的案件，应当开庭审判；

（二）缺乏罪证的自诉案件，如果自诉人提不出补充证据，应当说服自诉人撤回自诉，或者裁定驳回。

自诉人经两次依法传唤，无正当理由拒不到庭的，或者未经法庭许可中途退庭的，按撤诉处理。

法庭审理过程中，审判人员对证据有疑问，需要调查核实的，适用本法第一百九十一条的规定。

第二百零六条　人民法院对自诉案件，可以进行调解；自诉人在宣告判决前，可以同被告人自行和解或者撤回自诉。本法第二百零四条第三项规定的案件不适用调解。

人民法院审理自诉案件的期限，被告人被羁押的，适用本法第二百零二条第一款、第二款的规定；未被羁押的，应当在受理后六个月以内宣判。

第二百零七条　自诉案件的被告人在诉讼过程中，可以对自诉人提起反诉。反诉适用自诉的规定。

第三节　简易程序

第二百零八条　基层人民法院管辖的案件，符合下列条件的，可以适用简易程序审判：

（一）案件事实清楚、证据充分的；

（二）被告人承认自己所犯罪行，对指控的犯罪事实没有异议的；

（三）被告人对适用简易程序没有异议的。

人民检察院在提起公诉的时候，可以建议人民法院适用简易程序。

第二百零九条　有下列情形之一的，不适用简易程序：

（一）被告人是盲、聋、哑人，或者是尚未完全丧失辨认或者控制自己行为能力的精神病人的；

（二）有重大社会影响的；

（三）共同犯罪案件中部分被告人不认罪或者对适用简易程序有异议的；

（四）其他不宜适用简易程序审理的。

第二百一十条　适用简易程序审理案件，对可能判处三年有期徒刑以下刑罚的，可以组成合议庭进行审判，也可以由审判员一人独任审判；对可能判处的有期徒刑超过三年的，应当组成合议庭进行审判。

适用简易程序审理公诉案件，人民检察院应当派员出席法庭。

第二百一十一条　适用简易程序审理案件，审判人员应当询问被告人对指控的犯罪事实的意见，告知被告人适用简易程序审理的法律规定，确认被告人是否同意适用简易程序审理。

第二百一十二条　适用简易程序审理案件，经审判人员许可，被告人及其辩护人可以同公诉人、自诉人及其诉讼代理人互相辩论。

第二百一十三条　适用简易程序审理案件，不受本章第一节关于送达期限、讯问被告人、询问证人、鉴定人、出示证据、法庭辩论程序规定的限制。但在判决宣告前应当听取被告人的最后陈述意见。

第二百一十四条　适用简易程序审理案件，人民法院应当在受理后二十日以内审结；对可能判处的有期徒刑超过三年的，可以延长至一个半月。

第二百一十五条　人民法院在审理过程中，发现不宜适用简易程序的，应当按照本章第一节或者第二节的规定重新审理。

第三章　第二审程序

第二百一十六条　被告人、自诉人和他们的法定代理人，不服地方各级人民法院第一审的判决、裁定，有权用书状或者口头向上一级人民法院上诉。被告人的辩护人和近亲属，经被告人同意，可以提出上诉。

附带民事诉讼的当事人和他们的法定代理人，可以对地方各级人民法院第一审的判决、裁定中的附带民事诉讼部分，提出上诉。

对被告人的上诉权，不得以任何借口加以剥夺。

第二百一十七条　地方各级人民检察院认为本级人民法院第一审的判决、裁定确有错误的时候，应当向上一级人民法院提出抗诉。

第二百一十八条　被害人及其法定代理人不服地方各级人民法院第一审的判决的，自收到判决书后五日以内，有权请求人民检察院提出抗诉。人民检察院自收到被害人及其法定代理人的请求后五日以内，应当作出是否抗诉的决定并且答复请求人。

第二百一十九条　不服判决的上诉和抗诉的期限为十日，不服裁定的上诉和抗诉的期限为五日，从接到判决书、裁定书的第二日起算。

第二百二十条　被告人、自诉人、附带民事诉讼的原告人和被告人通过原审人民法院提出上诉的，原审人民法院应当在三日以内将上诉状连同案卷、证据移送上一级人民法院，同时将上诉状副本送交同级人民检察院和对方当事人。

被告人、自诉人、附带民事诉讼的原告人和被告人直接向第二审人民法院提出上诉的，第二审人民法院应当在三日以内将上诉状交原审人民法院送交同级人民检察院和对方当事人。

第二百二十一条　地方各级人民检察院对同级人民法院第一审判决、裁定的抗诉，应当通过原审人民法院提出抗诉书，并且将抗诉书抄送上一级人民检察院。原审人民法院应当将抗诉书连同案卷、证据移送上一级人民法院，并且将抗诉书副本送交当事人。

上级人民检察院如果认为抗诉不当，可以向同级人民法院撤回抗诉，并且通知下级人民检察院。

第二百二十二条　第二审人民法院应当就第一审判决认定的事实和适用法律进行全面审查，不受上诉或者抗诉范围的限制。

共同犯罪的案件只有部分被告人上诉的，应当对全案进行审查，一并处理。

第二百二十三条　第二审人民法院对于下列案件，应当组成合议庭，开庭审理：

（一）被告人、自诉人及其法定代理人对第一审认定的事实、证据提出异议，可能影响定罪量刑的上诉案件；

（二）被告人被判处死刑的上诉案件；

（三）人民检察院抗诉的案件；

（四）其他应当开庭审理的案件。

第二审人民法院决定不开庭审理的，应当讯问被告人，听取其他当事人、辩护人、诉讼代理人的意见。

第二审人民法院开庭审理上诉、抗诉案件，可以到案件发生地或者原审人民法院所在地进行。

第二百二十四条　人民检察院提出抗诉的案件或者第二审人民法院开庭审理的公诉案件，同级人民检察院都应当派员出席法庭。第二审人民法院应当在决定开庭审理后及时通知人民检察院查阅案卷。人民检察院应当在一个月以内查阅完毕。人民检察院查阅案卷的时间不计入审理期限。

第二百二十五条　第二审人民法院对不服第一审判决的上诉、抗诉案件，经过审理后，应当按照下列情形分别处理：

（一）原判决认定事实和适用法律正确、量刑适当的，应当裁定驳回上诉或者抗诉，维持原判；

（二）原判决认定事实没有错误，但适用法律有错误，或者量刑不当的，应当改判；

（三）原判决事实不清楚或者证据不足的，可以在查清事实后改判；也可以裁定撤销原判，发回原审人民法院重新审判。

原审人民法院对于依照前款第三项规定发回重新审判的案件作出判决后，被告人提出上诉或者人民检察院提出抗诉的，第二审人民法院应当依法作出判决或者裁定,不得再发回原审人民法院重新审判。

第二百二十六条　第二审人民法院审理被告人或者他的法定代理人、辩护人、近亲属上诉的案件,不得加重被告人的刑罚。第二审人民法院发回原审人民法院重新审判的案件,除有新的犯罪事实,人民检察院补充起诉的以外,原审人民法院也不得加重被告人的刑罚。

人民检察院提出抗诉或者自诉人提出上诉的,不受前款规定的限制。

第二百二十七条　第二审人民法院发现第一审人民法院的审理有下列违反法律规定的诉讼程序的情形之一的,应当裁定撤销原判,发回原审人民法院重新审判:

(一)违反本法有关公开审判的规定的;

(二)违反回避制度的;

(三)剥夺或者限制了当事人的法定诉讼权利,可能影响公正审判的;

(四)审判组织的组成不合法的;

(五)其他违反法律规定的诉讼程序,可能影响公正审判的。

第二百二十八条　原审人民法院对于发回重新审判的案件,应当另行组成合议庭,依照第一审程序进行审判。对于重新审判后的判决,依照本法第二百一十六条、第二百一十七条、第二百一十八条的规定可以上诉、抗诉。

第二百二十九条　第二审人民法院对不服第一审裁定的上诉或者抗诉,经过审查后,应当参照本法第二百二十五条、第二百二十七条和第二百二十八条的规定,分别情形用裁定驳回上诉、抗诉,或者撤销、变更原裁定。

第二百三十条　第二审人民法院发回原审人民法院重新审判的案件,原审人民法院从收到发回的案件之日起,重新计算审理期限。

第二百三十一条　第二审人民法院审判上诉或者抗诉案件的程序,除本章已有规定的以外,参照第一审程序的规定进行。

第二百三十二条　第二审人民法院受理上诉、抗诉案件,应当在二个月以内审结。对于可能判处死刑的案件或者附带民事诉讼的案件,以及有本法第一百五十六条规定情形之一的,经省、自治区、直辖市高级人民法院批准或者决定,可以延长二个月;因特殊情况还需要延长的,报请最高人民法院批准。

最高人民法院受理上诉、抗诉案件的审理期限,由最高人民法院决定。

第二百三十三条　第二审的判决、裁定和最高人民法院的判决、裁定,都是终审的判决、裁定。

第二百三十四条　公安机关、人民检察院和人民法院对查封、扣押、冻结的犯罪嫌疑人、被告人的财物及其孳息,应当妥善保管,以供核查,并制作清单,随案移送。任何单位和个人不得挪用或者自行处理。对被害人的合法财产,应当及时返还。对违禁品或者不宜长期保存的物品,应当依照国家有关规定处理。

对作为证据使用的实物应当随案移送,对不宜移送的,应当将其清单、照片或者其他证明文件随案移送。

人民法院作出的判决,应当对查封、扣押、冻结的财物及其孳息作出处理。

人民法院作出的判决生效以后,有关机关应当根据判决对查封、扣押、冻结的财物及其孳息进行处理。对查封、扣押、冻结的赃款赃物及其孳息,除依法返还被害人的以外,一律上缴国库。

司法工作人员贪污、挪用或者私自处理查封、扣押、冻结的财物及其孳息的,依法追究刑事责任;不构成犯罪的,给予处分。

第四章　死刑复核程序

第二百三十五条　死刑由最高人民法院核准。

第二百三十六条　中级人民法院判处死刑的第一审案件,被告人不上诉的,应当由高级人民法院复核后,报请最高人民法院核准。高级人民法院不同意判处死刑的,可以提审或者发回重新审判。

高级人民法院判处死刑的第一审案件被告人不上诉的,和判处死刑的第二审案件,都应当报请最高人民法院核准。

第二百三十七条　中级人民法院判处死刑缓期二年执行的案件,由高级人民法院核准。

第二百三十八条　最高人民法院复核死刑案件,高级人民法院复核死刑缓期执行的案件,应当由审判员三人组成合议庭进行。

第二百三十九条　最高人民法院复核死刑案件,应当作出核准或者不核准死刑的裁定。对于不核准死刑的,最高人民法院可以发回重新审判或者予以改判。

第二百四十条　最高人民法院复核死刑案件,应当讯问被告人,辩护律师提出要求的,应当听取辩护律师的意见。

在复核死刑案件过程中，最高人民检察院可以向最高人民法院提出意见。最高人民法院应当将死刑复核结果通报最高人民检察院。

第五章　审判监督程序

第二百四十一条　当事人及其法定代理人、近亲属，对已经发生法律效力的判决、裁定，可以向人民法院或者人民检察院提出申诉，但是不能停止判决、裁定的执行。

第二百四十二条　当事人及其法定代理人、近亲属的申诉符合下列情形之一的，人民法院应当重新审判：

（一）有新的证据证明原判决、裁定认定的事实确有错误，可能影响定罪量刑的；

（二）据以定罪量刑的证据不确实、不充分、依法应当予以排除，或者证明案件事实的主要证据之间存在矛盾的；

（三）原判决、裁定适用法律确有错误的；

（四）违反法律规定的诉讼程序，可能影响公正审判的；

（五）审判人员在审理该案件的时候，有贪污受贿，徇私舞弊，枉法裁判行为的。

第二百四十三条　各级人民法院院长对本院已经发生法律效力的判决和裁定，如果发现在认定事实上或者在适用法律上确有错误，必须提交审判委员会处理。

最高人民法院对各级人民法院已经发生法律效力的判决和裁定，上级人民法院对下级人民法院已经发生法律效力的判决和裁定，如果发现确有错误，有权提审或者指令下级人民法院再审。

最高人民检察院对各级人民法院已经发生法律效力的判决和裁定，上级人民检察院对下级人民法院已经发生法律效力的判决和裁定，如果发现确有错误，有权按照审判监督程序向同级人民法院提出抗诉。

人民检察院抗诉的案件，接受抗诉的人民法院应当组成合议庭重新审理，对于原判决事实不清楚或者证据不足的，可以指令下级人民法院再审。

第二百四十四条　上级人民法院指令下级人民法院再审的，应当指令原审人民法院以外的下级人民法院审理；由原审人民法院审理更为适宜的，也可以指令原审人民法院审理。

第二百四十五条　人民法院按照审判监督程序重新审判的案件，由原审人民法院审理的，应当另行组成合议庭进行。如果原来是第一审案件，应当依照第一审程序进行审判，所作的判决、裁定，可以上诉、抗诉；如果原来是第二审案件，或者是上级人民法院提审的案件，应当依照第二审程序进行审判，所作的判决、裁定，是终审的判决、裁定。

人民法院开庭审理的再审案件，同级人民检察院应当派员出席法庭。

第二百四十六条　人民法院决定再审的案件，需要对被告人采取强制措施的，由人民法院依法决定；人民检察院提出抗诉的再审案件，需要对被告人采取强制措施的，由人民检察院依法决定。

人民法院按照审判监督程序审判的案件，可以决定中止原判决、裁定的执行。

第二百四十七条　人民法院按照审判监督程序重新审判的案件，应当在作出提审、再审决定之日起三个月以内审结，需要延长期限的，不得超过六个月。

接受抗诉的人民法院按照审判监督程序审判抗诉的案件，审理期限适用前款规定；对需要指令下级人民法院再审的，应当自接受抗诉之日起一个月以内作出决定，下级人民法院审理案件的期限适用前款规定。

第四编　执　　行

第二百四十八条　判决和裁定在发生法律效力后执行。

下列判决和裁定是发生法律效力的判决和裁定：

（一）已过法定期限没有上诉、抗诉的判决和裁定；

（二）终审的判决和裁定；

（三）最高人民法院核准的死刑的判决和高级人民法院核准的死刑缓期二年执行的判决。

第二百四十九条　第一审人民法院判决被告人无罪、免除刑事处罚的，如果被告人在押，在宣判后应当立即释放。

第二百五十条　最高人民法院判处和核准的死刑立即执行的判决，应当由最高人民法院院长签发执行死刑的命令。

被判处死刑缓期二年执行的罪犯，在死刑缓期执行期间，如果没有故意犯罪，死刑缓期执行期满，应当予以减刑，由执行机关提出书面意见，报请高级人民法院裁定；如果故意犯罪，查证属实，应当执行死刑，由高级人民法院报请最高人民法院核准。

第二百五十一条 下级人民法院接到最高人民法院执行死刑的命令后，应当在七日以内交付执行。但是发现有下列情形之一的，应当停止执行，并且立即报告最高人民法院，由最高人民法院作出裁定：

（一）在执行前发现判决可能有错误的；

（二）在执行前罪犯揭发重大犯罪事实或者有其他重大立功表现，可能需要改判的；

（三）罪犯正在怀孕。

前款第一项、第二项停止执行的原因消失后，必须报请最高人民法院院长再签发执行死刑的命令才能执行；由于前款第三项原因停止执行的，应当报请最高人民法院依法改判。

第二百五十二条 人民法院在交付执行死刑前，应当通知同级人民检察院派员临场监督。

死刑采用枪决或者注射等方法执行。

死刑可以在刑场或者指定的羁押场所内执行。

指挥执行的审判人员，对罪犯应当验明正身，讯问有无遗言、信札，然后交付执行人员执行死刑。在执行前，如果发现可能有错误，应当暂停执行，报请最高人民法院裁定。

执行死刑应当公布，不应示众。

执行死刑后，在场书记员应当写成笔录。交付执行的人民法院应当将执行死刑情况报告最高人民法院。

执行死刑后，交付执行的人民法院应当通知罪犯家属。

第二百五十三条 罪犯被交付执行刑罚的时候，应当由交付执行的人民法院在判决生效后十日以内将有关的法律文书送达公安机关、监狱或者其他执行机关。

对被判处死刑缓期二年执行、无期徒刑、有期徒刑的罪犯，由公安机关依法将该罪犯送交监狱执行刑罚。对被判处有期徒刑的罪犯，在被交付执行刑罚前，剩余刑期在三个月以下的，由看守所代为执行。对被判处拘役的罪犯，由公安机关执行。

对未成年犯应当在未成年犯管教所执行刑罚。

执行机关应当将罪犯及时收押，并且通知罪犯家属。

判处有期徒刑、拘役的罪犯，执行期满，应当由执行机关发给释放证明书。

第二百五十四条 对被判处有期徒刑或者拘役的罪犯，有下列情形之一的，可以暂予监外执行：

（一）有严重疾病需要保外就医的；

（二）怀孕或者正在哺乳自己婴儿的妇女；

（三）生活不能自理，适用暂予监外执行不致危害社会的。

对被判处无期徒刑的罪犯，有前款第二项规定情形的，可以暂予监外执行。

对适用保外就医可能有社会危险性的罪犯，或者自伤自残的罪犯，不得保外就医。

对罪犯确有严重疾病，必须保外就医的，由省级人民政府指定的医院诊断并开具证明文件。

在交付执行前，暂予监外执行由交付执行的人民法院决定；在交付执行后，暂予监外执行由监狱或者看守所提出书面意见，报省级以上监狱管理机关或者设区的市一级以上公安机关批准。

第二百五十五条 监狱、看守所提出暂予监外执行的书面意见的，应当将书面意见的副本抄送人民检察院。人民检察院可以向决定或者批准机关提出书面意见。

第二百五十六条 决定或者批准暂予监外执行的机关应当将暂予监外执行决定抄送人民检察院。人民检察院认为暂予监外执行不当的，应当自接到通知之日起一个月以内将书面意见送交决定或者批准暂予监外执行的机关，决定或者批准暂予监外执行的机关接到人民检察院的书面意见后，应当立即对该决定进行重新核查。

第二百五十七条 对暂予监外执行的罪犯，有下列情形之一的，应当及时收监：

（一）发现不符合暂予监外执行条件的；

（二）严重违反有关暂予监外执行监督管理规定的；

（三）暂予监外执行的情形消失后，罪犯刑期未满的。

对于人民法院决定暂予监外执行的罪犯应当予以收监的，由人民法院作出决定，将有关的法律文书送达公安机关、监狱或者其他执行机关。

不符合暂予监外执行条件的罪犯通过贿赂等非法手段被暂予监外执行的，在监外执行的期间不计入执行刑期。罪犯在暂予监外执行期间脱逃的，脱逃的期间不计入执行刑期。

罪犯在暂予监外执行期间死亡的，执行机关应当及时通知监狱或者看守所。

第二百五十八条 对被判处管制、宣告缓刑、假释或者暂予监外执行的罪犯，依法实行社区矫正，由社区矫正机构负责执行。

第二百五十九条 对被判处剥夺政治权利的罪犯，由公安机关执行。执行期满，应当由执行机关书面通知本人及其所在单位、居住地基层组织。

第二百六十条 被判处罚金的罪犯,期满不缴纳的,人民法院应当强制缴纳;如果由于遭遇不能抗拒的灾祸缴纳确实有困难的,可以裁定减少或者免除。

第二百六十一条 没收财产的判决,无论附加适用或者独立适用,都由人民法院执行;在必要的时候,可以会同公安机关执行。

第二百六十二条 罪犯在服刑期间又犯罪的,或者发现了判决的时候所没有发现的罪行,由执行机关移送人民检察院处理。

被判处管制、拘役、有期徒刑或者无期徒刑的罪犯,在执行期间确有悔改或者立功表现,应当依法予以减刑、假释的时候,由执行机关提出建议书,报请人民法院审核裁定,并将建议书副本抄送人民检察院。人民检察院可以向人民法院提出书面意见。

第二百六十三条 人民检察院认为人民法院减刑、假释的裁定不当,应当在收到裁定书副本后二十日以内,向人民法院提出书面纠正意见。人民法院应当在收到纠正意见后一个月以内重新组成合议庭进行审理,作出最终裁定。

第二百六十四条 监狱和其他执行机关在刑罚执行中,如果认为判决有错误或者罪犯提出申诉,应当转请人民检察院或者原判人民法院处理。

第二百六十五条 人民检察院对执行机关执行刑罚的活动是否合法实行监督。如果发现有违法的情况,应当通知执行机关纠正。

第五编 特别程序

第一章 未成年人刑事案件诉讼程序

第二百六十六条 对犯罪的未成年人实行教育、感化、挽救的方针,坚持教育为主、惩罚为辅的原则。

人民法院、人民检察院和公安机关办理未成年人刑事案件,应当保障未成年人行使其诉讼权利,保障未成年人得到法律帮助,并由熟悉未成年人身心特点的审判人员、检察人员、侦查人员承办。

第二百六十七条 未成年犯罪嫌疑人、被告人没有委托辩护人的,人民法院、人民检察院、公安机关应当通知法律援助机构指派律师为其提供辩护。

第二百六十八条 公安机关、人民检察院、人民法院办理未成年人刑事案件,根据情况可以对未成年犯罪嫌疑人、被告人的成长经历、犯罪原因、监护教育等情况进行调查。

第二百六十九条 对未成年犯罪嫌疑人、被告人应当严格限制适用逮捕措施。人民检察院审查批准逮捕和人民法院决定逮捕,应当讯问未成年犯罪嫌疑人、被告人,听取辩护律师的意见。

对被拘留、逮捕和执行刑罚的未成年人与成年人应当分别关押、分别管理、分别教育。

第二百七十条 对于未成年人刑事案件,在讯问和审判的时候,应当通知未成年犯罪嫌疑人、被告人的法定代理人到场。无法通知、法定代理人不能到场或者法定代理人是共犯的,也可以通知未成年犯罪嫌疑人、被告人的其他成年亲属,所在学校、单位、居住地基层组织或者未成年人保护组织的代表到场,并将有关情况记录在案。到场的法定代理人可以代为行使未成年犯罪嫌疑人、被告人的诉讼权利。

到场的法定代理人或者其他人员认为办案人员在讯问、审判中侵犯未成年人合法权益的,可以提出意见。讯问笔录、法庭笔录应当交给到场的法定代理人或者其他人员阅读或者向他宣读。

讯问女性未成年犯罪嫌疑人,应当有女工作人员在场。

审判未成年人刑事案件,未成年被告人最后陈述后,其法定代理人可以进行补充陈述。

询问未成年被害人、证人,适用第一款、第二款、第三款的规定。

第二百七十一条 对于未成年人涉嫌刑法分则第四章、第五章、第六章规定的犯罪,可能判处一年有期徒刑以下刑罚,符合起诉条件,但有悔罪表现的,人民检察院可以作出附条件不起诉的决定。人民检察院在作出附条件不起诉的决定以前,应当听取公安机关、被害人的意见。

对附条件不起诉的决定,公安机关要求复议、提请复核或者被害人申诉的,适用本法第一百七十五条、第一百七十六条的规定。

未成年犯罪嫌疑人及其法定代理人对人民检察院决定附条件不起诉有异议的,人民检察院应当作出起诉的决定。

第二百七十二条 在附条件不起诉的考验期内,由人民检察院对被附条件不起诉的未成年犯罪嫌疑人进行监督考察。未成年犯罪嫌疑人的监护人,应当对未成年犯罪嫌疑人加强管教,配合人民检察院做好监督考察工作。

附条件不起诉的考验期为六个月以上一年以下,从人民检察院作出附条件不起诉的决定之日起计算。

被附条件不起诉的未成年犯罪嫌疑人，应当遵守下列规定：

（一）遵守法律法规，服从监督；

（二）按照考察机关的规定报告自己的活动情况；

（三）离开所居住的市、县或者迁居，应当报经考察机关批准；

（四）按照考察机关的要求接受矫治和教育。

第二百七十三条　被附条件不起诉的未成年犯罪嫌疑人，在考验期内有下列情形之一的，人民检察院应当撤销附条件不起诉的决定，提起公诉：

（一）实施新的犯罪或者发现决定附条件不起诉以前还有其他犯罪需要追诉的；

（二）违反治安管理规定或者考察机关有关附条件不起诉的监督管理规定，情节严重的。

被附条件不起诉的未成年犯罪嫌疑人，在考验期内没有上述情形，考验期满的，人民检察院应当作出不起诉的决定。

第二百七十四条　审判的时候被告人不满十八周岁的案件，不公开审理。但是，经未成年被告人及其法定代理人同意，未成年被告人所在学校和未成年人保护组织可以派代表到场。

第二百七十五条　犯罪的时候不满十八周岁，被判处五年有期徒刑以下刑罚的，应当对相关犯罪记录予以封存。

犯罪记录被封存的，不得向任何单位和个人提供，但司法机关为办案需要或者有关单位根据国家规定进行查询的除外。依法进行查询的单位，应当对被封存的犯罪记录的情况予以保密。

第二百七十六条　办理未成年人刑事案件，除本章已有规定的以外，按照本法的其他规定进行。

第二章　当事人和解的公诉案件诉讼程序

第二百七十七条　下列公诉案件，犯罪嫌疑人、被告人真诚悔罪，通过向被害人赔偿损失、赔礼道歉等方式获得被害人谅解，被害人自愿和解的，双方当事人可以和解：

（一）因民间纠纷引起，涉嫌刑法分则第四章、第五章规定的犯罪案件，可能判处三年有期徒刑以下刑罚的；

（二）除渎职犯罪以外的可能判处七年有期徒刑以下刑罚的过失犯罪案件。

犯罪嫌疑人、被告人在五年以内曾经故意犯罪的，不适用本章规定的程序。

第二百七十八条　双方当事人和解的，公安机关、人民检察院、人民法院应当听取当事人和其他有关人员的意见，对和解的自愿性、合法性进行审查，并主持制作和解协议书。

第二百七十九条　对于达成和解协议的案件，公安机关可以向人民检察院提出从宽处理的建议。人民检察院可以向人民法院提出从宽处罚的建议；对于犯罪情节轻微，不需要判处刑罚的，可以作出不起诉的决定。人民法院可以依法对被告人从宽处罚。

第三章　犯罪嫌疑人、被告人逃匿、死亡案件违法所得的没收程序

第二百八十条　对于贪污贿赂犯罪、恐怖活动犯罪等重大犯罪案件，犯罪嫌疑人、被告人逃匿，在通缉一年后不能到案，或者犯罪嫌疑人、被告人死亡，依照刑法规定应当追缴其违法所得及其他涉案财产的，人民检察院可以向人民法院提出没收违法所得的申请。

公安机关认为有前款规定情形的，应当写出没收违法所得意见书，移送人民检察院。

没收违法所得的申请应当提供与犯罪事实、违法所得相关的证据材料，并列明财产的种类、数量、所在地及查封、扣押、冻结的情况。

人民法院在必要的时候，可以查封、扣押、冻结申请没收的财产。

第二百八十一条　没收违法所得的申请，由犯罪地或者犯罪嫌疑人、被告人居住地的中级人民法院组成合议庭进行审理。

人民法院受理没收违法所得的申请后，应当发出公告。公告期间为六个月。犯罪嫌疑人、被告人的近亲属和其他利害关系人有权申请参加诉讼，也可以委托诉讼代理人参加诉讼。

人民法院在公告期满后对没收违法所得的申请进行审理。利害关系人参加诉讼的，人民法院应当开庭审理。

第二百八十二条　人民法院经审理，对经查证属于违法所得及其他涉案财产，除依法返还被害人的以外，应当裁定予以没收；对不属于应当追缴的财产的，应当裁定驳回申请，解除查封、扣押、冻结措施。

对于人民法院依照前款规定作出的裁定，犯罪嫌疑人、被告人的近亲属和其他利害关系人或者人

民检察院可以提出上诉、抗诉。

第二百八十三条 在审理过程中,在逃的犯罪嫌疑人、被告人自动投案或者被抓获的,人民法院应当终止审理。

没收犯罪嫌疑人、被告人财产确有错误的,应当予以返还、赔偿。

第四章 依法不负刑事责任的精神病人的强制医疗程序

第二百八十四条 实施暴力行为,危害公共安全或者严重危害公民人身安全,经法定程序鉴定依法不负刑事责任的精神病人,有继续危害社会可能的,可以予以强制医疗。

第二百八十五条 根据本章规定对精神病人强制医疗的,由人民法院决定。

公安机关发现精神病人符合强制医疗条件的,应当写出强制医疗意见书,移送人民检察院。对于公安机关移送的或者在审查起诉过程中发现的精神病人符合强制医疗条件的,人民检察院应当向人民法院提出强制医疗的申请。人民法院在审理案件过程中发现被告人符合强制医疗条件的,可以作出强制医疗的决定。

对实施暴力行为的精神病人,在人民法院决定强制医疗前,公安机关可以采取临时的保护性约束措施。

第二百八十六条 人民法院受理强制医疗的申请后,应当组成合议庭进行审理。

人民法院审理强制医疗案件,应当通知被申请人或者被告人的法定代理人到场。被申请人或者被告人没有委托诉讼代理人的,人民法院应当通知法律援助机构指派律师为其提供法律帮助。

第二百八十七条 人民法院经审理,对于被申请人或者被告人符合强制医疗条件的,应当在一个月以内作出强制医疗的决定。

被决定强制医疗的人、被害人及其法定代理人、近亲属对强制医疗决定不服的,可以向上一级人民法院申请复议。

第二百八十八条 强制医疗机构应当定期对被强制医疗的人进行诊断评估。对于已不具有人身危险性,不需要继续强制医疗的,应当及时提出解除意见,报决定强制医疗的人民法院批准。

被强制医疗的人及其近亲属有权申请解除强制医疗。

第二百八十九条 人民检察院对强制医疗的决定和执行实行监督。

附 则

第二百九十条 军队保卫部门对军队内部发生的刑事案件行使侦查权。

对罪犯在监狱内犯罪的案件由监狱进行侦查。

军队保卫部门、监狱办理刑事案件,适用本法的有关规定。

关于《中华人民共和国刑事诉讼法修正案(草案)》的说明

——2012 年 3 月 8 日在第十一届全国人民代表大会第五次会议上

全国人大常委会副委员长 王兆国

各位代表:

我受全国人大常委会委托,现对《中华人民共和国刑事诉讼法修正案(草案)》作说明。

一、修改刑事诉讼法的必要性

刑事诉讼法是规范刑事诉讼活动的基本法律。我国现行刑事诉讼法于 1979 年制定,1996 年八届全国人大四次会议进行了修正。实践证明,我国的刑事诉讼制度总体上是科学的、合理的。刑事诉讼法修改 16 年来,我国经济社会快速发展,在刑事犯罪方面也出现了新的情况,有必要在认真梳理代表议案、深入总结实践经验、广泛征求意见的基础上,按照中央深化司法体制和工作机制改革的要求,对刑事诉讼法予以修改完善。主要体现在以下几个方面：

修改刑事诉讼法是进一步加强惩罚犯罪和保护人民的需要。当前，在惩罚犯罪工作中面临许多新的情况，存在一些迫切需要解决的问题。同时，国家民主法制建设的推进和人民群众法制观念的增强，对维护司法公正和保护公民权利提出了更高要求。各方面对刑事诉讼法的修改十分关注。本届以来，全国人大代表有2485人次和1个代表团提出相关议案81件。司法机关和其他方面也在不断提出修改刑事诉讼法的建议。迫切需要通过完善刑事诉讼程序，进一步保障司法机关准确及时惩罚犯罪，保护公民诉讼权利和其他合法权利。

修改刑事诉讼法是加强和创新社会管理，维护社会和谐稳定的需要。当前，我国正处于社会转型期和矛盾凸显期，刑事案件居高不下，严重暴力犯罪增多，犯罪的种类和手段出现了新的变化，这些都对我国社会管理提出了严峻挑战。通过刑事诉讼准确惩罚犯罪，维护社会秩序，对于加强和创新社会管理具有重要和不可替代的作用。适时修改刑事诉讼法，着力保障公共安全，着力化解社会矛盾，解决人民群众反映强烈、影响社会和谐稳定的突出问题，对于国家长治久安和人民安居乐业具有重要意义。

修改刑事诉讼法是深化司法体制和工作机制改革的需要。深化司法体制和工作机制改革，是中央从发展社会主义民主政治、加快建设社会主义法治国家的高度，作出的重要战略部署。进一步规范司法行为，推进建设公正高效权威的社会主义司法制度，需要加快完善刑事诉讼制度。刑事诉讼法的修改，是贯彻落实中央深化司法体制和工作机制改革要求的具体举措。

二、修正案草案的形成过程

按照全国人大常委会的工作安排，全国人大常委会法工委从2009年初开始着手刑事诉讼法修改方案的研究起草工作。在多次听取全国人大代表和各方面意见的基础上，经反复与中央政法机关和有关单位共同研究，形成了刑事诉讼法修正案草案稿。2011年8月，十一届全国人大常委会第二十二次会议对刑事诉讼法修正案草案进行了初次审议。会后，将草案印发中央有关部门、各地和有关方面征求意见，中国人大网站全文公布草案向社会征求意见。根据常委会组成人员的审议意见和各方面意见，对修正案草案进行了修改完善。2011年12月，常委会第二十四次会议对刑事诉讼法修正案草案进行了再次审议。委员们认为，修正案草案经过常委会两次审议，吸收了常委会组成人员的审议意见和各方面意见，已趋成熟。会议决定将修正案草案提请十一届全国人大五次会议审议。

全国人大常委会办公厅按照法定程序，于今年1月11日将刑事诉讼法修正案草案发送全国人大代表进行阅读讨论。代表们总体赞成修正案草案，同时提出了一些修改意见。根据常委会组成人员的审议意见和代表们在讨论中提出的意见，对修正案草案作了进一步修改完善，形成了现在提请大会审议的刑事诉讼法修正案草案。

在修正案草案起草和修改工作中，注意把握了以下几个问题：一是，坚持从我国基本国情出发，循序渐进地推进我国刑事诉讼制度的完善。完善刑事诉讼程序和相关制度，应当立足于我国仍处于并将长期处于社会主义初级阶段的基本国情和阶段性特征，既要与时俱进，又不超越现阶段的实际，不盲目照搬外国的司法制度和诉讼制度。二是，坚持统筹处理好惩治犯罪与保障人权的关系。刑事诉讼法的修改完善，既要有利于保证准确及时地查明犯罪事实，正确应用法律，惩罚犯罪分子，又要保障无罪的人不受刑事追究，尊重和保障人权，保护公民的诉讼权利和其他合法权利。三是，坚持着力解决在惩治犯罪和维护司法公正方面存在的突出问题。通过深入调查研究，加强与各有关方面的沟通协调，努力形成共识，解决司法实践中的突出问题。同时，注意发挥法律的引导作用，为刑事诉讼活动提供明确的法律规范。

对于这次刑事诉讼法修改，各方面总体认为，修正案草案坚持社会主义法治理念，贯彻宽严相济刑事政策，落实中央深化司法体制和工作机制改革的要求，适应新形势下惩罚犯罪和保护人民的需要，着力解决当前司法实践迫切需要解决的问题，符合我国国情和实际。在常委会审议和征求意见过程中，各方面对修正案草案还提出了其他一些修改意见和建议。这些意见和建议中，有些各方面认识还不一致，有些还缺乏实践经验。考虑到刑事诉讼法的修改要根据经济社会发展的实际，循序渐进，逐步完善，对于这些问题，可以继续研究探索。

三、修正案草案的主要内容

刑事诉讼法修正案草案共110条，主要内容是：

（一）将“尊重和保障人权”写入刑事诉讼法

尊重和保障人权是我国宪法确立的一项重要原则，体现了社会主义制度的本质要求。刑事诉讼法在程序设置和具体规定中都贯彻了这一宪法原则。考虑到刑事诉讼制度关系公民的人身自由等基本权利，将“尊重和保障人权”明确写入刑事诉讼法，既有利于更加充分地体现我国司法制度的社会主义性质，也有利于司法机关在刑事诉讼程序中更好地遵循和贯彻这一宪法原则。据此，修正案草案将刑事诉讼法第二条修改为：中华人民共和国刑事诉讼法的任务，是保证准确、及时地查明犯罪事实，正确应用法律，惩罚犯罪分子，保障无罪的人不受刑事追究，教育公民自觉遵守法律，积极同犯罪行为作斗争，维护社会主义法制，尊重和保障人权，保护公民的人身权利、财产权利、民主权利和其他权利，保障社会主义建设事业的顺利进行。

（二）关于证据制度

证据制度是刑事诉讼的基本制度，对于保证案件质量，正确定罪量刑具有关键作用。修正案草案重点完善了非法证据排除制度，强化证人出庭和保护制度。

1. 完善非法证据排除制度。现行刑事诉讼法对严禁刑讯逼供和以其他非法的方法收集证据作了规定。为从制度上进一步遏制刑讯逼供和其他非法收集证据的行为，维护司法公正和刑事诉讼参与人的合法权利，有必要在法律中对非法证据的排除作出明确规定。据此，修正案草案在刑事诉讼法规定严禁刑讯逼供的基础上，增加不得强迫任何人证实自己有罪的规定。同时，明确规定了非法证据排除的具体标准：采用刑讯逼供等非法方法收集的犯罪嫌疑人、被告人供述和采用暴力、威胁等非法方法收集的证人证言、被害人陈述，应当予以排除。违反法律规定收集物证、书证，可能严重影响司法公正的，应当予以补正或者作出合理解释；不能补正或者作出合理解释的，对该证据应当予以排除。还规定了人民法院、人民检察院和公安机关都有排除非法证据的义务，以及法庭审理过程中对非法证据排除的调查程序。

另外，为从制度上防止刑讯逼供行为的发生，修正案草案增加规定了拘留、逮捕后及时送看守所羁押，在看守所内进行讯问和讯问过程的录音录像制度。

2. 明确证人出庭范围，加强对证人的保护。证人出庭作证，对于核实证据、查明案情、正确判决具有重要意义。修正案草案规定：公诉人、当事人或者辩护人、诉讼代理人对证人证言有异议，且该证人证言对案件定罪量刑有重大影响，人民法院认为有必要的，证人应当出庭作证。并规定证人没有正当理由不出庭作证的，人民法院可以强制其到庭，对于情节严重的，可处以十日以下的拘留；同时，考虑到强制配偶、父母、子女在法庭上对被告人进行指证，不利于家庭关系的维系，规定被告人的配偶、父母、子女除外。

为进一步加强对证人以及鉴定人、被害人的保护，修正案草案增加规定：对于危害国家安全犯罪、恐怖活动犯罪、黑社会性质的组织犯罪、毒品犯罪等案件，证人、鉴定人、被害人因在诉讼中作证，本人或者其近亲属的人身安全面临危险的，人民法院、人民检察院和公安机关应当采取必要的保护措施。证人、鉴定人、被害人认为因作证面临危险的，可以请求予以保护。

（三）关于强制措施

强制措施对于保障刑事诉讼活动的顺利进行具有重要作用。修正案草案重点完善了逮捕、监视居住的条件、程序和采取强制措施后通知家属的规定。

1. 进一步明确逮捕条件和审查批准程序。针对司法实践中对逮捕条件理解不一致的问题，为有利于司法机关准确掌握逮捕条件，修正案草案将刑事诉讼法关于逮捕条件中“发生社会危险性，而有逮捕必要”的规定细化为：可能实施新的犯罪；有危害国家安全、公共安全或者社会秩序的现实危险；可能毁灭、伪造证据，干扰证人作证或者串供；可能对被害人、举报人、控告人实施打击报复；企图自杀或者逃跑。还明确规定：对有证据证明有犯罪事实，可能判处十年有期徒刑以上刑罚的，或者可能判处徒刑以上刑罚，曾经故意犯罪或者身份不明的犯罪嫌疑人、被告人，应当予以逮捕。

为保证人民检察院正确行使批准逮捕权，防止错误逮捕，修正案草案增加规定了人民检察院审查批准逮捕时讯问犯罪嫌疑人和听取辩护律师意见的程序，以及在逮捕后对羁押必要性继续进行审查的程序。

2. 适当定位监视居住措施，明确规定适用条件。监视居住同取保候审类似，都是限制犯罪嫌疑人、被告人人身自由的强制措施，但限制自由的程度不同。现行刑事诉讼法对这两种强制措施规定了相同的适用条件。考虑到监视居住的特点和实际执行情况，将监视居住定位于减少羁押的替代措施，并规定与取保候审不同的适用条件比较妥当。

据此，修正案草案规定监视居住适用于符合逮捕条件，但患有严重疾病生活不能自理的，怀孕或者正在哺乳自己婴儿的，系生活不能自理的人的唯一扶养人的，因为案件的特殊情况或者办理案件的需要，采取监视居住措施更为适宜的，以及羁押期限届满，案件尚未办结，需要采取监视居住措施的等情形。同时，规定对于涉嫌危害国家安全犯罪、恐怖活动犯罪、特别重大贿赂犯罪的犯罪嫌疑人，监视居住在住处执行可能有碍侦查的，经上一级人民检察院或者公安机关批准，可以在指定的居所执行，但是不得在羁押场所和专门的办案场所执行。为防止这一措施在实践中被滥用，规定人民检察院对指定居所监视居住的决定和执行实行监督。

3. 严格限制采取强制措施后不通知家属的例外情形。现行刑事诉讼法规定：拘留、逮捕后，除有碍侦查或者无法通知的情形以外，应当把拘留、逮捕的原因和羁押的处所，在二十四小时以内，通知被拘留人、被逮捕人的家属。其中，“有碍侦查”情形的界限比较模糊。另外，对指定居所监视居住后通知家属未作规定。综合考虑惩治犯罪和保护犯罪嫌疑人、被告人权利的需要，有必要对采取强制措施后不通知家属的例外情形作出严格限制。据此，修正案草案删去了逮捕后有碍侦查不通知家属的例外情形，明确规定，采取逮捕和指定居所监视居住措施的，除无法通知的以外，应当在逮捕或者执行监视居住后二十四小时以内通知家属。同时，将拘留后因有碍侦查不通知家属的情形，仅限于涉嫌危害国家安全犯罪、恐怖活动犯罪，并规定有碍侦查的情形消失以后，应当立即通知被拘留人的家属。

（四）关于辩护制度

辩护制度是刑事诉讼程序中保障犯罪嫌疑人、被告人依法行使辩护权的重要制度。修正案草案重点完善了辩护人在刑事诉讼中法律地位和作用的规定，扩大了法律援助的适用范围。

1. 明确犯罪嫌疑人在侦查阶段可以委托辩护人。修正案草案将刑事诉讼法关于犯罪嫌疑人在侦查阶段只能聘请律师提供法律帮助的规定修改为：犯罪嫌疑人在侦查期间可以委托律师作为辩护人。

2. 完善律师会见程序。关于辩护律师会见在押的犯罪嫌疑人、被告人，现行刑事诉讼法规定：在侦查阶段，对于涉及国家秘密的案件，律师会见在押的犯罪嫌疑人，需经侦查机关批准。修订后的律师法规定，律师凭律师执业证书、律师事务所证明和委托书或者法律援助公函，有权会见犯罪嫌疑人。经同有关方面反复研究认为，在刑事诉讼法中应当吸收律师法的相关规定，但对于极少数案件，从维护国家安全、公共安全的实际情况考虑，律师在侦查阶段会见犯罪嫌疑人，事先经侦查机关许可是必要的。据此，修正案草案规定，危害国家安全犯罪、恐怖活动犯罪、特别重大贿赂犯罪案件，在侦查期间辩护律师会见在押的犯罪嫌疑人，应当经侦查机关许可。

关于律师阅卷，修正案草案规定，辩护律师在审查起诉和审判阶段，均可以查阅、摘抄、复制本案的案卷材料。

3. 扩大法律援助的适用范围。为进一步保障犯罪嫌疑人、被告人的辩护权和其他权利，修正案草案扩大了法律援助在刑事诉讼中的适用范围，将审判阶段提供法律援助修改为在侦查、审查起诉、审判阶段均提供法律援助，并扩大了法律援助的对象范围。

（五）关于侦查措施

侦查是侦查机关为追究犯罪，依法进行的专门调查工作和有关的强制性措施。修正案草案重点完善了讯问犯罪嫌疑人的程序和必要的侦查措施，同时，强化对侦查措施的规范和监督，防止滥用。

1. 完善侦查措施。根据侦查取证工作的实际需要，修正案草案增加规定了口头传唤犯罪嫌疑人的程序，适当延长了特别重大、复杂案件传唤、拘传的时间，增加规定了询问证人的地点，完善人身检查的程序，在查询、冻结的范围中增加规定债券、股票、基金份额等财产。

国家安全法、人民警察法规定，侦查机关因侦查犯罪的需要，根据国家有关规定，经过严格的批准手续，可以采取技术侦察措施。现行刑事诉讼法对于技术侦查措施没有作出规定。修正案草案增加了严格规范技术侦查措施的规定。

2. 强化对侦查活动的监督。为保护相关诉讼参与人的合法权利，修正案草案增加规定，当事人和辩护人、诉讼代理人、利害关系人，对司法机关及其工作人员采取强制措施法定期限届满不予以释放、解除或者变更的，应当退还取保候审保证金不退还的，对与案件无关的财物采取查封、扣押、冻结措施的，应当解除查封、扣押、冻结不解除的，贪污、挪用、私分、调换、违反规定使用查封、扣押、冻结财物的等行为，有权申诉、控告，并规定了相应程序。

（六）关于审判程序

审判是决定被告人是否构成犯罪和判处刑罚的关键阶段。修正案草案进一步完善了审判程序中的重要环节。

1. 调整简易程序适用范围，完善第一审程序。在保证司法公正的前提下，适当调整简易程序的适用范围，实行案件的繁简分流，有利于提高诉讼效率。为此，修正案草案将适用简易程序审判的案件范围，修改为基层人民法院管辖的可能判处有期徒刑以下刑罚、被告人承认自己所犯罪行的案件。同时，根据审判工作实际，对第一审普通程序中的案卷移送制度、开庭前的准备程序、与量刑有关的程序、中止审理的程序等作了补充完善。

2. 明确第二审应当开庭审理的案件范围，对发回重审作出限制规定。一是，为保证案件的公正审理，修正案草案进一步明确了第二审应当开庭审理的案件范围，增加规定：上诉人对第一审认定的事实、证据提出异议，可能影响定罪量刑的，被告人被判处死刑的上诉案件等，第二审人民法院应当开庭审理。二是，为避免案件反复发回重审，久拖不决，增加规定：对于因事实不清楚或者证据不足，第二审人民法院发回原审人民法院重新审判的案件，原审人民法院再次作出判决后，被告人提出上诉或者人民检察院提出抗诉的，第二审人民法院应当依法作出判决或者裁定。三是，为落实上诉不加刑原则，避免发生在上诉案件中第二审人民法院发回重审，下级人民法院在重审中加刑的情况，增加规定：第二审人民法院发回重新审判的案件，除有新的犯罪事实，人民检察院补充起诉的以外，原审人民法院也不得加重被告人的刑罚。此外，修正案草案还完善了查封、扣押、冻结的财物及其孳息的处理程序等。

3. 完善附带民事诉讼程序。附带民事诉讼程序对于有效化解社会矛盾纠纷，保证被害人及时得到赔偿，具有重要作用。在总结司法实践经验的基础上，修正案草案对附带民事诉讼程序作了补充修改。一是，增加规定：被害人死亡或者丧失行为能力的，被害人的法定代理人、近亲属有权提起附带民事诉讼。二是，增加规定：附带民事诉讼的原告人或者人民检察院可以申请人民法院采取保全措施。三是，增加规定：人民法院审理附带民事诉讼案件，可以进行调解，或者根据物质损失情况作出判决、裁定。

4. 对死刑复核程序作出具体规定。为体现适用死刑的慎重，进一步保证死刑复核案件质量，加强对死刑复核程序的法律监督，修正案草案明确规定：最高人民法院复核死刑案件，应当作出核准或者不核准死刑的裁定。对于不核准死刑的，最高人民法院可以发回重新审判或者予以改判。同时，增加规定：最高人民法院复核死刑案件，可以讯问被告人，辩护律师提出要求的，应当听取辩护律师的意见。在复核死刑案件过程中，最高人民检察院可以向最高人民法院提出意见。最高人民法院应当将死刑复核结果通报最高人民检察院。

5. 对审判监督程序进行补充完善。通过审判监督程序对确有错误的生效判决、裁定予以纠正，有利于确保案件质量，维护司法公正。修正案草案对申诉案件决定重审的条件，指令原审人民法院以外的下级人民法院审理，人民检察院派员出席法庭，再审案件强制措施的决定程序，原判决、裁定的中止执行等内容作了补充完善。

(七)关于执行程序

刑罚执行程序是惩罚和改造罪犯的重要规范。修正案草案重点完善了暂予监外执行规定，强化人民检察院对减刑、假释、暂予监外执行的监督。

1. 严格规范暂予监外执行的适用。暂予监外执行，是对符合法定条件的罪犯在监狱外执行刑罚的制度。修正案草案进一步严格规范了暂予监外执行的决定、批准和及时收监的程序，为防止罪犯利用这一制度逃避刑罚，并增加规定：不符合暂予监外执行条件的罪犯通过贿赂等非法手段被暂予监外执行的，其在监外执行的期间不计入执行刑期；罪犯在暂予监外执行期间脱逃的，脱逃的期间不计入执行刑期。

2. 强化人民检察院对减刑、假释、暂予监外执行的监督。修正案草案增加规定：监狱、看守所提出减刑、假释建议或者暂予监外执行的书面意见的，应当同时抄送人民检察院。人民检察院可以向人民法院或者批准机关提出书面意见。

(八)增加规定特别程序

根据刑事诉讼活动的实际情况和近年来各地积极探索的好的经验，有必要针对未成年人刑事案件等特定案件和一些特殊情况，规定特别的程序。修正案草案增加一编“特别程序”，对有关程序作出专门规定。

1. 规定未成年人刑事案件诉讼程序。为更好地保障未成年人的诉讼权利和其他合法权益，修正案草案在总结实践经验的基础上，针对未成年人刑事案件的特点，对办案方针、原则、诉讼环节的特别程序作出规定。其中，设置了附条件不起诉制度，规定对于未成年人涉嫌侵犯人身权利民主权利、侵犯财产、妨害社会管理秩序犯罪，可能判处一年有期徒刑以下刑罚，符合起诉条件，但有悔罪表现的，人民检察院可以作出附条件不起诉的决定。同时，为有利于未成年犯更好地回归社会，设置了犯罪记录封存制度。

2. 设置特定范围公诉案件的和解程序。刑事诉讼法对自诉案件的和解作了规定。为有利于化解矛盾纠纷，需要适当扩大和解程序的适用范围，将部分公诉案件纳入和解程序。同时，考虑到公诉案件的国家追诉性质和刑罚的严肃性，防止出现新的不公正，对建立这一新的诉讼制度宜审慎把握，和解程序的适用范围也不能过大。修正案草案规定，公诉案件适用和解程序的范围为因民间纠纷引起，涉嫌侵犯人身权利民主权利、侵犯财产犯罪，可能判处三年有期徒刑以下刑罚的故意犯罪案件，以及除渎职犯罪以外的可能判处七年有期徒刑以下刑罚的过失犯罪案件。但是，犯罪嫌疑人、被告人在五年以内曾经故意犯罪的，不适用这一程序。并规定对于当事人之间达成和解协议的案件，可以依法对被告人从宽处罚。

3. 设置犯罪嫌疑人、被告人逃匿、死亡案件违法所得的没收程序。为严厉惩治腐败犯罪、恐怖活动犯罪，并与我国已加入的联合国反腐败公约及有关反恐怖问题的决议的要求相衔接，需要对犯罪所得及时采取冻结追缴措施。修正案草案增加规定：对于贪污贿赂犯罪、恐怖活动犯罪等重大犯罪案件，犯罪嫌疑人、被告人逃匿，在通缉一年后不能到案，或者犯罪嫌疑人、被告人死亡，依照刑法规定应当追缴其违法所得及其他涉案财产的，人民检察院可以向人民法院提出没收违法所得的申请。并设置公安机关移送人民检察院的程序和人民法院的审理程序。

4. 设置依法不负刑事责任的精神病人的强制医疗程序。刑法第十八条规定：精神病人在不能辨认或者不能控制自己行为的时候造成危害结果，经法定程序鉴定确认的，不负刑事责任，但是应当责令他的家属或者监护人严加看管和医疗；在必要的时候，由政府强制医疗。为保障公众安全，维护社会秩序，修正案草案增加规定：实施暴力行为，危害公共安全或者严重危害公民人身安全，经法定程序鉴定依法不负刑事责任的精神病人，有继续危害社会可能的，由公安机关移送人民检察院，人民检察院向人民法院提出强制医疗的申请，由人民法院作出决定。并对案件的审理程序、法律援助和法律救济、强制医疗的解除和人民检察院的监督等作出规定。

此外，根据有关方面的意见，修正案草案还对刑事案件证据种类、证明标准、举证责任，取保候审和监视居住的监督管理，辩护人和诉讼代理人的申请回避权，辩护人对阻碍其依法行使诉讼权利的申诉控告及处理机制，中级人民法院的管辖范围，人民法院案件审理期限，社区矫正执行等规定作了补充完善。

《中华人民共和国刑事诉讼法修正案（草案）》和以上说明，请审议。

第十一届全国人民代表大会法律委员会关于《中华人民共和国刑事诉讼法修正案（草案）》审议结果的报告

（2012年3月10日第十一届全国人民代表大会第五次会议主席团第二次会议通过）

十一届全国人大五次会议主席团：

3月8日和9日，各代表团全体会议、小组会议审议了刑事诉讼法修正案（草案）。代表们普遍认为，这次修改刑事诉讼法，适应了我国经济社会发展和推进社会主义民主法制建设的客观要求，是必要的。修正案草案指导思想明确，总体思路科学合理，内容可行，经常委会两次审议修改，较好地吸收了代表阅读讨论中提出的意见和各方面的意见，已经成熟，建议进一步修改完善后，提请本次会议表决通过。同时，有些代表对修正案草案也提出了一些修改意见。

法律委员会于3月9日召开会议，对修正案草案进行了审议，逐条研究了代表提出的审议意见。法律委员会认为，修正案草案是可行的，同时，建议对修正案草案作以下主要修改：

一、修正案草案第五条规定了犯罪嫌疑人、被告人委托辩护人的权利。有的代表提出，在犯罪嫌疑人、被告人被采取羁押措施的情况下，自己委托辩护人有时存在一定困难，为进一步保障其辩护权的行使，应增加可以由其监护人、近亲属代为委托辩护人的规定。法律委员会经研究，建议在该条中增加规定："犯罪嫌疑人、被告人在押的，也可以由其监护人、近亲属代为委托辩护人。"

二、修正案草案第三十九条中规定：当事人和辩护人、诉讼代理人、利害关系人对于司法机关及其工作人员采取强制措施、侦查措施违反有关法律规定的，有权向该机关申诉或者控告。受理申诉或者控告的机关应当及时处理。对处理不服的，可以向同级或者上一级人民检察院申诉。有的代表提出，上述规定中，对处理不服的，应向哪一级人民检察院申诉不清楚。法律委员会经研究，建议将该条中关于"对处理不服的，可以向同级或者上一级人民检察院申诉"的规定修改为："对处理不服的，可以向同级人民检察院申诉；人民检察院直接受理的案件，可以向上一级人民检察院申诉。"

三、修正案草案第四十七条中规定：为了确定被害人、犯罪嫌疑人的某些特征、伤害情况或者生理状态，可以对人身进行检查，可以采集指纹、血液、尿液等生物样本。有的代表提出，提取指纹不属于采集生物样本。法律委员会经研究，建议将该条中关于"可以采集指纹、血液、尿液等生物样本"的规定修改为"可以采集指纹信息、血液尿液等生物样本"。

四、现行刑事诉讼法第一百二十九条规定：公安机关侦查终结的案件，应当做到犯罪事实清楚，证据确实、充分，并且写出起诉意见书，连同案卷材料、证据一并移送同级人民检察院审查决定。有的代表提出，为有利于辩护律师履行职责，保护当事人的合法权益，公安机关在移送审查起诉时，有必要将有关情况告知犯罪嫌疑人及其辩护律师。法律委员会经研究，建议将该条修改为："公安机关侦查终结的案件，应当做到犯罪事实清楚，证据确实、充分，并且写出起诉意见书，连同案卷材料、证据一并移送同级人民检察院审查决定；同时将案件移送情况告知犯罪嫌疑人及其辩护律师。"

五、现行刑事诉讼法第一百四十条第四款规定：对于补充侦查的案件，人民检察院仍然认为证据不足，不符合起诉条件的，可以作出不起诉的决定。有的代表提出，对于这类案件，人民检察院就"应当"作出不起诉的决定，不宜规定"可以"不起诉。法律委员会经研究，建议将上述规定修改为："对于二次补充侦查的案件，人民检察院仍然认为证据不足，不符合起诉条件的，应当作出不起诉的决定。"

六、修正案草案第六十八条中规定：人民法院审判第一审案件应当公开进行。但是有关国家秘密或者个人隐私的案件，不公开审理。有的代表提出，对涉及商业秘密的案件，也应当不公开审理。法律委员会经研究，建议在该条中增加规定："涉及商业秘密的案件，当事人申请不公开审理的，可以不公开审理。"

七、修正案草案第七十条中规定：证人没有正当理由逃避出庭或者出庭后拒绝作证，情节严重的，经院长批准，处以十日以下的拘留。有的代表提出，对于证人无正当理由逃避出庭或者出庭后拒绝作证的，一律处十日以下的拘留不妥。有的代表提出，应区分情形作出处理，还要加大对证人及其近亲属的保护力度。法律委员会经研究，考虑到在刑事诉讼活动中，有的案件证人出庭作证对正确定罪量刑有重大影响，证人应当履行出庭作证的法定义务，对拒绝出庭的证人予以一定处罚是必要的，可区别情节作出规定。据此，建议将上述规定修改为："证人没有正当理由拒绝出庭或者出庭后拒绝作证的，予以训诫，情节严重的，经院长批准，处以十日以下的拘留。"同时，依照刑事诉讼法的规定，对证人及其近亲属进行打击报复的，应当依法追究刑事责任。这次修改还增加规定了对证人及其近亲属的特别保护措施。司法机关应当严格依照法律规定，切实加强对证人及其近亲属的保护。

八、修正案草案第八十八条规定：原审人民法院对于依照前款第三项规定发回重新审判的案件作出判决后，被告人提出上诉或者人民检察院提出抗诉的，第二审人民法院应当依法作出判决或者裁定。有的代表提出，应进一步明确第二审人民法院不得再次将案件发回重审。法律委员会经研究，建议将上述规定修改为："原审人民法院对于依照前款第三项规定发回重新审判的案件作出判决后，被告人提出上诉或者人民检察院提出抗诉的，第二审人民法院应当依法作出判决或者裁定，不得再发回原审人民法院重新审判。"

关于修改决定的实施时间，考虑到这次修改刑事诉讼法涉及内容较多，在实施前各方面都需要做充分准备，法律委员会根据有些代表提出的意见，经商有关部门，建议修改决定自2013年1月1日起施行。

此外，根据有些代表的意见，还对修正案草案作了一些文字修改。

审议中,有些代表还提出了其他一些意见和建议。有些涉及法律规定的具体实施问题,可在实践中总结经验,适时作出法律解释。有些意见和建议,还可以继续研究,在今后进一步完善刑事诉讼制度时统筹考虑。

法律委员会根据以上修改意见,提出了全国人民代表大会关于修改《中华人民共和国刑事诉讼法》的决定(草案),建议经主席团审议通过后,印发各代表团审议。

修改决定草案和以上报告,请审议。

全国人民代表大会法律委员会

2012 年 3 月 10 日

第十一届全国人民代表大会法律委员会关于《全国人民代表大会关于修改〈中华人民共和国刑事诉讼法〉的决定(草案)》修改意见的报告

(2012 年 3 月 13 日第十一届全国人民代表大会第五次会议主席团第三次会议通过)

十一届全国人大五次会议主席团:

3 月 11 日上午,各代表团审议了全国人民代表大会关于修改《中华人民共和国刑事诉讼法》的决定(草案)。代表们普遍认为,修改决定草案较好地吸收了代表提出的意见,同意提请本次会议表决通过。同时,有的代表对修改决定草案还提出了一些修改意见。

法律委员会于 3 月 12 日上午召开会议,对修改决定草案进行了审议,逐条研究了代表提出的审议意见。法律委员会认为,修改决定草案是可行的,同时,提出以下修改意见:

一、修改决定草案第五条规定了犯罪嫌疑人、被告人委托辩护人的权利。有的代表提出,犯罪嫌疑人、被告人在押期间要求委托辩护人的,人民法院、人民检察院和公安机关应当及时转达其要求。法律委员会经研究,建议采纳这一意见。

二、修改决定草案第十八条中规定对采用刑讯逼供等非法方法收集的言词证据应当排除,还规定了对违反法律规定收集的物证、书证的排除条件。有的代表提出,对已经违反法律规定收集的物证、书证,还可以补正或者作出解释不妥。法律委员会经研究认为,这种情况可限于在收集物证、书证时,不符合法定程序的情形。建议将上述相关规定修改为:“收集物证、书证不符合法定程序,可能严重影响司法公正的,应当予以补正或者作出合理解释;不能补正或者作出合理解释的,对该证据应当予以排除。”

三、修改决定草案第四十七条规定了对人身进行检查的侦查措施。有的代表建议将“采集指纹信息、血液尿液等生物样本”改为“提取指纹信息,采集血液、尿液等生物样本”。法律委员会经研究,建议采纳这一意见。

四、修改决定草案第九十三条中规定:最高人民法院复核死刑案件,可以讯问被告人。有的代表建议将“可以”讯问被告人改为“应当”讯问被告人。法律委员会经研究,建议采纳这一意见。

五、修改决定草案第一百零八条中规定:犯罪嫌疑人、被告人自愿真诚悔罪,通过向被害人赔偿损失、赔礼道歉等方式获得被害人谅解的,双方当事人可以和解。有的代表提出,应明确在公诉案件中,被害人自愿和解的,双方当事人才可以和解。法律委员会经研究,建议将上述规定修改为:“犯罪嫌疑人、被告人真诚悔罪,通过向被害人赔偿损失、赔礼道歉等方式获得被害人谅解,被害人自愿和解的,双方当事人可以和解”。

此外,根据有的代表的意见,还对修改决定草案作了个别文字修改。

修改决定草案建议表决稿已按上述意见作了修改,建议经主席团审议通过后,提请本次会议表决。

修改决定草案建议表决稿和以上报告,请审议。

全国人民代表大会法律委员会

2012 年 3 月 13 日

第十一届全国人民代表大会第五次会议关于第十二届全国人民代表大会代表名额和选举问题的决定

（2012 年 3 月 14 日第十一届全国人民代表大会第五次会议通过）

根据《中华人民共和国宪法》和《中华人民共和国全国人民代表大会和地方各级人民代表大会选举法》的有关规定，第十一届全国人民代表大会第五次会议关于第十二届全国人民代表大会代表名额和选举问题决定如下：

一、第十二届全国人民代表大会代表的名额不超过 3000 人。

二、省、自治区、直辖市应选第十二届全国人民代表大会代表的名额，由根据人口数计算确定的名额数、相同的地区基本名额数和其他应选名额数构成：

（一）第十二届全国人民代表大会代表名额中，按照人口数分配的代表名额为 2000 名，省、自治区、直辖市根据人口数计算的名额数，按城乡约每 67 万人分配 1 名；

（二）省、自治区、直辖市各分配相同的地区基本名额数为 8 名；

（三）省、自治区、直辖市应选的其他第十二届全国人民代表大会代表的名额，由全国人民代表大会常务委员会依照法律规定另行分配。

三、香港特别行政区应选第十二届全国人民代表大会代表 36 名，澳门特别行政区应选第十二届全国人民代表大会代表 12 名，代表产生办法由全国人民代表大会另行规定。

四、台湾省暂时选举第十二届全国人民代表大会代表 13 名，由在各省、自治区、直辖市和中国人民解放军的台湾省籍同胞中选出。代表产生办法由全国人民代表大会常务委员会规定。依法应选的其余名额予以保留。

五、中国人民解放军应选第十二届全国人民代表大会代表 265 名。

六、第十二届全国人民代表大会代表中，少数民族代表的名额应占代表总名额的 12% 左右。人口特少的民族至少应有 1 名代表。

七、第十二届全国人民代表大会代表中，应选归侨代表 35 名。

八、第十二届全国人民代表大会代表中，妇女代表的比例应当高于上届。

九、第十二届全国人民代表大会代表中，基层代表特别是一线工人、农民和专业技术人员代表的比例要比上届有所上升，农民工代表人数要比上届有较大幅度增加，党政领导干部代表的比例要比上届有所降低。连任的代表应占一定比例。

十、第十二届全国人民代表大会代表于 2013 年 1 月选出。

关于《第十一届全国人民代表大会第五次会议关于第十二届全国人民代表大会代表名额和选举问题的决定（草案）》的说明

——2012 年 3 月 8 日在第十一届全国人民代表大会第五次会议上

全国人大常委会副委员长兼秘书长　李建国

各位代表：

我受全国人大常委会委托，向大会作关于《第十一届全国人民代表大会第五次会议关于第十二届全国人民代表大会代表名额和选举问题的决定（草案）》的说明。

根据宪法和有关法律的规定，第十一届全国人民代表大会到2013年3月任期届满，届满之前需选举产生第十二届全国人民代表大会代表。全国人大代表是最高国家权力机关的组成人员，代表人民的利益和意志，依法参加行使国家权力。这次全国人大代表选举是选举法修改后首次实行城乡按相同人口比例进行选举。做好这次选举工作，对于发展社会主义民主政治，保障人民当家作主，加强国家政权建设，充分发挥中国特色社会主义制度的优越性，广泛凝聚各方面的智慧和力量，推动科学发展，促进社会和谐，具有十分重要的意义。

十二届全国人大代表选举的最大特点是首次实行城乡按相同人口比例选举人大代表，需要对省、自治区、直辖市的全国人大代表名额重新进行分配，以更好地体现人人平等、地区平等、民族平等。为此，我们对十二届全国人大代表名额分配问题进行了认真研究，重点就代表名额分配的原则以及需要把握的若干问题作了深入论证，并征求了中央有关部门和各省、自治区、直辖市人大常委会的意见。在此基础上，按照宪法和选举法的有关规定，委员长会议拟订了《第十一届全国人民代表大会第五次会议关于第十二届全国人民代表大会代表名额和选举问题的决定（草案）》，于2011年12月提请十一届全国人大常委会第二十四次会议进行了审议，会议决定提请本次大会审议。现就决定（草案）的有关问题说明如下。

一、关于省、自治区、直辖市应选代表名额

选举法第十五条规定："全国人民代表大会代表的名额不超过三千人。"选举法第十六条规定："全国人民代表大会代表名额，由全国人民代表大会常务委员会根据各省、自治区、直辖市的人口数，按照每一代表所代表的城乡人口数相同的原则，以及保证各地区、各民族、各方面都有适当数量代表的要求进行分配。"根据这一规定，全国人大代表名额以按人口数分配为主，代表名额中的大多数应根据人口数分配。选举法第十六条还规定："省、自治区、直辖市应选全国人民代表大会代表名额，由根据人口数计算确定的名额数、相同的地区基本名额数和其他应选名额数构成。"根据这一规定，省、自治区、直辖市应选全国人大代表名额由三部分构成：

一是根据人口数计算确定的名额数。在不超过3000人的全国人大代表名额中，按照人口数分配的代表名额为2000名。实行城乡按相同人口比例选举人大代表，即每一全国人大代表代表相同的城乡人口数。根据第六次全国人口普查数和2010年年底公安部公布的户籍人口数加权平均，决定（草案）规定："省、自治区、直辖市根据人口数计算的名额数，按城乡约每67万人分配1名"。

二是地区基本名额数。各省、自治区、直辖市不论人口多少，都应有一个相同的地区基本名额数。为此，决定（草案）规定："省、自治区、直辖市各分配相同的地区基本名额数为8名"，总计248名。

三是其他应选名额数。全国人大代表名额中，需要留出一定的名额由全国人大常委会依法另行分配，以保证人口特少的民族、地区和各方面代表人士比较集中的地区都有适当的代表名额。为此，决定（草案）规定："省、自治区、直辖市应选的其他第十二届全国人民代表大会代表的名额，由全国人民代表大会常务委员会依照法律规定另行分配。"

二、关于香港特别行政区、澳门特别行政区、台湾省、中国人民解放军和少数民族、归侨应选代表名额

关于香港特别行政区、澳门特别行政区、台湾省应选代表名额，与十一届相同。为此，决定（草案）规定："香港特别行政区应选第十二届全国人民代表大会代表36名，澳门特别行政区应选第十二届全国人民代表大会代表12名，代表产生办法由全国人民代表大会另行规定。""台湾省暂时选举第十二届全国人民代表大会代表13名，由在各省、自治区、直辖市和中国人民解放军的台湾省籍同胞中选出。代表产生办法由全国人民代表大会常务委员会规定。"

关于中国人民解放军应选代表名额，与十一届相同。为此，决定（草案）规定："中国人民解放军应选第十二届全国人民代表大会代表265名。"

为保证各少数民族都有适当数量的代表名额，从第五届全国人民代表大会以来，在每届关于代表名额和选举问题的决定中，都明确规定少数民族代表的名额占代表总名额的12%左右；人口特少的民族至少应有1名代表。根据第六次全国人口普查数，各少数民族人口合计占全国总人口数8.49%，变化不大。为此，决定（草案）规定："少数民族代表的名额应占代表总名额的12%左右。人口特少的

民族至少应有 1 名代表”，与十一届相同。各少数民族应分配的具体名额数，在本决定（草案）通过后，由全国人大常委会据此另行规定。除上述分配给少数民族的代表名额外，各少数民族还可以在各选举单位的选举中，依法按程序被提名选举为全国人大代表。

从第五届全国人民代表大会以来，在每届关于代表名额和选举问题的决定中，都明确归侨代表名额为 35 名。为此，决定（草案）规定：“第十二届全国人民代表大会代表中，应选归侨代表 35 名。”

三、关于十二届全国人大代表的结构

人大代表具有广泛的代表性，是人民代表大会制度的本质要求，也是社会主义民主的重要体现。修改后的选举法规定，全国人大代表应当具有广泛的代表性，应当有适当数量的基层代表，特别是工人、农民和知识分子代表。根据这一规定精神，为进一步优化代表结构，保证全国人大代表的广泛性，决定（草案）规定：“第十二届全国人民代表大会代表中，基层代表特别是一线工人、农民和专业技术人员代表的比例要比上届有所上升，农民工代表人数要比上届有较大幅度增加，党政领导干部代表的比例要比上届有所降低。连任的代表应占一定比例。”

选举法规定，全国人大代表中应当有适当数量的妇女代表，并逐步提高妇女代表的比例。为此，决定（草案）规定：“第十二届全国人民代表大会代表中，妇女代表的比例应当高于上届。”各选举单位在选举时，应采取有效措施，切实做好妇女代表候选人的提名推荐和选举工作，保证妇女代表的比例高于上届。

四、关于十二届全国人大代表选举时间

根据宪法规定，全国人民代表大会任期届满的两个月以前，全国人民代表大会常务委员会必须完成下届全国人民代表大会代表的选举。为此，决定（草案）规定：“第十二届全国人民代表大会代表于 2013 年 1 月选出。”

选举第十二届全国人大代表，是我国社会主义民主政治建设进程中的一件大事。各选举单位要充分发扬民主，严格依法办事，把拥护中国共产党的领导、拥护中国特色社会主义制度，认真贯彻落实科学发展观，模范遵守宪法和法律，密切联系群众，自觉遵守社会公德，廉洁自律、公道正派、勤勉尽责，具有一定履职能力的人选，选举为全国人大代表。

决定（草案）经本次大会审议通过后，由全国人大常委会根据本决定对代表名额进行具体分配。

《第十一届全国人民代表大会第五次会议关于第十二届全国人民代表大会代表名额和选举问题的决定（草案）》和以上说明，请审议。

第十一届全国人民代表大会法律委员会关于《第十一届全国人民代表大会第五次会议关于第十二届全国人民代表大会代表名额和选举问题的决定（草案）》审议结果的报告

（2012 年 3 月 10 日第十一届全国人民代表大会第五次会议主席团第二次会议通过）

十一届全国人大五次会议主席团：

3 月 8 日和 9 日，各代表团全体会议、小组会议审议了《第十一届全国人民代表大会第五次会议关于第十二届全国人民代表大会代表名额和选举问题的决定（草案）》。代表们普遍认为，决定草案符合宪法和有关法律规定，贯彻了实行城乡按相同人口比例选举人大代表的要求，更好地体现了人人平等、地区平等、民族平等，有利于保障全国人大代表具有广泛的代表性，保障人民当家作主，建议提请本次会议表决通过。同时，有些代表对决定草案也提出了一些修改意见。

法律委员会于 3 月 9 日下午召开会议，对决定草案进行了审议，逐条研究了代表提出的审议意见。法律委员会认为，决定草案是可行的。在代表

提出的审议意见中，有些是建议增加或不减少本地区的代表名额数，有些是建议为保证工人、农民等基层代表和妇女代表的比例有所上升，作进一步细化的规定。法律委员会经研究认为，十二届全国人大代表选举的最大特点是首次实行城乡按相同人口比例选举人大代表，需要对各省（区、市）的全国人大代表名额重新进行分配，作适当调整，对于代表们提出的意见，可在决定草案经本次大会审议通过后，由全国人大常委会在对代表名额进行具体分配时统筹考虑。对于代表们提出的代表结构比例问题，建议各选举单位在选举时采取有效措施，切实做好代表候选人的提名推荐和选举工作，有些可通过各地的选举办法作出具体规定。对于代表提出的其他方面的问题，可在落实决定的具体工作中，认真研究，继续探索。法律委员会建议决定草案经主席团审议通过后，印发各代表团审议。

决定草案和以上报告，请审议。

全国人民代表大会法律委员会

2012 年 3 月 10 日

第十一届全国人民代表大会法律委员会关于《第十一届全国人民代表大会第五次会议关于第十二届全国人民代表大会代表名额和选举问题的决定（草案）》修改意见的报告

（2012 年 3 月 13 日第十一届全国人民代表大会第五次会议主席团第三次会议通过）

十一届全国人大五次会议主席团：

3 月 11 日上午，各代表团审议了《第十一届全国人民代表大会第五次会议关于第十二届全国人民代表大会代表名额和选举问题的决定（草案）》。代表们普遍认为，决定草案是可行的，同意提请本次会议表决通过。同时，有的代表对决定草案又提出了一些修改意见。

法律委员会于 3 月 12 日上午召开会议，对决定草案进行了审议，逐条研究了代表提出的审议意见。法律委员会经研究认为，对于有的代表提出的增加本地区代表名额、明确代表结构的具体比例等意见，可以在本决定的落实工作中认真加以研究。决定草案已经成熟，可以不再改动。法律委员会建议，决定草案建议表决稿经主席团审议通过后，提请本次会议表决。

决定草案建议表决稿和以上报告，请审议。

全国人民代表大会法律委员会

2012 年 3 月 13 日

中华人民共和国香港特别行政区选举第十二届全国人民代表大会代表的办法

（2012 年 3 月 14 日第十一届全国人民代表大会第五次会议通过）

第一条　根据《中华人民共和国宪法》、《中华人民共和国香港特别行政区基本法》以及《中华人民共和国全国人民代表大会和地方各级人民代表大会选举法》第十五条第三款的规定，结合香港特别行政区的实际情况，制定本办法。

第二条　香港特别行政区选举第十二届全国人民代表大会代表由全国人民代表大会常务委员会主持。

第三条 香港特别行政区应选第十二届全国人民代表大会代表的名额为三十六名。

第四条 香港特别行政区选举的全国人民代表大会代表必须是年满十八周岁的香港特别行政区居民中的中国公民。

第五条 香港特别行政区成立第十二届全国人民代表大会代表选举会议。选举会议由参加过香港特别行政区第十一届全国人民代表大会代表选举会议的人员，以及不是上述人员的香港特别行政区居民中的中国人民政治协商会议第十一届全国委员会委员和香港特别行政区第四任行政长官选举委员会委员中的中国公民组成。但本人提出不愿参加的除外。

香港特别行政区行政长官为香港特别行政区第十二届全国人民代表大会代表选举会议的成员。

选举会议成员名单由全国人民代表大会常务委员会公布。

第六条 选举会议第一次会议由全国人民代表大会常务委员会召集，根据全国人民代表大会常务委员会委员长会议的提名，推选十九名选举会议成员组成主席团。主席团从其成员中推选常务主席一人。

主席团主持选举会议。主席团常务主席主持主席团会议。

第七条 选举会议举行全体会议，须有过半数成员出席。

第八条 选举会议成员以个人身份参加选举会议，并以个人身份履行职责。

选举会议成员应出席选举会议，如有特殊原因不能出席，应事先向主席团请假。

选举会议成员不得直接或者间接地索取或者接受参选人和候选人的贿赂或者谋取其他任何利益，不得直接或者间接地以利益影响他人在选举中对参选人和候选人所持的立场。

第九条 选举日期由选举会议主席团确定。

第十条 全国人民代表大会代表候选人由选举会议成员十人以上提名。每名选举会议成员提名的代表候选人不得超过三十六名。

选举会议成员提名他人为代表候选人，应填写《中华人民共和国香港特别行政区第十二届全国人民代表大会代表候选人提名信》。

第十一条 年满十八周岁的香港特别行政区居民中的中国公民，凡有意参选第十二届全国人民代表大会代表的，应领取和填写《中华人民共和国香港特别行政区第十二届全国人民代表大会代表参选人登记表》。参选人须对所填事项的真实性负责；在提名截止日期以前，送交参选人登记表和十名以上选举会议成员分别填写的候选人提名信。

选举会议成员本人登记为参选人的，需要由其他十名以上选举会议成员为其填写候选人提名信。

第十二条 代表候选人的提名时间由选举会议主席团确定。

第十三条 选举会议主席团公布第十二届全国人民代表大会代表候选人名单和简介，并印发给选举会议全体成员。

主席团公布代表候选人名单后，选举会议成员可以查阅代表候选人的提名情况。

第十四条 选举会议选举第十二届全国人民代表大会代表的候选人应多于应选名额，进行差额选举。

第十五条 选举会议选举第十二届全国人民代表大会代表采用无记名投票的方式。

选举会议进行选举时，所投的票数多于投票人数的无效，等于或者少于投票人数的有效。

每一选票所选的人数，等于应选代表名额的有效，多于或者少于应选代表名额的作废。

第十六条 代表候选人获得参加投票的选举会议成员过半数的选票时，始得当选。

获得过半数选票的代表候选人的人数超过应选代表名额时，以得票多的当选。如遇票数相等不能确定当选人时，应当就票数相等的候选人再次投票，以得票多的当选。

获得过半数选票的当选代表的人数少于应选代表的名额时，不足的名额另行选举。另行选举时，根据在第一次投票时得票多少的顺序，按照候选人比应选名额多五分之一至二分之一的差额比例，由主席团确定候选人名单；如果只选一人，候选人应为二人。另行选举时，代表候选人获得参加投票的选举会议成员过半数的选票，始得当选。

第十七条 选举会议设总监票人一人、监票人若干人，由选举会议主席团在不是代表候选人的选举会议成员中提名，选举会议通过。总监票人和监票人对发票、投票、计票工作进行监督。

第十八条 在选举日不得进行拉票活动。

会场按座区设投票箱，选举会议成员按座区分别到指定的票箱投票。

投票时，首先由总监票人、监票人投票，然后主席团成员和选举会议其他成员按顺序投票。

选举会议成员不得委托他人投票。

第十九条 计票完毕，总监票人向主席团报告计票结果。选举结果由主席团予以宣布，并报全国人民代表大会常务委员会代表资格审查委员会。

全国人民代表大会常务委员会根据代表资格审查委员会提出的报告，确认代表资格，公布代表名单。

第二十条　选举会议主席团接受与选举第十二届全国人民代表大会代表有关的投诉，并转报全国人民代表大会常务委员会代表资格审查委员会处理。

第二十一条　香港特别行政区第十二届全国人民代表大会代表可以向全国人民代表大会常务委员会提出辞职，由全国人民代表大会常务委员会决定接受辞职后予以公告。

第二十二条　香港特别行政区第十二届全国人民代表大会代表因故出缺，由选举香港特别行政区第十二届全国人民代表大会代表时未当选的代表候选人，按得票多少顺序依次递补，但是被递补为全国人民代表大会代表的候选人的得票数不得少于选票的三分之一。全国人民代表大会常务委员会根据代表资格审查委员会提出的报告，确认递补的代表资格，公布递补的代表名单。

选举第十二届全国人民代表大会代表时，在未当选的代表候选人中，如遇票数相等不能确定代表出缺时的递补顺序，由主席团决定就票数相等的候选人再次投票，按得票多少确定递补顺序。

中华人民共和国澳门特别行政区选举第十二届全国人民代表大会代表的办法

（2012年3月14日第十一届全国人民代表大会第五次会议通过）

第一条　根据《中华人民共和国宪法》、《中华人民共和国澳门特别行政区基本法》以及《中华人民共和国全国人民代表大会和地方各级人民代表大会选举法》第十五条第三款的规定，结合澳门特别行政区的实际情况，制定本办法。

第二条　澳门特别行政区选举第十二届全国人民代表大会代表由全国人民代表大会常务委员会主持。

第三条　澳门特别行政区应选第十二届全国人民代表大会代表的名额为十二名。

第四条　澳门特别行政区选举的全国人民代表大会代表必须是年满十八周岁的澳门特别行政区居民中的中国公民。

第五条　澳门特别行政区成立第十二届全国人民代表大会代表选举会议。选举会议由参加过澳门特别行政区第十一届全国人民代表大会代表选举会议的人员，以及不是上述人员的澳门特别行政区居民中的中国人民政治协商会议第十一届全国委员会委员、澳门特别行政区第三任行政长官选举委员会委员中的中国公民和澳门特别行政区第四届立法会议员中的中国公民组成。但本人提出不愿参加的除外。

澳门特别行政区行政长官为澳门特别行政区第十二届全国人民代表大会代表选举会议的成员。

选举会议成员名单由全国人民代表大会常务委员会公布。

第六条　选举会议第一次会议由全国人民代表大会常务委员会召集，根据全国人民代表大会常务委员会委员长会议的提名，推选十一名选举会议成员组成主席团。主席团从其成员中推选常务主席一人。

主席团主持选举会议。主席团常务主席主持主席团会议。

第七条　选举会议举行全体会议，须有过半数成员出席。

第八条　选举会议成员以个人身份参加选举会议，并以个人身份履行职责。

选举会议成员应出席选举会议，如有特殊原因不能出席，应事先向主席团请假。

选举会议成员不得直接或者间接地索取或者接受参选人和候选人的贿赂或者谋取其他任何利益，不得直接或者间接地以利益影响他人在选举中对参选人和候选人所持的立场。

第九条　选举日期由选举会议主席团确定。

第十条　全国人民代表大会代表候选人由选举会议成员十人以上提名。每名选举会议成员提名的代表候选人不得超过十二名。

选举会议成员提名他人为代表候选人，应填写《中华人民共和国澳门特别行政区第十二届全国人民代表大会代表候选人提名信》。

第十一条　年满十八周岁的澳门特别行政区居民中的中国公民，凡有意参选第十二届全国人民代表大会代表的，应领取和填写《中华人民共和国澳门特别行政区第十二届全国人民代表大会代表参选人登记表》。参选人须对所填事项的真实性负责；在提名截止日期以前，送交参选人登记表和十名以上选举会议成员分别填写的候选人提名信。

选举会议成员本人登记为参选人的，需要由其他十名以上选举会议成员为其填写候选人提名信。

第十二条　代表候选人的提名时间由选举会议主席团确定。

第十三条　选举会议主席团公布第十二届全国人民代表大会代表候选人名单和简介，并印发给选举会议全体成员。

主席团公布代表候选人名单后，选举会议成员可以查阅代表候选人的提名情况。

第十四条　选举会议选举第十二届全国人民代表大会代表的候选人应多于应选名额，进行差额选举。

第十五条　选举会议选举第十二届全国人民代表大会代表采用无记名投票的方式。

选举会议进行选举时，所投的票数多于投票人数的无效，等于或者少于投票人数的有效。

每一选票所选的人数，等于应选代表名额的有效，多于或者少于应选代表名额的作废。

第十六条　代表候选人获得参加投票的选举会议成员过半数的选票时，始得当选。

获得过半数选票的代表候选人的人数超过应选代表名额时，以得票多的当选。如遇票数相等不能确定当选人时，应当就票数相等的候选人再次投票，以得票多的当选。

获得过半数选票的当选代表的人数少于应选代表的名额时，不足的名额另行选举。另行选举时，根据在第一次投票时得票多少的顺序，按照候选人比应选名额多五分之一至二分之一的差额比例，由主席团确定候选人名单；如果只选一人，候选人应为二人。另行选举时，代表候选人获得参加投票的选举会议成员过半数的选票，始得当选。

第十七条　选举会议设总监票人一人、监票人若干人，由选举会议主席团在不是代表候选人的选举会议成员中提名，选举会议通过。总监票人和监票人对发票、投票、计票工作进行监督。

第十八条　在选举日不得进行拉票活动。

会场按座区设投票箱，选举会议成员按座区分别到指定的票箱投票。

投票时，首先由总监票人、监票人投票，然后主席团成员和选举会议其他成员按顺序投票。

选举会议成员不得委托他人投票。

第十九条　计票完毕，总监票人向主席团报告计票结果。选举结果由主席团予以宣布，并报全国人民代表大会常务委员会代表资格审查委员会。

全国人民代表大会常务委员会根据代表资格审查委员会提出的报告，确认代表资格，公布代表名单。

第二十条　选举会议主席团接受与选举第十二届全国人民代表大会代表有关的投诉，并转报全国人民代表大会常务委员会代表资格审查委员会处理。

第二十一条　澳门特别行政区第十二届全国人民代表大会代表可以向全国人民代表大会常务委员会提出辞职，由全国人民代表大会常务委员会决定接受辞职后予以公告。

第二十二条　澳门特别行政区第十二届全国人民代表大会代表因故出缺，由选举澳门特别行政区第十二届全国人民代表大会代表时未当选的代表候选人，按得票多少顺序依次递补，但是被递补为全国人民代表大会代表的候选人的得票数不得少于选票的三分之一。全国人民代表大会常务委员会根据代表资格审查委员会提出的报告，确认递补的代表资格，公布递补的代表名单。

选举第十二届全国人民代表大会代表时，在未当选的代表候选人中，如遇票数相等不能确定代表出缺时的递补顺序，由主席团决定就票数相等的候选人再次投票，按得票多少确定递补顺序。

关于《中华人民共和国香港特别行政区选举第十二届全国人民代表大会代表的办法(草案)》和《中华人民共和国澳门特别行政区选举第十二届全国人民代表大会代表的办法(草案)》的说明

——2012年3月8日在第十一届全国人民代表大会第五次会议上

全国人大常委会副委员长兼秘书长　李建国

各位代表:

我受全国人大常委会委托,向大会作关于《中华人民共和国香港特别行政区选举第十二届全国人民代表大会代表的办法(草案)》和《中华人民共和国澳门特别行政区选举第十二届全国人民代表大会代表的办法(草案)》的说明。

根据宪法和有关法律的规定,第十一届全国人民代表大会到2013年3月任期届满,届满之前需选举产生第十二届全国人民代表大会代表。根据香港基本法和澳门基本法的有关规定,香港特别行政区和澳门特别行政区居民中的中国公民,根据全国人民代表大会确定的名额和代表产生办法,分别在香港、澳门选出全国人大代表,参加最高国家权力机关的工作。全国人民代表大会和地方各级人民代表大会选举法规定:“香港特别行政区、澳门特别行政区应选全国人民代表大会代表的名额和代表产生办法,由全国人民代表大会另行规定。”因此,在本届全国人大任期届满前,需制定香港、澳门选举第十二届全国人民代表大会代表的办法。为此,全国人大常委会办事机构、工作机构会同国务院有关部门共同研究起草了香港特别行政区选举第十二届全国人民代表大会代表的办法(草案)和澳门特别行政区选举第十二届全国人民代表大会代表的办法(草案),并于2011年10月在深圳、珠海分别召开座谈会,征询了香港特别行政区和澳门特别行政区全国人大代表、全国政协委员的意见。2011年12月,十一届全国人大常委会第二十四次会议审议了这两个选举办法(草案),决定提请本次大会审议。

现将草案的主要内容说明如下:

一、关于制定选举办法的指导思想

香港、澳门回归以来,先后举行了第九届、第十届和第十一届全国人大代表的选举。根据以往的选举办法,香港特别行政区全国人大代表名额为36人,澳门特别行政区全国人大代表名额为12人。香港、澳门全国人大代表选举由全国人大常委会主持。选举时成立选举会议,由选举会议成员提名并选举产生代表。选举会议推选主席团,主席团主持选举会议,按照选举办法规定的程序进行选举。在全国人大常委会的主持下,以往三次选举严格按照全国人大通过的选举办法所规定的程序,顺利选举产生了爱国爱港、爱国爱澳、在港澳社会具有代表性的全国人大代表。以往三次选举办法所确定的选举名额、选举方式和选举程序等,已经为港澳社会熟悉和接受。因此,本次制定这两个选举办法的指导思想是:保持选举办法的连续性和稳定性,对代表名额、选举方式和选举程序等总体上不作改动。

二、关于选举会议的构成

香港特别行政区选举第九届、第十届和第十一届全国人大代表时成立了具有广泛代表性的选举会议。香港特别行政区选举第十二届全国人大代表,建议仍沿用成立选举会议的办法,选举会议的组成方式也保持不变。因此,草案规定,香港特别行政区第十二届全国人大代表选举会议,由参加过香港特别行政区第十一届全国人大代表选举会议的人员,以及不是上述人员的香港特别行政区居民中的第十一届全国政协委员和香港特别行政区第四任行政长官选举委员会委员中的中国公民组成；但本人提出不愿参加的除外。香港特别行政区第四任行政长官选举委员会委员共 1200 人，由工商金融界，专业界，劳工、社会服务、宗教界和政界等各方面人士组成，于 2011 年 12 月选举产生。香港第十二届全国人大代表选举会议预计约 1800 人，而上届选举会议为 1234 人，人数将增加约 45%。

澳门特别行政区选举第九届、第十届和第十一届全国人大代表时，也成立了具有广泛代表性的选举会议。澳门特别行政区选举第十二届全国人大代表，建议仍沿用成立选举会议的办法，选举会议的组成方式也保持不变。因此，草案规定，澳门特别行政区第十二届全国人大代表选举会议，由参加过澳门特别行政区第十一届全国人大代表选举会议的人员，以及不是上述人员的澳门特别行政区居民中的第十一届全国政协委员、澳门特别行政区第三任行政长官选举委员会委员中的中国公民和澳门特别行政区第四届立法会议员中的中国公民组成。这里需要说明的是，香港特别行政区行政长官选举委员会包括了全部立法会议员，立法会议员中的中国公民都自然成为全国人大代表选举会议成员。而澳门基本法附件一规定的行政长官选举委员会委员仅包括立法会议员的部分代表，所以，草案规定选举会议的成员包括“澳门特别行政区第四届立法会议员中的中国公民”。澳门第十二届全国人大代表选举会议预计约 380 人，而上届选举会议共 325 人，人数将增加约 17%。

三、关于行政长官参加选举会议

香港和澳门选举第九届、第十届、第十一届全国人大代表时，行政长官是选举会议成员，而且被推选为选举会议主席团成员和主席团常务主席，这对于选举工作的顺利开展起到重要的作用。这次成立第十二届全国人大代表选举会议，仍然需要行政长官参加。因此，草案规定，行政长官为第十二届全国人大代表选举会议的成员。同时规定，主席团常务主席主持主席团会议。届时，行政长官仍可被推选为主席团成员和主席团常务主席，在选举人大代表的工作中发挥应有的作用。

四、关于选举的组织工作

选举法规定：“全国人民代表大会常务委员会主持全国人民代表大会代表的选举。”因此，草案规定，香港特别行政区、澳门特别行政区选举第十二届全国人大代表，由全国人大常委会主持。全国人大常委会对选举的主持，主要体现为以下几点：第一，全国人大常委会公布选举会议成员名单；第二，选举会议第一次会议由全国人大常委会召集，根据全国人大常委会委员长会议的提名，推选产生选举会议主席团成员；第三，全国人大常委会委派人员赴香港、澳门具体组织选举工作；第四，对在选举中发生的投诉，由选举会议主席团转报全国人大常委会代表资格审查委员会处理；第五，全国人大常委会根据选举会议主席团宣布的选举结果和代表资格审查委员会提出的审查报告，确认代表资格，公布代表名单。

选举会议主席团是选举会议的领导机构。草案规定：“主席团主持选举会议。”主席团的职责主要包括：确定选举日期；确定代表候选人的提名时间；公布代表候选人名单；提出总监票人和监票人的人选，由选举会议通过；宣布选举结果；接受与选举代表有关的投诉，转报全国人大常委会代表资格审查委员会处理。香港上一届选举会议主席团为 15 人，澳门上一届选举会议主席团为 9 人。鉴于本次香港、澳门选举会议成员人数有较大增加，为增强主席团成员代表性，草案适当增加了主席团的人数，将香港、澳门这次选举会议主席团成员分别调整为 19 人和 11 人。

五、关于选举会议成员的权利和义务

选举会议成员有权依法联名提出代表候选人，并参加投票选举。为了保障选举的公正和公平，保障选举会议成员依法行使权利，草案规定，选举会议成员以个人身份参加选举会议，并以个人身份履行职责。选举会议成员不得直接或间接地索取或接受参选人和候选人的贿赂或谋取其他任何利益，不得直接或间接地以利益影响他人在选举中对参选人和候选人所持的立场。

六、关于选举程序

选举第十二届全国人大代表的程序主要包括：

1. 选举会议成员十人以上联名，可以提出代表候选人。每名选举会议成员参加联名提出的代表候选人不得超过应选名额。选举会议成员提名他人为代表候选人，应填写候选人提名信。

2. 年满十八周岁的香港、澳门居民中的中国公民，凡有意参选第十二届全国人大代表的，应领取和填写参选人登记表，在提名截止日期以前，送交参选人登记表和十名以上选举会议成员分别填写的候选人提名信。选举会议成员本人登记为参选人的，需要由其他十名以上选举会议成员为其填写候选人提名信。

3. 选举会议选举第十二届全国人大代表的候选人应多于应选名额，进行差额选举。

4. 选举采用无记名投票方式。每一选票所选的人数，等于应选代表名额的有效，多于或少于应选代表名额的作废。代表候选人获得参加投票的选举会议成员过半数的选票时，始得当选。如获得过半数选票的当选代表的人数少于应选代表的名额，不足的名额在未当选的代表候选人中另行选举。另行选举时，代表候选人获得参加投票的选举会议成员过半数的选票，始得当选。

5. 为了保障选举的公正和公平，在选举日不得进行拉票活动。

6. 选举会议设总监票人和监票人，由选举会议主席团在不是代表候选人的选举会议成员中提名，选举会议通过。总监票人和监票人对发票、投票、计票工作进行监督。

7. 选举结果由主席团予以宣布，并报全国人大常委会代表资格审查委员会。全国人大常委会根据代表资格审查委员会的报告，确认代表资格，公布代表名单。

七、关于代表的辞职和补选

关于代表的辞职，草案规定，香港特别行政区、澳门特别行政区第十二届全国人大代表可以向全国人大常委会提出辞职，由全国人大常委会决定接受辞职后予以公告。

关于代表因故出缺时的补选，草案规定，香港特别行政区、澳门特别行政区第十二届全国人大代表因故出缺，由选举时未当选的代表候选人按得票多少顺序依次递补，但被递补为全国人大代表的候选人的得票数不得少于选票的三分之一。

《中华人民共和国香港特别行政区选举第十二届全国人民代表大会代表的办法（草案）》和《中华人民共和国澳门特别行政区选举第十二届全国人民代表大会代表的办法（草案）》及以上说明，请审议。

第十一届全国人民代表大会法律委员会关于《中华人民共和国香港特别行政区选举第十二届全国人民代表大会代表的办法（草案）》审议结果的报告

（2012年3月10日第十一届全国人民代表大会第五次会议主席团第二次会议通过）

十一届全国人大五次会议主席团：

3月8日和9日，各代表团全体会议、小组会议审议了《中华人民共和国香港特别行政区选举第十二届全国人民代表大会代表的办法（草案）》。代表们普遍认为，草案保持了选举办法的连续性和稳定性，符合宪法和有关法律规定，符合“一国两制”方针和香港社会的实际，建议提请本次会议表决通过。同时，有的代表对草案也提出了个别文字修改意见。

法律委员会于3月9日下午召开会议，对草案进行了审议。法律委员会认为，草案是可行的。同时根据有的代表的意见，建议将草案第十条第一款中“代表候选人由选举会议成员十人以上联名提出。每名选举会议成员参加联名提出的代表候选人不得超过三十六名”修改为“代表候选人由选举会议成员十人以上提名。每名选举会议成员提名的代表候选人不得超过三十六名”。

法律委员会根据以上修改意见，提出了《中华人民共和国香港特别行政区选举第十二届全国人民代表大会代表的办法（草案修改稿）》，建议经主席团审议通过后，印发各代表团审议。

草案修改稿和以上报告，请审议。

全国人民代表大会法律委员会

2012年3月10日

第十一届全国人民代表大会法律委员会关于《中华人民共和国澳门特别行政区选举第十二届全国人民代表大会代表的办法(草案)》审议结果的报告

(2012年3月10日第十一届全国人民代表大会第五次会议主席团第二次会议通过)

十一届全国人大五次会议主席团:

3月8日和9日,各代表团全体会议、小组会议审议了《中华人民共和国澳门特别行政区选举第十二届全国人民代表大会代表的办法(草案)》。代表们普遍认为,草案保持了选举办法的连续性和稳定性,符合宪法和有关法律规定,符合“一国两制”方针和澳门社会的实际,建议提请本次会议表决通过。同时,有的代表对草案也提出了个别文字修改意见。

法律委员会于3月9日下午召开会议,对草案进行了审议。法律委员会认为,草案是可行的。同时根据有的代表的意见,建议将草案第十条第一款中“代表候选人由选举会议成员十人以上联名提出。每名选举会议成员参加联名提出的代表候选人不得超过十二名”修改为“代表候选人由选举会议成员十人以上提名。每名选举会议成员提名的代表候选人不得超过十二名”。

法律委员会根据以上修改意见,提出了《中华人民共和国澳门特别行政区选举第十二届全国人民代表大会代表的办法(草案修改稿)》,建议经主席团审议通过后,印发各代表团审议。

草案修改稿和以上报告,请审议。

全国人民代表大会法律委员会

2012年3月10日

第十一届全国人民代表大会法律委员会关于《中华人民共和国香港特别行政区选举第十二届全国人民代表大会代表的办法(草案修改稿)》修改意见的报告

(2012年3月13日第十一届全国人民代表大会第五次会议主席团第三次会议通过)

十一届全国人大五次会议主席团:

3月11日上午,各代表团审议了《中华人民共和国香港特别行政区选举第十二届全国人民代表大会代表的办法(草案修改稿)》。代表们普遍认为,草案修改稿是可行的,同意提请本次会议表决通过。同时,有的代表对草案修改稿又提出了个别修改意见。

法律委员会于3月12日上午召开会议,对草案修改稿进行了审议,研究了代表提出的审议意见。法律委员会认为,草案修改稿已经成熟,可以不再改动。法律委员会建议,草案建议表决稿经主席团审议通过后,提请本次会议表决。

草案建议表决稿和以上报告,请审议。

全国人民代表大会法律委员会

2012年3月13日

第十一届全国人民代表大会法律委员会关于《中华人民共和国澳门特别行政区选举第十二届全国人民代表大会代表的办法（草案修改稿）》修改意见的报告

（2012年3月13日第十一届全国人民代表大会第五次会议主席团第三次会议通过）

十一届全国人大五次会议主席团：

3月11日上午，各代表团审议了《中华人民共和国澳门特别行政区选举第十二届全国人民代表大会代表的办法（草案修改稿）》。代表们普遍认为，草案修改稿是可行的，同意提请本次会议表决通过。同时，有的代表对草案修改稿又提出了个别修改意见。

法律委员会于3月12日上午召开会议，对草案修改稿进行了审议，研究了代表提出的审议意见。法律委员会认为，草案修改稿已经成熟，可以不再改动。法律委员会建议，草案建议表决稿经主席团审议通过后，提请本次会议表决。

草案建议表决稿和以上报告，请审议。

全国人民代表大会法律委员会

2012年3月13日

第十一届全国人民代表大会第五次会议关于全国人民代表大会常务委员会工作报告的决议

（2012年3月14日第十一届全国人民代表大会第五次会议通过）

第十一届全国人民代表大会第五次会议听取和审议了吴邦国委员长受全国人大常委会委托所作的工作报告。会议充分肯定全国人大常委会过去一年的工作，同意报告提出的关于今后一年的主要任务，决定批准这个报告。

会议要求，全国人大常委会高举中国特色社会主义伟大旗帜，以邓小平理论和“三个代表”重要思想为指导，深入贯彻落实科学发展观，坚定不移走中国特色社会主义政治发展道路，坚持党的领导、人民当家作主、依法治国有机统一，紧紧围绕党和国家工作大局依法行使职权，在完善中国特色社会主义法律体系上迈出新步伐，在推动中央重大决策部署贯彻落实上见到新成效，努力实现本届全国人大的各项目标任务，为全面建设小康社会、加快推进社会主义现代化作出新的贡献。

全国人民代表大会常务委员会工作报告

——2012年3月9日在第十一届全国人民代表大会第五次会议上

全国人大常委会委员长　吴邦国

各位代表：

我受全国人大常委会委托，向大会报告工作，请予审议。

过去一年的主要工作

2011 年,面对复杂多变的国际形势和艰巨繁重的国内改革发展稳定任务,以胡锦涛同志为总书记的党中央团结带领全国各族人民,同心协力,锐意进取,全面推进社会主义经济建设、政治建设、文化建设、社会建设以及生态文明建设,各项工作都取得新的成绩,实现了“十二五”时期良好开局。

过去一年,全国人大常委会以邓小平理论和“三个代表”重要思想为指导,深入贯彻落实科学发展观,坚持党的领导、人民当家作主、依法治国有机统一,按照十一届全国人大四次会议精神,围绕党和国家工作大局行使职权、开展工作。一年来,共审议 24 件法律、法律解释和有关法律问题的决定草案,通过 14 件,决定提请本次大会审议 4 件,听取审议国务院、最高人民法院、最高人民检察院 14 个工作报告,检查 4 部法律实施情况,决定批准我国与外国缔结的条约、协定以及加入的国际公约 5 件,还决定和批准任免一批国家机关工作人员,为坚持和完善人民代表大会制度,为推进改革开放和社会主义现代化建设作出了重要贡献。

一、立法工作继续加强

常委会继续加强和改进立法工作,更加注重修改完善现行法律,更加注重推进科学立法、民主立法,着力提高立法质量,不断完善中国特色社会主义法律体系。

(一)刑事诉讼法修正案草案提请大会审议。修改刑事诉讼法是全国人大及其常委会立法工作的一个重点,社会方方面面都很关注,仅本届以来就有 2485 人次全国人大代表提出相关议案。我们在认真梳理代表议案、充分调查研究、广泛征求意见的基础上,形成了刑事诉讼法修正案草案,从证据制度、辩护制度、强制措施、审判程序、执行程序等方面作了重要补充和完善。去年 8 月份的常委会会议对草案进行了初审,会后向社会全文公布征求意见,12 月份的常委会会议再次审议,并决定将草案提请本次大会审议。常委会组成人员普遍认为,草案贯彻中央关于深化司法体制改革的精神,总结多年司法实践经验,吸纳代表相关议案内容,正确处理惩治犯罪与保障人权的关系,符合我国国情和实际,已经基本成熟。

为了把刑事诉讼法修正案草案审议好,本次大会前,我们已将草案送各位代表审阅、提出意见。会议期间,常委会向大会作了说明,各代表团也进行了认真审议。相信经过全体代表的共同努力,一定能够把这部法律修改好完善好。

(二)修改制定一批重要法律。常委会通过的关于修改个人所得税法的决定,主要内容有两点:一是将工薪所得减除费用标准由每月 2000 元提高至 3500 元,二是将工薪所得税率由 9 级超额累进税率修改为 7 级,扩大了低档税率的适用范围,并将第一级税率由 5% 降至 3%。这次修改进一步降低了中低收入者的税负,适当增加了高收入者的税负。按照“十二五”规划纲要的要求,下一步要加快推进个人所得税改革,建立健全综合与分类相结合的个人所得税制度,更好发挥税收调节收入分配的作用。

修改职业病防治法,增强法律规定的可操作性。一是明确用人单位应当依法落实职业病防治措施,保障所需资金投入,并进一步强化了监管部门的责任。二是完善职业病诊断和鉴定机制,简化劳动仲裁程序,重点解决职业病诊断难的问题。三是规定用人单位应当保障职业病患者依法享受国家规定的待遇,用人单位已经不存在或无法确认劳动关系的职业病患者,可以向地方人民政府申请医疗和生活等方面的救助。

行政强制法关系到行政权的行使和公民合法权益的保障,涉及问题比较复杂,立法难度比较大。在反复调研论证和沟通协商的基础上,常委会经过 5 次审议通过了行政强制法。在立法过程中,我们始终强调正确处理权力与权利、权力与责任的关系,既对行政强制行为进行规范、制约和监督,避免和防止权力滥用,维护公民、法人和其他组织合法权益,又赋予行政机关必要的强制手段,保障行政机关依法履行职责,提高行政管理效率。

香港特别行政区基本法、澳门特别行政区基本法的解释权,是宪法和两个基本法赋予全国人大常委会的重要职权。去年 8 月,常委会审议通过关于香港特别行政区基本法第十三条第一款和第十九条的解释。这是第一次由香港特别行政区终审法院在审理案件过程中,就基本法有关中央人民政府管理的事务和中央与特别行政区关系的条款,提请全国人大常委会进行解释。常委会的解释明确国家豁免属于外交事务范畴、决定国家豁免规则和政策属于中央的权力、香港特别行政区须遵循国家统一的国家豁免规则和政策,使有关案件审理于法有据。去年 12 月,常委会审议通过关于澳门特别行政区基本法附件一第七条和附件二第三条的解释,明确了修改澳门特别行政区行政长官产生办法和立法会产生办法的程序。这是全国人大常委会第一次对澳门特别行政区基本法行使解释权。今年2月，常委会在认真审议澳门特别行政区行政长官提出的有关报告基础上，又依法作出关于澳门特别行政区2013年立法会产生办法和2014年行政长官产生办法有关问题的决定。常委会对两个基本法作出的有关解释和决定，充分体现了“一国两制”方针，既维护了基本法规定的中央的权力，又保证了香港、澳门两个特别行政区的高度自治权，对于推动基本法全面正确实施，保障香港、澳门长期繁荣稳定，具有重要意义。

常委会还修改了兵役法、居民身份证法、清洁生产促进法，作出了关于加强反恐怖工作有关问题的决定。审议了民事诉讼法、预算法修正案草案和精神卫生法、出境入境管理法、军人保险法、资产评估法草案等。

（三）推进科学立法、民主立法。我们在总结以往实践经验的基础上，着重加强了以下几方面工作。

一是扩大公民对立法的有序参与，积极回应社会关切。个人所得税法的修改，涉及人民群众切身利益。常委会将草案向社会全文公布征求意见，一个多月共收到意见23万多条，同时书面征求各地方、中央有关部门和部分企业、高等院校、研究机构的意见，还专门召开座谈会、论证会，直接听取公众代表和专家学者的意见。我们本着认真负责的态度，在综合考虑各方面意见尤其是社会反馈意见的基础上，经过充分审议，并与国务院反复协调，对草案作出新的重要修改，上调了工薪所得减除费用标准，降低了工薪所得第一级税率。

二是更加注重法律体系的科学和谐统一。社会保险法和刑法修正案（八）通过后，常委会及时对煤炭法、建筑法、道路交通安全法的个别条款作出修改，解决了相关法律规定不一致、不衔接的问题。行政强制法出台后，我们要求有关方面抓紧对现行法规、规章和其他规范性文件中设定的行政强制进行专项清理。国务院和各地方高度重视、专项部署，到去年底这项工作已基本完成。

三是开展立法后评估试点工作。选择科学技术进步法、农业机械化促进法开展立法后评估，重点就有关科技项目知识产权的归属和使用、企业研发投入的激励机制，以及农机跨区域作业服务、农机购置补贴、农机燃油补贴等法律制度的科学性、可操作性以及法律执行的有效性作出客观评价。常委会审议了相关报告，要求在认真总结试点经验的基础上，进一步完善立法后评估工作机制，推动这项工作经常化规范化。

中国特色社会主义法律体系形成后，加强法制宣传教育、确保法律有效实施就显得更为紧迫、更加重要。去年，中共中央批转的关于形成中国特色社会主义法律体系的报告，要求进一步加强法律实施和普法教育，大力弘扬社会主义法治精神。我们认真贯彻落实中央精神，结合听取审议“五五”普法工作情况报告，作出关于进一步加强法制宣传教育的决议，强调要全面落实依法治国基本方略，充分认识法制宣传教育的重要性、长期性和紧迫性，以中国特色社会主义法律体系的形成为契机，着力增强法制宣传教育的针对性和实效性，着力提高公职人员特别是各级领导干部依法办事的能力和水平，加快形成自觉学法、尊法、守法、用法的社会氛围。还通过发布白皮书、拍摄文献纪录片《铸法》等多种形式，广泛宣传中国特色社会主义法律体系，为增强全社会法律意识和法治观念、推动法律有效实施起到了积极作用。

二、监督工作扎实推进

常委会紧紧围绕推动“十二五”规划纲要顺利实施，继续加强和改进监督工作，更加紧扣大局、更加贴近民生，取得实实在在的效果。

（一）推动经济发展方式转变。常委会高度重视加快转变经济发展方式，每年都选择不同侧重点听取审议工作报告、开展执法检查和专题调研。去年听取审议了加快转变经济发展方式、环境保护、旅游业发展等报告，开展了合理调整国民收入分配关系、促进民族地区经济社会发展等专题调研。大家指出，当前我国经济社会发展总体保持良好态势，国民经济继续朝着宏观调控预期方向发展。同时也要清醒地看到，我国发展中不平衡不协调不可持续问题仍然突出，制约科学发展的体制机制障碍仍然较多。大家强调，面对复杂多变的国际政治经济环境和国内经济运行新情况新变化，要化挑战为机遇，变压力为动力，把中央关于转方式、调结构的决策部署真正落实到具体措施上、体现在实际工作中。当前应重点做好以下工作：一是着力扩大内需特别是消费需求，把扩大内需的重点更多放在保障和改善民生、加快发展服务业、提高中等收入者比重上来，推动经济增长更多依靠内需拉动。二是加快科技进步和自主创新步伐，加大科技投入，引导支持创新要素向企业聚集，培育发展战略性新兴产业，改造提升传统产业，促进产业结构优化升级，推动经济增长更多依靠创新驱动。三是坚持不懈地推进节能减排，强化法律规范、政策引导，加强重点领域节能减排和生态保护，坚决淘汰落后产能，严格控制高耗能高污染产业盲目扩张，促进清洁生产，发展绿色产业和循环经济，完善生态补偿机制，推动经济增长建立在可持续发展的基础上。

为完善农村基本经营制度，保障农民合法权益，增强农业农村发展活力，常委会开展了农村土地承包法执法检查，并结合检查农村土地承包经营纠纷调解仲裁法实施情况，还听取审议了集体林权制度改革工作情况报告。大家指出，要落实最严格的耕地保护制度，切实保障农民土地承包经营权，保持土地承包关系稳定并长期不变，及时有效化解农村土地承包经营纠纷，加强农村土地承包经营权流转管理和服务，推动专业化、标准化、规模化、集约化农业发展，不断提升农业现代化水平。大家强调，要进一步完善集体林权制度改革配套措施，认真落实各项强林惠林政策，大力实施林业重点工程，积极发展林业产业和林下经济，走出一条资源增长、农民增收、生态良好的现代林业发展之路。

（二）促进保障和改善民生。听取审议城镇保障性住房建设和管理、中长期教育改革和发展规划纲要实施情况等报告。大家指出，要认真落实中央决策部署，坚持立足国情和实际，合理确定保障性住房的范围、方式和标准，充分考虑各级政府财政承受能力，在对现有居民住房状况充分调研的基础上，严格区分保障性住房和改善性住房的界限，建立健全保障性住房分配和运营监管机制，真正使低收入住房困难户得到实惠。大家强调，要确保 2012 年财政性教育经费支出占国内生产总值比例达到 4%，同时以深化教育体制改革为抓手，全面实施素质教育，着力培育创新能力，大力推进教育公平，把公共教育资源更多投向农村地区、贫困地区、民族地区，保障进城务工人员随迁子女平等接受义务教育。

开展劳动合同法、食品安全法第二轮执法检查，推动法律的有效实施。从检查情况看，劳动合同签订率显著提高，全国规模以上企业劳动合同签订率达到 97%；工资集体协商有序展开，当期有效集体合同覆盖职工 1.14 亿人，比 2007 年增加 76.5%。全国范围的食品安全综合协调机制初步建立，食品安全风险监测预警能力有所增强，有关方面对食品非法添加、滥用添加剂、“瘦肉精”等问题开展专项整治，查处了一批典型案件。在充分肯定相关工作的同时，大家指出，劳务派遣被滥用等问题还很突出，建议抓紧修改完善法律法规，细化关于劳务派遣适用范围的规定，加强对派遣单位和用工单位的监督管理，切实保障劳务派遣人员劳动报酬、社保待遇等合法权益。大家强调，解决食品安全方面存在的突出问题，关键是要切实提高食品生产经营者的法律意识，做到严格自律、守法经营、诚信经营；切实提高食品安全监管工作水平，做到责任明确、恪尽职守、严格执法。常委会对老年人权益保障法开展执法检查，强调要从战略高度认识和谋划我国老龄工作，积极推进养老服务体系建设，切实维护老年人合法权益，走出一条适合国情的老龄事业发展路子。常委会还听取审议了国务院关于消防工作情况的报告。

（三）加强对财政预算的监督。依法听取审议计划、预算执行情况报告和中央决算报告、审计工作报告，审查批准 2010 年中央决算，并选择防范地方政府性债务风险、建立完善县级基本财力保障机制等开展了专题调研。针对当前地方政府性债务规模较大且增长较快、举债融资不够规范、不少地区和行业偿债能力较弱等问题，大家强调，要抓紧清理地方政府融资平台公司，对已形成的地方政府性债务要区别情况、分类处理，逐步化解地方政府性债务风险；要严格执行预算法、担保法等法律法规，防止和制止地方政府违规担保行为，地方政府性债务收支要纳入预算，接受同级人大审查与监督；要健全中央和地方财力与事权相匹配的财政体制，进一步提高一般性转移支付所占比重，提高基层政府公共服务能力。

（四）加强对司法工作的监督。针对制约基层司法能力建设的突出问题，听取审议最高人民法院、最高人民检察院关于加强基层建设情况的报告。大家对“两高”自觉接受人大监督、积极改进工作给予充分肯定，希望各级法院和检察院在巩固已有成果的基础上，进一步抓好基层基础建设，更好地发挥保障社会公平正义、维护社会和谐稳定的作用。最高人民法院、最高人民检察院高度重视常委会的审议意见，分别召开会议研究制定整改措施，表示要把更多精力放在基层、更多资源用在基层，着力加强和改进基层基础建设。

依法开展专题询问，增强人大监督工作的力度。去年，我们选择保障性住房建设、教育改革、财政决算等方面的问题，采取联组会议和分组会议的方式开展专题询问。常委会组成人员深入调研、精心准备，提出问题更具深度和针对性，国务院有关部门负责同志虚心听取意见，实事求是回答询问。

中央主要媒体进行现场报道，产生了积极的社会反响。通过这些年的实践，专题询问逐步机制化规范化，有力推动了有关方面改进工作。

三、代表工作深入开展

我们以贯彻实施修改后的代表法为契机，进一步加强和改进代表工作，支持和保障代表依法履行职责，充分发挥代表参与管理国家事务的作用。

*一是坚持尊重代表主体地位，做好代表议案和建议办理工作。*十一届全国人大四次会议主席团交付9个专门委员会审议的566件代表议案，已经办理完毕，15件议案涉及的6件法律已经常委会审议通过，69件议案涉及的7件法律草案正在审议，84件议案涉及的28个立法项目已列入立法计划或立法规划。有关专门委员会努力提高议案办理质量，代表议案在立法工作中的作用得到更好发挥。职业病防治法的修改，就吸收了代表议案提出的明确用人单位责任、进一步发挥工会组织作用、加强工作场所环境检测等意见。代表提出的8043件建议，交由177家承办单位研究办理，并选择社会普遍关注的11项内容作为重点建议，由有关专门委员会督办。目前，代表建议所提问题已经解决或计划解决的占总数的77%，支持粮食主产区发展、加强食品安全监管、发展养老服务业等一批建议的办理取得明显成效。

*二是坚持为代表服务的思想，提高服务保障工作水平。*加强代表专题调研和集中视察组织服务工作，1800多名代表参加专题调研，1700多名代表参加集中视察，形成100多份调研报告，为中央和地方决策提供了参考，也对提高代表议案和建议质量发挥了重要作用。为保障代表的知情权，及时向代表提供经济社会发展、预算编制执行、常委会履职等方面的资料信息，分别为在京代表和港澳代表举办情况通报会，并将书面材料印发全体代表。继续加强代表履职学习，先后举办6期专题培训班，1200多名代表参加，重点学习中国特色社会主义法律体系、“十二五”规划纲要等。

*三是密切与人大代表的联系，提高常委会工作质量和水平。*我们通过多种形式听取代表对常委会工作的意见和建议，并作为研究改进工作、制订工作计划的重要依据。继续扩大代表对常委会执法检查和立法调研等活动的参与，邀请代表列席常委会会议和专门委员会会议。代表们既有专业特长又了解基层情况，分析问题有理有据，提出建议务实中肯，为提高常委会审议质量和工作水平发挥了重要作用。

十一届全国人大代表的任期还有一年。过去四年来，代表们以高度的使命感和责任感，不负重托、恪尽职守，认真执行代表职务，依法参与管理国家事务。广大代表来自各地区、各民族、各方面，工作和生活在人民中间，对党和国家方针政策、宪法法律的贯彻实施情况有切身体会，对人民群众的生活和愿望有直接感受，对基层的情况和问题有深入了解。大家充分发挥同人民群众联系密切的优势，深入了解民情，充分反映民意，广泛集中民智，为坚持和完善人民代表大会制度、做好新形势下人大工作作出了积极贡献。

四、对外交往积极活跃

我们坚持服从服务于国家外交大局，有计划、有重点地加强同外国议会和多边议会组织的友好往来，为推动国家关系全面发展、维护我国发展重要战略机遇期发挥了重要作用。

成功召开中国全国人大与俄罗斯联邦委员会、国家杜马合作委员会第五次会议，系统总结中俄议会交往的宝贵经验，强调应把服务国家关系发展大局作为议会交往的根本方向，把促进务实合作作为议会交往的重要内容，把弘扬世代友好作为议会交往的首要任务。继续加强与美国、日本、法国等国议会和欧洲议会的机制交流，顺利启动与南非国民议会定期交流机制，根据国际形势的变化和各自国内发展的需要，选择共同关心的议题，坦诚对话、深入交流、扩大共识。积极开展专门委员会、友好小组等各层次友好往来，加强在治国理政、立法监督、发展经济、改善民生等方面的经验交流。积极参与多边议会组织活动，维护发展中国家正当要求和共同利益。

在对外交往中，我们以生动事实和翔实数据充分展示中国的发展成就，深刻论述与邻为善、以邻为伴的周边外交方针，广泛宣传中国始终不渝走和平发展道路，永远是维护世界和地区和平、促进共同发展的积极因素和坚定力量。

五、自身建设常抓不懈

人大是国家权力机关，是重要的政治机关。加强常委会自身建设尤其是思想政治建设，对做好人大各项工作至关重要。

去年7月1日，胡锦涛总书记在庆祝中国共产党成立90周年大会上发表的重要讲话，系统总结了我们党90年的光辉历程和宝贵经验，深刻阐述了坚持和发展中国特色社会主义的若干重大问题，对于在新形势下全面推进中国特色社会主义伟大事业具有重大而深远的意义。讲话集中论述了中国特色社会主义制度的基本内涵和重大意义，强调要继续大力推进社会主义民主政治建设，进一步发挥我国社会主义政治制度的优越性，为党和国家兴旺发达、长治久安提供更加完善的制度保障。常委会组成人员、专门委员会组成人员结合人大工作实际认真学习、深刻领会讲话精神。大家一致认为，胡锦涛总书记的重要讲话为坚持和完善人民代表大会制度、做好新形势下人大工作指明了方向，在人大工作的同志要自觉把思想和行动统一到讲话精神上来，站在坚持和发展中国特色社会主义的战略高度，把人民代表大会制度坚持好完善好。

一要坚定不移走自己的路。办好中国的事情，要立足中国的实际，依靠中国人民自己的力量，走符合中国国情的发展道路。我们这样一个有着13亿人口、56个民族、底子薄、起步晚的发展中大国，能够保持政局长期稳定和社会和谐，能够维护国家统一和民族团结，能够以世界上少有的速度持续快速发展起来，关键是我们在深刻总结国内外经验教训的基础上，探索出一条符合中国国情的中国特色社会主义道路。包括人民代表大会制度在内的中国特色社会主义制度，是当代中国发展进步的根本制度保障，必须倍加珍惜、长期坚持。把人民代表大会制度坚持好完善好，就是要深刻认识我国人民代表大会制度的本质特征，理直气壮地坚持自己的特色，充分认识我国人民代表大会制度与西方资本主义国家政体的本质区别，在重大原则问题上做到头脑清醒、立场坚定、旗帜鲜明，坚定不移走中国特色社会主义政治发展道路。

二要进一步发挥人民代表大会制度的特点和优势。我国人民代表大会制度是人民当家作主的根本途径和最高实现形式，也是党在国家政权中充分发扬民主、贯彻群众路线的最好实现形式，具有强大的生命力和巨大的优越性。把人民代表大会制度坚持好完善好，就是要发挥我们党是中国特色社会主义事业坚强领导核心的政治优势，确保党的主张经过法定程序成为国家意志，从制度上法律上保证党的路线方针政策的贯彻落实；就是要发挥国家一切权力属于人民的制度优势，确保人民通过各级人民代表大会行使管理国家的权力，动员全体人民以国家主人翁的地位投身改革开放和社会主义现代化建设，实现好、维护好、发展好最广大人民的根本利益；就是要发挥民主集中制的体制优势，坚持人民代表大会统一行使国家权力，监督和支持“一府两院”依法行使职权，保证国家机关协调高效运转，保证国家统一有效地组织各项事业，更好地发挥国家权力机关在国家政治生活中的重要作用。

三要不断推进人民代表大会制度完善和发展。改革开放30多年来，我们党领导的改革是全面的改革，包括经济体制、政治体制、文化体制、社会体制等方面的改革，不断推进社会主义制度自我完善和发展，赋予社会主义新的生机和活力。实践发展永无止境，探索和创新也永无止境。人民代表大会制度必将在党和人民的创造性实践中不断完善和发展。推进人民代表大会制度的完善和发展，就是要牢牢把握正确政治方向，坚持中国特色社会主义政治发展道路，坚持党的领导、人民当家作主、依法治国有机统一，坚持从国情和实际出发，积极稳妥、扎实推进人大工作的创新。要进一步健全国家权力机关的组织制度和运行机制，优化人大代表和常委会组成人员结构，密切人大代表同人民群众的联系，完善中国特色社会主义法律体系，加强和改进人大监督工作，在建设中国特色社会主义的伟大实践中不断推动人民代表大会制度与时俱进。

人民代表大会制度是我国的根本政治制度。坚持和完善人民代表大会制度，是坚持和发展中国特色社会主义的重要内容，是党和人民赋予我们的义不容辞的光荣使命。在人大工作的同志要加强理论武装，在政治上自觉同党中央保持高度一致，旗帜鲜明抵制各种错误思想理论影响，不断增强坚持和拓展中国特色社会主义道路的自觉性和坚定性，不断增强坚持和丰富中国特色社会主义理论体系的自觉性和坚定性，不断增强坚持和完善中国特色社会主义制度的自觉性和坚定性，做中国特色社会主义共同理想的坚定信仰者和忠实践行者。

一年来，全国人大各专门委员会依照宪法和法律赋予的职责，围绕全国人大及其常委会中心任务做了大量卓有成效的工作，为提高人大工作质量和水平发挥了重要作用。地方人大在依法履行职责的同时，积极配合和支持全国人大常委会的工作，为形成和完善中国特色社会主义法律体系、推动中央重大决策部署贯彻落实作出了积极贡献。全国人大机关以深入推进创先争优活动为抓手，切实加强思想建设、组织建设、作风建设和素质能力建设，为全国人大及其常委会依法履职当好参谋助手、搞好服务保障。

各位代表!

在以胡锦涛同志为总书记的党中央领导下，全国人大常委会各方面工作都取得了新的进展。这是全国人大代表、常委会组成人员、各专门委员会组成人员以及全国人大机关工作人员辛勤工作的结果，也是与国务院、最高人民法院、最高人民检察院的密切配合，与地方各级人大及其常委会和广大人民群众的大力支持分不开的。在此，我代表全国人大常委会，向大家表示衷心的感谢!

回顾过去一年的工作，我们在发挥代表作用、提高立法质量、增强监督实效等方面，与经济社会发展的新要求、人民群众的新期待还有差距。我们将自觉接受人民监督，虚心听取代表意见，不断加强和改进工作。

今后一年的主要任务

今年是我国发展进程中具有特殊重要意义的一年，我们党将召开具有重大而深远意义的第十八次全国代表大会。牢牢把握稳中求进的工作总基调，努力做好全年各项工作，巩固和发展"十二五"时期开局良好势头，对党的十八大胜利召开具有十分重要的意义。全国人大常委会工作的总体要求是:全面贯彻党的十七大和十七届三中、四中、五中、六中全会以及中央经济工作会议精神，以邓小平理论和"三个代表"重要思想为指导，深入贯彻落实科学发展观，坚定不移走中国特色社会主义政治发展道路，坚持党的领导、人民当家作主、依法治国有机统一，加强和改进立法工作，完善中国特色社会主义法律体系，加强和改进监督工作，推动中央重大决策部署贯彻落实，努力实现本届全国人大的各项目标任务，为促进经济平稳较快发展、保持社会和谐稳定作出新的贡献。我们要在以往工作的基础上，再接再厉、不辱使命，把今年各项工作做得更好。

一、在完善中国特色社会主义法律体系上迈出新步伐

今年的立法工作，要按照完善中国特色社会主义法律体系的总体要求，紧紧围绕党和国家中心工作，适应经济社会发展实际需要，统筹安排好立法项目，更好地发挥法律的规范、引导、保障和促进作用。一是推进社会领域立法，继续审议精神卫生法、出境入境管理法、军人保险法草案和民事诉讼法修正案草案，修改老年人权益保障法、劳动合同法，推动加强和创新社会管理。二是完善经济领域立法，继续审议预算法修正案草案和资产评估法草案，修改土地管理法、农业技术推广法、环境保护法、证券投资基金法、商标法等，推动形成有利于科学发展的体制机制。三是加强文化法制建设，研究制定公共图书馆法，推动文化事业发展;完善网络法律制度，发展健康向上的网络文化，维护公共利益和国家信息安全。继续督促有关方面做好配套法规制定工作，加强规范性文件备案审查工作，督促和指导最高人民法院、最高人民检察院做好司法解释集中清理工作，确保年内全面完成。

这里要强调的是，提高立法质量是加强和改进立法工作的永恒主题，也是完善中国特色社会主义法律体系的必然要求。总结这些年的好经验好做法，在具体工作中我们要着重把握好以下几点:一是切实加强对立法工作的组织协调，深入论证立法项目的必要性和可行性，科学编制立法规划和年度计划，着力督促有关方面认真解决立法中涉及的重大问题，使法律更好地适应经济社会发展的现实需要、回应人民群众的热切期盼。二是更加注重把修改完善法律同加强监督工作有机结合起来，在开展执法检查、专题调研时，深入分析现行法律规定不适应不完善的问题，为修改完善法律提供重要依据，使法律的修改更具针对性，使法律的规定更具可操作性。三是积极推进科学立法、民主立法的制度化、规范化、程序化，进一步改进和完善法律草案公开征求意见的方式方法，更加注重深入实际、深入基层调查研究，直接听取群众意见，正确反映和统筹兼顾不同方面的利益，使公民参与立法的过程成为广泛集中民智、凝聚社会共识的过程。

二、在推动中央重大决策部署贯彻落实上见到新成效

为做好今年经济社会发展工作，党中央明确提出，要保持宏观经济政策基本稳定，保持经济平稳较快发展，保持物价总水平基本稳定，保持社会大局稳定，继续抓住和用好我国发展的重要战略机遇期，在转变经济发展方式上取得新进展，在深化改革开放上取得新突破，在改善民生上取得新成效。常委会要进一步加强和改进监督工作，努力推动中央重大决策部署的贯彻落实。一是听取审议国务

院关于调整国民收入分配、国有企业改革与发展、县级基本财力保障机制运行、农田水利建设、土地管理和矿产资源开发利用及保护等工作情况的报告，检查农业法实施情况，督促有关方面在转方式、调结构上取得新进展。二是听取审议国务院关于保障饮用水安全、社会救助等工作情况的报告，检查残疾人保障法实施情况，督促有关方面加大保障和改善民生工作力度。三是听取审议国务院关于深化文化体制改革、推动社会主义文化大发展大繁荣工作情况的报告，检查文物保护法实施情况，推动党的十七届六中全会精神的贯彻落实。四是听取审议计划、预算执行情况报告以及中央决算报告和审计工作报告，审查批准 2011 年中央决算，推动贯彻落实中央宏观调控政策，促进经济平稳较快发展。五是听取审议国务院关于外国人入出境及居留就业管理工作、监狱法实施和监狱工作、禁毒法实施和禁毒工作情况等报告，推动社会管理创新。六是听取审议最高人民法院关于知识产权审判工作情况的报告、最高人民检察院关于民事行政检察工作情况的报告，促进公正廉洁司法。为强化对有关工作的监督，将选择国有企业改革与发展、农田水利建设、保障饮用水安全等开展专题询问，并就加快转变经济发展方式、加强环境保护、城市社区建设等方面的有关问题开展专题调研。

做好今年的监督工作，应着重抓好以下几个环节：一是加强统筹协调，精心组织，周密安排，做到监督项目“任务、人员、时间”三落实。二是加强调查研究，善于听取各方面特别是基层群众的意见，善于用全局的、长远的眼光分析问题，提出务实中肯的意见和建议。三是加强同“一府两院”的沟通，通过多种形式及时交换意见，提高报告起草和审议质量，并督促有关方面认真研究落实常委会审议意见。

三、在代表服务、对外交往、自身建设等方面取得新进展

要把充分发挥代表作用作为坚持和完善人民代表大会制度的重要内容，继续加强代表服务保障工作，认真办理本次代表大会期间代表提出的议案建议，努力使办理过程成为提高常委会工作水平的过程，成为推动有关方面改进工作、解决问题的过程。继续邀请代表参与常委会和专门委员会活动，组织好代表闭会期间的活动，密切代表同原选举单位和人民群众的联系，更好地发挥代表参与管理国家事务的作用。

要按照我国外交工作的基本方针和总体部署，充分发挥人大对外交往的特点和优势，继续完善与外国议会定期交流机制，广泛开展同外国议会的友好往来，积极参与国际和地区议会组织活动，增进国际社会对我国基本国情、发展道路、内外政策的了解和认识，为我国经济社会发展营造良好的国际环境。

要继续加强常委会自身建设，牢牢把握人大工作正确政治方向，坚决贯彻执行中央重大决策部署，讲政治、顾大局、守纪律。密切联系人民群众，深入开展调查研究，认真办好专题讲座，增强依法履职的责任感和使命感，以更加奋发有为的精神面貌做好各项工作。开展纪念现行宪法公布施行 30 周年系列活动，认真总结坚持和完善人民代表大会制度、做好新形势下人大工作的好经验好做法。继续加强与地方人大的联系，共同推进社会主义民主法制建设。进一步加强全国人大机关队伍建设。

各位代表，去年上半年以来，全国各地贯彻落实中央决策部署，按照修改后的选举法的要求，全面开展了县乡两级人大换届选举工作。今年下半年到明年年初，设区的市、自治州和省、自治区、直辖市人大换届选举工作也要陆续展开。本次大会将对第十二届全国人大代表选举的有关事项作出决定。人大换届选举事关国家政权建设，是国家政治生活中的一件大事。我们要坚持党的领导，充分发扬民主，严格依法办事，把模范遵守宪法和法律、密切联系群众、努力为人民服务、群众信赖的人选选为国家权力机关组成人员，充分体现人民当家作主的国家政权性质，充分体现国家权力机关的广泛代表性，充分体现人大代表来自人民扎根人民的特点优势，为坚持和完善人民代表大会制度、发展社会主义民主政治提供坚实的组织保障。

各位代表，我们的事业伟大而崇高，我们的使命艰巨而光荣。让我们更加紧密地团结在以胡锦涛同志为总书记的党中央周围，高举中国特色社会主义伟大旗帜，以邓小平理论和“三个代表”重要思想为指导，深入贯彻落实科学发展观，万众一心，开拓进取，扎实工作，以优异成绩迎接党的十八大胜利召开，为夺取全面建设小康社会、加快推进社会主义现代化新胜利而努力奋斗！

第十一届全国人民代表大会第五次会议关于最高人民法院工作报告的决议

（2012 年 3 月 14 日第十一届全国人民代表大会第五次会议通过）

第十一届全国人民代表大会第五次会议听取和审议了王胜俊院长所作的最高人民法院工作报告。会议充分肯定最高人民法院过去一年的工作，同意报告提出的 2012 年工作安排，决定批准这个报告。

会议要求，最高人民法院高举中国特色社会主义伟大旗帜，以邓小平理论和“三个代表”重要思想为指导，深入贯彻落实科学发展观，忠实履行宪法和法律赋予的职责，进一步发挥审判机关的职能作用，更加注重提高队伍素质，强化自身监督，规范司法行为，不断提高司法水平，为维护人民合法权益、维护社会公平正义、促进社会和谐稳定、促进经济平稳较快发展提供有力的司法保障。

最高人民法院工作报告

——2012 年 3 月 11 日在第十一届全国人民代表大会第五次会议上

最高人民法院院长　王胜俊

各位代表：

现在，我代表最高人民法院向大会报告工作，请予审议，并请全国政协各位委员提出意见。

2011 年，最高人民法院在以胡锦涛同志为总书记的党中央坚强领导下，在全国人民代表大会及其常委会有力监督下，认真贯彻十一届全国人大四次会议决议，适应中国特色社会主义法律体系形成后的新要求，忠实履行宪法和法律赋予的职责，深入推进社会矛盾化解、社会管理创新、公正廉洁执法三项重点工作，监督指导地方各级法院依法履职、公正司法，着力提升队伍素质、审判质量和司法公信力，各项工作取得新进展，为促进经济平稳较快发展与社会和谐稳定做出了积极努力。去年，最高人民法院受理案件 11867 件，同比下降 1.8%；审结 10515 件，审限内结案率为 95%。地方各级法院受理案件 1220.4 万件，同比上升 4.4%，审、执结 1147.9 万件，审限内结案率为 99%，结案标的额 1.7 万亿元。

一、加强刑事审判工作，全力维护国家安全和社会稳定

刑事审判担负着惩罚犯罪、保障人权、维护稳定的重要职能。各级法院共审结一审刑事案件 84 万件，判处罪犯 105.1 万人，同比分别上升 7.7% 和 4.4%。最高人民法院及时出台司法解释，指导各级法院准确适用刑法修正案（八）；会同有关部门制定关于审理走私、诈骗、非法吸收公众存款等案件的司法解释，就相关犯罪的法律适用问题作出明确规定。认真贯彻宽严相济刑事政策，坚持实事求是、区别对待，宽严依法、宽严适度。加强对重大案件审判工作的监督指导，确保定性准确、量刑适当。依法行使死刑核准权，确保死刑只适用于极少数罪行极其严重的犯罪分子。各级法院依法惩处危害国家安全、公共安全和人民群众生命财产安全的严重刑事犯罪，审结杀人、抢劫、绑架、爆炸、黑社会性质组织、拐卖妇女儿童犯罪案件 6.9 万件，判处罪犯 10.5 万人；加大对危害食品药品安全犯罪行为的打击力度，审结涉及“瘦肉精”、“地沟油”等生产销售有毒有害食品犯罪案件 278 件，判处罪犯 320 人；加强危害生产安全刑事案件审判工作，审结重大责任事故犯罪案件 1400 件，判处罪犯 1876 人。审结贪污贿赂、渎职犯罪案件 2.7 万件，判处罪犯 2.9 万人，促进反腐败斗争深入开展。积

极参与社会管理综合治理，大力推进未成年人犯罪案件审判工作，加强刑事附带民事诉讼调解、自诉案件和解以及刑事被害人救助工作，严格减刑、假释条件及办理程序，完善审判工作与社区矫正衔接机制，及时向有关部门提出加强和改进工作的司法建议，促进社会和谐稳定。

二、加强民事审判工作，切实保障人民群众合法权益

民事审判在明辨是非、化解矛盾、保障民生等方面具有重要作用。各级法院共审结一审民事案件488.7万件，同比上升10%。最高人民法院通过制定司法解释和指导性意见，全面加强对地方法院民事审判工作的监督指导，重点就依法妥善审理民间借贷、拖欠农民工工资等案件提出要求。各级法院审结婚姻家庭、损害赔偿、房屋买卖、医疗纠纷、劳动争议、土地承包、消费者权益保护等与群众利益密切相关的案件313.9万件，依法保护各方当事人特别是妇女、儿童、老年人、残疾人、农民工的合法权益。依法审理涉军案件，切实维护国防利益和军人军属合法权益。着眼于妥善化解矛盾，坚持“调解优先、调判结合”原则，规范调解行为，提高调解质量，一审民事案件调解与撤诉结案率为67.3%。健全诉讼与非诉讼相衔接的矛盾纠纷解决机制，推动完善人民调解、行政调解、司法调解相结合的大调解工作体系，加强人民调解协议司法确认工作，支持调解组织、仲裁机构、行业协会充分发挥作用，共同化解社会矛盾。

三、加强商事审判工作，依法促进经济平稳较快发展

商事审判对于调节经济关系、促进经济发展具有重要意义。各级法院共审结一审商事案件167.2万件，与上年基本持平。最高人民法院出台为防范化解金融风险、推进金融改革发展提供司法保障的意见，各级法院审结金融纠纷案件59.3万件，切实维护国家金融安全和金融秩序。制定适用公司法、企业破产法等司法解释，及时解决公司资本维持、股东资格认定等疑难问题，各级法院审结企业破产案件2531件，促进企业优胜劣汰，保护债权人和破产企业职工合法权益。注重维护市场交易秩序，保护诚实守信，制裁违约欺诈，各级法院审结买卖合同纠纷案件52.6万件。高度重视小型微型企业因资金链断裂引发的涉诉案件，尽可能采取调解方式化解纠纷，在切实保障当事人合法权益的同时，帮助困难企业渡过难关、发展生产。加强涉外商事和海事海商审判，制定审理船舶油污损害赔偿、海上货运代理纠纷等案件的司法解释，完善相关案件审理规则。各级法院审结涉外商事和海事海商案件2.2万件，通过准确适用法律、国际公约和国际商业惯例，妥善化解外经贸纠纷，平等保护中外当事人合法权益，促进对外开放和海洋经济健康发展。高度重视做好涉港澳、涉台案件审判工作，各级法院审结相关案件1.5万件；加强司法互助，相互委托送达司法文书、协助调查取证6325件。创新交流合作机制，举办“首届海峡两岸暨香港澳门司法高层论坛”，各级法院共有391人次赴港澳台开展司法交流，接待港澳台法律界人士538人次。通过加强了解，相互借鉴，提升了为改革发展服务的水平。

四、加强知识产权审判工作，依法促进创新型国家建设

知识产权审判对于保障文化发展和科技进步具有重要作用。各级法院共审结一审知识产权案件6.6万件，同比上升37.7%。最高人民法院制定为推动文化大发展大繁荣服务的意见，出台加强文化创造者权益保护和科技成果保护等30项措施，指导各级法院加大知识产权司法保护力度。积极参与打击侵犯知识产权和制售假冒伪劣商品专项活动，最高人民法院对44件情节严重、影响恶劣的侵犯著作权案件进行重点督办。完善专利授权确权案件审判标准，加大驰名商标保护力度，遏制恶意抢注商标、“傍名牌”等行为。依法审理涉及工业设计、网络作品、民间文学艺术、非物质文化遗产等新类型著作权案件，促进文化产业和文化事业健康发展。依法审理不正当竞争案件，制裁垄断行为，营造公平竞争的市场环境。加强知识产权司法宣传，开展“4·26”世界知识产权日宣传周活动，发布中国法院知识产权司法保护状况白皮书、年度报告和典型案例，树立我国保护知识产权的良好形象。

五、加强行政审判和国家赔偿工作，依法维护社会管理秩序

妥善化解行政争议，是促进依法行政、保护行政相对人合法权益的必然要求。各级法院共审结一审行政案件13.6万件，同比上升5.1%。最高人民法院制定审理政府信息公开、农村集体土地等行政案件司法解释，就案件受理范围、举证责任及合法性审查标准等问题作出明确规定。积极探索行政争议实质性解决新途径，健全当事人诉权保护、非诉案件审查等长效机制，提高行政案件当事人服判息诉率。加强行政案件协调和解工作，统筹兼顾保障当事人合法权益与监督支持行政机关依法行政，对涉及土地征收、企业改制、社会保障等案件，努力通过协调和解方式化解矛盾。各级法院一审行政案件和解撤诉的6.5万件，占48%。认真研究国家赔偿法修改实施后遇到的新问题，及时出台司法解释，健全国家赔偿案件审判机制。各级法院共审结国家赔偿案件2035件，决定赔偿金额5019万元。

六、加强执行工作，努力实现当事人合法权益

执行工作担负着实现当事人胜诉权益的重要职责，一直为社会广泛关注。各级法院注重督促当事人主动履行义务，同时加强强制执行工作，共受理执行案件255.7万件，执结239.4万件，同比分别下降5.5%和4.6%。加强执行工作规范化建设，最高人民法院制定关于执行权合理配置和科学运行、委托执行以及委托评估、拍卖等工作的规定，强化对执行权的监督。深入开展反规避执行活动，推行财产申报调查、防止恶意诉讼、限制高消费等24项具体措施，构筑多层次惩戒机制，进一步破解执行难题。继续开展争创"无执行积案先进法院"活动和清理委托执行积案活动，完善执行联动威慑机制，探索建立执行财产调查网络系统，推动社会征信体系建设。去年，各级法院执行标的到位率为76.3%，同比上升2.4个百分点。认真做好《国有土地上房屋征收与补偿条例》实施后的司法应对工作，指导各级法院依法审查征收补偿行为合法性，加大执行力度，努力保障公共利益和公民、法人及其他组织合法权益。

七、加强立案信访和审判监督工作，切实解决人民群众合法诉求

立案工作是保护当事人诉权的重要环节。最高人民法院高度重视立案信访窗口建设，全面推行诉讼引导、立案审查、咨询解答、诉前调解等"一站式"便民服务，全国有90%以上的法院建成立案信访大厅；加大司法救助力度，为确有困难的当事人减免诉讼费9940万元。涉诉信访是听取当事人意见建议、解决群众反映问题的重要渠道。最高人民法院监督指导各级法院强化群众观念、加强源头治理、建立长效机制、坚持重心下移，大力推行涉诉信访评估预防、约期接谈、责任通报、多元化解、案件终结"五项制度"；推进"诉访分离"工作，畅通权利救济渠道；深入开展涉诉信访积案清理工作，派出由院领导带队的检查组到17个省（自治区、直辖市）带案下访、督导检查。各级法院共接待群众信访79万人（件）次，同比下降25.9%。审判监督工作是人民法院加强内部监督的重要途径。最高人民法院建立发回重审、指令再审案件信息反馈机制，规范民事再审审查工作，完善审判监督工作评价体系，指导各级法院提升一审、二审案件审判质量。各级法院审结申诉和申请再审案件10.4万件，同比下降14.4%；依法提起再审4.2万件，同比下降7.3%；对原判确有错误的案件或因其他法定事由改判1.1万件，占当年生效裁判的0.14%。

八、加强司法改革，努力实现司法公正

坚定不移地推进司法改革，是做好人民法院工作的不竭动力。去年，人民法院继续贯彻落实中央关于深化司法体制和工作机制改革的决策部署，其中由最高人民法院牵头的12项重点任务已基本完成，"三五"改革纲要确定的优化职权配置、落实宽严相济刑事政策、加强队伍建设、加强经费保障、健全司法为民工作机制等五个方面改革都取得实质性进展。各级法院着力深化司法公开，完善裁判文书上网、案件信息查询等制度，充分发挥"司法公开示范法院"的作用，继续开展"公众开放日"等活动，拓展司法公开的广度和深度。推进司法民主，增加选任人民陪审员，总数达到8.3万人；扩大陪审员参审范围，全年参审案件111.6万件，占一审普通程序案件的46.5%。深化审判方式改革，开展小额速裁试

点工作;全面推进量刑规范化改革,规范量刑程序,完善量刑方法,促进量刑公正。积极参与刑事诉讼法、民事诉讼法修订工作,及时向立法机关提出建议。深化审判管理改革,加强案件质量评查,完善司法过错责任追究机制,推动各级法院建立健全科学有效的审判管理体系,促进审判质量稳步提升;发布第一批指导性案例,指导各级法院妥善审理类似案件,统一裁判标准。去年,各类案件一审后当事人服判息诉率为 90.61%,二审后达到 98.99%。

九、加强队伍建设,不断提高法院队伍整体素质

建设高素质法院队伍,是做好人民法院工作的关键。最高人民法院指导各级法院大力加强社会主义核心价值体系和社会主义法治理念教育,深入开展创先争优和“发扬传统、坚定信念、执法为民”以及“人民法官为人民”主题教育实践活动,确保法院队伍始终坚持正确的政治方向和执法为民的根本宗旨。以提高司法能力为重点,完善人才培养机制,制定长期教育培训规划,各级法院共培训法官和其他工作人员 14.2 万人次;开展全国法院司法警察岗位大练兵,提高司法警务保障能力。确定第二批 50 个全国法院文化建设示范单位,深入开展多种形式的法院文化创建活动,大力弘扬社会主义法治精神。改进司法作风,深入开展“群众观点大讨论”活动,强化审务督察,规范司法行为;大力学习宣传陈燕萍、詹红荔等法院系统先进典型,各级法院共有 425 个集体、560 名个人受到中央有关部门表彰奖励。坚持不懈地抓好司法廉洁教育,加强廉政风险防控机制建设,完善司法廉洁制度体系;对 10 个高级法院进行了司法巡查,各级法院共有 995 名配偶子女从事律师职业的法院领导干部、审判执行岗位法官实行了任职回避;严格执行“四个一律”和“五个严禁”规定,各级法院查处违纪违法人员 519 人,其中因贪污、贿赂、徇私枉法受到刑事追究的 77 人,同比分别下降 33.7% 和 30.6%。

十、加强基层基础建设,夯实人民法院工作根基

基层基础建设事关人民法院工作全局。最高人民法院根据形势任务发展要求,制定关于加强基层基础建设的意见。规范上下级法院审判业务关系,明确上级法院监督指导的范围与程序,促进提高基层司法水平。启动法官单独职务序列、法院人员分类管理改革,推进法官招录体制改革等工作,切实解决法官提前离岗、离职等问题,着力加强基层职业保障。配合有关部门逐步建立经费分类保障和正常增长机制,基层法院办案经费基本得到解决。认真做好援藏援疆工作,积极培养双语法官,加大对西部边远、民族地区法院建设的支持力度。推进信息技术在审判业务和司法行政工作等方面的应用,提高基层法院管理水平。去年 10 月份以来,最高人民法院根据全国人大常委会对人民法院基层建设专项报告的审议意见,进一步强化了加强基层建设的各项措施。

各位代表,自觉接受监督是人民法院正确履行职责、实现司法公正的重要保障。最高人民法院制定全面加强接受监督工作的意见,大力推进监督机制建设。自觉接受全国人大及其常委会监督,认真负责地做好年度工作报告和专项报告,坚决贯彻人大决议及常委会审议意见;积极配合做好法官任免工作;协助人大开展专项调研和执法检查,做好司法解释备案工作;加强代表联络,邀请 8 个省的部分全国人大代表赴西部基层法院视察,走访、接待或以其他形式听取代表意见 989 人次,办理全国人大代表建议及其他事项 730 件。认真接受全国政协民主监督,及时通报法院工作情况,走访、接待全国政协委员 332 人,办理全国政协委员提案及其他事项 136 件;加强与各民主党派、工商联、无党派人士的沟通联络,充分听取意见。依法接受检察机关诉讼监督,会同最高人民检察院制定对民事审判、行政诉讼实行监督的意见,在部分地方开展民事执行活动监督试点;依法审理检察机关对生效裁判提出的抗诉案件,认真办理检察机关的工作建议。注重加强与社会各界的联系,及时听取特邀咨询员和特约监督员的意见,邀请专家学者、律师、基层群众等召开座谈会 68 次;正确处理依法独立行使审判权与接受舆论监督的关系,积极回应社会关切,维护社会公平正义。

各位代表,人民法院工作取得的成绩和进步,是党的坚强领导、人大有力监督和政府、政协、有关部门及社会各界大力支持的结果,是全国人大代表和全国政协委员关心帮助的结果。我们衷心感谢各位代表、委员以及各级各部门对人民法院工作的关心支持,并恳请大家在今后的工作中给予我们更多的帮助。

我们清醒地认识到,人民法院工作中还存在一些问题:一是最高人民法院对地方各级法院监督指导的及时性、科学性、针对性有待进一步增强,认识和把握新情况、解决新问题的能力还需进一步提高。二是人民法院工作体制机制有待进一步完善,执行难、涉诉信访化解难等问题虽有明显缓解,但还没有根本解决;司法改革有待进一步深化,有的法院司法公开、司法民主措施落实不力,效果不好。三是有的法官对法律精神、司法政策的理解存在偏差,大局意识不强,一些案件未能有效实现办案法律效果和社会效果的有机统一;有的法官司法作风不正,工作方法简单,少数案件还存在程序不规范、审理超期限、文书不严谨等问题;极少数法官司法不廉,贪赃枉法,徇私舞弊,造成恶劣影响。四是基层基础工作仍然面临不少困难,人民法院受理案件数量持续增长,基层法官超负荷办案的现象比较普遍,法官断层、人才流失问题严重,一些地方的司法环境有待进一步改善。对这些问题,我们将在各方面关心支持下,采取更加有力的措施,努力加以解决。

2012年,最高人民法院将继续坚持以审判工作为中心,认真践行"为大局服务、为人民司法"工作主题,着力在深化上下功夫、在落实上见成效、在巩固中求提高,努力实现人民法院工作新发展,为全面建设小康社会、建设社会主义法治国家做出积极贡献。

一要着力发挥审判职能,为经济社会发展提供更加有力的司法保障。坚持能动司法,紧紧围绕科学发展这个主题和加快转变经济发展方式这条主线,把握好"稳中求进"的工作总基调,根据形势发展变化,加强司法应对,搞好司法服务;妥善化解因经济结构调整引发的矛盾纠纷,为经济转型升级提供司法保障;正确把握宽严相济刑事政策,依法惩治刑事犯罪,注重保障人权,维护社会稳定;坚持"调解优先、调判结合",妥善审理事关民生的各类案件,加大知识产权司法保护力度,推进解决执行难、涉诉信访化解难等突出问题;通过审判案件和法制宣传,坚持惩恶扬善,维护社会公德,鼓励诚实守信,弘扬良好风尚。加强司法公信建设,坚持严格执法、公正司法,健全人民法院执法办案考评机制,进一步提高审判质量、效率和效果。强化最高人民法院对下级法院的监督指导,加强和规范司法解释,适时出台指导性意见,完善案例指导制度,不断提升人民法院整体司法水平。

二要着力深化司法改革,努力让改革成果切实惠及人民群众。加强对已出台改革措施落实情况的督查和评估,健全司法改革目标责任制,巩固改革成果。着眼于方便群众诉讼,深化审判方式改革,完善小额速裁制度、量刑制度及旁听庭审制度,加强巡回审判;深化执行改革,完善执行联动机制和司法评估、拍卖制度;深化人事管理改革,完善人员分类管理制度。进一步落实司法公开、司法民主和司法为民措施,认真研究制约人民法院工作发展的体制性、机制性、保障性问题,着手谋划下一轮人民法院司法改革基本框架。

三要着力加大队伍建设力度,进一步提高法院队伍整体素质。加强思想政治建设,巩固创先争优和主题教育实践活动成果,认真开展"忠诚、为民、公正、廉洁"的政法干警核心价值观教育实践活动,切实做到知行统一;加强司法作风建设,强化群众观念,增进群众感情,规范司法行为;加强司法能力建设,建立科学有效的能力培养机制,开展全员岗位大培训活动,提高法官服务大局、化解矛盾、解决问题的能力;加强反腐倡廉建设,构建人民法院廉政风险防控体系,完善廉政教育和权力监督长效机制,加大查处违纪违法行为力度,促进公正廉洁司法。

四要着力解决基层存在的问题,不断提高人民法院基层建设水平。加强基层人才保障,强化基层法官培训,改进法官遴选制度,完善基层人员招录体制,有效解决基层法官短缺和断层问题;加强法官职业保障,落实有关政策规定,为基层法官公正司法创造良好环境;加强基层经费保障,积极争取有关部门支持,落实经费保障改革措施,完善地方法院基础建设管理,支持边远、民族地区法院建设,不断改善基层司法条件。

五要着力完善接受监督机制,促进司法公正。完善接受人大监督机制,认真做好年度报告和专项报告工作,健全人大代表联络、代表建议办理等制度。完善接受民主监督机制,加强与人民政协以及各民主党派、工商联、无党派人士的沟通。完善接受检察机关诉讼监督机制,依法审理抗诉案件,认真听取检察建议,共同维护司法公正和法律权威。完善接受社会监督机制,充分发挥特邀咨询员、特约监督员的作用,注重听取社会各界和基层群众的意见;更加重视新闻舆论监督,更加关注网上舆情,及时回应社会关切,不断加强和改进人民法院工作。

各位代表,面对新形势、新任务,我们要紧密团结在以胡锦涛同志为总书记的党中央周围,高举中国特色社会主义伟大旗帜，以邓小平理论和“三个代表”重要思想为指导，深入贯彻落实科学发展观，认真落实本次大会决议，奋发进取，扎实工作，不断开创人民司法事业新局面，以优异成绩迎接党的十八大胜利召开！

附件一：

部分用语说明

1. 监督指导地方各级法院依法履职、公正司法：2011 年以来，最高人民法院高度关注形势任务发展变化，注重加强调查研究，切实加大对地方各级法院工作的监督指导力度，出台《人民法院为实施“十二五”规划纲要提供司法保障的意见》、《关于充分发挥审判职能作用加强和创新社会管理的若干意见》、《关于人民法院加强法律实施工作的意见》、《关于依法妥善审理民间借贷纠纷案件促进经济发展维护社会稳定的通知》、《关于人民法院为防范化解金融风险和推进金融改革发展提供司法保障的指导意见》等 27 个指导性意见，制定《关于〈中华人民共和国刑法修正案（八）〉时间效力问题的解释》、《关于适用〈中华人民共和国企业破产法〉若干问题的规定（一）》、《关于适用〈中华人民共和国国家赔偿法〉若干问题的解释（一）》、《关于适用〈中华人民共和国公司法〉若干问题的规定（三）》等 26 个司法解释，指导各级法院妥善应对司法工作面临的新形势、新任务、新要求，依法正确审理各类案件，充分发挥了审判职能作用。

2. 审限内结案率：指人民法院在法律规定的审理期限内审结的案件数与审结的案件总数之比。

3. 社区矫正：指将符合一定条件的罪犯安排在社区内，由专门的国家机关在相关社会团体和民间组织以及社会志愿者的协助下，在判决、裁定确定的期限内，矫正其犯罪心理和不良习惯，促使其顺利回归社会的非监禁刑罚执行活动。

4. 调解与撤诉结案率：指人民法院以调解方式和通过调解、和解当事人撤诉方式审结的案件数与审结案件总数之比。

5. 服判息诉率：指人民法院作出裁判后当事人不上诉、不申诉的案件数与结案总数之比。

6. 反规避执行活动：指为解决一些当事人规避执行行为日益严重的问题，最高人民法院于 2011 年组织开展的专项活动。各地法院在反规避执行活动中，对规避执行的当事人依法适用罚款、拘留等强制措施，对构成犯罪的依法追究刑事责任，有效提升了执行案件的质量和效率。

7. 诉访分离：指最高人民法院针对长期以来涉诉信访工作“诉”、“访”不分问题而建立的一项工作机制。主要做法是区分群众来信来访内容，将其中具有起诉、上诉、申诉与申请再审内容，属于当事人行使诉讼权利的情形归为“诉”的范畴，将其他情形归为“访”的范畴，分别采取不同的工作模式和方法加以解决，引导当事人依法行使诉权，提高涉诉信访工作成效。

8. 发回重审、指令再审案件信息反馈机制：指最高人民法院为加强对发回重审、指令再审案件的监督管理而建立的一项工作机制。主要是由最高人民法院专门审判管理机构利用案件信息管理平台，对审判业务部门发回重审、指令再审案件进行信息汇总、分析、跟踪、反馈，以进一步提高审判质量和效率。

9. 审务督察：指各级人民法院对本院各部门及其工作人员，上级法院对下级法院及其工作人员履行职责、行使职权、遵章守纪等情况开展实地检查，并对正在发生的违纪违法行为进行现场查纠的内部监督方式。

10. 詹红荔：女，汉族，1963 年 11 月出生，中共党员，现任福建省南平市延平区人民法院党组成员、未成年人案件审判庭庭长。她爱岗敬业、清正廉洁、无私奉献，从事少年审判工作 9 年来，高质量地审理涉及未成年人刑事案件 500 余件 1100 余人，无一错案、无一投诉、无一上访。她主动回应群众关切，探索出一套符合少年审判规律的工作方法，使 40 多起矛盾对抗激烈的案件当事人得以和解，挽救了 70 余个濒临破碎的家庭，为 70 余名新生少年找到工作，帮助 315 名失足少年重返课堂，被誉为“爱民为民、情铸和谐的好党员、好法官”。因工作业绩突出，詹红荔先后被授予“全国优秀法官”、“全国模范法官”等荣誉称号，并被中宣部确定为全国重大典型。

11. 四个一律：指中央政法委员会为加强政法队伍建设提出的四项要求：即接受当事人及其委托律师吃请、娱乐、财物的，一律停止执行职务；利用职权插手案件办理影响公正执法、滥用职权侵犯当事人合法权益的，一律调离执法岗位；徇私枉法、贪赃枉法的，一律清除出政法队伍；构成犯罪的，一律依法追究刑事责任。

12. 抗诉：指检察机关对人民法院作出的判决、裁定，认为符合法定条件时，向人民法院提出重新审理要求的一项诉讼监督制度。2011 年，各级法院审结检察机关对生效裁判提出的抗诉案件 9152 件，其中，维持原判 2743 件，改判 1876 件，发回重审 706 件，以调解、撤诉等方式结案 3827 件。“两院”工作报告及附件中抗诉案件数字不一致，主要是因为：(1)报告口径不同。最高人民检察院报告的是提出抗诉案件情况，包括按照第二审程序提出的刑事抗诉案件和按照审判监督程序提出的刑事、民事、行政抗诉案件；最高人民法院报告的是按照审判监督程序审结的抗诉案件情况。(2)统计范围不同。有些案件检察机关在人民法院决定再审前撤回了抗诉；有些案件人民法院正在二审或再审审理中；有些案件法院在检察机关提出抗诉的同时已决定再审，不作为抗诉案件统计，但检察机关作为抗诉案件统计。

附件二：

人民法院审判和执行工作情况图

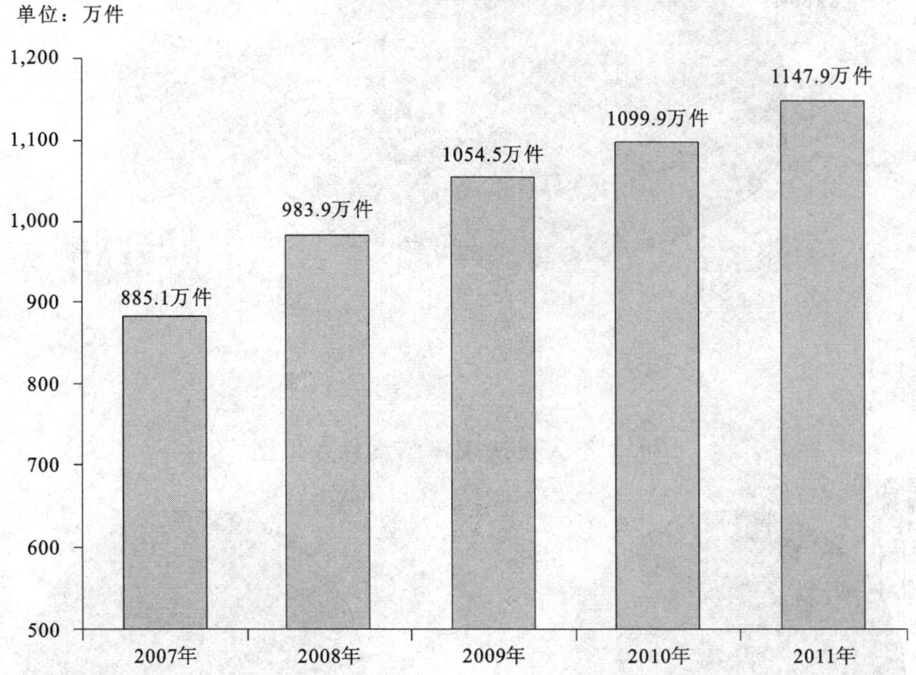

2011年人民法院审执结各类案件构成图

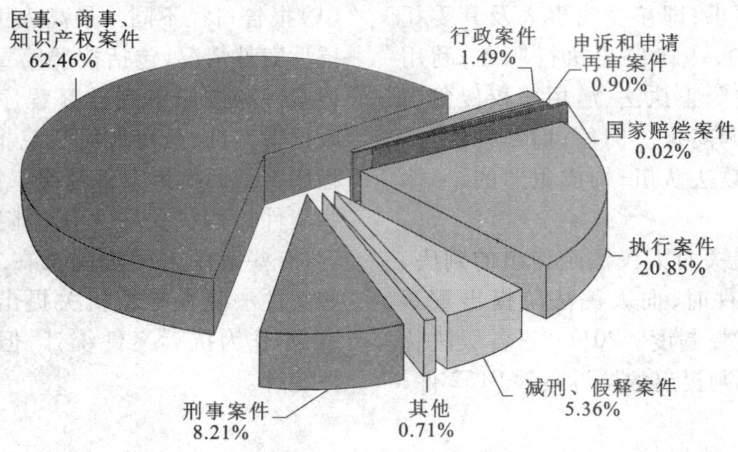

注:“其他”包括对国家赔偿案件、执行案件的申诉审查等案件。

2011年人民法院审执结案件来源结构图

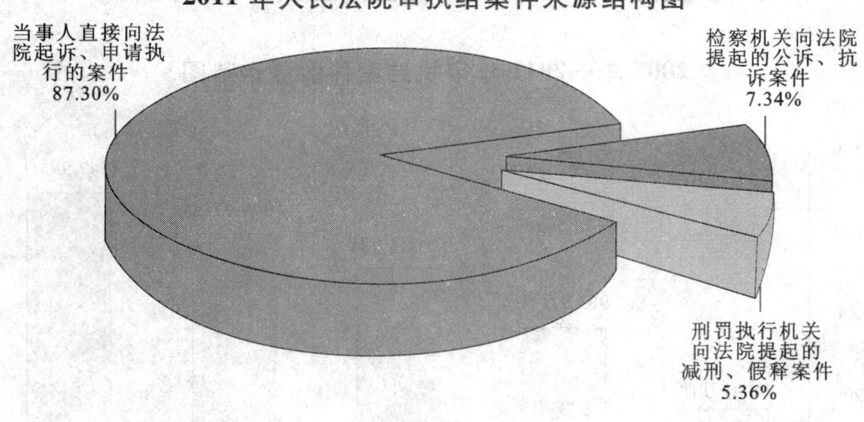

2011年人民法院审结案件效果图

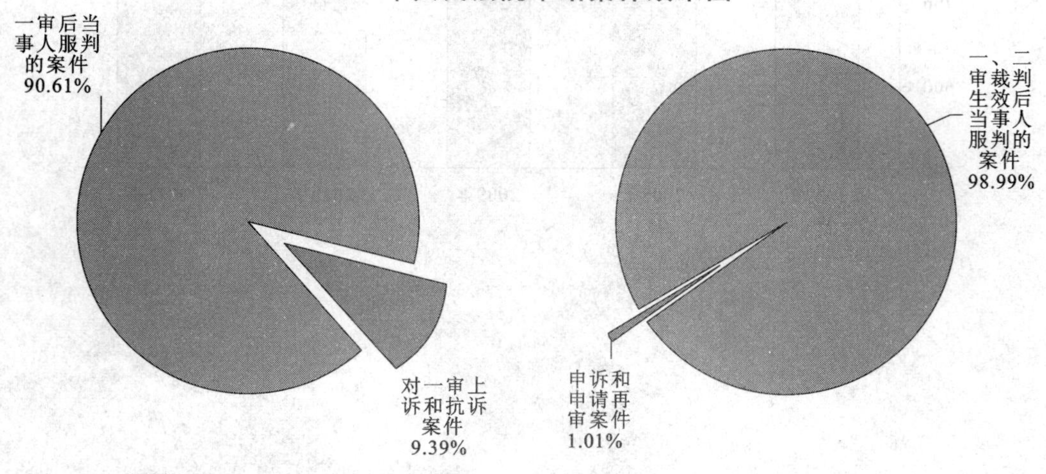

第十一届全国人民代表大会第五次会议关于最高人民检察院工作报告的决议

（2012年3月14日第十一届全国人民代表大会第五次会议通过）

第十一届全国人民代表大会第五次会议听取和审议了曹建明检察长所作的最高人民检察院工作报告。会议充分肯定最高人民检察院过去一年的工作，同意报告提出的2012年工作安排，决定批准这个报告。

会议要求，最高人民检察院高举中国特色社会主义伟大旗帜，以邓小平理论和“三个代表”重要思想为指导，深入贯彻落实科学发展观，忠实履行宪法和法律赋予的职责，进一步发挥检察机关的职能作用，更加注重提高队伍素质，强化自身监督，规范执法行为，不断提高执法水平，为维护人民合法权益、维护社会公平正义、促进社会和谐稳定、促进经济平稳较快发展提供有力的司法保障。

最高人民检察院工作报告

——2012年3月11日在第十一届全国人民代表大会第五次会议上

最高人民检察院检察长　曹建明

各位代表：

现在，我代表最高人民检察院向大会报告工作，请予审议，并请全国政协各位委员提出意见。

2011年检察工作回顾

2011年，在以胡锦涛同志为总书记的党中央正确领导下，在全国人大及其常委会的有力监督下，全国检察机关全面贯彻党的十七大和十一届全国人大四次会议精神，紧紧围绕科学发展这个主题和加快转变经济发展方式这条主线，认真履行宪法和法律赋予的职责，深入推进社会矛盾化解、社会管理创新、公正廉洁执法三项重点工作，不断强化法律监督、强化自身监督、强化队伍建设，各项检察工作取得新进展。

一、立足职能、服务大局，保障和促进经济平稳较快发展

围绕“十二五”时期我国经济社会发展主要目标任务，进一步完善落实服务大局的措施，立足检察职能，为保持经济平稳较快发展、实现“十二五”时期良好开局提供司法保障。

加大打击严重经济犯罪力度。依法批准逮捕走私、金融诈骗、非法集资、操纵股市、非法传销等严重经济犯罪嫌疑人40604人，提起公诉54891人，分别比上年增加8.2%和8.1%。针对一些领域存在的有案不移、以罚代刑问题，会同国务院有关部门制定《关于加强行政执法与刑事司法衔接工作的意见》；部署专项监督活动，督促行政执法机关依法移送涉嫌犯罪案件6414件，立案侦查徇私舞弊不移交刑事案件涉嫌犯罪的行政执法人员121人。

深化重点领域突出问题专项治理。加大查办工程建设领域职务犯罪力度，抓住规划调整、招标投标、资金使用、质量监管等重点环节，立案侦查贪污贿赂、渎职等职务犯罪案件8056件。结合办案在重大工程建设项目中开展专项预防，协助有关单位完善管理制度，保障投资安全。推进治理商业贿赂工作，在资源开发、产权交易、政府采购等领域，立案侦查涉及国家工作人员的商业贿赂犯罪案件

10542件。

强化知识产权、能源资源和生态环境司法保护。会同有关部门制定《关于办理侵犯知识产权刑事案件适用法律若干问题的意见》，深入开展打击侵犯知识产权和制售假冒伪劣商品专项行动，起诉侵犯知识产权犯罪嫌疑人6870人。围绕促进可持续发展，起诉造成重大环境污染和严重破坏能源资源保护的犯罪嫌疑人17725人，立案侦查涉嫌环境监管失职、违法发放林木采伐许可证等渎职犯罪的国家机关工作人员873人。

端正执法理念，改进执法方式。加强执法理念教育，引导检察人员在严格公正执法的同时，坚持理性、平和、文明、规范执法。依法慎重对待改革发展中的新情况新问题，认真听取各方诉求，客观分析案件性质，正确把握法律政策界限。注重保障涉案人员合法权益，注重维护发案单位正常工作秩序，注重改进执法方式、规范执法行为，努力使执法办案活动有利于促进经济社会发展，实现法律效果和社会效果的有机统一。

二、全力维护社会和谐稳定，积极参与加强和创新社会管理

认真履行批捕、起诉等职责，推进社会矛盾化解、社会管理创新，重视解决影响社会和谐稳定的突出问题。

依法打击各类刑事犯罪。全面贯彻宽严相济刑事政策，共依法批准逮捕各类刑事犯罪嫌疑人908756人，同比减少0.8%；提起公诉1201032人，同比增加4.6%；依法决定不批准逮捕151095人、不起诉39754人，同比分别增加5%和6.1%。突出打击危害国家安全犯罪、严重暴力犯罪和抢劫、抢夺、盗窃等多发性侵财犯罪。积极参与打黑除恶专项斗争和扫黄打非、打击电信诈骗、禁毒等专项行动，配合有关部门集中整治城乡接合部等重点地区，保障人民群众生命财产安全。

积极预防和化解社会矛盾。推广检调对接工作机制，对民事申诉等案件本着自愿、合法、公正原则，配合人民调解组织先行调解。建立执法办案风险评估预警机制，在拟作出不立案、不批捕、不起诉等决定时，评估是否可能引发或激化矛盾，及时制定依法稳妥处理和化解预案。完善法律文书说理机制，就检察机关所作决定充分阐明事实和法律依据，促使当事人消除疑惑、及时息诉。建立上下级检察院共同处理重大涉检信访案件制度，办理群众信访804873件次。对近年来办理的31347件涉检信访案件进行评查，纠正存在错误或瑕疵的2333件。

积极参与加强和创新社会管理。加强社区矫正法律监督，促进对社区服刑人员的教育转化，促进社区矫正工作依法规范开展。加强对未成年犯罪嫌疑人的教育挽救，推行亲情会见、分案起诉、诉前引导、案后帮教等制度，对涉嫌犯罪的未成年人依法决定不批准逮捕13738人、不起诉3437人，同比分别增加5%和10.4%。积极参与整治网络赌博违法犯罪专项行动，依法打击利用网络传播淫秽物品等犯罪。针对办案中发现的突出问题，及时向有关部门提出改进管理、堵塞漏洞的检察建议。

三、以人为本、执法为民，切实维护人民群众合法权益

坚持把人民群众的关注点作为检察工作的着力点，更加注重保障和改善民生。

坚决惩治损害群众切身利益的犯罪。协同公安机关和行政执法机关开展食品药品安全专项整治和严厉打击“地沟油”违法犯罪专项活动，依法批准逮捕生产销售假药劣药、有毒有害食品等犯罪嫌疑人2012人，提起公诉1562人，立案侦查“瘦肉精”、“假牛肉”等食品安全事件中涉嫌渎职犯罪的国家机关工作人员202人。部署开展严肃查办危害民生民利渎职侵权犯罪专项工作，在征地拆迁、扶贫开发、社会保障、惠农资金管理使用、保障性安居工程等领域查办案件4779件。依法同步介入矿难、火灾、爆炸等重特大事故调查，立案侦查严重失职渎职造成人民群众生命财产重大损失的国家机关工作人员770人。

加强对困难群众和特殊群体的司法保护。重视打击侵害残疾人、老年人、未成年人权益的犯罪。积极参与打击拐卖儿童妇女犯罪专项行动，起诉拐卖、收买儿童妇女的犯罪嫌疑人3492人。会同有关部门加强拒不支付劳动报酬案件查处工作，维护劳动者特别是进城务工人员合法权益。推进刑事被害人救助工作，明确救助范围、标准和程序，对5368名生活确有困难的被害人或其近亲属提供救助。探索建立军事检察机关与地方检察机关协作机制，切实维护国防利益和军人军属合法权益。高度重视涉港、涉澳、涉台、涉侨案件，依法平等保护香港同胞、澳门同胞、台湾同胞、归侨侨眷合法权益。

*健全联系群众、服务群众长效机制。*加强控告申诉接待窗口规范化建设，建立综合性受理接待中心和查询服务窗口，完善12309举报电话和民生服务热线。探索建立视频接访系统，方便群众向上级检察机关反映诉求。深入开展检察官进社区、进农村、进企业、进学校活动，健全落实下访巡访、联合接访等制度。推进检察工作重心下移，在人口集中的乡镇街道新设立派出检察室1118个，就地受理控告申诉，化解矛盾纠纷，加强法律监督。

四、严肃查办和积极预防职务犯罪，促进反腐倡廉建设

认真贯彻中央关于反腐倡廉建设的决策部署，加大查办职务犯罪案件力度，更加重视预防，努力遏制和减少职务犯罪。

*严肃查办贪污贿赂等职务犯罪。*全年共立案侦查各类职务犯罪案件32567件44506人，人数同比增加1%，其中贪污贿赂大案18464件，涉嫌犯罪的县处级以上国家工作人员2524人（含厅局级198人、省部级7人）。严肃查办利用执法权、司法权谋取私利、贪赃枉法案件，立案侦查涉嫌职务犯罪的行政执法人员7366人、司法工作人员2395人。加大惩治行贿犯罪力度，对4217名行贿人依法追究刑事责任，同比增加6.2%。加强反腐败国际司法合作，完善境内外追赃追逃机制，会同有关部门追缴赃款赃物计77.9亿元，抓获在逃职务犯罪嫌疑人1631人。

*着力加强反渎职侵权工作。*深入贯彻中央关于加大惩治和预防渎职侵权违法犯罪工作力度的要求，认真落实全国人大常委会两次审议渎职侵权检察工作专项报告的意见，与有关部门建立联席会议制度，共同推进惩治和预防渎职侵权违法犯罪工作。立案侦查渎职侵权犯罪案件7355件10585人，人数同比增加3.5%；其中重特大案件3667件，同比增加4.5%。加强反渎职侵权公共宣传，开展以“加强渎职侵权检察工作、促进依法行政与公正司法”为主题的宣传活动；举办惩治和预防渎职侵权犯罪大型展览全国巡展，216万名国家工作人员参观了展览。

*深入开展职务犯罪预防。*坚持惩防并举、注重预防，结合办案剖析职务犯罪发案原因，向有关单位提出预防建议41864件。开展服务和保障换届选举专题预防工作，促进形成依法有序、风清气正的选举氛围。广泛开展预防职务犯罪宣传，推动预防教育进党校和行政学院。加强警示教育基地建设，对国家工作人员进行反腐倡廉教育3800万人次。实现行贿犯罪档案查询系统全国联网，向社会提供查询68万余次。建立预防职务犯罪年度报告制度，1872个检察院向党委、人大、政府及有关部门提交了本地区职务犯罪发案态势和预防对策的综合报告。

五、强化对诉讼活动的法律监督，维护社会公平正义

认真落实中央关于深化司法体制和工作机制改革的部署，完善监督机制，提高监督能力，切实维护执法司法公正。

*加强立案监督和侦查监督。*重点监督纠正有案不立、有罪不究、刑讯逼供、暴力取证、动用刑事手段违法介入民事经济纠纷等问题。对应当立案而不立案的，督促侦查机关立案19786件；对不应当立案而立案的，督促撤案11867件。对应当逮捕而未提请逮捕、应当起诉而未移送起诉的，决定追加逮捕36976人、追加起诉31868人。落实审查逮捕阶段讯问犯罪嫌疑人、听取律师意见制度，对侦查中的违法情况提出纠正意见39432件次。

*加强审判监督。*推进量刑建议改革，落实检察长列席审判委员会等制度，重点监督纠正适用法律错误、量刑畸轻畸重等问题，对认为确有错误的刑事裁判提出抗诉5346件，对刑事审判中的违法情况提出纠正意见8655件次。加强民事行政检察工作，坚持依法监督、居中监督等原则，对认为确有错误的民事行政裁判提出抗诉10332件。坚持抗诉与息诉并重，对认为裁判正确的30592件申诉，耐心做好申诉人的服判息诉工作。与最高人民法院共同出台文件，完善对民事审判活动与行政诉讼的法律监督工作机制，开展民事执行活动法律监督试点工作。

*加强刑罚执行和监管活动监督。*规范和加强派驻监管场所检察室建设，推进与监管场所的执法信息联网和监控联网，对刑罚执行和监管活动中的违法情况提出纠正意见24075件次。开展保外就医专项检察，纠正减刑、假释、暂予监外执行不当11872人。会同公安机关、人民法院集中清理久押不决案件463件，依法纠正超期羁押242人次。开展看守所械具和禁闭使用情况专项检察，促进依法文明监管，维护在押人员合法权益。

六、加强对自身执法活动的监督制约，维护司法公信力

牢固树立监督者更要接受监督的意识，深化检察改革，不断完善对自身执法活动的监督制约机制，促进公正廉洁执法。

深化检务公开。严格执行诉讼参与人权利义务告知制度，对不起诉、申诉、重信重访案件必要时实行公开审查和听证。完善新闻发布制度，及时公布司法解释、通报重大案件办理情况。推进检察门户网站建设，加强检察信息网上发布，组织“大检察官系列访谈”、“检察官在线”、“走近国家公诉人”等活动。一些地方检察院建立网上查询、电话查询平台，方便案件当事人和律师了解进展、参与诉讼。普遍建立检察开放日制度，最高人民检察院首次邀请港澳人士参加检察开放日活动。

规范执法行为。细化执法标准，单独或与最高人民法院等部门联合制定司法解释性质的文件 12 件。发展和完善案例指导制度，统一执法尺度。严格执行办理死刑案件证据规定和非法证据排除规定，落实和规范讯问职务犯罪嫌疑人全程同步录音录像制度，对侦查活动明确提出“十个依法、十个严禁”。依法保障律师执业权利，规定不得无故拖延、推诿或者刁难律师提出的合法要求。全面实施《检察机关执法工作基本规范》，分级分类轮训，全国检察人员分两批全部参加了执法规范统一考试。

加强案件管理。改革检察机关所办案件主要由各业务部门分别管理的模式，建立执法办案集中管理新机制，统一受理、登记、分流案件，统一接收、保管、移送涉案款物，统一开具、管理法律文书。全面推行执法信息网上录入、执法流程网上管理、执法活动网上监督、执法质量网上考核，特别是对遵守法定程序和办案期限及时跟踪监督，保证上一个环节的执法活动必须符合规范才能进入下一个环节，提高办案质量和效率。

强化内部监督。进一步明确加强检察机关内部监督工作的要求，突出加强对侦查、审查逮捕、公诉等重要岗位和不批捕、不起诉、撤案、变更强制措施等关键环节的监督，防止检察权的滥用。加强上级检察院对下级检察院执法办案的监督，建立健全专项检查、同步监督、责任追究等机制。严格执行逮捕职务犯罪嫌疑人报上一级检察院审查决定制度，完善措施，切实保证侦查权依法正确行使。一年来，群众对检察人员的举报数量同比减少 14%，涉检信访案件减少 17.9%。

七、狠抓检察队伍建设和基层基础建设，提高整体素质能力

牢固树立固本强基思想，坚持把提高队伍素质、夯实基层基础作为加强自身建设的根本任务来抓。

把思想政治建设放在首位。扎实开展“发扬传统、坚定信念、执法为民”主题教育实践活动，注重解决理想信念、宗旨意识、执法办案等方面存在的突出问题。开展纪念中国共产党成立 90 周年和人民检察制度创立 80 周年活动，深化中国特色社会主义理论体系专题学习和社会主义法治理念教育，推进检察文化建设，表彰宣传李彬、吴群、郑喜兰、顾晓生、邵明强、李宪中、马俊欣等先进典型，夯实检察人员公正廉洁执法思想基础。

大力加强队伍专业化建设。依法推进检察人员分类管理，会同有关部门制定《检察官职务序列设置暂行规定》。完善和推行公开选拔、逐级遴选制度，最高人民检察院首次面向社会公开选拔检察官。以领导干部和执法办案一线检察官为重点，共培训检察人员 11.9 万人次。最高人民检察院完成省级检察院领导班子成员和市分州院检察长轮训，对全国基层检察长进行领导素能专题培训。开展侦查监督、公诉等部门网络培训、岗位练兵和论辩赛。加大对西部地区检察教育培训和人才培养支持力度，最高人民检察院直接培训西部检察人员 946 名。

坚持抓好自身反腐倡廉和纪律作风建设。加强廉洁自律工作，对检察机关领导干部廉洁从检情况进行专项检查。认真落实领导干部述职述廉、巡视等制度，最高人民检察院听取和评议 10 位省级检察长述职述廉报告，对 5 个省级检察院领导班子进行巡视。规范检察人员对外交往行为，加大对执法行为、检风检纪、警车使用的督察力度。集中开展“维护人民群众合法权益、解决反映强烈突出问题”专项检查活动，不断排查和解决自身执法不公正、不规范、不廉洁等问题。176 名检察人员因违法违纪被查处，其中追究刑事责任 20 名，同比分别减少 34.1% 和 47.4%。

扎实推进基层基础建设。全面部署人民检察院基层建设工作，广泛开展“创先争优在基层”活动，深入推进执法规范化、队伍专业化、管理科学

化、保障现代化建设。坚持新增政法专项编制重点用于充实基层,改进基层检察人员招录方式,实施基层检察院人才工程,深化东中部地区与西部地区人才对口支援工作。落实经费保障体制和投资保障机制改革,争取中央财政增加转移支付资金和补助投资,加大对中西部和贫困地区基层检察院支持力度。加强检察援藏援疆工作,组织对口支援单位签订协议217个,促进西藏、新疆和四省藏区检察工作取得新进展。

一年来,检察机关自觉接受人大监督、民主监督和社会监督。认真学习十一届全国人大四次会议和全国政协十一届四次会议精神,专门部署落实“两会”审议讨论意见。按照全国人大要求,进一步做好司法解释集中清理工作。坚持主动向人大常委会报告重要工作,积极配合开展专题调研和执法检查。最高人民检察院向全国人大常委会专题报告了加强人民检察院基层建设的情况。对各省、自治区、直辖市人大常委会关于加强检察机关法律监督工作的决议或决定,检察机关认真贯彻落实。全国人大代表提出的86件议案、建议和全国政协委员提出的25件提案,全部办结并及时答复。落实与各民主党派、工商联和无党派人士联系机制,适时通报检察工作情况,诚恳听取意见。注重发挥人民监督员、特约检察员、专家咨询委员监督执法办案、参与检察决策等作用,人民监督员共监督职务犯罪七类案件3192件。

过去一年检察工作的成绩,是在以胡锦涛同志为总书记的党中央正确领导下,在全国人大及其常委会有力监督下,各级党委正确领导、人大有力监督和政府政协高度重视、大力支持的结果,是社会各界和广大人民群众关心、支持、帮助的结果。在此,我代表最高人民检察院表示衷心感谢!

各位代表,我们清醒地认识到,检察工作仍然存在不少突出问题:一是法律监督职能的发挥与经济社会发展的要求和人民群众的期待仍有不小差距。一些检察机关和检察人员执法理念存在偏差,服务大局、执法为民等意识不强,就案办案、不善于化解矛盾、不注重执法效果等问题不同程度存在。二是检察队伍整体素质有待进一步提高,队伍专业化程度不高,高层次人才相对缺乏,一些检察人员全面把握政策、准确适用法律、办理复杂案件、做好群众工作能力不强。三是违法违规办案和耍特权、逞威风等问题仍时有发生,少数检察人员顶风违纪,执法犯法甚至以权谋私、贪赃枉法,严重损害司法公信力。四是基层基础工作仍需加强。基层检察院建设发展不平衡,一些检察院执法规范化、管理科学化水平不高,案多人少等问题在一些地方依然突出。对此,最高人民检察院将高度重视,认真加以解决。

2012年检察工作安排

2012年是实施“十二五”规划承上启下的重要一年。检察机关要深入贯彻党的十七大和十七届三中、四中、五中、六中全会以及本次全国人大会议精神,紧紧围绕经济社会发展大局,牢牢把握稳中求进的工作总基调,坚持以执法办案为中心,忠实履行法律监督职责,更加重视自身建设,努力提升执法水平,为促进经济平稳较快发展、保持社会和谐稳定作出新贡献。

一、积极服务和保障经济社会科学发展。认真贯彻中央关于今年经济工作的决策部署,及时调整工作重心,完善保障措施。加大惩治严重经济犯罪力度,维护良好市场经济秩序。依法惩治侵害农民权益、危害农业生产、影响农村稳定的犯罪,部署开展集中查办和预防涉农惠民领域职务犯罪专项工作。加强知识产权司法保护,促进自主创新。依法妥善处理涉及企业的案件,既坚持依法办事、公正执法,又保护改革热情、支持创新创业。重视依法保障非公有制经济健康发展,依法平等保护中外投资者合法权益,营造各种所有制经济公平竞争、共同发展的法治环境。依法维护国家文化安全,保障文化事业产业健康发展,促进法治文化建设。更加关注民生,深入开展严肃查办危害民生民利渎职侵权犯罪专项工作,积极参与食品安全综合治理和专项整治。完善落实联系群众、服务群众长效机制,坚持检力下沉,推进巡回检察、视频接访等工作,依法妥善解决群众合法合理诉求,引导群众依法理性反映诉求、维护权益。

二、切实维护国家安全和社会和谐稳定。坚决依法打击境内外敌对势力的渗透颠覆分裂破坏活动。依法严厉打击严重刑事犯罪,突出打击危害公共安全犯罪、严重暴力犯罪、黑恶势力犯罪、涉众型经济犯罪和拐卖儿童妇女、“黄赌毒”等犯罪。主动融入党委领导、政府负责、社会协同、公众参与的社会管理格局,积极参与平安创建活动,促进完善治安防控体系和公共安全体系;配合有关部门加强和完善流动人口、特殊人群、非公有制经济组织和社会组织以及信息网络服务管理;切实把化解社会矛盾贯穿执法办案始终,加强涉检信访工作;针对执法办案中发现的问题及时提出检察建议，促进社会管理法治化、规范化。

三、加大查办和预防职务犯罪工作力度。依法严肃查办发生在领导机关和领导干部中的职务犯罪案件，严重损害群众经济权益、人身权利、民主权利的案件，发生在工程建设、房地产开发、土地管理和矿产资源开发等领域的案件，破坏生态环境、重大责任事故、食品药品安全事件涉及的案件，执法司法领域贪赃枉法、徇私舞弊的案件，以及充当黑恶势力"保护伞"的案件。深化治理商业贿赂工作，依法查处跨国(境)商业贿赂犯罪，进一步加大查办行贿犯罪力度。严格执行办案纪律，落实和完善讯问职务犯罪嫌疑人全程同步录音录像等制度。加强犯罪分析和对策研究，深入开展预防咨询、预防调查、警示教育等工作，落实预防职务犯罪年度报告制度，促进惩治和预防腐败体系建设。

四、加强和改进对诉讼活动的法律监督。坚持有法必依、执法必严、违法必究，适应中国特色社会主义法律体系形成和刑法、刑事诉讼法、民事诉讼法等法律修改的新要求，加大法律监督力度，提高法律监督水平，保障法律正确有效实施。推动落实完善行政执法与刑事司法衔接机制，加强对有案不移、有罪不究的监督。坚持惩治犯罪和保障人权并重，加强对刑讯逼供等违法取证活动的监督，坚决排除非法证据。深化量刑建议改革，促进量刑公正。加强派驻监管场所检察工作，健全刑罚变更执行同步监督机制，促进刑罚执行和监管活动依法进行。以全国人大常委会听取审议专项报告为契机，加强和规范民事行政检察监督，维护司法公正。自觉接受公安机关、人民法院在诉讼中的制约，完善保障律师执业权利、听取律师意见制度，共同维护社会主义法制统一、尊严、权威。

五、全面加强检察队伍建设和基层基础建设。以扎实开展"忠诚、为民、公正、廉洁"的政法干警核心价值观教育实践活动为主线，深化社会主义法治理念教育，牢固树立正确发展理念和执法理念，保持检察机关党员、干部的纯洁性。强化领导干部教育、管理和监督，提高准确把握大局、驾驭复杂局面、严格依法办事、做好群众工作的能力。重视提高检察人员综合素质，加强队伍专业化建设，今年起用两年时间将基层检察人员全部轮训一遍。加强检察文化建设，弘扬检察职业道德，培育检察职业精神。推进检察机关自身惩治和预防腐败体系建设，着力构建廉政风险防控机制。深化案件管理机制改革，全面加强案件管理和监督，严格落实执法过错责任追究制。针对执法中群众反映突出的问题，深入教育整顿，全面落实和完善执法工作基本规范。加大检务督察力度，严格执行各项纪律和禁令，对检察人员违法违纪行为坚决查处、决不姑息。认真贯彻全国人大常委会审议基层建设专项报告的意见，全面落实 2009—2012 年基层检察院建设规划，进一步加大对中西部和贫困地区、革命老区、民族地区、边疆地区检察院支持力度，促进基层建设全面协调发展。

六、更加自觉接受人大监督、民主监督和社会监督。认真落实人大决议和要求，完善接受人大监督的制度措施。经常主动向政协通报检察工作情况，完善落实与各民主党派、工商联和无党派人士联系机制。加强与人大代表、政协委员的经常性联系，认真负责办理议案、提案和建议。进一步深化检务公开，完善民意收集、研究、采纳、回应机制，注重运用各种新媒体平台，听取群众意见，真诚接受监督。大力加强检察宣传，使人民群众更多了解检察工作，更好监督检察工作。

各位代表，在新的一年里，全国检察机关要紧密团结在以胡锦涛同志为总书记的党中央周围，高举中国特色社会主义伟大旗帜，以邓小平理论和"三个代表"重要思想为指导，深入贯彻落实科学发展观，强化法律监督，维护公平正义，推动科学发展，促进社会和谐，以优异成绩迎接党的十八大胜利召开！

附件一：

有关用语说明

1. 行政执法与刑事司法衔接。指行政执法机关、公安机关、检察机关在信息共享、案件移送、协调配合、监督制约等方面建立工作制度，保证涉嫌犯罪案件依法及时进入司法程序。2011 年 2 月，中共中央办公厅、国务院办公厅转发国务院法制办等部门《关于加强行政执法与刑事司法衔接工作的意见》,明确了衔接工作程序和要求。

2. 检调对接。指为更好地化解社会矛盾,检察机关对于受理的民事申诉案件、轻微刑事案件,可以委托人民调解组织先行调解,根据调解情况再依法作出处理决定,共同促进当事人和解息诉。2011年7月,最高人民检察院制定下发了《关于开展检调对接试点工作的意见》。

3. 亲情会见。指人民检察院审查起诉在押未成年犯罪嫌疑人时,对符合一定条件的,可以安排其与法定代理人、近亲属等会见、通话。这是检察机关根据有关法律规定,为加强对未成年犯罪嫌疑人的教育、感化、挽救而建立的一项特殊办案制度。

4. 分案起诉。指人民检察院对未成年人和成年人共同犯罪案件,在不妨碍查清案件事实和开庭审理的情况下,分别向人民法院提起公诉。分案起诉有利于保障未成年被告人合法权益,更好地进行教育、感化和挽救。

5. 检察建议。指人民检察院结合执法办案发现的问题,建议有关单位健全制度,改进工作,正确实施法律法规,完善社会管理、服务,预防和减少违法犯罪的一种工作措施。

6. 渎职侵权犯罪。指国家机关工作人员在行使职权、履行职责过程中实施的渎职犯罪,以及利用职权实施的侵犯公民人身权利、民主权利犯罪。检察机关直接立案侦查的渎职侵权犯罪,主要包括滥用职权类犯罪、玩忽职守类犯罪、徇私舞弊类犯罪、侵犯公民权利类犯罪。

7. 刑事被害人救助。2009年3月,中央政法委员会、最高人民检察院等8个部门共同制定下发了《关于开展刑事被害人救助工作的若干意见》,规定在刑事被害人遭受犯罪行为侵害,无法及时获得赔偿的情况下,由国家给予适当的经济资助,帮助刑事被害人或其近亲属缓解经济困难。

8. 综合性受理接待中心。为了畅通群众诉求表达渠道,一些地方检察机关建立集举报、控告、申诉、投诉、咨询、查询等功能于一体的综合性受理接待中心,统一受理、分流、办理、回复人民群众的诉求和批评建议,以提高工作效率,更好地服务群众。

9. 12309举报电话。开通12309举报电话是检察机关采取的一项重要便民措施,也是依靠群众加大查办职务犯罪力度的重要举措。群众可在任何时间拨打12309,通过人工接听或录音、传真方式进行本地或异地举报。

10. 下访巡访。指检察人员定期或不定期到信访案件多、信访人员集中的乡村、社区,与群众面对面沟通,依法处理信访案件,深入开展法制宣传,对可能发生的信访问题早发现、早处理,努力把矛盾化解在萌芽状态。

11. 派出检察室。指基层人民检察院在辖区内人口较多、辐射功能强的乡镇、社区设置派出机构,负责受理举报、控告、申诉,开展法制宣传和职务犯罪预防,化解矛盾纠纷,参与加强和创新社会管理等工作,实现检察工作重心下移,更好地服务人民群众、服务经济社会发展。

12. 行贿犯罪档案查询系统。指为预防和减少贿赂犯罪,促进社会信用体系建设,检察机关运用计算机技术对行贿犯罪信息进行分类录入、存储和管理,并向社会提供查询服务。对经查询有行贿犯罪记录的单位或个人,由行业主管(监管)部门作出相应处置,如限制或禁止市场准入、降低资质等级等。2006年1月1日起,正式对外公开受理查询。2012年2月16日,行贿犯罪档案查询系统实现全国联网,形成了完整的查询信息数据库和统一的查询信息平台。

13. 预防职务犯罪年度报告制度。指各级检察机关对上年度本辖区内职务犯罪的发案情况、特点规律、原因和变化趋势进行分析,提出有针对性的预防对策,形成综合报告提交党委、人大、政府和有关部门参考。

14. 量刑建议。指检察机关在指控被告人构成犯罪的同时,就被告人依法应被判处的刑罚种类及刑期,向人民法院提出具体建议。

15. 对民事审判活动与行政诉讼的法律监督工作机制。按照中央关于深化司法体制和工作机制改革的要求,2011年3月,最高人民法院、最高人民检察院联合下发《关于对民事审判活动与行政诉讼实行法律监督的若干意见(试行)》,进一步完善了检察机关对民事审判活动、行政诉讼活动实行法律监督的范围和程序。

16. 民事执行活动法律监督试点工作。按照中央关于深化司法体制和工作机制改革的要求,2011年3月,最高人民法院、最高人民检察院联合下发《关于在部分地方开展民事执行活动法律监督试点工作的通知》,明确了检察机关对民事执行活动实施法律监督的范围和程序,并在山西等12个省、自治区、直辖市部分地区组织开展试点工作。

17. "十个依法、十个严禁"。为促进理性、平和、文明、规范执法,2011年10月,最高人民检察院对职务犯罪侦查工作明确提出“十个依法、十个严禁”的要求：一是坚持依法初查，严禁未经检察长批准擅自接触被调查对象，并以任何方式违法限制、剥夺被调查对象人身自由。二是坚持依法在法定地点讯问、询问，严禁违反法律规定在法定地点以外的场所进行讯问、询问。三是坚持依法文明讯问、询问，严禁采用刑讯逼供等非法方法讯问犯罪嫌疑人、被告人，或采用暴力、威胁等非法方法获取证人证言、被害人陈述。四是坚持依法传唤、拘传犯罪嫌疑人，严禁未经批准、无法律手续传唤、拘传，或以连续传唤、拘传的方式变相拘禁犯罪嫌疑人，或采用超过法定时限连续讯问等方式获取犯罪嫌疑人供述。五是坚持依法执行送押制度，严禁在检察机关办案工作区或其他办案场所留置已经决定拘留、逮捕的犯罪嫌疑人。六是坚持依法提审、还押，严禁将在押犯罪嫌疑人提押到检察机关办案工作区等场所讯问。七是坚持依法看管犯罪嫌疑人，严禁为获取犯罪嫌疑人供述，唆使、放纵他人对在押犯罪嫌疑人进行殴打、虐待。八是坚持依法调查取证，严禁违法勘验、检查和搜查、扣押，发生有伤风化、侵犯当事人人身权利和合法财产权利等行为。九是坚持依法理性办案，严禁为片面追求办案业绩而采用刑讯逼供等非法方法侦查取证。十是坚持依法独立公正办案，严禁受任何个人的授意、干涉或者挟私报复，对涉案人员刑讯逼供、暴力取证。

18. 检察机关执法工作基本规范。2010年12月，最高人民检察院制定《检察机关执法工作基本规范（2010年版）》，全面整合检察机关执法办案中的法律规定、司法解释、业务规范以及纪律规定，对各业务部门、业务岗位的基本操作规程作了明确规定，共63章127节1423条。

19. 逮捕职务犯罪嫌疑人报上一级检察院审查决定制度。指为强化对查办职务犯罪工作的监督制约，省级以下（不含省级）检察院立案侦查职务犯罪案件，需要逮捕犯罪嫌疑人的，报请上一级检察院审查决定。

20. 检察人员分类管理。指为推进检察队伍专业化建设，按照检察机关各个职位的工作性质、责任轻重、难易程度和所需资格条件的不同，将所有职位划分为不同的类别和层次，明确具体承担的工作任务、职责权限、员额比例以及任职资格条件等，并依此进行人员选拔、考核、培训、升降、奖惩。这是司法体制和工作机制改革的重要内容，目前正在一些检察机关试点。

21.《检察官职务序列设置暂行规定》。为健全检察官管理制度，推进检察官管理科学化、规范化，2011年7月中共中央组织部会同最高人民检察院制定下发《检察官职务序列设置暂行规定》，明确了检察官的职务名称和层次，确定了检察官等级与级别的对应关系、各级检察院检察官设置规格以及地方各级检察院各等级检察官的职数比例，对检察官等级与级别升降的条件、程序和纪律监督等作了规定。

22. 人民监督员。为了加强对检察机关查办职务犯罪工作的外部监督，最高人民检察院经报告全国人大常委会并经中央同意，从2003年9月起开展人民监督员制度试点工作。2010年10月，最高人民检察院在检察机关全面推行人民监督员制度，并将人民监督员的监督范围扩大到检察机关查办职务犯罪工作中具有终局性决定权的主要环节。人民监督员对职务犯罪案件的下列七种情况实施监督：应当立案而不立案或者不应当立案而立案的；超期羁押或者检察机关延长羁押期限决定不正确的；违法搜查、扣押、冻结或者违法处理扣押、冻结款物的；拟撤销案件的；拟不起诉的；应当给予刑事赔偿而不依法予以赔偿的；检察人员在办案中有徇私舞弊、贪赃枉法、刑讯逼供、暴力取证等违法违纪情况的。

23. 特约检察员。指检察机关为落实中国共产党领导的多党合作和政治协商制度，自觉接受党外人士对检察工作的民主监督而实行的一项制度。特约检察员由检察机关商有关部门，在民主党派和无党派人士中选聘，主要履行以下职责：对检察业务工作中的专业性问题提供咨询，参与讨论研究检察工作的某些重大事项，参与有关案件的讨论，经检察院领导指派参加有关案件的审查、复查和调查，反映或转递人民群众对国家工作人员违法犯罪问题的检举、控告等。

24. 专家咨询委员。指检察机关为确保依法、民主、科学决策，提高检察工作质量和水平而建立的决策咨询制度。检察机关在法学领域聘请专家、学者担任咨询委员，在作出重大决策部署、研究解决检察工作中的重大理论和实践问题、起草司法解释和重要规范性文件、讨论决定疑难复杂案件的法律适用等工作中，邀请专家咨询委员进行调研论证，征求他们的意见。

25. 巡回检察。指检察机关派出检察人员定期或不定期深入到辖区内各乡镇、社区，受理举报、控告、申诉，开展法制宣传和犯罪预防，化解矛盾纠纷。

26. 涉众型经济犯罪。指涉及众多被害人，特别是涉及众多不特定受害群体的经济犯罪。主要包括非法吸收公众存款、集资诈骗、非法传销、非法销售未上市公司股票等经济犯罪。

27. 刑罚变更执行同步监督机制。是检察机关根据中央关于深化司法体制和工作机制改革的部署，探索建立的对刑罚变更执行活动进行同步监督的工作机制。对服刑人员减刑、假释、暂予监外执行，由监管单位提请，呈报人民法院裁定或呈报审批机关决定。按照同步监督机制的要求，检察机关从提请、呈报环节就进行监督，对监管单位提请、呈报减刑、假释、暂予监外执行不当的，提出纠正意见。

28. 检务督察。指检察机关检务督察部门及其工作人员依照法律和规定对本级检察机关所属单位和下级检察机关及其工作人员执法办案、检风检纪等情况，通过明察暗访等方式进行监督检查，以保障检察机关和检察人员依法履行职责，严肃检察纪律，确保检令畅通。

附件二：

2011年检察工作有关数据图示

图一：批准逮捕刑事犯罪嫌疑人分类情况

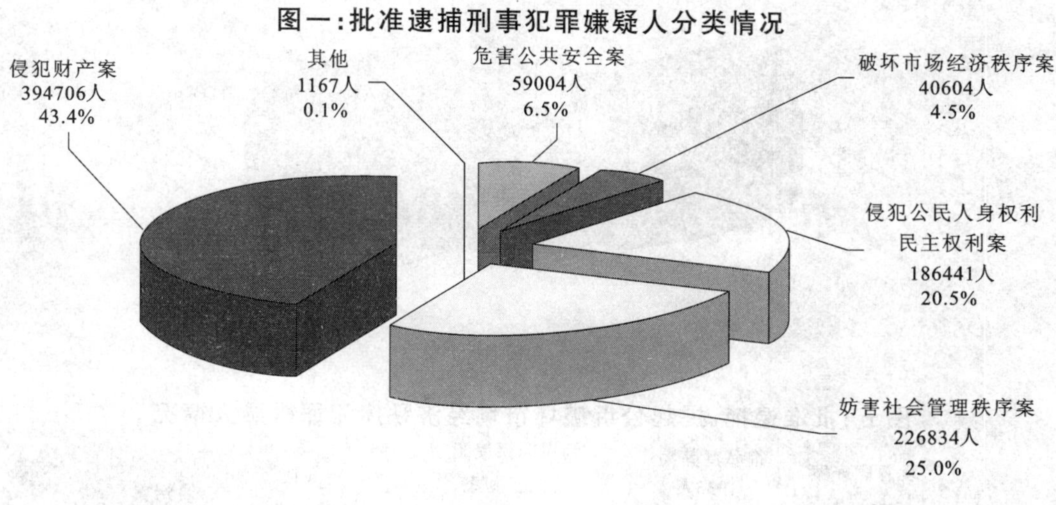

图二：提起公诉刑事犯罪嫌疑人分类情况

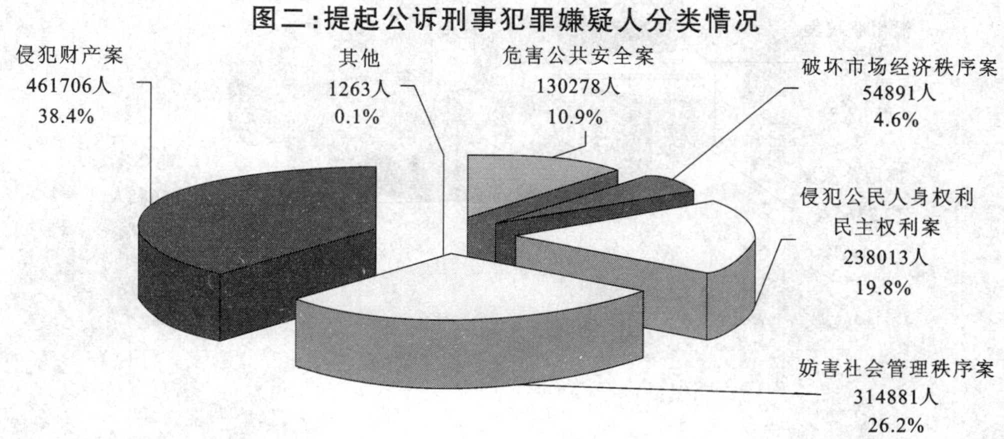

图三：不批准逮捕刑事犯罪嫌疑人情况

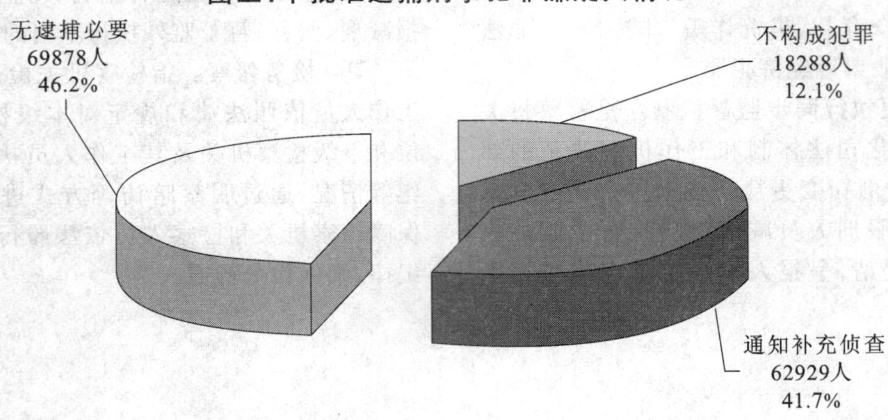

图四：不起诉刑事犯罪嫌疑人情况

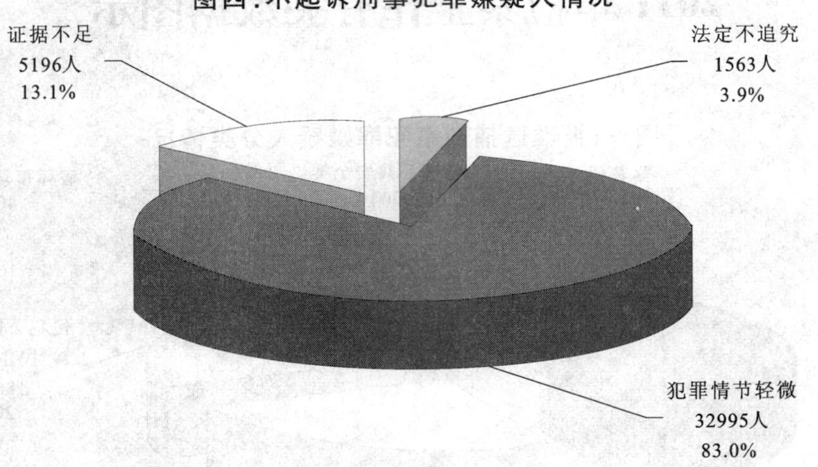

图五：批准逮捕、提起公诉破坏市场经济秩序犯罪嫌疑人情况

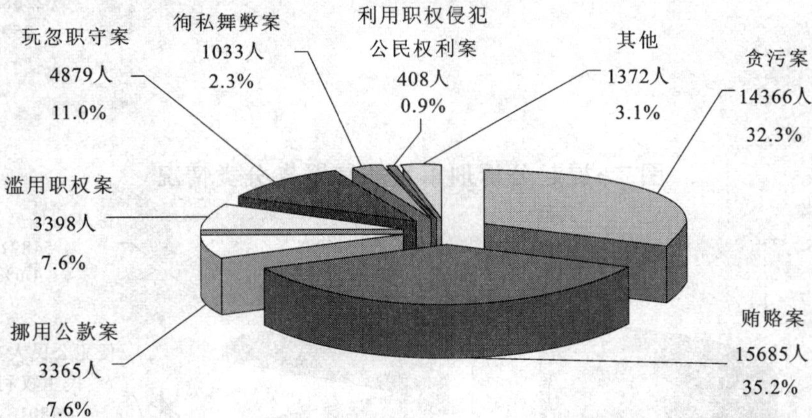

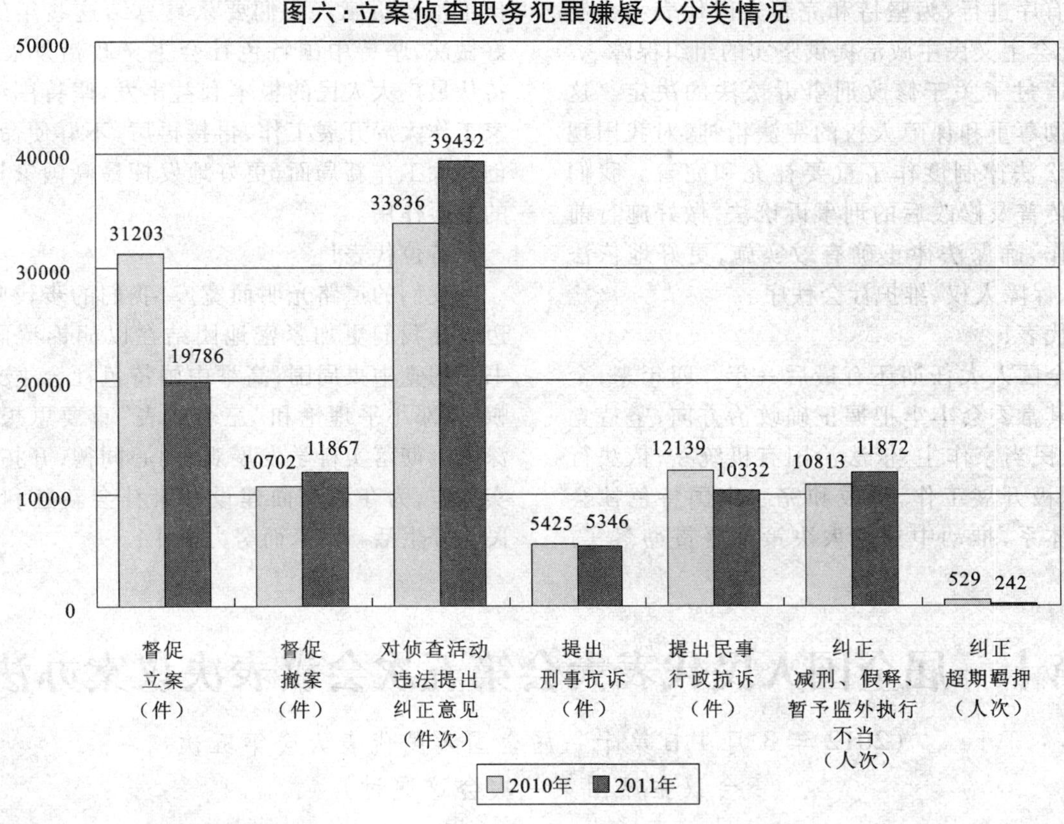

在第十一届全国人民代表大会第五次会议上的讲话

（2012年3月14日）

全国人大常委会委员长 吴邦国

各位代表:

十一届全国人大五次会议的各项议程已经进行完毕。在全体代表的共同努力下,会议开得很成功,进一步凝聚了共识,明确了任务,坚定了信心,是一次民主、团结、求实、奋进的大会!

会议期间,代表们肩负人民重托,以主人翁的高度责任感和历史使命感,认真履行宪法和法律赋予的职责,使会议的成果充分体现了党的主张和人民意志的统一,反映了全国各族人民的共同愿望。这次会议必将进一步团结和动员全国各族人民,更加奋发有为地投身改革开放和社会主义现代化建设。

会议审议批准了政府工作报告等重要报告和文件。代表们一致认为,过去的一年,我国社会主义经济建设、政治建设、文化建设、社会建设以及生态文明建设都取得了新的成绩,实现了“十二五”时期良好开局。这是以胡锦涛同志为总书记的党中央科学决策、正确领导的结果,是全国各族人民团结奋斗、顽强拼搏的结果。代表们强调,今年是实施“十二五”规划承上启下的重要一年,我们党将召开第十八次全国代表大会。全面做好改革发展稳定各项工作,巩固和发展“十二五”时期开局良好势头,具有十分重要的意义。我们要认真贯彻本次会议精神,坚持稳中求进的工作总基调,把今年经济社会发展的总体部署和目标任务落实到具体措施上、体现在实际工作中,保持经济平稳较快发展,保持社会和谐稳定,以优异成绩迎接党的十八大胜利召开。

会议作出了关于十二届全国人大代表选举有关事项的决定。这次选举是首次实行城乡按相同人口比例选举全国人大代表,更好地体现了人人平等、地区平等、民族平等的原则。我们要坚持党的领导，充分发扬民主，严格依法办事，确保选举工作依法平稳有序进行，为坚持和完善人民代表大会制度、发展社会主义民主政治提供坚实的组织保障。

会议通过了关于修改刑事诉讼法的决定。这次修改贯彻尊重和保障人权的宪法精神，对我国现行刑事诉讼法律制度作了重要补充和完善。我们要广泛宣传普及修改后的刑事诉讼法，做好施行前的准备工作，确保法律正确有效实施，更好地依法惩治犯罪、保障人权、维护社会秩序。

各位代表！

本届全国人大任期还有最后一年。四年来，全国人大及其常委会牢牢把握正确政治方向，坚持党的领导、人民当家作主、依法治国有机统一，依法行使职权，积极开展工作，形成和完善中国特色社会主义法律体系，推动中央重大决策部署贯彻落实，为全面建设小康社会、加快推进社会主义现代化作出了重要贡献。我们要认真总结这些年的好经验好做法，坚持中国特色社会主义政治发展道路，坚持从最广大人民的根本利益出发，坚持围绕党和国家工作大局开展工作，再接再厉，不辱使命，不断开创人大工作新局面，更好地发挥最高国家权力机关的重要作用。

各位代表！

我们的道路光明而宽广，我们的步伐坚定而豪迈。让我们更加紧密地团结在以胡锦涛同志为总书记的党中央周围，高举中国特色社会主义伟大旗帜，以邓小平理论和“三个代表”重要思想为指导，深入贯彻落实科学发展观，同心同德，开拓进取，扎实工作，为夺取全面建设小康社会新胜利、谱写人民美好生活新篇章而努力奋斗！

第十一届全国人民代表大会第五次会议表决议案办法

（2012年3月4日第十一届全国人民代表大会第五次会议主席团第一次会议通过）

根据《中华人民共和国宪法》和有关法律规定，主席团决定：

第十一届全国人民代表大会第五次会议表决各项议案，采用无记名按表决器方式，以全体代表的过半数赞成票通过。表决时，代表可以表示赞成，可以表示反对，也可以表示弃权。未按表决器的不计入表决票数。如表决系统在使用中发生故障，改用举手方式表决。

关于第十一届全国人民代表大会第五次会议代表提出议案处理意见的报告

（2012年3月13日第十一届全国人民代表大会第五次会议主席团第三次会议通过）

十一届全国人大五次会议副秘书长　王万宾

十一届全国人大五次会议主席团：

受大会秘书处的委托，我向大会主席团就本次会议代表所提议案的处理意见报告如下。

今年是本届全国人大任期的最后一年。在本次会议上，全国人大代表以邓小平理论和“三个代表”重要思想为指导，深入贯彻落实科学发展观，以对国家和人民高度负责的精神和饱满的政治热情，依照宪法和法律的规定提出属于全国人民代表大会职权范围内的议案。到3月9日大会规定的议案截止时间，共提出议案489件，其中，有关立法方面的议案有477件，监督方面的议案有8件，其他方面的议案有4件；以代表团名义提出议案5件，30名以上代表联名提出议案484件。

大会秘书处分析认为，全国人大代表代表人民的利益和意志，会前深入实际、深入基层、深入群众进行大量调查研究，会中认真进行讨论和沟通，所提议案案由鲜明、案据充分、方案具体，针对性、可操作性都较强。代表议案内容涉及经济建设、政治建设、文化建设、社会建设以及生态文明建设等各个领域，主要集中在以下几个方面：

一是贯彻稳中求进的工作总基调，努力实现经济平稳较快发展。今年是“十二五”时期承前启后的重要一年。代表所提议案针对错综复杂国际形势的挑战和我国经济社会发展中存在的不平衡、不协调、不可持续的问题，建议进一步深化改革、扩大开放，加强和改善宏观调控，实施积极的财政政策和稳健的货币政策，转变发展方式，调整经济结构，推动科技创新，抓好节能减排，推进工业化、城镇化、农业现代化，促进区域经济协调发展等。

二是切实保障和改善民生，努力保持社会和谐稳定。注重解决民生问题是实现全面建设小康社会的必然要求。代表所提议案反映了对建设和谐社会、实现美好生活的新期待，建议努力实现物价总水平基本稳定，实施积极的就业政策，深化收入分配制度改革，完善社会保障体系，依法保障教育优先发展，大力推进医药卫生事业改革发展，推动文化大发展大繁荣，维护社会公平正义等。

三是不断完善和有效实施法律，努力加快社会主义法治国家建设进程。中国特色社会主义法律体系形成后，法律体系的完善、法律的有效实施和法制宣传教育的任务更为繁重。代表所提议案希望全面实施依法治国基本方略，善于在法制轨道上推进改革发展稳定各项工作，建议修改法律、加强法律实施和普法教育。

根据全国人大组织法、全国人大议事规则和代表法的规定，大会秘书处与全国人大各专门委员会对代表提出的议案逐件进行了分析研究，认为没有需要列入本次会议审议的议案。大会秘书处建议本次会议结束后，将代表议案分别交由全国人大有关专门委员会审议。其中，财政经济委员会审议123件，教育科学文化卫生委员会审议96件，法律委员会审议88件，内务司法委员会审议74件，环境与资源保护委员会审议58件，农业与农村委员会审议43件，外事委员会审议5件，民族委员会审议1件，华侨委员会审议1件。上述议案经各有关专门委员会审议后，分别依法向全国人大常委会提出审议结果的报告。

为了审议好、处理好代表议案，大会秘书处建议：

第一，认真研究分析代表议案。认真总结经验，深入研究分析，完善处理方案，改进处理方式，回应代表关切，依法按程序审议好、处理好代表提出的每一件议案。特别是对代表议案内容反映比较集中或代表多次提出议案涉及的重要问题，要加大处理力度，落实处理措施，增强处理实效，进一步提高代表议案处理工作的质量和水平。

第二，积极采纳代表议案内容。把处理代表议案与改进常委会立法、监督工作结合起来，在起草、修改法律案时尽可能地吸收代表议案的内容，将比较成熟的代表议案作为法律条文形成的基础；在组织实施执法检查、专题询问等监督工作时积极采纳代表议案的相关内容。建议国务院、最高人民法院、最高人民检察院在实施各项工作时，认真研究吸收代表议案的相关内容。通过代表议案的处理，推动国家机关改进和加强工作。

第三，进一步密切与代表的联系沟通。邀请提出议案的代表列席常委会会议、专门委员会会议参加审议相关议案，在立法调研过程中参加有关座谈会、论证会等活动，在监督工作中参加执法检查、专题调研等活动。通过多种方式加强与代表的联系与沟通，充分听取和反映他们的意见，更好地发挥代表的作用。

有关专门委员会关于代表议案审议结果的报告经全国人大常委会审议通过后，印发十二届全国人大一次会议，同时向十一届全国人大代表作出反馈。

以上报告，请予审议。

十一届全国人大五次会议秘书处

2012年3月13日

附件：

交有关专门委员会审议的议案

（共 489 件）

一、交民族委员会审议的 1 件：

1. **尹广军**等 31 名代表：关于制定清真食品管理法的议案（第 423 号）。

二、交法律委员会审议的 88 件：

1. **梁慧星**等 35 名代表：关于制定宪法解释程序法的议案（第 181 号）；

2. **薛少仙**等 31 名代表：关于要求修改地方组织法进一步完善乡镇人大制度的议案（第 221 号）；

3. **龙国英**等 31 名代表：关于修改地方组织法的议案（第 312 号）；

4. **黄美缘**等 30 名代表：关于修改立法法的议案（第 110 号）；

5. **刘志新**等 40 名代表：关于修改监督法的议案（第 121 号）；

6. **金硕仁**等 30 名代表：关于明确界定地方人大及其常委会法律监督的内容、范围和形式的议案（第 310 号）；

7. **金硕仁**等 30 名代表：关于制定法律监督法的议案（第 311 号）；

8. **徐景龙**等 31 名代表：关于修改国旗法的议案（第 60 号）；

9. **陈继延**等 31 名代表：关于修改民法通则的议案（第 476 号）；

10. **高明芹**等 30 名代表：关于修改合同法的议案（第 357 号）；

11. **左延安**等 30 名代表：关于修改合同法的议案（第 440 号）；

12. **刘庆宁**等 31 名代表：关于修改担保法的议案（第 236 号）；

13. **张剑波**等 30 名代表：关于尽快修改担保法，允许民办学校对外担保融资的议案（第 329 号）；

14. **陈文华**等 33 名代表：关于提请修改担保法的议案（第 421 号）；

15. **梁慧星**等 32 名代表：关于制定婚姻家庭法的议案（第 182 号）；

16. **李开喜**等 30 名代表：关于修改婚姻法第四十六条、第四十二条的议案（第 337 号）；

17. **孙菁**等 30 名代表：关于修改婚姻法的议案（第 356 号）；

18. **戴仲川**等 30 名代表：关于修改继承法的议案（第 108 号）；

19. **刘庆宁**等 31 名代表：关于修改侵权责任法的议案（第 234 号）；

20. **左延安**等 30 名代表：关于修改侵权责任法的议案（第 441 号）；

21. **王静成**等 51 名代表：关于对侵权责任法增加或修改部分条款的议案（第 456 号）；

22. **戚建国**等 33 名代表：关于制定完善网络侵权行为法律法规的议案（第 482 号）；

23. **邸瑛琪**等 31 名代表：关于制定网络信息法的议案（第 287 号）；

24. **刘纪林**等 30 名代表：关于制定互联网法的议案（第 449 号）；

25. **许金和**等 33 名代表：关于制定个人信息保护法的议案（第 162 号）；

26. **易昕**等 37 名代表：关于修改行政处罚法的议案（第 155 号）；

27. **吴建平**等 31 名代表：关于修改人民防空法的议案（第 100 号）；

28. **蒋婉求**等 30 名代表：关于修改人民防空法的议案（第 457 号）；

29. **陈伟兰**等 38 名代表：关于尽快制定行政程序法的议案（第 10 号）；

30. **贾春梅**等 32 名代表：关于修改公务员法等法律完善未成年人前科报告免除制度的议案（第 454 号）；

31. **彭小枫**等 36 名代表：关于制定军民融合促进法的议案（第 483 号）；

32. **张德顺**等 31 名代表：关于加快推进非战争军事行动立法的议案（第 484 号）；

33. **张仕波**等 46 名代表：关于制定外国军队入境法的议案（第 486 号）；

34. **姜健**等 31 名代表：关于修改预算法的议案（第 76 号）；

35. **刘庆宁**等 31 名代表：关于修改预算法的议

案(第242号);

36. **闫傲霜**等36名代表:关于修改预算法的议案(第307号);

37. **徐景龙**等31名代表:关于修改公益事业捐赠法的议案(第36号);

38. **黄美缘**等30名代表:关于尽快修改公益事业捐赠法的议案(第109号);

39. **陈海啸**等30名代表:关于修改公益事业捐赠法的议案(第394号);

40. **姜健**等31名代表:关于加快精神卫生法立法进程的议案(第81号);

41. **李逸平**等30名代表:关于大力推进行刑衔接工作,加强食品安全法制建设的议案(第8号);

42. **张泱**等31名代表:关于采取更有效的手段打击拐卖儿童犯罪的议案(第65号);

43. **周素敏**等30名代表:关于修改我国刑法有关条款的议案(第80号);

44. **张庆伟**等30名代表:关于在刑法中设立"袭警罪"的议案(第135号);

45. **隋熙明**等32名代表:关于修改刑法的议案(第230号);

46. **汪惠芳**等30名代表:关于修改刑法第三百四十三条的议案(第269号);

47. **陈笑华**等30名代表:关于修改刑法有关条款的议案(第271号);

48. **谢辉**等30名代表:关于对刑法第一百六十七条进行修改的议案(第330号);

49. **秦希燕**等31名代表:关于修改刑法第三百零七条,明确虚假诉讼或仲裁刑事责任的议案(第331号);

50. **秦希燕**等31名代表:关于修改我国刑法第二百四十六条,加大网络侮辱诽谤打击力度的议案(第332号);

51. **秦希燕**等31名代表:关于修改我国刑法一百四十条,打击食品制假售假行为的议案(第333号);

52. **秦希燕**等32名代表:关于修改刑法第二百七十六条,完善拒不支付劳动报酬罪,保障农民工合法权益的议案(第334号);

53. **秦希燕**等33名代表:关于修改刑法第一百三十三条,完善危险驾驶罪,保障校车运营安全的议案(第335号);

54. **王月娥**等30名代表:关于修改刑法,将"嫖宿幼女罪"并入"强奸罪"的议案(第350号);

55. **高明芹**等30名代表:关于修改刑法第一百四十三条的议案(第358号);

56. **俞学文**等30名代表:关于修改刑法打击贪污受贿的议案(第395号);

57. **殷秀梅**等30名代表:关于修改刑法的议案(第401号);

58. **迟夙生**等32名代表:关于修改刑法的议案(第402号);

59. **沈光明**等30名代表:关于修改刑法第三百三十八条的议案(第420号);

60. **贾春梅**等31名代表:关于修改刑法以确定基层群众性自治组织人员犯罪的刑法适用的议案(第427号);

61. **朱勇**等31名代表:关于修改完善刑法及有关司法解释、解决职务犯罪案件处理轻刑化问题的议案(第442号);

62. **刘丽涛**等30名代表:关于在刑法中增设"诉讼诈骗罪"的议案(第455号);

63. **徐景龙**等31名代表:关于制定反腐败法的议案(第61号);

64. **徐安**等35名代表:关于制定反腐败法的立法议案(第458号);

65. **张全**等30名代表:关于修改民事诉讼法,增设环境民事公益诉讼制度的议案(第9号);

66. **张少康**等31名代表:关于要求修改民事诉讼法的议案(第50号);

67. **唐祖宣**等30名代表:关于修改民事诉讼法的议案(第145号);

68. **李明蓉**等30名代表:关于修改民事诉讼法审判监督程序和执行程序部分条款的议案(第163号);

69. **陈秀榕**等31名代表:关于建议在民事诉讼法中增设"人身安全保护裁定"程序的议案(第164号);

70. **周晓光**等30名代表:关于修改民事诉讼法的议案(第223号);

71. **迟夙生**等31名代表:关于修改民事诉讼法的议案(第229号);

72. **刘庆宁**等31名代表:关于修改民事诉讼法的议案(第235号);

73. **金颖颖**等30名代表:关于修改民事诉讼法有关条款的议案(第270号);

74. **张立勇**等30名代表:关于修改民事诉讼法建立社会法庭等非诉纠纷解决机制的议案(第285号);

75. **秦希燕**等30名代表:关于修改民事诉讼法

第五十六、一百零二、一百七十八、一百七十九、一百八十二、一百八十四条，遏制和打击虚假诉讼的议案（第 336 号）；

76. **王明雯**等 30 名代表：关于修改民事诉讼法的议案（第 419 号）；

77. **贾春梅**等 31 名代表：关于对民事诉讼法草案的修改的议案（第 425 号）；

78. **周晓光**等 30 名代表：关于制定民事强制执行法的议案（第 222 号）；

79. **刘卫星**等 30 名代表：关于制定协助执行法的议案（第 283 号）；

80. **高晓明**等 30 名代表：关于修改完善行政诉讼法的议案（第 165 号）；

81. **柳树林**等 32 名代表：关于修改行政诉讼法的议案（第 226 号）；

82. **陈万志**等 30 名代表：关于修改行政诉讼法的议案（第 281 号）；

83. **王法亮**等 30 名代表：关于修改行政诉讼法的议案（第 378 号）；

84. **贾春梅**等 31 名代表：关于修改行政诉讼法的议案（第 426 号）；

85. **王法亮**等 30 名代表：关于修改仲裁法的议案（第 377 号）；

86. **齐奇**等 30 名代表：关于全国人大常委会适时组织公安、检察、法院、司法、财政等部门进行国家赔偿法联合执法检查的议案（第 137 号）；

87. **沈光明**等 30 名代表：关于全国人大常委会适时组织公安、检察、法院、司法、财政等部门进行国家赔偿法联合执法检查的议案（第 417 号）；

88. **王利明**等 30 名代表：关于制定不动产征收法的议案（第 176 号）。

三、交内务司法委员会审议的 74 件：

1. **周晓光**等 30 名代表：关于制定殡葬法的议案（第 196 号）；

2. **蔡奇**等 31 名代表：关于加快出台殡葬法的议案（第 247 号）；

3. **徐景龙**等 31 名代表：关于制定慈善事业促进法的议案（第 38 号）；

4. **王茜**等 30 名代表：关于制定慈善法的议案（第 123 号）；

5. **王利明**等 30 名代表：关于制定慈善事业促进法的议案（第 175 号）；

6. **郑功成**等 31 名代表：关于加快制定慈善事业法的议案（第 233 号）；

7. **刘卫星**等 30 名代表：关于制定慈善法的议案（第 301 号）；

8. **王晶**等 30 名代表：关于制定慈善事业法的议案（第 275 号）；

9. **王法亮**等 30 名代表：关于制定慈善事业法的议案（第 360 号）；

10. **周洪宇**等 31 名代表：关于制定慈善事业法的议案（第 341 号）；

11. **巴福荣**等 34 名代表：关于制定儿童福利立法的议案（第 318 号）；

12. **袁敬华**等 30 名代表：关于制定国家机关编制法的议案（第 359 号）；

13. **金硕仁**等 31 名代表：关于制定国家机关机构、人员、编制法的议案（第 308 号）；

14. **刘学云**等 33 名代表：关于制定烈士纪念设施保护法进一步加强管理保护工作的议案（第 487 号）；

15. **朱勇**等 31 名代表：关于流浪未成年人救助管理立法的议案（第 431 号）；

16. **林繁**等 31 名代表：关于要求将刑事被害人救助制度纳入社会救助法立法的议案（第 49 号）；

17. **孙桂华**等 31 名代表：关于尽快出台社会救助法的议案（第 139 号）；

18. **周晓光**等 30 名代表：关于制定行政区划法的议案（第 220 号）；

19. **周晓光**等 30 名代表：关于制定养老服务法的议案（第 197 号）；

20. **林强**等 30 名代表：关于制定志愿服务法的议案（第 25 号）；

21. **孙桂华**等 31 名代表：关于制定出台志愿服务法的议案（第 140 号）；

22. **郝萍**等 43 名代表：关于制定志愿服务法的议案（第 146 号）；

23. **杜国玲**等 42 名代表：关于尽快制定社会志愿服务法，完善社会志愿服务体系，推进社会志愿服务事业发展的议案（第 471 号）；

24. **许金和**等 31 名代表：关于修改残疾人保障法的议案（第 159 号）；

25. **任玉奇**等 30 名代表：关于修改村民委员会组织法第十一条第二款的议案（第 320 号）；

26. **孙桂华**等 31 名代表：关于修改城市居民委员会组织法的议案（第 138 号）；

27. **薛少仙**等 31 名代表：关于要求修改城市居委会组织法的议案（第 199 号）；

28. **蔡奇**等 31 名代表：关于加快修改居民委员会组织法的议案（第 248 号）；

29. **秦希燕**等31名代表:关于修改城市居民委员会组织法第一、二、三、十条,完善居民委员会制度的议案(第319号);

30. **徐景龙**等31名代表:关于修改老年人权益保障法的议案(第2号);

31. **姜健**等31名代表:关于修改老年人权益保障法的议案(第91号);

32. **孙菁**等30名代表:关于修改老年人权益保障法的议案(第362号);

33. **孙菁**等30名代表:关于修改收养法的议案(第361号);

34. **夏绩恩**等31名代表:关于开展对保密法执法检查的议案(第93号);

35. **姜健**等31名代表:关于在全国范围内开展残疾人保障法执法检查的议案(第74号);

36. **阎建国**等34名代表:关于全国人大常委会对残疾人保障法实施情况开展执法检查的议案(第157号);

37. **高先海**等33名代表:关于制定法制宣传教育法的议案(第179号);

38. **庄先**等30名代表:关于制定奖励和保护见义勇为人员法的议案(第29号);

39. **周晓光**等30名代表:关于制定公民见义勇为奖励和权益保障法的议案(第201号);

40. **薛少仙**等31名代表:关于要求制定见义勇为行为法的议案(第200号);

41. **周晓光**等30名代表:关于制定见义勇为法的议案(第195号);

42. **邵峰晶**等31名代表:关于制定见义勇为法的议案(第351号);

43. **孙桂华**等30名代表:关于尽快出台见义勇为人员权益保障法的议案(第407号);

44. **郑杰**等30名代表:关于加快我国见义勇为人员权益保障法立法的议案(第432号);

45. **左延安**等30名代表:关于出台见义勇为法律的议案(第430号);

46. **何剑文**等30名代表:关于尽快出台社区矫正法的议案(第144号);

47. **贾春梅**等30名代表:关于制定社区矫正法的议案(第429号);

48. **汪惠芳**等30名代表:关于制定司法鉴定管理法的议案(第246号);

49. **刘玲**等31名代表:关于制定司法鉴定管理法的议案(第469号);

50. **徐景龙**等31名代表:关于制定网络信息安全法的议案(第40号);

51. **徐龙**等33名代表:关于尽快制定信息安全法的议案(第72号);

52. **蔡奇**等30名代表:关于尽快制定网络与信息安全法的议案(第249号);

53. **孙桂华**等31名代表:关于制定互联网安全使用保护法的议案(第141号);

54. **陈云龙**等31名代表:关于制定关于加强人民检察院法律监督工作的决议的议案(第202号);

55. **安东**等30名代表:关于在诉讼活动中建立中国特色人民陪审团制度的议案(第131号);

56. **李开喜**等30名代表:关于修改道路交通安全法第十五条、第五十三条的议案(第321号);

57. **张秀娟**等30名代表:关于尽快修改法官法的议案(第31号);

58. **孙桂玲**等30名代表:关于修改法官法的议案(第403号);

59. **孙桂玲**等30名代表:关于修改检察官法的议案(第405号);

60. **章联生**等30名代表:关于尽快修改人民法院组织法的议案(第33号);

61. **孙桂玲**等31名代表:关于修改人民法院组织法的议案(第406号);

62. 海南代表团:关于修改人民检察院组织法的议案(第7号);

63. **贾春梅**等32名代表:关于修改人民检察院组织法的议案(第424号);

64. **徐安**等35名代表:关于修改人民法院组织法和人民检察院组织法的议案(第472号);

65. **张少康**等31名代表:关于要求修改监狱法的议案(第51号);

66. **章联生**等30名代表:关于尽快修改监狱法的议案(第27号);

67. **史少林**等30名代表:关于修改监狱法的议案(第119号);

68. **孙桂玲**等30名代表:关于修改律师法的议案(第404号);

69. **秦希燕**等32名代表:关于修改治安管理处罚法,增设侵犯个人信息行政法律责任条款的议案(第322号);

70. **林荫茂**等30名代表:关于在全国有条件的地方设立少年法院的议案(第13号);

71. **张立勇**等30名代表:关于修改人民法院组织法增设少年法院的议案(第286号);

72. **赵林中**等31名代表:关于修改未成年人保

护法确保留守儿童权益的议案（第 198 号）；

73. **周晓光**等 30 名代表：关于修改未成年人保护法的议案（第 194 号）；

74. **朱善萍**等 30 名代表：关于修改未成年人保护法的议案（第 470 号）。

四、交财经委员会审议的 123 件：

1. **戎光道**等 31 名代表：关于修改安全生产法的议案（第 22 号）；

2. **杨庚宇**等 32 名代表：关于修改安全生产法的议案（第 227 号）；

3. **蔡奇**等 31 名代表：关于加快修改安全生产法的议案（第 258 号）；

4. **刘庆宁**等 31 名代表：关于修改保险法的议案（第 239 号）；

5. **周晓峰**等 30 名代表：关于修改车险理赔某些条款的议案（第 389 号）；

6. **徐景龙**等 31 名代表：关于制定财政转移支付法的议案（第 57 号）；

7. **南存辉**等 30 名代表：关于修改产品质量法的议案（第 253 号）；

8. **刘卫星**等 30 名代表：关于制定担保公司监督管理法的议案（第 295 号）；

9. **褚君浩**等 30 名代表：关于修改电力法的议案（第 19 号）；

10. **李新炎**等 31 名代表：关于尽快修改电力法的议案（第 41 号）；

11. **南存辉**等 30 名代表：关于修改电力法的议案（第 252 号）；

12. **徐景龙**等 31 名代表：关于制定电信法的议案（第 58 号）；

13. **周晓光**等 30 名代表：关于加快制定电子商务法的议案（第 212 号）；

14. **戴仲川**等 30 名代表：关于制定电子政务法的议案（第 113 号）；

15. **徐龙**等 33 名代表：关于尽快制定电子支付法的议案（第 73 号）；

16. **史贵禄**等 30 名代表：关于制定反暴利法的议案（第 128 号）；

17. **杨伟程**等 33 名代表：关于抓紧修改反不正当竞争法的议案（第 367 号）；

18. **杜波**等 30 名代表：关于修改城市房地产管理法的议案（第 366 号）；

19. **王晶**等 30 名代表：关于制定房屋拆迁法的议案（第 277 号）；

20. **傅企平**等 33 名代表：关于制定高温行业劳动保护法的议案（第 399 号）；

21. **袁敬华**等 30 名代表：关于制定工资法的议案（第 384 号）；

22. **俞学文**等 30 名代表：关于尽快制定工资法，统一工资标准的议案（第 397 号）；

23. **朱雪琴**等 30 名代表：关于制定公共服务基本法的议案（第 339 号）；

24. **刘卫星**等 30 名代表：关于制定城市公共交通保障法的议案（第 293 号）；

25. **海南代表团**：关于修改公司法的议案（第 3 号）；

26. **赖鞍山**等 33 名代表：关于修改公司法的议案（第 112 号）；

27. **王文京**等 31 名代表：关于修改公司法的议案（第 136 号）；

28. **易昕**等 36 名代表：关于修改公司法的议案（第 156 号）；

29. **杨天夫**等 30 名代表：关于修改公司法的议案（第 232 号）；

30. **邹萍**等 34 名代表：关于制定公物管理法通则的议案（第 475 号）；

31. **徐景龙**等 31 名代表：关于修改广告法的议案（第 55 号）；

32. **姜健**等 31 名代表：关于修改广告法的议案（第 77 号）；

33. **郑捷**等 30 名代表：关于修改广告法的议案（第 160 号）；

34. **韦飞燕**等 30 名代表：关于修改广告法的议案（第 237 号）；

35. **刘庆宁**等 31 名代表：关于修改广告法的议案（第 243 号）；

36. **左延安**等 30 名代表：关于完善广告法的议案（第 439 号）；

37. **徐景龙**等 31 名代表：关于制定航空法的议案（第 434 号）；

38. **张涛**等 31 名代表：关于进一步加快航空法立法进程，推进国家综合运输体系建设的议案（第 435 号）；

39. **杨国海**等 47 名代表：关于制定国家航空安全法的议案（第 488 号）；

40. **徐景龙**等 30 名代表：关于制定航天法的议案（第 62 号）；

41. **李朋德**等 31 名代表：关于尽快制定航天法的议案（第 127 号）；

42. **胡浩**等 31 名代表：关于制定航天法的议案

（第132号）；

43. **彭小枫**等35名代表：关于制定航天法的议案（第489号）；

44. **杨震**等31名代表：关于制定互联网/物联网法的议案（第465号）；

45. **徐景龙**等31名代表：关于修改会计法的议案（第59号）；

46. **袁敬华**等30名代表：关于制定集体经济组织法的议案（第363号）；

47. **章联生**等30名代表：关于尽快修改计量法的议案（第39号）；

48. **周晓光**等30名代表：关于制定家政服务法的议案（第203号）；

49. **徐景龙**等31名代表：关于修改价格法的议案（第56号）；

50. **赖鞍山**等33名代表：关于修改价格法的议案（第111号）；

51. **徐征**等30名代表：关于修改建筑法的议案（第23号）；

52. **周晓光**等30名代表：关于修改建筑法的议案（第205号）；

53. **周洪宇**等30名代表：关于制定教育投入保障法的议案（第343号）；

54. **林荫茂**等30名代表：关于制定金融消费者权益保护法的议案（第21号）；

55. **刘卫星**等31名代表：关于制定进城务工人员权益保护法的议案（第294号）；

56. **黄河**等30名代表：关于制定经济法的议案（第129号）；

57. **康凤英**等30名代表：关于尽快修改就业促进法的议案（第365号）；

58. **王荣华**等30名代表：关于完善劳动合同立法，规范劳务派遣用工的议案（第20号）；

59. **姜健**等31名代表：关于修改劳动合同法的议案（第75号）；

60. **欧真志**等33名代表：关于修改劳动合同法规范劳务派遣的议案（第168号）；

61. **任沁新**等31名代表：关于修改和完善劳动合同法部分条款的议案（第299号）；

62. **于文**等30名代表：关于修改劳动合同法的议案（第315号）；

63. **秦希燕**等32名代表：关于修改劳动合同法第五十七、六十六条，规范劳务派遣用工的议案（第325号）；

64. **左延安**等30名代表：关于修改劳动合同法的议案（第437号）；

65. **刘玲**等31名代表：关于修改劳动合同法第六十六条的议案（第461号）；

66. **刘庆宁**等31名代表：关于制定陆地边境地区发展扶持促进法的议案（第241号）；

67. **姜健**等31名代表：关于加快制定旅游法的议案（第79号）；

68. **许世辉**等31名代表：关于制定旅游法的议案（第114号）；

69. **周晓光**等30名代表：关于制定旅游法的议案（第207号）；

70. **刘庆宁**等31名代表：关于尽快出台旅游法的议案（第240号）；

71. **周洪宇**等30名代表：关于制定旅游法的议案（第344号）；

72. **戴雅萍**等34名代表：关于加快制定国家综合性旅游法的议案（第463号）；

73. **周晓光**等30名代表：关于制定民间借贷法的议案（第211号）；

74. **杨成涛**等30名代表：关于制定民间借贷法的议案（第251号）；

75. **刘卫星**等30名代表：关于制定民间借贷法的议案（第298号）；

76. **刘玲**等31名代表：关于制定民间金融法的议案（第464号）；

77. **周晓光**等30名代表：关于制定民间投资促进法的议案（第210号）；

78. **吴江林**等30名代表：关于修改民用航空法部分规定的议案（第279号）；

79. **金硕仁**等30名代表：关于制定农村信用法的议案（第309号）；

80. **王法亮**等30名代表：关于修改拍卖法的议案（第383号）；

81. **么志义**等32名代表：关于修改票据法中承兑汇票空白背书立法的议案（第122号）；

82. **朱玉辰**等30名代表：关于制定期货法的议案（第24号）；

83. **齐奇**等30名代表：关于修改企业破产法相关条款完善执行程序与企业破产程序衔接的议案（第250号）；

84. **许振超**等34名代表：关于加快潜水立法进程保障潜水员与人身安全的议案（第352号）；

85. **姜健**等31名代表：关于修改商标法的议案（第78号）；

86. **戴仲川**等30名代表：关于修改商标法的议

案(第 115 号);

87. **周晓光**等 30 名代表:关于修改商标法的议案(第 208 号);

88. **邵峰晶**等 31 名代表:关于修改商标法的议案(第 386 号);

89. **俞学文**等 30 名代表:关于修改商标法的议案(第 396 号);

90. **左延安**等 30 名代表:关于修改商标法的议案(第 436 号);

91. **左延安**等 30 名代表:关于就企业商标价值评估立法的议案(第 438 号);

92. **黄志明**等 31 名代表:关于修改社会保险法将"工伤保险"和"生育保险"收缴及其相关法律条款纳入"基本医疗保险"规范的议案(第 96 号);

93. **张雅英**等 30 名代表:关于对社会保险法进行修订的议案(第 408 号);

94. **章联生**等 33 名代表:关于制定社会保障法的议案(第 274 号);

95. **邵峰晶**等 31 名代表:关于社会保障法立法的议案(第 387 号);

96. **周晓光**等 30 名代表:关于要求把制定社会信用法列入立法计划的议案(第 204 号);

97. **周晓光**等 30 名代表:关于修改税收征管法的议案(第 206 号);

98. **蔡奇**等 30 名代表:关于修改税收征收管理法的议案(第 257 号);

99. **张秀娟**等 30 名代表:关于尽快修改台湾同胞投资保护法的议案(第 35 号);

100. **周晓光**等 30 名代表:关于制定网络交易法的议案(第 209 号);

101. **袁敬华**等 31 名代表:关于制定无障碍建设法的议案(第 355 号);

102. **朱慧秋**等 30 名代表:关于制定物流法的议案(第 67 号);

103. **许金和**等 31 名代表:关于制定物业管理法的议案(第 161 号);

104. **南存辉**等 30 名代表:关于制定物业管理法的议案(第 254 号);

105. **任玉奇**等 30 名代表:关于尽快制定物业管理法的议案(第 338 号);

106. **徐景龙**等 31 名代表:关于修改消费者权益保护法的议案(第 6 号);

107. **应名洪**等 30 名代表:关于修改消费者权益保护法的议案(第 117 号);

108. **南存辉**等 30 名代表:关于修改消费者权益保护法的议案(第 255 号);

109. **莫照兰**等 30 名代表:关于修改消费者权益保护法的议案(第 385 号);

110. **程惠芳**等 36 名代表:关于制定小企业金融服务法的议案(第 398 号);

111. **刘沧龙**等 38 名代表:关于加快推进信托法配套制度建设的议案(第 422 号);

112. **王东洲**等 36 名代表:关于制定信息化促进法的议案(第 180 号);

113. **王晶**等 30 名代表:关于制定行业协会法的议案(第 276 号);

114. **左红**等 30 名代表:关于完善我国债券市场立法的议案(第 462 号);

115. **欧阳泽华**等 31 名代表:关于进一步修改完善证券法的议案(第 303 号);

116. **莫小莎**等 30 名代表:关于修改政府采购法第二十二条的议案(第 238 号);

117. **金颖颖**等 30 名代表:关于修改中小企业促进法的议案(第 256 号);

118. **郑杰**等 30 名代表:关于进一步完善我国中小企业信用担保体系,制定中小企业信用担保法的议案(第 433 号);

119. **金志国**等 30 名代表:关于加快制定保障房管理法的议案(第 388 号);

120. **刘卫星**等 30 名代表:关于制定保障性住房建设管理法的议案(第 300 号);

121. **蔡奇**等 30 名代表:关于尽快制定城镇住房保障法的议案(第 259 号);

122. **郑功成**等 31 名代表:关于加快制定住宅法的议案(第 231 号);

123. **史贵禄**等 30 名代表:关于制定全国人大常委会关于提高我国自主创新能力专项决议的议案(第 126 号)。

五、交教科文卫委员会审议的 96 件:

1. **徐景龙**等 31 名代表:关于制定全民终身教育法的议案(第 32 号);

2. **沈健**等 34 名代表:关于制定终身教育促进法的议案(第 466 号);

3. **朱慧秋**等 30 名代表:关于制定学前教育法的议案(第 68 号);

4. **郝萍**等 44 名代表:关于制定学前教育法的议案(第 150 号);

5. **周晓光**等 30 名代表:关于制定学前教育法的议案(第 188 号);

6. **汪惠芳**等 30 名代表:关于制定学前教育法

的议案(第 265 号);

7. **周洪宇**等 30 名代表:关于制定学前教育法的议案(第 346 号);

8. **张淑琴**等 31 名代表:关于制定学前教育法的议案(第 381 号);

9. **庞丽娟**等 33 名代表:关于我国学前教育法立法原则、重点的议案(第 448 号);

10. **沈健**等 97 名代表:关于制定学前教育法的议案(第 468 号);

11. **王石齐**等 59 名代表:关于修改民办教育促进法部分条款的议案(第 103 号);

12. **许金和**等 32 名代表:关于修改民办教育促进法的议案(第 167 号);

13. **赵林中**等 33 名代表:关于修改民办教育促进法的议案(第 193 号);

14. **刘卫星**等 30 名代表:关于修改民办教育促进法的议案(第 288 号);

15. **张雅英**等 31 名代表:关于对民办教育促进法进行修改的议案(第 413 号);

16. **沈健**等 32 名代表:关于修改民办教育促进法的议案(第 467 号);

17. **姜鸿斌**等 32 名代表:关于修改义务教育法的议案(第 143 号);

18. **左延安**等 30 名代表:关于修改义务教育法的议案(第 278 号);

19. **周洪宇**等 31 名代表:关于修改职业教育法的议案(第 347 号);

20. **张雅英**等 30 名代表:关于修改职业教育法的议案(第 412 号);

21. **沈健**等 32 名代表:关于制定校企合作促进法的议案(第 473 号);

22. **周洪宇**等 30 名代表:关于修改高等教育法的议案(第 348 号);

23. **郁章玉**等 30 名代表:关于修改高等教育法的议案(第 375 号);

24. **孙兆奇**等 31 名代表:关于健全和完善我国高等教育立法的议案(第 447 号);

25. **夏之宁**等 30 名代表:关于制定特殊教育法的议案(第 280 号);

26. **袁敬华**等 31 名代表:关于制定特殊教育促进法的议案(第 371 号);

27. **周洪宇**等 30 名代表:关于制定学校法的议案(第 349 号);

28. **张淑琴**等 30 名代表:关于修改教师法的议案(第 380 号);

29. **叶倩**等 30 名代表:关于制定知识产权保护基本法的议案(第 11 号);

30. **周晓光**等 30 名代表:关于修改促进科技成果转化法的议案(第 185 号);

31. **杨卫**等 40 名代表:关于制定哲学社会科学促进法的议案(第 191 号);

32. **肖红娟**等 30 名代表:关于修改专利法的议案(第 342 号);

33. **左延安**等 30 名代表:关于修改专利法的议案(第 443 号);

34. **王战**等 30 名代表:关于修改文物保护法,适当放开文物市场的议案(第 12 号);

35. **赵丰**等 30 名代表:关于修改文物保护法的议案(第 192 号);

36. **何仁春**等 44 名代表:关于修改文物保护法相关条款的议案(第 327 号);

37. **李修松**等 31 名代表:关于修改文物保护法的议案(第 444 号);

38. **姜健**等 31 名代表:关于制定公共图书馆法的议案(第 90 号);

39. **郝萍**等 31 名代表:关于制定图书馆法的议案(第 151 号);

40. **吴建平**等 31 名代表:关于修改档案法的议案(第 102 号);

41. **杨伟程**等 33 名代表:关于修改档案法的议案(第 379 号);

42. **周晓光**等 30 名代表:关于修改著作权法的议案(第 186 号);

43. **刘庆宁**等 31 名代表:关于修改著作权法的议案(第 244 号);

44. **简勤**等 39 名代表:关于修改著作权法建立适应互联网时代著作权保护和传播的法律保障机制的议案(第 416 号);

45. **许智宏**等 31 名代表:关于数字化中文字体、字库知识产权保护的议案(第 304 号);

46. **周晓光**等 30 名代表:关于制定博物馆法的议案(第 189 号);

47. **周晓光**等 30 名代表:关于要求制定基本公共文化服务促进法的议案(第 190 号);

48. **蔡奇**等 31 名代表:关于加快公共文化服务立法进程的议案(第 266 号);

49. **周洪宇**等 30 名代表:关于制定文化产业振兴法的议案(第 414 号);

50. **徐景龙**等 31 名代表:关于制定食育法的议案(第 26 号);

51. **徐景龙**等 31 名代表:关于制定基本医疗卫生保健法的议案(第 28 号);

52. **姜健**等 31 名代表:关于制定基本医疗卫生保健法的议案(第 87 号);

53. **汪春兰**等 30 名代表:制定基本卫生保健法(第 446 号);

54. **郝萍**等 46 名代表:关于制定新型农村合作医疗法的议案(第 149 号);

55. **陈赛娟**等 30 名代表:关于新型农村合作医疗制度立法的议案(第 314 号);

56. **徐景龙**等 31 名代表:关于制定公共场所禁烟法的议案(第 30 号);

57. **马力**等 30 名代表:关于制定公共场所禁烟法的议案(第 289 号);

58. **袁敬华**等 31 名代表:关于制定公共场所禁烟法的议案(第 382 号);

59. **辛宝山**等 48 名代表:关于加快制定公共场所禁止吸烟法的议案(第 428 号);

60. **马文芳**等 66 名代表:关于尽快制定烟草危害预防控制法的议案(第 95 号);

61. **顾晋**等 30 名代表:关于尽快制定烟草危害预防控制法的议案(第 174 号);

62. **曹书杰**等 30 名代表:关于制定烟草危害预防控制法的议案(第 410 号);

63. **李根**等 33 名代表:关于修改献血法保障我国血液制品供应的议案(第 94 号);

64. **孙菁**等 30 名代表:关于修改献血法的议案(第 376 号);

65. **戴敏**等 31 名代表:关于修改献血法的议案(第 445 号);

66. **王瑛**等 30 名代表:关于修改献血法的议案(第 478 号);

67. **姜健**等 31 名代表:关于制定出台中医药法的议案(第 88 号);

68. **方同华**等 31 名代表:关于制定“中医药法”的议案(第 142 号);

69. **唐祖宣**等 30 名代表:关于尽快出台中医药法的议案(第 290 号);

70. **阿不都拉·阿巴斯**等 30 名代表:关于修改食品安全法第二十条的议案(第 118 号);

71. **周晓光**等 30 名代表:关于修改食品安全法的议案(第 184 号);

72. **曹朝阳**等 30 名代表:关于修改食品安全法的议案(第 291 号);

73. **朱国萍**等 30 名代表:关于修改食品安全法的议案(第 452 号);

74. **左延安**等 30 名代表:关于修改食品安全法的议案(第 453 号);

75. **王瑛**等 30 名代表:关于修改食品安全法的议案(第 477 号);

76. **张庆伟**等 32 名代表:关于制定乳品质量安全法的议案(第 302 号);

77. **周晓光**等 30 名代表:关于制定抗菌药物管理法的议案(第 187 号);

78. **曹书杰**等 30 名代表:关于制定药品专卖法的议案(第 409 号);

79. **汪春兰**等 30 名代表:关于修改药品管理法的议案(第 450 号);

80. **朱慧秋**等 30 名代表:关于修改药品管理法第二十一条规定的议案(第 451 号);

81. **郑功成**等 31 名代表:关于尽快修改红十字会法的议案(第 228 号);

82. **江亦曼**等 36 名代表:关于尽快修改红十字会法的议案(第 272 号);

83. **周琦**等 31 名代表:关于加快制定卫生法的议案(第 170 号);

84. **刘华**等 30 名代表:关于建立卫生法的议案(第 316 号);

85. **陈海啸**等 30 名代表:关于制定卫生法强化卫生工作顶层设计和规范的议案(第 391 号);

86. **王静成**等 38 名代表:关于制定卫生法的议案(第 474 号);

87. **车晓端**等 30 名代表:关于尽快出台执业药师法的议案(第 267 号);

88. **康凤英**等 30 名代表:关于尽快制定执业药师法的议案(第 374 号);

89. **谢子龙**等 30 名代表:关于制定执业药师法的议案(第 326 号);

90. **曹书杰**等 30 名代表:关于制定医疗事故处理法的议案(第 411 号);

91. **陈海啸**等 30 名代表:关于制定医事法正确调整处理医患关系的议案(第 390 号);

92. **孙秀兰**等 31 名代表:关于修改相关法律明确医学会为医疗损害鉴定法定机构的议案(第 284 号);

93. **杨蓉娅**等 36 名代表:关于制定医疗机构管理法的议案(第 400 号);

94. **王瑛**等 30 名代表:关于修改执业医师法的议案(第 479 号);

95. **汪惠芳**等 30 名代表:关于修改人口与计划

生育法的议案(第268号);

96. **姜健**等31名代表:关于在全国范围内开展文物保护法执法检查的议案(第89号)。

六、交外事委员会审议的5件:

1. **徐景龙**等31名代表:关于制定海洋基本法的议案(第63号);

2. **夏绩恩**等33名代表:关于修改护照法第五条、第六条的议案(第92号);

3. **薛少仙**等32名代表:关于要求尽快制定海洋基本法的议案(第213号);

4. **朱文泉**等34名代表:关于尽快制定海洋基本法的议案(第328号);

5. **张德顺**等58名代表:关于继续推进制定海洋基本法的议案(第418号)。

七、交华侨委员会审议的1件:

1. **陈继延**等31名代表:关于修改归侨侨眷权益保护法的议案(第481号)。

八、交环境与资源保护委员会审议的58件:

1. **马元祝**等31名代表:关于进一步加快自然遗产保护法立法的议案(第178号);

2. **徐秋芳**等30名代表:关于建议制定保护地法的议案(第219号);

3. **邸瑛琪**等38名代表:关于推进自然遗产保护法立法的议案(第296号);

4. **刘玲**等31名代表:关于尽快制定保护地法的议案(第459号);

5. **张全**等30名代表:关于进一步完善环境保护法(修正案草案)的议案(第17号);

6. **姜健**等31名代表:关于修改环境保护法的议案(第86号);

7. **吴建平**等31名代表:关于修改环境保护法的议案(第97号);

8. **傅企平**等31名代表:关于修改环保法的议案(第393号);

9. **张全**等30名代表:关于在大气污染防治法中明确区域联防联控机制的议案(第16号);

10. **章联生**等30名代表:关于尽快修改大气污染防治法的议案(第43号);

11. **蔡奇**等30名代表:关于加快修改大气污染防治法的议案(第260号);

12. **海南代表团**:关于修改土地管理法的议案(第1号);

13. **金建忠**等30名代表:关于尽快修改土地管理法的议案(第14号);

14. **李新炎**等31名代表:关于尽快修改土地管理法的议案(第47号);

15. **周晓光**等30名代表:关于修改土地管理法第四十七条的议案(第218号);

16. **刘庆宁**等31名代表:关于修改土地管理法的议案(第245号);

17. **汪惠芳**等30名代表:关于修改土地管理法相关条款的议案(第262号);

18. **任玉奇**等33名代表:关于修改土地管理法第三十七条、四十七条的议案(第313号);

19. **胡茂成**等31名代表:关于修改土地管理法的议案(第345号);

20. **秦希燕**等30名代表:关于修改土地管理法第四十三、六十三条,放宽集体建设用地使用权流转的议案(第324号);

21. **包景岭**等31名代表:关于修改海洋环境保护法行政处罚条款的议案(第171号);

22. **刘纪林**等32名代表:关于修改海洋环境保护法的议案(第282号);

23. **徐景龙**等31名代表:关于修改环境影响评价法的议案(第48号);

24. **戴仲川**等30名代表:关于修改环境影响评价法的议案(第105号);

25. **杨兴平**等30名代表:关于修改我国环评法的议案(第415号);

26. **谭志娟**等32名代表:关于修改野生动物保护法的议案(第66号);

27. **敬一丹**等30名代表:关于提请审议修改野生动物保护法的议案(第177号);

28. **张秀娟**等30名代表:关于尽快修改水法的议案(第45号);

29. **金志国**等30名代表:关于修改水法的议案(第370号);

30. **李登海**等30名代表:关于修改海域使用管理法有关条款的议案(第368号);

31. **姜晓亭**等39名代表:关于修改环境噪声污染防治法的议案(第183号);

32. **徐景龙**等31名代表:关于修改固体废物污染环境防治法的议案(第4号);

33. **徐景龙**等31名代表:关于修改气象法的议案(第54号);

34. **李朋德**等31名代表:关于修改测绘法的议案(第130号);

35. **戴仲川**等30名代表:关于修改矿产资源法的议案(第158号);

36. **张庆伟**等30名代表:关于制定生态补偿法

的议案(第 134 号);

37. **汪惠芳**等 30 名代表:关于制定生态补偿法的议案(第 261 号);

38. **杜国玲**等 42 名代表:关于尽快制定国家生态补偿法,建立健全具有中国特色国家生态补偿制度的议案(第 460 号);

39. **储亚平**等 30 名代表:关于我国应尽快出台饮用水源地保护法的议案(第 297 号);

40. **傅企平**等 32 名代表:关于农村土地污染防治立法的议案(第 392 号);

41. **张庆伟**等 79 名代表:关于制定室内环境污染防控法的议案(第 133 号);

42. 海南代表团:关于制定深海资源勘探开发和管理法的议案(第 5 号);

43. **任玉奇**等 30 名代表:关于制定农村环境保护法的议案(第 101 号);

44. **郝萍**等 44 名代表:关于制定农业生态环境保护法的议案(第 148 号);

45. **吕振霖**等 30 名代表:关于制定长江流域管理法的议案(第 153 号);

46. **吕振霖**等 30 名代表:关于加强河湖水域保护立法的议案(第 154 号);

47. **朱志远**等 30 名代表:关于优先推进核安全法立法的议案(第 18 号);

48. **戴仲川**等 30 名代表:关于制定核安全法的议案(第 106 号);

49. **褚君浩**等 30 名代表:关于制定原子能法的议案(第 173 号);

50. **徐景龙**等 31 名代表:关于制定低碳技术促进法的议案(第 34 号);

51. **黄美缘**等 30 名代表:关于制定海水利用促进法的议案(第 107 号);

52. **李全喜**等 31 名代表:关于制定废旧电器电子产品回收利用法的议案(第 172 号);

53. **周晓光**等 30 名代表:关于制定生态环境恢复促进法的议案(第 214 号);

54. **周晓光**等 30 名代表:关于制定气象灾害防御法的议案(第 215 号);

55. **周晓光**等 30 名代表:关于制定餐厨垃圾管理法的议案(第 216 号);

56. **周晓光**等 30 名代表:关于制定水库环境保护法的议案(第 217 号);

57. **张庆伟**等 31 名代表:关于制定环境监测法的议案(第 305 号);

58. **褚君浩**等 30 名代表:关于对可再生能源法进行执法检查的议案(第 15 号)。

九、交农业与农村委员会审议的 43 件:

1. **章联生**等 30 名代表:关于尽快修改森林法的议案(第 37 号);

2. **姜健**等 31 名代表:关于修改森林法的议案(第 82 号);

3. **胡茂成**等 31 名代表:关于修改森林法的议案(第 340 号);

4. **姜健**等 31 名代表:关于加快制定粮食法的议案(第 85 号);

5. **戴仲川**等 30 名代表:关于制定粮食法的议案(第 116 号);

6. **王保存**等 45 名代表:关于制定粮食安全法的议案(第 147 号);

7. **赵喜忠**等 30 名代表:关于尽快出台粮食法的议案(第 317 号);

8. **宋心仿**等 30 名代表:关于粮食法立法的议案(第 353 号);

9. **姜健**等 31 名代表:关于在全国范围内开展农业法执法检查的议案(第 84 号);

10. **赵静**等 30 名代表:关于尽快修改农业法的议案(第 273 号);

11. **姜健**等 31 名代表:关于修改农业技术推广法的议案(第 83 号);

12. **任玉奇**等 30 名代表:关于修改农业技术推广法的议案(第 99 号);

13. **杨卫**等 41 名代表:关于加快修改农业技术推广法的议案(第 224 号);

14. **林燚**等 31 名代表:关于修改农业技术推广法的议案(第 225 号);

15. **沈志强**等 31 名代表:关于修改农业技术推广法的议案(第 354 号);

16. **徐景龙**等 31 名代表:关于修改种子法的议案(第 42 号);

17. **谭志娟**等 32 名代表:关于修改种子法的议案(第 64 号);

18. **徐景龙**等 30 名代表:关于制定植物保护法的议案(第 44 号);

19. **陈瑞爱**等 35 名代表:关于修改农村土地承包法的议案(第 69 号);

20. **史贵禄**等 30 名代表:关于修改农村土地承包法的议案(第 125 号);

21. **袁敬华**等 30 名代表:关于修改农村土地承包法的议案(第 373 号);

22. **袁敬华**等 30 名代表:关于制定集体土地流

转法的议案(第369号);

23. **汪惠芳**等30名代表:关于制定耕地质量管理法的议案(第263号);

24. **陈瑞爱**等37名代表:关于加快制定兽医法的议案(第70号);

25. **陈瑞爱**等37名代表:关于修改完善动物防疫法的议案(第71号);

26. **徐景龙**等31名代表:关于制定农田水利法的议案(第46号);

27. **任玉奇**等30名代表:关于制定公益性农产品市场法的议案(第98号);

28. **谢华安**等30名代表:关于制定农业投入法的议案(第166号);

29. **杜波**等32名代表:关于制定农业补贴法的议案(第372号);

30. **汪惠芳**等30名代表:关于制定农药管理法的议案(第264号);

31. **邵峰晶**等31名代表:关于制定农药法的议案(第364号);

32. **张庆伟**等71名代表:关于制定饲料法的议案(第306号);

33. **罗祖亮**等30名代表:关于修改渔业法的议案(第323号);

34. **曹朝阳**等30名代表:关于修改农产品质量安全法的议案(第292号);

35. **莫雁诗**等30名代表:关于制定扶贫法的议案(第52号);

36. **禄智明**等34名代表:关于尽快研究制定扶贫开发法的议案(第53号);

37. **赵立欣**等36名代表:关于尽快启动扶贫立法的议案(第104号);

38. **宁夏代表团**:关于制定扶贫法的议案(第120号);

39. **史贵禄**等30名代表:关于制定国家扶贫法的议案(第124号);

40. **陈泽民**等33名代表:关于制定扶贫法的议案(第152号);

41. **华渝生**等31名代表:关于制定扶贫法的议案(第169号);

42. **黄文武**等30名代表:关于制定扶贫法的议案(第480号);

43. **李乾元**等30名代表:关于制定农业合作组织基本法的议案(第485号)。

第十一届全国人民代表大会第五次会议主席团和秘书长名单

(2012年3月4日第十一届全国人民代表大会第五次会议预备会议通过)

主席团(170人,按姓名笔划为序)

丁晓兵　习近平　马启智(回族)　马　飚(壮族)　王三运
王万宾　王云龙　王正伟(回族)　王乐泉　王宁生
王　刚　王兆国　王佐书　王沪宁　王　珉
王树国　王晓东(满族)　王维俊(女)　乌云其木格(女,蒙古族)
方　明　巴特尔(蒙古族)　邓崎琳　艾力更·依明巴海(维吾尔族)
石秀诗　龙　刚(苗族)　卢展工　白志健　白克明
令计划　冯长根　司马义·铁力瓦尔地(维吾尔族)　吉炳轩
达列力汗·马米汗(哈萨克族)　朱国萍(女)　乔传秀(女)　乔晓阳
华建敏　向巴平措(藏族)　刘云山　刘云耕　刘长瑜(女)
刘志华(女)　刘奇葆　刘绍勇　刘　淇　刘焯华
刘德培　齐续春(满族)　汤小泉(女)　许其亮　许振超
许智宏　孙安民　孙春兰(女)　孙政才　严隽琪(女)
苏　荣　杜德印　李长春　李　牧　李建华

李建国　李适时　李重庵　李继耐　李欲晞
李鸿忠　李登海　李源潮　李慎明　李肇星
杨　扬(女)　杨　岳　杨贵新(女,侗族)　杨　剑　杨继钢
肖怀远　吴邦国　吴华夏　吴胜利　吴晓灵(女)
何　勇　汪光焘　汪　洋　汪毅夫
张支铁(彝族)　张庆黎　张伯礼　张宝顺　张春贤
张美兰(女,哈尼族)　张高丽　张　毅　陈存根
陈至立(女)　陈先岩　陈全国　陈秀榕(女)　陈昌智
陈炳德　姒健敏　范徐丽泰(女)　林毅夫　欧广源
罗志军　罗保铭　金炳华　金硕仁(朝鲜族)　周永康
周先旺(土家族)　周铁农　周　强　赵乐际　赵季平
赵胜轩　赵洪祝　胡春华　胡康生　胡锦涛
钟南山　俞正声　姜异康　贺一诚　贺国强
贺　铿　秦光荣　袁纯清　袁　武　袁　驷
栗战书　贾庆林　顾逸东　钱运录　徐才厚
徐建一　徐　强　高祀仁　高　洪(白族)　郭凤莲(女)
郭声琨　郭伯雄　唐世礼(女,布依族)
娘毛先(女,藏族)　桑国卫　黄跃金　黄镇东　常万全
符桂花(女,黎族)　梁国扬　梁慧星　彭先觉
彭祖意(瑶族)　彭清华　蒋树声　韩启德　程贻举
程津培　谢木兰(女)　强　卫　蒙兰凤(女,侗族)　路甬祥
靖志远　褚君浩　嘉木样·洛桑久美·图丹却吉尼玛(藏族)
赫冀成(满族)　管国芳(女,傣族)　廖晓军　廖锡龙　谭永华
薄熙来

秘书长

王兆国

第十一届全国人民代表大会第五次会议主席团常务主席名单

(2012 年 3 月 4 日第十一届全国人民代表大会第五次会议主席团第一次会议推选)

吴邦国　王兆国　路甬祥　乌云其木格(女,蒙古族)　韩启德　华建敏
陈至立(女)　周铁农　李建国　司马义·铁力瓦尔地(维吾尔族)　蒋树声
陈昌智　严隽琪(女)　桑国卫

第十一届全国人民代表大会第五次会议副秘书长名单

（2012年3月4日第十一届全国人民代表大会
第五次会议主席团第一次会议决定）

李建国　王万宾　胡康生　李肇星　赵胜轩　尤　权

第十一届全国人民代表大会第五次会议议程

（2012年3月4日第十一届全国人民代表大会
第五次会议预备会议通过）

一、听取和审议国务院总理温家宝关于政府工作的报告

二、审查和批准2011年国民经济和社会发展计划执行情况与2012年国民经济和社会发展计划草案的报告

批准2012年国民经济和社会发展计划

三、审查和批准2011年中央和地方预算执行情况与2012年中央和地方预算草案的报告

批准2012年中央预算

四、审议全国人民代表大会常务委员会关于提请审议《中华人民共和国刑事诉讼法修正案（草案）》的议案

五、审议全国人民代表大会常务委员会关于提请审议《第十一届全国人民代表大会第五次会议关于第十二届全国人民代表大会代表名额和选举问题的决定（草案）》的议案

六、审议全国人民代表大会常务委员会关于提请审议《中华人民共和国香港特别行政区选举第十二届全国人民代表大会代表的办法（草案）》的议案

七、审议全国人民代表大会常务委员会关于提请审议《中华人民共和国澳门特别行政区选举第十二届全国人民代表大会代表的办法（草案）》的议案

八、听取和审议全国人民代表大会常务委员会委员长吴邦国关于全国人民代表大会常务委员会工作的报告

九、听取和审议最高人民法院院长王胜俊关于最高人民法院工作的报告

十、听取和审议最高人民检察院检察长曹建明关于最高人民检察院工作的报告

第十一届全国人民代表大会第五次会议日程

2012年3月5日至3月14日

（2012年3月4日第十一届全国人民代表大会
第五次会议主席团第一次会议通过）

3月5日（星期一）

上午9时　开幕会

1. 国务院总理温家宝作政府工作报告
2. 审查国务院关于2011年国民经济和社会发展计划执行情况与2012年国民经济和社会发展计划草案的报告
3. 审查国务院关于2011年中央和地方预算执行情况与2012年中央和地方预算草案的报告

下午3时　代表团全体会议，审议政府工作

报告

3 月 6 日(星期二)

上午 9 时 代表小组会议,审议政府工作报告

下午 3 时 代表小组会议,审议政府工作报告

3 月 7 日(星期三)

上午 9 时 代表团全体会议,审查计划报告和预算报告

下午 3 时 代表小组会议,审查计划报告和预算报告

3 月 8 日(星期四)

上午 9 时 第二次全体会议

1. 听取全国人大常委会副委员长王兆国关于中华人民共和国刑事诉讼法修正案草案的说明
2. 听取全国人大常委会副委员长兼秘书长李建国关于第十二届全国人民代表大会代表名额和选举问题的决定草案的说明
3. 听取全国人大常委会副委员长兼秘书长李建国关于中华人民共和国香港特别行政区选举第十二届全国人民代表大会代表的办法草案和中华人民共和国澳门特别行政区选举第十二届全国人民代表大会代表的办法草案的说明

下午 3 时 代表小组会议,审议刑事诉讼法修正案草案、关于第十二届全国人大代表名额和选举问题的决定草案、香港特别行政区选举第十二届全国人大代表的办法草案、澳门特别行政区选举第十二届全国人大代表的办法草案

3 月 9 日(星期五)

上午 9 时 代表小组会议,审议刑事诉讼法修正案草案、关于第十二届全国人大代表名额和选举问题的决定草案、香港特别行政区选举第十二届全国人大代表的办法草案、澳门特别行政区选举第十二届全国人大代表的办法草案

下午 3 时 第三次全体会议

全国人大常委会委员长吴邦国作全国人民代表大会常务委员会工作报告

3 月 10 日(星期六)

上午 9 时 代表小组会议,审议全国人大常委会工作报告

下午 3 时 代表团全体会议,审议全国人大常委会工作报告

3 月 11 日(星期日)

上午 9 时 代表小组会议,审议关于修改刑事诉讼法的决定草案、关于第十二届全国人大代表名额和选举问题的决定草案修改稿、香港特别行政区选举第十二届全国人大代表的办法草案修改稿、澳门特别行政区选举第十二届全国人大代表的办法草案修改稿

下午 3 时 第四次全体会议

1. 最高人民法院院长王胜俊作最高人民法院工作报告
2. 最高人民检察院检察长曹建明作最高人民检察院工作报告

3 月 12 日(星期一)

上午 9 时 代表小组会议,审议最高人民法院工作报告和最高人民检察院工作报告

下午 3 时 代表团全体会议,审议最高人民法院工作报告和最高人民检察院工作报告

3 月 13 日(星期二)

上午 9 时 代表小组会议,审议关于政府工作报告、年度计划和年度预算的三个决议草案

下午 3 时 代表团全体会议,审议各项决议草案和关于修改刑事诉讼法的决定草案建议表决稿、关于第十二届全国人大代表名额和选举问题的决定草案建议表决稿、香港特别行政区选举第十二届全国人大代表的办法草案建议表决稿、澳门特别行政区选举第十二届全国人大代表的办法草案建议表决稿

3 月 14 日(星期三)

上午 10 时 闭幕会

1. 表决关于政府工作报告的决议草案
2. 表决关于 2011 年国民经济和社会发展计划执行情况与 2012

年国民经济和社会发展计划的决议草案
3. 表决关于 2011 年中央和地方预算执行情况与 2012 年中央和地方预算的决议草案
4. 表决关于修改中华人民共和国刑事诉讼法的决定草案
5. 表决关于第十二届全国人民代表大会代表名额和选举问题的决定草案
6. 表决中华人民共和国香港特别行政区选举第十二届全国人民代表大会代表的办法草案
7. 表决中华人民共和国澳门特别行政区选举第十二届全国人民代表大会代表的办法草案
8. 表决关于全国人民代表大会常务委员会工作报告的决议草案
9. 表决关于最高人民法院工作报告的决议草案
10. 表决关于最高人民检察院工作报告的决议草案

闭 幕

常委会工作安排和会议议程日程

一、常委会工作安排

全国人大常委会2012年工作要点

（2011年12月16日第十一届全国人民代表大会常务委员会第七十三次委员长会议原则通过　根据第十一届全国人民代表大会第五次会议精神修改）

2012年是本届全国人大及其常委会任期的最后一年，我们党将召开具有重大而深远意义的第十八次全国代表大会。牢牢把握稳中求进的工作总基调，努力做好全年各项工作，巩固和发展“十二五”时期开局良好势头，对党的十八大胜利召开具有十分重要的意义。全国人大常委会工作的总体要求是：**全面贯彻党的十七大和十七届三中、四中、五中、六中全会以及中央经济工作会议精神，以邓小平理论和“三个代表”重要思想为指导，深入贯彻落实科学发展观，坚定不移走中国特色社会主义政治发展道路，坚持党的领导、人民当家作主、依法治国有机统一，加强和改进立法工作，完善中国特色社会主义法律体系，加强和改进监督工作，推动中央重大决策部署贯彻落实，努力实现本届全国人大的各项目标任务，为促进经济平稳较快发展、保持社会和谐稳定作出新的贡献。**

一、进一步完善中国特色社会主义法律体系

1. *在完善中国特色社会主义法律体系上迈出新步伐。*按照坚持和完善中国特色社会主义制度的总体要求加强立法工作，抓紧修改与经济社会发展不相适应的法律，及时制定对推动科学发展、促进社会和谐具有重要意义的法律，加强文化法制建设，不断提高立法质量，为全面建设小康社会、发展中国特色社会主义提供更加有力的法制保障。

2. *推进社会领域立法。*适应加强和创新社会管理、保障和改善民生的需要，修改刑事诉讼法、民事诉讼法、劳动合同法、老年人权益保障法等，制定精神卫生法、出境入境管理法、军人保险法等。

3. *完善经济领域立法。*适应加快形成有利于科学发展的体制机制的需要，修改预算法、证券投资基金法、土地管理法、清洁生产促进法、环境保护法、商标法、农业技术推广法等，制定资产评估法。

4. *加强文化法制建设。*适应加强文化法制建设、提高文化建设法制化水平的要求，建立健全文化及相关法律制度，研究制定公共图书馆法等。加强网络法制建设，完善网络法律制度，发展健康向上的网络文化，维护公共利益和国家信息安全。

5. *保证法律体系内在科学和谐统一。*建立健全法律解释常态化机制，对需要进一步明确法律规定的具体含义、法律制定后出现新情况需要明确适用依据的法律，及时作出法律解释。继续督促有关方面抓紧出台现行法律的配套法规，特别是重要法律配套法规的制定和修改。在法律草案审议过程中，同时考虑和落实起草相关配套法规工作。结合重要法律的制定和修改，同步修改或者废止相关法律法规。督促和指导最高人民法院、最高人民检察院做好司法解释集中清理工作，确保年内全面完成。

6. *积极推进科学立法、民主立法的制度化、规范化、程序化。*积极探索公众有序参与立法的途径和形式，建立健全意见表达机制和意见反馈机制，加强综合分析和科学论证，妥善回应公众立法关切。进一步发挥人大代表在立法中的作用，认真研究和吸收代表在议案和建议中提出的立法意见和建议，邀请代表参加立法调研、座谈会、论证会等。对中小企业促进法、残疾人保障法等法律相关制度开展立法后评估工作，为修改完善法律、加强和改进有关工作提供依据。

7. *切实加强对立法工作的组织协调。*在党中央的领导下，依法行使国家立法权，充分发挥在立法工作中的主导作用，统筹规划、积极督促有关方面抓紧法律起草工作，按时提请审议。加强有关专

门委员会、工作委员会与法律起草部门的协调和沟通,提前介入,积极推动法律起草工作进程。更加注重把修改完善法律同加强监督工作有机结合起来,紧密结合监督工作实际,组织专门委员会开展修改完善有关法律的起草工作,及时提出立法议案。加强和改进法律审议工作,充分听取各方面意见,主动进行协调,广泛凝聚共识。加强立法工作中前瞻性、全局性问题研究,做好下一届五年立法规划的前期准备工作。

8. *做好国际条约的决定批准工作。*加强有关条约的审议工作,认真研究承担条约义务与我国法律制度的衔接问题,履行好作出决定的职责。

二、紧紧围绕党和国家工作大局加强和改进监督工作

9. *在推动中央重大决策部署贯彻落实上见到新成效。*坚持围绕中心、突出重点、讲求实效的监督工作思路,以科学发展为主题,以加快转变经济发展方式为主线,坚持稳中求进,着力加强对经济工作和重大民生工作的监督,综合运用专题询问、专题调研、跟踪监督等方式方法,加大监督力度,增强监督实效,推动中央重大决策部署贯彻落实。

10. *推动国家宏观调控政策的贯彻落实。*听取审议关于 2012 年上半年计划执行情况报告、2012 年 1—7 月预算执行情况报告、2011 年中央决算报告和 2011 年度审计工作报告,审查和批准 2011 年中央决算,重点检查督促稳增长、控物价、调结构等政策措施的贯彻落实情况,进一步推动经济增长由政策刺激向自主增长有序转变,努力保持经济平稳较快发展势头。加强有关专门委员会对经济形势的分析,统筹处理速度、结构、物价三者关系,密切关注国际经济金融形势变动对我国经济发展可能带来的影响,及时提出完善宏观调控的意见和建议。

11. *推动解决发展中不平衡、不协调、不可持续的突出问题。*听取审议关于调整国民收入分配、县级基本财力保障机制运行、国有企业改革与发展、土地管理和矿产资源开发利用及保护、农田水利建设等专项工作报告,检查农业法实施情况,结合调整经济结构、增加居民收入、推动科技进步、促进资源节约和环境保护等开展专题调研,研究制定完善相关财税政策,推动经济发展方式转变取得实质性进展。听取审议关于深化文化体制改革、推动社会主义文化大发展大繁荣工作情况报告,检查文物保护法实施情况,推进文化改革发展。

12. *推进以改善民生为重点的社会建设。*听取审议关于社会救助工作、保障饮用水安全等专项工作报告,检查残疾人保障法实施情况,督促有关方面加大保障和改善民生的工作力度。听取审议关于外国人入出境及居留就业管理、禁毒法实施和禁毒工作等专项工作报告,围绕城市社区建设等方面的有关问题进行专题调研,推动提高社会管理科学化水平。

13. *促进公正司法和公正执法。*听取审议关于知识产权审判、民事行政检察、监狱法实施和监狱工作等专项工作报告,推动人民法院、人民检察院和刑罚执行机关公正司法和公正执法,维护社会公平正义。

14. *切实增强监督实效。*选择国有企业改革和发展、农田水利建设、保障饮用水安全等重点问题,结合审议相关报告,继续依法开展专题询问。认真开展前期调研,加强组织协调和统筹安排,进一步提高专题询问的针对性和实效性。在审议计划执行、预算执行、中央决算报告时,着重审查全国人大及其常委会批准的财政经济委员会有关审查结果报告中所提建议的落实情况。

15. *加强规范性文件备案审查。*对新制定的行政法规、司法解释逐件进行主动审查研究,对地方性法规有重点地进行主动审查研究。认真研究处理有关国家机关和社会团体、企事业组织以及公民提出的审查建议,研究探索审查建议的回复机制。做好新形势下群众来信来访工作,做好对涉法涉诉信访集中反映问题的综合分析和转办工作。

16. *着重抓好监督工作的主要环节。*加强统筹协调,精心组织,周密安排,做到监督项目“任务、人员、时间”三落实。加强调查研究,善于听取各方面特别是基层群众的意见,善于用全局的、长远的眼光分析问题,提出务实中肯的意见和建议。加强同“一府两院”的沟通,通过多种形式及时交换意见,提高报告起草和审议质量,并督促有关方面认真研究落实常委会审议意见。

三、认真做好人大代表选举工作

17. *做好十二届全国人大代表选举的有关工作。*按照中央关于做好十二届全国人大代表选举工作的部署和要求,贯彻落实修改后的选举法,认真做好有关工作,组织好全国人大代表换届选举。

18. *继续做好县乡两级人大换届选举有关工作。*按照中央关于做好全国县乡两级人大换届选

举工作的部署和要求，加强与有关方面的协调配合，及时了解和掌握换届选举工作情况，加强信息沟通和情况交流，认真研究有关法律问题和工作问题，推动县乡人大换届选举工作顺利完成。

四、支持和保障代表依法履职

19. *努力提升代表工作水平*。认真贯彻落实修改后的代表法，坚持尊重代表主体地位，坚持为代表服务的思想，努力提高代表服务保障水平，密切代表与人民群众的联系，更好地发挥代表在立法、监督工作中的作用。

20. *把办理代表议案与加强立法工作结合起来*。对代表议案中涉及的立法项目，已提请常委会审议的，要积极吸收代表的意见；已列入本届常委会立法规划和计划的，要抓紧相关工作；未列入立法规划和计划的，也要统筹研究。采取多种形式，加强与提议案代表的联系沟通。研究、起草和审议法律案过程中，注重邀请提出相关议案的代表参加。

21. *把办理代表建议与加强监督工作结合起来*。加强对代表建议的综合分析，组织好交办、承办工作。加大重点建议跟踪督办力度，推动有关方面改进工作。加强与各承办单位的沟通协调，督促承办单位采取多种方式与代表联系沟通，充分听取意见、努力解决问题，把办理代表建议的过程作为密切联系群众、加强和改进工作的过程。

22. *组织好代表闭会期间活动*。完善代表参与常委会、专门委员会的活动办法。继续邀请相关代表参加常委会执法检查、专题调研等活动。认真组织代表专题调研和集中视察，密切代表同原选举单位人民群众的联系，增强代表闭会期间活动实效。

23. *开展集中学习和交流研讨*。举办代表专题学习班，集中学习党的十八大精神，把思想和行动统一到中央的决策部署上来。举办代表履职交流研讨班，围绕经济社会发展和民主法制建设的重点问题，交流履职经验。

五、积极开展人大对外交往

24. *提高全国人大对外交往水平*。按照我国外交工作的基本方针和总体部署，充分发挥人大对外交往的特点和优势，服务国家外交大局，广泛开展与外国议会和国际议会组织的交流合作，加强政治互信、发展人民友谊、推动务实合作，从议会层面努力增进国际社会对我国基本国情、发展道路、内外政策的了解和认识，妥善回应外部关切，展现我国文明、民主、开放、进步的形象。

25. *重点做好高层互访工作*。按照中央的统一部署，切实做好委员长访问有关国家的工作。结合国家外交工作大局和人大对外交往的实际，精心组织好委员长会议其他组成人员的出访活动。有重点地邀请有关国家议长访华。

26. *深化议会机制交流*。充分利用好中俄议会合作委员会的平台，发展与俄罗斯国家杜马和联邦委员会的关系，推动两国立法机构在治国理政方面的交流势头。巩固和推进中美议会交流机制，增强与美国参众两院交流机制会议的影响力，增信释疑、扩大共识。以纪念中日邦交正常化40周年为契机，通过与日本众参两院机制交流增进政治互信，夯实友好基础。有针对性地开展与欧洲议会的机制交流，推动中欧关系稳定发展。围绕外交大局，全面推进与其他机制交流对象国议会的交往。

27. *积极参与多边交往*。继续在各国议会联盟、亚太议会论坛、东盟各国议会间大会、拉美议会等国际议会组织和国际会议中发挥建设性作用。巩固我国在20国集团议长大会等新兴议会多边机制中的重要地位。

28. *推进多层次对外交往*。结合国家改革开放以及加强人大立法、监督等工作需要，有计划、有重点地开展与外国议会有关专门委员会的对口工作交流。利用议会双边友好小组的平台，加强与外国议会中有影响的议员和年轻议员的接触和交往。密切与外国议会工作机构和议员助手的工作联系。

六、加强人大新闻宣传工作

29. *充分发挥人大新闻宣传工作的重要作用*。围绕党和国家工作大局、围绕全国人大及其常委会中心工作，坚持正确的舆论导向，加大宣传报道工作力度。完善宣传报道方式，把对全国人大会议、常委会会议的报道与对人大经常性工作的报道结合起来，把全面报道与突出重点、形成亮点结合起来，把用好传统媒体与积极尝试运用新兴媒体结合起来，加强舆情分析，加强正面引导，积极营造良好舆论氛围。

30. *加强对立法工作的宣传报道*。系统宣传法律体系和本届以来的立法工作成绩，宣传在推进科学立法、民主立法方面形成的经验做法。抓住立法中的重点问题，深入报道审议过程中的重要意见。及时报道向社会公布法律草案、公开征求意见的有关情况，组织媒体开展法律草案讨论的专题报道。

31. 加强对监督工作的宣传报道。进一步做好常委会听取审议“一府两院”专项工作报告、开展执法检查、进行专题询问和专题调研等监督工作的报道。选择与人民群众利益密切相关的执法检查，组织媒体进行集中、深度报道。以正面宣传为主，坚持全面报道，既反映常委会组成人员对热点难点问题的关注、推动改进工作的意见和建议，又报道有关方面采取的措施和取得的成效。

32. 做好人大换届选举宣传工作。加大换届选举宣传工作力度，牢牢掌握话语权。做好舆情分析和舆论引导工作，着力宣传换届选举的重大意义、宪法法律、方针政策和选举工作的做法经验，认真回应群众关切，为换届选举顺利进行营造良好社会氛围。

33. 增强人大对外宣传工作实效。根据中央外宣工作的总体要求，结合人大工作实际，健全人大外宣工作机制，丰富外宣内容，提高外宣工作水平。积极宣传我国人民代表大会制度和民主法制建设的巨大成就，不断增强人大外宣工作吸引力、影响力。组织好常委会外事活动的新闻报道，重点做好委员长、副委员长出访活动的报道。

34. 综合运用多种宣传报道形式。充分发挥传统媒体作用，进一步发挥新兴媒体的积极作用，提高与媒体打交道能力和舆论引导能力，增强人大新闻宣传工作的针对性、生动性和实效性。继续办好全国人大常委会公报、《中国人大》杂志，丰富完善中国人大网，使之成为常委会与公众进行沟通交流的信息平台，成为各方面了解中国民主法制建设成果、人民代表大会制度的便捷渠道。

七、开展纪念现行宪法公布施行 30 周年活动

35. 组织开展系列纪念活动。配合有关方面做好首都各界纪念中华人民共和国宪法公布施行 30 周年大会的有关工作。举办纪念现行宪法公布施行 30 周年座谈会。以现行宪法公布施行 30 周年为契机，在全社会兴起学习宪法的高潮，营造自觉学法守法用法的社会氛围，弘扬社会主义法治精神，推动依法治国基本方略贯彻实施。

八、进一步加强自身建设

36. 加强常委会自身建设。切实抓好思想政治建设，全面贯彻落实党的十七大和十七届六中全会精神，深入学习领会和全面贯彻落实党的十八大精神，自觉在思想上行动上同党中央保持高度一致，讲政治、顾大局、守纪律，牢牢把握人大工作正确政治方向，坚决贯彻执行党中央的重大决策部署。坚持民主集中制原则，充分发扬民主，依法按程序办事。围绕党和国家工作大局开展人大工作，加强沟通协调，密切配合协作，认真履行宪法和法律赋予的职责。密切联系人民群众，围绕解决人民群众最关心、最直接、最现实的利益问题，深入开展调查研究，改进工作作风。继续办好常委会专题讲座，组织好常委会和专门委员会组成人员的集中学习，提高依法履职能力。加强与地方人大常委会形式多样、内容丰富的交流与联系，总结加强和改进人大工作的好做法好经验，依法指导工作，为发展社会主义民主政治、建设社会主义法治国家共同作出不懈努力。

37. 总结本届以来人大各项工作。组织专门委员会、工作委员会和全国人大机关各单位系统回顾和总结本届以来的工作体会和经验，探索新形势下人大工作的特点和规律，加强对新情况新问题的研究，努力回答带有全局性、战略性的重大问题，为丰富和发展人民代表大会制度理论和实践、推动人大工作与时俱进作出积极贡献。

38. 加强全国人大机关建设。在创先争优活动取得实效的基础上，大力推进学习型机关、和谐机关建设。加强马克思主义基本原理和中国特色社会主义理论体系的学习。进一步开展人民代表大会制度、中国特色社会主义法律体系等理论研究，始终保持政治上的清醒和坚定。进一步加强全国人大机关队伍建设，全面提高干部的政治素质和业务素质，着力增强学习调研能力、文字表达能力和沟通协调能力，努力造就高素质机关干部队伍和人才队伍。加强各单位团结协作，确保各项工作有序进行，为全国人大及其常委会依法履职提供优良服务保障、当好集体参谋助手。确保优质高效地完成常委会会议厅改扩建工程，按期投入使用。严格执行财经制度，保证机关正常经费支出，倡导勤俭节约，建设节约型机关。加强机关信息化建设。做好机关离退休干部职工工作。加强机关安全保卫工作。

九、认真做好代表大会的组织、筹备和服务保障工作

39. 开好十一届全国人大五次会议。按照党中央批准的关于召开十一届全国人大五次会议的指导思想和总体要求，认真履行宪法赋予的召集人民代表大会会议的职责，全力以赴、缜密细致地做好大会的各项组织、筹备和服务保障工作，确保各项议程顺利通过，确保大会取得圆满成功。

40. 认真做好十二届全国人大一次会议的前期准备工作。

全国人大常委会2012年立法工作计划

（2011年12月16日第十一届全国人民代表大会常务委员会第七十三次委员长会议原则通过　根据第十一届全国人民代表大会第五次会议精神修改）

全国人大常委会2012年的立法工作，要在中国特色社会主义法律体系形成的新起点上，全面贯彻党的十七大和十七届三中、四中、五中、六中全会及中央经济工作会议精神，以邓小平理论和“三个代表”重要思想为指导，深入贯彻落实科学发展观，重点修改不适应经济社会发展的法律，抓紧研究制定推进转变经济发展方式、保障和改善民生、维护社会和谐稳定、促进文化事业发展繁荣等方面的法律，深入推进科学立法、民主立法，推动中国特色社会主义法律体系的与时俱进和发展完善，为促进我国经济建设、政治建设、文化建设、社会建设和生态文明建设协调发展提供有力的法制保障。

一、做好法律案审议工作

按照完善中国特色社会主义法律体系的要求，根据《十一届全国人大常委会立法规划》和全国人大常委会2012年工作要点提出的指导思想和工作部署，突出重点，统筹兼顾，对2012年法律案审议工作作如下安排：

（一）继续审议的法律案7件

1. 刑事诉讼法　（修改）

（拟提请十一届全国人大五次会议审议通过）

2. 清洁生产促进法（修改）（2012年2月二审）

3. 军人保险法　（2012年4月二审）

4. 预算法（修改）　（2012年6月二审）

5. 民事诉讼法（修改）　（2012年4月二审）

6. 精神卫生法　（2012年6月二审）

7. 出境入境管理法　（2012年4月二审）

（二）初次审议的法律案8件

2月常委会第二十五次会议审议

1. 资产评估法

4月常委会第二十六次会议审议

2. 环境保护法（修改）

3. 劳动合同法（修改）

6月常委会第二十七次会议审议

4. 证券投资基金法（修改）

5. 老年人权益保障法（修改）

8月常委会第二十八次会议审议

6. 农业技术推广法（修改）

10月常委会第二十九次会议审议

7. 商标法（修改）

12月常委会第三十次会议审议

8. 土地管理法（修改）

以上项目初次审议时间，可以视情适当调整。

（三）预备项目19件

修改继承法、消费者权益保护法、注册会计师法、税收征收管理法、广告法、森林法、行政诉讼法等，制定公共图书馆法、司法协助法、社区矫正法、电信法、旅游法、粮食法、特种设备安全法、自然保护区法（自然遗产保护法）、社会救助法、反家庭暴力法、慈善事业法、基本医疗卫生保健法等；同时，抓紧研究论证网络安全、航道、国家勋章和荣誉称号立法等。上述立法项目可以视情况在2012年或以后年度安排全国人大常委会审议。还有一些立法项目，条件成熟时可以视情安排常委会审议。

全国人大有关专门委员会和常委会工作机构要加强立法工作的组织协调，提前介入相关法律案的起草工作，按照起草工作组织、任务、时间、责任“四落实”的要求，积极督促、推动有关方面按照立法工作计划抓紧法律案的起草工作，确保按期提请审议。

二、推进科学立法、民主立法

适应中国特色社会主义法律体系形成后立法工作面临的新形势、新任务，更好地发挥各级人大代表在立法工作中的作用。进一步完善法律草案公开征求意见工作，积极探索公众有序参与立法的途径和形式，建立健全意见表达机制和意见反馈机制。

进一步总结立法后评估试点工作的经验，结合法律实施过程中遇到的新情况新问题以及常委会执法检查中发现的问题，对中小企业促进法、残疾人保障法等法律相关制度开展立法后评估工作，提出相关工作建议。

在立法项目论证试点工作基础上，继续选取若干立法项目进行立项论证试点，对立法必要性、可行性和与其他法律的关系等进行论证，提出建议。

三、督促法律配套法规的制定和修改

全国人大有关专门委员会和常委会工作机构要继续督促有关方面抓紧制定和及时修改法律的配套法规，特别是与经济社会协调发展、保障和改善民生密切相关的重要法律的配套法规，要及时出台，使配套法规与法律有效衔接，发挥不同层次法律规范的功能，保证法律的有效实施。有关方面在法律草案起草阶段，应当同时研究起草法律配套法规，努力做到配套法规与法律同步实施。

督促有关方面和地方完成与行政强制法有关法规的专项清理工作，巩固清理工作成果，确保行政强制法的有效实施。

四、督促做好司法解释清理工作

继续督促和指导最高人民法院、最高人民检察院对现行司法解释和具有司法解释性质的其他规范性文件进行集中清理，如期完成清理工作任务，保证法律的正确实施，维护国家法制统一。

五、加强法律宣传和培训

做好法律起草、审议阶段的宣传工作。进一步加强法律通过后的宣传工作，做好刑事诉讼法修改和其他重要法律案通过后的宣传工作，为法律的正确实施营造良好的社会氛围。

加强立法工作队伍的业务培训和重要法律的培训。以多种形式加强对地方人大立法工作的指导。开好全国地方立法研讨会。

全国人大常委会 2012 年监督工作计划

（2011 年 12 月 16 日第十一届全国人民代表大会常务委员会第七十三次委员长会议原则通过　根据第十一届全国人民代表大会第五次会议精神修改）

全国人大常委会 2012 年的监督工作，要全面贯彻党的十七大和十七届三中、四中、五中、六中全会、中央经济工作会议和十一届全国人大五次会议精神，以邓小平理论和“三个代表”重要思想为指导，深入贯彻落实科学发展观，坚持围绕中心、突出重点、讲求实效的监督工作思路，以科学发展为主题，以加快转变经济发展方式为主线，坚持稳中求进，依法加强和改进监督工作，着力加强对经济工作和重大民生工作的监督，综合运用专题询问、专题调研、跟踪监督等方式方法，加大监督力度，增强监督实效，推动中央重大决策部署的贯彻落实，推动转变经济发展方式取得实质性进展，为确保“十二五”时期经济平稳较快发展和社会和谐稳定作出新贡献。

一、听取和审议专项工作报告

（一）听取和审议国务院关于深化文化体制改革、推动社会主义文化大发展大繁荣工作情况的报告。重点报告深化文化体制改革、推动社会主义文化大发展大繁荣的具体计划、保障措施和预期目标等情况。报告拟安排在 10 月份举行的常委会第二十九次会议上听取和审议。由教育科学文化卫生委员会负责做好相关工作。

（二）听取和审议国务院关于调整国民收入分配工作情况的报告。重点报告合理调整国家、企业、个人分配关系和提高居民收入在国民收入分配中比重、提高劳动报酬在初次分配中比重情况，合理增加城乡居民特别是低收入群众收入情况，调整财政支出结构、强化税收调节作用、规范收入分配秩序、扭转收入差距扩大趋势情况，存在的主要问题和下一步工作打算等。报告拟安排在6月份举行的常委会第二十七次会议上听取和审议。由财政经济委员会负责做好相关工作。

（三）听取和审议国务院关于县级基本财力保障机制运行情况的报告。重点报告县级财政基本情况、完善县级基本财力保障机制情况，存在的主要问题和下一步工作打算等。报告拟安排在8月份举行的常委会第二十八次会议上听取和审议。由财政经济委员会、常委会预算工作委员会负责做好相关工作。

（四）听取和审议国务院关于国有企业改革与发展工作情况的报告。重点报告完善国有资产管理体制、推进国有大型企业改革发展和国有经济布局结构调整情况，存在的主要问题和下一步工作打算等。报告拟安排在10月份举行的常委会第二十九次会议上听取和审议。由财政经济委员会负责做好相关工作。

（五）听取和审议国务院关于农田水利建设工作情况的报告。重点报告农田水利建设和管理体制改革情况、建设资金投入情况、大型和重点中型灌区续建配套及节水改造情况、灌区末级渠系和田间配套工程建设情况、小型农田水利重点县建设情况、小型水库除险加固情况，存在的主要问题和下一步工作打算等。报告拟安排在4月份举行的常委会第二十六次会议上听取和审议。由农业与农村委员会负责做好相关工作。

（六）听取和审议国务院关于保障饮用水安全工作情况的报告。重点报告我国饮用水水源地保护和供水安全保障情况，存在的主要问题和下一步工作打算等。报告拟安排在6月份举行的常委会第二十七次会议上听取和审议。由环境与资源保护委员会负责做好相关工作。

（七）听取和审议国务院关于土地管理和矿产资源开发利用及保护工作情况的报告。重点报告耕地保护和土地征收流转的基本情况、矿产资源开发和保护情况、战略性资源保护和储备情况、矿产资源开发中的矿山环境保护情况、资源税制度改革落实情况，存在的主要问题和下一步工作打算等。报告拟安排在12月份举行的常委会第三十次会议上听取和审议。由环境与资源保护委员会负责做好相关工作。

（八）听取和审议国务院关于社会救助工作情况的报告。重点报告城乡最低生活保障情况、城市“三无”人员保障和农村五保供养情况、自然灾害救助情况、医疗救助等专项救助情况，存在的主要问题和下一步工作打算等。报告拟安排在10月份举行的常委会第二十九次会议上听取和审议。由内务司法委员会负责做好相关工作。

（九）听取和审议国务院关于监狱法实施和监狱工作情况的报告。重点报告监狱安全稳定、教育改造、公正执法、监狱体制改革、布局调整、信息化建设、警察队伍建设情况，存在的主要问题和下一步工作打算等。报告拟安排在4月份举行的常委会第二十六次会议上听取和审议。由内务司法委员会负责做好相关工作。

（十）听取和审议国务院关于禁毒法实施和禁毒工作情况的报告。重点报告当前我国面临的毒品形势，禁毒宣传教育、毒品管制、戒毒措施落实、打击毒品犯罪情况，存在的主要问题和下一步工作打算等。报告拟安排在6月份举行的常委会第二十七次会议上听取和审议。由内务司法委员会负责做好相关工作。

（十一）听取和审议国务院关于外国人入出境及居留、就业管理工作情况的报告。重点报告完善外国人来华及在华管理机制情况，外国人非法入境、非法居留、非法就业情况，存在的主要问题和下一步工作打算等。报告拟安排在4月份举行的常委会第二十六次会议上听取和审议。由外事委员会负责做好相关工作。

（十二）听取和审议最高人民法院关于知识产权审判工作情况的报告。重点报告知识产权司法保护情况，存在的主要问题和下一步工作打算等。报告拟安排在10月份举行的常委会第二十九次会议上听取和审议。由内务司法委员会负责做好相关工作。

（十三）听取和审议最高人民检察院关于民事行政检察工作情况的报告。重点报告2008年以来人民检察院履行对民事审判、行政诉讼的法律监督职责，规范民事行政检察监督行为，推进民事行政检察改革，加强民事行政检察队伍建设、提高监督能力情况，存在的主要问题和下一步工作打算等。报告拟安排在10月份举行的常委会第二十九次会议上听取和审议。由内务司法委员会负责做好相关工作。

二、听取和审议计划、预算、决算和审计工作报告

（一）听取和审议国务院关于2011年中央决算的报告，审查和批准2011年中央决算。

（二）听取和审议国务院关于2011年度中央预算执行和其他财政收支的审计工作报告。

以上两项报告请国务院除按照监督法规定的内容和要求提出外，还要重点报告全国人大财政经济委员会关于2011年预算和2010年中央决算审查结果报告中所提建议的落实情况等。报告拟安排在6月份举行的常委会第二十七次会议上听取和审议。

（三）听取和审议国务院关于今年以来国民经济和社会发展计划执行情况的报告。重点报告经济和社会发展总体形势、主要预期目标的完成情况，加快转变发展方式、实施积极的财政政策和稳健的货币政策、保障和改善民生、扩大内需、稳定物价、重点领域改革等方面的工作进展情况，存在的主要问题和下一步工作打算等。报告拟安排在8月份举行的常委会第二十八次会议上听取和审议。

（四）听取和审议国务院关于今年以来预算执行情况的报告。重点报告执行十一届全国人大五次会议关于批准2012年预算决议的情况，2012年度1—7月份财政收支执行情况，财政投资资金尤其是农业、教育、科技、文化、卫生、社会保障等重点资金的到位和使用情况，中央财政对地方转移支付的情况，国债发行情况，存在的主要问题和下一步工作打算等。报告拟安排在8月份举行的常委会第二十八次会议上听取和审议。

上述听取和审议的四个报告，由财政经济委员会、常委会预算工作委员会负责做好相关工作。

三、检查法律实施情况

（一）检查《中华人民共和国农业法》的实施情况。重点检查耕地保护和粮食生产情况，农村土地征占用补偿和安置情况，农业科研和农技推广体系建设情况，现代农业经营机制、农民专业合作社发展情况、农产品价格保护机制、农业生态环境保护机制建设情况、农业投入与支持保护、农业扶贫开发情况和法律实施中存在的主要问题等。执法检查报告拟提请12月份举行的常委会第三十次会议听取和审议。由农业与农村委员会为主负责组织和实施。

（二）检查《中华人民共和国残疾人保障法》的实施情况。重点检查残疾人康复服务、教育培训、就业帮助、社会保障情况和法律实施中存在的主要问题等。执法检查报告拟提请8月份举行的常委会第二十八次会议听取和审议。由内务司法委员会为主负责组织和实施。

（三）检查《中华人民共和国文物保护法》的实施情况。重点检查文物保护、文物管理、文物利用情况和法律实施中存在的主要问题等。执法检查报告拟提请6月份举行的常委会第二十七次会议听取和审议。由教育科学文化卫生委员会为主负责组织和实施。

四、开展专题询问

结合听取和审议国务院关于国有企业改革与发展工作情况的报告、关于农田水利建设工作情况的报告、关于保障饮用水安全工作情况的报告继续依法开展专题询问，把经过努力可以解决的突出问题作为询问重点，推动有关方面改进工作。专题询问分别由财政经济委员会、农业与农村委员会、环境与资源保护委员会负责组织实施，常委会办公厅予以配合。

五、开展专题调研

（一）围绕研究制定有利于加快转变经济发展方式的财税政策进行专题调研。重点调研如何制定有利于调整经济结构、增加居民收入、推动科技进步、保障和改善民生以及促进资源节约和环境保护的财税政策等。专题调研报告计划在10月底前完成。由常委会预算工作委员会负责组织和实施。

（二）围绕环境保护工作进行专题调研。重点调研如何科学制定环保规划和环境质量标准、强化环境保护推动经济发展方式转变的作用、建立完善生态补偿机制、提升生态服务功能等。专题调研报告计划在6月底前完成。由环境与资源保护委员会负责组织和实施。

（三）围绕城市社区居民委员会有关问题进行专题调研。重点调研明确社区居民委员会性质和职责，健全组织体系、改善服务设施、完善居民自治制度等。专题调研报告计划在10月底前完成。由内务司法委员会负责组织和实施。

六、加强规范性文件的备案审查

保证法律的正确实施，维护国家法制统一，依法做好对行政法规、地方性法规、自治条例和单行条例、经济特区法规以及司法解释等规范性文件的备案审查工作，对新制定的行政法规、司法解释逐件进行主动审查研究，对地方性法规有重点地进行主动审查研究。认真研究处理有关国家机关和社会团体、企业事业组织以及公民提出的审查建议，研究探索审查建议的回复机制。督促最高人民法院、最高人民检察院在8月底前全面完成对现行司法解释的集中清理工作。

要综合运用多种监督方式，切实增强监督实效。听取和审议专项工作报告前，对具有普遍性、倾向性的重大问题，提前介入、深入调研，及时汇总各方面的意见，交由"一府两院"在报告中作出回应。加强组织协调和统筹安排，进一步提高专题询问的针对性和实效性，督促有关方面切实改进工作。跟踪检查常委会审议意见整改落实情况，督促有关方面认真研究处理，必要时选择有关研究处理情况报告进行审议。加强宣传报道，依法将有关监督事项向全国人大代表通报、向社会公布，增强监督工作透明度。

附：

全国人大常委会2012年听取审议监督方面的报告时间安排表

时　　间	听取和审议的报告
4月(3项)	国务院关于农田水利建设工作情况的报告
	国务院关于监狱法实施和监狱工作情况的报告
	国务院关于外国人入出境及居留、就业管理工作情况的报告
6月(6项)	国务院关于2011年中央决算的报告
	国务院关于2011年度中央预算执行和其他财政收支的审计工作报告
	国务院关于调整国民收入分配工作情况的报告
	国务院关于保障饮用水安全工作情况的报告
	国务院关于禁毒法实施和禁毒工作情况的报告
	《中华人民共和国文物保护法》执法检查报告
8月(4项)	国务院关于今年以来国民经济和社会发展计划执行情况的报告
	国务院关于今年以来预算执行情况的报告
	国务院关于县级基本财力保障机制运行情况的报告
	《中华人民共和国残疾人保障法》执法检查报告
10月(5项)	国务院关于深化文化体制改革、推动社会主义文化大发展大繁荣工作情况的报告
	国务院关于国有企业改革与发展工作情况的报告
	国务院关于社会救助工作情况的报告
	最高人民法院关于知识产权审判工作情况的报告
	最高人民检察院关于民事行政检察工作情况的报告
12月(2项)	国务院关于土地管理和矿产资源开发利用及保护工作情况的报告
	《中华人民共和国农业法》执法检查报告

2012年常委会计划听取审议20个监督方面的报告，包括专项工作报告13个、计划预算监督报告4个、执法检查报告3个。

二、常委会会议议程日程

第十一届全国人大常委会第二十五次会议议程

2012 年 2 月 27 日至 29 日

（2012 年 2 月 27 日第十一届全国人民代表大会常务委员会第二十五次会议第一次全体会议通过）

一、审议《中华人民共和国清洁生产促进法修正案（草案）》

二、审议全国人民代表大会财政经济委员会关于提请审议《中华人民共和国资产评估法（草案）》的议案

三、审议澳门特别行政区行政长官关于澳门特别行政区 2013 年立法会产生办法和 2014 年行政长官产生办法是否需要修改的报告

四、审议《全国人民代表大会常务委员会工作报告（稿）》

五、审议第十一届全国人民代表大会常务委员会代表资格审查委员会关于个别代表的代表资格的报告

六、审议《第十一届全国人民代表大会第五次会议议程（草案）》

七、审议《第十一届全国人民代表大会第五次会议主席团和秘书长名单（草案）》

八、审议《第十一届全国人民代表大会第五次会议列席人员名单（草案）》

九、审议任免案

第十一届全国人大常委会第二十五次会议日程

（2012 年 2 月 27 日至 29 日）

2 月 27 日（星期一）

上午 9 时　全体会议

1. 听取全国人大法律委员会关于《中华人民共和国清洁生产促进法修正案（草案）》审议结果的报告
2. 听取全国人大财政经济委员会关于提请审议《中华人民共和国资产评估法（草案）》议案的说明
3. 审议澳门特别行政区行政长官关于澳门特别行政区 2013 年立法会产生办法和 2014 年行政长官产生办法是否需要修改的报告
4. 审议《全国人民代表大会常务委员会工作报告（稿）》
5. 听取代表资格审查委员会关于个别代表的代表资格的报告
6. 审议《第十一届全国人民代表大会第五次会议议程（草案）》
7. 审议《第十一届全国人民代表大会第五次会议主席团和秘书长名单（草案）》
8. 审议《第十一届全国人民代表大会第五次会议列席人员名单（草案）》
9. 审议任免案

全体会议结束后　分组审议清洁生产促进法

修正案草案

下午 3 时　分组审议澳门特别行政区行政长官关于澳门特别行政区 2013 年立法会产生办法和 2014 年行政长官产生办法是否需要修改的报告，代表资格审查报告，十一届全国人大五次会议议程草案、主席团和秘书长名单草案、列席人员名单草案，任免案

2 月 28 日（星期二）

上午 9 时　分组审议全国人大常委会工作报告稿

下午 3 时　分组审议全国人大常委会工作报告稿

2 月 29 日（星期三）

上午 9 时　分组审议资产评估法草案，拟提请表决事项

下午 3 时　全体会议

表决各项议案

闭　会

（闭会后，举办专题讲座第二十六讲《推动我国服务业大发展的若干问题》）

第十一届全国人大常委会第二十六次会议议程

2012 年 4 月 24 日至 27 日

（2012 年 4 月 24 日第十一届全国人民代表大会常务委员会第二十六次会议第一次全体会议通过）

一、审议《中华人民共和国军人保险法（草案）》

二、审议《中华人民共和国民事诉讼法修正案（草案）》

三、审议《中华人民共和国出境入境管理法（草案）》

四、审议全国人民代表大会常务委员会委员长会议关于提请审议《第十二届全国人民代表大会代表名额分配方案（草案）》的议案

五、审议全国人民代表大会常务委员会委员长会议关于提请审议《第十二届全国人民代表大会少数民族代表名额分配方案（草案）》的议案

六、审议全国人民代表大会常务委员会委员长会议关于提请审议《台湾省出席第十二届全国人民代表大会代表协商选举方案（草案）》的议案

七、审议全国人民代表大会农业与农村委员会关于提请审议《中华人民共和国农业技术推广法修正案（草案）》的议案

八、审议国务院关于提请审议批准《万国邮政联盟组织法第八附加议定书》的议案

九、审议国务院关于农田水利建设工作情况的报告

十、审议国务院关于监狱法实施和监狱工作情况的报告

十一、审议国务院关于外国人入出境及居留、就业管理工作情况的报告

十二、审议任免案

第十一届全国人大常委会第二十六次会议日程

（2012 年 4 月 24 日至 27 日）

4 月 24 日（星期二）

上午 9 时　全体会议

1. 听取全国人大法律委员会关于《中华人民共和国军人保险法（草案）》审议结果的报告
2. 听取全国人大法律委员会关于《中华人民共和国民事诉讼法修正案（草案）》修改情况的汇报
3. 听取全国人大法律委员会关于《中华人民共和国出境入境管理法（草案）》修改情况的汇报
4. 听取全国人大常委会委员长会

议关于提请审议《第十二届全国人民代表大会代表名额分配方案（草案）》议案的说明

5. 听取全国人大常委会委员长会议关于提请审议《第十二届全国人民代表大会少数民族代表名额分配方案（草案）》议案的说明

6. 听取全国人大常委会委员长会议关于提请审议《台湾省出席第十二届全国人民代表大会代表协商选举方案（草案）》议案的说明

7. 听取全国人大农业与农村委员会关于提请审议《中华人民共和国农业技术推广法修正案（草案）》议案的说明

8. 听取国务院关于提请审议批准《万国邮政联盟组织法第八附加议定书》议案的说明

9. 审议任免案

下午 3 时 分组审议军人保险法草案，第十二届全国人大代表名额分配方案草案，第十二届全国人大少数民族代表名额分配方案草案，台湾省出席第十二届全国人民代表大会代表协商选举方案草案，国际条约，任免案

4 月 25 日（星期三）

上午 9 时 全体会议

1. 听取国务院关于农田水利建设工作情况的报告

2. 听取国务院关于监狱法实施和监狱工作情况的报告

3. 听取国务院关于外国人入出境及居留、就业管理工作情况的报告

下午 3 时 分组审议国务院关于农田水利建设工作情况的报告，关于监狱法实施和监狱工作情况的报告

4 月 26 日（星期四）

上午 9 时 联组审议国务院关于农田水利建设工作情况的报告

下午 3 时 分组审议出境入境管理法草案，国务院关于外国人入出境及居留、就业管理工作情况的报告

4 月 27 日（星期五）

上午 9 时 分组审议民事诉讼法修正案草案，农业技术推广法修正案草案，拟提请表决的事项

下午 3 时 全体会议

表决各项议案

闭会

（闭会后，举办专题讲座第二十七讲《关于城市文化建设与文化遗产保护的思考》）

第十一届全国人大常委会第二十七次会议议程

2012 年 6 月 26 日至 30 日

（2012 年 6 月 26 日第十一届全国人民代表大会常务委员会第二十七次会议第一次全体会议通过）

一、审议《中华人民共和国出境入境管理法（草案）》

二、审议《中华人民共和国预算法修正案（草案）》

三、审议全国人民代表大会内务司法委员会关于提请审议《中华人民共和国老年人权益保障法（修订草案）》的议案

四、审议全国人民代表大会财政经济委员会关于提请审议《中华人民共和国劳动合同法修正案（草案）》的议案

五、审议全国人民代表大会财政经济委员会关于提请审议《中华人民共和国证券投资基金法（修订草案）》的议案

六、审议中央军事委员会关于提请审议《中国人民解放军选举全国人民代表大会和县级以上地方各级人民代表大会代表的办法修正案（草案）》的议案

七、审议澳门特别行政区行政长官崔世安报请

批准的《中华人民共和国澳门特别行政区基本法附件一澳门特别行政区行政长官的产生办法修正案（草案）》

八、审议澳门特别行政区行政长官崔世安报请备案的《中华人民共和国澳门特别行政区基本法附件二澳门特别行政区立法会的产生办法修正案（草案）》

九、审议国务院关于2011年中央决算的报告

审查和批准2011年中央决算

十、审议国务院关于2011年度中央预算执行和其他财政收支的审计工作报告

十一、审议国务院关于保障饮用水安全工作情况的报告

十二、审议国务院关于禁毒法实施和禁毒工作情况的报告

十三、审议全国人民代表大会常务委员会执法检查组关于检查《中华人民共和国文物保护法》实施情况的报告

十四、审议吴邦国委员长访问荷兰、克罗地亚、卢森堡和西班牙四国情况的书面报告

十五、审议任免案

注：根据《全国人民代表大会常务委员会议事规则》的有关规定，由委员长会议提出并经6月27日十一届全国人大常委会第二十七次会议第二次全体会议同意：本次会议增加一项议程，即“审议第十一届全国人民代表大会常务委员会代表资格审查委员会关于个别代表的代表资格的报告”。

第十一届全国人大常委会第二十七次会议日程

（2012年6月26日至30日）

6月26日（星期二）

上午9时　全体会议

1. 听取全国人大法律委员会关于《中华人民共和国出境入境管理法（草案）》审议结果的报告
2. 听取全国人大法律委员会关于《中华人民共和国预算法修正案（草案）》修改情况的汇报
3. 听取全国人大内务司法委员会关于提请审议《中华人民共和国老年人权益保障法（修订草案）》议案的说明
4. 听取全国人大财政经济委员会关于提请审议《中华人民共和国劳动合同法修正案（草案）》议案的说明
5. 听取全国人大财政经济委员会关于提请审议《中华人民共和国证券投资基金法（修订草案）》议案的说明
6. 听取中央军委关于提请审议《中国人民解放军选举全国人民代表大会和县级以上地方各级人民代表大会代表的办法修正案（草案）》议案的说明
7. 审议澳门特别行政区行政长官崔世安报请批准的《中华人民共和国澳门特别行政区基本法附件一澳门特别行政区行政长官的产生办法修正案（草案）》
8. 审议澳门特别行政区行政长官崔世安报请备案的《中华人民共和国澳门特别行政区基本法附件二澳门特别行政区立法会的产生办法修正案（草案）》
9. 听取国务院关于禁毒法实施和禁毒工作情况的报告
10. 听取全国人大常委会执法检查组关于检查《中华人民共和国文物保护法》实施情况的报告
11. 审议任免案

下午3时　分组审议出境入境管理法草案，中国人民解放军选举全国人大和县级以上地方各级人大代表的办法修正案草案，澳门特别行政区基本法附件一澳门特别行政区行政长官的产生办法修正案草案，澳门特别行政区基本法附件二澳门特别

行政区立法会的产生办法修正案草案，任免案

6 月 27 日（星期三）

上午 9 时 全体会议

1. 听取国务院关于 2011 年中央决算的报告
2. 听取国务院关于 2011 年度中央预算执行和其他财政收支的审计工作报告
3. 听取全国人大财政经济委员会关于 2011 年中央决算审查结果的报告
4. 听取国务院关于保障饮用水安全工作情况的报告
5. 审议吴邦国委员长访问荷兰、克罗地亚、卢森堡和西班牙四国情况的书面报告

下午 3 时 分组审议国务院关于 2011 年中央决算的报告，国务院关于 2011 年度中央预算执行和其他财政收支的审计工作报告，全国人大财政经济委员会关于 2011 年中央决算审查结果的报告

6 月 28 日（星期四）

上午 9 时 分组审议国务院关于保障饮用水安全工作情况的报告，国务院关于禁毒法实施和禁毒工作情况的报告

下午 3 时 分组审议全国人大常委会执法检查组关于检查《中华人民共和国文物保护法》实施情况的报告，吴邦国委员长访问荷兰、克罗地亚、卢森堡和西班牙四国情况的书面报告

6 月 29 日（星期五）

上午 9 时 联组审议国务院关于保障饮用水安全工作情况的报告

下午 3 时 分组审议预算法修正案草案，劳动合同法修正案草案

6 月 30 日（星期六）

上午 9 时 分组审议老年人权益保障法修订草案，证券投资基金法修订草案，拟提请表决的事项

下午 3 时 全体会议

表决各项议案

闭会

（闭会后，举办专题讲座第二十八讲《现代农业发展视野下的国家粮食安全战略》）

第十一届全国人大常委会第二十八次会议议程

2012 年 8 月 27 日至 31 日

（2012 年 8 月 27 日第十一届全国人民代表大会常务委员会第二十八次会议第一次全体会议通过）

一、审议《中华人民共和国民事诉讼法修正案（草案）》

二、审议《中华人民共和国农业技术推广法修正案（草案）》

三、审议《中华人民共和国精神卫生法（草案）》

四、审议全国人民代表大会财政经济委员会关于提请审议《中华人民共和国特种设备安全法（草案）》的议案

五、审议全国人民代表大会财政经济委员会关于提请审议《中华人民共和国旅游法（草案）》的议案

六、审议全国人民代表大会环境与资源保护委员会关于提请审议《中华人民共和国环境保护法修正案（草案）》的议案

七、审议国务院关于今年以来国民经济和社会发展计划执行情况的报告

八、审议国务院关于今年以来预算执行情况的报告

九、审议国务院关于县级基本财力保障机制运行情况的报告

十、审议全国人民代表大会常务委员会执法检查组关于检查《中华人民共和国残疾人保障法》实施情况的报告

十一、审议全国人民代表大会内务司法委员会关于《中华人民共和国残疾人保障法》立法后评估的报告

十二、审议第十一届全国人民代表大会常务委员会代表资格审查委员会关于个别代表的代表资格的报告

十三、审议全国人民代表大会常务委员会委员长会议关于提请审议《中华人民共和国香港特别行政区第十二届全国人民代表大会代表选举会议成员名单（草案）》和《中华人民共和国澳门特别行政区第十二届全国人民代表大会代表选举会议成员名单（草案）》的议案

十四、审议任免案

第十一届全国人大常委会第二十八次会议日程

（2012年8月27日至31日）

8月27日（星期一）

上午9时　全体会议

1. 听取全国人大法律委员会关于《中华人民共和国民事诉讼法修正案（草案）》审议结果的报告
2. 听取全国人大法律委员会关于《中华人民共和国农业技术推广法修正案（草案）》审议结果的报告
3. 听取全国人大法律委员会关于《中华人民共和国精神卫生法（草案）》修改情况的汇报
4. 听取全国人大财政经济委员会关于提请审议《中华人民共和国特种设备安全法（草案）》议案的说明
5. 听取全国人大财政经济委员会关于提请审议《中华人民共和国旅游法（草案）》议案的说明
6. 听取全国人大环境与资源保护委员会关于提请审议《中华人民共和国环境保护法修正案（草案）》议案的说明
7. 听取全国人大常委会执法检查组关于检查《中华人民共和国残疾人保障法》实施情况的报告
8. 审议全国人大内务司法委员会关于《中华人民共和国残疾人保障法》立法后评估的报告
9. 听取全国人大常委会代表资格审查委员会关于个别代表的代表资格的报告
10. 听取全国人大常委会委员长会议关于香港特别行政区第十二届全国人民代表大会代表选举会议成员名单草案和澳门特别行政区第十二届全国人民代表大会代表选举会议成员名单草案的说明
11. 审议任免案

下午3时　分组审议民事诉讼法修正案草案，农业技术推广法修正案草案，代表资格审查报告，任免案

8月28日（星期二）

上午9时　分组审议精神卫生法草案，特种设备安全法草案，香港特别行政区第十二届全国人大代表选举会议成员名单草案和澳门特别行政区第十二届全国人大代表选举会议成员名单草案

下午3时　分组审议旅游法草案

8月29日（星期三）

上午9时　全体会议

1. 听取国务院关于今年以来国民经济和社会发展计划执行情况的报告
2. 听取国务院关于今年以来预算执行情况的报告
3. 听取国务院关于县级基本财力保障机制运行情况的报告

下午3时　分组审议国务院关于今年以来国民经济和社会发展计划执行情况的报告，国务院关于今年以来预算执行情况的报告

8月30日（星期四）

上午9时　分组审议国务院关于县级基本财力保障机制运行情况的报告，全国人大常委会执法检查组关于检查残疾

人保障法实施情况的报告，全国人大内务司法委员会关于残疾人保障法立法后评估的报告

下午 3 时　分组审议环境保护法修正案草案，拟提请表决的事项

8 月 31 日（星期五）

上午 9 时　全体会议

表决各项议案

闭会

第十一届全国人大常委会第二十九次会议议程

2012 年 10 月 23 日至 26 日

（2012 年 10 月 23 日第十一届全国人民代表大会常务委员会第二十九次会议第一次全体会议通过）

一、审议《中华人民共和国精神卫生法（草案）》

二、审议《中华人民共和国证券投资基金法（修订草案）》

三、审议全国人民代表大会常务委员会委员长会议关于提请审议《全国人民代表大会常务委员会关于修改监狱法等七部法律个别条款的决定（草案）》的议案

四、审议国务院关于提请审议《中华人民共和国邮政法修正案（草案）》的议案

五、审议国务院关于提请审议批准《中华人民共和国、塔吉克斯坦共和国和阿富汗伊斯兰共和国关于确定三国国界交界点的协定》的议案

六、审议国务院关于提请审议批准《中华人民共和国和泰王国关于移管被判刑人的条约》的议案

七、审议国务院关于深化文化体制改革、推动社会主义文化大发展大繁荣工作情况的报告

八、审议国务院关于国有企业改革与发展工作情况的报告

九、审议国务院关于社会救助工作情况的报告

十、审议全国人民代表大会民族委员会关于第十一届全国人民代表大会第五次会议主席团交付审议的代表提出的议案审议结果的报告

十一、审议全国人民代表大会内务司法委员会关于第十一届全国人民代表大会第五次会议主席团交付审议的代表提出的议案审议结果的报告

十二、审议全国人民代表大会财政经济委员会关于第十一届全国人民代表大会第五次会议主席团交付审议的代表提出的议案审议结果的报告

十三、审议全国人民代表大会外事委员会关于第十一届全国人民代表大会第五次会议主席团交付审议的代表提出的议案审议结果的报告

十四、审议吴邦国委员长访问伊朗、缅甸、斯里兰卡和斐济四国情况的书面报告

十五、审议第十一届全国人民代表大会常务委员会代表资格审查委员会关于个别代表的代表资格的报告

十六、审议任免案

第十一届全国人大常委会第二十九次会议日程

（2012 年 10 月 23 日至 26 日）

10 月 23 日（星期二）

上午 9 时　全体会议

1. 听取全国人大法律委员会关于《中华人民共和国精神卫生法（草案）》审议结果的报告
2. 听取全国人大法律委员会关于《中华人民共和国证券投资基金法（修订草案）》修改情况的汇报
3. 听取全国人大常委会委员长会议关于提请审议《全国人民代表大会常务委员会关于修改监狱法等七部法律个别条款的决定

（草案）》议案的说明

4. 听取国务院关于提请审议《中华人民共和国邮政法修正案（草案）》议案的说明

5. 听取国务院关于提请审议批准《中华人民共和国、塔吉克斯坦共和国和阿富汗伊斯兰共和国关于确定三国国界交界点的协定》议案的说明

6. 听取国务院关于提请审议批准《中华人民共和国和泰王国关于移管被判刑人的条约》议案的说明

7. 听取全国人大民族委员会关于第十一届全国人民代表大会第五次会议主席团交付审议的代表提出的议案审议结果的报告

8. 听取全国人大内务司法委员会关于第十一届全国人民代表大会第五次会议主席团交付审议的代表提出的议案审议结果的报告

9. 听取全国人大财政经济委员会关于第十一届全国人民代表大会第五次会议主席团交付审议的代表提出的议案审议结果的报告

10. 听取全国人大外事委员会关于第十一届全国人民代表大会第五次会议主席团交付审议的代表提出的议案审议结果的报告

11. 听取全国人大常委会代表资格审查委员会关于个别代表的代表资格的报告

12. 审议任免案

下午3时　分组审议精神卫生法草案，关于修改监狱法等七部法律个别条款的决定草案，邮政法修正案草案

10月24日（星期三）

上午9时　分组审议证券投资基金法修订草案，国际条约，代表资格审查报告，任免案

下午3时　全体会议

1. 听取国务院关于深化文化体制改革、推动社会主义文化大发展大繁荣工作情况的报告

2. 听取国务院关于国有企业改革与发展工作情况的报告

3. 听取国务院关于社会救助工作情况的报告

4. 审议吴邦国委员长访问伊朗、缅甸、斯里兰卡和斐济四国情况的书面报告

10月25日（星期四）

上午9时　分组审议国务院关于深化文化体制改革、推动社会主义文化大发展大繁荣工作情况的报告，全国人大民族委员会、内务司法委员会、财政经济委员会、外事委员会关于第十一届全国人民代表大会第五次会议主席团交付审议的代表提出的议案审议结果的报告，吴邦国委员长访问伊朗、缅甸、斯里兰卡和斐济四国情况的书面报告

下午3时　分组审议国务院关于国有企业改革与发展工作情况的报告，国务院关于社会救助工作情况的报告，拟提请表决的事项

10月26日（星期五）

上午9时　全体会议

表决各项议案

闭会

（闭会后，举办专题讲座第二十九讲《我国环境保护法律制度和环境保护若干问题》）

第十一届全国人大常委会第三十次会议议程

2012年12月24日至28日

（2012年12月24日第十一届全国人民代表大会常务委员会第三十次会议第一次全体会议通过）

一、审议《中华人民共和国证券投资基金法(修订草案)》

二、审议《中华人民共和国老年人权益保障法(修订草案)》

三、审议《中华人民共和国劳动合同法修正案(草案)》

四、审议《中华人民共和国旅游法(草案)》

五、审议全国人民代表大会常务委员会委员长会议关于提请审议《全国人民代表大会常务委员会关于加强网络信息保护的决定(草案)》的议案

六、审议全国人民代表大会农业与农村委员会关于提请审议《关于修改农业法个别条款的决定(草案)》的议案

七、审议国务院关于提请审议《中华人民共和国商标法修正案(草案)》的议案

八、审议国务院关于提请审议《中华人民共和国土地管理法修正案(草案)》的议案

九、审议国务院关于提请审议《关于授权国务院在广东省暂时调整部分法律规定的行政审批的决定(草案)》的议案

十、审议全国人民代表大会常务委员会委员长会议关于提请审议《全国人民代表大会常务委员会关于召开第十二届全国人民代表大会第一次会议的决定(草案)》的议案

十一、审议中央军事委员会关于提请审议批准中国人民解放军选举委员会人选的议案

十二、审议国务院关于土地管理和矿产资源开发利用及保护工作情况的报告

十三、审议最高人民法院关于知识产权审判工作情况的报告

十四、审议最高人民检察院关于民事行政检察工作情况的报告

十五、审议全国人民代表大会常务委员会执法检查组关于检查《中华人民共和国农业法》实施情况的报告

十六、审议全国人民代表大会常务委员会法制工作委员会关于《中华人民共和国中小企业促进法》有关制度立法后评估工作情况的报告

十七、审议全国人民代表大会法律委员会关于第十一届全国人民代表大会第五次会议主席团交付审议的代表提出的议案审议结果的报告

十八、审议全国人民代表大会教育科学文化卫生委员会关于第十一届全国人民代表大会第五次会议主席团交付审议的代表提出的议案审议结果的报告

十九、审议全国人民代表大会华侨委员会关于第十一届全国人民代表大会第五次会议主席团交付审议的代表提出的议案审议结果的报告

二十、审议全国人民代表大会环境与资源保护委员会关于第十一届全国人民代表大会第五次会议主席团交付审议的代表提出的议案审议结果的报告

二十一、审议全国人民代表大会农业与农村委员会关于第十一届全国人民代表大会第五次会议主席团交付审议的代表提出的议案审议结果的报告

二十二、听取全国人民代表大会常务委员会办公厅关于第十一届全国人民代表大会第五次会议代表建议、批评和意见办理情况的报告，工业和信息化部关于第十一届全国人民代表大会第五次会议代表建议、批评和意见办理情况的报告

二十三、审议任免案

第十一届全国人大常委会第三十次会议日程

（2012 年 12 月 24 日至 28 日）

12 月 24 日（星期一）

上午 9 时 全体会议

1. 听取全国人大法律委员会关于《中华人民共和国证券投资基金法（修订草案）》审议结果的报告
2. 听取全国人大法律委员会关于《中华人民共和国老年人权益保障法（修订草案）》审议结果的报告
3. 听取全国人大法律委员会关于《中华人民共和国劳动合同法修正案（草案）》审议结果的报告
4. 听取全国人大法律委员会关于《中华人民共和国旅游法（草案）》修改情况的汇报
5. 听取全国人大常委会委员长会议关于提请审议《全国人民代表大会常务委员会关于加强网络信息保护的决定（草案）》议案的说明
6. 听取全国人大农业与农村委员会关于提请审议《关于修改农业法个别条款的决定（草案）》议案的说明
7. 听取国务院关于提请审议《中华人民共和国商标法修正案（草案）》议案的说明
8. 听取国务院关于提请审议《中华人民共和国土地管理法修正案（草案）》议案的说明
9. 听取国务院关于提请审议《关于授权国务院在广东省暂时调整部分法律规定的行政审批的决定（草案）》议案的说明
10. 审议全国人大常委会委员长会议关于提请审议《全国人民代表大会常务委员会关于召开第十二届全国人民代表大会第一次会议的决定（草案）》的议案
11. 审议中央军事委员会关于提请审议批准中国人民解放军选举委员会人选的议案
12. 审议全国人大常委会法制工作委员会关于《中华人民共和国中小企业促进法》有关制度立法后评估工作情况的报告
13. 审议任免案

下午 3 时 分组审议证券投资基金法修订草案，老年人权益保障法修订草案，关于加强网络信息保护的决定草案，关于召开第十二届全国人民代表大会第一次会议的决定草案，任免案

12 月 25 日（星期二）

上午 9 时 分组审议劳动合同法修正案草案，关于修改农业法个别条款的决定草案，关于授权国务院在广东省暂时调整部分法律规定的行政审批的决定草案，中央军事委员会关于提请审议批准中国人民解放军选举委员会人选的议案

下午 3 时 全体会议

1. 听取国务院关于土地管理和矿产资源开发利用及保护工作情况的报告
2. 听取最高人民法院关于知识产权审判工作情况的报告
3. 听取最高人民检察院关于民事行政检察工作情况的报告

12 月 26 日（星期三）

上午 9 时 分组审议国务院关于土地管理和矿产资源开发利用及保护工作情况的报告，最高人民法院关于知识产权审判工作情况的报告，最高人民检察院关于民事行政检察工作情况的报告

下午 3 时 全体会议

1. 听取全国人大常委会执法检查

组关于检查《中华人民共和国农业法》实施情况的报告

2. 听取全国人大法律委员会关于第十一届全国人民代表大会第五次会议主席团交付审议的代表提出的议案审议结果的报告
3. 听取全国人大教育科学文化卫生委员会关于第十一届全国人民代表大会第五次会议主席团交付审议的代表提出的议案审议结果的报告
4. 听取全国人大华侨委员会关于第十一届全国人民代表大会第五次会议主席团交付审议的代表提出的议案审议结果的报告
5. 听取全国人大环境与资源保护委员会关于第十一届全国人民代表大会第五次会议主席团交付审议的代表提出的议案审议结果的报告
6. 听取全国人大农业与农村委员会关于第十一届全国人民代表大会第五次会议主席团交付审议的代表提出的议案审议结果的报告
7. 听取全国人大常委会办公厅关于第十一届全国人民代表大会第五次会议代表建议、批评和意见办理情况的报告，工业和信息化部关于第十一届全国人民代表大会第五次会议代表建议、批评和意见办理情况的报告

12月27日(星期四)

上午9时 分组审议全国人大常委会执法检查组关于检查《中华人民共和国农业法》实施情况的报告，全国人大常委会法制工作委员会关于《中华人民共和国中小企业促进法》有关制度立法后评估工作情况的报告，全国人大法律委员会、教育科学文化卫生委员会、华侨委员会、环境与资源保护委员会、农业与农村委员会关于第十一届全国人民代表大会第五次会议主席团交付审议的代表提出的议案审议结果的报告

下午3时 分组审议商标法修正案草案，土地管理法修正案草案

12月28日(星期五)

上午9时 分组审议旅游法草案，拟提请表决事项

下午3时 全体会议
表决各项议案
闭会

(闭会后，举办专题讲座第三十讲《关于宪法规定的我国政治制度及其特点和优势》)

委员长讲话

在第十一届全国人大常委会第二十五次会议上的讲话

（2012 年 2 月 29 日）

全国人大常委会委员长　吴邦国

各位委员、各位同志：

本次常委会会议的主要任务，是为即将召开的十一届全国人大五次会议做准备。会议审议并原则通过了常委会工作报告稿，通过了十一届全国人大五次会议议程草案、主席团和秘书长名单草案、列席人员名单草案、代表资格审查报告等有关文件，还审议 3 件法律案，通过了其中的 2 件，决定了有关人事任免事项。目前，大会的各项筹备工作已经基本就绪。一个多月来，大会秘书处做了大量扎实细致的工作，希望大家继续以饱满的政治热情、良好的精神风貌、严谨的工作作风，努力做好各项服务保障工作，确保十一届全国人大五次会议顺利进行。

会议期间，常委会组成人员、专门委员会组成人员和列席会议的同志，认真审议了常委会工作报告稿。大家普遍认为，过去的一年，常委会以邓小平理论和“三个代表”重要思想为指导，深入贯彻落实科学发展观，坚持党的领导、人民当家作主、依法治国有机统一，围绕党和国家工作大局行使职权、开展工作，为坚持和完善人民代表大会制度，为改革开放和社会主义现代化建设作出了重要贡献。大家强调，今后一年是本届全国人大及其常委会任期的最后一年，我们要在以往工作的基础上，再接再厉、不辱使命，把各项工作做得更好，努力实现本届全国人大的各项目标任务。大家对报告稿普遍表示赞成，认为总结工作客观全面、重点突出，部署工作思路清晰、任务明确，特别是从坚持和发展中国特色社会主义的战略高度，深刻阐述了坚持和完善人民代表大会制度的基本经验和根本要求，具有很强的政治性、思想性、指导性，是一篇主题鲜明、实事求是的好报告。同时大家也对报告稿提出了一些修改意见和建议，会后请文件起草组抓紧修改完善，按照法定程序提请大会审议。

根据澳门特别行政区基本法和全国人大常委会去年 12 月份作出的有关解释，澳门特别行政区行政长官在广泛听取各界人士意见的基础上，向全国人大常委会提交了关于澳门特别行政区 2013 年立法会产生办法和 2014 年行政长官产生办法是否需要修改的报告。本次会议认真审议了这个报告，依法作出决定，明确两个产生办法的基本制度维持不变，在此前提下可按照基本法有关规定作出适当修改。常委会作出的决定，贯彻“一国两制”方针和澳门基本法，符合澳门的实际，兼顾澳门社会各方面的利益和诉求，有利于澳门行政主导体制的有效运作，有利于维护澳门长期繁荣稳定和发展。相信澳门社会一定能够按照基本法和常委会的决定，通过广泛咨询，凝聚社会共识，顺利提出并通过两个产生办法的修改法案，推进澳门特别行政区政治体制不断发展和完善。

会议作出了关于修改清洁生产促进法的决定。针对 2010 年对这部法律进行执法检查时发现的突出问题，检查组提出了及时修改法律的建议和具体内容，为修改完善法律提供了重要参考。我们要认真总结这方面的好经验好做法，更加注重把法律的修改完善同开展执法检查、专题调研等结合起来，使法律的修改更具针对性，使法律的规定更具操作性，不断提高立法质量。

这次会议对资产评估法草案进行了初审。大家普遍认为，制定资产评估法，对于促进资产评估行业健康发展、维护社会主义市场经济秩序具有重要意义。请法律委员会会同有关方面抓紧修改完善法律草案，加强对注册评估师和评估机构的管理，规范资产评估行为，保护当事人合法权益和公共利益，尤其要防止国有产权交易中的资产流失。

各位委员、各位同志，即将召开的十一届全国人大五次会议，是在国际政治经济环境复杂多变、国内改革发展稳定任务艰巨繁重的背景下召开的一次重要会议，国内外都很关注。开好这次大会，对于全面贯彻落实中央重大决策部署，进一步凝聚全国各族人民的智慧和力量，促进经济平稳较快发展，保持社会和谐稳定，巩固和发展“十二五”时期开局良好势头，以优异成绩迎接党的十八大胜利召开，具有十分重要的意义。我们要把思想和行动统一到中央对形势的分析判断和对工作的总体部署上来，充分发扬民主，严格依法办事，认真审议各项报告和议案，虚心听取代表意见，自觉接受人民监督，与全体代表一道，努力把十一届全国人大五次会议开成一次民主、团结、求实、奋进的大会。

在第十一届全国人大常委会第二十六次会议上的讲话

（2012 年 4 月 27 日）

全国人大常委会委员长　吴邦国

各位委员、各位同志：

在大家的共同努力下，本次会议的各项议程已进行完毕，共审议了 7 件法律和有关法律问题的决定草案，通过了其中的 4 件，听取和审议了 3 个报告，批准了 1 件国际条约，还决定了人事任免等事项，会议开得很成功。

会议审议通过的军人保险法，适应经济社会发展需要和军人职业特点，注重与社会保险体系相衔接，从法律上对军人伤亡保险、退役养老保险和医疗保险、随军未就业军人配偶保险等问题作出规定，进一步完善了军人保险制度，对于减轻军人后顾之忧，激励官兵履职尽责，维护军人合法权益，促进国防和军队建设具有重要意义。

根据新修改的选举法和十一届全国人大五次会议作出的有关决定，本次会议审议通过了第十二届全国人大代表名额分配方案、少数民族代表名额分配方案和台湾省出席第十二届全国人民代表大会代表协商选举方案。这次对全国人大代表名额的分配，是在深入调研、认真测算的基础上进行的，并广泛征求了中央有关部门和各省、区、市人大常委会的意见，体现了总量不变、城乡同比、三个平等、优化结构、相对稳定的原则，得到各方面的普遍赞同。目前，关于十二届全国人大代表选举的 6 个法律文件已经全部出台，选举的组织实施工作提上日程。我们要按照中央的统一部署，坚持党的领导，充分发扬民主，严格依法办事，平稳有序、扎实细致地做好各项工作，确保十二届全国人大代表选举工作顺利进行。

农田水利建设是保障农业稳定发展和国家粮食安全的重要基础。全国人大常委会一贯重视和关注农田水利建设工作，2009 年、2010 年在检查重大公共投资项目实施情况和编制“十二五”规划纲要专题调研时，都把农田水利建设作为重要内容，这次会议又安排听取审议了国务院关于农田水利建设工作情况的报告，并开展了专题询问。常委会组成人员和列席会议的同志指出，近年来我国农田水利建设虽然取得长足发展，但基础薄弱、投入不足、利用率低、管理不到位的问题仍然比较突出。大家强调，国务院及其有关部门要认真贯彻去年中央中央“一号文件”和中央水利工作会议精神，把农田水利建设作为农村基础设施建设的重点任务，加快扭转农田水利建设滞后局面，努力走出一条中国特色农村水利建设的路子。一要建立健全以公共财政为主的多元投入稳定增长机制，加大对粮食主产区农田水利建设投入力度，尽快出台土地出让收益用于农田水利建设的具体办法，加强对水利投资的统筹安排和监督管理，提高资金使用效益。二要实行最严格的水资源管理制度和节约用水制度，推进农业灌溉用水总量控制和定额管理，大力研发和推广现代节水灌溉技术和设备，培育和发展抗旱作物品种，提高水资源利用率。三要深化小型农田水利工程产权制度改革，通过明确所有权、使用权，充分调动农民和各方面建设水利、管护水利、有效利用水利的积极性和责任感。

会议还听取审议了国务院关于监狱法实施和监狱工作情况的报告。常委会组成人员和列席会议的同志认为，监狱法颁布实施 18 年来，全国监狱系统坚持依法治监，加强罪犯教育改造，完善监狱管理体制，规范监狱执法行为，为维护国家安全和社会稳定做了大量工作，应当给予充分肯定。同时大家指出，当前监狱工作仍面临不少困难和问题，希望有关方面高度重视，努力做好新形势下的监狱工作，进一步健全监狱安全稳定长效机制，切实保证监狱场所持续安全稳定；进一步加强监狱人民警察队伍建设，不断提高政治业务素质和执法能力；进一步推进监狱法制建设，做好监狱法修改和相关法规规章完善工作，为加强和创新社会管理、维护社会和谐稳定作出新的贡献。

会议对出境入境管理法草案进行了二审，同时听取审议了关于外国人入出境及居留、就业管理工作情况的报告。在同一次常委会会议上，就内容大致相同的问题，既审议法律草案又审议专项工作报告，这还是第一次。从审议情况看，这样安排有利于我们更加全面客观地了解实际情况，从全局的角度思考问题，有针对性地提出改进工作、完善法律的意见和建议。今后，我们要认真总结这方面的经验，更好地把立法工作和监督工作有机结合起来，不断提高常委会工作的质量和水平。

会议期间，大家对有关法律草案提出的意见和建议，请法律委会同有关方面认真研究，进一步修改完善相关法律草案，提请以后的常委会会议审议；对有关报告提出的意见和建议，请常委会办公厅汇总整理成《审议意见》，送国务院及有关部门研究改进工作参考。

各位委员、各位同志，今年我们党将召开第十八次全国代表大会，这是我国政治生活中的一件大事。牢牢把握稳中求进的工作总基调，确保经济平稳较快发展，确保社会和谐稳定，为党的十八大胜利召开营造良好环境，具有十分重要的意义。我们要更加紧密地团结在以胡锦涛同志为总书记的党中央周围，认真贯彻十一届全国人大五次会议精神，把思想和行动统一到中央决策部署上来，把注意力和精力集中到推动科学发展、促进社会和谐上来，自觉地服从服务于党和国家工作大局，自觉地维护改革发展稳定的良好局面，毫不动摇地坚持人大工作正确政治方向，坚定不移地走中国特色社会主义政治发展道路，坚持党的领导、人民当家作主、依法治国有机统一，在重大原则问题上做到头脑清醒、立场坚定、旗帜鲜明，把人民代表大会制度坚持好完善好，把人大的各项工作组织好落实好，以做好本职工作的实际行动，迎接党的十八大胜利召开。

在第十一届全国人大常委会第二十七次会议上的讲话

（2012 年 6 月 30 日）

全国人大常委会委员长　吴邦国

各位委员、各位同志：

本次常委会会议的议程比较多，也很重要，在大家的共同努力下，顺利完成了各项预定任务，会议开得很成功。

会议通过的出境入境管理法，在总结中国公民出境入境管理法和外国人入境出境管理法实施经验的基础上，统一了法律的调整范围，细化了出境入境的管理规定，规范了外国人停留居留行为，强化了边防检查以及调查、遣返、处罚等措施，对于更好地维护国家安全和社会秩序，促进对外开放和经济社会发展具有重要意义。

修改后的解放军选举人大代表办法，适应社会主义民主法制建设的新形势和军队建设发展的新要求，对参加军队选举的人员范围、选举委员会的组成和任期、军队人大代表的辞职程序等作出相应调整，为做好军队人大代表选举工作提供了更加完备的制度保障。

预算法的修改涉及我国财政管理体制改革，社会各界都很关注。去年 12 月常委会对预算法修正案草案初审后，法律委员会就草案中的重大问题与有关部门反复沟通，并根据各方面意见对草案作了进一步修改，本次会议又进行了再审。从两次会议审议的情况看，常委会组成人员和列席会议的同志普遍认为，预算法的修改要有利于强化预算编制的完整性、预算执行的规范性和预算监督的严肃性，进一步加强预算审查和监督，更好发挥财政预算在加强和改善宏观调控、调整分配关系等方面的重要作用；有利于建立健全财力保障与支出责任相匹配的财政管理体制，进一步规范财政转移支付制度，既反映改革发展的成功经验，又为深化改革留下空间。审议中大家还强调，要高度重视防范财政风险尤其是防范和化解我国地方政府性债务风险，地方各级预算都要按照量入为出、收支平衡的原则编制，不能打赤字，也不能违法违规发行地方债券，切实保障国家经济安全。

会议对老年人权益保障法修订草案进行了初审。这个草案是根据去年老年人权益保障法执法检查提出的建议，在深入总结法律实施经验、广泛听取各方面意见的基础上形成的。大家对这次修改的总体思路和主要内容表示赞同，并提出一些完善草案的意见和建议，强调在积极发展养老社会保障和社会服务的同时，要进一步巩固家庭养老基础性地位，完善家庭赡养与扶养的权利义务，促进家庭和睦和代际和谐，大力弘扬中华民族敬老、养老、助老的传统美德。

这次会议的一项重要内容，是审议澳门特别行政区基本法附件一行政长官产生办法修正案草案、附件二立法会产生办法修正案草案，并依法分别予以批准和备案，使这两个修正案正式生效。审议中，常委会组成人员和列席会议的同志普遍认为，两个草案符合澳门基本法和全国人大常委会有关解释和决定，凝聚了澳门社会各界共识，回应了澳门社会各界诉求，有利于扩大澳门市民的参政平台，有利于循序渐进地推进澳门的政制发展。这里我要强调的是，澳门回归祖国12年来，澳门基本法规定的澳门特别行政区政治体制，对保持澳门长期繁荣稳定和发展发挥了重要作用。在这个体制下，澳门居民享有前所未有的民主权利，有效行使了澳门基本法赋予澳门的高度自治权。只要坚定不移地贯彻落实"一国两制"方针，严格依照基本法办事，就一定能够保持澳门长期繁荣稳定和发展，就一定能够开创澳门更加美好的明天。

会议听取审议了2011年中央决算报告和审计工作报告，批准了2011年中央决算。审议中，常委会组成人员和列席会议的同志普遍认为，2011年中央决算总体情况是好的，国务院及其有关部门认真贯彻落实中央重大决策部署，继续实行积极的财政政策，着力加大"三农"、民生等重点领域支出力度，各项工作都取得了新的进展，财政赤字和国债余额均控制在十一届全国人大四次会议批准的范围之内。大家在充分肯定去年财政和审计工作的同时，还围绕完善决算编制、深化财税改革等问题提出了一些意见和建议，希望国务院及其有关部门认真研究落实。对审计查出的问题，请国务院责成有关方面切实进行整改，依法追究责任，完善体制机制，并在今年年底前将整改和处理情况向全国人大常委会报告。

会议还听取审议了国务院关于保障饮用水安全、禁毒法实施和禁毒工作情况的两个报告，并结合审议保障饮用水安全工作情况报告开展了专题询问。常委会组成人员和列席会议的同志对相关工作给予充分肯定，同时提出不少改进工作的意见和建议。大家指出，我国水资源总量不足，再加上水污染严重和供水设施建设滞后，饮用水安全形势更为严峻。各地区各部门要把保障饮用水安全作为一项重大民生工程来抓，综合运用经济、法律、技术和必要的行政手段，切实加强饮用水水源保护和管理，积极推进农村饮用水安全工程建设和城市供水管网改造，着力提升饮用水水源、水质的监测监控和应急处置能力，不断提高饮用水安全保障工作的能力和水平。大家强调，要充分认识禁毒斗争的长期性、艰巨性和复杂性，牢固树立禁毒工作常抓不懈的思想，深入推进禁毒人民战争，打击毒品犯罪毫不手软，挽救吸毒人员多管齐下，开展国际合作扎实有效，最大限度遏制毒品蔓延扩散、减少毒品社会危害，为经济社会发展创造良好环境。

检查文物保护法实施情况，是这部法律自1982年颁布实施以来的第一次。常委会和有关专门委员会高度重视，路甬祥、韩启德、周铁农、李建国、严隽琪等副委员长带队，分赴北京、河北、浙江等10个省区市检查法律实施情况，并委托其他省区市人大常委会开展自查。审议中，常委会组成人员和列席会议的同志充分肯定执法检查组的工作，普遍赞成执法检查报告。大家指出，我国文物保护利用的整体水平与我们国家文明古国的地位还不相称，与人民群众日益增长的文化需求还有差距，全面贯彻落实文物保护法的任务艰巨而繁重。各地方各部门要认真贯彻落实党的十七大和十七届六中全会精神，正确处理文物保护与经济发展、社会建设的关系，健全文物保护管理体制，规范引导文物流通秩序，提升文物保护科技水平，完善文物保护法律制度，让文物保护成果更好更多地惠及广大人民群众，推动文物保护事业全面发展。

会议期间，大家对有关法律草案提出的意见和建议，请法律委会同有关方面认真研究，抓紧修改完善相关法律草案，提请以后的常委会会议审议；对有关报告提出的意见和建议，请常委会办公厅汇总整理成《审议意见》，送国务院及有关部门研究改进工作参考。

在第十一届全国人大常委会第二十八次会议上的讲话

（2012 年 8 月 31 日）

全国人大常委会委员长　吴邦国

各位委员、各位同志：

在大家共同努力下，本次会议的各项议程已进行完毕，共审议了 6 件法律草案，通过了其中的 2 件，审议了 5 个报告，审议通过了香港特别行政区、澳门特别行政区十二届全国人大代表选举会议成员名单，还决定了人事任免等其他事项，会议开得很成功。

会议通过的关于修改民事诉讼法的决定，适应经济社会发展的需要和深化司法体制改革的要求，在认真研究代表议案和总结司法实践经验的基础上，对我国民事诉讼法律制度进行了修改完善，进一步保障当事人诉讼权利，健全证据制度，完善调解与诉讼衔接机制，细化审判和执行程序，强化民事诉讼法律监督等，对于更好地保护当事人行使诉讼权利，保证人民法院正确及时审理民事案件，维护经济社会秩序和公平正义，具有十分重要的意义。要深入学习和广泛宣传修改后的民事诉讼法，抓紧清理相关司法解释及规定，并做好其他准备工作，以确保法律的有效实施。

修改后的农业技术推广法，贯彻中央关于加快推进农业科技创新、发展现代农业的政策措施，吸收执法检查报告和立法后评估报告提出的意见建议，着眼于完善公益性服务、社会化服务有机结合的农业技术推广体系，明确农业技术推广机构的公益性质，强化基层公益性农业技术推广服务，提升农业技术推广能力和水平，进一步增强了法律的针对性和可操作性，为促进农业科技成果转化与应用、推动农业和农村经济发展、实现农业现代化提供了更加完备的法律保障。

今年以来，国际政治经济环境复杂多变，国内经济发展面临的困难增多，大家对做好全年经济社会发展工作都十分关心。在听取审议计划、预算执行情况报告时，常委会组成人员和列席会议的同志普遍认为，面对错综复杂的国内外经济形势，党中央科学判断、正确决策，全国上下齐心协力、共同奋斗，我国经济社会发展总的形势是好的，国民经济运行符合稳中求进的总要求。大家指出，在看到成绩的同时，要充分认识实现全年经济社会发展预期目标的艰巨性，把思想和行动统一到中央对当前经济形势的分析判断和对工作的各项部署上来，坚持科学发展，坚持稳中求进，变压力为动力，把更多精力放在转方式、调结构上，着力推动产业优化升级，着力提高自主创新能力，着力保障和改善民生，更加注重经济增长的质量和效益，更加注重经济增长的协调性和可持续性，努力在转变经济发展方式上取得实质进展。要在依法加强税收征管的同时，认真落实和完善结构性减税政策，加大对实体经济的支持，在统筹安排财政支出的同时，着力保证重点支出、强化预算执行，坚持厉行节约、勤俭办一切事业。

建立健全县级基本财力保障机制，是“十二五”规划纲要确定的一项重大改革举措，关系到我国基层政权建设和经济社会发展大局。常委会对此高度重视，组织有关专门委员会和工作委员会，就这个问题多次开展专题调研，提出了许多好的意见和建议，本次会议又专门安排听取审议了国务院相关专项工作报告。常委会组成人员和列席会议的同志对这些年县级基本财力保障工作取得的积极进展给予充分肯定，同时强调，要把建立科学规范的县级基本财力保障机制作为深化财税体制改革的基础性工程和重要抓手，坚持立足当前、着眼长远，逐步建立起财力与事权相匹配的财政体制，为县级政府履行职责提供可靠财力保障。一要合理界定县级政府的支出责任，理顺各级政府间收入划分关系，逐步实现县级财力与责任相统一。二要加快调整转移支付结构，清理和压缩专项转移支付项目，提高一般性转移支付特别是均衡性转移支付比重。三要大力发展县域经济，壮大县级财力基础，重视化解地方政府性债务风险，增强县级财政自主保障能力。

检查残疾人保障法实施情况，是今年常委会监督工作的一项重要内容，也是这部法律颁布实施 20 年来在全国范围内的第一次执法检查。常委会和有关专门委员会高度重视，陈至立、周铁农、李建国、司马义·铁力瓦尔地等 4 位副委员长带队，分赴天津、内蒙古、辽宁等 6 个省区市进行检查，并委托其他 25 个省区市人大常委会进行自查。值得一提的是，这次执法检查在方式方法上作了一些有益尝试，不仅通过网络、信访等多种渠道听取各方面意见，还将执法检查与立法后评估有机结合起来，了解情况更加全面深入，提出建议更有针对性，取得了很好的效果。审议中，常委会组成人员和列席会议的同志充分肯定执法检查组的工作，普遍赞成执法检查报告以及立法后评估报告。大家指出，关心和帮助残疾人，保障残疾人合法权益，是社会文明进步的重要标志，是社会主义制度优越性的重要体现。各地区、各部门要进一步加大对残疾人事业的投入，着力解决基本生活保障、医疗、康复、教育、就业等残疾人最关心、最直接、最现实的利益问题，努力为残疾人提供适合其特殊需求的基本公共服务，让广大残疾人平等参与社会生活，共享改革发展成果，促进残疾人事业与经济社会协调发展。

会议期间，大家对有关法律草案提出的意见和建议，请法律委会同有关方面认真研究，抓紧修改完善相关法律草案，提请以后的常委会会议审议；对有关报告提出的意见和建议，请常委会办公厅汇总整理成《审议意见》，送国务院及有关部门研究改进工作参考。

在第十一届全国人大常委会第二十九次会议上的讲话

（2012 年 10 月 26 日）

全国人大常委会委员长　吴邦国

各位委员、各位同志：

在大家的共同努力下，本次常委会会议的各项议程已进行完毕，共审议了 10 件法律草案，通过了其中的 9 件，听取审议了 3 个专项工作报告，批准了 2 件国际条约，通过了民族委员会、内务司法委员会、财政经济委员会和外事委员会关于代表议案审议结果的报告，还决定了人事任免等其他事项，会议开得很成功。

会议通过的精神卫生法，针对精神卫生工作中存在的突出问题，在认真总结实践经验和深入研究论证的基础上，对促进心理健康和预防精神障碍提出明确要求，对精神障碍的诊断、治疗和康复进行严格规范，进一步完善了精神卫生工作机制和保障措施，体现了保护患者权利与维护公共利益相统一的精神，对保障精神障碍患者合法权益，提高公众心理健康水平，促进精神卫生事业发展，维护社会和谐稳定具有重要意义。

十一届全国人大五次会议通过的关于修改刑事诉讼法的决定，对我国现行刑事诉讼法律制度作了重要补充和完善，将于 2013 年 1 月 1 日起施行。为及时解决相关法律规定与修改后的刑事诉讼法不一致、不衔接的问题，本次会议对监狱法等七部法律的个别条款一并进行了修改。我们要督促有关方面继续做好法律实施的准备工作，确保修改后的刑事诉讼法得到正确有效实施。

本次会议还对邮政法的个别条款作了修改，进一步明确了省级以下邮政管理体制，对加强邮政市场管理、规范邮政市场秩序、促进邮政事业发展将起到积极作用。

去年 10 月，党的十七届六中全会就深化文化体制改革、推动社会主义文化大发展大繁荣的若干重大问题作出决定，提出建设社会主义文化强国的战略目标。全国人大代表和常委会组成人员十分关心六中全会精神的贯彻落实情况，本次会议听取审议了国务院相关工作报告。大家强调，文化建设是中国特色社会主义事业总体布局的重要组成部分，必须始终坚持社会主义先进文化前进方向，坚持把社会效益放在首位，坚持社会效益与经济效益有机统一，继续深化文化体制机制改革，推动文化内容形式创新，大力发展公益性文化事业，加快构建公共文化服务体系，提升公共文化产品和服务供给能力，大力发展文化产业，扩大文化消费，培育国民经济新的增长点，更好地满足人民日益增长的精神文化需求。

坚持为老百姓办实事，着力促进保障和改善民生，是常委会这些年监督工作的重点。今年 6 月份，我们结合审议保障饮用水安全工作情况报告进行了专题询问，8 月份听取审议了残疾人保障法执法检查报告，这次会议又安排听取审议了国务院关于社会救助工作情况的报告。审议中，常委会组成人员和列席会议的同志认为，在我们这样一个有着13亿人口的发展中国家，基本建立起覆盖城乡的社会救助体系，初步实现困难群众应保尽保的目标，是一项了不起的成就。大家强调，社会救助关系到人民群众特别是困难群众的切身利益，要按照全面建设小康社会的总体要求，坚持从我国国情和实际出发，不断健全社会救助制度体系，加强社会救助能力建设，维护困难群众基本生活权益，努力把这项惠民生、解民忧、暖民心的重大民生工程抓紧抓好，确保全体人民共享经济社会发展成果。

国有企业是我国国民经济的支柱，国有企业改革是经济体制改革的中心环节。改革开放以来，党中央高度重视国有企业改革，出台了一系列政策措施，特别是党的十五届四中全会专门就国有企业改革和发展的若干重大问题作出决定，全面阐述了国有企业改革发展的目标、任务和政策措施。在长期的实践中，我们从战略上调整国有经济布局，积极探索公有制多种实现形式，加快建立现代企业制度，推进国有企业技术进步和产业升级，完善国有资产监管体制，减轻企业负担和解决历史遗留问题，做好再就业和社会保障工作等。经过艰苦的努力，国有经济布局结构不断优化，国有企业控制力和竞争力明显增强、发展质量和运行效率明显提升，为国民经济持续快速发展和社会和谐稳定作出了重大贡献。本次会议听取审议了国务院关于国有企业改革与发展工作情况的报告。审议中，常委会组成人员和列席会议同志认为，事实证明党中央关于国有企业改革发展的一系列重大决策部署是完全正确的，国有企业改革走过了艰难历程，取得了显著成效，成绩来之不易。大家强调，在充分肯定成绩的同时也要清醒地看到，国有企业改革发展的一些深层次矛盾和问题尚未根本解决，部分国有企业生产经营面临新的困难和挑战，国有企业改革发展的任务仍然艰巨而繁重。面对当前的国际国内政治经济环境，我们要毫不动摇地坚持社会主义初级阶段基本经济制度，理直气壮地巩固和发展公有制经济，进一步推进和深化国有企业改革，充分发挥国有经济在国民经济中的主导作用。一要完善国有资本有进有退、合理流动机制，继续推进国有企业重组和调整，推动国有资本向重要行业和关键领域集中。二要推动国有企业向产业链和利润链高端调整，着力突破关键技术，增强企业核心竞争力，加快“走出去”步伐，努力抢占国际产业竞争制高点。三要推进国有企业经营机制转变，完善公司法人治理结构，培养高素质经营管理者队伍和人才队伍。四要完善国有资产监管体制机制，健全国有资本经营预算制度，继续推进政企分开，使企业成为真正的市场主体。五要为国有企业改革发展营造良好舆论环境，继续妥善解决国有企业历史遗留问题，引导国有企业更好履行社会责任，切实维护职工合法权益。

会议期间，大家对有关法律草案提出的意见和建议，请法律委会同有关方面认真研究，抓紧修改完善相关法律草案，提请以后的常委会会议审议；对有关报告提出的意见和建议，请常委会办公厅汇总整理成《审议意见》，送国务院及有关部门研究改进工作参考。

各位委员、各位同志，本届全国人大常委会的任期还有四个多月，各项工作任务仍然十分繁重，当前我们要着重抓好三件事，努力完成本届常委会各项目标任务。一是认真总结本届全国人大及其常委会五年工作，起草好常委会工作报告稿，并对明年工作作出预安排。二是精心做好第三十次、三十一次常委会会议的准备工作，确保各项法律草案和报告如期提请审议。三是按照中央统一部署，依法做好新一届全国人大代表选举工作。

在第十一届全国人大常委会第三十次会议上的讲话

（2012年12月28日）

全国人大常委会委员长　吴邦国

各位委员、各位同志：

本次常委会会议内容比较多，也很重要，在大家的共同努力下，顺利完成了各项预定任务，共审议9件法律草案，通过其中的6件，听取审议12个报告，作出关于召开第十二届全国人大第一次会议的决定，批准中国人民解放军选举委员会人选，还决定了人事任免等其他事项，会议开得很成功。

这次会议的一项重要议程，是审议通过关于加强网络信息保护的决定。近些年来，网络技术迅猛发展、广泛运用，在促进经济社会发展方面发挥了重要作用，同时也带来很多严重问题。社会各方面强烈呼吁加强网络社会管理、严厉打击网络违法犯罪，全国人大代表也多次提出议案建议，要求尽快制定网络安全方面的法律。常委会认真总结网络发展和管理的实践经验，分析国外网络立法情况，广泛听取各方面意见，作出关于加强网络信息保护的决定，以法律形式保护公民个人及法人信息安全，确立网络身份管理制度，明确网络服务提供者的义务和责任，并赋予政府主管部门必要的监管手段，重点解决我国网络信息安全立法滞后的问题，有利于保护公民个人及法人电子信息安全、促进社会和谐稳定，有利于维护国家安全和政治稳定、确保国家长治久安。有关方面要做好宣传普及工作，抓紧制定和修改相关配套法规，确保决定全面正确有效实施。

劳动合同法是维护劳动者合法权益、构建和谐劳动关系的一部重要法律。在这部法律正式实施的当年，我们就组织开展了执法检查。针对群众反映强烈的劳务派遣不规范问题，去年又开展新一轮执法检查，并及时启动法律修改工作。本次会议作出的修改劳动合同法的决定，重点解决劳务派遣被滥用及不规范问题，明确劳动合同用工是我国的企业基本用工形式，劳务派遣用工只是补充形式，对劳务派遣工作岗位作出更加明确的界定，严格控制劳务派遣用工数量，强调劳务派遣人员享有同工同酬的权利。

会议还对其他 3 部法律作出了修改。适应我国人口老龄化快速发展趋势，修改老年人权益保障法，明确建立以居家为基础、社区为依托、机构为支撑的社会养老服务体系，充实家庭赡养与扶养的内容，增加对老年人社会保障、社会服务和社会优待的规定。为维护资本市场稳定和支持实体经济发展，修改证券投资基金法，将非公开募集基金纳入法律调整范围，完善公开募集基金监管规则，加大违法违规行为惩治力度，强化对基金投资者合法权益的保护。根据常委会通过的修改农业技术推广法的决定，对农业法的个别条款作出修改，以保证法律间衔接一致。

常委会始终高度重视“三农”工作，本届以来先后听取审议促进农民稳定增收、国家粮食安全等 6 个工作报告，检查农村土地承包法等 4 部涉农法律实施情况，今年又组织开展了农业法执法检查。审议中，常委会组成人员和列席会议的同志充分肯定执法检查组的工作，赞成执法检查报告。大家认为，党的十六大以来，中央出台一系列强农惠农富农政策措施，我国粮食生产实现“九连增”，农民收入持续较快增长，农业和农村发展取得举世瞩目的成就。大家指出，解决好十几亿人口的吃饭问题，始终是我们发展经济、治国安邦的基础，任何时候都不能掉以轻心。要毫不放松地抓好粮食生产，继续稳定增加农业投入，改善农村金融服务，促进农业科技成果转化，推动专业化、标准化、规模化、集约化农业发展，增强农业综合生产能力，确保国家粮食安全和重要农产品有效供给。

会议听取审议了国务院关于土地管理和矿产资源开发利用及保护工作情况的报告。常委会组成人员和列席会议的同志指出，要坚持节约资源和保护环境的基本国策，加快实施主体功能区战略，优化国土空间开发格局，严守耕地保护红线，严格土地用途管制，深化资源性产品价格和税费改革，建立资源有偿使用制度和生态补偿制度，加大战略性矿产资源勘查和储备力度，全面推进资源节约集约利用，大力发展循环经济，走出一条绿色发展、循环发展、低碳发展的新路子。

促进司法公正是人大监督工作的一项重要内容。常委会每年都选择不同的侧重点，加强对“两高”工作的监督。这次会议又听取审议了最高人民法院关于知识产权审判工作、最高人民检察院关于民事行政检察工作情况的报告。大家对“两高”自觉接受人大监督、努力提高司法水平给予充分肯定，希望各级法院和检察院深入贯彻实施依法治国基本方略，适应人民群众对社会公平正义的新期待，推进司法改革，规范司法行为，加强队伍建设，切实提高司法公信力。

会议还审议通过了法律委员会等 5 个专门委员会关于代表议案审议结果的报告，听取了常委会办公厅、工业和信息化部关于代表建议办理情况的报告。到目前为止，十一届全国人大五次会议期间代表提出的 489 件议案和 8189 件建议，已经全部办理完毕。这些年来，我们着力增强代表议案和建议的办理实效，特别是一些重点办理的代表建议，经过有关专门委员会跟踪督办和各方面共同努力，代表们关注的问题得到较好解决，人民群众从中得到更多实惠。

会议期间，大家对有关法律草案提出的意见和建议，请法律委员会会同有关方面认真研究，抓紧修改完善相关法律草案，提请以后的常委会会议审议；对有关报告提出的意见和建议，请常委会办公厅汇总整理成《审议意见》，送国务院及有关部门研究改进工作参考。

各位委员、各位同志，这次会议作出了关于召开第十二届全国人大第一次会议的决定，现在距离大会召开只有两个多月的时间。我们要全面贯彻落实党的十八大精神，尽职尽责做好各项工作，确保圆满完成本届各项目标任务。当前，要重点抓好三件事。

一是顺利完成第十二届全国人大代表选举工作。香港、澳门特别行政区第十二届全国人大代表已经依法选举产生，其他选举单位的选举工作也即将展开。我们要坚持党的领导、充分发扬民主、严格依法办事，确保选举工作顺利进行，并组织好新当选全国人大代表的初任履职学习。

二是认真做好第十二届全国人大第一次会议的组织筹备工作。这次大会的内容非常重要，除听取和审议各项工作报告外，还将选举和决定产生新一届国家机构领导人员。有关方面要落实责任、密切配合，周密细致做好各项筹备工作，确保大会顺利召开。

三是保持工作的连续性和稳定性。前不久，常委会办公厅会同有关方面拟订了2013年常委会工作要点和立法、监督工作计划，并经委员长会议原则通过。请各专门委员会、工作委员会和常委会办事机构对明年的工作作出预安排，保持工作的连续性和稳定性，为新一届全国人大及其常委会依法履职创造良好条件。

再过几天就是2013年元旦。借此机会，我代表委员长会议组成人员，向在座的各位委员、各位同志，向各级人大代表、各级人大机关工作人员，向所有致力于人民代表大会制度和民主法治建设的工作者，致以节日的问候和新年的祝福！

共享西部开发开放机遇　开创互利共赢美好明天

——在第五届中国西部国际合作论坛上的演讲

中国全国人大常委会委员长　吴邦国

（2012年9月26日，成都）

女士们、先生们、朋友们：

在这秋高气爽的美好时节，有机会同各位新老朋友相聚天府之国，出席第十三届中国西部国际博览会暨第五届中国西部国际合作论坛，感到十分高兴。首先，我谨代表中国政府对博览会和论坛的举办表示热烈祝贺！向远道而来的各国嘉宾表示诚挚欢迎！预祝本届博览会和论坛取得圆满成功！

中国西部国际博览会暨西部国际合作论坛成立以来，在各方面的共同努力下，以鲜明的主题和务实的风格，受到海内外的广泛关注，国际组织代表、各国政府要员、工商企业界人士和专家学者纷至沓来，共话合作发展大计，投资推介、国际采购、项目洽谈等经贸活动精彩纷呈，互利合作成果丰硕，日益显示出巨大的影响力，成为促进中国西部地区与世界各国特别是泛亚国家开展经贸合作的重要平台，成为展示中国西部地区经济社会发展成果的重要窗口。

当前，中国正按照“十二五”规划纲要的要求，以科学发展为主题，以加快转变经济发展方式为主线，把更多精力放在转方式、调结构上，着力推动产业优化升级，着力提高自主创新能力，着力保障和改善民生，更加注重经济增长的质量和效益，更加注重经济增长的协调性和可持续性，努力在转变经济发展方式上取得实质进展。今年以来，面对错综复杂的国内外经济形势，我们坚持科学发展，坚持稳中求进，经济社会发展总体形势是好的，经济增速和物价涨幅保持在预期目标范围内，就业和居民收入较快增长，社会保持和谐稳定。我们对中国经济发展前景充满信心。

女士们、先生们、朋友们，

中国西部幅员辽阔、资源丰富、历史悠久，涵盖12个省区市，面积占全国的71.5%，人口占全国的27.5%，拥有中国85%的陆地边境线，发展潜力巨大。2000年开始实施的西部大开发战略，给中国西部地区发展注入了强大动力，广袤的西部大地焕发出勃勃生机。

——后发优势进一步凸显。“十一五”期间，西部地区生产总值年均增长13.6%，固定资产投资年均增长28.5%，地方财政收入年均增长26.1%，分别高出全国平均增速 2.4、2.8 和 4.2 个百分点。2010 年主要经济指标比 2005 年翻了一番以上，比 2000 年翻了两番多，城乡居民收入十年间分别同比增长 2 倍和 1.7 倍。今年上半年，尽管国际经济形势复杂多变，中国经济面临的困难增多，西部地区仍然保持了 12.3% 的快速增长，固定资产投资增速达到 26.5%，比全国平均水平分别高出 4.5 和 6.1 个百分点。

——经济社会发展支撑能力明显增强。截至目前，累计新开工重点工程 165 项，投资总规模达 3.1 万亿元，新增公路通车里程 109 万公里，其中高速公路 2.28 万公里，新增铁路营业里程 1.5 万公里，民用机场达到 90 个，占全国机场总数的 50%，综合交通运输网络骨架初步形成，西气东输、西电东送等标志性工程投入使用，退耕还林、退牧还草、三江源保护等重点生态工程全面实施。

——对外开放格局初步形成。累计实际利用外商直接投资 557 亿美元，批准外商投资企业约 2 万家，世界 500 强在中国西部投资企业超过 200 家。重庆、成都、西安、昆明等内陆型经济开放高地正在崛起，新疆喀什、霍尔果斯等经济开发区和广西东兴、云南瑞丽、内蒙古满洲里等重点开发开放试验区初具规模，边境口岸布局和基础设施建设日臻完善，边境贸易政策更加灵活，西部国际博览会、中国一东盟博览会、中国一亚欧博览会等已成为推动区域经济合作的有效平台。

今天的中国西部地区，正在成为中国经济重要的新的增长极，不仅为中国的发展开辟了更为广阔的空间，也为世界各国特别是泛亚国家同中国加强经贸合作提供了难得机遇，无论是大型跨国企业集团还是具备实力的中小企业，都能够在这里找到符合自身情况、富有发展潜力的合作项目。

这里我要强调的是，实施西部大开发战略，是中国政府基于社会主义现代化建设全局作出的重大决策，在中国区域协调发展总体战略中具有优先地位。我们将以更大的决心、更强的力度、更有效的措施，深入实施新一轮西部大开发战略，继续加大中央财政对西部地区投入力度，实行有利于西部地区加快发展的优惠政策，扩大西部地区对内对外开放。我们坚信，中国西部的未来一定更加灿烂辉煌。

女士们、先生们、朋友们，

国际金融危机的深层次影响仍在持续，反思危机的深刻教训，无论是发达经济体还是新兴经济体，都认识到发展实体经济的重要性。本届论坛以“泛亚合作与实体经济发展”为主题，吸引了 800 多位国内外嘉宾参会，是论坛举办以来最多的，就从一个侧面充分说明了这一点。中国作为发展中大国，人口多、底子薄，历来高度重视优先发展实体经济。实施西部大开发战略，很重要的就是发挥西部地区土地、资源、劳动力等要素优势，大力推进传统优势产业改造升级，有序承接国内外产业转移，积极培育战略性新兴产业，加快构建现代产业体系。加强中国西部地区同世界各国特别是泛亚国家实体经济合作大有可为、大有作为。

我们要把加强实体经济合作作为深化经贸合作的重要抓手，促进实体经济合作与各自产业转型升级有机融合，努力形成优势互补、携手并进、共享繁荣的发展格局。要强化基础设施建设合作，以交通、能源、通信为重点，推动铁路、公路、水路、航空和管道网络建设，促进跨区域跨国境基础设施互联互通。要扩大产业合作，挖掘现代农业、战略性新兴产业、先进制造业和现代服务业等领域的合作潜力，联合开发新能源和可再生能源，加强技术研发合作和转让，推动绿色经济、循环经济发展。要完善合作机制，继续抓好已有自贸区建设，加快区域经济一体化进程，积极推进贸易和投资自由化便利化，共同反对各种形式的贸易保护主义，推动建立更加公正合理的国际经济新秩序。

女士们、先生们、朋友们，

中国西部的发展生机勃勃，泛亚地区的合作充满机遇。让我们携起手来，努力开创互利共赢、共同发展的美好明天。

谢谢大家。

附：

在国内调研时的新闻通稿

抓住建设中原经济区重要机遇 推动经济社会实现跨越式发展

——吴邦国委员长在河南调研纪实

新华社郑州4月17日电 中共中央政治局常委、全国人大常委会委员长吴邦国近日在河南调研时强调，要自觉把思想和行动统一到中央的决策部署上来，牢牢把握稳中求进的总基调，认真贯彻落实全国两会精神，抓住加快建设中原经济区重要机遇，推动经济社会实现跨越式发展，维护改革发展稳定良好局面，以优异成绩迎接党的十八大胜利召开。

4月12日至17日，吴邦国先后来到郑州、新乡、焦作、洛阳等地，就加快中原经济区建设、做好改革发展稳定工作等进行调查研究。在郑州日产、风神轮胎、中石化洛阳工程公司，他要求企业加强自主创新，不断提高核心竞争力；在旭飞光电、保绿能源、卓林数码、中航锂电、普莱柯生物工程公司，他鼓励大家集中力量突破关键核心技术，抢占战略性新兴产业制高点；在现代农业研究开发基地，他走进试验田查看良种小麦长势，了解棉花无钵移栽技术，充分肯定河南在农业科技方面取得的成绩和为保障国家粮食安全作出的重要贡献；在郑州综合交通枢纽、新郑综合保税区、郑州商品交易所、国家动漫产业基地和洛阳博物馆，他希望河南充分发挥区位优势和历史文化资源优势，大力发展文化创意、交通物流、旅游观光等现代服务业；在郑州大学新校区，他观看大学生创新成果展示，听取科研情况汇报，勉励广大师生为家乡和国家发展贡献智慧；在郑州鑫苑社区和新乡富康、祥和农村社区，他走进便民超市、服务中心和村民新居，深入了解民生改善和社会主义新农村建设情况。

调研期间，吴邦国听取了河南省工作汇报，对河南的工作给予充分肯定。他说，河南省委、省政府认真贯彻中央决策部署，结合实际创造性地开展工作，全省综合实力跨上新台阶，结构调整取得成效，社会建设全面进步，人民生活明显改善。希望河南抓住机遇，开拓创新，扎实工作，走出一条工业化、城镇化、农业现代化协调发展的路子，为全国同类地区"三化"协调发展创造经验，在支撑中部地区崛起和服务全国大局中发挥更大作用。为此，吴邦国强调了四点：

一要坚持发展是硬道理。建设中原经济区，促进中部地区崛起，关键靠发展。要深入贯彻落实科学发展观，坚持在发展中转变，以转变促发展，更加注重把握投资导向，更加注重质量和效益，更加注重生态环境保护，把更多精力放在结构调整和优化升级上。充分发挥劳动力、土地、资源丰富的优势，有序承接东部地区产业转移，积极发展战略性新兴产业，引导和支持创新要素向企业聚集，加快构建激励创新的体制机制，大力培养创新团队和领军人物，推动经济发展更多依靠创新驱动。

二要科学编制和细化中原经济区专项规划。积极探索不以牺牲农业和粮食、生态和环境为代价的"三化"协调发展的路子，是中原经济区建设的核心任务，也是中央对河南的要求和期望。要按照国家关于中原经济区建设的战略定位、空间布局和发展重点，抓紧做好各类专业基地、综合市场、示范园区专项规划。坚持高标准高起点，把规划的前瞻性和可操作性结合起来，科学规划、总体部署，分步实施、扎实推进。

三要积极探索以工促农、以城带乡的有效机制。充分发挥县市统筹城乡协调发展的重要作用，把发展产业集聚区和推动新型城镇化结合起来，以此作为壮大县域经济的重要抓手和产业转型升级的突破口，拓宽农民转移就业渠道，带动社会主义新农村建设，促进基本公共服务均等化和城乡一体化。同时要把农村土地整理开发的增值收益更多留给农民，探索提高农民财产性收入的路子。

四要把保障和改善民生放在突出位置。河南是人口大省，农村人口多，就业压力大。要大力发展中小企业，加强职业技能培训，引导农村劳动力转移就业，提高城乡居民收入。进一步完善城乡社会保障体系，深化教育、医疗领域改革，抓好保障性住房建设，办好涉及民生的大事实事。解决民生问题既要量力而行又要尽力而行，把工作重点放在农村，把更多的新增财力用于农村，在基础设施建设和社会事业发展方面向农村倾斜。

调研期间，吴邦国还专程到河南省人大机关看望了干部职工。他强调，在人大工作的同志要坚定不移走中国特色社会主义政治发展道路，在重大原则问题上做到头脑清醒、立场坚定、旗帜鲜明，自觉把人民代表大会制度坚持好完善好。要坚持党的领导，充分发扬民主，严格依法办事，认真做好十二届全国人大代表选举工作。

全国人大常委会副委员长兼秘书长李建国等一同调研。

让革命老区群众的生活一天天好起来

——吴邦国委员长在大别山革命老区调研纪实

仲夏的大别山，山青水碧，生机勃发。

6 月 18 日至 21 日，中共中央政治局常委、全国人大常委会委员长吴邦国在大别山革命老区调研。

大别山区横跨鄂豫皖三省，既是革命老区，也是贫困山区。按照新的国家扶贫标准测算，仅安徽省大别山革命老区扶贫对象就有近 200 万人。去年，中央把大别山区列为全国 11 个连片特困地区之一，作为国家扶贫攻坚的主战场。

吴邦国非常关心大别山革命老区的经济社会发展。他专程来到位于大别山区的安徽省六安市及所属金寨县、霍山县、裕安区调研，实地了解老区群众生产生活情况，主持召开专题座谈会，共商老区扶贫开发大计。吴邦国强调，消除贫困、改善民生、实现共同富裕是社会主义的本质要求。我们永世不忘老区人民为中国革命和建设事业作出的重大贡献，要抓住全国新一轮扶贫开发攻坚机遇，结合实际创造性地开展工作，走出一条革命老区脱贫致富、科学发展的新路子。

充分发挥资源优势，大力发展特色农业

近年来，安徽大别山区发挥当地资源优势，大力发展特色农业，茶叶、高山蔬菜、蚕茧、林果、中药材、竹制品等产业已初具规模。

安徽一笑堂茶业公司、圣农生物科技公司采取“公司 + 基地 + 农户”方式，带动山区农民种植茶叶和石斛，不少人走上了脱贫致富之路。宏发工艺品公司、龙华集团和凯旋大麻纺织集团，依托当地藤、竹、麻等特色资源，生产工艺品、纺织品和家具，产品远销欧美市场，不仅提供了大量就业岗位，还让当地农民特别是林农受益。吴邦国先后来到这几家企业考察，详细了解企业生产经营、资金周转情况，鼓励他们更好地发挥龙头企业的带动和辐射作用，实现企业、农民、地方共同受益。

吴邦国指出，大别山区发展特色农业优势独特、基础良好，要积极扶持农业产业化龙头企业和农民专业合作社，推进特色农产品标准化、专业化、规模化经营，大力发展农副产品深加工，培育具有地方特色的知名品牌，努力将资源优势转化为经济优势。他强调，创新农村金融服务是发展特色农业的重要抓手，要发展面向“三农”的农村金融机构和特色农业保险，推动农村金融网点、支付结算体系、社会信用体系全面覆盖，增加农村小额贷款投放，努力满足农民特别是扶贫对象生产、创业的资金需求。

抓好基础设施配套，着力发展特色旅游

大别山区自然环境优美、历史文化灿烂，是鄂豫皖革命根据地的重要组成部分。这些年来，生态旅游、红色旅游、休闲旅游逐步成为当地重要的支柱产业。

调研期间，吴邦国先后参观了金寨县革命博物馆和独山镇苏维埃城，向金寨革命烈士纪念塔敬献了花篮。他还前往位于大别山腹地的天堂寨景区考察，了解景区基础设施建设和周边交通情况。离天堂寨不远的燕子河大峡谷，附近村民人多地少，缺少致富途径，生活较为困难。吴邦国特意来到两户村民家慰问。他说，随着旅游业发展壮大，游客越来越多，大家经过培训从事旅

游服务业，会带来不错的收入，生活也会逐步得到改善。

吴邦国强调，要把发展特色旅游作为脱贫致富的一条路子，丰富旅游产品，打造精品线路，让更多的老区群众吃上旅游饭。目前，大别山区周边交通条件大为改善，但腹地交通设施建设仍然滞后，成为制约发展特别是旅游业发展的瓶颈。要进一步加大投入力度，优先抓好对促进旅游业发展起关键作用的联络线建设，尽快实现鄂豫皖大别山区交通网联通。

积极承接产业转移，增加农民就业机会

2011 年，安徽承接产业转移项目达到 1900 个，有力推动了安徽产业升级和经济发展。

吴邦国专门来到六安市经济技术开发区和霍山县工业园区考察。他指出，做好承接产业转移这篇大文章，对加快大别山区乃至安徽经济发展、拓宽就业渠道意义重大。一要重点抓好产业集聚区建设，以此作为承接产业转移的主要平台，既有利于降低基础设施建设和企业投资成本，也有利于产业配套和生态环境保护。二要大力发展民营经济，以此作为壮大县域经济的重要抓手，加大招商引资力度，在不牺牲生态的前提下，引进一批知名企业，重点发展轻工、纺织、农副产品加工、中药等劳动密集型产业，有效吸纳农村转移劳动力就业。三要切实办好各类职业培训学校，重点加强农村劳动力特别是扶贫对象的职业技能培训，提高培训的实效性，增强转移就业能力。

保障和改善民生，让贫困群体受益

古碑镇司马村是金寨县的新农村建设示范点。当地政府和群众不搞大拆大建，因地制宜整治村容村貌，大大改善了村民居住条件。吴邦国来到宋大塘居民组，看到村容整洁、设施完善、群众安居乐业，感到十分欣慰。

在村民宋云华家，吴邦国同他一家人聊起家常。收入来源有哪些，医疗保障怎么样，村里多少人外出打工，有没有技能培训……委员长问得十分具体。宋云华妻子说，家里收入主要靠养蚕、种茶和养猪，村里医疗保障实现了全覆盖，外出打工的村民大都能得到培训。吴邦国听了十分高兴，祝愿大家生活越来越幸福。

吴邦国强调，要在发展经济的同时把更多新增财力投向民生领域，优先解决扶贫对象最紧迫的问题。经过各方努力，许多贫困村组的生产生活条件得到改善，但仍有一些群众住在深山区和水库库区，生存条件差、脱贫难度大。要结合新农村、小城镇、工业园区建设，有计划、有步骤地实施易地扶贫搬迁和生态移民搬迁，尽力帮助搬迁群众解决生产生活困难，保障他们的长远生计。

加大生态保护力度，留住青山绿水

安徽大别山区拥有梅山、佛子岭等 6 座大型水库，还有 9 个自然保护区、10 个森林公园和 2 个湿地公园，是华中和长三角地区重要的生态安全屏障。

在梅山水库、响洪甸水库，吴邦国详细询问水位、水质情况，强调要把保护生态环境摆在突出位置，继续加强自然保护区和水源涵养区建设，建立健全生态补偿机制，禁止引入高能耗、高污染项目，确保大别山区青山绿水常在。他说，大别山区矿产资源丰富，钼矿探明储量居世界第二位，开发矿产资源要立足长远、统筹规划、科学利用，坚决防止乱采滥挖，实现发展经济与保护生态有机结合。

调研期间，吴邦国对安徽的工作给予充分肯定。他说，加快老区脱贫致富、科学发展步伐，是我们的历史责任。中央和国家有关部门将继续加大扶持力度，在资金投入、项目安排、对口帮扶等方面予以倾斜。希望安徽省及老区各级党委、政府团结带领广大干部群众，认真贯彻中央关于新一轮扶贫攻坚的总体部署，发扬自力更生、艰苦奋斗精神，进一步理清发展思路、明确发展重点，打好扶贫开发攻坚战，提升老区自身发展能力，让老区群众的生活一天天好起来。

调研期间，吴邦国还到安徽省人大常委会机关看望了干部职工。

全国人大常委会副委员长兼秘书长李建国陪同调研。

充满希望的黑土地

——吴邦国委员长在黑龙江调研纪实

盛夏的龙江大地，千里沃野，树木葱茏；万顷良田，满目生机。

16 日至 21 日，中共中央政治局常委、全国人大常委会委员长吴邦国赴黑龙江大兴安岭、佳木斯、抚远、鸡西等地调研。从广袤林区到三江平原、从农技中心到田间地头、从小城镇建设工地到农户小院，他同广大干部群众亲切交谈，共商科学发展大计。

吴邦国强调，要全面贯彻中央决策部署和“十二五”规划纲要的总体要求，准确判断和把握当前经济形势，坚持科学发展，坚持稳中求进，变压力为动力，把更多精力放在转方式、调结构上，着力推动产业优化升级，着力提高自主创新能力，着力保障和改善民生，更加注重经济增长的质量和效益，更加注重经济增长的协调性和可持续性，努力在加快转变经济发展方式上取得实质进展。

引领现代化大农业

黑龙江拥有耕地近 2 亿亩，近年来加快实施农业大水利、大农机、大科技、大合作，2011 年全省粮食总产量 1114 亿斤，实现总产、增量、商品量和调出量四项全国第一。吴邦国专程来到有着“中华粮仓”美誉的北大荒垦区调研农业发展情况。

在农垦建三江管理局勤得利灌区渠首站，吴邦国听取了黑龙江水利工程建设情况汇报，要求继续加大农田水利建设投入力度，加快发展节水灌溉，提高用水效率；在全国单块面积最大的二道河农场万亩大地号，吴邦国饶有兴致地观看农用飞机喷洒作业情况，并走进稻田察看水稻长势，勉励加大良种良法的研发力度；在北大荒精准农业农机中心，吴邦国与正在实施追肥作业的职工视频通话，并兴致勃勃地观看了现代农机展示，希望加强农业机械自主研发，提升农业装备水平；在七星农场国家农业科技园，得知全省垦区农业科技贡献率达到 67%，吴邦国感到十分欣慰。

吴邦国指出，黑龙江的粮食生产在全国具有重要战略地位，为保障国家粮食安全作出了重要贡献。希望认真总结千亿斤粮食产能巩固提高工程建设经验，重点抓好三江、松嫩两大平原农业综合开发试验区建设，大力推进农业专业化、标准化、规模化、集约化经营，培育发展农产品龙头企业，促进农副产品深加工，深化流通领域改革，加快建设国家级现代化大农业示范区，努力在全国现代农业发展中发挥引领示范作用。

走出一条林业发展、林农增收的新路子

黑龙江大小兴安岭是我国重要的天然林保护区。在前往漠河县北极村调研途中，吴邦国详细询问林业转型发展情况。当地负责人介绍说，黑龙江林地面积 2007 万公顷，约占全国 11.5%，活立木总蓄积 16.5 亿立方米，占全国 13.2%。吴邦国要求继续实施林业重点工程建设，加强森林资源保护和培育，大力发展生态林、经济林，积极推进碳汇造林、生物质能源林建设。

按照大小兴安岭林区生态保护与经济转型规划，从 2011 年起年采伐量调减 62.4%，到 2020 年规划区森林覆盖率提高到 73.4%。林区老百姓的长远生计如何解决，吴邦国对此十分关心，他来到北极村村民高金明开办的农家旅馆，详细了解游客数量和收入情况等。高金明告诉委员长，这里森林多、空气好，近几年游客越来越多，去年收入达到 7 万元。

吴邦国叮嘱当地负责人，林区减少和停止砍伐后，要立足于让林区老百姓增收致富，大力发展林下经济特别是蓝莓等特色绿色种植养殖等接续替代产业，精心打造林木产品深加工产业，延伸产业

链、提高附加值，同时充分发挥森林资源得天独厚的优势，大力发展生态旅游、绿色度假休闲，积极扶持农家乐，提升旅游服务质量，走出一条林业转型发展、林农增收致富的新路子。

加快形成统筹城乡区域协调发展新格局

近年来，结合城镇化建设，黑龙江大规模实施棚户区、泥草房改造和保障性住房建设，群众生活条件得到很大改善。吴邦国先后来到胜利农场、创业农场和八五七农场，实地察看小城镇建设项目进展和居民搬迁安置情况，并听取了黑龙江交通网络、小城镇建设和保障性住房建设情况汇报。

在胜利农场职工石宝纲的新家，吴邦国与一家人聊起家常。石宝纲告诉委员长，家里种有270亩地，购置了常用的农业机械设备，去年收入13万多元。吴邦国听了十分高兴，祝愿他们的生活越来越好。吴邦国还来到创业农场职工陆云峰家，这是一栋200多平方米的两层小楼。陆云峰说，现在搞农业有奔头，收入提高了，又搬进了小城镇，居住条件大大改善。大家开着小汽车下地种田，感到很满足。

吴邦国指出，我国正处在工业化、城镇化加快推进的关键阶段，要把推进城镇化作为拉动内需、优化投资、改善民生的重要抓手，促进大中城市和小城镇协调发展，着力发展壮大县域经济，进一步完善城乡交通运输体系，推进基本公共服务均等化，加快形成统筹城乡区域协调发展新格局。

切实把黑瞎子岛保护好开发好

黑瞎子岛位于黑龙江和乌苏里江交汇处，总面积约335平方公里。根据中俄国界东段补充协定，2008年10月黑瞎子岛171平方公里归属中国。目前，黑瞎子岛保护与开放开发总体规划进入全面实施阶段。

吴邦国登上黑瞎子岛，详细了解正在建设的乌苏大桥以及岛上湿地公园、现代生态园和东极宝塔等项目进展情况。他强调，要按照总体规划的要求，高标准高起点编制好各专项规划，分步实施、扎实推进，当前重点抓好基础设施和生态建设项目，统筹黑瞎子岛保护开发与周边地区开放开发，在保护生态环境的前提下，发展适合本地区的特色优势产业，切实把黑瞎子岛保护好开发好。

吴邦国指出，黑龙江在开展对俄交流与合作方面有着独特的地缘优势、深厚的文化传统和良好的合作基础。希望进一步加大对俄合作力度，以经贸合作为重点，着力加强大项目合作，搞好境内外产业合作园区和基地建设，鼓励企业扩大对俄投资，推动中俄经贸合作向更宽领域、更深层次发展，带动中俄在旅游、人文、地方等领域的互利合作。

把生态文明建设摆在更加突出位置

黑龙江林木茂密、河流纵横、湖泊湿地众多，森林覆盖率和湿地保护区面积均居全国前列，是国家重要的生态安全屏障。

吴邦国十分关心黑龙江的生态环境保护情况。在兴凯湖湿地，他详细询问黑龙江自然保护区和湿地生态保护情况，以及江河、湖泊的水质和保护措施，强调要坚持把生态文明理念贯穿于经济社会发展全过程，大力实施生态环境建设保护工程，加强重点生态功能区和生态环境脆弱区保护，加大黑土区水土流失治理力度，大力发展循环经济，倡导低碳、绿色生产消费理念，对林区湿地和水源地要严格环保审批，防止产生新的污染，切实保护好黑龙江的蓝天碧水和林海雪原。

调研期间，吴邦国对黑龙江的工作给予充分肯定。他说，黑龙江的发展思路正确，干部群众精神面貌是好的。这些年来，省委、省人大、省政府认真贯彻落实科学发展观，制定并实施“八大经济区”发展战略和“十大工程”发展举措，全省粮食综合生产能力大幅提高，工业转型升级成效明显，现代交通网络日臻完善，人民生活大为改善，民主法治建设不断推进，综合实力跨上了一个新台阶。希望黑龙江充分发挥资源富集、生态良好等优势，认真贯彻落实中央决策部署，结合实际创造性地开展工作，扎实推动经济社会又好又快发展，奋力谱写人民幸福美好生活新篇章。

调研途中，吴邦国来到北极哨所和通江口哨所，亲切慰问了边防部队官兵。

全国人大常委会副委员长兼秘书长李建国陪同调研。

吴邦国出席第五届中国西部国际合作论坛并发表主旨演讲

新华社成都9月26日电　中共中央政治局常委、全国人大常委会委员长吴邦国26日上午在四川成都出席第五届中国西部国际合作论坛，并发表题为《共享西部开发开放机遇　开创互利共赢美好明天》的主旨演讲。

吴邦国在演讲中首先对论坛举办表示热烈祝贺，对各国嘉宾表示诚挚欢迎。他说，中国西部国际博览会暨西部国际合作论坛成立以来，以鲜明的主题和务实的风格，受到海内外的广泛关注，日益显示出巨大的影响力，成为促进中国西部地区与世界各国特别是泛亚国家开展经贸合作的重要平台，成为展示中国西部地区经济社会发展成果的重要窗口。

吴邦国以翔实的数据介绍了西部开发开放取得的辉煌成就。他说，2000年开始实施的西部大开发战略，给中国西部地区发展注入了强大动力，广袤的西部大地焕发出勃勃生机。一是后发优势进一步凸显；二是经济社会发展支撑能力明显增强；三是对外开放格局初步形成。今天的中国西部地区，正在成为中国经济重要的新的增长极，不仅为中国的发展开辟了更为广阔的空间，也为世界各国特别是泛亚国家同中国加强经贸合作提供了难得机遇。

吴邦国强调，实施西部大开发战略，是中国政府基于社会主义现代化建设全局作出的重大决策，在中国区域协调发展总体战略中具有优先地位。我们将以更大的决心、更强的力度、更有效的措施，深入实施新一轮西部大开发战略，继续加大中央财政对西部地区投入力度，实行有利于西部地区加快发展的优惠政策，扩大西部地区对内对外开放。我们坚信，中国西部的未来一定更加灿烂辉煌。

吴邦国指出，国际金融危机的深层次影响仍在持续，反思危机的深刻教训，无论是发达经济体还是新兴经济体，都认识到发展实体经济的重要性。中国作为发展中大国，人口多、底子薄，历来高度重视优先发展实体经济。加强中国西部地区同世界各国特别是泛亚国家实体经济合作大有可为、大有作为。要把加强实体经济合作作为深化经贸合作的重要抓手，促进实体经济合作与各自产业转型升级有机融合，努力形成优势互补、携手并进、共享繁荣的发展格局。要强化基础设施建设合作，以交通、能源、通信为重点，推动铁路、公路、水路、航空和管道网络建设，促进跨区域跨国境基础设施互联互通。要扩大产业合作，挖掘现代农业、战略性新兴产业、先进制造业和现代服务业等领域的合作潜力，联合开发新能源和可再生能源，加强技术研发合作和转让，推动绿色经济、循环经济发展。要完善合作机制，继续抓好已有自贸区建设，加快区域经济一体化进程，积极推进贸易和投资自由化便利化，共同反对各种形式的贸易保护主义，推动建立更加公正合理的国际经济新秩序。

孟加拉国议长哈米德、马其顿副总理佩舍夫斯基、联合国助理秘书长麦守信、国家发展和改革委员会副主任杜鹰先后发表演讲。四川省委书记、省人大常委会主任刘奇葆致辞。

出席论坛的有全国人大常委会副委员长兼秘书长李建国和上海合作组织实业家委员会主席梅津采夫等。论坛由四川省省长蒋巨峰主持。

中国西部国际合作论坛创办于2008年，自2011年开始由中国西部国际博览会组委会、联合国开发计划署共同主办，本届论坛主题为“泛亚合作与实体经济发展”。

论坛开始前，吴邦国委员长来到中国西部国际博览会展馆，逐一视察了西部12个省区市展厅，并在四川凉山厅，同西昌市白庙村的村民视频通话，祝贺凉山彝族自治州成立60周年，祝愿彝族乡亲日子越过越好。

深入贯彻落实党的十八大精神　为全面建成小康社会不懈奋斗

——吴邦国委员长在山西调研纪实

新华社太原11月23日电　全国人大常委会委员长吴邦国近日在山西调研时强调，要深入学习贯彻党的十八大精神，高举中国特色社会主义伟大旗帜，坚持党的基本理论基本路线基本纲领基本经验不动摇，牢牢把握社会主义初级阶段基本国情，增强责任意识和忧患意识，全面推进社会主义经济建设、政治建设、文化建设、社会建设、生态文明建设，确保到2020年全面建成小康社会宏伟目标胜利实现。

11月19日至23日，吴邦国先后来到运城、太原、晋中等地，就贯彻落实党的十八大精神进行调研。在太原重工集团高速轮对国产化项目现场，他详细了解工艺流程和技术指标，强调要发挥企业作为科技创新主体的作用，瞄准世界同行业先进水平，加大自主创新力度。在太原钢铁集团4350立方米高炉前，他关切询问水、热、煤气、炉渣回收利用情况，称赞公司发展循环经济不仅有利于保护生态环境，也取得了良好经济效益。在漾泉蓝焰煤层气开发公司，他同工程技术人员探讨煤层气开发的关键技术和应用前景，勉励大家为发展清洁能源、提高能源利用效率作贡献。在华通现代科技农业示范园、粟海集团，他希望企业发挥龙头和辐射作用，抓好农户基地建设，带动农民增收致富。在山西省博物院，他指出，山西历史悠久、文化底蕴深厚，发展旅游业条件得天独厚，要深挖发展潜力，打造精品旅游线路，带动相关服务业发展，将旅游资源优势转化为经济优势，造福更多百姓。在太原市锦绣苑社区，他同基层干部群众亲切交谈，了解他们所想所盼，并祝愿大家日子越过越红火。在昔阳县大寨村，他登上虎头山、来到展览馆、走进村民家，实地察看大寨发生的崭新变化，了解大寨历史和发展规划，希望大寨人民继承大寨优良传统，发扬自力更生、艰苦奋斗精神，因地制宜发展现代农业，在社会主义新农村建设中谱写辉煌。

调研期间，吴邦国对山西工作给予充分肯定。他说，党的十六大以来，山西省各级党委和政府认真贯彻落实中央方针政策，结合实际创造性地开展工作，全力推动转型跨越发展，各项事业取得了很大成绩，城乡群众得到了更多实惠。希望山西以学习贯彻党的十八大精神为契机，把全省干部群众的力量凝聚到实现十八大确定的各项任务上来，解放思想、攻坚克难、扎实工作，努力走出一条资源型地区转型跨越、科学发展的新路子。

一要继续推动转型发展。山西煤炭产业在全国占有举足轻重的地位，经过近年来大力整合重组，规模化、集约化、机械化、现代化水平大幅提高。要在巩固结构调整成效的基础上，进一步优化资源配置，提高产业集中度，依靠科技进步，提高煤炭资源回采率和综合利用效率，大力发展煤炭循环经济，加快煤层气产业化发展，推进输气、输电通道建设，把煤炭这篇大文章做实做好。同时，要发挥山西装备制造业基础好的优势，大力发展先进装备制造和研发、成套等服务型产业，积极培育战略性新兴产业，着力突破关键技术，提高核心竞争力，抢占产业高端市场。安全生产对山西有特殊重要的意义，要警钟长鸣、常抓不懈。

二要切实保障和改善民生。要把扩大就业和增加居民收入作为保障和改善民生的重点，实施就业优先战略和更加积极的就业政策，通过承接产业转移、发展民营经济和推进城镇化，引导农村劳动力转移就业，做好高校毕业生、城镇困难人员就业工作，切实维护劳动者合法权益，深化收入分配制度改革，坚持走共同富裕道路。要统筹推进以保障和改善民生为重点的社会建设，推进基本公共服务均等化，着力解决群众关注的教育、医疗、住房、社会保障等现实问题，让人民共享改革发展成果、过上更加幸福美好的生活。

三要抓好生态文明建设。党的十八大把生态文明建设纳入中国特色社会主义总体布局，既是我国经济持续发展的内在要求，也是落实科学发展观的重大举措。要把生态文明建设摆在更加突出的战略地位，加快淘汰落后产能，扎实推进节能减排，促进清洁生产和资源循环利用，抓好造林绿化、污染防治和生态修复工程，着力推进绿色发展、循环发展、低碳发展，加快建设资源节约型、环境友好型社会。

调研期间，吴邦国专程到山西省人大常委会看望了机关工作人员。他强调，要坚持中国特色社会主义政治发展道路，牢牢把握人大工作正确政治方向，充分发挥国家权力机关作用，服务全面建成小康社会大局。

立法工作

一、副委员长讲话

在第十八次全国地方立法研讨会上的讲话

（2012年9月3日）

全国人大常委会副委员长　王兆国

同志们：

在全党全国深入学习领会胡锦涛总书记在省部级主要领导干部专题研讨班上的重要讲话精神、迎接党的十八大召开之际，今天我们在人民大会堂召开第十八次全国地方立法研讨会，总结近十年来的立法工作成就和形成中国特色社会主义法律体系的经验，探讨今后一个时期加强和改进立法工作的重点和举措。开好这次会议，对于下一步贯彻落实党的十八大精神，积极推进新形势下立法工作，不断完善中国特色社会主义法律体系，具有十分重要的意义。

刚才，吴邦国委员长等常委会领导同志亲切会见了大家。这里，我代表全国人大常委会和吴邦国委员长，向前来参加会议的全国人大各专门委员会、常委会办公厅和各工作机构负责同志，各省（区、市）人大常委会负责同志和法制委法工委负责同志以及其他同志，并通过大家向辛勤工作在第一线的全国广大立法工作者，致以诚挚的问候和良好的祝愿！

下面，我谈几点意见，与同志们交流探讨。

一、充分肯定党的十六大以来我国立法工作取得的成就，满怀信心迎接党的十八大胜利召开

党的十六大以来，全国人大及其常委会、有立法权的地方人大及其常委会坚持以邓小平理论、“三个代表”重要思想为指导，深入贯彻落实科学发展观，坚持党的领导、人民当家作主、依法治国有机统一，坚持中国特色社会主义政治发展道路，以形成并不断完善法律体系为目标，积极开展立法活动，立法工作取得辉煌成就。

（一）中国特色社会主义法律体系如期形成，国家经济建设、政治建设、文化建设、社会建设和生态文明建设的各个方面实现有法可依

党的十五大提出、十六大重申到2010年形成中国特色社会主义法律体系的立法工作总目标。过去的十年，是形成法律体系的重要时期。全国人大及其常委会、国务院、地方人大及其常委会紧紧围绕这一目标，做了大量卓有成效的工作。一是，抓紧制定和修改在法律体系中起支架作用的重要法律。审议通过物权法、监督法、侵权责任法、社会保险法、食品安全法、反垄断法、劳动合同法、企业破产法、企业国有资产法、反分裂国家法、武装警察法等一批重要法律，修改完善宪法以及选举法、代表法、刑法、公司法、国家赔偿法、村民委员会组织法等一批重要法律，为确保法律体系如期形成发挥了重要作用。二是，全面开展法律法规清理工作。从2008年开始，部署开展法律、行政法规、地方性法规的集中清理工作，基本解决了现行法律法规中明显不适应、不一致、不协调等问题，保障了法律体系内部的科学和谐统一。三是，积极推动配套法规制定工作。全国人大常委会采取有效措施督促配套法规制定，明确要求在安排立法项目、起草法律案的同时，统筹安排制定配套法规，力争与法律同步实施；国务院、地方人大及其常委会认真落实配套法规制定任务，一大批重要的配套法规相继出台，确保了法律体系整体的衔接配套。四是，集中开展法律体系的研究和宣传工作。从2009年开始，召开一系列重要的报告会、研讨会、座谈会，组织撰写一批有分量的理论文章和

研究报告，进一步凝聚共识，从理论上、思想上、舆论上为形成法律体系做好准备。

经过不懈努力，中国特色社会主义法律体系如期形成。这一法律体系，是中国特色社会主义永葆本色的法制根基、创新实践的法制体现、兴旺发达的法制保障。它的形成，是我国社会主义民主法制建设史上的重要里程碑，是中国特色社会主义制度逐步走向成熟的重要标志，为我们党依法执政奠定了重要基础，为全面落实依法治国基本方略、建设社会主义法治国家提供了制度保障，具有重大的现实意义和深远的历史意义。

这里要特别强调的是，地方性法规是中国特色社会主义法律体系的重要组成部分。各省（自治区、直辖市）、较大的市、民族自治地方、经济特区的人大及其常委会从本地改革开放和经济社会发展的实际需要出发，认真履行宪法和法律赋予的地方立法职权，重点开展与国家法律相配套的实施性立法，着力推进体现地方特色的自主性立法，积极探索创新实践的先行先试性立法，为地方推动科学发展、促进社会和谐提供了法制保障，为国家立法提供了大力支持，有力保障了宪法、法律和行政法规在本行政区域内的实施，为确保法律体系如期形成并不断完善作出了重要贡献。

同志们，吴邦国委员长全面总结了形成中国特色社会主义法律体系的五条重要经验，这就是：坚持党的领导，坚持以中国特色社会主义理论体系为指导，坚持从中国国情和实际出发，坚持以人为本、立法为民，坚持社会主义法制统一。这是我们成功走出一条中国特色立法路子的基本经验。对于这些宝贵经验，我们要深入学习、始终坚持并不断发扬光大。这其中的关键，是要将党的领导、人民当家作主、依法治国的有机统一贯穿立法工作的全过程，任何时候都不能动摇，任何一个方面都不能偏废，只有这样，立法工作才能沿着正确的道路越走越扎实、越走越宽广。

（二）在新的起点上继续推进立法工作，完善中国特色社会主义法律体系迈开重大步伐

党的十七大提出了完善中国特色社会主义法律体系的任务。2011年7月1日，胡锦涛总书记在庆祝中国共产党成立90周年大会上发表重要讲话，系统阐述了中国特色社会主义制度的基本内涵，第一次将法律体系作为一个重要组成部分纳入其中，充分表明我们党高度重视依法治国、建设社会主义法治国家，高度重视法律体系的完善和发展，为完善法律体系指明了正确的道路和方向。吴邦国委员长指出，今后一个时期，要把更多的精力放到法律的修改完善上来，放到法律配套法规的制定上来，同时还要制定一些新的法律，以推动法律体系的与时俱进和发展完善。我们认真贯彻落实胡锦涛、吴邦国同志重要指示精神，深入研究立法工作面临的新形势，适应立法工作目标变化、重心调整、领域拓展等新情况，努力为新时期立法工作谋篇布局、夯实基础、统一认识，完善法律体系迈开重大步伐。

全国人大及其常委会积极探索、着力推进法律体系的完善。一是，把修改完善现行法律放到更加突出的位置，抓紧修改了刑事诉讼法、刑法、民事诉讼法、个人所得税法、兵役法、职业病防治法、居民身份证法、清洁生产促进法等重要法律。二是，适时制定新的法律，根据经济社会发展的需要，先后出台了行政强制法、非物质文化遗产法、车船税法、出境入境管理法、军人保险法等法律。三是，在科学立法、民主立法方面迈出新步伐，积极开展立法前论证、立法后评估等工作，为确定立法项目、完善法律制度提供重要依据。四是，更加注重保障法律的有效实施，统筹相关法律的同步修改，加强法律解释和规范性文件备案审查工作，督促指导国务院、地方人大及其常委会及时制定法律配套法规，围绕贯彻实施行政强制法督促指导对行政法规、地方性法规进行专项清理，督促指导“两高”对司法解释进行集中清理，积极探索立法工作和监督工作的有机结合。

与此同时，地方人大及其常委会围绕完善法律体系做了大量工作：以推动经济发展方式转变和产业结构调整为主线，加强经济领域立法；以保障和改善民生、加强和创新社会管理为重心，强化社会领域立法；以促进经济社会可持续发展为核心，重视生态文明领域立法；以保障法律实施为重点，做好配套法规制定工作，开展法律执行情况的执法检查，听取法律实施专项工作报告，开展行政强制法的地方性法规专项清理。同时，充分发挥人大及其常委会在立法工作中的主导作用，不断推进科学立法、民主立法。

（三）在坚持依法立法的前提下深入推进科学立法、民主立法，立法质量显著提高

坚持科学立法、民主立法，是提高立法质量的根本途径。近十年来，我们始终坚持以人为本、立法为民，深入推进科学立法、民主立法，取得了明显成效。一是，建立了符合国情和实际、比较科学合理的立法体制机制程序，为坚持依法

立法奠定了基础。立法机关依据立法权限和程序开展立法活动，形成了多层次立法齐头并进的局面，为发挥中央和地方两个积极性、确保法律体系如期形成，提供了体制保证。立法规划计划的编制逐步规范化，法律法规案的立项、起草、审议等各个环节的程序和工作机制逐步完善，备案审查工作稳步开展，立法技术规范日趋成熟，为不断提高立法质量提供了重要保障。二是，形成了保障人大代表、常委会组成人员在立法工作中依法行使职权的机制，立法决策的科学性、民主性不断增强。人大及其常委会高度重视人大代表关于立法工作的议案，邀请人大代表参与立法调研、座谈和列席常委会会议，认真吸收人大代表的意见和建议，保障人大代表参与到立法工作的各个环节。立法工作中，认真执行统一审议制度和审次制度，对于法律关系复杂、分歧意见较大的法律法规案，认真进行研究论证，最大限度地取得共识，不断提高常委会审议质量。三是，拓展了立法调研、座谈会、论证会、听证会、公布法律法规草案征求意见等多种方式方法，不断扩大公民对立法工作的有序参与。2008 年 4 月，全国人大常委会委员长会议决定，今后全国人大常委会审议的法律草案，原则上都予以公开，向社会广泛征求意见。这既为立法机关充分听取意见、广泛凝聚共识提供了重要途径，也为社会公众合理表达利益诉求提供了重要平台。随着立法公开和公众有序参与立法的逐步扩大，全社会的法律意识也大大增强，为推进立法工作奠定了重要基础。总之，过去的十年，是科学立法、民主立法深入推进的十年，是公民在立法活动中的知情权、参与权、表达权、监督权得以充分行使的十年，也是立法体制机制不断健全、立法质量显著提高的十年。

同志们，以上这些成就的取得，是党中央坚强领导和正确决策的结果；是全国人大及其常委会紧紧围绕党和国家工作大局推进立法工作，全国人大各专门委员会、常委会各工作机构及有关方面密切配合、相互支持的结果；是国务院、有立法权的地方人大及其常委会共同努力，制定大量行政法规、地方性法规的结果；是人大代表、常委会组成人员从中国国情实际出发，认真履职，代表人民依法行使权力的成果；是一代又一代立法工作者辛勤耕耘，热爱并积极投身立法事业，做了大量艰苦卓绝工作的成果。总之，成就来之不易，我们一定要倍感自豪、倍加珍惜！

二、深刻把握当前面临的新形势新要求新任务，进一步加强和改进立法工作

当前，我国经济保持平稳较快发展，社会大局和谐稳定，总的形势是好的。我们也要看到，我国正面临复杂多变的外部环境，仍处于并将长期处于社会主义初级阶段，发展中不平衡、不协调、不可持续的问题依然突出，制约科学发展的体制机制问题迫切需要解决，影响社会和谐稳定的因素大量存在。与此同时，广大人民群众的政治参与意识不断提高，对促进社会公平正义的呼声日益高涨，对保障自身合法权益的要求日益强烈。与过去相比，立法工作面临更为错综复杂的局面，有利因素与不利因素相互交织、相互影响。这些都对立法工作提出了日益深刻的挑战。

我们还要看到，在全方位对外开放和信息化社会的背景下，治国理政面临新形势，深化改革面临新课题，改善民生面临新任务，社会管理面临新情况：实施“十二五”规划，确保到 2020 年全面建成小康社会，对立法工作提出了新的更高的要求；加快转变经济发展方式，促进产业结构调整，越来越需要通过立法引领和推动建立更加符合生产力发展要求的体制机制；加强和创新社会管理，越来越需要通过立法促进社会管理和服务的法治化，创新有效化解矛盾的体制机制；着力保障和改善民生，越来越需要通过立法建立健全社会保障制度，促进教育、医疗等领域的深层次改革，为缩小收入分配差距、提供均等化的公共服务打下扎实的法制基础；着力解决有法不依、执法不严、违法不究的问题，越来越需要建立健全保障宪法和法律有效实施的体制机制。

总之，当前和今后一个时期，立法工作的任务仍然相当繁重，立法工作的难度更为突出，完善法律体系任重道远，立法工作只能加强不能削弱。我们必须时刻保持头脑清醒，始终坚持理想信念，不断提高能力水平，着重从以下几个方面入手，切实加强和改进立法工作。

（一）进一步发挥立法在中国特色社会主义事业中的引领和推动作用

推进中国特色社会主义事业，坚持和完善中国特色社会主义制度，需要我们更加注重发挥法治在国家治理和社会管理中的重要作用，坚持把改革创

新精神贯彻到治国理政各个环节，不断在制度建设和创新方面迈出新步伐。我们要深化对法律功能的认识，着力发挥立法对改革发展的引领和推动作用。法律具有规范、引导、教育和保障等多项功能，经济社会发展阶段不同，需要立法发挥作用的着力点有所不同。从法律与实践的关系看，一方面，法律来源于实践，立法工作应当及时总结实践经验，充分体现实践的最新成果，把实践证明是成熟的、可行的做法以法律规范的形式固定下来。另一方面，法律又对实践具有引导作用，立法工作应当通过调整社会关系、规范人们行为、设定价值目标去引领实践、推动改革、促进发展。从客观条件看，经过30多年的改革发展，现代化建设取得了举世瞩目的成就，积累了丰富的实践经验，尤其是法律体系的形成，从制度上、法律上解决了国家发展中带有根本性、全局性和长期性的问题，国家各项事业纳入法制化轨道。这个时候，我们有条件也能够正确把握客观规律，科学设定发展目标，对立法工作进行顶层设计和总体规划，有必要也能够在总结实践经验的同时，更加注重发挥立法对改革发展的引领和推动作用。

这就要求我们始终在党和国家工作全局中谋划与推进立法工作，紧紧围绕党和国家工作重心，通过制度设计贯彻落实党中央关于经济社会发展的重大战略决策和部署，在法治轨道上规范和推进各项工作，并通过法定程序凝聚共识、协调利益。同时，要努力做到立法决策与改革决策同步，增强立法服务改革发展的积极作用，综合发挥法律的各项功能，不断完善制度体制机制，努力以立法引领发展、推进改革。应当说，近年来，在着力发挥立法的引领和推动作用方面，我们积极开展探索，取得了很好的成效。比如，全国人大常委会先后制定或修改了循环经济促进法、可再生能源法、节约能源法等法律，一些地方的人大常委会也制定或修改了一系列相关法规，从制度上贯彻落实“转方式、调结构、保民生”的要求。再比如，全国人大常委会在制定刑法修正案（八）时，经过慎重研究，根据多数人的意见，对醉驾行为规定了刑事责任。据有关方面统计，这一规定实施的最初7个月，全国共查处酒后驾驶机动车201153起，较上年同期下降44.5%。其中，醉酒驾驶机动车33183起，较上年同期下降43.7%。总的看，这条规定是管用的，对转变社会风气起了促进作用，引导公民形成“喝酒不开车、开车不喝酒”的良好行为习惯，大大减少了人身伤亡和财产损失。

进一步发挥立法的引领和推动作用，还必须不断加强和改进立法工作。一是提高立法的针对性。要紧紧围绕经济社会发展中迫切需要解决的现实问题开展立法工作，尤其是要抓住改革的重点领域和关键环节，深入调查研究，把握客观规律，做好制度设计，使法律规定的内容明确具体，可操作性强，实施有效管用。二是提高立法的及时性。立法工作反应要灵敏，针对改革发展稳定的突出问题，及时启动立法程序，出台相关法律法规予以规范和引导，使法律制度能够充分反映经济社会发展的客观要求，及时回应人民群众的迫切期待。三是提高立法的系统性。要综合运用制定、修改、废止、解释、清理、备案审查等多种形式，考虑法律法规的相互衔接，结合重要法律的出台，同步修改或者废止相关法律法规，做到各项制度统筹协调、形成合力，切实提高立法发挥引领和推动作用的成效。

（二）进一步发挥人大及其常委会在立法中的主导作用

立法是宪法赋予人大及其常委会的一项重要职权。切实加强党对立法工作的领导，发挥人大及其常委会在立法中的主导作用，对于新形势下坚持和完善人民代表大会制度、加强和改进立法工作具有重要意义。首先，要充分尊重人大代表的主体地位。人大代表是国家权力机关组成人员，代表人民的利益和意志行使职权。充分发挥人大代表在立法工作中的作用，既是人民代表大会制度的应有之义，也是发挥人大及其常委会立法主导作用的重要体现。一是要高度重视人大代表依法联名提出的立法议案，符合法律要求的依法列入大会或者常委会的审议议程。二是要充分发挥人民代表大会的立法职能。有立法权的地方人大及其常委会可以考虑，每届选择几件关系本地方经济社会发展大局、关系本地方人民群众切身利益的法规草案，提交代表大会审议通过。三是要积极拓宽基层人大代表参与立法工作的渠道，切实发挥他们来自基层、联系群众、熟悉情况的优势。常委会有关工作机构和办事机构要为人大代表参与立法工作当好参谋助手、提供服务保障，在法律法规案的立项、起草、审议等各个环节认真研究并积极回应吸收人大代表提出的意见和建议。

其次，要不断强化人大及其常委会的立法主导作用。人大及其常委会要在同级党委领导下，切实加强对立法工作的统筹协调。一是抓好立法项目论证。对各方面提出的立法项目进行科学筛选和统筹，把重点放在涉及经济社会发展全局、保障公民和组织权益、与上位法配套等方面的项目上，确保将有限的立法资源用在刀刃上。二是把握立法决策主导，抓住每一部法律法规中“关键的那么几条”，重点解决制约重要立法项目和重大制度设计顺利推进的难点问题。三是积极督促有关方面抓紧法律法规案起草工作，按照立法计划及时提请审议，维护立法规划和计划的严肃性。

第三，人大有关专门委员会和常委会工作机构要积极介入、指导和督促法律法规案的起草，对于经济社会事务中一些综合性较强、事关全局或者关系广大人民群众切身利益，实践中迫切需要、条件又比较成熟的立法项目，可以由有关专门委员会、常委会工作机构牵头起草，吸收政府有关部门参与，确保按计划提请审议。

（三）进一步完善立法体制、工作机制和立法程序

进一步完善立法体制、工作机制和立法程序，不断提高科学立法、民主立法的成效，是新形势下做好立法工作、提高立法质量的重要保障。立法法确立的立法体制机制程序，对于规范立法活动、提高立法质量发挥了重要作用。随着经济社会的快速发展，现有的立法体制机制程序出现了一些与客观要求不相适应的地方。立法工作中遇到的新情况、新问题，也对进一步完善立法制度提出了要求。

我们要认真总结立法法的贯彻实施情况，特别是要深入总结地方立法工作中的一些好做法、好经验，不断完善立法体制、机制和程序，使立法过程切实成为听取人民呼声、集中人民智慧、反映人民意愿的过程，为更好地坚持依法立法，深入推进科学立法、民主立法，不断完善法律体系，提供更加扎实可靠的制度保障。一是，立法体制方面，要在总结实践经验的基础上，适应新的情况变化，深入研究法律、行政法规、地方性法规的任务分工和相互之间的界限，特别是要认真研究授权立法、较大的市立法、民族自治地方立法、经济特区立法等的发展趋势，进一步完善立法权限的划分。二是，立法工作机制方面，要在科学立法、民主立法的制度化、规范化和程序化方面迈出新的更大的步伐，既坚持和完善已有的方式方法，又积极开拓创新，不断拓展人大代表发挥作用的途径和方式，改进公众有序参与立法的机制，提高立法公开的成效，强化立法过程中的舆论引导。特别是要适应网络化、信息化社会的特点，提高驾驭新兴媒介的能力，增强舆论引导的及时性、权威性和公信力、影响力。三是，立法程序方面，要进一步细化和规范立项、起草、审议、表决、报批、公布、备案审查以及清理、立法前论证、立法后评估等各个环节的制度和程序，建立统一的立法技术规范，使之更加科学合理、切合实际，促进立法质量不断提高。

（四）进一步保障宪法和法律的有效实施

法律体系的形成，总体上解决了有法可依的问题，在这种情况下，有法必依、执法必严、违法必究的问题就显得更为突出、更加紧迫。只有解决好这一问题，才能确保依法治国基本方略得到全面落实，人民群众对建设社会主义法治国家才会更有信心。依法治国首先是依宪治国。今年是现行宪法颁布实施30周年。30年来的实践证明，我国宪法是一部符合国情的好宪法，在国家经济、政治、文化和社会生活中发挥了极其重要的作用。要以纪念宪法施行30周年为契机，深入开展宪法宣传活动，在全社会进一步树立宪法意识和宪法权威，使宪法和法律真正成为推进依法执政、依法治国的依据，成为促进依法行政、公正司法的准绳，成为全社会一体遵循的行为规范。要切实维护法制统一，下位法不能违背上位法，所有法不能违背宪法。一切活动都必须在宪法和法律的范围内进行，不能悖离我国的根本政治制度和基本政治制度。改革发展要求实践创新，但涉及法律规定的，应当先依照法定程序修改有关法律，这也是依法治国的基本要求。

人大及其常委会要切实履行保证宪法和法律有效实施的重要职责，将这项任务作为一项系统工程，统筹做好以下几个方面的工作。一是要高度重视配套法规制定，把制定法律的配套性、实施性法规作为地方立法工作的重点，确保及时出台，避免因配套法规滞后而影响法律的有效实施。二是要重视和加强立法解释，逐步实现立法解释的常态化，发挥立法解释的应有作用，为各方面正确实施法律法规及时提供支撑。三是要完善法规清理机制，综合运用即时清理和集中清理、全面清理和专项清理等方式，在重要法律出台以后，及时启动对相关法律、行政法规和地方性法规的同步清理，统筹作出立法安排，避免因法律规范之间相互冲突而影响实施效果。四是要把立法工作和监督工作有机结合起来，将法律法规执行情况作为监督工作的重点，通过执法检查、专题询问、听取专项工作报告、规范性文件备案审查、立法后评估等方式，为修改完善法律制度提供依据，同时增强监督实效，确保法律制度有效实施。

三、切实加强立法工作队伍建设，为不断完善中国特色社会主义法律体系提供坚实的人才保障和智力支持

面临新形势新任务新挑战，切实加强立法工作队伍建设，着力培养高素质的立法工作人才，既是当前的紧迫需要，也是长远的战略任务。要说我们这些年来取得的立法成就，关键是形成了一支高素质的立法工作队伍。这支队伍，是人大及其常委会行使立法职权的参谋助手，是党领导人民实施依法治国基本方略、建设社会主义法治国家的重要力量。在法律体系形成的新起点上，党中央提出要进一步加强立法工作人才队伍建设，改革创新人才培养机制，着力培养一批国家级立法工作领军人才、专家级立法工作骨干人才以及素质优良的立法工作专业人才，为我们加强立法工作队伍建设指明了方向。完善法律体系，队伍是基础，人才是关键。我们要从推进中国特色社会主义事业的高度，切实增强紧迫感和责任感，下大气力加强立法工作队伍建设，确保我国立法事业后继有人、兴旺发达。

（一）高度重视、大力支持，把立法工作队伍建设成为民主法制建设的重要骨干力量和得力参谋助手

进一步发挥法治在国家和社会治理中的重要作用，建设一支高素质的立法工作队伍是关键。这支队伍不仅是从事立法工作的队伍，而且是促进依法行政和公正司法的队伍，是督促法律有效实施的队伍。各级人大及其常委会要高度重视、充分发挥立法工作队伍在民主法制建设和经济社会发展中的重要作用，充分肯定这支队伍、稳定这支队伍、发展这支队伍，提高这支队伍的法律素质和整体综合素质，使之成为政治坚定、业务精通、纪律严明、作风优良的立法工作队伍。要主动向同级党委报告立法工作队伍建设情况，在党委的领导下，加强立法工作机构建设，选好配强领导班子，为地方立法工作提供有力的组织保障。要全面规划立法工作队伍建设，有目标、有重点、有步骤地推进实施。要完善立法工作人才选拔任用、激励保障等机制，积极推进干部交流，为优秀立法工作人才脱颖而出创造有利制度环境。对于队伍中的拔尖人才、领军人物，要创造条件让他们在民主法制建设中发挥更大作用，通过多种途径和方式为他们提供施展才干、发挥专长的舞台，对政治坚定、德才兼备、实绩突出的要及时予以重用。

（二）着眼长远、注重实效，着力带出一支政治坚定、有真才实学、适应完善法律体系新任务的立法工作队伍

从履行法律赋予的立法工作职责出发，加强立法工作队伍建设，是人大有关专门委员会和常委会有关工作机构的重要责任。有关专门委员会、工作机构要在常委会领导下，加强与有关方面沟通，争取各方面支持，在抓好立法工作的同时，抓好队伍建设。要着眼长远，合理安排、逐步建立队伍梯次结构，有计划、有针对性地培养立法工作人才。要通过培训进修、基层调研、挂职锻炼、理论研讨、出国考察等多种途径，创造有利条件，大力提升立法工作队伍的政治水平、业务能力和综合素质。要在立法工作中注意发现立法工作人才，精心培养，放手使用，尤其是要注意培养年轻的优秀后备人才。这里要指出的是，规范性文件备案审查工作，既是人大法律监督工作的重要形式，也是人大立法工作的重要环节。各级人大及其常委会从事规范性文件备案审查工作的同志，是立法工作队伍的重要组成部分。要进一步健全备案审查机构，充实备案审查力量，规范备案审查工作，加强业务培训和交流，培养一支熟悉和热爱备案审查工作的干部队伍，为保证社会主义法制统一提供重要的人才支撑。

（三）坚持理想、开拓创新，努力提高政治素质和业务素质，为不断完善法律体系作出新贡献

新形势下加强立法工作队伍建设，对广大立法工作者提出了新的更高的要求。首先，立法是一项政治性很强的工作。坚定的政治立场、过硬的政治素质始终是对立法工作者第一位的要求。面对复杂多变的国际国内形势，广大立法工作者一定要保持高度清醒，高举中国特色社会主义伟大旗帜，坚持中国特色社会主义远大理想，坚定不移地走中国特色社会主义政治发展道路，紧紧围绕不断完善中国特色社会主义制度的宏伟目标，始终从政治高度思考和把握立法工作。其次，立法是一项实践性很强的工作。它深深根植于实践的土壤之中，与经济发展紧密相连，与社会生活息息相关。这就要求立法工作者时刻注意从鲜活的社会实践中汲取营养，树立国情意识，培养战略思维，富有创新精神，自觉融入到变动的社会，以更加宽广的视野看待立法工作，以更加务实的作风推进立法工作。第三，立法是一项专业性很强的工作。没有足够的专业水准，难以胜任这项工作。立法工作者要勤于学习、善于

学习，不断更新知识结构，自觉提高业务素质，具备较高的政策、理论和法律水平，为立法工作打牢专业功底、提升理论素养。总之，广大立法工作者要按照吴邦国委员长关于“做合格立法人、当好参谋助手”的要求，进一步增强政治素质和业务素质，在政治上、理论上、法律上都过得硬，为不断完善法律体系、加快建设社会主义法治国家作出新的更大的贡献！

同志们，让我们在以胡锦涛同志为总书记的党中央领导下，高举中国特色社会主义伟大旗帜，以邓小平理论和“三个代表”重要思想为指导，深入贯彻落实科学发展观，进一步增强荣誉感、使命感、责任感，努力做好立法各项工作，以优异成绩迎接党的十八大胜利召开！

二、法律和有关法律问题的决定

中华人民共和国主席令

第五十四号

《全国人民代表大会常务委员会关于修改〈中华人民共和国清洁生产促进法〉的决定》已由中华人民共和国第十一届全国人民代表大会常务委员会第二十五次会议于 2012 年 2 月 29 日通过，现予公布，自 2012 年 7 月 1 日起施行。

中华人民共和国主席　胡锦涛

2012 年 2 月 29 日

全国人民代表大会常务委员会关于修改《中华人民共和国清洁生产促进法》的决定

（2012 年 2 月 29 日第十一届全国人民代表大会常务委员会第二十五次会议通过）

第十一届全国人民代表大会常务委员会第二十五次会议决定对《中华人民共和国清洁生产促进法》作如下修改：

一、将第四条中的“将清洁生产纳入国民经济和社会发展计划”修改为“将清洁生产促进工作纳入国民经济和社会发展规划、年度计划”。

二、将第五条修改为：“国务院清洁生产综合协调部门负责组织、协调全国的清洁生产促进工作。国务院环境保护、工业、科学技术、财政部门和其他有关部门，按照各自的职责，负责有关的清洁生产促进工作。

“县级以上地方人民政府负责领导本行政区域内的清洁生产促进工作。县级以上地方人民政府确定的清洁生产综合协调部门负责组织、协调本行政区域内的清洁生产促进工作。县级以上地方人民政府其他有关部门，按照各自的职责，负责有关的清洁生产促进工作。”

三、将第八条和第九条合并，作为第八条，修改为：“国务院清洁生产综合协调部门会同国务院环境保护、工业、科学技术部门和其他有关部门，根据国民经济和社会发展规划及国家节约资源、降低能源消耗、减少重点污染物排放的要求，编制国家清洁生产推行规划，报经国务院批准后及时公布。

“国家清洁生产推行规划应当包括：推行清洁生产的目标、主要任务和保障措施，按照资源能源消耗、污染物排放水平确定开展清洁生产的重点领域、重点行业和重点工程。

“国务院有关行业主管部门根据国家清洁生产推行规划确定本行业清洁生产的重点项目，制定行业专项清洁生产推行规划并组织实施。

“县级以上地方人民政府根据国家清洁生产推行规划、有关行业专项清洁生产推行规划，按照本地区节约资源、降低能源消耗、减少重点污染物排放的要求，确定本地区清洁生产的重点项目，制定推行清洁生产的实施规划并组织落实。”

四、增加一条，作为第九条：“中央预算应当加强对清洁生产促进工作的资金投入，包括中央财政清洁生产专项资金和中央预算安排的其他清洁生产资金，用于支持国家清洁生产推行规划确定的重点领域、重点行业、重点工程实施清洁生产及其技术推广工作，以及生态脆弱地区实施清洁生产的项目。中央预算用于支持清洁生产促进工作的资金使用的具体办法，由国务院财政部门、清洁生产综合协调部门会同国务院有关部门制定。

“县级以上地方人民政府应当统筹地方财政安排的清洁生产促进工作的资金，引导社会资金，支持清洁生产重点项目。”

五、将第十条修改为：“国务院和省、自治区、直辖市人民政府的有关部门，应当组织和支持建立促进清洁生产信息系统和技术咨询服务体系，向社会提供有关清洁生产方法和技术、可再生利用的废物供求以及清洁生产政策等方面的信息和服务。”

六、将第十一条修改为：“国务院清洁生产综合协调部门会同国务院环境保护、工业、科学技术、建设、农业等有关部门定期发布清洁生产技术、工艺、设备和产品导向目录。

“国务院清洁生产综合协调部门、环境保护部门和省、自治区、直辖市人民政府负责清洁生产综合协调的部门、环境保护部门会同同级有关部门，组织编制重点行业或者地区的清洁生产指南，指导实施清洁生产。”

七、将第十二条修改为：“国家对浪费资源和严重污染环境的落后生产技术、工艺、设备和产品实行限期淘汰制度。国务院有关部门按照职责分工，制定并发布限期淘汰的生产技术、工艺、设备以及产品的名录。”

八、将第十七条和第三十一条合并，作为第十七条，修改为：“省、自治区、直辖市人民政府负责清洁生产综合协调的部门、环境保护部门，根据促进清洁生产工作的需要，在本地区主要媒体上公布未达到能源消耗控制指标、重点污染物排放控制指标的企业的名单，为公众监督企业实施清洁生产提供依据。

“列入前款规定名单的企业，应当按照国务院清洁生产综合协调部门、环境保护部门的规定公布能源消耗或者重点污染物产生、排放情况，接受公众监督。”

九、将第二十条第二款修改为：“企业对产品的包装应当合理，包装的材质、结构和成本应当与内装产品的质量、规格和成本相适应，减少包装性废物的产生，不得进行过度包装。”

十、删去第二十七条。

十一、将第二十八条改为第二十七条，第二款、第三款作为第二款、第四款，修改为：“有下列情形之一的企业，应当实施强制性清洁生产审核：

“（一）污染物排放超过国家或者地方规定的排放标准，或者虽未超过国家或者地方规定的排放标准，但超过重点污染物排放总量控制指标的；

“（二）超过单位产品能源消耗限额标准构成高耗能的；

“（三）使用有毒、有害原料进行生产或者在生产中排放有毒、有害物质的。

“实施强制性清洁生产审核的企业，应当将审核结果向所在地县级以上地方人民政府负责清洁生产综合协调的部门、环境保护部门报告，并在本地区主要媒体上公布，接受公众监督，但涉及商业秘密的除外。”

增加两款，作为第三款、第五款：“污染物排放超过国家或者地方规定的排放标准的企业，应当按照环境保护相关法律的规定治理。

“县级以上地方人民政府有关部门应当对企业实施强制性清洁生产审核的情况进行监督，必要时可以组织对企业实施清洁生产的效果进行评估验收，所需费用纳入同级政府预算。承担评估验收工作的部门或者单位不得向被评估验收企业收取费用。”

第四款作为第六款，修改为：“实施清洁生产审核的具体办法，由国务院清洁生产综合协调部门、环境保护部门会同国务院有关部门制定。”

十二、将第二十九条改为第二十八条，修改为：“本法第二十七条第二款规定以外的企业，可以自愿与清洁生产综合协调部门和环境保护部门签订进一步节约资源、削减污染物排放量的协议。该清洁生产综合协调部门和环境保护部门应当在本地区主要媒体上公布该企业的名称以及节约资源、防治污染的成果。”

十三、将第三十条改为第二十九条，修改为：“企业可以根据自愿原则，按照国家有关环境管理体系等认证的规定，委托经国务院认证认可监督管理部门认可的认证机构进行认证，提高清洁生产水平。”

十四、将第三十三条改为第三十一条，修改为：“对从事清洁生产研究、示范和培训，实施国家清洁生产重点技术改造项目和本法第二十八条规定的自愿节约资源、削减污染物排放量协议中载明的技术改造项目，由县级以上人民政府给予资金支持。”

十五、将第三十五条改为第三十三条，修改为：“依法利用废物和从废物中回收原料生产产品的，按照国家规定享受税收优惠。”

十六、增加一条，作为第三十五条：“清洁生产综合协调部门或者其他有关部门未依照本法规定履行职责的，对直接负责的主管人员和其他直接责任人员依法给予处分。”

十七、将第四十一条改为第三十六条，修改为：“违反本法第十七条第二款规定，未按照规定公布能源消耗或者重点污染物产生、排放情况的，由县级以上地方人民政府负责清洁生产综合协调的部门、环境保护部门按照职责分工责令公布，可以处十万元以下的罚款。”

十八、删去第三十九条。

十九、将第四十条改为第三十九条，修改为：“违反本法第二十七条第二款、第四款规定，不实施强制性清洁生产审核或者在清洁生产审核中弄虚作假的，或者实施强制性清洁生产审核的企业不报告或者不如实报告审核结果的，由县级以上地方人民政府负责清洁生产综合协调的部门、环境保护部门按照职责分工责令限期改正；拒不改正的，处以五万元以上五十万元以下的罚款。”

增加一款，作为第二款：“违反本法第二十七条第五款规定，承担评估验收工作的部门或者单位及其工作人员向被评估验收企业收取费用的，不如实评估验收或者在评估验收中弄虚作假的，或者利用职务上的便利谋取利益的，对直接负责的主管人员和其他直接责任人员依法给予处分；构成犯罪的，依法追究刑事责任。”

二十、将第七条第二款、第十三条、第十四条和第十五条第二款中的“有关行政主管部门”修改为“有关部门”。

将第十四条中的“科学技术行政主管部门”修改为“科学技术部门”。

将第十五条第一款中的“教育行政主管部门”修改为“教育部门”。

将第二十一条中的“经济贸易行政主管部门”修改为“工业部门”，“标准化行政主管部门”修改为“标准化部门”。

将第三十七条中的“质量技术监督行政主管部门”修改为“质量技术监督部门”。

本决定自2012年7月1日起施行。

《中华人民共和国清洁生产促进法》根据本决定作相应修改，重新公布。

中华人民共和国清洁生产促进法

（2002年6月29日第九届全国人民代表大会常务委员会第二十八次会议通过　根据2012年2月29日第十一届全国人民代表大会常务委员会第二十五次会议《关于修改〈中华人民共和国清洁生产促进法〉的决定》修正）

目　录

第一章　总　　则

第一条　为了促进清洁生产，提高资源利用效率，减少和避免污染物的产生，保护和改善环境，保障人体健康，促进经济与社会可持续发展，制定本法。

第二条　本法所称清洁生产，是指不断采取改进设计、使用清洁的能源和原料、采用先进的工艺技术与设备、改善管理、综合利用等措施，从源头削减污染，提高资源利用效率，减少或者避免生产、服务和产品使用过程中污染物的产生和排放，以减轻或者消除对人类健康和环境的危害。

第三条　在中华人民共和国领域内，从事生产和服务活动的单位以及从事相关管理活动的部门依照本法规定，组织、实施清洁生产。

第四条　国家鼓励和促进清洁生产。国务院和县级以上地方人民政府，应当将清洁生产促进工作纳入国民经济和社会发展规划、年度计划以及环境保护、资源利用、产业发展、区域开发等规划。

第五条　国务院清洁生产综合协调部门负责组织、协调全国的清洁生产促进工作。国务院环境保护、工业、科学技术、财政部门和其他有关部门，按照各自的职责，负责有关的清洁生产促进工作。

县级以上地方人民政府负责领导本行政区域内的清洁生产促进工作。县级以上地方人民政府确定的清洁生产综合协调部门负责组织、协调本行政区域内的清洁生产促进工作。县级以上地方人民政府其他有关部门，按照各自的职责，负责有关的清洁生产促进工作。

第六条　国家鼓励开展有关清洁生产的科学研究、技术开发和国际合作，组织宣传、普及清洁生产知识，推广清洁生产技术。

国家鼓励社会团体和公众参与清洁生产的宣传、教育、推广、实施及监督。

第二章　清洁生产的推行

第七条　国务院应当制定有利于实施清洁生产的财政税收政策。

国务院及其有关部门和省、自治区、直辖市人民政府，应当制定有利于实施清洁生产的产业政策、技术开发和推广政策。

第八条　国务院清洁生产综合协调部门会同国务院环境保护、工业、科学技术部门和其他有关部门，根据国民经济和社会发展规划及国家节约资源、降低能源消耗、减少重点污染物排放的要求，编制国家清洁生产推行规划，报经国务院批准后及时公布。

国家清洁生产推行规划应当包括：推行清洁生产的目标、主要任务和保障措施，按照资源能源消耗、污染物排放水平确定开展清洁生产的重点领域、重点行业和重点工程。

国务院有关行业主管部门根据国家清洁生产推行规划确定本行业清洁生产的重点项目，制定行业专项清洁生产推行规划并组织实施。

县级以上地方人民政府根据国家清洁生产推行规划、有关行业专项清洁生产推行规划，按照本地区节约资源、降低能源消耗、减少重点污染物排放的要求，确定本地区清洁生产的重点项目，制定推行清洁生产的实施规划并组织落实。

第九条　中央预算应当加强对清洁生产促进工作的资金投入，包括中央财政清洁生产专项资金和中央预算安排的其他清洁生产资金，用于支持国家清洁生产推行规划确定的重点领域、重点行业、重点工程实施清洁生产及其技术推广工作，以及生态脆弱地区实施清洁生产的项目。中央预算用于支持清洁生产促进工作的资金使用的具体办法，由国务院财政部门、清洁生产综合协调部门会同国务院有关部门制定。

县级以上地方人民政府应当统筹地方财政安排的清洁生产促进工作的资金，引导社会资金，支持清洁生产重点项目。

第十条　国务院和省、自治区、直辖市人民政府的有关部门，应当组织和支持建立促进清洁生产信息系统和技术咨询服务体系，向社会提供有关清洁生产方法和技术、可再生利用的废物供求以及清洁生产政策等方面的信息和服务。

第十一条　国务院清洁生产综合协调部门会同国务院环境保护、工业、科学技术、建设、农业等有关部门定期发布清洁生产技术、工艺、设备和产品导向目录。

国务院清洁生产综合协调部门、环境保护部门和省、自治区、直辖市人民政府负责清洁生产综合协调的部门、环境保护部门会同同级有关部门，组织编制重点行业或者地区的清洁生产指南，指导实施清洁生产。

第十二条　国家对浪费资源和严重污染环境的落后生产技术、工艺、设备和产品实行限期淘汰制度。国务院有关部门按照职责分工，制定并发布限期淘汰的生产技术、工艺、设备以及产品的名录。

第十三条　国务院有关部门可以根据需要批准设立节能、节水、废物再生利用等环境与资源保护方面的产品标志，并按照国家规定制定相应标准。

第十四条　县级以上人民政府科学技术部门和其他有关部门，应当指导和支持清洁生产技术和有利于环境与资源保护的产品的研究、开发以及清洁生产技术的示范和推广工作。

第十五条　国务院教育部门，应当将清洁生产技术和管理课程纳入有关高等教育、职业教育和技术培训体系。

县级以上人民政府有关部门组织开展清洁生产的宣传和培训，提高国家工作人员、企业经营管理者和公众的清洁生产意识，培养清洁生产管理和技术人员。

新闻出版、广播影视、文化等单位和有关社会团体，应当发挥各自优势做好清洁生产宣传工作。

第十六条　各级人民政府应当优先采购节能、节水、废物再生利用等有利于环境与资源保护的产品。

各级人民政府应当通过宣传、教育等措施，鼓励公众购买和使用节能、节水、废物再生利用等有利于环境与资源保护的产品。

第十七条　省、自治区、直辖市人民政府负责清洁生产综合协调的部门、环境保护部门，根据促进清洁生产工作的需要，在本地区主要媒体上公布未达到能源消耗控制指标、重点污染物排放控制指标的企业的名单，为公众监督企业实施清洁生产提供依据。

列入前款规定名单的企业，应当按照国务院清洁生产综合协调部门、环境保护部门的规定公布能源消耗或者重点污染物产生、排放情况，接受公众监督。

第三章 清洁生产的实施

第十八条 新建、改建和扩建项目应当进行环境影响评价，对原料使用、资源消耗、资源综合利用以及污染物产生与处置等进行分析论证，优先采用资源利用率高以及污染物产生量少的清洁生产技术、工艺和设备。

第十九条 企业在进行技术改造过程中，应当采取以下清洁生产措施：

（一）采用无毒、无害或者低毒、低害的原料，替代毒性大、危害严重的原料；

（二）采用资源利用率高、污染物产生量少的工艺和设备，替代资源利用率低、污染物产生量多的工艺和设备；

（三）对生产过程中产生的废物、废水和余热等进行综合利用或者循环使用；

（四）采用能够达到国家或者地方规定的污染物排放标准和污染物排放总量控制指标的污染防治技术。

第二十条 产品和包装物的设计，应当考虑其在生命周期中对人类健康和环境的影响，优先选择无毒、无害、易于降解或者便于回收利用的方案。

企业对产品的包装应当合理，包装的材质、结构和成本应当与内装产品的质量、规格和成本相适应，减少包装性废物的产生，不得进行过度包装。

第二十一条 生产大型机电设备、机动运输工具以及国务院工业部门指定的其他产品的企业，应当按照国务院标准化部门或者其授权机构制定的技术规范，在产品的主体构件上注明材料成分的标准牌号。

第二十二条 农业生产者应当科学地使用化肥、农药、农用薄膜和饲料添加剂，改进种植和养殖技术，实现农产品的优质、无害和农业生产废物的资源化，防止农业环境污染。

禁止将有毒、有害废物用作肥料或者用于造田。

第二十三条 餐饮、娱乐、宾馆等服务性企业，应当采用节能、节水和其他有利于环境保护的技术和设备，减少使用或者不使用浪费资源、污染环境的消费品。

第二十四条 建筑工程应当采用节能、节水等有利于环境与资源保护的建筑设计方案、建筑和装修材料、建筑构配件及设备。

建筑和装修材料必须符合国家标准。禁止生产、销售和使用有毒、有害物质超过国家标准的建筑和装修材料。

第二十五条 矿产资源的勘查、开采，应当采用有利于合理利用资源、保护环境和防止污染的勘查、开采方法和工艺技术，提高资源利用水平。

第二十六条 企业应当在经济技术可行的条件下对生产和服务过程中产生的废物、余热等自行回收利用或者转让给有条件的其他企业和个人利用。

第二十七条 企业应当对生产和服务过程中的资源消耗以及废物的产生情况进行监测，并根据需要对生产和服务实施清洁生产审核。

有下列情形之一的企业，应当实施强制性清洁生产审核：

（一）污染物排放超过国家或者地方规定的排放标准，或者虽未超过国家或者地方规定的排放标准，但超过重点污染物排放总量控制指标的；

（二）超过单位产品能源消耗限额标准构成高耗能的；

（三）使用有毒、有害原料进行生产或者在生产中排放有毒、有害物质的。

污染物排放超过国家或者地方规定的排放标准的企业，应当按照环境保护相关法律的规定治理。

实施强制性清洁生产审核的企业，应当将审核结果向所在地县级以上地方人民政府负责清洁生产综合协调的部门、环境保护部门报告，并在本地区主要媒体上公布，接受公众监督，但涉及商业秘密的除外。

县级以上地方人民政府有关部门应当对企业实施强制性清洁生产审核的情况进行监督，必要时可以组织对企业实施清洁生产的效果进行评估验收，所需费用纳入同级政府预算。承担评估验收工作的部门或者单位不得向被评估验收企业收取费用。

实施清洁生产审核的具体办法，由国务院清洁生产综合协调部门、环境保护部门会同国务院有关部门制定。

第二十八条 本法第二十七条第二款规定以外的企业，可以自愿与清洁生产综合协调部门和环境保护部门签订进一步节约资源、削减污染物排放量的协议。该清洁生产综合协调部门和环境保护部门应当在本地区主要媒体上公布该企业的名称以及节约资源、防治污染的成果。

第二十九条　企业可以根据自愿原则，按照国家有关环境管理体系等认证的规定，委托经国务院认证认可监督管理部门认可的认证机构进行认证，提高清洁生产水平。

第四章　鼓励措施

第三十条　国家建立清洁生产表彰奖励制度。对在清洁生产工作中做出显著成绩的单位和个人，由人民政府给予表彰和奖励。

第三十一条　对从事清洁生产研究、示范和培训，实施国家清洁生产重点技术改造项目和本法第二十八条规定的自愿节约资源、削减污染物排放量协议中载明的技术改造项目，由县级以上人民政府给予资金支持。

第三十二条　在依照国家规定设立的中小企业发展基金中，应当根据需要安排适当数额用于支持中小企业实施清洁生产。

第三十三条　依法利用废物和从废物中回收原料生产产品的，按照国家规定享受税收优惠。

第三十四条　企业用于清洁生产审核和培训的费用，可以列入企业经营成本。

第五章　法律责任

第三十五条　清洁生产综合协调部门或者其他有关部门未依照本法规定履行职责的，对直接负责的主管人员和其他直接责任人员依法给予处分。

第三十六条　违反本法第十七条第二款规定，未按照规定公布能源消耗或者重点污染物产生、排放情况的，由县级以上地方人民政府负责清洁生产综合协调的部门、环境保护部门按照职责分工责令公布，可以处十万元以下的罚款。

第三十七条　违反本法第二十一条规定，未标注产品材料的成分或者不如实标注的，由县级以上地方人民政府质量技术监督部门责令限期改正；拒不改正的，处以五万元以下的罚款。

第三十八条　违反本法第二十四条第二款规定，生产、销售有毒、有害物质超过国家标准的建筑和装修材料的，依照产品质量法和有关民事、刑事法律的规定，追究行政、民事、刑事法律责任。

第三十九条　违反本法第二十七第二款、第四款规定，不实施强制性清洁生产审核或者在清洁生产审核中弄虚作假的，或者实施强制性清洁生产审核的企业不报告或者不如实报告审核结果的，由县级以上地方人民政府负责清洁生产综合协调的部门、环境保护部门按照职责分工责令限期改正；拒不改正的，处以五万元以上五十万元以下的罚款。

违反本法第二十七条第五款规定，承担评估验收工作的部门或者单位及其工作人员向被评估验收企业收取费用的，不如实评估验收或者在评估验收中弄虚作假的，或者利用职务上的便利谋取利益的，对直接负责的主管人员和其他直接责任人员依法给予处分；构成犯罪的，依法追究刑事责任。

第六章　附　　则

第四十条　本法自2003年1月1日起施行。

关于《中华人民共和国清洁生产促进法修正案(草案)》的说明

——2011年10月24日在第十一届全国人民代表大会常务委员会第二十三次会议上

全国人大环境与资源保护委员会主任委员　汪光焘

全国人民代表大会常务委员会：

我受全国人大环境与资源保护委员会的委托，作关于《中华人民共和国清洁生产促进法修正案(草案)》的说明。

我国清洁生产促进法于2002年制定。全国人大常委会高度重视清洁生产促进法实施情况，2010年将其列入执法检查重点工作，吴邦国委员长作了重要批示，指出“要通过监督检查，督促有关方面高度重视清洁生产，把它作为促进转变经济发展方式的重要措施，完善法规政策，健全体制机制”。全国人大常委会执法检查报告及审议意见提出适时修改清洁生产促进法，并明确了三个方面的修改内容：一是进一步增强法律的操作性和强制性，强化政府编制和组织实施清洁生产推行规划的责任；强化法律关于企业实施清洁生产的有关规定。二是进一步强化清洁生产审核制度，细化强制性清洁生产审核规定，确保审核质量。三是根据国务院“三定方案”确定的部门职责，对法律有关条款进行修改。

国务院对全国人大常委会报告及审议意见高度重视，温家宝总理做出重要批示：“要重视人大执法检查组报告提出的建议和人大常委会讨论提出的意见，抓紧清洁生产各项措施的落实，特别在部门职责分工上要尽快予以明确”。有关部门按规定时间完成了整改工作方案。国务院办公厅向全国人大常委会办公厅提交了《关于落实全国人大常委会对检查清洁生产促进法实施情况报告审议意见的报告》。中编办印发了《关于进一步落实清洁生产促进工作职责分工的意见》，明确了清洁生产促进工作国务院部门的职责分工，为修改法律奠定了重要基础。

全国人大环资委根据全国人大常委会执法检查报告及审议意见的要求，进一步组织调研。明确了法律修改的指导思想，即围绕国民经济和社会发展规划及国务院确定的资源环境约束性指标和节能减排约束性指标的实施，增强清洁生产推行规划的效力；处理好清洁生产促进法有关超标排污的规定与其他环境保护相关法律规定的关系；以高耗能、高排放的企业和使用有毒有害原料或者产品的企业为重点，实行清洁生产强制性审核和自愿性审核相结合的制度；促进提高企业内部管理水平，强化企业实施清洁生产审核的责任，并明确政府对强制性清洁生产审核评估的责任。修改工作中反复征求了国务院有关部门和参加监督检查的全国人大代表对该法修改的意见。在此基础上，本着重点修改执法检查中要求解决有关内容的相关条款，其他要求修改的不影响法律执行的，本次不予修改。拟订的《中华人民共和国清洁生产促进法修正案（草案）》（以下简称《草案》），经全国人大环境与资源保护委员会第二十七次会议审议、修改后，形成现在的《草案》。《草案》重点就第五、八、九、二十八、三十、四十条 6 个条款的内容进行了修改，并增加了第三十七条的内容，将现行法 42 条修改为 43 条。现就主要修改内容说明如下：

一、关于强化清洁生产推行规划问题

为了贯彻落实中央关于转变发展方式的决定和十一届全国人大四次会议审议通过的“十二五”规划关于绿色发展，以及全国人大常委会有关“强化政府编制和组织实施清洁生产推行规划责任”的要求，改变长期以来清洁生产规划仅具有指导性而无约束性的状况，提高规划的法律效力，《草案》将现行法第八条、第九条合并为第八条，补充修改如下内容：第一，明确国家建立清洁生产推行规划制度。第二，依据“三定方案”和中编办〔2010〕108 号和〔2009〕52 号文件（以下简称中编办两个文件），明确国务院清洁生产综合管理部门和环境保护部门会同国务院有关部门依据国民经济和社会发展规划，编制国家清洁生产推行规划以及国务院有关行业行政主管部门按照国务院同意的清洁生产推行规划的要求，确定行业内实施强制性清洁生产审核的重点企业名录，制定本行业专项推行规划并组织实施的职责。同时对于国务院批准规划和国务院有关部门公布规划等事宜做出了明确规定。第三，提出了国家清洁生产推行规划应当包含的两项具体内容：一是推行清洁生产的目标、主要内容和主要措施；二是按照资源能源消耗、污染物排放水平确定的开展清洁生产的重点领域、重点行业、重点工程、重点企业名录。第四，强化了有关地方人民政府推行清洁生产的职责等。

二、关于建立清洁生产财政资金问题

为了保证清洁生产推行规划和强制性清洁生产审核的有效实施，为之提供必要的资金支持，根据这次全国人大常委会检查反映的重要意见，《草案》增加了第九条国家设立中央财政清洁生产资金（包括部分中央预算内安排的节能减排项目资金和中央财政清洁生产专项资金等）的规定，明确了该资金主要用于支持国家清洁生产推行规划确定的重点领域清洁生产工作的实施；重点支持列入清洁生产强制性审核、实施清洁生产效果明显、完成节能减排指标份额较大的项目；优先支持生态脆弱地区生态保护有明确目标和措施需要实施清洁生产的项目。为了保证该项资金有效、合理利用，《草案》第九条还就有关该资金使用的具体管理办法，明确由国务院财政、清洁生产综合管理部门会同国务院环境保护、工业、建设、农业等行政主管部门制定。同时,该条还对地方人民政府统筹地方财政安排的清洁生产资金和社会其他资金,重点支持清洁生产推行规划确定的重点项目的职责作出了明确规定。

三、关于强化清洁生产审核问题

强化和完善企业清洁生产审核制度,是社会有关各方普遍关注的问题,也是此次法律修改的重点内容之一。为了进一步推进企业实施清洁生产,提高企业清洁生产水平,《草案》第二十八条强化了清洁生产审核相关内容:一是明确国家建立清洁生产审核制度。二是明确企业是清洁生产审核的主体,强化企业实施清洁生产的责任。三是扩大了实施强制性清洁生产审核的企业范围:规定有下列情形之一的企业,依据国家清洁生产推行规划、行业规划和本地区清洁生产推行实施规划,实施强制性清洁生产审核:(1)污染物排放达到国家和地方规定的排放标准,但与国家或地方下达的节能减排约束性指标仍有差距的;(2)属于高耗能、高污染和资源性行业的;(3)位于超过经国务院环境保护行政主管部门核定的节能减排控制指标的重点地区或者重点流域,能耗和排放超过同行业平均能耗和排放水平的;(4)使用有毒有害原料进行生产或者在生产中排放有毒有害物质、可以选择替代技术和工艺进行改造的。四是明确实施强制性清洁生产审核的企业将审核结果向所在地县级以上地方人民政府有关部门报告,并在当地主要媒体上公布,接受社会监督。五是明确了地方人民政府有关部门对实行强制性审核的企业实施清洁生产效果的评估职责,特别规定政府履行评估职责不得向被评估企业收取费用,明确由同级财政预算予以保障。六是《草案》第四十一条明确了违反清洁生产审核制度的相关法律责任。七是明确污染物排放超过国家和地方规定的排放标准或者超过经有关地方人民政府核定的污染物排放总量控制指标的企业,按照环境保护相关法律规定执行。八是明确了由国务院有关部门制定实施清洁生产审核的具体办法。

四、关于主要部门名称的调整

为了解决国务院机构改革带来的现行法执法主体或者主体名称变化的问题,《草案》对有关条款均做出了相应修改,并为今后机构改革留有空间:一是根据国务院"三定方案"和中编办两个文件要求,在第五条中补充完善了各有关部门的名称;二是将现行法中许多条款规定的"经济贸易行政主管部门"修改为清洁生产综合管理部门,突出职能要求、弱化部门名称,以保持法律中执法主体名称的相对稳定性;三是工业和信息化部门兼有一部分清洁生产的管理职能,财政、商务、税务等部门也具有相应的管理职能,而现行法均未予以明确,《草案》进行了必要的修改、补充。

《中华人民共和国清洁生产促进法修正案(草案)》和以上说明是否妥当,请予审议。

全国人民代表大会法律委员会关于《中华人民共和国清洁生产促进法修正案(草案)》审议结果的报告

——2012年2月27日在第十一届全国人民代表大会常务委员会第二十五次会议上

全国人大法律委员会副主任委员　孙安民

全国人民代表大会常务委员会:

常委会第二十三次会议对清洁生产促进法修正案(草案)进行了初次审议。会后,法制工作委员会将草案印发各省(区、市)、中央有关部门以及部分企业等征求意见。中国人大网站全文公布草案向社会征求意见。法律委员会、环境与资源保护委员会、法制工作委员会联合召开座谈会,听取有关部门和企业的意见。法律委员会、法制工作委员会还到一些地方调研,并就有关问题同有关部门交换意见,共同研究。法律委员会于2月14日召开会议，根据常委会组成人员的审议意见和各方面意见，对草案进行了逐条审议。环境与资源保护委员会、国务院法制办公室、国家发展和改革委员会、环境保护部、工业和信息化部的负责同志列席了会议。法律委员会认为，为了加强清洁生产促进工作，推动节能减排、转变经济发展方式，在总结实践经验的基础上，对清洁生产促进法进行修改完善是必要的，修正案草案基本可行。同时，提出以下主要修改意见：

一、草案第一条中规定，“国务院清洁生产综合管理部门负责综合协调全国的清洁生产促进工作”；“县级以上地方人民政府清洁生产综合管理部门负责综合协调本行政区域内的清洁生产促进工作”。有的常委委员和地方、部门提出，应当按照国务院部门现行职责分工，明确国务院负责清洁生产工作的部门主要是负责组织、协调工作，而地方政府负责清洁生产综合协调的部门，可由地方政府具体确定。法律委员会经同环境与资源保护委员会、国务院法制办公室研究，建议将草案上述规定修改为：“国务院清洁生产综合协调部门负责组织、协调全国的清洁生产促进工作”；“县级以上地方人民政府确定的负责清洁生产综合协调的部门负责组织、协调本行政区域内的清洁生产促进工作”。

二、草案第二条对国家清洁生产推行规划、行业清洁生产推行规划、地区推行清洁生产实施规划的编制及内容等作了规定。有的常委委员和地方、部门提出，考虑到规划具有综合性和一定期间性，清洁生产的阶段性任务和要求会随着情况变化作出动态调整，因此清洁生产推行规划的内容不宜太具体，不需列出实施清洁生产审核企业的具体名录等。法律委员会经同环境与资源保护委员会、国务院法制办公室研究，赞成上述意见，建议对草案这一条关于清洁生产推行规划的内容进行修改，删去其中要求列出清洁生产审核企业名录的规定。

三、草案第三条第一款对设立中央财政清洁生产资金及资金的使用方向和使用具体办法作了规定。有的常委委员和地方建议草案只原则规定中央预算加强对清洁生产工作的资金投入。法律委员会经同环境与资源保护委员会、国务院法制办公室研究，考虑到中央预算已设立了工业领域的清洁生产专项资金，还对工业领域以外的清洁生产作出了资金安排，草案对此作出相应规定是可以的，建议将草案第三条第一款修改为：“中央预算应当加强对清洁生产促进工作的资金投入，包括中央财政清洁生产专项资金和中央预算安排的其他清洁生产资金，用于支持国家清洁生产推行规划确定的重点领域、重点行业、重点工程实施清洁生产及其技术推广工作，以及生态脆弱地区实施清洁生产的项目。”同时规定资金使用的具体办法由国务院财政、清洁生产综合协调部门会同国务院有关部门制定。

四、有的常委委员和地方、部门提出，草案第九条有关企业强制回收产品和包装物的规定，循环经济促进法已有规定，为避免重复和冲突，本法可不作规定。同时，为了治理产品的过度包装行为，建议草案增加这方面的规定。法律委员会经同环境与资源保护委员会、国务院法制办公室研究，赞成上述意见，建议删去草案第九条；同时将现行清洁生产促进法第二十条第二款修改为：企业应当对产品进行合理包装，包装的材质、结构和成本应当与内装产品的质量、规格和价格相适应，减少包装材料的过度使用和包装性废物的产生。

五、草案第十条第二款对列入实施强制性清洁生产审核的企业范围作了四项规定。有的常委委员和地方、部门、企业提出，为了增强法律规定的可操作性，建议对企业实施强制性清洁生产审核的条件、标准规定得更明确一些，并处理好与其他相关法律对企业节能减排强制性要求的关系。法律委员会经同环境与资源保护委员会、国务院法制办公室、国家发展和改革委员会、环境保护部、工业和信息化部研究，建议将草案该款规定修改为：“有下列情形之一的企业，应当实施强制性清洁生产审核：(一)污染物排放超过国家或者地方规定的排放标准，或者虽未超过国家或者地方规定的排放标准，但超过重点污染物排放总量控制指标的；(二)超过单位产品能源消耗限额标准构成高耗能的；(三)使用有毒、有害原料进行生产或者在生产中排放有毒、有害物质的。”

此外，还对修正案草案作了一些文字修改。

法律委员会已按上述意见提出了全国人民代表大会常务委员会关于修改《中华人民共和国清洁生产促进法》的决定(草案)。法律委员会建议，修改决定草案经本次常委会会议审议通过。

修改决定草案和以上报告是否妥当，请审议。

全国人民代表大会法律委员会关于《全国人民代表大会常务委员会关于修改〈中华人民共和国清洁生产促进法〉的决定（草案）》修改意见的报告

——2012年2月29日在第十一届全国人民代表大会常务委员会第二十五次会议上

全国人民代表大会常务委员会：

本次常委会会议于2012年2月27日上午对全国人民代表大会常务委员会关于修改《中华人民共和国清洁生产促进法》的决定（草案）进行了分组审议，普遍认为，草案已经比较成熟，建议进一步修改后，提请本次会议通过。同时，有些常委会组成人员还提出了一些修改意见。法律委员会于2月27日下午召开会议，逐条研究了常委会组成人员的审议意见，对草案进行了审议。环境与资源保护委员会、国务院法制办公室的负责同志列席了会议。法律委员会认为，草案是可行的，同时，提出以下修改意见：

一、有的常委委员提出，草案第九条关于企业减少产品包装物材料规定的针对性不够，建议明确规定对需要包装的产品不得进行过度包装。法律委员会经同环境与资源保护委员会、国务院法制办公室研究，赞成上述意见，建议将草案第九条修改为："企业对产品的包装应当合理，包装的材质、结构和成本应当与内装产品的质量、规格和成本相适应，减少包装性废物的产生，不得进行过度包装。"

二、有的常委会组成人员提出，草案第十九条第二款仅规定了承担强制审核评估验收部门的工作人员的违法责任，而对评估验收部门和单位违反本法规定的法律责任未作规定，建议增加这方面规定。法律委员会经同环境与资源保护委员会、国务院法制办公室研究，赞成上述意见，建议将草案这一款修改为："违反本法第二十七条第五款规定，承担评估验收工作的部门或者单位及其工作人员向被评估验收企业收取费用的，不如实评估验收或者在评估验收中弄虚作假的，或者利用职务上的便利谋取利益的，对直接负责的主管人员和其他直接责任人员依法给予处分；构成犯罪的，依法追究刑事责任。"

有些常委委员还提出了其他一些增强具体操作性的修改建议。法律委员会经研究，建议国务院及其有关部门在制定相关配套法规或规章时予以研究考虑。

此外，根据常委会组成人员的审议意见，还对修改决定草案作了个别文字修改。

修改决定草案建议表决稿已按上述意见作了修改，法律委员会建议本次常委会会议通过。

修改决定草案建议表决稿和以上报告是否妥当，请审议。

中华人民共和国主席令

第五十六号

《中华人民共和国军人保险法》已由中华人民共和国第十一届全国人民代表大会常务委员会第二十六次会议于2012年4月27日通过，现予公布，自2012年7月1日起施行。

中华人民共和国主席 胡锦涛

2012年4月27日

中华人民共和国军人保险法

（2012年4月27日第十一届全国人民代表大会常务委员会第二十六次会议通过）

目　　录

第一章　总　　则

第一条　为了规范军人保险关系，维护军人合法权益，促进国防和军队建设，制定本法。

第二条　国家建立军人保险制度。

军人伤亡保险、退役养老保险、退役医疗保险和随军未就业的军人配偶保险的建立、缴费和转移接续等适用本法。

第三条　军人保险制度应当体现军人职业特点，与社会保险制度相衔接，与经济社会发展水平相适应。

国家根据社会保险制度的发展，适时补充完善军人保险制度。

第四条　国家促进军人保险事业的发展，为军人保险提供财政拨款和政策支持。

第五条　中国人民解放军军人保险主管部门负责全军的军人保险工作。国务院社会保险行政部门、财政部门和军队其他有关部门在各自职责范围内负责有关的军人保险工作。

军队后勤（联勤）机关财务部门负责承办军人保险登记、个人权益记录、军人保险待遇支付等工作。

军队后勤（联勤）机关财务部门和地方社会保险经办机构，按照各自职责办理军人保险与社会保险关系转移接续手续。

第六条　军人依法参加军人保险并享受相应的保险待遇。

军人有权查询、核对个人缴费记录和个人权益记录，要求军队后勤（联勤）机关财务部门和地方社会保险经办机构依法办理养老、医疗等保险关系转移接续手续，提供军人保险和社会保险咨询等相关服务。

第二章　军人伤亡保险

第七条　军人因战、因公死亡的，按照认定的死亡性质和相应的保险金标准，给付军人死亡保险金。

第八条　军人因战、因公、因病致残的，按照评定的残疾等级和相应的保险金标准，给付军人残疾保险金。

第九条　军人死亡和残疾的性质认定、残疾等级评定和相应的保险金标准，按照国家和军队有关规定执行。

第十条　军人因下列情形之一死亡或者致残的，不享受军人伤亡保险待遇：

（一）故意犯罪的；

（二）醉酒或者吸毒的；

（三）自残或者自杀的；

（四）法律、行政法规和军事法规规定的其他情形。

第十一条　已经评定残疾等级的因战、因公致残的军人退出现役参加工作后旧伤复发的，依法享受相应的工伤待遇。

第十二条　军人伤亡保险所需资金由国家承担，个人不缴纳保险费。

第三章　退役养老保险

第十三条　军人退出现役参加基本养老保险的，国家给予退役养老保险补助。

第十四条　军人退役养老保险补助标准，由中国人民解放军总后勤部会同国务院有关部门，按照国家规定的基本养老保险缴费标准、军人工资水平等因素拟订，报国务院、中央军事委员会批准。

第十五条　军人入伍前已经参加基本养老保险的，由地方社会保险经办机构和军队后勤（联勤）机关财务部门办理基本养老保险关系转移接续手续。

第十六条　军人退出现役后参加职工基本养老保险的，由军队后勤（联勤）机关财务部门将军人退役养老保险关系和相应资金转入地方社会保险经办机构，地方社会保险经办机构办理相应的转移接续手续。

军人服现役年限与入伍前和退出现役后参加职工基本养老保险的缴费年限合并计算。

第十七条　军人退出现役后参加新型农村社会养老保险或者城镇居民社会养老保险的，按照国家有关规定办理转移接续手续。

第十八条　军人退出现役到公务员岗位或者参照公务员法管理的工作人员岗位的，以及现役军官、文职干部退出现役自主择业的，其养老保险办法按照国家有关规定执行。

第十九条　军人退出现役采取退休方式安置的，其养老办法按照国务院和中央军事委员会的有关规定执行。

第四章　退役医疗保险

第二十条　参加军人退役医疗保险的军官、文职干部和士官应当缴纳军人退役医疗保险费，国家按照个人缴纳的军人退役医疗保险费的同等数额给予补助。

义务兵和供给制学员不缴纳军人退役医疗保险费，国家按照规定的标准给予军人退役医疗保险补助。

第二十一条　军人退役医疗保险个人缴费标准和国家补助标准，由中国人民解放军总后勤部会同国务院有关部门，按照国家规定的缴费比例、军人工资水平等因素确定。

第二十二条　军人入伍前已经参加基本医疗保险的，由地方社会保险经办机构和军队后勤（联勤）机关财务部门办理基本医疗保险关系转移接续手续。

第二十三条　军人退出现役后参加职工基本医疗保险的，由军队后勤（联勤）机关财务部门将军人退役医疗保险关系和相应资金转入地方社会保险经办机构，地方社会保险经办机构办理相应的转移接续手续。

军人服现役年限视同职工基本医疗保险缴费年限，与入伍前和退出现役后参加职工基本医疗保险的缴费年限合并计算。

第二十四条　军人退出现役后参加新型农村合作医疗或者城镇居民基本医疗保险的，按照国家有关规定办理。

第五章　随军未就业的军人配偶保险

第二十五条　国家为随军未就业的军人配偶建立养老保险、医疗保险等。随军未就业的军人配偶参加保险，应当缴纳养老保险费和医疗保险费，国家给予相应的补助。

随军未就业的军人配偶保险个人缴费标准和国家补助标准，按照国家有关规定执行。

第二十六条　随军未就业的军人配偶随军前已经参加社会保险的，由地方社会保险经办机构和军队后勤（联勤）机关财务部门办理保险关系转移接续手续。

第二十七条　随军未就业的军人配偶实现就业或者军人退出现役时，由军队后勤（联勤）机关财务部门将其养老保险、医疗保险关系和相应资金转入地方社会保险经办机构，地方社会保险经办机构办理相应的转移接续手续。

军人配偶在随军未就业期间的养老保险、医疗保险缴费年限与其在地方参加职工基本养老保险、职工基本医疗保险的缴费年限合并计算。

第二十八条　随军未就业的军人配偶达到国家规定的退休年龄时，按照国家有关规定确定退休地，由军队后勤（联勤）机关财务部门将其养老保险关系和相应资金转入退休地社会保险经办机构，享受相应的基本养老保险待遇。

第二十九条　地方人民政府和有关部门应当为随军未就业的军人配偶提供就业指导、培训等方面的服务。

随军未就业的军人配偶无正当理由拒不接受当地人民政府就业安置，或者无正当理由拒不接受当地人民政府指定部门、机构介绍的适当工作、提供的就业培训的，停止给予保险缴费补助。

第六章　军人保险基金

第三十条　军人保险基金包括军人伤亡保险基金、军人退役养老保险基金、军人退役医疗保险基金和随军未就业的军人配偶保险基金。各项军人保险基金按照军人保险险种分别建账，分账核算，执行军队的会计制度。

第三十一条 军人保险基金由个人缴费、中央财政负担的军人保险资金以及利息收入等资金构成。

第三十二条 军人应当缴纳的保险费，由其所在单位代扣代缴。

随军未就业的军人配偶应当缴纳的保险费，由军人所在单位代扣代缴。

第三十三条 中央财政负担的军人保险资金，由国务院财政部门纳入年度国防费预算。

第三十四条 军人保险基金按照国家和军队的预算管理制度，实行预算、决算管理。

第三十五条 军人保险基金实行专户存储，具体管理办法按照国家和军队有关规定执行。

第三十六条 军人保险基金由中国人民解放军总后勤部军人保险基金管理机构集中管理。

军人保险基金管理机构应当严格管理军人保险基金，保证基金安全。

第三十七条 军人保险基金应当专款专用，按照规定的项目、范围和标准支出，任何单位和个人不得贪污、侵占、挪用，不得变更支出项目、扩大支出范围或者改变支出标准。

第七章 保险经办与监督

第三十八条 军队后勤（联勤）机关财务部门和地方社会保险经办机构应当建立健全军人保险经办管理制度。

军队后勤（联勤）机关财务部门应当按时足额支付军人保险金。

军队后勤（联勤）机关财务部门和地方社会保险经办机构应当及时办理军人保险和社会保险关系转移接续手续。

第三十九条 军队后勤（联勤）机关财务部门应当为军人及随军未就业的军人配偶建立保险档案，及时、完整、准确地记录其个人缴费和国家补助，以及享受军人保险待遇等个人权益记录，并定期将个人权益记录单送达本人。

军队后勤（联勤）机关财务部门和地方社会保险经办机构应当为军人及随军未就业的军人配偶提供军人保险和社会保险咨询等相关服务。

第四十条 军人保险信息系统由中国人民解放军总后勤部负责统一建设。

第四十一条 中国人民解放军总后勤部财务部门和中国人民解放军审计机关按照各自职责，对军人保险基金的收支和管理情况实施监督。

第四十二条 军队后勤（联勤）机关、地方社会保险行政部门，应当对单位和个人遵守本法的情况进行监督检查。军队后勤（联勤）机关、地方社会保险行政部门实施监督检查时，被检查单位和个人应当如实提供与军人保险有关的资料，不得拒绝检查或者谎报、瞒报。

第四十三条 军队后勤（联勤）机关财务部门和地方社会保险经办机构及其工作人员，应当依法为军队单位和军人的信息保密，不得以任何形式泄露。

第四十四条 任何单位或者个人有权对违反本法规定的行为进行举报、投诉。

军队和地方有关部门、机构对属于职责范围内的举报、投诉，应当依法处理；对不属于本部门、本机构职责范围的，应当书面通知并移交有权处理的部门、机构处理。有权处理的部门、机构应当及时处理，不得推诿。

第八章 法律责任

第四十五条 军队后勤（联勤）机关财务部门、社会保险经办机构，有下列情形之一的，由军队后勤（联勤）机关或者社会保险行政部门责令改正；对直接负责的主管人员和其他直接责任人员依法给予处分；造成损失的，依法承担赔偿责任：

（一）不按照规定建立、转移接续军人保险关系的；

（二）不按照规定收缴、上缴个人缴纳的保险费的；

（三）不按照规定给付军人保险金的；

（四）篡改或者丢失个人缴费记录等军人保险档案资料的；

（五）泄露军队单位和军人的信息的；

（六）违反规定划拨、存储军人保险基金的；

（七）有违反法律、法规损害军人保险权益的其他行为的。

第四十六条 贪污、侵占、挪用军人保险基金的，由军队后勤（联勤）机关责令限期退回，对直接负责的主管人员和其他直接责任人员依法给予处分。

第四十七条 以欺诈、伪造证明材料等手段骗取军人保险待遇的，由军队后勤（联勤）机关和社会保险行政部门责令限期退回，并依法给予处分。

第四十八条 违反本法规定，构成犯罪的，依法追究刑事责任。

第九章　附　　则

第四十九条　军人退出现役后参加失业保险的，其服现役年限视同失业保险缴费年限，与入伍前和退出现役后参加失业保险的缴费年限合并计算。

第五十条　本法关于军人保险权益和义务的规定，适用于人民武装警察；中国人民武装警察部队保险基金管理，按照中国人民武装警察部队资金管理体制执行。

第五十一条　本法自2012年7月1日起施行。

关于《中华人民共和国军人保险法（草案）》的说明

——2011年12月26日在第十一届全国人民代表大会常务委员会第二十四次会议上

中央军委委员、总后勤部部长　廖锡龙

全国人民代表大会常务委员会：

我受国务院、中央军委委托，现对《中华人民共和国军人保险法（草案）》作说明。

军人保险是我国社会保障体系的重要组成部分。1997年公布施行的《中华人民共和国国防法》，明确规定“国家实行军人保险制度”。1998年国务院、中央军委制定了《军人保险制度实施方案》，据此，总参谋部、总政治部、总后勤部、总装备部制定了《中国人民解放军军人伤亡保险暂行规定》，国务院办公厅、中央军委办公厅制定了《中国人民解放军军人退役医疗保险暂行办法》和《中国人民解放军军人配偶随军未就业期间社会保险暂行办法》，对现役军官、文职干部、士官、义务兵、供给制学员以及随军未就业的军人配偶的保险作了规定，初步形成了军人保险制度体系。为了建立健全军人保险法律制度，解决军人服役期间的伤亡补偿，退役后与地方养老保险、医疗保险的衔接，以及随军未就业的军人配偶参加社会保险难等问题，总参谋部、总政治部、总后勤部和总装备部在深入调查研究、全面总结实践经验、广泛征求意见的基础上，起草了《中华人民共和国军人保险法（送审稿）》，于2011年4月呈报国务院、中央军委。国务院法制办和中央军委法制局就送审稿分别征求了有关中央部门，省、自治区、直辖市人民政府和军队有关单位的意见。在此基础上，会同总后勤部反复研究修改，形成了《中华人民共和国军人保险法（草案）》（以下简称草案）。草案已经国务院常务会议和中央军委常务会议讨论通过。现就草案的主要内容说明如下：

一、制定本法的总体思路

遵照胡锦涛主席2007年12月在中央军委扩大会议上关于“着眼国家经济社会发展和军事职业特点，深化军人工资福利、住房、医疗保障、社会保险等制度的调整改革”的指示要求，本法以完善军人保险制度、维护军人保险权益、增强军队凝聚力战斗力为目的，在立法的总体思路上主要有以下几点考虑：一是体现军人职业特点。针对军人高风险的职业特点，体现军人为国家安全牺牲奉献的价值，对军人服役期间伤亡的给予补偿，减轻军人后顾之忧，激励官兵履职尽责。二是与国家经济社会发展水平相适应。军人保险项目和待遇的确定，既要确保军人能够分享经济社会的发展成果，也要考虑现阶段我国财政的承受能力。三是与国家社会保险制度相衔接。根据军人来自社会、绝大多数要回归社会的实际，规范军人入伍前和退役后保险关系的转移接续，保障军人退役后享有国家规定的社会保险待遇。

二、关于军人伤亡保险

军人伤亡保险制度是从1998年起实施的，主要是对服役期间因战、因公死亡或者致残的军人，以及因病致残的初级士官和义务兵，在享受抚恤待遇的同时，再给予死亡保险金或者伤残保险金。军人伤亡保险制度实施以来，中央财政累计安排22.92亿元，为全军伤亡官兵支付伤亡保险金13.75亿元。草案在总结军人伤亡保险制度实施经验的基础上，对军人死亡保险金和伤残保险金作了规定。目前死亡保险金烈士为 30 万元，因公死亡为 15 万元，1 至 10 级残疾保险金从最高 9.5 万元到最低 1.5 万元。同时规定，已经评定残疾等级的因战、因公致残的军人退出现役参加工作后旧伤复发的，依法享受相应的工伤待遇。

三、关于退役养老保险

军人退役后，其养老保险需要与社会养老保险制度相衔接。按照《退役士兵安置条例》、《中共中央、国务院、中央军委关于印发〈军队转业干部安置暂行办法〉的通知》（中发〔2001〕3 号）规定，军人退役后参加基本养老保险的，军龄视同缴费年限，军人退役时保险关系转移接续所需资金主要由地方财政解决。由于各地经济发展状况不同，有些地方资金未能落实。为了保障军人退出现役后享有国家规定的基本养老保险待遇，草案规定，军人退出现役参加基本养老保险的，给予退役养老保险补助，同时，将养老保险关系和相应资金转进地方。

四、关于退役医疗保险

为了保障军人退出现役后与地方人员享受同等的医疗保险待遇，经国务院、中央军委批准，从 2000 年起施行了个人缴费与国家补助相结合的军人退役医疗保险制度。这项制度实施以来，全军个人累计缴费 45.92 亿元，中央财政累计安排 71.35 亿元。草案在总结现行退役医疗保险制度实施经验基础上规定，参加军人退役医疗保险的军官、文职干部和士官应当缴纳医疗保险费，国家按个人缴费同等数额给予补助；义务兵和供给制学员不缴纳医疗保险费，全部由国家补助；对军人退役后参加地方医疗保险的，草案规定将医疗保险关系和相应资金转入地方。

五、关于随军未就业的军人配偶保险

经国务院、中央军委批准，从 2004 年起施行了随军未就业军人配偶社会保险制度，个人按照规定缴费，国家为随军未就业的军人配偶发放基本生活补贴、养老保险补贴、医疗保险补贴。随军未就业的军人配偶虽然不是军人，草案将他们纳入本法的适用范围，主要是考虑到他们随军的特殊性。由于军人流动性大，生活条件艰苦，缺少社会依托，现行社会保险制度不能完全解决随军未就业军人配偶的社会保险问题。为了保证这一特殊群体的保险关系与地方社会保险的顺利衔接，解决军人后顾之忧，草案规定，随军未就业的军人配偶应当缴纳养老保险费和医疗保险费，其保险待遇标准和个人缴费标准，按照国家有关规定执行；草案还对随军未就业的军人配偶实现就业或者军人退役时将其养老保险、医疗保险关系和相应资金转进地方作了规定。

此外，草案对军人保险经办与监督事项作了规定；对不按照规定缴纳保险费、克扣或者不按照规定给付军人保险金、骗取军人保险金等违法行为，规定了法律责任。

《中华人民共和国军人保险法（草案）》和以上说明是否妥当，请审议。

全国人民代表大会法律委员会
关于《中华人民共和国军人保险法（草案）》
审议结果的报告

——2012 年 4 月 24 日在第十一届全国人民代表大会常务委员会第二十六次会议上

全国人大法律委员会副主任委员　胡彦林

全国人民代表大会常务委员会：

常委会第二十四次会议对军人保险法（草案）进行了初次审议。会后，法制工作委员会将草案印发各省（区、市）、中央有关部门和部分高等院校、法学研究机构征求意见。法律委员会、法制工作委员会联合召开座谈会，听取国务院有关部门和专家学者的意见，还到济南军区、成都军区、武警部队调研，听取军地有关部门、基层官兵和随军未就业军人配偶对草案的意见。法律委员会于4月6日召开会议，根据常委会组成人员的审议意见和各方面的意见，对草案进行了逐条审议。国务院法制办、中央军委法制局、总后勤部的有关负责同志列席了会议。4月12日，法律委员会召开会议，再次进行审议。法律委员会认为，为了规范军人保险关系，制定本法是必要的，草案总体上是可行的。同时，提出以下主要修改意见：

一、草案第二条规定了国家为军人建立伤亡保险、退役养老保险、退役医疗保险和随军未就业的军人配偶保险等军人保险制度。有的部门和地方提出，应当进一步明确军人保险制度适用本法的具体内容。法律委员会经同国务院法制办、中央军委法制局、总后勤部研究，建议将该条修改为："国家建立军人保险制度。""军人伤亡保险、退役养老保险、退役医疗保险和随军未就业的军人配偶保险的建立、缴费和转移接续等适用本法。"

二、草案对军人因战、因公死亡给付死亡保险金作了原则规定。有些委员、代表和地方建议适当提高军人死亡保险金给付标准。法律委员会经同国务院法制办、中央军委法制局、总后勤部研究认为，国家对因战、因公死亡的军人，不仅按规定向其保险受益人支付死亡保险金，同时依照《军人抚恤优待条例》和《烈士褒扬条例》的规定，还可以给予抚恤金、烈士褒扬金。草案作原则规定是适宜的，具体标准可随着城镇居民人均收入的提高而有所增加。同时，根据一些地方和军队单位的意见，增加一条，规定："军人伤亡保险所需资金由国家承担，个人不缴纳保险费。"

三、草案第二十四条规定，军人配偶随军未就业的，享受"随军未就业的军人配偶保险待遇"；草案第二十五条第一款规定，"随军未就业的军人配偶应当缴纳养老保险费和医疗保险费。"有的常委委员、部门和地方提出，应明确随军未就业的军人配偶的缴费来源。法律委员会经同国务院法制办、中央军委法制局、总后勤部研究认为，现行政策是，国家为随军未就业的军人配偶发放养老保险补贴、医疗保险补贴，建议根据现行政策，将上述规定修改为："国家为随军未就业的军人配偶建立养老保险、医疗保险等。随军未就业的军人配偶参加保险，应当缴纳养老保险费和医疗保险费，国家给予相应的补助。"

需要说明的是，有的常委委员和地方提出，军人退役养老保险的转移接续，实际执行有困难，本法应当考虑解决。关于军人退役养老保险的转移接续，现行政策和情况是，军人退役后参加社会基本养老保险的，军龄视同养老保险缴费年限。由于各地经济发展状况不同，一些地方资金未能落实，军人退役养老保险转移接续存在困难。目前，总后勤部已商国务院有关部门同意，在每年国防费中增加部分预算用于退役军人的社会保险补助，当年退役军人的养老保险关系和相应保险资金一并转入地方。法律委员会经同国务院法制办、中央军委法制局、总后勤部研究认为，草案关于"军人退出现役参加基本养老保险的，国家给予退役养老保险补助"的规定，体现了着力解决转移接续难的问题，是适当的。

此外，还对草案作了一些文字修改。

草案二次审议稿已按上述意见作了修改，法律委员会建议提请常委会第二十六次会议审议通过。

草案二次审议稿和以上报告是否妥当，请审议。

全国人民代表大会法律委员会关于《中华人民共和国军人保险法（草案二次审议稿）》修改意见的报告

——2012年4月27日在第十一届全国人民代表大会常务委员会第二十六次会议上

全国人民代表大会常务委员会：

本次常委会会议于4月24日下午对军人保险法（草案二次审议稿）进行了分组审议。普遍认为，草案二次审议稿已经比较成熟，建议进一步修改后，提请本次会议表决通过。同时，有些常委会组成人员还提出了一些修改意见。法律委员会于4月25日下午召开会议，逐条研究了常委会组成人员的审议意见，对草案进行了审议。国务院法制办、中央军委法制局、总后勤部的有关负责同志列席了会议。法律委员会认为，草案是可行的；同时，提出以下主要修改意见：

一、草案二次审议稿第六条第一款规定："军人依法享受军人保险待遇。"有的常委委员提出，为体现权利义务一致的精神，应规定军人依法参加军人保险，使其与享受保险待遇相对应。法律委员会经同国务院法制办、中央军委法制局和总后勤部研究，建议将这一规定修改为："军人依法参加军人保险并享受相应的保险待遇。"

二、有的常委委员提出，为促进随军未就业的军人配偶就业，地方政府和有关部门应当为随军未就业的军人配偶提供就业服务。法律委员会经同国务院法制办、中央军委法制局和总后勤部研究，赞成上述意见，建议在第二十九条增加一款，作为第一款，规定："地方人民政府和有关部门应当为随军未就业的军人配偶提供就业指导、培训等方面的服务。"

三、草案二次审议稿第四十六条和第四十七条分别规定对贪污、侵占、挪用的军人保险基金，骗取的军人保险待遇，应当责令退回。有的常委委员提出，应当责令限期退回。法律委员会经同国务院法制办、中央军委法制局和总后勤部研究，赞成这一意见，建议对条文作相应修改。

在审议中，有些常委委员还提出了一些其他意见：有的建议对伤亡保险的标准作出明确规定；有的建议本法通过后有关部门要抓紧制定和完善相关配套法规；有的建议要做好本法实施的学习宣传工作等。法律委员会经同国务院法制办、中央军委法制局和总后勤部研究认为，这些意见中涉及的有关问题可在具体实施办法中作出规定，建议有关部门抓紧制定配套法规，并在制定时认真研究考虑常委会组成人员的审议意见，同时建议有关方面组织做好法律实施的学习宣传，确保这部法律的有效实施。

此外，根据有些常委委员的意见，还对草案二次审议稿作了一些文字修改。

草案建议表决稿已按上述意见作了修改，法律委员会建议本次常委会会议通过。

草案建议表决稿和以上报告是否妥当，请审议。

中华人民共和国主席令

第五十七号

《中华人民共和国出境入境管理法》已由中华人民共和国第十一届全国人民代表大会常务委员会第二十七次会议于2012年6月30日通过，现予公布，自2013年7月1日起施行。

中华人民共和国主席　胡锦涛

2012年6月30日

中华人民共和国出境入境管理法

（2012年6月30日第十一届全国人民代表大会常务委员会第二十七次会议通过）

目　录

第一章　总　　则

第一条　为了规范出境入境管理，维护中华人民共和国的主权、安全和社会秩序，促进对外交往和对外开放，制定本法。

第二条　中国公民出境入境、外国人入境出境、外国人在中国境内停留居留的管理，以及交通运输工具出境入境的边防检查，适用本法。

第三条　国家保护中国公民出境入境合法权益。

在中国境内的外国人的合法权益受法律保护。在中国境内的外国人应当遵守中国法律，不得危害中国国家安全、损害社会公共利益、破坏社会公共秩序。

第四条　公安部、外交部按照各自职责负责有关出境入境事务的管理。

中华人民共和国驻外使馆、领馆或者外交部委托的其他驻外机构（以下称驻外签证机关）负责在境外签发外国人入境签证。出入境边防检查机关负责实施出境入境边防检查。县级以上地方人民政府公安机关及其出入境管理机构负责外国人停留居留管理。

公安部、外交部可以在各自职责范围内委托县级以上地方人民政府公安机关出入境管理机构、县级以上地方人民政府外事部门受理外国人入境、停留居留申请。

公安部、外交部在出境入境事务管理中，应当加强沟通配合，并与国务院有关部门密切合作，按照各自职责分工，依法行使职权，承担责任。

第五条　国家建立统一的出境入境管理信息平台，实现有关管理部门信息共享。

第六条　国家在对外开放的口岸设立出入境边防检查机关。

中国公民、外国人以及交通运输工具应当从对外开放的口岸出境入境，特殊情况下，可以从国务院或者国务院授权的部门批准的地点出境入境。出境入境人员和交通运输工具应当接受出境入境边防检查。

出入境边防检查机关负责对口岸限定区域实施管理。根据维护国家安全和出境入境管理秩序的需要，出入境边防检查机关可以对出境入境人员携带的物品实施边防检查。必要时，出入境边防检查机关可以对出境入境交通运输工具载运的货物实施边防检查，但是应当通知海关。

第七条　经国务院批准，公安部、外交部根据出境入境管理的需要，可以对留存出境入境人员的指纹等人体生物识别信息作出规定。

外国政府对中国公民签发签证、出境入境管理有特别规定的，中国政府可以根据情况采取相应的对等措施。

第八条　履行出境入境管理职责的部门和机构应当切实采取措施，不断提升服务和管理水平，公正执法，便民高效，维护安全、便捷的出境入境秩序。

第二章　中国公民出境入境

第九条　中国公民出境入境，应当依法申请办理护照或者其他旅行证件。

中国公民前往其他国家或者地区，还需要取得前往国签证或者其他入境许可证明。但是，中国政府与其他国家政府签订互免签证协议或者公安部、外交部另有规定的除外。

中国公民以海员身份出境入境和在国外船舶上从事工作的，应当依法申请办理海员证。

第十条　中国公民往来内地与香港特别行政区、澳门特别行政区，中国公民往来大陆与台湾地区，应当依法申请办理通行证件，并遵守本法有关规定。具体管理办法由国务院规定。

第十一条　中国公民出境入境，应当向出入境边防检查机关交验本人的护照或者其他旅行证件等出境入境证件，履行规定的手续，经查验准许，方可出境入境。

具备条件的口岸，出入境边防检查机关应当为中国公民出境入境提供专用通道等便利措施。

第十二条　中国公民有下列情形之一的，不准出境：

（一）未持有效出境入境证件或者拒绝、逃避接受边防检查的；

（二）被判处刑罚尚未执行完毕或者属于刑事案件被告人、犯罪嫌疑人的；

（三）有未了结的民事案件，人民法院决定不准出境的；

（四）因妨害国（边）境管理受到刑事处罚或者因非法出境、非法居留、非法就业被其他国家或者地区遣返，未满不准出境规定年限的；

（五）可能危害国家安全和利益，国务院有关主管部门决定不准出境的；

（六）法律、行政法规规定不准出境的其他情形。

第十三条 定居国外的中国公民要求回国定居的，应当在入境前向中华人民共和国驻外使馆、领馆或者外交部委托的其他驻外机构提出申请，也可以由本人或者经由国内亲属向拟定居地的县级以上地方人民政府侨务部门提出申请。

第十四条 定居国外的中国公民在中国境内办理金融、教育、医疗、交通、电信、社会保险、财产登记等事务需要提供身份证明的，可以凭本人的护照证明其身份。

第三章 外国人入境出境

第一节 签　　证

第十五条 外国人入境，应当向驻外签证机关申请办理签证，但是本法另有规定的除外。

第十六条 签证分为外交签证、礼遇签证、公务签证、普通签证。

对因外交、公务事由入境的外国人，签发外交、公务签证；对因身份特殊需要给予礼遇的外国人，签发礼遇签证。外交签证、礼遇签证、公务签证的签发范围和签发办法由外交部规定。

对因工作、学习、探亲、旅游、商务活动、人才引进等非外交、公务事由入境的外国人，签发相应类别的普通签证。普通签证的类别和签发办法由国务院规定。

第十七条 签证的登记项目包括：签证种类，持有人姓名、性别、出生日期、入境次数、入境有效期、停留期限，签发日期、地点，护照或者其他国际旅行证件号码等。

第十八条 外国人申请办理签证，应当向驻外签证机关提交本人的护照或者其他国际旅行证件，以及申请事由的相关材料，按照驻外签证机关的要求办理相关手续、接受面谈。

第十九条 外国人申请办理签证需要提供中国境内的单位或者个人出具的邀请函件的，申请人应当按照驻外签证机关的要求提供。出具邀请函件的单位或者个人应当对邀请内容的真实性负责。

第二十条 出于人道原因需要紧急入境，应邀入境从事紧急商务、工程抢修或者具有其他紧急入境需要并持有有关主管部门同意在口岸申办签证的证明材料的外国人，可以在国务院批准办理口岸签证业务的口岸，向公安部委托的口岸签证机关（以下简称口岸签证机关）申请办理口岸签证。

旅行社按照国家有关规定组织入境旅游的，可以向口岸签证机关申请办理团体旅游签证。

外国人向口岸签证机关申请办理签证，应当提交本人的护照或者其他国际旅行证件，以及申请事由的相关材料，按照口岸签证机关的要求办理相关手续，并从申请签证的口岸入境。

口岸签证机关签发的签证一次入境有效，签证注明的停留期限不得超过三十日。

第二十一条 外国人有下列情形之一的，不予签发签证：

（一）被处驱逐出境或者被决定遣送出境，未满不准入境规定年限的；

（二）患有严重精神障碍、传染性肺结核病或者有可能对公共卫生造成重大危害的其他传染病的；

（三）可能危害中国国家安全和利益、破坏社会公共秩序或者从事其他违法犯罪活动的；

（四）在申请签证过程中弄虚作假或者不能保障在中国境内期间所需费用的；

（五）不能提交签证机关要求提交的相关材料的；

（六）签证机关认为不宜签发签证的其他情形。

对不予签发签证的，签证机关可以不说明理由。

第二十二条 外国人有下列情形之一的，可以免办签证：

（一）根据中国政府与其他国家政府签订的互免签证协议，属于免办签证人员的；

（二）持有效的外国人居留证件的；

（三）持联程客票搭乘国际航行的航空器、船舶、列车从中国过境前往第三国或者地区，在中国境内停留不超过二十四小时且不离开口岸，或者在国务院批准的特定区域内停留不超过规定时限的；

（四）国务院规定的可以免办签证的其他情形。

第二十三条 有下列情形之一的外国人需要临时入境的，应当向出入境边防检查机关申请办理临时入境手续：

（一）外国船员及其随行家属登陆港口所在城市的；

（二）本法第二十二条第三项规定的人员需要离开口岸的；

（三）因不可抗力或者其他紧急原因需要临时

入境的。

临时入境的期限不得超过十五日。

对申请办理临时入境手续的外国人，出入境边防检查机关可以要求外国人本人、载运其入境的交通运输工具的负责人或者交通运输工具出境入境业务代理单位提供必要的保证措施。

第二节　入境出境

第二十四条　外国人入境，应当向出入境边防检查机关交验本人的护照或者其他国际旅行证件、签证或者其他入境许可证明，履行规定的手续，经查验准许，方可入境。

第二十五条　外国人有下列情形之一的，不准入境：

（一）未持有效出境入境证件或者拒绝、逃避接受边防检查的；

（二）具有本法第二十一条第一款第一项至第四项规定情形的；

（三）入境后可能从事与签证种类不符的活动的；

（四）法律、行政法规规定不准入境的其他情形。

对不准入境的，出入境边防检查机关可以不说明理由。

第二十六条　对未被准许入境的外国人，出入境边防检查机关应当责令其返回；对拒不返回的，强制其返回。外国人等待返回期间，不得离开限定的区域。

第二十七条　外国人出境，应当向出入境边防检查机关交验本人的护照或者其他国际旅行证件等出境入境证件，履行规定的手续，经查验准许，方可出境。

第二十八条　外国人有下列情形之一的，不准出境：

（一）被判处刑罚尚未执行完毕或者属于刑事案件被告人、犯罪嫌疑人的，但是按照中国与外国签订的有关协议，移管被判刑人的除外；

（二）有未了结的民事案件，人民法院决定不准出境的；

（三）拖欠劳动者的劳动报酬，经国务院有关部门或者省、自治区、直辖市人民政府决定不准出境的；

（四）法律、行政法规规定不准出境的其他情形。

第四章　外国人停留居留

第一节　停留居留

第二十九条　外国人所持签证注明的停留期限不超过一百八十日的，持证人凭签证并按照签证注明的停留期限在中国境内停留。

需要延长签证停留期限的，应当在签证注明的停留期限届满七日前向停留地县级以上地方人民政府公安机关出入境管理机构申请，按照要求提交申请事由的相关材料。经审查，延期理由合理、充分的，准予延长停留期限；不予延长停留期限的，应当按期离境。

延长签证停留期限，累计不得超过签证原注明的停留期限。

第三十条　外国人所持签证注明入境后需要办理居留证件的，应当自入境之日起三十日内，向拟居留地县级以上地方人民政府公安机关出入境管理机构申请办理外国人居留证件。

申请办理外国人居留证件，应当提交本人的护照或者其他国际旅行证件，以及申请事由的相关材料，并留存指纹等人体生物识别信息。公安机关出入境管理机构应当自收到申请材料之日起十五日内进行审查并作出审查决定，根据居留事由签发相应类别和期限的外国人居留证件。

外国人工作类居留证件的有效期最短为九十日，最长为五年；非工作类居留证件的有效期最短为一百八十日，最长为五年。

第三十一条　外国人有下列情形之一的，不予签发外国人居留证件：

（一）所持签证类别属于不应办理外国人居留证件的；

（二）在申请过程中弄虚作假的；

（三）不能按照规定提供相关证明材料的；

（四）违反中国有关法律、行政法规，不适合在中国境内居留的；

（五）签发机关认为不宜签发外国人居留证件的其他情形。

符合国家规定的专门人才、投资者或者出于人道等原因确需由停留变更为居留的外国人，经设区的市级以上地方人民政府公安机关出入境管理机构批准可以办理外国人居留证件。

第三十二条　在中国境内居留的外国人申请延长居留期限的，应当在居留证件有效期限届满三十日前向居留地县级以上地方人民政府公安机关出入境管理机构提出申请，按照要求提交申请事由的相关材料。经审查，延期理由合理、充分的，准予延长居留期限；不予延长居留期限的，应当按期离境。

第三十三条　外国人居留证件的登记项目包括：持有人姓名、性别、出生日期、居留事由、居留期限，签发日期、地点，护照或者其他国际旅行证件号码等。

外国人居留证件登记事项发生变更的，持证件人应当自登记事项发生变更之日起十日内向居留地县级以上地方人民政府公安机关出入境管理机构申请办理变更。

第三十四条　免办签证入境的外国人需要超过免签期限在中国境内停留的，外国船员及其随行家属在中国境内停留需要离开港口所在城市，或者具有需要办理外国人停留证件其他情形的，应当按照规定办理外国人停留证件。

外国人停留证件的有效期最长为一百八十日。

第三十五条　外国人入境后，所持的普通签证、停留居留证件损毁、遗失、被盗抢或者有符合国家规定的事由需要换发、补发的，应当按照规定向停留居留地县级以上地方人民政府公安机关出入境管理机构提出申请。

第三十六条　公安机关出入境管理机构作出的不予办理普通签证延期、换发、补发，不予办理外国人停留居留证件、不予延长居留期限的决定为最终决定。

第三十七条　外国人在中国境内停留居留，不得从事与停留居留事由不相符的活动，并应当在规定的停留居留期限届满前离境。

第三十八条　年满十六周岁的外国人在中国境内停留居留，应当随身携带本人的护照或者其他国际旅行证件，或者外国人停留居留证件，接受公安机关的查验。

在中国境内居留的外国人，应当在规定的时间内到居留地县级以上地方人民政府公安机关交验外国人居留证件。

第三十九条　外国人在中国境内旅馆住宿的，旅馆应当按照旅馆业治安管理的有关规定为其办理住宿登记，并向所在地公安机关报送外国人住宿登记信息。

外国人在旅馆以外的其他住所居住或者住宿的，应当在入住后二十四小时内由本人或者留宿人，向居住地的公安机关办理登记。

第四十条　在中国境内出生的外国婴儿，其父母或者代理人应当在婴儿出生六十日内，持该婴儿的出生证明到父母停留居留地县级以上地方人民政府公安机关出入境管理机构为其办理停留或者居留登记。

外国人在中国境内死亡的，其家属、监护人或者代理人，应当按照规定，持该外国人的死亡证明向县级以上地方人民政府公安机关出入境管理机构申报，注销外国人停留居留证件。

第四十一条　外国人在中国境内工作，应当按照规定取得工作许可和工作类居留证件。任何单位和个人不得聘用未取得工作许可和工作类居留证件的外国人。

外国人在中国境内工作管理办法由国务院规定。

第四十二条　国务院人力资源社会保障主管部门、外国专家主管部门会同国务院有关部门根据经济社会发展需要和人力资源供求状况制定并定期调整外国人在中国境内工作指导目录。

国务院教育主管部门会同国务院有关部门建立外国留学生勤工助学管理制度，对外国留学生勤工助学的岗位范围和时限作出规定。

第四十三条　外国人有下列行为之一的，属于非法就业：

（一）未按照规定取得工作许可和工作类居留证件在中国境内工作的；

（二）超出工作许可限定范围在中国境内工作的；

（三）外国留学生违反勤工助学管理规定，超出规定的岗位范围或者时限在中国境内工作的。

第四十四条　根据维护国家安全、公共安全的需要，公安机关、国家安全机关可以限制外国人、外国机构在某些地区设立居住或者办公场所；对已经设立的，可以限期迁离。

未经批准，外国人不得进入限制外国人进入的区域。

第四十五条　聘用外国人工作或者招收外国留学生的单位，应当按照规定向所在地公安机关报告有关信息。

公民、法人或者其他组织发现外国人有非法入境、非法居留、非法就业情形的，应当及时向所在地公安机关报告。

第四十六条　申请难民地位的外国人，在难民地位甄别期间，可以凭公安机关签发的临时身份证明在中国境内停留；被认定为难民的外国人，可以凭公安机关签发的难民身份证件在中国境内停留居留。

第二节 永久居留

第四十七条 对中国经济社会发展作出突出贡献或者符合其他在中国境内永久居留条件的外国人，经本人申请和公安部批准，取得永久居留资格。

外国人在中国境内永久居留的审批管理办法由公安部、外交部会同国务院有关部门规定。

第四十八条 取得永久居留资格的外国人，凭永久居留证件在中国境内居留和工作，凭本人的护照和永久居留证件出境入境。

第四十九条 外国人有下列情形之一的，由公安部决定取消其在中国境内永久居留资格：

（一）对中国国家安全和利益造成危害的；

（二）被处驱逐出境的；

（三）弄虚作假骗取在中国境内永久居留资格的；

（四）在中国境内居留未达到规定时限的；

（五）不适宜在中国境内永久居留的其他情形。

第五章 交通运输工具出境入境边防检查

第五十条 出境入境交通运输工具离开、抵达口岸时，应当接受边防检查。对交通运输工具的入境边防检查，在其最先抵达的口岸进行；对交通运输工具的出境边防检查，在其最后离开的口岸进行。特殊情况下，可以在有关主管机关指定的地点进行。

出境的交通运输工具自出境检查后至出境前，入境的交通运输工具自入境后至入境检查前，未经出入境边防检查机关按照规定程序许可，不得上下人员、装卸货物或者物品。

第五十一条 交通运输工具负责人或者交通运输工具出境入境业务代理单位应当按照规定提前向出入境边防检查机关报告入境、出境的交通运输工具抵达、离开口岸的时间和停留地点，如实申报员工、旅客、货物或者物品等信息。

第五十二条 交通运输工具负责人、交通运输工具出境入境业务代理单位应当配合出境入境边防检查，发现违反本法规定行为的，应当立即报告并协助调查处理。

入境交通运输工具载运不准入境人员的，交通运输工具负责人应当负责载离。

第五十三条 出入境边防检查机关按照规定对处于下列情形之一的出境入境交通运输工具进行监护：

（一）出境的交通运输工具在出境边防检查开始后至出境前、入境的交通运输工具在入境后至入境边防检查完成前；

（二）外国船舶在中国内河航行期间；

（三）有必要进行监护的其他情形。

第五十四条 因装卸物品、维修作业、参观访问等事由需要上下外国船舶的人员，应当向出入境边防检查机关申请办理登轮证件。

中国船舶与外国船舶或者外国船舶之间需要搭靠作业的，应当由船长或者交通运输工具出境入境业务代理单位向出入境边防检查机关申请办理船舶搭靠手续。

第五十五条 外国船舶、航空器在中国境内应当按照规定的路线、航线行驶。

出境入境的船舶、航空器不得驶入对外开放口岸以外地区。因不可预见的紧急情况或者不可抗力驶入的，应当立即向就近的出入境边防检查机关或者当地公安机关报告，并接受监护和管理。

第五十六条 交通运输工具有下列情形之一的，不准出境入境；已经驶离口岸的，可以责令返回：

（一）离开、抵达口岸时，未经查验准许擅自出境入境的；

（二）未经批准擅自改变出境入境口岸的；

（三）涉嫌载有不准出境入境人员，需要查验核实的；

（四）涉嫌载有危害国家安全、利益和社会公共秩序的物品，需要查验核实的；

（五）拒绝接受出入境边防检查机关管理的其他情形。

前款所列情形消失后，出入境边防检查机关对有关交通运输工具应当立即放行。

第五十七条 从事交通运输工具出境入境业务代理的单位，应当向出入境边防检查机关备案。从事业务代理的人员，由所在单位向出入境边防检查机关办理备案手续。

第六章 调查和遣返

第五十八条 本章规定的当场盘问、继续盘问、拘留审查、限制活动范围、遣送出境措施，由县级以上地方人民政府公安机关或者出入境边防检查机关实施。

第五十九条 对涉嫌违反出境入境管理的人员,可以当场盘问;经当场盘问,有下列情形之一的,可以依法继续盘问:

(一)有非法出境入境嫌疑的;

(二)有协助他人非法出境入境嫌疑的;

(三)外国人有非法居留、非法就业嫌疑的;

(四)有危害国家安全和利益,破坏社会公共秩序或者从事其他违法犯罪活动嫌疑的。

当场盘问和继续盘问应当依据《中华人民共和国人民警察法》规定的程序进行。

县级以上地方人民政府公安机关或者出入境边防检查机关需要传唤涉嫌违反出境入境管理的人员的,依照《中华人民共和国治安管理处罚法》的有关规定执行。

第六十条 外国人有本法第五十九条第一款规定情形之一的,经当场盘问或者继续盘问后仍不能排除嫌疑,需要作进一步调查的,可以拘留审查。

实施拘留审查,应当出示拘留审查决定书,并在二十四小时内进行询问。发现不应当拘留审查的,应当立即解除拘留审查。

拘留审查的期限不得超过三十日;案情复杂的,经上一级地方人民政府公安机关或者出入境边防检查机关批准可以延长至六十日。对国籍、身份不明的外国人,拘留审查期限自查清其国籍、身份之日起计算。

第六十一条 外国人有下列情形之一的,不适用拘留审查,可以限制其活动范围:

(一)患有严重疾病的;

(二)怀孕或者哺乳自己不满一周岁婴儿的;

(三)未满十六周岁或者已满七十周岁的;

(四)不宜适用拘留审查的其他情形。

被限制活动范围的外国人,应当按照要求接受审查,未经公安机关批准,不得离开限定的区域。限制活动范围的期限不得超过六十日。对国籍、身份不明的外国人,限制活动范围期限自查清其国籍、身份之日起计算。

第六十二条 外国人有下列情形之一的,可以遣送出境:

(一)被处限期出境,未在规定期限内离境的;

(二)有不准入境情形的;

(三)非法居留、非法就业的;

(四)违反本法或者其他法律、行政法规需要遣送出境的。

其他境外人员有前款所列情形之一的,可以依法遣送出境。

被遣送出境的人员,自被遣送出境之日起一至五年内不准入境。

第六十三条 被拘留审查或者被决定遣送出境但不能立即执行的人员,应当羁押在拘留所或者遣返场所。

第六十四条 外国人对依照本法规定对其实施的继续盘问、拘留审查、限制活动范围、遣送出境措施不服的,可以依法申请行政复议,该行政复议决定为最终决定。

其他境外人员对依照本法规定对其实施的遣送出境措施不服,申请行政复议的,适用前款规定。

第六十五条 对依法决定不准出境或者不准入境的人员,决定机关应当按照规定及时通知出入境边防检查机关;不准出境、入境情形消失的,决定机关应当及时撤销不准出境、入境决定,并通知出入境边防检查机关。

第六十六条 根据维护国家安全和出境入境管理秩序的需要,必要时,出入境边防检查机关可以对出境入境的人员进行人身检查。人身检查应当由两名与受检查人同性别的边防检查人员进行。

第六十七条 签证、外国人停留居留证件等出境入境证件发生损毁、遗失、被盗抢或者签发后发现持证人不符合签发条件等情形的,由签发机关宣布该出境入境证件作废。

伪造、变造、骗取或者被证件签发机关宣布作废的出境入境证件无效。

公安机关可以对前款规定的或被他人冒用的出境入境证件予以注销或者收缴。

第六十八条 对用于组织、运送、协助他人非法出境入境的交通运输工具,以及需要作为办案证据的物品,公安机关可以扣押。

对查获的违禁物品,涉及国家秘密的文件、资料以及用于实施违反出境入境管理活动的工具等,公安机关应当予以扣押,并依照相关法律、行政法规规定处理。

第六十九条 出境入境证件的真伪由签发机关、出入境边防检查机关或者公安机关出入境管理机构认定。

第七章 法律责任

第七十条 本章规定的行政处罚,除本章另有规定外,由县级以上地方人民政府公安机关或者出入境边防检查机关决定;其中警告或者五千元以下罚款,可以由县级以上地方人民政府公安机关出入境管理机构决定。

第七十一条 有下列行为之一的，处一千元以上五千元以下罚款；情节严重的，处五日以上十日以下拘留，可以并处二千元以上一万元以下罚款：

（一）持用伪造、变造、骗取的出境入境证件出境入境的；

（二）冒用他人出境入境证件出境入境的；

（三）逃避出境入境边防检查的；

（四）以其他方式非法出境入境的。

第七十二条 协助他人非法出境入境的，处二千元以上一万元以下罚款；情节严重的，处十日以上十五日以下拘留，并处五千元以上二万元以下罚款，有违法所得的，没收违法所得。

单位有前款行为的，处一万元以上五万元以下罚款，有违法所得的，没收违法所得，并对其直接负责的主管人员和其他直接责任人员依照前款规定予以处罚。

第七十三条 弄虚作假骗取签证、停留居留证件等出境入境证件的，处二千元以上五千元以下罚款；情节严重的，处十日以上十五日以下拘留，并处五千元以上二万元以下罚款。

单位有前款行为的，处一万元以上五万元以下罚款，并对其直接负责的主管人员和其他直接责任人员依照前款规定予以处罚。

第七十四条 违反本法规定，为外国人出具邀请函件或者其他申请材料的，处五千元以上一万元以下罚款，有违法所得的，没收违法所得，并责令其承担所邀请外国人的出境费用。

单位有前款行为的，处一万元以上五万元以下罚款，有违法所得的，没收违法所得，并责令其承担所邀请外国人的出境费用，对其直接负责的主管人员和其他直接责任人员依照前款规定予以处罚。

第七十五条 中国公民出境后非法前往其他国家或者地区被遣返的，出入境边防检查机关应当收缴其出境入境证件，出境入境证件签发机关自其被遣返之日起六个月至三年以内不予签发出境入境证件。

第七十六条 有下列情形之一的，给予警告，可以并处二千元以下罚款：

（一）外国人拒不接受公安机关查验其出境入境证件的；

（二）外国人拒不交验居留证件的；

（三）未按照规定办理外国人出生登记、死亡申报的；

（四）外国人居留证件登记事项发生变更，未按照规定办理变更的；

（五）在中国境内的外国人冒用他人出境入境证件的；

（六）未按照本法第三十九条第二款规定办理登记的。

旅馆未按照规定办理外国人住宿登记的，依照《中华人民共和国治安管理处罚法》的有关规定予以处罚；未按照规定向公安机关报送外国人住宿登记信息的，给予警告；情节严重的，处一千元以上五千元以下罚款。

第七十七条 外国人未经批准，擅自进入限制外国人进入的区域，责令立即离开；情节严重的，处五日以上十日以下拘留。对外国人非法获取的文字记录、音像资料、电子数据和其他物品，予以收缴或者销毁，所用工具予以收缴。

外国人、外国机构违反本法规定，拒不执行公安机关、国家安全机关限期迁离决定的，给予警告并强制迁离；情节严重的，对有关责任人员处五日以上十五日以下拘留。

第七十八条 外国人非法居留的，给予警告；情节严重的，处每非法居留一日五百元，总额不超过一万元的罚款或者五日以上十五日以下拘留。

因监护人或者其他负有监护责任的人未尽到监护义务，致使未满十六周岁的外国人非法居留的，对监护人或者其他负有监护责任的人给予警告，可以并处一千元以下罚款。

第七十九条 容留、藏匿非法入境、非法居留的外国人，协助非法入境、非法居留的外国人逃避检查，或者为非法居留的外国人违法提供出境入境证件的，处二千元以上一万元以下罚款；情节严重的，处五日以上十五日以下拘留，并处五千元以上二万元以下罚款，有违法所得的，没收违法所得。

单位有前款行为的，处一万元以上五万元以下罚款，有违法所得的，没收违法所得，并对其直接负责的主管人员和其他直接责任人员依照前款规定予以处罚。

第八十条 外国人非法就业的，处五千元以上二万元以下罚款；情节严重的，处五日以上十五日以下拘留，并处五千元以上二万元以下罚款。

介绍外国人非法就业的，对个人处每非法介绍一人五千元，总额不超过五万元的罚款；对单位处每非法介绍一人五千元，总额不超过十万元的罚款；有违法所得的，没收违法所得。

非法聘用外国人的，处每非法聘用一人一万元，总额不超过十万元的罚款；有违法所得的，没收违法所得。

第八十一条 外国人从事与停留居留事由不相符的活动，或者有其他违反中国法律、法规规定，不适宜在中国境内继续停留居留情形的，可以处限期出境。

外国人违反本法规定，情节严重，尚不构成犯罪的，公安部可以处驱逐出境。公安部的处罚决定为最终决定。

被驱逐出境的外国人，自被驱逐出境之日起十年内不准入境。

第八十二条 有下列情形之一的，给予警告，可以并处二千元以下罚款：

（一）扰乱口岸限定区域管理秩序的；

（二）外国船员及其随行家属未办理临时入境手续登陆的；

（三）未办理登轮证件上下外国船舶的。

违反前款第一项规定，情节严重的，可以并处五日以上十日以下拘留。

第八十三条 交通运输工具有下列情形之一的，对其负责人处五千元以上五万元以下罚款：

（一）未经查验准许擅自出境入境或者未经批准擅自改变出境入境口岸的；

（二）未按照规定如实申报员工、旅客、货物或者物品等信息，或者拒绝协助出境入境边防检查的；

（三）违反出境入境边防检查规定上下人员、装卸货物或者物品的。

出境入境交通运输工具载运不准出境入境人员出境入境的，处每载运一人五千元以上一万元以下罚款。交通运输工具负责人证明其已经采取合理预防措施的，可以减轻或者免予处罚。

第八十四条 交通运输工具有下列情形之一的，对其负责人处二千元以上二万元以下罚款：

（一）中国或者外国船舶未经批准擅自搭靠外国船舶的；

（二）外国船舶、航空器在中国境内未按照规定的路线、航线行驶的；

（三）出境入境的船舶、航空器违反规定驶入对外开放口岸以外地区的。

第八十五条 履行出境入境管理职责的工作人员，有下列行为之一的，依法给予处分：

（一）违反法律、行政法规，为不符合规定条件的外国人签发签证、外国人停留居留证件等出境入境证件的；

（二）违反法律、行政法规，审核验放不符合规定条件的人员或者交通运输工具出境入境的；

（三）泄露在出境入境管理工作中知悉的个人信息，侵害当事人合法权益的；

（四）不按照规定将依法收取的费用、收缴的罚款及没收的违法所得、非法财物上缴国库的；

（五）私分、侵占、挪用罚没、扣押的款物或者收取的费用的；

（六）滥用职权、玩忽职守、徇私舞弊，不依法履行法定职责的其他行为。

第八十六条 对违反出境入境管理行为处五百元以下罚款的，出入境边防检查机关可以当场作出处罚决定。

第八十七条 对违反出境入境管理行为处罚款的，被处罚人应当自收到处罚决定书之日起十五日内，到指定的银行缴纳罚款。被处罚人在所在地没有固定住所，不当场收缴罚款事后难以执行或者在口岸向指定银行缴纳罚款确有困难的，可以当场收缴。

第八十八条 违反本法规定，构成犯罪的，依法追究刑事责任。

第八章 附 则

第八十九条 本法下列用语的含义：

出境，是指由中国内地前往其他国家或者地区，由中国内地前往香港特别行政区、澳门特别行政区，由中国大陆前往台湾地区。

入境，是指由其他国家或者地区进入中国内地，由香港特别行政区、澳门特别行政区进入中国内地，由台湾地区进入中国大陆。

外国人，是指不具有中国国籍的人。

第九十条 经国务院批准，同毗邻国家接壤的省、自治区可以根据中国与有关国家签订的边界管理协定制定地方性法规、地方政府规章，对两国边境接壤地区的居民往来作出规定。

第九十一条 外国驻中国的外交代表机构、领事机构成员以及享有特权和豁免的其他外国人，其入境出境及停留居留管理，其他法律另有规定的，依照其规定。

第九十二条 外国人申请办理签证、外国人停留居留证件等出境入境证件或者申请办理证件延期、变更的，应当按照规定缴纳签证费、证件费。

第九十三条 本法自 2013 年 7 月 1 日起施行。《中华人民共和国外国人入境出境管理法》和《中华人民共和国公民出境入境管理法》同时废止。

关于《中华人民共和国出境入境管理法(草案)》的说明

——2011 年 12 月 26 日在第十一届全国人民代表大会
常务委员会第二十四次会议上

公安部副部长 杨焕宁

全国人民代表大会常务委员会:

我受国务院的委托,现对《中华人民共和国出境入境管理法(草案)》(以下简称草案)作如下说明:

一、立法的必要性

1985 年,全国人大常委会制定了中国公民出境入境管理法和外国人入境出境管理法;1986 年,国务院分别制定了这两个法律的实施细则。这些法律、行政法规的施行,对规范出境入境秩序、方便人员往来、服务改革开放,发挥了重要作用。

随着我国经济社会的快速发展和对外开放的不断扩大,国际交往日益频繁,中国公民出境和外国人入境的数量急剧增多,出境入境管理工作出现了一些新的情况和问题:一是大量外国人来华旅游、访问、从事商务活动,既给我国经济社会发展带来机遇,同时也对国家安全和社会管理提出了更高的要求;二是现行法律规定的签证制度、居留管理制度不够完善,管理上存在漏洞;三是近年来外国人"非法入境、非法居留、非法就业"(以下称"三非")问题突出,需要采取有针对性的措施进一步完善有关制度。

为了解决上述问题,公安部在总结我国现行出境入境管理制度实施经验的基础上,起草了《中华人民共和国出境入境管理法(送审稿)》报请国务院审议。在此基础上,国务院法制办会同公安部、外交部等部门对送审稿进行了反复研究修改,形成了草案,并征求了中央有关单位和地方人民政府的意见。目前草案已经国务院第 174 次常务会议讨论通过。

二、立法的总体思路

出境入境管理事关我国国家安全、经济社会发展和改革开放的大局,在草案审查过程中,我们努力把握并处理好以下两个关系:一是统筹考虑维护国家主权、安全与服务经济社会发展的关系,既要发挥出境入境管理在保障国家安全中的职能作用,又要服务对外开放,为经济社会发展提供支持,在制度设计上既要能够满足管理的需要,使不该进的人进不来、需要管的人管得住,也要防止给正常往来的人员带来不便;二是处理好草案与护照法、海关法等法律之间的关系,做到重点突出、避免冲突。

三、草案的主要内容

草案共八章 90 条,主要就中国公民出境入境、外国人入境出境和外国人在中国停留居留的管理,以及对违反出境入境管理行为的调查、遣返和处罚等作了规定。

(一)关于调整范围

我国现行的出境入境管理制度,是在区分中国公民、外国人的基础上分别进行立法的。2006 年,全国人大常委会审议通过的护照法,将中国公民出境入境管理法中有关护照申领的内容纳入该法,这次制定出境入境管理法,需要将中国公民出境入境管理法中除护照申领以外的内容与外国人入境出境管理法加以整合。为此,草案规定,中国公民出境入境、外国人入境出境、外国人在中国停留居留的管理,以及交通运输工具的出境入境边防检查,适用本法。本法施行后,现行的中国公民出境入境管理法、外国人入境出境管理法将同时废止。这里还需要说明的是,在国际军事交流与合作活动中(例如中外联合军事演习、维和、护航、舰队访问等),军事人员成建制出入境,按照国家和军队有关规定以及中国对外缔结的国际约的规定办理。

(二)将人体生物识别技术引入出境入境管理

采集、存储出境入境人员指纹等人体生物信息,在进行出境入境边防检查时进行比对,可以有效甄别出境入境人员身份,有助于提高口岸通关效率,对加强出境入境管理,保障国家安全具有积极意义。

采集指纹等人体生物信息涉及中国公民和外国人的基本权利，需要法律明确授权，具体管理工作需要结合国家的外交战略灵活掌握，为此，草案规定，公安部、外交部根据出境入境管理的需要，可以对留存出境入境人员指纹等人体生物识别信息作出规定。

（三）关于中国公民的出境入境管理

一是出境入境证件的管理。中国公民出境入境证件主要是护照，中国公民往来港澳台地区使用的是专门的通行证件。护照法对公民申领护照作了专门规定，国务院制定的中国公民因私往来港澳地区的暂行管理办法和中国公民往来台湾地区管理办法，对公民申领相关通行证件作了规定。为此，草案规定，中国公民出境入境应当依法申请办理护照或者其他旅行证件。中国公民往来内地与香港特别行政区、澳门特别行政区，中国公民往来大陆与台湾地区，应当依法申请办理通行证件。

二是出境入境管理。草案规定，中国公民出境入境经边防检查机关查验准许，方可出境入境。中国公民有被判处刑罚尚未执行完毕或者属于刑事案件被告人、犯罪嫌疑人；有未了结的民事案件，人民法院决定不能出境；因非法出境、非法居留、非法就业被境外遣返，未满不准出境规定年限；出境后可能危害国家安全和利益，国务院有关主管部门决定不准出境等情形的，不准出境。

（四）完善外国人入境签证制度

为了加强签证管理，草案对现行法律有关签证制度进行了完善，作了以下规定：

一是规范邀请行为。外国人申请签证，有的需要国内单位或者个人出具邀请函，为了防止出具虚假邀请函骗取签证，草案规定，出具邀请函的单位或者个人应当对邀请的真实性负责，对弄虚作假骗取签证的，可以给予罚款、拘留的处罚；构成犯罪的，依法追究刑事责任。对违反本法规定，为外国人出具邀请函件或者其他申请材料的，处罚款，有违法所得的，没收违法所得，并责令其承担所邀请外国人的出境费用。

二是明确不予签发签证的情形。草案通过明确不予签发签证情形，为签证机关行使国家主权提供制度保证。草案规定，外国人有被处驱逐出境或者被决定遣送出境，未满不准入境年限；可能危害中国国家安全和利益；不能保证在中国期间所需费用等情形的，不予签发签证。

三是规范签证延期。外国人入境出境管理法及其实施细则规定了签证可以延期，但是对延期的期限没有限定，草案规定，延长签证停留期限，累计不得超过签证原注明的停留期限。

四是完善口岸签证。口岸签证是外国人入境出境管理法确立的一项便利入境措施，为促进我国经济发展发挥了积极作用，但是在实践中也出现了一些与口岸签证定位不符的问题，需要加以完善。为此，草案规定，口岸签证机关签发的普通签证一次入境有效，停留期限不得超过 30 日。申请人应当从申请签证的口岸入境。

（五）关于外国人停留居留管理

外国人入境后的管理，是出境入境管理的重要内容，对此，草案作了以下规定：

一是划分停留管理和居留管理。草案以 180 日作为停留和居留的界线。草案规定，外国人所持签证注明的停留期限不超过 180 日的，凭签证并按照签证注明的停留期限停留；超过 180 日的，应当自入境之日起 30 日内，向所在地公安机关出入境管理机构申请办理外国人居留证件，办理居留证件应当留存指纹信息。外国人在中国境内停留居留，不得从事与停留居留事由不相符的活动，并应当在规定的停留居留期限届满前离境。外国人应当随身携带有效证件接受公安机关查验，住宿应当进行登记，未经批准不得进入限制外国人进入的区域。

二是永久居留制度。永久居留制度对于引智引资具有积极作用，是国际通行做法。草案规定，对中国经济社会发展作出突出贡献或者符合其他在中国永久居留条件的外国人，经本人申请和公安部批准，取得永久居留资格。具体办法由公安部、外交部会同国务院有关部门规定。

此外，我国于 1982 年加入了难民地位公约，为了履行有关国际义务，草案规定，申请难民地位的外国人，在难民地位甄别期间，可以凭公安机关签发的临时身份证明在中国境内停留；被认定为难民的外国人，可以凭公安机关签发的难民身份证件在中国境内停留居留。

（六）解决“三非”问题的措施

“三非”问题是我国经济社会发展到一定阶段的产物，解决“三非”问题不仅需要提高签证签发质量、加强外国人停留居留管理，还需要从规范就业入手，为此，草案作了以下规定：

一是规范外国人在华就业。我国是劳动力大国，在外国人在华就业管理上，需要体现引进高端人才、严格控制一般劳务人员的政策取向。草案规定，国务院人力资源主管部门应当会同国务院有关部门根据经济社会发展需要和人力资源供求状况，制定并定期调整外国人在中国工作指导目录。外国人在中国工作管理办法由国务院规定。外国人在中国工作，应当按照规定取得工作许可和工作类外国人居留证件。聘用外国人的单位，应当查验应聘外国人的工作许可和工作类外国人居留证件。草案对外国人非法就业，介绍外国人非法就业以及非法聘用外国人的行为规定了相应的处罚。

二是明确了对非法就业的界定。草案规定，外国人有未取得工作许可和工作类外国人居留证件，受聘（雇）于用人单位或者从事其他获取劳动报酬活动；超出工作许可限定范围工作；外国留学生超出规定的岗位范围或者时限工作等行为的，属于非法就业。对外国人是否属于非法就业有争议的，由省、自治区、直辖市人民政府公安机关会同本级人民政府人力资源社会保障、教育、商务、工商、外事等部门认定。

三是规定了核查、遣返“三非”人员的措施。实践中，被查获的“三非”人员往往不讲真实姓名、没有合法证件，核查其身份需要相应的调查手段和必要的调查时间，为此，草案规定，对有“三非”嫌疑的外国人可以拘留审查。对国籍、身份不明的外国人，拘留审查的期限自查清其国籍、身份之日起计算。对“三非”外国人，可以遣送出境。被遣送出境的外国人，自被遣送出境之日起5年内不准入境。

《中华人民共和国出境入境管理法（草案）》和以上说明是否妥当，请予审议。

全国人民代表大会法律委员会关于《中华人民共和国出境入境管理法（草案）》修改情况的汇报

——2012年4月24日在第十一届全国人民代表大会常务委员会第二十六次会议上

全国人大法律委员会副主任委员　张柏林

全国人民代表大会常务委员会：

常委会第二十四次会议对出境入境管理法（草案）进行了初次审议。会后，法制工作委员会将草案印发各省（区、市）和中央有关部门、单位征求意见。中国人大网站全文公布草案，向社会征求意见。法律委员会、外事委员会和法制工作委员会联合召开座谈会，听取有关部门、单位的意见。法律委员会、法制工作委员会还到天津、广东和北京调研，并就主要问题同有关部门交换意见，共同研究。法律委员会于4月6日召开会议，根据常委会组成人员的审议意见和各方面的意见，对草案进行了逐条审议。外事委员会、国务院法制办公室有关负责同志列席了会议。4月12日，法律委员会召开会议，再次进行审议。现将出境入境管理法（草案）主要问题的修改情况汇报如下：

一、有的常委委员提出，出入境管理涉及的部门较多，应做好各部门之间的衔接配合，做到分工负责，权责一致。法律委员会经同外事委员会、国务院法制办公室研究，建议在草案第四条中增加一款规定：“公安部、外交部在出境入境事务管理中，应当加强沟通配合，并与国务院有关部门密切合作，按照各自职责分工，依法行使职权，承担责任。”

二、有些常委委员提出，目前出入境管理信息系统是由公安、外交等各部门分别建立的，但从发展趋势看，应当由国家建立统一的出入境管理信息平台，以有利于各部门之间的信息共享，建议本法对此作出规定。法律委员会经同外事委员会、国务院法制办公室研究，建议将草案第五条修改为：“国家建立统一的出境入境管理信息平台，实现有关管理部门信息共享。”

三、有的常委委员提出，出入境管理工作应加强服务意识，做到管理与服务并重，并对中国公民出入境提供便利措施。法律委员会经同外事委员会、国务院法制办公室研究，建议在总则中增加一条规定：“履行出境入境管理职责的部门和机构应当切实采取措施，不断提升服务和管理水平，公正执法，便民高效，维护安全、便捷的出境入境秩序。”同时，在草案第十条中增加一款规定：“具备条件的口岸，出入境边防检查机关应当为中国公民出境入境提供专用通道等便利措施。”

四、有的常委委员、人力资源和社会保障部、外国专家局、中央人才工作协调小组办公室提出，草案应规定人才签证类别，以更好地吸引海外优秀人才。法律委员会经同外事委员会、国务院法制办公室研究，建议在草案第十五条第三款规定的普通签证类别中增加“人才引进”一类。

五、草案第四十二条第一款第一项规定，外国人未取得工作许可和工作类居留证件，受聘于用人单位或者从事其他获取劳动报酬活动的，属于非法就业；第二款规定，对是否属于非法就业有争议的，由省级公安机关会同人社、教育、商务等有关部门认定。有的常委委员提出，是否获取劳动报酬很难查证，不应作为查处非法就业的前提。另外，对非法就业的认定，属于具体工作问题，本法可不必规定，由下位法规定为宜。法律委员会经同外事委员会、国务院法制办公室研究，建议将这一条第一款第一项修改为，外国人未按照规定取得工作许可和工作类居留证件在中国境内工作的，属于非法就业，同时删去这一条第二款。

六、有些常委委员提出，草案对有些违法行为规定的法律责任偏轻，建议提高相关条文中的罚款数额，加大处罚力度。法律委员会经同外事委员会、国务院法制办公室研究，建议将法律责任中对非法出入境或者协助他人非法出入境，容留、藏匿非法入境的外国人，非法介绍、聘用外国人等行为的罚款数额予以适当提高，并对单位违法相应加大处罚力度。

此外，还对草案作了一些文字修改。

草案二次审议稿已按上述意见作了修改，法律委员会建议提请常委会第二十六次会议继续审议。

草案二次审议稿和以上汇报是否妥当，请审议。

全国人民代表大会法律委员会关于《中华人民共和国出境入境管理法(草案)》审议结果的报告

——2012 年 6 月 26 日在第十一届全国人民代表大会常务委员会第二十七次会议上

全国人大法律委员会副主任委员　张柏林

全国人民代表大会常务委员会：

常委会第二十六次会议对出境入境管理法(草案二次审议稿)进行了二次审议。会后，法律委员会、法制工作委员会到广西和北京市调研，并就主要问题同有关部门交换意见，共同研究。法律委员会于 6 月 1 日召开会议，根据常委会组成人员的审议意见和各方面的意见，对草案进行了逐条审议。外事委员会、国务院法制办公室有关负责同志列席了会议。6 月 13 日，法律委员会召开会议，再次进行审议。法律委员会认为，为了规范出境入境管理，维护我国主权、安全和社会秩序，促进对外交往和对外开放，制定本法是必要的，草案经过常委会审议修改，已经比较成熟。同时，提出以下主要修改意见：

一、草案二次审议稿第十六条第三款规定，普通签证的类别和签发办法由外交部会同公安部等国务院有关部门规定。有的常委委员提出，申请普通签证的事由包括工作、学习、探亲、旅游、商务活动、人才引进等多个方面，涉及部门较多，其中人才签证是本法新增加的签证类别，涉及我国引进海外优秀人才战略的实施，应当由国务院规定签发范围和签发办法。法律委员会经同外事委员会、国务院法制办公室研究，建议将上述规定修改为：“普通签证的类别和签发办法由国务院规定。”

二、草案二次审议稿第三十条第三款规定：“外国人居留证件的有效期最短为一百八十日，最长为五年。”有的常委委员提出，有的外国人来华短期工作，期限经常在半年以下，对这类来华短期工作的外国人，按照现行管理制度可以签发有效期短于一百八十日的居留证件，这种做法比较符合实际情况。法律委员会经同外事委员会、国务院法制办公室研究，建议对工作类居留证件有效期的最短时限规定为九十日，将这一款修改为：“外国人居留证件的有效期最短为一百八十日，最长为五年，但是工作类居留证件的有效期最短为九十日。”

三、草案二次审议稿第四十一条中规定，用人单位聘用外国人，应当查验应聘外国人的工作许可和工作类居留证件。有的常委委员提出，按照现行管理制度，外国人来华工作，首先应由拟聘用的用人单位为其办理工作许可，其工作单位必须与工作许可注明的单位相一致，不能持该许可到其他单位工作。建议维持现行做法，并在该条中明确由国务院制定外国人来华工作管理办法。法律委员会经同外事委员会、国务院法制办公室研究，建议将这一条修改为：“外国人在中国境内工作，应当按照规定取得工作许可和工作类居留证件。任何单位和个人不得聘用未取得工作许可和工作类居留证件的外国人。”“外国人在中国境内工作管理办法由国务院规定。”

四、草案二次审议稿第九十条规定，我国缔结或者参加的国际条约与本法有不同规定的，适用其规定，但我国声明保留的条款除外。有的常委委员提出，此项规定涉及国际法同国内法的关系和国家法律主权，不应笼统规定国际条约在国内优先直接适用。加入世界贸易组织时，我国已明确对缔结或者参加的国际条约的有关内容通过转换为国内法的方式适用。法律委员会经同外事委员会、国务院法制办公室研究，建议删去这一条规定。

五、草案二次审议稿第九十一条规定，经国务院批准，同毗邻国家接壤的省、自治区可以根据中国与有关国家签署的边界管理协定对边民往来作出规定。现实情况是，现有的依据边界管理协定制定的边民往来规定，有的是法规、规章的形式，也有的是其他规范性文件的形式。有的常委委员提出，边民往来是国家出入境制度的重要方面，应当将地方制定的规定限定为通过立法程序制定的地方性法规、政府规章。法律委员会经同外事委员会、国务院法制办公室研究，建议将这一条修改为：“经国务院批准，同毗邻国家接壤的省、自治区可以根据中国与有关国家签订的边界管理协定制定地方性法规、地方政府规章，对两国边境接壤地区的居民往来作出规定。”

此外，还对草案二次审议稿作了一些文字修改。

草案三次审议稿已按上述意见作了修改，法律委员会建议提请本次常委会会议审议通过。

草案三次审议稿和以上报告是否妥当，请审议。

全国人民代表大会法律委员会关于《中华人民共和国出境入境管理法（草案三次审议稿）》修改意见的报告

——2012年6月30日在第十一届全国人民代表大会常务委员会第二十七次会议上

全国人民代表大会常务委员会：

本次常委会会议于6月26日下午对出境入境管理法（草案三次审议稿）进行了分组审议。常委会组成人员普遍认为，草案已经比较成熟，建议进一步修改后，提请本次会议通过。同时，有些常委委员和代表还提出了一些修改意见。法律委员会于6月28日上午召开会议，逐条研究了常委会组成人员的审议意见，对草案进行了审议。全国人大外事委员会、国务院法制办公室有关负责同志列席了会议。法律委员会认为，草案是可行的，同时提出以下修改意见：

一、草案三次审议稿第七条第一款规定：“公安部、外交部根据出境入境管理的需要，可以对留存出境入境人员的指纹等人体生物识别信息作出规定。”有的常委委员提出，留存出境入境人员的指纹等人体生物识别信息，涉及个人权利，不宜笼统授权有关部门规定。法律委员会经同外事委员会、国务院法制办公室研究，建议将这一款修改为：“经国务院批准，公安部、外交部根据出境入境管理的需要，可以对留存出境入境人员的指纹等人体生物识别信息作出规定。”

二、草案三次审议稿第三十条第三款规定：“外国人居留证件的有效期最短为一百八十日，最长为五年，但是工作类居留证件的有效期最短为九十日。”有的常委委员提出，为了避免表述歧义，应当对工作类外国人居留证件和非工作类外国人居留证件的有效期，分别加以规定。法律委员会经同外事委员会、国务院法制办公室研究，建议将这一款修改为："外国人工作类居留证件的有效期最短为九十日，最长为五年；非工作类居留证件的有效期最短为一百八十日，最长为五年。"

此外，根据常委委员的审议意见，还对草案三次审议稿作了个别文字修改。

草案建议表决稿已按上述意见作了修改，法律委员会建议本次常委会会议通过。

草案建议表决稿和以上报告是否妥当，请审议。

全国人民代表大会法律委员会

2012年6月30日

中华人民共和国主席令

第五十八号

《全国人民代表大会常务委员会关于修改〈中国人民解放军选举全国人民代表大会和县级以上地方各级人民代表大会代表的办法〉的决定》已由中华人民共和国第十一届全国人民代表大会常务委员会第二十七次会议于2012年6月30日通过，现予公布，自公布之日起施行。

中华人民共和国主席　胡锦涛

2012年6月30日

全国人民代表大会常务委员会关于修改《中国人民解放军选举全国人民代表大会和县级以上地方各级人民代表大会代表的办法》的决定

（2012年6月30日第十一届全国人民代表大会常务委员会第二十七次会议通过）

第十一届全国人民代表大会常务委员会第二十七次会议决定对《中国人民解放军选举全国人民代表大会和县级以上地方各级人民代表大会代表的办法》作如下修改：

一、将第五条第一款修改为："人民解放军现役军人，在军队安置和待移交地方安置的离休、退休人员，在军队工作的文职人员、职员、职工、非现役公勤人员以及行政关系在军队的其他人员，参加军队选举。"

二、第八条增加一款，作为第三款："选举委员会任期五年，行使职权至新的选举委员会产生为止。"

三、将第九条修改为："人民解放军选举委员会由十一至十九人组成，设主任一人，副主任一至三人，委员若干人。其他各级选举委员会由七至十七人组成，设主任一人，副主任一至二人，委员若干人。"

四、第十条增加一项，作为第五项："（五）确定选举结果是否有效，公布当选的人民代表大会代表名单"。

原第十条第五项改为第六项。

五、第十七条增加一款，作为第四款："军人代表大会每届任期五年。军人代表大会代表任期从本届军人代表大会举行第一次会议开始，到下届军人代表大会举行第一次会议为止。"

六、将第十八条第二款修改为："中国共产党在军队中的各级组织，可以推荐代表候选人。选民或者军人代表大会代表，十人以上联名，也可以推荐代表候选人。推荐者应向选举委员会或者军人委员会介绍候选人的情况。接受推荐的代表候选人应当向选举委员会或者军人委员会如实提供个人基本情况。提供的基本情况不实的，选举委员会或者军人委员会应当向选民或者军人代表大会代表通报。"

七、将第十九条修改为："人民解放军选举全国和县级以上地方各级人民代表大会代表实行差额选举，代表候选人的人数应多于应选代表的名额。

"由选民直接选举的，代表候选人的人数应多于应选代表名额三分之一至一倍；由军人代表大会选举的，代表候选人的人数应多于应选代表名额五分之一至二分之一。"

八、将第二十条修改为："由选民直接选举的，代表候选人由选举委员会或者军人委员会汇总后，将代表候选人名单以及代表候选人的基本情况在选举日的十五日以前公布，并交各该选区的选民反复讨论、协商，确定正式代表候选人名单。如果所提代表候选人的人数超过本办法第十九条规定的最高差额比例，由选举委员会或者军人委员会交各该选区的选民讨论、协商，根据较多数选民的意见，确定正式代表候选人名单；对正式代表候选人不能形成较为一致意见的，进行预选，根据预选时得票多少的顺序，确定正式代表候选人名单。正式代表候选人名单以及代表候选人的基本情况应当在选举日的七日以前公布。

"团级以上单位的军人代表大会在选举人民代表大会代表时，提名、酝酿代表候选人的时间不得少于两天。各该级选举委员会将依法提出的代表候选人名单以及代表候选人的基本情况印发军人代表大会全体代表酝酿、讨论。如果所提代表候选人的人数符合本办法第十九条规定的差额比例，直接进行投票选举。如果所提代表候选人的人数超过本办法第十九条规定的最高差额比例，进行预选，根据预选时得票多少的顺序，按照本级军人代表大会确定的具体差额比例，确定正式代表候选人名单，进行投票选举。"

九、将第二十二条第二款修改为："推荐代表候选人的组织或者个人可以在选民小组或者军人代表大会小组会议上介绍所推荐的代表候选人的情况。直接选举时，选举委员会或者军人委员会根据选民的要求，应当组织代表候选人与选民见面，由代表候选人介绍本人的情况，回答选民的问题。但是，在选举日必须停止对代表候选人的介绍。"

十、将第二十三条第一款修改为："直接选举时，各选区应当召开军人大会进行选举，或者按照方便选民投票的原则设立投票站进行选举。驻地分散或者行动不便的选民，可以在流动票箱投票。投票选举由军人委员会或者选举委员会主持。"

十一、将第二十四条第一款修改为："人民解放军选举全国和县级以上地方各级人民代表大会代表，一律采用无记名投票的方法。选举时应当设有秘密写票处。"

十二、将第二十五条修改为："选民如果在选举期间外出，经军人委员会或者选举委员会同意，可以书面委托其他选民代为投票。每一选民接受的委托不得超过三人，并应当按照委托人的意愿代为投票。"

十三、第二十七条增加一款，作为第二款："代表候选人的近亲属不得担任监票人、计票人。"

十四、将第三十七条第一款修改为："人民解放军选出的设区的市、自治州、省、自治区、直辖市和全国人民代表大会代表，可以向原选举单位的选举委员会书面提出辞职。人民解放军选出的县级人民代表大会代表，可以向原选区的选举委员会或者军人委员会书面提出辞职。接受辞职，须经军人代表大会或者军人大会全体人员的过半数通过，并报送各该级人民代表大会常务委员会和军队上一级选举委员会备案。"

增加一款，作为第二款："因执行任务等原因无法召开军人代表大会的，团级以上单位的选举委员会可以接受各该级选出的设区的市、自治州、省、自治区、直辖市和全国人民代表大会代表辞职。选举委员会接受人民代表大会代表辞职后，应当及时通报选举产生该代表的军人代表大会的代表，并报送各该级人民代表大会常务委员会和军队上一级选举委员会备案。"

此外，将第七章章名修改为"对代表的监督和罢免、辞职、补选"。

本决定自公布之日起施行。

《中国人民解放军选举全国人民代表大会和县级以上地方各级人民代表大会代表的办法》根据本决定作相应修改，重新公布。

中国人民解放军选举全国人民代表大会和县级以上地方各级人民代表大会代表的办法

（1981年6月10日第五届全国人民代表大会常务委员会第十九次会议通过 1996年10月29日第八届全国人民代表大会常务委员会第二十二次会议修订 根据2012年6月30日第十一届全国人民代表大会常务委员会第二十七次会议《关于修改〈中国人民解放军选举全国人民代表大会和县级以上地方各级人民代表大会代表的办法〉的决定》修正）

目 录

第一章 总 则

第一条 根据《中华人民共和国宪法》和《中华人民共和国全国人民代表大会和地方各级人民代表大会选举法》的有关规定，制定本办法。

第二条 人民解放军现役军人和参加军队选举的其他人员依照本办法选举全国人民代表大会和县级以上地方各级人民代表大会代表。

第三条 人民解放军及人民解放军团级以上单位设立选举委员会。

人民解放军选举委员会领导全军的选举工作，其他各级选举委员会主持本单位的选举工作。

第四条 连和其他基层单位的军人委员会，主持本单位的选举工作。

第五条 人民解放军现役军人，在军队安置和待移交地方安置的离休、退休人员，在军队工作的文职人员、职员、职工、非现役公勤人员以及行政关系在军队的其他人员，参加军队选举。

驻军的驻地距离当地居民的居住地较远，随军家属参加地方选举有困难的，经选举委员会或者军人委员会批准，可以参加军队选举。

第六条 驻地方工厂、铁路、水运、科研等单位的军代表，在地方院校学习的军队人员，可以参加地方选举。

第七条 本办法第五条所列人员，凡年满十八周岁，不分民族、种族、性别、职业、家庭出身、宗教信仰、教育程度、财产状况、居住期限，都具有选民资格，享有选举权和被选举权。

依照法律被剥夺政治权利的人没有选举权和被选举权。

精神病患者不能行使选举权利的，经选举委员会确认，不参加选举。

第二章 选举委员会

第八条 人民解放军选举委员会的组成人员，由全国人民代表大会常务委员会批准。其他各级选举委员会的组成人员，由上一级选举委员会批准。

下级选举委员会受上级选举委员会的领导。

选举委员会任期五年，行使职权至新的选举委员会产生为止。

第九条 人民解放军选举委员会由十一至十九人组成，设主任一人，副主任一至三人，委员若干人。其他各级选举委员会由七至十七人组成，设主任一人，副主任一至二人，委员若干人。

第十条 团级以上单位的选举委员会组织、指导所属单位的选举，办理下列事项：

（一）审查军人代表大会代表资格；

（二）确定选举日期；

（三）公布人民代表大会代表候选人名单；

（四）主持本级军人代表大会或者军人大会的投票选举；

（五）确定选举结果是否有效，公布当选的人民代表大会代表名单；

（六）主持本级军人代表大会或者军人大会罢免和补选人民代表大会代表、接受人民代表大会代表辞职。

第十一条　选举委员会下设办公室，具体承办本级有关选举的日常工作。

办公室设在政治机关，工作人员由本级选举委员会确定。

第三章　代表名额的决定和分配

第十二条　人民解放军应选全国人民代表大会代表的名额，由全国人民代表大会常务委员会决定。

第十三条　各总部、大军区级单位和中央军事委员会办公厅应选全国人民代表大会代表的名额，由人民解放军选举委员会分配。

第十四条　各地驻军应选县级以上地方各级人民代表大会代表的名额，由驻地各该级人民代表大会常务委员会决定。

有关选举事宜，由省军区、警备区、军分区、人民武装部分别与驻地的人民代表大会常务委员会协商决定；大军区所在的省、自治区、直辖市，统一由大军区负责与该级人民代表大会常务委员会协商决定。

第四章　选区和选举单位

第十五条　驻军选举县级人民代表大会代表，由驻该行政区域的现役军人和参加军队选举的其他人员按选区直接选举产生。选区按该行政区域内驻军各单位的分布情况划分。

选区的大小，按照每一选区选一名至三名代表划分。

第十六条　驻军应选的设区的市、自治州、省、自治区、直辖市人民代表大会代表，由团级以上单位召开军人代表大会选举产生。

各总部、大军区级单位和中央军事委员会办公厅的军人代表大会，选举全国人民代表大会代表。

第十七条　人民解放军师级以上单位的军人代表大会代表，由下级军人代表大会选举产生。下级单位不召开军人代表大会的，由军人大会选举产生。

旅、团级单位的军人代表大会代表，由连和其他基层单位召开军人大会选举产生。

军人代表大会由选举委员会召集，军人大会由选举委员会或者军人委员会召集。

军人代表大会每届任期五年。军人代表大会代表任期从本届军人代表大会举行第一次会议开始，到下届军人代表大会举行第一次会议为止。

第五章　代表候选人的提出

第十八条　人民解放军选举全国和县级以上地方各级人民代表大会代表，候选人按选区或者选举单位提名产生。

中国共产党在军队中的各级组织，可以推荐代表候选人。选民或者军人代表大会代表，十人以上联名，也可以推荐代表候选人。推荐者应向选举委员会或者军人委员会介绍候选人的情况。接受推荐的代表候选人应当向选举委员会或者军人委员会如实提供个人基本情况。提供的基本情况不实的，选举委员会或者军人委员会应当向选民或者军人代表大会代表通报。

第十九条　人民解放军选举全国和县级以上地方各级人民代表大会代表实行差额选举，代表候选人的人数应多于应选代表的名额。

由选民直接选举的，代表候选人的人数应多于应选代表名额三分之一至一倍；由军人代表大会选举的，代表候选人的人数应多于应选代表名额五分之一至二分之一。

第二十条　由选民直接选举的，代表候选人由选举委员会或者军人委员会汇总后，将代表候选人名单以及代表候选人的基本情况在选举日的十五日以前公布，并交各该选区的选民反复讨论、协商，确定正式代表候选人名单。如果所提代表候选人的人数超过本办法第十九条规定的最高差额比例，由选举委员会或者军人委员会交各该选区的选民讨论、协商，根据较多数选民的意见，确定正式代表候选人名单；对正式代表候选人不能形成较为一致意见的，进行预选，根据预选时得票多少的顺序，确定正式代表候选人名单。正式代表候选人名单以及代表候选人的基本情况应当在选举日的七日以前公布。

团级以上单位的军人代表大会在选举人民代表大会代表时，提名、酝酿代表候选人的时间不得少于两天。各该级选举委员会将依法提出的代表候选人名单以及代表候选人的基本情况印发军人代表大会全体代表酝酿、讨论。如果所提代表候选人的人数符合本办法第十九条规定的差额比例，直接进行投票选举。如果所提代表候选人的人数超过本办法第十九条规定的最高差额比例，进行预选，根据预选时得票多少的顺序，按照本级军人代表大会确定的具体差额比例，确定正式代表候选人名单，进行投票选举。

第二十一条 军人代表大会在选举全国和县级以上地方各级人民代表大会代表时，代表候选人不限于本级军人代表大会代表。

第二十二条 选举委员会或者军人委员会应当介绍代表候选人的情况。

推荐代表候选人的组织或者个人可以在选民小组或者军人代表大会小组会议上介绍所推荐的代表候选人的情况。直接选举时，选举委员会或者军人委员会根据选民的要求，应当组织代表候选人与选民见面，由代表候选人介绍本人的情况，回答选民的问题。但是，在选举日必须停止对代表候选人的介绍。

第六章 选举程序

第二十三条 直接选举时，各选区应当召开军人大会进行选举，或者按照方便选民投票的原则设立投票站进行选举。驻地分散或者行动不便的选民，可以在流动票箱投票。投票选举由军人委员会或者选举委员会主持。

军人代表大会的投票选举，由选举委员会主持。

第二十四条 人民解放军选举全国和县级以上地方各级人民代表大会代表，一律采用无记名投票的方法。选举时应当设有秘密写票处。

选民因残疾等原因不能写选票，可以委托他信任的人代写。

第二十五条 选民如果在选举期间外出，经军人委员会或者选举委员会同意，可以书面委托其他选民代为投票。每一选民接受的委托不得超过三人，并应当按照委托人的意愿代为投票。

第二十六条 选举人对代表候选人可以投赞成票，可以投反对票，可以另选其他任何选民，也可以弃权。

第二十七条 投票结束后，由选民推选的或者军人代表大会代表推选的监票、计票人员和选举委员会或者军人委员会的人员将投票人数和票数加以核对，作出记录，并由监票人签字。

代表候选人的近亲属不得担任监票人、计票人。

第二十八条 每次选举所投的票数，多于投票人数的无效，等于或者少于投票人数的有效。

每一选票所选的人数，多于规定应选代表人数的作废，等于或者少于规定应选代表人数的有效。

第二十九条 直接选举时，参加投票的选民超过选区全体选民的半数，选举有效。代表候选人获得参加投票的选民过半数的选票时，始得当选。

军人代表大会选举时，代表候选人获得全体代表过半数的选票，始得当选。

第三十条 获得过半数选票的代表候选人的人数超过应选代表名额时，以得票多的当选。如遇票数相等不能确定当选人时，应就票数相等的候选人再次投票，以得票多的当选。

获得过半数选票的当选代表的人数少于应选代表名额时，不足的名额另行选举。另行选举时，根据在第一次投票时得票多少的顺序，按照本办法第十九条规定的差额比例，确定候选人名单。如果只选一人，候选人应为二人。

依照前款规定另行选举县级人民代表大会代表时，代表候选人以得票多的当选，但是得票数不得少于选票的三分之一；团级以上单位的军人代表大会在另行选举设区的市、自治州、省、自治区、直辖市和全国人民代表大会代表时，代表候选人获得军人代表大会全体代表过半数的选票，始得当选。

第三十一条 选举结果由选举委员会或者军人委员会根据本办法确定是否有效，并予以宣布。

第七章 对代表的监督和罢免、辞职、补选

第三十二条 人民解放军选出的全国和县级以上地方各级人民代表大会代表，受选民和原选举单位的监督。选民或者选举单位都有权罢免自己选出的代表。

第三十三条 对于县级人民代表大会代表，原选区选民十人以上联名，可以向旅、团级选举委员会书面提出罢免要求。

罢免要求应当写明罢免理由。被提出罢免的代表有权在军人大会上提出申辩意见，也可以书面提出申辩意见。

旅、团级选举委员会应当将罢免要求和被提出罢免的代表的书面申辩意见印发原选区选民。

表决罢免要求，由旅、团级选举委员会主持。

第三十四条 军人代表大会举行会议时，团级以上单位的选举委员会可以提出对由该级军人代表大会选出的人民代表大会代表的罢免案。罢免

案应当写明罢免理由。

军人代表大会举行会议时，被提出罢免的代表有权在会议上提出申辩意见，或者书面提出申辩意见。罢免案经会议审议后予以表决。

第三十五条　罢免代表采用无记名投票的表决方式。

第三十六条　罢免县级人民代表大会代表，须经原选区过半数的选民通过。

罢免由军人代表大会选出的人民代表大会代表，由各该级军人代表大会过半数的代表通过。

罢免的决议，须报送同级人民代表大会常务委员会和军队上一级选举委员会备案。

第三十七条　人民解放军选出的设区的市、自治州、省、自治区、直辖市和全国人民代表大会代表，可以向原选举单位的选举委员会书面提出辞职。人民解放军选出的县级人民代表大会代表，可以向原选区的选举委员会或者军人委员会书面提出辞职。接受辞职，须经军人代表大会或者军人大会全体人员的过半数通过，并报送各该级人民代表大会常务委员会和军队上一级选举委员会备案。

因执行任务等原因无法召开军人代表大会的，团级以上单位的选举委员会可以接受各该级选出的设区的市、自治州、省、自治区、直辖市和全国人民代表大会代表辞职。选举委员会接受人民代表大会代表辞职后，应当及时通报选举产生该代表的军人代表大会的代表，并报送各该级人民代表大会常务委员会和军队上一级选举委员会备案。

第三十八条　代表在任期内因故出缺，由原选区或者原选举单位补选。

人民解放军选出的县级以上地方各级人民代表大会代表，在任期内调离本行政区域的，其代表资格自行终止，缺额另行补选。

补选代表时，代表候选人的名额可以多于应选代表的名额，也可以同应选代表的名额相等。

第八章　附　　则

第三十九条　人民解放军的选举经费，由军费开支。

关于《中国人民解放军选举全国人民代表大会和县级以上地方各级人民代表大会代表的办法修正案（草案）》的说明

——2012年6月26日在第十一届全国人民代表大会常务委员会第二十七次会议上

中央军委委员、总政治部主任　李继耐

全国人民代表大会常务委员会：

我受中央军委的委托，就《中国人民解放军选举全国人民代表大会和县级以上地方各级人民代表大会代表的办法修正案（草案）》（以下简称修正案草案）作如下说明：

现行《选举办法》由第五届全国人大常委会于1981年6月10日制定，并由第八届全国人大常委会于1996年10月29日作了修订。现行《选举办法》公布施行以来，对规范军队人大代表的选举工作，保障军人依法行使民主选举权利、有效参与管理国家事务，发挥了重要作用。但是，随着国家社会主义民主法制建设的不断推进和军队建设改革的深入发展，现行《选举办法》的一些内容亟待完善。主要是：有的规定与2010年修改公布的《全国人民代表大会和地方各级人民代表大会选举法》的相关内容不一致；一些选举程序过于复杂，在具体实践中难以操作；有的规定与新形势下部队遂行多样化军事任务的实际不相符合。同时，多年来军队在人大代表选举工作中积累了一些有益经验，也需要通过法律的形式固定下来。因此，有必要对《选举办法》进行修改。

我国宪法和《全国人民代表大会和地方各级人民代表大会选举法》分别规定："全国人民代表大会由省、自治区、直辖市、特别行政区和军队选出的代表组成"，"人民解放军单独进行选举，选举办法另订"，这不仅从宪法和法律上确认了军队选举工作是国家选举工作的重要组成部分，而且充分体现了军队选举工作区别于地方的特殊性。因此，这次修改《选举办法》，既严格遵循宪法和《全国人民代表大会和地方各级人民代表大会选举法》规定的选举工作基本原则,又紧密结合军队实际,认真总结各级部队开展选举的实践经验和有效做法,着力解决军队选举工作中面临的矛盾和问题,使《选举办法》更加适应国家社会主义民主法制建设的新形势,更加符合军队建设发展的新要求,为进一步做好军队人大代表选举工作提供科学完备的制度保障。

修正案草案对现行《选举办法》主要有以下修改:

一、关于参加军队选举的人员范围

现行《选举办法》规定:"人民解放军现役军人,在军队安置和待移交地方安置的离休、退休人员,在军队工作的职员、职工以及行政关系在军队的其他人员,参加军队选举。"近年来,随着军队体制编制的调整改革,军队中增加了文职人员和非现役公勤人员。适应新的变化,明确文职人员、非现役公勤人员参加军队选举,对于保障他们有效行使民主选举权利,增强荣誉感和责任感,具有重要意义。为此,修正案草案将文职人员、非现役公勤人员列入参加军队选举的人员范围之中。

二、关于选举委员会的组成和任期

现行《选举办法》明确,军队团以上单位设立选举委员会,负责本单位的选举工作。根据各级选举委员会履行职责的实际需要,修正案草案对选举委员会的规定作了两点修改完善:一是增加了各级选举委员会的组成人数。部队反映,现行《选举办法》规定的选举委员会人数偏少,一定程度上影响了选举委员会作用的发挥,建议适当增加选举委员会组成人员的数量。经研究论证,修正案草案将解放军选举委员会组成人数,由9至15人调整为11至19人;将团级以上单位选举委员会组成人数,由5至11人调整为7至17人。二是明确了选举委员会的任期。现行《选举办法》对选举委员会的任期未作明确,但实践中一直是按照"选举委员会任期五年,行使职权至新的选举委员会产生为止"的原则来执行的,从实际效果看,这一原则有利于各级选举委员会依法履行职责,及时研究办理选举中的有关事项,因此,修正案草案对这一原则作了明确规定。

三、关于军人代表大会的任期

根据现行《选举办法》,军队开展选举工作时,除县级人大代表实行直接选举外,其他各级人大代表均由军人代表大会间接选举产生,军人代表大会代表资格仅限一次选举,当次选举一结束,代表资格即告终止。由于军队选举各级人大代表的时间不同,每次换届选举时,都需要部队反复自下而上逐级选举军人代表大会代表。例如,一个军级单位在选举省级和全国人大代表过程中,需要从基层单位召开军人大会先选出团级单位的军人代表大会代表,再由团级、师级单位逐级选出军级单位的军人代表大会代表,最后由军级单位召开军人代表大会,选出省级人大代表或者出席军区级单位的军人代表大会代表,这套程序需要重复两次。如果该军级单位还要选举设区的市或自治州人大代表,同样的程序又要多重复一次。这种制度设计,操作过于繁琐,选举成本过高,部队普遍建议加以改进。为此,修正案草案中明确规定:"军人代表大会每届任期五年"。这样规定,既符合《全国人民代表大会和地方各级人民代表大会选举法》关于各级人大代表任期制的规定,也能有效解决部队反复自下而上逐级选举的问题。

四、关于军队人大代表的辞职

根据现行《选举办法》,接受军队各级人大代表的辞职,必须召开军人代表大会进行表决。新形势下,随着军队使命任务不断拓展,部队执行多样化军事任务日益频繁,有的长期处于动态和分散状态,通过召开军人代表大会接受代表辞职在很多情况下难以操作。而从近年来的实际情况看,办理接受军队个别代表辞职手续的时效性很强。为解决这一矛盾,修正案草案在保留现行《选举办法》关于接受代表辞职规定的基础上,又作了补充规定:"因执行任务等原因无法召开军人代表大会的,团级以上单位的选举委员会可以接受各该级选出的设区的市、自治州、省、自治区、直辖市和全国人民代表大会代表辞职。选举委员会接受人民代表大会代表辞职后,应当及时通报选举产生该代表的军人代表大会的代表。"这样规定,既符合《全国人民代表大会和地方各级人民代表大会选举法》关于接受代表辞职的有关原则,又能有效解决及时办理个别军队人大代表辞职手续问题。

此外，根据《全国人民代表大会和地方各级人民代表大会选举法》的有关规定，修正案草案还对军队人大代表候选人提名、选举程序等内容作了相应补充，对个别章名和条款的文字表述作了相应修改。

《中国人民解放军选举全国人民代表大会和县级以上地方各级人民代表大会代表的办法修正案（草案）》和以上说明是否妥当，请审议。

全国人民代表大会法律委员会关于《中国人民解放军选举全国人民代表大会和县级以上地方各级人民代表大会代表的办法修正案（草案）》审议结果的报告

——2012年6月30日在第十一届全国人民代表大会常务委员会第二十七次会议上

全国人民代表大会常务委员会：

本次常委会会议于6月26日下午对《中国人民解放军选举全国人民代表大会和县级以上地方各级人民代表大会代表的办法》（以下简称解放军选举办法）修正案草案进行了分组审议。常委会组成人员普遍认为，根据宪法和选举法，结合军队的实际情况，对解放军选举办法进行修改是必要的。修正案草案已经比较成熟，建议进一步修改后，提请本次会议表决通过。同时，有些常委委员还提出了一些修改意见。法律委员会于6月28日上午召开会议，逐条研究了常委会组成人员的审议意见，对修正案草案进行了审议。解放军总政治部、中央军委法制局有关负责同志列席了会议。法律委员会认为，修正案草案是可行的，同时提出以下修改意见：

一、解放军选举办法第十条规定了团级以上单位的选举委员会的职责。有的常委委员提出，确定选举结果是否有效和公布当选代表名单，是选举委员会主持选举的重要职责，建议予以补充。法律委员会经同解放军总政治部、中央军委法制局研究，赞同这一意见，建议在该条增加一项，作为第五项：“确定选举结果是否有效，公布当选的人民代表大会代表名单”。

二、解放军选举办法第三十七条和修正案草案第十三条规定了人民解放军选出的县级以上各级人大代表的辞职程序。有的常委委员建议根据选举法的规定，对军队选出的代表的辞职程序进行细化。法律委员会经同解放军总政治部、中央军委法制局研究，赞同这一意见，建议在第三十七条增加规定：“接受辞职，须经军人代表大会或者军人大会全体人员的过半数通过”，并将修正案草案第十三条中的“选举委员会接受人民代表大会代表辞职后，应当及时通报选举产生该代表的军人代表大会的代表”修改为：“选举委员会接受人民代表大会代表辞职后，应当及时通报选举产生该代表的军人代表大会的代表，并报送各该级人民代表大会常务委员会和军队上一级选举委员会备案。”

此外，根据常委委员的审议意见，还对修正案草案作了个别文字修改。

法律委员会已按上述意见提出了全国人民代表大会常务委员会关于修改《中国人民解放军选举全国人民代表大会和县级以上地方各级人民代表大会代表的办法》的决定草案建议表决稿，建议本次常委会会议通过。

修改决定草案建议表决稿和以上报告是否妥当，请审议。

全国人民代表大会法律委员会

2012年6月30日

中华人民共和国主席令

第五十九号

《全国人民代表大会常务委员会关于修改〈中华人民共和国民事诉讼法〉的决定》已由中华人民共和国第十一届全国人民代表大会常务委员会第二十八次会议于2012年8月31日通过，现予公布，自2013年1月1日起施行。

中华人民共和国主席　胡锦涛

2012年8月31日

全国人民代表大会常务委员会关于修改《中华人民共和国民事诉讼法》的决定

（2012年8月31日第十一届全国人民代表大会常务委员会第二十八次会议通过）

第十一届全国人民代表大会常务委员会第二十八次会议决定对《中华人民共和国民事诉讼法》作如下修改：

一、第十三条增加一款，作为第一款："民事诉讼应当遵循诚实信用原则。"

二、将第十四条修改为："人民检察院有权对民事诉讼实行法律监督。"

三、删去第十六条。

四、将第二十五条改为第三十四条，修改为："合同或者其他财产权益纠纷的当事人可以书面协议选择被告住所地、合同履行地、合同签订地、原告住所地、标的物所在地等与争议有实际联系的地点的人民法院管辖，但不得违反本法对级别管辖和专属管辖的规定。"

五、增加一条，作为第二十六条："因公司设立、确认股东资格、分配利润、解散等纠纷提起的诉讼，由公司住所地人民法院管辖。"

六、将第三十八条改为第一百二十七条，增加一款，作为第二款："当事人未提出管辖异议，并应诉答辩的，视为受诉人民法院有管辖权，但违反级别管辖和专属管辖规定的除外。"

七、将第三十九条改为第三十八条，第一款修改为："上级人民法院有权审理下级人民法院管辖的第一审民事案件；确有必要将本院管辖的第一审民事案件交下级人民法院审理的，应当报请其上级人民法院批准。"

八、将第四十五条改为第四十四条，修改为："审判人员有下列情形之一的，应当自行回避，当事人有权用口头或者书面方式申请他们回避：

"（一）是本案当事人或者当事人、诉讼代理人近亲属的；

"（二）与本案有利害关系的；

"（三）与本案当事人、诉讼代理人有其他关系，可能影响对案件公正审理的。

"审判人员接受当事人、诉讼代理人请客送礼，或者违反规定会见当事人、诉讼代理人的，当事人有权要求他们回避。

"审判人员有前款规定的行为的，应当依法追究法律责任。

"前三款规定，适用于书记员、翻译人员、鉴定人、勘验人。"

九、增加一条，作为第五十五条："对污染环境、侵害众多消费者合法权益等损害社会公共利益的行为，法律规定的机关和有关组织可以向人民法院提起诉讼。"

十、第五十六条增加一款，作为第三款："前两款规定的第三人，因不能归责于本人的事由未参加诉讼，但有证据证明发生法律效力的判决、裁定、调解书的部分或者全部内容错误，损害其民事权益的，可以自知道或者应当知道其民事权益受到损害之日起六个月内，向作出该判决、裁定、调解书的人民法院提起诉讼。人民法院经审理，诉讼请求成立的，应当改变或者撤销原判决、裁定、调解书；诉讼请求不成立的，驳回诉讼请求。”

十一、将第五十八条第二款修改为：“下列人员可以被委托为诉讼代理人：

“（一）律师、基层法律服务工作者；

“（二）当事人的近亲属或者工作人员；

“（三）当事人所在社区、单位以及有关社会团体推荐的公民。”

十二、将第六十三条修改为：“证据包括：

“（一）当事人的陈述；

“（二）书证；

“（三）物证；

“（四）视听资料；

“（五）电子数据；

“（六）证人证言；

“（七）鉴定意见；

“（八）勘验笔录。

“证据必须查证属实，才能作为认定事实的根据。”

相应地将第一百二十四条、第一百七十一条中的“鉴定结论”修改为“鉴定意见”。

十三、增加二条，作为第六十五条、第六十六条：

“第六十五条　当事人对自己提出的主张应当及时提供证据。

“人民法院根据当事人的主张和案件审理情况，确定当事人应当提供的证据及其期限。当事人在该期限内提供证据确有困难的，可以向人民法院申请延长期限，人民法院根据当事人的申请适当延长。当事人逾期提供证据的，人民法院应当责令其说明理由；拒不说明理由或者理由不成立的，人民法院根据不同情形可以不予采纳该证据，或者采纳该证据但予以训诫、罚款。

“第六十六条　人民法院收到当事人提交的证据材料，应当出具收据，写明证据名称、页数、份数、原件或者复印件以及收到时间等，并由经办人员签名或者盖章。”

十四、将第六十七条改为第六十九条，修改为：“经过法定程序公证证明的法律事实和文书，人民法院应当作为认定事实的根据，但有相反证据足以推翻公证证明的除外。”

十五、将第七十条改为三条，作为第七十二条、第七十三条、第七十四条，修改为：

“第七十二条　凡是知道案件情况的单位和个人，都有义务出庭作证。有关单位的负责人应当支持证人作证。

“不能正确表达意思的人，不能作证。

“第七十三条　经人民法院通知，证人应当出庭作证。有下列情形之一的，经人民法院许可，可以通过书面证言、视听传输技术或者视听资料等方式作证：

“（一）因健康原因不能出庭的；

“（二）因路途遥远，交通不便不能出庭的；

“（三）因自然灾害等不可抗力不能出庭的；

“（四）其他有正当理由不能出庭的。

“第七十四条　证人因履行出庭作证义务而支出的交通、住宿、就餐等必要费用以及误工损失，由败诉一方当事人负担。当事人申请证人作证的，由该当事人先行垫付；当事人没有申请，人民法院通知证人作证的，由人民法院先行垫付。”

相应地将第六十二条中的“意志”修改为“意思”。

十六、将第七十二条改为三条，作为第七十六条、第七十七条、第七十八条，修改为：

“第七十六条　当事人可以就查明事实的专门性问题向人民法院申请鉴定。当事人申请鉴定的，由双方当事人协商确定具备资格的鉴定人；协商不成的，由人民法院指定。

“当事人未申请鉴定，人民法院对专门性问题认为需要鉴定的，应当委托具备资格的鉴定人进行鉴定。

“第七十七条　鉴定人有权了解进行鉴定所需要的案件材料，必要时可以询问当事人、证人。

“鉴定人应当提出书面鉴定意见，在鉴定书上签名或者盖章。

“第七十八条　当事人对鉴定意见有异议或者人民法院认为鉴定人有必要出庭的，鉴定人应当出庭作证。经人民法院通知，鉴定人拒不出庭作证的，鉴定意见不得作为认定事实的根据；支付鉴定费用的当事人可以要求返还鉴定费用。”

增加一条，作为第七十九条：“当事人可以申请人民法院通知有专门知识的人出庭，就鉴定人作出的鉴定意见或者专业问题提出意见。”

十七、将第七十四条改为第八十一条，修改为：“在证据可能灭失或者以后难以取得的情况下，当事人可以在诉讼过程中向人民法院申请保全证据，人民法院也可以主动采取保全措施。

“因情况紧急，在证据可能灭失或者以后难以取得的情况下，利害关系人可以在提起诉讼或者申请仲裁前向证据所在地、被申请人住所地或者对案件有管辖权的人民法院申请保全证据。

“证据保全的其他程序，参照适用本法第九章保全的有关规定。”

十八、将第七十九条改为第八十六条，修改为：“受送达人或者他的同住成年家属拒绝接收诉讼文书的，送达人可以邀请有关基层组织或者所在单位的代表到场，说明情况，在送达回证上记明拒收事由和日期，由送达人、见证人签名或者盖章，把诉讼文书留在受送达人的住所；也可以把诉讼文书留在受送达人的住所，并采用拍照、录像等方式记录送达过程，即视为送达。”

增加一条，作为第八十七条：“经受送达人同意，人民法院可以采用传真、电子邮件等能够确认其收悉的方式送达诉讼文书，但判决书、裁定书、调解书除外。

“采用前款方式送达的，以传真、电子邮件等到达受送达人特定系统的日期为送达日期。”

十九、将第八十二条改为第九十条，修改为：“受送达人被监禁的，通过其所在监所转交。

“受送达人被采取强制性教育措施的，通过其所在强制性教育机构转交。”

相应地将第二十三条第三项修改为：“（三）对被采取强制性教育措施的人提起的诉讼”。

二十、将第九章的章名、第九十六条、第九十九条、第一百四十条、第二百五十六条中的“财产保全”修改为“保全”。

二十一、将第九十二条改为第一百条，修改为：“人民法院对于可能因当事人一方的行为或者其他原因，使判决难以执行或者造成当事人其他损害的案件，根据对方当事人的申请，可以裁定对其财产进行保全、责令其作出一定行为或者禁止其作出一定行为；当事人没有提出申请的，人民法院在必要时也可以裁定采取保全措施。

“人民法院采取保全措施，可以责令申请人提供担保，申请人不提供担保的，裁定驳回申请。

“人民法院接受申请后，对情况紧急的，必须在四十八小时内作出裁定；裁定采取保全措施的，应当立即开始执行。”

二十二、将第九十三条改为第一百零一条，修改为：“利害关系人因情况紧急，不立即申请保全将会使其合法权益受到难以弥补的损害的，可以在提起诉讼或者申请仲裁前向被保全财产所在地、被申请人住所地或者对案件有管辖权的人民法院申请采取保全措施。申请人应当提供担保，不提供担保的，裁定驳回申请。

“人民法院接受申请后，必须在四十八小时内作出裁定；裁定采取保全措施的，应当立即开始执行。

“申请人在人民法院采取保全措施后三十日内不依法提起诉讼或者申请仲裁的，人民法院应当解除保全。”

二十三、将第九十四条改为二条，作为第一百零二条、第一百零三条，修改为：

“第一百零二条　保全限于请求的范围，或者与本案有关的财物。

“第一百零三条　财产保全采取查封、扣押、冻结或者法律规定的其他方法。人民法院保全财产后，应当立即通知被保全财产的人。

“财产已被查封、冻结的，不得重复查封、冻结。”

将第九十五条改为第一百零四条，修改为：“财产纠纷案件，被申请人提供担保的，人民法院应当裁定解除保全。”

二十四、增加二条，作为第一百一十二条、第一百一十三条：

“第一百一十二条　当事人之间恶意串通，企图通过诉讼、调解等方式侵害他人合法权益的，人民法院应当驳回其请求，并根据情节轻重予以罚款、拘留；构成犯罪的，依法追究刑事责任。

“第一百一十三条　被执行人与他人恶意串通，通过诉讼、仲裁、调解等方式逃避履行法律文书确定的义务的，人民法院应当根据情节轻重予以罚款、拘留；构成犯罪的，依法追究刑事责任。”

二十五、将第一百零三条改为第一百一十四条，第一款第二项修改为：“（二）有关单位接到人民法院协助执行通知书后，拒不协助查询、扣押、冻结、划拨、变价财产的”。

将第一百零四条改为第一百一十五条，第一款修改为：“对个人的罚款金额，为人民币十万元以下。对单位的罚款金额，为人民币五万元以上一百万元以下。”

二十六、将第一百一十条改为第一百二十一条，第一项改为二项，作为第一项、第二项，修改为：

“（一）原告的姓名、性别、年龄、民族、职业、工作单位、住所、联系方式，法人或者其他组织的名称、住所和法定代表人或者主要负责人的姓名、职务、联系方式；

“（二）被告的姓名、性别、工作单位、住所等信息，法人或者其他组织的名称、住所等信息”。

将第一百一十三条改为第一百二十五条，修改为：“人民法院应当在立案之日起五日内将起诉状副本发送被告，被告应当在收到之日起十五日内提出答辩状。答辩状应当记明被告的姓名、性别、年龄、民族、职业、工作单位、住所、联系方式；法人或者其他组织的名称、住所和法定代表人或者主要负责人的姓名、职务、联系方式。人民法院应当在收到答辩状之日起五日内将答辩状副本发送原告。

“被告不提出答辩状的，不影响人民法院审理。”

二十七、增加一条，作为第一百二十二条：“当事人起诉到人民法院的民事纠纷，适宜调解的，先行调解，但当事人拒绝调解的除外。”

二十八、将第一百一十一条改为第一百二十四条，其中的“人民法院对符合本法第一百零八条的起诉，必须受理；对下列起诉，分别情形，予以处理：”修改为：“人民法院对下列起诉，分别情形，予以处理：”。

第二项修改为：“（二）依照法律规定，双方当事人达成书面仲裁协议申请仲裁、不得向人民法院起诉的，告知原告向仲裁机构申请仲裁”。

第五项修改为：“（五）对判决、裁定、调解书已经发生法律效力的案件，当事人又起诉的，告知原告申请再审，但人民法院准许撤诉的裁定除外”。

二十九、将第一百一十二条改为第一百二十三条，修改为：“人民法院应当保障当事人依照法律规定享有的起诉权利。对符合本法第一百一十九条的起诉，必须受理。符合起诉条件的，应当在七日内立案，并通知当事人；不符合起诉条件的，应当在七日内作出裁定书，不予受理；原告对裁定不服的，可以提起上诉。”

三十、增加一条，作为第一百三十三条：“人民法院对受理的案件，分别情形，予以处理：

“（一）当事人没有争议，符合督促程序规定条件的，可以转入督促程序；

“（二）开庭前可以调解的，采取调解方式及时解决纠纷；

“（三）根据案件情况，确定适用简易程序或者普通程序；

“（四）需要开庭审理的，通过要求当事人交换证据等方式，明确争议焦点。”

三十一、将第一百二十四条改为第一百三十八条，第三项修改为：“（三）出示书证、物证、视听资料和电子数据”。

三十二、将第一百三十八条改为第一百五十二条，第一款中的“判决书应当写明：”修改为：“判决书应当写明判决结果和作出该判决的理由。判决书内容包括：”。

第一款第二项修改为：“（二）判决认定的事实和理由、适用的法律和理由”。

三十三、将第一百四十条改为第一百五十四条，第一款第九项修改为：“（九）撤销或者不予执行仲裁裁决”。

第二款修改为：“对前款第一项至第三项裁定，可以上诉。”

第三款修改为：“裁定书应当写明裁定结果和作出该裁定的理由。裁定书由审判人员、书记员署名，加盖人民法院印章。口头裁定的，记入笔录。”

三十四、增加一条，作为第一百五十六条：“公众可以查阅发生法律效力的判决书、裁定书，但涉及国家秘密、商业秘密和个人隐私的内容除外。”

三十五、将第一百四十二条改为第一百五十七条，增加一款，作为第二款：“基层人民法院和它派出的法庭审理前款规定以外的民事案件，当事人双方也可以约定适用简易程序。”

三十六、将第一百四十四条改为第一百五十九条，修改为：“基层人民法院和它派出的法庭审理简单的民事案件，可以用简便方式传唤当事人和证人、送达诉讼文书、审理案件，但应当保障当事人陈述意见的权利。”

三十七、增加一条，作为第一百六十二条：“基层人民法院和它派出的法庭审理符合本法第一百五十七条第一款规定的简单的民事案件，标的额为各省、自治区、直辖市上年度就业人员年平均工资百分之三十以下的，实行一审终审。”

三十八、增加一条，作为第一百六十三条：“人民法院在审理过程中，发现案件不宜适用简易程序的，裁定转为普通程序。”

三十九、将第一百五十二条改为第一百六十九条，第一款修改为：“第二审人民法院对上诉案件，应当组成合议庭，开庭审理。经过阅卷、调查和询问当事人，对没有提出新的事实、证据或者理由，合议庭认为不需要开庭审理的，可以不开庭审理。”

四十、将第一百五十三条改为第一百七十条，修改为：“第二审人民法院对上诉案件，经过审理，按照下列情形，分别处理：

“（一）原判决、裁定认定事实清楚，适用法律正确的，以判决、裁定方式驳回上诉，维持原判决、裁定；

“（二）原判决、裁定认定事实错误或者适用法律错误的，以判决、裁定方式依法改判、撤销或者变更；

“(三)原判决认定基本事实不清的,裁定撤销原判决,发回原审人民法院重审,或者查清事实后改判;

“(四)原判决遗漏当事人或者违法缺席判决等严重违反法定程序的,裁定撤销原判决,发回原审人民法院重审。

“原审人民法院对发回重审的案件作出判决后,当事人提起上诉的,第二审人民法院不得再次发回重审。”

四十一、将第一百六十条改为第一百七十七条,修改为:“人民法院审理选民资格案件、宣告失踪或者宣告死亡案件、认定公民无民事行为能力或者限制民事行为能力案件、认定财产无主案件、确认调解协议案件和实现担保物权案件,适用本章规定。本章没有规定的,适用本法和其他法律的有关规定。”

四十二、在第十五章第五节后增加二节,作为第六节、第七节:

“第六节　确认调解协议案件

“第一百九十四条　申请司法确认调解协议,由双方当事人依照人民调解法等法律,自调解协议生效之日起三十日内,共同向调解组织所在地基层人民法院提出。

“第一百九十五条　人民法院受理申请后,经审查,符合法律规定的,裁定调解协议有效,一方当事人拒绝履行或者未全部履行的,对方当事人可以向人民法院申请执行;不符合法律规定的,裁定驳回申请,当事人可以通过调解方式变更原调解协议或者达成新的调解协议,也可以向人民法院提起诉讼。

“第七节　实现担保物权案件

“第一百九十六条　申请实现担保物权,由担保物权人以及其他有权请求实现担保物权的人依照物权法等法律,向担保财产所在地或者担保物权登记地基层人民法院提出。

“第一百九十七条　人民法院受理申请后,经审查,符合法律规定的,裁定拍卖、变卖担保财产,当事人依据该裁定可以向人民法院申请执行;不符合法律规定的,裁定驳回申请,当事人可以向人民法院提起诉讼。”

四十三、将第一百七十八条改为第一百九十九条,修改为:“当事人对已经发生法律效力的判决、裁定,认为有错误的,可以向上一级人民法院申请再审;当事人一方人数众多或者当事人双方为公民的案件,也可以向原审人民法院申请再审。当事人申请再审的,不停止判决、裁定的执行。”

四十四、将第一百七十九条改为第二百条,第一款第五项修改为:“(五)对审理案件需要的主要证据,当事人因客观原因不能自行收集,书面申请人民法院调查收集,人民法院未调查收集的”。

删去第一款第七项。

将第二款作为第十三项,修改为:“(十三)审判人员审理该案件时有贪污受贿,徇私舞弊,枉法裁判行为的。”

四十五、将第一百八十一条改为第二百零四条,修改为:“人民法院应当自收到再审申请书之日起三个月内审查,符合本法规定的,裁定再审;不符合本法规定的,裁定驳回申请。有特殊情况需要延长的,由本院院长批准。

“因当事人申请裁定再审的案件由中级人民法院以上的人民法院审理,但当事人依照本法第一百九十九条的规定选择向基层人民法院申请再审的除外。最高人民法院、高级人民法院裁定再审的案件,由本院再审或者交其他人民法院再审,也可以交原审人民法院再审。”

四十六、将第一百八十二条改为第二百零一条。将第一百七十七条、第一百八十三条、第一百八十五条、第一百八十九条改为第一百九十八条、第二百零二条、第二百零六条、第二百一十二条,修改为:

“第一百九十八条　各级人民法院院长对本院已经发生法律效力的判决、裁定、调解书,发现确有错误,认为需要再审的,应当提交审判委员会讨论决定。

“最高人民法院对地方各级人民法院已经发生法律效力的判决、裁定、调解书,上级人民法院对下级人民法院已经发生法律效力的判决、裁定、调解书,发现确有错误的,有权提审或者指令下级人民法院再审。

“第二百零二条　当事人对已经发生法律效力的解除婚姻关系的判决、调解书,不得申请再审。

“第二百零六条　按照审判监督程序决定再审的案件,裁定中止原判决、裁定、调解书的执行,但追索赡养费、扶养费、抚育费、抚恤金、医疗费用、劳动报酬等案件,可以不中止执行。

“第二百一十二条　人民检察院决定对人民法院的判决、裁定、调解书提出抗诉的,应当制作抗诉书。”

四十七、将第一百八十四条改为第二百零五条,修改为:“当事人申请再审,应当在判决、裁定发生法律效力后六个月内提出；有本法第二百条第一项、第三项、第十二项、第十三项规定情形的，自知道或者应当知道之日起六个月内提出。”

四十八、将第一百八十七条改为第二百零八条，修改为：“最高人民检察院对各级人民法院已经发生法律效力的判决、裁定，上级人民检察院对下级人民法院已经发生法律效力的判决、裁定，发现有本法第二百条规定情形之一的，或者发现调解书损害国家利益、社会公共利益的，应当提出抗诉。

“地方各级人民检察院对同级人民法院已经发生法律效力的判决、裁定，发现有本法第二百条规定情形之一的，或者发现调解书损害国家利益、社会公共利益的，可以向同级人民法院提出检察建议，并报上级人民检察院备案；也可以提请上级人民检察院向同级人民法院提出抗诉。

“各级人民检察院对审判监督程序以外的其他审判程序中审判人员的违法行为，有权向同级人民法院提出检察建议。”

四十九、增加二条，作为第二百零九条、第二百一十条：

“第二百零九条　有下列情形之一的，当事人可以向人民检察院申请检察建议或者抗诉：

“（一）人民法院驳回再审申请的；

“（二）人民法院逾期未对再审申请作出裁定的；

“（三）再审判决、裁定有明显错误的。

“人民检察院对当事人的申请应当在三个月内进行审查，作出提出或者不予提出检察建议或者抗诉的决定。当事人不得再次向人民检察院申请检察建议或者抗诉。

“第二百一十条　人民检察院因履行法律监督职责提出检察建议或者抗诉的需要，可以向当事人或者案外人调查核实有关情况。”

五十、将第一百八十八条改为第二百一十一条，修改为：“人民检察院提出抗诉的案件，接受抗诉的人民法院应当自收到抗诉书之日起三十日内作出再审的裁定；有本法第二百条第一项至第五项规定情形之一的，可以交下一级人民法院再审，但经该下一级人民法院再审的除外。”

五十一、将第一百九十四条改为第二百一十七条，修改为：“人民法院收到债务人提出的书面异议后，经审查，异议成立的，应当裁定终结督促程序，支付令自行失效。

“支付令失效的，转入诉讼程序，但申请支付令的一方当事人不同意提起诉讼的除外。”

五十二、将第二百零七条改为第二百三十条，第二款修改为：“申请执行人因受欺诈、胁迫与被执行人达成和解协议，或者当事人不履行和解协议的，人民法院可以根据当事人的申请，恢复对原生效法律文书的执行。”

五十三、增加一条，作为第二百三十五条：“人民检察院有权对民事执行活动实行法律监督。”

五十四、将第二百一十三条改为第二百三十七条，第二款第四项、第五项修改为：

“（四）裁决所根据的证据是伪造的；

“（五）对方当事人向仲裁机构隐瞒了足以影响公正裁决的证据的”。

五十五、将第二百一十六条改为第二百四十条，修改为：“执行员接到申请执行书或者移交执行书，应当向被执行人发出执行通知，并可以立即采取强制执行措施。”

五十六、将第二百一十八条改为第二百四十二条，修改为：“被执行人未按执行通知履行法律文书确定的义务，人民法院有权向有关单位查询被执行人的存款、债券、股票、基金份额等财产情况。人民法院有权根据不同情形扣押、冻结、划拨、变价被执行人的财产。人民法院查询、扣押、冻结、划拨、变价的财产不得超出被执行人应当履行义务的范围。

“人民法院决定扣押、冻结、划拨、变价财产，应当作出裁定，并发出协助执行通知书，有关单位必须办理。”

五十七、将第二百二十三条改为第二百四十七条，修改为：“财产被查封、扣押后，执行员应当责令被执行人在指定期间履行法律文书确定的义务。被执行人逾期不履行的，人民法院应当拍卖被查封、扣押的财产；不适于拍卖或者当事人双方同意不进行拍卖的，人民法院可以委托有关单位变卖或者自行变卖。国家禁止自由买卖的物品，交有关单位按照国家规定的价格收购。”

五十八、删去第二百四十二条、第二百四十三条。

五十九、将第二百四十五条改为第二百六十七条，第六项修改为：“（六）受送达人所在国的法律允许邮寄送达的，可以邮寄送达，自邮寄之日起满三个月，送达回证没有退回，但根据各种情况足以认定已经送达的，期间届满之日视为送达”。

增加一项，作为第七项：“（七）采用传真、电子邮件等能够确认受送达人收悉的方式送达”。

第七项改为第八项，修改为：“（八）不能用上述方式送达的，公告送达，自公告之日起满三个月，即视为送达。”

六十、删去第二十六章“财产保全”。

民事诉讼法的有关章节序号及条文序号根据本决定作相应调整。

本决定自 2013 年 1 月 1 日起施行。

《中华人民共和国民事诉讼法》根据本决定作相应修改，重新公布。

中华人民共和国民事诉讼法

（1991 年 4 月 9 日第七届全国人民代表大会第四次会议通过　根据 2007 年 10 月 28 日第十届全国人民代表大会常务委员会第三十次会议《关于修改〈中华人民共和国民事诉讼法〉的决定》第一次修正　根据 2012 年 8 月 31 日第十一届全国人民代表大会常务委员会第二十八次会议《关于修改〈中华人民共和国民事诉讼法〉的决定》第二次修正）

目　录

第一编　总　则

第一章　任务、适用范围和基本原则

第一条　中华人民共和国民事诉讼法以宪法为根据，结合我国民事审判工作的经验和实际情况制定。

第二条　中华人民共和国民事诉讼法的任务，

是保护当事人行使诉讼权利，保证人民法院查明事实，分清是非，正确适用法律，及时审理民事案件，确认民事权利义务关系，制裁民事违法行为，保护当事人的合法权益，教育公民自觉遵守法律，维护社会秩序、经济秩序，保障社会主义建设事业顺利进行。

第三条　人民法院受理公民之间、法人之间、其他组织之间以及他们相互之间因财产关系和人身关系提起的民事诉讼，适用本法的规定。

第四条　凡在中华人民共和国领域内进行民事诉讼，必须遵守本法。

第五条　外国人、无国籍人、外国企业和组织在人民法院起诉、应诉，同中华人民共和国公民、法人和其他组织有同等的诉讼权利义务。

外国法院对中华人民共和国公民、法人和其他组织的民事诉讼权利加以限制的，中华人民共和国人民法院对该国公民、企业和组织的民事诉讼权利，实行对等原则。

第六条　民事案件的审判权由人民法院行使。

人民法院依照法律规定对民事案件独立进行审判，不受行政机关、社会团体和个人的干涉。

第七条　人民法院审理民事案件，必须以事实为根据，以法律为准绳。

第八条　民事诉讼当事人有平等的诉讼权利。人民法院审理民事案件，应当保障和便利当事人行使诉讼权利，对当事人在适用法律上一律平等。

第九条　人民法院审理民事案件，应当根据自愿和合法的原则进行调解；调解不成的，应当及时判决。

第十条　人民法院审理民事案件，依照法律规定实行合议、回避、公开审判和两审终审制度。

第十一条　各民族公民都有用本民族语言、文字进行民事诉讼的权利。

在少数民族聚居或者多民族共同居住的地区，人民法院应当用当地民族通用的语言、文字进行审理和发布法律文书。

人民法院应当对不通晓当地民族通用的语言、文字的诉讼参与人提供翻译。

第十二条　人民法院审理民事案件时，当事人有权进行辩论。

第十三条　民事诉讼应当遵循诚实信用原则。

当事人有权在法律规定的范围内处分自己的民事权利和诉讼权利。

第十四条　人民检察院有权对民事诉讼实行法律监督。

第十五条　机关、社会团体、企业事业单位对损害国家、集体或者个人民事权益的行为，可以支持受损害的单位或者个人向人民法院起诉。

第十六条　民族自治地方的人民代表大会根据宪法和本法的原则，结合当地民族的具体情况，可以制定变通或者补充的规定。自治区的规定，报全国人民代表大会常务委员会批准。自治州、自治县的规定，报省或者自治区的人民代表大会常务委员会批准，并报全国人民代表大会常务委员会备案。

第二章　管　辖

第一节　级别管辖

第十七条　基层人民法院管辖第一审民事案件，但本法另有规定的除外。

第十八条　中级人民法院管辖下列第一审民事案件：

（一）重大涉外案件；

（二）在本辖区有重大影响的案件；

（三）最高人民法院确定由中级人民法院管辖的案件。

第十九条　高级人民法院管辖在本辖区有重大影响的第一审民事案件。

第二十条　最高人民法院管辖下列第一审民事案件：

（一）在全国有重大影响的案件；

（二）认为应当由本院审理的案件。

第二节　地域管辖

第二十一条　对公民提起的民事诉讼，由被告住所地人民法院管辖；被告住所地与经常居住地不一致的，由经常居住地人民法院管辖。

对法人或者其他组织提起的民事诉讼，由被告住所地人民法院管辖。

同一诉讼的几个被告住所地、经常居住地在两个以上人民法院辖区的，各该人民法院都有管辖权。

第二十二条　下列民事诉讼，由原告住所地人民法院管辖；原告住所地与经常居住地不一致的，由原告经常居住地人民法院管辖：

（一）对不在中华人民共和国领域内居住的人提起的有关身份关系的诉讼；

（二）对下落不明或者宣告失踪的人提起的有

关身份关系的诉讼；

(三)对被采取强制性教育措施的人提起的诉讼；

(四)对被监禁的人提起的诉讼。

第二十三条 因合同纠纷提起的诉讼，由被告住所地或者合同履行地人民法院管辖。

第二十四条 因保险合同纠纷提起的诉讼，由被告住所地或者保险标的物所在地人民法院管辖。

第二十五条 因票据纠纷提起的诉讼，由票据支付地或者被告住所地人民法院管辖。

第二十六条 因公司设立、确认股东资格、分配利润、解散等纠纷提起的诉讼，由公司住所地人民法院管辖。

第二十七条 因铁路、公路、水上、航空运输和联合运输合同纠纷提起的诉讼，由运输始发地、目的地或者被告住所地人民法院管辖。

第二十八条 因侵权行为提起的诉讼，由侵权行为地或者被告住所地人民法院管辖。

第二十九条 因铁路、公路、水上和航空事故请求损害赔偿提起的诉讼，由事故发生地或者车辆、船舶最先到达地、航空器最先降落地或者被告住所地人民法院管辖。

第三十条 因船舶碰撞或者其他海事损害事故请求损害赔偿提起的诉讼，由碰撞发生地、碰撞船舶最先到达地、加害船舶被扣留地或者被告住所地人民法院管辖。

第三十一条 因海难救助费用提起的诉讼，由救助地或者被救助船舶最先到达地人民法院管辖。

第三十二条 因共同海损提起的诉讼，由船舶最先到达地、共同海损理算地或者航程终止地的人民法院管辖。

第三十三条 下列案件，由本条规定的人民法院专属管辖：

(一)因不动产纠纷提起的诉讼，由不动产所在地人民法院管辖；

(二)因港口作业中发生纠纷提起的诉讼，由港口所在地人民法院管辖；

(三)因继承遗产纠纷提起的诉讼，由被继承人死亡时住所地或者主要遗产所在地人民法院管辖。

第三十四条 合同或者其他财产权益纠纷的当事人可以书面协议选择被告住所地、合同履行地、合同签订地、原告住所地、标的物所在地等与争议有实际联系的地点的人民法院管辖，但不得违反本法对级别管辖和专属管辖的规定。

第三十五条 两个以上人民法院都有管辖权的诉讼，原告可以向其中一个人民法院起诉；原告向两个以上有管辖权的人民法院起诉的，由最先立案的人民法院管辖。

第三节 移送管辖和指定管辖

第三十六条 人民法院发现受理的案件不属于本院管辖的，应当移送有管辖权的人民法院，受移送的人民法院应当受理。受移送的人民法院认为受移送的案件依照规定不属于本院管辖的，应当报请上级人民法院指定管辖，不得再自行移送。

第三十七条 有管辖权的人民法院由于特殊原因，不能行使管辖权的，由上级人民法院指定管辖。

人民法院之间因管辖权发生争议，由争议双方协商解决；协商解决不了的，报请它们的共同上级人民法院指定管辖。

第三十八条 上级人民法院有权审理下级人民法院管辖的第一审民事案件；确有必要将本院管辖的第一审民事案件交下级人民法院审理的，应当报请其上级人民法院批准。

下级人民法院对它所管辖的第一审民事案件，认为需要由上级人民法院审理的，可以报请上级人民法院审理。

第三章 审判组织

第三十九条 人民法院审理第一审民事案件，由审判员、陪审员共同组成合议庭或者由审判员组成合议庭。合议庭的成员人数，必须是单数。

适用简易程序审理的民事案件，由审判员一人独任审理。

陪审员在执行陪审职务时，与审判员有同等的权利义务。

第四十条 人民法院审理第二审民事案件，由审判员组成合议庭。合议庭的成员人数，必须是单数。

发回重审的案件，原审人民法院应当按照第一审程序另行组成合议庭。

审理再审案件，原来是第一审的，按照第一审程序另行组成合议庭；原来是第二审的或者是上级人民法院提审的，按照第二审程序另行组成合议庭。

第四十一条 合议庭的审判长由院长或者庭长指定审判员一人担任；院长或者庭长参加审判

的，由院长或者庭长担任。

第四十二条　合议庭评议案件，实行少数服从多数的原则。评议应当制作笔录，由合议庭成员签名。评议中的不同意见，必须如实记入笔录。

第四十三条　审判人员应当依法秉公办案。

审判人员不得接受当事人及其诉讼代理人请客送礼。

审判人员有贪污受贿，徇私舞弊，枉法裁判行为的，应当追究法律责任；构成犯罪的，依法追究刑事责任。

第四章　回　　避

第四十四条　审判人员有下列情形之一的，应当自行回避，当事人有权用口头或者书面方式申请他们回避：

（一）是本案当事人或者当事人、诉讼代理人近亲属的；

（二）与本案有利害关系的；

（三）与本案当事人、诉讼代理人有其他关系，可能影响对案件公正审理的。

审判人员接受当事人、诉讼代理人请客送礼，或者违反规定会见当事人、诉讼代理人的，当事人有权要求他们回避。

审判人员有前款规定的行为的，应当依法追究法律责任。

前三款规定，适用于书记员、翻译人员、鉴定人、勘验人。

第四十五条　当事人提出回避申请，应当说明理由，在案件开始审理时提出；回避事由在案件开始审理后知道的，也可以在法庭辩论终结前提出。

被申请回避的人员在人民法院作出是否回避的决定前，应当暂停参与本案的工作，但案件需要采取紧急措施的除外。

第四十六条　院长担任审判长时的回避，由审判委员会决定；审判人员的回避，由院长决定；其他人员的回避，由审判长决定。

第四十七条　人民法院对当事人提出的回避申请，应当在申请提出的三日内，以口头或者书面形式作出决定。申请人对决定不服的，可以在接到决定时申请复议一次。复议期间，被申请回避的人员，不停止参与本案的工作。人民法院对复议申请，应当在三日内作出复议决定，并通知复议申请人。

第五章　诉讼参加人

第一节　当　事　人

第四十八条　公民、法人和其他组织可以作为民事诉讼的当事人。

法人由其法定代表人进行诉讼。其他组织由其主要负责人进行诉讼。

第四十九条　当事人有权委托代理人，提出回避申请，收集、提供证据，进行辩论，请求调解，提起上诉，申请执行。

当事人可以查阅本案有关材料，并可以复制本案有关材料和法律文书。查阅、复制本案有关材料的范围和办法由最高人民法院规定。

当事人必须依法行使诉讼权利，遵守诉讼秩序，履行发生法律效力的判决书、裁定书和调解书。

第五十条　双方当事人可以自行和解。

第五十一条　原告可以放弃或者变更诉讼请求。被告可以承认或者反驳诉讼请求，有权提起反诉。

第五十二条　当事人一方或者双方为二人以上，其诉讼标的是共同的，或者诉讼标的是同一种类、人民法院认为可以合并审理并经当事人同意的，为共同诉讼。

共同诉讼的一方当事人对诉讼标的有共同权利义务的，其中一人的诉讼行为经其他共同诉讼人承认，对其他共同诉讼人发生效力；对诉讼标的没有共同权利义务的，其中一人的诉讼行为对其他共同诉讼人不发生效力。

第五十三条　当事人一方人数众多的共同诉讼，可以由当事人推选代表人进行诉讼。代表人的诉讼行为对其所代表的当事人发生效力，但代表人变更、放弃诉讼请求或者承认对方当事人的诉讼请求，进行和解，必须经被代表的当事人同意。

第五十四条　诉讼标的是同一种类、当事人一方人数众多在起诉时人数尚未确定的，人民法院可以发出公告，说明案件情况和诉讼请求，通知权利人在一定期间向人民法院登记。

向人民法院登记的权利人可以推选代表人进行诉讼；推选不出代表人的，人民法院可以与参加登记的权利人商定代表人。

代表人的诉讼行为对其所代表的当事人发生效力，但代表人变更、放弃诉讼请求或者承认对方当事人的诉讼请求，进行和解，必须经被代表的当事人同意。

人民法院作出的判决、裁定,对参加登记的全体权利人发生效力。未参加登记的权利人在诉讼时效期间提起诉讼的,适用该判决、裁定。

第五十五条 对污染环境、侵害众多消费者合法权益等损害社会公共利益的行为,法律规定的机关和有关组织可以向人民法院提起诉讼。

第五十六条 对当事人双方的诉讼标的,第三人认为有独立请求权的,有权提起诉讼。

对当事人双方的诉讼标的,第三人虽然没有独立请求权,但案件处理结果同他有法律上的利害关系的,可以申请参加诉讼,或者由人民法院通知他参加诉讼。人民法院判决承担民事责任的第三人,有当事人的诉讼权利义务。

前两款规定的第三人,因不能归责于本人的事由未参加诉讼,但有证据证明发生法律效力的判决、裁定、调解书的部分或者全部内容错误,损害其民事权益的,可以自知道或者应当知道其民事权益受到损害之日起六个月内,向作出该判决、裁定、调解书的人民法院提起诉讼。人民法院经审理,诉讼请求成立的,应当改变或者撤销原判决、裁定、调解书;诉讼请求不成立的,驳回诉讼请求。

第二节 诉讼代理人

第五十七条 无诉讼行为能力人由他的监护人作为法定代理人代为诉讼。法定代理人之间互相推诿代理责任的,由人民法院指定其中一人代为诉讼。

第五十八条 当事人、法定代理人可以委托一至二人作为诉讼代理人。

下列人员可以被委托为诉讼代理人:

(一)律师、基层法律服务工作者;

(二)当事人的近亲属或者工作人员;

(三)当事人所在社区、单位以及有关社会团体推荐的公民。

第五十九条 委托他人代为诉讼,必须向人民法院提交由委托人签名或者盖章的授权委托书。

授权委托书必须记明委托事项和权限。诉讼代理人代为承认、放弃、变更诉讼请求,进行和解,提起反诉或者上诉,必须有委托人的特别授权。

侨居在国外的中华人民共和国公民从国外寄交或者托交的授权委托书,必须经中华人民共和国驻该国的使领馆证明;没有使领馆的,由与中华人民共和国有外交关系的第三国驻该国的使领馆证明,再转由中华人民共和国驻该第三国使领馆证明,或者由当地的爱国华侨团体证明。

第六十条 诉讼代理人的权限如果变更或者解除,当事人应当书面告知人民法院,并由人民法院通知对方当事人。

第六十一条 代理诉讼的律师和其他诉讼代理人有权调查收集证据,可以查阅本案有关材料。查阅本案有关材料的范围和办法由最高人民法院规定。

第六十二条 离婚案件有诉讼代理人的,本人除不能表达意思的以外,仍应出庭;确因特殊情况无法出庭的,必须向人民法院提交书面意见。

第六章 证 据

第六十三条 证据包括:

(一)当事人的陈述;

(二)书证;

(三)物证;

(四)视听资料;

(五)电子数据;

(六)证人证言;

(七)鉴定意见;

(八)勘验笔录。

证据必须查证属实,才能作为认定事实的根据。

第六十四条 当事人对自己提出的主张,有责任提供证据。

当事人及其诉讼代理人因客观原因不能自行收集的证据,或者人民法院认为审理案件需要的证据,人民法院应当调查收集。

人民法院应当按照法定程序,全面地、客观地审查核实证据。

第六十五条 当事人对自己提出的主张应当及时提供证据。

人民法院根据当事人的主张和案件审理情况,确定当事人应当提供的证据及其期限。当事人在该期限内提供证据确有困难的,可以向人民法院申请延长期限,人民法院根据当事人的申请适当延长。当事人逾期提供证据的,人民法院应当责令其说明理由;拒不说明理由或者理由不成立的,人民法院根据不同情形可以不予采纳该证据,或者采纳该证据但予以训诫、罚款。

第六十六条 人民法院收到当事人提交的证据材料,应当出具收据,写明证据名称、页数、份数、原件或者复印件以及收到时间等,并由经办人员签名或者盖章。

第六十七条　人民法院有权向有关单位和个人调查取证，有关单位和个人不得拒绝。

人民法院对有关单位和个人提出的证明文书，应当辨别真伪，审查确定其效力。

第六十八条　证据应当在法庭上出示，并由当事人互相质证。对涉及国家秘密、商业秘密和个人隐私的证据应当保密，需要在法庭出示的，不得在公开开庭时出示。

第六十九条　经过法定程序公证证明的法律事实和文书，人民法院应当作为认定事实的根据，但有相反证据足以推翻公证证明的除外。

第七十条　书证应当提交原件。物证应当提交原物。提交原件或者原物确有困难的，可以提交复制品、照片、副本、节录本。

提交外文书证，必须附有中文译本。

第七十一条　人民法院对视听资料，应当辨别真伪，并结合本案的其他证据，审查确定能否作为认定事实的根据。

第七十二条　凡是知道案件情况的单位和个人，都有义务出庭作证。有关单位的负责人应当支持证人作证。

不能正确表达意思的人，不能作证。

第七十三条　经人民法院通知，证人应当出庭作证。有下列情形之一的，经人民法院许可，可以通过书面证言、视听传输技术或者视听资料等方式作证：

（一）因健康原因不能出庭的；

（二）因路途遥远，交通不便不能出庭的；

（三）因自然灾害等不可抗力不能出庭的；

（四）其他有正当理由不能出庭的。

第七十四条　证人因履行出庭作证义务而支出的交通、住宿、就餐等必要费用以及误工损失，由败诉一方当事人负担。当事人申请证人作证的，由该当事人先行垫付；当事人没有申请，人民法院通知证人作证的，由人民法院先行垫付。

第七十五条　人民法院对当事人的陈述，应当结合本案的其他证据，审查确定能否作为认定事实的根据。

当事人拒绝陈述的，不影响人民法院根据证据认定案件事实。

第七十六条　当事人可以就查明事实的专门性问题向人民法院申请鉴定。当事人申请鉴定的，由双方当事人协商确定具备资格的鉴定人；协商不成的，由人民法院指定。

当事人未申请鉴定，人民法院对专门性问题认为需要鉴定的，应当委托具备资格的鉴定人进行鉴定。

第七十七条　鉴定人有权了解进行鉴定所需要的案件材料，必要时可以询问当事人、证人。

鉴定人应当提出书面鉴定意见，在鉴定书上签名或者盖章。

第七十八条　当事人对鉴定意见有异议或者人民法院认为鉴定人有必要出庭的，鉴定人应当出庭作证。经人民法院通知，鉴定人拒不出庭作证的，鉴定意见不得作为认定事实的根据；支付鉴定费用的当事人可以要求返还鉴定费用。

第七十九条　当事人可以申请人民法院通知有专门知识的人出庭，就鉴定人作出的鉴定意见或者专业问题提出意见。

第八十条　勘验物证或者现场，勘验人必须出示人民法院的证件，并邀请当地基层组织或者当事人所在单位派人参加。当事人或者当事人的成年家属应当到场，拒不到场的，不影响勘验的进行。

有关单位和个人根据人民法院的通知，有义务保护现场，协助勘验工作。

勘验人应当将勘验情况和结果制作笔录，由勘验人、当事人和被邀参加人签名或者盖章。

第八十一条　在证据可能灭失或者以后难以取得的情况下，当事人可以在诉讼过程中向人民法院申请保全证据，人民法院也可以主动采取保全措施。

因情况紧急，在证据可能灭失或者以后难以取得的情况下，利害关系人可以在提起诉讼或者申请仲裁前向证据所在地、被申请人住所地或者对案件有管辖权的人民法院申请保全证据。

证据保全的其他程序，参照适用本法第九章保全的有关规定。

第七章　期间、送达

第一节　期　　间

第八十二条　期间包括法定期间和人民法院指定的期间。

期间以时、日、月、年计算。期间开始的时和日，不计算在期间内。

期间届满的最后一日是节假日的，以节假日后的第一日为期间届满的日期。

期间不包括在途时间，诉讼文书在期满前交邮的，不算过期。

第八十三条 当事人因不可抗拒的事由或者其他正当理由耽误期限的，在障碍消除后的十日内，可以申请顺延期限，是否准许，由人民法院决定。

第二节 送 达

第八十四条 送达诉讼文书必须有送达回证，由受送达人在送达回证上记明收到日期，签名或者盖章。

受送达人在送达回证上的签收日期为送达日期。

第八十五条 送达诉讼文书，应当直接送交受送达人。受送达人是公民的，本人不在交他的同住成年家属签收；受送达人是法人或者其他组织的，应当由法人的法定代表人、其他组织的主要负责人或者该法人、组织负责收件的人签收；受送达人有诉讼代理人的，可以送交其代理人签收；受送达人已向人民法院指定代收人的，送交代收人签收。

受送达人的同住成年家属，法人或者其他组织的负责收件的人，诉讼代理人或者代收人在送达回证上签收的日期为送达日期。

第八十六条 受送达人或者他的同住成年家属拒绝接收诉讼文书的，送达人可以邀请有关基层组织或者所在单位的代表到场，说明情况，在送达回证上记明拒收事由和日期，由送达人、见证人签名或者盖章，把诉讼文书留在受送达人的住所；也可以把诉讼文书留在受送达人的住所，并采用拍照、录像等方式记录送达过程，即视为送达。

第八十七条 经受送达人同意，人民法院可以采用传真、电子邮件等能够确认其收悉的方式送达诉讼文书，但判决书、裁定书、调解书除外。

采用前款方式送达的，以传真、电子邮件等到达受送达人特定系统的日期为送达日期。

第八十八条 直接送达诉讼文书有困难的，可以委托其他人民法院代为送达，或者邮寄送达。邮寄送达的，以回执上注明的收件日期为送达日期。

第八十九条 受送达人是军人的，通过其所在部队团以上单位的政治机关转交。

第九十条 受送达人被监禁的，通过其所在监所转交。

受送达人被采取强制性教育措施的，通过其所在强制性教育机构转交。

第九十一条 代为转交的机关、单位收到诉讼文书后，必须立即交受送达人签收，以在送达回证上的签收日期，为送达日期。

第九十二条 受送达人下落不明，或者用本节规定的其他方式无法送达的，公告送达。自发出公告之日起，经过六十日，即视为送达。

公告送达，应当在案卷中记明原因和经过。

第八章 调 解

第九十三条 人民法院审理民事案件，根据当事人自愿的原则，在事实清楚的基础上，分清是非，进行调解。

第九十四条 人民法院进行调解，可以由审判员一人主持，也可以由合议庭主持，并尽可能就地进行。

人民法院进行调解，可以用简便方式通知当事人、证人到庭。

第九十五条 人民法院进行调解，可以邀请有关单位和个人协助。被邀请的单位和个人，应当协助人民法院进行调解。

第九十六条 调解达成协议，必须双方自愿，不得强迫。调解协议的内容不得违反法律规定。

第九十七条 调解达成协议，人民法院应当制作调解书。调解书应当写明诉讼请求、案件的事实和调解结果。

调解书由审判人员、书记员署名，加盖人民法院印章，送达双方当事人。

调解书经双方当事人签收后，即具有法律效力。

第九十八条 下列案件调解达成协议，人民法院可以不制作调解书：

（一）调解和好的离婚案件；

（二）调解维持收养关系的案件；

（三）能够即时履行的案件；

（四）其他不需要制作调解书的案件。

对不需要制作调解书的协议，应当记入笔录，由双方当事人、审判人员、书记员签名或者盖章后，即具有法律效力。

第九十九条 调解未达成协议或者调解书送达前一方反悔的，人民法院应当及时判决。

第九章 保全和先予执行

第一百条 人民法院对于可能因当事人一方的行为或者其他原因，使判决难以执行或者造成当事人其他损害的案件，根据对方当事人的申请，可以裁定对其财产进行保全、责令其作出一定行为或者禁止其作出一定行为；当事人没有提出申请的，人民法院在必要时也可以裁定采取保全措施。

人民法院采取保全措施，可以责令申请人提供担保，申请人不提供担保的，裁定驳回申请。

人民法院接受申请后，对情况紧急的，必须在四十八小时内作出裁定；裁定采取保全措施的，应当立即开始执行。

第一百零一条　利害关系人因情况紧急，不立即申请保全将会使其合法权益受到难以弥补的损害的，可以在提起诉讼或者申请仲裁前向被保全财产所在地、被申请人住所地或者对案件有管辖权的人民法院申请采取保全措施。申请人应当提供担保，不提供担保的，裁定驳回申请。

人民法院接受申请后，必须在四十八小时内作出裁定；裁定采取保全措施的，应当立即开始执行。

申请人在人民法院采取保全措施后三十日内不依法提起诉讼或者申请仲裁的，人民法院应当解除保全。

第一百零二条　保全限于请求的范围，或者与本案有关的财物。

第一百零三条　财产保全采取查封、扣押、冻结或者法律规定的其他方法。人民法院保全财产后，应当立即通知被保全财产的人。

财产已被查封、冻结的，不得重复查封、冻结。

第一百零四条　财产纠纷案件，被申请人提供担保的，人民法院应当裁定解除保全。

第一百零五条　申请有错误的，申请人应当赔偿被申请人因保全所遭受的损失。

第一百零六条　人民法院对下列案件，根据当事人的申请，可以裁定先予执行：

（一）追索赡养费、扶养费、抚育费、抚恤金、医疗费用的；

（二）追索劳动报酬的；

（三）因情况紧急需要先予执行的。

第一百零七条　人民法院裁定先予执行的，应当符合下列条件：

（一）当事人之间权利义务关系明确，不先予执行将严重影响申请人的生活或者生产经营的；

（二）被申请人有履行能力。

人民法院可以责令申请人提供担保，申请人不提供担保的，驳回申请。申请人败诉的，应当赔偿被申请人因先予执行遭受的财产损失。

第一百零八条　当事人对保全或者先予执行的裁定不服的，可以申请复议一次。复议期间不停止裁定的执行。

第十章　对妨害民事诉讼的强制措施

第一百零九条　人民法院对必须到庭的被告，经两次传票传唤，无正当理由拒不到庭的，可以拘传。

第一百一十条　诉讼参与人和其他人应当遵守法庭规则。

人民法院对违反法庭规则的人，可以予以训诫，责令退出法庭或者予以罚款、拘留。

人民法院对哄闹、冲击法庭，侮辱、诽谤、威胁、殴打审判人员，严重扰乱法庭秩序的人，依法追究刑事责任；情节较轻的，予以罚款、拘留。

第一百一十一条　诉讼参与人或者其他人有下列行为之一的，人民法院可以根据情节轻重予以罚款、拘留；构成犯罪的，依法追究刑事责任：

（一）伪造、毁灭重要证据，妨碍人民法院审理案件的；

（二）以暴力、威胁、贿买方法阻止证人作证或者指使、贿买、胁迫他人作伪证的；

（三）隐藏、转移、变卖、毁损已被查封、扣押的财产，或者已被清点并责令其保管的财产，转移已被冻结的财产的；

（四）对司法工作人员、诉讼参加人、证人、翻译人员、鉴定人、勘验人、协助执行的人，进行侮辱、诽谤、诬陷、殴打或者打击报复的；

（五）以暴力、威胁或者其他方法阻碍司法工作人员执行职务的；

（六）拒不履行人民法院已经发生法律效力的判决、裁定的。

人民法院对有前款规定的行为之一的单位，可以对其主要负责人或者直接责任人员予以罚款、拘留；构成犯罪的，依法追究刑事责任。

第一百一十二条　当事人之间恶意串通，企图通过诉讼、调解等方式侵害他人合法权益的，人民法院应当驳回其请求，并根据情节轻重予以罚款、拘留；构成犯罪的，依法追究刑事责任。

第一百一十三条　被执行人与他人恶意串通，通过诉讼、仲裁、调解等方式逃避履行法律文书确定的义务的，人民法院应当根据情节轻重予以罚款、拘留；构成犯罪的，依法追究刑事责任。

第一百一十四条　有义务协助调查、执行的单位有下列行为之一的，人民法院除责令其履行协助义务外，并可以予以罚款：

（一）有关单位拒绝或者妨碍人民法院调查取

证的；

（二）有关单位接到人民法院协助执行通知书后，拒不协助查询、扣押、冻结、划拨、变价财产的；

（三）有关单位接到人民法院协助执行通知书后，拒不协助扣留被执行人的收入、办理有关财产权证照转移手续、转交有关票证、证照或者其他财产的；

（四）其他拒绝协助执行的。

人民法院对有前款规定的行为之一的单位，可以对其主要负责人或者直接责任人员予以罚款；对仍不履行协助义务的，可以予以拘留；并可以向监察机关或者有关机关提出予以纪律处分的司法建议。

第一百一十五条 对个人的罚款金额，为人民币十万元以下。对单位的罚款金额，为人民币五万元以上一百万元以下。

拘留的期限，为十五日以下。

被拘留的人，由人民法院交公安机关看管。在拘留期间，被拘留人承认并改正错误的，人民法院可以决定提前解除拘留。

第一百一十六条 拘传、罚款、拘留必须经院长批准。

拘传应当发拘传票。

罚款、拘留应当用决定书。对决定不服的，可以向上一级人民法院申请复议一次。复议期间不停止执行。

第一百一十七条 采取对妨害民事诉讼的强制措施必须由人民法院决定。任何单位和个人采取非法拘禁他人或者非法私自扣押他人财产追索债务的，应当依法追究刑事责任，或者予以拘留、罚款。

第十一章 诉讼费用

第一百一十八条 当事人进行民事诉讼，应当按照规定交纳案件受理费。财产案件除交纳案件受理费外，并按照规定交纳其他诉讼费用。

当事人交纳诉讼费用确有困难的，可以按照规定向人民法院申请缓交、减交或者免交。

收取诉讼费用的办法另行制定。

第二编 审判程序

第十二章 第一审普通程序

第一节 起诉和受理

第一百一十九条 起诉必须符合下列条件：

（一）原告是与本案有直接利害关系的公民、法人和其他组织；

（二）有明确的被告；

（三）有具体的诉讼请求和事实、理由；

（四）属于人民法院受理民事诉讼的范围和受诉人民法院管辖。

第一百二十条 起诉应当向人民法院递交起诉状，并按照被告人数提出副本。

书写起诉状确有困难的，可以口头起诉，由人民法院记入笔录，并告知对方当事人。

第一百二十一条 起诉状应当记明下列事项：

（一）原告的姓名、性别、年龄、民族、职业、工作单位、住所、联系方式，法人或者其他组织的名称、住所和法定代表人或者主要负责人的姓名、职务、联系方式；

（二）被告的姓名、性别、工作单位、住所等信息，法人或者其他组织的名称、住所等信息；

（三）诉讼请求和所根据的事实与理由；

（四）证据和证据来源，证人姓名和住所。

第一百二十二条 当事人起诉到人民法院的民事纠纷，适宜调解的，先行调解，但当事人拒绝调解的除外。

第一百二十三条 人民法院应当保障当事人依照法律规定享有的起诉权利。对符合本法第一百一十九条的起诉，必须受理。符合起诉条件的，应当在七日内立案，并通知当事人；不符合起诉条件的，应当在七日内作出裁定书，不予受理；原告对裁定不服的，可以提起上诉。

第一百二十四条 人民法院对下列起诉，分别情形，予以处理：

（一）依照行政诉讼法的规定，属于行政诉讼受案范围的，告知原告提起行政诉讼；

（二）依照法律规定，双方当事人达成书面仲裁协议申请仲裁、不得向人民法院起诉的，告知原告向仲裁机构申请仲裁；

（三）依照法律规定，应当由其他机关处理的争议，告知原告向有关机关申请解决；

（四）对不属于本院管辖的案件，告知原告向有管辖权的人民法院起诉；

（五）对判决、裁定、调解书已经发生法律效力的案件，当事人又起诉的，告知原告申请再审，但人民法院准许撤诉的裁定除外；

（六）依照法律规定，在一定期限内不得起诉的案件，在不得起诉的期限内起诉的，不予受理；

（七）判决不准离婚和调解和好的离婚案件，判决、调解维持收养关系的案件，没有新情况、新理由，原告在六个月内又起诉的，不予受理。

第二节　审理前的准备

第一百二十五条　人民法院应当在立案之日起五日内将起诉状副本发送被告，被告应当在收到之日起十五日内提出答辩状。答辩状应当记明被告的姓名、性别、年龄、民族、职业、工作单位、住所、联系方式；法人或者其他组织的名称、住所和法定代表人或者主要负责人的姓名、职务、联系方式。人民法院应当在收到答辩状之日起五日内将答辩状副本发送原告。

被告不提出答辩状的，不影响人民法院审理。

第一百二十六条　人民法院对决定受理的案件，应当在受理案件通知书和应诉通知书中向当事人告知有关的诉讼权利义务，或者口头告知。

第一百二十七条　人民法院受理案件后，当事人对管辖权有异议的，应当在提交答辩状期间提出。人民法院对当事人提出的异议，应当审查。异议成立的，裁定将案件移送有管辖权的人民法院；异议不成立的，裁定驳回。

当事人未提出管辖异议，并应诉答辩的，视为受诉人民法院有管辖权，但违反级别管辖和专属管辖规定的除外。

第一百二十八条　合议庭组成人员确定后，应当在三日内告知当事人。

第一百二十九条　审判人员必须认真审核诉讼材料，调查收集必要的证据。

第一百三十条　人民法院派出人员进行调查时，应当向被调查人出示证件。

调查笔录经被调查人校阅后，由被调查人、调查人签名或者盖章。

第一百三十一条　人民法院在必要时可以委托外地人民法院调查。

委托调查，必须提出明确的项目和要求。受委托人民法院可以主动补充调查。

受委托人民法院收到委托书后，应当在三十日内完成调查。因故不能完成的，应当在上述期限内函告委托人民法院。

第一百三十二条　必须共同进行诉讼的当事人没有参加诉讼的，人民法院应当通知其参加诉讼。

第一百三十三条　人民法院对受理的案件，分别情形，予以处理：

（一）当事人没有争议，符合督促程序规定条件的，可以转入督促程序；

（二）开庭前可以调解的，采取调解方式及时解决纠纷；

（三）根据案件情况，确定适用简易程序或者普通程序；

（四）需要开庭审理的，通过要求当事人交换证据等方式，明确争议焦点。

第三节　开庭审理

第一百三十四条　人民法院审理民事案件，除涉及国家秘密、个人隐私或者法律另有规定的以外，应当公开进行。

离婚案件，涉及商业秘密的案件，当事人申请不公开审理的，可以不公开审理。

第一百三十五条　人民法院审理民事案件，根据需要进行巡回审理，就地办案。

第一百三十六条　人民法院审理民事案件，应当在开庭三日前通知当事人和其他诉讼参与人。公开审理的，应当公告当事人姓名、案由和开庭的时间、地点。

第一百三十七条　开庭审理前，书记员应当查明当事人和其他诉讼参与人是否到庭，宣布法庭纪律。

开庭审理时，由审判长核对当事人，宣布案由，宣布审判人员、书记员名单，告知当事人有关的诉讼权利义务，询问当事人是否提出回避申请。

第一百三十八条　法庭调查按照下列顺序进行：

（一）当事人陈述；

（二）告知证人的权利义务，证人作证，宣读未到庭的证人证言；

（三）出示书证、物证、视听资料和电子数据；

（四）宣读鉴定意见；

（五）宣读勘验笔录。

第一百三十九条　当事人在法庭上可以提出新的证据。

当事人经法庭许可，可以向证人、鉴定人、勘验人发问。

当事人要求重新进行调查、鉴定或者勘验的，是否准许，由人民法院决定。

第一百四十条　原告增加诉讼请求，被告提出反诉，第三人提出与本案有关的诉讼请求，可以合并审理。

第一百四十一条　法庭辩论按照下列顺序进行：

（一）原告及其诉讼代理人发言；

(二)被告及其诉讼代理人答辩;

(三)第三人及其诉讼代理人发言或者答辩;

(四)互相辩论。

法庭辩论终结,由审判长按照原告、被告、第三人的先后顺序征询各方最后意见。

第一百四十二条 法庭辩论终结,应当依法作出判决。判决前能够调解的,还可以进行调解,调解不成的,应当及时判决。

第一百四十三条 原告经传票传唤,无正当理由拒不到庭的,或者未经法庭许可中途退庭的,可以按撤诉处理;被告反诉的,可以缺席判决。

第一百四十四条 被告经传票传唤,无正当理由拒不到庭的,或者未经法庭许可中途退庭的,可以缺席判决。

第一百四十五条 宣判前,原告申请撤诉的,是否准许,由人民法院裁定。

人民法院裁定不准许撤诉的,原告经传票传唤,无正当理由拒不到庭的,可以缺席判决。

第一百四十六条 有下列情形之一的,可以延期开庭审理:

(一)必须到庭的当事人和其他诉讼参与人有正当理由没有到庭的;

(二)当事人临时提出回避申请的;

(三)需要通知新的证人到庭,调取新的证据,重新鉴定、勘验,或者需要补充调查的;

(四)其他应当延期的情形。

第一百四十七条 书记员应当将法庭审理的全部活动记入笔录,由审判人员和书记员签名。

法庭笔录应当当庭宣读,也可以告知当事人和其他诉讼参与人当庭或者在五日内阅读。当事人和其他诉讼参与人认为对自己的陈述记录有遗漏或者差错的,有权申请补正。如果不予补正,应当将申请记录在案。

法庭笔录由当事人和其他诉讼参与人签名或者盖章。拒绝签名盖章的,记明情况附卷。

第一百四十八条 人民法院对公开审理或者不公开审理的案件,一律公开宣告判决。

当庭宣判的,应当在十日内发送判决书;定期宣判的,宣判后立即发给判决书。

宣告判决时,必须告知当事人上诉权利、上诉期限和上诉的法院。

宣告离婚判决,必须告知当事人在判决发生法律效力前不得另行结婚。

第一百四十九条 人民法院适用普通程序审理的案件,应当在立案之日起六个月内审结。有特殊情况需要延长的,由本院院长批准,可以延长六个月;还需要延长的,报请上级人民法院批准。

第四节 诉讼中止和终结

第一百五十条 有下列情形之一的,中止诉讼:

(一)一方当事人死亡,需要等待继承人表明是否参加诉讼的;

(二)一方当事人丧失诉讼行为能力,尚未确定法定代理人的;

(三)作为一方当事人的法人或者其他组织终止,尚未确定权利义务承受人的;

(四)一方当事人因不可抗拒的事由,不能参加诉讼的;

(五)本案必须以另一案的审理结果为依据,而另一案尚未审结的;

(六)其他应当中止诉讼的情形。

中止诉讼的原因消除后,恢复诉讼。

第一百五十一条 有下列情形之一的,终结诉讼:

(一)原告死亡,没有继承人,或者继承人放弃诉讼权利的;

(二)被告死亡,没有遗产,也没有应当承担义务的人的;

(三)离婚案件一方当事人死亡的;

(四)追索赡养费、扶养费、抚育费以及解除收养关系案件的一方当事人死亡的。

第五节 判决和裁定

第一百五十二条 判决书应当写明判决结果和作出该判决的理由。判决书内容包括:

(一)案由、诉讼请求、争议的事实和理由;

(二)判决认定的事实和理由、适用的法律和理由;

(三)判决结果和诉讼费用的负担;

(四)上诉期间和上诉的法院。

判决书由审判人员、书记员署名,加盖人民法院印章。

第一百五十三条 人民法院审理案件,其中一部分事实已经清楚,可以就该部分先行判决。

第一百五十四条 裁定适用于下列范围:

(一)不予受理;

(二)对管辖权有异议的;

(三)驳回起诉;

(四)保全和先予执行;

(五)准许或者不准许撤诉;

（六）中止或者终结诉讼；

（七）补正判决书中的笔误；

（八）中止或者终结执行；

（九）撤销或者不予执行仲裁裁决；

（十）不予执行公证机关赋予强制执行效力的债权文书；

（十一）其他需要裁定解决的事项。

对前款第一项至第三项裁定，可以上诉。

裁定书应当写明裁定结果和作出该裁定的理由。裁定书由审判人员、书记员署名，加盖人民法院印章。口头裁定的，记入笔录。

第一百五十五条　最高人民法院的判决、裁定，以及依法不准上诉或者超过上诉期没有上诉的判决、裁定，是发生法律效力的判决、裁定。

第一百五十六条　公众可以查阅发生法律效力的判决书、裁定书，但涉及国家秘密、商业秘密和个人隐私的内容除外。

第十三章　简易程序

第一百五十七条　基层人民法院和它派出的法庭审理事实清楚、权利义务关系明确、争议不大的简单的民事案件，适用本章规定。

基层人民法院和它派出的法庭审理前款规定以外的民事案件，当事人双方也可以约定适用简易程序。

第一百五十八条　对简单的民事案件，原告可以口头起诉。

当事人双方可以同时到基层人民法院或者它派出的法庭，请求解决纠纷。基层人民法院或者它派出的法庭可以当即审理，也可以另定日期审理。

第一百五十九条　基层人民法院和它派出的法庭审理简单的民事案件，可以用简便方式传唤当事人和证人、送达诉讼文书、审理案件，但应当保障当事人陈述意见的权利。

第一百六十条　简单的民事案件由审判员一人独任审理，并不受本法第一百三十六条、第一百三十八条、第一百四十一条规定的限制。

第一百六十一条　人民法院适用简易程序审理案件，应当在立案之日起三个月内审结。

第一百六十二条　基层人民法院和它派出的法庭审理符合本法第一百五十七条第一款规定的简单的民事案件，标的额为各省、自治区、直辖市上年度就业人员年平均工资百分之三十以下的，实行一审终审。

第一百六十三条　人民法院在审理过程中，发现案件不宜适用简易程序的，裁定转为普通程序。

第十四章　第二审程序

第一百六十四条　当事人不服地方人民法院第一审判决的，有权在判决书送达之日起十五日内向上一级人民法院提起上诉。

当事人不服地方人民法院第一审裁定的，有权在裁定书送达之日起十日内向上一级人民法院提起上诉。

第一百六十五条　上诉应当递交上诉状。上诉状的内容，应当包括当事人的姓名，法人的名称及其法定代表人的姓名或者其他组织的名称及其主要负责人的姓名；原审人民法院名称、案件的编号和案由；上诉的请求和理由。

第一百六十六条　上诉状应当通过原审人民法院提出，并按照对方当事人或者代表人的人数提出副本。

当事人直接向第二审人民法院上诉的，第二审人民法院应当在五日内将上诉状移交原审人民法院。

第一百六十七条　原审人民法院收到上诉状，应当在五日内将上诉状副本送达对方当事人，对方当事人在收到之日起十五日内提出答辩状。人民法院应当在收到答辩状之日起五日内将副本送达上诉人。对方当事人不提出答辩状的，不影响人民法院审理。

原审人民法院收到上诉状、答辩状，应当在五日内连同全部案卷和证据，报送第二审人民法院。

第一百六十八条　第二审人民法院应当对上诉请求的有关事实和适用法律进行审查。

第一百六十九条　第二审人民法院对上诉案件，应当组成合议庭，开庭审理。经过阅卷、调查和询问当事人，对没有提出新的事实、证据或者理由，合议庭认为不需要开庭审理的，可以不开庭审理。

第二审人民法院审理上诉案件，可以在本院进行，也可以到案件发生地或者原审人民法院所在地进行。

第一百七十条　第二审人民法院对上诉案件，经过审理，按照下列情形，分别处理：

（一）原判决、裁定认定事实清楚，适用法律正确的，以判决、裁定方式驳回上诉，维持原判决、裁定；

（二）原判决、裁定认定事实错误或者适用法律

错误的,以判决、裁定方式依法改判、撤销或者变更;

(三)原判决认定基本事实不清的,裁定撤销原判决,发回原审人民法院重审,或者查清事实后改判;

(四)原判决遗漏当事人或者违法缺席判决等严重违反法定程序的,裁定撤销原判决,发回原审人民法院重审。

原审人民法院对发回重审的案件作出判决后,当事人提起上诉的,第二审人民法院不得再次发回重审。

第一百七十一条 第二审人民法院对不服第一审人民法院裁定的上诉案件的处理,一律使用裁定。

第一百七十二条 第二审人民法院审理上诉案件,可以进行调解。调解达成协议,应当制作调解书,由审判人员、书记员署名,加盖人民法院印章。调解书送达后,原审人民法院的判决即视为撤销。

第一百七十三条 第二审人民法院判决宣告前,上诉人申请撤回上诉的,是否准许,由第二审人民法院裁定。

第一百七十四条 第二审人民法院审理上诉案件,除依照本章规定外,适用第一审普通程序。

第一百七十五条 第二审人民法院的判决、裁定,是终审的判决、裁定。

第一百七十六条 人民法院审理对判决的上诉案件,应当在第二审立案之日起三个月内审结。有特殊情况需要延长的,由本院院长批准。

人民法院审理对裁定的上诉案件,应当在第二审立案之日起三十日内作出终审裁定。

第十五章 特别程序

第一节 一般规定

第一百七十七条 人民法院审理选民资格案件、宣告失踪或者宣告死亡案件、认定公民无民事行为能力或者限制民事行为能力案件、认定财产无主案件、确认调解协议案件和实现担保物权案件,适用本章规定。本章没有规定的,适用本法和其他法律的有关规定。

第一百七十八条 依照本章程序审理的案件,实行一审终审。选民资格案件或者重大、疑难的案件,由审判员组成合议庭审理;其他案件由审判员一人独任审理。

第一百七十九条 人民法院在依照本章程序审理案件的过程中,发现本案属于民事权益争议的,应当裁定终结特别程序,并告知利害关系人可以另行起诉。

第一百八十条 人民法院适用特别程序审理的案件,应当在立案之日起三十日内或者公告期满后三十日内审结。有特殊情况需要延长的,由本院院长批准。但审理选民资格的案件除外。

第二节 选民资格案件

第一百八十一条 公民不服选举委员会对选民资格的申诉所作的处理决定,可以在选举日的五日以前向选区所在地基层人民法院起诉。

第一百八十二条 人民法院受理选民资格案件后,必须在选举日前审结。

审理时,起诉人、选举委员会的代表和有关公民必须参加。

人民法院的判决书,应当在选举日前送达选举委员会和起诉人,并通知有关公民。

第三节 宣告失踪、宣告死亡案件

第一百八十三条 公民下落不明满二年,利害关系人申请宣告其失踪的,向下落不明人住所地基层人民法院提出。

申请书应当写明失踪的事实、时间和请求,并附有公安机关或者其他有关机关关于该公民下落不明的书面证明。

第一百八十四条 公民下落不明满四年,或者因意外事故下落不明满二年,或者因意外事故下落不明,经有关机关证明该公民不可能生存,利害关系人申请宣告其死亡的,向下落不明人住所地基层人民法院提出。

申请书应当写明下落不明的事实、时间和请求,并附有公安机关或者其他有关机关关于该公民下落不明的书面证明。

第一百八十五条 人民法院受理宣告失踪、宣告死亡案件后,应当发出寻找下落不明人的公告。宣告失踪的公告期间为三个月,宣告死亡的公告期间为一年。因意外事故下落不明,经有关机关证明该公民不可能生存的,宣告死亡的公告期间为三个月。

公告期间届满,人民法院应当根据被宣告失踪、宣告死亡的事实是否得到确认,作出宣告失踪、宣告死亡的判决或者驳回申请的判决。

第一百八十六条 被宣告失踪、宣告死亡的公民重新出现,经本人或者利害关系人申请,人民法院应当作出新判决,撤销原判决。

第四节 认定公民无民事行为能力、限制民事行为能力案件

第一百八十七条 申请认定公民无民事行为能力或者限制民事行为能力,由其近亲属或者其他利害关系人向该公民住所地基层人民法院提出。

申请书应当写明该公民无民事行为能力或者限制民事行为能力的事实和根据。

第一百八十八条 人民法院受理申请后,必要时应当对被请求认定为无民事行为能力或者限制民事行为能力的公民进行鉴定。申请人已提供鉴定意见的,应当对鉴定意见进行审查。

第一百八十九条 人民法院审理认定公民无民事行为能力或者限制民事行为能力的案件,应当由该公民的近亲属为代理人,但申请人除外。近亲属互相推诿的,由人民法院指定其中一人为代理人。该公民健康情况许可的,还应当询问本人的意见。

人民法院经审理认定申请有事实根据的,判决该公民为无民事行为能力或者限制民事行为能力人;认定申请没有事实根据的,应当判决予以驳回。

第一百九十条 人民法院根据被认定为无民事行为能力人、限制民事行为能力人或者他的监护人的申请,证实该公民无民事行为能力或者限制民事行为能力的原因已经消除的,应当作出新判决,撤销原判决。

第五节 认定财产无主案件

第一百九十一条 申请认定财产无主,由公民、法人或者其他组织向财产所在地基层人民法院提出。

申请书应当写明财产的种类、数量以及要求认定财产无主的根据。

第一百九十二条 人民法院受理申请后,经审查核实,应当发出财产认领公告。公告满一年无人认领的,判决认定财产无主,收归国家或者集体所有。

第一百九十三条 判决认定财产无主后,原财产所有人或者继承人出现,在民法通则规定的诉讼时效期间可以对财产提出请求,人民法院审查属实后,应当作出新判决,撤销原判决。

第六节 确认调解协议案件

第一百九十四条 申请司法确认调解协议,由双方当事人依照人民调解法等法律,自调解协议生效之日起三十日内,共同向调解组织所在地基层人民法院提出。

第一百九十五条 人民法院受理申请后,经审查,符合法律规定的,裁定调解协议有效,一方当事人拒绝履行或者未全部履行的,对方当事人可以向人民法院申请执行;不符合法律规定的,裁定驳回申请,当事人可以通过调解方式变更原调解协议或者达成新的调解协议,也可以向人民法院提起诉讼。

第七节 实现担保物权案件

第一百九十六条 申请实现担保物权,由担保物权人以及其他有权请求实现担保物权的人依照物权法等法律,向担保财产所在地或者担保物权登记地基层人民法院提出。

第一百九十七条 人民法院受理申请后,经审查,符合法律规定的,裁定拍卖、变卖担保财产,当事人依据该裁定可以向人民法院申请执行;不符合法律规定的,裁定驳回申请,当事人可以向人民法院提起诉讼。

第十六章 审判监督程序

第一百九十八条 各级人民法院院长对本院已经发生法律效力的判决、裁定、调解书,发现确有错误,认为需要再审的,应当提交审判委员会讨论决定。

最高人民法院对地方各级人民法院已经发生法律效力的判决、裁定、调解书,上级人民法院对下级人民法院已经发生法律效力的判决、裁定、调解书,发现确有错误的,有权提审或者指令下级人民法院再审。

第一百九十九条 当事人对已经发生法律效力的判决、裁定,认为有错误的,可以向上一级人民法院申请再审;当事人一方人数众多或者当事人双方为公民的案件,也可以向原审人民法院申请再审。当事人申请再审的,不停止判决、裁定的执行。

第二百条 当事人的申请符合下列情形之一的,人民法院应当再审:

(一)有新的证据,足以推翻原判决、裁定的;

(二)原判决、裁定认定的基本事实缺乏证据证明的;

(三)原判决、裁定认定事实的主要证据是伪造的;

(四)原判决、裁定认定事实的主要证据未经质

证的；

（五）对审理案件需要的主要证据，当事人因客观原因不能自行收集，书面申请人民法院调查收集，人民法院未调查收集的；

（六）原判决、裁定适用法律确有错误的；

（七）审判组织的组成不合法或者依法应当回避的审判人员没有回避的；

（八）无诉讼行为能力人未经法定代理人代为诉讼或者应当参加诉讼的当事人，因不能归责于本人或者其诉讼代理人的事由，未参加诉讼的；

（九）违反法律规定，剥夺当事人辩论权利的；

（十）未经传票传唤，缺席判决的；

（十一）原判决、裁定遗漏或者超出诉讼请求的；

（十二）据以作出原判决、裁定的法律文书被撤销或者变更的；

（十三）审判人员审理该案件时有贪污受贿，徇私舞弊，枉法裁判行为的。

第二百零一条 当事人对已经发生法律效力的调解书，提出证据证明调解违反自愿原则或者调解协议的内容违反法律的，可以申请再审。经人民法院审查属实的，应当再审。

第二百零二条 当事人对已经发生法律效力的解除婚姻关系的判决、调解书，不得申请再审。

第二百零三条 当事人申请再审的，应当提交再审申请书等材料。人民法院应当自收到再审申请书之日起五日内将再审申请书副本发送对方当事人。对方当事人应当自收到再审申请书副本之日起十五日内提交书面意见；不提交书面意见的，不影响人民法院审查。人民法院可以要求申请人和对方当事人补充有关材料，询问有关事项。

第二百零四条 人民法院应当自收到再审申请书之日起三个月内审查，符合本法规定的，裁定再审；不符合本法规定的，裁定驳回申请。有特殊情况需要延长的，由本院院长批准。

因当事人申请裁定再审的案件由中级人民法院以上的人民法院审理，但当事人依照本法第一百九十九条的规定选择向基层人民法院申请再审的除外。最高人民法院、高级人民法院裁定再审的案件，由本院再审或者交其他人民法院再审，也可以交原审人民法院再审。

第二百零五条 当事人申请再审，应当在判决、裁定发生法律效力后六个月内提出；有本法第二百条第一项、第三项、第十二项、第十三项规定情形的，自知道或者应当知道之日起六个月内提出。

第二百零六条 按照审判监督程序决定再审的案件，裁定中止原判决、裁定、调解书的执行，但追索赡养费、扶养费、抚育费、抚恤金、医疗费用、劳动报酬等案件，可以不中止执行。

第二百零七条 人民法院按照审判监督程序再审的案件，发生法律效力的判决、裁定是由第一审法院作出的，按照第一审程序审理，所作的判决、裁定，当事人可以上诉；发生法律效力的判决、裁定是由第二审法院作出的，按照第二审程序审理，所作的判决、裁定，是发生法律效力的判决、裁定；上级人民法院按照审判监督程序提审的，按照第二审程序审理，所作的判决、裁定是发生法律效力的判决、裁定。

人民法院审理再审案件，应当另行组成合议庭。

第二百零八条 最高人民检察院对各级人民法院已经发生法律效力的判决、裁定，上级人民检察院对下级人民法院已经发生法律效力的判决、裁定，发现有本法第二百条规定情形之一的，或者发现调解书损害国家利益、社会公共利益的，应当提出抗诉。

地方各级人民检察院对同级人民法院已经发生法律效力的判决、裁定，发现有本法第二百条规定情形之一的，或者发现调解书损害国家利益、社会公共利益的，可以向同级人民法院提出检察建议，并报上级人民检察院备案；也可以提请上级人民检察院向同级人民法院提出抗诉。

各级人民检察院对审判监督程序以外的其他审判程序中审判人员的违法行为，有权向同级人民法院提出检察建议。

第二百零九条 有下列情形之一的，当事人可以向人民检察院申请检察建议或者抗诉：

（一）人民法院驳回再审申请的；

（二）人民法院逾期未对再审申请作出裁定的；

（三）再审判决、裁定有明显错误的。

人民检察院对当事人的申请应当在三个月内进行审查，作出提出或者不予提出检察建议或者抗诉的决定。当事人不得再次向人民检察院申请检察建议或者抗诉。

第二百一十条 人民检察院因履行法律监督职责提出检察建议或者抗诉的需要，可以向当事人或者案外人调查核实有关情况。

第二百一十一条 人民检察院提出抗诉的案件，接受抗诉的人民法院应当自收到抗诉书之日起三十日内作出再审的裁定；有本法第二百条第一项至第五项规定情形之一的，可以交下一级人民法院再审，但经该下一级人民法院再审的除外。

第二百一十二条　人民检察院决定对人民法院的判决、裁定、调解书提出抗诉的，应当制作抗诉书。

第二百一十三条　人民检察院提出抗诉的案件，人民法院再审时，应当通知人民检察院派员出席法庭。

第十七章　督促程序

第二百一十四条　债权人请求债务人给付金钱、有价证券，符合下列条件的，可以向有管辖权的基层人民法院申请支付令：

（一）债权人与债务人没有其他债务纠纷的；

（二）支付令能够送达债务人的。

申请书应当写明请求给付金钱或者有价证券的数量和所根据的事实、证据。

第二百一十五条　债权人提出申请后，人民法院应当在五日内通知债权人是否受理。

第二百一十六条　人民法院受理申请后，经审查债权人提供的事实、证据，对债权债务关系明确、合法的，应当在受理之日起十五日内向债务人发出支付令；申请不成立的，裁定予以驳回。

债务人应当自收到支付令之日起十五日内清偿债务，或者向人民法院提出书面异议。

债务人在前款规定的期间不提出异议又不履行支付令的，债权人可以向人民法院申请执行。

第二百一十七条　人民法院收到债务人提出的书面异议后，经审查，异议成立的，应当裁定终结督促程序，支付令自行失效。

支付令失效的，转入诉讼程序，但申请支付令的一方当事人不同意提起诉讼的除外。

第十八章　公示催告程序

第二百一十八条　按照规定可以背书转让的票据持有人，因票据被盗、遗失或者灭失，可以向票据支付地的基层人民法院申请公示催告。依照法律规定可以申请公示催告的其他事项，适用本章规定。

申请人应当向人民法院递交申请书，写明票面金额、发票人、持票人、背书人等票据主要内容和申请的理由、事实。

第二百一十九条　人民法院决定受理申请，应当同时通知支付人停止支付，并在三日内发出公告，催促利害关系人申报权利。公示催告的期间，由人民法院根据情况决定，但不得少于六十日。

第二百二十条　支付人收到人民法院停止支付的通知，应当停止支付，至公示催告程序终结。

公示催告期间，转让票据权利的行为无效。

第二百二十一条　利害关系人应当在公示催告期间向人民法院申报。

人民法院收到利害关系人的申报后，应当裁定终结公示催告程序，并通知申请人和支付人。

申请人或者申报人可以向人民法院起诉。

第二百二十二条　没有人申报的，人民法院应当根据申请人的申请，作出判决，宣告票据无效。判决应当公告，并通知支付人。自判决公告之日起，申请人有权向支付人请求支付。

第二百二十三条　利害关系人因正当理由不能在判决前向人民法院申报的，自知道或者应当知道判决公告之日起一年内，可以向作出判决的人民法院起诉。

第三编　执行程序

第十九章　一般规定

第二百二十四条　发生法律效力的民事判决、裁定，以及刑事判决、裁定中的财产部分，由第一审人民法院或者与第一审人民法院同级的被执行的财产所在地人民法院执行。

法律规定由人民法院执行的其他法律文书，由被执行人住所地或者被执行的财产所在地人民法院执行。

第二百二十五条　当事人、利害关系人认为执行行为违反法律规定的，可以向负责执行的人民法院提出书面异议。当事人、利害关系人提出书面异议的，人民法院应当自收到书面异议之日起十五日内审查，理由成立的，裁定撤销或者改正；理由不成立的，裁定驳回。当事人、利害关系人对裁定不服的，可以自裁定送达之日起十日内向上一级人民法院申请复议。

第二百二十六条　人民法院自收到申请执行书之日起超过六个月未执行的，申请执行人可以向上一级人民法院申请执行。上一级人民法院经审查，可以责令原人民法院在一定期限内执行，也可以决定由本院执行或者指令其他人民法院执行。

第二百二十七条　执行过程中，案外人对执行标的提出书面异议的，人民法院应当自收到书面异议之日起十五日内审查，理由成立的，裁定中止对该标的的执行；理由不成立的，裁定驳回。案外人、当事人对裁定不服，认为原判决、裁定错误的，依照审判监督程序办理；与原判决、裁定无关的，可以自裁定送达之日起十五日内向人民法院提起诉讼。

第二百二十八条 执行工作由执行员进行。

采取强制执行措施时，执行员应当出示证件。执行完毕后，应当将执行情况制作笔录，由在场的有关人员签名或者盖章。

人民法院根据需要可以设立执行机构。

第二百二十九条 被执行人或者被执行的财产在外地的，可以委托当地人民法院代为执行。受委托人民法院收到委托函件后，必须在十五日内开始执行，不得拒绝。执行完毕后，应当将执行结果及时函复委托人民法院；在三十日内如果还未执行完毕，也应当将执行情况函告委托人民法院。

受委托人民法院自收到委托函件之日起十五日内不执行的，委托人民法院可以请求受委托人民法院的上级人民法院指令受委托人民法院执行。

第二百三十条 在执行中，双方当事人自行和解达成协议的，执行员应当将协议内容记入笔录，由双方当事人签名或者盖章。

申请执行人因受欺诈、胁迫与被执行人达成和解协议，或者当事人不履行和解协议的，人民法院可以根据当事人的申请，恢复对原生效法律文书的执行。

第二百三十一条 在执行中，被执行人向人民法院提供担保，并经申请执行人同意的，人民法院可以决定暂缓执行及暂缓执行的期限。被执行人逾期仍不履行的，人民法院有权执行被执行人的担保财产或者担保人的财产。

第二百三十二条 作为被执行人的公民死亡的，以其遗产偿还债务。作为被执行人的法人或者其他组织终止的，由其权利义务承受人履行义务。

第二百三十三条 执行完毕后，据以执行的判决、裁定和其他法律文书确有错误，被人民法院撤销的，对已被执行的财产，人民法院应当作出裁定，责令取得财产的人返还；拒不返还的，强制执行。

第二百三十四条 人民法院制作的调解书的执行，适用本编的规定。

第二百三十五条 人民检察院有权对民事执行活动实行法律监督。

第二十章 执行的申请和移送

第二百三十六条 发生法律效力的民事判决、裁定，当事人必须履行。一方拒绝履行的，对方当事人可以向人民法院申请执行，也可以由审判员移送执行员执行。

调解书和其他应当由人民法院执行的法律文书，当事人必须履行。一方拒绝履行的，对方当事人可以向人民法院申请执行。

第二百三十七条 对依法设立的仲裁机构的裁决，一方当事人不履行的，对方当事人可以向有管辖权的人民法院申请执行。受申请的人民法院应当执行。

被申请人提出证据证明仲裁裁决有下列情形之一的，经人民法院组成合议庭审查核实，裁定不予执行：

（一）当事人在合同中没有订有仲裁条款或者事后没有达成书面仲裁协议的；

（二）裁决的事项不属于仲裁协议的范围或者仲裁机构无权仲裁的；

（三）仲裁庭的组成或者仲裁的程序违反法定程序的；

（四）裁决所根据的证据是伪造的；

（五）对方当事人向仲裁机构隐瞒了足以影响公正裁决的证据的；

（六）仲裁员在仲裁该案时有贪污受贿，徇私舞弊，枉法裁决行为的。

人民法院认定执行该裁决违背社会公共利益的，裁定不予执行。

裁定书应当送达双方当事人和仲裁机构。

仲裁裁决被人民法院裁定不予执行的，当事人可以根据双方达成的书面仲裁协议重新申请仲裁，也可以向人民法院起诉。

第二百三十八条 对公证机关依法赋予强制执行效力的债权文书，一方当事人不履行的，对方当事人可以向有管辖权的人民法院申请执行，受申请的人民法院应当执行。

公证债权文书确有错误的，人民法院裁定不予执行，并将裁定书送达双方当事人和公证机关。

第二百三十九条 申请执行的期间为二年。申请执行时效的中止、中断，适用法律有关诉讼时效中止、中断的规定。

前款规定的期间，从法律文书规定履行期间的最后一日起计算；法律文书规定分期履行的，从规定的每次履行期间的最后一日起计算；法律文书未规定履行期间的，从法律文书生效之日起计算。

第二百四十条 执行员接到申请执行书或者移交执行书，应当向被执行人发出执行通知，并可以立即采取强制执行措施。

第二十一章　执行措施

第二百四十一条　被执行人未按执行通知履行法律文书确定的义务，应当报告当前以及收到执行通知之日前一年的财产情况。被执行人拒绝报告或者虚假报告的，人民法院可以根据情节轻重对被执行人或者其法定代理人、有关单位的主要负责人或者直接责任人员予以罚款、拘留。

第二百四十二条　被执行人未按执行通知履行法律文书确定的义务，人民法院有权向有关单位查询被执行人的存款、债券、股票、基金份额等财产情况。人民法院有权根据不同情形扣押、冻结、划拨、变价被执行人的财产。人民法院查询、扣押、冻结、划拨、变价的财产不得超出被执行人应当履行义务的范围。

人民法院决定扣押、冻结、划拨、变价财产，应当作出裁定，并发出协助执行通知书，有关单位必须办理。

第二百四十三条　被执行人未按执行通知履行法律文书确定的义务，人民法院有权扣留、提取被执行人应当履行义务部分的收入。但应当保留被执行人及其所扶养家属的生活必需费用。

人民法院扣留、提取收入时，应当作出裁定，并发出协助执行通知书，被执行人所在单位、银行、信用合作社和其他有储蓄业务的单位必须办理。

第二百四十四条　被执行人未按执行通知履行法律文书确定的义务，人民法院有权查封、扣押、冻结、拍卖、变卖被执行人应当履行义务部分的财产。但应当保留被执行人及其所扶养家属的生活必需品。

采取前款措施，人民法院应当作出裁定。

第二百四十五条　人民法院查封、扣押财产时，被执行人是公民的，应当通知被执行人或者他的成年家属到场；被执行人是法人或者其他组织的，应当通知其法定代表人或者主要负责人到场。拒不到场的，不影响执行。被执行人是公民的，其工作单位或者财产所在地的基层组织应当派人参加。

对被查封、扣押的财产，执行员必须造具清单，由在场人签名或者盖章后，交被执行人一份。被执行人是公民的，也可以交他的成年家属一份。

第二百四十六条　被查封的财产，执行员可以指定被执行人负责保管。因被执行人的过错造成的损失，由被执行人承担。

第二百四十七条　财产被查封、扣押后，执行员应当责令被执行人在指定期间履行法律文书确定的义务。被执行人逾期不履行的，人民法院应当拍卖被查封、扣押的财产；不适于拍卖或者当事人双方同意不进行拍卖的，人民法院可以委托有关单位变卖或者自行变卖。国家禁止自由买卖的物品，交有关单位按照国家规定的价格收购。

第二百四十八条　被执行人不履行法律文书确定的义务，并隐匿财产的，人民法院有权发出搜查令，对被执行人及其住所或者财产隐匿地进行搜查。

采取前款措施，由院长签发搜查令。

第二百四十九条　法律文书指定交付的财物或者票证，由执行员传唤双方当事人当面交付，或者由执行员转交，并由被交付人签收。

有关单位持有该项财物或者票证的，应当根据人民法院的协助执行通知书转交，并由被交付人签收。

有关公民持有该项财物或者票证的，人民法院通知其交出。拒不交出的，强制执行。

第二百五十条　强制迁出房屋或者强制退出土地，由院长签发公告，责令被执行人在指定期间履行。被执行人逾期不履行的，由执行员强制执行。

强制执行时，被执行人是公民的，应当通知被执行人或者他的成年家属到场；被执行人是法人或者其他组织的，应当通知其法定代表人或者主要负责人到场。拒不到场的，不影响执行。被执行人是公民的，其工作单位或者房屋、土地所在地的基层组织应当派人参加。执行员应当将强制执行情况记入笔录，由在场人签名或者盖章。

强制迁出房屋被搬出的财物，由人民法院派人运至指定处所，交给被执行人。被执行人是公民的，也可以交给他的成年家属。因拒绝接收而造成的损失，由被执行人承担。

第二百五十一条　在执行中，需要办理有关财产权证照转移手续的，人民法院可以向有关单位发出协助执行通知书，有关单位必须办理。

第二百五十二条　对判决、裁定和其他法律文书指定的行为，被执行人未按执行通知履行的，人民法院可以强制执行或者委托有关单位或者其他人完成，费用由被执行人承担。

第二百五十三条　被执行人未按判决、裁定和其他法律文书指定的期间履行给付金钱义务的，应当加倍支付迟延履行期间的债务利息。被执行人未按判决、裁定和其他法律文书指定的期间履行其他义务的，应当支付迟延履行金。

第二百五十四条　人民法院采取本法第二百四十二条、第二百四十三条、第二百四十四条规定的执行措施后，被执行人仍不能偿还债务的，应当继续履行义务。债权人发现被执行人有其他财产的，可以随时请求人民法院执行。

第二百五十五条　被执行人不履行法律文书确定的义务的，人民法院可以对其采取或者通知有关单位协助采取限制出境，在征信系统记录、通过媒体公布不履行义务信息以及法律规定的其他措施。

第二十二章　执行中止和终结

第二百五十六条　有下列情形之一的，人民法院应当裁定中止执行：

（一）申请人表示可以延期执行的；

（二）案外人对执行标的提出确有理由的异议的；

（三）作为一方当事人的公民死亡，需要等待继承人继承权利或者承担义务的；

（四）作为一方当事人的法人或者其他组织终止，尚未确定权利义务承受人的；

（五）人民法院认为应当中止执行的其他情形。

中止的情形消失后，恢复执行。

第二百五十七条　有下列情形之一的，人民法院裁定终结执行：

（一）申请人撤销申请的；

（二）据以执行的法律文书被撤销的；

（三）作为被执行人的公民死亡，无遗产可供执行，又无义务承担人的；

（四）追索赡养费、扶养费、抚育费案件的权利人死亡的；

（五）作为被执行人的公民因生活困难无力偿还借款，无收入来源，又丧失劳动能力的；

（六）人民法院认为应当终结执行的其他情形。

第二百五十八条　中止和终结执行的裁定，送达当事人后立即生效。

第四编　涉外民事诉讼程序的特别规定

第二十三章　一般原则

第二百五十九条　在中华人民共和国领域内进行涉外民事诉讼，适用本编规定。本编没有规定的，适用本法其他有关规定。

第二百六十条　中华人民共和国缔结或者参加的国际条约同本法有不同规定的，适用该国际条约的规定，但中华人民共和国声明保留的条款除外。

第二百六十一条　对享有外交特权与豁免的外国人、外国组织或者国际组织提起的民事诉讼，应当依照中华人民共和国有关法律和中华人民共和国缔结或者参加的国际条约的规定办理。

第二百六十二条　人民法院审理涉外民事案件，应当使用中华人民共和国通用的语言、文字。当事人要求提供翻译的，可以提供，费用由当事人承担。

第二百六十三条　外国人、无国籍人、外国企业和组织在人民法院起诉、应诉，需要委托律师代理诉讼的，必须委托中华人民共和国的律师。

第二百六十四条　在中华人民共和国领域内没有住所的外国人、无国籍人、外国企业和组织委托中华人民共和国律师或者其他人代理诉讼，从中华人民共和国领域外寄交或者托交的授权委托书，应当经所在国公证机关证明，并经中华人民共和国驻该国使领馆认证，或者履行中华人民共和国与该所在国订立的有关条约中规定的证明手续后，才具有效力。

第二十四章　管　　辖

第二百六十五条　因合同纠纷或者其他财产权益纠纷，对在中华人民共和国领域内没有住所的被告提起的诉讼，如果合同在中华人民共和国领域内签订或者履行，或者诉讼标的物在中华人民共和国领域内，或者被告在中华人民共和国领域内有可供扣押的财产，或者被告在中华人民共和国领域内设有代表机构，可以由合同签订地、合同履行地、诉讼标的物所在地、可供扣押财产所在地、侵权行为地或者代表机构住所地人民法院管辖。

第二百六十六条　因在中华人民共和国履行中外合资经营企业合同、中外合作经营企业合同、中外合作勘探开发自然资源合同发生纠纷提起的诉讼，由中华人民共和国人民法院管辖。

第二十五章　送达、期间

第二百六十七条　人民法院对在中华人民共

和国领域内没有住所的当事人送达诉讼文书，可以采用下列方式：

（一）依照受送达人所在国与中华人民共和国缔结或者共同参加的国际条约中规定的方式送达；

（二）通过外交途径送达；

（三）对具有中华人民共和国国籍的受送达人，可以委托中华人民共和国驻受送达人所在国的使领馆代为送达；

（四）向受送达人委托的有权代其接受送达的诉讼代理人送达；

（五）向受送达人在中华人民共和国领域内设立的代表机构或者有权接受送达的分支机构、业务代办人送达；

（六）受送达人所在国的法律允许邮寄送达的，可以邮寄送达，自邮寄之日起满三个月，送达回证没有退回，但根据各种情况足以认定已经送达的，期间届满之日视为送达；

（七）采用传真、电子邮件等能够确认受送达人收悉的方式送达；

（八）不能用上述方式送达的，公告送达，自公告之日起满三个月，即视为送达。

第二百六十八条　被告在中华人民共和国领域内没有住所的，人民法院应当将起诉状副本送达被告，并通知被告在收到起诉状副本后三十日内提出答辩状。被告申请延期的，是否准许，由人民法院决定。

第二百六十九条　在中华人民共和国领域内没有住所的当事人，不服第一审人民法院判决、裁定的，有权在判决书、裁定书送达之日起三十日内提起上诉。被上诉人在收到上诉状副本后，应当在三十日内提出答辩状。当事人不能在法定期间提起上诉或者提出答辩状，申请延期的，是否准许，由人民法院决定。

第二百七十条　人民法院审理涉外民事案件的期间，不受本法第一百四十九条、第一百七十六条规定的限制。

第二十六章　仲　　裁

第二百七十一条　涉外经济贸易、运输和海事中发生的纠纷，当事人在合同中订有仲裁条款或者事后达成书面仲裁协议，提交中华人民共和国涉外仲裁机构或者其他仲裁机构仲裁的，当事人不得向人民法院起诉。

当事人在合同中没有订有仲裁条款或者事后没有达成书面仲裁协议的，可以向人民法院起诉。

第二百七十二条　当事人申请采取保全的，中华人民共和国的涉外仲裁机构应当将当事人的申请，提交被申请人住所地或者财产所在地的中级人民法院裁定。

第二百七十三条　经中华人民共和国涉外仲裁机构裁决的，当事人不得向人民法院起诉。一方当事人不履行仲裁裁决的，对方当事人可以向被申请人住所地或者财产所在地的中级人民法院申请执行。

第二百七十四条　对中华人民共和国涉外仲裁机构作出的裁决，被申请人提出证据证明仲裁裁决有下列情形之一的，经人民法院组成合议庭审查核实，裁定不予执行：

（一）当事人在合同中没有订有仲裁条款或者事后没有达成书面仲裁协议的；

（二）被申请人没有得到指定仲裁员或者进行仲裁程序的通知，或者由于其他不属于被申请人负责的原因未能陈述意见的；

（三）仲裁庭的组成或者仲裁的程序与仲裁规则不符的；

（四）裁决的事项不属于仲裁协议的范围或者仲裁机构无权仲裁的。

人民法院认定执行该裁决违背社会公共利益的，裁定不予执行。

第二百七十五条　仲裁裁决被人民法院裁定不予执行的，当事人可以根据双方达成的书面仲裁协议重新申请仲裁，也可以向人民法院起诉。

第二十七章　司法协助

第二百七十六条　根据中华人民共和国缔结或者参加的国际条约，或者按照互惠原则，人民法院和外国法院可以相互请求，代为送达文书、调查取证以及进行其他诉讼行为。

外国法院请求协助的事项有损于中华人民共和国的主权、安全或者社会公共利益的，人民法院不予执行。

第二百七十七条　请求和提供司法协助，应当依照中华人民共和国缔结或者参加的国际条约所规定的途径进行；没有条约关系的，通过外交途径进行。

外国驻中华人民共和国的使领馆可以向该国公民送达文书和调查取证，但不得违反中华人民共和国的法律，并不得采取强制措施。

除前款规定的情况外，未经中华人民共和国主管机关准许，任何外国机关或者个人不得在中华人民共和国领域内送达文书、调查取证。

第二百七十八条 外国法院请求人民法院提供司法协助的请求书及其所附文件，应当附有中文译本或者国际条约规定的其他文字文本。

人民法院请求外国法院提供司法协助的请求书及其所附文件，应当附有该国文字译本或者国际条约规定的其他文字文本。

第二百七十九条 人民法院提供司法协助，依照中华人民共和国法律规定的程序进行。外国法院请求采用特殊方式的，也可以按照其请求的特殊方式进行，但请求采用的特殊方式不得违反中华人民共和国法律。

第二百八十条 人民法院作出的发生法律效力的判决、裁定，如果被执行人或者其财产不在中华人民共和国领域内，当事人请求执行的，可以由当事人直接向有管辖权的外国法院申请承认和执行，也可以由人民法院依照中华人民共和国缔结或者参加的国际条约的规定，或者按照互惠原则，请求外国法院承认和执行。

中华人民共和国涉外仲裁机构作出的发生法律效力的仲裁裁决，当事人请求执行的，如果被执行人或者其财产不在中华人民共和国领域内，应当由当事人直接向有管辖权的外国法院申请承认和执行。

第二百八十一条 外国法院作出的发生法律效力的判决、裁定，需要中华人民共和国人民法院承认和执行的，可以由当事人直接向中华人民共和国有管辖权的中级人民法院申请承认和执行，也可以由外国法院依照该国与中华人民共和国缔结或者参加的国际条约的规定，或者按照互惠原则，请求人民法院承认和执行。

第二百八十二条 人民法院对申请或者请求承认和执行的外国法院作出的发生法律效力的判决、裁定，依照中华人民共和国缔结或者参加的国际条约，或者按照互惠原则进行审查后，认为不违反中华人民共和国法律的基本原则或者国家主权、安全、社会公共利益的，裁定承认其效力，需要执行的，发出执行令，依照本法的有关规定执行。违反中华人民共和国法律的基本原则或者国家主权、安全、社会公共利益的，不予承认和执行。

第二百八十三条 国外仲裁机构的裁决，需要中华人民共和国人民法院承认和执行的，应当由当事人直接向被执行人住所地或者其财产所在地的中级人民法院申请，人民法院应当依照中华人民共和国缔结或者参加的国际条约，或者按照互惠原则办理。

第二百八十四条 本法自公布之日起施行，《中华人民共和国民事诉讼法（试行）》同时废止。

关于《中华人民共和国民事诉讼法修正案（草案）》的说明

——2011年10月24日在第十一届全国人民代表大会常务委员会第二十三次会议上

全国人大常委会法制工作委员会副主任　王胜明

全国人民代表大会常务委员会：

我受委员长会议的委托，作关于《中华人民共和国民事诉讼法修正案（草案）》的说明。

民事诉讼法是国家的基本法律，是规范民事诉讼程序的基本规则。我国现行民事诉讼法是1991年七届全国人大四次会议通过的。2007年十届全国人大常委会第三十次会议曾对民事诉讼法审判监督程序和执行程序的部分规定作了修改。总的看，民事诉讼法规定的基本原则是正确的，条文规定大多是可行的，对保证人民法院依法审理民事案件，保护当事人合法权益，维护社会和谐稳定，发挥了重要作用。但是，随着经济社会快速发展，民事案件数量不断增多，新的案件类型不断出现，民事诉讼法的规定在某些方面已经不能完全适应人民群众的司法需求，有必要进一步予以完善。

近几年来，一些全国人大代表和有关方面陆续提出修改民事诉讼法的意见和建议。中央关于深化司法体制和工作机制改革的意见也要求进一步完善民事诉讼制度。法制工作委员会按照全国人大常委会立法工作安排和不断完善中国特色社会主义法律体系的总体要求，从2010年开始，着手民事诉讼法修改方案的研究起草工作。修改工作注意把握以下几点：一是秉持中国特色社会主义法治理念，认真总结民事诉讼法实施的经验，针对实践中出现的新情况新问题，进一步保障当事人的诉讼权利，维护司法公正；二是遵循民事诉讼的基本原理，科学配置司法资源，提高诉讼效率；三是强化对民事诉讼的法律监督，保证法律的正确实施；四是注重有效解决民事纠纷，促进社会和谐稳定；五是对认识不一致、目前还没有把握的一些问题暂不作规定。经反复与最高人民法院、最高人民检察院等单位研究，多次听取全国人大代表、企业、律师和专家学者的意见，并专门征求部分地方人大常委会的意见，在充分论证并取得基本共识的基础上，对民事诉讼法作了部分修改，形成了民事诉讼法修正案（草案）。现就主要问题说明如下：

一、完善调解与诉讼相衔接的机制

当前我国处于社会矛盾凸显期，各类民事纠纷日益增多，充分发挥调解作用，尽量将矛盾纠纷解决在基层、解决在当地，对及时化解矛盾纠纷，促进社会和谐稳定，具有重要作用。建议从两个方面完善调解与诉讼相衔接的机制：

1. 增加先行调解的规定。调解作为解决纠纷的有效方式，具有程序简便、方式灵活、自觉履行率高等优点。未经人民调解的纠纷，起诉到法院的，可以先行调解；经过人民调解未达成调解协议的纠纷，起诉到法院的，也可以先行调解。为此，建议增加规定：当事人起诉到人民法院的民事纠纷，适宜调解的，先行调解。

2. 增加民事诉讼法和人民调解法相衔接的规定。人民调解法规定了对调解协议的司法确认制度，经司法确认的调解协议具有强制执行效力。为做好法律的衔接，建议在特别程序中专节规定“确认调解协议案件”，明确规定当事人申请司法确认调解协议的程序和法律后果。

二、进一步保障当事人的诉讼权利

切实保障当事人的诉讼权利，是正确适用法律，维护司法公正的重要前提和基础。针对实践中存在的问题，建议作以下补充修改：

1. 完善起诉和受理程序。为了保障当事人的起诉权利，规范人民法院受理案件的程序，建议明确规定：人民法院应当保障当事人依照法律规定享有的起诉权利。人民法院对不符合起诉条件的，应当在七日内作出裁定书。原告对裁定不服的，可以提起上诉。

2. 完善开庭前准备程序。根据审判实践并借鉴国外好的做法，建议在开庭前准备程序中分别情形规定不同的处理办法：一是，对当事人没有争议，可以适用督促程序的，转入督促程序。二是，对当事人争议不大的，采取调解等方式及时解决纠纷。三是，根据案件性质，确定适用简易程序或者普通程序。四是，需要开庭审理的，要求当事人交换证据，明确争议焦点。

3. 增加公益诉讼制度。近年来，环境污染和食品安全事故不断发生，一些全国人大代表和有关方面多次提出在民事诉讼法中增加公益诉讼制度。建议增加规定：对污染环境、侵害众多消费者合法权益等损害社会公共利益的行为，有关机关、社会团体可以向人民法院提起诉讼。

4. 完善保全制度。民事诉讼法对行为保全问题未作规定。侵害知识产权等案件有时需要禁止当事人作出某种行为，或者要求其作出某种行为，以制止侵权发生，防止损害扩大。著作权法、专利法、商标法、海事诉讼特别程序法等法律作了相关规定。建议在财产保全的基础上增加这方面的规定：人民法院对于可能因当事人一方的行为或者其他原因，使判决难以执行或者造成当事人损害的案件，根据对方当事人的申请，可以裁定对其财产进行保全、责令其作出一定行为或者禁止其作出一定行为；当事人没有提出申请的，人民法院在必要时也可以裁定采取保全措施。

5. 完善裁判文书公开制度。裁判文书公开，是审判公开制度的重要内容，对提高审判质量、释法服判具有重要作用。建议增加规定：公众可以查阅发生法律效力的判决书、裁定书，但涉及国家秘密、商业秘密和个人隐私的内容除外。同时，建议进一步明确规定判决书、裁定书都应当写明判决、裁定结果以及作出判决、裁定的理由。

三、完善当事人举证制度

证据是人民法院认定事实并作出裁判的基础。完善当事人举证制度，对于查明事实，正确适用法律，妥善解决民事纠纷具有重要作用。针对实践中存在的问题，建议作以下补充修改：

1. 明确接收当事人提交证据材料的手续。建议明确规定：人民法院收到当事人提交的证据材料，应当出具收据，写明证据名称、页数、份数以及收到时间，并由经办人员签名或者盖章。

2. 促使当事人积极提供证据。针对有的当事人在诉讼活动中为拖延诉讼，不及时提供证据的情况，建议增加规定：当事人对自己提出的主张应当及时提供证据。未及时提供证据的，人民法院应当责令其说明理由。理由不成立的，人民法院根据不同情形予以训诫、罚款、赔偿拖延诉讼造成的损失、不予采纳该证据。

3. 赋予当事人启动鉴定程序的权利。根据审判实践和各方面意见，建议增加规定：当事人可以就查明事实的专门性问题向人民法院申请鉴定。当事人申请鉴定的，由双方当事人协商确定具备资格的鉴定人；协商不成的，由人民法院指定。当事人对鉴定意见有异议或者人民法院认为鉴定人有必要出庭的，鉴定人应当出庭作证。经人民法院通知，鉴定人拒不出庭作证的，鉴定意见不得作为认定事实的根据。

四、完善简易程序

民事案件中不少是事实清楚、争议不大的简单民事案件。民事诉讼法规定审理简单的民事案件适用简易程序。完善简易程序，对于提高审判效率，降低当事人诉讼成本，合理利用司法资源，具有重要作用。针对实践中存在的问题，建议作以下补充修改：

1. 设立小额诉讼制度。为及时解决面广量大的民事纠纷，根据一些地方的试点探索并借鉴国外好的做法，可以就适用简易程序的部分案件设立小额诉讼制度。建议增加规定：基层人民法院和它派出的法庭审理标的额人民币五千元以下的民事案件，实行一审终审。

2. 扩大简易程序适用范围。根据当事人有权处分民事权利和诉讼权利的原则，建议增加规定对简单民事案件以外的其他民事案件，当事人双方也可以约定适用简易程序。

3. 进一步简化审理程序。建议明确规定，基层人民法院和它派出的法庭审理简单的民事案件，可以用简便方式传唤当事人、送达文书、审理案件。

五、强化法律监督

检察机关对民事诉讼实行法律监督，是保证依法行使审判权，正确实施法律的重要制度，对促进司法公正，维护社会公共利益，具有重要作用。建议作以下补充修改：

1. 增加监督方式。民事诉讼法只规定了抗诉一种监督方式。根据近年来一些地方的试点探索，建议增加规定人民检察院有权以检察建议的方式对民事诉讼实行法律监督。并在审判监督程序中增加规定，地方各级人民检察院对同级人民法院已经发生法律效力的判决、裁定和调解书，发现有错误的，可以向同级人民法院提出再审检察建议。

2. 扩大监督范围。民事诉讼法没有明确规定对民事执行活动和人民法院的调解活动能否实行检察监督。针对执行活动中一些当事人恶意串通，通过调解协议损害社会公共利益的情况，建议将人民检察院有权对民事审判活动实行法律监督，修改为人民检察院有权对民事诉讼实行法律监督，将民事执行活动纳入法律监督。同时，增加规定人民检察院发现调解书损害社会公共利益的，应当提出再审检察建议或者提出抗诉。

3. 强化监督手段。建议增加规定：人民检察院因提出再审检察建议或者抗诉的需要，可以查阅人民法院的诉讼卷宗，并可以向当事人或者案外人调查核实有关情况。

六、完善审判监督程序

审判监督程序对于纠正错案，维护司法公正，保护当事人的合法权益，具有重要作用。针对实践中存在的问题，建议作以下补充修改：

1. 完善再审审级规定。民事诉讼法规定当事人认为判决、裁定有错误的，可以向上一级人民法院申请再审。为方便公民申请再审，可以考虑发生在公民之间的民事案件，不一定都到上一级法院申请再审。建议增加规定：发生在公民之间的案件，也可以向原审人民法院申请再审。同时，对再审事由作适当限制。

2. 完善申请再审检察建议或者抗诉程序。实践中不少当事人既向人民法院申请再审，又向人民检察院申请抗诉。为更好地配置司法资源，增强法律监督实效，有必要明确当事人申请再审检察建议或者抗诉的条件。建议增加规定，在三种情况下当事人可以向人民检察院申请再审检察建议或者抗诉：一是，人民法院驳回再审申请的。二是，人民法院逾期未对再审申请作出裁定的。三是，再审判决、裁定有明显错误的。同时，针对各方面反映的一些当事人反复缠诉、终审不终的问题，建议明确规定：经人民检察院提出再审检察建议或者抗诉，人民法院再审的，当事人不得再向人民检察院申请再审检察建议或者抗诉。

七、完善执行程序

为进一步解决执行难的问题，针对实践中存在的问题，建议作以下补充修改：

1. 强化执行措施。针对一些被执行人隐匿、转移财产的情况，建议进一步规定：执行员接到申请执行书或者移交执行书，应当向被执行人发出执行通知，并可以立即采取强制执行措施。

2. 制裁逃避执行行为。针对一些被执行人通过另启诉讼等方式逃避执行的情况，建议增加规定：被执行人与他人恶意串通，通过诉讼、仲裁等方式逃避履行法律文书确定的义务的，人民法院应当根据情节轻重予以罚款、拘留；构成犯罪的，依法追究刑事责任。

3. 加大对拒不执行的惩处力度。针对被执行人隐藏、转移已经查封、扣押的财产，拒不履行生效判决、裁定等行为，建议将对个人的罚款金额从一万元以下提高到十万元以下；对单位的罚款金额从一万元以上三十万元以下提高到五万元以上一百万元以下，进一步强化对妨碍民事诉讼的强制措施。

《中华人民共和国民事诉讼法修正案（草案）》和以上说明是否妥当，请审议。

全国人民代表大会法律委员会关于《中华人民共和国民事诉讼法修正案（草案）》修改情况的汇报

——2012年4月24日在第十一届全国人民代表大会常务委员会第二十六次会议上

全国人大常委会法制工作委员会主任　李适时

全国人民代表大会常务委员会：

常委会第二十三次会议对民事诉讼法修正案草案进行了初次审议。会后，法制工作委员会将草案印发各省（区、市）、中央有关部门和法学教学研究单位征求意见，中国人大网站全文公布草案向社会征求意见。法律委员会、法制工作委员会就草案主要问题多次召开座谈会，听取最高人民法院、最高人民检察院、国务院法制办公室、环境保护部等有关部门和地方人大，以及仲裁委员会、消费者协会、部分专家和律师的意见。各方面普遍认为，草案认真总结多年来的民事审判经验，落实中央深化司法体制和工作机制改革的要求，着力解决社会普遍关注和审判实践迫切需要解决的问题，总体赞成草案的修改内容，同时，也提出了一些修改意见。法律委员会于4月6日召开会议，根据常委会组成人员的审议意见以及各方面的意见，对草案进行了逐条审议。最高人民法院、最高人民检察院的负责同志列席了会议。4月12日，法律委员会召开会议，再次进行审议。现将民事诉讼法修正案草案主要问题修改情况汇报如下：

一、关于诚实信用原则。民事诉讼法第十三条规定：当事人有权在法律规定的范围内处分自己的民事权利和诉讼权利。最高人民法院、有的地方人大和专家提出，审判实践中当事人恶意诉讼、拖延诉讼等滥用诉讼权利的情形时有发生，当事人在诉讼活动中也应当恪守诚信，应当增加这方面的规定。法律委员会经同有关方面研究，建议在本条中增加规定：当事人行使权利应当遵循诚实信用原则。

二、关于法律监督程序。草案第一条在现行法律规定基础上对强化人民检察院的法律监督作了规定。有的常委委员提出，这样规定与刑事诉讼法、行政诉讼法的规定表述不一致，最高人民检察院则要求进一步明确法律监督的范围和方式。法律委员会经同有关方面研究，建议参照刑事诉讼法、行政诉讼法的规定，将草案第一条规定的“人民检察院有权以检察建议、抗诉方式对民事诉讼实行法律监督”修改为“人民检察院有权对民事诉讼实行法律监督”。同时明确规定：地方各级人民检察院对审判监督程序以外的其他审判程序中审判人员的违法行为，有权向同级人民法院提出检察建议。人民检察院有权对民事执行活动实行法律监督。

三、关于公益诉讼制度。草案第八条规定，对污染环境、侵害众多消费者合法权益等损害社会公共利益的行为，有关机关、社会团体可以向人民法院提起诉讼。常委会组成人员和各方面总的赞成规定公益诉讼制度，同时有些意见希望进一步明确提起公益诉讼的主体资格。法律委员会经同有关方面研究，建议将该条中的“有关机关、社会团体”修改为“法律规定的机关和有关社会团体”。这样规定，既可使公益诉讼在我国适度开展，有利于社会进步，同时也能保障公益诉讼有序进行。目前，有的环境保护领域的法律已规定了提出这类诉讼的机关。比如，海洋环境保护法规定，海洋环境监督管理部门代表国家对破坏海洋环境给国家造成重大损失的责任者提出损害赔偿要求。同时，消费者权益保护法的修改已经列入了立法工作计划，对哪些消费者保护团体能够作为公益诉讼的主体可以在该法修改中统筹考虑。

四、关于诉讼代理人的范围。实践中有些个人以诉讼代理人的名义长期包揽诉讼，甚至滥用诉讼。司法部、有的地方人大和专家要求在民事诉讼法中进一步明确哪些人可以担任诉讼代理人。法律委员会经同有关方面研究认为，诉讼代理制度既要满足当事人的法律服务需求，也要有利于维护诉讼秩序。建议将民事诉讼法第五十八条第二款修改为：下列人员可以被委托为诉讼代理人：（一）律师、基层法律服务工作者；（二）当事人的近亲属；（三）当事人所在社区、单位或者有关社会团体推荐的人。

五、关于专家参与诉讼。最高人民法院、有的地方人大和专家提出，医疗事故、环境污染和知识产权等案件，专业性强，为了查明事实，分清是非，维护当事人的合法权益，在庭审过程中需要专家提供专业意见。法律委员会经同有关方面研究，建议增加规定：当事人可以申请人民法院通知有专门知识的人出庭，就鉴定人作出的鉴定意见或者专业问题提出意见。

六、关于先行调解。草案第二十五条规定，当事人起诉到人民法院的民事纠纷，适宜调解的，先行调解。有的常委委员和专家提出，在民事诉讼过程中强调先行调解是对的，但调解应当建立在当事人自愿的基础上，草案这一条规定还不够明确。法律委员会经同有关方面研究，建议将这一条修改为：“当事人起诉到人民法院的民事纠纷，适宜调解的，先行调解，但当事人拒绝调解的除外。”

七、关于小额诉讼制度。草案第三十五条规定，基层人民法院和它派出的法庭审理标的额人民币五千元以下的民事案件，实行一审终审。常委会组成人员和社会各方面多数意见赞成规定小额诉讼制度，但对小额诉讼的标的额怎么规定有不同意见。有的常委委员认为不宜规定五千元的绝对数，可根据经济发展水平规定相对数，最高人民法院建议提高小额诉讼的标的额。考虑到目前统计部门对人均收入是以城镇、农村分别统计的，要确定一个适用于城乡居民的相对数额较为困难。近年来，各地人民法院试点的小额诉讼标的额多数为一万元以下。法律委员会经同有关方面研究，建议将这一条规定修改为：基层人民法院和它派出的法庭审理标的额人民币一万元以下的民事案件，实行一审终审。

八、关于第二审程序的开庭审理。有的地方人大、律师和专家提出，民事诉讼法对第二审民事案件是否必须开庭审理规定得不够清晰，实践中有许多民事案件在第二审程序中是未经开庭书面裁判的，应当进一步明确第二审程序开庭审理的条件。法律委员会经同有关方面研究，建议将民事诉讼法第一百五十二条第一款修改为：第二审人民法院对上诉案件，应当组成合议庭，开庭审理。经过阅卷、调查和询问当事人，对没有提出新的事实、证据或者理由，合议庭认为不需要开庭审理的，可以不开庭审理。

九、关于申请再审的期限。民事诉讼法第一百八十四条规定：当事人申请再审，应当在判决、裁定发生法律效力后二年内提出；二年后据以作出原判决、裁定的法律文书被撤销或者变更，以及发现审判人员在审理该案件时有贪污受贿，徇私舞弊，枉法裁判行为的，自知道或者应当知道之日起三个月内提出。最高人民法院、有的地方人大和专家提出，这样规定，一是二年的申请再审期限过长，不利于法律关系的稳定；二是三个月内提出的再审事由过窄，建议适当修改。法律委员会经同有关方面研究，建议将上述规定修改为：当事人申请再审，应当在判决、裁定发生法律效力后六个月内提出；有新的证据，足以推翻原判决、裁定的，原判决、裁定认定事实的主要证据是伪造的，据以作出原判决、裁定的法律文书被撤销或者变更的，以及审判人员审理该案件时有贪污受贿、徇私舞弊、枉法裁判行为等四种情形的，自知道或者应当知道之日起六个月内提出。

十、关于人民法院对申请撤销和不予执行仲裁裁决的审查条件。民事诉讼法第二百一十三条规定了不予执行仲裁裁决的审查条件，其中第四项规定："认定事实的主要证据不足的"，第五项规定："适用法律确有错误的"。仲裁法第五十八条规定了申请撤销仲裁裁决的审查条件，其中第四项规定："裁决所根据的证据是伪造的"，第五项规定："对方当事人隐瞒了足以影响公正裁决的证据的"。最高人民法院、仲裁委员会和有的专家、律师提出，人民法院对不予执行仲裁裁决申请的审查比撤销仲裁裁决申请的审查更为宽泛，不尽合理，应当根据我国仲裁的实际情况，统一审查标准。法律委员会经同有关方面研究，建议根据仲裁法的有关规定，对民事诉讼法第二百一十三条作出相应修改。

此外，还对修正案草案作了一些文字修改。

修正案草案二次审议稿已按上述意见作了修改，法律委员会建议提请常委会第二十六次会议继续审议。

修正案草案二次审议稿和以上汇报是否妥当，请审议。

全国人民代表大会法律委员会关于《中华人民共和国民事诉讼法修正案（草案）》审议结果的报告

——2012年8月27日在第十一届全国人民代表大会常务委员会第二十八次会议上

全国人大常委会法制工作委员会主任 李适时

全国人民代表大会常务委员会：

常委会第二十六次会议对民事诉讼法修正案（草案二次审议稿）进行了审议。会后，法律委员会、法制工作委员会就修正案草案几个主要问题赴江西、江苏、浙江、广东调研，进一步听取意见。法律委员会于8月2日召开会议，根据常委会组成人员的审议意见和各方面意见，对草案进行了逐条审议。最高人民法院、最高人民检察院的负责同志列席了会议。8月21日，法律委员会再次召开会议进行审议。法律委员会认为，为了妥善解决民事纠纷，保护当事人的合法权益，落实中央深化司法体制和工作机制改革的要求，促进社会和谐稳定，进一步完善民事诉讼制度是必要的，草案经过常委会两次审议修改，已经比较成熟。同时，提出以下主要修改意见：

一、关于上下级法院之间案件的交办。民事诉讼法第三十九条第一款规定，上级人民法院有权审理下级人民法院管辖的第一审民事案件，也可以把本院管辖的第一审民事案件交下级人民法院审理。修正案草案二次审议稿删去了其中上级法院可将本院管辖的一审案件交下级法院审理的规定。最高人民法院提出，原则上上级法院不宜将本院管辖的民事案件交下级法院审理，但民事案件情况复杂，有的案件如破产程序中的衍生诉讼案件，交下级法院审理更有利于当事人参加诉讼，节约诉讼资源。法律委员会经同最高人民法院研究，建议将这一款修改为"上级人民法院有权审理下级人民法院管辖的第一审民事案件；确有必要将本院管辖的第一审民事案件交下级人民法院审理的，应当报请其上级人民法院批准。"

二、关于对案外被侵害人的救济程序。当前，当事人通过恶意诉讼等手段，侵害案外人合法权益的情况时有发生。有的常委委员、部门和专家提出，对恶意诉讼，除应当适用妨害民事诉讼的强制措施给予拘留、罚款或者依法追究刑事责任外，还应当在民事诉讼法中增加对案外被侵害人的救济渠道。法律委员会经研究，建议在民事诉讼法关于第三人的规定中增加规定，因不能归责于本人的事由未参加诉讼，但有证据证明发生法律效力的判决、裁定、调解书的部分或者全部内容错误，损害其民事权益的，可以自知道或者应当知道其民事权益受到损害之日起六个月内，向作出该判决、裁定、调解书的人民法院提起诉讼。人民法院经审理，诉讼请求成立的，应当改变或者撤销原判决、裁定、调解书;诉讼请求不成立的,驳回诉讼请求。

三、关于举证期限。有的常委委员、法院和专家提出,为了及时解决当事人之间的纠纷,提高诉讼效率,需要当事人在诉讼中及时提交证据,草案应当进一步明确举证期限的规定。法律委员会经同有关部门反复研究,并听取专家意见,建议增加规定:“人民法院根据当事人的主张和案件审理情况,确定当事人应当提供的证据及其期限。当事人在该期限内提供证据确有困难的,可以向人民法院申请延长期限,人民法院根据当事人的申请适当延长。当事人逾期提供证据的,人民法院应当责令其说明理由;逾期提供证据的理由不成立的,人民法院根据不同情形予以训诫、罚款或者不予采纳该证据。”

四、关于小额诉讼。为了便于及时化解矛盾纠纷,提高诉讼效率,草案规定了小额诉讼制度。常委会组成人员和各方面多数意见赞成作出这一规定,同时对如何确定小额诉讼标的额仍有不同意见。法律委员会经同有关部门反复研究,建议对草案相关规定作以下修改:一是进一步明确小额诉讼案件属于适用简易程序的案件,明确规定小额诉讼案件应当“符合本法第一百五十七条第一款规定的简单的民事案件”的条件;二是小额诉讼案件的标的额,修正案草案二次审议稿规定为“一万元以下”,根据有的常委委员和专家关于我国各地区经济社会发展不平衡,确定一个相对数更符合实际需要的意见,规定“标的额为各省、自治区、直辖市上年度就业人员年平均工资百分之三十以下”。据国家统计局提供的数据,2011年全国城镇单位就业人员年平均工资为41799元,按百分之三十计算,全国大多数省区市为12000多元;三是明确适用简易程序的案件,发现案情较为复杂的,可以转为普通程序,增加规定:“人民法院在审理过程中,发现案件不宜适用简易程序的,裁定转为普通程序。”

五、关于申请再审的审级。修正案草案二次审议稿第四十二条规定,当事人对已经发生法律效力的判决、裁定,认为有错误的,可以向上一级人民法院申请再审;发生在公民之间的案件,也可以向原审人民法院申请再审。有的常委委员和最高人民法院提出,有些案件当事人一方人数较多,由原审人民法院再审,有利于查清事实,将纠纷解决在当地。法律委员会经同最高人民法院研究,建议增加规定,当事人一方人数众多的案件,也可以向原审人民法院申请再审。

六、关于再审案件中止执行的情形。修正案草案二次审议稿第四十五条规定,按照审判监督程序决定再审的案件,可以裁定中止原判决、调解书的执行。有的常委委员和专家提出,法院决定再审的案件,原则上都应当中止执行,但对追索赡养费、扶养费、医疗费用等影响当事人生计、涉及其生命健康的案件,可以不中止执行,草案对此应作出明确规定。法律委员会经研究,建议将这一条修改为:“按照审判监督程序决定再审的案件,裁定中止原判决、裁定、调解书的执行,但追索赡养费、扶养费、抚育费、抚恤金、医疗费用、劳动报酬等案件,可以不中止执行。”

七、关于人民检察院对审判的法律监督。修正案草案二次审议稿第四十八条规定:“人民检察院因抗诉的需要,可以查阅、调阅人民法院的诉讼卷宗,并可以向当事人或者案外人调查核实有关情况。”最高人民法院、最高人民检察院提出,根据审判和法律监督实践情况,建议将这一条修改为:“人民检察院因履行法律监督职责提出检察建议或者抗诉的需要,可以向当事人或者案外人调查核实有关情况。”法律委员会赞同这一意见,建议对该条作相应修改。

此外,还对修正案草案二次审议稿作了一些文字修改。

法律委员会已按上述意见提出了全国人民代表大会常务委员会关于修改《中华人民共和国民事诉讼法》的决定(草案)。法律委员会建议,经本次常委会会议审议,如果审议意见比较一致,由本次常委会会议表决通过。

修改决定草案和以上报告是否妥当,请审议。

全国人民代表大会法律委员会关于《全国人民代表大会常务委员会关于修改〈中华人民共和国民事诉讼法〉的决定（草案）》修改意见的报告

——2012 年 8 月 30 日在第十一届全国人民代表大会常务委员会第二十八次会议上

全国人民代表大会常务委员会：

本次常委会会议于 8 月 27 日下午对全国人民代表大会常务委员会关于修改民事诉讼法的决定（草案）进行了分组审议，普遍认为，草案已经比较成熟，建议进一步修改后，提请本次会议表决通过。同时，有些常委委员还提出了一些修改意见。法律委员会于 8 月 28 日下午召开会议，逐条研究了常委委员的审议意见，对草案进行了审议。最高人民法院、最高人民检察院的负责同志列席了会议。法律委员会认为，草案是可行的，同时，提出以下修改意见：

一、修改决定草案第八条中规定："审判人员不得接受当事人、诉讼代理人请客送礼，不得违反规定会见当事人、诉讼代理人。审判人员违反上述规定的，应当依法追究法律责任。当事人有权要求他们回避。"有的常委委员提出，上述规定应与现行民事诉讼法第四十四条规定相衔接，同时审判人员有违法违规行为，既涉及回避问题，也应当追究相应的法律责任，对这两种不同处理以分别规定为宜。法律委员会经研究，建议将这一款修改为："审判人员接受当事人、诉讼代理人请客送礼，或者违反规定会见当事人、诉讼代理人的，当事人有权要求他们回避。""审判人员有前款规定的行为的，应当依法追究法律责任。"

二、修改决定草案第九条规定："对污染环境、侵害众多消费者合法权益等损害社会公共利益的行为，法律规定的机关和有关社会团体可以向人民法院提起诉讼。"有的常委委员和全国人大代表提出，应当在这一条中进一步明确公益诉讼的主体；也有常委委员和全国人大代表提出，我国公益诉讼还处于探索阶段，各地做法也不统一，可在条件成熟时再对公益诉讼的有关内容作出明确规定。法律委员会经研究，考虑到对上述规定中社会团体的范围有不同认识，建议将这一条中的"有关社会团体"修改为"有关组织"。至于哪些组织适宜提起公益诉讼，可以在制订相关法律时作出进一步明确规定，还可以在司法实践中逐步探索。

民事诉讼法是公民、法人和其他组织进行民事诉讼活动和人民法院审理民事案件的基本规则，对及时解决民事纠纷，促进社会和谐稳定具有重要意义。法律委员会建议，有关方面应当广泛宣传和深入学习这部法律，清理相关司法解释与规定，不符合民事诉讼法的要抓紧修改或者废止，同时要抓紧做好实施民事诉讼法的各项其他准备工作，以有效实施修改后的民事诉讼法。

此外，根据常委委员的审议意见，还对修改决定草案作了一些文字修改。

修改决定草案建议表决稿已按上述意见作了修改，法律委员会建议本次常委会会议通过。

修改决定草案建议表决稿和以上报告是否妥当，请审议。

中华人民共和国主席令

第六十号

《全国人民代表大会常务委员会关于修改〈中华人民共和国农业技术推广法〉的决定》已由中华人民共和国第十一届全国人民代表大会常务委员会第二十八次会议于2012年8月31日通过，现予公布，自2013年1月1日起施行。

中华人民共和国主席　胡锦涛

2012年8月31日

全国人民代表大会常务委员会关于修改《中华人民共和国农业技术推广法》的决定

（2012年8月31日第十一届全国人民代表大会常务委员会第二十八次会议通过）

第十一届全国人民代表大会常务委员会第二十八次会议决定对《中华人民共和国农业技术推广法》作如下修改：

一、将第一条中的“保障农业的发展”修改为“增强科技支撑保障能力，促进农业和农村经济可持续发展”。

二、将第二条第一款修改为：“本法所称农业技术，是指应用于种植业、林业、畜牧业、渔业的科研成果和实用技术，包括：

“（一）良种繁育、栽培、肥料施用和养殖技术；

“（二）植物病虫害、动物疫病和其他有害生物防治技术；

“（三）农产品收获、加工、包装、贮藏、运输技术；

“（四）农业投入品安全使用、农产品质量安全技术；

“（五）农田水利、农村供排水、土壤改良与水土保持技术；

“（六）农业机械化、农用航空、农业气象和农业信息技术；

“（七）农业防灾减灾、农业资源与农业生态安全和农村能源开发利用技术；

“（八）其他农业技术。”

将第二款中的“农业生产产前、产中、产后全过程”修改为“农业产前、产中、产后全过程”。

三、将第三条修改为：“国家扶持农业技术推广事业，加快农业技术的普及应用，发展高产、优质、高效、生态、安全农业。”

四、将第四条第一项修改为：“有利于农业、农村经济可持续发展和增加农民收入”。

第二项修改为：“尊重农业劳动者和农业生产经营组织的意愿”。

第四项和第五项合并，作为第四项，修改为：“公益性推广与经营性推广分类管理”。

第六项改为第五项，修改为：“兼顾经济效益、社会效益，注重生态效益”。

五、第五条增加一款，作为第二款：“国家鼓励运用现代信息技术等先进传播手段，普及农业科学技术知识，创新农业技术推广方式方法，提高推广效率。”

六、在第七条“组织有关部门和单位采取措施”一句后增加“提高农业技术推广服务水平”。

七、将第九条修改为：“国务院农业、林业、水利等部门（以下统称农业技术推广部门）按照各自的职责，负责全国范围内有关的农业技术推广工作。县级以上地方各级人民政府农业技术推广部门在同级人民政府的领导下，按照各自的职责，负责本行政区域内有关的农业技术推广工作。同级人民政府科学技术部门对农业技术推广工作进行指导。同级人民政府其他有关部门按照各自的职责，负责农业技术推广的有关工作。”

八、将第十条第一款修改为：“农业技术推广，实行国家农业技术推广机构与农业科研单位、有关学校、农民专业合作社、涉农企业、群众性科技组织、农民技术人员等相结合的推广体系。”

将第十条第二款中的“到农村开展农业技术推广服务活动”修改为“开展农业技术推广服务”。

九、将第十一条修改为：“各级国家农业技术推广机构属于公共服务机构，履行下列公益性职责：

“（一）各级人民政府确定的关键农业技术的引进、试验、示范；

“（二）植物病虫害、动物疫病及农业灾害的监测、预报和预防；

“（三）农产品生产过程中的检验、检测、监测咨询技术服务；

“（四）农业资源、森林资源、农业生态安全和农业投入品使用的监测服务；

“（五）水资源管理、防汛抗旱和农田水利建设技术服务；

“（六）农业公共信息和农业技术宣传教育、培训服务；

“（七）法律、法规规定的其他职责。”

十、增加一条，作为第十二条：“根据科学合理、集中力量的原则以及县域农业特色、森林资源、水系和水利设施分布等情况，因地制宜设置县、乡镇或者区域国家农业技术推广机构。

“乡镇国家农业技术推广机构，可以实行县级人民政府农业技术推广部门管理为主或者乡镇人民政府管理为主、县级人民政府农业技术推广部门业务指导的体制，具体由省、自治区、直辖市人民政府确定。”

十一、增加一条，作为第十三条：“国家农业技术推广机构的人员编制应当根据所服务区域的种养规模、服务范围和工作任务等合理确定，保证公益性职责的履行。

“国家农业技术推广机构的岗位设置应当以专业技术岗位为主。乡镇国家农业技术推广机构的岗位应当全部为专业技术岗位，县级国家农业技术推广机构的专业技术岗位不得低于机构岗位总量的百分之八十，其他国家农业技术推广机构的专业技术岗位不得低于机构岗位总量的百分之七十。”

十二、将第十二条改为第十四条，修改为：“国家农业技术推广机构的专业技术人员应当具有相应的专业技术水平，符合岗位职责要求。

“国家农业技术推广机构聘用的新进专业技术人员，应当具有大专以上有关专业学历，并通过县级以上人民政府有关部门组织的专业技术水平考核。自治县、民族乡和国家确定的连片特困地区，经省、自治区、直辖市人民政府有关部门批准，可以聘用具有中专有关专业学历的人员或者其他具有相应专业技术水平的人员。”

增加一款，作为第三款：“国家鼓励和支持高等学校毕业生和科技人员到基层从事农业技术推广工作。各级人民政府应当采取措施，吸引人才，充实和加强基层农业技术推广队伍。”

十三、将第十三条第一款、第三款、第四款改为第十五条，修改为：“国家鼓励和支持村农业技术服务站点和农民技术人员开展农业技术推广。对农民技术人员协助开展公益性农业技术推广活动，按照规定给予补助。

“农民技术人员经考核符合条件的，可以按照有关规定授予相应的技术职称，并发给证书。

“国家农业技术推广机构应当加强对村农业技术服务站点和农民技术人员的指导。

“村民委员会和村集体经济组织，应当推动、帮助村农业技术服务站点和农民技术人员开展工作。”

十四、将第十五条第一款改为第十六条第一款，第十五条第三款改为第十六条第二款并修改为：“农业科研单位和有关学校应当将其科技人员从事农业技术推广工作的实绩作为工作考核和职称评定的重要内容。”

十五、将第十四条改为第十七条，修改为：“国家鼓励农场、林场、牧场、渔场、水利工程管理单位面向社会开展农业技术推广服务。”

十六、将第十六条改为第十八条，修改为：“国家鼓励和支持发展农村专业技术协会等群众性科技组织，发挥其在农业技术推广中的作用。”

十七、将第十七条改为第十九条，修改为：“重大农业技术的推广应当列入国家和地方相关发展规划、计划，由农业技术推广部门会同科学技术等相关部门按照各自的职责，相互配合，组织实施。”

十八、将第十八条改为第二十条，修改为：“农业科研单位和有关学校应当把农业生产中需要解决的技术问题列为研究课题，其科研成果可以通过有关农业技术推广单位进行推广或者直接向农业劳动者和农业生产经营组织推广。”

增加一款，作为第二款：“国家引导农业科研单位和有关学校开展公益性农业技术推广服务。”

十九、将第十九条第一款改为第二十一条，修改为：“向农业劳动者和农业生产经营组织推广的农业技术，必须在推广地区经过试验证明具有先进性、适用性和安全性。”

二十、将第十三条第二款、第二十条第一款、第二十一条第二款、第三款改为第二十二条，修改为：“国家鼓励和支持农业劳动者和农业生产经营组织参与农业技术推广。

“农业劳动者和农业生产经营组织在生产中应用先进的农业技术，有关部门和单位应当在技术培训、资金、物资和销售等方面给予扶持。

“农业劳动者和农业生产经营组织根据自愿的原则应用农业技术，任何单位或者个人不得强迫。

“推广农业技术，应当选择有条件的农户、区域或者工程项目，进行应用示范。”

二十一、将第十五条第二款、第二十一条第一款改为第二十三条，修改为：“县、乡镇国家农业技术推广机构应当组织农业劳动者学习农业科学技术知识，提高其应用农业技术的能力。

“教育、人力资源和社会保障、农业、林业、水利、科学技术等部门应当支持农业科研单位、有关学校开展有关农业技术推广的职业技术教育和技术培训，提高农业技术推广人员和农业劳动者的技术素质。

“国家鼓励社会力量开展农业技术培训。”

二十二、将第二十二条第一款、第二款改为第二十四条，修改为：“各级国家农业技术推广机构应当认真履行本法第十一条规定的公益性职责，向农业劳动者和农业生产经营组织推广农业技术，实行无偿服务。

“国家农业技术推广机构以外的单位及科技人员以技术转让、技术服务、技术承包、技术咨询和技术入股等形式提供农业技术的，可以实行有偿服务，其合法收入和植物新品种、农业技术专利等知识产权受法律保护。进行农业技术转让、技术服务、技术承包、技术咨询和技术入股，当事人各方应当订立合同，约定各自的权利和义务。”

二十三、增加一条，作为第二十五条：“国家鼓励和支持农民专业合作社、涉农企业，采取多种形式，为农民应用先进农业技术提供有关的技术服务。”

二十四、增加一条，作为第二十六条：“国家鼓励和支持以大宗农产品和优势特色农产品生产为重点的农业示范区建设，发挥示范区对农业技术推广的引领作用，促进农业产业化发展和现代农业建设。”

二十五、增加一条，作为第二十七条：“各级人民政府可以采取购买服务等方式，引导社会力量参与公益性农业技术推广服务。”

二十六、将第二十二条第三款、第二十三条改为第二十八条，修改为：“国家逐步提高对农业技术推广的投入。各级人民政府在财政预算内应当保障用于农业技术推广的资金，并按规定使该资金逐年增长。

“各级人民政府通过财政拨款以及从农业发展基金中提取一定比例的资金的渠道，筹集农业技术推广专项资金，用于实施农业技术推广项目。中央财政对重大农业技术推广给予补助。

“县、乡镇国家农业技术推广机构的工作经费根据当地服务规模和绩效确定，由各级财政共同承担。

“任何单位或者个人不得截留或者挪用用于农业技术推广的资金。”

二十七、将第二十四条改为第二十九条，修改为：“各级人民政府应当采取措施，保障和改善县、乡镇国家农业技术推广机构的专业技术人员的工作条件、生活条件和待遇，并按照国家规定给予补贴，保持国家农业技术推广队伍的稳定。

“对在县、乡镇、村从事农业技术推广工作的专业技术人员的职称评定，应当以考核其推广工作的业务技术水平和实绩为主。”

二十八、删去第二十五条。

二十九、将第二十八条改为第三十条，修改为：“各级人民政府应当采取措施，保障国家农业技术推广机构获得必需的试验示范场所、办公场所、推广和培训设施设备等工作条件。

“地方各级人民政府应当保障国家农业技术推广机构的试验示范场所、生产资料和其他财产不受侵害。”

三十、将第二十七条改为第三十一条，并将“农业技术推广行政部门和县以上农业技术推广机构”修改为“农业技术推广部门和县级以上国家农业技术推广机构”。

三十一、增加一条，作为第三十二条：“县级以上农业技术推广部门、乡镇人民政府应当对其管理的国家农业技术推广机构履行公益性职责的情况进行监督、考评。

“各级农业技术推广部门和国家农业技术推广机构，应当建立国家农业技术推广机构的专业技术人员工作责任制度和考评制度。

“县级人民政府农业技术推广部门管理为主的乡镇国家农业技术推广机构的人员，其业务考核、岗位聘用以及晋升，应当充分听取所服务区域的乡镇人民政府和服务对象的意见。

"乡镇人民政府管理为主、县级人民政府农业技术推广部门业务指导的乡镇国家农业技术推广机构的人员，其业务考核、岗位聘用以及晋升，应当充分听取所在地的县级人民政府农业技术推广部门和服务对象的意见。"

三十二、将第二十六条改为第三十三条，修改为："从事农业技术推广服务的，可以享受国家规定的税收、信贷等方面的优惠。"

三十三、增加一章，作为第五章，章名为"法律责任"。

三十四、增加一条，作为第三十四条："各级人民政府有关部门及其工作人员未依照本法规定履行职责的，对直接负责的主管人员和其他直接责任人员依法给予处分。"

三十五、增加一条，作为第三十五条："国家农业技术推广机构及其工作人员未依照本法规定履行职责的，由主管机关责令限期改正，通报批评；对直接负责的主管人员和其他直接责任人员依法给予处分。"

三十六、将第十九条第二款改为第三十六条，修改为："违反本法规定，向农业劳动者、农业生产经营组织推广未经试验证明具有先进性、适用性或者安全性的农业技术，造成损失的，应当承担赔偿责任。"

三十七、将第二十条第二款改为第三十七条，修改为："违反本法规定，强迫农业劳动者、农业生产经营组织应用农业技术，造成损失的，依法承担赔偿责任。"

三十八、增加一条，作为第三十八条："违反本法规定，截留或者挪用用于农业技术推广的资金的，对直接负责的主管人员和其他直接责任人员依法给予处分；构成犯罪的，依法追究刑事责任。"

三十九、删去第二十九条。

本决定自2013年1月1日起施行。

《中华人民共和国农业技术推广法》根据本决定作相应的修改并对章的序号及条文序号作相应调整，重新公布。

中华人民共和国农业技术推广法

（1993年7月2日第八届全国人民代表大会常务委员会第二次会议通过 根据2012年8月31日第十一届全国人民代表大会常务委员会第二十八次会议《关于修改〈中华人民共和国农业技术推广法〉的决定》修正）

目　录

第一章　总　　则

第一条　为了加强农业技术推广工作，促使农业科研成果和实用技术尽快应用于农业生产，增强科技支撑保障能力，促进农业和农村经济可持续发展，实现农业现代化，制定本法。

第二条　本法所称农业技术，是指应用于种植业、林业、畜牧业、渔业的科研成果和实用技术，包括：

（一）良种繁育、栽培、肥料施用和养殖技术；

（二）植物病虫害、动物疫病和其他有害生物防治技术；

（三）农产品收获、加工、包装、贮藏、运输技术；

（四）农业投入品安全使用、农产品质量安全技术；

（五）农田水利、农村供排水、土壤改良与水土保持技术；

（六）农业机械化、农用航空、农业气象和农业信息技术；

（七）农业防灾减灾、农业资源与农业生态安全和农村能源开发利用技术；

（八）其他农业技术。

本法所称农业技术推广，是指通过试验、示范、培训、指导以及咨询服务等，把农业技术普及应用于农业产前、产中、产后全过程的活动。

第三条　国家扶持农业技术推广事业，加快农业技术的普及应用，发展高产、优质、高效、生态、安全农业。

第四条 农业技术推广应当遵循下列原则：

（一）有利于农业、农村经济可持续发展和增加农民收入；

（二）尊重农业劳动者和农业生产经营组织的意愿；

（三）因地制宜，经过试验、示范；

（四）公益性推广与经营性推广分类管理；

（五）兼顾经济效益、社会效益，注重生态效益。

第五条 国家鼓励和支持科技人员开发、推广应用先进的农业技术，鼓励和支持农业劳动者和农业生产经营组织应用先进的农业技术。

国家鼓励运用现代信息技术等先进传播手段，普及农业科学技术知识，创新农业技术推广方式方法，提高推广效率。

第六条 国家鼓励和支持引进国外先进的农业技术，促进农业技术推广的国际合作与交流。

第七条 各级人民政府应当加强对农业技术推广工作的领导，组织有关部门和单位采取措施，提高农业技术推广服务水平，促进农业技术推广事业的发展。

第八条 对在农业技术推广工作中做出贡献的单位和个人，给予奖励。

第九条 国务院农业、林业、水利等部门（以下统称农业技术推广部门）按照各自的职责，负责全国范围内有关的农业技术推广工作。县级以上地方各级人民政府农业技术推广部门在同级人民政府的领导下，按照各自的职责，负责本行政区域内有关的农业技术推广工作。同级人民政府科学技术部门对农业技术推广工作进行指导。同级人民政府其他有关部门按照各自的职责，负责农业技术推广的有关工作。

第二章 农业技术推广体系

第十条 农业技术推广，实行国家农业技术推广机构与农业科研单位、有关学校、农民专业合作社、涉农企业、群众性科技组织、农民技术人员等相结合的推广体系。

国家鼓励和支持供销合作社、其他企业事业单位、社会团体以及社会各界的科技人员，开展农业技术推广服务。

第十一条 各级国家农业技术推广机构属于公共服务机构，履行下列公益性职责：

（一）各级人民政府确定的关键农业技术的引进、试验、示范；

（二）植物病虫害、动物疫病及农业灾害的监测、预报和预防；

（三）农产品生产过程中的检验、检测、监测咨询技术服务；

（四）农业资源、森林资源、农业生态安全和农业投入品使用的监测服务；

（五）水资源管理、防汛抗旱和农田水利建设技术服务；

（六）农业公共信息和农业技术宣传教育、培训服务；

（七）法律、法规规定的其他职责。

第十二条 根据科学合理、集中力量的原则以及县域农业特色、森林资源、水系和水利设施分布等情况，因地制宜设置县、乡镇或者区域国家农业技术推广机构。

乡镇国家农业技术推广机构，可以实行县级人民政府农业技术推广部门管理为主或者乡镇人民政府管理为主、县级人民政府农业技术推广部门业务指导的体制，具体由省、自治区、直辖市人民政府确定。

第十三条 国家农业技术推广机构的人员编制应当根据所服务区域的种养规模、服务范围和工作任务等合理确定，保证公益性职责的履行。

国家农业技术推广机构的岗位设置应当以专业技术岗位为主。乡镇国家农业技术推广机构的岗位应当全部为专业技术岗位，县级国家农业技术推广机构的专业技术岗位不得低于机构岗位总量的百分之八十，其他国家农业技术推广机构的专业技术岗位不得低于机构岗位总量的百分之七十。

第十四条 国家农业技术推广机构的专业技术人员应当具有相应的专业技术水平，符合岗位职责要求。

国家农业技术推广机构聘用的新进专业技术人员，应当具有大专以上有关专业学历，并通过县级以上人民政府有关部门组织的专业技术水平考核。自治县、民族乡和国家确定的连片特困地区，经省、自治区、直辖市人民政府有关部门批准，可以聘用具有中专有关专业学历的人员或者其他具有相应专业技术水平的人员。

国家鼓励和支持高等学校毕业生和科技人员到基层从事农业技术推广工作。各级人民政府应当采取措施，吸引人才，充实和加强基层农业技术推广队伍。

第十五条 国家鼓励和支持村农业技术服务

站点和农民技术人员开展农业技术推广。对农民技术人员协助开展公益性农业技术推广活动，按照规定给予补助。

农民技术人员经考核符合条件的，可以按照有关规定授予相应的技术职称，并发给证书。

国家农业技术推广机构应当加强对村农业技术服务站点和农民技术人员的指导。

村民委员会和村集体经济组织，应当推动、帮助村农业技术服务站点和农民技术人员开展工作。

第十六条　农业科研单位和有关学校应当适应农村经济建设发展的需要，开展农业技术开发和推广工作，加快先进技术在农业生产中的普及应用。

农业科研单位和有关学校应当将其科技人员从事农业技术推广工作的实绩作为工作考核和职称评定的重要内容。

第十七条　国家鼓励农场、林场、牧场、渔场、水利工程管理单位面向社会开展农业技术推广服务。

第十八条　国家鼓励和支持发展农村专业技术协会等群众性科技组织，发挥其在农业技术推广中的作用。

第三章　农业技术的推广与应用

第十九条　重大农业技术的推广应当列入国家和地方相关发展规划、计划，由农业技术推广部门会同科学技术等相关部门按照各自的职责，相互配合，组织实施。

第二十条　农业科研单位和有关学校应当把农业生产中需要解决的技术问题列为研究课题，其科研成果可以通过有关农业技术推广单位进行推广或者直接向农业劳动者和农业生产经营组织推广。

国家引导农业科研单位和有关学校开展公益性农业技术推广服务。

第二十一条　向农业劳动者和农业生产经营组织推广的农业技术，必须在推广地区经过试验证明具有先进性、适用性和安全性。

第二十二条　国家鼓励和支持农业劳动者和农业生产经营组织参与农业技术推广。

农业劳动者和农业生产经营组织在生产中应用先进的农业技术，有关部门和单位应当在技术培训、资金、物资和销售等方面给予扶持。

农业劳动者和农业生产经营组织根据自愿的原则应用农业技术，任何单位或者个人不得强迫。

推广农业技术，应当选择有条件的农户、区域或者工程项目，进行应用示范。

第二十三条　县、乡镇国家农业技术推广机构应当组织农业劳动者学习农业科学技术知识，提高其应用农业技术的能力。

教育、人力资源和社会保障、农业、林业、水利、科学技术等部门应当支持农业科研单位、有关学校开展有关农业技术推广的职业技术教育和技术培训，提高农业技术推广人员和农业劳动者的技术素质。

国家鼓励社会力量开展农业技术培训。

第二十四条　各级国家农业技术推广机构应当认真履行本法第十一条规定的公益性职责，向农业劳动者和农业生产经营组织推广农业技术，实行无偿服务。

国家农业技术推广机构以外的单位及科技人员以技术转让、技术服务、技术承包、技术咨询和技术入股等形式提供农业技术的，可以实行有偿服务，其合法收入和植物新品种、农业技术专利等知识产权受法律保护。进行农业技术转让、技术服务、技术承包、技术咨询和技术入股，当事人各方应当订立合同，约定各自的权利和义务。

第二十五条　国家鼓励和支持农民专业合作社、涉农企业，采取多种形式，为农民应用先进农业技术提供有关的技术服务。

第二十六条　国家鼓励和支持以大宗农产品和优势特色农产品生产为重点的农业示范区建设，发挥示范区对农业技术推广的引领作用，促进农业产业化发展和现代农业建设。

第二十七条　各级人民政府可以采取购买服务等方式，引导社会力量参与公益性农业技术推广服务。

第四章　农业技术推广的保障措施

第二十八条　国家逐步提高对农业技术推广的投入。各级人民政府在财政预算内应当保障用于农业技术推广的资金，并按规定使该资金逐年增长。

各级人民政府通过财政拨款以及从农业发展基金中提取一定比例的资金的渠道，筹集农业技术推广专项资金，用于实施农业技术推广项目。中央财政对重大农业技术推广给予补助。

县、乡镇国家农业技术推广机构的工作经费根据当地服务规模和绩效确定，由各级财政共同承担。

任何单位或者个人不得截留或者挪用用于农业技术推广的资金。

第二十九条 各级人民政府应当采取措施，保障和改善县、乡镇国家农业技术推广机构的专业技术人员的工作条件、生活条件和待遇，并按照国家规定给予补贴，保持国家农业技术推广队伍的稳定。

对在县、乡镇、村从事农业技术推广工作的专业技术人员的职称评定，应当以考核其推广工作的业务技术水平和实绩为主。

第三十条 各级人民政府应当采取措施，保障国家农业技术推广机构获得必需的试验示范场所、办公场所、推广和培训设施设备等工作条件。

地方各级人民政府应当保障国家农业技术推广机构的试验示范场所、生产资料和其他财产不受侵害。

第三十一条 农业技术推广部门和县级以上国家农业技术推广机构，应当有计划地对农业技术推广人员进行技术培训，组织专业进修，使其不断更新知识、提高业务水平。

第三十二条 县级以上农业技术推广部门、乡镇人民政府应当对其管理的国家农业技术推广机构履行公益性职责的情况进行监督、考评。

各级农业技术推广部门和国家农业技术推广机构，应当建立国家农业技术推广机构的专业技术人员工作责任制度和考评制度。

县级人民政府农业技术推广部门管理为主的乡镇国家农业技术推广机构的人员，其业务考核、岗位聘用以及晋升，应当充分听取所服务区域的乡镇人民政府和服务对象的意见。

乡镇人民政府管理为主、县级人民政府农业技术推广部门业务指导的乡镇国家农业技术推广机构的人员，其业务考核、岗位聘用以及晋升，应当充分听取所在地的县级人民政府农业技术推广部门和服务对象的意见。

第三十三条 从事农业技术推广服务的，可以享受国家规定的税收、信贷等方面的优惠。

第五章 法律责任

第三十四条 各级人民政府有关部门及其工作人员未依照本法规定履行职责的，对直接负责的主管人员和其他直接责任人员依法给予处分。

第三十五条 国家农业技术推广机构及其工作人员未依照本法规定履行职责的，由主管机关责令限期改正，通报批评；对直接负责的主管人员和其他直接责任人员依法给予处分。

第三十六条 违反本法规定，向农业劳动者、农业生产经营组织推广未经试验证明具有先进性、适用性或者安全性的农业技术，造成损失的，应当承担赔偿责任。

第三十七条 违反本法规定，强迫农业劳动者、农业生产经营组织应用农业技术，造成损失的，依法承担赔偿责任。

第三十八条 违反本法规定，截留或者挪用用于农业技术推广的资金的，对直接负责的主管人员和其他直接责任人员依法给予处分；构成犯罪的，依法追究刑事责任。

第六章 附 则

第三十九条 本法自公布之日起施行。

关于《中华人民共和国农业技术推广法修正案（草案）》的说明

——2012 年 4 月 24 日在第十一届全国人民代表大会常务委员会第二十六次会议上

全国人大农业与农村委员会主任委员 王云龙

全国人民代表大会常务委员会：

我代表全国人大农业与农村委员会，对《中华人民共和国农业技术推广法修正案（草案）》作如下说明：

一、修改农业技术推广法的必要性

现行农业技术推广法自1993年7月施行以来，对于促进农业科技成果转化与应用，保障农业农村经济发展发挥了重要作用。但是，随着农村改革的深化和现代农业发展，农业技术推广法的部分规定已不能适应新形势下开展农业技术推广工作的需要，实践中出现了一些新情况和新问题，需要对此作出修改。一是农业技术推广主体和职责发生了变化，需要确立国家农业技术推广机构的公益性定位，对公益性推广和经营性推广进行分类管理。二是国家农业技术推广机构的管理运行机制需要规范，以解决基层农业技术推广机构专业人员流失、人员老化、推广能力不强等问题。三是农业技术推广投入不足，农业技术推广基础设施建设和工作条件落后，县以下的工作经费严重缺乏，需要完善农业技术推广的投入保障机制。四是多元化农业技术推广组织逐渐成为农业技术推广的重要力量，需要政策引导和扶持。五是一些地方农业技术推广队伍中非专业人员占比过高，需要对推广人员的资质要求作出规范。另外，现行农业技术推广法规定的法律责任内容较少，对违法行为的处理刚性不强，需要充实。

修改农业技术推广法是落实2012年中央“一号文件”《关于加快推进农业科技创新，持续增强农产品供给保障能力的若干意见》要求的具体举措。2011年我国粮食产量实现“八连增”，单产和总产再创历史新高，单产增加对粮食总产提高的贡献率达到85.8%，科技对农业增长的贡献率达到53.5%，农业科技成为提高农业综合生产能力，推动粮食和农业发展的主要力量。适时修改农业技术推广法，进一步强化农业科技对国家粮食安全的基础支撑，实现农业持续稳定发展，推动农民增收，都具有重要意义。

十届全国人大以来，全国人大代表有1443人次提出修改农业技术推广法的议案44件。2010年，全国人大常委会对农业技术推广法进行了执法检查，全国人大农业与农村委员会会同农业部等七部门对本法进行了立法后评估，提出了修改农业技术推广法的意见并确定了修改思路，为修改该法做了比较扎实的前期准备。2011年该法列入全国人大常委会立法计划后，全国人大农业与农村委员会组织农业部、国家发展改革委、财政部、人力资源社会保障部、教育部、科技部、水利部、国家林业局等部门启动了修改工作。在深入调查研究、总结实践经验、广泛听取意见的基础上，形成了《中华人民共和国农业技术推广法修正案（草案）》（以下简称草案），并征求了31个省、自治区、直辖市人民政府和省级人大农委、31个中央部委及科研教学单位的意见，草案条文基本成熟，具备了提请审议的基本条件。

二、修改农业技术推广法的宗旨和原则

这次修改农业技术推广法的宗旨是：以邓小平理论和“三个代表”重要思想为指导，深入贯彻落实科学发展观，根据现代农业发展的需要，以健全农业技术推广体系、完善体制机制、提高推广服务能力为目标，强化国家农业技术推广机构的主导作用，引导和鼓励社会力量参与农业技术推广服务，加大保障与扶持力度，推动先进农业技术尽快应用于农业生产，保障农业增产、农民增收和农村经济可持续发展。

在修改工作中把握以下原则：一是认真贯彻党的十七大和十七届三中、四中、五中、六中全会和近年来的中央“一号文件”精神，把经过实践检验行之有效的方针政策转化为法律规范。二是落实全国人大常委会在农业技术推广法执法检查时提出的相关要求，结合全国人大农业与农村委员会立法后评估及全国人大代表提出的意见和建议，总结农业技术推广实践中的成功经验，增强法律的针对性和可操作性。三是体现前瞻性，对认识尚不一致或改革正在进行的问题，仅就达成共识的作出原则性规定，为今后的实践探索留出空间。

三、修改的几个主要问题

（一）关于农业技术推广的职责分类

随着现代农业不断发展，各类农业技术推广组织在农业生产服务方面发挥着不同的功能和作用。国家农业技术推广机构重点承担公益性农业技术推广服务，农业科研单位、有关学校发挥人才优势，积极参与农业技术推广并承担部分公益性服务，农民专业合作社、涉农企业、群众性科技组织等结合自身业务特点，开展农业技术推广服务，农业技术推广工作形成“一主多元”的格局。为此，草案规定：确立农业技术推广的分类管理原则，实行公益

性推广和经营性推广分类管理。构建多元化的农业技术推广体系,实行国家农业技术推广机构与农业科研单位、有关学校、农民专业合作社、涉农企业、群众性科技组织、农民技术人员等相结合的推广体系。明确各级国家农业技术推广机构属公共服务机构,其公益性职责是:关键农业技术的推广、动植物疫病及农业灾害预防、农产品质量安全监管服务、农业资源与环境监测、水资源管理和防汛抗旱技术服务、农业公共信息和培训教育服务等。确定国家农业技术推广机构的公益性定位,是这次修改的重要内容,是总结正反两方面的经验得出的结论。

(二)关于国家农业技术推广机构的设置与管理体制

过去,基层的国家农业技术推广机构是按乡镇设立。近些年,随着各地交通、信息等条件的改善,为了便于集中力量和管理,一些地方进行了按照区域设立农业技术推广机构的探索。按照 2009 年中央"一号文件"提出的 3 年内在全国普遍健全乡镇或区域性农业技术推广等公共服务机构的要求和国务院有关文件精神,结合现实情况,草案规定:根据科学合理、集中力量的原则以及县域农业特色、森林资源、水系和水利设施分布等情况,因地制宜设置县、乡级或区域国家农业技术推广机构。与原法相比,新增了可设立区域性农业技术推广机构的规定。

现行乡级国家农业技术推广机构的管理体制,主要有以县级农业技术推广行政部门管理为主和以乡镇政府管理为主、上级部门进行业务指导两种模式。鉴于各地经济社会发展水平差异较大,按照中共中央有关文件精神,乡级国家农技推广机构的管理体制由省、自治区、直辖市人民政府因地制宜确定。为此,草案规定:完善乡级国家农业技术推广机构管理体制,具体由省、自治区、直辖市人民政府确定。这样规定,一是体现因地制宜,二是为今后各地对管理体制的调整完善留出空间。

(三)关于国家农业技术推广机构的队伍建设

由于种种原因,不少地方非专业人员进入基层农业技术推广队伍,占用业务人员编制,影响着农业技术推广职责的有效履行,各地对此反映比较强烈。为此,草案规定:一是规范人员编制和结构比例。县级以上人民政府应当合理确定国家农业技术推广机构的人员编制,保证公益性职责的履行;国家农业技术推广机构岗位设置以专业技术岗位为主,县、乡级农业技术推广机构的专业技术岗位不低于岗位总量的 80%,其他农业技术推广机构不低于 70%。二是规范农业技术人员的上岗资格。国家农业技术推广机构的专业技术人员应当具有相应的专业技术水平,符合岗位职责要求;新聘用的专业技术人员应当具有大专以上有关专业学历,并通过县级以上人民政府有关部门组织的专业技术水平考核;对实行民族区域自治的地方和国家确定的连片特困地区新聘用的专业技术人员,经省级人民政府有关部门批准,可以放宽至中专以上学历;为妥善解决新、旧制度的衔接问题,对于现有人员中未达到相应专业技术水平的,由省、自治区、直辖市人民政府有关部门确定过渡办法。

(四)关于多元化推广服务组织的地位与作用

面对农民多层次、多领域的科技服务需求,农业技术推广已由政府主导的单一方式向多元化发展,农民专业合作社、涉农企业、农业科研单位、有关学校等组织的作用越来越重要。各类经营性组织,结合生产经营活动,开展农资供应、标准化生产指导、信息发布、农产品市场营销等服务,对农业科技成果转化应用发挥了良好的示范作用。不少科研单位和学校,在搞好科技创新的基础上,直接与基层推广机构或农民挂钩,在公益性农业技术推广服务方面发挥着重要作用。为此,草案规定:一是在"一主多元"推广体系中,增加了"农民专业合作社、涉农企业";二是鼓励农场、林场、牧场、渔场、水利工程管理单位和农业科技示范园区面向社会开展农业技术推广服务;三是引导农业科研单位、有关学校成为公益性农业技术推广的重要力量;四是鼓励和支持发展各类群众性科技组织,发挥其在农业技术推广中的作用。

(五)关于提高农业技术推广水平

针对近年来出现的一些地方农业科研成果转化率偏低、农业技术推广服务效率不高、推广不适用的技术给农民造成损失、有些国家农业技术推广机构从事经营性活动而弱化公益性服务等问题,草案规定:一是提高推广服务效率。鼓励农业技术推广单位和科技人员运用现代信息技术等先进传播手段,创新推广方式方法,提高推广效率。二是强调技术推广前的验证。推广的农业技术必须在推广地区经过试验证明具有先进性、适用性和安全性。三是规范经营性推广行为。除国家农业技术推广机构外,其他单位及其科技人员可以通过技术转让、技术服务、技术承包、技术咨询和技术入股等形式提供有偿服务,国家农业技术推广机构不再从事经营性推广服务。

（六）关于农业技术推广工作的保障措施

近些年，虽然各级财政增加了对农业技术推广的投入，但从不少地方看，投入不足、保障能力不强的问题依然突出。主要表现在：基层推广工作经费严重缺乏，试验示范、检验检测、技术培训等日常工作难以开展，重大农业技术推广缺乏专项资金；基层农业技术推广机构设施条件差，缺乏办公、试验示范场所和推广、培训设施；高等学校毕业生和科技人员到基层开展农业技术推广缺乏政策引导和扶持，基层推广队伍老化、结构不合理；对经营性组织开展农业技术推广缺乏扶持政策等。为此，草案规定：一是建立农业技术推广资金稳定增长机制，各级人民政府在财政预算内应当保障用于农业技术推广的资金，并按规定使该资金逐年增长。有关规定是指农业法及中央、国务院的有关文件。二是保障基层农业技术推广机构的工作经费，县、乡级农业技术推广机构的工作经费根据当地服务规模和绩效确定，由各级财政共同承担；中央财政对重大农业技术推广给予补助。三是保障农业技术推广工作条件，各级人民政府应当采取措施，保障国家农业技术推广机构获得必需的试验示范场所、办公场所、推广和培训设施设备等工作条件；地方各级人民政府应当保障国家农业技术推广机构的试验示范场所、生产资料和其他财产不受侵害。四是鼓励支持高等学校毕业生和科技人员到基层从事农业技术推广。五是各级政府可以采取购买服务等方式引导各类组织和个人参与农业技术推广服务；对各类经营性组织或个人开展农业技术推广服务，国家在税收、信贷等方面给予优惠。

（七）关于法律责任

草案新增一章，明确农业技术推广的有关法律责任。一是明确地方各级人民政府及其有关部门未依照本法规定履行职责的责任，对违法者依法给予处分；二是明确国家农业技术推广机构及其工作人员不履行农业技术推广义务的责任，对违法者责令限期改正、通报批评或依法给予处分；三是追究截留或者挪用农业技术推广资金的责任，对违法者责令限期归还、依法给予处分或追究刑事责任；四是追究侵害国家农业技术推广机构财产的责任，对违法者要求赔偿、责令限期改正、依法给予处分或追究刑事责任。

草案还删除了部分条款并对部分条款的顺序及文字表述作了调整。

《中华人民共和国农业技术推广法修正案（草案）》和以上说明是否妥当，请审议。

全国人民代表大会法律委员会关于《中华人民共和国农业技术推广法修正案（草案）》审议结果的报告

——2012年8月27日在第十一届全国人民代表大会常务委员会第二十八次会议上

全国人大法律委员会副主任委员　李重庵

全国人民代表大会常务委员会：

常委会第二十六次会议对农业技术推广法修正案草案进行了初次审议。会后，法制工作委员会将草案印发各省（区、市）、中央有关部门等征求意见。中国人大网站全文公布草案向社会征求意见。法律委员会、农业与农村委员会、法制工作委员会联合召开座谈会，听取有关部门和企业、科研院校的意见。法律委员会、法制工作委员会还到一些地方调研，并就有关问题同有关部门交换意见，共同研究。法律委员会于8月2日召开会议，根据常委会组成人员的审议意见和各方面意见，对草案进行了逐条审议。农业与农村委员会、国务院法制办公室、农业部的负责同志列席了会议。8月21日法律委员会再次召开会议进行审议。法律委员会认为，为了增强科技支撑保障能力，促进农业和农村经济发展，在总结实践经验的基础上，对农业技术推广法进行修改完善是必要的，修正案草案基本可行。同时，提出以下主要修改意见：

一、有的常委委员和地方、部门提出，农业技术推广服务直接面向农民，应当把农民增收作为推广先进农业技术的重要目的之一，以体现对惠农富农的技术支持。同时，为有利于加快科技成果的转化应用，对农业技术推广的科研成果所涉及的知识产权应当予以保护。法律委员会经同农业与农村委员会、国务院法制办公室、农业部研究，建议在草案第四条农业技术推广应当遵循的原则中增加有利于“增加农民收入”；在草案第二十一条第二款农业技术推广有偿服务的规定中增加“植物新品种、农业技术专利等知识产权受法律保护”。

二、草案第十条中规定，因地制宜设置县、乡镇或区域国家农业技术推广机构；完善乡镇国家农业技术推广机构管理体制，具体由省、自治区、直辖市政府确定。有些地方、部门提出，草案对完善乡镇农业技术推广机构管理体制的规定过于笼统，缺乏制度性规定，应根据公益性推广体系改革后的现行体制，对基层农业技术推广机构的管理体制作出较为明确的规定。法律委员会经同中央机构编制委员会办公室、农业与农村委员会、国务院法制办公室、农业部研究，建议将乡镇国家农业技术推广机构管理体制的规定修改为：“乡镇国家农业技术推广机构，可以实行县级农业技术推广部门管理为主或者乡镇人民政府管理为主、县级农业技术推广部门业务指导的体制，具体由省、自治区、直辖市人民政府确定。”

三、草案第十二条中规定，乡镇农业技术推广机构的专业技术岗位不得低于机构岗位总量的80%。有的常委委员和地方、部门提出，乡镇农业技术推广机构编制紧张，又直接面对农民提供技术服务，其内部岗位应当全部为专业技术岗位。法律委员会经同农业与农村委员会、国务院法制办公室、农业部研究，赞成上述意见，建议将上述规定修改为：“乡镇国家农业技术推广机构的岗位应当全部为专业技术岗位”。

四、有的常委委员和地方、部门提出，在发挥国家农业技术推广机构作用的同时，还要推动企业、科研教学单位以及其他技术服务组织积极开展农业技术推广服务，并发挥农业示范区的作用，促进产学研、农科教紧密结合，形成农业科技创新机制，加快农业科技成果的转化应用。法律委员会经同农业与农村委员会、国务院法制办公室、农业部研究，建议增加两条规定：（一）国家鼓励和支持农民专业合作社、涉农企业，采取多种形式，为农民应用先进农业技术提供有关的技术服务。（二）国家鼓励和支持以大宗农产品和优势特色农产品生产为重点的农业示范区建设，发挥示范区对农业技术推广的引领作用，促进农业产业化发展。

五、有的常委委员和地方、部门提出，应强化对国家农业技术推广机构及其工作人员履行公益性职责的要求，并完善对基层农业技术推广机构人员的工作考核评定，明确对其业务考核、聘用及晋升，除听取县农业技术推广部门、乡镇政府的意见外，还应当听取所服务对象农民的意见。法律委员会经同农业与农村委员会、国务院法制办公室、农业部研究，建议将草案第二十一条、第二十七条相关规定修改为：国家农业技术推广机构应当认真履行本法规定的公益性职责，向农业劳动者和农业生产经营组织推广农业技术，实行无偿服务。县级农业技术推广部门管理为主或者乡镇政府管理为主的乡镇国家农业技术推广机构人员，其业务考核、岗位聘用以及晋升，应当分别听取所服务的乡镇政府和服务对象的意见或者所在地的县级农业技术推广部门和服务对象的意见。

此外，还对草案作了一些文字修改。

法律委员会已按上述意见提出了全国人民代表大会常务委员会关于修改《中华人民共和国农业技术推广法》的决定（草案）。法律委员会建议，经本次常委会会议审议，如果审议意见比较一致，由本次常委会会议表决通过。

修改决定草案和以上报告是否妥当，请审议。

全国人民代表大会法律委员会关于《全国人民代表大会常务委员会关于修改〈中华人民共和国农业技术推广法〉的决定(草案)》修改意见的报告

——2012 年 8 月 30 日在第十一届全国人民代表大会常务委员会第二十八次会议上

全国人民代表大会常务委员会:

本次常委会会议于 8 月 27 日下午对全国人民代表大会常务委员会关于修改《中华人民共和国农业技术推广法》的决定(草案)进行了分组审议,普遍认为,草案已经比较成熟,建议进一步修改后,提请本次会议通过。同时,有些常委委员还提出了一些修改意见。法律委员会于 8 月 28 日下午召开会议,逐条研究了常委委员的审议意见,对草案进行了审议。农业与农村委员会、国务院法制办公室、农业部的负责同志列席了会议。法律委员会认为,草案是可行的,同时,提出以下修改意见:

一、有的常委委员提出,农业技术推广应进一步体现促进农业、农村经济的持续稳定发展,更加注重生态效益。法律委员会经同农业与农村委员会、国务院法制办公室、农业部研究,建议将草案第一条立法宗旨规定中的“促进农业和农村经济发展”修改为“促进农业和农村经济可持续发展”;并对草案第四条农业技术推广应当遵循的原则作相应修改,将“有利于农业、农村经济发展”修改为“有利于农业、农村经济可持续发展”,将“兼顾经济效益、社会效益和生态效益”修改为“兼顾经济效益、社会效益,注重生态效益”。

二、有的常委委员提出,应当重视运用先进传播手段,加强农业科学知识的宣传普及工作。法律委员会经同农业与农村委员会、国务院法制办公室、农业部研究,建议增加这方面规定,将草案第五条修改为:“国家鼓励运用现代信息技术等先进传播手段,普及农业科学技术知识,创新农业技术推广方式方法,提高推广效率。”

三、有的常委委员提出,向农民提供公益性农业技术推广服务,需要农民技术员的参与协助,对承担协助工作的农民技术员应当给予补助。法律委员会经同农业与农村委员会、国务院法制办公室、农业部研究,建议增加这方面规定,将草案第十三条第一款修改为:“国家鼓励和支持村农业技术服务站点和农民技术人员开展农业技术推广。对农民技术人员协助开展公益性农业技术推广活动,按照规定给予补助。”

四、草案第三十一条对国家农业技术推广机构的专业技术人员工作责任和考评制度作了规定。有的常委委员提出,还应对国家农业技术推广机构履行公益性推广职责的情况进行监督、考核评定等作出规定。法律委员会经同农业与农村委员会、国务院法制办公室、农业部研究,建议增加规定:“县级以上农业技术推广部门、乡镇人民政府应当对其管理的国家农业技术推广机构履行公益性职责的情况进行监督、考评”。

此外,根据常委委员的审议意见,还对修改决定草案作了个别文字修改。

修改决定草案建议表决稿已按上述意见作了修改,法律委员会建议本次常委会会议通过。

修改决定草案建议表决稿和以上报告是否妥当,请审议。

中华人民共和国主席令

第六十二号

《中华人民共和国精神卫生法》已由中华人民共和国第十一届全国人民代表大会常务委员会第二十九次会议于2012年10月26日通过,现予公布,自2013年5月1日起施行。

中华人民共和国主席 胡锦涛

2012年10月26日

中华人民共和国精神卫生法

(2012年10月26日第十一届全国人民代表大会常务委员会第二十九次会议通过)

目 录

第一章 总 则

第一条 为了发展精神卫生事业,规范精神卫生服务,维护精神障碍患者的合法权益,制定本法。

第二条 在中华人民共和国境内开展维护和增进公民心理健康、预防和治疗精神障碍、促进精神障碍患者康复的活动,适用本法。

第三条 精神卫生工作实行预防为主的方针,坚持预防、治疗和康复相结合的原则。

第四条 精神障碍患者的人格尊严、人身和财产安全不受侵犯。

精神障碍患者的教育、劳动、医疗以及从国家和社会获得物质帮助等方面的合法权益受法律保护。

有关单位和个人应当对精神障碍患者的姓名、肖像、住址、工作单位、病历资料以及其他可能推断出其身份的信息予以保密;但是,依法履行职责需要公开的除外。

第五条 全社会应当尊重、理解、关爱精神障碍患者。

任何组织或者个人不得歧视、侮辱、虐待精神障碍患者,不得非法限制精神障碍患者的人身自由。

新闻报道和文学艺术作品等不得含有歧视、侮辱精神障碍患者的内容。

第六条 精神卫生工作实行政府组织领导、部门各负其责、家庭和单位尽力尽责、全社会共同参与的综合管理机制。

第七条 县级以上人民政府领导精神卫生工作,将其纳入国民经济和社会发展规划,建设和完善精神障碍的预防、治疗和康复服务体系,建立健全精神卫生工作协调机制和工作责任制,对有关部门承担的精神卫生工作进行考核、监督。

乡镇人民政府和街道办事处根据本地区的实际情况,组织开展预防精神障碍发生、促进精神障碍患者康复等工作。

第八条 国务院卫生行政部门主管全国的精神卫生工作。县级以上地方人民政府卫生行政部门主管本行政区域的精神卫生工作。

县级以上人民政府司法行政、民政、公安、教育、人力资源社会保障等部门在各自职责范围内负责有关的精神卫生工作。

第九条 精神障碍患者的监护人应当履行监护职责,维护精神障碍患者的合法权益。

禁止对精神障碍患者实施家庭暴力,禁止遗弃精神障碍患者。

第十条 中国残疾人联合会及其地方组织依

照法律、法规或者接受政府委托，动员社会力量，开展精神卫生工作。

村民委员会、居民委员会依照本法的规定开展精神卫生工作，并对所在地人民政府开展的精神卫生工作予以协助。

国家鼓励和支持工会、共产主义青年团、妇女联合会、红十字会、科学技术协会等团体依法开展精神卫生工作。

第十一条 国家鼓励和支持开展精神卫生专门人才的培养，维护精神卫生工作人员的合法权益，加强精神卫生专业队伍建设。

国家鼓励和支持开展精神卫生科学技术研究，发展现代医学、我国传统医学、心理学，提高精神障碍预防、诊断、治疗、康复的科学技术水平。

国家鼓励和支持开展精神卫生领域的国际交流与合作。

第十二条 各级人民政府和县级以上人民政府有关部门应当采取措施，鼓励和支持组织、个人提供精神卫生志愿服务，捐助精神卫生事业，兴建精神卫生公益设施。

对在精神卫生工作中作出突出贡献的组织、个人，按照国家有关规定给予表彰、奖励。

第二章 心理健康促进和精神障碍预防

第十三条 各级人民政府和县级以上人民政府有关部门应当采取措施，加强心理健康促进和精神障碍预防工作，提高公众心理健康水平。

第十四条 各级人民政府和县级以上人民政府有关部门制定的突发事件应急预案，应当包括心理援助的内容。发生突发事件，履行统一领导职责或者组织处置突发事件的人民政府应当根据突发事件的具体情况，按照应急预案的规定，组织开展心理援助工作。

第十五条 用人单位应当创造有益于职工身心健康的工作环境，关注职工的心理健康；对处于职业发展特定时期或者在特殊岗位工作的职工，应当有针对性地开展心理健康教育。

第十六条 各级各类学校应当对学生进行精神卫生知识教育；配备或者聘请心理健康教育教师、辅导人员，并可以设立心理健康辅导室，对学生进行心理健康教育。学前教育机构应当对幼儿开展符合其特点的心理健康教育。

发生自然灾害、意外伤害、公共安全事件等可能影响学生心理健康的事件，学校应当及时组织专业人员对学生进行心理援助。

教师应当学习和了解相关的精神卫生知识，关注学生心理健康状况，正确引导、激励学生。地方各级人民政府教育行政部门和学校应当重视教师心理健康。

学校和教师应当与学生父母或者其他监护人、近亲属沟通学生心理健康情况。

第十七条 医务人员开展疾病诊疗服务，应当按照诊断标准和治疗规范的要求，对就诊者进行心理健康指导；发现就诊者可能患有精神障碍的，应当建议其到符合本法规定的医疗机构就诊。

第十八条 监狱、看守所、拘留所、强制隔离戒毒所等场所，应当对服刑人员，被依法拘留、逮捕、强制隔离戒毒的人员等，开展精神卫生知识宣传，关注其心理健康状况，必要时提供心理咨询和心理辅导。

第十九条 县级以上地方人民政府人力资源社会保障、教育、卫生、司法行政、公安等部门应当在各自职责范围内分别对本法第十五条至第十八条规定的单位履行精神障碍预防义务的情况进行督促和指导。

第二十条 村民委员会、居民委员会应当协助所在地人民政府及其有关部门开展社区心理健康指导、精神卫生知识宣传教育活动，创建有益于居民身心健康的社区环境。

乡镇卫生院或者社区卫生服务机构应当为村民委员会、居民委员会开展社区心理健康指导、精神卫生知识宣传教育活动提供技术指导。

第二十一条 家庭成员之间应当相互关爱，创造良好、和睦的家庭环境，提高精神障碍预防意识；发现家庭成员可能患有精神障碍的，应当帮助其及时就诊，照顾其生活，做好看护管理。

第二十二条 国家鼓励和支持新闻媒体、社会组织开展精神卫生的公益性宣传，普及精神卫生知识，引导公众关注心理健康，预防精神障碍的发生。

第二十三条 心理咨询人员应当提高业务素质，遵守执业规范，为社会公众提供专业化的心理咨询服务。

心理咨询人员不得从事心理治疗或者精神障碍的诊断、治疗。

心理咨询人员发现接受咨询的人员可能患有精神障碍的，应当建议其到符合本法规定的医疗机构就诊。

心理咨询人员应当尊重接受咨询人员的隐私，

并为其保守秘密。

第二十四条 国务院卫生行政部门建立精神卫生监测网络，实行严重精神障碍发病报告制度，组织开展精神障碍发生状况、发展趋势等的监测和专题调查工作。精神卫生监测和严重精神障碍发病报告管理办法，由国务院卫生行政部门制定。

国务院卫生行政部门应当会同有关部门、组织，建立精神卫生工作信息共享机制，实现信息互联互通、交流共享。

第三章 精神障碍的诊断和治疗

第二十五条 开展精神障碍诊断、治疗活动，应当具备下列条件，并依照医疗机构的管理规定办理有关手续：

（一）有与从事的精神障碍诊断、治疗相适应的精神科执业医师、护士；

（二）有满足开展精神障碍诊断、治疗需要的设施和设备；

（三）有完善的精神障碍诊断、治疗管理制度和质量监控制度。

从事精神障碍诊断、治疗的专科医疗机构还应当配备从事心理治疗的人员。

第二十六条 精神障碍的诊断、治疗，应当遵循维护患者合法权益、尊重患者人格尊严的原则，保障患者在现有条件下获得良好的精神卫生服务。

精神障碍分类、诊断标准和治疗规范，由国务院卫生行政部门组织制定。

第二十七条 精神障碍的诊断应当以精神健康状况为依据。

除法律另有规定外，不得违背本人意志进行确定其是否患有精神障碍的医学检查。

第二十八条 除个人自行到医疗机构进行精神障碍诊断外，疑似精神障碍患者的近亲属可以将其送往医疗机构进行精神障碍诊断。对查找不到近亲属的流浪乞讨疑似精神障碍患者，由当地民政等有关部门按照职责分工，帮助送往医疗机构进行精神障碍诊断。

疑似精神障碍患者发生伤害自身、危害他人安全的行为，或者有伤害自身、危害他人安全的危险的，其近亲属、所在单位、当地公安机关应当立即采取措施予以制止，并将其送往医疗机构进行精神障碍诊断。

医疗机构接到送诊的疑似精神障碍患者，不得拒绝为其作出诊断。

第二十九条 精神障碍的诊断应当由精神科执业医师作出。

医疗机构接到依照本法第二十八条第二款规定送诊的疑似精神障碍患者，应当将其留院，立即指派精神科执业医师进行诊断，并及时出具诊断结论。

第三十条 精神障碍的住院治疗实行自愿原则。

诊断结论、病情评估表明，就诊者为严重精神障碍患者并有下列情形之一的，应当对其实施住院治疗：

（一）已经发生伤害自身的行为，或者有伤害自身的危险的；

（二）已经发生危害他人安全的行为，或者有危害他人安全的危险的。

第三十一条 精神障碍患者有本法第三十条第二款第一项情形的，经其监护人同意，医疗机构应当对患者实施住院治疗；监护人不同意的，医疗机构不得对患者实施住院治疗。监护人应当对在家居住的患者做好看护管理。

第三十二条 精神障碍患者有本法第三十条第二款第二项情形，患者或者其监护人对需要住院治疗的诊断结论有异议，不同意对患者实施住院治疗的，可以要求再次诊断和鉴定。

依照前款规定要求再次诊断的，应当自收到诊断结论之日起三日内向原医疗机构或者其他具有合法资质的医疗机构提出。承担再次诊断的医疗机构应当在接到再次诊断要求后指派二名初次诊断医师以外的精神科执业医师进行再次诊断，并及时出具再次诊断结论。承担再次诊断的执业医师应当到收治患者的医疗机构面见、询问患者，该医疗机构应当予以配合。

对再次诊断结论有异议的，可以自主委托依法取得执业资质的鉴定机构进行精神障碍医学鉴定；医疗机构应当公示经公告的鉴定机构名单和联系方式。接受委托的鉴定机构应当指定本机构具有该鉴定事项执业资格的二名以上鉴定人共同进行鉴定，并及时出具鉴定报告。

第三十三条 鉴定人应当到收治精神障碍患者的医疗机构面见、询问患者，该医疗机构应当予以配合。

鉴定人本人或者其近亲属与鉴定事项有利害关系，可能影响其独立、客观、公正进行鉴定的，应当回避。

第三十四条 鉴定机构、鉴定人应当遵守有关法律、法规、规章的规定，尊重科学，恪守职业道德，按照精神障碍鉴定的实施程序、技术方法和操作规范，依法独立进行鉴定，出具客观、公正的鉴定报告。

鉴定人应当对鉴定过程进行实时记录并签名。记录的内容应当真实、客观、准确、完整，记录的文本或者声像载体应当妥善保存。

第三十五条　再次诊断结论或者鉴定报告表明，不能确定就诊者为严重精神障碍患者，或者患者不需要住院治疗的，医疗机构不得对其实施住院治疗。

再次诊断结论或者鉴定报告表明，精神障碍患者有本法第三十条第二款第二项情形的，其监护人应当同意对患者实施住院治疗。监护人阻碍实施住院治疗或者患者擅自脱离住院治疗的，可以由公安机关协助医疗机构采取措施对患者实施住院治疗。

在相关机构出具再次诊断结论、鉴定报告前，收治精神障碍患者的医疗机构应当按照诊疗规范的要求对患者实施住院治疗。

第三十六条　诊断结论表明需要住院治疗的精神障碍患者，本人没有能力办理住院手续的，由其监护人办理住院手续；患者属于查找不到监护人的流浪乞讨人员的，由送诊的有关部门办理住院手续。

精神障碍患者有本法第三十条第二款第二项情形，其监护人不办理住院手续的，由患者所在单位、村民委员会或者居民委员会办理住院手续，并由医疗机构在患者病历中予以记录。

第三十七条　医疗机构及其医务人员应当将精神障碍患者在诊断、治疗过程中享有的权利，告知患者或者其监护人。

第三十八条　医疗机构应当配备适宜的设施、设备，保护就诊和住院治疗的精神障碍患者的人身安全，防止其受到伤害，并为住院患者创造尽可能接近正常生活的环境和条件。

第三十九条　医疗机构及其医务人员应当遵循精神障碍诊断标准和治疗规范，制定治疗方案，并向精神障碍患者或者其监护人告知治疗方案和治疗方法、目的以及可能产生的后果。

第四十条　精神障碍患者在医疗机构内发生或者将要发生伤害自身、危害他人安全、扰乱医疗秩序的行为，医疗机构及其医务人员在没有其他可替代措施的情况下，可以实施约束、隔离等保护性医疗措施。实施保护性医疗措施应当遵循诊断标准和治疗规范，并在实施后告知患者的监护人。

禁止利用约束、隔离等保护性医疗措施惩罚精神障碍患者。

第四十一条　对精神障碍患者使用药物，应当以诊断和治疗为目的，使用安全、有效的药物，不得为诊断或者治疗以外的目的使用药物。

医疗机构不得强迫精神障碍患者从事生产劳动。

第四十二条　禁止对依照本法第三十条第二款规定实施住院治疗的精神障碍患者实施以治疗精神障碍为目的的外科手术。

第四十三条　医疗机构对精神障碍患者实施下列治疗措施，应当向患者或者其监护人告知医疗风险、替代医疗方案等情况，并取得患者的书面同意；无法取得患者意见的，应当取得其监护人的书面同意，并经本医疗机构伦理委员会批准：

（一）导致人体器官丧失功能的外科手术；

（二）与精神障碍治疗有关的实验性临床医疗。

实施前款第一项治疗措施，因情况紧急查找不到监护人的，应当取得本医疗机构负责人和伦理委员会批准。

禁止对精神障碍患者实施与治疗其精神障碍无关的实验性临床医疗。

第四十四条　自愿住院治疗的精神障碍患者可以随时要求出院，医疗机构应当同意。

对有本法第三十条第二款第一项情形的精神障碍患者实施住院治疗的，监护人可以随时要求患者出院，医疗机构应当同意。

医疗机构认为前两款规定的精神障碍患者不宜出院的，应当告知不宜出院的理由；患者或者其监护人仍要求出院的，执业医师应当在病历资料中详细记录告知的过程，同时提出出院后的医学建议，患者或者其监护人应当签字确认。

对有本法第三十条第二款第二项情形的精神障碍患者实施住院治疗，医疗机构认为患者可以出院的，应当立即告知患者及其监护人。

医疗机构应当根据精神障碍患者病情，及时组织精神科执业医师对依照本法第三十条第二款规定实施住院治疗的患者进行检查评估。评估结果表明患者不需要继续住院治疗的，医疗机构应当立即通知患者及其监护人。

第四十五条　精神障碍患者出院，本人没有能力办理出院手续的，监护人应当为其办理出院手续。

第四十六条　医疗机构及其医务人员应当尊重住院精神障碍患者的通讯和会见探访者等权利。除在急性发病期或者为了避免妨碍治疗可以暂时性限制外，不得限制患者的通讯和会见探访者等权利。

第四十七条　医疗机构及其医务人员应当在病历资料中如实记录精神障碍患者的病情、治疗措施、用药情况、实施约束、隔离措施等内容，并如实告知患者或者其监护人。患者及其监护人可以查阅、复制病历资料；但是，患者查阅、复制病历资料可能对其治疗产生不利影响的除外。病历资料保存期限不得少于三十年。

第四十八条　医疗机构不得因就诊者是精神障碍患者，推诿或者拒绝为其治疗属于本医疗机构诊疗范围的其他疾病。

第四十九条　精神障碍患者的监护人应当妥善看护未住院治疗的患者，按照医嘱督促其按时服药、接受随访或者治疗。村民委员会、居民委员会、患者所在单位等应当依患者或者其监护人的请求，对监护人看护患者提供必要的帮助。

第五十条　县级以上地方人民政府卫生行政部门应当定期就下列事项对本行政区域内从事精神障碍诊断、治疗的医疗机构进行检查：

（一）相关人员、设施、设备是否符合本法要求；

（二）诊疗行为是否符合本法以及诊断标准、治疗规范的规定；

（三）对精神障碍患者实施住院治疗的程序是否符合本法规定；

（四）是否依法维护精神障碍患者的合法权益。

县级以上地方人民政府卫生行政部门进行前款规定的检查，应当听取精神障碍患者及其监护人的意见；发现存在违反本法行为的，应当立即制止或者责令改正，并依法作出处理。

第五十一条　心理治疗活动应当在医疗机构内开展。专门从事心理治疗的人员不得从事精神障碍的诊断，不得为精神障碍患者开具处方或者提供外科治疗。心理治疗的技术规范由国务院卫生行政部门制定。

第五十二条　监狱、强制隔离戒毒所等场所应当采取措施，保证患有精神障碍的服刑人员、强制隔离戒毒人员等获得治疗。

第五十三条　精神障碍患者违反治安管理处罚法或者触犯刑法的，依照有关法律的规定处理。

第四章　精神障碍的康复

第五十四条　社区康复机构应当为需要康复的精神障碍患者提供场所和条件，对患者进行生活自理能力和社会适应能力等方面的康复训练。

第五十五条　医疗机构应当为在家居住的严重精神障碍患者提供精神科基本药物维持治疗，并为社区康复机构提供有关精神障碍康复的技术指导和支持。

社区卫生服务机构、乡镇卫生院、村卫生室应当建立严重精神障碍患者的健康档案，对在家居住的严重精神障碍患者进行定期随访，指导患者服药和开展康复训练，并对患者的监护人进行精神卫生知识和看护知识的培训。县级人民政府卫生行政部门应当为社区卫生服务机构、乡镇卫生院、村卫生室开展上述工作给予指导和培训。

第五十六条　村民委员会、居民委员会应当为生活困难的精神障碍患者家庭提供帮助，并向所在地乡镇人民政府或者街道办事处以及县级人民政府有关部门反映患者及其家庭的情况和要求，帮助其解决实际困难，为患者融入社会创造条件。

第五十七条　残疾人组织或者残疾人康复机构应当根据精神障碍患者康复的需要，组织患者参加康复活动。

第五十八条　用人单位应当根据精神障碍患者的实际情况，安排患者从事力所能及的工作，保障患者享有同等待遇，安排患者参加必要的职业技能培训，提高患者的就业能力，为患者创造适宜的工作环境，对患者在工作中取得的成绩予以鼓励。

第五十九条　精神障碍患者的监护人应当协助患者进行生活自理能力和社会适应能力等方面的康复训练。

精神障碍患者的监护人在看护患者过程中需要技术指导的，社区卫生服务机构或者乡镇卫生院、村卫生室、社区康复机构应当提供。

第五章　保障措施

第六十条　县级以上人民政府卫生行政部门会同有关部门依据国民经济和社会发展规划的要求，制定精神卫生工作规划并组织实施。

精神卫生监测和专题调查结果应当作为制定精神卫生工作规划的依据。

第六十一条　省、自治区、直辖市人民政府根据本行政区域的实际情况，统筹规划，整合资源，建设和完善精神卫生服务体系，加强精神障碍预防、治疗和康复服务能力建设。

县级人民政府根据本行政区域的实际情况，统筹规划，建立精神障碍患者社区康复机构。

县级以上地方人民政府应当采取措施，鼓励和支持社会力量举办从事精神障碍诊断、治疗的医疗机构和精神障碍患者康复机构。

第六十二条　各级人民政府应当根据精神卫生工作需要，加大财政投入力度，保障精神卫生工作所需经费，将精神卫生工作经费列入本级财政预算。

第六十三条　国家加强基层精神卫生服务体系建设，扶持贫困地区、边远地区的精神卫生工作，保障城市社区、农村基层精神卫生工作所需经费。

第六十四条　医学院校应当加强精神医学的教学和研究，按照精神卫生工作的实际需要培养精神医学专门人才，为精神卫生工作提供人才保障。

第六十五条　综合性医疗机构应当按照国务院卫生行政部门的规定开设精神科门诊或者心理治疗门诊，提高精神障碍预防、诊断、治疗能力。

第六十六条　医疗机构应当组织医务人员学习精神卫生知识和相关法律、法规、政策。

从事精神障碍诊断、治疗、康复的机构应当定期组织医务人员、工作人员进行在岗培训，更新精神卫生知识。

县级以上人民政府卫生行政部门应当组织医务人员进行精神卫生知识培训，提高其识别精神障碍的能力。

第六十七条　师范院校应当为学生开设精神卫生课程；医学院校应当为非精神医学专业的学生开设精神卫生课程。

县级以上人民政府教育行政部门对教师进行上岗前和在岗培训，应当有精神卫生的内容，并定期组织心理健康教育教师、辅导人员进行专业培训。

第六十八条　县级以上人民政府卫生行政部门应当组织医疗机构为严重精神障碍患者免费提供基本公共卫生服务。

精神障碍患者的医疗费用按照国家有关社会保险的规定由基本医疗保险基金支付。医疗保险经办机构应当按照国家有关规定将精神障碍患者纳入城镇职工基本医疗保险、城镇居民基本医疗保险或者新型农村合作医疗的保障范围。县级人民政府应当按照国家有关规定对家庭经济困难的严重精神障碍患者参加基本医疗保险给予资助。人力资源社会保障、卫生、民政、财政等部门应当加强协调，简化程序，实现属于基本医疗保险基金支付的医疗费用由医疗机构与医疗保险经办机构直接结算。

精神障碍患者通过基本医疗保险支付医疗费用后仍有困难，或者不能通过基本医疗保险支付医疗费用的，民政部门应当优先给予医疗救助。

第六十九条　对符合城乡最低生活保障条件的严重精神障碍患者，民政部门应当会同有关部门及时将其纳入最低生活保障。

对属于农村五保供养对象的严重精神障碍患者，以及城市中无劳动能力、无生活来源且无法定赡养、抚养、扶养义务人，或者其法定赡养、抚养、扶养义务人无赡养、抚养、扶养能力的严重精神障碍患者，民政部门应当按照国家有关规定予以供养、救助。

前两款规定以外的严重精神障碍患者确有困难的，民政部门可以采取临时救助等措施，帮助其解决生活困难。

第七十条　县级以上地方人民政府及其有关部门应当采取有效措施，保证患有精神障碍的适龄儿童、少年接受义务教育，扶持有劳动能力的精神障碍患者从事力所能及的劳动，并为已经康复的人员提供就业服务。

国家对安排精神障碍患者就业的用人单位依法给予税收优惠，并在生产、经营、技术、资金、物资、场地等方面给予扶持。

第七十一条　精神卫生工作人员的人格尊严、人身安全不受侵犯，精神卫生工作人员依法履行职责受法律保护。全社会应当尊重精神卫生工作人员。

县级以上人民政府及其有关部门、医疗机构、康复机构应当采取措施，加强对精神卫生工作人员的职业保护，提高精神卫生工作人员的待遇水平，并按照规定给予适当的津贴。精神卫生工作人员因工致伤、致残、死亡的，其工伤待遇以及抚恤按照国家有关规定执行。

第六章　法律责任

第七十二条　县级以上人民政府卫生行政部门和其他有关部门未依照本法规定履行精神卫生工作职责，或者滥用职权、玩忽职守、徇私舞弊的，由本级人民政府或者上一级人民政府有关部门责令改正，通报批评，对直接负责的主管人员和其他直接责任人员依法给予警告、记过或者记大过的处分；造成严重后果的，给予降级、撤职或者开除的处分。

第七十三条　不符合本法规定条件的医疗机构擅自从事精神障碍诊断、治疗的，由县级以上人民政府卫生行政部门责令停止相关诊疗活动，给予警告，并处五千元以上一万元以下罚款，有违法所得的，没收违法所得；对直接负责的主管人员和其他直接责任人员依法给予或者责令给予降低岗位等级或者撤职、开除的处分；对有关医务人员，吊销其执业证书。

第七十四条 医疗机构及其工作人员有下列行为之一的，由县级以上人民政府卫生行政部门责令改正，给予警告；情节严重的，对直接负责的主管人员和其他直接责任人员依法给予或者责令给予降低岗位等级或者撤职、开除的处分，并可以责令有关医务人员暂停一个月以上六个月以下执业活动：

（一）拒绝对送诊的疑似精神障碍患者作出诊断的；

（二）对依照本法第三十条第二款规定实施住院治疗的患者未及时进行检查评估或者未根据评估结果作出处理的。

第七十五条 医疗机构及其工作人员有下列行为之一的，由县级以上人民政府卫生行政部门责令改正，对直接负责的主管人员和其他直接责任人员依法给予或者责令给予降低岗位等级或者撤职的处分；对有关医务人员，暂停六个月以上一年以下执业活动；情节严重的，给予或者责令给予开除的处分，并吊销有关医务人员的执业证书：

（一）违反本法规定实施约束、隔离等保护性医疗措施的；

（二）违反本法规定，强迫精神障碍患者劳动的；

（三）违反本法规定对精神障碍患者实施外科手术或者实验性临床医疗的；

（四）违反本法规定，侵害精神障碍患者的通讯和会见探访者等权利的；

（五）违反精神障碍诊断标准，将非精神障碍患者诊断为精神障碍患者的。

第七十六条 有下列情形之一的，由县级以上人民政府卫生行政部门、工商行政管理部门依据各自职责责令改正，给予警告，并处五千元以上一万元以下罚款，有违法所得的，没收违法所得；造成严重后果的，责令暂停六个月以上一年以下执业活动，直至吊销执业证书或者营业执照：

（一）心理咨询人员从事心理治疗或者精神障碍的诊断、治疗的；

（二）从事心理治疗的人员在医疗机构以外开展心理治疗活动的；

（三）专门从事心理治疗的人员从事精神障碍的诊断的；

（四）专门从事心理治疗的人员为精神障碍患者开具处方或者提供外科治疗的。

心理咨询人员、专门从事心理治疗的人员在心理咨询、心理治疗活动中造成他人人身、财产或者其他损害的，依法承担民事责任。

第七十七条 有关单位和个人违反本法第四条第三款规定，给精神障碍患者造成损害的，依法承担赔偿责任；对单位直接负责的主管人员和其他直接责任人员，还应当依法给予处分。

第七十八条 违反本法规定，有下列情形之一，给精神障碍患者或者其他公民造成人身、财产或者其他损害的，依法承担赔偿责任：

（一）将非精神障碍患者故意作为精神障碍患者送入医疗机构治疗的；

（二）精神障碍患者的监护人遗弃患者，或者有不履行监护职责的其他情形的；

（三）歧视、侮辱、虐待精神障碍患者，侵害患者的人格尊严、人身安全的；

（四）非法限制精神障碍患者人身自由的；

（五）其他侵害精神障碍患者合法权益的情形。

第七十九条 医疗机构出具的诊断结论表明精神障碍患者应当住院治疗而其监护人拒绝，致使患者造成他人人身、财产损害的，或者患者有其他造成他人人身、财产损害情形的，其监护人依法承担民事责任。

第八十条 在精神障碍的诊断、治疗、鉴定过程中，寻衅滋事，阻挠有关工作人员依照本法的规定履行职责，扰乱医疗机构、鉴定机构工作秩序的，依法给予治安管理处罚。

违反本法规定，有其他构成违反治安管理行为的，依法给予治安管理处罚。

第八十一条 违反本法规定，构成犯罪的，依法追究刑事责任。

第八十二条 精神障碍患者或者其监护人、近亲属认为行政机关、医疗机构或者其他有关单位和个人违反本法规定侵害患者合法权益的，可以依法提起诉讼。

第七章 附 则

第八十三条 本法所称精神障碍，是指由各种原因引起的感知、情感和思维等精神活动的紊乱或者异常，导致患者明显的心理痛苦或者社会适应等功能损害。

本法所称严重精神障碍，是指疾病症状严重，导致患者社会适应等功能严重损害、对自身健康状况或者客观现实不能完整认识，或者不能处理自身事务的精神障碍。

本法所称精神障碍患者的监护人，是指依照民法通则的有关规定可以担任监护人的人。

第八十四条　军队的精神卫生工作，由国务院和中央军事委员会依据本法制定管理办法。

第八十五条　本法自2013年5月1日起施行。

关于《中华人民共和国精神卫生法（草案）》的说明

——2011年10月24日在第十一届全国人民代表大会常务委员会第二十三次会议上

卫生部部长　陈　竺

全国人民代表大会常务委员会：

我受国务院委托，现对《中华人民共和国精神卫生法（草案）》作说明。

一、关于立法的必要性

精神卫生既是全球性的重大公共卫生问题，也是较为严重的社会问题。精神卫生问题的严重性在我国十分突出。据卫生部调查，精神疾病在我国疾病总负担中排名居首位，约占疾病总负担的20%，有严重精神障碍患者约1600万人。目前实践中存在的突出精神卫生问题主要有：一是精神障碍患者的救治救助水平偏低，精神障碍预防、治疗、康复服务体系不够健全，精神障碍患者的合法权益尚未得到全面、有效保障。二是严重精神障碍患者的管理不到位，精神障碍患者肇事肇祸事件时有发生。三是强制收治精神障碍患者程序缺失，个别地方发生的强制收治案例引起患者及其亲属的强烈质疑，“被精神病”不时成为舆论热点。同时，制定精神卫生法也是顺应国际社会发展趋势的需要。目前，绝大多数国家制定了精神卫生法，西太平洋地区只有我国等个别国家尚未制定精神卫生法。为了促进我国精神卫生事业的快速发展，规范和保障精神卫生工作，并有针对性地解决目前精神卫生工作中存在的突出问题，确保精神障碍患者不因贫困得不到救治，确保有肇事肇祸危险的严重精神障碍患者不因疏于管理而伤害自身或者危害他人，确保无需住院治疗的公民不因程序、制度缺失而被强制收治，有必要尽快制定精神卫生法。

二、关于草案的总体思路

草案在总体思路上主要把握了以下几点：一是坚持预防为主，预防与治疗、康复相结合，减少精神障碍的发生，提高治疗、康复水平。二是切实保障精神障碍患者的合法权益，保证其人格尊严和人身安全不受侵犯，同时严格设置非自愿住院治疗的条件和程序，保证公民的合法权益不因滥用非自愿住院治疗措施而受到侵害。三是服务与管理相结合，通过为患者提供有效的救治救助服务和建立有序管理的制度，努力实现保护个人权利与维护他人安全之间的平衡。四是明确责任、综合施治，建立政府、家庭和社会共同承担、分工合作的精神卫生工作机制。

三、关于诊断和住院治疗

精神障碍的住院治疗，是社会各界关注的热点，也是立法研究的重点。是否患有精神障碍以及是否达到需要住院治疗的程度，是一个医学的专业判断，应当由精神科执业医师严格依条件和程序作出判定；实施住院治疗措施，必须以医疗机构作出的“需要住院治疗”的诊断结论为依据。为此，草案围绕“送、诊、治”三个环节以及复诊、鉴定和监督、评估等问题，着重规定了以下内容：

（一）关于送诊。草案规定，除个人自行到医疗机构进行精神障碍诊断外，疑似患者的近亲属可以将其送往医疗机构进行诊断；对查找不到近亲属的流浪乞讨疑似精神障碍患者，由当地有关行政部门按照职责分工帮助将其送往医疗机构进行诊断；疑似患者发生伤害自身、危害他人安全行为，或者有伤害自身、危害他人安全危险的,其近亲属、所在单位、当地公安机关应当采取措施予以制止,并立即将其送往医疗机构进行诊断。

（二）关于诊断。草案规定,精神障碍的诊断应当由精神科执业医师作出;医疗机构接到送诊的疑似患者,不得拒绝为其作出诊断,应当立即指派2名以上精神科执业医师,在72小时内作出书面诊断结论;精神障碍的诊断应当以精神健康状况为依据;除法律另有规定外,不得违背本人意志进行确定其是否患有精神障碍的医学检查。

（三）关于住院治疗。草案规定精神障碍的住院治疗实行自愿原则,同时规定,诊断结论、病情评估表明就诊者为严重精神障碍患者并有以下两种情形的,应当对其实施住院治疗:一是患者已经发生伤害自身的行为,或者有伤害自身的危险,或者不住院不利于其治疗的;二是患者已经发生危害他人安全的行为,或者有危害他人安全的危险的。对第一种情形,经负有监护职责的近亲属同意,医疗机构可以对患者实施住院治疗;负有监护职责的近亲属不同意的,医疗机构不得实施住院治疗。对第二种情形,患者或者其负有监护职责的近亲属不同意对患者实施住院治疗,经复诊、鉴定仍需要住院治疗的,负有监护职责的近亲属应当同意对患者实施住院治疗;不同意的,可以由公安机关协助医疗机构采取强制措施执行。

（四）关于复诊和鉴定。为了保证公民的合法权益不因滥用非自愿治疗受到侵害,有效防止"被精神病"现象的发生,草案规定了两种复诊、两次鉴定制度。一是区分不同的非自愿住院治疗情形规定了两种复诊制度:因患者有伤害自身等情形而需要对其实施非自愿住院治疗的,不同意接受住院治疗的患者可以自收到诊断结论之日起3日内要求医疗机构进行复诊,医疗机构应当指派初诊医师以外的2名精神科执业医师进行复诊,并在5日内作出复诊结论;因患者有危害他人安全等情形而需要对其实施非自愿住院治疗的,不同意实施住院治疗的患者或者负有监护职责的近亲属可以自收到诊断结论之日起3日内,选择所在地省级行政区域内其他有资质的医疗机构进行复诊,承担复诊的医疗机构应当指派2名精神科执业医师进行复诊,并在5日内作出复诊结论。二是规定了两次鉴定制度:对复诊结论有异议、要求鉴定的,应当自主委托依法取得执业资质的精神障碍司法鉴定机构进行鉴定;对鉴定意见有异议的,可以要求该司法鉴定机构指定另外3名以上司法鉴定人进行重新鉴定;草案还规定了保证鉴定意见客观公正的程序要求。同时,草案明确规定,复诊结论或者鉴定意见表明不能确定就诊者为严重精神障碍患者或者患者不需要住院治疗的,医疗机构不得对其实施住院治疗。

（五）关于监督和评估。草案规定:(1)县级卫生行政部门应当定期对本行政区域内从事精神障碍诊断、治疗的医疗机构进行检查,发现有违反规定作出住院治疗决定等违法行为的,应当立即制止或者责令纠正,并依法作出处理。(2)医疗机构应当根据患者病情,及时组织精神科执业医师对依法实施非自愿住院治疗的患者进行检查评估;评估结果表明患者不需要继续住院治疗的,医疗机构应当立即通知患者及其监护人。

四、关于精神障碍的预防和康复

（一）关于精神障碍的预防。为了通过预防有效减少精神障碍的发生,草案设专章规定了用人单位、各级各类学校、医疗机构等在开展精神卫生宣传和健康教育等方面的责任,并要求有关行政部门对这些单位的精神障碍预防工作进行监督和指导;同时,对突发事件后的心理援助工作作了制度安排,为日常心理咨询工作设定了基本的行为规范。

（二）关于精神障碍的康复。为了通过康复巩固治疗效果,草案设专章规定:(1)县级人民政府根据实际情况统筹规划,建立精神障碍患者社区康复机构,并采取措施鼓励社会力量建立精神障碍患者康复机构;(2)基层卫生服务机构应当指导在家居住的严重精神障碍患者服药、开展康复训练等;(3)村民委员会和居民委员会、残疾人组织或者机构、用人单位以及监护人应当根据精神障碍患者康复的需要提供各种帮助;等等。

五、关于精神障碍的救助

（一）关于医疗费用的支付。草案规定,卫生行政部门应当组织医疗机构为严重精神障碍患者免费提供基本公共卫生服务;医疗机构应当为在家居住的严重精神障碍患者提供精神科基本药物维持治疗;精神障碍患者的医疗费用按照国家有关社会保险的规定由基本医疗保险基金支付;对家庭经济困难的严重精神障碍患者,由所在地县级人民政府对其参加医保给予资助;人力资源社会保障、卫生、民政、财政等部门应当加强协调,简化程序,实现相关医疗费用由医疗机构与医疗保险经办机构直接结算;对通过医保支付后仍有困难或者不能通过医保支付医疗费用的精神障碍患者,民政部门应当优先给予医疗救助。

(二)关于生活救助。草案规定,对符合低保条件的严重精神障碍患者,民政部门应当会同有关部门及时将其纳入低保;对属于农村五保供养对象或者城市"三无人员"的严重精神障碍患者,民政部门应当按照规定予以供养、救济;对不符合低保条件或者不属于农村五保供养对象、但确有困难的严重精神障碍患者,民政部门可以采取临时救助等措施,帮助解决其生活困难。

六、关于严重精神障碍患者的管理制度

鉴于部分严重精神障碍患者可能对他人的人身安全造成很大威胁,草案除对符合法定条件的严重精神障碍患者规定非自愿送诊和非自愿住院治疗两方面重点管理制度外,还规定了以下两项管理制度:一是基本信息收集与共享制度。草案规定,卫生部建立精神卫生监测网络,实行严重精神障碍发病报告制度;会同有关部门建立精神卫生工作信息共享机制,实现信息互联互通、交流共享。二是建立健康档案和随访制度。草案规定,基层卫生服务机构应当建立严重精神障碍患者的健康档案,对在家居住的严重精神障碍患者进行定期随访。

此外,草案还对精神卫生工作的财政保障、精神卫生工作人员的职业保护等作了明确规定,并对故意将非精神障碍患者作为精神障碍患者送入医疗机构、医疗机构未以精神健康状况为依据将就诊者诊断为精神障碍患者以及司法鉴定人出具虚假鉴定意见等违反本法规定的行为设定了严格的法律责任。

全国人民代表大会法律委员会关于《中华人民共和国精神卫生法(草案)》修改情况的汇报

——2012 年 8 月 27 日在第十一届全国人民代表大会常务委员会第二十八次会议上

全国人大法律委员会副主任委员　洪　虎

全国人民代表大会常务委员会:

常委会第二十三次会议对精神卫生法(草案)进行了初次审议。会后,法制工作委员会将草案印发各省(区、市)和中央有关部门、单位征求意见。中国人大网站全文公布草案,向社会征求意见。法律委员会、教科文卫委员会和法制工作委员会联合召开座谈会,听取有关部门、单位和专家的意见。法律委员会、法制工作委员会还到北京、四川、上海、浙江、宁夏和内蒙古调研,并就主要问题同有关部门交换意见,共同研究。法律委员会于 8 月 3 日召开会议,根据常委会组成人员的审议意见和各方面的意见,对草案进行了逐条审议。教科文卫委员会、国务院法制办公室、卫生部有关负责同志列席了会议。8 月 21 日,法律委员会再次召开会议进行审议。现将精神卫生法(草案)主要问题的修改情况汇报如下:

一、精神卫生既是重大公共卫生问题,也是公众关注的社会问题。精神卫生法的立法宗旨是发展精神卫生事业,规范精神卫生服务,维护精神障碍患者的合法权益。有的常委委员、地方提出,针对当前精神卫生工作的问题和现状,本法的立法重点应当放在做好精神障碍的预防、治疗和康复工作上,解决目前精神卫生疾病预防不力、医疗机构不足、专业人员缺乏、患者得不到及时诊断、治疗、康复等突出问题,依法保障、促进精神卫生事业的发展。法律委员会经同教科文卫委员会、国务院法制办公室、卫生部研究,按照上述意见对草案作了进一步完善。

二、草案第四条第二款规定,精神障碍患者隐私方面的合法权益受法律保护。有的常委委员提出,由于精神障碍患者的特殊性,对他们的隐私保护不能笼统规定,应尽量明确具体。法律委员会经同教科文卫委员会、国务院法制办公室、卫生部研究,建议对上述规定作相应修改,在该条中增加一款规定:"有关单位和个人应当对精神障碍患者的姓名、住址、工作单位、肖像、病历资料以及其他可

能推断出其身份的信息予以保密；但是，依法履行职责需要公开的除外。”并在草案第六章中增加规定相应的法律责任。

三、草案对用人单位、学校等在精神障碍预防工作中的责任作了规定。有的常委委员提出，精神障碍的预防还要发挥基层群众性自治组织、新闻媒体、社会组织的作用。法律委员会经同教科文卫委员会、国务院法制办公室、卫生部研究，建议在草案第二章中增加两条规定：“村民委员会、居民委员会应当协助所在地人民政府及其有关部门开展社区心理健康指导、精神卫生知识宣传教育活动，创建有益于居民身心健康的社区环境。”“国家鼓励和支持新闻媒体、社会组织开展精神卫生的公益性宣传，普及精神卫生知识，引导公众关注心理健康，预防精神障碍的发生。”

四、草案对严重精神障碍患者规定了诊断和复诊程序，还规定了患者或者其监护人对需要住院治疗的复诊结论有异议的，可以委托司法鉴定机构进行鉴定和重新鉴定的程序。教科文卫委员会和有的常委委员、地方提出，一是精神障碍鉴定由患者或者其监护人自主委托进行，其性质是医学鉴定，不是司法鉴定；二是两次鉴定一般需要 60 天时间，时间长成本也高，对患者并不利；三是严重精神障碍患者缺乏自知力，往往不愿接受住院治疗，规定在监护人同意住院治疗的情况下患者又可以要求复诊、鉴定，实践中会造成新的社会问题。法律委员会经同教科文卫委员会、国务院法制办公室、卫生部研究，建议对草案作如下修改：一是将草案第二十七条中“精神障碍司法鉴定机构”修改为“依法取得执业资质的精神障碍鉴定机构”，将“司法鉴定人”修改为“鉴定人”，明确鉴定的性质为医学鉴定。二是删去草案第二十六条中有关在监护人同意住院治疗的情况下患者可以要求复诊、鉴定的规定和草案第二十七条第四款有关重新鉴定的规定。为了保障患者的权利，相应在草案第六章中增加一条规定：“精神障碍患者或者其近亲属认为行政机关、医疗机构或者其他有关单位和个人违反本法规定侵害患者合法权益的，可以依法提起诉讼。”

五、教科文卫委员会和有的常委委员、部门、地方提出，目前，我国精神卫生工作总体上还比较薄弱，医疗机构、专业人员严重匮乏，经费缺口比较大，特别是在基层和一些贫困地区，问题尤为突出，建议立法要从人、财、物等方面保障精神卫生事业的发展。法律委员会经同教科文卫委员会、国务院法制办公室、卫生部研究，建议对草案作如下修改：一是在草案第十条中增加一款规定：“国家鼓励和支持开展精神卫生专门人才的培养，加强精神卫生专业队伍建设。”二是在草案第五章中增加一条规定：“国家加强基层精神卫生服务体系建设，扶持贫困地区、边远地区的精神卫生工作，保障城市社区、农村基层精神卫生工作所需经费。”三是将草案第六十二条第二款中规定的“县级以上人民政府及其有关部门应当采取措施，加强对精神卫生工作人员的职业保护”修改为“县级以上人民政府及其有关部门、医疗机构、康复机构应当采取措施，加强对精神卫生工作人员的职业保护，提高精神卫生工作人员的待遇水平”。

六、有的常委委员、部门提出，草案对医疗机构及其工作人员规定的法律责任过多、过细，权利义务不平衡、权利责任不对称。法律委员会经同教科文卫委员会、国务院法制办公室、卫生部研究，建议对草案规定的医疗机构及其工作人员的法律责任予以适当修改，有些问题可由卫生部门的诊疗规范予以规定。

此外，还对草案作了一些文字修改。

草案二次审议稿已按上述意见作了修改，法律委员会建议本次常委会会议继续审议。

草案二次审议稿和以上汇报是否妥当，请审议。

全国人民代表大会法律委员会关于《中华人民共和国精神卫生法(草案)》审议结果的报告

——2012年10月23日在第十一届全国人民代表大会常务委员会第二十九次会议上

全国人大法律委员会副主任委员 洪 虎

全国人民代表大会常务委员会:

常委会第二十八次会议对精神卫生法(草案二次审议稿)进行了再次审议。会后,法律委员会、法制工作委员会到北京、湖南、吉林调研,并就主要问题同有关部门交换意见,共同研究。法律委员会于10月9日召开会议,根据常委会组成人员的审议意见和各方面的意见,对草案进行了逐条审议。教科文卫委员会、卫生部有关负责同志和国务院法制办有关同志列席了会议。10月16日,法律委员会再次召开会议进行审议。法律委员会认为,为了发展精神卫生事业,规范精神卫生服务,维护精神障碍患者的合法权益,制定本法是必要的,草案经过常委会审议修改,已经比较成熟。同时,提出以下主要修改意见:

一、草案二次审议稿第四条第一款规定,精神障碍患者的人格尊严、人身安全不受侵犯。有的常委委员提出,为更全面地保护精神障碍患者的合法权益,建议增加保障精神障碍患者的财产安全的规定。法律委员会经同教科文卫委员会、国务院法制办、卫生部研究,建议将草案二次审议稿第四条第一款修改为:"精神障碍患者的人格尊严、人身和财产安全不受侵犯。"

二、有的常委委员提出,精神卫生法不仅要关注精神障碍患者,还要注重促进公民心理健康。草案二次审议稿第二章规定了促进公民心理健康的相关内容,非常必要,建议在章名亦予以体现,同时建议增加规定政府及有关部门在促进公民心理健康方面的职责。法律委员会经同教科文卫委员会、国务院法制办、卫生部研究,建议将草案二次审议稿第二章章名"精神障碍的预防"修改为"心理健康促进和精神障碍预防",同时在该章中增加一条规定:"各级人民政府和县级以上人民政府有关部门应当采取措施,加强心理健康促进和精神障碍预防工作,提高公众心理健康水平。"

三、有的常委委员和地方提出,目前医疗机构在精神障碍预防、诊断、治疗方面的力量较弱,多数综合性医疗机构没有开设精神科门诊,医务人员对精神障碍的识别能力不强,建议加强医疗机构和医务人员的精神障碍防治能力建设。法律委员会经同教科文卫委员会、国务院法制办、卫生部研究,建议对草案二次审议稿作如下修改:一是在草案二次审议稿第十六条中增加规定:医务人员"发现就诊者可能患有精神障碍的,应当建议其到符合本法规定的医疗机构就诊"。二是在草案二次审议稿第五章中增加一条规定:"综合性医疗机构应当按照国务院卫生行政部门的规定开设精神科门诊或者心理治疗门诊,提高精神障碍预防、诊断、治疗能力。"三是将草案二次审议稿第六十三条第三款修改为:"县级以上人民政府卫生行政部门应当组织医务人员进行精神卫生知识培训,提高其识别精神障碍的能力。"

四、有的常委委员提出,家庭在精神障碍预防和患者看护方面具有重要作用,本法应当明确家庭的相关责任。法律委员会经同教科文卫委员会、国务院法制办、卫生部研究,建议在草案二次审议稿第二章中增加一条规定:"家庭成员之间应当相互关爱,创造良好、和睦的家庭环境,提高精神障碍预防意识;发现家庭成员可能患有精神障碍的,应当帮助其及时就诊,照顾其生活,做好看护管理。"

五、教科文卫委员会和有的常委委员、地方提出,目前精神卫生工作的突出问题之一是医务人员收入低,风险高,为稳定队伍,应当对精神卫生工作人员给予适当津贴。法律委员会经同教科文卫委员会、国务院法制办、卫生部研究,建议在草案二次审议稿第六十八条第二款中增加规定,县级以上人民政府及其有关部门、医疗机构、康复机构应当按照规定给予精神卫生工作人员适当的津贴。

此外,还对草案二次审议稿作了一些文字修改。

草案三次审议稿已按上述意见作了修改,法律委员会建议本次常委会会议审议通过。

草案三次审议稿和以上报告是否妥当,请审议。

全国人民代表大会法律委员会关于《中华人民共和国精神卫生法(草案三次审议稿)》修改意见的报告

——2012 年 10 月 25 日在第十一届全国人民代表大会
常务委员会第二十九次会议上

全国人民代表大会常务委员会:

本次常委会会议于 10 月 23 日下午对精神卫生法(草案三次审议稿)进行了分组审议。常委会组成人员普遍认为,草案已经比较成熟,建议进一步修改后,提请本次会议通过。同时,有些常委会组成人员还提出了一些修改意见。法律委员会于 10 月 24 日上午召开会议,逐条研究了审议意见,对草案进行了审议。教科文卫委员会、国务院法制办、卫生部有关负责同志列席了会议。法律委员会认为,草案是可行的,同时,提出以下修改意见:

一、草案三次审议稿第十八条规定,监狱等场所应当对服刑人员等开展精神卫生知识宣传,关注其心理健康状况,必要时提供心理咨询。有的常委委员提出,监狱等场所在必要时应主动向服刑人员等提供心理辅导。法律委员会经同教科文卫委员会、国务院法制办、卫生部研究,建议在上述规定中增加提供心理辅导的内容。

二、草案三次审议稿第二十八条第一款中规定,对查找不到近亲属的流浪乞讨疑似精神障碍患者,由当地有关部门按照职责分工,帮助送往医疗机构进行精神障碍诊断。有的常委委员提出,"有关部门"的表述责任主体不清楚,建议予以明确。法律委员会经同教科文卫委员会、国务院法制办、卫生部研究,建议将"有关部门"修改为"民政等有关部门"。

三、草案三次审议稿第四十七条中规定,患者及其监护人可以查阅、复制病历资料;但是,查阅、复制病历资料可能对患者治疗产生不利影响的除外。有的常委委员提出,监护人查阅、复制病历资料的权利不应受到限制,上述规定不够准确,建议作出修改。法律委员会经同教科文卫委员会、国务院法制办、卫生部研究,建议将上述规定修改为:"患者及其监护人可以查阅、复制病历资料;但是,患者查阅、复制病历资料可能对其治疗产生不利影响的除外。"

还有一个问题需要汇报。有的常委会组成人员提出,非自愿住院治疗的严重精神障碍患者对需要住院治疗的诊断结论或者鉴定报告有异议的,应当有救济手段。法律委员会经研究认为,草案三次审议稿第八十二条已经明确规定"精神障碍患者或者其监护人、近亲属认为行政机关、医疗机构或者其他有关单位和个人违反本法规定侵害患者合法权益的,可以依法提起诉讼",患者或者其监护人对需要住院治疗的诊断结论或者鉴定报告有异议的,可以依据该条规定向人民法院提起诉讼。

此外,根据常委会组成人员的审议意见,还对草案三次审议稿作了个别文字修改。

草案建议表决稿已按上述意见作了修改,法律委员会建议本次常委会会议通过。

草案建议表决稿和以上报告是否妥当,请审议。

中华人民共和国主席令

第六十三号

《全国人民代表大会常务委员会关于修改〈中华人民共和国监狱法〉的决定》已由中华人民共和国第十一届全国人民代表大会常务委员会第二十九次会议于 2012 年 10 月 26 日通过,现予公布,自 2013 年 1 月 1 日起施行。

中华人民共和国主席　胡锦涛

2012 年 10 月 26 日

全国人民代表大会常务委员会关于修改《中华人民共和国监狱法》的决定

（2012年10月26日第十一届全国人民代表大会常务委员会第二十九次会议通过）

第十一届全国人民代表大会常务委员会第二十九次会议决定对《中华人民共和国监狱法》作如下修改：

一、将第十五条第二款修改为："罪犯在被交付执行刑罚前，剩余刑期在三个月以下的，由看守所代为执行。"

二、将第十七条修改为："罪犯被交付执行刑罚，符合本法第十六条规定的，应当予以收监。罪犯收监后，监狱应当对其进行身体检查。经检查，对于具有暂予监外执行情形的，监狱可以提出书面意见，报省级以上监狱管理机关批准。"

三、将第二十七条修改为："对暂予监外执行的罪犯，依法实行社区矫正，由社区矫正机构负责执行。原关押监狱应当及时将罪犯在监内改造情况通报负责执行的社区矫正机构。"

四、将第二十八条修改为："暂予监外执行的罪犯具有刑事诉讼法规定的应当收监的情形的，社区矫正机构应当及时通知监狱收监；刑期届满的，由原关押监狱办理释放手续。罪犯在暂予监外执行期间死亡的，社区矫正机构应当及时通知原关押监狱。"

五、将第三十三条第二款修改为："对被假释的罪犯，依法实行社区矫正，由社区矫正机构负责执行。被假释的罪犯，在假释考验期限内有违反法律、行政法规或者国务院有关部门关于假释的监督管理规定的行为，尚未构成新的犯罪的，社区矫正机构应当向人民法院提出撤销假释的建议，人民法院应当自收到撤销假释建议书之日起一个月内予以审核裁定。人民法院裁定撤销假释的，由公安机关将罪犯送交监狱收监。"

六、将第三十四条第二款修改为："人民检察院认为人民法院减刑、假释的裁定不当，应当依照刑事诉讼法规定的期间向人民法院提出书面纠正意见。对于人民检察院提出书面纠正意见的案件，人民法院应当重新审理。"

七、将第六十条修改为："对罪犯在监狱内犯罪的案件，由监狱进行侦查。侦查终结后，写出起诉意见书，连同案卷材料、证据一并移送人民检察院。"

本决定自2013年1月1日起施行。

《中华人民共和国监狱法》根据本决定作相应修改，重新公布。

中华人民共和国监狱法

（1994年12月29日第八届全国人民代表大会常务委员会第十一次会议通过　根据2012年10月26日第十一届全国人民代表大会常务委员会第二十九次会议《关于修改〈中华人民共和国监狱法〉的决定》修正）

目　录

第一章　总　　则

第一条　为了正确执行刑罚，惩罚和改造罪犯，预防和减少犯罪，根据宪法，制定本法。

第二条　监狱是国家的刑罚执行机关。

依照刑法和刑事诉讼法的规定，被判处死刑缓期二年执行、无期徒刑、有期徒刑的罪犯，在监狱内执行刑罚。

第三条　监狱对罪犯实行惩罚和改造相结合、教育和劳动相结合的原则，将罪犯改造成为守法公民。

第四条　监狱对罪犯应当依法监管，根据改造罪犯的需要，组织罪犯从事生产劳动，对罪犯进行思想教育、文化教育、技术教育。

第五条　监狱的人民警察依法管理监狱、执行刑罚、对罪犯进行教育改造等活动，受法律保护。

第六条　人民检察院对监狱执行刑罚的活动是否合法，依法实行监督。

第七条　罪犯的人格不受侮辱，其人身安全、合法财产和辩护、申诉、控告、检举以及其他未被依法剥夺或者限制的权利不受侵犯。

罪犯必须严格遵守法律、法规和监规纪律，服从管理，接受教育，参加劳动。

第八条　国家保障监狱改造罪犯所需经费。监狱的人民警察经费、罪犯改造经费、罪犯生活费、狱政设施经费及其他专项经费，列入国家预算。

国家提供罪犯劳动必需的生产设施和生产经费。

第九条　监狱依法使用的土地、矿产资源和其他自然资源以及监狱的财产，受法律保护，任何组织或者个人不得侵占、破坏。

第十条　国务院司法行政部门主管全国的监狱工作。

第二章　监　　狱

第十一条　监狱的设置、撤销、迁移，由国务院司法行政部门批准。

第十二条　监狱设监狱长一人、副监狱长若干人，并根据实际需要设置必要的工作机构和配备其他监狱管理人员。

监狱的管理人员是人民警察。

第十三条　监狱的人民警察应当严格遵守宪法和法律，忠于职守，秉公执法，严守纪律，清正廉洁。

第十四条　监狱的人民警察不得有下列行为：

（一）索要、收受、侵占罪犯及其亲属的财物；

（二）私放罪犯或者玩忽职守造成罪犯脱逃；

（三）刑讯逼供或者体罚、虐待罪犯；

（四）侮辱罪犯的人格；

（五）殴打或者纵容他人殴打罪犯；

（六）为谋取私利，利用罪犯提供劳务；

（七）违反规定，私自为罪犯传递信件或者物品；

（八）非法将监管罪犯的职权交予他人行使；

（九）其他违法行为。

监狱的人民警察有前款所列行为，构成犯罪的，依法追究刑事责任；尚未构成犯罪的，应当予以行政处分。

第三章　刑罚的执行

第一节　收　　监

第十五条　人民法院对被判处死刑缓期二年执行、无期徒刑、有期徒刑的罪犯，应当将执行通知书、判决书送达羁押该罪犯的公安机关，公安机关应当自收到执行通知书、判决书之日起一个月内将该罪犯送交监狱执行刑罚。

罪犯在被交付执行刑罚前，剩余刑期在三个月以下的，由看守所代为执行。

第十六条　罪犯被交付执行刑罚时，交付执行的人民法院应当将人民检察院的起诉书副本、人民法院的判决书、执行通知书、结案登记表同时送达监狱。监狱没有收到上述文件的，不得收监；上述文件不齐全或者记载有误的，作出生效判决的人民法院应当及时补充齐全或者作出更正；对其中可能导致错误收监的，不予收监。

第十七条　罪犯被交付执行刑罚，符合本法第十六条规定的，应当予以收监。罪犯收监后，监狱应当对其进行身体检查。经检查，对于具有暂予监外执行情形的，监狱可以提出书面意见，报省级以上监狱管理机关批准。

第十八条　罪犯收监,应当严格检查其人身和所携带的物品。非生活必需品,由监狱代为保管或者征得罪犯同意退回其家属,违禁品予以没收。

女犯由女性人民警察检查。

第十九条　罪犯不得携带子女在监内服刑。

第二十条　罪犯收监后,监狱应当通知罪犯家属。通知书应当自收监之日起五日内发出。

第二节　对罪犯提出的申诉、控告、检举的处理

第二十一条　罪犯对生效的判决不服的,可以提出申诉。

对于罪犯的申诉,人民检察院或者人民法院应当及时处理。

第二十二条　对罪犯提出的控告、检举材料,监狱应当及时处理或者转送公安机关或者人民检察院处理,公安机关或者人民检察院应当将处理结果通知监狱。

第二十三条　罪犯的申诉、控告、检举材料,监狱应当及时转递,不得扣压。

第二十四条　监狱在执行刑罚过程中,根据罪犯的申诉,认为判决可能有错误的,应当提请人民检察院或者人民法院处理,人民检察院或者人民法院应当自收到监狱提请处理意见书之日起六个月内将处理结果通知监狱。

第三节　监外执行

第二十五条　对于被判处无期徒刑、有期徒刑在监内服刑的罪犯,符合刑事诉讼法规定的监外执行条件的,可以暂予监外执行。

第二十六条　暂予监外执行,由监狱提出书面意见,报省、自治区、直辖市监狱管理机关批准。批准机关应当将批准的暂予监外执行决定通知公安机关和原判人民法院,并抄送人民检察院。

人民检察院认为对罪犯适用暂予监外执行不当的,应当自接到通知之日起一个月内将书面意见送交批准暂予监外执行的机关,批准暂予监外执行的机关接到人民检察院的书面意见后,应当立即对该决定进行重新核查。

第二十七条　对暂予监外执行的罪犯,依法实行社区矫正,由社区矫正机构负责执行。原关押监狱应当及时将罪犯在监内改造情况通报负责执行的社区矫正机构。

第二十八条　暂予监外执行的罪犯具有刑事诉讼法规定的应当收监的情形的,社区矫正机构应当及时通知监狱收监;刑期届满的,由原关押监狱办理释放手续。罪犯在暂予监外执行期间死亡的,社区矫正机构应当及时通知原关押监狱。

第四节　减刑、假释

第二十九条　被判处无期徒刑、有期徒刑的罪犯,在服刑期间确有悔改或者立功表现的,根据监狱考核的结果,可以减刑。有下列重大立功表现之一的,应当减刑:

(一)阻止他人重大犯罪活动的;

(二)检举监狱内外重大犯罪活动,经查证属实的;

(三)有发明创造或者重大技术革新的;

(四)在日常生产、生活中舍己救人的;

(五)在抗御自然灾害或者排除重大事故中,有突出表现的;

(六)对国家和社会有其他重大贡献的。

第三十条　减刑建议由监狱向人民法院提出,人民法院应当自收到减刑建议书之日起一个月内予以审核裁定;案情复杂或者情况特殊的,可以延长一个月。减刑裁定的副本应当抄送人民检察院。

第三十一条　被判处死刑缓期二年执行的罪犯,在死刑缓期执行期间,符合法律规定的减为无期徒刑、有期徒刑条件的,二年期满时,所在监狱应当及时提出减刑建议,报经省、自治区、直辖市监狱管理机关审核后,提请高级人民法院裁定。

第三十二条　被判处无期徒刑、有期徒刑的罪犯,符合法律规定的假释条件的,由监狱根据考核结果向人民法院提出假释建议,人民法院应当自收到假释建议书之日起一个月内予以审核裁定;案情复杂或者情况特殊的,可以延长一个月。假释裁定的副本应当抄送人民检察院。

第三十三条　人民法院裁定假释的,监狱应当按期假释并发给假释证明书。

对被假释的罪犯,依法实行社区矫正,由社区矫正机构负责执行。被假释的罪犯,在假释考验期限内有违反法律、行政法规或者国务院有关部门关于假释的监督管理规定的行为,尚未构成新的犯罪的,社区矫正机构应当向人民法院提出撤销假释的建议,人民法院应当自收到撤销假释建议书之日起一个月内予以审核裁定。人民法院裁定撤销假释的,由公安机关将罪犯送交监狱收监。

第三十四条　对不符合法律规定的减刑、假释条件的罪犯,不得以任何理由将其减刑、假释。

人民检察院认为人民法院减刑、假释的裁定不当，应当依照刑事诉讼法规定的期间向人民法院提出书面纠正意见。对于人民检察院提出书面纠正意见的案件，人民法院应当重新审理。

第五节 释放和安置

第三十五条 罪犯服刑期满，监狱应当按期释放并发给释放证明书。

第三十六条 罪犯释放后，公安机关凭释放证明书办理户籍登记。

第三十七条 对刑满释放人员，当地人民政府帮助其安置生活。

刑满释放人员丧失劳动能力又无法定赡养人、扶养人和基本生活来源的，由当地人民政府予以救济。

第三十八条 刑满释放人员依法享有与其他公民平等的权利。

第四章 狱政管理

第一节 分押分管

第三十九条 监狱对成年男犯、女犯和未成年犯实行分开关押和管理，对未成年犯和女犯的改造，应当照顾其生理、心理特点。

监狱根据罪犯的犯罪类型、刑罚种类、刑期、改造表现等情况，对罪犯实行分别关押，采取不同方式管理。

第四十条 女犯由女性人民警察直接管理。

第二节 警 戒

第四十一条 监狱的武装警戒由人民武装警察部队负责，具体办法由国务院、中央军事委员会规定。

第四十二条 监狱发现在押罪犯脱逃，应当即时将其抓获，不能即时抓获的，应当立即通知公安机关，由公安机关负责追捕，监狱密切配合。

第四十三条 监狱根据监管需要，设立警戒设施。监狱周围设警戒隔离带，未经准许，任何人不得进入。

第四十四条 监区、作业区周围的机关、团体、企业事业单位和基层组织，应当协助监狱做好安全警戒工作。

第三节 戒具和武器的使用

第四十五条 监狱遇有下列情形之一的，可以使用戒具：

（一）罪犯有脱逃行为的；

（二）罪犯有使用暴力行为的；

（三）罪犯正在押解途中的；

（四）罪犯有其他危险行为需要采取防范措施的。

前款所列情形消失后，应当停止使用戒具。

第四十六条 人民警察和人民武装警察部队的执勤人员遇有下列情形之一，非使用武器不能制止的，按照国家有关规定，可以使用武器：

（一）罪犯聚众骚乱、暴乱的；

（二）罪犯脱逃或者拒捕的；

（三）罪犯持有凶器或者其他危险物，正在行凶或者破坏，危及他人生命、财产安全的；

（四）劫夺罪犯的；

（五）罪犯抢夺武器的。

使用武器的人员，应当按照国家有关规定报告情况。

第四节 通信、会见

第四十七条 罪犯在服刑期间可以与他人通信，但是来往信件应当经过监狱检查。监狱发现有碍罪犯改造内容的信件，可以扣留。罪犯写给监狱的上级机关和司法机关的信件，不受检查。

第四十八条 罪犯在监狱服刑期间，按照规定，可以会见亲属、监护人。

第四十九条 罪犯收受物品和钱款，应当经监狱批准、检查。

第五节 生活、卫生

第五十条 罪犯的生活标准按实物量计算，由国家规定。

第五十一条 罪犯的被服由监狱统一配发。

第五十二条 对少数民族罪犯的特殊生活习惯，应当予以照顾。

第五十三条 罪犯居住的监舍应当坚固、通风、透光、清洁、保暖。

第五十四条 监狱应当设立医疗机构和生活、卫生设施，建立罪犯生活、卫生制度。罪犯的医疗保健列入监狱所在地区的卫生、防疫计划。

第五十五条 罪犯在服刑期间死亡的，监狱应当立即通知罪犯家属和人民检察院、人民法院。罪犯因病死亡的，由监狱作出医疗鉴定。人民检察院对监狱的医疗鉴定有疑义的，可以重新对死亡原因作出鉴定。罪犯家属有疑义的，可以向人民检察院提出。罪犯非正常死亡的，人民检察院应当立即检验，对死亡原因作出鉴定。

第六节　奖　　惩

第五十六条　监狱应当建立罪犯的日常考核制度，考核的结果作为对罪犯奖励和处罚的依据。

第五十七条　罪犯有下列情形之一的，监狱可以给予表扬、物质奖励或者记功：

（一）遵守监规纪律，努力学习，积极劳动，有认罪服法表现的；

（二）阻止违法犯罪活动的；

（三）超额完成生产任务的；

（四）节约原材料或者爱护公物，有成绩的；

（五）进行技术革新或者传授生产技术，有一定成效的；

（六）在防止或者消除灾害事故中作出一定贡献的；

（七）对国家和社会有其他贡献的。

被判处有期徒刑的罪犯有前款所列情形之一，执行原判刑期二分之一以上，在服刑期间一贯表现好，离开监狱不致再危害社会的，监狱可以根据情况准其离监探亲。

第五十八条　罪犯有下列破坏监管秩序情形之一的，监狱可以给予警告、记过或者禁闭：

（一）聚众哄闹监狱，扰乱正常秩序的；

（二）辱骂或者殴打人民警察的；

（三）欺压其他罪犯的；

（四）偷窃、赌博、打架斗殴、寻衅滋事的；

（五）有劳动能力拒不参加劳动或者消极怠工，经教育不改的；

（六）以自伤、自残手段逃避劳动的；

（七）在生产劳动中故意违反操作规程，或者有意损坏生产工具的；

（八）有违反监规纪律的其他行为的。

依照前款规定对罪犯实行禁闭的期限为七天至十五天。

罪犯在服刑期间有第一款所列行为，构成犯罪的，依法追究刑事责任。

第七节　对罪犯服刑期间犯罪的处理

第五十九条　罪犯在服刑期间故意犯罪的，依法从重处罚。

第六十条　对罪犯在监狱内犯罪的案件，由监狱进行侦查。侦查终结后，写出起诉意见书，连同案卷材料、证据一并移送人民检察院。

第五章　对罪犯的教育改造

第六十一条　教育改造罪犯，实行因人施教、分类教育、以理服人的原则，采取集体教育与个别教育相结合、狱内教育与社会教育相结合的方法。

第六十二条　监狱应当对罪犯进行法制、道德、形势、政策、前途等内容的思想教育。

第六十三条　监狱应当根据不同情况，对罪犯进行扫盲教育、初等教育和初级中等教育，经考试合格的，由教育部门发给相应的学业证书。

第六十四条　监狱应当根据监狱生产和罪犯释放后就业的需要，对罪犯进行职业技术教育，经考核合格的，由劳动部门发给相应的技术等级证书。

第六十五条　监狱鼓励罪犯自学，经考试合格的，由有关部门发给相应的证书。

第六十六条　罪犯的文化和职业技术教育，应当列入所在地区教育规划。监狱应当设立教室、图书阅览室等必要的教育设施。

第六十七条　监狱应当组织罪犯开展适当的体育活动和文化娱乐活动。

第六十八条　国家机关、社会团体、部队、企业事业单位和社会各界人士以及罪犯的亲属，应当协助监狱做好对罪犯的教育改造工作。

第六十九条　有劳动能力的罪犯，必须参加劳动。

第七十条　监狱根据罪犯的个人情况，合理组织劳动，使其矫正恶习，养成劳动习惯，学会生产技能，并为释放后就业创造条件。

第七十一条　监狱对罪犯的劳动时间，参照国家有关劳动工时的规定执行；在季节性生产等特殊情况下，可以调整劳动时间。

罪犯有在法定节日和休息日休息的权利。

第七十二条　监狱对参加劳动的罪犯，应当按照有关规定给予报酬并执行国家有关劳动保护的规定。

第七十三条　罪犯在劳动中致伤、致残或者死亡的，由监狱参照国家劳动保险的有关规定处理。

第六章　对未成年犯的教育改造

第七十四条　对未成年犯应当在未成年犯管教所执行刑罚。

第七十五条　对未成年犯执行刑罚应当以教育改造为主。未成年犯的劳动，应当符合未成年人的特点，以学习文化和生产技能为主。

监狱应当配合国家、社会、学校等教育机构，为未成年犯接受义务教育提供必要的条件。

第七十六条 未成年犯年满十八周岁时，剩余刑期不超过二年的，仍可以留在未成年犯管教所执行剩余刑期。

第七十七条 对未成年犯的管理和教育改造，本章未作规定的，适用本法的有关规定。

第七章 附 则

第七十八条 本法自公布之日起施行。

中华人民共和国主席令

第六十四号

《全国人民代表大会常务委员会关于修改〈中华人民共和国律师法〉的决定》已由中华人民共和国第十一届全国人民代表大会常务委员会第二十九次会议于2012年10月26日通过，现予公布，自2013年1月1日起施行。

中华人民共和国主席 胡锦涛

2012年10月26日

全国人民代表大会常务委员会关于修改《中华人民共和国律师法》的决定

（2012年10月26日第十一届全国人民代表大会常务委员会第二十九次会议通过）

第十一届全国人民代表大会常务委员会第二十九次会议决定对《中华人民共和国律师法》作如下修改：

一、将第二十八条第三项修改为："接受刑事案件犯罪嫌疑人、被告人的委托或者依法接受法律援助机构的指派，担任辩护人，接受自诉案件自诉人、公诉案件被害人或者其近亲属的委托，担任代理人，参加诉讼"。

二、将第三十一条修改为："律师担任辩护人的，应当根据事实和法律，提出犯罪嫌疑人、被告人无罪、罪轻或者减轻、免除其刑事责任的材料和意见，维护犯罪嫌疑人、被告人的诉讼权利和其他合法权益。"

三、将第三十三条修改为："律师担任辩护人的，有权持律师执业证书、律师事务所证明和委托书或者法律援助公函，依照刑事诉讼法的规定会见在押或者被监视居住的犯罪嫌疑人、被告人。辩护律师会见犯罪嫌疑人、被告人时不被监听。"

四、将第三十四条修改为："律师担任辩护人的，自人民检察院对案件审查起诉之日起，有权查阅、摘抄、复制本案的案卷材料。"

五、将第三十七条第三款修改为："律师在参与诉讼活动中涉嫌犯罪的，侦查机关应当及时通知其所在的律师事务所或者所属的律师协会；被依法拘留、逮捕的，侦查机关应当依照刑事诉讼法的规定通知该律师的家属。"

六、将第三十八条第二款修改为："律师对在执业活动中知悉的委托人和其他人不愿泄露的有关情况和信息，应当予以保密。但是，委托人或者其他人准备或者正在实施危害国家安全、公共安全以及严重危害他人人身安全的犯罪事实和信息除外。"

本决定自2013年1月1日起施行。

《中华人民共和国律师法》根据本决定作相应修改，重新公布。

中华人民共和国律师法

（1996年5月15日第八届全国人民代表大会常务委员会第十九次会议通过　根据2001年12月29日第九届全国人民代表大会常务委员会第二十五次会议《关于修改〈中华人民共和国律师法〉的决定》第一次修正　2007年10月28日第十届全国人民代表大会常务委员会第三十次会议修订　根据2012年10月26日第十一届全国人民代表大会常务委员会第二十九次会议《关于修改〈中华人民共和国律师法〉的决定》第二次修正）

目　录

第一章　总　　则

第一条　为了完善律师制度，规范律师执业行为，保障律师依法执业，发挥律师在社会主义法制建设中的作用，制定本法。

第二条　本法所称律师，是指依法取得律师执业证书，接受委托或者指定，为当事人提供法律服务的执业人员。

律师应当维护当事人合法权益，维护法律正确实施，维护社会公平和正义。

第三条　律师执业必须遵守宪法和法律，恪守律师职业道德和执业纪律。

律师执业必须以事实为根据，以法律为准绳。

律师执业应当接受国家、社会和当事人的监督。

律师依法执业受法律保护，任何组织和个人不得侵害律师的合法权益。

第四条　司法行政部门依照本法对律师、律师事务所和律师协会进行监督、指导。

第二章　律师执业许可

第五条　申请律师执业，应当具备下列条件：

（一）拥护中华人民共和国宪法；

（二）通过国家统一司法考试；

（三）在律师事务所实习满一年；

（四）品行良好。

实行国家统一司法考试前取得的律师资格凭证，在申请律师执业时，与国家统一司法考试合格证书具有同等效力。

第六条　申请律师执业，应当向设区的市级或者直辖市的区人民政府司法行政部门提出申请，并提交下列材料：

（一）国家统一司法考试合格证书；

（二）律师协会出具的申请人实习考核合格的材料；

（三）申请人的身份证明；

（四）律师事务所出具的同意接收申请人的证明。

申请兼职律师执业的，还应当提交所在单位同意申请人兼职从事律师职业的证明。

受理申请的部门应当自受理之日起二十日内予以审查，并将审查意见和全部申请材料报送省、自治区、直辖市人民政府司法行政部门。省、自治区、直辖市人民政府司法行政部门应当自收到报送材料之日起十日内予以审核，作出是否准予执业的决定。准予执业的，向申请人颁发律师执业证书；不准予执业的，向申请人书面说明理由。

第七条　申请人有下列情形之一的，不予颁发律师执业证书：

（一）无民事行为能力或者限制民事行为能力的；

（二）受过刑事处罚的，但过失犯罪的除外；

（三）被开除公职或者被吊销律师执业证书的。

第八条　具有高等院校本科以上学历，在法律服务人员紧缺领域从事专业工作满十五年，具有高级职称或者同等专业水平并具有相应的专业法律知识的人员,申请专职律师执业的,经国务院司法行政部门考核合格,准予执业。具体办法由国务院规定。

第九条 有下列情形之一的,由省、自治区、直辖市人民政府司法行政部门撤销准予执业的决定,并注销被准予执业人员的律师执业证书:

(一)申请人以欺诈、贿赂等不正当手段取得律师执业证书的;

(二)对不符合本法规定条件的申请人准予执业的。

第十条 律师只能在一个律师事务所执业。律师变更执业机构的,应当申请换发律师执业证书。

律师执业不受地域限制。

第十一条 公务员不得兼任执业律师。

律师担任各级人民代表大会常务委员会组成人员的,任职期间不得从事诉讼代理或者辩护业务。

第十二条 高等院校、科研机构中从事法学教育、研究工作的人员,符合本法第五条规定条件的,经所在单位同意,依照本法第六条规定的程序,可以申请兼职律师执业。

第十三条 没有取得律师执业证书的人员,不得以律师名义从事法律服务业务;除法律另有规定外,不得从事诉讼代理或者辩护业务。

第三章 律师事务所

第十四条 律师事务所是律师的执业机构。设立律师事务所应当具备下列条件:

(一)有自己的名称、住所和章程;

(二)有符合本法规定的律师;

(三)设立人应当是具有一定的执业经历,且三年内未受过停止执业处罚的律师;

(四)有符合国务院司法行政部门规定数额的资产。

第十五条 设立合伙律师事务所,除应当符合本法第十四条规定的条件外,还应当有三名以上合伙人,设立人应当是具有三年以上执业经历的律师。

合伙律师事务所可以采用普通合伙或者特殊的普通合伙形式设立。合伙律师事务所的合伙人按照合伙形式对该律师事务所的债务依法承担责任。

第十六条 设立个人律师事务所,除应当符合本法第十四条规定的条件外,设立人还应当是具有五年以上执业经历的律师。设立人对律师事务所的债务承担无限责任。

第十七条 申请设立律师事务所,应当提交下列材料:

(一)申请书;

(二)律师事务所的名称、章程;

(三)律师的名单、简历、身份证明、律师执业证书;

(四)住所证明;

(五)资产证明。

设立合伙律师事务所,还应当提交合伙协议。

第十八条 设立律师事务所,应当向设区的市级或者直辖市的区人民政府司法行政部门提出申请,受理申请的部门应当自受理之日起二十日内予以审查,并将审查意见和全部申请材料报送省、自治区、直辖市人民政府司法行政部门。省、自治区、直辖市人民政府司法行政部门应当自收到报送材料之日起十日内予以审核,作出是否准予设立的决定。准予设立的,向申请人颁发律师事务所执业证书;不准予设立的,向申请人书面说明理由。

第十九条 成立三年以上并具有二十名以上执业律师的合伙律师事务所,可以设立分所。设立分所,须经拟设立分所所在地的省、自治区、直辖市人民政府司法行政部门审核。申请设立分所的,依照本法第十八条规定的程序办理。

合伙律师事务所对其分所的债务承担责任。

第二十条 国家出资设立的律师事务所,依法自主开展律师业务,以该律师事务所的全部资产对其债务承担责任。

第二十一条 律师事务所变更名称、负责人、章程、合伙协议的,应当报原审核部门批准。

律师事务所变更住所、合伙人的,应当自变更之日起十五日内报原审核部门备案。

第二十二条 律师事务所有下列情形之一的,应当终止:

(一)不能保持法定设立条件,经限期整改仍不符合条件的;

(二)律师事务所执业证书被依法吊销的;

(三)自行决定解散的;

(四)法律、行政法规规定应当终止的其他情形。

律师事务所终止的,由颁发执业证书的部门注销该律师事务所的执业证书。

第二十三条 律师事务所应当建立健全执业管理、利益冲突审查、收费与财务管理、投诉查处、年度考核、档案管理等制度,对律师在执业活动中遵守职业道德、执业纪律的情况进行监督。

第二十四条　律师事务所应当于每年的年度考核后，向设区的市级或者直辖市的区人民政府司法行政部门提交本所的年度执业情况报告和律师执业考核结果。

第二十五条　律师承办业务，由律师事务所统一接受委托，与委托人签订书面委托合同，按照国家规定统一收取费用并如实入账。

律师事务所和律师应当依法纳税。

第二十六条　律师事务所和律师不得以诋毁其他律师事务所、律师或者支付介绍费等不正当手段承揽业务。

第二十七条　律师事务所不得从事法律服务以外的经营活动。

第四章　律师的业务和权利、义务

第二十八条　律师可以从事下列业务：

（一）接受自然人、法人或者其他组织的委托，担任法律顾问；

（二）接受民事案件、行政案件当事人的委托，担任代理人，参加诉讼；

（三）接受刑事案件犯罪嫌疑人、被告人的委托或者依法接受法律援助机构的指派，担任辩护人，接受自诉案件自诉人、公诉案件被害人或者其近亲属的委托，担任代理人，参加诉讼；

（四）接受委托，代理各类诉讼案件的申诉；

（五）接受委托，参加调解、仲裁活动；

（六）接受委托，提供非诉讼法律服务；

（七）解答有关法律的询问、代写诉讼文书和有关法律事务的其他文书。

第二十九条　律师担任法律顾问的，应当按照约定为委托人就有关法律问题提供意见，草拟、审查法律文书，代理参加诉讼、调解或者仲裁活动，办理委托的其他法律事务，维护委托人的合法权益。

第三十条　律师担任诉讼法律事务代理人或者非诉讼法律事务代理人的，应当在受委托的权限内，维护委托人的合法权益。

第三十一条　律师担任辩护人的，应当根据事实和法律，提出犯罪嫌疑人、被告人无罪、罪轻或者减轻、免除其刑事责任的材料和意见，维护犯罪嫌疑人、被告人的诉讼权利和其他合法权益。

第三十二条　委托人可以拒绝已委托的律师为其继续辩护或者代理，同时可以另行委托律师担任辩护人或者代理人。

律师接受委托后，无正当理由的，不得拒绝辩护或者代理。但是，委托事项违法、委托人利用律师提供的服务从事违法活动或者委托人故意隐瞒与案件有关的重要事实的，律师有权拒绝辩护或者代理。

第三十三条　律师担任辩护人的，有权持律师执业证书、律师事务所证明和委托书或者法律援助公函，依照刑事诉讼法的规定会见在押或者被监视居住的犯罪嫌疑人、被告人。辩护律师会见犯罪嫌疑人、被告人时不被监听。

第三十四条　律师担任辩护人的，自人民检察院对案件审查起诉之日起，有权查阅、摘抄、复制本案的案卷材料。

第三十五条　受委托的律师根据案情的需要，可以申请人民检察院、人民法院收集、调取证据或者申请人民法院通知证人出庭作证。

律师自行调查取证的，凭律师执业证书和律师事务所证明，可以向有关单位或者个人调查与承办法律事务有关的情况。

第三十六条　律师担任诉讼代理人或者辩护人的，其辩论或者辩护的权利依法受到保障。

第三十七条　律师在执业活动中的人身权利不受侵犯。

律师在法庭上发表的代理、辩护意见不受法律追究。但是，发表危害国家安全、恶意诽谤他人、严重扰乱法庭秩序的言论除外。

律师在参与诉讼活动中涉嫌犯罪的，侦查机关应当及时通知其所在的律师事务所或者所属的律师协会；被依法拘留、逮捕的，侦查机关应当依照刑事诉讼法的规定通知该律师的家属。

第三十八条　律师应当保守在执业活动中知悉的国家秘密、商业秘密，不得泄露当事人的隐私。

律师对在执业活动中知悉的委托人和其他人不愿泄露的有关情况和信息，应当予以保密。但是，委托人或者其他人准备或者正在实施危害国家安全、公共安全以及严重危害他人人身安全的犯罪事实和信息除外。

第三十九条　律师不得在同一案件中为双方当事人担任代理人，不得代理与本人或者其近亲属有利益冲突的法律事务。

第四十条　律师在执业活动中不得有下列行为：

（一）私自接受委托、收取费用，接受委托人的财物或者其他利益；

（二）利用提供法律服务的便利牟取当事人争议的权益；

（三）接受对方当事人的财物或者其他利益，与对方当事人或者第三人恶意串通，侵害委托人的权益；

（四）违反规定会见法官、检察官、仲裁员以及其他有关工作人员；

（五）向法官、检察官、仲裁员以及其他有关工作人员行贿，介绍贿赂或者指使、诱导当事人行贿，或者以其他不正当方式影响法官、检察官、仲裁员以及其他有关工作人员依法办理案件；

（六）故意提供虚假证据或者威胁、利诱他人提供虚假证据，妨碍对方当事人合法取得证据；

（七）煽动、教唆当事人采取扰乱公共秩序、危害公共安全等非法手段解决争议；

（八）扰乱法庭、仲裁庭秩序，干扰诉讼、仲裁活动的正常进行。

第四十一条　曾经担任法官、检察官的律师，从人民法院、人民检察院离任后二年内，不得担任诉讼代理人或者辩护人。

第四十二条　律师、律师事务所应当按照国家规定履行法律援助义务，为受援人提供符合标准的法律服务，维护受援人的合法权益。

第五章　律师协会

第四十三条　律师协会是社会团体法人，是律师的自律性组织。

全国设立中华全国律师协会，省、自治区、直辖市设立地方律师协会，设区的市根据需要可以设立地方律师协会。

第四十四条　全国律师协会章程由全国会员代表大会制定，报国务院司法行政部门备案。

地方律师协会章程由地方会员代表大会制定，报同级司法行政部门备案。地方律师协会章程不得与全国律师协会章程相抵触。

第四十五条　律师、律师事务所应当加入所在地的地方律师协会。加入地方律师协会的律师、律师事务所，同时是全国律师协会的会员。

律师协会会员享有律师协会章程规定的权利，履行律师协会章程规定的义务。

第四十六条　律师协会应当履行下列职责：

（一）保障律师依法执业，维护律师的合法权益；

（二）总结、交流律师工作经验；

（三）制定行业规范和惩戒规则；

（四）组织律师业务培训和职业道德、执业纪律教育，对律师的执业活动进行考核；

（五）组织管理申请律师执业人员的实习活动，对实习人员进行考核；

（六）对律师、律师事务所实施奖励和惩戒；

（七）受理对律师的投诉或者举报，调解律师执业活动中发生的纠纷，受理律师的申诉；

（八）法律、行政法规、规章以及律师协会章程规定的其他职责。

律师协会制定的行业规范和惩戒规则，不得与有关法律、行政法规、规章相抵触。

第六章　法律责任

第四十七条　律师有下列行为之一的，由设区的市级或者直辖市的区人民政府司法行政部门给予警告，可以处五千元以下的罚款；有违法所得的，没收违法所得；情节严重的，给予停止执业三个月以下的处罚：

（一）同时在两个以上律师事务所执业的；

（二）以不正当手段承揽业务的；

（三）在同一案件中为双方当事人担任代理人，或者代理与本人及其近亲属有利益冲突的法律事务的；

（四）从人民法院、人民检察院离任后二年内担任诉讼代理人或者辩护人的；

（五）拒绝履行法律援助义务的。

第四十八条　律师有下列行为之一的，由设区的市级或者直辖市的区人民政府司法行政部门给予警告，可以处一万元以下的罚款；有违法所得的，没收违法所得；情节严重的，给予停止执业三个月以上六个月以下的处罚：

（一）私自接受委托、收取费用，接受委托人财物或者其他利益的；

（二）接受委托后，无正当理由，拒绝辩护或者代理，不按时出庭参加诉讼或者仲裁的；

（三）利用提供法律服务的便利牟取当事人争议的权益的；

（四）泄露商业秘密或者个人隐私的。

第四十九条　律师有下列行为之一的，由设区的市级或者直辖市的区人民政府司法行政部门给予停止执业六个月以上一年以下的处罚，可以处五万元以下的罚款；有违法所得的，没收违法所得；情节严重的，由省、自治区、直辖市人民政府司法行政部门吊销其律师执业证书；构成犯罪的，依法追究刑事责任：

（一）违反规定会见法官、检察官、仲裁员以及其他有关工作人员，或者以其他不正当方式影响依法办理案件的；

（二）向法官、检察官、仲裁员以及其他有关工作人员行贿，介绍贿赂或者指使、诱导当事人行贿的；

（三）向司法行政部门提供虚假材料或者有其他弄虚作假行为的；

（四）故意提供虚假证据或者威胁、利诱他人提供虚假证据，妨碍对方当事人合法取得证据的；

（五）接受对方当事人财物或者其他利益，与对方当事人或者第三人恶意串通，侵害委托人权益的；

（六）扰乱法庭、仲裁庭秩序，干扰诉讼、仲裁活动的正常进行的；

（七）煽动、教唆当事人采取扰乱公共秩序、危害公共安全等非法手段解决争议的；

（八）发表危害国家安全、恶意诽谤他人、严重扰乱法庭秩序的言论的；

（九）泄露国家秘密的。

律师因故意犯罪受到刑事处罚的，由省、自治区、直辖市人民政府司法行政部门吊销其律师执业证书。

第五十条　律师事务所有下列行为之一的，由设区的市级或者直辖市的区人民政府司法行政部门视其情节给予警告、停业整顿一个月以上六个月以下的处罚，可以处十万元以下的罚款；有违法所得的，没收违法所得；情节特别严重的，由省、自治区、直辖市人民政府司法行政部门吊销律师事务所执业证书：

（一）违反规定接受委托、收取费用的；

（二）违反法定程序办理变更名称、负责人、章程、合伙协议、住所、合伙人等重大事项的；

（三）从事法律服务以外的经营活动的；

（四）以诋毁其他律师事务所、律师或者支付介绍费等不正当手段承揽业务的；

（五）违反规定接受有利益冲突的案件的；

（六）拒绝履行法律援助义务的；

（七）向司法行政部门提供虚假材料或者有其他弄虚作假行为的；

（八）对本所律师疏于管理，造成严重后果的。

律师事务所因前款违法行为受到处罚的，对其负责人视情节轻重，给予警告或者处二万元以下的罚款。

第五十一条　律师因违反本法规定，在受到警告处罚后一年内又发生应当给予警告处罚情形的，由设区的市级或者直辖市的区人民政府司法行政部门给予停止执业三个月以上一年以下的处罚；在受到停止执业处罚期满后二年内又发生应当给予停止执业处罚情形的，由省、自治区、直辖市人民政府司法行政部门吊销其律师执业证书。

律师事务所因违反本法规定，在受到停业整顿处罚期满后二年内又发生应当给予停业整顿处罚情形的，由省、自治区、直辖市人民政府司法行政部门吊销律师事务所执业证书。

第五十二条　县级人民政府司法行政部门对律师和律师事务所的执业活动实施日常监督管理，对检查发现的问题，责令改正；对当事人的投诉，应当及时进行调查。县级人民政府司法行政部门认为律师和律师事务所的违法行为应当给予行政处罚的，应当向上级司法行政部门提出处罚建议。

第五十三条　受到六个月以上停止执业处罚的律师，处罚期满未逾三年的，不得担任合伙人。

第五十四条　律师违法执业或者因过错给当事人造成损失的，由其所在的律师事务所承担赔偿责任。律师事务所赔偿后，可以向有故意或者重大过失行为的律师追偿。

第五十五条　没有取得律师执业证书的人员以律师名义从事法律服务业务的，由所在地的县级以上地方人民政府司法行政部门责令停止非法执业，没收违法所得，处违法所得一倍以上五倍以下的罚款。

第五十六条　司法行政部门工作人员违反本法规定，滥用职权、玩忽职守，构成犯罪的，依法追究刑事责任；尚不构成犯罪的，依法给予处分。

第七章　附　　则

第五十七条　为军队提供法律服务的军队律师，其律师资格的取得和权利、义务及行为准则，适用本法规定。军队律师的具体管理办法，由国务院和中央军事委员会制定。

第五十八条　外国律师事务所在中华人民共和国境内设立机构从事法律服务活动的管理办法，由国务院制定。

第五十九条　律师收费办法，由国务院价格主管部门会同国务院司法行政部门制定。

第六十条　本法自2008年6月1日起施行。

中华人民共和国主席令

第六十五号

《全国人民代表大会常务委员会关于修改〈中华人民共和国未成年人保护法〉的决定》已由中华人民共和国第十一届全国人民代表大会常务委员会第二十九次会议于 2012 年 10 月 26 日通过，现予公布，自 2013 年 1 月 1 日起施行。

中华人民共和国主席　胡锦涛

2012 年 10 月 26 日

全国人民代表大会常务委员会关于修改《中华人民共和国未成年人保护法》的决定

（2012 年 10 月 26 日第十一届全国人民代表大会常务委员会第二十九次会议通过）

第十一届全国人民代表大会常务委员会第二十九次会议决定对《中华人民共和国未成年人保护法》作如下修改：

将第五十六条第一款修改为："讯问、审判未成年犯罪嫌疑人、被告人，询问未成年证人、被害人，应当依照刑事诉讼法的规定通知其法定代理人或者其他人员到场。"

本决定自 2013 年 1 月 1 日起施行。

《中华人民共和国未成年人保护法》根据本决定作相应修改，重新公布。

中华人民共和国未成年人保护法

（1991 年 9 月 4 日第七届全国人民代表大会常务委员会第二十一次会议通过　2006 年 12 月 29 日第十届全国人民代表大会常务委员会第二十五次会议修订　根据 2012 年 10 月 26 日第十一届全国人民代表大会常务委员会第二十九次会议《关于修改〈中华人民共和国未成年人保护法〉的决定》修正）

目　录

第一章　总　　则

第一条　为了保护未成年人的身心健康，保障未成年人的合法权益，促进未成年人在品德、智力、体质等方面全面发展，培养有理想、有道德、有文化、有纪律的社会主义建设者和接班人，根据宪法，制定本法。

第二条　本法所称未成年人是指未满十八周岁的公民。

第三条　未成年人享有生存权、发展权、受保护权、参与权等权利，国家根据未成年人身心发展特点给予特殊、优先保护，保障未成年人的合法权益不受侵犯。

未成年人享有受教育权，国家、社会、学校和家庭尊重和保障未成年人的受教育权。

未成年人不分性别、民族、种族、家庭财产状况、宗教信仰等，依法平等地享有权利。

第四条 国家、社会、学校和家庭对未成年人进行理想教育、道德教育、文化教育、纪律和法制教育，进行爱国主义、集体主义和社会主义的教育，提倡爱祖国、爱人民、爱劳动、爱科学、爱社会主义的公德，反对资本主义的、封建主义的和其他的腐朽思想的侵蚀。

第五条 保护未成年人的工作，应当遵循下列原则：

（一）尊重未成年人的人格尊严；

（二）适应未成年人身心发展的规律和特点；

（三）教育与保护相结合。

第六条 保护未成年人，是国家机关、武装力量、政党、社会团体、企业事业组织、城乡基层群众性自治组织、未成年人的监护人和其他成年公民的共同责任。

对侵犯未成年人合法权益的行为，任何组织和个人都有权予以劝阻、制止或者向有关部门提出检举或者控告。

国家、社会、学校和家庭应当教育和帮助未成年人维护自己的合法权益，增强自我保护的意识和能力，增强社会责任感。

第七条 中央和地方各级国家机关应当在各自的职责范围内做好未成年人保护工作。

国务院和地方各级人民政府领导有关部门做好未成年人保护工作；将未成年人保护工作纳入国民经济和社会发展规划以及年度计划，相关经费纳入本级政府预算。

国务院和省、自治区、直辖市人民政府采取组织措施，协调有关部门做好未成年人保护工作。具体机构由国务院和省、自治区、直辖市人民政府规定。

第八条 共产主义青年团、妇女联合会、工会、青年联合会、学生联合会、少年先锋队以及其他有关社会团体，协助各级人民政府做好未成年人保护工作，维护未成年人的合法权益。

第九条 各级人民政府和有关部门对保护未成年人有显著成绩的组织和个人，给予表彰和奖励。

第二章 家庭保护

第十条 父母或者其他监护人应当创造良好、和睦的家庭环境，依法履行对未成年人的监护职责和抚养义务。

禁止对未成年人实施家庭暴力，禁止虐待、遗弃未成年人，禁止溺婴和其他残害婴儿的行为，不得歧视女性未成年人或者有残疾的未成年人。

第十一条 父母或者其他监护人应当关注未成年人的生理、心理状况和行为习惯，以健康的思想、良好的品行和适当的方法教育和影响未成年人，引导未成年人进行有益身心健康的活动，预防和制止未成年人吸烟、酗酒、流浪、沉迷网络以及赌博、吸毒、卖淫等行为。

第十二条 父母或者其他监护人应当学习家庭教育知识，正确履行监护职责，抚养教育未成年人。

有关国家机关和社会组织应当为未成年人的父母或者其他监护人提供家庭教育指导。

第十三条 父母或者其他监护人应当尊重未成年人受教育的权利，必须使适龄未成年人依法入学接受并完成义务教育，不得使接受义务教育的未成年人辍学。

第十四条 父母或者其他监护人应当根据未成年人的年龄和智力发展状况，在作出与未成年人权益有关的决定时告知其本人，并听取他们的意见。

第十五条 父母或者其他监护人不得允许或者迫使未成年人结婚，不得为未成年人订立婚约。

第十六条 父母因外出务工或者其他原因不能履行对未成年人监护职责的，应当委托有监护能力的其他成年人代为监护。

第三章 学校保护

第十七条 学校应当全面贯彻国家的教育方针，实施素质教育，提高教育质量，注重培养未成年学生独立思考能力、创新能力和实践能力，促进未成年学生全面发展。

第十八条 学校应当尊重未成年学生受教育的权利，关心、爱护学生，对品行有缺点、学习有困难的学生，应当耐心教育、帮助，不得歧视，不得违反法律和国家规定开除未成年学生。

第十九条 学校应当根据未成年学生身心发展的特点，对他们进行社会生活指导、心理健康辅导和青春期教育。

第二十条 学校应当与未成年学生的父母或者其他监护人互相配合，保证未成年学生的睡眠、娱乐和体育锻炼时间，不得加重其学习负担。

第二十一条 学校、幼儿园、托儿所的教职员工应当尊重未成年人的人格尊严，不得对未成年人实施体罚、变相体罚或者其他侮辱人格尊严的行为。

第二十二条 学校、幼儿园、托儿所应当建立安全制度，加强对未成年人的安全教育，采取措施保障未成年人的人身安全。

学校、幼儿园、托儿所不得在危及未成年人人身安全、健康的校舍和其他设施、场所中进行教育教学活动。

学校、幼儿园安排未成年人参加集会、文化娱乐、社会实践等集体活动，应当有利于未成年人的健康成长，防止发生人身安全事故。

第二十三条 教育行政等部门和学校、幼儿园、托儿所应当根据需要，制定应对各种灾害、传染性疾病、食物中毒、意外伤害等突发事件的预案，配备相应设施并进行必要的演练，增强未成年人的自我保护意识和能力。

第二十四条 学校对未成年学生在校内或者本校组织的校外活动中发生人身伤害事故的，应当及时救护，妥善处理，并及时向有关主管部门报告。

第二十五条 对于在学校接受教育的有严重不良行为的未成年学生，学校和父母或者其他监护人应当互相配合加以管教；无力管教或者管教无效的，可以按照有关规定将其送专门学校继续接受教育。

依法设置专门学校的地方人民政府应当保障专门学校的办学条件，教育行政部门应当加强对专门学校的管理和指导，有关部门应当给予协助和配合。

专门学校应当对在校就读的未成年学生进行思想教育、文化教育、纪律和法制教育、劳动技术教育和职业教育。

专门学校的教职员工应当关心、爱护、尊重学生，不得歧视、厌弃。

第二十六条 幼儿园应当做好保育、教育工作，促进幼儿在体质、智力、品德等方面和谐发展。

第四章　社会保护

第二十七条 全社会应当树立尊重、保护、教育未成年人的良好风尚，关心、爱护未成年人。

国家鼓励社会团体、企业事业组织以及其他组织和个人，开展多种形式的有利于未成年人健康成长的社会活动。

第二十八条 各级人民政府应当保障未成年人受教育的权利，并采取措施保障家庭经济困难的、残疾的和流动人口中的未成年人等接受义务教育。

第二十九条 各级人民政府应当建立和改善适合未成年人文化生活需要的活动场所和设施，鼓励社会力量兴办适合未成年人的活动场所，并加强管理。

第三十条 爱国主义教育基地、图书馆、青少年宫、儿童活动中心应当对未成年人免费开放；博物馆、纪念馆、科技馆、展览馆、美术馆、文化馆以及影剧院、体育场馆、动物园、公园等场所，应当按照有关规定对未成年人免费或者优惠开放。

第三十一条 县级以上人民政府及其教育行政部门应当采取措施，鼓励和支持中小学校在节假日期间将文化体育设施对未成年人免费或者优惠开放。

社区中的公益性互联网上网服务设施，应当对未成年人免费或者优惠开放，为未成年人提供安全、健康的上网服务。

第三十二条 国家鼓励新闻、出版、信息产业、广播、电影、电视、文艺等单位和作家、艺术家、科学家以及其他公民，创作或者提供有利于未成年人健康成长的作品。出版、制作和传播专门以未成年人为对象的内容健康的图书、报刊、音像制品、电子出版物以及网络信息等，国家给予扶持。

国家鼓励科研机构和科技团体对未成年人开展科学知识普及活动。

第三十三条 国家采取措施，预防未成年人沉迷网络。

国家鼓励研究开发有利于未成年人健康成长的网络产品，推广用于阻止未成年人沉迷网络的新技术。

第三十四条 禁止任何组织、个人制作或者向未成年人出售、出租或者以其他方式传播淫秽、暴力、凶杀、恐怖、赌博等毒害未成年人的图书、报刊、音像制品、电子出版物以及网络信息等。

第三十五条 生产、销售用于未成年人的食品、药品、玩具、用具和游乐设施等，应当符合国家标准或者行业标准，不得有害于未成年人的安全和健康；需要标明注意事项的，应当在显著位置标明。

第三十六条 中小学校园周边不得设置营业

性歌舞娱乐场所、互联网上网服务营业场所等不适宜未成年人活动的场所。

营业性歌舞娱乐场所、互联网上网服务营业场所等不适宜未成年人活动的场所，不得允许未成年人进入，经营者应当在显著位置设置未成年人禁入标志；对难以判明是否已成年的，应当要求其出示身份证件。

第三十七条　禁止向未成年人出售烟酒，经营者应当在显著位置设置不向未成年人出售烟酒的标志；对难以判明是否已成年的，应当要求其出示身份证件。

任何人不得在中小学校、幼儿园、托儿所的教室、寝室、活动室和其他未成年人集中活动的场所吸烟、饮酒。

第三十八条　任何组织或者个人不得招用未满十六周岁的未成年人，国家另有规定的除外。

任何组织或者个人按照国家有关规定招用已满十六周岁未满十八周岁的未成年人的，应当执行国家在工种、劳动时间、劳动强度和保护措施等方面的规定，不得安排其从事过重、有毒、有害等危害未成年人身心健康的劳动或者危险作业。

第三十九条　任何组织或者个人不得披露未成年人的个人隐私。

对未成年人的信件、日记、电子邮件，任何组织或者个人不得隐匿、毁弃；除因追查犯罪的需要，由公安机关或者人民检察院依法进行检查，或者对无行为能力的未成年人的信件、日记、电子邮件由其父母或者其他监护人代为开拆、查阅外，任何组织或者个人不得开拆、查阅。

第四十条　学校、幼儿园、托儿所和公共场所发生突发事件时，应当优先救护未成年人。

第四十一条　禁止拐卖、绑架、虐待未成年人，禁止对未成年人实施性侵害。

禁止胁迫、诱骗、利用未成年人乞讨或者组织未成年人进行有害其身心健康的表演等活动。

第四十二条　公安机关应当采取有力措施，依法维护校园周边的治安和交通秩序，预防和制止侵害未成年人合法权益的违法犯罪行为。

任何组织或者个人不得扰乱教学秩序，不得侵占、破坏学校、幼儿园、托儿所的场地、房屋和设施。

第四十三条　县级以上人民政府及其民政部门应当根据需要设立救助场所，对流浪乞讨等生活无着未成年人实施救助，承担临时监护责任；公安部门或者其他有关部门应当护送流浪乞讨或者离家出走的未成年人到救助场所，由救助场所予以救助和妥善照顾，并及时通知其父母或者其他监护人领回。

对孤儿、无法查明其父母或者其他监护人的以及其他生活无着的未成年人，由民政部门设立的儿童福利机构收留抚养。

未成年人救助机构、儿童福利机构及其工作人员应当依法履行职责，不得虐待、歧视未成年人；不得在办理收留抚养工作中牟取利益。

第四十四条　卫生部门和学校应当对未成年人进行卫生保健和营养指导，提供必要的卫生保健条件，做好疾病预防工作。

卫生部门应当做好对儿童的预防接种工作，国家免疫规划项目的预防接种实行免费；积极防治儿童常见病、多发病，加强对传染病防治工作的监督管理，加强对幼儿园、托儿所卫生保健的业务指导和监督检查。

第四十五条　地方各级人民政府应当积极发展托幼事业，办好托儿所、幼儿园，支持社会组织和个人依法兴办哺乳室、托儿所、幼儿园。

各级人民政府和有关部门应当采取多种形式，培养和训练幼儿园、托儿所的保教人员，提高其职业道德素质和业务能力。

第四十六条　国家依法保护未成年人的智力成果和荣誉权不受侵犯。

第四十七条　未成年人已经完成规定年限的义务教育不再升学的，政府有关部门和社会团体、企业事业组织应当根据实际情况，对他们进行职业教育，为他们创造劳动就业条件。

第四十八条　居民委员会、村民委员会应当协助有关部门教育和挽救违法犯罪的未成年人，预防和制止侵害未成年人合法权益的违法犯罪行为。

第四十九条　未成年人的合法权益受到侵害的，被侵害人及其监护人或者其他组织和个人有权向有关部门投诉，有关部门应当依法及时处理。

第五章　司法保护

第五十条　公安机关、人民检察院、人民法院以及司法行政部门，应当依法履行职责，在司法活动中保护未成年人的合法权益。

第五十一条　未成年人的合法权益受到侵害，依法向人民法院提起诉讼的，人民法院应当依法及时审理，并适应未成年人生理、心理特点和健康成长的需要，保障未成年人的合法权益。

在司法活动中对需要法律援助或者司法救助

的未成年人，法律援助机构或者人民法院应当给予帮助，依法为其提供法律援助或者司法救助。

第五十二条 人民法院审理继承案件，应当依法保护未成年人的继承权和受遗赠权。

人民法院审理离婚案件，涉及未成年子女抚养问题的，应当听取有表达意愿能力的未成年子女的意见，根据保障子女权益的原则和双方具体情况依法处理。

第五十三条 父母或者其他监护人不履行监护职责或者侵害被监护的未成年人的合法权益，经教育不改的，人民法院可以根据有关人员或者有关单位的申请，撤销其监护人的资格，依法另行指定监护人。被撤销监护资格的父母应当依法继续负担抚养费用。

第五十四条 对违法犯罪的未成年人，实行教育、感化、挽救的方针，坚持教育为主、惩罚为辅的原则。

对违法犯罪的未成年人，应当依法从轻、减轻或者免除处罚。

第五十五条 公安机关、人民检察院、人民法院办理未成年人犯罪案件和涉及未成年人权益保护案件，应当照顾未成年人身心发展特点，尊重他们的人格尊严，保障他们的合法权益，并根据需要设立专门机构或者指定专人办理。

第五十六条 讯问、审判未成年犯罪嫌疑人、被告人，询问未成年证人、被害人，应当依照刑事诉讼法的规定通知其法定代理人或者其他人员到场。

公安机关、人民检察院、人民法院办理未成年人遭受性侵害的刑事案件，应当保护被害人的名誉。

第五十七条 对羁押、服刑的未成年人，应当与成年人分别关押。

羁押、服刑的未成年人没有完成义务教育的，应当对其进行义务教育。

解除羁押、服刑期满的未成年人的复学、升学、就业不受歧视。

第五十八条 对未成年人犯罪案件，新闻报道、影视节目、公开出版物、网络等不得披露该未成年人的姓名、住所、照片、图像以及可能推断出该未成年人的资料。

第五十九条 对未成年人严重不良行为的矫治与犯罪行为的预防，依照预防未成年人犯罪法的规定执行。

第六章 法律责任

第六十条 违反本法规定，侵害未成年人的合法权益，其他法律、法规已规定行政处罚的，从其规定；造成人身财产损失或者其他损害的，依法承担民事责任；构成犯罪的，依法追究刑事责任。

第六十一条 国家机关及其工作人员不依法履行保护未成年人合法权益的责任，或者侵害未成年人合法权益，或者对提出申诉、控告、检举的人进行打击报复的，由其所在单位或者上级机关责令改正，对直接负责的主管人员和其他直接责任人员依法给予行政处分。

第六十二条 父母或者其他监护人不依法履行监护职责，或者侵害未成年人合法权益的，由其所在单位或者居民委员会、村民委员会予以劝诫、制止；构成违反治安管理行为的，由公安机关依法给予行政处罚。

第六十三条 学校、幼儿园、托儿所侵害未成年人合法权益的，由教育行政部门或者其他有关部门责令改正；情节严重的，对直接负责的主管人员和其他直接责任人员依法给予处分。

学校、幼儿园、托儿所教职员工对未成年人实施体罚、变相体罚或者其他侮辱人格行为的，由其所在单位或者上级机关责令改正；情节严重的，依法给予处分。

第六十四条 制作或者向未成年人出售、出租或者以其他方式传播淫秽、暴力、凶杀、恐怖、赌博等图书、报刊、音像制品、电子出版物以及网络信息等的，由主管部门责令改正，依法给予行政处罚。

第六十五条 生产、销售用于未成年人的食品、药品、玩具、用具和游乐设施不符合国家标准或者行业标准，或者没有在显著位置标明注意事项的，由主管部门责令改正，依法给予行政处罚。

第六十六条 在中小学校园周边设置营业性歌舞娱乐场所、互联网上网服务营业场所等不适宜未成年人活动的场所的，由主管部门予以关闭，依法给予行政处罚。

营业性歌舞娱乐场所、互联网上网服务营业场所等不适宜未成年人活动的场所允许未成年人进入，或者没有在显著位置设置未成年人禁入标志的，由主管部门责令改正，依法给予行政处罚。

第六十七条 向未成年人出售烟酒，或者没有在显著位置设置不向未成年人出售烟酒标志的，由主管部门责令改正，依法给予行政处罚。

第六十八条 非法招用未满十六周岁的未成年人，或者招用已满十六周岁的未成年人从事过重、有毒、有害等危害未成年人身心健康的劳动或者危险作业的，由劳动保障部门责令改正，处以罚款；情节严重的，由工商行政管理部门吊销营业执照。

第六十九条　侵犯未成年人隐私，构成违反治安管理行为的，由公安机关依法给予行政处罚。

第七十条　未成年人救助机构、儿童福利机构及其工作人员不依法履行对未成年人的救助保护职责，或者虐待、歧视未成年人，或者在办理收留抚养工作中牟取利益的，由主管部门责令改正，依法给予行政处分。

第七十一条　胁迫、诱骗、利用未成年人乞讨或者组织未成年人进行有害其身心健康的表演等活动的，由公安机关依法给予行政处罚。

第七章　附　则

第七十二条　本法自2007年6月1日起施行。

中华人民共和国主席令

第六十六号

《全国人民代表大会常务委员会关于修改〈中华人民共和国预防未成年人犯罪法〉的决定》已由中华人民共和国第十一届全国人民代表大会常务委员会第二十九次会议于2012年10月26日通过，现予公布，自2013年1月1日起施行。

中华人民共和国主席　胡锦涛

2012年10月26日

全国人民代表大会常务委员会关于修改《中华人民共和国预防未成年人犯罪法》的决定

（2012年10月26日第十一届全国人民代表大会常务委员会第二十九次会议通过）

第十一届全国人民代表大会常务委员会第二十九次会议决定对《中华人民共和国预防未成年人犯罪法》作如下修改：

将第四十五条第二款修改为："对于审判的时候被告人不满十八周岁的刑事案件，不公开审理。"

本决定自2013年1月1日起施行。

《中华人民共和国预防未成年人犯罪法》根据本决定作相应修改，重新公布。

中华人民共和国预防未成年人犯罪法

（1999年6月28日第九届全国人民代表大会常务委员会第十次会议通过　根据2012年10月26日第十一届全国人民代表大会常务委员会第二十九次会议《关于修改〈中华人民共和国预防未成年人犯罪法〉的决定》修正）

目　录

第一章　总　　则

第一条　为了保障未成年人身心健康，培养未成年人良好品行，有效地预防未成年人犯罪，制定本法。

第二条　预防未成年人犯罪，立足于教育和保护，从小抓起，对未成年人的不良行为及时进行预防和矫治。

第三条　预防未成年人犯罪，在各级人民政府组织领导下，实行综合治理。

政府有关部门、司法机关、人民团体、有关社会团体、学校、家庭、城市居民委员会、农村村民委员会等各方面共同参与，各负其责，做好预防未成年人犯罪工作，为未成年人身心健康发展创造良好的社会环境。

第四条　各级人民政府在预防未成年人犯罪方面的职责是：

（一）制定预防未成年人犯罪工作的规划；

（二）组织、协调公安、教育、文化、新闻出版、广播电影电视、工商、民政、司法行政等政府有关部门和其他社会组织进行预防未成年人犯罪工作；

（三）对本法实施的情况和工作规划的执行情况进行检查；

（四）总结、推广预防未成年人犯罪工作的经验，树立、表彰先进典型。

第五条　预防未成年人犯罪，应当结合未成年人不同年龄的生理、心理特点，加强青春期教育、心理矫治和预防犯罪对策的研究。

第二章　预防未成年人犯罪的教育

第六条　对未成年人应当加强理想、道德、法制和爱国主义、集体主义、社会主义教育。对于达到义务教育年龄的未成年人，在进行上述教育的同时，应当进行预防犯罪的教育。

预防未成年人犯罪的教育的目的，是增强未成年人的法制观念，使未成年人懂得违法和犯罪行为对个人、家庭、社会造成的危害，违法和犯罪行为应当承担的法律责任，树立遵纪守法和防范违法犯罪的意识。

第七条　教育行政部门、学校应当将预防犯罪的教育作为法制教育的内容纳入学校教育教学计划，结合常见多发的未成年人犯罪，对不同年龄的未成年人进行有针对性的预防犯罪教育。

第八条　司法行政部门、教育行政部门、共产主义青年团、少年先锋队应当结合实际，组织、举办展览会、报告会、演讲会等多种形式的预防未成年人犯罪的法制宣传活动。

学校应当结合实际举办以预防未成年人犯罪的教育为主要内容的活动。教育行政部门应当将预防未成年人犯罪教育的工作效果作为考核学校工作的一项重要内容。

第九条　学校应当聘任从事法制教育的专职或者兼职教师。学校根据条件可以聘请校外法律辅导员。

第十条　未成年人的父母或者其他监护人对未成年人的法制教育负有直接责任。学校在对学生进行预防犯罪教育时，应当将教育计划告知未成年人的父母或者其他监护人，未成年人的父母或者其他监护人应当结合学校的计划，针对具体情况进行教育。

第十一条　少年宫、青少年活动中心等校外活动场所应当把预防未成年人犯罪的教育作为一项重要的工作内容，开展多种形式的宣传教育活动。

第十二条　对于已满十六周岁不满十八周岁准备就业的未成年人，职业教育培训机构、用人单位应当将法律知识和预防犯罪教育纳入职业培训的内容。

第十三条　城市居民委员会、农村村民委员会应当积极开展有针对性的预防未成年人犯罪的法制宣传活动。

第三章　对未成年人不良行为的预防

第十四条　未成年人的父母或者其他监护人和学校应当教育未成年人不得有下列不良行为：

（一）旷课、夜不归宿；

（二）携带管制刀具；

（三）打架斗殴、辱骂他人；

（四）强行向他人索要财物；

（五）偷窃、故意毁坏财物；

（六）参与赌博或者变相赌博；

（七）观看、收听色情、淫秽的音像制品、读物等；

（八）进入法律、法规规定未成年人不适宜进入的营业性歌舞厅等场所；

（九）其他严重违背社会公德的不良行为。

第十五条　未成年人的父母或者其他监护人和学校应当教育未成年人不得吸烟、酗酒。任何经营场所不得向未成年人出售烟酒。

第十六条　中小学生旷课的，学校应当及时与其父母或者其他监护人取得联系。

未成年人擅自外出夜不归宿的，其父母或者其他监护人、其所在的寄宿制学校应当及时查找，或者向公安机关请求帮助。收留夜不归宿的未成年人的，应当征得其父母或者其他监护人的同意，或者在二十四小时内及时通知其父母或者其他监护人、所在学校或者及时向公安机关报告。

第十七条　未成年人的父母或者其他监护人和学校发现未成年人组织或者参加实施不良行为的团伙的，应当及时予以制止。发现该团伙有违法犯罪行为的，应当向公安机关报告。

第十八条　未成年人的父母或者其他监护人和学校发现有人教唆、胁迫、引诱未成年人违法犯罪的，应当向公安机关报告。公安机关接到报告后，应当及时依法查处，对未成年人人身安全受到威胁的，应当及时采取有效措施，保护其人身安全。

第十九条　未成年人的父母或者其他监护人，不得让不满十六周岁的未成年人脱离监护单独居住。

第二十条　未成年人的父母或者其他监护人对未成年人不得放任不管，不得迫使其离家出走，放弃监护职责。

未成年人离家出走的，其父母或者其他监护人应当及时查找，或者向公安机关请求帮助。

第二十一条　未成年人的父母离异的，离异双方对子女都有教育的义务，任何一方都不得因离异而不履行教育子女的义务。

第二十二条　继父母、养父母对受其抚养教育的未成年继子女、养子女，应当履行本法规定的父母对未成年子女在预防犯罪方面的职责。

第二十三条　学校对有不良行为的未成年人应当加强教育、管理，不得歧视。

第二十四条　教育行政部门、学校应当举办各种形式的讲座、座谈、培训等活动，针对未成年人不同时期的生理、心理特点，介绍良好有效的教育方法，指导教师、未成年人的父母和其他监护人有效地防止、矫治未成年人的不良行为。

第二十五条　对于教唆、胁迫、引诱未成年人实施不良行为或者品行不良，影响恶劣，不适宜在学校工作的教职员工，教育行政部门、学校应当予以解聘或者辞退；构成犯罪的，依法追究刑事责任。

第二十六条　禁止在中小学校附近开办营业性歌舞厅、营业性电子游戏场所以及其他未成年人不适宜进入的场所。禁止开办上述场所的具体范围由省、自治区、直辖市人民政府规定。

对本法施行前已在中小学校附近开办上述场所的，应当限期迁移或者停业。

第二十七条　公安机关应当加强中小学校周围环境的治安管理，及时制止、处理中小学校周围发生的违法犯罪行为。城市居民委员会、农村村民委员会应当协助公安机关做好维护中小学校周围治安的工作。

第二十八条　公安派出所、城市居民委员会、农村村民委员会应当掌握本辖区内暂住人口中未成年人的就学、就业情况。对于暂住人口中未成年人实施不良行为的，应当督促其父母或者其他监护人进行有效的教育、制止。

第二十九条　任何人不得教唆、胁迫、引诱未成年人实施本法规定的不良行为，或者为未成年人实施不良行为提供条件。

第三十条　以未成年人为对象的出版物，不得含有诱发未成年人违法犯罪的内容，不得含有渲染暴力、色情、赌博、恐怖活动等危害未成年人身心健康的内容。

第三十一条　任何单位和个人不得向未成年人出售、出租含有诱发未成年人违法犯罪以及渲染暴力、色情、赌博、恐怖活动等危害未成年人身心健康内容的读物、音像制品或者电子出版物。

任何单位和个人不得利用通讯、计算机网络等方式提供前款规定的危害未成年人身心健康的内容及其信息。

第三十二条　广播、电影、电视、戏剧节目，不得有渲染暴力、色情、赌博、恐怖活动等危害未成年人身心健康的内容。

广播电影电视行政部门、文化行政部门必须加强对广播、电影、电视、戏剧节目以及各类演播场所的管理。

第三十三条　营业性歌舞厅以及其他未成年人不适宜进入的场所，应当设置明显的未成年人禁止进入标志，不得允许未成年人进入。

营业性电子游戏场所在国家法定节假日外，不得允许未成年人进入，并应当设置明显的未成年人禁止进入标志。

对于难以判明是否已成年的，上述场所的工作人员可以要求其出示身份证件。

第四章 对未成年人严重不良行为的矫治

第三十四条 本法所称“严重不良行为”，是指下列严重危害社会，尚不够刑事处罚的违法行为：

（一）纠集他人结伙滋事，扰乱治安；

（二）携带管制刀具，屡教不改；

（三）多次拦截殴打他人或者强行索要他人财物；

（四）传播淫秽的读物或者音像制品等；

（五）进行淫乱或者色情、卖淫活动；

（六）多次偷窃；

（七）参与赌博，屡教不改；

（八）吸食、注射毒品；

（九）其他严重危害社会的行为。

第三十五条 对未成年人实施本法规定的严重不良行为的，应当及时予以制止。

对有本法规定严重不良行为的未成年人，其父母或者其他监护人和学校应当相互配合，采取措施严加管教，也可以送工读学校进行矫治和接受教育。

对未成年人送工读学校进行矫治和接受教育，应当由其父母或者其他监护人，或者原所在学校提出申请，经教育行政部门批准。

第三十六条 工读学校对就读的未成年人应当严格管理和教育。工读学校除按照义务教育法的要求，在课程设置上与普通学校相同外，应当加强法制教育的内容，针对未成年人严重不良行为产生的原因以及有严重不良行为的未成年人的心理特点，开展矫治工作。

家庭、学校应当关心、爱护在工读学校就读的未成年人，尊重他们的人格尊严，不得体罚、虐待和歧视。工读学校毕业的未成年人在升学、就业等方面，同普通学校毕业的学生享有同等的权利，任何单位和个人不得歧视。

第三十七条 未成年人有本法规定严重不良行为，构成违反治安管理行为的，由公安机关依法予以治安处罚。因不满十四周岁或者情节特别轻微免予处罚的，可以予以训诫。

第三十八条 未成年人因不满十六周岁不予刑事处罚的，责令他的父母或者其他监护人严加管教；在必要的时候，也可以由政府依法收容教养。

第三十九条 未成年人在被收容教养期间，执行机关应当保证其继续接受文化知识、法律知识或者职业技术教育；对没有完成义务教育的未成年人，执行机关应当保证其继续接受义务教育。

解除收容教养、劳动教养的未成年人，在复学、升学、就业等方面与其他未成年人享有同等权利，任何单位和个人不得歧视。

第五章 未成年人对犯罪的自我防范

第四十条 未成年人应当遵守法律、法规及社会公共道德规范，树立自尊、自律、自强意识，增强辨别是非和自我保护的能力，自觉抵制各种不良行为及违法犯罪行为的引诱和侵害。

第四十一条 被父母或者其他监护人遗弃、虐待的未成年人，有权向公安机关、民政部门、共产主义青年团、妇女联合会、未成年人保护组织或者学校、城市居民委员会、农村村民委员会请求保护。被请求的上述部门和组织都应当接受，根据情况需要采取救助措施的，应当先采取救助措施。

第四十二条 未成年人发现任何人对自己或者对其他未成年人实施本法第三章规定不得实施的行为或者犯罪行为，可以通过所在学校、其父母或者其他监护人向公安机关或者政府有关主管部门报告，也可以自己向上述机关报告。受理报告的机关应当及时依法查处。

第四十三条 对同犯罪行为作斗争以及举报犯罪行为的未成年人，司法机关、学校、社会应当加强保护，保障其不受打击报复。

第六章 对未成年人重新犯罪的预防

第四十四条 对犯罪的未成年人追究刑事责任，实行教育、感化、挽救方针，坚持教育为主、惩罚为辅的原则。

司法机关办理未成年人犯罪案件，应当保障未成年人行使其诉讼权利，保障未成年人得到法律帮助，并根据未成年人的生理、心理特点和犯罪的情况，有针对性地进行法制教育。

对于被采取刑事强制措施的未成年学生，在人民法院的判决生效以前，不得取消其学籍。

第四十五条 人民法院审判未成年人犯罪的刑事案件，应当由熟悉未成年人身心特点的审判员或者审判员和人民陪审员依法组成少年法庭进行。

对于审判的时候被告人不满十八周岁的刑事案件，不公开审理。

对未成年人犯罪案件，新闻报道、影视节目、公开出版物不得披露该未成年人的姓名、住所、照片及可能推断出该未成年人的资料。

第四十六条　对被拘留、逮捕和执行刑罚的未成年人与成年人应当分别关押、分别管理、分别教育。未成年犯在被执行刑罚期间，执行机关应当加强对未成年犯的法制教育，对未成年犯进行职业技术教育。对没有完成义务教育的未成年犯，执行机关应当保证其继续接受义务教育。

第四十七条　未成年人的父母或者其他监护人和学校、城市居民委员会、农村村民委员会，对因不满十六周岁而不予刑事处罚、免予刑事处罚的未成年人，或者被判处非监禁刑罚、被判处刑罚宣告缓刑、被假释的未成年人，应当采取有效的帮教措施，协助司法机关做好对未成年人的教育、挽救工作。

城市居民委员会、农村村民委员会可以聘请思想品德优秀，作风正派，热心未成年人教育工作的离退休人员或者其他人员协助做好对前款规定的未成年人的教育、挽救工作。

第四十八条　依法免予刑事处罚、判处非监禁刑罚、判处刑罚宣告缓刑、假释或者刑罚执行完毕的未成年人，在复学、升学、就业等方面与其他未成年人享有同等权利，任何单位和个人不得歧视。

第七章　法律责任

第四十九条　未成年人的父母或者其他监护人不履行监护职责，放任未成年人有本法规定的不良行为或者严重不良行为的，由公安机关对未成年人的父母或者其他监护人予以训诫，责令其严加管教。

第五十条　未成年人的父母或者其他监护人违反本法第十九条的规定，让不满十六周岁的未成年人脱离监护单独居住的，由公安机关对未成年人的父母或者其他监护人予以训诫，责令其立即改正。

第五十一条　公安机关的工作人员违反本法第十八条的规定，接到报告后，不及时查处或者采取有效措施，严重不负责任的，予以行政处分；造成严重后果，构成犯罪的，依法追究刑事责任。

第五十二条　违反本法第三十条的规定，出版含有诱发未成年人违法犯罪以及渲染暴力、色情、赌博、恐怖活动等危害未成年人身心健康内容的出版物的，由出版行政部门没收出版物和违法所得，并处违法所得三倍以上十倍以下罚款；情节严重的，没收出版物和违法所得，并责令停业整顿或者吊销许可证。对直接负责的主管人员和其他直接责任人员处以罚款。

制作、复制宣扬淫秽内容的未成年人出版物，或者向未成年人出售、出租、传播宣扬淫秽内容的出版物的，依法予以治安处罚；构成犯罪的，依法追究刑事责任。

第五十三条　违反本法第三十一条的规定，向未成年人出售、出租含有诱发未成年人违法犯罪以及渲染暴力、色情、赌博、恐怖活动等危害未成年人身心健康内容的读物、音像制品、电子出版物的，或者利用通讯、计算机网络等方式提供上述危害未成年人身心健康内容及其信息的，没收读物、音像制品、电子出版物和违法所得，由政府有关主管部门处以罚款。

单位有前款行为的，没收读物、音像制品、电子出版物和违法所得，处以罚款，并对直接负责的主管人员和其他直接责任人员处以罚款。

第五十四条　影剧院、录像厅等各类演播场所，放映或者演出渲染暴力、色情、赌博、恐怖活动等危害未成年人身心健康的节目的，由政府有关主管部门没收违法播放的音像制品和违法所得，处以罚款，并对直接负责的主管人员和其他直接责任人员处以罚款；情节严重的，责令停业整顿或者由工商行政部门吊销营业执照。

第五十五条　营业性歌舞厅以及其他未成年人不适宜进入的场所、营业性电子游戏场所，违反本法第三十三条的规定，不设置明显的未成年人禁止进入标志，或者允许未成年人进入的，由文化行政部门责令改正、给予警告、责令停业整顿、没收违法所得，处以罚款，并对直接负责的主管人员和其他直接责任人员处以罚款；情节严重的，由工商行政部门吊销营业执照。

第五十六条　教唆、胁迫、引诱未成年人实施本法规定的不良行为、严重不良行为，或者为未成年人实施不良行为、严重不良行为提供条件，构成违反治安管理行为的，由公安机关依法予以治安处罚；构成犯罪的，依法追究刑事责任。

第八章　附　　则

第五十七条　本法自1999年11月1日起施行。

中华人民共和国主席令

第六十七号

《全国人民代表大会常务委员会关于修改〈中华人民共和国治安管理处罚法〉的决定》已由中华人民共和国第十一届全国人民代表大会常务委员会第二十九次会议于2012年10月26日通过，现予公布，自2013年1月1日起施行。

中华人民共和国主席　胡锦涛

2012年10月26日

全国人民代表大会常务委员会关于修改《中华人民共和国治安管理处罚法》的决定

（2012年10月26日第十一届全国人民代表大会常务委员会第二十九次会议通过）

第十一届全国人民代表大会常务委员会第二十九次会议决定对《中华人民共和国治安管理处罚法》作如下修改：

将第六十条第四项修改为："被依法执行管制、剥夺政治权利或者在缓刑、暂予监外执行中的罪犯或者被依法采取刑事强制措施的人，有违反法律、行政法规或者国务院有关部门的监督管理规定的行为"。

本决定自2013年1月1日起施行。

《中华人民共和国治安管理处罚法》根据本决定作相应修改，重新公布。

中华人民共和国治安管理处罚法

（2005年8月28日第十届全国人民代表大会常务委员会第十七次会议通过　根据2012年10月26日第十一届全国人民代表大会常务委员会第二十九次会议《关于修改〈中华人民共和国治安管理处罚法〉的决定》修正）

目　录

第一章　总　　则

第一条　为维护社会治安秩序，保障公共安全，保护公民、法人和其他组织的合法权益，规范和保障公安机关及其人民警察依法履行治安管理职责，制定本法。

第二条　扰乱公共秩序，妨害公共安全，侵犯人身权利、财产权利，妨害社会管理，具有社会危害性，依照《中华人民共和国刑法》的规定构成犯罪的，依法追究刑事责任；尚不够刑事处罚的，由公安机关依照本法给予治安管理处罚。

第三条　治安管理处罚的程序，适用本法的规定；本法没有规定的，适用《中华人民共和国行政处罚法》的有关规定。

第四条　在中华人民共和国领域内发生的违反治安管理行为，除法律有特别规定的外，适用本法。

在中华人民共和国船舶和航空器内发生的违反治安管理行为，除法律有特别规定的外，适用本法。

第五条　治安管理处罚必须以事实为依据，与违反治安管理行为的性质、情节以及社会危害程度相当。

实施治安管理处罚，应当公开、公正，尊重和保障人权，保护公民的人格尊严。

办理治安案件应当坚持教育与处罚相结合的原则。

第六条　各级人民政府应当加强社会治安综合治理，采取有效措施，化解社会矛盾，增进社会和谐，维护社会稳定。

第七条　国务院公安部门负责全国的治安管理工作。县级以上地方各级人民政府公安机关负责本行政区域内的治安管理工作。

治安案件的管辖由国务院公安部门规定。

第八条　违反治安管理的行为对他人造成损害的，行为人或者其监护人应当依法承担民事责任。

第九条　对于因民间纠纷引起的打架斗殴或者损毁他人财物等违反治安管理行为，情节较轻的，公安机关可以调解处理。经公安机关调解，当事人达成协议的，不予处罚。经调解未达成协议或者达成协议后不履行的，公安机关应当依照本法的规定对违反治安管理行为人给予处罚，并告知当事人可以就民事争议依法向人民法院提起民事诉讼。

第二章　处罚的种类和适用

第十条　治安管理处罚的种类分为：

（一）警告；

（二）罚款；

（三）行政拘留；

（四）吊销公安机关发放的许可证。

对违反治安管理的外国人，可以附加适用限期出境或者驱逐出境。

第十一条　办理治安案件所查获的毒品、淫秽物品等违禁品，赌具、赌资，吸食、注射毒品的用具以及直接用于实施违反治安管理行为的本人所有的工具，应当收缴，按照规定处理。

违反治安管理所得的财物，追缴退还被侵害人；没有被侵害人的，登记造册，公开拍卖或者按照国家有关规定处理，所得款项上缴国库。

第十二条　已满十四周岁不满十八周岁的人违反治安管理的，从轻或者减轻处罚；不满十四周岁的人违反治安管理的，不予处罚，但是应当责令其监护人严加管教。

第十三条　精神病人在不能辨认或者不能控制自己行为的时候违反治安管理的，不予处罚，但是应当责令其监护人严加看管和治疗。间歇性的精神病人在精神正常的时候违反治安管理的，应当给予处罚。

第十四条　盲人或者又聋又哑的人违反治安管理的，可以从轻、减轻或者不予处罚。

第十五条　醉酒的人违反治安管理的，应当给予处罚。

醉酒的人在醉酒状态中，对本人有危险或者对他人的人身、财产或者公共安全有威胁的，应当对其采取保护性措施约束至酒醒。

第十六条　有两种以上违反治安管理行为的，分别决定，合并执行。行政拘留处罚合并执行的，最长不超过二十日。

第十七条　共同违反治安管理的，根据违反治安管理行为人在违反治安管理行为中所起的作用，分别处罚。

教唆、胁迫、诱骗他人违反治安管理的，按照其教唆、胁迫、诱骗的行为处罚。

第十八条　单位违反治安管理的，对其直接负责的主管人员和其他直接责任人员依照本法的规定处罚。其他法律、行政法规对同一行为规定给予单位处罚的，依照其规定处罚。

第十九条　违反治安管理有下列情形之一的，减轻处罚或者不予处罚：

（一）情节特别轻微的；

（二）主动消除或者减轻违法后果，并取得被侵害人谅解的；

（三）出于他人胁迫或者诱骗的；

（四）主动投案，向公安机关如实陈述自己的违法行为的；

（五）有立功表现的。

第二十条　违反治安管理有下列情形之一的，从重处罚：

（一）有较严重后果的；

（二）教唆、胁迫、诱骗他人违反治安管理的；

（三）对报案人、控告人、举报人、证人打击报复的；

（四）六个月内曾受过治安管理处罚的。

第二十一条　违反治安管理行为人有下列情形之一，依照本法应当给予行政拘留处罚的，不执行行政拘留处罚：

（一）已满十四周岁不满十六周岁的；

（二）已满十六周岁不满十八周岁，初次违反治安管理的；

（三）七十周岁以上的；

（四）怀孕或者哺乳自己不满一周岁婴儿的。

第二十二条　违反治安管理行为在六个月内没有被公安机关发现的，不再处罚。

前款规定的期限，从违反治安管理行为发生之日起计算；违反治安管理行为有连续或者继续状态的，从行为终了之日起计算。

第三章　违反治安管理的行为和处罚

第一节　扰乱公共秩序的行为和处罚

第二十三条　有下列行为之一的，处警告或者二百元以下罚款；情节较重的，处五日以上十日以下拘留，可以并处五百元以下罚款：

（一）扰乱机关、团体、企业、事业单位秩序，致使工作、生产、营业、医疗、教学、科研不能正常进行，尚未造成严重损失的；

（二）扰乱车站、港口、码头、机场、商场、公园、展览馆或者其他公共场所秩序的；

（三）扰乱公共汽车、电车、火车、船舶、航空器或者其他公共交通工具上的秩序的；

（四）非法拦截或者强登、扒乘机动车、船舶、航空器以及其他交通工具，影响交通工具正常行驶的；

（五）破坏依法进行的选举秩序的。

聚众实施前款行为的，对首要分子处十日以上十五日以下拘留，可以并处一千元以下罚款。

第二十四条　有下列行为之一，扰乱文化、体育等大型群众性活动秩序的，处警告或者二百元以下罚款；情节严重的，处五日以上十日以下拘留，可以并处五百元以下罚款：

（一）强行进入场内的；

（二）违反规定，在场内燃放烟花爆竹或者其他物品的；

（三）展示侮辱性标语、条幅等物品的；

（四）围攻裁判员、运动员或者其他工作人员的；

（五）向场内投掷杂物，不听制止的；

（六）扰乱大型群众性活动秩序的其他行为。

因扰乱体育比赛秩序被处以拘留处罚的，可以同时责令其十二个月内不得进入体育场馆观看同类比赛；违反规定进入体育场馆的，强行带离现场。

第二十五条　有下列行为之一的，处五日以上十日以下拘留，可以并处五百元以下罚款；情节较轻的，处五日以下拘留或者五百元以下罚款：

（一）散布谣言，谎报险情、疫情、警情或者以其他方法故意扰乱公共秩序的；

（二）投放虚假的爆炸性、毒害性、放射性、腐蚀性物质或者传染病病原体等危险物质扰乱公共秩序的；

（三）扬言实施放火、爆炸、投放危险物质扰乱公共秩序的。

第二十六条　有下列行为之一的，处五日以上十日以下拘留，可以并处五百元以下罚款；情节较重的，处十日以上十五日以下拘留，可以并处一千元以下罚款：

（一）结伙斗殴的；

（二）追逐、拦截他人的；

（三）强拿硬要或者任意损毁、占用公私财物的；

（四）其他寻衅滋事行为。

第二十七条　有下列行为之一的，处十日以上十五日以下拘留，可以并处一千元以下罚款；情节较轻的，处五日以上十日以下拘留，可以并处五百元以下罚款：

（一）组织、教唆、胁迫、诱骗、煽动他人从事邪教、会道门活动或者利用邪教、会道门、迷信活动，扰乱社会秩序、损害他人身体健康的；

（二）冒用宗教、气功名义进行扰乱社会秩序、损害他人身体健康活动的。

第二十八条　违反国家规定，故意干扰无线电业务正常进行的，或者对正常运行的无线电台（站）产生有害干扰，经有关主管部门指出后，拒不采取有效措施消除的，处五日以上十日以下拘留；情节严重的，处十日以上十五日以下拘留。

第二十九条　有下列行为之一的，处五日以下拘留；情节较重的，处五日以上十日以下拘留：

（一）违反国家规定，侵入计算机信息系统，造成危害的；

（二）违反国家规定，对计算机信息系统功能进行删除、修改、增加、干扰，造成计算机信息系统不能正常运行的；

（三）违反国家规定，对计算机信息系统中存储、处理、传输的数据和应用程序进行删除、修改、增加的；

（四）故意制作、传播计算机病毒等破坏性程序，影响计算机信息系统正常运行的。

第二节　妨害公共安全的行为和处罚

第三十条　违反国家规定，制造、买卖、储存、运输、邮寄、携带、使用、提供、处置爆炸性、毒害性、放射性、腐蚀性物质或者传染病病原体等危险物质的，处十日以上十五日以下拘留；情节较轻的，处五日以上十日以下拘留。

第三十一条　爆炸性、毒害性、放射性、腐蚀性物质或者传染病病原体等危险物质被盗、被抢或者丢失，未按规定报告的，处五日以下拘留；故意隐瞒不报的，处五日以上十日以下拘留。

第三十二条　非法携带枪支、弹药或者弩、匕首等国家规定的管制器具的，处五日以下拘留，可以并处五百元以下罚款；情节较轻的，处警告或者二百元以下罚款。

非法携带枪支、弹药或者弩、匕首等国家规定的管制器具进入公共场所或者公共交通工具的，处五日以上十日以下拘留，可以并处五百元以下罚款。

第三十三条　有下列行为之一的，处十日以上十五日以下拘留：

（一）盗窃、损毁油气管道设施、电力电信设施、广播电视设施、水利防汛工程设施或者水文监测、测量、气象测报、环境监测、地质监测、地震监测等公共设施的；

（二）移动、损毁国家边境的界碑、界桩以及其他边境标志、边境设施或者领土、领海标志设施的；

（三）非法进行影响国（边）界线走向的活动或者修建有碍国（边）境管理的设施的。

第三十四条　盗窃、损坏、擅自移动使用中的航空设施，或者强行进入航空器驾驶舱的，处十日以上十五日以下拘留。

在使用中的航空器上使用可能影响导航系统正常功能的器具、工具，不听劝阻的，处五日以下拘留或者五百元以下罚款。

第三十五条　有下列行为之一的，处五日以上十日以下拘留，可以并处五百元以下罚款；情节较轻的，处五日以下拘留或者五百元以下罚款：

（一）盗窃、损毁或者擅自移动铁路设施、设备、机车车辆配件或者安全标志的；

（二）在铁路线路上放置障碍物，或者故意向列车投掷物品的；

（三）在铁路线路、桥梁、涵洞处挖掘坑穴、采石取沙的；

（四）在铁路线路上私设道口或者平交过道的。

第三十六条　擅自进入铁路防护网或者火车来临时在铁路线路上行走坐卧、抢越铁路，影响行车安全的，处警告或者二百元以下罚款。

第三十七条　有下列行为之一的，处五日以下拘留或者五百元以下罚款；情节严重的，处五日以上十日以下拘留，可以并处五百元以下罚款：

（一）未经批准，安装、使用电网的，或者安装、使用电网不符合安全规定的；

（二）在车辆、行人通行的地方施工，对沟井坎穴不设覆盖物、防围和警示标志的，或者故意损毁、移动覆盖物、防围和警示标志的；

（三）盗窃、损毁路面井盖、照明等公共设施的。

第三十八条　举办文化、体育等大型群众性活动，违反有关规定，有发生安全事故危险的，责令停止活动，立即疏散；对组织者处五日以上十日以下拘留，并处二百元以上五百元以下罚款；情节较轻的，处五日以下拘留或者五百元以下罚款。

第三十九条　旅馆、饭店、影剧院、娱乐场、运动场、展览馆或者其他供社会公众活动的场所的经营管理人员，违反安全规定，致使该场所有发生安全事故危险，经公安机关责令改正，拒不改正的，处五日以下拘留。

第三节　侵犯人身权利、财产权利的行为和处罚

第四十条　有下列行为之一的，处十日以上十五日以下拘留，并处五百元以上一千元以下罚款；情节较轻的，处五日以上十日以下拘留，并处二百元以上五百元以下罚款：

（一）组织、胁迫、诱骗不满十六周岁的人或者残疾人进行恐怖、残忍表演的；

（二）以暴力、威胁或者其他手段强迫他人劳动的；

（三）非法限制他人人身自由、非法侵入他人住宅或者非法搜查他人身体的。

第四十一条　胁迫、诱骗或者利用他人乞讨

的，处十日以上十五日以下拘留，可以并处一千元以下罚款。

反复纠缠、强行讨要或者以其他滋扰他人的方式乞讨的，处五日以下拘留或者警告。

第四十二条 有下列行为之一的，处五日以下拘留或者五百元以下罚款；情节较重的，处五日以上十日以下拘留，可以并处五百元以下罚款：

（一）写恐吓信或者以其他方法威胁他人人身安全的；

（二）公然侮辱他人或者捏造事实诽谤他人的；

（三）捏造事实诬告陷害他人，企图使他人受到刑事追究或者受到治安管理处罚的；

（四）对证人及其近亲属进行威胁、侮辱、殴打或者打击报复的；

（五）多次发送淫秽、侮辱、恐吓或者其他信息，干扰他人正常生活的；

（六）偷窥、偷拍、窃听、散布他人隐私的。

第四十三条 殴打他人的，或者故意伤害他人身体的，处五日以上十日以下拘留，并处二百元以上五百元以下罚款；情节较轻的，处五日以下拘留或者五百元以下罚款。

有下列情形之一的，处十日以上十五日以下拘留，并处五百元以上一千元以下罚款：

（一）结伙殴打、伤害他人的；

（二）殴打、伤害残疾人、孕妇、不满十四周岁的人或者六十周岁以上的人的；

（三）多次殴打、伤害他人或者一次殴打、伤害多人的。

第四十四条 猥亵他人的，或者在公共场所故意裸露身体，情节恶劣的，处五日以上十日以下拘留；猥亵智力残疾人、精神病人、不满十四周岁的人或者有其他严重情节的，处十日以上十五日以下拘留。

第四十五条 有下列行为之一的，处五日以下拘留或者警告：

（一）虐待家庭成员，被虐待人要求处理的；

（二）遗弃没有独立生活能力的被扶养人的。

第四十六条 强买强卖商品，强迫他人提供服务或者强迫他人接受服务的，处五日以上十日以下拘留，并处二百元以上五百元以下罚款；情节较轻的，处五日以下拘留或者五百元以下罚款。

第四十七条 煽动民族仇恨、民族歧视，或者在出版物、计算机信息网络中刊载民族歧视、侮辱内容的，处十日以上十五日以下拘留，可以并处一千元以下罚款。

第四十八条 冒领、隐匿、毁弃、私自开拆或者非法检查他人邮件的，处五日以下拘留或者五百元以下罚款。

第四十九条 盗窃、诈骗、哄抢、抢夺、敲诈勒索或者故意损毁公私财物的，处五日以上十日以下拘留，可以并处五百元以下罚款；情节较重的，处十日以上十五日以下拘留，可以并处一千元以下罚款。

第四节 妨害社会管理的行为和处罚

第五十条 有下列行为之一的，处警告或者二百元以下罚款；情节严重的，处五日以上十日以下拘留，可以并处五百元以下罚款：

（一）拒不执行人民政府在紧急状态情况下依法发布的决定、命令的；

（二）阻碍国家机关工作人员依法执行职务的；

（三）阻碍执行紧急任务的消防车、救护车、工程抢险车、警车等车辆通行的；

（四）强行冲闯公安机关设置的警戒带、警戒区的。

阻碍人民警察依法执行职务的，从重处罚。

第五十一条 冒充国家机关工作人员或者以其他虚假身份招摇撞骗的，处五日以上十日以下拘留，可以并处五百元以下罚款；情节较轻的，处五日以下拘留或者五百元以下罚款。

冒充军警人员招摇撞骗的，从重处罚。

第五十二条 有下列行为之一的，处十日以上十五日以下拘留，可以并处一千元以下罚款；情节较轻的，处五日以上十日以下拘留，可以并处五百元以下罚款：

（一）伪造、变造或者买卖国家机关、人民团体、企业、事业单位或者其他组织的公文、证件、证明文件、印章的；

（二）买卖或者使用伪造、变造的国家机关、人民团体、企业、事业单位或者其他组织的公文、证件、证明文件的；

（三）伪造、变造、倒卖车票、船票、航空客票、文艺演出票、体育比赛入场券或者其他有价票证、凭证的；

（四）伪造、变造船舶户牌，买卖或者使用伪造、变造的船舶户牌，或者涂改船舶发动机号码的。

第五十三条 船舶擅自进入、停靠国家禁止、限制进入的水域或者岛屿的，对船舶负责人及有关责任人员处五百元以上一千元以下罚款；情节严重的，处五日以下拘留，并处五百元以上一千元以下罚款。

第五十四条 有下列行为之一的，处十日以上十五日以下拘留，并处五百元以上一千元以下罚款；情节较轻的，处五日以下拘留或者五百元以下罚款：

（一）违反国家规定，未经注册登记，以社会团体名义进行活动，被取缔后，仍进行活动的；

（二）被依法撤销登记的社会团体，仍以社会团体名义进行活动的；

（三）未经许可，擅自经营按照国家规定需要由公安机关许可的行业的。

有前款第三项行为的，予以取缔。

取得公安机关许可的经营者，违反国家有关管理规定，情节严重的，公安机关可以吊销许可证。

第五十五条 煽动、策划非法集会、游行、示威，不听劝阻的，处十日以上十五日以下拘留。

第五十六条 旅馆业的工作人员对住宿的旅客不按规定登记姓名、身份证件种类和号码的，或者明知住宿的旅客将危险物质带入旅馆，不予制止的，处二百元以上五百元以下罚款。

旅馆业的工作人员明知住宿的旅客是犯罪嫌疑人员或者被公安机关通缉的人员，不向公安机关报告的，处二百元以上五百元以下罚款；情节严重的，处五日以下拘留，可以并处五百元以下罚款。

第五十七条 房屋出租人将房屋出租给无身份证件的人居住的，或者不按规定登记承租人姓名、身份证件种类和号码的，处二百元以上五百元以下罚款。

房屋出租人明知承租人利用出租房屋进行犯罪活动，不向公安机关报告的，处二百元以上五百元以下罚款；情节严重的，处五日以下拘留，可以并处五百元以下罚款。

第五十八条 违反关于社会生活噪声污染防治的法律规定，制造噪声干扰他人正常生活的，处警告；警告后不改正的，处二百元以上五百元以下罚款。

第五十九条 有下列行为之一的，处五百元以上一千元以下罚款；情节严重的，处五日以上十日以下拘留，并处五百元以上一千元以下罚款：

（一）典当业工作人员承接典当的物品，不查验有关证明、不履行登记手续，或者明知是违法犯罪嫌疑人、赃物，不向公安机关报告的；

（二）违反国家规定，收购铁路、油田、供电、电信、矿山、水利、测量和城市公用设施等废旧专用器材的；

（三）收购公安机关通报寻查的赃物或者有赃物嫌疑的物品的；

（四）收购国家禁止收购的其他物品的。

第六十条 有下列行为之一的，处五日以上十日以下拘留，并处二百元以上五百元以下罚款：

（一）隐藏、转移、变卖或者损毁行政执法机关依法扣押、查封、冻结的财物的；

（二）伪造、隐匿、毁灭证据或者提供虚假证言、谎报案情，影响行政执法机关依法办案的；

（三）明知是赃物而窝藏、转移或者代为销售的；

（四）被依法执行管制、剥夺政治权利或者在缓刑、暂予监外执行中的罪犯或者被依法采取刑事强制措施的人，有违反法律、行政法规或者国务院有关部门的监督管理规定的行为。

第六十一条 协助组织或者运送他人偷越国（边）境的，处十日以上十五日以下拘留，并处一千元以上五千元以下罚款。

第六十二条 为偷越国（边）境人员提供条件的，处五日以上十日以下拘留，并处五百元以上二千元以下罚款。

偷越国（边）境的，处五日以下拘留或者五百元以下罚款。

第六十三条 有下列行为之一的，处警告或者二百元以下罚款；情节较重的，处五日以上十日以下拘留，并处二百元以上五百元以下罚款：

（一）刻划、涂污或者以其他方式故意损坏国家保护的文物、名胜古迹的；

（二）违反国家规定，在文物保护单位附近进行爆破、挖掘等活动，危及文物安全的。

第六十四条 有下列行为之一的，处五百元以上一千元以下罚款；情节严重的，处十日以上十五日以下拘留，并处五百元以上一千元以下罚款：

（一）偷开他人机动车的；

（二）未取得驾驶证驾驶或者偷开他人航空器、机动船舶的。

第六十五条 有下列行为之一的，处五日以上十日以下拘留；情节严重的，处十日以上十五日以下拘留，可以并处一千元以下罚款：

（一）故意破坏、污损他人坟墓或者毁坏、丢弃他人尸骨、骨灰的；

（二）在公共场所停放尸体或者因停放尸体影响他人正常生活、工作秩序，不听劝阻的。

第六十六条 卖淫、嫖娼的，处十日以上十五日以下拘留，可以并处五千元以下罚款；情节较轻的，处五日以下拘留或者五百元以下罚款。

在公共场所拉客招嫖的，处五日以下拘留或者五百元以下罚款。

第六十七条 引诱、容留、介绍他人卖淫的，处十日以上十五日以下拘留，可以并处五千元以下罚款；情节较轻的，处五日以下拘留或者五百元以下罚款。

第六十八条 制作、运输、复制、出售、出租淫秽的书刊、图片、影片、音像制品等淫秽物品或者利用计算机信息网络、电话以及其他通讯工具传播淫秽信息的，处十日以上十五日以下拘留，可以并处三千元以下罚款；情节较轻的，处五日以下拘留或者五百元以下罚款。

第六十九条 有下列行为之一的，处十日以上十五日以下拘留，并处五百元以上一千元以下罚款：

（一）组织播放淫秽音像的；

（二）组织或者进行淫秽表演的；

（三）参与聚众淫乱活动的。

明知他人从事前款活动，为其提供条件的，依照前款的规定处罚。

第七十条 以营利为目的，为赌博提供条件的，或者参与赌博赌资较大的，处五日以下拘留或者五百元以下罚款；情节严重的，处十日以上十五日以下拘留，并处五百元以上三千元以下罚款。

第七十一条 有下列行为之一的，处十日以上十五日以下拘留，可以并处三千元以下罚款；情节较轻的，处五日以下拘留或者五百元以下罚款：

（一）非法种植罂粟不满五百株或者其他少量毒品原植物的；

（二）非法买卖、运输、携带、持有少量未经灭活的罂粟等毒品原植物种子或者幼苗的；

（三）非法运输、买卖、储存、使用少量罂粟壳的。

有前款第一项行为，在成熟前自行铲除的，不予处罚。

第七十二条 有下列行为之一的，处十日以上十五日以下拘留，可以并处二千元以下罚款；情节较轻的，处五日以下拘留或者五百元以下罚款：

（一）非法持有鸦片不满二百克、海洛因或者甲基苯丙胺不满十克或者其他少量毒品的；

（二）向他人提供毒品的；

（三）吸食、注射毒品的；

（四）胁迫、欺骗医务人员开具麻醉药品、精神药品的。

第七十三条 教唆、引诱、欺骗他人吸食、注射毒品的，处十日以上十五日以下拘留，并处五百元以上二千元以下罚款。

第七十四条 旅馆业、饮食服务业、文化娱乐业、出租汽车业等单位的人员，在公安机关查处吸毒、赌博、卖淫、嫖娼活动时，为违法犯罪行为人通风报信的，处十日以上十五日以下拘留。

第七十五条 饲养动物，干扰他人正常生活的，处警告；警告后不改正的，或者放任动物恐吓他人的，处二百元以上五百元以下罚款。

驱使动物伤害他人的，依照本法第四十三条第一款的规定处罚。

第七十六条 有本法第六十七条、第六十八条、第七十条的行为，屡教不改的，可以按照国家规定采取强制性教育措施。

第四章 处罚程序

第一节 调 查

第七十七条 公安机关对报案、控告、举报或者违反治安管理行为人主动投案，以及其他行政主管部门、司法机关移送的违反治安管理案件，应当及时受理，并进行登记。

第七十八条 公安机关受理报案、控告、举报、投案后，认为属于违反治安管理行为的，应当立即进行调查；认为不属于违反治安管理行为的，应当告知报案人、控告人、举报人、投案人，并说明理由。

第七十九条 公安机关及其人民警察对治安案件的调查，应当依法进行。严禁刑讯逼供或者采用威胁、引诱、欺骗等非法手段收集证据。

以非法手段收集的证据不得作为处罚的根据。

第八十条 公安机关及其人民警察在办理治安案件时，对涉及的国家秘密、商业秘密或者个人隐私，应当予以保密。

第八十一条 人民警察在办理治安案件过程中，遇有下列情形之一的，应当回避；违反治安管理行为人、被侵害人或者其法定代理人也有权要求他们回避：

（一）是本案当事人或者当事人的近亲属的；

（二）本人或者其近亲属与本案有利害关系的；

（三）与本案当事人有其他关系，可能影响案件公正处理的。

人民警察的回避，由其所属的公安机关决定；公安机关负责人的回避，由上一级公安机关决定。

第八十二条 需要传唤违反治安管理行为人接受调查的，经公安机关办案部门负责人批准，使用传唤证传唤。对现场发现的违反治安管理行为人，人民警察经出示工作证件，可以口头传唤，但应当在询问笔录中注明。

公安机关应当将传唤的原因和依据告知被传唤人。对无正当理由不接受传唤或者逃避传唤的人，可以强制传唤。

第八十三条　对违反治安管理行为人，公安机关传唤后应当及时询问查证，询问查证的时间不得超过八小时；情况复杂，依照本法规定可能适用行政拘留处罚的，询问查证的时间不得超过二十四小时。

公安机关应当及时将传唤的原因和处所通知被传唤人家属。

第八十四条　询问笔录应当交被询问人核对；对没有阅读能力的，应当向其宣读。记载有遗漏或者差错的，被询问人可以提出补充或者更正。被询问人确认笔录无误后，应当签名或者盖章，询问的人民警察也应当在笔录上签名。

被询问人要求就被询问事项自行提供书面材料的，应当准许；必要时，人民警察也可以要求被询问人自行书写。

询问不满十六周岁的违反治安管理行为人，应当通知其父母或者其他监护人到场。

第八十五条　人民警察询问被侵害人或者其他证人，可以到其所在单位或者住处进行；必要时，也可以通知其到公安机关提供证言。

人民警察在公安机关以外询问被侵害人或者其他证人，应当出示工作证件。

询问被侵害人或者其他证人，同时适用本法第八十四条的规定。

第八十六条　询问聋哑的违反治安管理行为人、被侵害人或者其他证人，应当有通晓手语的人提供帮助，并在笔录上注明。

询问不通晓当地通用的语言文字的违反治安管理行为人、被侵害人或者其他证人，应当配备翻译人员，并在笔录上注明。

第八十七条　公安机关对与违反治安管理行为有关的场所、物品、人身可以进行检查。检查时，人民警察不得少于二人，并应当出示工作证件和县级以上人民政府公安机关开具的检查证明文件。对确有必要立即进行检查的，人民警察经出示工作证件，可以当场检查，但检查公民住所应当出示县级以上人民政府公安机关开具的检查证明文件。

检查妇女的身体，应当由女性工作人员进行。

第八十八条　检查的情况应当制作检查笔录，由检查人、被检查人和见证人签名或者盖章；被检查人拒绝签名的，人民警察应当在笔录上注明。

第八十九条　公安机关办理治安案件，对与案件有关的需要作为证据的物品，可以扣押；对被侵害人或者善意第三人合法占有的财产，不得扣押，应当予以登记。对与案件无关的物品，不得扣押。

对扣押的物品，应当会同在场见证人和被扣押物品持有人查点清楚，当场开列清单一式二份，由调查人员、见证人和持有人签名或者盖章，一份交给持有人，另一份附卷备查。

对扣押的物品，应当妥善保管，不得挪作他用；对不宜长期保存的物品，按照有关规定处理。经查明与案件无关的，应当及时退还；经核实属于他人合法财产的，应当登记后立即退还；满六个月无人对该财产主张权利或者无法查清权利人的，应当公开拍卖或者按照国家有关规定处理，所得款项上缴国库。

第九十条　为了查明案情，需要解决案件中有争议的专门性问题的，应当指派或者聘请具有专门知识的人员进行鉴定；鉴定人鉴定后，应当写出鉴定意见，并且签名。

第二节　决　　定

第九十一条　治安管理处罚由县级以上人民政府公安机关决定；其中警告、五百元以下的罚款可以由公安派出所决定。

第九十二条　对决定给予行政拘留处罚的人，在处罚前已经采取强制措施限制人身自由的时间，应当折抵。限制人身自由一日，折抵行政拘留一日。

第九十三条　公安机关查处治安案件，对没有本人陈述，但其他证据能够证明案件事实的，可以作出治安管理处罚决定。但是，只有本人陈述，没有其他证据证明的，不能作出治安管理处罚决定。

第九十四条　公安机关作出治安管理处罚决定前，应当告知违反治安管理行为人作出治安管理处罚的事实、理由及依据，并告知违反治安管理行为人依法享有的权利。

违反治安管理行为人有权陈述和申辩。公安机关必须充分听取违反治安管理行为人的意见，对违反治安管理行为人提出的事实、理由和证据，应当进行复核；违反治安管理行为人提出的事实、理由或者证据成立的，公安机关应当采纳。

公安机关不得因违反治安管理行为人的陈述、申辩而加重处罚。

第九十五条　治安案件调查结束后，公安机关应当根据不同情况，分别作出以下处理：

（一）确有依法应当给予治安管理处罚的违法行为的，根据情节轻重及具体情况，作出处罚决定；

（二）依法不予处罚的，或者违法事实不能成立的，作出不予处罚决定；

（三）违法行为已涉嫌犯罪的，移送主管机关依法追究刑事责任；

（四）发现违反治安管理行为人有其他违法行为的，在对违反治安管理行为作出处罚决定的同时，通知有关行政主管部门处理。

第九十六条　公安机关作出治安管理处罚决定的，应当制作治安管理处罚决定书。决定书应当载明下列内容：

（一）被处罚人的姓名、性别、年龄、身份证件的名称和号码、住址；

（二）违法事实和证据；

（三）处罚的种类和依据；

（四）处罚的执行方式和期限；

（五）对处罚决定不服，申请行政复议、提起行政诉讼的途径和期限；

（六）作出处罚决定的公安机关的名称和作出决定的日期。

决定书应当由作出处罚决定的公安机关加盖印章。

第九十七条　公安机关应当向被处罚人宣告治安管理处罚决定书，并当场交付被处罚人；无法当场向被处罚人宣告的，应当在二日内送达被处罚人。决定给予行政拘留处罚的，应当及时通知被处罚人的家属。

有被侵害人的，公安机关应当将决定书副本抄送被侵害人。

第九十八条　公安机关作出吊销许可证以及处二千元以上罚款的治安管理处罚决定前，应当告知违反治安管理行为人有权要求举行听证；违反治安管理行为人要求听证的，公安机关应当及时依法举行听证。

第九十九条　公安机关办理治安案件的期限，自受理之日起不得超过三十日；案情重大、复杂的，经上一级公安机关批准，可以延长三十日。

为了查明案情进行鉴定的期间，不计入办理治安案件的期限。

第一百条　违反治安管理行为事实清楚，证据确凿，处警告或者二百元以下罚款的，可以当场作出治安管理处罚决定。

第一百零一条　当场作出治安管理处罚决定的，人民警察应当向违反治安管理行为人出示工作证件，并填写处罚决定书。处罚决定书应当当场交付被处罚人；有被侵害人的，并将决定书副本抄送被侵害人。

前款规定的处罚决定书，应当载明被处罚人的姓名、违法行为、处罚依据、罚款数额、时间、地点以及公安机关名称，并由经办的人民警察签名或者盖章。

当场作出治安管理处罚决定的，经办的人民警察应当在二十四小时内报所属公安机关备案。

第一百零二条　被处罚人对治安管理处罚决定不服的，可以依法申请行政复议或者提起行政诉讼。

第三节　执　　行

第一百零三条　对被决定给予行政拘留处罚的人，由作出决定的公安机关送达拘留所执行。

第一百零四条　受到罚款处罚的人应当自收到处罚决定书之日起十五日内，到指定的银行缴纳罚款。但是，有下列情形之一的，人民警察可以当场收缴罚款：

（一）被处五十元以下罚款，被处罚人对罚款无异议的；

（二）在边远、水上、交通不便地区，公安机关及其人民警察依照本法的规定作出罚款决定后，被处罚人向指定的银行缴纳罚款确有困难，经被处罚人提出的；

（三）被处罚人在当地没有固定住所，不当场收缴事后难以执行的。

第一百零五条　人民警察当场收缴的罚款，应当自收缴罚款之日起二日内，交至所属的公安机关；在水上、旅客列车上当场收缴的罚款，应当自抵岸或者到站之日起二日内，交至所属的公安机关；公安机关应当自收到罚款之日起二日内将罚款缴付指定的银行。

第一百零六条　人民警察当场收缴罚款的，应当向被处罚人出具省、自治区、直辖市人民政府财政部门统一制发的罚款收据；不出具统一制发的罚款收据的，被处罚人有权拒绝缴纳罚款。

第一百零七条　被处罚人不服行政拘留处罚决定，申请行政复议、提起行政诉讼的，可以向公安机关提出暂缓执行行政拘留的申请。公安机关认为暂缓执行行政拘留不致发生社会危险的，由被处罚人或者其近亲属提出符合本法第一百零八条规定条件的担保人，或者按每日行政拘留二百元的标准交纳保证金，行政拘留的处罚决定暂缓执行。

第一百零八条 担保人应当符合下列条件：

（一）与本案无牵连；

（二）享有政治权利，人身自由未受到限制；

（三）在当地有常住户口和固定住所；

（四）有能力履行担保义务。

第一百零九条 担保人应当保证被担保人不逃避行政拘留处罚的执行。

担保人不履行担保义务，致使被担保人逃避行政拘留处罚的执行的，由公安机关对其处三千元以下罚款。

第一百一十条 被决定给予行政拘留处罚的人交纳保证金，暂缓行政拘留后，逃避行政拘留处罚的执行的，保证金予以没收并上缴国库，已经作出的行政拘留决定仍应执行。

第一百一十一条 行政拘留的处罚决定被撤销，或者行政拘留处罚开始执行的，公安机关收取的保证金应当及时退还交纳人。

第五章 执法监督

第一百一十二条 公安机关及其人民警察应当依法、公正、严格、高效办理治安案件，文明执法，不得徇私舞弊。

第一百一十三条 公安机关及其人民警察办理治安案件，禁止对违反治安管理行为人打骂、虐待或者侮辱。

第一百一十四条 公安机关及其人民警察办理治安案件，应当自觉接受社会和公民的监督。

公安机关及其人民警察办理治安案件，不严格执法或者有违法违纪行为的，任何单位和个人都有权向公安机关或者人民检察院、行政监察机关检举、控告；收到检举、控告的机关，应当依据职责及时处理。

第一百一十五条 公安机关依法实施罚款处罚，应当依照有关法律、行政法规的规定，实行罚款决定与罚款收缴分离；收缴的罚款应当全部上缴国库。

第一百一十六条 人民警察办理治安案件，有下列行为之一的，依法给予行政处分；构成犯罪的，依法追究刑事责任：

（一）刑讯逼供、体罚、虐待、侮辱他人的；

（二）超过询问查证的时间限制人身自由的；

（三）不执行罚款决定与罚款收缴分离制度或者不按规定将罚没的财物上缴国库或者依法处理的；

（四）私分、侵占、挪用、故意损毁收缴、扣押的财物的；

（五）违反规定使用或者不及时返还被侵害人财物的；

（六）违反规定不及时退还保证金的；

（七）利用职务上的便利收受他人财物或者谋取其他利益的；

（八）当场收缴罚款不出具罚款收据或者不如实填写罚款数额的；

（九）接到要求制止违反治安管理行为的报警后，不及时出警的；

（十）在查处违反治安管理活动时，为违法犯罪行为人通风报信的；

（十一）有徇私舞弊、滥用职权，不依法履行法定职责的其他情形的。

办理治安案件的公安机关有前款所列行为的，对直接负责的主管人员和其他直接责任人员给予相应的行政处分。

第一百一十七条 公安机关及其人民警察违法行使职权，侵犯公民、法人和其他组织合法权益的，应当赔礼道歉；造成损害的，应当依法承担赔偿责任。

第六章 附 则

第一百一十八条 本法所称以上、以下、以内，包括本数。

第一百一十九条 本法自2006年3月1日起施行。1986年9月5日公布、1994年5月12日修订公布的《中华人民共和国治安管理处罚条例》同时废止。

中华人民共和国主席令

第六十八号

《全国人民代表大会常务委员会关于修改〈中华人民共和国国家赔偿法〉的决定》已由中华人民共和国第十一届全国人民代表大会常务委员会第二十九次会议于 2012 年 10 月 26 日通过，现予公布，自 2013 年 1 月 1 日起施行。

中华人民共和国主席　胡锦涛

2012 年 10 月 26 日

全国人民代表大会常务委员会关于修改《中华人民共和国国家赔偿法》的决定

（2012 年 10 月 26 日第十一届全国人民代表大会常务委员会第二十九次会议通过）

第十一届全国人民代表大会常务委员会第二十九次会议决定对《中华人民共和国国家赔偿法》作如下修改：

将第十九条第三项修改为："依照刑事诉讼法第十五条、第一百七十三条第二款、第二百七十三条第二款、第二百七十九条规定不追究刑事责任的人被羁押的"。

本决定自 2013 年 1 月 1 日起施行。

《中华人民共和国国家赔偿法》根据本决定作相应修改，重新公布。

中华人民共和国国家赔偿法

（1994 年 5 月 12 日第八届全国人民代表大会常务委员会第七次会议通过　根据 2010 年 4 月 29 日第十一届全国人民代表大会常务委员会第十四次会议《关于修改〈中华人民共和国国家赔偿法〉的决定》第一次修正　根据 2012 年 10 月 26 日第十一届全国人民代表大会常务委员会第二十九次会议《关于修改〈中华人民共和国国家赔偿法〉的决定》第二次修正）

目　录

第一章　总　　则

第一条　为保障公民、法人和其他组织享有依法取得国家赔偿的权利，促进国家机关依法行使职权，根据宪法，制定本法。

第二条　国家机关和国家机关工作人员行使

职权，有本法规定的侵犯公民、法人和其他组织合法权益的情形，造成损害的，受害人有依照本法取得国家赔偿的权利。

本法规定的赔偿义务机关，应当依照本法及时履行赔偿义务。

第二章　行政赔偿

第一节　赔偿范围

第三条　行政机关及其工作人员在行使行政职权时有下列侵犯人身权情形之一的，受害人有取得赔偿的权利：

（一）违法拘留或者违法采取限制公民人身自由的行政强制措施的；

（二）非法拘禁或者以其他方法非法剥夺公民人身自由的；

（三）以殴打、虐待等行为或者唆使、放纵他人以殴打、虐待等行为造成公民身体伤害或者死亡的；

（四）违法使用武器、警械造成公民身体伤害或者死亡的；

（五）造成公民身体伤害或者死亡的其他违法行为。

第四条　行政机关及其工作人员在行使行政职权时有下列侵犯财产权情形之一的，受害人有取得赔偿的权利：

（一）违法实施罚款、吊销许可证和执照、责令停产停业、没收财物等行政处罚的；

（二）违法对财产采取查封、扣押、冻结等行政强制措施的；

（三）违法征收、征用财产的；

（四）造成财产损害的其他违法行为。

第五条　属于下列情形之一的，国家不承担赔偿责任：

（一）行政机关工作人员与行使职权无关的个人行为；

（二）因公民、法人和其他组织自己的行为致使损害发生的；

（三）法律规定的其他情形。

第二节　赔偿请求人和赔偿义务机关

第六条　受害的公民、法人和其他组织有权要求赔偿。

受害的公民死亡，其继承人和其他有扶养关系的亲属有权要求赔偿。

受害的法人或者其他组织终止的，其权利承受人有权要求赔偿。

第七条　行政机关及其工作人员行使行政职权侵犯公民、法人和其他组织的合法权益造成损害的，该行政机关为赔偿义务机关。

两个以上行政机关共同行使行政职权时侵犯公民、法人和其他组织的合法权益造成损害的，共同行使行政职权的行政机关为共同赔偿义务机关。

法律、法规授权的组织在行使授予的行政权力时侵犯公民、法人和其他组织的合法权益造成损害的，被授权的组织为赔偿义务机关。

受行政机关委托的组织或者个人在行使受委托的行政权力时侵犯公民、法人和其他组织的合法权益造成损害的，委托的行政机关为赔偿义务机关。

赔偿义务机关被撤销的，继续行使其职权的行政机关为赔偿义务机关；没有继续行使其职权的行政机关的，撤销该赔偿义务机关的行政机关为赔偿义务机关。

第八条　经复议机关复议的，最初造成侵权行为的行政机关为赔偿义务机关，但复议机关的复议决定加重损害的，复议机关对加重的部分履行赔偿义务。

第三节　赔偿程序

第九条　赔偿义务机关有本法第三条、第四条规定情形之一的，应当给予赔偿。

赔偿请求人要求赔偿，应当先向赔偿义务机关提出，也可以在申请行政复议或者提起行政诉讼时一并提出。

第十条　赔偿请求人可以向共同赔偿义务机关中的任何一个赔偿义务机关要求赔偿，该赔偿义务机关应当先予赔偿。

第十一条　赔偿请求人根据受到的不同损害，可以同时提出数项赔偿要求。

第十二条　要求赔偿应当递交申请书，申请书应当载明下列事项：

（一）受害人的姓名、性别、年龄、工作单位和住所，法人或者其他组织的名称、住所和法定代表人或者主要负责人的姓名、职务；

（二）具体的要求、事实根据和理由；

（三）申请的年、月、日。

赔偿请求人书写申请书确有困难的，可以委托他人代书；也可以口头申请，由赔偿义务机关记入笔录。

赔偿请求人不是受害人本人的，应当说明与受害人的关系，并提供相应证明。

赔偿请求人当面递交申请书的，赔偿义务机关应当当场出具加盖本行政机关专用印章并注明收讫日期的书面凭证。申请材料不齐全的，赔偿义务机关应当当场或者在五日内一次性告知赔偿请求人需要补正的全部内容。

第十三条 赔偿义务机关应当自收到申请之日起两个月内，作出是否赔偿的决定。赔偿义务机关作出赔偿决定，应当充分听取赔偿请求人的意见，并可以与赔偿请求人就赔偿方式、赔偿项目和赔偿数额依照本法第四章的规定进行协商。

赔偿义务机关决定赔偿的，应当制作赔偿决定书，并自作出决定之日起十日内送达赔偿请求人。

赔偿义务机关决定不予赔偿的，应当自作出决定之日起十日内书面通知赔偿请求人，并说明不予赔偿的理由。

第十四条 赔偿义务机关在规定期限内未作出是否赔偿的决定，赔偿请求人可以自期限届满之日起三个月内，向人民法院提起诉讼。

赔偿请求人对赔偿的方式、项目、数额有异议的，或者赔偿义务机关作出不予赔偿决定的，赔偿请求人可以自赔偿义务机关作出赔偿或者不予赔偿决定之日起三个月内，向人民法院提起诉讼。

第十五条 人民法院审理行政赔偿案件，赔偿请求人和赔偿义务机关对自己提出的主张，应当提供证据。

赔偿义务机关采取行政拘留或者限制人身自由的强制措施期间，被限制人身自由的人死亡或者丧失行为能力的，赔偿义务机关的行为与被限制人身自由的人的死亡或者丧失行为能力是否存在因果关系，赔偿义务机关应当提供证据。

第十六条 赔偿义务机关赔偿损失后，应当责令有故意或者重大过失的工作人员或者受委托的组织或者个人承担部分或者全部赔偿费用。

对有故意或者重大过失的责任人员，有关机关应当依法给予处分；构成犯罪的，应当依法追究刑事责任。

第三章 刑事赔偿

第一节 赔偿范围

第十七条 行使侦查、检察、审判职权的机关以及看守所、监狱管理机关及其工作人员在行使职权时有下列侵犯人身权情形之一的，受害人有取得赔偿的权利：

（一）违反刑事诉讼法的规定对公民采取拘留措施的，或者依照刑事诉讼法规定的条件和程序对公民采取拘留措施，但是拘留时间超过刑事诉讼法规定的时限，其后决定撤销案件、不起诉或者判决宣告无罪终止追究刑事责任的；

（二）对公民采取逮捕措施后，决定撤销案件、不起诉或者判决宣告无罪终止追究刑事责任的；

（三）依照审判监督程序再审改判无罪，原判刑罚已经执行的；

（四）刑讯逼供或者以殴打、虐待等行为或者唆使、放纵他人以殴打、虐待等行为造成公民身体伤害或者死亡的；

（五）违法使用武器、警械造成公民身体伤害或者死亡的。

第十八条 行使侦查、检察、审判职权的机关以及看守所、监狱管理机关及其工作人员在行使职权时有下列侵犯财产权情形之一的，受害人有取得赔偿的权利：

（一）违法对财产采取查封、扣押、冻结、追缴等措施的；

（二）依照审判监督程序再审改判无罪，原判罚金、没收财产已经执行的。

第十九条 属于下列情形之一的，国家不承担赔偿责任：

（一）因公民自己故意作虚伪供述，或者伪造其他有罪证据被羁押或者被判处刑罚的；

（二）依照刑法第十七条、第十八条规定不负刑事责任的人被羁押的；

（三）依照刑事诉讼法第十五条、第一百七十三条第二款、第二百七十三条第二款、第二百七十九条规定不追究刑事责任的人被羁押的；

（四）行使侦查、检察、审判职权的机关以及看守所、监狱管理机关的工作人员与行使职权无关的个人行为；

（五）因公民自伤、自残等故意行为致使损害发生的；

（六）法律规定的其他情形。

第二节 赔偿请求人和赔偿义务机关

第二十条 赔偿请求人的确定依照本法第六条的规定。

第二十一条 行使侦查、检察、审判职权的机关以及看守所、监狱管理机关及其工作人员在行使职权时侵犯公民、法人和其他组织的合法权益造成损害的，该机关为赔偿义务机关。

对公民采取拘留措施，依照本法的规定应当给予国家赔偿的，作出拘留决定的机关为赔偿义务机关。

对公民采取逮捕措施后决定撤销案件、不起诉或者判决宣告无罪的，作出逮捕决定的机关为赔偿义务机关。

再审改判无罪的，作出原生效判决的人民法院为赔偿义务机关。二审改判无罪，以及二审发回重审后作无罪处理的，作出一审有罪判决的人民法院为赔偿义务机关。

第三节 赔偿程序

第二十二条 赔偿义务机关有本法第十七条、第十八条规定情形之一的，应当给予赔偿。

赔偿请求人要求赔偿，应当先向赔偿义务机关提出。

赔偿请求人提出赔偿请求，适用本法第十一条、第十二条的规定。

第二十三条 赔偿义务机关应当自收到申请之日起两个月内，作出是否赔偿的决定。赔偿义务机关作出赔偿决定，应当充分听取赔偿请求人的意见，并可以与赔偿请求人就赔偿方式、赔偿项目和赔偿数额依照本法第四章的规定进行协商。

赔偿义务机关决定赔偿的，应当制作赔偿决定书，并自作出决定之日起十日内送达赔偿请求人。

赔偿义务机关决定不予赔偿的，应当自作出决定之日起十日内书面通知赔偿请求人，并说明不予赔偿的理由。

第二十四条 赔偿义务机关在规定期限内未作出是否赔偿的决定，赔偿请求人可以自期限届满之日起三十日内向赔偿义务机关的上一级机关申请复议。

赔偿请求人对赔偿的方式、项目、数额有异议的，或者赔偿义务机关作出不予赔偿决定的，赔偿请求人可以自赔偿义务机关作出赔偿或者不予赔偿决定之日起三十日内，向赔偿义务机关的上一级机关申请复议。

赔偿义务机关是人民法院的，赔偿请求人可以依照本条规定向其上一级人民法院赔偿委员会申请作出赔偿决定。

第二十五条 复议机关应当自收到申请之日起两个月内作出决定。

赔偿请求人不服复议决定的，可以在收到复议决定之日起三十日内向复议机关所在地的同级人民法院赔偿委员会申请作出赔偿决定；复议机关逾期不作决定的，赔偿请求人可以自期限届满之日起三十日内向复议机关所在地的同级人民法院赔偿委员会申请作出赔偿决定。

第二十六条 人民法院赔偿委员会处理赔偿请求，赔偿请求人和赔偿义务机关对自己提出的主张，应当提供证据。

被羁押人在羁押期间死亡或者丧失行为能力的，赔偿义务机关的行为与被羁押人的死亡或者丧失行为能力是否存在因果关系，赔偿义务机关应当提供证据。

第二十七条 人民法院赔偿委员会处理赔偿请求，采取书面审查的办法。必要时，可以向有关单位和人员调查情况、收集证据。赔偿请求人与赔偿义务机关对损害事实及因果关系有争议的，赔偿委员会可以听取赔偿请求人和赔偿义务机关的陈述和申辩，并可以进行质证。

第二十八条 人民法院赔偿委员会应当自收到赔偿申请之日起三个月内作出决定；属于疑难、复杂、重大案件的，经本院院长批准，可以延长三个月。

第二十九条 中级以上的人民法院设立赔偿委员会，由人民法院三名以上审判员组成，组成人员的人数应当为单数。

赔偿委员会作赔偿决定，实行少数服从多数的原则。

赔偿委员会作出的赔偿决定，是发生法律效力的决定，必须执行。

第三十条 赔偿请求人或者赔偿义务机关对赔偿委员会作出的决定，认为确有错误的，可以向上一级人民法院赔偿委员会提出申诉。

赔偿委员会作出的赔偿决定生效后，如发现赔偿决定违反本法规定的，经本院院长决定或者上级人民法院指令，赔偿委员会应当在两个月内重新审查并依法作出决定，上一级人民法院赔偿委员会也可以直接审查并作出决定。

最高人民检察院对各级人民法院赔偿委员会作出的决定，上级人民检察院对下级人民法院赔偿委员会作出的决定，发现违反本法规定的，应当向同级人民法院赔偿委员会提出意见，同级人民法院赔偿委员会应当在两个月内重新审查并依法作出决定。

第三十一条 赔偿义务机关赔偿后，应当向有下列情形之一的工作人员追偿部分或者全部赔偿费用：

（一）有本法第十七条第四项、第五项规定情形的；

（二）在处理案件中有贪污受贿，徇私舞弊，枉法裁判行为的。

对有前款规定情形的责任人员，有关机关应当依法给予处分；构成犯罪的，应当依法追究刑事责任。

第四章　赔偿方式和计算标准

第三十二条　国家赔偿以支付赔偿金为主要方式。

能够返还财产或者恢复原状的，予以返还财产或者恢复原状。

第三十三条　侵犯公民人身自由的，每日赔偿金按照国家上年度职工日平均工资计算。

第三十四条　侵犯公民生命健康权的，赔偿金按照下列规定计算：

（一）造成身体伤害的，应当支付医疗费、护理费，以及赔偿因误工减少的收入。减少的收入每日的赔偿金按照国家上年度职工日平均工资计算，最高额为国家上年度职工年平均工资的五倍；

（二）造成部分或者全部丧失劳动能力的，应当支付医疗费、护理费、残疾生活辅助具费、康复费等因残疾而增加的必要支出和继续治疗所必需的费用，以及残疾赔偿金。残疾赔偿金根据丧失劳动能力的程度，按照国家规定的伤残等级确定，最高不超过国家上年度职工年平均工资的二十倍。造成全部丧失劳动能力的，对其扶养的无劳动能力的人，还应当支付生活费；

（三）造成死亡的，应当支付死亡赔偿金、丧葬费，总额为国家上年度职工年平均工资的二十倍。对死者生前扶养的无劳动能力的人，还应当支付生活费。

前款第二项、第三项规定的生活费的发放标准，参照当地最低生活保障标准执行。被扶养的人是未成年人的，生活费给付至十八周岁止；其他无劳动能力的人，生活费给付至死亡时止。

第三十五条　有本法第三条或者第十七条规定情形之一，致人精神损害的，应当在侵权行为影响的范围内，为受害人消除影响，恢复名誉，赔礼道歉；造成严重后果的，应当支付相应的精神损害抚慰金。

第三十六条　侵犯公民、法人和其他组织的财产权造成损害的，按照下列规定处理：

（一）处罚款、罚金、追缴、没收财产或者违法征收、征用财产的，返还财产；

（二）查封、扣押、冻结财产的，解除对财产的查封、扣押、冻结，造成财产损坏或者灭失的，依照本条第三项、第四项的规定赔偿；

（三）应当返还的财产损坏的，能够恢复原状的恢复原状，不能恢复原状的，按照损害程度给付相应的赔偿金；

（四）应当返还的财产灭失的，给付相应的赔偿金；

（五）财产已经拍卖或者变卖的，给付拍卖或者变卖所得的价款；变卖的价款明显低于财产价值的，应当支付相应的赔偿金；

（六）吊销许可证和执照、责令停产停业的，赔偿停产停业期间必要的经常性费用开支；

（七）返还执行的罚款或者罚金、追缴或者没收的金钱，解除冻结的存款或者汇款的，应当支付银行同期存款利息；

（八）对财产权造成其他损害的，按照直接损失给予赔偿。

第三十七条　赔偿费用列入各级财政预算。

赔偿请求人凭生效的判决书、复议决定书、赔偿决定书或者调解书，向赔偿义务机关申请支付赔偿金。

赔偿义务机关应当自收到支付赔偿金申请之日起七日内，依照预算管理权限向有关的财政部门提出支付申请。财政部门应当自收到支付申请之日起十五日内支付赔偿金。

赔偿费用预算与支付管理的具体办法由国务院规定。

第五章　其他规定

第三十八条　人民法院在民事诉讼、行政诉讼过程中，违法采取对妨害诉讼的强制措施、保全措施或者对判决、裁定及其他生效法律文书执行错误，造成损害的，赔偿请求人要求赔偿的程序，适用本法刑事赔偿程序的规定。

第三十九条　赔偿请求人请求国家赔偿的时效为两年，自其知道或者应当知道国家机关及其工作人员行使职权时的行为侵犯其人身权、财产权之日起计算，但被羁押等限制人身自由期间不计算在内。在申请行政复议或者提起行政诉讼时一并提出赔偿请求的，适用行政复议法、行政诉讼法有关时效的规定。

赔偿请求人在赔偿请求时效的最后六个月内，因不可抗力或者其他障碍不能行使请求权的，时效中止。从中止时效的原因消除之日起，赔偿请求时效期间继续计算。

第四十条　外国人、外国企业和组织在中华人民共和国领域内要求中华人民共和国国家赔偿的，适用本法。

外国人、外国企业和组织的所属国对中华人民共和国公民、法人和其他组织要求该国国家赔偿的权利不予保护或者限制的，中华人民共和国与该外国人、外国企业和组织的所属国实行对等原则。

第六章　附　则

第四十一条　赔偿请求人要求国家赔偿的，赔偿义务机关、复议机关和人民法院不得向赔偿请求人收取任何费用。

对赔偿请求人取得的赔偿金不予征税。

第四十二条　本法自1995年1月1日起施行。

中华人民共和国主席令

第六十九号

《全国人民代表大会常务委员会关于修改〈中华人民共和国人民警察法〉的决定》已由中华人民共和国第十一届全国人民代表大会常务委员会第二十九次会议于2012年10月26日通过，现予公布，自2013年1月1日起施行。

中华人民共和国主席　胡锦涛

2012年10月26日

全国人民代表大会常务委员会关于修改《中华人民共和国人民警察法》的决定

（2012年10月26日第十一届全国人民代表大会常务委员会第二十九次会议通过）

第十一届全国人民代表大会常务委员会第二十九次会议决定对《中华人民共和国人民警察法》作如下修改：

将第六条第十一项修改为："对被判处拘役、剥夺政治权利的罪犯执行刑罚"。

本决定自2013年1月1日起施行。

《中华人民共和国人民警察法》根据本决定作相应修改，重新公布。

中华人民共和国人民警察法

（1995年2月28日第八届全国人民代表大会常务委员会第十二次会议通过　根据2012年10月26日第十一届全国人民代表大会常务委员会第二十九次会议《关于修改〈中华人民共和国人民警察法〉的决定》修正）

目　录

第七章　法律责任
第八章　附　　则

第一章　总　　则

第一条　为了维护国家安全和社会治安秩序，保护公民的合法权益，加强人民警察的队伍建设，从严治警，提高人民警察的素质，保障人民警察依法行使职权，保障改革开放和社会主义现代化建设的顺利进行，根据宪法，制定本法。

第二条　人民警察的任务是维护国家安全，维护社会治安秩序，保护公民的人身安全、人身自由和合法财产，保护公共财产，预防、制止和惩治违法犯罪活动。

人民警察包括公安机关、国家安全机关、监狱、劳动教养管理机关的人民警察和人民法院、人民检察院的司法警察。

第三条　人民警察必须依靠人民的支持，保持同人民的密切联系，倾听人民的意见和建议，接受人民的监督，维护人民的利益，全心全意为人民服务。

第四条　人民警察必须以宪法和法律为活动准则，忠于职守，清正廉洁，纪律严明，服从命令，严格执法。

第五条　人民警察依法执行职务，受法律保护。

第二章　职　　权

第六条　公安机关的人民警察按照职责分工，依法履行下列职责：

（一）预防、制止和侦查违法犯罪活动；

（二）维护社会治安秩序，制止危害社会治安秩序的行为；

（三）维护交通安全和交通秩序，处理交通事故；

（四）组织、实施消防工作，实行消防监督；

（五）管理枪支弹药、管制刀具和易燃易爆、剧毒、放射性等危险物品；

（六）对法律、法规规定的特种行业进行管理；

（七）警卫国家规定的特定人员，守卫重要的场所和设施；

（八）管理集会、游行、示威活动；

（九）管理户政、国籍、入境出境事务和外国人在中国境内居留、旅行的有关事务；

（十）维护国（边）境地区的治安秩序；

（十一）对被判处拘役、剥夺政治权利的罪犯执行刑罚；

（十二）监督管理计算机信息系统的安全保护工作；

（十三）指导和监督国家机关、社会团体、企业事业组织和重点建设工程的治安保卫工作，指导治安保卫委员会等群众性组织的治安防范工作；

（十四）法律、法规规定的其他职责。

第七条　公安机关的人民警察对违反治安管理或者其他公安行政管理法律、法规的个人或者组织，依法可以实施行政强制措施、行政处罚。

第八条　公安机关的人民警察对严重危害社会治安秩序或者威胁公共安全的人员，可以强行带离现场、依法予以拘留或者采取法律规定的其他措施。

第九条　为维护社会治安秩序，公安机关的人民警察对有违法犯罪嫌疑的人员，经出示相应证件，可以当场盘问、检查；经盘问、检查，有下列情形之一的，可以将其带至公安机关，经该公安机关批准，对其继续盘问：

（一）被指控有犯罪行为的；

（二）有现场作案嫌疑的；

（三）有作案嫌疑身份不明的；

（四）携带的物品有可能是赃物的。

对被盘问人的留置时间自带至公安机关之时起不超过二十四小时，在特殊情况下，经县级以上公安机关批准，可以延长至四十八小时，并应当留有盘问记录。对于批准继续盘问的，应当立即通知其家属或者其所在单位。对于不批准继续盘问的，应当立即释放被盘问人。

经继续盘问，公安机关认为对被盘问人需要依法采取拘留或者其他强制措施的，应当在前款规定的期间作出决定；在前款规定的期间不能作出上述决定的，应当立即释放被盘问人。

第十条　遇有拒捕、暴乱、越狱、抢夺枪支或者其他暴力行为的紧急情况，公安机关的人民警察依照国家有关规定可以使用武器。

第十一条　为制止严重违法犯罪活动的需要，公安机关的人民警察依照国家有关规定可以使用警械。

第十二条　为侦查犯罪活动的需要，公安机关的人民警察可以依法执行拘留、搜查、逮捕或者其他强制措施。

第十三条　公安机关的人民警察因履行职责的紧急需要，经出示相应证件，可以优先乘坐公共交通工具，遇交通阻碍时，优先通行。

公安机关因侦查犯罪的需要，必要时，按照国家有关规定，可以优先使用机关、团体、企业事业组织和个人的交通工具、通信工具、场地和建筑物，用后应当及时归还，并支付适当费用；造成损失的，应当赔偿。

第十四条　公安机关的人民警察对严重危害公共安全或者他人人身安全的精神病人，可以采取保护性约束措施。需要送往指定的单位、场所加以监护的，应当报请县级以上人民政府公安机关批准，并及时通知其监护人。

第十五条　县级以上人民政府公安机关，为预防和制止严重危害社会治安秩序的行为，可以在一定的区域和时间，限制人员、车辆的通行或者停留，必要时可以实行交通管制。

公安机关的人民警察依照前款规定，可以采取相应的交通管制措施。

第十六条　公安机关因侦查犯罪的需要，根据国家有关规定，经过严格的批准手续，可以采取技术侦察措施。

第十七条　县级以上人民政府公安机关，经上级公安机关和同级人民政府批准，对严重危害社会治安秩序的突发事件，可以根据情况实行现场管制。

公安机关的人民警察依照前款规定，可以采取必要手段强行驱散，并对拒不服从的人员强行带离现场或者立即予以拘留。

第十八条　国家安全机关、监狱、劳动教养管理机关的人民警察和人民法院、人民检察院的司法警察，分别依照有关法律、行政法规的规定履行职权。

第十九条　人民警察在非工作时间，遇有其职责范围内的紧急情况，应当履行职责。

第三章　义务和纪律

第二十条　人民警察必须做到：

（一）秉公执法，办事公道；

（二）模范遵守社会公德；

（三）礼貌待人，文明执勤；

（四）尊重人民群众的风俗习惯。

第二十一条　人民警察遇到公民人身、财产安全受到侵犯或者处于其他危难情形，应当立即救助；对公民提出解决纠纷的要求，应当给予帮助；对公民的报警案件，应当及时查处。

人民警察应当积极参加抢险救灾和社会公益工作。

第二十二条　人民警察不得有下列行为：

（一）散布有损国家声誉的言论，参加非法组织，参加旨在反对国家的集会、游行、示威等活动，参加罢工；

（二）泄露国家秘密、警务工作秘密；

（三）弄虚作假，隐瞒案情，包庇、纵容违法犯罪活动；

（四）刑讯逼供或者体罚、虐待人犯；

（五）非法剥夺、限制他人人身自由，非法搜查他人的身体、物品、住所或者场所；

（六）敲诈勒索或者索取、收受贿赂；

（七）殴打他人或者唆使他人打人；

（八）违法实施处罚或者收取费用；

（九）接受当事人及其代理人的请客送礼；

（十）从事营利性的经营活动或者受雇于任何个人或者组织；

（十一）玩忽职守，不履行法定义务；

（十二）其他违法乱纪的行为。

第二十三条　人民警察必须按照规定着装，佩带人民警察标志或者持有人民警察证件，保持警容严整，举止端庄。

第四章　组织管理

第二十四条　国家根据人民警察的工作性质、任务和特点，规定组织机构设置和职务序列。

第二十五条　人民警察依法实行警衔制度。

第二十六条　担任人民警察应当具备下列条件：

（一）年满十八岁的公民；

（二）拥护中华人民共和国宪法；

（三）有良好的政治、业务素质和良好的品行；

（四）身体健康；

（五）具有高中毕业以上文化程度；

（六）自愿从事人民警察工作。

有下列情形之一的，不得担任人民警察：

（一）曾因犯罪受过刑事处罚的；

（二）曾被开除公职的。

第二十七条　录用人民警察，必须按照国家规定，公开考试，严格考核，择优选用。

第二十八条　担任人民警察领导职务的人员，应当具备下列条件：

（一）具有法律专业知识；

（二）具有政法工作经验和一定的组织管理、指挥能力；

（三）具有大学专科以上学历；

（四）经人民警察院校培训，考试合格。

第二十九条　国家发展人民警察教育事业，对人民警察有计划地进行政治思想、法制、警察业务等教育培训。

第三十条　国家根据人民警察的工作性质、任务和特点，分别规定不同岗位的服务年限和不同职务的最高任职年龄。

第三十一条　人民警察个人或者集体在工作中表现突出，有显著成绩和特殊贡献的，给予奖励。奖励分为：嘉奖、三等功、二等功、一等功、授予荣誉称号。

对受奖励的人民警察，按照国家有关规定，可以提前晋升警衔，并给予一定的物质奖励。

第五章　警务保障

第三十二条　人民警察必须执行上级的决定和命令。

人民警察认为决定和命令有错误的，可以按照规定提出意见，但不得中止或者改变决定和命令的执行；提出的意见不被采纳时，必须服从决定和命令；执行决定和命令的后果由作出决定和命令的上级负责。

第三十三条　人民警察对超越法律、法规规定的人民警察职责范围的指令，有权拒绝执行，并同时向上级机关报告。

第三十四条　人民警察依法执行职务，公民和组织应当给予支持和协助。公民和组织协助人民警察依法执行职务的行为受法律保护。对协助人民警察执行职务有显著成绩的，给予表彰和奖励。

公民和组织因协助人民警察执行职务，造成人身伤亡或者财产损失的，应当按照国家有关规定给予抚恤或者补偿。

第三十五条　拒绝或者阻碍人民警察依法执行职务，有下列行为之一的，给予治安管理处罚：

（一）公然侮辱正在执行职务的人民警察的；

（二）阻碍人民警察调查取证的；

（三）拒绝或者阻碍人民警察执行追捕、搜查、救险等任务进入有关住所、场所的；

（四）对执行救人、救险、追捕、警卫等紧急任务的警车故意设置障碍的；

（五）有拒绝或者阻碍人民警察执行职务的其他行为的。

以暴力、威胁方法实施前款规定的行为，构成犯罪的，依法追究刑事责任。

第三十六条　人民警察的警用标志、制式服装和警械，由国务院公安部门统一监制，会同其他有关国家机关管理，其他个人和组织不得非法制造、贩卖。

人民警察的警用标志、制式服装、警械、证件为人民警察专用，其他个人和组织不得持有和使用。

违反前两款规定的，没收非法制造、贩卖、持有、使用的人民警察警用标志、制式服装、警械、证件，由公安机关处十五日以下拘留或者警告，可以并处违法所得五倍以下的罚款；构成犯罪的，依法追究刑事责任。

第三十七条　国家保障人民警察的经费。人民警察的经费，按照事权划分的原则，分别列入中央和地方的财政预算。

第三十八条　人民警察工作所必需的通讯、训练设施和交通、消防以及派出所、监管场所等基础设施建设，各级人民政府应当列入基本建设规划和城乡建设总体规划。

第三十九条　国家加强人民警察装备的现代化建设，努力推广、应用先进的科技成果。

第四十条　人民警察实行国家公务员的工资制度，并享受国家规定的警衔津贴和其他津贴、补贴以及保险福利待遇。

第四十一条　人民警察因公致残的，与因公致残的现役军人享受国家同样的抚恤和优待。

人民警察因公牺牲或者病故的，其家属与因公牺牲或者病故的现役军人家属享受国家同样的抚恤和优待。

第六章　执法监督

第四十二条　人民警察执行职务，依法接受人民检察院和行政监察机关的监督。

第四十三条　人民警察的上级机关对下级机关的执法活动进行监督，发现其作出的处理或者决定有错误的，应当予以撤销或者变更。

第四十四条　人民警察执行职务，必须自觉地接受社会和公民的监督。人民警察机关作出的与公众利益直接有关的规定，应当向公众公布。

第四十五条　人民警察在办理治安案件过程中，遇有下列情形之一的，应当回避，当事人或者其法定代理人也有权要求他们回避：

（一）是本案的当事人或者是当事人的近亲属的；

（二）本人或者其近亲属与本案有利害关系的；

（三）与本案当事人有其他关系，可能影响案件公正处理的。

前款规定的回避，由有关的公安机关决定。

人民警察在办理刑事案件过程中的回避，适用刑事诉讼法的规定。

第四十六条　公民或者组织对人民警察的违法、违纪行为，有权向人民警察机关或者人民检察院、行政监察机关检举、控告。受理检举、控告的机关应当及时查处，并将查处结果告知检举人、控告人。

对依法检举、控告的公民或者组织，任何人不得压制和打击报复。

第四十七条　公安机关建立督察制度，对公安机关的人民警察执行法律、法规、遵守纪律的情况进行监督。

第七章　法律责任

第四十八条　人民警察有本法第二十二条所列行为之一的，应当给予行政处分；构成犯罪的，依法追究刑事责任。

行政处分分为：警告、记过、记大过、降级、撤职、开除。对受行政处分的人民警察，按照国家有关规定，可以降低警衔、取消警衔。

对违反纪律的人民警察，必要时可以对其采取停止执行职务、禁闭的措施。

第四十九条　人民警察违反规定使用武器、警械，构成犯罪的，依法追究刑事责任；尚不构成犯罪的，应当依法给予行政处分。

第五十条　人民警察在执行职务中，侵犯公民或者组织的合法权益造成损害的，应当依照《中华人民共和国国家赔偿法》和其他有关法律、法规的规定给予赔偿。

第八章　附　　则

第五十一条　中国人民武装警察部队执行国家赋予的安全保卫任务。

第五十二条　本法自公布之日起施行。1957年6月25日公布的《中华人民共和国人民警察条例》同时废止。

关于《全国人民代表大会常务委员会关于修改监狱法等七部法律个别条款的决定（草案）》的说明

——2012年10月23日在第十一届全国人民代表大会常务委员会第二十九次会议上

全国人大常委会法制工作委员会主任　李适时

全国人民代表大会常务委员会：

我受委员长会议的委托，作关于《全国人民代表大会常务委员会关于修改监狱法等七部法律个别条款的决定（草案）》的说明。

2012年3月14日，十一届全国人大第五次会议审议通过了关于修改《中华人民共和国刑事诉讼法》的决定，对刑事诉讼法作了重要修改完善。现行监狱法、律师法、未成年人保护法等一些法律的个别条款，出现了与修改后的刑事诉讼法的相关规定不一致、不衔接的问题。根据中国特色社会主义法律体系形成后，需要结合重要法律的出台，及时对相关法律进行修改或者废止的要求，为保持法律规定间的衔接协调，确保修改后的刑事诉讼法自2013年1月1日起得到正确有效实施，有必要在关于修改刑事诉讼法的决定施行前，对这些法律的个别条款作出相应修改。

经对有关法律的规定进行清理，确定监狱法、律师法、未成年人保护法、预防未成年人犯罪法、治安管理处罚法、国家赔偿法、人民警察法等七部法律的18个条款与修改后的刑事诉讼法有不一致、不衔接的问题，需要相应修改。主要是以下几种情况：

一、有关条款是根据修改前的刑事诉讼法作的规定，刑事诉讼法修改后需要相应调整。如监狱法第十五条第二款规定，罪犯在被交付执行刑罚前，剩余刑期在一年以下的，由看守所代为执行，这次修改刑事诉讼法，将看守所代为执行的刑罚范围调整为剩余刑期在三个月以下；人民警察法第六条、监狱法第二十七条、第二十八条、第三十三条规定了暂予监外执行、假释由公安机关执行和监督的职权与有关程序，这次修改刑事诉讼法，规定对被暂予监外执行、假释的罪犯，依法实行社区矫正，由社区矫正机构负责执行；未成年人保护法第五十六条第一款对讯问未成年犯罪嫌疑人，询问未成年证人、被害人的程序，预防未成年人犯罪法第四十五条第二款对未成年人犯罪案件不公开审理的程序作了规定，这次修改刑事诉讼法，对相关程序作了修改完善。为与修改后的刑事诉讼法的规定保持一致，建议对有上述情况的条文作相应修改。

二、有关条款是在修改前的刑事诉讼法规定的基础上，针对某些具体问题作的细化规定，这次修改刑事诉讼法，已经将这些规定进一步完善后纳入了刑事诉讼法。如 2007 年修订律师法时，在律师法第三十三条和第三十四条中增加规定了律师在刑事诉讼中会见在押的犯罪嫌疑人、被告人和阅卷的程序等，都属于这种情况。为保持法律规定之间的协调，建议对有上述情况的条文作相应修改。

三、有关条款中引述了修改前的刑事诉讼法的相关条文或者表述，刑事诉讼法修改后，相关条文序号已发生变化，或者有关表述作了调整。如国家赔偿法第十九条第三项中引述的刑事诉讼法第一百四十二条第二款的条文序号，治安管理处罚法第六十条第四项中关于"国务院公安部门有关监督管理规定"的表述等，都属于这种情况。为与修改后的刑事诉讼法的规定相衔接，建议对有上述情况的条文作相应修改。

有的部门提出，上述七部法律中，还有些规定已不能适应实际情况，需要研究修改。考虑到这次对上述法律有关条款的修改，主要是解决与修改后的刑事诉讼法不一致、不衔接的问题，以保证刑事诉讼法的有效实施，属于法律清理的性质，其他需要修改的问题，可在制定今后的立法工作计划和规划时统筹考虑。

此外，人民法院组织法、人民检察院组织法也存在个别条款与修改后的刑事诉讼法和民事诉讼法规定不一致、不衔接的问题。经反复研究，考虑到这两部法律制定时间较早，还有些条文也已经与实际情况不相适应，宜结合司法体制机制改革和实际需要统盘研究修改问题。从实际工作考虑，这两部法律的个别条款现在不修改，也不影响刑事诉讼法的实施，故未纳入这次法律修改的范围。

法制工作委员会在征求中央政法委、内务司法委员会和最高人民法院、最高人民检察院、公安部、国家安全部、司法部等有关方面的意见，形成共识的基础上，拟订了《全国人民代表大会常务委员会关于修改监狱法等七部法律个别条款的决定（草案）》。该草案已于 2012 年 10 月 15 日经十一届全国人大常委会第九十次委员长会议讨论同意，现提请十一届全国人大常委会第二十九次会议审议。

《全国人民代表大会常务委员会关于修改监狱法等七部法律个别条款的决定（草案）》和以上说明是否妥当，请审议。

全国人民代表大会法律委员会关于《全国人民代表大会常务委员会关于修改监狱法等七部法律个别条款的决定（草案）》审议结果的报告

——2012 年 10 月 25 日在第十一届全国人民代表大会常务委员会第二十九次会议上

全国人民代表大会常务委员会：

常委会第二十九次会议于 10 月 23 日下午对关于修改监狱法等七部法律个别条款的决定（草案）进行了分组审议，普遍认为，为了保持法律规定间的衔接协调，确保修改后的刑事诉讼法得到正确有效实施，对监狱法等七部法律的个别条款作出修改是必要的。同时，有些常委委员还提出了一些修改意见。法律委员会于 10 月 24 日上午

召开会议,逐条研究了审议意见,对草案进行了审议。法律委员会认为,草案是可行的,同时提出以下修改意见:

一、草案对监狱法第二十八条作了修改,其中规定,暂予监外执行的罪犯具有应当收监的情形的,社区矫正机构应当及时通知监狱收监。有的常委委员建议在“应当收监的情形”前增加“法律规定的”条件。法律委员会经研究,建议将上述规定修改为:“暂予监外执行的罪犯具有刑事诉讼法规定的应当收监的情形的,社区矫正机构应当及时通知监狱收监”。

二、草案对律师法第三十三条作了修改,其中规定,律师担任辩护人的,有权依照刑事诉讼法的规定会见犯罪嫌疑人、被告人。有的常委委员提出,根据刑事诉讼法的规定,应当明确为会见在押或者被监视居住的犯罪嫌疑人、被告人。法律委员会经研究,赞同这一意见,建议作相应修改。

三、草案将未成年人保护法第五十六条第一款修改为,讯问、审判未成年犯罪嫌疑人、被告人,询问未成年证人、被害人,应当通知其法定代理人、法律规定的其他人员到场。有的常委委员提出,刑事诉讼法具体规定了通知法定代理人或者其他人员的顺序,建议予以体现。法律委员会经研究,建议将上述规定修改为:“讯问、审判未成年犯罪嫌疑人、被告人,询问未成年证人、被害人,应当依照刑事诉讼法的规定通知其法定代理人或者其他人员到场”。

四、草案将预防未成年人犯罪法第四十五条第二款修改为,对于未成年人刑事案件,审判的时候被告人不满十八周岁的,不公开审理。有的常委委员建议将上述规定简化修改为:“对于审判的时候被告人不满十八周岁的刑事案件,不公开审理。”法律委员会经研究,赞同这一意见,建议作相应修改。

审议中,有些常委委员对监狱法等法律还提出了与刑事诉讼法规定衔接协调以外的一些修改意见。法律委员会建议,对这些意见在今后修改相关法律时统筹考虑。

法律委员会已按上述意见对关于修改监狱法等七部法律个别条款的决定(草案)作了修改,现分别提出全国人民代表大会常务委员会关于修改《中华人民共和国监狱法》的决定(草案)、关于修改《中华人民共和国律师法》的决定(草案)、关于修改《中华人民共和国未成年人保护法》的决定(草案)、关于修改《中华人民共和国预防未成年人犯罪法》的决定(草案)、关于修改《中华人民共和国治安管理处罚法》的决定(草案)、关于修改《中华人民共和国国家赔偿法》的决定(草案)、关于修改《中华人民共和国人民警察法》的决定(草案)的建议表决稿。法律委员会建议本次常委会会议通过。

七个决定草案建议表决稿和以上报告是否妥当,请审议。

中华人民共和国主席令

第七十号

《全国人民代表大会常务委员会关于修改〈中华人民共和国邮政法〉的决定》已由中华人民共和国第十一届全国人民代表大会常务委员会第二十九次会议于2012年10月26日通过,现予公布,自公布之日起施行。

中华人民共和国主席　胡锦涛

2012年10月26日

全国人民代表大会常务委员会关于修改《中华人民共和国邮政法》的决定

（2012 年 10 月 26 日第十一届全国人民代表大会常务委员会第二十九次会议通过）

第十一届全国人民代表大会常务委员会第二十九次会议决定对《中华人民共和国邮政法》作如下修改：

将第四条修改为："国务院邮政管理部门负责对全国的邮政普遍服务和邮政市场实施监督管理。

"省、自治区、直辖市邮政管理机构负责对本行政区域的邮政普遍服务和邮政市场实施监督管理。

"按照国务院规定设立的省级以下邮政管理机构负责对本辖区的邮政普遍服务和邮政市场实施监督管理。

"国务院邮政管理部门和省、自治区、直辖市邮政管理机构以及省级以下邮政管理机构（以下统称邮政管理部门）对邮政市场实施监督管理，应当遵循公开、公平、公正以及鼓励竞争、促进发展的原则。"

本决定自公布之日起施行。

《中华人民共和国邮政法》根据本决定作相应修改，重新公布。

中华人民共和国邮政法

（1986 年 12 月 2 日第六届全国人民代表大会常务委员会第十八次会议通过 2009 年 4 月 24 日第十一届全国人民代表大会常务委员会第八次会议修订 根据 2012 年 10 月 26 日第十一届全国人民代表大会常务委员会第二十九次会议《关于修改〈中华人民共和国邮政法〉的决定》修正）

目 录

第一章 总 则

第一条 为了保障邮政普遍服务，加强对邮政市场的监督管理，维护邮政通信与信息安全，保护通信自由和通信秘密，保护用户合法权益，促进邮政业健康发展，适应经济社会发展和人民生活需要，制定本法。

第二条 国家保障中华人民共和国境内的邮政普遍服务。

邮政企业按照国家规定承担提供邮政普遍服务的义务。

国务院和地方各级人民政府及其有关部门应当采取措施，支持邮政企业提供邮政普遍服务。

本法所称邮政普遍服务，是指按照国家规定的业务范围、服务标准和资费标准，为中华人民共和国境内所有用户持续提供的邮政服务。

第三条 公民的通信自由和通信秘密受法律保护。除因国家安全或者追查刑事犯罪的需要，由公安机关、国家安全机关或者检察机关依照法律规定的程序对通信进行检查外，任何组织或者个人不得以任何理由侵犯公民的通信自由和通信秘密。

除法律另有规定外，任何组织或者个人不得检查、扣留邮件、汇款。

第四条　国务院邮政管理部门负责对全国的邮政普遍服务和邮政市场实施监督管理。

省、自治区、直辖市邮政管理机构负责对本行政区域的邮政普遍服务和邮政市场实施监督管理。

按照国务院规定设立的省级以下邮政管理机构负责对本辖区的邮政普遍服务和邮政市场实施监督管理。

国务院邮政管理部门和省、自治区、直辖市邮政管理机构以及省级以下邮政管理机构（以下统称邮政管理部门）对邮政市场实施监督管理，应当遵循公开、公平、公正以及鼓励竞争、促进发展的原则。

第五条　国务院规定范围内的信件寄递业务，由邮政企业专营。

第六条　邮政企业应当加强服务质量管理，完善安全保障措施，为用户提供迅速、准确、安全、方便的服务。

第七条　邮政管理部门、公安机关、国家安全机关和海关应当相互配合，建立健全安全保障机制，加强对邮政通信与信息安全的监督管理，确保邮政通信与信息安全。

第二章　邮政设施

第八条　邮政设施的布局和建设应当满足保障邮政普遍服务的需要。

地方各级人民政府应当将邮政设施的布局和建设纳入城乡规划，对提供邮政普遍服务的邮政设施的建设给予支持，重点扶持农村边远地区邮政设施的建设。

建设城市新区、独立工矿区、开发区、住宅区或者对旧城区进行改建，应当同时建设配套的提供邮政普遍服务的邮政设施。

提供邮政普遍服务的邮政设施等组成的邮政网络是国家重要的通信基础设施。

第九条　邮政设施应当按照国家规定的标准设置。

较大的车站、机场、港口、高等院校和宾馆应当设置提供邮政普遍服务的邮政营业场所。

邮政企业设置、撤销邮政营业场所，应当事先书面告知邮政管理部门；撤销提供邮政普遍服务的邮政营业场所，应当经邮政管理部门批准并予以公告。

第十条　机关、企业事业单位应当设置接收邮件的场所。农村地区应当逐步设置村邮站或者其他接收邮件的场所。

建设城镇居民楼应当设置接收邮件的信报箱，并按照国家规定的标准验收。建设单位未按照国家规定的标准设置信报箱的，由邮政管理部门责令限期改正；逾期未改正的，由邮政管理部门指定其他单位设置信报箱，所需费用由该居民楼的建设单位承担。

第十一条　邮件处理场所的设计和建设，应当符合国家安全机关和海关依法履行职责的要求。

第十二条　征收邮政营业场所或者邮件处理场所的，城乡规划主管部门应当根据保障邮政普遍服务的要求，对邮政营业场所或者邮件处理场所的重新设置作出妥善安排；未作出妥善安排前，不得征收。

邮政营业场所或者邮件处理场所重新设置前，邮政企业应当采取措施，保证邮政普遍服务的正常进行。

第十三条　邮政企业应当对其设置的邮政设施进行经常性维护，保证邮政设施的正常使用。

任何单位和个人不得损毁邮政设施或者影响邮政设施的正常使用。

第三章　邮政服务

第十四条　邮政企业经营下列业务：

（一）邮件寄递；

（二）邮政汇兑、邮政储蓄；

（三）邮票发行以及集邮票品制作、销售；

（四）国内报刊、图书等出版物发行；

（五）国家规定的其他业务。

第十五条　邮政企业应当对信件、单件重量不超过五千克的印刷品、单件重量不超过十千克的包裹的寄递以及邮政汇兑提供邮政普遍服务。

邮政企业按照国家规定办理机要通信、国家规定报刊的发行，以及义务兵平常信函、盲人读物和革命烈士遗物的免费寄递等特殊服务业务。

未经邮政管理部门批准，邮政企业不得停止办理或者限制办理前两款规定的业务；因不可抗力或者其他特殊原因暂时停止办理或者限制办理的，邮政企业应当及时公告，采取相应的补救措施，并向邮政管理部门报告。

邮政普遍服务标准，由国务院邮政管理部门会同国务院有关部门制定；邮政普遍服务监督管理的具体办法，由国务院邮政管理部门制定。

第十六条 国家对邮政企业提供邮政普遍服务、特殊服务给予补贴,并加强对补贴资金使用的监督。

第十七条 国家设立邮政普遍服务基金。邮政普遍服务基金征收、使用和监督管理的具体办法由国务院财政部门会同国务院有关部门制定,报国务院批准后公布施行。

第十八条 邮政企业的邮政普遍服务业务与竞争性业务应当分业经营。

第十九条 邮政企业在城市每周的营业时间应当不少于六天,投递邮件每天至少一次;在乡、镇人民政府所在地每周的营业时间应当不少于五天,投递邮件每周至少五次。

邮政企业在交通不便的边远地区和乡、镇其他地区每周的营业时间以及投递邮件的频次,国务院邮政管理部门可以另行规定。

第二十条 邮政企业寄递邮件,应当符合国务院邮政管理部门规定的寄递时限和服务规范。

第二十一条 邮政企业应当在其营业场所公示或者以其他方式公布其服务种类、营业时间、资费标准、邮件和汇款的查询及损失赔偿办法以及用户对其服务质量的投诉办法。

第二十二条 邮政企业采用其提供的格式条款确定与用户的权利义务的,该格式条款适用《中华人民共和国合同法》关于合同格式条款的规定。

第二十三条 用户交寄邮件,应当清楚、准确地填写收件人姓名、地址和邮政编码。邮政企业应当在邮政营业场所免费为用户提供邮政编码查询服务。

邮政编码由邮政企业根据国务院邮政管理部门制定的编制规则编制。邮政管理部门依法对邮政编码的编制和使用实施监督。

第二十四条 邮政企业收寄邮件和用户交寄邮件,应当遵守法律、行政法规以及国务院和国务院有关部门关于禁止寄递或者限制寄递物品的规定。

第二十五条 邮政企业应当依法建立并执行邮件收寄验视制度。

对用户交寄的信件,必要时邮政企业可以要求用户开拆,进行验视,但不得检查信件内容。用户拒绝开拆的,邮政企业不予收寄。

对信件以外的邮件,邮政企业收寄时应当当场验视内件。用户拒绝验视的,邮政企业不予收寄。

第二十六条 邮政企业发现邮件内夹带禁止寄递或者限制寄递的物品的,应当按照国家有关规定处理。

进出境邮件中夹带国家禁止进出境或者限制进出境的物品的,由海关依法处理。

第二十七条 对提供邮政普遍服务的邮政企业交运的邮件,铁路、公路、水路、航空等运输企业应当优先安排运输,车站、港口、机场应当安排装卸场所和出入通道。

第二十八条 带有邮政专用标志的车船进出港口、通过渡口时,应当优先放行。

带有邮政专用标志的车辆运递邮件,确需通过公安机关交通管理部门划定的禁行路段或者确需在禁止停车的地点停车的,经公安机关交通管理部门同意,在确保安全的前提下,可以通行或者停车。

邮政企业不得利用带有邮政专用标志的车船从事邮件运递以外的经营性活动,不得以出租等方式允许其他单位或者个人使用带有邮政专用标志的车船。

第二十九条 邮件通过海上运输时,不参与分摊共同海损。

第三十条 海关依照《中华人民共和国海关法》的规定,对进出境的国际邮袋、邮件集装箱和国际邮递物品实施监管。

第三十一条 进出境邮件的检疫,由进出境检验检疫机构依法实施。

第三十二条 邮政企业采取按址投递、用户领取或者与用户协商的其他方式投递邮件。

机关、企业事业单位、住宅小区管理单位等应当为邮政企业投递邮件提供便利。单位用户地址变更的,应当及时通知邮政企业。

第三十三条 邮政企业对无法投递的邮件,应当退回寄件人。

无法投递又无法退回的信件,自邮政企业确认无法退回之日起超过六个月无人认领的,由邮政企业在邮政管理部门的监督下销毁。无法投递又无法退回的其他邮件,按照国务院邮政管理部门的规定处理;其中无法投递又无法退回的进境国际邮递物品,由海关依照《中华人民共和国海关法》的规定处理。

第三十四条 邮政汇款的收款人应当自收到汇款通知之日起六十日内,凭有效身份证件到邮政企业兑领汇款。

收款人逾期未兑领的汇款,由邮政企业退回汇款人。自兑领汇款期限届满之日起一年内无法退回汇款人,或者汇款人自收到退汇通知之日起一年内未领取的汇款,由邮政企业上缴国库。

第三十五条　任何单位和个人不得私自开拆、隐匿、毁弃他人邮件。

除法律另有规定外，邮政企业及其从业人员不得向任何单位或者个人泄露用户使用邮政服务的信息。

第三十六条　因国家安全或者追查刑事犯罪的需要，公安机关、国家安全机关或者检察机关可以依法检查、扣留有关邮件，并可以要求邮政企业提供相关用户使用邮政服务的信息。邮政企业和有关单位应当配合，并对有关情况予以保密。

第三十七条　任何单位和个人不得利用邮件寄递含有下列内容的物品：

（一）煽动颠覆国家政权、推翻社会主义制度或者分裂国家、破坏国家统一，危害国家安全的；

（二）泄露国家秘密的；

（三）散布谣言扰乱社会秩序，破坏社会稳定的；

（四）煽动民族仇恨、民族歧视，破坏民族团结的；

（五）宣扬邪教或者迷信的；

（六）散布淫秽、赌博、恐怖信息或者教唆犯罪的；

（七）法律、行政法规禁止的其他内容。

第三十八条　任何单位和个人不得有下列行为：

（一）扰乱邮政营业场所正常秩序；

（二）阻碍邮政企业从业人员投递邮件；

（三）非法拦截、强登、扒乘带有邮政专用标志的车辆；

（四）冒用邮政企业名义或者邮政专用标志；

（五）伪造邮政专用品或者倒卖伪造的邮政专用品。

第四章　邮政资费

第三十九条　邮政普遍服务业务资费、邮政企业专营业务资费、机要通信资费以及国家规定报刊的发行资费实行政府定价，资费标准由国务院价格主管部门会同国务院财政部门、国务院邮政管理部门制定。

邮政企业的其他业务资费实行市场调节价，资费标准由邮政企业自主确定。

第四十条　制定邮政普遍服务业务资费标准和邮政企业专营业务资费标准，应当听取邮政企业、用户和其他有关方面的意见。

邮政企业应当根据国务院价格主管部门、国务院财政部门和国务院邮政管理部门的要求，提供准确、完备的业务成本数据和其他有关资料。

第四十一条　邮件资费的交付，以邮资凭证、证明邮资已付的戳记以及有关业务单据等表示。

邮资凭证包括邮票、邮资符志、邮资信封、邮资明信片、邮资邮简、邮资信卡等。

任何单位和个人不得伪造邮资凭证或者倒卖伪造的邮资凭证，不得擅自仿印邮票和邮资图案。

第四十二条　普通邮票发行数量由邮政企业按照市场需要确定，报国务院邮政管理部门备案；纪念邮票和特种邮票发行计划由邮政企业根据市场需要提出，报国务院邮政管理部门审定。国务院邮政管理部门负责纪念邮票的选题和图案审查。

邮政管理部门依法对邮票的印制、销售实施监督。

第四十三条　邮资凭证售出后，邮资凭证持有人不得要求邮政企业兑换现金。

停止使用邮资凭证，应当经国务院邮政管理部门批准，并在停止使用九十日前予以公告，停止销售。邮资凭证持有人可以自公告之日起一年内，向邮政企业换取等值的邮资凭证。

第四十四条　下列邮资凭证不得使用：

（一）经国务院邮政管理部门批准停止使用的；

（二）盖销或者划销的；

（三）污损、残缺或者褪色、变色，难以辨认的。

从邮资信封、邮资明信片、邮资邮简、邮资信卡上剪下的邮资图案，不得作为邮资凭证使用。

第五章　损失赔偿

第四十五条　邮政普遍服务业务范围内的邮件和汇款的损失赔偿，适用本章规定。

邮政普遍服务业务范围以外的邮件的损失赔偿，适用有关民事法律的规定。

邮件的损失，是指邮件丢失、损毁或者内件短少。

第四十六条　邮政企业对平常邮件的损失不承担赔偿责任。但是，邮政企业因故意或者重大过失造成平常邮件损失的除外。

第四十七条　邮政企业对给据邮件的损失依照下列规定赔偿：

（一）保价的给据邮件丢失或者全部损毁的，按照保价额赔偿；部分损毁或者内件短少的，按照保价额与邮件全部价值的比例对邮件的实际损失予以赔偿。

（二）未保价的给据邮件丢失、损毁或者内件短少的，按照实际损失赔偿，但最高赔偿额不超过所收取资费的三倍；挂号信件丢失、损毁的，按照所收取资费的三倍予以赔偿。

邮政企业应当在营业场所的告示中和提供给用户的给据邮件单据上，以足以引起用户注意的方式载明前款规定。

邮政企业因故意或者重大过失造成给据邮件损失，或者未履行前款规定义务的，无权援用本条第一款的规定限制赔偿责任。

第四十八条 因下列原因之一造成的给据邮件损失，邮政企业不承担赔偿责任：

（一）不可抗力，但因不可抗力造成的保价的给据邮件的损失除外；

（二）所寄物品本身的自然性质或者合理损耗；

（三）寄件人、收件人的过错。

第四十九条 用户交寄给据邮件后，对国内邮件可以自交寄之日起一年内持收据向邮政企业查询，对国际邮件可以自交寄之日起一百八十日内持收据向邮政企业查询。

查询国际邮件或者查询国务院邮政管理部门规定的边远地区的邮件的，邮政企业应当自用户查询之日起六十日内将查询结果告知用户；查询其他邮件的，邮政企业应当自用户查询之日起三十日内将查询结果告知用户。查复期满未查到邮件的，邮政企业应当依照本法第四十七条的规定予以赔偿。

用户在本条第一款规定的查询期限内未向邮政企业查询又未提出赔偿要求的，邮政企业不再承担赔偿责任。

第五十条 邮政汇款的汇款人自汇款之日起一年内，可以持收据向邮政企业查询。邮政企业应当自用户查询之日起二十日内将查询结果告知汇款人。查复期满未查到汇款的，邮政企业应当向汇款人退还汇款和汇款费用。

第六章 快递业务

第五十一条 经营快递业务，应当依照本法规定取得快递业务经营许可；未经许可，任何单位和个人不得经营快递业务。

外商不得投资经营信件的国内快递业务。

国内快递业务，是指从收寄到投递的全过程均发生在中华人民共和国境内的快递业务。

第五十二条 申请快递业务经营许可，应当具备下列条件：

（一）符合企业法人条件；

（二）在省、自治区、直辖市范围内经营的，注册资本不低于人民币五十万元，跨省、自治区、直辖市经营的，注册资本不低于人民币一百万元，经营国际快递业务的，注册资本不低于人民币二百万元；

（三）有与申请经营的地域范围相适应的服务能力；

（四）有严格的服务质量管理制度和完备的业务操作规范；

（五）有健全的安全保障制度和措施；

（六）法律、行政法规规定的其他条件。

第五十三条 申请快递业务经营许可，在省、自治区、直辖市范围内经营的，应当向所在地的省、自治区、直辖市邮政管理机构提出申请，跨省、自治区、直辖市经营或者经营国际快递业务的，应当向国务院邮政管理部门提出申请；申请时应当提交申请书和有关申请材料。

受理申请的邮政管理部门应当自受理申请之日起四十五日内进行审查，作出批准或者不予批准的决定。予以批准的，颁发快递业务经营许可证；不予批准的，书面通知申请人并说明理由。

邮政管理部门审查快递业务经营许可的申请，应当考虑国家安全等因素，并征求有关部门的意见。

申请人凭快递业务经营许可证向工商行政管理部门依法办理登记后，方可经营快递业务。

第五十四条 邮政企业以外的经营快递业务的企业（以下称快递企业）设立分支机构或者合并、分立的，应当向邮政管理部门备案。

第五十五条 快递企业不得经营由邮政企业专营的信件寄递业务，不得寄递国家机关公文。

第五十六条 快递企业经营邮政企业专营业务范围以外的信件快递业务，应当在信件封套的显著位置标注信件字样。

快递企业不得将信件打包后作为包裹寄递。

第五十七条 经营国际快递业务应当接受邮政管理部门和有关部门依法实施的监管。邮政管理部门和有关部门可以要求经营国际快递业务的企业提供报关数据。

第五十八条 快递企业停止经营快递业务的，应当书面告知邮政管理部门，交回快递业务经营许可证，并对尚未投递的快件按照国务院邮政管理部门的规定妥善处理。

第五十九条 本法第六条、第二十一条、第二十二条、第二十四条、第二十五条、第二十六条第一款、第三十五条第二款、第三十六条关于邮政企业及其从业人员的规定,适用于快递企业及其从业人员;第十一条关于邮件处理场所的规定,适用于快件处理场所;第三条第二款、第二十六条第二款、第三十五条第一款、第三十六条、第三十七条关于邮件的规定,适用于快件;第四十五条第二款关于邮件的损失赔偿的规定,适用于快件的损失赔偿。

第六十条 经营快递业务的企业依法成立的行业协会,依照法律、行政法规及其章程规定,制定快递行业规范,加强行业自律,为企业提供信息、培训等方面的服务,促进快递行业的健康发展。

经营快递业务的企业应当对其从业人员加强法制教育、职业道德教育和业务技能培训。

第七章 监督检查

第六十一条 邮政管理部门依法履行监督管理职责,可以采取下列监督检查措施:

(一)进入邮政企业、快递企业或者涉嫌发生违反本法活动的其他场所实施现场检查;

(二)向有关单位和个人了解情况;

(三)查阅、复制有关文件、资料、凭证;

(四)经邮政管理部门负责人批准,查封与违反本法活动有关的场所,扣押用于违反本法活动的运输工具以及相关物品,对信件以外的涉嫌夹带禁止寄递或者限制寄递物品的邮件、快件开拆检查。

第六十二条 邮政管理部门根据履行监督管理职责的需要,可以要求邮政企业和快递企业报告有关经营情况。

第六十三条 邮政管理部门进行监督检查时,监督检查人员不得少于二人,并应当出示执法证件。对邮政管理部门依法进行的监督检查,有关单位和个人应当配合,不得拒绝、阻碍。

第六十四条 邮政管理部门工作人员对监督检查中知悉的商业秘密,负有保密义务。

第六十五条 邮政企业和快递企业应当及时、妥善处理用户对服务质量提出的异议。用户对处理结果不满意的,可以向邮政管理部门申诉,邮政管理部门应当及时依法处理,并自接到申诉之日起三十日内作出答复。

第六十六条 任何单位和个人对违反本法规定的行为,有权向邮政管理部门举报。邮政管理部门接到举报后,应当及时依法处理。

第八章 法律责任

第六十七条 邮政企业提供邮政普遍服务不符合邮政普遍服务标准的,由邮政管理部门责令改正,可以处一万元以下的罚款;情节严重的,处一万元以上五万元以下的罚款;对直接负责的主管人员和其他直接责任人员给予处分。

第六十八条 邮政企业未经邮政管理部门批准,停止办理或者限制办理邮政普遍服务业务和特殊服务业务,或者撤销提供邮政普遍服务的邮政营业场所的,由邮政管理部门责令改正,可以处二万元以下的罚款;情节严重的,处二万元以上十万元以下的罚款;对直接负责的主管人员和其他直接责任人员给予处分。

第六十九条 邮政企业利用带有邮政专用标志的车船从事邮件运递以外的经营性活动,或者以出租等方式允许其他单位或者个人使用带有邮政专用标志的车船的,由邮政管理部门责令改正,没收违法所得,可以并处二万元以下的罚款;情节严重的,并处二万元以上十万元以下的罚款;对直接负责的主管人员和其他直接责任人员给予处分。

邮政企业从业人员利用带有邮政专用标志的车船从事邮件运递以外的活动的,由邮政企业责令改正,给予处分。

第七十条 邮政企业从业人员故意延误投递邮件的,由邮政企业给予处分。

第七十一条 冒领、私自开拆、隐匿、毁弃或者非法检查他人邮件、快件,尚不构成犯罪的,依法给予治安管理处罚。

第七十二条 未取得快递业务经营许可经营快递业务,或者邮政企业以外的单位或者个人经营由邮政企业专营的信件寄递业务或者寄递国家机关公文的,由邮政管理部门或者工商行政管理部门责令改正,没收违法所得,并处五万元以上十万元以下的罚款;情节严重的,并处十万元以上二十万元以下的罚款;对快递企业,还可以责令停业整顿直至吊销其快递业务经营许可证。

违反本法第五十一条第二款的规定,经营信件的国内快递业务的,依照前款规定处罚。

第七十三条 快递企业有下列行为之一的,由邮政管理部门责令改正,可以处一万元以下的罚款;情节严重的,处一万元以上五万元以下的罚款,并可以责令停业整顿:

(一)设立分支机构、合并、分立,未向邮政管理部门备案的；

（二）未在信件封套的显著位置标注信件字样的；

（三）将信件打包后作为包裹寄递的；

（四）停止经营快递业务，未书面告知邮政管理部门并交回快递业务经营许可证，或者未按照国务院邮政管理部门的规定妥善处理尚未投递的快件的。

第七十四条 邮政企业、快递企业未按照规定向用户明示其业务资费标准，或者有其他价格违法行为的，由政府价格主管部门依照《中华人民共和国价格法》的规定处罚。

第七十五条 邮政企业、快递企业不建立或者不执行收件验视制度，或者违反法律、行政法规以及国务院和国务院有关部门关于禁止寄递或者限制寄递物品的规定收寄邮件、快件的，对邮政企业直接负责的主管人员和其他直接责任人员给予处分；对快递企业，邮政管理部门可以责令停业整顿直至吊销其快递业务经营许可证。

用户在邮件、快件中夹带禁止寄递或者限制寄递的物品，尚不构成犯罪的，依法给予治安管理处罚。

有前两款规定的违法行为，造成人身伤害或者财产损失的，依法承担赔偿责任。

邮政企业、快递企业经营国际寄递业务，以及用户交寄国际邮递物品，违反《中华人民共和国海关法》及其他有关法律、行政法规的规定的，依照有关法律、行政法规的规定处罚。

第七十六条 邮政企业、快递企业违法提供用户使用邮政服务或者快递服务的信息，尚不构成犯罪的，由邮政管理部门责令改正，没收违法所得，并处一万元以上五万元以下的罚款；对邮政企业直接负责的主管人员和其他直接责任人员给予处分；对快递企业，邮政管理部门还可以责令停业整顿直至吊销其快递业务经营许可证。

邮政企业、快递企业从业人员有前款规定的违法行为，尚不构成犯罪的，由邮政管理部门责令改正，没收违法所得，并处五千元以上一万元以下的罚款。

第七十七条 邮政企业、快递企业拒绝、阻碍依法实施的监督检查，尚不构成犯罪的，依法给予治安管理处罚；对快递企业，邮政管理部门还可以责令停业整顿直至吊销其快递业务经营许可证。

第七十八条 邮政企业及其从业人员、快递企业及其从业人员在经营活动中有危害国家安全行为的，依法追究法律责任；对快递企业，并由邮政管理部门吊销其快递业务经营许可证。

第七十九条 冒用邮政企业名义或者邮政专用标志，或者伪造邮政专用品或者倒卖伪造的邮政专用品的，由邮政管理部门责令改正，没收伪造的邮政专用品以及违法所得，并处一万元以上五万元以下的罚款。

第八十条 有下列行为之一，尚不构成犯罪的，依法给予治安管理处罚：

（一）盗窃、损毁邮政设施或者影响邮政设施正常使用的；

（二）伪造邮资凭证或者倒卖伪造的邮资凭证的；

（三）扰乱邮政营业场所、快递企业营业场所正常秩序的；

（四）非法拦截、强登、扒乘运送邮件、快件的车辆的。

第八十一条 违反本法规定被吊销快递业务经营许可证的，自快递业务经营许可证被吊销之日起三年内，不得申请经营快递业务。

快递企业被吊销快递业务经营许可证的，应当依法向工商行政管理部门办理变更登记或者注销登记。

第八十二条 违反本法规定，构成犯罪的，依法追究刑事责任。

第八十三条 邮政管理部门工作人员在监督管理工作中滥用职权、玩忽职守、徇私舞弊，构成犯罪的，依法追究刑事责任；尚不构成犯罪的，依法给予处分。

第九章 附 则

第八十四条 本法下列用语的含义：

邮政企业，是指中国邮政集团公司及其提供邮政服务的全资企业、控股企业。

寄递，是指将信件、包裹、印刷品等物品按照封装上的名址递送给特定个人或者单位的活动，包括收寄、分拣、运输、投递等环节。

快递，是指在承诺的时限内快速完成的寄递活动。

邮件，是指邮政企业寄递的信件、包裹、汇款通知、报刊和其他印刷品等。

快件，是指快递企业递送的信件、包裹、印刷品等。

信件，是指信函、明信片。信函是指以套封形式按照名址递送给特定个人或者单位的缄封的信息载体，不包括书籍、报纸、期刊等。

包裹，是指按照封装上的名址递送给特定个人或者单位的独立封装的物品，其重量不超过五十千克，任何一边的尺寸不超过一百五十厘米，长、宽、高合计不超过三百厘米。

平常邮件，是指邮政企业在收寄时不出具收据，投递时不要求收件人签收的邮件。

给据邮件，是指邮政企业在收寄时向寄件人出具收据，投递时由收件人签收的邮件。

邮政设施，是指用于提供邮政服务的邮政营业场所、邮件处理场所、邮筒（箱）、邮政报刊亭、信报箱等。

邮件处理场所，是指邮政企业专门用于邮件分拣、封发、储存、交换、转运、投递等活动的场所。

国际邮递物品，是指中华人民共和国境内的用户与其他国家或者地区的用户相互寄递的包裹和印刷品等。

邮政专用品，是指邮政日戳、邮资机、邮政业务单据、邮政夹钳、邮袋和其他邮件专用容器。

第八十五条　本法公布前按照国家有关规定，经国务院对外贸易主管部门批准或者备案，并向工商行政管理部门依法办理登记后经营国际快递业务的国际货物运输代理企业，凭批准或者备案文件以及营业执照，到国务院邮政管理部门领取快递业务经营许可证。国务院邮政管理部门应当将企业领取快递业务经营许可证的情况向其原办理登记的工商行政管理部门通报。

除前款规定的企业外，本法公布前依法向工商行政管理部门办理登记后经营快递业务的企业，不具备本法规定的经营快递业务的条件的，应当在国务院邮政管理部门规定的期限内达到本法规定的条件，逾期达不到本法规定的条件的，不得继续经营快递业务。

第八十六条　省、自治区、直辖市应当根据本地区的实际情况，制定支持邮政企业提供邮政普遍服务的具体办法。

第八十七条　本法自 2009 年 10 月 1 日起施行。

关于《中华人民共和国邮政法修正案（草案）》的说明

——2012 年 10 月 23 日在第十一届全国人民代表大会常务委员会第二十九次会议上

国家邮政局局长　马军胜

全国人民代表大会常务委员会：

我受国务院委托，对《中华人民共和国邮政法修正案（草案）》作说明。

全国人大常委会 2009 年 4 月修订通过的《中华人民共和国邮政法》（以下称现行邮政法），根据当时的邮政监管体制，就国务院邮政管理部门和省、自治区、直辖市邮政管理机构对全国或本行政区域邮政业的监管职责作了规定。现行邮政法施行以来，邮政业改革发展成效显著。同时，随着邮政业特别是快递业务的迅速发展，市场规模的不断扩大，对加强行业监管，保障邮政普遍服务，维护邮政市场秩序，保护用户合法权益，也提出了新的要求。从实际情况看，现行的国家和省两级邮政监管体制已难以适应实际需要，省级以下邮政监管缺乏机构保障的问题日显突出。为进一步健全邮政监管体制，促进行业健康发展，经国务院同意，国务院办公厅 2012 年 1 月印发了《国务院办公厅关于完善省级以下邮政监管体制的通知》（国办发〔2012〕6 号），决定 27 个省（区）按照市（地）行政区划设置市（地）邮政管理局，直辖市和海南省（除海口市、三亚市）跨区域设置若干邮政监管派出机构，负责本辖区邮政业监管的有关工作，同时将现行的邮政管理体制由垂直管理调整为双重管理、以上级邮政管理部门为主的管理体制。目前，完善省级以下邮政监管体制的工作正在进行，整体工作将于今年年底前完成。

完善邮政监管体制，需要相应修改现行邮政法的有关规定，明确省级以下邮政管理机构履行监管职责的法律依据。交通运输部起草并向国务院报送了《中华人民共和国邮政法修正案（送审稿）》。国务院法制办收到后，征求了全国人大财经委、全国人大常委会法工委，部分地方政府和国务院有关部门的意见，会同交通运输部、国家邮政局对送审稿作了修改，形成了《中华人民共和国邮政法修正案（草案）》（以下简称修正案草案）。修正案草案已经国务院同意。

修正案草案对现行邮政法第四条作了修改，一是将该条第二款关于“省、自治区、直辖市邮政管理机构在国务院邮政管理部门的领导下，负责本行政区域的邮政普遍服务和邮政市场的监督管理工作”的规定，修改为“省、自治区、直辖市邮政管理机构负责本行政区域的邮政普遍服务和邮政市场的监督管理工作”；二是增加规定：“按照国务院规定设立的省级以下邮政管理机构负责本辖区的邮政普遍服务和邮政市场的监督管理工作。”

《中华人民共和国邮政法修正案（草案）》和以上说明是否妥当，请审议。

全国人民代表大会法律委员会关于《中华人民共和国邮政法修正案（草案）》审议结果的报告

——2012 年 10 月 25 日在第十一届全国人民代表大会常务委员会第二十九次会议上

全国人民代表大会常务委员会：

常委会第二十九次会议于 10 月 23 日下午对邮政法修正案（草案）进行了分组审议，普遍认为，为适应我国邮政事业迅速发展的需要，进一步完善邮政管理体制，对邮政法有关规定进行修改是必要的。同时，有些常委会组成人员还提出了一些修改意见。法律委员会于 10 月 24 日上午召开会议，逐条研究了审议意见，对草案进行了审议。国务院法制办公室、国家邮政局的负责同志列席了会议。法律委员会认为，草案是可行的，同时提出以下修改意见：

修正案草案中规定，省级以下邮政管理机构负责本辖区的邮政普遍服务和邮政市场的监督管理工作。有的常委会组成人员提出，上述规定可能引起邮政管理机构既可以从事邮政普遍服务，又可以进行监督管理，导致政企不分的歧义，建议作出修改。法律委员会经同国务院法制办公室、国家邮政局研究，建议将上述规定修改为：省级以下邮政管理机构负责对本辖区的邮政普遍服务和邮政市场实施监督管理；并对本条第一款、第二款作相应的文字修改。

有的常委委员还提出了其他一些意见。法律委员会建议由国务院及其有关部门进一步研究。

法律委员会已按上述意见提出了全国人民代表大会常务委员会关于修改《中华人民共和国邮政法》的决定（草案建议表决稿）。法律委员会建议本次常委会会议通过。

修改决定草案建议表决稿和以上报告是否妥当，请审议。

中华人民共和国主席令

第七十一号

《中华人民共和国证券投资基金法》已由中华人民共和国第十一届全国人民代表大会常务委员会第三十次会议于 2012 年 12 月 28 日修订通过，现将修订后的《中华人民共和国证券投资基金法》公布，自 2013 年 6 月 1 日起施行。

中华人民共和国主席　胡锦涛

2012 年 12 月 28 日

中华人民共和国证券投资基金法

（2003 年 10 月 28 日第十届全国人民代表大会常务委员会第五次会议通过
2012 年 12 月 28 日第十一届全国人民代表大会常务委员会第三十次会议修订）

目 录

第一章 总 则

第一条 为了规范证券投资基金活动，保护投资人及相关当事人的合法权益，促进证券投资基金和资本市场的健康发展，制定本法。

第二条 在中华人民共和国境内，公开或者非公开募集资金设立证券投资基金（以下简称基金），由基金管理人管理，基金托管人托管，为基金份额持有人的利益，进行证券投资活动，适用本法；本法未规定的，适用《中华人民共和国信托法》、《中华人民共和国证券法》和其他有关法律、行政法规的规定。

第三条 基金管理人、基金托管人和基金份额持有人的权利、义务，依照本法在基金合同中约定。

基金管理人、基金托管人依照本法和基金合同的约定，履行受托职责。

通过公开募集方式设立的基金（以下简称公开募集基金）的基金份额持有人按其所持基金份额享受收益和承担风险，通过非公开募集方式设立的基金（以下简称非公开募集基金）的收益分配和风险承担由基金合同约定。

第四条 从事证券投资基金活动，应当遵循自愿、公平、诚实信用的原则，不得损害国家利益和社会公共利益。

第五条 基金财产的债务由基金财产本身承担，基金份额持有人以其出资为限对基金财产的债务承担责任。但基金合同依照本法另有约定的，从其约定。

基金财产独立于基金管理人、基金托管人的固有财产。基金管理人、基金托管人不得将基金财产归入其固有财产。

基金管理人、基金托管人因基金财产的管理、运用或者其他情形而取得的财产和收益，归入基金财产。

基金管理人、基金托管人因依法解散、被依法撤销或者被依法宣告破产等原因进行清算的，基金财产不属于其清算财产。

第六条 基金财产的债权，不得与基金管理人、基金托管人固有财产的债务相抵销；不同基金财产的债权债务，不得相互抵销。

第七条 非因基金财产本身承担的债务，不得对基金财产强制执行。

第八条 基金财产投资的相关税收，由基金份额持有人承担，基金管理人或者其他扣缴义务人按照国家有关税收征收的规定代扣代缴。

第九条 基金管理人、基金托管人管理、运用基金财产，基金服务机构从事基金服务活动，应当恪尽职守，履行诚实信用、谨慎勤勉的义务。

基金管理人运用基金财产进行证券投资，应当遵守审慎经营规则，制定科学合理的投资策略和风险管理制度，有效防范和控制风险。

基金从业人员应当具备基金从业资格，遵守法律、行政法规，恪守职业道德和行为规范。

第十条 基金管理人、基金托管人和基金服务机构，应当依照本法成立证券投资基金行业协会

(以下简称基金行业协会),进行行业自律,协调行业关系,提供行业服务,促进行业发展。

第十一条 国务院证券监督管理机构依法对证券投资基金活动实施监督管理;其派出机构依照授权履行职责。

第二章 基金管理人

第十二条 基金管理人由依法设立的公司或者合伙企业担任。

公开募集基金的基金管理人,由基金管理公司或者经国务院证券监督管理机构按照规定核准的其他机构担任。

第十三条 设立管理公开募集基金的基金管理公司,应当具备下列条件,并经国务院证券监督管理机构批准:

(一)有符合本法和《中华人民共和国公司法》规定的章程;

(二)注册资本不低于一亿元人民币,且必须为实缴货币资本;

(三)主要股东应当具有经营金融业务或者管理金融机构的良好业绩、良好的财务状况和社会信誉,资产规模达到国务院规定的标准,最近三年没有违法记录;

(四)取得基金从业资格的人员达到法定人数;

(五)董事、监事、高级管理人员具备相应的任职条件;

(六)有符合要求的营业场所、安全防范设施和与基金管理业务有关的其他设施;

(七)有良好的内部治理结构、完善的内部稽核监控制度、风险控制制度;

(八)法律、行政法规规定的和经国务院批准的国务院证券监督管理机构规定的其他条件。

第十四条 国务院证券监督管理机构应当自受理基金管理公司设立申请之日起六个月内依照本法第十三条规定的条件和审慎监管原则进行审查,作出批准或者不予批准的决定,并通知申请人;不予批准的,应当说明理由。

基金管理公司变更持有百分之五以上股权的股东,变更公司的实际控制人,或者变更其他重大事项,应当报经国务院证券监督管理机构批准。国务院证券监督管理机构应当自受理申请之日起六十日内作出批准或者不予批准的决定,并通知申请人;不予批准的,应当说明理由。

第十五条 有下列情形之一的,不得担任公开募集基金的基金管理人的董事、监事、高级管理人员和其他从业人员:

(一)因犯有贪污贿赂、渎职、侵犯财产罪或者破坏社会主义市场经济秩序罪,被判处刑罚的;

(二)对所任职的公司、企业因经营不善破产清算或者因违法被吊销营业执照负有个人责任的董事、监事、厂长、高级管理人员,自该公司、企业破产清算终结或者被吊销营业执照之日起未逾五年的;

(三)个人所负债务数额较大,到期未清偿的;

(四)因违法行为被开除的基金管理人、基金托管人、证券交易所、证券公司、证券登记结算机构、期货交易所、期货公司及其他机构的从业人员和国家机关工作人员;

(五)因违法行为被吊销执业证书或者被取消资格的律师、注册会计师和资产评估机构、验证机构的从业人员、投资咨询从业人员;

(六)法律、行政法规规定不得从事基金业务的其他人员。

第十六条 公开募集基金的基金管理人的董事、监事和高级管理人员,应当熟悉证券投资方面的法律、行政法规,具有三年以上与其所任职务相关的工作经历;高级管理人员还应当具备基金从业资格。

第十七条 公开募集基金的基金管理人的法定代表人、经营管理主要负责人和从事合规监管的负责人的选任或者改任,应当报经国务院证券监督管理机构依照本法和其他有关法律、行政法规规定的任职条件进行审核。

第十八条 公开募集基金的基金管理人的董事、监事、高级管理人员和其他从业人员,其本人、配偶、利害关系人进行证券投资,应当事先向基金管理人申报,并不得与基金份额持有人发生利益冲突。

公开募集基金的基金管理人应当建立前款规定人员进行证券投资的申报、登记、审查、处置等管理制度,并报国务院证券监督管理机构备案。

第十九条 公开募集基金的基金管理人的董事、监事、高级管理人员和其他从业人员,不得担任基金托管人或者其他基金管理人的任何职务,不得从事损害基金财产和基金份额持有人利益的证券交易及其他活动。

第二十条 公开募集基金的基金管理人应当履行下列职责:

(一)依法募集资金,办理基金份额的发售和登记事宜；

（二）办理基金备案手续；

（三）对所管理的不同基金财产分别管理、分别记账，进行证券投资；

（四）按照基金合同的约定确定基金收益分配方案，及时向基金份额持有人分配收益；

（五）进行基金会计核算并编制基金财务会计报告；

（六）编制中期和年度基金报告；

（七）计算并公告基金资产净值，确定基金份额申购、赎回价格；

（八）办理与基金财产管理业务活动有关的信息披露事项；

（九）按照规定召集基金份额持有人大会；

（十）保存基金财产管理业务活动的记录、账册、报表和其他相关资料；

（十一）以基金管理人名义，代表基金份额持有人利益行使诉讼权利或者实施其他法律行为；

（十二）国务院证券监督管理机构规定的其他职责。

第二十一条 公开募集基金的基金管理人及其董事、监事、高级管理人员和其他从业人员不得有下列行为：

（一）将其固有财产或者他人财产混同于基金财产从事证券投资；

（二）不公平地对待其管理的不同基金财产；

（三）利用基金财产或者职务之便为基金份额持有人以外的人牟取利益；

（四）向基金份额持有人违规承诺收益或者承担损失；

（五）侵占、挪用基金财产；

（六）泄露因职务便利获取的未公开信息、利用该信息从事或者明示、暗示他人从事相关的交易活动；

（七）玩忽职守，不按照规定履行职责；

（八）法律、行政法规和国务院证券监督管理机构规定禁止的其他行为。

第二十二条 公开募集基金的基金管理人应当建立良好的内部治理结构，明确股东会、董事会、监事会和高级管理人员的职责权限，确保基金管理人独立运作。

公开募集基金的基金管理人可以实行专业人士持股计划，建立长效激励约束机制。

公开募集基金的基金管理人的股东、董事、监事和高级管理人员在行使权利或者履行职责时，应当遵循基金份额持有人利益优先的原则。

第二十三条 公开募集基金的基金管理人应当从管理基金的报酬中计提风险准备金。

公开募集基金的基金管理人因违法违规、违反基金合同等原因给基金财产或者基金份额持有人合法权益造成损失，应当承担赔偿责任的，可以优先使用风险准备金予以赔偿。

第二十四条 公开募集基金的基金管理人的股东、实际控制人应当按照国务院证券监督管理机构的规定及时履行重大事项报告义务，并不得有下列行为：

（一）虚假出资或者抽逃出资；

（二）未依法经股东会或者董事会决议擅自干预基金管理人的基金经营活动；

（三）要求基金管理人利用基金财产为自己或者他人牟取利益，损害基金份额持有人利益；

（四）国务院证券监督管理机构规定禁止的其他行为。

公开募集基金的基金管理人的股东、实际控制人有前款行为或者股东不再符合法定条件的，国务院证券监督管理机构应当责令其限期改正，并可视情节责令其转让所持有或者控制的基金管理人的股权。

在前款规定的股东、实际控制人按照要求改正违法行为、转让所持有或者控制的基金管理人的股权前，国务院证券监督管理机构可以限制有关股东行使股东权利。

第二十五条 公开募集基金的基金管理人违法违规，或者其内部治理结构、稽核监控和风险控制管理不符合规定的，国务院证券监督管理机构应当责令其限期改正；逾期未改正，或者其行为严重危及该基金管理人的稳健运行、损害基金份额持有人合法权益的，国务院证券监督管理机构可以区别情形，对其采取下列措施：

（一）限制业务活动，责令暂停部分或者全部业务；

（二）限制分配红利，限制向董事、监事、高级管理人员支付报酬、提供福利；

（三）限制转让固有财产或者在固有财产上设定其他权利；

（四）责令更换董事、监事、高级管理人员或者限制其权利；

（五）责令有关股东转让股权或者限制有关股东行使股东权利。

公开募集基金的基金管理人整改后，应当向国务院证券监督管理机构提交报告。国务院证券监督管理机构经验收,符合有关要求的,应当自验收完毕之日起三日内解除对其采取的有关措施。

第二十六条 公开募集基金的基金管理人的董事、监事、高级管理人员未能勤勉尽责,致使基金管理人存在重大违法违规行为或者重大风险的,国务院证券监督管理机构可以责令更换。

第二十七条 公开募集基金的基金管理人违法经营或者出现重大风险,严重危害证券市场秩序、损害基金份额持有人利益的,国务院证券监督管理机构可以对该基金管理人采取责令停业整顿、指定其他机构托管、接管、取消基金管理资格或者撤销等监管措施。

第二十八条 在公开募集基金的基金管理人被责令停业整顿、被依法指定托管、接管或者清算期间,或者出现重大风险时,经国务院证券监督管理机构批准,可以对该基金管理人直接负责的董事、监事、高级管理人员和其他直接责任人员采取下列措施:

(一)通知出境管理机关依法阻止其出境;

(二)申请司法机关禁止其转移、转让或者以其他方式处分财产,或者在财产上设定其他权利。

第二十九条 有下列情形之一的,公开募集基金的基金管理人职责终止:

(一)被依法取消基金管理资格;

(二)被基金份额持有人大会解任;

(三)依法解散、被依法撤销或者被依法宣告破产;

(四)基金合同约定的其他情形。

第三十条 公开募集基金的基金管理人职责终止的,基金份额持有人大会应当在六个月内选任新基金管理人;新基金管理人产生前,由国务院证券监督管理机构指定临时基金管理人。

公开募集基金的基金管理人职责终止的,应当妥善保管基金管理业务资料,及时办理基金管理业务的移交手续,新基金管理人或者临时基金管理人应当及时接收。

第三十一条 公开募集基金的基金管理人职责终止的,应当按照规定聘请会计师事务所对基金财产进行审计,并将审计结果予以公告,同时报国务院证券监督管理机构备案。

第三十二条 对非公开募集基金的基金管理人进行规范的具体办法,由国务院金融监督管理机构依照本章的原则制定。

第三章 基金托管人

第三十三条 基金托管人由依法设立的商业银行或者其他金融机构担任。

商业银行担任基金托管人的,由国务院证券监督管理机构会同国务院银行业监督管理机构核准;其他金融机构担任基金托管人的,由国务院证券监督管理机构核准。

第三十四条 担任基金托管人,应当具备下列条件:

(一)净资产和风险控制指标符合有关规定;

(二)设有专门的基金托管部门;

(三)取得基金从业资格的专职人员达到法定人数;

(四)有安全保管基金财产的条件;

(五)有安全高效的清算、交割系统;

(六)有符合要求的营业场所、安全防范设施和与基金托管业务有关的其他设施;

(七)有完善的内部稽核监控制度和风险控制制度;

(八)法律、行政法规规定的和经国务院批准的国务院证券监督管理机构、国务院银行业监督管理机构规定的其他条件。

第三十五条 本法第十五条、第十八条、第十九条的规定,适用于基金托管人的专门基金托管部门的高级管理人员和其他从业人员。

本法第十六条的规定,适用于基金托管人的专门基金托管部门的高级管理人员。

第三十六条 基金托管人与基金管理人不得为同一机构,不得相互出资或者持有股份。

第三十七条 基金托管人应当履行下列职责:

(一)安全保管基金财产;

(二)按照规定开设基金财产的资金账户和证券账户;

(三)对所托管的不同基金财产分别设置账户,确保基金财产的完整与独立;

(四)保存基金托管业务活动的记录、账册、报表和其他相关资料;

(五)按照基金合同的约定,根据基金管理人的投资指令,及时办理清算、交割事宜;

(六)办理与基金托管业务活动有关的信息披露事项;

(七)对基金财务会计报告、中期和年度基金报告出具意见;

（八）复核、审查基金管理人计算的基金资产净值和基金份额申购、赎回价格；

（九）按照规定召集基金份额持有人大会；

（十）按照规定监督基金管理人的投资运作；

（十一）国务院证券监督管理机构规定的其他职责。

第三十八条　基金托管人发现基金管理人的投资指令违反法律、行政法规和其他有关规定，或者违反基金合同约定的，应当拒绝执行，立即通知基金管理人，并及时向国务院证券监督管理机构报告。

基金托管人发现基金管理人依据交易程序已经生效的投资指令违反法律、行政法规和其他有关规定，或者违反基金合同约定的，应当立即通知基金管理人，并及时向国务院证券监督管理机构报告。

第三十九条　本法第二十一条、第二十三条的规定，适用于基金托管人。

第四十条　基金托管人不再具备本法规定的条件，或者未能勤勉尽责，在履行本法规定的职责时存在重大失误的，国务院证券监督管理机构、国务院银行业监督管理机构应当责令其改正；逾期未改正，或者其行为严重影响所托管基金的稳健运行、损害基金份额持有人利益的，国务院证券监督管理机构、国务院银行业监督管理机构可以区别情形，对其采取下列措施：

（一）限制业务活动，责令暂停办理新的基金托管业务；

（二）责令更换负有责任的专门基金托管部门的高级管理人员。

基金托管人整改后，应当向国务院证券监督管理机构、国务院银行业监督管理机构提交报告；经验收，符合有关要求的，应当自验收完毕之日起三日内解除对其采取的有关措施。

第四十一条　国务院证券监督管理机构、国务院银行业监督管理机构对有下列情形之一的基金托管人，可以取消其基金托管资格：

（一）连续三年没有开展基金托管业务的；

（二）违反本法规定，情节严重的；

（三）法律、行政法规规定的其他情形。

第四十二条　有下列情形之一的，基金托管人职责终止：

（一）被依法取消基金托管资格；

（二）被基金份额持有人大会解任；

（三）依法解散、被依法撤销或者被依法宣告破产；

（四）基金合同约定的其他情形。

第四十三条　基金托管人职责终止的，基金份额持有人大会应当在六个月内选任新基金托管人；新基金托管人产生前，由国务院证券监督管理机构指定临时基金托管人。

基金托管人职责终止的，应当妥善保管基金财产和基金托管业务资料，及时办理基金财产和基金托管业务的移交手续，新基金托管人或者临时基金托管人应当及时接收。

第四十四条　基金托管人职责终止的，应当按照规定聘请会计师事务所对基金财产进行审计，并将审计结果予以公告，同时报国务院证券监督管理机构备案。

第四章　基金的运作方式和组织

第四十五条　基金合同应当约定基金的运作方式。

第四十六条　基金的运作方式可以采用封闭式、开放式或者其他方式。

采用封闭式运作方式的基金（以下简称封闭式基金），是指基金份额总额在基金合同期限内固定不变，基金份额持有人不得申请赎回的基金；采用开放式运作方式的基金（以下简称开放式基金），是指基金份额总额不固定，基金份额可以在基金合同约定的时间和场所申购或者赎回的基金。

采用其他运作方式的基金的基金份额发售、交易、申购、赎回的办法，由国务院证券监督管理机构另行规定。

第四十七条　基金份额持有人享有下列权利：

（一）分享基金财产收益；

（二）参与分配清算后的剩余基金财产；

（三）依法转让或者申请赎回其持有的基金份额；

（四）按照规定要求召开基金份额持有人大会或者召集基金份额持有人大会；

（五）对基金份额持有人大会审议事项行使表决权；

（六）对基金管理人、基金托管人、基金服务机构损害其合法权益的行为依法提起诉讼；

（七）基金合同约定的其他权利。

公开募集基金的基金份额持有人有权查阅或者复制公开披露的基金信息资料；非公开募集基金的基金份额持有人对涉及自身利益的情况，有权查阅基金的财务会计账簿等财务资料。

第四十八条　基金份额持有人大会由全体基金份额持有人组成，行使下列职权：

（一）决定基金扩募或者延长基金合同期限；

（二）决定修改基金合同的重要内容或者提前终止基金合同；

（三）决定更换基金管理人、基金托管人；

（四）决定调整基金管理人、基金托管人的报酬标准；

（五）基金合同约定的其他职权。

第四十九条　按照基金合同约定，基金份额持有人大会可以设立日常机构，行使下列职权：

（一）召集基金份额持有人大会；

（二）提请更换基金管理人、基金托管人；

（三）监督基金管理人的投资运作、基金托管人的托管活动；

（四）提请调整基金管理人、基金托管人的报酬标准；

（五）基金合同约定的其他职权。

前款规定的日常机构，由基金份额持有人大会选举产生的人员组成；其议事规则，由基金合同约定。

第五十条　基金份额持有人大会及其日常机构不得直接参与或者干涉基金的投资管理活动。

第五章　基金的公开募集

第五十一条　公开募集基金，应当经国务院证券监督管理机构注册。未经注册，不得公开或者变相公开募集基金。

前款所称公开募集基金，包括向不特定对象募集资金、向特定对象募集资金累计超过二百人，以及法律、行政法规规定的其他情形。

公开募集基金应当由基金管理人管理，基金托管人托管。

第五十二条　注册公开募集基金，由拟任基金管理人向国务院证券监督管理机构提交下列文件：

（一）申请报告；

（二）基金合同草案；

（三）基金托管协议草案；

（四）招募说明书草案；

（五）律师事务所出具的法律意见书；

（六）国务院证券监督管理机构规定提交的其他文件。

第五十三条　公开募集基金的基金合同应当包括下列内容：

（一）募集基金的目的和基金名称；

（二）基金管理人、基金托管人的名称和住所；

（三）基金的运作方式；

（四）封闭式基金的基金份额总额和基金合同期限，或者开放式基金的最低募集份额总额；

（五）确定基金份额发售日期、价格和费用的原则；

（六）基金份额持有人、基金管理人和基金托管人的权利、义务；

（七）基金份额持有人大会召集、议事及表决的程序和规则；

（八）基金份额发售、交易、申购、赎回的程序、时间、地点、费用计算方式，以及给付赎回款项的时间和方式；

（九）基金收益分配原则、执行方式；

（十）基金管理人、基金托管人报酬的提取、支付方式与比例；

（十一）与基金财产管理、运用有关的其他费用的提取、支付方式；

（十二）基金财产的投资方向和投资限制；

（十三）基金资产净值的计算方法和公告方式；

（十四）基金募集未达到法定要求的处理方式；

（十五）基金合同解除和终止的事由、程序以及基金财产清算方式；

（十六）争议解决方式；

（十七）当事人约定的其他事项。

第五十四条　公开募集基金的基金招募说明书应当包括下列内容：

（一）基金募集申请的准予注册文件名称和注册日期；

（二）基金管理人、基金托管人的基本情况；

（三）基金合同和基金托管协议的内容摘要；

（四）基金份额的发售日期、价格、费用和期限；

（五）基金份额的发售方式、发售机构及登记机构名称；

（六）出具法律意见书的律师事务所和审计基金财产的会计师事务所的名称和住所；

（七）基金管理人、基金托管人报酬及其他有关费用的提取、支付方式与比例；

（八）风险警示内容；

（九）国务院证券监督管理机构规定的其他内容。

第五十五条　国务院证券监督管理机构应当自受理公开募集基金的募集注册申请之日起六个月内依照法律、行政法规及国务院证券监督管理机构的规定进行审查，作出注册或者不予注册的决定，并通知申请人；不予注册的，应当说明理由。

第五十六条　基金募集申请经注册后，方可发售基金份额。

基金份额的发售，由基金管理人或者其委托的基金销售机构办理。

第五十七条　基金管理人应当在基金份额发售的三日前公布招募说明书、基金合同及其他有关文件。

前款规定的文件应当真实、准确、完整。

对基金募集所进行的宣传推介活动，应当符合有关法律、行政法规的规定，不得有本法第七十八条所列行为。

第五十八条　基金管理人应当自收到准予注册文件之日起六个月内进行基金募集。超过六个月开始募集，原注册的事项未发生实质性变化的，应当报国务院证券监督管理机构备案；发生实质性变化的，应当向国务院证券监督管理机构重新提交注册申请。

基金募集不得超过国务院证券监督管理机构准予注册的基金募集期限。基金募集期限自基金份额发售之日起计算。

第五十九条　基金募集期限届满，封闭式基金募集的基金份额总额达到准予注册规模的百分之八十以上，开放式基金募集的基金份额总额超过准予注册的最低募集份额总额，并且基金份额持有人人数符合国务院证券监督管理机构规定的，基金管理人应当自募集期限届满之日起十日内聘请法定验资机构验资，自收到验资报告之日起十日内，向国务院证券监督管理机构提交验资报告，办理基金备案手续，并予以公告。

第六十条　基金募集期间募集的资金应当存入专门账户，在基金募集行为结束前，任何人不得动用。

第六十一条　投资人交纳认购的基金份额的款项时，基金合同成立；基金管理人依照本法第五十九条的规定向国务院证券监督管理机构办理基金备案手续，基金合同生效。

基金募集期限届满，不能满足本法第五十九条规定的条件的，基金管理人应当承担下列责任：

（一）以其固有财产承担因募集行为而产生的债务和费用；

（二）在基金募集期限届满后三十日内返还投资人已交纳的款项，并加计银行同期存款利息。

第六章　公开募集基金的基金份额的交易、申购与赎回

第六十二条　申请基金份额上市交易，基金管理人应当向证券交易所提出申请，证券交易所依法审核同意的，双方应当签订上市协议。

第六十三条　基金份额上市交易，应当符合下列条件：

（一）基金的募集符合本法规定；

（二）基金合同期限为五年以上；

（三）基金募集金额不低于二亿元人民币；

（四）基金份额持有人不少于一千人；

（五）基金份额上市交易规则规定的其他条件。

第六十四条　基金份额上市交易规则由证券交易所制定，报国务院证券监督管理机构批准。

第六十五条　基金份额上市交易后，有下列情形之一的，由证券交易所终止其上市交易，并报国务院证券监督管理机构备案：

（一）不再具备本法第六十三条规定的上市交易条件；

（二）基金合同期限届满；

（三）基金份额持有人大会决定提前终止上市交易；

（四）基金合同约定的或者基金份额上市交易规则规定的终止上市交易的其他情形。

第六十六条　开放式基金的基金份额的申购、赎回、登记，由基金管理人或者其委托的基金服务机构办理。

第六十七条　基金管理人应当在每个工作日办理基金份额的申购、赎回业务；基金合同另有约定的，从其约定。

投资人交付申购款项，申购成立；基金份额登记机构确认基金份额时，申购生效。

基金份额持有人递交赎回申请，赎回成立；基金份额登记机构确认赎回时，赎回生效。

第六十八条　基金管理人应当按时支付赎回款项，但是下列情形除外：

（一）因不可抗力导致基金管理人不能支付赎回款项；

（二）证券交易场所依法决定临时停市，导致基金管理人无法计算当日基金资产净值；

（三）基金合同约定的其他特殊情形。

发生上述情形之一的，基金管理人应当在当日报国务院证券监督管理机构备案。

本条第一款规定的情形消失后，基金管理人应当及时支付赎回款项。

第六十九条 开放式基金应当保持足够的现金或者政府债券，以备支付基金份额持有人的赎回款项。基金财产中应当保持的现金或者政府债券的具体比例，由国务院证券监督管理机构规定。

第七十条 基金份额的申购、赎回价格，依据申购、赎回日基金份额净值加、减有关费用计算。

第七十一条 基金份额净值计价出现错误时，基金管理人应当立即纠正，并采取合理的措施防止损失进一步扩大。计价错误达到基金份额净值百分之零点五时，基金管理人应当公告，并报国务院证券监督管理机构备案。

因基金份额净值计价错误造成基金份额持有人损失的，基金份额持有人有权要求基金管理人、基金托管人予以赔偿。

第七章 公开募集基金的投资与信息披露

第七十二条 基金管理人运用基金财产进行证券投资，除国务院证券监督管理机构另有规定外，应当采用资产组合的方式。

资产组合的具体方式和投资比例，依照本法和国务院证券监督管理机构的规定在基金合同中约定。

第七十三条 基金财产应当用于下列投资：

（一）上市交易的股票、债券；

（二）国务院证券监督管理机构规定的其他证券及其衍生品种。

第七十四条 基金财产不得用于下列投资或者活动：

（一）承销证券；

（二）违反规定向他人贷款或者提供担保；

（三）从事承担无限责任的投资；

（四）买卖其他基金份额，但是国务院证券监督管理机构另有规定的除外；

（五）向基金管理人、基金托管人出资；

（六）从事内幕交易、操纵证券交易价格及其他不正当的证券交易活动；

（七）法律、行政法规和国务院证券监督管理机构规定禁止的其他活动。

运用基金财产买卖基金管理人、基金托管人及其控股股东、实际控制人或者与其有其他重大利害关系的公司发行的证券或承销期内承销的证券，或者从事其他重大关联交易的，应当遵循基金份额持有人利益优先的原则，防范利益冲突，符合国务院证券监督管理机构的规定，并履行信息披露义务。

第七十五条 基金管理人、基金托管人和其他基金信息披露义务人应当依法披露基金信息，并保证所披露信息的真实性、准确性和完整性。

第七十六条 基金信息披露义务人应当确保应予披露的基金信息在国务院证券监督管理机构规定时间内披露，并保证投资人能够按照基金合同约定的时间和方式查阅或者复制公开披露的信息资料。

第七十七条 公开披露的基金信息包括：

（一）基金招募说明书、基金合同、基金托管协议；

（二）基金募集情况；

（三）基金份额上市交易公告书；

（四）基金资产净值、基金份额净值；

（五）基金份额申购、赎回价格；

（六）基金财产的资产组合季度报告、财务会计报告及中期和年度基金报告；

（七）临时报告；

（八）基金份额持有人大会决议；

（九）基金管理人、基金托管人的专门基金托管部门的重大人事变动；

（十）涉及基金财产、基金管理业务、基金托管业务的诉讼或者仲裁；

（十一）国务院证券监督管理机构规定应予披露的其他信息。

第七十八条 公开披露基金信息，不得有下列行为：

（一）虚假记载、误导性陈述或者重大遗漏；

（二）对证券投资业绩进行预测；

（三）违规承诺收益或者承担损失；

（四）诋毁其他基金管理人、基金托管人或者基金销售机构；

（五）法律、行政法规和国务院证券监督管理机构规定禁止的其他行为。

第八章 公开募集基金的基金合同的变更、终止与基金财产清算

第七十九条 按照基金合同的约定或者基金份额持有人大会的决议，基金可以转换运作方式或者与其他基金合并。

第八十条 封闭式基金扩募或者延长基金合

同期限，应当符合下列条件，并报国务院证券监督管理机构备案：

（一）基金运营业绩良好；

（二）基金管理人最近二年内没有因违法违规行为受到行政处罚或者刑事处罚；

（三）基金份额持有人大会决议通过；

（四）本法规定的其他条件。

第八十一条 有下列情形之一的，基金合同终止：

（一）基金合同期限届满而未延期；

（二）基金份额持有人大会决定终止；

（三）基金管理人、基金托管人职责终止，在六个月内没有新基金管理人、新基金托管人承接；

（四）基金合同约定的其他情形。

第八十二条 基金合同终止时，基金管理人应当组织清算组对基金财产进行清算。

清算组由基金管理人、基金托管人以及相关的中介服务机构组成。

清算组作出的清算报告经会计师事务所审计，律师事务所出具法律意见书后，报国务院证券监督管理机构备案并公告。

第八十三条 清算后的剩余基金财产，应当按照基金份额持有人所持份额比例进行分配。

第九章 公开募集基金的基金份额持有人权利行使

第八十四条 基金份额持有人大会由基金管理人召集。基金份额持有人大会设立日常机构的，由该日常机构召集；该日常机构未召集的，由基金管理人召集。基金管理人未按规定召集或者不能召集的，由基金托管人召集。

代表基金份额百分之十以上的基金份额持有人就同一事项要求召开基金份额持有人大会，而基金份额持有人大会的日常机构、基金管理人、基金托管人都不召集的，代表基金份额百分之十以上的基金份额持有人有权自行召集，并报国务院证券监督管理机构备案。

第八十五条 召开基金份额持有人大会，召集人应当至少提前三十日公告基金份额持有人大会的召开时间、会议形式、审议事项、议事程序和表决方式等事项。

基金份额持有人大会不得就未经公告的事项进行表决。

第八十六条 基金份额持有人大会可以采取现场方式召开，也可以采取通讯等方式召开。

每一基金份额具有一票表决权，基金份额持有人可以委托代理人出席基金份额持有人大会并行使表决权。

第八十七条 基金份额持有人大会应当有代表二分之一以上基金份额的持有人参加，方可召开。

参加基金份额持有人大会的持有人的基金份额低于前款规定比例的，召集人可以在原公告的基金份额持有人大会召开时间的三个月以后、六个月以内，就原定审议事项重新召集基金份额持有人大会。重新召集的基金份额持有人大会应当有代表三分之一以上基金份额的持有人参加，方可召开。

基金份额持有人大会就审议事项作出决定，应当经参加大会的基金份额持有人所持表决权的二分之一以上通过；但是，转换基金的运作方式、更换基金管理人或者基金托管人、提前终止基金合同、与其他基金合并，应当经参加大会的基金份额持有人所持表决权的三分之二以上通过。

基金份额持有人大会决定的事项，应当依法报国务院证券监督管理机构备案，并予以公告。

第十章 非公开募集基金

第八十八条 非公开募集基金应当向合格投资者募集，合格投资者累计不得超过二百人。

前款所称合格投资者，是指达到规定资产规模或者收入水平，并且具备相应的风险识别能力和风险承担能力、其基金份额认购金额不低于规定限额的单位和个人。

合格投资者的具体标准由国务院证券监督管理机构规定。

第八十九条 除基金合同另有约定外，非公开募集基金应当由基金托管人托管。

第九十条 担任非公开募集基金的基金管理人，应当按照规定向基金行业协会履行登记手续，报送基本情况。

第九十一条 未经登记，任何单位或者个人不得使用“基金”或者“基金管理”字样或者近似名称进行证券投资活动；但是，法律、行政法规另有规定的除外。

第九十二条 非公开募集基金，不得向合格投资者之外的单位和个人募集资金，不得通过报刊、电台、电视台、互联网等公众传播媒体或者讲座、报告会、分析会等方式向不特定对象宣传推介。

第九十三条 非公开募集基金，应当制定并签订基金合同。基金合同应当包括下列内容：

（一）基金份额持有人、基金管理人、基金托管人的权利、义务；

（二）基金的运作方式；

（三）基金的出资方式、数额和认缴期限；

（四）基金的投资范围、投资策略和投资限制；

（五）基金收益分配原则、执行方式；

（六）基金承担的有关费用；

（七）基金信息提供的内容、方式；

（八）基金份额的认购、赎回或者转让的程序和方式；

（九）基金合同变更、解除和终止的事由、程序；

（十）基金财产清算方式；

（十一）当事人约定的其他事项。

基金份额持有人转让基金份额的，应当符合本法第八十八条、第九十二条的规定。

第九十四条 按照基金合同约定，非公开募集基金可以由部分基金份额持有人作为基金管理人负责基金的投资管理活动，并在基金财产不足以清偿其债务时对基金财产的债务承担无限连带责任。

前款规定的非公开募集基金，其基金合同还应载明：

（一）承担无限连带责任的基金份额持有人和其他基金份额持有人的姓名或者名称、住所；

（二）承担无限连带责任的基金份额持有人的除名条件和更换程序；

（三）基金份额持有人增加、退出的条件、程序以及相关责任；

（四）承担无限连带责任的基金份额持有人和其他基金份额持有人的转换程序。

第九十五条 非公开募集基金募集完毕，基金管理人应当向基金行业协会备案。对募集的资金总额或者基金份额持有人的人数达到规定标准的基金，基金行业协会应当向国务院证券监督管理机构报告。

非公开募集基金财产的证券投资，包括买卖公开发行的股份有限公司股票、债券、基金份额，以及国务院证券监督管理机构规定的其他证券及其衍生品种。

第九十六条 基金管理人、基金托管人应当按照基金合同的约定，向基金份额持有人提供基金信息。

第九十七条 专门从事非公开募集基金管理业务的基金管理人，其股东、高级管理人员、经营期限、管理的基金资产规模等符合规定条件的，经国务院证券监督管理机构核准，可以从事公开募集基金管理业务。

第十一章 基金服务机构

第九十八条 从事公开募集基金的销售、销售支付、份额登记、估值、投资顾问、评价、信息技术系统服务等基金服务业务的机构，应当按照国务院证券监督管理机构的规定进行注册或者备案。

第九十九条 基金销售机构应当向投资人充分揭示投资风险，并根据投资人的风险承担能力销售不同风险等级的基金产品。

第一百条 基金销售支付机构应当按照规定办理基金销售结算资金的划付，确保基金销售结算资金安全、及时划付。

第一百零一条 基金销售结算资金、基金份额独立于基金销售机构、基金销售支付机构或者基金份额登记机构的自有财产。基金销售机构、基金销售支付机构或者基金份额登记机构破产或者清算时，基金销售结算资金、基金份额不属于其破产财产或者清算财产。非因投资人本身的债务或者法律规定的其他情形，不得查封、冻结、扣划或者强制执行基金销售结算资金、基金份额。

基金销售机构、基金销售支付机构、基金份额登记机构应当确保基金销售结算资金、基金份额的安全、独立，禁止任何单位或者个人以任何形式挪用基金销售结算资金、基金份额。

第一百零二条 基金管理人可以委托基金服务机构代为办理基金的份额登记、核算、估值、投资顾问等事项，基金托管人可以委托基金服务机构代为办理基金的核算、估值、复核等事项，但基金管理人、基金托管人依法应当承担的责任不因委托而免除。

第一百零三条 基金份额登记机构以电子介质登记的数据，是基金份额持有人权利归属的根据。基金份额持有人以基金份额出质的，质权自基金份额登记机构办理出质登记时设立。

基金份额登记机构应当妥善保存登记数据，并将基金份额持有人名称、身份信息及基金份额明细等数据备份至国务院证券监督管理机构认定的机构。其保存期限自基金账户销户之日起不得少于二十年。

基金份额登记机构应当保证登记数据的真实、准确、完整，不得隐匿、伪造、篡改或者毁损。

第一百零四条 基金投资顾问机构及其从业

人员提供基金投资顾问服务，应当具有合理的依据，对其服务能力和经营业绩进行如实陈述，不得以任何方式承诺或者保证投资收益，不得损害服务对象的合法权益。

第一百零五条 基金评价机构及其从业人员应当客观公正，按照依法制定的业务规则开展基金评价业务，禁止误导投资人，防范可能发生的利益冲突。

第一百零六条 基金管理人、基金托管人、基金服务机构的信息技术系统，应当符合规定的要求。国务院证券监督管理机构可以要求信息技术系统服务机构提供该信息技术系统的相关资料。

第一百零七条 律师事务所、会计师事务所接受基金管理人、基金托管人的委托，为有关基金业务活动出具法律意见书、审计报告、内部控制评价报告等文件，应当勤勉尽责，对所依据的文件资料内容的真实性、准确性、完整性进行核查和验证。其制作、出具的文件有虚假记载、误导性陈述或者重大遗漏，给他人财产造成损失的，应当与委托人承担连带赔偿责任。

第一百零八条 基金服务机构应当勤勉尽责、恪尽职守，建立应急等风险管理制度和灾难备份系统，不得泄露与基金份额持有人、基金投资运作相关的非公开信息。

第十二章 基金行业协会

第一百零九条 基金行业协会是证券投资基金行业的自律性组织，是社会团体法人。

基金管理人、基金托管人应当加入基金行业协会，基金服务机构可以加入基金行业协会。

第一百一十条 基金行业协会的权力机构为全体会员组成的会员大会。

基金行业协会设理事会。理事会成员依章程的规定由选举产生。

第一百一十一条 基金行业协会章程由会员大会制定，并报国务院证券监督管理机构备案。

第一百一十二条 基金行业协会履行下列职责：

（一）教育和组织会员遵守有关证券投资的法律、行政法规，维护投资人合法权益；

（二）依法维护会员的合法权益，反映会员的建议和要求；

（三）制定和实施行业自律规则，监督、检查会员及其从业人员的执业行为，对违反自律规则和协会章程的，按照规定给予纪律处分；

（四）制定行业执业标准和业务规范，组织基金从业人员的从业考试、资质管理和业务培训；

（五）提供会员服务，组织行业交流，推动行业创新，开展行业宣传和投资人教育活动；

（六）对会员之间、会员与客户之间发生的基金业务纠纷进行调解；

（七）依法办理非公开募集基金的登记、备案；

（八）协会章程规定的其他职责。

第十三章 监督管理

第一百一十三条 国务院证券监督管理机构依法履行下列职责：

（一）制定有关证券投资基金活动监督管理的规章、规则，并行使审批、核准或者注册权；

（二）办理基金备案；

（三）对基金管理人、基金托管人及其他机构从事证券投资基金活动进行监督管理，对违法行为进行查处，并予以公告；

（四）制定基金从业人员的资格标准和行为准则，并监督实施；

（五）监督检查基金信息的披露情况；

（六）指导和监督基金行业协会的活动；

（七）法律、行政法规规定的其他职责。

第一百一十四条 国务院证券监督管理机构依法履行职责，有权采取下列措施：

（一）对基金管理人、基金托管人、基金服务机构进行现场检查，并要求其报送有关的业务资料；

（二）进入涉嫌违法行为发生场所调查取证；

（三）询问当事人和与被调查事件有关的单位和个人，要求其对与被调查事件有关的事项作出说明；

（四）查阅、复制与被调查事件有关的财产权登记、通讯记录等资料；

（五）查阅、复制当事人和与被调查事件有关的单位和个人的证券交易记录、登记过户记录、财务会计资料及其他相关文件和资料；对可能被转移、隐匿或者毁损的文件和资料，可以予以封存；

（六）查询当事人和与被调查事件有关的单位和个人的资金账户、证券账户和银行账户；对有证据证明已经或者可能转移或者隐匿违法资金、证券等涉案财产或者隐匿、伪造、毁损重要证据的，经国务院证券监督管理机构主要负责人批准，可以冻结或者查封；

（七）在调查操纵证券市场、内幕交易等重大证券违法行为时，经国务院证券监督管理机构主要负责人批准，可以限制被调查事件当事人的证券买卖，但限制的期限不得超过十五个交易日；案情复杂的，可以延长十五个交易日。

第一百一十五条 国务院证券监督管理机构工作人员依法履行职责，进行调查或者检查时，不得少于二人，并应当出示合法证件；对调查或者检查中知悉的商业秘密负有保密的义务。

第一百一十六条 国务院证券监督管理机构工作人员应当忠于职守，依法办事，公正廉洁，接受监督，不得利用职务牟取私利。

第一百一十七条 国务院证券监督管理机构依法履行职责时，被调查、检查的单位和个人应当配合，如实提供有关文件和资料，不得拒绝、阻碍和隐瞒。

第一百一十八条 国务院证券监督管理机构依法履行职责，发现违法行为涉嫌犯罪的，应当将案件移送司法机关处理。

第一百一十九条 国务院证券监督管理机构工作人员在任职期间，或者离职后在《中华人民共和国公务员法》规定的期限内，不得在被监管的机构中担任职务。

第十四章 法律责任

第一百二十条 违反本法规定，未经批准擅自设立基金管理公司或者未经核准从事公开募集基金管理业务的，由证券监督管理机构予以取缔或者责令改正，没收违法所得，并处违法所得一倍以上五倍以下罚款；没有违法所得或者违法所得不足一百万元的，并处十万元以上一百万元以下罚款。对直接负责的主管人员和其他直接责任人员给予警告，并处三万元以上三十万元以下罚款。

基金管理公司违反本法规定，擅自变更持有百分之五以上股权的股东、实际控制人或者其他重大事项的，责令改正，没收违法所得，并处违法所得一倍以上五倍以下罚款；没有违法所得或者违法所得不足五十万元的，并处五万元以上五十万元以下罚款。对直接负责的主管人员给予警告，并处三万元以上十万元以下罚款。

第一百二十一条 基金管理人的董事、监事、高级管理人员和其他从业人员，基金托管人的专门基金托管部门的高级管理人员和其他从业人员，未按照本法第十八条第一款规定申报的，责令改正，处三万元以上十万元以下罚款。

基金管理人、基金托管人违反本法第十八条第二款规定的，责令改正，处十万元以上一百万元以下罚款；对直接负责的主管人员和其他直接责任人员给予警告，暂停或者撤销基金从业资格，并处三万元以上三十万元以下罚款。

第一百二十二条 基金管理人的董事、监事、高级管理人员和其他从业人员，基金托管人的专门基金托管部门的高级管理人员和其他从业人员违反本法第十九条规定的，责令改正，没收违法所得，并处违法所得一倍以上五倍以下罚款；没有违法所得或者违法所得不足一百万元的，并处十万元以上一百万元以下罚款；情节严重的，撤销基金从业资格。

第一百二十三条 基金管理人、基金托管人违反本法规定，未对基金财产实行分别管理或者分账保管，责令改正，处五万元以上五十万元以下罚款；对直接负责的主管人员和其他直接责任人员给予警告，暂停或者撤销基金从业资格，并处三万元以上三十万元以下罚款。

第一百二十四条 基金管理人、基金托管人及其董事、监事、高级管理人员和其他从业人员有本法第二十一条所列行为之一的，责令改正，没收违法所得，并处违法所得一倍以上五倍以下罚款；没有违法所得或者违法所得不足一百万元的，并处十万元以上一百万元以下罚款；基金管理人、基金托管人有上述行为的，还应当对其直接负责的主管人员和其他直接责任人员给予警告，暂停或者撤销基金从业资格，并处三万元以上三十万元以下罚款。

基金管理人、基金托管人及其董事、监事、高级管理人员和其他从业人员侵占、挪用基金财产而取得的财产和收益，归入基金财产。但是，法律、行政法规另有规定的，依照其规定。

第一百二十五条 基金管理人的股东、实际控制人违反本法第二十四条规定的，责令改正，没收违法所得，并处违法所得一倍以上五倍以下罚款；没有违法所得或者违法所得不足一百万元的，并处十万元以上一百万元以下罚款；对直接负责的主管人员和其他直接责任人员给予警告，暂停或者撤销基金或证券从业资格，并处三万元以上三十万元以下罚款。

第一百二十六条 未经核准，擅自从事基金托管业务的，责令停止，没收违法所得，并处违法所得一倍以上五倍以下罚款；没有违法所得或者违法所得不足一百万元的，并处十万元以上一百万元以下罚款；对直接负责的主管人员和其他直接责任人员给予警告，并处三万元以上三十万元以下罚款。

第一百二十七条　基金管理人、基金托管人违反本法规定，相互出资或者持有股份的，责令改正，可以处十万元以下罚款。

第一百二十八条　违反本法规定，擅自公开或者变相公开募集基金的，责令停止，返还所募资金和加计的银行同期存款利息，没收违法所得，并处所募资金金额百分之一以上百分之五以下罚款。对直接负责的主管人员和其他直接责任人员给予警告，并处五万元以上五十万元以下罚款。

第一百二十九条　违反本法第六十条规定，动用募集的资金的，责令返还，没收违法所得，并处违法所得一倍以上五倍以下罚款；没有违法所得或者违法所得不足五十万元的，并处五万元以上五十万元以下罚款；对直接负责的主管人员和其他直接责任人员给予警告，并处三万元以上三十万元以下罚款。

第一百三十条　基金管理人、基金托管人有本法第七十四条第一款第一项至第五项和第七项所列行为之一，或者违反本法第七十四条第二款规定的，责令改正，处十万元以上一百万元以下罚款；对直接负责的主管人员和其他直接责任人员给予警告，暂停或者撤销基金从业资格，并处三万元以上三十万元以下罚款。

基金管理人、基金托管人有前款行为，运用基金财产而取得的财产和收益，归入基金财产。但是，法律、行政法规另有规定的，依照其规定。

第一百三十一条　基金管理人、基金托管人有本法第七十四条第一款第六项规定行为的，除依照《中华人民共和国证券法》的有关规定处罚外，对直接负责的主管人员和其他直接责任人员暂停或者撤销基金从业资格。

第一百三十二条　基金信息披露义务人不依法披露基金信息或者披露的信息有虚假记载、误导性陈述或者重大遗漏的，责令改正，没收违法所得，并处十万元以上一百万元以下罚款；对直接负责的主管人员和其他直接责任人员给予警告，暂停或者撤销基金从业资格，并处三万元以上三十万元以下罚款。

第一百三十三条　基金管理人或者基金托管人不按照规定召集基金份额持有人大会的，责令改正，可以处五万元以下罚款；对直接负责的主管人员和其他直接责任人员给予警告，暂停或者撤销基金从业资格。

第一百三十四条　违反本法规定，未经登记，使用“基金”或者“基金管理”字样或者近似名称进行证券投资活动的，没收违法所得，并处违法所得一倍以上五倍以下罚款；没有违法所得或者违法所得不足一百万元的，并处十万元以上一百万元以下罚款。对直接负责的主管人员和其他直接责任人员给予警告，并处三万元以上三十万元以下罚款。

第一百三十五条　违反本法规定，非公开募集基金募集完毕，基金管理人未备案的，处十万元以上三十万元以下罚款。对直接负责的主管人员和其他直接责任人员给予警告，并处三万元以上十万元以下罚款。

第一百三十六条　违反本法规定，向合格投资者之外的单位或者个人非公开募集资金或者转让基金份额的，没收违法所得，并处违法所得一倍以上五倍以下罚款；没有违法所得或者违法所得不足一百万元的，并处十万元以上一百万元以下罚款。对直接负责的主管人员和其他直接责任人员给予警告，并处三万元以上三十万元以下罚款。

第一百三十七条　违反本法规定，擅自从事公开募集基金的基金服务业务的，责令改正，没收违法所得，并处违法所得一倍以上五倍以下罚款；没有违法所得或者违法所得不足三十万元的，并处十万元以上三十万元以下罚款。对直接负责的主管人员和其他直接责任人员给予警告，并处三万元以上十万元以下罚款。

第一百三十八条　基金销售机构未向投资人充分揭示投资风险并误导其购买与其风险承担能力不相当的基金产品的，处十万元以上三十万元以下罚款；情节严重的，责令其停止基金服务业务。对直接负责的主管人员和其他直接责任人员给予警告，撤销基金从业资格，并处三万元以上十万元以下罚款。

第一百三十九条　基金销售支付机构未按照规定划付基金销售结算资金的，处十万元以上三十万元以下罚款；情节严重的，责令其停止基金服务业务。对直接负责的主管人员和其他直接责任人员给予警告，撤销基金从业资格，并处三万元以上十万元以下罚款。

第一百四十条　挪用基金销售结算资金或者基金份额的，责令改正，没收违法所得，并处违法所得一倍以上五倍以下罚款；没有违法所得或者违法所得不足一百万元的，并处十万元以上一百万元以下罚款。对直接负责的主管人员和其他直接责任人员给予警告，并处三万元以上三十万元以下罚款。

第一百四十一条 基金份额登记机构未妥善保存或者备份基金份额登记数据的，责令改正，给予警告，并处十万元以上三十万元以下罚款；情节严重的，责令其停止基金服务业务。对直接负责的主管人员和其他直接责任人员给予警告，撤销基金从业资格，并处三万元以上十万元以下罚款。

基金份额登记机构隐匿、伪造、篡改、毁损基金份额登记数据的，责令改正，处十万元以上一百万元以下罚款，并责令其停止基金服务业务。对直接负责的主管人员和其他直接责任人员给予警告，撤销基金从业资格，并处三万元以上三十万元以下罚款。

第一百四十二条 基金投资顾问机构、基金评价机构及其从业人员违反本法规定开展投资顾问、基金评价服务的，处十万元以上三十万元以下罚款；情节严重的，责令其停止基金服务业务。对直接负责的主管人员和其他直接责任人员给予警告，撤销基金从业资格，并处三万元以上十万元以下罚款。

第一百四十三条 信息技术系统服务机构未按照规定向国务院证券监督管理机构提供相关信息技术系统资料，或者提供的信息技术系统资料虚假、有重大遗漏的，责令改正，处三万元以上十万元以下罚款。对直接负责的主管人员和其他直接责任人员给予警告，并处一万元以上三万元以下罚款。

第一百四十四条 会计师事务所、律师事务所未勤勉尽责，所出具的文件有虚假记载、误导性陈述或者重大遗漏的，责令改正，没收业务收入，暂停或者撤销相关业务许可，并处业务收入一倍以上五倍以下罚款。对直接负责的主管人员和其他直接责任人员给予警告，并处三万元以上十万元以下罚款。

第一百四十五条 基金服务机构未建立应急等风险管理制度和灾难备份系统，或者泄露与基金份额持有人、基金投资运作相关的非公开信息的，处十万元以上三十万元以下罚款；情节严重的，责令其停止基金服务业务。对直接负责的主管人员和其他直接责任人员给予警告，撤销基金从业资格，并处三万元以上十万元以下罚款。

第一百四十六条 违反本法规定，给基金财产、基金份额持有人或者投资人造成损害的，依法承担赔偿责任。

基金管理人、基金托管人在履行各自职责的过程中，违反本法规定或者基金合同约定，给基金财产或者基金份额持有人造成损害的，应当分别对各自的行为依法承担赔偿责任；因共同行为给基金财产或者基金份额持有人造成损害的，应当承担连带赔偿责任。

第一百四十七条 证券监督管理机构工作人员玩忽职守、滥用职权、徇私舞弊或者利用职务上的便利索取或者收受他人财物的，依法给予行政处分。

第一百四十八条 拒绝、阻碍证券监督管理机构及其工作人员依法行使监督检查、调查职权未使用暴力、威胁方法的，依法给予治安管理处罚。

第一百四十九条 违反法律、行政法规或者国务院证券监督管理机构的有关规定，情节严重的，国务院证券监督管理机构可以对有关责任人员采取证券市场禁入的措施。

第一百五十条 违反本法规定，构成犯罪的，依法追究刑事责任。

第一百五十一条 违反本法规定，应当承担民事赔偿责任和缴纳罚款、罚金，其财产不足以同时支付时，先承担民事赔偿责任。

第一百五十二条 依照本法规定，基金管理人、基金托管人、基金服务机构应当承担的民事赔偿责任和缴纳的罚款、罚金，由基金管理人、基金托管人、基金服务机构以其固有财产承担。

依法收缴的罚款、罚金和没收的违法所得，应当全部上缴国库。

第十五章 附 则

第一百五十三条 在中华人民共和国境内募集投资境外证券的基金，以及合格境外投资者在境内进行证券投资，应当经国务院证券监督管理机构批准，具体办法由国务院证券监督管理机构会同国务院有关部门规定，报国务院批准。

第一百五十四条 公开或者非公开募集资金，以进行证券投资活动为目的设立的公司或者合伙企业，资产由基金管理人或者普通合伙人管理的，其证券投资活动适用本法。

第一百五十五条 本法自 2013 年 6 月 1 日起施行。

关于《中华人民共和国证券投资基金法（修订草案）》的说明

——2012 年 6 月 26 日在第十一届全国人民代表大会常务委员会第二十七次会议上

全国人大财政经济委员会副主任委员 吴晓灵

全国人民代表大会常务委员会：

我受全国人大财政经济委员会委托，对《中华人民共和国证券投资基金法（修订草案）》（以下简称草案）作如下说明。

一、修订的必要性

《中华人民共和国证券投资基金法》（以下简称基金法）自 2004 年 6 月 1 日实施以来，对规范证券投资基金运作，保护基金投资者合法权益，促进基金业和证券市场的健康发展，发挥了重要作用。截至 2011 年底，全国 69 家基金管理公司管理的基金资产净值总规模 2.2 万亿元，是 2003 年底的 8.5 倍，基金持股市值约占沪深股市流通市值的 7.7%，证券投资基金已成为证券市场最重要的机构投资者，社会影响力和市场影响力日益扩大。但随着经济和金融体制改革的不断深化与资本市场的快速发展，我国基金业发生了很大变化，现行基金法的部分规定已不能完全适应市场发展新形势和基金监管的需要，主要表现在：一是非公开募集基金缺乏法律规定。近年来，包括私募证券投资基金、私募股权投资基金在内的非公开募集基金快速发展，在推动经济结构调整、提高企业自主创新能力、缓解中小企业融资难等方面作用日益重要，也成为居民财富管理的重要工具。但现行基金法对非公开募集基金未作规定，使这类基金的设立与运作缺乏明确的法律依据，基金募集和投资行为不规范，容易损害投资者权益，更有少数违法犯罪分子借私募基金之名行“乱集资”之实，蕴含较大的金融风险和社会风险。二是基金治理结构不健全，投资者权益保护力度不足。现行基金法缺乏对基金管理公司股东及其实际控制人的规定，对基金管理人及其从业人员监管措施也不够严密，难以有效保护基金投资者权益，一些基金的“老鼠仓”、内幕交易等问题屡禁不止。同时，基金组织形式单一，基金份额持有人大会召集难度较大、作用发挥受限，投资者缺乏意志表达机制，难以形成对基金管理人的有效监督和制约。三是基金的行政管制和运作限制过严，制约基金市场竞争力和活力发挥。随着资产管理市场快速发展和金融产品日益多样，基金产品的行政审批制已难以适应基金业竞争需要和投资者需求；基金投资范围较窄，限制了基金市场竞争力和发展活力，也不利于基金管理人为投资者提供更多、更好的理财服务。

根据上述情况，为规范基金业，特别是非公开募集基金的设立与投资运作，遏制各种名目的非法集资，加强基金业监管，加大基金投资者权益保护力度，促进基金业的健康发展，迫切需要对现行基金法进行修改。

为此，根据十一届全国人大常委会立法规划，全国人大财经委组成起草组，于 2009 年开始草案的起草工作。起草组在广泛开展专题调研和课题研究的基础上，认真总结法律实施经验，深入分析存在问题，充分借鉴国外经验，经反复修改形成了修订草案。2011 年 8 月 23 日，财经委员会召开第五十五次全体会议，审议并通过了草案。

二、草案修订的主要内容

此次法律修订的指导思想是，以科学发展观为指导，适应基金业发展变化，适当扩大调整范围，构建非公开募集基金的基本法律框架；加强基金监管，切实保护基金持有人的合法权益；发挥市场内在约束功能，提高基金业核心竞争力，促进基金业持续稳定健康发展。根据这一指导思想，草案主要修订了以下内容：

（一）将非公开募集基金纳入调整范围。根据当前非公开募集基金快速发展的情况，草案将非公开募集基金纳入调整范围，规定“公开或者非公开募集资金设立证券投资基金，由基金管理人管理，基金托管人托管,为基金份额持有人的利益,进行证券投资活动,适用本法”。同时,借鉴现行非公开募集基金实践和国外立法情况,在第十章对非公开募集基金作了原则规定:一是规定基金管理人的注册和登记制度,一方面要求基金管理人按照规定的条件向国务院证券监督管理机构或基金行业协会申请注册或登记,另一方面对应当注册但未申请注册或应当登记但未申请登记的基金管理人,规定了限制开立证券账户、限制证券买卖等措施;二是确立合格投资者制度,规定非公开募集基金只能向合格投资者募集,合格投资者应达到规定的收入水平或者资产规模,具备一定的风险识别能力和承担能力,合格投资者累计不得超过二百人;三是豁免非公开募集基金的注册,仅要求其事后报备;四是规定非公开募集基金禁止进行公开性的宣传和推介;五是规范非公开募集基金的托管和基金合同必备条款。

(二)加强基金投资者权益保护。一是增加基金组织形式,为投资者提供更多选择。在现行契约型基金组织形式的基础上,借鉴国外基金发展经验,引入理事会型和无限责任型基金。理事会型基金在基金份额持有人大会下设理事会作为常设机构,依法行使监督基金管理人和托管人等职权;无限责任型基金由基金管理人或与其有控制关系的机构参与基金,并对基金债务承担无限连带责任,强化对基金管理人的激励和约束。二是修改完善基金份额持有人大会的规定,促进其作用发挥。针对基金份额持有人召集难度大、发挥作用难的问题,适当降低持有人大会召开的门槛,将持有人出席人数从50%调整为三分之一,并引入二次召集大会制度。

(三)修改完善公开募集基金的部分规定。草案根据目前公开募集基金运行情况和存在问题,对有关规定作了以下调整:一是加强基金监管,完善基金治理结构,参照证券法的规定,将基金管理人的股东及其实际控制人纳入监管范围,明确基金管理人及其从业人员禁止从事内幕交易、利益输送等规定;二是适当放宽有关基金投资、运作的管制,包括将基金募集申请由“核准制”改为“注册制”;修改基金投资范围的规定,为基金投资于货币市场、股指期货等提供了依据。

(四)增加对基金服务机构的规定。随着基金行业的迅速发展,其专业程度不断提高,相关服务业务也得到快速发展。由于现行法律对基金销售机构、基金份额登记机构、基金估值服务机构等服务机构缺乏详细规定,难以适应基金业快速发展的需要。为此,草案设专章对基金销售、基金销售支付、基金份额登记、基金估值服务、基金投资顾问、基金评价、信息技术系统服务等相关服务业务作了明确规定。

三、对若干重要问题的说明

(一)关于非公开募集基金的投资范围。基金法主要规范基金的募集和运作行为,从而保护基金投资者权益,防范非法集资。基金的投资方向属于基金投资策略的自主选择,法律一般不作具体性规定。世界各国的基金立法普遍按募集方式区分公开募集基金和非公开募集基金进行规范,而不按基金的具体投向分别进行规定。公开募集基金主要面向普通投资者,对其募集、运作和基金管理人等需予以严格监管,并要求主要投资于安全性和流动性高的上市证券类资产;非公开募集基金主要面向合格投资者,对其法律限制较少,投资也不限于上市证券。此次修订草案借鉴国外基金立法的通行做法,增加了非公开募集基金的规定,并适应其投资运作的需要,对其投资方向也适当放宽,可以投资于上市证券或者未上市的股份有限公司股票等其他证券。

(二)关于基金的组织形式。现行基金法规定的契约型基金组织形式运作机制灵活、决策效率高,但基金份额持有人大会作为非常设机构,难以对基金管理人进行有效的监督和制约,投资者权益保护力度不足。越来越多的专家学者及市场人士呼吁比照公司等治理机制,丰富基金组织形式,强化对基金管理人的监督约束。为此,草案借鉴国内实践和国外经验,在基金组织形式上进行创新,增加了理事会型与无限责任型两种新的基金组织形式,给基金投资者提供更多选择。这两类基金在契约型基金的基础上,通过增加理事会这种常设机构、增加基金管理人或与其有控制关系的机构承担无限连带责任的方式,强化对基金管理人的监督,完善了基金的激励和约束机制。在法律关系上,二者是与契约型基金性质相同的信托性资金集合体,投资人均为委托人和受益人,基金管理人与托管人均为受托人或共同受托人,只是在内部运作方式上略有不同。

需要说明的是,由于现行基金法未规定非公开募集基金,现行的非公开募集基金主要以公司或有限合伙企业形式存在,在形式上并不属于草案规定的非公开募集基金。对此，有意见认为，不应将上述以公司或有限合伙企业形式从事证券投资活动的机构纳入本法调整范围，对这部分机构及其投资活动依据公司法、合伙企业法进行工商注册及运作即可。经研究，考虑到这些以公司、有限合伙企业名义出现的证券投资机构，虽不叫证券投资基金，但其资金募集和对外投资行为实质上仍是募集资金交由专业机构管理和投资，实践中也往往不严格按照公司法、合伙企业法运作。如果仅因其不称“基金”就不纳入调整范围，这将难以通过修改法律规范其募集和运作，在实践中也容易发生监管套利行为，不利于非公开募集基金行业规范发展。为此，草案第一百七十一条规定，“公开或者非公开募集资金，设立公司或者合伙企业，其资产由第三人管理，进行证券投资活动，其资金募集、注册管理、登记备案、信息披露、监督管理等，参照适用本法”。

（三）关于基金的税收。在基金的投资方式中，投资者是基金的出资人，运作者是基金管理人与托管人，基金本质上仅为一笔信托财产，基金自身不应视为纳税主体。对于投资者通过基金获取的收益，相关税收应在基金设立前或基金分配后由基金管理人代为缴纳或由投资者自行缴纳。为此，草案参照合伙企业法规定，在第八条规定，“基金财产投资的相关税收，依照法律由基金管理人代为缴纳或由基金份额持有人自行缴纳”，其具体做法由相关税法或其细则予以规定。

（四）关于基金涉外问题。对于在境内募集资金投资于境外证券的基金、合格境外投资者投资境内市场业务虽已试点多年，但因其涉及我国资本市场的对外开放，具有较大的特殊性，既要适用本法，又应区别其不同情况，制定有针对性的特殊规则。为此，草案规定，此类活动应当经国务院证券监督管理机构批准，具体管理办法由国务院证券监督管理机构会同国务院有关部门规定，报国务院批准。

《中华人民共和国证券投资基金法（修订草案）》和以上说明是否妥当，请审议。

全国人民代表大会法律委员会关于《中华人民共和国证券投资基金法（修订草案）》修改情况的汇报

——2012年10月23日在第十一届全国人民代表大会常务委员会第二十九次会议上

全国人大法律委员会副主任委员　孙安民

全国人民代表大会常务委员会：

常委会第二十七次会议对证券投资基金法（修订草案）进行了初次审议。会后，法制工作委员会将修订草案印发各省、自治区、直辖市、中央有关部门和部分企业、高等院校、研究机构征求意见。中国人大网全文公布修订草案，向社会征求意见。法律委员会、财政经济委员会、法制工作委员会联合召开座谈会，听取有关部门及相关行业协会对修订草案的意见。法律委员会、法制工作委员会还在北京、上海调研，了解非公开募集基金的情况，听取部分基金管理公司、非公开募集基金的管理机构对修订草案的意见；并就修订草案的主要问题与财政经济委员会、国务院法制办公室和证监会交换意见，共同研究。法律委员会于10月11日召开会议，根据常委会组成人员的审议意见和各方面意见，对修订草案进行了逐条审议。财政经济委员会、国务院法制办公室、证监会的负责同志列席了会议。10月16日，法律委员会召开会议，再次进行审议。现将证券投资基金法（修订草案）主要问题的修改情况汇报如下：

一、有的常委委员、部门和专家提出，为了更好地保护基金份额持有人的利益，防范金融风险，应当对基金管理人运作基金财产所遵循的规则及风险防范作出规定。法律委员会经研究，建议增加规定：基金管理人运用基金财产进行证券投资，应当遵守审慎经营规则，制定科学合理的投资策略和风险管理制度，有效防范和控制风险。

二、修订草案第四十八条将证券投资基金的组织形式规定为契约型、理事会型和无限责任型。有的部门、单位提出，理事会型和无限责任型基金属于新创设的组织形式，增加这两种组织形式是否有必要，建议再作研究。法律委员会经同财政经济委员会、国务院法制办公室、证监会共同研究认为，理事会型和无限责任型基金仍属于契约型基金，只是在基金份额持有人大会内部机构的设置和管理人承担的责任形式上有所不同，可以不单独作为法定的基金组织形式。据此，建议删除修订草案关于理事会型和无限责任型基金的规定。至于为加大对投资者利益的保护力度，在基金内部增设监督性机构等，可由基金合同作出约定。

三、修订草案将非公开募集基金即私募基金纳入了调整范围，并在第十章对非公开募集基金的基金合同、基金财产投资范围以及对基金管理人的规范等作了规定。有的常委委员、部门提出，实践中通过非公开募集资金进行证券投资活动的方式较多，所依据的部门规章也各不相同，本法应当考虑这种实际情况。法律委员会经研究认为，以非公开方式募集资金进行证券投资活动，都应统一适用本法，但对其基金管理人的资质等要求可按现行管理体制规范。据此，建议在第十章中只对非公开募集基金的基金合同及基金财产的投资范围等作出规定，并在第二章中增加规定：对非公开募集基金的基金管理人进行规范的具体办法，由国务院金融监督管理机构依照本章的原则制定。

四、修订草案第一百条、第一百零一条规定，担任非公开募集基金管理人，其募集的资金总额和基金份额持有人的人数达到规定数额的，应当到国务院证券监督管理机构申请注册；低于规定数额的，应当到基金行业协会登记。修订草案第一百零七条规定，非公开募集基金募集完毕，经注册、登记的基金管理人应当分别向国务院证券监督管理机构和基金行业协会备案。有的常委委员、部门提出，按照上述规定，国务院证券监督管理机构和基金行业协会分别对非公开募集基金的基金管理人及基金募集数额进行注册、登记和备案，这不利于统一掌握非公开募集基金的情况。法律委员会经同财政经济委员会、国务院法制办公室、证监会共同研究认为，为了便于对非公开募集基金的监管，加强行业自律，统一掌握非公开募集基金的情况是必要的。据此，建议将上述规定修改为：担任非公开募集基金的基金管理人，应当向基金行业协会履行登记手续。非公开募集基金募集完毕，基金管理人应当向基金行业协会备案。对募集的资金总额和基金份额持有人的人数达到规定数额的基金，基金行业协会应当向国务院证券监督管理机构报告。

五、修订草案第一百七十一条规定，公开或者非公开募集资金，设立公司或者合伙企业，其资产由第三人管理，进行证券投资活动，其资金募集、注册管理、登记备案、信息披露、监督管理等，参照适用本法。有的常委委员、部门提出，采取公司或者合伙企业形式的证券投资基金进行证券投资活动，应当适用本法而不是参照适用。法律委员会经研究，建议将这一条修改为：公开或者非公开募集资金，以进行证券投资活动为目的设立的公司或者合伙企业，资产由基金管理人或者普通合伙人管理的，其证券投资活动适用本法。

此外，还对修订草案作了一些文字修改。

修订草案二次审议稿已按上述意见作了修改，法律委员会建议本次常委会会议继续审议。

修订草案二次审议稿和以上汇报是否妥当，请审议。

全国人民代表大会法律委员会关于《中华人民共和国证券投资基金法（修订草案）》审议结果的报告

——2012年12月24日在第十一届全国人民代表大会常务委员会第三十次会议上

全国人大法律委员会副主任委员　孙安民

全国人民代表大会常务委员会：

常委会第二十九次会议对证券投资基金法（修订草案二次审议稿）进行了审议。会后，法律委员会、法制工作委员会与财政经济委员会、国务院法制办公室、中国证券监督管理委员会就修订草案有关问题交换意见，共同研究。法律委员会于11月26日召开会议，根据常委会组成人员的审议意见和各方面意见，对修订草案进行了审议。财政经济委员会、国务院法制办公室、中国证券监督管理委员会的负责同志列席了会议。12月13日，法律委员会召开会议，再次进行了审议。法律委员会认为，为了进一步完善对公开募集基金活动的监管，规范非公开募集基金活动，加大对基金投资者的保护力度，对证券投资基金法进行修改是必要的，修订草案经过两次审议修改，已经比较成熟。同时，提出以下主要修改意见：

一、修订草案二次审议稿第十三条对公募基金的基金管理公司的设立条件作了规定，其中第三项规定，基金管理公司主要发起股东应当是注册资本在三亿元以上的金融机构。有的地方和部门提出，为了适应基金业发展的需要，发挥基金管理专业机构和专家的作用，参与投资设立基金管理公司，建议适当放宽对基金管理公司主要股东的条件要求。国务院法制办公室提出，可以考虑在法律中留有空间，只作原则规定。法律委员会经同财政经济委员会、中国证券监督管理委员会共同研究，建议将这一条第三项中对基金管理公司主要股东注册资本的要求修改为"资产规模达到国务院规定的标准"。

二、修订草案二次审议稿第五十条第四项规定，基金份额持有人大会有权"决定提高基金管理人、基金托管人的报酬标准"。有些常委委员和地方、部门提出，基金份额持有人大会对基金管理人、基金托管人的报酬标准，应当既有权决定提高，也有权决定降低。法律委员会经同财政经济委员会、国务院法制办公室、中国证券监督管理委员会共同研究，建议将这一项修改为"决定调整基金管理人、基金托管人的报酬标准"。

三、修订草案二次审议稿第九十七条第二款中规定，非公开募集基金财产的证券投资，包括"买卖股票"等证券。有的部门提出，非公开募集基金从事买卖公开发行的股份有限公司的股票，会对证券市场和公众利益产生重要影响，可由本法调整，但对投资于非公开发行的股权或者股票的活动，仍按照现行部门职责分工进行管理为宜，建议对买卖股票的范围规定得更明确一些。法律委员会经同财政经济委员会、国务院法制办公室、中国证券监督管理委员会共同研究，建议将这一款中的"买卖股票"修改为"买卖公开发行的股份有限公司股票"。

四、一些常委会组成人员和地方建议增加规定，证券监督管理机构工作人员在离职后的一定期限内不得在被监管机构中任职。法律委员会经同财政经济委员会、国务院法制办公室、中国证券监督管理委员会共同研究认为，公务员法已规定公务员在离职后一定期限内不得在被监管的单位中任职，证券监督管理机构的工作人员应遵守公务员法的上述规定，本法对此可作出衔接性规定。据此，建议将修订草案二次审议稿第一百二十一条修改为："国务院证券监督管理机构工作人员在任职期间，或者离职后在公务员法规定的期限内，不得在被监管的机构中担任职务。"

此外，还对修订草案二次审议稿作了一些文字修改。

修订草案三次审议稿已按上述意见作了修改，法律委员会建议提请本次常委会会议审议通过。

修订草案三次审议稿和以上报告是否妥当，请审议。

全国人民代表大会法律委员会关于《中华人民共和国证券投资基金法(修订草案三次审议稿)》修改意见的报告

——2012年12月28日在第十一届全国人民代表大会常务委员会第三十次会议上

全国人民代表大会常务委员会：

本次常委会会议于12月24日下午对证券投资基金法(修订草案三次审议稿)进行了分组审议，普遍认为，修订草案已经比较成熟，建议进一步修改后，提请本次会议通过。同时，有些常委委员还提出了一些修改意见。法律委员会于12月26日上午召开会议，逐条研究了常委委员的审议意见，对修订草案进行了审议。财政经济委员会、国务院法制办公室、中国证券监督管理委员会的负责同志列席了会议。法律委员会认为，修订草案是可行的。同时，对修订草案三次审议稿作了个别文字修改。

这里还有一个问题需要汇报：有的常委委员建议维持修订草案二次审议稿关于基金管理公司主要股东注册资本应在三亿元以上的规定，或者规定一个稍低一些的具体数额。法律委员会经同财政经济委员会、国务院法制办公室、中国证券监督管理委员会共同研究认为，为适应基金业发展的需要，促进行业公平正当竞争，有必要对基金管理公司主要股东的资产规模要求适时作出调整，修订草案三次审议稿授权国务院对基金管理公司主要股东资产规模作出具体规定，是合适的，建议对这一规定不作修改。

修订草案建议表决稿已按上述意见作了修改，法律委员会建议本次常委会会议通过。

修订草案建议表决稿和以上报告是否妥当，请审议。

中华人民共和国主席令

第七十二号

《中华人民共和国老年人权益保障法》已由中华人民共和国第十一届全国人民代表大会常务委员会第三十次会议于 2012 年 12 月 28 日修订通过，现将修订后的《中华人民共和国老年人权益保障法》公布，自 2013 年 7 月 1 日起施行。

中华人民共和国主席　胡锦涛

2012 年 12 月 28 日

中华人民共和国老年人权益保障法

（1996 年 8 月 29 日第八届全国人民代表大会常务委员会第二十一次会议通过　根据 2009 年 8 月 27 日第十一届全国人民代表大会常务委员会第十次会议《关于修改部分法律的决定》修正　2012 年 12 月 28 日第十一届全国人民代表大会常务委员会第三十次会议修订）

目　　录

第一章　总　　则

第一条　为了保障老年人合法权益，发展老龄事业，弘扬中华民族敬老、养老、助老的美德，根据宪法，制定本法。

第二条　本法所称老年人是指六十周岁以上的公民。

第三条　国家保障老年人依法享有的权益。

老年人有从国家和社会获得物质帮助的权利，有享受社会服务和社会优待的权利，有参与社会发展和共享发展成果的权利。

禁止歧视、侮辱、虐待或者遗弃老年人。

第四条　积极应对人口老龄化是国家的一项长期战略任务。

国家和社会应当采取措施，健全保障老年人权益的各项制度，逐步改善保障老年人生活、健康、安全以及参与社会发展的条件，实现老有所养、老有所医、老有所为、老有所学、老有所乐。

第五条　国家建立多层次的社会保障体系，逐步提高对老年人的保障水平。

国家建立和完善以居家为基础、社区为依托、机构为支撑的社会养老服务体系。

倡导全社会优待老年人。

第六条　各级人民政府应当将老龄事业纳入国民经济和社会发展规划，将老龄事业经费列入财政预算，建立稳定的经费保障机制，并鼓励社会各方面投入，使老龄事业与经济、社会协调发展。

国务院制定国家老龄事业发展规划。县级以上地方人民政府根据国家老龄事业发展规划，制定本行政区域的老龄事业发展规划和年度计划。

县级以上人民政府负责老龄工作的机构，负责组织、协调、指导、督促有关部门做好老年人权益保障工作。

第七条　保障老年人合法权益是全社会的共同责任。

国家机关、社会团体、企业事业单位和其他组织应当按照各自职责，做好老年人权益保障工作。

基层群众性自治组织和依法设立的老年人组织应当反映老年人的要求，维护老年人合法权益，为老年人服务。

提倡、鼓励义务为老年人服务。

第八条　国家进行人口老龄化国情教育，增强全社会积极应对人口老龄化意识。

全社会应当广泛开展敬老、养老、助老宣传教育活动，树立尊重、关心、帮助老年人的社会风尚。

青少年组织、学校和幼儿园应当对青少年和儿童进行敬老、养老、助老的道德教育和维护老年人合法权益的法制教育。

广播、电影、电视、报刊、网络等应当反映老年人的生活，开展维护老年人合法权益的宣传，为老年人服务。

第九条　国家支持老龄科学研究，建立老年人状况统计调查和发布制度。

第十条　各级人民政府和有关部门对维护老年人合法权益和敬老、养老、助老成绩显著的组织、家庭或者个人，对参与社会发展做出突出贡献的老年人，按照国家有关规定给予表彰或者奖励。

第十一条　老年人应当遵纪守法，履行法律规定的义务。

第十二条　每年农历九月初九为老年节。

第二章　家庭赡养与扶养

第十三条　老年人养老以居家为基础，家庭成员应当尊重、关心和照料老年人。

第十四条　赡养人应当履行对老年人经济上供养、生活上照料和精神上慰藉的义务，照顾老年人的特殊需要。

赡养人是指老年人的子女以及其他依法负有赡养义务的人。

赡养人的配偶应当协助赡养人履行赡养义务。

第十五条　赡养人应当使患病的老年人及时得到治疗和护理；对经济困难的老年人，应当提供医疗费用。

对生活不能自理的老年人，赡养人应当承担照料责任；不能亲自照料的，可以按照老年人的意愿委托他人或者养老机构等照料。

第十六条　赡养人应当妥善安排老年人的住房，不得强迫老年人居住或者迁居条件低劣的房屋。

老年人自有的或者承租的住房，子女或者其他亲属不得侵占，不得擅自改变产权关系或者租赁关系。

老年人自有的住房，赡养人有维修的义务。

第十七条　赡养人有义务耕种或者委托他人耕种老年人承包的田地，照管或者委托他人照管老年人的林木和牲畜等，收益归老年人所有。

第十八条　家庭成员应当关心老年人的精神需求，不得忽视、冷落老年人。

与老年人分开居住的家庭成员，应当经常看望或者问候老年人。

用人单位应当按照国家有关规定保障赡养人探亲休假的权利。

第十九条　赡养人不得以放弃继承权或者其他理由，拒绝履行赡养义务。

赡养人不履行赡养义务，老年人有要求赡养人付给赡养费等权利。

赡养人不得要求老年人承担力不能及的劳动。

第二十条　经老年人同意，赡养人之间可以就履行赡养义务签订协议。赡养协议的内容不得违反法律的规定和老年人的意愿。

基层群众性自治组织、老年人组织或者赡养人所在单位监督协议的履行。

第二十一条　老年人的婚姻自由受法律保护。子女或者其他亲属不得干涉老年人离婚、再婚及婚后的生活。

赡养人的赡养义务不因老年人的婚姻关系变化而消除。

第二十二条　老年人对个人的财产，依法享有占有、使用、收益和处分的权利，子女或者其他亲属不得干涉，不得以窃取、骗取、强行索取等方式侵犯老年人的财产权益。

老年人有依法继承父母、配偶、子女或者其他亲属遗产的权利，有接受赠与的权利。子女或者其他亲属不得侵占、抢夺、转移、隐匿或者损毁应当由老年人继承或者接受赠与的财产。

老年人以遗嘱处分财产，应当依法为老年配偶保留必要的份额。

第二十三条　老年人与配偶有相互扶养的义务。

由兄、姐扶养的弟、妹成年后，有负担能力的，对年老无赡养人的兄、姐有扶养的义务。

第二十四条　赡养人、扶养人不履行赡养、扶养义务的，基层群众性自治组织、老年人组织或者赡养人、扶养人所在单位应当督促其履行。

第二十五条　禁止对老年人实施家庭暴力。

第二十六条　具备完全民事行为能力的老年人，可以在近亲属或者其他与自己关系密切、愿意承担监护责任的个人、组织中协商确定自己的监护人。监护人在老年人丧失或者部分丧失民事行为能力时，依法承担监护责任。

老年人未事先确定监护人的，其丧失或者部分丧失民事行为能力时，依照有关法律的规定确定监护人。

第二十七条　国家建立健全家庭养老支持政策，鼓励家庭成员与老年人共同生活或者就近居住，为老年人随配偶或者赡养人迁徙提供条件，为家庭成员照料老年人提供帮助。

第三章　社会保障

第二十八条　国家通过基本养老保险制度，保障老年人的基本生活。

第二十九条　国家通过基本医疗保险制度，保障老年人的基本医疗需要。享受最低生活保障的老年人和符合条件的低收入家庭中的老年人参加新型农村合作医疗和城镇居民基本医疗保险所需个人缴费部分，由政府给予补贴。

有关部门制定医疗保险办法，应当对老年人给予照顾。

第三十条　国家逐步开展长期护理保障工作，保障老年人的护理需求。

对生活长期不能自理、经济困难的老年人，地方各级人民政府应当根据其失能程度等情况给予护理补贴。

第三十一条　国家对经济困难的老年人给予基本生活、医疗、居住或者其他救助。

老年人无劳动能力、无生活来源、无赡养人和扶养人，或者其赡养人和扶养人确无赡养能力或者扶养能力的，由地方各级人民政府依照有关规定给予供养或者救助。

对流浪乞讨、遭受遗弃等生活无着的老年人，由地方各级人民政府依照有关规定给予救助。

第三十二条　地方各级人民政府在实施廉租住房、公共租赁住房等住房保障制度或者进行危旧房屋改造时，应当优先照顾符合条件的老年人。

第三十三条　国家建立和完善老年人福利制度，根据经济社会发展水平和老年人的实际需要，增加老年人的社会福利。

国家鼓励地方建立八十周岁以上低收入老年人高龄津贴制度。

国家建立和完善计划生育家庭老年人扶助制度。

农村可以将未承包的集体所有的部分土地、山林、水面、滩涂等作为养老基地，收益供老年人养老。

第三十四条　老年人依法享有的养老金、医疗待遇和其他待遇应当得到保障，有关机构必须按时足额支付，不得克扣、拖欠或者挪用。

国家根据经济发展以及职工平均工资增长、物价上涨等情况，适时提高养老保障水平。

第三十五条　国家鼓励慈善组织以及其他组织和个人为老年人提供物质帮助。

第三十六条　老年人可以与集体经济组织、基层群众性自治组织、养老机构等组织或者个人签订遗赠扶养协议或者其他扶助协议。

负有扶养义务的组织或者个人按照遗赠扶养协议，承担该老年人生养死葬的义务，享有受遗赠的权利。

第四章　社会服务

第三十七条　地方各级人民政府和有关部门应当采取措施，发展城乡社区养老服务，鼓励、扶持专业服务机构及其他组织和个人，为居家的老年人提供生活照料、紧急救援、医疗护理、精神慰藉、心理咨询等多种形式的服务。

对经济困难的老年人，地方各级人民政府应当逐步给予养老服务补贴。

第三十八条　地方各级人民政府和有关部门、基层群众性自治组织，应当将养老服务设施纳入城乡社区配套设施建设规划，建立适应老年人需要的生活服务、文化体育活动、日间照料、疾病护理与康复等服务设施和网点，就近为老年人提供服务。

发扬邻里互助的传统，提倡邻里间关心、帮助有困难的老年人。

鼓励慈善组织、志愿者为老年人服务。倡导老年人互助服务。

第三十九条　各级人民政府应当根据经济发展水平和老年人服务需求，逐步增加对养老服务的投入。

各级人民政府和有关部门在财政、税费、土地、融资等方面采取措施，鼓励、扶持企业事业单位、社会组织或者个人兴办、运营养老、老年人日间照料、老年文化体育活动等设施。

第四十条　地方各级人民政府和有关部门应当按照老年人口比例及分布情况，将养老服务设施建设纳入城乡规划和土地利用总体规划，统筹安排养老服务设施建设用地及所需物资。

非营利性养老服务设施用地，可以依法使用国有划拨土地或者农民集体所有的土地。

养老服务设施用地，非经法定程序不得改变用途。

第四十一条　政府投资兴办的养老机构，应当优先保障经济困难的孤寡、失能、高龄等老年人的服务需求。

第四十二条　国务院有关部门制定养老服务设施建设、养老服务质量和养老服务职业等标准，建立健全养老机构分类管理和养老服务评估制度。

各级人民政府应当规范养老服务收费项目和标准，加强监督和管理。

第四十三条　设立养老机构，应当符合下列条件：

（一）有自己的名称、住所和章程；

（二）有与服务内容和规模相适应的资金；

（三）有符合相关资格条件的管理人员、专业技术人员和服务人员；

（四）有基本的生活用房、设施设备和活动场地；

（五）法律、法规规定的其他条件。

第四十四条　设立养老机构应当向县级以上人民政府民政部门申请行政许可；经许可的，依法办理相应的登记。

县级以上人民政府民政部门负责养老机构的指导、监督和管理，其他有关部门依照职责分工对养老机构实施监督。

第四十五条　养老机构变更或者终止的，应当妥善安置收住的老年人，并依照规定到有关部门办理手续。有关部门应当为养老机构妥善安置老年人提供帮助。

第四十六条　国家建立健全养老服务人才培养、使用、评价和激励制度，依法规范用工，促进从业人员劳动报酬合理增长，发展专职、兼职和志愿者相结合的养老服务队伍。

国家鼓励高等学校、中等职业学校和职业培训机构设置相关专业或者培训项目，培养养老服务专业人才。

第四十七条　养老机构应当与接受服务的老年人或者其代理人签订服务协议，明确双方的权利、义务。

养老机构及其工作人员不得以任何方式侵害老年人的权益。

第四十八条　国家鼓励养老机构投保责任保险，鼓励保险公司承保责任保险。

第四十九条　各级人民政府和有关部门应当将老年医疗卫生服务纳入城乡医疗卫生服务规划，将老年人健康管理和常见病预防等纳入国家基本公共卫生服务项目。鼓励为老年人提供保健、护理、临终关怀等服务。

国家鼓励医疗机构开设针对老年病的专科或者门诊。

医疗卫生机构应当开展老年人的健康服务和疾病防治工作。

第五十条　国家采取措施，加强老年医学的研究和人才培养，提高老年病的预防、治疗、科研水平，促进老年病的早期发现、诊断和治疗。

国家和社会采取措施，开展各种形式的健康教育，普及老年保健知识，增强老年人自我保健意识。

第五十一条　国家采取措施，发展老龄产业，将老龄产业列入国家扶持行业目录。扶持和引导企业开发、生产、经营适应老年人需要的用品和提供相关的服务。

第五章　社会优待

第五十二条　县级以上人民政府及其有关部门根据经济社会发展情况和老年人的特殊需要，制定优待老年人的办法，逐步提高优待水平。

对常住在本行政区域内的外埠老年人给予同等优待。

第五十三条　各级人民政府和有关部门应当为老年人及时、便利地领取养老金、结算医疗费和享受其他物质帮助提供条件。

第五十四条 各级人民政府和有关部门办理房屋权属关系变更、户口迁移等涉及老年人权益的重大事项时，应当就办理事项是否为老年人的真实意思表示进行询问，并依法优先办理。

第五十五条 老年人因其合法权益受侵害提起诉讼交纳诉讼费确有困难的，可以缓交、减交或者免交；需要获得律师帮助，但无力支付律师费用的，可以获得法律援助。

鼓励律师事务所、公证处、基层法律服务所和其他法律服务机构为经济困难的老年人提供免费或者优惠服务。

第五十六条 医疗机构应当为老年人就医提供方便，对老年人就医予以优先。有条件的地方，可以为老年人设立家庭病床，开展巡回医疗、护理、康复、免费体检等服务。

提倡为老年人义诊。

第五十七条 提倡与老年人日常生活密切相关的服务行业为老年人提供优先、优惠服务。

城市公共交通、公路、铁路、水路和航空客运，应当为老年人提供优待和照顾。

第五十八条 博物馆、美术馆、科技馆、纪念馆、公共图书馆、文化馆、影剧院、体育场馆、公园、旅游景点等场所，应当对老年人免费或者优惠开放。

第五十九条 农村老年人不承担兴办公益事业的筹劳义务。

第六章 宜居环境

第六十条 国家采取措施，推进宜居环境建设，为老年人提供安全、便利和舒适的环境。

第六十一条 各级人民政府在制定城乡规划时，应当根据人口老龄化发展趋势、老年人口分布和老年人的特点，统筹考虑适合老年人的公共基础设施、生活服务设施、医疗卫生设施和文化体育设施建设。

第六十二条 国家制定和完善涉及老年人的工程建设标准体系，在规划、设计、施工、监理、验收、运行、维护、管理等环节加强相关标准的实施与监督。

第六十三条 国家制定无障碍设施工程建设标准。新建、改建和扩建道路、公共交通设施、建筑物、居住区等，应当符合国家无障碍设施工程建设标准。

各级人民政府和有关部门应当按照国家无障碍设施工程建设标准，优先推进与老年人日常生活密切相关的公共服务设施的改造。

无障碍设施的所有人和管理人应当保障无障碍设施正常使用。

第六十四条 国家推动老年宜居社区建设，引导、支持老年宜居住宅的开发，推动和扶持老年人家庭无障碍设施的改造，为老年人创造无障碍居住环境。

第七章 参与社会发展

第六十五条 国家和社会应当重视、珍惜老年人的知识、技能、经验和优良品德，发挥老年人的专长和作用，保障老年人参与经济、政治、文化和社会生活。

第六十六条 老年人可以通过老年人组织，开展有益身心健康的活动。

第六十七条 制定法律、法规、规章和公共政策，涉及老年人权益重大问题的，应当听取老年人和老年人组织的意见。

老年人和老年人组织有权向国家机关提出老年人权益保障、老龄事业发展等方面的意见和建议。

第六十八条 国家为老年人参与社会发展创造条件。根据社会需要和可能，鼓励老年人在自愿和量力的情况下，从事下列活动：

（一）对青少年和儿童进行社会主义、爱国主义、集体主义和艰苦奋斗等优良传统教育；

（二）传授文化和科技知识；

（三）提供咨询服务；

（四）依法参与科技开发和应用；

（五）依法从事经营和生产活动；

（六）参加志愿服务、兴办社会公益事业；

（七）参与维护社会治安、协助调解民间纠纷；

（八）参加其他社会活动。

第六十九条 老年人参加劳动的合法收入受法律保护。

任何单位和个人不得安排老年人从事危害其身心健康的劳动或者危险作业。

第七十条 老年人有继续受教育的权利。

国家发展老年教育，把老年教育纳入终身教育体系，鼓励社会办好各类老年学校。

各级人民政府对老年教育应当加强领导，统一规划，加大投入。

第七十一条 国家和社会采取措施，开展适合老年人的群众性文化、体育、娱乐活动，丰富老年人的精神文化生活。

第八章　法律责任

第七十二条　老年人合法权益受到侵害的，被侵害人或者其代理人有权要求有关部门处理，或者依法向人民法院提起诉讼。

人民法院和有关部门，对侵犯老年人合法权益的申诉、控告和检举，应当依法及时受理，不得推诿、拖延。

第七十三条　不履行保护老年人合法权益职责的部门或者组织，其上级主管部门应当给予批评教育，责令改正。

国家工作人员违法失职，致使老年人合法权益受到损害的，由其所在单位或者上级机关责令改正，或者依法给予处分；构成犯罪的，依法追究刑事责任。

第七十四条　老年人与家庭成员因赡养、扶养或者住房、财产等发生纠纷，可以申请人民调解委员会或者其他有关组织进行调解，也可以直接向人民法院提起诉讼。

人民调解委员会或者其他有关组织调解前款纠纷时，应当通过说服、疏导等方式化解矛盾和纠纷；对有过错的家庭成员，应当给予批评教育。

人民法院对老年人追索赡养费或者扶养费的申请，可以依法裁定先予执行。

第七十五条　干涉老年人婚姻自由，对老年人负有赡养义务、扶养义务而拒绝赡养、扶养，虐待老年人或者对老年人实施家庭暴力的，由有关单位给予批评教育；构成违反治安管理行为的，依法给予治安管理处罚；构成犯罪的，依法追究刑事责任。

第七十六条　家庭成员盗窃、诈骗、抢夺、侵占、勒索、故意损毁老年人财物，构成违反治安管理行为的，依法给予治安管理处罚；构成犯罪的，依法追究刑事责任。

第七十七条　侮辱、诽谤老年人，构成违反治安管理行为的，依法给予治安管理处罚；构成犯罪的，依法追究刑事责任。

第七十八条　未经许可设立养老机构的，由县级以上人民政府民政部门责令改正；符合法律、法规规定的养老机构条件的，依法补办相关手续；逾期达不到法定条件的，责令停办并妥善安置收住的老年人；造成损害的，依法承担民事责任。

第七十九条　养老机构及其工作人员侵害老年人人身和财产权益，或者未按照约定提供服务的，依法承担民事责任；有关主管部门依法给予行政处罚；构成犯罪的，依法追究刑事责任。

第八十条　对养老机构负有管理和监督职责的部门及其工作人员滥用职权、玩忽职守、徇私舞弊的，对直接负责的主管人员和其他直接责任人员依法给予处分；构成犯罪的，依法追究刑事责任。

第八十一条　不按规定履行优待老年人义务的，由有关主管部门责令改正。

第八十二条　涉及老年人的工程不符合国家规定的标准或者无障碍设施所有人、管理人未尽到维护和管理职责的，由有关主管部门责令改正；造成损害的，依法承担民事责任；对有关单位、个人依法给予行政处罚；构成犯罪的，依法追究刑事责任。

第九章　附　　则

第八十三条　民族自治地方的人民代表大会，可以根据本法的原则，结合当地民族风俗习惯的具体情况，依照法定程序制定变通的或者补充的规定。

第八十四条　本法施行前设立的养老机构不符合本法规定条件的，应当限期整改。具体办法由国务院民政部门制定。

第八十五条　本法自2013年7月1日起施行。

关于《中华人民共和国老年人权益保障法（修订草案）》的说明

——2012 年 6 月 26 日在第十一届全国人民代表大会常务委员会第二十七次会议上

全国人大内务司法委员会副主任委员 张学忠

全国人民代表大会常务委员会：

根据十一届全国人大常委会立法规划，全国人大内务司法委员会在深入调查研究、广泛征求意见的基础上，组织起草了《中华人民共和国老年人权益保障法（修订草案）》（以下简称草案）。现对草案作如下说明：

一、修改老年人权益保障法的必要性

老年人权益保障法自 1996 年颁布施行以来，在保障老年人合法权益，促进老龄事业发展，弘扬中华民族敬老、养老、助老美德等方面发挥了重要作用。随着我国经济社会的发展、人口和家庭结构的变化，老年人权益保障出现了一些新情况新问题，需要在法律制度上进一步完善：一是人口老龄化快速发展。1999 年，我国 60 周岁以上老年人口占到总人口的 10%，按照国际标准，成为老年型国家。此后，我国老龄化快速发展，第六次人口普查显示，截至 2010 年底，我国 60 周岁以上老年人达到 1.78 亿，占总人口的 13.26%。据预测，到“十二五”期末，老年人口将达到 2.21 亿，平均每年增加 860 万，老龄化水平提高到 16%，到 2025 年突破 3 亿，2033 年突破 4 亿。二是困难老人数量增多。目前，我国 80 岁以上高龄老人超过 2000 万，失能、半失能老人约 3300 多万，对社会照料的需求日益增大。三是家庭养老功能明显弱化。目前我国平均每个家庭只有 3.1 人，家庭小型化加上人口流动性的增强，使城乡“空巢”家庭大幅增加，目前已接近 50%。与此同时，我国老龄事业这些年来取得长足进步，在保障老年人权益方面积累了许多经验，国家和地方相继出台了一系列相关政策措施，需要上升为法律制度。新形势新情况要求我们在深入分析现实问题，认真总结实践经验的基础上，及时修改老年人权益保障法。近几年来，历次全国人大会议都有很多代表提出修改老年人权益保障法的议案和建议。有关职能部门、老龄工作者、专家学者、老年人及其组织等社会各有关方面，也通过不同形式反映了修改老年人权益保障法的意见和建议，社会各界对完善养老法律制度越来越关注，修改老年人权益保障法已经具备了较好的社情民意基础。

中共中央、国务院《关于加强老龄工作的决定》指出，老龄问题是关系国计民生和国家长治久安的一个重大社会问题。胡锦涛总书记在中央政治局第 28 次集体学习讲话时明确要求，应切实应对人口老龄化，制定实施应对人口老龄化的战略和政策体系。适时修改老年人权益保障法，是坚持以人为本，保障和改善民生的必然要求，是实现“老有所养、老有所医、老有所为、老有所学、老有所乐”的法制保障，是贯彻党中央关于积极应对人口老龄化战略部署的重要举措。

二、修改老年人权益保障法的过程和思路

修改老年人权益保障法是十一届全国人大常委会五年立法规划中的一类立法项目。2007 年，民政部和全国老龄办启动了老年人权益保障法修改工作。为加快立法步伐，2011 年 3 月，由内务司法委员会牵头组织修订草案起草工作，成立了由内司委、常委会法工委、民政部、全国老龄办、国务院法制办等部门参加的起草小组，着手老年人权益保障法的修改工作。在去年 5 月至 7 月进行的全国人大常委会老年人权益保障法执法检查过程中，按照吴邦国委员长“把执法检查与法律的修改完善有机结合起来”的批示精神，执法检查组同时听取和收集了各地对修改老年人权益保障法的意见和建议。8 月底 9 月初，起草小组正式开始论证、起草工作，形成了修订草案征求意见稿。此后，起草小组通过调研、座谈等多种方式，广泛征求中央和地方有关单

位、人大代表、专家学者、老龄工作者、老年人和老年人组织等各方面的意见。在此基础上反复研究修改，形成了《中华人民共和国老年人权益保障法（修订草案）》。

在修法过程中，我们坚持科学立法，民主立法，努力做到以下几点：一是认真总结实践经验，把成熟的具有普遍意义的经验上升为法律，增强法律的适用性。十多年来，我国在健全老年社会保障、发展养老社会服务和优待老年人等方面积累了许多好经验、好做法，草案充分吸收这些新内容，特别是在新增的社会服务和社会优待两章中有集中体现。二是深入研究重点问题，着力解决现实中存在的突出问题，增强法律的针对性。老龄事业发展的经费保障问题，“空巢”老人的精神慰藉问题，养老服务设施建设用地、融资、税费优惠问题，养老机构的发展和规范管理问题等等，都是老龄工作中的突出问题，草案在深入了解各地实践的基础上，经过多方研究论证，提出了相应的解决方案，以增强法律的针对性和可操作性。三是科学把握我国人口老龄化的发展趋势，对一些影响长远的问题作出适度超前的规定，增强法律的时代性和前瞻性。这主要体现在草案有关家庭养老支持、老年监护、长期护理保障、老年宜居环境等方面的规定中。对这些重要问题，尽早从立法层面做好顶层设计和前瞻性的制度安排，将为我国未来从容应对人口老龄化赢得战略先机和更多主动权。

起草工作中，我们还注意处理好以下几个关系：一是老年人权益保障法与其他相关法律的关系；二是巩固家庭养老基础性地位与积极发展养老社会保障和社会服务的关系；三是增进老年人福利与经济承受力和可持续发展的关系；四是坚持从国情出发与吸收借鉴国外有益做法的关系。

三、草案的体例结构和修改的主要内容

草案从现行法6章50条扩展到9章86条，新增38条，修改38条，总体来看，修改幅度较大。新增条款多数属于社会服务、社会优待和宜居环境等方面的内容，这些内容在现行法的社会保障一章中有所规定。老年人权益保障法制定之初，由于我国老龄事业尚处在起步探索阶段，在社会保障、社会服务、社会优待、宜居环境建设等方面还缺乏实践，难以分别设专章加以规定。老年人权益保障法实施16年来，我国在养老保险、医疗保险、社会救助、养老服务、社会优待等许多方面都有了长足发展，特别是养老服务和社会优待两个领域正是我国老龄工作实践中最活跃、积累经验最丰富的领域，同时也是未来应对人口老龄化亟需大力发展并可以大有作为的领域。这些新增的内容已经难以囊括在社会保障一章中。鉴于此，我们在草案的社会保障一章中，主要规定老年人养老和医疗的物质保障问题，而有关服务和优待的内容则单独成章加以规定，这种调整既反映了我国实践发展的成果，也有利于区分物质保障和服务保障的不同功能，有利于相关主体明确责任和着力方向。关于老年宜居环境建设，虽然目前我国在这方面的实践还相对滞后，但国际社会十分重视老龄化社会对硬件环境的要求，我国近年来响应世界卫生组织的号召，也积极开展了老年友好型城市和老年宜居社区创建活动。未来我国将有三分之一以上的人口属于老年人，如此庞大的老年人口必然对我国城乡规划、公共基础设施、社区环境和住宅设计等硬件环境提出新要求新挑战。目前我国正处在城镇化快速推进过程中，一些地方由于缺乏前瞻性，在城乡规划和建设中，已经出现一些不便利老年人生活的硬件环境缺陷或者隐患，随着失能和高龄老年人的持续增多，这些问题将越来越突出。为此，新增了宜居环境一章。这样，草案形成了目前的9章结构，即总则、家庭赡养与扶养、社会保障、社会服务、社会优待、宜居环境、参与社会发展、法律责任和附则。

（一）关于总则

草案主要增加了以下内容：一是集中规定了老年人享有的基本权利，主要是从国家和社会获得物质帮助，享受社会服务和社会优待，参与社会发展和共享发展成果等权利，这些权利大都体现了老年人的特殊要求。二是规定积极应对人口老龄化是国家的一项长期战略任务。这一规定明确了应对人口老龄化的战略定位，对于我国在“未富先老”的特殊国情条件下实现经济社会可持续发展具有重要意义。三是从经费保障、规划制定和老龄工作机构职责三个层面进一步明确政府发展老龄事业，做好老年人权益保障工作的职责。四是强化了老龄宣传教育，以进一步增强全社会老龄意识，营造敬老、养老、助老的良好氛围。五是增加了有关老龄科研和老龄调查统计制度的规定。六是增加了对参与社会发展做出突出贡献的老年人给予表彰奖励的规定，以鼓励老年人继续为国家建设做贡献。七是规定每年农历九月初九（重阳节）为老年节。目前全国有25个省、自治区、直辖市在相关地方法

规中规定了老年节或敬老日。

（二）关于家庭赡养与扶养

一是对家庭养老作了重新定位。将现行法“老年人养老主要依靠家庭”修改为“老年人养老以居家为基础”。二是进一步明确了赡养人对患病和失能老年人给予医疗和照料的义务。三是针对现实中老年人住房等财产权益易受侵害以及老年再婚配偶法定继承权难以保障等问题，进一步加强了对老年人财产权益的保护。四是针对老年人精神赡养需求增多的实际，充实了精神慰藉的规定。五是为保障失能失智老年人的人身财产权益，在深入研究我国民法通则有关监护的规定，并借鉴国外经验的基础上，创设了老年监护制度。六是增加了有关组织应当对不履行义务的赡养人和扶养人予以督促的规定。七是原则规定了国家建立健全家庭养老支持政策，以在新形势下巩固家庭养老的基础性地位。此外，草案还完善了赡养协议的相关规定，增加了禁止对老年人实施家庭暴力的内容。

（三）关于社会保障

在养老和医疗保险方面，草案在社会保险法关于基本养老和基本医疗保险规定的基础上，进一步规定要建立多层次的养老和医疗保险体系，逐步提高保障水平。在护理保障方面，为解决失能老年人长期护理的经费问题，规定国家逐步建立长期护理保障制度，鼓励、引导商业保险公司开展长期护理保险业务，对生活长期不能自理、经济困难的老年人，地方政府应视情况给予护理补贴。在社会救助方面，草案规定对经济困难的老年人，应当给予生活、医疗、居住等多方面的救助和照顾，还对流浪乞讨、遭受遗弃等生活无着的老年人的救助作了专门规定。在社会福利方面，规定国家建立和完善老年人福利制度，并吸收地方的实际做法，规定了高龄津贴制度。此外，草案还补充了养老待遇保障的内容，增加了发展老龄慈善事业以及遗赠扶养协议的规定。

（四）关于社会服务

本章共 16 条，有 12 条是新增条文，另外 4 条也作了较大改动。一是确立了社会养老服务体系的框架，即“以居家为基础、社区为依托、机构为支撑”，这是我国多年实践经验的总结，并在国民经济和社会发展“十二五”规划纲要、社会养老服务体系建设规划等国家重要文件中确认下来。二是总结实践经验，对居家养老服务、社区为老服务作了原则规定。三是明确了政府支持养老服务事业发展的责任：规定各级政府应当逐步增加对养老服务的投入，并在财政、税费、土地、融资等方面采取措施，鼓励、扶持社会力量兴办养老服务设施；针对养老服务设施建设“用地难”的突出问题，草案从城乡规划预留用地、土地取得方式及用途管制等三个层次对养老服务设施用地作了特别规定；强调政府兴办的养老机构应当优先保障孤寡老年人以及低收入的失能、高龄等困难老年人的服务需求；要求国务院有关部门制定相关标准，建立健全养老机构分类管理和养老服务评估制度。四是加强对养老机构的管理，规定了养老机构设立条件、准入许可和变更、终止等制度，明确了相关部门对养老机构的管理职责。五是加强养老服务队伍建设，主要规定了养老服务人才培养、使用、评价和激励制度。六是加强养老机构运营中的纠纷处理和风险防范，规定了签订养老服务协议和支持养老机构投保意外责任保险等内容。七是完善医疗卫生服务，规定各级政府和有关部门应当把老年医疗卫生服务纳入城乡医疗卫生服务规划，鼓励支持医疗机构开设老年病专科或门诊，保障老年人享受基本公共卫生服务，并规定加强老年医学研究和健康教育。此外，草案还对发展老龄产业等作了补充规定。

（五）关于社会优待

草案参考近年来国家出台的相关规定和各地优待老年人的做法，进一步充实了现行法有关老年优待的内容。一是规定县级以上政府及其有关部门应当根据情况制定优待老年人的办法，逐步提高优待水平；确立了对常住在本行政区域内的外埠老年人实行同等优待的原则，倡导全社会优待老年人。二是丰富了现行法有关司法救助、法律援助、医疗服务、参观游览、乘坐公共交通等方面对老年人给予优待和照顾的内容。三是增加了一些新的优待内容，主要是为老年人及时、便利地领取养老金、结算医疗费等方面提供优待，在办理涉及老年人重大人身财产权益事项时提供优待等。

（六）关于宜居环境

本章主要对国家推进老年宜居环境建设作了原则规定，以便为制定相关配套法律法规和政策提供依据。一是明确国家责任，概括规定了老年宜居环境建设的总体要求，即为老年人日常生活和参与社会提供安全、便利、舒适的环境。二是规定了政府加强老年宜居环境建设的主要任务：在制定城乡规划时，要适应老龄化发展需要，统筹考虑适宜老年人生活的各类设施建设；建立和完善有关涉老工程建设标准体系，在规划、设计、施工、监理、验收、运行、维护、管理等环节加强相关标准的实施与监督；加强老年宜居环境建设的宣传教育、科学研究和人才培养。三是在具体环境建设上，重点规定了无障碍环境建设，这主要是考虑到残疾人中有相当一部分是老年人，老年人随着年龄增长所面临的失能或者残疾的风险会逐步提高，无障碍是老年宜居环境的一个基本要求。此外，草案还对老年友好型城市以及老年宜居社区建设作了规定。

（七）关于参与社会发展

本章主要增加了老年人可以依法设立自己的组织并开展活动的内容，并规定在制定涉及老年人权益的法律法规和政策时，应当听取老年人及其组织意见。草案还对老年人劳动保护以及发展老年教育作了补充规定。

（八）关于法律责任

草案根据上述各章的新内容，进一步充实和完善了有关法律责任的规定。一是增加了擅自举办养老机构、养老机构及其工作人员侵害老年人权益以及政府行政管理部门失职渎职的法律责任。二是增加了违反优待义务的法律责任。三是增加了违反涉老工程建设标准和不履行无障碍设施维护管理职责的法律责任。此外，根据人民调解法、行政处罚法、治安管理处罚法、刑法等有关法律的规定，对现行法关于家庭成员纠纷处理，干涉老年人婚姻自由，侮辱、诽谤、虐待、遗弃老年人法律责任的条款作了修改完善。

此外，草案还作了一些文字性修改。

《中华人民共和国老年人权益保障法（修订草案）》和以上说明是否妥当，请审议。

全国人民代表大会法律委员会关于《中华人民共和国老年人权益保障法（修订草案）》审议结果的报告

——2012年12月24日在第十一届全国人民代表大会常务委员会第三十次会议上

全国人大法律委员会主任委员　胡康生

全国人民代表大会常务委员会：

常委会第二十七次会议对老年人权益保障法修订草案进行了初次审议。会后，法制工作委员会将修订草案印发各省（区、市）和中央有关部门、部分高等院校、法学研究机构等单位征求意见。中国人大网站全文公布修订草案向社会征求意见。法律委员会、内务司法委员会和法制工作委员会联合召开座谈会，听取意见。法律委员会、法制工作委员会到一些地方调研。法律委员会于11月23日召开会议，根据常委会组成人员的审议意见和各方面意见，对修订草案进行了逐条审议。内务司法委员会、国务院法制办公室的负责同志列席了会议。12月13日，法律委员会召开会议，再次进行了审议。法律委员会认为，随着我国经济社会的发展、人口老龄化的加剧和家庭结构的变化，老年人权益保障方面出现了新的情况和问题，修订老年人权益保障法十分必要，修订草案经过常委会审议修改，已经比较成熟。同时，提出以下主要修改意见：

一、修订草案第二十四条第一款规定，具备完全民事行为能力的老年人，可以在近亲属或者其他与自己关系密切、愿意承担监护责任的个人、组织中协商确定自己的监护人和监护监督人。有的地方提出，现行民事法律没有规定监护监督人制度，监护监督人如何行使权利还没有实践，可暂不作规定。法律委员会经同内务司法委员会、国务院法制办公室研究，建议删去有关“监护监督人”的规定，并对本条表述作了相应修改。

二、修订草案第二十七条、第二十八条、第二十九条规定了国家通过基本养老保险、基本医疗保险等制度，保障老年人基本生活、基本医疗和护理的需要。同时又规定，鼓励建立和发展补充养老保险、储蓄性养老保险、补充医疗保险、商业健康保险、长期护理保险等。有的常委委员和部门提出，本法应当主要规范与老年人权益有关的基本社会保障制度，对于不属于基本保障性的补充养老保险等内容可以通过相关保险规定来规范。法律委员会经同内务司法委员会、国务院法制办公室研究，建议删去以上相关内容。

三、国家人口和计划生育委员会提出，为了扶助农村计划生育家庭老年人，2004 年以来我国对农村实施计划生育家庭的老年人每月给予一定奖励，“十二五”期间计划将这项措施惠及城市实施计划生育家庭的老年人，建议在本法中对此予以体现。有的常委委员建议增加相关规定。法律委员会经同内务司法委员会、国务院法制办公室研究，赞成上述意见，建议增加规定：“国家建立和完善计划生育家庭老年人扶助制度。”

四、一些常委委员和地方提出，修订草案有关社区养老服务的规定较少，未能充分体现社区在养老服务中应当发挥的作用，可以将建立老年人日间照料场所作为社区提供养老服务的内容。法律委员会经同内务司法委员会、国务院法制办公室研究，建议增加相关的内容。

五、有的常委委员和地方提出，目前有的地方养老机构收费比较混乱，有的养老机构在变更或者终止时对入住的老年人没有给予妥善安置，应当加强对养老机构的监督和管理，促进养老机构规范健康发展。法律委员会经同内务司法委员会、国务院法制办公室研究，建议增加规定：“各级人民政府应当规范养老服务收费项目和标准，加强监督和管理”；养老机构变更或者终止的，“有关部门应当为养老机构妥善安置老年人提供帮助。”

六、修订草案第五十五条第一款和第二款规定：“人民法院、人民检察院、公安机关办理涉及老年人权益保护的案件，应当照顾老年人的身心特点，并可以根据需要指定专门机构或者人员办理。”“老年人因赡养费、扶养费、养老金、抚恤金、医疗费以及婚姻等纠纷提起诉讼的，人民法院应当依法及时立案、审理和执行。”有的常委委员和部门提出，规定司法优待措施应当慎重，以上两款规定既涉及司法机关内部机构的设置，也存在其他特殊群体能否享受同等优待的问题。法律委员会经同内务司法委员会、国务院法制办公室研究认为，司法便民措施可以在实践中继续探索，待条件成熟后在完善相关法律时一并考虑，本法可不作规定，建议删去上述两款规定。

此外，还对修订草案作了一些文字修改。

修订草案二次审议稿已按上述意见作了修改，法律委员会建议提请本次常委会会议审议通过。

修订草案二次审议稿和以上报告是否妥当，请审议。

全国人民代表大会法律委员会关于《中华人民共和国老年人权益保障法(修订草案二次审议稿)》修改意见的报告

——2012 年 12 月 28 日在第十一届全国人民代表大会常务委员会第三十次会议上

全国人民代表大会常务委员会：

本次常委会会议于 12 月 24 日下午对老年人权益保障法(修订草案二次审议稿)进行了分组审议，普遍认为，修订草案已经比较成熟，建议进一步修改后，提请本次会议通过。同时，有些常委委员还提出了一些修改意见。法律委员会于 12 月 26 日上午召开会议，逐条研究了常委委员的审议意见，对修订草案进行了审议。内务司法委员会、国务院法制办公室的负责同志列席了会议。法律委员会认为，修订草案是可行的，同时提出以下修改意见：

一、修订草案二次审议稿第三十七条第一款规定，地方各级人民政府和有关部门应当采取措施，鼓励专业服务机构及其他组织和个人，为居家的老年人提供生活照料等多种形式的服务。有的常委委员提出，地方各级人民政府还应当采取优惠措施，扶持养老专业服务机构等发展。法律委员会经同内务司法委员会、国务院法制办公室研究，建议将其中“鼓励专业服务机构及其他组织和个人”修改为“鼓励、扶持专业服务机构及其他组织和个人”。

二、修订草案二次审议稿第三十八条第一款中规定：“逐步建立适应老年人需要的生活服务、文化体育活动、日间照料、疾病护理与康复等服务设施和网点”。有的常委委员提出，养老机构的设置也应当立足社区，就近为老年人提供服务。法律委员会经同内务司法委员会、国务院法制办公室研究，建议将上述规定修改为“建立适应老年人需要的生活服务、文化体育活动、日间照料、疾病护理与康复等服务设施和网点，就近为老年人提供服务”。

此外，还对修订草案二次审议稿作了个别文字修改。

修订草案建议表决稿已按上述意见作了修改，法律委员会建议本次常委会会议通过。

修订草案建议表决稿和以上报告是否妥当，请审议。

中华人民共和国主席令

第七十三号

《全国人民代表大会常务委员会关于修改〈中华人民共和国劳动合同法〉的决定》已由中华人民共和国第十一届全国人民代表大会常务委员会第三十次会议于2012年12月28日通过，现予公布，自2013年7月1日起施行。

中华人民共和国主席 胡锦涛

2012年12月28日

全国人民代表大会常务委员会关于修改《中华人民共和国劳动合同法》的决定

（2012年12月28日第十一届全国人民代表大会常务委员会第三十次会议通过）

第十一届全国人民代表大会常务委员会第三十次会议决定对《中华人民共和国劳动合同法》作如下修改：

一、将第五十七条修改为：“经营劳务派遣业务应当具备下列条件：

“（一）注册资本不得少于人民币二百万元；

“（二）有与开展业务相适应的固定的经营场所和设施；

“（三）有符合法律、行政法规规定的劳务派遣管理制度；

“（四）法律、行政法规规定的其他条件。

“经营劳务派遣业务，应当向劳动行政部门依法申请行政许可；经许可的，依法办理相应的公司登记。未经许可，任何单位和个人不得经营劳务派遣业务。”

二、将第六十三条修改为：“被派遣劳动者享有与用工单位的劳动者同工同酬的权利。用工单位应当按照同工同酬原则，对被派遣劳动者与本单位同类岗位的劳动者实行相同的劳动报酬分配办法。用工单位无同类岗位劳动者的，参照用工单位所在地相同或者相近岗位劳动者的劳动报酬确定。

“劳务派遣单位与被派遣劳动者订立的劳动合同和与用工单位订立的劳务派遣协议，载明或者约定的向被派遣劳动者支付的劳动报酬应当符合前款规定。”

三、将第六十六条修改为：“劳动合同用工是我国的企业基本用工形式。劳务派遣用工是补充形式，只能在临时性、辅助性或者替代性的工作岗位上实施。

“前款规定的临时性工作岗位是指存续时间不超过六个月的岗位；辅助性工作岗位是指为主营业务岗位提供服务的非主营业务岗位；替代性工作岗位是指用工单位的劳动者因脱产学习、休假等原因无法工作的一定期间内，可以由其他劳动者替代工作的岗位。

“用工单位应当严格控制劳务派遣用工数量，不得超过其用工总量的一定比例，具体比例由国务院劳动行政部门规定。”

四、将第九十二条修改为：“违反本法规定，未经许可，擅自经营劳务派遣业务的，由劳动行政部门责令停止违法行为，没收违法所得，并处违法所得一倍以上五倍以下的罚款；没有违法所得的，可以处五万元以下的罚款。

"劳务派遣单位、用工单位违反本法有关劳务派遣规定的，由劳动行政部门责令限期改正；逾期不改正的，以每人五千元以上一万元以下的标准处以罚款，对劳务派遣单位，吊销其劳务派遣业务经营许可证。用工单位给被派遣劳动者造成损害的，劳务派遣单位与用工单位承担连带赔偿责任。"

本决定自 2013 年 7 月 1 日起施行。

本决定公布前已依法订立的劳动合同和劳务派遣协议继续履行至期限届满，但是劳动合同和劳务派遣协议的内容不符合本决定关于按照同工同酬原则实行相同的劳动报酬分配办法的规定的，应当依照本决定进行调整；本决定施行前经营劳务派遣业务的单位，应当在本决定施行之日起一年内依法取得行政许可并办理公司变更登记，方可经营新的劳务派遣业务。具体办法由国务院劳动行政部门会同国务院有关部门规定。

《中华人民共和国劳动合同法》根据本决定作相应修改，重新公布。

中华人民共和国劳动合同法

（2007 年 6 月 29 日第十届全国人民代表大会常务委员会第二十八次会议通过　根据 2012 年 12 月 28 日第十一届全国人民代表大会常务委员会第三十次会议《关于修改〈中华人民共和国劳动合同法〉的决定》修正）

目　　录

第一章　总　　则

第一条　为了完善劳动合同制度，明确劳动合同双方当事人的权利和义务，保护劳动者的合法权益，构建和发展和谐稳定的劳动关系，制定本法。

第二条　中华人民共和国境内的企业、个体经济组织、民办非企业单位等组织（以下称用人单位）与劳动者建立劳动关系，订立、履行、变更、解除或者终止劳动合同，适用本法。

国家机关、事业单位、社会团体和与其建立劳动关系的劳动者，订立、履行、变更、解除或者终止劳动合同，依照本法执行。

第三条　订立劳动合同，应当遵循合法、公平、平等自愿、协商一致、诚实信用的原则。

依法订立的劳动合同具有约束力，用人单位与劳动者应当履行劳动合同约定的义务。

第四条　用人单位应当依法建立和完善劳动规章制度，保障劳动者享有劳动权利、履行劳动义务。

用人单位在制定、修改或者决定有关劳动报酬、工作时间、休息休假、劳动安全卫生、保险福利、职工培训、劳动纪律以及劳动定额管理等直接涉及劳动者切身利益的规章制度或者重大事项时，应当经职工代表大会或者全体职工讨论，提出方案和意见，与工会或者职工代表平等协商确定。

在规章制度和重大事项决定实施过程中，工会或者职工认为不适当的，有权向用人单位提出，通过协商予以修改完善。

用人单位应当将直接涉及劳动者切身利益的规章制度和重大事项决定公示，或者告知劳动者。

第五条　县级以上人民政府劳动行政部门会同工会和企业方面代表，建立健全协调劳动关系三方机制，共同研究解决有关劳动关系的重大问题。

第六条　工会应当帮助、指导劳动者与用人单位依法订立和履行劳动合同，并与用人单位建立集体协商机制，维护劳动者的合法权益。

第二章　劳动合同的订立

第七条　用人单位自用工之日起即与劳动者建立劳动关系。用人单位应当建立职工名册备查。

第八条　用人单位招用劳动者时，应当如实告知劳动者工作内容、工作条件、工作地点、职业危害、安全生产状况、劳动报酬，以及劳动者要求了解的其他情况；用人单位有权了解劳动者与劳动合同直接相关的基本情况，劳动者应当如实说明。

第九条　用人单位招用劳动者，不得扣押劳动者的居民身份证和其他证件，不得要求劳动者提供担保或者以其他名义向劳动者收取财物。

第十条　建立劳动关系，应当订立书面劳动合同。

已建立劳动关系，未同时订立书面劳动合同的，应当自用工之日起一个月内订立书面劳动合同。

用人单位与劳动者在用工前订立劳动合同的，劳动关系自用工之日起建立。

第十一条　用人单位未在用工的同时订立书面劳动合同，与劳动者约定的劳动报酬不明确的，新招用的劳动者的劳动报酬按照集体合同规定的标准执行；没有集体合同或者集体合同未规定的，实行同工同酬。

第十二条　劳动合同分为固定期限劳动合同、无固定期限劳动合同和以完成一定工作任务为期限的劳动合同。

第十三条　固定期限劳动合同，是指用人单位与劳动者约定合同终止时间的劳动合同。

用人单位与劳动者协商一致，可以订立固定期限劳动合同。

第十四条　无固定期限劳动合同，是指用人单位与劳动者约定无确定终止时间的劳动合同。

用人单位与劳动者协商一致，可以订立无固定期限劳动合同。有下列情形之一，劳动者提出或者同意续订、订立劳动合同的，除劳动者提出订立固定期限劳动合同外，应当订立无固定期限劳动合同：

（一）劳动者在该用人单位连续工作满十年的；

（二）用人单位初次实行劳动合同制度或者国有企业改制重新订立劳动合同时，劳动者在该用人单位连续工作满十年且距法定退休年龄不足十年的；

（三）连续订立二次固定期限劳动合同，且劳动者没有本法第三十九条和第四十条第一项、第二项规定的情形，续订劳动合同的。

用人单位自用工之日起满一年不与劳动者订立书面劳动合同的，视为用人单位与劳动者已订立无固定期限劳动合同。

第十五条　以完成一定工作任务为期限的劳动合同，是指用人单位与劳动者约定以某项工作的完成为合同期限的劳动合同。

用人单位与劳动者协商一致，可以订立以完成一定工作任务为期限的劳动合同。

第十六条　劳动合同由用人单位与劳动者协商一致，并经用人单位与劳动者在劳动合同文本上签字或者盖章生效。

劳动合同文本由用人单位和劳动者各执一份。

第十七条　劳动合同应当具备以下条款：

（一）用人单位的名称、住所和法定代表人或者主要负责人；

（二）劳动者的姓名、住址和居民身份证或者其他有效身份证件号码；

（三）劳动合同期限；

（四）工作内容和工作地点；

（五）工作时间和休息休假；

（六）劳动报酬；

（七）社会保险；

（八）劳动保护、劳动条件和职业危害防护；

（九）法律、法规规定应当纳入劳动合同的其他事项。

劳动合同除前款规定的必备条款外，用人单位与劳动者可以约定试用期、培训、保守秘密、补充保险和福利待遇等其他事项。

第十八条　劳动合同对劳动报酬和劳动条件等标准约定不明确，引发争议的，用人单位与劳动者可以重新协商；协商不成的，适用集体合同规定；没有集体合同或者集体合同未规定劳动报酬的，实行同工同酬；没有集体合同或者集体合同未规定劳动条件等标准的，适用国家有关规定。

第十九条　劳动合同期限三个月以上不满一年的，试用期不得超过一个月；劳动合同期限一年以上不满三年的，试用期不得超过二个月；三年以上固定期限和无固定期限的劳动合同，试用期不得超过六个月。

同一用人单位与同一劳动者只能约定一次试用期。

以完成一定工作任务为期限的劳动合同或者劳动合同期限不满三个月的，不得约定试用期。

试用期包含在劳动合同期限内。劳动合同仅约定试用期的，试用期不成立，该期限为劳动合同期限。

第二十条 劳动者在试用期的工资不得低于本单位相同岗位最低档工资或者劳动合同约定工资的百分之八十，并不得低于用人单位所在地的最低工资标准。

第二十一条 在试用期中，除劳动者有本法第三十九条和第四十条第一项、第二项规定的情形外，用人单位不得解除劳动合同。用人单位在试用期解除劳动合同的，应当向劳动者说明理由。

第二十二条 用人单位为劳动者提供专项培训费用，对其进行专业技术培训的，可以与该劳动者订立协议，约定服务期。

劳动者违反服务期约定的，应当按照约定向用人单位支付违约金。违约金的数额不得超过用人单位提供的培训费用。用人单位要求劳动者支付的违约金不得超过服务期尚未履行部分所应分摊的培训费用。

用人单位与劳动者约定服务期的，不影响按照正常的工资调整机制提高劳动者在服务期期间的劳动报酬。

第二十三条 用人单位与劳动者可以在劳动合同中约定保守用人单位的商业秘密和与知识产权相关的保密事项。

对负有保密义务的劳动者，用人单位可以在劳动合同或者保密协议中与劳动者约定竞业限制条款，并约定在解除或者终止劳动合同后，在竞业限制期限内按月给予劳动者经济补偿。劳动者违反竞业限制约定的，应当按照约定向用人单位支付违约金。

第二十四条 竞业限制的人员限于用人单位的高级管理人员、高级技术人员和其他负有保密义务的人员。竞业限制的范围、地域、期限由用人单位与劳动者约定，竞业限制的约定不得违反法律、法规的规定。

在解除或者终止劳动合同后，前款规定的人员到与本单位生产或者经营同类产品、从事同类业务的有竞争关系的其他用人单位，或者自己开业生产或者经营同类产品、从事同类业务的竞业限制期限，不得超过二年。

第二十五条 除本法第二十二条和第二十三条规定的情形外，用人单位不得与劳动者约定由劳动者承担违约金。

第二十六条 下列劳动合同无效或者部分无效：

（一）以欺诈、胁迫的手段或者乘人之危，使对方在违背真实意思的情况下订立或者变更劳动合同的；

（二）用人单位免除自己的法定责任、排除劳动者权利的；

（三）违反法律、行政法规强制性规定的。

对劳动合同的无效或者部分无效有争议的，由劳动争议仲裁机构或者人民法院确认。

第二十七条 劳动合同部分无效，不影响其他部分效力的，其他部分仍然有效。

第二十八条 劳动合同被确认无效，劳动者已付出劳动的，用人单位应当向劳动者支付劳动报酬。劳动报酬的数额，参照本单位相同或者相近岗位劳动者的劳动报酬确定。

第三章 劳动合同的履行和变更

第二十九条 用人单位与劳动者应当按照劳动合同的约定，全面履行各自的义务。

第三十条 用人单位应当按照劳动合同约定和国家规定，向劳动者及时足额支付劳动报酬。

用人单位拖欠或者未足额支付劳动报酬的，劳动者可以依法向当地人民法院申请支付令，人民法院应当依法发出支付令。

第三十一条 用人单位应当严格执行劳动定额标准，不得强迫或者变相强迫劳动者加班。用人单位安排加班的，应当按照国家有关规定向劳动者支付加班费。

第三十二条 劳动者拒绝用人单位管理人员违章指挥、强令冒险作业的，不视为违反劳动合同。

劳动者对危害生命安全和身体健康的劳动条件，有权对用人单位提出批评、检举和控告。

第三十三条 用人单位变更名称、法定代表人、主要负责人或者投资人等事项，不影响劳动合同的履行。

第三十四条 用人单位发生合并或者分立等情况，原劳动合同继续有效，劳动合同由承继其权利和义务的用人单位继续履行。

第三十五条 用人单位与劳动者协商一致，可以变更劳动合同约定的内容。变更劳动合同，应当采用书面形式。

变更后的劳动合同文本由用人单位和劳动者各执一份。

第四章　劳动合同的解除和终止

第三十六条　用人单位与劳动者协商一致，可以解除劳动合同。

第三十七条　劳动者提前三十日以书面形式通知用人单位，可以解除劳动合同。劳动者在试用期内提前三日通知用人单位，可以解除劳动合同。

第三十八条　用人单位有下列情形之一的，劳动者可以解除劳动合同：

（一）未按照劳动合同约定提供劳动保护或者劳动条件的；

（二）未及时足额支付劳动报酬的；

（三）未依法为劳动者缴纳社会保险费的；

（四）用人单位的规章制度违反法律、法规的规定，损害劳动者权益的；

（五）因本法第二十六条第一款规定的情形致使劳动合同无效的；

（六）法律、行政法规规定劳动者可以解除劳动合同的其他情形。

用人单位以暴力、威胁或者非法限制人身自由的手段强迫劳动者劳动的，或者用人单位违章指挥、强令冒险作业危及劳动者人身安全的，劳动者可以立即解除劳动合同，不需事先告知用人单位。

第三十九条　劳动者有下列情形之一的，用人单位可以解除劳动合同：

（一）在试用期间被证明不符合录用条件的；

（二）严重违反用人单位的规章制度的；

（三）严重失职，营私舞弊，给用人单位造成重大损害的；

（四）劳动者同时与其他用人单位建立劳动关系，对完成本单位的工作任务造成严重影响，或者经用人单位提出，拒不改正的；

（五）因本法第二十六条第一款第一项规定的情形致使劳动合同无效的；

（六）被依法追究刑事责任的。

第四十条　有下列情形之一的，用人单位提前三十日以书面形式通知劳动者本人或者额外支付劳动者一个月工资后，可以解除劳动合同：

（一）劳动者患病或者非因工负伤，在规定的医疗期满后不能从事原工作，也不能从事由用人单位另行安排的工作的；

（二）劳动者不能胜任工作，经过培训或者调整工作岗位，仍不能胜任工作的；

（三）劳动合同订立时所依据的客观情况发生重大变化，致使劳动合同无法履行，经用人单位与劳动者协商，未能就变更劳动合同内容达成协议的。

第四十一条　有下列情形之一，需要裁减人员二十人以上或者裁减不足二十人但占企业职工总数百分之十以上的，用人单位提前三十日向工会或者全体职工说明情况，听取工会或者职工的意见后，裁减人员方案经向劳动行政部门报告，可以裁减人员：

（一）依照企业破产法规定进行重整的；

（二）生产经营发生严重困难的；

（三）企业转产、重大技术革新或者经营方式调整，经变更劳动合同后，仍需裁减人员的；

（四）其他因劳动合同订立时所依据的客观经济情况发生重大变化，致使劳动合同无法履行的。

裁减人员时，应当优先留用下列人员：

（一）与本单位订立较长期限的固定期限劳动合同的；

（二）与本单位订立无固定期限劳动合同的；

（三）家庭无其他就业人员，有需要扶养的老人或者未成年人的。

用人单位依照本条第一款规定裁减人员，在六个月内重新招用人员的，应当通知被裁减的人员，并在同等条件下优先招用被裁减的人员。

第四十二条　劳动者有下列情形之一的，用人单位不得依照本法第四十条、第四十一条的规定解除劳动合同：

（一）从事接触职业病危害作业的劳动者未进行离岗前职业健康检查，或者疑似职业病病人在诊断或者医学观察期间的；

（二）在本单位患职业病或者因工负伤并被确认丧失或者部分丧失劳动能力的；

（三）患病或者非因工负伤，在规定的医疗期内的；

（四）女职工在孕期、产期、哺乳期的；

（五）在本单位连续工作满十五年，且距法定退休年龄不足五年的；

（六）法律、行政法规规定的其他情形。

第四十三条　用人单位单方解除劳动合同，应当事先将理由通知工会。用人单位违反法律、行政法规规定或者劳动合同约定的，工会有权要求用人单位纠正。用人单位应当研究工会的意见，并将处理结果书面通知工会。

第四十四条　有下列情形之一的，劳动合同终止：

（一）劳动合同期满的；

（二）劳动者开始依法享受基本养老保险待遇的；

（三）劳动者死亡，或者被人民法院宣告死亡或者宣告失踪的；

（四）用人单位被依法宣告破产的；

（五）用人单位被吊销营业执照、责令关闭、撤销或者用人单位决定提前解散的；

（六）法律、行政法规规定的其他情形。

第四十五条 劳动合同期满，有本法第四十二条规定情形之一的，劳动合同应当续延至相应的情形消失时终止。但是，本法第四十二条第二项规定丧失或者部分丧失劳动能力劳动者的劳动合同的终止，按照国家有关工伤保险的规定执行。

第四十六条 有下列情形之一的，用人单位应当向劳动者支付经济补偿：

（一）劳动者依照本法第三十八条规定解除劳动合同的；

（二）用人单位依照本法第三十六条规定向劳动者提出解除劳动合同并与劳动者协商一致解除劳动合同的；

（三）用人单位依照本法第四十条规定解除劳动合同的；

（四）用人单位依照本法第四十一条第一款规定解除劳动合同的；

（五）除用人单位维持或者提高劳动合同约定条件续订劳动合同，劳动者不同意续订的情形外，依照本法第四十四条第一项规定终止固定期限劳动合同的；

（六）依照本法第四十四条第四项、第五项规定终止劳动合同的；

（七）法律、行政法规规定的其他情形。

第四十七条 经济补偿按劳动者在本单位工作的年限，每满一年支付一个月工资的标准向劳动者支付。六个月以上不满一年的，按一年计算；不满六个月的，向劳动者支付半个月工资的经济补偿。

劳动者月工资高于用人单位所在直辖市、设区的市级人民政府公布的本地区上年度职工月平均工资三倍的，向其支付经济补偿的标准按职工月平均工资三倍的数额支付，向其支付经济补偿的年限最高不超过十二年。

本条所称月工资是指劳动者在劳动合同解除或者终止前十二个月的平均工资。

第四十八条 用人单位违反本法规定解除或者终止劳动合同，劳动者要求继续履行劳动合同的，用人单位应当继续履行；劳动者不要求继续履行劳动合同或者劳动合同已经不能继续履行的，用人单位应当依照本法第八十七条规定支付赔偿金。

第四十九条 国家采取措施，建立健全劳动者社会保险关系跨地区转移接续制度。

第五十条 用人单位应当在解除或者终止劳动合同时出具解除或者终止劳动合同的证明，并在十五日内为劳动者办理档案和社会保险关系转移手续。

劳动者应当按照双方约定，办理工作交接。用人单位依照本法有关规定应当向劳动者支付经济补偿的，在办结工作交接时支付。

用人单位对已经解除或者终止的劳动合同的文本，至少保存二年备查。

第五章 特别规定

第一节 集体合同

第五十一条 企业职工一方与用人单位通过平等协商，可以就劳动报酬、工作时间、休息休假、劳动安全卫生、保险福利等事项订立集体合同。集体合同草案应当提交职工代表大会或者全体职工讨论通过。

集体合同由工会代表企业职工一方与用人单位订立；尚未建立工会的用人单位，由上级工会指导劳动者推举的代表与用人单位订立。

第五十二条 企业职工一方与用人单位可以订立劳动安全卫生、女职工权益保护、工资调整机制等专项集体合同。

第五十三条 在县级以下区域内，建筑业、采矿业、餐饮服务业等行业可以由工会与企业方面代表订立行业性集体合同，或者订立区域性集体合同。

第五十四条 集体合同订立后，应当报送劳动行政部门；劳动行政部门自收到集体合同文本之日起十五日内未提出异议的，集体合同即行生效。

依法订立的集体合同对用人单位和劳动者具有约束力。行业性、区域性集体合同对当地本行业、本区域的用人单位和劳动者具有约束力。

第五十五条 集体合同中劳动报酬和劳动条件等标准不得低于当地人民政府规定的最低标准；用人单位与劳动者订立的劳动合同中劳动报酬和劳动条件等标准不得低于集体合同规定的标准。

第五十六条 用人单位违反集体合同，侵犯职工劳动权益的，工会可以依法要求用人单位承担责任；因履行集体合同发生争议，经协商解决不成的，工会可以依法申请仲裁、提起诉讼。

第二节　劳务派遣

第五十七条　经营劳务派遣业务应当具备下列条件：

（一）注册资本不得少于人民币二百万元；

（二）有与开展业务相适应的固定的经营场所和设施；

（三）有符合法律、行政法规规定的劳务派遣管理制度；

（四）法律、行政法规规定的其他条件。

经营劳务派遣业务，应当向劳动行政部门依法申请行政许可；经许可的，依法办理相应的公司登记。未经许可，任何单位和个人不得经营劳务派遣业务。

第五十八条　劳务派遣单位是本法所称用人单位，应当履行用人单位对劳动者的义务。劳务派遣单位与被派遣劳动者订立的劳动合同，除应当载明本法第十七条规定的事项外，还应当载明被派遣劳动者的用工单位以及派遣期限、工作岗位等情况。

劳务派遣单位应当与被派遣劳动者订立二年以上的固定期限劳动合同，按月支付劳动报酬；被派遣劳动者在无工作期间，劳务派遣单位应当按照所在地人民政府规定的最低工资标准，向其按月支付报酬。

第五十九条　劳务派遣单位派遣劳动者应当与接受以劳务派遣形式用工的单位（以下称用工单位）订立劳务派遣协议。劳务派遣协议应当约定派遣岗位和人员数量、派遣期限、劳动报酬和社会保险费的数额与支付方式以及违反协议的责任。

用工单位应当根据工作岗位的实际需要与劳务派遣单位确定派遣期限，不得将连续用工期限分割订立数个短期劳务派遣协议。

第六十条　劳务派遣单位应当将劳务派遣协议的内容告知被派遣劳动者。

劳务派遣单位不得克扣用工单位按照劳务派遣协议支付给被派遣劳动者的劳动报酬。

劳务派遣单位和用工单位不得向被派遣劳动者收取费用。

第六十一条　劳务派遣单位跨地区派遣劳动者的，被派遣劳动者享有的劳动报酬和劳动条件，按照用工单位所在地的标准执行。

第六十二条　用工单位应当履行下列义务：

（一）执行国家劳动标准，提供相应的劳动条件和劳动保护；

（二）告知被派遣劳动者的工作要求和劳动报酬；

（三）支付加班费、绩效奖金，提供与工作岗位相关的福利待遇；

（四）对在岗被派遣劳动者进行工作岗位所必需的培训；

（五）连续用工的，实行正常的工资调整机制。

用工单位不得将被派遣劳动者再派遣到其他用人单位。

第六十三条　被派遣劳动者享有与用工单位的劳动者同工同酬的权利。用工单位应当按照同工同酬原则，对被派遣劳动者与本单位同类岗位的劳动者实行相同的劳动报酬分配办法。用工单位无同类岗位劳动者的，参照用工单位所在地相同或者相近岗位劳动者的劳动报酬确定。

劳务派遣单位与被派遣劳动者订立的劳动合同和与用工单位订立的劳务派遣协议，载明或者约定的向被派遣劳动者支付的劳动报酬应当符合前款规定。

第六十四条　被派遣劳动者有权在劳务派遣单位或者用工单位依法参加或者组织工会，维护自身的合法权益。

第六十五条　被派遣劳动者可以依照本法第三十六条、第三十八条的规定与劳务派遣单位解除劳动合同。

被派遣劳动者有本法第三十九条和第四十条第一项、第二项规定情形的，用工单位可以将劳动者退回劳务派遣单位，劳务派遣单位依照本法有关规定，可以与劳动者解除劳动合同。

第六十六条　劳动合同用工是我国的企业基本用工形式。劳务派遣用工是补充形式，只能在临时性、辅助性或者替代性的工作岗位上实施。

前款规定的临时性工作岗位是指存续时间不超过六个月的岗位；辅助性工作岗位是指为主营业务岗位提供服务的非主营业务岗位；替代性工作岗位是指用工单位的劳动者因脱产学习、休假等原因无法工作的一定期间内，可以由其他劳动者替代工作的岗位。

用工单位应当严格控制劳务派遣用工数量，不得超过其用工总量的一定比例，具体比例由国务院劳动行政部门规定。

第六十七条　用人单位不得设立劳务派遣单位向本单位或者所属单位派遣劳动者。

第三节　非全日制用工

第六十八条　非全日制用工，是指以小时计酬为主，劳动者在同一用人单位一般平均每日工作时间不超过四小时，每周工作时间累计不超过二十四小时的用工形式。

第六十九条　非全日制用工双方当事人可以订立口头协议。

从事非全日制用工的劳动者可以与一个或者一个以上用人单位订立劳动合同；但是，后订立的劳动合同不得影响先订立的劳动合同的履行。

第七十条　非全日制用工双方当事人不得约定试用期。

第七十一条　非全日制用工双方当事人任何一方都可以随时通知对方终止用工。终止用工，用人单位不向劳动者支付经济补偿。

第七十二条　非全日制用工小时计酬标准不得低于用人单位所在地人民政府规定的最低小时工资标准。

非全日制用工劳动报酬结算支付周期最长不得超过十五日。

第六章　监督检查

第七十三条　国务院劳动行政部门负责全国劳动合同制度实施的监督管理。

县级以上地方人民政府劳动行政部门负责本行政区域内劳动合同制度实施的监督管理。

县级以上各级人民政府劳动行政部门在劳动合同制度实施的监督管理工作中，应当听取工会、企业方面代表以及有关行业主管部门的意见。

第七十四条　县级以上地方人民政府劳动行政部门依法对下列实施劳动合同制度的情况进行监督检查：

（一）用人单位制定直接涉及劳动者切身利益的规章制度及其执行的情况；

（二）用人单位与劳动者订立和解除劳动合同的情况；

（三）劳务派遣单位和用工单位遵守劳务派遣有关规定的情况；

（四）用人单位遵守国家关于劳动者工作时间和休息休假规定的情况；

（五）用人单位支付劳动合同约定的劳动报酬和执行最低工资标准的情况；

（六）用人单位参加各项社会保险和缴纳社会保险费的情况；

（七）法律、法规规定的其他劳动监察事项。

第七十五条　县级以上地方人民政府劳动行政部门实施监督检查时，有权查阅与劳动合同、集体合同有关的材料，有权对劳动场所进行实地检查，用人单位和劳动者都应当如实提供有关情况和材料。

劳动行政部门的工作人员进行监督检查，应当出示证件，依法行使职权，文明执法。

第七十六条　县级以上人民政府建设、卫生、安全生产监督管理等有关主管部门在各自职责范围内，对用人单位执行劳动合同制度的情况进行监督管理。

第七十七条　劳动者合法权益受到侵害的，有权要求有关部门依法处理，或者依法申请仲裁、提起诉讼。

第七十八条　工会依法维护劳动者的合法权益，对用人单位履行劳动合同、集体合同的情况进行监督。用人单位违反劳动法律、法规和劳动合同、集体合同的，工会有权提出意见或者要求纠正；劳动者申请仲裁、提起诉讼的，工会依法给予支持和帮助。

第七十九条　任何组织或者个人对违反本法的行为都有权举报，县级以上人民政府劳动行政部门应当及时核实、处理，并对举报有功人员给予奖励。

第七章　法律责任

第八十条　用人单位直接涉及劳动者切身利益的规章制度违反法律、法规规定的，由劳动行政部门责令改正，给予警告；给劳动者造成损害的，应当承担赔偿责任。

第八十一条　用人单位提供的劳动合同文本未载明本法规定的劳动合同必备条款或者用人单位未将劳动合同文本交付劳动者的，由劳动行政部门责令改正；给劳动者造成损害的，应当承担赔偿责任。

第八十二条　用人单位自用工之日起超过一个月不满一年未与劳动者订立书面劳动合同的，应当向劳动者每月支付二倍的工资。

用人单位违反本法规定不与劳动者订立无固定期限劳动合同的，自应当订立无固定期限劳动合同之日起向劳动者每月支付二倍的工资。

第八十三条　用人单位违反本法规定与劳动者约定试用期的，由劳动行政部门责令改正；违法约定的试用期已经履行的，由用人单位以劳动者试用期满月工资为标准，按已经履行的超过法定试用期的期间向劳动者支付赔偿金。

第八十四条　用人单位违反本法规定，扣押劳动者居民身份证等证件的，由劳动行政部门责令限期退还劳动者本人，并依照有关法律规定给予处罚。

用人单位违反本法规定，以担保或者其他名义向劳动者收取财物的，由劳动行政部门责令限期退还劳动者本人，并以每人五百元以上二千元以下的标准处以罚款；给劳动者造成损害的，应当承担赔偿责任。

劳动者依法解除或者终止劳动合同，用人单位扣押劳动者档案或者其他物品的，依照前款规定处罚。

第八十五条　用人单位有下列情形之一的，由劳动行政部门责令限期支付劳动报酬、加班费或者经济补偿；劳动报酬低于当地最低工资标准的，应当支付其差额部分；逾期不支付的，责令用人单位按应付金额百分之五十以上百分之一百以下的标准向劳动者加付赔偿金：

（一）未按照劳动合同的约定或者国家规定及时足额支付劳动者劳动报酬的；

（二）低于当地最低工资标准支付劳动者工资的；

（三）安排加班不支付加班费的；

（四）解除或者终止劳动合同，未依照本法规定向劳动者支付经济补偿的。

第八十六条　劳动合同依照本法第二十六条规定被确认无效，给对方造成损害的，有过错的一方应当承担赔偿责任。

第八十七条　用人单位违反本法规定解除或者终止劳动合同的，应当依照本法第四十七条规定的经济补偿标准的二倍向劳动者支付赔偿金。

第八十八条　用人单位有下列情形之一的，依法给予行政处罚；构成犯罪的，依法追究刑事责任；给劳动者造成损害的，应当承担赔偿责任：

（一）以暴力、威胁或者非法限制人身自由的手段强迫劳动的；

（二）违章指挥或者强令冒险作业危及劳动者人身安全的；

（三）侮辱、体罚、殴打、非法搜查或者拘禁劳动者的；

（四）劳动条件恶劣、环境污染严重，给劳动者身心健康造成严重损害的。

第八十九条　用人单位违反本法规定未向劳动者出具解除或者终止劳动合同的书面证明，由劳动行政部门责令改正；给劳动者造成损害的，应当承担赔偿责任。

第九十条　劳动者违反本法规定解除劳动合同，或者违反劳动合同中约定的保密义务或者竞业限制，给用人单位造成损失的，应当承担赔偿责任。

第九十一条　用人单位招用与其他用人单位尚未解除或者终止劳动合同的劳动者，给其他用人单位造成损失的，应当承担连带赔偿责任。

第九十二条　违反本法规定，未经许可，擅自经营劳务派遣业务的，由劳动行政部门责令停止违法行为，没收违法所得，并处违法所得一倍以上五倍以下的罚款；没有违法所得的，可以处五万元以下的罚款。

劳务派遣单位、用工单位违反本法有关劳务派遣规定的，由劳动行政部门责令限期改正；逾期不改正的，以每人五千元以上一万元以下的标准处以罚款，对劳务派遣单位，吊销其劳务派遣业务经营许可证。用工单位给被派遣劳动者造成损害的，劳务派遣单位与用工单位承担连带赔偿责任。

第九十三条　对不具备合法经营资格的用人单位的违法犯罪行为，依法追究法律责任；劳动者已经付出劳动的，该单位或者其出资人应当依照本法有关规定向劳动者支付劳动报酬、经济补偿、赔偿金；给劳动者造成损害的，应当承担赔偿责任。

第九十四条　个人承包经营违反本法规定招用劳动者，给劳动者造成损害的，发包的组织与个人承包经营者承担连带赔偿责任。

第九十五条　劳动行政部门和其他有关主管部门及其工作人员玩忽职守、不履行法定职责，或者违法行使职权，给劳动者或者用人单位造成损害的，应当承担赔偿责任；对直接负责的主管人员和其他直接责任人员，依法给予行政处分；构成犯罪的，依法追究刑事责任。

第八章　附　则

第九十六条　事业单位与实行聘用制的工作人员订立、履行、变更、解除或者终止劳动合同，法律、行政法规或者国务院另有规定的，依照其规定；未作规定的，依照本法有关规定执行。

第九十七条　本法施行前已依法订立且在本法施行之日存续的劳动合同，继续履行；本法第十四条第二款第三项规定连续订立固定期限劳动合同的次数，自本法施行后续订固定期限劳动合同时开始计算。

本法施行前已建立劳动关系，尚未订立书面劳动合同的，应当自本法施行之日起一个月内订立。

本法施行之日存续的劳动合同在本法施行后解除或者终止，依照本法第四十六条规定应当支付经济补偿的，经济补偿年限自本法施行之日起计算；本法施行前按照当时有关规定，用人单位应当向劳动者支付经济补偿的，按照当时有关规定执行。

第九十八条 本法自 2008 年 1 月 1 日起施行。

关于《中华人民共和国劳动合同法修正案（草案）》的说明

——2012 年 6 月 26 日在第十一届全国人民代表大会常务委员会第二十七次会议上

全国人大财政经济委员会副主任委员 乌日图

全国人民代表大会常务委员会：

我受全国人大财政经济委员会的委托，就《中华人民共和国劳动合同法修正案（草案）》作如下说明：

一、修改劳动合同法的必要性和草案起草过程

我国现行劳动合同法是 2007 年十届全国人大常委会第二十八次会议通过的。该法的颁布实施，对于促进劳动力资源的市场配置、规范劳动关系、完善劳动合同制度、明确劳动合同双方当事人的权利义务、保护劳动者的合法权益发挥了重要作用。尤其是在 2008 年以来应对国际金融危机的过程中，劳动合同法对于维护企业职工队伍和社会和谐稳定，引导企业与职工和衷共济、共克难关起到了积极作用。

劳务派遣是劳动合同法规范的一项重要内容，也是劳动合同法实施中遇到的一个重大问题。劳动合同法颁布实施后，出现了劳务派遣单位数量大幅增加、劳务派遣用工规模迅速扩大的情况。根据全国总工会测算，全国被派遣劳动者人数 2011 年达到约 3700 万人。劳务派遣用工存在的突出问题主要有：一是劳务派遣单位过多过滥，经营不规范；二是许多用工单位长期大量使用被派遣劳动者，有的用工单位甚至把劳务派遣作为用工主渠道；三是被派遣劳动者的合法权益得不到有效保障，同工不同酬、不同保障待遇的问题比较突出，参与企业民主管理和参加工会组织等权利得不到很好落实，一些被派遣劳动者长期没有归属感，心理落差较大。劳务派遣用工制度的滥用不仅损害了劳动者的合法权益，也对常规的用工方式和劳动合同制度造成较大冲击。这些问题如不尽快解决，必然给和谐劳动关系和社会稳定带来负面影响。全国人大常委会在 2008 年和 2011 年对劳动合同法进行的执法检查中都明确要求，要严格规范劳务派遣用工，保障被派遣劳动者的合法权益。全国人大常委会领导同志对此也高度重视，多次作出重要指示，要求从维护工人阶级主体地位、巩固党的执政基础的高度来认识这个问题，加强调查研究，尽快从法律上严格规范劳务派遣用工。

按照常委会的要求，由全国人大常委会法制工作委员会牵头，会同全国人大内务司法委员会、财政经济委员会开展了劳务派遣用工情况的调研。调研组先后赴广东、福建、北京、安徽等地深入企事业单位了解情况，听取意见；召开中央有关部门、部分劳动用工单位和劳务派遣单位参加的座谈会，充分听取各方面对修改完善劳务派遣法律规定的意见建议；到使用被派遣劳动者较多的部分中央企业调研劳务派遣用工情况，和在京部分被派遣劳动者座谈，深入企业生产一线了解被派遣劳动者在工作生活中面临的实际情况。

根据调研了解到的情况，全国人大常委会法制工作委员会、全国人大内务司法委员会和财政经济委员会在分别与中央有关部门反复沟通协调的基础上明确了这次修法的原则和重点：一是严格规范劳务派遣用工，不能把劳务派遣变成用工主渠道；二是维护工人阶级主体地位，保障被派遣劳动者实现同工同酬等权利；三是加强对劳务派遣单位的管理，强化劳动行政部门的监督职责；四是规范劳务派遣既要积极又要稳妥，妥善处理好修法前后法律实施的衔接问题，实现平稳过渡。按照上述要求，由全国人大常委会法制工作委员会牵头起草了劳动合同法修正案草案，并经财政

经济委员会第67次全体会议审议通过，提请本次常委会会议审议。

二、修改的主要内容

（一）严格限制劳务派遣用工岗位范围

现行劳动合同法第六十六条规定，劳务派遣一般在临时性、辅助性或者替代性的工作岗位上实施。劳动合同法实施以来，劳务派遣用工数量快速增长，部分企业突破“三性”岗位范围，在主营业务岗位和一般性工作岗位长期大量使用被派遣劳动者。为严格限制劳务派遣用工，草案规定劳务派遣“只能”在“三性”岗位上实施，并对“三性”岗位的具体含义作了进一步界定：临时性是指用工单位的工作岗位存续时间不超过六个月；辅助性是指用工单位的工作岗位为主营业务岗位提供服务；替代性是指用工单位的职工因脱产学习、休假等原因在该工作岗位上无法工作的一定期间内，可以由被派遣劳动者替代工作。

（二）对设立劳务派遣单位实行行政许可

现行劳动合同法第五十七条规定，劳务派遣单位应当依照公司法的有关规定设立，注册资本不得少于五十万元。劳动合同法实施以来，从事劳务派遣的单位增长较快。一些劳务派遣单位经营不规范，规章制度不健全，侵害被派遣劳动者的合法权益。由于劳务派遣单位准入门槛低，承担责任能力差，被派遣劳动者的合法权益受到侵害后，难以获得有效赔偿。为促使劳务派遣单位依法经营，草案规定，经营劳务派遣业务应当向劳动行政部门依法办理行政许可，并对取得许可的条件作了具体规定，包括将注册资本要求由不得少于人民币五十万元提高到不得少于人民币一百万元、劳务派遣单位应当有符合法律规定的劳务派遣管理制度等。

（三）切实维护被派遣劳动者享有与用工单位的劳动者同工同酬的权利

同工同酬是劳动合同法规定的一项重要原则。现行劳动合同法第六十三条规定，被派遣劳动者享有与用工单位的劳动者同工同酬的权利。用工单位无同类岗位劳动者的，参照用工单位所在地相同或者相近岗位劳动者的劳动报酬确定。劳动合同法实施以来，多数企业对本单位的劳动合同制职工逐步做到了同工同酬，但对被派遣劳动者与本单位劳动合同制职工实行不同的工资福利标准和分配办法，有的被派遣劳动者的劳动报酬、社会保险、企业福利等与用工单位的劳动合同制职工相比差距较大。为落实被派遣劳动者同工同酬的权利，草案增加规定劳务派遣单位与被派遣劳动者订立的劳动合同以及与用工单位订立的劳务派遣协议，载明或者约定的向被派遣劳动者支付的劳动报酬应当符合同工同酬的规定。

（四）增加对相应违法行为的处罚

根据上述修改内容以及进一步严格规范劳务派遣用工的要求，草案对劳动合同法法律责任部分作了相应修改：一是增加规定，对未经许可擅自经营劳务派遣业务的，由劳动行政部门依法予以取缔，没收违法所得，并处以罚款。二是进一步明确规定劳务派遣单位、用工单位违反劳动合同法规定的，处以罚款，并适当提高了罚款额度；对劳务派遣单位并可吊销其经营劳务派遣业务的行政许可。

（五）处理好法律实施的衔接

为实现修法前后劳务派遣用工制度的平稳过渡，草案规定，本修正案开始施行时用工单位正在使用被派遣劳动者的，用工单位、劳务派遣单位应当根据本修正案进行调整；本修正案施行前经营劳务派遣业务的单位，依法办理行政许可和公司变更登记后，方可继续经营劳务派遣业务。具体办法由国务院另行规定。

对于在修正案施行前依法向工商行政管理部门办理登记经营劳务派遣业务的单位，自修正案施行之日起未依法办理许可或者申请许可未获批准的，应当按照劳动合同法、合同法、公司法等有关法律、法规规定，与用工单位、工会组织进行协商，对其尚未履行完毕的合同、劳务派遣协议作出妥善处理。劳动行政部门、工商行政管理部门应当加强监督检查，切实保障被派遣劳动者的合法权益。

《中华人民共和国劳动合同法修正案（草案）》和以上说明是否妥当，请审议。

全国人民代表大会法律委员会关于《中华人民共和国劳动合同法修正案(草案)》审议结果的报告

——2012 年 12 月 24 日在第十一届全国人民代表大会常务委员会第三十次会议上

全国人大法律委员会副主任委员 李适时

全国人民代表大会常务委员会:

常委会第二十七次会议对劳动合同法修正案(草案)进行了初次审议。会后,法制工作委员会将草案印发各省(区、市)和中央有关部门、部分中央企业、高等院校和研究机构征求意见。中国人大网站全文公布草案向社会征求意见。法律委员会、法制工作委员会到一些地方调研,并与内务司法委员会、财政经济委员会、国务院法制办公室、人力资源和社会保障部、国务院国有资产监督管理委员会、全国总工会等部门多次沟通协调,反复研究,对草案进行修改完善。法律委员会于 10 月 9 日、11 月 23 日两次召开会议,根据常委会组成人员的审议意见和各方面的意见,对修正案草案进行了逐条审议。内务司法委员会、财政经济委员会和国务院法制办公室、人力资源和社会保障部、全国总工会的负责同志列席了会议。12 月 13 日,法律委员会召开会议,再次进行了审议。法律委员会认为,为严格规范劳务派遣用工,切实维护被派遣劳动者的合法权益,促进劳动关系的和谐稳定,对劳动合同法进行修改是必要的,修正案草案基本可行。同时,提出以下主要修改意见:

一、草案第一条规定,经营劳务派遣业务应当向劳动行政部门依法办理行政许可,并明确了设立劳务派遣单位应当具备的条件。多数常委委员和地方、部门赞成对经营劳务派遣业务实行行政许可,并建议在应当具备的条件中对最低注册资本要求再作适当提高,同时增加规定经营场所等方面的要求。法律委员会经同各有关方面研究,建议将这一条中规定的最低注册资本要求由“一百万元”提高至“二百万元”;并增加规定,经营劳务派遣业务应当“有与开展业务相适应的固定的经营场所和设施”。

二、草案第二条规定,劳务派遣单位与被派遣劳动者订立的劳动合同和与用工单位订立的劳务派遣协议,载明或者约定的向被派遣劳动者支付的劳动报酬应当符合同工同酬的规定。一些常委委员和地方、部门提出,规范劳务派遣重要的是要落实被派遣劳动者与用工单位的劳动者同工同酬的权利,建议在草案规定的基础上,进一步明确被派遣劳动者与用工单位同类岗位的劳动者适用相同的劳动报酬分配办法。法律委员会经同各有关方面研究后认为,这一意见是可行的,建议在草案第二条中增加规定:“用工单位应当按照同工同酬原则,对被派遣劳动者与本单位同类岗位的劳动者实行相同的劳动报酬分配办法。”

三、草案第三条规定,劳务派遣只能在临时性、辅助性或者替代性的工作岗位上实施,并进一步明确了“三性”岗位的具体含义。一些常委委员和地方、部门提出,针对实践中劳务派遣用工被滥用的突出问题,应进一步明确劳动合同用工是我们国家的企业基本用工形式,劳务派遣用工不能成为用工主渠道,只能是一种补充形式;同时,应对辅助性岗位的含义进一步作出明确界定,增强法律实施的可操作性。法律委员会经同各有关方面研究,赞成这一意见,建议:一是将草案第三条第一款修改为:“劳动合同用工是我国的企业基本用工形式。劳务派遣用工是补充形式,只能在临时性、辅助性或者替代性的工作岗位上实施。”二是将该条第二款中辅助性岗位的含义修改为“为主营业务岗位提供服务的非主营业务岗位”。

此外,一些常委委员、部门提出,为防止滥用劳务派遣用工,还应明确要求用工单位严格控制劳务派遣用工数量,将劳务派遣用工数量限制在一定比例内,实行总量控制。法律委员会认为,这个意见有道理,但不同领域、不同类型的企业情况不同,可在法律上提出明确要求,具体比例可由国务院劳动行政部门规定。据此，建议在草案第三条中增加一款，规定："用工单位应当严格控制劳务派遣用工数量，不得超过其用工总量的一定比例，具体比例由国务院劳动行政部门规定。"

四、一些常委委员和地方、部门提出，应当妥善处理好新旧法实施的衔接问题，实现平稳过渡，建议对草案中的过渡条款进一步细化。法律委员会经同各有关方面研究认为，草案的过渡条款应着重解决好三个问题：一是，已经订立且在修改决定施行之日存续的劳动合同和劳务派遣协议继续履行。二是，劳动合同和劳务派遣协议的内容不符合草案关于同工同酬规定的，应当进行调整。三是，原已经营劳务派遣业务的单位，应当在过渡期内依法取得行政许可并办理公司变更登记。具体办法可由国务院劳动行政部门会同国务院有关部门规定。法律委员会建议对草案的过渡条款作相应修改。

此外，还对修正案草案作了一些文字修改。

法律委员会已按上述意见提出了全国人民代表大会常务委员会关于修改《中华人民共和国劳动合同法》的决定（草案）。法律委员会建议，修改决定草案经本次常委会会议审议通过。

修改决定草案和以上报告是否妥当，请审议。

全国人民代表大会法律委员会关于《全国人民代表大会常务委员会关于修改〈中华人民共和国劳动合同法〉的决定（草案）》修改意见的报告

——2012 年 12 月 28 日在第十一届全国人民代表大会常务委员会第三十次会议上

全国人民代表大会常务委员会：

本次常委会会议于 12 月 25 日上午对关于修改劳动合同法的决定（草案）进行了分组审议，普遍认为，修改决定草案吸收了常委会组成人员的审议意见和各方面的意见，已经比较成熟，建议进一步修改后，提请本次会议通过。同时，有些常委会组成人员还提出了一些修改意见。法律委员会于 12 月 26 日上午召开会议，逐条研究了常委会组成人员的审议意见，对草案进行了审议。内务司法委员会、财政经济委员会、国务院法制办公室、人力资源和社会保障部、全国总工会的负责同志列席了会议。法律委员会认为，草案是可行的，同时提出以下修改意见：

有的常委委员提出，修改决定从公布到施行还有一段时间，为保证修改决定的有效实施，建议将修改决定草案过渡条款中规定的"本决定施行前已依法订立且在本决定施行之日存续的劳动合同和劳务派遣协议继续履行"，修改为"本决定公布前已依法订立的劳动合同和劳务派遣协议继续履行至期限届满"。法律委员会经研究，赞成这一修改意见，建议对修改决定草案作相应修改。

一些常委委员和列席会议的同志提出，修改决定通过后，国务院及其劳动行政部门和其他有关部门应抓紧制定修改配套法规，并采取其他必要措施，切实抓好修改决定的贯彻落实。法律委员会建议，国务院及其有关主管部门在修改决定公布至施行的一段时间内，抓紧制定或者修改相应的配套法规，做好修改决定实施的各项准备工作；同时，组织好宣传教育和学习培训等工作，确保修改决定各项规定得到正确有效实施。

此外，还对修改决定草案作了个别文字修改。

修改决定草案建议表决稿已按上述意见作了修改，法律委员会建议本次常委会会议通过。

修改决定草案建议表决稿和以上报告是否妥当，请审议。

中华人民共和国主席令

第七十四号

《全国人民代表大会常务委员会关于修改〈中华人民共和国农业法〉的决定》已由中华人民共和国第十一届全国人民代表大会常务委员会第三十次会议于 2012 年 12 月 28 日通过，现予公布，自 2013 年 1 月 1 日起施行。

中华人民共和国主席　胡锦涛

2012 年 12 月 28 日

全国人民代表大会常务委员会关于修改《中华人民共和国农业法》的决定

（2012 年 12 月 28 日第十一届全国人民代表大会常务委员会第三十次会议通过）

第十一届全国人民代表大会常务委员会第三十次会议决定对《中华人民共和国农业法》作如下修改：

一、将第五十一条第一款修改为："国家设立的农业技术推广机构应当以农业技术试验示范基地为依托，承担公共所需的关键性技术的推广和示范等公益性职责，为农民和农业生产经营组织提供无偿农业技术服务。"

二、将第五十二条第一款修改为："农业科研单位、有关学校、农民专业合作社、涉农企业、群众性科技组织及有关科技人员，根据农民和农业生产经营组织的需要，可以提供无偿服务，也可以通过技术转让、技术服务、技术承包、技术咨询和技术入股等形式，提供有偿服务，取得合法收益。农业科研单位、有关学校、农民专业合作社、涉农企业、群众性科技组织及有关科技人员应当提高服务水平，保证服务质量。"

第三款修改为："国家鼓励和支持农民、供销合作社、其他企业事业单位等参与农业技术推广工作。"

本决定自 2013 年 1 月 1 日起施行。

《中华人民共和国农业法》根据本决定作相应修改，重新公布。

中华人民共和国农业法

（1993 年 7 月 2 日第八届全国人民代表大会常务委员会第二次会议通过　2002 年 12 月 28 日第九届全国人民代表大会常务委员会第三十一次会议修订　根据 2009 年 8 月 27 日第十一届全国人民代表大会常务委员会第十次会议《关于修改部分法律的决定》第一次修正　根据 2012 年 12 月 28 日第十一届全国人民代表大会常务委员会第三十次会议《关于修改〈中华人民共和国农业法〉的决定》第二次修正）

目　录

第一章　总　　则

第一条　为了巩固和加强农业在国民经济中的基础地位，深化农村改革，发展农业生产力，推进农业现代化，维护农民和农业生产经营组织的合法权益，增加农民收入，提高农民科学文化素质，促进农业和农村经济的持续、稳定、健康发展，实现全面建设小康社会的目标，制定本法。

第二条　本法所称农业，是指种植业、林业、畜牧业和渔业等产业，包括与其直接相关的产前、产中、产后服务。

本法所称农业生产经营组织，是指农村集体经济组织、农民专业合作经济组织、农业企业和其他从事农业生产经营的组织。

第三条　国家把农业放在发展国民经济的首位。

农业和农村经济发展的基本目标是：建立适应发展社会主义市场经济要求的农村经济体制，不断解放和发展农村生产力，提高农业的整体素质和效益，确保农产品供应和质量，满足国民经济发展和人口增长、生活改善的需求，提高农民的收入和生活水平，促进农村富余劳动力向非农产业和城镇转移，缩小城乡差别和区域差别，建设富裕、民主、文明的社会主义新农村，逐步实现农业和农村现代化。

第四条　国家采取措施，保障农业更好地发挥在提供食物、工业原料和其他农产品，维护和改善生态环境，促进农村经济社会发展等多方面的作用。

第五条　国家坚持和完善公有制为主体、多种所有制经济共同发展的基本经济制度，振兴农村经济。

国家长期稳定农村以家庭承包经营为基础、统分结合的双层经营体制，发展社会化服务体系，壮大集体经济实力，引导农民走共同富裕的道路。

国家在农村坚持和完善以按劳分配为主体、多种分配方式并存的分配制度。

第六条　国家坚持科教兴农和农业可持续发展的方针。

国家采取措施加强农业和农村基础设施建设，调整、优化农业和农村经济结构，推进农业产业化经营，发展农业科技、教育事业，保护农业生态环境，促进农业机械化和信息化，提高农业综合生产能力。

第七条　国家保护农民和农业生产经营组织的财产及其他合法权益不受侵犯。

各级人民政府及其有关部门应当采取措施增加农民收入，切实减轻农民负担。

第八条　全社会应当高度重视农业，支持农业发展。

国家对发展农业和农村经济有显著成绩的单位和个人，给予奖励。

第九条　各级人民政府对农业和农村经济发展工作统一负责，组织各有关部门和全社会做好发展农业和为发展农业服务的各项工作。

国务院农业行政主管部门主管全国农业和农村经济发展工作，国务院林业行政主管部门和其他有关部门在各自的职责范围内，负责有关的农业和农村经济发展工作。

县级以上地方人民政府各农业行政主管部门负责本行政区域内的种植业、畜牧业、渔业等农业和农村经济发展工作，林业行政主管部门负责本行政区域内的林业工作。县级以上地方人民政府其他有关部门在各自的职责范围内，负责本行政区域内有关的为农业生产经营服务的工作。

第二章　农业生产经营体制

第十条　国家实行农村土地承包经营制度，依法保障农村土地承包关系的长期稳定，保护农民对承包土地的使用权。

农村土地承包经营的方式、期限、发包方和承包方的权利义务、土地承包经营权的保护和流转等，适用《中华人民共和国土地管理法》和《中华人民共和国农村土地承包法》。

农村集体经济组织应当在家庭承包经营的基础上，依法管理集体资产，为其成员提供生产、技术、信息等服务，组织合理开发、利用集体资源，壮大经济实力。

第十一条　国家鼓励农民在家庭承包经营的基础上自愿组成各类专业合作经济组织。

农民专业合作经济组织应当坚持为成员服务

的宗旨，按照加入自愿、退出自由、民主管理、盈余返还的原则，依法在其章程规定的范围内开展农业生产经营和服务活动。

农民专业合作经济组织可以有多种形式，依法成立、依法登记。任何组织和个人不得侵犯农民专业合作经济组织的财产和经营自主权。

第十二条 农民和农业生产经营组织可以自愿按照民主管理、按劳分配和按股分红相结合的原则，以资金、技术、实物等入股，依法兴办各类企业。

第十三条 国家采取措施发展多种形式的农业产业化经营，鼓励和支持农民和农业生产经营组织发展生产、加工、销售一体化经营。

国家引导和支持从事农产品生产、加工、流通服务的企业、科研单位和其他组织，通过与农民或者农民专业合作经济组织订立合同或者建立各类企业等形式，形成收益共享、风险共担的利益共同体，推进农业产业化经营，带动农业发展。

第十四条 农民和农业生产经营组织可以按照法律、行政法规成立各种农产品行业协会，为成员提供生产、营销、信息、技术、培训等服务，发挥协调和自律作用，提出农产品贸易救济措施的申请，维护成员和行业的利益。

第三章 农业生产

第十五条 县级以上人民政府根据国民经济和社会发展的中长期规划、农业和农村经济发展的基本目标和农业资源区划，制定农业发展规划。

省级以上人民政府农业行政主管部门根据农业发展规划，采取措施发挥区域优势，促进形成合理的农业生产区域布局，指导和协调农业和农村经济结构调整。

第十六条 国家引导和支持农民和农业生产经营组织结合本地实际按照市场需求，调整和优化农业生产结构，协调发展种植业、林业、畜牧业和渔业，发展优质、高产、高效益的农业，提高农产品国际竞争力。

种植业以优化品种、提高质量、增加效益为中心，调整作物结构、品种结构和品质结构。

加强林业生态建设，实施天然林保护、退耕还林和防沙治沙工程，加强防护林体系建设，加速营造速生丰产林、工业原料林和薪炭林。

加强草原保护和建设，加快发展畜牧业，推广圈养和舍饲，改良畜禽品种，积极发展饲料工业和畜禽产品加工业。

渔业生产应当保护和合理利用渔业资源，调整捕捞结构，积极发展水产养殖业、远洋渔业和水产品加工业。

县级以上人民政府应当制定政策，安排资金，引导和支持农业结构调整。

第十七条 各级人民政府应当采取措施，加强农业综合开发和农田水利、农业生态环境保护、乡村道路、农村能源和电网、农产品仓储和流通、渔港、草原围栏、动植物原种良种基地等农业和农村基础设施建设，改善农业生产条件，保护和提高农业综合生产能力。

第十八条 国家扶持动植物品种的选育、生产、更新和良种的推广使用，鼓励品种选育和生产、经营相结合，实施种子工程和畜禽良种工程。国务院和省、自治区、直辖市人民政府设立专项资金，用于扶持动植物良种的选育和推广工作。

第十九条 各级人民政府和农业生产经营组织应当加强农田水利设施建设，建立健全农田水利设施的管理制度，节约用水，发展节水型农业，严格依法控制非农业建设占用灌溉水源，禁止任何组织和个人非法占用或者毁损农田水利设施。

国家对缺水地区发展节水型农业给予重点扶持。

第二十条 国家鼓励和支持农民和农业生产经营组织使用先进、适用的农业机械，加强农业机械安全管理，提高农业机械化水平。

国家对农民和农业生产经营组织购买先进农业机械给予扶持。

第二十一条 各级人民政府应当支持为农业服务的气象事业的发展，提高对气象灾害的监测和预报水平。

第二十二条 国家采取措施提高农产品的质量，建立健全农产品质量标准体系和质量检验检测监督体系，按照有关技术规范、操作规程和质量卫生安全标准，组织农产品的生产经营，保障农产品质量安全。

第二十三条 国家支持依法建立健全优质农产品认证和标志制度。

国家鼓励和扶持发展优质农产品生产。县级以上地方人民政府应当结合本地情况，按照国家有关规定采取措施，发展优质农产品生产。

符合国家规定标准的优质农产品可以依照法律或者行政法规的规定申请使用有关的标志。符合规定产地及生产规范要求的农产品可以依照有关法律或者行政法规的规定申请使用农产品地理标志。

第二十四条 国家实行动植物防疫、检疫制度,健全动植物防疫、检疫体系,加强对动物疫病和植物病、虫、杂草、鼠害的监测、预警、防治,建立重大动物疫情和植物病虫害的快速扑灭机制,建设动物无规定疫病区,实施植物保护工程。

第二十五条 农药、兽药、饲料和饲料添加剂、肥料、种子、农业机械等可能危害人畜安全的农业生产资料的生产经营,依照相关法律、行政法规的规定实行登记或者许可制度。

各级人民政府应当建立健全农业生产资料的安全使用制度,农民和农业生产经营组织不得使用国家明令淘汰和禁止使用的农药、兽药、饲料添加剂等农业生产资料和其他禁止使用的产品。

农业生产资料的生产者、销售者应当对其生产、销售的产品的质量负责,禁止以次充好、以假充真、以不合格的产品冒充合格的产品;禁止生产和销售国家明令淘汰的农药、兽药、饲料添加剂、农业机械等农业生产资料。

第四章 农产品流通与加工

第二十六条 农产品的购销实行市场调节。国家对关系国计民生的重要农产品的购销活动实行必要的宏观调控,建立中央和地方分级储备调节制度,完善仓储运输体系,做到保证供应,稳定市场。

第二十七条 国家逐步建立统一、开放、竞争、有序的农产品市场体系,制定农产品批发市场发展规划。对农村集体经济组织和农民专业合作经济组织建立农产品批发市场和农产品集贸市场,国家给予扶持。

县级以上人民政府工商行政管理部门和其他有关部门按照各自的职责,依法管理农产品批发市场,规范交易秩序,防止地方保护与不正当竞争。

第二十八条 国家鼓励和支持发展多种形式的农产品流通活动。支持农民和农民专业合作经济组织按照国家有关规定从事农产品收购、批发、贮藏、运输、零售和中介活动。鼓励供销合作社和其他从事农产品购销的农业生产经营组织提供市场信息,开拓农产品流通渠道,为农产品销售服务。

县级以上人民政府应当采取措施,督促有关部门保障农产品运输畅通,降低农产品流通成本。有关行政管理部门应当简化手续,方便鲜活农产品的运输,除法律、行政法规另有规定外,不得扣押鲜活农产品的运输工具。

第二十九条 国家支持发展农产品加工业和食品工业,增加农产品的附加值。县级以上人民政府应当制定农产品加工业和食品工业发展规划,引导农产品加工企业形成合理的区域布局和规模结构,扶持农民专业合作经济组织和乡镇企业从事农产品加工和综合开发利用。

国家建立健全农产品加工制品质量标准,完善检测手段,加强农产品加工过程中的质量安全管理和监督,保障食品安全。

第三十条 国家鼓励发展农产品进出口贸易。

国家采取加强国际市场研究、提供信息和营销服务等措施,促进农产品出口。

为维护农产品产销秩序和公平贸易,建立农产品进口预警制度,当某些进口农产品已经或者可能对国内相关农产品的生产造成重大的不利影响时,国家可以采取必要的措施。

第五章 粮食安全

第三十一条 国家采取措施保护和提高粮食综合生产能力,稳步提高粮食生产水平,保障粮食安全。

国家建立耕地保护制度,对基本农田依法实行特殊保护。

第三十二条 国家在政策、资金、技术等方面对粮食主产区给予重点扶持,建设稳定的商品粮生产基地,改善粮食收贮及加工设施,提高粮食主产区的粮食生产、加工水平和经济效益。

国家支持粮食主产区与主销区建立稳定的购销合作关系。

第三十三条 在粮食的市场价格过低时,国务院可以决定对部分粮食品种实行保护价制度。保护价应当根据有利于保护农民利益、稳定粮食生产的原则确定。

农民按保护价制度出售粮食,国家委托的收购单位不得拒收。

县级以上人民政府应当组织财政、金融等部门以及国家委托的收购单位及时筹足粮食收购资金,任何部门、单位或者个人不得截留或者挪用。

第三十四条 国家建立粮食安全预警制度,采取措施保障粮食供给。国务院应当制定粮食安全保障目标与粮食储备数量指标,并根据需要组织有关主管部门进行耕地、粮食库存情况的核查。

国家对粮食实行中央和地方分级储备调节制度,建设仓储运输体系。承担国家粮食储备任务的企业应当按照国家规定保证储备粮的数量和质量。

第三十五条 国家建立粮食风险基金，用于支持粮食储备、稳定粮食市场和保护农民利益。

第三十六条 国家提倡珍惜和节约粮食，并采取措施改善人民的食物营养结构。

第六章 农业投入与支持保护

第三十七条 国家建立和完善农业支持保护体系，采取财政投入、税收优惠、金融支持等措施，从资金投入、科研与技术推广、教育培训、农业生产资料供应、市场信息、质量标准、检验检疫、社会化服务以及灾害救助等方面扶持农民和农业生产经营组织发展农业生产，提高农民的收入水平。

在不与我国缔结或加入的有关国际条约相抵触的情况下，国家对农民实施收入支持政策，具体办法由国务院制定。

第三十八条 国家逐步提高农业投入的总体水平。中央和县级以上地方财政每年对农业总投入的增长幅度应当高于其财政经常性收入的增长幅度。

各级人民政府在财政预算内安排的各项用于农业的资金应当主要用于：加强农业基础设施建设；支持农业结构调整，促进农业产业化经营；保护粮食综合生产能力，保障国家粮食安全；健全动植物检疫、防疫体系，加强动物疫病和植物病、虫、杂草、鼠害防治；建立健全农产品质量标准和检验检测监督体系、农产品市场及信息服务体系；支持农业科研教育、农业技术推广和农民培训；加强农业生态环境保护建设；扶持贫困地区发展；保障农民收入水平等。

县级以上各级财政用于种植业、林业、畜牧业、渔业、农田水利的农业基本建设投入应当统筹安排，协调增长。

国家为加快西部开发，增加对西部地区农业发展和生态环境保护的投入。

第三十九条 县级以上人民政府每年财政预算内安排的各项用于农业的资金应当及时足额拨付。各级人民政府应当加强对国家各项农业资金分配、使用过程的监督管理，保证资金安全，提高资金的使用效率。

任何单位和个人不得截留、挪用用于农业的财政资金和信贷资金。审计机关应当依法加强对用于农业的财政和信贷等资金的审计监督。

第四十条 国家运用税收、价格、信贷等手段，鼓励和引导农民和农业生产经营组织增加农业生产经营性投入和小型农田水利等基本建设投入。

国家鼓励和支持农民和农业生产经营组织在自愿的基础上依法采取多种形式，筹集农业资金。

第四十一条 国家鼓励社会资金投向农业，鼓励企业事业单位、社会团体和个人捐资设立各种农业建设和农业科技、教育基金。

国家采取措施，促进农业扩大利用外资。

第四十二条 各级人民政府应当鼓励和支持企业事业单位及其他各类经济组织开展农业信息服务。

县级以上人民政府农业行政主管部门及其他有关部门应当建立农业信息搜集、整理和发布制度，及时向农民和农业生产经营组织提供市场信息等服务。

第四十三条 国家鼓励和扶持农用工业的发展。

国家采取税收、信贷等手段鼓励和扶持农业生产资料的生产和贸易，为农业生产稳定增长提供物质保障。

国家采取宏观调控措施，使化肥、农药、农用薄膜、农业机械和农用柴油等主要农业生产资料和农产品之间保持合理的比价。

第四十四条 国家鼓励供销合作社、农村集体经济组织、农民专业合作经济组织、其他组织和个人发展多种形式的农业生产产前、产中、产后的社会化服务事业。县级以上人民政府及其各有关部门应当采取措施对农业社会化服务事业给予支持。

对跨地区从事农业社会化服务的，农业、工商管理、交通运输、公安等有关部门应当采取措施给予支持。

第四十五条 国家建立健全农村金融体系，加强农村信用制度建设，加强农村金融监管。

有关金融机构应当采取措施增加信贷投入，改善农村金融服务，对农民和农业生产经营组织的农业生产经营活动提供信贷支持。

农村信用合作社应当坚持为农业、农民和农村经济发展服务的宗旨，优先为当地农民的生产经营活动提供信贷服务。

国家通过贴息等措施，鼓励金融机构向农民和农业生产经营组织的农业生产经营活动提供贷款。

第四十六条 国家建立和完善农业保险制度。

国家逐步建立和完善政策性农业保险制度。鼓励和扶持农民和农业生产经营组织建立为农业生产经营活动服务的互助合作保险组织，鼓励商业性保险公司开展农业保险业务。

农业保险实行自愿原则。任何组织和个人不得强制农民和农业生产经营组织参加农业保险。

第四十七条　各级人民政府应当采取措施，提高农业防御自然灾害的能力，做好防灾、抗灾和救灾工作，帮助灾民恢复生产，组织生产自救，开展社会互助互济；对没有基本生活保障的灾民给予救济和扶持。

第七章　农业科技与农业教育

第四十八条　国务院和省级人民政府应当制定农业科技、农业教育发展规划，发展农业科技、教育事业。

县级以上人民政府应当按照国家有关规定逐步增加农业科技经费和农业教育经费。

国家鼓励、吸引企业等社会力量增加农业科技投入，鼓励农民、农业生产经营组织、企业事业单位等依法举办农业科技、教育事业。

第四十九条　国家保护植物新品种、农产品地理标志等知识产权，鼓励和引导农业科研、教育单位加强农业科学技术的基础研究和应用研究，传播和普及农业科学技术知识，加速科技成果转化与产业化，促进农业科学技术进步。

国务院有关部门应当组织农业重大关键技术的科技攻关。国家采取措施促进国际农业科技、教育合作与交流，鼓励引进国外先进技术。

第五十条　国家扶持农业技术推广事业，建立政府扶持和市场引导相结合，有偿与无偿服务相结合，国家农业技术推广机构和社会力量相结合的农业技术推广体系，促使先进的农业技术尽快应用于农业生产。

第五十一条　国家设立的农业技术推广机构应当以农业技术试验示范基地为依托，承担公共所需的关键性技术的推广和示范等公益性职责，为农民和农业生产经营组织提供无偿农业技术服务。

县级以上人民政府应当根据农业生产发展需要，稳定和加强农业技术推广队伍，保障农业技术推广机构的工作经费。

各级人民政府应当采取措施，按照国家规定保障和改善从事农业技术推广工作的专业科技人员的工作条件、工资待遇和生活条件，鼓励他们为农业服务。

第五十二条　农业科研单位、有关学校、农民专业合作社、涉农企业、群众性科技组织及有关科技人员，根据农民和农业生产经营组织的需要，可以提供无偿服务，也可以通过技术转让、技术服务、技术承包、技术咨询和技术入股等形式，提供有偿服务，取得合法收益。农业科研单位、有关学校、农民专业合作社、涉农企业、群众性科技组织及有关科技人员应当提高服务水平，保证服务质量。

对农业科研单位、有关学校、农业技术推广机构举办的为农业服务的企业，国家在税收、信贷等方面给予优惠。

国家鼓励和支持农民、供销合作社、其他企业事业单位等参与农业技术推广工作。

第五十三条　国家建立农业专业技术人员继续教育制度。县级以上人民政府农业行政主管部门会同教育、人事等有关部门制定农业专业技术人员继续教育计划，并组织实施。

第五十四条　国家在农村依法实施义务教育，并保障义务教育经费。国家在农村举办的普通中小学校教职工工资由县级人民政府按照国家规定统一发放，校舍等教学设施的建设和维护经费由县级人民政府按照国家规定统一安排。

第五十五条　国家发展农业职业教育。国务院有关部门按照国家职业资格证书制度的统一规定，开展农业行业的职业分类、职业技能鉴定工作，管理农业行业的职业资格证书。

第五十六条　国家采取措施鼓励农民采用先进的农业技术，支持农民举办各种科技组织，开展农业实用技术培训、农民绿色证书培训和其他就业培训，提高农民的文化技术素质。

第八章　农业资源与农业环境保护

第五十七条　发展农业和农村经济必须合理利用和保护土地、水、森林、草原、野生动植物等自然资源，合理开发和利用水能、沼气、太阳能、风能等可再生能源和清洁能源，发展生态农业，保护和改善生态环境。

县级以上人民政府应当制定农业资源区划或者农业资源合理利用和保护的区划，建立农业资源监测制度。

第五十八条　农民和农业生产经营组织应当保养耕地，合理使用化肥、农药、农用薄膜，增加使用有机肥料，采用先进技术，保护和提高地力，防止农用地的污染、破坏和地力衰退。

县级以上人民政府农业行政主管部门应当采取措施，支持农民和农业生产经营组织加强耕地质量建设，并对耕地质量进行定期监测。

第五十九条 各级人民政府应当采取措施，加强小流域综合治理，预防和治理水土流失。从事可能引起水土流失的生产建设活动的单位和个人，必须采取预防措施，并负责治理因生产建设活动造成的水土流失。

各级人民政府应当采取措施，预防土地沙化，治理沙化土地。国务院和沙化土地所在地区的县级以上地方人民政府应当按照法律规定制定防沙治沙规划，并组织实施。

第六十条 国家实行全民义务植树制度。各级人民政府应当采取措施，组织群众植树造林，保护林地和林木，预防森林火灾，防治森林病虫害，制止滥伐、盗伐林木，提高森林覆盖率。

国家在天然林保护区域实行禁伐或者限伐制度，加强造林护林。

第六十一条 有关地方人民政府，应当加强草原的保护、建设和管理，指导、组织农（牧）民和农（牧）业生产经营组织建设人工草场、饲草饲料基地和改良天然草原，实行以草定畜，控制载畜量，推行划区轮牧、休牧和禁牧制度，保护草原植被，防止草原退化沙化和盐渍化。

第六十二条 禁止毁林毁草开垦、烧山开垦以及开垦国家禁止开垦的陡坡地，已经开垦的应当逐步退耕还林、还草。

禁止围湖造田以及围垦国家禁止围垦的湿地。已经围垦的，应当逐步退耕还湖、还湿地。

对在国务院批准规划范围内实施退耕的农民，应当按照国家规定予以补助。

第六十三条 各级人民政府应当采取措施，依法执行捕捞限额和禁渔、休渔制度，增殖渔业资源，保护渔业水域生态环境。

国家引导、支持从事捕捞业的农（渔）民和农（渔）业生产经营组织从事水产养殖业或者其他职业，对根据当地人民政府统一规划转产转业的农（渔）民，应当按照国家规定予以补助。

第六十四条 国家建立与农业生产有关的生物物种资源保护制度，保护生物多样性，对稀有、濒危、珍贵生物资源及其原生地实行重点保护。从境外引进生物物种资源应当依法进行登记或者审批，并采取相应安全控制措施。

农业转基因生物的研究、试验、生产、加工、经营及其他应用，必须依照国家规定严格实行各项安全控制措施。

第六十五条 各级农业行政主管部门应当引导农民和农业生产经营组织采取生物措施或者使用高效低毒低残留农药、兽药，防治动植物病、虫、杂草、鼠害。

农产品采收后的秸秆及其他剩余物质应当综合利用，妥善处理，防止造成环境污染和生态破坏。

从事畜禽等动物规模养殖的单位和个人应当对粪便、废水及其他废弃物进行无害化处理或者综合利用，从事水产养殖的单位和个人应当合理投饵、施肥、使用药物，防止造成环境污染和生态破坏。

第六十六条 县级以上人民政府应当采取措施，督促有关单位进行治理，防治废水、废气和固体废弃物对农业生态环境的污染。排放废水、废气和固体废弃物造成农业生态环境污染事故的，由环境保护行政主管部门或者农业行政主管部门依法调查处理；给农民和农业生产经营组织造成损失的，有关责任者应当依法赔偿。

第九章 农民权益保护

第六十七条 任何机关或者单位向农民或者农业生产经营组织收取行政、事业性费用必须依据法律、法规的规定。收费的项目、范围和标准应当公布。没有法律、法规依据的收费，农民和农业生产经营组织有权拒绝。

任何机关或者单位对农民或者农业生产经营组织进行罚款处罚必须依据法律、法规、规章的规定。没有法律、法规、规章依据的罚款，农民和农业生产经营组织有权拒绝。

任何机关或者单位不得以任何方式向农民或者农业生产经营组织进行摊派。除法律、法规另有规定外，任何机关或者单位以任何方式要求农民或者农业生产经营组织提供人力、财力、物力的，属于摊派。农民和农业生产经营组织有权拒绝任何方式的摊派。

第六十八条 各级人民政府及其有关部门和所属单位不得以任何方式向农民或者农业生产经营组织集资。

没有法律、法规依据或者未经国务院批准，任何机关或者单位不得在农村进行任何形式的达标、升级、验收活动。

第六十九条 农民和农业生产经营组织依照法律、行政法规的规定承担纳税义务。税务机关及代扣、代收税款的单位应当依法征税，不得违法摊派税款及以其他违法方法征税。

第七十条 农村义务教育除按国务院规定收

取的费用外，不得向农民和学生收取其他费用。禁止任何机关或者单位通过农村中小学校向农民收费。

第七十一条　国家依法征收农民集体所有的土地，应当保护农民和农村集体经济组织的合法权益，依法给予农民和农村集体经济组织征地补偿，任何单位和个人不得截留、挪用征地补偿费用。

第七十二条　各级人民政府、农村集体经济组织或者村民委员会在农业和农村经济结构调整、农业产业化经营和土地承包经营权流转等过程中，不得侵犯农民的土地承包经营权，不得干涉农民自主安排的生产经营项目，不得强迫农民购买指定的生产资料或者按指定的渠道销售农产品。

第七十三条　农村集体经济组织或者村民委员会为发展生产或者兴办公益事业，需要向其成员（村民）筹资筹劳的，应当经成员（村民）会议或者成员（村民）代表会议过半数通过后，方可进行。

农村集体经济组织或者村民委员会依照前款规定筹资筹劳的，不得超过省级以上人民政府规定的上限控制标准，禁止强行以资代劳。

农村集体经济组织和村民委员会对涉及农民利益的重要事项，应当向农民公开，并定期公布财务账目，接受农民的监督。

第七十四条　任何单位和个人向农民或者农业生产经营组织提供生产、技术、信息、文化、保险等有偿服务，必须坚持自愿原则，不得强迫农民和农业生产经营组织接受服务。

第七十五条　农产品收购单位在收购农产品时，不得压级压价，不得在支付的价款中扣缴任何费用。法律、行政法规规定代扣、代收税款的，依照法律、行政法规的规定办理。

农产品收购单位与农产品销售者因农产品的质量等级发生争议的，可以委托具有法定资质的农产品质量检验机构检验。

第七十六条　农业生产资料使用者因生产资料质量问题遭受损失的，出售该生产资料的经营者应当予以赔偿，赔偿额包括购货价款、有关费用和可得利益损失。

第七十七条　农民或者农业生产经营组织为维护自身的合法权益，有向各级人民政府及其有关部门反映情况和提出合法要求的权利，人民政府及其有关部门对农民或者农业生产经营组织提出的合理要求，应当按照国家规定及时给予答复。

第七十八条　违反法律规定，侵犯农民权益的，农民或者农业生产经营组织可以依法申请行政复议或者向人民法院提起诉讼，有关人民政府及其有关部门或者人民法院应当依法受理。

人民法院和司法行政主管机关应当依照有关规定为农民提供法律援助。

第十章　农村经济发展

第七十九条　国家坚持城乡协调发展的方针，扶持农村第二、第三产业发展，调整和优化农村经济结构，增加农民收入，促进农村经济全面发展，逐步缩小城乡差别。

第八十条　各级人民政府应当采取措施，发展乡镇企业，支持农业的发展，转移富余的农业劳动力。

国家完善乡镇企业发展的支持措施，引导乡镇企业优化结构，更新技术，提高素质。

第八十一条　县级以上地方人民政府应当根据当地的经济发展水平、区位优势和资源条件，按照合理布局、科学规划、节约用地的原则，有重点地推进农村小城镇建设。

地方各级人民政府应当注重运用市场机制，完善相应政策，吸引农民和社会资金投资小城镇开发建设，发展第二、第三产业，引导乡镇企业相对集中发展。

第八十二条　国家采取措施引导农村富余劳动力在城乡、地区间合理有序流动。地方各级人民政府依法保护进入城镇就业的农村劳动力的合法权益，不得设置不合理限制，已经设置的应当取消。

第八十三条　国家逐步完善农村社会救济制度，保障农村五保户、贫困残疾农民、贫困老年农民和其他丧失劳动能力的农民的基本生活。

第八十四条　国家鼓励、支持农民巩固和发展农村合作医疗和其他医疗保障形式，提高农民健康水平。

第八十五条　国家扶持贫困地区改善经济发展条件，帮助进行经济开发。省级人民政府根据国家关于扶持贫困地区的总体目标和要求，制定扶贫开发规划，并组织实施。

各级人民政府应当坚持开发式扶贫方针，组织贫困地区的农民和农业生产经营组织合理使用扶贫资金，依靠自身力量改变贫穷落后面貌，引导贫困地区的农民调整经济结构、开发当地资源。扶贫开发应当坚持与资源保护、生态建设相结合，促进贫困地区经济、社会的协调发展和全面进步。

第八十六条　中央和省级财政应当把扶贫开

发投入列入年度财政预算，并逐年增加，加大对贫困地区的财政转移支付和建设资金投入。

国家鼓励和扶持金融机构、其他企业事业单位和个人投入资金支持贫困地区开发建设。

禁止任何单位和个人截留、挪用扶贫资金。审计机关应当加强扶贫资金的审计监督。

第十一章　执法监督

第八十七条　县级以上人民政府应当采取措施逐步完善适应社会主义市场经济发展要求的农业行政管理体制。

县级以上人民政府农业行政主管部门和有关行政主管部门应当加强规划、指导、管理、协调、监督、服务职责，依法行政，公正执法。

县级以上地方人民政府农业行政主管部门应当在其职责范围内健全行政执法队伍，实行综合执法，提高执法效率和水平。

第八十八条　县级以上人民政府农业行政主管部门及其执法人员履行执法监督检查职责时，有权采取下列措施：

（一）要求被检查单位或者个人说明情况，提供有关文件、证照、资料；

（二）责令被检查单位或者个人停止违反本法的行为，履行法定义务。

农业行政执法人员在履行监督检查职责时，应当向被检查单位或者个人出示行政执法证件，遵守执法程序。有关单位或者个人应当配合农业行政执法人员依法执行职务，不得拒绝和阻碍。

第八十九条　农业行政主管部门与农业生产、经营单位必须在机构、人员、财务上彻底分离。农业行政主管部门及其工作人员不得参与和从事农业生产经营活动。

第十二章　法律责任

第九十条　违反本法规定，侵害农民和农业生产经营组织的土地承包经营权等财产权或者其他合法权益的，应当停止侵害，恢复原状；造成损失、损害的，依法承担赔偿责任。

国家工作人员利用职务便利或者以其他名义侵害农民和农业生产经营组织的合法权益的，应当赔偿损失，并由其所在单位或者上级主管机关给予行政处分。

第九十一条　违反本法第十九条、第二十五条、第六十二条、第七十一条规定的，依照相关法律或者行政法规的规定予以处罚。

第九十二条　有下列行为之一的，由上级主管机关责令限期归还被截留、挪用的资金，没收非法所得，并由上级主管机关或者所在单位给予直接负责的主管人员和其他直接责任人员行政处分；构成犯罪的，依法追究刑事责任：

（一）违反本法第三十三条第三款规定，截留、挪用粮食收购资金的；

（二）违反本法第三十九条第二款规定，截留、挪用用于农业的财政资金和信贷资金的；

（三）违反本法第八十六条第三款规定，截留、挪用扶贫资金的。

第九十三条　违反本法第六十七条规定，向农民或者农业生产经营组织违法收费、罚款、摊派的，上级主管机关应当予以制止，并予公告；已经收取钱款或者已经使用人力、物力的，由上级主管机关责令限期归还已经收取的钱款或者折价偿还已经使用的人力、物力，并由上级主管机关或者所在单位给予直接负责的主管人员和其他直接责任人员行政处分；情节严重，构成犯罪的，依法追究刑事责任。

第九十四条　有下列行为之一的，由上级主管机关责令停止违法行为，并给予直接负责的主管人员和其他直接责任人员行政处分，责令退还违法收取的集资款、税款或者费用：

（一）违反本法第六十八条规定，非法在农村进行集资、达标、升级、验收活动的；

（二）违反本法第六十九条规定，以违法方法向农民征税的；

（三）违反本法第七十条规定，通过农村中小学校向农民超额、超项目收费的。

第九十五条　违反本法第七十三条第二款规定，强迫农民以资代劳的，由乡（镇）人民政府责令改正，并退还违法收取的资金。

第九十六条　违反本法第七十四条规定，强迫农民和农业生产经营组织接受有偿服务的，由有关人民政府责令改正，并返还其违法收取的费用；情节严重的，给予直接负责的主管人员和其他直接责任人员行政处分；造成农民和农业生产经营组织损失的，依法承担赔偿责任。

第九十七条　县级以上人民政府农业行政主管部门的工作人员违反本法规定参与和从事农业生产经营活动的，依法给予行政处分；构成犯罪的，依法追究刑事责任。

第十三章　附　　则

第九十八条　本法有关农民的规定，适用于国有农场、牧场、林场、渔场等企业事业单位实行承包经营的职工。

第九十九条　本法自2003年3月1日起施行。

关于修改农业法个别条款的决定（草案）的说明

——2012年12月24日在第十一届全国人民代表大会常务委员会第三十次会议上

全国人大农业与农村委员会副主任委员　刘振伟

全国人民代表大会常务委员会：

我受全国人大农业与农村委员会的委托，对《关于修改农业法个别条款的决定（草案）》作如下说明。

2012年8月31日，十一届全国人大常委会第二十八次会议通过了《关于修改〈中华人民共和国农业技术推广法〉的决定》。修改后的农业技术推广法明确各级国家农业技术推广机构属于公共服务机构，履行各级人民政府确定的关键农业技术的引进、试验、示范等公益性职责，向农业劳动者和农业生产经营组织推广农业技术，实行无偿服务。

现行的农业法第五十一条第一款规定，“国家设立的农业技术推广机构应当以农业技术试验示范基地为依托，承担公共所需的关键性技术的推广和示范工作，为农民和农业生产经营组织提供公益性农业技术服务。”第五十二条第一款规定，“农业科研单位、有关学校、农业技术推广机构以及科技人员，根据农民和农业生产经营组织的需要，可以提供无偿服务，也可以通过技术转让、技术服务、技术承包、技术入股等形式，提供有偿服务，取得合法收益。农业科研单位、有关学校、农业技术推广机构以及科技人员应当提高服务水平，保证服务质量。”

修改后的农业技术推广法将于2013年1月1日实施，与现行农业法相比，在国家农业技术推广机构承担公益性职责的范围和能否提供有偿服务等方面，出现了不一致。为做好法律之间的衔接，我委征求了全国人大常委会法工委、国务院法制办、农业部、水利部、国家林业局等相关部门和一些地方的意见，建议对农业法的有关规定作出衔接性修改，扩大国家农业技术推广机构履行公益性职责的范围，删除国家农业技术推广机构可以提供有偿服务的规定。2012年10月22日，农业与农村委员会审议通过了《关于修改农业法个别条款的决定（草案）》，建议对农业法作如下修改：

一、将第五十一条第一款修改为：“国家设立的农业技术推广机构应当以农业技术试验示范基地为依托，承担公共所需的关键性技术的推广和示范等公益性职责，为农民和农业生产经营组织提供无偿农业技术服务。”

二、将第五十二条第一款修改为：“农业科研单位、有关学校及其科技人员，根据农民和农业生产经营组织的需要，可以提供无偿服务，也可以通过技术转让、技术服务、技术承包、技术入股等形式，提供有偿服务，取得合法收益。农业科研单位、有关学校及其科技人员应当提高服务水平，保证服务质量。”

《关于修改农业法个别条款的决定（草案）》和以上说明是否妥当，请审议。

全国人民代表大会法律委员会关于《全国人民代表大会常务委员会关于修改农业法个别条款的决定(草案)》审议结果的报告

——2012 年 12 月 28 日在第十一届全国人民代表大会常务委员会第三十次会议上

全国人民代表大会常务委员会:

本次常委会会议于 12 月 25 日上午对关于修改农业法个别条款的决定(草案)进行了分组审议,普遍认为,为了与修正后的农业技术推广法有关国家农业技术推广机构履行公益性职责、公益性推广与经营性推广分类管理的规定保持衔接协调,确保法律的有效实施,对农业法相关条款进行修改是必要的。同时,有些常委委员还提出了一些修改意见。法律委员会于 12 月 26 日上午召开会议,逐条研究了常委委员的审议意见,对草案进行了审议。农业与农村委员会、国务院法制办公室、农业部的负责同志列席了会议。法律委员会认为,草案是可行的,同时提出以下修改意见:

草案第二条对现行农业法第五十二条第一款作了修改,在向农民提供农业技术推广有偿服务的主体中删去了国家农业技术推广机构,保留了农业科研单位、有关学校及科技人员。有的常委委员提出,草案这一规定涵盖不全,根据农业技术推广法规定,提供农业技术推广有偿服务的主体还应包括农民专业合作社、涉农企业、群众性科技组织,应增加这方面内容;有的常委委员还提出,应在技术服务的形式中增加"技术咨询"。法律委员会经同农业与农村委员会、国务院法制办公室、农业部研究,赞成上述意见,建议将农业法第五十二条第一款修改为:"农业科研单位、有关学校、农民专业合作社、涉农企业、群众性科技组织及有关科技人员,根据农民和农业生产经营组织的需要,可以提供无偿服务,也可以通过技术转让、技术服务、技术承包、技术咨询和技术入股等形式,提供有偿服务,取得合法收益。农业科研单位、有关学校、农民专业合作社、涉农企业、群众性科技组织及有关科技人员应当提高服务水平,保证服务质量。"同时,对第五十二条第三款作相应修改。

此外,还对修改决定草案作了个别文字修改。

法律委员会已按上述意见提出了全国人民代表大会常务委员会关于修改《中华人民共和国农业法》的决定(草案建议表决稿)。法律委员会建议本次常委会会议通过。

修改决定草案建议表决稿和以上报告是否妥当,请审议。

全国人民代表大会常务委员会关于澳门特别行政区 2013 年立法会产生办法和 2014 年行政长官产生办法有关问题的决定

(2012 年 2 月 29 日第十一届全国人民代表大会常务委员会第二十五次会议通过)

第十一届全国人民代表大会常务委员会第二十五次会议审议了澳门特别行政区行政长官崔世安 2012 年 2 月 7 日提交的《关于澳门特别行政区 2013 年立法会产生办法和 2014 年行政长官产生办法是否需要修改的报告》,并在会前征询了国务院港澳事务办公室的意见。

会议认为,《中华人民共和国澳门特别行政区基本法》(以下简称澳门基本法)第四十七条已明确规定，澳门特别行政区行政长官在当地通过选举或协商产生，由中央人民政府任命。澳门基本法第六十八条已明确规定，立法会多数议员由选举产生。有关澳门特别行政区行政长官产生办法和立法会产生办法的任何修改，都应当符合澳门基本法的上述规定，并遵循从澳门的实际情况出发，有利于保持澳门特别行政区基本政治制度的稳定，有利于行政主导政治体制的有效运作，有利于兼顾澳门社会各阶层各界别的利益，有利于保持澳门的长期繁荣稳定和发展等原则。

会议认为，澳门基本法附件一第一条关于行政长官由一个具有广泛代表性的选举委员会选举产生的规定，澳门基本法附件二第一条关于立法会由直接选举的议员、间接选举的议员和委任的议员三部分组成的规定，是符合上述原则的基本制度安排，并得到澳门社会各界的普遍肯定和认同，应当长期保持不变。同时，为适应澳门社会的发展进步，有需要对2013年立法会产生办法和2014年行政长官产生办法作出适当的修改。

鉴此，全国人大常委会依据澳门基本法的有关规定和《全国人民代表大会常务委员会关于〈中华人民共和国澳门特别行政区基本法〉附件一第七条和附件二第三条的解释》，对澳门特别行政区2013年立法会产生办法和2014年行政长官产生办法决定如下：

一、澳门基本法附件一第一条关于行政长官由一个具有广泛代表性的选举委员会选举产生的规定维持不变，澳门基本法附件二第一条关于第三届及以后各届立法会由直接选举的议员、间接选举的议员和委任的议员三部分组成的规定维持不变。

二、在不违反本决定第一条的前提下，2013年澳门特别行政区立法会产生办法和2014年澳门特别行政区行政长官产生办法，可按照澳门基本法第四十七条、第六十八条和附件一第七条、附件二第三条的规定作出适当修改。

关于《全国人民代表大会常务委员会关于澳门特别行政区2013年立法会产生办法和2014年行政长官产生办法有关问题的决定（草案）》的说明

——2012年2月29日在第十一届全国人民代表大会常务委员会第二十五次会议上

全国人大常委会副秘书长　乔晓阳

全国人民代表大会常务委员会：

我受委员长会议的委托，现对《全国人民代表大会常务委员会关于澳门特别行政区2013年立法会产生办法和2014年行政长官产生办法有关问题的决定（草案）》作说明。

一、澳门特别行政区行政长官向全国人大常委会提交报告的背景情况

《中华人民共和国澳门特别行政区基本法》（以下简称澳门基本法）附件一第七条规定："二〇〇九年及以后行政长官的产生办法如需修改，须经立法会全体议员三分之二多数通过，行政长官同意，并报全国人民代表大会常务委员会批准。"附件二第三条规定："二〇〇九年及以后澳门特别行政区立法会的产生办法如需修改，须经立法会全体议员三分之二多数通过，行政长官同意，并报全国人民代表大会常务委员会备案。"2011年12月31日，十一届全国人大常委会第二十四次会议通过了《全国人民代表大会常务委员会关于〈中华人民共和国澳门特别行政区基本法〉附件一第七条和附件二第三条的解释》（以下简称解释），其中规定，澳门特别行政区行政长官产生办法和立法会产生办法是否需要进行修改，"澳门特别行政区行政长官应向全国人民代表大会常务委员会提出报告，由全国人民代表大会常务委员会依照《中华人民共和国澳门特别行政区基本法》第四十七条和第六十八条规定，根据澳门特别行政区的实际情况确定。"

2012年1月1日至31日，澳门特别行政区政

府就是否需要修改两个产生办法问题开展了为期一个月的征询意见活动。在此基础上,2 月 7 日,澳门特别行政区行政长官崔世安向全国人大常委会提出了《关于澳门特别行政区 2013 年立法会产生办法和 2014 年行政长官产生办法是否需要修改的报告》,并附澳门社会各界人士的意见、传媒报道和评论汇编。澳门特别行政区行政长官认为,根据澳门基本法和有关解释的规定,并结合澳门社会各界人士的意见和建议,有需要对 2013 年立法会产生办法和 2014 年行政长官产生办法作适当修改,提请全国人大常委会依法作出决定。

委员长会议认为,行政长官报告符合澳门基本法及全国人大常委会有关解释的规定,建议将审议行政长官报告并依法作出有关决定列入本次常委会会议议程。同时将行政长官报告送国务院提出意见,2 月 25 日,国务院办公厅送来了国务院港澳事务办公室对行政长官报告的意见。

二、全国人大常委会组成人员对行政长官报告的审议意见

2 月 27 日下午,常委会分组审议了行政长官报告。常委会组成人员认为,澳门特别行政区行政长官向全国人大常委会提交的报告,全面准确地反映了澳门社会对于政制发展问题的意见和诉求,求真务实,符合澳门基本法及其有关解释的规定。

常委会组成人员认为,澳门回归祖国 12 年来,澳门基本法规定的澳门特别行政区政治体制,发挥了保持澳门长期繁荣稳定和发展的重要作用。在这一政治体制下,澳门居民享有前所未有的民主权利,有效地行使了澳门基本法赋予澳门特别行政区的高度自治权,澳门社会稳定、经济发展、民生改善,各项社会事业全面进步。行政长官产生办法和立法会产生办法是澳门特别行政区政治体制的重要组成部分,对两个产生办法的修改,关系到“一国两制”方针和澳门基本法的贯彻实施,关系到中央和澳门特别行政区的关系,关系到广大澳门同胞的切身利益,关系到澳门社会的长期繁荣稳定,必须综合考虑各个方面的情况加以处理,应当符合澳门基本法的规定,并遵循从澳门的实际情况出发,有利于保持澳门特别行政区基本政治制度的稳定,有利于行政主导政治体制的有效运作,有利于兼顾澳门社会各阶层各界别的利益,有利于保持澳门的长期繁荣稳定和发展等原则。

常委会组成人员认为,澳门特别行政区行政长官向全国人大常委会提交的报告提出,澳门社会各界人士普遍希望对 2013 年立法会产生办法和 2014 年行政长官产生办法作出修改,并且认为澳门特别行政区行政长官由一个有广泛代表性的选举委员会选举产生的规定应当维持不变,澳门特别行政区立法会由直接选举、间接选举和委任三部分议员组成的规定应当维持不变,充分反映了澳门社会各界人士理性和务实的态度。

国务院港澳事务办公室认为,近年来,澳门特别行政区政府在有关行政长官和立法会产生办法修改问题上做了大量的工作,取得了积极成效。行政长官的报告全面、客观地反映了澳门特别行政区政府广泛听取社会意见的情况。鉴于澳门社会对政制发展问题非常关注,澳门特别行政区政府已就此广泛听取社会各界意见,并就 2013 年立法会产生办法和 2014 年行政长官产生办法的修改形成广泛共识,可以在保持澳门特别行政区现行政治体制基本制度安排不变的前提下,对 2013 年立法会产生办法和 2014 年行政长官产生办法作出适当修改。

三、决定草案的主要内容

2 月 28 日下午,委员长会议根据澳门基本法的规定和常委会组成人员对行政长官报告的审议意见,并考虑了国务院港澳事务办公室的意见,提出了《全国人民代表大会常务委员会关于澳门特别行政区 2013 年立法会产生办法和 2014 年行政长官产生办法有关问题的决定(草案)》,提请本次常委会会议审议。

决定草案的核心内容有两条,一是澳门基本法附件一第一条关于行政长官由一个具有广泛代表性的选举委员会选举产生的规定维持不变,澳门基本法附件二第一条关于第三届及以后各届立法会由直接选举的议员、间接选举的议员和委任的议员三部分组成的规定维持不变。二是在上述两个维持不变的前提下,2013 年澳门特别行政区立法会产生办法和 2014 年澳门特别行政区行政长官产生办法,可按照澳门基本法第四十七条、第六十八条和附件一第七条、附件二第三条的规定作出适当修改。其主要考虑是:

第一,澳门基本法第四十七条和附件一第一条规定,行政长官由一个有广泛代表性的选举委员会选举产生,报中央人民政府任命;第六十八条规定“立法会多数议员由选举产生”,附件二第一条规定,第三届及以后各届立法会由直选、间选和委任

三部分议员组成。这是澳门基本法关于行政长官产生办法和立法会产生办法的基本制度安排，实践证明，这种制度安排符合澳门的实际情况，有利于维护澳门长期繁荣稳定和发展。同时，澳门社会普遍认同在对两个产生办法进行修改时，应保持行政长官由一个有广泛代表性的选举委员会选举产生的规定不变，保持立法会由直接选举、间接选举和委任三部分议员组成的规定不变。据此，决定草案第一条作出了相应的规定。

第二，澳门社会对2013年立法会产生办法和2014年行政长官产生办法修改问题已经形成广泛共识，普遍认为随着澳门经济社会的发展，需要进一步完善两个产生办法，发展适合澳门实际情况的民主政治，因此，普遍希望对2013年立法会产生办法和2014年行政长官产生办法作适当修改。从澳门社会各界人士提出的意见和建议看，在行政长官由一个有广泛代表性的选举委员会选举产生的规定维持不变的前提下，2014年行政长官产生办法的修改方向是增加选举委员会委员名额；在立法会由直接选举、间接选举和委任三部分议员组成的规定维持不变的前提下，2013年立法会产生办法的修改方向是增加由选举产生的议席名额。这些反映了澳门回归以来社会发展变化情况和澳门社会各阶层各界别均衡参与的诉求，符合澳门特别行政区的实际情况。据此，决定草案第二条对此作出了相应的规定。

《全国人民代表大会常务委员会关于澳门特别行政区2013年立法会产生办法和2014年行政长官产生办法有关问题的决定（草案）》和以上说明是否妥当，请审议。

澳门特别行政区行政长官关于澳门特别行政区2013年立法会产生办法和2014年行政长官产生办法是否需要修改的报告

全国人民代表大会常务委员会
吴邦国委员长：

根据全国人民代表大会常务委员会于2011年12月31日通过的《关于〈中华人民共和国澳门特别行政区基本法〉附件一第七条和附件二第三条的解释》的规定，澳门特别行政区（以下简称澳门特区）行政长官的产生办法和立法会的产生办法是否需要修改，澳门特区行政长官应向全国人民代表大会常务委员会提出报告，由全国人民代表大会常务委员会依照《澳门基本法》第四十七条和第六十八条规定，根据澳门特区的实际情况确定。

澳门特区第三届政府就职以后，在历届政府广泛听取社会对政制发展意见的基础上，继续认真听取和收集社会各界、广大居民对政制发展的意见和建议；至2011年12月底共收到各种意见290份。全国人民代表大会常务委员会作出解释后，特区政府展开了为期一个月的听取意见活动（2012年1月1日至31日），进一步集中听取各方面的意见，大力推动各界人士、社团组织和广大市民以各种方式积极参与、理性探讨，自由发表看法。在此期间，政府共举办了八场各界人士及市民座谈会，包括澳区全国人大代表和全国政协委员、立法会议员、行政会委员、行政长官选举委员会委员、法官委员会委员和检察官委员会委员、工商金融界、劳工界、社会服务界、教育界、文化界、专业界、体育界、传媒界、公务员团体，政府咨询组织成员等不同层面的人士和市民共1119人次参加。其他社会组织、学术团体及传媒机构亦举办多场座谈会、研讨会、公众论坛等活动，为政制发展建言献策。截至目前，政府通过会议记录、网站、邮寄、传真等方式收集到2687份意见和建议。现将涉及宪制层面的有关意见、建议归纳总结如下。

1. 澳门社会广泛认同，基于《澳门基本法》的宪制性规定、澳门特区的法律地位和回归以来的实践经验，政制发展必须始终遵从以下指导原则：

1.1　政制发展的决定权在中央的原则。

澳门特区政治体制的设计体现了国家对澳门的基本方针政策，事关国家主权和中央与特区关系。根据《澳门基本法》的规定，澳门特区是直辖于中央人民政府的地方行政区域，其所享有的高度自治权来源于中央的授权。而根据国家宪法的规定，我国是单一制的国家，地方无权自行决定或改变其政治体制。因此，澳门特区的政制发展必须始终在《澳门基本法》的框架内进行，必须遵守全国人民代表大会常务委员会解释的规定，必须尊重中央在处理政制发展问题上的决定权，以确保政制发展的合宪性。

1.2 维持基本制度的原则。

政治体制与社会、经济制度，与行政管理、立法和司法方面的制度，与保障居民的基本权利和自由的制度密切相关。澳门回归祖国十二年来的实践表明，《澳门基本法》规定的政治体制符合澳门的实际情况，是经济快速发展、民生显著改善、社会长期稳定、族群日益和谐、民主不断进步的制度保障。只有坚持和完善《澳门基本法》确立的行政主导的政治体制，才能进一步推进“一国两制”、“澳人治澳”、高度自治方针的贯彻落实。因此，政制发展是在维持行政长官由一个具有广泛代表性的选举委员会选举产生、由中央人民政府任命，立法会由直接选举、间接选举和委任议员组成的基本制度的前提下，对相关机制进行充实和完善，以确保澳门特区长治久安。

1.3 符合澳门实际情况的原则。

任何修改行政长官和立法会两个产生办法的方案都应符合澳门的实际情况，有利于澳门的社会稳定和经济发展。事实上，澳门具有自身的历史传统、文化特质、社会结构、政治格局和经济模式，在政制发展方面，应走出一条有自身特色的道路。

1.4 有利社会各界均衡参与的原则。

任何修改方案都应该兼顾社会各阶层利益，有利于社会各阶层均有代表通过不同方式参与社会政治生活，就重大公共事项表达诉求，从而有利于2013 年立法会和 2014 年行政长官产生办法得到各方面的支持，使修改两个产生办法的法案获得立法会全体议员三分之二多数通过，行政长官同意，并获全国人民代表大会常务委员会备案或批准。

2. 澳门市民普遍认为，基于近年来澳门经济快速发展，中产阶层日益壮大；人口数量和选民人数有较大增加，广大市民尤其是青年人参政意识明显提高；社会不同阶层的利益诉求日趋多元；因此，为了适应澳门社会的发展需要，应在坚持前述制度安排的前提下，对 2013 年立法会和 2014 年行政长官产生办法作适当修改。

3. 关于2013 年立法会产生方式的修改：

3.1 多数意见认为，应以等额方式适当增加立法会直接选举及间接选举产生的议席，而委任议员名额不变，以吸纳更广泛阶层人士的均衡参与，使选举能充分反映民意及代表各界利益；亦为政治人才培养创造条件，为有志于公共事务的人士提供参政平台，进一步提高市民的公民意识和政治能力，为政制发展奠定更为坚实的基础。至于如何增加则有不同看法，包括直接选举和间接选举的议员应等额增加多少，以及对于增加的间接选举议员应在界别分配中如何作出调整，等等。

3.2 也有意见认为，2013 年第五届立法会的直选、间选及委任议员的名额均无需修改。

3.3 还有意见认为，应该只是增加立法会直选议员的名额，而不增加间选议员的名额；或者在增加直选议员的同时减少非直选议员的名额，从而使直选议席达到全体议员的半数；以及逐步过渡到全体立法议员均由直选产生。

3.4 另外，有意见认为，在增加立法会间选议员的同时，应适当调整间选议员的界别划分和完善选举方式。

4. 关于 2014 年行政长官产生办法的修改：

4.1 多数意见认为，应适当增加行政长官选举委员会委员的名额，从而进一步体现选举委员会的广泛代表性、提高行政长官选举的民意基础。至于应增加多少名额则有不同的看法。同时，对于新增选举委员会委员的分配和界别划分亦有不同的看法，包括应使青年人有较多的机会，更多考虑专业界、劳工界、社会服务界等界别人士。

4.2 也有意见认为，2014 年行政长官选举，应将选举委员会改为提名委员会，并由其提名，让澳门特区永久性居民一人一票选举产生。

基于对上述意见的归纳总结，本人认为，有必要在《澳门基本法》的框架下，对 2013 年立法会产生办法和 2014 年行政长官产生办法作出修改。作为行政长官，本人现根据《澳门基本法》第四十七条及第六十八条、附件一及附件二的相关规定和全国人民代表大会常务委员会的解释，恳请全国人民代表大会常务委员会给予确定 2013 年立法会产生办法和 2014 年行政长官产生办法可以进行修改。

澳门特别行政区行政长官 崔世安

2012 年 2 月 7 日

第十二届全国人民代表大会代表名额分配方案

（2012年4月27日第十一届全国人民代表大会
常务委员会第二十六次会议通过）

根据《第十一届全国人民代表大会第五次会议关于第十二届全国人民代表大会代表名额和选举问题的决定》，第十二届全国人民代表大会的代表名额不超过3000人。具体分配方案如下：

北京市42名，天津市33名，河北省116名，山西省61名，内蒙古自治区53名，辽宁省94名，吉林省58名，黑龙江省84名，上海市50名，江苏省138名，浙江省84名，安徽省104名，福建省62名，江西省76名，山东省162名，河南省159名，湖北省108名，湖南省110名，广东省151名，广西壮族自治区85名，海南省21名，重庆市55名，四川省137名，贵州省66名，云南省87名，西藏自治区17名，陕西省65名，甘肃省49名，青海省18名，宁夏回族自治区18名，新疆维吾尔自治区56名，香港特别行政区36名，澳门特别行政区12名，台湾省暂时选举13名，中国人民解放军265名，其余255名由全国人民代表大会常务委员会依据法律另行分配。

关于《第十二届全国人民代表大会代表名额分配方案（草案）》的说明

——2012年4月24日在第十一届全国人民代表大会
常务委员会第二十六次会议上

全国人大常委会副秘书长　王万宾

全国人民代表大会常务委员会：

根据第十一届全国人民代表大会第五次会议通过的《关于第十二届全国人民代表大会代表名额和选举问题的决定》的有关规定，委员长会议拟订了《第十二届全国人民代表大会代表名额分配方案（草案）》，提请本次会议审议。受委员长会议的委托，我就代表名额分配方案草案作如下说明：

一是各省、自治区、直辖市应选的第十二届全国人民代表大会代表的名额，由根据人口数计算确定的名额数、相同的地区基本名额数和其他应选名额数构成。具体是：北京市42名，天津市33名，河北省116名，山西省61名，内蒙古自治区53名，辽宁省94名，吉林省58名，黑龙江省84名，上海市50名，江苏省138名，浙江省84名，安徽省104名，福建省62名，江西省76名，山东省162名，河南省159名，湖北省108名，湖南省110名，广东省151名，广西壮族自治区85名，海南省21名，重庆市55名，四川省137名，贵州省66名，云南省87名，西藏自治区17名，陕西省65名，甘肃省49名，青海省18名，宁夏回族自治区18名，新疆维吾尔自治区56名，共2419名。

二是香港特别行政区36名代表名额、澳门特别行政区12名代表名额、台湾省暂时选举13名代表名额、中国人民解放军265名代表名额，共326名，与十一届相同。

三是其余255名代表名额由全国人大常委会依据法律另行分配。

《第十二届全国人民代表大会代表名额分配方案（草案）》及以上说明是否妥当，请审议。

第十二届全国人民代表大会少数民族代表名额分配方案

（2012 年 4 月 27 日第十一届全国人民代表大会常务委员会第二十六次会议通过）

根据《第十一届全国人民代表大会第五次会议关于第十二届全国人民代表大会代表名额和选举问题的决定》，第十二届全国人民代表大会少数民族代表名额为 360 名左右，与十一届相同。具体分配方案如下：

一、各省、自治区、直辖市应选少数民族代表 320 名，其中：

1. 蒙古族 24 名
   内蒙古自治区 17 名
   辽宁省 3 名
   吉林省 1 名
   黑龙江省 1 名
   青海省 1 名
   新疆维吾尔自治区 1 名

2. 回族 37 名
   北京市 1 名
   天津市 1 名
   河北省 3 名
   辽宁省 1 名
   上海市 1 名
   江苏省 1 名
   安徽省 2 名
   山东省 3 名
   河南省 5 名
   云南省 2 名
   陕西省 1 名
   甘肃省 4 名
   青海省 2 名
   宁夏回族自治区 8 名
   新疆维吾尔自治区 2 名

3. 藏族 26 名
   四川省 6 名
   云南省 2 名
   西藏自治区 12 名
   甘肃省 2 名
   青海省 4 名

4. 维吾尔族 22 名
   新疆维吾尔自治区 22 名

5. 苗族 21 名
   湖北省 1 名
   湖南省 5 名
   广西壮族自治区 2 名
   海南省 1 名
   重庆市 2 名
   贵州省 8 名
   云南省 2 名

6. 彝族 20 名
   四川省 7 名
   贵州省 2 名
   云南省 11 名

7. 壮族 44 名
   广东省 1 名
   广西壮族自治区 41 名
   云南省 2 名

8. 布依族 7 名
   贵州省 7 名

9. 朝鲜族 9 名
   辽宁省 1 名
   吉林省 6 名
   黑龙江省 2 名

10. 满族 20 名
    北京市 1 名
    河北省 2 名
    内蒙古自治区 1 名
    辽宁省 10 名
    吉林省 2 名
    黑龙江省 4 名

11. 侗族 6 名
    湖南省 1 名
    广西壮族自治区 1 名
    贵州省 4 名

12. 瑶族 6 名

湖南省1名
广东省1名
广西壮族自治区3名
云南省1名

13. 白族 4名
云南省4名

14. 土家族 15名
湖北省6名
湖南省5名
重庆市2名
贵州省2名

15. 哈尼族 4名
云南省4名

16. 哈萨克族 5名
新疆维吾尔自治区5名

17. 傣族 5名
云南省5名

18. 黎族 5名
海南省5名

19. 傈僳族 2名
云南省2名

20. 佤族 1名
云南省1名

21. 畲族 2名
浙江省1名
福建省1名

22. 高山族 2名
福建省1名
台湾省1名

23. 拉祜族 1名
云南省1名

24. 水族 1名
贵州省1名

25. 东乡族 1名
甘肃省1名

26. 纳西族 1名
云南省1名

27. 景颇族 1名
云南省1名

28. 柯尔克孜族 1名
新疆维吾尔自治区1名

29. 土族 1名
青海省1名

30. 达斡尔族 1名
内蒙古自治区1名

31. 仫佬族 1名
广西壮族自治区1名

32. 羌族 1名
四川省1名

33. 布朗族 1名
云南省1名

34. 撒拉族 1名
青海省1名

35. 毛南族 1名
广西壮族自治区1名

36. 仡佬族 1名
贵州省1名

37. 锡伯族 1名
新疆维吾尔自治区1名

38. 阿昌族 1名
云南省1名

39. 普米族 1名
云南省1名

40. 塔吉克族 1名
新疆维吾尔自治区1名

41. 怒族 1名
云南省1名

42. 乌孜别克族 1名
新疆维吾尔自治区1名

43. 俄罗斯族 1名
新疆维吾尔自治区1名

44. 鄂温克族 1名
内蒙古自治区1名

45. 德昂族 1名
云南省1名

46. 保安族 1名
甘肃省1名

47. 裕固族 1名
甘肃省1名

48. 京族 1名
广西壮族自治区1名

49. 塔塔尔族 1名
新疆维吾尔自治区1名

50. 独龙族 1名
云南省1名

51. 鄂伦春族 1名
内蒙古自治区1名

52. 赫哲族 1名
黑龙江省1名

53. 门巴族 1名

西藏自治区1名

54. 珞巴族 1名

西藏自治区1名

55. 基诺族 1名

云南省1名

二、中国人民解放军应选少数民族代表14名。

三、其余26名少数民族代表名额由全国人民代表大会常务委员会依据法律另行分配。

关于《第十二届全国人民代表大会少数民族代表名额分配方案（草案）》的说明

——2012年4月24日在第十一届全国人民代表大会常务委员会第二十六次会议上

全国人大常委会副秘书长 王万宾

全国人民代表大会常务委员会：

根据第十一届全国人民代表大会第五次会议通过的《关于第十二届全国人民代表大会代表名额和选举问题的决定》（以下简称《决定》）的有关规定，委员长会议拟订了《第十二届全国人民代表大会少数民族代表名额分配方案（草案）》，提请本次会议审议。受委员长会议的委托，我就少数民族代表名额分配方案草案作如下说明：

一、根据《决定》关于"第十二届全国人民代表大会代表的名额不超过3000人"，"少数民族代表的名额应占代表总名额的12%左右"的规定，第十二届全国人民代表大会代表中应选少数民族代表360名左右。考虑到十一届以来各少数民族的人口数和分布情况变化不大，且各少数民族都有适当名额的代表，人口特少的民族至少有代表1名，第十二届全国人民代表大会少数民族代表的名额分配与十一届相同。

二、在360名少数民族代表名额中，分配给各省、自治区、直辖市产生的少数民族代表名额320名，满足了55个少数民族均有代表的要求，各少数民族的代表名额分配与十一届相同，分配到省、自治区、直辖市选举的少数民族代表名额也不变。这320名代表名额分配到省、自治区、直辖市的，与十一届相同，包含在各省、自治区、直辖市应选的全国人大代表名额总数之中。

三、中国人民解放军应选少数民族代表名额14名，全国人大常委会依照法律另行分配的少数民族代表名额26名。这40个名额必须确保为少数民族代表而不特定分配给某少数民族。

《第十二届全国人民代表大会少数民族代表名额分配方案（草案）》及以上说明是否妥当，请审议。

台湾省出席第十二届全国人民代表大会代表协商选举方案

（2012年4月27日第十一届全国人民代表大会常务委员会第二十六次会议通过）

根据《第十一届全国人民代表大会第五次会议关于第十二届全国人民代表大会代表名额和选举问题的决定》，台湾省出席第十二届全国人民代表大会代表协商选举方案如下：

一、台湾省暂时选举第十二届全国人民代表大会代表13名，由各省、自治区、直辖市和中央国家机关、中国人民解放军中的台湾省籍同胞组成的协商选举会议选举产生。按照选举法规定，选举采用差额选举和无记名投票的方式进行。

二、协商选举会议人数为122人，由各省、自治区、直辖市和中央国家机关、中国人民解放军中的台湾省籍同胞中协商选定。参加协商选举会议人员的选定工作于2012年12月底以前完成。

三、协商选举会议定于2013年1月在北京召开，会期约一周。

四、协商选举会议要发扬民主，酝酿代表候选人应考虑各方面的代表人士，适当注意中青年、妇女、少数民族等方面的人选。

五、协商选举会议由全国人大常委会委员长会议指定召集人召集。

附件：

台湾省出席第十二届全国人民代表大会代表协商选举会议代表分配方案

单位	台湾省籍同胞人数（据2011年统计）	参加协商会议代表数	单位	台湾省籍同胞人数（据2011年统计）	参加协商会议代表数
北京市	1800	6	山西省	138	1
天津市	1075	4	内蒙古自治区	224	1
河北省	522	3	辽宁省	1452	6
吉林省	241	2	重庆市	419	2
黑龙江省	340	2	四川省	506	2
上海市	1918	6	贵州省	181	1
江苏省	1468	6	云南省	415	2
浙江省	2166	6	西藏自治区	0	0
安徽省	736	3	陕西省	306	2
福建省	17734	15	甘肃省	387	1
江西省	1626	6	青海省	83	1
山东省	837	2	宁夏回族自治区	70	1
河南省	606	3	新疆维吾尔自治区	87	1
湖北省	659	2	中直机关		4
湖南省	918	3	国家机关		6
广东省	3764	9	中国人民解放军		2
广西壮族自治区	409	2			
海南省	3362	9	**总体**	**44449**	**122**

关于《台湾省出席第十二届全国人民代表大会代表协商选举方案（草案）》的说明

——2012年4月24日在第十一届全国人民代表大会常务委员会第二十六次会议上

全国人大常委会副秘书长 王万宾

全国人民代表大会常务委员会：

根据第十一届全国人民代表大会第五次会议通过的《关于第十二届全国人民代表大会代表名额和选举问题的决定》（以下简称《决定》）的有关规

定，现就《台湾省出席第十二届全国人民代表大会代表协商选举方案(草案)》说明如下：

一、关于台湾省出席第十二届全国人民代表大会代表的产生办法。根据《决定》的有关规定，台湾省出席第十二届全国人民代表大会代表的产生办法与十一届相同，即“由各省、自治区、直辖市和中央国家机关、中国人民解放军中的台湾省籍同胞组成的协商选举会议选举产生。按照选举法规定，选举采用差额选举和无记名投票的方式进行。”

二、关于参加协商选举会议的人数和产生方式。选举台湾省出席第十一届全国人民代表大会代表时，参加协商选举会议的人数为122人。目前，各省、自治区、直辖市台湾省籍同胞共44000多人，与2006年相比增加幅度不大，大部分地区变化不大。鉴于这个情况，本次协商选举会议的人数仍为122人，名额分配与十一届相同，由各省、自治区、直辖市和中央国家机关、中国人民解放军中的台湾省籍同胞中协商选定。

三、关于协商选举会议的召开时间、地点。协商选举方案草案沿用以往的做法，规定“协商选举会议定于2013年1月在北京召开，会期约一周。”

四、关于协商选举会议召集人。根据有关方面的意见，此次协商选举方案草案规定，协商选举会议由全国人大常委会委员长会议指定召集人召集。

《台湾省出席第十二届全国人民代表大会代表协商选举方案(草案)》及以上说明是否妥当，请审议。

全国人民代表大会常务委员会关于批准《中华人民共和国澳门特别行政区基本法附件一澳门特别行政区行政长官的产生办法修正案》的决定

(2012年6月30日第十一届全国人民代表大会常务委员会第二十七次会议通过)

第十一届全国人民代表大会常务委员会第二十七次会议决定：

根据《中华人民共和国澳门特别行政区基本法》附件一、《全国人民代表大会常务委员会关于〈中华人民共和国澳门特别行政区基本法〉附件一第七条和附件二第三条的解释》和《全国人民代表大会常务委员会关于澳门特别行政区2013年立法会产生办法和2014年行政长官产生办法有关问题的决定》，批准澳门特别行政区提出的《中华人民共和国澳门特别行政区基本法附件一澳门特别行政区行政长官的产生办法修正案》。

《中华人民共和国澳门特别行政区基本法附件一澳门特别行政区行政长官的产生办法修正案》自批准之日起生效。

中华人民共和国澳门特别行政区基本法附件一澳门特别行政区行政长官的产生办法修正案

(2012年6月30日第十一届全国人民代表大会常务委员会第二十七次会议批准)

一、2014年选举第四任行政长官人选的选举委员会共400人，由下列各界人士组成：

工商、金融界 120人

文化、教育、专业等界 115人

劳工、社会服务、宗教等界 115人

立法会议员的代表、市政机构成员的代表、澳门地区全国人大代表、澳门地区全国政协委员的代表 50人选举委员会每届任期五年。

二、不少于66名的选举委员会委员可联合提名行政长官候选人。每名委员只可提出一名候选人。

三、第五任及以后各任行政长官产生办法，在依照法定程序作出进一步修改前，按本修正案的规定执行。

澳门特别行政区行政长官崔世安关于提请全国人民代表大会常务委员会批准《中华人民共和国澳门特别行政区基本法附件一澳门特别行政区行政长官的产生办法修正案（草案）》的报告

全国人民代表大会常务委员会：

根据澳门特别行政区基本法附件一第七条的规定和2012年2月29日全国人民代表大会常务委员会《关于澳门特别行政区2013年立法会产生办法和2014年行政长官产生办法有关问题的决定》的规定，澳门特别行政区政府于2012年5月2日以议案方式向澳门特别行政区立法会提交了《中华人民共和国澳门特别行政区基本法附件一澳门特别行政区行政长官的产生办法修正案（草案）》，该修正案（草案）已于2012年6月5日获立法会全体议员三分之二多数通过。

作为行政长官，我认为上述修正案（草案）符合澳门特别行政区基本法和全国人民代表大会常务委员会的有关决定，并已于2012年6月5日依据澳门特别行政区基本法附件一第七条，对上述修正案（草案）签署了同意书。

我现根据澳门特别行政区基本法附件一第七条和全国人民代表大会常务委员会的有关决定，向全国人民代表大会常务委员会提交《中华人民共和国澳门特别行政区基本法附件一澳门特别行政区行政长官的产生办法修正案（草案）》，报请全国人民代表大会常务委员会批准。

澳门特别行政区行政长官　崔世安

2012年6月5日

关于《中华人民共和国澳门特别行政区基本法附件一澳门特别行政区行政长官的产生办法修正案（草案）》和《中华人民共和国澳门特别行政区基本法附件二澳门特别行政区立法会的产生办法修正案（草案）》的说明

全国人民代表大会常务委员会：

本人谨对《中华人民共和国澳门特别行政区基本法附件一澳门特别行政区行政长官的产生办法修正案（草案）》和《中华人民共和国澳门特别行政区基本法附件二澳门特别行政区立法会的产生办法修正案（草案）》作如下说明。

根据《中华人民共和国澳门特别行政区基本法》（“《基本法》”）附件一第七条的规定，澳门特别行政区行政长官的产生办法如需修改，须经立法会全体议员三分之二多数通过，行政长官同意，并报全国人民代表大会常务委员会批准。根据《基本法》附件二第三条的规定，澳门特别行政区立法会的产生办法如需修改，须经立法会全体议员三分之二多数通过，行政长官同意，并报全国人民代表大会常务委员会备案。

根据2011年12月31日第十一届全国人民代表大会常务委员会第二十四次会议通过的《全国人民代表大会常务委员会关于〈中华人民共和国澳门特别行政区基本法〉附件一第七条和附件二第三条的解释》（“《解释》”），行政长官的产生办法和立法会的产生办法是否需要进行修改，行政长官应向全国人民代表大会会常务委员会提出报告,由全国人民代表大会常务委员会依照《基本法》第四十七条和第六十八条规定,根据澳门特别行政区的实际情况确定。

澳门特别行政区政府于 2012 年 1 月 1 日至 31 日开展了关于政制发展问题的首阶段听取意见活动,就“2013 年立法会产生办法和 2014 年行政长官产生办法是否需要修改?如需修改,应按照甚么原则及如何修改”广泛听取公众意见。按照《基本法》和全国人民代表大会常务委员会《解释》的有关规定,并全面分析了首阶段听取意见的情况,行政长官于 2012 年 2 月 7 日向全国人民代表大会常务委员会提交报告,认为有必要对 2013 年立法会产生办法和 2014 年行政长官产生办法作出适当修改。全国人民代表大会常务委员会于 2012 年 2 月 29 日通过了《关于澳门特别行政区 2013 年立法会产生办法和 2014 年行政长官产生办法有关问题的决定》(“《决定》”),“对澳门特别行政区 2013 年立法会产生办法和 2014 年行政长官产生办法决定如下:一、澳门基本法附件一第一条关于行政长官由一个具有广泛代表性的选举委员会选举产生的规定维持不变,澳门基本法附件二第一条关于第三届及以后各届立法会由直接选举的议员、间接选举的议员和委任的议员三部分组成的规定维持不变。二、在不违反本决定第一条的前提下,2013 年澳门特别行政区立法会产生办法和 2014 年澳门特别行政区行政长官产生办法,可按照澳门基本法第四十七条、第六十八条和附件一第七条、附件二第三条的规定作出适当修改。”

根据《基本法》、全国人民代表大会常务委员会《解释》和《决定》的规定,结合首阶段听取意见中的主要意见,澳门特别行政区政府于 2012 年 3 月 10 日发表了《政制发展咨询文件》,就修改 2013 年立法会产生办法、2014 年行政长官产生办法及本地区选举法相关规定,展开为期 45 日(2012 年 3 月 10 日至 4 月 23 日)的公开咨询。

在咨询期间,社会各界人士、社团组织和广大市民踊跃发表意见,澳门特别行政区政府共收到各类意见和建议 165247 份,形成了普遍认同的主流意见:一、在有关行政长官产生办法的 153092 份意见中,有 133431 份认同将行政长官选举委员会委员名额增至 400 人,占相关意见的 87.16%;二、在有关新增选举委员会委员分配的 54100 份意见中,有 28362 份认同将新增选举委员会委员名额按不同界别的实际情况作出不同规定,适当增加第二和第三界别人士在选举委员会所占比例,占相关意见的 52.43%;三、在有关立法会产生办法的 159837 份意见中,有 138251 份认同立法会直接选举和间接选举的议员各增加两名,而委任议员名额维持不变,占相关意见的 86.49%。

在充分参考社会主流意见的基础上,澳门特别行政区政府按照《基本法》第四十七条、第六十八条和附件一第七条、附件二第三条,全国人民代表大会常务委员会《解释》和《决定》的规定,草拟了两个产生办法修正案(草案),并于 2012 年 5 月 2 日,以议案方式,向澳门特别行政区立法会提交了《中华人民共和国澳门特别行政区基本法附件一澳门特别行政区行政长官的产生办法修正案(草案)》及说明、《中华人民共和国澳门特别行政区基本法附件二澳门特别行政区立法会的产生办法修正案(草案)》及说明,并请立法会主席按照《基本法》第七十四条(二)项的规定予以优先审议。同时,亦将《政制发展咨询总结报告》一并送交立法会,以供参阅。

2012 年 6 月 5 日,立法会全体会议对两个修正案(草案)分别进行细则性讨论和表决,并且均获得全体议员三分之二多数通过。

作为行政长官,我认为上述两个修正案(草案)符合《基本法》和全国人民代表大会常务委员会《决定》的规定,并于 2012 年 6 月 5 日依据《基本法》附件一第七条和附件二第三条对两个修正案(草案)签署了同意书。

这是澳门特别行政区成立以来,首次通过对两个产生办法的修改,迈出了政制发展的重要一步,有利于保持澳门特别行政区基本政治制度的稳定和完善民主政制,有利于行政主导政治体制的有效运作,有利于兼顾澳门社会各阶层各界别的利益,有利于保持澳门的长期繁荣稳定和发展。

本人现根据《基本法》附件一第七条的规定,向全国人民代表大会常务委员会提交《中华人民共和国澳门特别行政区基本法附件一澳门特别行政区行政长官的产生办法修正案(草案)》,报请全国人民代表大会常务委员会批准。

本人亦根据《基本法》附件二第三条的规定,向全国人民代表大会常务委员会提交《中华人民共和国澳门特别行政区基本法附件二澳门特别行政区立法会的产生办法修正案(草案)》,报请全国人民代表大会常务委员会备案。

澳门特别行政区行政长官 崔世安

2012 年 6 月 5 日

全国人民代表大会法律委员会关于《中华人民共和国澳门特别行政区基本法附件一澳门特别行政区行政长官的产生办法修正案（草案）》审议结果的报告

——2012年6月30日在第十一届全国人民代表大会常务委员会第二十七次会议上

全国人民代表大会常务委员会：

本次常委会会议于6月26日下午对澳门特别行政区行政长官报请批准的《中华人民共和国澳门特别行政区基本法附件一澳门特别行政区行政长官的产生办法修正案（草案）》进行了审议。常委会组成人员普遍认为，修正案草案符合澳门基本法的规定和全国人大常委会的有关决定，符合澳门的实际情况，赞同本次会议予以批准。法律委员会于6月28日上午召开会议，根据常委会组成人员的审议意见，对澳门特别行政区基本法附件一修正案草案进行了审议。法律委员会认为，该修正案草案经澳门特别行政区立法会全体议员三分之二多数通过，行政长官同意，符合《中华人民共和国澳门特别行政区基本法》附件一第七条、《全国人民代表大会常务委员会关于〈中华人民共和国澳门特别行政区基本法〉附件一第七条和附件二第三条的解释》和《全国人民代表大会常务委员会关于澳门特别行政区2013年立法会产生办法和2014年行政长官产生办法有关问题的决定》，建议本次常委会会议作出批准该修正案的决定。

以上报告是否妥当，请审议。

全国人民代表大会法律委员会

2012年6月30日

全国人民代表大会常务委员会公告

〔十一届〕第四十号

根据《中华人民共和国澳门特别行政区基本法》附件二、《全国人民代表大会常务委员会关于〈中华人民共和国澳门特别行政区基本法〉附件一第七条和附件二第三条的解释》和《全国人民代表大会常务委员会关于澳门特别行政区2013年立法会产生办法和2014年行政长官产生办法有关问题的决定》，全国人民代表大会常务委员会对《中华人民共和国澳门特别行政区基本法附件二澳门特别行政区立法会的产生办法修正案》予以备案，现予公布。

《中华人民共和国澳门特别行政区基本法附件二澳门特别行政区立法会的产生办法修正案》自公布之日起生效。

特此公告。

全国人民代表大会常务委员会

2012年6月30日

中华人民共和国澳门特别行政区基本法附件二澳门特别行政区立法会的产生办法修正案

（2012年6月30日第十一届全国人民代表大会常务委员会第二十七次会议予以备案）

一、2013年第五届立法会由33人组成，其中：

直接选举的议员	14人
间接选举的议员	12人
委任的议员	7人

二、第六届及以后各届立法会的产生办法，在依照法定程序作出进一步修改前，按本修正案的规定执行。

澳门特别行政区行政长官崔世安关于提请全国人民代表大会常务委员会备案《中华人民共和国澳门特别行政区基本法附件二澳门特别行政区立法会的产生办法修正案（草案）》的报告

全国人民代表大会常务委员会：

根据澳门特别行政区基本法附件二第三条的规定和2012年2月29日全国人民代表大会常务委员会《关于澳门特别行政区2013年立法会产生办法和2014年行政长官产生办法有关问题的决定》的规定，澳门特别行政区政府于2012年5月2日以议案方式向澳门特别行政区立法会提交了《中华人民共和国澳门特别行政区基本法附件二澳门特别行政区立法会的产生办法修正案（草案）》，该修正案（草案）已于2012年6月5日获立法会全体议员三分之二多数通过。

作为行政长官，我认为上述修正案（草案）符合澳门特别行政区基本法和全国人民代表大会常务委员会的有关决定，并已于2012年6月5日依据澳门特别行政区基本法附件二第三条，对上述修正案（草案）签署了同意书。

我现根据澳门特别行政区基本法附件二第三条和全国人民代表大会常务委员会的有关决定，向全国人民代表大会常务委员会提交《中华人民共和国澳门特别行政区基本法附件二澳门特别行政区立法会的产生办法修正案（草案）》，报请全国人民代表大会常务委员会予以备案。

澳门特别行政区行政长官　崔世安

2012年6月5日

全国人民代表大会法律委员会关于《中华人民共和国澳门特别行政区基本法附件二澳门特别行政区立法会的产生办法修正案(草案)》审查意见的报告

(2012年6月30日第十一届全国人民代表大会常务委员会第二十七次会议通过)

全国人民代表大会常务委员会：

本次常委会会议于6月26日下午对澳门特别行政区行政长官报请备案的《中华人民共和国澳门特别行政区基本法附件二澳门特别行政区立法会的产生办法修正案(草案)》进行了审议。常委会组成人员普遍认为,修正案草案符合澳门基本法的规定和全国人大常委会的有关决定,符合澳门的实际情况,赞同本次会议予以备案。法律委员会于6月28日上午召开会议,根据常委会组成人员的审议意见,对澳门特别行政区基本法附件二修正案草案进行了审查。法律委员会认为,该修正案草案经澳门特别行政区立法会全体议员三分之二多数通过,行政长官同意,符合《中华人民共和国澳门特别行政区基本法》附件二第三条、《全国人民代表大会常务委员会关于〈中华人民共和国澳门特别行政区基本法〉附件一第七条和附件二第三条的解释》和《全国人民代表大会常务委员会关于澳门特别行政区2013年立法会产生办法和2014年行政长官产生办法有关问题的决定》,建议本次常委会会议同意予以备案,自公布之日起生效,并以公告方式公布该修正案。

以上报告是否妥当,请审议。

全国人民代表大会法律委员会

2012年6月30日

全国人民代表大会常务委员会关于加强网络信息保护的决定

(2012年12月28日第十一届全国人民代表大会常务委员会第三十次会议通过)

为了保护网络信息安全,保障公民、法人和其他组织的合法权益,维护国家安全和社会公共利益,特作如下决定:

一、国家保护能够识别公民个人身份和涉及公民个人隐私的电子信息。

任何组织和个人不得窃取或者以其他非法方式获取公民个人电子信息,不得出售或者非法向他人提供公民个人电子信息。

二、网络服务提供者和其他企业事业单位在业务活动中收集、使用公民个人电子信息,应当遵循合法、正当、必要的原则,明示收集、使用信息的目的、方式和范围,并经被收集者同意,不得违反法律、法规的规定和双方的约定收集、使用信息。

网络服务提供者和其他企业事业单位收集、使用公民个人电子信息,应当公开其收集、使用规则。

三、网络服务提供者和其他企业事业单位及其工作人员对在业务活动中收集的公民个人电子信息必须严格保密,不得泄露、篡改、毁损,不得出售或者非法向他人提供。

四、网络服务提供者和其他企业事业单位应当采取技术措施和其他必要措施,确保信息安全,防止在业务活动中收集的公民个人电子信息泄露、毁损、丢失。在发生或者可能发生信息泄露、毁损、丢失的情况时,应当立即采取补救措施。

五、网络服务提供者应当加强对其用户发布的信息的管理，发现法律、法规禁止发布或者传输的信息的，应当立即停止传输该信息，采取消除等处置措施，保存有关记录，并向有关主管部门报告。

六、网络服务提供者为用户办理网站接入服务，办理固定电话、移动电话等入网手续，或者为用户提供信息发布服务，应当在与用户签订协议或者确认提供服务时，要求用户提供真实身份信息。

七、任何组织和个人未经电子信息接收者同意或者请求，或者电子信息接收者明确表示拒绝的，不得向其固定电话、移动电话或者个人电子邮箱发送商业性电子信息。

八、公民发现泄露个人身份、散布个人隐私等侵害其合法权益的网络信息，或者受到商业性电子信息侵扰的，有权要求网络服务提供者删除有关信息或者采取其他必要措施予以制止。

九、任何组织和个人对窃取或者以其他非法方式获取、出售或者非法向他人提供公民个人电子信息的违法犯罪行为以及其他网络信息违法犯罪行为，有权向有关主管部门举报、控告；接到举报、控告的部门应当依法及时处理。被侵权人可以依法提起诉讼。

十、有关主管部门应当在各自职权范围内依法履行职责，采取技术措施和其他必要措施，防范、制止和查处窃取或者以其他非法方式获取、出售或者非法向他人提供公民个人电子信息的违法犯罪行为以及其他网络信息违法犯罪行为。有关主管部门依法履行职责时，网络服务提供者应当予以配合，提供技术支持。

国家机关及其工作人员对在履行职责中知悉的公民个人电子信息应当予以保密，不得泄露、篡改、毁损，不得出售或者非法向他人提供。

十一、对有违反本决定行为的，依法给予警告、罚款、没收违法所得、吊销许可证或者取消备案、关闭网站、禁止有关责任人员从事网络服务业务等处罚，记入社会信用档案并予以公布；构成违反治安管理行为的，依法给予治安管理处罚。构成犯罪的，依法追究刑事责任。侵害他人民事权益的，依法承担民事责任。

十二、本决定自公布之日起施行。

关于《全国人民代表大会常务委员会关于加强网络信息保护的决定（草案）》的说明

——2012 年 12 月 24 日在第十一届全国人民代表大会常务委员会第三十次会议上

全国人大常委会法制工作委员会副主任　李　飞

全国人民代表大会常务委员会：

我受委员长会议的委托，现对《全国人民代表大会常务委员会关于加强网络信息保护的决定（草案）》（以下简称决定草案）作说明。

一、制定决定的必要性和草案的起草过程

近年来，随着我国信息化建设不断推进，信息技术广泛应用，信息网络快速普及。信息网络在促进经济发展、社会进步、科技创新的同时，也带来十分突出的信息安全问题；移动互联网、物联网、云计算等新的信息技术和移动终端的发展应用，给信息安全带来更为严峻的挑战。当前，随意收集、擅自使用、非法泄露甚至倒卖公民个人电子信息，侵入、攻击信息系统窃取公民个人电子信息，以及网络诈骗、诽谤等违法犯罪活动大量发生，严重损害公民、法人和其他组织的合法权益，危害国家安全和社会公共利益。与此同时，我国有关网络信息保护的法律规范还比较薄弱，必要的管理措施缺乏上位法依据，与我国信息化发展和维护广大人民群众在网络活动中合法权益的要求不相适应。社会各方面强烈呼吁制定相关法律，规范收集、使用公民个人信息的活动，严厉惩处网络违法犯罪行为，维护网络用户的合法权益，保障网络健康有序运行。全国人大代表也多次提出议案和建议，要求尽快制定有关网络信息安全保护方面的法律。十一届全国人大五次会议就有 442 位全国人大代表提出这方面的议案 14 件。

为了加强网络社会管理，保障网络信息安全，根据全国人大代表议案和建议提出的意见和建议，回应广大人民群众的要求，从去年开始，全国人大常委会工作机构成立专门工作小组，就推进网络信息保护立法问题开展专题研究。一是先后与有关实际工作部门进行座谈，走访有关专家，到一些电信企业和互联网企业调研，听取各方面的意见和建议；二是汇总分析研究其他国家网络信息保护立法情况和近年来发生的侵害个人信息安全的典型案例；三是在充分了解情况、深入分析问题并总结有关行政法规、规章实施经验的基础上，同有关部门共同研究，起草了关于加强网络信息保护的决定草案征求意见稿，经多方听取意见，反复研究修改，形成了决定草案。2012年12月14日，十一届全国人大常委会委员长会议经过审议，提出了关于提请审议《全国人民代表大会常务委员会关于加强网络信息保护的决定(草案)》的议案，提请本次常委会会议审议。

二、决定草案的主要内容

决定草案共12条，主要内容包括：

(一)关于保护公民个人电子信息

在经济社会生活中，网络服务提供者和其他有关企业事业单位为开展业务活动收集并使用着大量的公民个人信息。从网络活动的现实来看，我国法律对各类企业事业单位收集、使用、处理公民个人电子信息，还缺乏统一明确的规范，迫切需要完善这方面的法律规定。据此，决定草案明确规定："国家保护能够识别公民个人身份和涉及公民个人隐私的电子信息。任何组织和个人不得窃取或者以其他非法方式获取公民个人电子信息，不得出售或者非法向他人提供公民个人电子信息。"

关于网络服务提供者和其他企业事业单位收集、使用个人信息的规范及其保护个人电子信息的义务，决定草案主要作了以下规定：一是，网络服务提供者和其他企业事业单位在业务活动中收集、使用公民个人电子信息，应当遵循合法、正当、必要的原则，明示收集、使用信息的目的、方式和范围，公开其收集、使用规则，并经被收集者同意，不得违反法律、法规的规定和双方的约定收集、使用信息。二是，网络服务提供者和其他企业事业单位及其工作人员对在业务活动中收集的公民个人电子信息必须严格保密，不得泄露、篡改、毁损，不得出售或者非法向他人提供。三是，网络服务提供者和其他企业事业单位应当采取措施，确保信息安全，防止在业务活动中收集的公民个人电子信息泄露、毁损、丢失。在发生或者可能发生信息泄露、毁损、丢失的情况时，应当立即采取补救措施。与此同时，政府有关部门及其工作人员对在履行职责中知悉的公民个人信息同样负有保密和保护义务。为此，决定草案规定：有关主管部门及其工作人员对在履行职责中知悉的公民个人信息应当予以保密，不得泄露、篡改、毁损，不得出售或者非法向他人提供。

赋予公民必要的监督和举报、控告的权利，充分发挥社会监督作用，是有效治理侵害个人信息安全等网络违法行为，维护公民合法权益的重要手段。据此，决定草案规定：公民发现泄露个人身份、散布个人隐私等侵害其合法权益的网络信息，或者受到商业性电子信息侵扰的，有权要求网络服务提供者删除有关信息或者采取其他必要措施予以制止。任何组织和个人对窃取或者以其他非法方式获取、出售或者非法向他人提供公民个人电子信息的违法犯罪行为以及其他网络信息违法犯罪行为，有权进行举报、控告；接到举报、控告的部门应当依法及时处理。

(二)关于治理垃圾电子信息

社会各方面和人民群众反映，每天都要收到大量推销商品或者服务的手机短信、电子邮件等，其中不少含有夸大、误导的内容，有些属于低俗、违法信息，还有一些不法分子通过发送手机短信等实施诈骗活动，强烈要求有关方面采取有效措施进行治理，以减少这类信息对其正常生活的干扰，维护其合法权益。从国外情况看，一些国家已制定相关法律，对发送商业性电子信息的行为予以规范，要求只有经信息接收者同意或者请求，才能向其发送商业性信息。我国电信主管部门出台了相关规定，电信运营商也采取了一些措施对发送商业性电子信息的行为予以规范、控制。为此，决定草案规定：任何组织和个人未经电子信息接收者同意或者请求，不得向其手机或者个人电子邮箱发送商业性电子信息。

(三)关于网络身份管理

当前，在公民维护其个人信息安全、有关主管部门查处侵害公民个人信息安全等违法犯罪活动的过程中，存在的一个突出问题是，实施侵害的行为人的个人和网站身份信息没有登记或者登记的信息虚假，导致违法活动成本低，取证、查处难，有必要加强网络用户身份管理。实行网络身份管理，是许多国家的通行做法。许多国家都通过立法要求固定电话、手机等电信用户在办理入网手续时须提供身份证明。目前，我国电信企业和相关互联网信息服务提供者按照有关部门和地方的规定开始实行手机用户和发布网络信息的用户身份登记。有关部门、地方和社会公众普遍要求通过立法完善这一制度。据此，决定草案规定：网络服务提供者为用户办理网站接入服务，办理固定电话、移动终端等入网手续，或者为用户提供信息发布服务，应当在与用户签订协议时，要求用户提供真实身份信息。需要说明的是，网络服务提供者对用户发布信息的网络身份管理，可以实行后台的身份管理办法，用户在发布信息时可以选择使用其他名称。

（四）关于有关部门的监管

为了维护公民个人信息安全、国家安全和社会公共利益，应通过立法赋予有关部门对网络活动进行监管的必要权力，同时明确网络服务提供者予以配合的法定义务。据此，决定草案规定：一是，有关主管部门应当在各自职权范围内依法履行职责，采取技术措施和其他必要措施，防范、制止和查处窃取或者以其他非法方式获取、出售或者非法向他人提供公民个人电子信息的违法犯罪行为以及其他网络信息违法犯罪行为。二是，网络服务提供者应当加强对其用户发布的信息的管理，发现法律、法规禁止发布、传输的信息的，应当立即停止传输，采取消除等处置措施，保存有关记录，并向有关主管部门报告。三是，有关主管部门依法履行职责时，网络服务提供者应当予以配合，提供技术支持。此外，决定草案还对违反本决定行为的法律责任作了规定。

决定草案重点针对我国当前网络活动中存在的突出问题建立、完善相关制度，为加强公民个人信息保护、维护网络信息安全提供法律依据，以适应当前互联网健康有序发展的需要。对本决定确立的公民个人电子信息保护、规范商业性电子信息、网络身份管理等各项制度，建议国务院及有关部门及时制定或修改相关配套法规，确保决定有效实施。

《全国人民代表大会常务委员会关于加强网络信息保护的决定（草案）》和以上说明是否妥当，请审议。

全国人民代表大会法律委员会关于《全国人民代表大会常务委员会关于加强网络信息保护的决定（草案）》审议结果的报告

——2012年12月28日在第十一届全国人民代表大会常务委员会第三十次会议上

全国人民代表大会常务委员会：

本次常委会会议于12月24日下午对关于加强网络信息保护的决定（草案）进行了分组审议，普遍认为，为了保护网络信息安全，保障人民群众的合法权益，维护国家安全和社会公共利益，制定关于加强网络信息保护的决定是必要的，草案有较强的针对性，比较成熟，赞同尽快审议通过。法律委员会于12月26日上午召开会议，逐条研究了常委会组成人员的审议意见，对草案进行了审议。国务院法制办公室、工业和信息化部、公安部、国家互联网信息办公室的负责同志列席了会议。法律委员会认为，草案是可行的，同时提出以下修改意见：

一、有的常委会组成人员提出，目前，给人民群众正常工作、生活带来侵扰的垃圾电子信息，除向个人的手机、电子邮箱发送的外，也有很多是通过电话、传真等方式发送的，对此也应予以规范；有的委员提出，应明确规定商业性电子信息的接收者明确拒绝接受该信息的，发送者不得再向其发送。法律委员会经同国务院法制办公室等部门研究，建议将草案第七条修改为：“任何组织和个人未经电子信息接收者同意或者请求，或者电子信息接收者明确表示拒绝的，不得向其固定电话、移动电话或者个人电子邮箱发送商业性电子信息。”

二、一些常委会组成人员建议明确本决定的执法部门，并明确公民个人信息安全受到侵害时，可以向哪些部门进行举报、控告。法律委员会经同国务院法制办公室等部门研究,认为:网络活动涉及领域较宽,按照现行管理体制,有多个部门依照各自职责对网络活动进行监管。本决定施行后,可通过完善有关配套法规,进一步明确有关部门的监管职责;同时,根据常委会组成人员的意见,建议将草案第九条中的“有权进行举报、控告”,修改为“有权向有关主管部门举报、控告”;并在该条中增加规定:“被侵权人可以依法提起诉讼。”

还有一个问题需要汇报。一些常委会组成人员对决定草案的名称提出了若干种修改意见。法律委员会经同有关方面反复研究,为与2000年全国人大常委会通过的关于维护互联网安全的决定相衔接,以体现在该决定基础上进一步加强对网络信息的保护,建议对决定名称不再作修改。

一些常委会组成人员提出,本决定通过后,国务院及其有关主管部门应尽快制定或修改相关配套法规,抓好宣传教育和学习培训工作,切实保障决定有效实施。有的常委委员提出,有关方面应采取相应措施,对人民群众通过网络进行社会监督予以保护。法律委员会建议:一是国务院及其有关部门要抓紧制定或者修改相关配套法规,落实决定的各项规定,严格依法办事,确保决定的正确有效实施;二是要认真做好决定的宣传教育和学习培训等工作,使全社会充分认识加强网络信息保护的重要性和必要性,自觉遵守决定的各项规定;三是采取切实措施,完善社会监督机制,对人民群众通过网络依法举报违法犯罪行为予以保护,对打击报复等行为依法追究责任。

此外,还对草案作了一些文字修改。

草案建议表决稿已按上述意见作了修改,法律委员会建议本次常委会会议通过。

草案建议表决稿和以上报告是否妥当,请审议。

全国人民代表大会常务委员会关于授权国务院在广东省暂时调整部分法律规定的行政审批的决定

(2012年12月28日第十一届全国人民代表大会常务委员会第三十次会议通过)

为了推进行政审批制度改革,促进政府职能转变,第十一届全国人民代表大会常务委员会第三十次会议决定:授权国务院在广东省暂时调整部分法律规定的行政审批(目录附后)。上述行政审批的调整,在三年内试行,对实践证明可行的,应当修改完善有关法律;对实践证明不宜调整的,恢复施行有关法律规定。

授权国务院在广东省暂时调整部分法律规定的二十五项行政审批目录

序号	名　　称	法 律 规 定	调 整 内 容
1	从事加工贸易业务审批和加工贸易保税进口料件或者制成品转内销审批	《中华人民共和国海关法》第三十三条第一款、第三款	暂时停止实施该项行政审批,通过海关、外经贸主管部门现有其他监管措施进行管理
2	营业性射击场立项审批	《中华人民共和国枪支管理法》第六条第一款第一项	暂时停止实施该项行政审批,保留设立营业性射击场的行政许可对营业性射击场的安全进行监管
3	政府采购代理机构乙级资格认定和延续申请批准	《中华人民共和国政府采购法》第十九条第一款	暂时停止实施该项行政审批,交由具备条件的行业协会实行自律管理

续表

序号	名　　称	法律规定	调整内容
4	工程建设项目招标代理机构乙级和暂定级资格认定	《中华人民共和国招标投标法》第十四条第一款	暂时停止实施该项行政审批，交由具备条件的行业协会实行自律管理
5	城乡规划编制单位乙级和丙级资质认定	《中华人民共和国城乡规划法》第二十四条第一款、第二款	暂时停止实施该项行政审批，交由具备条件的行业协会实行自律管理
6	中外合作经营企业委托经营管理合同审批	《中华人民共和国中外合作经营企业法》第十二条第二款	暂时停止实施该项行政审批，由外经贸主管部门对委托经营管理合同实行备案管理
7	遗传病诊断、产前诊断的母婴保健技术人员合格证核发	《中华人民共和国母婴保健法》第三十三条第一款	暂时停止实施该项行政审批，交由具备条件的行业协会实行自律管理
8	建设项目职业病危害预评价报告审核	《中华人民共和国职业病防治法》第十七条第一款	暂时停止实施该项行政审批，交由具备条件的行业协会实行自律管理
9	职业卫生技术服务机构资质认可	《中华人民共和国职业病防治法》第十九条、第二十七条第三款	暂时停止实施该项行政审批，交由具备条件的行业协会实行自律管理
10	职业健康检查机构资质认定	《中华人民共和国职业病防治法》第三十六条第三款	暂时停止实施该项行政审批，交由具备条件的行业协会实行自律管理
11	职业病诊断机构资质认定	《中华人民共和国职业病防治法》第四十四条第一款	暂时停止实施该项行政审批，交由具备条件的行业协会实行自律管理
12	转制为企业法人并领取营业执照的媒体单位广告经营登记	《中华人民共和国广告法》第二十六条第一款、第二款	暂时停止实施该项行政审批，由工商部门通过核定营业执照经营范围对其广告经营活动进行管理
13	修理计量器具许可	《中华人民共和国计量法》第十二条	暂时停止实施该项行政审批，修理后的计量器具通过检验程序实施监管
14	计量检定人员资格认定	《中华人民共和国计量法》第二十条第二款	暂时停止实施该项行政审批，交由具备条件的行业协会实行自律管理
15	非煤矿山、危险化学品生产经营单位、烟花爆竹经营单位主要负责人和安全生产管理人员任职资格认定	《中华人民共和国安全生产法》第二十条第二款	暂时停止实施该项行政审批，交由具备条件的行业协会实行自律管理
16	安全生产中介机构（安全评价、安全培训、安全检测检验）资质认定	《中华人民共和国安全生产法》第六十二条	暂时停止实施该项行政审批，交由具备条件的行业协会实行自律管理
17	工程监理企业专业乙级和丙级资质认定	《中华人民共和国建筑法》第十三条	暂时停止实施该项行政审批，交由具备条件的行业协会实行自律管理
18	二级注册建筑师、二级勘查设计注册工程师、二级注册建造师资格注册核准	《中华人民共和国建筑法》第十四条	暂时停止实施该项行政审批，交由具备条件的行业协会实行自律管理
19	文物保护工程勘察设计乙级以下（含乙级）、施工二级以下（含二级）和监理乙级以下（含乙级）资质审批	《中华人民共和国文物保护法》第二十一条第三款	暂时停止实施该项行政审批，交由具备条件的行业协会实行自律管理
20	人工影响天气作业组织资格认定	《中华人民共和国气象法》第三十条第三款	暂时停止实施该项行政审批，交由具备条件的行业协会实行自律管理

续表

序号	名 称	法 律 规 定	调 整 内 容
21	地热、矿泉水采矿许可证颁发、延续、变更与注销登记	《中华人民共和国矿产资源法》第三条第三款、第六条第一款、第十六条第一至三款、第十八条第二款	该项行政审批的实施机关由国务院地质矿产主管部门调整为省级、设区的市级人民政府地质矿产主管部门
22	跨省引进乳用、种用动物及其精液、胚胎、种蛋检疫审批	《中华人民共和国动物防疫法》第四十六条第一款	该项行政审批的实施机关由省人民政府动物卫生监督机构调整为设区的市级人民政府动物卫生监督机构
23	自动进口许可	《中华人民共和国对外贸易法》第十五条第一款	该项行政审批的实施机关由国务院对外贸易主管部门调整为省人民政府、设区的市级人民政府
24	一定数额以下的延期缴纳税款审批	《中华人民共和国税收征收管理法》第三十一条第二款	该项行政审批的实施机关由省国税局、地税局调整为设区的市级国税局、地税局
25	机动车排气污染年度检测委托	《中华人民共和国大气污染防治法》第三十五条第一款	该项行政审批的实施机关由省人民政府环境保护主管部门调整为设区的市级人民政府环境保护主管部门

对《关于授权国务院在广东省暂时调整部分法律规定的行政审批的决定(草案)》的说明

——2012 年 12 月 24 日在第十一届全国人民代表大会常务委员会第三十次会议上

监察部部长、国务院行政审批制度改革部级联席会议召集人 马 馼

全国人民代表大会常务委员会:

我受国务院委托,对《关于授权国务院在广东省暂时调整部分法律规定的行政审批的决定(草案)》作说明。

2012 年 5 月,广东省人民政府向国务院呈报了关于深化行政审批制度改革先行试点的请示,请求国务院授权该省停止实施和调整由法律、行政法规、国务院及部门文件规定的部分行政审批。2012 年 8 月 22 日,国务院第 214 次常务会议决定批准广东省在"十二五"期间在行政审批制度改革方面先行先试,对法律规定的行政审批项目依照法定程序办理。根据国务院常务会议精神,监察部、法制办与全国人大常委会法工委反复研究、沟通,认定广东省要求改革试点的行政审批中共有 25 项是由法律规定的,这项改革也符合行政许可法确立的原则,建议由国务院提请全国人大常委会作出决定,授权国务院同意广东省人民政府在本行政区域内暂时停止实施和调整这些行政审批,并起草了《关于授权国务院在广东省暂时调整部分法律规定的行政审批的决定(草案)》(以下简称决定草案)。现就决定草案作以下说明:

第一,广东省处在我国改革开放前沿,市场发育程度较高,经济社会发展正全面进入转型期,深化行政审批制度改革、进一步转变政府职能的要求十分迫切。同意广东省就法律规定的有关行政审批进行改革试点,对于深化行政审批制度改革,推进行政管理体制改革,完善社会主义市场经济体制,具有重要的示范意义。

第二,同意广东省人民政府就法律规定的有关行政审批进行改革试点,可以为下一步全国行政审

批制度改革积累经验。行政审批制度改革是行政管理体制改革的重要内容,是深化经济体制改革和政府职能转变的关键环节,其实质是政府权力的调整、转移和下放,涉及到深层次的利益调整。党中央、国务院对行政审批制度改革一直高度重视,下了很大决心,克服重重困难,推动这项改革取得较大进展,2001 年以来先后分六批取消和调整 2497 项行政审批,占原有总数的 69.3%,但这项改革还没有到位,改革滞后于经济社会发展的问题依然比较突出。国务院要求进一步解放思想,坚定不移地深入推进行政审批制度改革。在一个省先行试点,暂时停止实施和调整法律规定的有关行政审批,经过一段时间实践检验,条件成熟时,再通过修改有关法律全面推行;实践证明不宜停止实施或者调整有关行政审批,可以再恢复执行有关法律规定,这样做有利于有效降低改革的风险和难度,保障全国行政审批制度改革顺利推进。

第三,广东省要求改革试点的由法律规定的 25 项行政审批中,有 20 项是要求暂时停止实施的。对这些行政审批将分别采取以下方式处理:一是从事加工贸易业务审批和加工贸易保税进口料件或者制成品转内销审批停止实施后,通过海关、外经贸部门现有其他监管措施进行管理。二是营业性射击场立项审批停止实施后,仍然保留设立营业性射击场的行政许可,通过该项行政许可对营业性射击场的安全进行监管。三是中外合作经营企业委托经营管理合同审批停止实施后,由外经贸部门对委托经营管理合同实行备案管理。四是转制为企业法人并领取营业执照的媒体单位广告经营登记停止实施后,由工商部门通过核定营业执照经营范围对其广告经营活动进行管理。五是修理计量器具许可停止实施后,由于修理后的计量器具经检验合格才能使用,可以通过检验程序实施监管。六是其他 15 项行政审批停止实施后,交由具备条件的行业协会实行自律管理。

第四,在一个省的范围内暂时停止实施和调整法律规定的有关行政审批,是一种改革的试验,可以不修改相关法律,采取由全国人大常委会作出授权决定的方式。这种授权的依据是宪法第八十九条关于国务院职权的规定:“全国人民代表大会和全国人民代表大会常务委员会授予的其他职权”。依据这项规定,全国人民代表大会曾于 1985 年 4 月通过关于授权国务院在经济体制改革和对外开放方面可以制定暂行的规定或者条例的决定,全国人大常委会曾于 1984 年 9 月通过关于授权国务院改革工商税制发布有关税收条例草案试行的决定。

第五,为了确保广东省做好有关行政审批改革试点工作,国务院要求广东省加强对试点工作的领导,精心制定试点方案,认真组织实施,把试点工作与转变政府职能结合起来,与强化监管和服务结合起来,及时总结试点工作经验。对于暂时停止实施的行政审批,要求广东省制定后续管理措施,强化日常监管,防止出现管理真空;抓紧培育和充实完善行业协会;相关职能转交给行业协会的,原行政主管部门对相关领域的监管责任不取消,同时加强对行业协会行为的监管,采取针对性措施强化行业管理,确保政府监管不缺位。国务院要求有关部门加强对试点工作的跟踪指导,及时帮助广东省解决试点中遇到的问题,确保试点工作顺利开展。

决定草案和以上说明是否妥当,请审议。

全国人民代表大会法律委员会关于《国务院关于提请审议〈关于授权国务院在广东省暂时调整部分法律规定的行政审批的决定(草案)〉的议案》审议结果的报告

——2012 年 12 月 28 日在第十一届全国人民代表大会常务委员会第三十次会议上

全国人民代表大会常务委员会:

本次常委会会议于 12 月 25 日上午,对国务院关于提请审议《关于授权国务院在广东省暂时调整部分法律规定的行政审批的决定(草案)》的议案及所附决定草案代拟稿进行了分组审议,普遍认为,按照党的十八大关于深化行政审批制度改革的要求，授权国务院在广东省暂时调整部分法律规定的行政审批，是以法治思维和法治方式推进改革的积极探索，是深化行政管理体制改革的实际举措，赞同对决定草案进一步修改后，提请本次会议表决通过。同时，有些常委委员对决定草案还提出了一些修改意见。法律委员会于12月26日上午召开会议，根据常委委员的审议意见，对决定草案进行了审议。国务院法制办公室的负责同志列席了会议。法律委员会经研究，提出以下修改意见：

一、有些常委委员提出，考虑到全国人大常委会授权的严肃性，应当对授权的时间与要求等予以明确。法律委员会经同国务院法制办公室研究，建议在决定草案内容中增加规定，"上述行政审批的调整，在三年内试行，对实践证明可行的，应当修改完善有关法律；对实践证明不宜调整的，恢复施行有关法律规定。"

二、有些常委委员提出，决定草案的名称是调整部分法律规定的行政审批，但所附目录却分为停止实施的和调整实施机关的两个部分，建议合并。法律委员会经同国务院法制办公室研究，建议将目录一、目录二合并，并对目录的栏目名称及内容作相应调整。

此外，还对决定草案作了一些文字修改。

法律委员会已按上述意见提出了全国人民代表大会常务委员会关于授权国务院在广东省暂时调整部分法律规定的行政审批的决定（草案建议表决稿），建议本次常委会会议审议通过。

决定草案建议表决稿和以上报告是否妥当，请审议。

全国人民代表大会常务委员会关于召开第十二届全国人民代表大会第一次会议的决定

（2012年12月28日第十一届全国人民代表大会常务委员会第三十次会议通过）

第十一届全国人民代表大会常务委员会第三十次会议决定：中华人民共和国第十二届全国人民代表大会第一次会议于2013年3月5日在北京召开，会期约两周。建议会议的议程是：听取和审议政府工作报告；审查和批准2012年国民经济和社会发展计划执行情况与2013年国民经济和社会发展计划草案的报告，批准2013年国民经济和社会发展计划；审查和批准2012年中央和地方预算执行情况与2013年中央和地方预算草案的报告，批准2013年中央预算；听取和审议全国人民代表大会常务委员会工作报告；听取和审议最高人民法院工作报告；听取和审议最高人民检察院工作报告；听取和审议国务院机构改革和职能转变方案；选举第十二届全国人民代表大会常务委员会委员长、副委员长、秘书长、委员；选举中华人民共和国主席、副主席；决定国务院总理的人选；决定国务院副总理、国务委员、各部部长、各委员会主任、中国人民银行行长、审计长、秘书长的人选；选举中华人民共和国中央军事委员会主席；决定中华人民共和国中央军事委员会副主席、委员的人选；选举最高人民法院院长；选举最高人民检察院检察长；决定第十二届全国人民代表大会各专门委员会的设立及其组成人员的人选。

三、立法后评估报告

全国人民代表大会内务司法委员会关于《中华人民共和国残疾人保障法》立法后评估的报告

——2012年8月27日在第十一届全国人民代表大会常务委员会第二十八次会议上

全国人民代表大会常务委员会：

根据《全国人大常委会2012年工作要点》关于“对残疾人保障法开展立法后评估，为修改完善法律、加强和改进有关工作提供依据”的部署，内务司法委员会会同常委会法制工作委员会、中国残疾人联合会组成评估工作领导小组和工作机构，在民政部、人力资源和社会保障部、教育部、卫生部、工业和信息化部、财政部、住房和城乡建设部等有关部门的积极配合和帮助下，对残疾人保障法设立的一些主要法律制度进行了评估。现将评估情况报告如下：

一、残疾人保障法立法后评估的背景、目的和方法

（一）评估背景

中国特色社会主义法律体系形成后，修改完善法律和制定配套法规摆到立法工作更加重要的位置上来。吴邦国委员长就立法后评估工作多次指出，要在总结试点经验基础上，积极开展立法后评估工作，通过多种形式，对法律制度的科学性、法律规定的可操作性、法律执行的有效性等作出客观评价，为修改完善法律、改进立法工作提供重要依据。为落实吴邦国委员长的指示精神，探索立法后评估规范化、制度化的有效方法和途径，结合《中华人民共和国残疾人保障法》（以下简称残疾人保障法）实施20周年，内务司法委员会会同有关部门对残疾人保障法设定的一些主要制度进行了立法后评估。

残疾人保障法于1990年12月28日颁布，1991年5月15日起实施，2008年4月，第十一届全国人大常委会第二次会议进行了修改。残疾人保障法是保障残疾人权益、发展残疾人事业的一部重要法律，实施20多年来，在保障残疾人权益、促进残疾人事业发展上发挥了重要作用。我国残疾人事业起步较晚，基础相对薄弱，要全面发展残疾人事业，促进残疾人状况的改善，需要在加强残疾人社会保障体系和服务体系建设的同时，不断完善相关法律制度，为残疾人事业发展提供法律保障。改革开放以来，我国经济社会发展取得的成就，为全面发展残疾人事业打下了坚实的基础，也为进一步完善保障残疾人权益法律制度创造了条件。

（二）评估目的

对残疾人保障法立法后评估，目的在于通过对其主要制度设计的科学性、合理性和可操作性进行评价，为考量是否需要修改完善提供依据。同时，通过对其实施情况的定量、定性分析，发现实施中存在的问题，对改进法律实施提出有针对性的建议，努力营造与经济社会发展相适应、有利于残疾人事业发展的良好环境，落实党中央提出的着力保障和改善民生的要求，推动残疾人事业进一步发展。

（三）评估方法和过程

本次立法后评估采用定性与定量相结合的方法，包括文献研究、问卷调查、实地调研和统计分析等。

文献研究主要是通过查阅和分析现行法律、法规、规章，立法档案资料，各级人大的相关执法检查报告、专题调研报告，各级残联及教育、工信、民政、财政、人社、住建、卫生等相关政府部门提供的统计

数据、工作报告和研究报告来完成。

问卷调查采用多阶段、分层抽样调查的方法进行。在抽取残疾人样本的同时，调查残疾人所居住社区的居民、所在地政府相关部门工作人员及部分相关政府部门。此次立法后评估共调查了1217名14周岁以上的残疾人，其中城镇613人，农村604人；617名18周岁以上的残疾人所居住的社区的居民，其中城镇311人，农村306人；504名政府部门工作人员；6个省（直辖市）、9个地区（市）、12个县（区）的189个部门。

实地调研在海南、四川等地进行。李建国副委员长参加了在海南省的调研。调研通过召开座谈会、实地考察、随机走访等方式，深入基层、深入群众、深入残疾人群体，了解社会各界对法律制度及实施情况的评价、意见和建议，共召开11场约150名各界人士参加的专题座谈会，实地考察多家残疾人康复和劳动就业服务机构，形成了2份实地调研报告。

统计分析主要是根据收集到的各种信息，对评估的主要内容，从不同角度进行比较研究，客观评价法律制度及实施情况。

本次立法后评估共形成了关于残疾人康复、教育、就业、社会保障和无障碍建设等5份专题报告、1份现场调查报告和2份实地调研报告，在此基础上形成本报告。

二、残疾人保障法立法后评估的内容和标准

康复、教育、就业、社会保障是残疾人最重要、最基本的权益，无障碍环境是残疾人权利实现的一个重要保障。本次立法后评估将残疾人保障法第二章残疾人康复制度、第三章残疾人教育制度、第四章残疾人就业制度、第五章残疾人社会保障制度和第七章无障碍建设制度作为评估的重点。

评估标准：对上述重点，围绕法律制度设计、法律实施保障和法律实施绩效三个层面进行评估。在法律制度设计方面，通过考察其是否符合立法原则，内容是否完整及是否与《残疾人权利公约》相衔接，评估其科学性、合理性；通过考察各项条款是否清晰、明确、具体，评估其可操作性。在法律实施保障方面，通过考察与残疾人保障法相配套的行政法规、地方性法规、规章等规范性文件制定及实施情况，评价各级法律实施责任部门是否履行法定职责，是否为法律实施提供保障。在法律实施绩效方面，通过考察残疾人事业的发展状况，特别是倾斜于、服务于残疾人的各项优惠、扶助政策落实情况，评估法律实施的实际效果。

三、残疾人保障法立法后评估结论

（一）制度设计较科学、合理，具有较强的可操作性

残疾人保障法在保障残疾人康复权、教育权、劳动权、社会保障权和享有无障碍环境等方面的制度设计上，立法意图明确，符合宪法原则和我国经济社会发展实际，基本实现了与《残疾人权利公约》相衔接。各项制度内容比较全面、结构比较合理、大多数条款比较严谨，表现为设定的残疾人权益比较完整，政府及有关部门和社会组织的职责比较明确，保障措施比较具体，比较具有可操作性，特别是对各类保障措施和各级政府及有关部门保障责任的设定，体现了残疾人保障法总则中关于“国家维护残疾人的合法权益、发展残疾人事业、保障残疾人平等地充分参与社会生活、共享社会物质文化成果”的立法宗旨和基本原则。

（二）法律实施保障逐步加强

1990年残疾人保障法颁布后，国务院积极开展残疾人保障法配套行政法规制定工作，先后制定了《残疾人教育条例》、《残疾人就业条例》和《无障碍环境建设条例》。国务院各有关部门在法定职责范围内，分别制定了70余件落实残疾人保障法的规章、标准等规范性文件。全国31个省（区、市）和部分较大的市结合本地实际，制定了残疾人保障法实施办法。2008年，残疾人保障法修订后，已有19个省（区、市）修改了本地的残疾人保障法实施办法或制定了残疾人保障条例。部分地方政府还在残疾人就业、社会保障和无障碍环境建设等方面制定了规范性文件，将残疾人保障法及相关法律的规定进一步细化。以宪法为核心，以残疾人保障法为基础，以行政法规、地方性法规为配套，以国务院部门规章和地方政府规章为补充的保障残疾人权益法律规范体系基本形成。

各级政府认真履行法定职责，从“八五”到“十二五”，始终将残疾人事业纳入国民经济和社会发展规划。国务院有关部门制定了多个发展残疾人事业的五年计划（纲要）和配套实施方案，对残疾人权益保障工作的指导原则、目标、任务、措施、监测和绩效评估等做出具体安排。地方各级政府也相继出台了本地区发展残疾人事业的五年计划。这

些计划(纲要)的执行,为法律的实施奠定了基础。仅"十一五"期间,中央财政通过多种渠道,共安排残疾人康复、托养、服务设施建设、危房改造、家庭无障碍改造等专项资金56.37亿元,比"十五"时期增长189.97%。各地方政府也在地方财政中做了相应的资金安排。海南省"十一五"期间,各级财政共安排残疾人事业补助资金2.96亿元,相当于"十五"时期的3倍。四川省仅2011年就投入资金3.35亿元,落实各项残疾人扶助项目,使44.62万残疾人受益。

(三)法律实施的绩效不断凸显

1. 残疾人平等参与社会生活、共享改革发展成果的状况得到改善。一是残疾人权益保障状况得到了大多数受访残疾人的肯定。问卷调查结果显示,84.4%的受访残疾人认为和10年前相比,残疾人权益保障状况进步"非常明显"或"比较明显",只有6.5%的受访残疾人认为"不太明显"或"不如以前"。二是大部分残疾人对权益保障状况表示满意。超过65%的受访残疾人对目前的残疾人权益保障状况表示"很满意"(18.7%)或"比较满意"(46.4%),表示"不太满意"和"很不满意"的比例不足5%。三是受访居民遇到残疾人权益受侵害情况的频率较低。有48.8%的人表示从未遇到过残疾人权益受侵害事件,另有49.3%的人表示偶尔遇到过,只有1.9%的受访居民表示经常遇到。四是超过96%的受访政府部门工作人员认为当前残疾人事业发展情况与自己刚接触这项工作时有明显进展。受访政府部门工作人员对残疾人保障法的执行情况较为认可,超过80%的政府部门工作人员认为残疾人保障法得到了完全执行(20.2%),或是大部分得到了执行(61.7%),另有17.7%认为部分得到了执行。

2. 康复服务体系建设初见成效。一是康复服务覆盖面不断扩大。由康复机构、教育机构、残疾人服务设施以及社区卫生站、康复站等组成的,集康复管理、技术指导和服务为一体的康复服务网络体系正在形成。截至2010年底,全国共有各级各类康复服务机构1.5万个,社区康复站18.6万个,社区康复协调员31.4万名。二是康复服务水平逐步提高。"十一五"期间,中央财政安排残疾人康复专项补助资金8.46亿元,用于贫困残疾人的视力残疾康复、听力语言残疾康复、肢体残疾康复、智力残疾康复、精神病防治康复、残疾人辅助器具供应服务等。从2009年起,中央财政设立了"贫困残疾儿童抢救性康复项目",截至2011年,共安排专项补助资金7.11亿元,为符合条件的城乡有康复需求的视力、听力、语言、肢体、智力残疾和孤独症儿童提供资助,并安排康复人才培训专项资金0.3亿元。2009年,中央财政加大了对公共卫生的投入,支持实施贫困白内障患者复明工程,2011年完成白内障复明手术75.8万例,为31万名贫困白内障患者免费施行了复明手术。2010年,中央财政一次性安排精神卫生体系建设补助资金14.9亿元,支持卫生系统470所市级以上(含县级市)精神卫生机构和地市级综合医院精神科、民政系统112所精神卫生机构、公安部门26所安康医院购置必要的医疗设备。

3. 残疾人教育稳步发展,残疾人受教育水平逐步提高。一是残疾人义务教育发展较快。残疾人保障法实施以来,我国义务教育阶段的特殊教育,在机构数量、在校生人数和专任教师人数三个方面逐年增加。1990年全国特殊教育学校为746所,在校学生7.2万人,专任教师1.4万人。到2010年底,特殊教育学校增加到1706所,在校学生达42.6万人,专任教师4万余人。全国未入学适龄残疾儿童少年总数从2000年的39.1万人降至2010年的14.5万人。二是残疾人学前教育取得一定发展。我国3—6岁残疾儿童接受学前教育的比例为43.9%,仅略低于全国3—6岁儿童入园率(50.9%)。三是高级中学以上残疾人教育发展态势较好。20世纪90年代初,我国高级中等特殊教育基本处于空白状态,到2011年,全国特殊教育普通高中班(部)达179个,在校生7207人。中等职业教育机构131所,在校生11572人。全国有33所开办各类高等特殊教育的学校,具备博士、硕士、本科、专科四个办学层次。四是残疾人受教育程度有所提高。抽样调查结果显示,每十万残疾人口中接受大学教育的人数从1987年的287人上升到2010年的1139人,提高了3倍;全国15岁及以上残疾人口的文盲率比1987年降低了15.71个百分点。五是残疾人受教育程度的性别差异逐渐缩小。以小学受教育程度为例,65岁以上年龄组男性仅比女性高27.7个百分点,55—64岁年龄组男性比女性仅高11.2个百分点,45—54岁年龄组男女比例基本持平。6—24岁年龄组的残疾人口,两性的受教育程度在各个层次的差距不明显。

4. 残疾人就业状况得到改善。一是残疾人就业服务体系建设进展较快。目前,我国各地普遍建立了残疾人就业服务机构。截至2010年底,全国共有残疾人就业服务机构3019个,基本覆盖了全国县级以上的行政区域,初步形成了省、地、县三级就业服务体系。其中，省级残疾人就业服务机构31个，地区（州、盟）残疾人就业服务机构55个，市（含地级市、县级市）残疾人就业服务机构634个，县残疾人就业服务机构1506个，市辖区残疾人就业服务机构793个。二是城镇残疾人就业总量保持基本稳定，就业方式日益多样化。自2004年以来，城镇残疾人就业人数一直稳定在430万人左右，2011年就业规模为440.5万人。三是农村残疾人从业人数有所增加。2006年农村残疾人从业人数为1672万人，2011年达到了1748.8万人，其中，从事农业生产劳动的残疾人占77%。

5. 残疾人社会保障体系初步形成，社会保障状况得到改善。一是包含社会保险、社会救助、社会福利和特别扶助措施等内容的多层次残疾人社会保障体系初步形成。二是残疾人参加社会保险的比例有所上升。中国残疾人状况和小康进程监测数据显示，2010年度城镇残疾人至少参加了一种社会保险的比例达76.1%，比2007年度增加34个百分点；2010年度参加城镇基本养老保险的比例，比2007年度增长14.1%；城镇残疾人参加基本医疗保险的比例从2007年度的36%上升到2010年度的74.4%；农村残疾人参加新型农村合作医疗的比例由2007年度的84.4%上升到2010年度的96%。三是残疾人城乡最低生活保障覆盖率不断提高。城乡领取最低生活保障金和得到救济的比例分别由2007年度的32.2%和39.1%增加到2010年度的52.6%和56.3%。

6. 城市无障碍化基本格局初步形成，无障碍环境有所改善。一是我国大中城市初步形成了无障碍化的基本格局。2002年起在北京等12个城市开展创建全国无障碍设施建设示范城市工作，2007年在100个城市开展了创建全国无障碍建设城市活动。目前，对这些城市的医院、银行、车站、商场、文化体育场所无障碍建设和改造的检查验收工作已全部完成。二是信息交流无障碍逐步发展。中央、省级和部分地市电视台在节目中配备了字幕、开办了手语新闻栏目；部分城市的银行、邮局等行业推出了手语服务；图书馆为盲人读者配备了有声读物；一些企业开发了盲人上网软件和聋人专用通讯设备。调查结果显示，所调查的12个市、县，在主要公共场所和公共交通设施上都有信息屏幕显示系统和语音提示系统，为残疾人出行提供了便利。中国盲人数字图书馆于2008年9月正式开通，有2500多本电子图书、6000多首音频资料及480多个视频讲座，日均点击量达8.4万次。三是残疾人无障碍服务网络初具规模。目前，全国残联系统在每个省会城市都建立了省级服务中心；50%以上的县级残疾人综合服务设施内有无障碍设备、产品和服务；发达地区的社区和乡镇，无障碍设备、产品和服务开始进入残疾人家庭。从2009年起，全国机场免费为具备乘机条件的残疾人提供无障碍设施、设备或特殊服务。从2012年1月1日起，铁道部实行在旅客列车上设置残障人专用座席，每趟旅客列车预留一定数量的残疾人旅客专用票，并计划3年内改造5000节无障碍车厢。

（四）评估中发现的问题

1. 立法缺陷

一是个别条款之间不尽一致。如第二十一条第三款、第四款关于各级政府对接受义务教育的残疾学生、贫困残疾人家庭的学生提供扶助的规定。两款规定的受助对象范围不一致，第三款仅将残疾儿童、少年纳入了政府受助对象范围，将贫困残疾人家庭的儿童、少年排除在外。

二是个别条款内容不够全面。如残疾人社会保障制度中对农村残疾人的社会保障问题规定过少，且存在一些欠妥当的地方。

三是个别条款不够具体。如关于对残疾人权益保障工作的实施和监测，法律虽有规定，但过于笼统，相关部门定位不够具体，权责划分不够明确。

2. 实施中存在的问题

一是配套法规、规章不够健全。残疾人保障法实施20多年来，虽然已制定了与之相配套的《残疾人教育条例》、《残疾人就业条例》和《无障碍环境建设条例》，但在残疾人康复等重要制度方面至今还没有配套法规，造成在法律实施过程中，有些制度实施较好，有些制度还未落实到位。

二是法律实施的资金投入机制有待完善。如对不同来源的资金投入缺乏相互间协调机制；资金投入多采用项目制，稳定性不够，缺乏长效机制；对不同地区的资金投入缺乏通盘统筹机制，致使经济落后地区对残疾人事业的资金投入无法保障。

三是普法宣传有待进一步加强。调查显示，受访残疾人中有35.5%还不知道有残疾人保障法，有23.9%知道有该法但不了解内容，有36.2%了解部分内容，只有4.4%知道该法并了解主要内容。受访居民对残疾人保障法知晓程度较高，达85.1%，但只有9.6%表示了解其主要内容。

四是法律制度有待全面落实。由于配套制度措施不够完善和资金投入不足，此次评估的残疾人康复、教育、就业、社会保障等制度实施绩效与法律规定的目标还存在一定差距。

在康复制度方面。一是基本医疗保障需要加强。目前,大多数地区只将 9 项康复项目纳入城乡基本医疗保障的支付范围,与残疾人康复的实际需求有较大的差距。同时,医疗保险报销比例过低。调查显示,在有医疗康复需求的受访残疾人中,29.6%认为需要的医疗康复项目没有纳入报销范围,58.1%认为医疗保险报销比例过低。二是医疗、救助和康复训练服务及辅助器配备需要加强。据第二次残疾人抽样调查数据显示,需要医疗、救助、康复训练服务和配备辅助器残疾人的比例分别为 72.8%、27.7% 和 38.6%,而接受过上述服务的只占 35.6%、8.5% 和 7.3%。此次调查显示,约有五分之四的残疾人急需医疗康复服务,22.7% 的受访残疾人表示希望政府帮助解决医疗和康复服务的问题。三是康复服务覆盖面有待扩大。全国 54.7 万个社区(村)中,有 30.2 万个社区(村)没有开展社区康复服务,占全部社区(村)总数的 55%。建有社区康复服务站的社区(村)14.5 万个,仅占全部社区(村)总数的 26.5%。四是康复服务人才严重不足,特别是西部地区和农村的康复人才极度匮乏。五是大多数省份对残疾人配备辅助器具缺乏必要的经济支持措施。

在残疾人教育方面。一是教育资源亟待增加,特别是面向残疾人的学前教育和职业教育资源不足,影响了特殊教育制度的落实。目前,国内长期开办的盲童学前教育机构仅有 9 所,2011 年全国共有残疾人中等职业教育机构 131 所,教育规模与质量还不能满足残疾人接受职业教育的愿望和要求。二是特殊教育资源区域分布不均衡,影响了残疾人教育制度实施的普遍性。义务教育阶段的特教学校在东、中、西部比例分布为 44.9%、32.2% 和 22.9%,而东、中、西部地区学龄残疾儿童少年的比例分布为 34.1%、35.4% 和 30.5%。三是特殊教育师资力量薄弱,专业化水平不高,妨碍了法律实施的效果。按照国家关于特教学校生师比为 4∶1 的规定,我国义务教育阶段特教教师缺口近 9 万人。特教教师专业化水平不高,现有特教教师中大专及以上学历的仅占 54.7%。四是经济困难是残疾人接受教育的最大障碍。调查发现,66.2% 的残疾人表示经济困难影响了接受教育。

在残疾人就业方面。一是残疾人就业状况需进一步加以改善。根据中国残疾人状况及小康进程监测报告,2010 年度,劳动年龄段生活能够自理的城镇残疾人就业比例为 34.0%,农村残疾人就业比例为 49.2%。2010 年,城镇残疾人登记失业率为 8.6%,高于当年全国 4.1% 的城镇登记失业率。调查显示,77.6% 的政府部门工作人员和 64.8% 的受访居民认为,就业是目前残疾人面临的主要问题。二是残疾人就业服务需进一步加强。残疾人职业培训覆盖面小、培训内容与就业缺乏有效衔接及就业信息缺乏、渠道不畅通等影响了残疾人就业。调查显示,46.4% 的受访残疾人认为就业面临的最主要困难是缺乏专业知识和技能,23.8% 认为缺少就业信息。受访政府部门工作人员中有 47.4% 的人也有相同认识。三是对残疾人的就业歧视仍然存在,残疾人就业环境有待进一步改善。近 35% 的受访残疾人表示受到就业歧视。76.6% 的受访政府部门工作人员认为用人单位不愿雇佣残疾人是妨碍残疾人就业的重要原因。

在社会保障方面。一是社会保障覆盖面有待进一步提高。中国残疾人状况和小康进程监测数据显示,2010 年仍有 23.9% 的城镇残疾人没有参加任何社会保险,其中残疾人个体工商户的参保状况更差,参保比例仅为 6.3%。此次调查显示,约有 27.1% 的受访残疾人没有参加任何社会养老保险。二是对残疾人的特殊扶助措施需要进一步加强。目前在多数地区残疾人低保标准与正常人没有区别或区别不大,且覆盖率需进一步提高,残疾人“应保尽保”制度尚未完全落实。2010 年全国城镇残疾人的最低生活保障率为 81.4%,农村残疾人的最低生活保障率仅为 69.4%,大部分地区尚未建立贫困残疾人生活补贴制度,已建立的地区大多标准较低,只有个别地区开始实施护理补贴制度。三是残疾人生活状况有待进一步提高。调查数据显示,受访城镇残疾人家庭年人均收入为 8708.4 元,农村残疾人家庭年人均收入 3629.9 元,大大低于当年全国城镇和农村居民家庭人均 19109 元和 5919 元收入水平。47% 的受访居民表示身边残疾人的生活状况“一般”,另有 4.9% 认为“生活状况很差”,24.5% 认为“生活状况较差”。

在无障碍设施方面。一是无障碍环境建设任重道远。目前,我国无障碍设施的建设工作主要在大中城市展开,小城镇和农村地区的无障碍建设基本处于空白。调查显示,67.7% 的受访残疾人在无障碍环境方面遇到了困难。二是现有无障碍设施建设不规范、被破坏或占用的问题严重。例如北京市公共建筑中无障碍设施的质量达到国际标准的仅占三分之一,相当比例的无障碍设施需要进行改造。三是信息交流无障碍与社会的总体需要相差较远。调查结果显示,有45%的受访残疾人表示在日常生活中需要信息交流无障碍服务,对于视力残疾人而言,该项比例达到69%。绝大部分省市的政府门户网站缺少无障碍设计,有无障碍设计的网站也不够全面,仅适用于聋人、肢残、智残等残疾人,盲人浏览则无语音提示;县(市、区)级电视台几乎没有电视手语节目和加配字幕。无障碍环境的不足影响了残疾人的社会参与,监测显示,2010年度全国残疾人社区活动参与率仅为33.7%。

四、建议

(一)进一步完善残疾人法律体系

1. 加快与残疾人密切相关法律的立法工作。社会救助法、社会福利法等法律与残疾人密切相关,应加快立法进程,并在适用对象、内容、程序、保障机制等方面突出对残疾人的优惠措施,明确扶助方法和途径,促进残疾人共享经济社会发展成果。

2. 完善与残疾人保障法相配套的行政法规。国务院有关部门应借鉴在残疾人就业、教育和无障碍环境等方面的立法经验,尽快制定《残疾人康复条例》,依照修改后的残疾人保障法和义务教育法,尽快修订《残疾人教育条例》,使之与上位法保持一致。

(二)进一步完善实施残疾人保障法的政策措施

1. 依照残疾人保障法的规定,各级政府及有关部门要进一步完善和细化相关实施措施,特别是在医疗康复、特殊教育、劳动就业、社会保障等方面,制定倾斜于残疾人的特殊优惠政策和扶助措施,把"国家采取辅助方法和扶持措施,对残疾人给予特别扶助,减轻或者消除残疾影响和外界障碍,保障残疾人权利的实现"的规定落到实处。积极引导社会力量兴办残疾人服务机构,建立社会力量投资残疾人服务业的激励机制。落实残疾人保障法关于"国家鼓励社会组织和个人为残疾人提供捐助和服务"的规定,动员全社会发扬人道主义精神,理解、尊重、关心、帮助残疾人,切实保障残疾人平等充分参与社会生活,共享社会物质文化成果。

2. 加强法制宣传教育。有关部门应开展经常性的残疾人保障法宣传教育活动,把普及法律知识融入保障残疾人权益的各项工作之中,认真落实禁止歧视残疾人的法律规定,鼓励和支持残疾人自立、自强,积极参与社会生活,塑造平等、公正的无歧视氛围和人人理解、帮助、尊重、关心残疾人的社会风尚。全面普及母婴保健和预防残疾的科学知识,提升全民预防意识,建立健全出生缺陷预防和早期发现、早期治疗机制,预防残疾发生,减轻残疾程度。

3. 加强法律实施监督,提高实施效果。为提高残疾人保障法的实施效果,解决此次立法后评估反映出的问题,建议全国和地方各级人大常委会加大对法律实施的监督力度,国务院及有关部门和地方各级政府要根据法定职责,加强对法律实施情况经常性的检查、监督和指导,推动相关配套措施的建立、完善,加大投入力度,及时总结和推广好的经验,进一步推动法律的有效实施。

以上报告,请审议。

全国人民代表大会常务委员会法制工作委员会关于《中华人民共和国中小企业促进法》有关制度立法后评估工作情况的报告

——2012年12月24日在第十一届全国人民代表大会常务委员会第三十次会议上

全国人民代表大会常务委员会:

根据全国人大常委会2011年、2012年工作要点和立法工作计划,按照常委会关于要在认真总结试点经验的基础上,进一步完善立法后评估工作机制,推动这项工作经常化、规范化的要求,法制工作委员会在总结立法后评估试点工作经验的基础上,会同全国人大财政经济委员会、工业和信息化部、中国银行业监督管理委员会等部门、单位,严格按照立法后评估工作的程序和标准,进行了中小企业促进法有关制度立法后评估工作,提出了立法后评估报告。现将有关情况报告如下：

一、围绕经济社会发展中的突出问题选择评估对象

当前，我国经济社会发展正处于关键时期，中小企业量大面广，是实体经济的重要基础，是转变经济发展方式和产业转型升级的重要力量。我国中小企业超过 1200 万户，占全部企业总数的 99% 以上，创造的最终产品和服务相当于国内生产总值的 60%，提供城镇就业岗位超过 80%，上缴利税占 50%。中小企业的发展状况，关系到我国经济社会的发展，关系到科技创新、经济结构调整与发展方式转变，关系到促进就业与社会稳定。对 2002 年制定、2003 年起实施的中小企业促进法有关制度进行评估，契合当前形势，有利于推动法律的进一步贯彻实施和相关法律制度的完善，促进中小企业的健康发展。

经与全国人大财政经济委员会、工业和信息化部、中国银行业监督管理委员会反复协商沟通，研究确定对中小企业促进法第十五条规定的金融机构对中小企业提供金融支持、第十六条规定的拓宽中小企业直接融资渠道和第二十二条规定的鼓励创办中小企业三项制度进行评估。这三项法律制度，直接涉及广大中小企业发展中面临的突出问题，事关改善中小企业融资环境、推进民间投资、鼓励创业和增加就业、调整经济结构，是中小企业促进法的核心内容和关键性制度。根据各方面意见，我们起草了《关于开展中小企业促进法有关制度立法后评估工作的报告》以及《中小企业促进法有关制度立法后评估工作方案》。经常委会领导批准后，立即按照评估工作方案开展工作。

二、精心组织，各单位密切配合开展工作

为了加强组织领导，保障评估工作顺利开展，由法制工作委员会牵头，邀请全国人大财政经济委员会、工业和信息化部、国家发展和改革委员会、中国人民银行、科学技术部、人力资源和社会保障部、住房和城乡建设部、国家工商行政管理总局、中国银行业监督管理委员会、中国证券监督管理委员会、中国残疾人联合会等 11 个部门和单位有关同志参加，组成中小企业促进法有关制度立法后评估工作小组，具体组织落实评估工作。

按照客观公正、科学规范、公众参与、注重实效等评估工作应当遵循的原则，主要通过文献研究、问卷调查、收集实施情况、实地调研等方法对法律的实施绩效进行分析，评价法律制度的设计是否合理、可行，是否有针对性，全面了解把握相关法律制度在现实生活中的运行情况和问题。

一是文献研究。通过全国人大信息中心委托国家图书馆，搜集中小企业促进法出台以后报刊、杂志以及网络等媒体登载的相关资料，系统梳理相关法律制度形成的背景、针对的问题和形成过程。工业和信息化部汇总整理了地方出台的中小企业促进法实施条例（办法）等。这项工作加深了我们对评估对象的宏观理解。

二是问卷调查。根据三项法律制度相关内容及评估调查方案要求，设计了针对企业、服务机构、金融机构和社会公众等不同调查对象的四份调查问卷，委托专业机构开发网络在线调查系统，并在中国人大网站、工业和信息化部网站开设了填报端口。2012 年 2 月，法制工作委员会向工作小组成员单位印发《关于请协助组织填写中小企业促进法有关制度立法后评估调查问卷的函》，组织开展问卷调查活动，有关成员单位根据评估工作方案确定的问卷类型、调查对象、反馈数量等要求，选择和组织有关企业、服务机构、金融机构上网填写调查问卷。工业和信息化部、中国银行业监督管理委员会等部门发出通知，积极组织本系统开展问卷调查工作。工业和信息化部等部门采取措施，及时了解各地问卷填报情况，督促问卷填报进展，保证问卷调查工作按期完成。问卷调查活动历时 50 天，共回收有效问卷 13938 份，完成评估工作方案计划数的 139.4%。其中，企业问卷 8681 份，服务机构问卷 2114 份，金融机构问卷 2719 份，社会公众问卷 424 份，达到了开展问卷调查工作的预期目标。经对问卷反馈的信息和数据进行统计分析，形成了问卷调查统计分析报告和 155 张分析图表。

三是收集实施情况。为充分了解有关法律制度贯彻实施情况，在开展问卷调查的同时，根据三项制度涉及的部门、单位和业务范围，法制工作委员会向有关部门和单位发函，请有关部门和单位按照各自的职责范围，提供贯彻落实中小企业促进法有关制度的情况；同时，函请北京等 10 个省（市）人大常委会提供本地区贯彻落实中小企业促进法有关制度的情况。工业和信息化部、国家发展和改革委员会、中国银行业监督管理委员会、中国证券监

督管理委员会、中国残疾人联合会等8个部门、单位和北京等10个省(市)人大常委会积极配合,分别提供了贯彻落实中小企业促进法有关制度的情况报告,为开展立法后评估工作提供了丰富资料。

四是实地调研。2012年上半年,法制工作委员会会同全国人大财政经济委员会、工业和信息化部、中国银行业监督管理委员会组成5个调研组,分赴北京、辽宁、山东、浙江、广东、福建、江西、湖南、四川、陕西等10个省(市)开展实地调研。调研组通过召开地方政府及其有关部门、中小企业、金融机构、服务机构等单位参加的座谈会进行专题座谈,走访部分中小企业、服务机构等制度相关者等方式,多层次、多角度了解中小企业促进法有关制度贯彻落实情况及存在问题,广泛听取对进一步完善有关制度的意见和建议。调研组共召开30多场专题座谈会,深入50多家企业和服务机构进行实地考察,参加座谈会的中小企业、服务机构、金融机构和有关部门200多家,参会人员超过400人。调研活动结束后,形成了10份调研报告。

三、科学分析,反复研究论证形成评估报告

问卷调查、实地调研等数据收集工作结束后,我们会同有关方面及时开展数据的汇总、处理和分析工作,起草了关于中小企业促进法有关制度立法后评估的报告(稿)。2012年9月17日,召开了评估工作小组会议,对评估报告(稿)进行讨论和研究修改。经征求有关部门和单位的意见和建议,不断修改完善评估报告(稿),各方面对评估报告的主要内容达成了共识。2012年11月28日,法制工作委员会第242次委务会对评估报告(稿)进行了讨论。

评估报告力图反映中小企业促进法有关制度的实施情况、实施效果以及存在的主要问题,形成了有关评估意见,提出了相关建议。评估表明,中小企业促进法第十五条、第十六条和第二十二条规定的金融机构为中小企业提供金融支持、拓宽中小企业直接融资渠道以及鼓励创办中小企业三项法律制度,为各级政府及其有关部门、金融机构、服务机构采取有效措施解决中小企业发展中的问题,促进中小企业的持续健康发展,提供了重要的法律保障。中小企业促进法实施以来,各地、各部门积极采取制定配套政策措施、创新金融服务产品、设立新型金融机构、加快建设融资担保体系、发展多层次资本市场、拓展直接融资渠道、推动创业基地建设、完善公共创业服务平台等多种措施,认真贯彻实施三项法律制度。总体来看,中小企业促进法确立的三项法律制度具有较高的知晓度、认同度,得到了较好的贯彻实施,取得了较好的实施效果。主要表现为:金融机构对中小企业的信贷支持力度不断加大,中小企业融资环境逐步改善;中小企业上市融资稳步发展,直接融资渠道有所突破;政府对创办中小企业的扶持力度不断加强,创业成效不断显现。同时,评估也发现,中小企业发展涉及财政、税收、金融、土地、劳动力成本、市场环境变化等方方面面的问题,广大中小企业面临的“融资难”“创业难”等问题依然严峻。与三项法律制度相关的配套政策措施,也存在有待进一步提高其灵活性、针对性和有效性的问题。各方面普遍建议加大对中小企业的支持力度,加快发展多层次资本市场,创新中小企业融资方式,加大对创办中小企业的财税扶持力度等。鉴于中小企业促进法颁布实施已近十年,近年来全国人大代表和政协委员也多次提出议案、提案或者建议,希望通过修改完善相关法律,加强对中小企业的扶持,建议结合立法后评估的成果,将中小企业促进法的修改列入全国人大常委会2013年立法工作计划。

通过中小企业促进法有关制度立法后评估,对法律制度本身及其实施情况有了客观的评价,达到了立法后评估工作的预期目标,也为进一步完善立法后评估工作机制,推动这项工作经常化、规范化打下了更好的基础。法制工作委员会建议,将关于中小企业促进法有关制度立法后评估工作情况的报告,提请第三十次常委会会议审议。

关于《中华人民共和国中小企业促进法》有关制度立法后评估的报告和以上报告是否妥当,请审议。

附件:全国人民代表大会常务委员会法制工作委员会关于《中华人民共和国中小企业促进法》有关制度立法后评估的报告

附件

全国人民代表大会常务委员会会法制工作委员关于《中华人民共和国中小企业促进法》有关制度立法后评估的报告

根据全国人大常委会2011年、2012年工作要点和立法工作计划，按照吴邦国委员长在十一届全国人大常委会第二十一次会议上关于“要在认真总结试点经验的基础上，进一步完善立法后评估工作机制，推动这项工作经常化、规范化”的讲话要求，法制工作委员会在总结立法后评估试点工作经验的基础上，在全国人大财政经济委员会、工业和信息化部、中国银行业监督管理委员会等部门、单位的积极支持和配合下，进行了中小企业促进法有关制度立法后评估工作。现将评估工作情况报告如下：

一、选择中小企业促进法有关制度开展立法后评估的主要考虑和评估工作的主要情况

（一）围绕转变经济发展方式，确定评估对象

2010年开展科学技术进步法和农业机械化促进法有关制度立法后评估试点工作取得良好效果的经验之一，就是立法后评估对象的选择，应当围绕党和国家工作大局，紧扣经济社会发展中的现实问题。当前，我国经济社会发展正处于转变经济发展方式和产业转型升级的关键时期，中小企业量大面广，是实体经济的重要基础，在我国国民经济和社会发展稳定中具有重要作用。截至2011年，我国登记注册的中小企业超过1200万户，占我国企业总数99%以上，创造的最终产品和服务相当于国内生产总值的60%，提供城镇就业岗位超过80%，上缴利税占50%。中小企业的发展状况，关系到我国经济和社会的发展，关系到科技创新、经济结构调整与发展方式转变，关系到促进就业与社会稳定。对2002年制定、2003年起实施的中小企业促进法有关制度进行评估，契合当前经济形势，有利于进一步完善相关法律制度，推动法律的进一步贯彻实施，促进中小企业的健康发展。

经与全国人大财政经济委员会、工业和信息化部、中国银行业监督管理委员会反复沟通协商，研究确定对中小企业促进法第十五条规定的金融机构对中小企业提供金融支持、第十六条规定的拓宽中小企业直接融资渠道和第二十二条规定的鼓励创办中小企业三项制度（见附件1）进行评估。选择这三项法律制度的主要考虑，一是当前“融资难”是广大中小企业面临的一个突出问题。金融机构为中小企业提供有效金融支持，是解决中小企业“融资难”问题的关键环节，直接融资也是缓解中小企业资金紧张的有效途径之一。通过对金融机构为中小企业提供金融支持和现行中小企业直接融资制度及其运行状况进行评估，可以发现问题，提出对策，有利于推动中小企业融资环境的进一步改善。二是中小企业是吸纳就业的主要渠道，鼓励创业不仅有利于推动民间投资、促进科技创新、调整经济结构，也有利于缓解就业压力，促进社会和谐稳定。通过对鼓励创办中小企业制度进行评估，可以发现问题，有针对性地提出建议，有利于推动法律制度的进一步贯彻实施。

（二）充分准备，扎实做好评估前期工作

1. 制定评估工作方案

2011年9月中旬，法制工作委员会副主任信春鹰同志与工业和信息化部主管领导进行磋商，就评估中小企业促进法有关制度涉及的工作安排、组织实施、评估方法、步骤要求等达成共识。在此基础上，起草了关于开展中小企业促进法有关制度立法后评估工作的请示报告，拟订了《中小企业促进法有关制度立法后评估工作方案（稿）》，报全国人大常委会领导同志。2011年11月10日，吴邦国委员长作出重要批示：“同意将中小企业促进法列入后评估法律”。王兆国副委员长、李建国副委员长兼秘书长也分别作了重要批示。

2. 确定评估调查方案

根据对立法后评估的法律制度及与制度密切相关者的分析，经与全国人大财政经济委员会、工业和信息化部、中国银行业监督管理委员会沟通协

商，提出了中小企业促进法有关制度立法后评估拟调研的问题；按照国务院有关部门、地方人大、政府及其有关部门、金融机构、中小企业、服务机构等不同相关者，确定了问卷调查的方案，并委托工业和信息化部、中国银行业监督管理委员会设计评估调查问卷。在征求有关部门意见基础上，提出了立法后评估问卷调查、实地调研等工作的安排建议，报全国人大常委会领导同志。李建国副委员长兼秘书长作了重要批示。

3. 成立评估工作小组

为保障评估工作的顺利开展，2011 年 11 月中旬，法制工作委员会向有关部门发函，邀请有关部门和单位参加中小企业促进法立法后评估工作小组。在全国人大常委会统一领导下，成立了由信春鹰副主任牵头，全国人大财政经济委员会、工业和信息化部、国家发展和改革委员会、中国人民银行、科学技术部、人力资源和社会保障部、住房和城乡建设部、国家工商行政管理总局、中国银行业监督管理委员会、中国证券监督管理委员会、中国残疾人联合会等 11 个部门和单位有关同志参加的中小企业促进法有关制度立法后评估工作小组（以下简称工作小组）。2011 年 12 月 16 日，信春鹰副主任主持召开工作小组会议，研究部署中小企业促进法立法后评估工作，明确了工作职责，提出了工作要求。

（三）精心组织，按照评估方案积极开展工作

为了全面了解和客观收集中小企业促进法三项制度实施的情况及相关信息和数据，按照客观公正、科学规范、公众参与、注重实效等评估工作应当遵循的原则，采取文献研究、问卷调查、收集实施情况、实地调研等方法组织实施评估工作。

1. 文献研究

通过全国人大信息中心委托国家图书馆，搜集中小企业促进法出台以后报刊、杂志以及网络等媒体登载的相关资料，系统梳理相关法律制度形成的背景、针对的问题和形成过程。其中，登载在各类报纸上的文章有 32 篇，登载在各类期刊上的文章有 53 篇。另外，工业和信息化部汇总整理了地方出台的中小企业促进法实施条例（办法）共计 28 部。

2. 问卷调查

根据中小企业促进法三项制度相关内容及评估调查方案的要求，设计了针对企业、服务机构、金融机构和社会公众等不同调查对象的四份调查问卷，委托专业机构开发网络在线调查系统，并在全国人大网站、工业和信息化部网站开设了填报端口。2012 年 2 月，法制工作委员会向工作小组成员单位印发《关于请协助组织填写中小企业促进法有关制度立法后评估调查问卷的函》，组织开展问卷调查活动，评估工作小组有关成员单位根据评估工作方案确定的问卷类型、调查对象、反馈数量等要求，选择和组织有关企业、服务机构、金融机构上网填写调查问卷。工业和信息化部、中国银行业监督管理委员会等部门发出通知，积极组织本系统开展问卷调查工作。工业和信息化部每 10 天在该部网站和中国中小企业信息网发布各地问卷填报情况，督促问卷填报进展，保证问卷调查工作按期完成。问卷调查活动历时 50 天，共回收有效问卷 13938 份，完成评估工作方案计划数的 139.4%。其中，企业问卷 8681 份，服务机构问卷 2114 份，金融机构问卷 2719 份，社会公众问卷 424 份，达到了开展问卷调查工作的预期目标。经对问卷反馈的信息和数据进行统计分析，形成了问卷调查分析材料和 155 张统计分析图表。

3. 收集实施情况

为充分了解法律有关制度贯彻实施情况，在开展问卷调查的同时，根据三项制度涉及的部门、单位和业务范围，法制工作委员会向有关部门和单位发函，请工业和信息化部等 8 个部门、单位按照各自的职责范围，提供贯彻落实中小企业促进法有关制度的情况。同时，函请北京等 10 个省（市）人大常委会提供本地区贯彻落实中小企业促进法有关制度的情况。

4. 实地调研

2012 年上半年，法制工作委员会会同全国人大财政经济委员会、工业和信息化部、中国银行业监督管理委员会组成 5 个调研组，分赴北京、辽宁、山东、浙江、广东、福建、江西、湖南、四川、陕西等 10 个省（市）进行了实地调研。调研组通过召开地方政府及其有关部门、中小企业、金融机构、服务机构等单位参加的座谈会进行专题座谈，走访部分中小企业、服务机构等制度相关者等方式，多层次、多角度了解中小企业促进法有关制度贯彻落实情况及存在问题，广泛听取对进一步完善有关制度的意见和建议。调研组共召开 30 多场专题座谈会，深入 50 多家企业和服务机构进行实地考察，参加座谈会的中小企业、服务机构、金融机构和有关部门 200 多家，参会人员超过 400 人。调研活动结束后，形成了 10 份调研报告。

5. 起草评估报告

通过上述工作，收集了大量信息资料、意见和

建议,获得了较为详实的数据。在对上述相关信息资料和数据进行研究分析的基础上,组织力量起草中小企业促进法有关制度立法后评估的报告(稿)。2012 年 9 月中旬,信春鹰副主任主持召开评估工作小组会议,对评估报告(稿)进行讨论和研究修改。经过征求有关部门和单位的意见和建议,并根据这些意见和建议对评估报告(稿)进行修改完善,各方面对评估报告的主要内容达成了共识。2012 年 11 月 28 日,法制工作委员会主任李适时同志主持召开第 242 次委务会,对评估报告(稿)进行了讨论。

二、中小企业促进法三项制度的评估情况

(一)中小企业促进法第十五条规定的金融机构对中小企业提供金融支持的制度

1. 制度目标

由于资产规模小、可抵押资产少、财务制度不健全、缺乏基础信用信息等原因,中小企业“融资难”一直是一个突出问题。金融机构受风险防控要求及逐利性影响,向中小企业投放信贷的积极性不高。在市场流动性收紧、资金供应紧张的情况下,金融机构对中小企业会更加“惜贷”。在金融机构信贷资金占较大比重,甚至成为中小企业融资主渠道的情况下,对中小企业提供有效的信贷支持,成为解决中小企业“融资难”问题的关键。鼓励和引导金融机构增加对中小企业的信贷支持,提供良好的信贷、结算、财务咨询、投资管理等金融服务,是中小企业促进法确立第十五条制度的主要目的。

2. 实施情况

从各方面反馈的情况看,中小企业促进法第十五条制度的实施情况,主要表现在以下三个方面:

(1)加大对中小企业金融支持的政策引导。近年来,从国务院到地方政府及其部门,围绕落实第十五条制度,引导金融机构改善对中小企业的金融支持,出台了一系列的配套政策措施。2009 年,国务院发布《关于进一步促进中小企业发展的若干意见》,提出了缓解中小企业“融资难”的 5 条政策要求。2012 年,国务院发布《关于进一步支持小型微型企业健康发展的意见》,从落实支持小微企业金融政策、加快发展小型金融机构、拓宽融资渠道、加强信用担保服务、规范对小微企业的融资服务等方面提出了进一步细化政策的要求。

银监会通过完善“利率风险定价、独立核算、高效审批、激励约束、专业人员培训和违约信息通报”六项机制,鼓励金融机构积极开展对中小企业放贷。2010 年 3 月,人民银行会同银监会、证监会、保监会出台了《关于进一步做好中小企业金融服务的意见》,督促金融机构创新产品、加强服务,提出各银行业金融机构小企业的贷款投放增速高于全部贷款增速,增量应当高于上年同期的要求。同时,人民银行综合运用存款准备金率、再贷款、再贴现等多种货币政策工具,引导金融机构加大对中小企业的贷款投放。

各地也相继出台政策,加大对中小企业金融支持的政策引导。如福建省有关部门及时修改完善《小企业贷款风险补偿暂行办法》,组织开展政策实施效应评估活动,引导金融机构加大对中小企业的贷款力度。又如山东省政府出台《进一步促进中小企业发展的实施意见》,省财政安排小企业贷款风险奖励资金 5000 万元,对省内 24 家银行业金融机构的小企业贷款业务进行补偿奖励,调动金融机构对小企业贷款投放的积极性。2011 年山东省小企业贷款余额为 7130 亿元,与年初相比增长 18.7%。

(2)金融机构努力改进对中小企业的服务。近年来,商业银行积极调整过去以大企业、大集团作为信贷服务重点的方针,将中小企业纳入其经营关注范围,并根据中小企业融资特点调整金融服务方式,信贷结构有所变化。

一是建立中小企业金融服务专营机构。文献研究表明,目前全国有 109 家商业银行建立了中小企业专营机构。根据实地调研,四川省金融机构 2009 年末全部建立了中小企业金融服务专营机构。截至 2011 年末,四川省已经成立中小企业专营支行 93 家,其中专门为科技型小企业服务的特色支行 3 家。山东省金融机构推行中小企业金融业务独立运作、专业经营,目前中小企业专营机构已发展到 400 家,实现中小企业贷款余额 1.4 万亿元,占全部企业贷款余额和新增余额的 62.4% 和 74.2%。

二是创新中小企业金融服务产品。一些中小金融机构根据不同客户、不同行业、不同地区的需求特点,推出“抵押贷、联保贷、租权贷、循环贷、物流贷”和“商户通、市场通、园区通、商会通、贸易通”等金融服务产品,贴近中小企业,受到广大中小企业的欢迎。调查问卷显示,金融机构为中小企业提供的服务产品中,信贷和结算占 99.12% 和 95.06%,贸易融资、保函、财务咨询、应收账款买断/质押也超过金融服务市场一半以上比例。(见附件 2 图 1)

三是提升中小企业融资服务效率。问卷调查

显示,金融机构针对中小企业贷款,在增加中小企业客户数量、简化流程方面改进较为普遍,其次是提高贷款增速和降低中小企业融资成本。有86.23%的金融机构针对中小企业贷款审批的期限在1个月以内,其中超过一半(51.38%)的金融机构对中小企业贷款的审批在半个月以内。自2009年起,福建省级财政安排小企业贷款风险补偿资金,专项用于鼓励和促进银行业金融机构加大对小企业信贷投放。据人民银行福建省分行不完全统计,截至2012年3月末,该省金融机构小微企业贷款余额5221.55亿元,占企业类贷款47.11%,小微企业贷款户数达到832045户(包含个人经营性贷款),户均贷款余额62.76万元。

(3)进一步发挥政策性金融的作用。农业发展银行继续加大中小企业农贷力度,解决农、林、牧、副、渔业小企业生产经营资金需求。进出口银行为中小企业"走出去"提供融资服务,面对当前的国内外经济形势和出口型中小企业的困境,从技术升级、产品更新、出口贸易融资等方面提供融资支持。2011年末,国家开发银行与政策性银行小微企业贷款余额达到1.47万亿元。实地调研反映,我国政策性金融业务规模过小,作用还远远没有得到体现,发挥政策性金融在解决中小企业"融资难"方面的引导作用还需得到进一步的重视。

3. 实施效果

从问卷调查、实地调研、地方和有关部门提供的情况看,第十五条制度的实施效果,主要体现在以下五个方面:

(1)金融支持中小企业的政策环境逐步改善。近年来,国务院有关部门陆续出台《关于做好中小企业金融服务合作工作的通知》《关于促进科技和金融结合加快实施自主创新战略的若干意见》《关于加强知识产权质押融资与评估管理支持中小企业发展的通知》等相关配套政策措施,积极探索多途径支持中小企业融资方式。2011年,全国实现专利权质押3300多件,质押金额300多亿元,推进了中小企业质押贷款融资,也是中小企业通过质押贷款方式缓解"融资难"效果较好的一年。

银监会先后出台《小企业贷款风险分类办法》《关于银行建立小企业金融服务专营机构的指导意见》《关于支持商业银行进一步改进小企业金融服务的通知》等政策性文件,引导金融机构改进对中小企业信贷服务。银监会对金融机构实施的差异化监管政策使单笔500万元(含)以下的小微企业贷款得到进一步落实。《关于整治银行业金融机构不规范经营的通知》中"七不准"和"四公开"的规定,一定程度上推动了中小企业信贷环境的进一步改善。

(2)中小企业信贷投放有所增长。近年来,金融机构小企业贷款增速明显快于平均贷款增速。据银监会提供的情况反映,2011年,银行业金融机构小企业贷款余额达到10.8万亿元,分别比2010年和2009年增加1.9万亿元和4.98万亿元,同比增长25.8%和85.6%。小企业贷款增速明显高于全部贷款平均增速,2011年与2010年、2009年相比,小企业贷款增速分别增长25.8%和31.7%。综合小企业贷款和个人经营性贷款,2011年末全国小型微型企业贷款余额达15万亿元,占全部贷款余额的27.3%。截至2012年9月底,中小企业贷款余额27.19万亿元,比年初增加3.27万亿元。

问卷调查显示,3/4的金融机构中小企业贷款余额占全部人民币贷款余额的比例超过15%。其中,31.5%的金融机构中小企业贷款余额占全部人民币贷款余额的比例超过50%。(见附件2图2)

同时,金融机构对中小企业的贷款增速超过全部人民币贷款增速3个百分点的占70.98%,中小企业贷款增速大于其他贷款。其中,28.58%的金融机构中小企业贷款增速超过全部人民币贷款增速11个百分点。(见附件2图3)

(3)中小金融机构崭露头角。中小金融机构主要指城市商业银行、城市信用社和农村信用社等,这类金融机构具有经营机制较为灵活,服务对象以区域中小企业为主的特点。近年来,中小金融机构得到较快发展。以村镇银行为例,根据《新型农村金融机构2009年—2011年总体工作安排》,截至2012年9月,全国共组建村镇银行799家,其中已开业772家,资产总额3557亿元,其中贷款余额2060亿元,农户与小企业贷款合计占各项贷款的82%,其余27家正在筹建中。

据统计,全国小额贷款公司达到2614家,为中小企业提供贷款余额1975.05亿元。实地调研反映,截至2011年末,北京市共批准设立小额贷款公司40家,其中33家已经开业运营,注册资本总额43.75亿元,2011年累计发放贷款79.22亿元。福建省从2008年10月开始开展小额贷款公司试点工作,目前已在52个县(市、区)开展了小额贷款公司试点,试点面达56%,已审批小额贷款公司54家,注册资本101.77亿元。截至2012年3月底,福建省小额贷款公司已累计发放贷款302.46亿元,贷款余额105.89亿元。截至2012年3月,四川省已累计批准设立小额贷款公司 183 家，注册资本总额 247.1 亿元。2011 年，四川省小额贷款公司全年累计投放贷款 276.77 亿元，同比增长 160%。

(4)信用担保在间接融资中的作用初步显现。信用担保机构和再担保机构是中小企业间接融资服务体系的重要组成部分，也是解决中小企业“融资难”不可缺失的关键环节。近年来，中小企业信用担保机构经过不断规范，服务体系日趋完善，信用再担保能力也得到提升。截至 2011 年末，全国各类担保机构逾 5547 家，共筹集担保资金 3389 亿元，累计受保企业 112 万户，累计担保总额逾 25052 亿元，对缓解中小企业特别是小企业“贷款难”“担保难”发挥了重要作用。

(5)制度的知晓度较高。问卷调查显示，有 77.11% 的中小企业、77.46% 的金融机构、90.87% 的服务机构和 71.16% 的受访社会公众知晓中小企业促进法第十五条制度。60% 的中小企业认为因为知晓第十五条制度从而拓宽了企业间接融资渠道，39% 认为无变化。26% 的公众认为作用很大，53% 认为作用一般。金融机构认为第十五条制度作用明显，其中 71% 的金融机构认为作用很大，27% 认为作用一般。此外，问卷调查还显示，有 70.52% 的中小企业、70.57% 的服务机构和 89.42% 的社会公众表示，第十五条制度已不能适应新形势对中小企业间接融资的巨大需求，有必要对其进行修改。

4. 实施中存在的主要问题

从问卷调查、实地调研、地方和有关部门提供的情况看，第十五条制度在实施中，存在以下四个方面的主要问题：

(1)“融资难”“融资成本高”仍然是中小企业反映的突出问题。对金融机构的调查显示，小企业贷款增速明显高于全部贷款平均增速，但中小企业信贷增长与中小企业的实际需求还有较大差距，中小企业“融资难”问题依然十分突出。一方面，银行向中小企业发放贷款，存在较大风险，再加上管理成本相对较高，“惜贷”现象比较明显；另一方面，中小企业由于规模小、经营风险大、管理不完善以及缺乏不动产抵押物等原因，很难从银行获得稳定的贷款。问卷调查显示，67.40% 的受访中小企业从银行融资困难或者比较困难。其中，比较困难占 50.67%，困难占 16.73%。

近年来，受市场流动性收紧、资金供给紧张等因素影响，“融资成本高”成为中小企业反映的另一突出问题。问卷调查显示，金融机构的中小企业贷款利率相对于基准利率普遍上浮，上浮 20% 以内的占 24.95%，上浮 21%—30% 的占 31.56%，上浮 30% 以上的占 53.33%，只有 8.05% 的金融机构的中小企业贷款利率小于 8%（见附件 2 图 4）。同时，有 15% 的中小企业在贷款过程中被银行收取额外费用，包括财务管理费（占 69%）、咨询费（占 54%）、承诺费（占 24%）（见附件 2 图 5）。抵押资产的评估费、担保费等费用也处于较高水平。

(2)中小金融机构数量少，发展不足。村镇银行、农村信用社等中小金融机构具有区别于国有商业银行及股份制商业银行的特点，其自身性质、经营理念等决定了主要客户是中小企业，能够为中小企业提供更为方便快捷的金融服务。但目前由于数量少、可贷资金不足、不能参与银行拆借、结算方式不完善等问题，其发展受到一定制约。实地调研反映，一些地区县域、乡镇金融机构仍处于空白状态，尤其是中西部地区小金融机构发展不足的问题更为突出，大量小微企业难以得到相应的金融服务。

(3)中小企业政策性金融服务有待进一步加强。实地调研反映，目前我国现有的两家政策性银行针对中小企业融资支持的力度极为有限。浙江省实地调研反映，亟待在国家层面研究设立专门服务于中小企业发展的政策性银行，进一步发挥政策性金融对中小企业发展的扶持作用。

(4)金融机构对中小企业信贷支持的信息透明度不高。广东省、山东省实地调研反映，金融机构缺乏公开信贷总量中投放中小企业贷款比例的指标、中小企业贷款增量与机构增设的配比关系等信息。此外，建议建立健全金融机构针对中小企业贷款评价机制和量化考核标准。

5. 评估结论

评估表明，中小企业促进法第十五条制度在加强信贷政策指导、改进金融服务、调整信贷结构、采取多种形式为中小企业提供金融服务等方面作了规定，条款设计合理，很有必要。国务院和地方各级政府及其部门出台的一系列配套政策措施，增强了法律制度的可操作性。从实施效果看，中小企业金融支持的配套政策措施逐步完善，银行对中小企业信贷支持力度有所加强，村镇银行、小额贷款公司等一批新型中小金融机构在中小企业融资领域崭露头角，中小企业的间接融资环境逐步改善。

与此同时，第十五条制度还需要进一步细化和完善。应当采取相关措施，进一步增加对中小企业信贷支持力度，降低中小企业融资门槛；加快中小金融机构发展，拓展小微企业信贷渠道；建立金融机构中小企业贷款评价机制和量化考核标准，提升金融机构服务中小企业的质量；根据客观形势变化，及时调整完善相关政策措施，提高政策措施的针对性、灵活性。

（二）中小企业促进法第十六条规定的拓宽中小企业直接融资渠道的制度

1. 制度目标

直接融资是一种重要的融资方式，是缓解中小企业“融资难”的有效途径之一。从直接融资渠道看，主要包括两大类：一类是股权融资，即通过主板、中小企业板、创业板、场外交易市场、各类产权交易市场等多层次资本市场，以及私募股权投资和创业（风险）投资等进行融资；另一类是直接债务融资，即通过中小企业集合债、中小企业集合信托、中小企业集合票据、公司债、短期融资券、中小企业私募债等金融工具进行融资。作为多渠道解决中小企业“融资难”问题的重要制度设计，中小企业促进法第十六条制度旨在鼓励、推动服务中小企业的直接融资的发展，引导和帮助中小企业通过直接融资，解决发展资金不足问题。

2. 实施情况

从各方面反馈的情况来看，第十六条制度的实施情况，主要表现在以下三个方面：

（1）出台配套政策措施，发展多层次资本市场。国务院有关部门以及各地政府依据第十六条制度，相继出台了一系列配套政策措施，培育和发展多层次资本市场，积极推动中小企业直接融资。

一是推出中小企业板和创业板，推动中小企业上市融资。2004 年，证监会发布了《深圳证券交易所设立中小企业板块实施方案》，推出中小企业板市场；2009 年，又发布了《首次公开发行股票并在创业板上市管理暂行办法》《创业板市场投资者适当性管理暂行规定》等配套性文件，同年 10 月启动创业板市场。截至 2012 年 2 月底，在深圳证券交易所中小企业板和创业板挂牌上市的公司共计 946 家，其中中小企业板 655 家，创业板 291 家，首次公开发行并上市（IPO）融资总额共计 6497.76 亿元。

二是大力发展债券市场，推动中小企业债券融资。发行中小企业集合债券，以多个中小企业所构成的集合为发债主体，发行企业各自确定发债额度，分别负债，使用统一名称，统收统付，捆绑发债。启动创业板上市公司非公开发行债券工作，进一步支持创业板上市公司利用资本市场做优做强，多渠道破解中小企业融资难题。

三是推进中关村非上市股份公司代办股份转让报价试点工作，加快推进场外市场建设。2006 年 1 月，经国务院批准，证监会正式启动中关村科技园区非上市股份有限公司进入代办股份转让系统开展试点工作，试点公司以能源、新材料、信息技术、生物与新医药、节能环保、新文化等新兴产业领域中小企业为主。中关村代办股份转让系统试点工作的平稳推进和相关制度的完善，为场外市场建设积累了经验。

四是各地政府及其部门相继出台推动中小企业直接融资的配套政策措施。如 2007 年，福建省政府出台《关于加快推进企业上市的意见》，2010 年该省政府办公厅又制定了《关于进一步做好我省企业上市工作的实施意见》，制定 19 条措施加快企业改制上市步伐，扩大直接融资规模。2011 年，江西省政府办公厅印发了《加快我省银行间市场债务融资工具发展的实施意见》，明确规定增加省级财政中小企业发展专项资金额度，每年安排不少于 1000 万元用于支持中小企业发行集合票据前期的信用评级、财务审计、法律咨询等中介费用和担保机构信用评级费用。对于在存续期内的中小企业集合票据，由同级财政给予 1% 的贴息优惠。2011 年，陕西省政府有关部门出台《关于进一步推进中小企业债务融资工作的意见》，对上市的中小企业给予 100 万元—300 万元的奖励。这些政策措施进一步优化了中小企业的直接融资环境，加大了政策扶持力度，为中小企业通过直接融资获得较快发展提供了重要保障。

（2）建立协调合作机制，推动直接融资工作。为落实第十六条制度，国务院有关部门积极协调配合，大力推进多层次资本市场体系建设，支持中小企业借力资本市场、产权市场等实现快速发展和转型升级。证监会与国家发改委、人民银行初步建立了部际协调机制，推进公司信用类债券制度的规范统一。各地的金融办、证监局等部门积极构建中小企业上市培育合作工作机制，坚持多方联合、相互协调，为不同规模、不同类型、不同成长阶段的中小企业提供上市融资服务。同时，各地还组织有关证券机构、会计师事务所、律师事务所和已上市公司通过举办讲座、论坛、经验交流会等多种形式，加大对拟上市企业的培训力度，进一步完善拟上市中小企业资源库，推动符合条件的中小企业上市融资，形成中小企业上市后备资源体系，并进行动态管理，取得了良好的效果。

（3）细化业务监管指导，拓展直接融资渠道。国务院有关部门针对中小企业规模相对较小、主营业务单一、抗风险能力较弱的实际情况，研究探索与中小企业特点相适应的监管方式，有针对性地加强对中小企业直接融资需求的调查工作，认真了解中小企业的相关诉求，进一步细化中小企业政策指引措施，积极推动与中小企业特点相适应的各项直接融资产品创新工作。

2007 年以来，国家发改委推出中小企业集合债券，改变了以往只有大企业才能发债的惯例，开创了中小企业直接融资新模式。目前，国家发改委已核准了河南省、深圳市、大连市、北京中关村高新技术中小企业集合债券等 7 支集合债券，共包括 63 家中小企业，累计融资 34.38 亿元。2005 年国家发改委会同科技部、财政部等 10 个部门出台了《创业投资企业管理暂行办法》，为引导创业投资企业支持中小企业创业创新提供了政策依据。截至 2012 年 2 月底，全国备案创业投资企业已有 864 家，管理资产共 1665 亿元。

证监会结合我国资本市场的实践，加强中小企业板和创业板市场工作，对新股发行体制、小额再融资豁免、并购重组制度、不同市场间转板机制等进行了细化工作。正在研究制定统一监管的全国性场外交易市场建设的总体方案和相关文件。启动了创业板上市公司非公开发行债券，推出中小企业集合债券。正在推出中小企业私募债，进一步支持中小企业利用资本市场实现做优做强的发展目标。

科技部以及各地政府通过设立科技型中小企业技术创新基金、创业（风险）投资基金等，引导创业（风险）投资加快发展，增加科技型中小企业股权投资直接融资渠道。问卷调查显示，42.28% 的中小企业通过创业（风险）投资渠道实现了融资。2011 年 11 月，科技部会同财政部等 8 个部门联合出台了《关于促进科技和金融结合加快实施自主创新战略的若干意见》，在北京市中关村、江苏省、长沙市高新区等 16 个地区首批开展了促进科技和金融结合试点，实现引导和鼓励风险投资和私募股权投资对科技企业的投资超过 7000 亿元。

3. 实施效果

第十六条制度实施以来，直接融资渠道不断拓宽，直接融资产品不断创新，为促进中小企业发展发挥了重要作用。第十六条制度的实施效果，主要体现在以下四个方面：

（1）中小企业上市融资实现稳步发展。证监会等有关部门和各地政府积极采取有效措施，充分利用国内资本市场发展的契机，引导金融机构积极开展直接融资渠道创新，支持中小企业通过上市来解决融资困难的问题，直接融资工作在“质”“量”两个方面都取得了显著成效。截至 2012 年 2 月，在深圳证券交易所中小企业板和创业板挂牌上市的公司 946 家，其中中小企业板 655 家，股票总市值 3.03 万亿元，累计融资额 5728.08 亿元，IPO 总发行股本 236.6 亿股，融资金额 4498.89 亿元，平均融资额 6.87 亿元；创业板 291 家，股票总市值 7808 亿元，IPO 融资总额 1998.87 亿元，平均融资额 6.87 亿元。

全国 31 个省、自治区、直辖市均有公司在中小企业板上市，其中广东、浙江、江苏 3 省较多，上市公司数量分别为 134、113 和 88 家，共占中小企业板上市公司总数的 51%。山东省有 141 家中小企业在境内外上市，首发融资 835.48 亿元，另有 48 家中小企业实现再融资，融资额 311.435 亿元，上市后备企业 600 余家，中小企业占到 70% 以上。浙江省共有境内外上市公司 283 家，其中境内上市公司 226 家，境内上市公司中，中小企业板上市公司 113 家，创业板上市公司 26 家。

（2）中小企业直接融资渠道创新不断加快。针对中小企业，特别是小型微型企业融资成本高、信用级别较低、无法满足银行贷款和担保机构担保要求等问题，各部门和各地区不断推动中小企业直接融资渠道创新工作，积极创新直接融资产品，推进中小企业债务融资工具的发行。先后通过中小企业股权融资、债券融资、信托融资等多种融资渠道，推动中小企业集合债券、中小企业集合票据、中小企业集合信托、创业板上市公司非公开发行债券、短期融资券、产权和技术交易、私募股权融资、中小企业私募债等新型融资方式加快发展。

2007 年 12 月，深圳证券交易所推出首只中小企业集合债券“2007 中关村高新技术中小企业集合债券”，随后的大连市、“10 中关村”、河南省及成都市中小企业集合债共计融资 21.13 亿元。四川省也积极开展发行中小企业集合债券的探索，组织 8 家中小企业联合发债，融资 4.2 亿元。2010 年，陕西省发行中小企业集合票据，目前已有 8 家中小企业通过发行集合票据实现融资 4.31 亿元。2011 年，陕西省推动中小企业保理、银行承兑汇票等业务，中小企业集合信托新增 9500 万元，小企业理财产品新增 1.2 亿元。2011 年 10 月，证监会启动创业板上市公司非公开发行债券试点工作。截至 2012 年 2 月，已有 11 家创业板公司推出了非公开发行债券的预案，其中 2 家创业板上市公司非公开发行债券申请通过发审会审核，预计募集资金 10 亿元。

在加强政策引导的同时，各地改变以往对单个企业进行直接补贴的支持方式，发挥财政资金的杠杆放大效应。湖南省中小企业通过发行集合票据、集合债券、短期融资券等方式融资，按照发行成本对相关企业给予财政补贴，降低中小企业直接融资成本。

（3）中小企业直接融资服务体系初步建立。为了保证中小企业直接融资的顺畅进行，各地政府积极建设中小企业融资服务体系，搭建"融资绿色通道"，加强与金融机构和中介机构的合作。在中小企业直接融资服务体系建设中，已经初步形成了以担保融资、集合融资、融资租赁、创业（风险）投资、上市服务为主要方式的全方位融资服务平台，为中小企业提供了覆盖整个融资服务业务范围的政策信息和服务信息。

问卷调查显示，中小企业服务机构提供的直接金融服务种类主要集中在创业（风险）投资（36.62%）、其他股权融资（27.18%）和上市辅导（25.73%）三类；有60%的中小企业得到了各级政府、专业服务机构、协会和商会等相关机构提供的服务，服务机构和金融机构为中小企业提供了较大范围的直接融资服务；89%的服务机构了解本地政府出台的促进中小企业融资的配套政策。如北京市着力建设中小企业投融资服务体系，2011年共组织开展融资培训22场，1000余家企业、45个行业协会参加了培训，带动区县开展融资培训超过2000家。

（4）制度的知晓度较高。问卷调查显示，中小企业知晓中小企业促进法第十六条有关支持中小企业直接融资制度的占77.11%，而中小企业服务机构知晓直接融资制度的占90.87%。

4. 实施中存在的主要问题

（1）制度规定比较原则，实施主体不够具体明确。一是法律、行政法规明确规定的直接融资方式较少，实践中在创新融资模式上难有作为；二是地方政府在发展中小企业直接融资、健全服务体系方面的重要作用在制度中没有得到体现；三是制度没有指出多层次资本市场的发展方向、直接融资渠道的类型与方式及其地位等，影响了制度的可操作性。广东省实地调研反映，在推动中小企业直接融资发展的法律主体方面，"国家"的概念较为笼统，具体落实这一融资支持措施的机构不明确，导致主体缺位。

（2）中小企业直接融资门槛高、渠道少、时间长、成本高的问题突出。问卷调查显示，中小企业认为直接融资面临的突出问题依次为门槛高（64.62%）、渠道少（59.84%）、时间长（48.23%）和成本高（46.54%）（见附件2图6）。服务机构认为中小企业直接融资面临的突出问题依次是企业融资渠道不畅（77.51%）、缺乏融资专业人才（58.99%）（见附件2图7）。时间长突出反映在有34%的企业花费时间在6个月以内，32%的企业花费时间在6个月到1年，34%的企业花费时间超过一年。

在上市融资方面，大多数中小企业缺乏上市融资的运作能力，无法通过地方资本市场进行直接融资，且资本市场监管体系不够完备。在债券融资方面，中小企业债种类匮乏、发行量少，且缺乏地方性债券市场。债券发行准入门槛高，一般需要较高评级，中小企业债券融资难以达到评级要求，另外担保、增信、发行、利息税缴纳等相关费用，使直接融资成本长期居高不下。

（3）直接融资空间巨大，但融资手段创新不足。目前，大多数中小企业仍然偏好选择简单传统的银行贷款融资，而放弃程序相对复杂的直接融资。金融机构积极推动直接融资产品创新，已经开发了包括中小企业集合债、集合票据、集合信托、公司债、短期融资券等直接债务融资产品，但这些产品的发行条件高于银行贷款要求。如集合债券涉及的企业数量多、审核流程长、手续复杂，使得发行准备时间过长，且中小企业难以找到第三方为其担保，担保费用也较高，难以完全适应中小企业资金需求的特点。集合信托虽然灵活快捷，但是也容易受到信贷规模的影响，且发行机构较少，不能解决长期资金短缺的问题。

（4）面向中小企业的多层次资本市场亟待建立。多层次资本市场体系包括中小企业板、创业板和场外交易市场等。目前，中小企业板、创业板发展较快，但债券市场、场外交易市场等发展相对滞后。问卷调查显示，已上市和意向上市的中小企业主要选择的市场是国内中小企业板和创业板市场，分别占42.55%和26.16%，中小企业选择国内场外交易市场的仅占4.14%。中小企业对于直接融资的建议主要集中在推进多层次证券市场建设、拓宽中小企业直接融资渠道（72.60%）。（见附件2图8）

5. 评估结论

评估表明，中小企业促进法第十六条制度立法意图明确，体现了顶层设计与前瞻性，为研究和制定中小企业上市、债券融资等政策措施提供了法律支撑。在法律制度层面保障了直接融资的顺利开展。条款设计合理、可行,很有必要。

与此同时,第十六条制度的规定和执行也存在一些问题,如制度规定较为原则、上市融资门槛较高、公司治理制度有待加强、企业管理水平低和融资手段创新不足等等,需要进一步细化明确制度内涵,推进多层次资本市场建设,加强社会资本的政策引导力度,逐步提高直接融资比重,提高融资效率。

(三)中小企业促进法第二十二条规定的鼓励创办中小企业的制度

1. 制度目标

就业是民生之本,创业是就业之源。我国是一个人口大国,就业问题是关系民生和社会和谐稳定的长期性问题。中小企业提供了我国 80% 以上的城镇就业岗位,是吸纳就业的主渠道。创办中小企业是壮大中小企业总体数量、提高中小企业发展质量的基本前提。中小企业促进法专门确立鼓励创办中小企业的第二十二条制度,一方面,因为创业企业在创造就业岗位方面具有倍增效应,促进创办中小企业是改善民生、扩大就业的战略措施;另一方面,创业是中小企业生命周期的起步阶段,需要各方面的关注和支持,营造有利于创业的环境,是促进中小企业发展的重要环节。同时,引导中小企业吸纳大中专学校毕业生就业,对于改善企业人员结构、管理结构、知识结构,促进大中专学校毕业生就业具有重要意义。第二十二条制度旨在明确政府在营造环境、服务中小企业创业方面的职责和任务,为中小企业的创立提供良好的环境。

2. 实施情况

中小企业促进法实施以来,国务院及其有关部门和各地政府贯彻落实第二十二条制度的相关规定,不断出台促进创业就业的有关政策措施,加大工作力度,推动创办中小企业工作稳步推进。

(1)制定出台综合性政策措施,改善创业制度环境。2005 年,国务院印发《国务院关于鼓励支持和引导个体私营等非公有制经济发展的若干意见》,提出了放宽市场准入、降低注册资本限额并允许分期到位、减免注册登记费等政策措施。2008 年,国务院办公厅转发人力资源和社会保障部、工业和信息化部等部门《关于促进以创业带动就业工作的指导意见》,提出了 16 条政策意见,包括对登记失业人员、残疾人、退役士兵和毕业 2 年内的高校毕业生从事个体经营免收 3 年行政事业性收费;对参加创业培训的创业者给予培训补贴;统筹安排创业所需经营场地,允许创业者将家庭住所等作为创业经营场所;清理规范行政审批事项,开辟创业“绿色通道”等。2009 年,《国务院关于进一步促进中小企业发展的若干意见》提出了鼓励设立创业投资引导基金、支持小企业创业基地建设等政策措施。2011 年,工业和信息化部编制印发了“十二五”中小企业成长规划,将实施创办小企业计划作为重点计划,力争“十二五”期间中小企业数量持续增长。2012 年 4 月,《国务院关于进一步支持小型微型企业健康发展的意见》出台,鼓励高校毕业生到小型微型企业就业,要求地方各级政府优先安排小企业创业基地等用地计划指标,培育 3000 家小企业创业基地。

(2)推动各类创业场地设施建设,为创办中小企业提供发展空间。近年来,有关部门和各地政府以提供各类创业场地设施为抓手,为初创小企业提供标准化厂房和公用工程,共享会议、商务、仓储配送等服务设施,切实降低中小企业创业成本。工业和信息化部引导和支持各地建设小企业创业基地,努力解决创业场地和设施。科技部加速对科技型中小企业的孵化,推动各地建设生产力促进中心、科技企业孵化器和国家大学科技园等,加大对初创期企业的孵化、抚育。在国家政策引导下,各地相继出台政策,支持小企业创业基地建设。河北省政府要求各设区市优先安排县(市、区)中小企业创业辅导基地建设用地,原则上每县每年不少于 50 亩。重庆市政府要求每个市级重点镇集中建设 1 个小企业创业基地,落实建设用地指标。

(3)健全创业服务体系,提供支撑服务。在创业培训方面,工业和信息化部将创业培训纳入国家中小企业银河培训工程,编制培训大纲,组织专家编写《创办一个企业》《经营一个企业》《收获一个企业》的创业者丛书,对地方提出培训要求。2010 年以来,重点组织开展创业辅导师培训,已为各地培养了 179 位获得国际赛飞培训证书的创业辅导师,成为各地开展创业辅导和创业培训的骨干力量。2004 年—2007 年,人力资源和社会保障部以实施中国政府与国际劳工组织 SIYB 创业培训项目(即“START&IMPROVEYOURBISINESS”,是指国际劳工组织为帮助微小企业发展,促进就业,专门开发的一系列培训小企业家的培训课程)为契机,结合积极就业政策出台,全面推开创业培训;从 2008 年起,创业培训纳入制度安排,对象包括城镇下岗失业人员(含登记失业的高校毕业生)和农村转移就业人员。

在创业融资方面，2002 年人民银行、财政部、原国家经贸委、劳动保障部联合下发《下岗失业人员小额担保贷款管理办法》，从 2003 年起，各级劳动保障部门开始为下岗失业人员自主创业提供小额担保贷款服务。

在创业辅导方面，工业和信息化部自 2003 年以来，采取服务奖励方式，引导各地组织社会优质资源，建立创业辅导服务队伍，为准备创业者提供创业信息、创业咨询、创业指导和创业培训服务，为初创小企业提供财税、法律、社保、外贸等代理服务和管理、技术、融资、市场开拓等辅导服务。人力资源和社会保障部 2005 年制订并组织实施了《能力促创业计划》，指导有条件的地方建立创业指导中心，组建创业服务专家队伍，建立创业孵化基地，要求为创业者提供开业指导、经营诊断，总结推广上海、鞍山等创业服务工作模式；2007 年—2009 年，指导上海、重庆、深圳、大连、青岛等一批城市建设创业孵化基地。

(4) 推动特定群体创业就业。一是推动失业人员创办中小企业。2005 年，国务院下发《国务院关于进一步加强就业再就业工作的通知》，明确规定对自主创业的下岗失业者给予税费减免、小额担保贷款、社保补贴和培训费补贴。2010 年，财政部、国家税务总局出台《关于支持和促进就业有关税收政策的通知》，对就业税收政策进行了调整和完善，政策对象扩大到纳入就业失业登记管理体系的全部人员，下岗失业人员、高校毕业生、农民工、就业困难人员以及零就业家庭、享受城市居民最低生活保障家庭劳动年龄内的登记失业人员等就业重点群体都可涵盖在内。

二是推动残疾人创办中小企业。我国现有残疾人 8502 万人，其中处于劳动年龄阶段的残疾人约 3200 万人，就业压力很大。2007 年，国务院颁布《残疾人就业条例》，规定残疾人从事个体经营免收管理类、登记类和证照类的行政事业费，对于自主创业的残疾人在一定期限内给予小额信贷等扶持。2007 年，财政部、国家税务总局印发《关于促进残疾人就业税收优惠政策的通知》，对残疾人个人为社会提供的劳务免征营业税；对残疾人个人提供的加工、修理修配劳务免征增值税；对残疾人的劳动所得按照省级政府规定减征个人所得税。各地也积极出台支持残疾人创业的政策措施，如北京、湖北、辽宁等省市对残疾人创业给予贷款贴息和小额担保贷款、社会保障补贴等优惠政策；江西、山东等省对残疾人从事个体经营给予税收减免政策；河南、湖南、北京等省市制定了相应办法，对残疾人培训作出制度安排。

三是引导中小企业吸纳大中专学校毕业生就业。工业和信息化部围绕解决中小企业招工难和大学生就业难，2004 年至 2011 年期间，与教育部连续举办七届“全国中小企业网上百日招聘高校毕业生”活动，累计有 57600 家中小企业发布了招聘信息，提供就业岗位 71.6 万个，有 15.3 万名大学生在网上提交了应聘简历。人力资源和社会保障部会同有关部门于 2010 年制定下发《大学生创业引领计划要点》，提出 3 年促进 45 万大学生成功创业的目标；同年 6 月，在杭州召开促进大学生创业专题会，总结推广杭州经验，推动大学生创业引领计划落实。科技部加强大学生科技创业实习基地建设，2010 年 3 月首批认定了 149 家孵化器为大学生科技创业见习基地试点单位，截至 2010 年底共有 5871 家大学生创业企业落户孵化器，创造了近 6 万个就业机会。

3. 实施效果

从问卷调查、实地调研，以及有关部门反馈的情况综合来看，第二十二条的实施效果，主要体现在以下三个方面：

(1) 创业场地设施得到改善和充实。小企业创业基地方面，2004 年以来，中央财政累计安排资金 6.57 亿元，支持了 415 个小企业创业基地建设项目，吸纳入驻小企业 4.57 万户，新增就业岗位 72.6 万个。据不完全统计，截至 2010 年底，全国 31 个省、自治区、直辖市安排支持小企业创业基地建设资金 12.87 亿元，建设小企业创业基地 1600 个。

科技型中小企业孵化方面，全国已建成生产力促进中心 2200 多家、科技孵化器 1000 多家、国家大学科技园 86 家，并组建 202 家国家技术转移示范机构等科技中介服务机构。2010 年，全国 896 家科技企业孵化器在孵企业 56382 家，人数超过 117.8 万人，其中大专以上学历超过 70%，留学生企业 7677 家，留学回国人员 16184 人。各地孵化器匹配了 3820 人的创业辅导队伍，累计减免 33 万平米的场地租金，初步形成了较为完善的创业服务和辅导机制。据实地调研，广州市已建成科技企业孵化器 28 家，其中国家级孵化器 9 家，在园培育企业 2300 家，育成企业 2500 家。

(2) 创业带动就业成效显著。据工商总局统计，2011 年，全国个体工商户、私营企业共吸纳下岗失业人员 55.94 万人、高校毕业生 9.98 万名，其中 8.05 万名下岗失业人员和 1.76 万名高校毕业生申办了个体工商户。截至 2011 年 3 月,全国共促进帮扶 12.34 万名高校毕业生实现创业。实地调研反映,2011 年,北京市为各类中小企业引进人才 1200 多人,为 32 名在中小企业创业工作的留学人员发放科技项目资助费 230 多万元。湖南省 80 多个中小企业创业基地 2011 年新增入驻企业 300 家,新增就业人数 1.68 万人。问卷调查显示,对中小企业促进法实施后创办中小企业的便利程度感受较高的中小企业占比 34.80%,感受便利程度很高的占比 11.05%。(见附件 2 图 10)

(3)创业服务体系逐步健全。主要表现在以下几个方面:

一是在项目推介方面,截至 2010 年底,人力资源和社会保障部已在 83 个大中城市完成创业项目库构建,入库推介项目 9800 多个;与国际劳工组织合作,建立了 SIYB 创业培训课程体系和以过程监督、结果认证为主的质量控制体系。

二是在创业培训方面,人力资源和社会保障部 2009 年实现培训 110 万人,创业成功率 60.8%;2010 年培训 119 万人;已在全国形成近 2000 个定点培训机构和由 140 名培训师、12000 名讲师组成的师资队伍;2004 年至 2010 年,累计培训城镇下岗失业人员、登记失业的高校毕业生、农村转移就业人员等 530 万人,并配合税收减免、培训费补贴、小额担保贷款跟进等政策,已培训人员创业成功率近 60%。工业和信息化部组织各地为 110 万创业人员提供培训服务,为 30 余万家创业企业提供了辅导服务。

三是在创业融资方面,截至 2010 年末,123 个重点调度城市累计放贷 556.7 亿元;累计直接扶持 121 万人创业,累计带动(吸纳)就业人数 439.1 万人。

四是在创业辅导方面,截至 2011 年,中央财政累计安排中小企业服务体系专项补助资金 6406 万元,支持了 511 家服务机构开展创业辅导服务,引导带动地方为 30 余万家初创小企业和创业者提供了创业辅导服务。

4. 实施中存在的主要问题

(1)创办企业的时间长、手续多。不少企业反映,在设立中小企业的过程中申报材料多,手续繁杂;行业前置性审批或者许可不断增加,办理时间长,收费高;一些基层单位在为创业者提供房屋租赁等设立凭证前,随意增加附带收费和审核条件,加重了创业者负担,增加了办理难度;一些商业银行以账户使用率不高为由,设置门槛,对达不到规定额度的小企业不提供验资和开办基本银行账户服务等。主要原因是,政府职能转变和市场化改革未完全到位;条块分割管理体制与创办中小企业涉及行业准入、资金、场地、环保等要求并存,缺乏有效协调机制;有的地方对扶持创办中小企业的认识不到位。问卷调查显示,中小企业反映的创办过程中存在的主要问题包括创办企业的手续繁杂、时间长等(50.92%)。(见附件 2 图 11、图 12)

(2)创业场地仍较为缺乏。由于土地资源紧缺,不少地方政府将投资强度、纳税额作为安排企业用地或者入园的标准,大量的初创企业尤其是小型微型企业无法获得发展场地,或者逐步被“挤出”工业园区。小企业创业基地由于用地无保障,建设投资大,为小企业提供的场地、服务多为无偿或者低收费,且基地自身税赋过重,制约了小企业创业基地的发展和服务能力的提升。

(3)对新的特定群体创业缺乏支持。近几年来,创业人群日益多元化,科技人员、留学归国人员、大学生等创业群体不断扩大。第二十二条制度规定了政府要对下岗失业人员和残疾人员创业进行扶持,没有覆盖对新的特定群体创办中小企业的扶持,由此带来法律制度难以满足快速发展的新形势需要。因此,需要对制度作必要的调整和完善,将新的特定群体创办中小企业纳入支持范围。

(4)创业服务支持还应加强。企业创办过程中存在的对政策缺乏了解、信息不灵、融资知识匮乏、融资渠道不畅等问题十分突出。因此,要加强对创业者和创业企业的创业辅导和创业培训,在培训中引入市场机制,创新补贴办法,提高培训效果。

5. 评估结论

评估表明,中小企业促进法第二十二条制度条款设计较为合理,体现了对创办中小企业和特定人群创业进行扶持的立法意图。制度实施中,各有关部门、各地政府在支持中小企业创业、提供创业信息咨询与创业培训服务、创业企业税费减免、土地供应及提供创业场地设施、引导中小企业吸纳大中专学校毕业生就业以及支持失业人员、残疾人重点群体创业等方面出台配套政策措施,积极落实第二十二条规定的制度。

与此同时,创业信息、创业场地设施和专业化创业服务仍然不足;缺乏对创业咨询、场地设施服务的激励政策;对中小企业吸纳大中专学校毕业生扶持力度需要进一步加大。因此,第二十二条制度还需要进一步细化和完善,增加具有可操作性的配套政策措施。

三、有关建议

中小企业促进法实施已近十年，我国经济社会正在发生深刻变化，中小企业发展出现了不少新情况、新问题，各级政府出台了很多新的政策措施，对该法的适应性及其贯彻落实提出了新的要求。为进一步增强中小企业促进法的适应性，加快完善相关配套政策措施，推动法律制度及有关政策措施落实到位，根据本次立法后评估的总体情况，提出如下建议：

（一）对中小企业促进法进行修改，丰富完善相关制度内容

近年来，特别是国际金融危机以来，国内外经济形势复杂多变，中小企业特别是小型微型企业面临着很多困难和问题，市场需求不旺，成本上升较快，融资较为困难，税费负担较重。为促进中小企业健康发展，国务院先后出台了一系列综合性政策文件，例如2009年《国务院关于进一步促进中小企业发展的若干意见》，2010年《国务院关于鼓励和引导民间投资健康发展的若干意见》，2012年《国务院关于进一步支持小型微型企业健康发展的意见》。国务院有关部门也从各自职责出发，分别出台了大量的配套政策文件。这些政策文件从加大财税支持、缓解融资困难、推动创新发展、支持开拓市场、提高管理水平、加强公共服务等方面明确了较为系统的扶持措施。将这些行之有效、有较强普惠性的政策措施，上升到法律层面，有利于增强政策的稳定性。如加强对中小企业特别是小型微型企业的间接、直接融资支持，大力发展中小金融机构，推动健全多层次资本市场体系，加快发展中小企业信用担保机构，支持国际国内市场开拓，加强公共服务体系建设等。

就业是民生之本，是提高居民收入、改善民生的基础，保就业就是保民生。中小企业提供了80%以上的城镇就业岗位，是吸纳就业的主渠道。大力支持创办中小企业，实现以创业带动就业，切实增加城镇居民就业、农村劳动力转移就业和高校毕业生就业，居民收入提高才有保障，改革发展成果才能真正惠及民生。近年来，国家出台了很多政策举措来推动创业就业，如完善创业场地设施，健全创业服务体系，降低市场准入，以及推动科技人员、留学归国人员、大学生、失业人员和残疾人员等特定群体创业等，需要在法律规定上进一步明确，推动创业就业工作。

社会各界希望对中小企业促进法进行修改。近年来，每年都有全国人大代表、政协委员提出议案、提案或者建议，希望通过修改完善相关法律，加强对中小企业的扶持。问卷调查显示，70.52%的中小企业、70.57%的服务机构和87.77%社会公众建议对中小企业促进法进行修改。有关部门和地方提交的情况报告中也有相关建议。

根据以上情况，为了适应新形势下中小企业发展的实际需求和促进中小企业健康发展客观需要，建议对中小企业促进法进行修改。其中，第十五条的修改建议是：(1)加快中小金融机构发展；(2)在国家层面设立专门服务于中小企业的政策性银行。第十六条的修改建议是：(1)建立健全多层次资本市场；(2)进一步创新和丰富中小企业直接融资产品。第二十二条的修改建议是：(1)科技人员、留学归国人员、大学生、失业人员、残疾人员创办中小企业的，所在地政府应当积极扶持，提供便利，加强指导；(2)建立健全公共信息服务平台，完善创业辅导服务体系；(3)对中小企业吸纳大中专学校毕业生给予税收、社保补贴等政策支持。

（二）细化和完善中小企业促进法有关制度的配套措施，增强法律的可操作性

当前，我国经济社会发展正在发生深刻变化，应从战略高度和全局角度把握中小企业工作，党的十八大报告提出深化金融体制改革，健全促进宏观经济稳定、支持实体经济发展的现代金融体系，加快发展多层次资本市场，加快发展民营金融机构等。这些都为细化和完善有关配套政策措施，保障广大中小企业稳步发展，进一步贯彻落实中小企业促进法提供了重要指引。

1. 细化和完善第十五条、第十六条制度，构建金融支持中小企业和微型企业发展的良好融资制度环境

(1)细化和完善有关配套政策。进一步加大对中小企业贷款的政策支持力度，允许银行对小微企业贷款拨备税前列支；放松银行小微企业贷款存贷比限额管理；简化小微企业不良贷款核销程序；取缔不合规的银行收费项目，减轻小微企业融资负担。

(2)完善银行机构特色业务引导和评价机制。引导和鼓励银行机构加大针对中小企业和微型企业贷款投放比例，逐步建立中小企业和微型企业贷款增量与专营机构、特色业务的评价机制。

(3)进一步优化中小企业上市融资的制度环境和培育体系。针对优质的中小企业，简化上市审批手续，适当放宽条件，完善中小企业上市培育机制，

加大资金扶持，降低企业上市成本。

(4)加快推进多层次债券市场建设。优化中小企业发债核准、注册流程，完善担保增信模式，扩大中小企业发债规模，满足适应不同发展阶段的中小企业债券发行和流通。稳步开发债券产品创新，加快中小企业私募债券发行，丰富固定收益类产品类别。

(5)引导中小企业加强自身建设和公司治理。无论是股票市场，还是债券市场，对中小企业自身建设和加强公司治理都有严格的要求。应当加快落实《"十二五"中小企业成长规划》培育中小企业上市融资的要求，引导中小企业加强管理，完善公司治理结构，提高中小企业直接融资能力。

2. 细化和完善第二十二条制度，加快中小企业和微型企业创业服务制度建设

(1)进一步细化和完善对创业者、中小企业创业服务机构的配套政策。加大对创业服务、创业场地设施建设的政策扶持力度，对创办小微企业应当在资本金注入、税费减免、减少行政收费、创业场地的租金补贴等方面予以政策倾斜。完善对科技企业孵化器、大学科技园等创新创业服务机构的财税持续扶持政策。

(2)细化对中小企业吸纳大中专学校毕业生给予税收、社保补贴等政策支持。同时，将城镇失业人员、被征地拆迁户列入就业扶持对象范围，支持创办中小企业和微型企业，提供服务，加强指导。

(3)加强对创办中小企业和微型企业的场地保障。在城乡建设规划和调整中配套落实满足各类中小企业和微型企业创业、就业用地和场所需求。将小微企业创业场地建设纳入地方土地利用年度计划和土地供应计划，给予资金、税收和行政收费减免等政策支持。

(三)加强对中小企业促进法及其相关配套政策的宣传贯彻与执法监督，营造有利于中小企业发展的良好环境

一是加大法律及其配套政策措施的宣传力度，提供更多的咨询服务。由于信息不对称，中小企业特别是小型微型企业由于不了解相关配套政策措施的具体内容、具体要求，而无法享受到政策措施的好处。建议建立健全服务小型微型企业的法律速递和咨询服务体系，设立小型微型企业权益维护申诉渠道，加强法律及其相关配套政策措施的宣传，进一步扩大法律及其配套政策的受益面。

二是加强执法检查。实地调研中，一些部门和企业代表提出，法律制度在实际执行中存在不落实或者落实不到位的问题，建议加大对法律贯彻落实情况的检查力度，切实提高法律的执行力。

附件：1. 中小企业促进法第十五条、第十六条和第二十二条

2. 相关统计图表

附件 1:

中小企业促进法第十五条、第十六条和第二十二条

第十五条 各金融机构应当对中小企业提供金融支持，努力改进金融服务，转变服务作风，增强服务意识，提高服务质量。

各商业银行和信用社应当改善信贷管理，扩展服务领域，开发适应中小企业发展的金融产品，调整信贷结构，为中小企业提供信贷、结算、财务咨询、投资管理等方面的服务。

国家政策性金融机构应当在其业务经营范围内，采取多种形式，为中小企业提供金融服务。

第十六条 国家采取措施拓宽中小企业的直接融资渠道，积极引导中小企业创造条件，通过法律、行政法规允许的各种方式直接融资。

第二十二条 政府有关部门应当积极创造条件，提供必要的、相应的信息和咨询服务，在城乡建设规划中根据中小企业发展的需要，合理安排必要的场地和设施，支持创办中小企业。

失业人员、残疾人员创办中小企业的，所在地政府应当积极扶持，提供便利，加强指导。

政府有关部门应当采取措施，拓宽渠道，引导中小企业吸纳大中专学校毕业生就业。

附件 2：

相关统计图表

图 1 金融机构为中小企业提供的服务产品种类

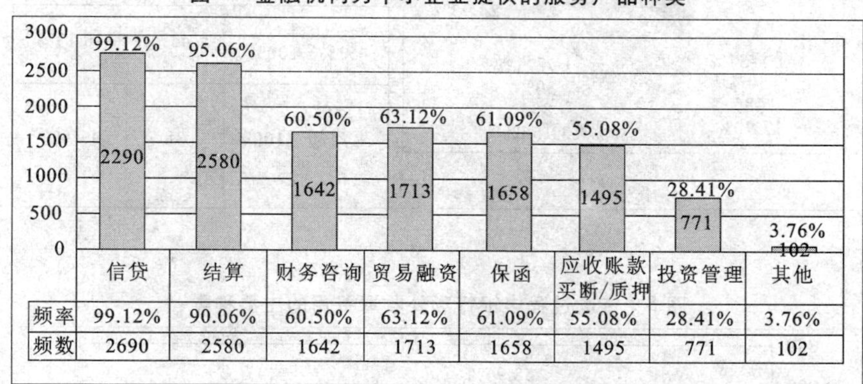

	信贷	结算	财务咨询	贸易融资	保函	应收账款买断/质押	投资管理	其他
频率	99.12%	90.06%	60.50%	63.12%	61.09%	55.08%	28.41%	3.76%
频数	2690	2580	1642	1713	1658	1495	771	102

〔注：频数，也称“次数”，是指对总数据按照某种标准进行分组，统计出的各组内含个体的个数。频率，也称“相对次数”，是指每组的频数与数据总数的比值。（下同）〕

图 2 2011 年 12 月末银行机构中小企业贷款余额占全部人民币贷款余额的比例

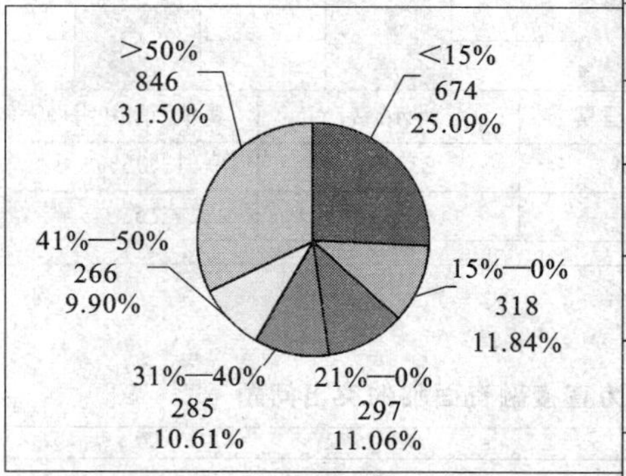

选项	频数	频率
<15%	674	25.09%
15%—20%	318	11.84%
21%—30%	297	11.06%
31%—40%	285	10.61%
41%—50%	266	9.90%
>50%	846	31.50%

图 3 2011 年 12 月末银行机构对中小企业的贷款增速超出全部人民币贷款增速的幅度

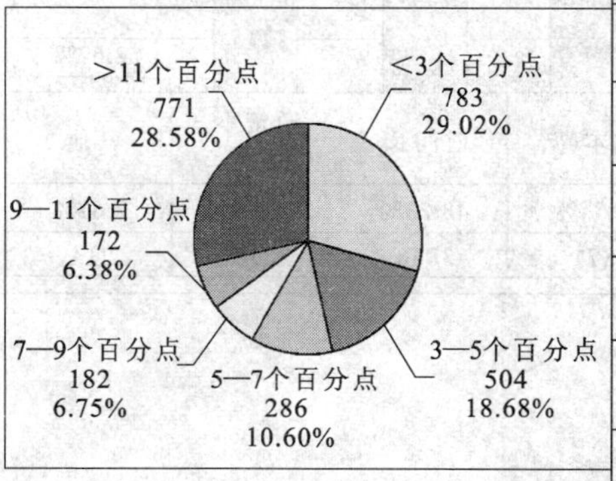

选项	频数	频率
<3个百分点	783	29.02%
3—5个百分点	504	18.68%
5—7个百分点	286	10.60%
7—9个百分点	182	6.75%
9—11个百分点	172	6.38%
>11个百分点	771	28.58%

图 4　银行机构对中小企业的贷款利率相对基准利率的上浮幅度

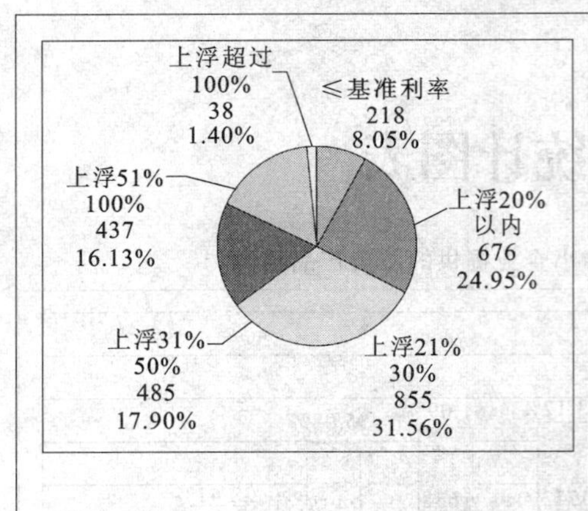

选项	频数	频率
≤基准利率	218	8.05%
上浮20%以内	676	24.95%
上浮21%—30%	855	31.56%
上浮31%—50%	485	17.90%
上浮51%—100%	437	16.13%
上浮超过100%	38	1.40%

图 5　贷款过程中银行额外收取费用的主要种类

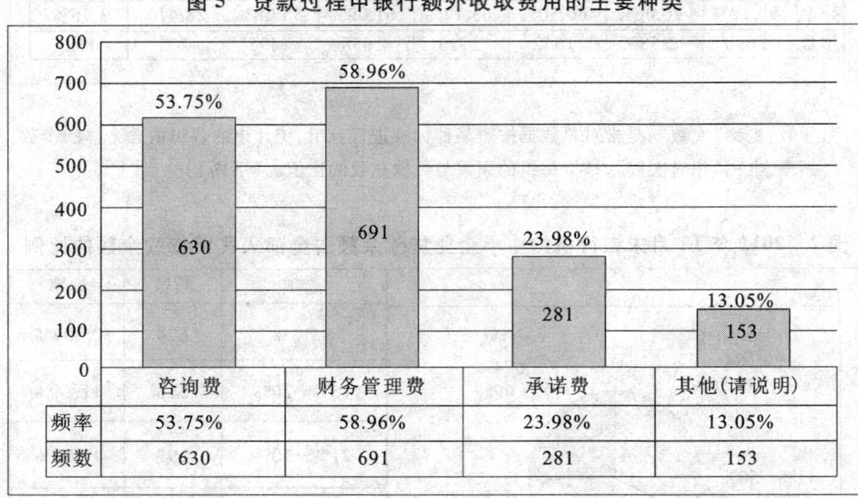

图 6　中小企业认为直接融资面临的突出问题

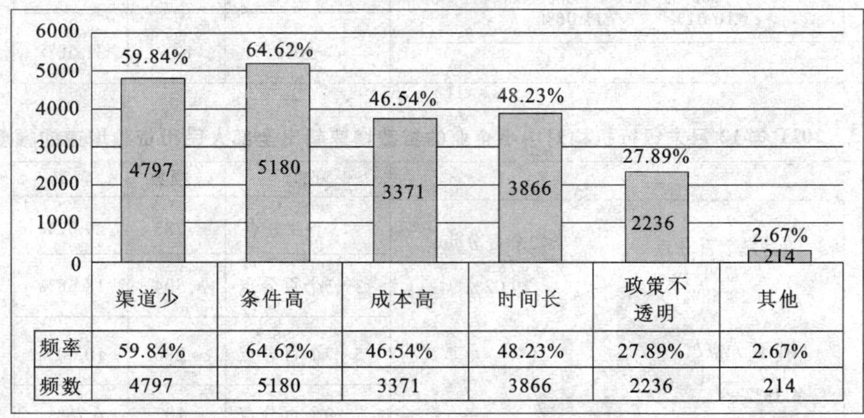

图7　服务机构认为中小企业直接融资面临的突出问题

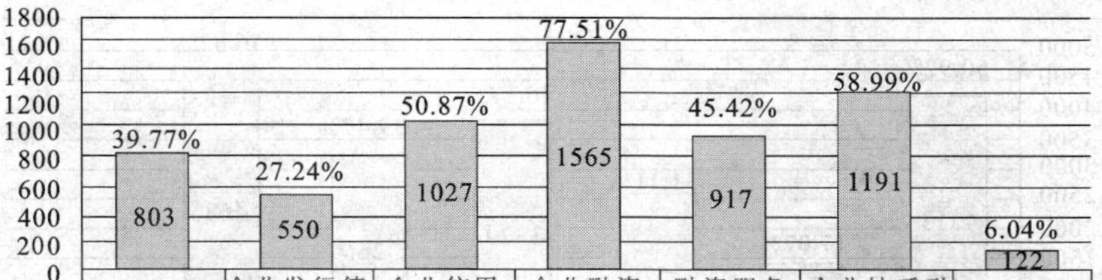

	企业上市难	企业发行债券条件高	企业信用环境差	企业融资渠道不畅	融资服务机构少	企业缺乏融资专业人才	其他
频率	39.77%	27.24%	50.87%	77.51%	45.42%	58.99%	6.04%
频数	803	550	1027	1565	917	1191	122

图8　中小企业对直接融资的主要建议

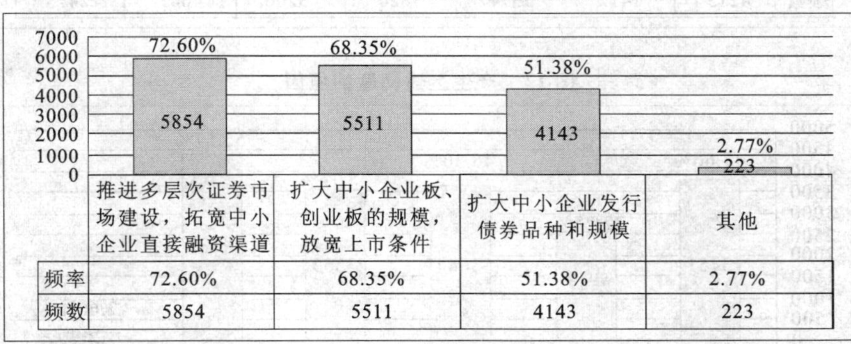

	推进多层次证券市场建设，拓宽中小企业直接融资渠道	扩大中小企业板、创业板的规模，放宽上市条件	扩大中小企业发行债券品种和规模	其他
频率	72.60%	68.35%	51.38%	2.77%
频数	5854	5511	4143	223

图9　中小企业创办过程中得到的政策支持

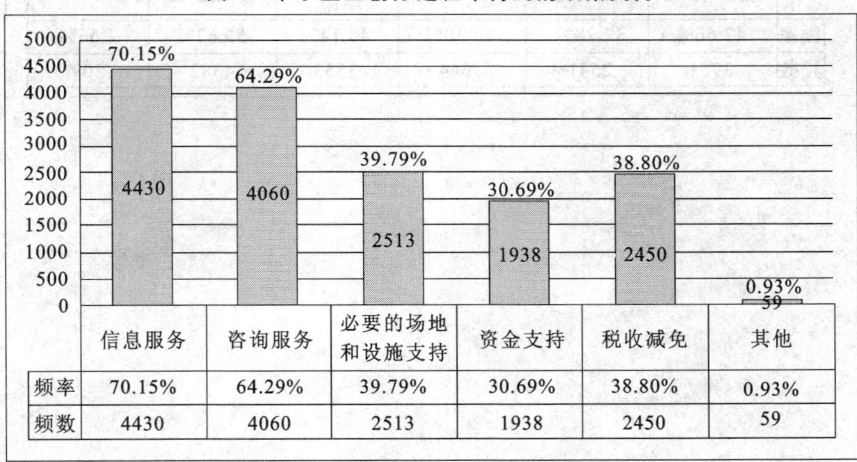

	信息服务	咨询服务	必要的场地和设施支持	资金支持	税收减免	其他
频率	70.15%	64.29%	39.79%	30.69%	38.80%	0.93%
频数	4430	4060	2513	1938	2450	59

图10　中小企业对中小企业促进法实施后创办企业的便利程度的感受

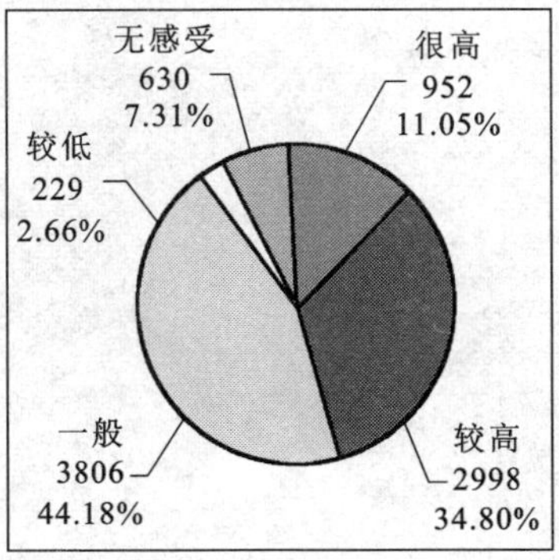

选项	频数	频率
很高	952	11.05%
较高	2998	34.80%
一般	3806	44.18%
较低	229	2.66%
无感受	630	7.31%

图 11 中小企业在创办过程中存在的主要问题

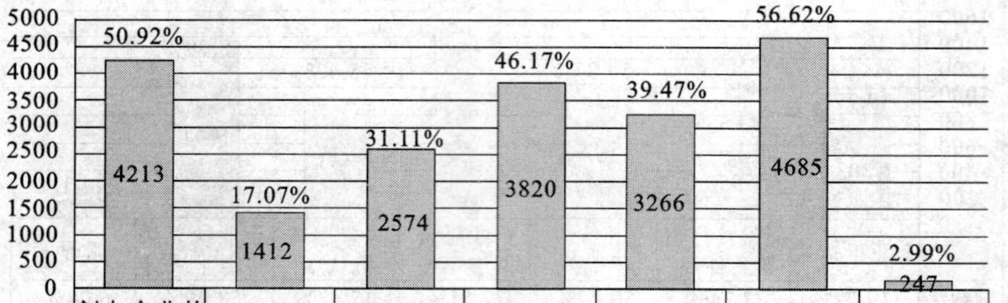

	创办企业的手续繁杂、时间长	政府有关部门推诿扯皮	缺少场地和设施	相关法律法规知识不足	信息不灵	缺乏资金	其他
频率	50.92%	17.07%	31.11%	46.17%	39.47%	56.62%	2.99%
频数	4213	1412	2574	3820	3266	4685	247

图 12 产生上述问题的原因

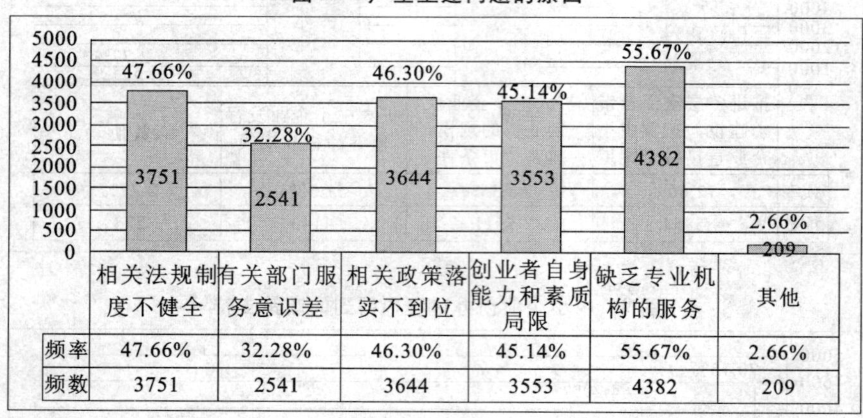

	相关法规制度不健全	有关部门服务意识差	相关政策落实不到位	创业者自身能力和素质局限	缺乏专业机构的服务	其他
频率	47.66%	32.28%	46.30%	45.14%	55.67%	2.66%
频数	3751	2541	3644	3553	4382	209

批准公约和条约

全国人民代表大会常务委员会关于批准《万国邮政联盟组织法第八附加议定书》的决定

（2012 年 4 月 27 日第十一届全国人民代表大会常务委员会第二十六次会议通过）

第十一届全国人民代表大会常务委员会第二十六次会议决定：批准 2008 年 8 月 12 日由第 24 届万国邮政联盟代表大会通过的《万国邮政联盟组织法第八附加议定书》。

万国邮政联盟组织法第八附加议定书

（中译本）

根据 1964 年 7 月 10 日在维也纳签订的《万国邮政联盟组织法》第三十条第二款规定，万国邮政联盟各成员国政府全权代表在日内瓦大会上通过了对本组织法的下列修改，待批准后生效。

第一条

（修改后的第一条）

定　义

在万国邮政联盟法规中，下列词汇定义为：

（一）邮政业务：指所有的邮政服务，其范围由邮联各机构规定。这些服务的主要义务是通过对邮件的收寄、分拣、运输和投递来实现成员国某些社会和经济目标。

（二）成员国：满足组织法第二条所述条件的国家。

（三）一个邮政领域（单一和同一个邮政领域）：万国邮联法规的缔约国有义务根据互惠原则，保证函件互换遵循转运自由原则，并像对待本国邮件那样一视同仁地处理来自其他国土的并由本国经转的邮件。

（四）转运自由：每个经转成员国遵循的原则，即应以处理国内邮件同样的方式保证将其经转的邮件运输到另一个成员国寄达地。

（五）函件：公约中所规定的函件。

（六）国际邮政业务：法规所规定的邮政作业或服务。这些邮政作业或服务的总体。

（七）指定经营者：由成员国正式指定的任何一个政府或非政府实体，必须保证在其领土上邮政业务的经营，并履行邮联法规义务。

（八）保留：保留是一项例外条款，一个成员国通过该条款可拒绝接受或者修改在本国实行的某项法规条款的法律结果，组织法和总规则不包括在某项法规条款之内。每项保留应与邮联组织法序言和第一条中确定的宗旨和目标相吻合，保留的理由应予明确陈述，并经相关法规规定的绝大多数成员国通过后，载入最后议定书。

第二条

（修改后的第四条）

例外关系

指定经营者与邮联领域以外的地区有通邮关系的各成员国，对其他成员国同该地区间的邮务往来应负责居间办理。公约及其细则各项规定，对于这种例外关系，均可适用。

第三条

（修改后的第八条）

区域性邮联和特别协定

一、邮联各成员国或它们的指定经营者，在这些成员国国内法律许可的情况下，可以组织区域性邮联并订立有关国际邮政业务的特别协定，但与和各成员国相关的邮联法规的条款相比，协定的条款不得更不利于公众。

二、区域性邮联可以派观察员列席邮联的大会和各种会议、行政理事会和邮政经营理事会的会议。

三、邮联可以派观察员列席区域性邮联的大会和各种会议。

第四条

（修改后的第十一条）

加入或准予参加邮联的条件和手续

一、联合国组织的所有成员国均可加入邮联。

二、非联合国成员的任何主权国家，可以申请成为邮联的成员国。

三、加入或申请准予参加邮联，应正式声明加入邮联组织法和具有约束力的各项法规。该项声明应通过有关国家政府向国际局总局长提出，并由国际局总局长根据情况通知邮联各成员国，或就申请问题与他们协商。

四、非联合国成员的国家，如果其申请得到至少三分之二邮联成员国的同意，即被认为取得成员国资格。成员国自被征询之日起 4 个月之内未作答复，当以弃权论。

五、加入或准予参加邮联成为成员国一事，由国际局总局长通知各成员国政府。成员国资格自通知之日起生效。

第五条

（修改后的第二十二条）

邮联的法规

一、邮联组织法是邮联的基本法规。它列有邮联的组织条例，并不得对其提出保留。

二、总规则列有确保实施组织法和进行邮联工作的各项规定。它对各成员国均有约束力，并不得对其提出保留。

三、万国邮政公约、函件细则和邮政包裹细则列有适用于国际邮政业务的共同规则以及关于函件业务和邮政包裹业务的各项规定。这些法规对各成员国均有约束力。各成员国保证其指定经营者履行公约及其各项细则的义务。

四、邮联的各项协定及其细则，对参加这些协定的各成员国之间办理的除函件和邮政包裹业务以外的其他各项业务作出了规定。这些规定仅对这些成员国有约束力。签署协定的各成员国保证其指定经营者履行协定及其各项细则的义务。

五、细则包括为执行公约和各项协定所采取的必要措施，由邮政经营理事会根据大会所作的决定来制订。

六、第三款至第五款所列各项邮联法规后附的最后议定书列有对这些法规的保留。

第六条

（修改后的第二十五条）

邮联法规的签字、认证、批准和其他核准方式

一、大会产生的邮联法规由各成员国全权代表签署。

二、细则由邮政经营理事会主席和秘书长予以认证。

三、邮联组织法由签字国尽快予以批准。

四、邮联组织法以外的其他法规的核准方式，按各签字国的宪法规定办理。

五、如果某一成员国未批准组织法或未核准它已签署的邮联其他法规，组织法和其他法规对已批准或核准的各成员国仍属有效。

第七条

（修改后的第二十九条）

提案的提出

一、在大会期间或在两届大会之间，任何一个成员国对它所参加的邮联法规，有权提出提案。

二、但有关邮联组织法或总规则的提案只能向大会提出。

三、此外，有关细则的提案应直接向邮政经营理事会提出，但必须首先由国际局转发所有成员国和所有指定经营者。

第八条

（修改后的第三十二条）

仲　裁

两个或几个成员国，如对解释邮联法规发生争议，或对于某一个成员国认为执行法规中应承担的责任所作的解释有争议时，所争执的问题应以仲裁方式解决。

第九条

参加邮联附加议定书和其他法规

一、未签署本附加议定书的邮联成员国，可以随时参加本附加议定书。

二、原为邮联法规缔约国、但未签署经本届大会重订的这些法规的各成员国,应尽快参加这些法规。

三、在第一、二款所指情况下参加各项法规的证书,应送交国际局总局长,由其正式通知各成员国政府。

第十条

万国邮政联盟组织法附加议定书的生效日期和有效期限

本附加议定书自二〇一〇年一月一日起生效,无限期有效。

各成员国政府全权代表制订了本附加议定书,其各项条款与列入组织法的正文具有同等效力和合法性,本附加议定书一份正本经各成员国政府全权代表签署,并交由国际局总局长存档,以资信守。副本由万国邮政联盟国际局送交各缔约国一份。

二〇〇八年八月十二日在日内瓦签订

全国人民代表大会外事委员会审议《国务院关于提请审议批准〈万国邮政联盟组织法第八附加议定书〉的议案》的报告

全国人民代表大会常务委员会:

2012年3月27日,第十一届全国人民代表大会外事委员会举行第三十九次全体会议,审议了《国务院关于提请审议批准〈万国邮政联盟组织法第八附加议定书〉的议案》。

外事委员会认为,2008年8月12日由第24届万国邮政联盟代表大会通过的《万国邮政联盟组织法第八附加议定书》,其内容符合我国法律的基本原则;批准《附加议定书》符合我国的利益和实际需要。建议全国人大常委会决定批准该议定书。

全国人民代表大会外事委员会

2012年3月27日

全国人民代表大会常务委员会关于批准《中华人民共和国、塔吉克斯坦共和国和阿富汗伊斯兰共和国关于确定三国国界交界点的协定》的决定

(2012年10月26日第十一届全国人民代表大会常务委员会第二十九次会议通过)

第十一届全国人民代表大会常务委员会第二十九次会议决定:批准2012年6月5日由外交部部长杨洁篪代表中华人民共和国在北京签署的《中华人民共和国、塔吉克斯坦共和国和阿富汗伊斯兰共和国关于确定三国国界交界点的协定》。

中华人民共和国、塔吉克斯坦共和国和阿富汗伊斯兰共和国关于确定三国国界交界点的协定

（中文本）

中华人民共和国、塔吉克斯坦共和国和阿富汗伊斯兰共和国（以下简称缔约三方），为了明确和确定三国国界交界点的位置，根据一九九九年八月十三日《中华人民共和国和塔吉克斯坦共和国关于中塔国界的协定》、二〇〇二年五月十七日《中华人民共和国和塔吉克斯坦共和国关于中塔国界的补充协定》、一九六三年十一月二十二日《中华人民共和国和阿富汗王国边界条约》和一九八一年六月十六日《苏维埃社会主义共和国联盟和阿富汗民主共和国关于自佐尔库里湖西岸至波万洛什维科夫斯基峰段国界走向的条约》，达成协议如下：

第一条

中华人民共和国、塔吉克斯坦共和国和阿富汗伊斯兰共和国三国国界交界点（以下简称三国国界交界点）位于克克拉去考勒峰（波万洛什维科夫斯基峰）5518.5 米高地上。该点位于中国境内 5484 米高地北偏西北方向 1.89 千米，塔吉克斯坦境内 4951 米高地南偏西南方向 5.66 千米，阿富汗伊斯兰共和国境内 5365 米高地东偏东南方向 3.14 千米处。三国国界交界点在 1942 年坐标系中的直角坐标：x = 4122548.63 米，y = 13490270.43 米，高程 H = 5518.5 米；地理坐标：北纬 37°14′02.1″，东经 74°53′25.3″。

上述数据在三方确认的比例尺为 1∶50000 的地图上量取。该图采用 1942 年坐标系，波罗的海高程系，在上述地图上三国国界交界点用红色圆圈表示。该地图附在本协定之后，并作为协定不可分割的部分。

一九八一年六月十六日《苏维埃社会主义共和国联盟和阿富汗民主共和国关于自佐尔库里湖西岸至波万洛什维科夫斯基峰段国界走向的条约》的附图采用 1932 年坐标系，波罗的海高程系。三国国界交界点在 1932 年坐标系中的直角坐标：x = 4121666.8 米，y = 13490545.6 米，高程 H = 5518.5 米；地理坐标：北纬 37°13′49.18″，东经 74°53′36.42″。

上述两种地图上标注的三国国界交界点在实地为同一位置。

第二条

缔约三方同意，条件允许时在实地确定三国国界交界点位置并竖立界标。具体作业时间通过外交途径商定。

第三条

缔约三方应在完成为使本协定生效所必需的各自国内法律程序后相互书面通知。本协定自最后一份书面通知发出之日起生效。

本协定于二〇一二年六月五日在北京签订，一式三份，每份都用中文、塔文、达里文、俄文和英文写成。上述五种文本同等作准。

中华人民共和国代表	塔吉克斯坦共和国代表	阿富汗伊斯兰共和国代表
杨洁篪	哈·扎里菲	扎尔迈·拉苏尔
（签字）	（签字）	（签字）

全国人民代表大会外事委员会审议《国务院关于提请审议批准〈中华人民共和国、塔吉克斯坦共和国和阿富汗伊斯兰共和国关于确定三国国界交界点的协定〉的议案》的报告

全国人民代表大会常务委员会：

2012年10月11日，第十一届全国人民代表大会外事委员会举行第四十二次全体会议，审议了《国务院关于提请审议批准〈中华人民共和国、塔吉克斯坦共和国和阿富汗伊斯兰共和国关于确定三国国界交界点的协定〉的议案》。

外事委员会认为，2012年6月5日由我国外交部部长杨洁篪与塔吉克斯坦外交部部长哈·扎里菲、阿富汗外交部部长扎尔迈·拉苏尔分别代表本国在北京签署的《中华人民共和国、塔吉克斯坦共和国和阿富汗伊斯兰共和国关于确定三国国界交界点的协定》有利于维护边境地区和平与稳定，有利于巩固和发展我国同塔吉克斯坦、阿富汗两国的睦邻友好关系；批准该协定符合我国的利益。建议全国人大常委会决定批准该协定。

全国人民代表大会外事委员会

2012年10月11日

全国人民代表大会常务委员会关于批准《中华人民共和国和泰王国关于移管被判刑人的条约》的决定

（2012年10月26日第十一届全国人民代表大会常务委员会第二十九次会议通过）

第十一届全国人民代表大会常务委员会第二十九次会议决定：批准2011年12月22日由外交部副部长张志军代表中华人民共和国在曼谷签署的《中华人民共和国和泰王国关于移管被判刑人的条约》。

中华人民共和国和泰王国关于移管被判刑人的条约

（中文本）

中华人民共和国和泰王国（以下称双方），

在相互尊重主权和平等互利的基础上，考虑到双方有关执法的有效法律法规，愿意在执法和司法行政方面加强合作；

希望在执行刑罚方面开展合作，使被判刑人在其国籍国继续服刑，以有利于其成功重返社会；

达成协议如下：

第一条　定　　义

为本条约的目的：

（一）“移交国”指可能或者已经将被判刑人移交出的一方；

（二）“接收国”指可能或者已经向其移交被判刑人的一方；

（三）“被判刑人”指根据移交国法院就一项刑事犯罪作出的判决，应当在移交国监狱或者其他合法机构羁押的人；

（四）“刑罚”指移交国法院就一项刑事犯罪判处的有期徒刑或者无期徒刑。

第二条　一般原则

在一方境内被判刑的人可以根据本条约的规

定，被移交至另一方境内，以便其服完被判处的刑期。

第三条　中央机关

一、双方应当各自指定一个中央机关。

二、中央机关在中华人民共和国方面系指司法部，在泰王国方面系指囚犯移管委员会。

三、一方中央机关提出的正式移管请求和答复，应当通过外交渠道提交给另一方的中央机关。

四、其他请求和文件可以直接通过中央机关转递。

第四条　适用范围

只有在符合下列条件时，才可以提出移管请求：

（一）被判刑人不是由于移交国法律规定的下列犯罪之一被判刑：

1. 侵犯国家内外安全；

2. 侵犯国家元首及其家庭成员；

3. 违反关于保护国家艺术财产的法律；

（二）被判刑人已在移交国服满该国法律规定的最低期限的刑期；

（三）判决是最终判决，且在移交国没有未决的其他法律诉讼程序；

（四）被判刑人的移交不损害任何一方的主权、安全、公共秩序或者其他根本利益。

第五条　移管的条件

只有符合下列条件时，被判刑人才可以被移管：

（一）被判刑人是接收国的国民，且不是移交国的国民；

（二）对被判刑人判处刑罚所针对的行为，按照接收国的法律也构成犯罪，或者如果在接收国发生也构成犯罪；

（三）在请求移管时，对被判刑人作出的判决已经生效，且被判刑人还需服刑至少一年；

（四）移交国、接收国和被判刑人均同意移管；任何一方鉴于被判刑人的年龄、身体或精神状况认为有必要时，被判刑人的同意由有权代表其行为的人作出。

第六条　拒绝移管

一、在不符合第四条和第五条要求的情况下，移管请求应当被拒绝。

二、除第四条和第五条规定的情形外，任何一方可以自由裁量决定是否同意另一方提出的移管请求。

三、如果接收国法律就同类犯罪规定的最高刑期短于移交国判处的刑期，在提出移管请求时应当一并告知移交国。在此情形下，移交国有权拒绝请求。

四、一方如果拒绝移管，应当将拒绝的理由书面通知另一方。

第七条　通知被判刑人

一、双方应当尽力将本条约内容通知本条约适用范围内的被判刑人。

二、一方应当将移交国或者接收国就根据本条约第八条第一款提出的移管申请所采取的措施或者所作出的决定，书面通知在其境内的被判刑人。

第八条　移管的程序

一、被判刑人可以向任何一方提出根据本条约移管的申请，由该方决定是否提出请求。

二、根据本条约进行移管，应当首先由接收国向移交国提出正式书面请求。

三、经请求，双方应当尽可能在提出移管请求前或者就是否同意移交作出决定前，向另一方提供任何有关信息、文件或者说明。

四、移交国应当将其是否同意移管的决定及时通知接收国。

第九条　所需文件

一、移交国应当向接收国提供下列文件：

（一）经证明无误的判决书副本，以及判决所依据的法律规定；

（二）关于刑罚的种类、刑期和起算日期的说明；

（三）关于被判刑人服刑情况和尚需服刑期限的说明，包括审判前羁押、减刑和其他有关执行刑罚事项的说明；

（四）本条约第五条第（四）项所指的同意移管的声明；

（五）关于被判刑人健康情况的说明。

二、接收国应当向移交国提供下列文件：

（一）证明被判刑人是接收国国民的文件或者说明；

（二）接收国法律中关于导致被判刑人被判处刑罚的行为也构成犯罪的规定；

（三）关于接收国根据本国法律执行移交国所判处刑罚的方式和程序的信息。

三、本条第一款提及的文件应当以移交国的官方语言出具。移管被判刑人的请求以及本条第二款提及的文件，应当以接收国的官方语言出具，并附有移交国官方语言的译文。

四、根据本条约通过中央机关提交的文件不需任何形式的认证。

第十条　同意的核实

如果接收国要求，移交国应当给予接收国机会，通过接收国指定官员在移管前核实，被判刑人或者根据本条约第五条第（四）项有权代表其行为的人自愿表示同意并完全知道移管的法律后果。

第十一条　移管的执行

双方如果就移管达成一致，应当通过本条约第三条规定的途径，协商确定移交被判刑人的时间、地点和方式。

第十二条　管辖权保留

在根据本条约执行刑罚的情况下，移交国保留对其法院所作判决、判处刑罚以及对上述判决或者刑罚进行修改、变更或者撤销程序的专属管辖权。

第十三条　刑罚的执行

一、除非本条约另有规定，应当根据接收国的法律、行政或者司法程序，对被移管的被判刑人继续执行刑罚。

二、在不影响本条第三款规定的情况下，接收国应当受移交国判决中关于刑罚的法律性质、事实的认定和刑罚期限的约束。但接收国有权赦免被判刑人。

三、接收国执行剥夺自由的刑罚不得延长移交国法院判决确定的期限。执行的刑期应当尽可能与移交国判处的刑期相一致，但不得超过接收国法律中对同类犯罪规定的最高刑期。

四、如果有必要转换刑罚，在任何情况下不得将剥夺自由的刑罚转换为财产刑。

五、如果移交国根据本条约第十二条修改、变更或者撤销判决或者刑罚，或者在其他情况下减刑或者终止刑罚，接收国应当在收到移交国通知后，根据本条对上述决定赋予效力。

六、接收国关于未成年人的法律应当适用于已被移管的被判刑人，无论该人根据移交国法律是何身份。

第十四条　关于执行判决的信息

接收国应当向移交国提供有关执行刑罚的下列信息：

（一）被判刑人根据接收国法律被释放；

（二）被判刑人在刑罚执行完毕前逃脱或者死亡；

（三）移交国要求提供报告。

第十五条　过　　境

一、任何一方如果为履行与第三国达成的移管被判刑人协议需从另一方过境，应当向该另一方提出过境的请求。

二、前款规定不适用于使用航空运输且未计划在另一方降落的情形。

三、被请求国在不违反本国法律的情形下，应当同意请求国提出的过境请求。

第十六条　费　　用

一、移管被判刑人过程中和移交后执行刑罚的费用，由接收国承担。

二、过境费用应当由提出过境请求的一方承担。

第十七条　生效和终止

一、本条约须经批准。批准书在北京互换。本条约自互换批准书之日起第三十天生效。

二、任何一方可以随时通过外交途径，以书面形式通知终止本条约。终止自该通知发出之日后第一百八十天生效。

三、本条约亦适用于在本条约生效前已被判处刑罚的被判刑人的移管。

下列签署人经适当授权，在本条约上签字，以昭信守。

本条约于二〇一一年十二月二十二日在泰国曼谷签订，一式两份，每份均以中文、泰文和英文写成，三种文本同等作准。如遇中文和泰文解释上的分歧，以英文本为准。

中华人民共和国代表	泰王国代表
张志军	素拉蓬·都威乍猜军
（签字）	（签字）

全国人民代表大会外事委员会审议《国务院关于提请审议批准〈中华人民共和国和泰王国关于移管被判刑人的条约〉的议案》的报告

全国人民代表大会常务委员会：

2012年10月11日，第十一届全国人民代表大会外事委员会举行第四十二次全体会议，审议了《国务院关于提请审议批准〈中华人民共和国和泰王国关于移管被判刑人的条约〉的议案》。

外事委员会认为，2011年12月22日由我国外交部副部长张志军与泰国外交部部长素拉蓬·都威乍猜军分别代表本国在曼谷签署的《中华人民共和国和泰王国关于移管被判刑人的条约》符合我国法律的基本原则和司法实践；批准该条约符合我国的利益和实际需要。建议全国人大常委会决定批准该条约。

全国人民代表大会外事委员会

2012年10月11日

监督工作

一、听取和审议专项工作报告

关于农田水利建设工作情况的报告

——2012年4月25日在第十一届全国人民代表大会常务委员会第二十六次会议上

水利部部长　陈　雷

全国人民代表大会常务委员会：

我受国务院委托，向全国人大常委会报告农田水利建设工作情况，请予审议。

一、近年来农田水利建设主要措施及成效

我国是一个水资源短缺的国家，人均和亩均水资源量只有2100立方米和1400立方米，仅为世界平均水平的28%和50%；降水量和河川径流量的60%—80%主要集中在汛期，连续几个丰水年或枯水年的情况时常发生；北方地区土地面积占全国的64%，人口占46%，耕地占60%，地区生产总值占45%，而水资源量仅占全国的19%。人多水少、水资源时空分布不均的基本国情，以及水旱灾害频发多发、水土流失严重和水生态环境脆弱的特点，决定了我国是世界上水情最为复杂、治水任务最为繁重的国家。党中央、国务院历来高度重视水利工作，领导全国人民开展了规模宏大的水利建设，战胜了频繁发生的严重洪涝干旱灾害，建成江河堤防近30万公里、水库8.7万余座，水利工程年供水能力超过7000亿立方米，发展有效灌溉面积9.05亿亩，治理水土流失面积110万平方公里，水电装机容量达2.3亿千瓦，水利为经济社会发展、人民安居乐业作出了重要贡献。特别是近年来，中央坚持把农田水利建设作为保障农业稳定发展和国家粮食安全的重要基础，不断完善政策支持体系，加大各项工作力度，推动农田水利进入新的发展阶段。我国以占世界6%的淡水资源、9%的耕地，解决了占世界21%人口的吃饭问题，农田水利发挥了至关重要的作用。

（一）农田水利建设财政投入不断增加。针对农村税费改革取消“两工”（农村义务工、劳动积累工）后农田水利建设投入出现的新问题，2005年10月，国务院办公厅转发了发展改革委、财政部、水利部、农业部、国土资源部《关于建立农田水利建设新机制的意见》（国办发〔2005〕50号），设立中央财政小型农田水利建设补助专项资金，积极探索建立政府主导、农民参与的新机制。“十一五”期间，中央财政通过水利口安排农田水利建设资金达465.54亿元，比“十五”时期增长了277%；中央财政其他专项资金中用于农田水利建设889.8亿元；地方财政投入农田水利建设资金约1600亿元；利用银行贷款和社会资金约200亿元。国务院每年专门召开会议，部署冬春农田水利基本建设。各地通过项目带动、一事一议、财政奖补、绩效考核等措施，“十一五”期间引导农民累计投劳143亿个工日。

（二）大中型灌区改造等重点项目加快实施。目前纳入大型灌区续建配套与节水改造规划的434处大型灌区，已安排规划投资总额的43%，有110处灌区完成规划投资任务。对661处重点中型灌区骨干工程进行配套改造。新建嫩江尼尔基、宁夏沙坡头、海南大广坝、四川武都等一批灌区。在全面完成中部安徽、江西、湖北、湖南四省139处大型排涝泵站更新改造的基础上，实施全国251处大型灌排泵站更新改造项目。从2009年开始，分3批实施1250个小型农田水利重点县建设。“十一五”期间，全国净增灌溉面积5600多万亩，改善灌溉面积1.9亿亩，新增节水能力189亿立方米，新增粮食综合生产能力400亿斤。

（三）节水灌溉和田间配套工程建设大力推进。把节水灌溉作为一项革命性措施来抓。2000—2011年，全国节水灌溉工程面积由2.46亿亩增加到4.3亿亩，其中喷灌、微灌、低压管道输水等高效节水灌溉面积由0.88亿亩增加到1.87亿亩。截至2011年年底，我国在连续30多年灌溉用水总量保持零增长的情况下，有效灌溉面积增加了1.72亿亩，粮食总产量增加了5000多亿斤，农田灌溉水有效利用系数由0.3提高到0.51，亩均灌溉用水量由479立方米下降到367立方米，减少了23.4%。针对近年来社会普遍关注的灌区末级渠系不配套问题，除中央财政小型农田水利建设补助专项资金外，全国新增千亿斤粮食生产能力规划专门安排了田间工程建设，农村土地整治、农业综合开发、扶贫开发等项目中也有部分资金用于农田水利建设。目前，灌区末级渠系建设和田间工程配套严重滞后于骨干工程建设的状况逐步改善。积极发展节水灌溉饲草料地，为牧区牲畜提供补饲（补充饲养），配合草牧场围栏等生态保护项目，使一些地方天然草场得到有效保护。

（四）农村饮水安全工程建设全面提速。2006年国务院审议通过的《全国农村饮水安全工程"十一五"规划》，拟用10年时间解决全国3.23亿农村人口饮水安全问题。截至2011年年底，解决了2.66亿农村居民和1460多万农村学校师生的饮水安全问题，提前6年实现联合国千年宣言提出的到2015年"将无法持续获得安全饮用水的人口比例减半"的目标，集中供水工程受益人口比例由2005年的40%提高到2011年的63%，提高了农民健康水平，改善了农村生产生活条件，推进了城乡基本公共服务均等化。

（五）防洪减灾薄弱环节建设明显加强。按照十七届三中全会提出的目标和要求，2008—2010年3年时间完成了全国7356座大中型和重点小型病险水库除险加固任务，消除了637个县级以上城市、1.61亿亩耕地以及大量重要基础设施的水库溃坝威胁。在此基础上，启动了新一轮水库除险加固工作，正在对5400座小(1)型病险水库和15891座重点小(2)型病险水库进行除险加固；对2000余条中小河流重要河段进行治理，开展1100个县级山洪灾害防治非工程措施建设，积极推进大中型病险水闸除险加固，启动实施西南五省（区、市）重点水源工程近期建设规划。战胜了淮河、太湖、长江、松花江等流域发生的严重洪涝灾害，成功抗御了2009年北方冬麦区大范围干旱、2010年西南地区特大干旱和2011年全国三次大范围严重干旱，"十一五"以来累计减免粮食损失约7780亿斤，为实现全国粮食产量"八连增"、粮食总产再创历史新高提供了水利支撑和保障。

（六）农田水利管理改革不断深化。发展改革委、财政部、水利部、农业部、国土资源部五部委部署了县级农田水利建设规划编制工作，强化规划对项目和资金安排的指导作用，全面推行小型农田水利工程建设"竞争立项、群众参与、绩效考核、奖优罚劣"等新机制。在按照《国务院办公厅转发国务院体改办关于水利工程管理体制改革实施意见的通知》（国办发〔2002〕45号）稳步推进灌区和泵站等管理体制改革的同时，出台了小型农村水利工程管理体制改革实施意见，通过拍卖、租赁、承包、股份合作等方式，对700多万处小型农田水利工程进行了产权制度改革。加快基层水利服务体系建设，全国共建立乡镇或流域水利站2.6万个，建成各级抗旱服务队14064支，中央财政对其中1222支县级抗旱服务队的能力建设给予了扶持。制定了关于加强农民用水户协会建设的意见，成立农民用水户协会7.8万个，协会管理灌溉面积约2.4亿亩。探索和推广农村饮水安全工程以县为单位建立管理机构、落实运行维修基金、建立水质检测中心的机制。积极推进农业水价综合改革。初步建立中西部地区、贫困地区公益性水利工程维修养护经费中央财政奖补激励机制。

2011年，在中央"一号文件"和中央水利工作会议的推动下，各地、各部门进一步加强农田水利建设，全国冬春农田水利基本建设超额完成计划任务。全年中央共安排农田水利建设资金659.9亿元，地方财政投入农田水利建设资金超过600亿元，均较上年增长30%以上；2011年下半年，各地从土地出让收益中计提农田水利建设资金270亿元。全年新增节水灌溉工程面积2000多万亩，其中高效节水灌溉面积1000万亩；实施6500多座小型病险水库除险加固，积极推进大中型病险水闸除险加固，对920条中小河流和81条主要支流、内陆河流及独流入海河流重要河段进行治理；完成水土流失治理面积5.1万平方公里，实施坡改梯面积310万亩。

二、当前农田水利建设面临的主要问题

当前，我国农田水利发展形势总体看好，但农田水利建设历史欠账多、薄弱环节多、积累矛盾多

的问题仍然十分突出。随着工业化、城镇化快速推进，我国人增地减水缺的矛盾日益突出，保障粮食等农产品供求平衡的任务更加艰巨，农田水利建设滞后问题愈加凸显。

（一）农田水利基础薄弱，与建设现代农业不相适应。建设现代农业，离不开农田水利的支撑。目前，全国仍有近半数的耕地是“望天田”，现有灌溉排水设施大多建于上世纪50年代至70年代，普遍存在标准低、配套差、老化失修、效益衰减等问题，农田灌排“最后一公里”问题日益突出。中小河流治理、小型病险水库除险加固、山洪灾害防治等防洪薄弱环节建设亟待加快实施。目前，全国仍有2.42亿农村居民和3314万农村学校师生存在饮水不安全问题。

（二）资金投入虽有增长，仍存在很大缺口。“两工”取消后，农民投劳工日由最高时的年130亿个减少到目前年均30亿个左右，尽管中央财政和地方财政逐步加大投入力度，仍难以弥补资金缺口。此外，还存在农田水利投资渠道较为分散的问题。

（三）农村劳动力外出和农业比较效益低，农田水利兴修发动困难。当前，农村社会结构、农业发展方式和经营形式正在发生重大变化，农村大量青壮劳动力外出务工，留守的多是妇女、儿童、老人，组织发动群众兴修水利十分困难。同时，农民收入结构发生显著变化，非农收入比重明显上升，农业比较效益低，一些地方农民参与兴修水利的积极性不高，农田水利投入政策、组织方式、管理模式都面临新的挑战。

（四）农业用水方式粗放，水资源利用效率效益不高。我国农业节水发展相对滞后，一些地方还存在大水漫灌现象，水资源不足与灌溉用水浪费并存，与加快建设资源节约型、环境友好型社会以及转变农业发展方式的要求差距较大。我国农田灌溉水有效利用系数远低于0.7—0.8的世界先进水平；水分生产率（单位用水的粮食产量）不足2.4斤/立方米，而世界先进水平为4斤/立方米左右。

（五）体制机制建设滞后，农田水利管理亟待加强。农田水利政策法规体系建设尚需进一步加强。大中型灌区、泵站等工程管理体制改革公益性人员基本支出和维修养护经费尚未落实到位。小型农田水利工程产权制度改革滞后，存在产权不清楚、管护主体不明确、责任不落实和经费无渠道等问题。农业水价综合改革推进困难，水费实际收取率较低，影响工程正常运行维护。一些乡镇水利站被撤并，抗旱服务队、水利科技推广队伍、灌溉试验站等专业服务组织建设相对滞后，农民用水合作组织缺乏必要扶持。

三、进一步加强农田水利建设的措施

2011年中央“一号文件”和中央水利工作会议对加快水利改革发展作出了全面部署，我们将按照中央的要求，进一步突出农田水利在保障国家粮食安全、发展现代农业中的基础地位和支撑作用，加快扭转农田水利建设滞后的局面。

（一）进一步加大农田水利投入力度。建立健全以公共财政为主的多元化投入稳定增长机制，确保到2020年全社会水利投入总量达到4万亿元，保证农田水利等薄弱环节建设的资金需求。继续落实从土地出让收益中提取10%用于农田水利建设的政策，确保足额计提、定向使用，中央统筹部分重点支持粮食主产区、中西部地区和革命老区、民族地区、边疆地区、贫困地区农田水利建设。按照“统一规划、渠道不乱、用途不变、优势互补、各司其职、形成合力”的要求，继续加大农村土地整治、农业综合开发、现代农业等资金对农田水利建设的倾斜支持力度。完善金融支持政策，鼓励和支持符合条件的地方政府融资平台公司通过直接、间接融资方式，拓宽水利投融资渠道。完善农业补贴政策，进一步落实抗旱、节水灌溉设备补贴政策。

（二）继续深化农田水利重点环节改革。推进水资源管理体制改革，强化城乡水资源统一管理。巩固水利工程管理体制改革成果，足额落实公益性水利工程管理单位公益性人员基本支出经费和工程维修养护经费。深化小型农田水利工程产权制度改革，搞活经营权，转让使用权，拍卖所有权，落实管护主体和责任，盘活存量水利资产，实现良性运行和滚动发展。加强用水计量设施建设，推进农业水价综合改革，健全财政对农业灌排工程运行管理费用补助政策，促进农业节约用水，降低农民水费支出，保障灌排工程良性运行。

（三）全面实施大中型灌区节水改造。确保“十二五”期间净增农田有效灌溉面积4000万亩。重点实施好现有大中型灌区续建配套与节水改造、灌排泵站更新改造，到2015年，完成190处大型、800处重点中型灌区的续建配套与节水改造任务，启动实施1500处一般中型灌区节水改造；到2020年，基本完成大型灌区、重点中型灌区续建配套与节水改造任务。在水土资源条件好、粮食增产潜力大的地区,科学规划,新建一批灌区,作为国家粮食后备产区。到2015年,基本完成全国251处大型灌排泵站更新改造任务,启动中型灌排泵站更新改造。

(四)切实抓好小型农田水利重点县建设。继续扩大重点县范围,基本覆盖农业大县,并向牧区大县延伸。加强以高效节水灌溉工程、现代化灌排渠系、"五小水利"(小水窖、小水池、小塘坝、小泵站、小水渠)工程、雨水集蓄利用工程和农田灌排"最后一公里"为重点的小型农田水利基础设施建设,配套实施土地平整、机耕道建设和土壤改良、测土配方施肥等技术措施,改造中低产田,建设旱涝保收高标准农田,全面提升县域小型农田水利设施建设、维护和管理水平。充分利用冬春农闲时节,强化政府组织发动,加大项目带动,采取以奖代补、民办公助、一事一议等方式,组织和引导农民大力开展农田水利基本建设。

(五)大力发展节水灌溉和旱作农业。大力推广普及高效节水灌溉技术,促进现代农业发展。到2015年,新增节水灌溉工程面积1.5亿亩以上,其中高效节水灌溉面积确保新增0.5亿亩、力争新增1亿亩;到2020年,农田灌溉水有效利用系数提高到0.55以上。以东北、西北、华北等为重点,大力推广管道输水、喷灌、微灌等高效节水灌溉技术,组织实施好东北四省(区)节水增粮行动。落实最严格的水资源管理制度,推进农业灌溉用水总量控制和定额管理。实施旱作节水农业技术推广示范工程,推广地膜覆盖、集雨保墒、倒茬和秸秆还田等旱作节水农业技术。大力研发具有中国特色、适合中国国情、质优价廉的节水灌溉技术和设备,推动高效节水灌溉技术和装备的综合集成与规模化、产业化发展。

(六)不断提高农业抗御洪涝干旱灾害能力。到2012年年底基本完成2209条中小河流重点河段治理和5400座小(1)型病险水库除险加固任务,加快实施小(2)型病险水库除险加固,尽快建立1836个县级山洪灾害防治非工程措施体系,全面实施大中型病险水闸除险加固,"十二五"时期基本消除影响防洪安全的突出隐患。实施全国抗旱规划、西南五省(区、市)重点水源工程近期建设规划,因地制宜建设一批规模合理、标准适度的抗旱水源工程,着力解决部分地区工程性缺水和资源性缺水问题。实施全国土地整治规划,力争"十二五"期间建成4亿亩旱涝保收高标准基本农田。

(七)加快解决农村饮水安全问题。加快实施农村饮水安全工程"十二五"规划,到2013年解决原规划内农村饮水安全问题,到2015年全面解决农村饮水安全问题。因地制宜采用不同的供水方式,优先考虑城镇供水管网向农村延伸,鼓励发展集中供水工程,切实加强水源保护和水质保障工作,力争到2020年农村集中供水受益人口比例达到85%。落实工程用地、用电、税收等优惠政策,加强工程管理和维护,确保工程长效良性运行。

(八)积极开展水土保持和农村水环境治理。继续推进重点区域水土流失综合治理,加大长江、黄河上中游、东北黑土区、西南石漠化区、革命老区水土流失治理力度。加强以小流域为单元的坡耕地水土流失综合治理,加快建设旱涝保收高标准基本农田和高标准梯田。搞好牧区水利建设,保护草原生态。结合社会主义新农村建设,开展农村水系治理、河道清淤疏浚、小型水库清淤、山丘区山塘整治、水污染防治等农村水环境综合整治工程,建设生态清洁型小流域。

(九)着力加强农田水利建设与运行管理。健全适合小型农田水利特点的建设管理制度,推行工程监理制和群众质量监督员制度,严把质量关,确保工程质量。强化资金使用监管,建立信息通报和社会公示等制度,确保资金使用安全高效。出台关于加强基层水利服务体系建设的指导意见,健全乡镇或流域水利站,落实编制和经费,充实技术人员;加大对防汛专业抢险队、抗旱服务队、水利科技推广队伍、灌溉试验站、农民用水合作组织的扶持力度,积极探索农村水利工程分级管理、分类管理、专业管理、群众管理的模式和途径,全面提高基层水利服务能力和管理水平。

(十)加快农田水利法制化和规范化建设。适时出台农田水利和节约用水方面的行政法规,逐步将农田水利建设与管理实践中行之有效的制度、做法和经验上升为法律制度。进一步发挥农田水利建设规划对项目建设、资金整合的基础与指导作用,健全农田水利技术标准体系。大力推广新技术、新材料、新工艺,着力提高农田水利科技含量。抓好第一次全国水利普查,提高农田水利信息化水平,以信息化带动农田水利现代化。

长期以来,全国人大常委会高度重视农田水利工作,加强监督和支持力度,提出了许多宝贵意见和建议,有力促进了农田水利事业的发展。在此,我们向全国人大常委会表示衷心感谢!今后,我们将继续在全国人大监督下,深入贯彻落实中央加快水利改革发展的战略部署,进一步加大农田水利建设力度,为保障国家粮食安全、促进经济平稳较快发展和社会和谐稳定奠定更加坚实的水利基础。

关于监狱法实施和监狱工作情况的报告

——2012 年 4 月 25 日在第十一届全国人民代表大会常务委员会第二十六次会议上

司法部部长　吴爱英

全国人民代表大会常务委员会：

我受国务院委托，向全国人大常委会报告监狱法实施和监狱工作情况，请予审议。

一、主要工作情况

党中央、全国人大、国务院历来高度重视监狱工作，胡锦涛、吴邦国、温家宝、周永康和王乐泉、孟建柱等中央领导同志多次作出重要指示、批示，全国人大常委会 1994 年审议通过了《中华人民共和国监狱法》（以下简称监狱法），有关领导同志经常深入监狱检查指导工作。国务院就贯彻落实监狱法、加强和改进监狱工作制定了一系列政策措施。目前，全国共有监狱 681 所，在职监狱人民警察 30 万名，押犯 164 万人。近年来，全国监狱系统认真贯彻落实党中央、国务院的决策部署，认真贯彻实施监狱法，坚持"惩罚与改造相结合、以改造人为宗旨"的监狱工作方针，坚持依法治监，加强罪犯教育改造，狠抓监狱安全，推进改革发展，为维护国家安全和社会稳定作出了积极贡献。

（一）严格依法做好刑罚执行工作。全国监狱系统认真履行职责，依法做好刑罚执行工作。一是深入学习贯彻实施监狱法。司法部把监狱法列入普法规划，以及司法行政系统干部特别是监狱人民警察教育培训和考试考核的内容。从 2007 年起，将监狱法公布施行日 12 月 29 日确定为"监狱法宣传活动日"，集中宣传有关法律法规。二是健全规章制度。司法部和有关部门制定了执法、管理、教育等方面的规章和规范性文件 70 多件，各省（区、市）制定规章和规范性文件 250 多件，基本形成了与监狱法相配套的规章制度体系。三是狠抓规范执法工作。全国监狱系统严格依法对罪犯进行收监执行、分别关押、分类管理、分类教育和刑满释放。针对罪犯减刑、假释、暂予监外执行等重点领域和关键环节，司法部出台了《监狱提请减刑、假释工作程序规定》，与有关部门联合开展了核查纠正监外执行罪犯脱管漏管专项行动。2005—2008 年司法部在全国监狱系统部署开展了为期三年的"规范执法行为、促进执法公正"专项整改活动，2009 年组织开展了"规范执法行为、提高执法水平"专题教育实践活动，有力推进了监狱规范执法。四是依法保障罪犯合法权益。全国监狱系统认真落实监狱法规定，切实保障罪犯依法享有辩护、申诉、控告、检举以及通信、会见等权利。司法部制定了《监狱罪犯生活卫生管理办法》，财政部、司法部制定了《在押罪犯伙食、被服实物量标准》，切实保障罪犯必要的物质生活条件。坚持文明执法，出台了《监狱人民警察六条禁令》，严禁体罚、虐待、侮辱、殴打罪犯或指使他人殴打、体罚罪犯，严厉打击牢头狱霸。五是大力加强执法监督。司法部与高检院等单位制定了《关于建立和完善人民检察院派出机构与监狱、看守所、劳教所工作联系制度的意见》，强化驻监检察室对监狱执法工作的日常监督。2009 年司法部成立了警务督察委员会，建立健全了警务督察制度，开展经常性督察，及时发现和纠正问题。六是全面推进狱务公开。司法部制定了《关于在监狱系统推行狱务公开的实施意见》，依法公开罪犯的权利、义务及考核、处遇、行政奖罚以及减刑、假释、暂予监外执行的条件、程序和结果等，接受罪犯及其家属和社会的监督。

（二）大力加强罪犯教育改造。近年来，司法部进一步明确监狱工作指导思想，要求把教育改造罪犯作为中心任务，监狱各项工作都要服从服务于教育改造工作。一是健全教育改造制度。司法部通过出台《监狱教育改造工作规定》、《教育改造罪犯纲要》、《关于进一步加强监狱教育改造罪犯工作考核的通知》等文件，明确规定教育改造的目标任务和主要内容，建立了工作体系和质量评估体系。二是积极创新教育改造模式和方式方法。全面推行"5 + 1 + 1"（五天劳动教育、一天课堂教育、一天休息）教育改造模式，大力加强对罪犯的思想、法制、文化、管理、劳动教育，广泛开展心理咨询、心理矫治和个别化教育。深入推进监狱(监区)文化建设,大力开展社会帮教,罪犯教育改造质量不断提高。三是大力开展罪犯职业技能培训。建立完善劳动培训制度,提高罪犯适应社会能力。2008 年以来,全国监狱系统共完成对 125 万名罪犯的扫盲和义务教育工作,98.1% 的罪犯刑满时获得普法教育合格证,取得职业技术证书的罪犯达到参训总数的 77.3%,罪犯回归社会后重新犯罪率保持在较低水平。

(三)持续保持监狱场所安全稳定。近年来,司法部坚持把监狱安全稳定工作作为监狱工作的重要任务,提出了"四无"(无罪犯脱逃、无重大狱内案件、无重大疫情、无重大安全生产事故)工作目标。一是建立完善安全稳定领导责任制和工作机制。把安全稳定作为"硬任务"、"第一责任",明确要求"一把手"负总责、亲自抓,提出并落实监狱安全稳定防控、排查、应急处置、领导责任"四项机制",加强人防、物防、技防、联防"四防一体化"建设,与驻监武警部队开展共建、共管、共保安全活动,形成了监狱安全稳定工作机制。二是健全安全稳定制度。司法部制定了《关于加强监狱安全稳定工作的若干规定》、《关于监狱突发事件应急处置的意见》、《关于加强监狱安全管理工作的若干规定》等文件,每年组织开展全国性安全稳定大检查,集中排查整治安全隐患,及时发现和消除不稳定因素。三是大力加强安全防范设施建设。全国监狱基本完成了 AB 门建设,建立完善了狱墙周界隔离、多层报警设施和智能化监管系统。四是大力加强监狱内部正规化管理。2011 年,司法部在全国监狱系统组织开展了为期一年的规范化管理年活动,查找管理漏洞,制定修改完善各种规章制度 2.8 万多项,狠抓制度落实,监狱管理水平明显提高。五是大力加强狱内侦查工作。近年来,全国监狱系统按照司法部要求成立了狱内侦查机构,及时排查狱内案件线索,有效防范和打击了狱内犯罪活动。六是切实做好监狱安全生产工作。严格落实罪犯劳动生产项目准入制度,严禁组织罪犯从事有毒、污染、易燃易爆等生产劳动,加快退出煤矿等高危行业。2005 年以来,在全国监狱押犯总数持续增加的情况下,监狱安全稳定工作连续创历史最好水平。特别是在四川汶川特大地震灾害和庆祝新中国成立 60 周年等重大任务中,全国监狱场所没有发生任何重大问题,保持了安全稳定。

(四)深入推进监狱体制改革。2004 年,党中央、国务院将监狱体制改革列入司法体制和工作机制改革的重要内容,确立了"全额保障、监企分开、收支分开、规范运行"的改革目标。2003 年经国务院批准,成立了由司法部牵头,中央编办、发展改革委、财政部等 16 个部门组成的监狱体制改革部际联席会议。2003—2004 年,先后在黑龙江等 14 个省(区、市)开展监狱体制改革试点;2008 年,在全国全面实行监狱体制改革。中央财政安排专项资金,对中西部等财政困难地区予以补助;司法部、财政部制定了《监狱基本支出经费标准》,司法部会同有关部门出台了税收减免、化解历史债务、监狱工人加入社会养老保险等配套政策,解决了许多长期困扰监狱工作的老大难问题。司法部成立了监狱体制改革领导小组,加强指导和督促检查。各省(区、市)政府成立了由党委、政府分管负责同志任组长的领导小组,制定改革方案和实施意见,落实配套资金,出台有关政策,协调解决问题。经过努力,改革任务已基本完成,中国特色社会主义监狱体制基本形成。一是全额保障基本实现。建立了以省级财政为主、中央转移支付为辅的经费保障体制,2011 年全国监狱系统财政拨款总额比改革前的 2002 年增长 240% 左右,财政拨款占监狱经费支出比重达到 87.9%,改变了长期以来主要依靠监狱生产收入提供监狱经费的局面。二是监企分开基本实现。建立了监狱党委统一领导下的监管改造和生产经营两套管理体系,明确了监狱企业为改造罪犯服务的性质,建立了监狱和监狱企业协调运行机制。三是收支分开基本实现。建立了监狱执法经费支出和监狱企业生产收入分开运行机制,实现了监狱和监狱企业财务分账核算和管理。四是规范运行制度体系初步形成。建立了以改造人为核心、保障监狱工作规范运行的制度体系,有力促进了监狱刑罚执行和监管改造工作规范运行。

(五)积极实施监狱布局调整。2001 年以来,国务院多次对监狱布局调整工作作出部署。2007 年,司法部、发展改革委、财政部等部门制定了《关于进一步推进监狱布局调整工作的意见》,提出了"布局合理、规模适度、分类科学、功能完善、投资结构合理、管理信息化"的总体要求和主要政策措施。司法部制定了全国监狱布局调整总体规划,会同发展改革委、财政部审查批复了各省(区、市)和新疆生产建设兵团监狱布局调整规划方案,与发展改革委确定了 13 个监狱布局调整重点省(区)和 72 个重点项目,在资金和政策上给予重点支持;发展改革委、财政部制定了减免监狱建设有关规费的优惠政策。各省(区、市)普遍成立了由政府有关负责同志担任组长的监狱布局调整领导小组，研究制定规划、实施方案和项目建设计划，并认真组织实施，落实建设资金、土地、减免监狱建设有关规费等优惠政策，监狱设施和功能普遍得到完善，监狱人民警察执法环境和生活条件明显改善。

（六）大力加强监狱信息化建设。按照国务院的部署，司法部在充分调研论证基础上，于2007年制定了全国监狱信息化建设规划，明确指导思想、基本原则、主要目标和建设任务。2010年7月，发展改革委批准了全国监狱信息化一期工程立项。司法部会同发展改革委、财政部落实建设资金，组织专家制定标准，研制开发应用软件。各地按照司法部的部署要求，成立了监狱信息化建设领导小组，制定了建设规划和实施方案，开展罪犯数据信息库、监狱人民警察信息库等建设，建立罪犯信息的网上录入、管理和跨部门共享机制，推动狱政管理、教育改造等业务应用系统建设和使用。近五年，司法部完成了15项业务标准的制定工作，28个省（区、市）监狱管理局完成了省级网络联通，全国70%以上的监狱建立了应急指挥中心、智能报警系统和综合门禁系统，80%以上的监狱建立了视频监控系统，全国监狱系统信息网络平台初步建成，监狱信息化水平明显提高。

（七）大力加强监狱人民警察队伍建设。近年来，司法部始终坚持把队伍建设作为一项根本任务来抓。一是坚持把思想政治建设放在首位。认真组织开展保持共产党员先进性教育、深入学习实践科学发展观、社会主义法治理念教育、创先争优、“发扬传统、坚定信念、执法为民”等主题教育实践活动，坚持不懈地用中国特色社会主义理论体系武装头脑，教育引导广大监狱人民警察始终保持忠于党、忠于祖国、忠于人民、忠于法律的政治本色，不断提高思想政治素质。二是大力加强执法能力建设。司法部对全国监狱局长、政委以及监狱长、监狱政委进行了全员集中培训，并通过组织开展执法大培训、岗位大练兵活动，有效提高了监狱人民警察的业务素质和执法能力。三是大力加强管理制度建设。司法部健全了监狱人民警察考录制度、辞退制度、执法质量考评和责任追究制度，出台了《关于进一步加强监狱劳教人民警察队伍建设的意见》、《关于规范监狱劳动教养机关人民警察职务序列的意见》，制定了监狱人民警察队伍建设的五年规划纲要和实施意见。四是大力加强领导班子建设。坚持德才兼备、以德为先的用人标准，选好配强监狱“一把手”，优化领导班子结构；加大监狱长、领导班子成员和关键执法岗位人民警察轮岗交流工作力度，建立并落实了省（区、市）监狱局长、监狱长轮岗交流制度。五是大力加强职业道德建设。司法部制定了监狱人民警察职业道德准则和职业行为规范，并与各级监狱管理机关对执法履职行为开展经常性督察，有效促进了队伍纪律作风和职业道德建设。六是坚持从严治警和从优待警。坚持严格要求、严格管理，司法部制定了《监狱劳教人民警察执法过错责任追究办法（试行）》、《监狱人民警察六条禁令》、《监狱劳教人民警察执法工作规范用语》等文件，加强对执法管理、行为规范、警容风纪的监督检查，全国监狱系统警风进一步好转。认真落实从优待警各项政策措施，司法部制定了《因公牺牲司法行政系统人民警察特别补助金和特别慰问金发放管理暂行规定》等文件，落实了监狱人民警察特别是基层干警超时工作补助、值勤岗位津贴、法定工作日之外加班补贴等。七是大力加强反腐倡廉建设。以建立健全惩治和预防腐败体系为重点，深入推进监狱系统反腐倡廉建设，严肃查处监狱干警违纪违法案件，近年来监狱干警违法违纪案件持续下降。

监狱工作成绩的取得，是党中央、国务院高度重视、正确领导的结果，是全国人大关心、支持、监督指导的结果，是地方各级党委、人大、政府和有关部门、社会各界大力支持的结果，也凝聚了全国监狱系统广大干警和驻监武警官兵、驻监检察官的心血和汗水。

当前，国际国内形势错综复杂，对监狱工作提出了新的更高要求。与面临的新形势新任务相比，当前监狱工作仍然存在一些困难和问题，维护监狱安全稳定的压力增大，影响制约教育改造工作的因素依然存在，监狱人民警察队伍建设有待进一步加强，监狱法制建设有待进一步完善，等等。

二、下一步工作措施

做好新形势下监狱工作的总体思路是：全面贯彻党的十七大和十七届三中、四中、五中、六中全会精神，坚持以邓小平理论和“三个代表”重要思想为指导，深入贯彻落实科学发展观，深入贯彻实施监狱法，认真贯彻落实监狱工作方针，坚持把降低刑满释放人员重新违法犯罪率作为衡量监管工作的“首要标准”，进一步做好罪犯教育改造工作，努力把罪犯改造成为守法公民，继续保持监狱场所安全稳定，进一步深化监狱体制改革、布局调整和信息化建设，进一步加强监狱人民警察队伍建设，大力推进监狱工作发展，为加强和创新社会管理、维护社会和谐稳定作出积极贡献。

（一）进一步做好罪犯教育改造工作。坚持把教育改造罪犯作为监狱工作的中心任务，认真落实《教育改造罪犯纲要》等制度措施，完善工作体系和质量评估体系，创新教育改造方式方法。会同有关部门研究把罪犯的文化教育纳入教育规划，把罪犯的职业技能培训纳入国家劳动职业技能培训总体规划，鼓励和支持罪犯进行中专、大专、本科等学历教育。进一步改善罪犯的生活、卫生条件，依法保障罪犯合法权益。充分调动学校、单位、社区、家庭等社会各方面力量，广泛开展社会帮教，促进罪犯改造。

（二）继续保持监狱场所安全稳定。切实履行“第一责任”，严格落实安全稳定和安全生产工作制度。全面推行罪犯服刑期间风险评估，根据危险程度，采取相应的关押、管理、教育措施。建立健全安全风险预警机制，加强狱情分析研判。加大狱内侦查工作力度，提高狱内案件侦破和防范能力。进一步加大经费投入，大力加强监狱安防设施建设，重点加强经济欠发达地区监狱物防、技防设施建设，提升监狱安全防范整体水平。

（三）深入推进监狱工作改革发展。深化监狱体制改革，完善落实监狱经费全额保障机制，健全财政支出科目，提高保障标准，建立动态增长机制，加大对经济欠发达地区财政转移支付力度；积极推进监社分开，重点解决好偏远监狱办社会问题。深入推进监狱布局调整，全面实施《监狱建设标准》，推进分级分类建设，完善监狱功能，提高关押能力和安防水平。加快推进信息化建设，切实提高监狱工作信息化水平。结合在全国监狱系统开展的“基层基础建设年”活动，以建好建强监区为重点，大力加强监狱基层基础建设，改善监狱一线干警执法环境和条件。

（四）进一步推进监狱法制建设。加快推进监狱法修订工作，在罪犯收押、假释、暂予监外执行等规定上与刑法修正案（八）和修订后的刑事诉讼法相衔接。同时，对罪犯服刑期内死亡处理、医疗保险、监狱企业等问题作出具体规定，进一步做好监狱工作配套法规规章制度和政策的完善工作。

（五）进一步加强监狱人民警察队伍建设。进一步加强思想政治建设，深入开展“忠诚、为民、公正、廉洁”政法干警核心价值观主题教育实践活动。进一步加强执法能力建设，在执法中，尤其是在减刑、假释、暂予监外执行等重点环节，严格执行法定程序和标准，自觉接受人大监督、检察机关监督和社会各方面监督。进一步加强班子建设，选好配强监狱领导班子特别是“一把手”，加大年轻干部选拔培养力度，进一步改善班子的年龄结构、知识结构。进一步加强基层和一线工作力量建设，优化调整编制分布结构。进一步落实从优待警政策，改善监狱人民警察政治、经济和生活待遇，帮助解决实际困难。进一步加强反腐倡廉建设，健全长效机制，制定监狱人民警察违法违纪行为处分规定，严肃查处违纪违法行为，确保公正廉洁执法。

全国人大常委会听取和审议国务院关于监狱法实施和监狱工作情况的报告，充分体现了全国人大常委会对监狱工作的高度重视和大力支持，必将有力推进我国监狱工作的发展。我们将按照全国人大常委会的审议意见，进一步加强和改进监狱工作，推动监狱工作不断创新发展，努力提高罪犯教育改造质量，确保监狱场所持续安全稳定，为促进经济社会平稳较快发展、维护社会和谐稳定作出更大的贡献，以优异成绩迎接党的十八大胜利召开！

关于外国人入出境及居留、就业管理工作情况的报告

——2012年4月25日在第十一届全国人民代表大会常务委员会第二十六次会议上

公安部副部长　杨焕宁

全国人民代表大会常务委员会：

我受国务院委托，向全国人大常委会报告外国人入出境及居留、就业管理工作情况，请予审议。

一、基本情况

随着我国经济社会的快速发展，来华外国人数

量持续较快增长，入境目的和身份日益多样，在华活动更加广泛复杂，流动性增强。

从入出境情况看，1980年外国人入出境146万人次，其中入境74万人次。2000年外国人入出境2026万人次，其中入境1016万人次。2011年外国人入出境5412万人次，其中入境2711万人次。2000年以来，外国人入境人数以年均10%左右的速度递增。

从居留情况看，1980年在华常住外国人（居住半年以上）近2万人，2000年15万余人，2011年近60万人，主要为三资企业工作人员、留学生、教师、外企驻华机构代表及家属，亲属团聚人员。截至2011年底，持有《外国人永久居留证》的外国人4752人，其中外籍高层次人才及家属1735人、亲属团聚人员3017人。

从就业情况看，2000年，在华就业外国人约7.4万人。截至2011年底，在华就业外国人约22万人，约占在华常住外国人总数的37%，主要为三资企业工作人员、教师、外企驻华机构代表。

从“三非”外国人情况看，外国人违反出入境管理法律法规的行为主要表现为非法入境、非法居留和非法就业（简称“三非”）。1995年，全国公安机关出入境管理部门查处“三非”外国人首次突破1万人次，此后逐年递增，2007年后有所下降。2011年，全国公安机关出入境管理部门查处“三非”外国人2万余人次。

近年来，“三非”外国人中非法居留的绝大多数系因不了解我国法律规定而短期逾期滞留等情节轻微的人员，部分外国人在华恶意非法居留。非法入境的主要为毗邻国家人员。非法就业的主要集中在外语教育、涉外演出、涉外家政、劳动密集型产业等领域，多以留学、访问为由入境后非法就业。

二、外国人服务管理工作情况

近年来，针对外国人服务管理工作新形势，国务院各有关部门坚持服务与管理并重，依法行政，密切协作，不断加强服务管理创新，努力构建对外国人“入境、居留、出境”全过程动态服务管理体系，有效提升了外国人服务管理能力和水平，促进了我国改革开放和经济社会发展，有力维护了国家安全和社会稳定。

一是加强服务管理机制建设。2007年，公安部、外交部、教育部等17个部门共同建立了外国人管理工作部际协调机制，加强信息交流和协作配合。教育部、民政部、外交部等也分别牵头建立了多部门参与的相关工作机制。2011年底，公安部、外交部等20个部门建立了境外来华人员服务管理工作机制，明确了各成员单位的职责和重点工作任务，加强了外国人服务管理工作协调配合。

二是加强外国人入出境服务管理。进一步深化引智引资战略，实施了外籍高层次人才、投资者签证便利政策和持居留许可外国人免办签证入境制度。增设口岸签证点，增加口岸办理团体旅游签证职能。在上海、广东、海南等地实施免签证入境、过境政策，服务区域经济发展和国家改革开放大局。全国出入境边防检查机关不断提高边检服务水平，为广大入出境人员提供文明、规范、高效、安全的通关服务。

三是加强外国人在华停居留服务管理。制定外国人永久居留制度（俗称“绿卡”制度），扩大居留许可签发对象，积极为引进的外籍高层次人才、外籍华人和亲属团聚人员提供在华居留便利。进一步完善外国人在华就业、留学、外国专家聘用以及外国企业在华设立常驻机构等管理制度，逐步规范不同领域的涉外服务管理工作。按照属地管辖原则，积极推进将在华外国人纳入实有人口服务管理，加强住宿登记管理，开展法律宣传、服务和走访，提高动态服务管理能力。在外国人较为集中的城市开通110报警服务台外语接警服务，为在华外国人提供便捷、高效的警务服务，严密防范、及时查处危害行为。

四是加强“三非”问题的综合治理。按照“完善机制、依法管理、堵疏结合、综合治理”的部署和要求，有关地区和部门采取了一系列综合治理措施。加强边境管控和查堵，严密防范毗邻国家人员非法入境；完善邀请函制度，加强入境签证审核把关；严格就业审批程序，加大监察力度，严密防范和查处外国人在华非法就业行为；加强外国人实有人口管理和社会面管控，适时部署开展查处“三非”外国人专项工作，依法惩治外国人偷渡活动的组织者和运送者，不断提高发现、查处“三非”外国人能力；加强法律宣传，提供签证便利，努力减少非恶意非法居留人员。

五是推进外国人管理信息系统建设。为改进外国人服务管理方式，提高工作效率，有关部门积极加强外国人服务管理信息化建设，先后建立了外国人入出境、留学、就业和外国企业驻华代表机构审批、外国专家来华管理等信息管理系统。外交部、公安部通过信息系统联网，初步实现了部分驻外使领馆的签证信息和公安机关的签证签发信息共享。

三、存在的主要问题

随着我国对外开放不断深入和外国人来华数量日益增长，外国人服务管理工作面临许多新情况、新问题，特别是在管理措施、体制机制和法制建设等方面还存在一些困难和问题。

一是“三非”外国人管理难度较大。部分国家人员持签证入境后非法居留、非法就业以及毗邻国家人员非法入境问题相对突出，治理难度较大；公安机关对非法入境、非法居留的外国人没有专门羁押、审查遣返场所，各地拘留所普遍存在羁押场所和外语干部不足等问题；部分国家非法入境、恶意非法居留人员被查获后拒绝提供真实身份信息，有关国家驻华使领馆核实人员身份时间长、效率低。

二是外国人服务管理统筹协调工作有待加强。外国人服务管理涉及领域广泛，服务管理职能分属不同行政管理部门，在政策衔接、信息共享、协作配合等方面需要加强统筹协调。一些部门尚未建立外国人服务管理信息系统，已建立的尚未实现信息共享。外交部和公安部联网的信息共享内容需要进一步完善。

三是法律法规滞后。我国现行与在华外国人服务管理相关的涉外立法多出台于上世纪八九十年代，不能完全适应当前外国人服务管理形势。如《中华人民共和国国籍法》1980 年公布施行，《中华人民共和国外国人入境出境管理法》1985 年公布施行，外国人在华就业管理仍依据 1996 年原劳动部、公安部等部门联合发布的《外国人在中国就业管理规定》，外国边民婚姻登记管理仍依据民政部 1995 年发布的《中国与毗邻国边民婚姻登记管理试行办法》等。部分涉外管理领域法律法规不完善。

四、有关工作考虑

外国人服务管理是加强和创新社会管理的重要内容。加强外国人服务管理工作，应坚持以科学发展观为指导，将扩大开放作为宏观政策导向，建设优质的投资环境、旅游环境、就业环境和国际人才竞争环境，有效防范控制涉外不稳定因素，更好地服务于改革开放和经济社会协调发展。

一是不断完善统一、高效的服务管理机制。各有关部门切实履行本部门涉外服务管理工作职责，加强协作配合。进一步加强中央部门间和地方政府层面的工作协调，加强对外国人服务管理战略性和宏观性政策的研究制定，加强对各项工作统筹协调，提升外国人服务管理政策的决策力和执行力。进一步加强公安机关出入境管理机构、队伍建设，完善管理体制，提高专业化和科学化管理水平。

二是建立涉外服务管理信息共享机制。积极推进有关部门信息化建设和应用，研究建立以实现网上涉外业务协作、涉外信息数据共享等多项功能为目标的部门间涉外服务管理信息共享机制。目前，公安部正在建设部门间信息共享与服务平台，拟以此为基础，积极推进外国人服务管理部门间信息共享工作。

三是进一步加强“三非”外国人管理。完善签证政策，加强边境管控，深化外国人实有人口管理，有效防范、及时清理遣返非法入境和恶意非法居留外国人。按照便于监管、便于核实、便于遣返的原则，在“三非”外国人问题突出、国际交通便利城市和有关边境省区建立外国人遣返场所，有效解决对“三非”外国人羁押难和遣返难的问题。加强查处“三非”外国人专门队伍建设，加大中央和地方经费保障力度。

四是完善入出境和停居留制度。认真落实《国家中长期人才发展规划纲要（2010—2020 年）》，积极配合国家引智引资战略，建立人才签证制度，为引进外籍高层次人才提供充分的入出境和停居留便利。进一步扩大我国“绿卡”签发对象，研究扩大外国人免签证入境和多次往返签证政策适用范围，提高我国吸引外资、国际人才以及旅游市场的竞争力。适当细化签证和居留种类划分，完善签证和停居留分类管理。加强对外国人入境签证审批统筹工作，有效衔接签证签发与外国人入境后停居留管理。

五是完善外国人就业管理制度。进一步细化外国人在华就业的范围和标准，明确相关主管部门职能分工。制定外国人在华就业分类管理规定，加强引导和规范管理，根据国家需求和人力资源状况，积极引进国家经济和社会发展需要的人力资源、资金和技术。

六是推动涉外管理立法。专题开展涉外立法需求调研，根据外国人服务管理工作实际情况，区别轻重缓急，统筹规划涉外立法，完善涉外部门规章。当前，重点推动《中华人民共和国出境入境管理法》立法进度，并完善相关配套法规。

做好外国人服务管理工作对维护国家主权、安全和社会秩序，促进国际交往和经济社会协调发展具有重要意义。国务院有关部门将进一步加强和改进外国人服务管理工作，同时恳请全国人大常委会继续给予更多的关心和支持。

关于保障饮用水安全工作情况的报告

——2012年6月27日在第十一届全国人民代表大会常务委员会第二十七次会议上

国家发展和改革委员会副主任　杜　鹰

全国人民代表大会常务委员会：

我受国务院委托，向全国人大常委会报告城乡饮用水安全保障工作情况，请审议。

一、近年来城乡饮用水安全保障工作进展及成效

饮用水安全直接关系到广大人民群众的身体健康，做好饮用水安全保障工作，是深入贯彻落实科学发展观、维护最广大人民群众根本利益的基本要求。近年来，按照党中央、国务院的部署，各地区、有关部门把城乡饮用水安全保障工作摆在突出重要的位置，进一步加大了工作和投入力度，工程建设显著加快，监管力度持续加强，城市和农村饮用水安全保障工作取得了明显成效，饮用水状况总体安全。

（一）关于城市饮用水安全保障工作

1. 饮用水安全保障水平不断提升。“十一五”期间，全国设市城市和县城公共供水日供水能力增加0.33亿立方米，管网长度增加22.21万公里，用水人口增加0.96亿人。截至2010年底，全国城镇（设市城市、县城和建制镇）供水人口6.3亿人，供水普及率达90.3%。2011年，按照自2012年7月开始全面实施的新的《生活饮用水卫生标准》评价，全国设市城市公共供水厂出厂水水样达标率为83.0%，设市城市和县城公共供水末梢水水样达标率为79.6%。目前，全国约85%的地级以上城市集中式饮用水水源划定了保护区，编制了水源地保护规划，城市饮用水水源达标率基本稳定在80%左右。

2. 饮用水安全保障规划体系初步建立。2007年，经国务院同意，发展改革委、环境保护部、住房城乡建设部、水利部和卫生部印发了《全国城市饮用水安全保障规划（2006—2020年）》（以下简称《城市饮用水规划》）。这是我国第一个关于城市饮用水安全保障工作的规划。有关部门配套编制并实施了《全国城市饮用水水源地环境保护规划》、《全国城市饮用水水源地安全保障规划》、《全国城市饮用水卫生安全保障规划》和《全国城镇供水设施改造和建设“十二五”规划及2020年远景目标》。同时，还编制实施了与饮用水安全保障相关的水资源、抗旱、流域水污染防治、城镇污水处理及再生利用、地下水污染防治等专项规划。

3. 法律法规和标准体系进一步完善。按照全国人大的统一部署，修订了水污染防治法，增设了“饮用水水源和其他特殊水体保护”专章，对饮用水水源保护区的管理和执法等作出了明确规定。同时，修订了《生活饮用水卫生标准》，水质指标从35项增加到106项，加强了对水质微生物、重金属和有机污染物指标的控制。还颁布了水源保护区划分、供水设施安全运行与维护、饮用水监督监测和应急管理等方面的标准和技术规范。

4. 水源地保护与监管制度逐步健全。建立了水源地核准和安全评估制度，分批核准了175处全国重要饮用水水源地名录，组织开展了重要饮用水水源地达标建设工作。严格落实饮用水水源保护区制度，科学划分水源保护区，强化监督执法和应急指导。建立了集中式饮用水水源环境状况年度评估机制、水源环保信息通报机制和水源环保规划联动机制。加强水源地监控能力建设，初步建立了多级水资源及环境监控网络。加强地下水源保护及监管，启动了国家地下水监测工程，开展重点地区地下水超采治理。

5. 城镇供水安全保障能力得到加强。修订颁布了《城市供水水质管理规定》，建立了水质报告和通报等制度，指导和监督供水企业按要求控制水

质。自 2004 年起，每年对城市供水水质实施监督检查和跨区域交叉互检，对各地水质情况和应急体系建设等进行抽样调查并通报。推进城镇供水行业特许经营制度改革，引导社会资本参与城镇供水建设和改造。初步建立了由政府、部门和企业组成的多层次城镇供水应急预案体系。在有条件的地区，推行城乡统筹区域供水，实现城市和农村饮水"同网同质同服务"。

6. 饮用水卫生监督监测覆盖面不断扩大。建立了国家饮用水卫生监测网络，已覆盖 31 个省份和新疆生产建设兵团，设置了 1.34 万个水质监测点。在重点场所建立监测哨点，开展水性疾病监测和饮用水健康影响调查，充实中西部 2234 个县级卫生监督机构的现场检测设备配置。加大卫生监督检查力度，2010 年对供水单位的监督检查户次数比 2005 年增加了 50%，每年组织开展监督抽检并通报结果。自 2011 年起，将饮用水卫生安全巡查纳入医改基本公共卫生服务项目，推进饮用水卫生监督服务均等化，重点加大二次供水、学校饮用水等卫生监督。

7. 饮用水安全保障投入力度不断加大。"十一五"期间，中央投资大幅增加，累计安排 1800 多亿元，主要用于水源工程建设、重点水源地保护、湖泊生态环境保护、重点流域水污染防治、城镇供水设施建设与改造、监测能力建设、测土配方施肥等。"十一五"时期，新增水利工程供水能力 285 亿立方米（其中，城市新增 140 亿立方米）。2011 年以来，中央除继续在上述领域投入约 1067 亿元外，还启动了湘江流域重金属污染治理，率先在新安江流域建立了水源地生态补偿机制，落实了生态补偿资金。

（二）关于农村饮用水安全保障工作

1. 农村饮水安全工程规划顺利实施。2005 年以来，国务院先后批准实施了发展改革委、水利部、卫生部联合编制的《2005—2006 年农村饮水安全应急工程规划》和《全国农村饮水安全工程"十一五"规划》。2005—2010 年，全国农村饮水安全工程共完成投资 1093 亿元（其中，中央投资 610 亿元，地方和群众投资 483 亿元），新建农村集中式供水工程 23 万处、分散式供水工程 68 万处。2004 年调查核定的 3.23 亿农村饮水不安全人口，到 2010 年底累计解决了 2.21 亿，超额完成规划任务。为解决剩余和新增农村饮水不安全人口的饮水问题，2009—2011 年，发展改革委、水利部、卫生部和环境保护部组织开展了新一轮农村饮水安全现状调查评估，并在此基础上联合编制完成了《全国农村饮水安全工程"十二五"规划》，已经国务院常务会议审议通过并正在付诸实施。

2. 农村饮水安全状况显著改善。"十一五"期间，通过集中式和分散式供水工程建设、城镇供水管网向农村延伸等方式，人口较少民族、水库移民、华侨农场的饮水安全问题全部得到解决，砷病区、血吸虫疫区等涉水重大病区的饮水安全问题全部得到解决，中重度氟病区的饮水安全问题基本得到解决，解决了 4.5 万所农村学校 1870 万农村学校师生的饮水安全问题，农村集中式供水人口比例由 40% 提高到 58%，供水质量和水平显著提高。2011 年，全国又解决了 5560 万农村居民和 838 万农村学校师生的饮水安全问题。

3. 政府主导、农民参与的工作机制不断完善。有关部门按照职责分工，密切协作，共同推进农村饮水安全工程的实施，建立了中央、地方和受益群众共同负担工程建设资金的投入方式。中央补助投资重点向中西部地区倾斜。各地因地制宜大力推进适度规模的集中式供水工程建设，积极推行用水户全过程参与，有效调动了农民的积极性。绝大多数省级政府将农村饮水安全工程建设作为为民办实事的重要内容，并列入政绩考核内容。

4. 农村饮水安全工程长效运行机制初步建立。在工程建设中，各地按照先建机制、后建工程的原则，明晰工程产权，落实工程管理主体，明确工程管理责任；按照补偿成本、公平负担的原则合理确定水价，强化水费计收。有关部门出台了农村饮水安全工程用电、用地和税收优惠政策。初步测算，实行电价和税收优惠政策后，全国农村饮水安全工程建设和运行费用可平均降低 13%—21%。

5. 农村饮用水水源保护和水质监测不断加强。坚持防治结合、综合治理，加强江河湖库等水源地保护与生态修复，积极推进水环境综合整治，着力保障农村饮用水水源安全。加强水质卫生监测，目前全国农村饮用水卫生监测网络已覆盖所有省份。近年来，卫生部组织开展的农村集中式供水工程水质卫生监测结果表明，水质合格率逐年稳步提高。实施农村集中式供水和学校饮用水卫生安全巡查，不断提高卫生监督覆盖率，配套完善工程水质净化消毒设施，保障饮用水水质安全。

6. 农村饮水安全工程发挥了良好效益。一是改善了农村环境卫生，提高了农民健康水平。农民饮用上了清洁卫生的自来水，减少了水性疾病传播风险，节省了医疗费用。二是提高了供水保障能力，大量农村劳动力从以前找水、拉水、背水中解放出来，增加了生产性投入，提高了收入水平。三是改善了农民生活条件，促进了社会主义新农村建设。自来水到户的地方，近一半的农户购置了洗衣机、太阳能热水器等家用电器，缩小了城乡差距。四是密切了党群干群关系，提高了党和政府的威信。五是优先解决少数民族地区群众的饮水困难，投资上给予重点支持，政策上给予倾斜照顾，促进了民族团结和社会和谐。

二、城乡饮用水安全保障工作存在的主要问题

我国正处于工业化、城镇化快速发展的阶段，经济社会发展和资源环境承载力的矛盾突出，结构性污染依然严重，水环境质量堪忧，对饮用水安全保障提出了新的挑战。同时，当前工作中还存在着责任不到位、体制不健全、设施不匹配等问题。

（一）关于城市饮用水安全保障工作

1. 水源地水质状况不容乐观。据水利部2007年对全国661个建制市和1746个县级城镇的4555个城镇集中式饮用水水源地的调查显示，约14%的水源地水质不合格。据环境保护部2011年对地级以上城市集中式饮用水水源环境状况调查显示，约35.7亿立方米水源水质不达标，占总供水量的11.4%。湖泊富营养化问题突出，蓝藻水华频发，河流型水源地安全隐患多，极易发生突发性水污染事件。大量工业项目布设在江河沿岸，不少尾矿库位于饮用水水源上游，大江大河及周边的流动源污染风险较大，直接威胁饮用水安全。

2. 部分地区供水能力不足。一是水资源配置体系和水源工程建设严重滞后，供水安全保障程度不高。一些地区尤其是西南地区水源工程建设严重滞后，工程性缺水问题十分突出；西北等地区资源性缺水问题长期得不到解决，水安全保障程度与经济社会发展的要求不相适应。城乡供水应急备用水源严重缺乏、保障程度不高，特别是应对持续和严重干旱的能力较弱。二是城镇供水设施发展不平衡。一些城市供水设施不足导致自建供水设施无序发展，供水水质安全无法得到保障；中部和西部地区城镇供水普及率分别为85.0%和87.4%，低于全国平均水平，县城和建制镇的供水普及率分别为85.1%和79.6%，低于城市水平。

3. 供水水质不达标问题突出。一是水厂设施陈旧。全国95%以上的公共供水厂是在饮用水卫生新标准颁布之前建设的，这些水厂的原水水质是按照地表水Ⅱ类和地下水Ⅲ类、出厂水水质是按照1985年颁布的《生活饮用水卫生标准》35项指标设计和建造的，水源水质和处理工艺均难以保障出水达到饮用水卫生新标准的要求。二是管网老化，漏损和二次污染严重。据统计，目前全国有一半以上的城市供水管网漏损率高于国家标准规定值，年漏损水量达60亿立方米，同时造成水质在输送过程下降。三是以屋顶水箱和地下水池为主的城市二次供水设施管理不到位，部分设施不能及时清洗消毒，导致水质合格率降低。

4. 体制机制有待健全。一是已有管理制度落实不到位。水法和水污染防治法明确水源保护由地方人民政府负责，但截至2011年底，全国地级以上城市中，仍有部分城市集中式饮用水水源保护区划分方案未获省级人民政府批复，保护区内违法排污事件时有发生。特别是对于跨行政区的水源地，由于保护和受益主体不一致，保护责任和管理措施难以落到实处。二是监测检测能力建设滞后。监测覆盖程度不足，监测指标不全，监测手段落后，自动化程度低。三是应急处置能力有待加强。部分地方政府应急预案粗放、措施不完善、可操作性差，水质应急监测能力薄弱；城镇供水应急能力建设刚刚起步，水厂应急装备和物资储备缺乏；部门联动、行业联动和地区联动的应对机制尚未建立，应急管理制度尚不健全，响应机制不完善。

5. 法律法规和配套政策亟需完善。水法和水污染防治法涉及饮用水的内容虽然比较全面，但是各项配套措施还有待进一步完善。《城市供水条例》已颁布实施18年，部分内容已不能适应新的管理要求。至今还没有专门的饮用水水源水质标准和评价方法，水源水质标准仍依据水源地保护区的环境质量标准。城市饮用水安全保障相关配套政策也亟待完善。一是保障资金严重不足，直接影响到水源保护区综合整治、供水设施改造、水质监测能力提高。城镇供水投资占国民生产总值的比例随城镇化发展呈下降趋势。二是缺乏市场准入退出机制。目前企业进入供水市场没有任何准入门槛，一些地方政府在引入合作伙伴时，注重资金而忽视能力和业绩，相应的退出机制也未建立。三是水价受到居民承受能力等因素制约而难以及时调整到位，无法保障设施更新改造与大修的费用，供水企业无力投入、也缺乏对供水设施进行改造和建设的积极性。据初步统计，截至2011年底，全国公共供水企业亏损面为31%，资产负债率高于50%。

（二）关于农村饮用水安全保障工作

1. 农村饮用水安全保障工作任务依然繁重。总体上看，我国农村供水设施仍较为薄弱。目前，农村集中式供水人口受益比例还不高，除原调查评估核定剩余饮水不安全人口外，由于部分地区水源变化、水质污染、生活饮用水卫生标准提高、早期建设工程老化报废、移民搬迁等原因，又新增了部分饮水不安全人口，这些饮水不安全人口已全部纳入《全国农村饮水安全工程“十二五”规划》，要求五年内全部解决，任务比“十一五”更加艰巨。

2. 工程建设管理难度大。农村自然地理条件复杂、人口居住分散，经济社会发展水平不高，供水工程投资需求大，工程建设标准低，一些不具备条件的地区只能采取分散或单村供水工程等措施解决饮水问题。“十二五”期间，尽管工程投资标准有所提高，但在一些偏远地区，工程建设条件差，施工难度大，加之近年来建筑材料价格和人工费持续上涨，投入缺口较大。另外，随着大量集中供水工程相继投入运行，管理维护任务将越来越重。

3. 工程长效运行机制需进一步完善。农村供水工程规模相对较小、供水成本高、水价不到位，难以实现专业化管理，建立工程良性运行机制的难度大。截至 2010 年底，全国已建的农村集中式供水工程中，有 90% 是单村供水工程；全国农村饮水安全工程平均水价还达不到完全成本，绝大多数工程只能维持日常运行，水费收入只能弥补运行成本，无法足额提取工程折旧和大修费，不具备大修和更新改造的能力。

4. 水源保护和水质保障相对薄弱。农村饮用水水源类型复杂，规模小、分布广，农业面源污染以及生活污水、工业废水不达标排放问题突出，水源地保护难度大，各项保护措施难以完全落实，甚至在南方部分水资源相对丰富的地区也难以找到合格水源。部分农村供水工程，特别是早期建设的一些单村供水工程存在着设计时未考虑水质处理和消毒设施，或虽有设计但未按要求配备、配备了但未正常使用等现象，造成部分工程的供水水质不能完全达标。由于缺乏专项经费，一些地方缺乏水质检测设备和专业技术人员，水质检测工作薄弱。

5. 部分地区基层管理和技术力量不足。近年来，农村饮水安全工程建设力度加大，工程实施时间紧、任务重，但大多数地区的农村饮水安全工程技术和管理力量并没有相应增加，人员培训滞后，整体素质不高，服务体系不完善，工程专业化管理程度不高。另外，村镇供水工程大多地处偏远乡村，条件差、待遇低，对专业技术和管理人员也缺乏吸引力。适宜农村特点，效果好、成本低、操作简便的除氟等特殊水质处理技术目前仍较为缺乏。

三、下一步工作措施

“十二五”时期是我国实现全面建设小康社会奋斗目标的关键时期，也是全面贯彻落实科学发展观、转变经济发展方式的重要时期，我们将继续把解决城乡居民饮水安全问题作为保障和改善民生的重要内容，积极推进《城市饮用水规划》及其专项规划、《全国农村饮水安全工程“十二五”规划》的实施，认真总结现有工作经验教训，采取强有力的措施，深入推进饮用水安全保障工作。

（一）*严格责任落实*。地方人民政府是城乡供水安全保障的责任主体，要将饮用水安全保障工作目标和措施纳入本地区国民经济和社会发展规划，列入重要议事日程，并纳入地方政府考核体系，严格实行问责制。有关部门要加强对城乡供水安全工作的指导和监管，建立定期不定期会商制度，针对当前存在的影响饮用水安全的突出问题，研究提出解决办法。建立饮用水安全保障工作考核制度，每年对各地饮用水安全情况进行考核并逐步向社会公布。

（二）*加强饮用水水源建设、保护和管理*。合理规划与布局饮用水水源地，在充分论证的基础上科学划定水源保护区，对不符合要求的及时进行调整。加强重要水源工程和备用水源建设，到 2015 年，全国新增供水能力 400 亿立方米左右，其中，新增城市供水能力 260 亿立方米左右。研究制定《饮用水水源保护区划分技术规范》国家标准，加大跨省和跨流域调水水源保护区划分和协调力度。到 2015 年，基本完成城乡饮用水水源保护区的划分和调整，逐步开展规范化建设。定期开展饮用水水源检查和评估，尽快编制完成全国重要饮用水水源地达标建设实施方案，开展“一源一策”综合治理，提高水环境承载能力。到 2015 年，重要江河湖库水功能区水质达标率提高到 60% 左右。加强水源保护区污染综合整治，尤其是加大农业和农村面源污染治理力度，通过水源安全防护等工程建设，有效防治面源污染。

（三）*加快城市供水设施改造与建设*。加快实施《全国城镇供水设施改造和建设“十二五”规划及 2020 年远景目标》，采取安全适用的工程技术，改造城镇供水设施，保障供水水质达到饮用水卫生新标准要求。“十二五”期间，优先升级改造设施落后的供水厂，解决设市城市和县城水厂出水水质不能稳定达标的问题；更新改造9.23万公里使用年限超过50年和管材劣质的供水管网，解决管网漏损和二次污染问题。扩大公共供水服务，新增公共供水规模5545万立方米/日，新建18.5万公里供水管网，增强以城带乡统筹区域供水能力，公共供水普及率在现有基础上提高5个百分点，解决自建供水设施和未享受集中供水服务的供水安全问题，同时满足新增城镇人口用水需求。加强应急供水能力建设，提高应对突发性水源污染和自然灾害的供水安全保障能力。加强城镇供水水质检测监测能力建设，供水厂必须具备日常检测指标的检测能力，提高供水企业质量控制和管理能力，以及行业主管部门水质督察能力。

（四）强化农村饮用水安全工程建设和管理。认真实施《全国农村饮水安全工程“十二五”规划》，到2015年，全面解决我国农村饮水安全问题，使农村集中式供水人口比例提高到80%左右。一是有关部门与各省（区、市）政府行政首长签订农村饮水安全工程建设管理责任书，逐级落实工程建设、管理以及水源地保护责任，加强考核和奖惩。二是统筹城乡供水。在有条件的地方，优先采取城镇供水管网延伸或建设跨村、跨乡镇联片集中供水工程等方式，大力发展规模化集中供水，统筹解决农村学校的饮水安全问题；对确不具备条件的地方，采取分散式供水或分质供水。三是强化项目管理，确保工程建设质量。加强水源可靠性和工程运行可持续性论证，对日供水量在1000立方米或受益人口在1万人规模以上的工程，严格执行项目法人制、招标投标制、监理制、合同制；对于规模以下的工程，执行资金报账、材料设备集中采购、受益农户跟班监督等制度。强化水质检测验收，保障供水水质达标。四是完善工程长效运行机制。积极推广以县为单位，建立农村饮水安全工程管理服务机构和维修养护基金，加强县级农村饮水安全工程水质检测能力建设，全面落实用电、用地和税收优惠政策，降低工程运行成本，促进供水工程良性运行。

（五）加强监测能力建设。以饮用水水源水质全指标分析为目标，提升饮用水水源监测能力，建立健全城市集中式饮用水水源地监测网络，实现重点饮用水水源地在线监测。加快国家水资源监控能力建设，用三年左右时间，建设1.4万个取用水户、水功能区和省界断面国控监测点。加快推进国家地下水监测工程，完善国家级地下水水质水量动态监测体系，对地下水水质、水位等实施动态监测，建设现代化地下水监测网。加强饮用水卫生监督监测能力建设，到2015年，各省（区、市）和省会城市实现新的《生活饮用水卫生标准》全部106项水质指标检测能力全覆盖，地级城市具备水质常规指标和本地区重点非常规指标的检测能力，县级市和县城具备水质常规指标的检测能力；充实水质快速检测设备，提高及时发现饮用水安全隐患的技术能力。对于目前尚不具备全部106项水质指标检测能力的省份，尽快由省级卫生行政部门落实水质检测实验室。

（六）加强监督管理。严把环评准入关，限制审批影响饮用水水源的建设项目。加大执法力度，严厉打击保护区内环境违法行为，逐步搬迁饮用水源一级保护区内居民，严格控制二级保护区内人口规模，坚决取缔排污口。开展保护区执法情况后督察，每年定期与不定期开展对集中式饮用水水源保护区的执法检查和后督察。“十二五”期间，完成全国地下水污染调查评价和地下水基础环境状况调查与评估，开展地下水污染修复试点示范。加强城镇供水安全监管，定期对供水企业生产运行、供水水质、服务质量、运营效率和成本等情况进行监督检查。加强城乡集中式供水卫生监督，进一步规范二次供水卫生管理，严格落实二次供水设施清洗消毒要求。在乡镇卫生院等基层医疗卫生机构实施卫生监督协管，设立饮用水卫生安全责任人，加强饮用水卫生安全巡查，扩大监测范围，到2015年覆盖所有地级以上城市。加强饮用水安全保障应急管理，编制并完善饮用水安全保障应急预案，加强集中式饮用水水源地预警监测能力建设，完善突发事件报告制度和快速反应机制，提高应急处置能力。

（七）加大投入保障力度。一是建立稳定的投入机制。“十二五”期间，中央将优先保障《全国农村饮水安全工程“十二五”规划》和《城市饮用水规划》及其4个专项规划的投资需求，并继续通过既有资金渠道支持饮用水水源地保护、畜禽养殖污染防治、区域水环境综合整治、城镇供水设施改造和建设等工作。地方人民政府要加大对水源地保护、城镇供水设施改造和建设、水质监测等投入。二是督促地方政府完善水价形成和调整机制。建立和完善符合基本公共服务特征的城镇供水水价形成和调整机制，加强成本监审，积极推行水价调整成本公开制度，对水价不到位问题，地方人民政府可结合本地实际情况进行补贴，确保供水行业可持续发展。三是完善投融资机制。落实《国务院关于鼓励和引导民间投资健康发展的若干意见》（国发

〔2010〕13 号)精神,建立既不失政府管控、又能激励社会资本进入的城镇供水投融资机制,吸引民间资本投资建设供水设施,研究公共基金进入城镇供水行业的相关政策。建立健全市场准入退出机制。四是落实农村饮水安全工程用电、用地和税收等优惠政策,农村饮水安全工程实行居民生活用电或农业排灌用电电价,保障土地供应,对农村饮水安全工程建设和运营给予相关税收优惠政策。研究建立保障城市供水企业良性发展的土地和用电优惠政策。五是加快研究水源保护区生态补偿政策措施,进一步完善国家重点生态功能区转移支付办法,充分考虑相关地区在保护水资源等方面的特殊支出因素,加大对生态保护地区转移支付力度,逐步建立并完善多层次的生态补偿机制。

(八)完善法律法规和标准体系。认真梳理当前饮用水安全保障各环节存在的问题,有针对性地加强饮用水安全保障的法律制度和措施。近期,将加快《南水北调供用水管理条例》等立法工作;抓紧组织修订《城市供水条例》,进一步明确规划建设、运行监管、水质管理、应急供水、二次供水等方面的制度;加快制定《畜禽养殖污染防治条例》,防治农村面源污染,保障农村饮水安全。加强标准规范的制定和修订工作。研究制定水源环境质量、水源地安全评价技术导则等标准,尽快出台水源编码、水源环境状况评估指南等规范性文件。加快制定饮用水水源水质标准,修订完善地表水和地下水等质量标准。加快修订《传染病防治法实施办法》和《生活饮用水卫生监督管理办法》,将饮用水安全保障问题作为一个重要问题予以研究。

(九)加强科技支撑。继续实施"水体污染控制与治理"科技重大专项,开展水源地保护与修复,净水工艺、管网输配及二次供水污染控制等关键技术研发,建立从"源头到龙头"的全过程饮用水安全保障技术体系;开展饮用水水质监控预警、应急系统研究与平台建设,在有条件的地方探索开展饮用水生物毒性预警;组织水处理关键材料与设备国产化开发,加快推进产业化,研制应对突发事件及极端自然灾害的应急供水装备和设备;研究海水淡化水进入市政管网的适用技术。研发饮用水健康风险评估预警技术,结合数字化城市建设,加大饮用水安全实时监控与管理系统建设力度,推广使用城市供水系统水质在线检测、管网信息管理系统。

(十)加强公众参与。广泛开展饮用水安全宣传教育,把饮用水保护政策讲清楚、说明白,提高公众对饮用水安全的关注程度和保护意识。及时公布地下水超采和污染监测信息,鼓励供水企业公布供水水质状况,实行农村饮水安全项目建设管理公示制,让公众充分享有知情权。建立健全完善公众参与及监督机制,推行用水户参与农村饮水安全工程规划、设计、建设和运行管理,切实维护群众权益。

长期以来,全国人大常委会高度重视饮用水安全保障工作,人大代表对城乡饮用水安全保障、立法工作积极建言献策,为政府部门做好饮用水安全保障工作提出了宝贵意见和建议。在此,我们向全国人大常委会表示衷心感谢!今后,我们将继续在全国人大的监督下,坚决贯彻执行中央关于饮用水安全保障的战略部署,继续做好饮用水安全保障工作,确保如期完成中央确定的各项目标和任务。

关于禁毒法实施和禁毒工作情况的报告

——2012 年 6 月 26 日在第十一届全国人民代表大会常务委员会第二十七次会议上

国务委员、公安部部长　孟建柱

全国人民代表大会常务委员会:

我受国务院委托,向全国人大常委会报告禁毒法实施和禁毒工作情况,请审议。

一、基本情况

2008 年 6 月禁毒法实施以来,在党中央、国务院的领导下,在全国人大的监督指导下,各地区、各有关部门认真贯彻预防为主,综合治理,禁种、禁制、禁贩、禁吸并举的方针,以开展禁毒人民战争为载体,依法加强各项禁毒工作,有效遏制了毒品泛滥的势头,一些地方毒品问题严重的状况得到改变,为维护社会和谐稳定、保障人民安居乐业作出了重要贡献。

（一）完善领导体制和保障机制。中央领导同志高度重视禁毒工作，多次作出重要指示、批示。国务院充实了国家禁毒委员会的组成，明确了35个成员单位的主要任务。国家禁毒委员会定期召开会议研究部署工作，并成立8个专题工作协调小组，建立联席会议制度，加强对禁毒工作的组织、协调和指导。各成员单位认真履行职责，协同配合开展禁毒工作。县级以上地方各级政府普遍成立禁毒委员会，组织、协调、指导当地禁毒工作。中央及绝大多数地方各级政府将禁毒经费列入本级财政预算，中央财政4年累计补助地方禁毒经费40.9亿元，地方财政投入48.6亿元。

（二）建立健全法规制度。国务院制定了《戒毒条例》，高法院、高检院、公安部、卫生部、食品药品监管局等部门分别或联合制定了《关于办理毒品犯罪案件适用法律若干问题的意见》、《吸毒人员登记办法》、《吸毒检测程序规定》、《吸毒成瘾认定办法》、《药品类易制毒化学品管理办法》、《戒毒医疗服务管理办法》、《公安机关强制隔离戒毒所管理办法》，以及规范性文件20余件。公安部废止规范性文件18件，修改部门规章和规范性文件10件。5个省（区、市）制定了地方禁毒条例或作出有关决议。

（三）广泛开展宣传教育。各地区、各有关部门把预防教育作为治本之策，广泛开展“青少年远离毒品”、“不让毒品进我家”、“职工拒绝毒品零计划”等活动，积极推动禁毒宣传教育进社区、进学校、进单位、进场所、进乡村、进家庭，不断提高公众参与禁毒的意识和自觉抵制毒品的能力。4年来，全国共募集禁毒捐款9000多万元，根据群众举报破获毒品违法犯罪案件13.6万起。目前，全国有国家和省级禁毒教育基地36处、禁毒社会组织700多个、禁毒志愿者队伍1.5万支100多万人。新发现吸食海洛因人员从2008年的9.3万名降至2011年的8.5万名。

（四）全面加强禁吸戒毒工作。创新动态管控机制，提高了发现和管控吸毒人员的能力。科学整合戒毒资源，顺利完成强制性戒毒措施改革。通过推进云南省“雨露社区”戒毒康复场所建设等53个试点项目，探索形成了集生理脱毒、身心康复、融入社会于一体的戒毒康复新模式。大力推进自愿戒毒工作，积极提供戒毒医疗服务。加强戒毒药物维持治疗工作，提高了覆盖面和维持率。总结推广贵州省“阳光工程”建设经验，全力推进社区戒毒社区康复工作，妥善解决戒毒康复人员就业安置问题，有效巩固了戒毒成果。4年来，全国共强制隔离戒毒吸毒人员92.2万人次，责令社区戒毒社区康复25.7万人次，戒毒药物维持治疗33.7万人次，安置戒毒康复人员4万余人次，有64.1万名吸毒人员戒断3年未发现复吸。

（五）切实加大缉毒执法力度。坚持严打方针，组织西南、西北、东北和东南沿海地区加强堵源截流工作，设置毒品查缉站点700多个，配备查缉设备和缉毒犬，建立了覆盖陆海空和邮路的立体防控体系。公安部建立了禁毒情报技术中心和国家毒品实验室，完善了多部门多警种打击毒品犯罪工作机制，积极组织开展网上研判、网上作战，强化专案经营和侦查破案，组织开展了打击制贩合成毒品、打击网络吸贩毒等专项行动，有效提升了禁毒情报和缉毒执法水平，有力打击了各类毒品违法犯罪活动。4年来，全国共破获毒品犯罪案件32.9万起，抓获犯罪嫌疑人37.8万名，缴获海洛因22.5吨、冰毒36.9吨、鸦片3.7吨、氯胺酮15.5吨。

（六）深入推进重点整治。以重点整治为抓手，先后对36个毒品问题突出的县（市、区）挂牌整治，扭转了毒品问题严重的局面。大力整治外流贩毒、特殊群体贩毒问题，及时发现、管控、遣返外流贩毒高危人员，依法严惩了一批幕后组织者、操纵者。深入开展禁种铲毒工作，利用卫星遥感监测技术开展“天目”铲毒行动，实现了大面积非法种植毒品原植物基本禁绝的目标。加大暗访整治力度，取缔整顿涉毒问题严重的娱乐服务场所2.6万家。建立完善易制毒化学品审批许可制度和来源倒查机制，加强对重点品种监督检查，严厉打击走私、非法买卖易制毒化学品犯罪活动，缴获易制毒化学品4515吨，阻止非法出口2557吨。

（七）务实开展国际合作。大力推动中老缅泰湄公河流域执法安全合作，联合开展“10·5”我船员在湄公河遇袭案件侦办工作，成功抓获与该案有直接关联、涉嫌多起针对中国籍船只和公民抢劫杀人案的“金三角”地区大毒枭糯康及其团伙骨干。深入推进在缅北、老北地区罂粟替代种植工作，实施替代种植项目200多个、替代种植面积300多万亩。不断加强与巴基斯坦、阿富汗、俄罗斯等“金新月”地区及周边国家和美国、澳大利亚等重点国家的禁毒合作，深入开展联合办案和情报交流。目前，已与有关国家签订政府间双边禁毒协议22个、部门间双边禁毒协议9个。加强与联合国毒品和犯罪问题办公室、国际麻醉品管制局和上海合作组织的务实合作，成功举办了东亚次区域禁毒合作会议、上海合作组织成员国禁毒部门领导人会议、“万国禁烟会”百周年纪念活动等国际禁毒活动。

二、禁毒斗争形势及存在的问题

通过深入开展禁毒人民战争，我国毒品犯罪形势总体稳定。但是，受境内外各种因素的影响，禁毒斗争形势依然严峻复杂。

（一）境外毒品渗透不断加剧。“金三角”缅北地区罂粟种植面积持续反弹，合成毒品对我渗透迅猛，2011 年我国缴获该地区的海洛因 5.1 吨、冰毒 7.9 吨，占全国缴获总量的 72%、55%，同比分别上升 55%、62%，该地区仍是对我危害最大的毒源地。“金新月”地区的阿富汗是全球最大的罂粟种植和鸦片产地，海洛因向我走私渗透活动加剧，2011 年共破获“金新月”地区毒品案件 223 起，同比上升 29.7%。

（二）境内制贩毒情况仍较严重。近年来，国内制造冰毒、氯胺酮等犯罪活动逐步向小规模、分段式加工转变，制毒方法不断翻新，并利用网络传授制毒方法、兜售毒品、聚众吸毒，犯罪手段更加隐蔽。2011 年全国共破获制毒案件 529 起，同比上升 20%，打掉制毒窝点 357 个。因航空、铁路毒品查缉工作加强和铁路实行实名制购票，通过公路和物流寄递渠道贩毒活动明显增多。2011 年全国共破获公路贩毒案件 3.1 万起，占全年破获案件总数的 30%；破获物流寄递贩毒案件 1520 起，缴获毒品 2.3 吨，同比分别上升 142%、53%。此外，一些地方外籍人员贩毒、外流贩毒以及利用孕哺期妇女、病残人员贩毒问题仍很突出，打击治理难度较大。

（三）毒品滥用危害严重。当前，我国面临着海洛因复吸率高、合成毒品快速蔓延的双重压力。吸食海洛因人员基数较大，累计发现登记 119 万名，占吸毒人员总数的 63%。戒断巩固难、复吸率高的问题突出，据统计，吸食海洛因戒毒出所人员一个月内复吸的占 54.8%，一年内复吸的占 88.2%。尤为严重的是，以冰毒、氯胺酮为主的合成毒品滥用发展迅猛，已发现登记吸食合成毒品人员 65.5 万名，仅 2011 年就新增 14.6 万名，同比上升 22%，并呈现区域逐渐扩大、种类不断翻新、吸食群体多层次且低龄化等特点，由此引发的自伤自残、肇事肇祸、暴力杀人等案件也屡有发生。

（四）制毒原料流失依然突出。境内外不法分子不断变换犯罪手法将易制毒化学品走私出境。国内个别企业违规生产、销售，致使易制毒化学品流入非法渠道。流失品种不仅包括 20 多种管制物品，还涉及 40 多种非管制物品，流向亚洲、欧洲、美洲和大洋洲的多个国家。

与此同时，禁毒工作中还存在一些问题，一是工作责任有待进一步落实。部分地区和个别部门对毒品问题严重性、危害性认识不足，对禁毒工作重视不够，没有纳入国民经济和社会发展规划，禁毒经费也未列入本级财政预算，宣传、教育、打击、管制、保障等措施没有完全落实到位。二是工作中还有薄弱环节。毒品查缉网络仍不够严密，对吸食合成毒品人员缺乏科学有效的惩教和干预措施，社区戒毒社区康复工作发展不平衡，易制毒化学品管理还存在漏洞，对涉毒特殊人员打击处理、羁押收戒难的问题突出，巩固境外罂粟替代种植成果面临较大压力。三是法律制度有待健全。对非管制易制毒化学品流入制毒渠道缺乏打击法律依据，对曲马多、甲卡西酮等新出现的合成毒品犯罪缺乏定罪量刑标准。此外，戒毒管理制度、矫治制度、诊断评估办法还不够健全，互联网、物流等领域禁毒管理制度不够完善，对吸毒驾车现场检测处置、追究刑事责任等尚无法律规定。

三、下一步工作措施

当前和今后一个时期，加强和改进禁毒工作的总体思路是：认真贯彻落实党中央、国务院关于加强禁毒工作的部署和要求，全面贯彻实施禁毒法和《戒毒条例》，深入推进禁毒人民战争，更加注重理念转变、科技应用、机制创新，更加注重明确职责、协调配合、狠抓落实，着力打击毒品犯罪、挽救吸毒人员、深化国际合作，努力实现禁毒斗争形势持续好转，最大限度遏制毒品问题蔓延扩散，最大限度减少毒品社会危害。

（一）进一步加强组织领导。督促地方各级政府和相关部门将禁毒工作列入重要议事日程，纳入国民经济和社会发展规划，将禁毒经费列入本级财政及有关部门预算，提高禁毒经费保障水平。制定禁毒基础设施建设“十二五”规划，加强禁毒基础设施建设。建立健全禁毒工作领导责任制，加强督导检查和考核评估。加强各级禁毒委员会及其办事机构建设，进一步增强组织、协调、指导能力。推进禁毒专业机构建设，抓好禁毒队伍管理和教育培训，努力提升整体素质和执法水平。积极发展禁毒社会工作者队伍，加强禁毒协会等社会组织建设，完善群众举报奖励制度，鼓励对禁毒工作的社会捐赠，进一步完善政府统一领导、禁毒委员会组织协调、有关部门各负其责、社会广泛参与的工作格局。

（二）进一步加强宣传教育。组织教育、文化、广电、新闻出版等单位和工会、共青团、妇联等人民团体，深入开展形式多样的宣传教育活动。结合“6·26”国际禁毒日组织开展“全民禁毒宣传月”主题活动。强化大众传媒特别是新兴媒体开展禁毒宣传教育的社会责任，定期发布禁毒公益广告。组织开展防范合成毒品宣传教育活动，充分利用典型案例，增强科学性和说服力，努力消除认识误区，不断提高公众特别是青少年自觉抵御合成毒品的能力。

（三）进一步加强对吸毒人员的戒治挽救。完善吸毒人员动态管控机制，增强预警处置效能。充实强制隔离戒毒所医疗力量，有针对性地加强对感染艾滋病毒等病残吸毒人员的救治，进一步提高戒治实效。加强戒毒康复场所建设管理，加大政策扶持和督导力度，增强戒毒康复人员回归社会的能力。深入推广贵州省“阳光工程”建设经验，全面加强社区戒毒社区康复工作，落实戒毒治疗、帮扶救助和就业安置等措施。发展和规范自愿戒毒工作，积极推进戒毒药物维持治疗，建立与强制隔离戒毒、社区戒毒社区康复之间的衔接机制，进一步萎缩毒品消费、减轻毒品危害。

（四）进一步加强毒品管制工作。紧紧围绕打击制贩毒集团、网络、毒枭，坚持“破大案”与“打零星”相结合，始终保持对毒品违法犯罪活动的主动进攻和严打高压态势，依法从重从快惩治毒品违法犯罪分子。加大对边境口岸、海路、公路、铁路、民航以及物流寄递渠道的查缉力度，坚决堵截毒品入境和易制毒化学品走私出境。深入推进禁毒重点整治工作，对毒品问题严重的县（市、区）限期解决突出毒品问题。全力整治娱乐服务场所吸贩毒问题，建立健全行政部门依法管理、行业强化自律、社会有效监督相结合的娱乐服务场所管理机制。严格落实禁种铲毒工作责任制，力争“零种植”，确保“零产量”。加强麻醉药品、精神药物和易制毒化学品管理，推进信息系统建设应用，建立流失追溯制度，有效防止非法流失。

（五）进一步加强国际合作。充分发挥东亚次区域禁毒合作机制和中老缅泰湄公河流域执法安全合作机制作用，进一步深化与缅甸、老挝、泰国、越南、柬埔寨等国家的合作，着力推进缅北、老北地区罂粟替代种植工作，最大限度地减少“金三角”地区毒源。深化与巴基斯坦、阿富汗、俄罗斯以及哈萨克斯坦等中亚国家禁毒合作，联合加大对“金新月”地区毒品走私活动的打击力度。加强与美国、澳大利亚等重点国家的情报交流、联合办案、司法协助和执法培训。积极落实上海合作组织三级禁毒合作机制，强化上海合作组织禁毒协调职能，加强成员国禁毒务实合作。同时，加强与联合国毒品和犯罪问题办公室、国际麻醉品管制局的合作，宣传我国禁毒工作成效，提升国际影响力。

（六）进一步加强法律制度建设。推动出台新型毒品定罪量刑折算标准、戒毒康复工作指导意见、强制隔离戒毒诊断评估标准；加快修改《易制毒化学品管理条例》，及时调整制毒物品品种目录。此外，建议在修改刑法时增设“非法制造制毒物品罪”、“非法运输制毒物品罪”等罪名，提高走私制毒物品罪和非法买卖制毒物品罪量刑幅度；针对吸毒驾驶日趋严重问题，增设“毒驾罪”；在修改监狱法等法律时，放宽对多次贩毒、以自伤自残等方式逃避打击的特殊人员的收押条件，增强针对性、操作性。

全国人大常委会听取和审议国务院关于禁毒法实施和禁毒工作情况的报告，加强对禁毒工作监督指导，充分体现了全国人大常委会对禁毒工作的高度重视和关心支持，必将有力推进我国禁毒事业的发展。我们将按照全国人大常委会的审议意见，进一步加强和改进禁毒工作，不断提升禁毒工作能力和水平，努力开创禁毒工作新局面，为经济社会发展创造良好的社会环境。

关于县级基本财力保障机制运行情况的报告

——2012年8月29日在第十一届全国人民代表大会常务委员会第二十八次会议上

财政部部长　谢旭人

全国人民代表大会常务委员会：

我受国务院委托，向全国人大常委会报告县级基本财力保障机制运行情况，请审议。

一、县级基本财力保障工作进展顺利

按照现行体制，中央对地方实行稳定的分税制财政体制，同时通过转移支付制度，对地区间的财力分布进行调节。省以下财政体制，包括收入和支出划分、省对下转移支付制度等，均由省级政府确定。但受多种因素影响，部分县级财政财力水平较低，无法满足其基本支出需求，出现财政困难。为了促进县域经济社会发展和民生改善，在国务院的领导下，在全国人大的支持下，财政部2010年研究制定了《关于建立和完善县级基本财力保障机制的意见》（财预〔2010〕443号），明确提出以实现县乡政府“保工资、保运转、保民生”为主要目标，全面推进县级基本财力保障机制建设。这是在现行财政体制条件下，通过调动省级政府的积极性，强化其保障责任，提高基层财政保障能力的一项重要举措。三年来，经过各级财政的共同努力，县级财力水平明显提高，提供基本公共服务的能力显著增强，保障机制已初步形成。

县级基本财力保障机制的主要内容是：中央财政每年根据国家相关政策，制定县级基本财力保障范围和保障标准。保障范围包括国家制定的工资政策、民生政策，以及机关事业单位公用经费、地方津贴补贴。其中，前两项的保障标准按照国家统一规定执行，后两项的保障标准依据各地区财力状况分省核定。在此基础上，测算确定全国各县的基本财力保障需求，并与各县的同口径财政支出相比较，核定支出缺口。对保障情况较好的地区，给予激励性奖励；对存在财力缺口的地区，依据缺口消化情况，给予保障性奖励；对到2012年底仍存在县级基本财力缺口的地区，扣减对该地区的2013年均衡性转移支付或税收返还并直接补助到财力缺口县。中央财政采取激励约束的方式，引导省级财政通过完善省以下财政体制、加大对县级财政转移支付力度等办法，落实保障责任。

三年来，根据国家统一民生政策调整情况，中央财政在不断扩大保障项目、提高保障水平、加强考核检查的基础上，逐年加大对县级基本财力保障的支持力度。2010年下达县级基本财力保障机制奖补资金475亿元，2011年增加到775亿元，2012年又增加到1075亿元。同时，财政部还积极开展专题调研，督导各地落实保障机制，完善保障办法，并组织召开重点人大建议办理座谈会，与全国人大代表进行面对面的交流和沟通。

在政策的有效引导和激励下，各地结合实际情况，不断完善相关政策措施。主要做法是：

（一）制定政策文件，全面建立县级基本财力保障机制。青海省在全国率先开展县级基本财力保障机制建设，2009年印发了《关于建立和实施县级基本财力保障机制的指导意见》。广西壮族自治区人民政府专门召开会议，认真研究部署贯彻落实工作。山东省人民政府印发了《关于建立县级基本财力保障机制的意见》，建立保障财政困难县基本财力的长效机制、转移支付帮扶机制、税收增长激励机制等县级财力保障体系。目前，各地均制定了比较规范的县级基本财力保障制度和办法。

（二）调整省以下财政体制，均衡各级政府财力。广东省为了给欠发达地区提供基本财力保障，从2011年起提高省级财政对企业所得税、个人所得税、营业税和土地增值税的分成比例，并将新集中的财力全部用于对欠发达地区转移支付。内蒙古自治区针对各盟市之间财力水平差距较大的情况，从2012年起，将自治区本级财政对资源税的分成比例由25%提高至65%，并将新集中的收入全部用于增加对困难地区的财力补助。2010年以来，全国已有9个省份完善了省以下财政体制，通过调整收支划分范围等措施，均衡行政区域内财力分配。

（三）完善转移支付制度，加大对县级的财力支持。云南省2011年调整了均衡性转移支付分配办法，将标准支出缺口分为基本支出缺口和均等化缺口两个部分，对基本支出缺口县给予全额补助，对均等化缺口县依据财力状况适当补助。黑龙江省完善了均衡性转移支付机制，针对国家和省政府制定的有关政策，及时增加对县级政府的均衡性转移支付。内蒙古自治区对财政困难的兴安盟、乌兰察布市和巴彦淖尔市实行特殊扶持政策，2011年安排财力补助10.1亿元。辽宁省从2011年起，每年给予县级政府定额财力补助38亿元。同时，在中央财政下达的奖补资金基础上，各地主动加大投入力度。2011年，广东、山西、吉林、福建等省分别增加对县级财政的奖补资金24亿元、10亿元、3.3亿元和3亿元，帮助县级政府减少基本财力缺口，提高保障水平。

（四）深化财政改革，加强支出管理。到2011年底，全国已有27个省（自治区、直辖市）对1080个县实行了财政直接管理，特别是将粮食、油料、棉花、生猪生产大县全部纳入了省直接管理范围。各县级政府普遍实施部门预算、国库集中收付等改革，强化了财政支出管理。江苏省建立财政支付经费人员核查和控制机制，从源头上控制机关事业单位人员支出和公用经费。安徽省建立省级部门会商制度，对省本级和市县预算编制、执行、监督和绩效管理中的重点事项和重大问题，有针对性地开展会商，共同采取措施，加强对县级财政的指导，提高其财政管理水平。黑龙江省印发《关于在全省推进乡镇财政管理信息公开工作的通知》，全面建立乡镇财政信息公开机制，主动接受社会监督。

（五）注重激励约束，强化绩效评价。为了有效发挥县级基本财力保障机制在均衡县级财力、推动基本公共服务均等化等方面的积极作用，各地区大力开展绩效评价和考核工作。四川省将县级基本财力保障奖补资金和均衡性转移支付资金使用情况，纳入重点绩效考核评价范围，督促县级政府将各项转移支付资金优先用于基本支出和保障民生需求。河北省对财力情况较好而保障支出安排不足的县，采取扣减对其转移支付资金的方式予以约束。湖南省对财政管理规范、支出安排合理的县给予奖励，推动其提高管理水平。

二、县级基本财力保障工作成效明显

县级基本财力保障机制的逐步建立和不断完善，既为各地弥补县级基本财力缺口提供了有力支撑，也调动了县级政府发展县域经济、提供公共服务和改善民生的积极性，发挥了督促县级政府规范预算管理、注重支出绩效的导向作用。具体成效是：

（一）县级财政收入和上级转移支付资金快速增加。各地按照科学发展观的要求，大力发展县域经济，积极培育和壮大财源，财税部门依法组织收入。2011年，全国县级一般预算收入总额达2.43万亿元，相当于2009年的1.7倍，年均增长30.4%，高于同期全国财政收入增幅7.3个百分点。其中，819个基本财力缺口县2011年实现一般预算收入3124亿元，比2009年增加1332亿元，年均增长32%，高于同期全国财政收入增幅8.9个百分点。与此同时，2011年，上级政府对县级政府的转移支付资金达到2.63万亿元，相当于2009年的1.53倍，年均增长23.5%。其中，819个基本财力缺口县2011年获得上级政府转移支付8162亿元，比2009年增加2976亿元，年均增长25.5%。

（二）县级财政支出较快增长。随着县级基本财力保障机制的不断完善，县级政府履行职责的保障能力明显增强，公共财政支出快速增长。2011年，全国县级政府一般预算支出总额为4.79万亿元，相当于2009年的1.56倍，年均增长25.1%。2011年省、市、县三级一般预算支出占地方一般预算支出的比重，分别为21.5%、26.9%和51.6%。与2009年相比，县级占比提高1.5个百分点，省级和市级占比分别降低1.4个百分点和0.1个百分点。819个基本财力缺口县2011年实现一般预算支出1.14万亿元，比2009年增加4154亿元，年均增长25.4%。

（三）基本财力缺口县和缺口额大幅减少。2009年，全国基本财力保障缺口县有819个，缺口额894亿元。2011年底，缺口县减少到113个，缺口额下降到93亿元。其中，广西壮族自治区2009年有缺口县49个，缺口额59亿元；2011年缺口县减少到3个，缺口额下降到6亿元。陕西省2009年有缺口县57个，缺口额45亿元；2011年缺口县减少到1个，缺口额下降到0.5亿元。

（四）县级民生支出得到有力保障。2011年，全国县级财政用于教育、医疗卫生、社会保障和就业、住房保障和文化等方面的民生支出合计2.21万亿元，比2010年增长33.4%，高于全国县级一般预算支出增幅8.4个百分点；用于农业、水利、交通运输、节能环保、城乡社区事务等与民生密切相关的支出合计1.26万亿元，占全国县级一般预算支出的26.2%。

福建省邵武市(县级市)在县级基本财力保障机制建立后,干部职工年平均工资水平由2009年的3.1万元提高到2011年的3.8万元。所有乡(镇)、街道办的人员工资、住房公积金和事业人员养老保险、医疗保险等基本支出,均实现了及时足额发放,稳定了基层干部和教师队伍,基层执政基础更加牢固。

四川省巴中市巴州区由于工业基础薄弱,经济发展滞后,财政自给率不足10%,民生事业方面存在较多欠账。通过建立县级基本财力保障机制,巴州区对民生领域的投入能力显著增强。2010—2011年,巴州区用上级政府下达的县级基本财力保障奖补资金加大教育支出力度,全面落实“两免一补”政策,补助家庭经济困难寄宿学生6.62万人,资助家庭经济困难学生2.3万人,同时改造中小学校危房20.3万平方米,基本解决多年的上学难和校舍安全问题。

河南省滑县是粮食大县,由于财力薄弱,农业基础设施建设历史投入严重不足。2011年,在切实保障各项民生政策的基础上,滑县安排资金3.3亿元,改造农田40.8万亩,新建机井和配套设施2196眼(套),维修旧机井1014眼,铺设地埋管道1042公里,整修田间道路387公里,改造农村电网1271公里,新开挖和清淤疏浚沟渠314公里;安排补贴资金3360万元支持农民购置各类农机具7850台,投入资金640万元促进农业科技发展,为提高粮食生产能力奠定了坚实基础。

2012年,由于适当提高了部分民生项目保障标准,县级财政“保工资、保运转、保民生”的支出需求相应增加。为支持各地进一步提高保障水平,中央财政增加县级基本财力保障机制奖补资金300亿元,总额达到1075亿元。同时,为督促省级政府落实保障责任,加大对县级政府的支持力度,财政部与部分缺口县较多、缺口额较大的地区进行专题座谈,在年中全国财政厅(局)长座谈会上又做了重点部署,要求地方将县级基本财力保障工作作为一项重要任务完成。各地均表示,将进一步加大工作力度,采取有效措施,在2012年底按照中央财政核定的保障范围和标准,基本实现“保工资、保运转、保民生”的政策目标。

三、县级基本财力保障工作需进一步研究的问题

尽管县级基本财力保障工作取得阶段性成果,但仍面临一些需要研究的问题。一是各级政府间事权划分不够清晰,支出责任存在交叉,县以下政府的具体职责和支出责任不够明确。二是转移支付结构还需进一步优化,专项转移支付占比仍然偏高,要求配套资金的项目偏多,对基层财政带来较大压力。三是县域经济发展不平衡,县级财力水平差异较大,省以下财政体制不够规范,部分县级政府财政保障能力薄弱。四是部分地区财政支付经费人员增长过快,民生政策等基本公共服务保障力度不足,财政支出结构不够合理,财政支出管理还需要进一步加强等。

四、县级基本财力保障工作下一步措施

“郡县稳,天下安”。建立健全县级基本财力保障机制,是党中央、国务院在新形势下加强基层建设的一项重要举措,事关改革发展稳定大局。我们将按照本次会议审议提出的要求,根据国务院的部署,既立足当前,又着眼长远,认真总结经验,努力改进不足,不断完善体制机制,进一步增强县级政府提供基本公共服务的保障能力。

(一)深入推进财政体制改革。合理界定各级政府间事权和支出责任,在此基础上进一步理顺各级政府间收入划分关系,完善转移支付制度,增加一般性转移支付特别是均衡性转移支付,严格控制专项转移支付规模,规范各类配套政策,使各级政府均有稳定的财力来源满足支出责任需要,并逐步形成稳定的制度性安排。

(二)建立动态保障机制。依据县级政府的基本职责,明确县以下政府的支出责任。根据其支出责任,逐步扩大保障范围、提高保障标准。同时,通过调整收支划分、加大对县级政府转移支付力度等方式,明确保障资金来源,不断提高保障水平,使财力与其支出责任基本匹配。

(三)壮大县级财力基础。采取更有针对性的政策措施,帮助县级政府提高财力水平。对优化开发区和重点开发区,引导其科学发展县域经济,壮大县级财力基础,提高自我保障能力。对禁止开发区和限制开发区,依法进行强制性保护,同时加大转移支付特别是一般性转移支付力度,切实保障县级政府履行基本职责的财力需要。

(四)加强县级财政管理。指导县级政府依法强化收入征管,增加财政收入,不断提高自身保障能力;深化财政管理改革,严格控制财政支付经费

人员；对县级财政支出管理实行绩效评价，引导县级政府优化支出结构，建立评价结果和保障政策相结合的激励约束机制，探索实行绩效问责。

全国人大常委会听取和审议国务院关于县级基本财力保障工作的报告，加强对县级基本财力保障工作的监督指导，充分体现了全国人大常委会对支持县级政府正常运转、切实履行基本职责的高度重视，必将有力推进县级基本财力保障工作。在此，我们向全国人大常委会表示衷心的感谢！我们将按照全国人大常委会的审议意见，以高度的责任感和使命感，不断加强和改进县级基本财力保障工作，努力为全面建设小康社会作出积极贡献。

关于深化文化体制改革、推动社会主义文化大发展大繁荣工作情况的报告

——2012年10月24日在第十一届全国人民代表大会常务委员会第二十九次会议上

文化部部长　蔡　武

全国人民代表大会常务委员会：

我受国务院委托，向全国人大常委会作关于深化文化体制改革推动社会主义文化大发展大繁荣工作情况的报告。文化体制改革和发展工作涉及文化、广播影视、新闻出版等各个领域，这个报告事先征求了中宣部及广电总局、新闻出版总署、新闻办等部门意见，尽可能全面反映文化体制改革和发展工作的整体情况，请审议。

一、党的十六大以来文化改革发展工作的进展和成效

党的十六大在全面规划建设小康社会的宏伟蓝图中，突出强调了文化建设的战略地位和极端重要性，作出推进文化体制改革的战略部署。党的十七大从中国特色社会主义总体布局的高度，提出要全面深化文化体制改革，提高国家文化软实力、推动社会主义文化大发展大繁荣、兴起社会主义文化建设新高潮。党的十七届六中全会通过了《关于深化文化体制改革推动社会主义文化大发展大繁荣若干重大问题的决定》，为加快文化改革发展提供了难得的历史机遇，标志着我国文化建设进入了一个新的繁荣发展阶段。这些年文化改革发展工作进展和成效主要有以下几个方面：

（一）突出重点、解决难点，文化体制机制改革创新取得重大成果。各部门各地区按照“创新体制、转换机制、面向市场、增强活力”的要求，围绕中央确定的目标任务，抓重点、攻难点，不断推进文化体制机制改革创新实现新的突破。一是全面完成国有经营性文化单位转企改制任务。按照重塑文化市场主体的目标，以转企改制为中心环节，加强资源整合，全面完成国有经营性文化单位转企改制任务。目前，全国承担改革任务的580多家出版社、3000多家新华书店、850家电影制作发行放映单位、57家广电系统所属电视剧制作机构、38家党报党刊发行单位等已全部完成转企改制；各省（区、市）已基本完成有线电视网络整合；全国2103家承担改革任务的文化系统国有文艺院团按照“转制一批、整合一批、撤销一批、划转一批、保留一批”的改革路径，完成改革任务的院团有2100家，占总数的99.86%，其中转企改制占61%；全国3388种应转企改制的非时政类报刊已有3271种完成改革任务，占总数的96.5%。全国共注销经营性文化事业单位法人6900多家、核销事业编制29万多个。二是不断深化公益性文化事业单位改革。与国家分类推进事业单位改革相衔接，按照“转换机制、面向市场、增强活力、改善服务”的要求，积极推动公益性文化事业单位改革，省级党报发行机构基本完成剥离转制，以电视剧为重点的制播分离改革取得显著成效，大部分省（区、市）、地级市和全部县级电台电视台进行两台合并，代表国家艺术水准的保留事业体制院团在管理方式、剧目创作等方面的改革不断深化。公益性文化事业单位公益属性和服务意识日益强化，服务水平显著提高。三是全面完成文化市场综合执法改革。推进副省级及以下城市整合文化、广电、新闻出版等有关部门，组建综合文化行政责任主体，组建统一的文化市场综合执法机构，

全面完成文化市场综合执法改革任务。积极推进政企、政事分开和管办分离，广电领域实现了局台分开，出版领域实现了局社分开。

（二）政府主导、公益惠民，公共文化服务体系建设卓有成效。按照体现公益性、基本性、均等性、便利性的要求，坚持政府主导，加大投入力度，调整资源配置，大力发展公益性文化事业，覆盖城乡的公共文化服务体系基本框架初步建立。一是创新公共文化服务运行机制。各地普遍推动有条件的博物馆、图书馆等公共文化机构开展流动服务，积极探索政府采购招标、合同外包、社会志愿服务等多种方式，努力实现公共文化设施的最大效能。推进公共文化设施共建共享，目前全国文化文物部门归口管理的博物馆、纪念馆和爱国主义教育基地全部实行免费开放，全国美术馆、公共图书馆、文化馆（站）免费开放工作全面实施。二是推进重点文化惠民工程建设。全面完成五大重点文化惠民工程阶段性目标，建立健全公共文化服务网络。目前，广播电视村村通工程已覆盖全部行政村和 20 户以上通电自然村，全面完成中央无线广播电视覆盖工程，完成在 300 多个地级以上城市建设数字地面电视发射设施，全国 2 亿有线电视用户已有 1.1 亿户实现数字化，通过采用直播卫星正努力从“村村通”向“户户通”推进；文化信息资源共享工程基本覆盖所有行政村，2011 年全年资源建设总量达 28.4TB（万亿字节），服务 1.6 亿人次；“乡乡有综合文化站”目标基本实现；农家书屋建成 60 万家，覆盖了全国有基本条件的行政村；农村电影放映工程年放映 800 万场，基本实现每村每月免费放映一场电影的目标。三是丰富各类群众文化活动。围绕各类重大纪念活动、传统节日等主题，广泛组织开展群众歌咏、展览展示、文艺演出、讲座等多种形式的文化活动，丰富城乡群众文化生活。528 个县（市、区）、乡镇（街道）被命名为“中国民间文化艺术之乡”，推动了民间文化艺术的繁荣发展。实施全民阅读工程五年规划，全国各地掀起读书活动热潮，2011 年全国共有 7 亿多人参与全民阅读活动。

（三）加强引导、大力扶持，文化产品创作生产进一步繁荣。全面贯彻为人民服务、为社会主义服务的方向和百花齐放、百家争鸣的方针，加强引导、激发活力，文艺创作生产异彩纷呈，精品力作不断涌现，为人民提供了更好更多的精神食粮。一是加强对文化产品创作生产的引导。坚持弘扬主旋律与提倡多样化相统一，引导广大文化工作者和文化单位自觉践行社会主义核心价值体系，始终把社会效益放在首位，对文艺创作生产的引导力度和效果不断增强。加强文艺批评理论和队伍建设，把群众评价、专家评价和市场检验统一起来。设立繁荣文艺创作专项资金、优秀剧本奖励基金，组织开展“文华奖”、“华表奖”、“飞天奖”、“群星奖”等一系列评奖活动，不断创新评奖机制，加大对优秀作品和人才的奖励和宣传力度，导向作用更加明显。二是大幅提升文化产品的数量质量。精神文明建设“五个一”工程和国家重大历史题材美术创作、舞台艺术精品、重点文学作品扶持等文化精品工程全面推进、成果丰硕，文化产品丰富多彩，人民群众的文化需求得到更多更好地满足。2011 年，我国长篇小说出版量超过 3000 种，新创作并首演的剧目超过 1000 种、文艺院团演出达 155 万场次，生产电影故事片 558 部、电视剧 1.5 万集、影视动画片 26 万分钟、影视纪录片 4000 小时，出版图书 37 万种、总印数 77.1 亿册（张），出版报纸 1928 种、总印数 467.4 亿份，出版期刊 9849 种、总印数 32.9 亿册。我国已成为世界第一大电视剧生产国和第三大电影生产国，图书出版品种和日报发行量已居世界第一位。

（四）调整结构、转变方式，文化产业规模和实力不断壮大。按照结构合理、门类齐全、科技含量高、富有创意、竞争力强的要求，调整产业结构，转变发展方式，文化产业日益成为经济发展新的增长点。一是优化文化产业布局。加强对文化产业发展的规划引导，目前文化部命名了 273 个国家文化产业示范基地、8 个国家级文化产业示范园区和 8 个国家级文化产业试验园区，广电总局、新闻出版总署也分别命名了一批影视、出版等方面的产业园区。畅通渠道、优化环境，支持鼓励社会资本以多种形式投资文化产业，非公有制文化企业的积极作用日益发挥。二是培育骨干文化企业。组织开展了四届“文化企业 30 强”评选活动，优秀骨干文化企业的实力、影响力不断增强。鼓励支持文化企业以资本为纽带兼并重组、整合资源，积极推动文化企业上市融资，涌现出了一批总资产和总收入超过或接近百亿元的大型国有或国有控股文化企业。截至 2012 年 8 月底，共有 38 家文化企业在 A 股和香港 H 股发行上市。三是构建现代文化市场体系。推动文化创意产业发展、文化业态更新和产业转型升级，完善连锁经营、电子商务、演出院线等现代流通方式，培育资本、产权、人才、信息、技术等要素市场，加强文化领域行业组织建设，初步建立统一开放、竞争有序的现代文化市场体系。四是推动文化与科技、金融等融合。启动实施了国家文化科技创新工程，加强文化科技集成创新与模式创新，通过国家科技支撑计划支持了62个项目，投入经费6.2亿元。由科技部、中宣部、文化部、广电总局、新闻出版总署在全国认定了首批16个国家级文化和科技融合示范基地，大力发展文化创意、视听新媒体、数字出版、动漫游戏等科技含量高的新兴文化业态，积极推动文化企业走技术创新和市场开发相结合的道路。加快金融与文化对接，目前通过文化部部行合作机制完成的重点文化企业信贷项目68个，涉及金额188.91亿元，贷款余额97.32亿元。

（五）创新机制、拓宽渠道，大力推动中华文化“走出去”。按照“政府主导、企业主体、民间参与、合作共赢”的要求，统筹国际国内两个市场两种资源，统筹对外文化交流与贸易，大力推动中华文化“走出去”。一是不断完善对外文化交流机制。建立并完善“对外文化工作部际联席会议”制度，加强战略规划和法规建设，共同做大做强对外文化交流的重点品牌，同时带动其他配套机制建设，逐渐形成了平台丰富、手段多样、任务明确、目标一致的对外文化工作制度网络。二是提升对外文化交流活动影响力。积极开展中外文化对话，办好“中国文化年”、“中华文化周”、“欢乐春节”等对外文化活动，对外文化交流渠道进一步拓宽，影响力不断扩大。目前我国已同世界上160多个国家和地区建立了良好的文化交流关系。三是打造对外文化交流平台。已建立9个海外中国文化中心，驻泰国、新加坡、俄罗斯、西班牙的文化中心也将在今年投入使用。新华社驻外分社数量已达160余个，实现了对世界主要国家和地区的全覆盖。中央电视台开通6个语种7个国际频道，实现在171个国家和地区落地，主流媒体海外传播力和影响力明显提升。四是促进对外文化贸易。实施文化“走出去”工程，加大对文化出口重点企业和项目的扶持力度，逐步缓解文化产品和服务进出口逆差。在上海成立了我国首个国家级对外文化贸易基地。今年举办的第八届中国（深圳）国际文化产业博览交易会总成交额突破1432.9亿元，其中出口交易额超过115.2亿元。2011年共有55部次影片在18个电影节上获得82个奖项，55部国产影片销往22个国家和地区。我国图书和期刊等出版物已进入193个国家和地区图书馆，报刊发行覆盖89个国家和地区，有6000多种期刊通过数字平台进入西方国家。图书版权进出口比由2002年的15：1降至2011年的2.1：1。我国核心文化产品出口额从2001年的30.85亿美元增长到2011年的186.88亿美元，增长超过5倍。

（六）加强保护、合理利用，文物和非物质文化遗产保护取得显著进展。妥善处理保护与利用、传承与发展的关系，文化遗产保护力度不断加大，优秀传统文化得到传承弘扬。一是文物保护工作稳步推进。第三次全国文物普查工作圆满完成，共登记不可移动文物近77万处。重点文物保护工程和大遗址保护、考古遗址公园建设积极推进。完成了长城的测量和数据公布。申遗工作和中国世界文化遗产监测巡视、监测预警体系建设稳步推进。文物保护科技水平不断提高，“中华文明探源工程”、“指南针计划”等文物保护科技重大专项取得显著成果。文化遗产日、国际博物馆日、中国历史文化名街保护等专题宣传引人注目。二是非物质文化遗产保护传承取得重要进展。《中华人民共和国非物质文化遗产法》正式公布施行，非物质文化遗产保护有了坚实的法律保障。形成了“抢救性保护”、“整体性保护”和“生产性保护”等完整的保护思路。全国非物质文化遗产普查工作取得阶段性成果，共收集珍贵实物和资料29万件，普查文字记录20亿字，拍摄图片477万张，普查资源总量近87万项。非物质文化遗产保护名录和代表性传承人保护体系不断完善，保护水平不断提高、成效更加显著。古籍保护和清史纂修工作取得可喜进展。目前，我国拥有世界遗产43项，位列世界第三，入选联合国教科文组织“人类非物质文化遗产代表作名录”和“急需保护的非物质文化遗产名录”总数位列世界第一。

（七）加强立法、完善保障，政府职能进一步转变。坚持把长远目标和阶段性任务结合起来，一手抓繁荣、一手抓管理，加强文化法制建设，完善文化规划体系和政策保障机制，充分调动文化工作者的积极性主动性创造性，政府职能实现进一步转变。一是加快文化立法进程。制定和完善公共文化服务保障、文化产业振兴、文化市场管理等方面的法律法规，提高文化建设法制化水平。《中华人民共和国非物质文化遗产法》公布施行，《互联网文化管理暂行规定》修订出台，《公共图书馆法》、《古籍保护条例》等立法工作顺利推进。大力推进依法行政，实施特聘法律咨询专家制度、开展知识产权保护研究基地试点工作等，均取得良好效果。二是不断完善规划体系和政策保障。制定“十一五”和“十二五”时期文化改革发展规划纲要，推动各地各有关部门研究编制本地区本系统文化改革发展规划纲要，不断完善财政、税收、金融、土地等方面的配套政策，进一步优化了文化改革发展的规划布局。修订印发《文化产业与相关产业分类（2012）》，为进一步加强和改进我国文化产业统计工作提供科学依据。三是加强文化人才队伍建设。实施文化名家工程、“四个一批”（一批全面掌握中国特色社会主义理论体系、学贯中西、联系实际的理论家，一批坚持正确导向、深入反映生活、受到人民群众喜爱的名记者、名编辑、名评论员、名主持人，一批熟悉党和国家方针政策、社会责任感强、精通业务知识的出版家，一批紧跟时代步伐、热爱祖国和人民、艺术水平精湛的作家、艺术家）人才培养工程、高层次国际传播人才培养计划、非物质文化遗产项目代表性传承人扶持计划和基层文化人才队伍建设规划，人才结构不断优化，各类文化人才竞相涌现、各尽其才、各展所长，目前我国文化人才队伍总规模已超过1400万人，有利于出精品出效益的文化人才发展环境日益完善。可以说，文化领域整体面貌和发展格局焕然一新，文化建设开创了新局面，初步走出了一条中国特色社会主义文化发展道路。这条道路作为中国特色社会主义发展道路的重要组成部分，符合我国基本国情、顺应时代发展要求、引领文化繁荣昌盛，是一条科学发展、改革创新的文化强国之路。

二、当前存在的问题

总的看，文化改革发展成效明显，态势良好。但与文化改革发展的总体要求还有一定差距，文化发展中仍有一些新情况新问题亟待解决。

（一）文化市场主体尚不成熟，骨干文化企业实力有待进一步增强。经营性文化事业单位转制为企业，只是迈出了改革的第一步。我国文化企业“软、小、散、滥”的问题比较突出，精品力作和知名文化品牌较少，国际竞争力较弱，大规模、高水平、产业链完整的龙头企业和文化领域有实力的战略投资者仍待进一步培育，文化企业的科技创新能力有待进一步提升。

（二）公共文化服务体系仍不健全，地区发展不平衡。经过多年努力，覆盖城乡的公共文化服务体系框架已初步建立，但仍存在诸多现实问题。比如，城乡公共文化资源不平衡、农民工基本文化权益保障不足等，这些都是公共文化服务体系建设中存在的突出矛盾和问题。除此之外，公共文化服务投入保障机制需进一步完善，公共文化设施使用效率和公共文化服务质量水平亟待提高。

（三）文化产业发展与人民群众需求有一定差距，总体规模与发达国家差距仍然较大。文化产品和服务的供需矛盾突出，“有效供给”相对不足，与人民群众快速增长的精神文化需求还有一定差距。与发达国家相比，我国文化产业在整个国民经济中所占的份额相对较小，文化产业要真正成为国民经济的支柱性产业，还需采取有力措施加以推进。

（四）人才队伍与文化发展的要求尚不匹配，人才保障需进一步加强。高素质文化人才不足，尤其是既熟悉国内国际市场规则，又懂得相关文化知识，还具备高科技素养的复合型人才短缺。人力资源科学配置的市场化机制尚不完善，人才培养和激励保障机制有待完善。

（五）文化贸易逆差仍然较大，文化“走出去”步伐有待进一步加快。近年来，我国文化“走出去”仍以对外文化交流为主，文化贸易所占比重仍显不足，中华文化“走出去”的渠道有待拓宽，方式方法有待完善，推动文化企业和文化产品“走出去”的能力有待提高。此外，文化贸易逆差的现象未得到根本改变，出口价格远低于进口的同类产品，我国文化产品的国际竞争力和传播力有待进一步提升。

三、下一步工作安排

当前，我国正处于改革发展的重要战略机遇期和全面建设小康社会的关键时期，也进入了文化繁荣发展的黄金期。我们必须以更加强烈的文化自觉文化自信，坚定不移地走中国特色社会主义文化发展道路，奋力开拓社会主义文化强国建设新局面。

（一）进一步深化体制机制改革，为文化长远发展谋划良好布局。按照加快构建有利于文化发展繁荣的体制机制的要求，继续全面深化国有文化企事业单位改革，不断完善宏观管理，不断推进体制机制创新，为文化长远发展、持续发展奠定坚实基础。一是继续深化文化体制改革。推动少数尚未完成改革任务的院团加快改革步伐，做好督察、验收、表彰等工作，促进已完成改革任务的院团“回头看”，提高改革质量，巩固改革成果。继续推进非时政类报刊出版单位体制改革工作，督促中央和地方非时政类报刊出版单位抓紧完成转企改制任务，特别要重点推进不具有独立法人资格的报刊编辑部体制改革工作。加强重点新闻网站建设，组建国家级有线电视网络公司，建设国家新媒体集成播控平台，推进三网（电信网、广播电视网、互联网）融合，实现互联互通。二是推进文化科技创新。发挥文化和科技相互促进的作用，深入实施科技带动战略，加大国家文化科技创新工程实施力度，增强自主创新能力。抓住一批具有全局性、战略性重大科技课题，加强核心技术、关键技术、共性技术攻关，加快科技成果转化，加强文化领域技术集成创新和商业模式创新，加强文化科技创新发展环境建设。依托国家高新技术园区，把重大文化科技项目纳入国家科技发展规划。三是完善现代传播体系建设机制。加快构建技术先进、传播便捷、覆盖广泛的现代传播体系。加强党报党刊、通讯社、电台电视台和重要出版社建设，进一步完善采编、发行、播发系统。加强国际传播能力建设，提高新闻信息原创率、首发率、落地率。

（二）加快构建高水平的公共文化服务体系，为人民群众基本文化权益提供可靠保障。按照公益性、基本性、均等性、便利性的要求，通过增加投入、转换机制、增强活力、改善服务，加快健全以公共财政为支撑，覆盖城乡、结构合理、功能健全、实用高效的公共文化服务体系。一是探索新型公共文化服务管理运行机制。引导和鼓励社会各方面，兴办公共文化实体，建设公共文化服务设施，开展公益性文化活动。采取政府采购、项目补贴、定向资助等政策措施，鼓励各类文化企业参与公共文化服务，建立符合社会主义市场经济的公共文化服务管理运行机制。二是加强公共文化设施建设。统筹规划建设基层公共文化服务设施，完善面向未成年人、老年人、残疾人的公共文化服务设施。加强文化馆、博物馆、图书馆、爱国主义教育示范基地等建设力度，加快构建新闻出版公共服务网络，完善新闻出版公共服务基础设施。三是促进城乡文化一体化发展。增加农村文化服务总量，缩小城乡文化发展差距，以农村和中西部地区为重点，深入实施重点文化惠民工程，加大对革命老区、民族地区、边疆地区、贫困地区文化服务网络建设的支持和帮扶力度。

（三）加快推进结构调整和创新，为实现文化产业成为国民经济支柱性产业奠定坚实基础。按照全面协调可持续的要求，以规模化、集约化、专业化发展路径，以结构调整为主线，以骨干企业为支撑，以科技创新为动力，推动文化产业规模实力迅速壮大、质量效益显著提升。一是健全现代文化市场体系。培育文化产品交易市场，有重点地打造一批全国性、国际性的文化产品交易平台。积极发展现代流通组织和流通形式，打破地域、行业界限，构建以大城市为中心、中小城市相配套、贯通城乡的文化产品流通网络。二是做大做强骨干文化企业。以建立现代企业制度为重点，加快公司制股份制改造。鼓励有实力的文化企业以资本为纽带，实行跨地区、跨行业、跨所有制兼并重组，形成一批有影响、有品牌、有竞争力的企业或企业集团，打造一批具有较高科技水平、较强国际竞争力的“文化航母”。三是培育一批德艺双馨的优秀人才。进一步解放思想、开拓创新，加大对优秀人才的培养和引进力度，着力打造一支德才兼备、锐意创新、结构合理、规模宏大的文化人才队伍，为社会主义文化大发展大繁荣提供有力人才支撑。

（四）加快推动中华文化“走出去”，为提升国家文化软实力提供有力支撑。按照“政府主导、企业主体、民间参与、合作共赢”的要求，坚持整体谋划、循序渐进，统筹国际国内两个市场两种资源，统筹对外文化交流与对外文化贸易，提升中华文化在世界上的感召力和影响力。一是创新对外宣传方式。不断提高对外形象塑造和舆论引导水平，力求实现“中国内涵、世界表达”。借鉴其他国家经验，借助高新技术和新媒体，及时占领新兴文化阵地。开展国家文化年、中国文化节、“感知中国”等品牌活动，打造好“欢乐春节”等文化交流新品牌。二是大力发展文化贸易。完善支持文化产品和服务走出去的政策措施，拓展文化贸易网络。培育一批具有较高科技水平和国际竞争力的外向型文化企业，深入挖掘民族文化资源，生产制作以外需为取向的文化产品。扩大版权交易，支持出版物、电影、电视剧、动画片、纪录片等出口，逐步改变文化进出口逆差局面。三是拓宽对外交流渠道。加强国际文化产品交易平台和国际营销网络建设，积极参与国际贸易规则的制定。加快海外中国文化中心和孔子学院建设，制定哲学社会科学优秀成果和优秀人才走出去规划。设立中华文化国际传播贡献奖，建立面向青年的文化交流机制，鼓励国际友人翻译、介绍中华优秀文化。

（五）加强文化立法和政策保障，为文化改革发展营造良好环境。按照文化建设中长期规划的要求，着眼长远发展，加强文化立法，完善政策保障，推动政府职能进一步转变，为社会主义文化大发展大繁荣营造良好环境。一是加强文化立法工作，积极推进文化法制建设。加强在法律层面对文化建设的整体规划和设计，加快在公共文化服务、文化产业、文化市场、互联网信息传播、广播影视等方面的文化立法，制定和完善公共文化服务保障、文化产业振兴、文化市场管理等方面的法律法规，为社会主义文化大发展大繁荣提供更为坚实有力的法制保障。二是全面贯彻落实《国家"十二五"时期文化改革发展规划纲要》。加强统筹协调,全面启动和抓好重大工程项目的组织实施。加强宏观指导,推动各地各部门结合实际制定科学合理、切实可行的具体规划和落实方案。加强督促检查,定期通报工作进展情况,及时研究解决存在的问题。三是推动政府职能转变。按照建设法治政府和服务型政府的要求,推进政企分开、政资分开、政事分开、政府与市场中介组织分开,推动文化行政部门真正实现由"办文化"向"管文化"转变。提高文化支出占财政支出比例,力争公共财政对文化建设投入的增长幅度高于财政经常性收入增长幅度。加强文化综合执法机构建设,提高文化市场管理效能,逐步建立与社会主义市场经济相适应的新型文化管理体制。

全国人大常委会听取和审议关于深化文化体制改革推动社会主义文化大发展大繁荣工作情况的报告,体现了对文化建设的高度关心和大力支持。我们将认真研究和落实全国人大常委会领导同志和各位委员的意见和建议,以更坚定的信心、更顽强的斗志,为推动社会主义文化大发展大繁荣、建设社会主义文化强国而不懈奋斗。

关于国有企业改革与发展工作情况的报告

——2012 年 10 月 24 日在第十一届全国人民代表大会常务委员会第二十九次会议上

国务院国有资产监督管理委员会主任 王 勇

全国人民代表大会常务委员会:

我受国务院委托,向全国人大常委会报告国有企业改革发展情况,请审议。

一、国有企业改革发展基本情况

截至 2011 年底,全国国有及国有控股企业(不含金融类企业,以下简称全国国有企业)14.47 万户,资产总额 85.37 万亿元,所有者权益 29.17 万亿元,在册职工 3672.4 万人,离退休职工 1655.3 万人。2011 年,全国国有企业实现营业收入 39.25 万亿元,实现利润总额 2.58 万亿元,上缴税金 3.45 万亿元,分别约占全社会工商企业的 35%、43% 和 40%。其中,纳入国资委系统监管的企业资产总额、营业收入、利润总额、上缴税金分别占全国国有企业的 71.2%、87.3%、80.7% 和 75.8%。

改革开放以来,国有企业改革作为经济体制改革的中心环节,不断深入推进,走过了艰难的历程。从改革开放初期到十四届三中全会,大体上用了 15 年时间,通过扩权让利、实行承包经营责任制等措施,把国有企业引入市场。之后用了 10 年左右的时间,通过"抓大放小"、困难企业退出、分离企业办社会职能、转换经营机制、建立现代企业制度等一系列措施,着力解决国有企业走向市场后暴露出来的结构不合理、机制不适应、社会负担重、历史包袱多、企业冗员严重等问题。特别是党的十五届四中全会作出《关于国有企业改革和发展若干重大问题的决定》,全面阐述了国有企业改革发展的基本方向、主要目标和指导方针,1998 年开始实施国有企业改革脱困的"三年攻坚",为新世纪国有企业改革发展打下了坚实基础。党的十六大以来,国有资产管理体制进行了重大改革,从体制机制上推进政企分开、政资分开、经营权和所有权分离,国有经济布局结构不断优化,国有企业发展活力不断增强,国有企业改革发展取得显著成效。

(一)国有企业布局结构发生重大变化

一是通过改制、兼并、租赁、出售等方式,国有企业从中小企业层面逐步退出,国有企业的战线大大收缩,布局结构得到优化。二是通过实施政策性关闭破产,用了十几年的时间,使 5010 户长期亏损、资不抵债、扭亏无望的国有大中型困难企业和资源枯竭的矿山平稳有序退出市场,并妥善安置了职工。三是推动国有资本逐步从一般生产加工行业退出。在 39 个工业行业中,有 18 个行业国有企业总产值占比低于 10%,国有资本更多地向关系国民经济命脉和国家安全的行业和领域集中。四是一批国有企业在竞争中发展壮大。上榜《财富》世界 500 强的国有企业由 2003 年的 6 家增至 2012 年的 54 家。

(二)政府和国有企业之间的关系发生重大

变化

一是政企分开迈出了实质性的步伐。随着财政体制改革和金融体制改革的深入,财政预算不再安排用于补充国有企业资本金性质的支出,也不再安排资金来弥补企业的经营性亏损,银行也不再为困难企业输血。国有企业以全部法人财产对外承担责任,成为独立的法人实体。二是政府公共管理职能与出资人职能初步分离。党的十六大确立了"权利、义务和责任相统一,管资产和管人、管事相结合"的国资监管重大原则。各级国资委的组建,在政府机构设置上实现了公共管理职能和出资人职能的分离。《中华人民共和国企业国有资产法》和《企业国有资产监督管理暂行条例》,从法律层面确立了国资监管机构的职责定位。三是对国有企业监管方式不断完善。建立和完善业绩考核、重大责任追究等机制,使国有资产经营责任得到层层落实;建立根据经营管理绩效、风险和责任确定企业负责人薪酬的制度,实现"业绩升、薪酬升,业绩降、薪酬降";深化内部分配制度改革,加强职工收入分配调控;加强产权流转监督,形成覆盖全国的国有产权交易监控平台,从制度上遏制国有资产流失;强化财务监督、外派监事会监督、审计监督、纪检监察监督和巡视监督,加强境外国有资产监管,基本形成企业国有资产经营管理重点环节的监督体系;建立并逐步完善国有资本经营预算制度,落实国有资本出资人收益权。同时,充分尊重企业作为独立市场主体的法人财产权和经营自主权,不干预企业生产经营活动。

(三)国有企业经营机制发生重大变化

一是公司制股份制改革深入推进。全国90%以上的国有企业完成了公司制股份制改革,中央企业的公司制股份制改制面由2003年的30.4%提高到2011年的72%。二是公司治理结构逐步规范。按照《中华人民共和国公司法》和《中华人民共和国企业国有资产法》的要求,多数国有企业建立了股东会、董事会、经理层和监事会等机构。在部分地方国有企业和50家中央企业进行建立规范董事会的试点,企业科学决策水平和风险防范能力明显提升。三是劳动、人事、分配三项制度改革逐步深化。国有企业普遍实行全员劳动合同制、员工竞争上岗和以岗位工资为主的基本工资制度。积极探索党管干部与市场化选聘企业高层管理者相结合的有效方式,中央企业有141个高管职位在全球公开招聘,累计选聘各级经营管理人员60万人。

(四)国有企业发展质量和运行效率显著提升,对经济社会发展的贡献进一步显现

一是经营实力不断增强,经济效益大幅度提升。2003—2011年,全国国有企业实现营业收入从10.73万亿元增长到39.25万亿元,年均增长17.6%;实现净利润从3202.3亿元增长到1.94万亿元,年均增长25.2%;上缴税金从8361.6亿元增长到3.45万亿元,年均增长19.4%。截至2011年底,全国国有企业资产总额85.37万亿元,所有者权益29.17万亿元,分别是2003年的4.3倍和3.5倍。二是科技创新取得重大进展,核心竞争力进一步提升。截至2011年底,全国国有企业拥有自主知识产权专利21.4万项,其中中央企业13.7万项。大型企业已成为科技创新的重要力量,中央企业拥有科技活动人员和研发人员125万人,其中两院院士226人;载人航天、绕月探测、深海钻井平台、深潜探测等一大批具有自主知识产权和国际先进水平的成果,成为我国科技创新的典范。三是"走出去"步伐不断加快,国际化经营能力明显增强。2010年,中央企业对外直接投资499亿美元,境外工程承包营业额538亿美元。截至2011年底,中央企业境外资产总额3.1万亿元,营业收入3.5万亿元,实现净利润1034.5亿元,分别占全部中央企业的11%、16.9%和11.3%。四是积极履行社会责任,为经济社会发展作出重要贡献。能源企业克服价格倒挂困难,全力保障电力和成品油供应,电网电信企业全力投入"村村通"工程,为保障市场供应、支持民生工程建设作出积极贡献。国有企业大力推进节能减排,"十一五"期间中央企业节能4900万吨标准煤,是国家下达节能考核目标的1.8倍,化学需氧量和二氧化硫排放量明显减少,为国家完成节能减排目标作出积极贡献。在实现发展成果全民共享方面,国有企业作出应有贡献。2003—2011年全国国有企业累计上缴税金17.1万亿元,2011年占全国税收的38.4%;截至2011年底全国国有企业划归社保基金国有股权2119亿元,占全部社保基金财政性收入的43.1%;2007年以来,国有企业开始上缴国有资本收益。国有企业积极参加各类社会保险,规范构建职工福利保障体系,切实保障农民工和劳务工合法权益,同时还承担了1655.3万名离退休职工的管理。国有企业积极参与定点扶贫、援疆援藏和各类社会公益事业,92家中央企业定点帮扶189个国家扶贫工作重点县,44家企业在新疆、40家在西藏开展了各类援助帮扶工作。在应对雨雪冰冻和汶川特大地震等严重自然灾害中,在北京奥运会、上海世博会和国庆60周年阅兵等重大活动保

障中,国有企业不畏艰难、勇挑重担,发挥了骨干中坚作用。

国有企业改革发展取得的显著成效充分证明,中央关于国有企业改革发展和国资监管体制改革的一系列重大决策部署是完全正确的,公有制与市场经济是可以有效结合的,改革开放 30 多年探索走出的中国特色社会主义国有企业改革发展道路必须继续坚持。

二、国有企业改革发展存在的问题

国有企业改革发展虽然取得很大成效,但改革仍处于过程之中,需要进一步解决的体制问题、机制问题、结构问题、历史问题仍然很多。

(一)国有企业改革与建立现代企业制度的要求还有相当差距

一是国有企业治理结构还不完善。国有大型企业母公司层面的公司制股份制改革步伐相对较慢,不留存续资产的整体上市等制度性难题有待进一步探索解决。国有企业的规范董事会建设还处于不断探索完善的过程中,董事会的考核和外部董事的选拔、任用和评价机制还不完善,国资监管机构、董事会和经营管理层之间的关系需要进一步理顺。二是企业经营机制与市场经济要求还有很大差距。国有企业经营者管理制度还不能适应现代企业制度的要求,企业经营者的行政化管理色彩还依然存在,尤其是缺乏市场化的退出通道。一些国有企业内部三项制度改革还需要进一步深化,市场化选人用人和激励约束机制还没有真正形成。三是对进一步深化国有企业改革的紧迫性认识不足。一些国有企业存在重发展轻改革、重速度轻效益的倾向,加之外部环境更加复杂,维稳压力加大,改革成本上升,对突破改革重点难点问题有畏难情绪,重点领域改革进展相对迟缓。

(二)国有企业发展方式还比较粗放,布局结构还需进一步调整

一是布局结构还不尽合理。国有企业目前大多仍分布在传统产业,战略性新兴产业比重比较低。一些企业发展还主要依靠扩大规模、增加投入,从外延式扩张模式向内涵式增长模式转变的任务相当艰巨。一些行业产业集中度较低,资源配置效率不高,核心竞争能力不强,重复建设、恶性竞争、资源浪费、环境污染等问题还没有很好解决。二是企业创新能力亟待提高。与国际先进企业相比,国有企业研发投入强度还比较低,技术创新能力还比较薄弱,缺少具有自主知识产权的关键技术和知名品牌,不少核心关键技术仍受制于人。三是国际化经营能力比较弱。国有企业跨国经营指数远低于国际水平,缺乏与国际化经营相适应的高素质人才队伍。一些企业对国际化经营缺乏总体战略和发展规划,境外经营风险意识不强,管理制度不够完善,境外重大经营风险和资产损失时有发生。

(三)国有资产管理体制有待进一步完善

一是政企不分、政资不分问题仍然存在。应由企业自主决策的一些重大事项仍由政府负责审批,一些地方政府对企业日常经营活动的干预有增加的趋势,各类型的重复检查日益增多。经营性国有资产尚没有实现集中统一监管,仍有大量国有资产分散在多个政府部门管理,导致政出多门,监管规则不一致,资源配置分散,经营效率低下。二是国有资产管理体制和制度需要进一步完善。出资人职责和政府公共管理职能的分离还不到位,存在较大的交叉重叠。由于体制摇摆,有些已经交由特设机构履行出资人职责的国有资产,复归政府部门实施行政化管理。国有自然资源类、金融类、文化类和非经营性国有资产的监管体制和制度还需要进一步探索建立。三是国资监管效率和水平亟待提高。国资监管的及时性、有效性、针对性还不够强,国有企业收入分配管理、资本经营预算、境外资产监管等方面的制度体系需要进一步完善。一些地方国资监管机构的行权履职方式需要进一步改进,干部队伍的整体素质和履职能力有待进一步提升。

(四)国有企业各种社会负担还比较沉重

一是国有企业办社会职能还没有完全分离。以中央企业为例,截至 2011 年底,中央企业还有医院、学校和管理的社区等办社会职能机构 8000 多个,对这些机构的费用补贴每年多达几百亿元。二是离退休人员管理和困难群体帮扶需要大量补贴。中央企业现有离退休人员 523.6 万人,还有困难职工等 100 多万人,企业为此需要承担大量管理和其他负担。三是厂办大集体改革难度加大,解决国有企业厂办大集体问题需要付出很大改革成本。

三、进一步推进国有企业改革发展的工作思路与措施

当前,我国经济社会发展既面临难得的历史机遇,也面对诸多可以预见和难以预见的风险挑战。国有企业作为国民经济的支柱,担负着更加重大的责任,承担着更加艰巨的任务。必须坚持以中国特

色社会主义理论为指导，坚持社会主义初级阶段基本经济制度，坚持市场化改革方向，进一步深化改革，加快调整，强化创新，加强管理，增强国有经济的活力和竞争力。重点推进七个方面工作：

一是继续深化国有企业改革。坚持市场化改革方向，推动具备条件的国有大型企业实现整体改制上市或主营业务整体上市，不具备整体上市条件的要加快股权多元化改革，有必要保持国家独资经营的也要加快公司制改革。继续完善电力、电信、石油石化等特殊行业的改革措施，根据产业发展实际进一步放宽市场准入，同时加强行业监管。加快推进铁路、邮政和盐业等企业的体制改革，实现政企分开、政资分开。进一步完善现代企业制度，规范董事会运作，形成股东会、董事会、监事会、经理层各负其责、运转协调、有效制衡的机制。建立健全适应现代企业制度要求的企业领导人员选聘、考核、奖惩和退出机制，探索职业经理人制度。深化企业内部劳动、人事、分配制度改革，切实转换企业经营机制。

二是继续完善国资监管体制机制。坚持政企分开、政资分开，完善“三统一、三结合”的出资人制度。进一步明确国资监管机构性质和职责定位，推进经营性国有资产分级集中统一监管。加快制定与《中华人民共和国企业国有资产法》、《中华人民共和国公司法》、《企业国有资产监督管理暂行条例》相配套的法规规章，建立完善加强国有资产基础管理、防范国有资产流失、重大资产损失责任追究等方面的制度办法。建立健全覆盖全部国有企业、分级管理的国有资本经营预算制度，合理分配和使用国有资本收益。完善经营业绩考核体系，探索对不同性质国有企业分类考核和监管的办法，提高监管的有效性。健全企业负责人薪酬管理制度，完善职工收入分配调控方式，形成激励和约束有效结合的机制。推进出资人监督与审计、纪检监察监督的有机结合，充分发挥外派监事会制度的积极作用，提高监管的针对性和有效性。进一步完善国有金融资产、文化资产、行政事业资产和自然资源资产的监管体制和制度。

三是着力推进国有经济布局优化。完善国有资本有进有退、合理流动机制，大力推进国有企业重组和调整，推动国有资本向重点行业和关键领域集中，向优势企业集中。鼓励企业通过跨国并购、参股、上市、重组联合等方式，加快“走出去”步伐。着力培育一批具有国际竞争力的世界一流企业，代表国家实力，配置全球资源，参与国际竞争。引导企业突出主业，加大内部资源整合力度，采用多种方式剥离重组非主业资产。积极利用资本市场和产权市场，吸收民间资本参与国有企业改制改组，形成各种所有制经济公平竞争、相互促进、共同发展的格局。

四是加快推进国有经济转型升级。加大淘汰落后产能力度，调整产品结构，提升市场竞争力。以信息化带动传统产业升级换代，促进制造业向高端发展。大力发展现代服务业尤其是高端服务业和生产性服务业。支持战略性新兴产业发展，突破并掌握一批核心技术，加快实现规模化生产。引导企业加大技术创新投入，促进产学研结合，增强技术开发能力和自主创新能力，培育知名品牌。鼓励企业参与跨国并购重组，提升在国际产业链中的层级。引导企业强化管理，提高发展质量和运行效率。

五是抓紧解决历史遗留问题和企业社会负担。研究制订有关政策措施，集中力量解决分离国有企业办社会职能、厂办大集体企业改革、离退休人员社会管理等问题。多渠道筹措资金，加大国有资本经营预算用于解决国有企业历史遗留问题的力度。研究解决职工关心的实际问题，妥善安置转岗职工，做好职工技能培训和再就业工作，确保企业和社会稳定。

六是推进国有企业更好履行社会责任。引导国有企业牢记使命责任，追求经济、社会、环境综合价值最大化，努力做依法经营诚实守信的表率、节约资源保护环境的表率、以人为本构建和谐企业的表率，成为国家经济的栋梁和全社会企业的榜样。切实保障职工安全、健康，维护职工合法权益。引导国有企业积极承担援疆援藏和定点帮扶任务，积极参与社会公益事业。

七是进一步加强和改进国有企业党的建设，把政治优势转化为企业的核心竞争力。把建设高素质经营管理者队伍、人才队伍、党员队伍、职工队伍贯穿国有企业党组织活动始终。坚持和完善“双向进入、交叉任职”的企业领导体制，保证党组织参与决策、带头执行、有效监督，发挥政治核心作用。进一步推进企业文化建设，弘扬和培育国有企业先进精神。完善职工代表大会、厂务公开和职工董事监事等制度，探索职工参与民主管理的有效途径和方式。进一步加强反腐倡廉建设，加强对国有企业重大决策的监督检查和专项治理，严肃查处各类违纪违法案件。

全国人大常委会对国有企业改革发展情况进

行专题审议，充分体现了对国有企业改革发展的高度重视和关心。我们将按照此次会议的审议意见，进一步改进工作，加快推进国有企业深化改革和科学发展，更好地发挥国有经济在经济社会发展中的主导作用，为全面实现小康社会宏伟目标作出更大贡献。

关于社会救助工作情况的报告

——2012 年 10 月 24 日在第十一届全国人民代表大会常务委员会第二十九次会议上

民政部部长　李立国

全国人民代表大会常务委员会：

我受国务院委托，向全国人大常委会报告社会救助工作情况，请审议。

一、基本情况

党中央、全国人大和国务院历来把社会救助工作摆在突出位置。胡锦涛总书记、温家宝总理等中央领导同志多次就保障城乡困难群众基本生活作出重要指示、批示，全国人大内司委、法工委以及许多人大代表经常开展社会救助调研并提出议案和建议。国务院把社会救助作为社会保障体系的一项基础性制度安排进行部署，制定了一系列惠民生、解民忧、暖民心的政策措施。五年来，在各地区、各有关部门的不懈努力下，社会救助工作取得历史性成就，初步实现了救助范围覆盖城乡、制度框架基本建立、操作程序科学规范、困难群众应保尽保的目标，对于保障改善民生、调节收入分配、促进社会公平正义、维护社会和谐稳定发挥了重要作用。

（一）最低生活保障制度覆盖城乡，困难群众应保尽保。在城市低保实现普遍建立的基础上，2007 年，中央作出全面建立农村低保制度的重大部署，实现了用制度保障全体城乡居民基本生活的历史性突破。截至 2011 年底，全国城乡低保对象 7582 万人，约占总人口的 5.6%，基本实现应保尽保。为加强规范管理，近年来民政部会同有关部门在完善低保对象资格条件、规范审核审批程序、加强对象动态管理、建立健全低保标准动态调整机制以及与物价上涨挂钩的联动机制、探索救助申请家庭经济状况核对机制、强化政策落实监管等方面，出台了一系列政策措施，有效保障了城乡困难群众基本生活。截至今年 6 月底，全国平均低保标准城市每人每月 311 元、农村每人每月 159 元，分别比 2007 年增长了 70.9% 和 127.1%；人均月补助水平城市 238 元、农村 109 元，分别比 2007 年增长了 131.1% 和 179.5%。

（二）农村五保供养制度顺利转型，供养对象衣食无虞。农村税费改革前，五保供养对象由农民互助和村集体供养，税费改革后，国务院及时修订并于 2006 年公布施行了新的《农村五保供养工作条例》，农村五保供养制度实现了由农民互助共济向以政府财政保障为主的历史转型，农村“三无”人员（无生活来源，无劳动能力，无法定赡养人、抚养人、扶养人）这一最困难的群体得以纳入财政保障范围。五年来，农村五保供养对象趋于稳定，所有符合条件的人员均已纳入供养范围，供养条件不断改善，服务管理和供养水平不断提高。为加强五保供养服务机构建设，解决数量少、规模小、布局分散等问题，民政部组织实施了“霞光计划”，累计投入中央集中的福彩公益金 7.52 亿元，带动地方投入 77.9 亿元，新建、改扩建五保供养服务机构 4008 所。同时，民政部结合国家农村危房改造工作的推进，指导各地大力改善分散供养对象的居住条件。截至 2011 年底，全国共有农村五保供养服务机构 3.2 万所、床位 232.6 万张；供养对象 551 万人，其中集中供养 184.5 万人；全国平均集中供养标准为年人均 3400 元，比 2007 年增长了 74.1%；分散供养标准 2470 元，增长了 72.5%。

（三）孤儿保障制度全面建立，城市“三无”各有保障。2010 年，国务院办公厅印发《关于加强孤儿保障工作的意见》（国办发〔2010〕54 号），部署建立孤儿保障制度，使所有孤儿的基本生活得到有效保障。2011 年，全国共有孤儿 65.4 万名，已全部纳入保障范围，其中集中供养孤儿的基本生活费每人每月不低于 1000 元，社会散居孤儿不低于 600 元。对其他城市“三无”人员则主要采取两种方式保障其基本生活。一是将分散居住的“三无”人员纳入城市低保，根据《城市居民最低生活保障条例》的规定，这类人员可以全额享受低保金。二是举办各类社会福利机构为城市“三无”人员提供养护、康复、托管等服务。截至2011年底，全国共将80.3万名城市“三无”人员纳入低保范围；共有城市养老服务机构5616所、床位63万张，综合性社会福利院1597所，床位27.2万张。

（四）自然灾害救助机制不断健全，灾民安置及时稳妥。近年来，我国先后发生了南方低温雨雪冰冻、汶川特大地震、玉树强烈地震和舟曲特大山洪泥石流等重特大自然灾害。为保障好受灾群众基本生活，国务院加快建立健全自然灾害救助机制。2007年以来，国家先后公布施行了《自然灾害救助条例》等多部相关法律法规，省、地、县三级政府全部制定了自然灾害救助应急预案，健全了救灾准备、应急救助、灾后救助和恢复重建相衔接的灾害救助制度，完善了灾害预警和应急响应机制，实现了日常减灾和应急救灾的有效结合。全国救灾物资储备网络初步建立，目前共设立18个中央级生活类救灾物资储备仓库，各省和绝大部分市（地）、县（市）也都设立了本级救灾物资储备库点，基本可以保障灾害发生后24小时内受灾群众得到第一批物资救助。2011年，共下拨中央自然灾害生活补助资金86.4亿元，调拨7万顶帐篷、83万床（件）棉衣棉被等救灾物资，紧急转移安置受灾群众939.4万人次，帮助灾区重建住房99.4万间。此外，国务院还将每年的5月12日设立为全国“防灾减灾日”，为全社会营造了防灾减灾氛围，提高了公众防灾减灾意识。

（五）流浪未成年人保护政策日益完备，流浪乞讨人员救助逐步加强。以“自愿受助、无偿救助”为原则，进一步完善关爱型流浪乞讨人员救助政策，加强救助管理机构规范化建设，细化了街面流浪乞讨人员救助管理、流浪乞讨人员中危重病人和精神病人救治、特殊困难救助对象跨省返乡、严寒恶劣天气主动救助等具体措施。2011年，国务院办公厅印发《关于加强和改进流浪未成年人救助保护工作的意见》（国办发〔2011〕39号），建立了流浪未成年人救助保护制度，明确了主动救助、教育矫治、回归安置、源头预防等政策措施，同年中央财政开始安排流浪乞讨人员救助补助资金。截至2011年底，全国共有救助管理机构1788个，床位7.1万张。2007年至2011年，全国共救助流浪乞讨人员892.7万人次，其中未成年人80万人次，基本实现了对城市生活无着流浪乞讨人员的应救尽救。

（六）医疗救助快速发展，困难群众医疗负担有所减轻。我国农村、城市医疗救助制度分别于2003年、2005年开始试点建制，到2008年底实现了城乡全覆盖。2009年深化医疗卫生体制改革以来，医疗救助制度实现了新的发展。覆盖人群逐步扩大：由低保对象、农村五保供养对象延伸至重度残疾人和低收入家庭中的重病患者、老年人等低收入群众；救助模式日益多样：由单一的住院救助发展为住院、门诊、资助参保参合、二次救助、重特大疾病救助等多种方式相结合；服务方式更加便捷：从“医前垫付、医后报销”转向“随来随治、随结随走”的一站式即时结算。中央及地方各级财政投入逐年增加，医疗救助政策进一步完善，保障水平持续提高，管理服务不断创新，困难群众医疗负担得到减轻。2011年，全国共实施城乡医疗救助8937万人次，是2007年的2.2倍；累计支出医疗救助资金198亿元，是2007年的近4倍。

（七）临时救助稳步推进，救急救难作用初步显现。从2007年开始，民政部部署各地探索建立临时生活救助制度，努力解决低收入群众的突发性、临时性生活困难。几年来，各地结合实际，加快建制步伐，加大救助力度，取得阶段性成果。目前，全国共有26个省（区、市）初步建立这项制度，救助范围由城乡低保对象扩大到低保边缘群体，部分地区还扩大到常住非户籍人口和外来务工人员等流动人口。2011年，全国获得临时救助的家庭共有529.4万户，共支出临时救助资金31亿元，户均救助586元。

为确保社会救助制度顺利实施，各级政府都加大了社会救助财政投入。财政部门还建立健全了有关资金管理制度，避免资金被挤占挪用，有效提高了资金使用效益。2011年，全国城乡低保资金共支出1327.6亿元（含一次性春节生活补贴），是2007年的3.4倍，其中中央财政补助1009亿元，占总支出的76%；医疗救助资金支出198亿元，是2007年的3.9倍，其中中央财政补助130亿元，占总支出的66.7%；孤儿基本生活保障费支出56亿元，其中中央财政支出25亿元，占44.6%；流浪乞讨人员救助资金支出19.7亿元，其中中央财政支出10亿元，占50.76%。五保供养资金支出121.7亿元。

五年来，我国社会救助事业快速发展，开启了传统社会救济向现代社会救助发展的新篇章，实现了“四个新跨越”：一是在体系化上实现了新跨越，社会救助内容从单一生活救助迈向多样化的综合救助，初步形成了以最低生活保障、农村五保供养、自然灾害救助为基础，以医疗、教育、住房等专项救助制度为支撑，以临时救助、社会帮扶为补充的城乡社会救助体系框架；二是在制度化上实现了新跨越，社会救助形式从临时性、随意式救助转向经常性、制度化救助，制度设计和救助标准日趋科学、严谨；三是在均等化上实现了新跨越，社会救助范围由注重城市转向统筹城乡，使城乡困难群众均享有社会救助；四是在规范化上实现了新跨越，社会救助对象核定方式由依据人员身份走向依据经济状况、困难类型等因素，制度更加完善，操作更加规范，管理更加严格。

二、当前社会救助工作存在的主要问题

当前，我国社会救助工作总体进展较快，取得突出成效，但仍处于发展完善阶段，面临着一些需要认真研究解决的问题。

（一）法制建设相对滞后。我国现行的社会救助政策虽已基本完备，但与法制化、科学化的要求尚有一定差距，其中最突出的问题就是没有一部社会救助基本法律，难以对社会救助相关问题进行全面、系统的规范和调整。《城市居民最低生活保障条例》于 1999 年公布施行，已不能完全适应当前工作发展的需要；农村低保、医疗救助、临时救助等工作目前主要依据地方性法规和政府规章等规范性文件，不同程度存在着效力层次偏低、适用范围较窄、实施机制薄弱等问题。在核批社会救助对象时，由于商业银行法等法律有限制条件，民政部门无法及时查询救助申请家庭财产等经济状况信息，再加上资格条件不够完备、审核审批程序不够严密、个别工作人员素质不高，造成一些地区出现社会救助对象认定不准确以及“关系保”、“人情保”等问题。

（二）制度发展不够平衡。城乡社会救助体系框架虽已初步建立，但仍有一些困难群众和特殊情况难以纳入救助范围，制度体系需要进一步健全完善。一些收入超过当地低保标准，而生活必需性支出较大的“支出型”贫困家庭难以获得救助；户籍不在本地的常住人口偶遇困难，也面临着在居住地难以享受救助的问题。临时救助等制度需要进一步健全。《自然灾害救助条例》需要进一步贯彻落实，城市救灾需要努力推进。就救助水平和服务能力而言，城乡之间、区域之间的差距仍然较大。

（三）救助供给仍然不足。随着我国经济实力不断增强，人民生活水平日益提高，当前的救助水平、救助内容和救助方式等与党和国家保障和改善民生的要求、与困难群众的期望还存在一定差距。相当数量的地区没有实现农村五保“按标施保”，中央财政税费改革补助资金中的五保补助资金在有些地区没有得到有效使用；一些事实上无人抚养的困境儿童的保障政策尚未落实；老年人、残疾人、未成年人、重病人等特殊困难群体迫切需要的日常照料、心理咨询、护理康复等方面的服务还比较欠缺；因安置供养机构不足，一些查找不到户籍或监护人的流浪乞讨智障人员、精神病患者长期滞留在救助管理机构，挤占了有限的救助资源。

（四）制度衔接有待加强。近年来，国家在保障和改善民生方面出台的政策比较多，涉及养老、就业、教育、医疗、住房、扶贫等多个方面。虽然民政部、财政部、人力资源社会保障部、扶贫办等部门出台了一些制度衔接政策，但从总体上看，还需要进一步加强，从而形成衔接配套、各有侧重、相互补充、整体推进的民生保障格局。同时，在制度执行中，相互之间的信息沟通和共享程度不高，协作力度尚需进一步加大。

（五）基层能力较为薄弱。近年来，社会救助对象不断增加，救助内容不断拓展，工作任务日益繁重，规范化、精细化管理的要求也越来越高，特别是救助申请家庭经济状况核对机制的建立，对工作人员的专业水平提出了更高要求。社会救助政策的落实主要依靠县及县以下基层民政工作人员，但当前基层普遍存在工作力量薄弱、工作经费短缺、工作条件落后、专业化和信息化程度不高等问题，制约了社会救助工作健康发展。

三、下一步工作措施

当前和今后一个时期，是我国全面建设小康社会的关键期，也是加快推进以保障和改善民生为重点的社会建设的战略机遇期。随着经济体制改革深化，经济社会发展加快，城镇化、老龄化进程不断加速，社会利益格局深刻变化，社会诉求复杂多样，社会矛盾和问题更加突出，人民群众对社会政策公平公正实施的关注度和参与度越来越高，迫切要求政府通过优化公共财政支出结构等方式加大对社会救助的投入，确保困难群众共享经济社会发展成果；迫切要求相关部门通过精细化、规范化管理，不断改进对象认定和审核审批程序，维护社会公平正义；迫切要求进一步加强制度衔接，形成整体合力，

共同维护好困难群众基本生活权益。

国务院把保障困难群众基本生活作为加强党的执政基础的大事来抓，2012 年 7 月 25 日召开常务会议专题研究加强和改进低保工作的具体措施，印发了《关于进一步加强和改进最低生活保障工作的意见》(国发〔2012〕45 号)，并召开电视电话会议，进一步明确了做好这项工作的总体要求、基本原则、主要任务和保障措施，为今后一个时期的社会救助工作提供了基本遵循。下步，社会救助工作将按照《意见》要求，以科学发展观为指导，以保障和改善民生为主题，以强化责任为主线，坚持保基本、可持续、重公正、求实效的方针，进一步完善相关政策，健全工作机制，严格规范管理，加强能力建设，努力构建标准科学、对象准确、待遇公正、进出有序的社会救助工作格局，不断提高社会救助的规范性、科学性和有效性，切实维护困难群众的基本生活权益。

(一)继续推动社会救助法制建设。全国人大对社会救助立法工作高度重视，已经将社会救助法列入立法工作计划。目前，有关部门正在进一步研究有关社会救助的立法问题。同时，根据社会救助工作实际需要和成熟程度，适时制定、修改社会救助法规和规章，加快健全社会救助法制体系。

(二)不断健全社会救助制度体系。继续做好社会救助制度顶层设计，形成结构合理、层次分明、衔接配套、针对性强、操作规范的制度体系。加快推进低收入家庭认定工作，为医疗救助、教育救助、住房保障等社会救助政策向低收入家庭拓展提供支撑。尽快建立健全临时救助制度，使遭遇突发性事件和意外事故的困难群众及时获得政府救助；推动建立重特大疾病医疗救助制度，制定针对艾滋病机会性感染者、重性精神病患者等特殊人群的医疗救助政策；加快发展面向残疾人、老年人、儿童等特殊困难群体的救助服务。积极开展城市救灾工作，着力提高救灾应急能力，不断提升自然灾害救助覆盖面和保障水平。

(三)大力推进社会救助事业均衡发展。认真落实社会救助标准与物价上涨挂钩的联动机制，完善最低生活保障标准动态调整办法，指导地方促进区域之间、城乡之间社会救助事业均衡发展。进一步理顺资金投入机制，支持开展农村五保供养工作，保障农村五保供养对象的基本权益。逐步加大社会救助财政资金投入力度，确保新增财力优先用于保障和改善基本民生，使困难群众能够共享改革发展成果；继续加大对革命老区、民族地区、边疆地区、贫困地区发展社会救助事业的扶持力度。

(四)切实加强社会救助能力建设。按照国务院部署，建立由民政部牵头的社会救助部际联席会议制度，统筹做好最低生活保障与医疗、教育、住房等其他社会救助政策以及促进就业政策的协调发展和有效衔接。同时，要求地方政府相应建立社会救助协调工作机制。加快建立跨部门、多层次、信息共享的救助申请家庭经济状况核对机制。健全基层社会救助工作体系，充实加强基层工作力量，保障工作场所和工作条件，确保事有人管、责有人负；加强社会救助工作人员培训，增强基层社会救助管理服务能力；改善管理手段，加快推进信息化建设，不断提高社会救助规范化、科学化管理水平。

(五)着力强化社会救助监督管理。把社会救助工作纳入国家和地方经济社会发展总体规划，确保救助事业与经济社会同步规划、协调发展。将低保等社会救助工作纳入地方科学发展考评体系和政府绩效考核，逐级落实责任。进一步规范社会救助操作流程，实行社会救助经办人员和村(居)干部近亲属享受救助备案制度，完善动态管理措施，全面建立救助申请家庭经济状况核对机制。推行绩效考核，奖优罚劣，注重实效，使社会救助工作步入规范化、精细化管理轨道。加强监督检查，确保各项政策措施落到实处。健全内部监管机制，强化管理责任，防止各种违法违规现象发生。完善社会监督机制和投诉举报核查制度，严格责任追究，对因工作重视不够、管理不力发生重大问题、造成严重社会影响的，要依法追究有关责任人的责任。

全国人大常委会听取和审议国务院关于社会救助工作情况的报告，充分体现了全国人大常委会对社会救助工作的高度重视和大力支持，必将有力推进我国社会救助工作的发展。我们将认真研究和落实全国人大常委会的意见和建议，不断改进工作，努力推动我国社会救助事业又好又快发展，为保障和改善民生、维护社会和谐稳定、促进经济平稳较快发展作出积极贡献！

关于土地管理和矿产资源开发利用及保护工作情况的报告

——2012 年 12 月 25 日在第十一届全国人民代表大会常务委员会第三十次会议上

国土资源部部长 徐绍史

全国人民代表大会常务委员会：

我受国务院委托，向全国人大常委会报告土地管理和矿产资源开发利用及保护工作情况，请审议。

一、主要工作进展和成效

本届政府以来，国务院认真贯彻落实党中央关于土地和矿产资源的大政方针和决策部署，与地方各级政府协调联动，坚持改革创新、加快制度供给，积极主动服务、严格规范管理，保障了发展、保护了资源、规范了秩序、维护了权益、支撑了生态。

（一）深入贯彻耕地保护基本国策，夯实了国家粮食安全的基础。着力构建管控性保护、建设性保护、激励性保护相结合的耕地保护新格局，耕地大量减少的势头得到了遏制，2011 年底全国耕地保有量为 18.2476 亿亩，基本农田面积稳定在 15.6 亿亩以上，为我国粮食产量的九连增奠定了坚实基础。

一是坚守土地利用总体规划、建设用地年度计划、耕地保有量、基本农田面积四条线。强化地方政府耕地保护责任，严格省级政府耕地保护责任目标考核。2011 年开展的 2006—2010 年省级政府耕地保护责任目标考核结果表明，各地耕地保护意识不断增强并较好履行了耕地保护的责任。

二是加强执法督察。土地矿产卫片执法由 2007 年的 86 个重点城市扩展到 2008 年的 172 个重点城市，2009 年实现了全国覆盖。国家土地督察机构对重点城市土地管理和利用情况进行了全面监督检查。建立了国家、省（区市）、市（地）、县（市）四级联网的 12336 土地矿产违法举报电话。每年按季度通报和挂牌督办重大土地矿产违法案件，按年度对违法严重地方进行约谈并问责。2008 年至 2011 年，共立案查处违规违法用地 252 万亩，涉及耕地 99 万亩，较前四年分别下降 36.2% 和 50.0%。

三是坚持耕地占补平衡并对耕地质量进行监控。2008 年至 2011 年，全国建设占用耕地 1560 万亩，同期补充耕地 1630.5 万亩，因灾损毁耕地 145.9 万亩、生态退耕 48.6 万亩、农业结构调整减少耕地 2.4 万亩，耕地总体净减少 126.4 万亩，截至 2011 年底全国保有耕地 18.2476 亿亩。同时，完成了全国耕地质量分等定级，在 160 多万平方公里的重点地区开展 54 种微量元素的土壤质量调查，为加强耕地质量管理奠定了基础。

四是探索建立耕地保护补偿机制。成都市建立了耕地保护补偿基金，根据耕地质量给予农民相应补贴。广东省在全省建立了耕地保护补偿机制，调动了农民保护耕地的积极性。

（二）加强和改进宏观调控，在稳增长、调结构中发挥了积极作用。积极应对国际金融危机、促进稳增长和调结构，建设用地管理坚持控制总量、优化增量、盘活存量、用好流量、提高质量，有疏有堵、有保有压，土地管理和调控取得了新的进展。

一是形成了“1+8”的组合政策，保障了经济社会发展合理用地需求。“1”就是每年的建设用地增量安排，近几年每年下达计划约 700 万亩。“8”就是拓展建设用地新空间的 8 条途径。第一是农村土地整治，即“田水路林村”综合整治，不仅可新增耕地 10%—15%，还改善农村生产生活条件。第二是严格规范开展城市建设用地增加与农村建设用地减少挂钩试点，在建设用地规模不增加的前提下优化用地结构和布局，在保护耕地的同时也为城镇化提供用地保证。第三是低丘缓坡开发，也就是在保护生态的前提下城镇和产业建设上坡上山，少占或不占耕地。第四是工矿废弃地复垦，已安排 12 个省份试点。第五是城镇低效用地二次开发，挖掘潜力并促进城镇的更新改造和产业结构调整转型。第六是闲置建设用地处置，清理出 100 多万亩，已盘活利用约 50 万亩。第七是科学围填海造地，沿海地区每年安排 30 万亩左右。第八是戈壁、荒滩和沙漠等未利用地开发利用。“1+8”的组合政策较好地统筹了保障发展和保护资源。

二是建设用地供应的区域结构和产业结构更趋合理，在促进经济结构调整中发挥了积极作用。落实区域发展战略，对边疆少数民族地区、重大自然灾害地区、集中连片特困地区给予特殊支持。2008年至2011年，建设用地供应东部地区占比下降4.6个百分点，中部、西部地区占比分别提高3.4个和1.2个百分点。积极支持产业结构优化升级，严格限制高污染、高耗能工业用地，优先保障基础设施、战略新兴产业、改善民生等用地。房地产用地供应保持在较高水平，年均达到195万亩；保障性安居工程用地100%划拨，实现了应保尽保。

（三）大力实施节约优先战略，以提高资源利用效率促进经济发展方式转变。一是加强节约集约用地用矿的制度和标准体系建设。初步形成了“规划管控、计划调节、标准控制、市场配置、政策鼓励、监测监管、考核评价、共同责任”8项节约集约用地制度。科学编制并严格实施土地利用总体规划和城镇建设规划，合理确定城镇建设用地规模。修订各类建设用地标准，提高准入门槛。开展国土资源节约集约模范县（市）创建活动，首届评选出101个模范县（市）。2008年至2011年，单位国内生产总值建设用地面积下降30%。

二是矿产勘查开发规模化水平明显提高。2008年至2011年，整合了6574个矿区，减少矿业权2.6万个，全国矿山数从12万个下降到10.8万个，矿山年产能从68亿吨增加到近100亿吨。

（四）统筹矿产资源开发利用与保护，资源保障能力进一步提升。一是地质找矿取得重要进展。2008年以来，通过大调查摸清矿产资源家底，通过地质找矿改革发展大讨论形成“公益先行、商业跟进、基金衔接、整装勘查、快速突破”的地质找矿新机制。进而酝酿和实施找矿突破战略行动，坚持市场化方向，引导多元投入，以少量财政投入撬动大量社会资金投入。2008年至2011年，地矿勘查投入3708亿元，较前四年投入增长1.1倍；其中中央和地方财政投入仅占15.3%，固体矿产勘查开发中社会投资占到六成。2008年至2011年，新增石油地质储量50.1亿吨、天然气地质储量2.6万亿立方米、煤炭资源储量2798亿吨。

二是矿山地质环境保护和安全管理得到加强。目前已有30个省份实施了矿山地质环境治理恢复保证金制度，坚持“谁破坏、谁治理”，不欠新账。同时，加大历史遗留矿山地质环境问题的处置力度。2008年至2011年，中央财政共投入资金151亿元，带动地方财政、企业和社会资金投入400多亿元。推进绿色矿山建设，确定了两批共220家矿山企业为国家级绿色矿山试点单位。加强尾矿库安全治理，多部门联合开展打击非法盗采专项行动。矿山安全事故明显下降。

（五）维护资源所有者、使用者和群众权益，促进了社会和谐稳定。一是征地制度改革取得积极进展。坚持“缩小征地范围、规范征地程序、提高补偿标准、多元安置保障”，全面实行征地统一年产值标准或区片综合地价，征地补偿标准提高30%以上。2008年至2011年，用于征地拆迁补偿、农民补助等支出3.5万亿元，2500多万被征地农民纳入社会保障。

二是土地矿产资源收益明显增长。土地出让收入从2008年的9942亿元上升到2011年的3.3万亿元。2008至2011年，资源税税收总额1653.5亿元，矿产资源补偿费收入557.3亿元，较前四年分别增长1.3倍和1.5倍。启动和谐矿区建设试点，探索建立矿山企业与当地群众的资源开发利益共享机制。

三是土地矿产监管制度进一步健全。形成了“全国覆盖、全程监管、科技支撑、执法督察、社会监督”为一体的综合监管体系。执法监管共同责任机制和国家土地督察制度基本建立。卫星遥感等高科技手段对土地矿产监管发挥了巨大作用。初步构建了覆盖土地“批、供、用、补、查”以及矿业权和地质灾害等信息的综合监管平台。

四是维护权益的产权基础进一步夯实。稳步推进农村集体土地确权登记颁证，截至2012年10月底，农村集体土地所有权确权登记率达86%，农村土地承包经营权登记试点工作稳步推进。2008年至2011年，处理土地权属争议11.6万件。

二、土地和矿产资源保护、利用和管理面临的突出问题

我国正处于全面建设小康社会的关键时期、深化改革开放和加快转变经济发展方式的攻坚时期、大有可为的战略机遇期，工业化、信息化、城镇化、农业现代化同步发展。发展是硬道理，资源是硬约束，土地和矿产资源保护、利用和管理面临一系列突出问题，困难和压力有增无减。

（一）供需矛盾突出，耕地总量保护难度加大、质量值得关注。一是我国人均耕地少、优质耕地少、后备耕地资源少。我国人均耕地仅1.35亩，不到世界平均水平的1/2。中低产田占耕地总面积近70%。

全国集中连片、具有一定规模的耕地后备资源少且大多分布在生态脆弱地区，补充优质耕地越来越难。二是建设用地供需矛盾突出，城镇和农村建设双向挤占耕地，违规违法占用耕地的压力依然很大。三是耕地保护补偿机制有待尽快建立。

（二）资源利用粗放浪费现象依然突出。一是部分城镇规模过度扩张，人均建设用地高于国家标准，高于资源短缺甚至资源丰富的国家。一些开发区和新区违反规划设置，盲目扩大规模。二是农村人口向城市转移但农村居住用地还在扩大，农村空闲住宅一般达到10%—15%，出现了一些空心村。三是矿山企业集约化程度不高，矿产资源综合利用水平明显低于发达国家水平。

（三）资源保障和环境灾害防治面临诸多挑战。一是我国矿产资源总量大、人均少，一般矿多、大宗战略性矿产少，贫矿多、小矿多、共伴生矿多；人均探明矿产资源储量只占世界平均水平的58%，居世界的第53位。二是一些重要矿产对外依存度高。石油、铁、铜、铝、钾盐等对外依存度均超过50%。矿产地和资源储备不足。三是矿山环境和安全生产问题比较突出。

（四）资源社会矛盾突出，利益协调难度大。土地征用与开发、矿产勘查与开发涉及国家、地方、企业、民众等多方利益。因征地拆迁引发的信访问题较为突出，群体性事件时有发生。农村集体建设用地流转不规范引发大量矛盾纠纷。矿产资源补偿费制度改革滞后，矿产资源国家所有者的权益未得到充分体现。

土地和矿产资源管理面临的突出问题重大而复杂，具有历史性、全局性和基础性。这些问题的产生与我国特殊的资源国情有关，与所处的特定发展阶段有关，也与深层次的体制机制法制障碍有关，还与改革跟不上、工作跟不上有关。解决这些问题，必须加强总体设计，加快改革步伐。

三、下一步工作考虑

党的十八大为我们描绘了全面建成小康社会的宏伟蓝图，把生态文明建设纳入五位一体的总体布局，提出了明确目标、任务和要求。要认真学习贯彻党的十八大精神，坚持改革创新、加快制度供给，把土地矿产资源保护、利用和管理放到经济社会发展全局中来谋划、来推进，为保发展、保资源、保民生、保生态作出应有贡献。

（一）编制实施国土规划，优化国土空间开发格局。国土资源是生态文明的物质基础、能量来源、空间载体和构成要素。加快编制实施国土规划，推进国土综合整治和开发，使之成为生态文明建设的重要平台和抓手。进一步规范围填海管理，科学编制和严格执行相关规划和计划，切实做好环境影响评价。

（二）坚持和完善最严格的耕地保护制度。这是维护国家粮食安全的基础和生态文明建设的重要内容。改革完善并不断强化土地用途管制制度，坚持土地利用总体规划、建设用地年度计划、耕地保有量、基本农田面积四条线的管控。严格执行并不断完善耕地占补平衡制度和耕地保护责任目标考核制度，探索多样化的耕地保护补偿方式。坚持数量与质量并重，加快推进高标准基本农田建设，健全耕地质量调查、评价和监测监管制度，推广使用低毒低残留农药和高效化肥，禁止工业废弃物、城市垃圾等有毒有害物质施入农田。

（三）加强和改善土地调控，促进经济结构调整。这是转变经济发展方式的重要举措，也是加强生态文明建设的内在要求。坚持总量控制和供需双向调节，实行差别化管理，促进区域、产业、城乡协调发展。进一步提高资源政策与财政、货币、投资、产业、区域等相关政策的协同性。完善房地产用地调控政策，加大普通商品住宅用地供应力度，确保保障性住房建设用地应保尽保。严格执法监察和督察，维护良好的资源开发利用秩序。

（四）大力推进土地和矿产资源节约集约利用。这是保护生态环境的根本之策。加强节约用地用矿制度和标准建设。严格执行并不断完善各类工程建设用地控制指标。全面推进城镇存量低效土地、工矿废弃地的再开发以及城市地下空间合理利用，建立污染土地治理机制、加大治理力度。全面落实“十二五”期间单位国内生产总值建设用地下降30%的目标任务。大力推行清洁生产，鼓励发展节能、节水、节材的产品和清洁生产工艺，加大可再生材料和环保绿色材料使用比例。鼓励紧缺矿产资源替代技术和资源综合利用技术攻关。完善矿产资源综合利用政策，加强废旧钢铁、有色金属、稀土稀有金属及电子产品等资源回收利用。深入开展国土资源节约集约模范县（市）创建活动。

（五）切实加强矿产资源勘查、保护、开发和管理。这是提高资源保障能力、维护国家经济安全的需要，也是加强生态文明建设的重要任务。继续实施找矿突破战略行动。加大油气、铁、铜、铝、铅锌、稀土等战略性矿产资源的勘查、保护、合理利用和储备力度。推进矿产资源综合勘查、综合评价、综合开发，提高矿产资源的综合利用水平。进一步拓展矿产资源领域国际合作。加强矿山环境保护，推进尾矿库安全治理，大力发展绿色矿业。切实加强地质灾害防治。深入开展矿山整顿整合，进一步提高矿山开发集中度和淘汰落后产能，推进矿山安全健康发展。

（六）进一步转变管理职能，坚持制度创新。这是解决土地矿产领域突出问题的必由之路，也是加强生态文明建设的强大动力。强化资源战略、规划、政策等宏观管理，深化行政审批制度改革，加大对土地矿产资源开发利用与保护的监管力度。改革完善土地矿产资源有偿使用制度。加快征地制度改革，规范集体建设用地流转，稳步推进城乡统一的土地市场建设。深化资源税费制度改革，适时调整矿业权使用费征收标准。完善矿业权出让和转让制度。加快推进农村集体建设用地、农民宅基地和农户承包地的确权登记颁证，探索建立不动产统一登记制度。积极配合国家法制部门推进土地管理法、矿产资源法修改。巩固完善相对集中统一的国土资源管理体制。加快构建党委领导、政府负责、部门协同、公众参与、上下联动的工作新格局。

关于知识产权审判工作情况的报告

——2012 年 12 月 25 日在第十一届全国人民代表大会常务委员会第三十次会议上

最高人民法院院长　王胜俊

全国人民代表大会常务委员会：

根据本次全国人大常委会会议的安排，我代表最高人民法院报告 2008 年以来人民法院知识产权审判工作情况，请审议。

一、近年来知识产权审判工作的进展和成效

知识产权审判是人民法院以专利、商标、著作权、技术合同等案件为主要审理对象的司法活动，涉及人民法院民事、行政、刑事三大审判领域。加强知识产权审判，对于实施创新驱动发展战略、推动社会主义文化强国建设、保障市场经济健康运行具有重要意义。近年来，随着我国经济社会发展，知识产权审判的重要作用日益凸显，案件数量迅猛增长，新型疑难案件增多，矛盾化解难度加大。最高人民法院在党中央坚强领导下，在全国人民代表大会及其常委会有力监督下，根据形势任务的新要求，以邓小平理论、“三个代表”重要思想、科学发展观为指导，监督指导地方各级法院依法履行职责，全面加强知识产权审判工作，在推动科技创新、经济发展、文化繁荣和对外关系等方面发挥了重要作用。

（一）加强执法办案，努力发挥司法保护知识产权主导作用

司法保护知识产权的主导作用，主要体现在司法解决知识产权纠纷的主渠道作用、司法救济的全面性和实效性、司法裁判的终局性、裁判标准和规则的导向性等方面。各级法院立足审判职能，加强知识产权保护，激励自主创新，规范市场竞争，促进提升知识产权创造、运用和管理水平。2008 年至 2012 年 6 月，全国法院共受理知识产权案件 226753 件，审结 208653 件。

加强知识产权民事审判工作。共受理知识产权民事案件 196209 件，审结 180213 件。加强专利权保护。审结专利案件 24644 件，技术合同案件 2907 件。重点加强关键核心技术和基础前沿领域技术成果保护，加大对创新程度高的发明创造的保护力度，适度从严把握等同侵权的适用条件，促进提高自主创新能力。加强商标权保护。审结商标案件 40370 件。制裁假冒商标、恶意抢注、搭车模仿等商标侵权行为，规范驰名商标认定与保护，有效制止“傍名牌”行为，鼓励正当竞争，促进品牌经济发展。加强著作权保护。审结著作权案件 98801 件。加强出版发行、影视制作、演艺娱乐、广告设计等领域著作权保护，高度重视文化创意、动漫游戏、网络、软件、数据库等新兴文化产业和文化业态的著作权保护，综合运用多种法律手段，积极推动非物质文化遗产的保护、传承和开发利用，加大对文化创造者权益保护力度，保障文化创造源泉充分涌流。维护正当竞争秩序。审结不正当竞争和垄断

案件5224件。以诚信竞争和公平竞争为导向，重点打击虚假宣传、商业诋毁、侵犯商业秘密等不正当竞争行为，营造诚实守信、公平有序的市场环境。积极开展垄断案件审理工作，努力遏制垄断行为，增强市场活力。依法平等保护。审结涉外知识产权案件5670件，涉港澳台案件1648件。遵循国民待遇原则，信守国际条约，依法平等保护涉外知识产权，营造公开透明的贸易投资环境，促进提高对外开放水平。加大惩处力度，依法加重假冒盗版、重复侵权、恶意侵权行为人的赔偿责任，提高其侵权代价。积极慎重采取诉前停止侵权措施，及时制止侵权行为，防止侵权后果扩大。格力公司诉美的公司等发明专利侵权案、“鳄鱼”商标侵权案、北大方正诉暴雪公司等字库著作权侵权案、腾讯公司诉奇虎公司不正当竞争案等社会广泛关注案件的正确裁判，明晰了法律标准和行为界限，对推动相关产业发展产生积极影响。

*加强知识产权行政审判工作。*依法审理各类知识产权行政案件，注重发挥行政审判监督和促进知识产权行政执法的职能作用。共受理知识产权行政案件9948件，审结8749件，其中维持具体行政行为的6640件，撤销具体行政行为的1088件。妥善处理因行政机关查处知识产权侵权行为引发的行政纠纷，保障行政相对人合法权益，规范知识产权行政执法行为，促进提高知识产权行政保护水平。妥善审理知识产权授权确权案件，提高授权确权质量和效率。

*加强知识产权刑事审判工作。*依法制裁侵犯知识产权犯罪，共受理知识产权刑事案件20596件，审结19691件，判处罪犯29852人。加大刑事制裁力度，在依法适用主刑的同时，加大罚金刑的适用与执行力度；采取追缴违法所得、收缴犯罪工具、销毁侵权产品等措施，剥夺侵权人的再犯罪条件。积极配合打击侵犯知识产权和制售假冒伪劣商品专项行动，形成打击侵犯知识产权犯罪高压态势。“番茄花园”软件网络盗版案等案件的判决，在国内外产生良好反响。

（二）坚持能动司法和改革创新，着力提升知识产权审判服务大局的有效性

*坚持能动司法，积极回应经济社会文化发展新要求。*最高人民法院围绕党和国家工作大局，根据形势发展变化，采取多项司法应对措施，指导地方各级法院积极作为，主动服务大局。先后发布知识产权审判服务大局、为加快转变经济发展方式提供司法保障、推动社会主义文化大发展大繁荣、为加快国家创新体系建设提供司法保障等指导意见，为应对国际金融危机冲击、推动自主创新、建设文化强国、实施创新驱动发展战略提供司法保障。先后开展“司法护权、激励创新”、“优化自主创新司法环境”、“加强知识产权司法保护、促进经济发展方式转变”等主题活动，打造良好的知识产权司法保护环境。加强专项调研指导，妥善处理涉北京奥运会、上海世博会和广州亚运会知识产权纠纷，保障国家重大活动顺利举行。针对可能影响科技和产业发展的法律政策风险，加强调查研究，向有关方面提出司法建议，加强风险预警，督促健全制度，预防减少纠纷。

*坚持改革创新，积极回应国家知识产权战略新要求。*最高人民法院发布关于贯彻实施国家知识产权战略的意见，全面规划落实国家知识产权战略。开展知识产权审判庭集中审理知识产权民事、行政和刑事案件试点工作（以下简称“三审合一”），统一知识产权授权确权案件审理分工，优化审判资源配置。适应审判实践需求，坚持专利等技术类案件集中管辖制度，积极开展中级、基层法院跨区管辖，优化管辖布局，方便当事人诉讼。针对知识产权审判中的专业技术事实查明难问题，建立和完善司法鉴定、专家辅助人、专家咨询等技术事实查明机制，建立特邀科学技术咨询专家库，不断提高技术事实认定科学性。

*坚持“调解优先、调判结合”，积极回应和谐社会建设新要求。*加大知识产权纠纷调解工作力度，努力化解矛盾纠纷，维护社会和谐稳定。地方各级法院知识产权民事一审案件调解撤诉率达到66.7%。加强知识产权审判与人民调解、行政调解的衔接与配合，完善诉调对接机制，发挥协同解决知识产权纠纷作用。创新调解方式，发挥行业协会和科技专家的专业优势，探索实施委托调解、行业调解、专家调解，加强上下级法院以及法院与行政机关、行业协会之间的联动，做好关联案件调解工作，提高调解质量和效果，引导当事人将侵权纠纷转化为合作共赢。唯冠公司与美国苹果公司“iPad”商标纠纷、浙江正泰集团诉法国施耐德公司专利侵权纠纷、环球唱片等公司诉百度公司著作权侵权纠纷等重大案件的成功调解，受到国内外广泛好评。

*坚持阳光司法，积极回应人民群众对司法公开的新要求。*坚决落实公开审判原则，开展巡回审判、庭审直播、邀请人大代表和政协委员旁听庭审工作，建立裁判文书网络公开制度，发挥“中国知识产权裁判文书网”平台作用，不断拓展司法公开的广度深度。截至2012年6月，已有43488份生效裁判文书上网公开。定期编撰发布中国法院知识产

权司法保护状况白皮书、年鉴，全面公开知识产权审判资讯，有效保障人民群众的知情权和监督权。

（三）加强审判监督和业务指导，切实提高知识产权审判水平

完善司法政策，加强司法解释，保证司法标准统一。明确提出“加强保护、分门别类、宽严适度”的知识产权司法保护政策，确保知识产权司法保护符合我国创新和发展的实际，最大限度促进经济社会科学发展。细化不同类别知识产权的司法保护政策，发布司法政策性指导文件16件，明晰法律适用思路，保障知识产权相关法律精神的实现。加强知识产权司法解释工作，制定知识产权权利冲突解决、驰名商标保护等7件司法解释，保障知识产权法律正确适用。

拓宽监督指导途径，确保审判监督效果。认真贯彻实施民事诉讼法，畅通申诉渠道，完善和规范审查程序，切实履行知识产权案件再审审查职责。发挥上级法院审级监督功能，采取指定管辖、提级管辖等方式，确保法律适用统一。建立重大知识产权案件信息通报制度，加强对重大案件、关联案件的指导协调。规范自由裁量权行使，明确举证责任分配、法定赔偿数额确定等重要司法裁量事项的裁量标准，保证裁量结果公正合理。注重知识产权典型案例的指导作用，通过发布典型案例，明确知识产权司法原则和标准，增强业务指导的针对性。自2008年起，最高人民法院每年定期发布中国知识产权司法保护10大案件、50件典型案例和年度报告。

加强调查研究和理论创新，及时解决新型疑难法律适用问题。注重司法实践基础上的审判理论创新，指导解决法律适用难题。最高人民法院组织建立知识产权审判理论研究会，在北京大学等6所高校设立知识产权司法保护理论研究基地，在苏州等9个中级人民法院设立调研基地，推动审判理论和实践共同发展。

（四）坚持公正廉洁司法，着力加强知识产权队伍建设

加强思想政治和反腐倡廉建设。组织知识产权法官开展“发扬传统、坚定信念、执法为民”、“人民法官为人民”等主题教育实践活动，大力加强社会主义法治理念教育，引导知识产权法官牢固树立“公正、廉洁、为民”的司法核心价值观，增强大局意识、为民意识和责任意识，切实加强司法作风和廉政建设，涌现出一批以宋鱼水为典型代表的优秀知识产权法官，知识产权审判队伍素质有了新的提高。

加强审判组织建设。在中级以上法院普遍设立专门知识产权审判庭，适当增加具有知识产权案件管辖权的基层法院数量。截至今年6月，全国共有知识产权审判庭420个，具有知识产权案件管辖权的基层法院129个。注重培养选拔知识产权法官，增强审判力量，优化人员结构。目前从事知识产权审判的法官共2731人，其中本科学历的占56.4%，研究生及以上学历的占41.1%。确立10个知识产权审判基层示范法院，促进提高基层法院知识产权审判整体水平。

加强业务能力建设。围绕知识产权审判热点、难点问题，强化知识产权专业知识和审判技能培训，不断提高法官正确适用法律、妥善化解矛盾、协调利益关系的能力。通过审判业务专家评选、优秀裁判文书评比等手段，着力培养专家型法官。加大对中西部法院和基层法院法官的培训力度。加强国际交流合作，借鉴域外先进经验，培养知识产权法官的国际视野。

人民法院知识产权审判工作的发展进步，是各级党委正确领导，人大有力监督，政府、政协、有关部门及社会各界大力支持的结果。借此机会，我代表最高人民法院，对全国人大和地方各级人大及其常委会，对各级人大代表，表示真诚的感谢。

二、当前知识产权审判工作面临的形势

在看到成绩的同时，我们也清醒地认识到，知识产权审判工作面临复杂形势和严峻挑战。一是服务大局的任务更重。我国已进入全面建成小康社会决定性阶段，实施知识产权战略、加强知识产权保护已经成为增强创新驱动发展新动力的必由之路。知识产权审判必须找准服务大局的结合点和着力点，更好地推动科技创新、知识创新和文化创新。二是知识产权审判的压力更大。无论国际还是国内，对平等保护知识产权的诉求越来越强烈，同时，案件持续增加的态势越来越明显。2008年至2011年新收一审知识产权案件年均增幅33.1%，超出一般民事案件增幅26.3个百分点，知识产权审判压力越来越大。三是化解矛盾纠纷的难度更大。涉及复杂技术事实的案件增多，需要明确具体法律界限的疑难案件增多，裁判结果涉及企业生存的重大案件增多。知识产权审判必须攻坚克难，在有效化解矛盾纠纷方面找到新思路新办法。

同时，知识产权审判还存在以下问题和困难：一是司法保护知识产权的主导作用有待进一步发

挥。国务院颁布的《国家知识产权战略纲要》提出“加强司法保护体系建设”，“发挥司法保护知识产权的主导作用”。知识产权司法保护的这一战略定位还有待继续推动和落实；知识产权司法保护与行政执法双轨并行的保护机制需要进一步优化。知识产权案件“三审合一”试点工作有待继续推进，建立知识产权专门法院需要深入研究探索。二是知识产权保护机制有待进一步完善。知识产权民事、行政和刑事审判沟通协调机制尚不健全，制约了三种审判保护合力的发挥。专利商标授权确权程序过于复杂，难以避免循环诉讼，影响争议的最终解决。知识产权侵权损害赔偿计算机制以及对重复侵权、恶意侵权等行为的制裁机制有待探索完善。技术事实查明机制虽已初步建立，但在操作层面上尚需进一步完善。诉前停止侵权制度的适用需要进一步规范。三是知识产权法官队伍建设有待进一步加强。知识产权法官的司法能力不能完全适应快速增长的知识产权司法需求。特别是一些法官对能动司法的认识有待深化，服务大局的针对性、有效性以及专业司法能力有待进一步提高。

三、进一步加强知识产权审判工作的措施和建议

党的十八大指出，要实施创新驱动发展战略和知识产权战略，加强知识产权保护。各级人民法院要在党的十八大精神指引下，以本次专项审议为契机，进一步发挥知识产权司法保护职能，狠抓执法办案，完善审判机制，强化队伍建设，不断提高知识产权司法保护水平。

*一是切实加大保护力度，进一步发挥司法保护知识产权主导作用。*探索完善加大赔偿力度的具体实现方式，提高损害赔偿的科学性、合理性。明确诉前停止侵权措施的适用条件和程序，保证临时保护措施的及时性和正确性。制定专利商标授权确权案件程序和实体审查标准，进一步强化司法复审工作。细化侵犯知识产权犯罪定罪量刑标准，实现定罪量刑规范化。

*二是深入推进知识产权审判改革，进一步完善知识产权审判体制和工作机制。*健全知识产权民事、行政和刑事审判沟通协调机制，加强衔接配合，形成保护合力。总结知识产权案件“三审合一”试点经验，推进试点工作。进一步完善技术事实查明机制，细化操作程序和规则。加强知识产权审判管理，努力提升知识产权审判质量效率。

*三是不断加强队伍建设，进一步提高知识产权法官队伍素质。*深化社会主义法治理念教育和司法核心价值观教育，加强和改进司法作风。深刻认识知识产权审判规律和人才培养特点，加强专业化建设，加大教育培训和人才储备力度，提升司法水平和司法公信力。加强反腐倡廉建设，确保知识产权法官队伍公正廉洁，树立知识产权法官良好形象。

针对知识产权审判工作面临的实际困难，提出三点建议：一是以党的十八大精神为指引，进一步深入实施国家知识产权战略，优化知识产权保护体系；妥善协调司法保护和行政执法的关系，发挥司法保护知识产权主导作用；根据国家知识产权战略要求，积极探索研究建立知识产权专门法院。二是进一步完善知识产权相关立法，明确规定人民法院在专利商标确权案件中的司法变更权，促进争议的实质性解决，防止循环诉讼；增设文书提出命令制度，强化侵权行为人的文书提出义务，切实减轻知识产权权利人举证负担；建立惩罚性赔偿制度，增强对反复侵权、恶意侵权行为的制裁效果。三是进一步加强商务诚信、社会诚信和司法公信建设，加快知识产权法治文化建设，在全社会营造重视、支持知识产权审判的良好氛围。

全国人大常委会专门听取和审议知识产权审判工作专项报告，充分体现了对知识产权审判的高度重视，全国法院和广大知识产权法官深受鼓舞。我们将在以习近平同志为总书记的党中央坚强领导下，在全国人大及其常委会有力监督下，深入学习贯彻党的十八大精神，认真落实本次人大常委会审议意见，再接再厉，开拓进取，努力开创人民法院知识产权审判事业新局面，为实施创新驱动发展战略、建设创新型国家和全面建成小康社会作出更大贡献。

关于民事行政检察工作情况的报告

——2012年12月25日在第十一届全国人民代表大会常务委员会第三十次会议上

最高人民检察院检察长　曹建明

全国人民代表大会常务委员会：

根据本次全国人大常委会会议的安排，我代表最高人民检察院报告2008年以来民事行政检察工作的情况，请审议。

根据我国现行民事诉讼法和行政诉讼法的规定，人民检察院有权对民事审判活动、行政诉讼活动实行法律监督。近年来，随着经济社会快速发展和公民法律意识不断增强，大量民事行政纠纷进入司法领域，检察环节的民事行政申诉案件也呈增多趋势，对民事行政检察工作提出了更高要求。最高人民检察院认真贯彻落实党中央和全国人大关于加强对诉讼活动的法律监督，切实解决执法不严、司法不公问题的要求，努力适应形势发展和人民群众司法需求，制定《关于进一步加强和改进民事行政检察工作的决定》，召开全国检察机关第二次民事行政检察工作会议，总结实践经验，探索工作规律，进一步明确了民事行政检察工作的职能定位、基本要求和发展思路。全国检察机关在党中央和各级党委的正确领导下，在各级人大及其常委会的有力监督下，坚持依法监督、规范监督，深化改革创新，加强自身建设，推动民事行政检察工作取得新进展，为维护司法公正和法制统一、维护公民合法权益、促进经济社会发展发挥了积极作用。

一、围绕中心、服务大局，认真履行民事行政检察监督职责

坚持强化法律监督、维护公平正义、推动科学发展、促进社会和谐，以执法办案为中心，认真履行宪法和法律赋予的职责，全面加强对民事审判和行政诉讼活动的法律监督。

（一）*着力维护司法公正*。依法审查处理当事人不服人民法院生效民事行政裁判提出的申诉，努力构建以抗诉为重点的多元化监督格局。一是进一步畅通申诉渠道。深入开展检察官进社区、进企业、进农村等活动，广泛宣传检察机关民事行政检察职能，增进人民群众对民事行政检察工作的了解。注重发挥民生服务热线、派出检察室等新平台的作用，把民事行政检察工作触角延伸到基层，方便群众反映诉求。2008年1月至2012年8月，全国检察机关共受理民事行政申诉案件438970件。二是加强和改进抗诉工作。抗诉是现行民事诉讼法规定的人民检察院对民事行政生效裁判进行监督的主要方式。各级检察机关把抓好抗诉工作作为加强民事行政检察监督的中心任务，在加大监督力度的同时，依法把握抗诉条件，努力提高抗诉准确性，重点监督纠正因地方和部门保护主义，审判人员徇私舞弊、枉法裁判，以及严重违反法定程序导致错误裁判的案件。共对生效民事行政裁判提出抗诉51201件，法院已再审审结36935件，其中改判、发回重审和调解结案27543件，再审改变率为74.6%。三是推行再审检察建议。针对抗诉案件必须“上抗下”而导致办案环节多、周期长的问题，为促进把矛盾纠纷及时化解在基层、有效节约司法资源、提高司法效率、强化同级监督，对一些符合抗诉条件的民事行政申诉案件，建议同级人民法院依法启动再审程序进行重新审理。共提出再审检察建议38071件，法院已采纳28617件，采纳率为75.2%。

（二）*着力服务发展、保障民生*。最高人民检察院出台服务经济平稳较快发展的司法文件，要求各级检察机关强化大局意识和宗旨意识，把民事行政检察工作的着力点放在服务发展、保障民生上。一是围绕营造诚信有序的市场环境，加强对金融、票据、证券、期货等领域民事行政裁判的监督，认真办理涉及不正当竞争、侵犯知识产权和公司设立、股权转让等事关企业合法权益的民事行政申诉案件，共提出抗诉和再审检察建议3844件。二是围绕保护国家利益和社会公共利益，对涉及国有资产流失、环境污染等案件，有关单位和部门怠于行使起诉权的，探索开展督促起诉工作。一些地方还针对欠缴国有土地出让金、重大环境污染事故等开展督

促起诉专项活动，取得积极成效。三是围绕保障和改善民生，坚决监督纠正严重损害群众切身利益的错误裁判，对涉及人身损害赔偿、社会保障、医疗服务、劳动争议等申诉案件优先审查、快速办理。探索开展支持起诉工作，加强对妇女儿童、进城务工人员、下岗失业人员、残疾人等合法权益的司法保护。加大办理涉农民事行政申诉案件力度，对土地承包经营、林权改革、农村金融服务等领域严重损害农民利益的案件，提出抗诉和再审检察建议2031件。

（三）着力化解矛盾纠纷、促进社会和谐。最高人民检察院认真贯彻中央的决策部署，制定实施《关于充分发挥检察职能参与加强和创新社会管理的意见》，要求把化解矛盾纠纷贯穿于民事行政检察工作始终，使执法办案过程成为促进社会和谐稳定的过程。一是建立执法办案风险评估预警机制。对可能激化矛盾、影响社会稳定的民事行政申诉案件，在作出处理决定前及时评估风险，科学制定预案，加强与法院和政府相关部门的协调配合，共同做好化解矛盾工作。二是健全检调对接工作机制。依托大调解格局，加强与人民调解、行政调解、司法调解的衔接配合。对有和解条件的案件本着自愿、合法、公正原则，积极引导和促成当事人双方达成和解。对已抗诉案件也积极配合法院进行调解。三是加强检察法律文书说理。在作出不予受理、不立案、不抗诉等决定时，详细说明理由和法律依据，促使申诉人消除疑惑。共进行法律文书说理33496件次。四是积极促进社会管理创新。认真办理征地拆迁、公共服务、行政确权等行政申诉案件，注重分析案件发生的深层次原因，针对办案中发现的社会管理问题，及时向有关单位和部门提出完善制度、强化管理、改进工作的检察建议70315件，84%得到采纳，促进了社会管理法治化、规范化。

（四）着力维护法制权威。坚持监督与支持并重，与人民法院共同维护司法公正和法制权威。一是完善与人民法院的沟通协调机制。2010年1月，“两高”联合下发《关于人民检察院检察长列席人民法院审判委员会会议的实施意见》，明确规定人民法院审判委员会讨论人民检察院提出抗诉的案件以及与检察工作有关的其他议题时，同级人民检察院检察长可以列席、发表意见。2010年6月，“两高”办公厅联合下发通知，对检察机关调阅人民法院诉讼卷宗的范围、期限、方式、程序等作了规定，基本解决了长期困扰民事行政检察工作的“调卷难”问题。各级检察机关主动加强与人民法院的沟通，通过建立联席会议、信息交流等制度，共同研究解决司法实践中遇到的困难和问题。二是加强息诉工作。坚持抗诉与息诉并重，对人民法院裁判正确的民事行政申诉案件，运用群众易懂的语言和易于接受的方式，有针对性地做好释法析理、心理疏导等工作，共促使当事人服判息诉126479件。

二、强化自身监督制约，确保严格公正廉洁执法

牢固树立监督者更要接受监督的观念，把加强对自身执法活动的监督制约放在与强化法律监督同等重要的位置，进一步健全制度规范、完善监督机制，保障民事行政检察权依法正确行使。

（一）加强执法规范化建设。制定《检察机关执法工作基本规范》，完善民事行政申诉案件从受理、立案、审查到提出抗诉等各个环节的制度规范，促进依法监督、规范监督。今年8月民事诉讼法修改后，最高人民检察院根据法律关于检察监督的新规定，立即着手修订《人民检察院民事行政检察办案规则》，进一步明确执法标准，细化操作规程，努力构建更加完备的执法规范体系。推行专家咨询制度，对重大疑难复杂案件邀请专家学者提出咨询意见。健全上级检察院对下级检察院的业务指导制度，加强类案研究，及时总结经验，指导和规范办案工作。完善案件质量评查制度，采取随机抽查、定期复查、案件跟踪问效和评选“精品案件”等方式，促进提高办案水平。建立案件集中管理机构，对案件实行统一受案、全程管理、动态监督、案后评查、综合考评，努力提高监督质量和效率。2011年民事行政抗诉案件的再审改变率比2008年提高了7.17个百分点。

（二）完善内部监督制约机制。加强检察机关内部分工制约，实行民事行政申诉案件分别由控告申诉部门受理、民事行政检察部门立案审查。最高人民检察院制定《关于完善抗诉工作与职务犯罪侦查工作内部监督制约机制的规定》，明确各级检察院的民事行政抗诉与职务犯罪侦查分别由不同业务部门承办，建立案件线索双向移送、处理结果双向反馈机制，规范抗诉工作与职务犯罪侦查工作的内部职责分工和协作配合，保障和促进抗诉权、侦查权依法正确行使。强化上级检察院对下级检察院办案工作的监督，重点加强对申诉人不服下级检察院不立案、不提请抗诉等决定的复查。健全执法档案、检务督察、纪检监察部门跟

踪监督等制度，采取明察暗访、抽查案件、走访当事人等方式，重视发现和解决检察机关自身办案中存在的问题。

（三）自觉接受人大监督、民主监督和社会监督。主动向人大及其常委会报告工作情况，认真贯彻落实各省、自治区、直辖市人大常委会作出的关于加强法律监督工作的决议、决定。建立健全与各民主党派、工商联及无党派人士联络制度，探索建立民意收集、研究和转化机制，主动征求社会各方面对民事行政检察工作的意见建议。深化检务公开，完善和落实申诉人权利义务告知、申诉风险提示等制度，建立案件办理情况查询机制，认真听取各方当事人意见，不断增强执法办案透明度。加强与司法行政机关、律师协会的工作联系，健全民事行政检察环节保障律师依法执业的工作机制。重视听取人民法院对民事行政检察工作的意见，健全抗诉案件个案沟通等机制，更好地规范监督行为和方式。

三、深入推进改革创新，推动解决制约民事行政检察工作的突出问题

认真落实中央关于深化司法体制和工作机制改革的部署，加强与有关部门的沟通协调，探索完善民事行政检察监督制度。

（一）完善和规范民事行政检察监督的范围和程序。为解决民事行政检察监督范围不明确、监督手段不完善等问题，2011 年 3 月，最高人民检察院会同最高人民法院制定《关于对民事审判活动与行政诉讼实行法律监督的若干意见（试行）》，细化现行民事诉讼法和行政诉讼法的原则规定，明确检察机关对已经发生法律效力的判决、裁定、调解书向当事人或者案外人调查核实的具体情形，增加再审检察建议和检察建议两种监督方式及其适用范围，规范检察机关对民事调解、行政赔偿调解进行监督的程序，有效促进了民事行政检察监督的规范和加强。

（二）开展民事执行活动法律监督试点。为规范人民法院执行行为，支持人民法院依法执行，在认真总结基层实践经验的基础上，2011 年 3 月最高人民检察院与最高人民法院联合下发通知，在 12 个省（自治区、直辖市）开展民事执行活动法律监督试点工作。试点省份检察机关积极会同人民法院制定实施意见，确定 441 个检察院为试点单位。试点以来，检察机关共受理执行申诉案件 41350 件，向人民法院发出检察建议 28140 件，采纳率达到 88%。

（三）建立诉讼违法行为法律监督机制。2010 年 7 月，最高人民检察院会同最高人民法院等部门会签下发《关于对司法工作人员在诉讼活动中的渎职行为加强法律监督的若干规定（试行）》，明确检察机关对司法工作人员在诉讼活动中的渎职行为可以采取调查核实、建议更换办案人等方式进行监督。各级检察机关坚持把监督错误裁判与纠正违法行为、查办职务犯罪结合起来，探索开展诉讼违法行为调查工作，加大对恶意调解、虚假诉讼的监督力度，依法及时监督纠正审判人员在诉讼活动中的违法行为，严肃查办司法不公背后的贪污受贿、徇私舞弊、枉法裁判等职务犯罪案件，共对民事行政诉讼活动中的违法情形提出监督意见 19187 件次，促进了公正廉洁执法。

四、加强民事行政检察队伍建设，切实提升执法能力和水平

坚持把队伍建设作为根本和保证，围绕提高队伍整体素质、增强法律监督能力，坚持不懈地加强对民事行政检察人员的教育、管理和监督。

（一）加强思想政治建设。组织民事行政检察人员积极投入社会主义法治理念教育、“恪守检察职业道德、促进公正廉洁执法”、“发扬传统、坚定信念、执法为民”、政法干警核心价值观等教育实践活动，广泛开展向全国模范检察官吴群、张维忠、蒋冬林等先进典型学习活动，教育引导广大民事行政检察人员牢固树立正确的执法理念，增强政治意识、大局意识、责任意识和职业道德意识，筑牢忠诚、为民、公正、廉洁执法的思想道德基础。

（二）加强队伍专业化建设。针对民事行政检察工作涉及面广、专业性强的特点，通过集中培训、与高校合作办学、远程网络教学等形式，大力开展民事行政检察教育培训。创新岗位练兵形式，开展优秀法律文书评比、办案能手评选、案例评析、抗诉案件庭审观摩等活动，提升适用法律、审查证据、文书说理、再审出庭以及做好群众工作、化解社会矛盾的能力。全面深入学习贯彻修改后民事诉讼法，使检察人员准确把握民事诉讼法修改的立法精神、指导思想、基本原则，熟练掌握各项诉讼制度和程序，为修改后民事诉讼法正式施行做好充分准备。面向社会公开招录熟悉民商事和行政法律的专业人才，加强办案力量，优化队伍结构。根据民事检察与行政检察的不同特点，在有条件的地方检察院实行民事、行政检察机

构分设。成立中国检察学研究会民事行政检察专业委员会,建立民事行政检察人才库,重视培养选拔高层次专家型人才。

(三)加强自身反腐倡廉建设。高度重视民事行政检察队伍的反腐倡廉建设,坚持防微杜渐、警钟长鸣。在加强反腐倡廉教育的同时,严明办案纪律,强化监督管理,严格规范检察人员与当事人、律师、法官的关系,及时发现和纠正影响公正执法的苗头性问题,以"零容忍"的态度严肃查处人情案、关系案、金钱案,树立公正廉洁执法的良好形象。

五、当前民事行政检察工作存在的问题和困难

几年来,民事行政检察工作取得了新进展,相对薄弱的状况有了初步改观,但民事行政检察工作起步较晚,仍然存在不少问题和困难:一是监督理念还不适应,一些检察机关对民事行政检察监督的重要性认识不足,存在"重刑轻民"的思想;有的对民事行政检察工作职能定位的认识存在偏差,对监督的范围、重点、方式把握不全面、不准确。二是民事行政检察工作的力度和效果与人民群众的期待还有差距,有的检察机关对人民群众反映强烈的热点难点问题监督力度不够,特别是对行政诉讼的法律监督总体上还较薄弱;有的抗诉案件在认定事实、采信证据、适用法律等方面存在问题,办案质量和效率有待进一步提高。三是民事行政检察工作机制还不健全,案件流程管理和质量管理机制及内部监督制约机制还不够完善,一些执法规范还没有完全得到落实,特别是抗诉案件主要集中在省、市两级检察院,民事行政检察人员在各级检察机关的配备与办案任务呈"倒三角"状况,发挥基层检察院在民事行政检察工作中基础作用的机制还不健全。四是民事行政检察队伍能力素质亟待提高,一些地方民事行政检察队伍知识结构不够合理,专业化程度不高,高层次、专家型人才匮乏,把握法律政策、办理新类型案件、释法说理、群众工作等能力不强,少数民事行政检察人员违法违纪办案。五是民事行政检察工作还面临不少实际困难,法律关于行政检察监督范围、程序和措施的规定仍比较原则,不少工作仍处于试点和探索阶段。社会公众对检察机关民事行政检察职能了解不多,民事行政检察工作的社会认知度有待进一步提高。对这些问题和困难,最高人民检察院将高度重视,积极采取措施,认真加以解决。

六、深入学习贯彻党的十八大精神,进一步加强和改进民事行政检察工作

党的十八大强调,要更加注重发挥法治在国家治理和社会管理中的重要作用,全面推进依法治国,加快建设社会主义法治国家,并对加强法律监督、推进公正司法、提高司法公信力提出了明确要求。检察机关要认真学习贯彻党的十八大精神,以高度的使命感和责任感,不断强化法律监督、强化自身监督、强化队伍建设,努力把民事行政检察工作提高到一个新水平。

第一,认真实施修改后的民事诉讼法,着力转变和更新监督理念。修改后民事诉讼法对我国民事诉讼制度进行了全面完善,特别是进一步明确人民检察院有权对民事诉讼和民事执行活动实行法律监督,完善了民事检察监督的范围、方式和手段,为加强民事检察工作提供了更加有力的法制保障。最高人民检察院高度重视修改后民事诉讼法的学习贯彻,专门召开会议研究部署,认真抓好实施准备工作。检察机关将继续把学习贯彻修改后民事诉讼法摆在突出位置,准确把握立法精神,严格执行法律规定,加强调查研究、理论研究和配套制度建设,确保修改后民事诉讼法在检察工作中得到全面正确有效实施。特别是要适应民事诉讼法修改的新要求,牢固树立正确监督理念,切实转变"重刑轻民"思想,遵循民事诉讼规律和基本原则,坚持敢于监督、善于监督、依法监督、规范监督,坚持公正与效率、监督与支持并重,更好发挥检察机关在维护和促进民事司法公正中的职能作用。

第二,突出监督重点,进一步加大民事行政检察监督力度。坚持有法必依、执法必严、违法必究,综合运用抗诉、检察建议等手段,加强对民事、行政诉讼的法律监督,切实维护国家利益和社会公共利益,为落实中央关于转方式、调结构、自主创新、环境保护、"三农"工作等重大决策部署提供有力司法保障。进一步畅通群众申诉渠道,更加注重化解社会矛盾,完善检调对接等工作机制,切实发挥民事行政检察工作在促进社会管理创新、维护社会和谐稳定方面的积极作用。坚持以人为本、执法为民,依法公正对待人民群众的司法诉求,认真办理教育、就业、医疗、住房等领域损害民生民利的案件,着力解决人民群众反映强烈的执法不严、裁判不公

问题,努力让人民群众感受到公平正义。严肃查处司法不公背后的职务犯罪,维护司法廉洁。加强和改进行政检察工作,更好地维护司法公正、促进依法行政。

第三,深化检察改革,不断完善民事行政检察体制和工作机制。落实和巩固司法改革成果,继续深化民事行政检察改革,保证检察监督既有利于维护司法公正,又有利于民事行政诉讼顺利进行。适应修改后民事诉讼法的新要求,进一步加强对民事行政检察监督属性、特点、范围、方式、作用的研究,科学界定各级检察院职能分工和工作重点,深化对民事行政检察工作规律性的认识,重视发挥基层检察院在民事行政检察工作中的基础作用。高度重视、不断完善检察权运行制约和监督机制,健全检务公开、案件流程管理机制、内部分工制约机制和案件质量管理与监督机制,落实听取双方当事人和律师意见、回访当事人制度,不断提高执法公信力。

第四,加强队伍建设,切实提高民事行政检察监督能力和水平。深化社会主义法治理念教育,加强检察职业道德建设,引导检察人员牢固树立忠诚、为民、公正、廉洁的政法干警核心价值观。完善最高人民检察院和省级检察院民事行政检察人才库,加强高层次人才培养。充实民事行政检察部门办案力量,保持业务骨干相对稳定,推动队伍专业化建设。加大教育培训力度,有针对性地开展分类培训和岗位练兵,培养一批精通民事行政检察业务的办案骨干。坚持从严治检、廉洁从检,严肃查处违纪违法案件,维护公正廉洁执法的良好形象。

第五,主动接受监督,确保民事行政检察权依法正确行使。自觉把民事行政检察工作置于人大及其常委会监督之下,经常主动汇报重要工作部署及进展情况,认真办理人大代表的建议和议案,紧紧依靠人大的监督和支持开展工作。加强与人民法院和政府有关部门的联系,增进理解支持,优化执法环境。加大宣传力度,提高民事行政检察工作的社会认知度和影响力。

加强和改进民事行政检察工作,离不开全国人大及其常委会的有力监督和关心支持。在此,我们建议:一是加强对修改后民事诉讼法贯彻实施的调研,适时开展法律实施的执法检查和人大代表视察活动,推动落实法律关于民事检察监督的规定。二是适时开展行政诉讼法修改工作,进一步研究明确检察机关在行政诉讼中的职能和作用。三是加强对"两高"有关司法解释工作的指导与监督,保障法律的统一正确实施。

全国检察机关将紧密团结在以习近平同志为总书记的党中央周围,以邓小平理论、"三个代表"重要思想和科学发展观为指导,牢记使命、忠诚履职,与时俱进、求真务实,不断加强和改进民事行政检察工作,努力为全面推进依法治国、全面建成小康社会作出新的更大贡献。

二、审查和批准决算，听取和审议计划、预算执行情况和审计工作报告

全国人民代表大会常务委员会关于批准 2011 年中央决算的决议

（2012 年 6 月 30 日第十一届全国人民代表大会常务委员会第二十七次会议通过）

第十一届全国人民代表大会常务委员会第二十七次会议听取了财政部部长谢旭人受国务院委托作的《国务院关于 2011 年中央决算的报告》和审计署审计长刘家义受国务院委托作的《国务院关于 2011 年度中央预算执行和其他财政收支的审计工作报告》。会议结合审议审计工作报告，对《2011 年中央决算（草案）》和中央决算报告进行了审查。会议同意全国人民代表大会财政经济委员会提出的《关于 2011 年中央决算审查结果的报告》，决定批准《2011 年中央决算》。

关于 2011 年中央决算的报告

——2012 年 6 月 27 日在第十一届全国人民代表大会常务委员会第二十七次会议上

财政部部长　谢旭人

全国人民代表大会常务委员会：

第十一届全国人民代表大会第五次会议审查批准了《关于 2011 年中央和地方预算执行情况与 2012 年中央和地方预算草案的报告》。现在，2011 年中央决算已经汇编完成。按照《中华人民共和国预算法》等法律规定和全国人大常委会的安排，受国务院委托，我向全国人大常委会提出 2011 年中央决算报告和中央决算草案，请予审查。

一、2011 年中央决算情况

2011 年，在中国共产党的坚强领导下，各地区、各部门全面贯彻中央决策部署，认真落实第十一届全国人民代表大会第四次会议和第十一届全国人民代表大会常务委员会第二十一次会议的有关决议，以及十一届全国人大财政经济委员会审查意见的要求，牢牢把握科学发展主题和加快转变经济发展方式主线，加强和改善宏观调控，国民经济朝着宏观调控预期方向发展，人民生活不断改善，改革开放继续深化，实现了“十二五”经济社会发展良好开局。在此基础上，财政发展改革深入推进，中央决算情况较好。

（一）中央公共财政收支决算情况

2011 年，中央公共财政收入 51327.32 亿元，完成预算的 111.9%，比 2010 年（下同）增长 20.8%。加上从中央预算稳定调节基金调入 1500 亿元，使用的收入总量为 52827.32 亿元。与向第十一届全国人民代表大会第五次会议报告的预算执行数相比，中央公共财政收入增加 21.17 亿元，主要是在决算清理期间一些专项收入、行政事业性收费等非税收

入增加。中央公共财政支出 56435.32 亿元，完成预算的 103.8%，增长 16.8%。其中，中央本级支出 16514.11 亿元，完成预算的 96.9%，增长 3.3%；中央对地方税收返还和转移支付支出 39921.21 亿元（相应形成地方财政收支），完成预算的 107%，增长 23.4%。加上用于补充中央预算稳定调节基金 2892 亿元，支出总量为 59327.32 亿元。与向第十一届全国人民代表大会第五次会议报告的预算执行数相比，中央公共财政支出增加 21.17 亿元，主要是保障性安居工程支出增加。

中央公共财政收支总量相抵，赤字 6500 亿元，比预算减少 500 亿元。2011 年末中央财政国债余额 72044.51 亿元，控制在年末国债余额限额 77708.35 亿元以内。

图 1:2011 年中央公共财政平衡关系

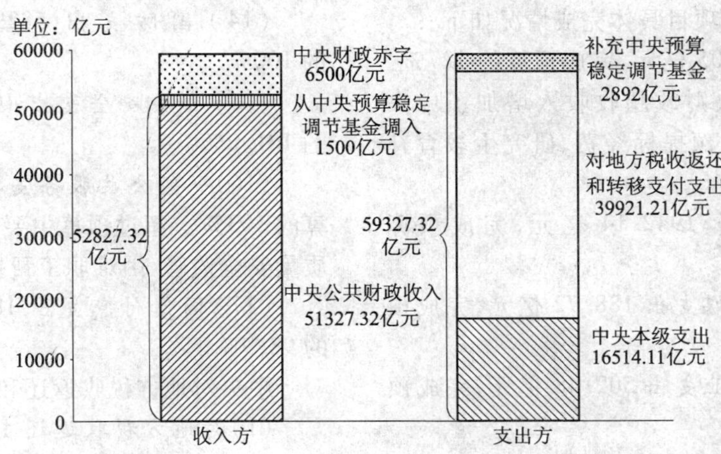

1. 中央公共财政收入决算情况

主要收入项目具体完成情况如下：

（1）国内增值税 18277.38 亿元，完成预算的 104%。

（2）国内消费税 6936.21 亿元，完成预算的 106.7%。

（3）进口货物增值税、消费税和关税 16119.54 亿元，完成预算的 120.4%。高于预算主要是进口额增幅超过预计，相应增加了进口税收。

（4）出口货物退增值税、消费税 9204.75 亿元，完成预算的 115%。超过预算主要是出口额多于预计，出口退税相应增加。

（5）营业税 174.56 亿元，完成预算的 109.1%。高于预算主要是铁路客货运输营业额增幅超过预计，相应增加了营业税收入。

（6）企业所得税 10023.35 亿元，完成预算的 119.6%。高于预算主要是企业实现利润增长情况好于预计，相应增加了企业所得税收入。

（7）个人所得税 3633.07 亿元，完成预算的 116.4%。高于预算主要是城镇居民人均可支配收入增幅超过预计，相应增加了个人所得税收入。

（8）证券交易印花税 425.28 亿元，完成预算的 77.3%。未完成预算主要是证券市场交易金额低于预计。

（9）车辆购置税 2044.89 亿元，完成预算的 106.1%。高于预算主要是汽车销售量增幅超过预计，相应增加了收入。

（10）非税收入 2695.67 亿元，完成预算的 129.6%。高于预算主要是矿产资源补偿费、探矿权采矿权使用费及价款收入等增长超过预计；国际原油价格持续高位运行，石油特别收益金相应增收较多。

图 2:2011 年中央公共财政收入构成

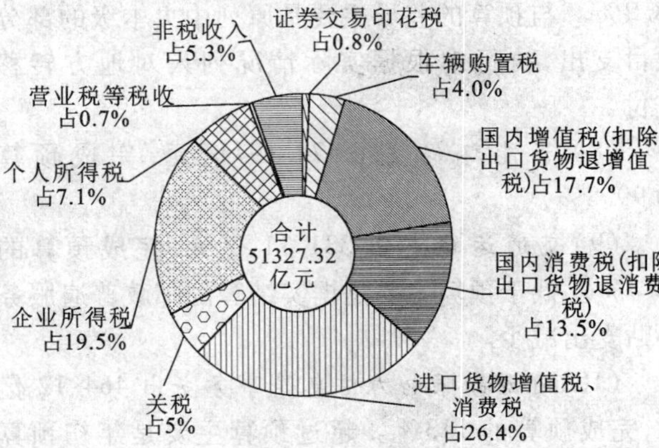

2. 中央公共财政支出决算情况

按照第十一届全国人民代表大会第四次会议批准的预算，中央各部门认真组织执行，各项重点支出得到较好保障。部分支出科目决算数与预算数存在差异：一是按照有关法律规定和着力保障重点支出要求，用中央财政超收收入增加了教育、科学技术、公路建设支出和对地方转移支付，以及保障性安居工程补助、成品油价格补贴、对困难群众生活补贴等支出。二是年初预算一些未分配到具体科目而暂列在“其他支出”中的基本建设支出，在执行中按照实际用途列相关科目。三是用中央预备费安排“三农”等支出，相应增加农林水事务等相关科目支出。四是按有关制度规定，一些项目实行据实结算办法，决算数与预算数存在差异。

中央本级主要支出项目具体完成情况如下：

(1)教育支出 999.05 亿元，完成预算的 127%。超过预算主要是用中央财政超收收入增加了中央高校本科生生均综合定额提标经费、研究生教育补助经费等支出。

(2)科学技术支出 1942.14 亿元，完成预算的 102.1%。

(3)文化体育与传媒支出 188.72 亿元，完成预算的 100.2%。

(4)社会保障和就业支出 502.48 亿元，完成预算的 103.6%。

(5)医疗卫生支出 71.32 亿元，完成预算的 112.2%。超过预算主要是年初预算暂列在“其他支出”科目中的部分基本建设支出，执行中落实到本科目具体支出项目。

(6)住房保障支出 328.82 亿元，完成预算的 112.8%。超过预算主要是用中央财政超收收入和预备费增加了廉租房、公租房建设及棚户区改造等支出。

(7)农林水事务支出 416.56 亿元，完成预算的 98.2%。与预算的差异主要是原列中央本级的部分项目支出，执行中根据实际情况列入对地方转移支付。

(8)节能环保支出 74.19 亿元，完成预算的 99.8%。

(9)交通运输支出 331.11 亿元，完成预算的 82.7%。低于预算主要是据实结算的邮政普遍服务补贴支出减少。

(10)资源勘探电力信息等事务支出 464.12 亿元，完成预算的 113%。超过预算主要是年初预算暂列在“其他支出”科目中的部分基本建设支出，执行中落实到本科目安全生产监管等基建项目。

(11)国土资源气象等事务支出 231.61 亿元，完成预算的 138.3%。超过预算主要是矿产资源补偿费、探矿权采矿权使用费及价款收入超收，按有关规定增加了地质矿产调查评价、矿产资源风险勘查等方面的支出。

(12)粮油物资储备事务支出 540.08 亿元，完成预算的 67.8%。低于预算主要是粮食财务挂账利息补贴、中央储备粮油利息费用补贴、最低收购价粮食利息费用补贴等据实结算的政策性补贴支出减少。

(13)金融监管等事务支出 413.94 亿元，完成预算的 96.3%。低于预算主要是对政策性金融机构的据实结算补贴支出减少。

(14)国防支出 5829.62 亿元，完成预算的 100%。

(15)公共安全支出 1037.01 亿元，完成预算的 101.2%。

(16)一般公共服务支出 903.01 亿元，完成预算的 103%。超过预算主要是用预备费增加了乳品质量安全监管、困难职工帮扶等支出。

(17)国债付息支出 1819.96 亿元，完成预算的 98.9%。

中央对地方税收返还和转移支付情况如下：

(1)对地方税收返还支出 5039.88 亿元，完成预算的 99.4%。

(2)对地方一般性转移支付支出 18311.34 亿元，完成预算的 105.6%。超过预算主要是因企业所得税和个人所得税增加，按财政体制规定相应增加对地方均衡性转移支付，以及为支持救灾和灾后恢复重建、落实国家区域发展规划增加对地方财力补助。

(3)对地方专项转移支付支出 16569.99 亿元，完成预算的 111.2%。超过预算主要是按照有关法律规定，用中央财政超收收入和预备费增加了对地方教育、文化、社会保障、保障性安居工程、交通运输、公共安全等方面的转移支付。

预备费使用情况。中央预备费预算 500 亿元，实际支出 500 亿元，已列入相关支出科目决算数中。具体情况是：一般公共服务支出 44.2 亿元，外交支出 5.17 亿元，文化体育与传媒支出 30 亿元，农林水事务支出 75.79 亿元，社会保障和就业支出 14.67 亿元，公共安全支出 41.83 亿元，商业服务业等事务支出 3.2 亿元，住房保障支出 200 亿元，青海玉树灾后恢复重建支出 47.81 亿元，对地方救灾综合财力等补助支出 35 亿元，其他支出 2.33 亿元。

汇总以上各项支出，2011 年中央财政用在与人民群众生活直接相关的教育、医疗卫生、社会保障和就业、保障性住房、文化方面的民生支出合计 11659.31 亿元(包括中央本级支出和中央对地方转移支付支出，下同)，增长 30.7%。用在农业水利、公共交通运输、节能环保、城乡社区事务等方面与民生密切相关的支出合计13944.32亿元。中央财政对地方的税收返还和一般性转移支付支出经地方统筹安排后也大部分用于保障和改善民生。2011年中央财政用于“三农”的支出合计10497.7亿元，增长22.4%。其中：支持农业生产支出4089.7亿元，对农民的粮食直补、农资综合补贴、良种补贴、农机购置补贴支出1406亿元，促进农村教育、卫生等社会事业发展支出4381.5亿元，农产品储备费用和利息等支出620.5亿元。需要说明的是，民生和“三农”支出不是单独的预算科目，为了便于审议，将与民生和“三农”相关的支出项目综合反映出来，因而存在一些交叉重复。

汇总2011年中央行政单位（含参照公务员法管理的事业单位）、事业单位和其他单位用当年财政拨款开支的出国（境）经费、车辆购置及运行费、公务接待费（以下简称“三公经费”）支出，合计93.64亿元。其中，出国（境）经费19.77亿元，车辆购置及运行费59.15亿元，公务接待费14.72亿元。

汇总2011年中央行政单位（含参照公务员法管理的事业单位）履行行政管理职责、维持机关运行开支的行政经费，合计899.7亿元，比上年增长1.42%。

图3:2011年中央公共财政支出构成

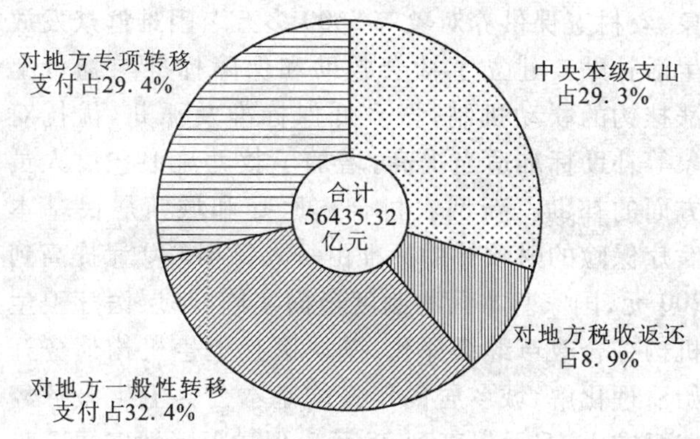

（二）中央政府性基金收支决算情况

中央政府性基金收入3130.82亿元，完成预算的110.8%。其中：铁路建设基金收入648亿元，完成预算的100%；民航机场管理建设费收入147.08亿元，完成预算的99.8%；港口建设费收入136.03亿元，完成预算的109.8%，高于预算主要是港口货物吞吐量高于预计；新增建设用地土地有偿使用费收入304.1亿元，完成预算的104.9%，超过预算主要是新增建设用地数量比计划略有增加；大中型水库移民后期扶持基金收入217.41亿元、完成预算的109.7%，国家重大水利工程建设基金收入214.43亿元、完成预算的108.3%，这两项基金收入超过预算主要是全国销售电量增长超过预计；彩票公益金收入317.45亿元，完成预算的121.4%，高于预算主要是彩票销售量高于预计。

中央政府性基金支出3103.48亿元，完成预算的85.8%。低于预算主要是一些项目执行中因实际情况发生变化，难以按计划实施。其中：铁路建设支出682.92亿元，完成预算的100%；民航机场管理建设费安排的支出149.02亿元，完成预算的79.8%；港口建设费安排的支出115亿元，完成预算的83.1%；新增建设用地土地有偿使用费安排的支出457.21亿元，完成预算的78%；大中型水库移民后期扶持支出185.88亿元，完成预算的63.5%；国家重大水利工程建设支出166.75亿元，完成预算的67.5%；彩票公益金用于社会福利、体育、教育等社会公益事业支出284.72亿元，完成预算的85.3%。

2011年中央政府性基金收支决算数，与向第十一届全国人民代表大会第五次会议报告的预算执行数相比，收入增加4.89亿元，支出减少0.01亿元。

（三）中央国有资本经营收支决算情况

中央国有资本经营收入765.01亿元，完成预算的90.6%。与预算有差异主要是国有股减持数量少于预计。加上2010年结转收入35.59亿元，使用的收入总量为800.6亿元。

中央国有资本经营支出769.53亿元，完成预算的89.6%。与预算有差异主要是国有股减持收入减少，支出相应减少。具体使用情况是：中央企业兼并重组支出80亿元，国有经济和产业结构调整支出491.66亿元，中央企业改革脱困补助支出23.12亿元，重大科技创新支出35亿元，重大节能减排支出35亿元，境外投资支出23.18亿元，安全生产保障能力建设支出9.55亿元，新兴产业等发展支出26.09亿元，调入公共财政预算用于社会保障等支出40亿元。

2011年中央国有资本经营收支决算数，与向第十一届全国人民代表大会第五次会议报告的预算执行数相比，收入、支出均减少0.01亿元。

二、2011年预算执行效果

2011年，各地区、各部门认真落实积极的财政政策，严格执行中央和地方预算，切实加强和规范财政管理，积极发挥财政职能作用，着力保障和改善民生，努力服务改革发展稳定大局，取得积极成效。

（一）加强和改善财政宏观调控，促进经济平稳较快发展

大力支持增加农产品供给，扩大生活必需商品、原材料进口，降低流通成本，促进物价总水平保持基本稳定。落实对城乡低收入群体的各项补助政策，降低了物价上涨对困难群体的影响。结构性减税力度加大，提高个人所得税工薪所得减除费用标准并调整税率结构，对部分小型微利企业继续实行所得税优惠政策，出台提高增值税、营业税起征点等一系列税费减免政策，对600多种资源性产品、基础原材料和关键零部件实施较低的年度进口关税暂定税率，取消和减免77项收费和基金，减轻了企业和居民负担。继续提高了城乡低收入群体的收入，健全家电下乡和家电以旧换新政策，支持商贸流通发展，促进扩大消费需求，2011年社会消费品零售总额实际增长11.6%。中央基建投资结构进一步优化，优先保证重点在建续建项目资金需求，有序启动了“十二五”规划重大项目建设，引导和带动全社会固定资产投资实际增长15.9%。

（二）加大强农惠农富农政策力度，推动农村改革发展

加强农业农村基础设施建设，推进1250个小型农田水利重点县建设，支持1100个县开展山洪地质灾害防治，完成了5400多座重点小(1)型病险水库除险加固任务，治理1239条中小河流重要河段。全额取消主产区粮食风险基金配套并增加资金解决粮食风险基金缺口，促进粮食生产。农业综合开发深入推进，全年改造中低产田、建设高标准农田2428.7万亩，粮食综合生产能力稳步提升。落实农资综合补贴动态调整机制，稳定农作物良种补贴政策。小麦、稻谷最低收购价稳步提高，实施了油菜籽、大豆等临时收储政策。农业保险保费补贴政策进一步完善，补贴范围扩大、补贴比例提高，支持为1.69亿户次农户提供风险保障6500亿元。农业技术推广力度加大，现代农业和农民专业合作组织加快发展。财政综合扶贫政策体系基本建立，有力促进了集中连片特殊困难地区扶贫攻坚。支持解决了6398万农村人口的饮水困难和60万无电地区人口的用电问题，新改建农村公路19万公里。农村综合改革力度加大，全国98%以上的乡镇开展了机构改革，95%的集体林权确权到户，全面推开村级公益事业建设一事一议财政奖补工作，清理化解农村义务教育债务基本完成，公益性乡村债务化解试点有序推进。

（三）进一步保障和改善民生，支持社会事业加快发展

支持中西部地区和民族地区发展农村学前教育。实施农村义务教育薄弱学校改造计划，进一步完善农村义务教育经费保障机制，农村中小学公用经费年生均基准定额提高100元，全国所有农村义务教育学生全部享受免除学杂费和免费教科书政策，1228万名中西部家庭经济困难寄宿生获得资助，2600万名学生得到营养膳食补助。免除2900万名城市义务教育学生学杂费，支持1167万名农民工随迁子女在城市接受义务教育。职业教育基础能力建设深入推进，免除395万名中等职业学校家庭经济困难学生和涉农专业学生学费。家庭经济困难学生资助政策体系进一步健全，约1867万名学生受益。鼓励就业创业的财税政策扶持范围扩大，高校毕业生、农民工等重点人群就业工作深入开展，全年城镇新增就业1221万人。新型农村和城镇居民社会养老保险试点覆盖范围扩大到60%。连续第七年提高企业退休人员基本养老金，月人均水平达到1500多元。企业职工基本养老保险省级统筹工作进一步推进，支持妥善解决500多万未参保集体企业退休人员基本养老保障等历史遗留问题，将312万名企业“老工伤”人员和工亡职工供养亲属纳入了工伤保险统筹管理。对全国城乡低保对象、农村五保供养对象等8600多万名困难群众发放生活补贴。建立了社会救助和保障标准与物价上涨挂钩的联动机制，城乡低保标准及孤儿、优抚对象等补助标准适当提高，增加了救助流浪乞讨人员方面的补助。新型农村合作医疗和城镇居民基本医疗保险的财政补助标准由每人每年120元提高到200元，国家基本药物制度全面实施，基层医疗卫生机构综合改革继续深化，基层医疗卫生机构债务开始清理化解，城乡居民年人均基本公共卫生服务经费标准由15元提高到25元。促进保障性安居工程建设，全年基本建成保障性住房400万套以上，新开工1000万套的目标任务顺利完成。支持44751家博物馆、纪念馆等公益性文化设施向公众免费开放，广播电视无线覆盖等重点文化惠民工程深入推进。

（四）推动优化经济结构，促进经济发展方式转变

大力支持科技创新，基础研究和前沿技术研究、社会公益研究、重大共性关键技术研究不断加强。国家科技基础条件平台运行良好，科技资源共

享程度和利用效率进一步提高。科技重大专项加快实施。设立国家科技成果转化引导基金,加快推动科技成果转化。促进战略性新兴产业和服务业发展,产业结构优化升级取得新进展。中小企业发展专项资金规模继续增加,中小企业的技术创新、结构调整、转变发展方式得到支持,鼓励担保机构为中小企业特别是小型微型企业提供融资担保服务。深入推进排污权有偿使用和交易试点工作,截至2011年底,全国10个试点省份排污权一、二级市场交易总额近20亿元,市场配置环境资源的功效初步显现。支持加快淘汰落后产能,全年淘汰了1.5亿吨水泥、3122万吨炼铁、1925万吨焦炭的落后产能。加强重点节能工程建设,推广运用成熟先进节能技术,形成了2200多万吨标准煤的年节能能力。推广节能电机500万千瓦、节能灯1.6亿只、高效节能空调1600多万台、节能汽车330万辆,改造既有建筑节能1.3亿平方米。支持40个矿产资源综合利用示范基地建设,促进矿业发展方式转变。实施三河三湖及松花江流域水污染防治等重大减排工程,支持区域范围内1000多个项目的实施。建设城镇污水处理设施配套管网约2万公里,在17个省份约1万个村庄开展农村环境连片整治示范。实施天然林资源保护二期工程,退耕还林、退牧还草成果得到巩固。在主要牧区省份建立草原生态保护补助奖励机制,遏制部分地区草原生态恶化趋势。

(五)深化财税体制改革,完善公共财政体系

转移支付结构继续优化,一般性转移支付所占比重比上年提高4.2个百分点。对革命老区、民族地区、边疆地区和贫困地区的扶持力度加大,国家重点生态功能区和资源枯竭城市转移支付范围继续扩大。县级基本财力保障机制进一步完善,基层政府公共服务保障水平继续提升。在27个省份的1080个县实行了省直管县财政管理方式改革。健全公共财政预算,细化政府性基金预算,国有资本经营预算实施范围和社会保险基金预算编制范围逐步扩大。全面取消预算外资金,将所有政府性收入纳入预算管理。部门预算、国库集中收付、政府采购等预算管理制度改革深入推进。预算绩效管理工作有序开展,中央本级预算绩效管理初见成效,地方财政预算绩效管理取得积极进展。提高了个人所得税工薪所得减除费用标准并调整税率结构,颁布了车船税法及其实施条例,出台实施了营业税改征增值税的试点方案,开展对个人住房征收房产税的改革试点。在全国范围内实施原油、天然气资源税从价计征改革,统一了内外资企业的油气资源税制度。

在全国人大的支持指导和审计的监督促进下,财政预算管理工作不断改进和加强,同时我们也清醒地认识到,在预算执行过程中还存在一些不容忽视的问题:代编预算规模虽然逐年压缩但仍然较大,部分项目支出年初到位率不高;预算支出执行进度持续加快但一些专项支出完成情况仍不太理想;转移支付结构不尽合理,均衡性转移支付占比较低,专项转移支付管理仍需加强;中央政府性基金补助地方支出预算执行效率有待提高,国有资本经营预算实施范围需进一步扩大;财政管理基础工作还不够扎实;财政支出绩效评价体系尚需健全,工作力度有待加大;损失浪费现象时有发生,资金使用效益仍需进一步提高等。审计情况也表明,2011年中央预算执行情况总体较好,但在预算编制、预算执行、项目管理等方面也存在一些需要研究解决的问题。对此,国务院已要求中央有关部门按照全国人大有关决议要求和审计意见,采取有力措施切实整改。

三、进一步提高财政管理的科学化精细化水平

针对存在的问题,我们将根据当前经济运行的新形势加强和改善财政宏观调控,并不断健全财税体制机制,同时深入推进财政科学化精细化管理,进一步提高财政资金使用绩效。

(一)着力强化预算编制和执行管理,提高预算管理规范化水平

完善预算编制程序,细化预算编制内容,进一步减少代编预算规模,提高年初预算到位率。强化基本支出管理,推动项目滚动预算编制。完善中央预算稳定调节基金管理办法,进一步规范中央预算稳定调节基金的补充和调用。优化转移支付结构,继续增加一般性转移支付规模,降低专项转移支付占比。做好提前通知对下一般性转移支付和部分专项转移支付指标的相关工作,督促省、市、县将这部分转移支付全额编入年初预算。完善政府性基金预算管理,提高政府性基金预算的规范性和执行率。继续扩大国有资本经营预算实施范围,逐步增加其对社保等民生方面的支出安排。健全社会保险基金预算制度,为如期提交全国人大审查做好准备。严格执行全国人大批准的预算,加强对财政收支形势的监测分析,在全面落实结构性减税等各项财税政策的基础上,狠抓增收节支,依法加强税收

征管，进一步规范非税收入管理，严格控制一般性开支，切实保障民生等重点支出。建立健全预算支出责任制度，进一步提高预算支出执行的及时性、均衡性、有效性和安全性。

（二）着力抓好管理基础工作和基层建设，夯实预算管理基础

继续推进财税法制建设，积极配合做好预算法、注册会计师法等立法相关工作，加强财政规范性文件管理。强化基础信息收集整理。健全支出标准体系，推进项目库建设。完善政府收支分类科目体系，调整优化相关科目，更加准确地反映预算资金用途。进一步规范行政事业单位国有资产管理，推进行政事业单位资产配置标准制定工作。积极稳妥推进企业会计准则体系修订完善，推动企业内部控制规范体系的首批实施和试点工作。修订发布事业单位会计准则和制度，制定发布行政事业单位内部控制规范。有序推进医院、高校等非营利组织注册会计师审计试点。充实基层财政职能，强化县乡财政就地就近监管职责，确保各项惠民政策落到实处。

（三）着力推进预算绩效管理，努力提高财政资金使用效益

逐步建立“预算编制有目标、预算执行有监控、项目完成有评价、评价结果有反馈、反馈结果有应用”的预算绩效管理模式。扩大预算支出绩效评价试点范围，2012 年原则上所有中央部门和省、市、县都要开展预算支出绩效评价试点。将民生项目和具有较大经济社会影响的重大项目作为绩效评价的重点。逐步扩大上级对下级转移支付的绩效评价试点。建立绩效评价结果反馈制度，研究绩效评价结果与预算资金安排有机结合的机制，逐步实行绩效问责和评价结果公开，促进部门改善预算管理，提高资金使用效益。

（四）着力加强地方政府性债务管理，积极防范财政风险

按照分类管理、区别对待、逐步化解的原则，继续妥善处理存量债务，落实偿债责任。进一步清理规范地方政府融资平台公司，坚决禁止各级政府以各种形式违规担保承诺。同时，把短期应对措施和长期制度建设结合起来，建立健全地方政府性债务管理制度。严格控制地方政府新增债务，建立地方政府债务规模管理和风险预警机制，把地方政府债务收支逐步分类纳入预算管理。

（五）着力推进预决算公开，进一步提高财政运行透明度

统筹协调、深入推进预决算公开工作。报送全国人大审查部门预算的国务院部门和单位，公开全部预算收支表格并细化到款级科目，有关教育、医疗卫生、社会保障和就业、农林水事务、住房保障等支出细化到项级科目。中央部门要细化“三公经费”的解释说明，公开车辆购置数量及保有量、因公出国（境）团组数量及人数、公务接待有关情况等，并公开行政经费支出情况。省级政府在两年内公开“三公经费”。积极推进地方财政预决算、基层财政专项支出等公开工作。

（六）着力强化财政监督，切实保障财政资金安全

积极推进综合监督，健全覆盖所有政府性资金和财政运行全过程的监督机制，增强财政监督合力。全面推开中央基层预算单位综合监管，形成上下互动、协调配合、紧密衔接的立体监管体系。做好有利于转变经济发展方式重大财税政策实施情况的专项检查，抓好调整经济结构资金、强农惠农富农资金和重点民生资金管理使用情况的监督检查。切实加强财政专户管理，进一步做好财政专户清理整顿工作，取消违规设立的各类专户。强化部门和单位银行账户管理，加强对部门银行账户的监控。继续完善非税收入收缴管理制度，规范非税收入执收行为。2012 年底前县以上各级所有预算单位、有条件的乡级预算单位全部实行国库集中收付制度。健全内部监督制度，落实财政资金安全责任制，加快构建财政资金风险防控机制。

加强和改进财政预算管理，对于推动科学发展、促进社会和谐意义重大。我们将在以胡锦涛同志为总书记的党中央领导下，坚持以邓小平理论和“三个代表”重要思想为指导，深入贯彻落实科学发展观，诚恳接受全国人大常委会的指导和监督，扎实做好各项财政工作，积极发挥财政职能作用，确保预算任务圆满完成，促进经济社会又好又快发展，以新的成绩迎接党的十八大胜利召开！

全国人民代表大会财政经济委员会关于2011年中央决算审查结果的报告

——2012年6月27日在第十一届全国人民代表大会常务委员会第二十七次会议上

全国人大财政经济委员会主任委员　石秀诗

全国人民代表大会常务委员会：

全国人民代表大会财政经济委员会听取了财政部《关于2011年中央决算的报告》和审计署《关于2011年度中央预算执行和其他财政收支的审计工作报告》，并对中央决算草案和决算报告进行了初步审查。现将审查结果报告如下。

2011年中央决算收入51327亿元，完成预算的111.9%，比上年增长20.8%。加上从中央预算稳定调节基金中调入1500亿元，中央财政使用的收入总量为52827亿元。中央财政支出56435亿元，完成预算的103.8%，比上年增长16.8%。其中，中央本级支出16514亿元，完成预算的96.9%，比上年增长3.3%；中央对地方的税收返还和转移支付支出39921亿元，完成预算的107%，比上年增长23.4%。加上补充中央预算稳定调节基金2892亿元，中央财政支出总量为59327亿元。2011年中央决算与十一届全国人大五次会议审查批准的中央预算执行情况比较，财政收入增加21亿元，财政支出增加21亿元。中央财政收支相抵，赤字6500亿元，比预算减少500亿元。2011年中央财政国债余额72044亿元，控制在十一届全国人大四次会议批准的限额之内。

2011年中央政府性基金收入3131亿元，完成预算的110.8%；中央政府性基金支出3103亿元，完成预算的85.8%。中央国有资本经营收入765亿元，完成预算的90.6%；中央国有资本经营支出770亿元，完成预算的89.6%。上述收支增减变化的原因，财政部已在决算报告和草案中作了说明。

2011年，国务院及其财政等部门认真贯彻十一届全国人大四次会议决议，继续实施积极的财政政策，落实结构性减税和鼓励扩大消费的政策措施，促进经济结构调整，提高经济增长质量和效益；着力保障和改善民生，加大“三农”、教育、医疗卫生、社会保障等重点民生支出力度，促进经济社会协调发展；继续深化财税改革，逐步完善县级基本财力保障机制，在全国范围内实施原油、天然气资源税改革，制定并实施了营业税改征增值税试点方案；进一步细化预算管理，加快资金拨付，推进绩效考评，推动预算公开，财政工作取得了新的进展。

财政经济委员会认为，2011年中央决算总体情况是好的，建议全国人大常委会批准国务院提出的《2011年中央决算（草案）》。

同时，财政经济委员会认为，2011年中央决算中也反映出一些问题，主要是：预算编制还不够完整细化，代编预算规模仍然较大，部分预算支出追加调整较多，决算编制不够规范；转移支付结构不尽合理，专项转移支付管理制度不够健全；财政支出绩效评价工作亟待加强，预算制度建设和财政管理工作有待改进等。审计署围绕中央预算执行和重点民生资金使用管理等依法开展审计监督，在预算编制、预算执行、资金使用和项目管理等方面，发现了不少问题，并从完善体制、制度方面提出了加强管理、深化改革的意见。建议国务院责成有关部门和地方政府对存在的问题，认真进行整改，并在2012年年底前将纠正、改进情况和处理结果向全国人大常委会报告。

针对2011年中央决算反映出的问题，财政经济委员会提出以下建议：

（一）改进预算编制和执行

坚持先有预算，后有支出，严格按批准的预算执行。进一步细化预算编制，压缩代编预算规模，提高预算年初到位率。加快完善基本支出定员定额标准体系，合理界定基本支出和项目支出范围。加强对预算执行的跟踪分析。严格超收收入的使用。完善预算稳定调节基金管理制度，对基金筹集和使用做出具体规定，增强规范性。

（二）加强预算绩效管理

各部门、各单位都要树立“用财要问效”的理念，建立健全预算绩效管理制度。加强中央本级和对地方转移支付用于教育、“三农”、医疗卫生、社会保障和保障性住房建设等重点民生支出预算执行的绩效管理。进一步扩大项目支出绩效评价范围，开展对重点项目支出绩效的整体评价。加强绩效评价结果与预算编制、执行的有机衔接，实施绩效问责制度。

（三）完善决算编制

各项决算数字应当做到真实、完整。对预算结余结转资金应当强化管理。加强财政基础性工作，规范会计核算，严格会计监督。推进政府会计改革，逐步建立政府财务报告制度。

（四）加强财政监督

加大财政监督力度，健全覆盖所有政府性资金运行全过程的监督机制，提高财政支出透明度，保障财政资金安全。加强对重点民生支出、转移支付、政府采购资金等重点领域和项目的监督。建立从源头上根治“小金库”的有效途径和长效机制。严肃财经法纪，坚持依法理财。

（五）深化财税改革

做好财税体制改革的顶层设计和全面规划，研究制定有利于转变经济发展方式和调整经济结构的财税政策。按照财力与事权相匹配的要求，合理调整政府间财政分配关系。规范转移支付管理，提高均衡性转移支付所占比重，控制和规范专项转移支付。进一步加大结构性减税力度，增强针对性和有效性。全面落实将政府收支全部纳入预算并规范管理的要求，健全统一完整的政府预算体系。加强财税法制建设，完善营业税改征增值税试点方案，深化资源税等税制改革。

以上报告，请审议。

关于2011年度中央预算执行和其他财政收支的审计工作报告

——2012年6月27日在第十一届全国人民代表大会常务委员会第二十七次会议上

审计署审计长　刘家义

全国人民代表大会常务委员会：

我受国务院委托，向全国人大常委会报告2011年度中央预算执行和其他财政收支的审计情况，请审议。

根据《中华人民共和国审计法》的规定，2011年，审计署按照中央要求和部署，全面忠实履行职责，积极促进政策法规落实，推动科学发展；加大揭露和查处违法违规问题及经济犯罪案件力度，全力维护经济安全，推进反腐倡廉建设；注重从体制、机制和制度层面提出建议，努力推动深化改革和民主法治建设。从审计情况看，2011年，在党中央、国务院的坚强领导下，中央预算执行和其他财政收支情况总体较好，实现了“十二五”时期良好开局。

——加强和改善宏观调控，保障经济平稳较快发展。实施积极的财政政策，中央公共财政支出比上年增长17%，其中使用的超收收入增长39%，年末国债余额增长7%；加快转变经济发展方式，中央财政科技、节能环保和交通运输支出分别增长18%、13%和27%；提高区域发展的协调性，对新疆、西藏及其他藏区支出增长54%，扎实推进主体功能区规划落实。

——着力保障重点支出，推动民生和社会事业加快发展。中央财政教育、卫生、社会保障、文化等民生方面支出比上年增长30%，人均基本公共卫生服务经费由15元提高到25元，城镇居民医保和新农合财政补助标准由每人每年120元提高到200元；“三农”支出增长23%，农村中小学公用经费年生均提高100元，1228万名中西部家庭困难寄宿生获得资助。

——深化财税改革和预决算公开，促进公共财政体系更加完善。推动所有政府性收入纳入预算管理，对地方政府性债务进行全面审计和清理，完善结构性减税政策；继续优化转移支付结构，健全县级基本财力保障机制，在1080个县实行省直管县财政管理方式改革；推行预决算公开，92个中央部门公开了年度预决算，98个中央部门公开了“三公经费”。

——切实加大整改力度，推进财政财务管理不断规范。各部门、各单位依法认真整改上年审计查出的问题，被挪用和滞留资金143.94亿元已全部追回或拨付，挽回和避免损失60.66亿元；有699人受到党纪政纪处分，81人被依法逮捕、起诉或判刑；根据审计建议，完善制度规定1581项。具体整改情况，国务院已向全国人大常委会专题报告，审计署已向社会公告。

一、中央财政管理审计情况

从审计情况看，2011年，财政部和发展改革委等部门认真组织实施积极的财政政策，健全公共财政体系，加强预算和投资管理，规范预算执行和重大投资项目公示试点工作，财政宏观调控作用不断增强，预算约束和投资管理水平逐步提高，但仍存在一些需要进一步规范的问题。

（一）中央预算管理完整性方面

1. 有些收支未纳入预算管理。包括：中国清洁发展机制基金管理中心2006年以来收取的温室气体减排量交易收入101.25亿元；商务部、卫生部和农业部2008年以来接受的国外无偿援助资金收入62.09亿元、支出10.92亿元；财政部委托进出口银行管理的外国政府贷款利息收入372.83万欧元、支出173.82万欧元；贸促会控股的中国专利代理（香港）有限公司应上缴的投资股利分红1.7亿港元。

2. 财政部在向全国人大报告2011年中央预算执行情况时，少报19.22亿元超收收入安排情况。

3. 批复的2011年部门预算中统筹使用结转结余资金与实际差异较大。主要是：中央公共财政国库集中支付上年累计结余628.92亿元，编入部门预算的仅有300.21亿元（占48%）；12个部门的12项政府性基金上年累计结余52.72亿元，均未编入部门预算。

4. 部门预决算报表未完整反映政府采购情况。在预算报表中，未要求编列政府性基金安排的政府采购情况；在追加预算中未要求单独编列政府采购预算；决算报表中未要求编制政府采购决算。

（二）中央公共财政预算的细化和执行方面

1. 年初预算未全部细化落实到部门和地区。主要是：中央本级支出预算中，代编支出982.65亿元和据实结算政策性补贴等支出1027.89亿元未细化落实到部门及项目，占12%；发展改革委归口管理的中央本级基建支出，年初预算细化到位率仅为47%，未达到75%的要求；在批复的中央部门预算中，30个部门代编的85个项目支出预算874.5亿元（占45%）未细化，而是在执行中进行了二次分配；在转移支付预算中，有16309.69亿元（占50%）未细化落实到省区市，有8951.41亿元（占28%）未在全国人大审查批准后90日内下达。

2. 个别投资计划安排不够合理。发展改革委在产业振兴和技术改造投资计划中，对不属于支持范围或未严格执行相关产业政策的6个项目安排投资2922万元，应重点支持的清洁生产技术等11个战略性新兴产业核心领域却未安排投资。

3. 向一些项目安排的财政补助投资未达规定比例，且分配散、金额小。2011年，发展改革委安排25个省区市基层就业和社会保障服务设施建设试点投资中，有21个省区市获得的财政补助投资比例未达规定要求；安排中小企业技术改造专项的1903个项目中，有752个项目的财政补助投资占项目总投资的比例不足规定的一半，最低仅1%；将9.19亿元电子信息产业振兴和技术改造投资计划切块下达给279个项目，各项目财政补助投资比例最高达50%、最低仅0.7%，其中106个项目的补助比例低于规定标准，影响政策实施效果。

4. 在执行中调整预算项目用途。2011年，财政部将义务教育转移支付预算中的“落实教育规划纲要补助经费”70亿元调整为高等教育支出；调整了17.28亿元中央财政代编预算的项目用途。

5. 投资计划下达程序不规范。2011年，发展改革委未严格按规定程序下达投资计划468.37亿元，有13个投资专项没有专项发展规划、未事先编制工作方案或未批复资金申请报告，62个项目尚未批复可行性研究报告、初步设计或用地申请，3个项目存在以虚假资料申报或未通过专家评审等问题。

6. 投资计划和预算下达时间滞后。按要求，投资计划下达和预算追加原则上应于9月30日前完成，部分特殊事项最迟不得超过12月20日。但2011年中央预算投资计划中，有149.54亿元（占4%）是9月30日后才下达的；追加的部门预算中，有592.64亿元（占36%）是9月30日后办理的，其中146.45亿元是12月20日后办理的；还有21个部门2010年决算是超过规定期限批复的。

7. 部分预算执行率低。由于客观情况与年初预期差距较大，至2011年底中央本级代编和据实结算政策性补贴预算有22%未执行，形成结余结转资金447.18亿元；中央预算投资安排的6个项目进展缓慢，7000多万元财政资金闲置或滞留。去年审计指出中央财政养殖业保险保费补贴预算执行率低后，财政部2011年将此项预算从42.95亿元减至26.5亿元，但执行率仍仅为24.7%，比去年还低0.3个百分点，其中“育肥猪保险保费补贴”预算执行率为零。

（三）财政转移支付管理方面

1. 一般性转移支付力度仍应加大。中央均衡性转移支付比地方财政 2011 年标准收支缺口少 3935.67 亿元，不利于缩小地区间财力差异；在 2011 年中央对地方一般性转移支付中，有 123.41 亿元指定了具体项目和用途。

2. 专项转移支付管理制度不健全。2011 年的 287 项专项转移支付中，有 33 项尚未制定管理办法；在已建立管理办法的 254 项中，有 180 项未建立绩效评价制度；在已建立绩效评价制度的 74 项中，有 19 项未将资金使用绩效作为分配依据。

3. 部分专项转移支付未实现预期目标。抽查 144 户取得"淘汰落后产能奖励资金"的企业中，有 45 户虚假申报套取资金 2.41 亿元，13 家未按规定淘汰落后产能；抽查 35 个已完工的金太阳示范工程补助项目，有 10 个建成即闲置，16 个实际年发电量低于设计标准。

（四）中央政府性基金预算管理方面

1. 基金预算代编规模偏大、执行率低。2011 年，财政部代编中央本级基金预算 396.27 亿元，占本级基金预算的 16%，当年实际执行不足 50%；补助地方基金预算也有 27% 未执行。

2. 执行中改变了预算级次。2011 年，财政部将 17.36 亿元中央本级基金预算下划为对地方的转移支付；将原列入地方转移支付的 8.96 亿元基金预算上划为中央本级支出。

3. 基金征缴不到位。铁路建设基金尚未将以合资形式建设和运营的铁路线纳入基金征收范围；南水北调工程基金欠缴 58.24 亿元。

（五）中央国有资本经营预算管理方面

1. 国有资本经营预算范围不完整。至 2011 年底，4100 户中央部门所属企业尚未纳入国有资本经营预算；42 户中央金融类企业虽按其出资人分别向财政部、中投公司和人民银行上缴利润，但尚未实行国有资本经营预算管理。

2. 现行国有资本经营收益收缴比例仍偏低。尽管 2011 年提高了中央企业国有资本经营收益收缴比例，但个别企业的收益上缴比例仍低于其上市公司的分红比例。

3. 国有资本经营预算与公共财政预算功能定位不够清晰，在补助对象、支持投向上存在交叉重复。有些方面的专项支出，在财政部代编的国有资本经营预算、国资委分配的国有资本经营预算、公共财政预算中都分别安排了资金。

4. 2011 年，国有资本经营预算有 603 亿元年初未落实到具体项目，财政部拨付资金也主要集中在 11 月和 12 月，其中 12 月拨付 327.42 亿元（占当年预算的 42%）。

（六）国库管理方面

1. 部分国外无偿援助资金专用账户未按规定归口国库部门统一管理。截至 2011 年底，有 9 个专用账户仍由财政部国际司管理，当年收支分别为 2.66 亿元和 1.36 亿元。

2. 国库集中支付相关操作不够完善。主要是对直接支付和授权支付的划分不够明确，加之向授权支付代理银行支付的手续费上不封顶，不利于控制费用，如财政部 2011 年将铁道部直接支付的部分支出调整为授权支付，导致多支付手续费 1168 万元。

（七）财税审批和管理方面

政府采购审批监管不严格。由于政府采购标准的制定和采购代理机构的资格认定、审批、授予、考核、处罚都由财政部负责，缺乏有效监督制约，在财政部授予甲级资格的 633 户采购代理机构中，有 129 户社会保险费缴纳证明与实际缴纳情况不符；未按规定向国务院报告 6 家集中采购机构的考核结果，也未依法处理涉嫌违规单位和个人。此外，还以财政部国库司便函形式，审批（核）1319 项采购方式变更和采购进口产品事项。

（八）中央决算草案编制方面

总的看，中央决算草案比较完整地反映了中央预算执行结果，但也发现决算草案编制中一些不够严格和规范的问题，有的影响到收支数字的准确性。

1. 截至 2011 年底，有 137.85 亿元财政借款未及时清理，也未在决算草案中编报。

2. 编报程序和科目不完全符合制度要求。从程序看，财政部先编制中央决算草案，经全国人大常委会批准后，再调整实际发生的会计账目，不符合规定的决算编制程序。从科目看，在一般性转移支付中列报的"基层公检法司转移支付"等 5 个科目，不属于规定的政府支出科目。

对上述问题，财政部、发展改革委和有关部门正在逐项研究，加以整改。其中，对少报超收收入安排情况问题，财政部已在编制决算草案时作了调整；对部分国外无偿援助资金专用账户管理不规范问题，财政部已按规定归口管理。

二、中央部门预算执行和决算草案审计情况

此次共审计 50 个中央部门，延伸审计 270 个所属单位，审计预算支出 1460.24 亿元，占这些部门预

算支出总额的30%。从审计情况看，这些部门认真贯彻国务院要求，着力加强预算管理改革和制度建设，不断推进预决算通报、公开和监督检查等工作。总体上，部门预算执行和财务管理的规范性逐步提高，违法违规问题不断减少，挤占挪用、多申领预算资金等违规问题金额分别比上年减少13%、61%。审计发现的主要问题是：

（一）预算执行未完全到位。此次审计1460.24亿元部门支出预算中，有212.87亿元（占15%）当年未执行。自然科学基金会等4个部门本级和社科院近代史研究所等10个部门所属单位在实施预算共计35.69亿元的项目中，还通过虚列支出、以拨作支等方式，人为提高预算执行率91.3个百分点，使35.63亿元预算资金在下级单位或项目承担单位沉淀。

（二）预算和财务管理不够严格。国土资源部等2个部门本级和环境保护部环境规划院等5个部门所属单位多申领财政资金2191.91万元；商务部等3个部门本级及工业和信息化部中国软件评测中心等42个部门所属单位违规转移套取资金1.57亿元，其中2884.1万元用于发放补贴；人口计生委等5个部门本级和民航局清算中心等10个部门所属单位自行设立项目违规收费2.07亿元。此外，还发现7.7亿元非税收入未按“收支两条线”规定及时上缴，政府采购、资产管理和账务处理等不规范问题涉及金额43.94亿元。

（三）一些预算管理制度和规定不够明确完善。突出表现在：一是基本支出定员定额管理制度有待改进，定额标准尚不统一，一定程度上造成部门之间苦乐不均；二是基本支出和项目支出界限不清，有的基本支出内容列入了项目支出预算，出现基本支出“项目化”倾向；三是“三公经费”概念不清晰、口径和标准不够规范，不利于发挥约束和控制作用，也容易造成社会公众误读。审计发现，海关总署等12个部门本级和中国地震局地质研究所等54个部门所属单位直接在项目支出中列支基本支出3.93亿元；民航局等20个部门本级和国土资源部土地规划院等62个部门所属单位在预算科目、支出项目间调剂使用预算资金7.75亿元，个别部门还存在超标准列支“三公经费”现象。

此外，从部门决算草案审计情况看，2011年各部门决算编报比较规范，发现的问题主要是账务处理或报表填列错误，使决算草案部分内容不够准确，涉及部门36个、金额14.19亿元，占审计资金总量的0.09%。对其中1.39亿元的问题，相关部门在审计过程中已调整账目和报表；对其他问题，审计长已签署意见，要求予以纠正。

对审计指出的问题，相关部门和单位采取了106项整改措施，已通过收回资金、调整会计账目和决算报表等整改问题金额9.58亿元。

三、县级财政性资金审计情况

为了解地方财力保障情况，组织对18个省区市县级财力总体状况进行了审计调查。从审计情况看，2011年，中央财政安排县乡各类奖补资金1569.68亿元，是2005年的3倍多；18个省级财政投入437.11亿元用于保障县级基本财力；重点调查的54个县（财力状况好中差各约占三分之一）实现财政性收入1116.84亿元，比上年增长17%，县级财政保障能力不断提高。审计发现的问题：

（一）县级财政性收入中非税收入占比较高，稳定性和可持续性较差。当前县级政府独享税种的税源较为分散，县级财政性收入主要来源于非税收入。2011年，重点调查的54个县实现的财政性收入中，有675.11亿元（占60%）是非税收入，且大多有专项用途，财政不能统筹安排。

（二）一些县在招商引资中变相减免财政性收入，有的存在虚增财政收入现象。54个县中，有53个在2008年至2011年间出台221份与国家政策相悖的优惠政策文件，将相关企业上缴的税收、土地出让收入等70.43亿元返还企业。同时，一些县在无真实收入来源的情况下，通过列收列支的方式空转土地出让收入或以财政借款等方式缴税，造成虚增财政收入33.13亿元。

（三）县级财政支出压力较大，一些地方民生资金计提不足。按照国家有关农业、教育、科技等法定支出的增长要求以及各级政府达标增支要求，54个县2010年公共财政支出中，有922.03亿元（占77%）属于上述政策性达标支出，其中45个中西部县这一比例达81%，留给县级政府自主安排的财力占比较小；对于从土地出让收益中各计提10%用于保障性住房、教育、农田水利建设的规定，足额计提的有13个县，其他县少提10.57亿元（占应计提额的35%）。

（四）对超收收入缺乏制度约束，财政管理还不够规范。截至2011年底，54个县均未对本级超收收入作出制度规定，其中31个县2011年底将超收收入24.61亿元全部安排为支出，大部分当年实际并未使用；有6个县尚未开展部门预算改革；有7个县尚未实行国库集中支付；54个县2011年财政报表少反映收入 83.29 亿元、支出 44.50 亿元,虚列支出 66.56 亿元。

针对上述问题,有关部门和地方正在结合省以下财政管理体制改革,研究健全和完善县级财政管理制度,有关地方正在纠正财政管理中存在的不规范问题。

四、重点民生项目及其他专项审计情况

(一)保障性安居工程审计情况。2011 年,审计的 18 个省区市安排保障性安居工程建设资金 2811.62 亿元、累计保障中低收入住房困难家庭 1227.63 万户,分别比 2009 年增长 233% 和 112%,相关制度建设也取得积极成效。但部分地方仍存在建设资金筹集不到位、审核和退出机制不健全等问题。重点审计的 66 个市县中,有 36 个少提取或少安排保障性安居工程资金 53.14 亿元(相当于其应提取或安排数的 14%),有 11 个未落实配套资金 6.12 亿元,还有 29.55 亿元专项资金被截留或挪用;抽查的保障对象中,有 5400 多户未经资格审核即被纳入保障范围,有 2.1 万户不符合条件或重复享受保障待遇。审计指出问题后,相关地方已按规定补提或归还资金 28.20 亿元,取消违规享受保障家庭 3800 多户。

(二)农村医疗卫生服务体系建设审计调查情况。从审计调查 45 个县的情况看,2009 年以来,各级财政安排这些县农村医疗卫生服务体系建设项目总投资 75.42 亿元,新增医疗卫生机构 410 个,基本实现农村医疗卫生服务网络全面覆盖的目标。审计发现,基层卫生队伍建设相对滞后,有的医院存在超过规定比例加价售药问题。截至 2011 年 6 月底,45 个县平均 4.5 个村卫生室才有 1 人具有乡村医生执业(助理)医师资格,与每个村卫生室至少 1 名的要求差距较大;抽查 62 家县级医院中,有 23 家超过规定比例加价售药多收取药费 6732 万元,相当于其应收药费的 23%,加价最高的达 12 倍。此外,还发现医疗项目建设中存在套取、挪用或滞留财政资金等问题金额 1.64 亿元。针对审计指出的问题,有关地方及时下拨或归还了资金,对药品和价格组织排查,并采取措施加强基层卫生队伍建设。

(三)现代农业生产发展资金审计情况。2008 年至 2011 年,审计的 18 个省区市累计收到中央财政专项资金 179.89 亿元,促进新增粮食种植面积 4895.45 万亩,扶持地方优势特色主导产业 56 个,有力推动了农业增产增收。但在实施中,一些地方未完全落实资金整合、绩效考评、报账制等要求,影响到政策目标的实现。其中,有 14 个省在难以达到资金统筹整合要求的情况下,虚报资金整合金额 188.41 亿元(占其上报数的 60%);重点抽查的 54 个县中,有 24 个未实行报账制或报账审核不够规范,还有 20 个县的 45 个项目套取挪用资金 3770.91 万元。在审计期间,有关地方已整改违规问题金额 2332.62 万元,正在着手完善相关政策制度,进一步规范项目和资金管理。

(四)国家科技重大专项审计调查情况。截至 2011 年底,审计调查的 8 个国家科技重大专项中央财政累计投入 347.61 亿元,共立项课题 3294 个,攻克了多项核心技术难题,取得较好的阶段性成果。但至 2011 年底,8 个重大专项有 93% 的应验收课题未完成验收;有 2 个专项的 134 个"十一五"课题尚未验收,又被批准或推荐为"十二五"滚动支持课题,不符合滚动课题在已验收课题中择优确定的要求;抽查 84 个课题的 2401 项(篇)成果中,有 582 项是用其他科研课题的成果充抵的。对审计指出的问题,相关部门正在研究改进科技项目和经费管理办法,督促相关单位整改。

五、重大投资项目审计情况

主要组织对京沪高铁、西气东输二线工程和中央支持新疆发展项目、中小学校舍安全工程等进行了审计。总的看,这些项目基本能够按计划组织实施,资金使用和工程质量管理得到进一步加强,其中已建成项目的经济效益和社会效益初步显现。但在招投标、投资控制和资金使用、工程管理等方面还存在一些问题。

(一)招投标管理不规范问题仍较突出。审计共发现此类问题金额 389.05 亿元,如抽查中央支持新疆发展项目发现,有 1194 份合同招投标不规范;在京沪高铁全线的土建招标中,铁道部违规将资格预审申请文件的获取时间由至少 5 个工作日缩短至 13 小时,从获取到递交时间由规定的一般不少于 7 天缩短至不到 24 小时。

(二)一些项目投资和进度控制不够严格。审计共发现重复计列费用、价款结算不严等造成投资增加 10.29 亿元,滞留和挪用建设资金 131.30 亿元,拖欠工程款和劳务费 121.08 亿元。一些项目未能按计划推进,如 54 个县的中小学校舍安全工程,至 2011 年底有 54% 的校舍加固和 48% 的校舍新建

任务未完成。

(三)一些项目质量管理存在薄弱环节。主要是质量安全措施落实不到位,如西气东输二线工程,有171座已运营站场和阀室(占抽查数的87%)的消防或防雷工程未经验收或验收不合格;在其上海支线建设中,有48名无损检测、监理等不可替换关键岗位人员被随意替换,占关键人员总数的70%。

针对审计指出的问题,相关部门和地方已拨付和收回资金9.83亿元,完善了招投标、投资控制等6项制度,加快了中小学校舍安全工程的排查和治理工作。

六、汶川、玉树、舟曲灾后恢复重建跟踪审计情况

(一)汶川灾后恢复重建跟踪审计情况。2008年9月起,审计署组织全国11000多名审计人员进行了连续3年的跟踪审计,促进节约资金和挽回损失123.91亿元,建立健全制度2700多项,推动4000多个项目改进了建设管理。从审计情况看,截至2011年9月底,重点审计的51个县已完成投资总额8586.28亿元,占中期调整后规划总投资的90%,有38933个项目已完工投入使用,为灾区经济社会发展奠定了坚实基础。前两年的审计结果已向全国人大报告。2011年,审计署重点审计了规划总投资2031.80亿元的939个项目,发现有63个项目、26个施工单位、4个勘察设计单位、8个监理单位不同程度地存在管理不合规、勘察设计不到位等问题;对其中188个项目的工程结算或竣工决算审计,共核减工程价款4.77亿元,约占送审金额的7%。对审计中指出的问题,各相关方面依法、依纪进行了严肃处理和认真整改。

(二)玉树灾后恢复重建跟踪审计情况。截至2011年10月底,青海省本级累计收到重建资金293.82亿元;累计完成投资199亿元,占总投资的63%。从跟踪审计情况看,重建资金和工程建设管理情况总体较好,但由于气候条件差、施工期短等,玉树县计划于2011年年底前100%开工、90%完工的重建城镇居民住房,截至10月底仅有68%开工、44%完工,难以实现预定目标。此外,还发现3个项目施工质量未达设计要求,11个项目监理未完全履职,3个道路工程的施工单位多计工程量增加投资938.44万元。审计指出上述问题后,有关方面已于2012年4月全面启动剩余城镇居民住房建设,扣回多计款项,并处理了相关责任人员。

(三)舟曲灾后恢复重建跟踪审计情况。截至2012年2月底,累计筹集重建资金48.14亿元;规划的170个项目全部开工,累计完成投资29.76亿元(占规划总投资的60%)。总的看,重建资金基本做到专账管理,工程建设基本规范,但仍有5843.10万元资金未拨付到位,合同金额3423.7万元的8个项目未按规定招标,还有2079.15万元工程款支付时直接汇入个人账户。根据审计建议,有关地方和单位及时收回、拨付相关款项,加强了项目建设管理。

七、土地和资源环境保护审计情况

为促进落实国家有关土地和资源环境保护政策,对11个省市2009年至2010年土地管理及土地出让收入等资金征收使用情况、环境保护领域利用国外贷款项目绩效状况进行了审计,还关注了重要资源能源开发利用等情况。从审计结果看,近年来,各地普遍建立了耕地和环境保护目标责任制,加强了土地管理和资源环境保护工作,取得较好成效。审计发现的主要问题:

(一)违规批地用地问题仍时有发生,土地出让收入等资金管理还不够严格。审计重点抽查的24个市县中,有14个未批先用、以租代征等违规用地22.35万亩,相当于相关地方同期新增建设用地指标的17%;有9个违规协议出让或违反招拍挂制度出让土地9200多亩,占抽查出让土地总量的9%;有4个2010年供应“三类住房”(保障性住房、棚户区改造和中小套型普通商品住房)用地未达到规定的标准。此外,还发现少征、滞留和违规使用土地出让收入等问题金额198.41亿元,未纳入预算管理的土地出让收入97.19亿元(占同期实际征缴总额的9%)。

(二)一些地区和行业发展方式落后,资源环境保护措施不到位。在资源开发方面,主要是一些资源存在无序开采、低水平利用等问题,如抽查24户石墨开采企业中只有2户有合法采矿权,36户石墨开采加工企业中只有4户是深加工企业,石墨资源利用率比国际通常水平低25个百分点。在环境保护和治理方面,至2011年10月底,三峡库区应于2010年底前完成的14条长江支流的综合治理工程尚未纳入投资计划。

(三)一些地方环境保护项目建设统筹规划不够,污水垃圾处理等工作滞后。审计抽查环境保护

领域利用国外贷款的 113 个工程中，有 31 个因对建设规模、技术及经济可行性等研究和论证不充分，投资 12.6 亿元的污水处理等设备长期闲置或损失；抽查 18 个北方缺水城市和 10 个南方缺水城市的污水处理厂，平均污水再生利用率分别为 3.3% 和 0.3%，远低于 20% 和 5% 的“十一五”节水规划目标；抽查的 20 个大中城市“十一五”期间实际新增垃圾日处理能力，仅完成计划任务的 42%；抽查 65 家县级和 112 家乡级医疗机构中，分别有 51% 和 81% 的机构医疗废物处置不当，造成附带有毒有害或传染病源体的“三废”进入环境或产业链。

审计指出问题后，相关地方已收回和规范管理资金 56.62 亿元，纠正违规征地问题涉及土地 17.59 万亩，制定和完善相关制度 18 项，还对 10 名责任人员进行了处理。

八、金融审计情况

从对 8 家商业银行新增贷款投放和 2 家金融机构资产负债损益的审计情况看，这些金融机构能够较好地贯彻落实稳健的货币政策，合理调整贷款投向结构，稳步推进金融业综合经营试点，有效提升了经营管理水平和风险防控能力。但在资金借贷和金融创新管理等方面仍存在一些问题。

（一）在资金借贷方面。审计发现向手续不齐或资本金不到位项目发放贷款、客户挪用贷款资金等问题金额 300 亿元，其中 132.77 亿元被挪用于开发商业地产。一些中小企业为缓解资金困难，参与民间借贷活动日益增多，审计调查的 746 家企业 2011 年底民间借贷余额 134.85 亿元，相当于其从银行等金融机构融资规模的 50%；抽查当年发生的 1593 笔借贷业务，有 75% 的合同还款期限不足半年，24% 的借款利率在一年期贷款基准利率 4 倍以上，多是操作不规范的私下交易，有的存在非法集资、高利转贷等问题。

（二）在金融创新管理方面。主要是一些金融机构通过同业代付、理财等创新业务增加了流动性，但未纳入信贷规模统计和管理，不利于调控和监管；一些金融机构内部治理机制尚不适应金融改革和业务发展需要，特别是对业务拓展中层层设立的子公司管控不到位，在一定程度上存在管理失效问题。

（三）在信用评级行业发展方面。我国目前大多数信用评级机构规模较小，仅在国内开展业务，国际投资活动主要依靠外国信用评级机构；在国内评级市场上，一定程度存在评级机构通过虚高评级换取高收费或抢占市场份额的现象，审计抽查 16 家债券发行企业在信用评级及申请发债中所提供的资料，均不同程度存在弄虚作假问题。

对审计指出的问题，相关金融机构已整改违规问题金额 256.97 亿元，完善规章制度 188 项，处理责任人员 190 名。

九、企业审计情况

从审计情况看，此次审计的 15 户中央企业能够贯彻执行中央决策部署，加强自主创新，优化发展结构，改进内部管理，经营业绩和竞争力不断提高。审计发现的主要问题：

（一）一些企业落实节能减排要求不到位，执行“三重一大”决策制度也不够严格。宝钢、武钢和鞍钢集团的下属企业近年来未经审批违规新建和未按规定淘汰产能的年能耗量，平均占 3 户企业 2010 年能耗总量的 17%；审计抽查企业 617 项重大决策中，有 74 项存在违规问题，已形成损失及潜在损失 34.61 亿元。此外，还有 11 户企业违规用地共计 10.75 万亩，其中开发房地产、酒店等违规用地 5898 亩。

（二）财务核算和经营活动中存在一些不够规范的问题。审计发现，这些企业 2010 年收入不实 38.25 亿元、利润不实 59.08 亿元，分别占其当年收入、利润总额的 0.07% 和 1.47%，其中 7 户少缴税费 4.71 亿元，还有 6 户违规购买商业保险、发放补贴等涉及资金 4.58 亿元。在物资购销等经营活动中，发现签订虚假合同、违规出借资金、多付工程款等涉及金额 563.78 亿元。

审计指出问题后，相关企业已补缴税款 1.98 亿元，挽回损失 5.11 亿元，建立健全制度 233 项，并对 87 人进行了处理。

十、审计查出的重大违法违规问题和经济犯罪案件

在审计中，审计署共向有关部门移送重大违法违规问题和经济犯罪案件 112 起，涉及 300 多人，有关部门正在依法立案查处。上述案件主要有以下特点：

（一）大多为利用公权谋取私利、侵蚀公共资源、损害群众利益等问题，有向民生领域渗透的趋势。这些案件涉及司局级及以上人员 22 人（占 7%）；“一把手”利用职权牟取私利、参与作案的职

务腐败问题也较突出,有43起(占38%)。金融、土地、国有资产管理和工程建设等领域案件依然较多,有92起(占82%);还有14起(占13%)发生在医疗、社保、教育等民生领域。

(二)借道“中介服务”等第三方进行权钱交易成为一些领域腐败犯罪新形式。审计共发现此类案件14起,有关单位和个人从中非法获利5.76亿元。主要表现为,一些公司或个人利用掌握的资源或“人脉”,通过中介方介入本来可按正常程序开展的行政审批、财税优惠、信贷发放、招投标及资源配置等活动,协助取得项目或资金,并未提供实质中介服务却收取“顾问费”、“咨询费”等。如招商证券公司投资银行部原执行董事李黎明在负责发行债券和保荐上市业务期间,假借需第三方财务顾问或利用“关系资源”承揽项目之名虚构中介业务,通过其控制公司骗取中介费近3000万元,还违规持有拟上市公司股权,涉嫌内幕交易。审计已将此案移送证监会和公安机关查处。

(三)新业务新技术的快速发展与相关监管机制、法规制度建设的滞后,使不法分子有机可乘。如在融资渠道趋紧的形势下,一些企业和个人通过有组织地违规受让或收集无真实贸易背景的银行承兑汇票,之后伪造交易业务等资料向银行贴现以套取资金。审计查出的4起违规金融票据融资案件,相关人员、“倒票”企业分别从中获利7500多万元和4700多万元,涉及的188家银行基层分支机构均不同程度存在审核把关不严、关键岗位工作人员违规操作等问题。

对于本报告反映的具体审计情况,目前已公告50个中央部门、15户中央企业、2家金融机构和12个专项的审计结果,以及57起办结案件情况。下一步,审计署将继续做好审计结果公告工作,并按国务院要求督促有关方面认真整改。全面整改结果,国务院将在年底前向全国人大常委会专题报告。

十一、加强财政管理的意见

(一)深化财政体制改革,健全统一完整的政府预算体系。进一步理顺政府与市场的关系,按照公共产品的受益范围界定各级政府的事权和支出责任。切实将政府收支全部纳入预算,超收收入和重大预算调整事项应向全国人大常委会报告,逐步建立政府财务报告制度。按照事权与财权相匹配原则,调整优化中央与地方收入分配结构,切实解决转移支付在中央财政支出中占比高、专项转移支付在转移支付中占比高的问题,建立健全规范的转移支付制度。

(二)加强财政制度建设,提高预算执行效果和预算公开质量。从根本上解决预算编制不细化、执行中调整预算级次和项目用途等问题,关键在于建章立制,明确标准和依据,落实管理责任和权限。当前,应加快完善基本支出定员定额标准体系,准确界定基本支出和项目支出范围,规范和统一部门预算公开内容;加强与政府职能和财政政策相衔接,完善项目储备库建设,确保按期实现预算确定的目标。

(三)优化财政支出结构,进一步加大对民生领域的投入。政府预算安排应体现财政的公共性,优先保障与人民生活直接相关或民生供需矛盾特别突出的领域。为此,应建立健全财政民生支出的绩效考核体系,研究确定全国范围基本公共服务项目和最低保障水平,缩小民生保障标准的地区差异;进一步完善符合我国实际的社会保障制度模式,建立稳定的财政投入机制,促进社会保障相关制度的衔接和公平推进。

(四)清理规范税收优惠和变相减免财政性收入等政策,维护税法的统一公平。近年审计发现,一些地方在招商引资中普遍变相减免或返还财政性收入,不利于建立公平的市场竞争环境。为此,应组织对税收优惠政策进行清理规范,更多地鼓励企业通过深化改革提高竞争力,推动地方通过深入发掘和发挥特色优势,在国家主体功能区规划指导下健康协调发展。

(五)加强财政政策与其他政策的协调配合,发挥宏观调控的整体合力。应根据宏观调控的总体目标,确定财税、信贷、产业、贸易、投资、土地、就业、环境保护等政策的重点任务,增强政策措施的协调性、配套性和可操作性,使各项政策互为补充、有机衔接。建立健全跨地区、跨部门、跨领域的信息共享平台和协调配合机制,加强资源整合,解决信息“孤岛”、信息系统重复建设等问题,切实增强宏观调控的及时性和有效性。

关于今年以来国民经济和社会发展计划执行情况的报告

——2012年8月29日在第十一届全国人民代表大会常务委员会第二十八次会议上

国家发展和改革委员会主任 张 平

全国人民代表大会常务委员会：

我受国务院委托，向全国人大常委会报告今年以来国民经济和社会发展计划执行情况，请审议。

一、今年以来经济社会发展的基本情况

今年以来，面对国际环境复杂多变、国内发展困难增多的严峻形势，各地区、各部门按照中央决策部署，认真落实十一届全国人大五次会议通过的各项决议，坚持稳中求进的工作总基调，围绕实现全年经济社会发展目标，正确处理速度、结构和物价三者关系，各项工作取得了新成绩，国民经济和社会发展计划执行情况是好的。主要特点是：

（一）经济增速和物价涨幅保持在预期目标区间内

针对今年以来经济运行出现的新情况新问题，中央强调把稳增长放在更加重要的位置，并果断加大预调微调力度，及时出台一系列政策措施，促进了经济平稳较快增长。

着力扩大国内需求。继续采取提高粮食最低收购价和增加种粮补贴，以及增加对低收入群体补助等多项措施，促进城乡居民收入增长，增强居民消费能力；安排财政补贴资金鼓励节能家电等绿色消费，出台重大节假日免收小型客车通行费实施方案；加强食品药品安全管理，改善消费环境，居民消费潜力继续得到释放。前7个月社会消费品零售总额增长14.2%，扣除价格因素后实际增长11.3%，比一季度提高0.4个百分点。以鼓励和引导民间投资为重点稳定投资增长，42项促进民间投资细则出台实施，对民间资本进入铁路、市政、能源、金融、医疗卫生等领域做出了明确规定；及时解决重大工程建设中遇到的问题，推进项目顺利实施。前7个月固定资产投资增长20.4%，比前5个月提高0.3个百分点，其中民间投资增长25.5%，比重达到62.1%。与此同时，通过实施稳定外贸政策、提高贸易便利化水平、积极应对贸易摩擦等措施，支持外贸企业巩固传统市场、拓展新兴市场。

着力缓解企业生产经营困难。加大财税支持力度，将小型微利企业减半征收企业所得税政策延长到2015年底并扩大范围，减免部分涉企收费并清理取消一批不合规收费；实施有利于中小企业发展的政府采购政策；继续增加中小企业专项资金规模，设立国家中小企业发展基金，引导地方、创业投资机构和其他社会资金支持初创期小型微型企业等。努力缓解企业融资难、融资贵问题，今年以来两次下调存款准备金率各0.5个百分点，两次下调存贷款基准利率，释放流动性、减轻企业融资负担；督促商业银行在进一步优化信贷结构的基础上，加强对企业的金融支持。7月末广义货币 M_2 余额增长13.9%，增幅比3月末提高0.5个百分点，前7个月新增人民币贷款5.4万亿元，同比多增7318亿元。同时，有针对性地采取措施，支持企业创新商业模式，提升技术创新能力；加强公共服务平台建设，鼓励小型微型企业开拓市场和集聚发展。

从目前情况看，已出台的各项政策措施正在见到成效，经济增长呈现缓中趋稳态势。初步核算，上半年国内生产总值同比增长7.8%，其中一、二季度分别增长8.1%和7.6%，分别比上一季度回落0.8个和0.5个百分点，季度降幅收窄。占国内生产总值比重较大的工业，近几个月生产状况有所稳定，4、5、6、7四个月规模以上工业增加值当月增幅在9.2%—9.6%之间。前7个月，全国公共财政收入74467亿元，同比增长11.6%。

与此同时，继续采取增加生产供给、降低流通成本、加强市场监管等政策措施，稳定物价总水平。随着供求关系改善、国际市场部分大宗商品价格走低，今年以来物价涨幅继续呈现逐步回落态势。一季度，居民消费价格同比上涨3.8%，二季度涨幅降至2.9%，前7个月为3.1%，控制在年初确定的4%的预期目标内。其中，食品价格涨幅回落是带动居民消费价格回落的主要因素。房地产市场调控政

策取得阶段性成效，投机投资性需求得到有效抑制，7月份70个大中城市中有58个城市新建商品住宅价格同比下降。

（二）结构调整和节能减排形势进一步向好

坚持把稳增长与调结构紧密结合起来，大力推动自主创新、产业升级、节能减排和区域协调发展，增强发展后劲。

科技创新对经济社会发展的支撑作用得到加强。研发投入力度持续加大，财政科技支出前7个月同比增长26.6%，比去年同期提高16.9个百分点，企业投入也继续增加。国家科技重大专项成效显著，高性能中央处理器、快速成像测井技术装备、核电超大型锻件等成果填补了多项重要产品和装备空白。产学研结合积极推进，集中了一批企业、高校、科研院所，围绕产业链开展联合创新，搭建了一批面向企业特别是中小企业的技术创新服务平台。自主创新取得新成绩，前7个月国内发明专利授权量同比增长31.6%，特别是“神舟九号”和“天宫一号”首次实现载人交会对接，“蛟龙号”创造载人深潜新纪录，标志着我国在空间技术和深海勘探领域跻身世界前列。

农业生产势头良好。夏季粮油再获丰收。据统计，全国夏粮总产量达到2599亿斤，比上年增加71.2亿斤，其中冬小麦2286亿斤，实现了历史性的“九连增”；夏收油菜籽产量1292万吨，比上年增加46万吨。早稻产量665.8亿斤，比上年增产10.7亿斤。秋粮播种面积稳中有增，目前长势总体良好，为秋粮丰收奠定了基础。“菜篮子”产品生产稳定发展，上半年蔬菜、猪牛羊禽肉和水产品产量分别增长1.1%、5.5%和5.5%。

产业结构继续优化。战略性新兴产业较快发展，前7个月医药、航空航天器及设备制造业增速分别为14.6%和15.3%，6月末风电装机同比增长40.5%，页岩气资源调查评价、科技攻关等工作进展顺利。传统产业重组改造扎实推进，装备行业继续向高端化方向发展，“两高”行业扩张继续得到有效抑制，前7个月六大高耗能行业增速比规模以上工业低1.1个百分点，又有一批落后产能退出市场。服务业保持较快增长，上半年第三产业增加值占国内生产总值比重达43.5%，同比提高1个百分点；批发零售、住宿餐饮等传统服务业发展质量进一步提高，信息、创意、咨询、设计等高端服务业快速发展，上半年软件业务收入增长26.2%。

节能减排指标出现好转。在重工业增速减缓和节能减排措施继续落实的共同作用下，上半年单位国内生产总值能耗、化学需氧量、二氧化硫、氨氮和氮氧化物排放量均呈下降趋势，初步预计这些指标的降幅均接近或超过年度计划目标。重点流域区域污染防治扎实推进，重点生态功能区、自然保护区等生态环境保护不断加强，荒漠化、石漠化综合治理进展顺利。

区域发展更趋协调。西部大开发、振兴东北地区等老工业基地、促进中部地区崛起和东部地区率先发展的区域发展总体战略得到较好落实，跨区域产业转移步伐加快。援疆、援藏等对口支援工作扎实推进。通过以工代赈、异地扶贫搬迁等措施，集中连片特殊困难地区居民的基本生产生活条件逐步改善。区域发展协调性增强，前7个月中西部地区投资、工业等主要经济指标增速均高于全国平均水平。

（三）重点领域和关键环节改革进一步深化

坚持把稳增长与抓改革紧密结合起来，继续深化各项改革，增强各类经济主体的活力和动力。

财税金融改革迈出新步伐。营业税改征增值税试点工作进展顺利，房产税和资源税改革试点稳步推进，中央国有资本经营预算实施范围进一步扩大。利率、汇率形成机制继续完善，存款利率浮动区间上限调整为存款基准利率的1.1倍，贷款利率浮动区间下限调整为贷款基准利率的0.7倍，银行间即期外汇市场人民币兑美元交易价浮动幅度由0.5%扩大到1%，人民币兑日元直接交易开始启动。设立了温州市金融综合改革试验区，支持深圳前海建设我国金融业对外开放试验示范窗口。新股发行和退市制度进一步健全。

价格改革取得新进展。除西藏、新疆外的其他省份，自7月1日起开始实施居民阶梯电价。进一步完善垃圾焚烧发电价格政策。电力直接交易试点启动实施。及时调整了成品油和交通运输等产品和服务价格。对不合理的公路收费项目进行了全面清理。排污权交易试点积极推进，北京等7省市获准开展碳排放权交易试点工作。

医药卫生体制改革成效明显。在如期全面完成三年医改各项任务基础上，今年的各项工作继续扎实推进。制定出台了县级公立医院综合改革试点意见，并在全国选择311个县启动实施。通过支持全科医生临床培养基地建设，壮大基层全科医生人才队伍。继续扩大基本药物制度实施范围，全国已有20个省份的村卫生室基本实现了基本药物零差率销售。制定公布了消化类药品价格调整方案，涉及53个品种，平均降幅达到17%；出台了全国医疗服务价格项目规范。推动建立大病保险制度。

科技、教育、文化、事业单位等改革扎实推进。中央召开了全国科技创新大会，对深化科技体制改革、加快国家创新体系建设进行了全面部署。教育体制改革继续深化，学前教育督导评估制度、现代学校制度、办学体制不断完善，现代职业教育体系建设、考试招生制度改革稳步推进。经营性文化单位转企改制基本完成，1973 家国有文艺院团完成改革任务，一大批出版社、非时政类报刊、重点新闻网站和电影公司等机构完成转企改制和公司股份制改造。分类推进事业单位改革指导意见发布实施。

（四）民生得到进一步改善

坚持把稳增长和惠民生紧密结合起来，加大保障和改善民生投入力度，让城乡居民在改革发展中得到更多实惠。

就业和居民收入较快增长。前 7 个月，城镇新增就业 812 万人，同比多增 39 万人，完成全年目标的 90.2%。截至 6 月底，城镇登记失业率为 4.1%，控制在年初预期目标以内。重点群体就业保持稳定，农村外出务工劳动力比去年同期增长 2.6%，应届高校毕业生就业形势基本稳定。城乡居民收入继续较快增长，上半年城镇居民人均可支配收入和农村居民人均现金收入同比实际分别增长 9.7% 和 12.4%，实现了年初提出的城乡居民收入实际增长与经济增长保持同步的要求，其中农村居民收入增速已连续 10 个季度快于城镇。

社会保障制度进一步完善。新型农村社会养老保险和城镇居民社会养老保险制度全覆盖工作全面启动。养老保险、医疗保险参保扩面工作进展顺利，截至 6 月底，城镇基本养老保险、“新农保”参保人数分别达 2.99 亿和 3.84 亿，有 1.1 亿城乡老年居民按月领取养老金；基本医保参保人数继续增加，参保率稳定在 95% 以上。各项社会保险待遇水平稳步提高，连续第 8 年提高企业退休人员基本养老金待遇，惠及 6250 多万企业退休人员；“新农合”和城镇居民基本医疗保险补助提高到人均 240 元，重特大疾病医疗救助试点工作全面启动，55% 的县（市、区）实现了医疗救助“一站式”即时结算。全国城乡低保月人均补助水平均比上年提高。受灾群众基本生活得到妥善安排。

保障性安居工程建设进展顺利。中央财政预算安排保障性安居工程建设资金 1787 亿元，比上年增长 24.8%，已全部下达。继续加大对保障性安居工程用地和贷款的支持，上半年保障房用地同比增长 42.5%，新增保障性住房开发贷款占新增住房开发贷款的 65.8%。截至 7 月底，全国保障性安居工程基本建成 360 万套，占目标任务的 72%；已开工 580 万套，完成年度计划的 77%。与此同时，有关部门继续加强对保障性住房建设、分配、管理的指导和监督，发布实施了公共租赁住房管理办法，开展了保障性安居工程质量专项检查，督促有关单位确保质量安全。

各项社会事业得到加强。继续安排资金实施农村义务教育薄弱学校改造计划，启动了民族地区教育基础薄弱县普通高中建设；国家助学制度进一步完善，2012 年春季学期有 1800 多万名高中生、中职学生和大学生享受到了国家助学政策；从 2012 年秋季学期起，中等职业教育免学费政策覆盖范围扩大到所有农村学生，农村义务教育学生营养改善计划实施情况良好，校车安全管理条例颁布实施。基层文化设施建设力度加大，总建设规模约为 450 万平方米的全国地市级公共文化设施建设规划发布实施。基层医疗卫生服务体系建设进一步加强，截至 6 月底，全国医疗卫生机构同比增加近 1.4 万个，卫生技术人员增加 61 万人；基本公共卫生服务均等化水平明显提高，城乡居民免费、均等享受到 10 大类基本公共卫生服务。低生育水平继续保持稳定。公共体育服务体系进一步完善。

今年以来，我国经济社会发展总的形势是好的，符合稳中求进的工作总要求。在外需明显减弱的情况下，通过有针对性地加强调控，加大对实体经济的支持，着力释放国内需求潜力等措施，经济运行总体平稳，经济结构逐步优化，人民群众得到更多实惠，社会保持和谐稳定。

二、经济运行面临的主要困难和挑战

在看到我国经济发展好的一面和有利条件的同时，我们也清醒地认识到，影响经济平稳运行的不利因素仍然很多，对国际形势的严峻性和国内形势的复杂性不可低估。

从外部环境看，国际金融危机的深层次影响还在不断显现，世界经济下行压力加大，不稳定、不确定因素增多。欧债危机持续发酵，欧元区走出困境的难度加大。美国、日本经济增长乏力，新兴经济体经济受外部市场条件恶化和内生增长动力不足的双重制约，增速也普遍回落。另外，国际外汇、证券、大宗商品市场大幅波动，贸易保护主义日益升温、限制性措施明显增多，再加上地缘政治风险进一步上升、跨国资本流动加剧，这些都使得世界经济复苏过程艰难曲折。据国际货币基金组织7月中旬预测，今年世界经济增长3.5%，比4月份的预测下调了0.1个百分点，低于2010年5.3%和2011年3.9%的增速。

从国内看，经济运行中长期积累的不平衡、不协调、不可持续的矛盾与当前经济下行压力加大、企业经营困难等问题交织在一起，增加了保持经济平稳较快发展的难度。一是扩大有效需求面临不少制约。前7个月，外贸出口增长7.8%，其中7月份仅增长1%；从趋势看，外需不振的局面短期内不会有大的改变，加之我国部分产品的出口竞争优势减弱，出口环境日趋严峻，未来的出口形势不容乐观。居民消费能力有待增强、消费环境亟待改善，市场预期谨慎，企业投资意愿和能力减弱，这些都制约着内需扩大。二是企业生产经营困难加大。受市场需求增长减缓以及生产成本上升和产品出厂价格下降等因素的双向挤压，企业效益持续下降。前7个月，规模以上工业企业实现利润同比下降2.7%，部分行业、部分企业亏损严重，小型微型企业生产经营则更为困难。这种状况持续下去，将会加大就业压力。三是结构调整任务十分紧迫。产业技术水平整体偏低，人才、技术储备不足，新兴产业带动作用还不强；特别是随着需求减弱，产业结构不合理、部分行业产能过剩的问题更加突出。有的地方"两高"行业依然存在扩张冲动，有的企业因为经营困难减少了节能环保投入，不利于推进节能减排。四是实现全年农业丰收仍存在不确定因素。尽管夏粮、早稻丰收已经到手，但要在高起点基础上保持农业稳产增产，任务仍然艰巨。秋粮生产仍有可能受到自然灾害和病虫害的影响；棉花、食糖和生猪价格下降较多，影响农民生产收益。进入汛期后，一些省份频发暴雨洪水，局部地区洪涝灾害严重，防汛减灾压力较大。此外，近期房地产市场房价反弹压力增加，在食品药品安全、收入分配、征地拆迁、安全生产等领域仍存在不少涉及群众切身利益的突出问题，都需要采取措施认真加以解决。

综合分析，一方面要看到，当前我国经济社会发展面临的国内外环境依然复杂严峻，一些不确定因素还可能带来新的冲击，经济困难可能还会持续一段时间，对此必须高度重视，切实增强忧患意识和责任意识。另一方面更要看到，我国经济发展的基本面是好的，国内需求潜力巨大，宏观调控政策有较大回旋余地，具备保持经济社会平稳较快发展的很多有利条件和因素，要坚定做好经济工作的信心和决心。

三、下一步重点工作

下半年经济工作要按照中央的决策部署，全面贯彻党的十七大和十七届三中、四中、五中、六中全会精神，以邓小平理论和"三个代表"重要思想为指导，深入贯彻落实科学发展观，以科学发展为主题，以加快转变经济发展方式为主线，坚持稳中求进的工作总基调，把稳增长放在更加重要的位置，以扩大内需为战略基点，以发展实体经济为坚实基础，以加快改革创新为强大动力，以保障和改善民生为根本目的，统筹当前与长远，更加注重拓宽增长空间，更加注重提高增长质量，更加注重激发发展活力，更加注重共享发展成果，着力破解经济社会发展中的难题，促进经济平稳较快发展，保持社会和谐稳定，努力实现经济社会发展预期目标，以优异成绩迎接党的十八大胜利召开。

在宏观调控中，要继续实施积极的财政政策和稳健的货币政策，抓紧落实已出台的各项措施，同时密切跟踪国内外形势变化，及时完善预案，加大预调微调力度，提高宏观政策的前瞻性、针对性和有效性，做好应对更加复杂困难局面的准备。重点抓好以下工作：

（一）着力扩大国内需求。扩大内需特别是消费需求是当前稳增长的有效途径。要继续采取措施，努力增加城乡居民特别是中低收入群体消费能力；落实好已经出台的促进消费的政策措施，大力发展信息、文化、旅游、健身等服务消费，规范发展网络购物等新型消费业态；严厉打击侵害消费者权益的不法行为，改善消费环境。要在优化投资结构的基础上保持投资适度增长，认真落实促进民间投资"新36条"实施细则，实实在在推出一批民间资本能够参与投资建设的具体项目；引导商业银行优化信贷结构，加大对国家重点项目和农业、节能减排、现代服务业等领域的金融支持；继续严格控制"两高"和产能过剩行业盲目扩张。

（二）毫不放松地抓好农业生产。切实落实各项强农惠农富农政策措施。认真组织夏粮和早稻收购，落实好粮食最低收购价和临时收储政策，确保农业增产、农民增收。深入推进粮食稳产增产行动，继续开展粮食高产创建，大力推广先进实用的秋粮田间管理技术，支持农作物病虫害专业化统防统治，帮助农民落实好防灾抗灾措施，努力夺取秋粮丰收。继续抓好蔬菜、生猪、水产品等生产，有效增加“菜篮子”产品供给。积极推进农田水利等基础设施建设。加大对现代农业关键技术的研发投入，推进国家级育种制种基地建设。支持发展农民专业合作社、农业产业化和适度规模经营。切实抓好防汛减灾工作，加强对雨情、水情、险情的预报预警，确保防汛责任人上岗到位，确保防汛措施落实到位，确保江河湖库安全度汛。

（三）下更大力气促进结构调整。强化创新驱动作用，加快实施战略性新兴产业重大工程和国家技术创新工程，加强政策引导，拓展新兴产业市场空间。抓紧落实支持重点行业加快实施技术改造的财政贴息等政策，鼓励有竞争力的企业实施上下游、跨地区重组整合，优化资源配置和生产布局。完善并落实促进服务业发展的财税、金融、土地、价格等支持政策。进一步落实好减轻小型微型企业税费负担的政策措施，有效解决信贷资金供求结构性矛盾，清理各类不合理收费，优化企业发展环境，帮助企业渡难关、上水平。把节能减排作为调结构、转方式的重要抓手，狠抓各项政策措施落实，特别是要利用当前市场环境偏紧的有利时机，加快淘汰落后产能，避免节能减排指标反弹。继续实施并完善区域发展规划和政策，支持各地发挥比较优势，发展特色产业，引导产业在转移中优化布局、在转移中提高水平，促进区域经济良性互动、协调发展。

（四）保持物价总水平基本稳定。继续做好重要商品特别是生活必需品的产运销衔接，及时运用储备吞吐和进出口调节等手段，保障市场供应，防止个别商品价格异常波动。实施好缓解生猪市场价格周期性波动调控预案，避免生猪生产大起大落。加强现代流通体系建设，创新流通方式，降低流通环节费用，提高流通效率。加强市场价格监管，严厉查处价格违法行为。稳定房地产市场调控政策，坚决抑制投机投资性需求，切实增加普通商品住房特别是中小套型住房供应，防止房价反弹；加强舆论引导，稳定市场预期，避免不实信息炒作误导。加快建立健全房地产市场调控的长效机制和政策体系。

（五）坚定不移地推进改革开放。认真落实2012 年深化经济体制改革重点工作意见，将营业税改征增值税试点地区范围由上海市分批扩大到北京等 8 个省（市），大力培育面向中小企业和“三农”的小型金融机构，积极稳妥地推进资源性产品价格改革，深入开展医药卫生体制改革，抓紧制定收入分配体制改革总体方案，继续推进教育、文化、科技、事业单位等领域改革，努力在健全体制机制方面不断取得新进展。针对外需低迷、生产成本提高、贸易摩擦增多等问题，进一步落实和完善稳定外贸政策措施，支持企业巩固劳动密集型产品出口竞争优势，积极培育高附加值商品和服务等出口新优势；鼓励加工贸易向产业链高端延伸，引导外资向中西部地区转移；积极承接国际服务外包，不断提高档次和效益。继续增加能源原材料、先进技术、关键零部件、节能环保产品等的进口。优化利用外资结构，引导外资投向现代农业、高新技术、节能环保和生产性服务业等领域；扎实实施“走出去”战略。

（六）大力保障和改善民生。越是在困难的时候，越是要高度重视并细致地做好民生工作。要深入落实就业优先战略，继续实施更加积极的就业政策，通过支持创业、开发公益岗位、加强职业教育培训和促进小型微型企业发展等措施，重点帮扶高校未就业毕业生、城镇就业困难人员和农民工等重点人群就业。扎实做好社会保障工作，推进年内实现城乡居民社会养老保险制度全覆盖。大力发展教育、卫生、文化等各项社会事业，多渠道增加教育投入，继续推进义务教育均衡发展，进一步调整人才培养结构，优化教育区域布局，促进各级各类教育协调发展；加快健全全民医保体系，开展城乡居民大病保险，完善基层医疗和公共卫生服务体系，推进实施基本公共卫生和重大公共卫生服务项目；加快公益性文化事业发展，推进重点文化惠民工程建设，支持基层文化设施建设和运营。扎实推进保障性安居工程建设，积极拓宽筹资渠道，加快用地审批和供应，确保高质量完成全年建设任务。继续做好安全生产工作，坚决遏制重特大事故发生；加强城市防洪排涝设施规划建设，提高应对自然灾害能力。创新社会管理，妥善化解各类社会矛盾，安置好困难群体和受灾群众生产生活，进一步维护和谐稳定的社会环境。

今年下半年经济社会发展任务十分繁重。我们要更加紧密地团结在以胡锦涛同志为总书记的党中央周围，高举中国特色社会主义伟大旗帜，以邓小平理论、“三个代表”重要思想为指导，深入贯彻落实科学发展观，齐心协力、开拓进取、真抓实干，努力实现全年经济社会发展目标。

关于今年以来预算执行情况的报告

——2012年8月29日在第十一届全国人民代表大会常务委员会第二十八次会议上

财政部部长　谢旭人

全国人民代表大会常务委员会：

我受国务院委托，向全国人大常委会提出关于今年以来预算执行情况的报告，请审议。

一、今年以来预算执行情况

今年以来，国际政治经济环境复杂多变，国内经济发展面临的困难增多。各地区、各部门按照中央决策部署，以及第十一届全国人民代表大会第五次会议的有关决议要求，落实稳中求进的工作总基调，加大政策预调微调力度，经济社会发展总的形势是好的。在此基础上，预算执行基本平稳，财政发展改革取得一些新的进展。

（一）公共财政预算执行情况

1—7月，全国公共财政收入74467亿元，比2011年同期（下同）增长11.6%，其中，中央本级收入37381亿元，完成预算的66.8%，增长9.5%；地方本级收入37086亿元，增长13.8%。全国公共财政支出63421亿元，增长23.4%，民生等重点支出得到较好保障，其中，中央本级支出10528亿元，完成预算的56.9%，增长13.4%；地方本级支出52893亿元，增长25.6%。

全国公共财政收入增长11.6%，增幅同比下降18.9个百分点，是经济增长放缓、企业利润下降、物价涨幅回落、实施结构性减税等因素的综合反映。具体分析：一是经济增长趋缓及企业利润减少。1—7月，规模以上工业增加值、固定资产投资、社会消费品零售总额、一般贸易进口额增幅都降低，商品房销售额、规模以上工业企业实现利润同比下降，增值税、营业税、进口环节税收、企业所得税等收入增幅相应明显减缓。二是价格涨幅回落。居民消费价格涨幅同比下降，尤其是工业生产者出厂价格同比下降幅度更大，以现价计算的流转税等税收收入增幅相应回落。三是结构性减税政策力度较大。今年国家继续实施调节收入分配、支持小型微型企业发展、调整产业结构、扩大进口等方面的结构性减税政策，相应减少部分个人所得税、企业所得税、增值税、营业税、关税等收入。

1. 中央预算主要收支项目执行情况

（1）主要收入项目执行情况。国内增值税11379亿元，增长6.4%。国内消费税4815亿元，增长11.7%。进口货物增值税、消费税8857亿元，增长6.2%。关税1663亿元，增长6.3%。企业所得税10335亿元，增长17.2%，主要是汇算清缴上年企业所得税较多，扣除这个因素，1—7月预缴所得税增长7%左右（其中7月份增长3.2%）。个人所得税2246亿元，下降7.9%，主要是2011年9月起提高个人所得税工薪所得减除费用标准以及调整个体工商户经营所得税率结构的翘尾影响。车辆购置税1269亿元，增长12.1%。出口退税5982亿元（账务上作冲减收入处理），增长14.6%。非税收入2300亿元，增长49.3%，扣除清缴上年石油特别收益金以及因原油价格上涨增加的此项收入等因素影响后增长8%。

（2）本级主要支出项目执行情况。教育支出614亿元，增长14.6%。科学技术支出1287亿元，增长21.4%。医疗卫生支出39亿元，增长23.2%。社会保障和就业支出428亿元，增长25.6%。住房保障支出248亿元，增长22.3%。农林水事务支出276亿元，增长10.7%。节能环保支出37亿元，增长16.4%。交通运输支出248亿元，增长23.5%。

（3）对地方转移支付执行情况。1—7月，下达中央对地方转移支付32860亿元，完成预算的82.3%，其中，一般性转移支付18913亿元，完成预算的84%；专项转移支付13947亿元，完成预算的80.2%。

2. 地方预算主要收支项目执行情况

（1）主要收入项目执行情况。国内增值税3821亿元，增长9.4%。营业税9214亿元，增长10%。企业所得税5469亿元，增长9.8%。个人所得税1483亿元，下降8.6%。城市维护建设税1731亿元，增长11.6%。契税1589亿元，下降8.9%。非税收入8159亿元，增长25.7%，增幅较高的主要原因：一是部分地区去年上半年将预算外收入纳入预算管理工作逐步启动，基数相对较低；二是清缴去年部分非税收入今年年初入库；三是地方加强国有资源（资产）有偿使用收入等管理，相应增加部分收入。

（2）主要支出项目执行情况。教育支出8712亿元，增长33.4%。科学技术支出931亿元，增长34.5%。医疗卫生支出3623亿元，增长25.1%。社会保障和就业支出7089亿元，增长15.7%。住房保障支出1781亿元，增长41.9%。农林水事务支出5099亿元，增长27%。节能环保支出1067亿元，增长29.3%。交通运输支出4205亿元，增长35.7%。以上各项支出，包括地方用中央税收返还和转移支付资金安排的支出。

（二）政府性基金预算执行情况

1—7月，全国政府性基金收入17967亿元，下降20.5%。其中：中央政府性基金收入1753亿元，完成预算的58.6%，增长6.6%；地方政府性基金本级收入16214亿元，下降22.6%，其中国有土地使用权出让收入13490亿元，下降27.1%，主要是部分地区土地供应面积减少，土地供应结构有所调整，供应方式有所变化，土地价格涨幅受到控制以及房地产市场调控效应继续显现等影响。全国政府性基金支出15651亿元，下降14.6%。其中：中央本级政府性基金支出922亿元，完成预算的36.9%，下降2.5%；地方政府性基金支出14729亿元，下降15.3%，其中用国有土地使用权出让收入安排的支出12831亿元，下降18.9%，包括征地拆迁补偿等成本性支出9927亿元、农业土地开发整理和农村基础设施建设以及补助农民等支出716亿元、教育支出76亿元、农田水利建设支出66亿元、保障性安居工程支出238亿元、城市建设支出1808亿元。

（三）中央国有资本经营预算执行情况

1—7月，中央国有资本经营预算收入尚未入库，支出相应也未拨付，主要是国有企业母公司合并报表后还须中介审计，计收利润需较长时间，中央企业应交国有资本收益入库通常集中在第三季度。

总的看，今年以来预算执行基本平稳，同时也还存在一些需要关注的情况和问题：一是税收收入增幅回落明显，国内增值税等部分主体税种增幅下降较多，东部地区收入增幅相对较低；二是预算支出执行进度持续加快但一些专项支出执行情况仍不太理想；三是预算绩效管理有待加强，资金使用效益需进一步提高等。

二、落实十一届全国人大五次会议预算决议情况

今年以来，按照第十一届全国人民代表大会第五次会议有关决议，以及十一届全国人大财政经济委员会的审查意见，努力做好和改进各项财政工作，较好地促进了经济社会协调发展。

（一）加强和改善财政宏观调控

实施并完善结构性减税政策。落实新的个人所得税法，中低收入者税负明显减轻。实施提高增值税、营业税起征点等减轻小型微型企业税费负担的政策，继续对符合条件的小型微利企业实施所得税减半征收政策，并将享受优惠的企业范围由年应纳税所得额低于3万元扩大到低于6万元。营业税改征增值税试点顺利，结构性减税效果明显，有力促进了服务业发展。减征物流企业大宗商品仓储设施用地城镇土地使用税，对蔬菜批发、零售免征增值税，减轻了物流企业和农产品生产流通环节的税收负担。对农村饮水安全工程建设运营给予相关税收优惠。减征或免征节约能源、使用新能源车船的车船税。实施重大装备生产专项进口税收优惠，对部分商品适用较低的进口关税暂定税率，支持能源资源性产品、先进设备和关键零部件进口。取消253项行政事业性收费项目，减轻了企业和社会负担。

进一步扩大消费需求。继续增加财政补助规模，扎实落实提高城乡居民收入的一系列财税政策。抓好家电摩托车下乡工作。及时出台并实施高效节能平板电视、空调、电冰箱、洗衣机、热水器等5大类家电产品推广政策。大力促进商贸流通体系建设，支持部分省市开展农产品流通综合试点等，为城乡居民创造良好消费环境。

不断优化投资结构。加快中央基建投资预算下达进度，截至7月底，中央基建投资下达预算3664亿元，占全年预算指标的91%，比上年同期进度提高26个百分点，重点在建、续建项目和新开工国家重大项目建设资金得到较好保障。认真落实相关财税政策，积极引导民间投资发展。

大力支持经济结构调整。中央财政拨付资金143亿元，保障国家科技重大专项实施。支持基础研究以及前沿技术研究、社会公益研究和重大共性关键技术研究，推动国家重点实验室建设与发展。

落实和完善财税扶持政策，加快推进战略性新兴产业和现代服务业发展。健全鼓励企业技术创新的政策措施，引导企业加大研发投入。大力支持重点节能工程建设和重点领域节能，加快淘汰落后产能，促进节能减排。加快发展新能源、可再生能源和清洁能源，推进能源清洁化利用。拨付资金143亿元，将草原生态保护补助奖励政策覆盖到国家确定的所有牧区半牧区县（市、旗），启动实施振兴奶业苜蓿发展行动。支持实施重点生态保护工程，拨付资金411亿元，加强天然林保护，巩固退耕还林成果。落实促进中小企业发展的相关税收优惠政策，扩大现有中小企业发展专项资金规模，完善中小企业发展专项资金及中小企业信用担保资金政策，并注重向小型微型企业、中西部地区倾斜，改善中小企业服务环境。

（二）切实保障和改善民生

加大强农惠农富农政策力度。中央财政拨付粮食直补、农资综合补贴、农作物良种补贴和农机购置补贴1648亿元，调动了农民种粮的积极性。拨付产粮（油）大县奖励资金280亿元，保障粮食稳定生产。拨付农业综合开发资金288亿元，以粮食主产区和产粮大县为重点，稳步提高农业综合生产能力，促进农业增效和农民增收。拨付现代农业生产发展资金100亿元，扶持地方优势特色产业发展。拨付资金163亿元，大力推进小型农田水利重点县建设和国家水土保持工程建设，改善农业生产条件。统筹安排相关资金，支持实施东北四省区“节水增粮行动”，将基层农技推广体系改革与建设基本覆盖到全国所有农业县（市、区、场）。拨付村级公益事业建设一事一议财政奖补资金219亿元，推进农村公益事业建设。大幅增加财政综合扶贫投入，其中安排财政专项扶贫资金332亿元，支持提高农村贫困地区和贫困人口自我发展能力。拨付农业保险保费补贴资金96亿元，增强农业抗风险能力。实施县域金融机构涉农贷款增量奖励和农村金融机构定向费用补贴政策，引导金融机构加大涉农信贷投放。拨付资金105亿元，支持各地实施农业防灾增产技术，做好抗旱救灾、防汛抢险及山洪灾害防治等工作。

支持优先发展教育事业。全面落实促进学前教育发展的一系列政策措施，拨付资金156亿元，重点支持中西部地区和东部困难地区学前教育发展，启动开展巡回支教试点工作。拨付资金809亿元，切实保障农村义务教育阶段中小学公用经费和落实“两免一补”等政策，继续实施农村义务教育薄弱学校改造项目、农村义务教育教师特岗计划和中小学及幼儿园教师国家级培训计划等。拨付资金130亿元，继续在集中连片特殊困难地区实施农村义务教育学生营养改善计划。落实免除城市义务教育学生学杂费政策，拨付资金78亿元，支持进城务工人员随迁子女公平接受义务教育，2900多万名学生从中受益。拨付补助资金122亿元，为480万名普通高中学生和1100万名中职学生发放生活费补助，免除440万名中职学生学杂费。拨付资金60亿元，用于改善职业学校办学条件，推进职业教育示范学校建设和发展。拨付高校国家奖助学金等资助经费115亿元，资助542万名学生。拨付资金974亿元，推进“985工程”、“211工程”等，大力支持提高高等教育质量。

深化医药卫生体制改革。新型农村合作医疗和城镇居民基本医疗保险的财政补助标准提高到每人每年240元，并相应提高报销水平，城乡基本医疗保障制度覆盖人数超过13亿人。完善国家基本药物制度，拨付资金70亿元建立健全长效补助机制，支持基层医疗卫生机构深化综合改革，巩固和完善运行新机制。加快推进以县级医院为重点的公立医院改革试点，加强基层医疗卫生人才培养。拨付资金319亿元，继续实施基本公共卫生服务项目和艾滋病、结核病防治等重大公共卫生服务项目，促进基本公共卫生服务均等化。

加强社会保障和就业工作。中央财政拨付资金560亿元，从7月1日起实现了新型农村和城镇居民社会养老保险制度在全国范围的城乡全覆盖。拨付企业职工基本养老保险补助资金2170亿元，确保企业退休人员基本养老金按时足额发放，其中拨付2012年调标补助资金320亿元，企业退休人员基本养老金月人均提高了150元左右。提高城乡居民最低生活保障水平，中央财政拨付资金875亿元，分别按月人均15元和12元增加补助。落实优抚对象等人员抚恤和生活补助待遇，拨付资金268亿元。完善孤儿、残疾人、流浪乞讨人员等救助保障措施，健全社会救助和社会福利体系。拨付补助资金428亿元，推进各项就业扶持政策的落实，切实做好高校毕业生等重点群体就业工作，扶持各类就业困难特殊群体创业和再就业。

促进文化事业文化产业发展。拨付资金146亿元，保障博物馆、公共图书馆等公益性文化设施免费开放，继续支持实施重点文化惠民工程，推动公共文化服务体系建设。加大对国家重点文物、大遗址、红色文化资源和非物质文化遗产保护力度。加强重点媒体国际传播能力建设,促进中华文化“走出去”。积极推动文化企事业单位改制改革,支持文化产业发展。

大力支持保障性安居工程建设。在 2012 年城镇保障性安居工程建设任务调减的情况下,进一步加大了对保障性安居工程的补助力度,截至 7 月底,中央财政已下达补助资金 1953 亿元,比 2011 年实际下达数增加 240 亿元。认真落实促进保障性安居工程建设的各项税费优惠政策,加强保障性安居工程建设、运营和管理。截至 7 月底,城镇保障性安居工程已开工 580 万套,开工率 77.8%,基本建成 360 万套。

(三)加强财政科学化精细化管理

推进财政法制建设。颁布彩票管理条例实施细则、事业单位财务规则和财政部门监督办法等财政规章。预算法修改工作取得重要进展,注册会计师法修订工作进展顺利。推进政府采购法实施条例和国有资本经营预算条例立法工作。严格财政规范性文件制定管理,进一步规范财政执法行为。

强化财政管理。扩大基本支出定额管理范围,加快项目支出通用和专用定额标准体系建设。进一步减少预算代编规模,预算年初到位率继续提高。不断健全预算编制与预算执行、结转结余资金管理、行政事业单位资产管理三者间有机结合的机制,增强预算分配的科学性。提前通知中央对地方部分一般性转移支付和专项转移支付指标,提高地方预算编制的完整性。严格执行全国人大批准的预算,加强分析和动态监控,狠抓预算支出执行管理,支出进度进一步提高。研究部署加强预算绩效管理,明确推进工作的总体要求和主要任务。预算支出绩效评价试点部门从上年的 149 个增加到 165 个,试点项目从上年的 242 个增加到 378 个。加强地方政府性债务管理。进一步规范地方政府融资平台公司管理,妥善处理存量债务,落实偿债责任。

严格财政监督。健全覆盖所有政府性资金和财政运行全过程的监督机制,进一步完善预算编制、执行、监督相互制约、相互协调的财政运行机制。继续开展中央重大决策和重大财税政策实施情况专项检查,强化中央基建投资和“三农”、教育等重点民生资金的监督。全面推进中央基层预算单位综合财政监管工作,强化中央行政事业单位预算资产财务检查。继续规范财政专户管理,健全内部监督制度,保障财政资金安全。

增强预决算透明度。扩大预算公开范围,细化公开内容,公共财政预算的中央本级支出基本细化到款级科目,教育、医疗卫生等重点支出细化到项级科目。报送全国人大审查部门预算的国务院部门和单位在相对集中的时间内全部公开了预算和决算。部门预决算公开格式相对统一,预算公开表格由上年的 2 张增加到 5 张,决算公开表格由上年的 2 张增加到 6 张,各部门详细介绍了部门职能、构成等情况,对专业性较强的预算名词进行了解释。加强对地方财政预决算公开工作指导,稳步推进地方财政预决算公开工作。“三公”经费、行政经费、基层财政专项支出公开等进展顺利。

(四)深化财税体制改革

完善财政转移支付制度,健全县级基本财力保障机制,中央财政奖补资金规模达到 1075 亿元,比上年增加 300 亿元。健全公共财政预算。细化政府性基金预算。完善中央国有资本经营预算,提高收益收取比例。社会保险基金预算试编范围覆盖到社会保险法规定的各项基金。部门预算、国库集中收付、政府采购等预算管理制度改革深入推进。

三、下一步财政工作安排

根据当前的经济财政形势,我们将认真贯彻落实党中央、全国人大、国务院的各项要求,继续处理好保持经济平稳较快发展、调整经济结构和管理通胀预期的关系,把稳增长放在更加重要的位置,统筹当前与长远,更加注重扩大内需拓宽增长空间,更加注重推进结构调整提高增长质量,更加注重深化改革开放激发发展活力,更加注重改善民生共享发展成果,促进经济平稳较快发展,保持社会和谐稳定。切实落实积极财政政策的各项措施,同时密切跟踪国内外形势的发展变化,进一步加强预调微调,提高政策的科学化、精细化水平,着力增强调控的前瞻性、针对性和有效性。重点做好以下工作:

(一)继续实施积极的财政政策,促进经济稳定增长

落实和完善结构性减税政策。扩大营业税改征增值税的试点范围,增加北京等 8 个试点省(直辖市),确保改革的顺利开展,促进二三产业融合式发展。落实支持小型微型企业发展的税收政策。完善促进流通产业发展的财税政策措施。实施好扩大节能家电等产品消费政策和节能产品惠民工程。继续做好家电摩托车下乡工作。推进太阳能等新能源产品进入公共设施和家庭。加强农产品流通和农村流通体系建设。进一步清理规范行政

事业性收费和政府性基金，取消不合理的涉企收费项目，降低偏高的收费标准。落实促进民间投资的财税优惠政策，政府性资金安排对民间投资主体同等对待。稳定支持外贸的财税政策，加快出口退税进度，加大出口信用保险支持力度，促进对外贸易稳定增长。

（二）发挥财税政策调控优势，推进经济结构调整和发展方式转变

加强农田水利基础设施建设，支持加快农业科技创新，深入开展农业综合开发，推动支农项目与农民专业合作组织实现有效对接，促进现代农业发展。完善财政奖补政策，引导金融机构加大支农力度。强化支农资金整合，提高资金使用效率。保障科技重大专项顺利实施。大力支持深化科技体制改革，加快国家创新体系建设，促进科技与经济社会发展紧密结合。开展节能减排综合示范工作，加快节能技术改造、淘汰落后产能。全面推进建筑节能及发展绿色低碳建筑。逐步扩大湖泊生态环境保护支持范围。大力促进光电、生物质能源、煤层气等新能源综合利用。抓好农村土地整治与矿产资源综合利用示范基地建设。深入推进排污权有偿使用和交易试点工作，积极开展新安江流域水环境补偿试点。支持天然林资源保护二期工程建设，完善森林生态效益补偿和林业补贴政策。实施好草原生态保护补助奖励政策在国家确定的牧区半牧区县（市、旗）全覆盖工作，促进草原生态保护和农牧民增收。推动中小企业特别是小型微型企业技术创新、结构调整和扩大就业。加快推进战略性新兴产业发展。实施好促进服务业发展的税收优惠政策，抓好现代服务业综合试点，支持服务业产业园、产业基地加快发展。

（三）促进社会事业发展，切实改善民生

支持实施更加积极的就业政策，完善特定就业补助、职业培训、公共就业服务、公益性岗位、小额担保贷款贴息等政策措施，做好重点群体就业工作。加大财政教育投入，确保国家财政性教育经费支出占国内生产总值比例达到4%，加强资金使用管理，着力支持解决教育发展薄弱环节和关键领域的问题。全面推进基层医疗卫生机构综合改革，巩固完善基本药物制度和基层医疗卫生机构运行新机制，积极推进以县级医院为重点的公立医院综合改革试点。做好新型农村和城镇居民社会养老保险制度全覆盖的资金保障工作。加快推进保障性住房建设、各类棚户区改造和农村危房改造，按规定落实资金来源，切实加大资金投入。深入推进游牧民定居工程。严格实施差别化住房税收政策，加强交易环节和持有环节相关税收征管，抑制投机投资性购房需求。推进公益性文化设施免费开放，实施重点文化惠民工程。积极促进文化企事业单位改制改革。完善财政综合扶贫政策体系，重点支持集中连片特殊困难地区实施扶贫攻坚。

（四）推进财税体制改革，完善公共财政体系

进一步优化转移支付结构，提高一般性转移支付规模和比例。健全县级基本财力保障机制，增强县级政府基本公共服务保障能力。继续完善国有资本经营预算制度，切实做好地方国有资本经营预算汇总编制工作。认真总结社会保险基金预算试编经验，规范编制流程，完善编制方法，为报送全国人大做好准备。深化部门预算制度改革，将国库集中收付制度覆盖到县以上各级所有预算单位及有条件的乡级预算单位，将公务卡制度改革覆盖到各级政府及其所属预算单位。研究完善消费税制度，合理调整消费税范围和税率结构。稳步推进个人住房房产税改革试点。深化资源税改革，扩大资源税从价计征范围。

（五）强化财政科学管理，狠抓增收节支工作

加强财政法制建设，配合全国人大做好预算法修订等相关工作，积极推进依法行政、依法理财。支持税务、海关部门依法征税，坚决不收“过头税”。认真落实国家统一规定的税收优惠政策，严禁在法律法规和规定的管理权限之外，擅自减征、免征或者缓征应征的税款，越权为招商引资项目减免税，或采取先征后返等方式变相减免税。严格非税收入管理，切实依法依规征收，坚决防止虚增非税收入和乱收费、乱摊派、乱罚款情况的发生。着力保障重点支出，严格控制“三公”经费等一般性开支，努力降低行政成本。加快转移支付资金的下达进度，特别是将教育、医疗卫生、社会保障和就业、保障性安居工程等民生支出尽快落实到位。进一步强化部门的预算支出责任，加强预算执行管理，提高预算支出的及时性、均衡性、有效性和安全性。严格资金拨付管理，切实防止“以拨代支”、虚列支出等违法违规行为。夯实绩效管理基础工作，开展重点支出绩效评价，加强绩效监督检查，积极运用绩效评价和绩效监督结果，逐步建立完善预算编制有目标、预算执行有监控、预算完成有评价、评价结果有反馈、反馈结果有运用、评价过程有监督的全过程绩效管理机制，进一步提高财政管理水平。

加强财政预算执行，做好各项财政工作，对于

保持经济平稳较快发展和社会和谐稳定具有重要意义。我们要在以胡锦涛同志为总书记的党中央领导下，坚持以邓小平理论和“三个代表”重要思想为指导，深入贯彻科学发展观，继续认真落实十一届全国人大五次会议的有关决议，按照全国人大常委会的审议意见，进一步加强和改进财政工作，努力完成预算，大力推进财政发展改革，以优异成绩迎接党的十八大胜利召开！

三、检查法律实施情况

全国人民代表大会常务委员会执法检查组关于检查《中华人民共和国文物保护法》实施情况的报告

——2012年6月26日在第十一届全国人民代表大会常务委员会第二十七次会议上

全国人大常委会副委员长　路甬祥

全国人民代表大会常务委员会：

2012年4月至5月，全国人大常委会执法检查组开展了文物保护法执法检查。现在，我代表执法检查组向常委会报告有关情况：

一、执法检查的工作情况

这次执法检查是1982年11月文物保护法颁布实施以来，由全国人大常委会在全国范围内组织开展的第一次执法检查。吴邦国委员长对这次执法检查工作十分重视，作出重要批示："我国是历史悠久的文明古国，有着丰富灿烂的文化遗产。全面贯彻落实文物保护法，是继承和弘扬中华民族优秀传统文化、推动社会主义文化大发展大繁荣的必然要求。全国人大常委会这次在全国范围内开展文物保护法执法检查，主要目的就是在党的十七大和十七届六中全会精神指导下，督促、支持各级政府和有关国家机关依法履行职责，改进工作，加强管理，推动我国文物保护事业全面发展。希望检查组精心准备，扎实工作，组织开展好这次执法检查，圆满完成工作任务，为建设中华民族共有精神家园做出积极贡献。"

4月5日，执法检查组召开第一次全体会议，听取国务院有关部门的情况汇报，部署相关工作。王兆国副委员长出席会议并作了重要讲话。会议明确，这次执法检查的重点是文物安全情况，处理文物保护与经济建设、社会发展关系情况，文物流通领域管理情况，执法能力建设和配套法规制定情况，以及进一步修改完善法律的意见和建议。

这次执法检查由我任组长，韩启德、周铁农、李建国、严隽琪副委员长以及白克明同志任副组长。执法检查组分为5个小组，成员包括28位全国人大常委会委员和全国人大教科文卫委员会委员、全国人大法律委员会委员，以及21位全国人大代表。检查组重点对北京、河北、浙江、江西、山东、河南、湖北、四川、甘肃、新疆10个省（区、市）进行了检查，并委托其他省（区、市）人大常委会对本行政区域内文物保护法的实施情况进行检查。检查组先后召开了48次汇报会、座谈会，听取了有关省、市、县政府的工作汇报，与有关部门、文博专家以及文物保护一线工作人员进行了座谈交流，广泛听取意见和建议，并实地考察了186个文物、博物馆等单位。

国务院有关部门和地方各级政府对这次执法检查很重视，国家文物局予以积极协助，相关省（区、市）人大、政府认真准备，全国人大常委会办公厅和全国人大教科文卫委员会做了大量细致的具体工作；全国人大教科文卫委员会还专门到辽宁省、故宫博物院、国家博物馆开展前期执法调研，并邀请在京部分文物保护专家召开了座谈会，保证了执法检查任务顺利完成。中央和地方主要新闻媒体及时报道了执法检查有关情况。

现在，各检查小组已经形成了报告，受委托检查的21个省（区、市）人大常委会也向全国人大常委会办公厅提供了书面报告。6月7日，执法检查组召开第二次全体会议，研究讨论了执法检查报告稿，并听取了国务院有关部门的意见。

检查组认为，文物保护法颁布实施 30 年来，随着我国经济发展和社会进步，文物保护事业与时俱进、开拓创新，取得了显著成绩。各级政府越来越重视文物工作，社会力量积极参与文物保护，法律规定得到贯彻执行，形成了许多好的经验和做法。但也要看到，我国文物保护与利用的整体水平与我们这个文明古国的地位还不相称，还不能很好适应经济社会协调发展和文化大发展大繁荣的要求，不能完全满足人民群众日益增长的精神文化需求。文物工作中还存在一些实际困难和问题，面临着新的挑战，贯彻实施文物保护法的任务依然艰巨而繁重。

二、贯彻实施文物保护法的主要工作及成效

（一）文物法制宣传教育不断深入

文物保护法颁布实施以来，各级政府积极开展文物法制宣传教育，增强全社会文物保护意识。文物保护法逐步纳入全民普法规划、纳入国民素质教育体系、纳入党政领导干部培训。许多地方通过各种媒体，结合“法制宣传日”、“文化遗产日”、“国际古迹遗址日”、“国际博物馆日”等，配合第三次全国文物普查和打击文物犯罪等专项工作，广泛开展形式多样的法制宣传普及活动。全国文物系统一方面加强内部法制教育培训，另一方面利用博物馆等机构对公众开展文物法制宣传，取得了明显的成效。

（二）政府文物保护责任逐步落实

各级政府对文物保护事业的认识不断提高，积极贯彻实施文物保护法，依法将文物保护事业纳入本级国民经济和社会发展规划，所需经费列入本级财政预算并实现逐年增长，文物保护机构队伍建设不断得到加强。据财政部统计，“十一五”期间，全国公共财政文物支出累计为 572.5 亿元，年均增长 37.9%，超过同期全国财政收入平均增幅 21.29% 的水平。目前，全国文物行政执法体系基本建立。据国家文物局统计，截至 2011 年底，县级以上专门文物行政机构有 848 个，全国已建立各级文物保护管理机构 2735 个。部分文物资源丰富的市（县）成立了专门的文物执法队伍，多数省（区、市）建立了基层群众性文物保护组织，聘请了文物保护员，有的地方已初步形成了市、县、乡、村四级文物保护网络。

（三）综合执法能力不断加强

文物部门与发展改革、科技、公安、财政、国土、环保、住建、海关、工商、旅游、宗教、海洋等部门加强配合，创新协作机制，不断提升综合执法能力，有效落实文物保护法律职责。2010 年，国务院批准建立全国文物安全工作部际联席会议制度，现有文化部、公安部等 16 个成员单位参加。2011 年，公安部在国家文物局的支持下，在陕西省公安厅建立了“全国文物犯罪信息中心”，国家文物局和国家海洋局建立了我国管辖海域文化遗产联合执法工作机制。江西省各市、县普遍成立了政府领导为负责人的文物保护管理委员会，河北、浙江、山东、湖北、四川、甘肃、新疆等地建立了文物安全工作部门协调机制，北京、陕西、河南、甘肃等地还在文物集中区域或者重要文物所在地设立了公安派出所。2009 年以来，文物、公安、海关等部门多次开展打击文物犯罪等方面的专项行动，破获各类文物犯罪案件 1000 多起，有效打击了盗掘、盗窃、走私文物等犯罪活动。各级文物行政部门依法查处各类文物违法案件数百起，维护了法律的权威。

（四）文物保护状况明显改善

在第三次全国文物普查中，全国共登记不可移动文物 766722 处，部分文物已列入第七批全国重点文物保护单位推荐名单。目前，已核定公布的各级文物保护单位 7 万余处，国家历史文化名城 118 个，中国历史文化名镇名村 350 个，世界遗产 41 项，其中世界文化遗产 29 项。全国博物馆总数达到 3415 个，其中国有博物馆 2959 个，民办博物馆 456 个。文物系统的国有博物馆馆藏文物达 2864 万件（套）。经过近十年的努力，文物保护科技成果逐步推广，科技支撑作用得到加强。第一至五批全国重点文物保护单位险情基本排除，第六批全国重点文物保护单位的抢救保护工程正在实施。四川、云南、青海等省地震损坏文物得到及时抢救与维修复原。世界文化遗产保护、文物安全防范工作水平明显提高。全国文物系统馆藏文物库房面积大幅增加，馆藏文物保存环境显著改善。

（五）文物保护在服务经济社会发展、惠及民生方面的积极作用日益凸显

各级政府及有关部门坚持围绕中心服务大局，积极履行法律职责，配合基本建设开展考古调查勘探，探索多种有效的工作措施，既保护了古迹遗址，也确保了建设工程的顺利进行。同时，文物的合理利用日益成为文物工作的重要内容，文物保护事业在“调结构、转方式、促发展、惠民生”中发挥了重要作用。据统计，2008 年以来，全国已有 1804 家博物馆、纪念馆和爱国主义教育示范基地实行免费开放，接待观众总量超过 13 亿人次，观众人数与免费

开放前相比增长50%以上。民办博物馆发展方兴未艾，成为国有博物馆和公共文化服务体系建设的有益补充。在一些地方，文物保护利用与非物质文化遗产传承相结合，丰富了历史文化宣传教育形式和内涵。在一些遗址区和历史街区，文物工作与改善群众的生产生活条件和生态文明建设紧密结合，既实现了文物的有效保护和传承，又促进了当地经济社会发展。文物资源已经成为旅游业发展的重要基础和强劲动力，成为新的经济增长点。

（六）配套法规规章逐步健全

文物保护法实施以来，国务院相继颁布了《水下文物保护管理条例》、《文物保护法实施条例》、《长城保护条例》、《历史文化名城名镇名村保护条例》4部行政法规。文化部、国家文物局出台了关于世界文化遗产、博物馆、文物安全等方面的部门规章和规范性文件。各省（区、市）人大和政府，制定了文物保护的地方性法规和政府规章，形成了一些具有地方特点的文物保护制度。此外，我国已批准加入《保护世界文化和自然遗产公约》等4项有关国际公约，与美国等15个国家签署防止盗窃、盗掘和非法进出境文物的双边协定或谅解备忘录。以文物保护法为核心的中国特色文物保护法律制度已形成。

三、存在的主要问题

（一）对文物保护的认识有待进一步提高，文物安全形势依然严峻

一些地方对文物工作在促进中华民族文化自信与文化自觉、促进经济社会可持续发展、促进社会主义文化大发展大繁荣中的重要地位和作用认识不足，不能正确认识和妥善处理文物保护与经济建设、社会发展的关系，甚至把保护文物视为经济发展的负担和阻碍，或者“重物轻文”，把文物视为创收牟利的工具，忽视文物的历史文化价值和传承文明、认知教育的功能。有的地方政府和企业法人刻意规避考古调查勘探而进行工程施工，造成文物损毁消失；也有的在城镇和旅游景点建设中不重视保护文物的历史环境和风貌。据第三次全国文物普查统计，近30年来消失的4万多处不可移动文物中，有一半以上毁于各类建设活动。有些地区在发展旅游产业时对文物过度利用，甚至为建设旅游景区而损坏文物。盗窃、盗掘、走私文物和古脊椎动物化石、古人类化石等犯罪屡禁不止，大案要案时有发生，犯罪活动呈现职业化、集团化、暴力化、智能化趋势。在一些偏远地区，不少文物古迹散布于广大田野、山区、戈壁，长期处于无人守护状态，成为犯罪分子觊觎的目标，文物安全压力极大。一些文物、博物馆单位的保护措施和安全管理不到位，存在安全隐患，甚至出现了一些安全事故。

（二）文物执法能力需要进一步增强

尽管各地文物部门机构、编制数量有所增加，但全国县级及县级以上政府设立专门文物行政部门的仅有四分之一左右，县（市）一级大量文物行政管理职能由文管所、博物馆等事业单位代行，全国文物行政管理人员平均每县不足3人。检查中发现，文物执法机构不健全、执法人员偏少、经费不足的现象较为普遍，在基层尤为突出，执法工作难以有效开展。执法检查中许多地方都提出了经费不足问题，特别是经济欠发达地区、革命老区、少数民族地区和边远地区，文物保护经费更为困难，许多基层文保员没有经费保障，有的只有很少的补贴。

（三）文物流通领域亟需加强监管

近年来，民间文物收藏不断升温，文物价格持续攀升，夹杂文物经营活动的古玩旧货市场发展迅速，文物拍卖、文物网络交易活动日益频繁。执法检查组所到的市、县，一般都有一处或多处古玩旧货市场，有的交易场面还十分活跃。据统计，目前我国文物拍卖企业有324家，2010年总成交额为368亿元。全国较大规模的古玩旧货市场超过240家，涉及文物艺术品交易的网站约有200家。由于缺乏有效规范和监管，一些经营者暗中从事非法文物交易活动；一些地方文物造假、售假现象较为严重，形成了生产、做旧、销售的产业链；有的拍卖企业知假拍假、自拍自买、哄抬价格；有些文物鉴定人员违背职业道德，进行虚假鉴定，近期发生了“汉代玉凳”、“金缕玉衣”等社会影响极坏的事件；有的电视鉴宝类节目片面渲染文物的市场价格，偏离了正确的舆论导向。

（四）文物专业人才匮乏，文物保护科技水平有待提升

文物修复、古建修缮、文物鉴定、文物保护工程等专业人员极为短缺，制约了文物工作开展。据文物部门统计，全国半数以上的馆藏文物需要修复，但具有修复专业资质的单位只有198家，专业技术人员仅有2000余人，难以适应繁重的文物修复和科学保护任务。在古建修缮等方面也面临同样的问题。我国文物保护科技研究起步晚、基础条件差，文物保护科技应用水平整体不高，自主科研成果相对较少。目前还没有建立全国统一的文物资源基

础数据库，未形成完善的文物信息资源共享网络平台，不利于文物保护和管理工作的有效开展。

(五)文物保护的法律法规有待进一步完善

检查过程中，国务院有关部门、地方各级政府及有关部门普遍反映，文物保护法中一些规定不适应文物工作的需要。例如，现行法律中对文物安全管理、水下文物保护、土地流转前的考古发掘、民间收藏文物的流通登记、民间博物馆管理等问题缺乏明确的规定；对文物违法行为的处罚过轻，且缺乏必要的强制措施，难以有效遏制违法行为等。文物保护法中要求国务院及其有关部门制定的法规和文件，如国有文物收藏单位不再收藏的文物的处置办法、文物认定的标准等，至今尚未出台，影响了相关工作规范开展。

四、对进一步贯彻实施文物保护法的建议

文物是不可再生的文化资源。珍贵的历史文物和革命文物是中华民族优秀传统文化和中国人民革命精神的重要载体，是我们宝贵的物质财富和精神财富。文物保护事关优秀文化的传承发展，事关人民群众基本文化权益的保障，事关社会主义文化强国建设，是中华民族伟大复兴的精神动力和文化支撑。依法保护好、传承好、利用好、管理好这些宝贵的文化遗产，既是我们的法律责任，也是我们的政治责任、历史责任，是中华民族对人类文明的重要贡献。为此，检查组提出以下建议：

(一)增强依法保护、科学保护文物的意识，营造全社会保护文物的良好氛围

各级政府要充分认识到在新形势下全面贯彻落实文物保护法的重要意义，高度重视文物的不可再生性，坚决纠正那些错误的认识和偏差。要以科学发展观为指导，坚持依法保护，科学保护，坚持改革开放、与时俱进和创新发展。依法保护，就是要认真履行职责，切实做到“有法必依，执法必严，违法必究”；科学保护，就是要使文物保护与经济社会发展相互协调、相互促进，使文物保护与现代科学技术紧密结合。各级政府要更加深入开展文物保护法制宣传教育和文物知识普及，各级领导干部要带头学法、守法，严格依法办事。要坚决纠正“重物轻文”的错误倾向，高度重视发掘、展示文物的历史文化和艺术科学价值，发挥文物在传承中华民族优秀传统文化、进行爱国主义和革命传统教育方面的独特作用。要通过各种媒体、网络加强对人民群众尤其是青少年的宣传教育，提高全体人民的文物保护意识；抓好群众性文物保护组织和文博志愿者队伍建设，鼓励通过捐赠等方式依法设立文物保护社会基金，营造“保护文物，人人有责”的良好社会氛围。

(二)依法履行职责，切实保障文物安全

各级政府要切实将文物保护纳入领导责任制。在城乡建设和旅游发展中，要采取有效措施，保护历史文化风貌，确保文物安全。要加强对建设单位的法制教育，防止建设工程破坏文物。在发展旅游产业时，要坚持文物保护优先的原则，避免对文物进行超负荷利用和不当利用。对违法行为负有责任的主管人员和其他直接责任人员，要严格依法进行惩处。文物、公安、工商、海关、住建、商务等有关部门要加强配合协作，形成防范、打击文物违法犯罪的合力和长效机制。要加强对基层和农村地区文物工作的组织领导，健全县、乡(镇)、村防护网络，加强对田野文物的安全巡查，逐级落实管理目标责任制。要加强对文博单位安全工作检查，督促其履行好保护文物安全的职责。在重要的古墓葬保护区域全面推广使用监控预警设施，有效预防盗掘等犯罪行为。

(三)健全完善管理体制，加强文物保护能力建设

当前，文物管理中仍存在职能交叉、职责不清以及执法机构、队伍不健全等问题，影响了法律的贯彻实施。建议国务院进一步理顺文物管理体制，督促地方各级政府对依法开展文物工作情况进行检查。要积极推进文物管理体制和机制改革，逐步形成机构、队伍、经费和文物保护事权相适应的管理制度。目前文物保护经费总量仍然偏少，经费的使用结构不尽合理，多集中用于博物馆等大型工程建设，不少地方基层文保机构正常运行经费得不到有效保障。建议相关政策措施向基层文保单位重点倾斜，保证他们有能力履行职责。各级政府要在继续加大公共财政投入的同时，通过政策引导，鼓励规范社会资金和力量参与文物保护、博物馆建设等工作，形成政府主导、社会力量广泛参与的文物保护格局。中央财政要对经济欠发达地区、革命老区、少数民族地区和边远地区的文物工作加大支持力度。在重要革命文物相对集中的区域，要有针对性地研究采取整体保护专项措施。

(四)健全监管制度，规范引导文物流通秩序

建议国务院及其有关部门健全完善文物流通领域的监管制度，抓紧制定文物鉴定资质、文物拍

卖专业人员资格认证、网络文物交易监管等方面的法规或文件。文物、工商、商务、广电等部门要紧密协作，加强对古玩旧货市场的监管，严厉打击知假拍假等行为，清理、整顿文物鉴定机构，规范电视鉴宝类节目，树立正确的舆论导向。要鼓励、引导、规范民间收藏和民间博物馆健康发展。推动行业协会建设和职业道德建设，加强自我约束和自我管理，努力营造诚实守信、合法经营的行业氛围。

（五）加强专业人才队伍建设，提升文物保护科技水平

随着文物保护事业的发展，要抓紧制定文物保护专业人才队伍建设长远规划和急需人才培养计划，建立专业人才信息库。在高等教育和职业教育体系中适当增加文博专业设置和招生比重，研究建立文物保护传统技艺的有效传承机制，培养造就一批高素质专业人才和复合型人才。建议国务院有关部门加快制定和实施国家文物保护科技行动计划，大力推进文博机构与科研机构、高等院校的合作，加强对文物修缮等方面的科学研究，积极探索多渠道文物保护科技创新协作模式。高度重视现代信息技术在文博领域的推广应用，研究建立国家文物信息中心，为文物资源共享、打击犯罪、防止文物流失、追索被盗文物提供技术支持。

（六）促进合理利用，努力使文物保护成果更好更多地惠及民众

各级政府要坚持文物工作方针，尊重文物工作的规律和特点，依法促进文物的合理利用。要加强文物研究工作，深入挖掘文物的文化、科技、经济、社会价值，充分发挥其在建设社会主义核心价值体系、促进经济发展方式转变、服务民生、资政育人等方面的重要作用。要把文物保护与经济社会文化发展、生态文明建设紧密结合起来，将文物工作融入社会生活，实现文物价值的有效传播，实现文物保护、传承、利用的有机统一。要重视博物馆的功能建设，拓宽国有博物馆之间藏品交流展示的共享途径，进一步提高陈列展示和讲解服务水平。要继续做好博物馆免费开放工作，积极探索保障博物馆免费开放的长效机制。

（七）进一步完善文物保护法律制度

随着我国经济社会快速发展，现行文物保护法在一些方面已同文物工作实际不相适应，建议将其列入全国人大常委会立法规划，在调查研究基础上，及时修改完善。同时，建议国务院及其有关部门进一步健全完善配套法规和规范性文件，积极研究制定博物馆条例、北京故宫保护条例等法规。各地方要结合本地文物工作实际和特点，制定地方性法规和政府规章。

全面贯彻实施文物保护法，依法做好文物工作，是一项长期而艰巨的任务，需要我们坚持不懈的努力。我们要以这次执法检查为新起点，充分发挥监督职能，继续督促和支持各级政府依法履行职责，改进工作，推动我国文物保护事业取得新进展。

以上报告，请审议。

全国人民代表大会常务委员会执法检查组关于检查《中华人民共和国残疾人保障法》实施情况的报告

——2012年8月27日在第十一届全国人民代表大会常务委员会第二十八次会议上

全国人大常委会副委员长兼秘书长　李建国

全国人民代表大会常务委员会：

根据全国人大常委会2012年监督工作计划，全国人大常委会执法检查组于2012年5月至6月对《中华人民共和国残疾人保障法》的实施情况进行了检查。现在，我代表执法检查组向常委会作报告。

一、执法检查的工作情况

这次执法检查是残疾人保障法颁布实施二十多年来，全国人大常委会首次在全国范围内对这部法律的实施情况进行检查。吴邦国委员长对此作

了重要批示,指出:“残疾人是一个数量众多、特性突出的社会群体,关爱残疾人,保障残疾人权益,是社会文明进步的重要标志。残疾人保障法执法检查,要突出重点,注重实效,深入了解法律实施情况,督促有关方面高度重视残疾人工作,推动解决基本生活保障、教育、就业、康复等残疾人最关心、最直接、最现实的利益问题,让广大残疾人平等参与社会生活,共享改革发展成果,促进社会公平正义,促进残疾人事业与经济社会协调发展。”根据吴邦国委员长的批示精神,确定了这次执法检查的四个重点:一是残疾人基本生活保障情况;二是残疾人劳动就业情况;三是残疾人医疗康复情况;四是残疾人教育情况。

5 月 2 日,执法检查组召开第一次全体会议,王兆国副委员长出席会议并作重要讲话,对执法检查工作进行了部署。会议听取了国务院残疾人工作委员会、国家发展改革委、民政部、人力资源社会保障部、教育部、卫生部、最高人民法院关于残疾人保障法实施情况的汇报,财政部等单位提供了书面材料。会后,陈至立、周铁农、司马义·铁力瓦尔地副委员长和我分别带队参加检查工作。检查组赴天津、内蒙古、辽宁、山西、浙江、湖南等 6 个省、自治区、直辖市进行检查,同时,委托其余 25 个省、自治区、直辖市人大常委会对本行政区域实施残疾人保障法的情况进行检查。

为了更加深入地了解法律实施情况,这次执法检查在方式方法上作了一些新的尝试:一是将执法检查与立法后评估结合起来。2011 年,内务司法委员会会同常委会法工委、中国残联等单位,启动了残疾人保障法立法后评估工作,通过文献研究、问卷调查、实地调研和统计分析等方式,研究和评估法律制度的科学性与可操作性,了解法律实施情况。工作中,注意将执法检查与立法后评估统筹安排、相互促进。二是采取网上征求意见方式。执法检查组选取残疾人保障法实施中的 12 个问题,通过中国人大网向社会公开征求对法律实施情况的意见。从 5 月 23 日至 6 月 30 日,来自全国 31 个省、自治区、直辖市的 5982 名残疾人及其亲属、残疾人工作者和关心残疾人事业的群众参与了网上调查投票,另有 4219 人次在网上提出了关于贯彻实施法律的意见和建议 5186 条。三是通过信访渠道了解法律实施情况。执法检查组召开第一次全体会议时,国家信访局提交了残疾人信访情况书面报告,执法检查过程中,各检查小组通过适当方式了解所到省、自治区、直辖市残疾人信访情况。四是在较大范围发放调查统计表。在 9 个省、自治区、直辖市的 105 个市(州、盟)和 26 个县(市、区)795 个单位发放了调查统计表,收集残疾人社会保障、教育、康复、就业等数据 4000 余组,为执法检查提供了支持。

二、贯彻实施残疾人保障法的主要做法和成效

我国有 8500 多万残疾人,涉及 2.6 亿家庭人口。残疾人保障法的颁布实施,标志着我国残疾人事业开始步入法制化轨道,残疾人权益保障进入一个新的发展阶段。多年来,党和国家高度重视残疾人工作,采取一系列措施贯彻落实残疾人保障法,促进残疾人事业与经济社会协调发展,取得了明显成效。

(一)残疾人事业法律法规政策不断完善

2008 年,中共中央、国务院印发《关于促进残疾人事业发展的意见》,深刻阐明了促进残疾人事业发展的重大意义、指导思想和目标任务,是指导新时期残疾人事业发展的纲领性文件。国务院积极开展残疾人保障法配套法规政策制定工作,分别于 1994 年、2007 年、2012 年通过了残疾人教育条例、残疾人就业条例和无障碍环境建设条例;从“八五”到“十二五”,连续将残疾人事业纳入国民经济和社会发展规划。

残疾人保障法颁布实施后,全国 31 个省、自治区、直辖市和部分较大的市结合本地实际,制定了残疾人保障法实施办法。2008 年残疾人保障法修订后,浙江、山西、北京等 19 个省、自治区、直辖市修改了本地的残疾人保障法实施办法或制定了残疾人保障条例。在社会保险法、义务教育法、就业促进法等法律中,也对保障残疾人权益、给予残疾人特别扶助作了相应规定。我国残疾人事业法律法规政策逐步完善。

(二)残疾人社会保障体系初步形成

在建立城乡社会保障制度过程中,采取特别扶助措施帮助残疾人参加社会保险。在养老保险方面,各地按照国务院要求,为参加新型农村和城镇居民社会养老保险的重度残疾人代缴部分或全部最低标准的养老保险费,北京、上海等地还提高了代缴标准。到 2011 年底,全国已有 1232.5 万残疾人参加了新型农村社会养老保险,地方政府为其中的 247.7 万残疾人代缴全部参保费用,为 41.9 万残疾人代缴部分参保费用;260 万残疾人参加城镇居民社会养老保险,其中,地方政府为 67.5 万重度残

疾人代缴参保费用。城镇残疾职工参加企业职工基本养老保险人数达到 299.3 万。在医疗保险方面，为重度残疾人和贫困残疾人代缴或补贴个人参保(合)费用。截至 2011 年底，全国 1474.3 万残疾人参加新型农村合作医疗，参合率达到 96%；433.1 万残疾人参加城镇居民基本医疗保险。

加强困难残疾人社会救助。全国城市低保对象中有 181 万残疾人，占城市低保对象总数的 8%；农村低保对象中有 483 万残疾人，占农村低保对象总数的 9.1%。232.2 万残疾人获得其他救助，136.2 万和 14.0 万符合条件的残疾人分别享受了生活补助和护理补贴。辽宁、内蒙古等地对重度和贫困残疾人采取提高救助标准、增发救助金等措施，给予特殊救助。

积极推进残疾人托养服务。城镇集中供养残疾人和农村五保供养残疾人分别达到 12.0 万和 68.5 万。残疾人寄宿制托养服务机构达到 3921 个，托养残疾人 11.9 万人。残疾人日间照料机构达到 2368 个，为 4.6 万残疾人提供托养服务，接受居家托养服务的残疾人达到 44.2 万人。

(三)残疾人就业状况得到改善

积极完善残疾人就业政策，拓宽就业渠道，扩大就业规模，改善就业状况。残疾人就业服务机构达到 3109 个，初步形成残疾人就业服务机构发挥主导作用、公共就业服务和其他社会服务组织有效补充的社会化残疾人就业服务体系，为残疾人提供职业介绍、职业培训、劳务组织、创业指导、就业失业登记、就业技术支持等服务。2011 年全国城镇残疾人实际从业人数 440.5 万，农村残疾人从业人数 1748.8 万，残疾人就业状况逐步得到改善。天津、湖南等地积极整合资源，建立残疾人种植养殖基地和农业合作社，扶持残疾人家庭农业生产，帮助残疾人脱贫致富。

(四)残疾人康复服务覆盖面逐步扩大

着力构建以康复机构为骨干、社区(村)康复为基础、残疾人家庭为依托的社会化康复服务工作机制，为残疾人提供就近、就便的康复服务。目前，全国共有各级各类康复服务机构 1.5 万个，在 874 个市辖区和 1823 个县(市)开展了社区康复工作，累计建立社区康复站 18.6 万个。“十一五”期间，有 1037.9 万残疾人得到不同程度的康复，其中白内障复明手术 423.6 万例，对 9.8 万聋儿进行听力语言康复训练，对 41.6 万肢体残疾人和 13.2 万智力残疾儿童进行康复训练与服务，对 6.6 万名残疾孤儿进行手术康复，对 495.2 万重性精神病患者开展综合防治康复，为残疾人供应辅助器具 514.7 万件。2010 年，国家将 9 项医疗康复项目纳入基本医疗保障范围，减轻了残疾人的医疗康复费用负担。

(五)残疾人教育稳步发展

各级党委、政府将发展残疾人教育作为普及九年义务教育和促进义务教育均衡发展的重要内容，通过落实“两免一补”、开展扶残助学项目等措施，推进残疾儿童少年义务教育的普及。2010 年，全国特殊教育学校 1706 所，在校学生 42.5 万人，分别比 2001 年增加了 175 所和 4.41 万人。残疾人高中阶段教育和普通高等教育不断发展。

积极发展残疾人职业教育。一是将职业教育课程纳入义务教育教学计划中，提高残疾人学生的社会适应能力。二是在高中阶段以职业教育为主。截至 2010 年，全国共有残疾人中等职业教育机构 147 个，在校生 11506 人。三是高等院校开办了适应残疾人身心特点、适应经济社会发展和人才市场需求的特色专业。2011 年，全国有 7150 名残疾人被普通高等院校录取，877 名残疾人进入特殊教育学院学习。同时，运用现代远程教育手段和开放教育方式，向残疾人提供高等专科、专升本学历教育以及岗位培训和实用技术培训。四是发展残疾人就业培训。依托各类职业教育培训机构，对残疾人开展职业技能培训 83.3 万人次，11.6 万人次残疾人获得职业资格证书，提高残疾人的就业能力。

三、贯彻实施残疾人保障法存在的主要问题

从检查情况看，残疾人保障法的贯彻实施情况总体上是好的，但也还存在一些亟待解决的问题，需要引起重视。

(一)残疾人总体生活水平与社会平均水平差距较大

当前，残疾人仍是贫困人口中贫困程度最重、扶持难度最大、返贫率最高的特困群体。按照国家 2300 元的贫困线标准，40% 以上的农村残疾人生活在贫困线以下。残疾人家庭人均收入仅为全国平均水平的 60% 左右，而城乡残疾人人均医疗保健支出分别是全国人均支出的 1.56 倍和 2.09 倍。残疾人家庭恩格尔系数比全国居民家庭恩格尔系数高出 8.1 个百分点。多数地方最低生活保障标准仍然偏低，难以保障残疾人的基本生活。

国家规定自 2011 年起将农村重度残疾人的个人参合费用纳入农村医疗救助资助范围，但这一政

策在一些地方尚未落实。新农保和城镇居民养老保险对残疾人的扶助政策在有些地方执行情况不尽人意。

（二）残疾人就业有关法律规定未能有效落实

残疾人就业率低，失业率高，就业不稳定。在已经就业的残疾人中，虚假就业、同工不同酬、强迫劳动的现象时有发生。很多单位本来有适合残疾人工作的岗位，却不依法按比例安排残疾人就业，有的省份接收残疾人就业达到规定比例的单位不到5%。

近年来，受国际金融危机、市场竞争和有关政策调整的影响，各地福利企业数量和就业人数呈不断减少趋势。法律关于残疾人福利性单位专产专营的规定基本上没有落实。

在残疾人就业保障金征收和使用方面，相当数量的用人单位（包括国家机关、事业单位），长期以来既不按比例安排残疾人就业，也不按规定缴纳残疾人就业保障金。一些地方不按规定使用残疾人就业保障金，将残疾人就业保障金用于就业以外的事项，在一些地区，残疾人就业保障金已成为残疾人事业经费的主要来源。许多地方认为，财政部1995年制定的《残疾人就业保障金管理暂行规定》中的一些内容与当前形势不相适应，建议修改。

（三）残疾人医疗康复工作有待进一步加强

多数地方康复机构少、资源不足，康复专业技术人才匮乏，无法为残疾人提供便捷有效的服务。从9个省、自治区、直辖市的调查统计来看，有相当数量的市、县迄今没有康复服务机构。全国多数地方的社区提供康复服务的能力非常有限。

对残疾儿童早期康复治疗投入不足，康复项目覆盖面较窄，有需求的残疾儿童得不到及时的康复治疗，错过了最佳康复时机。特别是智力残疾、自闭症和脑瘫儿童康复训练费用过高，许多家长反映无力承担，希望政府出台相应扶助政策。

精神病具有长期性、易发性、致残率高等特征，大部分患者家庭难以承受长期的、日积月累的医疗负担，容易拖延治疗而加重患者病情。从检查情况来看，获得基本药物免费治疗和住院救助的重性精神病人比例很低。许多重性精神病患者得不到及时有效治疗，给家庭带来沉重压力，也给社会公共安全带来隐患。

（四）残疾人整体受教育水平较低

一是残疾儿童接受义务教育的比例为71.4%，远低于全国义务教育入学率99%以上的水平，盲、聋、智力残疾儿童接受义务教育的比例普遍较低，有的省仅有20%左右，多重障碍、自闭症及脑瘫等中重度残疾儿童入学还存在很大困难。二是随班就读的教育质量存在不少问题，许多地方缺乏政策支持，随班就读教师普遍缺乏特教专业知识和技能。三是许多地方对特殊教育支持力度不够，特殊教育学校及师资配置不足。一些特教学校办学条件差，师资力量薄弱。有的地方特教津贴落实不好，教师积极性受到影响。四是残疾人职业教育的规模和质量不能满足需求，存在投入不足、基础建设落后、管理制度不完善、师资队伍专业化程度低、专业设置单一等问题。

此外，群众来信和网上征求意见中，反映比较集中的问题还有：残疾人在日常生活中能享受的优惠扶助措施还比较少，希望从国家层面制定更多的残疾人特惠政策；许多地方无障碍环境建设和管理滞后，有的新建筑物不按照无障碍设施规范建设，旧的建筑物未列入无障碍改造计划，不少地方无障碍设施缺乏有效管理，残疾人难以走出家门，阻碍了他们对社会的参与；在出行、就业、就医、接受教育等方面歧视残疾人和侵害残疾人权益的现象时有发生，等等。

四、进一步贯彻实施残疾人保障法的几点建议

（一）提高对残疾人事业重要性的认识，加强领导，加大投入

残疾人事业是中国特色社会主义事业的重要组成部分。关心和帮助残疾人是社会文明进步的重要标志，是贯彻落实科学发展观、全面建设小康社会的必然要求，是社会主义制度优越性的重要体现。各级政府和社会各有关方面要进一步加强残疾人保障法的宣传教育，提高对残疾人工作重要意义的认识，将残疾人事业纳入党和国家工作大局，加强领导，统筹安排，促进残疾人事业与经济社会协调发展。各级政府在推动经济不断增长的同时，要进一步加大对残疾人事业的投入，建立残疾人事业经费投入与经济发展同步增长机制。出台政策措施，鼓励社会力量参与残疾人事业。要在全社会普及“平等、参与、共享”的理念，尊重残疾人，消除对残疾人一切形式的歧视，为残疾人更好地融入社会创造条件。

（二）加强残疾人社会保障体系和服务体系建设，提高残疾人生活水平

残疾人工作的宗旨是不断缩小残疾人生活状况与社会平均水平的差距。这也是促进残疾人平

等参与社会生活最基础的条件。要将残疾人普遍纳入社会保障体系，并给予重点保障和特殊扶持。对于参加基本养老保险和基本医疗保险缴费有困难的残疾人，应严格落实国家有关残疾人参保、参合补贴的规定，并逐步扩大补贴范围、提高补贴标准。在社会养老保险方面，建议提高重度、贫困残疾人社会养老保险筹资水平。要按照重点保障和特别扶助、一般性制度安排与专项制度安排相结合的原则，将残疾人作为重点对象纳入城乡最低生活保障范围，切实做到“应保尽保”。对低保家庭中的重度残疾人，要采取多种措施提高其救助水平。建议国务院主管部门出台指导性政策，落实法律规定的残疾人护理补贴制度。

认真贯彻执行《国家基本公共服务体系“十二五”规划》，各级政府在基本公共服务体系建设过程中，应当针对残疾人的特殊性、多样性、类别化的服务需求，采取有效措施，使残疾人普遍得到基本公共服务，并不断提升服务能力和水平。加强无障碍环境建设，新建的建筑物要执行无障碍建设规范，旧的建筑物要制定无障碍建设改造计划，对各地建设的无障碍设施，要加强管理，提高使用效率。加强残疾人辅助器具的研究、生产、供应工作，制定对贫困残疾人进行辅助器具配发的政策，帮助残疾人走出家门，为社会做贡献。

（三）积极采取措施，切实保障残疾人就业权利

就业是民生之本。应把残疾人就业作为保障和改善残疾人民生的头等大事来抓，根据经济社会发展形势和残疾人就业需求，采取有针对性的措施，破解残疾人就业难题，实现残疾人稳定就业。一是大力开展适合市场需求、适合残疾人特点的教育和培训，提高残疾人就业能力。二是认真落实残疾人按比例就业制度，通过开发适宜残疾人就业岗位等措施，让有劳动能力的残疾人实现平等就业。凡有适宜残疾人工作的岗位应招收残疾人就业，而不能以缴纳就业保障金代替安排残疾人就业。完善残疾人就业奖励制度，对于超比例安排残疾人就业的单位给予奖励和扶持。三是国家机关、事业单位、国有企业应带头执行法律，研究确定适合残疾人就业的岗位，积极安排残疾人就业。四是加大对福利企业、盲人按摩机构等残疾人集中就业单位的管理和扶持力度。根据残疾人保障法的规定，由县级以上人民政府确定福利性单位专产专营某些产品；在同等条件下，政府采购应当优先购买残疾人福利性单位的产品或者服务。建议国务院有关部门加强对此项工作的督导。五是完善福利企业税收优惠政策。建议财政部、国家税务总局根据经济社会发展情况，对2007年6月出台的《关于促进残疾人就业税收优惠政策的通知》进行修改完善，调整增值税退税、营业税减税的办法和额度，残疾人职工不足10人的用人单位也应当享受优惠。要依法查处用人单位残疾人虚假就业、同工不同酬、强迫残疾人劳动等问题。

关于残疾人就业保障金的使用范围，各地普遍反映应作适当调整。征收残疾人就业保障金是为了促进残疾人就业，因此应当重点用于残疾人就业培训、职业教育、补贴社会保险、扶持残疾人创业和灵活就业等，而不能以就业保障金替代政府对残疾人事业的投入。建议国务院有关部门进一步完善残疾人就业保障金征收使用管理措施。

（四）提升医疗康复服务能力和水平，重视和加强残疾预防工作

要进一步将残疾人康复纳入各地基本医疗卫生制度和基层医疗卫生服务体系，根据财力和基金承受能力，适当增加纳入基本医疗保障范围的康复项目。尽快实现医疗保险报销和大病救助等政策的有效衔接，医疗保险报销后个人支付仍有困难的，应由民政部门给予救助。完善社会化康复服务网络，充分利用社区资源，强化社区卫生室的康复服务功能，全面开展社区康复服务，使残疾人能够就近、方便地接受康复服务。重点抓好0—6岁残疾儿童康复工作，各级政府应加大资金投入，在残疾儿童0—6岁的最佳康复时期对其进行早期干预和康复训练，确保0—6岁残疾儿童不因家庭经济困难延误康复时机。切实抓好重性精神病人的医疗康复，研究制定重性精神病门诊治疗性基本药物免费制度，完善重性精神疾病患者住院补贴制度，保障重性精神病患者得到及时有效的治疗康复。

针对康复人才匮乏的现状，建议卫生部、教育部、中国残联等单位研究出台相关措施，加强康复人才培养，建设一支高素质的康复人才队伍，为实现2015年残疾人“人人享有康复服务”的目标提供专业人才保障。

在残疾预防方面，应高度重视出生缺陷的预防工作。广泛开展以社区为基础、以一级预防为重点的三级预防工作，各级卫生、计生、残联、妇联等单位应当协同配合，完善残疾预防和早期干预机制，加强早期筛查、早期预防、早期干预工作，降低残疾发生率。针对危害面广、可预防的致残因素，重点普及残疾预防知识，提高公众残疾预防意识。

（五）加强残疾人教育，为残疾人平等参与社会创造条件

教育是残疾人改变自身命运的重要途径。要采取切实措施保障残疾人受教育权利。一是要进一步普及残疾儿童义务教育，在全面落实“两免一补”制度的基础上，针对残疾学生的特殊需要，进一步提高补助水平。普通义务教育学校要为残疾儿童随班就读提供必要的条件。二是大力促进农村、山区和边远贫困地区特殊教育发展，不断改善特教学校办学条件，加强师资队伍建设，落实特教津贴，完善特教教师职称评定标准。三是对重度残疾儿童逐步做到“送教上门”服务，提高残疾儿童受教育率，逐步达到健全儿童水平。四是加强学前特殊教育的探索实践，积极发展学前特殊教育。五是大力发展残疾人职业教育，鼓励特教学校与中等职业学校联合办学，弥补特教学校自身条件不足，不断拓宽残疾人职业教育和就业培训的渠道。

（六）充分利用社会资源，统筹解决残疾人照护和托养问题

残疾人和老年人对日常照护、托养都有较大的需求，建议统筹考虑养老服务体系和残疾人服务体系建设。一是加强社区综合服务设施建设，使社区综合服务设施既能成为老年人居家养老的重要依托，也能成为残疾人日常照料护理、居家养残的平台，充分发挥社区综合服务设施的功能。二是统筹考虑残疾人托养机构和养老机构、儿童福利机构建设，既要建设一批用于托养精神、智力和重度肢体残疾人的专门残疾人托养机构，又要充分发挥已建成的残疾人综合服务设施、康复中心以及敬老院、养老院等机构的作用，支持民办的托养机构，充分利用现有设施为残疾人提供照护、托养服务。

以上报告，请审议。

在湖南省残疾人保障法执法检查汇报会结束时的讲话

（2012年5月11日）

司马义·铁力瓦尔地

同志们：

刚才，徐明华同志代表湖南省政府就贯彻实施残疾人保障法情况作了全面介绍，省发改委等7个单位负责同志分别就本部门贯彻实施残疾人保障法情况作了补充汇报，省司法厅等9个部门和单位提交了书面汇报材料，感觉很有收获。可以说，湖南省对贯彻实施残疾人保障法是重视的，采取了一系列重要措施，在残疾人医疗康复、教育、劳动就业、文化生活、社会保障、无障碍建设等方面取得了明显成效，有些工作走在了全国前列，有的经验和做法值得认真总结推广。具体来说有以下几点感受：

一是党委政府高度重视，部门大力支持。湖南省委省政府对残疾人事业的认识非常到位，切实将残疾人工作纳入国民经济和社会发展大局，纳入“四化两型”建设总体规划，纳入改善民生重要议题。周强同志、徐守盛同志对残疾人事业发展很关心，多次出席残疾人事业重要会议和活动，作了很多批示。省政府分管残疾人工作的徐明华同志切实把残疾人工作摆到了重要位置，协调解决了大量问题。湖南省各级党委、政府负责同志对残疾人事业的认识都比较到位，每年召开党委常委会或政府常务会议研究解决残疾人工作重要问题，有力地推动了残疾人事业发展。省发改委、财政厅、民政厅、人社厅、教育厅、卫生厅等部门主动承担责任，将残疾人工作纳入部门职责，取得了较好成绩。各级残联依照法律、法规、章程或者接受政府委托，认真倾听残疾人的诉求，努力维护广大残疾人的合法权益，工作卓有成效。可以说，在各级党委政府的重视下，在各部门的共同努力下，湖南省残疾人工作切实做到了有规划、有组织、有投入、有保障，思路清晰，格局良好。

二是配套政策法规比较健全。湖南省在推进依法行政、依法治省方面走在了全国的前面，在残疾人事业法制建设方面也取得了明显的成绩。残疾人保障法颁布实施后，湖南省就结合实际，制定了本省的实施办法，并根据事业发展和形势发展需要，于2004年在全国率先对残疾人保障法实施

办法进行了修订。省委省政府印发了促进残疾人事业发展的实施意见。省政府修订了按比例安排残疾人就业规定，制订了残疾人扶助办法。省政府残工委成员单位制定了一系列残疾人工作规范性文件。省委省政府第一个改善和保障民生五年发展纲要将残疾人作为重点对象纳入，省第十次党代会报告对残疾人事业发展提出了要求，其他相关政策文件都纳入了残疾人事业相关内容。可以说，全省残疾人事业政策配套法规体系已经比较健全。

三是残疾人状况得到了显著改善。湖南省各级各部门认真贯彻残疾人保障法，落实在认真抓好残疾人康复、教育、就业、扶贫、维权等各项工作上，体现在残疾人民生的改善上。“十一五”以来，全省共帮助102万残疾人得到不同程度的康复，供应残疾人辅助器具39万件，开展扶残助学3.5万人次，开展残疾人职业技能培训19万余人次，实现按比例安排残疾人就业6.9万人，培训盲人按摩人员2200人，完成贫困残疾人家庭危房改造22336户。三类残疾儿童少年入学率达75%，高考上线残疾考生录取率连续多年保持在90%以上，1567名残疾学生录入高校深造。这些都是很好的成绩，有效维护了残疾人的合法权益。

下面，我讲几点意见供参考。

一、进一步提高对残疾人事业的认识，大力营造残疾人事业发展良好氛围

残疾人是一个数量众多、特性突出、特别需要帮助的社会群体，残疾人事业是中国特色社会主义事业的重要组成部分，关爱残疾人，保障残疾人权益，是社会文明进步的重要标志。促进残疾人事业发展，有利于维护残疾人合法权益，促进社会公平正义，实现全体人民共享改革发展成果；有利于调动残疾人的积极性、主动性和创造性，发挥残疾人在促进改革发展稳定中的重要作用，实现经济社会又好又快发展；有利于促进我国人权事业全面发展，体现社会主义制度的优越性。残疾人保障法颁布实施20多年来，在社会各方面的共同努力下，我国残疾人工作全面推进，残疾人事业得到快速发展，广大残疾人生活状况和精神面貌发生了深刻变化。但是，从总体上看，残疾人事业基础还比较薄弱，仍然滞后于经济社会发展；残疾人保障法的不少规定还没有完全落实到位，有些问题还相当突出；残疾人总体生活状况与社会平均水平仍然存在较大差距，在基本生活、医疗、康复、教育、就业、社会参与等方面还存在许多困难。各级党委和政府要从坚持立党为公、执政为民的高度，从全面建设小康社会、构建社会主义和谐社会的高度，充分认识发展残疾人事业的重要意义。要进一步增强责任感和使命感，切实把残疾人工作列入重要议事日程，不断完善党委领导、政府负责的残疾人工作领导体制，进一步健全政府主导、社会参与、残疾人组织充分发挥作用的工作机制，切实采取有力措施，促进残疾人事业与经济社会协调发展。

二、进一步健全和完善残疾人社会保障体系，努力改善残疾人生活

残疾人工作的核心宗旨，就是不断缩小残疾人生活状况与社会平均水平的差距。这是促进残疾人平等参与社会生活最基础的条件，是必须始终要下大力抓好的一项重要工作。但是，目前残疾人家庭人均收入仅为全国平均水平的60%，残疾人家庭恩格尔系数比全国高出8.1个百分点，城乡残疾人人均医疗保健支出分别是全国的1.56倍和2.09倍，残疾人生活水平和质量与健全人群有较大的差距。特别是农村残疾人生活水平更低，还有相当数量的人口没有脱贫。解决残疾人的基本生活保障问题，关键是靠社会保障制度，各级政府要尽快将残疾人普遍纳入城乡居民的社会保障体系，并给予重点保障和特殊扶持。不但要帮助城乡残疾人普遍加入基本养老保险和基本医疗保险，而且要加快建立残疾人生活补助、护理补贴、辅助器具补贴等专项福利制度，优先解决城乡低收入残疾人住房困难。

三、按照普惠加特惠的原则，进一步加强对残疾人的特殊扶助

残疾人是弱势群体中最为弱势的群体。他们既有人的普遍性需求，更有健全人所没有的特殊需求，在社会中处于最不利的地位。针对残疾人这一弱势群体，要反对社会排斥、实现社会公正，首先是普惠性的公共服务必须无歧视、均等化地覆盖所有残疾人。在此基础上，最重要的是要通过制定补偿性社会政策和发展性社会政策使他们真正摆脱困

境。没有有效的特惠措施，就难以保障残疾人实现结果上和实质上的公平。所以，各级政府及有关部门要充分考虑残疾人的特殊性，加强残疾人特惠政策和专项扶助制度的制定，让残疾人在享受普惠政策的同时享有特殊扶助政策。我们看到，湖南已经在这方面进行了探索，长沙市、株洲市建立了重残人员特殊生活补助制度，这是解决重残人员"三最"问题的大事。根据我们的经济社会发展水平和残疾人实际生活状况，当前，主要是要加快建立两项制度，一是贫困残疾人生活补助制度，二是重度残疾人护理补贴制度，这都是《中共中央、国务院关于促进残疾人事业发展的意见》提出了明确要求的。我们要通过建立健全这些特殊扶助制度，确保残疾人基本生活得到稳定的制度保障，并在此基础上能够随着经济社会发展同步得到提高。

四、完善残疾人就业促进和保护政策措施，切实做好残疾人就业工作

就业是民生之本，促进就业是保障和改善民生的头等大事。残疾人保障法明确规定，国家保障残疾人的劳动就业权利。但是，长期以来，残疾人就业率低、失业率高、就业残疾人收入偏低，这是不少地方残疾人就业的基本状况。近年来，湖南省在促进残疾人就业方面虽然做了大量工作，但是，从总体上看，残疾人就业促进和保护政策措施还需进一步完善，依法推进残疾人按比例就业力度还有待加强，特别是，党政机关、人民团体、事业单位及国有企业在接收残疾人就业方面还未能很好地发挥带头示范作用。今后，希望湖南省进一步健全残疾人就业服务体系，加大职业技能培训和岗位开发力度，保障有就业需求的残疾人普遍得到就业服务和职业培训，实现稳定就业。建议省人力资源社会保障部门研究建立残疾人定向招录制度，对于安排残疾人就业达不到规定比例的在党政机关、事业单位，招聘工作人员时设置专门岗位，定向招录残疾人，在安排残疾人就业方面发挥示范作用。

五、高度重视农村残疾人工作，加大农村残疾人扶贫开发力度

湖南省和全国的情况一样，大多数残疾人在农村。由于残疾影响、受教育程度偏低、缺乏技能、机会不均等、扶贫资金投入不足等原因，农村残疾人仍是贫困人口中贫困程度最重、扶持难度最大、返贫率最高、所占比例较大的特困群体，是农村扶贫工作的重点人群。希望湖南省认真落实国家扶贫开发和惠农政策，认真贯彻实施国家农村残疾人扶贫开发十年规划，将农村贫困残疾人作为重点扶持群体，统筹安排、加大投入、优先帮扶。针对广大农村残疾人工作现状，当前仍然要把改善基本生活放在农村残疾人工作的首位，稳定实现农村残疾人不愁吃、不愁穿和保障义务教育、基本医疗和住房的目标，在此基础上，通过扶持残疾人家庭发展生产、增加收入等措施，不断提高其自我发展能力。

以上是我就今天会议情况谈的一些感想。检查组随后还将到长沙、常德等地，深入乡村、社区、企业，与残疾人、残疾人工作者面对面交流，了解法律实施情况，听取各界的意见。省委、省人大、省政府对这次检查很重视，作了周密的部署和安排。今天与会各单位、各有关方面都作了认真准备，提供了详实的材料。这里，我代表检查组全体同志，向省委、省人大、省政府以及其他各有关方面的领导和同志们表示诚挚的感谢。

谢谢大家！

全国人民代表大会常务委员会执法检查组关于检查《中华人民共和国农业法》实施情况的报告

——2012年12月26日在第十一届全国人民代表大会常务委员会第三十次会议上

全国人大常委会副委员长　乌云其木格

全国人民代表大会常务委员会：

根据全国人大常委会监督工作计划，常委会检查组于今年8月至10月对《中华人民共和国农业法》实施情况及中央相关文件落实情况进行了检查。检查的重点是发展现代农业、粮食安全、农业投入与支持保护、耕地保护和农业扶贫开发。党中央始终把解决好"三农"问题作为全党工作的重中之重，全国人大常委会紧紧围绕党和国家大局，加强涉农法律实施的监督。常委会领导高度重视农业和农村经济发展，吴邦国委员长亲自到黑龙江、湖北、山西等地考察农业，到安徽省金寨县等革命老区考察扶贫工作，并多次批复关于农牧业发展的报告，对此次检查工作又专门作了重要批示；其他常委会领导也多次参加涉农法律实施情况的检查。

8月27日，检查组听取了国务院10个部门和单位的汇报。随后分成5个小组，由华建敏、司马义·铁力瓦尔地、陈昌智、桑国卫副委员长和我带队，分别赴山东、云南，山西、河南，江西、新疆，内蒙古、四川，江苏、福建检查。全国人大农委、法律委部分组成人员以及部分人大代表参加了检查工作。全国人大常委会还委托其他省（区、市）人大常委会对本行政区域内农业法实施情况进行检查。

现将有关情况报告如下：

一、贯彻实施农业法的成效

党的十六大以来，各级政府、各部门在党的全面建设小康社会、建设社会主义新农村、城乡发展一体化等重大理论创新和战略决策的指导下，深入学习、广泛宣传农业法，深化农村改革，完善配套法规，出台一系列强农惠农富农措施，农业综合生产能力逐步提高，农民收入稳定增长，农村民生逐步改善，为国民经济平稳较快发展奠定了坚实基础。

（一）农业集约化生产经营水平有所提升

创新农业经营体制机制。在稳定和完善农村基本经营制度的基础上土地流转日益活跃，流转面积占承包耕地总面积的20%以上。农民专业合作社发展壮大，截至2012年第三季度，全国已登记60万多家，入社农户4600多万户，约占农户总数的18.6%，带动农户增收，社员比非社员收入高出约20%。农业产业化龙头企业平稳发展，2011年底，全国各类农业产业化组织28万多个，带动1.1亿农户，户均全年增收大约2400多元。各地依据自然经济条件，建设生产基地和农业发展示范园区，农业生产专业化、规模化和标准化进一步提升。农产品流通体系日益完善，加强农产品仓储和物流基础设施建设，完善农产品质量安全可追溯体系和市场信息服务，农业生产经营水平有较大提高。

（二）科技对现代农业发展的支撑作用显著增强

科技进步对农业增长的贡献率由2005年的48%提高到2012年的54.5%，良种技术对粮食增产的贡献在40%以上。攻克了一大批关键技术，培育农林牧动植物新品种、新组合12300余个，建立了超级稻、矮败小麦、杂交玉米、转基因抗虫棉、双低油菜籽等高效育种技术体系。完善基层农技推广体系，基本实现科技人员直接到户、良种良法直接到田、技术要领直接到人。各地因地制宜建立健全基层农技推广机构，基本形成了省、市、县、乡推广服务网络。深入开展农村科技创业行动，截至2011年底，全国已有90%的县（市）开展了农村科技创业行动，24万名科技特派员和8000多家法人科技特派员，长期活跃在农村基层。

（三）提高农业物质装备水平，保障粮食安全

2012年，全国粮食产量11791亿斤，比去年增长3.2%，实现了"九连增"，连续6年稳定在1万

亿斤以上。各级政府和有关部门采取有效措施保障粮食生产。一是注重调动和保护种粮农民和主产区生产积极性。全面落实粮食、农资、良种、农机购置补贴和产粮大县奖励政策,2012 年中央财政共安排"四项补贴"1668 亿元,产粮大县奖励 280 亿元,均比上年增长 18.6%。2011 年全面取消粮食风险基金主产区地方配套。加大对粮食主产区转移支付力度,减轻主产区财政压力。二是实施稻谷、小麦最低收购价和玉米、大豆等临时收储政策。五年来,稻谷、小麦最低收购价分别提高了 70% 和 40% 以上,玉米、大豆临时收储价格分别提高了 50% 和 24% 以上。三是大力加强农业基础设施建设。粮棉油糖生产基地和生猪、奶牛标准化规模养殖小区建设得到加强,2010 年全面启动实施新增 1000 亿斤粮食生产能力规划,800 个产粮大县田间工程建设加快推进,生产条件明显改善。加强水利基础设施建设,推进大中型灌区配套改造,实施小型农田水利重点县建设,加强节水灌溉和田间配套工程建设,节水灌溉工程面积已达 4.38 亿亩,农田灌溉水有效利用系数达到 0.51。四是大力实施"粮食丰产科技工程"。"十一五"以来,国家在 12 个省建立水稻、小麦、玉米核心试验区、示范区、辐射区 9.83 亿亩,组装出 180 套适应当地生产条件的粮食高产高效栽培技术模式,增加经济效益 852.92 亿元。

(四)加大投入,强化农业支持保护

近十年,我国"三农"财政投入显著增长。"十一五"期间,中央财政累计安排"三农"支出 29623.8 亿元,年均增幅 23.6%。"十二五"时期,中央财政支农投入持续增加,2011 年突破万亿元,2012 年中央财政预算"三农"支出 12286 亿元,比上年增长 17.9%。2006—2011 年,安排用于农业农村基础设施建设的中央预算内投资总规模达到 7760 亿元,年度规模从 600 亿元增加到 1930 亿元,增长 2.2 倍,占全部中央预算内投资的比重由 47.8% 提高到 50.4%。地方财政也不断加大对"三农"投入,不少省份农业投入增长幅度超过 30%。

农村金融和农业保险得到了较快发展。一是加大农村金融市场建设力度。促进新型农村金融机构发展,至 2012 年 9 月末,全国已经组建新型农村金融机构 858 家,其中村镇银行 799 家。大力解决金融机构空白乡镇问题,空白乡镇由 2945 个减少至 1686 个。二是着力改善农村金融服务。积极发展农户小额信用贷款、农户联保贷款,开展银保合作,扩大担保抵押范围。三是通过财政政策支持农村金融和农业保险发展。2008 年起实施了县域金融机构涉农贷款增量奖励政策(按照涉农贷款平均余额同比增长超过 15% 的部分的 2% 予以奖励),农村金融机构定向费用补贴政策(对新型农村金融机构按照贷款平均余额的 2% 予以补贴),2007 年起实施中央财政农业保险保费补贴政策(对投保的农户、龙头企业、专业合作经济组织等提供保费补贴)。截至 2012 年 9 月末,银行业金融机构涉农贷款余额约 17 万亿元,比上年同期增长 21.8%,高出各项贷款平均增速 6.5%,连续三年涉农信贷投放增量高于上年。2011 年全国农业保险保费收入 174 亿元,可为 1.69 亿农户提供风险保障 6500 亿元。

(五)采取有效措施,切实保护耕地

各级政府和有关部门认真落实最严格的耕地保护制度和节约用地制度,基本农田稳定在 15.6 亿亩以上。有关部门严格执行建设用地审查报批制度,对基本农田划定边界,设立标志,实行永久保护;全面实行耕地"先补后占"政策,基本实现了占补平衡,积极开展补充耕地质量验收评定和后期培肥工作;核减不合理用地,尽量减少占用耕地,最大限度地使用存量土地和低效利用的土地,"十一五"期间,亿元 GDP 地耗下降了 29%,开展土地整治,建成高标准基本农田 1.6 亿亩。一些地方积极探索耕地保护激励机制,出台了基本农田有偿保护办法。完善征地占用补偿和安置制度,补偿水平普遍提高 20%—30%。

(六)农村扶贫开发取得了阶段性成效

经过十年努力,基本实现了《中国农村扶贫开发纲要(2001—2010 年)》目标,按照 1274 元扶贫标准,2010 年农村贫困人口比 2000 年下降了 6700 万人,下降幅度 71.1%,贫困人口生存和温饱问题基本解决。2011 年,国家颁布了新的十年农村扶贫开发纲要,将标准提高到 2300 元(已接近每人每天 1 美元的国际标准),仅此一项将有 1 亿多农民从国家扶贫补贴中受益。按照纲要的要求,扶贫办、国家发改委积极编制 11 个连片特困地区发展与扶贫攻坚规划,现已完成了 8 个片区规划编制工作。2011 年中央财政综合扶贫投入 2272 亿元,比上年增加 40.4%。

二、存在问题及建议

从检查情况看,实施农业法还存在一些不容忽视的问题,有些给农业发展带来的影响还很大。关键还是要提高对解决"三农"问题重要性的认识,深入贯彻党的十八大精神,“创新农业经营体制”,如探索落实农民市场主体地位,依法维护农民土地承包经营权益和农村集体建设用地、农民宅基地用益物权等,通过加强执法解决农业和农村经济发展中存在的问题。

(一)持续加大农业投入和补贴力度

近年来,“三农”工作取得了明显成效,但农业综合生产能力不强,农民增收缓慢,城乡差距较大等问题仍然突出,支农投入增加机制还有待完善,部分县级财政支农投入未达到法律规定的要求,地方财政支农投入的计算口径宽泛。

建议按照党的十八大“推动城乡发展一体化”的部署和农业法的要求,稳定持续增加农业投入。完善农业投入预算的编制与执行,在中央预算内固定资产投资中增加用于农业和农村的份额。进一步明晰计算口径,准确反映财政“三农”投入具体领域和效果。重点加强农田水利,农技推广、农产品质量安全检验检测和农产品流通体系建设,加大植保和良种工程,保护性耕作和农业生态保护等方面投入。另外,建议在梳理现行农业投入法规和相关政策的基础上,研究制定农业投入法。

(二)提升农村金融服务水平

当前,农民抵押难、贷款难问题仍比较突出。农业保险成本较高,覆盖面有待进一步拓宽。

建议加快农村金融改革进程,改善农村金融服务。落实法律关于贴息奖励等规定,调整完善相关政策,加大对农业和农村的金融支持,引导金融机构增加涉农信贷投放。完善农村金融组织体系,发展竞争性农村金融市场。加强农村金融基础设施建设,提高基层网点数量。加强农村信用体系、支付结算体系建设,创新农村金融产品,完善农户信用贷款、联保贷款制度,畅通信贷“绿色通道”。扩大政策性农业保险覆盖范围,完善保险、理赔方案,让农民有效规避风险。创新农业经营体制,消除涉农金融业发展障碍。

(三)毫不放松抓好粮食生产

当前,粮食供给结构性矛盾、经济作物与粮食作物争地矛盾长期存在;主销区产需缺口加大;粮食生产成本上升,比较效益偏低。一些非主产区粮食生产稳步发展,但还没有相应的鼓励政策。

建议完善保障粮食安全政策。大幅度增加中央财政对粮食、油料生产大县一般性转移支付,加大奖励力度,增量补贴要与粮食产量特别是商品量挂钩,完善主产区利益补偿机制。完善“四项补贴”政策,提高补贴标准,增加防灾减灾稳产增产技术补助;综合考虑粮食成本上升、供求状况、市场价格、宏观调控等因素,稳步提高小麦、稻谷最低收购价,努力“使务农种粮有效益、不吃亏、得实惠”。完善大宗农产品临时收储政策,充实粮棉油糖等主要农产品储备。加大投入,着力实施新增1000亿斤粮食生产能力规划(2009—2020年),以产粮大县为重点,加强小型农田水利设施建设,扩大高产稳产粮田。同时,大力发展现代种业,加快优良品种和高产栽培技术研究推广,适时修改种子法。还要提升棉花、大豆、油菜籽等农产品生产能力,研究大豆生产奖励政策,建立东北地区非转基因大豆保护区,提高大豆自给率。

(四)量质并重保护耕地

从长期来看,工业化城镇化对土地有刚性需求,生态保护对耕地开发有限制要求,耕地后备资源不足。一些地方粗放用地,东南部城市周边优质耕地减少过快。耕地占补平衡中补充耕地水土条件较差,加上土壤熟化需较长时间,耕地质量还难以保证。中低产田仍占较大比重,农田有效灌溉面积不足耕地面积一半。一些地方征地程序不规范,补偿费用分配不合理,还存在挪用、截留征地补偿款的现象。

建议进一步落实最严格的耕地保护和节约用地制度,提高耕地质量。强化各级土地利用总体规划的管控作用,严格限定城乡建设用地边界,严格土地用途管制,切实守住耕地“红线”。根据不同行业和投资强度等确定建设用地标准,完善耕地保护激励政策。依据土地整治规划(2011—2015),大力开展农村土地整治,推进高标准基本农田建设。大力推行建设占用耕地的耕作层剥离与利用,全面建立补充耕地后期管护制度,落实地力培肥资金。落实党的十八大提出的“改革征地制度,提高农民在土地增值收益中的分配比例”的要求,完善征地程序,动态调整补偿标准,提高农民在土地增值中的收益,切实保障农民的生存权和发展权。加快大中型灌区配套和大中型灌排泵站更新改造,在水土条件适宜地区,建设水利工程扩大灌溉面积。建议制定农田水利法,确立农田水利在农业发展中的基础地位和支撑作用。

(五)加强农业技术推广队伍建设

当前基层农业技术推广仍然薄弱,业务工作时间难以保证,基层农技推广经费缺乏。

建议按照修改后的农业技术推广法的要求,有关部门和地方尽快修订该法实施条例、规章,制定具体政策,完善基层农业技术推广管理体制机制,保障机构编制和业务经费，完善工作绩效评估和激励办法，切实履行公益性无偿服务职能。创新农业技术推广服务机制，农业技术推广机构要与科研教学单位、农民专业合作组织有机衔接，实行产学研结合促进科研成果转化。同时，加强基层水利服务和林业技术推广机构建设。

（六）加强农业科技创新

目前，农业科技体制机制还难以适应现代农业发展，投入不足，科技成果转化率只有 40%，远落后于发达国家 70%—80% 的水平。

建议围绕粮食生产、食品安全、农村生态环境等重大科技需求，统筹部署农业科技重大创新任务。推动企业成为技术创新的主体，加快农业科技成果转化和产业化。强化农业科技与金融结合，建立多渠道的资金投入机制。推进以现代农业企业为中心，农业专业组织为依托，科技特派员服务为中介的社会化农业科技服务体系建设。

（七）发展多种形式规模经营

现在，农村青壮年劳动力大量外出，有些地方“谁来种地”问题日益突出。这既是挑战，也是实现集约化经营的机遇。

党的十八大提出，发展多种形式规模经营，构建集约化、专业化、组织化、社会化相结合的新型农业经营体系。建议采取有效措施，引导推动农村土地有序流转，培育新型农业经营主体，发展多种形式的规模经营。一是继续依法推进农村土地有序流转。二是在财税、金融等方面完善对农民专业合作社的扶持政策，在税收申报系统增加合作社法人类别，以促进财政支农项目与农民专业合作社对接，强化合作社财务及审计监管，提升农民专业合作社自我发展能力。三是鼓励扶持专业大户、家庭农（牧）场发展。

（八）加大扶贫攻坚力度

扶贫攻坚任务仍然艰巨，按照新的国家扶贫标准，扶贫对象扩大为 1.22 亿人，占农村人口的 12.7%。扶贫投入不足，扶贫工作的法制建设滞后。

建议全面推进落实新十年农村扶贫开发纲要。有关部门要加强协调，加大规划实施力度；各行业、国有企业要加大对贫困地区的帮扶力度；完善地区间帮扶工作机制，完善定点扶贫、连片特困地区扶贫工作长效机制；进一步加大专项扶贫、行业扶贫、社会扶贫政策到户的力度，确保扶贫对象得到有效帮助，实现“两不愁、三保障”（不愁吃、不愁穿，义务教育、基本医疗和住房有保障）目标。依据新的扶贫开发纲要，推进扶贫立法工作。

（九）高度重视农业和农村生态环境保护

现在，一些地方还存在滥用化肥、农药、农膜的现象，作物秸秆露天焚烧，畜禽养殖场废弃物随意排放，生活垃圾露天堆放，特别是一些企业排污造成土壤和水源等污染，农村生产和生活环境保护工作必须引起高度重视。

建议通过推广有效施用化肥和使用农药技术，开展农业清洁生产技术示范，发展循环农业、生态农业；支持畜禽养殖企业建设畜禽粪便综合利用处理系统，有序推进农村沼气建设，支持建设生活垃圾和污水集中处理设施等办法，促进农业废弃物综合利用，减少浪费，防治污染。制定农村二三产业发展的环保标准，加强对企业治理污染的监管力度。加强农村堰塘清淤和河道综合整治，扩大连片整治范围。对大型工程水源地保护区农民因环保要求受到的损失给予补贴，并按照党的十八大要求建立生态补偿制度。尽快制定土壤污染防治法和畜禽养殖污染防治条例。

以上报告，请审议。

在全国人大常委会农业法执法检查组第一次全体会上的讲话

（2012 年 8 月 26 日）

乌云其木格

根据 2012 年执法检查工作安排，今年下半年，全国人大常委会对农业法的实施情况进行检查。刚才，农业部等 5 个部门做了很好的发言，到会的科技部等 5 个部门对贯彻执行农业法的情况做了书面汇报，这是执法检查的重要内容。近年来，各有关部门在依法加强“三农”工作，推进农业现代化、保障国家粮食安全、加大农业投入和支持保护、加强耕地保护和农村扶贫开发等方面，做了大量的工作，取得了显著的成效。同时，在执法方面也还存在一些问题。这次会议检查组了解了农业法实施的基本情况，会后还要到地方了解情况。下面，我就做好这次执法检查工作讲几点意见。

一、充分认识做好农业法执法检查的重要意义

我国是一个农业大国，“三农”工作关系国家发展的全局，关系改革开放和现代化建设全局。2003年，胡锦涛总书记提出要把解决好“三农”工作作为全党工作的重中之重。随后中央确定了“工业反哺农业、城市支持农村”和“多予少取放活”的方针，明确了在工业化城镇化发展中，同步推进农业现代化，加快形成城乡经济社会发展一体化新格局的根本要求。回顾改革开放以来农业发展进程，高度重视解决“三农”问题是党中央一以贯之的工作方针。全国人大常委会十分重视“三农”工作。八届、九届和十届人大曾先后7次对农业法的贯彻实施情况进行检查。2012年是本届全国人大任期的最后一年，全国人大常委会决定对农业法的贯彻执行情况开展检查，吴邦国委员长也对这次执法检查做了重要批示，体现了全国人大常委会对农业法实施的高度重视和对农业与农村经济发展的高度关注。

农业法是我国“三农”工作的基本法，1993年7月通过，2002年对本法做了修订，2003年3月实施。修改后的农业法实施以来，党和国家进一步加大对农业和农村经济发展的扶持力度。中央连续九年出台“一号文件”，对“三农”工作进行部署；国务院出台了《全国现代农业发展规划（2011—2015年）》，有力推动了“三农”工作的落实，加快了传统农业向现代农业转变，农业发展取得了长足的进步。粮食产量稳定在一万亿斤以上，实现了“八连增”；农民收入持续较快增加，创造了“八连快”。农业法为农业和农村经济发展，提供了坚实的法律保障。

在肯定成绩的同时，也必须清醒地认识到，在今后的经济发展进程中，农业在国民生产总值中的比重会有所下降、农村人口会持续减少，但农业在国民经济中的基础地位不会改变，对农业的支持和保护不能削弱。随着工业化城镇化的推进，工农城乡相互联系更加紧密、互相影响更加广泛，解决“三农”问题仍是党和国家工作的重心。当前在农业法的实施过程中，还存在着粮食综合生产能力不强，农民增收的长效和内生机制尚未形成，耕地和水资源紧缺、农业生产成本提高、青壮年劳动力减少、环境污染和生态退化等问题。在这种形势下，全面贯彻实施农业法，促进支农惠农政策的落实，更显得十分重要。

二、突出执法检查的重点

吴邦国委员长在2012年的全国人民代表大会常务委员会工作报告中提出，常委会要进一步加强和改进监督工作，努力推动中央重大决策部署的贯彻落实，检查农业法实施情况，督促有关方面在转方式、调结构上取得新进展。农业与农村委员会为做好这次检查工作先后召开了两次全体会，认真研究执法检查的重点，确定了发展现代农业、粮食安全、农业投入与支持保护、耕地保护和农业扶贫开发等5个检查重点。在检查中，我们要深刻领会法律的基本精神，围绕重点开展工作。

（一）加快推进现代农业建设

农业现代化是经济社会发展的重要基础，是国家现代化的重要组成部分。党的十七届三中全会提出，新形势下推进农村改革发展，把走中国特色农业现代化道路作为基本方向，积极发展现代农业，提高农业综合生产能力。农业现代化与工业化、信息化、城镇化同步推进，是社会经济发展的客观规律，是现代化建设必须遵循的原则。要坚持在“四化”同步发展中推进农业现代化。当前，我国农业现代化滞后于工业化、信息化、城镇化的问题还比较突出，农业基础薄弱、城乡发展不协调仍是制约经济社会发展的主要因素。要采取措施，认真解决农业现代化与其他“三化”发展不协调、不平衡的问题，把全面提高农业现代化水平作为“四化”同步的着力点。我国人多地少，人均耕地和水资源占有量低于世界平均水平，农业综合生产能力不高。这些基本国情要求我们必须走中国特色农业现代化发展道路，加快传统农业向现代农业的转变，大力发展高产、优质、高效、生态、安全农业，依靠科技进步，提高劳动者生产技能，提高集约化水平、科技转化率、资源利用率和单位产出率。

（二）加强耕地保护，切实保障国家粮食安全

农村土地是农业生产的基本要素，是农民的基本生产资料，也是农民最主要、最可靠的生活保障。随着工业化、城镇化推进，保护耕地面临的压力日趋扩大，“保发展、保‘红线’”的两难处境在各地日益显现。特别是粮食安全问题使这种“两难”的矛盾格外突出。这考验着我们的法制观念、执法水平

和推动改革的能力。

胡锦涛总书记指出："解决好13亿人口的吃饭问题，始终是治国安邦的头等大事，始终是推动经济发展、保持社会稳定的基础。"近年来，由于政策得当，措施到位，实现了农业持续发展，粮食产量"八连增"，农民持续增收，为国民经济发展奠定了坚实的基础。但是，随着工业化、城镇化的推进，一方面耕地、淡水资源日益紧缺，另方面粮食需求呈刚性增长，而粮食继续增产的难度不断扩大，保障国家粮食安全仍然面临严峻挑战。鉴于这种情况，我们必须从农业发展实际出发，突出重点，加大投入，多措并举。首先要实行最严格的耕地保护制度、节约用地制度。针对存在的问题，既要依法保护耕地，又要深化改革，加大节约集约用地的探索力度。其核心是依法维护农民的参与权、受益权，让他们最大限度地分享土地增值的"红利"。只有这样，才能变"保发展、保"红线""两难"为"两全"。与此同时要继续加大对农业支持保护力度。要坚持和完善农业补贴政策，建立土地保护补偿机制和粮食主产区利益补偿机制。要努力提高种粮的比较效益，增加种粮农民收入，调动农民和主产区政府发展粮食生产的积极性。要加强农业基础设施建设，特别是加强农田水利建设，大力发展节水农业，要加大对农业科研和技术推广的支持。

（三）继续加大对农业投入和支持保护力度

加大对农业的投入与支持保护，是农业法的重要内容。长期以来，受经济发展水平的限制，农业投入较少，特别是农田水利历史欠账较多。近十年来，国家财力不断增强，对"三农"的投入逐年加大。中央财政2003年"三农"支出为2144亿元，到2011年已达10419亿元，这表明我们已经具备了更强的支持"三农"的能力。2006—2010年"一号文件"对增加"三农"投入都有明确要求，2011年和2012年的"一号文件"又明确提出了增加农田水利和农业科技投入的要求。当前，我国进入了加快形成城乡经济一体化新格局的重要时期，农业农村正在发生重大而深刻的变化。随着农业用地、用工和农资费用价格不断上涨，市场波动不断扩大，农业生产进入了高成本和高风险时期，加强农业投入和支持保护的要求更加迫切。我们要适应形势发展要求，继续加大对农业的投入，特别是对粮食主产区的投入，加大对现代农业建设的支持，有效整合财政支农资金，提高资金使用效率，引导更多的信贷资金投向"三农"，为农业稳定发展提供充分的资金保障。加大农业保险制度建设力度，减少农业生产风险。

（四）加强农业扶贫开发工作

消除贫困、改善民生、实现共同富裕，是社会主义制度的本质要求。农业法对扶贫开发有具体规定。改革开放以来，我国大力推进扶贫开发，随着《国家八七扶贫攻坚计划》、《中国农村扶贫开发纲要2001—2010年》的顺利实施，扶贫标准不断提高，贫困人口不断减少，贫困地区基础设施明显改善，扶贫事业取得了巨大成就。去年中央召开的扶贫工作会议将农民人均纯收入2300元作为新的国家扶贫标准，新标准比2009年提高了92%。把更多低收入人口纳入扶贫范围，这是中国社会的重大进步。目前，扶贫开发工作已转入巩固温饱成果、加快脱贫致富、改善生态环境、提高发展能力、缩小发展差距的新阶段。解决好贫困地区、贫困人口的脱贫与发展问题，关乎全面建设小康社会宏伟目标的实现。我们要按照农业法和农村扶贫开发纲要（2011—2020年）的要求，加大集中连片特殊困难地区扶贫开发力度，也要关注不在集中连片范围内的贫困地区的发展，坚决打好新一轮扶贫开发攻坚战，让农业法有关扶贫的条款落到实处，让贫困群众更多地分享改革发展成果。

三、认真做好检查工作

我们要按照吴邦国委员长在今年全国人大常委会工作报告中提出的在监督工作中应加强统筹协调，加强调查研究，加强同"一府两院"沟通的要求，精心组织、切实抓好执法检查工作。

一是要加强学习，提高对法律的认识水平。要把检查前的准备工作做的更加充分，认真学习党的"三农"政策，把握好政策方向，熟悉法律规定，掌握法律的精神实质。二是深入实际，了解真实情况。检查组赴地方时，要深入基层、深入群众，认真听取各方面的意见，特别是基层干部群众的意见，了解农业法实施的真实情况和存在的主要问题，并用全局的、长远的眼光分析问题，提出务实中肯的意见和建议。三是认真做好宣传工作。办公厅和有关新闻单位要认真做好这次执法检查的宣传报道工作。要围绕这次执法检查的重点，宣传报道各地在贯彻实施农业法过程中的好做法、好经验。新闻报道要符合党的有关政策和法律规定，坚持正确的舆论导向，注重社会效果。四是高质量完成执法检查报告。执法检查报告要综合反映这次会上各部门汇报的情况、赴地方了解到的情况和委托检查的省(区、市)人大常委会反映的情况。执法检查报告要充分肯定贯彻实施农业法取得的成绩,抓准存在的问题,客观分析产生问题的原因,提出有建设性的意见。11 月,我们要召开执法检查第二次全体会议讨论执法检查报告,希望到时大家对执法检查报告多提宝贵意见。

同志们,切实贯彻好农业法,不断提高执法水平,为农业农村经济社会发展提供良好的法制环境,是各部门各级政府的职责。我们要牢固树立依法治国的理念,深入贯彻落实科学发展观,精心组织好这次执法检查工作,确保取得实效。

在农业法执法检查组听取山东省汇报会上的讲话

(2012 年 9 月 3 日)

乌云其木格

同志们:

根据全国人大常委会今年监督工作计划,8—12 月对农业法实施情况进行检查。刚才省政府作了全面汇报,各有关部门也提供了书面汇报材料,就一些问题我们还进行了讨论。通过这次汇报会,我们了解到,山东省高度重视"三农",各级各部门做了大量工作,在发展现代农业,提高农业生产力,完善农业投入的体制机制等方面,取得了可喜成就。刚才,大家也提出了一些问题和建议,给了我们很好的思路和启示,我们带回去,进一步消化研究。

农业是国民经济的基础。随着工业化、城市化快速推进,农业的基础性地位会越来越突出,农业生产在保障食物安全、稳定物价等方面作用越来越大。在我们这样一个人口大国,不可能在没有发达农业和农村的基础上实现现代化。

党中央、国务院一直高度重视"三农",把"三农"问题放在事关全局的角度去考虑。一是指导思想非常明确。始终把"三农"放在重中之重的位置。尤其党的十六大以来,对农业与农村工作有不少重大理论创新和战略决策:提出全面建设小康社会最艰巨最繁重的任务在农村。党的十七届三中全会作出了关于推进农村改革发展若干重大问题的决定,总结了"三农"发展经验,梳理了存在的问题,指明了改革发展方向。二是出台了有效的政策措施。自 2004 年以来,连续九年出台指导农业和农村工作的中央"一号文件",不断深化农村改革,旨在消除影响"三农"发展的体制性、机制性障碍,加强薄弱环节工作力度,出台强农惠农措施,构建以工促农、以城带乡的制度框架。三是"三农"工作成效显著。推动农业生产力稳定发展,粮食生产不断迈上新台阶,确保了国家粮食安全;新农村建设取得重大发展;坚持多予少取的方针,出台惠农措施,农民收入稳定增长,农村社会保障体系逐步建立。所有这些都对改革发展稳定大局起到了基础性作用。

全国人大常委会紧紧围绕党和国家大局,高度重视"三农"。重视农业立法工作。在中国特色社会主义法律体系中,"三农"方面形成了以农业法为基本法,包含二十几部专门法的体系,为农业与农村发展提供了法律保障。

今年,全国人大常委会开展农业法执法检查,主要考虑是要全面了解农业与农村发展情况,厘清当前存在的突出问题,探究如何进一步深化农村改革发展。同时还要总结各地在实施法律过程中的经验,为今后进一步完善《农业法》作基础性工作。

在新阶段新形势下,我国农业发展还面临一些难题,主要是:在城镇化和工业化快速推进时期,稳定发展农业生产力面临劳动力、土地、科技、资金等多方面制约;现代农业发展的组织形式还需进一步发展完善;农业和农村基础设施水平还不高;农民增收依然困难;农村社会保障等社会事业发展刚刚起步,城乡差距仍然较大。针对上述情况,这次执法检查,确定了五项重点,包括发展现代农业、保障粮食安全、农业投入与支持保护、耕地保护以及农业扶贫开发。这五个方面涉及了当前农业与农村发展的重点内容和迫切任务。

山东近年来经济社会发展很快,实行"海陆统筹"、加快推进"由大到强"的战略性转变,工业化和城镇化不断推进。同时,山东又是农业大省、农业强省,农业基础设施比较好,粮食生产连年丰收。这与山东省长期以来重视"三农"工作,认真贯彻中央各项"三农"工作方针政策是分不开的。接下来的几天,检查组还要到基层广泛了解情况。希望通过这次执法检查,我们能够全面了解山东省贯彻实施农业法的情况。同时,我们也希望山东为农业与农村进一步的改革与发展提供好的经验,提出好的建议和思路,通过大家共同努力,做好"三农"工作。

在农业法执法检查组听取云南省汇报会上的讲话

(2012 年 9 月 10 日)

乌云其木格

同志们:

根据 2012 年监督工作计划,今年 9—12 月份全国人大常委会对《中华人民共和国农业法》贯彻实施情况进行检查。刚才,李成玉同志介绍了我们这次执法检查的大致进展和到云南的主要来意。今天这次会,省级政府就全省农业法贯彻实施情况做了汇报,既讲了全面情况,又实事求是地反映了存在的问题。提出的意见和建议经过深入思考,给予了我们有益的启示。

全国人大常委会历来高度重视"三农",不断完善农业立法和监督工作,并取得了突出成效。一是农业法律体系不断完善和发展。吴邦国委员长指出,中国特色社会主义法律体系已经形成。目前"三农"方面,形成了以农业法为基本法,包含二十几部专门法的体系,为农业与农村发展提供了法律保障。随着形势的发展和时代的要求,农业法律体系需要与时俱进,仍在不断完善,今年 8 月全国人大常委会刚刚通过了农业技术推广法修订案,全国人大常委会还在研究制定粮食法等涉农法律。在这些法律中,农业法是农业基本法,起着大纲作用。1993 年全国人大常委会通过了第一部农业法,2002 年,对农业法作了修订。这部法律适应市场经济发展和对外开放的要求,奠定了"三农"的法律框架,强化了农业和农村发展的支持和保障措施,维护了农民权益。二是加强"三农"法律监督。按照吴邦国委员长关于执法检查要突出重点,务求实效的要求,紧紧围绕党和国家大局,全国人大常委会不断深化涉农法律监督工作。本届相继开展了农民专业合作社法、畜牧法、农业技术推广法、农村土地承包法执法检查,推动了法律和政策的贯彻落实,督促和支持了有关部门改进"三农"工作。这次执法检查,既是对农业法的执法检查,也是对党和国家关于农业与农村工作大政方针落实情况的全面检查。

重视"三农"工作是党和国家一以贯之的指导思想。特别是党的十七届三中全会作出了关于推进农村改革发展若干重大问题的决定,进一步明确了涉农大政方针和具体措施。使科学发展观中关于城乡统筹的要求得到落实;使农业与农村工作的体制机制改革不断深化。"三农"工作取得前所未有的成效。

从实际情况看,近十年我国农业与农村工作成就斐然,在城乡统筹进程中让八亿农民受惠。农业生产力稳步发展,粮食产量不断迈上新台阶;坚持多予少取,取消了农业税,出台惠农措施,农民收入稳定增长。

在看到成绩的同时,我们也要保持清醒的头脑,充分认识当前我国农业与农村工作还面临不少挑战。

这次执法检查,针对上述情况,确定了五个重点,包括发展现代农业、保障粮食安全、农业投入与支持保护、耕地保护以及农业扶贫开发。

这次执法检查以农业法为主,还涉及相关的法律和政策。我们这个小组先到了山东,从今天开始在云南进行检查。

全国农业与农村发展不平衡,各地情况差异很大。云南是我国面向西南开放的桥头堡,具有民族文化的多样性。近年来,经济社会发展较快,"三农"工作取得显著成效。云南在农业与农村发展方面有自己的特点,尤其扶贫攻坚任务较重。接下来几天我们还要在云南进一步了解情况。希望通过这次农业法执法检查,能够对农业法的实施情况和当前农业农村发展情况有一个总体把握,形成一个较好的执法检查报告,如实反映"三农"工作情况,并为下一步农村改革发展提供思路和建议。同时,为涉农法律的进一步完善做基础性工作。以期增强法律的针对性、可操作性,为农业现代化提供更加完备的法律保障。

在全国人大常委会农业法执法检查组第二次全体会议上的讲话

（2012 年 11 月 20 日）

乌云其木格

同志们：

根据今年监督工作计划，全国人大常委会在今年下半年检查了农业法实施情况，检查组 8 月听取了各部门和有关单位的汇报，8 至 10 月到地方 10 个省（自治区、市）检查。同志们按照吴邦国委员长批示精神和常委会的要求，注重检查实效，围绕检查重点，深入实际，广泛听取意见，抓住影响农村改革发展的突出矛盾，认真研究存在的问题，形成了向常委会汇报的初稿。刚才，大家又对报告初稿提出了很多很好的修改意见，这对提高本次执法检查的实效具有重要意义。

从检查情况看，各地、各部门十分重视农业法及相关法律的贯彻实施，认真落实中央农村工作方针政策和国务院各项强农惠农措施，广泛宣传法律，及时制定配套法规、规章，不断加大对农业的支持保护力度，大力发展现代农业，加强粮食综合生产能力和农业技术服务体系建设，严格保护耕地，加强扶贫开发，推动了农民增收、农业增效，取得了显著的成效。但是，在农业领域，还存在着农业生产投入不足，粮食稳产增产难度加大，农村金融发展程度较低，农村生态环境保护工作亟待加强，扶贫任务依然艰巨等问题和情况，需要认真研究，加大工作力度。下面，我结合检查的情况谈几点意见：

一、提高认识，坚持依法兴农

农业法在众多的涉农法律中起着大纲作用，这部法律适应社会主义市场经济发展和改革开放的要求，奠定了依法兴农的法律框架。当时修改农业法有很多规定具有前瞻性，如保护粮食生产能力，建立耕地保护制度；发挥区域优势，调整农业生产区域布局；扶持农村二、三产业和小城镇发展，发展多种形式的产业化经营等。认真执行农业法的地方，农业和农村经济发展的就比较快，社会和经济发展相互协调，农民的生产生活条件有明显改善。但是有些法规落实的还不到位，如惠农政策被截流，金融服务不完善，农用地污染没得到遏制等。对存在的矛盾不能只从业务和技术层面来认识，要把这些问题上升到贯彻法律的高度来认识，通过加强执法加以解决。各级政府各部门还要进一步提高贯彻农业法及相关法律的自觉性，加大法律的学习和宣传力度，着实增强执法能力。

二、加大政府支持保护力度，保障国家粮食安全

我国粮食生产已连续九年获得丰收，这个成果令人欣喜。粮食增产为国民经济稳定发展提供了坚实的基础。但是喜中有忧，对打牢粮食稳产增产基础这个问题要有清醒的认识。现在一些地方由于受到财税收入的压力和政绩考核影响，对粮食生产投入的积极性不高。一些粮食调出区滑向平衡区，平衡区滑向调入区。要调动地方政府抓粮和农民种粮的积极性，既要按市场规律办事，保障粮食生产者有合理稳定的收益，又要加大行政支持保护力度。这是保障国家粮食安全的客观要求。从一些发达的市场经济国家来看，保障粮食生产者有合理的收益，无非是采用市场价格、支持价格（相当于最低保护价）、目标价格及对生产者的价外补贴的方法，实质上更多的是运用行政支持保护手段，即国家运用支持价格、目标价格和价外补贴措施保护粮食生产者利益。我国现行粮价政策已经初步形成了“最低收购价（含临储价）+ 四项补贴”为主的粮食价格支持体系，为粮食连续增产发挥了重要作用。但现行粮价支持体系还不完善，没有反映粮食成本和持续提高粮农收入的目标价格，粮食生产成本上涨幅度远高于粮价的提高，农民种粮收益增长缓慢。因此，有必要尽快完善粮食价格支持体系。这就需要在粮食价格体系中，增加一个既反映粮食成本，又不会直接拉动市场粮价

上升的目标价格，形成以市场价格为主体、最低收购价格为底线、政府测定的目标价格为补贴上限的粮食价格保障机制。将市场机制与政府调控有机结合起来，尊重市场法则，强化行政调控。实现市场形成价格、价格引导生产、提高种粮农民收入的良性循环。同时，还要建立一个完整的粮食价格支持法律体系，使政府的支持保护政策法制化，给粮食生产者以明确的信号，减少政策风险，以制度化方式保障粮农利益。另外，对粮食主产区不要过分强调 GDP 指标，而应加大转移支付，保证主产区财政收入处在平均水平，调动地方政府抓粮的积极性。

三、深化改革，推进现代农业建设

发展现代农业，加快转变农业发展方式，提高农业综合生产能力、抗风险能力、市场竞争能力，促进农业农村经济平稳较快健康发展，这是党中央在“十二五”规划中提出的重大战略任务。现代农业建设是一项长期、复杂的过程，在具体实施中，涉及许多方面，当前应主要做好以下几项工作。

第一，积极推动规模化经营。现代农业发展的目标是要实现农业高产、优质、高效和可持续发展。其重要条件之一是规模经营。当前，家庭承包经营方式虽然适应现阶段农村生产力的发展状况，能够调动农民的积极性。但是，家庭承包经营的规模小，零碎分散，大型农机设备无法有效使用，农民家庭也无力对土地做大量和长期的投资，不能充分利用耕地资源。这种小规模经营还大幅抬升了农业生产成本，我国每个农民生产的粮食约为美国的1/40，法国的1/20，远远低于世界平均水平，如果把劳动力成本计算进去，利润微乎其微。要改变农业小规模经营的现状，推动农业集约化发展，提高比较效益，必须深化改革，完善农业经营制度，扩大农业经营规模。其一是引导和推动土地承包经营权流转。要通过示范的办法让农民群众看到土地规模经营带来的效益，按照依法、自愿、有偿的原则，积极引导和推动土地流转。流转要以保障农民的土地承包权益为前提，并坚持农地农有、农地农用。其二是积极扶持农民专业合作社发展，提高农业组织化程度。现在农民专业合作社的数量不少，但整体水平不高，规模普遍较小，带动力不强，一些法律规定的扶持措施还没有落实到位。相关部门要继续加大对农民专业合作社等合作组织的扶持，扩大农业经营规模，提高农民的组织化程度，逐步改变千家万户“小生产”对应千变万化的“大市场”的局面，提高农业的比较效益，也为政府完善补贴办法和在金融、科技等关键环节提供更多服务创造条件。

第二，继续大力扶持农业产业化发展。农业产业化经营实行区域布局，确定主导产业，依靠龙头带动，围绕市场需求，更合理地配置各项生产要素，适合我国地域广阔，气候差异大的特点。现在的问题是龙头企业总体规模不够大，农产品加工比重低，产业链条较短，增值率低，龙头企业与基地、农户之间“利益共享，风险共担”的机制还不完善，在中、西部这些问题更加突出。针对这种状况，各级主管部门要根据各地农业产业化发展的特点，制定一些有针对性的政策，推动产业化发展。首先要坚持以市场为导向。充分利用国内、国际两种资源、两个市场，不断优化农业结构，做大做强优势产业。同时要加快农业标准体系建设。围绕主导产业、主导产品，突出抓好农业标准制订，积极采用、吸收国际标准，对过时和落后的农业标准加紧修订，提高标准水平。力争在较短的时期内，尽快形成农产品生产技术、产品质量、卫生安全和加工、包装、储运、营销标准体系。同时，广泛组织农产品生产标准化培训，普及农产品安全知识和生产技术，促使广大农民摒弃粗放型生产方式，树立“标准化生产”理念，增强标准化生产的自觉性。当然还要不断完善产业化利益联结机制。充分发挥农民专业合作社、农产品行业协会、供销社等组织的作用，联系农户与龙头企业建立紧密的利益联结机制和稳定的产销关系，实现共同发展。

第三，加强农技推广体系建设。近几年来，各地按照党的十七届三中全会决定和国务院关于深化改革加强基层农业技术推广体系建设的意见，加大了基层农技推广体系改革的力度，农技推广工作有了很大的进步。2010 年，全国人大常委会检查了农业技术推广法实施情况，各项工作有了新的进展。今年常委会又修改了农业技术推广法，明确各级国家农业技术推广机构属于公共服务机构，履行公益性职责，各级财政应当保障用于农业技术推广的资金，县、乡镇农业技术推广机构的工作经费根据当地服务规模和绩效确定，由各级财政共同承担。从检查的情况看，一些地方对基层农业技术推广工作重视还不够，对农业技术推广公益性定位的认识还不到位。农业科技和技术推广的服务对象是千家万户的农民，农民广泛应用先进农业技术，不仅有巨大的经济效益，还有明显的社会效益和生态效益；同时，农业技术推广又有着地域限制、成果转化周期长，有一定风险性等特点，所以需要各级财政的大力支持。有必要加大对新修改的农业技术推广法学习宣传力度，特别是各级领导要充分认识农业科技和技术推广工作对保障农业生产稳定发展的重要作用，切实解决基层农业技术推广工作遇到的经费缺乏，条件落后，人员待遇偏低等实际问题。另外，新修改的农业技术推广法将于 2013 年 1 月 1 日起施行，相关部门和各省区市要根据新修改的农业技术推广法，抓紧修改相关法律法规和实施细则，保证法律的统一。

第四，加大对现代农业的金融支持。近年来，随着现代农业迅速发展，农户经营规模扩大，农业产业化龙头企业、农民专业合作组织、种养大户等新型农业生产主体增多，随之产生的农产品收购、大型农机具购置、农业基础设施建设等集约化、项目型贷款需求大幅增加。农业发展有着强烈的资金需求，但投入风险高、成本高、回报低，这就需要金融部门在经营理念上有所创新，根据现代农业生产的特点、广大农户及农业市场的需求变化，改进信贷管理模式和服务方式。要改变农村金融服务以信用社、乡村金融机构为主的格局，培育竞争性农村金融市场。近年来，由于涉农金融服务贷款利率有所提高，有助于上述问题的解决，使金融资本能在产业获得与二、三产业相当的回报，符合市场法则，这是一方面，另方面要进一步完善政策激励机制，按照农业法的规定，通过贴息等措施鼓励金融机构向农民和农业生产经营组织的农业生产经营活动提供贷款；对农业贷款达到一定比例的金融机构，减免其营业税、降低或返还其所得税；对金融机构开展的低收益高风险政策性农贷业务，财政部门要给予补贴；培育农村中小金融机构，适当放宽市场准入条件，实现农村金融的多元化；组建符合农村经济发展需要的政策性担保公司，发展农村互助担保组织，缓解农民贷款担保难问题。对涉农保险业务，应给予保费补贴并减免营业税等优惠政策。改善农村金融服务的关键是把在农村吸收的存款投向农业，这是城乡发展一体化的必然要求。当前，存款仍是农民主要的理财方式，要使金融机构的资金在“三农”领域得到有效配置，可以考虑通过立法形式明确农村金融机构将其吸收的存款按一定比例用于本地区信贷投入，解决农村资金流失问题。

四、加大投入改善农村民生

党的十八大提出，加强社会建设，必须以保障和改善民生为重点。改革开放以来，农村在经济快速增长的同时，社会事业发展也比较快，农民群众的生活质量在逐步提高。但在整体上农村社会事业的发展与经济发展还不相称，与广大农民不断增长的民生需求不相适应。农村社会事业发展不足，人才短缺、资源短缺、社会服务短缺、环境质量下降等，都威胁着农村经济的持续增长，我们要充分认识加快发展农村社会事业的重要性和紧迫性。各级政府各部门要照城乡发展一体化的要求，加大对农村社会事业的投入，不断完善农村社会保障制度，大力发展农村的义务教育和职业教育，健全县、乡、村三级农村医疗卫生服务网络，特别要把扶贫开发、农村环境建设与改善民生有机的结合起来，把农村社会事业发展的新成效更多地体现在保障民生、服务民生上，努力推动农村社会事业发展再上新台阶。

同志们，本届全国人大常委会十分关注农业和农村经济的发展，这五年相继开展了多部涉农法律的执法检查，推动了法律和相关政策的贯彻落实。全国人大农委和国务院相关部门、单位为贯彻实施涉农法律做了大量卓有成效的工作，这里我向同志们表示感谢。刚闭幕的十八大提出，城乡发展一体化是解决“三农”问题的根本途径，要着力促进农民增收，坚持和完善农村基本经营制度，构建集约化、专业化、组织化、社会化相结合的新型农业经营体系。我们要认真贯彻党的十八大精神，顺应农业农村经济发展的一般规律，改进农业执法工作，加强现代农业建设，推进农业和农村经济平稳较快发展。

在全国人大常委会农业法执法检查河南省政府汇报会上的讲话

（2012 年 9 月 11 日　根据录音整理）

华建敏

同志们：

昨天晚上，卢展工书记对河南贯彻落实农业法的情况作了一个全面又简明扼要的介绍，刚才又听了河南省政府及有关部门的汇报，我们很受鼓舞和启发。我们始终关注着中部崛起这件大事，也始终关注着河南发生的巨大的变化。近年来，河南省深入贯彻落实科学发展观，大力实施建设中原经济区的总体战略，经济社会发展进入了历史上最好的时期之一。

省政府的报告和材料中，有几个数据是特别鼓舞人心的。一是河南省的第一产业产值从 2007 年的 2200 亿元增加到了去年的 3500 亿元，增加了近 1300 亿元。4 年的时间增长了 58.4%，这个数字很突出。二是农民收入 2011 年增加了 19.6%，扣除物价因素增加了 11%。这里最突出的是扶贫开发重点县的农民人均纯收入，2011 年达到了 5546 元，相比 2007 年的 3261 元，年均增长 14%。我们注意到河南的农村人均收入比城市人均收入增长快，扶贫开发重点县的农民人均收入比全省的农民人均收入增长快。特别值得称道的是，河南作为全国第一人口大省，同时又是农业大省和粮食生产大省，经过努力，成功走出了一条不以牺牲农业和粮食生产、不以破坏生态和环境为代价的工业化、城镇化和农业现代化协调发展的新路子。河南粮食年产量连续 14 年居全国首位，2004 年以来实现“八连增”，近 6 年来每年的粮食产量都超过 1000 亿斤。河南用占全国 1/16 的耕地，生产了全国 1/10 的粮食、1/4 的小麦、1/6 的棉花，不仅解决了全省 1 亿多人口的吃饭问题，每年还调出 400 亿斤的粮食及加工制品，占全国粮食净调出量的 1/3 以上，为国家的粮食安全做出了重要贡献。

下面，我再谈几点想法：

一、深刻认识农业发展面临的新形势，进一步提高贯彻农业法的自觉性和主动性

农业是安天下、稳民心的战略产业，没有农业现代化就没有国家现代化，没有农村的繁荣稳定就没有全国的繁荣稳定，没有农民的全面小康就没有全国人民的全面小康。要坚持把解决“三农”问题作为全党工作的重中之重。刚才检查组的同志特别关心小麦、玉米的亩产量，因为我们脑子里一直有个问题挥之不去。中国的人口已经达到 13.4 亿，按照人口战略的研究，我们预测人口峰值不会达到 16 亿，但是也要达到 15 亿左右。人口还会继续增长，我们还要解决未来新增 1.6 亿人口的吃饭问题，这是国家的根本大事，也是农业战线的光荣任务。这个问题怎么解决？河南提出，全省粮食产量要从现在的每年 1100 亿斤，用 8 年的时间增加到每年 1300 亿斤。增产的潜力在哪里？从生产关系和生产力的角度看，要做哪些事？当年毛主席讲农业“八字宪法”，我们印象都很深。现在进入 21 世纪，在农业上，有哪几件事是必须花大力气做好的？从山西、河南一路走来，我体会我们除了要有战天斗地、不屈不挠、艰苦奋斗的精神以外，还需要有效的技术和政策措施，才能很好地回答新增人口的吃饭问题。要注意的是，我们不能依靠别国来保证粮食供应。我不是反对进口，但吃饭问题根本上说，必须要靠自己解决，如果依靠外国，受制于人，那我们的麻烦就大了。1.6 亿新增人口的吃饭问题，是摆在我们面前硬碰硬的问题，要在这个背景下来讲加强农业，加强农业法的执法力度。

我们也要看到，当前和今后一个时期我国的农业和农村经济，无论是与过去相比，还是与已经实现农业现代化的国家相比，都面临许多十分紧迫的问题和挑战，主要体现在四个方面：一是工业化、城镇化的推进带来更多资源环境的约束，土地资源、水资源等约束趋紧。二是农业生产资料和世界石油能源价格走高的趋势，给我国农业的持续稳定发展带来压力，要继续增产就要继续增加能源资源的投入。现代农业一定意义上也是石油农业，现代农业的发展离不开石油的支撑。由于进口石油已经占到我国石油消费量的 50% 以上，石油价格高企对

于我国农业如何走集约化的发展道路也是一个挑战。三是随着我国人口红利的逐步减弱甚至消失，农村劳动力的减少给农业发展带来很大的挑战。现在农村人口中务农与外出务工群体之间收入差距急剧拉大，种粮不能致富，务农人员收入增长慢，进城务工人员收入相对增长快，造成越来越多的人进城打工，给农业发展带来人力资源的制约。四是全世界范围内干旱、洪涝等极端天气带来的自然灾害频繁发生，很多地方减产，农业的自然风险明显加大。这些问题提醒我们，对农业发展面临的艰巨性、复杂性、紧迫性绝对不可低估。必须从战略全局出发，准确把握我国农业面临的特殊形势，坚持将现代农业建设的一般规律与我国实际相结合，创新体制机制，加大政策支持，在工业化、城镇化、信息化深入发展中同步推进农业现代化。这是我讲的第一层意思。

二、抓好农业现代化，保障农业持续发展，必须贯彻好农业法

农业法是“三农”工作的根本大法。法律关于逐步提高农业投入的总体水平，保持农业生产资料和农产品之间合理比价，建立健全农村金融体系，发展农民专业合作经济组织，提高农产品质量，对农业生产资料的生产经营实行登记或者许可制度等规定，为农业的发展提供了强有力的法律保障。

要实现农业现代化，我们要采取的各种经济政策中，第一位的还是粮食价格和农产品价格要到位。改革开放30多年，城市居民收入按现价计算增加了50多倍，农村居民收入增加了46倍，但粮食价格仅增加了12倍左右，工农产品价格的“剪刀差”没有及时消除。解决“剪刀差”，我们现在有很大的政策空间，包括财政、金融政策的调整空间，但价格政策是最核心的。只要价格到位，种粮能够致富，种粮的积极性就调动起来了。我们调整产业结构，最重要的是用价格手段来调整。其次，要增加财政政策的力度。刚才财政厅的报告里讲到，现在是粮食产量越多，财政越穷，经济社会发展困难越大。我们过去也曾听到过类似的说法，产粮大县就是财政穷县。你们的数据是全国地方人均财政开支是6700元，河南是4500元；河南的产粮县是2273元，产粮县里特别好的产粮大县是1901元。凡是产粮特别好的地方，财力就特别低。这是不合理不公平的，这种情况要想办法尽快扭转。第三，要增加金融政策的力度。河南有很多县办的村镇银行，对推动农业发展发挥了很大作用，对此要大力扶持。第四，要用土地流转促进农业的规模效益。粮食的生产关系要适合粮食生产力发展的需要，就是要实行粮食的规模种植。这里要特别提出来的是，加大水利建设的投入。在搞“铁公基”建设时，一定要把水利建设要作为基础设施、基础农田建设的一个重要部分切实抓好，这是保持国家长治久安的一个重要举措。

三、重视城乡统筹发展，坚持走协调可持续发展的道路

从2006年起，我特别关注一件事，就是勤劳致富的农民工回乡创业。这些人在外面打工赚了钱，有了原始资本，懂得怎么经营，还有市场网络渠道，我们要鼓励他们回来创业，带动家乡致富。我们不要走简单的城市化道路，片面认为城市化就是人口、资源向少数的几个大都市集中，就是建设几个、几十个人口两三千万的大城市，这个路走不通，这不是城乡统筹、协调可持续的发展。省里提出要实现城乡统筹、公共服务均等化，这才是中国特色的城市化道路。正如1998年十五届三中全会提出的，发展小城镇，是带动农村经济和社会发展的一个大战略。我认为城市化是要建成一个体系，这个体系中有特大城市，有省会城市，有地级市经济中心城市，有县域经济，有各具特色的乡镇经济，这样我们的经济发展就很均衡，什么情况下都能立于不败之地。

在听取赣州政府农业法执法检查汇报后的讲话

（2012 年 10 月 19 日　赣州）

司马义·铁力瓦尔地

同志们：

我们这次来江西赣州市主要是来学习的，与同志们一起学习农业法，同时来看望大家。刚才史文清书记做了热情洋溢的致辞，冷新生市长和有关部门的同志全面、细致地介绍了赣州市贯彻实施农业法的情况，同时提出了很好的建议、意见，对检查组成员提出的问题进行了详细解答，会议开得很好。

在江西短短的四天里，我和检查组的同志们先后到了南昌、吉安市、井冈山市、瑞金市，今天来到赣州市。

在南昌，省委书记苏荣同志向我们介绍了江西省近年经济社会发展的变化、取得的成绩，陈达恒同志介绍了省人大常委会工作情况；省政府姚木根同志向检查组介绍了江西省贯彻实施农业法的情况。这几天，检查组来赣州的路上又实地看到、听到许多江西近年经济、社会、文化、生态等等发生的可喜变化和取得的成绩，给我留下了深刻的印象。概括起来主要有三点：

一是发展较快。近年，在以苏荣同志为班长的江西省领导班子的带领下，坚决贯彻落实以胡锦涛同志为总书记的党中央的各项路线、方针、政策，坚持以科学发展观为指导，大力弘扬井冈山精神和苏区精神，按照工业化、城镇化深入发展中同步推进农业现代化的重大决策部署。全省的经济、社会、文化发展、生态环境等各方面都取得了显著的成就。“十一五”时期，江西全省生产总值五年翻了一番，财政总收入、社会消费零售总额、金融机构存贷款余额四年翻了一番，固定资产投资和工业增加值三年翻了一番，出口总额两年翻了一番。2011 年，全年实现生产总值 11583 亿元，增速 12.5%，农民人均纯收入 6892 元，均高于全国平均水平，你们取得了不小的成绩。

二是干部群众精神状态好。江西是革命老区，也是文化底蕴十分深厚的省区，当地的同志给我介绍，江西省具有“红色”、“绿色”、“古色”三大鲜明特色。“红色”，是江西具有革命的光荣传统。素有“四个摇篮”之称。井冈山是中国革命的摇篮，南昌是人民军队的摇篮，瑞金是人民共和国的摇篮，萍乡是中国工人运动的摇篮之一。这一路上，我们先后看了井冈山、瑞金等革命圣地，我看到党史专家说：“上海建党，开天辟地；南昌建军，惊天动地；瑞金建政，翻天覆地；北京建国，改天换地”，这四句话概括了瑞金在中国革命史和中共党史的重要地位，这些让我们感受很深。我们的国家之所以能够取得今天的成就，是无数革命先烈抛头颅、洒热血换来的，我们一定要珍惜今天的成果，坚定共产主义信念，为建设富裕、强盛、和谐的国家贡献自己的力量。“绿色”，是江西的生态环境良好，全省的森林覆盖率达到 63%，在生态环境上你们的贡献也很大。这一路上我们饱览了江西秀美的河山，沿途树木、植被保护得很好，空气很新鲜。“古色”，是江西自古人文荟萃，文化底蕴深厚。另外，通过这几天了解情况，在我印象当中还有一种颜色，就是“金色”，我们这次来江西省赶上了一个好的时候，正值金秋收获季节，到处一派丰收景象。江西自古以来就是产粮大省，为国家粮食安全、社会稳定、经济发展一直在作贡献。上个世纪五六十年代，三年自然灾害困难时期，全国粮食严重短缺，党中央为解决百姓吃饭问题心急如焚，江西省在自己也十分困难的情况下，外调三亿斤粮食支援全国。曾在北京召开解决粮食问题的县长以上干部“七千人大会”，在用餐时，周恩来在餐桌上连喝了当时江西省委分管农业的书记处书记刘俊秀所敬的三杯酒，表示感谢，一杯酒就是一亿斤粮食！那个年代，江西人民牺牲了自己，为国家作出了巨大贡献。而时至今日江西省从未间断粮食输出，为促进我们国家经济平稳较快发展提供了有力支撑。

三是工作实。江西是一个农业人口多、农村地域大、农业比重相对较高的省份，农业资源丰富，生态优势明显，得天独厚的自然条件加上勤劳智慧的江西人民的努力，使江西成为一个富庶的鱼米之乡，重要的农业大省。近年来，江西省按照在工业化、城镇化深入发展中同步推进农业现代化的重大决策部署，切实加强以增加农民收入为重点的“三农”工作，认真实施农业法，突出农业基础地位，夯实农业发展基础，不断加大对农业的投入，尤其在保护耕地、生态环境方面更为突出。为深化农村改革，加快农业基础设施建设，加速调整农业和农村经济结构，推进农业产业化经营，依法保护农民的合法权益，推动农村各项社会事业发展，做了大量工作，有力地促进了农业发展、农民增收、农村稳定和江西省整体经济的平稳较快发展。

江西省人大常委会在省委的正确领导下，积极围绕全省工作大局，认真履行职责，在改进立法工作，提高立法质量，创新监督方式，增强监督实效，以及人大机关建设等方面，都取得了很好的成绩，省机关和各地干部、群众的精神风貌也很好。

下面，我就赣州市同志介绍的情况再谈几点体会。

一、对赣州市经济社会发展的总体印象

赣州是著名的革命老区，共和国的摇篮。你们的同志给我介绍，当地曾有六个一的说法：一颗子弹，击碎了一代王朝；一座礼堂，建立了一个国家；一座石山，挽救了一支军队；一口红井，泽润了一个民族；一个女人，守望了一个世纪；一颗红星，照亮了一个世界。赣南人民曾为中国革命事业作出了巨大的牺牲，赣南人民的无私奉献，奠定了全中国解放和民族振兴的坚实基础。新中国成立尤其是改革开放以来，党中央高度重视赣南苏区的经济社会发展，2011年底至2012年初的两个月内，中央领导就赣南等原中央苏区振兴发展问题先后多次作出重要批示，指出：“赣南苏区为中国革命作出了重大贡献和巨大牺牲，由于种种原因，目前经济发展仍然滞后，人民生活仍然比较困难。如何进一步帮助和支持赣南苏区发展，使这里与全国同步进入小康社会，让苏区人民过上富裕幸福的生活，应当高度重视和研究”。

赣州市的社会经济发展情况和江西省的整体情况很接近，面积最大，全市3.94万平方公里，接近江西省的四分之一；人口多，全市人口918万，是江西省的五分之一。近年来，特别是赣州市委三届九次全会以来，在党中央、国务院和省委、省政府的正确领导下，全市深入贯彻落实科学发展观，牢固树立发展为先、生态为重、创新为魂、民生为本的理念，大力实施新型工业化、新型城镇化、农业农村现代化、发展战略化，努力建设创业、宜居、平安、生态、幸福赣州。我有个感受，用六个字来形容今天赣州的经济、社会发展，一是快，赣州市的经济增长速度高于全国，与江西省同步，GDP增速为12.5%；二是大，基础设施投入大。城乡、道路、交通等建设、规划好，全市面貌发生明显变化；三是多，你们努力工作的付出，让百姓得到更多的实惠；四是稳，社会和谐稳定，百姓安居乐业；五是好，干部群众的精神风貌好；六是明，工作思路明确。

赣州是一个农业资源丰富，农业人口多、农村地域大、农业比重相对较高的地区。由于特殊的历史原因和自然条件，经济发展落后于全国和全省平均水平，至今还是全国较大的集中连片特困地区。据有关资料统计，2011年，赣州市人均生产总值只占全省的61%，人均财政收入只占全省的58%，农民人均纯收入只占全省的68%，城镇居民可支配收入只占全省的91%。按国家最新的贫困线标准，有贫困人口将近200万人，占全市人口近四分之一，贫困发生率高出全国平均水平13.4个百分点。历史上我们对这片土地欠账太多。

2012年，《国务院支持赣南等原中央苏区振兴发展的若干意见》下发后，全市在三农工作中上下以此为契机，以为三农“送政策、送温暖、送服务”的“三送”工作为抓手，特别是在全覆盖常态化工作机制的推动下，执行农业法措施有力、工作到位、成效明显，有力地促进了全市的农业和农村工作。各级涉农部门采取有效措施和办法，在完善农村生产经营体制、切实保护农民合法权益、确保粮食生产和农产品质量安全、推进扶贫和移民工作，努力增加农民收入、促进农业生产和农村经济持续、稳定、健康发展等方面做了大量工作，积极推进农业法的贯彻实施，取得了好的成效。

把老区的真情实况带上去，把群众的期盼愿望转化为政策，也是我们这次执法调研的初衷。赣南等原中央苏区为我们党和国家作出过特殊的贡献，有着特殊的地位，努力促进赣南等原中央苏区超常规、跨越式发展，让苏区人民和全国人民一道奔小康。是我们应尽的责任。不然就对不起这块红色的土地，对不起赣南的十多万革命先烈。在来的路上我看到了这样一条标语：坚定信念，求真务实；一心为民，清正廉洁；艰苦奋斗，争创一流，无私奉献为主要内容的苏区精神。看后，我很受感动。为此我也想到这样一句话：弘扬苏区革命精神，造福老区人民，和你们共勉。

二、要进一步贯彻实施农业法，推进农业现代化

全国人大常委会一直高度关注农业和农村发展，农业法是全国人大常委会检查最多的法律之一，这次执法检查是今年全国人大常委会监督工作的一项重要内容。吴邦国委员长就此次执法检查专门作出重要批示：“开展农业法执法检查，是今年常委会监督工作的一项重要内容。总结这些年我们加强对‘三农’工作监督的好经验好做法，搞好这次农业法执法检查，很重要的是在增强实效上下功夫，抓住影响农村改革发展的突出矛盾，分析问题切中要害，提出建议务实可行，跟踪落实一抓到底，切实推动法律的有效实施，更好地推进农业现代化、加快社会主义新农村建设。”吴邦国委员长的批示充分体现了全国人大对农业法实施及“三农”工作的关注和重视。

我国是一个传统的农业大国，农业、农村、农民问题始终是我们的根本问题。党中央、全国人大、国务院历来高度重视“三农”工作，着力解决“三农”问题。目前，是“三农”工作发展比较好的时期，农民增收、农业增效和农村稳定，为我们成功应对国际金融危机冲击、顺利渡过难关奠定了坚实基础，为促进国民经济平稳较快发展提供了有力支撑，为维护社会和谐稳定作出了突出贡献。

但是，由产业特性决定的农业弱质、农村落后和农民弱势的特征没有根本改变，农业仍然是经济社会发展中薄弱环节，农村实现小康的任务依然艰巨。

法制是党和国家指导农业、农村发展的基本手段之一。推动“三农”工作持续健康发展，要有完善的政策体系和健全的法律制度作保障，尤其要实施好以农业法为基础的涉农法律、法规，形成依法治农、依法兴农的良好氛围。现行农业法是2002年修订，2003年3月颁布实施的。这部法律的颁布实施，有效推动了“三农”工作的发展。自八届全国人大以来，全国人大常委会先后7次对农业法贯彻实施情况进行检查。总的来看，执法检查的效果是好的，对于督促政府重视和加强农业，促进农业法制建设及法律的贯彻执行起到了积极的作用。这次执法检查，一方面是要更加全面地检查农业和农村工作，可以说是对以往历次执法检查的跟踪和延续；另一方面，是对“三农”工作涉及的影响全局、关系改革发展的重大问题进行深入调研，为推进农业现代化和加快新农村建设提出改进执法工作的建议和意见。

今年，是我们国家重要的一年，党的十八大召开在即，在全面建设小康社会的关键时期和深化改革开放、加快转变经济发展方式的攻坚时期，党的十八大将对党和国家各项事业做出全面部署，进一步明确今后一个时期的发展目标和宏伟蓝图。在这样一个重要的历史时期，各级人大要紧紧围绕党的工作大局，以邓小平理论和“三个代表”重要思想为指导，深入贯彻落实科学发展观，坚持围绕中心、突出重点、讲求实效的监督工作思路，以科学发展观为主题，以加快转变经济发展方式为主线，坚持稳中求进，依法加强和改进监督工作，着力加强对经济工作和民生工作的监督，综合运用专题询问、专题调研、跟踪监督等方式，加大监督力度，增强监督实效，推动中央重大决策部署的贯彻落实，推动转变经济发展方式取得实质性进展，为确保“十二五”时期经济平稳较快发展和社会和谐稳定作出贡献。

这次会议，是检查组在江西期间的最后一次座谈会，明天上午检查组一行再到基层实地了解情况后，江西的工作就结束了。这次执法检查，江西省委、省人大、省政府和赣州市委、人大、政府还有吉安市、井冈山市、瑞金市对检查组所到地方，在工作上给予了大力支持，生活安排周到、服务精心。为此，我代表检查组向你们表示感谢！谢谢大家！

在内蒙古农业法执法检查汇报会上的讲话

（2012 年 9 月 7 日）

陈昌智

非常高兴在内蒙古自治区搞农业法执法检查。前几天在鄂尔多斯、巴彦淖尔进行了检查，今天听取自治区政府的汇报。这次执法检查是今年全国人大监督工作的安排，刚才中伟同志把这项工作的要求都做了介绍，这项工作非常重要。从 1993 年起，已经进行了 7 次农业法执法检查，也就说是检查最多的法律之一。因为农业法特别重要，对农村的发展是非常必要的，它规定了我们基本经济制度，明确了对农业的支持保护，同时充分体现了我们农村农业的发展方向，对于农业农村的发展非常重要，全国人大给予了高度重视，这次主要检查五个方面，刚才张主任已经提出了，而且巴特尔主席的介绍也是从这五个方面介绍的。听了介绍以后，我和张主任、房主任的感受一样，感到内蒙古自治区党委政府在贯彻农业法上高度重视，因此在工作上很主动，表现一个主要是自治区党委政府高度重视，在贯彻这部法律的过程中，在推动农业和农村的工作中，始终贯彻中央的路线方针政策，而且针对自治区的实际情况研究部署。第二个方面是体现在工作力度大，措施稳定性强，都很能解决问题。刚才我说到党委政府重视实际上主要就体现在第二方面工作力度和措施上，加大了实施的力度，“十一五”期间，对农牧业的扶持年均增长 30%，今年地方的支持力度又达到 36.5%，刚才扶贫办的同志介绍了今年的扶贫资金就达到十个多亿，增加了 8 个亿，增长了 4 倍，反映了我们工作的力度是很大的，又表现在我们制定了一些地方性法规，制定了一些制度，包括奖惩制度、责任追究制度，将来规范我们的农牧业，来保证法律的实施，我觉得这些都是非常明确的。第三个方面体现的就是在土地流转上、合作社的建立上、科技应用上都是很有成效的，我就不说具体的了。总的来看，措施的针对性是很强的，第三就是贯彻执行农业法取得的成效是很明确的。刚才汇报的时候谈到粮食是八连增，我们很多方面是全国第一，羊肉、牛奶、山羊绒、马铃薯都居于全国的首位，包括刚才谈到脱贫的问题，这个问题也反映了我们的成效问题，省里贫困标准由 2600 元提高到 3100 元，鄂尔多斯提高到 4500 元，再加上很多贫困地方，他们的生活都有所改善，因为标准提高以后贫困面越大，受益的群众就越多，这都体现在我们工作的成效上，也体现到我们工作的力度上。除了张主任、房主任谈到的经验做法以外，从这三个方面谈了我的体会。对今后的工作，我也谈一谈，尤其在巴彦淖尔谈得很多，今天简单一点，第一个我感到还是要继续提高各级政府党政贯彻实施农业法的意识，或者说要增强发展农牧业的意识，我觉得认识很重要，实际上很多发展不好、发展不起来，问题解决不好实际上都是认识不到位，没有真正把农业放在国民经济基础的地位上，说起来重要，做起来就不是那么重要了，这一点不是针对鄂尔多斯，我是针对全国，不能单纯地追求 GDP 的增长，不能单独地看数据，当然刚才我们张代表也说了，看到农民不种粮食，这些都需要研究，作为我们这样一个大国，离开了农业，离开了农村建设，我们就没有后劲，实际上就没有可持续性，所以说中央高度重视提出了 18 亿亩耕地的“红线”，没出事还好，出了事问题就很严重，就是农业和农村问题，当然粮食八连增体现不出来，如果是八连减，不要说是八连减，就是三连减、四连减也受不了，中国这么多人，国际上能给你提供多少粮食，人家可以趁机要挟我们，对农业的发展，一定要真正认识到农业的重要性。第二，要坚持发展现代农业的方向。我们要全面建设小康社会，要建设现代化的新农村，这就需要我们发展现代农业，没有现代农业，就不可能建设现代化新农村，实际上发展现代农业是关系方方面面，涉及到体制、机制、科技、我们的一些制度，这就涉及生产关系问题。我个人认为如果永远都是一家一户小规模的经营农业的话，不可能进入现代化，刚才讲到了农业机械、土地流转规模也很大，这都是好的，必须要摆脱一家一户的小农经济，要规模经营，特别是在要有龙头企业带动，要有合作社的发展，我们解放前就有合作社，当然那时的合作社和现在的合作社大不一样。只有规模经营才能有科技发展，单家独户生产很难发展科技。很高兴看到鄂尔多斯有企业带动农户，我觉得是成功的，企业把农民的土地租过来，一千块钱一亩，建了大棚后再租给农民，一个大棚八千块钱，然后再提供种子，提供技术，还收购产品，依靠这种经营方式好，但是，不能仅仅局限试点，要带动越来越多的人致富，已经反映出效果，效果非常好，比如说一个大棚就挣四万，那就是了不起的收入，所以说只有组织起来，改变一家一户单一的狭小的生产方式，农业才会有发展，农村才能改变面貌，农民才能富裕，我觉得这一点对我们国家太重要了。发达国家也是一家一户的，是大农场，是农场主，要雇很多很多的农民，是规模很大的现代化，所以这条路要坚持不懈地走下去。逐步地扩大，一步一步地发展。第三点，我们要把开展扶贫工作作为重点，我们搞现代化建设，就是要改善农民的生活，我们经济发展为了什么，不是为了发展而发展，而是为了人，如果环境污染了，能耗依然很高，那么就意味着资源浪费增加，国家要全面实现小康，必须要有农村的小康，农村的小康必须要解决贫困人口问题，按照2300元的标准全国1.22亿人，这没有按照内蒙的标准，更不敢按照鄂尔多斯的标准，贫困人口是大量的不是一点点，不改变一亿贫困人口，同样也不能实现全国的小康。扶贫的方式很多，特别要增加他们的造血功能，要他们有技术，起码懂一种技术，生产一个两个好的产品，要对他们进行培训，提高文化程度，还要教育子女，等等，所以说这项工作非常重要。最后我再提两个问题，一个是在各项工作中要切实保护农民的利益，搞现代化农业的推广，为了粮食的安全，搞土地的整治，耕地的保护，等等，一定要把农民的利益放在第一位。去年去安徽和山东考察土地整治，提出一点就是土地整治的目的不仅仅是增加建设用地，如果仅仅是这样方向就不对了，就不可能很好地保护耕地，我觉得这点很重要，整治出来的土地一定要坚持用于农村和农民。我在鄂尔多斯讲了，人家欧洲的荷兰才4.18万平方公里，我们还在叫土地不够用，因为我们很粗放，我们科技含量很低，他的花卉出口是世界第一，GDP在世界上占十几位。他们就在土地上做文章，就是讲效益讲质量，而不是过多地过分地强调GDP。在去年的两会报告中，专门讲了十二五期间在保证质量和效益的基础上年均增长7%，不是说越快越好，前提是质量和效益，如果质量和效益是下降的，实际是对资源的一种浪费，我们虽然是第二位，超过了日本，但是我们的单位GDP能耗是日本的4.5倍。我们不反对发展速度快一些，我们搞新农村建设不能急于求成，要考虑到方方面面，房子建起来很漂亮但要实用。要讲生态的保护，我们虽然有960万平方公里，一定要重视保护土地，特别要保护好基本农田。今天自治区政府提供了很好的材料，回去后向国务院或有关部门提出我们的意见，感谢自治区党委政府对我们的支持，使我们收获很大。最后我代表执法检查组向自治区党委人大政府几大班子和有关部门表示衷心的感谢！

四、规范性文件备案审查

国务院行政法规目录

一、制　定

1. 拘留所条例
（2012 年 2 月 23 日中华人民共和国国务院令第 614 号公布）
2. 海洋观测预报管理条例
（2012 年 3 月 1 日中华人民共和国国务院令第 615 号公布）
3. 校车安全管理条例
（2012 年 4 月 5 日中华人民共和国国务院令第 617 号公布）
4. 女职工劳动保护特别规定
（2012 年 4 月 28 日中华人民共和国国务院令第 619 号公布）
5. 对外劳务合作管理条例
（2012 年 6 月 4 日中华人民共和国国务院令第 620 号公布）
6. 机关事务管理条例
（2012 年 6 月 28 日中华人民共和国国务院令第 621 号公布）
7. 无障碍环境建设条例
（2012 年 6 月 28 日中华人民共和国国务院令第 622 号公布）
8. 气象设施和气象探测环境保护条例
（2012 年 8 月 29 日中华人民共和国国务院令第 623 号公布）
9. 教育督导条例
（2012 年 9 月 9 日中华人民共和国国务院令第 624 号公布）
10. 国内水路运输管理条例
（2012 年 10 月 13 日中华人民共和国国务院令第 625 号公布）
11. 缺陷汽车产品召回管理条例
（2012 年 10 月 22 日中华人民共和国国务院令第 626 号公布）
12. 农业保险条例
（2012 年 11 月 12 日中华人民共和国国务院令第 629 号公布）

二、修　改

1. 机动车交通事故责任强制保险条例
（2012 年 3 月 30 日中华人民共和国国务院令第 618 号公布）
2. 期货交易管理条例
（2012 年 10 月 24 日中华人民共和国国务院令第 627 号公布）
3. 企业名称登记管理规定
（2012 年 11 月 9 日中华人民共和国国务院令第 628 号公布）
4. 殡葬管理条例
（2012 年 11 月 9 日中华人民共和国国务院令第 628 号公布）
5. 中华人民共和国税收征收管理法实施细则
（2012 年 11 月 9 日中华人民共和国国务院令第 628 号公布）
6. 中华人民共和国道路运输条例
（2012 年 11 月 9 日中华人民共和国国务院令第 628 号公布）
7. 铁路交通事故应急救援和调查处理条例
（2012 年 11 月 9 日中华人民共和国国务院令第 628 号公布）
8. 机动车交通事故责任强制保险条例
（2012 年 12 月 17 日中华人民共和国国务院令第 630 号公布）

三、废　止

1. 女职工劳动保护规定
（2012 年 4 月 28 日文中废止）
2. 中华人民共和国水路运输管理条例
（2012 年 10 月 13 日文中废止）

3. 铁路旅客意外伤害强制保险条例
（2012年11月9日废止）
4. 中华人民共和国固定资产投资方向调节税暂行条例
（2012年11月9日废止）
5. 非贸易非经营性外汇财务管理暂行规定
（2012年11月9日废止）
6. 事业单位财务规则
（2012年11月9日废止）
7. 行政单位财务规则
（2012年11月9日废止）

北京市地方性法规目录

一、制　定

1. 北京市审计条例
（2012年7月27日北京市第十三届人民代表大会常务委员会第三十四次会议通过）
2. 北京市河湖保护管理条例
（2012年7月27日北京市第十三届人民代表大会常务委员会第三十四次会议通过）
3. 北京市各级人民代表大会常务委员会规范性文件备案审查条例
（2012年9月28日北京市第十三届人民代表大会常务委员会第三十五次会议通过）
4. 北京市湿地保护条例
（2012年12月27日北京市第十三届人民代表大会常务委员会第三十七次会议通过）
5. 北京市食品安全条例
（2012年12月27日北京市第十三届人民代表大会常务委员会第三十七次会议通过）

二、修　改

1. 北京市实施《中华人民共和国村民委员会组织法》的若干规定
（2012年9月28日北京市第十三届人民代表大会常务委员会第三十五次会议修改）
2. 北京市村民委员会选举办法
（2012年9月28日北京市第十三届人民代表大会常务委员会第三十五次会议修改）

三、废　止

1. 北京市城市河湖保护管理条例
（2012年7月27日北京市第十三届人民代表大会常务委员会第三十四次会议通过文中废止）
2. 北京市实施《中华人民共和国食品卫生法》办法
（2012年12月27日北京市第十三届人民代表大会常务委员会第三十七次会议通过文中废止）

天津市地方性法规目录

一、制　定

1. 天津市残疾人保障条例
（2012年2月22日天津市第十五届人民代表大会常务委员会第三十次会议通过）
2. 天津市海洋环境保护条例
（2012年2月22日天津市第十五届人民代表大会常务委员会第三十次会议通过）
3. 天津市控制吸烟条例
（2012年3月28日天津市第十五届人民代表大会常务委员会第三十一次会议通过）
4. 天津市建筑节约能源条例
（2012年5月9日天津市第十五届人民代表大会常务委员会第三十二次会议通过）
5. 天津市气象灾害防御条例
（2012年7月17日天津市第十五届人民代表大会常务委员会第三十四次会议通过）
6. 天津市环境教育条例
（2012年9月11日天津市第十五届人民代表大会常务委员会第三十五次会议通过）
7. 天津市无线电管理条例
（2012年12月24日天津市第十五届人民代表大会常务委员会第三十七次会议通过）
8. 天津市人体器官捐献条例
（2012年12月24日天津市第十五届人民代表

大会常务委员会第三十七次会议通过）

二、修　改

1. 天津市节约能源条例

（2012 年 5 月 9 日天津市第十五届人民代表大会常务委员会第三十二次会议修改）

2. 天津市殡葬管理条例

（2012 年 5 月 9 日天津市第十五届人民代表大会常务委员会第三十二次会议修改）

3. 天津市商品交易市场管理若干规定

（2012 年 5 月 9 日天津市第十五届人民代表大会常务委员会第三十二次会议修改）

4. 天津市消费者权益保护条例

（2012 年 5 月 9 日天津市第十五届人民代表大会常务委员会第三十二次会议修改）

5. 天津市房屋安全使用管理条例

（2012 年 5 月 9 日天津市第十五届人民代表大会常务委员会第三十二次会议修改）

6. 天津市农药管理条例

（2012 年 5 月 9 日天津市第十五届人民代表大会常务委员会第三十二次会议修改）

7. 天津市农业机械管理条例

（2012 年 5 月 9 日天津市第十五届人民代表大会常务委员会第三十二次会议修改）

8. 天津市土地管理条例

（2012 年 5 月 9 日天津市第十五届人民代表大会常务委员会第三十二次会议修改）

9. 天津市实施《中华人民共和国反不正当竞争法》办法

（2012 年 5 月 9 日天津市第十五届人民代表大会常务委员会第三十二次会议修改）

10. 天津市河道管理条例

（2012 年 5 月 9 日天津市第十五届人民代表大会常务委员会第三十二次会议修改）

11. 天津市测绘管理条例

（2012 年 5 月 9 日天津市第十五届人民代表大会常务委员会第三十二次会议修改）

12. 天津市海域使用管理条例

（2012 年 5 月 9 日天津市第十五届人民代表大会常务委员会第三十二次会议修改）

13. 天津市矿产资源管理条例

（2012 年 5 月 9 日天津市第十五届人民代表大会常务委员会第三十二次会议修改）

14. 天津市市容和环境卫生管理条例

（2012 年 5 月 9 日天津市第十五届人民代表大会常务委员会第三十二次会议修改）

15. 天津市城市排水和再生水利用管理条例

（2012 年 5 月 9 日天津市第十五届人民代表大会常务委员会第三十二次会议修改）

16. 天津市实施《中华人民共和国种子法》办法

（2012 年 5 月 9 日天津市第十五届人民代表大会常务委员会第三十二次会议修改）

17. 天津市植物保护条例

（2012 年 5 月 9 日天津市第十五届人民代表大会常务委员会第三十二次会议修改）

18. 天津市道路交通安全管理若干规定

（2012 年 5 月 9 日天津市第十五届人民代表大会常务委员会第三十二次会议修改）

19. 天津市城市绿化条例

（2012 年 5 月 9 日天津市第十五届人民代表大会常务委员会第三十二次会议修改）

20. 天津市畜牧条例

（2012 年 5 月 9 日天津市第十五届人民代表大会常务委员会第三十二次会议修改）

21. 天津市房屋安全使用管理条例

（2012 年 5 月 9 日天津市第十五届人民代表大会常务委员会第三十二次会议修改）

22. 天津市供电用电条例

（2012 年 5 月 9 日天津市第十五届人民代表大会常务委员会第三十二次会议修改）

23. 天津市城乡规划条例

（2012 年 5 月 9 日天津市第十五届人民代表大会常务委员会第三十二次会议修改）

24. 天津市节约用水条例

（2012 年 5 月 9 日天津市第十五届人民代表大会常务委员会第三十二次会议修改）

25. 天津市客运出租汽车管理条例

（2012 年 5 月 9 日天津市第十五届人民代表大会常务委员会第三十二次会议修改）

26. 天津市实施《中华人民共和国全国人民代表大会和地方各级人民代表大会代表法》办法

（2012 年 7 月 17 日天津市第十五届人民代表大会常务委员会第三十四次会议修改）

27. 天津市实施《中华人民共和国归侨侨眷权益保护法》办法

（2012 年 9 月 11 日天津市第十五届人民代表大会常务委员会第三十五次会议修改）

28. 天津市实施《中华人民共和国村民委员会组织法》办法

（2012 年 11 月 22 日天津市第十五届人民代表

大会常务委员会第三十六次会议修改）

29. 天津市实施《中华人民共和国义务教育法》办法

（2012年11月22日天津市第十五届人民代表大会常务委员会第三十六次会议修改）

三、废　　止

1. 天津市实施《中华人民共和国残疾人保障法》办法

（2012年2月22日天津市第十五届人民代表大会常务委员会第三十次会议通过文中废止）

2. 天津市公共场所禁止吸烟条例

（2012年3月28日天津市第十五届人民代表大会常务委员会第三十一次会议通过文中废止）

河北省地方性法规目录

一、制　　定

一、省级地方性法规

1. 河北省邮政条例

（2012年3月28日河北省第十一届人民代表大会常务委员会第二十九次会议通过）

2. 河北省信息化条例

（2012年9月26日河北省第十一届人民代表大会常务委员会第三十二次会议通过）

3. 河北省技术市场条例

（2012年11月25日河北省第十一届人民代表大会常务委员会第三十三次会议通过）

4. 河北省沿海船舶边防治安管理条例

（2012年11月25日河北省第十一届人民代表大会常务委员会第三十三次会议通过）

二、较大的市地方性法规

（一）唐山市

唐山市物业管理条例

（2012年9月26日河北省第十一届人民代表大会常务委员会第三十二次会议批准）

（二）邯郸市

1. 邯郸市城乡规划条例

（2012年3月28日河北省第十一届人民代表大会常务委员会第二十九次会议批准）

2. 邯郸市城市市容和环境卫生条例

（2012年5月22日河北省第十一届人民代表大会常务委员会第三十次会议批准）

3. 邯郸市建筑垃圾处置条例

（2012年5月22日河北省第十一届人民代表大会常务委员会第三十次会议批准）

4. 邯郸市滏阳河管理条例

（2012年7月27日河北省第十一届人民代表大会常务委员会第三十一次会议批准）

三、单行条例

青龙满族自治县村集体经济组织财务管理条例

（2012年7月27日河北省第十一届人民代表大会常务委员会第三十一次会议批准）

二、修　　改

一、省级地方性法规

河北省农业机械管理条例

（2012年7月27日河北省第十一届人民代表大会常务委员会第三十一次会议修改）

二、较大的市地方性法规

（一）石家庄市

1. 石家庄市行政执法条例

（2012年3月28日河北省第十一届人民代表大会常务委员会第二十九次会议批准修改）

2. 石家庄市未成年人和精神病人监护办法

（2012年3月28日河北省第十一届人民代表大会常务委员会第二十九次会议批准修改）

（二）唐山市

1. 唐山市乡村规划建设管理条例

（2012年3月28日河北省第十一届人民代表大会常务委员会第二十九次会议批准修改）

2. 唐山市文物保护管理办法

（2012年3月28日河北省第十一届人民代表大会常务委员会第二十九次会议批准修改）

3. 唐山市水利工程管理办法

（2012年3月28日河北省第十一届人民代表大会常务委员会第二十九次会议批准修改）

4. 唐山市城市供水管理条例

（2012年3月28日河北省第十一届人民代表大会常务委员会第二十九次会议批准修改）

5. 唐山市矿产资源开采管理条例

（2012年3月28日河北省第十一届人民代表大会常务委员会第二十九次会议批准修改）

6. 唐山市地名管理条例

（2012年3月28日河北省第十一届人民代表大会常务委员会第二十九次会议批准修改）

7. 唐山市城市房屋拆迁管理条例

（2012年3月28日河北省第十一届人民代表大会常务委员会第二十九次会议批准修改）

（三）邯郸市

邯郸市散装水泥和预拌混凝土管理条例

（2012年3月28日河北省第十一届人民代表大会常务委员会第二十九次会议批准修改）

三、自治条例和单行条例

1. 大厂回族自治县自治条例

（2012年5月22日河北省第十一届人民代表大会常务委员会第三十次会议批准修改）

2. 丰宁满族自治县水土保持条例

（2012年5月22日河北省第十一届人民代表大会常务委员会第三十次会议批准修改）

3. 围场满族蒙古族自治县畜牧业管理条例

（2012年7月27日河北省第十一届人民代表大会常务委员会第三十一次会议批准修改）

4. 围场满族蒙古族自治县土地管理条例

（2012年7月27日河北省第十一届人民代表大会常务委员会第三十一次会议批准修改）

三、废　　止

一、省级地方性法规

河北省技术市场管理条例

（2012年11月25日河北省第十一届人民代表大会常务委员会第三十三次会议通过文中废止）

二、较大的市地方性法规

邯郸市

1. 邯郸市水土保持管理条例

（2012年3月28日河北省第十一届人民代表大会常务委员会第二十九次会议批准废止）

2. 邯郸市商业网点建设管理条例

（2012年3月28日河北省第十一届人民代表大会常务委员会第二十九次会议批准废止）

3. 邯郸市水资源管理条例

（2012年3月28日河北省第十一届人民代表大会常务委员会第二十九次会议批准废止）

4. 邯郸市城市规划管理条例

（2012年3月28日河北省第十一届人民代表大会常务委员会第二十九次会议批准文中废止）

5. 邯郸市城市市容和环境卫生管理条例

（2012年5月22日河北省第十一届人民代表大会常务委员会第三十次会议批准文中废止）

三、自治条例和单行条例

围场满族蒙古族自治县计划生育条例

（2012年7月27日河北省第十一届人民代表大会常务委员会第三十一次会议批准废止）

山西省地方性法规目录

一、制　　定

一、省级地方性法规

1. 山西省突发事件应对条例

（2012年3月28日山西省第十一届人民代表大会常务委员会第二十八次会议通过）

2. 山西省循环经济促进条例

（2012年5月31日山西省第十一届人民代表大会常务委员会第二十九次会议通过）

3. 山西省安全技术防范条例

（2012年7月26日山西省第十一届人民代表大会常务委员会第三十次会议通过）

4. 山西省气候资源开发利用和保护条例

（2012年9月28日山西省第十一届人民代表大会常务委员会第三十一次会议通过）

5. 山西省非物质文化遗产条例

（2012年9月28日山西省第十一届人民代表大会常务委员会第三十一次会议通过）

6. 山西省食品生产加工小作坊和食品摊贩监督管理办法

（2012年9月28日山西省第十一届人民代表大会常务委员会第三十一次会议通过）

7. 山西省公路条例

（2012年11月29日山西省第十一届人民代表大会常务委员会第三十二次会议通过）

8. 山西省节约用水条例

（2012年11月29日山西省第十一届人民代表大会常务委员会第三十二次会议通过）

9. 山西省就业促进条例

（2012年11月29日山西省第十一届人民代表大会常务委员会第三十二次会议通过）

二、较大的市地方性法规

（一）太原市

1. 太原市养犬管理条例

（2012年3月28日山西省第十一届人民代表大会常务委员会第二十八次会议批准）

2. 太原市终身教育促进条例

（2012年9月28日山西省第十一届人民代表大会常务委员会第三十一次会议批准）

(二)大同市

大同市再生资源回收利用管理条例

(2012年5月31日山西省第十一届人民代表大会常务委员会第二十九次会议批准)

二、修　改

较大的市地方性法规

(一)太原市

1. 太原市城镇企业职工失业保险条例

(2012年5月31日山西省第十一届人民代表大会常务委员会第二十九次会议批准修改)

2. 太原市市场管理条例

(2012年5月31日山西省第十一届人民代表大会常务委员会第二十九次会议批准修改)

3. 太原市查处传销和变相传销办法

(2012年5月31日山西省第十一届人民代表大会常务委员会第二十九次会议批准修改)

4. 太原市晋祠保护条例

(2012年5月31日山西省第十一届人民代表大会常务委员会第二十九次会议批准修改)

5. 太原市社会保险管理条例

(2012年5月31日山西省第十一届人民代表大会常务委员会第二十九次会议批准修改)

(二)大同市

1. 大同市企业集体合同条例

(2012年3月28日山西省第十一届人民代表大会常务委员会第二十八次会议批准修改)

2. 大同市户外广告管理规定

(2012年5月31日山西省第十一届人民代表大会常务委员会第二十九次会议批准修改)

三、废　止

一、省级地方性法规

山西省公路管理条例

(2012年11月29日山西省第十一届人民代表大会常务委员会第三十二次会议通过文中废止)

二、较大的市地方性法规

太原市

1. 太原市限制养犬的规定

(2012年3月28日山西省第十一届人民代表大会常务委员会第二十八次会议批准文中废止)

2. 太原市城市房屋拆迁管理办法

(2012年5月31日山西省第十一届人民代表大会常务委员会第二十九次会议批准废止)

3. 太原市劳动监察条例

(2012年5月31日山西省第十一届人民代表大会常务委员会第二十九次会议批准废止)

4. 太原市私营企业工会条例

(2012年5月31日山西省第十一届人民代表大会常务委员会第二十九次会议批准废止)

内蒙古自治区地方性法规目录

一、制　定

一、自治区地方性法规

1. 内蒙古自治区实施《中华人民共和国环境影响评价法》办法

(2012年5月30日内蒙古自治区第十一届人民代表大会常务委员会第二十九次会议通过)

2. 内蒙古自治区企业工资集体协商条例

(2012年7月21日内蒙古自治区第十一届人民代表大会常务委员会第三十次会议通过)

3. 内蒙古自治区节约用水条例

(2012年9月22日内蒙古自治区第十一届人民代表大会常务委员会第三十一次会议通过)

4. 内蒙古自治区法制宣传教育条例

(2012年11月29日内蒙古自治区第十一届人民代表大会常务委员会第三十二次会议通过)

5. 内蒙古自治区农村牧区扶贫开发条例

(2012年11月29日内蒙古自治区第十一届人民代表大会常务委员会第三十二次会议通过)

二、较大的市地方性法规

(一)呼和浩特市

呼和浩特市地名管理条例

(2012年3月31日内蒙古自治区第十一届人民代表大会常务委员会第二十八次会议批准)

(二)包头市

1. 包头市妇女权益保障条例

(2012年3月31日内蒙古自治区第十一届人民代表大会常务委员会第二十八次会议批准)

2. 包头市旅游条例

(2012年5月30日内蒙古自治区第十一届人

民代表大会常务委员会第二十九次会议批准)

3. 包头市刑事被害人困难救助条例

(2012年5月30日内蒙古自治区第十一届人民代表大会常务委员会第二十九次会议批准)

二、修 改

一、自治区地方性法规

1. 内蒙古自治区实施《中华人民共和国残疾人保障法》办法

(2012年3月31日内蒙古自治区第十一届人民代表大会常务委员会第二十八次会议修改)

2. 内蒙古自治区实施《中华人民共和国土地管理法》办法

(2012年3月31日内蒙古自治区第十一届人民代表大会常务委员会第二十八次会议修改)

3. 内蒙古自治区农牧业机械化促进条例

(2012年3月31日内蒙古自治区第十一届人民代表大会常务委员会第二十八次会议修改)

4. 内蒙古自治区珍稀林木保护条例

(2012年3月31日内蒙古自治区第十一届人民代表大会常务委员会第二十八次会议修改)

5. 内蒙古自治区边境管理条例

(2012年3月31日内蒙古自治区第十一届人民代表大会常务委员会第二十八次会议修改)

6. 内蒙古自治区公共安全技术防范管理条例

(2012年3月31日内蒙古自治区第十一届人民代表大会常务委员会第二十八次会议修改)

7. 内蒙古自治区地质环境保护条例

(2012年3月31日内蒙古自治区第十一届人民代表大会常务委员会第二十八次会议修改)

8. 内蒙古自治区小城镇规划建设管理条例

(2012年3月31日内蒙古自治区第十一届人民代表大会常务委员会第二十八次会议修改)

9. 内蒙古自治区物业管理条例

(2012年3月31日内蒙古自治区第十一届人民代表大会常务委员会第二十八次会议修改)

10. 内蒙古自治区实施《中华人民共和国防洪法》办法

(2012年3月31日内蒙古自治区第十一届人民代表大会常务委员会第二十八次会议修改)

11. 内蒙古自治区水工程管理保护办法

(2012年3月31日内蒙古自治区第十一届人民代表大会常务委员会第二十八次会议修改)

12. 内蒙古自治区实施《中华人民共和国水土保持法》办法

(2012年3月31日内蒙古自治区第十一届人民代表大会常务委员会第二十八次会议修改)

13. 内蒙古自治区环境保护条例

(2012年3月31日内蒙古自治区第十一届人民代表大会常务委员会第二十八次会议修改)

14. 内蒙古自治区建设工程质量管理条例

(2012年3月31日内蒙古自治区第十一届人民代表大会常务委员会第二十八次会议修改)

15. 内蒙古自治区实施《中华人民共和国义务教育法》办法

(2012年5月30日内蒙古自治区第十一届人民代表大会常务委员会第二十九次会议批准修改)

16. 内蒙古自治区实施《中华人民共和国节约能源法》办法

(2012年7月21日内蒙古自治区第十一届人民代表大会常务委员会第三十次会议修改)

17. 内蒙古自治区实施《中华人民共和国全国人民代表大会和地方各级人民代表大会代表法》办法

(2012年7月21日内蒙古自治区第十一届人民代表大会常务委员会第三十次会议修改)

18. 内蒙古自治区防震减灾条例

(2012年9月22日内蒙古自治区第十一届人民代表大会常务委员会第三十一次会议修改)

二、较大的市地方性法规

(一)包头市

1. 包头市实施《中华人民共和国集会游行示威法》规定

(2012年3月31日内蒙古自治区第十一届人民代表大会常务委员会第二十八次会议批准修改)

2. 包头市传染病防治条例

(2012年3月31日内蒙古自治区第十一届人民代表大会常务委员会第二十八次会议批准修改)

3. 包头市环境保护条例

(2012年3月31日内蒙古自治区第十一届人民代表大会常务委员会第二十八次会议批准修改)

4. 包头市残疾人保障条例

(2012年3月31日内蒙古自治区第十一届人民代表大会常务委员会第二十八次会议批准修改)

5. 包头市城乡规划条例

(2012年3月31日内蒙古自治区第十一届人民代表大会常务委员会第二十八次会议批准修改)

6. 包头市邮政管理条例

(2012年3月31日内蒙古自治区第十一届人民代表大会常务委员会第二十八次会议批准修改)

7. 包头市水资源管理条例

(2012年3月31日内蒙古自治区第十一届人

民代表大会常务委员会第二十八次会议批准修改）

8. 包头市城市市容和环境卫生管理条例

（2012 年 3 月 31 日内蒙古自治区第十一届人民代表大会常务委员会第二十八次会议批准修改）

9. 包头市义务植树条例

（2012 年 3 月 31 日内蒙古自治区第十一届人民代表大会常务委员会第二十八次会议批准修改）

10. 包头市大气污染防治条例

（2012 年 3 月 31 日内蒙古自治区第十一届人民代表大会常务委员会第二十八次会议批准修改）

11. 包头市城市公共汽车客运条例

（2012 年 3 月 31 日内蒙古自治区第十一届人民代表大会常务委员会第二十八次会议批准修改）

12. 包头市供热条例

（2012 年 3 月 31 日内蒙古自治区第十一届人民代表大会常务委员会第二十八次会议批准修改）

13. 包头市燃气管理条例

（2012 年 3 月 31 日内蒙古自治区第十一届人民代表大会常务委员会第二十八次会议批准修改）

14. 包头市测绘管理条例

（2012 年 3 月 31 日内蒙古自治区第十一届人民代表大会常务委员会第二十八次会议批准修改）

（二）呼和浩特市

1. 呼和浩特市社会市面蒙汉两种文字并用管理办法

（2012 年 3 月 31 日内蒙古自治区第十一届人民代表大会常务委员会第二十八次会议批准修改）

2. 呼和浩特市封山育林管理办法

（2012 年 3 月 31 日内蒙古自治区第十一届人民代表大会常务委员会第二十八次会议批准修改）

3. 呼和浩特市殡葬管理条例

（2012 年 3 月 31 日内蒙古自治区第十一届人民代表大会常务委员会第二十八次会议批准修改）

4. 呼和浩特市户外广告管理条例

（2012 年 3 月 31 日内蒙古自治区第十一届人民代表大会常务委员会第二十八次会议批准修改）

5. 呼和浩特市公路路政管理条例

（2012 年 3 月 31 日内蒙古自治区第十一届人民代表大会常务委员会第二十八次会议批准修改）

6. 呼和浩特市供热管理条例

（2012 年 3 月 31 日内蒙古自治区第十一届人民代表大会常务委员会第二十八次会议批准修改）

7. 呼和浩特市市容环境卫生管理条例

（2012 年 3 月 31 日内蒙古自治区第十一届人民代表大会常务委员会第二十八次会议批准修改）

8. 呼和浩特市大气污染防治管理条例

（2012 年 3 月 31 日内蒙古自治区第十一届人民代表大会常务委员会第二十八次会议批准修改）

9. 呼和浩特市城乡规划条例

（2012 年 3 月 31 日内蒙古自治区第十一届人民代表大会常务委员会第二十八次会议批准修改）

三、废　止

一、自治区地方性法规

1. 内蒙古自治区城市房屋拆迁管理条例

（2012 年 3 月 31 日内蒙古自治区第十一届人民代表大会常务委员会第二十八次会议废止）

2. 内蒙古自治区实施《中华人民共和国城市规划法》办法

（2012 年 3 月 31 日内蒙古自治区第十一届人民代表大会常务委员会第二十八次会议废止）

二、较大的市地方性法规

（一）包头市

包头市妇女儿童保护条例

（2012 年 3 月 31 日内蒙古自治区第十一届人民代表大会常务委员会第二十八次会议批准文中废止）

（二）呼和浩特市

1. 呼和浩特市城市房屋拆迁管理条例

（2012 年 5 月 30 日内蒙古自治区第十一届人民代表大会常务委员会第二十九次会议批准废止）

2. 呼和浩特市流动人口计划生育管理办法

（2012 年 5 月 30 日内蒙古自治区第十一届人民代表大会常务委员会第二十九次会议批准废止）

辽宁省地方性法规目录

一、制　定

一、省级地方性法规

1. 辽宁省青山保护条例

（2012年7月27日辽宁省第十一届人民代表大会常务委员会第三十一次会议通过）

2. 辽宁省就业促进条例

（2012年9月27日辽宁省第十一届人民代表大会常务委员会第三十二次会议通过）

3. 辽宁省清真食品生产经营管理条例

（2012年9月27日辽宁省第十一届人民代表大会常务委员会第三十二次会议通过）

4. 辽宁省农业综合开发条例

（2012年9月27日辽宁省第十一届人民代表大会常务委员会第三十二次会议通过）

5. 辽宁省全民健身条例

（2012年11月29日辽宁省第十一届人民代表大会常务委员会第三十三次会议通过）

二、较大的市地方性法规

（一）沈阳市

沈阳市工业热力管理条例

（2012年7月27日辽宁省第十一届人民代表大会常务委员会第三十一次会议批准）

（二）大连市

1. 大连市供热用热条例

（2012年3月30日辽宁省第十一届人民代表大会常务委员会第二十八次会议批准）

2. 大连市供水用水条例

（2012年3月30日辽宁省第十一届人民代表大会常务委员会第二十八次会议批准）

3. 大连市不可移动文物保护条例

（2012年7月27日辽宁省第十一届人民代表大会常务委员会第三十一次会议批准）

（三）鞍山市

1. 鞍山市促进中小企业发展条例

（2012年3月30日辽宁省第十一届人民代表大会常务委员会第二十八次会议批准）

2. 鞍山市道路运输条例

（2012年7月27日辽宁省第十一届人民代表大会常务委员会第三十一次会议批准）

（四）本溪市

1. 本溪市就业促进条例

（2012年1月5日辽宁省第十一届人民代表大会常务委员会第二十七次会议批准）

2. 本溪市气象灾害防御条例

（2012年1月5日辽宁省第十一届人民代表大会常务委员会第二十七次会议批准）

3. 本溪市太子河景区管理条例

（2012年7月27日辽宁省第十一届人民代表大会常务委员会第三十一次会议批准）

4. 本溪市中小企业促进条例

（2012年11月29日辽宁省第十一届人民代表大会常务委员会第三十三次会议批准）

（五）抚顺市

1. 抚顺市森林资源流转条例

（2012年3月30日辽宁省第十一届人民代表大会常务委员会第二十八次会议批准）

2. 抚顺市城乡规划管理条例

（2012年11月29日辽宁省第十一届人民代表大会常务委员会第三十三次会议批准）

三、自治条例和单行条例

1. 桓仁满族自治县冰葡萄酒管理条例

（2012年3月30日辽宁省第十一届人民代表大会常务委员会第二十八次会议批准）

2. 阜新蒙古族自治县实施《辽宁省人口与计划生育条例》的变通规定

（2012年3月30日辽宁省第十一届人民代表大会常务委员会第二十八次会议批准）

3. 宽甸满族自治县旅游条例

（2012年3月30日辽宁省第十一届人民代表大会常务委员会第二十八次会议批准）

4. 新宾满族自治县自治条例

（2012年7月27日辽宁省第十一届人民代表大会常务委员会第三十一次会议批准修改）

5. 桓仁满族自治县自治条例

（2012年7月27日辽宁省第十一届人民代表大会常务委员会第三十一次会议批准修改）

二、修　改

一、省级地方性法规

1. 辽宁省城镇绿化条例

（2012年1月5日辽宁省第十一届人民代表大

会常务委员会第二十七次会议修改）

2. 辽宁省消防条例

（2012 年 1 月 5 日辽宁省第十一届人民代表大会常务委员会第二十七次会议修改）

3. 辽宁省矿产资源管理条例

（2012 年 3 月 30 日辽宁省第十一届人民代表大会常务委员会第二十八次会议修改）

4. 辽宁省实施《中华人民共和国村民委员会组织法》办法

（2012 年 7 月 27 日辽宁省第十一届人民代表大会常务委员会第三十一次会议修改）

5. 辽宁省村民委员会选举办法

（2012 年 7 月 27 日辽宁省第十一届人民代表大会常务委员会第三十一次会议修改）

6. 辽宁省价格监督检查条例

（2012 年 7 月 27 日辽宁省第十一届人民代表大会常务委员会第三十一次会议修改）

7. 辽宁省河道管理条例

（2012 年 11 月 29 日辽宁省第十一届人民代表大会常务委员会第三十三次会议修改）

二、较大的市地方性法规

（一）沈阳市

1. 沈阳市水污染防治条例

（2012 年 5 月 22 日辽宁省第十一届人民代表大会常务委员会第二十九次会议批准修改）

2. 沈阳市道路客运市场管理条例

（2012 年 5 月 22 日辽宁省第十一届人民代表大会常务委员会第二十九次会议批准修改）

3. 沈阳市邮政管理条例

（2012 年 5 月 22 日辽宁省第十一届人民代表大会常务委员会第二十九次会议批准修改）

4. 沈阳市残疾人保障规定

（2012 年 5 月 22 日辽宁省第十一届人民代表大会常务委员会第二十九次会议批准修改）

5. 沈阳市国民经济和社会发展计划审批监督条例

（2012 年 5 月 22 日辽宁省第十一届人民代表大会常务委员会第二十九次会议批准修改）

6. 沈阳市保护消费者合法权益规定

（2012 年 5 月 22 日辽宁省第十一届人民代表大会常务委员会第二十九次会议批准修改）

7. 沈阳市城市供水用水管理条例

（2012 年 7 月 27 日辽宁省第十一届人民代表大会常务委员会第三十一次会议批准修改）

（二）大连市

大连市残疾人保障若干规定

（2012 年 9 月 27 日辽宁省第十一届人民代表大会常务委员会第三十二次会议批准修改）

（三）鞍山市

1. 鞍山市科学技术进步条例

（2012 年 3 月 30 日辽宁省第十一届人民代表大会常务委员会第二十八次会议批准修改）

2. 鞍山市城市市容和环境卫生管理条例

（2012 年 3 月 30 日辽宁省第十一届人民代表大会常务委员会第二十八次会议批准修改）

3. 鞍山市地热水资源管理条例

（2012 年 3 月 30 日辽宁省第十一届人民代表大会常务委员会第二十八次会议批准修改）

4. 鞍山市客运出租汽车管理条例

（2012 年 3 月 30 日辽宁省第十一届人民代表大会常务委员会第二十八次会议批准修改）

5. 鞍山市燃气管理条例

（2012 年 3 月 30 日辽宁省第十一届人民代表大会常务委员会第二十八次会议批准修改）

6. 鞍山市城市房产管理条例

（2012 年 3 月 30 日辽宁省第十一届人民代表大会常务委员会第二十八次会议批准修改）

7. 鞍山市城市供水用水管理条例

（2012 年 3 月 30 日辽宁省第十一届人民代表大会常务委员会第二十八次会议批准修改）

8. 鞍山市环境保护条例

（2012 年 3 月 30 日辽宁省第十一届人民代表大会常务委员会第二十八次会议批准修改）

（四）抚顺市

1. 抚顺市禁止车辆运输泄漏遗撒条例

（2012 年 1 月 5 日辽宁省第十一届人民代表大会常务委员会第二十七次会议批准修改）

2. 抚顺市市政公用设施管理条例

（2012 年 1 月 5 日辽宁省第十一届人民代表大会常务委员会第二十七次会议批准修改）

3. 抚顺市城市绿化管理条例

（2012 年 1 月 5 日辽宁省第十一届人民代表大会常务委员会第二十七次会议批准修改）

4. 抚顺市城市道路管理条例

（2012 年 1 月 5 日辽宁省第十一届人民代表大会常务委员会第二十七次会议批准修改）

5. 抚顺市河道管理条例

（2012 年 1 月 5 日辽宁省第十一届人民代表大会常务委员会第二十七次会议批准修改）

6. 抚顺市殡葬管理条例

（2012 年 1 月 5 日辽宁省第十一届人民代表大

会常务委员会第二十七次会议批准修改）

（五）本溪市

1. 本溪市人民代表大会常务委员会讨论决定重大事项的规定

（2012年9月27日辽宁省第十一届人民代表大会常务委员会第三十二次会议批准修改）

2. 本溪满族自治县自治条例

（2012年9月27日辽宁省第十一届人民代表大会常务委员会第三十二次会议批准修改）

三、自治条例和单行条例

1. 清原满族自治县农村自来水管理条例

（2012年5月22日辽宁省第十一届人民代表大会常务委员会第二十九次会议批准修改）

2. 岫岩满族自治县自治条例

（2012年9月27日辽宁省第十一届人民代表大会常务委员会第三十二次会议批准修改）

三、废　止

一、较大的市地方性法规

（一）大连市

1. 大连市城市供热管理条例

（2012年3月30日辽宁省第十一届人民代表大会常务委员会第二十八次会议批准文中废止）

2. 大连市城市供水用水管理条例

（2012年3月30日辽宁省第十一届人民代表大会常务委员会第二十八次会议批准文中废止）

（二）鞍山市

1. 鞍山市九年制义务教育实施办法

（2012年3月30日辽宁省第十一届人民代表大会常务委员会第二十八次会议批准废止）

2. 鞍山市城市规划管理条例

（2012年3月30日辽宁省第十一届人民代表大会常务委员会第二十八次会议批准废止）

3. 鞍山市城市房屋拆迁管理条例

（2012年3月30日辽宁省第十一届人民代表大会常务委员会第二十八次会议批准废止）

4. 鞍山市禁毒条例

（2012年3月30日辽宁省第十一届人民代表大会常务委员会第二十八次会议批准废止）

5. 鞍山市兵役工作条例

（2012年3月30日辽宁省第十一届人民代表大会常务委员会第二十八次会议批准废止）

6. 鞍山市道路运输业管理条例

（2012年7月27日辽宁省第十一届人民代表大会常务委员会第三十一次会议批准文中废止）

（三）抚顺市

1. 抚顺市巡逻警察执法条例

（2012年1月5日辽宁省第十一届人民代表大会常务委员会第二十七次会议批准废止）

2. 抚顺市城镇房屋拆改管理办法

（2012年1月5日辽宁省第十一届人民代表大会常务委员会第二十七次会议批准废止）

3. 抚顺市残疾人保障条例

（2012年5月22日辽宁省第十一届人民代表大会常务委员会第二十九次会议批准废止）

4. 抚顺市市政公用设施管理条例

（2012年5月22日辽宁省第十一届人民代表大会常务委员会第二十九次会议批准废止）

5. 抚顺市城市规划管理条例

（2012年11月29日辽宁省第十一届人民代表大会常务委员会第三十三次会议批准文中废止）

吉林省地方性法规目录

一、制　定

一、省级地方性法规

1. 吉林省城镇饮用水水源保护条例

（2012年3月23日吉林省第十一届人民代表大会常务委员会第三十一次会议通过）

2. 吉林省林地保护条例

（2012年3月23日吉林省第十一届人民代表大会常务委员会第三十一次会议通过）

3. 吉林省食品生产加工小作坊和食品摊贩管理条例

（2012年9月28日吉林省第十一届人民代表大会常务委员会第三十四次会议通过）

4. 吉林省建设工程勘察设计管理条例

（2012年11月21日吉林省第十三届人民代表大会常务委员会第三十五次会议通过）

二、较大的市地方性法规

（一）长春市

1. 长春市文物保护条例

（2012 年 3 月 23 日吉林省第十一届人民代表大会常务委员会第三十一次会议批准）

2. 长春莲花山生态旅游度假区管理条例

（2012 年 9 月 28 日吉林省第十一届人民代表大会常务委员会第三十四次会议批准）

3. 长春市历史文化街区和历史建筑保护条例

（2012 年 11 月 21 日吉林省第十三届人民代表大会常务委员会第三十五次会议批准）

（二）吉林市

1. 吉林市市政设施管理条例

（2012 年 9 月 28 日吉林省第十一届人民代表大会常务委员会第三十四次会议批准）

2. 吉林市森林资源管理条例

（2012 年 11 月 21 日吉林省第十三届人民代表大会常务委员会第三十五次会议批准）

3. 吉林市档案管理条例

（2012 年 11 月 21 日吉林省第十三届人民代表大会常务委员会第三十五次会议批准）

三、单行条例

1. 延边朝鲜族自治州道路班车客运管理条例

（2012 年 3 月 23 日吉林省第十一届人民代表大会常务委员会第三十一次会议批准）

2. 延边朝鲜族自治州促进人参产业发展条例

（2012 年 3 月 23 日吉林省第十一届人民代表大会常务委员会第三十一次会议批准）

3. 延边朝鲜族自治州防震减灾条例

（2012 年 5 月 30 日吉林省第十一届人民代表大会常务委员会第三十二次会议批准）

4. 延边朝鲜族自治州口岸管理条例

（2012 年 5 月 30 日吉林省第十一届人民代表大会常务委员会第三十二次会议批准）

5. 前郭尔多斯蒙古族自治县城乡规划建设环境卫生管理条例

（2012 年 5 月 30 日吉林省第十一届人民代表大会常务委员会第三十二次会议批准）

二、修　　改

一、省级地方性法规

1. 吉林省消防条例

（2012 年 3 月 23 日吉林省第十一届人民代表大会常务委员会第三十一次会议修改）

2. 吉林省土地监察条例

（2012 年 5 月 30 日吉林省第十一届人民代表大会常务委员会第三十二次会议修改）

3. 吉林省矿产资源开发利用条例

（2012 年 5 月 30 日吉林省第十一届人民代表大会常务委员会第三十二次会议修改）

4. 吉林省饮用天然矿泉水资源开发保护条例

（2012 年 5 月 30 日吉林省第十一届人民代表大会常务委员会第三十二次会议修改）

5. 吉林省个体工商户条例

（2012 年 5 月 30 日吉林省第十一届人民代表大会常务委员会第三十二次会议修改）

6. 吉林省农民负担管理条例

（2012 年 5 月 30 日吉林省第十一届人民代表大会常务委员会第三十二次会议修改）

7. 吉林省实施《中华人民共和国村民委员会组织法》办法

（2012 年 9 月 28 日吉林省第十一届人民代表大会常务委员会第三十四次会议修改）

8. 吉林省村民委员会选举办法

（2012 年 9 月 28 日吉林省第十一届人民代表大会常务委员会第三十四次会议修改）

二、较大的市地方性法规

长春市

1. 长春市陆生野生动物保护条例

（2012 年 3 月 23 日吉林省第十一届人民代表大会常务委员会第三十一次会议批准修改）

2. 长春市基本农田保护条例

（2012 年 3 月 23 日吉林省第十一届人民代表大会常务委员会第三十一次会议批准修改）

3. 长春市城市绿化管理条例

（2012 年 3 月 23 日吉林省第十一届人民代表大会常务委员会第三十一次会议批准修改）

4. 长春市城市供水条例

（2012 年 3 月 23 日吉林省第十一届人民代表大会常务委员会第三十一次会议批准修改）

5. 长春市社会科学优秀成果奖励条例

（2012 年 9 月 28 日吉林省第十一届人民代表大会常务委员会第三十四次会议批准修改）

三、废　　止

一、省级地方性法规

吉林省工程建设勘察设计管理条例

（2012年11月21日吉林省第十三届人民代表大会常务委员会第三十五次会议通过文中废止）

二、较大的市地方性法规

吉林市

1. 吉林市市政工程设施管理条例

（2012年9月28日吉林省第十一届人民代表大会常务委员会第三十四次会议批准文中废止）

2. 吉林市森林资源保护条例

（2012年11月21日吉林省第十三届人民代表大会常务委员会第三十五次会议批准文中废止）

三、单行条例

前郭尔多斯蒙古族自治县城镇规划建设环境卫生管理条例

（2012年5月30日吉林省第十一届人民代表大会常务委员会第三十二次会议批准文中废止）

黑龙江省地方性法规目录

一、制　　定

一、省级地方性法规

1. 黑龙江省国有重点林区条例

（2012年6月14日黑龙江省第十一届人民代表大会常务委员会第三十三次会议通过）

2. 黑龙江省气候资源探测和保护条例

（2012年6月14日黑龙江省第十一届人民代表大会常务委员会第三十三次会议通过）

3. 黑龙江省宗教事务条例

（2012年6月14日黑龙江省第十一届人民代表大会常务委员会第三十三次会议通过）

4. 黑龙江省无线电管理条例

（2012年8月24日黑龙江省第十一届人民代表大会常务委员会第三十四次会议通过）

5. 黑龙江省公共安全技术防范条例

（2012年8月24日黑龙江省第十一届人民代表大会常务委员会第三十四次会议通过）

6. 黑龙江省食品安全条例

（2012年10月19日黑龙江省第十一届人民代表大会常务委员会第三十五次会议通过）

7. 黑龙江省全民义务植树条例

（2012年12月14日黑龙江省第十一届人民代表大会常务委员会第三十六次会议通过）

8. 黑龙江省双河国家级自然保护区管理条例

（2012年12月14日黑龙江省第十一届人民代表大会常务委员会第三十六次会议通过）

二、较大的市地方性法规

（一）哈尔滨市

1. 哈尔滨市磨盘山水库饮用水水源保护条例

（2012年8月24日黑龙江省第十一届人民代表大会常务委员会第三十四次会议批准）

2. 哈尔滨市物业管理条例

（2012年8月24日黑龙江省第十一届人民代表大会常务委员会第三十四次会议批准）

3. 哈尔滨市机动车停车场管理条例

（2012年10月19日黑龙江省第十一届人民代表大会常务委员会第三十五次会议批准）

4. 哈尔滨市滩涂保护条例

（2012年12月14日黑龙江省第十一届人民代表大会常务委员会第三十六次会议批准）

（二）齐齐哈尔市

齐齐哈尔市农业技术推广条例

（2012年10月19日黑龙江省第十一届人民代表大会常务委员会第三十五次会议批准）

二、修　　改

一、省级地方性法规

1. 黑龙江省志愿服务条例

（2012年6月14日黑龙江省第十一届人民代表大会常务委员会第三十三次会议修改）

2. 黑龙江省特种设备安全监察条例

（2012年10月19日黑龙江省第十一届人民代表大会常务委员会第三十五次会议修改）

二、较大的市地方性法规

哈尔滨市

哈尔滨市城市居民居住环境保护条例

（2012年12月14日黑龙江省第十一届人民代表大会常务委员会第三十六次会议批准修改）

三、废　　止

一、省级地方性法规

1. 黑龙江省个体工商户条例

（2012年4月12日黑龙江省第十一届人民代表大会常务委员会第三十二次会议通过废止）

2. 黑龙江省宗教事务管理条例

（2012年6月14日黑龙江省第十一届人民代表大会常务委员会第三十三次会议通过文中废止）

二、较大的市地方性法规

哈尔滨市

哈尔滨市机关团体企事业组织内部治安防范条例

（2012年4月12日黑龙江省第十一届人民代表大会常务委员会第三十二次会议批准废止）

上海市地方性法规目录

一、制　　定

1. 上海市人民代表大会常务委员会关于规范性文件备案审查的规定

（2012年4月19日上海市第十三届人民代表大会常务委员会第三十三次会议通过）

2. 上海市市民体育健身条例

（2012年4月19日上海市第十三届人民代表大会常务委员会第三十三次会议通过）

3. 上海市产品质量条例

（2012年4月19日上海市第十三届人民代表大会常务委员会第三十三次会议通过）

4. 上海市城市管理行政执法条例

（2012年4月19日上海市第十三届人民代表大会常务委员会第三十三次会议通过）

5. 上海市募捐条例

（2012年6月7日上海市第十三届人民代表大会常务委员会第三十四次会议通过）

6. 上海市人民代表大会常务委员会关于促进创新驱动、转型发展的决定

（2012年6月7日上海市第十三届人民代表大会常务委员会第三十四次会议通过）

7. 上海市审计条例

（2012年9月26日上海市第十三届人民代表大会常务委员会第三十六次会议通过）

8. 上海市实施《中华人民共和国邮政法》办法

（2012年9月26日上海市第十三届人民代表大会常务委员会第三十六次会议通过）

9. 上海市商品包装物减量若干规定

（2012年11月21日上海市第十三届人民代表大会常务委员会第三十七次会议通过）

10. 上海市推进国际贸易中心建设条例

（2012年11月21日上海市第十三届人民代表大会常务委员会第三十七次会议通过）

11. 上海市社区公共文化服务规定

（2012年11月21日上海市第十三届人民代表大会常务委员会第三十七次会议通过）

12. 上海市安置帮教工作规定

（2012年11月21日上海市第十三届人民代表大会常务委员会第三十七次会议通过）

13. 上海市实施《中华人民共和国突发事件应对法》办法

（2012年12月26日上海市第十三届人民代表大会常务委员会第三十八次会议通过）

二、修　　改

1. 上海市人民代表大会关于代表书面意见的规定

（2012年7月27日上海市第十三届人民代表大会常务委员会第三十五次会议修改）

2. 上海市国防教育条例

（2012年9月26日上海市第十三届人民代表大会常务委员会第三十六次会议修改）

3. 上海市人民代表大会常务委员会任免国家机关工作人员条例

（2012年9月26日上海市第十三届人民代表大会常务委员会第三十六次会议修改）

4. 上海市信访条例

（2012年12月26日上海市第十三届人民代表大会常务委员会第三十八次会议修改）

三、废　　止

1. 上海市产品质量监督条例

（2012年4月19日上海市第十三届人民代表大会常务委员会第三十三次会议通过文中废止）

2. 上海市城乡集市贸易食品卫生管理规定

（2012年4月19日上海市第十三届人民代表大会常务委员会第三十三次会议通过废止）

江苏省地方性法规目录

一、制　　定

一、省级地方性法规

1. 江苏省工会劳动法律监督条例

（2012年1月12日江苏省第十一届人民代表大会常务委员会第二十六次会议通过）

2. 江苏省学前教育条例

（2012年1月12日江苏省第十一届人民代表大会常务委员会第二十六次会议通过）

3. 江苏省通榆河水污染防治条例

（2012年1月12日江苏省第十一届人民代表大会常务委员会第二十六次会议通过）

4. 江苏省非税收入管理条例

（2012年7月27日江苏省第十一届人民代表大会常务委员会第二十九次会议通过）

5. 江苏省野生动物保护条例

（2012年9月26日江苏省第十一届人民代表大会常务委员会第三十次会议通过）

6. 江苏省保护和促进台湾同胞投资条例

（2012年9月26日江苏省第十一届人民代表大会常务委员会第三十次会议通过）

7. 江苏省道路运输条例

（2012年11月29日江苏省第十一届人民代表大会常务委员会第三十一次会议通过）

8. 江苏省残疾人保障条例

（2012年11月29日江苏省第十一届人民代表大会常务委员会第三十一次会议通过）

二、较大的市地方性法规

（一）南京市

1. 南京市水环境保护条例

（2012年1月12日江苏省第十一届人民代表大会常务委员会第二十六次会议批准）

2. 南京市节能监察条例

（2012年5月18日江苏省第十一届人民代表大会常务委员会第二十八次会议批准）

3. 南京市水库保护条例

（2012年7月27日江苏省第十一届人民代表大会常务委员会第二十九次会议批准）

4. 南京市城乡规划条例

（2012年9月26日江苏省第十一届人民代表大会常务委员会第三十次会议批准）

5. 南京市城市绿化条例

（2012年9月26日江苏省第十一届人民代表大会常务委员会第三十次会议批准）

6. 南京市老山景区保护条例

（2012年9月26日江苏省第十一届人民代表大会常务委员会第三十次会议批准）

7. 南京市城市治理条例

（2012年11月29日江苏省第十一届人民代表大会常务委员会第三十一次会议批准）

8. 南京市汤山旅游资源保护条例

（2012年11月29日江苏省第十一届人民代表大会常务委员会第三十一次会议批准）

（二）无锡市

1. 无锡市蠡湖景区条例

（2012年1月12日江苏省第十一届人民代表大会常务委员会第二十六次会议批准）

2. 无锡市消防条例

（2012年3月27日江苏省第十一届人民代表大会常务委员会第二十七次会议批准）

3. 无锡市供水条例

（2012年5月18日江苏省第十一届人民代表大会常务委员会第二十八次会议批准）

4. 无锡市市容和环境卫生管理条例

（2012年5月18日江苏省第十一届人民代表大会常务委员会第二十八次会议批准）

5. 无锡市发展规划条例

（2012年11月29日江苏省第十一届人民代表大会常务委员会第三十一次会议批准）

（三）徐州市

徐州市城乡规划条例

（2012年9月26日江苏省第十一届人民代表大会常务委员会第三十次会议批准）

二、修　　改

一、省级地方性法规

1. 江苏省道路交通安全条例

（2012年1月12日江苏省第十一届人民代表大会常务委员会第二十六次会议修改）

2. 江苏省内河交通管理条例

（2012 年 1 月 12 日江苏省第十一届人民代表大会常务委员会第二十六次会议修改）

3. 江苏省公路条例

（2012 年 1 月 12 日江苏省第十一届人民代表大会常务委员会第二十六次会议修改）

4. 江苏省收费公路管理条例

（2012 年 1 月 12 日江苏省第十一届人民代表大会常务委员会第二十六次会议修改）

5. 江苏省实施《中华人民共和国反不正当竞争法》办法

（2012 年 1 月 12 日江苏省第十一届人民代表大会常务委员会第二十六次会议修改）

6. 江苏省社会保险费征缴条例

（2012 年 1 月 12 日江苏省第十一届人民代表大会常务委员会第二十六次会议修改）

7. 江苏省价格管理监督条例

（2012 年 1 月 12 日江苏省第十一届人民代表大会常务委员会第二十六次会议修改）

8. 江苏省人民代表大会常务委员会关于在苏锡常地区限期禁止开采地下水的决定

（2012 年 1 月 12 日江苏省第十一届人民代表大会常务委员会第二十六次会议修改）

9. 江苏省湖泊保护条例

（2012 年 1 月 12 日江苏省第十一届人民代表大会常务委员会第二十六次会议修改）

10. 江苏省人民代表大会常务委员会关于加强饮用水源地保护的决定

（2012 年 1 月 12 日江苏省第十一届人民代表大会常务委员会第二十六次会议修改）

11. 江苏省种子条例

（2012 年 1 月 12 日江苏省第十一届人民代表大会常务委员会第二十六次会议修改）

12. 江苏省渔业管理条例

（2012 年 1 月 12 日江苏省第十一届人民代表大会常务委员会第二十六次会议修改）

13. 江苏省城市市容和环境卫生管理条例

（2012 年 1 月 12 日江苏省第十一届人民代表大会常务委员会第二十六次会议修改）

14. 江苏省长江水污染防治条例

（2012 年 1 月 12 日江苏省第十一届人民代表大会常务委员会第二十六次会议修改）

15. 江苏省环境噪声污染防治条例

（2012 年 1 月 12 日江苏省第十一届人民代表大会常务委员会第二十六次会议修改）

16. 江苏省太湖水污染防治条例

（2012 年 1 月 12 日江苏省第十一届人民代表大会常务委员会第二十六次会议修改）

17. 江苏省固体废物污染环境防治条例

（2012 年 1 月 12 日江苏省第十一届人民代表大会常务委员会第二十六次会议修改）

18. 江苏省实施《中华人民共和国全国人民代表大会和地方各级人民代表大会代表法》办法

（2012 年 7 月 27 日江苏省第十一届人民代表大会常务委员会第二十九次会议修改）

19. 江苏省禁毒条例

（2012 年 9 月 26 日江苏省第十一届人民代表大会常务委员会第三十次会议修改）

20. 江苏省动物防疫条例

（2012 年 11 月 29 日江苏省第十一届人民代表大会常务委员会第三十一次会议修改）

21. 江苏省物业管理条例

（2012 年 11 月 29 日江苏省第十一届人民代表大会常务委员会第三十一次会议修改）

二、较大的市地方性法规

（一）南京市

1. 南京市大气污染防治条例

（2012 年 1 月 12 日江苏省第十一届人民代表大会常务委员会第二十六次会议批准修改）

2. 南京市城市房屋安全管理条例

（2012 年 1 月 12 日江苏省第十一届人民代表大会常务委员会第二十六次会议批准修改）

3. 南京市机动车维修市场管理条例

（2012 年 1 月 12 日江苏省第十一届人民代表大会常务委员会第二十六次会议批准修改）

4. 南京市地名管理条例

（2012 年 1 月 12 日江苏省第十一届人民代表大会常务委员会第二十六次会议批准修改）

5. 南京市航道航政管理条例

（2012 年 1 月 12 日江苏省第十一届人民代表大会常务委员会第二十六次会议批准修改）

6. 南京市市容管理条例

（2012 年 1 月 12 日江苏省第十一届人民代表大会常务委员会第二十六次会议批准修改）

7. 南京市公路路政管理条例

（2012 年 1 月 12 日江苏省第十一届人民代表大会常务委员会第二十六次会议批准修改）

（二）无锡市

1. 无锡市盐业管理条例

（2012 年 1 月 12 日江苏省第十一届人民代表大会常务委员会第二十六次会议批准修改）

2. 无锡市公路条例

（2012 年 1 月 12 日江苏省第十一届人民代表大会常务委员会第二十六次会议批准修改）

3. 无锡市城市房屋安全管理条例

（2012 年 1 月 12 日江苏省第十一届人民代表大会常务委员会第二十六次会议批准修改）

（三）徐州市

1. 徐州市城市房屋安全管理条例

（2012 年 1 月 12 日江苏省第十一届人民代表大会常务委员会第二十六次会议批准修改）

2. 徐州市地下水资源管理条例

（2012 年 1 月 12 日江苏省第十一届人民代表大会常务委员会第二十六次会议批准修改）

（四）苏州市

1. 苏州市消防条例

（2012 年 1 月 12 日江苏省第十一届人民代表大会常务委员会第二十六次会议批准修改）

2. 苏州市地名管理条例

（2012 年 1 月 12 日江苏省第十一届人民代表大会常务委员会第二十六次会议批准修改）

3. 苏州市阳澄湖水源水质保护条例

（2012 年 1 月 12 日江苏省第十一届人民代表大会常务委员会第二十六次会议批准修改）

4. 苏州市道路运输条例

（2012 年 1 月 12 日江苏省第十一届人民代表大会常务委员会第二十六次会议批准修改）

5. 苏州市房屋使用安全管理条例

（2012 年 1 月 12 日江苏省第十一届人民代表大会常务委员会第二十六次会议批准修改）

6. 苏州市城市市容和环境卫生管理条例

（2012 年 1 月 12 日江苏省第十一届人民代表大会常务委员会第二十六次会议批准修改）

7. 苏州市市民体育健身条例

（2012 年 1 月 12 日江苏省第十一届人民代表大会常务委员会第二十六次会议批准修改）

8. 苏州市公路条例

（2012 年 11 月 29 日江苏省第十一届人民代表大会常务委员会第三十一次会议批准修改）

三、废　止

一、省级地方性法规

1. 江苏省幼儿教育暂行条例

（2012 年 1 月 12 日江苏省第十一届人民代表大会常务委员会第二十六次会议通过文中废止）

2. 江苏省人民代表大会常务委员会关于加强通榆河水污染防治的决定

（2012 年 1 月 12 日江苏省第十一届人民代表大会常务委员会第二十六次会议通过文中废止）

3. 江苏省道路运输市场管理条例

（2012 年 11 月 29 日江苏省第十一届人民代表大会常务委员会第三十一次会议通过文中废止）

4. 江苏省实施《中华人民共和国残疾人保障法》办法

（2012 年 11 月 29 日江苏省第十一届人民代表大会常务委员会第三十一次会议通过文中废止）

二、较大的市地方性法规

（一）南京市

1. 南京市水污染防治管理条例

（2012 年 1 月 12 日江苏省第十一届人民代表大会常务委员会第二十六次会议批准文中废止）

2. 南京市城市规划条例

（2012 年 9 月 26 日江苏省第十一届人民代表大会常务委员会第三十次会议批准文中废止）

3. 南京市城市绿化管理条例

（2012 年 9 月 26 日江苏省第十一届人民代表大会常务委员会第三十次会议批准文中废止）

（二）无锡市

无锡市城市市容和环境卫生管理条例

（2012 年 5 月 18 日江苏省第十一届人民代表大会常务委员会第二十八次会议批准文中废止）

（三）徐州市

徐州市城市规划管理条例

（2012 年 9 月 26 日江苏省第十一届人民代表大会常务委员会第三十次会议批准文中废止）

浙江省地方性法规目录

一、制　　定

一、省级地方性法规

1. 浙江省道路运输条例

（2012年3月31日浙江省第十一届人民代表大会常务委员会第三十二次会议通过）

2. 浙江省可再生能源开发利用促进条例

（2012年5月30日浙江省第十一届人民代表大会常务委员会第三十三次会议通过）

3. 浙江省湿地保护条例

（2012年5月30日浙江省第十一届人民代表大会常务委员会第三十三次会议通过）

4. 浙江省农业机械化促进条例

（2012年7月27日浙江省第十一届人民代表大会常务委员会第三十四次会议通过）

5. 浙江省历史文化名城名镇名村保护条例

（2012年9月28日浙江省第十一届人民代表大会常务委员会第三十五次会议通过）

6. 浙江省沿海船舶边防治安管理条例

（2012年11月29日浙江省第十一届人民代表大会常务委员会第三十六次会议通过）

7. 浙江省海域使用管理条例

（2012年11月29日浙江省第十一届人民代表大会常务委员会第三十六次会议通过）

二、较大的市地方性法规

（一）杭州市

1. 杭州市流动人口服务管理条例

（2012年3月31日浙江省第十一届人民代表大会常务委员会第三十二次会议批准）

2. 杭州市建设工程消防管理规定

（2012年11月29日浙江省第十一届人民代表大会常务委员会第三十六次会议批准）

（二）宁波市

1. 宁波市志愿服务条例

（2012年3月31日浙江省第十一届人民代表大会常务委员会第三十二次会议批准）

2. 宁波市学前教育促进条例

（2012年3月31日浙江省第十一届人民代表大会常务委员会第三十二次会议批准）

二、修　　改

一、省级地方性法规

1. 浙江省实施《中华人民共和国村民委员会组织法》办法

（2012年3月31日浙江省第十一届人民代表大会常务委员会第三十二次会议修改）

2. 浙江省村民委员会选举办法

（2012年3月31日浙江省第十一届人民代表大会常务委员会第三十二次会议修改）

3. 浙江省国防教育条例

（2012年7月27日浙江省第十一届人民代表大会常务委员会第三十四次会议修改）

4. 浙江省实施《中华人民共和国全国人民代表大会和地方各级人民代表大会代表法》办法

（2012年9月28日浙江省第十一届人民代表大会常务委员会第三十五次会议修改）

5. 浙江省盐业管理条例

（2012年9月28日浙江省第十一届人民代表大会常务委员会第三十五次会议修改）

二、较大的市地方性法规

宁波市

1. 宁波市户外广告条例

（2012年3月31日浙江省第十一届人民代表大会常务委员会第三十二次会议批准修改）

2. 宁波市甬江奉化江余姚江河道管理条例

（2012年3月31日浙江省第十一届人民代表大会常务委员会第三十二次会议批准修改）

3. 宁波市农业机械管理条例

（2012年3月31日浙江省第十一届人民代表大会常务委员会第三十二次会议批准修改）

4. 宁波市防洪条例

（2012年3月31日浙江省第十一届人民代表大会常务委员会第三十二次会议批准修改）

5. 宁波市精神卫生条例

（2012年3月31日浙江省第十一届人民代表大会常务委员会第三十二次会议批准修改）

6. 宁波市限制养犬规定

（2012年3月31日浙江省第十一届人民代表大会常务委员会第三十二次会议批准修改）

7. 宁波市城市供水和节约用水管理条例

（2012年3月31日浙江省第十一届人民代表大会常务委员会第三十二次会议批准修改）

8. 宁波市专利管理条例

（2012年3月31日浙江省第十一届人民代表大会常务委员会第三十二次会议批准修改）

9. 宁波市爱国卫生条例

（2012年3月31日浙江省第十一届人民代表大会常务委员会第三十二次会议批准修改）

10. 宁波市环境污染防治规定

（2012年3月31日浙江省第十一届人民代表大会常务委员会第三十二次会议批准修改）

11. 宁波市出租汽车客运管理条例

（2012年11月29日浙江省第十一届人民代表大会常务委员会第三十六次会议批准修改）

12. 宁波市献血条例

（2012年11月29日浙江省第十一届人民代表大会常务委员会第三十六次会议批准修改）

13. 宁波市公共汽车客运条例

（2012年11月29日浙江省第十一届人民代表大会常务委员会第三十六次会议批准修改）

三、废　止

一、省级地方性法规

浙江省道路运输管理条例

（2012年3月31日浙江省第十一届人民代表大会常务委员会第三十二次会议通过文中废止）

二、较大的市地方性法规

（一）杭州市

杭州市外来暂住人员管理条例

（2012年3月31日浙江省第十一届人民代表大会常务委员会第三十二次会议批准文中废止）

（二）宁波市

1. 宁波市青年志愿服务条例

（2012年3月31日浙江省第十一届人民代表大会常务委员会第三十二次会议批准文中废止）

2. 宁波市外国企业常驻代表机构管理条例

（2012年9月28日浙江省第十一届人民代表大会常务委员会第三十五次会议批准废止）

安徽省地方性法规目录

一、制　定

一、省级地方性法规

1. 安徽省城镇供水条例

（2012年4月24日安徽省第十一届人民代表大会常务委员会第三十三次会议通过）

2. 安徽省民族工作条例

（2012年6月15日安徽省第十一届人民代表大会常务委员会第三十四次会议通过）

3. 安徽省无线电管理条例

（2012年8月17日安徽省第十一届人民代表大会常务委员会第三十五次会议通过）

4. 安徽省农村公路条例

（2012年10月19日安徽省第十一届人民代表大会常务委员会第三十六次会议通过）

5. 安徽省突发事件应对条例

（2012年12月21日安徽省第十一届人民代表大会常务委员会第三十七次会议通过）

二、较大的市地方性法规

（一）合肥市

1. 合肥市城乡规划条例

（2012年10月19日安徽省第十一届人民代表大会常务委员会第三十六次会议批准）

2. 合肥市志愿服务条例

（2012年12月21日安徽省第十一届人民代表大会常务委员会第三十七次会议批准）

（二）淮南市

1. 淮南市建设工程造价管理条例

（2012年10月19日安徽省第十一届人民代表大会常务委员会第三十六次会议批准）

2. 淮南市优化投资环境条例

（2012年12月21日安徽省第十一届人民代表大会常务委员会第三十七次会议批准）

二、修　改

一、省级地方性法规

1. 安徽省收费管理条例

（2012年2月25日安徽省第十一届人民代表大会常务委员会第三十二次会议修改）

2. 九华山风景名胜区管理条例

（2012年2月25日安徽省第十一届人民代表大会常务委员会第三十二次会议修改）

3. 安徽省旅游条例

（2012年2月25日安徽省第十一届人民代表大会常务委员会第三十二次会议修改）

4. 安徽省防震减灾条例

（2012年8月17日安徽省第十一届人民代表大会常务委员会第三十五次会议修改）

5. 安徽省实施《中华人民共和国道路交通安全法》办法

（2012年10月19日安徽省第十一届人民代表大会常务委员会第三十六次会议修改）

6. 安徽省人民代表大会常务委员会任免地方国家机关工作人员办法

（2012年12月21日安徽省第十一届人民代表大会常务委员会第三十七次会议修改）

二、较大的市地方性法规

（一）合肥市

合肥市消防条例

（2012年4月24日安徽省第十一届人民代表大会常务委员会第三十二次会议批准修改）

（二）淮南市

1. 淮南市城市市容和环境卫生管理条例

（2012年6月15日安徽省第十一届人民代表大会常务委员会第三十四次会议批准修改）

2. 淮南市社会保险费征缴管理条例

（2012年6月15日安徽省第十一届人民代表大会常务委员会第三十四次会议批准修改）

3. 淮南市舜耕山风景区管理条例

（2012年6月15日安徽省第十一届人民代表大会常务委员会第三十四次会议批准修改）

福建省地方性法规目录

一、制　　定

一、省级地方性法规

1. 福建省促进茶产业发展条例

（2012年3月29日福建省第十一届人民代表大会常务委员会第二十九次会议通过）

2. 福建省学校安全管理条例

（2012年5月31日福建省第十一届人民代表大会常务委员会第三十次会议通过）

3. 福建省节约能源条例

（2012年7月27日福建省第十一届人民代表大会常务委员会第三十一次会议通过）

4. 福建省促进革命老区发展条例

（2012年9月27日福建省第十一届人民代表大会常务委员会第三十二次会议通过）

5. 福建省邮政条例

（2012年9月27日福建省第十一届人民代表大会常务委员会第三十二次会议通过）

二、较大的市地方性法规

福州市

福州市荣誉市民称号授予条例

（2012年9月27日福建省第十一届人民代表大会常务委员会第三十二次会议批准）

三、经济特区法规

厦门经济特区

1. 厦门经济特区鼓浪屿文化遗产保护条例

（2012年6月29日厦门市第十四届人民代表大会常务委员会第三次会议通过）

2. 厦门经济特区中小企业促进条例

（2012年10月25日厦门市第十四届人民代表大会常务委员会第五次会议通过）

3. 厦门市人民代表大会代表工作若干规定

（2012年12月21日厦门市第十四届人民代表大会常务委员会第七次会议通过）

4. 厦门经济特区文化市场管理条例

（2012年12月21日厦门市第十四届人民代表大会常务委员会第七次会议通过）

二、修　　改

一、省级地方性法规

1. 福建省村民委员会选举办法

（2012年3月29日福建省第十一届人民代表大会常务委员会第二十九次会议修改）

2. 福建省实施《中华人民共和国村民委员会组织法》办法

（2012年3月29日福建省第十一届人民代表大会常务委员会第二十九次会议修改）

3. 福建省实施《中华人民共和国渔业法》办法

（2012年3月29日福建省第十一届人民代表大会常务委员会第二十九次会议修改）

4. 福建省商品质量监督条例

（2012年3月29日福建省第十一届人民代表大会常务委员会第二十九次会议修改）

5. 福建省实施《中华人民共和国野生动物保护法》办法

（2012年3月29日福建省第十一届人民代表大会常务委员会第二十九次会议修改）

6. 福建省环境保护条例

（2012年3月29日福建省第十一届人民代表大会常务委员会第二十九次会议修改）

7. 福建省取水管理办法

（2012年3月29日福建省第十一届人民代表大会常务委员会第二十九次会议修改）

8. 福建省土地监察条例

（2012年3月29日福建省第十一届人民代表大会常务委员会第二十九次会议修改）

9. 福建省实施《中华人民共和国反不正当竞争法》办法

（2012年3月29日福建省第十一届人民代表大会常务委员会第二十九次会议修改）

10. 福建省城镇企业职工基本养老保险条例

（2012年3月29日福建省第十一届人民代表大会常务委员会第二十九次会议修改）

11. 福建省实施《中华人民共和国土地管理法》办法

（2012年3月29日福建省第十一届人民代表大会常务委员会第二十九次会议修改）

12. 福建省水政监察条例

（2012年3月29日福建省第十一届人民代表大会常务委员会第二十九次会议修改）

13. 福建省森林条例

（2012年3月29日福建省第十一届人民代表大会常务委员会第二十九次会议修改）

14. 福建省燃气管理条例

（2012年3月29日福建省第十一届人民代表大会常务委员会第二十九次会议修改）

15. 福建省失业保险条例

（2012年3月29日福建省第十一届人民代表大会常务委员会第二十九次会议修改）

16. 福建省海域使用管理条例

（2012年3月29日福建省第十一届人民代表大会常务委员会第二十九次会议修改）

17. 福建省物业管理条例

（2012年3月29日福建省第十一届人民代表大会常务委员会第二十九次会议修改）

18. 福建省实施《中华人民共和国道路交通安全法》办法

（2012年3月29日福建省第十一届人民代表大会常务委员会第二十九次会议修改）

19. 福建省科学技术进步条例

（2012年12月14日福建省第十一届人民代表大会常务委员会第三十四次会议修改）

20. 福建省人口与计划生育条例

（2012年12月14日福建省第十一届人民代表大会常务委员会第三十四次会议修改）

21. 福建省人民代表大会常务委员会关于设定福建省人民政府规章罚款限额的决定

（2012年12月14日福建省第十一届人民代表大会常务委员会第三十四次会议修改）

22. 福建省消防条例

（2012年12月14日福建省第十一届人民代表大会常务委员会第三十四次会议修改）

二、较大的市地方性法规

（一）福州市

1. 福州市河道采砂管理办法

（2012年3月29日福建省第十一届人民代表大会常务委员会第二十九次会议批准修改）

2. 福州市市容和环境卫生管理办法

（2012年5月31日福建省第十一届人民代表大会常务委员会第三十次会议批准修改）

3. 福州市燃气管理办法

（2012年5月31日福建省第十一届人民代表大会常务委员会第三十次会议批准修改）

4. 福州市环境保护条例

（2012年5月31日福建省第十一届人民代表大会常务委员会第三十次会议批准修改）

5. 福州市环境噪声污染防治若干规定

（2012年5月31日福建省第十一届人民代表大会常务委员会第三十次会议批准修改）

6. 福州市广播电视设施建设与管理若干规定

（2012年5月31日福建省第十一届人民代表大会常务委员会第三十次会议批准修改）

7. 福州市人民防空警报设施管理办法

（2012年5月31日福建省第十一届人民代表大会常务委员会第三十次会议批准修改）

8. 福州市气象探测环境和设施保护规定

（2012年9月27日福建省第十一届人民代表大会常务委员会第三十二次会议批准修改）

9. 福州市物业管理若干规定

（2012年12月14日福建省第十一届人民代表大会常务委员会第三十四次会议批准修改）

（二）厦门市

厦门市消防管理若干规定

（2012年3月29日福建省第十一届人民代表大会常务委员会第二十九次会议批准修改）

三、经济特区法规

厦门经济特区

厦门经济特区城市管理相对集中行使行政处罚权规定

（2012年8月30日厦门市第十四届人民代表大会常务委员会第四次会议修改）

江西省地方性法规目录

一、制　定

一、省级地方性法规

1. 鄱阳湖生态经济区环境保护条例

（2012年3月29日江西省第十一届人民代表大会常务委员会第三十次会议通过）

2. 江西省湿地保护条例

（2012年3月29日江西省第十一届人民代表大会常务委员会第三十次会议通过）

3. 江西省物业管理条例

（2012年5月25日江西省第十一届人民代表大会常务委员会第三十一次会议通过）

4. 江西省渔业条例

（2012年5月25日江西省第十一届人民代表大会常务委员会第三十一次会议通过）

5. 江西省井冈山风景名胜区条例

（2012年7月26日江西省第十一届人民代表大会常务委员会第三十二次会议通过）

6. 江西省审计条例

（2012年9月27日江西省第十一届人民代表大会常务委员会第三十三次会议通过）

7. 江西省遗体捐献条例

（2012年11月30日江西省第十一届人民代表大会常务委员会第三十四次会议通过）

8. 江西省国土资源监督监察条例

（2012年11月30日江西省第十一届人民代表大会常务委员会第三十四次会议通过）

二、较大的市地方性法规

南昌市

南昌市城市管理条例

（2012年11月30日江西省第十一届人民代表大会常务委员会第三十四次会议批准）

二、修　改

一、省级地方性法规

1. 江西省实施《中华人民共和国全国人民代表大会和地方各级人民代表大会代表法》办法

（2012年7月26日江西省第十一届人民代表大会常务委员会第三十二次会议修改）

2. 江西省实施《中华人民共和国水土保持法》办法

（2012年7月26日江西省第十一届人民代表大会常务委员会第三十二次会议修改）

3. 江西省森林防火条例

（2012年9月27日江西省第十一届人民代表大会常务委员会第三十三次会议修改）

4. 江西省反窃电办法

（2012年11月30日江西省第十一届人民代表大会常务委员会第三十四次会议修改）

5. 江西省实施《中华人民共和国野生动物保护法》办法

（2012年11月30日江西省第十一届人民代表大会常务委员会第三十四次会议修改）

6. 江西省血吸虫病防治条例

（2012年11月30日江西省第十一届人民代表大会常务委员会第三十四次会议修改）

二、较大的市地方性法规

南昌市

1. 南昌市城市中小学校用地保护规定

（2012年3月29日江西省第十一届人民代表大会常务委员会第三十次会议修改）

2. 南昌市市政工程设施管理条例

（2012年3月29日江西省第十一届人民代表大会常务委员会第三十次会议修改）

3. 南昌市燃气管理条例

（2012年3月29日江西省第十一届人民代表大会常务委员会第三十次会议修改）

4. 南昌市城市道路管理条例
（2012年3月29日江西省第十一届人民代表大会常务委员会第三十次会议修改）
5. 南昌市梅岭风景名胜区条例
（2012年3月29日江西省第十一届人民代表大会常务委员会第三十次会议修改）
6. 南昌市城市湖泊保护条例
（2012年3月29日江西省第十一届人民代表大会常务委员会第三十次会议修改）
7. 南昌市蔬菜质量安全管理办法
（2012年3月29日江西省第十一届人民代表大会常务委员会第三十次会议修改）
8. 南昌市军山湖保护条例
（2012年3月29日江西省第十一届人民代表大会常务委员会第三十次会议修改）
9. 南昌市机动车排气污染防治条例
（2012年3月29日江西省第十一届人民代表大会常务委员会第三十次会议修改）
10. 南昌市粉煤灰综合利用管理条例
（2012年9月27日江西省第十一届人民代表大会常务委员会第三十三次会议批准修改）

三、废　止

省级地方性法规

1. 江西省鄱阳湖湿地保护条例
（2012年3月29日江西省第十一届人民代表大会常务委员会第三十次会议文中废止）
2. 江西省城市居住小区物业管理条例
（2012年5月25日江西省第十一届人民代表大会常务委员会第三十一次会议文中废止）
3. 江西省土地监察条例
（2012年11月30日江西省第十一届人民代表大会常务委员会第三十四次会议文中废止）

山东省地方性法规目录

一、制　定

一、省级地方性法规

1. 山东省突发事件应对条例
（2012年5月31日山东省第十一届人民代表大会常务委员会第三十一次会议通过）
2. 山东省企业权益保护条例
（2012年5月31日山东省第十一届人民代表大会常务委员会第三十一次会议通过）
3. 山东省城乡规划条例
（2012年8月1日山东省第十一届人民代表大会常务委员会第三十二次会议通过）
4. 山东省见义勇为人员奖励和保护条例
（2012年9月27日山东省第十一届人民代表大会常务委员会第三十三次会议通过）
5. 山东省湖泊保护条例
（2012年9月27日山东省第十一届人民代表大会常务委员会第三十三次会议通过）
6. 山东省民用建筑节能条例
（2012年11月29日山东省第十一届人民代表大会常务委员会第三十四次会议通过）
7. 山东省审计监督条例
（2012年11月29日山东省第十一届人民代表大会常务委员会第三十四次会议通过）

二、较大的市地方性法规

（一）济南市

1. 济南市城市供水条例
（2012年1月13日山东省第十一届人民代表大会常务委员会第二十八次会议批准）
2. 济南市城市绿化条例
（2012年1月13日山东省第十一届人民代表大会常务委员会第二十八次会议批准）
3. 济南市大气污染防治条例
（2012年9月27日山东省第十一届人民代表大会常务委员会第三十三次会议批准）
4. 济南市停车场建设和管理条例
（2012年11月29日山东省第十一届人民代表大会常务委员会第三十四次会议批准）

（二）青岛市

1. 青岛市机动车驾驶员培训管理条例
（2012年1月13日山东省第十一届人民代表大会常务委员会第二十八次会议批准）
2. 青岛市建设工程材料管理条例
（2012年8月1日山东省第十一届人民代表大会常务委员会第三十二次会议批准）
3. 青岛市金融发展促进条例
（2012年9月27日山东省第十一届人民代表

大会常务委员会第三十三次会议批准）

4. 青岛市建筑废弃物资源化利用条例

（2012年11月29日山东省第十一届人民代表大会常务委员会第三十四次会议批准）

二、修　改

一、省级地方性法规

1. 山东省科学技术进步条例

（2012年1月13日山东省第十一届人民代表大会常务委员会第二十八次会议修改）

2. 山东省环境噪声污染防治条例

（2012年1月13日山东省第十一届人民代表大会常务委员会第二十八次会议修改）

3. 山东省基本农田保护条例

（2012年1月13日山东省第十一届人民代表大会常务委员会第二十八次会议修改）

4. 山东省实施《中华人民共和国土地管理法》办法

（2012年1月13日山东省第十一届人民代表大会常务委员会第二十八次会议修改）

5. 山东省实施《中华人民共和国矿产资源法》办法

（2012年1月13日山东省第十一届人民代表大会常务委员会第二十八次会议修改）

6. 山东省测绘管理条例

（2012年1月13日山东省第十一届人民代表大会常务委员会第二十八次会议修改）

7. 山东省城市房屋拆迁管理条例

（2012年1月13日山东省第十一届人民代表大会常务委员会第二十八次会议修改）

8. 山东省无线电管理条例

（2012年1月13日山东省第十一届人民代表大会常务委员会第二十八次会议修改）

9. 山东省实施《中华人民共和国煤炭法》办法

（2012年1月13日山东省第十一届人民代表大会常务委员会第二十八次会议修改）

10. 山东省实施《中华人民共和国反不正当竞争法》办法

（2012年1月13日山东省第十一届人民代表大会常务委员会第二十八次会议修改）

11. 山东省公路规费征收管理条例

（2012年1月13日山东省第十一届人民代表大会常务委员会第二十八次会议修改）

12. 山东省港口条例

（2012年1月13日山东省第十一届人民代表大会常务委员会第二十八次会议修改）

13. 山东省实施《中华人民共和国水法》办法

（2012年1月13日山东省第十一届人民代表大会常务委员会第二十八次会议修改）

14. 山东省海洋环境保护条例

（2012年1月13日山东省第十一届人民代表大会常务委员会第二十八次会议修改）

15. 山东省林业种子苗木管理条例

（2012年1月13日山东省第十一届人民代表大会常务委员会第二十八次会议修改）

16. 山东省森林资源管理条例

（2012年1月13日山东省第十一届人民代表大会常务委员会第二十八次会议修改）

17. 山东省实施《中华人民共和国渔业法》办法

（2012年1月13日山东省第十一届人民代表大会常务委员会第二十八次会议修改）

18. 山东省农作物种子管理条例

（2012年1月13日山东省第十一届人民代表大会常务委员会第二十八次会议修改）

19. 山东省实施《中华人民共和国标准化法》办法

（2012年1月13日山东省第十一届人民代表大会常务委员会第二十八次会议修改）

20. 山东省计量条例

（2012年1月13日山东省第十一届人民代表大会常务委员会第二十八次会议修改）

21. 山东省邮政条例

（2012年1月13日山东省第十一届人民代表大会常务委员会第二十八次会议修改）

22. 山东省专利保护条例

（2012年1月13日山东省第十一届人民代表大会常务委员会第二十八次会议修改）

23. 山东省气象灾害防御条例

（2012年1月13日山东省第十一届人民代表大会常务委员会第二十八次会议修改）

24. 山东省药品使用条例

（2012年1月13日山东省第十一届人民代表大会常务委员会第二十八次会议修改）

25. 山东省劳动和社会保障监察条例

（2012年1月13日山东省第十一届人民代表大会常务委员会第二十八次会议修改）

26. 山东省实施《中华人民共和国道路交通安全法》办法

（2012年1月13日山东省第十一届人民代表大会常务委员会第二十八次会议修改）

27. 山东省实施《中华人民共和国残疾人保障法》办法

（2012年5月31日山东省第十一届人民代表大会常务委员会第三十一次会议修改）

28. 山东省实施《中华人民共和国村民委员会组织

法》办法

（2012年11月29日山东省第十一届人民代表大会常务委员会第三十四次会议修改）

二、较大的市地方性法规

（一）济南市

1. 济南市矿产资源管理规定

（2012年5月31日山东省第十一届人民代表大会常务委员会第三十一次会议批准修改）

2. 济南市市政工程设施管理条例

（2012年5月31日山东省第十一届人民代表大会常务委员会第三十一次会议批准修改）

3. 济南市户外广告设置管理条例

（2012年5月31日山东省第十一届人民代表大会常务委员会第三十一次会议批准修改）

4. 济南市烟草专卖条例

（2012年5月31日山东省第十一届人民代表大会常务委员会第三十一次会议批准修改）

5. 济南市森林资源保护管理办法

（2012年5月31日山东省第十一届人民代表大会常务委员会第三十一次会议批准修改）

（二）淄博市

1. 淄博市消防条例

（2012年5月31日山东省第十一届人民代表大会常务委员会第三十一次会议批准修改）

2. 淄博市烟草专卖管理办法

（2012年8月1日山东省第十一届人民代表大会常务委员会第三十二次会议批准修改）

3. 淄博市计量监督管理办法

（2012年8月1日山东省第十一届人民代表大会常务委员会第三十二次会议批准修改）

4. 淄博市客运出租汽车管理条例

（2012年8月1日山东省第十一届人民代表大会常务委员会第三十二次会议批准修改）

5. 淄博市殡葬管理条例

（2012年8月1日山东省第十一届人民代表大会常务委员会第三十二次会议批准修改）

6. 淄博市林木保护管理规定

（2012年8月1日山东省第十一届人民代表大会常务委员会第三十二次会议批准修改）

7. 淄博市土地监察条例

（2012年8月1日山东省第十一届人民代表大会常务委员会第三十二次会议批准修改）

8. 淄博市萌山水库保护管理条例

（2012年9月27日山东省第十一届人民代表大会常务委员会第三十三次会议批准修改）

三、废　止

一、省级地方性法规

1. 山东省实施《中华人民共和国城市规划法》办法

（2012年8月1日山东省第十一届人民代表大会常务委员会第三十二次会议通过文中废止）

2. 山东省见义勇为保护条例

（2012年9月27日山东省第十一届人民代表大会常务委员会第三十三次会议通过文中废止）

二、较大的市地方性法规

济南市

1. 济南市城市自来水供水管理办法

（2012年1月13日山东省第十一届人民代表大会常务委员会第二十八次会议批准文中废止）

2. 济南市城市绿化管理办法

（2012年1月13日山东省第十一届人民代表大会常务委员会第二十八次会议批准文中废止）

3. 济南市古树名木保护管理办法

（2012年1月13日山东省第十一届人民代表大会常务委员会第二十八次会议批准文中废止）

4. 济南市个体工商户管理规定

（2012年11月29日山东省第十一届人民代表大会常务委员会第三十四次会议批准废止）

5. 济南市市区停车场规划建设和管理办法

（2012年11月29日山东省第十一届人民代表大会常务委员会第三十四次会议批准文中废止）

河南省地方性法规目录

一、制　定

一、省级地方性法规

1. 河南省地质环境保护条例

（2012年3月29日河南省第十一届人民代表大会常务委员会第二十六次会议通过）

2. 河南省食品生产加工小作坊和食品摊贩管理办法

（2012年7月27日河南省第十一届人民代表大会常务委员会第二十八次会议通过）

3. 河南省供用电条例

（2012 年 9 月 28 日河南省第十一届人民代表大会常务委员会第二十九次会议通过）

二、较大的市地方性法规

（一）郑州市

1. 郑州市城市园林绿化条例

（2012 年 7 月 27 日河南省第十一届人民代表大会常务委员会第二十八次会议批准）

2. 郑州市劳动用工条例

（2012 年 7 月 27 日河南省第十一届人民代表大会常务委员会第二十八次会议批准）

（二）洛阳市

1. 洛阳市城乡规划条例

（2012 年 9 月 28 日河南省第十一届人民代表大会常务委员会第二十九次会议批准）

2. 洛阳市专利促进与保护条例

（2012 年 11 月 29 日河南省第十一届人民代表大会常务委员会第三十次会议批准）

二、修　改

一、省级地方性法规

1. 河南省实施《中华人民共和国残疾人保障法》办法

（2012 年 7 月 27 日河南省第十一届人民代表大会常务委员会第二十八次会议修改）

2. 河南省邮政条例

（2012 年 11 月 29 日河南省第十一届人民代表大会常务委员会第三十次会议修改）

3. 河南省信访条例

（2012 年 11 月 29 日河南省第十一届人民代表大会常务委员会第三十次会议修改）

4. 河南省实施《中华人民共和国种子法》办法

（2012 年 11 月 29 日河南省第十一届人民代表大会常务委员会第三十次会议修改）

5. 河南省烟草专卖管理条例

（2012 年 11 月 29 日河南省第十一届人民代表大会常务委员会第三十次会议修改）

6. 河南省计量监督管理条例

（2012 年 11 月 29 日河南省第十一届人民代表大会常务委员会第三十次会议修改）

7. 河南省殡葬管理办法

（2012 年 11 月 29 日河南省第十一届人民代表大会常务委员会第三十次会议修改）

8. 河南省实施《中华人民共和国防洪法》办法

（2012 年 11 月 29 日河南省第十一届人民代表大会常务委员会第三十次会议修改）

9. 河南省林地保护管理条例

（2012 年 11 月 29 日河南省第十一届人民代表大会常务委员会第三十次会议修改）

10. 河南省产品质量监督管理条例

（2012 年 11 月 29 日河南省第十一届人民代表大会常务委员会第三十次会议修改）

二、较大的市地方性法规

（一）郑州市

1. 郑州市燃气管理条例

（2012 年 9 月 28 日河南省第十一届人民代表大会常务委员会第二十九次会议批准修改）

2. 郑州市失业保险条例

（2012 年 9 月 28 日河南省第十一届人民代表大会常务委员会第二十九次会议批准修改）

3. 郑州市市区滨河公园建设管理条例

（2012 年 9 月 28 日河南省第十一届人民代表大会常务委员会第二十九次会议批准修

（二）洛阳市

1. 洛阳市龙门石窟保护管理条例

（2012 年 9 月 28 日河南省第十一届人民代表大会常务委员会第二十九次会议批准修改）

2. 洛阳市城市市容和环境卫生管理条例

（2012 年 9 月 28 日河南省第十一届人民代表大会常务委员会第二十九次会议批准修改）

3. 洛阳市城市绿化条例

（2012 年 9 月 28 日河南省第十一届人民代表大会常务委员会第二十九次会议批准修改）

4. 洛阳市道路交通安全条例

（2012 年 9 月 28 日河南省第十一届人民代表大会常务委员会第二十九次会议批准修改）

5. 洛阳市夏玉米制种管理条例

（2012 年 9 月 28 日河南省第十一届人民代表大会常务委员会第二十九次会议批准修改）

三、废　止

较大的市地方性法规

（一）郑州市

郑州市城市园林绿化建设管理条例

（2012 年 7 月 27 日河南省第十一届人民代表大会常务委员会第二十八次会议批准文中废止）

（二）洛阳市

1. 洛阳市城市规划管理条例

（2012 年 9 月 28 日河南省第十一届人民代表

大会常务委员会第二十九次会议批准文中废止）

2. 洛阳市专利保护管理条例

（2012年11月29日河南省第十一届人民代表大会常务委员会第三十次会议批准文中废止）

湖北省地方性法规目录

一、制　　定

一、省级地方性法规

1. 湖北省人民代表大会代表建议、批评和意见办理规定

（2012年3月29日湖北省第十一届人民代表大会常务委员会第二十九次会议通过）

2. 湖北省湖泊保护条例

（2012年5月30日湖北省第十一届人民代表大会常务委员会第三十次会议通过）

3. 湖北省农村土地承包经营条例

（2012年7月27日湖北省第十一届人民代表大会常务委员会第三十一次会议通过）

4. 湖北省构建促进中部地区崛起重要战略支点条例

（2012年9月29日湖北省第十一届人民代表大会常务委员会第三十二次会议通过）

5. 湖北省非物质文化遗产条例

（2012年9月29日湖北省第十一届人民代表大会常务委员会第三十二次会议通过）

6. 湖北省优化经济发展环境条例

（2012年9月29日湖北省第十一届人民代表大会常务委员会第三十二次会议通过）

7. 湖北省流动人口服务和管理条例

（2012年9月29日湖北省第十一届人民代表大会常务委员会第三十二次会议通过）

8. 湖北省水路交通条例

（2012年12月03日湖北省第十一届人民代表大会常务委员会第三十三次会议通过）

9. 湖北省实施《中华人民共和国国防动员法》办法

（2012年12月03日湖北省第十一届人民代表大会常务委员会第三十三次会议通过）

二、较大的市地方性法规

武汉市

1. 武汉市科技创新促进条例

（2012年3月29日湖北省第十一届人民代表大会常务委员会第二十九次会议批准）

2. 武汉市轨道交通管理条例

（2012年12月03日湖北省第十一届人民代表大会常务委员会第三十三次会议批准）

3. 武汉市历史文化风貌街区和优秀历史建筑保护条例

（2012年12月03日湖北省第十一届人民代表大会常务委员会第三十三次会议批准）

三、自治条例

长阳土家族自治县老年人权益保障条例

（2012年5月30日湖北省第十一届人民代表大会常务委员会第三十次会议批准）

二、修　　改

一、省级地方性法规

1. 湖北省实施《中华人民共和国全国人民代表大会和地方各级人民代表大会代表法》办法

（2012年3月29日湖北省第十一届人民代表大会常务委员会第二十九次会议修改）

2. 湖北省实施《中华人民共和国残疾人保障法》办法

（2012年7月27日湖北省第十一届人民代表大会常务委员会第三十一次会议修改）

二、较大的市地方性法规

武汉市

1. 武汉市市容环境卫生管理条例

（2012年3月29日湖北省第十一届人民代表大会常务委员会第二十九次会议批准修改）

2. 武汉市艾滋病性病防治管理条例

（2012年3月29日湖北省第十一届人民代表大会常务委员会第二十九次会议批准修改）

3. 武汉市城市供水用水条例

（2012年3月29日湖北省第十一届人民代表大会常务委员会第二十九次会议批准修改）

4. 武汉市城市绿化条例

（2012年3月29日湖北省第十一届人民代表大会常务委员会第二十九次会议批准修改）

5. 武汉市房产管理条例

（2012年3月29日湖北省第十一届人民代表大会常务委员会第二十九次会议批准修改）

6. 武汉市湖泊保护条例

（2012年3月29日湖北省第十一届人民代表

大会常务委员会第二十九次会议批准修改）

7. 武汉市城市道路桥梁管理办法

（2012年3月29日湖北省第十一届人民代表大会常务委员会第二十九次会议批准修改）

8. 武汉市城市公共客运交通管理条例

（2012年3月29日湖北省第十一届人民代表大会常务委员会第二十九次会议批准修改）

9. 武汉市禁止生产和销售假冒伪劣商品条例

（2012年3月29日湖北省第十一届人民代表大会常务委员会第二十九次会议批准修改）

10. 武汉市公共场所治安管理规定

（2012年3月29日湖北省第十一届人民代表大会常务委员会第二十九次会议批准修改）

11. 武汉市城市道路交通管理若干规定

（2012年3月29日湖北省第十一届人民代表大会常务委员会第二十九次会议批准修改）

12. 武汉东湖风景名胜区条例

（2012年3月29日湖北省第十一届人民代表大会常务委员会第二十九次会议批准修改）

13. 武汉市燃气管理条例

（2012年09月29日湖北省第十一届人民代表大会常务委员会第三十二次会议批准修改）

三、单行条例

1. 长阳土家族自治县城镇建设管理条例

（2012年3月29日湖北省第十一届人民代表大会常务委员会第二十九次会议批准修改）

2. 长阳土家族自治县清江库区管理条例

（2012年3月29日湖北省第十一届人民代表大会常务委员会第二十九次会议批准修改）

三、废　　止

一、省级地方性法规

1. 湖北省人民代表大会代表工作条例

（2012年3月29日湖北省第十一届人民代表大会常务委员会第二十九次会议文中废止）

2. 湖北省各级人民代表大会代表建议、批评和意见办理工作的规定

（2012年3月29日湖北省第十一届人民代表大会常务委员会第二十九次会议文中废止）

3. 湖北省水路交通管理条例

（2012年12月03日湖北省第十一届人民代表大会常务委员会第三十三次会议文中废止）

二、较大的市地方性法规

武汉市

武汉市科学技术进步条例

（2012年3月29日湖北省第十一届人民代表大会常务委员会第二十九次会议批准文中废止）

湖南省地方性法规目录

一、制　　定

一、省级地方性法规

1. 湖南省全民健身条例

（2012年5月31日湖南省第十一届人民代表大会常务委员会第二十九次会议通过）

2. 湖南省志愿服务条例

（2012年9月27日湖南省第十一届人民代表大会常务委员会第三十一次会议通过）

3. 湖南省湘江保护条例

（2012年9月27日湖南省第十一届人民代表大会常务委员会第三十一次会议通过）

4. 湖南省植物园条例

（2012年9月27日湖南省第十一届人民代表大会常务委员会第三十一次会议通过）

5. 湖南省韶山风景名胜区条例

（2012年9月27日湖南省第十一届人民代表大会常务委员会第三十一次会议通过）

6. 湖南省食品生产加工小作坊和食品摊贩条例

（2012年11月30日湖南省第十一届人民代表大会常务委员会第三十二次会议通过）

7. 湖南省长株潭城市群生态绿心地区保护条例

（2012年11月30日湖南省第十一届人民代表大会常务委员会第三十二次会议通过）

二、较大的市地方性法规

长沙市

长沙市轨道交通管理条例

（2012年9月27日湖南省第十一届人民代表大会常务委员会第三十一次会议批准）

二、修　　改

一、省级地方性法规

1. 湖南省劳动保障监察条例
（2012年3月31日湖南省第十一届人民代表大会常务委员会第二十八次会议修改）

2. 湖南省实施《中华人民共和国保守国家秘密法》若干规定
（2012年3月31日湖南省第十一届人民代表大会常务委员会第二十八次会议修改）

3. 湖南省乡镇财政管理条例
（2012年3月31日湖南省第十一届人民代表大会常务委员会第二十八次会议修改）

4. 湖南省实施《中华人民共和国招标投标法》办法
（2012年3月31日湖南省第十一届人民代表大会常务委员会第二十八次会议修改）

5. 湖南省审计监督条例
（2012年3月31日湖南省第十一届人民代表大会常务委员会第二十八次会议修改）

6. 湖南省人口与计划生育条例
（2012年3月31日湖南省第十一届人民代表大会常务委员会第二十八次会议修改）

7. 湖南省实施《中华人民共和国残疾人保障法》办法
（2012年3月31日湖南省第十一届人民代表大会常务委员会第二十八次会议修改）

8. 湖南省燃气管理条例
（2012年3月31日湖南省第十一届人民代表大会常务委员会第二十八次会议修改）

9. 湖南省建设工程勘察设计管理条例
（2012年3月31日湖南省第十一届人民代表大会常务委员会第二十八次会议修改）

10. 湖南省实施《中华人民共和国公路法》办法
（2012年3月31日湖南省第十一届人民代表大会常务委员会第二十八次会议修改）

11. 湖南省小型农田水利条例
（2012年3月31日湖南省第十一届人民代表大会常务委员会第二十八次会议修改）

12. 湖南省实施《中华人民共和国土地管理法》办法
（2012年3月31日湖南省第十一届人民代表大会常务委员会第二十八次会议修改）

13. 湖南省水路交通管理条例
（2012年3月31日湖南省第十一届人民代表大会常务委员会第二十八次会议修改）

14. 湖南省道路运输条例
（2012年3月31日湖南省第十一届人民代表大会常务委员会第二十八次会议修改）

15. 湖南省实施《中华人民共和国义务教育法》办法
（2012年3月31日湖南省第十一届人民代表大会常务委员会第二十八次会议修改）

16. 湖南省电力设施保护和供用电秩序维护条例
（2012年3月31日湖南省第十一届人民代表大会常务委员会第二十八次会议修改）

17. 湖南省安全生产条例
（2012年3月31日湖南省第十一届人民代表大会常务委员会第二十八次会议修改）

18. 湖南省林业条例
（2012年3月31日湖南省第十一届人民代表大会常务委员会第二十八次会议修改）

19. 湖南省实施《中华人民共和国水法》办法
（2012年3月31日湖南省第十一届人民代表大会常务委员会第二十八次会议修改）

20. 湖南省盐业管理条例
（2012年3月31日湖南省第十一届人民代表大会常务委员会第二十八次会议修改）

21. 湖南省长株潭城市群区域规划条例
（2012年3月31日湖南省第十一届人民代表大会常务委员会第二十八次会议修改）

22. 湖南省水能资源开发利用管理条例
（2012年3月31日湖南省第十一届人民代表大会常务委员会第二十八次会议修改）

23. 湖南省农业机械管理条例
（2012年3月31日湖南省第十一届人民代表大会常务委员会第二十八次会议修改）

24. 湖南省实施《中华人民共和国道路交通安全法》办法
（2012年3月31日湖南省第十一届人民代表大会常务委员会第二十八次会议修改）

25. 湖南省邮政条例
（2012年3月31日湖南省第十一届人民代表大会常务委员会第二十八次会议修改）

26. 湖南省信息化条例
（2012年5月31日湖南省第十一届人民代表大会常务委员会第二十九次会议修改）

27. 湖南省科学技术进步条例
（2012年5月31日湖南省第十一届人民代表大会常务委员会第二十九次会议修改）

二、较大的市地方性法规

长沙市

1. 长沙市慈善事业促进条例
（2012年5月31日湖南省第十一届人民代表大会常务委员会第二十九次会议批准修改）

2. 长沙市关于集会游行示威的规定
（2012年5月31日湖南省第十一届人民代表

大会常务委员会第二十九次会议批准修改）

3. 长沙市城市管理条例

（2012 年 5 月 31 日湖南省第十一届人民代表大会常务委员会第二十九次会议批准修改）

4. 长沙市城市道路车辆通行若干规定

（2012 年 5 月 31 日湖南省第十一届人民代表大会常务委员会第二十九次会议批准修改）

5. 长沙市殡葬管理条例

（2012 年 5 月 31 日湖南省第十一届人民代表大会常务委员会第二十九次会议批准修改）

6. 长沙市城市市容和环境卫生管理办法

（2012 年 5 月 31 日湖南省第十一届人民代表大会常务委员会第二十九次会议批准修改）

三、单行条例

1. 湘西土家族苗族自治州猛洞河风景名胜区保护条例

（2012 年 5 月 31 日湖南省第十一届人民代表大会常务委员会第二十九次会议批准修改）

2. 湘西土家族苗族自治州凤凰历史文化名城保护条例

（2012 年 5 月 31 日湖南省第十一届人民代表大会常务委员会第二十九次会议批准修改）

三、废　止

一、省级地方性法规

1. 湖南省发展乡镇企业若干规定

（2012 年 3 月 31 日湖南省第十一届人民代表大会常务委员会第二十八次会议废止）

2. 湖南省禁毒条例

（2012 年 3 月 31 日湖南省第十一届人民代表大会常务委员会第二十八次会议废止）

3. 湖南省全民体育健身条例

（2012 年 5 月 31 日湖南省第十一届人民代表大会常务委员会第二十九次会议文中废止）

二、较大的市地方性法规

长沙市

1. 长沙市城市违法建设工程处理办法

（2012 年 5 月 31 日湖南省第十一届人民代表大会常务委员会第二十九次会议批准废止）

2. 长沙市城市房屋拆迁条例

（2012 年 5 月 31 日湖南省第十一届人民代表大会常务委员会第二十九次会议批准废止）

3. 长沙市城区生猪屠宰管理条例

（2012 年 5 月 31 日湖南省第十一届人民代表大会常务委员会第二十九次会议批准废止）

广东省地方性法规目录

一、制　定

一、省级地方性法规

1. 广东省租赁房屋治安管理规定

（2012 年 5 月 31 日广东省第十一届人民代表大会常务委员会第三十四次会议通过）

2. 广东省见义勇为人员奖励和保障条例

（2012 年 11 月 29 日广东省第十一届人民代表大会常务委员会第三十八次会议通过）

3. 广东省城乡规划条例

（2012 年 11 月 29 日广东省第十一届人民代表大会常务委员会第三十八次会议通过）

4. 广东省水文条例

（2012 年 11 月 29 日广东省第十一届人民代表大会常务委员会第三十八次会议通过）

二、较大的市地方性法规

（一）广州市

1. 广州市募捐条例

（2012 年 1 月 9 日广东省第十一届人民代表大会常务委员会第三十一次会议批准）

2. 广州市绿化条例

（2012 年 3 月 30 日广东省第十一届人民代表大会常务委员会第三十三次会议批准）

3. 广州市建筑废弃物管理条例

（2012 年 3 月 30 日广东省第十一届人民代表大会常务委员会第三十三次会议批准）

4. 广州市中新广州知识城条例

（2012 年 5 月 31 日广东省第十一届人民代表大会常务委员会第三十四次会议批准）

（二）深圳市

1. 深圳市实施《中华人民共和国人民调解法》办法

（2012 年 1 月 9 日广东省第十一届人民代表大会常务委员会第三十一次会议批准）

2. 深圳市制定法规条例

（2012 年 3 月 30 日广东省第十一届人民代表

大会常务委员会第三十三次会议批准)

三、单行条例

连南瑶族自治县森林资源保护管理条例

(2012年5月31日广东省第十一届人民代表大会常务委员会第三十四次会议批准)

四、经济特区法规

(一)深圳经济特区

1. 深圳经济特区社会建设促进条例

(2012年1月12日深圳市第五届人民代表大会第三次会议通过)

2. 深圳经济特区合同格式条款条例

(2012年4月27日深圳市第五届人民代表大会常务委员会第十五次会议通过)

3. 深圳经济特区失业保险若干规定

(2012年6月28日深圳市第五届人民代表大会常务委员会第十六次会议通过)

4. 深圳经济特区性别平等促进条例

(2012年6月28日深圳市第五届人民代表大会常务委员会第十六次会议通过)

5. 深圳经济特区社会养老保险条例

(2012年10月30日深圳市第五届人民代表大会常务委员会第十八次会议通过)

6. 深圳经济特区人口与计划生育条例

(2012年10月30日深圳市第五届人民代表大会常务委员会第十八次会议通过)

7. 深圳经济特区商事登记若干规定

(2012年10月30日深圳市第五届人民代表大会常务委员会第十八次会议通过)

8. 深圳经济特区碳排放管理若干规定

(2012年10月30日深圳市第五届人民代表大会常务委员会第十八次会议通过)

9. 深圳经济特区文明行为促进条例

(2012年12月25日深圳市第五届人民代表大会常务委员会第十九次会议通过)

(二)珠海经济特区

1. 珠海经济特区志愿服务条例

(2012年11月29日珠海市第八届人民代表大会常务委员会第七次会议通过)

2. 珠海经济特区商事登记条例

(2012年11月29日珠海市第八届人民代表大会常务委员会第七次会议通过)

(三)汕头经济特区

1. 汕头经济特区节约能源条例

(2012年6月28日汕头市第十三届人民代表大会常务委员会第六次会议通过)

2. 汕头经济特区消防条例

(2012年8月31日汕头市第十三届人民代表大会常务委员会第八次会议通过)

3. 汕头经济特区物业管理条例

(2012年8月31日汕头市第十三届人民代表大会常务委员会第八次会议通过)

4. 汕头经济特区城市公共汽车交通条例

(2012年10月29日汕头市第十三届人民代表大会常务委员会第十次会议通过)

二、修 改

一、省级地方性法规

1. 广东省固体废物污染环境防治条例

(2012年1月9日广东省第十一届人民代表大会常务委员会第三十一次会议修改)

2. 广东省社会养老保险条例

(2012年1月9日广东省第十一届人民代表大会常务委员会第三十一次会议修改)

3. 广东省东江西江北江韩江流域水资源管理条例

(2012年1月9日广东省第十一届人民代表大会常务委员会第三十一次会议修改)

4. 广东省高速公路管理条例

(2012年1月9日广东省第十一届人民代表大会常务委员会第三十一次会议修改)

5. 广东省河口滩涂管理条例

(2012年1月9日广东省第十一届人民代表大会常务委员会第三十一次会议修改)

6. 广东省河道堤防管理条例

(2012年1月9日广东省第十一届人民代表大会常务委员会第三十一次会议修改)

7. 广东省野生动物保护管理条例

(2012年1月9日广东省第十一届人民代表大会常务委员会第三十一次会议修改)

8. 广东省查处无照经营行为条例

(2012年7月26日广东省第十一届人民代表大会常务委员会第三十五次会议修改)

9. 广东省实施《中华人民共和国消费者权益保护法》办法

(2012年7月26日广东省第十一届人民代表大会常务委员会第三十五次会议修改)

10. 广东省股份合作企业条例

(2012年7月26日广东省第十一届人民代表大会常务委员会第三十五次会议修改)

11. 广东省商品交易市场管理条例

(2012年7月26日广东省第十一届人民代表

大会常务委员会第三十五次会议修改）

12. 广东省规章设定罚款限额规定

（2012 年 7 月 26 日广东省第十一届人民代表大会常务委员会第三十五次会议修改）

13. 广东省河道采砂管理条例

（2012 年 7 月 26 日广东省第十一届人民代表大会常务委员会第三十五次会议修改）

14. 广东省民营科技企业管理条例

（2012 年 7 月 26 日广东省第十一届人民代表大会常务委员会第三十五次会议修改）

15. 广东省自主创新促进条例

（2012 年 7 月 26 日广东省第十一届人民代表大会常务委员会第三十五次会议修改）

16. 广东省宗教事务条例

（2012 年 7 月 26 日广东省第十一届人民代表大会常务委员会第三十五次会议修改）

17. 广东省散居少数民族权益保障条例

（2012 年 7 月 26 日广东省第十一届人民代表大会常务委员会第三十五次会议修改）

18. 广东省地质环境管理条例

（2012 年 7 月 26 日广东省第十一届人民代表大会常务委员会第三十五次会议修改）

19. 广东省矿产资源管理条例

（2012 年 7 月 26 日广东省第十一届人民代表大会常务委员会第三十五次会议修改）

20. 广东省人才市场管理条例

（2012 年 7 月 26 日广东省第十一届人民代表大会常务委员会第三十五次会议修改）

21. 广东省职业介绍管理条例

（2012 年 7 月 26 日广东省第十一届人民代表大会常务委员会第三十五次会议修改）

22. 广东省建设项目环境保护管理条例

（2012 年 7 月 26 日广东省第十一届人民代表大会常务委员会第三十五次会议修改）

23. 广东省固体废物污染环境防治条例

（2012 年 7 月 26 日广东省第十一届人民代表大会常务委员会第三十五次会议修改）

24. 广东省民用核设施核事故预防和应急管理条例

（2012 年 7 月 26 日广东省第十一届人民代表大会常务委员会第三十五次会议修改）

25. 广东省城市绿化条例

（2012 年 7 月 26 日广东省第十一届人民代表大会常务委员会第三十五次会议修改）

26. 广东省风景名胜区条例

（2012 年 7 月 26 日广东省第十一届人民代表大会常务委员会第三十五次会议修改）

27. 广东省公路条例

（2012 年 7 月 26 日广东省第十一届人民代表大会常务委员会第三十五次会议修改）

28. 广东省道路运输管理条例

（2012 年 7 月 26 日广东省第十一届人民代表大会常务委员会第三十五次会议修改）

29. 广东省东江西江北江韩江流域水资源管理条例

（2012 年 7 月 26 日广东省第十一届人民代表大会常务委员会第三十五次会议修改）

30. 广东省野生动物保护管理条例

（2012 年 7 月 26 日广东省第十一届人民代表大会常务委员会第三十五次会议修改）

31. 广东省对外加工装配业务条例

（2012 年 7 月 26 日广东省第十一届人民代表大会常务委员会第三十五次会议修改）

32. 广东省外商投资企业与来料加工企业直通港澳自货自运厂车行政许可规定

（2012 年 7 月 26 日广东省第十一届人民代表大会常务委员会第三十五次会议修改）

33. 广东省渔业管理条例

（2012 年 7 月 26 日广东省第十一届人民代表大会常务委员会第三十五次会议修改）

34. 广东省行政执法队伍管理条例

（2012 年 7 月 26 日广东省第十一届人民代表大会常务委员会第三十五次会议修改）

35. 广东省盐业管理条例

（2012 年 7 月 26 日广东省第十一届人民代表大会常务委员会第三十五次会议修改）

36. 广东省防震减灾条例

（2012 年 7 月 26 日广东省第十一届人民代表大会常务委员会第三十五次会议修改）

37. 广东省查处生产销售假冒伪劣商品违法行为条例

（2012 年 9 月 28 日广东省第十一届人民代表大会常务委员会第三十六次会议修改）

38. 广东省实施《中华人民共和国村民委员会组织法》办法

（2012 年 9 月 28 日广东省第十一届人民代表大会常务委员会第三十六次会议修改）

39. 广东省劳动保障监察条例

（2012 年 11 月 29 日广东省第十一届人民代表大会常务委员会第三十八次会议修改）

40. 广东省防震减灾条例

（2012 年 11 月 29 日广东省第十一届人民代表大会常务委员会第三十八次会议修改）

二、较大的市地方性法规

(一)广州市

1. 广州市水务管理条例

(2012年1月9日广东省第十一届人民代表大会常务委员会第三十一次会议批准修改)

2. 广州市销售燃放烟花爆竹管理规定

(2012年1月9日广东省第十一届人民代表大会常务委员会第三十次会议批准修改)

3. 广州市野生动物保护管理若干规定

(2012年1月9日广东省第十一届人民代表大会常务委员会第三十次会议批准修改)

4. 广州市义务兵征集优待和退伍安置规定

(2012年1月9日广东省第十一届人民代表大会常务委员会第三十次会议批准修改)

5. 广州市城市规划条例

(2012年1月9日广东省第十一届人民代表大会常务委员会第三十次会议批准修改)

6. 广州市流溪河流域管理规定

(2012年1月9日广东省第十一届人民代表大会常务委员会第三十次会议批准修改)

7. 广州市建筑条例

(2012年1月9日广东省第十一届人民代表大会常务委员会第三十次会议批准修改)

8. 广州市机动车排气污染防治规定

(2012年1月9日广东省第十一届人民代表大会常务委员会第三十次会议批准修改)

9. 广州市殡葬管理规定

(2012年1月9日广东省第十一届人民代表大会常务委员会第三十次会议批准修改)

10. 广州市地名管理条例

(2012年1月9日广东省第十一届人民代表大会常务委员会第三十次会议批准修改)

11. 广州市市容环境卫生管理规定

(2012年1月9日广东省第十一届人民代表大会常务委员会第三十次会议批准修改)

12. 广州市控制吸烟条例

(2012年7月26日广东省第十一届人民代表大会常务委员会第三十五次会议批准修改)

(二)珠海市

1. 珠海市相对集中行政处罚权条例

(2012年1月9日广东省第十一届人民代表大会常务委员会第三十一次会议批准修改)

2. 珠海市社会保险基金监督条例

(2012年7月26日广东省第十一届人民代表大会常务委员会第三十五次会议批准修改)

三、经济特区法规

深圳经济特区

1. 深圳经济特区反走私综合治理条例

(2012年4月27日深圳市第五届人民代表大会常务委员会第十五次会议修改)

2. 深圳经济特区实施《中华人民共和国教师法》若干规定

(2012年6月28日深圳市第五届人民代表大会常务委员会第十六次会议修改)

3. 大亚湾核电厂周围限制区安全保障与环境管理条例

(2012年6月28日深圳市第五届人民代表大会常务委员会第十六次会议修改)

4. 深圳经济特区饮用水源保护条例

(2012年6月28日深圳市第五届人民代表大会常务委员会第十六次会议修改)

5. 深圳经济特区实施《中华人民共和国归侨侨眷权益保护法》规定

(2012年6月28日深圳市第五届人民代表大会常务委员会第十六次会议修改)

6. 深圳经济特区国有企业法定代表人任期经济责任审计条例

(2012年6月28日深圳市第五届人民代表大会常务委员会第十六次会议修改)

7. 深圳经济特区创业投资条例

(2012年6月28日深圳市第五届人民代表大会常务委员会第十六次会议修改)

8. 深圳经济特区机动车排气污染防治条例

(2012年6月28日深圳市第五届人民代表大会常务委员会第十六次会议修改)

9. 深圳经济特区政府投资项目审计监督条例

(2012年6月28日深圳市第五届人民代表大会常务委员会第十六次会议修改)

10. 深圳经济特区建设项目环境保护条例

(2012年6月28日深圳市第五届人民代表大会常务委员会第十六次会议修改)

11. 深圳经济特区道路交通安全管理条例

(2012年12月25日深圳市第五届人民代表大会常务委员会第十九次会议修改)

12. 深圳经济特区道路交通安全违法行为处罚条例

(2012年12月25日深圳市第五届人民代表大会常务委员会第十九次会议修改)

三、废　止

一、省级地方性法规

广东省流动人员租赁房屋治安管理规定

（2012年5月31日广东省第十一届人民代表大会常务委员会第三十四次会议文中废止）

二、较大的市地方性法规

（一）广州市

1. 广州市实施《中华人民共和国水法》办法

（2012年1月9日广东省第十一届人民代表大会常务委员会第三十一次会议批准文中废止）

2. 广州市城市绿化管理条例

（2012年3月30日广东省第十一届人民代表大会常务委员会第三十三次会议批准文中废止）

3. 广州地区古树名木保护条例

（2012年3月30日广东省第十一届人民代表大会常务委员会第三十三次会议批准文中废止）

4. 广州市余泥渣土管理条例

（2012年3月30日广东省第十一届人民代表大会常务委员会第三十三次会议批准文中废止）

5. 广州市城市房屋拆迁管理办法

（2012年5月31日广东省第十一届人民代表大会常务委员会第三十四次会议批准废止）

（二）汕头市

汕头市消防条例

（2012年9月28日广东省第十一届人民代表大会常务委员会第三十六次会议批准废止）

三、经济特区法规

深圳经济特区

1. 深圳经济特区格式合同条例

（2012年4月27日深圳市第五届人民代表大会常务委员会第十五次会议文中废止）

2. 深圳经济特区企业破产条例

（2012年4月27日深圳市第五届人民代表大会常务委员会第十五次会议废止）

3. 深圳经济特区合伙条例

（2012年4月27日深圳市第五届人民代表大会常务委员会第十五次会议废止）

4. 深圳经济特区财产拍卖条例

（2012年4月27日深圳市第五届人民代表大会常务委员会第十五次会议废止）

5. 深圳市人民代表大会常务委员会关于法规解释的决定

（2012年6月28日深圳市第五届人民代表大会常务委员会第十六次会议废止）

6. 深圳经济特区失业保险条例

（2012年6月28日深圳市第五届人民代表大会常务委员会第十六次会议废止）

7. 深圳经济特区实施《中华人民共和国妇女权益保障法》若干规定

（2012年8月31日深圳市第五届人民代表大会常务委员会第十七次会议废止）

8. 深圳经济特区企业员工社会养老保险条例

（2012年10月30日深圳市第五届人民代表大会常务委员会第十八次会议文中废止）

广西壮族自治区地方性法规目录

一、制　　定

一、自治区地方性法规

1. 广西壮族自治区专利条例

（2012年7月26日广西壮族自治区第十一届人民代表大会常务委员会第二十九次会议通过）

2. 广西壮族自治区企业民主管理条例

（2012年7月26日广西壮族自治区第十一届人民代表大会常务委员会第二十九次会议通过）

3. 广西壮族自治区邮政条例

（2012年07月26日广西壮族自治区第十一届人民代表大会常务委员会第二十九次会议通过）

4. 广西壮族自治区南宁青秀山保护条例

（2012年9月19日广西壮族自治区第十一届人民代表大会常务委员会第三十次会议通过）

5. 广西壮族自治区实施《中华人民共和国消防法》办法

（2012年9月19日广西壮族自治区第十一届人民代表大会常务委员会第三十次会议通过）

二、较大的市地方性法规

南宁市

南宁市爱国卫生条例

（2012年9月19日广西壮族自治区第十一届人民代表大会常务委员会第三十次会议批准）

二、修　　改

一、自治区地方性法规

1. 广西壮族自治区防震减灾条例

（2012 年 3 月 23 日广西壮族自治区第十一届人民代表大会常务委员会第二十七次会议修改）

2. 广西壮族自治区人口和计划生育条例

（2012 年 3 月 23 日广西壮族自治区第十一届人民代表大会常务委员会第二十七次会议修改）

3. 广西壮族自治区反不正当竞争条例

（2012 年 3 月 23 日广西壮族自治区第十一届人民代表大会常务委员会第二十七次会议修改）

4. 广西壮族自治区行政事业性收费管理条例

（2012 年 3 月 23 日广西壮族自治区第十一届人民代表大会常务委员会第二十七次会议修改）

5. 广西壮族自治区烟草专卖管理条例

（2012 年 3 月 23 日广西壮族自治区第十一届人民代表大会常务委员会第二十七次会议修改）

6. 广西壮族自治区计量条例

（2012 年 3 月 23 日广西壮族自治区第十一届人民代表大会常务委员会第二十七次会议修改）

7. 广西壮族自治区陆生野生动物保护管理规定

（2012 年 3 月 23 日广西壮族自治区第十一届人民代表大会常务委员会第二十七次会议修改）

8. 广西壮族自治区木材运输管理条例

（2012 年 3 月 23 日广西壮族自治区第十一届人民代表大会常务委员会第二十七次会议修改）

9. 广西壮族自治区农业机械管理条例

（2012 年 3 月 23 日广西壮族自治区第十一届人民代表大会常务委员会第二十七次会议修改）

10. 广西壮族自治区水生野生动物保护管理规定

（2012 年 3 月 23 日广西壮族自治区第十一届人民代表大会常务委员会第二十七次会议修改）

11. 广西壮族自治区殡葬管理条例

（2012 年 3 月 23 日广西壮族自治区第十一届人民代表大会常务委员会第二十七次会议修改）

12. 广西壮族自治区计划免疫条例

（2012 年 3 月 23 日广西壮族自治区第十一届人民代表大会常务委员会第二十七次会议修改）

13. 广西壮族自治区矿产资源管理条例

（2012 年 3 月 23 日广西壮族自治区第十一届人民代表大会常务委员会第二十七次会议修改）

14. 广西壮族自治区水路运输管理条例

（2012 年 3 月 23 日广西壮族自治区第十一届人民代表大会常务委员会第二十七次会议修改）

15. 广西壮族自治区实施《中华人民共和国防洪法》办法

（2012 年 3 月 23 日广西壮族自治区第十一届人民代表大会常务委员会第二十七次会议修改）

16. 广西壮族自治区政府非税收入管理条例

（2012 年 3 月 23 日广西壮族自治区第十一届人民代表大会常务委员会第二十七次会议修改）

17. 广西壮族自治区预防和查处窃电行为条例

（2012 年 3 月 23 日广西壮族自治区第十一届人民代表大会常务委员会第二十七次会议修改）

18. 广西壮族自治区体育场地管理条例

（2012 年 3 月 23 日广西壮族自治区第十一届人民代表大会常务委员会第二十七次会议修改）

19. 广西壮族自治区道路运输管理条例

（2012 年 3 月 23 日广西壮族自治区第十一届人民代表大会常务委员会第二十七次会议修改）

20. 广西壮族自治区收据管理办法

（2012 年 3 月 23 日广西壮族自治区第十一届人民代表大会常务委员会第二十七次会议修改）

21. 广西壮族自治区农业机械安全监督管理条例

（2012 年 3 月 23 日广西壮族自治区第十一届人民代表大会常务委员会第二十七次会议修改）

22. 广西壮族自治区产品质量监督管理条例

（2012 年 7 月 26 日广西壮族自治区第十一届人民代表大会常务委员会第二十九次会议修改）

23. 广西壮族自治区动物防疫条例

（2012 年 11 月 30 日广西壮族自治区第十一届人民代表大会常务委员会第三十一次会议修改）

24. 广西壮族自治区物业管理条例

（2012 年 11 月 30 日广西壮族自治区第十一届人民代表大会常务委员会第三十一次会议修改）

25. 广西壮族自治区实施《中华人民共和国残疾人保障法》办法

（2012 年 11 月 30 日广西壮族自治区第十一届人民代表大会常务委员会第三十一次会议修改）

26. 广西壮族自治区实施《中华人民共和国全国人民代表大会和地方各级人民代表大会代表法》办法

（2012 年 11 月 30 日广西壮族自治区第十一届人民代表大会常务委员会第三十一次会议修改）

二、较大的市地方性法规

南宁市

1. 南宁市献血条例

（2012 年 1 月 5 日广西壮族自治区第十一届人民代表大会常务委员会第二十六次会议批准修改）

2. 南宁市市政设施管理条例

（2012 年 3 月 23 日广西壮族自治区第十一届人民代表大会常务委员会第二十七次会议批准修改）

3. 南宁市征用集体土地条例

（2012 年 3 月 23 日广西壮族自治区第十一届人民代表大会常务委员会第二十七次会议批准修改）

4. 南宁市城市规划管理条例

（2012 年 3 月 23 日广西壮族自治区第十一届人民代表大会常务委员会第二十七次会议批准修改）

5. 南宁市城市节约用水管理条例

（2012 年 3 月 23 日广西壮族自治区第十一届人民代表大会常务委员会第二十七次会议批准修改）

6. 南宁市环境噪声污染防治条例

（2012 年 3 月 23 日广西壮族自治区第十一届人民代表大会常务委员会第二十七次会议批准修改）

7. 南宁市殡葬管理条例

（2012 年 3 月 23 日广西壮族自治区第十一届人民代表大会常务委员会第二十七次会议批准修改）

8. 南宁市城市供水条例

（2012 年 3 月 23 日广西壮族自治区第十一届人民代表大会常务委员会第二十七次会议批准修改）

9. 南宁市历史传统街区保护管理条例

（2012 年 3 月 23 日广西壮族自治区第十一届人民代表大会常务委员会第二十七次会议批准修改）

10. 南宁市河道与堤防建设管理条例

（2012 年 3 月 23 日广西壮族自治区第十一届人民代表大会常务委员会第二十七次会议批准修改）

11. 南宁市户外广告设置管理条例

（2012 年 3 月 23 日广西壮族自治区第十一届人民代表大会常务委员会第二十七次会议批准修改）

12. 南宁市中小学幼儿园用地保护条例

（2012 年 3 月 23 日广西壮族自治区第十一届人民代表大会常务委员会第二十七次会议批准修改）

13. 南宁市出租汽车客运管理条例

（2012 年 3 月 23 日广西壮族自治区第十一届人民代表大会常务委员会第二十七次会议批准修改）

14. 南宁市饮用水水源保护条例

（2012 年 3 月 23 日广西壮族自治区第十一届人民代表大会常务委员会第二十七次会议批准修改）

15. 南宁市城乡容貌和环境卫生管理条例

（2012 年 3 月 23 日广西壮族自治区第十一届人民代表大会常务委员会第二十七次会议批准修改）

16. 南宁市城市桥梁管理条例

（2012 年 3 月 23 日广西壮族自治区第十一届人民代表大会常务委员会第二十七次会议批准修改）

三、废　　止

一、自治区地方性法规

1. 广西壮族自治区专利保护条例

（2012 年 7 月 26 日广西壮族自治区第十一届人民代表大会常务委员会第二十九次会议文中废止）

2. 广西壮族自治区消防条例

（2012 年 9 月 19 日广西壮族自治区第十一届人民代表大会常务委员会第三十次会议文中废止）

二、较大的市地方性法规

南宁市

南宁市社会医疗机构管理条例

（2012 年 3 月 23 日广西壮族自治区第十一届人民代表大会常务委员会第二十七次会议批准废止）

海南省地方性法规目录

一、制　　定

一、省级地方性法规

1. 海南省人民代表大会代表建议、批评和意见办理工作条例

（2012 年 3 月 30 日海南省第四届人民代表大会常务委员会第二十九次会议通过）

2. 海南经济特区旅馆业管理规定

（2012 年 3 月 30 日海南省第四届人民代表大会常务委员会第二十九次会议通过）

3. 海南经济特区道路旅游客运管理若干规定

（2012 年 3 月 30 日海南省第四届人民代表大会常务委员会第二十九次会议通过）

4. 海南省计量管理条例

（2012 年 5 月 30 日海南省第四届人民代表大会常务委员会第三十次会议通过）

5. 海南省气象灾害防御条例

（2012 年 7 月 17 日海南省第四届人民代表大会常务委员会第三十二次会议通过）

6. 海南省少数民族文化保护与开发条例

（2012 年 9 月 25 日海南省第四届人民代表大会常务委员会第三十四次会议通过）

7. 海南省查处违法建筑若干规定

（2012 年 11 月 27 日海南省第四届人民代表大会常务委员会第三十五次会议通过）

8. 海南经济特区森林旅游资源保护和开发规定

（2012 年 11 月 27 日海南省第四届人民代表大会常务委员会第三十五次会议通过）

二、较大的市地方性法规

海口市

海口市科学技术普及条例

（2012 年 9 月 25 日海南省第四届人民代表大会常务委员会第三十四次会议批准）

二、修　改

一、省级地方性法规

1. 海南省公民无偿献血条例

（2012 年 1 月 11 日海南省第四届人民代表大会常务委员会第二十七次会议修改）

2. 海南省产品质量监督管理条例

（2012 年 5 月 30 日海南省第四届人民代表大会常务委员会第三十次会议修改）

3. 海南省实施《中华人民共和国村民委员会组织法》办法

（2012 年 5 月 30 日海南省第四届人民代表大会常务委员会第三十次会议修改）

4. 海南省无规定动物疫病区管理条例

（2012 年 5 月 30 日海南省第四届人民代表大会常务委员会第三十次会议修改）

5. 海南省见义勇为人员奖励和保障规定

（2012 年 7 月 17 日海南省第四届人民代表大会常务委员会第三十二次会议修改）

6. 海南省环境保护条例

（2012 年 7 月 17 日海南省第四届人民代表大会常务委员会第三十二次会议修改）

7. 海南省矿产资源管理条例

（2012 年 9 月 25 日海南省第四届人民代表大会常务委员会第三十四次会议修改）

8. 海南省沿海边防治安管理条例

（2012 年 11 月 27 日海南省第四届人民代表大会常务委员会第三十五次会议修改）

二、较大的市地方性法规

海口市

1. 海口市环境噪声污染防治办法

（2012 年 5 月 30 日海南省第四届人民代表大会常务委员会第三十次会议批准修改）

2. 海口市城市公共交通客运管理条例

（2012 年 5 月 30 日海南省第四届人民代表大会常务委员会第三十次会议批准修改）

3. 海口市城市供水排水节约用水管理条例

（2012 年 5 月 30 日海南省第四届人民代表大会常务委员会第三十次会议批准修改）

4. 海口市城市养犬管理条例

（2012 年 5 月 30 日海南省第四届人民代表大会常务委员会第三十次会议批准修改）

5. 海口市市政设施管理条例

（2012 年 5 月 30 日海南省第四届人民代表大会常务委员会第三十次会议批准修改）

三、废　止

较大的市地方性法规

海口市

1. 海口市城市房屋拆迁管理办法

（2012 年 3 月 23 日海口市第十五届人民代表大会常务委员会第一次会议批准废止）

2. 海口市邮政通信条例

（2012 年 6 月 25 日海口市第十五届人民代表大会常务委员会第四次会议批准废止）

重庆市地方性法规目录

一、制　　定

一、省级地方性法规

1. 重庆市突发事件应对条例

（2012年3月23日重庆市第三届人民代表大会常务委员会第三十次会议通过）

2. 重庆市非物质文化遗产条例

（2012年7月26日重庆市第三届人民代表大会常务委员会第三十三次会议通过）

3. 重庆市邮政条例

（2012年11月29日重庆市第三届人民代表大会常务委员会第三十八次会议通过）

二、单行条例

酉阳土家族苗族自治县城镇管理条例

（2012年12月27日重庆市第三届人民代表大会常务委员会第三十九次会议批准）

二、修　　改

省级地方性法规

1. 重庆市土地房屋权属登记条例

（2012年5月24日重庆市第三届人民代表大会常务委员会第三十一次会议修改）

2. 重庆市反不正当竞争条例

（2012年5月24日重庆市第三届人民代表大会常务委员会第三十一次会议修改）

3. 重庆市烟草专卖管理条例

（2012年5月24日重庆市第三届人民代表大会常务委员会第三十一次会议修改）

4. 重庆市计量监督管理条例

（2012年5月24日重庆市第三届人民代表大会常务委员会第三十一次会议修改）

5. 重庆市实施《中华人民共和国野生动物保护法》办法

（2012年5月24日重庆市第三届人民代表大会常务委员会第三十一次会议修改）

6. 重庆市实施《中华人民共和国种子法》办法

（2012年5月24日重庆市第三届人民代表大会常务委员会第三十一次会议修改）

7. 重庆市公路路政管理条例

（2012年5月24日重庆市第三届人民代表大会常务委员会第三十一次会议修改）

8. 重庆市村民委员会选举办法

（2012年7月26日重庆市第三届人民代表大会常务委员会第三十三次会议修改）

9. 重庆市实施《中华人民共和国国家赔偿法》办法

（2012年9月27日重庆市第三届人民代表大会常务委员会第三十六次会议修改）

10. 重庆市实施《中华人民共和国水土保持法》办法

（2012年9月27日重庆市第三届人民代表大会常务委员会第三十六次会议修改）

11. 重庆市禁毒条例

（2012年11月29日重庆市第三届人民代表大会常务委员会第三十八次会议修改）

12. 重庆市技术市场条例

（2012年11月29日重庆市第三届人民代表大会常务委员会第三十八次会议修改）

13. 重庆市商品交易市场管理条例

（2012年11月29日重庆市第三届人民代表大会常务委员会第三十八次会议修改）

14. 重庆市实施《中华人民共和国野生动物保护法》办法

（2012年11月29日重庆市第三届人民代表大会常务委员会第三十八次会议修改）

15. 重庆市计量监督管理条例

（2012年11月29日重庆市第三届人民代表大会常务委员会第三十八次会议修改）

16. 重庆市产品质量监督管理条例

（2012年11月29日重庆市第三届人民代表大会常务委员会第三十八次会议修改）

17. 重庆市城市供水节水管理条例

（2012年11月29日重庆市第三届人民代表大会常务委员会第三十八次会议修改）

18. 重庆市农业机械管理条例

（2012年11月29日重庆市第三届人民代表大会常务委员会第三十八次会议修改）

19. 重庆市矿产资源管理条例

（2012年11月29日重庆市第三届人民代表大会常务委员会第三十八次会议修改）

20. 重庆市农业机械安全监理及事故处理条例

（2012年11月29日重庆市第三届人民代表大

会常务委员会第三十八次会议修改）

21. 重庆市建筑管理条例

（2012年11月29日重庆市第三届人民代表大会常务委员会第三十八次会议修改）

22. 重庆市电信条例

（2012年11月29日重庆市第三届人民代表大会常务委员会第三十八次会议修改）

23. 重庆市中医条例

（2012年11月29日重庆市第三届人民代表大会常务委员会第三十八次会议修改）

24. 重庆市统计管理条例

（2012年12月27日重庆市第三届人民代表大会常务委员会第三十九次会议修改）

二、单行条例

1. 秀山土家族苗族自治县锰矿资源管理条例

（2012年12月27日重庆市第三届人民代表大会常务委员会第三十九次会议批准修改）

2. 秀山土家族苗族自治县殡葬管理条例

（2012年12月27日重庆市第三届人民代表大会常务委员会第三十九次会议批准修改）

三、废　止

省级地方性法规

1. 重庆市邮政通信管理条例

（2012年11月29日重庆市第三届人民代表大会常务委员会第三十八次会议文中废止）

2. 重庆市人事争议仲裁条例

（2012年12月27日重庆市第三届人民代表大会常务委员会第三十九次会议废止）

四川省地方性法规目录

一、制　定

一、省级地方性法规

1. 四川省物业管理条例

（2012年3月29日四川省第十一届人民代表大会常务委员会第二十九次会议通过）

2. 四川省城市管理综合行政执法条例

（2012年11月30日四川省第十一届人民代表大会常务委员会第三十四次会议通过）

二、较大的市地方性法规

成都市

1. 成都市就业促进条例

（2012年5月31日四川省第十一届人民代表大会常务委员会第三十次会议批准）

2. 成都市园林绿化条例

（2012年9月21日四川省第十一届人民代表大会常务委员会第三十二次会议批准）

3. 成都市职业教育促进条例

（2012年11月30日四川省第十一届人民代表大会常务委员会第三十四次会议批准）

4. 成都市环城生态区保护条例

（2012年11月30日四川省第十一届人民代表大会常务委员会第三十四次会议批准）

5. 成都市户外广告和招牌设置管理条例

（2012年11月30日四川省第十一届人民代表大会常务委员会第三十四次会议批准）

三、单行条例

1. 甘孜藏族自治州义务教育条例

（2012年3月29日四川省第十一届人民代表大会常务委员会第二十九次会议批准）

2. 凉山彝族自治州会理历史文化名城保护条例

（2012年5月31日四川省第十一届人民代表大会常务委员会第三十次会议批准）

3. 凉山彝族自治州施行《兽药管理条例》的变通规定

（2012年5月31日四川省第十一届人民代表大会常务委员会第三十次会议批准）

二、修　改

一、省级地方性法规

1. 四川省专利保护条例

（2012年3月29日四川省第十一届人民代表大会常务委员会第二十九次会议修改）

2. 四川省财政收支审计条例

（2012年3月29日四川省第十一届人民代表大会常务委员会第二十九次会议修改）

3. 四川省旅游条例

（2012年5月31日四川省第十一届人民代表大会常务委员会第二十九次会议修改）

4. 四川省防震减灾条例

（2012 年 5 月 31 日四川省第十一届人民代表大会常务委员会第三十次会议修改）

5. 四川省人民代表大会常务委员会任免国家机关工作人员条例

（2012 年 5 月 31 日四川省第十一届人民代表大会常务委员会第三十次会议修改）

6. 四川省城市供水条例

（2012 年 7 月 27 日四川省第十一届人民代表大会常务委员会第三十一次会议修改）

7. 四川省地质环境管理条例

（2012 年 7 月 27 日四川省第十一届人民代表大会常务委员会第三十一次会议修改）

8. 四川省植物检疫条例

（2012 年 7 月 27 日四川省第十一届人民代表大会常务委员会第三十一次会议修改）

9. 四川省农业机械管理条例

（2012 年 7 月 27 日四川省第十一届人民代表大会常务委员会第三十一次会议修改）

10. 四川省农业机械安全监理和事故处理条例

（2012 年 7 月 27 日四川省第十一届人民代表大会常务委员会第三十一次会议修改）

11. 四川省公路路政管理条例

（2012 年 7 月 27 日四川省第十一届人民代表大会常务委员会第三十一次会议修改）

12. 四川省产品质量监督管理条例

（2012 年 7 月 27 日四川省第十一届人民代表大会常务委员会第三十一次会议修改）

13. 四川省道路运输管理条例

（2012 年 7 月 27 日四川省第十一届人民代表大会常务委员会第三十一次会议修改）

14. 四川省水路交通管理条例

（2012 年 7 月 27 日四川省第十一届人民代表大会常务委员会第三十一次会议修改）

15. 四川省水上交通安全管理条例

（2012 年 7 月 27 日四川省第十一届人民代表大会常务委员会第三十一次会议修改）

16. 四川省《中华人民共和国水法》实施办法

（2012 年 7 月 27 日四川省第十一届人民代表大会常务委员会第三十一次会议修改）

17. 四川省土地监察条例

（2012 年 7 月 27 日四川省第十一届人民代表大会常务委员会第三十一次会议修改）

18. 四川省农村机电提灌管理条例

（2012 年 7 月 27 日四川省第十一届人民代表大会常务委员会第三十一次会议修改）

19. 四川省《中华人民共和国土地管理法》实施办法

（2012 年 7 月 27 日四川省第十一届人民代表大会常务委员会第三十一次会议修改）

20. 四川省木材运输管理条例

（2012 年 7 月 27 日四川省第十一届人民代表大会常务委员会第三十一次会议修改）

21. 四川省蚕种管理条例

（2012 年 7 月 27 日四川省第十一届人民代表大会常务委员会第三十一次会议修改）

22. 四川省《中华人民共和国野生动物保护法》实施办法

（2012 年 7 月 27 日四川省第十一届人民代表大会常务委员会第三十一次会议修改）

23. 四川省测绘管理条例

（2012 年 7 月 27 日四川省第十一届人民代表大会常务委员会第三十一次会议修改）

24. 四川省盐业管理条例

（2012 年 7 月 27 日四川省第十一届人民代表大会常务委员会第三十一次会议修改）

25. 四川省反不正当竞争条例

（2012 年 7 月 27 日四川省第十一届人民代表大会常务委员会第三十一次会议修改）

26. 四川省《中华人民共和国残疾人保障法》实施办法

（2012 年 7 月 27 日四川省第十一届人民代表大会常务委员会第三十一次会议修改）

27. 四川省科学技术普及条例

（2012 年 9 月 21 日四川省第十一届人民代表大会常务委员会第三十二次会议修改）

28. 四川省《中华人民共和国水土保持法》实施办法

（2012 年 9 月 21 日四川省第十一届人民代表大会常务委员会第三十二次会议修改）

29. 四川省《中华人民共和国道路交通安全法》实施办法

（2012 年 11 月 30 日四川省第十一届人民代表大会常务委员会第三十四次会议修改）

二、较大的市地方性法规

成都市

1. 成都市客运出租汽车管理条例

（2012 年 3 月 29 日四川省第十一届人民代表大会常务委员会第二十九次会议批准修改）

2. 成都市摩托车管理规定

（2012 年 3 月 29 日四川省第十一届人民代表大会常务委员会第二十九次会议批准修改）

3. 成都市行政执法责任制条例

（2012 年 9 月 21 日四川省第十一届人民代表大会常务委员会第三十二次会议批准修改）

4. 成都市市容和环境卫生管理条例

（2012年9月21日四川省第十一届人民代表大会常务委员会第三十二次会议批准修改）

5. 成都市产品质量监督条例

（2012年11月30日四川省第十一届人民代表大会常务委员会第三十四次会议批准修改）

6. 成都市计量管理监督条例

（2012年11月30日四川省第十一届人民代表大会常务委员会第三十四次会议批准修改）

7. 成都市烟草专卖管理条例

（2012年11月30日四川省第十一届人民代表大会常务委员会第三十四次会议批准修改）

8. 成都市实施《中华人民共和国集会游行示威法》办法

（2012年11月30日四川省第十一届人民代表大会常务委员会第三十四次会议批准修改）

9. 成都市城乡规划条例

（2012年11月30日四川省第十一届人民代表大会常务委员会第三十四次会议批准修改）

三、废　　止

一、省级地方性法规

1. 四川省私营企业条例

（2012年9月21日四川省第十一届人民代表大会常务委员会第三十二次会议废止）

2. 四川省个体工商户条例

（2012年9月21日四川省第十一届人民代表大会常务委员会第三十二次会议废止）

3. 四川省城市房屋拆迁管理条例

（2012年11月30日四川省第十一届人民代表大会常务委员会第三十四次会议废止）

二、较大的市地方性法规

成都市

1. 成都市城市园林绿化条例

（2012年9月21日四川省第十一届人民代表大会常务委员会第三十二次会议批准文中废止）

2. 成都市城市户外广告和招牌设置管理条例

（2012年11月30日四川省第十一届人民代表大会常务委员会第三十四次会议批准文中废止）

三、单行条例

凉山彝族自治州施行《中华人民共和国全国人民代表大会和地方各级人民代表大会选举法》的变通规定

（2012年11月30日四川省第十一届人民代表大会常务委员会第三十四次会议批准废止）

贵州省地方性法规目录

一、制　　定

一、省级地方性法规

1. 贵州省高速公路管理条例

（2012年3月30日贵州省第十一届人民代表大会常务委员会第二十七次会议通过）

2. 贵州省非物质文化遗产保护条例

（2012年3月30日贵州省第十一届人民代表大会常务委员会第二十七次会议通过）

3. 贵州省流动人口服务管理条例

（2012年5月25日贵州省第十一届人民代表大会常务委员会第二十八次会议通过）

4. 贵州省开发区条例

（2012年5月25日贵州省第十一届人民代表大会常务委员会第二十八次会议通过）

5. 贵州省义务教育条例

（2012年7月27日贵州省第十一届人民代表大会常务委员会第二十九次会议通过）

6. 贵州省促进供销合作社发展条例

（2012年9月27日贵州省第十一届人民代表大会常务委员会第三十次会议通过）

7. 贵州省宗教事务条例

（2012年11月29日贵州省第十一届人民代表大会常务委员会第三十一次会议通过）

8. 贵州省城市公共交通条例

（2012年11月29日贵州省第十一届人民代表大会常务委员会第三十一次会议通过）

9. 贵州省食品安全条例

（2012年11月29日贵州省第十一届人民代表大会常务委员会第三十一次会议通过）

10. 贵州省水土保持条例

（2012年11月29日贵州省第十一届人民代表大会常务委员会第三十一次会议通过）

11. 贵州省气候资源开发利用和保护条例

（2012年11月29日贵州省第十一届人民代表大会常务委员会第三十一次会议通过）

二、较大的市地方性法规

贵阳市

1. 贵阳市科学技术普及条例

（2012 年 1 月 5 日贵州省第十一届人民代表大会常务委员会第二十六次会议批准）

2. 贵阳市房屋使用安全管理条例

（2012 年 1 月 5 日贵州省第十一届人民代表大会常务委员会第二十六次会议批准）

3. 贵阳市民用建筑节能条例

（2012 年 3 月 30 日贵州省第十一届人民代表大会常务委员会第二十七次会议批准）

4. 贵阳市城市供水用水规定

（2012 年 7 月 27 日贵州省第十一届人民代表大会常务委员会第二十九次会议批准）

三、单行条例

黔东南苗族侗族自治州森林防火条例

（2012 年 5 月 25 日贵州省第十一届人民代表大会常务委员会第二十八次会议批准）

二、修 改

一、省级地方性法规

1. 贵州省公路管理暂行条例

（2012 年 3 月 30 日贵州省第十一届人民代表大会常务委员会第二十七次会议修改）

2. 贵州省产品质量监督条例

（2012 年 3 月 30 日贵州省第十一届人民代表大会常务委员会第二十七次会议修改）

3. 贵州省反不正当竞争条例

（2012 年 3 月 30 日贵州省第十一届人民代表大会常务委员会第二十七次会议修改）

4. 贵州省食盐管理条例

（2012 年 3 月 30 日贵州省第十一届人民代表大会常务委员会第二十七次会议修改）

5. 贵州省矿产资源管理条例

（2012 年 3 月 30 日贵州省第十一届人民代表大会常务委员会第二十七次会议修改）

6. 贵州省计量监督管理条例

（2012 年 3 月 30 日贵州省第十一届人民代表大会常务委员会第二十七次会议修改）

7. 贵州省专利保护条例

（2012 年 3 月 30 日贵州省第十一届人民代表大会常务委员会第二十七次会议修改）

8. 贵州省城市市容和环境卫生管理条例

（2012 年 3 月 30 日贵州省第十一届人民代表大会常务委员会第二十七次会议修改）

9. 贵州省动物防疫条例

（2012 年 3 月 30 日贵州省第十一届人民代表大会常务委员会第二十七次会议修改）

10. 贵州省消费者权益保护条例

（2012 年 3 月 30 日贵州省第十一届人民代表大会常务委员会第二十七次会议修改）

11. 贵州省农产品质量安全条例

（2012 年 3 月 30 日贵州省第十一届人民代表大会常务委员会第二十七次会议修改）

12. 贵州省环境保护条例

（2012 年 3 月 30 日贵州省第十一届人民代表大会常务委员会第二十七次会议修改）

13. 贵州省道路运输条例

（2012 年 3 月 30 日贵州省第十一届人民代表大会常务委员会第二十七次会议修改）

14. 贵州省红枫湖百花湖水资源环境保护条例

（2012 年 3 月 30 日贵州省第十一届人民代表大会常务委员会第二十七次会议修改）

15. 贵州省邮政条例

（2012 年 3 月 30 日贵州省第十一届人民代表大会常务委员会第二十七次会议修改）

16. 贵州省广播电视管理条例

（2012 年 3 月 30 日贵州省第十一届人民代表大会常务委员会第二十七次会议修改）

17. 贵州省赤水河流域保护条例

（2012 年 3 月 30 日贵州省第十一届人民代表大会常务委员会第二十七次会议修改）

18. 贵州省殡葬管理条例

（2012 年 3 月 30 日贵州省第十一届人民代表大会常务委员会第二十七次会议修改）

19. 贵州省司法鉴定条例

（2012 年 9 月 27 日贵州省第十一届人民代表大会常务委员会第三十次会议修改）

20. 贵州省各级人民代表大会常务委员会人事任免条例

（2012 年 9 月 27 日贵州省第十一届人民代表大会常务委员会第三十次会议修改）

21. 贵州省实施《中华人民共和国村民委员会组织法》办法

（2012 年 9 月 27 日贵州省第十一届人民代表大会常务委员会第三十次会议修改）

22. 贵州省村民委员会选举办法

（2012 年 9 月 27 日贵州省第十一届人民代表大会常务委员会第三十次会议修改）

二、较大的市地方性法规

贵阳市

1. 贵阳市市政设施管理办法

（2012年1月5日贵州省第十一届人民代表大会常务委员会第二十六次会议批准修改）

2. 贵阳市产品质量监督管理办法

（2012年1月5日贵州省第十一届人民代表大会常务委员会第二十六次会议批准修改）

3. 贵阳市消防条例

（2012年1月5日贵州省第十一届人民代表大会常务委员会第二十六次会议批准修改）

4. 贵阳市道路货物运输管理办法

（2012年1月5日贵州省第十一届人民代表大会常务委员会第二十六次会议批准修改）

5. 贵阳市道路交通安全管理办法

（2012年1月5日贵州省第十一届人民代表大会常务委员会第二十六次会议批准修改）

6. 贵阳市水库管理办法

（2012年1月5日贵州省第十一届人民代表大会常务委员会第二十六次会议批准修改）

7. 贵阳市城市市容和环境卫生管理办法

（2012年1月5日贵州省第十一届人民代表大会常务委员会第二十六次会议批准修改）

三、单行条例

道真仡佬族苗族自治县城镇管理条例

（2012年3月30日贵州省第十一届人民代表大会常务委员会第二十七次会议批准修改）

三、废　　止

一、省级地方性法规

1. 贵州省高等级公路管理条例

（2012年3月30日贵州省第十一届人民代表大会常务委员会第二十七次会议文中废止）

2. 贵州省民族民间文化保护条例

（2012年3月30日贵州省第十一届人民代表大会常务委员会第二十七次会议文中废止）

3. 贵州省人民代表大会常务委员会地区工作委员会条例

（2012年3月30日贵州省第十一届人民代表大会常务委员会第二十七次会议废止）

4. 贵州省流动人口管理条例

（2012年5月25日贵州省第十一届人民代表大会常务委员会第二十八次会议文中废止）

5. 贵州省实施《中华人民共和国义务教育法》办法

（2012年7月27日贵州省第十一届人民代表大会常务委员会第二十八次会议文中废止）

6. 贵州省宗教事务管理条例

（2012年11月29日贵州省第十一届人民代表大会常务委员会第三十一次会议文中废止）

7. 贵州省城市公共客运交通特许经营权管理条例

（2012年11月29日贵州省第十一届人民代表大会常务委员会第三十一次会议文中废止）

8. 贵州省城市公共交通管理条例

（2012年11月29日贵州省第十一届人民代表大会常务委员会第三十一次会议文中废止）

9. 贵州省实施《中华人民共和国水土保持法》办法

（2012年11月29日贵州省第十一届人民代表大会常务委员会第三十一次会议文中废止）

二、较大的市地方性法规

贵阳市

贵阳市城市供水规定

（2012年7月27日贵州省第十一届人民代表大会常务委员会第二十九次会议批准文中废止）

云南省地方性法规目录

一、制　　定

一、省级地方性法规

1. 云南省企业工资集体协商条例

（2012年3月31日云南省第十一届人民代表大会常务委员会第三十次会议通过）

2. 云南省涉诉特困人员救助条例

（2012年3月31日云南省第十一届人民代表大会常务委员会第三十次会议通过）

3. 云南省森林防火条例

（2012年3月31日云南省第十一届人民代表大会常务委员会第三十次会议通过）

4. 云南省招标投标条例

（2012年3月31日云南省第十一届人民代表大会常务委员会第三十次会议通过）

5. 云南省国防教育条例

（2012年7月29日云南省第十一届人民代表大会常务委员会第三十二次会议通过）

6. 云南省残疾人保障条例

（2012年7月29日云南省第十一届人民代表大会常务委员会第三十二次会议通过）

7. 云南省流动人口服务管理条例

（2012年7月29日云南省第十一届人民代表大会常务委员会第三十二次会议通过）

8. 云南省民办教育条例

（2012年7月29日云南省第十一届人民代表大会常务委员会第三十二次会议通过）

9. 云南省气象灾害防御条例

（2012年7月29日云南省第十一届人民代表大会常务委员会第三十二次会议通过）

10. 云南省行业协会条例

（2012年9月28日云南省第十一届人民代表大会常务委员会第三十四次会议通过）

11. 云南省城乡规划条例

（2012年9月28日云南省第十一届人民代表大会常务委员会第三十四次会议通过）

12. 云南省滇池保护条例

（2012年9月28日云南省第十一届人民代表大会常务委员会第三十四次会议通过）

13. 云南省牛栏江保护条例

（2012年9月28日云南省第十一届人民代表大会常务委员会第三十四次会议通过）

14. 云南省专利促进与保护条例

（2012年11月29日云南省第十一届人民代表大会常务委员会第三十五次会议通过）

15. 云南省学前教育条例

（2012年11月29日云南省第十一届人民代表大会常务委员会第三十五次会议通过）

16. 云南省节约用水条例

（2012年11月29日云南省第十一届人民代表大会常务委员会第三十五次会议通过）

二、较大的市地方性法规

昆明市

1. 昆明市就业促进条例

（2012年3月31日云南省第十一届人民代表大会常务委员会第三十次会议批准）

2. 昆明市节约能源条例

（2012年5月31日云南省第十一届人民代表大会常务委员会第三十一次会议批准）

3. 昆明市消防条例

（2012年9月28日云南省第十一届人民代表大会常务委员会第三十四次会议批准）

4. 昆明市城市地下管线管理条例

（2012年11月29日云南省第十一届人民代表大会常务委员会第三十五次会议批准）

5. 昆明市清水海保护条例

（2012年11月29日云南省第十一届人民代表大会常务委员会第三十五次会议批准）

6. 昆明市雷电灾害防御条例

（2012年11月29日云南省第十一届人民代表大会常务委员会第三十五次会议批准）

7. 昆明市流动人口计划生育条例

（2012年11月29日云南省第十一届人民代表大会常务委员会第三十五次会议批准）

三、单行条例

1. 云南省文山壮族苗族自治州丘北辣椒产业发展条例

（2012年3月31日云南省第十一届人民代表大会常务委员会第三十次会议批准）

2. 云南省文山壮族苗族自治州献血条例

（2012年3月31日云南省第十一届人民代表大会常务委员会第三十次会议批准）

3. 云南省大理白族自治州农村公路条例

（2012年3月31日云南省第十一届人民代表大会常务委员会第三十次会议批准）

4. 云南省大理白族自治州湿地保护条例

（2012年3月31日云南省第十一届人民代表大会常务委员会第三十次会议批准）

5. 云南省怒江傈僳族自治州水资源保护与开发条例

（2012年3月31日云南省第十一届人民代表大会常务委员会第三十次会议批准）

6. 云南省迪庆藏族自治州白马雪山国家级自然保护区管理条例

（2012年3月31日云南省第十一届人民代表大会常务委员会第三十次会议批准）

7. 云南省澜沧拉祜族自治县民族民间传统文化保护条例

（2012年3月31日云南省第十一届人民代表大会常务委员会第三十次会议批准）

8. 云南省墨江哈尼族自治县水资源保护管理条例

（2012年3月31日云南省第十一届人民代表大会常务委员会第三十次会议批准）

9. 云南省金平苗族瑶族傣族自治县马鞍底蝴蝶谷保护管理条例

（2012 年 3 月 31 日云南省第十一届人民代表大会常务委员会第三十次会议批准）

10. 云南省红河哈尼族彝族自治州哈尼梯田保护管理条例

（2012 年 5 月 31 日云南省第十一届人民代表大会常务委员会第三十一次会议批准）

11. 云南省江城哈尼族彝族自治县畜牧业发展条例

（2012 年 5 月 31 日云南省第十一届人民代表大会常务委员会第三十一次会议批准）

12. 云南省维西傈僳族自治县殡葬管理条例

（2012 年 5 月 31 日云南省第十一届人民代表大会常务委员会第三十一次会议批准）

13. 云南省玉龙纳西族自治县矿产资源保护管理条例

（2012 年 5 月 31 日云南省第十一届人民代表大会常务委员会第三十一次会议批准）

14. 云南省新平彝族傣族自治县矿产资源开发利用和矿山地质环境保护条例

（2012 年 11 月 29 日云南省第十一届人民代表大会常务委员会第三十五次会议批准）

15. 云南省新平彝族傣族自治县民族民间文化保护条例

（2012 年 11 月 29 日云南省第十一届人民代表大会常务委员会第三十五次会议批准）

二、修　　改

一、省级地方性法规

1. 云南省人民代表大会常务委员会经济工作监督条例

（2012 年 3 月 31 日云南省第十一届人民代表大会常务委员会第三十次会议修改）

2. 云南省森林条例

（2012 年 3 月 31 日云南省第十一届人民代表大会常务委员会第三十次会议修改）

3. 云南省殡葬管理条例

（2012 年 3 月 31 日云南省第十一届人民代表大会常务委员会第三十次会议修改）

4. 云南省无线电管理条例

（2012 年 3 月 31 日云南省第十一届人民代表大会常务委员会第三十次会议修改）

5. 云南省曲靖城市管理条例

（2012 年 3 月 31 日云南省第十一届人民代表大会常务委员会第三十次会议修改）

6. 云南省旅游条例

（2012 年 3 月 31 日云南省第十一届人民代表大会常务委员会第三十次会议修改）

7. 云南省社会保险费征缴条例

（2012 年 3 月 31 日云南省第十一届人民代表大会常务委员会第三十次会议修改）

8. 云南省电力设施保护条例

（2012 年 3 月 31 日云南省第十一届人民代表大会常务委员会第三十次会议修改）

9. 云南省历史文化名城名镇名村名街保护条例

（2012 年 3 月 31 日云南省第十一届人民代表大会常务委员会第三十次会议修改）

10. 云南省无线电电磁环境保护条例

（2012 年 3 月 31 日云南省第十一届人民代表大会常务委员会第三十次会议修改）

11. 云南省农作物种子条例

（2012 年 3 月 31 日云南省第十一届人民代表大会常务委员会第三十次会议修改）

12. 云南省道路运输条例

（2012 年 3 月 31 日云南省第十一届人民代表大会常务委员会第三十次会议修改）

13. 云南省发展新型墙体材料条例

（2012 年 3 月 31 日云南省第十一届人民代表大会常务委员会第三十次会议修改）

14. 云南省民用运输机场保护条例

（2012 年 3 月 31 日云南省第十一届人民代表大会常务委员会第三十次会议修改）

15. 云南省渔业条例

（2012 年 3 月 31 日云南省第十一届人民代表大会常务委员会第三十次会议修改）

16. 云南省和顺古镇保护条例

（2012 年 3 月 31 日云南省第十一届人民代表大会常务委员会第三十次会议修改）

17. 云南省查处生产销售伪劣商品行为条例

（2012 年 3 月 31 日云南省第十一届人民代表大会常务委员会第三十次会议修改）

18. 云南省产品质量监督管理条例

（2012 年 3 月 31 日云南省第十一届人民代表大会常务委员会第三十次会议修改）

19. 云南省商品交易市场管理条例

（2012 年 3 月 31 日云南省第十一届人民代表大会常务委员会第三十次会议修改）

20. 云南省陆生野生动物保护条例

（2012 年 3 月 31 日云南省第十一届人民代表大会常务委员会第三十次会议修改）

21. 云南省园艺植物新品种注册保护条例

（2012 年 3 月 31 日云南省第十一届人民代表

大会常务委员会第三十次会议修改）

22. 云南省企业职工基本养老保险条例

（2012年3月31日云南省第十一届人民代表大会常务委员会第三十次会议修改）

23. 云南省反不正当竞争条例

（2012年3月31日云南省第十一届人民代表大会常务委员会第三十次会议修改）

24. 云南省土地管理条例

（2012年3月31日云南省第十一届人民代表大会常务委员会第三十次会议修改）

25. 云南省节约能源条例

（2012年3月31日云南省第十一届人民代表大会常务委员会第三十次会议修改）

26. 云南省收费公路管理条例

（2012年3月31日云南省第十一届人民代表大会常务委员会第三十次会议修改）

27. 云南省邮政条例

（2012年7月29日云南省第十一届人民代表大会常务委员会第三十二次会议修改）

28. 云南省阳宗海保护条例

（2012年11月29日云南省第十一届人民代表大会常务委员会第三十五次会议修改）

二、较大的市地方性法规

昆明市

1. 昆明市城镇绿化条例

（2012年3月31日云南省第十一届人民代表大会常务委员会第三十次会议批准修改）

2. 昆明市生猪屠宰管理条例

（2012年3月31日云南省第十一届人民代表大会常务委员会第三十次会议批准修改）

3. 昆明市道路交通安全条例

（2012年3月31日云南省第十一届人民代表大会常务委员会第三十次会议批准修改）

三、单行条例

1. 云南省怒江傈僳族自治州矿产资源管理条例

（2012年3月31日云南省第十一届人民代表大会常务委员会第三十次会议批准修改）

2. 云南省西双版纳傣族自治州社会治安综合治理条例

（2012年5月31日云南省第十一届人民代表大会常务委员会第三十一次会议批准修改）

三、废　　止

一、省级地方性法规

1. 云南省森林消防条例

（2012年3月31日云南省第十一届人民代表大会常务委员会第三十次会议文中废止）

2. 云南省实施《中华人民共和国残疾人保障法》办法

（2012年7月29日云南省第十一届人民代表大会常务委员会第三十二次会议文中废止）

3. 云南省城市规划管理条例

（2012年9月28日云南省第十一届人民代表大会常务委员会第三十四次会议文中废止）

4. 云南省专利保护条例

（2012年11月29日云南省第十一届人民代表大会常务委员会第三十五次会议文中废止）

二、较大的市地方性法规

昆明市

1. 昆明市流动人口计划生育管理条例

（2012年11月29日云南省第十一届人民代表大会常务委员会第三十五次会议批准文中废止）

2. 滇池保护条例

（2012年11月29日云南省第十一届人民代表大会常务委员会第三十五次会议批准废止）

西藏自治区地方性法规目录

一、制　　定

一、自治区地方性法规

1. 西藏自治区邮政条例

（2012年3月30日西藏自治区第九届人民代表大会常务委员会第二十七次会议通过）

2. 西藏自治区城乡规划条例

（2012年3月30日西藏自治区第九届人民代表大会常务委员会第二十七次会议通过）

3. 西藏自治区气候资源条例

（2012年9月27日西藏自治区第九届人民代表大会常务委员会第三十次会议通过）

二、较大的市地方性法规

拉萨市

拉萨市民族团结进步条例

（2012年3月30日西藏自治区第九届人民代表大会常务委员会第二十七次会议批准）

二、修 改

自治区地方性法规

1. 西藏自治区实施《中华人民共和国统计法》办法

（2012年3月30日西藏自治区第九届人民代表大会常务委员会第二十七次会议修改）

2. 西藏自治区实施《中华人民共和国村民委员会组织法》办法

（2012年3月30日西藏自治区第九届人民代表大会常务委员会第二十七次会议修改）

3. 西藏自治区实施《中华人民共和国防震减灾法》办法

（2012年9月27日西藏自治区第九届人民代表大会常务委员会第三十次会议修改）

陕西省地方性法规目录

一、制 定

一、省级地方性法规

1. 陕西省农村扶贫开发条例

2012年1月6日陕西省第十一届人民代表大会常务委员会第二十七次会议通过）

2. 陕西省科学技术进步条例

（2012年5月31日陕西省第十一届人民代表大会常务委员会第二十九次会议通过）

3. 陕西省实施《中华人民共和国突发事件应对法》办法

（2012年5月31日陕西省第十一届人民代表大会常务委员会第二十九次会议通过）

4. 陕西省森林公园条例

（2012年5月31日陕西省第十一届人民代表大会常务委员会第二十九次会议通过）

5. 陕西省企业民主管理条例

（2012年5月31日陕西省第十一届人民代表大会常务委员会第二十九次会议通过）

6. 陕西省重大建设项目稽察条例

（2012年9月27日陕西省第十一届人民代表大会常务委员会第三十一次会议通过）

7. 陕西省渭河流域管理条例

（2012年11月29日陕西省第十一届人民代表大会常务委员会第三十二次会议通过）

二、较大的市地方性法规

西安市

1. 西安市建筑垃圾管理条例

（2012年7月12日陕西省第十一届人民代表大会常务委员会第三十次会议批准）

2. 西安市建筑装饰装修条例

（2012年9月27日陕西省第十一届人民代表大会常务委员会第三十一次会议批准）

3. 西安市城市污水处理和再生水利用条例

（2012年9月27日陕西省第十一届人民代表大会常务委员会第三十一次会议批准）

二、修 改

省级地方性法规

1. 陕西省实施《中华人民共和国集会游行示威法》办法

（2012年1月6日陕西省第十一届人民代表大会常务委员会第二十七次会议修改）

2. 陕西省安全生产条例

（2012年1月6日陕西省第十一届人民代表大会常务委员会第二十七次会议修改）

3. 陕西省盐业条例

（2012年1月6日陕西省第十一届人民代表大会常务委员会第二十七次会议修改）

4. 陕西省水路交通管理条例

（2012年1月6日陕西省第十一届人民代表大会常务委员会第二十七次会议修改）

5. 陕西省公路路政管理条例

（2012年1月6日陕西省第十一届人民代表大会常务委员会第二十七次会议修改）

6. 陕西省计量监督管理条例

（2012年1月6日陕西省第十一届人民代表大会常务委员会第二十七次会议修改）

7. 陕西省实施《中华人民共和国野生动物保护法》办法

（2012年1月6日陕西省第十一届人民代表大会常务委员会第二十七次会议修改）

8. 陕西省实施《中华人民共和国土地管理法》办法

（2012年1月6日陕西省第十一届人民代表大会

会常务委员会第二十七次会议修改）

9. 陕西省安全技术防范条例

（2012 年 1 月 6 日陕西省第十一届人民代表大会常务委员会第二十七次会议修改）

10. 陕西省秦始皇陵保护条例

（2012 年 1 月 6 日陕西省第十一届人民代表大会常务委员会第二十七次会议修改）

11. 陕西省乡村规划建设条例

（2012 年 1 月 6 日陕西省第十一届人民代表大会常务委员会第二十七次会议修改）

12. 陕西省邮政条例

（2012 年 1 月 6 日陕西省第十一届人民代表大会常务委员会第二十七次会议修改）

13. 陕西省实施《中华人民共和国残疾人保障法》办法

（2012 年 3 月 29 日陕西省第十一届人民代表大会常务委员会第二十八次会议修改）

14. 陕西省专利条例

（2012 年 7 月 12 日陕西省第十一届人民代表大会常务委员会第三十次会议修改）

15. 陕西省水文管理条例

（2012 年 7 月 12 日陕西省第十一届人民代表大会常务委员会第三十次会议修改）

16. 陕西省实施《中华人民共和国水法》办法

（2012 年 7 月 12 日陕西省第十一届人民代表大会常务委员会第三十次会议修改）

17. 陕西省农业机械管理条例

（2012 年 7 月 12 日陕西省第十一届人民代表大会常务委员会第三十次会议修改）

18. 陕西省实施《中华人民共和国种子法》办法

（2012 年 7 月 12 日陕西省第十一届人民代表大会常务委员会第三十次会议修改）

19. 陕西省文物保护条例

（2012 年 7 月 12 日陕西省第十一届人民代表大会常务委员会第三十次会议修改）

20. 陕西省就业促进条例

（2012 年 7 月 12 日陕西省第十一届人民代表大会常务委员会第三十次会议修改）

21. 陕西省企业集体合同条例

（2012 年 7 月 12 日陕西省第十一届人民代表大会常务委员会第三十次会议修改）

22. 陕西省流动人口计划生育管理办法

（2012 年 11 月 29 日陕西省第十一届人民代表大会常务委员会第三十二次会议修改）

三、废　　止

一、省级地方性法规

1. 陕西省城市房屋拆迁补偿管理条例

（2012 年 1 月 6 日陕西省第十一届人民代表大会常务委员会第二十七次会议废止）

2. 陕西省渭河流域水污染防治条例

（2012 年 11 月 29 日陕西省第十一届人民代表大会常务委员会第三十二次会议文中废止）

二、较大的市地方性法规

西安市

西安市室内装饰管理条例

（2012 年 9 月 27 日陕西省第十一届人民代表大会常务委员会第三十一次会议批准文中废止）

甘肃省地方性法规目录

一、制　　定

一、省级地方性法规

1. 甘肃省残疾人保障条例

（2012 年 3 月 28 日甘肃省第十一届人民代表大会常务委员会第二十六次会议通过）

2. 甘肃省农村扶贫开发条例

（2012 年 3 月 28 日甘肃省第十一届人民代表大会常务委员会第二十六次会议通过）

3. 甘肃省循环经济促进条例

（2012 年 3 月 28 日甘肃省第十一届人民代表大会常务委员会第二十六次会议通过）

4. 甘肃省专利条例

（2012 年 6 月 1 日甘肃省第十一届人民代表大会常务委员会第二十七次会议通过）

5. 甘肃省临夏回族自治州施行《中华人民共和国婚姻法》的变通规定

（2012 年 6 月 1 日甘肃省第十一届人民代表大会常务委员会第二十七次会议通过）

6. 甘肃省水土保持条例

（2012年8月10日甘肃省第十一届人民代表大会常务委员会第二十八次会议通过）

7. 甘肃省职工代表大会条例

（2012年9月28日甘肃省第十一届人民代表大会常务委员会第二十九次会议通过）

8. 甘肃省农村公路条例

（2012年9月28日甘肃省第十一届人民代表大会常务委员会第二十九次会议通过）

9. 甘肃省电网建设与保护条例

（2012年11月28日甘肃省第十一届人民代表大会常务委员会第三十次会议通过）

10. 甘肃省森林公园管理条例

（2012年11月28日甘肃省第十一届人民代表大会常务委员会第三十次会议通过）

二、较大的市地方性法规

兰州市

兰州市城镇燃气管理条例

（2012年3月28日甘肃省第十一届人民代表大会常务委员会第二十六次会议批准）

二、修　　改

一、省级地方性法规

1. 甘肃省暂住人口管理暂行办法

（2012年3月28日甘肃省第十一届人民代表大会常务委员会第二十六次会议修改）

2. 甘肃省实施《中华人民共和国水法》办法

（2012年3月28日甘肃省第十一届人民代表大会常务委员会第二十六次会议修改）

3. 甘肃省水路交通管理条例

（2012年3月28日甘肃省第十一届人民代表大会常务委员会第二十六次会议修改）

4. 甘肃省林地保护条例

（2012年3月28日甘肃省第十一届人民代表大会常务委员会第二十六次会议修改）

5. 甘肃省积石山保安族东乡族撒拉族自治县自治条例

（2012年3月28日甘肃省第十一届人民代表大会常务委员会第二十六次会议修改）

6. 甘肃省法制宣传教育条例

（2012年8月10日甘肃省第十一届人民代表大会常务委员会第二十八次会议修改）

7. 甘肃省邮政条例

（2012年8月10日甘肃省第十一届人民代表大会常务委员会第二十八次会议修改）

8. 甘肃省甘南藏族自治州矿产资源管理条例

（2012年9月28日甘肃省第十一届人民代表大会常务委员会第二十九次会议修改）

9. 甘肃省甘南藏族自治州旅游管理条例

（2012年9月28日甘肃省第十一届人民代表大会常务委员会第二十九次会议修改）

10. 甘肃省甘南藏族自治州义务教育条例

（2012年9月28日甘肃省第十一届人民代表大会常务委员会第二十九次会议修改）

11. 甘肃省甘南藏族自治州儿童免疫规划管理办法

（2012年9月28日甘肃省第十一届人民代表大会常务委员会第二十九次会议修改）

12. 甘肃省科学技术进步条例

（2012年11月28日甘肃省第十一届人民代表大会常务委员会第三十次会议修改）

13. 甘肃省价格管理条例

（2012年11月28日甘肃省第十一届人民代表大会常务委员会第三十次会议修改）

二、较大的市地方性法规

兰州市

1. 兰州市市政工程设施管理办法

（2012年6月1日甘肃省第十一届人民代表大会常务委员会第二十七次会议批准修改）

2. 兰州市制止和处理违法建设办法

（2012年6月1日甘肃省第十一届人民代表大会常务委员会第二十七次会议批准修改）

3. 兰州市殡葬管理办法

（2012年6月1日甘肃省第十一届人民代表大会常务委员会第二十七次会议批准修改）

4. 兰州市城市重点区域规划管理暂行办法

（2012年6月1日甘肃省第十一届人民代表大会常务委员会第二十七次会议批准修改）

5. 兰州市无公害蔬菜管理条例

（2012年6月1日甘肃省第十一届人民代表大会常务委员会第二十七次会议批准修改）

6. 兰州市城市市容和环境卫生管理办法

（2012年6月1日甘肃省第十一届人民代表大会常务委员会第二十七次会议批准修改）

7. 兰州市药品和医疗器械流通监督管理条例

（2012年11月28日甘肃省第十一届人民代表大会常务委员会第三十次会议批准修改）

三、废　　止

一、省级地方性法规

1. 甘肃省实施《中华人民共和国残疾人保障法》办法

（2012年3月28日甘肃省第十一届人民代表

大会常务委员会第二十六次会议文中废止）

2. 甘肃省城市房屋拆迁管理办法

（2012 年 3 月 28 日甘肃省第十一届人民代表大会常务委员会第二十六次会议废止）

3. 甘肃省专利保护条例

（2012 年 6 月 1 日甘肃省第十一届人民代表大会常务委员会第二十七次会议文中废止）

4. 甘肃省实施《中华人民共和国水土保持法》办法

（2012 年 8 月 10 日甘肃省第十一届人民代表大会常务委员会第二十八次会议文中废止）

二、较大的市地方性法规

兰州市

兰州市城市房屋拆迁管理办法

（2012 年 6 月 1 日甘肃省第十一届人民代表大会常务委员会第二十七次会议批准废止）

青海省地方性法规目录

一、制　定

省级地方性法规

1. 青海省饮用水水源保护条例

（2012 年 3 月 28 日青海省第十一届人民代表大会常务委员会第二十八次会议通过）

2. 青海省法制宣传教育条例

（2012 年 3 月 28 日青海省第十一届人民代表大会常务委员会第二十八次会议通过）

3. 青海省科学技术进步条例

（2012 年 5 月 30 日青海省第十一届人民代表大会常务委员会第二十九次会议通过）

4. 青海省未成年人保护条例

（2012 年 7 月 27 日青海省第十一届人民代表大会常务委员会第三十一次会议通过）

二、修　改

省级地方性法规

青海省地震安全性评价管理条例

（2012 年 9 月 27 日青海省第十一届人民代表大会常务委员会第三十一次会议修改）

三、废　止

省级地方性法规

1. 青海省实施《中华人民共和国科学技术进步法》的若干规定

（2012 年 5 月 30 日青海省第十一届人民代表大会常务委员会第二十九次会议文中废止）

2. 青海省实施《中华人民共和国未成年人保护法》办法

（2012 年 7 月 27 日青海省第十一届人民代表大会常务委员会第三十一次会议文中废止）

宁夏回族自治区地方性法规目录

一、制　定

一、自治区地方性法规

1. 宁夏回族自治区人民代表大会常务委员会关于自治区县域之间生态移民涉及土地有关问题的决定

（2012 年 6 月 20 日宁夏回族自治区第十届人民代表大会常务委员会第三十次会议通过）

2. 宁夏回族自治区财政监督条例

（2012 年 8 月 1 日宁夏回族自治区第十届人民代表大会常务委员会第三十一次会议通过）

3. 宁夏回族自治区社会科学普及条例

（2012 年 8 月 1 日宁夏回族自治区第十届人民代表大会常务委员会第三十一次会议通过）

4. 宁夏回族自治区突发事件应对条例

（2012 年 9 月 25 日宁夏回族自治区第十届人民代表大会常务委员会第三十二次会议通过）

5. 宁夏回族自治区贺兰山东麓葡萄酒产区保护条例

（2012 年 12 月 5 日宁夏回族自治区第十届人民代表大会常务委员会第三十三次会议通过通过）

二、较大的市地方性法规

银川市

1. 银川市治理乱涂写乱刻画乱张贴办法

（2012年3月29日宁夏回族自治区第十届人民代表大会常务委员会第二十九次会议批准）

2. 银川经济技术开发区条例

（2012年9月25日宁夏回族自治区第十届人民代表大会常务委员会第三十二次会议批准）

3. 银川市农村环境保护条例

（2012年9月25日宁夏回族自治区第十届人民代表大会常务委员会第三十二次会议批准）

二、修　改

一、自治区地方性法规

1. 宁夏回族自治区野生动物保护实施办法

（2012年3月29日宁夏回族自治区第十届人民代表大会常务委员会第二十九次会议修改）

2. 宁夏回族自治区实施《中华人民共和国消防法》办法

（2012年3月29日宁夏回族自治区第十届人民代表大会常务委员会第二十九次会议修改）

3. 宁夏回族自治区节约用水条例

（2012年3月29日宁夏回族自治区第十届人民代表大会常务委员会第二十九次会议修改）

4. 宁夏回族自治区城市绿化管理条例

（2012年3月29日宁夏回族自治区第十届人民代表大会常务委员会第二十九次会议修改）

5. 宁夏回族自治区环境保护条例

（2012年3月29日宁夏回族自治区第十届人民代表大会常务委员会第二十九次会议修改）

6. 宁夏回族自治区煤炭资源勘查开发与保护条例

（2012年3月29日宁夏回族自治区第十届人民代表大会常务委员会第二十九次会议修改）

7. 宁夏回族自治区户外广告管理条例

（2012年3月29日宁夏回族自治区第十届人民代表大会常务委员会第二十九次会议修改）

8. 宁夏回族自治区反不正当竞争条例

（2012年3月29日宁夏回族自治区第十届人民代表大会常务委员会第二十九次会议修改）

9. 宁夏回族自治区劳动保障监察条例

（2012年3月29日宁夏回族自治区第十届人民代表大会常务委员会第二十九次会议修改）

10. 宁夏回族自治区创业与就业促进条例

（2012年3月29日宁夏回族自治区第十届人民代表大会常务委员会第二十九次会议修改）

11. 宁夏回族自治区安全生产条例

（2012年3月29日宁夏回族自治区第十届人民代表大会常务委员会第二十九次会议修改）

12. 宁夏回族自治区矿产资源管理条例

（2012年3月29日宁夏回族自治区第十届人民代表大会常务委员会第二十九次会议修改）

13. 宁夏回族自治区土地管理条例

（2012年3月29日宁夏回族自治区第十届人民代表大会常务委员会第二十九次会议修改）

14. 宁夏回族自治区盐业管理条例

（2012年3月29日宁夏回族自治区第十届人民代表大会常务委员会第二十九次会议修改）

15. 宁夏回族自治区清真食品管理条例

（2012年3月29日宁夏回族自治区第十届人民代表大会常务委员会第二十九次会议修改）

16. 宁夏回族自治区村民委员会选举办法

（2012年6月20日宁夏回族自治区第十届人民代表大会常务委员会第三十次会议修改）

17. 宁夏回族自治区动物防疫条例

（2012年6月20日宁夏回族自治区第十届人民代表大会常务委员会第三十次会议修改）

18. 宁夏回族自治区电力设施保护条例

（2012年9月25日宁夏回族自治区第十届人民代表大会常务委员会第三十二次会议修改）

19. 宁夏回族自治区邮政条例

（2012年9月25日宁夏回族自治区第十届人民代表大会常务委员会第三十二次会议修改）

二、较大的市地方性法规

银川市

1. 银川市贺兰山岩画保护条例

（2012年6月20日宁夏回族自治区第十届人民代表大会常务委员会第三十次会议批准修改）

2. 银川市房屋租赁管理条例

（2012年9月25日宁夏回族自治区第十届人民代表大会常务委员会第三十二次会议批准修改）

3. 银川市学生校外就餐休息场所卫生管理条例

（2012年9月25日宁夏回族自治区第十届人民代表大会常务委员会第三十二次会议批准修改）

4. 银川市燃气管理条例

（2012年9月25日宁夏回族自治区第十届人民代表大会常务委员会第三十二次会议批准修改）

三、废　止

较大的市地方性法规

银川市

1. 银川市清真食品管理规定

（2012 年 6 月 20 日宁夏回族自治区第十届人民代表大会常务委员会第三十次会议批准废止）

2. 银川市检察机关法律监督工作条例

（2012 年 6 月 20 日宁夏回族自治区第十届人民代表大会常务委员会第三十次会议批准废止）

新疆维吾尔自治区地方性法规目录

一、制　　定

一、自治区地方性法规

1. 新疆维吾尔自治区发展规划条例

（2012 年 1 月 5 日新疆维吾尔自治区第十一届人民代表大会常务委员会第三十三次会议通过）

2. 新疆维吾尔自治区实施《中华人民共和国农民专业合作社法》办法

（2012 年 3 月 28 日新疆维吾尔自治区第十一届人民代表大会常务委员会第三十五次会议通过）

3. 新疆维吾尔自治区实施《中华人民共和国突发事件应对法》办法

（2012 年 5 月 30 日新疆维吾尔自治区第十一届人民代表大会常务委员会第三十六次会议通过）

4. 新疆维吾尔自治区湿地保护条例

（2012 年 7 月 27 日新疆维吾尔自治区第十一届人民代表大会常务委员会第三十七次会议通过）

5. 新疆维吾尔自治区实施《中华人民共和国防震减灾法》办法

（2012 年 11 月 29 日新疆维吾尔自治区第十一届人民代表大会常务委员会第三十九次会议通过）

6. 新疆维吾尔自治区实施《中华人民共和国动物防疫法》办法

（2012 年 11 月 29 日新疆维吾尔自治区第十一届人民代表大会常务委员会第三十九次会议通过）

二、较大的市地方性法规

乌鲁木齐市

1. 乌鲁木齐市道路交通安全管理条例

（2012 年 5 月 30 日新疆维吾尔自治区第十一届人民代表大会常务委员会第三十六次会议批准）

2. 乌鲁木齐市户外广告设施设置条例

（2012 年 11 月 29 日新疆维吾尔自治区第十一届人民代表大会常务委员会第三十九次会议批准）

三、单行条例

1. 昌吉回族自治州城镇供热条例

（2012 年 3 月 28 日新疆维吾尔自治区第十一届人民代表大会常务委员会第三十五次会议批准）

2. 昌吉回族自治州旅游条例

（2012 年 3 月 28 日新疆维吾尔自治区第十一届人民代表大会常务委员会第三十五次会议批准）

二、修　　改

自治区地方性法规

1. 新疆维吾尔自治区科学技术进步条例

（2012 年 3 月 28 日新疆维吾尔自治区第十一届人民代表大会常务委员会第三十五次会议修改）

2. 新疆维吾尔自治区实施《中华人民共和国残疾人保障法》办法

（2012 年 3 月 28 日新疆维吾尔自治区第十一届人民代表大会常务委员会第三十五次会修改）

3. 新疆维吾尔自治区实施《中华人民共和国土地管理法》办法

（2012 年 3 月 28 日新疆维吾尔自治区第十一届人民代表大会常务委员会第三十五次会议修改）

4. 新疆维吾尔自治区地质环境保护条例

（2012 年 3 月 28 日新疆维吾尔自治区第十一届人民代表大会常务委员会第三十五次会议修改）

5. 新疆维吾尔自治区产品质量监督条例

（2012 年 3 月 28 日新疆维吾尔自治区第十一届人民代表大会常务委员会第三十五次会议修改）

6. 新疆维吾尔自治区计量监督管理条例

（2012 年 3 月 28 日新疆维吾尔自治区第十一届人民代表大会常务委员会第三十五次会议修改）

7. 新疆维吾尔自治区实施《中华人民共和国森林法》办法

（2012 年 3 月 28 日新疆维吾尔自治区第十一届人民代表大会常务委员会第三十五次会议修改）

8. 新疆维吾尔自治区实施《中华人民共和国野生动物保护法》办法

（2012 年 3 月 28 日新疆维吾尔自治区第十一届人民代表大会常务委员会第三十五次会议修改）

9. 新疆维吾尔自治区野生植物保护条例

（2012 年 3 月 28 日新疆维吾尔自治区第十一届人民代表大会常务委员会第三十五次会议修改）

10. 新疆维吾尔自治区河道管理条例

（2012 年 3 月 28 日新疆维吾尔自治区第十一届人民代表大会常务委员会第三十五次会议修改）

11. 新疆维吾尔自治区农业机械管理条例

（2012 年 3 月 28 日新疆维吾尔自治区第十一届人民代表大会常务委员会第三十五次会议修改）

12. 新疆维吾尔自治区消防条例

（2012 年 3 月 28 日新疆维吾尔自治区第十一届人民代表大会常务委员会第三十五次会议修改）

13. 新疆维吾尔自治区农村集体经济审计条例

（2012 年 7 月 27 日新疆维吾尔自治区第十一届人民代表大会常务委员会第三十七次会议修改）

14. 新疆维吾尔自治区专利促进与保护条例

（2012 年 9 月 28 日新疆维吾尔自治区第十一届人民代表大会常务委员会第三十八次会议修改）

三、废　止

自治区地方性法规

新疆维吾尔自治区动物防疫条例

（2012 年 11 月 29 日新疆维吾尔自治区第十一届人民代表大会常务委员会第三十九次会议文中废止）

司法解释目录

一、最高人民法院司法解释目录

1. 最高人民法院关于国家赔偿案件立案工作的规定

（法释〔2012〕1 号）（2011 年 12 月 26 日由最高人民法院审判委员会第 1537 次会议通过）

2. 最高人民法院关于办理减刑、假释案件具体应用法律若干问题的规定

（法释〔2012〕2 号）（2011 年 11 月 21 日由最高人民法院审判委员会第 1532 次会议通过）

3. 最高人民法院关于审理海上货运代理纠纷案件若干问题的规定

（法释〔2012〕3 号）（2012 年 1 月 9 日由最高人民法院审判委员会第 1538 次会议通过）

4. 最高人民法院关于办理申请人民法院强制执行国有土地上房屋征收补偿决定案件若干问题的规定

（法释〔2012〕4 号）（2012 年 2 月 27 日由最高人民法院审判委员会第 1543 次会议通过）

5. 最高人民法院关于审理因垄断行为引发的民事纠纷案件应用法律若干问题的规定

（法释〔2012〕5 号）（2012 年 1 月 30 日由最高人民法院审判委员会第 1539 次会议通过）

6. 最高人民法院关于在裁判文书中如何表述修正前后刑法条文的批复

（法释〔2012〕7 号）（2012 年 2 月 20 日由最高人民法院审判委员会第 1542 次会议通过）

7. 最高人民法院关于审理买卖合同纠纷案件适用法律问题的解释

（法释〔2012〕8 号）（2012 年 3 月 31 日由最高人民法院审判委员会第 1545 次会议通过）

8. 最高人民法院关于税务机关就破产企业欠缴税款产生的滞纳金提起的债权确认之诉应否受理问题的批复

（法释〔2012〕9 号）（2012 年 6 月 4 日由最高人民法院审判委员会第 1548 次会议通过）

9. 最高人民法院关于铁路运输法院案件管辖范围的若干规定

（法释〔2012〕10 号）（2012 年 7 月 2 日由最高人民法院审判委员会第 1551 次会议通过）

10. 最高人民法院关于军事法院管辖民事案件若干问题的规定

（法释〔2012〕11 号）（2012 年 8 月 20 日由最高人民法院审判委员会第 1553 次会议通过）

11. 最高人民法院关于废止 1979 年底以前发布的部分司法解释和司法解释性质文件（第八批）的决定

（法释〔2012〕13 号）（2012 年 6 月 25 日由最高人民法院审判委员会第 1550 次会议通过）

12. 最高人民法院关于国有土地开荒后用于农耕的土地使用权转让合同纠纷案件如何适用法律问题的批复

（法释〔2012〕14 号）（2011 年 11 月 21 日由最高人民法院审判委员会第 1532 次会议通过）

13. 最高人民法院关于审理破坏草原资源刑事案件应用法律若干问题的解释

（法释〔2012〕15 号）（2012 年 10 月 22 日由最高人民法院审判委员会第 1558 次会议通过）

14. 最高人民法院关于个人独资企业清算是否可以

参照适用企业破产法规定的破产清算程序的批复

（法释〔2012〕16 号）（2012 年 12 月 10 日由最高人民法院审判委员会第 1563 次会议通过）

15. 最高人民法院关于审理道路交通事故损害赔偿案件适用法律若干问题的解释

（法释〔2012〕19 号）2012 年 9 月 17 日由最高人民法院审判委员会第 1556 次会议通过

16. 最高人民法院关于审理侵害信息网络传播权民事纠纷案件适用法律若干问题的规定

（法释〔2012〕20 号）（2012 年 11 月 26 日由最高人民法院审判委员会第 1561 次会议通过）

17. 最高人民法院关于适用《中华人民共和国刑事诉讼法》的解释

（法释〔2012〕21 号）（2012 年 11 月 5 日由最高人民法院审判委员会第 1559 次会议通过）

18. 最高人民法院关于修改后的民事诉讼法施行时未结案件适用法律若干问题的规定

（法释〔2012〕23 号）（2012 年 12 月 24 日由最高人民法院审判委员会第 1564 次会议通过）

19. 最高人民法院关于适用《中华人民共和国涉外民事关系法律适用法》若干问题的解释（一）

（法释〔2012〕24 号）（2012 年 12 月 10 日由最高人民法院审判委员会第 1563 次会议通过）

二、最高人民检察院司法解释目录

最高人民检察院刑事诉讼规则

（高检发释字〔2012〕2 号）（2012 年 10 月 16 日由最高人民检察院第十一届检察委员会第 80 次会议通过）

三、最高人民法院、最高人民检察院联合司法解释目录

1. 最高人民法院、最高人民检察院关于办理内幕交易、泄露内幕信息刑事案件具体应用法律若干问题的解释

（法释〔2012〕4 号）（2011 年 10 月 31 日由最高人民法院审判委员会第 1529 次会议通过、2012 年 2 月 27 日由最高人民检察院第十一届检察委员会第 72 次会议通过）

2. 最高人民法院、最高人民检察院关于废止 1979 年底以前制发的部分司法解释和司法解释性质文件的决定

（法释〔2012〕12 号）（2012 年 6 月 25 日由最高人民法院审判委员会第 1550 次会议通过、2011 年 12 月 29 日由最高人民检察院第十一届检察委员会第 69 次会议通过）

五、特别行政区报送备案的法律目录

香港特别行政区法律目录

（共 28 件）

1.《2012 年未成年人监护（修订）条例》（2012 年第 1 号条例）
2.《2012 年法律适应化修改（军事提述）条例》（2012 年第 2 号条例）
3.《2012 年银行业（修订）条例》（2012 年第 3 号条例）
4.《2012 年拨款条例》（2012 年第 4 号条例）
5.《2012 年商品说明（修订）条例》（2012 年第 5 号条例）
6.《2012 年道路交通（修订）条例》（2012 年第 6 号条例）
7.《2012 年破产欠薪保障（修订）条例》（2012 年第 7 号条例）
8.《升降机及自动梯条例》（2012 年第 8 号条例）
9.《2012 年证券及期货（修订）条例》（2012 年第 9 号条例）
10.《2012 年香港理工大学（修订）条例》（2012 年第 10 号条例）
11.《2012 年选举法例（杂项修订）条例》（2012 年第 11 号条例）
12.《2012 年立法会（修订）条例》（2012 年第 12 号条例）
13.《2012 年渔业保护（修订）条例》（2012 年第 13 号条例）
14.《竞争条例》（2012 年第 14 号条例）
15.《调解条例》（2012 年第 15 号条例）
16.《2012 年强制性公积金计划（修订）条例》（2012 年第 16 号条例）
17.《2012 年建造业法例（杂项修订）条例》（2012 年第 17 号条例）
18.《2012 年个人资料（私隐）（修订）条例》（2012 年第 18 号条例）
19.《一手住宅物业销售条例》（2012 年第 19 号条例）
20.《2012 年联合国（反恐怖主义措施）（修订）条例》（2012 年第 20 号条例）
21.《2012 年税务（修订）条例》（2012 年第 21 号条例）
22.《2012 年法律执业者（修订）条例》（2012 年第 22 号条例）
23.《2012 年入境（修订）条例》（2012 年第 23 号条例）
24.《2012 年建筑物法例（修订）条例》（2012 年第 24 号条例）
25.《2012 年商品说明（不良营商手法）（修订）条例》（2012 年第 25 号条例）
26.《2012 年成文法（杂项规定）条例》（2012 年第 26 号条例）
27.《追加拨款（2011—2012 年度）条例》（2012 年第 27 号条例）
28.《公司条例》（2012 年第 28 号条例）

澳门特别行政区法律目录

（共 17 件）

1. 修改《机动车辆税规章》（第 1/2012 号法律）
2.《公共地方录像监视法律制度》（第 2/2012 号法律）
3.《非高等教育私立学校教学人员制度框架》（第 3/2012 号法律）
4. 修改第 10/2000 号法律《澳门特别行政区廉政公署》（第 4/2012 号法律）
5.《修改著作权及有关权利之制度》（第 5/2012 号法律）
6. 修改《商业登记法典》（第 6/2012 号法律）

7.《调整公共行政工作人员的薪俸、退休金及抚恤金》(第 7/2012 号法律)
8.《保安部队及保安部门的附带报酬》(第 8/2012 号法律)
9.《存款保障制度》(第 9/2012 号法律)
10.《规范进入娱乐场和在场内工作及博彩的条件》(第 10/2012 号法律)
11. 修改第 3/2004 号法律《行政长官选举法》(第 11/2012 号法律)
12. 修改第 3/2001 号法律《澳门特别行政区立法会选举法》(第 12/2012 号法律)
13.《司法援助的一般制度》(第 13/2012 号法律)
14.《公积金个人帐户》(第 14/2012 号法律)
15. 修改第 6/2011 号法律《关于移转居住用途不动产的特别印花税》及《印花税规章》(第 15/2012 号法律)
16.《房地产中介业务法》(第 16/2012 号法律)
17.《2013 年财政年度预算案》(第 17/2012 号法律)

人事任免

第十一届全国人民代表大会常务委员会第二十五次会议决定任免、批准任免、任免名单

全国人民代表大会常务委员会任命名单

（2012年2月29日第十一届全国人民代表大会常务委员会第二十五次会议通过）

任命陈光国为第十一届全国人民代表大会农业与农村委员会副主任委员。

全国人民代表大会常务委员会免职名单

（2012年2月29日第十一届全国人民代表大会常务委员会第二十五次会议通过）

免去俞灵雨的最高人民法院审判委员会委员、审判员职务。

全国人民代表大会常务委员会任免名单

（2012年2月29日第十一届全国人民代表大会常务委员会第二十五次会议通过）

一、免去付志安、卢平权（女）的最高人民检察院检察员职务。

二、任命张智辉为最高人民检察院检察员。

全国人民代表大会常务委员会批准任免的名单

（2012年2月29日第十一届全国人民代表大会常务委员会第二十五次会议通过）

一、批准免去王建明的山西省人民检察院检察长职务；

批准任命杨司为山西省人民检察院检察长。

二、批准免去邢宝玉的内蒙古自治区人民检察院检察长职务；

批准任命马永胜为内蒙古自治区人民检察院检察长。

三、批准免去张金锁的吉林省人民检察院检察长职务；

批准任命杨克勤为吉林省人民检察院检察长。

四、批准免去姜伟的黑龙江省人民检察院检察长职务；

批准任命徐明为黑龙江省人民检察院检察长。

五、批准免去国家森的山东省人民检察院检察长职务；

批准任命吴鹏飞为山东省人民检察院检察长。

六、批准免去陈俊平的贵州省人民检察院检察长职务；

批准任命袁本朴（土家族）为贵州省人民检察院检察长。

七、批准免去哈斯木·马木提（维吾尔族）的新疆维吾尔自治区人民检察院检察长职务；

批准任命尼相·依不拉音（维吾尔族）为新疆维吾尔自治区人民检察院检察长。

全国人民代表大会常务委员会决定任免的名单

（2012 年 2 月 29 日第十一届全国人民代表大会常务委员会第二十五次会议通过）

免去吕凡的中华人民共和国驻智利共和国特命全权大使职务；

任命杨万明为中华人民共和国驻智利共和国特命全权大使。

（2012 年 5 月 16 日国家主席胡锦涛根据全国人大常委会的决定召回和派遣）

免去杨秀萍（女）的中华人民共和国驻斯里兰卡民主社会主义共和国特命全权大使职务；

任命吴江浩为中华人民共和国驻斯里兰卡民主社会主义共和国特命全权大使。

（2012 年 6 月 18 日国家主席胡锦涛根据全国人大常委会的决定召回和派遣）

免去杨伟国的中华人民共和国驻巴林王国特命全权大使职务；

任命李琛为中华人民共和国驻巴林王国特命全权大使。

（2012 年 6 月 18 日国家主席胡锦涛根据全国人大常委会的决定召回和派遣）

免去沈智良的中华人民共和国驻多民族玻利维亚国特命全权大使职务；

任命李东为中华人民共和国驻多民族玻利维亚国特命全权大使。

（2012 年 6 月 18 日国家主席胡锦涛根据全国人大常委会的决定召回和派遣）

免去忻顺康的中华人民共和国驻津巴布韦共和国特命全权大使职务；

任命林琳为中华人民共和国驻津巴布韦共和国特命全权大使。

（2012 年 7 月 31 日国家主席胡锦涛根据全国人大常委会的决定召回和派遣）

免去魏瑞兴的中华人民共和国驻纳米比亚共和国特命全权大使职务；

任命忻顺康为中华人民共和国驻纳米比亚共和国特命全权大使。

（2012 年 7 月 31 日国家主席胡锦涛根据全国人大常委会的决定召回和派遣）

免去薛金维的中华人民共和国驻喀麦隆共和国特命全权大使职务；

任命沃瑞棣为中华人民共和国驻喀麦隆共和国特命全权大使。

（2012 年 8 月 30 日国家主席胡锦涛根据全国人大常委会的决定召回和派遣）

免去高建（女）的中华人民共和国驻匈牙利特命全权大使职务；

任命肖千为中华人民共和国驻匈牙利特命全权大使。

（2012 年 12 月 25 日国家主席胡锦涛根据全国人大常委会的决定召回和派遣）

第十一届全国人民代表大会常务委员会第二十六次会议决定任免、批准任免、任免名单

全国人民代表大会常务委员会任免名单

（2012 年 4 月 27 日第十一届全国人民代表大会常务委员会第二十六次会议通过）

一、任命贺小荣为最高人民法院民事审判第一庭副庭长。

二、免去王胜全、任宪成的最高人民法院审判员职务。

全国人民代表大会常务委员会免职名单

（2012 年 4 月 27 日第十一届全国人民代表大会常务委员会第二十六次会议通过）

免去林建华（女）的最高人民检察院检察员职务。

全国人民代表大会常务委员会决定任免的名单

（2012 年 4 月 27 日第十一届全国人民代表大会常务委员会第二十六次会议通过）

任命杨秀萍（女）为中华人民共和国驻东盟使团团长、特命全权大使。

（2012 年 7 月 31 日国家主席胡锦涛根据全国人大常委会的决定派遣）

免去张卫东的中华人民共和国驻密克罗尼西亚联邦特命全权大使职务；

任命张连云为中华人民共和国驻密克罗尼西亚联邦特命全权大使。

（2012 年 7 月 31 日国家主席胡锦涛根据全国人大常委会的决定召回和派遣）

免去孙玉玺的中华人民共和国驻波兰共和国特命全权大使职务；

任命徐坚为中华人民共和国驻波兰共和国特命全权大使。

（2012 年 8 月 30 日国家主席胡锦涛根据全国人大常委会的决定召回和派遣）

第十一届全国人民代表大会常务委员会第二十七次会议决定任免、批准任免、任免名单

全国人民代表大会常务委员会任免名单

（2012年6月30日第十一届全国人民代表大会常务委员会第二十七次会议通过）

一、任命高憬宏为最高人民法院审判委员会委员。

二、任命王晓东为最高人民法院刑事审判第二庭副庭长。

三、任命万永海为最高人民法院刑事审判第四庭副庭长。

四、任命王闯为最高人民法院民事审判第三庭副庭长。

五、任命王振宇为最高人民法院行政审判庭副庭长。

六、免去耿景仪（女）的最高人民法院刑事审判第四庭副庭长、审判员职务。

七、免去孙忠志、陈泊安的最高人民法院审判员职务。

全国人民代表大会常务委员会决定任免的名单

（2012年6月30日第十一届全国人民代表大会常务委员会第二十七次会议通过）

免去史明德的中华人民共和国驻奥地利共和国特命全权大使职务；

任命赵彬为中华人民共和国驻奥地利共和国特命全权大使。

（2012年8月30日国家主席胡锦涛根据全国人大常委会的决定召回和派遣）

免去吴红波的中华人民共和国驻德意志联邦共和国特命全权大使职务；

任命史明德为中华人民共和国驻德意志联邦共和国特命全权大使。

（2012年8月30日国家主席胡锦涛根据全国人大常委会的决定召回和派遣）

免去夏煌的中华人民共和国驻尼日尔共和国特命全权大使职务；

任命石虎为中华人民共和国驻尼日尔共和国特命全权大使。

（2012年8月30日国家主席胡锦涛根据全国人大常委会的决定召回和派遣）

免去刘登林的中华人民共和国驻也门共和国特命全权大使职务；

任命常华为中华人民共和国驻也门共和国特命全权大使。

（2012年10月29日国家主席胡锦涛根据全国人大常委会的决定召回和派遣）

免去张志良的中华人民共和国驻卡塔尔国特命全权大使职务；

任命高有祯为中华人民共和国驻卡塔尔国特命全权大使。

（2012年10月29日国家主席胡锦涛根据全国人大常委会的决定召回和派遣）

免去杨广玉的中华人民共和国驻乍得共和国特命全权大使职务；

任命胡志强为中华人民共和国驻乍得共和国特命全权大使。

（2012年10月29日国家主席胡锦涛根据全国人大常委会的决定召回和派遣）

免去龚元兴的中华人民共和国驻塞内加尔共和国特命全权大使职务；

任命夏煌为中华人民共和国驻塞内加尔共和国特命全权大使。

（2012 年 10 月 29 日国家主席胡锦涛根据全国人大常委会的决定召回和派遣）

免去苏格的中华人民共和国驻冰岛共和国特命全权大使职务；

任命马继生为中华人民共和国驻冰岛共和国特命全权大使。

（2012 年 12 月 25 日国家主席胡锦涛根据全国人大常委会的决定召回和派遣）

第十一届全国人民代表大会常务委员会第二十八次会议决定任免、批准任免、任免名单

全国人民代表大会常务委员会决定任免的名单

（2012 年 8 月 31 日第十一届全国人民代表大会常务委员会第二十八次会议通过）

免去李盛霖的交通运输部部长职务；

任命杨传堂为交通运输部部长。

全国人民代表大会常务委员会任免名单

（2012 年 8 月 31 日第十一届全国人民代表大会常务委员会第二十八次会议通过）

一、任命丁成飞、毛宜全、王富博、杨占富、杨立初、胡方（女）为最高人民法院审判员。

二、免去王玉琦的最高人民法院审判员职务。

全国人民代表大会常务委员会批准免职名单

（2012 年 8 月 31 日第十一届全国人民代表大会常务委员会第二十八次会议通过）

批准免去马勇霞（女，回族）的海南省人民检察院检察长职务。

全国人民代表大会常务委员会决定任免的名单

（2012 年 8 月 31 日第十一届全国人民代表大会常务委员会第二十八次会议通过）

免去李春华的中华人民共和国驻佛得角共和国特命全权大使职务；

任命苏健为中华人民共和国驻佛得角共和国特命全权大使。

（2012 年 12 月 25 日国家主席胡锦涛根据全国人大常委会的决定召回和派遣）

免去黄松甫的中华人民共和国驻莫桑比克共和国特命全权大使职务；

任命李春华为中华人民共和国驻莫桑比克共和国特命全权大使。

（2012 年 12 月 25 日国家主席胡锦涛根据全国人大常委会的决定召回和派遣）

免去于文哲的中华人民共和国驻圭亚那合作共和国特命全权大使职务；

任命张利民为中华人民共和国驻圭亚那合作共和国特命全权大使。

（2012 年 12 月 25 日国家主席胡锦涛根据全国人大常委会的决定召回和派遣）

免去张备三的中华人民共和国驻葡萄牙共和国特命全权大使职务；

任命黄松甫为中华人民共和国驻葡萄牙共和国特命全权大使。

（2013 年 2 月 25 日国家主席胡锦涛根据全国人大常委会的决定召回和派遣）

免去李长华的中华人民共和国驻哥斯达黎加共和国特命全权大使职务；

任命宋彦斌为中华人民共和国驻哥斯达黎加共和国特命全权大使。

（2013 年 2 月 25 日国家主席胡锦涛根据全国人大常委会的决定召回和派遣）

免去胡业顺的中华人民共和国驻拉脱维亚共和国特命全权大使职务；

任命杨国强为中华人民共和国驻拉脱维亚共和国特命全权大使。

（2013 年 3 月 13 日国家主席胡锦涛根据全国人大常委会的决定召回和派遣）

免去袁南生的中华人民共和国驻苏里南共和国特命全权大使职务；

任命杨子刚为中华人民共和国驻苏里南共和国特命全权大使。

（2013 年 3 月 13 日国家主席胡锦涛根据全国人大常委会的决定召回和派遣）

免去吴泽献的中华人民共和国驻黎巴嫩共和国特命全权大使职务；

任命姜江为中华人民共和国驻黎巴嫩共和国特命全权大使。

（2013 年 4 月 22 日国家主席习近平根据全国人大常委会的决定召回和派遣）

中华人民共和国香港特别行政区第十二届全国人民代表大会代表选举会议成员名单

（2012 年 8 月 31 日第十一届全国人民代表大会常务委员会第二十八次会议通过）

（1621 人，按姓名笔画排列）

丁午寿	丁炜章	丁焖灿	丁锦源	丁毓珠（女）
卜福晨	刁志辉	于学忠	于健安	马木根
马介璋	马月霞（女）	马庆丰	马宋玉（女）	马忠礼
马逢国	马梓才	马清煜	马超奇	马景煊
马煜文	马墉宜	马豪辉	马德照	王冬胜
王吉显	王再兴	王华生	王如登	王寿鹏
王宏业	王英伟	王国华	王国兴	王国安
王国强	王葛鸣（女）	王　征	王宝龙	王绍尔
王香君（女）	王俊晖	王觉豪	王晓玉	王敏刚
王敏超	王维基	王惠贞（女）	王景儿（女）	王赐豪
王锐德	王富刚	韦国洪	韦基舜	韦　霖
云大棉	区永熙	区伯权	区启昌	区啸翔
车书剑	贝钧奇	毛祺昌	仇振辉	文汉明

文光明	文志双	文春辉	文浩正	文富稳
文裕明	文禄星	文　楼	方　中	方文雄
方　方	方　平	方　刚	方　和	方承光
方保侨	方津生	方润华	方黄吉雯(女)	方景乐
方　铿	方智辉	计佑铭	尹才榜	尹广霖
尹志德	尹德胜	孔令成	孔庆平	邓日燊
邓永昌	邓伟文	邓伟明	邓伟棕	邓兆棠
邓庆业	邓励东	邓良顺	邓国纲	邓祖国
邓贺年	邓家良	邓家彪	邓　焘	邓清河
邓淑明(女)	邓惠雄	邓锦良	邓锦雄	邓煖勋
甘乃威	甘　宁	甘秀云(女)	甘博文	古汉强
古胜祥	古宣辉	古嫣琪(女)	石汉基	石礼谦
石松生	龙子明	龙汉标	龙佩兰(女)	龙家麟
卢文端	卢伟国	卢寿生	卢志强	卢荫强
卢重兴	卢恩成	卢浩宏	卢萃霖	卢维干
卢超群	卢鼎儒	卢温胜	卢瑞安	卢懿杏(女)
叶天养	叶永玉(女)	叶永成	叶伟明	叶仲南
叶旭晖	叶庆宁	叶庆忠	叶刘淑仪(女)	叶志光
叶杰全	叶国华	叶国忠	叶国谦	叶建源
叶承添	叶顺兴(女)	叶冠荣	叶恩明	叶海琅
叶维晋	叶满华	叶德铨	叶曜丞	田北辰
田北俊	史美伦(女)	史泰祖	丘铭剑	包陪庆(女)
邝广杰	邝心怡(女)	邝正炜	邝志伟	邝耀深
冯一柱	冯万如	冯　丹(女)	冯文正	冯玉娟(女)
冯可立	冯仕耕	冯权国	冯伟华	冯仲佳
冯华健	冯庆锵	冯　玖(女)	冯孝忠	冯志坚
冯国纶	冯国经	冯炜尧	冯树发	冯美云(女)
冯炳辉	冯晓增	冯健中	冯健忠	冯润仪(女)
冯检基	冯彩玉(女)	冯添枝	冯碧仪(女)	冯德华
冯德利	司徒家成	司徒雪雯(女)	邢　籁(女)	成火南
成汉强	吕天增	吕元祥	吕礼章	吕任杰
吕庆培	吕志和	吕　坚	吕灿锦	吕明华
吕联勤	吕慧瑜(女)	吕耀东	朱　正	朱世平
朱永耀	朱庆虹	朱沛坤	朱建华	朱洪民
朱莲芬(女)	朱继陶	朱景辉	朱嘉乐	伍占美
伍卓林	伍荣才	伍得良	伍淑清(女)	伍锐明
任枝明	任国栋	邬满海	庄成鑫	庄任明
庄沁如(女)	庄启程	庄陈有	庄学山	庄绍绥
庄冠男	庄绮云(女)	刘天生	刘少文	刘长乐
刘文君(女)	刘文炜	刘业强	刘汉铨	刘吉良
刘伟荣	刘伟章	刘华森	刘兆佳	刘江华
刘宇一	刘宇新	刘麦嘉轩(女)	刘志华	刘志强
刘克溪	刘秀成	刘应和	刘迺强	刘奇喆
刘国声	刘国勋	刘国辉	刘佩琼(女)	刘金凤(女)
刘金胜	刘诗昆	刘诗韵(女)	刘绍钧	刘荣广

刘柱柏	刘皇发	刘炳章	刘柔芬(女)	刘振奎
刘健仪(女)	刘展灏	刘梦熊	刘　崧	刘鸿书
刘淑燕(女)	刘　婵(女)	刘森波	刘惠文	刘嘉敏
刘慕仪(女)	刘銮鸿	刘遵义	刘耀棠	关之义
关百豪	关志健	关汪洲	关育材	关海山
关锐煊	江泽濠	汤伟立	汤伟奇	汤宝珍(女)
汤恩佳	汤伟抡	汤麟华	许天福	许汉忠
许华杰	许旭明	许荣茂	许冠文	许晋奎
许章荣	许超明	许朝英	许智明	许照中
许锦成	阮纪堂	阮苏少湄(女)	阮曾媛琪(女)	孙大伦
孙名峰	孙启昌	孙启烈	孙宝源	羽智云
纪文凤(女)	麦邓碧仪(女)	麦业成	麦齐光	麦志烈
麦建华	麦美娟(女)	麦桂圃	麦海华	麦培东
麦绮华(女)	麦谢巧玲(女)	麦嘉慧(女)	严日初	严建平
严震铭	苏永强	苏西智	苏志强	苏丽珍(女)
苏肖娟(女)	苏泽光	苏炤成	苏洁莹(女)	苏洁燕(女)
苏栢灿	苏晓鹏	苏曜华	杜　毅(女)	李乃尧
李乃熺	李大壮	李小聪	李子良	李子健
李月民	李月华(女)	李凤英(女)	李文岳	李文俊
李引泉	李玉芳(女)	李业广	李乐诗(女)	李　汉
李汉城	李　宁	李宁汉	李永逵	李永鸿
李民桥	李民斌	李　扬	李芝兰(女)	李达仁
李伟业	李伟民	李伟庭	李伟强	李华明
李兆基	李兆铨	李庆生	李　欢	李均活
李均颐(女)	李志恒	李志峰	李志雄	李志强
李丽贞(女)	李丽明(女)	李连生	李秀恒	李佐雄
李应生	李良骥	李启明	李君夏	李君豪
李杰江	李贤义	李国凤	李国兴	李国英
李国宝	李国章	李国雄	李国强	李国麟
李明佩(女)	李明堃	李和协	李和声	李炎昌
李泽钜	李泽培	李泽敏	李宗德	李建贤
李承仕	李迦密	李细燕(女)	李绍鸿	李杜铭
李树仁	李胜帜	李美辰(女)	李炳权	李炳光
李洪森	李冠洪	李祖泽	李振庭	李桂珍(女)
李健鸿	李健勤	李颂熹	李　悦	李家仁
李家杰	李家驹	李家晖	李家祥	李梓恩
李崇德	李彩华	李焕明(女)	李深和	李敬天
李惠民	李惠光	李惠森	李景勋	李景衡
李焯芬	李锦贤	李锦雄	李鹏飞	李群华
李　静	李碧仪(女)	李嘉诚	李嘉音(女)	李銮辉
李慧琼(女)	李德康	李德森	李德麟	李耀辉
李耀斌	李耀新	杨万里	杨上进	杨义护
杨子熙	杨元彬	杨文锐	杨永钊	杨永杰
杨　光	杨伟添	杨汝万	杨孙西	杨孝华
杨志威	杨志雄	杨　钊	杨位醒	杨卓明

杨国林　杨国琦　杨和生　杨秉坚　杨金溪
杨学明　杨绍东　杨贯一　杨革新　杨振勋
杨　晖（女）　杨海成　杨家正　杨敏德（女）　杨超发
杨　森　杨锦珍（女）　杨碧瑶（女）　杨耀忠　连阳平
吴天海　吴水丽　吴长胜　吴文拱　吴文穗
吴世宗　吴仕福　吴汉良　吴永顺　吴永辉
吴永嘉　吴光正　吴守基　吴观鸿　吴　欢
吴连烽　吴宏斌　吴良好　吴其彦　吴卓贤
吴享洪　吴宝舜　吴宗权　吴荣治　吴柏年
吴思远　吴思源　吴钟能　吴秋北　吴俊来
吴亮星　吴炳康　吴恒广　吴康民　吴清焕
吴清辉　吴维新　吴惠明　吴智明　吴智敏
吴　斌　吴楚妹（女）　吴锦津　吴锦鸿　吴静怡（女）
吴肇文　吴慧仪（女）　吴熹安　吴耀东　岑才生
岑丽仪（女）　岑嘉评　利雅博　邱戊秀　邱　全
邱带娣（女）　邱祖淇　邱浩波　邱维廉　邱德根
何大伟　何玉生　何世柱　何冬青　何立基
何汉文　何汉权　何永谦　何达文　何仲平
何仲浩　何安诚　何观发　何志平　何志坚
何志佳　何志盛　何沛德　何国伟　何国璋
何炘基　何宝英（女）　何宗声　何建宗　何承天
何柱国　何显明　何钜业　何钟泰　何俊仁
何俊贤　何俊麒　何栢良　何栢霆　何家昌
何鸿光　何婉玲（女）　何超凤（女）　何超平　何翘楚
何景安　何锡安　何德心　何懿德　佘达明
佘继标　佘汉坤　佘寿宁　佘志明　佘秀珠（女）
佘若薇（女）　佘国春　佘国樑　佘倩雯（女）　佘健南
佘润兴　佘维强　佘瑞琼（女）　佘锦雄　佘锦强
佘鹏春　佘　桑　狄志远　邹广荣　邹允贞
邹灿基　应利伟　闵建蜀　汪国成　汪明荃（女）
汪建中　沙　意　沈雪明（女）　沈朝生　宋德嘉
张天生　张云枫　张木林　张少强　张日祥
张仁良　张仁康　张凤婷（女）　张文光　张火有
张为国　张双庆　张礼信　张永言　张永森
张达明　张达棠　张成雄　张华峰　张伙泰
张宇人　张宇文　张红力　张志刚　张志荣
张志泉　张志雄　张松桥　张国华　张国良
张国标　张国钧　张明合　张明敏　张炜生
张学武　张学明　张学修　张　茵（女）　张勋贤
张信刚　张俊挺　张闾蘅（女）　张炳良
张洪秀美（女）　张哲孙　张家敏　张培生　张银弟（女）
张康达　张瑞芳（女）　张锦鸿　张赛娥（女）　张慧晶（女）
张德胜　张德熙　张懿宸　陆　地　陆达权
陆宏广　陆宙光　陆建英（女）　陆联芬　陆雅仪（女）
陈一华　陈万雄　陈小玲（女）　陈子钧　陈天佑

陈云生　陈少琼(女)　陈少棠　陈凤英(女)　陈凤翔
陈文鸿　陈以诚　陈玉书　陈世强　陈　东
陈立志　陈兰英(女)　陈汉铨　陈汉森　陈汉藩
陈记煊　陈永光　陈永华　陈永安　陈永健
陈永棋　陈圣光　陈幼南　陈协平　陈有庆
陈有海　陈达文　陈成秀　陈伟坤　陈伟明
陈伟南　陈伟能　陈伟麟　陈仲尼　陈华裕
陈伙娣　陈旭明　陈庆生　陈汝旭　陈红天
陈抗生　陈志光①　陈志光②　陈志明　陈克勤
陈　苏　陈杏英(女)　陈丽云(女)　陈丽华(女)　陈财喜
陈秀琼(女)　陈作基　陈伯芳　陈亨利　陈沛良
陈启宗　陈　劲　陈若瑟　陈茂波　陈茂强
陈松龄　陈奇伟　陈国权　陈国华　陈国盛
陈国强　陈国旗　陈国璋　陈明亮　陈帜宪
陈金烈　陈金霖　陈念慈(女)　陈　炜　陈炎光
陈泽盛　陈宝钊　陈宝珠(女)　陈建业　陈经纬
陈封平　陈荣灿　陈荣宗　陈荣美　陈树安
陈树标　陈修杰　陈剑光　陈剑声(女)　陈首铭
陈炳枢　陈炳焕　陈恒镔　陈祖泽　陈振中
陈振东　陈振彬　陈起馨　陈桦硕　陈晓颖(女)
陈特楚　陈笑权　陈健文　陈健波　陈健彬
陈健雄　陈爱菁(女)　陈润根　陈家明　陈通生
陈继伟　陈捷贵　陈　彬　陈曼琪(女)　陈崇业
陈崇辉　陈铭润　陈敏娟(女)　陈清泉　陈清霞(女)
陈鸿基　陈淑玲(女)　陈婉娴(女)　陈维端　陈超骏
陈葆心(女)　陈植桂　陈景生　陈智文　陈智思
陈　斌　陈普芬　陈港养　陈富明　陈裕光
陈瑞娟(女)　陈瑞球　陈新华　陈福祥　陈嘉敏(女)
陈镇仁　陈镜秋　陈霭群(女)　陈耀辉　陈鉴林
邵家辉　邵善波　招显洸　范佐浩　范栢添
范徐丽泰(女)　范锦平　林力山　林大辉　林小明
林千国　林广兆　林云峰　林贝聿嘉(女)　林长志
林文辉　林玉珍(女)　林汉强　林发耿　林光宇
林光如　林伟菁　林伟强　林华英(女)　林志挺
林李静文(女)　林启晖　林　劲　林国文　林国昌
林国豪　林和起　林炎南　林建岳　林树哲
林贵昌　林顺潮　林　泉　林宣武　林冠良
林艳嫦(女)　林振升　林振永　林哲玄　林根苏
林倩丽(女)　林健锋　林家荣　林家辉　林乾礼
林崇绥(女)　林铭森　林逸明　林淑仪(女)　林淑芬(女)
林智远　林　强　林照权　林锦仪(女)　林燕凤(女)
郁德芬(女)　欧阳成潮　欧阳宝珍(女)　欧耀佳　易志明

① 陈志光①——香港海关总关员
② 陈志光②——百老汇摄影器材有限公司董事

罗义坤	罗友礼	罗少杰	罗东旗	罗乐风
罗仲荣	罗如波	罗志伟	罗志雄	罗君美(女)
罗范椒芬(女)	罗杰承	罗叔清	罗建平	罗建生
罗致光	罗竞成	罗祥国	罗盛慕娴(女)	罗康瑞
罗焕昌	罗景云	罗富昌	罗煌枫	罗嘉瑞
周子京	周玉堂	周永成	周永健	周永勤
周永新	周光晖	周伟淦	周安达源	周克强
周伯展	周松岗	周转香(女)	周叔英(女)	周贤明
周厚澄	周星驰	周昭贤(女)	周俊明	周洁冰(女)
周桂英(女)	周润赏	周娟娟(女)	周萝茜(女)	周雪凤(女)
周梁淑怡(女)	周维正	周联侨	周慧珍(女)	周镇邦
冼大敏	冼汉镔	冼启明	冼国忠	庞美兰(女)
庞爱兰(女)	庞维仁	郑丁富	郑少华	郑文聪
郑汉钧	郑伟波	郑寿良	郑克和	郑苏薇(女)
郑利明	郑启明	郑张永珍(女)	郑国屏	郑明训
郑明明(女)	郑泳舜	郑　祎(女)	郑承峰	郑经翰
郑俊平	郑素娥(女)	郑海泉	郑家纯	郑家豪
郑　彪	郑维志	郑维健	郑景文	郑斌彬
郑富炜	郑裕彤	郑瑞泰	郑楚光	郑耀彤
郑耀宗	郑耀棠	单仲偕	单志明	经志宇
赵少萍(女)	赵丽娟(女)	赵明华	赵资强	赵雪莲(女)
赵赞安	荣智健	胡文新	胡　仙(女)	胡汉清
胡应湘	胡国贤	胡国祥	胡法光	胡定旭
胡经昌	胡春月(女)	胡　珠	胡晓明	胡鸿烈
胡葆琳(女)	胡慕芳(女)	胡德超	胡　麟	柯创盛
查锡我	查懋声	哈奇伟	钟伟平①	钟伟平②
钟华楠	钟志平	钟国星	钟国斌	钟树根
钟鸿钧	钟期荣(女)	钟港武	钟瑞明	钟嘉乐
钟慧敏(女)	侯永昌	侯志强	侯伯文	侯叔祺
侯瑞培	俞焕彬(女)	施子清	施安娜(女)	施学概
施荣怀	施祥鹏	施展熊	姜北好	洪为民
洪克协	洪连杉	洪旻旭	洪　炳	洪祖杭
洪祖星	洪敬南	洪锦铉	觉　光	费明仪(女)
费　斐(女)	姚秀卿(女)	姚明强	姚易明	姚柏良
姚思荣	姚顺好(女)	姚鸿志	骆水生	骆国安
秦　晓	秦钰池	袁仕杰	袁伟强	袁兆英
袁汝明	袁志海	袁启顺	袁　武	袁家齐
袁靖罡	袁福和	袁耀全	莫乃光	莫汉辉
莫应帆	莫树锦	莫敬甫	莫锦贵	夏佳理
顾振华	钱果丰	倪锦辉	徐汉光	徐　帆
徐守沪	徐是雄	徐炳光	徐晋晖	徐祥龄
徐锦尧	徐锦辉	徐耀明	徐耀祥	奚治月(女)

① 钟伟平①——荃湾乡事委员会主席

② 钟伟平②——稻香控股有限公司主席

翁志明	凌文海	凌志强	凌桂珍(女)	高永文
高吕咏梅(女)	高志伟	高志森	高克宁	高茗华(女)
高宝龄(女)	高彦明	高美懿(女)	高栢堃	高敬德
高泉	郭少明	郭少棠	郭必铮	郭永祥
郭伟强	郭志一	郭志权	郭志有	郭志英(女)
郭志德	郭　苏	郭　炎	郭宝贤	郭修圃
郭美霞(女)	郭炳江	郭炳联	郭炳湘	郭振华
郭烈东	郭海生	郭锡志	唐一柱	唐大威
唐庆年	唐庆枝	唐学元	唐家成	唐焕甜(女)
唐赓尧	唐楚男	浦　江	涂辉龙	涂谨申
容永祺	容启宁	容启泰	谈理平	黄乙昌
黄于唱	黄士心	黄万成	黄　山	黄广荣
黄天祥	黄元弟	黄友嘉	黄　比	黄　火
黄火金(女)	黄孔乐	黄以谦	黄玉山	黄龙德
黄戊娣(女)	黄　平	黄汉兴	黄汉清	黄永标
黄再英(女)	黄达东	黄成智	黄光苗	黄光辉
黄光耀	黄守正	黄进达	黄志文	黄灿鸿
黄宏滔	黄良会	黄良柏	黄启智	黄英琦(女)
黄英豪	黄　杰	黄杰龙	黄卓健	黄国桐
黄国础	黄国健	黄明辉	黄岳永	黄金月(女)
黄金池	黄金宝	黄金富	黄　河	黄河清
黄泽标	黄泽恩	黄学海	黄宝基	黄定光
黄宜弘	黄建彬	黄建源	黄肃亮	黄绍伦
黄春平	黄柏良	黄柏胜	黄树德	黄贵泉
黄保欣	黄　洪	黄栢鸣	黄根仔	黄铁城
黄健兴	黄浩明	黄海恒	黄家伦	黄家和
黄容根	黄祥发	黄　娴(女)	黄　球	黄乾亨
黄敏杰	黄　旌	黄婉仪(女)	黄绮丽(女)	黄朝阳
黄雄生	黄紫玉(女)	黄景强	黄景新	黄智超
黄舒明(女)	黄富荣	黄瑞玲(女)	黄楚标	黄楚峰
黄照康	黄锦辉	黄源活	黄福根	黄碧云(女)
黄碧娇(女)	黄嘉纯	黄嘉荣	黄耀荣	黄　镒
黄镒权	萧亦煌	萧咏仪(女)	萧浪鸣	萧婉嫦(女)
萧碧英(女)	萧翠芳(女)	萨智生	曹王敏贤(女)	曹文锦
曹世植	曹圣玉(女)	曹宏威	曹启乐	戚本盛
龚志强	龚栢祥	盛智文	崔世昌	崔志英
崔俊明	脱瑞康	阎　峰	清　洪	梁万里
梁广熔	梁广灏	梁云生	梁日昌	梁凤仪(女)
梁孔德	梁　发	梁权东	梁伟文	梁伟权
梁伟英	梁伟浩	梁华济	梁兆昌	梁兆棠
梁红卿(女)	梁志刚	梁志伟	梁志坚	梁志祥
梁志敏	梁志群	梁芙咏(女)	梁君彦	梁英标
梁国贞(女)	梁国忠	梁国基	梁国辉	梁图根

梁和平	梁秉中	梁定邦①	梁定邦②	梁荣江
梁荣佳	梁荣能	梁钦荣	梁适华	梁亮胜
梁美芬(女)	梁炳华	梁炳坤	梁冠华	梁振英
梁健文	梁颂恩(女)	梁浩贤	梁海明	梁悦明(女)
梁家杰	梁家辉	梁家骝	梁焕荣	梁智鸿
梁富华	梁筹庭	梁福元	梁嘉彦	梁德华
梁德兴	梁魏懋贤(女)	梁耀霖	彭长纬	彭华根
彭泽厚	彭准来	彭港祥	彭磷基	彭耀佳
葛佩帆(女)	董利翔(女)	董建华	董耀中	蒋丽芸(女)
蒋秋霞(女)	韩连山	程万琦	程介明	程张迎
程国粲	程岸丽(女)	程鼎一	傅德桢	舒盛宗
释永惺	释果德(女)	释衍空	释智慧	释道平
释演慈(女)	童和平	曾文仲	曾正麟	曾汉强
曾永华	曾协泰	曾向群	曾志文(女)	曾志刚
曾励强	曾秀梅(女)	曾国强	曾忠南	曾荫权
曾树和	曾昭群	曾炳发	曾宪梓	曾宪强
曾恩发	曾钰成	曾超庆	曾智明	曾　群(女)
曾德成	湛家雄	温水平	温文仪	温丽友(女)
温来喜	温忠平	温和辉	温金泉	温学濂
温浩源	温悦昌	温悦球	温嘉旋	谢中民
谢文贤(女)	谢仕荣	谢永龄	谢伟俊	谢伟铨
谢安如	谢孝衍	谢秉忠	谢树培	谢　炳
谢爱红(女)	谢涌海	谢　彬(女)	谢鸿兴	谢景华
蓝鸿震	蒲锦文	蒙德扬	赖仁彪	赖旭辉
赖庆辉	赖海民	赖锡璋	赖锦璋	甄健沛
雷添良	简卫华	简文乐	简永基	简志成
简志豪	简松年	简炳墀	简福饴	鲍绮云(女)
解自安	源志敏	蔡大维	蔡中虎	蔡永忠
蔡观伟	蔡志明③	蔡志明④	蔡克刚	蔡　坚
蔡沛华	蔡启升	蔡国光	蔡国雄	蔡金华
蔡宗建	蔡思聪	蔡俊明	蔡衍涛	蔡冠深
蔡素玉(女)	蔡根培	蔡健权	蔡海伟	蔡盛侨
蔡锡聪	蔡镇华	蔡德河	蔡懿德(女)	
管胡金爱(女)	廖长江	廖长城	廖仁君	廖成利
廖铁城	廖凌康	廖敬棠	谭万钧	谭小莹(女)
谭天放	谭凤仪(女)	谭光舜	谭伟豪	谭兆成
谭志峰	谭志聪	谭尚渭	谭国雄	谭咏麟
谭显伟	谭惠珍(女)	谭惠珠(女)	谭锦球	谭福添
谭耀宗	熊永达	熊百祥	缪英源	黎广德
黎叶宝萍(女)	黎伟雄	黎全娣	黎志华	黎时煖
黎启穗	黎荣浩	黎胜仔	黎桂康	黎培荣

① 梁定邦①——退休(广安投资有限公司原董事长)

② 梁定邦②——资深大律师

③ 蔡志明①——港九劳工社团联会干事

④ 蔡志明②——旭日国际集团有限公司主席

黎　勤	黎锦文	黎嘉恩	黎德全	滕一龙
颜文浩	颜吴余英(女)	颜金炜	颜宝铃(女)	颜锦全
潘天赐	潘乐陶	潘永祥	潘伟明	潘兆平
潘庆基	潘江伟	潘进源	潘志成	潘杜泉
潘国华	潘国城	潘国濂	潘佩璆	潘宗光
潘承梓	潘荣辉	潘祖尧	潘莹明(女)	潘绮红(女)
潘维准	潘景顺	潘　熙	潘德邻	薛凤旋
薛光林	薛建平	薛浩然	霍震霆	霍震寰
戴　权	戴希立	戴德丰		

中华人民共和国澳门特别行政区第十二届全国人民代表大会代表选举会议成员名单

（2012 年 8 月 31 日第十一届全国人民代表大会常务委员会第二十八次会议通过）

(365 人，按姓名笔画排列)

万　群(女)	飞安达	马万祺	马有礼	马有恒
马志毅	马秀立	马若龙	王正伟	王世民
王孝仁	王孝行	王彬成	韦辉樑	区天香(女)
区永强	区秉光	区金蓉(女)	区宗杰	区锦新
尤淑瑞(女)	尤端阳	方健坤	尹一桥(女)	尹君乐
孔竞勉	孔智刚	邓凤珍(女)	邓君明	邓炳添
邓祖基	邓健威	邓锦嫦(女)	卢伟石	卢国强
卢学锋	卢景昭	卢瑞仪(女)	卢勤心(女)	卢德华(女)
叶兆昌	叶启明	叶绍文	叶荣发	叶耀荣
邝荣杰	冯为钊	冯志强	冯国康	冯金水
冯金喜	冯觉生	冯家辉	冯焕文	司徒民义
司徒荻林	老寿永	毕　明	吕强光	吕锡杜
朱月霞(女)	朱泽霖	朱锦凤(女)	华年达	刘弋云
刘艺良	刘本立	刘永诚	刘光普	刘玫瑰(女)
刘金玲(女)	刘炎新	刘润辉	刘雄鸣	刘雅防
刘羡冰(女)	刘焯华	刘锦成	刘擎云	关荣丰
关树权	关笑红(女)	关翠杏(女)	江荣辉	江美芬(女)
许世元	许礼坚	许国璇	许健康	许辉年
阮子荣	阮宇华(女)	阮若华	阮建昆	阮爱武
阮毓明	麦志权	麦瑞权	劳灼荣	苏中兴
苏伟良	苏树辉	苏映璇(女)	苏海辉	李子丰
李天赏	李从正	李公剑	李文钦	李汉基
李成俊	李向玉	李观鼎	李沛霖	李国泰
李明基	李佳鸣(女)	李宝来	李柏辉	李俊才
李炳富	李勇辉	李莱德	李祥立	李雪屏(女)
李鹏翥	杨允中	杨秀雯(女)	杨俊文	杨浩然
杨道匡	吴小丽(女)	吴仕明	吴立胜	吴在权

吴志良	吴志诚	吴利勋	吴秀琼(女)	吴国昌
吴荣恪	吴柱邦	吴炳铦	吴素宽(女)	吴培娟(女)
吴　福	吴慧红(女)	岑玉霞(女)	岑展平	邱金海
邱显哲	何少金(女)	何玉棠	何华添	何丽贞(女)
何佩芬(女)	何厚铧	何美华(女)	何桂兴	何桂铃(女)
何海威	何润生	何通铭	何雪卿(女)	何鸿燊
何蒋棠	何富强	何锦霞(女)	余建栋	余荣让
余健楚	余惠莺(女)	汪长南	沈振耀	宋厚章
张文宽	张立群	张伟智	张志生	张丽玛(女)
张　裕	陆永根	陆　波	陈少雄	陈永杰
陈伟智	陈亦立	陈志杰	陈启明	陈雨润
陈明金	陈泽武	陈春新	陈荣光	陈荣林
陈　虹(女)	陈美仪(女)	陈炳华	陈洁瑛(女)	陈振华
陈健文	陈健英	陈景垣	陈锐洸	陈锦鸣
陈满祥	招银英(女)	林日初	林凤娥(女)	林伟濠
林华坚	林金城	林　定	林香生	林复二
林　昶	林笑云(女)	林润垣	林淑源(女)	林燕妮(女)
欧宇雄	欧安利	欧家明	罗少荣	罗永源
罗加鸿	罗肖金(女)	罗崇雯(女)	罗德明	周锦辉
冼志扬	冼志耀	郑成业	郑仲锡	郑志强
郑坚立	郑秀明(女)	郑康乐	官世海	姗桃丝(女)
赵步云	胡松辉	胡顺谦	胡景光	柯为湘
钟小健	钟立雄	钟国荣	施子学	施利亚
施绮华(女)	姚伟彬	姚汝祥	姚健池	姚鸿明
贺一诚	贺定一(女)	袁惠清(女)	莫均益	徐达明
徐伟坤	徐德明	凌世威	凌世豪	高开贤
高展明	高展鸿	高锦辉	郭良顺	郭敬文
唐志坚	唐坚谋	唐坚燊	唐晓晴	容永恩(女)
谈宝容(女)	黄义满	黄仁民	黄永谦	黄伟麟
黄宇光	黄如楷	黄志成	黄丽卿(女)	黄枫桦
黄国胜	黄宝仪(女)	黄树森	黄显辉	黄洁林
黄祖添	黄健中	黄耀荣	黄耀球	菲能地
萧志伟	萧德雄	曹其真(女)	曹锦泉	龚树根
崔世平	崔世安	崔世昌	崔煜林	崔　耀
梁少培	梁文耀	梁玉华(女)	梁仕友	梁伟林
梁仲虬	梁　华	梁　全	梁庆庭	梁庆球
梁安琪(女)	梁　忝	梁拔祥	梁金泉	梁官汉
梁荫冲	梁树森	梁显达	梁冠峰	梁晚年
梁维特	梁智生	梁普宇	覃培基	释闻证(女)
释健钊	曾炽明	曾展南	温　泉	谢广汉
谢硕文	蓝钦文(女)	蓝铧缨	甄李睿恒(女)	鲍马壮
鲍志明	蔡文兰(女)	蔡安安	蔡志龙	廖玉麟
廖泽云	谭民权	谭百业	谭伯源	谭启汉
黎日隆	黎仲勋	黎胜铗	黎振强	颜延龄
潘玉兰(女)	潘汉荣	潘志明	潘国庆	薛观平
霍志钊	霍丽斯(女)	戴华浩	戴明扬	戴黄桂玲(女)

关于《中华人民共和国香港特别行政区第十二届全国人民代表大会代表选举会议成员名单(草案)》和《中华人民共和国澳门特别行政区第十二届全国人民代表大会代表选举会议成员名单(草案)》的说明

——2012 年 8 月 27 日在第十一届全国人民代表大会常务委员会第二十八次会议上

全国人大常委会副秘书长　王万宾

全国人民代表大会常务委员会:

第十一届全国人民代表大会第五次会议通过的《中华人民共和国香港特别行政区选举第十二届全国人民代表大会代表的办法》和《中华人民共和国澳门特别行政区选举第十二届全国人民代表大会代表的办法》规定,香港特别行政区、澳门特别行政区分别成立第十二届全国人民代表大会代表选举会议,选举产生第十二届全国人民代表大会代表。据此,全国人大常委会办公厅于 2012 年 6 月上旬向香港特别行政区、澳门特别行政区第十二届全国人民代表大会代表选举会议组成范围内的人员发函并附选举会议成员登记表,征询是否愿意参加选举会议。同时,为了使上述范围内人员周知征询意见及送交登记表的具体安排,全国人大常委会办公厅于 6 月 11 日专门就有关事项发布公告,并在香港、澳门的主要报纸上予以刊登。7 月 10 日至 25 日,全国人大常委会办公厅在香港、澳门设立办公室接收选举会议成员登记表。根据征询意见情况,委员长会议拟订了《中华人民共和国香港特别行政区第十二届全国人民代表大会代表选举会议成员名单(草案)》和《中华人民共和国澳门特别行政区第十二届全国人民代表大会代表选举会议成员名单(草案)》,提请本次会议审议。受委员长会议的委托,我就两个名单草案作如下说明。

一、关于《中华人民共和国香港特别行政区第十二届全国人民代表大会代表选举会议成员名单(草案)》

根据《中华人民共和国香港特别行政区选举第十二届全国人民代表大会代表的办法》第五条的规定,香港特别行政区第十二届全国人民代表大会代表选举会议,由参加过香港特别行政区第十一届全国人民代表大会代表选举会议的人员,以及不是上述人员的香港特别行政区居民中的中国人民政治协商会议第十一届全国委员会委员和香港特别行政区第四任行政长官选举委员会委员中的中国公民组成。但本人提出不愿参加的除外。香港特别行政区行政长官为香港特别行政区第十二届全国人民代表大会代表选举会议的成员。

全国人大常委会办公厅向上述范围内的人员征询意见,共发出征询意见函和《中华人民共和国香港特别行政区第十二届全国人民代表大会代表选举会议成员登记表》1835 份。交回选举会议成员登记表并表示愿意参加选举会议的有 1628 人,包括香港特别行政区行政长官梁振英。经审查,交回选举会议成员登记表并表示愿意参加选举会议的 1628 人中,有 7 人填报为非中国公民,具有中国公民身份并表示愿意参加选举会议的有 1621 人。

根据《中华人民共和国香港特别行政区选举第十二届全国人民代表大会代表的办法》的规定,香港特别行政区第十二届全国人民代表大会代表选举会议成员现为 1621 人。

需要说明的是,香港特别行政区行政长官选举委员会委员今年 9 月将会发生一些变化。根据香港特别行政区基本法附件一香港特别行政区行政长官的产生办法,香港特别行政区立法会议员是香港特别行政区行政长官选举委员会委员。今年 9 月香港特别行政区立法会选举后,对于新当选的香港特别行政区立法会议员中的中国公民,全国人大常委会办公厅将征询其是否愿意参加选举会议并将表示愿意参加选举会议的人员提请全国人大常委会审议同意后补充到香港特别行政区第十二届全国人大代表选举会议成员名单中。

二、关于《中华人民共和国澳门特别行政区第十二届全国人民代表大会代表选举会议成员名单(草案)》

根据《中华人民共和国澳门特别行政区选举第十二届全国人民代表大会代表的办法》第五条的规定,澳门特别行政区第十二届全国人民代表大会代表选举会议,由参加过澳门特别行政区第十一届全国人民代表大会代表选举会议的人员,以及不是上述人员的澳门特别行政区居民中的中国人民政治协商会议第十一届全国委员会委员、澳门特别行政区第三任行政长官选举委员会委员中的中国公民和澳门特别行政区第四届立法会议员中的中国公民组成。但本人提出不愿参加的除外。澳门特别行政区行政长官为澳门特别行政区第十二届全国人民代表大会代表选举会议的成员。

全国人大常委会办公厅向上述范围内的人员征询意见,共发出征询意见函和《中华人民共和国澳门特别行政区第十二届全国人民代表大会代表选举会议成员登记表》383 份。交回选举会议成员登记表并表示愿意参加选举会议的有 365 人,包括澳门特别行政区行政长官崔世安。经审查,交回登记表并表示愿意参加选举会议的 365 人都具有中国公民身份。

根据《中华人民共和国澳门特别行政区选举第十二届全国人民代表大会代表的办法》的规定,澳门特别行政区第十二届全国人民代表大会代表选举会议成员为 365 人。

《中华人民共和国香港特别行政区第十二届全国人民代表大会代表选举会议成员名单(草案)》和《中华人民共和国澳门特别行政区第十二届全国人民代表大会代表选举会议成员名单(草案)》及以上说明,请审议。

第十一届全国人民代表大会常务委员会第二十九次会议决定任免、批准任免、任免名单

全国人民代表大会常务委员会任命名单

(2012 年 10 月 26 日第十一届全国人民代表大会常务委员会第二十九次会议通过)

任命苏军为全国人民代表大会常务委员会预算工作委员会副主任。

全国人民代表大会常务委员会任免名单

(2012 年 10 月 26 日第十一届全国人民代表大会常务委员会第二十九次会议通过)

一、免去张军的最高人民法院副院长、审判委员会委员、审判员职务。

二、任命王琳(女)、王云飞、王艳芳(女)、史正文、刘崇理、孙江、余晓汉、宋春雨、张代恩、李伟、李俊、李德申、杨征宇、邹雷、陈志远、陈建萍(女)、尚晓阳、林玉环(女)、郑鹏、胡夏冰、贾劲松、高洪江、黄年、覃丹(女)为最高人民法院审判员。

全国人民代表大会常务委员会免职名单

（2012年10月26日第十一届全国人民代表大会常务委员会第二十九次会议通过）

免去刘伟东（女）、钱立华、冯进的最高人民检察院检察员职务。

全国人民代表大会常务委员会决定任免的名单

（2012年10月26日第十一届全国人民代表大会常务委员会第二十九次会议通过）

免去张炎的中华人民共和国驻印度共和国特命全权大使职务；

任命魏苇为中华人民共和国驻印度共和国特命全权大使。

（2013年1月16日国家主席胡锦涛根据全国人大常委会的决定召回和派遣）

免去王开文的中华人民共和国驻吉尔吉斯共和国特命全权大使职务；

任命齐大愚为中华人民共和国驻吉尔吉斯共和国特命全权大使。

（2013年2月25日国家主席胡锦涛根据全国人大常委会的决定召回和派遣）

免去赵卫平的中华人民共和国驻萨摩亚独立国特命全权大使职务；

任命李燕端（女）为中华人民共和国驻萨摩亚独立国特命全权大使。

（2013年2月25日国家主席胡锦涛根据全国人大常委会的决定召回和派遣）

免去顾子平的中华人民共和国驻斯洛伐克共和国特命全权大使职务；

任命潘伟芳为中华人民共和国驻斯洛伐克共和国特命全权大使。

免去屈生武的中华人民共和国驻乌拉圭东岸共和国特命全权大使职务；

任命严邦华为中华人民共和国驻乌拉圭东岸共和国特命全权大使。

（2013年3月13日国家主席胡锦涛根据全国人大常委会的决定召回和派遣）

免去王士雄的中华人民共和国驻赤道几内亚共和国特命全权大使职务；

任命赵宏声为中华人民共和国驻赤道几内亚共和国特命全权大使。

（2013年4月11日国家主席习近平根据全国人大常委会的决定召回和派遣）

免去张军的中华人民共和国驻荷兰王国特命全权大使职务；

任命陈旭为中华人民共和国驻荷兰王国特命全权大使。

（2013年4月11日国家主席习近平根据全国人大常委会的决定召回和派遣）

免去苑桂森的中华人民共和国驻厄瓜多尔共和国特命全权大使职务；

任命王士雄为中华人民共和国驻厄瓜多尔共和国特命全权大使。

（2013年4月11日国家主席习近平根据全国人大常委会的决定召回和派遣）

免去张国庆的中华人民共和国驻吉布提共和国特命全权大使职务；

任命符华强为中华人民共和国驻吉布提共和国特命全权大使。

（2013年4月22日国家主席习近平根据全国人大常委会的决定召回和派遣）

免去刘焕兴的中华人民共和国驻博茨瓦纳共和国特命全权大使职务；

任命郑竹强为中华人民共和国驻博茨瓦纳共和国特命全权大使。

（2013年4月22日国家主席习近平根据全国人大常委会的决定召回和派遣）

第十一届全国人民代表大会常务委员会第三十次会议决定任免、批准任免、任免名单

全国人民代表大会常务委员会决定任免的名单

（2012年12月28日第十一届全国人民代表大会常务委员会第三十次会议通过）

免去孟建柱兼任的公安部部长职务；

任命郭声琨为公安部部长。

全国人民代表大会常务委员会免职名单

（2012年12月28日第十一届全国人民代表大会常务委员会第三十次会议通过）

一、免去王晓新的最高人民检察院检察委员会委员、检察员职务。

二、免去李向京（女）、李世明、张志远的最高人民检察院检察员职务。

全国人民代表大会常务委员会任免名单

（2012年12月28日第十一届全国人民代表大会常务委员会第三十次会议通过）

一、免去杜万华的最高人民法院民事审判第一庭庭长职务。

二、免去贺小荣的最高人民法院民事审判第一庭副庭长职务。

三、免去黄永维的最高人民法院审判监督庭副庭长职务。

四、任命张勇健为最高人民法院民事审判第一庭庭长，免去其最高人民法院民事审判第二庭副庭长职务。

五、任命卢建平为最高人民法院刑事审判第三庭副庭长。

六、任命姚辉为最高人民法院民事审判第一庭副庭长。

七、任命薛刚凌（女）为最高人民法院行政审判庭副庭长。

八、任命方金刚、王晓滨、冉容（女）、刘为波、张淑芳（女）、李军、李剑、李晓光、杨弘磊、陈建德、陈朝仑、罗勋、范向阳、贾力（女）、钱小红（女）、符连香（女）、储荣魁为最高人民法院审判员。

全国人民代表大会常务委员会决定任免的名单

（2012年12月28日第十一届全国人民代表大会
常务委员会第三十次会议通过）

免去杨厚兰的中华人民共和国驻尼泊尔联邦民主共和国特命全权大使职务；

任命吴春太为中华人民共和国驻尼泊尔联邦民主共和国特命全权大使。

（2013年3月13日国家主席胡锦涛根据全国人大常委会的决定召回和派遣）

免去李军华的中华人民共和国驻缅甸联邦特命全权大使职务；

任命杨厚兰为中华人民共和国驻缅甸联邦特命全权大使。

（2013年3月13日国家主席胡锦涛根据全国人大常委会的决定召回和派遣）

免去边燕花（女）的中华人民共和国驻毛里求斯共和国特命全权大使职务；

任命李立为中华人民共和国驻毛里求斯共和国特命全权大使。

（2013年3月13日国家主席胡锦涛根据全国人大常委会的决定召回和派遣）

免去张业遂的中华人民共和国驻美利坚合众国特命全权大使职务；

任命崔天凯为中华人民共和国驻美利坚合众国特命全权大使。

（2013年4月9日国家主席习近平根据全国人大常委会的决定召回和派遣）

免去王辅国的中华人民共和国驻波斯尼亚和黑塞哥维那特命全权大使职务；

任命董春风为中华人民共和国驻波斯尼亚和黑塞哥维那特命全权大使。

（2013年4月11日国家主席习近平根据全国人大常委会的决定召回和派遣）

免去刘汉明的中华人民共和国驻安提瓜和巴布达特命全权大使职务；

任命任共平为中华人民共和国驻安提瓜和巴布达特命全权大使。

（2013年4月11日国家主席习近平根据全国人大常委会的决定召回和派遣）

免去徐建国的中华人民共和国驻格林纳达特命全权大使职务；

任命欧渤芊（女）为中华人民共和国驻格林纳达特命全权大使。

（2013年4月22日国家主席习近平根据全国人大常委会的决定召回和派遣）

免去杨优明的中华人民共和国驻特立尼达和多巴哥共和国特命全权大使职务；

任命黄星原为中华人民共和国驻特立尼达和多巴哥共和国特命全权大使。

（2013年4月22日国家主席习近平根据全国人大常委会的决定召回和派遣）

中国人民解放军选举委员会主任、副主任、委员名单

（2012年12月28日第十一届全国人民代表大会
常务委员会第三十次会议批准）

主　任：范长龙

副主任：许其亮　张　阳

委　员：常万全　房峰辉　赵克石　张又侠　吴胜利　马晓天　魏凤和　杜金才　吴昌德　秦生祥　刘　滨

附：

全国人民代表大会常务委员会决定任免的名单

（2011年6月30日第十一届全国人民代表大会常务委员会第二十一次会议通过）

免去刘昕生的中华人民共和国驻坦桑尼亚联合共和国特命全权大使职务；

任命吕友清为中华人民共和国驻坦桑尼亚联合共和国特命全权大使。

（2012年4月6日国家主席胡锦涛根据全国人大常委会的决定召回和派遣）

免去黄忠坡的中华人民共和国驻爱沙尼亚共和国特命全权大使职务；

任命曲喆为中华人民共和国驻爱沙尼亚共和国特命全权大使。

（2012年4月6日国家主席胡锦涛根据全国人大常委会的决定召回和派遣）

全国人民代表大会常务委员会决定任免的名单

（2011年8月26日第十一届全国人民代表大会常务委员会第二十二次会议通过）

免去张克远的中华人民共和国驻马耳他共和国特命全权大使职务；

任命蔡金彪为中华人民共和国驻马耳他共和国特命全权大使。

（2012年4月6日国家主席胡锦涛根据全国人大常委会的决定召回和派遣）

免去唐国强的中华人民共和国驻挪威王国特命全权大使职务；

任命赵军为中华人民共和国驻挪威王国特命全权大使。

（2012年5月16日国家主席胡锦涛根据全国人大常委会的决定召回和派遣）

全国人民代表大会常务委员会决定任免的名单

（2011年10月29日第十一届全国人民代表大会常务委员会第二十三次会议通过）

免去钟建华的中华人民共和国驻南非共和国特命全权大使职务；

任命田学军为中华人民共和国驻南非共和国特命全权大使。

（2012年4月6日国家主席胡锦涛根据全国人大常委会的决定召回和派遣）

免去孙荣民的中华人民共和国驻斯洛文尼亚共和国特命全权大使职务；

任命张宪一为中华人民共和国驻斯洛文尼亚共和国特命全权大使。

（2012年4月6日国家主席胡锦涛根据全国人大常委会的决定召回和派遣）

免去李树立的中华人民共和国驻刚果共和国特命全权大使职务；

任命关键为中华人民共和国驻刚果共和国特命全权大使。

（2012年5月16日国家主席胡锦涛根据全国人大常委会的决定召回和派遣）

免去李福顺（女）的中华人民共和国驻加蓬共和国特命全权大使职务；

任命孙继文为中华人民共和国驻加蓬共和国特命全权大使。

（2012年5月16日国家主席胡锦涛根据全国人大常委会的决定召回和派遣）

免去魏强的中华人民共和国驻巴巴多斯特命全权大使职务；

任命徐宏为中华人民共和国驻巴巴多斯特命全权大使。

（2012年5月16日国家主席胡锦涛根据全国人大常委会的决定召回和派遣）

全国人民代表大会常务委员会决定任免的名单

（2011年12月31日第十一届全国人民代表大会常务委员会第二十四次会议通过）

免去章启月（女）的中华人民共和国驻印度尼西亚共和国特命全权大使职务；

任命刘建超为中华人民共和国驻印度尼西亚共和国特命全权大使。

（2012年4月6日国家主席胡锦涛根据全国人大常委会的决定召回和派遣）

免去高育生的中华人民共和国驻阿拉伯联合酋长国特命全权大使职务；

任命黄杰民为中华人民共和国驻阿拉伯联合酋长国特命全权大使。

（2012年4月6日国家主席胡锦涛根据全国人大常委会的决定召回和派遣）

免去谢杭生的中华人民共和国驻丹麦王国特命全权大使职务；

任命李瑞宇为中华人民共和国驻丹麦王国特命全权大使。

（2012年4月6日国家主席胡锦涛根据全国人大常委会的决定召回和派遣）

免去李连生的中华人民共和国驻厄立特里亚国特命全权大使职务；

任命牛强为中华人民共和国驻厄立特里亚国特命全权大使。

（2012年6月18日国家主席胡锦涛根据全国人大常委会的决定召回和派遣）

免去李国邦的中华人民共和国驻塞浦路斯共和国特命全权大使职务；

任命刘昕生为中华人民共和国驻塞浦路斯共和国特命全权大使。

（2012年6月18日国家主席胡锦涛根据全国人大常委会的决定召回和派遣）

免去程树平的中华人民共和国驻瓦努阿图共和国特命全权大使职务；

任命谢波华为中华人民共和国驻瓦努阿图共和国特命全权大使。

（2012年8月30日国家主席胡锦涛根据全国人大常委会的决定召回和派遣）

注：这是2011年4月6日、5月16日、6月18日、8月30日国家主席胡锦涛决定任免的第十一届全国人大常委会第二十一次会议、第二十二次会议、第二十三次会议和第二十四次会议通过的驻外大使名单。

代表工作

一、代表议案处理

全国人民代表大会民族委员会关于第十一届全国人民代表大会第五次会议主席团交付审议的代表提出的议案审议结果的报告

（2012 年 10 月 26 日第十一届全国人民代表大会常务委员会第二十九次会议通过）

全国人民代表大会常务委员会：

今年 3 月，第十一届全国人民代表大会第五次会议主席团交付民族委员会审议的议案 1 件，即河北代表团尹广军等 31 名代表提出的“关于制定清真食品管理法的议案”（第 423 号）。接到议案后，民族委员会对议案进行了认真研究和专题调研，召开了领衔代表及部分附议代表参加的座谈会，进一步听取了代表的意见，并征求了国务院有关部门的意见。2012 年 8 月 31 日，全国人大民族委员会举行第二十三次会议，对此议案进行审议，提出了审议意见。现将审议结果报告如下：

尹广军等代表在议案中提出，清真食品管理问题，事关满足穆斯林群众的生活需要，事关尊重少数民族的风俗习惯，事关民族团结和社会和谐稳定大局，也事关对外交往和国家形象。一段时间以来，因清真食品方面出现问题而引发的矛盾和纠纷时有发生。“清真不清”的问题在一些地方比较突出，没有清真饮食营业执照的企业和个体工商户非法生产和经营清真食品等现象在一些地方不同程度存在，违反党和国家的民族政策，伤害少数民族群众的感情，对社会稳定造成了不利影响。同时在清真食品管理上由于上位法缺失，造成与下位法缺乏衔接，导致地方在清真食品管理的某些方面无立法和执法依据，管理流于形式。而且，随着《行政许可法》的颁布实施，地方性法规已不能设定前置性行政许可，有些地方清真食品管理条例取消了清真食品生产经营的前置审批的规定，在一些地方，甚至出现了没有主管部门对清真食品生产经营者进行认证的现象，清真食品生产经营活动混乱，不能有效预防因清真饮食引发的摩擦、矛盾，一些群众反映强烈。因此，建议国家抓紧制定关于清真食品生产经营管理方面的法律或行政法规，以解决存在的矛盾和问题。

民族委员会认为，议案所反映的问题确实存在，所提建议是合理的，充分体现了人大代表对清真食品管理工作的关心和重视。我国有十个少数民族食用清真食品，人口两千多万。切实尊重这部分少数民族的饮食习惯，规范清真食品生产经营管理，对保障少数民族合法权益、加强民族团结、维护社会稳定具有重要意义。党和国家历来重视尊重少数民族风俗习惯，制定了一系列尊重少数民族风俗习惯的政策法规和措施，全国大部分省（市、区）制定了关于清真食品管理条例（办法、意见）或相关规定，这些政策措施已经深入人心，而且在实践中也产生了推动民族和谐的良好效果。特别是国务院有关部门做了大量工作，正在起草拟订清真食品管理方面的行政法规，具有清真饮食习惯的各族群众对此期待很高。

鉴于此，民族委员会建议全国人大常委会督促国务院加快清真食品管理行政法规的立法进程，使之尽早出台。在行政法规出台后总结实施经验的基础上，再考虑进一步上升为法律。同时建议在行政法规出台前，国务院和地方有关部门要切实做好现有这方面政策法规的宣传教育和贯彻落实工作。

以上报告，请审议。

全国人民代表大会民族委员会

2012 年 10 月 23 日

全国人民代表大会内务司法委员会关于第十一届全国人民代表大会第五次会议主席团交付审议的代表提出的议案审议结果的报告

（2012年10月26日第十一届全国人民代表大会常务委员会第二十九次会议通过）

全国人民代表大会常务委员会：

第十一届全国人民代表大会第五次会议主席团交付内务司法委员会审议的代表提出的议案74件，要求制定法律17部，修改法律14部，共涉及31项立法；建议开展执法检查2项。内司委将办理代表议案与做好内司委经常性工作相结合，积极推动相关立法和监督工作；研究制定代表议案办理工作方案，明确专人负责；加强与有关部门进行沟通交流；主动与领衔代表联系，听取意见；邀请提出议案的部分代表参加执法检查、专题调研等工作。有关方面对我委办理的议案认真研究，及时提出了意见。内务司法委员会于2012年10月9日召开第二十七次会议，对代表议案进行了审议。现将审议结果报告如下：

一、4件代表议案提出的2项立法，已经提请全国人大常委会审议

1.2. 关于修改老年人权益保障法的议案3件，关于制定养老服务法的议案1件。十一届全国人大常委会第二十七次会议对老年人权益保障法（修订草案）进行了初审。代表议案中提出的相关建议，已在草案中吸收采纳。

二、39件议案提出的12项立法，有的已经列入十一届全国人大常委会立法规划或2012年立法工作计划，建议列入十二届全国人大常委会立法规划

3. 关于修改城市居民委员会组织法的议案4件。修改城市居民委员会组织法已列入十一届全国人大常委会立法规划。建议国务院有关部门抓紧修改完善，适时报国务院提请全国人大常委会审议。

4. 关于制定慈善事业法的议案8件。制定慈善事业法已列入十一届全国人大常委会立法规划和2012年立法工作计划预备项目。建议列入十二届全国人大常委会立法规划，加快立法进度。

5. 关于制定社会救助法和将刑事被害人救助制度纳入社会救助法立法的议案2件。制定社会救助法已列入十一届全国人大常委会立法规划和2012年立法工作计划预备项目。国务院法制办和民政部正在对社会救助法草案（稿）作进一步论证完善。建议国务院有关部门抓紧工作，尽快报国务院提请全国人大常委会审议。

6. 关于制定国家机关编制法的议案2件。机构编制法是十一届全国人大常委会立法规划的预备项目，中编办已制定了中央编办机构编制法制建设中长期规划。建议国务院有关部门抓紧起草机构编制法草案，报国务院提请全国人大常委会审议。

7. 关于制定志愿服务法的议案4件。制定志愿服务法已列入十一届全国人大常委会立法规划的预备项目。国务院法制办正会同有关部门对志愿服务管理体制、志愿者权利义务等问题进行研究。建议列入十二届全国人大常委会立法规划，抓紧起草工作。

8. 关于制定社区矫正法的议案2件。国务院已将制定社区矫正法列入2012年立法工作计划，司法部正在按计划推进这项工作。建议国务院有关部门在充分总结社区矫正实践经验的基础上，抓紧起草社区矫正法草案，报国务院提请全国人大常委会审议。

9. 关于修改监狱法的议案3件。国务院已将修改监狱法列为2012年立法工作计划的研究论证项目。建议国务院有关部门抓紧监狱法修改的相关工作，报国务院提请全国人大常委会审议。

10.11.12. 关于修改人民法院组织法、人民检察院组织法、建议设立少年法院的议案7件。目前，修改条件已经成熟，建议将修改人民法院组织法和人民检察院组织法列入十二届全国人大常委会立法规划。

13.14. 关于修改法官法的议案2件，关于修改检察官法的议案1件。为了加强司法队伍建设，保证人民法官、人民检察官人员素质，建议将修改法官法、检察官法列入十二届全国人大常委会立法规划，抓紧研究起草工作。

15. 关于制定网络信息安全法的议案4件。全国人大常委会法工委正在研究起草关于保护网络信息安全的决定，国务院法制办也在研究修订互联网信息服务管理办法。建议将网络信息安全立法列入十二届全国人大常委会立法规划，并抓紧出台上述决定和办法。

三、14件议案提出的6项立法，国务院正在制定或修改相关行政法规，建议在相关行政法规施行一段时间后再考虑是否制定法律

16. 关于制定儿童福利法的议案1件。民政部已完成儿童福利条例草案初稿。建议国务院有关部门抓紧完成儿童福利条例的起草工作，并在立法中认真研究代表议案中提出的问题和建议。

17. 关于流浪未成年人救助管理立法的议案1件。民政部已初步形成《城市生活无着的流浪乞讨人员救助管理办法》修正案（草案）。建议在修订相关法规时认真研究吸收代表提出的建议。

18. 关于制定殡葬法的议案2件。国务院已将修改殡葬管理条例列入2012年立法工作计划。建议国务院抓紧修改工作。

19. 关于制定烈士纪念设施保护法的议案1件。国务院于2011年颁布的烈士褒扬条例，专设一章规定了烈士纪念设施的管理主体、责任和办法。民政部会同财政部下发了《关于加强零散烈士纪念设施建设管理保护工作的通知》，目前，正在研究烈士安葬办法、烈士纪念设施分级管理办法等制度。建议国务院有关部门在上述工作中认真研究吸收代表议案中提出的建议。

20. 关于制定行政区划法的议案1件。民政部已起草并向国务院上报了行政区划管理条例（草案）。建议相关部门认真研究吸收代表议案提出的建议，制定出台行政区划管理条例。

21. 关于制定见义勇为法的议案8件。见义勇为保护条例已列入国务院2012年立法工作计划。公安部正在起草《见义勇为者权益保护条例（稿）》。建议抓紧起草修改工作，通过立法弘扬中华民族传统美德。

四、14件议案提出的11项立法，相关法律、法规已有规定或尚不具备立法条件，建议待条件成熟时再制定或修改法律

22. 关于修改收养法的议案1件。民政部积极推动制定《中国公民收养子女登记条例》，通过确立收养能力评估制度，对收养人抚养教育被收养人的能力作出全面评估。建议有关部门抓紧工作，适时向全国人大常委会提出修法建议。

23. 关于修改村民委员会组织法第十一条第二款的议案1件。2010年，十一届全国人大常委会第十七次会议对村民委员会组织法进行了修订。建议国务院有关部门对代表议案中提出的问题进行认真研究，加强对村委会换届选举工作的监督指导。

24. 关于修改残疾人保障法的议案1件。2008年，十一届全国人大常委会第二次会议审议通过了残疾人保障法（修订）。建议国务院有关部门认真研究代表议案中提出的问题和建议，继续完善配套法规、规章和政策措施。

25. 关于在诉讼活动中设立中国特色人民陪审团制度的议案1件。2004年，十届全国人大常委会第十一次会议通过的关于完善人民陪审员制度的决定，是推动人民陪审制度发展的法律依据。建议最高人民法院认真总结决定实施情况，推动人民陪审制度健康发展。

26. 关于制定加强人民检察院法律监督工作的决议的议案1件。刑事诉讼法、民事诉讼法的修订，为检察机关履行法律监督职能提供了法律支持。建议检察机关认真研究贯彻刑事诉讼法、民事诉讼法的具体措施，落实各项制度，维护和促进司法公正。

27. 关于制定法制宣传教育法的议案1件。全国人大常委会关于加强法制宣传教育的决议具有法律约束力。考虑到法制宣传教育在内容和形式等方面的阶段性，目前采用由全国人大常委会每五年就普法工作作出决议的做法有利于加强针对性，是适宜的。不宜单独制定法制宣传教育法。

28. 关于制定司法鉴定管理法的议案2件。《全国人大常委会关于司法鉴定管理问题的决定》

已经明确司法行政机关行使统一管理司法鉴定的职能，刑事诉讼法、民事诉讼法的修订进一步完善了司法鉴定制度。代表议案指出的重复鉴定、多头鉴定等问题，应当通过严格执法加以解决。我委将督促有关部门认真贯彻落实全国人大常委会的决定和相关法律，积极推进司法鉴定制度与诉讼法律制度的衔接。

29. 关于修改律师法的议案 1 件。目前，全国人大常委会有关机构根据刑事诉讼法修改决定，正在研究对律师法有关规定的相应修改工作，至于对律师法关于管理体制的规定等重大修改，还需要进一步研究论证。

30. 关于修改治安管理处罚法，增设侵犯个人信息行政法律责任条款的议案 1 件。我委赞同追究侵犯公民个人信息违法行为的法律责任。考虑到侵权行为的多样性，追究法律责任的形式也应区别对待。建议有关部门对代表议案提出的建议作进一步研究，提出全面保护公民个人信息的法律措施。

31. 关于修改道路交通安全法第十五条、第五十三条的议案 1 件。为了解决代表议案提出的校车安全管理问题，国务院 2012 年专门颁布了校车安全管理条例。建议有关部门加强管理、严格执法，切实保证交通安全，可不单独作出规定。

32. 关于修改未成年人保护法的议案 3 件。2006 年，十届全国人大常委会审议通过了未成年人保护法(修订)。全国各省(区、市)也都制定了未成年人保护法的配套地方性法规，对相关问题作出了较为具体的规定。代表议案反映的问题，主要是因为现行法律规定执行不到位导致的。我委将加强未成年人保护法的执法监督，督促各有关方面将相关法律规定真正落到实处。

五、3 件议案提出的 2 项执法检查

33. 关于在全国范围内开展残疾人保障法执法检查的议案 2 件。全国人大常委会于 2012 年对残疾人保障法进行了执法检查。今年 8 月，十一届全国人大常委会第二十八次会议听取审议了执法检查报告。我委将依法督促有关部门认真研究执法检查报告及审议意见所提问题和建议，进一步推动残疾人保障法的完善和贯彻实施。

34. 关于开展保密法执法检查的议案 1 件。本届内司委已对保密法实施情况进行调研，建议全国人大常委会在制定 2013 年监督工作计划时统筹考虑。

上述 74 件议案的主要内容及具体审议意见，请详见附件。

以上报告，请审议。

附件：全国人民代表大会内务司法委员会关于第十一届全国人民代表大会第五次会议主席团交付审议的代表提出的议案的审议意见

全国人民代表大会内务司法委员会

2012 年 10 月 23 日

附件：

全国人民代表大会内务司法委员会关于第十一届全国人民代表大会第五次会议主席团交付审议的代表提出的议案的审议意见

第十一届全国人民代表大会第五次会议主席团交付内务司法委员会审议的代表提出的议案 74 件，要求制定法律 17 部，修改法律 14 部，共涉及 31 项立法；建议开展执法检查 2 项。审议意见如下：

一、4 件代表议案提出的 2 项立法，已经提请全国人大常委会审议

1. 徐景龙、姜健、孙菁等 93 名代表提出关于修改老年人权益保障法的议案 3 件(第 2、91、362 号)。议案提出，随着我国人口老龄化的快速发展，现行老年人权益保障法中的一些规定已经不适应现实需要，建议予以修改。

2011 年 3 月，经全国人大常委会领导同意，由内务司法委员会牵头组织修订草案起草工作，成立了有内司委、常委会法工委、国务院法制办、民政部、全国老龄办参加的老年人权益保障法起草小组。在深入调查研究，广泛听取意见的基础上，形

成了老年人权益保障法(修订草案)。2012 年 6 月,十一届全国人大常委会第二十七次会议对该草案进行了初审。代表议案中提出的相关建议,在老年人权益保障法修订草案中已吸收采纳。

2. 周晓光等 30 名代表提出关于制定养老服务法的议案 1 件(第 197 号)。议案提出,目前我国老年人口基数越来越大,高龄化、空巢化特征日益明显。虽然国家相关法律和政策对老年人养老等问题作了规定,但缺乏操作性。为使养老事业有法可依,建议制定养老服务法。

全国人大常委会对老年人权益保障法的修订非常重视,2012 年 6 月,十一届全国人大常委会第二十七次会议对老年人权益保障法(修订草案)进行了初审。草案设专章规定了养老社会服务,代表议案中提出的相关建议,在老年人权益保障法修订草案中已吸收采纳。

二、39 件议案提出的 12 项立法,有的已经列入十一届全国人大常委会立法规划或 2012 年立法工作计划,建议列入十二届全国人大常委会立法规划

3. 孙桂华、薛少山、蔡奇、秦希燕等 123 名代表提出关于修改城市居民委员会组织法的议案 4 件(第 138、199、248、319 号)。议案提出,城市居民委员会组织法实施 20 多年来,我国城市的社会结构及管理发生了很大变化,现行居民委员会组织法有些规定已不适应城市发展的需要,建议尽快修订。

城市居民委员会组织法的修订已列入国务院 2012 年立法工作计划,民政部正在根据各地民政部门和社会各界的反馈意见起草法律修订草案稿,并将认真研究吸收代表议案中提出的建议,争取尽快将修订草案稿上报国务院。

全国人大常委会对城市居民委员会组织法的修订工作非常重视,列入了十一届全国人大常委会立法规划。今年常委会围绕城市居民委员会有关问题开展了专题调研,由我委承办,专题调研报告将提交本次常委会会议。我委将继续推动该项法律的修订工作,督促有关部门加快修订进程。建议国务院有关部门抓紧修改完善法律修订草案,适时报国务院提请全国人大常委会审议。

4. 徐景龙、王茜、王利民、郑功成、王晶、刘卫星、王法亮、周洪宇等 243 名代表提出关于制定慈善事业法的议案 8 件(第 38、123、175、233、275、301、341、360 号)。议案提出,慈善事业是社会保障体系的重要组成部分,我国慈善立法滞后于慈善事业的发展,为弘扬中华民族传统美德,促进慈善事业持续健康发展,应尽快制定慈善事业法。

制定慈善事业法已列入国务院 2012 年立法工作计划,国务院法制办正在对民政部报送的草案送审稿进行审核。代表议案中提出的绝大部分建议已在草案送审稿中有所体现。

制定慈善事业法已列入十一届全国人大常委会立法规划和 2012 年立法工作计划预备项目。代表提出的“关于促进慈善事业健康发展的建议”也被全国人大常委会确定为今年的重点办理建议,由我委负责督促办理。我委认为,慈善事业立法十分必要,需要加快立法进程。根据国务院法制办近期工作进展情况,建议列入十二届全国人大常委会立法规划,加快立法进度。

5. 林纂、孙桂华等 62 名代表提出关于制定社会救助法和将刑事被害人救助制度纳入社会救助法立法的议案 2 件(第 49、139 号)。议案提出,社会救助是社会保障体系的重要组成部分,虽然我国已初步建立了社会保障制度,但我国的社会救助还缺乏制度保障和法律规范。建议尽快制定社会救助法以及将刑事被害人救助制度纳入社会救助法。

制定社会救助法已列入十一届全国人大常委会立法规划和 2012 年立法工作计划预备项目。民政部于 2007 年向国务院报送了草案送审稿,国务院法制办在广泛征求意见后形成了社会救助法草案(稿)。2009 年和 2010 年,国务院常务会议两次审议了该草案,要求进一步研究论证。目前,国务院法制办和民政部正在对草案作进一步论证完善。

我委对社会救助立法非常重视,多次进行立法调研,并召开有关部门及专家、学者座谈会听取意见。我委将建议国务院有关部门认真研究代表提出的“将刑事被害人救助制度纳入社会救助法立法内容的建议”,继续督促有关部门加快立法进程,并为审议社会救助法草案做好准备工作。建议国务院有关部门抓紧工作,尽快报国务院提请全国人大常委会审议。

6. 金硕仁、袁敬华等 61 名代表提出关于制定国家机关编制法的议案 2 件(第 308、359 号)。议案提出,国家机关机构臃肿、人满为患的现象日趋严重,现有的机构编制管理法规、政策层级较低、调整范围较窄,且规定较为原则,操作难度大。建议制定统一的国家机关编制法。

中央编制委员会办公室提出，中编办已制定了《中央编办机构编制法制建设中长期规划》，到2020年将建立起以宪法为统领，机构编制法为核心，包括各类组织法、机构编制专项法规和规章在内的法律体系。中编办将认真研究代表议案中提出的建议，抓紧完善机构编制专项法规，尽快组织立法试点，总结试点经验，起草机构编制法律草案。

代表提出的制定机构编制法的议案非常重要，我委将适时开展机构编制立法调研。建议国务院有关部门结合行政管理体制改革的要求，抓紧研究起草机构编制法草案，报国务院提请全国人大常委会审议。

7. 林强、孙桂华、郝萍、杜国玲等146名代表提出关于制定志愿服务法的议案4件（第25、140、146、471号）。议案提出，我国的志愿服务仍存在许多困难和问题，志愿服务的性质、地位、内容和方式，志愿者和志愿者组织的法律地位，志愿者的法律救济和法律责任等没有明确规定，阻碍了我国志愿服务事业的健康发展。建议国务院抓紧研究起草工作，尽快制定志愿服务法。

我委认为，制定志愿服务法的建议非常重要。我委曾于2010年到部分省（区）开展志愿服务立法调研，并多次召开专家学者以及有关部门参加的座谈会。目前，国务院法制办正会同有关部门对志愿服务管理体制、志愿者权利义务等问题进行研究。建议列入十二届全国人大常委会立法规划，抓紧起草工作。

8. 何剑文、贾春梅等61名代表提出关于制定社区矫正法的议案2件（第144、429号）。议案提出，社区矫正制度是对我国刑事执行理论与实务工作的有益探索。当前社区矫正工作面临法律依据不足，缺乏统一、系统的操作细则等问题。建议制定社区矫正法，对社区矫正的概念、内容、程序、监督以及各部门的权责等作出明确规定。

司法部提出，为贯彻刑法修正案（八）和新修订的刑事诉讼法关于社区矫正的规定，2012年1月，最高人民法院、最高人民检察院、公安部、司法部联合制定社区矫正实施办法，对社区矫正执行体制、执行程序、矫正措施、法律监督等主要内容作出全面规定，为社区矫正工作提供了基本依据和操作规范，也为研究制定社区矫正法、健全社区矫正法律制度奠定了基础。国务院已将制定社区矫正法列入2012年立法工作计划，司法部正在按照国务院的立法计划推进这项工作。

我委赞同制定社区矫正法，并将开展相关调研。建议国务院有关部门在充分总结社区矫正实践经验的基础上，抓紧起草社区矫正法草案，报国务院提请全国人大常委会审议。

9. 章联生、张少康、史少林等92名代表提出关于修改监狱法的议案3件（第27、51、119号）。议案提出，监狱法部分条文和内容相对滞后，与当前的监狱工作存在一些不相适应的地方，且存在与刑法、刑事诉讼法不一致的内容，建议尽快修改监狱法。

司法部认为，随着我国刑事法制建设的完善和监狱工作自身的改革发展，对监狱法进行修改确有必要。国务院已将修改监狱法列为2012年立法工作计划的研究论证项目。司法部将根据刑法修正案（八）、修改后的刑事诉讼法的规定，积极做好监狱法修改工作。

我委赞同司法部的意见，并已开展关于监狱法实施和监狱工作情况的调研。建议国务院有关部门认真总结监狱管理体制改革经验，抓紧监狱法修订的相关工作，报国务院提请全国人大常委会审议。

10.11.12. 海南代表团和林荫茂、章联生、张立勇、孙桂玲、贾春梅、徐安等189名代表提出关于修改人民法院组织法、人民检察院组织法、建议设立少年法院的议案7件（第7、13、33、286、406、424、472号）。议案提出，人民法院组织法、人民检察院组织法在职权范围、职能设定、机构设置等规定上存在部分内容明显滞后、与其他法律表述不一致、未体现司法体制改革成果等问题，不适应法制建设和审判、检察事业发展的需要，建议修改人民法院组织法、人民检察院组织法，并对设置少年法院提出具体意见。

最高人民法院、最高人民检察院认为，随着我国经济社会快速发展，社会主义民主法治建设不断加强，人民群众的司法需求日益增长，人民法院组织法、人民检察院组织法的部分内容已不适应法治发展形势和审判工作、检察工作的需要，需要尽快修改完善。代表提出的具体建议，将在法律修改过程中统筹考虑。

我委认为，关于人民法院组织法、人民检察院组织法的修改已研究论证多年，司法体制改革也取得多项成果，“两院”组织法的修改条件已经基本成熟。我委赞同最高人民法院和最高人民检察院的意见，建议将修改人民法院组织法和人民检察院组织法列入十二届全国人大常委会立法规划，抓紧研究起草工作。

13.14. 张秀娟、孙桂玲等60名代表提出关于修改法官法的议案2件（第31、403号），孙桂玲等30名代表提出关于修改检察官法的议案1件（第405

号）。议案提出，目前法院院长任职条件不够严格、法官提前离职离岗现象严重，加剧了部分法院“案多人少”的工作压力；检察官法关于检察官任职条件的规定也存在不足之处，建议修改法官法、检察官法。

最高人民法院提出，代表提出的意见、建议具有针对性和建设性，将认真予以研究。关于院长、副院长的选任，应按照法官法、公务员法和党政领导干部选拔任用工作条例的规定，人民法院副院长应从法官或通过国家统一司法考试取得资格且具备法官条件的人员中择优提出人选。关于法官任职年龄，应适当提高。关于从律师中遴选法官，最高人民法院近年来已进行多次尝试，但受到法官地位、待遇较低等因素的影响，实际报名人数均未达到预期。最高人民法院将继续与有关部门沟通协调，进一步完善现有政策，将更多的优秀律师选任到法官队伍中。关于推迟法官退休年龄的建议符合法官的职业特点和国际上的通行做法，但由于退休制度属于人事管理基本制度建设，需要统筹考虑，目前时机尚不成熟。最高人民法院将积极与有关部门沟通，推动有关问题的解决。

最高人民检察院提出，检察官法关于担任检察官应当具备的学历、专业条件的规定与“通过国家统一司法考试取得资格”的规定并不重复。仅从“从事执业律师工作满两年”的人员中遴选检察官，会把其他一些具备检察官任职资格条件的人员排斥在遴选范围以外，不利于检察官队伍建设。

我委认为，为了加强司法队伍建设，保证人民法官、人民检察官人员素质，建议将修改法官法、检察官法列入十二届全国人大常委会立法规划，建议有关部门抓紧研究起草工作，适时提请全国人大常委会审议。

15. 徐景龙、徐龙、孙桂华、蔡奇等124名代表提出关于制定网络信息安全法的议案4件（第40、72、141、249号）。议案提出，目前以信息泄露为主的互联网安全问题凸显，建议制定专门的网络信息安全法，规范网络信息使用和互联网监管活动，提升网络信息安全保护水平。

公安部提出，当前互联网技术迅猛发展，应用日益广泛，对公民个人信息安全带来严峻挑战。我国相关法律、法规较为滞后，有必要通过立法加强对网络信息安全的管理和规范。同时，考虑到网络虚拟世界的社会关系既是现实社会复杂社会关系的反映，又具有自身的特殊性，网络信息安全管理涉及多个部门和多个部门法，在短期内出台一部全面规范和管理网络信息安全的基本法律有一定难度。目前，全国人大常委会法工委正在研究起草关于保护网络信息安全的决定，国务院法制办也在研究修订互联网信息服务管理办法。可通过这些立法，先有针对性地解决代表提出的网络信息安全问题。

我委赞同公安部的意见，建议将网络信息安全法列入十二届全国人大常委会立法规划，并抓紧出台上述决定和办法。

三、14件议案提出的6项立法，国务院正在制定或修改相关行政法规，建议在相关行政法规施行一段时间后再考虑是否制定法律

16. 巴福荣等34名代表提出关于制定儿童福利法的议案1件（第318号）。议案提出，因理念、制度设计、机构设置和资源投入等原因，我国的儿童福利事业还比较落后，与经济社会发展水平不相适应。建议制定儿童福利法，进一步保障儿童福利。

民政部认为，我国出台了多项法律和政策，加入了《儿童权利公约》等国际条约，制定了《中国儿童发展纲要》（2011—2020），基本覆盖了儿童福利的各个领域，但迄今尚缺乏统一的综合性法律，指导和推动儿童福利事业发展的主要是政策性文件。民政部于2010年启动了《儿童福利条例》的起草工作，目前已完成初稿，正在积极推动该条例尽快出台。

我委认为，代表提出制定儿童福利法的议案很重要，建议国务院有关部门抓紧制定儿童福利条例，并在立法中认真研究代表议案中提出的问题和建议。

17. 朱勇等31名代表提出关于流浪未成年人救助管理立法的议案1件（第431号）。议案提出，虽然国务院出台了《关于加强和改进流浪未成年人救助保护工作的意见》，但在流浪乞讨儿童的救助管理上，依然存在体制机制性问题。建议制定流浪未成年人救助管理法。

民政部提出，我国现有各类救助机构（含流浪未成年人救护中心）1788个，2003年以来累计救助未成年人120万人次。近年来，民政部通过完善政策法规、加强机构建设、健全保障机制、提高救助能力等加强流浪未成年人保护工作。《城市生活无着的流浪乞讨人员救助管理办法》的修订已经列入国务院2012年立法工作计划，目前民政部已初步形成修正案（草案），草案进一步完善了流浪未成年人救助保护、教育矫治、回归安置和源头预防等相关规定。

我委认为,代表关于流浪儿童救助立法的议案非常重要,建议有关部门在修订《城市生活无着的流浪乞讨人员救助管理办法》过程中认真研究吸收。

18. 周晓光、蔡奇等 61 名代表提出关于制定殡葬法的议案 2 件(第 196、247 号)。议案提出,近年来殡葬领域出现了许多新情况和新问题,人民群众对殡葬服务意见较多,殡葬行业存在公共服务投入不足、执法力量薄弱、公益性设施规划缺乏、管理职责权限落实难等突出问题,现行殡葬管理条例已经滞后于社会发展。建议制定殡葬法,对殡葬业从业资格、经营方式、社会资本参与、监管方式和手段等作出全面规定。

民政部于 2005 年 11 月向国务院报送了殡葬管理条例(修订草案送审稿),之后,委托第三方机构开展了殡葬立法后评估工作。国务院已将修改殡葬管理条例列入 2012 年立法工作计划,国务院法制办在 2007 年 5 月通过政府网站向社会公布了民政部报送的条例修改草案,征求公众意见。

我委认为,殡葬业出现的问题应当引起重视。我委将适时开展调研工作,对制定殡葬法的必要性和可行性进行研究。建议国务院抓紧完成殡葬管理条例的修改工作。

19. 刘学云等 33 名代表提出关于制定烈士纪念设施保护法的议案 1 件(第 487 号)。议案提出,由于现行法规制度不够健全,工作力量薄弱,经费投入不足,烈士纪念设施保护面临一些矛盾问题,建议尽快制定烈士纪念设施保护法。

民政部提出,国务院于 2011 年颁布的烈士褒扬条例,专设一章规定了烈士纪念设施的管理主体、责任和办法。为加大烈士纪念设施保护工作力度,民政部会同财政部下发了《关于加强零散烈士纪念设施建设管理保护工作的通知》,召开了全国性会议进行专题动员部署,启动了零散烈士纪念设施抢救保护工程和境外烈士纪念设施保护管理工作。目前,民政部正在研究烈士安葬办法、烈士纪念设施分级管理办法等制度,将在相关工作中认真研究吸收代表议案中提出的建议,进一步完善烈士褒扬工作的相关政策法规。

我委认为,代表议案中提出的烈士纪念设施保护不力的现象应当引起重视。建议国务院有关部门加强烈士纪念设施的规范化、法制化管理,认真研究吸收代表议案中提出的建议。

20. 周晓光等 30 名代表提出关于制定行政区划法的议案 1 件(第 220 号)。议案提出,我国行政区划较为复杂,层级关系较为混乱,引发了许多问题。现有涉及行政区划的法律法规有的过于简单,有的立法层次偏低,难以适应社会发展新变化的要求。建议制定行政区划法,规范行政区划的基本原则、基本制度、基本程序等。

民政部提出,我国宪法、地方各级人民代表大会和地方各级人民政府组织法、国务院关于行政区划管理的规定等法律法规对行政区划作出了不同程度的规定,其中国务院关于行政区划管理的规定对行政区划变更的原则、审批程序等规定较为具体。随着经济社会的发展,行政区划工作实践中也显现出许多问题,有必要对该规定进行修改或者出台新的法规。2005 年,民政部起草并向国务院上报了行政区划管理条例(草案),对规定的内容进行了丰富和拓展。

我委认为,代表关于制定行政区划法的议案很有价值,建议相关部门认真研究吸收,制定出台行政区划管理条例。内司委将适时开展行政区划立法调研工作。

21. 庄先、周晓光、薛少仙、邵峰晶、孙桂华、左延安、郑杰等 240 位代表提出关于制定见义勇为法的议案 8 件(第 29、195、200、201、351、407、430、432 号)。议案建议尽快制定统一的见义勇为法,明确见义勇为概念内涵、主体范围、救济程序等,建立健全保障见义勇为者权益的长效机制,切实维护见义勇为者的权益。

见义勇为保护条例已列入国务院 2012 年立法工作计划。公安部已起草了《见义勇为者权益保护条例(稿)》,对见义勇为行为的界定、确认以及对见义勇为人员的奖励和保护等内容作出了规定。目前,公安部正认真修改条例草案稿,争取早日报国务院审议。

我委赞同对见义勇为行为给予奖励和保护。建议国务院有关部门认真总结地方奖励和保护见义勇为的政策和地方性法规执行情况,抓紧见义勇为保护条例草案稿的起草修改工作,通过立法弘扬中华民族传统美德。

四、14 件议案提出的 11 项立法,相关法律、法规已有规定或尚不具备立法条件,建议待条件成熟时再制定或修改法律

22. 孙菁等 30 名代表提出关于修改收养法的议案 1 件(第 361 号)。议案提出,收养法虽然对规范收养行为起到了重要作用,但在实际执行中仍有些具体问题难以解决,建议对该法进行修改。

民政部提出，代表议案中提出的收养人和被收养人年龄不得相差40岁的建议很重要，民政部正积极推动制定《中国公民收养子女登记条例》，通过确立收养能力评估制度，对收养人抚养教育被收养人的能力作出全面评估。代表议案中关于“收养人虽有子女，但子女有残疾的，允许收养一名子女”的建议，现行收养法第八条已有相应规定。

我委同意民政部的意见，并将与有关部门加强联系，适时向全国人大常委会提出修法建议。

23. 任玉奇等30名代表提出关于修改村民委员会组织法第十一条第二款的议案1件（第320号）。议案提出，村委会组织法第十一条第二款关于村民委员会每届任期三年的规定时间太短，容易引发村委会成员的短期行为，不利于农村稳定，而且加大了选举成本，加重了农民负担。建议修改此条规定，村委会任期由三年改为五年。

民政部提出，2010年10月28日，十一届全国人大常委会第十七次会议修订通过了村民委员会组织法，在修订过程中，村委会任期问题一直是重点问题。经过认真研究并广泛征求意见，修订后的法律最终没有将任期由三年改为五年，这主要有以下几方面的原因：一是基层党组织的任期是两至三年，村委会每届任期三年可与党组织同步换届，有利于“两委”干部交叉任职和农村经济社会发展，并节约换届成本；二是有利于增进村委会干部的责任感，任期过长不利于村民监督；三是随着村委会选举工作逐步规范化、法制化，绝大多数村用于选举的时间也将更加节省。同时，村委会成员可连选连任，可以激励其在任期内热心为村民服务，积极争取下一届连任，对于加强村委会建设起到积极作用，有利于保持农村社会和谐稳定。

我委建议国务院有关部门对代表议案中提出的问题进行认真研究，制定和完善相关政策措施，加强对村委会换届选举工作的监督指导。

24. 许金和等31名代表提出关于修改残疾人保障法的议案1件（第159号）。议案提出，残疾人保障法应进一步明确残联的地位，完善残疾人的界定，增加和完善对残疾人的具体优惠，保障残疾人合法权益的措施应更为刚性。建议修改残疾人保障法。

民政部提出，2008年，十一届全国人大常委会第二次会议修订通过了残疾人保障法。修订后的法律从康复服务、劳动就业、无障碍设施等多个方面完善了保障残疾人权益的规定。民政部将继续会同有关部门做好残疾人事业各项立法工作，推动残疾人福利事业发展。

我委认为，我国以残疾人保障法为主干的残疾人事业法律法规日益完善，国务院分别于1994年、2007年、2012年通过了残疾人教育条例、残疾人就业条例和无障碍环境建设条例。全国31个省（区、市）和部分较大的市也结合地方实际制定或修订了地方性法规。建议国务院有关部门认真研究代表议案中提出的问题和建议，继续完善配套法规、规章和政策措施。

25. 安东等30名代表提出关于在诉讼活动中设立中国特色人民陪审团制度的议案1件（第131号）。议案提出，现行人民陪审员制度的一些规定和运行机制都存在缺陷和不足，建议设立中国特色人民陪审团制度，在诉讼活动中由公民组成人民陪审团旁听案件审理并提出意见，作为法院裁判的重要参考。

最高人民法院认为，是否建立人民陪审团制度，涉及国家司法制度的重大变化，必须得到立法机关的确认，建议全国人大常委会在研究完善有关法律规定时予以考虑。最高人民法院将针对人民陪审员制度实施中存在的问题开展调查研究。

我委认为，2004年，十届全国人大常委会第十一次会议通过的关于完善人民陪审员制度的决定是推动人民陪审制度发展的法律依据。建议最高人民法院认真总结决定的实施情况，推动人民陪审制度健康发展。

26. 陈云龙等32名代表提出关于制定加强人民检察院法律监督工作的决议的议案1件（第202号）。议案提出，法律监督立法滞后于我国经济社会发展的现实需要，制约和削弱了检察机关法律监督职能的有效发挥。目前，全国31个省（区、市）人民代表大会均出台了加强检察机关法律监督工作的决议或决定。建议全国人大常委会在总结各地人大常委会经验的基础上，研究制定加强人民检察院法律监督工作的决议。

最高人民检察院认为，由全国人大常委会制定统一的检察机关法律监督规范，对于进一步健全和完善法律监督工作机制、推动法律监督工作深入健康发展具有十分重要的意义。

我委认为，检察机关法律监督工作存在薄弱环节的原因是多方面的，解决问题也要从多方面入手。刑事诉讼法、民事诉讼法的修订，为检察机关履行法律监督职能提供了法律支持，各省（区、市）人大常委会相继出台决议，支持检察机关履行法律监督职能。建议检察机关认真研究贯彻刑事诉讼法、民事诉讼法的具体措施，认真总结各地贯彻执行加强法律监督工作的地方性法规的经验，切实落实各项制度，维护和促进司法公正。

27. 高先海等 33 名代表提出关于制定法制宣传教育法的议案 1 件（第 179 号）。议案提出，为解决当前法制宣传教育工作中面临的无法可依、力度不够、保障不力的问题，促进法制宣传工作走上法制化、制度化轨道，建议制定法制宣传教育法。

司法部认为，制定法制宣传教育法很有必要。法制宣传教育是提高全民法律素质、推进依法治国、建设社会主义法治国家的一项重要基础性工作。1985 年以来，党中央、国务院已连续转发了六个五年普法规划，全国人大常委会也相应作出了六个决议，为法制宣传教育法的制定奠定了基础。

我委认为，全国人大常委会关于加强法制宣传教育的决议具有法律约束力。全国人大常委会的决议和中央批转的规划对法制宣传教育的内容、对象、形式、保障和监管检查等各方面作出了规定，是法制宣传教育工作的依据和支持。考虑到法制宣传教育在内容和形式等方面的阶段性，目前采用由全国人大常委会每五年就普法工作作出决议的做法有利于加强针对性，是适宜的。不宜单独制定法制宣传教育法。

28. 汪慧芳、刘玲等 61 名代表提出关于制定司法鉴定管理法的议案 2 件（第 246 号、469 号）。议案提出，现有司法鉴定法律规范滞后于实践需要。建议制定司法鉴定管理法，明确司法鉴定主体、鉴定程序、鉴定范围等，杜绝重复鉴定、多头鉴定，提高司法效率，促进司法公正。

司法部认为，目前司法鉴定存在一些问题，管理主体不明、政出多门、管理混乱问题尚未解决。因此，制定司法鉴定管理法，进一步完善司法鉴定法律制度十分必要。

我委认为，《全国人大常委会关于司法鉴定管理问题的决定》已经明确司法行政机关行使统一管理司法鉴定的职能。刑事诉讼法、民事诉讼法的修订进一步完善了司法鉴定制度。代表议案指出的重复鉴定、多头鉴定等问题，应当通过严格执法加以解决。我委将督促有关部门认真贯彻落实全国人大常委会的决定和相关法律，及时总结研究实践中出现的新问题，积极推进司法鉴定制度与诉讼法律制度的衔接。

29. 孙桂玲等 30 名代表提出关于修改律师法的议案 1 件（第 404 号）。议案提出，为更好实现对律师职业团体的业务管理，建议修改律师法第 4 条、第 44 条，改由最高人民法院对律师、律师协会和从事诉讼业务的律师事务所进行指导、管理和监督，律师协会章程报国家审判机关和民政部门备案。

司法部认为，现行律师管理制度适应律师事业发展的需求，符合我国国情。近年来，司法行政机关推动建立与审判、检察、公安机关的协调机制，建立健全联席会议制度，及时沟通涉及律师工作的情况；建立健全律师人才培养选用机制，促进加大从律师中选拔法官、检察官力度等，取得了良好效果。

目前，全国人大常委会有关机构根据刑事诉讼法修改决定，正在研究对律师法有关规定的相应修改工作，至于对律师法关于管理体制的规定等重大修改，还需要进一步研究论证。

30. 秦希燕等 32 名代表提出关于修改治安管理处罚法，增设侵犯个人信息行政法律责任条款的议案 1 件（第 322 号）。议案提出，个人信息泄露现象普遍，侵权行为时有发生，当前刑事及民事法律追责范围有限、时间长、成本高、效果差。建议修改治安管理处罚法，建立侵犯个人信息的行政追责机制，确保有效打击侵犯个人信息的违法行为。

公安部认为，侵犯公民个人信息违法犯罪日益突出，社会危害严重，群众反响强烈。但是，刑法规定的出售、非法提供公民个人信息罪和非法获取公民信息罪，对“公民个人信息”、“情节严重”没有明确界定，公安部正在积极协调有关司法部门尽快予以解决。对于出售、非法提供或者非法获取公民个人信息，尚不够刑事处罚的，如何追究行政法律责任，目前没有统一规定，有必要在治安管理处罚法中增加规定，对侵犯公民个人信息违法行为予以治安管理处罚。

我委赞同追究侵犯公民个人信息违法行为的法律责任。考虑到侵权行为的多样性，追究法律责任的形式也应区别对待。建议有关部门对代表议案提出的建议作进一步研究，提出全面保护公民个人信息的法律措施。

31. 李开喜等 30 名代表提出关于修改道路交通安全法第十五条、第五十三条的议案 1 件（第 321 号）。议案提出，近年来，校车安全事故发生率较高，造成较大人员伤亡，建议将校车纳入特种车管理范围，增设校车的道路优先通行权，建立和完善校车管理法律制度。

公安部认为，道路交通安全法第十五条、第五十三条将警车、消防车、救护车、工程抢险车等用于执行紧急任务、抢救人民财产、抢修公共设施等特殊用途的车辆纳入特种车辆管理，赋予其特别优先通行权。而校车并不具有执行紧急任务的特殊性质，且其运载的对象是中小学生和儿童，更应当遵守道路交通规则，确保行驶安全。同时，为保证校车行驶畅通与安全，校车安全管理条例第三十一条、第三十三条已经规定校车享有一定的道路优先通行权，“遇交通拥堵的，交通警察应当指挥疏导运载学生的校车优先通行。校车运载学生，可以在公共交通专用车道以及其他禁止社会车辆通行但允许公共交通车辆通行的路段行驶。”另外，国家标准校车标志（GB24315—2009）对校车的特定颜色、标志图案作出了明确规定，且校车安全管理条例第十七条也规定：“取得校车标牌的车辆应当配备统一的校车标志灯和停车指示标志。”因此，无需修改道路交通安全法第十五条、第五十三条。

我委赞同公安部的意见。建议有关部门加强管理、严格执法，切实保证校车安全管理条例顺利实施，可不单独作出规定。

32. 周晓光、赵林中、朱善萍等91名代表提出关于修改未成年人保护法的议案3件（第194、198、470号）。议案提出，为进一步保护未成年人的隐私权，保障留守儿童合法权益，解决对未成年人的监护不力、学业过重等问题，建议在法律中增加相关规定，修改未成年人保护法。

我委认为：2006年，十届全国人大常委会修订通过了未成年人保护法，其中对未成年人隐私权保护、留守儿童的监护、未成年人监护人及学校的义务等作出了比较明确的规定。同时，全国各省（区、市）都制定了未成年人保护法的配套地方性法规，对相关问题作出了较为具体的规定。代表议案反映的问题，主要是因为现行法律规定执行不到位导致的。关于对课业负担过重作出刑事处罚的建议，由于目前中小学生课业负担过重与现行的教育体制有关，其可行性还需要进一步研究。我委将加强未成年人保护法的执法监督，督促各有关方面将相关法律规定真正落到实处。

五、3件议案提出的2项执法检查

33. 姜健、阎建国等67名代表提出关于在全国范围内开展残疾人保障法执法检查的议案2件（第74、157号）。议案提出，2008年新修订的残疾人保障法，在保障残疾人康复、教育、就业、文化教育和社会保障等方面都起到了显著的作用。但是，当前残疾人事业发展基础仍然比较薄弱，残疾人总体生活状况与其他社会成员平均生活水平差距较大，贫困人口中残疾人所占比例仍然很高。建议全国人大常委会在全国范围内开展残疾人保障法执法检查。

全国人大常委会高度重视残疾人保障法的贯彻实施，2012年对该法进行了执法检查。检查覆盖了31个省（区、市），在全面了解法律实施情况的基础上，重点检查了残疾人基本生活保障、劳动就业、医疗康复和受教育情况。今年8月，十一届全国人大常委会第二十八次会议听取审议了执法检查报告。根据监督法规定，有关部门在六个月内要向全国人大常委会报告整改情况。我委将依法督促有关部门认真研究执法检查报告及审议意见所提问题和建议，切实改进执法工作，进一步推动残疾人保障法的完善和贯彻实施。

34. 夏绩恩等31名代表提出关于开展保密法执法检查的议案1件（第93号）。议案提出，一些部门、行业和地区违反保密法导致泄密和失密的情况时有发生，保密安全工作仍存在许多问题。为更好地宣传贯彻保密法，维护国家安全和利益，建议全国人大常委会将保密法执法检查列入监督工作计划。

我委认为，修订后的保密法颁布实施以来，各地保密管理和监督工作得到了加强，涉密单位保密工作能力和水平有了显著提升，保密法的各项制度得到了较好落实。但是，在有的领域和有些单位，国家信息安全和保密工作仍然存在漏洞和隐患，保密法律制度不落实、保密措施不到位的问题还比较突出。因此，督促有关部门加强保密工作，保障法律有效实施很有必要。本届内司委已对保密法实施情况进行调研，建议全国人大常委会在制定2013年监督工作计划时统筹考虑。

全国人民代表大会财政经济委员会关于第十一届全国人民代表大会第五次会议主席团交付审议的代表提出的议案审议结果的报告

（2012 年 10 月 26 日第十一届全国人民代表大会常务委员会第二十九次会议通过）

全国人民代表大会常务委员会：

第十一届全国人民代表大会第五次会议主席团交付财经委员会审议的代表提出的议案 123 件，其中要求制定法律的 61 件、修改法律的 60 件、开展执法检查的 1 件、开展立法后评估的 1 件，将内容相同或相近的合并后，共有 71 个立法、执法检查及立法后评估项目。议案的内容涵盖宏观调控、市场监管、金融财税、社会保障、劳动关系等方面。

财经委员会高度重视代表议案办理工作，制定了具体的工作方案，对代表议案进行了认真研究，并邀请国务院 19 个部门负责议案办理工作的同志商议议案答复工作，同时委托相关部门提出议案初步处理意见。财经委员会还就代表关注的部分议案，如建议制定航天法等组成了专题调研组，进行立法论证。在议案办理过程中，通过向领衔代表发函征求意见或当面交换意见、电话沟通等方式，认真听取代表的意见。9 月 27 日，财经委员会召开第 70 次全体会议，对议案处理意见进行了审议。现将审议结果报告如下：

一、15 件议案提出的 3 个立法项目已提请全国人大常委会审议

1. 关于修改劳动合同法的议案 8 件。
2. 关于制定旅游法的议案 6 件。
3. 关于制定资产评估法的议案 1 件。

二、25 件议案提出的 9 个立法项目已列入十一届全国人大常委会立法规划或 2012 年立法工作计划，建议起草单位加快工作进程，尽快报请全国人大常委会审议

要求修改法律的议案 19 件

4. 关于修改消费者权益保护法的议案 4 件。
5. 关于修改广告法的议案 6 件。
6. 关于修改商标法的议案 6 件。
7. 关于修改税收征收管理法的议案 2 件。
8. 关于修改城市房地产管理法的议案 1 件。

要求制定法律的议案 6 件

9. 关于制定期货法的议案 1 件。
10. 关于制定电信法的议案 1 件。
11. 关于制定行业协会法的议案 1 件。
12. 关于制定住房保障法的议案 3 件。

三、26 件议案提出的 16 个立法项目确有立法必要，建议有关部门加快立法调研论证工作，争取列入新一届全国人大常委会立法规划

要求修改法律的议案 15 件

13. 关于修改电力法的议案 3 件。
14. 关于修改安全生产法的议案 3 件。
15. 关于修改计量法的议案 1 件。
16. 关于修改会计法的议案 1 件。
17. 关于修改票据法的议案 1 件。
18. 关于修改产品质量法的议案 1 件。
19. 关于修改中小企业促进法的议案 1 件。
20. 关于修改民用航空法的议案 1 件。
21. 关于修改证券法的议案 1 件。
22. 关于修改反不正当竞争法的议案 1 件。
23. 关于修改拍卖法的议案 1 件。

要求制定法律的议案 11 件

24. 关于制定航天法的议案 4 件。
25. 关于制定物流法的议案 1 件。
26. 关于制定电子政务法的议案 1 件。
27. 关于制定物业管理法的议案 3 件。
28. 关于制定网络交易法、电子商务法的议

案2件。

四、55件议案提出的41个立法项目，建议通过现行法律法规的贯彻实施，制定和修改有关法律、行政法规等解决议案所提问题，或对立法开展调研论证

（一）对13件议案提出的9个立法项目，相关法律、行政法规或有关规章已有规定，建议通过加强有关法律法规的实施力度，解决议案所提问题

29. 关于修改公司法的议案5件。议案所提问题在土地管理法、城市房地产管理法、公司登记条例等有关法律法规已有明确规定，或可通过制定公司章程解决。

30. 关于全国人大常委会就提高我国自主创新能力形成专项决议的议案1件。国家高度重视自主创新能力建设，出台了科学技术进步法、促进科技成果转化法等一系列法律法规和政策措施，建议有关部门认真贯彻法律法规，不断完善政策措施，加大工作力度，继续推进自主创新能力的提高。

31. 关于制定民间投资促进法的议案1件。2012年政府工作报告和国务院批转的《2012年深化经济体制改革重点工作意见》中，明确要求有关部门2012年上半年务必出台有关民间投资具体实施政策，建议有关部门抓紧落实，解决议案所提问题。

32. 关于修改保险法的议案1件。中国保监会认为，议案所提问题保险法已有规定或可通过订立保险合同加以约定。财经委员会建议中国保监会等有关部门细化完善相关规定，加大监管力度，解决议案所提问题。

33. 关于制定进城务工人员权益保护法的议案1件。有关法律、法规和国务院的有关规定对农民工依法享有的权利作了规定，建议人力资源和社会保障部通过贯彻落实有关法律法规和政策，解决农民工在社会保险、工资保障、职业技能培训等保障农民工权益的问题。

34. 关于制定教育投入保障法的议案1件。我国教育法、义务教育法等法律对经费投入问题作了规定，建议有关部门通过严格落实现有法律规定，解决议案所提问题。

35. 关于制定无障碍建设法的议案1件。《无障碍环境建设条例》已于2012年8月1日正式实施，建议在贯彻实施的基础上，总结经验，待条件成熟时，将条例上升为法律。

36. 关于制定小企业金融服务法的议案1件。建议中国人民银行、中国银监会等部门在进一步贯彻落实中小企业促进法的基础上，加大对小微企业的金融扶持力度。

37. 关于制定高温行业劳动保护法的议案1件。2012年6月29日，国家安监总局、卫生部、人力资源和社会保障部、全国总工会联合发布了新的《防暑降温措施管理办法》，议案所涉及的问题在办法中已有明确规定。

（二）对25件议案提出的18个立法项目，建议通过制定和修改其他法律或行政法规等解决议案所提问题

38. 关于制定金融消费者权益保护法的议案1件。建议通过制定《存款保险条例》、《银行卡条例》、《征信业管理条例》等法规，为相关领域消费者权益保护提供法律保障。

39. 关于修改建筑法的议案2件。建议通过制定《建筑市场管理条例》和修改《民用建筑节能管理条例》解决议案所提问题。

40. 关于修改台湾同胞投资保护法的议案1件。建议通过修订实施细则解决该法实施中存在的问题。

41. 关于修改价格法的议案2件。议案所提建议有些已由相关行政法规、规章或规范性文件作了明确规定，有些可以通过制定配套的法规和规章来解决。

42. 关于制定财政转移支付法的议案1件。国务院已将制定《财政转移支付管理暂行条例》列入立法工作计划，鉴于当前制定法律时机和条件还不够成熟，建议先行制定条例解决议案所提问题。

43. 关于制定电子支付法的议案1件。建议通过制定《电子支付指引》、《银行卡条例》等有关法规、规章解决议案所提问题。

44. 关于制定信息化促进法的议案1件。建议通过制定完善信息安全条例等相关法规、规章，解决议案所提的问题。

45. 关于制定家政服务法的议案1件。商务部正在研究制定家政服务业管理办法。建议先通过制定行政法规和规章解决议案所提问题，待条件成熟时，再推进家政服务业立法。

46. 关于制定社会信用法的议案1件。建议通过制定《征信业管理条例》、《个人征信信息保护暂行规定》等法规规章解决议案所提问题。

47. 关于制定民间借贷法的议案 4 件。对偶发性民间借贷,应主要依据现有民事、合同等法律予以规范。对小额贷款公司等非存款类放贷组织,建议通过制定相关行政法规予以规范,及时解决议案所提问题。

48. 关于制定住宅法的议案 1 件。住房保障法和城市房地产管理法(修订)已列入十一届全国人大常委会立法规划。建议通过住房保障立法和修改城市房地产管理法解决议案所提问题。

49. 关于制定社会保障法的议案 2 件。我国目前在社会保险、社会救助、特殊群体权益保护等方面已制定了相关法律法规,同时正在稳步推进社会保障法律体系的建立和完善。建议在修改相关法律和制定行政法规的过程中研究吸收代表建议,待条件成熟时,推进社会保障立法。

50. 关于制定房屋拆迁法的议案 1 件。国务院已制定了《国有土地上房屋征收与拆迁补偿条例》,正在研究修订土地管理法,并制定《农民集体所有土地征收补偿安置条例》。建议尽快出台相关行政法规,及时解决议案所提问题。

51. 关于制定城市公共交通保障法的议案 1 件。国务院相关部门正在积极制定《城市公共交通条例》,条例草案已公开征求社会意见,议案所提建议在草案中已有体现。

52. 关于制定担保公司监督管理法的议案 1 件。建议有关部门认真贯彻执行并适时修改完善《融资性担保公司管理暂行办法》,解决好融资性担保存在的问题,同时,对将非融资性担保业务纳入监管的必要性和可行性进行深入研究,结合融资性担保监管经验,提出制定统一的担保行业法律制度的意见。

53. 关于制定农村信用法的议案 1 件。中国人民银行正在制定《征信业管理条例》,其中有关内容涉及农村信用体系建设。

54. 关于制定潜水法的议案 1 件。国务院有关部门非常重视潜水领域的立法工作,建议先通过制定行政法规解决议案所提问题,2008 年潜水条例草案已报送国务院,草案的主要内容与议案所提方案基本相同。

55. 关于制定工资法的议案 2 件。建议通过制定企业和机关事业单位工资管理的行政法规,解决议案所提问题。

(三)对 17 件议案提出的 14 个立法项目,建议进一步调研论证,同时通过研究制定相关政策,改进工作,解决议案所提问题

56. 关于修改社会保险法的议案 2 件。社会保险法 2011 年 7 月 1 日才正式实施,是否将工伤保险和生育保险纳入基本医疗保险以及确定统一的基本养老费数额,尚需研究论证。

57. 关于制定反暴利法的议案 1 件。建议国家发改委对议案提出的问题和建议进行认真研究,并加强对重点行业的反暴利监管。

58. 关于制定经济法的议案 1 件。我国经济立法采用分类单项立法的方式,实践证明,这种方式适应了经济体制改革和经济社会发展的需要。制定经济法,实现经济法的法典化还需要更多的实践探索。

59. 关于修改政府采购法第二十二条的议案 1 件。政府采购法第二十二条第一款规定的是供应商参加政府采购活动应当具备的基本条件,并未对中小企业参加政府采购进行限制。建议财政部在制定政府采购具体实施办法时认真研究代表的意见,进一步明确中小企业参加政府采购的政策,解决议案提出的问题。

60. 关于制定陆地边境地区发展扶持促进法的议案 1 件。目前国务院已出台兴边富民行动规划,加大了对边境地区的支持力度,建议有关部门认真落实国务院有关政策措施,解决议案所提问题。

61. 关于修改企业破产法的议案 1 件。建议有关方面进一步研究论证代表意见,完善相关司法解释,解决议案所提问题。

62. 关于制定公共服务基本法的议案 1 件。我国初步形成了由单行法律、法规和规章组成的公共服务制度框架,为满足公民基本公共服务需求提供了有效的法律保障。基本公共服务涉及许多方面,不同领域公共服务的对象、标准、模式差异很大,各地区之间保障水平很不平衡,制定统一的公共服务基本法有待研究论证。

63. 关于制定集体经济组织法的议案 1 件。国家对经济组织的划分标准是按照企业投资方式与责任形式,目前大多数城镇和农村集体经济组织的设立与变更均已根据不同情况分别适用公司法、合伙企业法以及农民专业合作社法等。目前是否就集体经济组织进行单项立法,尚需研究。

64. 关于修改就业促进法的议案 1 件。人力资源和社会保障部正在认真研究人力资源市场上存在的年龄歧视等问题,拟及时提出相关建议。建议国务院有关部门研究代表提出的意见,不断完善促进就业的政策措施。

65. 关于制定中小企业信用担保法的议案 1 件。建议中国银监会研究完善中小企业信用担保

机制，认真研究吸收议案所提建议。

66. 关于制定航空法的议案3件。鉴于相关部门和单位对立法主体、空域管理体制等问题存在较大争议，目前难以制定统一的航空法。建议有关部门和单位深入研究议案所提问题，探索完善我国航空管理制度。

67. 关于完善债券市场立法的议案1件。目前债券市场和监管体制改革尚在进一步探索中，立法的时机还不够成熟，财经委员会将认真研究代表意见，根据今后金融市场的改革发展情况适时提出相关立法建议。

68. 关于制定互联网/物联网法的议案1件。制定全面规范互联网的基本法，时机尚不成熟；对物联网应用宜采取逐步立法的方式加以解决，建议统筹考虑互联网、物联网领域的实践情况和立法需求。

69. 关于制定公物管理法的议案1件。对公物的占有、使用、收益和处分的权利，物权法作了明确具体的规定。目前公物的种类和范围在理论上还存在较大争议，如何统一立法，需要作进一步探索。

五、2件议案提出的1项执法检查和1项立法后评估的建议，建议全国人大常委会在今后研究制定工作计划时统筹安排

70. 关于开展车辆保险有关法律法规执法检查的议案1件。建议中国保监会等有关部门严格执法，加强对车险理赔的监督检查。

71. 关于开展信托法立法后评估的议案1件。建议有关部门和单位加快信托法配套法规建设，统筹安排立法后评估工作。

以上报告，请审议。

附件：全国人民代表大会财政经济委员会关于第十一届全国人民代表大会第五次会议主席团交付审议的代表提出的议案的审议意见

全国人民代表大会财政经济委员会

2012年10月23日

附件：

全国人民代表大会财政经济委员会关于第十一届全国人民代表大会第五次会议主席团交付审议的代表提出的议案的审议意见

一、15件议案提出的3个立法项目已提请全国人大常委会审议

1. 王荣华等30名代表、欧真志等33名代表、秦希燕等32名代表、刘玲等31名代表（第20号、第168号、第325号、第461号议案）提出，劳动合同法实施以来，各地劳务派遣用工迅猛发展，劳务派遣制度被滥用，造成同工不同酬、劳务派遣管理不完善、异地派遣劳动者社会保险权益保障不明确、被派遣劳动者权益维护不到位等问题，建议修改劳动合同法有关劳务派遣的规定，进一步规范劳务派遣行为。姜健等31名代表、任沁新等31名代表、于文等30名代表、左延安等30名代表（第75号、第299号、第315号、第437号议案）提出，在企业管理实践中发现，劳动合同法部分条款过度向劳动者倾斜，主体“对等”关系失衡，造成企业的管理成本增加和劳动者随意解除劳动合同，同时存在着企业规避法律、劳动者自身维权意识淡薄、政府监督管理不到位等问题，建议修改劳动合同法有关劳动者单方解除劳动合同、同工同酬的认定、企业解除劳动合同的条件、无固定期限劳动合同等规定。人力资源和社会保障部认为，劳动合同法在完善劳动合同制度、明确劳动合同双方权利义务、保护劳动者合法权益、构建和谐劳动关系等方面发挥了重要作用，实施中也出现了一些新问题。违约金、经济补偿、劳动者单方解除劳动合同等问题劳动合同法已作了明确规定，劳动合同法的立法意图是解决实践中存在的劳动合同短期化和用人单位利用优势地位限制劳动者流动的问题，平衡社会负担和用人单位负担，经济补偿年限的计算等问题需进一步明确，建议通过司法解释予以明确；连续

两次签订固定期限劳动合同的认定、劳务派遣是否适用无固定期限劳动合同等问题，建议立法机关作出明确规范；强化支付令的规定属于民事诉讼法的内容，建议在修改民事诉讼法时予以研究；同工同酬的认定，该部正在进一步完善有关定义，解决具体操作问题。2012 年 6 月，十一届全国人大常委会第二十七次会议对劳动合同法修正案草案进行了初次审议。

2. 姜健等 31 名代表、许世辉等 31 名代表、周晓光等 30 名代表、刘庆宁等 31 名代表、周洪宇等 30 名代表、戴雅萍等 34 名代表（第 79 号、第 114 号、第 207 号、第 240 号、第 344 号、第 463 号议案）建议加快制定旅游法，促进旅游业发展、保护旅游者和旅游经营者的合法权益、规范旅游市场秩序、提高旅游服务质量、正确处理旅游资源保护与开发的关系、明确旅游主管部门的职责、加强旅游管理等。财经委员会十分重视旅游立法工作，于 2009 年 12 月牵头，组织国家发改委、国务院法制办、国家旅游局等 23 个部门和有关专家成立了旅游法起草组。2012 年 3 月 14 日，财经委员会全体会议审议通过了旅游法草案。议案所提意见和建议，大部分在草案中已有所体现。2012 年 8 月，十一届全国人大常委会第二十八次会议对旅游法草案进行了初审。

3. 左延安等 30 名代表（第 438 号议案）提出，商标资产的价值评估在企业资产重组、股份制改造等资本运营过程中具有重要意义，但目前我国缺乏有关商标评估的法律法规，商标评估机构不规范，商标评估方法不科学、不统一，法律责任不明确，使被评估企业的利益受损，造成不公平的资产交易和竞争，应加强商标评估立法，制定统一的法律规范。国家工商总局认为，为适应加入世贸组织的需要，该局于 2011 年废止了《企业商标管理若干规定》和《商标评估机构管理暂行办法》。2012 年 2 月，十一届全国人大常委会第二十五次会议初审了资产评估法草案。议案所提商标专用权评估业务、评估机构和评估人员的法律责任等问题在资产评估法草案中已有体现。

二、25 件议案提出的 9 个立法项目已列入十一届全国人大常委会立法规划或 2012 年立法工作计划，建议起草单位加快工作进程，尽快报请全国人大常委会审议

要求修改法律的议案 19 件

4. 徐景龙等 31 名代表、应名洪等 30 名代表、南存辉等 30 名代表、莫照兰等 30 名代表（第 6 号、第 117 号、第 255 号、第 385 号议案）提出，随着社会经济的快速发展以及新型消费关系、消费形式不断涌现，消费者权益受到侵害的情况日益严重，消费者权益保护法已经明显不能适应当前客观形势的需要，迫切需要修改。国家工商总局认为，消费者权益保护法（修订）已列入十一届全国人大常委会立法规划，2009 年该局牵头启动消费者权益保护法的修订工作，2010 年将修订草案送审稿报送国务院。财经委员会建议有关部门和单位加快起草工作进度。

5. 徐景龙等 31 名代表、姜健等 31 名代表、郑捷等 30 名代表、韦飞燕等 30 名代表、刘庆宁等 31 名代表、左延安等 30 名代表（第 55 号、第 77 号、第 160 号、第 237 号、第 243 号、第 439 号议案）提出，随着市场经济快速发展，广告发布明显增多，利用广告从事违法经营活动日趋严重，虚假广告泛滥，广告法的部分内容及执法工作已不能完全适应规范广告活动、维护广告市场秩序、保护消费者利益、弘扬社会良好风尚的要求，建议修改广告法。国家工商总局认为，2004 年该局启动了广告法的修订工作，并于 2009 年将修订草案送审稿报送国务院，议案关注的问题在修订送审稿中有较为充分的体现。广告法（修订）已列入十一届全国人大常委会立法规划，财经委员会建议有关部门抓紧工作，尽快提请审议。

6. 姜健等 31 名代表、戴仲川等 30 名代表、周晓光等 30 名代表、邵峰晶等 31 名代表、俞学文等 30 名代表、左延安等 30 名代表（第 78 号、第 115 号、第 208 号、第 386 号、第 396 号、第 436 号议案）提出，商标法中有关商标申请在先原则、保护注册商标专用权、驰名商标认定条件、商标审查规则等一系列规定已不适应新形势的需要，应及时修改。国家工商总局认为，2003 年该局启动了商标法第三次修改工作，2009 年将修订草案送审稿报送国务院，2011 年国务院法制办向社会公开征求意见。议案提出的有关驰名商标、恶意抢注、简化异议程序、自行改变注册商标等问题在修订草案中有较为充分的体现。商标法（修订）已列入十一届全国人大常委会立法规划，财经委员会建议尽快完善修订草案，争取早日提请审议。

7. 周晓光等 30 名代表、蔡奇等 30 名代表（第 206 号、第 257 号议案）建议修改税收征收管理法。国家税务总局认为，议案提出的关于明确税收登记的法律地位、扩大税务登记的适用范围、完善税收登记注销制度、建立涉税信息共享机制、加快信息化建设、明确电子申报资料法律效力、确立纳税评

估法律地位、明确有关部门报送涉税信息法律义务等建议,对完善税收征管制度具有重要意义,将在起草税收征收管理法修正案草案时研究吸收。税收征收管理法(修订)已列入十一届全国人大常委会立法规划,财经委员会建议认真研究议案所提建议,加快起草工作,争取早日提请审议。

8. 杜波等30名代表(第366号议案)提出,城市房地产管理法滞后于房地产业的发展,建议修改。住房和城乡建设部认为,城市房地产管理法(修订)已列入十一届全国人大常委会立法规划,目前已形成城市房地产管理法修订草案稿,议案所提问题在草案中已有所体现。财经委员会建议有关部门加强协调,争取早日提请审议。

要求制定法律的议案6件

9. 朱玉辰等30名代表(第24号议案)提出,随着我国期货市场的日益壮大,现有期货市场规则体系缺乏基础法律支撑和指导的弊端日益显现,已不能完全满足市场的深层次发展需要,尤其是不能满足金融衍生品市场的发展需要,建议制定期货法。期货法已列入十一届全国人大常委会立法规划,财经委员会会同中国证监会等部门开展起草工作,形成了草案稿,将在总结股指期货实施经验的基础上,进一步修改完善后提请审议。

10. 徐景龙等31名代表(第58号议案)提出,电信条例不能满足行业的实际需求,法律效力较弱,规定过于原则,缺乏明确的违规处罚细则,建议制定电信法。工业和信息化部认为,原信息产业部承担了电信法的起草工作,并于2004年7月将电信法草案送审稿报送国务院。议案提出的电信市场准入、互连互通、电信普遍服务、三网融合、电信市场竞争监管、用户信息保护、电信监管体系等方面的具体立法建议,对于完善电信法草案具有很好的参考价值。电信法已列入十一届全国人大常委会立法规划,财经委员会建议有关部门结合议案内容,尽快完善草案,争取早日提请审议。

11. 王晶等30名代表(第276号议案)提出,我国各地、各行业陆续出现了很多行业性组织,但缺乏统一规范行业协会的法律,影响了行业协会健康发展,容易造成行业协会行为不规范、结构不合理等问题,建议尽快出台行业协会法。民政部认为,我国已基本形成了覆盖国民经济各个门类的行业协会体系,行业协会在经济社会发展中发挥着越来越重要的作用,但也存在着布局结构不尽合理、职能定位不明确、作用发挥不明显等问题,应加强相应立法。行业协会商会法已列入十一届全国人大常委会立法规划,财经委员会建议有关部门认真研究代表建议,加快立法工作进程。

12. 蔡奇等30名代表、刘卫星等30名代表、金志国等30名代表(第259号、第300号、第388号议案)提出,我国住房保障体系不够完善,保障对象不够明确,保障方式不够统一,保障责任不够落实,收入核定和资格认定困难,退出机制不够完善,需要加强住房保障立法。住房和城乡建设部认为,议案对我国目前住房保障现状及立法基础的分析十分中肯,现阶段开展住房保障相关立法确有其必要性。住房保障法已列入十一届全国人大常委会立法规划,财经委员会建议有关部门认真研究代表建议,加快相关立法工作进程。

三、26件议案提出的16个立法项目确有立法必要,建议有关部门加快立法调研论证工作,争取列入新一届全国人大常委会立法规划

要求修改法律的议案15件

13. 褚君浩等30名代表、李新炎等31名代表、南存辉等30名代表(第19号、第41号、第252号议案)提出,随着国内经济发展及整个社会用电需求和结构的变化,以及新能源和可再生能源供应的迅猛发展,电力法中部分条款不适应新型发电技术发展的需要,为了推广可再生能源的应用,建议修改电力法。国家能源局认为,议案所提建议对修改电力法具有重要参考价值,该局将积极推进电力法修改工作,同时通过开展试点项目建设、促进低电压等级电网开放,为修订电力法积累经验。财经委员会建议有关部门认真研究代表建议,积极开展调研论证,争取将其列入全国人大常委会立法规划。

14. 戎光道等31名代表、杨庚宇等32名代表、蔡奇等31名代表(第22号、第227号、第258号议案)建议修改安全生产法,完善安全生产方针、建立健全安全生产管理体系、明确政府职责、建立政府安全生产业绩考核指标体系、加大安全生产投入保障、明确注册安全工程师的法律地位、推行安全生产责任强制保险、加大处罚力度等。国家安监总局认为,国务院高度重视安全生产法的修订工作,该局已将修订草案送审稿报送国务院。财经委员会建议有关部门认真研究吸收代表建议,加快安全生产法修订工作进程。

15. 章联生等30名代表(第39号议案)建议修改计量法与WTO规则不符合的部分条款。国家质

检总局认为，随着社会主义市场经济体制的建立和科学技术的发展，计量法部分规定已不能满足实际需要，确有修改必要。该局于2000年启动了修订工作，于2005年和2010年两次将修订草案送审稿报送国务院。议案关于实行计量检定和计量校准并行的量传溯源方式、对进口计量器具开展型式批准、加强对商品量的监管等建议，将在下一步立法工作中加以完善。财经委员会同意国家质检总局的意见，建议相关部门认真研究议案所提建议，积极开展法律修订工作，争取将其列入全国人大常委会立法规划。

16. 徐景龙等31名代表（第59号议案）提出，会计法规定的违法行为情节轻重不分，行政处罚自由裁量权过大，单位负责人的法律责任缺失，建议修改。财政部认为，会计法修订已列入该部立法工作计划，正积极开展调研，建议将会计法修订列入全国人大常委会立法规划。财经委员会同意财政部的意见。

17. 么志义等32名代表（第122号议案）提出，近年来空白背书引发的法律纠纷案件逐年上升，票据法原则上只承认记名背书，没有明确规定空白背书的法律效力，建议修改票据法。中国人民银行认为，票据法确需修改，对于代表所提意见，将在研究修改过程中综合权衡考虑。财经委员会同意中国人民银行的意见，建议进一步研究论证，适时提出立法建议。

18. 南存辉等30名代表（第253号议案）提出，某些行业的中国国家标准低于发达国家标准，一些外国品牌对华销售产品时，采取“双重标准”，损害了中国消费者合法权益，建议修改产品质量法，规定缺陷产品召回制度，并明确规定进口商品应明示该产品所适用的标准。国家质检总局赞成在产品质量法的修订中增加产品召回制度的规定；对于“双重标准”的问题，可通过提高我国标准水平、采用国外先进标准等方式予以解决，建议在产品质量法修订中进一步完善产品标识管理。财经委员会同意质检总局的意见，建议抓紧开展法律修订准备工作，争取列入全国人大常委会立法规划。

19. 金颖颖等30名代表（第256号议案）提出，中小企业促进法已不能完全适应目前经济形势变化与支持中小企业继续发展的需要，有必要对其进行修订。财经委员会认为，中小企业发展还面临着相当的困难和挑战，有必要通过修改中小企业促进法，鼓励创新，促进创业，创造就业机会，建议将其列入全国人大常委会立法规划。

20. 吴江林等30名代表（第279号议案）提出，目前我国民航航班延误、托运行李遗失事件频频发生，缺乏投诉渠道和受理部门，旅客索赔无门，建议修改民用航空法关于航班延误、行李遗失等相关规定。中国民用航空局认为，近年来该局结合行业发展，已启动民用航空法的修改工作，研究完善承运人损害赔偿责任制度。财经委员会同意中国民用航空局的意见，建议抓紧法律修订工作。

21. 欧阳泽华等31名代表（第303号议案）提出，目前证券法与市场改革发展实际不相适应，特别是“十二五”规划确定的加快转变经济发展方式、加强法治政府建设、提高对外开放水平、创新社会管理方式等目标和任务，对资本市场法治建设包括资本市场功能定位、运行机制和监管执法等方面提出了更高要求，建议修订证券法。财经委员会认为，议案所提建议值得认真研究，有必要对证券法进行修改，建议将证券法修订列入全国人大常委会立法规划。

22. 杨伟程等33名代表（第367号议案）提出，反不正当竞争法缺乏对新出现的不正当竞争行为的规定，现有的一些规定较为笼统、缺乏操作性，难以适应市场发展的需要，应抓紧修订完善反不正当竞争法。国家工商总局认为，为更好地维护公平竞争市场秩序、促进统一开放竞争有序的现代市场体系的建立，修改反不正当竞争法十分必要。2003年该局进行修订工作，于2008年将修订草案送审稿报送国务院。议案所提不正当竞争行为的一般性条款、细化与补充不正当竞争行为的种类、利用网络的不正当竞争行为等建议在草案中已有较充分的体现。财经委员会建议抓紧草案修订工作，争取列入全国人大常委会立法规划。

23. 王法亮等30名代表（第383号议案）提出，近年来，我国拍卖行业发展迅猛，拍卖企业迅速增加，年成交额成十倍增长，同时存在“拍假”“假拍”盛行、信息披露不透明、政府部门监管缺位、诚信规则缺失等问题，建议修改拍卖法。商务部认为，议案所提意见合理，今后将在修改完善拍卖法时认真研究。财经委员会同意商务部的意见，建议抓紧拍卖法修订准备工作，争取列入全国人大常委会立法规划。

要求制定法律的议案11件

24. 徐景龙等30名代表、李朋德等31名代表、胡浩等31名代表、彭小枫等35名代表（第62号、第127号、第132号、第489号议案）提出，我国航天事业自1956年创建以来，取得了一系列辉煌成就，走出了具有中国特色的自主创新发展道路。但我国航天立法工作严重滞后，目前只有少数单行法规和规定，存在法律效力等级较低、立法空白点多、可操作性较差等问题，制约了航天事业的健康发展，建议尽快制定航天法。国防科工局认为航天法立法十分必要和紧迫，加快航天立法是维护国家安全和外空权益的需要、是保障航天活动规范有序开展的需要、是切实履行国际义务和有序开展国际合作的需要、是推动航天事业可持续性发展的需要。建议全国人大发挥主导作用，积极推动立法工作。解放军总装备部认为，该部十分重视航天装备立法工作，已形成了一系列规章制度，为航天立法奠定了基础，下一步将积极参加立法工作。财经委员会同意以上意见，并已启动立法调研论证工作，在立法必要性和一些重要问题上与有关单位已达成共识，建议将该法列入全国人大常委会立法规划。

25. 朱慧秋等30名代表（第67号议案）提出，我国物流法律的不完善已经成为现代物流业健康、快速和可持续发展的瓶颈，建议制定物流法。国家发改委认为，制定物流法很有必要，将从现有法律法规及规章入手，对物流业的产业概念和边界、管理体制、准入条件、鼓励政策、以及与现行有关法律法规的衔接问题，进行深入研究论证，会同有关部门先行开展前期立法调研，建议将物流法列入全国人大常委会立法规划。财经委员会同意国家发改委的意见。

26. 戴仲川等30名代表（第113号议案）提出，我国传统政务运行环境和模式由现实世界延伸到虚拟空间，电子政务建设取得了很大的成绩，现行法律难以适应电子政务的发展，存在着电子政务网络重复建设、结构不合理、业务系统水平低、应用和服务领域窄、信息资源开发利用滞后，互联互通不畅、标准不统一、有安全隐患等问题，建议制定电子政务法。国务院办公厅认为，随着电子政务的快速发展，我国电子政务立法工作不断加强，颁布了电子签名法、政府信息公开条例等法律法规，地方政府出台了一批地方性电子政务规章规定，但现阶段我国电子政务的发展仍存在体制机制的深层次问题，确需研究制定电子政务法。国务院有关部门已开展了立法前期调研，形成了初步研究成果，立法的条件日趋成熟，建议将电子政务法纳入人大立法计划。财经委员会同意国务院办公厅意见，建议将该法列入全国人大常委会立法规划。

27. 许金和等31名代表、南存辉等30名代表、任玉奇等30名代表（第161号、第254号、第338号议案）提出，目前物业管理不规范，矛盾纠纷多发，房地产开发商、业主、物业管理企业之间的责权利不明确，建议制定物业管理法。住房和城乡建设部认为，议案所提问题在实践中确实存在，制约了物业管理行业的健康发展和物业管理服务水平的提高。该部将在贯彻落实物业管理条例的基础上，全面系统地梳理物业服务中存在的问题，适时提出将物业管理条例上升为法律的建议。财经委员会建议将该法列入全国人大常委会立法规划。

28. 周晓光等30名代表、周晓光等30名代表（第209号、第212号议案）提出，目前，我国尚缺乏一部专门针对网络交易的法律，现有规定比较分散，已制定的相关法规、规章也存在效力层级不高、体系不清、内容不全等突出问题，不能适应电子商务日益发展的现实需要。建议制定网络交易法和电子商务法。商务部认为，电子商务可以涵盖网络交易内容，出台电子商务法有利于电子商务持续健康发展，规范网络交易行为，更好地保护消费者权益和知识产权，有利于防范交易风险和明确各部门职责，建议将其纳入全国人大常委会立法规划并尽快启动立法工作。财经委员会同意商务部的意见。

四、55件议案提出的41个立法项目，建议通过现行法律法规的贯彻实施，制定和修改有关法律、行政法规等解决议案所提问题，或对立法开展调研论证

（一）对13件议案提出的9个立法项目，相关法律、行政法规或有关规章已有规定，建议通过加强有关法律法规的实施力度，解决议案所提问题

29. 海南代表团、赖鞍山等30名代表、王文京等31名代表、易昕等36名代表、杨天夫等30名代表（第3号、第112号、第136号、第156号、第232号议案）提出，随着社会经济发展环境的变化，公司法的部分条款已经不适应新形势的需要，建议修改公司法，增加股权转让和恶意兼并的规定，明确股东出资不实的连带责任和优先股制度，规范公司登记和年检。国务院法制办认为，涉及土地使用权的股权转让属于法律执行和具体监管问题，土地管理法、城市房地产管理法等有关法律法规已有明确规定；股东优先购买权的行使应以自愿协商为原则，也可以在公司章程中作出规定；股权转让时股东优先购买权在公司法中已有规定，一定程度上可防范恶意兼并，对公司职工代表大会恶意兼并否决权问题，有待进一步研究；股东出资不实的连带责任在公司法中已有明确规定，该办正会同有关部门研究延长发起人股份禁售期的问题；公司法虽未系统规定优先股制度，但允许公司章程另行规定；各地工

商部门查询工商档案做法不一问题，可由国家工商总局根据公司登记条例制定统一的规定加以解决。财经委员会同意国务院法制办的意见。

30. 史贵禄等 30 名代表（第 126 号议案）提出，我国自主创新力还不强，高科技产业的商业模式、服务方式和技术大都来自于国外，这种状况对我国创新经济发展十分不利，迫切需要制定国家自主创新法，建议全国人大常委会就提高我国自主创新能力形成专项决议。科技部认为，改革开放以来，我国颁布实施了科学技术进步法、促进科技成果转化法、科学技术普及法等一系列促进创新的法律，企业所得税法、政府采购法等相关法律中也规定了促进保障创新的措施，各地方也相应制定了旨在促进创新的科技进步条例和其他地方性法规。科技部建议深化科技体制改革，加快创新体系建设，根据经济社会发展需要，不断修订和完善自主创新法律制度。财经委员会同意科技部的意见，建议有关部门认真贯彻法律法规，不断完善政策措施，加大工作力度，继续推进自主创新能力的提高。

31. 周晓光等 30 名代表（第 210 号议案）提出，我国民间投资已成为促进经济增长、调整产业结构、繁荣城乡市场、扩大社会就业的重要力量，尽管国家放宽了对民间资本进入行业和领域的限制，然而一些地方政府监管有余、服务不足，加之部分地方政府信用约束不够、政策不稳定或不连续，使得一些进入垄断行业的民间资本处境尴尬，甚至不得不被迫退出，建议制定民间投资促进法。国家发改委认为，国家高度重视通过政策法规手段促进民间投资健康发展，但民间投资发展仍面临一些难题，议案提出的准入难问题尚未得到根本解决。2012 年政府工作报告和国务院批转的《2012 年深化经济体制改革重点工作意见》中，明确要求各部门 2012 年上半年务必出台有关民间投资实施细则，相关部门已按要求，报送了详细工作计划。国家发改委将继续推动出台民间投资发展实施细则并督促落实，在总结实践经验基础上，积极开展调研，听取各方意见，深入研究各国经验和做法，提高政策措施的针对性、科学性和系统性，为民间投资发展营造更好的法制环境。财经委员会同意国家发改委意见。

32. 刘庆宁等 31 名代表（第 239 号议案）提出，保险法第十四条关于保险合同生效时间和第六十条被保险人代位求偿权的规定在实务中容易产生纠纷，建议修改保险法。中国保监会认为，第十四条中保险费的交付和保险责任开始的时间，可以特别约定，对先交付保险费、后签发保险单其间发生保险事故的保险责任，应根据投保单或订立合同时的约定来认定；第六十条中，保险事故发生后，被保险人有权向保险人请求保险赔偿，保险人赔偿后，对第三者行使代位求偿权。财经委员会建议中国保监会等有关部门细化完善相关规定，加大监管力度，解决议案所提问题。

33. 刘卫星等 31 名代表（第 294 号议案）提出，目前我国缺少对进城务工人员在城市的就业、子女上学、养老统筹、医疗保险、保障住房等合法权益的法律保护，建议制定进城务工人员权益保护法。人力资源和社会保障部认为，有关法律法规和国务院规定对农民工依法享有的权利作了规定，该部将通过贯彻落实有关法律法规和政策，解决农民工社会保险、工资保障、职业技能培训等保障农民工权益的问题，同时积极配合有关部门研究解决农民工子女教育、组织制度等问题。财经委员会同意人力资源和社会保障部的意见。

34. 周洪宇等 30 名代表（第 343 号议案）提出，我国教育经费总量不足、投入不均、投入渠道不畅，建议制定教育投入保障法，合理划分政府的教育投入责任、完善各级教育预算决策程序、优化教育投入结构、拓宽教育经费来源渠道、对教育投入实行严格考核和问责等。财政部认为，我国教育法、义务教育法等法律，对经费投入问题作了规定，在目前财税体制改革深入推进的情况下，单独制定教育投入保障法存在较多困难，建议进一步做好现行法律法规的贯彻落实。财经委员会同意财政部的意见，建议严格依法办事，解决议案关注的问题。

35. 袁敬华等 31 名代表（第 355 号议案）提出，我国大部分城市的道路、公共建筑、居住小区、公共交通未进行无障碍改造，一些新建设施不符合无障碍规范，已建设施管理亟待加强，信息交流无障碍设施还较为薄弱，全社会无障碍环境尚未形成，建议制定无障碍建设法。中国残疾人联合会认为，国务院已审议通过了《无障碍建设条例》，并于今年 8 月 1 日起正式实施，建议在贯彻实施的基础上，总结经验，待条件成熟时，将条例上升为法律。财经委员会同意上述意见。

36. 程惠芳等 36 名代表（第 398 号议案）提出，需要制定小企业金融服务法，从根本上解决小型微型企业“融资难”、“融资贵”问题。中国人民银行认为，中小企业尤其是小微企业是社会主义市场经济体系的重要组成部分，但长期影响和制约中小企业发展的融资难问题仍没有得到根本解决，中小企业金融服务法律法规仍不健全，有必要修改中小企业促进法或制定小企业金融服务法，为小企业融资提供法律保障。

财经委员会同意中国人民银行的意见，建议有关部门在进一步贯彻实施中小企业促进法的基础上，加大对小微企业的金融扶持力度。

37. 傅企平等33名代表（第399号议案）提出，《防暑降温措施暂行办法》已不能适应形势发展的需要，建议制定高温行业劳动保护法，明确高温保护的对象和时间，规定高温期间施工的劳动保护措施和高温作业的补贴标准以及高温作业主体单位的责任等。国家安监总局认为，该局和卫生部、人力资源社会保障部、全国总工会等四部门已着手修订《防暑降温措施暂行办法》，并已起草出修订征求意见稿，拟以四部门名义联合印发，待时机成熟后，建议国务院再制定行政法规。财经委员会同意国家安全监管总局的意见。2012年6月29日，国家安全监管总局、卫生部、人力资源社会保障部、全国总工会联合发布了《防暑降温措施管理办法》，《防暑降温措施暂行办法》废止。

（二）对25件议案提出的18个立法项目，建议通过制定和修改其他法律或行政法规等解决议案所提问题

38. 林荫茂等30名代表（第21号议案）提出，当前侵害金融消费者权益的现象多发频发，现有的消费者权益保护法等法律法规对金融消费者权益保护不足，建议制定金融消费者权益保护法。中国人民银行认为，金融消费者权益保护涉及人民银行、银监会、证监会、保监会等多个部门，与多部法律存在交叉，实践经验也有待积累，制定专门法律的条件尚不成熟。该行将着力推动《存款保险条例》、《银行卡条例》、《征信业管理条例》等法规出台，为相关领域消费者权益保护提供法律保障。财经委员会同意中国人民银行的意见，建议抓紧制定相关法规、规章，及时解决议案所提问题。

39. 徐征等30名代表、周晓光等30名代表（第23号、第205号议案）提出，建筑法已不能适应规范建设活动和建筑市场秩序的需要，缺乏对低碳建筑的规范，需要进行修改。住房和城乡建设部认为，对议案所提的建筑市场和低碳建筑问题，将通过起草《建筑市场管理条例》和修改《民用建筑节能管理条例》解决。财经委员会同意住房和城乡建设部的意见。

40. 张秀娟等30名代表（第35号议案）提出，台湾同胞投资保护法已不能适应新形势发展的需要，建议修改。商务部认为，代表议案中的具体意见，准确反映了新形势发展的需要，也有前瞻性，具有很高的参考价值。商务部高度重视台胞投资保护工作，已经启动修改台湾同胞投资保护法实施细则的研究工作，将加强调研，总结经验，积极与有关部门沟通，争取尽快启动修订工作。财经委员会同意商务部的意见。

41. 徐景龙等31名代表、赖鞍山等33名代表（第56号、第111号议案）提出，价格法存在与WTO规则相冲突、表述不恰当、内容不完善等问题，建议修改价格法，进一步规定与基本价格制度相适应的定价形式、把“规定限价”纳入政府指导价范畴、明确市县价格主管部门价格管理权限、对中介服务收费作出更灵活规定、明确行业组织价格自律的定位、明确价格听证会消费者代表构成比例和聘请办法要求、细化法律责任等。国家发改委认为，议案所提建议，有些已由相关法规规章或规范性文件作了明确规定，有些需要在修改价格法时认真研究，建议先就个别项目出台配套的法规和规章，再适时修订相关行政法规、规章和规范性文件。财经委员会同意国家发改委的意见。

42. 徐景龙等31名代表（第57号议案）建议制定财政转移支付法，明确财政转移支付的概念和分类，确定财政转移支付的主要目标，科学划分中央和地方政府的事权，确定各级政府之间的收入分配，确定财政转移支付拨款的程序和拨款额的计算方式，建立转移支付管理监督体系。财政部赞同议案提出的完善财政转移支付法律制度的意见，认为当前立法时机和条件还不够成熟，宜先行制定《财政转移支付管理暂行条例》，国务院已将该条例列入立法工作计划。财经委员会同意财政部的意见。

43. 徐龙等33名代表（第73号议案）提出，近年来我国电子支付和电子商务快速发展，但电子支付相关规定法律层级较低，无法明确相关主体权利义务关系，为保障支付交易安全，促进电子商务的健康发展，需要制定电子支付法。中国人民银行认为，完善电子支付立法，有利于加强电子支付领域监管，但目前出台法律的条件尚不成熟。为维护支付服务的正常运营和金融体系稳定，该行正在开展《电子支付指引》、《银行卡条例》等起草和准备工作。财经委员会同意中国人民银行的意见。

44. 王东洲等36名代表（第180号议案）提出，当前信息化的发展面临着规划不统一、资源开发不足、产业自主创新能力不足、安全问题突出、管理体制和机制改革滞后等问题，建议制定信息化促进法。工业和信息化部认为，国务院高度重视信息化工作，制定出台了一系列方针政策，对信息化发展的各项任务作出了系统安排。该部正起草信息安全条例等相关行政法规和规章，积极推进信息化立

法进程。财经委员会建议通过制定完善相关法规、规章,解决议案所提的问题。

45. 周晓光等30名代表(第203号议案)提出,随着我国经济快速发展、人民生活水平大幅提高、人口的老龄化、家庭规模的小型化、计划生育政策的实施,对家政服务的需求越来越大,但家政服务人员劳动就业和社会保障等方面的法律法规不健全,家政市场管理混乱,家政服务人员缺乏培训,家政服务纠纷处理机制不完善,建议制定家政服务法。商务部认为,《国务院关于加快发展服务业的若干意见》、《国务院办公厅关于加快发展服务业若干政策措施的实施意见》、《国务院办公厅关于发展家庭服务业的指导意见》等文件的出台,为家政服务业加快发展奠定了良好的政策基础,目前该部正在研究制定家政服务业管理办法。财经委员会建议先通过制定行政法规和规章解决议案所提问题,待条件成熟时,再推进家政服务业立法。

46. 周晓光等30名代表(第204号议案)提出,当前社会诚信缺失,严重破坏市场环境和社会秩序,需要制定社会信用法。中国人民银行认为,现阶段社会各界对信用信息的概念仍有不同理解,在保护个人隐私、企业商业秘密和扩大信用公开等方面仍存较大争议,制定统一的社会信用法时机尚不成熟。目前,该行正在推动制定《征信业管理条例》、《个人征信信息保护暂行规定》等法规规章。财经委员会同意中国人民银行的意见。

47. 周晓光等30名代表、杨成涛等30名代表、刘卫星等30名代表、刘玲等31名代表(第211号、第251号、第298号、第464号议案)提出,我国民间借贷市场规模很大,但长期游离于正规金融监管之外,缺乏相应法律法规的引导、规范和监管,风险不易监控,易滋生非法集资、洗钱犯罪等问题,需要制定民间借贷法。中国人民银行认为,对小额贷款公司等非存款类放贷组织,目前该行正会同有关部门起草相关行政法规;对不以放贷为常业的偶发性民间借贷,则可以主要依据现有民事、合同等法律予以规范。财经委员会同意中国人民银行的意见,建议抓紧制定相关法规,及时解决议案所提问题。

48. 郑功成等31名代表(第231号议案)提出,住宅是人民生活的必需品,居住权是人民的基本权益,健康的住房保障制度与理性的房地产市场都迫切需要制定住宅法。住房和城乡建设部认为,随着住房制度改革和市场经济发展,有必要加强住宅专项立法,议案所提内容可以通过制定住房保障法和修改城市房地产管理法来解决。住房保障法和城市房地产管理法(修订)已列入十一届全国人大常委会立法规划,立法工作正在进行当中。财经委员会同意住房和城乡建设部的意见。

49. 章联生等33名代表、邵峰晶等31名代表(第274号、第387号议案)提出,我国没有一部统领各种社会保障方面的法律,现有社会保障法律体系涵盖领域窄,覆盖面比较小,建议制定社会保障法。人力资源和社会保障部认为,在社会保险方面,我国已制定了社会保险法和相关配套行政法规;在社会救助方面,制定了城市生活无着的流浪乞讨人员救助管理办法、法律援助条例、自然灾害救助条例、城市居民最低生活保障条例等;在保护特殊群体权益方面,制定了残疾人保障法、未成年人保护法、妇女权益保障法、老年人权益保障法、预防未成年人犯罪法等法律。老年人权益保障法正在修订中;社会救助法(草案)经国务院常务会议两次审议;基本医疗保险条例、失业保险条例(修订)等已列入国务院2012年立法工作计划,正在稳步推进。下一步,将积极研究并推进社会保障法的立法进程。财经委员会同意人力资源和社会保障部的意见。

50. 王晶等30名代表(第277号议案)提出,随着城镇化建设发展,房屋拆迁矛盾日益突显,物权法及有关法律法规的规定操作性不强,建议制定房屋拆迁法。住房和城乡建设部认为,根据城市房地产管理法,国务院已制定了《国有土地上房屋征收与拆迁补偿条例》;集体土地上房屋征收适用土地管理法及其实施条例,目前国务院正在研究修订土地管理法,并制定《农民集体所有土地征收补偿安置条例》,规范集体土地房屋征收补偿活动。财经委员会同意住房和城乡建设部的意见,建议尽快制定完善相关法律法规,及时解决议案所提问题。

51. 刘卫星等30名代表(第293号议案)提出,我国城市公共交通发展存在拥堵现象严重、规划布局不合理、基础设施供给不足、信息网络系统发展滞后、财政公交支出比例偏低等问题,建议制定城市公共交通保障法。交通运输部认为,加快城市公共交通立法进程、促进城市公共交通优先发展、缓解城市交通拥堵十分必要和迫切,但直接出台城市公共交通保障法的难度较大,该部正积极配合国务院法制办制定《城市公共交通条例》,条例草案已公开征求社会意见。财经委员会建议在条例草案的修改完善工作中认真吸收代表意见,解决议案所提问题。

52. 刘卫星等30名代表(第295号议案)提出,

《融资性担保公司管理暂行办法》人为地将担保公司分为融资性担保和非融资性担保，将非融资性的担保公司排除在监管之外，当前担保公司超范围经营甚至非法经营现象突出，扰乱金融秩序，影响宏观调控，冲击实体经济，加剧了中小企业融资难和融资贵；建议制定担保公司监督管理法，明确担保公司的形式、设立、变更、终止和经营范围，设立经营规则和内部合规控制，规定监督管理。中国银监会征求国家发改委、工业和信息化部、财政部、商务部、工商总局、国务院法制办的意见后认为，担保机构是专业经营担保业务的中介机构，融资性担保业务更具有高杠杆、高风险的特点，要求机构具备一定实力和信用等条件，具备风险识别、风险控制等专业技术和能力，满足风险控制体系、业务标准和专业人员等一系列要求；《融资性担保公司管理暂行办法》旨在对融资性担保公司进行全面规范，在规范机构行为、促进机构发展方面发挥了重要作用；建议有关部门牵头就担保机构立法问题进行研究论证。财经委员会建议有关部门认真贯彻执行并适时修改完善《融资性担保公司管理暂行办法》，解决好融资性担保存在的问题，同时对将非融资性担保业务纳入监管的必要性和可行性进行深入研究，结合融资性担保监管经验，提出制定统一的担保行业法律制度的意见。

53. 金硕仁等 30 名代表（第 309 号议案）提出，农村信用体系是我国信用体系建设的薄弱环节，缺乏统一和有针对性的法律规范与约束，建议制定农村信用法。中国人民银行认为，农村信用立法需要和我国社会信用体系整体法律制度建设统筹考虑，立法周期长，难以解决农村信用体系对立法的迫切需求。正在起草的征信业管理条例草案将对农村信用体系建设起到积极促进作用。财经委员会同意中国人民银行的意见。

54. 许振超等 34 名代表（第 352 号议案）提出，潜水是高危特殊行业，我国潜水立法尚属空白，缺少潜水及水下作业技术规则，无法建立与发达国家潜水从业资格资质对等互认机制，潜水人员的健康与人身安全得不到根本保障，建议制定潜水法。交通运输部非常重视潜水领域的立法工作，认为可以先通过制定行政法规解决议案所提问题，2002 年该部启动了潜水条例草案的起草工作。2008 年将条例草案报送国务院，草案的主要内容与议案所提立法方案基本相同。财经委员会同意交通运输部的意见。

55. 袁敬华等 30 名代表、俞学文等 30 名代表（第 384 号、第 397 号议案）提出，当前我国工资收入分配领域存在着分配机制不健全、分配秩序不规范、同工不同酬、地区和行业之间收入差距过大的突出问题，建议制定工资法。人力资源和社会保障部认为，工资收入分配作为重要民生内容，应予立法规范，制定工资法是深化工资收入分配制度改革、规范工资收入分配行为、促进社会公平的重要制度保障。该部正在收集相关资料、开展调研，为起草企业工资管理方面的行政法规做好准备工作；公务员法就公务员工资问题作了原则规定，正在抓紧研究制定配套法规；同时抓紧研究制定深化事业单位收入分配制度改革的工作方案。待上述关于企业和机关事业单位工资方面的法规出台并取得实践经验后，将适时启动工资法起草工作。财经委员会同意人力资源和社会保障部的意见。

（三）对 17 件议案提出的 14 个立法项目，建议进一步调研论证，同时通过研究制定相关政策，改进工作，解决议案所提问题

56. 黄志明等 31 名代表（第 96 号议案）提出，基本医疗保险、工伤保险和生育保险还没有实现全面的规范与统一，给实际操作带来了诸多不便，影响了社会保障体制的完善，建议修改社会保险法，将工伤保险和生育保险险费的缴纳及其相关法律条款纳入基本医疗保险。张雅英等 30 名代表（第 408 号议案）提出，社会保险法根据用人单位的工资总额按比例缴纳基本养老保险费的规定，使用人单位提高员工工资的成本和风险大幅度增加，极大地影响了用人单位提高工资的意愿和能力，同时会造成退休后待遇不平等，建议修改社会保险法第十二条，规定国家或各省、自治区、直辖市每年确定全国或地区统一的基本养老费数额。人力资源和社会保障部认为，代表所提意见值得高度重视，鉴于社会保险法 2011 年 7 月 1 日才正式实施，在加大法律实施力度的同时，对工伤保险和生育保险纳入基本医疗保险的建议深入研究论证；确定统一的基本养老费数额的建议，会影响社会保险统筹互济原则的实现和现有法律法规体系。财经委员会同意人力资源和社会保障部的意见。

57. 史贵禄等 30 名代表（第 128 号议案）提出，现实生活中的暴利现象屡见不鲜，《制止牟取暴利的暂行规定》已暂行十几年，很多内容难以操作，收效甚微，建议制定反暴利法，规范暴利行为的认定标准，处罚方法，并通过立法把利润确定在一个合理的幅度以内。国家发改委认为，在市场经济条件下，暴利往往是欺诈、垄断、哄抬价格等违法行为的结果，建议做好立法之前的各项准备工作，加强调研，了解企业的实

际生产经营情况，收集各行业和领域的有关统计数据，处理好发展市场经济和政府适度干预的关系，加强对重点行业的反暴利监管。财经委员会建议相关部门对议案提出的问题和建议认真进行研究，并通过完善政策法规，切实加强监管解决议案所提问题。

58. 黄河等 30 名代表（第 129 号议案）提出，经济法是中国特色社会主义法律体系中的重要法律部门，目前我国已有六十部具体的经济法律，但没有一部统领、协调这些具体经济法律制度的基本经济法，建议制定经济法。财经委员会认为，从八届全国人大开始，我国按照建立社会主义市场经济体制的要求，为适应经济体制改革和经济社会发展的需要，加快各项经济立法，采用了分类单项立法的方式，实践证明，这种方式是行之有效的。制定经济法，实现经济法的法典化还需要更多的实践探索。

59. 莫小莎等 30 名代表（第 238 号议案）提出，政府采购法第二十二条对中小企业参加政府采购进行了限制，使得国家对中小企业政策的落实大打折扣，建议修改政府采购法。财政部认为，政府采购法第二十二条第一款规定的是供应商参加政府采购活动应当具备的基本条件，立法本意并未对中小企业参加政府采购进行限制。对议案反映的问题，该部将加强法律的贯彻执行，有针对性地研究完善相关制度规范。财经委员会建议有关部门认真研究代表提出的意见，不断完善政策法规，进一步明确中小企业参加政府采购的政策，解决议案所提问题。

60. 刘庆宁等 31 名代表（第 241 号议案）提出，由于历史、地理、自然等方面的原因，边境地区与内地相比，经济社会发展存在较大差距，边境地区贫困人口依然达总人口 40% 以上，发展面临的特殊困难很多，维护稳定的任务十分繁重，关心和支持陆地边境地区加快发展关系到民族团结、边疆稳定和边防巩固，关系到全面建设小康社会和构建社会主义和谐社会的进程，关系到国家的长治久安，建议制定陆地边境地区发展扶持促进法。国家发改委认为，议案所提意见非常中肯，对于促进边境地区发展的立法，建立健全相关法律体系，具有重要的指导意义。2011 年国务院办公厅印发了《兴边富民行动规划（2011—2015 年）》，重点强调要加大对边境地区的支持力度。该委将在总结经验和专题调研的基础上，积极研究有关立法问题。财经委员会建议有关部门认真研究代表意见，落实国务院有关政策措施，解决议案所提问题。

61. 齐奇等 31 名代表（第 250 号议案）提出，我国民事诉讼法和相关法律，对于民事执行程序和破产程序衔接的规定过于原则，缺乏刚性约束和可操作性的规范，影响了企业破产法的实施，建议修改企业破产法等法律。财经委员会认为，企业破产法实施以来，对规范企业破产行为，全面保护各方当事人利益，维护社会主义市场经济秩序，发挥了重要作用，同时在司法实践中也出现了一些新问题和新矛盾，需要完善相关法律制度，建议有关方面进一步研究论证代表意见，完善相关司法解释，解决议案所提问题。

62. 朱雪琴等 30 名代表（第 339 号议案）建议制定公共服务基本法，界定公共服务的基本类型、公共服务的提供主体，规定公共服务评估制度等。国务院法制办认为，我国初步形成了由单行法律、法规和规章组成的公共服务制度框架，为满足公民基本公共服务需求提供了有效的法律保障。基本公共服务涉及许多方面，不同领域公共服务的对象、标准、模式差异很大，各地区之间保障水平很不平衡，制定统一的公共服务基本法有待研究论证。财经委员会建议有关部门认真研究代表意见，不断完善相关政策，改进工作，解决议案所提问题。

63. 袁敬华等 30 名代表（第 363 号议案）提出，集体经济是我国宪法规定的公有制形式之一，建议制定集体经济组织法。财经委员会认为，随着我国社会主义市场经济体制的建立，国家对经济组织的划分标准也从原来的所有制、行业等属性转变为企业投资方式与责任形式，从而形成了公司、合伙企业、个人独资企业、农民专业合作社等经济组织形式并且已分别立法，大多数城镇和农村集体经济组织的设立与变更均已根据不同情况分别适用公司法、合伙企业法以及农民专业合作社法等。我国经济体制改革仍在进一步深化中，能否探索出新的集体经济组织形式，如何单独立法，都需要作进一步探索。

64. 康凤英等 30 名代表（第 365 号议案）提出，就业促进法没有明确规定如何保障尚未达到职工法定退休年龄的中年劳动者的平等劳动权利，导致企事业单位用工时产生年龄歧视，建议修改就业促进法。人力资源和社会保障部认为，就业问题的解决有赖于劳动者个人、家庭、企业与政府多个主体承担起相应的责任，将会同有关部门对议案所提建议开展专门调研，深入研究人力资源市场上存在的年龄歧视等问题，及时提出政策建议。财经委员会同意人力资源和社会保障部意见。

65. 郑杰等 30 名代表（第 433 号议案）提出，担保法等相关法律对中小企业信用担保机构规定不够全面，中小企业信用担保机构的法律地位、行业定位不明确，建议制定中小企业信用担保法。中国银监会认为，融资性担保业务监管部际联席会议认真研究了议案所提建议，并征求了有关部门意见，大多数部门对制定中小企业信用担保法的必要性持不同意见，仅对中小企业信用担保进行立法有待进一步研究。财经委员会同意中国银监会的意见，建议进一步研究完善中小企业信用担保机制，在推动相关工作中认真研究吸收议案所提建议。

66. 徐景龙等 31 名代表、张涛等 31 名代表、杨国海等 47 名代表（第 434 号、第 435 号、第 488 号议案）提出，我国军用航空和民用航空分别立法、缺乏协调；对警务、海关、海洋监察以及其他非军事国家航空活动管理无法可依。为处理涉外航空纠纷，推动我国航空管理体制改革，规范国内所有航空事项，协调航空与其他相关领域的活动，迫切需要加快国家航空整体立法。中国民用航空局认为，在民航法制定前，曾着手制定航空法，后因各方意见不一致，才改为出台民航法。目前，国家空管委已经草拟了航空法，但由于有关部门对立法主体、空域管理体制等问题存在较大争议，立法工作尚在论证中。财经委员会建议有关部门和单位深入研究议案所提问题，积极探索完善我国航空管理制度。

67. 左红等 30 名代表（第 462 号议案）提出，由于我国债券市场没有建立统一、明确的多层次法律体系，使得我国债券市场在统一准入条件、信息披露标准、资信评级要求、投资者保护要求等方面都未达成一致，多头监管使得各类债券在发行审核程序、发行标准、信息披露等方面宽严不一、监管效率低下，建议完善我国债券市场立法。财经委员会认为，议案提出的通过完善债券法律体系和债券交易机制、建立合格机构投资者制度、加强债券市场制度保障等建议，对推动我国债券市场发展具有积极的意义。鉴于目前债券市场和监管体制改革尚在进一步探索中，立法的时机还不够成熟，财经委员会将认真研究议案的有关建议，并根据今后金融市场的改革发展情况适时提出相关立法建议。

68. 杨震等 31 名代表（第 465 号议案）提出，信息通信网络已成为社会的主要基础设施，同时物联网的法律规定基本空白，但在管理上存在政出多门、法律层级低等问题，建议制定互联网/物联网法或制定有关物联网应用的法规。工业和信息化部认为，制定全面规范互联网的基本法，时机尚不成熟；对物联网应用宜采取逐步立法的方式加以解决，建议统筹考虑互联网、物联网领域的实践情况和立法需求。财经委员会同意工业和信息化部的意见。

69. 邹萍等 34 名代表（第 475 号议案）提出，目前对于服务于公共利益的公物还缺乏专门法律进行规范，致使公物质量差、过度商业化、公共用途受到损害以及公物使用人权利救济等问题得不到有效解决，建议制定公物管理法通则。财经委员会认为，国家、集体、私人都可以作为权利人，对特定的物享有直接支配和排他的权利，任何单位和个人不得侵犯。议案中提出的“公物”概念，即具有公共用途的公共财产，可以理解为国有和集体财产，范围包括矿藏、水流、海域、森林、山岭、草原、荒地、滩涂、野生动植物等自然资源，铁路、公路、电力设施、电信设施和油气管道等基础设施，以及国防资产和文物，国家机关和国家举办的事业单位的财产，等等。国家和集体对于上述财产，如何行使占有、使用、收益和处分的权利，物权法都作了明确具体的规定。此外，由于公物的种类和范围在理论上还存在较大争议，在目前条件下，还难以对公物管理进行统一立法，一些问题有待作进一步探讨研究。

五、2 件议案提出的 1 项执法检查和 1 项立法后评估的建议，建议全国人大常委会在研究制定今后工作计划时统筹安排

70. 周晓峰等 30 名代表（第 389 号议案）提出，当前在车险理赔过程中无责不赔、高保低赔、拖延赔偿时间、代位求偿不力、定损标准不一等问题比较突出，建议全国人大常委会对保险法等有关法律的执行情况进行检查，并在此基础上启动车辆保险法的立法工作。中国保监会认为，该会高度重视车险理赔的问题，针对议案所提的问题将采取积极的措施加以改进。财经委员会建议有关部门严格执法，加强对车险理赔的监督检查。

71. 刘沧龙等 38 名代表（第 422 号议案）建议开展信托法的立法后评估工作，以信托登记、公益信托、信托财产独立性三项制度为重点，加快推进信托法配套法规规章建设。中国银监会认为，该会 2006 年即组织研究信托登记制度问题，

由于涉及诸多相关登记部门且无法达成一致，因此暂时搁置；该会也与民政部等相关部门多次沟通公益信托制度问题，共同研究起草公益信托管理办法，目前已完成初稿。财经委员会建议有关部门和单位加快信托法配套法规建设，统筹安排立法后评估工作。

全国人民代表大会外事委员会关于第十一届全国人民代表大会第五次会议主席团交付审议的代表提出的议案审议结果的报告

（2012 年 10 月 26 日第十一届全国人民代表大会常务委员会第二十九次会议通过）

全国人民代表大会常务委员会：

第十一届全国人民代表大会第五次会议主席团交付外事委员会审议的代表提出的议案共 5 件，其中 4 件是关于尽快制定《中华人民共和国海洋基本法》的议案（即:63、213、328、418 号代表议案），1 件是关于修改《中华人民共和国护照法》第五条、第六条的议案（即:92 号代表议案）。外事委员会分别向全国人大常委会法工委，国务院法制办、公安部，广东省等有关部门和地方书面征求意见，并赴江苏、宁夏、甘肃和海南等地调研。2012 年 10 月 11 日，我委召开第 42 次全体会议，对上述代表议案进行审议。现将审议结果报告如下：

一、关于制定海洋基本法的议案

议案提出，随着我国涉海活动范围不断扩大，海洋事务面临越来越复杂的局面。我国主权和海洋权益受到挑战。涉海法律缺乏对海洋综合管理职权的明确规定，制约海洋事业的发展和维权执法。为依法维护我国领土主权、海洋安全和海洋权益、发展海洋经济，加强海洋综合管理，建议尽快制定海洋基本法。

国家和地方有关涉海部门赞同制定海洋基本法。

我委审议认为，议案提出的意见和建议反映了人大代表对维护国家领土主权和海洋权益的高度重视。制定海洋基本法，有利于维护国家领土主权和海洋权益、推进制定和实施国家海洋发展战略、理顺海洋管理体制、促进海洋经济可持续发展、提高全民的海洋意识。建议将制定海洋基本法列入全国人大常委会立法规划，统筹做好相关工作。

二、关于修改护照法第五条、第六条的议案

议案提出，随着中国公民因私出国人数连年攀升，城镇化进程加快使人户分离的流动人口逐渐增多，有必要对现行护照法第五条、第六条关于因私出国公民必须向户籍所在地主管机关申请普通护照、申请必须提交户口簿的规定进行适当修改，以满足日益增长的中国公民就近办理普通护照的需求。

多数部门和地方认为，护照法的有关规定和相关政策符合当前实际情况，没有修改必要。也有的地方认为有必要修改护照法第五条、第六条，至少应在省内放开异地办理公民普通护照。

我委审议认为，现行法律和政策基本适应目前需要。今年公安部出台了两项出入境便民措施：一是河北、山东、宁夏等 9 省（区）的本省居民可在省内就近办理因私出入境证件；二是京、津、沪等 6 城市允许非本市户籍就业人员和高等院校的在读大学生异地提交出入境证件申请。建议在认真总结这些做法和经验的基础上，对全国人大代表提出的关于修改护照法的建议作进一步研究论证。

以上报告，请审议。

全国人民代表大会外事委员会

2012 年 10 月 23 日

全国人民代表大会法律委员会关于第十一届全国人民代表大会第五次会议主席团交付审议的代表提出的议案审议结果的报告

（2012 年 12 月 28 日第十一届全国人民代表大会常务委员会第三十次会议通过）

全国人民代表大会常务委员会：

第十一届全国人民代表大会第五次会议主席团交付法律委员会审议的代表提出的议案共 88 件，其中，建议制定法律的 17 件，涉及 14 个立法项目，建议修改法律的 69 件，涉及 18 个立法项目，共 32 个立法项目；建议开展执法检查的 2 件，涉及 1 个监督项目。法律委员会高度重视代表议案办理工作，制定了办理议案工作方案，于 4 月 19 日召开代表议案交办会议，按照常委会的统一部署，对做好这项工作提出明确要求。在议案办理工作中，对代表议案提出的有关建议逐一进行认真研究，并与代表以电话或信件等方式进行沟通；在有关法律案的审议工作中，请常委会办事机构邀请提出相关议案的代表列席常委会听取他们的意见；在进行立法调研时，邀请有关代表参加调研和座谈；还就监督议案涉及的内容，专门召开有关部门参加的议案办理座谈会，就有关法律的实施情况进行调研，切实办好代表议案。法律委员会于 11 月 23 日召开会议，对 88 件议案的办理情况进行了审议。现将审议结果报告如下：

一、14 件议案涉及的 2 个立法项目，已由全国人大常委会审议通过

1. 关于修改民事诉讼法的议案 13 件

关于修改民事诉讼法的决定已于 2012 年 8 月 31 日由十一届全国人大常委会第二十八次会议通过。修改决定吸收了议案中的许多建议，对民事诉讼法的规定作了修改完善，包括完善调解与诉讼相衔接的机制，增加先行调解规定；保障当事人的诉讼权利，增加公益诉讼，完善保全措施；完善证据制度，进一步规范当事人的举证责任，赋予当事人启动鉴定程序的权利；完善简易程序，设立小额诉讼制度，扩大简易诉讼的范围；完善审判监督程序，进一步明确再审审级和期限；完善执行程序，强化执行措施等等。对代表议案中的一些建议没有采纳的，法制工作委员会将继续研究。

2. 关于制定精神卫生法的议案 1 件

精神卫生法已于 2012 年 10 月 26 日由十一届全国人大常委会第二十九次会议通过。议案中提出的建立精神病预防体系，加强精神病专科医院经费保障，加强精神障碍患者监护人和家属的责任以及对精神病患者的司法救济等内容，已在精神卫生法中有关心理健康促进和精神障碍预防、精神障碍的诊断和治疗、精神障碍的康复、保障措施等章中作出规定。

二、6 件议案涉及的 2 个立法项目，已提请全国人大常委会审议

3. 关于修改预算法的议案 3 件

预算法修正案草案已由十一届全国人大常委会第二十四次会议和第二十七次会议进行了初次审议和二次审议。议案中提出的有关财政管理体制和财政转移支付制度、预算公开、预算的收支范围、部门预算的编制、预算执行的规范性、预算的审查监督等问题，法律委员会、法制工作委员会将在修改预算法修正案草案时一并研究。

4. 关于制定网络管理和个人信息保护的法律的议案 3 件

本次全国人大常委会审议了全国人民代表大会常务委员会关于加强网络信息保护的决定草案，议案中提出的有关规范政府部门、企事业单位及个人采集、储存、使用、传播个人信息的行为、个人信息保护安全措施等建议，法律委员会将在审议修改

该决定草案时一并研究。议案中提出的其他有关问题,将在有关立法中统筹考虑。

三、30 件议案涉及的 4 个立法项目,已列入全国人大常委会立法规划或者年度立法工作计划,正在起草或者研究修改

5. 关于修改地方组织法的议案 2 件

按照常委会工作部署,法制工作委员会正在进行深入调查研究和广泛听取意见。代表议案提出的建议,法制工作委员会将会同有关部门,在修改地方组织法工作中统筹考虑。

6. 关于修改继承法的议案 1 件

法制工作委员会已经着手研究修改继承法,收集整理了国内外有关资料,并到一些地方听取修改意见和建议。代表议案提出的建议,法制工作委员会将在研究过程中统筹考虑。

7. 关于修改刑法的议案 22 件

根据情况需要,适时审议刑法修正案,是本届立法规划的要求。本届以来,全国人大常委会审议通过了刑法修正案(七)、(八)。人大代表提出的议案中涉及修改刑法的有关内容,法制工作委员会将进一步进行调研论证,听取有关方面意见,在下一步的刑法修改、完善工作中统筹考虑。有的议案内容涉及司法实践中的具体执法问题,法律委员会转请最高人民法院、最高人民检察院研究,通过司法解释等方式规范执法。

8. 关于修改行政诉讼法的议案 5 件

为了充分保障公民的合法权益,切实维护和监督行政机关依法行使行政职权,有必要对行政诉讼法进行修改和完善。行政诉讼法修改已列入立法规划,法制工作委员会正在进行调研,收集和研究有关意见和问题。代表议案提出的建议,法制工作委员会将在修改行政诉讼法的过程中统筹考虑。

四、10 件议案涉及的 6 个立法项目,建议列入第十二届全国人大常委会立法规划

9. 关于修改立法法的议案 1 件

立法法实施 12 年来,对推进科学立法、民主立法,不断提高立法质量发挥了重要作用。近年来,全国人大常委会不断推进公民有序参与立法,积累了很多好的经验和做法,需要以法律的形式固定下来,有必要适时修改立法法。法律委员会建议将立法法修改列入第十二届全国人大常委会立法规划。

10. 关于修改人民防空法的议案 2 件

人民防空法的修改已经列入中央军委 2012 年立法工作计划。国家人民防空办公室负责牵头对相关法律问题进行前期调研论证。代表议案提出的建议,法制工作委员会将在今后的工作中继续研究。法律委员会建议将人民防空法修改列入第十二届全国人大常委会立法规划。

11. 关于制定军民融合促进法的议案 1 件

随着我国经济的快速发展和社会主义市场经济体制的不断完善,国防与经济社会、军用技术与民用技术的结合日益密切。目前,有关部门正在对军民融合促进立法进行前期研究,法律委员会、法制工作委员会积极参加有关研讨和调研。代表议案提出的建议,法律委员会、法制工作委员会将会同有关部门进一步深入研究,适时推动有关立法进程。法律委员会建议将制定军民融合促进方面的立法列入第十二届全国人大常委会立法规划。

12. 关于修改公益事业捐赠法的议案 3 件

公益事业捐赠法实施 13 年来,对推动我国公益捐赠和慈善事业发展起到了积极的促进作用。随着我国经济社会发展,公益捐赠活动中出现了一些新情况和新问题,为了适应公益捐赠和慈善事业发展的需要,有必要加强有关方面的立法工作。按照立法规划安排,有关部门正在起草慈善事业法草案,草案包含了公益捐赠的制度和规范,法律委员会建议将制定慈善事业法列入第十二届全国人大常委会立法规划,对公益事业捐赠法的修改与慈善事业法的制定统筹考虑。

13. 关于制定反腐败法的议案 2 件

本届以来,全国人大常委会高度重视反腐倡廉的立法工作,将涉及反腐倡廉制度建设的修改刑法、刑事诉讼法、行政监察法、预算法、土地管理法、城市房地产管理法,制定行政收费管理法、行政强制法、企业国有资产法,以及研究论证建立国家公职人员财产申报方面的法律制度等列入立法规划和年度立法工作计划。其中,企业国有资产法、行政强制法、行政监察法(修正)、刑法修正案(七)和修正案(八)、刑事诉讼法修正案等已审议通过,预算法修正案正在审议过程中。代表议案提出的建议,法律委员会建议有关部门

抓紧研究综合性反腐败法立法问题，并将修改完善反腐败方面的有关单行法律列入第十二届全国人大常委会立法规划。

14. 关于修改仲裁法的议案1件

仲裁法实施17年来，在解决当事人的经济纠纷，维护社会经济秩序，扩大国际经济贸易等方面发挥了重要作用。随着经济社会的发展，解决仲裁法实施中出现的新问题，有必要修改仲裁法，完善仲裁制度。法律委员会建议将仲裁法修改列入第十二届全国人大常委会立法规划。

五、26件议案涉及的18个立法项目，需要进一步研究，有的可待条件成熟时列入立法规划或者年度立法工作计划，有的可在起草或者修改相关法律时统筹考虑

15. 关于制定宪法解释程序法的议案1件
16. 关于修改监督法的议案1件
17. 关于制定法律监督法的议案2件
18. 关于修改国旗法的议案1件
19. 关于修改民法通则的议案1件
20. 关于修改合同法的议案2件
21. 关于修改担保法的议案3件
22. 关于修改侵权责任法的议案4件
23. 关于修改婚姻法的议案2件
24. 关于制定婚姻家庭法的议案1件
25. 关于制定不动产征收法的议案1件
26. 关于修改行政处罚法的议案1件
27. 关于制定行政程序法的议案1件
28. 关于修改公务员法等法律的议案1件
29. 关于加快推进非战争军事行动立法的议案1件
30. 关于制定外国军队入境法的议案1件
31. 关于制定民事强制执行法的议案1件
32. 关于制定协助执行法的议案1件

六、2件议案涉及1个监督项目，待条件成熟时列入年度监督工作计划

33. 关于开展国家赔偿法执法检查的议案2件

十一届全国人大常委会第十四次会议对国家赔偿法作了修改。法律委员会按照办理代表议案的要求，召集最高人民法院等有关部门座谈，并就国家赔偿法的实施情况进行调研，会同相关部门对国家赔偿法实施中存在的问题进行认真研究。代表议案提出的建议，法律委员会将在工作中进行深入研究，为适时启动执法检查作准备。

以上报告，请审议。

附件：全国人民代表大会法律委员会关于第十一届全国人民代表大会第五次会议主席团交付审议的代表提出的议案的审议意见

全国人民代表大会法律委员会
2012年12月26日

附件：

全国人民代表大会法律委员会关于第十一届全国人民代表大会第五次会议主席团交付审议的代表提出的议案的审议意见

第十一届全国人民代表大会第五次会议主席团交付法律委员会审议的代表提出的议案共88件，涉及制定法律和修改法律共32个立法项目和1个监督项目。审议意见如下：

一、14件议案涉及的2个立法项目，已由全国人大常委会审议通过

1. 关于修改民事诉讼法的议案13件

张全等代表提出的第9号，张少康等代表提出的第50号，唐祖宣等代表提出的第145号，李明蓉等代表提出的第163号，陈秀榕等代表提出的第164号，周晓光等代表提出的第223号，迟夙生等代表提出的第229号，刘庆宁等代表提出的第235号，金颖颖等代表提出的第270号，张立勇等代表提出的第285号，秦希燕等代表提出的第336号，王明雯等代表提出的第419号，贾春梅等代表提出的第425号议案，建议修改民事诉讼法，完善民事诉讼和民事执行法律监督制度、回避制度、诉讼代理人制度、证据制度、调解制度、保全制度、起诉制度、简易程序和再审制度等，增设公益诉讼制度，建立社会法庭等非诉纠纷解决机制，完善遏制和打击虚假诉讼机制，增设人身安全保护裁定程序，增加限制滥用司法解释权规定等。关于修改民事诉讼法的决定已于2012年8月31日由十一届全国人大常委会第二十八次会议通过。修改决定吸收了议案中的许多建议，对民事诉讼法的规定作了修改完善，包括完善调解与诉讼相衔接的机制，增加先行调解规定；保障当事人的诉讼权利，增加公益诉讼，完善保全措施；完善证据制度，进一步规范当事人的举证责任，赋予当事人启动鉴定程序的权利；完善简易程序，设立小额诉讼制度，扩大简易诉讼的范围；完善审判监督程序，进一步明确再审审级和期限；完善执行程序，强化执行措施；等等。对代表议案中的一些建议没有采纳的，法制工作委员会将继续研究。

2. 关于制定精神卫生法的议案1件

姜健等代表提出的第81号议案，建议加快精神卫生法立法进程，设置精神障碍患者强制收治司法程序，建立精神疾病预防工作体系，加强精神病专科医院的经费保障，加强精神障碍患者监护人和家属的责任等。精神卫生法已于2012年10月26日由十一届全国人大常委会第二十九次会议通过。议案中提出的建立精神病预防体系，加强精神病专科医院经费保障，加强精神障碍患者监护人和家属的责任以及对精神病患者的司法救济等内容，已在精神卫生法中有关心理健康促进和精神障碍预防、精神障碍的诊断和治疗、精神障碍的康复、保障措施等章中作出规定。

二、6件议案涉及的2个立法项目，已提请全国人大常委会审议

3. 关于修改预算法的议案3件

姜健等代表提出的第76号，刘庆宁等代表提出的第242号，闫傲霜等代表提出的第307号议案，建议修改预算法，完善财政管理体制和财政转移支付制度、部门预算制度，完善预算执行的审计监督，完善国库集中收付制度，规范超收收入使用和预算调整，完善法律责任。预算法修正案草案已经十一届全国人大常委会第二十四次会议和第二十七次会议进行了初次审议和二次审议。议案中提出的有关建议，法律委员会、法制工作委员会将在修改预算法修正案草案时一并研究。

4. 关于制定网络管理和个人信息保护的法律的议案3件

许金和等代表提出的第162号，邸瑛琪等代表提出的第287号，刘纪林等代表提出的第449号议案，建议制定网络行为法和个人信息保护法，规范政府部门、企事业单位及个人采集、储存、使用、传播个人信息的行为、个人信息保护安全措施、技术标准等，并修订现行相关法律法规，以维护良好的网络空间秩序。本次全国人大常委会审议了全国人民代表大会常务委员会关于加强网络信息保护的决定草案，议案中提出的有关建议，法律委员会将在审议修改该决定草案时一并研究。议案中提出的其他有关问题，将在有关立法中统筹考虑。

三、30件议案涉及的4个立法项目，已列入全国人大常委会立法规划或者年度立法工作计划，正在起草或者研究修改

5. 关于修改地方组织法的议案2件

薛少仙等代表提出的第221号，龙国英等代表提出的第312号议案，要求修改地方组织法，进一步完善乡镇人大制度和选举程序规定。按照常委会工作部署，法制工作委员会正在进行深入调查研究和广泛听取意见。代表议案提出的建议，法制工作委员会将会同有关部门，在修改地方组织法工作中统筹考虑。

6. 关于修改继承法的议案1件

戴仲川等代表提出的第108号议案，建议修改继承法，完善继承权丧失制度和法定继承顺序。法制工作委员会已经着手研究修改继承法，收集整理了国内外有关资料，并到一些地方听取修改意见和建议。代表议案提出的建议，法制工作委员会将在研究过程中统筹考虑。

7. 关于修改刑法的议案22件

李逸平等代表提出的第8号，张泱等代表提出的

第65号，周素敏等代表提出的第80号，张庆伟等代表提出的第135号，隋熙明等代表提出的第230号，汪惠芳等代表提出的第269号，陈笑华等代表提出的第271号，谢辉等代表提出的第330号，秦希燕等代表提出的第331号、第332号、第333号、第334号、第335号，王月娥等代表提出的第350号，高明芹等代表提出的第358号，俞学文等代表提出的第395号，殷秀梅等代表提出的第401号，迟夙生等代表提出的第402号，沈光明等代表提出的第420号，贾春梅等代表提出的第427号，朱勇等代表提出的第442号，刘丽涛等代表提出的第455号议案，建议修改刑法有关条款，完善刑事执行制度。完善危险驾驶罪、危害食品安全罪、拐卖妇女儿童罪、网络侮辱诽谤罪、拒不支付劳动报酬罪、破坏资源和环境罪。增设“袭警罪”、“诉讼诈骗罪”，将“嫖宿幼女罪”并入“强奸罪”。完善刑法及有关司法解释、解决职务犯罪案件处理轻刑化问题，确定基层群众性自治组织人员犯罪的刑法适用，等等。根据情况需要，适时审议刑法修正案，是本届立法规划的要求。本届以来，全国人大常委会审议通过了刑法修正案（七）、（八）。人大代表提出的议案中涉及修改刑法的有关内容，法制工作委员会将进一步进行调研论证，听取有关方面意见，在下一步的刑法修改、完善工作中统筹考虑。有的议案内容涉及司法实践中的具体执法问题，法律委员会转请最高人民法院、最高人民检察院研究，通过司法解释等方式规范执法。

8. 关于修改行政诉讼法的议案5件

高晓明等代表提出的第165号、柳树林等代表提出的第226号、陈万志等代表提出的第281号、王法亮等代表提出的第378号、贾春梅等代表提出的第426号议案，建议修改完善行政诉讼法，扩大受案范围、司法审查范围，设立调解制度，增加简易程序，完善行政附带民事诉讼程序。为了充分保障公民的合法权益，切实维护和监督行政机关依法行使行政职权，有必要对行政诉讼法进行修改和完善。行政诉讼法修改已列入立法规划，法制工作委员会正在进行调研，收集和研究有关意见和问题。代表议案提出的建议，法制工作委员会将在修改行政诉讼法的过程中统筹考虑。

四、10件议案涉及的6个立法项目，建议列入第十二届全国人大常委会立法规划

9. 关于修改立法法的议案1件

黄美缘等代表提出的第110号议案，建议修改立法法，设专章规定公众参与立法，明确公众的参与权和公众参与立法的方式和程序等。立法法实施12年来，对推进科学立法、民主立法，不断提高立法质量发挥了重要作用。近年来，全国人大常委会不断推进公民有序参与立法，积累了很多好的经验和做法，需要以法律的形式固定下来，有必要适时修改立法法。法律委员会建议将立法法修改列入第十二届全国人大常委会立法规划。

10. 关于修改人民防空法的议案2件

吴建平等代表提出的第100号，蒋婉求等代表提出的第457号议案，建议修改人民防空法，健全人民防空管理体制，明确加强人民防空教育，强化对人防工程的监管维护。人民防空法的修改已经列入中央军委2012年立法工作计划。国家人民防空办公室负责牵头对相关法律问题进行前期调研论证。代表议案提出的建议，法制工作委员会将在今后的工作中继续研究。法律委员会建议将人民防空法修改列入第十二届全国人大常委会立法规划。

11. 关于制定军民融合促进法的议案1件

彭小枫等代表提出的第483号议案，建议制定军民融合促进法，明确规定军民融合的组织管理体制，规范经济社会领域军民融合的相关活动，明确有效的政策措施，促进军民融合发展。随着我国经济的快速发展和社会主义市场经济体制的不断完善，国防与经济社会、军用技术与民用技术的结合日益密切。目前，有关部门正在对军民融合促进立法进行前期研究，法律委员会、法制工作委员会正在积极参加有关研讨和调研。代表议案提出的建议，法律委员会、法制工作委员会将会同有关部门进一步深入研究，适时推动有关立法进程。法律委员会建议将制定军民融合促进方面的立法列入第十二届全国人大常委会立法规划。

12. 关于修改公益事业捐赠法的议案3件

徐景龙等代表提出的第36号，黄美缘等代表提出的第109号，陈海啸等代表提出的第394号议案，建议尽快修改公益事业捐赠法，强化政府部门对公益事业捐赠行为的宏观管理，完善捐赠优惠政策，规范网络募捐，拓展公益事业的范围，加强对受赠人、受益人的权利保护。公益事业捐赠法实施13年来，为推动我国公益捐赠和慈善事业发展起到了积极的促进作用。随着我国经济社会发展，公益捐赠活动中出现了一些新情况和新问题，为了适应公益捐赠和慈善事业发展的需要，有必要加强有关方面的立法工作。按照立法规划安排，有关部门正在起草慈善事业法草案，草案包含了公益捐赠的制度和

规范,法律委员会建议将制定慈善事业法列入第十二届全国人大常委会立法规划,对公益事业捐赠法的修改与慈善事业法的制定统筹考虑。

13. 关于制定反腐败法的议案 2 件

徐景龙等代表提出的第 61 号、徐安等代表提出的第 458 号议案,建议专门制定反腐败法推动反腐败工作深入开展。本届以来,全国人大常委会高度重视反腐倡廉的立法工作,将涉及反腐倡廉制度建设的修改刑法、刑事诉讼法、行政监察法、预算法、土地管理法、城市房地产管理法,制定行政收费管理法、行政强制法、企业国有资产法,以及研究论证建立国家公职人员财产申报方面的法律制度等列入立法规划和年度立法工作计划。其中,企业国有资产法、行政强制法、行政监察法(修正)、刑法修正案(七)和修正案(八)、刑事诉讼法修正案等已审议通过,预算法修正案正在审议过程中。代表议案提出的建议,法律委员会建议有关部门抓紧研究综合性反腐败法立法问题,并将修改完善反腐败方面的有关单行法律列入第十二届全国人大常委会立法规划。

14. 关于修改仲裁法的议案 1 件

王法亮等代表提出的第 377 号议案,建议修改仲裁法,完善仲裁协议、涉外仲裁制度等。仲裁法实施 17 年来,在解决当事人的经济纠纷,维护社会经济秩序,扩大国际经济贸易等方面发挥了重要作用。随着经济社会的发展,解决仲裁法实施中出现的新问题,有必要修改仲裁法,完善仲裁制度。法律委员会建议将仲裁法修改列入第十二届全国人大常委会立法规划。

五、26 件议案涉及的 18 个立法项目,需要进一步研究,有的可待条件成熟时列入立法规划或者年度立法工作计划,有的可在起草或者修改相关法律时统筹考虑

15. 关于制定宪法解释程序法的议案 1 件

梁慧星等代表提出的第 181 号议案,建议制定宪法解释程序法,规定宪法解释的主体、程序和效力,以维护宪法的稳定和权威。宪法解释是全国人大常委会的一项重要职责,是实施宪法的重要内容,需要深入研究。代表议案提出的建议,法制工作委员会将会同有关部门继续研究。

16. 关于修改监督法的议案 1 件

刘志新等代表提出的第 121 号议案,建议修改监督法,完善人大对"一府两院"的监督程序,明确规定县级以上人大常委会设立规范性文件审查机构。监督法颁布实施几年来,有效保障了各级人大常委会依法行使监督权,有力加强和改进了监督工作,健全了监督机制,增强了监督实效。代表议案提出的建议,法制工作委员会将会同有关部门继续研究。

17. 关于制定法律监督法的议案 2 件

金硕仁等代表提出的第 310 号、第 311 号议案,建议制定法律监督法,明确界定地方人大及其常委会法律监督的内容、范围和形式,规定检察机关行使法律监督的职责,以及法律监督与三个诉讼法律之间的衔接。监督法颁布实施几年来,有效保障了各级人大常委会依法行使监督权,有力加强和改进了监督工作。如何规范法律监督的范围和方式,完善法律监督程序,加强法律监督保障,是一个需要深入研究的问题。代表议案提出的建议,法制工作委员会将会同有关部门继续研究。

18. 关于修改国旗法的议案 1 件

徐景龙等代表提出的第 60 号议案,建议修改国旗法,明确旗面与旗杆高度的关系,增加应当升挂国旗的地点和方式,明确执法主管部门。如何进一步细化国旗升挂标准,加强国旗法执法力度,是十分重要的问题。代表议案提出的建议,法制工作委员会将会同有关部门继续研究,加强沟通,适时推动有关立法进程。

19. 20. 21. 22. 23. 24. 关于修改民法通则的议案 1 件、关于修改合同法的议案 2 件、关于修改担保法的议案 3 件、关于修改侵权责任法的议案 4 件、关于修改婚姻法的议案 2 件、关于制定婚姻家庭法的议案 1 件、关于制定个人信息保护法的议案 1 件。陈继延等代表提出的第 476 号议案,建议修改民法通则,明确隐私权的概念、一般原则和主要内容。高明芹等代表提出的第 357 号,左延安等代表提出的第 440 号议案,建议修改合同法,主要涉及合同当事人资格、合同解除制度。刘庆宁等代表提出的第 236 号,张剑波等代表提出的第 329 号,陈文华等代表提出的第 421 号议案,建议修改担保法,主要涉及完善抵押制度、设立新的担保形式。刘庆宁等代表提出的第 234 号,左延安等代表提出的第 441 号,王静成等代表提出的第 456 号议案,戚建国等代表提出的第 482 号议案,建议对侵权责任法增加或修改部分条款,完善赔偿标准、网络侵权责任、环境污染责任。李开喜等代表提出的第 337 号,孙菁等代表提出的第 356 号议案,建议修改婚姻法,完善离婚损害赔偿、债务处理。梁慧星等代表提出的第 182 号议案,建议将婚姻法和收养法合并,制定统一的婚姻家庭法。九届全国人大常委会第三十一次会议对民法(草案)进行了初次审议,草案中对民法总则、物权法、

合同法、人格权法、婚姻法、侵权责任法有专编规定，对公民个人信息保护和隐私权保护的有关问题有所规定。有些常委会组成人员及有关部门认为，民法涉及面广、内容复杂，如果一并研究修改，历时较长，以分编审议通过为宜。物权法已由十届全国人大五次会议审议通过，对担保法的部分内容进行了修改完善。侵权责任法已由十一届全国人大常委会第十二次会议审议通过。法制工作委员会正在对法律实施情况进行研究。法制工作委员会将通盘考虑，逐步进行有关修改民法通则、合同法、婚姻法，以及完善个人信息保护等方面法律制度的工作。

25. 关于制定不动产征收法的议案 1 件

王利明等代表提出的第 176 号议案，建议制定不动产征收法，统一规定不动产征收的条件、范围、权限和程序，完善征收程序。城市房地产管理法授权国务院对国有土地上房屋征收与补偿作出规定，国务院于 2011 年 1 月制定了国有土地上房屋征收与补偿条例，本次常委会提交审议的土地管理法修正案，对农民集体所有土地征收、补偿的原则、范围和标准作了规定，同时，授权国务院对征收农民集体所有土地的补偿安置具体办法作出规定。代表议案提出的建议，法制工作委员会将会同有关部门继续研究。

26. 关于修改行政处罚法的议案 1 件

易昕等代表提出的第 155 号议案，建议修改行政处罚法，确立行政处罚查处分离制度，完善行政处罚证据制度，加强对罚没收入的管理等。近年来，在行政处罚法的实施过程中，出现了一些新的问题，也探索了一些好的经验和做法，各方面提出了许多修改行政处罚法的意见和建议。代表议案中提出的建议，法制工作委员会将继续研究。

27. 关于制定行政程序法的议案 1 件

陈伟兰等代表提出的第 10 号议案，建议尽快制定行政程序法，主要包括总则、行政程序主体、重大行政决策、行政规范性文件、行政执法决定、行政决定的效力、附则。我国的行政程序规范主要规定在有关行政行为的单行法律中，行政许可法、行政复议法、行政处罚法和行政强制法等对一些主要的行政行为的程序作了规定，确立了公开、公平、公正的程序原则，建立了听证、告知、回避、期限、陈述和申辩等基本程序制度。近年来，行政法学领域的部分专家、学者就制定行政程序法进行了大量的调查研究工作。代表议案提出的建议，法制工作委员会将继续研究。

28. 关于修改公务员法等法律的议案 1 件

贾春梅等代表提出的第 454 号议案，建议在公务员法、法官法、检察官法、警察法、教师法等法律中增加规定，在未成年时期被判处五年以下有期徒刑的人员，相关从业资格不受限制。十一届全国人大常委会第十九次会议通过的刑法修正案（八），规定犯罪的时候不满十八周岁被判处五年有期徒刑以下刑罚的人，免除其刑事处罚报告义务。这项规定体现了对未成年人成长的关心，需要做好其他法律与此项规定的衔接协调。代表议案提出的建议，法制工作委员会将在今后的工作中会同有关部门继续研究。

29. 关于加快推进非战争军事行动立法的议案 1 件

张德顺等代表提出的第 484 号议案，建议加快推进非战争军事行动立法，明确军队执行非战争军事行动任务基本原则、职责权限、保障机制、法律责任。国防法、突发事件应对法、防震减灾法、军队参加抢险救灾条例等法律法规对和平时期国家军事力量的使用作了规定。如何进一步规范军队非战争军事行为，需要认真研究。代表议案提出的建议，法律委员会、法制工作委员会将继续研究。

30. 关于制定外国军队入境法的议案 1 件

张仕波等代表提出的第 486 号议案，建议制定外国军队入境法，对外军人员的司法管辖、外军人员及武器装备的管理要求等作出明确规定。随着我国对外军事交流扩大，从法律上规范外国军队入境及其活动，有一定的必要性。代表议案提出的建议，法律委员会、法制工作委员会将继续研究。

31. 32. 关于制定民事强制执行法的议案 1 件、关于制定协助执行法的议案 1 件

周晓光等代表提出的第 222 号议案，提出实践中民事执行难、执行乱的问题不断加剧，建议尽快制定民事强制执行法。刘卫星等代表提出的第 283 号议案，建议制定协助执行法，建立独立、完整的协助执行法律体系。关于修改民事诉讼法的决定已于 2012 年 8 月 31 日由十一届全国人大常委会第二十八次会议通过。修改决定对民事诉讼法执行程序的有关规定进行了完善，代表议案中有的建议在修改决定中已有所规定。关于是否单独制定民事强制执行法和协助执行法的问题，法制工作委员会将继续研究。

六、2 件议案涉及 1 个监督项目，待条件成熟时列入年度监督工作计划

33. 关于开展国家赔偿法执法检查的议案 2 件

齐奇等代表提出的第 137 号、沈光明等代表

提出的第 417 号议案建议全国人大常委会适时组织公安、检察、法院、司法、财政等部门进行国家赔偿法联合执法检查。十一届全国人大常委会第十四次会议对国家赔偿法作了修改。法律委员会按照办理代表议案的要求，召集最高人民法院等有关部门座谈，并就国家赔偿法的实施情况进行调研，会同相关部门对国家赔偿法实施中存在的问题进行认真研究。代表议案提出的建议，法律委员会将在工作中进行深入研究，为适时启动执法检查做准备。

全国人民代表大会教育科学文化卫生委员会关于第十一届全国人民代表大会第五次会议主席团交付审议的代表提出的议案审议结果的报告

（2012 年 12 月 28 日第十一届全国人民代表大会常务委员会第三十次会议通过）

全国人民代表大会常务委员会：

第十一届全国人民代表大会第五次会议主席团交付教育科学文化卫生委员会审议的代表提出的议案 96 件。其中教育方面 28 件、科技方面 5 件、文化方面 17 件、卫生方面 45 件、人口与计划生育方面 1 件。96 件议案中，立法方面的议案 95 件，涉及 35 个立法项目；监督方面的议案 1 件。

教科文卫委员会高度重视代表议案办理工作，专门召开主任委员办公会议进行研究部署；召开代表议案办理工作会议，听取教育部、科技部、文化部、卫生部等 14 个国务院有关部门的意见和建议，并提出工作要求。我委对列入立法规划和立法条件比较成熟的项目积极开展了调研，特别是加强了与议案领衔代表沟通，邀请了 36 名代表参加有关会议、立法调研和执法检查工作。在深入调查研究、广泛征求意见基础上，2012 年 12 月 6 日，我委召开第四十五次委员会会议，对代表议案进行了认真审议。现将审议结果报告如下：

一、95 件议案涉及的 35 个立法项目，提出以下办理意见

（一）43 件议案涉及的 11 个立法项目，立法条件比较成熟，有些为第十一届全国人大常委会立法规划项目，建议列入新一届全国人大常委会立法规划，加快立法进程

1. 关于修改职业教育法的议案 2 件
2. 关于修改民办教育促进法的议案 6 件
3. 关于制定学前教育法的议案 8 件
4. 关于修改促进科技成果转化法的议案 1 件
5. 关于制定图书馆法的议案 2 件
6. 关于修改著作权法、加强数字化中文字体和字库知识产权保护的议案 4 件
7. 关于修改文物保护法的议案 4 件
8. 关于制定基本医疗卫生保健法、卫生法的议案 7 件
9. 关于修改药品管理法、制定抗菌药物管理法、药品专卖法的议案 4 件
10. 关于制定中医药法的议案 3 件
11. 关于修改红十字会法的议案 2 件

（二）32 件议案涉及的 11 个立法项目，均为社会发展领域需要尽快制定和修改的法律，建议抓紧法律起草工作，待成熟时提请全国人大常委会审议

1. 关于修改教师法的议案 1 件
2. 关于修改高等教育法的议案 3 件
3. 关于修改专利法的议案 2 件
4. 关于制定博物馆法的议案 1 件
5. 关于修改档案法的议案 2 件
6. 关于制定文化产业振兴法的议案 1 件
7. 关于修改食品安全法、制定乳品质量安全法的议案 7 件
8. 关于修改献血法的议案 4 件
9. 关于修改执业医师法的议案 1 件
10. 关于制定执业药师法的议案 3 件
11. 关于制定烟草危害预防控制法、公共场所禁烟法的议案 7 件

（三）20 件议案涉及的 13 个立法项目，有的是要求制定新法，有的是要求对现行法律的一些条款进行修改。这其中，有的正在进行立法可行性调研论证，有的在相关法律、法规中已有规定，还有的目

前立法条件尚不成熟，建议国务院有关部门认真研究，我委将积极开展调研，予以关注

1. 关于制定学校法的议案1件

2. 关于制定终身教育法的议案2件

3. 关于制定校企合作促进法的议案1件

4. 关于制定特殊教育法的议案2件

5. 关于修改义务教育法的议案2件

6. 关于制定知识产权保护基本法的议案1件

7. 关于制定哲学社会科学促进法的议案1件

8. 关于制定基本公共文化服务促进法的议案2件

9. 关于制定医事法，医疗事故处理法，以及修改相关法律，明确医学会为医疗损害鉴定机构的议案共3件

10. 关于制定新型农村合作医疗法的议案2件

11. 关于修改人口与计划生育法的议案1件

12. 关于制定食育法的议案1件

13. 关于制定医疗机构管理法的议案1件

二、1件议案建议全国人大常委会开展已作为文物保护法执法检查，全国人大常委会2012年监督工作计划项目予以实施

全国人大常委会于2012年上半年对文物保护法实施情况进行了检查。吴邦国委员长对执法检查工作做出了重要批示。全国人大常委会第二十七次会议听取和审议了执法检查报告。10月23日，我委第四十四次全体委员会议，听取了国家文物局关于落实全国人大常委会文物保护法执法检查报告及审议意见有关情况的汇报。

关于上述96件议案的具体审议意见，详见附件。

全国人大教科文卫委员会本届期间共审议代表议案410件，占到第十一届全国人大常委会审议代表议案总数的1/6。410件议案中，涉及民生方面的议案就有340多件，约占83%。特别是近两年，代表提出这方面的议案数量增加很多，体现出全国人大代表对民生和社会发展领域法制建设的高度关切。经与国务院有关部门沟通，目前教科文卫领域急需制定或修改的法律有20部左右，为此，我们建议全国人大常委会今后的立法工作要进一步向民生和社会发展领域倾斜，加大社会发展领域的立法工作力度，为2020年全面建成小康社会提供良好的法制保障。

以上报告，请审议。

附件：1. 全国人民代表大会教育科学文化卫生委员会关于第十一届全国人民代表大会第五次会议主席团交付审议的代表提出的议案的审议意见

2. 议案审议结果报告有关数据统计

全国人民代表大会教育科学文化卫生委员会

2012年12月26日

附件一：

全国人民代表大会教育科学文化卫生委员会关于第十一届全国人民代表大会第五次会议主席团交付审议的代表提出的议案的审议意见

第十一届全国人民代表大会第五次会议主席团交付教育科学文化卫生委员会审议的代表提出的议案共96件。其中教育方面28件、科技方面5件、文化方面17件、卫生方面45件、人口与计划生育方面1件。96件议案中，立法方面的议案95件，涉及35个立法项目；监督方面的议案1件。审议意见如下：

一、95件议案涉及的35个立法项目，提出以下办理意见

（一）43件议案涉及的11个立法项目，立法条件比较成熟，有些为第十一届全国人大常委会立法规划项目，建议列入新一届全国人大常委会立法规

划,加快立法进程

1. 周洪宇、张雅英等 61 名代表提出关于修改职业教育法的议案 2 件(第 347、412 号)。职业教育法自 1996 年施行以来,对发展职业教育,提高劳动者素质,促进社会主义现代化建设起到了重要作用。为适应职业教育改革和发展的需要,完善职业教育法律制度,2008 年,第十一届全国人大常委会将职业教育法修订列入立法规划。教育部已于 2011 年 7 月,将职业教育法(修订草案送审稿)报请国务院审议。国务院法制办在收到送审稿后,已分送中央有关单位、地方政府、专家学者、学校征求意见,并会同教育部对立法中的重点难点问题进行了分析、研究。2012 年,教科文卫委员会和国务院法制办、教育部一起对职业教育法修订开展了调研。教科文卫委员会将继续积极推动国务院有关部门把职业教育法的修订工作作为优先项目来抓,争取早日提请全国人大常委会审议。

2. 王石齐、许金和、赵林中、刘卫星、张雅英、沈健等 219 名代表提出关于修订民办教育促进法的议案 6 件(第 103、167、193、288、413、467 号)。民办教育促进法的颁布实施,对确立民办教育地位、促进民办教育事业健康发展起到了重要作用。但由于民办学校的法人属性不清等问题,相关优惠政策和管理措施难以配套出台。《国家中长期教育改革和发展规划纲要(2010—2020 年)》已将民办教育促进法的修订列入立法规划。目前,国务院有关部门正在研究民办教育促进法的修订问题。教科文卫委员会认为,修订民办教育促进法很有必要,建议国务院有关部门认真研究代表提出的意见和建议,努力加快立法工作进程。

3. 李小燕、郝萍、周晓光、汪慧芳、周洪宇、张淑琴、沈健等 296 名代表提出关于制定学前教育法的议案 7 件(第 68、150、188、265、346、381、468 号);庞丽娟等 33 名代表提出关于我国学前教育法立法原则、重点的议案 1 件(第 448 号)。学前教育是国民教育体系的重要组成部分,办好学前教育,关系人民群众的切身利益。教科文卫委员会认为,应当尽快制定学前教育法。《国家中长期教育改革和发展规划纲要(2010—2020 年)》将学前教育法列为立法项目,教育部已全面启动法律起草工作,正开展立法调研。建议国务院有关部门认真研究代表提出的意见和建议,努力加快立法工作进程。

4. 周晓光等 30 名代表提出的关于修改促进科技成果转化法的议案 1 件(第 185 号)。促进科技成果转化法实施十多年来,对保障各类科技成果转化主体的权益,促进科技成果转化,推动经济建设和社会发展起到了积极的作用。目前,随着经济社会的发展,我国经济体制和科技体制都发生了很大变化,现行的促进科技成果转化法已经不能适应建设创新型国家的需求,修改促进科技成果转化法非常必要。本届以来,教科文卫委员会就科技创新政策及重点科技项目安排、建设综合性国家高技术产业基地、实现科技创新产业升级的有效途径,以及创新和知识产权保护、产学研合作情况等专题开展了调研,科技部已经启动该法修订的研究工作。教科文卫委员会将与国务院有关部门加强联系、及时沟通,继续推动促进科技成果转化法的修订工作。

5. 姜健、郝萍等 62 名代表提出关于制定公共图书馆法的议案 1 件(第 90 号)、制定图书馆法的议案 1 件(第 151 号)。图书馆法为第十一届全国人大常委会立法规划项目。2011 年 12 月,文化部已将公共图书馆法(送审稿)报送国务院审议。目前,国务院法制办正对一些重点问题进行研究论证。教科文卫委员会高度重视公共图书馆法的立法工作,本届以来已多次组织立法调研。我们将继续积极推动该法的立法工作,并在立法工作中认真研究考虑代表提出的意见和建议。

6. 周晓光等 30 名代表、刘庆宁等 30 名代表提出关于修改著作权法的议案 2 件(第 186、244 号);简勤等 39 名代表提出关于修改著作权法、建立适应互联网时代著作权保护和传播的法律保障机制的议案 1 件(第 416 号);许智宏等 31 名代表提出关于数字化中文字体、字库知识产权保护的议案 1 件(第 304 号)。2010 年 2 月,全国人大常委会对著作权法进行了修改。2012 年,国务院又将修改著作权法列入立法工作计划。目前,新闻出版总署正在进行著作权法修改草案的研究起草工作。教科文卫委员会将会同国务院有关部门,在法律修改工作中认真研究采纳代表提出的意见和建议。数字化中文字库软件属于计算机软件作品,可以依据计算机软件保护条例的规定进行保护。对数字化中文字库中的汉字字体应如何进行知识产权保护,各界认识尚不一致。目前,著作权法的修改工作已列入国务院 2012 年立法工作计划,新闻出版总署正在抓紧著作权法修改草案的起草工作。教科文卫委员会将会同有关部门在著作权法修改工作中认真研究、考虑有关数字化中文字体、字库的知识产权保护问题。

7. 王战、张兆安、赵丰、何仁春、李修松等 136 名代表提出关于修改文物保护法的议案 4 件(第 12、192、327、444 号)。国家重视对文物的法律保护。文物保护法1982年颁布实施，并于1991年、2002年、2007年进行了三次修改、修订。2012年上半年，全国人大常委会对文物保护法实施情况开展了执法检查，根据检查中发现的问题，执法检查报告建议将文物保护法修改工作纳入立法规划。教科文卫委员会将积极推动修改工作，建议国务院有关部门在前期准备工作中，认真研究代表议案提出的意见和建议。

8. 徐景龙、姜健、汪春兰等92名代表提出关于制定基本医疗卫生保健法的议案3件（第28、87、446号）；周琦、刘华、陈海啸、王静成等129位代表提出关于制定卫生法的议案4件（第170、316、391、474号）。制定统领医疗卫生法律体系的综合性法律非常必要。制定基本医疗卫生保健法为第十一届全国人大常委会立法规划项目，国务院有关部门正在抓紧研究起草。当前，惠及全民的医药卫生体制改革正在深入推进，许多制度、体制、机制等尚未最后定型。教科文卫委员会建议国务院有关部门认真研究代表提出的意见和建议，及时总结深化医药卫生体制改革工作经验，抓紧法律起草工作，争取尽早提请全国人大常委会审议。

9. 汪春兰、朱慧秋等60名代表提出关于修改药品管理法的议案2件（第450、451号）；周晓光等30名代表提出关于制定抗菌药物管理法的议案1件（第187号）；曹书杰等30名代表提出关于制定药品专卖法的议案1件（第409号）。修改药品管理法为第十一届全国人大常委会立法规划项目。代表议案反映了药品管理法实施实践中遇到的新情况和新问题，对完善药品监管法律制度具有重要意义。目前，国家食品药品监督管理局正在研究修改药品管理法。建议国务院有关部门在研究法律修改草案时，对药品专卖及抗菌药物滥用等问题一并研究，尽快将法律修改草案提请全国人大常委会审议。

10. 姜健、方同华、唐祖宣等91名代表提出关于制定中医药法的议案3件（第88、142、290号）。尽快制定中医药法已成为各有关方面共识。制定中医药法为第十一届全国人大常委会立法规划项目。2011年底，卫生部已将中医药法（草案送审稿）报送国务院审议。目前，国务院法制办正在对法律草案进行修改完善。建议国务院认真研究吸收代表提出的意见和建议，抓紧研究论证法律草案中重点、难点问题，尽快提请全国人大常委会审议。

11. 郑功成、江亦曼等69名代表提出关于修改红十字会法的议案2件（第228、272号）。红十字会法实施近二十年来，对促进和规范我国红十字事业的发展发挥了重要作用。教科文卫委员会认为，适时修改红十字会法非常必要。建议国务院有关部门认真研究代表议案提出的关于"增加红十字会治理结构规定，进一步明确红十字会的法律地位和法定任务，以及完善管理体制"等建议，为修改法律做准备。

（二）32件议案涉及的11个立法项目，均为社会发展领域需要尽快制定和修改的法律，建议抓紧法律起草工作，待成熟时提请全国人大常委会审议

1. 张淑琴等31名代表提出关于修改教师法的议案1件（第380号）。《国家中长期教育改革和发展规划纲要（2010—2020年）》颁布实施以后，我国教育事业进入了一个新的历史发展阶段，对教师队伍建设提出了更高的要求，教科文卫委员会认为修改教师法非常必要。目前，国务院有关部门正在研究教师法的修订问题。教科文卫委员会建议国务院有关部门在修订工作中认真研究、吸收代表提出的意见和建议。

2. 周洪宇、郁章玉等60名代表提出关于修改高等教育法的议案2件（第348、375号）；孙兆奇等30名代表提出关于健全和完善我国高等教育立法的议案1件（第447号）。高等教育法自1999年实施以来，对发展高等教育事业起到了重要作用。十几年来，我国高等教育发展迅速，已由精英教育进入大众化教育阶段，高等教育的发展规模、体制、管理模式、资金投入渠道等均已发生很大变化。《国家中长期教育改革和发展规划纲要（2010—2020年）》明确提出修订高等教育法。目前，国务院有关部门正在研究高等教育法的修订问题。教科文卫委员会建议国务院有关部门在修订工作中认真研究、吸收代表提出的意见和建议。

3. 肖红娟、左延安等61名代表提出关于修订专利法的议案2件（第342、443号）。专利法自1984年制定以来，已于1992年、2000年、2008年进行了三次修改。为适应建设创新型国家的要求，2008年制定的《国家知识产权战略纲要》对促进专利创造与运用、加强专利权保护提出了更高的要求，进一步完善专利制度是必要的。国家知识产权局正在着手研究修改专利法，开展了有关促进专利运用、完善职务发明制度等方面配套法规的立法研究。教科文卫委员会将督促国务院有关部门认真研究代表议案提出的意见和建议，做好专利法修订和有关配套法规的制定工作。

4. 周晓光等30名代表提出关于制定博物馆法的议案1件（第189号）。文化部已将博物馆条例（草案）报请国务院审议。国务院法制办于2008

年、2012年向中央单位、地方政府、博物馆、有关专家和社会公众征求意见，并进行了调研。教科文卫委员会将密切关注博物馆条例的制定和实施，并积极开展博物馆法立法研究工作。

5. 杨伟程等30名代表、吴建平等30名代表提出关于修改档案法的议案2件（第379、102号）。档案法于1987年颁布实施，1996年对部分条款进行了修改。随着经济社会的发展，档案法与档案工作的现实需要之间不相适应的问题愈加突出。国家档案局于2005年着手开展档案法的修改工作，召开了多次座谈会征求各方意见，现在已成立了专家组和工作组，积极推进立法工作。国务院将档案法修改列入2012年立法工作计划。教科文卫委员会将继续积极推动档案法的修订工作。

6. 周洪宇等30名代表提出关于制定文化产业振兴法的议案1件（第414号）。党的十七届六中全会对推动文化产业成为国民经济支柱性产业做出了全面部署，并要求加快制定文化产业振兴方面的法律法规。国家“十二五”规划纲要明确提出推动文化产业成为国民经济支柱性产业。党的十八大报告又对推动文化事业全面繁荣、文化产业快速发展提出了更加明确的要求。国务院已将文化产业振兴法列入2012年立法计划。教科文卫委员会高度重视文化产业立法工作，听取了国务院有关部门关于文化产业发展工作情况的汇报，组织开展了专题调研，并将继续积极予以关注。

7. 阿不都拉、周晓光、曹朝阳、朱国萍、左延安、王瑛等181名代表提出关于修改食品安全法的议案6件（第118、184、291、452、453、477号）；张庆伟等32名代表提出关于制定乳品质量安全法的议案1件（第302号）。食品安全法自2009年6月1日施行以来，对加强我国食品安全工作，切实改善食品安全状况发挥了重要作用。全国人大常委会高度重视食品安全法的实施，于2009年、2011年开展了两次执法检查，督促各项法律制度尽快贯彻落实。2011年全国人大常委会审议通过的刑法修正案（八），对生产销售不符合食品安全标准和有毒有害食品行为规定了更加严格的刑事责任。2011年12月，教科文卫委员会召开了食品安全地方立法研讨会，针对食品生产加工小作坊和食品摊贩监管等问题进行专门研讨，对加快食品安全地方立法起到了积极的促进作用。国务院高度重视乳品安全问题，修订了乳品食品安全标准，加大了乳品食品安全监管力度。建议国务院有关部门认真研究代表议案提出的意见和建议，抓紧完善相关配套法规和规范性文件，及时总结监管体制机制方面出现的新情况、新问题，为修改完善食品安全法做好准备。

8. 李根、孙菁、戴敏、王瑛等123名代表提出关于修改献血法的议案4件（第94、376、445、478号）。2012年国务院将修改献血法列入立法计划。教科文卫委员会组织开展了献血法实施情况的专题调研。建议国务院有关部门认真研究代表议案提出的意见和建议，加强研究论证，为修改献血法做好准备。

9. 王瑛等30名代表提出关于修改执业医师法的议案1件（第479号）。执业医师法颁布实施以来，对规范医师执业行为、提高医疗质量、保护医患双方合法权益等发挥了重要作用，但在实施过程中也出现了一些新情况和新问题。2012年国务院已将执业医师法的修订列入立法计划。建议国务院有关部门抓紧调研论证，完善相关制度，适时列入立法计划。

10. 车晓瑞、谢子龙、康凤英等90名代表提出关于制定执业药师法的议案3件（第267、326、374号）。药品是事关人民群众生命健康的特殊商品，在生产、销售、使用等环节，需要执业药师严格把关。国家从1994年开始实行执业药师资格制度，执业药师在人民群众安全用药方面发挥着重要作用。截至2011年底，全国执业药师已有20余万人。教科文卫委员会认为，为进一步完善执业药师制度，发挥执业药师指导合理用药与药品质量管理方面的作用，研究制定执业药师法非常必要。建议国务院有关部门认真研究代表议案提出的意见和建议，进一步加大立法工作力度。

11. 马文芳、顾晋、曹书杰等90名代表提出关于制定烟草危害预防控制法的议案3件（第95、174、410号）；徐景龙、马力、袁敬华、辛宝山等139名代表提出关于制定公共场所禁烟法的议案4件（第30、289、382、428号）。教科文卫委员会认为，制定烟草危害控制方面的法律十分必要。建议国务院有关部门认真研究代表议案提出的关于控烟、禁烟立法的总体框架和具体条文的建议，抓紧立法研究论证工作，待条件成熟时列入全国人大常委会立法工作计划。

（三）20件议案涉及的13个立法项目，有的是要求制定新法，有的是要求对现行法律的一些条款进行修改。这其中，有的正在进行立法可行性调研论证，有的在相关法律、法规中已有规定，还有的目前立法条件尚不成熟，建议国务院有关部门认真研究，我委将积极开展调研，予以关注

1. 周洪宇等30名代表提出关于制定学校法的议案1件（第349号）。教育部从2004年就开始启动学校法的调研起草工作，并已提出专家建议稿。

教科文卫委员会建议国务院有关部门在学校法起草工作中，认真研究代表议案提出的有关意见和建议。

2. 徐景龙等31名代表提出关于制定全民终身教育法的议案1件（第32号）；沈健等35名代表提出关于制定终身教育促进法的议案1件（第466号）。构建终身教育体系、建设学习型社会符合党的十八大精神，是我国教育事业发展的重要目标。教育部于2006年开展终身学习立法研究。教科文卫委员会将继续积极关注终身学习立法工作进程。

3. 沈健等32名代表提出关于制定校企合作促进法的议案1件（第473号）。国务院有关部门在修订职业教育法时，已对加强校企合作问题作出较为详细的规定，代表议案提出的意见和建议，可在法律修订过程中研究采纳。是否需要单独制定校企合作促进法，还需进一步研究论证。

4. 夏之宁、袁敬华等60名代表提出关于制定特殊教育法的议案2件（第280、371号）。目前，教育部正在抓紧残疾人教育条例的修订工作。建议国务院有关部门在修订条例工作中，认真研究吸收代表议案提出的意见和建议，在新条例实施后注意及时总结经验，再研究考虑立法问题。

5. 姜鸿斌、左延安等62名代表提出关于修改义务教育法的议案2件（第143、278号）。代表议案提出“将学前一年教育和高中阶段三年教育纳入义务教育”的建议，需要研究论证。关于“对虚报学生人数骗取教育经费的情形作出规定”的建议，可在今后制定相关教育法律时予以规范。

6. 叶倩等30名代表提出的关于制定知识产权保护基本法的议案1件（第11号）。经过三十多年的努力，我国已建立起符合我国实际、相关国际条约要求的知识产权保护法律体系。代表议案提出的知识产权保护基本法的主要内容，在现行有关法律、法规及规范性文件中都已作出比较具体的规定。关于知识产权法律、法规之间存在的矛盾和不协调，涉及我国知识产权管理体制等方面问题，建议国务院及其有关部门认真研究解决。

7. 杨卫等40名代表提出的关于制定哲学社会科学促进法的议案1件（第191号）。党和国家高度重视我国哲学社会科学的繁荣发展。现行高等教育法、学位条例暂行实施办法，均为实施哲学社会科学高等教育、科学研究和学位授予等提供了法律保障，哲学社会科学专门立法问题还需进一步研究论证。

8. 周晓光等30名代表提出关于制定基本公共文化服务促进法的议案1件（第190号）；蔡奇等31名代表提出关于加快公共文化服务立法进程的议案1件（第266号）。党和国家高度重视公共文化服务工作。党的十七届六中全会决定和党的十八大报告都对完善公共文化服务体系提出了具体要求。国家“十二五”规划纲要确定了到2015年基本建立覆盖全社会的公共文化服务体系目标。文物保护法、非物质文化遗产法，广播电视管理条例、电影管理条例、出版管理条例、公共文化体育设施条例等一系列法律、法规，都对公共文化服务作出了相应的规定。教科文卫委员会一直高度重视公共文化立法工作，本届以来多次开展专题调研，并将继续积极推动公共文化立法进程。建议国务院有关部门在法律起草工作中认真考虑采纳代表议案提出的意见和建议。

9. 陈海啸等30名代表提出关于制定医事法，正确调整处理医患关系的议案1件（第390号）；曹书杰等30名代表提出关于制定医疗事故处理法的议案1件（第411号）；孙秀兰等30名代表提出关于修改相关法律，明确医学会为医疗损害鉴定机构的议案1件（第284号）。侵权责任法对医疗损害责任作出了专章规定，初步解决了医疗纠纷争议案件法律适用及损害赔偿方面的矛盾，对于保护医患合法权益、预防医患损害的发生，正确处理医患关系发挥了积极作用。建议国务院有关部门认真做好侵权责任法等法律、法规实施工作，研究代表议案提出的有关“完善医疗事故处理法律制度，进一步促进和谐医患关系”建议，在今后完善相关法律制度时予以吸纳。

10. 郝萍、陈赛娟等76名代表提出关于制定新型农村合作医疗法的议案2件（第149、314号）。国家进行城乡医药卫生体制改革，建立新型农村合作医疗制度已取得一定成效。由于城乡医药卫生体制正在深化改革之中，需要有一个实践检验过程。建议国务院有关部门在制定相关规范性文件时，认真研究代表提出的意见和建议。

11. 汪惠芳等30位代表提出关于修改人口与计划生育法的议案1件（第268号）。人口与计划生育法第四十一条规定“不符合本法第十八条规定生育子女的公民，应当依法缴纳社会抚养费”，第四十五条授权国务院制定社会抚养费征收管理办法。代表议案中提出的社会抚养费征收标准不统一、可操作性不强等问题，建议国务院有关部门予以认真研究，在进一步完善社会抚养费征收管理办法时予以吸收采纳。

12. 徐景龙等31名代表提出关于制定食育法的议案1件(第26号)。合理膳食、均衡营养是减少慢性疾病,维护人民群众健康的重要方面。目前,卫生部正在起草营养改善条例。建议国务院有关部门在制定或修改相关法规规章时,认真研究吸纳代表议案提出的意见和建议。

13. 杨蓉娅等36名代表提出关于制定医疗机构管理法的议案1件(第400号)。现行医疗机构管理条例,以及围绕该条例国务院颁布的一系列规章制度与药品管理法、执业医师法等法律法规,构成了我国医疗机构管理的规范体系。随着经济社会发展,医疗机构管理中出现了一些新情况、新问题,卫生部通过颁布新的规范性文件等多项措施,进一步规范了医疗机构的管理行为。目前,国家正在深化医药卫生体制改革,公立医院改革试点正在进行中。因此,公立医院管理等许多制度措施尚需在改革中逐渐明确。建议国务院有关部门在深化医药卫生体制改革,特别是公立医院改革试点过程中,研究解决代表议案提出的意见和建议。

二、1件议案建议全国人大常委会开展文物保护法执法检查,已作为全国人大常委会2012年监督工作计划项目予以实施

姜健等31名代表提出的关于在全国范围内开展文物保护法执法检查的议案1件(第89号)。全国人大常委会和全国人大教科文卫委员会高度重视文物保护法执法检查工作。吴邦国委员长对文物保护法执法检查工作做出了重要批示。2012年上半年,全国人大常委会组成执法检查组赴十个省、自治区、直辖市进行了检查,同时委托其他省、自治区、直辖市人大常委会对本行政区域内文物保护法的实施情况进行检查,并向检查组提供书面报告。全国人大常委会第二十七次会议听取和审议了文物保护法执法检查报告。10月23日,教科文卫委员会召开第四十四次委员会会议,听取了国家文物局关于落实全国人大常委会文物保护法执法检查报告及审议意见有关情况的汇报。

附件二：

议案审议结果报告有关数据统计

议案分类 \ 数量统计	议案数（总计96件）	提议案代表人数（总计3130人次）	涉及立法或监督项目（总计36项，其中监督1项）
一、立法项目	95	3099	35
（一）建议进一步加大立法工作力度，争取列入新一届全国人大常委会立法规划	43	1468	11
1. 修改职业教育法	2	61	
2. 修改民办教育促进法	6	219	
3. 制定学前教育法	8	329	
4. 修改促进科技成果转化法	1	30	
5. 制定图书馆法	2	62	
6. 修改著作权法、加强数字化中文字体、字库知识产权保护	4	130	
7. 修改文物保护法	4	136	
8. 制定基本医疗卫生保健法、卫生法	7	221	
9. 修改药品管理法、制定抗菌药物管理法、药品专卖法	4	120	
10. 制定中医药法	3	91	
11. 修改红十字会法	2	69	
（二）亟需制定和修改的法律，建议条件成熟时列入全国人大常委会立法工作计划	32	987	10
1. 修改教师法	1	31	
2. 修改高等教育法	3	90	
3. 修改专利法	2	61	
4. 制定博物馆法	1	30	
5. 修改档案法	2	60	
6. 制定文化产业振兴法	1	30	
7. 修改食品安全法、制定乳品质量安全法	7	213	
8. 修改献血法	4	123	
9. 修改执业医师法	1	30	
10. 制定执业药师法	3	90	
11. 制定烟草危害预防控制法、公共场所禁烟法	7	229	
（三）正在进行立法可行性调研论证，或相关法律、法规已有规定，或可通过制定法规解决，我委将继续予以关注	20	644	14
1. 制定学校法	1	30	
2. 制定终身教育法	2	66	

续表

议案分类 \ 数量统计	议案数（总计 96 件）	提议案代表人数（总计 3130 人次）	涉及立法或监督项目（总计 36 项，其中监督 1 项）
3. 制定校企合作促进法	1	32	
4. 制定特殊教育法	2	60	
5. 修改义务教育法	2	62	
6. 制定知识产权保护基本法	1	30	
7. 制定哲学社会科学促进法	1	40	
8. 制定基本公共文化服务促进法	2	61	
9. 制定医事法、医疗事故处理法，以及修改相关法律，明确医学会为医疗损害鉴定机构	3	90	
10. 制定新型农村合作医疗法	2	76	
11. 修改人口与计划生育法	1	30	
12. 制定食育法	1	31	
13. 制定医疗机构管理法	1	36	
二、监督项目			
已列入监督计划，且已实施	1	31	1
开展文物保护法执法检查			

全国人民代表大会华侨委员会
关于第十一届全国人民代表大会第五次会议
主席团交付审议的代表提出的议案
审议结果的报告

（2012 年 12 月 28 日第十一届全国人民代表大会常务委员会第三十次会议通过）

全国人民代表大会常务委员会：

第十一届全国人民代表大会第五次会议主席团交付华侨委审议的议案有 1 件，即陈继延等 31 名代表提出的关于修改《中华人民共和国归侨侨眷权益保护法》的议案（第 481 号）。议案提出，随着我国对外开放的深入发展，国内外侨情也发生了变化，出现了许多新情况、新问题，建议修改归侨侨眷权益保护法。

几年来，在两会期间都有代表提出关于修改归侨侨眷权益保护法的议案或建议。华侨委高度重视议案审议和建议办理工作。2008 年，曾向外交部、国务院侨办等多个涉侨部门征求对修改归侨侨眷权益保护法的意见和建议；2009 年，举办了归侨侨眷权益保护法研讨会，就该法实施的情况、存在的问题、修改的必要性及修改的主要内容等进行了深入的研讨；2010 年，与国务院侨办、全国政协港澳台侨委、致公党中央和中国侨联联合召开了归侨侨眷权益保护法颁布 20 周年座谈会，就修改完善该法进一步交换了意见。近五年来，华侨委一直将归侨侨眷权益保护法实施情况和修改的必要性作为调研工作的重点，组织多个调研组赴各地进行调研。为了做好今年议案审议工作，还专门邀请议案领衔代表参加调研，听取意见和建议。在此基础上，2012 年 10 月 22 日华侨委召开了第二十三次全体会议，对议案进行了认真审议。现将审议结果报告如下：

华侨委认为，归侨侨眷权益保护法颁布 20 多年来，国务院和 30 个省区市先后制定了实施办法，并适时进行了修改。许多地方结合本地实际，制定了配套的法规、规章和政策，全国现有100多件保护侨益的规范性文件，较好地维护了归侨侨眷和海外侨胞的权益，为促进侨务事业持续发展提供了法制保障。2006年，全国人大常委会归侨侨眷权益保护法执法检查充分肯定了这部法律实施的成效，同时也指出了存在的问题，并提出了整改意见和加强侨务法制建设的建议。从调研反映的情况看，近年来国内外侨情发生了较大变化。海外侨胞人数逐年增加，他们在国内的眷属不断增多；同时，随着我国改革开放的深入和综合国力的增强，回国定居、创业、为国服务的海外侨胞也越来越多，一些新情况、新问题需要在法律上予以规范和体现。广大归侨侨眷和海外侨胞对修改归侨侨眷权益保护法的呼声较高，中央及地方有关涉侨部门对此也表示赞同。

华侨委认为，归侨侨眷权益保护法修改的时机和条件已基本成熟，为进一步贯彻落实好中央关于做好新时期侨务工作的方针政策，有必要对该法进行修改。因此，华侨委建议适时修改归侨侨眷权益保护法。

以上报告，请审议。

全国人民代表大会华侨委员会
2012年12月26日

全国人民代表大会环境与资源保护委员会关于第十一届全国人民代表大会第五次会议主席团交付审议的代表提出的议案审议结果的报告

（2012年12月28日第十一届全国人民代表大会常务委员会第三十次会议通过）

全国人民代表大会常务委员会：

第十一届全国人民代表大会第五次会议主席团交付环境与资源保护委员会审议的代表提出的议案58件，涉及34项立法及监督项目，其中建议制定法律的26件，建议修改法律的31件，建议对法律实施情况开展监督检查的1件。环境与资源保护委员会按照全国人大常委会关于代表议案办理工作的要求，专门制定了代表议案办理方案，并由专人负责。在认真研究各项议案，广泛征求国务院有关部门对议案办理工作意见的基础上，注重议案办理实效，将办理代表议案与办理代表建议相结合，与开展立法、监督工作相结合，与重点调研工作相结合；就一些重点议案邀请提议案代表参加座谈会和调研。2012年12月3日，全国人大环境与资源保护委员会召开了第三十二次委员会全体会议，对议案办理意见进行了审议。现将审议结果报告如下：

一、有关修改和制定环境保护法及相关法律的议案27件

十多年来均有全国人大代表通过议案和建议，要求修改环境保护法及相关法律。第十一届全国人民代表大会第五次会议上代表又提出有关修改和制定环境保护法及相关法律的议案27件。

1. 关于修改环境保护法的议案4件。

经过对环境保护法及水、大气、固体废物、噪声污染等相关法律的后评估，广泛征求国务院有关部门意见，我委认为当前环境保护相关法律比较完善，当务之急是推动法律实施和行政责任的落实，环境保护法修改作为法律清理的后续工作，应注重强化政府责任和监督，加强法律之间的协调与衔接。由我委提请审议的《中华人民共和国环境保护法修正案（草案）》，已经十一届全国人大常委会第二十八次会议第一次审议。我委将配合全国人大常委会，进一步做好修正案（草案）的审议修改工作。

2. 关于修改大气污染防治法的议案3件、环境影响评价法的议案3件、固体废物污染环境防治法的议案1件和环境噪声污染防治法的议案1件。

按照代表议案的要求，我委征求了国务院有关部门意见，研究了现行相关法律规定，认为当前上述法律的主要问题是加强法律实施，落实行政责任。目前，上述议案中所提出的一些有关各专项污染防治法律具有共性的意见和建议，已经体现在提请常委会审议的环境保护法修正案（草

案)中。

3. 关于修改海洋环境保护法的议案 2 件。

康菲溢油污染事件后,国务院及其有关部门启动了海洋环境保护法和配套规定的修改和制定工作,建议认真考虑代表意见和建议,我委将积极配合国务院及其有关部门的工作。

4. 关于制定农村环境保护法的议案 1 件、农业生态环境保护法的议案 1 件、农村土地污染防治法的议案 1 件和环境监测法的议案 1 件。

代表议案中提出的重视农村环境保护、农业生态环境保护、加强农村土地污染防治和统一环境监测管理等建议,已经在提交审议的环境保护法修正案(草案)中做出了一些原则性规定。我委建议国务院及其有关部门抓紧做好土壤保护等配套法规的制定工作以及相关科技、监测和管理等方面的基础工作。

5. 关于制定室内环境污染防控法的议案 1 件、餐厨垃圾管理法的议案 1 件、生态环境恢复促进法的议案 1 件、水库环境保护法的议案 1 件、饮用水源地保护法的议案 1 件、河湖生态安全法的议案 1 件、生态补偿法的议案 3 件。

国务院有关部门认为代表议案中提到的问题,既有完善环境保护相关配套法规的问题,也有法律实施方面的问题。我委同意上述意见,建议国务院及其有关部门认真考虑代表意见和建议,加快有关生态保护和水源地保护等配套法规的研究起草工作,加强相关领域的执法力度。

二、有关制定自然遗产保护法的议案 4 件

关于制定自然遗产保护法的议案 2 件、自然保护地法的议案 2 件。

根据全国人大常委会立法工作安排,由我委起草该法。自 2008 年起,我委成立了起草小组,全面梳理十届全国人大环资委已有的工作成果,积极开展调查研究,广泛听取国务院有关部门、地方人大、地方政府、保护管理机构和各方面专家的意见,结合办理代表议案,组织专业学者和法律专家进行了专题论证。我委已经完成草案的起草工作,并已提请全国人大常委会审议。目前,国务院绝大多数部门已原则同意草案的内容,立法条件基本成熟。中央在十八大报告中把生态文明建设放在突出的位置,自然遗产保护又是对我国自然生态中最珍贵、在国内外具有突出价值部分的保护,建议将草案列入第十二届全国人大常委会议事日程。

三、有关修改土地管理法、矿产资源法的议案 10 件

关于修改土地管理法的议案 9 件、矿产资源法的议案 1 件。

土地管理法修改和矿产资源法修改均已列入第十一届全国人大常委会立法规划。本次全国人大常委会听取和审议国务院关于土地管理和矿产资源开发及保护情况的专项工作报告。建议国务院及其有关主管部门按照全国人大常委会组成人员提出的审议意见,在认真总结土地管理法、矿产资源法实施经验和问题的基础上,提出法律修改草案,并适时提请全国人大常委会审议。

四、有关修改野生动物保护法的议案 2 件

国务院有关部门认为在修改野生动物保护法中应明确体现野生动物资源在生态建设和生物多样性保护中的重要作用。我委同意上述意见,建议国务院有关部门认真考虑代表意见和建议,进一步开展修改的前期论证工作,并建议国务院将该法修改列入立法研究计划,并根据研究论证提出有关是否列入十二届全国人大常委会立法规划的意见。

五、有关制定核安全法、原子能法的议案 3 件

关于制定核安全法的议案 2 件、原子能法 1 件。

国务院有关部门认为在我国核电事业快速发展的情况下,制定上述法律十分重要。我委赞同上述意见,建议将有关法律起草列入十二届全国人大常委会立法规划,建议国务院有关部门认真研究吸收代表意见和建议,深入开展立法前期论证工作,待条件成熟时尽快启动法律起草工作。

六、有关制定深海资源勘探开发和管理法的议案 1 件

党的“十八大”对发展海洋经济提出了明确要求,海洋资源勘探开发是实现这一要求的重要基

础。国务院有关部门认为大洋资源勘探开发国内立法的缺位,不利于我国在大洋"区域"勘探开发等方面开展工作,不利于我国在有关国际组织及制定相关国际法时发挥更大作用,制定大洋深海资源开发管理法十分必要。我委赞同上述意见,建议将该法起草列入十二届全国人大常委会立法规划,建议国务院尽早启动该法起草工作。

七、有关修改水法,制定长江流域管理法、海水利用促进法的议案4件

关于修改水法的议案2件,制定海水利用促进法的议案1件、长江流域管理法的议案1件。

上述议案均涉及水资源问题。国务院有关部门认为代表议案中提到的问题,既有法律执行层面的问题,也有完善配套法规的问题。我们同意国务院有关部门的意见,建议国务院有关部门加大执法力度,在制定相关行政法规、规章和标准时,认真考虑代表意见和建议。

八、有关制定低碳技术促进法、废旧电器电子产品回收利用法的议案2件

关于制定低碳技术促进法的议案1件,废旧电器电子产品回收利用法的议案1件。

国务院有关部门认为,现行节约能源法、可再生能源法、循环经济促进法、清洁生产促进法等法律已经设立了一系列促进低碳能源和低碳技术发展的法律制度和措施,正在研究起草的应对气候变化法律以及相关行政法规和规章也把低碳技术发展考虑为重要内容。我委同意国务院有关部门的意见,建议国务院有关部门认真考虑代表意见和建议,制定相应配套规定,为低碳技术的发展提供系统的法律和政策保障。2009年国务院颁布了《废旧家用电器回收处理管理条例》,现阶段应强化条例实施。

九、有关修改气象法、测绘法、海域使用管理法,制定气象灾害防御法的议案4件

关于修改气象法的议案1件、测绘法的议案1件、海域使用管理法的议案1件,制定气象灾害防御法的议案1件。

我委已就上述议案内容,征求了国务院有关部门意见,结合已开展的调研工作,我委认为代表议案中提到的问题,主要是执行层面的问题。建议国务院有关部门加大执行法律的力度,严格执法;并在制定相关行政法规、规章和标准时,认真考虑代表意见和建议。

十、有关对可再生能源法进行执法检查的议案1件

我委认为,议案对我国光伏发电现状存在的各种问题进行了实事求是的分析,说明了发电并网存在问题的根源;议案重点针对可再生能源法第十三条和第十四条提出进行执法检查的建议,也抓住了可再生能源法实施的关键问题,应当引起有关执法部门和监督机关的高度重视。我委今年结合议案办理形成的专题调研报告已经全国人大常委会领导批转国务院有关部门,为执法检查做准备。我委建议把可再生能源法执法检查列入十二届全国人大常委会监督工作计划。

以上报告,请审议。

附件:全国人民代表大会环境与资源保护委员会关于第十一届全国人民代表大会第五次会议主席团交付审议的代表提出的议案的审议意见

全国人民代表大会环境与资源保护委员会

2012年12月26日

附件：

全国人民代表大会环境与资源保护委员会关于第十一届全国人民代表大会第五次会议主席团交付审议的代表提出的议案的审议意见

第十一届全国人民代表大会第五次会议主席团交付环境与资源保护委员会审议的代表提出的议案58件，涉及34项立法及监督项目，其中建议制定法律的26件，建议修改法律的31件，建议对法律实施情况开展监督检查的1件。环境与资源保护委员会按照全国人大常委会关于代表议案办理工作的要求，专门制定了代表议案办理方案，并由专人负责。在认真研究各项议案，广泛征求国务院有关部门对议案办理工作意见的基础上，注重议案办理实效，将办理代表议案与办理代表建议相结合，与开展立法、监督工作相结合，与重点调研工作相结合；就一些重点议案邀请提议案代表参加座谈会和调研。2012年12月3日，全国人大环境与资源保护委员会召开了第三十二次委员会全体会议，对议案办理意见进行了审议。现将审议结果报告如下：

一、有关修改和制定环境保护法及相关法律的议案27件

十多年来均有全国人大代表通过议案和建议，要求修改环境保护法及相关法律。第十一届全国人民代表大会第五次会议上代表又提出有关修改和制定环境保护法及相关法律的议案27件。

1. 关于修改环境保护法的议案4件

张全、姜健、吴建平、傅企平等123位代表提出关于修改环境保护法的议案4件（第017、086、097、393号），其中张全、姜健、吴建平代表领衔提出的议案附有完整的修改草案。议案提出，随着我国经济社会的快速发展，我国的环境问题逐渐凸显，环境领域的新情况、新问题也越来越多，现行环境保护法由于制定时间较早，已难以适应时代和环保工作的需求，在实践中存在许多问题和障碍，建议尽快对环境保护法进行修改完善。

根据常委会立法规划，我委结合办理代表议案和建议，从2008年到2010年，梳理了历年来有关修改环境保护法的全国人大代表议案和建议内容，收集了国务院有关部门和有关专家的意见，开展了环境保护法及其相关法律的后评估工作。根据各项后评估成果，形成了一系列论证报告，认为编纂环境保护法典是长期任务，修改现行环境保护法的当务之急是推动法律的实施和行政责任的落实。当前修改现行环境保护法应当体现进入新世纪以来国家提出的指导思想，强化政府责任和监督，加强法律责任和追究，修改与后来制定单行法的一些不衔接规定，推动专项法律的实施。十一届全国人大常委会第十八次会议审议同意了环资委的意见，将环境保护法修改列入全国人大常委会2011年立法工作计划。

2011年1月，全国人大环资委启动了环境保护法条文修改工作，成立了以蒲海清副主任委员为组长的修改小组，多次听取环境保护部等国务院有关部门和有关专家的意见，并于4月至9月分别赴湖南、湖北、重庆、福建、江苏、陕西等地进行调研，并在江苏省徐州市召集各省、自治区、直辖市人大环资委、提出议案的部分全国人大代表及全国人大常委会法工委对环境保护法修改进行研讨。我委还专题就环境保护规划、环境监测、排污收费和限期治理等召开了专家和部门的座谈会。在草案起草过程中，书面征求全国人大常委会法工委、最高人民法院、中编办等18个中央机构与国务院部门和31个省、自治区、直辖市人大的意见后进一步研究和修改，2012年3月又在上海听取全国人大五次会议四件代表议案领衔人和地方意见。结合全国人大常委会2012年监督工作计划确定围绕环境保护工作进行的专题调研，全国人大环资委于3月下旬分4组赴上海、浙江、山东、四川、贵州、山西、陕西开展了调研，委托北京等20多个省（区、市）人大环资委协助提供有关材料，形成了关于环境保护工作情况的专题调研报告，并作为常委会的参阅材料，对环境保护法修改提出了建议。

经全国人大环境与资源保护委员会第二十七次全体会议审议并再次修改，形成了《中华人民共

和国环境保护法修正案(草案)》,草案针对现行环境保护法有原则规定、条件比较成熟、各方面意见比较一致、现实中迫切需要的内容作出规定。重点修改内容包括四个方面:调整篇章结构,突出强调政府责任、监督和法律责任;修改总则,充分体现新时期国家对环保工作的指导思想;完善环境管理基本制度,保护改善我国环境质量和生态环境;进一步明确企业责任,完善防治污染和其他公害的制度。修正案(草案)已于2012年8月提请全国人大常委会第二十八次会议审议。我们将配合有关部门,进一步推进这项工作。

2. 关于修改大气污染防治法的议案3件

张全、章联生、蔡奇等90名代表提出修改大气污染防治法的议案3件(第016、043、260号),其中张全、章联生代表领衔的议案附有具体的修改草案。议案提出,随着国民经济的快速发展,能源消费总量不断攀升,我国大气环境问题日益凸显,污染防治形势十分严峻,近期空气环境质量中的$PM_{2.5}$问题引起了公众的热议,这表明公众对大气环境质量的高度关注和强烈期待。为深入推进大气污染防治工作,促进经济社会可持续发展,保护人民群众健康,亟需加快进度,建议对大气污染防治法进行再次修订。

环境保护部认为,3件议案中提出的建立大气污染区域联防联控机制,规定地方大气环境质量限期达标,完善污染物排放总量控制制度和排污许可证制度,健全机动车污染防治机制,明确信息发布制度,强化有毒有害物质控制,加大对违法行为的处罚力度等主要内容基本上在送审稿中有所体现,在环境保护部等部门制定和实施的有关行政规章、标准和规划中,上述有关制度和措施也在逐步推行和落实。

目前,环境保护部在研究论证大气污染防治法的进一步完善问题,也提出了修改建议和相关论证材料。代表议案中提出的有关建议反映了当前环境保护特别是大气污染防治工作的实际需要,反映了广大公众对改善大气环境质量的迫切要求。但我委认为,大气污染防治法的主要问题是落实政府有关部门的行政责任,加大法律执行力度,议案中所提出的区域污染防治、总量控制制度。信息公开等涉及环境保护领域的共性问题,我委在提请全国人大常委会审议的环境保护法修正案(草案)作出了若干明确规定。建议国务院有关部门认真研究代表议案的建议和意见,抓紧研究完善大气污染防治法配套法规,同时加大执法力度。

3. 关于修改环境影响评价法的议案3件

徐景龙、戴仲川、杨兴平等91名代表提出关于修改环境影响评价法的议案3件(第048、105、415号)。议案提出,现行环境影响评价法适用范围过窄,公众参与环境影响评价的范围过窄,违法审批环境影响评价的法律后果不明确,建设单位违法建设的法律后果规定不完善,环境影响评价工程师实施资格证管理无明确的法律依据,环境影响评价的基础数据库和评价指标体系建设的规定还不够具体明确,建议尽快修改环境影响评价法,增加有关政策环境影响评价的内容,修改第三十一条关于"限期补办手续"的规定,扩大公众参与的范围,进一步完善基础数据库和评价指标体系建设的法律规范,特别要加强生态保护方面的基础工作。

环境保护部认为,2002年制定的环境影响评价法,为规划和建设项目的环境影响评价工作提供了有力保障,对从源头预防环境污染和生态破坏起到了重要作用。随着社会主义市场经济体制的逐步建立和完善,我国经济社会发展和环境保护形势发生了重大变化,代表们提出的关于开展政策环评、扩大公众参与范围、确立环评工程师职业资格制度、进一步完善基础数据库和评级指标体系建设等,环境保护部已经陆续开展了实践。

我委认为,2008年全国人民代表大会常务委员会对环境影响评价法进行了执法检查,检查报告中明确提出"现行环评审批制度有待进一步完善",建议国务院有关部门认真研究代表的意见建议,通过完善法律的配套法规,"加强环评体制机制建设,进一步落实环评审批制度";加大对现行法律的执法力度,在此基础上开展环境影响评价法的修改论证工作。

4. 关于修改固体废物污染环境防治法的议案1件

徐景龙等31位全国人大代表提出修改固体废物污染环境防治法的议案1件(第004号)。议案指出,固体废物污染环境防治法的施行,极大地促进了我国对固体废物的处理处置,在保障人体健康、维护生态安全方面发挥了重要作用。但是该法在对固体废物的范畴、电子垃圾和危险废物的处理处置、起诉人资格的扩大及相关法律责任等方面还有待进一步完善。

环境保护部认为,2004年修订的固体废物污染环境防治法对促进固体废物污染防治工作,加强固体废物的管理发挥了积极的作用。对于议案中提出的将电子垃圾污染防治的内容具体化,增加焚烧秸秆的法律责任,引入集团诉讼制度,增加有关部门在危险废物管理方面的法律责任,环境保护部表示赞同。

我委原则同意环境保护部的意见。建议国务院有关部门认真研究代表意见建议，加大法律执行力度，完善配套法规，深入开展修改论证。

5. 关于修改环境噪声污染防治法的议案 1 件

姜晓婷等 39 名代表提出关于修改环境噪声污染防治法的议案 1 件（第 183 号）。议案提出，环境噪声污染防治法由于颁布时间较长，很多规定已不适应形势发展的需要，如法律对排污主体、排污领域规定覆盖不全，违法行为定义不科学，法律责任不对应，个别规定不符合实际以及可操作性不强等问题，建议修改环境噪声污染防治法中相应的规定。

环境保护部认为，经过十余年的实施，环境噪声污染防治法暴露出违法行为的定义不科学、调整范围过窄、个别规定不符合实际、可操作性不强等问题。实践中，交通运输、社会生活、建筑施工产生的噪声污染，在全国许多地方特别是大中城市，成为一个十分突出的环境问题。环境保护部认为现行环境噪声污染防治法已经不能完全适应我国环境保护工作的形势，不能满足环境噪声污染防治工作的实际需要，迫切需要修改完善，环境保护部已经启动了修改的前期调研论证工作。

我委建议国务院有关部门进一步加大现有法律法规的贯彻实施力度，同时加快完善相关配套法规的进度。

6. 关于修改海洋环境保护法的议案 2 件

包景岭、刘纪林等 63 位全国人大代表提出修改海洋环境保护法的议案 2 件（第 171、282 号）。议案指出，随着改革开放不断深入，沿海经济快速发展，以及国际海洋事务的发展、变化，海洋环境保护法的一些内容，已经不能完全适应海洋环境管理和海洋环境保护的需要。从目前我国海洋环境的整体状况看，因工程建设、海洋运输、排放污染物、溢油、违章倾倒等破坏海洋环境的违法行为时有发生，海洋环境污染损害不断加剧，海洋资源环境面临严重威胁。因此，急需对《中华人民共和国海洋环境保护法》进行修改。

环境保护部赞同代表们所提意见，将在修改论证中积极借鉴和采纳代表在议案中所提出的意见和建议。农业部认为，近年来，由于陆源污染没有得到有效控制，海洋海岸工程建设项目盲目上马导致的重特大海洋环境污染事故频发，海洋生态环境质量状况总体堪忧，对水生生物资源环境、渔业生产及渔民生活造成了严重损害。国家海洋局同意代表所提出的意见，将以此为契机，对包括海洋环境保护法在内的涉海法律法规进行深入的调查研究，积极配合国务院法制办开展有关海洋法律法规的修改完善工作。

我委同意上述部门的意见，康菲溢油污染事件后，国务院及其有关部门启动了海洋环境保护法和配套规定的修改和制定工作，我委将积极配合国务院及其有关部门的工作。

7. 关于制定农村环境保护法和农业生态环境保护法的议案 2 件

任玉奇、郝萍等 74 名代表提出关于制定农村环境保护法、农业生态环境保护法的议案 2 件（第 101、148 号），其中任玉奇代表领衔的议案附有完整的法律草案。议案提出我国农村污染问题日渐突出，农村污染排放已占全国总污染量的“半壁江山”，成为水体、土壤、大气污染的重要来源。农业生态环境恶化的趋势尚未得到有效的控制。在农村和农业发展中，化肥农药的不合理使用、养殖业的无序发展、农村卫生设施落后、污水灌溉以及工业不断向农村转移，将加剧农业面源和农村环境污染，既损害农民的健康，又威胁农产品安全。含有害物质的农产品通过食物链进入人体，容易引发多种疾病，直接威胁人体健康甚至生命。议案认为目前关于农村和农业环境保护的法律法规还十分不健全，使得农村污染问题无法从法制上得到防止和解决，建议根据我国实际情况，尽快制定农村环境保护法、农业生态环境保护法。

有关农村和农业环境保护立法是各方面长期关注的问题。就有关立法问题，我委多年来同农业部、环境保护部反复进行了多次研究讨论。国务院有关部门认为，我国现行环境保护和农业领域的相关法律、行政法规对农村和农业环境保护问题已经作了大量规定，法律法规框架已经基本形成，目前存在的问题主要应当通过加强部门协调、加快落实政策和规划、严格执法和监督、加强对农民的指导和扶持来解决。对代表议案中提出的有关立法建议，可以在修改和制定相关法律和行政法规、规章时予以认真研究和采纳。我委认为，加强农村和农业环境保护十分重要，相对城市和工业污染防治的法律规定，有关农村和农业环境保护的法律规定还比较薄弱，有待补充完善。为此，我委建议在现行环境保护和农业法律的框架下修改和制定各相关法律和行政法规时，应注意补充完善有关农村和农业环境保护的规定。我委在 2012 年 8 月提交全国人大常委会第二十八次会议审议的环境保护法修正案（草案）中，在第二十、二十三条专门补充了关于农业和农村生态保护的内容，规定加强农业生产环境保护监管，明确通过财政预算支持农村环境治理。对于代表议案中涉及的法律、政策和规划执行方面的问题，我委建议国务院有关部门加强协调和推动法律法规、政策和规划的进一步落实，在有关法律法规、政策和规划的研究制定过程中认真考虑充分吸纳议案中所提建议，以满足农村和农业环境保护工作的需要。

8. 关于制定农村土地污染防治法的议案1件

傅企平等32位全国人大代表提出制定农村土地污染防治法的议案1件(第392号)。议案指出，农村环境问题的核心就是农村土地污染问题，因为环境污染要素的主要影响最终都将归于土地。对于农村的土地污染，其影响的就是生产力的根基。我国是农业大国，农村人口占全国人口总数的三分之二以上，一旦农村土地受到大面积污染，不仅对农业生产带来巨大损害，对于社会的稳定也是一大隐患。因此，应当建立健全农村土地污染防治法律制度。

环境保护部赞同代表们提出的建议，环境保护部正在起草土壤污染防治法、畜禽养殖污染防治条例，发布实施了《污染场地土壤环境管理暂行办法》，并将适时研究启动相关法律法规的修改，补充完善农村土地污染防治的相关内容。

农业部认为，我国防治土壤污染的法律法规比较完备，目前存在的问题，主要通过严格执法监督，加强对农民的指导扶持和完善配套规定来解决，一些制度也可在完善有关配套规定时考虑吸收。

我委同意上述部门的意见，将通过加大对法律的监督检查，适时研究启动相关法律法规的修改，补充完善农村土地污染防治的相关内容。

9. 关于制定环境监测法的议案1件

张庆伟等31名代表提出关于制定环境监测法的议案1件(第305号)。议案提出，在我国现行的法律体系中，并没有一部统一的、专门的环境监测法律法规，现有有关法律法规对环境监测的规定也很分散、笼统，缺乏可操作性，甚至相冲突。环境监测统一管理缺乏法律保障，造成监测机构、监测人员和监测行为缺乏必要的法律保护和约束，各部门、各行业的环境监测工作各自为政，企业和社会监测放任自流，各层次的环境监测处于无序发展的状态，导致了“谁都搞监测”、“数出多门”、“数据质量良莠不齐”等混乱现象。建议应尽快制定专门的环境监测法，对环境监测工作、机构和数据的性质、地位和作用，环境监测的管理体系，中央与地方、中央部门之间在环境监测事务(主要是涉及交叉的环境要素监测)中职责与关系等做出明确规定，为依法开展环境监测提供依据，为依法统一环境监测管理提供法律保障。

近年来在一系列环境问题的事件中，环境监测问题已成为各方关注的重要问题。我委已就相关问题同环境保护部多次研究讨论，并在环境保护法修改过程中专门召开专题会议，研究讨论了环境监测问题。我委认为，环境监测是做好各项环境保护工作的基础，其中环境评价监测点的设置和监测数据是环境质量评价的依据，监测数据依法公开是实现公众参与的基础。较长时间以来，我国同一地区、同一流域不同部门公布的环境质量数据不同，环境质量评价不一，对社会有负面影响，完善有关环境监测的立法十分必要。在完善相关法律方面，我委在2012年8月提请全国人大常委会第二十八次会议审议的环境保护法修正案(草案)中，通过规范制度来保障监测数据和环境质量评价的统一，在草案第十一条规定国家建立监测网络和监测数据信息体系，统一规划设置监测网络；环境质量和污染物排放监测数据应当纳入监测数据信息体系，作为评价环境质量的依据；从事环境监测工作应当遵守国家监测规范，监测机构负责人对监测数据的真实性和准确性负责，监测数据依法公开。在草案第二十四条规定排放污染物的企业事业单位，应当按照国家有关规定和监测规范安装使用监测设备，对其所排放的污染物进行监测，并保存原始监测记录。监测数据应当纳入国家监测数据信息体系，依法予以公布。在制定有关行政法规方面，环境保护部牵头起草的环境监测管理条例草案已经送交国务院，国务院法制办正在抓紧审查修改。对代表议案中有关对环境监测工作、机构和数据的性质、地位和作用，环境监测的管理体系，中央与地方、中央部门之间在环境监测事务中职责与关系等做出明确规定等建议，环境保护部均表示赞同，并在条例草案中已基本体现。我委建议国务院有关机构和部门抓紧协调工作，尽早出台环境监测管理条例。

10. 关于制定室内环境污染防控法的议案1件

张庆伟等79名代表提出关于制定室内环境污染防控法的议案1件(第133号)。议案提出，有害物质形成的室内环境污染日益严重，造成了严重的消费安全问题和民生问题。为保护环境和保障人民身体健康，我国已相继颁发了一系列标准法规，但尚缺少室内环境污染防控方面的立法，相关标准也存在执法依据不够的问题。为了应对日益严重的室内环境污染问题，明确相关职能部门的职责，形成统一的协调应对和执法机制，需要尽快制定室内环境污染防控法予以解决。

环境保护部认为，我国目前立法中与室内环境保护相关的法律法规主要有民法通则、合同法、产品质量法、消费者权益保护法、环境保护法、大气污染防治法、计量法和标准化法等。质检总局、卫生部和原环保总局颁布的室内空气质量标准以及近年来颁布的对壁纸、人造板及其制品、防水涂料、建筑装饰装修工程等的环境标志产品技术要求，在建筑和装饰材料有害物质监管以及室内环境污染控制方面发挥了重要作用。鉴于大部分装修排放的污染物属于挥发性有机物，环境保护部正在编制的《重点区域大气污染防治规划（2011—2015 年）》将挥发性有机物列为需控制的重点污染物，针对建筑与装饰材料在生产、使用过程中的环境保护问题，在大气污染防治法（修订草案）送审稿中增加了有关要求。因此，环境保护部认为，当前室内环境污染重点在于加大现行法律法规和标准的执法力度，同时抓紧修改完善大气污染防治法等相关法律法规。

我委同意环境保护部的意见，室内环境污染已经引起了社会的普遍关注，建议国务院有关部门进一步加大对现有法律、法规、标准的执行力度，同时加快完善相关法律配套法规的进度。

11. 关于制定餐厨垃圾管理法的议案 1 件

周晓光等 30 名代表提出关于制定餐厨垃圾管理法的议案 1 件（第 216 号）。议案提出，近年来，地沟油、泔水猪等关系餐厨垃圾处理的问题已成为社会关注的焦点。虽然国务院和地方政府出台了一些管理办法，但国家层面的单独立法尚属空白。该领域存在台账制度规定不完善、收费制度背离市场化运作模式、信息公开规定缺失、应急预案制度不健全、法律责任设置不合理等问题。建议制定和出台一部专门的餐厨垃圾管理法，建立全面、系统、完善的餐厨垃圾处理法律制度。

住建部认为，议案对我国餐厨垃圾管理立法必要性的分析十分中肯。2010 年发展改革委会同住建部、环保部、农业部印发了《关于组织开展城市餐厨废弃物资源化利用和无害化处理试点工作的通知》，之后确定了 33 个试点城市（区）开展城市餐厨废弃物资源化利用和无害处理工作。2011 年国务院批转了 16 个部门共同起草的《关于进一步加强城市生活垃圾处理工作的意见》，提出了完善法规标准、鼓励分别投放、实现单独收集利用等要求。2012 年国务院办公厅印发的《“十二五”全国城镇生活垃圾无害化处理设施建设规划》已将推进餐厨垃圾分类处理列为“十二五”期间生活垃圾设施建设的主要任务。住建部将积极开展立法调研，研究立法的可行性。

发展改革委认为，加强餐厨废弃物管理和资源化利用的立法既重要又紧迫。对议案提出的餐厨废弃物管理进行专门立法十分赞同，近年已经开展了试点工作。同时，发展改革委会同住建部、商务部等有关部门正积极开展调研和研讨工作。2012 年国务院的《关于落实国务院领导同志对“地沟油”整治工作有关批示精神的报告》明确提出，要研究制定餐厨废弃物管理及资源化利用条例，温家宝总理等领导均圈阅。建议首先制定行政法规。目前，正在起草初稿，拟于今年完成。

我委赞同发展改革委和住建部的意见。餐厨垃圾管理立法十分必要。国务院已经认识到此项工作的重要性和紧迫性，正在开展试点和行政法规的起草工作。建议发展改革委按照国家领导人的指示抓紧草案的拟定。同时，在起草过程中吸收、采纳人大代表在议案中提出的意见和建议。

12. 关于制定生态环境恢复促进法的议案 1 件

周晓光等 30 位代表提出关于制定生态环境恢复促进法的议案 1 件（第 214 号）。议案认为我国现行有关生态保护、改善的法律法规对于生态环境破坏后的恢复和补救规定不够，要求不明确，建议制定生态环境恢复促进法，规范各社会主体在生态环境恢复中的地位、分工和职责，明确造成生态环境和资源破坏的单位和个人必须承担恢复和整治的法律义务，鼓励公民积极参与生态环境恢复，建立生态环境恢复保证金等法律制度，促进和保障生态环境恢复工作。

环境保护部、国家林业局认为，我国现行的环境保护法、森林法、草原法、水土保持法、防沙治沙法、水法、海洋环境保护法、水污染防治法、矿产资源法、土地管理法、环境影响评价法等法律法规都有有关生态环境保护、治理、恢复的规定，代表议案关于强化和完善有关生态恢复法律制度的建议，可以在修改上述法律法规时加以考虑。专门制定生态环境恢复促进法，可能与上述法律规定交叉重叠。

我委认为，由于人口众多和长期以来对自然资源的高强度开发利用，我国生态破坏情况比较普遍，局部问题十分突出，需要采取有力措施加以恢复，强化和完善生态修复法律制度非常必要。考虑到生态修复是环境保护的重要内容，同时生态修复涉及的法律关系与自然资源开发利用形成的法律关系密不可分，我委建议今后在环境保护、自然资源管理法律法规的制定和修改过程中，增加有关生态修复的要求和规定，加强生态修复的制度建设，促进生态环境的恢复。

13. 关于制定水库环境保护法的议案 1 件

周晓光等 30 名代表提出关于制定水库环境保护法的议案 1 件（第 217 号）。议案提出，目前我国众多的中小水库总体环境状况堪忧，一些水库富营养化趋势明显，水库生态安全和城乡居民饮用水安全面临严重威胁，加强水库环境保护刻不容缓，而现有法律法规对水库环境保护缺乏全面细致的规定，而且过于原则，建议制定水库环境保护法，规定对水库的污染防治、加强生态保护与修复，健全水库环境保护的体制机制。

水利部、环境保护部认为，环境保护法、水污染防治、水法等法律，已经为水库水资源保护和水污染防治工作搭建了基本的法律框架。代表议案中提到的水库污染防治方面的问题，现行水污染防治法已经做了较为详细的规定。国家发展改革委、水利部、环境保护部及地方政府共同开展了全国重点湖库的生态安全状况调查评估，研究制定了相应的安全保障方案。当前最主要的是加大现行法律法规执行力度，确保有关规定落到实处。

我委认为，水库是调控水资源时空分布、优化水资源配置和防洪减灾的重要工程，具有防洪、供水、灌溉、发电、航运、旅游和改善环境等综合效益。但是，在工业化、城镇化进程进一步加速推进的背景下，水库的水生态和水环境状况面临的形势已经比较严峻。解决水库环境保护问题，一是要加大法律宣传力度，提高水库环境保护意识；二是要加大法律实施力度；三是要加强配套法规建设。代表议案中提出的意见具有很强的针对性，建议国务院有关部门在工作中认真研究，抓好法律有关规定的落实。

14. 关于制定饮用水源地保护法的议案 1 件

储亚平等 30 名代表提出关于制定饮用水源地保护法的议案 1 件（第 297 号），并附有完整的法律草案。议案提出，由于经济社会的快速发展，城市化进程的加快推进，饮用水安全问题不容乐观。我国国家和地方已经制定了与饮用水安全有关的一系列法律法规。各级环保部门在饮用水水源地保护工作中积累的大量管理经验，国外立法提供的有益借鉴以及社会和群众对饮用水水源保护工作的普遍关注，为立法提供了成熟的社会条件。建议制定饮用水源地保护法，明确地方政府在饮用水水源污染防治工作中的责任，完善饮用水水源保护区制度和饮用水水源污染防治应急预警机制，建立饮用水水源污染防治的规划制度、饮用水水源环境管理评估制度、饮用水水源保护生态补偿机制，强化分散式饮用水水源地污染防治，强化相关法律责任，加大资金投入。

水利部和环境保护部认为，现行水法、水污染防治法、水土保持法、太湖流域管理条例、抗旱条例、城市供水条例等法律、行政法规以及饮用水水源保护区污染管理规定等部门规章都有关于饮用水水源地保护的规定，但是这些规定系统性、协调性和可操作性不强，还不能满足饮用水水源地保护和管理的需要。因此，有必要进一步强化立法，对饮用水水源地进行全面保护。水利部提出，为加强饮用水水源地保护的立法工作，水利部已经将饮用水水源地保护条例列入水法规体系总体规划，并连续多年列入水利部年度立法工作计划，并将在南水北调供用水管理条例、水功能区管理条例等其他相关立法中进一步强化对饮用水水源的管理和保护。环境保护部提出，考虑到饮用水安全保障涉及多个方面，建议抓紧研究起草保障饮用水安全的专门法律。

我委认为，饮用水安全关系到国计民生，是衡量一个国家和地区发展水平和生活质量的主要标志。全国人大环资委高度重视饮用水安全问题。为配合全国人大常委会今年 6 月听取和审议国务院关于保障饮用水安全工作情况的报告，并围绕有关问题开展专题询问工作，2012 年 2 月上旬我委召开会议，听取了国家发展改革委、财政部、国土资源部、环境保护部、住房和城乡建设部、水利部、卫生部等部门关于保障饮用水安全工作情况汇报，并组成专题调研组，分别赴江苏、江西、河南、湖南等省就保障饮用水安全工作进行了专题调研。同时，还委托各省（自治区、直辖市）人大相关委员会就辖区内饮用水安全保障工作情况进行了调研。6 月，十一届全国人大常委会第二十七次会议听取了国务院关于保障饮用水安全工作情况的汇报，明确要求认真梳理当前饮用水安全保障各环节存在的问题，有针对性地加强饮用水安全保障的法律制度和措施。我委认为，健全法律制度是保障饮用水安全的关键措施。一是建议国务院依据现行相关法律，尽快制定出台饮用水安全保障专项行政法规，进一步明确保障饮用水安全的部门职责和责任，完善饮用水安全保障工作体系，全面规范和强化饮用水源建设和保护、安全供水、卫生监督等工作，建立严格的责任追究制度，以适应保障饮用水安全的实际需要。二是各级财政进一步明确保障饮用水安全的资金投入，合理引导社会资本投入。建立合理的水价调整机制和财政补贴机制，推进水源保护生态补偿。三是强化技术支撑，加快研究和推进饮用水安全重点领域符合我国城乡实际的技术和工艺，组织好应用示范的总结和推广工作，为全面提升我国饮用水安全保障能力提供技术支撑。

15. 关于制定河湖生态安全法的议案 1 件

吕振霖等 30 位全国人大代表提出制定河湖生态安全法的议案 1 件（第 154 号）。议案指出，河湖水域具有调蓄洪水、供给水资源、保障水环境容量、维持良好生态、保持生物多样性、调节气候及发展航运、养殖、旅游等多方面的功能，对经济社会的发展具有十分重要的作用。由于长期以来，人类在开发利用水域资源过程中，忽视了对湖泊的有效管理与科学保护，围垦湖泊水域、严重超标排放、过度的水面养殖等问题，致使现在水域面积萎缩严重，水域功能下降，江河湖泊防洪压力加大，水资源调蓄空间能力减小，严重影响河湖的生态健康生命，威胁水资源和生态环境的可持续利用。

水利部认为，代表提出的加强河湖水域保护立法，水利部已经开展了大量工作，并将在河道管理条例修订中强化对河湖水域的保护。农业部认为，河湖水域作为我国水域的重要组成部分，目前国家已经出台了水法和水污染防治法等法律法规。总体看来，河湖水域保护方面的内容在现行法律法规中大多均有明确规定或已纳入相关法律调整范围，议案中提及的有关问题主要是执行不到位和配套完善有关规定的问题，建议不对河湖水域单独立法。环保部认为，河湖水域环境保护工作已基本有法可依，当前最主要的是加大现行法律法规执行力度，确保有关规定落到实处。

我委同意上述部门的意见，将积极开展相关法律的执法检查，推动相关法律的有效实施。建议国务院有关部门加大执行法律的力度，严格执法，并根据代表议案，对法律中可能涉及的管理职责、制度和措施等内容深入研究论证，在制定相关行政法规、规章和标准时，认真考虑代表意见和建议。

16. 关于制定生态补偿法的议案 3 件

张庆伟、汪惠芳、杜国玲等 102 位代表提出关于制定生态补偿法的议案 3 件（第 134、261、460 号）。议案认为由于缺乏基本的法律依据，生态补偿机制的建立和实施受到严重影响。建议尽快制定生态补偿法，明确生态补偿的原则、补偿主体、补偿对象、补偿资金来源、补偿方式、补偿标准、补偿项目审计和资金使用监管等内容，解决谁来补、补给谁、补什么、怎么补的问题，通过建立健全生态补偿机制，推进统筹区域协调发展，加快国家的生态文明建设。

根据党中央、国务院有关建立健全生态补偿机制的战略部署，2010 年，国务院已将制定生态补偿条例列入立法计划。国家发展和改革委员会牵头，会同财政部、国土资源部、环境保护部、住房城乡建设部、水利部、农业部、国家税务总局、国家林业局、国家统计局、国家海洋局 10 个部门共同组成起草领导小组和工作小组，组织起草生态补偿条例，草案内容涉及补偿原则、补偿领域、补偿对象、补偿方式、补偿评估及标准、补偿资金等。经过两年的工作，条例草稿已经形成，正在广泛征求各方面意见。考虑到当前工作的实际需要，国家发展和改革委员会会同财政部等有关部委正在研究起草《关于建立完善生态补偿机制的若干意见》，国务院将通过该文件对生态补偿涉及的主要问题提出原则性意见。

近年来，我委结合办理和督办代表议案和建议，对建立健全生态补偿机制多次开展调查研究，先后围绕南水北调、三峡工程、大小兴安岭森林保护、三江源保护、主体功能区建设等，提出建立完善生态补偿机制的建议。我委认为，完善生态补偿的法律制度，实现生态补偿的制度化、法制化是非常必要的。目前，国务院有关部委围绕生态补偿立法已经做了大量的工作，代表议案提出的主要问题在正在起草的法规中都已涉及，一些地方及主要资源开发利用行业生态补偿试点正稳步推进，有关生态补偿的做法和经验还在不断创新、积累，因此我委建议国务院抓紧制定生态补偿条例和《关于建立完善生态补偿机制的若干意见》，待有关政策、法规实施一段时间，积累了相关经验后，再根据需要研究生态补偿法的起草工作。

二、有关制定自然遗产保护法的议案 4 件

17. 关于制定自然遗产保护法的议案 2 件，关于制定保护地法的议案 2 件

马元祝、邸瑛琪等 69 位代表提出关于进一步加快自然遗产保护法立法的议案和关于推进自然遗产保护立法的议案（第 178、296 号）。议案提出，鉴于目前我国自然遗产保护形势的紧迫性，亟待建立科学高效的监督和管理体制，建立涉及自然保护的规划控制和分类管理制度、生态补偿制度、土地权属解决机制，健全相关资金投入机制、评审和评估

制度，有必要加快自然遗产保护法立法程序。议案认为，全国人大环资委起草的自然遗产保护法草案基本可行，立法条件已经成熟，建议抓紧工作，尽快出台。

徐秋芳、刘玲等61位代表提出关于建议制定保护地法的议案（第219、459号）。议案提出，各个部门都在积极建立自己的自然保护地体系，包括自然保护区2500多处（约占国土面积的15%，涉及10多个主管部门）、风景名胜区约900处（近2%，建设部主管）、森林公园约2800处（超过2%，国家林业局主管）、国家湿地公园约150处（国家林业局主管）、地质公园约300处（国土部主管）、水利风景区1500余处（水利部主管）、A级以上景区2470处（旅游局主管）等。所有"保护地"保护面积已经超过国土面积的20%。一方面这些重要的自然区域被管理起来，有利于保护；另一方面，这些保护地管理各自为政，缺乏统一监管，保护水平普遍很低，违背保护目标的管理比比皆是。在这种情况下，中国急需一部法律规范保护地的管理工作。全国人大环资委起草的自然遗产保护法草案覆盖范围小，不符合自然保护需要大范围保护的科学原理。议案建议组织专家起草覆盖整个保护地领域的法律。

根据对第十一届全国人民代表大会第二次、第三次和第四次会议主席团交付的代表议案审议结果，全国人大常委会已经将自然保护区法（自然遗产保护法）列入2010年、2011年和2012年立法工作计划。自2008年起，第十一届全国人大环资委成立了起草领导小组和工作班子，在第十届全国人大环资委起草工作的基础上，全面梳理已有的工作成果，积极开展调查研究，广泛听取国务院有关部门、地方人大、地方政府、保护管理机构和各方面专家的意见，结合办理代表议案，组织专业学者和法律专家就立法遇到的重点难点问题反复进行专题论证，在认真研究、吸收采纳各方面意见的基础上，对法律草案进行了多次修改，并先后于2010年8月28日和2011年12月8日两次经全国人大环资委全体会议审议通过，将《中华人民共和国自然遗产保护法（草案）》提请全国人大常委会审议。收到我委提交的法律案后，2011年12月31日，全国人大常委会办公厅将草案送国务院办公厅征求意见。2012年7月16日国务院办公厅反馈意见，绝大多数部门认可自然遗产保护法立法的必要性和可行性，环境保护部、总政治部、旅游局、国务院发展研究中心、中科院等单位回函强调了制定自然遗产保护法的合理性以及对于保护国家自然遗产的积极意义；国家林业局要求将现行自然保护区条例上升为法律，制定自然保护区法；一些单位对草案内容提出了具体修改意见。我们吸收采纳有关单位意见对草案和说明作了进一步完善，并与有关部门反复沟通，听取意见，取得了绝大多数部门的共识。

经历了两届环资委近十年的努力，自然遗产保护立法才取得今天的成果。在法律起草初期，十届全国人大环资委也曾经尝试过起草将各级各类生态保护园区全部覆盖的"保护地法草案"，并且将草案征求了国务院有关主管部门，各省、自治区、直辖市人大，有关自然保护机构和专家的意见。征求意见的结果，多数单位和专家认为保护地立法与我国多年沿用的保护制度不能很好对应，难以与现有法律法规以及国际公约衔接。由于各方面的强烈反对，十届全国人大环资委放弃了保护地法的方案。

在我国60年来形成的保护体系的基础上，突出国家的保护目标和保护重点，制定旨在保护最珍贵的、在国内外具有突出价值的自然遗产的法律，是我委在总结以往起草工作经验的基础上，经过反复研究论证后选择的立法技术路线。制定自然遗产保护法，强化对自然遗产的保护措施，在不对现有体制和管理造成影响的基础上，对完善自然保护区制度和风景名胜区制度提出要求并提供有力的法律依据，可以充分发挥社会主义法律体系的整体作用，推进现行法规、规章的完善，带动包括自然保护区、风景名胜区在内的自然生态保护事业的规范健康发展。

经过反复征求意见、采纳、修改和沟通，目前有关部门对于自然遗产保护立法的认识逐步统一，除极少数部门外，国务院绝大多数部门都已原则同意目前的自然遗产保护法草案，立法条件基本成熟。中央在十八大报告中把生态文明建设放在突出的位置，自然遗产保护又是对我国自然生态中最珍贵、在国内外具有突出价值部分的保护，建议将审议自然遗产保护法列入第十二届全国人大常委会立法规划。

三、有关修改土地管理法、矿产资源法的议案10件

18. 关于修改土地管理法的议案9件

海南代表团，金建忠、盛亚飞等30名代表，李新炎等31名代表，周晓光等30名代表，刘庆宁等30名代表，汪惠芳等30名代表，任玉奇等30名代表，秦希燕等30名代表，胡茂成等31名代表提出关于

修改土地管理法的议案 9 件(第 001、014、047、218、245、262、313、324、345 号)。议案提出,建议尽快修改土地管理法,提高征地补偿标准,改革征地补偿方式,缩小土地征用范围,规范征地程序,健全土地权利体系,完善耕地保护制度和集体建设用地流转制度等土地管理基本制度,强化法律责任,加大土地执法监察力度。

全国人大常委会和国务院高度重视土地管理法的修改,已分别将其列入了十一届全国人大常委会和国务院的立法规划及年度立法工作计划,由国务院负责起草。目前,国务院法制办组织国土资源部等有关主管部门正在进行土地管理法的修订工作。国务院有关部门调查研究后认为,土地管理法修订涉及问题多而复杂,需要按照“突出重点、分步实施”的原则,先集中对征地补偿安置制度进行修改完善,在此基础上,对需要修改完善的其他事项逐一进行研究,成熟一项修改完善一项。代表议案中所提出的改革征地制度和完善集体建设用地流转等内容,也正是土地管理法修改研究的重点。

从历年代表关于土地管理法修改的议案来看,征地补偿标准、补偿方式、土地征用范围、征地程序、集体建设用地使用权流转等方面的问题是代表议案中反映较为集中和强烈的突出问题。根据第十一届全国人大常委会立法规划,我委自 2009 年开始就土地管理法修改进行过多次专题调研,并建议 2012 年全国人大常委会听取和审议国务院关于土地管理和矿产资源开发利用及保护工作情况的报告。本次全国人大常委会正在听取国务院的有关专项工作报告,建议国务院按照全国人大常委会组成人员提出的审议意见,在认真总结土地管理法实施经验和问题的基础上,提出法律修改草案,尽早提请全国人大常委会审议。

国土资源部认为,土地管理法修订工作领导重视、群众关心、社会关注,全国人大常委会和国务院已分别将其列入了 2012 年立法工作计划。目前,国土资源部积极配合国务院法制办成立了土地管理法修改工作领导小组,做了大量调查研究工作。经调查研究后认为,土地管理法修改涉及问题多,关系比较复杂,应当按照“突出重点、分步实施”的原则,先集中对征地补偿安置制度进行修改完善,在此基础上,对需要修改完善的其他事项逐一进行研究,成熟一项修改完善一项。代表议案中所提出的改革征地制度和完善集体建设用地流转等内容,也正是土地管理法修改研究的重点。

我委认为,从历年代表关于土地管理法修改的议案来看,征地补偿标准、补偿方式、土地征用范围、征地程序、集体建设用地使用权流转等方面的问题是代表议案中反映较为集中和强烈的,也是现行土地管理法亟待解决的突出问题。土地管理法修改已列入第十一届全国人大常委会立法规划。我委自 2009 年开始就土地管理法修改进行过多次专题调研,建议国务院有关部门加快起草工作进程,注意吸收采纳代表议案提出的意见建议,尽早提请全国人大常委会审议。在国务院将土地管理法修改草案正式提请全国人大常委会审议后,我委将继续开展有关调研,认真配合全国人大常委会做好审议工作,争取使修改后的土地管理法尽快出台。

19. 关于修改矿产资源法的议案 1 件

戴仲川等 30 名代表提出关于修改矿产资源法的议案 1 件(第 158 号)。议案建议修改矿产资源法,强化矿产资源规划的地位和作用,完善探矿权、采矿权转让的相关规定,取消特定矿种勘察开采登记的特殊规定,加强矿产资源集中统一和分类分级管理,增加矿产资源储量登记统计、地质资料管理和矿山环境保护的相关规定,取消对不同所有制矿业企业的区别性规定。

修改矿产资源法是全国人大代表连续多年提出的议案,十一届全国人大届内,共有 270 多位代表提出 9 项关于修改矿产资源法的议案。矿产资源法修改已列入第十一次全国人大常委会立法规划,由国务院起草。国务院已将矿产资源法修订列入国务院 2012 年立法工作计划中的二档立法项目。我委将代表议案送负责修订草案起草工作的国土资源部,国土资源部对代表提出的建议逐条进行了研究,表示议案提出的修改内容正是目前矿产资源法修改起草中需要着力解决的重点问题,有关建议对于矿产资源法的修改具有很高的参考价值,将会在今后法律法规修改工作中予以采纳和吸收。

我委认为,随着我国社会经济的改革发展与深化,现行矿产资源法中确有一些内容已经不适应新形势、新情况的需要,个别规定已经无法适用,亟待修改。全国人大常委会高度重视矿产资源开发管理法制建设,并于 12 月听取和审议国务院关于土地管理和矿产资源开发利用及保护工作情况的报告。建议国务院按照全国人大常委会组成人员提出的审议意见,在认真总结矿产资源法实施经验和问题的基础上,提出矿产资源法修改草案,并尽快提请全国人大常委会审议。

四、有关修改野生动物保护法的议案 2 件

20. 关于修改野生动物保护法的议案 2 件

谭志娟、敬一丹等 62 位代表提出关于修改野生动物保护法的议案 2 件(第 066、177 号)。议案建议对野生动物保护法的立法宗旨、保护方针进行修改,突出保护野生动物的立法目的,增加"禁止虐待驯养、繁殖的野生动物"、"禁止对国家重点保护野生动物的营利性开发利用"等条款,改变将野生动物视为资源的思维逻辑。

修改野生动物保护法是全国人大代表连续多年提出的议案,十一届全国人大届内,共有 300 多位代表提出 10 项关于修改野生动物保护法的议案。国家林业局表示,自 1999 年以来就开始围绕该法修改组织研究论证,并形成了更明确体现野生动物资源在生态建设和生物多样性保护中的重要作用的修改思路。农业部认为野生动物保护法的立法宗旨和方针符合我国当前野生动物保护现状,表示将继续加大野生动物保护法的贯彻实施力度,完善配套规定,同时加强调研,适时提出修改建议。

我委认为,1988 年制定的野生动物保护法在保护理念、管理内容、手段和力度等方面都已经不能适应野生动物保护工作的需要,特别是野生动物利用、野生动物损害补偿等问题长期为全国人大代表和社会所关注,亟需通过修改法律补充完善。我委建议国务院及其有关主管部门尽快就野生动物保护法修改进行论证,并建议全国人大常委会将野生动物保护法修改列入立法规划。

五、有关制定核安全法、原子能法的议案 3 件

21. 关于制定核安全法的议案 2 件

朱志远等 30 名代表、戴仲川等 30 名代表提出关于制定核安全法的议案 2 件(第 018、106 号)。议案提出,我国积极发展核能,大规模建设核电站,核安全问题需要引起高度重视,加快推进核安全立法已是当务之急。优先制定与核能相关的规划、建设、生产运营和监管处置的核安全法不仅十分迫切,而且具有极大的现实意义。议案还提出了立法的指导思想、法律制度体系和主要内容等。

环境保护部完全赞同代表们所提建议。环境保护部认为,当前我国核能利用事业发展迅速,核安全监管法制建设相对滞后,迫切需要制定核安全法。抓紧制定核安全法,一是保障我国核能安全的迫切需要,二是我国进行核相关外交活动的迫切要求,三是提高核安全监管部门监管工作独立性和有效性的必然要求。优先推进核安全立法对核能法制更为有利,顺应国际大趋势,具有紧迫性。同时,由于核安全立法更具社会认同度、立法协调相对容易和已有工作基础等,优先推进核安全立法也具有可行性。

我委赞同代表议案和环境保护部意见。我委认为,日本福岛核事故发生后,全球对核能发展与利用的争议空前激烈,公众对核能发展与利用高度敏感。核安全是核能发展与利用的前提条件,是当前社会以及公众最关注的问题。原子能法与核安全法是从不同角度对核能事业发展进行规范的法律。基于福岛核事故带来的巨大灾难和公众的反应,当前国家对核能发展高度审慎。在此背景下,制定核安全法更具必要性和紧迫性。我委建议将核安全立法列入十二届全国人大常委会立法规划,尽快启动核安全法立法工作。同时建议国务院有关部门积极研究采纳议案所提建议,加快核安全立法的研究论证和草案起草等各项准备工作。

22. 关于制定原子能法的议案 1 件

褚君浩等 30 名代表提出关于制定原子能法的议案 1 件(第 173 号)。议案提出,日本大地震引发的核泄漏事故为我国核安全敲响了警钟,为保障核安全,提高技术水平,促进原子能安全利用,加强原子能立法必须尽快提到议事日程。议案分析了制定原子能法的必要性,提出了立法的大体框架和主要内容。

工业和信息化部认为,原子能法是原子能法律体系的基础和核心,是制定相关法律法规的重要依据。从行业发展的需要来看,近年来我国原子能事业步入快速发展轨道,面临诸多问题,亟待通过立法加以规范和调整。目前原子能法已列入 2012 年国务院立法工作计划的 3 档项目,法律草案初稿已经形成,工信部正在与有关部门进行沟通协调。但由于原子能领域本身的敏感性、复杂性,目前我国原子能工业管理职能由包括国务院相关部门和军队相关部门在内的多个部门共同履行,立法协调难度较大。工信部将根据国务院立法工作的整体部署,加强与其他有关部门的沟通协调,广泛听取各方面意见,争取尽快形成较为完善的草案文本,积极稳妥地推进原子能法立法工作。

国家能源局认为,制定原子能法十分必要,按

照职能分工，国家能源局负责核电管理，下一步将结合核电管理条例的起草和修改完善，充分考虑吸纳代表议案提出的意见，积极推动原子能法制定工作。

环境保护部认为，赞同议案所提意见，将支持配合有关部门，研究原子能立法的相关问题，参与立法进程。我国原子能法制定历经二十余年，但由于机构变动以及部门职责划分等问题而几经波折，短期内完成立法难度很大。在此背景下，制定核安全法更具必要性和紧迫性。核安全法立法原则和法律关系较为明晰，各主体的权利义务和责任较为明确，涉及部门较少，比较容易协调，立法难度相对较低。

我委建议将原子能立法列入第十二届全国人大常委会立法规划，并建议国务院有关部门进一步研究原子能法有关立法问题，深入开展立法研究论证，积极开展草案的起草工作，尽早提请全国人大常委会审议。我委将密切关注草案起草工作，与国务院有关部门保持联系沟通，督促原子能法草案的起草工作加快进行。

六、有关制定深海资源勘探开发和管理法的议案1件

23. 关于制定深海资源勘探开发和管理法的议案1件

海南代表团提出制定深海资源勘探开发和管理法的议案1件（第005号）。议案指出，国际海底区域（简称“区域”）是指国家管辖范围以外的海床、洋底和底土。“区域”是世界上尚未被人类充分认识和开发利用的潜在战略资源基地，蕴藏着丰富的多金属结核、富钴结壳、多金属硫化物、天然气水合物和深海生物基因等资源。随着陆地资源的日益枯竭，“区域”资源已成为世界各国瞩目的战略资源。大洋资源勘探开发国内立法的缺位，不利于我国在“区域”的勘探开发和新资源的研究和发现等方面的工作，不利于我国在有关国际组织中和制定相关国际立法时发挥更大作用。

国家海洋局已经将大洋矿产资源勘探开发和管理法列入国家海洋局2012年的立法工作计划和重点工作任务。2011年已经启动了相关的研究工作，在国际海底区域担保制度、管理制度、审批制度、环境保护制度等方面取得了阶段性成果。国家海洋局将积极开展工作，推动大洋立法尽早列入全国人大常委会的立法规划。

国土资源部已经开展了相关的研究和立法准备工作，确定了大洋立法工作的方案。目前，正在对相关国际公约、规则，国际组织的相关文件，其他国家海洋立法等进行研究，拟定我国大洋矿产资源立法的管理职责和制度设计。

我委同意上述部门的意见，将积极推动大洋资源勘探开发的立法工作，为我国参与大洋矿产资源勘探开发和管理工作提供法律保障。我委建议将其列入十二届全国人大常委会立法规划，我委将推动国务院相关部门加快工作进度。

七、有关修改水法，制定长江流域管理法、海水利用促进法的议案4件

24. 关于修改水法的议案2件

张秀娟、金志国等60名代表提出关于修改水法的议案2件（第045、370号）。议案提出，我国水资源短缺、水环境恶化问题日益突出，水资源保护压力越来越大，而水法还存在对水权制度的规定不足，对流域管理体制方面的规定存在缺陷，在监督检查方面规定比较笼统原则等问题，建议修改水法的有关规定或是整合现行水资源保护的法律法规。

水利部认为，2002年修订的水法以建立节水型社会、实现水资源的可持续利用、支持经济社会可持续发展为目标，把水资源的节约保护和合理配置放在突出地位，对水资源保护具有指导性，因此，认为制定水资源保护法暂无必要，有关问题可以通过制定水法配套法规加以解决。对于代表议案中提出的关于增加“其他投资者修建的水塘水库中的水归其所有”的意见，水利部认为，水法严格依照宪法和物权法的规定，坚持水资源属于国家所有，这是我国水资源权属法律制度的基础和核心，其他投资者对于其投资建设的水塘水库，按照“谁兴建、谁所有”的原则，享有对该水塘水库的所有权，但是对该水塘水库中的水，则应当按照水法和取水许可和水资源费征收管理条例的规定，依法申请取水许可，并交纳水资源费，取得取水权，方可开发利用。对于代表议案中提出的关于增加流域管理机构协调和规划职责的建议，水利部认为，水法、防洪法、水污染防治法、河道管理条例等法律、行政法规规定的和水利部已经授予了流域管理机构的水资源管理和监督职责，中编办赋予各流域管理机构的“三定方案”中，也明确协调职责是重要内容。此外，目前我国已经初步建立了以国家、流域和区域三级、

综合规划和专业规划两类为基本框架,各类规划定位清晰、功能互补、协调衔接的水利规划体系,国家相关法律、法规对水利规划管理的职责分工是明确的,各流域管理机构、地方水行政主管部门也分别按照职责分工编制实施了各类水利规划,在指导和推进本流域、区域水利又好又快发展中发挥了重要作用。对于代表议案中提出的关于进一步完善水法有关法律责任的建议,水利部认为刑法、治安管理处罚法、地方各级人民代表大会和地方人民政府组织法、行政机关公务员处分条例等法律法规中已经做出了明确规定,没有必要在水法中重复相关规定。对于代表议案中提出的进一步完善我国水权制度的建议,水利部认为我国政府对国家水权制度建设高度重视,水权交易有利于推进节约用水、提高水的利用效率,有利于调整供需矛盾,实现水资源的合理配置和有效保护,但是由于水权交易形式多样,涉及因素负责,边界条件严格,建立完善的水权交易制度需要进行更加深入的调查研究和分析论证,代表议案中提出的具体意见和建议,将在工作中认真研究和考虑。

我委同意水利部的意见,建议国务院有关部门结合议案提出的问题,加大法律实施力度,在工作中认真研究和考虑代表意见,在制定或修改水法相关配套法规规章过程中积极吸收代表提出的建议。

25. 关于制定长江流域管理法的议案 1 件

吕振霖等 30 名代表提出关于制定长江流域管理法的议案 1 件(第 153 号)。议案提出,长江流域正面临着水资源、水灾害、水环境、水生态四大水问题困扰,突出表现在水资源利用程度不高,防洪减灾形势依然严峻,水质呈整体恶化趋势,水生态与生物多样性保护任重道远。维护长江健康,直接关系到长江流域乃至全国的可持续发展。为此,我国需要制定符合国情的《中华人民共和国长江流域管理法》,明确长江流域管理主体和职责,建立长江流域长效治理机制,明确流域防洪工程分级管理和统一调度体制,加强长江流域水资源统一管理与保护,加强长江流域水环境保护,保障长江岸线与水域科学利用,建立长江综合功能协调机制,协调长江流域社会规划与产业结构,建立长江流域综合执法体系。

水利部提出,水利部已经组织开展了长江法立法前期研究工作,并取得初步成果,建议针对长江流域管理的重点区域和突出的问题,制定长江流域水资源管理和保护条例等行政法规和部门规章,既解决目前长江流域最突出最紧要的问题,又为研究制定长江法做好前期准备。

我委认为,长江在我国经济建设和社会发展中具有重要的战略地位。目前,国家已经颁布实施了有关自然资源与生态环境保护的多部法律。当前应当从长江流域保护、治理、开发和利用的现实情况出发,针对长江流域管理的重点区域和存在的突出问题,进行专题调查研究。我委建议在现行法律的基础上,根据长江流域管理工作的实际需要,由国务院制定专门的长江流域管理的行政法规,并在逐步实践的基础上,为研究起草有关长江流域管理的法律做好前期准备工作。

26. 关于制定海水利用促进法的议案 1 件

黄美缘等 30 位全国人大代表提出制定海水利用促进法的议案 1 件(第 107 号)。议案指出,为解决日益严重的淡水资源危机,促进海水利用产业发展,有必要通过立法,一方面加大对海水利用的扶持力度,鼓励地方和企业进行技术创新,加快海水产业化步伐,同时通过立法建立海水利用技术标准体系,推动市场规范和健康发展;另一方面,通过开展海水利用立法,使海水利用工作有法可依,真正成为我国水安全保障的重要组成部分。

国家海洋局认为,为解决日益严重的淡水资源危机,促进海水利用业发展,制定海水利用促进法非常必要。国家海洋局正在围绕海水利用立法进行调研:一是加强海水利用海区区域选划指导,促进沿海地方政府因地制宜、统筹安排海水利用工程建设;二是加强海水利用工程取排水申请、审批和监管,建立海水利用监测评估系统,保障海水利用业与海洋环境协调发展;三是逐步建立和完善海水利用质量监督管理体系。

环资委同意国家海洋局的意见,应当推动海水利用产业的发展,将积极推动相关部门积极开展立法的研究论证工作。

八、有关制定低碳技术促进法、废旧电器电子产品回收利用法的议案 2 件

27. 关于制定低碳技术促进法的议案 1 件

徐景龙等 31 名代表提出关于制定低碳技术促进法的议案(第 034 号)。议案提出,气候变化问题深刻影响着人类的生存和发展,走低碳发展之路,已成为世界各国的共识。我国人口众多、气候条件复杂、生态环境脆弱,是最易遭受气候变化不利影

响的国家之一。气候变化对中国农业生产、粮食安全、经济发展、生态保护、水资源利用、公共健康保障都将带来重大威胁，应对气候变化、走低碳技术的道路成为我国社会经济发展的必然选择。议案建议为把应对气候变化、大力发展低碳技术纳入法制轨道，尽快制定低碳技术促进法。

有关气候变化和低碳技术立法问题，是社会各方面比较关注的问题。近年来围绕相关代表议案和代表建议的办理，我委同国家发展改革委、科技部、环境保护部和国家能源局等多次研究讨论。国家发展改革委和国家能源局认为，应对气候变化、走低碳技术之路是我国经济社会发展的必然选择，当前国务院及其有关部门已经通过相关规划和产业政策，积极开展低碳技术的研发和示范，并组织了一系列推广低碳技术的示范工程。在立法方面，目前已经形成了一些与气候变化和低碳技术发展有关的法律和行政法规，在有关气候变化法律的起草中，低碳技术发展是研究的重点内容，相关能源法律和行政法规的起草也将涉及低碳能源发展问题。科技部认为除在现行各相关法律纳入低碳技术发展问题外，需要制定促进低碳技术发展的专门法律。我委认为，从当前低碳技术发展的总体情况来看，很多技术尚处于研发和示范应用阶段，需要国家通过相应的法律、行政法规和专门的规划、政策措施，为低碳技术发展创造适宜的法律和政策环境。在立法方面，现行的节约能源法、可再生能源法、循环经济促进法、清洁生产促进法等法律已经设立了一系列促进低碳能源和低碳技术发展的法律制度和措施，正在研究起草的气候变化法律以及相关行政法规和规章也把低碳技术发展考虑为重要内容。为此，从相关法律之间的关系和气候变化应对与低碳技术发展的关系来看，我委建议在气候变化法律的框架中列出专门章节规定促进低碳技术发展的法律制度和措施，并在有关法律规定基础上，由国务院有关部门相应制定配套规定，包括相应的产业政策和技术规范，为低碳技术的发展提供系统的法律和政策保障。我委将继续配合全国人大常委会和国务院有关部门，进一步做好应对气候变化相关法律的有关工作。

28. 关于制定废旧电器电子产品回收利用法的议案 1 件

李全喜等 31 名代表提出关于制定废旧电器电子产品回收利用法的议案 1 件(第 172 号)。议案提出，为了加强废旧电器电子产品回收利用，促进电器电子产品的生态设计以及废旧电器电子产品的回收利用和无害化处置，提高资源利用效率，减少和避免污染物的产生，保护生态环境，保障经济和社会的可持续发展，建议制定《中华人民共和国废旧电器电子产品回收利用法》。

发展改革委、工信部和环保部都认为，我国是电器电子产品的生产、消费和出口大国。随着电器电子产品更新换代速度加快，废旧电器电子产品污染问题日益严重。制定相关方面的法律十分必要。发展改革委 2001 年开始，就着手此方面的立法工作，2004 年起草并向国务院呈报了废旧家用电器回收处理管理条例。2009 年国务院颁布了废旧家用电器回收处理管理条例，并于 2011 年 1 月 1 日起正式实施。目前，已经发布了废弃电器电子产品处理目录(第一批)、制定和调整废弃电器电子产品处理目录的若干规定、废弃电器电子产品处理基金管理办法和电子信息产品污染控制办法等多部配套规章。建议当前应及时总结条例的实施经验，同步开展相关立法的研究工作。

我委同意发展改革委、工信部和环保部的意见。鉴于条例刚刚出台，实施时间不长，现阶段应从认真实施条例入手，逐步实现拆解处理产业化，推动废弃电器电子产品资源化，减少资源浪费和环境污染。在此基础上，适时开展相关立法的研究工作。

九、有关修改气象法、测绘法、海域使用管理法，制定气象灾害防御法的议案 4 件

29. 关于修改气象法的议案 1 件

徐景龙等 31 名代表提出关于修改气象法的议案 1 件(第 054 号)。议案提出，建议升级气象法立法理念，坚持公共气象服务，突出气象灾害防御，强化气象行政处罚权，尽快修改气象法第八条和第三十八条等。

中国气象局认为，限于当初立法的历史条件，气象法还不够完善，随着经济社会的发展，执行中逐渐显现出一些问题。对此，气象局在近年来制定与气象法配套的法律法规中不断予以补充或完善，起到了部分修订气象法的作用。目前，气象灾害防御条例已出台，气象探测环境和设施保护条例列入 2012 年重点立法项目并在有序推进，气候资源条例立法调研等前期准备工作也已经启动。气象法修订是气象法制建设的重大事项，中国气象局已将气象法的修订列入了《气象立法规划(2011—2020 年)》，并作为重点立法项目加以筹

划，争取尽快启动气象法的修订工作。

我委赞同中国气象局的意见。下一步我委将督促国务院有关部门加快工作进度，促进配套法规规章建设不断完善，同时建议国务院有关部门认真研究代表议案所提建议，不断总结气象法实施中存在的问题，尽快开展气象法修改的研究论证工作。

30. 关于修改测绘法的议案1件

李朋德等31名代表提出关于修改测绘法的议案1件（第130号）。议案提出，测绘地理信息是经济社会活动的重要基础、全面提高信息化水平的重要条件、加快转变经济发展方式的重要支撑、战略性新兴产业的重要内容、维护国家安全利益的重要保障。随着经济社会发展对测绘地理信息的旺盛需求和推动地图建设、数字城市建设、地理国情监测、地理信息产业发展、测绘地理信息体制机制完善等工作的要求，1992年制定并在2002年修改的《中华人民共和国测绘法》已不能涵盖地理信息资源的内容，不能满足国家地理信息安全管理需要，不能适应国家信息化和地理信息产业发展的要求。迫切需要加快修订测绘法，重新定义测绘活动和界定测绘法的范畴，增加测量标志保护和法律责任的内容，推动注册测绘师制度的施行，为测绘地理信息事业和产业科学发展提供法律保障。

测绘局认为，测绘地理信息事业发生的新变化和党中央、国务院对测绘地理信息工作提出的新要求给行政管理带来了许多新挑战。而现行测绘法的各项制度还局限于传统测绘，其工作重点和管理方式已经不能涵盖新形势下的测绘地理信息管理内容，不能适应国家对测绘地理信息工作提出的新要求，因此，尽快启动测绘法修改的研究论证工作已经成为当务之急。目前测绘法的修改已经列入国务院2012年立法工作计划中研究论证类项目。测绘局为修改测绘法作了大量基础性工作，明确了修改的指导思想、目标任务、修改原则和修改内容，广泛进行了书面调研，力争加快测绘法的修改进程。

经过对议案进行梳理和研究，我委原则同意测绘局的意见，同时，我委认为代表议案中所提出最关键的问题是地理信息安全问题，应当引起国务院有关部门高度重视。我委在第十一届全国人民代表大会第三次会议主席团交付审议的代表提出的议案审议结果的报告中曾建议由国务院对现行法律的相应条款进行完善，解决涉密地理信息保密和发布监管等问题。建议国务院法制办会同测绘局等有关部门充分吸收代表议案的意见建议，加紧修改测绘法的研究论证工作。

31. 关于修改海域使用管理法的议案1件

李登海等30位全国人大代表提出修改海域使用管理法的议案1件（第368号）。议案指出，近年来，海洋经济的迅猛发展，刺激了沿海区域村庄和当地居民开发沿海经济的积极性。但是，由于受利益的驱动，沿海村庄、居民和相关企业，违反海域使用管理法规定，未经海洋主管部门许可，擅自围海、填海（含滩涂，以下同）或擅自改变海域使用权性质现象多发。由于海域使用管理法没有设定海洋主管部门的行政强制权，行政执法人员面对违法填海行为束手无策，从而导致违法围填海行为屡禁不止，使当地政府和行政执法部门在群众中的威信受到严重影响，也使海洋生态环境受到严重破坏，给海洋生态资源造成不可挽回的损失。

国家海洋局认为，在海域使用管理法的实施过程中，存在诸多需要完善之处，如海洋功能区划的编制、审批、修改程序缺失，海域使用证书用益物权与行政许可之间的关系不明确，缺乏关于海域使用权转让、出租、抵押等规定。目前，国家海洋局正在组织修订的调研工作。

农业部认为，修改海域使用管理法，不仅要注重强化行政执法，更要充分保障渔民合法权益，保护海洋生物资源及生态环境。建议在修改海域使用管理法时，应当界定公共利益范围和征收补偿程序有关方面的规定，进一步健全海域滩涂征占用补偿制度，保护渔民合法权益和渔业发展空间。

我委认为代表议案中提到的问题，有的是执行层面的问题，需要加强部门协调和法律法规、政策措施的落实，有些是立法应当细化的问题，应当完善配套法规。建议国务院有关部门加大执行法律的力度，严格执法，并根据代表议案，对法律中可能涉及的管理职责、制度和措施等内容深入研究论证，在制定相关行政法规、规章时，认真考虑代表意见和建议。

32. 关于制定气象灾害防御法的议案1件

周晓光等30名代表提出关于制定气象灾害防御法的议案1件（第215号）。议案提出，现行气象灾害防御条例作为行政法规，与气象灾害防御工作系统性强、涉及面广、要求高、影响大等特点还有很大差距，亟需上升为专门的法律，建议尽快制定气象灾害防御法。

中国气象局认为，我国是世界上受自然灾害影响最严重的国家之一。近年来，在全球气候变暖的大背景下，我国气象灾害种类多、强度大、频率高、灾情重，越来越呈现出突发性、反常性、不确定性等特点，给我国经济社会可持续发展带来严峻挑战。

党中央、国务院高度重视气象防灾减灾工作。2010年1月27日,温家宝总理签署发布了气象灾害防御条例,这是我国第一部规范气象灾害防御工作的综合性行政法规,不仅完善了灾害防御法律体系建设,也为气象防灾减灾工作提供了法律依据,对依法开展气象灾害的防御工作发挥了重要作用。气象局赞同代表提出的制定气象灾害防御法的议案,将组织深入研究,加强立法调研,在总结气象灾害防御条例实施的经验、做法和存在问题后,及时提出立法计划,启动制定工作。

我委赞同中国气象局的意见。下一步我委将督促国务院有关部门加快工作进度,认真研究代表议案所提建议,不断总结气象灾害防御条例实施中存在的问题,尽快开展气象灾害防御法的研究论证工作。

十、有关对可再生能源法进行执法检查的议案1件

33. 关于对可再生能源法进行执法检查的议案

褚君浩等30名代表关于对可再生能源法进行执法检查的议案(第015号)。议案提出,可再生能源法规定了鼓励和支持可再生能源并网发电的法律制度和措施。但在实际情况中,可再生能源如光伏发电、风电在很多场合不能并网发电,未能很好实现推广应用。目前我国是光伏电池制造大国,但还是应用小国。为了推动可再生能源技术的提高和在国内的应用,有必要对可再生能源法进行执法检查,总结经验、发现问题,提出对策。

2009年12月可再生能源法修正案通过以来,我委围绕可再生能源法实施中存在的问题开展了跟踪调研和检查,多次听取国务院有关部门和国家电网公司的汇报,赴新疆、河北、山东等省区进行专题调研和检查。今年10月,我委又召开座谈会,全面听取了国家发展改革委、财政部、建设部、电监会、国家能源局和国家电网公司有关可再生能源法实施情况的汇报,进行了研讨。我委认为,议案对我国光伏发电现状特别是光伏发电并网存在的各种问题进行了实事求是的分析,准确反映了发电并网存在问题的根源;议案所提出的重点针对可再生能源法第十三条和第十四条进行执法检查的建议,特别针对可再生能源电站建成无法并网、可再生能源电站接入"最后一公里"、可再生能源电站建好后利用率低或闲置等问题进行检查,也确实抓住了可再生能源法实施的关键问题,应当引起有关执法部门和监督机关的高度重视。为此,我委已向常委会领导提交了有关加强可再生能源法实施的专题报告,建议把可再生能源法执法检查列入明年全国人大常委会监督工作计划,并建议国务院有关部门依法强化可再生能源开发利用规划的调控作用,落实可再生能源发电全额保障性收购制度,把可再生能源分布式利用确立为国家可再生能源发展的战略重点,对可再生能源并网发电等法律实施中的突出问题,及时研究解决措施。

全国人民代表大会农业与农村委员会关于第十一届全国人民代表大会第五次会议主席团交付审议的代表提出的议案审议结果的报告

(2012年12月28日第十一届全国人民代表大会常务委员会第三十次会议通过)

全国人民代表大会常务委员会:

第十一届全国人民代表大会第五次会议主席团交付全国人民代表大会农业与农村委员会审议的代表议案共43件,涉及20个立法项目和1个执法检查项目。

按照代表议案办理的有关法律规定和全国人大常委会关于议案办理工作的要求,农业与农村委员会制定了议案办理工作方案。在议案办理中,广泛征求中央和国务院有关部门意见,通过多种方式,加强与代表联系和沟通,结合有关立法和监督工作,认真研究代表议案。2012年10月22日,农业与农村委员会召开第二十八次全体会议对代表议案进行审议,提出

了审议意见。现将审议结果报告如下：

一、5件议案提出的1个立法项目，已提请全国人大常委会审议通过

1. 关于修改农业技术推广法的议案5件。按照十一届全国人大常委会2012年立法工作计划，我委已如期完成农业技术推广法修改工作，代表议案提出的建议已基本吸收采纳。农业技术推广法修正案（草案）已经十一届全国人大常委会第二十八次会议审议通过。新修改的农业技术推广法将于2013年1月1日起施行。

二、8件议案提出的2个立法项目，已列入十一届全国人大常委会立法规划和全国人大常委会2012年立法工作计划，建议抓紧推进立法工作，并继续列入十二届全国人大常委会立法规划

2. 关于制定粮食法的议案5件。制定粮食法已列入十一届全国人大常委会立法规划和全国人大常委会2012年立法工作计划，国务院也列入2012年立法工作计划。按照全国人大常委会的要求，我委高度重视粮食立法，提前介入粮食立法相关工作。今年初，国家发展改革委、国家粮食局已将粮食法草案报国务院法制办。今年，我委就粮食立法的有关问题多次与国务院有关部门进行座谈和沟通，还就粮食立法问题多次组织开展调研，提出有针对性的意见和建议。10月，我委又召开全国各省区市人大农委参加的粮食法立法座谈会，专题研究粮食法立法工作。目前，国务院法制办准备在广泛征求意见基础上对草案作进一步修改完善。我委建议，国务院及有关部门在起草中认真研究代表议案提出的意见，抓紧修改，尽快提请常委会审议。如本届人大常委会未能提请审议，建议将制定粮食法继续列入十二届全国人大常委会立法规划。

3. 关于修改森林法的议案3件。修改森林法已列入十一届全国人大常委会立法规划和国务院2012年立法工作计划，由国家林业局负责起草。为了推进森林法修改，今年我委对森林法修改的有关问题进行了多次调研，提出了我们的意见。目前，国家林业局已形成森林法修改草案，准备进一步征求国务院有关部门意见。代表议案提出的生态效益优先、森林分类经营、林地用途管制、保障林业权利人的权利义务、建立生态效益补偿制度等问题，均作为森林法修改的重点问题加以研究解决。我委建议，国家林业局认真研究代表议案提出的意见，抓紧草案的修改，并建议将修改森林法继续列入十二届全国人大常委会立法规划。

三、12件议案提出的3个立法项目，建议抓紧进行立法前调研，在条件成熟时列入十二届全国人大常委会立法规划

4. 关于制定扶贫法的议案8件。农业部、民政部、财政部、发展改革委、国务院扶贫办等部门认为有必要制定扶贫法。农业部建议，由国务院扶贫办牵头，加快推进扶贫法起草工作。财政部建议全国人大加强立法指导，组织有关部门就相关问题深入研究，积极稳妥推进立法工作。民政部建议扶贫立法要做好相关法律法规的衔接。我委已提前介入扶贫立法工作。今年3月，我委就扶贫立法情况听取了国务院扶贫办的汇报，并对扶贫立法情况进行了调研。国务院扶贫办于2009年组织启动了扶贫立法工作，组织起草了扶贫开发法初稿。2012年3月，国务院扶贫办牵头成立了由相关部门组成的扶贫立法工作领导小组，多次召开会议，讨论扶贫开发法初稿。代表议案提出的问题已基本在法律初稿中得到体现。国务院有关部门在起草工作中要认真研究代表议案提出的意见，抓紧草案起草工作，并建议将制定扶贫法列入十二届全国人大常委会立法规划。

5. 关于修改种子法的议案2件。农业部、国家工商总局、国家林业局等部门认为，有必要修改种子法。国家林业局已就涉及林业种子部分进行种子法修改前期调研工作，初步形成了种子法修改建议，对代表议案提出的建立种子储备制度，强化种子基础性公益性研究制度，完善种子储备调控制度等建议，拟在法律修改时予以重点考虑。我委认为，做大做强现代种业是保障国家粮食安全、加快发展现代农业的重要内容。有关部门对种子法修改涉及的重要问题要抓紧调研论证，尽快启动修改工作，并建议将修改种子法列入十二届全国人大常委会立法规划。

6. 关于制定农业投入（补贴）法的议案2件。

党和国家高度重视支农政策的制度化、法制化。近些年中央“一号文件”多次要求要加快农业投入立法。今年中央“一号文件”再次强调要完善农业投入保障机制、加大对农业的支持保护力度。我委多次强调要加大农业投入立法力度。农业部、发展改革委等部门认为，制定农业投入法是必要的。农业部提出，鉴于农业补贴是农业投入的一个方面，有关政策还在探索完善之中，建议可先在农业投入法中予以规范，待条件成熟后再制定专门的农业补贴法。发展改革委认为，我国强农惠农富农政策框架已经基本建立，制定农业投入法的时机已基本成熟。发展改革委已形成了一些农业投入立法的基本思路。我委建议，国务院有关部门认真研究议案提出的意见，加强调研论证，做好立法前期准备工作。

四、17 件议案提出的 14 个立法项目，建议通过制定、修改相关行政法规或改进工作解决议案关注的问题，同时继续做好立法前期研究论证

7. 关于制定农田水利法的议案 1 件。

8. 关于制定植物保护法的议案 1 件。

9. 关于制定农药(管理)法的议案 2 件。

10. 关于制定饲料法的议案 1 件。

以上 5 件议案提出的 4 个立法项目，国务院已经制定或者正在制定或修改相关条例。制定农村水利条例已列入国务院 2012 年立法工作计划，水利部正在开展农村水利条例的研究起草工作，并同时着手农田水利法的起草调研准备工作。农作物病虫害防治条例已列入国务院 2012 年立法工作计划。目前农业部已形成农作物病虫害防治条例(征求意见稿)，力争尽早报国务院。国家林业局针对有害生物防控中遇到的问题，准备先修改植物检疫条例和森林病虫害防治条例。修改农药管理条例已列入国务院 2012 年立法工作计划，农业部于 2009 年将条例修订草案送审稿报国务院，国务院法制办已完成三次征求意见和专家论证工作。饲料和饲料添加剂管理条例已修订完成，新修订的条例已于 2012 年 5 月 1 日起施行。建议国务院有关部门在条例制定和修改工作中认真研究吸收代表议案提出的意见，待条例颁布实施、总结实践经验基础上，再研究制定相关法律的问题。

11. 关于制定公益性农产品市场法的议案 1 件。

12. 关于制定耕地质量管理法的议案 1 件。

以上 2 件议案提出的 2 个立法项目，关系到我国农业农村经济发展的重要方面，建议国务院有关部门认真研究代表议案提出的问题，先制定相关条例，并做好立法前期准备工作。

13. 关于修改农村土地承包法的议案 3 件。

14. 关于制定集体土地流转法的议案 1 件。

15. 关于修改农业法的议案 1 件。

16. 关于修改农产品质量安全法的议案 1 件。

17. 关于修改动物防疫法的议案 1 件。

18. 关于制定兽医法的议案 1 件。

19. 关于修改渔业法的议案 1 件。

20. 关于制定农业合作组织基本法的议案 1 件。

以上 10 件议案提出的 8 个立法项目，全国人大农业与农村委员会与领衔代表和相关部门进行了沟通。代表议案提出的问题，有的可通过加强法律宣传、改进执法工作解决；有的可通过完善配套措施解决；有的需要修改相关法律解决；有的还需要深入研究、调查论证、统筹考虑。为了做好与新修改的农业技术推广法的衔接，修改农业法的相关条款已提请这次会议审议。

五、1 件议案提出的一个执法检查项目，已列入 2012 年全国人大常委会监督工作计划并如期完成

21. 关于在全国范围内开展农业法执法检查的议案 1 件。

按照全国人大常委会 2012 年监督工作计划，全国人大常委会执法检查组对农业法实施情况进行了检查，并就法律实施情况提出了有针对性的建议。

以上报告，请审议。

附件：全国人民代表大会农业与农村委员会关于第十一届全国人民代表大会第五次会议主席团交付审议的代表提出的议案的审议意见

全国人民代表大会农业与农村委员会

2012 年 12 月 26 日

附件：

全国人民代表大会农业与农村委员会关于第十一届全国人民代表大会第五次会议主席团交付审议的代表提出的议案的审议意见

第十一届全国人民代表大会第五次会议主席团交付全国人民代表大会农业与农村委员会审议的代表议案共43件，涉及20个立法项目和1个执法检查项目。其中要求制定法律12部，修改法律8部。审议意见如下：

一、5件议案提出的1个立法项目，已提请全国人大常委会审议通过

1. 姜健、任玉奇、杨卫、林燚、沈志强等164名代表提出关于修改农业技术推广法的议案5件（第83、99、224、225、354号）。议案提出，现行农业技术推广法已不适应新形势下加强和改进农业技术推广工作的需要，建议尽快修改，进一步明确国家农技推广机构的性质、职能，完善农技推广体系，强化保障措施和法律责任，保障农技推广工作持续健康发展。

按照十一届全国人大常委会2012年立法工作计划，我委已如期完成农业技术推广法修改工作，代表议案提出的建议已基本吸收采纳。农业技术推广法修正案（草案）已经十一届全国人大常委会第二十八次会议审议通过。新修改的农业技术推广法将于2013年1月1日起施行。

二、8件议案提出的2个立法项目，已列入十一届全国人大常委会立法规划和全国人大常委会2012年立法工作计划，建议抓紧推进立法工作，并继续列入十二届全国人大常委会立法规划

2. 姜健、戴仲川、王保存、赵喜忠、宋心仿等167名代表提出关于制定粮食法的议案5件（第85、116、147、317、353号）。议案提出，粮食是事关国计民生和国家安全的重要战略产业，建议制定粮食法，提高粮食生产能力，完善粮食安全保障和调控机制，强化粮食安全责任，保障国家粮食安全。

制定粮食法已列入十一届全国人大常委会立法规划和全国人大常委会2012年立法工作计划，国务院也列入2012年立法工作计划。按照全国人大常委会的要求，我委高度重视粮食立法，提前介入粮食立法相关工作。今年初，国家发展改革委、国家粮食局已将粮食法草案报国务院法制办。今年，我委就粮食立法有关问题多次与国务院有关部门进行座谈和沟通，还就粮食立法问题多次组织开展调研，提出有针对性的意见和建议。10月，我委召开全国各省区市人大农委参加的粮食法立法座谈会，专题研究粮食立法工作。目前，国务院法制办准备在广泛征求意见基础上对草案作进一步修改完善。我委建议，国务院及有关部门在起草中认真研究代表议案提出的意见，抓紧修改，尽快提请常委会审议。如本届人大常委会未能提请审议，建议将制定粮食法继续列入十二届全国人大常委会立法规划。

3. 章联生、姜健、胡茂成等92名代表提出关于修改森林法的议案3件（第37、82、340号）。议案提出，当前，社会对林业需求发生重大变化，已经由单一的经济需求转化为生态效益、经济效益和社会效益的有机结合，更加注重生态效益，建议尽快修改森林法，重新定位林业的地位和功能。

森林法修改已列入十一届全国人大常委会立法规划和国务院2012年立法工作计划，由国家林业局负责起草。环保部建议，森林法修改应当兼顾生态、经济和社会效益，处理好与环境保护法等相关法律的关系。财政部将进一步完善森林生态效益补偿制度。为了推进森林法修改，今年我委对森林法修改的有关问题进行了多次调研，提出了我们的意见。目前，国家林业局已形成森林法修改草案，准备进一步征求国务院有关部门意见。代表议案提出的生态效益优先、森林分类经营、林地用途管制、保障林业权利人的权利义务、建立生态效益补偿制度等问题，均作为森林法修改的重点问题加以

研究解决。我委建议，国家林业局认真研究代表议案提出的意见，抓紧草案的修改，并建议将修改森林法继续列入十二届全国人大常委会立法规划。

三、12 件议案提出的 3 个立法项目，建议抓紧进行立法前调研，在条件成熟时列入十二届全国人大常委会立法规划

4. 莫雁诗、禄智明、赵立欣、史贵禄、陈泽民、华渝生、黄文武等 226 名代表和宁夏代表团提出关于制定扶贫法的议案 8 件（第 52、53、104、120、124、152、169、480 号）。议案提出，通过扶贫立法，明确扶贫的对象和标准，规定各级政府在扶贫工作中的职责义务，规范和监督扶贫资金的使用和管理，推动扶贫工作规范化和法制化。

农业部、民政部、财政部、发展改革委、国务院扶贫办等部门认为有必要制定扶贫法。农业部建议，由国务院扶贫办牵头，加快推进扶贫法起草工作。财政部建议全国人大加强立法指导，组织有关部门就相关问题深入研究，积极稳妥推进立法工作。民政部建议扶贫立法要做好相关法律法规的衔接。我委已提前介入扶贫立法工作。今年 3 月，我委就扶贫立法情况听取了国务院扶贫办的汇报，并对扶贫立法情况进行了调研。国务院扶贫办于 2009 年组织启动了扶贫立法工作，组织起草了扶贫开发法初稿。2012 年 3 月，国务院扶贫办牵头成立了扶贫立法工作领导小组，多次召开会议，讨论扶贫开发法初稿。代表议案提出的问题已基本在初稿中得到体现。我委建议，国务院有关部门在起草中认真研究代表议案提出的意见，抓紧草案起草，并建议将制定扶贫法列入十二届全国人大常委会立法规划。

5. 徐景龙、谭志娟等 63 名代表提出关于修改种子法的议案 2 件（第 42、64 号）。议案提出，随着改革开放深入推进和种子产业的快速发展，种业管理出现了一些新情况、新问题，建议修改种子法，强化农作物种业基础性、公益性研究，建立商业化育种体系，加强种子生产基地建设，完善种子调控储备制度，严格品种审定和保护，强化市场监督管理。

农业部、工商总局、国家林业局等部门认为，有必要修改种子法。农业部认为，可考虑在总结实践经验基础上，适时对种子法相关条款进行修改完善；将积极与有关部门沟通，深入开展调研，适时提出修改种子法的建议。国家林业局已就涉及林业种子部分进行种子法修改的前期调研工作，目前初步形成了种子法修改建议，对代表议案提出的建立种子储备制度，强化种子基础性公益性研究制度，完善种子储备调控制度等建议，拟在法律修改时予以重点考虑。工商总局就是否设定种子广告发布前的行政审批，建议农业、林业行政主管部门提出论证意见。我委认为，做大做强现代种业是保障国家粮食安全、加快发展现代农业的重要内容，建议有关部门对种子法修改涉及的重要问题抓紧调研论证，尽快启动修改工作，并建议将修改种子法列入十二届全国人大常委会立法规划。

6. 谢华安、杜波等 62 名代表提出关于制定农业投入（补贴）法的议案 2 件（第 166、372 号）。议案提出，近年来我国农业投入力度不断加大，但农业投入稳定增长机制仍没有建立。为巩固、完善强农富农惠农政策，加强农业投入管理，建议尽快制定农业投入法和农业补贴法，建立政府主导、社会力量广泛参与的多元化农业投入稳定增长机制和监管机制，扩大农业补贴对象、突出补贴重点。

党和国家高度重视支农政策的制度化、法制化。近些年中央“一号文件”多次要求要加快农业投入立法。今年中央“一号文件”再次强调要完善农业投入保障机制、加大对农业的支持保护力度。农业部、发展改革委等部门认为，制定农业投入法是必要的。农业部提出，鉴于农业补贴是农业投入的一个方面，有关政策还在探索完善之中，建议可先在农业投入法中予以规范，待条件成熟后再制定专门的农业补贴法。发展改革委认为，我国强农惠农富农政策框架已经基本建立，制定农业投入法的时机已基本成熟。发展改革委已形成了一些农业投入立法的基本思路。财政部建议，立法应本着积极稳妥的原则，在充分调研论证基础上适时推进。财政部、商务部建议，制定农业补贴法要注意与世贸组织规则和我国入世承诺相一致。我委建议，国务院有关部门认真研究代表议案提出的意见，加强调研论证，做好立法前期准备工作。

四、17 件议案提出的 14 个立法项目，建议通过制定、修改相关行政法规或改进工作解决议案关注的问题，同时继续做好立法前期研究论证

7. 徐景龙等 31 名代表提出关于制定农田水利法的议案 1 件（第 46 号）。议案提出，农田水利是农业和农村发展的重要基础设施，在保障国家粮食

安全、促进农村经济社会发展方面具有十分重要的地位，建议制定农田水利法，解决农田水利建设与管理中存在的现实问题，创新农田水利发展体制机制，建立农田水利投入长效机制，规范水利工程的管理体制。

党和国家高度重视农田水利工作。中央“一号文件”多次对农田水利建设提出明确要求。2010 年中央“一号文件”对今后 5 至 10 年的水利改革发展问题作出了详细规定，并明确要求抓紧完善农村水利方面的法律法规。2012 年中央“一号文件”进一步强调要坚持不懈抓好农田水利建设。发展改革委认为，当前宜继续做好中央已出台农田水利建设管理有关政策贯彻落实工作，同时可加强研究，适时出台相关行政法规，并在此基础上逐步将行之有效的经验上升为法律。农业部建议，可先在农业投入法中对农田水利建设作出基本规定，待农业投入法颁布实施后，再根据实际情况和形势发展，适时制定农田水利法。制定农村水利条例已列入国务院 2012 年立法工作计划。财政部建议积极推动该条例的立法进程，为农田水利立法打下良好基础。目前水利部正开展农村水利条例的研究起草工作，并加强与有关部门沟通，力争草案尽早报送国务院。代表议案提出的问题，如农田水利性质、发展原则、管理体制等，是条例起草工作中拟重点解决的问题。今年，十一届全国人大常委会第二十六次会议听取了国务院关于农田水利建设工作情况的汇报，进行了专题询问。我委认为，农田水利建设事关国家粮食安全和经济社会发展，具有十分重要的意义。建议国务院有关部门在条例起草中认真研究吸收议案提出的意见，待条例颁布实施、总结实践经验基础上适时制定农田水利法。

8. 徐景龙等 31 名代表提出关于制定植物保护法的议案 1 件（第 44 号）。议案提出，我国是农业生物灾害频发国家，农业生物灾害已成为粮食安全生产的主要制约因素之一，建议制定植物保护法，规范农业有害生物防控，保障国家粮食安全、农业生产安全和生态环境安全。

农业部认为，制定植物保护法对防控病虫危害，保障国家粮食安全、农产品质量安全和农业生物安全意义重大；我国于 2005 年加入国际植物保护公约，履行公约义务也要求加快立法，制定植物保护法非常必要。国家林业局认为，现行植物检疫条例、森林病虫害防治条例等已不能适应经济社会发展的要求，建议制定一部综合性法律来规范有害生物防控工作。农作物病虫害防治条例已列入 2012 年国务院立法工作计划。目前农业部在调研基础上已形成条例草案征求意见稿，力争尽早报国务院。农业部建议先制定农作物病虫害防治条例，在此基础上再研究制定植物保护法的问题。国家林业局针对有害生物防控中遇到的问题，准备先修改植物检疫条例和森林病虫害防治条例，待条例修改实施后，再启动制定专门法律。我委建议国务院有关部门认真研究代表议案提出建议，先制定或修改相关条例，待条件成熟时，再研究制定植物保护法。

9. 汪惠芳、邵峰晶等 60 名代表提出关于制定农药（管理）法的议案 2 件（第 264、364 号）。议案提出，随着农业生产发展，人们对农产品质量安全要求不断提高，农药管理条例已难以适应当前形势发展要求，建议制定农药管理法，改革现行管理方式，完善农药登记制度，建立农药经营许可制度，加强农药使用管理。

修改农药管理条例已列入国务院 2012 年立法工作计划。农业部于 2009 年将条例修订草案送审稿报国务院。目前，国务院法制办已完成三次征求意见和专家论证工作。鉴于农药管理条例修订即将完成，代表议案提出的相关建议已在条例修订草案中有所体现，农业部、环保部建议，待修订后的农药管理条例颁布实施一段时间后，在总结实践经验基础上，再研究制定农药管理法的问题。我委同意上述部门的意见。

10. 张庆伟等 71 名代表提出关于制定饲料法的议案 1 件（第 306 号）。议案提出，当前我国饲料安全还存在诸多问题，建议制定饲料法，专门规范饲料的管理体制和管理手段，解决饲料生产中乱用添加剂、饲料生产企业无序竞争、生产流通消费脱节、质量标准体系不健全等问题。

为了适应新形势下保障食品安全的需要，农业部于 2008 年启动了饲料和饲料添加剂管理条例修订工作。新修订的条例已于 2012 年 5 月 1 日起施行，代表议案所提的建议在该条例中已有所体现。我委建议，待新修订的条例实施一段时间后，在总结实践经验基础上，再研究制定饲料法的问题。

11. 任玉奇等 30 名代表提出关于制定公益性农产品市场法的议案 1 件（第 98 号）。议案提出，多年来，农产品批发市场一直是“谁投资、谁管理、谁受益”，主要是营利性质的。农产品批发市场完全按照企业性质开办，容易出现收费环节多、收费高的情况，使国家不能通过市场对农产品价格进行有效调控。建议制定公益性农产品市场法，明确公益性农产品市场的性质、并对其开办形式、规划布局、功能以及政府责任等方面作出规定。

发展改革委、农业部、工商总局等部门认为制定公益性农产品市场法非常必要。发展改革委认为我国农产品批发市场建设应坚持市场化原则，建议将名称改为农产品批发市场法。目前商务部正牵头农产品批发市场管理条例起草工作，该条例将明确农产品批发市场的公益性质，并在市场准入、布局、规划、用地、交易规则、监管和促进等方面作出规定。商务部建议推动该条例尽早列入国务院立法工作计划，待条件成熟时再出台相关法律。农业部建议，先制定农产品批发市场管理条例，待实施一段时间后，再考虑制定公益性农产品批发市场法。我委建议，国务院有关部门认真研究代表议案提出的问题，先制定相关条例，并做好立法前期准备工作。

12. 汪惠芳等 30 名代表提出关于制定耕地质量管理法的议案 1 件（第 263 号）。议案提出，我国现行有关耕地质量保护的法律制度还不够完善，导致耕地质量严重下降，影响了耕地的可持续利用，建议制定耕地质量管理法，明确部门职责，严格法律责任。

农业部认为，有必要制定专门的耕地质量保护法规，制定专门法规已具备实践基础。农业部与国土资源部联合下发了关于加强占补平衡补充耕地质量建设与管理的通知、关于划定基本农田实行永久保护工作的通知，进一步明确了农业部门在基本农田保护、划补基本农田和补充耕地质量建设与管理中的职责，初步建立起与国土资源部共同推进耕地特别是基本农田保护与建设的工作机制。近些年各级农业部门大力推进农田质量保护制度化、规范化，多个省市均出台了耕地保护方面的地方性法规。考虑到耕地质量保护的许多政策措施还在探索完善之中，农业部建议，可先研究制定耕地质量管理条例，待条例实施一段时间、总结实践经验基础上，研究制定耕地质量法。我委同意农业部的意见。

13. 陈瑞爱、史贵禄、袁敬华等 95 名代表提出关于修改农村土地承包法的议案 3 件（第 69、125、373 号）。议案提出，应当修改农村土地承包法，强化农村土地流转的激励扶持政策，对承包地入股、抵押作出规定；因征占土地、婚丧嫁娶等情况造成人地矛盾突出的，应当允许发包方调整承包地块；应当制定失地农民社会保障条例或集体土地上房屋征收与补偿条例，保障被征地农民的利益。

中农办认为，农村土地承包法的立法指导思想、基本原则和法律实践总体上符合当前农村经济社会发展要求；为了适应当前农业农村发展新情况，对农村土地承包法进行适当修改是必要的。国务院法制办认为，按照党和国家政策精神，在认真总结法律实施经验基础上，进一步完善农村土地承包法律制度是必要的。农业部将继续跟踪研究农村土地承包法实施过程中存在的问题，适时提出修改完善农村土地承包法等相关法律法规和政策的意见。国家林业局认为，农村土地承包法的修改时机是否成熟、如何调整和完善相关法律制度，还需要进一步调研论证、统筹考虑。中农办、农业部、国家林业局等部门不主张对关于承包期内土地调整问题的法律规定进行实质性修改。目前国务院正在起草农民集体所有土地征收补偿条例，将对失地农民的权益问题进行规定。我委建议，根据党中央的精神和当前的实际情况，国务院有关部门认真研究代表议案提出的问题，广泛听取意见，充分论证，在做好相关工作基础上适时提出法律修改建议。

14. 袁敬华等 31 名代表提出关于制定集体土地流转法的议案 1 件（第 369 号）。议案提出，当前农村存在农民失地致贫、“村改居”后土地所有权界定不清、农民务工经商撂荒土地、现代化农业建设亟需规模经营等问题，建议制定集体土地流转法，对相关问题进行规定。

集体土地流转涉及农村土地承包经营权流转和农村集体建设用地使用权流转两个方面。对于农村土地承包经营权流转，农村土地承包法已对流转原则、流转方式、流转合同等作了具体规定；农业部于 2005 年发布了农村土地承包经营权流转管理办法，进一步明确了农户承包地使用权流转的具体要求。因此，农村土地承包权流转的规定已较为完备。农村集体建设用地使用权流转较为复杂，土地管理法有原则性规定，一些地方也正在进行相应探索。建议国务院有关部门认真研究代表议案提出的意见，对有关重要问题深入研究，在相关法律修改时提出有针对性的建议。

15. 赵静等 30 名代表提出关于修改农业法的议案 1 件（第 273 号）。议案提出，农业法自颁布实施以来，在巩固农业基础地位和发展农业生产力、推进农业现代化、保护农民利益、促进农业和农村经济发展等方面发挥了重要作用。但农业法仍存在一些问题，如对地方农业资金的用途规定不全面，农民权益保护的规定不够具体等，建议修改农业法。

农业部认为，农业法作为农业和农村经济方面的基本法，应保持原则性、灵活性和稳定性，不宜针对个别问题频繁调整；农业法实施的实践证明，农业法的主要内容是科学的、合理的，能够适应统筹城乡发展、发展现代农业、建设社会主义新农村的需要；议案提出的相关问题，主要应通过制定农业投入法等配套法律法规、完善有关政策措施、落实有关规定来解决，建议暂不修改农业法。我委同意农业部的意见。为做好与新修改的农业技术推广法的衔接，修改农业法的相关条款已提请这次会议审议。

16. 曹朝阳等30名代表提出关于修改农产品质量安全法的议案1件（第292号）。议案提出，目前我国农产品质量安全问题没有得到根本解决，我国现行农产品质量安全法存在一些法条上的漏洞，需要进行修改。

农产品质量安全法颁布实施以来，对保障农产品质量安全、维护公众健康、促进农业农村经济发展发挥了重要作用。代表议案所提建议，有的在该法中已有相关规定，如明确地方政府责任、开展风险评估、对相关责任人追究刑事责任等；有些已出台具体措施，如设立农产品质量安全专门机构；有的在其他法律中已有明确规定，如对农业投入品的监管；有的属于对法律的理解问题，如对农产品质量标志的申请使用；有的在我国目前的农产品生产经营现状下难以实现，如设立农产品生产经营者准入制度。农业部建议继续加强农产品质量安全法的宣传贯彻力度，及时研究法律实施中存在的问题，待条件成熟时提出修改农产品质量安全法的建议。商务部认为相关立法准备工作尚需完善，建议有关部门开展立法后评估工作，为法律修改创造条件。我委建议，国务院有关部门认真研究解决代表议案提出的问题，进一步加大法律的宣传贯彻力度，不断提升我国农产品质量安全水平。

17. 陈瑞爱等37名代表提出关于修改动物防疫法的议案1件（第71号）。议案提出，当前动物疫病日趋复杂，动物防疫法中的一些内容已不能适应当前动物防疫工作的需要，应当明确防疫责任主体、建立财政保障机制，完善扑杀补偿、无害化集中处理、不合格动物及产品召回等制度，并做好与相关法律的衔接。

农业部认为，动物防疫法自2007年修改实施以来，有力推动了动物防疫工作开展。农业部先后颁布了动物诊疗机构管理办法、执业兽医管理办法、动物检疫管理办法、动物防疫条件审核管理办法等配套规章。各地结合本地实际，出台了配套规定。代表议案提出的建议，有些可以通过加强法律的宣传贯彻、完善配套措施、加大执法力度予以解决，建议暂不修改动物防疫法。我委同意农业部的意见，建议农业部认真研究代表议案提出的问题，完善配套规章，继续推进动物防疫法各项制度全面落实。

18. 陈瑞爱等37名代表提出关于制定兽医法的议案1件（第70号）。议案提出，近些年，我国畜牧业面临的疾病防控形势越来越严峻，兽医队伍的建设和管理与当前迅速发展的畜牧业及日益严峻的动物防疫形势不相适应，建议制定兽医法，理顺兽医管理体制，规范兽医、兽药管理，保障畜牧业发展。

农业部认为，为了进一步加强兽医管理，保障食品安全和公共卫生安全，适时制定专门的兽医管理方面的法律法规是必要的。考虑到执业兽医是我国提供兽医服务的主力军，对职业兽医进行专门立法是世界各国的通行做法，农业部建议制定职业兽医法。目前农业部正就执业兽医法起草开展调研，拟在法律中明确执业兽医的资格考试、注册管理、诊疗许可制度以及执业规则，并对乡村兽医管理作出原则性规定。我委同意农业部意见，建议在执业兽医法起草过程中认真研究吸收代表议案提出的建议。

19. 罗祖亮等31名代表提出关于修改渔业法的议案1件（第323号）。议案提出，现行渔业法不利于野生水生动物资源保护，应当严格捕捞限额总量，成立国家级珍稀野生水生动物育种孵化中心，严格审查新建水利水电设施的水生动物洄游渠道，保护企业和个人依法取得的水面养殖使用权。

保护渔业资源，控制捕捞强度是必要的，但从资源状况、管理能力、渔船现状等情况出发，我国尚不具备实施严格捕捞限额制度的条件。关于成立国家级珍稀野生生物育种孵化中心的建议，农业部已开展相关工作，支持珍稀物种增殖放流站和水生野生动物救护中心建设。对于新建水利水电设施，环境影响评价法、渔业法等法律法规已规定了相关措施，尽量减少工程项目对水生生物资源生态及水生野生动植物的影响。在保护企业和个人依法取得的水面养殖使用权方面，物权法明确规定，依法取得的“使用水域、滩涂从事养殖、捕捞的权利”受法律保护。农业部出台了水域滩涂养殖发证登记办法，对水域滩涂养殖发证登记工作程序和要求进行了规范。总体上，渔业法确立的基本制度符合渔业发展的需要。但随着我国经济社会发展，该法部分条款也暴露出与当前渔业生产实际不适应、不协调的问题。我委建议，针对代表议案提出的意见和我国渔业生产中存在的问题，国务院有关部门积极开展调研论证，适时提出修改渔业法的建议。

20. 李乾元等30名代表提出关于制定农业合作组织基本法的议案1件（第485号）。议案提出，我国农民专业合作社只是农业合作经济组织的一个组成部分，建议制定农业合作组织基本法，对各类型合作经济组织共同的问题进行统一规范，在此基础上，再针对特殊领域的合作经济组织制定专门法予以规范。

发展农户联合与合作，培育农民新型合作组织是党的农村政策的重要内容。银监会、供销总社等部门认为，有必要制定农业合作组织基本法，指导和保障各类农业合作组织健康发展，并在此基础上制定供销、保险、医疗、信用、金融等专门法。国务院法制办认为，完善合作经济组织制度是必要的，但是否制定该法要考虑到供销合作、保险合作等方面的复杂情况，以及一系列历史遗留和改革问题。农业部认为，在立法模式上应专门法先行，为制定农业合作组织基本法奠定基础。目前农业部正对农民专业合作社法实施中的新情况、新问题，如合作社的联合与合作、合作社成员开展信用合作、公积金提取等问题开展立法调研，适时提出修订农民专业合作社的具体建议。银监会建议，在农业合作社法纳入全国人大常委会立法规划前，既可修改农民专业合作社法，增加合作金融相应内容，也可以制定相关条例，以保障农村合作金融健康发展。保监会认为研究制定合作经济组织基本法，规范各类合作经济组织，具有重要现实意义，鉴于农业合作经济组织涉及领域广泛、种类多样，建议在充分考虑国情基础上，统筹兼顾，循序渐进开展各项工作。我委建议，国务院有关部门在总结农民专业合作社法实施经验基础上，认真研究代表议案提出的问题，深入调研论证，广泛征求意见，修改相关法律时认真研究吸收代表意见，或适时提出制定农业合作经济组织法的建议。

五、1 件议案提出的一个执法检查项目，已列入 2012 年全国人大常委会监督工作计划并如期完成

21. 姜健等 31 名代表提出关于在全国范围内开展农业法执法检查的议案 1 件（第 84 号）。议案提出，农业法是一部调整农业生产经营关系、规范农业执法行为的基本法律制度。为进一步落实农业法律法规，推进现代农业发展，建议在全国范围内开展对农业法及相关法律法规的实施情况进行检查。

按照全国人大常委会 2012 年监督工作计划，全国人大常委会执法检查组对农业法实施情况进行了检查，并就法律实施情况提出了有针对性的建议。

二、代表建议办理

在十一届全国人大五次会议代表建议、批评和意见交办会上的讲话

（2012 年 4 月 6 日）

李建国

同志们：

刚才，全国人大常委会副秘书长何晔晖同志总结了去年代表建议办理工作，介绍了十一届全国人大五次会议代表提出建议的情况，部署了今年代表建议办理工作。国务院副秘书长焦焕成同志对国务院承办代表建议的部门和单位提出了要求。他们的讲话我都赞成，希望同志们结合各单位实际情况认真贯彻落实。

今年是我国发展进程中具有特殊重要意义的一年，我们党将召开第十八次全国代表大会。按照党中央的部署和要求，牢牢把握稳中求进的工作总基调，努力做好全年各项工作，巩固和发展“十二五”时期开局良好势头，具有十分重要的意义。前不久召开的十一届全国人大五次会议，圆满完成了各项议程，是一次民主、团结、求实、奋进的大会。会议成果充分体现了党的主张和人民意志的统一。在这次会议上，代表们共提出建议、批评和意见 8189 件，比去年增加 146 件，为历次会议代表建议数量最多的一次，体现了代表对国家对人民的高度负责，对推动科学发展、切实改善民生、促进社会和谐的高度关注，对加强和改进国家机关各方面工作的殷切期望。下面，我就做好今年的代表建议办理工作，再补充强调三点。

第一，要高度重视、服务大局，自觉增强做好代表建议办理工作的责任感。人大代表是国家权力机关的组成人员。代表对各方面工作提出建议、批评和意见，是依法执行代表职务、参与管理国家事务的重要内容，也是体察民情、反映民意、集中民智的重要途径。认真办理代表建议，是各国家机关和有关组织的法定职责，也是自觉接受人大监督、积极改进工作的重要体现。本届全国人大成立四年来，代表们在调查研究的基础上，共提出建议、批评和意见近 3 万件。全国人大常委会、国务院及其有关部门、最高人民法院、最高人民检察院和各有关方面高度重视、密切配合，积极做好代表建议办理工作，充分吸收采纳代表意见，有力推动了有关问题的解决，特别是在稳增长、调结构、惠民生、促和谐等方面取得了较好效果。总的来看，这些年代表建议办理工作的质量逐年提高、实效明显增强，得到了全国人大代表的肯定，也得到了中央领导同志的肯定。今年是“十二五”时期承前启后的重要一年，也是本届全国人大及其常委会任期的最后一年。吴邦国委员长在今年的常委会工作报告中明确提出，要“认真办理本次大会期间代表提出的议案建议，努力使办理过程成为提高常委会工作水平的过程，成为推动有关方面改进工作、解决问题的过程。”经过多年的履职实践，代表对议案建议办理工作的要求越来越高。许多代表到明年换届时可能不再担任代表职务，对自己所提建议的办理结果会更为关心。因此，做好今年的代表建议办理工作，有它的特殊性，具有特殊的意义。希望各承办单位进一步增强责任感，认真贯彻实施修改后的代表法，坚持尊重代表主体地位，坚持为代表服务的思想，在前几年工作的基础上，精心做好今年的代表建议办理工作，抓好以往代表建议办理方案的落实工作，向人民群众交一份满意的答卷。

第二，要抓住重点、以点带面，着力推动代表建议办理工作在解决问题方面取得新成效。人大代表植根于人民群众，同人民群众保持着密切联系。代表提出的建议，来源于他们工作和生活的实践，反映了人民群众的愿望和呼声，反映了各地区各方面的关切和要求。从十一届全国人大五次会议代

表提出建议的情况看,8189件建议涉及经济、政治、文化、社会和生态文明建设的各个方面,排在前三类的分别是教育、科技、文化、卫生事业发展,社会及公共事务,发展规划、建设项目和经济政策等,其中涉及群众切身利益的房价物价、教育、医疗、社会保障、药品食品安全等民生问题仍是代表持续关注的重点。从交办情况看,需要多个部门共同办理的建议有4162件,代表明确提出希望在办理过程中加强联系沟通的建议有2357件。此外,代表多年多次提出尚未解决的建议645件,其中有229件属于连续四年提出尚未解决的建议。可以说,今年的代表建议数量多、难点多,办理工作任务重、压力大。在这种情况下,我们要紧紧围绕党和国家工作大局,增强办理工作的主动性和针对性,做到统筹兼顾、突出重点、务求实效。一方面要认真负责地做好每一件代表建议的办理工作,实事求是地向代表作出答复。另一方面要深入分析,抓住事关改革发展稳定大局和人民群众普遍关注的一些突出问题,努力取得突破。全国人大常委会办公厅已经确定了13项重点办理建议,有关专门委员会和承办单位要密切配合,确保取得实实在在的办理效果。各承办单位也可以根据实际情况确定本单位的重点办理建议。代表建议办理工作已经做到了百分之百答复,现在代表更关心的是能够解决问题或者看到解决问题的希望。因此,办理工作要取得新成效,关键是在推动解决问题上下功夫,产生实际效果。这些年,许多承办单位的一个重要工作方法是,把办理代表建议与做好本部门本单位的工作结合起来,特别是与当前的重点工作结合起来。希望各承办单位在组织安排今年工作的时候尽可能地采纳和吸收代表的建议,在解决当前突出问题的过程中尽可能地回应代表的关切,更好地发挥代表建议在推动经济社会发展、民主法制建设等方面的作用。

第三,要总结经验、完善机制,不断提高代表建议办理工作的质量和水平。这些年来,全国人大常委会在支持和保障代表依法履职、充分发挥代表作用方面做了大量工作,在办理代表建议工作方面逐步建立健全了统一交办、分析研究、重点办理、分层次督办和答复反馈等方面的工作机制。许多承办单位也结合部门实际,健全完善内部办理程序,采取有效措施,努力增强办理实效。近年来,公安部、民政部、卫生部、财政部等部门在全国人大常委会会议上专题报告了本部门办理代表建议工作情况。总结这些单位的做法,主要有四条:一是加强组织领导,承办单位主要领导同志直接过问,加强指导、精心组织,安排业务骨干参加办理工作,建立明确的工作责任制。二是加强与人大代表的沟通联系,认真分析研究代表建议,通过走访、约谈、座谈会等方式直接听取代表意见,共同研究解决问题的方案。三是加强调查研究,深入基层、深入实际,摸清真实情况,搞清问题症结,提出切合实际的解决措施。四是加强协调配合,牵头单位与参加单位通力合作、积极沟通,共同做好办理工作,一些综合性较强、办理难度较大的建议及时在领导层面上统一协调办理。这些好的做法,要认真总结,坚持下去。同时,要根据经济社会发展和民主法制建设的新情况新问题,适应人大代表和人民群众的新期待新要求,改进工作中存在的不足,健全办理工作机制,完善办理方式方法,不断提升代表建议办理工作的质量和水平。

全国人大常委会办公厅关于第十一届全国人民代表大会第五次会议代表建议、批评和意见办理情况的报告

——2012年12月26日在第十一届全国人民代表大会常务委员会第三十次会议上

全国人大常委会副秘书长　何晔晖

全国人民代表大会常务委员会:

我代表常委会办公厅向本次会议报告十一届全国人大五次会议期间代表提出的建议、批评和意见(以下简称建议)办理情况。

一、代表建议提出和交办情况

十一届全国人大五次会议期间,代表们认真履

行法律赋予的职责，围绕国家改革发展稳定的大局和人民群众普遍关心的问题，共提出建议8189件。经过分析分类，按照提出建议数量的多少，依次分为：一是关于科技、教育、文化、卫生方面的有1636件，占建议总数的20%；二是关于资源环境、城乡建设、农林水利方面的有1401件，占17.1%；三是关于社会及公共事务方面的有1327件，占16.2%；四是关于发展规划和综合经济方面的有1165件，占14.2%；五是关于民主法制建设方面的有1043件，占12.7%；六是关于财政、税收和金融方面的有836件，占10.2%；其他方面的有781件，占9.6%。代表反映比较突出的问题主要是，促进区域协调发展，推进生态文明建设，加强教育、医疗和社会保障等基本公共服务体系建设，解决贷款融资难，加大交通运输、农业水利方面建设改革力度，以及推动文化事业和文化产业繁荣发展等。

今年代表提出的建议有以下几个特点：一是代表建议数量多，达到了8189件，是历届历次会议最多的一次。二是代表建议综合性强，需要多个部门共同研究办理的建议有4162件，超过总数的一半。三是代表建议关注的重点集中，针对区域发展、教育医疗、环境保护、文化建设等方面提出建议有1745件，占总数的21.3%。四是以代表团名义提出的建议进一步增加，达到了50件，比去年增长11%。

大会闭幕后，常委会办公厅及时召开交办会，对代表建议办理工作提出明确要求，将代表提出的建议统一交由财政部、发展改革委、教育部等175家承办单位研究办理。同时，还确定了13项重点处理建议，分别交由农业部、工业和信息化部、文化部等40家单位重点办理，并由全国人大民委、内司委、财经委、教科文卫委、环资委、农委6个专门委员会督办。

二、今年代表建议办理情况

今年是十一届全国人大任期的最后一年。各承办单位和全国人大有关专门委员会认真贯彻落实代表法有关规定，努力将代表建议办理同业务工作结合起来，着力解决建议提出的问题，特别是在推动区域可持续发展、推进经济结构战略性调整、加强社会建设和生态文明建设等方面取得了较好效果。

一是深入贯彻落实科学发展观，结合全面建成小康社会的奋斗目标，承办单位认真研究采纳代表意见，推动城乡发展一体化，增强了区域发展的平衡性、协调性和可持续性。2010年9月，吴邦国委员长在宁夏视察期间，把检查宁夏代表团有关建议办理情况作为重要内容，对重点建议涉及的宁夏中部干旱地区饮水难、发展高效节水农业、南部山区城乡饮水安全和马铃薯种薯基地建设等4个问题作出了重要指示，要求在2012年年底前切实解决落实好。2011年9月和11月、2012年9月和10月，又先后四次对办理工作作出重要批示。发展改革委、财政部、水利部、农业部等单位，密切配合，经过两年持续不断的积极努力，较好解决了相关问题，为宁夏中南部干旱地区实现与全国同步进入全面小康社会的奋斗目标创造了条件。当地干部群众满怀热情地说："有了水就有了希望，脱贫致富奔小康就有了盼头！"针对代表普遍关注的推进城乡社会保障一体化问题，人力资源社会保障部等单位积极采纳落实代表意见，认真部署、加强督导，实现了新型农村社会养老保险和城镇居民社会养老保险在全国范围的全覆盖，至9月底，参保城乡居民人数达到4.49亿，1.24亿城乡老年居民按月领取养老金，越来越多的老年人生活得到保障。结合办理代表提出加快西部铁路建设的建议，全国人大民委积极协调督办，铁道部会同有关单位认真研究，结合中长期铁路网建设，规划了川藏、成兰铁路等项目，到"十二五"末，西部地区铁路营业里程可达5万公里左右，对外通道运输能力将大幅提升，为国家实施西部大开发战略提供了有力保障。

二是紧紧围绕深化经济体制改革，推进经济结构战略性调整的要求，承办单位结合办理代表建议，推动解决了一些制约经济持续健康发展的重大结构性问题。比如，支持小微企业发展是加快转变经济发展方式的一项重要内容，今年许多代表提出了扶持小微企业的建议。工业和信息化部、全国人大财经委会同16家承办单位深入调研，反复协商，提出一揽子政策建议，推动出台《关于进一步支持小型微型企业健康发展的意见》，中央财政专项支持资金由128.7亿元增加到141.7亿元，技术改造资金达到35亿元，支持项目1803个，带动企业投资425亿元，有力支持了小微企业快速发展。为办理好关于加强文化产业发展的建议，全国人大教科文卫委加大督促力度，文化部、财政部等单位认真研究，发布了《"十二五"时期文化产业倍增计划》，修订了《文化产业发展专项资金管理暂行办法》，通过多种方式，重点推进文化体制改革和文化产业发展。结合办理山西、内蒙古、新疆等代表团提出支持地区煤炭产业发展的建议，国家能源局、全国人大环资委等单位分赴三省区开展实地调研，认真听取当地全国人大代表的意见，积极协助地方政府编制有关规划并加快项目审批，推动了煤炭生产和利用方式变革，促进了煤炭资源清洁高效利用。

三是以加强社会建设和生态文明建设为重点，承办单位通过办理代表建议推动中心工作，在保障和改善民生、建设美丽中国等方面取得新进展。比如，针对西藏代表团多次提出的加快推进西藏拉洛水利枢纽及配套灌区建设的建议，全国人大农委加强督办，专题听取发展改革委、水利部的情况汇报，组织开展实地调研，协调有关方面加大支持力度。目前，该项目已通过发展改革委立项审批，投资额约 50 亿元。该项目的实施，将为改善当地农业生产条件，增加农牧民收入，改善生态环境，促进边疆社会稳定发挥重要作用。针对许多代表提出加强食品安全风险监测评估体系建设的建议，卫生部、国务院食品安全办、全国人大教科文卫委等单位高度重视，由主要负责同志带队深入实地调研，通过共同努力，初步构建起以国家食品安全风险评估中心为龙头，以相关实验室和地方技术机构为支撑的监测评估体系，建立了多部门数据共享机制，促进了我国食品安全保障水平的提高。稳定物价是代表一直关注的热点问题。发展改革委、商务部等部门认真研究采纳代表建议，加大物价调控工作力度，治理流通环节不合理收费，开展电力价格、银行和医院收费问题专项检查，社会反响较好。为促进绿色增长，加强森林抚育经营工作，落实代表提出的相关建议，国家林业局、全国人大农委会同相关单位，多次邀请代表深入实地调研，推动改进各项工作。目前，森林抚育经营补贴资金已由 5 亿元增加到 56.76 亿元，抚育任务由 500 万亩增加到 5150 万亩，试点范围扩大到全国各省区，森林抚育经营工作取得较大进展。

今年代表提出的建议已经全部办理答复代表。从办理结果来看，代表建议所提问题得到解决或计划逐步解决的占建议总数的 78.9%，比去年有所上升。多数代表对今年办理工作表示满意或基本满意。

三、做好代表建议办理工作的几点体会

十一届全国人大期间，我们继续深入贯彻落实中共中央 9 号文件精神，努力建立健全代表建议工作规章制度，认真负责地处理代表提出的建议，不断增强办理工作实效。总结这些年的工作实践，我们对做好代表建议工作有了更深刻的认识和体会。

第一，领导同志高度重视，亲自指导，推动代表建议工作不断开创新局面。中央领导同志非常重视和关心代表建议工作，胡锦涛、吴邦国、温家宝等同志多次作出重要指示。全国人大常委会、国务院的领导同志多次亲自听取汇报、带队调研，协调解决代表建议办理中的重点难点问题。全国人大各专门委员会和各承办单位的负责同志也都切实加强领导，直接研究部署建议办理工作。领导同志的重要指示和亲自指导，极大鼓舞了各承办单位做好建议办理工作的积极性，使代表建议办理工作形成了办理质量逐年提高、办理实效不断增强的良好局面。

第二，人大代表认真负责地提出建议，积极参与建议办理，推动代表建议工作不断取得新进步。十一届全国人大期间，代表提出建议的积极性明显增强，代表建议质量不断提高。五年来，代表们紧紧围绕党和国家中心工作，提出代表建议 37527 件，比上届增加了 9649 件，增幅达到 34.6%。这些建议中，有 14834 件是代表们在开展专题调研、视察、座谈、走访基础上，认真酝酿提出的，占建议总数的 39.5%；还有很多建议是代表们结合本职工作，总结实践经验，经过慎重考虑后提出的，建议内容更加符合实际情况，更有针对性和前瞻性。在办理过程中，越来越多的代表和承办单位一起深入基层调查研究，共商解决问题的办法。人大代表全程参与建议的提出、办理和督办工作，对于提高建议办理质量，推动办理工作落实，发挥了至关重要的作用。

第三，各有关单位突出重点，以点带面，推动代表建议工作不断取得新成效。在常委会领导同志的指导下，几年来，常委会办公厅、国务院办公厅会同有关单位共同研究确定了 88 项重点建议，越来越多的承办单位也结合本部门中心工作确定内部重点办理的建议。全国人大专门委员会和中央部委高度重视重点建议办理工作，积极采取有效措施，坚持不懈地跨年度跟踪办理和滚动督办，解决了一批代表反映集中、社会普遍关注、关系人民群众切身利益、影响地方经济发展的问题，支持了西部贫困地区、少数民族地区的发展，维护了当地的社会和谐稳定，产生了良好的社会影响。认真负责办理重点建议，充分发挥示范效应，带动了建议办理工作质量的整体提高。

第四，各有关方面加强沟通协调，密切配合，推动代表建议工作不断取得新进展。近年来，各单位普遍把加强与代表沟通，作为办好代表建议的重要

环节，许多单位主要负责同志通过邀请代表联合调研、座谈、走访等方式，在办中、办前和办后，面对面听取代表意见，深入了解代表提出建议的意图和要求，共同研究解决问题的办法。在代表建议交办、办理和督办过程中，全国人大机关、国务院办公厅会同承办单位，不断丰富拓展沟通渠道和方式，通过建立健全办理协调会、通报会、研讨会等联席会议机制，加大协调力度，共同推动重点难点问题的解决。多方面、多层次、分阶段、多角度的沟通协商，有利于形成办理合力，有利于提高办理工作质量，切实保证了代表建议的真正落实。

第五，各有关部门努力完善办理机制和制度，推动代表建议工作不断迈向新台阶。十一届全国人大以来，在全国人大机关、国务院办公厅和各承办单位的共同努力下，建立健全了综合分析、统一交办、分级负责、重点办理、分层次督办和答复反馈等一整套建议办理工作机制和制度，使办理责任和工作要求得到有效落实，办理工作逐步规范化、制度化。实践表明，通过不断完善办理机制，完善办理制度，为做好建议办理工作打下了较为坚实的基础，对于改进和加强代表建议工作起到了非常重要的促进作用。

回顾五年来代表建议办理工作的实践和经验，我们清醒认识到，工作中还存在许多不足，还需要进一步提高对代表建议工作重要性的认识，还需要进一步加强对建议办理工作规律的把握和总结。我们将认真贯彻党的十八大精神，继续落实好中央9号文件和代表法的要求，进一步研究完善办理建议的工作机制和制度，不断加强和改进工作，努力推动代表建议办理取得新进展，以实际行动为代表依法履职做好服务。

工业和信息化部关于第十一届全国人民代表大会第五次会议代表建议、批评和意见办理情况的报告

——2012 年 12 月 26 日在第十一届全国人民代表大会常务委员会第三十次会议上

工业和信息化部部长 苗 圩

全国人民代表大会常务委员会：

工业和信息化部是 2008 年组建的新部门，2009 年开始独立承办代表建议工作。下面，我就有关代表建议办理工作，向会议作简要汇报。

一、基本情况

四年来，我部共承办人大代表建议 1844 件。其中 2012 年，承办 410 件。今年还牵头办理了全国人大确定的“关于扶持中小企业发展，健全服务小型微型企业体制机制”重点处理建议。总体情况看，代表建议集中反映在五个方面：

一是关于推进产业结构调整和工业转型升级。主要是改造提升传统产业，加强企业技术改造，推进企业兼并重组、淘汰落后产能，加强工业产品质量品牌建设，发展高端装备制造等战略性新兴产业。

二是关于加强工业行业管理。主要是做好食品药品、稀土、黄金、建材等生产管理，完善电子产品、钢铁、汽车等行业准入制度，大力推进控烟工作等。

三是关于进一步改善中小企业发展环境。主要是加大财税支持，减轻企业负担，缓解企业融资难问题，扶持小型微型企业发展，完善中小企业社会服务体系等。

四是关于推进通信业发展和加强互联网行业管理。主要是实施“宽带中国战略”，推动通信基础设施建设，加快推进三网融合，加强网络与信息安全管理，加强电信市场监管等。

五是关于推进国民经济和社会信息化。主要是加快“智慧城市”建设，推进电子政务、电子商务发展，促进信息资源共享，运用信息化手段促进社会管理，推进农业农村信息化等。

这些建议为我部进一步拓宽工作思路，更好地依法履行职责，加强和改进工作提供了重要依据和

大力支持，是推动工业和信息化改革发展的重要资源和宝贵财富。

二、主要做法

一是高度重视，切实加强组织领导。部内专门成立人大建议办理工作领导小组，由党组书记、部长任组长，每年对人大代表建议的办理工作提出要求，分管副部长组织召开交办会进行具体部署。针对一些重点难点问题，部班子成员亲自带队调研，组织召开座谈会，走访代表，实地考察，推动办理工作开展。

二是健全工作制度，完善工作机制。专门制定了人大建议办理工作管理办法，明确办理工作的办理责任、办理程序、答复要求等。在此基础上，逐步建立了内部转办、疑难件裁定、沟通协商、多层级审核、动态督办、评价考核等工作制度，从而保证了办理工作的质量和效率。

三是多方沟通协调，力求代表满意。在办前、办中、办后通过走访、调研、会议、电话、信函、短信、电子邮件等多种方式，主动征求代表意见。今年我部做到了在正式答复前将复文 100% 征求代表本人意见。此外，我部积极担负牵头责任，充分发挥部际协调机制作用，主动与协办单位沟通协调，采取联合调研、会议研究、书面征求意见的方式，推动代表建议的落实。

四是督办与考评相结合，强化工作落实。把采纳代表建议、解决代表提出的问题、推动工作落实作为办理工作的出发点和落脚点，明确专人负责日常督办，及时掌握办理情况。坚持对办理情况进行月度统计、分析、汇总，编写《督查情况月报》进行通报。对办理工作进行日常监测、效果评价和年终考核，对先进承办单位、先进个人和优秀复文进行表彰。今年我部还把重点处理建议的办理情况列为部机关司局绩效考核一项重要指标，起到了很好的激励和示范作用。

三、取得的实效

今年我部承办的代表建议已全部按期办结。从答复结果看，问题得到解决或已经制定措施列入改进计划的占主办件的 94%。截至目前，没有收到代表不满意的意见。在抓好今年代表建议办理的同时，我部还重点抓了本届会议以来代表建议的落实工作。

（一）加快推进工业转型升级和发展方式转变。

重点围绕工业转型升级和发展方式转变开展工作。我部在编制实施《工业转型升级规划（2011—2015 年）》过程中，从代表建议中汲取了很多宝贵意见。在淘汰落后产能方面，参照代表们提出的进一步完善政策措施、工作制度和激励机制等建议，我部积极履行牵头部门职责，加强与部际协调小组成员单位的协调配合，逐步建立了目标制定、任务下达、名单公告、拆除验收等工作制度，相继制定了标准界定、财政资金奖励、职工安置、检查考核等政策措施，基本形成了淘汰落后产能政策的激励约束机制和监督检查机制。2012 年列入公告的 2761 户企业落后生产线已基本关停，绝大部分已拆除。在推进企业技术改造方面，代表们提出继续加大对企业技术改造支持力度，以技术改造为抓手促进传统产业转型升级。我部主动协调，争取相关部委对传统产业改造提升工作的支持，加大财政资金对传统产业改造提升的引导，形成技术改造工作长效机制。推动出台了《国务院关于促进企业技术改造的指导意见》。今年技术改造专项资金规模达到 228 亿元，支持项目 3694 项，带动投资 2970 亿元。在“加强工业产品质量品牌建设”、“加强食品药品生产管理”方面，我部开展了“质量品牌建设年”等一系列活动，推进食品工业企业诚信体系建设。今年以来，在 141 家企业开展品牌培育试点，确定了 50 家工业企业“质量标杆”，重点开展了药品和婴幼儿奶粉生产企业质量安全体系建设。

（二）进一步改善中小企业发展环境。

扶持中小企业健康发展成为近几年人大代表建议的重点内容。代表的建议给我部政策制定提供了数据支撑和科学依据。四年来，我部推动出台了《国务院关于进一步促进中小企业发展的若干意见》、《国务院关于进一步支持小型微型企业健康发展的意见》等多个政策文件。当前，各项对小型微型企业发展的扶持政策逐步落实。税收优惠政策全面实施，提高了增值税、营业税起征点。今年中央财政支持中小企业发展的各类资金 141.7 亿元已安排到位，国家中小企业发展基金 30 亿元已落实。利用技术改造专项资金 35 亿元，支持项目 1803 个。在代表关心的“缓解小型微型企业融资难”方面，在各有关部门共同努力下，截至今年 9 月末，用于小型微型企业的贷款余额 14.2 万亿元，同比增长 18.2%，比各项贷款平均增速高 1.8 个百分点。在代表关心的“完善中小企业服务体系”方面，我部大力实施中小企业公共服务平台网络建设工程，扎实开展“中小企业服务年活动”，通过政策咨询、创业创新、转型升级等服务，为企业送政策、送服务、送温暖，受到了广泛关注和肯定。

（三）培育发展战略性新兴产业。

近几年，代表围绕战略性新兴产业提出诸如“加强高端装备制造”、“推动节能与新能源汽车发展”、“推动物联网产业发展”、“加快数字家庭产业发展”等建议。我部在制定相关规划、实施重大专项、制定行业标准等工作中充分吸纳代表建议。制定并实施了信息产业、高端装备制造、新材料、新能源汽车4个重点领域专项规划，发布关键共性技术和产品发展重点，明确了29个细分领域的109个重点方向。实施高档数控机床等国家科技重大专项和物联网发展专项，推进无锡国家传感网创新示范区建设。实施云计算、平板显示、稀土及稀有金属等6个重大创新发展工程，启动TD-LTE扩大规模试验。以“百项技术创新推进计划”为抓手，94项产业关键领域共性技术研发推广进展顺利。扎实推进技术标准体系建设，2515项行业标准制修订计划稳步实施，一批产业发展重点领域的综合标准化试点深入开展。我国提出的TD-LTE-Advanced被正式确认为4G移动通信国际标准之一。

（四）推进两化融合、军民融合和通信业发展。

对于代表提出的“推进企业两化融合进程”、“加大支持力度推进军民融合产业发展”、“实施信息安全战略提升国家安全防御能力”等建议，我部加强沟通，力求取得实效。在推进两化融合方面，推动出台了《国务院关于大力推进信息化发展和切实保障信息安全的若干意见》，信息技术在重点行业、重点领域的集成应用和融合创新不断深化。开展了“两化融合深度行”活动和工业企业两化融合评估工作。在推进军民融合式发展方面，推动出台了《国务院、中央军委关于建立和完善军民结合、寓军于民武器装备科研生产体系若干意见》，军民用技术双向转移成效明显，军民结合产业加快发展。在推进通信业发展、市场监管、网络信息安全方面，实施了“宽带普及提速工程”，目前已提前实现主要目标。三网融合推进实现突破，第一阶段试点地区企业双向进入许可已经发放，目前试点范围扩大到54个城市。网络信息安全进一步加强，研究起草了国家信息安全战略，重点领域信息系统和工业控制系统信息安全检查扎实开展。

我部办理人大代表建议工作虽然取得了一些成效，但与全国人大常委会的要求和人大代表的殷切希望相比还存在差距。下一步，我部将全面贯彻落实党的十八大精神，进一步改进和加强我部建议办理工作，不断提高工作的科学化水平，切实履行好党和人民赋予的职责，努力实现工业通信业平稳较快发展。

三、代表培训

2012 年全国人大代表培训工作情况

2012 年，全国人大代表学习培训工作围绕党和国家的工作大局，围绕全国人大常委会的立法、监督和代表工作，以邓小平理论、“三个代表”重要思想、科学发展观为指导，在扩大培训规模和提高培训质量上下功夫，收到了明显的成效，积累了宝贵的经验，为全面提高代表的履职能力，为坚持和完善人民代表大会制度发挥了应有的作用。

一、代表学习培训工作的基本情况

2012 年，全国人大常委会办公厅举办了代表专题学习班 2 期、代表履职专题研讨班 2 期，全年参加学习的代表 1000 余人次。

5 月，在深圳举办“互联网安全与管理”专题学习班，外宣办、工信部、公安部和国家保密局的相关部门负责人，分别作关于互联网管理与宣传、行业发展、网络安全与打击违法犯罪、保密管理与防范等问题的专题报告，并组织代表考察深圳腾讯公司和华为公司。

6 月，在上海举办“社会主义文化大发展大繁荣”专题学习班，中宣部、文化部、新闻出版总署、上海市委宣传部相关负责人分别作专题报告，并组织代表考察上海浦东图书馆、国家对外文化贸易基地。

围绕交流研讨履职经验、总结代表工作，8 月在北戴河、9 月在庐山分别举办代表履职专题研讨班。

二、代表学习培训工作的成效

1. 通过学习培训，使代表更加坚定了正确的政治方向，增强了代表走中国特色政治发展道路的决心和信心。

围绕贯彻落实科学发展观，学习贯彻十七届六中全会精神，组织代表围绕“互联网安全与管理”和“社会主义文化大发展大繁荣”开展专题学习，使代表增长了知识，开阔了视野，提高了对互联网安全与管理复杂性和艰巨性的认识，进一步加深了对加强文化建设重要性的认识，有利于帮助代表准确把握当前新形势新任务，把思想统一到中央的决策和部署上来。

2. 通过学习培训，提高了代表的综合素质和履职能力，为代表提出高质量的议案和建议奠定了基础。

组织举办“互联网安全与管理”专题学习班，使代表深刻领会十七届六中全会提出的“发展健康向上的网络文化”的重要意义和深刻内涵，全面了解国际背景下，我国互联网发展面临的机遇与挑战，充分认识互联网安全与管理的复杂性，明确了当前形势下，引导网上舆论、维护互联网安全、打击互联网犯罪和严格执行保密制度，需要加强的各方面工作以及采取的政策措施。通过组织举办“社会主义文化大发展大繁荣”专题学习班，代表深刻认识了十七届六中全会提出的深化文化体制改革的重要性、紧迫性以及推动文化大发展、大繁荣的重大意义，进一步明确了文化体制改革的总体思路、指导思想、发展方向、取得的成绩和下一步的工作重点。这两期学习班针对性和专题性比较强，为代表学习了解相关工作，提出有关的议案和建议奠定了良好基础。

3. 通过学习培训，使代表充分交流了履职经验，为进一步改进代表工作提供了前提。

在十一届全国人大任期的最后一年，组织代表履职专题研讨班，使代表充分交流了履职经验，为下一届代表依法履职留下宝贵的精神财富。为增强针对性和实效性，学习班邀请国务院有关部委和各选举单位代表联络工作负责人介绍有关情况，总结代表工作的经验，营造了良好的研讨氛围，为进一步改进代表工作提供了前提。

4. 通过学习培训，搭建起全国人大与代表沟通和联系的平台。

组织代表学习，是帮助代表知情知政的渠道，也是全国人大常委会加强与代表联络的重要手段。在大会闭会期间举办代表学习班，全国人大常委会领导同志和有关部门负责同志出席并作报告，直接与代表接触交流，使常委会与代表的联系更加密切。代表通过参加学习班，更加了解了全国人大常委会的立法、监督等工作情况和取得的成效，为代表出席大会、审议好常委会工作报告奠定了基础。

2012年全国人大代表学习培训工作，在常委会领导的重视和关心下，经过不懈努力，取得了一定成绩。今后，我们要以党的十八精神为指导，以开创新时期人大代表学习培训工作新局面为工作目标，以全面提高培训对象的履职能力为主要任务，完善学习内容，创新学习手段，切实加强学习培训的组织能力与管理水平，推动学习培训工作再上新台阶。

（全国人大培训中心供稿）

四、代表资格审查

全国人民代表大会常务委员会公告

〔十一届〕第三十七号

辽宁省人大常委会补选李峰为第十一届全国人民代表大会代表。重庆市人民代表大会补选陈存根为第十一届全国人民代表大会代表。云南省人大常委会补选廖晓军为第十一届全国人民代表大会代表。全国人民代表大会常务委员会同意代表资格审查委员会的审查报告,确认李峰、陈存根、廖晓军的代表资格有效。

特此公告。

全国人民代表大会常务委员会
2012年2月29日

全国人民代表大会常务委员会公告

〔十一届〕第三十八号

第十一届全国人民代表大会代表林永青、朱法臣去世,林永青、朱法臣的代表资格自然终止。

全国人民代表大会常务委员会对林永青、朱法臣代表的去世表示哀悼。

特此公告。

全国人民代表大会常务委员会
2012年2月29日

全国人民代表大会常务委员会公告

〔十一届〕第三十九号

河南省人大常委会接受了吕清海提出的辞去第十一届全国人民代表大会代表职务的请求。依照代表法的有关规定,吕清海的代表资格终止。

现在,第十一届全国人民代表大会实有代表2978人。

特此公告。

全国人民代表大会常务委员会
2012年2月29日

第十一届全国人民代表大会常务委员会代表资格审查委员会关于个别代表的代表资格的报告

(2012年2月29日第十一届全国人民代表大会常务委员会第二十五次会议通过)

全国人民代表大会常务委员会:

2012年1月5日,辽宁省人大常委会补选辽宁省人大常委会党组书记、副主任李峰为第十一届全国人民代表大会代表。2012年1月13日,重庆市人民代表大会补选十七届中央候补委员，重庆市人大常委会主任、党组书记，重庆市委常委、组织部部长陈存根为第十一届全国人民代表大会代表。2012年1月9日，云南省人大常委会补选全国人大常委会预算工作委员会主任廖晓军为第十一届全国人民代表大会代表。经代表资格审查委员会审查，李峰、陈存根、廖晓军的代表资格有效，提请全国人民代表大会常务委员会确认。

由河南省选出的第十一届全国人民代表大会代表，漯河市原市长吕清海，因涉嫌严重违纪违法，本人提出辞去第十一届全国人民代表大会代表职务的请求，河南省人大常委会决定接受其辞职请求。依照代表法的有关规定，吕清海的代表资格终止。

由解放军选出的第十一届全国人民代表大会代表，海军后勤部原部长林永青，因病去世；第二炮兵后勤部原部长朱法臣，因故去世。代表资格审查委员会对林永青、朱法臣代表的去世表示哀悼。林永青、朱法臣的代表资格自然终止。

现报请全国人民代表大会常务委员会予以公告。

以上报告，请审议。

第十一届全国人民代表大会
常务委员会代表资格审查委员会
2012年2月27日

全国人民代表大会常务委员会公告

〔十一届〕第四十一号

重庆市人民代表大会常务委员会2012年6月26日接受了王立军辞去第十一届全国人民代表大会代表职务。依照代表法的有关规定，王立军的代表资格终止。

现在，第十一届全国人民代表大会实有代表2977人。

特此公告。

全国人民代表大会常务委员会
2012年6月30日

第十一届全国人民代表大会常务委员会代表资格审查委员会关于个别代表的代表资格的报告

（2012年6月30日第十一届全国人民代表大会常务委员会第二十七次会议通过）

全国人民代表大会常务委员会：

由重庆市选出的第十一届全国人民代表大会代表，重庆市人民政府原副市长、重庆市公安局原局长王立军，本人提出辞去第十一届全国人民代表大会代表职务，重庆市人民代表大会常务委员会2012年6月26日决定接受其辞职。依照代表法的有关规定，王立军的第十一届全国人民代表大会代表资格终止。

现报请全国人民代表大会常务委员会予以公告。

以上报告，请审议。

第十一届全国人民代表大会
常务委员会代表资格审查委员会
2012年6月27日

全国人民代表大会常务委员会公告

〔十一届〕第四十二号

第十一届全国人民代表大会代表孟宪忠、杨永良、阮志柏因病去世，孟宪忠、杨永良、阮志柏的代表资格自然终止。

全国人民代表大会常务委员会对孟宪忠、杨永良、阮志柏代表的去世表示哀悼。

特此公告。

全国人民代表大会常务委员会
2012年8月31日

全国人民代表大会常务委员会公告

〔十一届〕第四十三号

广东省人民代表大会常务委员会接受了钟明照辞去第十一届全国人民代表大会代表职务。依照代表法的有关规定，钟明照的代表资格终止。

现在，第十一届全国人民代表大会实有代表2973人。

特此公告。

全国人民代表大会常务委员会
2012年8月31日

第十一届全国人民代表大会常务委员会代表资格审查委员会关于个别代表的代表资格的报告

（2012年8月31日第十一届全国人民代表大会常务委员会第二十八次会议通过）

全国人民代表大会常务委员会：

由广东省选出的第十一届全国人民代表大会代表，广东省江门市新会区会城农业综合服务中心支部书记钟明照，因严重违纪，本人提出辞去全国人民代表大会代表职务的请求，广东省人大常委会决定接受其辞职请求。依照代表法的有关规定，钟明照的代表资格终止。

由江苏省选出的第十一届全国人民代表大会代表，中国航空工业集团公司金城集团南京机电液压研究中心质量专务、研究员级高级工程师孟宪忠，因病于2012年5月22日去世。由湖北省选出的第十一届全国人民代表大会代表，全国人大常委会委员、湖北省人大常委会原主任杨永良，因病于2012年6月17日去世。由解放军选出的第十一届全国人民代表大会代表，成都军区原副司令员阮志柏，因病于2012年5月13日去世。代表资格审查委员会对孟宪忠、杨永良、阮志柏代表的去世表示哀悼。孟宪忠、杨永良、阮志柏的代表资格自然终止。

现报请全国人民代表大会常务委员会予以公告。

以上报告，请审议。

第十一届全国人民代表大会
常务委员会代表资格审查委员会
2012年8月27日

全国人民代表大会常务委员会公告

〔十一届〕第四十四号

重庆市人大常委会罢免了薄熙来的第十一届全国人民代表大会代表职务。依照代表法的有关规定，薄熙来的代表资格终止。

现在，第十一届全国人民代表大会实有代表2972人。

特此公告。

全国人民代表大会常务委员会
2012年10月26日

第十一届全国人民代表大会常务委员会代表资格审查委员会关于个别代表的代表资格的报告

（2012年10月26日第十一届全国人民代表大会常务委员会第二十九次会议通过）

全国人民代表大会常务委员会：

2012年9月28日，重庆市第三届人大常委会第三十七次会议决定罢免薄熙来的第十一届全国人民代表大会代表职务。依照代表法的有关规定，薄熙来的代表资格终止。

现报请全国人民代表大会常务委员会予以公告。

以上报告，请审议。

第十一届全国人民代表大会
常务委员会代表资格审查委员会
2012年10月23日

对外交往

一、委员长会见外国来宾

会见越南国会副主席从氏放

新华社北京1月5日电 全国人大常委会委员长吴邦国5日在人民大会堂会见了越南国会副主席从氏放。

吴邦国说，中越建交以来特别是实现关系正常化以来，两国关系总体保持向前发展的良好态势。两国高层接触频繁，经贸合作富有成效，在防务、安全、人文等领域的合作日益深入，在国际和地区问题上保持沟通协调。中越同为发展中国家，都坚持共产党的领导和社会主义道路，在当前复杂多变的国际形势下，进一步加强团结，深化合作，符合两国人民的共同愿望和根本利益，对促进各自国家发展、推进社会主义事业进步具有十分重要的意义。他强调，中国党和政府高度重视发展同越南的关系，愿同越方一道，加强高层交往，加强战略沟通，从双边关系的大局和两国各自发展的大局出发，妥善处理双边关系中的敏感问题；深化互利合作，着力加强双方在经贸、科技、教育等领域的务实合作，并从各自经济社会发展战略中寻找新的合作机遇，不断提升合作的质量和水平；增进人文交流，扩大人员往来，特别是青年之间的友好交流，加深两国人民的相互了解和友谊，推动中越全面战略合作伙伴关系健康稳定发展。

吴邦国积极评价中国全国人大与越南国会关系后指出，中越关系的深入发展，对两国议会合作提出了新的更高要求。希望双方在已有合作基础上，着力发挥议会的职能作用和对外交往的特点，密切各层次各领域的友好往来，加强在治国理政、民主法制建设、保障和改善民生等方面的经验交流，通过议会交往不断巩固和扩大两国关系的民意基础，为国家关系注入新的活力。

从氏放表示，越方视中方为好同志、好兄弟，对中国党、政府和人民长期以来给予的宝贵支持深表感谢。越南党、政府、人民将发展对华关系置于对外关系的首要位置，越南国会支持这一方针，愿为推动落实两国领导人达成的合作共识，进一步深化越中友好合作作出自己的贡献。

会见韩国总统李明博

人民日报北京1月9日电 全国人大常委会委员长吴邦国9日在人民大会堂会见了韩国总统李明博。

吴邦国说，中韩建交以来，两国关系全面发展。双方高层交往频繁，政治互信不断加深，已建立战略合作伙伴关系，经贸合作发展迅速，在复杂严峻的世界经济环境下仍保持强劲发展势头；人文交流十分活跃，在国际和地区事务中也保持了密切协调与合作。不断深化中韩关系符合两国和两国人民的根本利益，也有利于本地区的和平、稳定与发展。今年是中韩建交20周年暨“中韩友好交流年”，两国关系站在新的历史起点上，面临重要发展机遇。中方愿与韩方共同努力，加强友好往来，深化互利合作，推动两国关系进一步向前发展。

吴邦国表示，议会交往是国家关系的重要组成部分。加强议会交往，有利于增进两国政治家的相互了解，密切人民之间的友好感情。近年来，中国全国人大与韩国国会之间的往来十分密切，合作成效显著，特别是议会定期交流机制的建立，为双方就共同关心的重大问题深入交换意见提供了有益平台。希望双方继续加强各层次各领域交流与对话，不断巩固和完善定期交流机制，为中韩关系全面发展作出应有贡献。

李明博表示，很高兴在新年伊始、韩中建交20

周年之际访问中国。他说，韩中建交时间不长，双边关系在所有方面都取得令人满意的发展，韩方对此高度评价。韩方希望通过此次访问进一步加强包括议会关系在内的各领域友好交流与合作，推动两国关系在更高层次上不断发展。

双方还就朝鲜半岛局势等交换了意见。

全国人大外事委员会主任委员李肇星、外交部长杨洁篪等会见时在座。

分别会见智利众议长梅莱罗和日本众议院运营委员长小平忠正

新华社北京 1 月 16 日电 全国人大常委会委员长吴邦国 16 日在人民大会堂分别会见了智利众议长梅莱罗和日本众议院运营委员长小平忠正。

在会见梅莱罗时，吴邦国说，中智两国建交以来，特别是建立全面合作伙伴关系以来，双方高层交往频繁，政府、议会、政党和地方之间往来密切，中智议会间政治对话委员会的交流不断深入，双方在经贸、投资、矿业、金融、通信等领域合作成果丰硕，人文交流丰富多彩，在国际和地区事务中密切沟通与配合。各领域合作都取得长足发展。智利是中国在拉美地区重要的合作伙伴。中方高度重视发展与智利的关系。中国全国人大愿加强与智利众参两院的友好交流与坦诚对话，开展治国理政、民主法制建设等方面的经验交流和学习互鉴，为中智全面合作伙伴关系增添新的内容、注入新的活力。

梅莱罗表示，此次来访的代表团成员包括智利众议院主要党团主席，这从一个侧面反映了智方各政党、各方面对发展对华关系的强烈愿望。智方愿与中方进一步加强政府、议会、政党和人民间的交往，扩大各领域务实合作，共同谱写智中友好的新篇章。

在会见小平忠正时，吴邦国表示，当前中日关系发展态势良好。不久前，野田首相成功访华，两国领导人在广泛领域就推动中日战略互惠关系不断向前发展达成重要共识。作为中日关系的重要组成部分，中国全国人大与日本国会众参两院的友好往来日益密切，为国家关系健康发展作出了积极贡献。中日议会合作委员会成立以来，已成为两国议会开展坦诚对话、增进相互理解、推动务实合作的有效平台。希望双方共同努力，把定期交流机制坚持好完善好。今年是中日邦交正常化 40 周年，也是国民友好交流年，希望双方进一步加强政府、议会、地方、青少年等各方面的友好往来，大力弘扬中日友好精神，增进两国人民之间的相互了解和友好感情，按照中日四个政治文件的原则，推动中日关系不断向前发展。

小平忠正介绍了日本众议院与中国全国人大定期交流机制第七次会议取得的成果，他说，日中是一衣带水的邻邦，两国人民有悠久的友好交往历史。不断加深日中关系，符合两国和两国人民的根本利益，也有利于促进地区乃至世界的和平稳定与发展。日方愿与中方一道，以共同庆祝日中邦交正常化 40 周年为契机，进一步密切各领域交流与合作，推动日中关系不断迈上新台阶。日本众议院愿为此作出自己的努力。

会见小平忠正时，全国人大常委会副委员长兼秘书长李建国在座。

会见德国总理默克尔

人民日报北京 2 月 3 日电 全国人大常委会委员长吴邦国 3 日在人民大会堂会见德国总理默克尔。

吴邦国首先欢迎默克尔就任总理后第五次来华访问，表示这次重要访问不仅为中德建交 40 周年庆祝活动拉开了序幕，而且对未来两国各领域合作作出了全面规划。相信在双方共同努力下，中德战略伙伴关系将取得更大发展。

吴邦国表示，作为国家关系的重要组成部分，中德两国立法机构的交流与合作取得不少积极成果。中国全国人大愿进一步加强与德国联邦议院和参议院的友好往来，充分发挥议会交往在增进两国政治家、人民间的相互了解和信任等方面的独特作用，为中德关系持续、健康、稳定发展作出应有贡献。

吴邦国说，中国高度重视民主法制建设，取得了巨大成就。中国实行的是符合本国国情的民主制度，核心是充分反映人民的意愿，实现经济社会发展。我们所做的一切工作都是为了让人民生活得更加幸福、更有尊严，让社会更加公正、更加和谐。

默克尔表示，建交40年来，德中关系取得了长足发展，双方政治互信不断加强，议会交往密切。经贸合作成果丰硕，人文和地方交流活跃。德方高度重视发展对华关系，愿继续深化包括议会关系在内的各领域合作。

会见加拿大总理哈珀

人民日报北京2月9日电　全国人大常委会委员长吴邦国9日在人民大会堂会见加拿大总理哈珀。

吴邦国说，近年来，在双方共同努力下，中加关系呈现良好发展势头，两国高层和各级别交往频繁，各领域合作取得新成果，给两国人民带来了实实在在的利益。中加经济互补性很强，双方进一步开展互利合作大有潜力。中方赞赏哈珀总理将发展对华关系作为加拿大外交优先方向。此访期间，中加双方达成许多重要共识和合作成果，必将为两国务实合作注入新的动力，进一步推动中加战略伙伴关系深入发展。

吴邦国说，立法机构交往是中加战略伙伴关系的重要组成部分，对增进双方相互了解、巩固两国关系民意基础具有重要意义。中国全国人大同加拿大众、参两院都建立了良好合作关系，中加议会定期交流机制运转顺利，取得积极成效。希望双方保持好的合作传统，密切多层次多领域友好往来，不断增进相互理解和政治互信，为推动中加关系发展作出积极贡献。吴邦国还应询介绍了中国的民主法制建设情况。

哈珀说，近年来，加中在各领域的合作都取得令人振奋的成果，两国领导人频繁会晤，双方在经贸、旅游、教育、地方等方面的合作方兴未艾，签署了一系列重要的双边合作协议，在国际事务中也保持良好的沟通与协调。加方高度重视对华关系，致力于深化经贸等领域的互利合作，使加中的合作潜力得到进一步发挥。

会见缅甸联邦议会人民院议长吴瑞曼

新华社北京2月24日电　全国人大常委会委员长吴邦国24日在人民大会堂会见了缅甸联邦议会人民院议长吴瑞曼。

吴邦国说，中缅两国山水相连，毗邻而居，两国人民有着深厚的友谊，经受了国际风云变幻的考验。近年来，建立在和平共处五项原则基础上的中缅关系取得长足发展，双方政治互信不断增强，在涉及各自重大利益问题上相互给予理解和支持，在经贸、军事、文化、宗教等各领域的交流与合作日益扩大，在国际和地区事务中保持密切协调与配合。发展对缅睦邻友好符合两国人民的根本利益，是中国政府坚定不移的方针。中方愿与缅方共同努力，保持高层密切交往，加强就重大国际地区问题和各自国内情况的沟通，增进战略互信，深化两国在经贸、交通、能源等重点领域的互利合作，发挥大项目合作的辐射和带动作用，提升经贸合作水平，促进各自国内经济发展；密切中国共产党和缅甸巩固与发展党之间的交流与合作，丰富文化、艺术、宗教等领域的友好往来，夯实中缅友好的民意和社会基础，推动中缅全面战略合作伙伴关系不断向前发展。

吴邦国说，作为国家关系的重要组成部分，议会交往在增进相互理解、深化人民友谊方面发挥着不可替代的作用。中国全国人大愿以议长阁下此访为契机，进一步加强与缅甸议会的友好关系，保持议会领导人互访势头，扩大各专门委员会和议员之间的往来，深化立法、监督、治国理政、民主法制建设方面的经验交流，不断丰富中缅关系的内涵。

吴瑞曼表示，作为中国的友好邻邦，缅甸为中国经济社会发展取得的巨大成就感到由衷高兴。认为中国的发展对包括缅甸在内的亚洲国家是机遇，愿意借鉴中国的发展经验，支持中国走和平发展道路。缅政府、议会、政党重视发展对华关系，愿同中方一道加强在政治、经贸、社会、人文等各领域的互利合作，把缅中全面战略合作伙伴关系不断推向新高度，造福两国人民。

会见印尼总统苏西洛

人民日报北京 3 月 28 日电 全国人大常委会委员长吴邦国 23 日在北京会见了印尼总统苏西洛。

吴邦国说，中国印尼是隔海相望的友好邻邦。2005 年建立战略伙伴关系以来，在双方共同努力下，各领域合作逐步走向深入。在政治上，双方战略互信不断加强，在经济上，虽然受到国际金融危机的冲击，但经贸合作仍保持好的发展势头，在安全、人文等领域的交流也取得长足发展。中国印尼同为亚太地区具有重要影响的国家，又都是快速增长的新兴经济体，面临着相同的发展任务和外部环境，有必要进一步加强合作，共同应对挑战，促进共同发展。中方高度重视发展同印尼的关系，相信总统阁下此访将对两国关系持续发展产生新的推动。

吴邦国表示，近年来，中国全国人大与印尼国会、人民协商会议和地方代表理事会开展了很好的合作，为促进中国印尼战略伙伴关系的发展作出了积极贡献。希望双方发扬好的合作传统，服务两国关系深入发展的需要，顺应两国人民加强友好的愿望，密切往来，推动务实合作，为双方关系增添新的内容、注入新的活力。

苏西洛说，印尼愿进一步加强与中国全方位的友好合作，通过这种合作促进各自国内发展。他表示，印尼高度赞赏中国经济社会发展取得的成就，认为一个经济发展、社会稳定的中国对亚太地区乃至世界的和平、稳定、发展有重要意义。

会见爱尔兰总理肯尼

人民日报北京 3 月 28 日电 全国人大常委会委员长吴邦国 28 日在人民大会堂会见了爱尔兰总理肯尼。

吴邦国说，中爱两国传统友好。建交以来，无论国际形势和各自情况如何变化，建立在相互尊重、平等相待、互利共赢基础上的中爱关系一直保持稳定发展势头。总理阁下此访期间，双方决定建立互惠战略伙伴关系，将两国关系提升到新的高度，既是对双边关系已取得成果的充分肯定，也是双方对两国关系未来发展的战略规划。中方愿与爱方一道，不断充实和扩大战略合作内涵。在涉及彼此核心利益的重大问题上继续坚定支持，增进战略互信，不断夯实两国关系的政治基础。中方赞赏爱方坚定奉行一个中国政策，积极推动中欧关系发展。希望双方认真落实达成的合作共识，挖掘合作潜力，努力将两国的技术、资金和市场优势转化为合作成果，提升务实合作规模和水平。相信在双方共同努力下，中爱关系一定会发展得更好。

吴邦国表示，中国全国人大与爱尔兰议会的关系是中爱互惠战略伙伴关系的重要组成部分。希望双方继续开展多层次多渠道的友好往来，加强议会领导人、专门委员会之间的交流互访，深化治国理政、民主法制建设等方面的交流互鉴，为加深相互了解、增进人民之间的友谊、推动务实合作贡献智慧和力量。吴邦国还应询介绍了中国近年来民主法制建设和实施“十二五”规划的有关情况。

肯尼对访问取得的成果表示满意。他说，爱中互惠战略伙伴关系的建立为两国合作开辟了新的广阔空间。爱方愿与中方密切配合，将双方达成的合作共识落到实处，全面加强包括议会交流在内的各领域友好合作，造福两国人民。爱尔兰将继续为推动欧中关系发展发挥积极作用。

会见阿联酋阿布扎比王储穆罕默德

人民日报北京 3 月 28 日电 全国人大常委会委员长吴邦国 29 日在北京会见了阿联酋阿布扎比王储穆罕默德。

吴邦国在会见穆罕默德时说，自 1984 年建交以来，中阿关系保持快速深入发展的良好势头，合作成果丰硕。这与包括王储殿下在内的中阿两国领导人的亲自关心和大力推动分不开。此访期间，两国领导人就深化双边关系、加强务实合作深入交换意见，达成重要共识。相信访问必将对中阿战略伙伴关系发展产生新的推动。他强调，中方高度重视发展与阿联酋的关系，视阿为可信赖的朋友和合作伙伴，愿与阿方一道，加强政府、议会等各方面的友好往来，在涉及彼此核心利益和重大关切问题上给予相互坚定支持，不断增进政治互信；发挥互补优势，在扩大基础设施建设、能源等传统领域合作的同时，积极探索在清洁能源、金融、投资等新领域的合作；扩大教育、文化、旅游等交流，夯实长期友好的民意基础，推动中阿关系不断迈上新台阶。中国全国人大支持中阿发展更为紧密的友好合作关系，愿进一步加强与阿国民议会的友好往来，赋予中阿关系新的内涵。

穆罕默德表示，阿联酋人民对中国人民怀有深厚感情，阿方高度重视发展对华关系，双方在许多领域的合作具有战略性。阿方致力于深化对华友好，进一步加强在经贸、能源、人文等领域的互利合作和交流，增进两国人民之间的了解和友谊，推动阿中关系持续向前发展。

会见土耳其总理埃尔多安

人民日报北京4月10日电　全国人大常委会委员长吴邦国10日在人民大会堂会见土耳其总理埃尔多安。

吴邦国积极评价中土两国关系后指出，中国和土耳其同为亚洲重要国家，也都是具有重要影响的新兴市场国家，在地区和国际事务中均发挥着重要影响。在当今国际格局深刻演变的背景下，中土关系已超越双边关系的范畴，越来越具有战略影响，面临广阔发展前景。中方高度重视同土方的传统友谊和互利合作，始终坚持从战略高度看待中土关系，赞赏土方长期坚持一个中国政策，在台湾、涉疆等核心利益问题上坚定支持中方立场，愿同土方一道，保持高层往来，不断增进政治互信，扩大务实合作领域，特别是相互投资、科技创新、旅游文化等领域的合作，为实现两国共同发展，促进亚洲乃至世界的和平、稳定与繁荣作出不懈努力。

在谈到两国立法机构关系时，吴邦国说，中国全国人大与土耳其大国民议会的友好往来是中土战略合作关系的重要组成部分。近年来，两国议会领导人、专门委员会和友好小组保持友好交往，在治国理政、立法监督等方面的交流互鉴富有成效，在国际和地区议会组织中开展了良好的合作。希望双方保持密切交往的势头，为增进两国人民之间的相互了解与友谊、促进务实合作、夯实中土友好的社会基础多做实事，为中土关系注入新的活力。

埃尔多安表示，他此次访华，与中国领导人深入交流，达成许多新的重要共识，取得丰硕成果。土方愿同中方共同努力，扩大经贸、投资、旅游、基础设施等领域的互利合作，推动两国关系深入发展。土方高度重视与中国全国人大的交流与合作，希望两国立法机构、专门委员会和友好小组加强交流，为两国关系发展发挥积极作用。

外交部部长杨洁篪、全国人大常委会副秘书长王万宾、中国驻土耳其大使宫小生等参加会见。

会见泰国总理英拉

人民日报北京4月18日电　全国人大常委会委员长吴邦国18日在人民大会堂会见泰国总理英拉。

吴邦国积极评价中泰关系发展，并表示此次中泰建立全面战略合作伙伴关系，必将有力促进两国各领域务实合作，造福两国人民。中方一贯重视发展同泰国的友好合作，视泰国为可信赖的朋友，愿与泰方共同努力，推动中泰关系不断取得新的进展，共同维护地区稳定和发展大局。

吴邦国说，中国全国人大重视发展与泰国国会的友好关系，愿继续保持两国议会领导人、各专门委员会和友好小组之间的交往，围绕两国关系发展大局加强实质性交流，相互学习借鉴治国理政、立法监督等方面的有益经验，密切在各国议会联盟、亚洲议会大会等国际和地区议会组织的沟通与协调，为中泰关系发展增添新内容、注入新活力。

英拉表示,她此次访华,与中国领导人深入交流,与各界人士广泛接触,访问取得丰硕成果。泰方赞赏中国在国际、地区事务中发挥的积极作用,坚定致力于发展泰中全面战略合作伙伴关系,希望加强两国政府、议会、政党之间的友好往来,扩大各领域互利合作,增进人民友谊,促进各自国家发展。

会见南苏丹总统基尔

人民日报北京 4 月 25 日电 全国人大常委会委员长吴邦国 25 日在人民大会堂会见南苏丹总统基尔。

吴邦国欢迎基尔就任总统后首次来中国进行国事访问。他说,中南两国人民友好交往追溯久远,深入人心。中南建交后,双边关系开局良好,各领域合作呈现巨大发展潜力。中方支持南苏丹为维护稳定、发展经济所作的不懈努力,愿不断深化中南友好,加强务实合作,尤其是在中非合作论坛框架下的互利合作,帮助南苏丹发展经济,改善民生。中方高度赞赏南苏丹坚持奉行一个中国政策。

吴邦国表示,希望两国立法机构间加强交往,为增进了解、加深互信、推动合作作出积极贡献。

基尔表示,南苏丹十分珍惜与中国的传统友谊,视中国为可信赖的朋友和合作伙伴。南苏丹高度重视对华关系,感谢中方长期以来提供的帮助,愿加强与中国在各领域的合作,包括议会交流。南苏丹将继续坚定奉行一个中国政策。

双方还就南北苏丹关系交换了意见。

同日本众议院议长横路孝弘举行会谈

新华社北京 5 月 4 日电 全国人大常委会委员长吴邦国 4 日在人民大会堂同日本众议院议长横路孝弘举行会谈。

吴邦国对横路孝弘一行在中日邦交正常化 40 周年之际访华表示热烈欢迎,高度评价横路议长多年来为发展中日关系尤其是推动两国议会交流作出的积极努力。

吴邦国说,中日邦交正常化 40 年来,两国高层频繁互动,经贸合作不断加深,人员往来持续扩大,在国际和地区事务中保持良好的沟通协调与合作,两国关系取得前所未有的发展成就,给两国人民带来了实实在在的利益,也有力促进了亚洲和世界的和平、稳定与发展。中日关系的发展成果是两国几代人共同努力的结晶,值得倍加珍惜和精心维护。

吴邦国说,随着地区国际形势和各自国内情况的发展变化,中日关系面临着新的重要机遇和一些需要妥善处理的新课题,双方应抓住邦交正常化 40 周年这一重要契机,进一步加强合作,排除干扰,推动两国关系面向下一个 40 年持续健康稳定发展。

吴邦国就进一步发展中日关系提出四点意见。一是牢牢把握中日关系发展的大方向,在中日四个政治文件确定的各项原则基础上,始终从战略高度和长远角度把握中日关系,坚持和平、友好、合作不动摇。二是增强发展伙伴意识,深化两国在经贸、节能环保、绿色低碳、财金等广泛领域的务实互利合作,加强在区域合作中的沟通和协调,共同推动东亚一体化进程。三是继承和弘扬中日友好传统,办好“中日国民交流友好年”,吸引两国更多民众尤其是青少年广泛参与进来,力争以此有效增进两国人民的友好感情。四是妥善处理重大敏感问题,维护两国关系大局。

吴邦国指出,议会交往是中日关系的重要组成部分,对两国关系发展发挥着不可替代的作用。中国全国人大和日本国会众参两院已分别建立稳定成熟的定期交流机制,今年相继举行交流机制第七次和第五次会议。双方应继续用好这一平台,加强议会各层面特别是年轻议员的交流,就共同关心的议题深入交换意见,为两国关系健康稳定发展发挥更大的促进作用。

横路孝弘说,今年是日中邦交正常化 40 周年,具有非同寻常的意义。日方愿与中方一道,推动日中战略互惠关系深入发展。日本国会愿与中国全国人大继续加强在各领域的交流与合作,增进国民间了解和感情,为推动两国关系发展发挥积极作用。横路孝弘对中国政府和人民在日本去年发生大地震灾害后给予的援助表示衷心感谢。

全国人大常委会副委员长兼秘书长李建国等参加了会谈。

会见哥伦比亚总统桑托斯

人民日报北京5月10日电　全国人大常委会委员长吴邦国10日在人民大会堂会见了哥伦比亚总统桑托斯。

吴邦国在积极评价中哥关系后说，哥伦比亚是拉美地区有重要影响的国家，中方高度重视发展中哥关系。这些年，贵国政府和人民致力于维护国家稳定、发展国民经济、改善人民生活，取得了显著成就，这为中哥合作带来新的机遇。总统先生此次访华期间，与中国领导人就中哥深化友好和互利合作达成新的重要共识，签署了一系列双边合作文件，对两国关系产生新的推动。中方愿与哥伦比亚一道，切实落实两国领导人达成的共识，将双方强烈的合作意愿、巨大的合作潜力转化为务实合作的成果，更好地造福两国人民。

吴邦国表示，议会交往是国家关系的重要组成部分。近年来，中国全国人大和哥伦比亚议会保持着密切友好往来，在各国议会联盟、拉美议会等国际和地区议会组织中合作良好。中国全国人大重视发展同哥伦比亚议会的友好合作关系，愿继续积极开展多种形式的交流与合作，增进人民友谊，为推进两国关系的健康、稳定发展作出贡献。

桑托斯表示，哥中建交32年来，两国关系不断加强。双方高层互访频繁，相互理解不断加深，经贸合作成果丰硕。当前，亚太和拉美地区加快发展，在新兴市场国家重要性日益上升背景下，哥中两国加强包括议会交往在内的多方面、多领域合作，实现共同发展，不仅有利于各自国家的发展繁荣，也有利于地区的和平与稳定。桑托斯并重申，哥坚定奉行一个中国政策。

会见俄罗斯总统普京

人民日报北京6月6日电　全国人大常委会委员长吴邦国6日在人民大会堂会见了俄罗斯总统普京。

吴邦国说，进入新世纪以来，在两国领导人的亲自关心和直接推动下，中俄关系取得了前所未有的大发展，处于历史上最好时期。中俄关系已经超越了双边范畴，关乎世界和平与稳定，关乎地区及国际形势走向，关乎世界多极化和国际关系民主化进程。中方从战略、全局和长远高度重视发展对俄关系，愿与俄方一道，按照两国元首此次北京会晤达成的重要共识，积极落实中俄关系未来10年发展规划，全面深化各领域务实合作和战略协作，为两国的发展、为世界的和平与发展作出新的贡献。

吴邦国表示，中俄关系的友好也体现在两国的议会交往上。多年来，在双方共同努力下，中俄立法机构交流与合作机制日臻完善，内涵日趋充实，成效更加显著。双方在中俄议会合作委员会框架下，就共同关心的问题深入交换意见，积极推动两国在政治、经贸、人文、地方等各领域合作，夯实中俄友好的民意基础。

普京表示，俄中关系取得今天这样的大发展，得益于两国领导人的高度重视，更得益于双方民众的大力支持。当前，俄中应抓住机遇，发挥各自优势，服务各自发展振兴、造福两国人民，更好地维护各自主权、独立和选择发展道路的权利，提升两国在世界上的影响力。俄中议会合作富有成效，在督促落实双方有关部门合作方面发挥了重要作用。希望两国议会加强各层次友好交流，促进地方、人文等领域合作。相信在双方共同努力下，俄中关系前景将会更加广阔。

会见伊朗总统艾哈迈迪—内贾德

人民日报北京 6 月 7 日电 全国人大常委会委员长吴邦国 7 日下午在人民大会堂会见了伊朗总统艾哈迈迪—内贾德。

吴邦国说，中伊同为文明古国，两国人民有传统友谊。建交以来，尽管受到各种外界因素的干扰，但两国关系一直保持良好发展势头，双方高层接触频繁，政治互信不断加强，在经贸、能源、基础设施建设等领域的合作进展顺利，人文交流不断深化，为两国人民带来了实实在在的利益。中国坚持和平发展道路，奉行独立自主的外交政策，致力于同所有国家发展友好关系与互利合作。伊朗是发展中大国，也是西亚北非地区大国。中方愿本着相互尊重、平等相待的原则，进一步加强对伊关系，保持各层次友好往来，积极探讨新形势下深化务实合作的新途径，推动中伊关系不断取得新的更大发展。

在谈到议会交往时，吴邦国表示，中国全国人大支持中伊友好关系发展，愿在现有基础上，积极开展与新一届伊朗伊斯兰议会的友好交流与合作，加强在治国理政、民主法制建设等方面的交流互鉴，密切在国际和亚洲议会组织内的沟通协调，更好地发挥议会交往在推动国家关系发展上的重要作用。

艾哈迈迪—内贾德表示，伊方十分珍视伊中传统友谊，对勤劳智慧的中华民族充满敬意，十分钦佩中国经济社会发展取得的巨大成就。伊方对近年来两国关系的发展表示满意，认为这符合两国和两国人民的利益，愿继续加强和深化伊中友好合作，支持双方议会进一步密切友好往来，为增进两国人民友谊、促进务实合作作出更大的贡献。

与巴西众议长马亚举行会谈

新华社北京 6 月 8 日电 全国人大常委会委员长吴邦国 8 日在人民大会堂与巴西众议长马亚举行会谈。双方在热烈友好的气氛中就中巴关系、议会交往和其他共同关心的问题深入交换意见，达成广泛共识。

吴邦国说，中国和巴西传统友好。近年来，巴西经济快速发展，综合国力不断增强，国际地位和影响力日益提升。作为巴西的好朋友、好伙伴，中方对此感到由衷高兴。

吴邦国表示，中巴建交以来，特别是建立战略伙伴关系以来，双方坚持相互尊重、互利共赢、共同发展原则，坚持从战略高度和长远角度发展两国关系，中巴关系进入全面快速深入发展的新阶段。当前国际形势复杂多变，作为世界上具有重要影响的国家，中国和巴西有必要进一步加强合作。希望双方继续保持高层交往，积极开展政府、议会、政党之间的友好往来，深化政治互信；充分发挥各自优势，结合两国制订的发展战略，推进投资、基础设施建设、高科技等领域的务实合作；扩大人文交流，活跃双方在文化、卫生、旅游等方面往来，增进人民友谊；加强在联合国、世贸组织、二十国集团、金砖国家等多边框架内的协调与配合，共同维护发展中国家的利益，推动中巴战略伙伴关系不断迈上新台阶。

吴邦国祝贺中国全国人大与巴西联邦议会众议院定期交流机制第一次会议取得圆满成功，认为这标志着两国议会关系上升到了新的高度。希望双方共同努力，利用好交流机制这一平台，密切各层次各领域友好往来，选择共同关心的问题开展实质性交流，顺应国家关系发展需要，促进务实合作，为促进各自国家建设和深化中巴友好作出更大贡献。

马亚表示，巴西和中国是当今世界的两支重要力量。巴中加强合作，不仅有利于各自国内发展，而且对促进世界和平、稳定有重要影响。近年来，巴中在政治、经贸、人文等双边领域开展了很好的合作，在二十国集团、金砖国家等多边组织内密切配合，巴方对此表示满意。此次访问期间，我们不仅感受到中国经济充满活力，更感受到巴中合作前景广阔。巴西众议院愿通过加强与中国全国人大的友好交流与合作，为推动巴中关系发展作出积极贡献。

全国人大常委会副委员长乌云其木格会谈时在座。

会见斯里兰卡议长恰马尔·拉贾帕克萨

新华社北京6月13日电　全国人大常委会委员长吴邦国13日在人民大会堂会见了斯里兰卡议长恰马尔。

吴邦国说，中斯是传统友好近邻，两国交往源远流长。中斯关系历经国际和地区风云变幻的考验，始终保持平稳健康发展，不愧为真正的好邻居、好朋友、好伙伴。当前中斯关系正处于历史最好时期，双方高层交往频繁，政治互信不断加深，经贸合作成果丰硕，人文交流日益活跃。今年是中斯建交55周年和《米胶协定》签署60周年，希望双方以此为契机，保持高层互访势头，加强政府、议会、政党、地方等各方面人员往来，增进相互了解，在涉及对方核心利益和重大关切问题上继续给予坚定支持，中方支持斯根据本国国情选择的发展道路；深化务实合作，共同推进在农业、渔业、海洋、基础设施建设等领域的互利合作，中方支持中国企业扩大对斯里兰卡的投资，参与斯里兰卡战后重建和经济社会发展；活跃教育、旅游、文物保护等领域的交流，夯实友好基础；加强在联合国、上海合作组织等多边机制下的沟通协调，维护发展中国家的共同利益，为中斯全面合作伙伴关系注入新的生机与活力。

吴邦国说，中国全国人大重视与斯里兰卡议会的友好关系，愿在保持议会领导人互访的同时，进一步密切专门委员会、友好小组、青年议员之间的往来，加强在立法监督、治国理政等方面的交流与合作，为增进两国人民之间的友谊、促进务实合作、推动中斯关系全面深入发展发挥更大作用。

恰马尔表示，斯里兰卡视中国为真正的朋友和合作伙伴，认为中国经济快速发展不仅造福本国人民，也对包括斯里兰卡在内的发展中国家带来发展机遇。此次访华代表团成员来自斯里兰卡议会各个政党，显示了新一届斯里兰卡议会、政府对发展对华关系的高度重视。斯方愿与中方一道，加强两国政府、议会、政党和地区交往，促进投资、旅游、基础设施等领域合作，密切在上海合作组织中的合作，把斯中关系发展得更好，造福两国人民。恰马尔重申，斯里兰卡将始终奉行一个中国原则，这是斯里兰卡外交政策的核心内容。

会见古巴国务委员会主席兼部长会议主席劳尔·卡斯特罗

人民日报北京7月5日电　全国人大常委会委员长吴邦国5日在人民大会堂会见古巴国务委员会主席兼部长会议主席劳尔·卡斯特罗。

吴邦国说，中古两国建交52年来相互理解、相互支持，结下深厚友谊，已成为好朋友、好同志、好兄弟。近年来，在双方共同努力下，中古关系不断取得新进展，进入了全面发展的新阶段。中方感谢古方在台湾、涉藏、人权等问题上给予的坚定支持，并将一如既往地支持古巴人民为捍卫国家主权所作的努力，支持古巴根据自己的国情所选择的政治体制和发展道路，并将继续为古巴经济社会发展提供力所能及的援助。

吴邦国表示，中国和古巴都致力于建设具有本国特色的社会主义，在发展经济、保障和改善民生等方面积累了独特的经验。中国全国人大愿加强同古巴全国人大各层次、多领域的交流与合作，加强在民主法制、治国理政等方面的相互学习和借鉴，密切在多边议会机制中的沟通与配合，不断丰富中古关系的内涵。

劳尔表示，在两国历代领导人的共同努力下，古中关系一直稳步发展，现处于历史上最好时期。在国际和地区形势不断变化的背景下，古巴更加重视发展与中国的友好合作关系。古中两国都面临发展经济和改善人民生活的共同任务，古方高度重视加强与中国在经济社会发展方面的经验交流，希望能像中国一样积极稳妥推进各项新的经济社会调整措施，不断促进国家发展。

会见哥斯达黎加总统钦奇利亚

人民日报北京 8 月 17 日电 全国人大常委会委员长吴邦国17 日在北京会见哥斯达黎加总统钦奇利亚。

吴邦国在会见时首先对钦奇利亚此次访华取得的丰硕成果表示祝贺，相信这将为推动中哥关系进一步发展注入新的动力。他说，近年来中哥高层交往密切，经贸合作不断扩大，民间往来日益增多，人文交流富有成果。中方感谢哥方在台湾、涉藏等问题上坚持一个中国立场。中哥虽然国情不同，但在国家建设等问题上有许多共同或者相似的目标，各自的发展战略为中哥拓展合作提供新的机遇。中方愿同哥方一道努力，进一步加强各领域友好交流和务实合作，推动中哥关系不断迈上新台阶。

在谈到议会交往时，吴邦国表示，立法机构交流合作是两国关系的重要组成部分。中哥关系的健康稳定发展，离不开包括议员在内的两国各界人士的大力支持和积极参与。近年来，中哥议会交流与合作不断扩大，为促进国家关系发展发挥了重要作用。中国全国人大重视发展与哥斯达黎加立法大会的友好关系，愿在现有的良好基础上，开展多层次、宽领域的交流合作，充分发挥议员友好小组的作用，为增进两国人民友谊、推动国家关系全面发展作出更大贡献。

钦奇利亚表示，通过此访更深入了解了中国的历史和文化，找到了双方合作的契合点。中国走出了一条成功的发展道路，取得了引人瞩目的发展成就，哥对此十分钦佩，并愿意积极学习中国的成功经验。哥中建交时间不长，但两国关系已步入成熟发展阶段，双方在经贸、投资、教育、文化等领域合作势头良好，在基础设施建设等方面的合作富有成效。哥方重视两国议会交流，希望加强议员之间的互访，增进两国人民之间的了解。

外交部部长杨洁篪、中国驻哥斯达黎加大使李长华等参加会见。

会见埃及总统穆尔西

人民日报北京 8 月 29 日电 全国人大常委会委员长吴邦国 29 日在人民大会堂会见埃及总统穆尔西。

吴邦国祝贺穆尔西访华取得巨大成功，认为访问达成的广泛共识和签署的合作协议，必将对新形势下中埃关系发展产生有力推动。吴邦国表示，中国高度重视对埃关系，视埃及为在阿拉伯和非洲国家中最重要合作伙伴之一，积极评价穆尔西总统和埃及新政府把发展对华关系作为外交政策优先方向之一。中方愿与埃方一道，把两国领导人达成的合作共识落实好，加强政府、议会、政党、地方等各方面友好往来，深化经贸、旅游、教育及经贸合作区建设等领域的务实合作，推动中埃关系不断迈上新台阶。

吴邦国在应询介绍中国特色社会主义发展道路后指出，中方主张国际关系民主化，尊重各国人民自主选择发展道路的权利。中方感谢埃方在涉及中方核心利益问题上给予的坚定支持，尊重埃及人民根据本国国情选择的政治制度、发展道路和内外政策，支持埃及为发展经济、改善民生所作的努力，支持埃及在国际事务中发挥更大作用。正是政治上的高度互信和相互支持，为中埃关系长期稳定发展奠定了坚实基础。

穆尔西表示，中国走出了一条适合本国国情的发展道路，取得了巨大成功。中国的发展经验对埃及有借鉴意义。埃方尊重中国人民选择的政治制度和发展道路。埃及将制定新的宪法，选举产生新的人民议会，完成政治过渡，实现国家的长期稳定和发展。埃方愿在相互尊重、平等互利基础上，与中方加强交流互鉴，拓展合作领域，提升合作水平，造福两国人民。

会见德国总理默克尔

人民日报北京8月30日电 全国人大常委会委员长吴邦国30日在人民大会堂会见德国总理默克尔。

吴邦国积极评价中德关系40年来取得的发展成果。他说,在双方共同努力下,当前中德关系呈现良好发展势头,两国领导人互访频繁,对话和交流机制日益完善并有效运转,双方政治互信不断加强,务实合作和人文交流深入推进,在国际事务中的沟通与协作更加密切。中方高度重视中德关系,愿与德方一道,继续本着相互尊重、求同存异、互利共赢的精神,从战略高度和长远角度发展两国关系,以更宽广的视野、更开放的思路深化务实合作,推动中德战略伙伴关系全面向前发展。

吴邦国表示,中德关系的深入发展离不开两国立法机构的大力支持和积极参与。中国全国人大愿进一步加强与德联邦议院的友好往来,不断提升议会合作水平,使议会成为中德关系健康稳定发展的建设性力量。吴邦国还应询向客人介绍了中国近年来民主法制建设的进展情况。

默克尔表示,德中关系十分密切,各领域合作成果丰硕。德方愿以两国建交40周年为契机,密切各领域、各层次友好往来,继续发挥两国政府磋商机制等合作对话机制的作用,将德中合作推向更广领域、更高水平。希望两国立法机构加强交流与合作,为促进德中关系发展作出新的更大贡献。

会见布隆迪参议长恩蒂塞泽拉纳

新华社北京9月4日电 全国人大常委会委员长吴邦国4日下午在人民大会堂会见了布隆迪参议长恩蒂塞泽拉纳。

吴邦国说,中布人民有着深厚的传统友谊。近年来,两国高层交往频繁,各领域合作快速发展,双边关系进入新的发展阶段。他指出,中方一贯主张国际关系民主化,尊重世界多样性,国家不分大小、贫富、强弱,都是国际社会平等的一员。国际事务应由各国之间平等协商,国内事务应由本国人民自主决定。中布两国政治体制、人口面积、发展阶段不同,中方尊重布隆迪人民根据本国国情选择的发展道路,愿在相互尊重、平等互利原则基础上发展互利合作,继续在力所能及的范围内向布隆迪提供帮助,将中布关系不断提升到更高水平。

吴邦国表示,中国全国人大高度重视发展同布隆迪参议院和国民议会的友好关系,愿在现有基础上,加强多层次、多渠道友好往来,服务两国关系深入发展和各自国内经济建设需要,开展在治国理政、发展经济、改善民生等方面的经验交流,为促进中布关系全面发展发挥积极作用。

在谈到中非关系时,吴邦国强调,发展同非洲国家的友好合作关系是中国对外政策的重要基石,也是中方长期、坚定的战略选择。今年7月,胡锦涛主席在中非合作论坛第五届部长级会议上宣布了今后三年加强中非务实合作的新举措,为中非关系发展注入新的推动力。中方愿与包括布方在内的非洲国家一道,落实好会议后续行动,推动中非新型战略伙伴关系取得更大发展。

恩蒂塞泽拉纳说,布中关系好、水平高,体现在双边关系的各个方面。布隆迪感谢中方长期以来对布隆迪和平进程及经济社会发展给予的宝贵支持。当前布隆迪正处在国家建设的关键时期,希望学习中国促进经济发展、保持社会和谐稳定的有益经验,欢迎更多的中国企业到布隆迪投资兴业,参与布隆迪发展战略实施。布隆迪参议院愿加强与中国全国人大的友好往来,为促进国家关系发展作出积极贡献。

与俄罗斯联邦委员会主席会谈

人民日报北京 9 月 6 日电 全国人大常委会委员长吴邦国 6 日在人民大会堂与俄罗斯联邦委员会主席马特维延科举行会谈，并共同出席中国全国人大与俄罗斯联邦委员会合作委员会第六次会议。

吴邦国高度评价中俄关系，对马特维延科主席长期以来积极致力于推动中俄关系发展表示赞赏。他说，去年 6 月以来，胡锦涛主席成功访俄，普京总统访华，两国元首一致决定致力于发展平等信任、相互支持、共同繁荣、世代友好的全面战略协作伙伴关系，共同确定了中俄关系下一步发展的目标、方向和重点合作领域，两国关系进入了新的发展阶段。中俄互为重要战略机遇，互为主要优先合作伙伴。在国际形势日益复杂多变的背景下，中俄发展全面战略协作伙伴关系，对两国发展振兴、应对外部挑战具有重要意义。中方愿与俄方共同努力，按照两国元首达成的共识，坚定不移地将发展相互关系作为本国外交的主要优先方向之一，保持中俄关系发展的连续性，推动中俄全面战略协作伙伴关系不断迈上新台阶。

吴邦国说，立法机构的交流与合作，有力地推动中俄关系的发展。特别是议会合作委员会的成立，提升了双方议会合作的水平，使议会交往成为两国关系中富有活力和内涵的重要组成部分。在新的形势下，双方应在已有基础上，着力开展以下合作：一是按照中俄战略协作精神，加大相互政治支持，深化政治互信互助关系，共同维护两国主权、安全、发展利益。二是积极推动务实合作质量和规模同步提升，加强在治国理政、立法监督等领域的经验交流，促进两国共同发展振兴。三是借助中俄互办旅游年等活动，密切人文交流，促进人员往来，增进彼此了解互信，培养两国青年和青年政治家之间的友谊，深入弘扬中俄世代友好。四是加强在国际和地区议会组织中的沟通配合和战略协作，遵循《联合国宪章》的宗旨和原则以及国际关系基本准则，维护两国共同利益。

马特维延科说，俄中友好深入人心。发展俄中全面战略协作伙伴关系是俄罗斯外交的优先方向，深化俄中友好、加强战略协作是俄罗斯政府、议会、地方及社会各界的一致愿望。当前，俄中各领域合作都处于高水平，但仍有很大发展潜力和空间。两国领导人和人民之间的高度互信是俄中关系持续发展的重要基础，双方建立的完备合作机制为深化合作提供了有力保障。俄罗斯联邦委员会愿与中国全国人大共同努力，充分利用好合作委员会这一有效平台，开展全方位、多领域的合作，为双边关系的发展营造良好的法律环境，为俄中关系不断迈上新台阶作出更大贡献。

在谈到地方合作时，双方一致认为，地方合作是中俄关系未来 10 年发展规划的重点领域，对加强两国世代友好、促进双方利益交融具有重要意义。两国立法机构应充分发挥议员在地方具有广泛代表性的优势，为推动两国地方合作和经济发展做更多实事。

全国人大常委会副委员长桑国卫等会谈时在座。

当天下午，中国全国人大和俄罗斯联邦委员会合作委员会第六次会议举行了第二阶段会议，双方成员围绕双边关系、议会交往和地方合作等共同关心的问题展开了深入交流和对话。

会见新加坡总理李显龙

人民日报北京 9 月 7 日电 全国人大常委会委员长吴邦国 7 日在北京会见新加坡总理李显龙。

吴邦国在会见时表示，当前，中新关系保持良好发展势头，双方高层交往频繁，经贸合作全面深入，人文交流富有成效。中国始终视新加坡为本地区的重要合作伙伴，将坚持不懈地发展同新加坡的睦邻友好和互利合作，使中新关系更好造福两国人民。

在谈到中国当前经济社会发展情况时，吴邦国指出，中国正在加强和改善宏观调控，以科学发展为主题，以加快转变经济发展方式为主线，不断推进经济的长期平稳较快发展，促进社会的和谐稳定。新加坡在转变经济发展方式、提升产业结构、保持经济可持续发展、完善社会管理等许多方面有不少宝贵的经验。双方可继续加强治国理政经验交流和人才培训合作，密切立法机构交往，更好服务两国建设和发展。

李显龙表示，近年来，中国取得巨大发展成就并保持强劲发展势头，为地区和世界经济发展作出了重要贡献。新中一直保持密切交往和沟通，各层次各领域合作取得丰硕成果，促进了各自发展。新方愿与中方相互学习、相互借鉴，开辟新的合作领域，将双边关系提升到更高水平。

会见出席西博会外国政要和国际组织负责人

新华社成都9月25日电　全国人大常委会委员长吴邦国25日在四川成都会见了前来出席第十三届中国西部国际博览会的孟加拉国议长哈米德、马其顿副总理佩舍夫斯基和上海合作组织实业家委员会主席梅津采夫。

在会见哈米德时，吴邦国首先欢迎哈米德专程来华出席西博会。吴邦国说，中国和孟加拉国是亲密友好邻邦，两国人民之间素来相互怀有友好感情。建交以来，双方坚持在和平共处五项原则基础上发展友好合作，中孟更加紧密的全面合作伙伴关系得到不断充实和深化。中方重视发展与孟加拉国的关系，希望双方加强政府、议会、政党和地方等各个层面的交流与合作，增进相互了解与信任，加大企业合作和投资合作，推动互联互通建设，充实合作内涵、提升合作水平。吴邦国在简要介绍中国西部大开发情况后表示，近些年来，西部地区发生了很大变化，已成为中国经济最具活力的地区之一，成为吸引外资的热土。孟加拉国与中国西部地区毗邻，欢迎孟方以更积极的态度开拓中国西部市场，促进各自发展。

哈米德表示，孟加拉国人民珍视与中国人民的传统友谊，感谢中国朋友长期以来给予的大力支持和无私帮助。中国在改革开放和现代化建设中取得巨大成就，为孟中深化互利合作创造了更加广阔的空间。孟方愿通过西部博览会这个重要合作平台，进一步加强与中方在经贸、投资、航空、基础设施等领域的合作，推动孟中关系不断向前发展。

在会见佩舍夫斯基时，吴邦国说，中国和马其顿实现关系正常化以来，双方各领域友好合作稳步推进。当前两国关系不存在任何障碍，良好的政治关系为促进双方经贸合作提供了有力保障。前不久中方提出了促进与中东欧国家友好合作的12项举措，希望马方抓住机遇，创新合作思路和模式，积极拓展双方在基础设施、能源资源、高新技术等领域的大项目合作，进一步发挥企业在经贸合作中的主体作用，不断提升中马合作的质量和水平。吴邦国指出，中国正在深入推进西部大开发战略，也欢迎马方发挥自身优势，积极参与并从中寻找更多商机，加强与中国有关地方的务实合作，实现互利双赢。

佩舍夫斯基表示，近年来，马中在各领域合作都取得了很大进展，马政府、议会、各政党进一步认识到，发展马中友好合作对马具有重要战略意义。马方坚定坚持一个中国政策，坚定致力于做中国在中东欧地区最可靠的伙伴。马其顿具有自身特点，对华开展经贸合作有很大潜力。马其顿政府已制定了一系列政策措施，改善投资环境，欢迎更多的中国企业到马其顿投资，将马其顿作为进入欧洲的一个桥梁。相信在双方共同努力下，马中合作的明天将更加美好。

在会见梅津采夫时，吴邦国高度评价梅津采夫在担任俄罗斯联邦委员会副主席期间为推动中俄议会关系和地方合作所作的积极贡献，对他即将出任上海合作组织秘书长表示祝贺。吴邦国说，当前国际和地区形势纷繁复杂，上海合作组织面临诸多不确定因素和挑战，同时也面临重要发展机遇。中方愿与各成员国一道，密切沟通、真诚合作，认真落实上合组织北京峰会共识，将上合组织框架内的安全、经贸等领域合作不断引向深入，使合作取得更加丰硕的成果，更好地维护地区和平与稳定，促进成员国共同发展与繁荣。

梅津采夫表示，上海合作组织成立十多年来，已发展成为维护地区安全稳定、促进共赢发展的重要组织。中方为组织成立和发展作出了巨大贡献。今年6月举行的上合组织北京峰会非常成功，进一步深化了组织框架内务实合作，凝聚了成员国应对新威胁、新挑战的共识。希望各成员国齐心协力，切实落实峰会精神，推动上合组织不断向前发展。

全国人大常委会副委员长兼秘书长李建国和四川省委书记、省人大常委会主任刘奇葆等会见时在座。

会见泰国国会主席兼下议院议长颂萨·革素拉暖

新华社成都 9 月 26 日电 全国人大常委会委员长吴邦国26日下午在四川成都会见了前来出席第十三届中国西部国际博览会的泰国国会主席兼下议院议长颂萨·革素拉暖。

吴邦国对颂萨专程来华出席西博会表示热烈欢迎。他说,中国与泰国地缘相近、血缘相亲、文化相通。建交 37 年来,中泰关系经受住了国际风云变幻的考验,始终保持健康稳定发展。双方政治上高度互信,在涉及彼此核心利益问题上相互支持。经济上互利合作,中国成为泰国第二大贸易伙伴,泰国是中国在东盟国家中第二大贸易伙伴。中国正在深入推进西部大开发,这为中泰深化务实合作带来新的机遇。中国视泰国为本地区最可信任的合作伙伴之一,支持泰国加强与中国西部有关地方的友好往来,共享西部开发机遇,实现共同发展,不断充实"中泰一家亲"的内涵,推动中泰全面战略合作伙伴关系持续向前发展。

吴邦国强调,中国全国人大重视与泰国国会上、下两院的关系,愿在现有基础上,进一步加强友好交流与合作,在保持议会领导人互访的同时,活跃专门委员会、友好小组和办事机构之间的互访,选择共同关心的问题深入交换意见,增进相互了解与信任,促进务实合作,为中泰关系增添新内容、注入新活力。

颂萨表示,泰中友好在泰国有深厚的民意基础,得到泰王室、政府、人民和社会各界的一致拥护。中国在推动亚洲区域经济一体化进程中发挥着重要作用。泰国重视发展与中国的战略合作,希望搭乘中国经济发展快车,愿把四川、云南等西部省份作为进入中国的门户,加强在互联互通、农业、人文等领域的合作,全面提升泰中关系水平。泰国会期待进一步密切与中国全国人大的友好往来,为推动国家关系发展作出积极贡献。

全国人大常委会副委员长兼秘书长李建国和四川省委书记、省人大常委会主任刘奇葆等会见时在座。

会见佛得角国民议会议长拉莫斯

新华社北京 9 月 28 日电 全国人大常委会委员长吴邦国28日下午在人民大会堂会见了佛得角国民议会议长拉莫斯。

吴邦国说,中佛建交 36 年来,两国关系经受住国际风云变幻的考验,始终健康稳定发展,堪称中非合作的典范。双方政治上相互尊重,平等相待,在彼此重大关切问题上相互理解和支持,在国际事务中密切合作;经济上优势互补,互利互惠,在中非合作论坛和中葡经贸合作论坛框架下的合作成果丰硕;人文上交流日益活跃,成为双边关系的新亮点。中方珍视中佛友谊,愿与佛方加强友好往来,密切在国际事务中的协调配合,积极探讨在海洋经济、清洁能源、信息技术等领域的互利合作,推动中佛友好合作关系不断迈上新台阶。

吴邦国说,中国全国人大愿与佛得角国民议会保持各层次友好交往和合作,在涉及彼此核心利益和重大关切问题上继续相互理解、相互支持,在治国理政、立法监督等方面加强交流、借鉴,为深化中佛友好合作关系发挥更大作用。

拉莫斯说,时隔多年再次访华,我亲身感受到中国改革开放以来发生的翻天覆地变化,佛方深表钦佩。这一伟大发展成就给予佛得角深刻启示。中国一贯主张国家不分大小一律平等,这一原则使像佛得角这样的小国也能发出自己的声音和维护自身权益。佛方期待密切两国政府、议会和人民间的友好交往,加强在旅游、教育、渔业、基础设施建设等领域的互利合作,不断丰富佛中友好的内涵。他重申,佛方坚定奉行一个中国政策。

会见汤加议长法卡法努阿

人民日报北京10月29日电 中共中央政治局常委、全国人大常委会委员长吴邦国29日下午在人民大会堂会见了汤加议长法卡法努阿。

吴邦国说，建交14年来，中汤关系一直保持良好发展势头。双方高层往来频繁，各领域合作不断深化，在国际和地区事务中相互支持和配合。中方感谢汤加王室、政府和议会坚持一个中国政策，中国重视发展同包括汤加在内的太平洋岛国的关系，中汤之间不存在任何障碍和问题，只有友好与合作。中方愿在相互尊重、平等相待的基础上，密切两国政府、议会、政党之间的友好往来，增进相互了解与信任，加强在农业、渔业、旅游等领域的务实合作，也愿在南南合作框架内继续向汤方提供力所能及的帮助，为汤加经济社会发展多做实事。

吴邦国积极评价两国议会交往。他说，中国全国人大愿进一步加强同汤加议会多层次、多领域的交流与合作，使议会关系成为促进中汤关系健康稳定发展的建设性力量。

法卡法努阿说，通过此次访问极大增进了对中国、中国共产党和中国人大制度的了解，充分认识到中国独特的政治体制是中国经济繁荣、政局稳定的保障。汤加十分钦佩中国的发展成就，赞赏中方将汤加视作国际社会平等一员，感谢中方长期以来给予的无私帮助，将一如既往坚定奉行一个中国政策，支持中国和平统一。汤加议会愿加强与中国全国人大的友好往来，学习借鉴中国的发展经验。

中联部部长王家瑞会见时在座。

会见贝宁国民议会议长纳戈

新华社北京11月26日电 全国人大常委会委员长吴邦国26日在人民大会堂会见了贝宁国民议会议长纳戈。

吴邦国说，今年是中贝复交40周年。40年来，两国关系发展顺利，双方政治交往密切，经贸等领域合作成效显著，人文交流充满活力。今年7月，亚伊总统访华，与胡锦涛主席举行富有成果的会谈，为中贝关系发展指明了方向。贝宁坚定奉行一个中国政策，在台湾、涉藏、涉疆等重大问题上给予中方宝贵支持，中方对此深表感谢。中方愿与贝方共同努力，切实落实两国元首会晤成果，使中贝友好合作关系成果更多惠及两国人民。

吴邦国积极评价中国全国人大与贝宁国民议会的关系，希望双方发挥议会交往的独特作用，加强在治国理政和民主法制建设等方面的经验交流，为中贝关系增添新的活力。

在谈到中非关系时，吴邦国说，中国是世界上最大的发展中国家，非洲是发展中国家最集中的大陆。发展同非洲的友好关系是中方长期、坚定的战略选择。中方将一如既往地支持广大发展中国家团结协作，联合自强，共同维护发展中国家正当权益，将一如既往地发展政治上平等互信，经济上合作共赢，文化上交流互鉴的中非新型战略伙伴关系，实现共同发展。

吴邦国还应询介绍了不久前举行的中国共产党第十八次全国代表大会的有关情况。

纳戈对中共十八大的胜利召开表示祝贺。他说，贝宁十分钦佩中国改革开放取得的巨大成就，中国用事实证明自己走的是正确的发展道路。作为在国际上有着特殊地位和重要影响的大国，中国坚定捍卫广大发展中国家的利益。贝宁视中国为可信赖的朋友和学习的榜样，愿加强与中方在各领域的务实合作，密切在国际事务中的沟通配合，为促进非中友好、建设公平合理的国际新秩序而不懈努力。贝宁国民议会愿为此做更多工作。纳戈重申，贝宁坚定奉行一个中国政策。

会见玻利维亚参议长蒙塔尼奥

人民日报北京 12 月 3 日电 全国人大常委会委员长吴邦国 3 日下午在人民大会堂会见了玻利维亚参议长蒙塔尼奥。

吴邦国积极评价中玻关系。他说，建交 27 年来，在双方共同努力下，中玻友好合作关系不断取得新进展。两国政府、议会、政党、民间等各层次友好往来密切，政治互信不断加深，在彼此关切的问题上相互理解和支持；经贸合作稳步推进，由单纯的贸易合作向卫星制造、矿产资源开发等领域拓展；在文化、教育、科技等领域的交流富有成效，在国际事务中保持密切沟通协调。中玻是真诚互信的好朋友，互利合作的好伙伴，深化中玻关系符合两国和两国人民的根本利益。中方愿与玻方共同努力，把中玻关系发展得更好，造福两国人民。

蒙塔尼奥表示，玻中虽相距遥远，但玻利维亚始终关注着中国朋友的发展与进步。当前，玻国内正在积极推进政治、经济和社会变革，着力发展经济和改善民生，迫切希望学习借鉴中国的经验，特别是在发展市场经济、加强宏观调控、维护社会公平正义方面的有益做法。与此同时，玻方愿全方位深化同中国的互利合作，推动国家关系迈上新台阶。

吴邦国说，中国一贯主张，尊重和维护各国人民自主选择社会制度和发展道路的权利。中方对玻利维亚人民积极探索符合本国国情发展道路的努力表示理解和支持。中国全国人大愿加强与玻利维亚议会的友好往来，就治国理政、民主法制建设等交流经验，就共同关心的问题深入交流，为国家关系注入新内容，增添新活力。

该代表团是应中国人民对外友好协会的邀请来华访问的。

会见印度国家安全顾问梅农

人民日报北京 12 月 4 日电 全国人大常委会委员长吴邦国 4 日在人民大会堂会见印度国家安全顾问梅农。

吴邦国表示，中国和印度是两个最大的发展中国家，同处亚洲，互为邻国，都是文明古国，为人类的文明进步做出过重大贡献。过去十年，在双方共同努力下，中印关系越来越成熟，步入健康稳定发展的轨道。当前国际形势深刻演变，中印两国拥有广泛共同利益，具有广阔合作空间，两国关系发展面临新的更大机遇。中方希望看到一个稳定、发展和繁荣的印度。加强同印度的睦邻友好合作是中国的战略选择和既定政策，不会改变。中共十八大强调，中国将始终不渝走和平发展道路，继续高举和平、发展、合作、共赢的旗帜，坚持和平共处五项原则，这也是今后中国对印度关系的重要指导思想。中方愿同印方共同努力，深化政治互信，推动中印战略合作伙伴关系不断向前发展，这符合两国的根本利益，也有利于地区和世界和平、稳定与繁荣。

吴邦国积极评价中印边界问题特别代表会晤机制取得的进展。吴邦国强调，双方要从战略高度和全局角度出发，本着和平友好、平等协商、互相尊重、互相谅解的精神，在已经取得的共识基础上，保持和利用好现有机制，继续推进框架谈判进程。相信中印双方有能力、有智慧最终解决边界问题。

梅农表示，印中两国有着相同的发展目标，都需要和平稳定的周边环境，加强印中团结合作对两国、对世界意义重大。印度高度重视同中国发展面向和平与繁荣的战略合作伙伴关系，希望同中方加强高层交往和各级别对话，扩大务实合作，坚持通过友好协商处理边界问题，不让边界问题影响两国关系大局。印方对印中关系的未来充满信心。

国务委员戴秉国参加会见。

会见特多议会两院议长哈梅尔—史密斯

新华社北京12月7日电　全国人大常委会委员长吴邦国7日在人民大会堂会见了特立尼达和多巴哥议会众议长马克和参议长哈梅尔—史密斯。

吴邦国说，中国同特多虽然相距遥远，但双方的友好交往源远流长。两国建交以来特别是近年来，高层往来密切、政治互信不断加深，中方赞赏特多坚定奉行一个中国政策，在台湾、涉藏等问题上给予中方宝贵支持。经贸合作成果丰硕，人文交流日益丰富，在重大国际和地区问题上配合良好，赋予两国传统友谊以新的时代内涵。中国和特多国情不同，但这并不妨碍两国发展友好合作。中方主张，在国际关系中弘扬平等互信，包容互鉴，合作共赢的精神，国家不分大小、强弱、贫富一律平等，推进国际关系民主化。特多是加勒比地区重要国家，中方重视发展同特多的关系，愿全面加强、不断深化双方互利发展的友好合作关系，给两国人民带来实实在在的利益。

吴邦国说，议会交往是国家关系的重要组成部分。中国全国人大愿以此访为契机，进一步加强与特多众议院、参议院的交流与合作，加强在立法、监督、治国理政等方面相互学习和借鉴，更好地服务各自国内经济社会发展。

吴邦国还应询介绍了中共十八大的有关情况。

马克和哈梅尔—史密斯说，此次代表团成员包括多位重量级政治家和不同党派的议员，具有广泛的代表性，这反映出发展对华关系是特多各方的共同意愿。中国经济社会发展取得巨大成就，社会和谐并充满活力，给代表团留下深刻印象。特多议会众参两院愿加强与中国全国人大的友好交往，促进两国各领域务实合作，为创造特中关系的美好明天发挥更加积极的作用。他们重申，特方将坚定奉行一个中国政策。

二、委员长出国访问

访问荷兰、克罗地亚、卢森堡和西班牙

吴邦国将访问欧洲四国

新华社北京 5 月 13 日电 应荷兰议会一院议长德赫拉夫和二院议长费尔贝特、克罗地亚议会议长什普雷姆、卢森堡国民议会议长莫萨、西班牙众议院议长波萨达的邀请，全国人大常委会委员长吴邦国将于 5 月 15 日至 30 日对上述四国进行正式友好访问。

离京出访欧洲四国

新华社北京 5 月 15 日电 应荷兰议会一院议长德赫拉夫和二院议长费尔贝特、克罗地亚议会议长什普雷姆、卢森堡国民议会议长莫萨、西班牙众议院议长波萨达的邀请，全国人大常委会委员长吴邦国于 15 日上午乘专机离开北京，前往上述四国进行正式友好访问。

吴邦国委员长夫人章瑞珍、全国人大常委会副委员长兼秘书长李建国、全国人大教育科学文化卫生委员会主任委员白克明、外交部副部长张志军、贵州省人大常委会主任栗战书、全国人大常委会副秘书长曹卫洲、全国人大常委会副秘书长沈春耀、商务部副部长钟山等陪同人员同机离京。

吴邦国开始对荷兰进行正式友好访问

人民日报阿姆斯特丹 5 月 15 日电 应荷兰议会一院议长德赫拉夫和二院议长费尔贝特的邀请，全国人大常委会委员长吴邦国 15 日下午抵达荷兰首都阿姆斯特丹，开始对荷兰进行正式友好访问。这是中国全国人大常委会委员长首次访问荷兰。

5 月的荷兰，郁金香绚丽夺目。当地时间下午 1 时许，吴邦国委员长乘坐的专机徐徐降落在阿姆斯特丹斯希普霍尔机场。机场上空，中荷两国国旗迎风飘扬。吴邦国委员长和夫人章瑞珍、李建国副委员长兼秘书长在舷梯前，与前来迎接的荷驻华大使裴靖康、荷兰议会高级官员等亲切握手，互致问候。中国驻荷兰大使张军和使馆工作人员也到机场迎接。

吴邦国在机场发表书面讲话。他说，中荷正式建交 40 年来，两国关系的政治基础日益牢固，经贸合作走在中欧合作前列，科技、人文等领域交流富有成效，目前两国关系正处在历史上最好时期，给两国和两国人民带来了实实在在的利益，也为推进中欧关系发展作出了积极贡献。他表示，相信此访将进一步增进政治互信，深化务实合作，密切人文交流，推动两国关系在新的起点上取得更大发展。

访问期间，吴邦国委员长将分别与贝娅特丽克丝女王陛下、吕特首相、德赫拉夫议长和费尔贝特议长等荷方领导人举行会见会谈，就深化双边关系和共同关心的国际地区问题深入交换意见。

荷兰是吴邦国此次欧洲四国之行的第一站。此后他还将访问克罗地亚、卢森堡和西班牙。

吴邦国会见荷兰女王

人民日报海牙5月15日电　正在荷兰进行正式友好访问的中国全国人大常委会委员长吴邦国和夫人章瑞珍当地时间15日下午在王宫会见了荷兰女王贝娅特丽克丝，双方在亲切友好的气氛中进行了交谈。

吴邦国首先转达了胡锦涛主席对贝娅特丽克丝女王的亲切问候。贝娅特丽克丝女王对此表示感谢，并请吴邦国委员长转达她对胡锦涛主席的良好祝愿。

吴邦国说，女王陛下和亚历山大王储夫妇多次访华，同中国几代领导人结下了深厚友谊，为中荷关系发展作出了积极贡献，深受中国人民的爱戴，希望荷兰王室继续关心和支持中荷友好事业发展，欢迎女王陛下和王室成员多到中国走一走、看一看。吴邦国指出，中国高度重视发展与荷兰的友好合作关系，视荷兰为在欧洲重要的合作伙伴，对荷方在中欧关系中发挥的积极作用表示赞赏。我这次访问荷兰，正值中荷建交40周年，两国关系发展正站在一个新的起点上。我此访的目的，就是希望同贵国领导人面对面深入交流，与荷兰社会各界人士广泛接触，进一步增进相互了解，加深人民友谊，深化务实合作，为中荷关系发展注入新的内容、增添新的活力。

贝娅特丽克丝女王热烈欢迎吴邦国委员长来访，并愉快回忆起她访华时的难忘情景。她说，在荷中建交40周年之际，吴邦国委员长的重要访问对增进荷中两国人民的友谊、提升各领域合作水平具有十分重要的意义。荷兰王室将一如既往地致力于荷中友好事业发展，更好地造福两国和两国人民。

吴邦国会见荷兰首相吕特

人民日报海牙5月16日电　正在荷兰进行正式友好访问的中国全国人大常委会委员长吴邦国当地时间15日下午在首相府会见了荷兰首相吕特。

吴邦国说，中荷建立大使级外交关系40年来，两国关系总体发展顺利，目前正处于历史上最好的时期，中荷经贸合作也走在了中欧合作的前列。中方视荷为重要合作伙伴，赞赏荷方坚持一个中国原则，支持荷兰在欧盟和国际事务中发挥更大作用。事实证明，健康稳定的中荷关系符合两国和两国人民的共同利益。

吴邦国指出，中荷关系发展潜力巨大、前景广阔，希望双方在新的历史起点上，共同推动双边关系向更高水平、更深层次发展。为此，吴邦国提出三点建议。一是保持高层交往势头，进一步加强政府、议会、政党等各方面友好交往，就共同关心的问题深入交换意见，尊重彼此核心利益，不断加深政治互信，巩固中荷关系的政治基础。二是优化贸易环境，积极扩大双向投资。中方将为外国企业提供更加稳定透明、规范高效的投资环境，也希望荷方为中国企业赴荷投资提供更多便利。双方要进一步加强在反对贸易保护主义方面的协调与合作，推动欧盟少用、慎用贸易救济措施，发挥各自技术和市场优势，加强高端制造业、新能源、节能环保、金融保险等领域合作，努力培育双边经贸合作新的增长点。三是进一步深化人文交流，落实好新一轮文化、教育、科技合作谅解备忘录，加强旅游合作，通过丰富多彩、形式多样的交流活动，增进两国人民的了解和友谊，不断夯实国家关系发展的民意基础。

吕特表示，对华关系是荷兰外交政策的重点，荷方坚持一个中国原则并以此作为对华政策的基石，愿在平等和相互尊重的基础上积极发展荷中关系，全面推动经贸、人文、环境等领域交流合作，特别是农业、高科技、新能源等方面的合作，反对和抵制各种形式的贸易保护主义，扩大相互投资，深化人文交流，欢迎更多中国企业到荷兰投资，欢迎更多中国游客来荷旅游观光。

在谈到中欧关系时，吴邦国指出，中国始终将发展中欧关系作为中国外交的重要战略方向，支持欧洲一体化建设。荷兰是欧盟和欧元区创始成员国，在欧洲一体化建设和中欧关系中发挥着独特作用。中方愿同荷方就深化中欧合作加强磋商，不断丰富中欧全面战略伙伴关系内涵。吕特表示，荷方愿继续发挥建设性作用，推动欧盟以更加开放的态度发展对华关系，为欧中关系深入发展创造良好条件。

吴邦国还向吕特转达了温家宝总理的亲切问

侯。吕特对此表示感谢，并请吴邦国委员长转达他对温家宝总理的良好祝愿。

中国全国人大常委会副委员长兼秘书长李建国、荷兰副首相兼经济、农业与创新大臣费尔哈亨等会见时在座。

当天晚上，受吴邦国委员长委托，李建国副委员长兼秘书长出席了中国驻荷兰大使馆举办的庆祝中荷建立大使级外交关系40周年招待会。

吴邦国与荷兰议会两院议长会谈

人民日报海牙5月17日电 正在荷兰进行正式友好访问的中国全国人大常委会委员长吴邦国当地时间16日与荷兰议会一院议长德赫拉夫、二院议长费尔贝特举行会谈，双方就两国关系、议会交往以及共同关心的问题深入交换意见，取得了广泛共识。

德赫拉夫、费尔贝特对吴邦国委员长来访表示热烈欢迎，认为吴委员长此访是两国和两国议会交往中的一件大事，必将对推动荷中关系发展产生重要影响。

吴邦国首先回顾和总结了中荷建立大使级外交关系40年的发展历程。他说，双方政治互信不断加深，务实合作成果丰硕，人文交流日趋活跃，在国际和地区事务中保持密切沟通与协调，为两国和两国人民带来了实实在在的利益。中方赞赏荷方坚持一个中国政策、支持中国和平统一大业。实践证明，只要坚持相互尊重、平等相待，坚持互利合作、共同发展，完全可以超越意识形态、社会制度、发展阶段的差异，推动国家关系健康稳定向前发展。中方高度重视发展与荷兰的友好合作关系。希望双方继续相向而行，加强友好交流，增进相互理解，推动两国关系取得新的更大发展。

在谈到议会交往时，吴邦国指出，议会交往是国家关系的重要组成部分，对加强政治互信、促进务实合作、增进人民友谊具有十分重要的作用。我此次访荷的一个重要目的，就是加强中国全国人大与荷兰议会的友好关系，进一步提升两国议会合作水平。一要密切各层次各领域友好往来，保持双方议会高层交往势头，加强专门委员会、友好小组、议员以及办事机构之间的交流，增进相互了解，深化政治互信，加强互学互鉴。中方欢迎两位议长在方便的时候访问中国。二要促进务实合作，及时制订和修改双边合作文件，推动有关部门在签证颁发、海关质检、投资保护、劳务许可等方面相互提供便利；发挥议员联系广泛、议会信息密集的优势，为双方在高端制造、节能环保、新能源、生物技术等领域合作献计献策，为企业和地方合作牵线搭桥。三要加强人文交流，积极参与两国建交40周年庆祝活动，吸引更多的民众特别是青年人关注和投身中荷友好事业，为中荷关系长远发展构建坚实的民意基础。

德赫拉夫、费尔贝特完全赞同吴委员长对两国关系的评价和关于加强两国议会交往的意见，一致表示支持荷政府把一个中国原则作为对华政策的基石，赞赏中国在国际和地区事务中发挥的建设性作用。荷议会两院愿以荷中建交40周年为契机，进一步加强与中国全国人大的友好往来和务实合作，不断为国家关系的全面发展作出贡献。

宾主双方还就共同关心的国际和地区问题深入交换了意见。

会谈中，李建国等陪同人员介绍了中国民主法制建设和人权事业发展情况，阐述了中方在涉藏问题上的原则立场。荷方对中国民主法制建设和人权事业发展取得的成绩表示赞赏，认为中方的介绍和阐述增进了相互了解和理解。

当天晚上，吴邦国委员长和夫人章瑞珍出席了德赫拉夫和费尔贝特两位议长举行的欢迎宴会，还在下榻饭店亲切接见了我驻荷使馆工作人员，中资机构、华侨华人和留学生代表。李建国副委员长兼秘书长等参加了上述活动。

吴邦国抵达萨格勒布开始访问克罗地亚

人民日报萨格勒布5月17日电 应克罗地亚议会议长什普雷姆的邀请，全国人大常委会委员长吴邦国17日抵达克罗地亚首都萨格勒布，开始对克罗地亚进行正式友好访问。

当地时间下午6时许，吴邦国委员长乘坐的专机徐徐降落在萨格勒布机场。机场上中克两国国旗迎风飘扬。中国驻克大使申知非和克方高级官员登机迎请。吴邦国委员长和夫人章瑞珍、李建国副委员长兼秘书长在舷梯前，与前来迎接的克议会议长什普雷姆、第一副议长莱科、克驻华大使西莫尼奇等克方高级官员亲切握手，互致问候。什普雷姆议长按照当地礼仪向章瑞珍女士献上鲜花。

吴邦国在机场发表书面讲话。他说，中国和克罗地亚是传统友好国家，两国人民友谊源远流长。建交20年来，双边关系发展顺利，2005年双方建立全面合作伙伴关系，2009年胡锦涛主席成功访问克罗地亚，掀开了两国关系新篇章。中方高度重视同克罗地亚的关系，视克为中国在东南欧地区值得信赖的好朋友好伙伴，愿与克方一道，以建交20周年为契机，继续本着相互尊重、平等互利的原则，推动中克全面合作伙伴关系深入发展。

访问期间，吴邦国将与约西波维奇总统、米拉诺维奇总理、什普雷姆议长等克方领导人举行会见会谈，就双边关系、议会交往和其他共同关心的问题广泛交换意见，出席庆祝中克建交20周年招待会和萨格勒布大学孔子学院揭牌仪式，考察克罗地亚有关企业。

吴邦国在圆满结束对荷兰的正式友好访问后，于当地时间17日下午离开阿姆斯特丹。离开阿姆斯特丹时，荷兰驻华大使裴靖康等荷方高级官员，中国驻荷兰大使及使馆工作人员到机场送行。

吴邦国与克罗地亚议长什普雷姆举行会谈

人民日报萨格勒布5月18日电　正在克罗地亚进行正式友好访问的中国全国人大常委会委员长吴邦国当地时间18日上午在议会大厦与克罗地亚议长什普雷姆举行了会谈。

什普雷姆首先代表克议会和人民欢迎吴邦国委员长来访，认为此访不仅体现了克中关系的高水平，而且必将推动两国关系向新的、更高水平发展。

吴邦国说，中克建交20年来，在双方共同努力下，两国关系持续健康发展，特别是2009年胡锦涛主席成功访克，为中克关系注入强劲动力。中克关系政治基础牢固，双方在涉及彼此核心利益和重大关切问题上相互理解、坚定支持。经贸合作势头良好，双边贸易额快速增长，克罗地亚已成为中国在东南欧地区最大的贸易伙伴。双方在青年、语言、教育、旅游等人文领域的合作积极活跃、富有成效，成为和谐相处、互利共赢的典范。中方始终视克罗地亚为在东南欧地区可信赖的好朋友、好伙伴，愿与克方一道，以建交20周年为契机，巩固政治互信，深化各领域务实合作，推动中克关系更好更快向前发展。

吴委员长此访是中国全国人大常委会委员长时隔12年再次访克，一个重要目的是提升两国议会交往水平，使议会成为推动国家关系发展的建设性力量。吴邦国就加强中克议会合作提出三点建议：一是在继续保持议会领导人互访的同时，扩大专门委员会、友好小组、办事机构之间的友好往来，增进相互了解和理解，巩固政治互信。中方欢迎什普雷姆议长和更多的克议员访华。二是加强治国理政等方面的经验交流。虽然中克社会制度、政治体制不同，但都面临着发展经济、改善民生、促进民主法制建设的共同任务，在各自的发展实践中也积累了独特的经验。双方可选择共同关心的议题深入交流与对话，相互学习、相互借鉴，服务国内经济社会建设需要。三是促进务实合作。充分发挥立法机构职能作用，及时修改和制订双边合作法律文件，进一步促进经贸、投资便利化。督促落实双方已达成的合作共识，为扩大企业、地方、人文等领域合作多做实事，不断夯实中克关系的物质基础和民意基础。

什普雷姆完全赞同吴委员长对双边关系的评价和发展两国关系和加强议会合作的建议。他说，在发展对华关系上，克政府、议会和各党派有着高度共识。克方对两国在政治、经贸、党际、地方、教育等各领域的合作表示满意，愿与中方一道，继续深化各领域友好合作，推动克中全面合作伙伴关系不断发展。作为中国人民的好朋友，克方对中国经济在国际金融危机背景下仍充满活力深表钦佩，赞赏中方提出的构建和谐世界的理念。他重申，克方将坚定奉行一个中国政策。

中国全国人大常委会副委员长兼秘书长李建国等中方陪同人员，克罗地亚议会副议长莱科、斯塔济奇及有关专门委员会负责人会见时在座。

当天上午，吴邦国委员长夫人章瑞珍在什普雷姆议长夫人的陪同下，参观了克福利机构“萨格勒布儿童之家”，亲切看望了那里的儿童和工作人员。

晚上，吴邦国委员长还出席了什普雷姆议长举行的欢迎宴会。

吴邦国会见克罗地亚总理米拉诺维奇

人民日报萨格勒布5月19日电 正在克罗地亚进行正式友好访问的中国全国人大常委会委员长吴邦国当地时间18日在总理府会见克罗地亚总理米拉诺维奇，双方着重就加强两国经贸合作深入交换了意见。

吴邦国在高度评价中克关系后指出，良好的政治关系为双方进一步深化经贸务实合作创造了非常有利的条件。双方应把推进经贸合作作为现阶段发展双边关系的重中之重，充分挖掘经贸合作的巨大潜力，努力使良好政治关系转化为经贸合作的现实成果，促进各自国内经济社会发展，夯实两国关系的物质基础。一要进一步扩大双边贸易规模，在发展中逐步解决贸易不平衡问题。中国市场规模巨大，我们鼓励和支持中国企业进口更多克罗地亚商品，也希望克积极参与中方组织的展览会、交易会等经贸活动，加大优势产品的宣传推介力度。二要加大基础设施建设合作，扩大双向投资规模。基础设施建设是中国的优势产业，拥有一批经验丰富、实力雄厚的企业，而克罗地亚在港口改造升级和铁路、电站建设等方面有较大需求，加强这方面合作大有可为，关键是探讨务实可行的融资渠道。前不久，中方宣布设立100亿美元中国与中东欧国家合作专项信贷额度，并发起设立中国—中东欧投资合作基金。双方应抓住这个机遇，本着先易后难的原则，尽快启动几个标志性大型合作项目，逐步积累经验，扩大合作领域，提升经贸合作的质量和水平。克地理位置优越、工业基础好、劳动力素质高，明年7月将正式加入欧盟，这为扩大中克相互投资带来了新的机遇。中国改革开放的经验表明，建设工业园区是吸引外资的有效途径。建议两国政府发挥现有经贸合作机制的作用，努力打造扩大相互投资的平台，吸引两国企业特别是中小企业开展投资合作。三要推进旅游合作。克罗地亚旅游资源丰富，2003年成为中国公民出境旅游目的地国。欢迎克方积极参与即将在上海举办的中国国际旅游交易会，精心设计最佳旅游线路，密切与中方有关地方旅游合作，吸引更多中国游客赴克旅游观光。

米拉诺维奇热烈欢迎吴邦国访问克罗地亚，表示完全赞同吴委员长关于加强两国务实合作的意见和建议。他说，中国取得的巨大发展成就令人钦佩，当前中国经济持续健康发展，已成为世界经济增长的重要推动力量。克罗地亚政府对深化克中经贸合作充满期待，将与中国政府和有关方面加强沟通协调，集中力量搞好基础设施、旅游等领域合作，力争一些大项目合作取得突破，带动双方务实合作向更宽领域、更高层次迈进。

吴邦国还转达了温家宝总理对米拉诺维奇总理的亲切问候。米拉诺维奇对此表示感谢，并请吴邦国委员长转达他对温家宝总理的良好祝愿。

会见结束后，吴邦国委员长和米拉诺维奇总理共同出席了中国商务部和克罗地亚经济部关于相互投资领域合作备忘录签字仪式。

当天下午，吴邦国委员长和夫人章瑞珍还在下榻饭店亲切接见了中国驻克使馆工作人员、中资机构、华侨华人和留学生代表。

全国人大常委会副委员长兼秘书长李建国等参加了上述活动。

吴邦国会见克罗地亚总统约西波维奇

人民日报萨格勒布5月20日电 正在克罗地亚进行正式友好访问的中国全国人大常委会委员长吴邦国当地时间19日下午在总统府会见克罗地亚总统约西波维奇。

吴邦国首先转达了胡锦涛主席对约西波维奇总统的亲切问候。约西波维奇总统对此表示感谢，并请吴邦国委员长转达他对胡锦涛主席的良好祝愿。

吴邦国说，这是我第一次访问克罗地亚。两天来，同贵国领导人进行了很好的会见会谈，广泛接触了克各界人士，深深感受到在两国领导人的直接关心和推动下，中克传统友谊得到长足发展。一是政治基础牢固。双方在涉及彼此核心利益和重大关切问题上始终给予充分理解和坚定支持。克历届政府将发展对华关系作为外交政策重点，坚定奉行一个中国政策，长期以来在台湾、涉藏、涉疆、人权等问题上给予中方宝贵支持。中方尊重克罗地亚根据本国国情选择的发展道路和内外政策，祝贺克在欧洲一体化进程中取得的重大进展。明年7月克加入欧盟后,中国在欧盟中又多了一个可信赖的好朋友。二是经贸合作潜力巨大。克罗地亚地理位置优越,森林、水利资源丰富,旅游、造船、医药等产业发达,目前正积极致力于吸引外资、改善民生。中国经过改革开放30多年的发展积累,形成一批有实力、讲信誉的大企业,去年中国对外非金融类直接投资超过600亿美元,出境旅游人数达到7000万人次。双方应把发展互利合作作为当前深化中克关系的重中之重,充分发挥两国经贸混委会等合作机制作用,加强统筹规划,拓展合作空间,尤其是要密切基础设施建设、双向投资、旅游等领域合作。中方支持中国企业赴克罗地亚投资兴业,积极参与克港口、铁路、电站建设,鼓励中国公民到克旅游观光。三是人文交流势头喜人。中克关系发展最大优势就是人民之间怀有深厚的友好感情,人文合作已成为两国关系的一大亮点。希望双方继续加强在教育、科技、文化、旅游、体育等领域的交流合作,增进两国人民特别是青年之间的相互了解,让中克传统友谊代代相传。

约西波维奇感谢吴邦国委员长在克中建交20周年之际访问克罗地亚,表示此访必将对克中关系发展起到重要推动作用。他说,我们两国都致力于发展和平、友好的合作关系,克高度赞赏中国奉行的和平外交政策,由衷钦佩中国经济社会发展取得的巨大成就,愿同中方继续保持高层交往势头,加强各层次各方面的交流合作,深化贸易、投资、基础设施、旅游等领域的互利合作,推动克中全面合作伙伴关系不断向前发展。他重申克方坚定奉行一个中国政策。

当天上午,吴邦国委员长和夫人章瑞珍在什普雷姆议长和夫人的陪同下,出席了萨格勒布大学孔子学院揭牌仪式,同该校师生亲切交流,勉励他们为中克友好添砖加瓦、多作贡献。仪式结束后,还参观了萨格勒布城市博物馆。

下午,吴邦国专程考察了克罗地亚康查尔集团变压器厂。据介绍,该集团是欧洲第四大电气产品生产商,产品涉及电力、机车、家电等领域,2005年进入中国市场,同中国企业合资生产变压器。吴邦国委员长深入集团生产车间,详细询问产品研发和市场销售情况,希望他们同中国相关企业进一步拓展合作领域,实现互利双赢。

全国人大常委会副委员长兼秘书长李建国等参加了上述活动。

吴邦国出席庆祝中克建交20周年招待会并发表致辞

人民日报萨格勒布5月20日电 正在克罗地亚进行正式友好访问的中国全国人大常委会委员长吴邦国当地时间19日晚在萨格勒布出席了庆祝中克建交20周年招待会并发表致辞。

傍晚时分,萨格勒布威斯汀饭店水晶厅华灯璀璨,洋溢着中克友好的浓烈气氛。吴邦国委员长和夫人章瑞珍同约西波维奇总统、什普雷姆议长夫妇等贵宾亲切握手,一同步入会场。

18时30分,现场奏响中克两国国歌。在热烈的掌声中,吴邦国发表了致辞。他首先回顾了中克关系的发展历程和取得的显著成绩,强调中克关系堪称不同文明、不同社会制度国家相互尊重、和谐相处、合作共赢的典范。吴邦国指出,站在中克建交20周年的新起点上,我们要继续坚持相互尊重、平等相待、互利共赢原则,推动中克全面合作伙伴关系向更高水平、更广领域发展。双方应保持高层交往势头,广泛开展两国政府、议会、政党间的对话和交流,在涉及对方主权、领土完整、国家安全、稳定和发展等重大问题上给予宝贵支持;加强在国际和地区事务中的沟通和配合,及时就联合国改革、全球经济治理、应对气候变化、能源资源安全等全球问题协调立场,努力营造有利于和平发展的国际和地区环境;坚持从战略高度重视和加强人民之间特别是青年之间的友好往来,进一步扩大两国地方和民间合作,不断夯实国家关系发展的社会基础和民意基础。

吴邦国强调,从当前中克关系发展的现实需要出发,双方应把深化经贸合作作为推动中克全面合作伙伴关系深入发展的重要抓手。这既是两国人民的共同愿望,也是两国关系持续发展的活力所在。两国经贸合作没有任何政治障碍,相反,良好的政治关系必将促进经贸关系的持续发展。两国经贸合作已有一定基础,特别是两国政府签署的贸易、投资等协定,为双方扩大经贸合作创造了良好环境。更要看到,两国都处在加快发展的重要阶段,经济互补优势明显,这为两国企业深化互利合作提供了新的机遇。我们要紧紧抓住这些有利条件,充分发挥现有合作机制作用,加强对双边务实合作的统筹规划和宏观指导,着力推进基础设施、工程承包、旅游等领域的务实合作,积极为企业特别是中小企业合作牵线搭桥,支持和鼓励企业扩大相互投资，培育经贸合作新的增长点，促进双边贸易均衡发展，努力实现两国务实合作质的飞跃，为国家关系全面发展奠定坚实基础、注入不竭动力。

约西波维奇总统和什普雷姆议长先后发表了热情友好的致辞。他们表示，克中建交 20 年来，两国友好合作关系取得长足发展。明年克罗地亚将正式加入欧盟，这必将为扩大克中两国全面合作伙伴关系提供更大的空间。克方感谢中方长期以来给予的帮助和支持，期待进一步加强与中国的务实合作、实现互利共赢，相信克中关系的未来将更加美好。

中国全国人大常委会副委员长兼秘书长李建国等中方陪同人员，克议会第一副议长莱科，中克两国各界友好人士共 200 多人出席招待会。中国驻克大使申知非主持招待会。

吴邦国为克罗地亚萨格勒布大学孔子学院揭牌

新华社萨格勒布 5 月 21 日电 5 月的萨格勒布，阳光明媚，春风送暖。

当地时间 19 日上午，正在克罗地亚进行正式友好访问的中国全国人大常委会委员长吴邦国专程来到萨格勒布大学，出席克罗地亚第一个孔子学院的揭牌仪式。

国之交在于民相亲。近年来，中克两国人文领域合作势头喜人，传统友谊日益加深。吴邦国委员长访克期间，利用不同场合强调加强文化交流、增进两国人民友好感情的重要性。孔子学院在两国建交 20 周年之际揭牌，既是对两国民间友好的最佳诠释，也必将成为两国人文交流新的桥梁。

上午 9 时许，吴邦国委员长和夫人章瑞珍在克罗地亚议长什普雷姆夫妇陪同下，抵达位于萨格勒布大学大学生中心的孔子学院。萨格勒布大学校长别利什、孔子学院克方院长尤拉克和众多师生早已守候在此，热烈欢迎来自远方的中国贵宾。吴邦国委员长和师生热情握手，亲切问候。

孔子学院内，气氛欢快而热烈。大红的灯笼和中国结，四处悬挂的中国书法、水墨画和剪纸，电视屏幕上播放的中国艺术表演……处处洋溢着浓浓的中国文化氛围。桌子上，中方赠送的 1500 余册汉语教材浸透着中国人民的深情厚谊。

揭牌仪式由别利什校长主持，在众人的期盼中，吴邦国委员长和什普雷姆议长一道，缓缓掀起盖在牌匾上的红布。金色牌匾上的“孔子学院”黑色字体异常醒目。围在旁边的师生们热烈鼓掌，庆祝克罗地亚第一所孔子学院的诞生。

吴邦国委员长来到学生们中间，仔细询问他们的学习情况，勉励他们好好学习汉语，了解中国的文化、传统，做中克友好事业的传承人。他说：“中国和克罗地亚都是有魅力的国家。中国历史悠久、文化灿烂，人民热情好客，有 5000 年的文明史。欢迎你们到中国去走一走、看一看，切身感受中华文化的博大精深。”

“希望你们不断提高汉语水平，成为中国和克罗地亚两国之间的友好使者，”吴邦国委员长动情地说。

吴邦国委员长详细了解从国内到这里任教的教师们的工作、生活情况，勉励他们再接再厉，为传播中华文化、增进中克人民友谊做出新贡献。

吴邦国委员长的话语真挚而又风趣，师生们不时报以热烈的掌声和发出欢快的笑声。

吴邦国委员长走进书画教室，兴致勃勃地观看学生的书画习作，频频点头赞许。在书桌旁，吴邦国委员长即兴挥毫泼墨，写下“中国克罗地亚人民友谊万古长青”14 个遒劲飘逸的大字，凝聚着中国领导人对中克人民世代友好的殷切期盼。

高歌迎贵客，起舞传真情。身着中克两国民族服装的克罗地亚学生为客人献上中华韵味十足的文艺表演。《歌声与微笑》旋律优美，婉转悠扬；北京奥运会主题曲《我和你》饱含深情，意味深长；伴随着葫芦丝演奏的云南乐曲《婚誓》，两名女学生翩翩起舞，别有风味。

“这是中国少数民族的舞蹈。中国有 56 个民族。”吴邦国委员长一边饶有兴趣地欣赏歌舞，一边向坐在旁边的什普雷姆议长介绍。他还和着音乐节拍鼓掌，对学生们的出色表演表示赞赏。

吴邦国委员长出访行程紧凑，相聚时间短暂。委员长和大家挥手告别，师生们夹道欢送。难舍的目光，热烈的掌声，表达着对传承中克友谊的信心和希望。

身着民族服装的克罗地亚小伙子马林难掩内心激动：“吴邦国委员长的讲话拉近了我们之间的距离，他的讲话坚定了我学习汉语的决心，希望通过学习汉语，对中国文化有更深入的了解。”

“请把我的歌带回你的家，请把你的微笑留下……”

“我和你，心连心，永远一家人……”

此刻，优美的歌声依然在萨格勒布城市上空回响，传递给克罗地亚千家万户……

吴邦国会见克罗地亚杜布罗夫尼克市长

人民日报杜布罗夫尼克5月21日电 正在克罗地亚进行正式友好访问的中国全国人大常委会委员长吴邦国当地时间20日下午在下榻饭店会见杜布罗夫尼克市市长弗拉胡希奇。

吴邦国说，地方合作是推动国家关系发展的重要组成部分。中国政府支持两国地方开展更加积极的务实合作，为促进经贸往来、增进人民友谊发挥应有作用。我在同贵国领导人会见会谈时，双方一致表示要把加强务实合作作为当前发展两国关系的重中之重，这当中一个很重要的方面就是加强旅游合作。杜布罗夫尼克是历史文化名城，被联合国教科文组织列入世界文化遗产名录，旅游资源得天独厚，有着丰富的旅游管理经验。在2010年上海世博会上，克罗地亚馆展示的杜布罗夫尼克风光给中国观众留下了深刻印象，加强这方面合作大有可为。希望贵市积极探讨与中国有关省市结为友好城市，加大面向中国市场的宣传推介力度，吸引更多中国游客到这里观光游览，同时带动两国地方经贸、教育、文化、城市管理等方面交流，为促进两国人民相互了解、巩固传统友谊作出积极贡献。

弗拉胡希奇衷心欢迎吴委员长来访，表示杜市人民对中国人民一直怀有深厚的友好感情，热切期待进一步深化同中国有关地方的交流，进一步密切在经贸、旅游、人文等领域的务实合作，促进双方经济社会发展，不断为克中关系发展注入新的活力。

吴邦国委员长和夫人章瑞珍是在当地时间20日上午乘专机离开萨格勒布飞抵杜布罗夫尼克的。离开萨格勒布时，什普雷姆议长等克方高级官员到机场送行。抵达杜布罗夫尼克时，弗拉胡希奇市长、杜布罗夫尼克—内雷瓦特省副省长等到机场迎接。全国人大常委会副委员长兼秘书长李建国等同机抵达。

吴邦国开始对卢森堡进行正式友好访问

人民日报卢森堡5月22日电 应卢森堡国民议会议长莫萨的邀请，全国人大常委会委员长吴邦国22日抵达卢森堡首都卢森堡市，开始对卢森堡进行正式友好访问。

五月的卢森堡，气候宜人，花木繁茂。当地时间中午11时30分，吴邦国委员长乘坐的专机徐徐降落在卢森堡芬代尔国际机场。机场悬挂着中卢两国国旗。中国驻卢森堡大使曾宪柒和卢森堡国民议会秘书长登机迎请。吴邦国委员长和夫人章瑞珍在舷梯前，与前来迎接的卢森堡国民议会议长莫萨、卢森堡驻华大使柯意赫等卢方高级官员亲切握手，互致问候。卢森堡少年儿童向吴委员长夫妇和全国人大常委会副委员长兼秘书长李建国敬献了鲜花。

吴邦国委员长在机场发表书面讲话。他说，中卢两国虽然国土面积、人口规模和社会制度都有很大差异，但双方始终坚持相互尊重、平等相待、互利共赢，在涉及对方核心利益和重大关切问题上给予理解和尊重，在金融、钢铁、航空货运等领域的互利合作成果丰硕，在人文、教育、旅游等方面的交流合作富有成效。今年是中卢建交40周年。中方愿以此为契机，与卢方一道，进一步巩固政治互信，扩大互利合作，增进人民友谊，共同推动中卢友好关系向前发展。

此访是中国全国人大常委会委员长首次访问卢森堡。访问期间，吴邦国将与卢森堡大公亨利、首相容克、议长莫萨等卢方领导人举行会见会谈，就中卢两国关系和其他共同关心的问题广泛交换意见。

吴邦国是在圆满结束对克罗地亚的正式友好访问后，于当地时间22日上午离开杜布罗夫尼克的。离开杜布罗夫尼克时，莱科副议长、西莫尼奇驻华大使、多布罗斯拉维奇省长等克方高级官员，中国驻克罗地亚大使和使馆工作人员到机场送行。

吴邦国会见卢森堡首相

人民日报卢森堡5月23日电 正在卢森堡进行正式友好访问的中国全国人大常委会委员长吴邦国当地时间23日上午在首相府会见了卢森堡首相容克。宾主在友好坦诚的气氛中就双边关系、务实合作、中欧关系等深入交换意见，达成广泛共识。

吴邦国转达了温家宝总理对容克首相的亲切问候。他说，首相先生是中国人民的老朋友，长期致力于中卢友好事业，也为中欧关系发展作出了重要贡献，中方予以积极评价。容克对此表示感谢，并请吴委员长转达他对温家宝总理的良好祝愿。他说，吴委员长此访是卢中建交40周年背景下的一次重要访问，也是欧中关系面临新机遇情况下的一次重要访问，卢方愿与中方共同努力，推动卢中关系和欧中关系不断向前发展。

吴邦国说，中卢关系经过40年的历程，无论是在双边还是在多边领域的合作都取得长足发展，正处于历史最好时期。当前，世界多极化、经济全球化深入发展，国与国相互联系更加密切，依存度更高。中卢的利益交融更加紧密，合作需求更加迫切。中方高度重视发展与卢森堡的友好合作关系，愿与卢方共同努力，将两国关系不断提高到新的水平。保持各层次友好往来，坚持从战略高度和长远角度把握两国关系的大方向，在涉及彼此核心利益的重大问题上尊重照顾对方关切，坚持通过对话协商处理分歧，不断积累互信、扩大共识。卢森堡是重要的国际金融中心之一，希望双方着力加强在金融领域的合作，特别是法规建设、经营管理和人员培训等方面的合作，加强两国央行间的交流。中方欢迎卢企业积极参与中国经济结构调整和产业优化升级，加大在高端制造业、高新技术、现代服务业等新兴领域的合作。中方支持中国企业扩大在卢投资，更好地发挥卢森堡作为中资企业进入欧洲的重要中转站作用，同时也希望卢在融资、签证和员工招聘等方面提供更多便利条件。

容克完全赞同吴委员长对两国关系的评价和关于深化两国友好合作关系的意见。他表示，虽然卢中两国国情不同，在一些问题上看法不尽一致，但这并不妨碍双边关系的发展，因为双方在许多国际和地区问题上的立场相同或相近，有着更加广泛的共同利益。卢森堡高度重视发展对华关系，十分钦佩中国的发展成就，是中国在欧洲的真诚朋友和合作伙伴。希望进一步加强双方在金融服务、航空运输、旅游、教育等领域的互利合作，欢迎更多的中国企业赴卢投资兴业，并将卢作为进入欧洲国家的桥梁。他重申，卢坚持一个中国原则，尊重中国的主权和领土完整，绝不鼓励任何分裂中国的行为。

吴邦国还就欧债问题和欧洲经济形势等同容克深入交换了意见，并应询介绍了当前中国经济发展情况。吴邦国说，中方关注欧债问题的发展。欧盟作为世界最大经济体，能否维护金融稳定，保持经济增长，不仅关乎欧洲自身，也对中国和世界有着重大影响。解决欧债问题，欧方自身的努力是基础，也是关键，最终要靠实现经济强劲和可持续增长。中方高度重视同欧盟的关系，将一如既往支持维护欧元稳定，对欧洲经济和欧元保持信心。希望双方努力扩大双边贸易和双向投资规模，反对各种形式的保护主义，共同推动国际金融体系改革和全球经济治理。中方愿进口更多欧方产品，促进双边贸易平衡，也希望欧方尽快承认中国市场经济地位，放宽对华高技术产品出口，少用、慎用贸易救济措施，这也有利于推动中欧经济实现强劲增长。容克感谢中方为解决欧债问题作出的努力，表示欧元区成员国正在采取必要措施应对当前困难，对欧元和欧洲经济发展前景依然充满信心。他说，中国经济快速发展，是全球经济恢复增长的重要驱动力量，卢方愿与中方一道，加强宏观经济政策的对话与协调，共同反对贸易保护主义。

中国全国人大常委会副委员长兼秘书长李建国等中方主要陪同人员，卢内阁可持续发展和基础设施大臣、文化大臣、中产阶级和旅游大臣、驻华大使等会见时在座。

吴邦国与卢森堡国民议会议长举行会谈

人民日报卢森堡5月23日电 正在卢森堡进行正式友好访问的中国全国人大常委会委员长吴邦国当地时间22日下午在国民议会大厦与卢森堡国民议会议长莫萨举行会谈。

莫萨首先热烈欢迎吴委员长访问卢森堡，表示他本人和卢议会对此访期待已久，认为这不仅是中国全国人大常委会委员长首次访卢，而且也是今年卢中领导人最重要的双边接触。虽然访问时间不长，但对双边关系的影响将是重大而深远的。

吴邦国说，今年是中卢建交40周年。在双方共同努力下，中卢关系一直顺利发展，从未发生大的波折。两国领导人互访频繁，经常就双边关系和共同关心的问题交换意见，增进了相互了解和信任。中方高度评价卢方坚定奉行一个中国原则，在欧盟内积极推动解除对华军售禁令，促进中欧关系发展。双方依托各自优势，在冶金、金融、航空运输等领域开展了富有成效的合作，人文交流有声有色，不仅使两国和两国人民受益，也为中欧关系发展起到良好示范作用。他强调，中卢关系的发展再次证明，国家不论大小，只要本着相互尊重、平等互信、互利共赢的原则，着眼于长远，尊重彼此核心利益和重大关切，坚持通过对话妥善解决分歧，就一定能够成为好朋友好伙伴。站在新的历史起点上，中方愿同卢方一道，保持高层交往，增进政治互信，扩大双边贸易和双向投资规模，拓展在金融、航空、高新技术等领域的互利合作，促进文化、教育、旅游等方面的友好往来，推动中卢关系不断迈上新台阶。

吴邦国指出，中卢关系的发展离不开两国议会和议员的积极参与和大力支持。近年来，中国全国人大同卢森堡国民议会开展了形式多样的友好交流，有了比较好的合作基础。希望双方充分发挥议会交往形式灵活、交流深入的特点，扩大各层次各领域的友好往来，就治国理政、民主法制建设、可持续发展等共同关心的问题深入坦诚对话，增进相互了解，分享发展经验，共谋合作大计，努力把双边议会关系提升到一个新水平，更好地发挥议会交往促进国家关系发展的重要作用。

莫萨说，他本人和卢议会都是卢中友好合作的热情支持者和积极促进者。前年他曾出席上海世博会开幕式活动，对中国经济社会发展取得的巨大成就印象深刻，对卢中合作的前景有了更深切的认识。卢国民议会希望进一步加强与中国全国人大的友好交流，促进教育、航空等领域的务实合作，为促进卢中关系发展贡献力量。

当晚，莫萨议长为吴邦国委员长举行了欢迎宴会。席间，两位领导人就中欧关系、欧债问题等深入交换意见。

中国全国人大常委会副委员长兼秘书长李建国等中方主要陪同人员、卢森堡国民议会副议长鲍尔菲、沃尔特、穆什等参加了上述活动。

欢迎宴会前，吴邦国委员长和夫人章瑞珍在下榻饭店亲切接见了我驻卢使馆工作人员、中资机构、华侨华人和留学生代表。

吴邦国会见卢森堡大公亨利

人民日报卢森堡5月23日电 正在卢森堡进行正式友好访问的中国全国人大常委会委员长吴邦国当地时间23日上午在大公府与卢森堡大公亨利进行了亲切友好的交谈。

吴邦国委员长首先转达了胡锦涛主席对亨利大公的亲切问候，高度评价亨利大公和卢森堡王室为推动中卢关系发展作出的积极贡献。他说，此访是中国全国人大常委会委员长首次访卢，两天来，我与莫萨议长和容克首相进行了很好的会谈会见，双方对两国关系的现状表示满意，认为中卢关系堪称大小国家友好合作的典范，愿共同努力推动两国关系不断向前发展。卢森堡是欧盟创始国之一，在欧元集团等欧盟机制内发挥着独特的重要作用。中方高度重视发展与卢森堡的友好合作关系，无论国际风云如何变幻，这一方针都不会改变。

亨利大公请吴委员长转达他对胡锦涛主席的良好祝愿。他说，在卢中建交40周年这一重要年份，有机会接待来自拥有13亿人口国家的领导人，对仅有50万人口的卢森堡来说是莫大荣幸，这也再次证明了中国外交一贯秉持国家无论大小一律平等的原则。卢森堡人民对中国人民怀有友好感情，卢王室将一如既往支持卢中友好事业。

吴委员长应询介绍中国“十二五”规划纲要实施情况。他说，中国将“十二五”时期经济增长预期目标确定为年均7%，目的是为了把更多精力放到提高经济增长的质量和效益上来，重点是调整经济结构，转变发展方式，增强创新能力。今年，我们提出稳中求进的总基调，目前中国经济发展总体良好。卢森堡是世界著名的金融中心之一，在现代服务业、高端制造业、高新技术、现代物流等方面具有优势，欢迎卢方积极参与中国国内经济建设。中方将继续支持中国企业以卢森堡为平台开展面向欧洲国家的贸易和投资合作，希望卢方提供更多便利。

亨利大公表示，卢中真诚友好，务实合作进展顺利，实现了优势互补、互利共赢。他本人6次访华，亲眼目睹了中国的巨大发展变化，由衷钦佩中国人民取得的发展成绩，对中国政府奉行的内外政策深表赞赏，认为中国的持续发展有助于促进世界经济复苏，也给包括卢森堡在内的欧洲国家带来了更多的机遇，卢希望成为中国投资者和欧洲市场之间的桥梁。

吴邦国考察中国银行卢森堡分行

人民日报卢森堡 5 月 23 日电　正在卢森堡进行正式友好访问的中共中央政治局常委、全国人大常委会委员长吴邦国 23 日考察了中国银行卢森堡分行。

1979 年成立的中国银行卢森堡分行，是新中国在海外设立的第一家银行分支机构。1991 年，中行又在卢森堡设立第一家拥有欧盟全面银行牌照的全资子公司。近些年来，中行卢森堡分行大力发展离岸金融、特色理财和海外人民币业务，2011 年资产规模和税后利润分别比 2006 年增长 4 倍和 8 倍。

吴邦国委员长十分关心我国金融企业国际化经营情况。此次访问卢森堡虽然只有短短的 28 个小时，日程非常紧张，他仍然专门抽出时间前往中行卢森堡分行考察。

当地时间上午 9 时，吴邦国委员长一行来到位于亨利王子大街的中行卢森堡分行，受到这里中外籍员工的热烈欢迎。吴委员长先后走进分行个人金融部、企业金融部和资金部，同员工们亲切交谈，询问金融产品创新、外汇交易、经营管理和网点建设等情况。在听取了中行董事长肖钢的汇报后，吴委员长称赞中行开中国金融企业“走出去”之先河，探索出了一条海外发展的新路子。他说，卢森堡分行经营网点、业务范围、资产规模持续扩大，资产质量、服务质量全面提升，这充分说明国有商业银行实施国际化经营是非常重要的，也是完全正确的，更是大有可为的。希望中行及其海外机构加快国际化、多元化、智能化步伐，努力把中行打造成为国际一流的大型跨国金融集团。

一要更好地服务于中资企业“走出去”和国内经济结构调整、产业优化升级。当前，国际金融危机的深层次影响仍在持续，不少企业经营困难，但他们仍有技术、品牌、人才优势。这既是中资企业“走出去”的有利时机，也有利于我们加快经济结构调整和产业优化升级。希望中资金融企业及其海外机构发挥自身优势，努力为“走出去”的国内企业海外投资并购、设立研发中心、开展技术合作等提供融资服务。

二要稳步推进人民币跨境结算。随着中国经济持续快速发展，人民币在国际上的地位逐步提升，这为中资银行拓展国际业务提供了新的空间。做好人民币跨境结算这篇大文章，很重要的是要吸引更多的优质客户，鼓励中外企业在贸易和投资合作中更多使用人民币结算，并以此带动海外人民币融资、债券、理财、咨询等金融服务。

三要着力培养国际经营人才。卢森堡是全球第八大金融投资中心和第二大基金管理中心，在金融创新和监管方面独具特色。希望中行把卢森堡分行作为培养人才的重要基地，通过选派国内业务骨干来此工作和培训等形式，学习卢森堡金融创新、法规建设、市场监管以及银行经营管理等方面的先进经验，培养一大批具有国际化视野和管理经验的优秀人才，为国内金融业改革发展提供人才支撑。

吴邦国强调，金融是现代经济的核心。在当前国际金融市场持续动荡、世界经济增长明显放缓的背景下，中资金融机构和“走出去”企业要加强对世界宏观经济形势的前瞻性、深层次研究，既要善于危中觅机、加快发展，又要全面提高市场风险管理能力。

全国人大常委会副委员长兼秘书长李建国等参加考察。

吴邦国开始对西班牙进行正式友好访问

人民日报马德里 5 月 23 日电　应西班牙众议院议长波萨达的邀请，中国全国人大常委会委员长吴邦国 23 日抵达西班牙首都马德里，开始对西班牙进行正式友好访问。

当地时间 18 时许，吴邦国委员长乘坐的专机徐徐降落在马德里托雷洪军用机场。机场悬挂中西两国国旗。中国驻西班牙大使朱邦造和西班牙众议院高级官员登机迎请。吴邦国委员长和夫人章瑞珍、李建国副委员长兼秘书长在舷梯前，与前来迎接的西班牙众议院副议长蒙塞拉等西方高级官员亲切握手，互致问候。

吴邦国在机场发表书面讲话说，中西友好源远流长。建交近 40 年来，两国关系稳步发展，特别是 2005 年建立全面战略伙伴关系以来，政治互信不断增强，经贸合作成果显著，人文交流蓬勃开展，在彼此关切的重大问题上相互支持，在国际和地区事务中密切合作。在当前国际形势深刻复杂变化、全球性挑战日益突出的背景下，巩固和深化中西友好关系符合两国人民的根本利益和共同愿望，也有利于世界的和平稳定与发展。他表示，相信在双方共同努力下，此访一定能够达到巩固友谊、增进互信、扩大共识、深化合作的目的，为两国全面战略伙伴关系注入新的活力。

这次访问是中国全国人大常委会委员长首次访问西班牙。访问期间，吴邦国将与胡安·卡洛斯一世国王、拉霍伊首相、波萨达众议长、加西亚参议长等西班牙领导人就双边关系、议会交往和共同关心的问题深入交换意见，并广泛接触西班牙各界人士。

吴邦国是在圆满结束对卢森堡的正式友好访问后，于当地时间23日下午离开卢森堡的。离开时，莫萨议长、卢驻华大使等卢方高级官员，中国驻卢森堡大使和使馆工作人员到机场送行。

西班牙是吴邦国此次欧洲四国之行的最后一站。此前，他分别访问了荷兰、克罗地亚、卢森堡。

吴邦国与西班牙众议长波萨达举行会谈

人民日报马德里5月24日电　正在西班牙进行正式友好访问的中国全国人大常委会委员长吴邦国当地时间24日上午在众议院大厦与西班牙众议长波萨达举行会谈。

波萨达首先代表众议院热烈欢迎吴委员长访西，认为吴委员长此次重要访问，体现了中方对发展与西班牙关系的高度重视，将对包括议会关系在内的西中关系发展产生重大而深远的影响。

吴邦国说，中西传统友好，西班牙是中国在欧盟内最好的朋友之一。建交39年来，两国关系经受住了国际风云变幻和时间的考验，始终保持健康稳定的发展势头。2005年中西建立全面战略伙伴关系，各领域合作进入历史上最好的发展时期，中西已成为不同社会制度国家间和谐相处、互利共赢的典范。中方感谢西班牙在台湾、西藏、人权等涉及中国核心利益和重大关切问题上给予的坚定支持，赞赏西班牙积极推动欧盟承认中国完全市场经济地位、解除对华军售禁令。中方支持西班牙为稳定金融和恢复经济增长作出的努力，相信西班牙一定能克服暂时困难，中方也愿继续提供力所能及的帮助。他强调，加强中西关系，符合两国和两国人民的根本利益，也有利于促进中欧合作。明年将迎来中西建交40周年，中方愿与西方保持高层互访，密切政府、议会、政党之间的往来，加强在贸易、农业、交通、通讯、可再生能源等领域的合作，活跃在文化、旅游、教育等方面的交流，加强在联合国、二十国集团等多边机制内的协调配合，推动两国关系在新的历史起点上不断向前发展。

波萨达完全同意吴委员长对两国关系的评价，他说，西班牙重视发展与中国的关系，无论国内政局发生什么变化，这一政策都将长期坚持、不会改变。西新一届政府和议会愿进一步发展与中国的友好合作，继续做欧盟内中国最坚定的支持者。西方感谢中方提供的帮助，中国朋友的支持坚定了西班牙战胜困难的信心。他重申，西班牙将坚定奉行一个中国政策。

在谈到议会关系时，两位领导人一致表示，议会交往是中西全面战略伙伴关系的重要组成部分，愿加强议会各层次各领域友好交流与合作，为国家关系增添新内容、注入新活力。吴邦国指出，要充分发挥议会交往的独特优势，就治国理政、国际金融体系改革、不同文明对话等共同关心的议题开展实质性交流，相同观点的问题可以谈，有不同看法甚至分歧也可以谈，以增进相互了解，扩大合作共识，不断巩固双边关系的政治基础。中国欢迎西班牙企业扩大优势产品、高新技术等对华出口，支持中国企业积极开拓西班牙市场。建议双方议会顺应两国务实合作深入发展需要，更好地利用中西论坛这一合作平台，为促进中西经贸、科技、教育、文化等领域务实合作多做工作，为推动中西关系发展贡献力量。

中午，波萨达议长为吴邦国委员长举行了欢迎宴会。

中国全国人大常委会副委员长兼秘书长李建国等中方主要陪同人员，西班牙众议院副议长巴雷洛、议会主要党派领袖、有关专门委员会负责人等参加了上述活动。

午宴前，吴邦国委员长和夫人章瑞珍在下榻饭店亲切接见了我驻西使馆工作人员、中资机构、华侨华人和留学生代表。

吴邦国会见西班牙国王

人民日报马德里 5 月 24 日电 正在西班牙进行正式友好访问的中国全国人大常委会委员长吴邦国当地时间 24 日傍晚在萨苏埃拉王宫会见西班牙国王胡安·卡洛斯一世。

吴邦国首先转达了胡锦涛主席对卡洛斯国王的亲切问候,对卡洛斯国王和西班牙王室长期以来为推动中西关系发展所作的努力表示赞赏。卡洛斯对此表示感谢,并请吴邦国转达他对胡锦涛主席的良好祝愿。

吴邦国说,中西长期友好,相互支持,是相互信赖的好朋友。良好的政治关系有力地促进了双边经贸、文化、教育等领域的交流与合作。中西关系涉及领域之广、合作水平之高,在建交之初是难以料想的。在当前国际形势正经历复杂深刻变化的情况下,深化中西全面战略伙伴关系,不仅有利于促进各自国内经济社会发展,也有利于维护世界的和平、稳定与发展。中方高度重视发展同西班牙的关系,愿与贵方共同努力,深化政治互信,加强各领域务实合作,以合作应对危机、促进共同发展,不断提升中西关系水平,更好地造福两国人民。

卡洛斯说,他本人多次访华,对中国经济快速发展、民生持续改善深表赞赏。西班牙王室和历届政府积极致力于发展对华关系。希望双方加强在贸易、文化、旅游、航空等领域的合作,特别是要扩大相互投资,这不仅有利于提升西中经贸合作水平,而且有助于提升全球对西班牙和欧洲经济的信心。西班牙王室愿继续为促进西中友好事业发展作出积极努力。

中国全国人大常委会副委员长兼秘书长李建国等中方主要陪同人员,西班牙众议长波萨达、驻华大使等会见时在座。

吴邦国会见西班牙首相拉霍伊

人民日报马德里 5 月 24 日电 正在西班牙进行正式友好访问的中国全国人大常委会委员长吴邦国当地时间 24 日下午在首相府会见西班牙首相拉霍伊,宾主就两国关系、中欧关系等共同关心的问题深入交换意见,达成广泛共识。

吴邦国首先转达温家宝总理对拉霍伊的亲切问候,拉霍伊对此表示感谢,并请吴委员长转达他对温家宝总理的良好祝愿。他说,很高兴吴邦国委员长将西班牙作为欧洲四国之行的最后一站,愿以此访为契机,推动西中关系不断向前发展。

吴邦国积极评价中西关系,对西班牙新一届政府重视发展对华关系表示赞赏。他说,此访是中国全国人大常委会委员长首次访西,目的是同西班牙新一届政府和议会保持高层接触,增进相互了解,探讨新形势下发展传统友好、促进务实合作的新途径,不断充实中西全面战略伙伴关系的内涵。他指出,当前,中西关系正处在历史上最好的时期。良好的政治关系应当促进经贸关系的发展,经贸合作的深化也必将为国家关系发展注入新的活力。特别是在当前全球经济复苏不平衡、欧洲主权债务问题凸显的情况下,中西双方更有必要加强务实合作,以合作抗风险,以合作促发展。一是继续扩大贸易规模和双向投资。充分发挥经贸混委会等合作机制作用,采取积极有效措施,为双方企业加大贸易和投资合作创造条件,鼓励中国企业进口葡萄酒、橄榄油等适销对路的西班牙优势产品,使双边贸易在发展中不断趋向平衡、促进贸易和投资便利化。二是拓展可再生能源等新兴领域合作。中国正致力于调整能源结构,实行鼓励可再生能源发展的政策措施。西班牙新能源应用广泛,管理先进,太阳能、风能开发和有关技术世界领先。双方在这一领域的合作大有可为。中方愿借鉴西班牙可再生能源发电运行管理经验,继续引进西先进技术设备,研究共同实施示范合作项目,促进中国相关产业优化升级。三是加强人文交流。中西都是文明古国,两国人民相互怀有友好感情,都为对方的历史和文化所吸引。希望两国有关部门加大宣传推介力度,创造便利条件,加强文化、教育、体育和旅游合作,使之成为中西合作的新亮点。

拉霍伊对吴委员长的建议作出积极回应。他表示,西班牙高度重视发展与中国的友好合作,对两国关系现状表示满意。西班牙政府致力于同中国发展全方位的友好合作关系,进一步扩大双方在贸易、投资、可再生能源等领域的务实合作,加强在旅游、教育、体育等方面的友好往来。西班牙现在是将来永远是中国的好伙伴、好朋友。

近来，欧债问题再次成为世界各国关注的焦点。会见中，拉霍伊介绍了西班牙当前的经济形势和应对债务危机的主要措施，并通报了日前在布鲁塞尔召开的欧盟特别峰会的有关情况，对中方在西班牙经济困难时期给予的帮助表示感谢。吴邦国表示，欧洲是世界重要一极，尽管目前欧盟一些成员国遇到债务问题，但欧洲有雄厚的经济基础，领先的科技优势，相信包括西班牙在内的欧洲国家一定能克服暂时困难，实现金融稳定、恢复经济增长。中方重视发展同欧盟的关系，坚定支持欧洲克服当前困难的努力，将一如既往支持维护欧元稳定，对欧洲经济和欧元保持信心。在欧洲自身努力和国际社会支持欧洲克服债务危机过程中，中国不会缺席。

会见结束后，吴邦国委员长与拉霍伊首相共同出席了中兴通讯与西班牙电信合作协议等16项中西两国企业合作文件的签字仪式。

中国全国人大常委会副委员长兼秘书长李建国等中方主要陪同人员参加了上述活动。

吴邦国会见西班牙参议长

人民日报马德里5月25日电　正在西班牙进行正式友好访问的中国全国人大常委会委员长吴邦国当地时间25日上午在西班牙参议院大厦会见了西班牙参议长加西亚。

吴邦国说，中国和西班牙在国家建设事业中一直相互学习、彼此借鉴，两国人民结下了深厚的友谊。昨天，我与卡洛斯国王陛下见了面，与拉霍伊首相和波萨达众议长举行了很好的会见会谈，并出席了中西两国企业合作文件的签字仪式。给我一个很深的印象是，双方领导人在所谈及的问题上有高度共识，在增进政治互信、加强务实合作、密切人文交流上有强烈愿望，都希望通过加强合作共同应对危机，促进共同发展。这既反映了两国关系的高水平，也为中西关系未来发展指明了方向。当前中西关系面临新的机遇，希望双方以建交40周年为契机，推动中西全方位合作取得新的更大发展。

加西亚高度评价近年来西中各领域合作取得的长足发展。他说，中国是西班牙重要的合作伙伴，在西最需要帮助的时候，中国及时伸出援助之手，西班牙人民对此铭记在心。西班牙愿与中方一道，举办好建交40周年庆祝系列活动，促进双方在经贸、教育、体育、旅游等领域的务实合作，推动两国关系不断迈上新台阶。他表示，西班牙在拉美有独特影响，愿在促进中国与拉美友好交流与合作上发挥桥梁作用。

吴邦国指出，虽然中国与西班牙的政治体制不同，中国实行人民代表大会一院制，西班牙实行两院制，但两国都面临发展经济、改善民生、加强民主法制建设的任务。中国全国人大愿加强与西班牙众、参两院的友好交流与合作，顺应双边关系发展的新要求，发挥议员联系广泛的特点，促进双方各领域务实合作，推动政党、地方、民间友好往来，使议会交往成为中西关系发展的积极力量。加西亚对此表示赞同。他说，西班牙参议院为地区代表院，同地方有广泛联系，愿在现有基础上，进一步密切与中国全国人大的友好交往，为促进西中关系发展作出积极努力。

会见结束后，吴邦国委员长还专程赴华为技术西班牙公司考察，亲切看望了在这里工作的中外员工。

全国人大常委会副委员长兼秘书长李建国等中方主要陪同人员参加了上述活动。

吴邦国会见西班牙安达卢西亚自治区政府主席

人民日报塞维利亚5月27日电　正在西班牙进行正式友好访问的中国全国人大常委会委员长吴邦国当地时间27日下午在安达卢西亚自治区政府会见自治区政府主席格里尼安。

吴邦国说，很高兴有机会来到美丽的安达卢西亚自治区。作为西班牙最具发展潜力的地区之一，贵区葡萄酒、橄榄油等高附加值农产品享誉世界，太阳能等可再生能源开发利用技术国际领先，文化底蕴和自然风光相得益彰，给我留下很深印象。吴邦国指出，地方合作是国家关系的重要组成部分。在马德里，我同贵国领导人就加强新形势下中西全面战略伙伴关系充分交换了意见，达成许多重要共识，这当中不少工作需要靠地方来落实。我这次访问很重要的一个方面，就是推动两国有关地方合作。希望双方发挥各自优势，加强在农业、旅游和可再生能源等领域的务实合作。中方欢迎贵区积极开拓中国市场，同时鼓励有实力的中国企业到这里投资兴业，为中西全面战略伙伴关系发展不断注入新的活力。

格里尼安对有机会接待来自中国的贵宾感到十分荣幸。他说，中国的快速发展令人钦佩，我们对深化同中国有关地方的交流合作怀有浓厚兴趣，愿进一步密切经贸、科技、文化、教育、旅游等领域的合作，促进双方经济社会发展，加深人民之间的了解和友谊，为推动两国关系不断迈上新台阶贡献力量。

吴邦国委员长和夫人章瑞珍是在当地时间25日下午从马德里乘专机抵达安达卢西亚自治区首府塞维利亚的。离开时，西班牙驻华大使等西方高级官员到机场送行。抵达时，安达卢西亚自治区议会主席格拉西亚等西方高级官员到机场迎接。全国人大常委会副委员长兼秘书长李建国等同机抵达。

在安达卢西亚期间，吴邦国委员长专程考察了赫马索拉尔太阳能电站。他对企业负责人表示，中国正在积极调整能源结构，重点是发展可再生能源，中国西北地区光热资源丰富，开发利用太阳能条件得天独厚，希望双方积极探讨联合建设示范工程，更好地把西班牙企业的先进技术同中国的资金和市场优势结合起来，在深化合作中实现互利双赢。

吴邦国会见伊斯坦布尔省省长

人民日报伊斯坦布尔5月28日电 中国全国人大常委会委员长吴邦国当地时间28日下午在此间会见了土耳其伊斯坦布尔省省长穆特鲁。

吴邦国说，很高兴在结束欧洲四国之行后过境伊斯坦布尔。中土友好源远流长。近年来，双方高层交往频繁，各领域合作成果显著，在国际和地区事务中保持良好沟通与协调。中方高度评价不久前埃尔多安总理对中国的成功访问，愿与土方一道，落实好两国领导人就加强战略合作达成的重要共识，使中土关系不断迈上新台阶。吴邦国指出，中土两国地方合作积极活跃、富有成效，极大地丰富了中土关系的内涵。伊斯坦布尔作为土重要的工业、运输、贸易、文化和金融中心，在发展对华关系方面一直走在土各地的前列。伊省地理位置优越、旅游资源丰富、经济发展良好，希望充分发挥自身优势，进一步加强与中国有关省市的友好往来，在共同落实好已签署协议的同时，加强在铁路、桥梁、炼厂等基础设施建设项目的合作，大力拓展在核能、航天等高科技领域的合作，培育新的合作增长点。希望双方共同努力，通过举办土耳其“2012中国文化年”等多种方式，加大宣传推介力度，增进相互了解，扩大旅游合作规模，以此促进双边经贸合作发展，在发展中逐步解决双边贸易不平衡问题，提升务实合作水平。

穆特鲁对吴邦国委员长经停伊斯坦布尔表示欢迎。他说，中国是世界上有重要影响的国家。土方高度重视土中战略合作关系，十分关注中国的情况，希望更多从中国经济发展受益。土正在实施未来十年发展规划，欢迎中国企业参与土铁路、港口、能源等基础设施建设，欢迎更多中国游客到土耳其观光旅游。相信吴邦国委员长此行一定会推动两国关系的全面发展。

吴委员长请土耳其大国民议会土中友好小组主席约南转达对奇切克议长的亲切问候，约南转达奇切克议长对吴委员长的良好祝愿。双方一致表示，愿共同努力，进一步加强中国全国人大与土耳其大国民议会的关系，为中土关系发展作出新的贡献。

会见前，吴邦国委员长和夫人章瑞珍在下榻饭店亲切接见了我驻土使领馆工作人员、中资机构、华侨华人和留学生代表。全国人大常委会副委员长兼秘书长李建国等陪同接见。

吴邦国委员长是在圆满结束对欧洲四国的正式友好访问后，于当地时间28日下午乘专机抵达土耳其伊斯坦布尔作短暂技术停留的。离开西班牙时，安达卢西亚自治区议会主席格拉西亚等西方高级官员，中国驻西大使和使馆工作人员到机场送行。抵达伊斯坦布尔时，土耳其大国民议会土中友好小组主席约南、伊斯坦布尔省副省长阿依登等土方高级官员，中国驻土大使宫小生、驻伊斯坦布尔总领事张清洋及使领馆工作人员到机场迎接。

吴邦国圆满结束欧洲四国之行回到北京

新华社北京5月30日电　中国全国人大常委会委员长吴邦国在圆满结束对荷兰、克罗地亚、卢森堡和西班牙的正式友好访问后，于30日上午乘专机回到北京。吴邦国委员长夫人章瑞珍、全国人大常委会副委员长兼秘书长李建国等主要陪同人员同机抵达。

吴邦国委员长此次欧洲四国之行回国途中，过境土耳其伊斯坦布尔作短暂技术停留。离开伊斯坦布尔时，中国驻土耳其大使及使领馆工作人员到机场送行。

播撒友好互信种子　收获合作共赢果实

——吴邦国委员长访问欧洲四国综述

5月15日至30日，中国全国人大常委会委员长吴邦国应邀对荷兰、克罗地亚、卢森堡、西班牙进行正式友好访问。这是在当前国际形势复杂深刻变化、欧洲主权债务问题凸显、中欧关系发展面临难得机遇的背景下，我国主要领导人今年对欧洲的又一次重大外交行动，对深化中国同四国友好合作关系、巩固和发展中欧全面战略伙伴关系具有重要意义。

初夏的欧洲，林木葱茏，繁花似锦。吴委员长欧洲四国之行，贯穿积极友好、增进互信、扩大共识、深化合作的主线，同四国元首、政府首脑和议会领导人举行会见会谈，充分交换意见，取得广泛共识。吴委员长结合往访国的不同特点和关切，有针对性地提出进一步发展双边关系的意见和建议，得到四国领导人和社会各界的积极回应和广泛赞同，访问取得圆满成功。

促进国家关系在新的起点上取得更大发展

吴委员长访问欧洲四国之际，恰逢中荷、中卢建交40周年，中克建交20周年，中西也将在明年迎来建交40周年。每到一国，吴委员长都积极评价两国友好合作的丰硕成果，展望两国关系发展的美好前景，推动国家关系在新的起点上取得更大发展。

在荷兰，他强调当前中荷关系正处于历史上最好的时期，希望双方继续推动双边关系向前发展。在克罗地亚，他赞扬两国关系堪称不同文明、不同社会制度国家相互尊重、和谐相处、合作共赢的典范。在卢森堡，他指出中卢关系顺利发展得益于双方始终坚持国家无论大小一律平等。在西班牙，他称赞两国务实合作涉及领域之广和水平之高是建交初期难以想象的。实践证明，只要坚持相互尊重、平等相待，坚持互利合作、共同发展，完全可以超越意识形态、社会制度、发展阶段的差异，推动国家关系健康稳定向前发展。

吴委员长强调，中方高度重视发展与四国的友好合作关系，希望双方在新的历史起点上，坚持从战略和全局高度把握和规划国家关系发展方向，在涉及对方主权、领土完整、国家安全、稳定和发展等重大问题上增进理解、相互支持，不断巩固友好互信的政治基础。

四国领导人一致认为，吴委员长的重要访问是两国关系史上的一件大事，对推动双边关系发展必将产生重要影响。他们均表示，积极发展对华关系是本国政府、议会和各党派的高度共识，重申奉行一个中国政策，支持中国和平统一大业，愿同中方一道，共同推动国家关系全面深入发展。

夯实国家关系发展的物质基础

经贸合作是国家关系的物质基础，也是国家关系持续充满活力的重要保障。吴委员长十分关心中国与往访国的经贸合作，提出大量务实中肯的意见和建议，为深化双方互利合作明确了重点、指明了方向。

荷兰是中国在欧盟第二大贸易伙伴，两国经贸合作走在中欧合作的前列。双方应继续发挥各自技术和市场优势,加快推进高端制造业、新能源、节能环保、金融保险、农业水利等领域合作,努力培育经贸合作新的增长点。中克政治关系良好,但双边贸易和相互投资规模相对较小。双方应把推进经贸合作作为现阶段发展双边关系的重中之重,努力使两国良好政治关系转化为经贸合作的现实成果。中卢金融、钢铁、航空运输等领域的合作成果丰硕。双方应在深化传统领域合作的同时,加强在高端制造业、高新技术产业、现代服务业等新兴领域合作。西班牙因受债务问题困扰,目前经济处于困难时期。双方应以合作抗风险、以合作促发展,着力加强贸易、投资、农业、可再生能源等领域合作,中方鼓励企业多进口适销对路的西班牙优势产品,也鼓励有实力的企业更多地赴西班牙投资创业。

四国领导人对吴委员长的建议给予积极回应,表示愿同中方进一步深化互利合作,不断提升合作的质量和水平,欢迎更多中国企业前来投资兴业,欢迎更多中国游客来欧旅游观光,并愿为此创造更好条件、提供更多便利。

为推动企业合作,吴委员长专门抽出时间实地考察有关企业。在克罗地亚康查尔电气工业集团,他希望该企业同中国有关企业进一步拓展合作领域。在中国银行卢森堡分行,他寄语中行及其海外机构加快国际化、多元化、智能化步伐,努力把中行打造成为国际一流的大型跨国金融集团。在西班牙的全球首个太阳能聚光熔盐热发电站,他建议双方积极探讨联合建设示范工程,更好地把西班牙企业的先进技术同中国的资金和市场优势结合起来。

巩固国家关系发展的民意基础

吴委员长此访是中国全国人大常委会委员长首次访问荷兰、卢森堡、西班牙,也是时隔 12 年再度访问克罗地亚。开启两国议会交往的新篇章,成为这次访问的重要目的之一。

在与四国议会领导人的会见会谈中,吴委员长反复强调,国家关系的全面深入发展,说到底取决于人民之间的友好感情。议员代表人民,议会反映民意。议会交往可以就共同关心的议题开展实质性交流,相同观点的问题可以谈,有不同看法甚至分歧也可以谈,以增进相互了解,扩大合作共识。他希望双方紧紧围绕国家关系发展大局,充分发挥议员联系广泛、议会信息密集的优势,通过丰富多彩、形式多样的交流活动,加强治国理政、民主法制建设等方面的沟通互鉴,促进双方经贸、地方、人文等各领域的合作,增进人民之间的相互了解和友谊,特别是吸引更多年轻人关注和投身两国友好事业。

四国议会领导人完全赞同吴委员长的意见,表示真诚希望加强与中国全国人大各层次各领域友好往来,开展多种形式的交流与合作,增进相互了解,深化人民友谊,努力从议会层面为国家关系发展作贡献。

推动中欧关系健康持续深入发展

欧洲作为当今世界的重要一极,拥有雄厚经济基础和科技领先优势。发展中欧关系是我国外交的重要战略方向之一。吴委员长此访的一项重要内容,就是推动新形势下中欧全面战略伙伴关系健康持续深入发展。

吴委员长强调,双方应始终从战略高度和长远角度审视和处理中欧关系,在相互尊重、平等互利的基础上加强政治和战略对话,继续深化各领域务实合作,密切在国际和地区事务中的协调,妥善处理重大关切和敏感问题,不断推动中欧全面战略伙伴关系向全方位、宽领域、多层次迈进。四国领导人一致表示,一个不断发展的中国和一个强大的欧洲符合彼此的战略需要,也有利于世界的和平与发展,愿继续发挥建设性作用,推动欧盟以更加开放的态度发展对华关系。

最近一段时间,欧洲主权债务问题再次成为世界各国关注的焦点。吴委员长与有关国家领导人就此深入交换了看法。解决欧债问题,欧方自身的努力是基础,关键要靠实现经济强劲和可持续增长。中国将一如既往支持维护欧元稳定,对欧洲经济和欧元保持充足信心。中方愿进口更多欧方产品,欢迎更多欧洲企业来华投资,也希望欧方尽快承认中国市场经济地位,放宽对华高技术产品出口,少用、慎用贸易救济措施。吴委员长入情入理的话语,让四国领导人感到振奋,他们感谢中方为解决欧债危机所作出的努力,纷纷表示中国经济已成为全球经济恢复增长的重要力量,愿推动欧中加强宏观经济政策对话与协调,营造有利于深化欧中经贸合作的良好环境。

阐述涉我核心利益问题上的原则立场

相互尊重国家主权和领土完整，尊重和照顾彼此核心利益，是中国同其他国家和国际组织建立和发展关系的政治基础。访问期间，中方客观坦诚介绍了中国民主法制建设、人权事业发展和西藏经济社会发展取得的巨大成绩，深刻阐述了在涉我核心利益问题上的原则立场。

——中国根据自己的国情和实际，建立了一整套保障和实现人民当家作主的体制机制，并随着经济社会发展不断加以完善。实践证明，中国的政治制度是成功的、有效的。中国尊重各国人民自主选择的发展道路，愿在相互尊重、平等相待的基础上与世界各国友好相处，共建和谐世界。

——中国公民依法享有广泛的权利和自由，国家尊重和保障人权。各国的人权实践只有同本国历史文化传统、经济社会发展水平相结合，才能最大程度地得到本国人民的认同，更好地推动人权事业的发展。中方愿意与世界各国在相互尊重的基础上开展平等对话，增进了解和理解。

——西藏自古以来是中国领土不可分割的一部分。达赖是长期打着宗教旗号从事反华分裂活动的政治流亡者。中方与达赖喇嘛的矛盾是事关中国主权和领土完整的重大原则性问题。中方坚决反对任何国家官方人士同达赖进行任何形式的接触，反对任何国家、任何人利用达赖干涉中国内政。

四国领导人一致表示，中方的介绍和阐述客观全面，认为中国在人权保障、民主法制建设方面所作的努力和取得的成绩有目共睹，重申不支持任何形式的“西藏独立”，不为“藏独”反华分裂活动提供便利。

从北海之滨到亚德里亚海畔，从欧洲心脏到伊比利亚半岛，传递着合作应对挑战的坚定信心，激荡着促进共同发展的时代强音……

吴邦国委员长访问荷兰、克罗地亚、卢森堡和西班牙四国情况的书面报告

全国人民代表大会常务委员会：

5月15日至30日，全国人大常委会委员长吴邦国应邀对荷兰、克罗地亚、卢森堡和西班牙进行正式友好访问，途中过境土耳其伊斯坦布尔。全国人大常委会副委员长兼秘书长李建国等陪同出访。现将主要情况报告如下：

吴邦国委员长访问欧洲四国，是在当前国际形势复杂深刻变化、欧洲主权债务问题凸显、中欧关系发展面临难得机遇的背景下，我国主要领导人对欧洲的又一次重大外交行动，对于在新形势下深化我同四国友好合作关系、巩固和发展中欧全面战略伙伴关系具有重要意义。

访问期间，吴邦国委员长分别会见荷兰女王贝娅特丽克丝、克罗地亚总统约西波维奇、卢森堡大公亨利、西班牙国王卡洛斯和荷首相吕特、克总理米拉诺维奇、卢首相容克、西首相拉霍伊，与荷议会一院议长德赫拉夫、二院议长费尔贝特，克议会议长什普雷姆，卢国民议会议长莫萨，西众议院议长波萨达、参议院议长加西亚举行会谈会见，就双边关系、议会交往以及共同关心的重大国际和地区问题深入交换意见，达成广泛共识；出席中克建交20周年招待会并发表致辞，出席克罗地亚萨格勒布大学孔子学院揭牌仪式，见证中克两国政府有关部门合作文件和中西企业经贸合作项目签字仪式，会见克罗地亚、西班牙、土耳其有关地方领导人，考察中国银行卢森堡分行、华为技术西班牙公司等中资企业，参观克罗地亚电气生产企业、西班牙太阳能发电项目，广泛接触往访国社会各界人士；亲切看望我驻往访国使领馆工作人员和中资机构、华人华侨、留学生代表等。吴邦国委员长此访达到了预期目的，取得圆满成功。

一、巩固友好互信

吴邦国委员长访问之际，恰逢中荷、中卢建交40周年，中克建交20周年，中西也将在明年迎来建交40周年。每到一国，吴邦国委员长都在回顾总结双边关系发展历程和成功经验的基础上，高度评价两国友好合作的丰硕成果，积极展望两国关系发展的美好前景。

在荷兰，吴邦国委员长指出，中荷正式建立大

使级外交关系40年来，双方政治互信不断加深，两国关系健康稳定发展，目前正处于历史上最好时期。在克罗地亚，他表示，中国视克为东南欧地区可信赖的好朋友好伙伴，两国关系政治基础牢固，堪称不同文明、不同社会制度国家相互尊重、和谐相处、合作共赢的典范。在卢森堡，他强调，中卢在双边和多边领域的合作都取得长足发展，为中欧关系起到了良好示范作用，再次证明了国家无论大小一律平等的外交原则。在西班牙，他指出，中西两国传统友好，特别是2005年建立全面战略伙伴关系以来，务实合作持续快速发展，涉及领域之广、合作水平之高是建交之初难以想象的。实践证明，只要坚持相互尊重、平等相待，坚持互利合作、共同发展，完全可以超越社会制度、历史传统、发展阶段的差异，推动国家关系向更高水平发展。

吴邦国委员长表示，当前世界多极化、经济全球化深入发展，国与国相互联系更加密切，利益交融更加紧密，合作需求更加迫切。中方高度重视发展与四国的友好合作关系，希望双方在新的历史起点上，坚持从战略和全局高度把握和规划国家关系发展方向，积极开展政府、议会、政党间的友好交往，在涉及对方核心利益和重大关切问题上相互理解、相互支持，通过对话和协商处理分歧、扩大共识，不断巩固友好互信的政治基础。

四国领导人均表示，中国是可信赖的朋友和重要合作伙伴，积极发展对华关系是本国政府、议会和各党派的高度共识，重申奉行一个中国政策，支持中国在国际和地区事务中发挥重要作用，愿进一步深化同中方在各领域的务实合作，共同推动国家关系不断向前发展。

二、推动务实合作

经贸合作是国家关系的物质基础，也是国家关系持续充满活力的重要保障。吴邦国委员长十分关心中国与欧洲四国的经贸合作，与往访国领导人、地方官员及企业界人士深入探讨加强经贸合作的思路和重点，提出大量有针对性的意见和建议，为深化双方务实合作指明方向。

中荷经贸合作走在中欧合作的前列，是两国关系的亮点。荷兰连续九年成为中国在欧盟第二大贸易伙伴，是中国产品第六大出口市场，中国则是荷兰在欧盟外的第一大贸易伙伴，双方相互投资总额累计接近140亿美元。吴邦国委员长指出，希望双方发挥各自技术和市场优势，加快推进高端制造业、新能源、节能环保、金融保险、农业水利等领域合作，努力培育经贸合作新的增长点。荷方领导人对此予以积极回应。双方一致表示，愿进一步加强在反对贸易保护主义方面的协调与合作，为扩大双边贸易和相互投资创造良好环境。

中克政治关系良好，但双边贸易和相互投资规模相对较小，加强两国经贸合作潜力巨大。吴邦国委员长指出，双方应把推进经贸合作作为现阶段发展双边关系的重中之重，努力使两国良好政治关系转化为经贸合作的现实成果。一要进一步扩大双边贸易规模，在发展中逐步解决贸易不平衡问题。二要加大基础设施建设合作，尽快启动几个标志性大型合作项目。三要探讨合作建设工业园区，促进两国企业特别是中小企业投资合作。克领导人表示，将与中国政府和有关方面加强沟通协调，力争一些大项目合作取得突破，带动双边务实合作向更宽领域、更高层次迈进。

卢森堡是重要的国际金融中心之一，金融、冶金、航空运输产业居世界领先水平，中卢在这些领域的务实合作成果丰硕。吴邦国委员长指出，希望中卢加强两国央行、金融机构之间的交流，着力深化金融领域合作，特别是法规建设、经营管理和人员培训等方面的合作。两国领导人还就加强高端制造业、高新技术产业、现代服务业等新兴领域的合作达成重要共识，双方一致表示，支持中国企业扩大在卢投资规模，更好地发挥卢森堡作为中资企业进入欧洲的重要中转站作用。

西班牙是中国在南欧最重要的贸易伙伴之一。由于受欧债问题影响，目前面临经济发展低迷、失业率高企、减赤负担沉重等诸多挑战。吴邦国委员长指出，在当前情况下，双方更有必要加强务实合作，以合作抗风险，以合作促发展。一是，继续扩大贸易规模和双向投资。充分发挥经贸混委会等合作机制作用，为双方企业加大贸易和投资合作创造条件，鼓励中国企业进口葡萄酒、橄榄油等适销对路的西班牙优势产品。二是，拓展可再生能源领域合作。西班牙在这方面拥有技术领先优势，中国正在大力调整能源结构，而且西北地区光热、风力资源丰富，希望双方积极探讨合作建设示范工程项目、实现互利共赢。访问期间，中西两国企业签署了16项贸易和投资合作协议，涉及金融、电信、环保、农产品采购等众多领域。西班牙领导人一致认为，中国朋友的宝贵支持坚定了西班牙战胜困难的信心，表示愿进一步扩大双方在贸易、投资、可再生能源等领域的务实合作。

访问期间，吴邦国委员长还专程考察了中国银行卢森堡分行，强调国有商业银行实施国际化经营非常重要、完全正确，更是大有可为，要求中资金融企业及其海外机构发挥自身优势，更好地服务于中资企业“走出去”和国内经济结构调整、产业优化升级，鼓励中外企业在贸易和投资合作中更多使用人民币结算，努力做好人民币跨境结算这篇大文章，着力培养一大批具有国际化视野和管理经验的优秀人才，为国内金融业改革发展提供人才支撑。

三、加强议会交往

吴邦国委员长此访是中国全国人大常委会委员长首次正式访问荷兰、卢森堡、西班牙，也是时隔12年再次访问克罗地亚。四国议会领导人热烈欢迎吴邦国委员长来访，认为此访开启了两国议会交往的新篇章，对促进国家关系全面发展具有重大而深远的影响。

吴邦国委员长反复强调，议会交往是国家关系的重要组成部分，希望充分发挥议会交往内容丰富、对象广泛、层次众多、方式灵活的特点和优势，努力把双边议会关系提升到一个新水平，使议会成为国家关系健康稳定发展的建设性力量。一是保持双方议会高层交往势头，加强专门委员会、友好小组、议员以及办事机构之间的交流，增进相互了解，深化政治互信。二是服务国家关系发展大局，就治国理政、民主法制建设、国际金融体系改革、可持续发展等共同关心的问题进行实质性对话，分享发展经验，扩大合作共识。三是促进务实合作，及时修改和制定双边合作法律文件，推动有关部门在签证颁发、海关质检、投资保护、劳务许可等方面相互提供便利，发挥议员联系广泛、议会信息密集的优势，为双方各领域务实合作献计献策，为企业和地方合作牵线搭桥。

四国议会领导人完全赞同吴邦国委员长的建议，表示真诚希望加强与中国全国人大各层次各领域友好往来，积极推动经贸、人文、地方等领域务实合作，为国家关系发展增添新的内容、注入新的活力。

国家关系的全面深入发展，归根结底取决于人民之间的友好感情。吴邦国委员长与四国领导人就活跃人文交流、密切地方合作等达成重要共识。双方一致认为，应从战略高度重视加强文化、教育、科技、旅游等领域交流合作，促进地方加强友好往来和务实合作，开展丰富多彩、形式多样的交流活动，增进两国人民的了解和友谊，吸引更多青年人关注和投身两国友好事业，不断夯实国家关系的民意基础和社会基础。

四、推动中欧关系健康持续深入发展

欧洲作为当今世界的重要一极，拥有雄厚经济基础和科技领先优势，在国际和地区事务中起着重要作用。发展中欧关系是我国外交的重要战略方向之一，2003年中欧建立了全面战略伙伴关系。吴邦国委员长此次访问的欧洲四国中，荷兰和卢森堡是西北欧发达国家的代表，又同为欧盟创始成员国，对欧盟决策和一体化具有重要影响力。克罗地亚作为巴尔干地区的重要国家，是连接东南欧与欧洲腹地的桥梁，明年7月将正式加入欧盟。地处南欧的西班牙是欧盟第五大经济体，也是欧盟中对华最友好的国家之一。中国与四国关系是中欧关系的一个缩影，体现了发展中欧关系的全面性、战略性和长期性。

吴邦国委员长同四国领导人会见会谈时表示，中方一贯重视欧盟在国际事务中的地位和作用，始终将发展中欧关系作为中国外交的重要战略方向，坚定支持欧洲一体化建设。双方应始终从战略高度和长远角度审视和把握中欧关系，珍惜中欧关系来之不易的良好局面，在相互尊重、平等互利的基础上加强政治和战略对话，继续深化各领域务实合作，密切在国际和地区事务中的沟通协调，妥善处理重大关切和敏感问题，不断推动中欧全面战略伙伴关系向全方位、宽领域、多层次迈进。四国领导人一致认为，一个不断发展的中国和一个强大的欧洲符合彼此的战略需要，也有利于世界的和平与发展，表示愿继续发挥建设性作用，推动欧盟以更加积极和开放的态度发展对华关系。

最近一段时间，欧洲主权债务问题再次成为世界各国关注的焦点。访问期间，吴邦国委员长就欧债问题和欧洲经济形势同往访国领导人深入交换了意见，并应询介绍了当前中国经济发展情况。他表示，中方关注欧债问题的发展。欧盟作为世界最大经济体，能否维护金融稳定，保持经济增长，不仅关乎欧洲自身，也对中国和世界有着重大影响。解决欧债问题，欧方自身的努力是基础，也是关键。中国将一如既往支持维护欧元稳定，对欧洲经济和欧元保持充足信心。在欧洲自身努力和国际社会支持欧洲克服债务危机过程中，中国不会缺席。往访国领导人感谢中方为解决欧债危机所作出的努力，并介绍了刚刚在布鲁塞尔召开的欧盟27国特别峰会以及应对债务危机、促进经济增长的举措。

吴邦国委员长强调，进一步深化中欧经贸合作，不仅有利于促进中欧经济平稳健康发展，也有利于促进世界经济稳定复苏。双方应充分发挥经贸高层对话机制作用，努力扩大双边贸易和双向投资规模，拓展高科技、新能源、节能减排等领域合作，更好地把欧洲企业的先进技术同中国的资金和市场优势结合起来，妥善处理双边经贸中存在的问题，反对各种形式的贸易保护主义，共同推动国际金融体系改革和全球经济治理。中方愿进口更多欧方产品，促进双边贸易平衡，欢迎更多欧洲企业来华投资，参与中国经济结构调整和产业优化升级，也希望欧方尽快承认中国市场经济地位，放宽对华高技术产品出口，少用、慎用贸易救济措施。四国领导人表示，中国经济保持快速发展，已成为全球经济恢复增长的重要力量，愿推动欧中加强宏观经济政策对话与协调，共同反对贸易保护主义，营造有利于深化经贸合作的良好环境。

五、阐述涉我核心利益和重大关切的原则立场

相互尊重国家主权和领土完整，尊重和照顾彼此核心利益，是中国同其他国家建立和发展关系的政治基础。长期以来，一些西方国家在人权、民主等方面对我存在误解和偏见，有时甚至以此作为借口对我说三道四、干涉中国内政。访问期间，吴邦国委员长及李建国副委员长兼秘书长等陪同人员利用会见会谈和其他场合，以详实数据和生动实例客观介绍了中国民主法制建设、人权事业发展情况和西藏经济社会发展取得的巨大成绩，全面阐述了中国在涉藏问题上的原则立场。

*一是，中国根据自己的国情和实际，建立了一整套保障和实现人民当家作主的体制机制，并随着经济社会发展不断加以完善。*同时积极加强法制建设，形成中国特色社会主义法律体系，使国家生活的各个方面实现有法可依。实践证明，中国的政治制度是好的、有效的。中国尊重各国人民自主选择的发展道路，愿在相互尊重、平等相待的基础上，与世界各国友好相处、共建和谐世界。

*二是，中国公民依法享有广泛的权利和自由，国家尊重和保障人权。*新中国成立 60 多年特别是改革开放 30 多年来，中国的人权事业取得了长足发展。中方认为，各国的人权实践只有同本国历史文化传统、经济社会发展水平相结合、相适应，才能最大程度地得到本国人民的认同，更好地推动人权事业的发展。中国将继续加强人权保障，也愿与世界各国在相互尊重的基础上开展平等对话，增进了解和理解。

*三是，西藏自古以来是中国领土不可分割的一部分，藏族是中华民族大家庭的一员。*西藏和平解放 60 多年来，经济社会发生了翻天覆地的变化，各族人民的人权以及宗教、文化等权利得到充分保障。当前，西藏正在从加快发展走向跨越式发展，从基本稳定走向长治久安。达赖是长期打着宗教旗号从事反华分裂活动的政治流亡者。中方与达赖喇嘛的矛盾不是民族问题，也不是宗教问题，而是事关中国主权和领土完整的重大原则性问题。涉藏问题涉及中国核心利益和民族感情，具有高度敏感性。中方坚决反对民族分裂主义，坚决反对任何国家官方人士同达赖进行任何形式的接触，坚决反对任何国家、任何人利用达赖干涉中国内政。

四国领导人一致表示，中方的介绍和阐述有理有据，有利于增进了解和理解，中国在人权保障、民主法制建设方面所作的努力和取得的成绩有目共睹，重申不支持任何形式的“西藏独立”，不为“藏独”反华分裂活动提供便利。

吴邦国委员长的重要访问受到往访国高度重视，四国议会、政府均给予热情接待和积极评价，当地媒体也纷纷跟踪报道，认为吴邦国委员长此访内容丰富、成果显著，必将推动双边关系和欧中关系取得新的更大发展。

通过这次访问，我们更加深刻地体会到，人大对外交往在增信释疑方面大有作为。由于历史文化、发展阶段、社会制度和意识形态的不同，国与国之间在一些问题上存在不同看法甚至分歧，这是完全正常的。人大在对外交往中既可以就双方观点相同的问题进行交流，也可以就存在不同看法甚至分歧的问题开展对话，充分表达各自立场和关切，即使一时谈不拢，至少可以增进相互了解和理解。吴邦国委员长访问四国时，采取专题交流等多种方式，就涉及我核心利益和重大关切的问题，主动做增信释疑的工作，取得了很好效果。我们要认真总结这方面的好经验好做法，充分发挥人大对外交往的特点和优势，把工作做得更细致一些、更深入一些，做到介绍情况客观全面，分析问题切中要害，表达关切入情入理，更好地维护国家核心利益。

以上报告，请审议。

全国人民代表大会常务委员会办公厅

2012 年 6 月 11 日

访问伊朗、缅甸、斯里兰卡和斐济四国

吴邦国将访问伊朗、缅甸、斯里兰卡、斐济四国

新华社北京9月3日电　应伊朗伊斯兰议会议长拉里贾尼、缅甸联邦议会人民院议长吴瑞曼、斯里兰卡议会议长恰马尔和斐济总理姆拜尼马拉马的邀请，全国人大常委会委员长吴邦国将于9月9日至23日对伊朗、缅甸、斯里兰卡、斐济等四国进行正式友好访问。

吴邦国离京出访亚太四国

新华社北京9月9日电　应伊朗伊斯兰议会议长拉里贾尼、缅甸联邦议会人民院议长吴瑞曼、斯里兰卡议会议长恰马尔和斐济总理姆拜尼马拉马的邀请，全国人大常委会委员长吴邦国于9日上午乘专机离开北京，前往上述四国进行正式友好访问。

吴邦国委员长夫人章瑞珍、全国人大常委会副委员长兼秘书长李建国、全国人大财政经济委员会主任委员石秀诗、外交部副部长张志军、甘肃省人大常委会主任王三运、全国人大常委会副秘书长曹卫洲、全国人大常委会副秘书长沈春耀、商务部副部长李金早等陪同人员同机离京。

吴邦国开始对伊朗进行正式友好访问

人民日报德黑兰9月9日电　应伊朗伊斯兰议会议长拉里贾尼的邀请，中国全国人大常委会委员长吴邦国9日下午抵达伊朗首都德黑兰，开始对伊朗进行正式友好访问。

9月的德黑兰阳光明媚，花木葱茏。当地时间下午3时许，吴邦国委员长乘坐的专机徐徐降落在德黑兰梅赫拉巴德机场。机场上空，中伊两国国旗迎风飘扬。中国驻伊朗大使郁红阳和伊朗伊斯兰议会高级官员登机迎请。吴邦国委员长和夫人章瑞珍、李建国副委员长兼秘书长在舷梯前，与前来迎接的伊朗伊斯兰议会副议长阿布托拉比、议会国家安全与外交政策委员会主席布鲁杰迪、伊朗驻华大使萨法里等伊方高级官员亲切握手，互致问候。

吴邦国在机场发表书面讲话。他说，中伊建交40多年来，在双方的共同努力下，两国各领域友好合作发展顺利，给两国和两国人民带来实实在在的利益。中方愿与伊方继续共同努力，不断增进相互了解和信任，扩大各领域友好交往和合作，推动中伊友好关系深入发展。

访问期间，吴邦国委员长将分别与艾哈迈迪—内贾德总统、拉里贾尼议长、拉希米第一副总统等伊朗领导人举行会见会谈，就双边关系和共同关心的国际和地区问题深入交换意见。

伊朗是吴邦国此次亚太四国之行的第一站。此后他还将访问缅甸、斯里兰卡和斐济。

吴邦国与伊朗议长举行会谈

人民日报德黑兰9月10日电　正在伊朗进行正式友好访问的中国全国人大常委会委员长吴邦国当地时间10日上午在议会大厦与伊朗议长拉里贾尼举行会谈，双方就两国关系、议会交往以及共同关心的问题深入交换意见，达成广泛共识。

拉里贾尼热烈欢迎吴邦国委员长访伊，表示他本人和伊朗议会对此访高度重视，认为这不仅对加强两国议会交往具有十分重要的意义，而且必将对推动伊中关系全面发展注入新的动力。

吴邦国说，中伊建交40多年来，在双方共同努力下，两国各领域友好合作发展顺利，特别是近些年高层往来频繁，政治互信不断加深，中方尊重伊

朗人民根据本国国情选择的发展道路和内外政策，伊方坚定奉行一个中国政策，在台湾、涉藏、涉疆等问题上给予中方宝贵支持。经贸合作成果显著，在能源、金融、基础设施建设等领域的合作取得积极进展，中国是伊朗最大的贸易伙伴，伊朗成为中国在中东地区第二大贸易伙伴。在教育、旅游、司法、环保等领域的合作日趋活跃，在国际和地区事务中保持良好沟通与配合。中伊关系的发展，不仅给两国和两国人民带来实实在在的利益，也为促进地区和平、稳定与发展作出积极贡献。吴邦国强调，在和平共处五项原则基础上发展与伊互利友好合作，是中国独立自主和平外交政策的重要内容，不会因国际和地区形势的变化而变化。我此次访问的目的，就是推动落实今年 6 月两国元首达成的新的重要共识，同伊方一道，进一步扩大两国政府、议会、政党及地方间的友好交往，密切在联合国、上海合作组织等多边框架内的沟通与配合，积极探讨务实合作的新模式新途径，重点推进现有合作项目早见成效，巩固和发展人文领域交流合作成果，推动中伊关系健康稳定向前发展。

在谈到议会交往时，吴邦国说，近年来，中国全国人大与伊朗伊斯兰议会开展形式多样的友好交流，有了比较好的合作基础，对增进两国人民的相互了解与友谊、促进双边关系发展发挥了不可替代的作用。希望双方继续加强议会领导人、专门委员会和友好小组等各层次各渠道友好往来，积极开展治国理政、立法监督等方面的经验交流，充分发挥立法机构职能作用，大力支持企业、地方、人文等领域的务实合作，密切在多边议会组织内的沟通与协调，为促进中伊友好合作关系全面发展作出新的贡献。

拉里贾尼完全赞同吴邦国对两国关系的评价和加强议会合作的建议。他说，伊中交往的历史源远流长，两国人民友谊深厚，伊方高度赞赏中国奉行的独立自主和平外交政策以及在国际和地区事务中发挥的积极作用，对伊中两国在政治、经贸、人文等各领域合作取得的积极进展感到欣慰，愿同中方一道继续加强各层次友好交往，加强在能源、基础设施建设、教育、科技等领域的互利合作，加强两国议会间的交流合作，把两国关系提升到新的水平。

吴邦国应询介绍了钓鱼岛问题的由来和最新发展。他强调，钓鱼岛自古以来就是中国的固有领土。在钓鱼岛问题上，中方的立场是一贯的、明确的。日方采取任何方式“购岛”都是非法的、无效的，中方坚决反对。中国政府和人民在维护领土主权问题上的立场是坚定不移的。

两位领导人还就伊核问题以及地区形势深入交换了意见。

中国全国人大常委会副委员长兼秘书长李建国等会见时在座。

吴邦国会见伊朗第一副总统

人民日报德黑兰 9 月 11 日电 正在伊朗进行正式友好访问的中国全国人大常委会委员长吴邦国当地时间 10 日下午在总统府会见了伊朗第一副总统拉希米，就加强新形势下的中伊经贸合作深入交换了意见。

吴邦国在积极评价中伊关系后说，经贸合作是中伊友好关系的重要内容，在双方的共同努力下，近些年中伊务实合作稳步推进，经贸、能源、基础设施建设、工程承包等方面合作富有成效，给两国和两国人民带来了实实在在的利益。

吴邦国指出，经贸合作是中伊关系发展的物质基础，双方应本着相互尊重、互利共赢的原则，进一步深化双边经贸合作，推动中伊经贸合作稳定健康发展。为此，吴邦国提出三点建议：一是两国有关部门要加大沟通协调力度，积极克服不利因素，妥善解决双方经贸合作中存在的问题，为企业合作创造良好条件；二是扩大轨道交通、水利电力等基础设施领域合作，抓好已签约项目落实工作；三是完善合作环境，认真落实两国避免双重征税协定，在人员签证、物资清关等方面提供更多便利，依法保障合作企业的合法权益。

拉希米热烈欢迎吴邦国委员长的到访。他说，伊朗政府和人民对中国人民一向怀有友好感情。在当前形势下，伊方非常希望发展同中国的友好合作关系，愿继续加强同中方的沟通协调，创造有利条件，加快能源合作步伐，扩大在经贸、农业、基础设施等领域的合作，为两国关系发展注入强劲动力。

会见中，吴邦国代表中国政府和人民，就上个月伊朗西北部地区遭受地震灾害，造成重大人员伤亡和财产损失，向伊朗人民表示慰问，相信伊朗人民一定能够战胜自然灾害，重建美好家园。拉希米感谢中方给予的真诚帮助，并代表伊朗政府和人民，向近日中国云南彝良地震中的遇难者表示哀悼。

吴邦国还转达了温家宝总理对拉希米第一副

总统的亲切问候。拉希米对此表示感谢，并请吴邦国委员长转达他对温家宝总理的良好祝愿。

会见结束后，吴邦国委员长和拉希米第一副总统共同出席了《中华人民共和国与伊朗伊斯兰共和国引渡条约》和《中华人民共和国与伊朗伊斯兰共和国移管被判刑人条约》的签字仪式。

当晚，吴邦国委员长出席了拉里贾尼议长举行的欢迎宴会。

中国全国人大常委会副委员长兼秘书长李建国等参加了上述活动。

吴邦国会见伊朗总统

人民日报德黑兰9月11日电　正在伊朗进行正式友好访问的中国全国人大常委会委员长吴邦国当地时间11日下午在总统府会见了伊朗总统艾哈迈迪—内贾德。

吴邦国首先转达了胡锦涛主席对艾哈迈迪—内贾德总统的亲切问候，艾哈迈迪—内贾德对此表示感谢，并请吴邦国委员长转达他对胡锦涛主席的良好祝愿。

吴邦国说，中国坚持走和平发展道路，奉行独立自主的和平外交政策，愿同所有国家发展友好合作关系。中伊是传统友好国家，没有任何历史遗留问题，也不存在现实利益冲突，发展中伊友好合作关系不仅符合两国和两国人民的根本利益，也有利于地区的和平、稳定和繁荣。在政治上，中方赞赏伊方坚定奉行一个中国政策，在涉及中国核心利益和重大关切问题上给予宝贵支持，尊重伊朗人民自主选择的发展道路。双方应在保持高层往来的同时，加强政府、议会、地方等各层次的友好往来，密切在联合国、上海合作组织等多边场合的沟通与合作。在经贸上，中伊同为发展中国家，经济互补性强，已有很好的合作基础。双方应继续本着相互尊重、互利共赢的原则，加大两国有关部门沟通协调，妥善解决经贸合作中存在的问题，扎实推进有关合作项目。在人文上，中伊都是历史悠久的文明古国，加强文化、教育、卫生、旅游、艺术等领域的交流合作潜力巨大。希望双方做好互设文化中心的工作，支持和促进两国青少年间的友好往来。中方欢迎伊方适时来华举办“伊朗文化周”活动。

在谈到伊核问题时，吴邦国指出，中方在伊核问题上一贯秉持公正、客观立场，反对任何中东地区国家研发和拥有核武器。同时认为，一国和平利用核能的权利应依法得到保障。中方始终认为对话与合作是妥善解决伊核问题的正确途径，反对一味制裁和施压，甚至以武力相威胁的做法，愿继续为和平解决伊核问题发挥建设性作用。希望伊方坚定走和谈之路，继续显示灵活务实态度，积极推动同六国谈判取得实质性进展。

艾哈迈迪—内贾德表示，伊方十分珍视伊中传统友谊，对勤劳智慧的中华民族充满敬意，对中国的发展成就感到由衷高兴，对中国在国际和地区事务中发挥的建设性作用高度赞赏，愿继续加强和深化同中国的友好合作关系，不断扩大经贸、能源、农业、基础设施建设等领域的务实合作，加强在教育、旅游、艺术等人文领域的交流互鉴，更好地造福于两国和两国人民。艾哈迈迪—内贾德还介绍了伊方在伊核问题上的立场，表示伊方希望通过对话和合作解决伊核问题，并愿继续同有关各方保持沟通。

当天下午，吴邦国委员长和夫人章瑞珍还在下榻饭店亲切接见了使馆工作人员、中资机构、华侨华人和留学生代表。傍晚，吴邦国委员长前往我驻伊使馆，看望在伊中资企业员工，并听取相关项目进展情况介绍。

中国全国人大常委会副委员长兼秘书长李建国等参加了上述活动。

吴邦国离德黑兰开始对缅甸进行正式友好访问

人民日报内比都9月12日电　应缅甸联邦议会人民院议长吴瑞曼的邀请，中国全国人大常委会委员长吴邦国12日下午抵达缅甸首都内比都，开始对缅甸进行正式友好访问。

当地时间下午5时许，吴邦国委员长乘坐的专机徐徐降落在内比都机场。机场悬挂着中缅两国国旗。中国驻缅大使李军华、缅方高级官员登机迎请。吴邦国委员长和夫人章瑞珍，李建国副委员长兼秘书长在舷梯前，与前来迎接的缅甸联邦议会人民院副议长吴南达觉佐夫妇等缅方高级官员亲切握手，互致问候。身着民族服饰的缅甸少年向吴邦国委员长夫妇和李建国副委员长兼秘书长敬献鲜花。

吴邦国在机场发表书面讲话。他说,中缅是亲密友好邻邦,两国人民的"胞波"情谊源远流长。1950年建交以来,中缅友好关系经受住了国际风云变幻的考验,不断巩固和发展,已成为不同社会制度国家友好相处的典范。2011年,中缅建立全面战略合作伙伴关系,掀开了两国睦邻友好合作新的历史篇章。他表示,相信在双方的共同努力下,此访一定能够达到巩固传统友谊、深化互利合作、促进共同发展的目的,为中缅全面战略合作伙伴关系长期稳定发展注入新的动力。

此访是中国全国人大常委会委员长首次访问缅甸。访问期间,吴邦国委员长将与吴登盛总统、吴钦昂敏议长、吴瑞曼议长等缅方领导人举行会见会谈,就双边关系和共同关心的国际和地区问题深入交换意见。

吴邦国是在圆满结束对伊朗的正式友好访问后,于当地时间12日上午离开德黑兰的。离开德黑兰时,伊朗伊斯兰议会副议长阿布图拉比等伊方高级官员,中国驻伊朗大使和使馆工作人员到机场送行。

吴邦国同缅甸联邦议会人民院议长会谈

人民日报内比都9月13日电 正在缅甸进行正式友好访问的中国全国人大常委会委员长吴邦国当地时间13日下午在人民院大厦与缅甸联邦议会人民院议长吴瑞曼举行会谈,双方在友好的气氛中就双边关系、议会交往和共同关心的其他重大问题充分交换意见,达成广泛共识。

吴瑞曼热烈欢迎吴邦国委员长访问缅甸。他说,缅甸联邦议会非常荣幸接待来自友好邻邦中国的贵宾,相信吴邦国委员长的重要访问一定会为缅中全面战略合作伙伴关系发展注入新的动力。

吴邦国说,两国老一辈领导人缔造和培育了中缅友谊,共同倡导了和平共处五项原则,这是两国和两国人民共同的宝贵财富,也是中缅关系全面深入发展的可靠保障,值得双方倍加珍惜、不断发扬光大。中方高度重视与缅甸的睦邻友好关系,始终视缅为中国的好邻居、好朋友、好伙伴,不论国际和地区形势如何变化,这一政策都不会改变。

吴邦国指出,胡锦涛主席和吴登盛总统去年在北京宣布,将中缅关系提升到全面战略合作伙伴关系,掀开了两国关系发展的新篇章。希望双方共同努力,认真落实两国元首达成的重要共识,进一步巩固传统友谊,深化互利合作,促进共同发展,不断丰富和充实中缅全面战略合作伙伴关系的内涵。为此,吴邦国提出四点建议:一是继续保持高层互访势头,加强战略规划,密切两国执政党之间的友好交往,就双边关系和共同关心的重大问题及时交换意见,抓紧制定落实中缅全面战略合作伙伴关系行动计划。二是着眼于两国睦邻友好关系大局,采取积极措施,深化互利合作,确保中缅油气管道等重大项目顺利推进,提升两国企业加强经贸合作的信心。三是维护边境地区稳定,中方尊重缅甸主权和领土完整,真诚希望缅有关方面通过和平协商解决问题,中方愿同缅方继续加强边境管理合作,共同维护边境地区正常生产生活秩序。四是密切在联合国、东亚合作、东盟地区论坛、大湄公河次区域经济合作等多边场合的沟通配合,在涉及彼此重大利益问题上相互支持,维护两国共同利益。

吴瑞曼完全同意吴邦国委员长对两国关系的评价和建议。他说,中国是缅甸的友好邻邦和真诚朋友,缅中堪称不同社会制度国家友好相处的典范。缅方愿同中方一道,加强议会、政府、地方等各方面友好往来,推动各领域特别是投资、贸易和重大项目合作,把缅中全面战略合作伙伴关系落到实处。吴瑞曼表示,缅甸联邦巩固与发展党期待同中国共产党加强友好交流,相互学习借鉴治国治党经验。

两位领导人在谈到议会交往时一致认为,议会交往作为国家关系的重要组成部分,对深化政治互信、促进互利合作、增进人民友谊具有十分重要的意义。今年,中国全国人大与缅甸联邦议会领导人成功实现互访,标志着两国议会友好合作关系达到一个新水平。双方表示,愿以此为契机,在保持高层互访的同时,进一步加强各层次、各领域的交流与合作,扩大在民主法制建设、治国理政等方面的相互学习借鉴,密切在国际和地区议会组织中的沟通配合,为中缅全面战略合作伙伴关系发展作出积极贡献。

当晚,吴邦国委员长和夫人章瑞珍出席了吴瑞曼议长举行的欢迎宴会。

中国全国人大常委会副委员长兼秘书长李建国、缅甸联邦议会人民院副议长吴南达觉佐等参加了上述活动。

吴邦国会见缅甸联邦议会民族院议长

人民日报内比都9月13日电 正在缅甸进行正式友好访问的中国全国人大常委会委员长吴邦国当地时间13日上午在民族院大厦会见了缅甸联邦议会民族院议长吴钦昂敏。

吴邦国积极评价中缅关系。他说，中缅两国毗邻而居，人民和睦相处，结下了深厚的“胞波”情谊。建交半个多世纪以来，中缅关系始终保持健康稳定发展，2011年中缅建立全面战略合作伙伴关系。近些年来，两国高层往来频繁，政治互信不断加深，经贸合作快速发展，人文交流日益活跃，传统友谊历久弥新。吴邦国指出，当前国际和地区形势正发生深刻复杂变化，中缅两国都处在改革和发展的关键时期，进一步深化传统友谊、加强互利合作、促进共同发展，符合中缅两国和两国人民的根本利益，也有利于促进本地区和平稳定发展。中方坚定奉行对缅睦邻友好政策，愿同缅方一道，牢牢把握中缅关系发展的新机遇，共同维护中缅友好合作大局，不断丰富和充实中缅全面战略合作伙伴关系内涵，更好地造福两国和两国人民。

在谈到议会交往时，吴邦国说，中缅关系的发展离不开两国立法机构的大力支持和积极推动。中国全国人大愿进一步加强与缅甸联邦议会民族院的友好往来，紧紧围绕国家关系发展大局，充分发挥议会交往的特点和优势，密切各层次友好往来，加强在治国理政、民主法制建设、保障改善民生等方面的经验交流，为推动各领域务实合作、促进国家关系全面发展贡献力量。

吴钦昂敏热烈欢迎吴邦国委员长到访。他说，中国是缅甸的亲密邻邦，缅中友好源远流长、深入人心。缅方钦佩中国改革开放取得的巨大发展成就，赞赏中方在国际和地区事务中发挥的重要作用。缅甸联邦议会民族院高度重视发展与中国全国人大的关系，愿为推动两国各领域务实合作、深化两国人民传统友谊继续发挥积极作用。

两位领导人还相互介绍了各自国内形势。吴邦国表示，世界各国的基本国情、历史传统和文化背景不同，每个国家都有权利选择适合本国国情的政治制度和发展道路。回顾中国改革开放30多年的发展历程，很重要的就是坚持走自己的路，坚持以经济建设为中心，正确处理改革发展稳定的关系。中方尊重缅甸人民根据本国国情自主选择的发展道路，相信缅方能够妥善应对各种内外挑战，维护国家稳定与发展，实现人民安居乐业。

中国全国人大常委会副委员长兼秘书长李建国、缅甸联邦议会民族院副议长吴妙年等会见时在座。

吴邦国会见缅甸总统吴登盛

人民日报内比都9月14日电 正在缅甸进行正式友好访问的中国全国人大常委会委员长吴邦国当地时间14日上午在总统府会见了缅甸总统吴登盛。

吴邦国首先转达了胡锦涛主席对吴登盛总统的亲切问候。吴登盛对此表示感谢，并请吴邦国委员长转达他对胡锦涛主席的良好祝愿。

吴邦国在高度评价中缅关系后指出，作为山水相连的近邻，中缅彼此尊重、相互信任、相互帮助、共同发展，是人心所向、大势所趋。中方始终坚持从战略高度和长远角度看待和发展中缅关系，愿同缅方一道共同努力，积极落实两国领导人达成的重要共识，推动中缅全面战略合作伙伴关系不断向前发展。一要不断增进战略互信。当前，国际和地区形势正发生复杂深刻变化，中缅两国都处在改革和发展的关键时期。双方应继续在涉及彼此重大利益问题上相互坚定支持，共同维护中缅友好合作大局。中方坚定奉行对缅睦邻友好政策，真诚希望缅政治稳定、经济发展、民生改善。二要加强中缅经贸合作。这些年来，中缅经贸合作取得了长足发展，但同双方良好的政治关系相比，深化两国互利合作的潜力还很大。当前要着力推动双方已商定的大项目合作，这些项目不仅对中方具有重要意义，而且有利于缅加快发展民族产业，改善相关地区人民生活。希望双方坚定合作信心，采取有效措施，积极化解困难，扎实推进中缅油气管道建设等重大合作项目顺利实施。中方继续鼓励和支持有实力、信誉好的中国企业扩大对缅投资，积极参与缅国内经济建设。三要深化人文交流。中缅文化交流源远流长，人民“胞波”情谊深厚。双方要继续扩大文化、教育、旅游等方面的交流合作，增进两国人民特别是青年之间的了解和友谊，不断夯实中缅睦邻友好的社会基础。中方支持缅甸承办 2013 年东南亚运动会，并愿提供力所能及的帮助。

吴登盛说，中国是缅甸真正的朋友。长期以来，中国政府和人民给予缅方政治上的支持和经济上的援助，缅甸政府和人民对此永远不会忘记。他表示，缅方愿同中方继续密切配合，保持高层交往势头，加强基础设施、农业、能源等领域务实合作，推动边境贸易和投资合作，提升企业合作信心。缅方欢迎中资企业来缅投资，发展劳动密集型产业和农产品深加工业，并愿为此提供便利。他重申，缅方将继续坚定奉行一个中国政策，坚定支持中方维护核心利益的立场和主张。

会见结束后，吴邦国委员长与吴登盛总统共同出席了 9 项中缅两国政府间经贸合作文件及 2 项金融合作协议的签字仪式，听取了中缅油气管道建设情况汇报。

中午，吴邦国委员长和夫人章瑞珍出席了吴登盛总统举行的欢迎宴会。

中国全国人大常委会副委员长兼秘书长李建国等参加了上述活动。

吴邦国会见缅甸仰光省行政长官吴敏瑞

人民日报仰光 9 月 14 日电 正在缅甸进行正式友好访问的中国全国人大常委会委员长吴邦国当地时间 14 日下午在下榻饭店会见了缅甸仰光省行政长官吴敏瑞。

吴邦国指出，地方合作是中缅全面战略合作伙伴关系的重要组成部分。我在同贵国领导人会见会谈时，双方一致表示要深化各领域务实合作，这其中有许多工作要靠地方来落实。仰光是缅甸第一大城市和全国经济中心，在促进中缅务实合作方面起着桥头堡的重要作用。近年来，贵省同中国有关省市在能源、交通、建筑等领域的互利合作卓有成效，人文交流特别是宗教交流开展得有声有色。希望仰光省充分发挥自身优势，进一步扩大与中国有关省市的友好往来，加强在经贸、文化、旅游、教育等领域的合作，吸引更多有实力的中国企业赴仰光投资兴业。

吴敏瑞对有机会接待来自中国的贵宾感到十分荣幸，祝贺吴委员长访问缅甸取得圆满成功。他说，仰光在同中国的互利合作中获益匪浅，期待进一步深化与中国有关地方的友好交往，密切在经贸、旅游、人文等领域的务实合作。仰光将积极提供便利条件和完善设施，欢迎中方企业来此投资兴业。

会见结束后，吴邦国委员长和夫人章瑞珍在下榻饭店亲切接见了中国驻缅使馆工作人员、中资机构、华侨华人和留学生代表。

吴邦国委员长和夫人章瑞珍于当地时间 14 日下午乘专机离开内比都飞抵仰光，继续在缅甸的正式友好访问。离开内比都时，缅甸联邦议会人民院副议长吴南达觉佐夫妇等缅方高级官员到机场送行。抵达仰光时，仰光省议会议长吴盛丁温等到机场迎接。全国人大常委会副委员长兼秘书长李建国等同机抵达。

结束缅甸之行抵达科伦坡

吴邦国开始对斯里兰卡进行正式友好访问

人民日报科伦坡 9 月 15 日电 应斯里兰卡议会议长恰马尔的邀请，中国全国人大常委会委员长吴邦国 15 日下午抵达斯里兰卡首都科伦坡，开始对斯里兰卡进行正式友好访问。

当地时间下午 5 时许，吴邦国委员长乘坐的专机徐徐降落在科伦坡班达拉奈克国际机场。中斯两国国旗在机场上空迎风飘扬。中国驻斯里兰卡大使吴江浩和斯方高级官员登机迎请。吴邦国委员长和夫人章瑞珍、李建国副委员长兼秘书长走下舷梯，与前来迎接的斯里兰卡议会议长恰马尔等斯方高级官员亲切握手，互致问候。身着民族服装的斯里兰卡少年儿童向吴邦国委员长夫妇、李建国副委员长兼秘书长敬献了鲜花。

吴邦国在机场发表书面讲话。他说，斯里兰卡是中国的传统友好邻邦。中斯建交半个多世纪来，双方政治互信不断加深，各领域合作日益拓展，在国际和地区事务中保持良好协调与配合。今年是两国建交 55 周年和《米胶协定》签署 60 周年，中斯关系发展面临难得机遇，前景广阔。中方愿同斯方携手努力，巩固传统友好，扩大务实合作，将真诚互助、世代友好的中斯全面合作伙伴关系提升到新的高度。

此访是中国全国人大常委会委员长首次访问斯里兰卡。访问期间，吴邦国委员长将分别与拉贾帕克萨总统、恰马尔议长等斯方领导人举行会见会谈，就双边关系和共同关心的国际和地区问题深入交换意见，并广泛接触斯里兰卡各界人士。

吴邦国是在圆满结束对缅甸的正式友好访问后，于15日下午离开仰光的。离开仰光时，缅方高级官员、中国驻缅甸大使和使馆工作人员到机场送行。

15日上午，吴邦国委员长在缅甸通信部长陪同下，专程前往中国中兴、华为公司与缅甸通讯公司合作兴建的网络中心，亲切看望在那里工作的中缅工程技术人员，勉励他们继续为促进缅甸通信事业发展、深化中缅经贸合作作出更大贡献。

吴邦国会见斯里兰卡总统

人民日报科伦坡9月17日电　正在斯里兰卡进行正式友好访问的中国全国人大常委会委员长吴邦国当地时间17日上午在总统府会见了斯里兰卡总统拉贾帕克萨。

吴邦国首先转达了胡锦涛主席对拉贾帕克萨总统的亲切问候，祝贺斯战后重建取得积极进展。拉贾帕克萨对此表示感谢，并请吴委员长转达他对胡锦涛主席的良好祝愿。

吴邦国说，建交半个多世纪以来，无论国际地区形势如何变幻，各自国内情况发生什么变化，中斯关系始终平稳健康发展。2005年，两国建立真诚互助、世代友好的全面合作伙伴关系，标志着双边关系发展进入到新的阶段。目前中斯关系正处于历史上最好时期。中方高度重视发展同斯里兰卡的友好合作关系，感谢斯方长期以来坚定奉行一个中国政策，尊重斯人民根据本国国情选择的发展道路，将一如既往支持斯方为维护稳定、发展经济、改善民生所作的努力，并愿继续为斯经济社会发展提供力所能及的帮助。

拉贾帕克萨表示，吴邦国委员长此访是斯中关系史上具有里程碑意义的大事，不仅有利于增进双方传统友谊，而且为两国关系下一步发展指明了方向。斯方感谢中国长期以来对斯里兰卡的有力支持，将继续坚定支持中方维护自身核心利益，愿以两国建交55周年和《米胶协定》签署60周年为契机，推动斯中全面合作伙伴系不断迈上新台阶。

经贸合作是中斯友好合作的重要组成部分。近年来双边贸易额持续增长，科伦坡港南集装箱码头、汉班托塔港二期、普特拉姆燃煤电站等一批重大基础设施合作项目进展顺利。吴邦国在充分肯定双方经贸合作取得成绩的同时，着重就下一步加强经贸合作提出三点建议。一是改善贸易结构，扩大贸易规模，中方将继续采取多种措施扩大自斯进口，希望斯方用好《亚太贸易协定》这个平台，提高商品竞争力，积极开拓中国市场。与此同时，双方应加强投资合作和旅游合作，中方鼓励更多中国企业加大对斯投资、更多中国公民赴斯旅游，希望斯方加大旅游资源推介力度。二是保持基础设施领域的合作势头，在落实好重点合作项目、确保在建项目按期保质完成的同时，根据斯国内发展的实际需要，充分运用先期合作的有益经验，不断挖掘合作潜力，培育新的合作亮点。三是加强在海洋科研、气候变化、防灾减灾等方面的合作，深化在畜牧业、农产品加工、生物质能源等领域的合作，努力把双方的互补优势转化为经贸合作的具体成果。拉贾帕克萨对此作出积极回应。他说，斯里兰卡正致力于建设"亚洲奇迹"，在基础设施建设、专业技术人才培训方面有很大的需求，欢迎中国企业加大对斯投资，积极开展铁路、港口、电站等基础设施建设领域的大项目合作，斯政府愿为此提供更多便利和条件。

两位领导人还就当前国际和地区形势深入交换意见。吴邦国强调，中国坚定奉行与邻为善、以邻为伴的周边外交方针，始终致力于同周边国家的睦邻友好，愿同包括斯里兰卡在内的亚太国家一道，加强区域和次区域合作，实现共同发展。拉贾帕克萨表示，斯里兰卡高度赞赏中国在地区和国际事务中发挥的重要作用，愿加强同中方在联合国、东盟地区论坛、上海合作组织等多边组织中的沟通与协作。

会见结束后，吴邦国和拉贾帕克萨共同出席了《中华人民共和国政府和斯里兰卡民主社会主义共和国政府关于互免持外交、公务、因公普通护照人员签证协定》等6项两国政府间合作文件、10项企业间合作协议的签字仪式。

16日，吴邦国委员长在斯里兰卡议长恰马尔的陪同下，视察了由中斯合作建设的科伦坡港南集装箱码头建设工地；在斯里兰卡文化部长埃克纳亚克陪同下，参观了中斯友谊中心。

中国全国人大常委会副委员长兼秘书长李建国等参加了上述活动。

吴邦国与斯里兰卡议长举行会谈

人民日报科伦坡 9 月 17 日电 正在斯里兰卡进行正式友好访问的中国全国人大常委会委员长吴邦国当地时间 17 日下午在议会大厦与斯里兰卡议长恰马尔举行会谈。

恰马尔表示，斯议会和社会各界对吴邦国委员长此访充满期待。今年是斯中建交 55 周年和《米胶协定》签署 60 周年。吴委员长在这个重要时刻到访，反映出中方对发展斯中关系的高度重视，相信此访必将对巩固斯中传统友谊、推动两国议会和国家关系发展产生重要而深远的影响。

吴邦国说，中斯是传统友好近邻。斯里兰卡是世界上最早承认新中国的国家之一。两国建交以来，特别是建立全面合作伙伴关系以来，双边关系取得长足进展。两国高层往来频繁，斯总统、议长、总理多次访华，双方领导人及时就共同关心的问题交换意见，增进了政治互信，有力地推动了国家关系的发展。经贸合作快速发展，贸易规模不断扩大，一批重大基础设施合作项目相继完成，成为中斯友谊的新象征。文化、教育、宗教等领域交往日趋活跃，拉近了两国人民之间的感情。中斯关系的内涵更加丰富，成果更加丰硕。

吴邦国强调，中斯没有任何历史遗留问题和现实利益冲突，不断巩固和发展中斯友好合作是中国政府坚定不移的方针，这也符合两国和两国人民的根本利益。中方愿同斯方共同努力，将两国全面合作伙伴关系提升到更高水平。一要深化战略协作，在保持高层互访的同时，加强双方政府、议会、地方等各层次友好往来，增进相互了解与信任。中方感谢斯方在台湾、涉藏、涉疆等问题上给予的坚定支持，支持斯方为维护国家稳定、恢复重建、改善人民生活所作的努力。二要采取切实措施扩大自斯进口，努力在深化合作中实现贸易均衡发展，以基础设施建设、旅游为重点加强投资合作，充分发挥企业在投资和市场中的主体作用，不断提升经贸合作的质量和水平。三要以在斯设立中国文化中心为契机，进一步扩大在汉语教学、旅游、文化遗产保护等人文领域的交流合作。四要密切在多边场合的协调配合，共同应对气候变化、非传统安全威胁等全球性问题。斯是南盟重要国家，希望斯方继续为促进中国同南盟关系发挥积极作用。

恰马尔完全赞同吴邦国对两国关系的评价和发展斯中合作的建议。他说，斯中友好可以追溯到 2000 多年前。千百年来，两国人民始终相互尊重、和睦相处、共同发展。每当斯遇到困难时，中国人民总是及时伸出援助之手，斯方对此深表感谢。斯方认为，中国的发展对包括斯里兰卡在内的亚洲国家是重要机遇，这一点已为斯中半个多世纪的友好合作实践所证明。斯方珍视同中国的传统友谊，积极致力于深化斯中关系，愿加强在政治、经贸、人文等领域的友好往来与互利合作，促进共同繁荣。

吴邦国表示，我这次访问是中国全国人大常委会委员长首次访斯，也是对今年 6 月恰马尔议长访华的回访。虽然时间不长，但深刻感受到，中斯友好是两国领导人的普遍共识和社会各界的共同意愿。希望双方以两国议长年内实现互访为契机，密切两国立法机构交流合作，加强各层次友好往来，加强在治国理政、民主法制建设等方面的交流互鉴，为深化务实合作创造良好的法制环境，积极参与两国人文交流，大力弘扬中斯传统友谊，为中斯友好世代相传奠定更加坚实的民意基础。

恰马尔表示，斯正处在发展的关键时期，法制建设任务很重。斯议会迫切希望学习中国的立法经验，借鉴在发展经济、改善民生、维护社会和谐等方面的有益作法。斯议会愿加强与中国全国人大在这方面的合作。

当天晚上，吴邦国委员长和夫人章瑞珍出席了拉贾帕克萨总统和恰马尔议长在总统官邸共同举行的欢迎宴会。此前还在下榻饭店亲切接见了中国驻斯里兰卡使馆工作人员、华侨华人、中资机构和留学生代表。

中国全国人大常委会副委员长兼秘书长李建国等参加了上述活动。

吴邦国会见马来西亚沙巴州首席部长

人民日报马来西亚沙巴州 9 月 19 日电 中国全国人大常委会委员长吴邦国当地时间 19 日下午在哥打基纳巴卢下榻饭店会见了马来西亚沙巴州首席部长穆萨·阿曼。

吴邦国说，中国和马来西亚是隔海相望的友好邻邦。马来西亚是第一个同中国建交的东盟国家。建交38年来，中马关系发展顺利，各领域合作均走在中国同东盟国家关系的前列。中方对两国关系表示满意。中马既是相互信任、相互支持的真诚朋友，也是平等互利、合作共赢的可靠伙伴。中方始终从战略高度和长远角度发展与马来西亚的关系，愿与马方一道，加深政治互信，扩大互利合作，使中马战略性合作关系结出更加丰硕的果实，为两国人民带来更多福祉。

吴邦国指出，沙巴州与中国地理相近，人文相通，在发展对华关系上有许多优势，也取得了不少成绩，极大丰富和促进了中马关系的发展。希望双方在现有合作基础上，继续本着互利共赢的原则，充分发挥各自优势，进一步加强实体经济合作、企业合作。中国政府鼓励中国有关省市加强与沙巴州的友好合作，支持本国企业以更加积极的姿态开拓沙巴市场，加强在基础设施、港口建设、产品加工等领域的互利合作，促进"沙巴发展走廊"等发展战略的实施。沙巴旅游资源丰富，希望双方共同努力，共同做好旅游合作这篇大文章，加大宣传推介沙巴旅游资源的力度，进一步便利双方人员往来，努力将旅游合作打造成双方务实合作新的增长点。

穆萨·阿曼说，沙巴政府和人民热烈欢迎吴委员长访问沙巴，对能有机会接待来自中国的贵宾深感荣幸。他说，沙巴与中国经贸关系密切，中国是沙巴重要的经贸合作伙伴，相信吴委员长此访一定能推动双方在投资、旅游、农业等领域的合作，促进沙巴经济转型和可持续发展，提升马中合作的质量和水平。

之前，吴邦国委员长和夫人章瑞珍在下榻饭店亲切接见了中国驻马来西亚使领馆工作人员。

吴邦国委员长是在圆满结束对斯里兰卡的正式友好访问后，在前往访问太平洋岛国斐济的途中过境马来西亚的。18日上午离开科伦坡时，斯里兰卡议会副议长维拉科迪等斯方高级官员、中国驻斯大使等到机场送行。抵达哥打基纳巴卢时，沙巴州副首席部长于墨斋等马方高级官员、我驻马来西亚大使柴玺、驻古晋总领事李树钢及使领馆工作人员等到机场迎接。

吴邦国开始对斐济进行正式友好访问

人民日报斐济楠迪9月20日电　应斐济总理姆拜尼马拉马的邀请，中国全国人大常委会委员长吴邦国20日晚抵达斐济楠迪，开始对斐济进行正式友好访问。

当地时间21时许，吴邦国委员长乘坐的专机抵达楠迪国际机场。中斐两国国旗在机场上空迎风飘扬。中国驻斐济大使黄勇、斐方高级官员登机迎请。吴邦国委员长和夫人章瑞珍、李建国副委员长兼秘书长走下舷梯，与前来迎接的斐济外交部长昆布安博拉等斐方高级官员亲切握手，互致问候。热情好客的主人为远道而来的中国贵宾举行了隆重的欢迎仪式。军乐队高奏中国国歌。在斐济军队总参谋长的陪同下，吴邦国委员长检阅了仪仗队。

吴邦国在机场发表书面讲话。他说，中国与斐济虽然远隔重洋，但两国人民的心紧紧相连。斐济是第一个与中国建交的太平洋岛国。1975年建交以来，两国关系发展总体顺利，政治上相互信任、相互支持，经济上优势互补、共同发展，文化上彼此尊重、相互借鉴，在重大国际和地区问题上相互沟通、密切配合。进一步巩固和发展中斐关系，不仅符合两国和两国人民的根本利益，也有利于亚太地区的稳定和发展。他表示，相信在双方的共同努力下，此访一定达到巩固友谊、增进互信、扩大共识、深化合作的目的。

此访是中国全国人大常委会委员长首次正式访问斐济。访问期间，吴邦国委员长将与奈拉蒂考总统、姆拜尼马拉马总理等斐济领导人，就双边关系和其他共同关心的问题深入交换意见，并广泛接触斐济各界友人。

吴邦国是在过境马来西亚作短暂技术停留后，于当地时间20日上午离开哥打基纳巴卢的。离开哥打基纳巴卢时，马方高级官员、中国驻马来西亚大使和使馆工作人员到机场送行。

吴邦国与斐济总理举行会谈

人民日报斐济楠迪9月21日电 正在斐济进行正式友好访问的中国全国人大常委会委员长吴邦国当地时间21日上午在楠迪下榻饭店与斐济总理姆拜尼马拉马举行会谈。宾主在友好坦诚的气氛中就双边关系、气候变化等共同关心的问题深入交换意见，达成广泛共识。

吴邦国转达了温家宝总理对姆拜尼马拉马总理的问候。他说，总理先生多年来重视发展对华关系，积极推动两国在广泛领域的互利合作，中方表示高度赞赏。姆拜尼马拉马对此表示感谢，并请吴委员长转达他对温家宝总理的良好祝愿。他说，中国全国人大常委会委员长首次正式访问斐济，充分反映了中方对发展斐中关系的重视，斐方愿同中方共同努力，以此访为契机，推动斐中重要合作伙伴关系不断向前发展。

吴邦国在积极评价两国关系后说，中斐关系保持蓬勃发展势头，不仅给两国和两国人民带来实实在在的利益，也为亚太地区的稳定与发展作出了积极贡献。中方重视发展中斐关系，视斐济为中国在太平洋岛国地区的好朋友、好伙伴，愿同斐方一道，把中斐关系提升到新的更高水平。吴邦国提出四点建议：一是进一步增进政治互信。中方赞赏斐方坚持一个中国政策，在涉及中国核心利益和重大关切问题上理解和支持中方立场，赞赏斐济将中国作为“向北看”政策最重要的国家之一。中方支持斐济人民自主选择发展道路的权利，支持斐平等参与国际和地区事务，愿继续向斐提供力所能及的帮助。二是进一步深化务实合作，结合各自优势和发展战略，加强在农业、旅游、人力资源培训等方面的合作，重点加强在基础设施建设等领域的大项目合作，以带动和提升两国经贸合作整体水平。中方鼓励中国企业到斐开展形式多样的互利合作，积极参与当地公益事业，为斐经济社会发展多做实事。三是进一步扩大人文交流，活跃在教育、文化、新闻等领域的合作，中方愿为斐济推广中文教育提供师资、教材等方面的帮助。四是进一步密切多边合作，中方赞赏斐方多年来在国际和地区组织中，特别是在安理会改革等问题上所给予的支持，愿继续支持斐济等太平洋岛国在可持续发展、能源安全、海洋资源保护等问题上的合理诉求，维护两国和广大发展中国家的共同利益。

姆拜尼马拉马完全赞同吴邦国委员长关于发展两国关系的建议。他说，斐济政府和人民对中国政府和人民一直怀有友好感情，高度赞赏中国奉行的独立自主和平外交政策，由衷钦佩中国现代化建设取得的巨大成就，愿同中方继续加强高层交往，密切基础设施、旅游、农业等领域的互利合作，积极发挥斐中友协的作用，增进两国人民之间的感情。他重申，斐方坚定奉行一个中国政策，台湾是中国领土不可分割的一部分。

在谈到气候变化问题时，吴邦国说，中国政府高度重视气候变化问题，充分理解斐济等小岛国对气候变化问题的特殊关切。发展中国家应加强团结，坚持“共同但有区别的责任”原则，共同敦促发达国家履行其应尽的义务。中方将继续呼应和支持包括斐济在内的发展中国家的合理诉求，帮助推动发达国家尽快落实其已承诺的快速启动资金，加强双方在节能环保领域的合作，共同提高适应和应对气候变化的能力。姆拜尼马拉马表示，斐方愿同中方保持在应对气候变化方面的沟通与协作。

会谈前，吴邦国委员长和夫人章瑞珍出席了姆拜尼马拉马总理举行的传统欢迎仪式。

会谈结束后，吴邦国委员长和姆拜尼马拉马总理共同出席中斐两国政府经济技术合作协定等有关协议的签字仪式。

中国全国人大常委会副委员长兼秘书长李建国等中方陪同人员和斐济外交部长等主要内阁成员参加了上述活动。

吴邦国会见斐济总统

人民日报斐济楠迪9月22日电 正在斐济进行正式友好访问的中国全国人大常委会委员长吴邦国当地时间21日下午在楠迪下榻饭店会见斐济总统奈拉蒂考。

吴邦国首先转达胡锦涛主席对奈拉蒂考总统的亲切问候。奈拉蒂考总统对此表示感谢，并请吴邦国委员长转达他对胡锦涛主席的良好祝愿。

吴邦国说，斐济是最早同新中国建交的太平洋岛国。中斐建交以来，两国始终相互尊重、平等相待、真诚合作，树立了不同社会制度、历史文化和发展水平国家间友好关系的典范。中斐重要合作伙伴关系的建立，为新时期两国关系发展注入了新的活力，开辟了广阔前景。中方一贯主张国际关系民主化，尊重世界多样性，国家不分大小、贫富、强弱，都是国际社会的平等一员，国际事务应由各国之间平等协商，国内事务应由本国人民自主决定，反对以大欺小、以富压贫、以强凌弱。中方高度重视发展中斐关系，赞赏斐方将发展对华关系作为外交优先重点。中方愿与斐方一道，进一步深化中斐传统友谊，增进政治互信，拓展在经贸、农业、渔业、矿产等领域的务实合作，促进文教、旅游等友好交流，密切在国际和地区事务中的沟通与配合，推动中斐关系不断迈上新台阶。

奈拉蒂考代表斐济政府和人民热烈欢迎吴邦国委员长来访，认为此访再次表明中方对发展斐中关系的高度重视，也进一步坚定了斐方巩固两国传统友谊、深化互利合作的决心。他说，斐中虽然国情不同，但在许多问题上都有共同语言。中国政府和人民长期以来给予斐济大力支持和无私援助，帮助斐济克服各种困难，促进了斐济经济社会发展，斐济政府和人民对此深表谢意。斐济高度评价中国奉行的独立自主的和平外交政策，赞赏中方为维护广大发展中国家利益所作的不懈努力，期待与中国加强全方位合作，学习借鉴中国的发展经验，提升斐中关系水平。

吴邦国简要介绍了台海地区形势，对斐方长期以来坚定奉行一个中国政策表示感谢。奈拉蒂考表示，斐方在台湾问题上的立场是坚定的，将毫不动摇地坚持一个中国原则，希望中国能实现和平统一。

两位领导人还就地区形势交换了意见。吴邦国指出，中国作为太平洋岛国的真诚朋友，将继续在和平共处五项原则基础上发展同各岛国的友好合作关系，支持岛国平等参与国际事务，帮助岛国增强自主发展能力，促进可持续发展。奈拉蒂考表示，愿充分发挥斐济在南太地区的枢纽作用，与其他岛国一道加强同中国的沟通、协调与合作，共同为促进本地区的稳定与发展作出积极努力。

下午，吴邦国委员长和夫人章瑞珍在下榻饭店亲切接见了驻斐使馆工作人员、中资机构、华侨华人和公派教师代表。

傍晚，吴邦国委员长和夫人章瑞珍出席了奈拉蒂考总统举行的欢迎晚宴，姆拜尼马拉马总理和斐方主要内阁成员出席。

全国人大常委会副委员长兼秘书长李建国等参加上述活动。

吴邦国圆满结束亚太四国之行回到北京

新华社北京 9 月 23 日电 全国人大常委会委员长吴邦国在圆满结束对伊朗、缅甸、斯里兰卡和斐济的正式友好访问后，于 23 日傍晚乘专机回到北京。吴邦国委员长夫人章瑞珍、全国人大常委会副委员长兼秘书长李建国等主要陪同人员同机抵达。

吴邦国委员长是在圆满结束对斐济的正式友好访问后，从斐济楠迪乘专机启程回国的。离开楠迪时，斐济总理姆拜尼马拉马专程到机场与吴邦国委员长话别。斐方高级官员、中国驻斐济大使及使馆工作人员也到机场送行。

平等互信筑友谊 互利合作促发展

——吴邦国委员长访问亚太四国综述

人民日报北京 9 月 23 日电 9 月 9 日至 23 日，中国全国人大常委会委员长吴邦国应邀对伊朗、缅甸、斯里兰卡、斐济进行正式友好访问。这是在国际和地区形势发生复杂深刻变化、我同四国关系发展机遇与挑战并存的背景下，我国主要领导人对亚太地区的一次重大外交行动，对巩固我国同亚太国家传统友好、增进政治互信、深化互利合作具有深远影响。

9 月的亚太四国，天高云淡，阳光明媚。四国高度重视吴邦国委员长的重要访问，伊朗用鲜花编织大型横幅迎接吴委员长到来，缅甸青少年挥舞中缅两国国旗、夹道欢迎友好邻邦的贵宾，斯里兰卡总统和议长联合为吴委员长举行欢迎宴会，斐济人民以隆重的传统仪式表达对中国客人的真诚祝福。

吴委员长四国之行，行程 37000 多公里，共安排 44 场正式活动，同四国元首、政府首脑和议会领导人举行会见会谈，达成广泛共识，考察我与四国经贸合作项目，广泛接触四国社会各界人士，亲切接见我使领馆、中资机构工作人员和留学生、华侨华人代表，访问取得圆满成功。

增进互信之旅：促进国家关系全面深入发展

吴委员长此次访问的亚太四国，均是我传统友好国家。致力于同包括亚太四国在内的广大周边国家睦邻友好，在我国外交全局中始终占有重要位置。吴委员长每到一国，均对两国友好合作关系给予积极评价，他对四国在台湾、涉藏、涉疆等涉我核心利益问题上的坚定支持表示感谢，并从战略高度和长远角度提出进一步发展双边关系的意见和建议。在德黑兰，吴委员长强调，中伊是传统友好国家，没有任何历史遗留问题，也不存在现实利益冲突，发展中伊友好合作关系不仅符合两国和两国人民的根本利益，也有利于地区的和平、稳定和繁荣。在内比都，他表示，中缅两国人民有着深厚的“胞波”情谊，中方愿同缅方一道，积极落实两国领导人达成的重要共识，共同维护中缅友好合作大局，推动中缅全面战略合作伙伴关系不断向前发展。在科伦坡，吴委员长指出，目前中斯关系正处于历史上最好时期，中方尊重斯人民根据本国国情选择的发展道路，将一如既往支持斯方为维护稳定、发展经济、改善民生所作的努力，并愿继续为斯经济社会发展提供力所能及的帮助。在斐济楠迪，吴委员长强调，中国一贯主张国家不分大小、贫富、强弱，都是国际社会的平等一员，中方愿在和平共处五项原则基础上把中斐关系提升到一个新水平。

四国领导人一致认为，吴委员长的访问具有重要意义，为双边关系发展增添了活力、指明了方向。他们表示，中国是真诚的合作伙伴和可信赖的朋友，愿同中方一道努力，继续深化友好合作，巩固传统友谊，共同推动国家关系向前发展。四国领导人重申，坚定奉行一个中国政策，坚定支持中方维护核心利益的立场和主张。

深化合作之旅：推动经贸合作向更广领域拓展

加强经贸合作是国家关系发展的物质基础，也是吴委员长亚太四国之行的重要目的。无论是同四国领导人会见会谈，还是考察中外合作项目建设，吴委员长谈论最多的就是加强互利合作、实现共同发展。

近年来，中伊在能源、基础设施、工程承包等领域的务实合作平稳发展。吴委员长建议，两国有关部门应加大沟通协调力度，积极克服不利因素，妥善解决经贸合作中存在的问题，切实抓好已签约项目落实工作，扩大轨道交通、水利电力等基础设施领域合作，不断优化合作环境，为企业投资合作提供更多便利，依法保障合作企业合法权益。

中缅经济优势互补、政治关系良好，深化互利合作潜力很大。吴委员长指出，当前要着力推动双方已商定的大项目合作，这些项目不仅对中方具有重要意义，而且有利于缅加快发展民族产业，改善相关地区人民生活。希望双方坚定合作信心，采取有效措施，积极化解困难，扎实推进中缅油气管道建设等重大合作项目顺利实施。中方继续鼓励和支持有实力、信誉好的中国企业扩大对缅投资，积极参与缅国内经济建设。

中斯贸易额近年来持续增长，科伦坡港南集装箱码头、汉班托塔港工程、普特拉姆燃煤电站等一批大项目合作进展顺利。吴委员长在充分肯定双方经贸合作成绩的同时，强调要努力把互补优势转化为经贸合作的具体成果。希望双方保持基础设施领域的合作势头，充分运用先期合作有益经验，不断挖掘合作潜力；加强在海洋科研、气候变化、防灾减灾等方面的合作，深化在畜牧业、农产品加工等领域的合作；中方将继续采取多种措施扩大自斯进口，支持两国企业加强投资合作，鼓励更多中国公民赴斯旅游。

关于中斐经贸合作，吴邦国表示，斐济虽然国土面积不大，但自然资源丰富，中国有资金、技术、市场优势，深化互利合作大有可为。希望双方在继续加强基础设施建设合作的同时，不断挖掘农业、渔业、旅游、教育等领域的合作潜力，扩大两国贸易和双向投资规模，改善贸易结构。中方将认真组织和实施双方已商定的民生项目建设，努力为斐济经济社会发展多做实事。

四国领导人对吴委员长的建议给予积极回应，表示愿同中方进一步深化互利合作，不断扩大合作领域、提升合作质量，欢迎更多中国企业加大投资力度，并愿为此创造更好条件、提供更多便利。

访问期间，吴委员长还专门抽出时间，实地考察有关中外企业合作项目，见证经济技术合作文件签字仪式。在伊朗，他听取了中国石油天然气集团公司海外业务发展情况，希望他们为保障国家能源安全作出更大贡献。在缅甸，他与吴登盛总统共同听取了中缅油气管道建设情况汇报，并考察中国中兴、华为公司与缅甸合作建设的网络中心。在斯里兰卡，他视察了中斯合作建设的科伦坡港南集装箱码头工地，勉励大家为斯里兰卡经济社会发展和中斯友谊贡献力量。

巩固友谊之旅：夯实国家关系发展民意基础

吴委员长亚太四国之行，是中国全国人大常委会委员长首次正式访问缅甸、斯里兰卡、斐济以及时隔16年再次访问伊朗，开启了中国全国人大与有关国家议会友好交往的新篇章。

吴委员长强调，议会交往是国家关系的重要组成部分。希望双方加强议会领导人、专门委员会和友好小组等各层次友好往来，积极开展治国理政、立法监督、改善民生等方面的经验交流，密切在多边议会组织内的沟通与协调，为促进国家关系全面发展作出新的贡献。他指出，议员代表人民，议会反映民意。希望发挥议会人才荟萃、联系广泛的优势，积极推动经贸、文化、教育、旅游等方面的交流合作，积极推动有关地方和友好城市的交流合作，增进人民特别是青年之间的了解和友谊，让睦邻友好深入人心、代代相传。吴委员长表示，中伊要做好互设文化中心的工作，欢迎伊方适时来华举办“伊朗文化周”活动。中方支持缅甸承办2013年东南亚运动会，并愿提供力所能及的帮助。在斯里兰卡，他还参观了象征两国人民友谊的中斯友谊中心。

有关国家议会领导人完全赞同吴委员长的建议，表示愿进一步加强与中国全国人大在各层次、各领域的友好交往，为深化政治互信多做工作，为推动务实合作牵线搭桥，为增进人民友谊添砖加瓦，为国家关系全面发展贡献力量。

维护和平之旅：促进亚太地区和平稳定发展

访问期间，吴委员长同往访国领导人就当前国际和地区形势深入交换了意见。他强调，中国坚持走和平发展道路，坚定奉行与邻为善、以邻为伴的周边外交方针，始终致力于同周边国家睦邻友好。不论国际和地区形势如何变化，这一政策永远不会改变。四国领导人高度赞赏中国在国际和地区事务中发挥的重要作用，表示中国的发展对周边国家是机遇和贡献，愿同中方加强在国际和地区组织中协调配合，共同促进亚太地区乃至世界和平稳定发展。

针对日本政府宣布“购买”钓鱼岛及其附属岛屿问题，吴委员长强调，钓鱼岛自古以来就是中国的固有领土。在钓鱼岛问题上，中方的立场是一贯的、明确的。日方采取任何方式“购岛”都是非法的、无效的，中方坚决反对。中国政府和人民在维护领土主权问题上的立场是坚定不移的。

在谈到伊核问题时，吴委员长指出，中方在伊核问题上一贯秉持公正、客观立场，反对任何中东地区国家研发和拥有核武器。同时认为，一国和平利用核能的权利应依法得到保障。中方始终认为对话与合作是妥善解决伊核问题的正确途径，反对一味制裁和施压，甚至以武力相威胁的做法，愿继续为和平解决伊核问题发挥建设性作用。希望伊方坚定走和谈之路，继续显示灵活务实态度，积极推动同六国谈判取得实质性进展。

中缅拥有2200多公里的共同边境线，维护边境地区和平稳定符合两国根本利益。吴委员长表示，中方尊重缅甸主权和领土完整，真诚希望缅有关方面通过和平协商解决问题，中方愿同缅方继续加强边境管理合作，共同维护边境地区正常生产生活秩序。

一场场重要的会见会谈，一个个难以忘怀的精彩瞬间，一份份沉甸甸的协议文件……彰显了增进互信的真诚态度，凝聚了深化合作的坚定信心，奏响了共同发展的时代旋律。这是一次成功的访问，意义重大、成效显著、影响深远。

吴邦国委员长访问伊朗、缅甸、斯里兰卡和斐济四国情况的书面报告

全国人民代表大会常务委员会：

9 月 9 日至 9 月 23 日，全国人大常委会委员长吴邦国应邀对伊朗、缅甸、斯里兰卡和斐济进行正式友好访问，途中过境马来西亚哥打基纳巴卢。全国人大常委会副委员长兼秘书长李建国等陪同出访。现将主要情况报告如下：

吴邦国委员长此访是在国际和地区形势发生复杂深刻变化、我同四国关系发展机遇与挑战并存的背景下，我国主要领导人对亚太地区的一次重大外交行动，对巩固我同亚太国家传统友好、深化互利合作，维护我周边安全稳定具有重要意义。

访问期间，吴邦国委员长分别与伊朗总统艾哈迈迪—内贾德、缅甸总统吴登盛、斯里兰卡总统拉贾帕克萨、斐济总统奈拉蒂考和伊第一副总统拉希米、缅联邦议会民族院议长吴钦昂敏举行会见，与伊议会议长拉里贾尼、缅联邦议会人民院议长吴瑞曼、斯议会议长恰马尔、斐总理姆拜尼马拉马举行会谈，与缅前领导人丹瑞进行会晤，分别就双边关系、议会交往以及共同关心的国际和地区问题深入交换意见，达成广泛共识。出席我与往访国政府有关合作文件及企业合作项目协议签字仪式，会见缅甸、马来西亚有关地方政府和议会领导人，考察中外企业有关合作项目建设情况，广泛接触往访国社会各界人士。亲切看望我驻往访国使领馆工作人员和中资机构、华人华侨、留学生代表等。

四国均高度重视吴邦国委员长的到访，给予热情接待和周到安排，伊朗议会副议长、缅甸议会人民院副议长亲自到机场迎送吴邦国委员长，斯里兰卡总统和议长、斐济总统和总理联合为吴邦国委员长举行欢迎宴会，斐济还为吴邦国委员长来访安排了隆重的迎送仪式。四国领导人和当地媒体盛赞，吴邦国委员长到访不仅带来了中国人民的深情厚意，也带来了加强友好合作的务实举措，为双边关系发展注入了新的动力和活力，具有重要意义和深远影响。

一、巩固传统友谊，增进政治互信

吴邦国委员长此次访问的亚太四国，均是我传统友好国家。中伊同为亚洲文明古国，两国建交 40 多年来特别是近年来，高层交往密切，政治互信不断加深，各领域友好合作发展顺利。中缅两国毗邻而居，人民“胞波”情谊深厚，2011 年胡锦涛主席和吴登盛总统在北京共同宣布，将中缅关系提升至全面战略合作伙伴关系。中斯是传统友好近邻，2005 年建立真诚互助、世代友好的全面合作伙伴关系，今年恰逢中斯建交 55 周年和《米胶协定》签署 60 周年。斐济是太平洋岛国地区第一个与我建交的国家，中斐关系堪称大小国家平等相待、友好相处的典范。致力于同包括亚太四国在内的广大周边国家睦邻友好，在我国外交全局中始终占有重要位置。

吴邦国委员长每到一国，都对双边关系发展给予积极评价，对四国在台湾、涉藏、涉疆等涉我核心利益问题上的坚定支持表示感谢，并从战略高度和长远角度提出进一步发展双边关系的意见和建议。在德黑兰，吴邦国委员长指出，中伊没有任何历史遗留问题，也不存在现实利益冲突，发展中伊友好合作关系不仅符合两国和两国人民的根本利益，也有利于地区的和平、稳定和繁荣。希望双方继续保持高层互访势头，扩大政府、议会、政党及地方间的友好往来，密切在联合国、上海合作组织等多边框架内的沟通与配合，推动中伊关系不断取得新的更大发展。在内比都，吴邦国委员长强调，中缅彼此尊重、相互信任、相互帮助、共同发展，是人心所向、大势所趋。中方愿与缅方一道，积极落实两国领导人达成的重要共识，共同维护中缅友好合作大局，推动中缅全面战略合作伙伴关系不断迈上新台阶。在科伦坡，吴邦国委员长表示，巩固和发展中斯友好合作是中国政府坚定不移的方针，希望双方不断深化战略协作，加强务实合作，巩固传统友谊。中方尊重斯人民根据本国国情自主选择的发展道路，将一如既往支持斯方为维护稳定、发展经济、改善民生所作的努力，并愿继续为斯经济社会发展提供力所能及的帮助。在斐济楠迪，吴邦国委员长强调，中国一贯主张国际关系民主化，国家不分大小、贫富、强弱，都是国际社会的平等一员，反对以大欺小、以强凌弱、以富压贫。中方尊重斐济人民根据本国国情自主选择发展道路，支持斐平等参与国际

和地区事务、发挥建设性作用，愿在和平共处五项原则基础上把中斐关系提升到一个新水平。

访问期间，针对日本政府宣布“购买”钓鱼岛及其附属岛屿问题，吴邦国委员长强调，钓鱼岛及其附属岛屿自古以来就是中国的固有领土。在钓鱼岛问题上，中方的立场是一贯的、明确的。日方采取任何方式“购岛”都是非法的、无效的，中方坚决反对。中国政府和人民在维护主权问题上的立场是坚定不移的。

四国领导人一致表示，中国是可信赖的朋友和真诚的合作伙伴，十分珍视同中国的传统友谊，由衷感谢中方长期以来给予的宝贵支持和慷慨帮助，高度赞赏中国奉行的独立自主和平外交政策和在国际和地区事务中发挥的重要作用，认为中国的发展对周边国家不是威胁而是机遇，期待同中方巩固传统友谊，深化友好合作，共同推动国家关系向前发展。四国领导人重申，坚定奉行一个中国政策，坚定支持中方维护核心利益的立场和主张。

访问期间，吴邦国委员长在与往访国领导人会见会谈中，还鲜明阐述了中方在一系列国际和地区问题上的原则和立场。他表示，中国坚持走和平发展道路，坚定奉行与邻为善、以邻为伴的周边外交方针，始终致力于同周边国家睦邻友好，不论国际和地区形势如何变化，这一政策都不会改变。在谈到伊核问题时，吴邦国委员长指出，中方在伊核问题上一贯秉持公正、客观立场，反对任何中东地区国家研发和拥有核武器。同时认为，一国和平利用核能的权利应依法得到保障。中方始终认为对话与合作是妥善解决伊核问题的正确途径，反对一味制裁和施压，甚至以武力相威胁的做法，愿继续为和平解决伊核问题发挥建设性作用。希望伊方坚定走和谈之路，继续显示灵活务实态度，积极推动同六国谈判取得实质性进展。

二、深化务实合作，促进共同发展

加强经贸合作是国家关系发展的物质基础，也是吴邦国委员长访问亚太四国的重要目的之一。无论是同四国领导人会见会谈，还是考察中外合作项目建设情况，吴邦国委员长谈论最多的就是加强互利合作、促进共同发展。他结合往访国各自情况，针对合作中遇到的新情况新问题，深刻分析双方合作面临的机遇和挑战，提出深化务实合作的具体意见和建议，推动和引导双方经贸合作向更广领域更高层次发展。

近年来，中伊在能源、基础设施、工程承包等领域的务实合作平稳发展。2011 年，双边贸易额达到 451 亿美元，同比增长 53.5%。吴邦国委员长提出，两国有关部门应加大沟通协调力度，积极克服不利因素，妥善解决合作中存在的问题，切实抓好已签约项目落实工作，扩大轨道交通、水利电力等基础设施领域合作，不断优化合作环境，为企业投资合作提供更多便利，依法保障合作企业的合法权益。

中缅经济优势互补、政治关系良好，深化互利合作潜力很大。目前，缅甸已成为中国在东盟地区重要的工程承包市场和投资目的地。吴邦国委员长指出，当前要着力推动双方已商定的大项目合作，这些项目不仅对中方具有重要意义，而且有利于缅加快发展民族产业，改善相关地区人民生活。希望双方采取有效措施，积极化解困难，扎实推进中缅油气管道建设等重大合作项目顺利实施，提升两国企业加强经贸合作的信心。中方继续鼓励和支持有实力、信誉好的中国企业扩大对缅投资，积极参与缅国内经济建设。

中斯贸易额近年来持续增长，科伦坡港南集装箱码头、汉班托塔港二期、普特拉姆燃煤电站等一批重大合作项目进展顺利。吴邦国委员长在充分肯定双方经贸合作成绩的同时，强调要努力把互补优势转化为经贸合作的具体成果。希望双方保持基础设施领域的合作势头，充分运用先期合作有益经验，不断挖掘合作潜力；加强在海洋科研、气候变化、防灾减灾等方面的合作，深化在畜牧业、农产品加工等领域的合作；中方将继续采取多种措施扩大自斯进口，支持两国企业加强投资合作，鼓励更多中国公民赴斯旅游。

关于中斐经贸合作，吴邦国委员长表示，斐济虽然国土面积不大，但自然资源丰富，中国有资金、技术、市场优势，深化互利合作大有可为。希望双方在继续加强基础设施建设合作的同时，不断挖掘农业、渔业、旅游等领域的合作潜力，扩大两国贸易和双向投资规模，改善贸易结构。中方将认真组织和实施双方已商定的民生项目建设，努力为斐济经济社会发展多做实事。

四国领导人完全赞同吴邦国委员长的精辟分析和务实建议，纷纷表示愿同中方一道，继续深化互利合作，积极探索合作的新模式新途径，落实好双方已开展的大项目合作，努力拓展在经贸、能源、基础设施建设、农业、旅游等领域的务实合作，欢迎更多中国企业加大投资力度，并愿为此创造更好条件、提供更多便利，不断提升务实合作的质量和水平。

吴邦国委员长十分关心企业合作特别是大项目合作情况。访问期间，他专门抽出时间，实地考察有关中外企业合作项目，详细了解项目规划和建设进展情况。在伊朗，吴邦国委员长听取了中国石油天然气集团公司海外业务发展情况汇报，通过视频连线慰问项目现场工程技术人员，希望他们抓住机遇、深化合作，把握节奏、规避风险，为保障国家能源安全作出更大贡献。在缅甸，吴邦国委员长与吴登盛总统共同听取了中缅油气管道建设情况汇报，并考察了中国中兴、华为公司与缅甸合作建设的网络中心。在斯里兰卡，吴邦国委员长视察了中斯合作建设的科伦坡港南集装箱码头工地，勉励中方工程技术人员为斯里兰卡经济社会发展和中斯友谊贡献力量。访问期间，吴邦国委员长还与往访国领导人共同出席了有关合作文件的签字仪式，包括 14 项两国政府间经济技术等合作文件，13 项企业合作协议，涉及贸易、投资、金融、基础设施、电讯、农业、文化、卫生等众多领域。

三、加强议会合作，活跃人文交流

吴邦国委员长此访是中国全国人大常委会委员长首次正式访问缅甸、斯里兰卡、斐济以及 16 年后再次访问伊朗。伊朗、缅甸、斯里兰卡议会领导人一致认为此访开启了双方议会交往的新篇章，为促进国家关系全面发展增添了新的活力。

在同有关国家议会领导人会见会谈时，吴邦国委员长反复强调，议会交往是国家关系的重要组成部分，对深化政治互信、促进互利合作、增进人民友谊，发挥着不可替代的作用。希望双方紧紧围绕两国关系发展大局，加强议会领导人、专门委员会和友好小组等各层次友好往来，增进相互了解，深化政治互信。积极开展治国理政、立法监督、改善民生等方面的经验交流，分享发展经验，扩大合作共识。密切在多边议会组织内的沟通与协调，为促进国家关系全面发展作出应有贡献。

我与亚太四国的友好交往历史悠久，人民之间一向怀有友好感情，加强在人文领域的交流互鉴潜力巨大。吴邦国委员长希望双方的立法机构充分发挥人才荟萃、联系广泛的独特优势，积极推动文化、教育、旅游等方面的交流合作，积极推动有关地方和友好城市的交流合作，增进人民特别是青年之间的了解和友谊，让睦邻友好深入人心、代代相传。在伊朗，吴邦国委员长希望双方做好中伊互设文化中心的工作，欢迎伊方适时来华举办“伊朗文化周”活动。在缅甸，他表示中方支持缅甸承办 2013 年东南亚运动会，并愿提供力所能及的帮助。在斯里兰卡，他希望以设立中国文化中心为契机，扩大双方在汉语教学、旅游、宗教、文化遗产保护等领域的交流合作。

有关国家议会领导人对吴邦国委员长的建议给予积极回应，表示愿进一步加强与中国全国人大在各层次、各领域的友好交往，为深化政治互信多做工作，为推动务实合作牵线搭桥，为增进人民友谊添砖加瓦，为国家关系全面发展贡献力量。

吴邦国委员长此次亚太四国之行，达到了巩固友谊、增进互信、扩大共识、深化合作的预期目的，访问取得圆满成功。

总结吴邦国委员长访问亚太四国的积极成果，回顾这些年人大对外交往工作的好经验好做法，我们深深体会到，做好新形势下的人大对外交往工作，不断增强工作的针对性和实效性，关键是要牢牢把握好以下几点。一要服从服务于国家总体外交。无论是同外国议会开展交流合作，还是参与国际和地区议会组织的活动，都要全面贯彻我独立自主的和平外交方针，站在国家总体外交的高度来谋划和推动，坚决维护国家主权、安全和发展利益特别是核心利益，推动建设持久和平、共同繁荣的和谐世界，使人大对外交往成为促进国家关系发展的重要力量，更好地服务于我国改革开放和社会主义现代化建设。二要着力推动各领域务实合作。围绕国家关系发展大局，立足于人大自身职能和工作定位，着力推动政治、经贸、人文等各领域友好交流与务实合作，在涉及彼此核心利益和重大关切问题上相互理解与支持，在经济上实现互利共赢和共同发展，在文化上促进彼此尊重和相互借鉴，不断增进人民之间的了解和感情，夯实国家关系发展的政治基础、物质基础和社会基础。三要充分发挥自身特点和优势。无论是“走出去”还是“请进来”，都要精心设计交流主题，灵活安排交流方式，既可以就观点相同的问题进行讨论，也可以就存在不同看法甚至分歧的问题开展对话，关键是要在熟悉内外政策、了解对方情况的基础上，做到提出问题有理有据，增信释疑入情入理，表达关切切中要害，增强外国议会领导人、议员特别是年轻议员对我国基本国情、发展道路、价值观念的了解和理解，展现我国文明、民主、开放、进步的形象。

以上报告，请审议。

全国人民代表大会常务委员会办公厅

2012 年 10 月 9 日

三、对外定期交流机制

全国人大与日本国会众议院合作委员会第七次会议

2012年1月15日至17日，应全国人大常委会邀请，日本国会民主党众议员、众议院运营委员会委员长小平忠正率日本众议院代表团一行13人访华并参加中国全国人大与日本国会众议院合作委员会第七次会议。

访问期间，全国人大常委会委员长吴邦国会见，全国人大常委会副委员长兼秘书长、全国人大与日本国会定期交流机制中方主席李建国与日方主席小平忠正共同主持了双方合作委员会第七次会议。全国人大内务司法委员会主任委员、全国人大与日本国会定期交流机制中方副主席黄镇东，全国人大常委会副秘书长、全国人大与日本国会定期交流机制中方常务副主席曹卫洲，全国人大教育科学文化卫生委员会副主任委员任茂东，全国人大法律委员会委员信春鹰，全国人大财政经济委员会委员马之庚，全国人大外事委员会委员李义虎，全国人大环境与资源保护委员会委员孟伟等参加了会议。会议分两个阶段，第一阶段议题是两国关系、议会交往、灾后重建、防灾救灾和核能安全合作、国际和地区热点问题；第二阶段议题是两国经贸关系、环保和能源合作、人文交流等。

除北京外，部分团员考察了河北省唐山市曹妃甸工业园区。

全国人大与日本国会参议院定期交流机制第五次会议

2012年3月21日至3月25日，应日本国会参议院议长平田健二邀请，全国人大常委会副委员长兼秘书长、全国人大与日本国会定期交流机制中方主席李建国率全国人大代表团访日并出席中国全国人大与日本国会参议院定期交流机制第五次会议。代表团成员有：全国人大内务司法委员会主任委员黄镇东、外事委员会副主任委员刘冬冬、教科文卫委员会副主任委员吴恒、法律委员会委员信春鹰、财政经济委员会委员甘道明、环境与资源保护委员会委员赵志祥、农业与农村委员会委员苟天林、全国人大常委会副秘书长曹卫洲。

访日期间，李建国副委员长分别会见参议院议长平田健二、众议院议长横路孝弘、内阁官房长官藤村修，与日方代表团团长、参议院前议长江田五月参议员共同主持中国全国人大与日本国会参议院定期交流机制第五次会议，出席了参议院副议长尾辻秀久、日方代表团团长江田五月举行的欢迎宴会和日中友好议员联盟举行的早餐会。会议和会谈中，双方围绕中日双边政治关系、议会交往、灾后重建和防灾救灾合作以及国际和地区形势等议题广泛、深入对话。此外，代表团应邀访问京都，参加了由京都府知事和地方各界代表共同举办的欢迎宴会。

全国人大与南非国民议会定期交流机制第二次会议

2012年3月28日至31日，应南非国民议会邀请，全国人大常委会副委员长华建敏率全国人大代表团访问南非。代表团主要成员有全国人大外事委员会副主任委员兼中南议会定期交流机制中方常务副主席南振中，全国人大法律委员会副主任委员、法制工作委员会主任李适时，全国人大法律委员会副主任委员洪虎，全国人大财政经济委员会副主任委员彭小枫，全国人大常委会副秘书长李连宁，吉林省人大常委会副主任聂文权，全国人大财政经济委员会委员李卫。

3 月 29 日，中国全国人大与南非国民议会定期交流机制第二次会议在开普敦举办。中南议会定期交流机制中方主席、全国人大副委员长华建敏与南非国民议会副议长、南中议会定期交流机制南方主席姆费凯托共同主持，作主旨发言。双方代表和议员就中南关系、议会交往、青年培训与扩大就业、消除贫困、国有企业和基础设施建设等问题坦诚交换意见。

全国人大中加议会协会与加拿大加中议会协会第十五次会议

2012 年 4 月 7 日至 14 日，应全国人大中加议会协会邀请，由共同主席克兰普众议员和佩莱特参议员率领的加拿大加中议会协会代表团一行 18 人访华，参加双方定期交流机制第十五次会议。此次是加拿大议会 2011 年改选、新一届加中议会协会成立后首次访华。

在京期间，全国人大常委会副委员长严隽琪会见代表团，全国人大外事委员会副主任委员、全国人大中加议会协会主席郑斯林主持双方定期交流机制第十五次会议和欢迎宴会。中联部副部长刘结一会见，十届全国人大外事委员会副主任委员、全国人大中加议会协会前主席、十一届全国人大常委会办公厅特邀专家吕聪敏宴请。各场活动中，双方着重就中加关系、议会交往、经贸合作、能源环境、教育交流、中国民主法制建设情况等交换了意见。

除北京外，代表团访问了厦门、杭州和上海。全国人大外事委员会委员金矛全程陪同。

全国人大与印度人民院交流机制第二次会议

2012 年 4 月 15 日至 24 日，应巴基斯坦国民议会外事委员会和印度人民院的邀请，全国人大外事委副主任委员刘冬冬率全国人大代表团对上述两国进行友好访问并出席中印议会定期交流机制第二次会议。代表团主要成员有全国人大外事委副主任委员、中印议会友好小组组长查培新和财经委委员崔俊慧。

访印期间，代表团在首都新德里与印度议会印中友好小组主席查科等 9 名成员举行了中印议会定期交流机制第二次会议，在孟买会见了马哈拉施特拉邦议会众议长沃尔什—帕蒂尔和参议院主席德什穆克等。各场活动中，双方就重点就中印关系、议会交往、经贸合作、人文交流等问题交换了意见。代表团表示，中印两国立法机构于 2006 年 7 月签署建立定期交流机制谅解备忘录，但因为印方原因，双方仅于四年前举办了第一次交流机制会议。中方希望通过交流机制活动和交流机制这个平台不断加强双方议会、专门委员会、友好小组及办事机构间的友好交流，增进议员间相互了解和信任，分享治国理政经验，进一步推动两国议会间务实合作，为推动中印关系长期健康发展发挥积极作用。

全国人大与俄罗斯联邦委员会合作委员会第六次会议工作组磋商

2012 年 5 月 4 日至 6 日，应全国人大外事委员会邀请，中国全国人大—俄罗斯联邦委员会合作委员会俄方副主席、俄中友好小组主席、农业食品政策与自然利用委员会副主席古谢夫率工作组一行 4 人访华。

其间，李肇星主任委员主持工作会谈和宴请，双方就中俄议会合作委员会第六次会议的举办有关事宜交换意见，并就会议时间、议题等取得初步共识。

中墨议会对话论坛第二次会议

2012年5月6日至12日，应全国人大中墨友好小组邀请，墨西哥参院副议长阿罗约率墨西哥国会代表团一行12人访华，并出席第二届中墨议会对话论坛。

访问期间，全国人大常委会副委员长严隽琪、全国人大农委主任委员王云龙、国家旅游局局长邵琪伟、外交部部长助理张昆生分别会见。全国人大外事委员会副主任委员、中墨友好小组组长郑斯林主持工作会谈和欢迎宴会。双方就中墨关系、议会交往、经贸、中小企业合作等进行研讨。

全国人大与巴西众院定期交流机制第一次会议

2012年6月2日至9日，应全国人大常委会吴邦国委员长的邀请，巴西议会众议长马亚率巴西议会代表团一行9人访华，正式启动中国全国人大—巴西议会（众院）定期交流机制。

6月7日，温家宝总理、王兆国副委员长分别会见代表团。6月8日下午，吴邦国委员长会见代表团。同日，全国人大外事委员会副主任委员、中国全国人大—巴西议会（众院）交流机制中方常务副主席、中国全国人大—巴西议会友好小组组长马文普主持了中国全国人大—巴西议会（众院）交流机制第一次会议，全国人大常委会副秘书长、法律委员会委员李连宁，外事委员会委员、中国全国人大—巴西议会友好小组副组长姜吉初，财政经济委员会委员吕薇和巴西众议院巴中议员友好小组主席茹尼奥尔、外事和国防委员会主席阿尔梅达、劳工党党团领袖塔托、社会民主党党团领袖阿劳若等参加会议。双方就两国关系、议会交往、各自立法机构职能、各自国内经济形势、金砖国家立法机构合作等问题交换意见。

除北京外，代表团访问了上海和南京，马文普副主任委员全程陪同。

全国人大与欧洲议会定期交流机制第三十三次会议

2012年7月10日至19日，应欧洲议会对华关系代表团邀请，全国人大外事委员会副主任委员、全国人大—欧洲议会关系小组组长查培新率全国人大代表团一行8人访问欧洲议会，参加中欧议会定期交流机制第三十三次会议，并访问保加利亚。对华关系代表团副团长、欧洲议会保加利亚籍议员伊凡诺娃全程陪同访问。代表团主要成员有全国人大外事委委员裴怀亮、法律委委员周玉清、财经委委员陈佳贵。

访问欧洲议会期间，会见欧洲议会副议长奥斯玛·卡拉斯，与对华关系代表团举行交流机制第三十三次会议。代表团主动表明了中方对发展中欧全面战略伙伴关系的积极态度，重点介绍了我国经济社会发展和民主法制建设情况，阐述了我在欧债危机、气候变化、能源合作及当前有关地区热点问题上的原则主张，并有针对性地就中欧经贸关系中的敏感问题、人权、法制建设等问题做欧方工作。

访保期间，会见了保议长察切娃，议会保中友好小组主席博伊切夫，总统文化事务顾问托帕洛夫和外事顾问托巴洛夫，文化部长拉希多夫，交通、信息技术和通讯部副部长基切夫，民航总局局长兹韦特科夫，大特尔诺沃大区区长彭切夫，大特尔诺沃市议会主席阿什科夫，卡赞勒克市市长斯托扬诺娃，帕纳久里什特市市长贝里什基。双方就中保关系、经贸、投资、旅游等领域合作深入交换意见。

全国人大与澳大利亚议会定期交流机制第四次会议

2012年8月26日至9月1日，应全国人大中澳友好小组邀请，工党众议员阿兰·格里芬率澳大利亚议会代表团一行8人访华并出席中澳议会定期交流机制第四次会议。

在京期间，全国人大常委会副委员长陈昌智会见，全国人大外事委员会副主任委员、全国人大中澳友好小组组长查培新主持交流机制第四次会议和欢迎宴会，全国人大内司委副主任委员陈斯喜、财经委委员谢经荣、教科文卫委委员刘德培、环资委委员杨庚宇、农委委员张晓山等参加了机制会议，双方就两国关系、议会交往、经贸问题、农业合作、能源问题、食品安全和人口老龄化等问题交换意见。代表团还拜会了外交部、全国妇联，参观了国家开发投资公司和中色股份公司，游览了故宫和慕田峪长城。

除北京外，代表团访问了昆明、成都。

全国人大与法国参议院定期交流机制第二次会议

2012年8月26日至9月2日，应全国人大中法友好小组邀请，法国参议院法中友好小组主席让·贝松率团来华出席全国人大与法国参议院定期交流机制第二次会议。代表团主要成员包括法参院副议长杜彭、参议院外事委员会副主席舍维内芒、欧洲事务委员会副主席布尔泽、经济委员会副主席勒努瓦以及财政委员会委员德艾斯高、外事委员会委员贝图等。

在京期间，全国人大常委会副委员长严隽琪会见。外事委员会副主任委员、中法友好小组组长南振中与贝松共同主持交流机制第二次会议，中法友好小组副组长、外事委员会委员裴怀亮，教科文卫委员会副主任委员任茂东、委员王陇德等参加会议。全国人大财政经济委员会副主任委员、中法友好小组副组长韩寓群会见并便宴代表团一行。机制会议重点就文化立法和卫生与健康进行了深入交流。外交部副部长张志军、卫生部副部长马晓伟分别会见代表团。

除北京外，代表团访问了上海、成都。南振中副主任委员全程陪同。

全国人大与韩国国会定期交流机制第七次会议

2012年9月2日至5日，应韩国国会邀请，全国人大常委会副委员长陈至立率全国人大代表团访问韩国。代表团主要成员有全国人大环境与资源保护委员会副主任委员白恩培、全国人大农业与农村委员会副主任委员陈光国、全国人大常委会委员龚学平、全国人大外事委员会委员徐根初、湖北省人大常委会副主任林志慧、全国人大财政经济委员会委员侯义斌。

9月4日下午，陈至立副委员长作为中韩议会定期交流机制中方主席，出席在韩国首尔举行的中韩议会定期交流机制第七次会议，并代表中方作主旨发言。韩国国会副议长、机制韩方主席李秉锡出席会议并致开幕词。韩国国会议员、韩中议会定期交流机制韩方干事长赵源震和全国人大环境与资源保护委员会副主任委员白恩培共同主持会议。韩方主要参会人员有国会议员朱豪英、洪文钟、朴起春、闵丙珠、金相勋、沈允肇等。中韩双方代表就两国关系、议会交往、经贸合作、各自国内形势与半岛局势、东亚区域合作和国际问题等开展对话。

全国人大与俄罗斯联邦委员会合作委员会第六次会议

2012 年 9 月 5 日至 8 日，应吴邦国委员长邀请，俄罗斯联邦委员会主席马特维延科访华，出席中国全国人大与俄罗斯联邦委员会合作委员会第六次会议。在京期间，温家宝总理会见了马特维延科。

会议分两阶段进行，第一阶段由吴邦国委员长与马特维延科主席举行会谈。全国人大副委员长桑国卫、全国人大外事委员会主任委员李肇星、法律委员会副主任委员洪虎、外交部副部长张志军、全国人大外事委副主任委员马文普、全国人大常委会副秘书长曹卫洲、沈春耀等参加会谈。双方就中俄关系、立法机构合作、地方合作等问题交换了意见。

吴邦国委员长就两国立法机构合作提出四点建议：(一)要按照中俄战略协作精神，加大相互政治支持，共同维护两国主权安全和制度安全；(二)要积极推动务实合作质量和规模同步上升，促进两国共同发展振兴；(三)要深入弘扬中俄世代友好；(四)要加强在国际和地区议会组织中的协调配合和战略协作，维护两国共同利益，积极推广中俄共同主张和倡议。

第二阶段会议由全国人大外事委员会主任委员、全国人大与俄罗斯联邦委员会合作委员会常务副主席李肇星与俄方副主席、俄联邦委员会农业食品政策和自然利用委员会主席戈尔布诺夫共同主持。法律委员会副主任委员洪虎、外事委副主任委员马文普、教科文卫委员会委员方新、黑龙江省人大常委会副主任刘海生和内蒙古自治区人大常委会副主任吴团英等参加。双方围绕中俄双边关系、议会交流、人文和科技交流、立法交流与合作、边境和地方合作、两国在重大国际和地区问题及在国际议会组织中的合作 6 个议题广泛交流。

除北京外，代表团访问了四川。全国人大常委会副委员长桑国卫全程陪同。

全国人大中加议会协会与加拿大加中议会协会第十六次会议

2012 年 10 月 12 日至 17 日，应加拿大加中议会协会邀请，全国人大外事委员会副主任委员马文普率全国人大代表团一行 6 人访问加拿大，出席中加议会定期交流机制第十六次会议。代表团主要成员有全国人大外事委员会委员金矛、李义虎。

加拿大参议长金塞拉会见并宴请代表团，众议长希尔、外长贝尔德和国际贸易部长法斯特分别会见代表团。加拿大加中议会协会共同主席克兰普众议员、佩莱特参议员主持中加议会定期交流机制第十六次会议，加中议会协会前任共同主席戴伊参议员，萨克斯顿众议员和杨萧慧仪众议员出席会议。双方重点就双边关系、议会交往、经贸、能源和教育等领域合作交换意见。

全国人大与欧洲议会定期交流机制第三十四次会议

2012 年 10 月 29 日至 11 月 3 日，应全国人大—欧洲议会关系小组邀请，由团长、意大利籍议员克雷森左·利凡里尼率领的欧洲议会对华关系代表团一行 17 人访华并出席中欧议会定期交流机制第三十四次会议。全国人大常委会副委员长陈至立会见，全国人大外事委员会副主任委员、全国人大—欧洲议会关系小组组长查培新主持中欧议会定期交流机制第 34 次会议和欢迎宴会，双方就中欧关系和中欧议会交流机制发展、各自经济形势和欧债危机影响、公正与和谐社会建设进行专题交流。在京期间，代表团分别拜会了统战部、商务部、卫生部、中国银行等部门有关负责人，并与社科院法学所专家举行了座谈。

除北京外，代表团访问了重庆，全国人大外事委员会委员裴怀亮全程陪同。

全国人大与法国国民议会定期交流机制第三次会议

2012年11月26日至12月1日，应法国国民议会邀请，全国人大外事委员会副主任委员、中法议会委员会中方主席南振中率全国人大代表团访问法国并出席中法议会（国民议会）定期交流机制第三次会议。代表团主要成员有全国人大外事委员会副主任委员齐续春、全国人大环境与资源保护委员会委员杨庚宇。

法国国民议会议长巴托洛纳出席交流机制第三次会议开幕式并致辞，巴托洛纳议长及国民议会前议长、法中友好小组副主席阿夸耶，国民议会法中友好小组主席勒甘等十余位议员为代表团举行午宴；勒甘主席主持交流机制第三次会议，法方7名议员参加；代表团旁听了国民议会对政府的质询，巴托洛纳议长介绍中国全国人大代表团，全体议员起立鼓掌欢迎代表团到访。此外，代表团会见了国民议会社会党团主席、法中友好小组副主席勒鲁，法文化部有关负责人；考察布列塔尼—维莱纳省时，分别会见圣马洛市和康卡勒市市长，参观了阿格市的阿海珐集团核废料处理厂。

四、外事委员会致函和声明

全国人大外事委员会致越南国会对外委员会的函

越南社会主义共和国国会对外委员会：

中华人民共和国全国人民代表大会外事委员会向越南社会主义共和国国会对外委员会致意，并就越南国会审议通过《越南海洋法》表明如下立场：

越南十三届国会第三次会议于2012年6月21日审议通过《越南海洋法》，该法将中国的西沙群岛和南沙群岛包含在所谓越南“主权”和“管辖”范围内。中国对西沙群岛和南沙群岛及其附近海域拥有无可争辩的主权，越方上述做法严重侵犯了中国的领土主权，是非法和无效的。这一做法也违背了两国领导人就南海问题达成的共识，有悖于《南海各方行为宣言》的精神。中国全国人大外事委员会对此表示强烈抗议和坚决反对。希望越南国会切实尊重中国的领土主权，立即纠正错误做法，为维护中越全面战略合作伙伴关系和两国议会之间的友好关系作出应有的努力。

顺致崇高的敬意。

中华人民共和国全国人民代表大会外事委员会
2012年6月21日于北京

全国人大外事委员会声明

2012年9月10日，日本政府不顾中方强烈反对，宣布“购买”钓鱼岛及其部分附属岛屿。这是日方公然侵犯中国领土主权、伤害中国人民感情、损害中日关系的又一严重事态。中国全国人民代表大会外事委员会对此表示强烈愤慨，予以严厉谴责。

钓鱼岛及其附属岛屿自古以来就是中国的固有领土，为中国人最早发现、命名和利用，中国对此拥有无可辩驳的历史和法律依据。日方对钓鱼岛及其附属岛屿采取的单方面行动完全是非法的，不具有国际法效力，丝毫动摇不了中国对这些岛屿的领土主权。

日本在甲午战争末期，以不可告人的非法手段窃取了钓鱼岛及其附属岛屿。第二次世界大战结束后，中国根据《开罗宣言》和《波茨坦公告》收回被日本侵占的领土，钓鱼岛及其附属岛屿在国际法上回归中国。其后日美两国擅自拿钓鱼岛的行政管辖权私相授受，中方对此坚决反对、不予承认。日方声称钓鱼岛是日本的“固有领土”，不仅是罔顾历史事实，也是对世界反法西斯战争胜利成果和战后国际秩序的公然挑战，全体中国人民对此决不答应。

日本应该认清世界大势。当今世界已不是列强当道、弱肉强食的世界；当今中国更不是积贫积弱、任人宰割的中国。中国政府采取必要措施捍卫国家领土主权、维护历史事实和正义理所当然。中国人民决不接受日本对钓鱼岛及其附属岛屿的非法侵占，日方任何旨在强化其对钓鱼岛地位的企图都不可能得逞。我们强烈敦促日方充分认清当前事态的危险性，在钓鱼岛问题上悬崖勒马，改弦更张，不要一错再错，否则必将搬起石头砸自己的脚。

专门委员会工作

第十一届全国人民代表大会民族委员会五年工作总结

（2012年12月29日第十一届全国人民代表大会
民族委员会第二十五次会议审议通过）

十一届全国人大民族委员会在全国人大及其常委会领导下，5年来，坚持高举中国特色社会主义伟大旗帜，以邓小平理论、"三个代表"重要思想、科学发展观为指导，认真学习贯彻党的十七大、十八大精神和中央关于民族工作的重要部署，依照宪法和法律规定，牢牢把握各民族共同团结奋斗、共同繁荣发展主题，为促进少数民族和民族地区经济社会发展，维护平等团结互助和谐的社会主义民族关系，构建社会主义和谐社会，依法履职，圆满完成了各项工作任务。

一、五年来的主要工作

（一）广泛开展调查研究

根据全国人大常委会监督工作计划和我委工作安排，5年来，针对少数民族和民族地区经济社会发展问题，先后独立或者协调国家发改委、国家民委和国务院扶贫办共计组成了30个调研组，分别由乌云其木格、司马义·铁力瓦尔地、陈昌智副委员长和委领导带领，赴有关省区市及国务院有关部门调研，主要内容包括少数民族和民族地区的教育、卫生、住房、交通、水利建设、人才培养、非物质文化遗产保护以及城市民族工作等方面。调研组采取广泛座谈和实地考察相结合方式，除听取有关部门情况介绍外，还深入基层实地考察，掌握了大量一手资料。对调研了解到的情况，一方面向当地人大、政府反馈，提出有针对性意见和建议；一方面共撰写调研报告40篇，积极向全国人大常委会和国务院有关部门反映。除实地调研外，还委托内蒙古等5省区市人大常委会在本行政区域内调研。在综合分析基础上，我委向全国人大常委会报送了《民族地区医疗卫生事业发展情况调研报告》、《羌族文化遗产抢救与保护情况调研报告》、《关于我国民族地区基础设施建设和民生问题的调研报告》、《关于促进民族地区经济社会发展专题调研的报告》等专题报告。有关领导非常重视，对有些报告作了批示。如2008年我委报送的《羌族文化遗产抢救与保护情况调研报告》和《关于宁夏、新疆教育事业发展情况调研报告》，温家宝、李长春和刘延东同志分别批示；2009年《关于广西中越边境民族地区民生问题的调研报告》经新华社《动态清样》转发后，经领导同志批示，推动了相关问题解决。我委的调研报告汇编，得到了李建国同志表扬。此外，对在调研中地方反映突出的一些具体问题，我委还编发了5期《情况反映》，及时送有关部门，有的建议被采纳。如2009年第1期《独龙族最大聚居地因大雪封路每年有半年多与外界隔绝》中反映的云南怒江傈僳族自治州贡山独龙族自治县独龙江乡由于大雪封山，独龙族群众半年被阻隔于大山之中的情况，经国务院领导批示后，得到了及时解决。

5年来，委领导还先后陪同常委会领导赴陕西等14省区市，就各地保增长保民生保稳定工作，以及贯彻落实中央新疆工作座谈会精神及对口援疆工作、民生工程建设进行调研；和国家民委等部门一起带队赴吉林、辽宁两省，对贯彻落实国务院办公厅《关于严格执行党和国家民族政策有关问题的通知》的情况进行了督促检查。

（二）促进民族区域自治法的贯彻实施

1. 推进民族区域自治法配套法规建设。民族区域自治法配套法规是否健全，是贯彻实施民族区域自治法的关键。为推进民族区域自治法配套法规建设，5年来，我委主动赴国务院有关部门调研，听取汇报，召开座谈会，与这些部门讨论配套法规建设问题。2008年，委领导带领办事机构人员赴国家民委和国务院法制办，就民族区域自治法配套法规工作沟通和衔接，还组织调研组，由委员会领导带队，先后到农业部、国务院扶贫办、国土资源部、国家林业局、财政部等部门，就贯彻落实民族区域自治法，制定民族区域自治法配套法规问题交换意见和看法。同时邀请国家发改委西部开发司、环保部生态司负责同志来我委座谈，督促这些部门加快制定民族区域自治法配套规章或具体措施；2009年，我委先后组织了10个调研组，分赴广东等15个省区，就民族区域自治法配套法规建设等问题进行调研；2010年，召开了有国务院24个部委、全国政协民宗委、全国人大常委会法工委和8个多民族省区人大民委负责同志参加的民族区域自治法配套法规工作座谈会，司马义·铁力瓦尔地副委员长作了讲话，国家发改委等6个部委交流了经验；2011年，办事机构又组织调研组，对民族自治地方制定、修改和完善自治条例情况进行调研，实地指导民族自治地方制定、修改和完善自治条例和单行条例。

经过努力，目前，国务院编制了《少数民族事业“十二五”规划》、《扶持人口较少民族发展规划(2011—2015年)》和《兴边富民行动规划(2011—2015年)》三个专项规划；国家发改委、人事部等部门已出台配套的规范性文件；四川等辖有民族自治地方的省制定了实施民族区域自治法的地方性法规；各民族自治地方共制定现行有效的自治条例139件、单行条例658件、变通和补充规定75件。这些配套法规和规范性文件，对贯彻实施民族区域自治法，维护祖国统一和民族团结，加快少数民族和民族地区发展，发挥了重要作用。

2. 深入开展工作监督。5年来，围绕民族地区经济社会发展问题，为促进民族区域自治法相关规定的贯彻落实，我委有计划地安排听取了国家民委等16个部门的相关工作情况介绍，内容涉及教育、卫生、扶贫开发、林业、税制改革、人口较少民族发展、兴边富民行动、少数民族事业“十二五”规划等。为确保工作监督取得实效，每次听取汇报前，我委都进行深入细致的调研，掌握民族地区实际情况，了解少数民族干部群众呼声和要求，并在听取汇报时，既肯定成绩，又实事求是地指出问题和不足，同时有针对性地提出改进意见和建议。监督工作的加强，对促进民族区域自治法的贯彻实施，依法帮助民族地区加快经济社会发展，起到了积极作用。

(三)协助全国人大常委会做好听取和审议专项报告工作

根据我委建议，2010年，全国人大常委会听取和审议了国务院关于加快少数民族和民族地区经济社会发展工作情况的报告。我委把协助全国人大常委会做好审议专项报告工作作为一项重要任务，在具体组织实施中，重点抓了以下工作：

一是做好前期准备工作。通过调研、召开座谈会等方式了解各地对听取此项报告的意见和建议；与全国人大常委会办公厅有关部门多次沟通，商定工作安排；与国家民委领导及相关司局负责人座谈，落实听取专项报告的有关事宜，确定工作方案。充分的前期准备，为圆满完成听取专项报告工作打下了扎实基础。

二是做好调研工作。为全面、深入了解少数民族和民族地区经济社会发展情况，2008年以来，我委先后组织22个调研组，赴内蒙古等20省区市进行专题调研，并委托西藏、辽宁、河北等12个省区市人大民族工作部门在本行政区域内调研；在2009年和2010年举办全国人大民族工作干部学习班期间，分别征求了30个自治州和120个自治县的意见建议。在充分调研和综合分析的基础上，形成了《关于当前我国少数民族和民族地区经济社会发展情况的调研报告》，送全国人大常委会和国务院相关部门参考。报告在肯定成绩的同时，客观分析了我国少数民族和民族地区经济社会发展存在的困难和问题，提出了有针对性的建议，经吴邦国委员长和回良玉副总理批示，对完善和修改国务院关于加快少数民族和民族地区经济社会发展工作情况专题报告起到了积极作用。

三是做好报告预先审议工作。在专项报告起草过程中，我委与国家民委保持联系，了解起草情况，交流意见看法；召开有20个省区市人大民族工作部门负责同志参加的专项报告征求意见会，听取各地意见；召开委员会第十四次会议，预先审议专项报告(稿)，提出修改意见和建议。

全国人大常委会听取和审议国务院专项工作报告，对于把握科学发展主题，推进民族法规政策的贯彻落实，促进少数民族和民族地区经济社会发展，具有十分重要的意义，社会反响较好。为了把常委会审议意见落到实处，2011年，我委把督促落实全国人大常委会的审议意见作为一项重要任务，积极做好国务院有关部门研究、处理和落实审议意见情况的跟踪督查和调研，主要做了以下工作。

一是与国家民委保持联系。及时跟踪国务院《关于落实全国人大常委会对加快少数民族和民族地区经济社会发展工作情况报告审议意见的报告》起草进程，提出具体建议。

二是召开委员会会议。依照程序审议国务院《关于落实全国人大常委会对加快少数民族和民族地区经济社会发展工作情况报告审议意见的报告》，并将委员意见建议及时反馈报告起草部门参考。

三是由委员会领导带队，组织专门调研组。分别到国家发改委、财政部、人力资源和社会保障部、国土资源部、国家税务总局调研，了解情况，督促工作进展。

四是召开“全国人大常委会专项报告审议意见落实情况汇报会”。听取国家发改委等部门对国务院整改措施的贯彻落实情况，督促审议意见真正落到实处。扎实细致的工作，有效地促进了整改工作的开展。

（四）做好重点处理代表建议的督办工作

把部分代表建议确定为重点处理代表建议，是人大监督工作机制的一大创新，是人大工作与时俱进的具体体现。全国人大常委会办公厅确定的重点处理代表建议，涉及民族地区较多，体现了全国人大及其常委会对少数民族和民族地区经济社会发展的高度关注和支持。五年来，我委连续督办了《关于恳请国家支持宁夏中部干旱带高效节水补灌工程建设的建议》、《完善西部地区铁路规划、加快铁路建设》、《关于加快推进西部铁路建设的建议》和《关于支持区域经济发展的建议》等8项共计31件重点处理的代表建议，是历届督办数量最多、督办力度最大、督办效果最明显的一届。委领导高度重视督办工作，多次专题研究，确定工作方案，进行具体部署，并专门组织班子，完善了督办工作机制；派人全程参与代表建议承办单位组织的调研工作；注意加强与代表的联系沟通，征求代表对建议办理工作的意见。委领导还利用调研等时机，与提出建议的代表以及有关部门负责人座谈，听取他们意见，并召开座谈会，邀请全国人大常委会领导和重点处理代表建议承办部门负责人、建议领衔代表以及有关民族地区人大、政府部门负责同志参加，就重点处理代表建议办理工作进展情况协调沟通，还先后5次在委员会会议上，听取承办单位就建议办理情况的汇报。在各方共同努力下，督办工作成效显著，基本做到了全国人大常委会和督办单位领导满意、建议领衔代表满意、建议承办部门满意。

在办好年度重点处理代表建议的同时，我委还注重对以往年度重点处理代表建议的跟踪督办。2011年，按照吴邦国委员长在宁夏考察调研时的指示精神，针对往年宁夏涉水、涉农的4件重点处理代表建议的办理，继续听取有关部门汇报；召开协调会，与发改委、铁道部，宁夏政府就宁夏铁路建设有关问题沟通情况，交换意见，推动加快办理进度；2012年，委领导还专程赴铁道部，就西部铁路建设问题协调沟通。通过跟踪建议办理进度，与提建议代表和承办单位沟通协调，促进了建议办理工作的完善。

（五）认真办理各类议案、建议和提案

我委高度重视代表议案和委员提案的审议、办理和答复工作，努力提高办理质量。通过制定工作方案，指定专人负责，深入实地调研、召开座谈会等方式，充分了解领衔代表和附议代表意见，并及时征求国务院相关部委意见。在此基础上，草拟议案审议结果的报告或建议答复意见稿，经委员会会议审议通过后，按程序提交常委会或答复代表。5年来，共审议和办理十一届全国人大历次会议主席团交付审议的代表议案6件，答复和办理代表建议和意见7件，对全国政协十一届会议转来的2件提案也提出了答复意见。提出议案、建议的代表和提案委员表示满意。

5年来，我委还以不同方式，对全国人大常委会审议的《人民调解法》、《食品安全法》、《就业促进法》等法律案中涉及少数民族和民族地区的有关条款提出意见和建议。

（六）做好外事工作

根据全国人大常委会统一安排，5年来，我委先后10次组团，成功访问了智利等21个国家，接待了挪威等8个国家议会及有关部门代表团来访，应邀与克罗地亚等9国议会代表团会见并会谈。马启智等委领导还陪同常委会领导访问了埃及等21国，出席了中国和欧洲议会定期交流机制第27次和第32次会议及全国人大与埃及人民议会定期交流机制第三次会议，陆兵副主任委员率领全国人大代表团赴加拿大参加美洲议会论坛第六届大会并顺访加拿大，卓新平委员应邀参加了与德国联邦议院人权委员会代表团一行就人权、民族、法律等问题举行的座谈。在外事工作中，我委组成人员充分发挥自身的独特优势，从事实和切身经历出发，广泛宣传我国民族区域自治制度以及民族政策、民族法制建设和人大民族工作等情况，以及民族地区取得的巨大成就和我国在涉藏、涉疆问题上的原则立场，对消除西方反华势力利用民族、人权问题对我国的诋毁，在澄清误解、加深了解、增进互信等方面发挥了积极作用。2008年，吴邦国委员长等领导同志在《关于全国人大民族委员会代表团坚持原则立场、维护国家利益、严厉谴责捷克少数议员严重挑衅行为的情况报告》上作出了重要批示，对我委代表团在议会交往中的独特作用予以了充分肯定。

（七）加强与各族人大代表和地方人大的联系

一是举办“两会”少数民族代表、委员茶话会和首都各民族人士迎春茶话会。2012年“两会”期间，由我委牵头，与中央统战部、国家民委、全国政协民宗委共同举办了“两会”少数民族代表、委员茶话会。3月10日，胡锦涛等中央领导同志，全国人大常委会、国务院、全国政协、中央军委有关领导出席了茶话会，并亲切接见了55个少数民族的代表、委员，与他们共商国事，共同联欢。这项活动是“两会”期间的一项重要政治活动，在中央办公厅、全国人大常委会办公厅的直接领导下，全委上下团结协作、相互配合，确保了“茶话会”圆满成功，得到了全国人大常委会领导同志的充分肯定。5年来，我委会同上述有关部委和北京市人民政府等单位，共举办了5次首都各民族人士迎春茶话会，进一步增进了与首都各民族人士的联系。

二是举办首都各民族人士庆祝新中国成立60周年座谈会。2009年9月，在建国60周年之际，我委与上述有关部委和北京市人民政府共同举办了首都各民族人士庆祝新中国成立60周年座谈会、回顾建国60年来民族工作和民族地区取得的辉煌成就，营造加强民族团结、维护社会和谐的良好氛围。

三是举办全国人大民族工作干部培训班。五年来，委员会共举办了5期全国人大民族工作干部培训班，分别邀请常委会领导和有关部门负责同志及部分专家学者，围绕人大民族工作和民族理论政策、民族法制建设等问题专题辅导，共计培训地方人大民族工作干部459人次，学员包括全国31个省区市人大常委会、人大民族工作机构的负责同志，全国30个自治州、113个自治县（旗）人大常委会负责同志与人大民族工作机构的负责同志。培训班已经成为拓展视野、交流经验、促进工作的一种好形式、好方法。

四是加强了同地方人大的工作联系。5年来，委领导和办事机构热情接待了西藏等省区市人大及其民族工作部门的负责同志以及一些自治州、自治县同志来访，同他们交流工作情况，帮助他们联系有关部门，反映和解决他们提出的一些困难和问题；委领导除参加了广西壮族自治区成立50周年庆祝活动外，每年还坚持参加中西部十七省区市人大民族工作座谈会和全国三十个少数民族自治州人大工作研讨会；对自治州、自治县的成立纪念庆祝活动，委员会除与国家民委联合致电祝贺外，还派办事机构工作人员参加有关庆祝活动。

五是办好《民族法制通讯》。5年来，我委主办的《民族法制通讯》共刊出20期，刊登各类图片320余幅，各类文章310篇，约150万字，在宣传党的民族政策，介绍民族法律法规，交流人大民族工作经验，反映人大民族工作动态等方面，发挥了积极作用。

（八）加强委员会及办事机构自身建设

十一届全国人大民族委员会成立以来，严格按照吴邦国委员长提出的“政治坚定、业务精通、务实高效、作风过硬、团结协作、勤政廉洁”的24字要求，切实加强了委员会及办事机构自身建设。

一是加强理论学习。委员会领导十分重视委员会和办事机构的理论学习，指导制定了《全国人大民族委员会民族理论学习安排方案》和《全国人大民委办事机构加强学习的具体措施》，对理论学习作出了具体安排。在委员会会议上，共安排了8次民族理论和民族知识专题学习，邀请有关专家学者围绕回族、维吾尔族等少数民族对我国多民族国家的统一和中华民族灿烂文化的杰出贡献为委员会组成人员和办事机构作专题讲座。马启智主任委员等委领导还结合人大民族工作实际，利用委员会会议和举办学习班，围绕党和国家的民族政策等作专题辅导讲座。理论学习的加强，深化了大家对中国共产党关于民族问题的基本理论政策和民族区域自治制度的认识，加强了对统一的多民族国家的基本国情及中华民族形成历史的了解，提高了对坚持和维护民族区域自治制度，维护国家统一，维护社会稳定和谐重要意义的认识。

二是加强办事机构建设。根据工作需要，加大干部培养力度，调整配备了局、处、科级干部，鼓励干部挂职锻炼和参加党校学习；办事机构按照机关党组、党委要求和部署，认真开展学习实践科学发展观活动，当好集体参谋助手，提高服务保障水平；加强资料搜集整理，出版了《全国人大民族委员会第十届文件资料汇编》和《中华人民共和国民族法律法规全书》。由于工作突出，2009年9月，在国务院第五次全国民族团结进步表彰大会上，我委机关党支部被授予“全国民族团结进步模范集体”称号。

总结5年来的工作，本届民族委员会虽然取得了一定成绩，但有些工作还需进一步加强：一是办事机构参谋助手和服务保障水平尚不能完全适应工作需要，必须进一步加强自身建设；二是协助常委会开展法律监督和工作监督，还需要在改进方式方法和提高实效上下功夫；三是国务院有些部门和辖有民族自治地方的部分省市还未制定实施民族区域自治法的行政规章、措施办法和地方性法规，还有5个自治区、5个自治州、6个自治县尚未制定自治条例，需进一步加大推动配套法规建设的工作力度。

二、几点体会

（一）做好人大民族工作，必须坚持党的领导和党的民族政策不动摇

坚持党的领导和党的民族政策，自觉服从和服

务于党和国家工作大局，这是做好人大民族工作的政治标准，不能动摇。近年来，民族地区出现了一些问题，并引起了各种议论。面对新情况新问题，我们必须坚持党的领导，坚决贯彻执行党的民族理论和民族政策，自觉服从和服务于党和国家工作大局，始终站在维护国家统一、加强民族团结的高度来认识和处理民族问题。必须看到，我国的民族政策，是着眼于国家整体利益和各民族共同利益，基于我国基本国情制定的。实践证明，我国的民族政策是成功的，经受住了各个时期各个方面的检验和考验，在国际上获得了广泛认可。西藏“3·14”事件和新疆“7·5”事件后，一些人认为与我国民族政策有关，这种看法有失偏颇。毋庸讳言，在实际工作中，在个别地方和部门确实存在民族政策和民族法律法规贯彻落实不到位、工作方法简单、工作方式粗暴，对群众的合理诉求麻木冷漠等现象。这些问题虽然是少数，但如果听之任之，将严重损害民族团结，影响社会和谐稳定，必须坚决纠正。事实上，绝大多数少数民族群众思稳定、爱团结、谋发展、求和谐。在民族地区，只要我们带着感情去工作，就没有做不好的事。可以肯定地讲，我们绝不会因为一时一地发生了暴力恐怖事件，就怀疑多年来行之有效的民族政策，相反，我国的民族政策是一个开放的体系，在坚持政策原则的同时，随着实践的新发展、形势的新变化、人民的新期待，一些具体政策也会与时俱进。在今后工作中，我们必须时刻把思想统一到中央精神上来，自觉把坚持和完善民族区域自治制度、促进民族区域自治法的贯彻落实作为人大民族工作的重点，主动协助全国人大常委会搞好法律监督和工作监督，通过依法监督，督促各级政府职能部门提高认识，增强依法帮助民族地区发展经济社会的自觉性和主动性。

（二）做好人大民族工作，必须以推动民族地区的团结和谐和繁荣发展为己任

宪法规定：“国家尽一切努力，促进全国各民族的共同繁荣。”民族区域自治法进一步把支持和帮助民族地区加快发展，规定为上级国家机关的法定职责。当前及今后相当长的时期，我国民族地区的困难和问题主要表现为经济社会发展滞后。解决民族地区的困难和问题，归根到底靠发展经济。改革开放以来，在党和国家大力帮助下，少数民族和民族地区抓住机遇，艰苦奋斗，经济社会发展步伐明显加快，基础设施建设取得很大进展，经济实力不断增强，人民生活水平进一步提高。但由于各种原因，民族地区经济社会发展仍然存在不少前进中的困难和问题，突出表现为：与全国尤其是发达地区的发展差距仍然明显存在，并呈继续拉大趋势；按照2011年中央扶贫开发工作会议确定的农民人均纯收入2300元的国家扶贫标准，民族八省区尚有农村贫困人口3817万人，占全国农村扶贫总人口的32%，扶贫开发任务仍然艰巨；基础设施条件仍然薄弱；社会事业仍然亟待加强；生态环保形势仍然不容乐观；人才匮乏问题仍然突出。这种状况如果长期不能改变，民族地区很难实现党的十八大提出的“确保到二〇二〇年实现全面建成小康社会宏伟目标”。民族地区的发展，要靠自力更生，但离不开上级国家机关的扶持和帮助。5年来，我委无论在协助全国人大常委会听取和审议国务院专项报告工作中，还是在开展工作监督和调研中，都把重点放在了检查和督促民族自治地方的上级国家机关特别是国务院各部门依法履行职责，帮助民族地区加快经济社会发展。这样做，不仅符合法律规定，符合党和国家的工作大局，同时也符合民族地区的客观实际。今后工作中，我们要以深入贯彻落实党的十八大关于民族地区经济社会发展的重要精神为契机，紧紧抓住中央支持民族地区经济社会发展的新政策、新举措，紧紧围绕“十二五”规划确定的目标任务，把加快经济社会事业发展作为贯彻实施民族区域自治法的重点，按照党的十八大精神确定发展思路和发展目标，充分发挥民族自治地方的优势和特点，走生产发展、生活富裕、生态良好的科学发展之路。

（三）做好人大民族工作，必须以完善民族法制体系建设为重点

在十一届全国人大四次会议上，吴邦国委员长庄严宣告：“党的十五大提出的到2010年形成中国特色社会主义法律体系的立法工作目标如期完成”。经过长期努力，作为中国特色社会主义法律体系的重要组成部分，中国特色民族法律法规体系也已初步形成。把民族工作纳入法制化、规范化轨道，是贯彻依法治国方略和实施依法行政的重要内容，也是我们党解决民族问题长期实践的重要经验。五年来人大民族工作的实践使我们深刻认识到：坚持和完善民族区域自治这一我国的基本政治制度，自觉服从和服务于依法治国方略的实现，必须全面贯彻落实民族区域自治法。在我国现行法律体系中，民族区域自治法是地位仅次于宪法的一部基本法，加之我国各民族、各自治地方的情况差别很大，所以民族区域自治法的有关规定比较原则，在贯彻实施中，就需要制定配套法规，把自治法

的许多原则规定具体化,增强可操作性。可以说,民族区域自治法的配套法规建设,是关系这部法律能否得到全面贯彻落实的关键。今后工作中,我们要站在新的历史起点上,结合全国人大常委会立法工作规划,联系少数民族和民族地区实际,一方面狠抓中国特色民族法律法规体系的完善,深入推进科学立法、民主立法,推动中国特色民族法律法规体系不断发展完善,尤其要抓紧民族区域自治法的配套法规建设;一方面要充分发挥各级人大的监督职能,狠抓民族法律法规的贯彻实施,确保民族法律法规的各项规定能够真正落到实处。同时,要进一步维护宪法和法律权威,切实保障宪法和法律在民族地区的有效实施,增强各族群众的法律意识和法治观念,真正做到依法治国,有法必依、执法必严、违法必究。实践证明,民族法制越完备,越有利于民族地区发展;民族法制越完备,越有利于民族地区和谐稳定;民族法制越完备,越有利于保障各族群众的合法权益;民族法制越完备,越有利于实现社会的长治久安。

(四)做好人大民族工作,必须充分发挥委员会组成人员和办事机构工作人员的积极性

做好委员会的工作,关键在充分调动和发挥委员会组成人员与办事机构工作人员的主动性、创造性与积极性。5 年来,我委在研究部署每项工作时,都认真听取委员会组成人员和办事机构工作人员的意见与建议,以便集思广益,把把工作安排得更缜密;在具体开展每项工作时,都组织委员会组成人员和办事机构工作人员参加,并明确任务,责任到人;在完成每项工作后,都要向委员会组成人员通报情况,反馈结果,并组织办事机构工作人员交流总结,改进提高。这样就使大家心往一处想,劲往一处使,把主动性、创造性和积极性凝聚到做好委员会的各项工作上来。实践使我们深刻体会到,充分发挥和依靠委员会组成人员和办事机构工作人员的积极性,是做好委员会各项工作的重要保证。

三、几点建议

当前和今后一个时期,深入学习贯彻党的十八大精神,是全国各族人民面临的共同任务。我们要在认真学习、深刻领会、全面贯彻十八大精神的基础上,按照十八大所描绘的宏伟蓝图,围绕全面建成小康社会,促进少数民族和民族地区经济社会发展,进一步做好民族区域自治法的贯彻落实工作。为此,提出以下建议:

(一)结合民族地区实际,加强民族区域自治法的学习宣传

民族区域自治法是实施宪法关于民族区域自治制度的基本法,是党的民族政策的集中体现,学习宣传民族区域自治法,是各级各部门和各族人民的共同任务。在今后工作中,建议各级人大要继续加强民族区域自治法等民族法律法规的学习宣传工作,要把各级政府及其职能部门作为学习宣传的重点对象,通过举办各种学习班、把民族区域自治法列入党校课程等形式,使广大干部群众特别是各级领导干部深刻认识到贯彻实施民族自治法对实现各民族一律平等,实现民族地区全面建设小康社会目标的重要意义,增强学习宣传民族区域自治法的自觉性和主动性。同时,要把学习民族法律法规与学习贯彻党的十八大精神结合起来,与促进各民族共同团结奋斗、共同繁荣发展结合起来,与学习党的民族政策结合起来,与各自的工作性质和特点结合起来,确保民族区域自治法及其配套法规真正得到贯彻落实。

(二)贯彻依法治国方略,进一步加强对民族区域自治法贯彻实施情况的监督,大力促进民族区域自治法的配套法规建设

法律的生命力在于实施。依法对法律的贯彻实施情况进行监督检查,是各级人大的法定职责。党的十八大明确提出,要"加强党内监督、民主监督、法律监督、舆论监督,让人民监督权力,让权力在阳光下运行"。在今后工作中,建议各级人大常委会要以党的十八大精神为指导,按照中央精神和要求,经常检查民族区域自治法的贯彻实施情况,在检查过程中,要抓住各族干部群众普遍关心的重点、难点和热点问题,集中力量进行监督,务求实效,取信于民。对监督中发现的有法不依、执法不严、违法不究、知法犯法等问题,要督促有关部门限期纠正;建议各级人民政府民族工作部门根据国务院若干规定的规定,每年对民族区域自治法及国务院若干规定的贯彻实施情况进行监督检查,并将监督检查情况向同级政府报告。

民族区域自治法的配套法规建设,是关系民族区域自治法各项规定能否贯彻实施的关键。在今后工作中,第一,要督促国务院有关部门按照民族区域自治法和国务院若干规定要求,尽快制定实施民族区域自治法配套规章或具体措施办法,重点要在财政转移支付、资源开发补偿、生态环境保护补偿、配套资金减免、民族干部培养使用等方面要有所突破。第二,要督促和推动尚未制定实施民族区

域自治法行政规章、措施办法和地方性法规的有关省区市，尽快制定地方性法规。第三，要督促和推动已经制定但需要修改的民族自治地方，在坚持国家大政方针和宪法、民族区域自治法及国务院若干规定精神的前提下，立足当地发展实际，突出地方特色，及时做好自治条例和单行条例的修改工作。在修改工作中，要善于根据形势变化，用足用活用好法律赋予民族自治地方的变通权，为当地发展提供宽松、有序的发展环境，同时，要坚决避免过去那种许多自治地方的自治条例和单行条例如出一辙、比较笼统、过于原则，不少条文只是简单重复、照搬宪法和民族区域自治法条款，结合当地实际不够的现象。第四，要督促和推动尚未制定自治条例的11个自治地方，结合本地特点，早日制定实施自治条例。

（三）依法履职，充分发挥人大民委在民族立法工作的职能和作用

作为全国人大专门委员会之一，我委承担着民族工作领域的立法与监督任务。就立法工作来讲，要就近些年来代表反映较为集中的民族地区经济发展促进法、少数民族语言文字法、民族地区义务教育法、散居少数民族权益保障法、清真食品管理法、民族地区义务教育投入保障法，以及修改民族区域自治法等，根据代表提交议案，继续做好相关工作，积极推动。在没有专门立法任务的情况下，认真做好有关法律案的审议工作，尤为重要。要履行好审议方面的职能，就需要把主要精力放在法律案的研究上，特别是要做好法律案中涉及民族问题的条款的研究，对法律案中涉及民族问题的条款是否符合民族地区实际，相关条款是否成熟，要认真研究，提出明确意见。另一方面，如果交给我委研究的法律案中没有涉及民族问题的条款，而民族工作相关问题又确实需要在法律案中以专门条款的形式加以规范的，我委也要坚持从民族地区实际出发，争取写进有关民族问题的专门条款。这项工作做好了，就是立法工作做出了成绩。同时，我委还要把审查民族方面的行政法规、地方性法规、自治条例和单行条例，作为立法工作的重要任务来对待，积极认真地提出我们的意见和建议。

（四）立足长远，进一步加强人大民族工作干部培训工作的力度

人大民族工作涉及面广，面临着许多新情况和新问题，加强培训工作，提高干部素质是一项长期任务，建议新一届民族委员会继续坚持人大民族工作干部培训教育。一是适度扩大培训范围。除对31个省、自治区、直辖市人大民族工作部门干部进行培训外，要将培训对象重点放在30个自治州和120个自治县人大常委会的负责同志，并注意培训具体工作的同志。二是改进培训方式。除继续办好全国人大民委每年一期的培训班外，还可以采取送出去学、请进来教、长短期培训相结合、实地考察、短期交流等多种方式。三是调整培训内容。各级人大换届后，许多同志刚从党政工作岗位调整到人大民族工作部门工作，岗位不同，任务不同，职责不同，必须尽快转换角色，转变工作方式。在培训内容的选择上，除加强中国特色社会主义理论体系、党的民族理论和民族政策、民族法制建设、人大民族工作部门的职能与职责等方面的内容外，还应结合当前党和国家工作的大局，结合党和国家民族工作的新目标和新任务，不断调整培训内容，增强培训工作的针对性。

第十一届全国人民代表大会法律委员会五年工作总结

（2012年12月20日第十一届全国人民代表大会法律委员会第一百四十八次会议通过）

十一届全国人大法律委员会在全国人大及其常委会的领导下，认真贯彻落实党的十七大和十八大精神，坚持以邓小平理论、“三个代表”重要思想、科学发展观为指导，坚定不移地走中国特色社会主义政治发展道路，坚持党的领导、人民当家作主、依法治国有机统一，围绕形成和完善中国特色社会主义法律体系的目标任务，依法履行职责，完成了各项任务。

一、主要工作

十一届全国人大法律委员会履职的五年，是形成并完善中国特色社会主义法律体系承上启下的五年。贯彻党的十五大提出、十六大重申的“到2010年形成中国特色社会主义法律体系”和党的十七大提出“坚持科学立法、民主立法，完善中国特色

社会主义法律体系”的立法工作目标，按照十一届全国人大常委会立法规划和年度立法工作计划，法律委员会积极履行统一审议法律案的职责。截至2012年底，共召开全体会议161次，法律委员会、法制工作委员会主任办公会议30次，对提请全国人大及其常委会审议的85件法律、法律解释、有关法律问题的决定草案和公告予以备案的规范性文件进行了统一审议，向全国人大及其常委会提出审议报告共159件、法律草案修改稿和建议表决稿共172件。全国人大及其常委会通过上述法律等草案78件、将继续审议的7件。

（一）围绕确保如期形成法律体系做好统一审议工作

按照吴邦国委员长在十一届全国人大一次会议的常委会工作报告中提出的“抓紧制定在法律体系中起支架作用的法律，及时修改与经济社会发展不相适应的法律规定，督促有关方面尽快制定和修改与法律相配套的法规，确保到2010年形成中国特色社会主义法律体系”的要求，坚持突出重点、统筹兼顾，做好统一审议工作。

1.*着力做好新制定的起支架作用法律案的审议工作。*一是审议了社会保险法草案。全面贯彻落实党中央提出的加快建立覆盖城乡居民的社会保障体系的要求，建议将基本养老、基本医疗和工伤、失业、生育等社会保险制度分章作出具体规定，对建立和完善新型农村社会养老保险、城镇居民社会养老保险、新型农村合作医疗保险和农民工社会保险等作出明确规定，对社会保险关系转移接续、社会保险基金统筹层次、社会保险费征缴、政府对社会保险事业的支持、社会保险监督制度等，提出了完善意见。二是审议了食品安全法草案。从健全各级政府及其有关部门环环相扣的监管体制，强化食品风险监测和评估，明确制定食品安全标准的基本原则、加强对食品小作坊和食品摊贩的管理、强化食品添加剂使用要求和监管措施、完善食品召回制度、加强食品检验、完善安全事故处置机制等方面，提出了修改建议。三是审议了企业国有资产法草案。从维护国有资产权益、保障国有资产安全出发，对确立国有资产出资人制度的基本原则、国家出资企业的形式，规范企业改制、关联交易、资产评估、资产转让等关系出资人权益的重大事项必须遵循的规则和程序等，提出了完善意见。四是审议了侵权责任法草案。从我国国情和实际出发，明确承担民事侵权责任的基本原则和责任方式，就广大人民群众普遍关注的医疗损害、环境污染、产品缺陷、交通事故、动物损害等问题，提出了修改意见。五是审议了涉外民事关系法律适用法草案。总结改革开放以来涉外民事审判经验，吸收借鉴国际上涉外民事关系法律适用的最新成果，针对实践中发生较多的知识产权确权、转让、侵权等纠纷，提出了完善意见。六是审议了人民调解法草案。正确把握人民调解自愿平等、简便易行的本质特征，妥善处理自愿与规范、简便易行与严格程序的关系，对人民调解应当遵循的原则、调解委员会的组成、当事人在调解活动中的权利和调解程序等内容作了修改完善。此外，还审议了国防动员法草案。对国防动员的组织领导体制、国防动员实施预案与突发事件应急预案相衔接、预备役人员的储备等规定，提出了完善意见。审议了人民武装警察法草案。对人民武装警察部队的性质、领导指挥体制、职责范围、义务和权利等，提出了修改意见。

2.*认真做好重要法律修改草案的审议工作。*一是审议了选举法修正案草案。贯彻落实党的十七大要求，从法律上一步到位确立了城乡按相同人口比例选举人大代表的制度，更好地体现了人人平等、地区平等和民族平等原则；同时根据人大代表和常委会组成人员的意见，对选举机构、选民登记、代表候选人的提出、选举程序、选举经费保障等提出了完善意见。二是审议了代表法修正案草案。针对常委会组成人员、人大代表和各有关方面最关心的代表权利义务、密切人大代表与人民群众联系等问题，提出了完善建议。三是审议了村民委员会组织法修订草案。对村民委员会与村集体经济组织的关系、村民委员会选举中的委托投票、村委会不称职成员的退出机制、健全村务监督机构等问题，提出了修改意见。四是审议了国家赔偿法修正案草案。从畅通请求渠道、完善办理程序、扩大赔偿范围、明确赔偿标准、保障费用支付等方面，完善了相关规定。五是审议了保守国家秘密法修订草案。正确处理保密与公开的关系，针对实践中存在的定密标准不明确、保密“范围过宽、密级过高、一定终身”等问题，对准确界定国家秘密范围、严格限定定密层级和定密权限、明确保密期限和解密条件等提出了完善建议。六是审议了刑法修正案（七）草案。进一步完善惩治贪污贿赂、破坏社会主义市场经济秩序、侵犯公民人身权利等犯罪的相关规定。七是审议了可再生能源法修正案草案。对进一步完善可再生能源开发利用规划、可再生能源发电全额保障性收购制度等提出了修改意见，推动可再生能源产业的发展，促进生态文明建设。八是审议了行政监察法修正案草案。对健全行政权力制约和监督机制，推进依法行政，具有重要作用。此外，还审议了防震减灾法修订和残疾人保障法修订等法律案。

3. 集中开展法律清理工作。按照常委会的工作部署，与法制工作委员会密切配合，研究确定了清理工作的目标任务、工作方针和原则，提出清理工作实施方案，联合召开法律清理工作会议，进行工作部署。对全国人大专门委员会和常委会工作机构以及国务院、中央军委、最高人民法院、最高人民检察院等有关方面提出的1972条清理意见和建议，进行了认真梳理、研究和论证，并采取多种形式听取各有关方面对清理工作的意见和建议。在充分研究论证的基础上，对现行法律规定存在的明显不适应、不一致、不协调的突出问题，提出了区分不同情况、分类处理的建议：一是对已明显不适应经济社会发展需要或已被新法替代、实际已不再适用的8件法律和有关法律问题的决定予以废止；二是对59件法律中存在的明显不适应、不一致、不协调的141个条文用一揽子打包方式进行修改；三是对需要制定配套法规的，建议提请国务院和有关方面尽快制定配套法规；四是对一些法律存在明显不适应的规定但需要统筹修改完善的，已列入本届立法规划或年度立法工作计划的，建议在执行立法规划和工作计划中统筹研究修改，未列入立法规划和工作计划的，建议待条件成熟时补充列入立法工作计划，适时予以修改或者废止。与法制工作委员会共同研究起草了关于废止部分法律的决定草案和关于修改部分法律的决定草案，提请常委会审议。在常委会审议上述清理决定草案中，根据常委会组成人员的审议意见和各有关方面的意见，提出了完善意见。

(二)围绕不断完善法律体系做好统一审议工作

吴邦国委员长在十一届全国人大四次会议的常委会工作报告中提出，中国特色社会主义法律体系的形成，标志着我国立法工作站在了一个新的起点上，要把更多的精力放到法律的修改完善上来，同时还要制定一些新的法律，以推动法律体系的与时俱进和发展完善。按照这个要求，法律委员会围绕完善法律体系，继续做好统一审议工作。

1. 着力做好法律案的修改完善工作。一是审议了刑事诉讼法修正案草案。贯彻落实中央司法体制和工作机制改革要求，坚持尊重和保障人权的宪法原则，正确处理惩罚犯罪和保障人权、实体与程序、公正与效率的关系，建议将"尊重和保障人权"写入法律，对证据制度、辩护制度、强制措施制度等提出了完善意见，在侦查、起诉、审判、执行程序以及特别程序等方面提出了修改建议，并积极配合做好舆论宣传引导工作。刑事诉讼法的修改，社会关注，敏感度高，经代表大会审议高票通过后，反响良好，体现了我国刑事诉讼制度的重大进步。二是审议了刑法修正案(八)草案。贯彻宽严相济的刑事政策，取消了13个经济性非暴力犯罪的死刑，占死刑罪名总数的19.1%，对被判处死刑缓期执行犯罪分子的减刑和假释制度、犯罪嫌疑人如实供述自己罪行的从轻、减轻处罚等提出了修改意见，使刑罚结构更趋合理；为维护社会治安秩序，建议加大对黑社会性质组织犯罪惩处力度；为贯彻刑法保护民生的宗旨，建议加重对生产、销售有毒有害食品犯罪的处罚力度，提高刑罚下限；为惩治强迫他人劳动的行为，建议规定"有其他协助强迫他人劳动行为的"，依照强迫劳动犯罪的规定处罚；为维护道路交通秩序，保障人民群众人身财产安全，建议明确规定醉酒驾驶机动车即构成刑事犯罪等。三是审议了民事诉讼法修正案草案。针对社会普遍关注和审判实践迫切需要解决的问题，就保障当事人的诉讼权利、增加公益诉讼制度、完善当事人举证制度、简易程序、设立小额诉讼制度、审判监督程序和执行程序，强化检察机关对民事诉讼的法律监督等，提出了修改和审议意见。四是审议了兵役法修正案草案。贯彻落实中央批准的退役士兵安置改革方案，进一步完善兵役制度，针对"征集高素质兵员难、军队吸引保留人才难、退役军人安置难"等突出问题，从机关、团体、企业事业单位支持国防和军队建设，吸收高文化素质青年入伍、保障服役士兵入伍前的权利，健全士兵退役后培训和安置制度等方面，提出了完善建议。五是审议了个人所得税法修正案草案。贯彻"十二五"规划关于合理调整收入分配关系、使发展成果惠及人民的要求，根据常委会组成人员、社会公众和各方面的意见，建议将工薪所得累进税率的第一级税率由5%修改为3%、将工薪所得减除费用标准由3000元提高到3500元。六是审议了职业病防治法修正案草案。牢牢把握重在预防原则，努力保证职业病防治工作的各环节紧密对接，对完善项目建设、劳动过程、职业病诊断治疗和职业病待遇保障等防治职业病重要环节的制度作整体研究，就进一步理顺职业卫生监督管理体制，强化用人单位的职业病防治义务和责任，完善职业病诊断、鉴定制度，健全职业病病人的医疗救助制度等提出了修改意见。七是审议了劳动合同法修正案草案。针对劳务派遣用工方式被滥用、被派遣劳动者的合法权益得不到有效保障的突出问题，就明确劳务派遣用工只能作为劳动合同用工这个基本用工形式的补充形式、严格限制劳务派遣用工岗位范围和用工数量、维护被派遣劳动者同工同酬权利、强化对劳务派遣单位的规范、加大对相应违法行为的处罚力度等提出完善意见。八是审议了居民身份证法修正案草案。为进一步强化对公民个人信息的保护，建议增加对泄露公民身份证信息法律责任的规定；为保证增加指纹信息与已发的二代身份证的衔接，建议明确规定有指纹信息和无指纹信息的居民身份证同样有效。此外，为维护法制统一、保证法律的有效实施，及时建议对煤炭法、监狱法等 10 部法律的个别条款与社会保险法、刑法修正案（八）和修改后的刑事诉讼法不一致的规定进行修改。

2. 做好新制定法律案的统一审议工作。一是审议了行政强制法草案。针对行政强制立法和执法中存在"散"、"乱"、"软"的突出问题，对行政强制权的设定、强制程序的规范、申请法院强制执行等问题进行深入研究，在科学配置行政强制设定权、规范行政强制权的行使以及完善申请人民法院强制执行等方面提出了修改意见。为保证本法的有效实施，建议对行政法规、地方性法规等规范性文件中与行政强制法不一致的规定及时进行专项清理。二是审议了车船税法草案。对社会公众、专家和各有关部门的意见进行认真分析研究，考虑到我国乘用车保有量的 87% 左右都是中小排量且主要由广大工薪阶层使用的实际情况，综合考虑减轻广大群众税负、引导汽车合理消费、促进节能减排等因素，提出将中小排量汽车的税额幅度适当降低或者保持不变、将大排量汽车的税额幅度适当调高的建议。三是审议了非物质文化遗产法草案。遵循继承和弘扬中华民族优秀传统文化、推动文化发展与繁荣的原则，就进一步明确非物质文化遗产的保护原则，扶持民族和边远贫困地区的非物质文化遗产保护工作，规范对境外组织、个人在我国境内进行非物质文化遗产调查的审批程序，完善非物质文化遗产代表性项目代表性传承人退出和重新认定制度，强化开发利用非物质文化遗产代表性项目的单位的义务等提出了修改意见。四是审议了精神卫生法草案。在明确立法工作思路、突出立法重点的基础上，就强化精神障碍预防，规范精神障碍诊断、治疗和康复，完善精神卫生工作机制和保障措施，维护精神障碍患者的权利，加强基层和边远贫困地区精神卫生公共服务等问题，提出了完善意见。五是审议了关于加强反恐怖工作有关问题的决定草案。适应我国反恐怖斗争的现实需要，考虑我国参加的国际公约，借鉴国际反恐经验，对恐怖活动的定义，恐怖活动组织、恐怖活动人员认定和调整依据等问题，提出了修改意见。六是审议了关于加强网络信息保护的决定草案。广泛听取各方面意见，吸收借鉴国外网络立法经验，对完善网络身份管理制度、明确网络服务提供者的义务和责任，充实政府主管部门监管手段等，提出了修改意见。

此外，还审议了关于香港基本法、澳门基本法有关条款解释的草案。关于香港基本法第十三条第一款和第十九条的解释案，是香港基本法实施以来第一次由香港特别行政区终审法院在审理有关案件的过程中就基本法有关中央人民政府管理的事务和中央与特别行政区关系的条款，提请全国人大常委会进行解释。关于澳门基本法附件一第七条和附件二第三条的解释案，是澳门特别行政区成立 12 年来，全国人大常委会第一次行使澳门基本法解释权。法律委员会在统一审议中，坚定不移地贯彻"一国两制"方针和香港基本法、澳门基本法，在解释案提请常委会审议前，听取有关方面就释法背景、主要内容、基本原则、各方面的意见和需要重点把握的问题的介绍，对做好审议工作提出明确要求；提请常委会审议后，认真研究常委会组成人员和各有关方面的意见，提出了审议意见。

（三）围绕提高立法质量，着力推进科学立法、民主立法

法律委员会在审议工作中，按照提高立法质量的要求，努力探索和把握规律，广纳民意民智，深入推进科学立法、民主立法。

1. 认真研究吸收常委会组成人员的审议意见，高度重视人大代表在立法工作中的作用。一是高度重视常委会组成人员对法律草案的审议意见，对他们的意见逐条研究，可吸收的尽量吸收，未吸收的及时进行沟通解释，属于比较普遍的、重要的意见，在审议报告中作出说明，力求达成共识。二是高度重视人大代表在立法中的作用。认真做好提请大会审议的选举法修正案草案和刑事诉讼法修正案草案听取代表意见工作，会前认真研究代表集中研读法律草案的反馈意见，会中对代表的审议意见逐条研究，能够吸收的尽量予以吸收。努力做好提请常委会审议的法律案听取代表意见工作，采取

书面、电子邮件、邀请代表参加立法座谈会或者参与立法调研等形式听取代表意见，重视研究列席常委会会议的人大代表的意见。在审议代表法修正案草案中，认真听取和研究参加代表专题学习班的全国人大代表的意见，通过电子邮件征求全体代表意见，并认真研究反馈意见；在审议村民委员会组织法修订草案中，专门邀请来自14个省（区、市）农村基层的人大代表和村干部来京参加座谈会，直接听取他们的意见。坚持把办理代表议案和建议同立法工作结合起来。在审议村民委员会组织法修订草案中，认真研究了十届全国人大一次会议以来人大代表提出的139件相关议案和建议，结合各方面的意见，对草案提出了修改意见；在审议刑事诉讼法修正案草案中，对本届以来全国人大代表提出的81件相关议案进行研究，尽量把代表建议吸收到草案中来。

2. 加强与其他专门委员会的工作配合，积极做好与有关部门的沟通协调工作。一是加强与有关专门委员会工作配合。充分尊重、高度重视专门委员会的审议意见，对他们提出的审议意见认真研究，积极予以采纳；就草案涉及热点难点问题、重要分歧意见，与有关专门委员会联合召开座谈会，共同调查研究，广泛听取意见，提出修改方案。为做好防震减灾法修订草案的审议工作，与教科文卫委员会一道赴四川地震灾区进行调研；在审议循环经济促进法和清洁生产促进法修正案等草案过程中，加强同环境与资源保护委员会的沟通协调，对争议较大的问题共同研究提出修改方案。二是主动做好与国务院相关部门的沟通协调工作。在审议社会保险法草案过程中，就社会普遍关注的基本养老保险的最低缴费年限和待遇、基本养老保险关系转移接续、提高基本养老保险基金统筹层次等问题，反复与主管部门沟通协调，共同研究提出解决方案。

3. 继续做好座谈会、论证会和立法调研工作，广泛听取和研究各方面的意见。对于统一审议的法律案，一般都要与有关专门委员会和法工委联合召开座谈会，听取各方面的意见；对草案涉及的重点问题，有针对性地召开各有关部门、企业事业单位、社会团体、专家学者和公众代表参加的座谈会，认真听取意见、研究解决方案；对争议比较大的问题，反复与有关部门交换意见；对专业性较强、争议较大的问题，召开立法论证会深入研究论证。如在审议食品安全法草案中，针对草案中争议较大的要不要实行电子监管码问题，法律委员会与法制工作委员会联合召开立法论证会，邀请利益相关方和其他有关方面参加，让持不同意见的代表面对面地阐述各自的理由，在充分比较、分析的基础上，提出了修改建议。进一步加强和改进调查研究工作，加大到基层调研的工作力度，深入实际、深入基层、深入群众，察民情、听民意、集民智，全面把握实际情况和人民意愿，夯实立法的实践基础和群众基础。如在审议职业病防治法修正案草案中，深入基层职业病防治院和社区卫生服务中心调研，直接感受职业病患者及其家庭承受的身心痛苦和生活困难，了解职业病防治工作的突出问题，怀着关注民生的强烈责任感，提出修改方案。

4. 认真做好向社会公开征求意见和舆论引导工作，推进公民有序参与立法。本届以来，已有47件法律案在中国人大网上公布，公开征求意见，共有31万人次提出179万多条意见。法律委员会对社会公众意见认真做好汇总、梳理、研究和采纳工作，对社会普遍关注、反响强烈的问题，重视做好意见反馈和沟通互动等工作，切实反映群众呼声，积极回应社会关切。个人所得税法修正案草案公开征求意见后，引起社会高度关注，共收到社会公众的意见23万多条。法律委员会与财政经济委员会和法制工作委员会密切配合，认真梳理和研究公众意见，联合召开座谈会，直接听取专家和公众代表的意见，对社会普遍关注的工薪所得减除费用标准、工薪所得超额累进税率的调整、加强对高收入者个人所得税征管、加快实施综合与分类相结合的个人所得税税制改革等问题，提出了修改和审议意见。车船税法草案公开征求意见也引起社会较高关注，共收到公众意见近10万条。法律委员会在认真研究公众意见的同时，与法制工作委员会一道以在线访谈、意见汇总上网、电视专访等形式与公众沟通互动、释疑解惑、回应关切；根据公众提出的车船税的税额幅度上调过大、要求降低税额幅度的意见，提出了排气量2.0以下、占乘用车87%左右的车主的名义税负不增加的修改方案。

（四）认真履行其他职责

1. 做好议案办理工作。本届以来，全国人大主席团交付法律委员会审议的代表议案共661件，涉及174个立法项目和1个监督项目。法律委员会高度重视代表议案办理工作，召开议案交办会议，认真研究分析代表议案，提出处理方案和要求。在立法项目议案办理中，对代表提出的相关立法建议逐一研究，并通过电话或信件等形式进一步听取他们的意见，与代表沟通；在立法调研中，邀请相关代表参加调研或者座谈，共同研究问题并听取意见；在常委会审议法律案时，请常委会办事机构邀请领衔代表列席会议，直接听取他们的意见。在监督项目议案办理中，专门召开有关部门参加的议案办理座谈会，邀请领衔代表参加，对法律实施中存在的问题进行深入研究，为适时启动执法检查做好准备。上述代表议案均按时办理完毕，议案审议结果报告已经常委会审议通过。

2. 做好法律案的提前介入工作。根据常委会的立法工作安排，提前介入了选举法修正案、国防动员法、人民武装警察法、预备役军官法修正案、兵役法修正案、军人保险法和解放军选举办法等 7 部法律草案的起草工作，向常委会提出了审议报告。

3. 做好执法检查和专题调研工作。根据常委会的统一部署，法律委员会部分成员参加了常委会组织的食品安全法、工会法、文物保护法等的执法检查或专题调研，了解法律的实施情况，分析研究法律实施中存在的问题，提出完善法律的意见和建议。

4. 做好对外交往工作。本届以来，根据常委会的统一部署，法律委员会组织了 6 个代表团出访，与往访国家议会及有关部门进行了广泛交流；先后接待了 12 个国家的代表团来访；一些组成人员还参加了常委会组织的出访和接访活动，会见了相关部门邀请来访的一些国家的代表团，介绍我国社会主义民主法制建设成就和立法工作情况。

（五）努力加强自身建设

法律委员会全体组成人员深切感到，本届是形成和完善中国特色社会主义法律体系承上启下的关键五年，法律委员会负有统一审议法律案的重要职责，任务重、责任大、要求高，需要不断加强学习、思考和实践，求真务实、锐意进取、敢于担当。适应新形势新任务新要求，法律委员会努力加强自身建设。在思想建设上，全体组成人员自觉以中国特色社会主义理论体系为指导，坚定贯彻执行党的路线方针政策和重大决策部署，认真学习宪法和法律，学习相关业务知识，切实按照全国人大及其常委会的工作安排和要求，做好统一审议工作。在制度建设上，不断完善法律委员会统一审议与有关专门委员会审议的协调配合机制，完善法律委员会、法制工作委员会两委主任办公会制度，健全两委工作联系、共同调研、沟通协调等工作机制，努力形成合力；实行分工负责制，对统一审议的法律案，指定一名副主任委员负责调查研究、沟通协调、研究修改和说明解释工作，强化责任、提高效率；坚持民主集中制原则，充分发扬民主，集体行使职权，集体决定问题。在能力建设上，务必做到政治上坚定敏锐、坚持真理、把握方向，作风上民主求实、勤奋敬业、精益求精，工作上团结协作、配合支持、相互包容，形成一个有凝聚力和战斗力的集体。大家在一起工作五年，和谐相处，心情舒畅，对能够在这个关键的五年，接过前人的“接力棒”，推进立法事业的发展，亲历亲为法律体系如期形成和不断完善，感到十分荣幸和自豪。法律委员会积极支持法制工作委员会工作，发挥法律委员会组成人员政治立场坚定、实际工作经验丰富、专业造诣精深的优势，对办事机构的年轻同志加强传、帮、带，传授经验体会，增强队伍建设。

二、工作体会

本届以来，法律委员会坚持理论与实际相结合、务实与务虚相结合，连续召开年度专题会，紧密结合统一审议工作实际，对中国特色社会主义制度与法律体系、党中央提出立法工作目标的时代背景、法律体系形成的基本历程、法律体系的基本特征、法律体系形成的重大意义、做好立法工作的基本经验、确保宪法和法律有效实施和完善法律体系目标任务等若干重大理论与实践问题进行深入研讨，不断总结经验，切实加强和改进立法工作。

（一）深刻认识法律体系在中国特色社会主义制度建设中的重要意义，进一步增强做好立法工作的使命感和责任感

中国特色社会主义法律体系作为法律制度是中国特色社会主义制度的重要组成部分，法律也是制度的载体，法律体系实质就是制度体系。新中国建立特别是实行改革开放以来，党领导全体人民不断推进社会主义制度自我完善和发展，在经济、政治、文化、社会等各个领域形成了一套相互衔接、相互联系的制度体系。中国特色社会主义的根本政治制度、基本政治制度、基本经济制度是以宪法和法律的形式确立的，建立在根本制度、基本制度基础上的国家各项具体制度，作为党领导人民进行改革和发展的制度创新成果，其中带有全局性、稳定性和长期性的部分，也都经过法定程序转化为以权利和义务规范为主要内容的法律法规，形成国家意志，成为党领导全体人民管理国家事务、管理经济和文化事业、管理社会事务的基本依据。因此，中国特色社会主义法律体系是中国特色社会主义制度的重要内容和集中体现，法律体系的形成是中国特色社会主义制度逐步走向成熟的重要标志。中国特色社会主义制度，是当代中国发展进步的根本

制度保障，必须长期坚持和完善。在全面推进依法执政、依法治国的历史进程中，坚持和完善中国特色社会主义制度，充分发挥社会主义制度的优越性，必然要靠完善法制、推进法治来实现。制度化的关键是法制化，制度建设的重点是法制建设。必须深刻认识中国特色社会主义制度在推进全面建成小康社会、实现中华民族伟大复兴中的全局性、根本性作用，深刻认识完善法律体系对于坚持和完善中国特色社会主义制度的重要意义，不断增强制度自信，不断增强坚持和完善中国特色社会主义制度的自觉性和坚定性，不断增强完善法律体系、加强和改进立法工作的使命感和责任感，毫不放松、毫不懈怠，为完善法律体系尽心尽力、尽职尽责。

（二）全面把握完善法律体系面临的新形势新要求，努力发挥立法对改革发展稳定的引领、规范、保障和推动作用

随着“十二五”的开局，我国改革发展已进入新阶段。我国经济社会发展取得巨大成就，但发展中不平衡、不协调、不可持续的问题突出。我国社会主义民主法制建设取得重大进展，但与扩大人民民主、保障人民民主权利和促进经济社会全面发展的要求还不完全适应。法律体系不是静止的、封闭的、固定的，而是动态的、开放的、发展的，在法律体系形成的新起点上，完善法律体系的任务仍然十分繁重。在全面建成小康社会的关键时期和深化改革开放的攻坚时期，要更加注重发挥法治在国家治理和社会管理中的重要作用，更加自觉地把立法工作放在党和国家工作大局中来思考和谋划，进行顶层设计和总体规划。要围绕党的十八提出的全面建成小康社会和全面深化改革开放的奋斗目标和工作部署，确定立法工作任务，加强重点领域立法。要紧紧围绕加快转变经济发展方式，抓紧研究修改和制定推进深化经济体制改革、实施创新驱动发展战略、推进经济结构战略性调整、推动城乡发展一体化、提高开放型经济水平等方面的法律；紧紧围绕走中国特色社会主义政治发展道路和推进政治体制改革，抓紧研究修改和制定扩大人民民主、健全民主制度、丰富民主形式、保证人民当家作主、保障人民民主权利的法律，以及健全和完善立法和监督制度、推进建设法治政府、深化司法体制和工作机制改革、尊重和保障人权方面的法律；紧紧围绕扎实推进社会主义文化强国建设，抓紧研究修改和制定深化文化体制改革、构建公共文化服务体系、加快发展文化事业和文化产业、完善文化市场管理方面的法律；紧紧围绕保障和改善民生、加快推进社会体制改革，抓紧研究修改和制定深化教育领域综合改革、促进实施就业优先战略、深化收入分配制度改革、统筹推进城乡社会保障体系建设、加强社会管理等方面的法律；紧紧围绕大力推进生态文明建设，抓紧研究修改和制定国土空间开发保护、耕地保护、水资源管理、环境保护等方面的法律；紧紧围绕反腐倡廉建设，抓紧研究修改和制定健全权力运行制约和监督体系、全面推进惩治和预防腐败体系建设、促进廉洁公正高效权威执法、推进社会诚信建设和实现社会公平正义等方面的法律。要进一步深化对法律功能的认识，在继续重视发挥法律的规范和保障作用的同时，更加注重发挥立法对改革发展的引领和推动作用。要进一步增强立法的前瞻性。科学把握我国经济社会发展趋势，妥善处理改革与立法的关系，对于改革方向明确，需要立法为改革留有空间、探索实践经验的问题，适时作出规定。要进一步增强立法的及时性。坚持立法与改革发展同步，紧紧围绕改革发展进程中的重点领域、关键环节和突出矛盾，及时确定立法项目、启动立法程序，修改或制定相关法律，适应改革发展的需要。要进一步增强立法的针对性。紧紧扣住经济社会发展中迫切需要解决的问题和人民群众最关心的切身利益问题，有针对性地作出切实可行的规定，使法律规定的内容明确具体，操作性强，真正管用。要进一步增强立法的系统性。综合运用制定、修改、废止、解释、清理、备案审查等多种形式，统筹研究法律法规的衔接配套，形成整体合力。

（三）始终坚持正确政治方向，坚持和丰富立法工作的基本经验

实践证明，我们之所以成功走出了一条中国特色的立法路子，最根本的就是坚持了立法工作的基本经验，走好今后的立法路子，必须继续坚持这些基本经验，并在立法工作中不断丰富发展。一是坚持党的领导。自觉把党的主张经过法定程序成为国家意志，成为全社会一体遵循的行为规范和准则，从制度上、法律上保证党的路线方针政策的贯彻落实；始终把立法放在党和国家的工作大局中来谋划、思考和推进，自觉贯彻落实经中央批准的立法规划，积极推动立法工作计划的执行；把贯彻落实党和国家的重大决策部署作为重中之重，积极推动重点立法项目出台；坚持立法重大问题向全国人大常委会党组请示报告制度。二是坚持以中国特色社会主义理论体系为指导。深刻认识中国特色社会主义理论体系形成的时代背景、实践基础、科学内涵、精神实质和实践要求，深刻认识我国人民

代表大会制度与西方资本主义国家政体的本质区别，不断增强坚持和完善人民代表大会制度的自觉性和坚定性，坚定不移地走中国特色社会主义政治发展道路；着力在科学理论指导下，把握我国经济社会发展规律和立法工作规律，统一思想认识，谋划立法工作，确定立法思路，解决重点难点问题。三是坚持从中国国情和实际出发。深刻把握我国社会主义初级阶段的基本国情和现阶段经济社会发展的阶段性特征，把改革开放和社会主义现代化建设的伟大实践作为立法基础，使立法与我国国情和实际相适应、与改革发展进程相适应；坚持实践第一的观点，在实践中努力探索和认识规律，不断增强法律的科学性、可操作性；注意研究借鉴国外的立法经验，吸取那些对我们有益有用的东西，但绝不照抄照搬。四是坚持以人为本、立法为民。始终坚持把实现好、维护好、发展好最广大人民的根本利益作为立法工作的出发点和落脚点，把人民放在心中最高位置，尊重人民的主体地位，尊重人民的首创精神；坚持深入基层、深入实际、深入群众，做到知民情、解民意、集民智；坚持法律规范体现人民的实践创新经验，体现人民的诉求意愿，体现尊重和保障人权原则，维护人民的各项权利，从制度上保障发展成果惠及全体人民。五是坚持社会主义法制统一。始终坚持维护宪法作为国家根本法的权威地位，严格依照法定权限和程序开展立法，确保法律规定不同宪法相抵触，法律规定之间衔接协调统一、不相互矛盾和彼此脱节；积极探索维护法制统一的好办法，通过法律解释、清理、备案审查等，及时解决影响法制统一的问题。

(四)紧紧围绕提高立法质量，坚持和推进科学立法、民主立法

提高立法质量是立法工作的永恒主题。坚持和推进科学立法、民主立法，是提高立法质量的重要途径。坚持和推进科学立法，要着力处理好几个带有普遍性、规律性的问题：正确把握改革发展稳定的要求，妥善处理法律的稳定性与变动性、现实性与前瞻性、原则性和可操作性的关系；正确把握最广大人民的根本利益，妥善处理全局利益与局部利益、长远利益与眼前利益、共同利益与群体利益的关系；正确把握公权力与私权利的界限，妥善处理权力与权利、权力与责任的关系，既赋予行政机关、司法机关必要的权力，又加强对权力行使的规范、制约和监督，做到有权必有责、用权受监督、侵权要赔偿、渎职要追究，确保人民赋予的权力用来为人民谋利益；正确把握享有权利和履行义务相一致原则，妥善处理权利与义务的关系，既注意充分维护公民、法人和其他组织的合法权益，又注意强调公民、法人和其他组织在行使权利的时候，必须履行宪法和法律规定的义务；正确把握提高立法质量的要求，妥善处理质量与数量的关系，把主要精力放在提高立法质量上，着力在“关键条款”上下功夫，攻坚克难，确保法律解决问题、切实管用。坚持和推进民主立法，要始终坚持人民的主体地位，完善立法公开的常态化制度：在向社会公开征求意见的同时，针对不同性质、不同调整对象的法律案，注意采取不同的方式广泛征求意见；在继续做好公开征求社会公众意见和各有关方面意见的同时，以多种形式加强同社会公众的沟通互动，解答公众普遍关心的问题，增进了解、消除误解、凝聚共识；在重视研究网上意见的同时，把网上意见与立法座谈会、论证会和立法调研收集的意见进行综合分析，正确处理多数与少数、强音和弱音的关系，正确把握和充分体现群众意愿和诉求；在重视听取和客观介绍公众意见的同时，认真做好宣传和舆论引导工作，把握舆论工作主动权，既注重充分反映公众意见、保护公众参与立法的积极性，又适时回应社会关注、敏感度高的问题，营造良好的立法氛围，使公众参与立法成为充分发扬民主、普及法律知识、增强法治意识的过程。要坚持把科学立法与民主立法有机结合起来。

三、几点建议

认真学习贯彻党的十八大精神，结合本届以来的工作实践和理论思考，就进一步加强和改进立法工作、完善中国特色社会主义法律体系，提出以下建议：

(一)进一步发挥全国人大及其常委会的立法主导作用

发挥人大及其常委会在立法中的主导作用，加强对立法工作的组织协调，对于新形势下坚持和完善人民代表大会制度、加强和改进立法工作具有重要意义。要着力提高立法规划和年度立法工作计划的科学性、可行性，并从制度和机制上保证立法规划和计划的落实。要进一步加强立项论证、调研协调和综合平衡工作，科学确定立法项目；要精心组织落实经中央批准的立法规划，把立法规划和计划向社会公开，让公众参与监督规划计划的实施；要主动加强人大督办和提前介入的工作，确保起草单位按时提出立法议案；要加大牵头起草工作力度，对于重点立法项目，可由人大牵头，会同有关部

门和专家学者共同起草，及时形成法律草案；要加大协调协商工作力度，对于法律关系复杂、分歧意见较大的法律草案和重点难点问题，要深入调研、耐心协商、反复论证，在各方面基本取得共识的基础上再提请审议表决。

充分尊重和重视人大代表在立法中的积极作用。要发挥人大代表与人民群众联系密切的优势，更全面地把社会实践和群众意愿反映到立法中来。要把广泛听取人大代表意见同推进科学立法民主立法结合起来，不断拓展人大代表参与立法的途径，创新立法全过程征求人大代表意见的工作机制；把办理代表议案和建议同修改和制定法律结合起来，进一步发挥代表议案和建议在立法中的重要作用；把邀请代表参与常委会活动与提高法律案的审议质量结合起来，进一步做好人大代表列席常委会会议的工作，不断增强工作实效。

（二）进一步完善立法制度和工作机制

坚持科学立法、民主立法、依法立法，不断完善立法制度和工作机制。要推进科学立法，加强对科学立法的研究，从理论与实践、世情与国情等方面研究一些专题，破解一些难题。要完善民主立法，坚持立法公开常态化，拓展人民有序参与立法途径，对立法中涉及的经济社会发展重大问题和群众切身利益的实际问题广纳群言、广集民智，增进共识。要不断推进科学立法民主立法的制度化、规范化、程序化。要研究细化代表大会与常委会的立法权限，以及法律、行政法规、地方性法规之间的界限；完善法律草案公开征求意见制度，把成熟经验和做法制度化；完善法律案审议制度，适当安排有关部门对常委会审议中提出的较为集中的重大问题做好说明工作；完善法律公布制度，适应新形势下公布法律的需要；积极推进建立常态化的立法后评估制度。要坚持依法立法，严格依照法定权限和程序开展立法工作，不得超越法定权限、违反法定程序立法；坚持以宪法为核心和统帅，任何法律法规都不能同宪法相抵触，行政法规不得同法律相抵触，地方性法规不得同法律、行政法规相抵触，法律法规的规定之间要衔接协调，不能相互矛盾。要健全法律清理常态化制度。

进一步完善立法工作机制。要完善人大代表和常委会组成人员审议意见的汇总、研究、吸收和反馈机制，重大问题的专家咨询论证机制，相关部门就重大问题和重要分歧意见的沟通协调机制等。要进一步加强法律委员会与法制工作委员会密切配合的工作机制，坚持和完善两委主任办公会议制度、分管法律案的法律委员会副主任委员和法制工作委员会分管副主任的日常工作联系制度、承办法律案的立法业务室对法律委员会分管副主任委员的立法服务保障制度等。要积极探索创新两委分工合作的工作方式，充实加强办事机构，更好地保障法律委员会履行法定职责。

（三）进一步加强立法宣传和舆论引导工作

高度重视并切实加强立法宣传和舆论引导工作，对于保障人民有序参与立法，及时回应社会关切，有效凝聚社会共识，营造良好立法环境，具有重要意义。立法工作机构把握法律草案热点难点问题的来龙去脉、核心要害，在宣传引导工作中应担当重要责任。要把立法宣传和舆论引导工作列入重要议事日程，与立法工作通盘谋划、统筹安排；要提高宣传和舆论引导能力，增强专业性、权威性和说服力；要改进宣传方法，丰富宣传形式，通过确定宣传口径、向媒体吹风、公布公众意见、新闻发布会、电视专访、答记者问等多种形式，不断增强工作的实效性和影响力。要继续积极探索开展网络宣传引导工作，充分利用中国人大网或者组织其他网络媒体通过系列报道、在线访谈、论坛跟贴等方式，开展具有网络特点的宣传，积极引导网上舆论。要建立健全工作机制，确保任务的落实。

（四）进一步推动宪法和法律的有效实施

宪法和法律的生命在于实施，宪法和法律的权威也在于实施。全面推进依法治国，必须把确保宪法和法律的实施摆在更加突出位置。要坚持正确的政治方向，坚持党的领导、人民当家作主、依法治国有机统一。要加强重点领域立法，如财政税收、收入分配、基本公共服务、城乡社会保障、机构编制等方面的立法，以及修改完善立法法，努力以系统完备、科学规范、好用管用的法律制度体系，为宪法和法律的实施打下坚实基础。要进一步增强监督工作的针对性、实效性，以推进依法行政、司法公正为目标，以解决改革发展稳定中的重大问题和社会普遍关注的问题为重点，综合运用执法检查、规范性文件备案审查、听取专项工作报告、审查计划执行情况和预算决算、开展专题询问等方式，加强对“一府两院”的监督。要把监督工作与立法工作更紧密结合起来，通过加强监督工作，推动法律的正确有效实施，总结法律实施中的新经验，及时把经过实践检验的成熟经验加以法律化、制度化；发现实践中存在的法律层面问题，及时启动修改和制定相关法律的程序；发现立法制度和工作机制存在的不足，及时改进和完善。

（五）进一步优化委员会组成人员结构

统一审议法律案工作强度大、难度大、责任大。为确保法律委员会更好地履行职责，需要进一步优化组成人员的结构：要进一步增强组成人员的代表性，吸收更多长期从事法律工作特别是立法工作的领军人才、主管一方具有丰富实践经验和专业知识的高级领导干部以及有关领域的顶尖专家参加；要进一步扩大专职委员的比例，委员会组成人员中要适当增加立法工作机构中专家级骨干人才的数量，保证组成人员有更多精力、更加专注地投入委员会的工作，以利于更好地贯彻民主集中制原则，集体行使职权、集体决定问题。要为委员们履行职责创造必要的工作条件，使大家能够坐得下来、深得进去，切实发挥应有作用。

第十一届全国人民代表大会内务司法委员会五年工作总结

（2012 年 12 月 21 日十一届全国人民代表大会内务司法委员会第二十八次会议通过）

按照全国人大常委会部署，内务司法委员会对本届以来的工作进行了总结。

一、五年来的主要工作

五年来，内务司法委员会在全国人大及其常委会领导下，全面贯彻党的十七大及十七届历次全会和十八大精神，以邓小平理论和“三个代表”重要思想为指导，深入贯彻落实科学发展观，紧紧围绕党和国家工作大局，按照常委会总体部署，依法履行职责，在围绕形成中国特色社会主义法律体系，加强对法律实施情况的检查监督，推进改善民生、依法行政、公正司法等方面，做了卓有成效的工作。

——完成前期调研和初审法律案 8 件、牵头起草并提请常委会审议法律草案 1 件、牵头起草转交国务院制定行政法规 1 件，牵头组织立法后评估 1 项；

——承办常委会执法检查 5 项、与其他委员会联合承办执法检查 1 项；

——协助常委会听取专项工作报告 16 项；

——开展专题调研 8 项，其中列入常委会监督计划 1 项；

——办理代表议案 387 件，代表建议 66 件，政协提案 11 件；190 余位（不含委员会组成人员）人大代表参加内司委组织的立法、监督工作；

——组团出访 10 次共 20 个国家，接待来访 12 个团组。

（一）围绕形成中国特色社会主义法律体系，认真做好涉及内务司法方面相关立法工作

五年来，内务司法委员会按照常委会五年立法规划和年度立法计划，积极推动与内务司法相关的立法工作，较好地履行了宪法和法律所赋予的职责。一是完成了消防法（修订）、保守国家秘密法（修订）、残疾人保障法（修订）、村民委员会组织法（修订）、行政监察法（修订）、道路交通安全法（修订）、人民调解法、居民身份证法（修订）等 8 件法律案和“六五普法”决议案的前期联系、沟通、调研工作，并依法向常委会提出初审意见。二是牵头组织起草了老年人权益保障法修订草案，已经全国人大常委会第三十次会议审议通过；牵头组织起草了志愿服务法草稿，按照常委会领导批示，转交国务院先行制定行政法规。三是对列入常委会五年立法规划的社会救助法、慈善事业法、城市居民委员会组织法（修订），以及反家庭暴力等立法问题开展了调研、论证等相关工作；对残疾人保障法进行了立法后评估。四是积极配合法律委、法工委做好涉及内务司法方面的立法工作，认真负责地提出我委对有关法律案的建议和意见。

（二）坚持以人为本，认真做好推动涉及民生相关法律贯彻实施的工作

五年来，内务司法委员会始终把推动涉及民生方面法律的贯彻落实作为重要工作，积极主动向常委会提出监督项目建议，并按照常委会部署和监督计划，认真组织实施。一是承办常委会对未成年人保护法、工会法、妇女权益保障法、老年人权益保障法、残疾人保障法等 5 部法律实施情况的检查，与财经委、法律委联合承办劳动合同法实施情况的检查。向常委会提出的执法检查报告，全面、如实地反映了这些法律的实施情况，提出了具有较强针对性、可操作性的建议。二是执法检查报告经常委会审议后，依法对整改情况进行跟踪监督，督促有关机关按时向常委会提出整改报告。对在执法检查中发现的具有普遍性的突出问题，作为跟踪监督重点，通过多种形式推动有关机关切实加以改进，力求取得实效。对属于需要修改相关法律的，积极提

出修改建议。如在工会法、劳动合同法执法检查中,发现滥用劳务派遣、劳务派遣工同工不同酬现象比较突出,损害了这部分劳动者的合法权益。针对这种情况,在执法检查结束后,我委又与财经委、法工委联合对劳务派遣问题开展专题调研,在深入调研、与有关方面反复沟通的基础上,协助财经委向常委会提出了修改劳动合同法、进一步规范劳务派遣用工规定的议案。三是选择群众普遍关心、社会反映突出、与民生密切相关的老年人权益保障、残疾人保障、预防未成年人犯罪、户籍制度改革等问题,开展专项调研,向常委会提交了较高质量的报告。

(三)按照依法治国、建设社会主义法治国家的要求,认真做好促进依法行政、公正司法相关工作

当前,提高行政执法和司法公信力,是社会普遍关注的一个热点问题。针对这种情况,我委每年都选择社会普遍关注的突出问题作为监督议题,协助常委会听取国务院、最高人民法院、最高人民检察院专项工作报告,推动行政、司法机关认真回应群众的意见和建议,切实改进工作,提高依法行政和公正司法水平。五年来,按照常委会部署和监督计划,我委完成了协助常委会听取国务院关于道路交通安全管理、"五五"普法、消防工作、监狱法实施和监狱工作、禁毒法实施和禁毒工作、社会救助工作等6个专项报告,听取最高人民法院关于加强刑事审判、民事执行、民事审判、基层建设、知识产权审判工作等5个专项报告,听取最高人民检察院关于加强刑事审判法律监督、渎职侵权检察、研究落实全国人大常委会审议意见改进渎职侵权检察、基层建设、民事行政检察工作等5个专项报告。专项报告列入常委会审议前,内司委听取"一府两院"有关部门关于专项报告准备工作情况和报告主要内容的汇报,提出意见和建议,支持有关部门完善专项报告。常委会对专项工作报告进行审议后,我委依法对整改情况进行跟踪监督,督促有关机关按时向常委会提出整改报告,推动有关机关切实改进工作。

(四)牢固树立服务代表意识,认真做好代表议案建议办理工作

五年来,历次全国人大会议主席团交付内务司法委员会办理的代表议案共387件,其中涉及立法项目的377件,涉及监督项目的10件;代表建议66件。此外,还办理政协提案11件。我委高度重视代表议案、建议办理工作,每年都专门制定办理工作方案,确定专人负责;将代表议案、建议办理工作与内务司法方面的立法和监督工作有机结合,努力增强办理实效;在办理过程中,与代表保持联系和沟通,听取代表对办理工作的意见;就重点议案进行专题调研,并邀请领衔代表与有关部门进行面对面交流、沟通;召开有关部门座谈会,就办理工作进行沟通协调。我委对每一件代表议案都认真负责地进行审议,按时向常委会提出审议结果报告;对每一件代表建议,都认真研究,及时答复代表。

(五)积极开展国际交流合作,认真做好外事工作

五年来,内务司法委员会按照常委会部署和外事工作计划,先后组织了10个代表团出访瑞典、爱尔兰、意大利(两次)、俄罗斯、土耳其、西班牙、英国、埃及、美国、加拿大、印度、新西兰、韩国、希腊、斯里兰卡、缅甸、巴基斯坦、吉尔吉斯斯坦、巴西、乌拉圭等20个国家,重点考察了有关国家的社会救助、救灾和消防、司法制度、民商事案件执行体制、知识产权保护、反腐败和公务员廉政、志愿服务、慈善事业、反对家庭暴力、禁毒和未成年人、妇女、老年人、残疾人权益保护等方面的立法和法律实施情况。同时,我委邀请并接待了土耳其(两次)、德国、越南、俄罗斯、韩国、伊朗、印尼(两次)、巴基斯坦、缅甸、巴西等10个国家议会相关委员会12个团组来华访问。此外,内司委组成人员积极参加常委会领导率团的全国人大与有关外国议会定期交流机制和多边外交活动。在对外交往中,我委积极、主动向外国议会宣传介绍我国对外政策、改革开放和社会主义现代化建设成就、人民代表大会制度和社会主义民主法治建设情况等,达到了增进友谊、扩大影响、加强合作的目的,发挥了专门委员会在我国人民代表大会与外国议会交流中的应有作用。

(六)加强自身建设,不断提高履职能力

我委始终高度重视自身建设,委员会组成人员认真学习党的十七大及十七届历次全会和十八大精神,增强履职意识、履职能力。按照法律规定和常委会要求,以奋发有为的精神面貌,积极参与常委会的立法、执法检查等工作,深入基层,深入群众,了解民情民意,切实搞好调查研究。按常委会的议程安排,认真准备,踊跃发表审议意见。在委员会机关,按照"政治坚定、业务精通、务实高效、作风过硬、团结协作、勤政廉洁"的要求,积极开展深入学习实践科学发展观和创先争优活动,加强经常性的政治思想教育,按规定招录公务员,配齐充实各室处领导,通过交流轮岗、基层挂职锻炼、党校学习、出国培训等途径,努力提高干部素质能力,改进

工作作风，机关风气发生了可喜变化，学习型机关、和谐机关建设取得明显成效。

本届内务司法委员会在全体组成人员的共同努力下，做了一些工作，取得了一定成绩，但离宪法和法律规定的职责要求和人民群众的期盼，还存在不少差距。有一些列入十一届全国人大常委会五年立法规划的立法项目，本届内司委进行了前期调研或组织了起草工作，还需继续督促有关部门加快立法进程；监督工作的覆盖面还有待进一步扩展，监督实效有待进一步增强；还应为全国人大代表更多地参加内司委的工作提供机会和条件，委员会自身建设有待进一步加强。

二、几点主要体会

回顾总结五年来的工作，最主要的体会有以下几点：

第一，必须坚持正确的政治方向，始终保持清醒头脑

全国人大及其常委会代表人民行使国家权力，是十分重要的政治机关。坚持正确的政治方向，是做好人大工作的根本保证。在人大工作坚持正确的政治方向，最根本的是坚持党的领导、人民当家作主、依法治国的有机统一，核心是坚持党的领导。内司委在重大政治原则问题上，始终保持清醒头脑，始终把委员会的工作置于常委会领导之下，重大问题及时向常委会报告，认真贯彻落实常委会所作出的各项决策，对常委会交办的事项，以向党和人民负责的态度，认真研究，提出建设性意见和建议。充分认识和准确把握我国人民代表大会制度与西方资本主义国家政体的本质区别，在协助常委会行使对“一府两院”监督职权工作中，坚持寓支持于监督之中，着力推动完善依法行政、公正司法的制度建设和群众普遍关注的突出问题的解决，坚持不直接处理问题、不干预司法个案，充分体现人民代表大会制度的特点和优势。

第二，必须坚持服务大局、突出重点，努力提高工作实效

内务司法委员会工作涉及改善民生、依法行政、公正司法等多个方面，与社会主义经济建设、政治建设、文化建设、社会建设和生态文明建设等各方面建设紧密相联。随着人民代表大会制度建设的不断加强和完善，人大工作在国家各项工作中发挥着越来越重要的作用，内务司法委员会的责任也相应地越来越重。在头绪多、任务重的情况下，要增强工作实效，完成宪法和法律所赋予内司委的职责，最关键的一条是必须紧紧服务于党和国家工作大局，按照全国人大及其常委会部署，围绕改革发展稳定中的重大问题和人民群众普遍关心的热点难点问题，选择确定内务司法方面的相关议题，一抓到底，力求抓出实效。比如，2008 年国际金融危机爆发，不仅给我国经济造成严重冲击，也给职工权益保障和维护社会稳定带来新的挑战。面对这种情况，我委经研究认为，越是在困难的时候，越要加强职工权益保障，更好地发挥工人阶级主人翁作用，鼓励和引导劳动关系各方相互合作，共克时艰。为此，我委在前期调研的基础上，向常委会提出对工会法进行执法检查的建议，常委会接受了我委建议，将其作为一项重点工作。在承办常委会开展执法检查中，着力推动带有普遍性突出问题的解决，取得了较好效果。又如，切实保障未成年人、妇女、残疾人、老年人等特殊群体权益，是一项重要的民生工作，社会普遍关注。我委从本届任期开始，即把加强对涉及这些群体权益保障的法律实施情况的监督，作为工作重点，作出统筹安排，协助常委会有计划分步骤地对上述法律开展执法检查、听取专项工作报告，或者开展专项调研、立法后评估等，督促有关机关加强法律实施工作，收到了较好效果。

第三，必须坚持创新思维，不断改进工作方式方法

为推动各项工作的顺利开展，增强工作实效，我委在制度机制创新方面进行了一些有益尝试。一是把加强工作统筹与突出重点紧密相结合。按照宪法和法律所赋予的职责，我委在届初即对五年的工作进行统盘考虑，力求平衡安排有关立法与监督、内务与司法、内务和司法的不同方面的工作，同时，又注意突出重点，不面面俱到。二是以“学习、研讨、交流、沟通”为基本宗旨，强化与地方人大内务司法机构的联系沟通。我委届初即召开座谈会，听取地方人大内务司法机构对我委工作的意见和建议，根据大家的意见和建议，本届内司委通过及时通报工作安排、召开工作座谈会、专题座谈会或研讨会、举办内务司法工作培训班、参加地区交流座谈会等形式，与省（区、市）人大内务司法机构保持密切联系。本届我委共召开人大内务司法工作座谈会 6 次，召开立法或监督专题座谈会 23 次，举办地方人大内务司法工作培训班 4 期，参加区域性地方人大内务司法工作座谈会 7 次。通过多种形式的交流沟通，加强了地方人大内务司法工作与我委工作的衔接，形成上下联动，增强了工作实效，同

时，深化了对人大内务司法工作规律性的认识，在一些重要法律和工作问题上增强了共识，推动了人大内务司法工作上一个新台阶。三是开展立法后评估工作。根据吴邦国委员长关于要把立法后评估作为加强和改进立法工作的一项新举措的要求，我委牵头组织相关部门对残疾人保障法开展了立法后评估工作，通过多种方式和方法，对残疾人保障法主要制度设计的科学性和实施情况进行了比较全面、恰当的评估，为今后进一步完善和加强法律实施工作提供了重要依据。四是重视综合运用不同形式以增强工作实效。我委通过把老年人权益保障法执法检查与老年人权益保障法的修改相结合，把残疾人保障法执法检查与残疾人保障法立法后评估相结合，把调查研究与网上征求意见和问卷调查等方式相结合，增强了工作实效。五是重视制度化机制化建设。坚持边探索边总结，逐步把经过实践证明行之有效的做法制度化、常态化，力求使各项工作做到有章可循，更加规范，更加主动，各个方面各个环节的工作更加协调，相互配合更加默契，以提高工作效率和工作质量。

第四，必须坚持民主集中制，严格依法按程序办事

民主集中制是人民代表大会制度的组织原则，也是人大依法行使职责必须遵循的工作原则。集体讨论问题，集体决定问题，是民主集中制原则在人大运行机制中的具体要求和体现，是人大的基本工作方式。内务司法委员会在依法履行职责过程中，始终坚持民主集中制原则，严格依法按程序办事，充分尊重委员会组成人员的主体地位，不论是审议法律草案，还是听取有关机关工作汇报，或者通过以委员会名义提出的各类报告，都依法召开委员会全体会议或者主任委员办公会议集体讨论，充分发扬民主，集思广益；对每年的工作安排，及时征求委员会组成人员的意见；对各项工作实施进展情况，以各种方式及时向委员会组成人员通报。由于始终坚持民主集中制原则，委员会组成人员依法认真履职，使本届内务司法委员会能够不负人民重托，较好地完成了宪法和法律所赋予的职责。

第五，必须坚持群众路线，深入开展调查研究

人民当家作主是社会主义民主政治的本质和核心。人民代表大会制度是人民当家作主的根本途径和最高实现形式。人大是受人民委托行使国家权力，必须向人民负责，受人民监督，始终与人民群众保持密切联系，这既是人大做好一切工作的根本保证，也是人大的最大优势。我委始终牢记肩负的法定职责和人民的期望，始终把深入基层、深入群众调查研究，作为履行职责的根本途径和基本工作方法。不论是协助常委会开展执法检查或者听取专项工作报告，还是承担法律案起草、前期调研，或者专题调研，都要选择东中西不同类型的省（区、市）进行调研，同时通过委托其他省（区、市）开展执法检查或者邀请部分省（区、市）进行座谈，力求使各方面的意见和建议都能够得到比较全面、充分的反映。据不完全统计，本届我委共组织200余个组次赴地方进行执法检查或者调研，共有本委员会组成人员360多人次参加，全国人大代表190余人次参加。在执法检查或调研中，重视深入基层直接与群众面对面沟通，听取意见和建议。通过上述工作，使内务司法各项工作能够比较切合实际，比较准确反映群众的要求，比较符合群众的意愿。

三、几点工作建议

党的十八大报告提出："要支持和保证人民通过人民代表大会制度行使国家权力。支持人大及其常委会充分发挥国家权力机关作用，依法行使立法、监督、决定、任命等职权。"强调"要把保障和改善民生放在更加突出的位置，加强和创新社会管理"。同时，对人大及其常委会依法履行职责，进一步坚持和完善人民代表大会制度，加快建设社会主义法治国家，进一步深化司法体制改革，提出了新的要求。按照党的十八大精神，结合本届内务司法工作实践，提出几点工作建议。

在立法工作方面，建议进一步加强全国人大常委会对立法工作的组织协调，切实发挥主导作用，争取在完善中国特色社会主义法律体系方面取得更大成效。一是继续推动加快社会救助法、慈善事业法、志愿服务法等法律的立法进程。这些立法项目都是中国特色社会主义法律体系中的重要法律，已列入十一届全国人大常委会五年立法规划，但由于一些原因未能如期完成。社区矫正、违法行为矫治，也急需立法。建议把这些立法项目列入十二届全国人大常委会立法规划，加大工作力度，推动尽快完成立法。二是继续推动加紧修改人民法院组织法、人民检察院组织法、城市居民委员会组织法等法律。这些早期制定的法律，随着改革开放的不断深入，已经不太适应新情况，需要修改完善，建议列入十二届全国人大常委会立法规划。三是继续推动加快配套法规制定工作。有些已经颁布实施但需要制定相应配套法规的法律，如监狱法等，尚

未制定配套法规，影响了实施效果。四是进一步提高民主立法、科学立法水平，扩展群众参与立法渠道。

在监督工作方面，一是建议进一步扩大监督工作覆盖面。在继续关注改善民生、依法行政、公正司法的基础上，建议加强属于内务司法方面但甚少涉及的如行政监察法、公务员法等法律实施情况的监督工作。二是建议进一步强化跟踪监督。按照现行规定，常委会听取和审议专项工作报告和执法检查报告后，要求有关机关在 6 个月内提交整改报告。从实践情况看，6 个月时间太短，建议根据跟踪监督的具体内容，设定适当的整改期限，这样更有利于有关部门进行深入研究和部署，增强监督实效。三是建议进一步丰富监督形式。目前，内务司法监督方面，仍限于执法检查、听取专项工作报告、专项调研等，专题询问等监督形式尚未开展起来。建议下届选择合适的题目开展专题询问。

在自身建设方面，建议继续把加强自身建设摆在重要位置，采取有力措施，进一步增强委员会组成人员的履职意识；继续重视机关队伍建设，进一步提高机关干部的素质能力，改进工作作风，为提高立法质量和监督工作实效提供有力保障。

第十一届全国人民代表大会财政经济委员会五年工作总结

（2012 年 12 月 6 日第十一届全国人民代表大会财政经济委员会第七十二次会议通过）

第十一届全国人大的五年，是我们党和国家有效应对国际金融危机、夺取抗击汶川特大地震等严重自然灾害和灾后恢复重建重大胜利、推进改革开放和经济社会持续健康发展的五年，是我国社会生产力和综合国力显著增强、国际地位和国际影响力显著提高的五年，是中国特色社会主义法律体系正式形成并继续完善的五年。在这五年中，全国人大财政经济委员会（以下称财经委）在全国人大及其常委会领导下，以邓小平理论、“三个代表”重要思想、科学发展观为指导，全面贯彻党的十七大和十八大精神，认真贯彻中央重大决策部署和十一届全国人大历次会议决议，认真履行宪法和法律赋予的职责，紧紧围绕科学发展主题和加快转变经济发展方式主线，扎实推进经济立法和经济工作监督，恪尽职守，团结奋进，顺利完成各项工作任务。

一、主要工作情况

（一）提高质量，努力推进经济立法

五年来，财经委围绕形成和发展中国特色社会主义法律体系的立法工作总目标，扎实开展有关经济法律案的研究、拟订和审议，不断提高立法质量。

1. 为全国人大常委会立法规划和年度计划提出建议。本届初，在上一届财经委提出的立法参考建议基础上，财经委会同国务院有关部门深入研究论证有关经济立法项目的必要性和可行性，就急需的、迫切的、条件比较成熟的立法项目，向全国人大常委会（以下称常委会）提出列入立法规划的经济立法项目建议。此后，从经济社会发展全局和新的现实需要出发，在充分调查论证的基础上，财经委又及时、慎重地向常委会提出新的立法项目建议，其中，住房保障法、证券投资基金法修改、旅游法、特种设备安全法等经济立法项目被常委会补充列入了常委会立法规划或年度立法计划。

2012 年 10 月，财经委召开了有地方、部门和专家学者参加的经济立法工作座谈会，认真研究代表议案所提立法建议，广泛听取有关方面的意见，提出了下一届常委会五年立法规划有关经济立法项目的建议稿，将已经列入本届常委会立法规划但未完成的项目、代表议案提出的和社会各界要求强烈的，以及部门、地方提出的重要经济立法项目列入建议稿，为下一届财经委向常委会提出立法规划中的经济立法项目提供参考。

2. 认真开展法律草案起草工作。根据常委会立法规划和年度立法计划的安排，财经委牵头组织了资产评估法、旅游法、证券投资基金法修改、特种设备安全法、期货法等草案的起草工作。拟订提出了常委会关于修改煤炭法和建筑法个别条款的决定草案，参与了劳动合同法修正案草案的起草。

按照常委会关于立法工作“任务、时间、组织、责任”四落实的要求，财经委对牵头组织起草的各法律草案，成立了由组成人员、国务院有关部门负责同志和专家学者参加的起草组，明确任务，加强责任制，多次召开立法座谈会、研讨会，广泛听取地方、部门、专家学者和社会各方面的意见；针对法律草案中一些重要制度设计，深入开展调研，并赴国

外进行立法考察，反复研究论证，使法律草案既立足于我国国情和实际，又兼顾了国际通行做法；针对法律草案涉及的重大问题和难点问题，财经委和起草组负责同志多次与全国人大有关机构、国务院有关部门负责人进行沟通协调，认真听取有关意见，准确理解各方主张，推动重点和难点问题尽可能达成共识，以较高质量完成了立法任务。截至2012年底，煤炭法和建筑法个别条款修订草案、证券投资基金法修订、劳动合同法修正案已提请常委会审议通过；旅游法、特种设备安全法、资产评估法等草案已提请常委会初次或二次审议。期货法草案稿已基本完成。

3. 切实做好法律草案联系审议工作。根据常委会立法规划和年度立法计划的安排，财经委负责联系审议社会保险法、电信法等16件法律案。按照常委会初审国务院有关法律草案的工作要求，财经委成立了由组成人员负责的联系审议小组，明确分工、提前介入，积极了解有关工作进展，落实联系审议工作。五年来，各联系审议小组参与了起草工作中的重要活动，及时了解和掌握起草进展情况、有关重要问题和分歧意见。财经委完成了常委会交付审议的社会保险法、保险法修改、邮政法修改（2次）、统计法修改、石油天然气管道保护法、个人所得税法修改、车船税法、预算法修改、商标法修改等法律案的审议工作，向常委会报送了审议意见，除预算法修订草案外，各法律案已经常委会审议通过。

4. 积极调查研究推动有关立法。对于在办理议案、执法检查和专题调研中有关方面提出的立法要求，财经委积极开展研究论证工作。在承担常委会劳动合同法执法检查工作中，财经委对检查中发现的、各方反应强烈的问题进行了认真研究，向常委会提出适时修改劳动合同法有关条款的建议。财经委根据代表议案建议和有关部门意见，研究论证了军民融合、航天、电子商务、融资租赁、海洋经济等领域立法的必要性和可行性，积极开展了调查研究。向常委会报送了关于组织起草军民融合促进法并补充列入常委会立法规划的请示。同时，财经委按照常委会工作要求，认真做好财经类法律配套法规制定的联系督促工作。还根据常委会关于加强对新增立法项目进行前期论证的要求，参加了常委会法制工作委员会（以下称法工委）组织的航道法立项前期论证工作。

（二）突出重点，认真开展经济工作监督

依照法律规定，财经委对2008至2012年各年度计划报告及计划草案、国民经济和社会发展第十二个五年规划纲要草案进行了审查，开展了“十一五规划”中期评估工作；在常委会预算工作委员会（以下称预算工委）的协助下对2008至2012年各年度预算报告及预算草案进行了审查，结合审计工作报告对2007至2011年各年度中央决算进行审查，分别向代表大会和常委会提交了各项审查结果报告。

1. 对年度计划报告和计划草案进行审查。财经委在代表大会召开前一个月，对年度计划报告和计划草案进行初步审查，审查的重点包括上一年度计划执行情况及存在的主要问题，下一年度宏观调控主要预期目标制定的依据，目标是否科学合理、彼此间是否协调、与五年规划是否相衔接，财政政策、货币政策等宏观经济政策取向是否合适，主要工作措施和重大任务安排是否可行等，根据审查意见，形成简报上报常委会。在代表大会召开期间，财经委会同其他专门委员会对计划报告和计划草案作进一步审查，并结合各代表团的审议意见，向大会主席团提出计划审查结果报告。

2. 配合常委会做好“十一五”规划中期评估工作，对“十二五”规划纲要草案进行审查。常委会听取审议国务院关于“十一五”规划纲要实施情况的中期评估报告，是常委会首次开展国家五年规划中期评估工作。为此，财经委组织开展专项调研，召开部分省（区、市）人大财经委座谈会进行专题研究，并分赴部分地区进行实地调研，还委托有关机构对节能减排工作进行专项评估。在此基础上，提出了财经委评估报告，充分肯定规划实施的成绩，深入分析存在的突出问题，提出了推动“十一五”规划顺利实施的意见和建议。

为做好“十二五”规划纲要草案审查工作，根据财经委提出的工作建议和常委会总体安排，由财经委牵头，会同有关专门委员会和预算工委，提前就若干重大问题组织开展专题调研，完成了国民收入分配、经济结构调整、促进就业、完善社会保障、编制民生（福祉）指数等专题调研任务，形成五个专题调研报告上报常委会。财经委在对“十二五”规划纲要草案初步审查时，重点就五年规划目标、重大工作任务等提出意见建议，并与国务院有关部门沟通协调。在代表大会期间，结合其他专门委员会和各代表团意见对“十二五”规划纲要草案作进一步审查，形成审查结果报告报大会主席团。

3. 对预算报告、预算草案和中央决算进行审查。在预算工委的协助下，财经委对年度预算报告和预算草案进行审查，结合审计工作报告对上一年度中央决算进行审查，形成审查结果报告上报代表大会或常委会。预算审查的重点包括财政赤字和国债发行是否合理，国家对农业、科技、教育、社会保障、卫生等重点领域支出安排是否恰当，预算超收收入规模、使用方向是否合理，中央财政转移支付资金的分配和使用是否公平、规范和高效，部门预算制度是否建立和规范，以及财税体制改革等问题。在预决算审查监督工作中，连续多年提出实行结构性减税、增强预算的完整性和公开性等要求，推动相关工作取得了明显进展。

4. 按季度召开经济形势分析会。财经委采取召开全体会议形式，请发改委、财政部、商务部、人民银行、统计局等有关部门汇报当前经济运行情况和下一步工作安排，对经济形势进行深入分析讨论并提出意见和建议，形成专题报告报常委会。会议内容各有侧重：一季度选择若干问题重点研究，二季度全面分析经济走势并对下半年经济工作提出建议，三季度对全年经济运行情况进行预测并对下年度经济工作安排提出意见建议，四季度结合全年计划、预算执行情况对下年计划、预算安排进行讨论。会议邀请常委会领导同志、其他专门委员会和地方人大财经委负责同志出席。

（三）讲求实效，扎实做好执法检查工作

财经委组织承担了常委会安排的劳动合同法（两次）、台湾同胞投资保护法、节约能源法执法检查具体工作。为使检查取得实效，财经委在赴地方检查前，首先做好准备工作，召开人大代表、有关部门、单位和专家学者座谈会，开展前期调研，分析法律实施情况和存在问题，明确执法检查的重点和方式方法，提出工作方案。在检查过程中，注重深入基层，深入群众，抓重点，解剖典型事例，了解真实情况，并针对法律实施中存在的问题，明确提出建议和要求，形成检查报告。通过执法检查，在严格依法规范劳务派遣用工、推进集体协商和集体合同签订工作、强化劳动保障监察和加强劳动争议处理，健全台湾同胞权益保障工作体制、推动两岸经济关系正常化和机制化、引导台商加强自我管理，发挥科技创新对节能的引领支撑作用，加强建筑节能工作、提高建筑用能效率、健全节能配套法规政策和标准、建立节能长效机制等方面提出了意见建议，推动了有关问题的解决。执法检查后，注意做好跟踪督查工作，就执法检查报告所提意见和常委会组成人员审议意见的落实情况，与有关部门进行沟通，督促整改，有力地促进了法律的贯彻实施，解决了人民群众关心的重点难点问题，推动了有关法律的修改和完善。

（四）做好代表议案和建议的办理工作

1. 办理代表议案。财经委共办理十一届全国人大会议主席团交付审议的653件代表议案。在议案办理过程中，认真调查研究，加强与议案承办单位的沟通、协调和督办。通过向领衔代表发函征求意见或当面交换意见、电话沟通等方式，认真听取代表的意见，注重提高办理质量，力求使代表满意。议案审议结果的报告经财经委全体会议审议通过后，提请常委会审议通过。具体办理情况是：19件议案提出的12个立法项目已提请常委会审议，其中，保险法修改、劳动合同法、社会保险法、就业促进法、个人所得税法修正案经常委会审议通过；6件议案提出的6项执法检查建议，劳动合同法执法检查已经实施；143件议案提出的47（件次）立法项目已列入常委会立法规划或年度立法计划；144件议案提出的76（件次）立法项目，建议有关部门加快立法调研论证工作，争取列入常委会立法规划或年度立法计划；340件议案提出的244（件次）立法项目，建议通过现行法律法规的贯彻实施，制定和修改有关法律、行政法规等解决议案所提问题；1件议案提出对信托法开展立法后评估，建议待条件具备时统筹安排。

2. 承办和督办代表建议。财经委直接承办并答复的代表建议有36件。建议分为两个方面：一是对全国人大和国务院的有关工作提出改进建议。如建议规范国内股权投资基金市场，完善劳务派遣制度，加强对地方政府债务管理、采取有效措施落实教育投入占GDP4%的硬指标等；二是要求制定融资租赁法、企业并购法、个人破产法、海洋经济法等法律的建议。其中，13件为常委会督办的重点建议，包括深化资源税改革、加强金融消费者权益保护、调整和优化产业结构、应对金融危机、建立完善县级财力保障机制、加强企业自主创新等。财经委对各建议逐件提出具体办理方案，落实办理任务；督促有关部门采取措施，提出答复意见；对一些涉及面广、问题比较复杂的立法建议，邀请有关代表参加专题调研论证，了解实际情况，提出相关对策建议。对此，代表普遍表示满意。对重点督办的建议，财经委加强与具体承办部门的联系，督促其尽快研究解决代表提出的问题。还制定了重点建议的督办实施方案，明确督办的关键在于抓落实。重点建议的落实要与常委会和国务院的工作安排相结合，在工作中推进，在改进中解决。

3. 改进和加强代表工作，为代表知情知政提供服务。为更好发挥代表作用，财经委在起草和审议法律草案、立法调研、执法检查、代表议案建议办理工作过程中，都邀请全国人大代表参加相关活动，直接听取和吸收代表意见和建议。财经委还通过常委会办公厅将国民经济有关信息资料和关于经济形势分析情况的简报提供给全国人大代表参阅，帮助代表了解国民经济运行情况。

（五）积极开展专题调研工作

1. 配合常委会听取和审议国务院专项工作报告进行调研。财经委开展了抗击低温雨雪冰冻灾害和灾后重建工作、四川汶川特大地震抗震救灾及灾后恢复重建工作、加强金融宏观调控、“十一五”规划纲要实施情况的中期评估、稳定物价、转方式调结构、政府部分重大公共投资项目及其实施情况、促进中小企业发展、促进就业和再就业、加快发展服务业、技术改造和科技创新、保障性住房建设、加快转变经济发展方式、旅游业发展、县级财力保障机制、国有企业改革与发展等17项专题调研工作，提出调研报告作为常委会会议参阅文件。在常委会听取审议专项工作报告后，财经委就国务院有关部门落实常委会审议意见进行整改情况开展跟踪督查工作。

2. 按照常委会工作要求开展专题调研。财经委对国民经济和社会发展第十二个五年规划纲要编制工作若干重大问题、合理调整收入分配关系问题进行了专题调研；与预算工委共同开展了防范地方政府债务风险、加快建立完善县级基本财力保障机制专题调研。

3. 结合工作需要开展专题调研和课题研究。财经委抓住经济工作中的热点、难点和重点问题以及与人民群众利益密切相关的问题，开展了加工贸易转型升级、调整国民收入分配、海关税收征管情况、军民融合发展战略、金融产业可持续发展与金融安全、农村金融问题、国外主权债务危机及对我国影响、私募股权投资基金、加强外汇储备管理、扩大就业、促进保险业健康发展、建立我国巨灾保险制度、提高社会保险统筹层次、核废料处理和核安全保障、城镇化和统筹城乡发展、城乡社会保障制度建设、技术改造和科技创新跟踪调研、海洋经济发展、海南岛离岛免税问题后续处理工作、促进煤炭清洁生产与高效利用、转变外贸发展方式、民生指数指标体系、电子商务发展、做实个人账户完善养老保险制度模式、完善药品价格制度、生态工程占地农民失地补偿等26个方面的调研或课题研究工作，向常委会提交了专题调研报告。

（六）配合常委会认真开展专题询问和跟踪督查工作

1. 常委会听取审议国务院关于2010年中央决算报告、关于保障性住房建设情况的报告、关于国有企业改革与发展情况的报告时开展了专题询问。财经委与常委会办公厅和预算工委加强工作配合，收集整理相关材料，征求常委会组成人员和财经委组成人员意见，研究提出专题询问工作方案及专题询问参考题目，按照常委会要求做好相关工作。

2. 按照法律规定，财经委就常委会听取审议计划、预算执行情况报告和国务院有关经济方面的专项工作报告提出的审议意见研究落实情况，进行了跟踪督查，督促有关部门认真加以落实，切实改进工作。对有关部门反馈研究落实常委会审议意见的情况报告提出了书面意见报常委会。

（七）开展对外交流，做好外事工作

在常委会统一部署下，财经委积极、主动开展议会交往与对外合作。组成人员48人次分别陪同吴邦国委员长、有关副委员长以及参加全国人大其他代表团出访考察；组成10个代表团，先后应邀赴美国、加拿大、西班牙、爱沙尼亚、澳大利亚、新西兰、利比亚、阿尔及利亚、摩洛哥、越南、菲律宾、古巴、阿根廷、柬埔寨、老挝、印度尼西亚、马尔代夫、法国、意大利、波兰、南非、纳米比亚、肯尼亚等国进行了正式友好访问。5次组团出席了贝加尔国际经济论坛和远东国际经济论坛。邀请接待了外国议会对口专门委员会29个代表团访华。组成人员会见了74批来访的外国议会或其他代表团。组织了旅游法、特种设备安全法、残疾人社会保障立法等5个立法考察团赴10国进行考察。利用中法研讨会机制性交流项目，与全国人大农委联合主办了第十二届中法国有企业改革与农业问题研讨会，与法国经社理事会就国有企业管理、能源、金融安全、农业等议题进行交流。

（八）加强与地方人大工作联系，搞好自身建设

财经委和预算工委共同组织召开两次全国人大财经工作座谈会。财经委组成人员出席了20余次地方人大财经工作座谈会。财经委负责人在京先后与20多个省（区、市）人大财经委和预算工委负责同志就人大财经工作进行了交流。财经委在组织法律草案起草、立法研讨、专题调研等活动中，注重吸收地方人大财经委负责同志参加，听取意见。分批邀请各省（区、市）人大财经委负责人出席经济形势分析会。召开部分省（区、市）人大财经委经济工作监督情况座谈会。举办各省（区、市）人大

财经委经济立法研讨培训班和新疆、西藏人大财经干部培训班（各四期）。建立完善全国人大财经委和地方人大财经委、预算工委办事机构工作交流机制。安排地方人大财经委工作人员的挂职锻炼。

财经委注重加强自身建设，坚持抓好政治理论学习和业务学习，坚持委员会会议制度和重大事项集体讨论决定的制度。加强办事机构思想建设、组织建设和作风建设，严格要求，强化管理，调整充实了干部队伍，着力提高办事机构干部队伍素质，提高工作效率、工作水平和服务质量。

二、主要体会

回顾五年来的人大财经工作实践，主要有以下体会。

（一）坚持服务大局，认真贯彻落实党和国家重大决策部署，是做好人大财经工作的根本保证

在人大财经工作中，坚持服从服务于党和国家工作大局，从人大财经工作定位和特点出发，积极支持和推动中央宏观调控政策的顺利实施，统筹做好立法、监督各项工作。

努力推进中国特色社会主义法律体系形成和发展。党的十五大和十六大都提出到 2010 年形成中国特色社会主义法律体系的目标。按照这个总目标的要求，在上届财经委工作基础上，深入调研，广泛征求各方面对财经立法的意见和建议，向常委会提出了五年经济立法项目的建议。五年来，坚持从中国国情和实际出发，从适应改革开放和社会主义现代化建设需要出发，抓紧制定在法律体系中起支架作用的法律，及时修改与经济社会发展不相适应的法律。企业国有资产法作为一部重要法律，上届财经委已提请常委会对草案进行了初审，本届财经委围绕法律适用范围、完善国有资产监督管理体制、实现保值增值、国有资本经营预算、国有企业职工民主管理等重大问题，加强与有关部门协调论证，配合常委会完成了相关审议工作。对需要修改完善的保险法、邮政法、统计法等重要法律，提前介入，加强联系沟通，加快工作进度，提出审议意见，积极推动了法律修订工作。现行预算法自 1994 年颁布以来，对规范我国预算管理发挥了重要作用，但有些内容已经不适应现实需要，国务院向常委会提出修订草案议案后，财经委在预算工委协助下，抓紧召开全体会议，提出了审议意见。

积极支持应对国际金融危机一系列政策措施。为应对国际金融危机冲击，中央出台了保增长扩内需调结构的“一揽子计划”，财经委及时召开全体会议，认真研究并提出意见和建议。与预算工委一起向委员长会议建议：2008 年中央新增投资从当年中央预算超收收入中列支，并依法向常委会报告；在 2009 年中央预算批准前，预拨一定比例的资金，保证重点建设项目资金需要。在中央政府公共投资计划实施过程中，为配合常委会做好听取审议国务院关于中央政府重大公共投资及其实施情况的报告，组织开展了专题调研，连续 3 年对中央政府公共投资用于保障性住房建设项目以及技术改造和科技创新项目的实施情况进行跟踪监督，为推动中央政府投资计划的有效实施发挥了积极作用。

扎实推动发展方式转变和经济结构调整。财经委始终把推动经济发展方式加快转变作为深入贯彻科学发展观的实际行动，综合运用计划预算审查监督、季度经济形势分析会和专题调研等方式和途径，督促有关方面在转方式、调结构上加大工作力度，推进工作进展。先后组织开展了关于转变发展方式调整经济结构、加快发展服务业、转变外贸发展方式、促进旅游业发展等专题调研，提出要正确处理保增长与调结构的关系、把经济结构战略性调整作为加快转变经济发展方式的主攻方向、把推动服务业大发展作为产业结构优化升级的重点、构建有利于科学发展和转变发展方式的体制机制以及加快发展旅游业、推进加工贸易转型升级等意见和建议。为推动转方式调结构深入发展，先后到上海、四川等地进行专题调研，重点总结分析其推进转方式调结构的经验和做法，提出意见和建议。国务院有关部门对财经委的调研报告高度重视，认真加以研究落实。

（二）坚持以人为本，努力维护和实现广大人民群众根本利益，是做好人大财经工作的内在要求

财经委依法进行的每一项工作，都直接关系到人民群众的利益，只有对人民负责，受人民监督，努力维护和实现广大人民群众的根本利益，人大财经工作才能保持旺盛的生命力。财经委坚持以人为本，正确反映和统筹兼顾不同方面群众的利益，把立法和监督有机结合起来，在推动改进工作的同时注重制定和完善法律，在加强立法的同时注重强化执法检查和工作监督，认真督促有关方面及时解决人民群众最关心、最直接、最现实的利益问题，把保障和改善民生工作落到实处。

推进经济立法保障和维护人民群众根本利益。建立健全社会保险法律制度，解决职工后顾之忧，是一件关系亿万群众切身利益的大事，在社会保险

法草案的联系审议工作中，坚持提前介入，对社会保险基金收支、管理和投资运营监督、管住用好社会保险基金等重大问题进行深入调研论证，提出审议意见，配合常委会完成了相关审议工作。个人所得税法的修改，涉及工薪阶层的现实利益，国务院向常委会提出个人所得税法修正案草案后，财经委及时对草案进行了审议，对上调工薪所得月减除费用标准、调整工薪所得的税率级次级距、个人所得税制改革方案等问题提出了意见。修改后的个人所得税法，减轻了中低工薪收入者的纳税负担，加强了对高收入者的税收征管，有利于发挥调节收入分配的功能，为维护人民群众利益提供了较好的法制保障。

强化监督推动有关部门加大保障和改善民生工作力度。常委会十分重视维护劳动者的合法权益，先后两次组织劳动合同法执法检查，财经委承担了具体组织工作。2008 年是劳动合同法开始实施的第一年。当时受国际金融危机影响，我国经济下行压力加大，企业经营困难加剧，贯彻实施劳动合同法面临一些新的情况和问题。为此，财经委在执法检查的基础上，又组织到有关省（市）进行专题补充调研。针对法律实施中存在的突出问题，在执法检查报告中特别提出：越是困难，越要重视保护劳动者的合法权益和企业的生存发展，越要重视解决拖欠职工工资问题；千方百计稳定现有就业岗位，确保就业形势基本稳定等意见。国务院有关部门认真研究落实，出台了应对当前经济形势稳定劳动关系的一系列政策措施，在保持经济平稳较快增长的基础上，有力维护了劳动者合法权益。2011 年再次执法检查后，针对滥用劳务派遣问题，财经委与有关单位共同研究，提出修改劳动合同法的议案，建议进一步细化劳务派遣适用范围，加强对派遣单位和用工单位的监督管理，切实保障劳务派遣人员劳动报酬、社保待遇等合法权益。

加强调研推动解决民生领域突出矛盾和重大问题。保障和改善民生是贯彻落实科学发展观的内在要求，也是发展经济的最终目的。收入分配不合理是社会和人民群众关注的热点问题，合理调整国民收入分配是保障和改善民生的关键，财经委连续 3 年开展专题调研和课题研究，建议国务院尽快制定国民收入分配总体改革方案，并就提高居民收入在国民收入分配中的比重和劳动报酬在初次分配中的比重等重大问题提出了具体意见。保障性住房建设事关人民群众切身利益，是一项涉及经济社会发展全局的重大民生工程。财经委和预算工委从 2009 年起连续 3 年开展专题调研，提出要立足国情和实际，合理确定保障性住房的范围、方式和标准，保证工程质量，真正使低收入住房困难户得到实惠等意见和建议；同时，配合常委会开展专题询问，推动国务院及其有关部门改进工作。

（三）增强监督实效，促进经济又好又快发展，是做好人大财经工作的重中之重

增强实效是做好人大经济工作监督的关键。在计划、预算审查监督工作中，财经委抓住发展中的突出问题和影响未来发展的关键因素，从推动解决实际问题、建立长效机制的角度多做工作，督促整改，使工作更具针对性、更有深度、更有成效。国务院及有关部门十分重视财经委的意见和建议，做了大量改进工作，有些突出问题得到了解决。

加强和改进计划审查工作。财经委坚持提前介入，在计划报告和计划草案上报前，事先与发改委就计划安排的原则、依据、主要指标和重大任务安排等进行沟通，提出意见和建议，供中央决策参考。根据近年来计划审查工作情况，财经委提出要改进计划报告的写法，避免计划报告与政府工作报告重复，年度计划应与五年规划相衔接，计划执行情况应与上年度人大批准的计划相呼应，对计划执行中的突出问题要深入分析原因并提出有针对性的政策措施，对人大代表、常委会和财经委组成人员以及社会各界普遍关注的热点问题应作重点回应等。发改委针对这些意见和建议，不断改进、完善计划报告和计划草案，并推动年度计划顺利实施。

加大预算审查监督力度。为推动财政部门提出人大代表能够看明白的预算报告和预算草案，财经委和预算工委就改进预算报告的写法和预算草案的编制，与财政部多次交换意见，要求预算报告重点报告上年预算执行结果和成效，当年预算安排和预期目标，实施积极财政政策的主要内容，分项、逐类报告主要支出项目安排及执行情况，重点说明民生、“三农”、社保等重点支出情况，报告落实人大预算决议情况和超收收入使用、土地出让收支等社会普遍关注的问题。为推动改进预算编制，增强预算编制的科学性和完整性，在每年预算审查结果报告中都提出一些带有时限要求的意见，如编制 2009 年预算时将重点支出编列到“款”，2010 年向全国人大提交地方政府性基金收支预算、中央国有资本经营预算，2010 年试编社会保险基金预算，2011 年地方试编国有资本经营预算，2011 年实现将非税收入纳入预算管理等。财政部对这些意见非常重视，大部分都得到较好落实。

跟踪分析经济形势。为开好经济形势分析会，

财经委加强会前调研和准备工作，召开有部分委员参加的座谈会，听取有关部门负责同志和专家学者的意见建议，经分析和讨论，形成初步分析意见供组成人员参考。在分析会上，财经委组成人员认真准备，积极发言，针对经济运行中的突出矛盾和问题，说真话，讲诤言，充分发表意见。会后形成报告和纪要，将组成人员意见原汁原味上报委员长会议，同时反馈国务院有关部门，受到常委会和国务院有关领导同志的高度重视，有力推动了有关部门的工作。经济形势分析会已经成为财经委的一张"名片"，成为财经委和其他有关专门委员会与国务院有关部门定期沟通的重要渠道，在督促和推动有关部门改进工作方面发挥了积极作用。

（四）严格依法按程序办事，坚持民主集中制，是做好人大财经工作的制度保证

宪法和有关法律对人大财经工作做了明确规定，依法履行职责是对人大财经工作的基本要求。民主集中制既是人大财经工作的重要组织原则和工作原则，也是人大财经工作的重要制度保证。人大的运作方式既不同于党委，也不同于"一府两院"，更不同于其他企事业单位，既不是首长负责制也不是分工负责制，而是由全体组成人员通过会议形式，集体决定问题，集体行使职权。只有严格依法按程序办事，充分发扬民主，加强联系沟通，才能更好地发挥财经委的作用。

严格依法按程序办事。在人大与"一府两院"关系中，财经委与政府有关部门的联系比较广泛。要处理好财经委与政府有关部门之间的关系，必须严格依照法律规定开展监督工作，做到既不失职、又不越权，实现监督与支持的统一。在监督工作中，财经委严格遵循法律规定的方式、步骤、时限和顺序，主动加强与政府有关部门的工作协调和配合，相互通报年度工作计划，特别是就财经委年度立法、监督工作计划中的重点内容征求和听取意见，同时对部门的工作提出意见和建议，共同推动各项工作。

按照民主集中制原则开展工作。财经委不断完善工作制度，坚持开好财经委全体会议和主任委员办公会议，对列入议程的议题，都坚持民主审议、平等讨论、集体决定，切实尊重每一位组成人员的民主权利，充分听取组成人员的意见特别是不同意见，发挥每位组成人员的积极性和主动性。在各法律草案、议案、专项工作报告的审议和计划、预决算审查以及经济形势分析会上，组成人员畅所欲言、充分发表意见，最后按照多数人意见进行汇总，形成财经委意见。

加强工作配合和联系沟通。做好财经委与各有关单位的联系沟通工作，有利于提高工作效率，加快工作进度，提高工作质量和水平。财经委注意在人大内部与法律委、法工委、预算工委以及各专门委员会加强工作的配合，主动征求意见，协调有关问题的研究处理，力求在重要问题上达成共识。同时，注意与国务院有关部门和其他单位的沟通，主动走访进行工作交流，交换意见，共同研究有关问题的解决。财经委还注意与地方人大财经委和预算工委的工作联系，互相支持开展工作。实践证明，这些做法取得了良好效果。

（五）坚持调查研究，着力推动解决实际问题，是做好人大财经工作的基本方法

人大财经工作涉及面宽，遇到的经济和法律问题比较复杂，要履行好职责，提高工作质量和水平，必须深入实际，搞好调查研究，掌握新情况，发现新问题，这样才能有的放矢，提出切合实际的意见和建议。财经委根据常委会工作安排，同时结合实际工作需要，对经济社会发展中的一些综合性、前瞻性的问题和热点、难点问题，开展深入细致的调查研究。力求站得高一点，看得远一点，想得深一点，把握得准一点，讲得实一点，提出有分量的意见和建议，积极推动有关方面改进工作，解决实际问题。

抓住重点和苗头性问题进行调研。财经委紧紧围绕科学发展主题、加快转变经济发展方式主线，配合常委会听取和审议国务院关于转变经济发展方式调整经济结构、加强金融调控、国有企业改革与发展等专项工作报告，深入开展专题调研。在转变发展方式调整经济结构调研报告中提出要加强宏观调控，把应对危机、克服当前困难与实现可持续发展有机结合起来，更加注重结构调整，适时将宏观经济政策重点从"保增长"转向"调结构"，建立结构调整的长效机制，加强自主创新能力建设，促进产业优化升级。常委会组成人员普遍认为，财经委的调研报告有观点、有论据、有分析，比较中肯，在常委会审议中发挥了积极作用。财经委与预算工委组织开展了防范地方政府债务风险专题调研，针对地方政府性债务规模较大且增长较快等问题，提出抓紧清理地方政府融资平台公司，逐步化解地方政府性债务风险等意见建议。国务院及有关部门高度重视，于 2010 年部署开展地方政府性债务专项审计，并采取有效措施，防范化解风险。2011 年国务院向常委会汇报了专项审计情况，提出了进一步防范和化解地方政府性债务风险的政策措施。

发挥组成人员特长和优势开展调研。财经委人才荟萃、知识密集，不少委员是专家学者，很多委员是长期主管一方的党政领导干部，有扎实的理论功底和丰富的实践经验。财经委充分发挥这一优势，就南水北调中线工程（河南段）建设情况、煤炭清洁生产与高效利用、加工贸易转型升级、军民融合发展战略、农村金融、电子商务、民生指数指标体系、提高社会保险统筹层次、完善养老保险制度模式等重大问题进行专题调研和课题研究，提出有针对性的意见和建议，形成报告上报常委会，经常委会主要领导同志批转国务院，供有关方面决策参考。

通过调研推动解决实际问题。调研作为人大财经工作的基本工作方法和手段，其目的在于推动解决实际问题。财经委通过执法检查前期调研，努力了解真实情况，抓住法律实施中的关键问题，有针对性地提出意见和建议，推动法律的贯彻实施和修改完善。为加强技术改造、推动科技创新，财经委连续3年组织专题调研，提出把技术改造和科技创新作为转方式调结构的主要抓手和着力点等意见和建议。有关方面认真研究落实调研意见，增加技改投入，完善政策措施，加强技术改造和科技创新工作的社会氛围明显改善。为促进中小企业发展，财经委提出要改进中小企业划型标准，优惠政策要更多向小微企业倾斜，重点解决小微企业融资难，加大减税减负力度等意见和建议。国务院召开常务会议专门研究促进中小企业发展问题，出台了中小企业划型标准，明确了进一步支持小微企业健康发展的一系列政策措施，并要求各地区、各有关部门结合实际，研究制定配套政策措施，创造有利于小微企业发展的良好环境。

在工作实践中，我们深感在有些方面还需要进一步加强和提高。如立法工作的组织协调有待加强，与有关方面的联系沟通应形成制度；经济监督工作的针对性和实效性尚需提高，监督的方式方法有待进一步完善，要更加注重关系群众切身利益和重大经济问题的跟踪监督，推动解决实际问题；专题调研工作有待进一步深化，应更加注重深入基层，直接面对人民群众进行调研，充分反映民意，凝聚民智。

三、今后工作建议

党的十八大对今后一个时期的人大工作提出了明确要求。全面认真地贯彻落实十八大精神，是做好人大财经工作的首要任务和重要保证。

（一）在完善中国特色社会主义法律体系上取得新进展

中国特色社会主义法律体系形成后，应根据经济社会发展和社会主义民主法制建设的客观要求，继续加强经济立法、特别是重点领域立法工作。一是配合做好常委会审议预算法修正案、旅游法、特种设备安全法、资产评估法等法律草案的后续相关工作。二是对拟列入十二届常委会立法规划和工作计划的住房保障法、能源法、商标法（修改）、注册会计师法（修改）、广告法（修改）、电信法、税收征管法（修改）等法律草案，继续做好联系审议工作。三是在开展执法检查、经济工作监督、专题调研中，要深入分析现行法律与经济社会发展不适应不完善的问题，加强与有关方面的协调配合，及时推动修改完善相关法律。四是着眼于推动中国特色社会主义法律体系的与时俱进和发展完善，按照立法法等法律规定，就宏观调控、未立法的单项税法、资本市场、诚信与征信等方面有关重要法律的制定，认真研究论证，提出立法建议，并积极承担有关法律草案起草工作。五是继续做好军民融合、航天、电子商务、海洋经济等立法调研论证工作，提出列入常委会立法规划的建议。在法律草案起草和审议过程中，应进一步加强组织协调工作。

（二）在增强经济工作监督方面取得新成效

加快转变经济发展方式，深化改革开放，努力改善民生，对财经委经济工作监督提出了更高要求。一是认真做好国民经济和社会发展计划审查和监督工作。牢牢把握科学发展的主题和加快转变经济发展方式的主线，着眼于提高计划的科学性和执行的有效性，加强对经济走势的分析，就加强和改善宏观调控、推进重点领域改革、推进节能减排、加强“三农”工作、保障和改善民生等重大问题，及时提出有针对性的意见和建议。二是加强与预算工委的协调配合，进一步做好预算审查监督工作。着眼于加强对政府全口径预算决算的审查和监督，提高预算编制的科学性和执行的严肃性，严格预算约束，强化预算监督，在预算决算审查和监督中提出不断改进工作的具体意见和要求。推动制定有利于转变发展方式的财税政策，加强财政绩效管理，解决若干关系经济社会发展全局的重大问题。三是根据人大代表和社会各界的强烈要求，建议全国人民代表大会恢复听取预算报告。

（三）在加强自身建设提高履职能力上取得新进步

近年来，财经委起草和联系审议的法律草案、办理代表议案和建议、承担的专题调研任务等项工作在常委会工作任务中均占有较大比重。随着经济社会发展和民主法制建设的推进,人大财经工作任务将会更加繁重。做好今后工作,需要切实加强自身建设。一是建议进一步加强财经委组织机构和干部队伍建设,充实一批年富力强、具有良好素养的领导干部和熟悉法律、经济业务的专家,提高组成人员专业化、专职化程度;同时,配强配好相应的办事机构干部队伍,发挥好集体参谋助手和服务保障作用。二是加强工作制度建设,依法制定和完善各项工作规程,不断提高审查审议工作水平。三是进一步加强调查研究工作,对调研内容认真研究论证,进一步提高调研报告质量。四是密切与办公厅、各专门委员会、预算工委、法工委的协调配合,理顺人大内部工作关系。五是积极探索有效形式,加强与中央有关部门、地方人大的工作联系,协调配合开展工作。

第十一届全国人民代表大会教育科学文化卫生委员会五年工作总结

(2013年2月1日第十一届全国人民代表大会教育科学文化卫生委员会第四十六次会议通过)

第十一届全国人大教科文卫委员会(以下称教科文卫委)在全国人大及其常委会的领导下,坚持以邓小平理论、“三个代表”重要思想、科学发展观为指导,全面贯彻落实党的十七大、十八大精神,围绕党和国家工作大局,围绕实现形成中国特色社会主义法律体系这一重要目标,认真履行宪法和法律赋予的职责,积极推进教科文卫领域法制建设和事业发展,较好地完成了各项工作任务。

本届主要工作

一、围绕实现形成中国特色社会主义法律体系目标,努力推进教科文卫领域立法工作进程

本届全国人大常委会审议并通过了专利法(修正)、防震减灾法(修订)、著作权法(修正)、食品安全法、非物质文化遗产法、职业病防治法(修订)和精神卫生法。

(一)*制定食品安全法,着力解决重要的民生问题和社会关注的热点问题。*围绕制定食品安全法,教科文卫委认真研究了上一届常委会组成人员对食品安全法(草案)的审议意见,分析了社会各方面对法律草案的意见,着重对食品安全监管体制、行政许可、企业责任等重点难点问题进行了调研论证,形成进一步修改完善法律草案的基本思路;邀请部分全国人大代表参加调研组,多次赴地方进行立法调研,听取基层意见;与法律委、法工委联合召开座谈会,听取国务院有关部门、食品卫生专家,以及食品加工、销售企业负责人对法律草案的意见。在此基础上,向常委会提出了进一步修改完善法律草案的审议意见。食品安全法颁布实施后,为进一步督促落实关于“由地方制定食品小作坊、小摊贩管理办法”的法律规定,在深入调查研究的基础上,2010年12月,教科文卫委专门召开了“食品安全地方立法研讨会”,对食品小作坊、小摊贩管理立法的思路和重点提出了指导性意见,促进了地方立法进程。

(二)*修改防震减灾法和专利法,体现科学发展、以人为本的重要理念。*在修订防震减灾法过程中,恰逢发生汶川特大地震,根据常委会领导同志的指示精神,教科文卫委会同法律委、法工委组成联合调研组赴四川地震重灾区进行实地调研,并组织考察了国家地震灾害紧急救援训练基地。结合地震及防震减灾工作带来的教训和启示,与国务院有关部门及时对修订草案进行了全面梳理,并对建设工程抗震设计规范的制定和实施监督、切实加强学校和医院的抗震设防要求、进一步依靠科学技术开展防震减灾工作等向常委会提出审议意见。2011年7月,教科文卫委与中国地震局联合召开“全国贯彻实施防震减灾法座谈会”,全面了解修订后的防震减灾法实施情况和地方立法情况,同时也为地方人大和地震局搭建了增加了解、相互借鉴的平台,有力地促进了地方人大和地震部门的工作沟通。

在修改专利法过程中,教科文卫委抓住立法关键问题深入开展调查研究,提出的关于发明创造定义、

专利权评价报告、侵犯专利权赔偿等方面建议，大都被吸收到法律文本中，为审议法律草案打下较好基础。

（三）制定非物质文化遗产法和修改著作权法，加强文化领域立法。教科文卫委在修改著作权法和制定非物质文化遗产法的过程中，提前介入，准备充分，基础扎实。在立法前期调研论证阶段，就与国务院有关部门保持密切的工作联系，积极参与法律草案起草工作全过程。除听取有关部门、专家学者和非物质文化遗产传承人的意见和建议外，还针对立法重点和难点问题开展专项立法研究，做到心中有数，努力把问题解决在提请审议之前，为常委会顺利审议并通过法律草案打下了良好的基础。

（四）修订职业病防治法和制定精神卫生法，维护人民群众的健康权益。

根据社会各方面对立法中争议比较大的一些重点和难点问题，教科文卫委深入到基层精神病医院、矿区实地了解情况，充分听取有关专家、医护人员和职业病患者的意见。针对规范和保障精神卫生工作，维护公众健康权益，既要保证患者得到有效治疗，又要防止发生“被精神病”等方面问题，与国务院有关部门反复沟通，慎重推敲，并向常委会提出进一步修改完善法律草案的审议意见和建议。通过扎实有效工作，两部法律在保障人民群众切身利益和健康权益方面都得到了很好的体现。

（五）加强社会发展领域立法调研工作，努力推动教科文卫领域立法进程。几年来，教科文卫委对列入本届全国人大常委会立法规划的职业教育法（修改）、基本医疗卫生保健法、图书馆法、中医药法积极开展了前期调研，并为常委会适时审议打下良好的工作基础。与法工委一起开展了科技进步法相关条款的立法后评估工作，为总结立法经验，提高立法质量发挥了重要作用。还就学前教育、促进科技成果转化、国家考试、电影产业、文化产业振兴，以及控制烟草危害等方面的立法问题，组织开展了深入调研，并掌握了第一手资料。

在本届立法工作中，教科文卫委始终把提高立法质量和反映人民群众的呼声放在突出位置，特别是对涉及人民群众切身利益的问题，反复进行调研论证，力求做到提请审议的法律草案符合国情，切合民心，在实践中具有可操作性。五年来，我们组织开展立法调研的足迹，遍及30个省（区、市），特别是边远、偏僻的西部地区和乡村基层。从已出台法律的实施效果看，提出的一些重要修改意见是符合经济社会发展实际的，是符合人民群众切身利益的。通过立法实践体会到，一是人大立法工作涉及各个领域，社会希望通过立法解决的问题很多，必须抓住关注民生、影响全局的项目予以优先安排，如果不分轻重缓急，就不会取得好的效果。二是立法的关键在质量，必须围绕立法宗旨，抓住重点问题和关键环节，反复论证，取得突破，才能实现立法目标。教科文卫领域的立法人民群众和社会各界关注度高。既要广泛听取各方面意见，又要从立法宗旨和全局出发善于抉择，这样才能制定出高质量的法律。三是必须加强与国务院有关部门的沟通联系，广泛听取地方人大的意见和建议，汲取地方立法的好经验、好做法，推进立法工作进程。

二、在全国人大常委会统一部署下，围绕党和国家工作大局，深入开展监督工作，努力增强监督实效

教科文卫委积极主动向常委会提出监督工作建议，不断改进监督工作方式，使监督工作更富有实效。

（一）协助常委会对四部法律组织开展了五次执法检查

一是开展义务教育法执法检查。在上一届常委会两次对义务教育法开展执法检查工作基础上，2008年教科文卫委组织承担了第三次义务教育法执法检查。通过执法检查，重点推动了农村学校经费保障、教师队伍建设、提高教育质量、促进教育均衡发展，政府为学校提供安全保障、学校建立健全安全制度和应急机制等问题的解决。

二是开展科技进步法执法检查。这次是在深入贯彻落实科学发展观，进一步增强自主创新能力，促进经济发展方式转变和经济结构调整的大背景下进行的。通过执法检查，从推动企业成为技术创新的主体、创新激励制度的落实完善、产学研结合和科技成果转化、创新人才的培养和使用、科技投入、科技资源配置及其使用效益等方面，向国务院及其有关部门提出了需要研究解决的问题和建议。

三是连续两次开展食品安全法执法检查。食品安全法于2009年6月实施后，教科文卫委即向常委会提出在法律实施的当年开展执法检查的建议，并承担了执法检查的具体工作。在国务院落实全国人大常委会关于食品安全法执法检查报告和常委会审议意见基础上，2011年常委会又开展了第二次执法检查。在执法检查的基础上，针对在完善食品安全监管体制和综合协调机制、制定配套法规规章、加强监管能力建设、落实食品生产经营者第一责任人意识等方

面存在的主要问题,向国务院及其有关部门提出具体建议。通过两次执法检查,对进一步促进法律的实施,切实改善我国食品安全状况发挥了重要作用。两次执法检查的效果也说明,只有对人民群众普遍关切的重大民生问题坚持不懈地推动解决,对社会反映强烈的突出问题紧抓不放,人大的监督工作才会更有实效。

四是开展文物保护法执法检查。为贯彻落实党的十七届六中全会精神,教科文卫委及时向常委会提出了检查文物保护法实施情况的建议,并于 2012 年组织实施。在客观全面评价文物保护法贯彻实施情况的基础上,重点针对法律实施中的薄弱环节和存在的突出问题,认真分析问题成因,有针对性地提出问题和建议。通过执法检查,还积极推动了重点文物保护单位有关问题得到及时有效的解决。例如,故宫博物院地下库房存放着大量珍贵文物,而地下库房存在着诸多安全隐患。为此,教科文卫委专门向常委会提出了关于支持故宫博物院地下库房改造等工作的建议意见。常委会和国务院主要领导对此十分重视,作出重要批示,有力地促进了相关问题的解决。

2012 年 12 月,在深入学习贯彻党的十八精神之际,教科文卫委又与国务院法制办、文化部和国家文物局联合召开了"纪念文物保护法颁布 30 周年暨修订 10 周年座谈会",对于深入推进文物保护法的实施起到了积极的促进作用。

(二)为常委会听取和审议国务院五个专项工作报告、开展两项专题询问做好准备工作

为做好常委会听取审议国务院关于文化产业发展、职业教育发展、深化医药卫生体制改革、实施教育规划纲要,以及深化文化体制改革、推动社会主义文化大发展大繁荣工作情况的报告,以及对深化医药卫生体制改革和实施教育规划纲要工作开展专题询问等准备工作,教科文卫委认真开展前期调研,通过深入基层了解情况,听取国务院有关部门的汇报,有针对性地提出意见和建议,并向常委会提出调研报告,供审议时参考。例如,常委会在听取审议国务院关于职业教育发展工作情况报告时,我委在调研报告中提出了着重研究和解决影响职业教育发展的有关体制和机制问题;推动省级政府分类制订学生人均经费标准,划定举办者和学校分担经费的责任,增加专项经费投入;制定教师编制标准,拓宽学校面向社会招聘专业技术人才担任专业教师的渠道;促进职业教育和普通教育、中等和高等职业教育协调发展,建立和完善行业企业主动参与职业教育的激励和保障机制;深化办学和管理体制改革,优化职业教育社会环境等方面建议。

常委会听取审议国务院关于深化医药卫生体制改革和实施教育规划纲要工作情况的报告时,分别开展了专题询问。为此,教科文卫委专门开会研究部署,组织进行专题调研。召开委员会会议,分别听取发展改革委、财政部、教育部、卫生部、人社部和食品药品监管局等有关部门的汇报。召开省市座谈会,听取基层意见,了解人民群众心声。在此基础上,研究提出专题询问参考题目,提供相关参阅材料,确保了专题询问工作顺利开展。

(三)按照常委会总体部署,围绕党和国家中心工作开展专题调研

一是开展中央政府重大公共投资项目专题调研。2009 年,教科文卫委对教育卫生等民生工程项目的实施开展了调研;与财经委一起对技术改造和科技创新项目安排的实施开展了调研。通过实地考察农村学校、县医院和乡镇卫生院,了解重大公共投资项目进展情况和存在问题,向常委会提出关于重视解决部分地方政府配套资金困难的问题,以及注重教育卫生投资项目的整体效益,继续加大对教育卫生等民生项目的投入力度,完善教育卫生事业的总体规划,加强项目管理、确保工程质量的有关建议。2010 年,在开展跟踪调研时发现,中央政府投资教育卫生等民生工程项目的安排及具体实施工作中,仍然存在一些尚未解决的问题,教科文卫委通过多种方式督促国务院及其有关部门进一步做好整改落实工作。通过专题调研和跟踪督查,进一步增强了人大监督工作的连续性和实效性,对及时发现和解决问题发挥了重要作用。

二是开展国家"十二五"规划纲要专题调研。2010 年,教科文卫委就教育经费投入、科技创新政策及重点科技项目安排、城乡医疗保障三个专题组织开展调研,为中央提出"十二五"规划建议、国家制定规划纲要提供相关决策参考,为全国人大审查和批准"十二五"规划纲要做准备。为组织开展好专题调研,我们确定调研重点并提出具体工作方案。调研期间,先后召开了 25 次座谈会,广泛听取人大代表、有关部门、科研院所、专家学者、基层单位的意见和建议,还深入 36 所大中专院校、科研单位、医疗卫生等单位进行了调研。在此基础上,及时向常委会办公厅报出专题调研简报,让常委会及时掌握和了解有关情况。

通过调研我们认为,教育经费投入不足仍是影响教育事业发展的突出问题,提出了增加财政性教育经费,鼓励社会资金投入教育,加强对教育经费使用管理情况的评估的建议。针对社会普遍关注的在 2012

年实现国家财政性教育经费占国内生产总值比例达到4%的问题，提出了国务院及其有关部门应尽快制定工作方案予以落实的具体建议，督促政府如期实现4%的要求。在科技方面，提出了进一步强化企业技术创新主体地位，加快科技成果向现实生产力转化，加大科技投入，加快培育和发展战略性新兴产业，重视培养和引进科技人才，激发科技人员的创新热情和创造活力等建议。针对基本医疗保障体系建设存在的突出问题，提出了统一医疗保障管理体制，统筹城乡居民医疗保险，继续扩大医保覆盖面，稳步提高保障水平，逐步缩小待遇差别，理顺医疗保险管理、经办机构和医疗服务机构关系等方面建议。上述建议大部分被"十二五"规划纲要所吸收。

三是根据常委会领导同志批示，组织开展了建设武汉综合性国家高技术产业基地、科技创新产业升级的有效途径、创新和知识产权保护等专题调研。2009年5月，教科文卫委组成调研组，赴武汉重点了解建设综合性国家高技术产业基地的必要性和可行性，并提出了调研报告。国务院领导同志针对调研报告建议作出明确批示。国务院于2009年底批准武汉建设综合性国家高技术产业基地。教科文卫委还就义务教育均衡发展，产学研合作情况，文化产业及公共文化服务体系建设，传染病防治工作，以及体育产业发展等开展了调研工作。结合工作需要，召开委员会会议，听取了国务院12个有关部门工作情况的汇报。

做好教科文卫领域监督工作，只有抓住工作中的热点、难点和重点问题，特别是与人民群众切身利益密切相关的问题，不断扩展监督渠道，完善监督制度，丰富监督形式，加大监督力度，才能使监督工作取得实实在在的效果。利用专门委员会所特有的知识密集、人才荟萃的专业性优势，可以在围绕改革发展稳定中的重大问题、围绕关系人民群众切身利益的突出问题开展专项调研和专题询问时，发挥更大更好的作用。通过工作监督，加强与政府部门的工作联系，沟通有关情况，从而推动教科文卫事业发展和法制建设进程。

三、依法履职，认真办理代表议案和建议

（一）审议代表议案。教科文卫委坚持以对人大代表高度负责的精神，认真做好议案审议工作，在代表议案的处理上本着讲科学、有依据，审议意见准确有出处的原则，注意提高议案工作质量。每年代表大会后，召开代表议案办理工作会议，直接听取国务院有关部门的意见和建议，并提出具体工作要求。召开委员会会议，审议代表议案并向常委会提出代表议案审议结果的报告。本届教科文卫委共审议代表议案410件，其中42件议案提出的6个立法项目已提请常委会审议通过；8件议案提出的4项执法检查建议已经组织实施；90件议案提出的5个立法项目已列入常委会立法规划；170件议案提出的13个立法项目，建议有关部门进一步加强立法调研论证工作，争取列入常委会立法规划或年度立法计划。100件议案提出的36个立法项目，建议通过现行法律法规贯彻实施，解决议案所提问题。

（二）承办和督办代表建议。教科文卫委承办代表建议20件，督办重点建议9项107件。教科文卫委对代表建议逐件提出办理工作方案，督促有关部门采取措施，提出切实可行的答复意见。为做好十一届全国人大五次会议上代表提出"关于加强文化产业发展的建议"督办工作，专门组成调研组赴甘肃开展了专题调研，召开座谈会与地方充分交换意见。通过实地调研考察，形成了"关于对甘肃省建设华夏文明保护传承和创新发展示范区的意见和建议"的专项报告，得到中央和国务院有关部门的高度重视，有力地促进了代表建议办理工作取得实效，推动了代表建议有关内容的具体落实。

（三）加强与人大代表的联系，注意发挥人大代表作用。本届教科文卫委共邀请了100多位人大代表参加有关会议、立法调研和执法检查工作。创造条件邀请人大代表参与委员会工作，是人大工作贴近实际、贴近民生、倾听人民群众呼声的有效途径，更是切实提高立法工作质量，增强监督工作实效的重要保障。

四、在全国人大常委会的统一部署下，积极开展对外交往活动

在常委会统一部署下，本届教科文卫委积极开展与外国议会对口委员会、相关国际组织的友好交往工作。组成人员21人次分别随全国人大代表团出访考察、出席国际会议。组成8个代表团，应邀赴英国、斯洛伐克、希腊、爱尔兰、意大利、哥斯达黎加、波兰、阿根廷、美国、哥伦比亚、比利时、葡萄牙、奥地利等国家进行了友好访问或立法考察，重点交流了国民教育、科技创新、防震减灾、文物保护、传统医药等方面立法情况。6次组团赴越南、印度尼西亚、马来西亚、老挝、斯里兰卡、泰国出席亚洲议员人口与发展论坛会议和亚洲女议员、女部长会议。邀请接待了9个国家

议会或对口委员会代表团来访，应约与11个国家议会或其他代表团举行工作会谈。通过开展对外交往活动，介绍和宣传了我国人民代表大会制度和社会发展领域法制建设取得的成就，学习和借鉴了国外有关立法经验，进一步增进了与有关国家议会相关委员会之间的了解，加强了双方合作，增进了友谊。

五、加强与地方人大教科文卫委员会工作交流

教科文卫委十分重视与地方人大的工作联系，注意采取多种方式加强工作交流。为贯彻落实全国人大常委会立法规划任务，2008年5月召开了“全国人大教科文卫立法工作座谈会”，与地方人大一道共同研究和交流教科文卫领域立法情况，推进立法规划项目工作进程。组成人员先后参加了全国人大暨京津冀人大教科文卫工作座谈会、华东六省一市人大教科文卫委员会工作座谈会、西部十二省（区、市）人大教科文卫法制建设研讨会等地区性会议。2012年11月，召开“全国人大暨各省（区、市）人大教科文卫工作座谈会”，全面总结和交流了教科文卫相关工作。先后举办了三次工作培训班，探讨教科文卫领域立法特点与规律。邀请部分地方人大教科文卫委员会负责同志列席了委员会会议。

六、加强委员会自身建设，注意发挥办事机构集体参谋助手作用

在全国人大及其常委会的领导下，按照党中央的有关要求，教科文卫委不断加强自身建设，坚持抓好政治理论学习和业务学习，健全完善规章制度，努力提高依法履职和服务教科文卫事业科学发展的能力。进一步修订完善了依法行使职权和加强委员会办事机构内部管理的各项规章制度，使委员会各项工作得到进一步强化，为依法履行职责提供制度保障。2011年7月，根据《中共中央转发〈中共全国人大常委会党组关于形成中国特色社会主义法律体系有关情况的报告〉的通知》的要求，结合本委工作实际，研究制定了实施方案。

注重发挥办事机构集体参谋助手作用，大力推进学习型机关建设，充分调动办事机构开展工作的积极性和主动性，努力提高服务保障水平。在开展深入学习实践科学发展观和创先争优等活动中，不断加强思想作风建设和素质能力建设，进一步提高了集体参谋助手工作水平。教科文卫委机关党支部在2011年和2012年，分别被评选为“全国人大机关创先争优先进集体”和“全国人大机关创先争优先进直属党组织”。

回顾五年来的工作体会到，教科文卫领域立法和监督工作，与人民群众切身利益密切相关，与促进经济健康发展、社会全面进步、文化改革繁荣、构建社会主义和谐社会密切相关。在形成中国特色社会主义法律体系之后，着力完善这一领域法治建设，具有十分重要的意义。在今后工作中，一是要以科学发展观为指导，坚持正确的政治方向，服从和服务于党和国家工作大局，贯彻全国人大常委会的总体工作部署，作为开展工作的重要前提；二是要坚持以人为本，把关注民生、反映民意，推动解决民生问题，作为贯穿各项工作的基本原则；三是要把抓住重点，提前介入，深入扎实，作为取得工作成效的关键；四是要把深入调查研究，认真分析论证，加强沟通协调，作为提高立法质量的重要基础；五是要把创新和完善监督工作方式，作为增强人大监督实效的重要渠道；六是要把充分发挥人大代表的作用，作为做好各项工作的重要保障。

总结回顾本届教科文卫委员会各项工作，虽然取得了一些成绩，但同时也还存在一些不足，还有些未完成的工作需要新一届教科文卫委员会继续完成。

几点工作建议

2013年是十二届全国人大及其常委会的开局之年，也是十二届全国人大教科文卫委员会依法履行职责的第一年。结合本届工作实际，提出几点工作建议。

一、关于立法工作

抓紧研究提出五年立法规划建议，积极做好法律案的调研和审议工作。建议将立法条件比较成熟的法律案进法列入十二届全国人大常委会五年立法规划，加快推进立法进程。对教科文卫事业发展急需的法律项目，进一步加强立法调研工作，督促有关部门抓紧法律起草工作，适时提请常委会审议。

二、关于监督工作

根据常委会2013年监督工作计划，教科文卫委组织开展承担的有关监督工作是：

1. 做好常委会检查义务教育法实施情况相关工作。重点检查提高义务教育质量、实施素质教育，义务教育经费管理及使用情况，农村教师队伍建设情况，促进义务教育均衡发展方面情况等。

2. 做好常委会听取审议国务院关于传染病防治工作和传染病防治法实施工作情况的报告，并开展专题询问相关工作。重点报告非典型肺炎以后我国传染病防治工作情况和修订后传染病防治法的实施情况；我国传染病防治和传染病防治法实施工作所面临的新困难和新问题，主要是传染病流行现状、监测预警制度，疫情报告、通报和公布制度，医疗救治制度、政府责任和保障措施落实、机构和队伍建设情况等；继续加强传染病防治工作的措施和完善传染病防治法律制度的建议。

3. 教科文卫委与财经委、预算工委一起，做好常委会听取审议国家财政科技资金分配与使用工作情况的报告，并开展专题询问相关工作。重点报告国家财政科技资金规模、使用与管理的现状及问题；财政科技资金绩效评估体系的建设情况；深化科技管理体制改革，提高科技支出预算编制科学性，提高科技资金使用管理水平等方面情况。

我们相信，在党的十八大精神引领下，十二届全国人大教科文卫委员会一定会为坚持和完善人民代表大会制度，推动经济社会全面协调可持续发展，开创教科文卫委员会工作新局面，作出新的更大的贡献！

附件：十一届全国人大教科文卫委员会工作统计

附件：

十一届全国人大教科文卫委员会工作统计

表一：十一届全国人大教科文卫委员会立法方面的主要工作

对有关法律草案进行审议并提出审议意见	
防震减灾法（修订）	2008 年
专利法（修正）	
食品安全法	2009 年
非物质文化遗产法	2010 年提交初审，2011 年 2 月获常委会通过
著作权法（修正）	2010 年
职业病防治法（修订）	2011 年
精神卫生法	2011 年提交初审，2012 年 10 月获常委会通过
对有关重点立法项目进行调研	
职业教育法（修改）	立法规划项目
基本医疗卫生保健法	立法规划项目
图书馆法	立法规划项目
中医药法	立法规划项目
学前教育法	
国家考试法	
促进科技成果转化法（修改）	
电影产业促进法	
文化产业促进法	
献血法（修改）	
控制烟草危害法	

表二:十一届全国人大教科文卫委员会监督方面的主要工作

执法检查	
2008 年	义务教育法
2009 年	食品安全法
2010 年	科技进步法
2011 年	食品安全法
2012 年	文物保护法
专项报告	
2010 年	关于文化产业发展工作情况的报告
2010 年	关于职业教育发展工作情况的报告
2011 年	关于深化医药卫生体制改革工作情况的报告
2011 年	关于实施《国家中长期教育改革和发展规划纲要(2010—2020 年)》工作情况的报告
2012 年	关于深化文化体制改革、推动社会主义文化大发展大繁荣工作情况的报告
专题询问	
2010 年	深化医药卫生体制改革
2011 年	实施《国家中长期教育改革和发展规划纲要(2010—2020 年)》情况
专题调研	
2008 年	义务教育均衡发展专题调研
2009 年	中央政府重大公共投资项目中教育和卫生项目实施情况的专题调研
2009 年	中央政府重大公共投资技术改造和科技创新项目专题调研(与财经委共同承担)
2009 年	建设武汉综合性国家高技术产业基地专题调研
2010 年	国家“十二五”规划纲要有关专题调研:教育经费投入、科技创新政策及重点科技项目安排、基本医疗保障。
2010 年	中央政府重大公共投资项目中教育和卫生项目实施情况的跟踪调研
2010 年	体育产业发展情况专题调研
2011 年	“实现科技创新产业升级的有效途径”专题调研
2011 年	产学研合作情况专题调研
2011 年	传染病防治工作专题调研
2011 年	“创新和知识产权保护”专题调研
2011 年	文化产业及公共文化服务体系建设调研
2012 年	“关于加强文化产业发展的建议”专题调研
听取了国务院 12 个有关部门工作情况汇报	

表三:十一届全国人大教科文卫委员会议案审议情况

审议分类情况	议案数	立法方面	监督方面	涉及立法项
十一届一次会议	66	66		34
十一届二次会议	86	85	1	35
十一届三次会议	74	73	1	40
十一届四次会议	88	87	1	29
十一届五次会议	96	95	1	35
合计	410	406	4	60
审议处理结果				
已提请常委会审议通过	42			6
已组织实施	8		4	
已列入常委会立法规划	90			5
建议加强调研,争取列入立法规划或立法计划	170			13
建议通过加强现行法律法规的有效贯彻实施加以解决	100			36

表四:十一届全国人大教科文卫委员会建议办理情况

承办建议	共20件
督办重点建议	计9项共107件

第十一届全国人民代表大会外事委员会五年工作总结

(2012年12月27日第十一届全国人民代表大会外事委员会第四十四次全体会议通过)

五年来,我委在全国人大及其常委会领导下,围绕党和国家工作大局依法履职,推进涉外立法,审议国际条约,开展对外交往,加强自身建设,各项工作取得新进展。

一、加强立法工作,提高立法质量

(一)稳步推进涉外立法。涉外立法是我委的主要工作。围绕如期形成中国特色社会主义法律体系的立法工作目标，根据法定职责和十一届全国人大常委会五年立法规划，坚持科学立法、民主立法，在前几届工作的基础上，开展调查研究，加强与相关部门的沟通协调，着力推进由我委负责联系的立法项目的立法进程，取得积极成效。

联系推动制定驻外外交人员法。该法是本届常委会立法规划的第一类项目。我委制定细致工作方案，专门成立领导小组和工作小组，抓住主要问题，通过组织专题论证会、座谈会等多种形式，开展立法前期调研，还派团赴西班牙、挪威、巴西和秘鲁等国，了解相关国家立法情况及我驻外人员的工作和生活情况，听取使领馆对法律草案的意见和建议，掌握了大量第一手材料。针对法律草案中存在的重点和难点问题，反复与外交部、国务院法制办等有关部门研究论证，并根据各方面的意见对法律草案作出多处修改。该法于 2009 年 10 月全国人大常委会第十一次会议审议通过。

积极推动整合修订出境入境管理法。在多年立法调研基础上，推动有关部门对 1986 年起施行的中国公民出境入境管理法、外国人入境出境管理法及其实施细则和 1995 年起施行的出境入境边防检查条例进行整合修订。针对出境入境管理法草案修改的重大问题并结合代表议案，派调研组分赴 20 多个省区市开展立法调研。在调研和借鉴外国相关立法经验的同时，我们加强与法律起草部门的联系沟通，及时掌握立法进程，积极提出意见建议。我委提出的建立部门互联共享管理信息网络、完善在华外国人管理工作体制机制、规划外国人在华就业、加强对“三非”外国人查处、便利边民往来等多项建议被吸收到草案中。该法于 2012 年 6 月全国人大常委会第二十七次会议上全票通过。

陆地边界法和司法协助法被列入本届常委会立法规划的第二类项目。这两部法律政治性和专业性强，涉及面较广，涉及法律关系较复杂，我们注意加强与有关方面的沟通联系，及时理清影响立法的管理体制等难点问题，在调研和听取各方面意见的基础上，与有关部门反复沟通协调，积极推动两部法律的立法进程。

（二）认真审议国际条约议案。协助全国人大常委会共审议国际条约议案 39 件，其中，制止核恐怖主义行为国际公约等多边条约 13 件，双边条约和协定 26 件。与意大利、澳大利亚、韩国等缔结的双边司法协助条约，与日本、菲律宾缔结的领事条约，与俄罗斯缔结的打击“三股势力”协定等，有利于加强我国与有关国家在政治、司法、安全等领域的国际合作，符合我国家利益和实际需要。与法国、澳大利亚的引渡条约是我同西方国家缔结的第二、第三个引渡条约，对震慑和打击外逃罪犯有重要意义。批准残疾人权利公约，对维护我国残疾人合法权利发挥了积极作用。

我委对新中国成立 60 年来全国人大常委会决定批准或者加入的 356 件条约和重要协定进行了梳理，编辑出版了《全国人大常委会决定批准或加入的条约和重要协定概览》，为全国人大常委会组成人员及有关部门查阅历史资料提供了帮助。

（三）做好代表议案和建议的办理工作。办理代表议案 17 件、建议 16 件。我委高度重视关于制定海洋基本法的代表议案和建议，先后 3 次赴 5 个省调研，2 次在地方召开座谈会，听取沿海 11 个省区市的意见，在京召开座谈会和论证会分别听取国务院有关涉海部门和专家学者的意见。2012 年 10 月，向常委会提交了关于涉及海洋基本法代表议案审议结果的报告，建议将该法列入全国人大常委会立法规划，统筹做好相关工作。这一报告已经全国人大常委会第二十九次会议审议通过。2009 年，督办了本届全国人大二次会议期间代表提出 6 项关于加强对外劳务合作管理工作的重点建议。除书面征求意见并参与调研外，还 2 次召开全体会议听取商务部汇报，督促相关单位在对外劳务合作市场清理整顿、加强对外劳务人员权益保护等方面改进管理，使相关法规得到落实。

近两年，先后有多位代表提出关于《烟草控制框架公约》履约方面的建议。我委在向国务院有关部门征求意见基础上，赴 4 省进行控烟履约调研，推动政府有关部门强化责任义务，回应国内外关注，为开展对重要国际条约履约监督工作积累了经验。

（四）促进立法工作与监督工作的有机结合，探索监督新方式。注重将监督工作与立法调研相结合，把调研中发现的重大问题作为开展监督的重要依据，把听取审议专项工作报告与立法调研相结合，推动改进工作和修改完善法律相结合，使制定和修改的法律更具针对性和可操作性。经我委建议，2012 年 4 月常委会第二十六次会议结合审议出境入境管理法草案，听取审议了国务院关于外国人入出境及居留、就业管理工作情况报告，首次形成在同次常委会会议上既审议相关法律草案又审议专项工作报告的制度。此后，我委又连续两次召开全体会议，听取审议公安部关于落实全国人大常委会审议意见的报告，并提出改进工作的建议和意见。

二、以巩固和完善定期交流机制为重点，积极开展对外交往

与外国议会对口委员会开展交流是全国人大及其常委会赋予我委的一项重要职责。按照国家总体外交需要和常委会统一部署，我委配合常委会重大外交活动，加强与有关国家议会的机制交流，广泛开展与外国议会和国际议会组织的友好交往。共邀请接待来自美国等41个国家和欧洲议会的88个代表团访华，组织48个全国人大代表团、16个外事委代表团出访42个国家和欧洲议会，出席44次国际和地区议会组织活动。委员会成员还应约会见其他部门邀请来访的外国议员、政要、知名人士和驻华使节等200多次。

（一）配合常委会领导同志外事活动，全力提供服务保障。议会领导人互访是两国高层交往的重要组成部分，也是全国人大常委会对外交往工作的重点。按照常委会统一安排，委员会成员先后9次陪同吴邦国委员长访问俄罗斯、美国等国，陪同王兆国、李建国等副委员长出访24次，作为主要陪同人员参与俄罗斯、美国、韩国等国35位外国议长、副议长访华接待工作，陪同委员长、副委员长会见外国议会代表团260余次，并同有关部门一起认真做好访问的相关准备工作，为确保常委会领导外事活动成功提供服务保障。积极配合议会领导人互访等重大外事活动，适时举办与对象国议会定期交流机制会议，紧贴访问主题设置会议议题，实现交流目标，增强访问效果。

（二）巩固完善定期交流机制，加强与主要国家议会的交流。建立与外国议会定期交流机制，是全国人大加强对外交往工作的重要举措。吴邦国委员长指出，交流机制应把服务国家关系发展大局作为根本方向，把促进务实合作作为重要内容，把弘扬世代友好作为首要任务，为做好机制交流工作指明了方向。我委按照常委会统一部署，全面启动和巩固完善与14个国家议会和欧洲议会的机制交流，共举行82次会议。

中俄议会合作委员会，是我与外国议会建立的唯一由两国立法机构主要领导人担任主席的交往机制。吴邦国委员长主持双方合作委员会会议达11次之多。我委参与中俄议会合作委员会会议的政治准备和组织安排，推动双方就加强大项目合作、提升科技创新交流水平、丰富地方交流等交换意见，充实机制交流的内涵和实效。

认真贯彻中央对美工作方针，推动2009年实现全国人大常委会委员长20年来首次访美；巩固与美国会参众两院交流机制，结合中美关系中最紧迫的问题，重点做美国会议员及助手工作，推动美国会在对华关系上发挥建设性作用；参与组织全国人大西藏代表团访美，成功举办首次中美省州立法领袖论坛，为促进中美关系长期健康稳定发展，探索构建中美新型大国关系发挥积极作用。

有针对性地加强对欧洲议会工作，坦诚交流、深入对话。在中欧议会定期交流机制框架下，五年与欧方开展9次直接交流，邀请超过300人次欧方人员访华，安排重点人物访问西藏。通过做工作，欧洲议会涉华形势出现一些积极变化，反华提案数量有所减少。

根据中央对日工作总体部署，在常委会领导下，稳妥开展与日本国会众、参两院的机制交流，最大限度调动积极因素，遏制消极因素，敦促日方要珍惜来之不易的中日关系大局，把握中日关系发展的大方向，在中日四个政治文件确定的各项原则基础上，妥善处理有关敏感问题。

（三）通过对口委员会和友好小组，深化与各国议会的合作。深化与柬埔寨、老挝、缅甸等周边国家议会外委会友好合作关系，推动我与东盟战略伙伴关系的发展。积极开展与丹麦、芬兰、格鲁吉亚、乌兹别克斯坦等欧盟成员国和中东欧国家议会外委会交流，扩大我在欧盟和中亚的影响。保持与墨西哥、巴西等拉美国家议会外委会对口交流，拓宽交流合作渠道。加强与坦桑尼亚、肯尼亚、南非等非洲国家议会对口委员会交流，巩固中非传统友谊。

利用议会多边舞台广交朋友、多做工作、扩大国际影响。委员会成员多次出席各国议会联盟、亚太议会论坛、世界议长大会、亚欧议会伙伴会议、亚洲议会大会、东盟各国议会间大会、拉美议会、太平洋岛国议会论坛等国际和地区议会组织活动，利用多边舞台，阐述我在相关问题上的原则立场和政策措施，维护国家主权、安全和发展利益。

（四）重视公共外交，宣传我国和平、发展、合作的政策理念。坚持统筹国内国际两个大局，捍卫国家主权、安全和领土完整，维护国家核心利益。在对外交往中，主动就售台武器、达赖窜访、人权个案做美国等西方国家议员工作，强调指出，涉台、涉藏、涉疆等问题涉及中国核心利益，希望双方尊重和照顾彼此重大关切，夯实双边关系的政治基础。根据工作需要和对方意愿，安排欧洲议会、丹麦、土耳其等国议员团访问西藏和新疆，增进其对我西

藏、新疆政策的了解。在与老挝、柬埔寨、缅甸、泰国等国议员接触中,就南海、钓鱼岛问题主动、深入做工作,促其对我相关原则立场的理解和支持。

坚持服务和服从国家改革发展稳定大局。在对外交往中,认真宣传党的十七大和十八大精神,结合中国共产党建党90周年、制定和实施"十二五"规划、形成中国特色社会主义法律体系、颁布出台中国的和平发展白皮书以及举办2008年北京奥运会、2010年上海世博会等重大活动,以翔实材料介绍我国改革开放和社会主义现代化建设取得的伟大成就,广泛宣传中国特色社会主义法律体系,阐述中国的和平发展道路,主动介绍我在重大国际和地区问题上的原则立场,加深国际社会对中国特色社会主义道路的理解,提升我国的国际感召力和影响力。同时,服务国内立法工作需要,连续多年将欧债危机、气候变化、能源资源等作为重点交流议题,并与法国、南非等国议会就开展文化立法、卫生立法等进行专题研讨。

三、认真做好大会发言人工作,就涉我核心利益问题对外发表声明

本届全国人大二次会议以来,我委主任委员担任历次会议副秘书长兼发言人。在大会秘书处领导下,与办公厅有关部门密切配合,深入调研,研究整理答问口径,在大会期间提供与会领导和代表,服务于总理、外长和国务院有关部委领导的多场记者会。根据有关材料编写出版的《关注与回应2012》受到中央和国务院有关部门及地方的好评。

我委先后16次就重大涉我问题对外发表声明、负责人谈话或致函。其中,就美国政府售台武器发表谈话,对美方的错误做法提出严正抗议,敦促美方恪守中美三个联合公报和《中美联合声明》的原则,尊重中国的核心利益和重大关切。就欧洲议会通过涉藏决议发表谈话,对欧洲议会干涉中国内政、伤害中国人民感情的行径表示强烈愤慨,要求欧洲议会以中欧关系大局为重,摒弃偏见。就越南国会通过《海洋法》致函,指出越方将中国的西沙群岛和南沙群岛包含在所谓越南"主权"和"管辖"范围内,严重侵犯了中国的领土主权,是非法和无效的。就日本政府宣布"购买"钓鱼岛及其部分附属岛屿发表声明,对日方的行径予以严厉谴责,敦促日方认清事态的危险性,在钓鱼岛问题上改弦更张。这些声明、谈话和信函从法理的角度宣示主权、阐明政策,发出人大的声音,配合了整体外交斗争需要。

四、密切与地方人大联系,形成工作合力

针对我委的立法项目,地方人大提出许多具体立法建议和意见,有的被直接吸纳在法律草案中,有的成为立法论证的重要参考资料,发挥了不可替代的作用。在对外交往中,加强与地方人大的沟通协调,有针对性地安排外国议会访华团组考察当地项目,并吸收部分省区市人大负责人参加外事委出访团组,为促进双方地方合作牵线搭桥。此外,为加强与地方人大的协调和合作,我委牵头或配合常委会办公厅有关部门,举办年度人大外事工作培训班、涉外立法培训座谈会,统一思想,交流经验,形成对外工作合力。

五、加强委员会自身建设,提高工作质量和水平

以服务全国人大及其常委会的中心工作为指针,加强自身建设,将加强理论学习,完善规章制度、提高履职能力摆在重要位置,提高工作质量和水平。

把坚持正确的政治方向作为加强自身建设的首要任务。坚持党的领导、人民当家作主、依法治国有机统一。注重发挥委员会整体合力,依照法定程序,集体行使职权,集体决定问题。规范委员会工作规则,健全委员会会议制度,提高服务效能。

把搞好学习调研作为加强自身建设的重要基础。认真学习中央对外方针政策,结合中国特色社会主义法律体系形成,学习做好涉外立法所必备的宪法和法律知识;围绕维护我主权、安全、发展利益组织专题培训,了解国家安全战略,加强国防意识。通过召开研讨会、热点问题情况介绍会、实地考察等形式,重点就国际形势、国内经济社会发展、海洋权益保护等进行专题调研。

把提高办事机构服务保障水平作为加强自身建设的给力抓手。办事机构思想建设、组织建设、作风建设和素质能力建设取得新进展。坚持每月集体学习日制度,委员会成员多次为办事机构工作人员讲党课,传授学习和工作经验。指导办事机构建立基层党组织开展创先争优活动长效机制,制定机关党支部工作规则。外事委机关党支部被评为2010—2011年度创先争优活动先进集体、2012年创

先争优先进直属党组织。在常委会领导的关心和委员会领导的大力推动下，办事机构增设国际交流室和法案室条约处，理顺职责分工，提高工作效率。充实局处级领导岗位、实行机构内部轮岗、外派学习进修及赴有关国家使领馆工作，开拓视野。通过《外国议会动态》等载体，提高办事机构信息保障能力。刊发《工作交流》调研文章230多期，干部形势分析、逻辑思维和文字表达能力有所提高。加强信息化建设，做好相关材料积累，委员会内网信息系统连续三年被机关评为金奖。

六、体会和建议

党的十八大报告对坚持和完善人民代表大会制度、做好新形势下人大工作提出了新的更高要求。我委把学习领会和贯彻落实党的十八大精神作为当前和今后一段时期的首要任务，把思想和行动统一到党的十八大精神上来，体现到具体工作中。围绕党和国家工作大局，在全国人大及其常委会领导下，认真履行宪法和法律赋予的职责，推进重点领域涉外立法，加强以定期交流机制为重点的对外交往，开展调查研究，加强思想政治建设，提高工作质量和水平。

（一）积极推动涉外立法进程，加强国际条约在我国国内法律地位的研究。随着综合国力增强，我国的国际地位发生了很大变化，涉外立法工作面临着新课题新挑战，特别是亟待加强有关维护我国家主权、安全、发展利益，健全完善涉及外事体制机制和外事管理等方面的立法工作。建议加快陆地边界法、国际刑事司法协助法、海洋基本法等法律的立法进程，及时跟踪了解并参与国务院有关部门对缔结条约程序法、护照法、国籍法、国境卫生检疫法的研究修订工作。

从这些年的工作情况看，我委负责联系推动的许多法律，政治性、敏感性强，有的分歧意见较大，有的重要法律一时间恐难制定。提前介入法律草案的起草，有利于统一认识，有效协调，解决分歧，提高立法质量和效率。为此，要继续本着积极慎重的原则，需要调研的深入调研，需要协商的耐心协商，需要论证的充分论证，发现重点难点问题并及时向常委会报告，提高立法前期调研的实效。要继续创新工作方式方法，将制订、修改完善法律和加强法律监督结合起来，同办理代表议案、建议结合起来。

随着我国际地位提高及融入国际社会程度加深，我国参加的国际条约越来越多。为保证我在国际规则制定中的话语权、在我国法律制度同国际规则的结合中维护我国家利益，需要高度重视条约议案的审议工作。为此，建议完善国际条约议案的审议程序，为我委提前审议和常委会审议提供信息；建议加强对国际条约同我国法律之间的关系研究。

（二）深化议会定期交流机制，增强交流实效。在前两届工作的基础上，全国人大与外国议会定期交流机制格局已经形成并取得积极成效，交流的议题更加广泛，对话更加深入，形式更加多样，成为我与外国议会保持经常性对话、开展实质交流的重要平台。特别是，出席交流机制会议成为本届委员长会议组成人员出访、开展议会高层交往的重要内容。

在机制交流中，我们坚持相互尊重、平等相待、开诚布公、求同存异，努力通过对话增进了解、加深互信、推动合作。开展治国理政、民主法制建设等方面的经验交流，相互学习、相互借鉴，促进双方国内经济社会的发展。结合双边关系发展的需要，发挥议会交往的特点和优势，就经贸、科技、人文、地方等领域务实合作交换意见，推动有关问题的妥善解决，加深人民之间的相互了解与友谊，为国家关系发展增添活力。

建议加强与俄罗斯、美国等国家议会及欧洲议会定期交流机制，保持高层接触，深化政治对话，增进战略互信，为推动建立长期稳定健康发展的新型大国关系作出应有贡献。组织好定期交流机制会议及访问活动，围绕访问主题谋划会议议题，重申我在重大问题上的原则立场，推动外方重视我重大关切和亟待解决的实际问题。加强治国理政、立法监督等方面经验交流，推动经贸、人文、能源等领域务实合作，提高交流质量和效果。以机制交流为平台，着力做好重点人士工作，发展壮大对象国议会中知华友华力量，夯实国家关系发展的社会基础和民意基础。

（三）以学习调研为重点，加强自身建设。搞好调查研究，及时反映情况，为常委会提供咨询是委员会的重要职责，也是委员会组成人员依法履职、开展涉外立法和对外交往工作的基础。随着中国特色社会主义法律体系不断完善、人大对外交往不断推进、定期交流机制工作不断深化，对委员会的综合服务保障能力提出了更高要求。建议从加强委员会办事机构组织建设、业务素质和调研能力入手，理顺办事机构调研体制，有效统合立法调研、外国议会研究、学习培训、口径材料、对外宣传、声明表态以及与地方人大对口部门联系等工作，实现涉外立法、对外交往与学习调研的有机统一，推动委员会工作的持续发展。

第十一届全国人民代表大会华侨委员会五年工作总结

（2012年12月23日十一届全国人大华侨委员会第二十四次会议通过）

一、五年工作总结

五年来，全国人大华侨委在全国人大及其常委会领导下，高举中国特色社会主义伟大旗帜，以邓小平理论、“三个代表”重要思想、科学发展观为指导，全面贯彻党的十七大、十七届中央历次全会和十八大精神，深入贯彻十一届全国人大历次会议精神，坚定不移走中国特色社会主义政治发展道路，依法履职，开拓进取，在积极推动常委会归侨侨眷权益保护法执法检查所提整改建议落实，加大护侨力度，切实维护侨益，推动侨务法制建设，开创侨务工作新局面等方面都有新进展，取得了新成效。

（一）认真组织学习，全面贯彻中央关于新时期人大及侨务工作的部署。党的十七大以来，以胡锦涛同志为总书记的党中央高度重视人大工作和侨务工作，作出了一系列重要战略部署。本届全国人大华侨委组成人员认真学习党的十七大、十七届中央历次全会和十八大精神，深刻领会党中央和胡锦涛同志关于人民代表大会制度建设论述以及认真贯彻党的侨务政策等一系列重要指示；认真学习十一届全国人大历次大会和历次常委会会议精神，学习常委会领导对华侨委工作的指示精神等。通过学习，委员会组成人员进一步深刻认识到“坚持正确政治方向，是做好人大工作的根本”，“人大工作坚持正确政治方向，最根本的就是坚持党的领导，人民当家作主和依法治国的有机统一”；进一步深刻认识到把人民代表大会制度坚持好、完善好和把依法治国基本方略贯彻好、实施好的重要性；进一步深刻认识到中国特色社会主义法律体系形成后，继续加强立法工作，提高立法质量，完善中国特色社会主义法律体系，是摆在我们面前的一个重大课题；我们要再接再厉，在新的起点上为完善中国特色社会主义法律体系，推进社会主义民主法制建设，实施依法治国基本方略，建设社会主义法治国家而努力奋斗。为加深对党和国家侨务方针政策、涉侨法律法规的理解，进一步明确人大侨委的工作思路，华侨委还召开了全国人大侨委工作座谈会，学习党和国家侨务方针政策，了解涉台、涉藏工作情况，回顾改革开放30年来侨务法制建设的进展情况，提出了开展工作的目标和任务。华侨委组成人员把学习的成果转化为工作的思路方法和具体行动，不断提高对新形势下加强侨务工作重要意义的认识，增强了做好侨务法制建设工作的责任感和使命感；进一步明确了新形势下华侨委的工作职责、任务和要求，充分发挥组成人员的优势、作用和特点，解放思想，实事求是，开拓创新，勇于进取，为不断开创华侨委工作新局面而努力奋斗。

（二）积极开展立法调研工作，推动涉侨法律法规不断充实与完善。涉侨法律是中国特色社会主义法律体系的重要内容之一，委员会组成人员积极参加常委会会议，认真审议法律草案，主动开展涉侨立法调研工作。一是对归侨侨眷权益保护法的修改进行了深入调研。几年来，华侨委结合审议涉侨议案和建议，对归侨侨眷权益保护法的修改问题进行了调研。归侨侨眷和海外侨胞、侨务部门普遍认为，该法1990年颁布实施，2000年修订以来，在广泛团结归侨侨眷和海外侨胞，为我国改革开放、现代化建设和祖国统一大业服务等方面发挥了很好的作用。但是，随着我国改革开放的深化，越来越多的中国公民赴国外定居，海外侨胞逐年增加，他们在国内的眷属人数也迅速增多；同时，随着我国社会主义现代化建设步伐不断加快，人民生活水平显著提高，回国定居、创业或服务的归侨侨眷和海外侨胞也越来越多，国内外形势和侨情的变化，使得该法一些条款已不适应时代的需要，许多新情况、新问题需要在法律上加以体现和规范，为此适时修改该法，很有必要，这是保证法律具有生机和活力的前提和基础，也是法律实施的必备条件。近年来，党和国家制定了不少保护侨益的法规、政策和规范性文件，要把这些经实践检验证明是行之有效的涉侨规定，增加或充实到该法中去。如增加或充实有关认定华侨和归侨侨眷身份办法，保护归侨侨眷经济、财产、社会保障和救助权益，鼓励归侨侨眷发展企业，引进归侨侨眷人才回国创业、为国服务等内容。因此，要进一步广泛征求、协调有关方面意见，积极推进这部法律的修改。二是对出境入境管理法草案的有关内容进行了深入调研。在常委会审议该法草案过程中，从加强侨务工作和完善侨务法律出发，结合调研听取近20个省区市以及有关市县公安出入境管理部门、涉侨单位、侨资企业和侨胞代表意见，提出增加华侨在国内可以凭本人护照证明其身份，为海外侨胞入出境和居留提供便利等建议，得到了采纳。三是支持制定慈善事业法。该法是一部与海外侨胞和归侨侨眷捐赠兴办慈善事业关系密切的法律，华侨委非常关注该法起草工作的进展情况，与起草部门加强联系，派员参加民政部召开的慈善事业法立法研讨会等。四是支持国务院有关部门出台涉侨规定。华侨委认真研究和修改国务院侨办根据归侨侨眷权益保护法制订关于界定华侨外籍华人归侨侨眷身份认定问题规定的草案，该规定于2009年出台。五是帮助海南、安徽、四川等省人大修改和制定海南省归侨侨眷权益保护若干规定、安徽省华侨捐赠条例、四川省华侨投资权益保护条例；支持相关部门及地方制定保护华侨在国内权益的法规或规章。截至今年6月，已有28个省份修改了实施办法，全国已有100多项保护海外侨胞和归侨侨眷权益的规范性文件，基本形成了保护侨益的法律制度。

（三）*依法开展监督，推动归侨侨眷权益保护法执法检查整改建议的落实*。2006年，十届全国人大常委会对归侨侨眷权益保护法进行执法检查。这次执法检查就促进华侨农场改革与发展，解决贫困归侨侨眷生产生活困难，加大保护侨胞国内投资权益力度和加强侨务法制建设等问题提出了整改建议。根据监督法的规定并受常委会委托，本届华侨委将跟踪检查该法执法检查报告所提整改建议的落实情况作为工作重点，连续三年每年确定一个专题进行跟踪检查。2008年把跟踪了解七省区华侨农场改革和发展问题作为重点，并召开了专题研讨会，了解有关部门和地方在推进华侨农场改革和发展方面所做的工作，遇到的困难和问题，提出了改进工作的建议；2009年把跟踪了解扶持贫困归侨侨眷生产生活问题作为重点，并召开了归侨侨眷权益保护法执法检查所提整改建议的落实情况研讨会，通报各地整改落实工作的进展和成效，提出了继续加强跟踪检查工作的意见；2010年把跟踪了解维护侨胞投资权益问题作为重点，并召开了侨胞投资权益保护问题研讨会，对侨胞国内投资权益保护工作取得的成效、存在的问题进行深入研讨，提出了进一步加强保护侨胞投资权益工作的建议。每次会议之后，华侨委都向常委会提交了跟踪检查情况报告，进一步推进涉侨法律的实施。

国务院有关部门、各地政府高度重视常委会执法检查整改建议的落实，统筹研究改进措施，认真解决有关问题，各项工作都取得新成效。一是华侨农场改革和发展工作取得了重大成果。由国家发改委、财政部、国务院侨办等18个部门组成的华侨农场发展和改革工作小组，认真贯彻2007年国务院制定的关于促进华侨农场发展和改革的文件精神，落实专项资金，推进工作开展。经过各方共同努力，华侨农场历史遗留问题得到有效解决，截至2011年底，全国84个华侨农场已处理金融债务199亿元，占应处置的95%；累计投资15亿元，完成归难侨危房改造5.88万户，占总任务的99%；农场分离办社会职能基本完成，社会保障政策得到较好落实。华侨农场领导体制已基本实行属地管理，地方政府把农场纳入当地经济社会发展规划，在产业政策、基础设施等方面给予了支持。2011年，全国华侨农场职工人均收入9667元，比2006年增长了1.5倍。二是扶持散居困难归侨侨眷脱贫工作取得成效。执法检查后不久，国务院扶贫办与国务院侨办联合下发了关于将散居农村贫困归侨侨眷纳入扶贫规划的通知，2010年国务院侨办等9个部门又联合下发关于做好散居困难归侨侨眷扶贫救助工作的意见，将散居困难归侨侨眷的社会保障、医疗保障、就业培训、扶贫开发、住房保障、教育救助等纳入总体规划，分类指导，统筹安排，一并实施。侨务和劳动社会保障等部门积极实施"关爱工程"，落实归侨侨眷职业技能培训计划，共举办下岗失业归侨侨眷职业技能培训班近5000多期，培训和实现就业数十万人次。三是保护侨胞国内投资权益工作力度不断加大。国务院有关部门先后出台了关于在国内就业的华侨参加社会保险，华侨学生在国内享受同等教育权，建立海外高层次留学人员回国工作绿色通道等政策措施。2008年，国家信访局出台了关于海外侨胞来信反映国内有关问题的处理意见，规范了涉侨经济案件的协调处理办法。2009年，国务院侨办会同全国政协港澳台侨委、致公党中央、中国侨联联合开展了侨胞国内投资权益保护问题的调研活动。不少地方也制定了鼓励留学人员回国创业和保护华侨投资权益的规定，还成立以政府分管负责同志牵头、有关部门参加的侨务工作协调机制，研究解决海外侨胞投资中遇到的问题。有的地方行政、司法部门积极配合人大开展侨法执法检查，使一批久拖不决的案件得到较好的处理。

（四）听取情况介绍，积极推动政府有关部门加强和改进侨务工作。近五年，华侨委先后听取了外交部、教育部、公安部、民政部、住房和城乡建设部、商务部、海关总署、国务院侨办、国家知识产权局、国务院扶贫办、国家海外华文教育联席会议和中国华文教育基金会等十多个部门开展涉侨工作的情况介绍。每年初，委员会制定出工作计划，送发组成人员以做好必要的准备；对侨界普遍关注的问题事先组织调研组深入侨乡进行调研，或征求涉侨部门、海外侨胞和归侨侨眷、侨资企业代表的意见和建议，为委员会听取情况介绍做好准备工作。在听取有关部门情况介绍后，委员会组成人员积极地、如实地提出改进工作的意见和建议。对一些重点、热点和难点问题，委员会采取多次听取有关部门介绍情况的办法，促进问题解决。华侨委在听取公安部出入境涉侨管理工作情况时，提出要尽快修订出入境管理法，使华侨回国定居审批工作更加规范化；重视研究 20 世纪 70、80 年代因越南“排华”而被迫到中国云南边境居住的难侨民户口和身份证问题，使他们与国内公民一样享有平等的权益等建议。公安部对此高度重视，联合民政、外交等部门组成调研组赴云南调研，指导云南省有关部门下发了为印支（越南）难民发放居民户口簿工作实施方案的通知，使 4.1 万多名归难侨的户籍和身份证这一历史遗留问题得到较好的解决。在参加全国人大财经委和常委会预算工委主持召开的初审中央财政预决算情况会上，华侨委提出增加财政拨款支持海外华文教育发展的建议，为财政部门所采纳。

（五）加强调查研究，促进解决海外侨胞和归侨侨眷反映的重点难点问题。华侨委把海外侨胞和归侨侨眷反映的突出问题作为重点，积极开展调查研究。近五年，华侨委组织了 23 个调研组，分别赴 25 个省区市对涉侨法律实施取得的成效、存在的问题，修订的必要性和紧迫性等问题进行调研；根据国际金融危机对我国的影响，国家实行扩大内需和引进高层次人才政策的需要，调研侨商及侨资企业遇到的困难和问题，促进有关部门制定扶持侨商及侨资企业发展的政策；了解海外侨胞回国投资，特别是侨胞中高层次人才回国创业和为国服务的愿望和要求，促进有关部门制定鼓励与吸引高层次海外人才回国就业、放宽海外侨胞回国购房及侨胞回国养老居住等政策，以吸引更多的侨胞回国创业、投资；了解有关省区制定扶持城乡贫困归侨侨眷政策的情况，以促进散居贫困归侨侨眷脱贫解困工作的开展。华侨委还深入了解中西部省份贫困归侨侨眷生产生活情况，建议有关省份要进一步加强对贫困蒙古归难侨的帮扶力度，提高其生产生活水平。有关省份采纳了这些建议，积极采取措施帮助蒙古归侨脱贫致富。

（六）召开专题研讨会，深入研讨侨务工作开展或侨务法制建设问题。华侨委重视研讨侨务工作和侨务法制建设的新问题，每年围绕一至二个课题进行研讨，除研讨常委会归侨侨眷权益保护法执法检查所提整改建议落实情况的问题外，还研讨以下两个方面问题：一是研讨华侨委工作和办事机构建设问题。2008 年举办了全国人大侨委座谈会，学习侨务方针政策和涉侨法律法规，深入了解新形势下侨情发展变化和侨务工作特点，明确工作目标和任务，进一步推进人大侨委工作开展；2010 年举办了全国人大侨委座谈会，沟通人大侨委工作情况，交流开展人大侨委机关工作经验，以推动人大侨委机关干部队伍素质能力建设；2011 年举办了全国人大侨委座谈会，研讨“五侨”联席会议机制形成以来取得的成绩、经验和做法，提出进一步加强“五侨”联系与合作、完善“五侨”联席会议机制的意见和建议；2012 年 9 月，召开了全国人大侨委座谈会，与全国 30 个省区市人大侨委负责同志一道，总结本届人大侨委五年来开展工作所取得的主要成绩和体会，为下一届人大侨委更好地开展工作提供借鉴。二是研讨侨务法律的实施与修改等问题。2009 年召开了归侨侨眷权益保护法研讨会，研讨修改该法的必要性、可行性及内容，交流地方人大涉侨立法工作的做法和经验，为进一步加强我国侨务法制建设而努力；2011 年举办了公益事业捐赠法实施情况研讨会，研讨该法实施 12 年来我国涉侨捐赠工作取得的成绩，交流地方涉侨捐赠工作的经验和做法，提出进一步贯彻实施公益事业捐赠法的意见和建议。这些研讨的课题内容重要、针对性强，地方人大侨委普遍反映，对加强全国人大华侨委和地方人大侨委对专门问题的深入研究，提高依法履职和侨务法制理论水平，很有现实意义。

（七）认真办理涉侨议案建议，充分发挥全国人大归侨代表的作用。全国人大代表在每年全国人代会期间，多次提出要尽快修改归侨侨眷权益保护法等议案，常委会办公厅交给华侨委办理的涉侨建议有多件，涉及制定华侨权益保障法或华侨国内（投资）权益保护法，容许华侨持有身份证、落实侨房发还工作，修改归侨侨眷权益保护法、继续对深化华侨农场改革加强监督等方面内容。华侨委认真办理议案，向有关部门发函征求意见，并对复函进行认真研究；利用开展调研和出访的机会，通过召开座谈会等方式广泛征求议案领衔人和提议案代表、海外侨胞和归侨侨眷、法律界人士的意见，就立法必要性、可行性和海外侨胞、归侨侨眷的权益保护等问题进行研讨，提请主任委员办公会议和全体会议讨论，形成了议案审议结果的报告，提交当年的常委会审议通过后印发全体代表。华侨委认真答复全国人大代表提出的涉侨建议、批评和意见，在各有关部门的积极办理下，取得良好效果，得到常委会领导和全国人大归侨代表的肯定和赞扬。

为密切与全国人大归侨代表的联系，华侨委采取走访和召开全国人大归侨代表座谈会等方式，传达学习中央领导重要讲话精神，通报工作情况，听取意见和建议，受到归侨代表的欢迎。华侨委还积极推荐全国人大归侨代表列席常委会有关会议，邀请他们参加立法、执法调研等活动；召开审议涉侨议案或建议会议时，请提议案或建议代表与会发表意见，还为他们提出涉侨议案和建议提供咨询帮助。

（八）按照中央侨务工作部署，积极稳妥地拓展侨务外事和对台工作。根据常委会的统一部署，主任委员陪同吴邦国委员长出访，部分组成人员分别陪同王兆国、李建国、路甬祥、严隽琪、陈昌智、周铁农等副委员长出访，参加了全国人大友好小组代表团出访和全国人大与外国议会双边友好小组活动；参与接待了马里国民议会议长特拉奥雷等国议会访华代表团。华侨委组织了10个团组出访20多个国家和地区；组织了6个团组参加华侨华人“反独促统”大会、中国和平统一论坛、欧华联会年会、中文教学研讨会等；邀请了23个国家的侨领团来华访问，接待了各个涉侨部门邀请的30多个国家和地区侨胞代表团70多批2000多人次；积极配合有关部门圆满完成了华侨华人代表来京参加国庆60周年的接待任务。华侨委还加强了“请进来”的工作力度，从原来每年邀请3个团组增加到5个团组，并根据侨胞要求，有针对性地安排日程，使来访侨胞更深入地了解我国经济社会发展以及民主法制建设情况，拓宽了侨胞与国内沟通的渠道。华侨委在侨务外事工作中，积极宣传改革开放30多年来我国取得的巨大成就，宣传中国特色社会主义法律体系，宣传侨务政策；积极配合和支持我驻外使领馆领事侨务工作，参加当地侨胞举办的规模大、影响广的华人文化节、校友联谊会等活动，与众多华侨华人代表和侨团侨领接触、见面或交谈，以增加出访效果；出访相机开展议会外交活动，注意加强与所访国议会、政府及有关部门联系，就全国人大与所访国议会加强联系交换意见，阐述了我国政府维护侨胞正当权益的原则立场；认真了解海外侨胞生活、创业情况，支持当地爱国侨团开展工作，促进海外侨胞及其社团团结与合作；勉励他们遵守居住国法律，尊重当地风俗习惯，与当地人民和睦相处，更好地融入当地主流社会，弘扬中华文化，加强团结，争取平等权利，为当地经济与社会发展作贡献；加强了“请进来”工作的力度，首次邀请了印度、俄罗斯、肯尼亚、柬埔寨、斐济和萨摩亚、津巴布韦、委内瑞拉等国侨领团来访，扩大了华侨委的影响。

（九）重视沟通涉侨部门，密切与地方人大侨委的联系和往来。华侨委加强与其他中央涉侨部门的团结协作，积极参加中央“五侨”领导联席会议，通报工作情况，交流信息，研究问题；承办了中央“五侨”领导联席会议，回顾了该制度建立十年来的历程，交流了新信息，研究了新情况。2010年10月，华侨委会同国务院侨办、全国政协港澳台侨委、致公党中央、中国侨联在人民大会堂联合举行归侨侨眷权益保护法颁布20周年座谈会。全国人大常委会副委员长严隽琪，全国政协副主席、致公党中央主席万钢，全国政协原副主席罗豪才，中央“五侨”领导，北京市人大负责同志，侨界代表共120多人出席会议，推动了侨务法制的宣传。华侨委参与了《国家侨务工作发展纲要（2011—2015年）》草案的修改工作，就做好“十二五”时期侨务工作、加强依法维护侨益、促进华侨华人资源可持续发展等问题提出了建议；出席了中央领导主持召开的全国侨务工作会议，参加由全国政协主办的纪念辛亥革命100周年大会，国务院侨办和湖北省政府联合举办的华侨华人回国创业发展洽谈会、国际潮团联谊年会、世界华文教育工作研讨会和河洛文化国际研讨会等。华侨委作为国家海外华文教育工作联席会议成员单位，两次召开会议听取汇报，提出改进工作的建议，积极开展海外华文教育考察工作，并为华文教育基金会募集资金。

华侨委重视加强与地方人大侨委的联系和配合。为加强与地方人大侨委的联系，华侨委共举办了9次全国人大侨委工作研讨会及办事机构负责人培训班，共900多人次与会，学习有关文件，交流工作经验与体会，特别是举办的“五侨”联席会议机制问题研讨会使大家深受启发，会后不少地方在推动涉侨部门加强联系与合作方面取得了新进展。近五年，华侨委共接待来京的20多个省区市人大常委会及侨委80多批200多位负责同志，交流情况，研究问题。这些都密切了全国人大华侨委与地方人大侨委的联系,加强了相互间的沟通和配合,推动了人大涉侨工作的整体开展。

(十)加强委员会及办事机构自身建设,不断规范工作职责和制度。根据常委会"加强常委会自身建设"的要求和形势发展以及工作的需要,华侨委修改了议事规则及办事机构职责,进一步规范了工作责任和制度。委员会组成人员认真履行职责,团结协作,积极主动,充分发挥各自优势和专长,做了大量卓有成效的工作。委员会重视发扬民主,依法办事,及时召开主任委员办公会议、委员会全体会议,通报工作情况,研究部署工作,统一思想认识,推动工作顺利开展。

委员会重视指导办事机构加强自身建设,巩固深入开展学习实践科学发展观活动成果,积极开展创先争优活动,学习中国特色社会主义法律体系内容,明确岗位职责,提高工作质量,增强服务意识。办事机构工作人员认真负责,协助委员会做好日常工作,收集整理侨情信息资料;修订出版涉侨法律法规选编和编辑出版人大侨委通讯;对收到的2000多封来信及时登记,转给办公厅有关部门办理;对涉侨法规进行认真的备案审查,充分发挥了参谋和助手作用,提高了服务和保障水平。

本届华侨委工作还存在不足,主要是:侨务立法建议需要进一步提升,国外侨情调研力度需要进一步加大,海外侨胞权益保护问题调研需要进一步深入。

二、几点工作体会

过去的五年是华侨委各项工作取得丰硕成果的五年,有许多经验和体会值得总结。回顾五年来的工作,主要有以下几点体会。

(一)坚持把学习和调研作为推进工作深入开展的基础抓紧抓好

在实践中,我们深刻认识到做好华侨委工作,就要抓好学习和调研这两项基础工作。华侨委坚持把学习放在首位,认真学习党的十七大、十七届历次全会和十八大精神,认真学习十一届全国人大历次会议精神,认真学习中国特色社会主义理论。通过深化学习,坚定不移走中国特色社会主义政治发展道路,坚持高举中国特色社会主义伟大旗帜,坚持正确的政治方向,明确工作的指导思想,为更好地依法履行宪法和法律赋予的职责,推动华侨委各项工作深入开展,提高人大侨委工作水平打下了坚实的基础。华侨委认真贯彻常委会领导提出的多开展调查研究的要求,积极开展立法、执法、侨情和专题等多种形式的调研,把当前海外侨胞和归侨侨眷反映的热点、难点问题作为重点开展调研,特别是深入了解中西部省份贫困归侨侨眷生产生活情况。每年主任委员、副主任委员和委员都经常深入基层侨乡、华侨农场、侨资企业实地考察了解情况;深入到海外侨胞和归侨侨眷家庭看望侨胞。通过加大调研力度,掌握第一手材料,发现存在的问题,拓宽工作思路,为全面准确地向常委会反映情况,推动有关部门和地方解决问题,促进归侨侨眷脱贫解困工作开展,更好地履行专门委员会职责,促进侨务法制建设不断完善,发挥了重要作用。

(二)坚持把维护海外侨胞和归侨侨眷的根本利益作为工作的出发点和落脚点

我国宪法规定了保护华侨正当权益,保护归侨和侨眷合法权益的内容,这是做好侨务工作和加强侨务法制建设的宪法依据。因此,要做好人大侨务工作,就必须坚持以人为本、为侨服务的宗旨,深入了解海外侨胞和归侨侨眷的所思、所需、所急,真正把实现好、维护好、发展好海外侨胞和归侨侨眷的根本利益作为华侨委工作的出发点和落脚点,切实保障海外侨胞和归侨侨眷的各项权益。几年来,华侨委就是按照宪法赋予的职责,把跟踪检查常委会归侨侨眷权益保护法执法检查所提整改建议的落实情况作为出发点,积极推动解决归侨侨眷和广大侨胞最关心、最直接、最现实的华侨农场老大难问题、散居归侨侨眷的生产生活困难问题和海外侨胞在国内投资权益保护等问题。通过几年的努力,华侨委已基本完成了常委会交付的做好执法检查所提整改建议落实情况跟踪检查的工作,促进了华侨农场历史遗留问题的解决,加快了华侨农场的改革和发展,推动了归侨侨眷走上脱贫致富的道路,加强了保护侨胞在国内投资权益的力度,推进了多年来侨务工作中亟需解决问题的解决,推动了侨务法律实施和侨务法制的宣传,还积累了开展涉侨法律监督和涉侨工作监督的做法和经验。

(三)坚持把法律监督和工作监督紧密结合以增强开展工作的实效

华侨委按照监督法的规定和常委会领导的指示精神,在坚持依法办事的前提下,注重积极探索监督方式,加强工作监督力度。在协助常委会跟踪检查归侨侨眷权益保护法执法检查报告所提整改建议落实时,不断探索有效的办法,注意把侨务法律实施情况和侨务政策落实情况、法律监督和工作监督、跟踪检查与调查研究紧密结合;根据新形势下侨务工作发展的需要，通过召开委员会会议方式，听取有关部门开展涉侨工作情况介绍，有针对性地提出建议和意见的做法，促进有关部门改进和加强侨务工作，推动侨务法律法规的实施；还采取召开专题研讨会的做法，深入研讨某一方面侨务法律法规的实施情况，肯定成绩，总结经验，查找问题，分析原因，提出建议，从而推动了侨务工作科学发展和侨务法制建设不断加强，促进了海外侨胞和归侨侨眷的权益不断得到保障，维护了社会公平正义。

（四）坚持把国外侨务与国内侨务工作紧密结合以更好地服务大局

华侨委认真贯彻党的侨务基本方针政策，坚持以人为本、为侨服务的宗旨，坚持为国家大局服务和为侨服务的统一，按照要有利于海外侨胞的长期生存和发展、有利于发展我国同海外侨胞住在国的友好合作关系、有利于推进我国现代化建设、维护和促进祖国统一的"三有利"，区别国籍界限，公开合法，积极稳妥和一视同仁、不得歧视、根据特点、适当照顾等原则开展工作，既做好促进侨务法律法规实施、侨务政策落实，维护海外侨胞和归侨侨眷在国内权益的工作，不断发挥他们在改革开放、社会主义现代化建设和促进祖国统一方面的独特作用；又加强做好维护海外侨胞的正当权益工作，关心他们在居住国生存和发展，融入当地主流社会，支持他们发展华文教育事业，引导他们为居住国繁荣发展，增进乡情、亲情和友情，不断增进中国人民和居住国人民的友谊，弘扬中华传统优秀文化，为现代化建设和振兴中华、祖国统一作出新贡献。

我们坚信，在党的十八大精神指引下，在以习近平同志为总书记的党中央坚强领导下，新一届全国人大华侨委员会必将进一步解放思想，与时俱进，开拓创新，侨务工作和侨务法制建设不断取得新进展，更广泛地团结海外侨胞和归侨侨眷，为全面建成小康社会，实现中华民族伟大复兴而奋斗！

第十一届全国人民代表大会环境与资源保护委员会五年工作总结

（2012年12月3日第十一届全国人民代表大会环境与资源保护委员会第三十二次会议通过）

2008—2013年是我国民主法制建设史上极其重要的五年，中国特色社会主义法律体系如期形成，并在新的起点上不断加以完善。五年来，十一届全国人大环资委在全国人大及其常委会的领导下，紧紧围绕党和国家工作大局，切实履行宪法和法律赋予的职责，认真贯彻落实全国人大环资委五年工作规划，坚持以形成和完善中国特色社会主义法律体系、推动中央重大决策部署贯彻落实为工作中心，以坚持尊重代表主体地位，积极探索办理代表议案和建议与立法、监督工作有机结合为主要途径，在提高立法质量，增强监督实效等方面做了大量卓有成效的工作，为促进经济社会发展与资源环境保护相协调发挥了重要作用。

一、积极探索办理议案和建议与立法、监督工作有机结合的途径，采取有效措施推动工作深入开展

五年来，我们始终坚持尊重代表主体地位，坚持为代表服务的思想，积极探索办理议案和建议与立法、监督工作相结合的有效方法和途径，采取多种方式推进工作深入开展。

解决阻碍法律实施突出问题，修改完善可再生能源法。近几年，我国可再生能源产业发展迅猛，可再生能源法实施中存在的问题逐步凸显，褚君浩等30位代表和王燕文等47位代表针对可再生能源发电上网和电价问题，提出有关修改可再生能源法的代表议案，2008年有83位代表和西藏代表团提出有关加强可再生能源开发利用、完善有关法律和配套政策的20项代表建议。为认真办理代表议案和建议，有效解决可再生能源法实施中的突出问题，我委结合当前面临的能源安全、气候变化以及新能源产业振兴等重大问题，开展了可再生能源法的法律后评估工作，归纳梳理了法律实施中存在的主要问题，突出强调了统筹规划、市场配置与政府宏观调控相结合和国家扶持资金集中统一使用三个立法原则，形成可再生能源法修正案草案，全国人大常委会第十一次会议审议通过了修正案。法律实施三年多就进行修改，表明国家着力解决当前

可再生能源法实施中的问题、进一步依法加快可再生能源发展的意志，也向国际社会宣示我国应对能源安全和气候变化的积极态度，为我国可再生能源产业加速突破制约瓶颈，走向繁荣有序发展，增强国际市场竞争力提供了新的契机。

*配合常委会听取和审议国务院工作报告，作出应对气候变化决议。*应对气候变化是国内外普遍关注的重大问题。根据气候变化国际谈判的形势，我委在办理代表议案时，认真分析研究，抓住应对气候变化这一重大问题，对制定气候变化应对法议案的有关建议进行了专题研究，向全国人大常委会提出了听取国务院应对气候变化工作报告，审议通过应对气候变化决议，以及研究制定相关法律等建议。常委会领导同志高度重视，做出重要批示。全国人大常委会第十次会议听取和审议了国务院工作报告，通过了《全国人民代表大会常务委员会关于应对气候变化的决议》。全国人大常委会听取国务院专项工作报告并就有关重大问题做出相关决议，是代表工作、监督工作和立法工作的有机结合，是全国人大常委会为应对气候变化采取的重大举措，受到了国际国内的广泛关注，扩大了我国的国际影响，对于落实中央决策，支持政府工作，加强人大监督，维护国家利益起到了重要作用。

*将执法检查与完善法律相结合，有针对性地修改清洁生产促进法。*清洁生产促进法是从源头和生产全过程预防和控制污染，推动能源资源节约，保护和改善环境的重要法律。法律颁布以来的实施情况一直受到人大代表的广泛关注。2010 年全国人大常委会组成执法检查组，邀请部分全国人大代表参加，开展了清洁生产促进法执法检查，提出了适时修改法律的建议，并明确了进一步强化清洁生产推行规划，强化清洁生产审核制度，强化政府部门职责等三个方面的修改意见。在法律修改过程中，我委多次召开由人大代表参加的座谈会，广泛听取和吸纳各方面意见，加快了法律修改进程。2011 年，全国人大常委会将清洁生产促进法列入年度立法计划；2012 年，二审通过了清洁生产促进法修正案。常委会审议意见认为，通过执法检查发现法律实施中存在的突出问题，有针对性地提出修改和完善法律的建议，推动法律修改工作，是监督工作与立法工作的有效结合，是建立健全长效机制的有效途径。

*加强科学论证与修改，提请审议并通过海岛保护法。*十届全国人大环资委从 2003 年着手开展海岛保护法起草工作，并于 2006 年将草案报送全国人大常委会，2008 年和 2009 年全国人大代表再次提出关于加快制定和审议海岛保护法的议案。十一届全国人大环资委认真落实全国人大常委会领导同志意见，认真研究国务院办公厅对十届全国人大常委会办公厅征求意见回函，加强与法工委、国务院法制办沟通协作，对法律草案的有关内容进行了相应调整和充实，妥善解决了法律草案中的突出问题。新的法律草案把立法宗旨确立为保护海岛生态系统，合理开发利用自然资源，维护海岛及其周边海域生态平衡，促进经济社会的可持续发展。海岛保护的原则是科学规划、保护优先、合理开发、永续利用。并进一步完善了海岛保护规划制度，对有关部门的各项职责作出了明确规定，加强了与相关法律的衔接，使法律更具可行性和操作性。十一届全国人大常委会第十二次会议审议通过了海岛保护法。

*适应环境保护工作需要，积极推动修改环境保护法。*环境保护法的修改一直是社会关注、群众关心的热点问题。从 1995 年到 2012 年间，全国人大代表共 2474 人次和台湾、海南两个代表团相继提出修改环境保护法的议案 78 件，十届以来全国人大代表共 101 人次提出修改环境保护法的建议 18 件。十一届环资委成立以来，我们始终将环境保护法的修改作为重点工作，2008 年到 2010 年，组织开展了对水、大气、固体废物、噪声等污染防治相关法律和环境保护法的后评估工作，分析了环境保护法修改的三种主要思路，认为编纂法典是长期任务，全面修订各方意见不一，当前现实和有效的是，做好法律清理的后续工作，按照突出重点、有限目标、条文修改的原则对环境保护法进行修改，经全国人大常委会同意，列入 2011 年立法计划。我委在梳理历年代表议案、建议和有关方面意见的基础上，进行了广泛深入调研，并配合全国人大常委会听取和审议了国务院关于环境保护工作情况的报告，全面分析了环境保护主要法律制度以及相关法律衔接方面存在的问题，进一步明确了法律修改的指导原则、思路和重点，针对当前与环境保护工作不相适应的八个方面的法律制度问题，形成了修改环境保护法若干条文的修正案（草案），并提请全国人大常委会第二十八次会议审议。2012 年，我委继续配合全国人大常委会对环境保护工作开展重点专题调研，对法律实施中的重点问题进一步调研，推动相关工作深入开展。

*广泛听取各方面意见，深入推进自然遗产保护法起草论证。*对自然遗产保护进行立法从九届全国人大开始酝酿，至今已逾十年，法律名称和适用

范围几经调整，社会认识尚不一致，部门协调十分困难。2009年以来，我委根据历次大会代表提出的议案及其审议报告，对自然保护区条例和风景名胜区条例的实施情况开展评估，对立法遇到的重点难点问题反复进行专题论证，广泛听取国务院有关部门、地方人大、地方政府、保护管理机构和有关专家的意见，提出了“整合国家层面的自然遗产保护体系和制度，对各类自然遗产进行统一规范和科学分类管理”的立法思路，形成了自然遗产保护法草案。按照全国人大常委会领导广泛听取专家学者意见的指示，成立了自然遗产保护法咨询专家组，邀请两位院士和具有广泛代表性的各方面专家参加，定期召开会议，共同研究论证重点问题，使立法思路确立、专题报告研究和法律条文起草等环节的研究论证更加全面、细致和扎实。

*进一步完善工作机制，提高代表议案建议办理质量。*做好人大工作，离不开代表作用的充分发挥。我委从坚持和完善人民代表大会制度出发，进一步完善工作制度，努力提高为代表服务水平。五年来，我委共办理十一届全国人大大会主席团交付审议的议案239件，常委会办公厅交付办理的建议45件，重点处理建议9项。办理工作中，我们注重加强与代表的沟通和联系，积极探索议案和建议办理的有效方法和途径，广泛邀请代表参加各项立法和监督工作，进行实地调研，认真听取和吸收代表提出的各种意见和建议，提高议案和建议办理质量。通过办理议案和建议，先后启动了环境保护法修改、可再生能源法修改，配合常委会做出应对气候变化决议，推动太湖流域管理条例出台，促进尽快制定渤海环境管理专门行政法规。同时，加大对建立健全生态补偿机制，健全资源型城市可持续发展，启动实施全国坡耕地水土流失治理工程，加强农村河道综合整治，促进可再生能源发展，推动煤炭清洁高效利用等重点处理建议案的督办力度，促进代表议案和建议在具体工作中逐步落实，不断提高代表的满意度。

二、紧紧围绕改革发展稳定和人民群众关心的重大问题开展调研，为中央决策提供参考

按照吴邦国委员长对专门委员会提出的“在调查研究上再下点功夫，提出有真知灼见、真正有分量的调研报告”的要求，五年来，我们紧紧围绕党和国家工作大局，关注事关改革发展稳定和人民群众关心的重大问题，通过充分调查研究，探索问题的本质，形成了一批较高质量的调研报告，得到了全国人大常委会领导和国务院领导的高度重视，所提意见建议为党和国家制定方针政策提供了决策参考，对推动有关方面改进工作发挥了积极作用。

*以保障生态安全为重点开展专题调研。*五年来，我们连续对我国重要的生态屏障区、功能区等开展了一系列专题调研。三峡工程是全国人大批准兴建的举世瞩目的重大工程，三峡工程对生态与环境的影响，国内外各界人士都非常关心。我委组成专题调研组对三峡工程生态环境保护进行了调研，全面总结了三峡库区生态环境建设与保护的经验，提出了关于充分发挥项目投资效益，建立长江流域水资源统一调度系统，完善库区管理体制机制等建议。吴邦国、温家宝、李克强等党和国家领导人均做出重要批示，促进了三峡工程生态环境保护和建设。湖北省水生态环境关系到南水北调等全局性问题，为贯彻吴邦国委员长指示精神，我委组成调研组分赴南水北调中线水源区、三峡库区、四湖流域和武汉大东湖地区进行调研，深入分析了湖北省水生态环境对我国经济社会发展的影响，提出了关于加大落实国家批准的各项规划的力度，研究制定相关政策等方面建议。吴邦国委员长、温家宝总理做出重要批示，国务院有关部门对报告提出的建议逐条进行研究，相关政策措施得到落实。三江源是我国最重要、影响最大的生态调节区，我委在三江源调研中提出，三江源水量增加成因缺乏定量分析，对生态环境持续改善须持审慎态度，建议要尽快批复三江源生态保护综合试验区总体方案等。李克强副总理做出重要批示，推动了相关工作，促进了《青海三江源生态保护综合试验区试验总体方案》的批准实施。渤海环境保护已成为一项十分艰巨而紧迫的任务，在渤海蓬莱溢油污染事件和中石油大连石化污染渤海事件发生后，结合建议办理，我委开展了专题调研，指出必须从战略高度认识渤海环境保护的重要性和紧迫性，重视渤海污染恶化的趋势，增强危机感，加大防治力度，拯救渤海。常委会领导高度重视，将报告批转国务院，指出要高度重视依法保护和改善渤海环境，国务院要求环保部等部门及有关地方认真研究提出意见。东北大小兴安岭在维护我国生态安全方面具有重要地位，我委在调研中提出尽早制定生态功能区建设规划并组织实施，推进资源型地区转型等建议，国务院领导做出批示，有关部门制定了大小兴安岭林区生

态保护与经济转型规划，正逐步实施。我们还对鄱阳湖、太湖，主体功能区建设和生态补偿机制等开展了专题调研，得到中央领导同志重视，批转有关方面参考。

以促进能源资源合理开发利用为重点开展专题调研。稀土是我国重要的战略性资源，针对我国稀土管理存在着监管不力、政令不通、市场秩序混乱，开发应用不合理等突出矛盾，我委进行了专题调研，并提出了相关建议，吴邦国委员长批示，希引起重视，温家宝总理批示有关部门尽快研究提出加强稀土资源管理、保护和合理利用的措施。2011年，国务院出台了《关于促进稀土行业持续健康发展的若干意见》，促进了稀土资源国家战略储备制度的建立，引起国际社会的高度关注。循环经济促进法颁布实施后，循环经济发展取得了积极进展，但仍然存在对发展循环经济认识不够深入，相关激励约束政策措施不到位等问题，我委对循环经济促进法的实施进行了跟踪调研，提出了关于形成社会共识，完善财税政策，健全法规制度，解决制约因素的意见建议，温家宝总理做出重要批示，要求有关方面认真研究报告所提各项建议，针对问题提出改进工作的措施。发展绿色经济、低碳经济是全国人大常委会《关于积极应对气候变化的决议》提出的要求，为进一步了解《决议》的落实情况，我委开展了专题调研，提出将发展绿色经济、低碳经济作为转变经济发展方式的重要内容纳入“十二五”规划，从能源管理体制和价格改革、财政支持、科技创新等方面促进绿色经济、低碳经济发展，建议受到全国人大常委会、国务院领导同志的重视，批示有关部门参考、研究。五年来，我委还对清洁煤技术、可再生能源和新能源发展与利用情况开展了专题调研，配合常委会开展了关于“十二五”规划专题调研中有关推进清洁生产和科技进步促进循环经济发展的调研，对于推动有关方面工作起到了积极作用。

以社会关注和民生热点问题为重点开展专题调研。边远海岛保护和发展事关捍卫国家海洋权益，拓展经济发展空间，维护国防安全和生态安全，我委就事关边远海岛保护和海洋权益重大问题进行了专题调研，提出了相关建议和意见，吴邦国、李克强等领导同志对报告作了重要批示，要求加强对边远海岛发展政策的研究工作。国土资源部、国家海洋局会同有关方面针对报告提出的各项建议，研究制定了具体工作方案，出台了相关措施，促进了边远海岛的保护和发展。加强城乡统筹环境监测是解决我国农村环境家底不清，污染情况不明的重要举措，我委对城乡统筹环境监测信息系统建设进行了调研，建议要深入研究总结哈尔滨的经验，尽早建立健全统一的城乡环境监测管理体制，推动城乡统筹环保工作迈上新台阶。李克强副总理作出重要批示，要求环保部结合推进农村环保工作认真研究。环境保护部要求相关部门开展深入研究，并在全国环境监测工作会议及全国自然生态和农村环境保护工作会议上进行了部署。居民供水事关国计民生，但也存在政府在供水中的职责不清，国有资产控制力不够等问题，我委对深圳市城镇供水改革情况进行调研，总结了他们改革的经验，提出坚持政府对居民饮用水供应的主导地位，建立供水行业可持续发展机制和进一步完善相关法律法规等建议，得到国务院领导同志重视并作出批示。土地问题是现代化进程中带有全局性、根本性、战略性的重大问题，现行土地管理中的一些规定已不适应新的形势发展要求，土地管理法的修改已列入十一届全国人大常委会立法规划，但迟迟未能形成审议草案。我委开展了土地管理法的立法调研，提出了要深入研究土地权利体系的分类及内涵，严格界定“公共利益”含义，完善土地征收征用相关制度，规范农村集体建设用地流转，探索建立城乡统一的土地市场的建议，为修改完善土地管理法提供了参考。地下水污染防治压力日益增大，保护与防控亟待得到加强，对此，我委组织专题调研，建议国务院有关部门抓紧实施地下水污染状况调查评价，尽早启动实施全国地下水污染防治规划，重点加强工业危险固废物堆放场、石化企业、矿山渣场、垃圾填埋场等地下水环境监控，全力防范地下水污染隐患等，为国务院决策提供了参考。

三、协助常委会开展经常性工作，不断提高工作质量和水平

五年来，我们按照常委会工作计划，认真做好审议有关法律案工作，协助常委会深入开展监督工作，认真处理代表议案和建议，积极开展对外交往，不断提高了我委工作质量和水平。

按照立法计划审议循环经济促进法和水土保持法。循环经济法草案由十届全国人大环资委起草，并提交十届全国人大常委会进行了初审和二审，十一届全国人大常委会第四次会议三审通过了循环经济促进法。我委认真配合常委会做好审议有关工作和法律宣传工作，督促有关部门制定配套法规、规章和标准，进一步增强了法律的可操作性。

水土保持法草案是由国务院起草并提交常委会审议,我委提前介入法律起草审议工作,就水土保持设施的验收、加强政府及有关行政部门的责任、加强重大水土流失的预警和应急机制等问题对法律草案提出修改意见,十一届全国人大常委会第十八次会议审议通过了水土保持法修正案。

配合常委会以转变经济发展方式,推动产业结构优化为重点开展执法检查。全国人大常委会连续几年集中围绕落实中央关于转变经济发展方式,推进经济结构战略性调整的部署开展持续监督。我委紧密配合常委会开展环境影响评价法执法检查,从规划立项和开发建设活动的源头上,加强预防和控制环境污染破坏的行为。针对执法检查中了解的环评行政部门监管责任落实不到位,强调审批而忽视全过程监管,以及环评审批的公正性等突出问题,我委督促国务院有关部门认真研究解决环评机构与审批部门脱钩的问题,促进了有关部门对事业单位环评体制改革进行试点,加快了有关部门研究制定全面推进事业单位环评体制改革工作方案。我委配合常委会开展清洁生产促进法执法检查,是这部法律颁布实施以来的第一次,对保障法律全面有效实施、推动清洁生产工作起到了重要作用。温家宝总理做出批示:要重视人大执法检查组报告提出的建议和人大常委会讨论的意见抓紧清洁生产各项措施的落实,特别在部门职责分工上要尽快予以明确。全国人大常委会通过了关于修改清洁生产促进法的决定,国务院有关部门加大了法律实施的力度,有效促进了从源头削减污染,节约能源资源,保护和改善环境。我委与财经委共同配合常委会开展节约能源法执法检查,督促有关方面严格落实节能减排目标责任制,尽快完善节能标准和管理制度,加快推进以节能降耗为核心的企业技术改造,认真解决建筑用能效率偏低、建筑节能改造进展缓慢等问题。在执法检查中,我委对吉林省“暖房子”工程进行了调研,认为“暖房子”工程不仅改善了居民居住条件,推动了供热计量改革,还大幅降低了采暖能耗,减少了温室气体和污染物排放,是深得人心的工程,建议将其列入国家示范工程。李克强副总理作出批示:建议值得重视,要将加快棚户区改造、推进保障性住房建设与建筑节能有机结合起来。

配合常委会以保障人民群众身体健康,遏制环境污染和生态破坏为重点听取和审议专项工作报告。针对我国环境状况总体恶化趋势尚未得到完全遏制的严峻形势,我委配合常委会先后听取和审议了国务院关于水污染防治工作进展情况的报告,关于“十一五”规划纲要实施中期情况的报告,关于大气污染防治工作进展情况的报告,关于环境保护工作情况的报告等,关于保障饮用水安全情况的报告并进行专题询问,关于土地管理和矿产资源开发利用及保护情况的报告。这些工作都直接关系人民群众的身体健康和切身利益,直接关系生态环境保护和资源能源可持续利用,我们配合常委会有计划、有重点、有步骤地连续开展监督工作。听取和审议国务院专题报告前,我委都组成专题调研组,到地方深入调研,写出有分量、有说服力的调研报告供常委会审议时参考。我委还采取多种形式加强对报告审议意见落实情况的跟踪监督,突出关键问题的解决和长效机制的建立,坚持几年常抓不懈,一抓到底,推动政府和有关部门采取更加有力的措施,切实改进工作,解决群众最关心、最直接、最现实的利益问题。

积极开展对外交往,切实维护国家利益。气候变化是对外交往工作的热点,作为国家总体外交的重要组成部分,我委充分发挥人大对外交往的独特优势,在国际舞台上利用立法者的特殊身份和方式维护国家利益,表达政府不便表达的意见,争取一切可以争取的力量,积极做各国议会和议员工作,为政府间谈判创造良好环境并做出积极贡献。五年来,按照中央和全国人大常委会的安排,我委积极参加了每年一次的“全球”气候变化立法者国际论坛,坚持以我为主,紧紧围绕政府间谈判中的关键问题与政府协同配合,积极宣传我国在应对气候变化方面的积极态度和务实行动,维护了我国和发展中国家利益,得到中央外事工作领导小组的重视和肯定。经全国人大常委会批准,我委成功举办了两次环境资源立法与可持续发展国际论坛,形成了《以立法行动促进新能源和可再生能源发展论坛共识》等文件。五年来,我委按照常委会要求,积极开展双边交流访问,先后组团访问了19个国家,参加了北极会议、联合国国际减灾战略议员咨询会议、联合国荒漠化公约会议、亚太地区议员环境与发展大会和世贸组织议员研讨会等国际会议,接待了20多个外国议会代表团和上百次有关人士来访,增进了与外国议会和专门委员会之间的了解,推动了相互交流与合作,促进了相互学习和借鉴。

以推动资源环境法律宣传为重点,认真组织开展中华环保世纪行宣传活动。十一届全国人大环资委组成后,认真贯彻落实全国人大常委会领导指示精神,按照“品牌要坚持,机制要完善,作用要发挥”的要求，进一步明确中华环保世纪行宣传活动定位，完善宣传活动方式，规范工作程序，坚持“做亮主题主线宣传、做活典型经验宣传、做深法律政策宣传”，紧密配合全国人大常委会环境资源立法和监督工作，先后以“节约资源，保护环境”、“让人民呼吸清新的空气”、“推动节能减排，发展绿色经济”、“保护环境，促进发展”和“科技支撑、依法治理、节约资源、高效利用”为主题，大力宣传循环经济促进法、大气污染防治法、水土保持法、清洁生产促进法、水法、水污染防治法、固体废物污染环境防治法和矿产资源法等法律，大力宣传先进典型和经验，充分发挥中华环保世纪行舆论引导、鼓舞和监督作用，在增强各级领导干部的环境资源法制观念，推动环境资源法律政策的完善和实施，提高全社会环境资源法律意识等方面起到了积极作用。五年来，中华环保世纪行宣传活动扎实有序推进，更加体现人大工作的特色，更加得到各级政府的重视，更加受到广大群众的欢迎。

四、切实加强与地方人大专门委员会联系，努力形成工作合力

地方人大工作有许多好经验好做法，是我们做好各项工作的实践源泉和重要依托。五年来，全国人大环资委与地方人大环资委及相关委员会建立了密切联系，加强了情况交流，促进了工作开展，形成了工作合力。

*充分吸收地方人大对立法工作的建议。*我委在立法过程中广泛听取和吸收各地人大的意见与建议，力求使制定的法律符合国情、符合实际。在自然遗产保护法起草过程中，我委对不同类别的自然遗产资源进行调研，与地方人大同志就立法思路、保护重点和保障措施等一系列重点问题进行广泛深入地交流，为法律起草工作顺利进行奠定了基础。在环境保护法修改过程中，我委邀请各省（区、市）环资委的同志参加环境保护法修改研讨培训班，广泛听取意见，对环境保护法的修改完善起到了积极作用。在可再生能源法修改论证中，我委赴地方就有关问题进行深入调研，多方听取意见建议，对完善法律起到了推动作用。我委在无锡市召开湖泊安全立法座谈会，围绕总结地方人大促进太湖立法工作经验，推动重点湖泊依法治理和保护，为今后湖泊生态保护立法提供了有益的参考和指导。我委还召开循环经济促进法和海岛保护法培训班，邀请各省（区、市）环资委的同志参加，加强宣传和指导，对于法律贯彻实施起到了推动作用。

*共同推进监督工作取得实效。*我们在监督工作中，注意全面了解地方工作情况。每次开展执法检查和听取国务院专项工作报告，都委托省、自治区、直辖市人大在本辖区开展调查研究，提供更多真实情况，地方人大积极配合，与我们深入交换意见，共同探讨解决问题的途径和办法。我们广泛邀请地方人大参加我委组织的调研活动，邀请省（区、市）人大环资委参加了三峡工程生态环境建设与保护情况调研、绿色经济与低碳经济发展调研、边远海岛生态保护调研、保障饮用水安全调研、环境保护专题调研等一系列重点调研活动。我们还将人大监督工作与推动实际工作改进相结合，在赴广东开展大气污染防治工作调研时，我委就大气监测防治工作建议广东省人大开展相关调研，促进省（市）间交流合作，收到了实效。

*不断加强相互支持与配合。*五年来，我委先后在天津、南宁、上海、重庆和武汉市等地，分别就十一届人大环资委五年工作规划、自然遗产保护法立法论证和起草工作、倡导绿色理念推动低碳生活、转变发展方式建设生态城乡、环资委五年工作以及保障饮用水安全、环境保护等有关议题，召开环资委全体会议，邀请各省（区、市）人大的分工联系副主任、相关专门委员会的负责同志参加，认真总结和广泛交流各地工作经验和做法。我们赴地方无论是立法、监督、调研工作，还是召开会议，都得到了地方人大的全力支持与配合，有力促进了各项工作的开展。

在总结工作取得成绩的同时，我们也应该看到工作中仍有不少差距和不足。一些法律制定和修改完善工作还有待推进，一些监督工作的实效性有待加强，代表工作和自身建设也需要进一步改进。

总结回顾五年来的工作实践，我们有以下几点体会：

*一是必须坚持正确的政治方向，不断提高委员会依法履职能力。*人民代表大会制度是我国的根本政治制度，全国人民代表大会及其常务委员会的一切工作都是在党中央的领导下依法开展的。全国人大环资委作为全国人民代表大会设立的专门委员会，必须坚持党的领导、人民当家作主、依法治国有机统一，这是做好人大环境与资源工作的根本保障。五年来，环资委在全国人大及其常委会领导下，始终坚持正确的政治方向，按照宪法和法律赋予的职责，围绕党和国家工作大局，充分发挥专委会人才荟萃、知识密集、经验丰富的特点和优势，不

断加强委员会自身建设，切实提高依法履职能力，努力为提高人大环境资源保护工作质量和水平发挥作用。

二是必须坚持开拓进取，扎实推进人大环境资源工作创新。做好人大环境资源工作，必须从国情和实际出发，坚持开拓进取，扎实推进工作创新。五年来，我们根据党和国家环境资源保护工作的总体目标和任务，按照全国人大常委会工作的总体要求，制定了五年工作规划，有计划、有重点、有步骤地开展工作，使各项工作有序进行。坚持推进科学立法、民主立法，建立广泛听取代表、地方人大、政府部门和专家学者意见的机制，积极开展法律后评估，加强对重大问题的研究论证，使立法工作更好地适应经济社会发展的需要。积极探索代表议案和建议办理工作与立法、监督工作的有机结合，集中民智、凝聚共识，综合运用多种有效方式，不断推动各项工作深入开展。

三是必须增强工作实效，积极推动建立健全解决问题的长效机制。做好人大环境资源工作，必须在推动中央重大决策部署贯彻落实、促进关系改革发展稳定和人民群众关心的重点问题解决上见到新成效。五年来，我们始终坚持以促进转变经济发展方式，改善环境质量和生态状况为主线开展各项工作，找准促进经济社会发展与环境资源保护相协调的结合点和切入点，始终坚持在充分调查研究的基础上，立足当前、着眼长远，把握重点、抓住关键，运用立法、监督、调研，办理代表议案和建议等多种方式，促进有关方面改进工作，加强制度建设，推动建立健全解决问题的长效机制。

四是必须重视和加强工作机构建设，努力提高队伍素质。建立一支高效精干的工作机构队伍是做好人大环境资源工作的重要保障。五年来，我委始终重视和加强工作机构的自身建设，不断完善各项工作制度规范，加强工作机构的思想作风建设、组织制度建设和素质能力建设，发挥领导干部的带头作用，培养锻炼年轻干部，扩大干部的交流使用，使机关干部的政治、业务素质不断提高，工作的积极性、主动性、创造性有效发挥，集体参谋助手作用得到加强，为委员会各项工作开展奠定了坚实基础。

五、2013年工作安排建议

2013年是十一届全国人大环资委任期届满和十二届全国人大环资委依法履职的第一年。全国人大环资委要高举中国特色社会主义伟大旗帜，以邓小平理论、“三个代表”重要思想、科学发展观为指导，全面贯彻党的十八精神，切实履行宪法和法律赋予的职责，进一步推进立法、监督和办理代表议案、建议等各项工作，为建设生态文明，建设美丽中国，实现中华民族永续发展做出贡献。

一是开展可再生能源法实施情况执法检查。2009年可再生能源法修正案颁布实施以来，对加快推动我国可再生能源开发利用产生了非常重要的作用，在国际上也产生了积极的影响。但是，受金融危机和可再生能源市场发展增速减缓的影响，以及国际贸易保护主义的抬头，我国可再生能源产业的发展面临着较大的冲击。同时，法律实施中的有些问题也逐步暴露出来，法律一些规定没有得到落实，特别是电网不适应可再生能源发展的矛盾比较突出。近年来，全国人大代表也在议案和建议中提出执法检查建议，因此，建议全国人大常委会2013年工作计划安排可再生能源法的执法检查。主要内容包括：我国可再生能源法实施的基本情况；法律配套法规的制定情况；法律实施中存在的主要问题和建议；可再生能源法与其他法律的衔接问题及相关意见和建议等。

二是听取国务院关于生态补偿机制建设工作情况的报告。党的十七大报告明确提出，要建立健全生态环境补偿机制。十八大报告又将“建立反映市场供求和资源稀缺程度、体现生态价值和代际补偿的资源有偿使用制度和生态补偿制度”作为加强生态文明制度建设的重要组成内容。近年来，全国人大代表也在议案和建议中提出加强生态补偿机制建设的建议，因此，建议全国人大常委会2013年工作计划安排听取国务院关于生态补偿机制建设工作情况的报告。重点报告通过财政补助、转移支付等方式增加国家生态补偿专项资金情况，流域上下游之间、不同主体功能区之间生态补偿机制建立情况等。

三是继续深入开展资源与环境保护相关调研工作。主要包括三个方面：第一，开展海洋环境保护法实施情况专题调研工作。近年来，海洋环境保护工作受到全国人大常委会和广大人大代表的高度关注，深入贯彻落实海洋环境保护法，切实保护和改善海洋环境，保护海洋资源，防治海洋污染损害，维护海洋生态平衡，保障人体健康，对全面做好海洋资源及生态环境保护，促进经济和社会可持续发展具有重要意义。因此，建议安排海洋环境保护法实施情况专题调研。第二，开展湖泊生态保护专题调研工作。湖泊生态安全是水环境状况的综合反映，湖泊的生态安全将直接影响流域地区经济社会发展。在十一届全国人大四次会议上，39 位江苏代表团全国人大代表向大会提交了关于尽快制定国家湖泊生态安全法的议案。议案中特别强调，当前我国湖泊生态环境受到严重破坏，湖泊生态安全形势严峻，刻不容缓，急需立法予以保护。结合对该议案的办理，建议安排湖泊生态保护专题调研。第三，开展大气污染防治工作情况专题调研工作。大气污染情况直接关系人民群众的身体健康，是社会关注的热点问题，特别是 $PM_{2.5}$，社会反映很强烈。国家已经修改了环境空气质量标准，增设了颗粒物($PM_{2.5}$)浓度限值，为进一步了解我国大气污染防治情况情况，特别是 $PM_{2.5}$ 的监测和治理情况，建议开展大气污染防治工作情况专题调研工作。第四，推动大洋资源勘探开发利用立法的专题调研工作。我国资源短缺日益严重，许多国家早已进入大洋进行深海资源勘探开发活动，根据国际组织的规定，没有大洋开发管理国内法的国家进入大洋受许多限制。大洋资源勘探开发国内立法的缺位，不利于我国在“区域”勘探开发和新资源的研究和发现等方面开展工作，不利于我国在有关国际组织中以及制定相关国际立法时发挥更大作用。建议开展推动大洋资源勘探开发利用立法的专题调研工作。第五，开展节能减排专题调研工作。为节约能源资源、降低能源资源消耗、减少污染物排放，促进经济社会健康、协调、可持续发展，我国作出了节能减排重大战略部署。“十一五”期间我国节能减排工作总体取得积极进展。《国民经济和社会发展第十二个五年规划纲要》中指出，坚持把建设资源节约型、环境友好型社会作为加快转变经济发展方式的重要着力点，深入贯彻节约资源和保护环境基本国策，促进经济社会发展与人口资源环境相协调，走可持续发展之路。《国务院关于印发“十二五”节能减排综合性工作方案的通知》中进一步明确了“十二五”期间国家节能减排工作目标。明年将进入“十二五”中期，也是节能减排的攻坚阶段，适时开展针对该项工作的专题调研，充分发挥人大监督作用，对保证国家“十二五”节能减排目标的顺利实现具有重要意义。因此，建议安排节能减排专题调研。

第十一届全国人民代表大会农业与农村委员会五年工作总结

（2012 年 12 月 23 日第十一届全国人民代表大会
农业与农村委员会第二十九次会议通过）

第十一届全国人民代表大会农业与农村委员会成立以来，全体组成人员以邓小平理论、“三个代表”重要思想、科学发展观为指导，围绕党和国家工作大局，在全国人大及其常委会领导下，认真履行宪法和法律赋予的职责，为推动我国“三农”工作发展，进一步完善农业法制建设，做出重要贡献。

五年工作回顾

本届委员会任期的五年，是我国“三农”工作发展的最好时期。以水利建设为重点的农业基础设施建设力度加大，粮食生产连年增产，农民收入快速增长，农副产品供给丰富，农村社会保障体系建设不断完善，社会主义新农村建设有了新的进展。党中央连续出台“一号文件”，对“三农”工作做出重要部署，提出了一系列重要论断，丰富了中国特色社会主义理论。“三农”工作取得的显著成绩，为我国有力应对国际金融危机，推动国民经济平稳较快发展，维护社会稳定和谐，做出了重大贡献。五年来，委员会贯彻落实党中央“三农”工作战略部署，联系实际，深入调研，加大力度，扎实工作，圆满完成各项任务，主要体现在以下几个方面。

一、积极推进涉农立法工作

五年来，委员会把法律草案起草和审议工作放在重要位置。根据全国人大常委会立法规划和年度立法工作计划，委员会组织开展农业技术推广法、农业法修改工作，提前介入并参与起草审议农村土地承包经营纠纷调解仲裁法，参与粮食法、扶贫法起草工作和森林法修改工作，开展修改种子法前期调研工作。

（一）完成农业技术推广法修改工作

现阶段我国农业科技发展水平还不高，对现代农业发展的引领支撑作用还不强，依靠科学技术打破环境资源对农业生产发展的约束十分紧迫。为推动农业科技发展，提高农业综合生产能力，修改农业技术推广法列入2011年常委会立法工作计划。根据常委会农业技术推广法执法检查报告要求，在委员会对该法立法后评估基础上，委员会组织开展了农业技术推广法修改工作。先后召开部分省区市人大农委、有关部门和议案领衔代表座谈会，共同研究草案有关问题。组成调研组赴地方调研。为解决体系建设、财政保障等重点难点问题，委员会与有关部门进行了多次沟通并达成共识。农业技术推广法修正案（草案）形成后，征求了有关部委、各省区市人大、政府、科研单位和专家的意见。2011年6月，委员会全体会议听取有关部门修改农业技术推广法情况的汇报。2012年1月，委员会全体会议审议通过了农业技术推广法修正案（草案）。同年4月，常委会第二十六次会议对草案进行了初次审议。8月，常委会第二十八次会议审议并全票通过了该法修正案。修改后的农业技术推广法明确了国家农业技术推广机构公益性定位，对公益性推广和经营性推广进行分类管理，构建多元化农业技术推广体系。同时，对国家农业技术推广机构设置、管理体制、队伍建设、保障措施等重要问题进行规范。农业技术推广法的颁布实施，对推动我国农业科技发展、提高农业综合生产能力，发挥了重要保障和促进作用。

（二）及时修改农业法

为与修改后的农业技术推广法相衔接，经征求有关方面意见，委员会全体会议认真研究，提出了修改农业法第五十一条第一款、第五十二条第一款议案。该议案明确了国家设立的农业技术推广机构的公益性定位、承担公益性农业技术服务的职责范围、提供无偿农业技术服务等问题。2012年12月，常委会第三十次会议审议通过了这个议案，保证了法律的有效实施。

（三）参与起草审议农村土地承包经营纠纷调解仲裁法

为了有效解决农村土地承包经营过程中发生的纠纷，依法保护农民的土地承包经营权，农村土地承包经营纠纷调解仲裁法列入常委会2008年立法工作计划。该法作为农村土地承包法的配套法律，在解决土地承包经营纠纷，维护农民合法权益方面具有重要意义。委员会提前介入参与起草工作，组成调研组赴地方调研，多次听取有关部门汇报，组织召开座谈会研究有关问题。同年10月，委员会全体会议听取了有关部门起草情况的汇报，提出了进一步修改完善草案的意见和建议。2009年6月，常委会第九次会议审议通过了该法草案。该法明确了仲裁组织的法律地位，对调解仲裁的原则、方式和程序作出了规范，为有效维护农民土地承包经营权提供了法律依据。

（四）积极推动粮食法起草工作

粮食安全是关系我国经济发展、社会稳定的重大战略问题。近些年来，我国粮食生产连年增产，但在耕地减少，水资源紧缺，气象灾害频发，城镇人口增长，粮食用途不断拓展等形势下，依法促进粮食稳产增产，保障国家粮食安全非常重要。为此，制定粮食法列入常委会立法规划。委员会高度重视这项立法工作，2011年6月、8月，委员会分别召开座谈会，听取部分省区市人大农委、粮食企业负责人和专家学者对粮食立法的意见建议。2012年4月，委员会听取有关部门汇报，对粮食法送审稿，有针对性地提出了修改意见。10月，委员会召开各省区市人大农委粮食法立法座谈会，听取意见建议。委员会还多次组成调研组赴地方围绕粮食立法的重点问题开展调查研究，为加快粮食立法工作进程，发挥了积极推动作用。

（五）提前介入森林法修改工作

加强林业建设，维护生态安全，是关系中华民族生存和发展的长远大计，是实现我国经济社会可持续发展的必然要求。按照中央部署，各地全面推进集体林权制度改革，加快发展现代林业。适应林业发展新形势要求，修改森林法列入常委会立法规划。为推进森林法修改工作，2008年至2011年，委员会先后三次听取有关部门关于修改森林法情况汇报。在常委会会议审议《国务院关于集体林权制度改革工作情况的报告》期间，委员会组成人员结合报告审议工作，对修改森林法的有关问题提出了意见和建议。委员会还组成调研组赴地方开展调研，听取对修改森林法的意见，并提出要进一步加快修改森林法的工作进程，处理好改革与立法的关系、法律规定的可行性与前瞻性的关系，把林改成果用法律形式固定下来。对于有争议的问题，可作原则规定，通过实践证明成功的做法再上升为法律等建议。

（六）开展修改种子法前期调研工作

随着改革开放的深入，种子产业发展出现了一些新情况、新问题。根据常委会执法检查报告的要求，结合有关代表议案，委员会与有关部门认真研究种子法实施中的有关问题，并组成调研组赴地方调研，听取地方对修改种子法的意见和建议。委员会提出要结合有关发展现代种业文件的实施，进一步研究有关法律问题，做好前期准备工作，适时启动修改种子法工作。

二、改进和加强监督工作

委员会积极协助常委会开展监督工作，高度重视提高监督工作实效，深入研究分析检查中发现的问题，实事求是地向有关部门提出改进工作的意见，督促其加大整改工作力度，促进有关法律和政策的落实，推动有关部门改进工作。

（一）协助常委会听取和审议有关专项工作报告

为常委会会议听取和审议国务院有关工作情况报告做准备，委员会先后听取和审议了有关部门关于促进农民稳定增收、农村社会保障体系建设、转移农村劳动力和保障农民工权益、国家粮食安全、集体林权制度改革和加强农田水利建设等工作情况的报告。

1. 促进农民稳定增收，是“三农”工作的重点和难点问题。2008 年，委员会组成调研组，赴地方深入开展调查研究，召开会议听取有关部门关于农民增收情况的工作报告。向常委会会议提交的调研报告深入分析了农民增收难的主要原因，提出要把逐步缩小城乡收入差距，增加农民收入，作为调整国民收入的重点。要进一步完善征地补偿制度，提高补偿标准；增加种粮农民补贴，扩大补贴对象和范围；提高主要农产品保护收购价格；延长农产品产业链；提高农产品附加值；建立健全农村金融体制机制，提高服务水平；引导农民发展建筑、运输、批零贸易、餐饮服务等产业，增加农民财产性收入等建议。

2. 随着统筹城乡发展战略的推进，加强农村社会保障体系建设显得十分紧迫和重要。委员会抓住这一问题，积极推动有关工作。2009 年，委员会向常委会提出听取和审议国务院关于农村社会保障体系建设工作情况的报告建议。同时，委员会开展调查研究，深入了解新型农村合作医疗、农村最低生活保障、农村社会养老保险和农民工社会保障等情况。4 月，委员会召开全体会议听取和审议了有关部门关于农村社会保障体系建设情况的工作报告，并向常委会提出了调研报告。报告提出加快农村社会保障制度建设，统筹考虑城乡衔接、新老衔接、地区衔接问题等建议。根据常委会领导同志的指示精神，9 月至 12 月，委员会又组成调研组对上述问题进行了跟踪调研，并向常委会会议做了报告，进一步提出了调整新农保试点工作部署，加快工作步伐；建立稳定的农村社会保障筹资机制；按照城乡统筹思路，出台社会保障制度之间相互衔接的政策；加大农民工和被征地农民社会保障工作力度；加强部门合作和资源共享等建议。十一届全国人大五次会议政府工作报告提出，2012 年底前实现新型农村社会养老保险制度全覆盖。委员会积极主动工作，提出意见建议，为加快农村社会保障体系建设步伐，发挥了积极推动作用。

3. 转移农村劳动力，保障农民工权益，是推动城乡一体化发展的重大问题。2010 年 1 月，委员会组成调研组分赴九个省区进行专题调研。同年 4 月，委员会召开全体会议，听取和审议有关部门关于转移农村劳动力，保障农民工权益工作情况的报告，并向常委会第十四次会议提交专题调研报告。报告建议将农民工工作列入“十二五”经济社会发展规划，继续巩固和扩大农民工就业，加强农民工技能培训，建立健全符合农民工就业特点的社会保障制度和公共服务体系，深化户籍制度改革等。

4. 委员会高度重视国家粮食安全问题，2010 年 5 月至 7 月组成专题调研组，先后赴十五个省区对国家粮食安全情况进行专题调研，对九个省区市提交的相关书面意见进行了认真研究。委员会还召开全体会议，听取和审议有关部门关于国家粮食安全工作情况的报告，并向常委会第十六次会议提交了调研报告。报告提出了进一步加强农业基础设施建设，落实最严格的耕地保护和利用制度，建立合理的农产品价格形成机制，加快构建农村金融体系等建议。

5. 2011 年 4 月，常委会听取和审议了国务院关于集体林权制度改革工作情况的报告。委员会积极做好前期准备工作，召开全体会议听取有关部门汇报，组成调研组赴地方调研，并向常委会第二十次会议提交调研报告。报告结合集体林权制度改革的实际，指出部分地方林改工作还未完全到位、现行森林法一些规定滞后、配套措施不完善。建议加快修改森林法步伐、落实金融服务林业发展政策、加强林地林木流转管理、积极推进林业社会化服务体系建设、加大对林业的公共财政扶持力度等。

6. 委员会把深入调研农田水利建设情况，积极协助常委会开展监督作为工作重点。2012 年 4 月，委员会召开全体会议，听取了有关部门关于农田水利建设工作情况的报告，认真研究常委会联组询问的有关准备工作。委员会还组成调研组赴地方进行了深入调研，并向常委会第二十六次会议提交调研报告。报告提出要切实落实土地出让收益10%用于农田水利建设的政策，加快农田水利建设体制机制的改革创新，深化产权制度改革，明确农田水利建设的公益性定位，经营性水管机构要走市场化道路，加强和完善农田水利设施管理，加强“五小水利”工程建设，解决“最后一公里”问题等建议。

常委会第十六次、二十六次会议分别就国家粮食安全和农田水利建设工作情况，安排联组审议和询问。联组审议和询问过程中，委员会组成人员在深入调查研究的基础上，提出了审议意见并有针对性地提出了询问。委员会召开专门会议，就询问后的落实整改工作，听取了有关部门的汇报并提出要求，督促有关部门制定措施，明确任务，落实责任。这两次询问取得良好社会反响，委员会的后续督促工作取得较好实效，也为今后更有效开展监督工作积累了经验。

（二）协助常委会开展执法检查

五年来，委员会协助常委会分别开展了农民专业合作社法、畜牧法、农业技术推广法（含种子法）、农村土地承包法（含农村土地承包经营纠纷调解仲裁法）和农业法的执法检查。

1. 农民专业合作社法是一部引导、支持和规范农民专业合作社发展的重要法律。这部法律确立了农民专业合作社市场主体地位，对提高农民进入市场的组织化程度，提高农业产业化经营水平，增加农民收入，发挥了重要作用。2008年，委员会协助常委会开展了农民专业合作社法执法检查。通过检查，查找了现阶段我国农民专业合作社发展存在的规模较小、资金短缺、技术匮乏、信息不畅、运行不规范、扶持政策不完善等问题。提出加强对该法的宣传学习培训，着力培养合作社经营管理人才，尽快落实法律规定的各项扶持措施，加强金融机构服务支持，正确处理法律实施过程中的规范性与包容性关系等建议。

2. 畜牧法自2006年实施以来，各级政府和有关主管部门贯彻实施畜牧法，加快畜牧业发展，取得了较好成效，同时也存在一些亟待解决的问题。2009年，委员会协助常委会开展畜牧法执法检查。检查报告提出，要把畜牧业现代化建设摆上重要位置，提高畜牧业现代化水平；进一步健全和完善各项扶持促进政策，建立支持畜牧业持续健康发展的长效机制；加大畜产品质量安全保障和疫病防控能力建设；积极推动畜牧业发展方式转变；加大畜禽遗传资源保护和开发力度；处理好畜牧业发展与环境保护的关系；加快配套法规制定等建议。

3. 2010年，委员会协助常委会开展农业技术推广法执法检查。执法检查报告深入分析了农业技术推广工作存在的问题，提出要进一步增强贯彻农业技术推广法的自觉性，力争实现中央提出的三年健全基层农技推广服务机构的目标；建立健全公益性农技推广机构，确立农技推广机构的公益性定位和职能，理顺管理体制；进一步加大财政投入，把基层农技推广机构人员工资和履行公益性职能所需经费纳入财政预算，确保农技推广资金逐年增长；加强基础设施和队伍建设，改善基层工作条件；高度重视种子产业发展，加强对国内种业的扶持，增强种子企业技术创新能力，严格种子市场准入管理，防止外资对种子产业的冲击；尽快修改农业技术推广法等建议。

4. 农村土地问题事关农村基本经营制度，是农民最关切的问题，也是城镇化、工业化进程中的焦点问题。2011年，委员会协助常委会开展了农村土地承包法实施情况的执法检查。执法检查报告针对执法检查中发现的问题，提出要提高对贯彻实施农村土地承包法重要性的认识，切实落实土地承包关系长久不变政策措施，加强对土地承包经营权流转工作的规范管理和服务，切实维护被征地农民合法权益，健全农村土地承包经营纠纷调解仲裁体系等建议。

5. 2012年，委员会协助常委会开展了农业法实施情况的执法检查。这是委员会协助常委会开展的一次规模较大的执法检查。执法检查组分成五个小组，分别由一位副委员长带队，每个小组赴两个省（区）实地检查。还委托其他省（区）人大常委会对本行政区域内农业法实施情况进行自查。检查报告指出了当前该法实施过程中存在的问题，提出了依法改进和加强相关工作的意见建议。一是加大投入和补贴力度，完善投入预算编制，严格预算执行，加快研究制定农业投入法；二是落实和完善保障国家粮食安全的各项措施，完善补贴政策，建立主产区利益补偿机制，加大对产粮大县的一般性转移支付，大力发展现代种业；三是严格落实保护和节约利用耕地政策，强化土地利用总体规划的管控，完善征地程序和耕地保护激励政策，提高征地补偿标准；四是加快农村金融改革进程，完善支持其发展的财政、税收和货币政策，加强相关基础设施建设，创新产品，不断提高服务水平；五是深化农业科技体制改革，加大农业科技投入和推广队伍建设，围绕粮食生产、食品安全、生态环境等需求，统筹部署农业科技重大创新任务；六是完善现代农业经营体制机制，发展多种形式的规模经营，落实扶持农民专业合作社发展的政策措施，扶持专业大户、家庭农（牧）场的发展等。

三、议案办理和建议督办工作取得实效

委员会高度重视代表议案办理和建议督办工作，通过积极工作取得了较好成效。十一届全国人大主席团交付委员会审议的代表议案 161 件，涉及 71 个立法项目，3 个执法检查项目。为办理好议案，委员会制定了工作方案，结合有关立法和监督工作，认真梳理有关法律法规，广泛征求有关部门意见，通过多种方式与有关代表沟通联系，听取意见建议，仔细分析研究了每个项目的必要性和可行性，明确提出了委员会的具体办理意见。全部议案已办理完毕，向常委会会议做出报告，给代表负责任的答复。

委员会办理代表建议 2 件。重点督办代表建议 13 项共 75 件。重点督办的建议涉及加强草原生态保护建设、支持水利基础设施建设、支持粮食主产区发展、加快推进集体林权制度改革和加大农业科技投入等。2010 年，委员会重点督办了加大草原保护建设力度，增加牧民收入的建议。委员会组成调研组深入调研，召开了部分省区座谈会，有关部门和专家座谈会，委托九个省区人大农委进行了调研，经委员会和有关省区人大以及有关部门的共同努力，国务院出台了相关决定，从 2011 年起，在内蒙古等 8 个草原牧区建立草原生态保护补助奖励机制，中央财政每年安排资金 134 亿元。2012 年，委员会重点督办了支持水利基础设施建设，促进区域经济社会发展的建议。委员会听取有关承办单位办理工作情况汇报，协调加大工作力度，组成调研组实地调研，听取有关地方对建议办理工作的要求和意见。目前，西藏拉洛水利枢纽及配套灌区建设工程项目已通过国家立项审批，投资约 50 亿元，为改善当地农业生产条件、生态环境和增加农牧民收入，将发挥重要作用。

四、调查研究取得丰硕成果

五年来，委员会围绕“三农”工作重点问题，开展了大量调查研究，有针对性地提出意见建议，推动农业农村经济社会发展，取得很好效果。

（一）提高综合生产能力，保障国家粮食安全。2010 年，委员会围绕“十二五”规划纲要编制，组成调研组就国家粮食安全问题开展调查研究。2011 年委员会又专门就粮食主产区扶持政策召开研讨会，听取地方人大农委、有关部门和人大代表的意见。在深入调研基础上，委员会提出，要进一步加大粮食生产扶持政策力度，加强农业基础设施建设，建立粮食主产区利益补偿机制，加快实施“千亿斤粮食工程”，严格控制外资进入，确保我国粮食安全等建议。同年，委员会组成调研组赴黑龙江省等地开展调研，形成《关于重点加强黑龙江省现代农业建设的建议》报告。建议有关部门对黑龙江现代农业建设问题进行专题研究，提出要像振兴东北老工业基地那样，振兴东北粮食主产区现代农业，集中财力，加大投入，保障国家粮食安全。

（二）加强农田水利建设，提高农业综合生产能力。2009 年，委员会对部分重大公共投资项目实施情况开展调研，重点调研农田水利建设情况。调研报告指出，耕地和水资源紧缺，干旱洪涝等自然灾害频发，保障国家粮食安全和农产品有效供给任务非常艰巨，农田水利建设与现实要求存在很大差距。突出表现是，尚未建立稳定的水利投入增长机制，投入渠道分散，资金使用效率低下；农田水利设施和设备老化失修，难以抵御重大自然灾害；小型农田水利设施的建设、运行、管护和维修机制不健全，责任主体不明确；农业用水浪费现象严重等。报告建议，要把农田水利建设摆在发展现代农业的重要位置；建立稳定增长的投入机制，继续加大投入力度；加快构建农田水利建设体制机制；实行严格的水资源管理制度和节约用水制度；完善农田水利法律法规建设，加强依法管水用水等。为了抓出工作成效，2010 年委员会再次组织力量，跟踪调研农田水利建设情况，继续推动有关问题的解决。调研报告进一步建议，要把农田水利建设纳入“十二五”规划；农田水利建设投入纳入地方预算和基本建设范畴；着力加强粮食主产省区的农田水利建设，减免配套资金；加快推进体制改革，促进小型农田水利设施良性运行等。

（三）促进农村金融改革发展，破解金融服务难题。按照常委会领导同志关于“以田东县为试点，破解农村金融服务难题”的重要批示精神，委员会组成调研组多次赴广西田东县，对农村金融改革进行深入调研，协调推动农村金融改革试点工作，提出了推动农村金融改革与发展专题调研报告。报告指出，农村金融是金融体系中的薄弱环节。逐步建立现代农村金融制度，应坚持多层次、广覆盖、低门槛、保供给、可持续原则。要积极推进农村金融

组织主体创新，构建有序竞争的农村金融组织体系；要总结各地试点经验，完善法制，依法规范农村金融市场体系；统筹推进农村金融服务产品创新，不断提升农村金融服务水平；建立农村金融服务长效扶持机制；大力发展农业保险业，实现农业保险与农村金融的良性互动；建立农业保险政策协调机制，协调制定和实施农业保险与农业补贴：农业救济相结合的政策措施。目前，田东农村金融改革初见成效，实现了金融网点、农村支付体系。农村社会信用体系“三个全面覆盖”，惠农保险、助农担保体系、金融服务“三个有效覆盖”，主要金融指标稳步增长，特色农业和二三产业进一步发展，农村经济社会发展呈现新面貌。

（四）加强草原生态保护，建立补助奖励机制。2009年，畜牧法执法检查发现草原生态保护建设严重滞后，并提出专门报告。常委会领导同志对报告做了重要批示，要求扩大调研范围，综合分析情况，提出建议。2009至2010年，委员会就草原生态建设连续开展调研，形成调研报告。报告提出，要制定推动深化草原改革、加强草原保护、推动草原发展的指导性文件及相关政策措施；建立草原生态补偿机制，加大对牧区的补贴力度；引导农牧民加快转变生产方式；尽快修改草原法，建立健全依法管草、兴草的体制机制等建议。

（五）完善农产品价格形成机制，避免价格大幅波动。2011年，鲜活农产品价格起伏较大。委员会予以高度重视，及时召开会议研究讨论，组成调研组针对蔬菜和生猪价格异常波动问题开展调研。调研报告指出，造成农产品价格大幅波动的原因是多方面的，但主要是农产品价格形成机制不完善、不健全。建议设立农产品价格调节基金；扩大农民专业合作社生产规模；加强信息发布系统建设；完善低收入群体补助制度；防范外资对农产品市场的控制等建议。

针对蔬菜价格波动问题，提出了建立健全蔬菜等农产品价格调控机制、正确处理农产品流通各环节利益关系、继续加大农产品生产扶持力度等建议：针对生猪价格波动问题，提出了加大对生猪规模化养殖的扶持力度、充分发挥市场机制作用、加大生猪公共防疫体系建设力度、加强生猪供求信息发布工作等建议。

五年来，委员会还围绕城镇化发展、农业综合开发、合作社发展、农村土地管理、扶贫开发、壮大县域经济、新型农村社区、湖北农业综合开发和分蓄洪区有关问题、生态环境建设、丹江口水库区及水源地水质保护、安徽金寨农业特色产业和金融综合改革、气象法实施等问题，开展调查研究，提出了很多重要的意见和建议。

委员会还先后召开了五次各省区市人大农委研讨会，就贯彻十七届三中全会精神、、落实农村土地承包经营纠纷调解仲裁法、农村土地管理制度、＋粮食主产区扶持政策和加强林业建设、粮食法立法等问题进行研讨，认真听取各省区市人大农委和有关部门提出的意见建议，加强了交流，促进了工作，取得了很好效果。

五、积极开展对外交往

在常委会统一安排下，委员会进一步加强与外国议会相关委员会和其他有关组织的交流，学习和借鉴农业农村立法方面的经验和做法。委员会先后组团出访了13个国家，应委员会邀请，接待了4个国家议会相关委员会代表团来访，会见了7个国家议会、政府及相关组织代表团。在出访考察、接待来访中，介绍了我国经济社会发展形势，“三农”工作情况和委员会有关工作，了解了相关国家现代农业、粮食生产、土地制度、农业科技和林业管理等情况以及相关立法和管理制度，对委员会做好立法等工作，起到了一定借鉴作用，进一步增进了与有关国家议会相关委员会的相互了解。

委员会工作还有需要进一步改进和加强的方面文一是要加大法律宣传力度，通过各种形式宣传涉农法律，增强有关部门、广大干部群众的法律意识，推动提高农业农村工作法制化管理水平。二是要进一步改进监督方式，增强监督实效，探索增强听取和审议工作情况报告和开展执法检查实效的有效途径，督促有关部门改进工作。三是通过多种形式，进一步加强与各省区市人大农委的工作联系和沟通，了解地方和基层“三农”工作的新情况、新问题，总结交流工作经验，相互促进，共同提高。

几点工作体会

五年来，委员会做了大量工作，取得了较好成绩，实践中有以下几点体会。

（一）贯彻中央决策部署，把握重点，抓住大事。“三农”工作是全党工作的重中之重，从人大工作角度做好“三农”工作，要不断提高对党中央提出的一系列方针政策和重要论断的认识，紧紧围绕党和国家工作大局，从城乡发展一体化高度，谋划开展工作。"三农"工作千头万绪，与广大农村，亿万农民息息相关。工作实践中，要把握重点，抓住大事，把关乎农村生产力发展、农村社会和谐稳定和广大农民切身利益的重大问题，作为工作重点，放在重要议事日程，通过立法、监督和调查研究等工作，从体制机制上，认真查找问题，深入分析深层次原因，提出切实可行的意见建议。委员会把保障国家粮食安全、农村社会保障、农田水利建设、农村土地、农村金融、农民增收和农民工权益保护等重大问题作为重点，集中力量开展工作，取得了较好成效。

（二）发扬实事求是精神，结合实际，注重实效。做好"三农"工作，必须坚持和发扬解放思想、实事求是、与时俱进的思想路线。工作中要坚持改革精神，又要立足现阶段基本国情和"三农"工作实际。制定工作计划；组织开展工作，提出意见建议，都要强调针对性、可行性、实效性和前瞻性，坚持把强农惠农富农作为工作出发点和落脚点，真正为"三农"解决一些实际问题。比如，经认真研究，由原来部门牵头修改农业技术推广法，改由委员会牵头起草。通过积极协调，在一些重要问题上取得共识，加快了立法进程，提高了立法效率，从法律上解决了农业技术推广工作存在的一些问题，收到了很好效果。五年来，委员会强调提高工作效率，注重工作实效，牵头组织和参与审议了 5 部法律起草和修改工作，协助常委会听取和审议了 6 个有关部门工作情况的报告，对 5 部法律的实施情况进行了检查，围绕"三农"的重点、难点问题，组织开展了 72 次调查研究，提出了 70 份调研报告，《人大农业与农村工作》刊发调研报告等材料 167 篇。通过这些工作，进一步完善了相关法律制度，推动了有关部门工作，为中央决策提出了很多有价值的意见建议。常委会和国务院领导同志多次对委员会提出的报告做出重要批示，充分肯定委员会的工作，并责成有关部门研究落实提出的意见建议。

（三）发挥委员会整体作用，民主议事，集体决策。委员会工作的重要原则是依法集体行使职权。根据这一原则，工作中必须充分发挥委员会整体作用，民主议事，集体决策。会议是委员会依法履职的重要形式，委员会要坚持民主集中制原则，重要事项召开全体会议或主任委员办公会议讨论，在充分听取意见基础上，做出部署和决定。对涉及面比较广，综合性比较强，时间要求比较集中的工作，委员会要统筹协调，举全委力量落实。同时，注重发挥每位组成人员的优势和专长，在工作计划内，组成人员可自选题目进行调研，也可在所在地开展工作，提出的报告在全体会议上讨论。形成统一意见，既提高工作效率，也保证决策的民主性、科学性。

（四）密切与有关方面的联系，积极沟通，共同协作。委员会开展工作要得到有关方面的大力支持和配合。不论是召开会议研究讨论问题，还是赴地方开展检查、调研，都需要有关部门和地方人大农委提供材料，介绍情况，共同讨论，提出建议。要把工作做得更符合实际，更富有成效，委员会要进一步加强与有关部门和地方人大农委的工作联系，处理好相互关系，认真听取意见建议，这是委员会工作的重要方面，是做好各项工作的重要保证。

（五）加强委员会自身建设，不断学习，提高能力。组成人员要深入学习、深刻领会党中央对"三农"工作的方针政策，掌握有关法律，熟悉人大工作特点、规律和相关制度。要转变角色和工作方式，自觉从国家和全局角度研究问题，提出意见建议，不断提高议事决策能力。委员会办事机构工作人员要爱岗敬业、刻苦钻研，不断提高调查研究能力、组织协调能力、文字表达能力，为委员会各项工作的顺利开展，当好参谋助手，做好服务保障工作。

十一届全国人大农业与农村委员会任期的五年，全体组成人员在民主、依法、务实、和谐的工作氛围中，怀着对"三农"工作的极大热情和对广大农民的深厚感情，以高度责任感和事业心，联系实际，深入农村，了解民情，反映民意，积极思考问题，提出意见建议，做了大量富有成效的工作。今后，我们将根据党的十八大战略部署，继续关注"三农"工作，为全面建成小康社会贡献力量。

常委会相关活动

一、副委员长讲话

在中华人民共和国科学技术普及法颁布实施10周年座谈会上的讲话

（2012年6月29日）

路甬祥

同志们：

在《中华人民共和国科学技术普及法》（简称科普法）颁布实施10周年之际举行座谈会，回顾法律实施以来科普工作取得的进展，分析科普工作面临的新形势新任务，交流开展科普工作的经验和体会，对于深入贯彻实施科普法，推进我国科普事业全面发展，具有重要意义。借此机会，我谨代表全国人大常委会，同时作为科技战线的一名老兵，向长期从事科普工作，为我国科普事业默默奉献、做出宝贵贡献的各位同志表示由衷的敬意和感谢！

2002年6月29日，九届全国人大常委会第二十八次会议审议通过了科普法。这部法律的颁布实施，为我国科普工作提供了有力的法律保障。10年来，随着我国经济社会、科教文化各项事业的快速发展，我国科普领域的法制建设不断加强，促进科普事业繁荣发展的政策措施不断完善。在中央和地方各级机关、团体以及全社会共同努力下，我国科普工作蓬勃开展，全民科学素质显著提高，科普事业呈现出欣欣向荣的可喜局面。

当今世界，科学技术日益成为经济社会发展的主要驱动力，科技竞争在综合国力竞争中的地位更加突显。世界各国都致力于提高全体国民的科学文化水平，以增强国家的综合国力和创新能力。我国已经进入全面建设小康社会的关键时期和深化改革开放、加快转变经济发展方式的攻坚时期，全面实施科教兴国战略、人才强国战略和可持续发展战略，加快创新型国家建设，为经济发展和社会进步提供坚实的知识和人才支撑，科普事业可以大有作为，也应当大有作为。

胡锦涛总书记2008年12月在纪念中国科协成立50周年大会上指出："普及科学技术，提高全民科学素质，既是激励科技创新、建设创新型国家的内在要求，也是营造创新环境、培育创新人才的基础工程，必须作为国家的长期任务和全社会的共同任务切实抓紧抓好，为科技进步和创新打下最深厚最持久的基础"。在今年6月举行的"两院"院士大会上，总书记强调要"弘扬科学精神、传播科学知识，努力提高全民科学素质和全社会创新意识，激发全社会创造活力。"我们要认真学习领会总书记的讲话精神，认真贯彻落实党和国家关于加强科普工作的一系列方针政策，充分认识新时期做好科普工作的重要意义，抓住机遇，迎接挑战，切实增强贯彻实施科普法的主动性、积极性和创造性，不断提高科普工作的质量、水平和实效。

这里，我就进一步贯彻实施科普法谈几点意见。

一、要认真履行法律赋予的职责

科普法作为保障和促进我国科普事业发展的基本法律规范，阐明了科普工作的目的、意义和基本原则，强调发展科普事业是国家的长期任务。法律既赋予各级政府及其有关部门在科普事业中的组织管理职责，也明确了科学技术协会等社会团体开展科普活动的社会职责，还强调科普是全社会的共同任务，倡导社会各界组织参与各类科普活动。实践证明，这些规定符合我国的国情，也符合科普工作的实际。

各级政府要依法履行职能，切实加强对科普工作的领导，增加对科普工作的投入，加强和改善科普基础设施和科普网络体系建设，保证科普法规定的各项保障措施落到实处。同时，要充分发挥科学技术协会作为科普工作主要社会力量的作用，与工会、共青团、妇联等社会团体通力协作，充分发挥广大科技工作者和干部群众的积极性、创造性，大力开展群众性、社会性、经常性的科普活动。科研机构、高等院校和科学社团，要组织和支持科技工作者和教师开展科普活动，鼓励其结合本职工作进行科普宣传。科技工作者和教师要发挥自身优势和专长，积极参与和支持科普活动。要依法完善政府引导、全社会参与科普事业发展的有效体制和机制，坚持求真务实、创新开拓，保障和促进我国科普事业可持续发展。

二、要努力增强科普工作实效

深入贯彻落实科普法，提高科普工作能力和水平，重在增强工作实效。这一方面要坚持正确的价值导向，大力弘扬科学精神，另一方面要坚持科普工作的群众性、社会性和经常性，采取公众易于理解、接受和自觉参与的方式。

科普工作涉及普及科学技术知识、倡导科学方法、传播科学思想、弘扬科学精神等内容。其中，弘扬科学精神更具有根本性和基础性。科学精神是科学技术的灵魂，她为科技进步和创新提供正确的价值导向和强大精神动力。有了科学精神的武装，人们就会更加自觉地学习科学知识、树立科学观念、掌握科学方法，就会更加自觉地移风易俗、抵制封建迷信。因此，要把弘扬科学精神作为科普工作的一项非常重要的任务，贯穿到科普活动的各个环节，使科学精神在全党全社会不断发扬光大，植根于人民群众的生产生活之中。

大力弘扬科学精神，*一是要求广大科技工作者作思想和行动的表率*。要在科技界倡导正确的人生观、价值观，提倡献身科学、淡泊名利，奉献国家、服务人民，在实现中华民族伟大复兴中实现个人的人生价值。坚持科学诚信，恪守学术道德规范，着力营造学术自由、科学批评的学术环境，鼓励大胆质疑，鼓励原始创新，完善公平竞争的机制。*二是要把科学精神作为创新教育的重要内容*。要着力转变传统的教育理念，从小培养孩子们的科学兴趣和创造能力，将科学精神的教育融入青少年的课堂教学和课外活动，体现在思想道德培养、科学文化知识学习和实践能力锻炼的各个方面，促进形成解放思想、开拓创新、求真务实的学风和品质。要在全社会倡导尊重科学知识、尊重创新创造的良好风气，培育有理想、有道德、有文化、有纪律的社会主义公民，提高中华民族的思想道德素质和科学文化素质。

坚持从实际出发，采取公众易于理解、接受和自觉参与的方式开展活动，这是科普工作取得实效的根本途径。科普工作要继承和发扬党的群众工作的优良传统，把握科普工作的群众性特点，顺应经济社会发展变化，努力贴近实际、贴近百姓、贴近生产和生活。要积极开展有关节能减排、卫生保健、农业科技、生态环保、防灾减灾、公共安全等方面的科普活动，促进公众提高科学素质，形成科学文明的生产生活方式。要结合公众关注的重大科技事件和社会热点问题，如近日进行的神舟九号与天宫一号载人交会对接、“蛟龙号”载人潜水器深海下潜试验、饮用水和食品安全等，开展相关的科普活动，增加广大人民群众的科学知识，激发青少年的科学兴趣，增强全民族的自信心和自豪感，提升公民科学素质，促进社会和谐。要根据群众需求和受众特点，动员各种力量、利用多种媒体、采取多种形式，注重发挥信息网络技术的优势，广泛深入地开展科普活动。尤其要把面向青少年的科普活动作为一项重要工作抓紧抓好。科普工作永无止境，只有持之以恒、坚持不懈，才能取得长久、扎实的成效。对此，我们一定要有清醒的认识。

三、要加强法律实施情况的监督检查

对法律实施情况进行监督，是各级人大及其常委会的一项重要职责。多年来，各级人大及其常委会、各级人大代表积极关注和支持科普法的贯彻实施，推动了各个地方、各个行业科普事业的发展。但是，我国科普事业的发展还不平衡，科普工作的基础还不牢固，在一些地方和一些部门仍存在着认识不到位、重视程度不够、投入不足等问题，广大农村尤其是少数民族地区、革命老区、边远贫困地区仍需要给予充分的关注和重点扶持。因此，科普法的贯彻实施仍是一项长期、艰巨的任务。各级人大及其常委会要积极发挥监督职能，保障公民参与科普活动的权利，围绕科普法的重点内容和难点问题，监督和支持政府及社会组织依法履行职责，加强对科普工作规划制定、科普经费投入、科普场馆设施建设及有效利用、科普事业税收优惠等各项制度落实情况的监督检查，为科普事业的发展创造更加良好的环境和条件。

同志们，科技创新、科技普及与应用相辅相成，共同推动着社会生产力的发展，推动着人类社会文明进步。让我们携手努力，深入贯彻实施科普法，扎实推进科普事业发展，为提高全民科学文化素质，建设创新型国家和社会主义现代化强国，实现全面建成小康社会的宏伟目标作出新的贡献，以优异成绩迎接党的十八大胜利召开！

谢谢大家。

在中华人民共和国测绘法修订10周年座谈会上的讲话

（2012年9月14日）

路甬祥

同志们：

今天，国土资源部、全国人大常委会法制工作委员会、国务院法制办公室、司法部和国家测绘地理信息局联合在这里召开座谈会，纪念《中华人民共和国测绘法》（以下简称"《测绘法》"）修订颁布十周年。通过这次会议，认真总结《测绘法》修订颁布十周年以来取得的成绩和经验，推动《测绘法》的深入宣传和贯彻实施，很有必要也很有意义。刚才，同志们作了很好的发言。借此机会，我谈几点意见：

一、充分肯定《测绘法》修订颁布十周年以来取得的成绩

测绘地理信息工作，是经济社会发展和国防建设的一项基础性工作，党和国家对此高度重视。2002年《测绘法》修订颁布以来，在各级党委、人大、政府、政协和有关方面的大力支持下，在测绘地理信息部门全体同志的不懈努力下，我国测绘地理信息事业加快发展，取得了显著成绩。基本建立了以《测绘法》为核心的测绘地理信息法律制度，为测绘地理信息事业的健康、持续发展奠定了法制基础。测绘地理信息工作为科学管理决策、重大战略实施、重大工程建设、能源资源开发利用、生态环境保护、突发公共事件应急处置、国防和军队信息化建设等，提供了及时、可靠、适用的保障服务，发挥了不可替代的作用。开展了数字城市、天地图、地理国情监测三大工程建设，着力打造提高城市综合管理水平、提高百姓生活质量、提高领导决策水平的三大平台，为服务经济社会科学发展作出了突出贡献。积极实施国家重大测绘项目，加快建设信息化测绘体系，大力发展地理信息产业，切实维护国家地理信息安全，测绘地理信息服务保障能力有了大幅提升。这些成绩的取得，是全面贯彻落实《测绘法》的结果，也是广大测绘信息工作者开拓创新、辛勤奉献的结果，值得充分肯定。

二、进一步提高对贯彻实施《测绘法》重大意义的认识

全国人大及其常委会高度重视测绘地理信息立法。2002年8月，全国人大常委会审议通过了新修订的《测绘法》，这是我国测绘地理信息法制建设的一件大事。这部法律的颁布实施，开启了我国测绘地理信息事业发展的新篇章，对于全面提高国家信息化水平、加快测绘地理信息转型升级、发展战略性新兴产业、维护国家安全利益、建设数字城市和智慧中国、推动各项事业科学发展，都具有重要意义。对于测绘法的贯彻实施，国务院高度重视。2011年5月，国家测绘局更名为国家测绘地理信息局，其承担的职责和任务更加明确，这有利于进一步贯彻落实《测绘法》、依法开展测绘地理信息工作。

当前，经济建设、国家安全、社会发展、人民需求，都对测绘地理信息工作提出了新的期待、新的要求和新的挑战。在充分肯定工作成绩的同时，我们也要清醒地看到，我国测绘地理信息的体制机制还不完善，装备技术和应用水平与发达国家相比还有较大差距，科技自主创新能力不强，还缺

少核心技术、核心竞争力和国际知名品牌。全面提高我国测绘地理信息工作水平，还有许多工作要做。各级测绘地理信息部门的同志们肩负的使命光荣，责任重大，任务艰巨。要深刻学习领会近年来党和国家关于测绘地理信息工作的方针政策，从深入贯彻落实科学发展观、推进依法治国、构建和谐社会的战略高度，全面准确地把握《测绘法》的立法宗旨和主要内容，坚持依法行政，扎实开展工作，推动测绘地理信息工作更好地服务国家、服务人民。

贯彻实施《测绘法》是全面推进依法行政、建设法治政府的客观要求；是顺应国际发展趋势、积极抢占未来发展制高点的客观要求；是加快转变经济发展方式，科学利用国土资源，促进可持续发展和维护国家地理信息安全的客观要求。各级国家机关及社会各界，都要进一步提高对贯彻实施《测绘法》重大意义的认识，依法履行职责，全面贯彻落实《测绘法》的各项要求，共同促进测绘地理信息事业的发展。

三、对深入宣传贯彻实施《测绘法》的几点要求

第一，继续深入开展《测绘法》的学习和宣传。各级国家机关的工作人员尤其是领导干部要带头学习《测绘法》，提高依法决策、依法管理的意识和能力。广大测绘地理信息工作者要把学习贯彻《测绘法》与本职工作紧密结合起来，切实增强法制观念，提高业务水平。要在全社会广泛宣传普及《测绘法》。通过生动活泼、群众喜闻乐见的形式，结合人民群众的生产生活，普及测绘地理信息知识和相关的法律法规，提高广大人民群众对地理信息安全重要性的认识，努力形成全社会关注和支持测绘地理信息事业发展、认真贯彻实施《测绘法》的良好氛围和环境。

第二，加强对《测绘法》贯彻实施情况的监督检查。全国人大常委会和地方各级人大常委会要加强对《测绘法》实施情况的监督检查，通过开展执法检查等项工作，督促和支持政府及有关部门依法履行职责。各级政府要加强对测绘地理信息工作的组织领导和统筹协调，解决制约测绘地理信息事业发展的突出问题，完善测绘地理信息体制机制，营造更加良好的发展环境。各级测绘地理信息部门要认真履行《测绘法》赋予的职责，不断提升和创新地理信息科学技术水平与应用管理的理念、方法和手段，加大市场监管力度，维护公平竞争市场秩序。全社会都要积极配合、大力支持国家测绘地理信息工作，进一步贯彻实施《测绘法》，努力开创我国测绘地理信息工作新局面。

第三，进一步加强测绘地理信息领域的法制建设。当前，测绘地理信息工作面临的形势在发展、环境在变化、实践在丰富、理论在创新，要求我们必须坚持解放思想，与时俱进，把握发展变化规律，进一步加强测绘地理信息领域的法制建设。要深入调查研究，有重点、有步骤地推进《测绘法》的修改完善工作，使之更好地适应经济社会发展需要和地理信息科技发展进步的实际。要及时制定和完善与《测绘法》相关的行政法规、地方性法规、部门规章、地方政府规章以及相关标准，并使之相互协调衔接，为测绘地理信息事业发展创造良好的法制环境。

同志们！

让我们以科学发展观为指导，全面贯彻实施《测绘法》，推动测绘地理信息工作更好地服务大局、服务社会、服务民生，为促进经济发展、社会和谐、人民幸福，为维护国家主权和尊严，作出新的更大的贡献。

谢谢大家！

在第七届中国法学家论坛上的讲话

（2012 年 10 月 13 日）

路甬祥

同志们：

很高兴参加第七届中国法学家论坛。中国法学会以“宪法的实施”为主题举办论坛，围绕宪法实施的重大理论问题和现实问题进行研讨，这对隆重纪念现行宪法公布施行30周年，加强宪法学理论和实务研究，完善中国特色社会主义宪法理论体系和

以宪法为核心的法律制度，推动宪法贯彻实施并在全社会树立宪法意识和宪法权威，都很有意义。首先，我代表全国人大常委会对论坛的举行表示热烈祝贺。

借此机会，我讲几点意见。

第一，现行宪法为中国特色社会主义事业发挥了重要作用

我国现行宪法是在1954年宪法的基础上，根据党的十一届三中全会确定的路线、方针、政策，总结实践经验，汲取历史教训，经过全民讨论，由第五届全国人民代表大会第五次会议通过的。此后，又根据改革开放和社会主义现代化建设的实践，先后四次对宪法的部分内容作了修改和补充，实现了宪法的与时俱进。30年来，宪法在中国特色社会主义经济建设、政治建设、文化建设、社会建设、生态文明建设中发挥了极其重要的作用。

——宪法确立了以人民代表大会制度为核心，以中国共产党领导的多党合作与政治协商制度、民族区域自治制度、基层群众自治制度、特别行政区制度等为重要内容的民主政治基本制度框架，促进了中国特色社会主义民主政治的发展。

——宪法健全了国家机构，明确了国家机构的职能，并保证国家机关之间既有分工，又有合作，高效运转，依法行政和公正司法水平不断提高，保证了国家的长治久安。

——宪法确立了“一个中心，两个基本点”的基本路线，明确了沿着中国特色社会主义道路、集中力量进行社会主义现代化建设的国家根本任务，确立并不断完善我国社会主义市场经济体制及相关的经济制度、分配制度、所有制结构形式等，保障和促进了改革开放，保障和促进了社会主义市场经济的健康、有序、持续发展。

——宪法规定了公民的基本权利和义务，为广大人民群众充分享有民主权利，在国家生活中发挥积极性、主动性、创造性提供了可靠的法律保障。尊重和保障人权，推动我国人权事业取得了显著进展。推进以改善民生为重点的社会建设，促进了社会公平和正义，维护了社会安定团结。

——宪法确立了独立自主的和平外交政策，使我国改革开放和现代化建设有了一个比较有利的国际和地区环境，在参与推动建立和平稳定、公正合理、共同发展的国际政治经济新秩序过程中发挥了重要作用。

第二，完善中国特色社会主义法律体系任重道远

以宪法为核心和统帅的中国特色社会主义法律体系的形成，是我国法治建设的重要成果，也是我国法治发展进入新阶段的重要标志。但是，中国特色社会主义法律体系的形成并不是一劳永逸的，中国特色社会主义道路的创新与实践永无止境，中国特色社会主义法律体系也就永远存在着自我完善、自我修正的内在动力和要求。在新世纪新阶段，国内外形势的新情况新变化，广大人民群众的新要求新期待，改革发展稳定面临的新课题新矛盾，都迫切需要通过不断完善我国的法律制度予以回应和调整。

需要强调的是，在推动中国特色社会主义法律体系不断完善的过程中，既要求根据经济社会发展的客观需要，围绕实现科学发展、加快转变经济发展方式、建设创新型国家、着力保障和改善民生、推动和谐社会建设等不断健全各项法律制度，也要求采取积极有效措施，更加注重保障法律制度的有效实施，更加注重不断提高立法质量。这里，我着重就如何提高立法质量谈两点认识：

一是，提高立法质量，既要坚持民主立法，也要坚持科学立法。一方面，要进一步发扬民主，扩大公民对立法的有序参与，包括在法律起草、审议等环节，通过召开座谈会、听证会、论证会等多种形式，充分听取人民群众的意见，使各阶层、各群体的诉求都能在立法过程中得到充分表达。坚持公布法律草案及其说明的做法，对涉及公民切身利益的法律，更要通过报纸、电视、网络等媒介广泛宣传，充分调动公民参与立法的积极性。另一方面，要探索更加有效的途径，不断推进立法的科学化。要加强立法的前瞻性研究，制定切合实际的立法规划；要根据“基本、急需、成熟”的原则，积极稳妥地推进立法工作，尽力避免“报什么项目、列什么项目，提什么草案、审什么草案”的现象；要加强法律的清理、编纂工作，保证法律与法律之间、法律与行政法规和地方性法规之间的和谐统一，并有计划、有重点、有步骤地加强民法、行政法等领域的法典化进程；要进一步加强立法调研和分析，加强法律实施后执法成本和社会成本的分析与研究，重视对法律实施社会效果的评估等。

二是，提高立法质量，既要体现中国特色，也要学习和借鉴人类法制文明的优秀成果。中国特色

社会主义法律体系，是中国特色社会主义创新实践的法制体现。中国特色的法律体系，应当立足中国特色社会主义的伟大实践。中国的法律，应当从中国社会主义的本质要求出发，从中国的具体国情出发，要针对并能够解决中国特色社会主义发展进程中的具体问题。同时，法律是全人类政治文明的成果，随着经济全球化趋势的增强，世界各国关于法律制度的沟通、交流、借鉴也在不断增强。要充分吸收国外相关立法工作的丰富养分，包括立法项目、立法程序、法律原则等，做到既不迷信、不照搬别国的法律制度，也不排斥国外立法有益经验。建设富强、民主、文明的社会主义国家，完成“三大历史任务”，实现中华民族的伟大复兴，必须进一步发展经济优势、政治优势、科技优势、文化优势和社会主义制度优势，使我们的法律制度更具科学性、先进性、开放性、包容性，促进人类法治文明的发展进步。

第三，要大力弘扬中国特色社会主义宪法文化

现行宪法 30 年的实践充分表明，中国特色社会主义事业之所以蓬勃发展，成就巨大，一个重要原因就在于我们有这样一部符合国情、与时俱进的好宪法。面向未来，加快完成全面建成小康社会目标，早日实现中华民族的伟大复兴，最根本的还是要一如既往地遵守宪法，依宪执政，依宪治国。为此，我们必须进一步学习宪法，宣传宪法，研究宪法，大力弘扬中国特色社会主义宪法文化。

一要树立宪法权威。宪法具有最大的权威性和最高的法律效力。要把宪法关于“一切国家机关和武装力量、各政党和各社会团体、各企业事业组织都必须遵守宪法和法律。一切违反宪法和法律的行为，必须予以追究。任何组织和个人都不得有超越宪法和法律的特权”的规定真正落到实处。

二要倡导宪法思维。要在全社会加大宪法宣传教育力度，让宪法家喻户晓、深入人心，让广大干部和人民群众普遍地深刻认识和理解宪法在国家和公民政治、社会生活中的意义和作用，自觉遵守和尊重宪法，在全社会形成浓厚的宪法文化氛围。要特别加强对各级党员领导干部和国家机关工作人员的宪法教育，树立宪法信仰，培养宪法修养，增强宪法观念，使尊重宪法、维护宪法成为全社会的共同准则。

三要加强宪法研究。相比来说，我国现代意义上宪法的制定和实施，比西方国家要晚，宪法相关理论也相对薄弱。我国又曾长期处于封建社会，民主法治的传统较短。要加强对宪法基础理论的研究，为发展中国特色社会主义民主政治提供坚实的理论支撑，并加大对宪法学重大理论研究成果的宣传、推广和应用。要特别关注我国经济社会发展对宪法学理论提出的新要求、新课题，始终保持宪法学研究的与时俱进，始终与中国特色社会主义事业的发展相适应。要积极开展宪法比较研究，组织专家学者翻译世界各国的宪法文本以及宪法学著作、理论研究成果等，了解并分析世界各国宪法学研究及法律制度建设的现状和发展趋势，加强与国外宪法学界、宪法研究组织的交流。要建立和完善宪法研究的知识库、专家库。

四要保障宪法实施。这是发挥宪法根本大法作用，全面落实依法治国、依法执政的中心环节和根本要求。要切实发挥宪法在法律体系中的统率作用，以宪法为依据制定法律，使宪法的各项原则规定具体化，确保国家法制的统一。要加强宪法解释工作，既保持宪法稳定，又通过解释使宪法的条款得到正确、统一的理解。要充分发挥各级人大及其常委会在保障宪法实施中的作用，加强对法律实施的监督，及时对现行规范性文件进行清理，纠正一切与宪法相抵触的法律、行政法规、地方性规章等。要完善备案审查机制，改进备案审查方式，加强对法规、规章、司法解释等规范性文件的备案审查。

最后，祝论坛取得圆满成功。

谢谢大家！

在中华人民共和国文物保护法颁布30周年暨修订10周年座谈会上的讲话

（2012年12月11日）

路甬祥

同志们：

今天，全国人大教科文卫委员会、国务院法制办、文化部和国家文物局联合召开座谈会，隆重纪念《中华人民共和国文物保护法》颁布30周年暨修订10周年。在全党全国上下深入学习贯彻党的十八大精神之际，我们在这里回顾文物保护法实施以来文物工作取得的进展，分析文物工作面临的新形势新任务，交流文物工作的经验和体会，对于深入贯彻实施文物保护法，贯彻落实党和国家关于文物事业发展的安排部署，具有十分重要的意义。

1982年11月，第五届全国人大常委会通过了文物保护法。这部法律的颁布实施，为我国文物工作提供了坚实的法律保障。2002年10月，第九届全国人大常委会对文物保护法进行了修订，使其更加适应文物事业发展的需要。文物保护法颁布实施30年来，在党中央的正确领导下，在各级人大、政府及有关方面的共同努力下，我国文物工作取得了显著进展，文物保护状况明显改善，政府保护文物责任逐步落实，综合执法能力不断增强，配套法规规章逐步健全，广大人民的文物保护意识明显提高，文物工作在服务经济社会发展、惠及民生等方面的积极作用日益凸显，我国文物事业整体上呈现出蓬勃发展的良好局面。同时也要看到，我国文物工作在实践中还面临着一些困难，还存在着一些亟待依法加以解决的问题。例如，文物工作在有些地方未受到应有的重视，一些文物得不到及时抢救和有效保护，基本建设和旅游发展过程中破坏文物的现象时有发生，盗掘古墓葬、盗窃馆藏文物、走私文物等违法犯罪行为屡禁不止，文物市场缺乏有效监管，一些地方存在着“重物轻文”、“重利用、轻保护”，“重经济效益、轻社会效益”的现象等。总的来看，我国文物保护与利用的整体水平与我们这个文明古国的地位还不相称，与经济社会发展和社会主义文化大发展大繁荣的要求还有一定差距。文物保护法在一些地方和一些领域的贯彻执行还不到位，贯彻实施文物保护法的任务依然艰巨而繁重。对此，我们一定要有清醒的认识。

刚才，国务院法制办、文化部、国家文物局的负责同志，专家代表、地方文物部门的同志都作了发言，从不同角度对深入贯彻实施文物保护法提出了很好的意见和建议，我们要在今后工作中认真研究吸收。

下面，我就进一步依法做好文物工作、推动文物事业科学发展讲几点意见。

一、认真学习贯彻党的十八大精神，增强依法做好文物工作的责任感和使命感

党的十八大是在我国进入全面建成小康社会决定性阶段召开的一次十分重要的大会，对党和国家事业发展具有重要的现实意义和深远的历史影响。党的十八大报告全面分析了党和国家所面临的形势和任务，制定了顺应时代发展、符合人民意愿的大政方针，是我们党团结带领全国各族人民沿着中国特色社会主义道路继续前进、为全面建成小康社会而奋斗的政治宣言和行动纲领，是党中央面向全党同志发布的动员令。党的十八大报告从中国特色社会主义事业“五位一体”整体布局的高度对我国文化建设作出了战略部署，提出了“扎实推进社会主义文化强国建设”的历史性任务。文物工作是文化建设的重要组成部分，文物事业的发展是社会主义文化大发展大繁荣的重要推动力量。在建设社会主义文化强国的历史进程中，文物工作可以大有作为，也应当大有作为。我们要认真学习贯彻党的十八大精神，充分认识做好文物工作的重要意义，增强责任感和使命感，坚持不懈地推进文物保护法的贯彻实施，努力开创文物事业的新局面，自觉负担起“建设优秀传统文化传承体系，弘扬中华优秀传统文化”的历史重任，为建设社会主义文化强国作出应有的贡献。

二、以科学发展观为指导，全面推进文物事业发展

党的十八大顺应全党全国人民共同意愿，把科学发展观确立为党必须长期坚持的指导思想写入党章，实现了党的指导思想的又一次与时俱进。我们要深刻认识这一历史性决策的重要意义，自觉用科学发展观武装头脑，指导文物工作实践，推动文物事业科学发展。我们要紧紧围绕促进文物事业发展这一核心，努力改善保护状况，提高管理和利用水平，着力做好各项工作，推动文物事业取得新进展、迈上新台阶。要始终坚持“保护为主、抢救第一、合理利用、加强管理”的文物工作方针，始终坚持科学保护、依法保护，在确保文物安全和实现科学管理的前提下对文物进行合理利用，全面协调可持续地推进文物事业发展。要从中国特色社会主义事业全局角度着眼，统筹安排文物各项工作，兼顾各方利益。要把文物保护与服务经济社会发展、推动社会主义核心价值体系建设、促进文化大发展大繁荣、服务民生等方面的工作紧密结合起来，正确认识和妥善处理文物工作中政府主导与社会力量广泛参与的关系、当前利益与长远利益的关系、社会效益与经济效益的关系。要统筹城乡、区域文物工作，加大对革命老区、民族地区、边疆地区、贫困地区文物工作的帮扶力度，加大对基层文物保护单位的保障力度。在文物工作中要坚持以人为本，通过积极稳妥地推进博物馆、纪念馆免费开放以及文物信息数字化应用等举措，让人民群众更加充分地享受文物事业发展成果。要尊重并充分发挥人民在文化遗产保护中的主体地位，无论是在文物修缮、考古发掘、博物馆建设，还是在历史文化名城名镇名村保护等工作中，都要积极取得群众的理解、参与、监督和支持，紧紧依靠人民群众做好文物工作。

三、加强组织领导，认真依法履职，加大执法力度

文物保护是一项社会性的系统工程，涵盖的范围广、涉及的部门多，需要政府统筹规划，统一部署。随着我国现代化进程的加快，文物事业既进入了加速发展的黄金机遇期，也进入了矛盾凸显期，对文物工作的要求越来越高，文物工作的任务也越来越繁重。各级政府要把文物工作摆在更加突出、更加重要的位置，加强组织领导，切实将文物保护纳入领导责任制，纳入科学发展考核评价机制。要依法将文物事业纳入本级国民经济和社会发展规划，确保文物事业发展所需经费，改善执法条件，加大法律实施的保障力度。要依法正确处理文物保护与经济建设、社会发展的关系；基本建设、旅游发展必须遵守文物工作方针，其活动不得对文物造成损害。要深化文物管理体制改革，健全执法机构，增强执法力量，提高执法人员素质能力，提升执法质量和效率。文物、公安、工商、海关、城乡建设、农田水利、商务等各有关部门要加强沟通协作，形成合力，共同维护好文物管理秩序。各级人大及其常委会要充分发挥监督职能，围绕文物保护法的重点内容和法律实施中的薄弱环节，进一步督促和支持政府及有关部门依法履行职责，确保法律规定落在实处，为文物事业发展提供更加坚实有力的法制保障。

四、加强宣传，营造全社会保护文物的良好氛围

宣传普及法律知识，营造知法、守法、自觉执法的良好社会环境，是文物保护法得以顺利贯彻实施的重要保障。各级政府及其有关部门要以文物保护法为重点，更加深入地开展文物保护法制宣传和文物知识普及，提高人民群众的文物保护意识，努力营造全社会保护文物的良好氛围。要不断丰富宣传的内容和形式，增强宣传实效。要推动文物保护法律知识进校园、进社区、进企业，积极做好面向农村地区和政府部门的宣传，扩大宣传的覆盖面和影响力。各级领导干部要带头学法、守法，严格依法办事。博物馆、纪念馆等文博单位，要充分发掘、展示、宣传文物的历史、艺术、科学价值，增加人民群众的文化遗产知识，激发民族自豪感，培育广大人民的文化自觉和文化自信。各有关媒体要坚持正确的舆论导向，避免片面渲染文物市场价格；要坚持把社会效益放在首位，充分发挥文物在进行爱国主义、历史文化、人文艺术和革命传统教育方面的独特作用和重要功能，为全民族文明素质的提高和传承中华优秀传统文化作出积极贡献。

依法做好文物工作、推动文物事业发展，离不开社会力量的广泛参与。我们要通过深入持久地开展文物法制宣传活动，凝聚政府、专家、群众等各方面的力量，形成全社会积极保护文物的强大合力。要在坚持文物事业公益性的基础上，积极制定政策措施，鼓励、引导社会力量参与文物保护，逐步建立起政

府主导、社会力量广泛参与的文物工作格局。

五、提高文物工作科技水平，促进科技成果推广应用

科学技术对于文物事业起着重要的支撑作用，文物保护的科学技术水平也体现了一个国家的科技创新和应用能力。近年来，我国实施了中华文明探源工程、指南针计划等重大文物科技项目，提升了文物保护的科技支撑能力。今后工作中，希望各级政府及其有关部门在加强对传统文物保护技术研究和传承的基础上，大力推进文物保护科技创新，全面提升文物工作的整体科技实力。积极推动文博单位与科研机构、高等院校开展合作，调动社会优质资源，协同解决文物保护的关键技术和瓶颈问题，推动科技成果向文物保护工作实践的转化。要努力提高文物工作信息化水平，建设国家文物资源基础数据库、文物预防性保护信息平台、博物馆信息服务平台和文物安全监测平台，积极开发文物地理信息系统，加快建设文物数字化及信息技术支持系统，推进博物馆信息系统的互联互通、资源共享和业务协同，加强文物信息的社会化服务和传播普及。

六、进一步完善文物保护法律制度

经济社会的快速发展和文化建设的深入进行，对我国文物工作提出了新要求。在今年上半年全国人大常委会开展的文物保护法执法检查中，一些部门和地方反映现行文物保护法在有些方面同文物工作实际已经不相适应。建议有关部门对这一问题深入进行调查研究，为文物保护法适时修改做好准备工作。国务院及其有关部门要进一步健全配套法规和规范性文件，推动文物保护法深入贯彻实施。各地方要根据本地经济社会发展和文物工作的实际需要，积极制定地方性法规和政府规章，规范促进文物工作，也为国家进一步完善文物保护法律制度提供经验。同时，要加强法律法规的实施与监督，做好有法必依、执法必严、违法必究。

同志们，文物是不可再生的文化资源。珍贵的历史文物和革命文物，是中华民族优秀文化传统、中国人民创造精神和革命精神的重要载体，是我们宝贵的物质财富和精神财富。文物保护事关中华民族优秀传统文化的传承发展，事关人民群众基本文化权益的保障，事关社会主义文化强国建设。依法保护好、传承好、利用好、管理好祖国宝贵的文化遗产，既是我们的法律责任，也是我们的政治责任和历史责任，是中华民族对人类文明的重要贡献。最近，吴邦国委员长在视察故宫博物院时语重心长地指出，要保护好文物，保护好故宫这个珍贵的文化遗产，千万不要做对不起子孙后代的事情。全面贯彻实施文物保护法，依法做好文物工作，是一项长期而艰巨的任务，需要我们坚持不懈的努力。我相信，在党的十八大精神指引下，在各方面的共同努力下，我国文物事业一定能够取得新的更大成就。

在十一届全国人大五次会议内蒙古代表团全体会议上的发言

（2012年3月5日）

乌云其木格

工作报告实事求是总结了过去一年经济建设、社会发展情况，安排部署了2012年的工作，提出了具体目标任务，是个脚踏实地、警醒忧患、励志践行、稳中求进的好报告。

2011年是我国伴随国际金融危机走过的第四个年份，是一个并不轻松的年份。在国际国内形势复杂严峻的情况下，举国上下认真落实中共中央决定和人大四次会议决议，围绕科学发展这个主题和加快转变经济发展方式这条主线，把短期应对措施和长期制度建设结合起来，巩固和扩大了应对金融危机的成果。同时，在保持经济平稳较快发展，调整经济结构和管理通胀预期三方面取得积极进展。总的看，我国经济发展基本面是好的。国民经济继续朝着宏观调控的方向发展。正如报告中所说“呈现出经济增长较快，价格趋稳、效益较好、民生改善的良好态势。”当我国统计部门公布2011年经济数据，GDP增幅9.2%、CPI为5.4%以后，有的国际机构得出结论说：“中国依然是这个星球的增长引

擎”。当然，我们自己还要保持清醒的头脑，我国宏观调控面临的压力依然很大，特别是要警惕来自经济增长下行和物价上涨的双重压力。去年 CPI 最高曾达到 6.2%，一度汇率也有变化，外界出现唱空、唱衰中国的声音，直到 8 月份物价才开始回落，到后两个月 CPI 达到 4%，全年平均 5.4%。可谓惊心动魄。这说明我们成绩来之不易。

2011 年经济社会发展历尽难辛，我们在保持经济平稳较快发展的同时，始终坚持民生优先，城乡居民生活切实得到保障和改善。去年，由于国家加大实施支农惠农政策的力度，农村居民人均纯收入达到 6900 元，增量超过千元，实际增长 11.4%。创历史新高。内蒙古农牧民增收幅度更高，达到 20% 还多。与此同时，国家还进一步提高城乡低保补助水平。建立社会救助和保障标准与物价上涨挂钩联动机制。去年中央已决定将农民人均纯收入 2300 元作为新的国家扶贫标准，增幅高达 92%。这就接近每人每天 1 美元（国际标准为每人每天 1.25 美元）。这就意味着有约 1 亿农村人口将从国家的扶贫补贴中受益。

2011 年，面对复杂多变的政治经济环境和国内艰巨繁重的改革发展任务，我们能取得这样的成绩，实现政通人和，是坚持以人为本、五个统筹科学发展观的结果。由于实现公权力与社会愿望之间的关系相互衔接，体现公平、公正，从而调动了各方面的积极性，使社会各层面的活力和动力不断释放。包括生产、生活乃至社会管理等方面。

如中小企业特别是小微企业发展问题。当了解到其中存在的问题以后，国家出台了减免税赋等各项政策，同时支持金融机构加强对其服务（如下调准备金率、存贷比特例等）。当然在操作层面还有许多问题有待解决，但毕竟已经破题。发展民营经济是深化改革，完善社会主义市场经济体制的重要课题。

又如，农村贫困学生免费午餐的问题。当初是由民间发起的慈善资助，经过社会发酵，引起政府良性互动，国务院决定启动实施农村义务教育学生营养改善计划，中央每年拨款 160 多亿，按每天每生 3 元标准，提供营养膳食补助。从而使贫困家庭的学生也能和其他人一样吃到营养午餐。惠及约 2600 万学生。舆论普遍认为民间探索引领了国家行动，这是可喜的现象。

再如，全国人大常委会审议个人所得税法修正案。人大审议的草案中起征点是由 2000 元提高到 3000 元。草案通过各种渠道向全社会公布以后，引起强烈反响，相当多的反馈意见认为起征点应该再提高一些。后经人大常委会组成人员反复讨论，决定提高到 3500 元，在常委会上获得高票通过。从而使 5000 多万人豁免。同时，将工薪所得税率由 9 级超额累进税率修改为 7 级，扩大了低档税率的适用范围，并将第一级税率由 5% 降至 3%。这次修改进一步降低了中低收入者的税负，适当增加了高收入者的税负。这个修正案通过后，社会反响很好。

内蒙古也是这样，体察民情，解决民需，使公权力更符合社会愿望。全区投入资金 1168 亿元办民生实事、搞民生工程，各族群众普遍受益。当然，这也以财力为后盾。内蒙古去年经济发展势头强劲，效益好。这是最终起作用的因素。（规模以上工业企业实现利润增长 50.8%，是难能可贵的，可谓企业效益好、财政状况好、居民收入好，三者皆大欢喜。）

关于 2012 年的工作部署我完全同意。GDP 增幅定为 7.5%，比去年实际增幅低了 1.7 个百分点，但还高于“十二五”规划年均 7% 的增幅。我想这样做，一则为调整经济结构、管理通胀预期留有余地；同时为转变经济发展方式提供宽松环境，把经济发展的重点转移到依靠科技进步和提高劳动者素质的轨道上来，着力提高经济运行的质量和效益，实现全面、协调、可持续发展。

在农民专业合作社法实施 5 周年座谈会上的讲话

（2012 年 6 月 19 日）

乌云其木格

同志们：

农民专业合作社法颁布实施已经 5 周年了。五年来，各级政府及有关部门认真贯彻实施农民专业合作社法，做了大量卓有成效的工作，广大农民群众积极参与实践，有力地促进了农民专业合作社的发展。今天，我们在这里召开座谈会，总结农民专业合作社法实施5年来所取得的成绩和经验，分析存在的问题和原因，提出建议，对进一步贯彻实施好农民专业合作社法，促进农民专业合作社健康发展，有着十分重要的意义。刚才，农业部等部门、湖北省及合作社的代表作了很好的发言。下面，我讲几点意见。

一、我国农民专业合作社呈现良好的发展势头

农民专业合作社是农民在农村土地家庭承包经营基础上创办的自愿联合、民主管理的互助性经济组织，是对家庭承包经营为基础、统分结合双层经营体制的进一步完善，是我国农业生产经营体制的又一重大制度创新。农民专业合作社的发展，提高了农民的市场主体地位，促进了专业化、集约化、规模化经营，推动了农业生产力的发展。

农村改革以来，党和国家高度重视发挥农民专业合作社在促进农业增产、农民增收和发展农村经济中的重要作用。农民专业合作社法就是根据党和国家多年来支持农民专业合作经济组织发展的方针政策，在总结农民专业合作经济组织20多年发展经验基础上制定的。这部法律的颁布，确立了农民专业合作社的法人地位，进一步完善了我国社会主义市场经济法律制度。同时，也标志着我国农民专业合作社发展进入了法制化轨道。

农民专业合作社法颁布实施后，按照法律的有关规定，国务院和有关部门出台了一系列支持农民专业合作社发展的政策措施，进一步调动了农民兴办和加入专业合作社的积极性。五年来，农民专业合作社数量和入社农户稳步增长，截至2012年3月，在工商部门登记的农民专业合作社达到55.23万家，入社农户4300多万户，带动的农户达4000万户以上，参加合作社农户的收入普遍比非社员同业农户高出20%以上，这是一个了不起的成绩。中央有关部门按照各自职责，大力扶持农民专业合作社发展，地方党委、政府把促进农民专业合作社健康发展作为“三农”工作的一个重要抓手，工作力度和扶持力度都比较大，这是农民专业合作社呈现良好发展势头的重要原因。

二、进一步提高对贯彻落实农民专业合作社法重要意义的认识

我国农民专业合作社发展势头是好的，但总体上说，还处于发展的初级阶段，多数合作社规模较小，服务半径不大，一些地方在发展中也存在一些问题。比如，有些没有体现农民专业合作社的性质，是“企业＋农户”形态；有些合作社内部治理机制还不够规范，普通社员的经济权益和民主权利保障不够；有些合作社在盈余分配中，主要按交易量比例返还的原则落实得不够好。从外部环境看，法律规定的一些配套政策还没有完全落实到位，等等。解决好上述问题，一个重要方面，就是进一步提高对这部法律重要意义的认识。

当前，我国正处于工业化、城镇化、农业现代化协调发展的重要时期，也处于传统农业向现代农业转型的重要时期，进一步促进农民专业合作社健康发展，对于完善农村基本经营制度、推动农业经营体制机制创新、发展现代农业、构建现代农业产业体系、培养新型农民、建设社会主义新农村等，都有着重要意义。党的十七届三中全会决定提出，“扶持农民专业合作社加快发展，使之成为引领农民参与国内外市场竞争的现代农业经营组织”。这个要求是很高的。近些年的中央“一号文件”，都对农民专业合作社发展提出了加强规范化建设等方面的要求。面对新形势、新任务及合作社发展面临的新问题，各级人大、政府和相关部门，要进一步提高对贯彻落实农民专业合作社法重大意义的认识，全面准确把握农民专业合作社法的立法宗旨和主要内容，采取切实有效的措施，积极引导农民专业合作社健康发展。

三、指导农民专业合作社健康发展要注意的几个问题

一是做好宣传培训工作。法律的生命力在于实施，法律的准确实施在于全面理解法律的精神实质。贯彻落实好农民专业合作社法，首先要学习宣传好这部法。五年来，各地、各部门已经做了大量的宣传培训工作，收效是明显的，但发展也不平衡。从检查和调研中我们了解到，在一些地方，法律的宣传培训不够深入，一些从事这方面工作的干部还不能准确掌握这部法律的精神实质，对法律和政策的理解还不到位，一些合作社的领办人及社员，对法律也有理解不透的问题，有些办社的人对什么是合作社也不完全清楚。因此，我们要在现有工作基础上，继续花大力气，进一步把对农民专业合作社法宣传培训工作推向深入，一定要让广大干部群众理解这部法律的精神实质和主

要内容，掌握农民专业合作社的基本特征，了解中央关于农民专业合作社发展的方针政策。做好学习宣传和培训工作，各地、各有关部门的负责同志要带头，有条件的，可直接给有关人员及合作社社员授课。农业部等部门要加大合作社辅导员队伍建设力度，继续办好农经管理干部和合作社负责人培训班，继续扩大培训范围，提高培训质量。建议各地将农民专业合作社法律法规纳入"六五普法"计划。学习、宣传和培训，要注意发挥典型示范的作用，要结合正在开展的示范社建设行动，让一批办得好、比较规范的合作社现身说法，这能收到事半功倍的效果。

*二是处理好发展与规范的关系。*适度规范，在规范中促进发展、在发展中逐步规范，是制定农民专业合作社法的基本出发点。本法对合作社的设立、民主管理、财务制度等内容作出的规定，是符合当时合作社发展实际的。随着法律的实施，农民专业合作社的数量迅速增长，指导合作社规范发展已成为一个重要问题。如果一些合作社的异化长期得不到纠正或规范，就会严重影响农民专业合作社这个新型市场主体作用的发挥，以及国家扶持政策的落实到位。2009年中央"一号文件"提出，"加快发展农民专业合作社，开展示范社建设行动"。今年中央"一号文件"提出，"推进示范社建设行动，促进农民专业合作社规范运行"。因此，在合作社发展进入一个新的发展时期后，一定要把规范化建设放在突出的位置，要更加注重农民专业合作社发展的质量。指导农民专业合作社发展要有耐心，尊重其发展规律，循序渐进。

*三是加强指导扶持。*发展农民专业合作社，国家的扶持政策很重要。农民专业合作社法为此专门设立了"扶持政策"一章，规定通过财政支持、税收优惠和金融、科技、人才的扶持以及产业政策引导等措施，促进农民专业合作社发展。按照法律规定，国家有关部门制定了相关的配套法规规章，出台了一些支持农民专业合作社发展的政策措施。16个省级人大也制定了地方性法规。但从调研及有关部门、地方反映的情况看，有的配套法规建设仍然滞后，一些支持政策还没有完全落实。

进一步加强指导扶持，最重要的是各有关部门根据各自职责分工，把中央要求、法律规定的各项扶持措施尽快落到实处。要完善政策性金融机构支持农民专业合作社的配套政策，以及国家鼓励商业性金融机构为农民专业合作社提供金融服务的具体措施；要积极扶持、引导农民专业合作社开展信用合作的实践探索；要完善税收优惠政策，进一步落实"农民专业合作社享受国家规定的对农业生产、加工、流通、服务和其他涉农经济活动相应的税收优惠"的规定；要完善国家支农项目建设机制，把农民专业合作社作为落实财政支农政策的重要载体，大力支持有条件的农民专业合作社承担国家涉农项目并进一步完善具体办法；各级财政要继续加大对农民专业合作社示范社的扶持。同时，对一些地方出现的农民专业合作社联社、土地股份合作社等要加强研究，及时给予指导。

*四是加强监督检查。*各级人大及其常委会要认真履行宪法和法律赋予的职责，加强对农民专业合作社法贯彻实施情况的监督检查，督促各地、各部门切实落实好法律的各项规定。全国人大常委会2008年对农民专业合作社法进行了执法检查，提出了有针对性的建议。今年，按照常委会监督工作计划，要对农业法进行执法检查，其中将农民专业合作社发展情况作为这次执法检查的一个重点内容。希望各地、各部门高度重视，自觉接受人大监督，确保农民专业合作社法得到全面贯彻实施。

为内蒙古农业大学建校60周年致贺信

内蒙古农业大学：

值此内蒙古农业大学建校60周年之际，我谨向全校各族师生员工和广大海内外校友致以热烈的祝贺和诚挚的问候！

内蒙古农业大学建校60年来，坚持党的教育方针和民族政策，经过不同的历史发展时期，逐步形成了艰苦奋斗、严谨治学、求真务实的优良办学传统，走出了一条以草原畜牧业为主的质量建校、特色立校、人才强校之路。新世纪以来，你校抓住了农林两校合并和西部大开发重点支持建设这两次新的发展机遇，致力于提高办学水平和综合实力，培养了一大批优秀专业人才，取得了丰硕的科研成果，为推动内蒙古乃至西部地区经济、社会发展做出了贡献。

希望你们举全校之力，再展宏图，坚持社会主义的办学方向，深入贯彻落实科学发展观，以服务三农三牧为宗旨，弘扬传统、锐意改革、增强自我发展能力，为国家实施新一轮西部大开发战略提供人才和科技支撑。

乌云其木格

2012 年 9 月 10 日

《陟痕心路》总序

（2012 年 9 月 18 日）

乌云其木格

陈寿朋教授壮岁赴边，献身边疆教育事业 40 年，在教书育人和学术研究方面桃李广植、硕果累累；晚年投身生态环境保护事业，首倡生态道德教育，为筑起全民族生态保护的心灵屏障不倦奔走。《陟痕心路——陈寿朋先生写真》一书，广收新闻报道序跋评论等一百余篇，时间跨越 30 余年，多层面、多角度再现了陈寿朋教授人生跋涉和心路历程，也体现了社会各界对他的人格与事业的由衷赞许。

20 世纪 50 年代末，为支援边疆教育事业，陈寿朋教授从首都北京来到内蒙古大学任教。在内蒙古大学汉语系，他先后担任过外国文学教研室主任、系主任。在这所北国边疆大学，他开设了我国高校第一个“高尔基研究”专题课程，招收指导了我国高校第一批“高尔基研究”专业方向的研究生。他克服条件艰苦、资料匮乏等诸多困难，先后出版了《高尔基美学思想论稿》、《高尔基创作研究论稿》、《高尔基晚节及其他》、《步入高尔基的情感深处》等学术专著，成为国内该研究领域的领军人物。

陈寿朋既是一位传道授业解惑的良师，又是一位享受国务院特殊津贴的知名教授，同时还是一位享誉自治区内外的优秀教育管理者。他曾先后在内蒙古大学、包头高等师范专科学校、内蒙古教育学院等多所院校出任系主任、校（院）长，为边疆民族地区的教育事业贡献良多。2007 年内蒙古自治区成立 60 周年前夕，他众望所归地被公众评选为 22 位“感动内蒙古人物”之一。

从 1993 年起，陈寿朋教授连续当选第八、九、十届全国人大代表，并任八、九两届全国人大教科文卫委员会委员。他担任全国人大代表期间，正是我国环境法制建设的关键时期。在此期间我国先后制定和修订了《土地管理法》、《防沙治沙法》、《水法》、《草原法》等 20 多部环境与资源保护法律、法规，初步建立起了我国环境与资源保护的法律体系框架。陈寿朋教授参加了许多生态环境保护方面的立法调研与讨论，见证了一部部法律法规的诞生和修订。

在参与环境立法工作的同时，陈寿朋教授作为一位在高等院校耕耘了近 40 载、深谙教育规律的学者，认为保护生态环境仅仅靠法律和法规等制度层面是远远不够的，还亟需在生态道德与生态教育方面加以推动，要在人们的心灵深处构建牢固的生态屏障。2002 年 3 月，陈寿朋教授在人大会上正式提出“生态道德教育”概念。2005 年 7 月，第 14 期《求实》杂志发表了他撰写的《生态道德建设浅议》。该文全面扼要地阐述了陈寿朋教授关于我国生态道德建设的基本思路，是他多年来对环境保护和生态建设潜心研究与认真实践的结晶，是对中国环境保护和生态建设具有首创性见解的理论成果。在此前后，由他主编或撰写的《生态道德教育读本》、《生态文明建设论》、《生态文化建设论》、《草原文化的生态魂》等一批著作也相继问世。

陈寿朋教授不仅是生态道德教育的倡导者，也是生态道德教育的力行者。自 2001 年开始，他先后领导成立了中国内蒙古沙尘暴研究治理促进会、中国生态道德教育促进会、北京大学生态文明研究中心等社会与学术团体，他指导创建的生态道德教育基地遍布全国各地。

“他怀着一颗博爱的心，爱事业，爱学生，爱民族，爱祖国。”这是陈寿朋教授当选“感动内蒙古人物”的获奖词，是内蒙古各族人民对他的褒奖。人言陈寿朋教授有古仁人之风，他“先天下之忧而忧，后天下之乐而乐”的济世情怀，他学者的儒雅、战士的坚忍、倡导者的胆识、力行者的执著，这一切都在这部《陟痕心路》有真切的反映。

值《陟痕心路》出版之际，谨向读者推荐此书，并祝愿陈寿朋教授倡导的生态道德教育事业深入人心，为促进人与自然的和谐相处再作贡献。

为呼和浩特市第二中学 70 华诞致贺信

欣悉呼和浩特市第二中学 70 华诞，我谨向全校师生员工和广大海内外校友致以热烈的祝贺和诚挚的问候！

呼和浩特市第二中学历史悠久，敦品励学。特别是改革开放以来，你们始终坚持教学质量至上的原则，发扬“追求卓越、敢为人先”的优良传统，求真务实积极探索，在基础教学领域取得了很好的成绩，为内蒙古自治区基础教育工作做出表率，为自治区人才战略的实施发挥固本强基的作用。

百年大计教育为本。希望你们以建校 70 周年为契机，发扬优良传统，推进教育创新，提高办学质量，争取早日成为“人民满意，全国一流”中学，为内蒙古经济社会的可持续发展，为实现中华民族的伟大复兴作出新的贡献！

乌云其木格

2012 年 9 月 28 日

在全国人大农委关于粮食立法工作座谈会上的讲话

（2012 年 10 月 10 日）

乌云其木格

同志们：

全国人大农业与农村委员会召开这次会议，就粮食立法工作进行座谈，很有意义。参加这次会议的还有各省区市人大农委的同志，大家研讨交流、相互沟通，对我们分析情况、研究问题、提出建议、推进立法，大有益处。我相信，通过这次会议，大家一定会有很多新的认识和收获，对人大农委的工作和粮食立法将起到积极的推动作用。

党的十七大从坚持和发展中国特色社会主义的战略高度和全局角度，提出要“全面落实依法治国方略，加快建设社会主义法治国家”。我国是一个农业大国，解决好“三农”问题是全党工作的重中之重，贯彻落实依法治国方略，必须实现依法治农，加强农业法制建设、建设现代农业、实现全面建成小康社会宏伟目标，具有十分重要的意义。在“三化”同步推进过程中，保障粮食安全是农业现代化的首要目标。加强粮食立法，将为确保粮食安全、建设现代农业提供有力的法律保障。下面，我就粮食立法谈几点意见。

一、进一步提高对做好粮食立法工作重要意义的认识

粮食安全始终是关系我国经济发展、社会稳定和国家自立的全局性重大战略问题。十七届三中全会指出，“必须巩固和加强农业基础地位，始终把解决好十几亿人口吃饭问题作为治国安邦的头等大事”。“十二五”规划纲要提出，坚持走中国特色农业现代化道路，把保障国家粮食安全作为首要目标。中央连续 9 个“一号文件”，都明确要求稳定发展粮食生产、确保国家粮食安全。中央一系列政策措施的贯彻落实，有力保障了国家粮食安全。我国粮食总产量连年稳产增产，实现了历史罕见的“八连增”，连续 5 年超万亿斤，标志着我国粮食综合生产能力跃上新台阶。粮食等主要农产品稳产增产、农民收入持续增长，为保障农产品有效供给、稳定物价提供了有力支撑，为促进国民经济持续较快发展、社会和谐稳定奠定了坚实基础。

但必须看到，我国粮食稳产增产的基础并不牢固，立足国内解决十几亿人口吃饭问题的任务还十分艰巨。粮食生产面临需求刚性增长、资源环境约束加剧、边际成本上升、比较收益低下、种粮动力不强、国际粮价剧烈波动等复杂因素影响，我国粮食供求仍将长期处于紧平衡状态，粮食安全形势依然严峻。在我国粮食生产实现"八连增"、2020年粮食综合生产能力达到5.5亿吨目标提前9年实现的情况下，粮食进口也在连年增长。2011年农产品进口额达340亿美元，特别是谷物与大豆进口已经达到580万吨和5479万吨，两项合计6059万吨，超过粮食总产量的10%。确保国家粮食安全，一个很重要的方面就是制定粮食法，将粮食安全管理纳入法制化轨道。全国人大常委会已制定了农业法等多部涉农法律，但还缺少一部专门的粮食安全保障方面的法律，在粮食生产、流通、加工、储备等方面，有许多亟需规范的问题。所以，我们要看到制定粮食法的重要性和紧迫性。

二、做好粮食立法工作要注意的几个问题

十七届三中全会提出，要加快构建供给稳定、储备充足、调控有力、运转高效的粮食安全保障体系。这一要求是很高的。要把握好我国基本国情和"三农"发展的阶段性特征，以科学发展为主题，以转变农业发展方式为主线，把促进粮食增产、农民增收、农村发展作为立法的出发点和落脚点，把提高粮食综合生产能力、保护种粮农民利益、促进粮食稳定增长作为切入点，解决制约粮食安全的体制机制障碍，确保国家粮食安全。

*一是提高粮食综合生产能力。*粮食综合生产能力是粮食安全的核心。当前乃至今后一个时期，提高粮食综合生产能力，一个很重要的方面就是必须高度重视粮食主产区的作用，大力加强主产区粮食综合生产能力建设。要加大对粮食主产区的政策扶持和资金支持力度，中央的各项支农资金和项目应向主产区给予倾斜。要进一步平衡主产区与主销区的利益，建立健全粮食主产区利益补偿机制，促进主产区经济社会加快发展，实现主产区粮食增产、农民增收、财力增强相协调。要进一步明确中央和地方的责任，落实好"米袋子"省长负责制。对粮食主产区的问题在立法中要予以高度重视。从长远发展看，这些制度的建立既要有利于粮食生产向具有比较优势的区域集中，又要让各地分别承担粮食安全的责任，要平衡权利与义务，推动区域合作互补，实现区域协调发展。

*二是切实保护好种粮农民的利益。*无论是从当前扩大内需、保持国民经济持续较快发展，还是从实现全面建成小康社会、加快推进现代化建设来看，重点和难点之一都是农民收入问题，在粮食主产区这个问题尤为突出。保障粮食安全的关键，就是要切实保护好广大农民特别是种粮农民的利益，调动他们的生产经营积极性。要进一步完善种粮补贴制度，加大补贴力度，要通过市场机制适当提高粮价，提高种粮比较收益，使种粮收益不低于种植其他经济作物的平均收益，让农民种粮得实惠。同时，要通过建立农业政策性金融、保险等制度，最大限度降低种粮的风险。

*三是发挥宏观调控与市场机制的作用。*在粮食立法中，如何做到发挥宏观调控和市场机制作用的有机结合，是一个需要认真研究的问题。确保粮食安全，一方面，要强调政府的宏观调控作用，从国民经济发展全局着眼，通过建立粮食储备制度、市场监测预警制度，综合运用进出口、吞吐调剂等手段，弥补市场失灵，防止粮食供求出现大的波动。另一方面，要充分发挥市场机制在资源配置中的基础性作用，实现生产要素的合理配置，激发经济的内在活力。法律草案中规定了对粮食收购、加工主体的许可制度，对储备主体的备案制度，对新建和并购粮食企业的安全审查制度。这涉及如何处理粮食市场有序管理和市场搞活的关系问题。在征求意见过程中，有的认为，为确保粮食有效供给和有序流通，设立这些准入和许可制度是必要的；有的认为，应该尽可能减少设立准入和许可制度，更多地依靠市场调节。总体而言，发展粮食产业，必须既要充分发挥市场机制在资源配置中的基础性作用，与规范行政许可、减少行政审批、提高行政效率的改革精神相一致，同时也要研究如何发挥行业自律和必要的行政监管的作用，实现粮食产业平稳发展。应该看到，我国粮食市场既存在宏观调控行政色彩较多的问题，也存在市场发育不全的问题。在我国当前发展阶段，如何把握好宏观调控和市场调节的尺度，做到管而不死、活而不乱，还要请大家多加研究。

*四是利用好两个市场、两种资源。*当今，随着经济全球化和我国对外开放不断深化，国际国内市场依存性不断增强，我国粮食市场与国际粮食市场关系日趋紧密。通过从国际市场进口粮食，我国使用了境外数量巨大的耕地资源。通过利用国际市

场适度进口调剂,在一定程度上保证了国内粮食供求基本平衡。对于如何利用两个市场、两种资源,也有不同看法。有的认为,更多地依靠国际市场,大量利用廉价粮源解决粮食问题,有利于增进整个社会的福利。有的认为,必须始终坚持立足国内解决粮食问题,长期依赖进口将对国民经济的长远发展造成不利影响。从当前看,国际粮食市场为我们提供了一定的粮食。但要清醒认识到,一旦国际粮食市场趋紧,则粮食进口国的粮食安全、经济安全可能陷入被动。立足国内实现粮食基本自给,不仅是重大的经济问题,也是重大的政治问题。在立法中,对如何更好地利用好两个市场、两种资源的作用,还要请大家加以研究。

*五是加大支持保护力度。*发达国家走过的历程表明,在市场经济条件下,保障粮食安全,离不开国家的支持保护。我国农业经营规模小,面对国内外市场激烈竞争,实行农业支持保护政策尤为必要。党和国家高度重视"三农"工作,特别是党的十六大以来,出台了一系列强农惠农富农政策,加大了对农业的支持保护力度,初步形成并不断完善强农惠农富农政策体系。在立法过程中,要把那些经实践检验比较成熟可行的政策措施以法律的形式固定下来,建立支持"三农"发展的长效机制。如何进一步加大支持保护力度,在立法中还要注意与世贸组织规则相衔接。目前我国农业补贴水平与加入世贸组织的承诺相比还有明显差距,继续增加补贴的空间还很大。随着综合国力增强,今后要在继续完善补贴政策基础上,不断增加补贴力度。

*六是加强粮食质量安全监管。*粮食质量安全日益成为社会关注的热点和焦点。对粮食质量实行从"农田到餐桌"的全程监管和质量追溯制度是发达国家的普遍做法。目前,我国粮食质量安全监管实行政府统一协调(国务院食品安全委员会)、部门分段负责模式。粮食质量安全监管涉及生产、流通、加工、消费等多个环节,涉及农业、发展改革、工商、质检、卫生等多个部门。多部门分段监管,职责上既有交叉,又有空白,信息沟通不畅、协调联动性不强,权责不对等,职责不明确,在一定程度上存在大家都管又都管不好的现象。在立法中要认真研究,建立适合中国国情的粮食质量监管体系,形成监管合力,保证粮食质量全过程、无空白监管。

三、结合实际,推进粮食立法工作

制定粮食法已列入本届常委会立法规划。按照常委会要求,全国人大农委积极提前介入粮食立法工作,通过专题调研、立法座谈会等形式广泛听取意见,在此基础上提出有针对性的立法建议,推进了草案起草工作。由于粮食立法涉及的环节多、部门多,需要法律调整的利益关系较为复杂,从目前立法进程看,制定粮食法的任务在本届人大难以完成。建议将制定粮食法继续纳入下一届常委会五年立法规划,有关部门进一步加大协调力度,全国人大农委要进一步加大介入力度,也请地方人大对调研工作给予支持配合,共同推进立法进程。

同志们,2012 年是实施"十二五"规划承上启下的一年,我们党将召开具有重大而深远意义的第十八次全国代表大会,做好农业农村工作具有特殊重要的意义。我们要全面贯彻党的十七大和十七届三中全会精神,以邓小平理论和"三个代表"重要思想为指导,深入贯彻落实科学发展观,积极推进粮食立法,确保国家粮食安全,为建设现代农业、全面建成小康社会作出新的贡献。

在中国—南非议会定期交流机制第二次会议上的主旨讲话

(2012 年 3 月 29 日上午)

华建敏

尊敬的姆费凯托副议长,
各位议员朋友:

我们今天在这里召开中南议会定期交流机制第二次会议,是一项很有意义的工作。相信这次会议一定能够取得成功,也期待着这次会议的成功举办为推进两国关系的发展作出积极贡献。

中国和南非有着传统友谊。从上世纪 50 年代起,刚刚赢得民族解放斗争胜利的中国人民,就坚定支持南非人民反对种族隔离制度的英勇斗争，两国人民结下了深厚的战斗友谊。建交14年来，两国关系全面快速发展，南非成为非洲第一个与中国建立全面战略伙伴关系的国家，中南关系越来越具有战略性和全球性影响。两国高层互访、会晤频繁，政治互信不断增强。双边贸易规模快速增长，贸易结构趋向平衡，双向投资不断增加，投资领域逐步扩大。与此同时，双方在文化、教育、科技、卫生、旅游、警务、司法等领域的合作也取得了丰硕成果。两国在重大国际和地区事务中保持着密切的沟通和协调，为维护发展中国家的集体利益、推动世界经济恢复和发展发挥了积极作用。

进入新世纪以来，中非关系在传统友好的基础上实现了跨越式发展。作为非洲最大的发展中国家，南非在推进非洲联合自强和一体化进程中发挥着不可替代的重要作用。中方重视并支持南非的这一努力，始终将加强中非友好合作关系作为中国对外政策的重要基石和长期、坚定的战略选择。我们感谢南非为推动中非关系发展所作的积极努力，希望通过加强与南非的合作，不断深化中非传统友谊。

正如中国国家主席胡锦涛在韩国首尔核安全峰会期间会见南非总统祖马时所指出的，当前国际形势的变化深刻复杂，和平、发展、合作的时代潮流更加强劲，各国之间相互联系、相互依存、利益融合达到前所未有的程度。与此同时，国际金融危机深层次的影响正在显现，世界经济复苏缓慢。气候变化、能源安全、粮食安全等问题也相当突出，恐怖主义等全球性威胁依然存在。在这样的背景下，中南、中非加强合作、共同应对挑战显得尤为必要。

2010年年底，南非正式加入金砖国家机制，中南两国合作基础进一步夯实。作为新兴市场国家在经济、金融和发展领域交流与对话的重要平台，金砖国家机制在维护世界和平稳定、推动全球经济增长、加强多边主义、促进国际关系民主化等方面发挥着越来越重要的作用。这两天，金砖国家领导人第四次会晤正在印度举行。我相信，这次会晤将进一步协调中国、南非等五国在有关国际问题和双边合作中的立场，向世界表明我们推动世界经济增长、改善国际政治经济秩序、发展多领域务实合作的坚定信心。

我们愿与南方一道，以落实中非合作论坛第四届部长级会议成果和今年7月召开论坛第五届部长级会议为契机，进一步增进中南和中非的政治互信，深化各领域务实合作，加强在国际和地区重大问题上的磋商、协调与配合，不断把中南全面战略伙伴关系推向前进，推动中非新型战略伙伴关系迈上新台阶。

各位议员朋友，

前不久，我国召开了十一届全国人大五次会议。会议审议批准了政府工作报告等重要报告和法律文件。过去一年，面对复杂多变的国内外环境，中国人民的改革开放和社会主义现代化建设取得了新的成就。国内生产总值比2010年增长9.2%，全年货物进出口总额3.6万亿美元，进口增长快于出口，外贸顺差连续4年逐年下降。中国现在是世界出口第一大国，也是世界进口第二大国，预计未来几年内将成为世界进口第一大国。这说明，中国发展是世界发展的一部分，中国发展得越好，对世界做出的贡献越大。今年，我们将坚持稳中求进的总基调，努力把稳增长、控物价、调结构、惠民生、抓改革、促和谐更好地结合起来，实现经济平稳较快发展和社会和谐稳定。

各位议员朋友，

在去年中南议会交流机制第一次会议上，南非的朋友们十分关注就业问题。下面，我想简要介绍一下中国在扩大就业方面的情况和举措。

我们常说，就业是民生之本。长期以来，中国党和政府始终面临着两个最重大的课题：第一个是必须解决好十几亿人的吃饭问题；第二个就是必须解决好八亿人的就业问题。近年来，中国政府大力实施更加积极的就业政策。加强职业技能培训和公共就业服务体系建设，多渠道开发就业岗位，全力推动以创业带动就业。加大财政、税收、金融等方面对就业的支持力度，着力促进高校毕业生、农民工等重点人群就业。去年高校毕业生初次就业率77.8%，同比提高1.2个百分点。农民工总量2.53亿人，比上年增长4.4%。为做好2012年的就业工作，我们将重点扶持就业容量大的服务业、创新型科技企业和小型微型企业，更好地实施以创业带动就业，抓好高校毕业生、农民工和城镇就业困难人员就业，加强职业培训和公共就业服务工作，建立和完善信息系统，推动建立健全统一规范灵活的人力资源市场。

各位议员朋友，

议会代表人民、反映民意，议会交往在增进政治互信，促进各领域务实合作，加深人民友谊等方面具有不可替代的作用。中南立法机构的交流与合作是中南全面战略伙伴关系的重要组成部分。近年来，两国立法机构交往日益密切，已成为推动国家关系发展的重要力量。过去的两年,吴邦国委员长和西苏鲁议长实现互访。吴邦国委员长在访问南非时,提出了进一步发展两国议会关系的四点主张。我们愿积极落实两国和两国议会领导人达成的共识,充分发挥议会交往的特点和优势,共同推动中南全面战略伙伴关系不断向前发展。2011 年,副议长阁下访华,我和副议长共同出席中南议会定期交流机制第一次会议,标志着交流机制的启动。此次,我率全国人大代表团访问南非并举行双方机制的第二次会议,表明双方立法机构交流机制已进入正轨。下面,作为中南议会定期交流机制中方主席,我想就进一步推动机制的发展提几点建议:

第一,希望双方以交流机制为平台,就治国理政实践、共同关心的国际和地区热点问题保持经常性对话,从而推动两国立法机构间的全方位合作,为中南两国关系持续发展注入新的活力。

第二,就像现在做的那样,每次会议议题的设定应相对集中、讲求实效。相对集中,就是要顺应形势变化和双方的关切,把议题集中到一些热点问题上,不必面面俱到。讲求实效,就是每次交流力求做到沟通充分,对双方都有启发,对双边务实合作真正有所推动。

第三,双方议会工作层面的沟通和磋商是保障机制交流取得成果的关键环节。希望双方工作层面保持经常性的接触和沟通,认真落实好两国议会关于建立交流机制的备忘录,保持机制的稳定性和连续性。

各位议员朋友,

在中南关系不断拓展和深化的历史进程中,两国议会具有不可替代的建设性作用。我深信,在双方共同努力下,中南议会合作一定会有广阔的前景。预祝此次会议圆满成功!

再次感谢姆费凯托副议长,谢谢大家!

在全国人大财经委一季度经济形势分析会上的讲话

(2012 年 4 月 16 日 根据录音整理)

华建敏

一、关于经济形势

总的说,六个部门的汇报和财经委几位委员的发言我都赞同,有些意见讲得很好,符合实际,有针对性。对一季度国民经济发展的评价,我以为可以作这样的概括:"国民经济整体平稳"、"未来趋势缓中趋稳"。

一季度各项经济指标全面回落。GDP 增速 8.1%,比去年四季度增速 8.9% 回落了 0.8 个百分点。虽然都有思想准备,单季下降 0.8 个百分点,还是超出了预料。其中,消费比去年同期回落了 1.5 个百分点,投资回落了 2.9 个百分点,进出口总值同比回落了 25.7 个百分点。财政收入增长 14.7%,同比回落了 18.4 个百分点。而规模以上企业利润的总额同比下降了 5.2%,利用外资的总量也下降了 2.8%。经济发展趋缓既是主观调控的结果,也与国际经济复杂多变、外需疲软密切相关。此外,它也与前期刺激经济政策效应减弱、产能过剩的负面影响有关。

我同意大家的说法,GDP 增速 8.1%,不能算低,CPI3.8% 不能算高。需要关注的是未来的趋势,是缓中趋稳,还是继续回落破"八"? 从去年 1 季度以来,GDP 速度一路走低。2011 年 1 季度是 9.7%,1—2 季度是 9.6%,1—3 季度是 9.4%,全年是 9.2%。今年 1 季度速度是 8.1%,比去年全年增速下降了 1.1 个百分点。连续五个季度逐季下滑,下降幅度逐步扩大。今年 1 季度的增速创十一个季度的新低。与此同时,3 月份的 CPI 也比 2 月高,出现反弹。这也是出乎意料的。对于这种事态必须高度重视,密切关注,认真分析其中原因,对二季度的经济走势作出科学的预测和判断。

现在国外舆论对中国经济是否即将硬着陆,议论较多。我不赞成悲观论调,也不赞成以"八"为界,破"八"就说是硬着陆。我们还是要更多地关心我国经济增长有没有越来越强的国内需求和内生动力;更多地关心经济增长的结构、质量和效益。一季度财政收入增速下跌 18.4 个百分点,企业利润总量(绝对值)下跌了5.2个百分点,是一个需要高度重视的信号。这说明没有应验"放低速度有利于提高增长质量、效率"的政策设计初衷。最担心的还是,如果继续以这样的趋势下滑,就会对就业、财政收支平衡、企业运行带来冲击。我相信,二季度不会继续出现单季跌幅0.8个百分点的情况。从各个部门的汇报中也听到一些积极因素,例如:3月份PMI继续回升达到53.1;一季度用电量比去年4季度有所回升;企业资金的供需状况有所好转等等。但对国际形势的复杂、多变、不确定和瞄着中国搞摩擦的态势,必须有清醒认识、充分准备。兴利除弊,努力做到缓中趋稳,平稳健康运行。

做好经济工作,二季度是关键。我认为,首先,要强调以高度的责任感抓好当前的经济工作,是一项重要的政治任务。只有确保经济平稳健康运行,才能为十八大创造一个良好的经济、社会环境。其次,要强调当前工作与长远工作的结合,要立足长远、稳中求进,把着力点放在通过改革创新,培育新的增长动力和优化经济运行机制上。要把扩大居民消费作为未来发展的重中之重。必须抓紧分配制度改革和流通体制改革方案的出台。要把提高"两个比重",收入向劳动者倾斜、向低收入居民倾斜作为改革的核心。因为他们增收的每一分钱消费倾向最高。同时要大力推进流通业改革,鼓励竞争,压缩流通费用,让生产者和消费者两头得益。科学合理的投资对于长远发展有着十分重要的作用,但要避免经济增长过度依赖投资和投资过度依赖政府驱动的痼疾。要鼓励企业自主决策,走技术改造、自主创新的内涵式发展的道路。消费的培育、投资的优化都有一个过程,扩大对外贸易的工作不可放松。要深化传统市场的开拓,更要拓展与新兴经济体的经贸合作。从出访接触的情况看,还有很大的发展空间,关键看自己的工作。

二、关于提高生产率

如何落实科学发展观,转变发展方式,做好持续发展这篇大文章?一个极其重要的方面,就是把追求GDP的增速变成追求生产率的不断提高。要通过投融资体制改革,提高投资效果;通过加强教育和在职培训,提高劳动者素质;通过结构调整和提高管理水平来大幅降低物耗、能耗,集约使用土地,千方百计汇集到一个目标:大力提高全要素生产率。

提高生产率的重要性在于:第一,它是国际竞争力的基础,只有较高的劳动生产率才能制造出较高性价比的产品。第二,它是吸引投资的前提,只有较高的劳动生产率才能保证较高的投资回报率。第三,它又是劳动者不断增加收入的基本条件。只有劳动生产率的不断提高,创造的财富越来越多,工资水平才能不断增加。第四,在我国人口结构出现重大变化,老龄人口比重增加,劳动年龄人口比重下降的背景下,提高劳动生产率,确保养老保险制度的安全运行具有重要意义。第五,概而言之,不断提高生产率,才是转变发展方式,实现经济、社会可持续发展的根本出路。

总之,高投入、高能耗、高污染,低工资、低资源价格、低污染成本的增长模式不可持续。建议要把生产率作为一个重要统计指标和考核要求。不光对企业要考核劳动生产率的提高,对一个行业和地方,生产率也是一个全面反映科学发展内涵的重要的综合性指标。

三、关于巩固和提升我国制造业大国的地位

2008年国际金融危机以来,世界经济有一个重要的动向:就是各发达经济体都强调回归实体经济、重返制造业。美国是这次国际金融危机的发源地,以往数十年,美国依靠金融霸权,发展虚拟经济。危机的惨重代价令美国政府改弦易辙,把振兴制造业作为复苏经济的重心。德国和瑞典等北欧国家在这场金融危机中凸显较强的抗危机能力,这与他们始终坚持制造业为立国之本,不断提高技术创新能力和竞争力密切相关。日本和韩国也历来重视制造业的发展,在若干经济领域是成功的赶超者,在某些领域还是技术领先者。与此同时,随着我国劳动力成本的上升,低端制造业向周边国家转移的趋向越来越明显。因此,制造业必将出现更加激烈的竞争,先进制造业更是兵家必争之地。

改革开放以来,我国制造业有了长足发展,被誉为世界工厂、第一制造大国。但我们都看到,我们的优势相当程度上是价格优势,是建立在低工资基础上的。现在情况起了变化。我们面临两头受压的局面:在高端领域,我们的科技水平还有差距;在低端领域,我们的低成本优势难以为继。积极应对挑战,不仅是企业的事,必须形成一个推动制造业优化升级的国家战略:一要鼓励自主创新和集成创新,用信息技术武装制造业,在更多的领域把传统制造业提升为先进制造业。二要实施有利于制

造业发展的财政政策,优化税收结构,减轻企业负担,让企业有一定的盈利水平,投资于先进制造技术的开发。三要引导金融业更好地服务于制造业,要让先进制造业和金融服务业两个轮子一起转,相互促进、共同发展。四要投资于人,加强教育和培训。要把我国数量上的人口红利转变为质量上的人口红利,充分发挥我国人力资源丰富的优势。

现在都在说重视发展实体经济,其实对中国而言,最重要的实体经济除了粮食生产以外就是制造业。要进一步明确制造业的战略地位,确保政策措施到位,使我国制造业大国的地位不仅可以得到巩固,还可进一步提升。

致人大财经工作座谈会的信

同志们:

在本届人大任期的最后一年,召开人大财经工作座谈会,总结回顾近五年来的工作,交流探讨做好人大财经工作的经验和方法,很有意义。我对会议的召开表示热烈的祝贺!向出席会议的各位同志表示亲切的问候!

人民代表大会制度是我国的根本政治制度,人大工作在我国政治生活中起着十分重要的作用。人大财经工作是人大工作的重要组成部分,也是党和国家工作的重要组成部分。人大财经委具有人才荟萃、知识密集、经验丰富的特点和优势,组成人员既包括长期主管一方的党政领导干部,也包括多年从事理论研究的知名专家学者。近五年来,全国和各地人大财经委、预算工委紧密围绕党和国家工作大局,认真履行宪法及其他法律赋予的职责,扎实推进经济立法,积极开展经济工作监督,深入基层开展专题调研,察实情、说真话、讲诤言,为中国特色社会主义法律体系的形成和发展,推动中央重大决策部署的贯彻落实,促进经济社会又好又快发展做出了重要贡献。希望同志们认真总结这几年来人大财经工作中形成的行之有效的好做法、好经验,推动人大财经工作的质量和水平不断提高。

从现在起到明年换届还有不到一年的时间,我国经济运行当前面临着错综复杂的国内外形势,特别是经济下行压力加大。切实做好今年的经济工作,确保经济平稳健康运行,为党的十八大召开和明年的换届创造良好的经济社会环境,是一项重要的政治任务。希望同志们进一步增强做好人大财经工作的使命感和责任感,按照十一届全国人大五次会议的要求和全国人大常委会2012年工作要点,忠于职守、求真务实,再接再厉、创新进取,圆满完成各项任务,以优异成绩迎接党的十八大胜利召开!

预祝本次会议取得圆满成功!

华建敏

2012年5月25日

在全国人大财经委经济形势分析会上的讲话

(2012年7月17日 根据录音整理)

华建敏

对上半年国民经济运行的总体判断还是可以用"缓中趋稳"来概括,这一点各部门的报告讲得很充分,我也认同。但必须指出的是,半年来到底如何落实中央确定的"稳中求进"的方针,各部门没有作为重点来展开,只有很短的文字,内容也不够充实。其实这是大家最关心的,因为只有在结构优化、深化改革上有了较大进展,经济才能持久稳定地增长。讲缓中趋稳,是有数据支撑的,一季度经济增长8.1%,比上年四季度增速8.9%低了0.8个百分点;二季度增长7.6%,比一季度低了0.5个百分点,经济增速的降幅正在收窄。几个部门的报告也认为我国经济将在三季度逐步转好,并举出若干论据来支撑,这给我们带来期待。昨天和今天上午十几位委员的发言,都讲到了一个重要的观点,那就是我国经济未来的发展态势是,就全国总体而言,增长速度将介于7%至8%之间,还会常态化,很难再像过去那样连续若干年增速达到两位数。当然不排除由于经济周期性波动,增幅会超出7%—

8%的范围。这是我们需要建立起来的一个认识。所以在7.6%这样的增长速度面前，不必过于寝食不安，不必急于采取大动作的宏观调控措施，更不需要动用强大的行政干预力量，一味加快审批新开工项目，在短期内大规模推进基本建设。对各位委员的这一观点，我也表示赞成。下面，我再谈几点认识。

第一，要做好经济形势分析，除了研究全局和宏观的数据外，还应拿出相当大的精力研究经济工作中存在的突出矛盾和问题。特别要强调的是，对于困难行业、困难企业、困难地区和困难群体，要给予更多的关注。要深入分析困难在什么地方？我们的工作存在哪些薄弱环节？政策的短板在哪里？要通过深入剖析面临的实际困难，抓住主要矛盾，有针对性地制订和完善政策措施，切实提高我们的宏观调控水平。当前经济工作中的困难还是不少的，我到地方调研，听到一些企业反映，2008年国际金融危机爆发，他们的感受是遇到了“冲击波”，经营困难突如其来；现在的感受是进了“高压锅”，经营压力加大且持续不减，对未来发展的前景开始失去信心。很多企业当下状况是产品订单少、价格降，而贷款利息等财务成本居高不下，企业两头受挤，手头吃紧，日子很不好过。很多地方政府的日子也不好过，包括东部的某些市县政府，都是财力吃紧，很多确定了的事办不下去。财政部谢旭人同志在汇报中说，当前收支平衡的压力较大，中央财政增长大幅下降，支出压力很大，需要保障的重点支出增长较多，收支矛盾突出；地方财政收入增幅也普遍下降，个别地方甚至一度出现了负增长，而需要保障的支出增长要求高，收支平衡压力很大。这几年，我们在民生方面给老百姓的承诺还真不少，兑现承诺，取信于民，财政非保不可，加上这两年又是地方政府性债务的偿债高峰期，导致各地的财政面临着相当大的压力。还有一个现象值得关注：我们一些政府投资项目由于各种各样的原因，建设进程时断时续，建设队伍只好反复进场出场。每次出场重进场增加不少建设费用，加上因工程进度拖延，贷款利息支出增加，导致项目的建设成本普遍提高15%至20%，这些都加大了当地政府财政的支出。总之，企业运营和财政运行面临的困难，是当前最需关注的两个重要问题。

第二，针对当前经济运行面临的困难，既要抓好宏观调控政策的制订和落实，又要抓好舆论引导，统一思想，增强信心。前些年中国经济高速增长时，西方媒体鼓噪“中国威胁论”，近几年国内经济面临下行压力时，他们又在竭力唱衰中国经济，说什么“中国经济将硬着陆”、“中国经济增长的好日子一去不复返了”等等。在这样的形势下，我们的媒体要有针对性地加强宣传，强调中国长期发展的基本面没有根本改变，仍然处在重要的发展机遇期。要通过宣传，稳定国内外的预期，增强社会各界的信心。当然，稳定预期、增强信心不能靠喊口号、讲套话。信心要建立在对经济生活的有利和不利因素的确切把握之上，媒体的宣传要围绕有利和不利两个方面作出客观深入的分析和阐释。只有这样，大家才能心悦诚服，真正增强信心。现在某些媒体对经济工作的报道不够全面准确，热衷于炒作类似房地产价格这样的热点问题，一会说多少年出台了多少房地产调控政策都没用，一会说某些地方房地产调控政策“朝令夕纠”，等等，给人感觉好像地方总在跟中央对着干，中央的宏观调控很不得力，这不是在增强信心，而是在涣散人心，必须加以纠正。同时，我们也要抓紧完善宏观调控政策，在落实政策上狠下功夫，否则政策不见效，大家的信心还是会落空。

第三，不论是研究半年还是一年的经济工作，都要有战略思维，出台政策既要立足当前解决面临的突出问题，也要抓住时机化解过去积累的矛盾，还要着眼未来为今后经济的持续发展创造条件。这几件事相互联系，本质上就是一件事。化解以往积累的矛盾，常常就是当前要解决的突出问题；解决当前的突出问题，也就为未来持续发展起到了铺垫作用。比如，我国原油的对外依存度很高，现在达到了56.7%，能源紧缺是长期制约我国经济发展的瓶颈。现在世界经济不景气，原油价格从前几年高位时的150美元一桶下降到80美元左右，这为我们在价格低位时多买油、充实国内储备提供了难得的机遇，也为我们加快推进国内能源价格形成机制的市场化创造了宽松的环境。进口资源、增加战略储备，不能仅凭政府一家之力，要更多地依靠企业和社会的力量。现在民间资金充裕，又缺少足够的渠道实现保值增值，我们完全有条件把社会的投资愿望与国家的战略意图结合起来。还有煤炭，现在价格也是掉得厉害，秦皇岛和各个火电厂煤炭大量积压，能不能借这个机会赶紧把煤电价格理顺，能不能把重点合同煤与市场煤的价格并轨？如果错过这个时机，还得等到什么时候呢？还有能源资源产品的征税方式由计量改为计价，也可以抓住当前时机大步推进。现在我们的政府部门整天都在忙，也很累，但管了许多微观的也没有必要管的事。有个部门出台文件，规划到2020年国内红葡萄酒的产量要增加20%，这就没有必要了，酒的产量多少由市场调控就行了。还有的部门制定规划时“眼光太远大”，比如有一个规划提出要连续五年实现最低工资年均增长13%。工资水平是要由当年的经济发展水平、劳动生产率提升水平、企业效益情况和劳动力的市场价格来决定的，政府哪能拍板五年内最低工资每年都要涨13%呢？而且制订这样高的目标，势必会打消社会投资办实业的意愿，因为最低工资涨得高，社会平均工资必然也涨得高，企业很难消化。所以，我们的政府部门在实际工作中，不论是做规划还是出政策，定量指标务必要慎重。一定要多一些战略思维，多用战略和全局的眼光去看问题、想事情，把握好历史、现实和未来的关系，按照客观规律做好我们的各项工作。

第四，要深化对中国未来发展道路的研究。研究未来的发展，首先要解决当前中国的经济发展处在一个什么阶段的定位问题。当前的世界经济，进入了长周期和短周期都处在下行通道的交叉重叠时期，这意味着会有较长的一段时间各国经济都要过紧日子。中国搞改革开放，融入全球化，必然要受到世界经济周期的影响。同时，中国自身目前处在重化工的中后期，这一时期的一个代表性特点就是，钢铁工业的发展达到饱和，由此带动产业结构、经济发展模式全面调整。以日本为例，他们国家经济的转折点就是钢铁工业产能开始过剩之时。中国现在的钢铁产量已经达到8亿吨，也到了饱和的时候。中国未来的发展战略，要把经济增长从速度效益型转向效益速度型。过去，我们的经济发展模式实际上是速度效益型，没有高速度就没有效益。经济增速一下来，企业产能就过剩，效益就会大幅下滑。要切实转变发展方式，把中国未来经济的增长建立在企业劳动生产率的持续提高之上。

还有一个重要议题，就是要努力做到农业现代化和工业化、城市化“三化同行”。国务院七个部门的报告中有关农业的篇幅太少，而且主要讲的是粮食丰收、农民增收。全国粮食量实现“九连增”，这是好事，取得这个成绩也很不容易，但要看到中国农业下一步的发展和农业现代化如何实施，还要认真探索。农业一头连着几亿的农民，一头连着13亿的消费者，从生产到流通再到消费，到底应该建立一个什么样的发展模式？龙头企业怎么建，农村专业生产合作社应该是一个什么样的治理结构？农村经济该呈现怎样的结构？城市化如何推进？我们讲“小城镇、大战略”，是说发展小城镇是适合国情的大战略。这是因为东部大城市的人口和就业容量不可能无限扩张，必须通过大力建设小城镇，促进农业人口就地向工业和服务业转移。小城镇应该怎么规划、怎么建设，资金如何保障，政府应该起到什么作用？这些都迫切需要花很大精力，取得突破性进展，不要再让东部各大城市每年再净增几十万人口。

中国的工业化要走内涵式发展道路，必须突出抓好企业的技术创新，因为企业只有技术、工艺和产品上档次，才能在国际市场上继续保持竞争力。财政在鼓励企业加快技术改造方面要舍得投入，工业主管部门要为企业大声疾呼，争取更多的政策支持。可喜的是，在山东、江苏等地，政府对企业技改的重要性认识很到位，从省到地市都是铁了心拿钱来支持企业搞技改、搞创新。企业竞争力提高了，效益上去了，税收也自然水涨船高。节能减排，不仅是社会可持续发展的要求，也是工业自身发展的方向。要在节能环保产品的研发和生产上加大投资，加快淘汰高耗能、高污染和低效率的产品，这也是一个新的经济增长点。中国人口的老龄化、少子化形势已经非常严峻，经济发展再想依赖过去以人口数量为特征的人口红利难以为继，必须坚持优先投资于人，通过狠抓基础教育和职业教育，有针对性地培养高素质的、技术一流的劳动力，从而创造出以人口素质为特征的新的人口红利。国家已经下决心，财政对教育的投入要占到当年GDP的4%，这笔钱不少，一定要用好，真正提高我国的人口素质。

第五，要高度重视财政收支的平衡问题。我赞成财政部的提法，要依法征税、应收尽收、坚决不收“过头税”，坚决防止乱收费、乱摊派、乱罚款。现在财政支出千万不要再轻易开口子，轻易许诺，要想想口袋里有多少钱，能办多少事，有没有条件作出新的承诺。要厉行节约，努力降低行政成本，严格控制“三公经费”。希望今年即将召开的党的“十八大”和明年三月的“两会”，都开成一个节俭的大会，从中央和国家领导机构的换届开始为全国人民带个好头。

在全国人大财经委经济形势分析会上的讲话

（2012 年 10 月 15 日　根据录音整理）

华建敏

上午国务院 6 个部门汇报了今年前三季度的经济形势，刚才财经委的几位委员发表了很好的意见。下面，我谈几点看法。

一、要全面准确把握当前的经济形势

今年从一季度到二季度，再到三季度，我国经济增长"缓中趋稳"这一大趋势越来越明朗。一季度和去年四季度相比，经济增速下降了 0.8 个百分点，二季度比一季度经济增速下降了 0.5 个百分点，三季度的经济增速还没有公布，但从其他相关数据来看，降幅肯定是进一步收窄，缓中趋稳的态势越来越明显。另外，物价涨幅明显回落，9 月份 CPI 同比增长 1.9%；就业形势总体稳定。可以说，今年前三季度经济形势的特点归纳起来，就是一个字"稳"。在国内外复杂严峻的形势下，取得这样的成绩不容易，各地各部门都做了大量的工作，应该充分肯定。同时，我们也要清醒地看到，当前国内外的经济形势还相当严峻复杂、不容乐观，继续保持经济平稳增长的难度不小，对今后一个时期我国经济工作中的困难要有充分的估计。原因主要是两个方面：

*一是世界经济复苏进程艰难而曲折，出乎我们原来的预想。*欧洲的主权债务危机演变得这么严重，日本经济持续负增长，尤其是美国经济比我们预料的要困难。最近美国国内有个词"财政悬崖"，就是说美国财政已经濒临悬崖，再按照扩张的路子往前走，就要崩溃，掉进悬崖了，所以他们要靠推行量化宽松的金融政策为高额的财政赤字融资。量化宽松政策就是多发货币，这势必会给世界经济带来很大的不确定性，对此一定要有充分的估计。有份材料说，美国经济占全世界经济总量的比重已经从 2000 年的 30% 下降到去年的 24%，美国财政赤字连续四年突破 1 万亿美元，国债余额已达 16 万亿美元，占 GDP 的比重是 105%。与此同时，美国国内收入分配的基尼系数大幅提高，前些年基本维持在 0.4 左右，去年已经到了 0.463，美国国内的社会矛盾变得非常突出。正是在这样的背景下，他们一方面要搞量化宽松政策，逼迫全世界为他们的财政赤字买单，一方面通过制造与其他国家的贸易摩擦、外交摩擦乃至军事紧张态势等，想方设法转移国内矛盾，这在美国的大选之年表现得尤为突出。总之，世界经济复苏的困难曲折和国际贸易投资保护主义的横行，都超出了我们原先的估计，这就要求我们加强对世界经济走势的跟踪和研判，准确把握外部因素对我国经济的影响，提前做好相关预案。

*二是国内经济领域存在一些突出的矛盾和问题，而且有很多矛盾是经过了较长时间的积累，短期内要从根本上解决，难度很大。*比如部分产业的重复建设和产能过剩现象，多年来一直存在，说明我们还没有找到一个有效的解决办法。现在到底有多少个行业产能过剩？有材料说，全国产能过剩的行业有 20 个。根据有关部门提供的材料，有几个行业已经出现产能严重过剩、企业大面积亏损的情况。一是钢铁业，产能已达 9 亿吨，9 亿吨的概念就是全国一年能生产出的钢铁摊到每个人头上可以有 700 公斤；二是水泥业，产能是 20.9 亿吨，这意味着平均到每个人头上有 1500 公斤水泥；三是电解铝业，2009 年的产能是 1300 万吨，去年是 1755 万吨，都已呈现明显的产能过剩现象，但今年上半年又新增 950 万吨的产能，这种现象令人费解，连续几年产能过剩，怎么还会有如此大的新增产能？四是不光传统行业，就是部分战略性新兴产业也存在产能严重过剩。如光伏产业，根据有关研究部门的数据，全国规模较大的光伏企业有 43 家，现在维持正常开工的只剩 7 家；又如风力发电制造业，产能过剩大概占 50% 左右。这些矛盾不是短时间内形成的，都经过较长时间的积累，所以也很难指望在一两年内就可以完全解决。

因此，对当前经济形势的严峻性和复杂性，我们一定要有清醒的认识，同时要在深入研究和论证的基础上做好充分的准备，包括制定对策和预案。

二、要对中国未来经济发展的前景抱有乐观的态度

长期以来,西方舆论出于对中国社会主义制度的偏见,经济大环境一有风吹草动,就竭力唱衰中国经济。近期,世界舆论又在说"中国经济衰退,即将硬着陆",甚至声称"中国经济将崩溃"等等。我们不能被这些言论所蒙蔽,要坚定对中国经济未来前景的信心。这不是说空话,我们对中国经济未来的信心建立在对中国国情和发展规律的把握之上,具有坚实的基础。

中国经济未来的增长动力来自多个方面,最重要的就是新型工业化、城镇化和农业现代化的"三化同步推进"。一是新型工业化。客观地讲,我国现仍处于工业化的中期,虽然号称"制造大国",但就总体发展水平而言,还不能说是"制造强国",质量建设、品牌建设还有很长的路要走,发展工业潜力巨大。二是城镇化。估计未来十到二十年还有1亿2千万农民要进入城镇或城市,这么大规模的城镇化将为我国经济增长带来长期和稳定的内需。三是农业现代化。上个月,我参加了农业法执法检查活动,到了山西和河南。大家都看得很明白,现在的粮食亩产已经不低了,但是农业的人均收益和劳动生产率还很低,关键在于我国农业的从业人口太多。要加强农业的基础地位,确保粮食安全,不断增加农民收入,就必须走农业现代化的道路,着力提高农业劳动生产率。这就需要把过剩的农业人口转移到二产、三产上来。正如农业是整个国民经济的基础一样,农业现代化也是工业化、城镇化和整个国民经济现代化的基础。我认为,在提出工业化、城镇化、农业现代化"三化同步推进"的任务时,还应该强调"在农业现代化的基础上实现工业化和城镇化"。

这次农业法执法检查,还提醒我们要抓紧研究人口继续增加时的粮食安全问题。现在全国人口13.4亿,将来有可能达到近15亿的峰值,那么新增的这1亿多人口的吃饭问题怎么解决?粮食的需求是刚性的,解决如此巨大的新增粮食需求,依赖国外进口靠不住,还是要立足国内生产,依靠农业现代化和农业的持续发展来保证。粮食安全至关重要,要解决粮食安全问题,除了加大农业科技和水利建设等方面的投入外,归根到底是要努力缩小农产品与工业品的价格剪刀差,让农民种粮也能持续增收、也能致富。最近看到一份材料说,农村的基尼系数这两年增加很快,主要是因为留在农村种粮的农民收入增长缓慢,而进城务工的收入增长很快。务工农民增加收入是好事,但种地特别是种粮的比较效益差,显然不利于农业的发展。我们在山西了解到,种一亩地粮食,一年纯收入只有400到500元钱,这还算好的;进城务工人员,平均一个月的收入就在2000元左右。如果种粮的比较效益上不去,怎么调动农民的种粮积极性?将来还有谁来种粮?所以,明年以及未来的经济工作,一定要把确保农业持续发展、推进农业现代化、促进农民增收放在重要的位置。对这一点千万不能疏忽大意,因为抓好农业生产也是控制通货膨胀、确保人民生活质量的一个最重要的基础。

中国未来经济增长的动力还来自其他两个重要方面。一是体现"投资于人"理念的领域有待开发。比如医疗、养老、教育、文化、体育、旅游等等,这些领域涵盖人们生活的方方面面。随着经济的发展,人们不断追求更高的生活质量,对这些领域的发展提出了迫切的要求。投资于人的领域关系人的素质的培养,转变经济增长方式要依靠产业结构优化、科技创新和管理创新,这三个方面都离不开提高人的素质。因此,把"投资于人"作为未来投资的重点,不仅是提高人民群众生活质量的迫切要求,也是推动经济发展方式转变的核心内容。与其他方面的投资一样,"投资于人"不能仅凭政府一家之力,要鼓励和保护社会投资,出台更加开放、更加开明的政策,让民间的力量投资于这些领域。这是引导社会投资落实科学发展观,促进经济社会协调发展,推进全面建设小康社会的一个重要方面。二是促进我国生产、流通、分配、消费这四个环节实现良性循环,还有很多文章可作。没有好的分配制度,就没有消费动力,而没有消费动力,企业产品和服务就没有市场。我国的收入分配体制亟待改革和完善,消费需求还有很大的增长潜力,流通环节也有很大的改进空间。过去特别是计划经济时期,我们突出地抓了生产这个环节,研究得比较多的是如何促进生产、增加供给,现在到了突出地抓好分配、流通和消费这三个环节的时候。分配体制和流通体制的改革和完善,消费增长点的培育和扩大,将为未来发展提供重要动力,将为传统服务业、新兴服务业提供重大的发展机遇。

总之,中国经济未来发展的空间广阔,经济增长的内生动力强劲。我们可以采取的宏观调控政策手段很丰富,深化改革和制度创新的空间也很大。我们要坚定信心,抓住机遇,扎实推进改革和创新,把中国经济的发展潜力发挥得更加充分。

三、要以改革创新精神，处理好经济工作面临的诸多“两难”问题

当前一个特别突出的“两难”问题是财政。据统计，2011 年 1 至 8 月份，全国财政收入的增幅是 30.9%，1 至 10 月是 28.1%，1 至 12 月是 24.8%，今年 1 至 3 月份是 14.7%，1 至 6 月份是 12.2%，1 至 8 月份是 10.8%，财政收入增幅不断下降。面对这种境况，必须落实好“增收节支”的方针，该收尽收，该省就省。这句话说起来很容易，但要真正落实下去还很不简单。财政既要增收，又要保护经济增长的内生动力，不能收过头税，也不能提前收税，不能加重企业的负担，特别是在经济下滑、企业经营困难的背景下，要实现增收实在很困难。增收不容易，节支也不容易。节约开支是我们的一贯方针，什么时候都要坚持，但是落实起来也遇到一些难题。像开会、出差这类政府事务性支出没问题，应该尽可能地节省开支。然而包括社保、教育、医疗、养老等涉及民生方面的支出，都是政府已经向社会和群众作出了承诺的，而且这类财政支出都是刚性的，只能增加不能减少。增收不易、节支也难，在这种“两难”情况下，做好财政工作很不容易，一定要做好分析，设计好应对之策。我们常说，“财政财政，没有财就没有政”，做好财政工作，不仅是当前的头等大事，也是关系未来发展的一个重大课题，一定要引起高度重视。

国内的经济工作中还有很多地方都面临“两难”。解决这些“两难”问题的根本出路，还在于体制改革和制度创新，还是要千方百计、动好脑筋，深化改革、大胆创新，把我国未来经济发展的内生动力引导好、组织好，把体现这个内生动力的老百姓的积极性、主动性、创造性引导好、组织好、发挥好，这是一篇大文章。根据我们多年来在地方和中央部门工作的经验，凡是经济生活碰到较多困难的时候，总是应该采取放宽搞活的方针，也就是要减少政府审批、减少行政干预，让企业有更多的活力、让民间有更多的积极性，这是解决困难的有效途径。上两届国务院减少了一半的行政审批事项，最近本届政府又减少了 300 多项，这是一个正确方向，要继续坚持下去。

在我国改革开放和现代化建设的新形势下，政府宏观经济部门要把更多的精力放在深入研究关系国家未来长远发展的大课题上，做好制度的顶层设计。在工作中要注意把出台政策与引导舆论有机地结合起来，要达到三个目的：一是解疑释惑，让企业和老百姓充分理解和掌握国家宏观政策的取向，对未来发展具有明确预期；二是给企业、民间以信心，对我们工作中遇到的困难和矛盾，既要敢于坦承和正视，又要善加分析和引导，要让企业和社会看到中国未来发展的大前景，坚定各方面的信心；三是给世界一个好的形象，展现中国党和政府坚定不移地推进改革开放和现代化建设的决心和信心。

在第十一届全国人大环资委第三十一次全体会议暨保障饮用水安全环境保护研讨会上的讲话

（2012 年 5 月 14 日）

陈至立

同志们：

很高兴能出席这次在湖北召开的环资委全体会议。刚才，湖北省李鸿忠书记作了热情洋溢的致辞，张通副省长介绍了湖北省经济社会发展情况。长期以来，湖北省深入贯彻落实科学发展观，促进经济社会全面发展，成绩巨大。湖北省还坚持以加快转变经济发展方式为主线，通过环境保护优化经济结构；坚持深化总量减排，不断改善生态环境质量，在湖泊保护和生态修复方面进行了积极探索，取得了突出成绩，令人鼓舞。相信同志们通过这次会议和实地考察，一定会有丰富的收获。下面，我从联系环资委的角度讲一讲关于环境资源保护的立法和监督工作，并就今年全国人大常委会将安排听取和审议国务院关于保障饮用水安全工作情况的报告和询问工作讲几点意见。

一、关于环境资源保护的立法和监督工作

立法和监督是人大的重要职权与职责，充分行使好人大的立法权和监督权，是健全人民代表大会制度、实现依法治国、建设社会主义法治国家的重要内容，也是党领导广大人民群众当家作主、管理国家各项工作的重要保障。本届全国人大环资委发挥专业优势，做了卓有成效的工作。

1. 做好法律的后评估工作，提高立法质量。

改革开放以来，全国人大在环境资源领域共制定了 30 部法律，国务院出台了 66 个法规。本届环资委配合全国人大常委会审议通过了循环经济促进法、海岛保护法，修改了可再生能源法、清洁生产促进法，对国务院提交的水土保持法(草案)提出了审议意见。目前，环境保护法修正案正在起草阶段，自然遗产保护法草案正在征求国务院意见，立法工作卓有成效。

吴邦国委员长多次指出，要把提高立法质量作为加强和改进立法工作的重点。全国人大代表们对环境资源保护立法工作也非常关注。十一届全国人大一次会议上代表提出的相关议案为 30 件，约占议案总数的 6%；二次会议上为 53 件，占议案总数的 10%；三次会议上为 41 件，约占议案总数的 8%；四次会议上为 57 件，约占议案总数的 10%；五次会议上为 58 件，约占议案总数的 12%。议案总数总体呈上升趋势，议案涉及的立法项目也由原来末端治理为主向全过程治理和生态系统保护转变。这表明代表们关注的环境资源问题更多、范围更广，同时也说明我们需要解决的环境问题不断增多，人民群众对环境保护的要求不断提高。

全国人大环资委在各地人大常委会及其相关专委会的协同工作下，配合全国人大常委会完成了环境资源方面法律清理工作，开展了法律后评估工作。不论是已经全国人大常委会审议通过的法律，还是目前提出的环境保护法修正案草案，均与连续四年开展的对现行环境保护法及相关法律的后评估有关，为这次修正案的提出提供了坚实的立法基础。自然遗产保护法起草工作由来已久，部门之间和社会存在认识方面的差距。起草工作从现行相关法规后评估入手，全面论证，听取意见，特别是听取不同意见，为提高立法质量、完善立法工作做出了积极探索和有益尝试。

2. 组织好监督工作，增强监督工作实效。

胡锦涛总书记在关于人大工作的讲话中指出，要认真贯彻实施监督法，突出监督重点，完善监督形式，进一步增强监督实效，着力推动带有全局性、普遍性、倾向性问题的解决。吴邦国委员长也强调，增强监督实效就是要“围绕中心、突出重点、一抓到底”。按照这些要求，全国人大环资委配合常委会对环境影响评价法、节约能源法、清洁生产促进法等法律的实施情况进行执法检查；听取审议了大气污染防治工作、水污染防治工作、应对气候变化工作、环境保护工作进展情况等报告。环资委落实了清洁生产促进法执法检查后提出的要求，起草并配合全国人大常委会审议通过了清洁生产促进法修正案，这是通过监督工作既推动政府工作又完善法律的一个好的例证。为加强节能减排工作和配合应对气候变化国际谈判，环资委认真进行调查研究，掌握大量第一手资料，配合全国人大常委会办公厅研究室向全国人大常委会提交了关于应对气候变化的决议草案，并经全国人大常委会审议通过，引起了国际社会强烈反响，对树立我国负责任的大国形象起到了积极作用。环资委这些好的经验应当认真总结，并继续探索，加强和改进工作。

3. 加强调查研究，促进重大环境资源问题的解决。

吴邦国委员长要求，专门委员会要在调查研究上狠下功夫，要紧紧围绕关系改革发展稳定全局和人民群众关注的重大问题，选择若干个课题进行深入研究，提出有真知灼见、真正有分量的调研报告。环资委认真贯彻落实吴邦国委员长的要求，以科学发展观为指导，广泛深入调研，先后完成了几十篇调研报告，从体制和机制方面发现深层次问题，提出了中肯的、切实可行的意见和建议，得到了常委会的重视。今年是本届人大最后一年，建议全国人大环资委认真梳理好国务院及其有关部门落实这些报告的情况，继续发挥专门委员会的监督作用，督促政府和有关部门加强和改进工作，进一步加强监督立法工作。

二、关于加强饮用水安全监督工作

监督权是宪法和法律赋予人大的重要职权。这些年来，全国人大常委会按照围绕中心、突出重点、讲求实效的思路，不断加强和改进人大监督工作。今年的常委会工作报告对进一步完善监督工作机制、加大监督工作力度，作出三项部署，其中一项就是根据监督法和有关决定的精神，选择代表普遍关心的问题开展专题询问。去年，全国人大常委

会选择了保障性住房建设、教育改革、财政决算等方面的问题，开展了专题询问。今年，将选择国有企业改革与发展、农田水利建设以及保障饮用水安全等开展专题询问。其中，保障饮用水安全的专题询问将由全国人大环资委做好准备工作，这也作为本次会议的主要内容。

1. 饮用水安全问题是重大民生问题。

饮用水是人类生存的基本需求。党中央、国务院对饮用水安全保障工作高度重视。饮用水直接关系到广大人民群众的身体健康，关系到食品安全，关系到经济社会的发展和国家的长治久安。切实做好饮用水安全保障工作，是维护最广大人民群众根本利益、落实科学发展观的基本要求，是实现全面建设小康社会目标、构建社会主义和谐社会的重要内容，是把以人为本真正落到实处的一项紧迫任务。保障饮用水安全是各级政府的重要责任，也是各级人大常委会充分发挥监督作用、履行职责的重要方面。

饮用水安全与人民群众的身体健康息息相关。饮用水安全问题本质是环境资源问题。只有环境资源状况改善，饮用水安全问题才能得到根本解决。保障饮用水安全是政府保障和改善民生的基本任务。全国人大代表多次提出相关议案和建议。松花江污染事件发生后，国务院召开了研究饮用水安全有关问题的会议，在《会议纪要》中要求环境保护部、水利部、建设部、卫生部、国土资源部等部门完善重要水源地保护的法律制度，强化和充实饮用水安全保障的有关规定。全国人大环资委对此高度重视，认真办理历次大会主席团交付的相关代表议案和建议，多次在议案审议报告中建议：在现行环境保护法、水污染防治法及水法等法律基础上，由国务院有关部门共同参与制定综合性的饮用水安全保障法规，加强饮用水水源保护、自来水处理、安全运输分配、卫生保障等各项工作，以满足饮用水安全保障的需要。因此，环资委向常委会建议今年听取和审议国务院关于保障饮用水安全情况的专项工作报告。

2. 认清饮用水安全的严峻形势。

近年来，中央和地方加大了城乡饮用水安全保障工作的力度，采取了一系列工程和管理措施，解决城乡居民的饮水安全问题，取得了一定成效。但是，必须清醒的认识到，饮用水安全形势仍十分严峻。“十一五”期间，根据有关部门统计公布的数据，饮用水源水质达标比例随被调查行政层级下移而呈下降趋势。2007 年全国 2099 个城市集中式饮用水源达标率为 84.6%，2008 年全国 4002 个城镇集中式饮用水源达标率为 80.3%，2009 年全国 3737 个典型乡镇集中式水源达标比例为 77.0%。不少地区水源短缺，多个城市饮用水源中检出致癌有机物，浅层地下水中氮污染加剧，砷、铅、汞等重金属被检出，一些农村地区饮用水存在苦咸或含有高氟、高砷及血吸虫病原体等问题，对人民群众身体健康构成严重威胁。农村饮用水安全问题尤为突出。到 2010 年底，还有 2.98 亿人饮用水不安全，其中，受水质不安全威胁的人口约 16755 万人，占 56.2%，水量不足、方便程度和保证率不达标 13055 万人，占 43.8%。

当前，我国饮用水安全主要存在以下三方面的问题：

一是水量供给不足。近年来由于自然条件的变化，极端气候现象频发，干旱影响范围扩大，直接影响城乡居民饮用水安全；经济的快速发展拉动了用水需求，各地用水量激增，地下水资源过量开采造成水位下降，供水不足问题凸现；水资源利用效率不高，用水浪费、无序用水等现象导致供水不足问题愈发严重；水利设施过度建设造成了水资源管理割据，流域内水利设施缺乏统一调控，更加重了饮用水供需矛盾。

二是水源水质污染。近年来，水源规范设置、水质达标情况不容乐观，污染物组成愈发复杂，农村水源污染问题较为突出。水源污染成因主要包括：流域或区域污染治理相对薄弱，废水直接或间接进入江河湖库等自然水体；缺乏针对面源污染控制的管理制度和污染控制标准，水源地周边和保护区内的农药化肥、农村生活污水垃圾等面源污染严重影响饮用水水源水质状况；大量化工园区、工业企业沿江河集中布局，原料及产品的生产运输对周边水体构成严重威胁，导致水源污染事故时有发生；人为活动、垃圾填埋渗漏等污染导致地下水水质不合格。

三是突发污染事件频发。近几年来，全国大约 6% 的城镇集中式饮用水源发生过重大事故或两次以上一般事故，有些地方连续发生重金属污染事件。部分企业为了减少生产成本，降低治理要求，甚至非法排污，导致污染事件频发，造成严重后果。如：2004 年的沱江高浓度氨氮废水污染事件，影响百万人停水近 4 周；2005 年的松花江苯污染事件，使沿岸数百万居民停水 5 天，并引起俄罗斯的关注；今年的广西龙江镉污染事件，直接危及下游柳州市居民的饮用水安全。这些污染事件造成的直接经济损失达数亿元，造成的间接经济损失和生态破坏则不可估量。

3. 关于做好听取国务院汇报饮用水安全问题的准备工作的建议。

第一，认真组织调研，总结经验教训。为了做好准备工作，全国人大环资委已在今年年初请各地人大组织调研，同时今年 2 月份以来多位副主任带队进行现场调研。要认真总结相关工作的经验和教训，把情况搞明白，把原因分析弄清楚，将一份详尽、实事求是的调研报告提交给会议。

第二，对照法律规定，找准关键问题。已经制定的水法、水污染防治法等相关法律都对保障饮用水安全有明确规定，然而，目前饮用水水质仍出现下降趋势，要研究法律，还要研究哪些环节执法存在问题，督促相关部门落实 2005 年《国务院关于落实科学发展观加强环境保护工作的决定》，加强执法。同时，加大宣传力度，提高全民保护意识。

第三，客观分析情况，监督工作力求取得实效。饮用水安全问题是非常复杂的，是我国经济发展过程中出现的问题，同样要靠改革和发展来解决。要提出切实可行的措施并跟踪监督，建议国务院有关部门和地方人民政府将措施落到实处。

希望全国人大环资委与地方人大常委会及其相关专委会密切配合，为听取和审议国务院关于饮用水安全的汇报和询问工作做好准备。

同志们，环境资源是国家发展依靠的重大战略资源，加强环境保护是全面建设小康社会的内在要求，是落实科学发展观的重要举措，是坚持执政为民、提高执政能力的实际行动，是构建社会主义和谐社会的有力保障。加强环境保护，有利于促进经济结构调整和增长方式转变，实现更快更好的发展；有利于保障人民群众身体健康，提高生活质量和延长人均寿命；有利于维护中华民族的长远利益，为子孙后代留下良好的生存和发展空间。作为全国人大环境与资源保护委员会的分工联系人，很高兴能与大家共同为保护好我国的环境资源贡献一份力量。在接下来的时间里，让我们继续为做好环境资源领域立法和监督等工作，为建设资源节约型、环境友好型社会做出新的更大的贡献！

谢谢大家。

进一步推动《中华人民共和国水法》贯彻实施

——在纪念《中华人民共和国水法》修订实施10周年座谈会上的讲话

（2012 年 9 月 18 日）

陈至立

同志们：

我国 1988 年制定《中华人民共和国水法》（以下简称“《水法》”），2002 年 8 月 29 日经第九届全国人大常委会第二十九次会议审议通过，进行了修订。今天，我们在这里召开座谈会，全面总结《水法》修订实施十年来的成效和经验，深入分析新时期《水法》实施面临的形势和任务，进一步推进《水法》的实施，意义十分重大。刚才，陈雷、杜鹰、胡静林、连承敏等同志作了很好的发言。下面，我讲三点意见。

一、《水法》修订十年来贯彻实施的成效显著

《水法》是规范水事活动的综合性法律，是中国特色社会主义法律体系的重要组成部分。修订后施行的《水法》，贯穿了以人为本、人水和谐的治水理念，将党和国家关于水利工作的方针、政策以法律的形式确定下来，规定了水资源开发、利用、保护、管理的基本原则和基本制度，为推动水利事业又好又快发展奠定了坚实的法治基础，开创了我国依法治水管水的新局面，成效显著。具体表现在：

第一，《水法》贯彻实施有力。新世纪以来，中央、国务院，中央对水利工作作出一系列重要决策部署，推动治水思路和治水方略实现重大战略调整，树立了贯彻落实科学发展观，坚持以人为本、人与自然和谐相处的治水思路。《水法》修订实施十年来，各地、各有关部门密切配合、通力协作，各级水行政主管部门认真履行职责、加大贯彻法律实施的力度，扎实推进民生水利建设，统筹解决我国洪

涝灾害、干旱缺水、水土流失、水污染严重四大水问题，依法推动传统水利向工程建设与强调水资源节约保护和合理配置相结合的现代水利及可持续发展水利的转变，着力构建保障民生、服务民生、改善民生的水利发展格局。

第二，水利改革发展全面提速。中央和各地加大水利建设投入，水利基础设施工程体系建设成效卓著，防汛抗旱抢险救灾工作取得重大成绩；农田水利事业蓬勃发展，水土资源合理利用的程度不断提高；加快解决了众多涉及民生的水利问题，水利公共服务能力显著增强；水利体制机制改革逐步深化，有力保障了国家防洪安全、供水安全、粮食安全、生态安全，为经济社会发展、人民安居乐业做出了突出贡献。

第三，水资源管理的法律规范系统逐步健全。全国人大常委会先后制定并修改了《水土保持法》、《水污染防治法》，国务院及有关部门先后制定了一批有关水资源管理行政法规和部门规章，各地出台了一大批地方性法规、政府规章和文件。目前，适合我国国情的水资源法律规范体系基本完备，各项涉水事务管理基本有法可依，为治水、兴水，发挥水资源在国家发展战略中的重要作用奠定了坚实的法治基础。

第四，水利执法监督成效显著。建立完善水行政执法制度，逐步理顺水行政执法体制，不断加大水行政执法力度，在水资源开发利用、水域管理保护、防汛抗旱减灾、水生态环境保护、水工程管理等方面取得了显著的执法成效，依法治水、管水的理念日益深入人心，维护了良好的水资源管理秩序，提高了治水、管水水平，保障了人民群众合法用水的权益，促进了社会和谐稳定。

十年的实践证明，《水法》符合科学发展观的内在要求，具有科学性、针对性和前瞻性，是环境立法中一部较为成功的法律，为完善环境法律规范系统提供了重要借鉴。

二、深刻认识新时期贯彻实施《水法》的重大意义

水是生命之源、生产之要、生态之基。我国人多水少、水资源时空分布不均，面临着水资源短缺、水灾害频发、水环境污染、水生态退化等突出问题。当前和今后一个时期，是全面建设小康社会的关键时期，是深化改革开放、加快转变经济发展方式的攻坚时期。推进我国工业化、城镇化和农业现代化必须进一步夯实水利基础。各级人大、政府以及水利等有关部门要进一步提高对贯彻实施《水法》重要性和紧迫性的认识，进一步增强依法治水管水的责任感和使命感，进一步做好《水法》的学习宣传和贯彻实施工作。

第一，深入贯彻实施《水法》是落实依法治国基本方略、加强法治政府建设的迫切需要。推进依法行政、建设法治政府是依法治国的必然要求和重要内容。当前有关水资源管理的法治工作仍然存在不少突出问题和薄弱环节，各级水行政主管部门承担着《水法》赋予的职责，行使着人民授予的权力，任务重、责任大、要求高。必须牢固树立社会主义法治理念，认真履行《水法》赋予的职责，全面提高依法行政水平，依法从事水事活动和水行政行为，将依法治国基本方略和法治政府建设落到实处。

第二，深入贯彻实施《水法》是贯彻落实中央决策部署、加快水利改革发展的迫切需要。2011年中央“一号文件”和中央水利工作会议，对加快水利改革发展作出全面部署，开启了水利现代化建设的崭新篇章。加快水利改革发展，离不开法治的引领推动和支撑保障。必须准确把握水利工作面临的新形势、新任务、新要求，加大投入，加快水利改革发展，进一步完善适应水利改革发展需要的法律法规体系，建立权责明确、行为规范、监督有效的水行政执法体系，提高水利工作科学化、法制化水平，确保圆满完成水利改革发展目标任务。

第三，深入贯彻实施《水法》是加强水资源管理、确保水资源可持续利用的迫切需要。2011年中央“一号文件”和中央水利工作会议明确提出要实行最严格的水资源管理制度，今年年初国务院发布了《关于实行最严格水资源管理制度的意见》，对进一步贯彻实施《水法》，强化水资源管理作出了全面细致的规定。要把切实执行《水法》设立的各项制度与实施最严格水资源管理制度有机结合起来，将《水法》精神贯穿于水资源开发、利用、保护的各个方面，落实到水资源规划、水资源配置、水工程建设与管理的各个环节，并运用法律的强制功能保证各项法律制度的有效实施，切实保障我国水资源的可持续利用。

第四，深入贯彻实施《水法》是强化水利社会管理、构建社会主义和谐社会的迫切需要。近年来，随着水资源条件深刻变化、涉水利益格局深刻调整、水利发展方式深刻转变，水利社会管理的难度

和挑战不断加大。《水法》是规范各类水事活动、加强水利社会管理的根本依据，只有严格落实《水法》规定，自觉把水利工作和涉水活动纳入法治化轨道，不断提高水行政执法的科学性、针对性和实效性，才能切实保障人民群众用水的合法权益，维护和谐有序的社会环境。

三、全面做好进一步贯彻实施《水法》的各项工作

各级人大、政府以及水利等有关部门必须把《水法》的贯彻实施放在更加突出的位置，不折不扣地将《水法》确定的各项法律制度落到实处，为推动水利事业健康、科学发展、促进经济社会又好又快发展提供有力的法治保障。

一要进一步加强《水法》宣传教育。加强《水法》宣传教育，是推进依法治水管水的重要基础。各地各部门要自觉加强《水法》的学习宣传，深刻领会《水法》中各项法律制度的重要作用以及对经济社会发展全局的重要意义。要围绕推进法治政府建设和加快水利改革发展的目标任务，坚持不懈抓好《水法》普及教育，使依法合理用水的理念深入人心。要大力推进领导干部和公务员学法用法，不断增强维护法律尊严、履行法定职责的意识。要积极探索《水法》宣传教育的新形式、新途径，努力形成全社会深入学习水法规、严格遵守水法规的良好氛围。

二要进一步加快《水法》配套法规建设。完善《水法》配套法规，是贯彻实施好《水法》的重要保障。要按照中央关于加快水利改革发展的战略部署，立足我国国情水情，按照完善中国特色社会主义法律体系的新要求，认真总结《水法》修订实施以来的经验，在深入调查研究、充分听取意见的基础上，加快配套法规、规章的制定工作，特别是要抓紧完善水资源管理、防汛抗旱、农村水利、流域管理等领域的法律法规，不断丰富完善以《水法》为核心、上下衔接、协调配套的水法规体系，在保障和改善民生、解决水利改革发展中遇到的深层次矛盾、在推动水利科学发展方面取得更大进展。

三要进一步落实《水法》各项制度规定。法律的生命力在于实施。要将贯彻实施《水法》和贯彻落实中央水利决策部署紧密结合起来，落实促进水利改革发展的各项法律规定和政策措施，依法加大水利投入，加快水利建设，加强水利管理，深化水利改革，夯实水利基础，不断提高水利对经济社会发展的支撑保障能力。其中最为关键的是依法树立全社会合理用水、合理管水的意识。为此，要认真实施最严格水资源管理制度，进一步健全流域管理与行政区域管理相结合的水资源管理体制，着力落实用水总量控制、用水效率控制、水功能区限制纳污、水资源管理责任和考核等四项制度，严格执行水资源论证、取水许可、用水定额和计划管理、水功能区管理等措施，促进水资源可持续利用。水行政主管部门要加强水行政执法，做到严格依法办事，坚决纠正和严肃处理各类水事违法行为，促进法律制度的贯彻落实。

四要进一步加强《水法》实施情况的监督检查。对法律实施情况进行监督，是各级人大及其常委会的一项重要职责。各级人大及其常委会要积极发挥监督职能，围绕《水法》的重点内容和执法难点问题，监督和支持政府以及水利等有关部门依法履行职责，加强对水利规划制定、经费投入、工程建设与运行、水资源管理等各项制度落实情况的监督检查，及时发现问题，提出意见建议，为水利事业发展创造更加良好的环境和条件。各级政府及有关部门要自觉接受人大监督，严格依法办事，不断提高依法行政水平。

同志们，认真贯彻实施《水法》事关国家发展战略的大局，责任重大，使命光荣。让我们紧密团结在以胡锦涛同志为总书记的党中央周围，深入贯彻落实科学发展观，加大依法治水管水力度，加快水利现代化建设步伐，为推进经济社会可持续发展作出更大贡献，以优异成绩迎接党的十八大胜利召开！

谢谢大家。

在中华人民共和国香港特区第十二届全国人大代表选举会议第一次全体会议上的讲话

（2012 年 11 月 22 日）

李建国

各位选举会议成员，女士们、先生们：

我受第十一届全国人民代表大会常务委员会的委托，主持香港特别行政区第十二届全国人民代表大会代表的选举工作。同我一起专程从北京来香港参加选举工作的有：全国人大常委会副秘书长王万宾先生，全国人大常委会副秘书长乔晓阳先生，全国人大常委会副秘书长何晔晖女士，全国人大常委会法制工作委员会副主任李飞先生，国务院港澳事务办公室副主任张晓明先生。参加会议的还有中央人民政府驻香港联络办主任彭清华先生，副主任李刚先生、殷晓静女士。

在此，我首先代表全国人大常委会和吴邦国委员长向大家问好，祝贺各位依法成为香港特别行政区第十二届全国人大代表选举会议成员，并对各位积极出席会议、履行法定职责，表示衷心的感谢！

2012 年 8 月 31 日，第十一届全国人大常委会第二十八次会议依法通过并公布了香港特别行政区第十二届全国人大代表选举会议成员名单，共为 1621 人。名单公布后至今，有 1 位选举会议成员去世。今天的会议，应到成员 1620 人，出席 1274 人，缺席 346 人。根据香港特别行政区选举第十二届全国人大代表的办法，选举会议举行全体会议，须有过半数成员出席。出席今天会议的人数已经超过半数，符合法律规定。

全国人民代表大会由各省、自治区、直辖市和解放军、香港、澳门特别行政区选举代表组成，代表名额不超过 3000 名，每届任期五年。第十一届全国人民代表大会将于 2013 年 3 月任期届满。按照宪法规定，在每届全国人大任期届满的两个月以前，要完成下一届全国人大代表的选举，全国人大代表的选举由全国人大常委会主持。今年 3 月，十一届全国人大五次会议通过了《关于第十二届全国人民代表大会代表名额和选举问题的决定》，规定第十二届全国人大代表于 2013 年 1 月选出。这次会议还通过了香港特别行政区选举第十二届全国人大代表的办法。这个选举办法，总结以往三次选举工作的成功经验，对选举名额、选举方式和选举程序等总体上未作变动，保持了选举工作的连续性和稳定性。全国人大及其常委会对这次香港特别行政区第十二届全国人大代表的选举高度重视，从今年上半年开始，即按照法律规定开始了有关选举工作的各项准备。今年 7 月，全国人大常委会办公厅依照选举办法的规定，在香港发放选举会议成员登记表，并接受登记；8 月，十一届全国人大常委会第二十八次会议通过了香港特别行政区第十二届全国人大代表选举会议成员名单并予以公布，选举会议宣告成立。今天，选举会议正式开始工作。

根据选举办法的规定，选举会议的工作大致分为三个阶段：

第一阶段，召开选举会议第一次全体会议，推选 19 名选举会议成员组成主席团，随后的选举会议将由主席团主持。主席团召开第一次会议，从主席团成员中推选常务主席 1 人，此后的主席团会议将由常务主席主持。

第二阶段，选举会议成员依法提名代表候选人。主席团召开第二次会议，汇总并公布代表候选人名单和简介，将代表候选人名单及其简介印发选举会议全体成员。

第三阶段，召开选举会议第二次全体会议，确定总监票人和监票人，进行投票选举，宣布选举结果。主席团召开第三次会议，决定发布选举结果的公告，并向全国人大常委会代表资格审查委员会报送关于选举结果的报告。

第二阶段和第三阶段的具体安排，将在主席团产生后，由主席团研究决定，并发布公告。

全国人大常委会将根据代表资格审查委员会提出的报告，确认代表资格，公布代表名单。

下面，我就做好这次选举工作讲几点意见。

人民代表大会制度是我国的根本政治制度，是人民行使当家作主权利的根本途径和最高形式。在我国，国家的一切权力属于人民，人民行使国家权力的机关是全国人民代表大会和地方各级人民代表大会。全国人民代表大会和地方各级人民代表大会都由民主选举产生，对人民负责，受人民监督。全国人民代表大会是最高国家权力机关，全国人民代表大会代表是最高国家权力机关的组成人员，代表人民的利益和意志，依法参加行使国家权力。香港回归祖国以后，广大香港同胞不仅成为香港特别行政区的主人，同时也成为国家的主人，既有权依法参加特别行政区自治范围内各项事务的管理，也有权依法参与国家事务的管理，有权依法选举自己的代表参加最高国家权力机关的工作，这是香港同胞摆脱殖民统治、实现当家作主的重要体现，也是“一国两制”的重要体现。

香港回归以来，香港特别行政区先后选举产生的九届、十届和十一届全国人大代表，参加了最高国家权力机关的工作。过去的 15 年，香港全国人大代表恪尽职守，勤勉尽责，以高度的责任感和使命感，认真履行宪法和法律赋予的职责。代表们积极出席每年的全国人大会议，参加审议各项议案和报告，参加酝酿讨论、投票选举和决定任命国家机构组成人员，参加讨论决定经济社会发展重大事项，参加审议和表决法律案。在十一届全国人大五年任期内，代表们共提出 522 件建议、批评和意见，受到了有关部门的高度重视，对改进国家相关工作发挥了重要作用。在全国人大闭会期间，代表们积极参加视察、调研、执法检查等各项活动，提出了许多富有建设性的建议和意见。香港全国人大代表先后赴山东、山西、江苏、黑龙江、云南等省进行视察，围绕粤港澳合作、珠三角地区改革发展规划、东江水源污染防治情况、粤北地区扶贫开发情况等问题，在广东省进行了四次专题调研。代表们积极参与全国人大常委会的工作，共有 80 人次列席了每两个月一次的全国人大常委会会议，有 19 人次参加了全国人大常委会组织的劳动合同法、食品安全法、科技进步法、残疾人保障法的执法检查活动。代表们向国家有关部门代转香港居民申诉函共 355 件。同时，代表们依照香港基本法的规定，积极参加行政长官选举委员会的工作，并与香港各界人士一道，全力支持特别行政区行政长官和政府依法施政，为维护香港的长期繁荣稳定作出了重要贡献。

“一国两制”实践取得举世公认的成功。香港特别行政区全国人大代表富有开创性而又务实的履职活动，已经成为“一国两制”实践的重要组成部分。香港全国人大代表眼界宽广，不仅熟悉资本主义社会的管理和运作，而且对中国特色社会主义国情的认识也与日俱增，对于“一国两制”方针和基本法实施过程中遇到的新情况、新问题，勤于思考，不断建言献策。香港全国人大代表在参与管理国家事务、促进“一国两制”伟大事业中发挥了不可替代的重要作用。继续做好香港特别行政区全国人大代表选举工作，对于坚持和完善人民代表大会制度，贯彻落实“一国两制”、“港人治港”、高度自治方针和香港基本法，保持香港长期繁荣稳定，具有十分重要的意义。各位选举会议成员，你们来自香港各界别、各阶层，具有广泛代表性，肩负着重要责任，相信大家会以对国家和香港高度负责的精神，认真履行宪法和法律赋予的神圣职责，把选举工作搞好。

各位选举会议成员：这次选举，要以《中华人民共和国宪法》、《中华人民共和国香港特别行政区基本法》、《中华人民共和国香港特别行政区选举第十二届全国人民代表大会代表的办法》为依据，充分发扬民主，严格依法办事。全国人大代表作为最高国家权力机关的组成人员，既享有很高的荣誉，又承担着重大的责任。根据选举办法，香港特别行政区选举的全国人大代表必须是年满 18 周岁的香港居民中的中国公民。同时，按照宪法的规定，全国人大代表必须模范地遵守宪法和法律。香港前三次全国人大代表的选举都是成功的，选出的代表是符合要求的。我相信，在前三次成功经验的基础上，大家这次一定不辜负全国人民的期望，不辜负广大香港同胞的期望，把真正拥护宪法和香港基本法、拥护“一国两制”、爱国爱港的人士选为第十二届全国人大代表，代表香港特别行政区同胞参加最高国家权力机关的工作。

各位选举会议成员：香港回归祖国十五年来，“一国两制”、“港人治港”、高度自治的方针得到全面贯彻落实。香港同胞当家作主，享有的民主权利和自由比历史上任何时候都更为广泛。在中央政府的大力支持下、在特区政府的领导和社会各界人士的共同努力下，香港特别行政区克服各种困难和挑战，经济保持平稳增长，社会事业全面进步，同祖国内地的交流合作全方位扩展，对外交往更为活跃，国际影响进一步扩大。面对目前香港社会仍然存在的一些矛盾和部分比较突出的民生问题，梁振英先生领导的新一届特区政府正在作出不懈努力。随着特区政府一系列新政的实施以及施政经验的不断积累，在各界的支持和共同努力下，香港一定能保持繁荣稳定。

各位选举会议成员：刚刚胜利闭幕的中国共产党第十八次全国代表大会，是在我国进入全面建成小康社会决定性阶段召开的一次承前启后、继往开来的盛会。十八大确立了科学发展观的历史地位，规划了到2020年全面建成小康社会的宏伟蓝图，部署了中国特色社会主义经济建设、政治建设、文化建设、社会建设、生态文明建设五位一体总体布局的目标任务，为继续推动党和国家各项事业的发展指明了方向。党的十八届一中全会选举产生了以习近平同志为总书记的新一届中央领导集体，实现了党的中央领导集体又一次新老交替。现在，全党和全国各族人民正在认真学习和贯彻落实党的十八大精神，对在以习近平同志为总书记的党中央领导下夺取中国特色社会主义事业新胜利充满信心。十八大报告对港澳工作作出了一系列重要论述和部署。报告指出："中央政府对香港、澳门实行的各项方针政策，根本宗旨是维护国家主权、安全、发展利益，保持香港、澳门长期繁荣稳定。"报告还强调："全面准确贯彻'一国两制'、'港人治港'、'澳人治澳'、高度自治的方针，必须把坚持一国原则和尊重两制差异、维护中央权力和保障特别行政区高度自治权、发挥祖国内地坚强后盾作用和提高港澳自身竞争力有机结合起来，任何时候都不能偏废。"这些重要论述与胡锦涛主席今年7月1日出席庆祝香港回归祖国15周年大会暨香港特别行政区第四届政府就职典礼时发表的重要讲话是一脉相承的。十八大报告还在总结实践经验的基础上，进一步阐述了对未来港澳工作的总体要求，表明了对香港同胞、澳门同胞有智慧、有能力、有办法管理好、建设好特别行政区的信心。贯彻落实好十八大精神，对于继续成功地把"一国两制"事业推向前进具有重要的现实意义和深远的历史意义。

各位选举会议成员：我们的使命是神圣的，责任是重大的。希望大家心系国家根本利益和香港同胞福祉，不负众望，尽职尽责，圆满完成这次选举任务。

（新华社香港11月22日电）

在中华人民共和国澳门特别行政区第十二届全国人民代表大会代表选举会议第一次全体会议上的讲话

（2012年11月24日）

李建国

各位选举会议成员，女士们、先生们：

我受第十一届全国人民代表大会常务委员会的委托，主持澳门特别行政区第十二届全国人民代表大会代表的选举工作。同我一起专程从北京来澳门参加选举工作的有：全国人大常委会副秘书长王万宾先生，全国人大常委会副秘书长乔晓阳先生，全国人大常委会副秘书长何晔晖女士，全国人大常委会法制工作委员会副主任李飞先生，国务院港澳事务办公室副主任张晓明先生。参加会议的还有中央人民政府驻澳门联络办主任白志健先生，副主任徐泽先生。

在此，我首先代表全国人大常委会和吴邦国委员长向大家问好，祝贺各位依法成为澳门特别行政区第十二届全国人大代表选举会议成员，并对各位积极出席会议、履行法定职责，表示衷心的感谢！

2012年8月31日，第十一届全国人大常委会第二十八次会议依法通过并公布了澳门特别行政区第十二届全国人大代表选举会议成员名单，共为365人。名单公布后至今，有1位选举会议成员去世。今天的会议，应到成员364人，出席346人，缺席18人。根据澳门特别行政区选举第十二届全国人大代表的办法，选举会议举行全体会议，须有过半数成员出席。出席今天会议的人数已经超过半数，符合法律规定。

全国人民代表大会由各省、自治区、直辖市和解放军、香港、澳门特别行政区选举代表组成，代表名额不超过3000名，每届任期五年。第十一届全国人民代表大会将于2013年3月任期届满。按照宪法规定，在每届全国人大任期届满的两个月以前，要完成下一届全国人大代表的选举，全国人大代表的选举由全国人大常委会主持。今年3月，十一届全国人大五次会议通过了《关于第十二届全国人民代表大会代表名额和选举问题的决定》，规定第十二届全国人大代表于2013年1月选出。这次会议还通过了澳门特别行政区选举第十二届全国人大代表的办法。这个选举办法，总结以往三次选举工作的成功经验，对选举名额、选举方式和选举程序等总体上未作变动，保持了选举工作的连续性和稳定性。全国人大及其常委会对这次澳门特别行政区第十二届全国人大代表的选举高度重视，从今年上半年开始，全国人大常委会即按照法律规定开始了有关选举工作的各项准备。今年 7 月，全国人大常委会办公厅依照选举办法的规定，在澳门发放选举会议成员登记表，并接受登记；8 月，第十一届全国人大常委会第二十八次会议通过了澳门特别行政区第十二届全国人大代表选举会议成员名单并予以公布，选举会议宣告成立。今天，选举会议正式开始工作。

根据选举办法的规定，选举会议的工作大致分为三个阶段：

第一阶段，召开选举会议第一次全体会议，推选 11 名选举会议成员组成主席团，随后的选举会议将由主席团主持。主席团召开第一次会议，从主席团成员中推选常务主席 1 人，此后的主席团会议将由常务主席主持。

第二阶段，选举会议成员依法提名代表候选人。主席团召开第二次会议，汇总并公布代表候选人名单和简介，将代表候选人名单及其简介印发选举会议全体成员。

第三阶段，召开选举会议第二次全体会议，确定总监票人和监票人，进行投票选举，宣布选举结果。主席团召开第三次会议，决定发布选举结果的公告，并向全国人大常委会代表资格审查委员会报送关于选举结果的报告。

第二阶段和第三阶段的具体安排，将在主席团产生后，由主席团研究决定，并发布公告。

全国人大常委会将根据代表资格审查委员会提出的报告，确认代表资格，公布代表名单。

下面，我就做好这次选举工作讲几点意见。

人民代表大会制度是我国的根本政治制度，是人民行使当家作主权利的根本途径和最高形式。在我国，国家的一切权力属于人民，人民行使国家权力的机关是全国人民代表大会和地方各级人民代表大会。全国人民代表大会和地方各级人民代表大会都由民主选举产生，对人民负责，受人民监督。全国人民代表大会是最高国家权力机关，全国人民代表大会代表是最高国家权力机关的组成人员，代表人民的利益和意志，依法参加行使国家权力。澳门回归祖国以后，广大澳门同胞不仅成为澳门特别行政区的主人，同时也成为国家的主人，既有权依法参加特别行政区自治范围内各项事务的管理，也有权依法参与国家事务的管理，有权依法选举自己的代表参加最高国家权力机关的工作，这是澳门同胞摆脱殖民统治、实现当家作主的重要体现，也是“一国两制”的重要体现。

澳门回归以来，澳门特别行政区先后选举产生的九届、十届和十一届全国人大代表，参加了最高国家权力机关的工作。过去的 13 年，澳门全国人大代表恪尽职守，勤勉尽责，以高度的责任感和使命感，认真履行宪法和法律赋予的职责。代表们积极出席每年的全国人大会议，参加审议各项议案和报告，参加酝酿讨论、投票选举和决定任命国家机构组成人员，参加讨论决定经济社会发展重大事项，参加审议和表决法律案。在十一届全国人大五年任期内，代表们共提出 224 件建议、批评和意见，受到了有关部门的高度重视，对改进国家相关工作发挥了重要作用。在全国人大闭会期间，代表们积极参加视察、调研、执法检查等各项活动，提出了许多富有建设性的建议和意见。澳门全国人大代表先后赴江苏、河南、内蒙古、四川和湖南等地进行视察，参加中央有关部门就深化粤港澳合作、中央惠澳政策及实施情况等内容的专题讲座活动。代表们积极参与全国人大常委会的工作，共有 37 人次列席了每两个月一次的全国人大常委会会议，有 8 人次参加了全国人大常委会组织的劳动合同法、食品安全法、科技进步法、残疾人保障法的执法检查活动。代表们向国家有关部门代转澳门居民申诉函共 37 件。同时，代表们依照澳门基本法的规定，积极参加行政长官选举委员会的工作，并与澳门各界人士一道，全力支持特别行政区行政长官和政府依法施政，为维护澳门的长期繁荣稳定作出了重要贡献。

“一国两制”实践取得举世公认的成功。澳门特别行政区全国人大代表富有开创性而又务实的履职活动，已经成为“一国两制”实践的重要组成部分。澳门全国人大代表眼界宽广，不仅熟悉资本主义社会的管理和运作，而且对中国特色社会主义国情的认识也与日俱增，对于“一国两制”方针和基本法实施过程中遇到的新情况、新问题，勤于思考，不断建言献策。澳门全国人大代表在参与管理国家事务、促进“一国两制”伟大事业中发挥了不可替代的重要作用。继续做好澳门特别行政区全国人大代表选举工作，对于坚持和完善人民代表大会制度，贯彻落实“一国两制”、“澳人治澳”、高度自治方针和澳门基本法，保持澳门长期繁荣稳定，具有十分重要的意义。各位选举会议成员，你们来自澳门各界别、各阶层，具有广泛代表性，肩负着重要责任，相信大家会以对国家和澳门高度负责的精神，认真履行宪法和法律赋予的神圣职责，把选举工作搞好。

各位选举会议成员：这次选举，要以《中华人民共和国宪法》、《中华人民共和国澳门特别行政区基本法》和《中华人民共和国澳门特别行政区选举第十二届全国人民代表大会代表的办法》为依据，充分发扬民主，严格依法办事。全国人大代表作为最高国家权力机关的组成人员，既享有很高的荣誉，又承担着重大的责任。根据选举办法，澳门特别行政区选举的全国人大代表必须是年满18周岁的澳门居民中的中国公民。同时，按照宪法的规定，全国人大代表必须模范地遵守宪法和法律。澳门前三次全国人大代表的选举都是成功的，选出的代表是符合要求的。我相信，在前三次成功经验的基础上，大家这次一定不辜负全国人民的期望，不辜负广大澳门同胞的期望，把真正拥护宪法和澳门基本法、拥护“一国两制”、爱国爱澳的人士选为第十二届全国人大代表，代表澳门特别行政区同胞参加最高国家权力机关的工作。

各位选举会议成员：澳门回归祖国13年来，“一国两制”、“澳人治澳”、高度自治的方针得到全面贯彻落实。澳门同胞当家作主，享有的民主权利和自由比历史上任何时候都更为广泛。在中央政府的大力支持下、在特区政府的有力领导和社会各界人士的共同努力下，澳门特别行政区克服各种困难和挑战，经济快速发展，社会事业全面进步，同祖国内地的交流合作全方位扩展，对外交往更为活跃，国际影响进一步扩大。第三任行政长官崔世安先生领导下的特区政府坚持以民为本，积极践行“阳光政府，科学决策”理念，依法稳健施政，推动经济适度多元发展，采取多项扶贫解困措施，市民生活不断改善，保持了社会稳定、政通人和的良好局面。有特区政府和澳门同胞的共同努力，澳门一定能保持繁荣稳定。

各位选举会议成员：刚刚胜利闭幕的中国共产党第十八次全国代表大会，是在我国进入全面建成小康社会决定性阶段召开的一次承前启后、继往开来的盛会。十八大确立了科学发展观的历史地位，规划了到二〇二〇年全面建成小康社会的宏伟蓝图，部署了中国特色社会主义经济建设、政治建设、文化建设、社会建设、生态文明建设五位一体总体布局的目标任务，为继续推动党和国家各项事业的发展指明了方向。党的十八届一中全会选举产生了以习近平同志为总书记的新一届中央领导集体，实现了党的中央领导集体又一次新老交替。现在，全党和全国各族人民正在认真学习和贯彻落实党的十八大精神，对在以习近平同志为总书记的党中央领导下夺取中国特色社会主义事业新胜利充满信心。十八大报告对港澳工作作出了一系列重要论述和部署。报告指出：“中央政府对香港、澳门实行的各项方针政策，根本宗旨是维护国家主权、安全、发展利益，保持香港、澳门长期繁荣稳定。”报告还强调：“全面准确贯彻‘一国两制’、‘港人治港’、‘澳人治澳’、高度自治的方针，必须把坚持一国原则和尊重两制差异、维护中央权力和保障特别行政区高度自治权、发挥祖国内地坚强后盾作用和提高港澳自身竞争力有机结合起来，任何时候都不能偏废。”这些重要论述与胡锦涛主席在澳门回归祖国十周年庆祝大会上的讲话精神是一脉相承的。十八大报告还在总结实践经验的基础上，进一步阐述了对未来港澳工作的总体要求，表明了对香港同胞、澳门同胞有智慧、有能力、有办法管理好、建设好特别行政区的信心。贯彻落实好十八大精神，对于继续成功地把“一国两制”事业推向前进具有重要的现实意义和深远的历史意义。

各位选举会议成员：我们的使命是神圣的，责任是重大的。希望大家心系国家根本利益和澳门同胞福祉，不负众望，尽职尽责，圆满完成这次选举任务。

（新华社澳门11月24日电）

在十一届全国人大五次会议审议政府工作报告时的发言

（2012年3月5日）

司马义·铁力瓦尔地

总理的报告，求真务实、贴近民生，通篇贯穿了科学发展、亲民利民为民的理念。报告鼓舞人心，催人奋进，我坚决拥护。

2011年是"十二五"时期开局之年。一年来，面对复杂多变的国际形势和艰巨繁重的国内改革发展稳定任务，党中央、国务院高瞻远瞩、运筹帷幄，团结带领全国各族人民，牢牢把握科学发展这个主题和加快转变经济发展方式这条主线，同心协力，开拓奋进，推动社会主义经济建设、政治建设、文化建设、社会建设、生态文明建设和党的建设取得新的伟大成就，实现了"十二五"时期的良好开端。从国内来讲，有三件大喜事。一是隆重庆祝了中国共产党成立90周年，进一步增强了中华民族的凝聚力和自豪感，更加坚定了全国各族人民在中国共产党的领导下走中国特色社会主义道路，实现中华民族伟大复兴的理想信念。二是颁布实施了"十二五"规划纲要，进一步明确了"十二五"时期经济社会发展的主题和主线，为全面建设小康社会打下了具有决定意义的基础。三是胜利召开了党的十七届六中全会，明确提出了坚持中国特色社会主义文化发展道路、建设社会主义文化强国的宏伟目标，为推动社会主义文化的大发展大繁荣指明了方向。从国际上来看，也有三件要事：一是国际金融危机和欧洲主权债务危机影响持续（一些西方民主国家的抗争浪潮不断，如美国的"占领华尔街"、英国的"打砸抢"、希腊的"大罢工"等等重要事件）；二是中东、北非局势动荡不安（从突尼斯、埃及、也门、利比亚等国家和地区的"颜色革命"，到目前的阿盟与叙利亚、美国与伊朗等国的复杂而微妙关系）；三是全球范围内极端天气和自然灾害频繁发生（日本地震海啸和核危机、泰国洪水等严重自然灾害）。

2011年是我国综合国力显著增强的一年，改革开放和现代化建设取得重大进展。主要表现在以下几个方面：一是经济实力持续增强。经济总量保持全球第二位，经济增长速度世界第一。全年国内生产总值（GDP）达到471564亿元，实现增速9.2%；全国财政收入103740亿元，比上年增加20639亿元，增长24.8%；固定资产投资（不含农户）301933亿元，比上年增长23.8%；全国粮食总产量达到11424亿斤，比去年增加495亿斤，创造了新的历史纪录（粮食连续五年稳定在1万亿斤以上、实现了11连增，中央连续9年出台"一号文件"、制定支农惠农富农政策）。二是民生持续改善。2011年，我国城镇居民人均总收入23979元，其中人均可支配收入21810元，比上年增长8.4%；全国农村居民人均纯收入6977元，比上年增长11.4%。科技教育、文化体育、卫生医疗、社会保障等各项社会事业全面进步。三是国防科技实力明显增强。成功实现天宫一号和神舟八号首次空间交会对接，"蛟龙号"潜水器成功突破5000米下潜深度等一些重大国防科技成果。四是社会保持和谐稳定。通过多方面努力，全年实现了"五个突破"：一是财政收入突破10万亿，达到103740亿元；二是粮食产量突破1.1万亿斤；三是中央财政"三农"支出突破1万亿元（比上年增加1839亿元）；四是城镇新增就业突破1200万人（1221万人，比上年增加53万人）；五是新开工建设保障型住房突破1000万套（1033万套）。由于各方面工作都很到位，老百姓得到了更多实惠，充分享受到改革开放的成果，日子越过越好，心安气顺，促进了社会的和谐稳定。

这些成就的取得，得益于以胡锦涛同志为总书记的党中央的坚强领导；得益于科学发展观的正确指引；得益于社会主义政治制度的优越性；得益于各族人民的共同团结奋斗。

新疆同全国一样，发展成就巨大、形势十分喜人。2011年，新疆维吾尔自治区党委、人民政府团结带领和紧紧依靠全区各族干部群众，全面深入落实中央新疆工作座谈会议精神，开拓创新，奋力拼搏，扎实推进"三化"建设（城镇化、新型工业化、农牧业现代化）、开展民生建设年活动、加强民族团结教育、促进社会和谐进步，新疆（包括生产建设兵团）改革发展和团结稳定工作取得新的巨大成就。

如今的新疆，经济发展快、社会大局稳、老百姓得到的实惠多、各族群众精神状态好、干部作风实。我看到这些成绩，感到十分自豪、无比高兴。关于新疆的大好形势、喜人局面，我可以用五个“3”来概括：

“3个第一年”：一是全面深入落实中央新疆工作座谈会、学习贯彻自治区第八次党代会精神的第一年；二是举办中国—亚欧博览会的第一年；三是着力保障和改善民生的第一年。

“3高”：一是全区生产总值（GDP）增速高于全国平均水平（实现6574.54亿元，增长12%，高于全国平均增速2.8个百分点）；二是地方财政一般预算收入增速达到新高（全口径财政收入1646.18亿元，增长38.2%，其中地方财政一般预算收入720.91亿元，增长44%）；三是民生投入比重高（累计投入民生建设资金1670.5亿元，共完成22类80项重点民生工程，占地方一般预算支出的73.2%，同比提高2.2个百分点）。

“3快”：一是“三农”工作稳步加快（农民人均纯收入5442元，增长17.2%，连续两年快于城镇居民收入，在西部12个省区市中列第4位；农林牧渔业增加值增长6.5%，增幅均高于全国平均水平；广大农牧区更加和谐稳定）。二是市场景气程度加快（消费市场持续活跃，社会消费品零售总额1557.1亿元，增长17.5%，快于全国平均增速。老百姓比较关注的房价、物价可控，涨幅总水平整体回落）。三是对外开放步伐加快（全区进出口贸易总额228.22亿美元，增长33.2%，高于全国平均增速）。

“3强”：一是新疆自主性工业能力增强（规模以上非石油工业实现增加值1092.14亿元，增长17.9%；非公有制工业增长16.2%；地方工业增长14.3%；中小型企业增长20.7%；园区工业增长15%）。二是民间投资活力增强，为1587.86亿元，在2010年增长68.1%的高增速基础上继续增长56.1%。三是地方项目投资能力增强，增长44.7%。

“3”个“归功于”：这些成绩的取得，归功于党中央、国务院的亲切关怀和自治区党委、人民政府的正确领导，归功于中央和自治区出台的一系列好政策，归功于19个援疆省市和中央国家机关，以及新疆各族人民“同呼吸、共命运、心连心”的似海情深。

2012年是党的十八大召开的喜庆之年，也是实施“十二五”规划的关键之年。关于新疆的工作，自治区第八次党代会和自治区“两会”都作了全面部署和具体安排，关键是落实，继续落实中央新疆工作座谈会议精神，加快经济社会更好更快发展。[年初，你们开展的“三个主题宣传”（杨善洲先进事迹报告会、基层8位党支部书记先进事迹报告会、感动中国十大人物——阿里木先进事迹宣传活动）和“三个促进周”（项目促进周、民生促进周、现代文化促进周）活动，搞得有声有色，很有影响力，我也很受教育、很感动。]这里，我侧重谈三点建议：

一是继续做好“三农”工作。用足用好国家和自治区支农惠农富农政策，特别是今年的中央“一号文件”和西部大开发“十二五”规划的政策。持续加大财政用于“三农”的支出；持续加大农业基础设施建设，不断夯实农业发展物质基础；持续加大科技创新、农技推广、农民培训力度，引领支撑现代农业建设。多措并举，尽快走出一条具有新疆特色的现代农牧业跨越式发展道路，强化农业基础、惠及农村发展、富裕农民生活。

二是持续保障和改善民生。自治区提出2012年“民生建设年”的目标非常好（重点实施25类90项民生工程，实现农民人均增收1000元以上）。发展是第一要务。发展的目的是为了改善民生，民生的改善促进经济社会发展。认真贯彻中央扶贫工作会议精神，加大扶贫工作力度，重点突破南疆三地州、边境地区和贫困山区，重点扶持“边、远、穷”的贫困人口，提高农牧民的生产生活质量，力争在“十二五”期间基本消除贫困。优先发展教育，继续加大对文化体育、医疗卫生等方面的投入力度。切实落实就业优先战略（中央政治局第32次集体学习时强调——实施更加积极的就业政策，努力实现社会就业更加充分），解决好就业困难人员、零就业家庭以及下岗失业人员就业问题，做好农民工就业工作，做好大中专毕业生、复员转业军人安置就业工作。建立健全社会保障体系，关心低保户、贫困户、下岗失业人员和困难企业职工家庭，关爱妇女儿童，关注残疾人和丧失劳动能力等弱势群体，促进社会和谐进步。

三是坚决维护社会稳定。继续高举爱国主义和各民族大团结的旗帜，大力加强爱国主义教育和民族团结进步教育，牢牢把握各民族共同团结奋斗、共同繁荣发展的主题，唱响共产党好、社会主义好、改革开放好、伟大祖国好、各族人民好，营造良好的人文环境。大力倡导和弘扬社会主义核心价值，积极开展法制宣传和形势宣传教育，增强政治意识、国家意识、法制意识、公民意识，推动各民族和睦相处、和衷共济、和谐发展。我完全赞同你们提炼的新疆精神（“爱国爱疆、团结奉献、勤劳互助、开放进取")。大力倡导新疆精神,为新疆跨越式发展和长治久安提供强大的精神支撑。正确对待和妥善处理人民内部矛盾,严密防范、依法严惩各类犯罪分子。

总之,新疆各级领导班子坚强得力,中央和自治区的政策有力,新疆精神有动力,新疆大开发、大建设、大发展有吸引力,新疆的未来充满活力。

我坚信,有以胡锦涛同志为总书记的党中央的坚强领导,有自治区党委、人民政府的科学决策,有各援疆省市的无私援助,有各族人民思稳定、谋发展、促和谐、盼富裕的强烈愿望,新疆各族群众一定能够建设好发展的新疆、开放的新疆、和谐的新疆、魅力的新疆,以更加优异的成绩,迎接党的十八大胜利召开!

在十一届全国人大五次会议审议常委会工作报告时的发言

(2012 年 3 月 10 日)

司马义·铁力瓦尔地

吴邦国委员长的报告,条理清晰、内容丰富、论述深刻、重点突出,具有很强的工作指导性和理论思想性。我完全赞同。

2011 年,面对复杂多变的国际形势和繁重的国内改革发展稳定任务,以胡锦涛同志为总书记的党中央团结带领全国各族人民,开拓前进,我国改革开放和现代化建设取得新的伟大成就。全国人大常委会紧紧围绕党和国家中心工作,在立法、监督、代表工作、对外交往、自身建设等各方面都取得了新成绩。总体来讲,报告有三个特点:

第一,筑牢依法治国的法制基础,强调了完善中国特色社会主义法律体系的重要性。

2011 年十一届全国人大四次会议上,吴邦国委员长向世界郑重宣布,中国特色社会主义法律体系如期形成,这不仅是中国社会主义民主法制建设史上的重要里程碑,也是马克思主义法律思想和中国法制建设实践相结合的重大成果,为我们建设社会主义法治国家,实现党的领导、人民当家作主和依法治国的有机统一奠定了坚实的法制基础。当然,中国特色社会主义法律体系是一个开放的、动态的和发展的体系,随着社会主义政治、经济、社会实践的发展而与时俱进,这就要求我们在立法上不断及时地加以修改、完善,使之在内容上更加健全、体系上更加科学、结构上更加合理。

一年来,全国人大常委会紧扣党和国家中心工作,更加贴近民生民意,将法律的修改完善工作摆在更加重要的位置上。一是法律修改案在立法总量中的比重明显增加,在全年审议的 24 件法律和有关法律问题的决定草案中,就有 12 件是对现行法律的修改;审议通过的 14 件法律案中,就有 8 件是法律修改案。二是法律修改的准备工作充分,通过时机成熟,质量有保证。修改通过的法律案均至少经过两次以上审议,除向社会公众公开征求意见外,还采取了开展立法调研、召开立法座谈会、听证会等各种形式,在全面听取各方意见的基础上反复审修,切实保障了法律制定修改的质量。三是修改案得到社会广泛关注,社会反映热烈,反响良好。6 月份举行的十一届全国人大常委会二十一次会议审议个人所得税法修正案草案,仅在一个月的时间内就累计收到来自 82707 位网民的 237684 条意见、181 封群众来信,将税收起征点从 3000 元提高到 3500 元的决定得到社会的普遍认同。提交本次大会审议的刑事诉讼法自 2011 年 8 月 30 日向社会公开征求意见后,累计收到 7489 人提出的 80953 条意见,还收到社会公众关于修改建议的来信 323 封,其中赞成意见占绝大多数。这种开门立法、民主立法的方式,不仅充分尊重了民意,也是对法律规定和立法工作本身的一种广泛宣传。四是开展立法后评估的试点工作,这项工作不但有利于综合评价法律制度的科学性、法律规定的可操作性和法律落实的切实有效性,同时也为修改法律、改进立法提供了重要实践依据。

第二,科学总结了创新监督形式、增强监督实效,扎实开展法律监督工作的好做法、好经验。

依法行使监督权,是宪法和法律赋予人大的一项重要职权。在中国特色社会主义法律体系已经形成的条件下,深入实际、创新形式,对涉及国家重大发展战略和人民群众切身利益的重要法律和体制机制性问题开展监督，是一项必要而重要的工作。

1. 监督内容上选题全面、重点突出、层次丰富

一年以来，全国人大常委会分别在推动经济发展方式转变、促进保障和改善民生、财政预算和司法工作等四个方面开展了法律监督，围绕国民收入分配、环境保护、民族地区经济社会发展、农村土地承包、集体林权改革、保障房建设、地方债务风险防范、县级基本财力保障等多项议题和多部法律贯彻落实情况，听取国务院有关部门的专题报告，开展执法检查。选题内容的选择不仅保证了对国家财政预决算、“两高”等工作监督的连续性，同时围绕贯彻落实科学发展观重大战略和关注国计民生的政策重点，确保了对政府工作的支持与监督。

2. 监督形式上灵活多样、注重实效、与时俱进

全国人大常委会的监督工作，在组织形式上不断创新，以增强实效为出发点，逐步形成了执法检查、专题询问、代表议案办理等多种形式并举的局面。2011 年，累计安排常委会执法检查 4 次，专题调研 3 次，专题询问 3 次，办理代表议案 566 件。尤其值得一提的是，从 2010 年开始实施的专题询问取得了越来越好的效果。2011 年，常委会先后对国务院关于 2010 年中央决算的报告，关于城镇保障性住房建设和管理工作情况的报告，和关于实施《国家中长期教育改革和发展规划纲要(2010—2020 年)》工作情况的报告，以分组或联组审议的方式进行了专题询问，并向社会媒体开放。这些监督形式，针对性强、目标明确、方法灵活，有利于常委会的组成人员充分行使职权，有利于社会主义民主法治建设。目前，专题询问的监督方式在全国各级人大系统得到了广泛普及。

第三，进一步明确了坚定正确政治方向，更好地坚持和完善人民代表大会制度。

在 2011 年十一届全国人大四次会议上，吴邦国委员长在报告中就提出了“八个确立”(中国特色社会主义法律体系，是以宪法和法律的形式，确立了国家的根本制度和根本任务，确立了中国共产党的领导地位，确立了马克思列宁主义、毛泽东思想、邓小平理论和“三个代表”重要思想的指导地位，确立了工人阶级领导的、以工农联盟为基础的人民民主专政的国体，确立了人民代表大会制度的政体，确立了国家一切权力属于人民、公民依法享有广泛的权利和自由，确立了中国共产党领导的多党合作和政治协商制度、民族区域自治制度以及基层群众自治制度，确立了公有制为主体、多种所有制经济共同发展的基本经济制度和按劳分配为主体、多种分配方式并存的分配制度)和“五个不搞”(从中国国情出发，郑重表明我们不搞多党轮流执政，不搞指导思想多元化，不搞“三权鼎立”和两院制，不搞联邦制，不搞私有化)，向世界表明了中国特色政治文明不可动摇的法制根基。在今年的报告中，又就如何更好地坚持和完善人民代表大会制度，强调了三点：一是坚定不移走自己的路。这宣示了我们党坚持从中国国情出发，坚定走中国特色社会主义政治道路的信心和决心；二是充分发挥自己的特点和优势。这表明了我们要紧紧依靠自己的三大独有优势(我们党是中国特色社会主义事业坚强领导核心的政治优势，国家一切权力属于人民的制度优势，民主集中制的体制优势)，始终坚持正确的政治方向和价值取向，始终坚持科学的执政理念和治国规律；三是不断完善和发展人民代表大会制度。这意味着我们将在建党九十年和建国六十多年的基础上持续努力，确立和形成最符合本国国情和最维护人民利益的政治发展模式。

2011 年，新疆维吾尔自治区人大常委会在自治区党委的统一领导下，围绕中心，紧扣民心，服务大局，积极推动自治区党委重大决策部署的贯彻落实，扎实推进对口援疆工作，着力促进改善民生，加强地方立法，改进监督(首次开展了专题询问，首次开展了专项工作报告满意度测评)，坚持正确政治方向，加强自身建设，强化服务意识，充分发挥人大代表作用等各方面都做了大量卓有成效的工作，为新疆跨越式发展和长治久安作出了重要贡献。关于人大今后的工作，自治区第八次党代会和自治区“两会”都作了安排和部署，希望自治区各级人大在党委的正确领导下，一如既往地支持“一府两院”的工作，推动中央和自治区重大决策部署的落实。一要按照中国特色社会主义法律体系形成后对地方立法提出的新要求，加强地方立法，加快地方配套法规的制定，为新疆两大历史任务提供法制保障。二要抓住关系自治区全局的重大问题和人民群众普遍关心的问题，加强和改进监督工作，着力保障和改善民生，促进社会和谐进步。三要加强自身建设，坚持理论学习，坚定理想信念，树立大局观念，努力建设一支忠于党、忠于祖国、忠于社会主义、忠于人民和忠于社会主义法制的各族干部队伍，全面提高各级领导班子的执政能力和科学化水平，为新疆跨越式发展和长治久安提供坚实的人才支撑和组织保障。

在看望湖南省人大常委会机关干部时的讲话

（2012 年 5 月 11 日）

司马义·铁力瓦尔地

同志们：

今天，我和张学忠同志（全国人大内务司法委员会副主任委员）一起，来湖南省人大机关，与大家见面，感到十分高兴。六年前（2006 年 12 月初），我曾来过湖南。当时，我还是新疆维吾尔自治区主席，与王乐泉同志一起，率新疆党政代表团到湖南学习考察。（考察期间，时任湖南省省委书记的张春贤同志、省长周强同志以及湖南省干部群众给新疆党政代表团留下了难忘的记忆）。时隔近六年，也是我 2008 年从新疆到全国人大工作以来，还是第一次到湖南来。这次来湖南，主要目的：一是进行执法检查，根据全国人大常委会 2012 年监督工作计划，就残疾人保障法的贯彻实施情况开展执法检查。我国有 8500 多万残疾人，残疾人事业是中国特色社会主义事业的重要组成部分。自 2008 年残疾人保障法全面修订以来，广大残疾人的权益保障工作取得了长足的进展，这次执法检查就是要进一步增强全社会贯彻执行这部法律的自觉性，进一步宣传“扶残、助残、敬残、爱残”的理念，使广大残疾人和其他群众一道共享改革发展的成果，这也是社会主义制度优越性的重要体现。二是看望大家，专程到湖南省人大机关来，看望同志们，认门、认人、和大家交朋友；三是学习调研，学习湖南光荣悠久的历史革命传统，学习湖南深化改革开放、推动科学发展、构建和谐社会的好经验、好做法，并就湖南省经济社会发展情况进行调查研究；四是表达谢意，新疆和湖南两区省交流合作源远流长，两区省人民感情深厚。（1875 年，清政府钦差大臣左宗棠，率大军西出阳关，远征新疆，经过艰苦征战，有力地维护了国家统一和领土完整。曾国藩的儿子曾纪泽，作为中国近代出色的外交家，通过艰苦的外交谈判，收复了新疆的大片领土。1938 年起，毛泽东同志的弟弟毛泽民到新疆工作四年多，在条件极为艰难、斗争极为复杂的情况下，切实整顿财政经济、落实群众民主权利、发展医疗卫生事业，取得了铭记新疆史册的成就。新中国成立前夕，邓力群代表中共中央赴新疆，与国民党驻新疆部队的广大官兵举行了多次协商和谈判，详细阐述中共和平解放新疆的主张和政策。陶峙岳将军为实现新疆和平解放进行了大量艰苦细致的工作，最终率新疆国民党驻军通电起义，为维护祖国的统一和民族团结作出了重大贡献。新疆解放后，维护新疆繁荣安定的重任落到了当时的新疆军政首脑、湖南人王震将军肩上。五十年代初，“八千湘女”响应祖国号召，应征入伍奔赴新疆屯垦戍边的感人故事更是可歌可泣。2010 年，在湖南工作五年之久的张春贤同志赴新疆工作，目前正团结带领新疆各族干部群众，为实现新疆跨越式发展和长治久安两大任务而不懈奋斗。2010 年中央新疆工作座谈会召开之后，湖南省按照中央的决策部署，迅速落实对吐鲁番市、鄯善县、托克逊县的对口支援，省委书记周强同志还在当年 5 月亲率党政代表团赴新疆，进行对口衔接，启动对口支援前期工作。据统计，湖南省自 1998 年开展对口支援吐鲁番工作十几年来，先后选派 200 多名干部到吐鲁番工作，选派 100 多名专业技术人员执行短期援助任务，无偿援助资金、物资近 2 亿元，重点援建了一批基础设施项目，并在经贸、教育、科技、卫生、城建、人才培训等多个领域开展了技术交流与合作）。在不同的历史时期，湖南省都给予了新疆维吾尔自治区宝贵支持，为新疆的建设、发展、稳定做出了重大贡献。新疆各族人民不会忘记！我更不会忘记！借此机会，向你们并通过你们向湖南省七千万干部群众、驻湘部队、武警官兵、公安干警表示崇高的敬意和由衷的感谢！

昨天，我们一到湖南，就亲身感受到了湖南人的热情好客，（昨天晚上和今天中午，省委书记周强同志、省长徐守盛同志先后代表省委、省政府会见了我们一行）。今天上午，我们听取了副省长徐明华同志代表省政府所作的工作汇报，以及有关部门的情况介绍。后面几天，我们一行还将在长沙、韶山、常德进行考察。湖南省改革开放和现代化建设取得的巨大成绩、城乡面貌发生的巨大变化、人民生活的巨大改善，给我留下了极为深刻的印象，三湘儿女饱满的精神状态，三湘大地的光明美好前景,使我备受振奋鼓舞。

湖南地处长江中下游,山清水秀,人杰地灵,区位优势独特,人文历史厚重。概括来讲,我的体会有以下几点:一是区位优势得天独厚。湖南南邻两广,北枕长江,分别是"泛珠三角"经济区和长江中游经济区的重要组成部分;东连"长三角"经济区,西接物产资源丰富的西部,位于东南沿海开放地区的腹地;具有承东启西、连南接北的战略地位和区位优势,是连接东南沿海地区与西部内陆省区的桥梁地带。二是历史文化积淀深厚。在历经千年的政治变迁和民族融合过程中,逐渐形成了以"忧国爱民"、"经世致用"、"勇敢尚武"、"敢为人先"等精神为核心的"湖湘文化",这种文化在中国近现代反帝反殖斗争中发挥了重要作用,湖南涌现出一大批杰出的政治家和革命家,深刻地影响了近现代中国革命和建设的历史进程。("惟楚有材,于斯为盛",曾国藩、左宗棠等风云一时,魏源、谭嗣同率先打开中国学习西方先进思想的窗口;黄兴、蔡锷等民主革命先驱,高擎反对帝制、反对封建专制的大旗;毛泽东、刘少奇等无产阶级革命家,为创建中国共产党、缔造中华人民共和国作出了巨大贡献;胡耀邦、朱镕基等为我国的改革发展贡献突出。在近代中国革命的历史上,三湘大地涌现出了一大批彪炳青史、光照寰宇的历史伟人。)三是各民族团结友爱。湖南少数民族众多,仅世居少数民族就有八个(包括土家族、苗族、侗族、瑶族、白族、回族、壮族和维吾尔族),(湖南桃源县成为维吾尔族的第二故乡。枫树维吾尔族始祖哈勒·八十原为燕京总兵,1372年,因征战有功,被明太祖朱元璋晋升为"镇定南国大将军",命其率所部镇守湖广辰州常德一带。其后人在常德一带落籍定居,至今已繁衍到28代。著名历史学家、维吾尔族人翦伯赞就出生于枫树维吾尔族回族乡回维村)。各民族群众在漫长的历史进程中创造了多姿多彩、各具特色的文化,各民族之间团结友爱、和谐包容,长期保持了平等、团结、互助、和谐的良好局面。四是改革开放成就巨大。经济发展实现了综合实力的大跨越,湖南还从内陆封闭半封闭社会实现了向全方位开放社会的历史性突破,经济结构实现了由农业主导向工业主导的历史性转型,社会事业实现了由发展滞后向与经济协调发展的历史性转变,人民生活实现了由温饱不足向总体小康的历史性跨越。五是干部群众精神饱满。湖南境内河流湖泊众多,地貌以山区、丘陵为主,极端恶劣天气和地质灾害频发。近年来,湖南省各族干部群众在省委、省政府的正确领导下,艰苦奋斗、攻坚克难,有力战胜历史罕见的严重干旱和局部山洪灾害。在前所未有的国际金融危机面前,湖南各级各部门团结一心,克服能源紧缺、资金紧张、通胀压力加大等不利影响,以积极饱满的精神状态深入贯彻落实中央各项路线方针政策,推动和保持了国民经济和各项社会事业的健康发展。

湖南省在经济建设、民生改善、文化建设等各方面取得的显著成就。近几年来,湖南的基础设施日趋完善,优势产业快速成长,生态环境持续改善,法治环境不断优化,区位优势日益凸现。2011年,湖南全省实现地区生产总值19635.19万亿元,增长13%;财政总收入2560.7亿元,增长31%;投资、消费和出口"三驾马车"协调发展,固定资产投资达到1.14万亿元,增长28%;社会消费品零售总额6800亿元,增长17.8%;进出口总额186亿美元,增长27%;城乡居民人均收入分别为18844元和6563元,分别增长13.8%和16.7%。在经济发展迈大步、上水平的同时,湖南还高度重视和切实加强民生社会事业改善和行政效能提高,全省科技教育、文化艺术、体育卫生事业欣欣向荣,各族群众亲密友爱、融洽和谐,民族团结进步事业蒸蒸日上。这些成绩的取得来之不易,一是以胡锦涛同志为总书记的党中央坚强领导的结果。二是历届省委、省政府,特别是以张春贤、周强、徐守盛等同志为主要领导的省委、省政府班子科学决策的结果。近年来,湖南省委在立足本省实际的基础上,提出了"四化两型"("四化"是指新型工业化、农业现代化、新型城镇化、信息化,"两型"是指资源节约型、环境友好型)和"四个湖南"(绿色湖南、创新型湖南、数字湖南和法治湖南)的工作思路,这既是立足湖南发展的阶段性特征作出的科学决策,也是深入落实中央关于加快经济发展方式转变的务实举措。三是全省干部群众团结一心、艰苦奋斗的结果。湖南省大力发挥在文化教育领域的优势,年初发起了"湖南精神"的大讨论,就是要提炼湖湘文化的精神内核,充分发挥"湖南精神"的导向作用、凝聚作用和激励作用,以凝聚人心、鼓舞斗志、引领风尚、固本铸魂。这不仅是对党的十六届六中全会精神的深入贯彻,切实推动社会主义核心价值体系建设,更是立足湖南的精神底蕴,构筑湖南人民共同精神家园的有效举措。我预祝这项活动圆满成功!

在省委的统一领导下,湖南省人大常委会各方面工作都抓得很紧,做得也很出色。长期以来,湖南省人大及其常委会紧紧围绕全省经济社会发展的中心任务,积极服务改革发展稳定的大局,依法履行职责，切实发挥作用；立法工作稳步开展，立法质量不断提高，法规清理工作继续推进，地方法制体系日益完善；监督工作贴近民生，注重推动依法行政和公正司法，监督方式不断完善，监督实效有力增强；扎实开展代表工作，进一步发挥代表作用；有效履行重大事项决定和人事任免职责；切实加强自身建设，提高依法履职能力。这些工作的有效开展，为湖南深入推进改革开放、实现经济社会科学发展，提供了良好的法制环境。作为民族省份，湖南省委、省人大、省政府一贯高度重视民族工作，先后制定实施了一系列扶持少数民族加快发展的优惠政策和得力措施，取得了很好的效果，各民族和衷共济、和睦相处、和谐发展的局面不断深化。这些行之有效的经验和做法，都是值得我们学习和借鉴的。

今年是党的十八大的召开之年，也是贯彻落实"十二五"规划的承上启下之年。在今年召开的十一届全国人大五次会议上，吴邦国委员长在全国人大常委会工作报告中指出，要在完善中国特色社会主义法律体系上迈出新步伐，在推动中央重大决策部署贯彻落实上见到新成效，在代表服务、对外交往、自身建设等方面取得新进展。这就为我们在中国特色社会主义法律体系形成之后进一步开展好各级人大常委会的工作指明了方向、提出了要求。贯彻落实吴邦国委员长的指示要求，就是要紧紧围绕党和国家的中心工作，在省委的领导下，结合本省实际，切实加强和完善经济、社会、文化等各领域地方性法规建设，督促相关配套法规规章的制定，并将对法规、规章的修改和监督工作紧密结合起来；推动政府以科学发展为主题，以加快转变经济发展方式为主线，在转方式、调结构上取得新的进展，推动司法机关公正司法、廉洁司法；要把充分发挥代表作用作为坚持和完善人民代表大会制度的重要内容，继续加强代表服务保障工作；还要进一步搞好各级人大常委会的自身建设，以更加奋发有为的精神面貌做好各项工作。总之，要牢固树立人大机关在国家机关中的良好形象，牢固树立人民代表在人民群众中的良好形象，牢固树立人民代表大会制度在社会制度中的良好形象。

同志们，2012 年是党和国家发展进程中具有特殊重要意义的一年，我们党将召开具有重大深远意义的第十八次全国代表大会，这是全党全军全国各族人民政治生活中的一件大事。最近，中央通报了对王立军事件的调查情况，决定对薄熙来同志严重违纪问题立案调查，并将有关刑事案件的犯罪嫌疑人移送司法机关。消息公布之后，《人民日报》连续发表评论员文章，号召广大干部群众坚决拥护党中央的正确决定，自觉维护改革发展稳定的良好局面，自觉遵守党纪国法。中央的这一决定顺乎党心、符合民意，采取的措施及时果断、坚强有力，深刻展现了以胡锦涛同志为总书记的党中央高超的政治智慧和驾驭错综复杂局面的能力，表明了我们党坚决维护自身纯洁性的决心和勇气，彰显了党和政府坚定维护人民群众根本利益的宗旨信念，强调了我们党维护党纪、依法治国的坚强决心。事实证明，中央的决定和部署得到了全国各族干部群众的衷心拥护支持，对于全党全国全军在思想上、政治上、行动上与以胡锦涛同志为总书记的党中央保持高度一致，具有至关重要的意义。作为人大机关的各级领导干部，一定要更加自觉地与以胡锦涛同志为总书记的党中央保持一致，把思想和行动统一到中央精神上来，进一步增强政治意识、大局意识、责任意识、法治意识，牢牢把握稳中求进的工作总基调，牢牢把握主题主线，正确处理改革发展稳定的关系，立足本职真抓实干，把自己的工作做好，把分内的职责尽到，继续坚决维护和不断巩固来之不易的改革发展稳定的良好局面。湖南省委及时传达学习了中央文件精神，坚定贯彻落实中央决策部署，进一步统一了思想认识。当前，全省干部群众要在省委、省政府的正确领导下，把主要时间和精力放在谋发展、惠民生、促和谐的工作中，不断巩固和扩大湖南省改革开放和现代化建设的成果，以更加优异的成绩，迎接党的十八大胜利召开。

我坚信，有以胡锦涛同志为总书记的党中央的坚强领导，有以周强同志为班长、徐守盛同志为副班长的湖南省委班子的好的发展思路，有湖南省各大班子的齐心协力，有七千万湖南人民的共同奋斗，有日益增强的经济实力和科学发展的良好势头，湖南的明天一定会更美好！

谢谢大家！

在看望重庆市人大常委会机关干部时的讲话

（2012 年 5 月 17 日）

司马义·铁力瓦尔地

同志们：

我是 2007 年 7 月来过重庆（当时，我作为新疆维吾尔自治区主席，到重庆来参加胡锦涛总书记主持召开的西北片区主要领导同志座谈会），至今已经五年了。到全国人大常委会工作以来，我一直想来重庆走一走，看一看，今天终于成行了，感到格外高兴。这次，我和韩晓武同志一起来，主要有三个目的：一是应邀参加第十五届中国（重庆）国际投资暨全球采购会开幕式；二是专程到重庆市人大机关，看望大家；三是学习重庆光荣的革命历史，学习重庆市现代化建设的好经验、科学发展的好成果、构建和谐社会的好做法。同时，对我们一行的到来，大家周密安排，热情接待。在此，向大家表示衷心的感谢！并通过你们向全市 3200 万重庆人民表示亲切的慰问！

重庆是中国著名的历史文化名城。重庆有 3000 多年的悠久历史和光荣的革命传统，以重庆为中心的古巴渝地区是巴渝文化的发祥地，这片土地孕育了重庆悠久的历史（重庆古称江州，南北朝时，巴郡改为楚州。公元 581 年隋文帝改楚州为渝州，重庆始简称“渝”。公元 1189 年，宋光宗先封恭王，后即帝位，自诩“双重喜庆”，升恭州为重庆府，重庆由此得名，距今已有 800 余年。1891 年重庆成为中国最早对外开埠的内陆通商口岸。1929 年重庆正式建市。1937 年至 1946 年，日本向中国发动侵略战争，国民政府移驻重庆，重庆成为中华民国战时陪都，是当时全国抗日战争和反法西斯的最高指挥部，中国大后方的政治、经济、文化中心，故重庆又有“三都之地”之称。国民政府还都南京后，重庆仍为直辖市。新中国建立初期重庆作为中共中央西南局和西南军政委员会驻地，是西南地区政治、经济、文化中心，为中央直辖市。1954 年西南大区撤销后改为四川省辖市。1983 年率先成为全国经济体制综合改革试点城市，实行计划单列，赋予省级经济管理权限。1992 年辟为沿江开放城市。1996 年 9 月中央批准重庆代管万县市、涪陵市和黔江地区）。1997 年 3 月 14 日，经八届全国人大五次会议审议批准，重庆正式成为中国第四个、西部地区唯一的直辖市，掀开了重庆建设与发展的新篇章。

重庆区位优势明显。重庆地处长江上游经济带核心地区，中国东西结合部，是我国实行西部大开发的重点开发地区。（地处较为发达的东部地区和资源丰富的西部地区的结合部，东邻湖北、湖南，南靠贵州，西接四川，北连陕西，是长江上游最大的经济中心、西南工商业重镇和水陆交通枢纽。）

重庆自然资源丰富多彩。一是动植物资源丰富（有 6000 多种各类植物，其中桫椤、水杉、秃杉、银杉、珙桐等珍稀树种，被称为植物“活化石”，森林覆盖率 39%。各类动物资源 600 余种，有金丝猴、华南虎、蜂猴、黑鹳等近 100 种国家重点珍稀保护动物。此外，石柱土家族自治县黄连产量居全国第一，是著名的“黄连之乡”；黔江有生产云贵型优质烤烟的气候和地理条件，被誉为“烤烟之乡”；涪陵榨菜誉满全国，是著名的“榨菜之乡”）。二是矿产资源富集（已发现矿产 68 种，查明资源储量的矿产有 54 种，涵盖黑色金属、有色金属、贵金属、稀有金属、稀散元素、冶金辅助原料、化工原料非金属矿产、能源矿产、建筑材料及其他非金属矿产等矿种，开发潜力巨大）。三是水资源发达（重庆境内江河纵横，水网密布，水能蕴藏量巨大。以 600 余公里长江干流为线，汇集嘉陵江、渠江、涪江、乌江、大宁河等五大支流及上百条小河流。年平均水资源总量在 5000 亿立方米左右，每平方公里水面积全国第一，水能资源理论蕴藏量为 1438.28 万千瓦，可开发量 750 万千瓦，全市每平方公里拥有可开发水电总装机容量是全国平均数的 3 倍，水能资源开发量在全国城市中名列前茅。此外，还有丰富的地下热能和饮用矿泉水）。四是民族民俗旅游资源独特（在重庆有 50 多个少数民族，少数民族人口总数近 200 万，其中土家族人口最多，有 140 万，其次苗族约 50 万，主要分布在黔江开发区的五个民族自治县和涪陵地区。全市总人口 3303.45 万人，少数民族人口占全市人口的 5.8%，以土家族、苗族为主。域内各少数民族仍保留着自己的传统习俗。土家族有摆手舞、赶年、唱傩戏、花灯，苗族有赶秋节、踩山节，此外还有羊马节、火星节、哭嫁、跳丧等民族习俗和活动。土家吊脚楼和苗族刺绣、蜡染独具特色。多姿多彩的民俗风情已成为重庆重要的旅游资源)。

重庆科技教育力量雄厚。(重庆拥有 71 家科研院所，67 所高等院校，80 万科技人才。)

以胡锦涛同志为总书记的党中央高度重视重庆市经济社会发展工作，国务院及其各部门也对重庆的发展制定实施了多项优惠政策措施。胡锦涛总书记在 2007 年 3 月 8 日参加十届全国人大五次会议重庆代表团审议时，对重庆明确了“三大定位”(努力把重庆加快建设成为西部地区的重要增长极、长江上游地区的经济中心、城乡统筹发展的直辖市)，提出了“一大目标”(在西部地区率先实现全面建设小康社会的目标)，交办了“四大任务”(加大以工促农、以城带乡力度，扎实推进社会主义新农村建设；切实转变经济增长方式，加快老工业基地调整改革步伐；着力解决好民生问题，积极构建社会主义和谐社会；全面加强城市建设，提高城市管理水平)。总书记的“314 总体部署”为新阶段重庆的发展勾画了发展蓝图、指明了前进方向。2009 年，《国务院关于推进重庆统筹城乡改革发展若干意见》正式发布，提出重庆改革发展的两个阶段、五大任务、八个统筹。2010 年，国务院正式批复设立重庆两江新区，为重庆加快建成西部地区重要增长极进一步提供了政策支持。同时，国家自 2000 年以来实施的西部大开发政策，也为重庆加快产业结构调整升级、统筹城乡协调发展、推进民生社会事业发展带来了重要机遇。

在党中央、国务院的亲切关怀和坚强领导下，重庆 3200 万各族干部群众，团结一致，齐心协力，积极进取、奋发向上，经济社会各项事业取得巨大成就。2011 年，重庆全市生产总值突破 1 万亿元，比上年增长 16.4%；地方财政收入达到 2908.8 亿元，增长 46.1%；固定资产投资完成 7600 亿元，增长 29.5%；城乡居民收入分别增长 15.5% 和 22%，达到 20250 元和 6438 元。同时，作为我国唯一辖有民族自治地方的直辖市，重庆市既辖有民族自治地方，又拥有大量散居少数民族人口。重庆市一贯高度重视民族工作，先后制定实施了一系列扶持少数民族加快发展的优惠政策和得力措施，积极探索民族团结进步创建的新形式，各民族和衷共济、和睦相处、和谐发展。这些成就的取得来之不易，一是以胡锦涛同志为总书记的党中央坚强领导的结果，二是重庆市历届市委、市政府坚决贯彻中央精神、集体科学决策的结果，三是重庆市人民凝神聚力、团结奋斗的结果。

刚才，重庆市人大常委会主任陈存根同志，介绍了重庆市人大常委会的工作。重庆市人大常委会始终坚持正确的政治方向，围绕核心、服务中心、贴近民心，做了大量富有成效的工作，各方面都取得了显著成绩：一是不断加强和完善立法工作，立法步伐稳步加快，立法质量不断提高，立法层次更加清晰，法规清理继续推进，地方法制体系日益完善，在实现立法决策与全市改革发展决策的统一上取得新的进展。二是监督工作贴近民生，紧紧围绕社会关切、群众关心、舆论关注的问题履行监督职责，不断完善监督方式，充实监督内容，增强监督实效。三是扎实开展代表工作，进一步发挥代表作用，以“代表行动”为抓手，推进人大常委会长效机制建设工作，以督促办理代表建议为途径推动解决民生问题，有效促进代表依法履职，使代表工作更有成效。四是有效履行重大事项决定和人事任免职责，加强了对区县人大工作尤其是县乡人大换届选举的指导。五是切实加强自身建设，提高依法履职能力等。这些工作的有效开展，为重庆深入推进改革开放、实现经济社会科学发展，提供了良好的法制环境。

今年是党的十八大的召开之年，也是贯彻落实“十二五”规划的承上启下之年。在今年召开的十一届全国人大五次会议上，吴邦国委员长在全国人大常委会工作报告中指出，要在完善中国特色社会主义法律体系上迈出新步伐，在推动中央重大决策部署贯彻落实上见到新成效，在代表服务、对外交往、自身建设等方面取得新进展。这就为我们在中国特色社会主义法律体系形成之后进一步开展好各级人大常委会的工作指明了方向、提出了要求。贯彻落实吴邦国委员长的指示要求，就是要紧紧围绕党和国家的中心工作，在市委的统一领导下，结合本地实际，切实加强和完善经济、社会、文化等各领域地方性法规建设，督促相关配套法规规章的制定，并将对法规、规章的修改和监督工作紧密结合起来；推动政府以科学发展为主题，以加快转变经济发展方式为主线，在转方式、调结构上取得新的进展，推动司法机关公正司法、廉洁司法；要把充分发挥代表作用作为坚持和完善人民代表大会制度的重要内容，继续加强代表服务保障工作；还要进一步做好各级人大常委会的自身建设，以更加奋发有为的精神面貌做好各项工作。总之，要按照中央各项决策部署，坚定信心，锐意进取，努力坚持好、发挥好人民代表大会制度的特点和优势，不断推进人民代表大会制度的完善和发展！

同志们，2012年是党和国家发展进程中具有特殊重要意义的一年，我们党将召开具有重大深远意义的第十八次全国代表大会，这是全党全国各族人民政治生活中的一件大事。前一段时期，中央通报了对王立军事件的调查情况，决定对薄熙来同志严重违纪问题立案调查，并将有关刑事案件的犯罪嫌疑人移送司法机关。中央的这一决定顺乎党心、符合民意，采取的措施及时果断、坚强有力，深刻展现了以胡锦涛同志为总书记的党中央高超的政治智慧和驾驭错综复杂局面的能力，表明了我们党坚决维护自身纯洁性的决心和勇气，彰显了党和政府坚定维护人民群众根本利益的宗旨信念，强调了我们党维护党纪、依法治国的坚强决心。中央通知下发后，重庆市迅速召开各级各部门负责人会议，认真传达中央文件精神和市委决策部署，及时将全市干部群众的思想和行动统一到中央决定上来，在组织上、思想上、行动上坚决同以胡锦涛同志为总书记的党中央保持高度一致。事实证明，中央的决定和部署是英明的，得到了全国各族人民包括重庆市干部群众的坚决拥护和坚定支持。

张德江同志作为中共中央政治局委员、国务院副总理，兼任重庆市委书记，这体现了中央对重庆市工作的高度重视。全市各级干部特别是领导干部，要进一步增强政治意识、大局意识、责任意识、法治意识，牢牢把握稳中求进的工作总基调，牢牢把握主题主线，正确处理改革发展稳定的关系，把主要时间和精力放在谋发展、惠民生、促和谐的各项任务上，立足本职，真抓实干，把自己的工作做好，把分内的职责尽到，让市委放心，让人民满意。

我坚信，有以胡锦涛同志为总书记的党中央的坚强领导，有以张德江同志为班长的重庆市委班子的科学决策，有重庆市各大班子包括人大班子的齐心协力，有重庆人民的共同团结奋斗，重庆一定能够在科学发展的轨道上取得新的更大跨越，以更加优异的成绩，迎接党的十八大胜利召开！

在十一届全国人大民族委员会第二十二次会议上的讲话

（2012年6月25日）

司马义·铁力瓦尔地

同志们：

今天的会议开得很好。李国英同志代表水利部对民族地区水利基础设施建设情况进行了介绍，讲成绩客观实际，讲问题实事求是，讲工作打算切实可行，是一个很好的报告。长期以来，党中央、国务院高度重视民族地区的基础设施建设，民族地区包括水利设施在内的各项基础建设成就显著，水利部在民族地区水利建设规划编制、项目安排、资金支持、政策扶持等方面都做了大量工作。今年四月份，十一届全国人大常委会第二十六次会议听取了水利部陈雷部长受国务院委托所作的关于农田水利建设工作情况的报告，这个报告得到常委会委员们的普遍肯定。此次常委会还举行联组会议，对国务院关于农田水利建设工作情况进行了专题询问，水利部、发改委等6部委负责人到会听取意见、回答询问。各部委表示，下一步将继续把西部民族地区的水利建设摆在优先和突出位置，加大资金和项目安排力度，加强各项优惠政策倾斜，全面推进西部民族地区水利建设和水资源综合管理。相信随着“十二五”时期各项水利建设规划的贯彻落实，民族地区水利基础设施建设一定能取得更大的成就。

刚才，马启智同志和民族委员会各位委员结合实际，针对李国英同志的报告发表了很好的意见，既肯定了水利部在民族地区水利基础设施建设方面取得的成绩，也提出了一些针对性很强的意见和建议，希望水利部按照各民族“共同团结奋斗、共同繁荣发展”的民族工作主题和经济工作稳中求进的总基调，不断加大对民族地区水利基础设施建设的支持力度，努力解决好存在的问题，切实改善广大少数民族群众的生产生活条件。

今年是党的“十八大”隆重召开之年，也是“十二五”承前启后的重要一年，在我国经济社会发展进程中具有特殊重要的意义。我们要以对党和人民高度负责的精神，恪尽职守、锐意进取、攻坚克难，聚精会神做好当前各项工作，展现56个民族大团结、大发展的精神风貌和巨大成就。人大民族工作是人大工作的重要组成部分，民族委员会作为全国人大最早成立的专门委员会，按照宪法和民族区域自治法的要求，既肩负着维护国家统一、加强民族团结、促进民族地区经济社会稳定发展的重要职责，也承担着不断推动民族法制体系健全完善的责任。在全国人大及其常委会的坚强领导下，十一届全国人大民族委员会的同志们以邓小平理论和"三个代表"重要思想为指导，深入贯彻落实科学发展观，按照党中央的决策，在大力促进民族区域自治法贯彻实施、深入开展工作监督、广泛进行调查研究、认真办理各项议案和提案、努力做好重点办理代表建议的督办工作、不断加强与各族人大代表和地方人大的联系，以及加强委员会和办事机构自身建设等方面，都取得了很大成绩。在今后工作中，希望同志们在以胡锦涛同志为总书记的党中央坚强领导下，继续坚持以科学发展观为指导，坚决维护党的领导、人民当家作主和依法治国的有机统一，坚决贯彻宪法和民族区域自治法的原则、规定和赋予的各项职责，坚决按照全国人大及其常委会的各项工作部署，保质保量地完成委员会的各项工作任务，以优异的成绩迎接党的十八大胜利召开。

同志们，再过几天，我们就将迎来中国共产党成立九十一周年。借此机会，给大家问好，并祝大家身体健康、工作顺利！

谢谢大家！

在城市社区居委会有关问题座谈会上的讲话

（2012 年 8 月 22 日上午　四川）

司马义·铁力瓦尔地

同志们：

今天，全国人大内务司法委员会在这里召开城市社区居委会有关问题座谈会，是按照全国人大常委会 2012 年工作要点和监督工作计划，对城市社区居民委员会有关问题进行专题调研的一种方式，这是今年全国人大常委会开展的一项重要工作。下面，我讲几点意见。

一、城市居民委员会制度是适合国情的重要政治制度

城市居民委员会是居民自我管理、自我教育、自我服务的基层群众性自治组织。在城市基层建立居民委员会，实行群众民主自治，是广大居民群众在中国共产党领导下的伟大创造。早在建国之初，党和国家就开始探索建立城市居民委员会制度。1949 年 10 月 23 日，新中国第一个居民委员会在杭州市上城区上羊市街建立。1954 年 12 月，第一届全国人大常委会第四次会议审议通过了《城市居民委员会组织条例》。该条例的颁布实施，推动了全国各地城市普遍建立起居民委员会，在社会主义改造和建设进程中发挥了重大作用。改革开放以后，党和国家把工作中心转移到经济建设上来，并迅速着手恢复一度遭到破坏的城市居民委员会制度。1982 年 12 月，第五届人大五次会议通过的新宪法，用专门条款对城市居民委员会、农村村民委员会的性质、职责等作了规定，使之成为我国的一项基本政治制度。1989 年 12 月 26 日，第七届全国人大常委会第十一次会议审议通过了《城市居民委员会组织法》，对居民委员会的性质、机构设置、主要任务、组织形式、产生方式等作了全面规定，为城市基层社会生活的制度化、民主化、规范化奠定了更加坚实的基础。党的十六大以来，党中央着力推动科学发展、促进社会和谐，大力推进城市社区建设，高度重视城市居民委员会建设工作。

长期以来，城市居民委员会坚持以居民自治为方向，深入开展以民主选举、民主决策、民主管理、民主监督为重要内容的居民自治实践活动；积极协助城市基层人民政府完成了大量与居民群众利益相关的社会管理和公共服务任务，推动了新型城市基层管理体制和社区服务体系的形成；充分发挥贴近居民、联系群众的独特优势，了解社情民意，开展群防群治，化解矛盾纠纷，维护居民群众的合法权益，密切了党和政府与居民群众的血肉联系，巩固了党在城市执政的群众基础。实践证明，城市居民委员会制度是一项适合国情、维护城市基层和谐稳

定的一项重要政治制度，具有不可替代的重要作用和独特优势，我们必须把这项好制度毫不动摇地长期坚持下去，并不断丰富和完善，使之发挥更大的作用。

二、充分认识城市居民委员会建设面临的新形势新任务

当前，我国正处于全面建设小康社会、加快推进社会主义现代化建设的关键时期，随着经济社会的发展、改革开放的深化、工业化城镇化市场化进程的加快，我国城市基层正在发生新的深刻变革，城市社区日益成为各种利益关系的交汇点和各种社会矛盾的集聚点。城市社区居民委员会建设面临许多新情况、新问题、新要求。

一是居民委员会的工作对象发生了深刻变化。国家统计局公布的数据显示，我国城镇人口去年达到6.9亿人，占全国总人口的51.27%，首次超过农村人口，流动人口有2.3亿人。每个居委会平均管辖人口近万人，有的居委会辖区人口甚至达几万人。在庞大的城市人群中，还生活着数以千万计的低保人口、下岗失业人员和残疾人、未成年人、老年人等群体。这就要求居民委员会必须增强服务意识、拓展服务内容、创新服务方式、提高服务质量，有效保障各类群体的基本权益，满足居民群众多层次、多样化的物质文化生活需求。

二是居民委员会社会管理任务日趋繁重。随着社会转型、企业转制和政府转变职能，越来越多的“单位人”成为“社会人”，回归到社区后成为“社区人”，原来由政府和单位承担的大量社会管理和公共服务职能转移到社区，社区居民委员会除了要组织居民开展自治活动外，还要依法协助政府承担大量的治安、卫生、计生、就业、低保、文体等传统公共服务项目以及社区禁毒、消防、流动人口管理、商业维权、预防青少年违法犯罪、家政服务等工作。这就要求居委会必须有较强的处理公共事务和公益事业的能力。

三是居民委员会维护稳定的责任日益艰巨。我国正处在社会结构深刻变动、利益格局深刻调整、思想观念深刻变化的重要时期，改革触及的矛盾日趋复杂，各种利益冲突和社会矛盾易发多发，特别是城市基层因公共安全、房屋拆迁、环境污染、物业管理、贫富差距、社会治安等问题引发的群体性、突发性事件呈多发态势。实践表明，越是改革发展，稳定的任务就越繁重；越是社会矛盾复杂，越要加强基层组织建设，越要发挥居民委员会协调关系、化解矛盾、维护稳定的作用。

三、进一步加强和改进城市居民委员会建设工作

城市居民委员会组织法颁布实施以来，居民委员会在服务居民群众、协助政府工作、密切党群干群关系、维护社会和谐稳定等方面发挥了重要作用。同时，我们也要清醒地看到，社区居民委员会建设还存在很多困难和问题，突出表现在：一些地方的新建住宅区没有及时建立起社区居委会等组织，使社会管理和服务难以到位；一些地方政府职能转变不到位，没有形成政府行政管理与基层群众自治的有效衔接和良性互动；一些地方的社区工作用房和居民公益性服务设施基础薄弱、设施简陋，难以适应日益增长的社区管理和服务需求；一些地方的社区居民委员会工作人员报酬偏低，工作手段落后，活动经费短缺，影响了队伍的稳定和社区功能的发挥。对于这些困难和问题，必须引起高度重视。

2010年8月，中共中央办公厅、国务院办公厅下发了《关于加强和改进城市社区居民委员会建设工作的意见》，进一步明确了加强和改进城市社区居民委员会建设工作的指导思想、基本原则和目标任务，对城市居民委员会的组织建设、队伍建设、制度建设、设施建设及保障机制提出了一系列政策措施，这是对近些年来我国城市社区居民委员会建设成功经验的高度提炼和总结，也是对城市居民委员会组织法的丰富和发展，具有鲜明的时代特征。我们要把学习贯彻《意见》与学习贯彻城市居民委员会组织法等法律法规结合起来，与当前正在开展的社会管理创新活动结合起来，与解决社区居民工作生活中遇到的实际困难和问题结合起来，主动适应经济社会发展和社区建设的新变化新要求，认真研究解决当前城市居民委员会建设中的突出问题，进一步把城市居民委员会制度坚持好、发展好、完善好。这里我强调几点：

（一）正确把握加强和改进城市居民委员会建设工作的指导思想、基本原则和目标任务。这是加强和改进居民委员会建设工作的行动指南。在指导思想上，要全面贯彻党的十七大和十七届三中、四中全会精神，以邓小平理论和“三个代表”重要思想为指导，深入贯彻落实科学发展观，努力把社区居民委员会建设成为功能完善、充满活力、作用明

显、群众满意的基层群众性自治组织。在工作原则上，要坚持党的领导，把握正确方向；坚持以人为本，服务居民群众；坚持政府主导，社会共同参与；坚持因地制宜，注重工作实效等原则。在目标任务上，“十二五”时期要着力理顺社区工作关系，强化社区管理和服务功能，充实壮大社区工作力量，建立健全社区保障机制。到 2020 年，努力使全国城市社区居民委员会的组织体系更加健全，社区居民的组织化程度明显提高；社区居民群众享有更多更切实的民主权利，社区居民自治范围进一步扩大，社区民主管理制度日趋完善；干部队伍结构进一步优化，社区管理和服务能力显著增强；工作用房和居民公益性服务设施能够满足社区居民群众的基本服务需求；政府投入与社会投入相结合的经费保障机制基本建立；内外关系更加协调，全社会尊重、关心和支持社区居民委员会工作的良好氛围进一步形成。

（二）切实解决城市居民委员会建设中的突出问题。要重点抓好一些社会普遍关心、影响和制约居民委员会建设的热点难点问题。要进一步明确居委会的性质，不断加强居委会自治能力建设，政府工作延伸到社区，应在社区构建公共服务“平台”，切实减轻居民委员会的工作负担。要制定社区工作发展规划和相关扶持政策，统筹解决社区居民委员会成员及专职工作人员的报酬待遇、工作经费和工作服务用房等问题。要进一步深化社区管理体制改革，加快研究制定基层政府或者它的派出机关指导社区居民委员会的工作制度，明确社区党组织、社区居委会和社区专业服务机构的工作职责，科学区分基层政府与社区各类组织在社区公共事务和公益事业上的责权关系，积极探索政府指导社区、社区协助政府的有效运作机制，努力形成政府行政管理与城市基层群众自治有效衔接和良性互动的工作局面。要进一步丰富和发展城市基层群众自治实践，深入开展以民主选举、民主决策、民主管理、民主监督为重要内容的实践活动，研究探索流动人口参与社区选举的方法和途径，采取居民会议、协商议事、民主听证等多种形式，扩大居民群众的有序参与，进一步激发居民群众共同建设和谐社区的积极性。要积极探索社区居民委员会依法依规开展有关监督活动的有效途径，切实维护社区居民的合法权益。

（三）进一步加强城市居民委员会法制建设。以宪法为核心，居民委员会组织法为主干的居民委员会法律制度，对于加强城市居民自治组织建设，扩大基层民主，促进城市经济社会协调发展提供了有力的法制保障。但随着经济社会的发展、城镇化的加速推进、城市基层的深刻变化，城市社区居民委员会建设出现了许多新情况、新问题，迫切需要在总结实践经验、广泛听取意见、深入研究问题的基础上，进一步完善居民委员会法律制度。修改居民委员会组织法已列入全国人大常委会立法规划，民政部等部门启动了该法修订工作，要按照科学立法、民主立法的要求，精心组织，深入调研，抓紧起草，争取尽早提请全国人大常委会审议。各地应按照立法工作要求，归纳总结贯彻实施居民委员会组织法取得的好经验、好做法，积极提出修改意见，主动配合做好法律修订工作。居民委员会组织法修订通过后，各地要及时修订完善居民委员会组织法实施办法、居民委员会选举办法等地方性法规，进一步充实完善社区居民委员会各项民主管理制度和工作制度，规范工作程序和运行机制，加快推进城市社区居民委员会的法制化、制度化、规范化建设。各级人大及其常委会，要按照监督法的要求，进一步加强对居民委员会组织法实施情况的监督检查，支持并监督政府和有关部门依法履行职责，切实做好城市社区居民委员会建设工作。

同志们，加强和改进城市社区居民委员会建设工作，任务艰巨，责任重大。让我们紧密团结在以胡锦涛同志为总书记的党中央周围，高举中国特色社会主义伟大旗帜，以邓小平理论和“三个代表”重要思想为指导，深入贯彻落实科学发展观，坚持和完善城市居民委员会制度，不断推进中国特色社会主义民主政治建设，为全面建设小康社会和构建社会主义和谐社会，做出新的更大的贡献，以优异的成绩迎接党的十八大召开！

在看望四川省人大常委会机关干部时的讲话

（2012年8月24日）

司马义·铁力瓦尔地

同志们：

今天来到四川省人大常委会机关，和大家见面，我感到非常高兴。这次来到四川，主要有三个意思：一是参加全国人大内司委城市居委会有关问题的座谈会，听取社会管理创新试点城市的主要工作；二是学习四川抗震救灾、重建家园以及推动经济社会科学发展的好经验、好做法；三是专程到四川省人大常委会机关来，看望同志们，认认门、认认人、和大家交朋友。同时也借此机会，向大家表示感谢，向四川省的同志们对于我在全国人大常委会工作的支持表示衷心的谢意！

从8月21日抵达成都到现在，我们已经深深感受到了四川省各级领导的深情厚意，感受到了九千万四川人民顽强不息的抗震救灾精神。几天以来，我们听取了刘奇葆书记关于四川省各项主要工作的介绍，听取了国务院有关部委及多个试点城市关于社会管理创新的经验汇报，实地参观考察了阿坝藏族羌族自治州汶川县映秀镇、水磨镇和都江堰水利工程的灾后重建工作，并参观了金沙遗址博物馆、武侯祠、锦里等成都市的名胜景观，这些都给我留下了十分深刻的印象。在此，我要向对我们这一行考察做出周密安排的省委、省人大，向省人大常委会党组书记、副主任李崇禧同志和王宇坤副主任、吕华副秘书长等表示衷心的感谢，向今天在座的四川省人大的各位同志们表示深深的谢意，并通过你们，向自强不息、顽强拼搏的九千万四川人民致以崇高的敬意！

四川山川秀美、历史悠久，物华天宝、人杰地灵，自古就有“天府之国”的美誉。概括来讲，我认为主要有五个特点：*一是地理位置独特，区位优势明显。*四川地处我国西南腹地，是西南、西北和中部地区的重要结合部，也是承接华南华中、连接西南西北、沟通中亚、南亚、东南亚的重要交汇点和交通走廊，是我国西部特别是西南地区各种要素和商品的重要集散地，也是云、贵、藏、青、甘等省区经济发展的重要依托，在我国的区域经济版图中占有非常重要的地位。*二是物产资源丰富，发展潜力巨大。*四川境内山川辽阔、物产丰盈，自然资源十分丰富。据统计，四川水能资源可开发量1.1亿千瓦，居全国第一；已知矿产资源130种，天然气远景储量7.2万亿立方米，是目前我国最大的天然气生产基地；生物资源种类多样，仅天然中药材就达4500余种，是国家中药现代化科技产业基地；森林面积1920万公顷，森林覆盖率29%，是我国三大林区、五大牧区之一和长江上游最大的水源涵养区；旅游资源富甲天下，既有九寨沟—黄龙、都江堰—青城山、峨眉山—乐山大佛等世界知名的自然和文化遗产，又有小平同志故居、冕宁彝海结盟纪念地等著名红色旅游景区。丰富的自然和人文资源为四川的经济社会发展提供了取之不尽用之不竭的动力。*三是历史积淀丰厚悠长，文化底蕴厚重淳朴。*四川地区早在商周时期就已建立起君主世袭的奴隶制政权，西汉以后随着经济、政治和文化的迅速发展，因繁华程度超过关中地区而被誉为“天府之国”，并一直传颂至今。三国时期，刘备成都称帝，丞相诸葛亮励精图治。此后的一千多年封建时期，四川都因远离中原战争、社会安定而数次成为全国最为繁荣的地区。在轰轰烈烈的中国近代革命斗争中，四川更以“保路运动”、红军长征彝海结盟、建立川陕革命根据地、三百万川军出川抗战等辉煌成就为中华民族崛起和中国革命胜利作出了重大贡献，并涌现出邓小平、陈毅、聂荣臻、刘伯承等开国领袖。四川文化气息浓烈，巴山蜀水的磅礴大气和轻灵隽秀，还孕育了李白、苏东坡、张大千、郭沫若、巴金等一大批流传千古、名扬中外的文坛巨匠。*四是民族风情浓郁多姿，多元文化交相辉映。*四川境内民族众多，55个少数民族俱全（其中14个是世居民族），是全国第二大藏区、最大的彝族聚居区和唯一的羌族聚居区。在历史上，四川作为“南方丝绸之路”和汉藏“茶马古道”的重要通途，一直是各民族实现经贸互通有无、文化交流荟萃的重镇。在漫长的历史进程中，四川境内各民族群众创造了多姿多彩、各具特色的文化形式，各民族之间团结友爱、和谐包容，长期保持了平等、团结、互助、和谐的民族关系，留下了无数团结一心、互帮互助、和谐友爱的美谈。五是干部作风朝气蓬勃、奋发向上。2008 年,一场世所罕见的特大地震袭击了四川,这场新中国成立以来破坏性最强、涉及范围最广、救灾难度最大的地震造成了重大人员伤亡和惨痛经济损失,山河破碎、满目疮痍,同时四川又遭受到国际金融危机的严重冲击。在省委、省政府的坚强领导下,四川九千万各族群众团结一心、众志成城,在废墟上努力重建美好家园,仅用两年时间就提前完成了原定三年完成的重建计划;在恢复重建过程中,四川还对灾区生产力布局、经济结构和产业结构进行大力调整,走出了一条大灾之后转危为机、崛起于危难之中的科学发展、跨越发展之路;重建工作始终坚持尊重科学,遵循规律,廉洁高效,注重民生,赢得了广大人民群众的口碑,向党中央、向国家、向全国人民交上了一份漂亮的“四川答卷”;在艰苦卓绝的抗震救灾过程中,四川还孕育和展现了“自强不息、顽强拼搏,万众一心、同舟共济,自力更生、艰苦奋斗”的抗震救灾精神,不仅成为四川走向世界的新名片,也成为新时期中华民族伟大精神的集中体现!

刚才,受四川省委书记、省人大常委会主任刘奇葆同志的委托,省人大常委会李崇禧副主任向我们介绍了四川省近年来的经济社会发展基本情况。党的十七大以来,尤其是 2008 年汶川地震以来,四川省委、省政府将震后恢复重建摆在全省工作的中心,抓紧实施国务院《汶川地震灾后恢复重建总体规划》,不仅切实保证了重建任务如期完成,实现了地震灾区“家家有房住、户户有就业、人人有保障、设施有提高、经济有发展、生态有改善”的预期目标,还使全省经济增速跃升并保持在全国前列,成为全国前十位经济大省中增长速度最快的省份。2011 年,四川全省生产总值突破 2 万亿,达到 21026.7 亿元,增长 15%;地方公共财政收入 2044.38 亿元,增长 30.9%;全社会固定资产投资 15141.6 亿元,增长 17.7%;城镇居民人均可支配收入 17899 元,增长 15.8%;农民人均纯收入 6128.6 元,增长 20.5%。在经济发展迈大步、上水平的同时,四川省还按照中央统一部署,有序推进了成都统筹城乡综合配套改革试验区和省市梯级试点工作,在扩权强县、国有资本经营预算等重点领域改革取得新突破,并在民生工程建设、医疗卫生、社保就业等社会事业领域上加大投入,行政效能不断提高,社会管理创新扎实发展,全省科技教育、文化艺术、体育卫生事业欣欣向荣,各族群众亲密友爱、融洽和谐,民族团结进步事业蒸蒸日上。这些成就的取得,非常的来之不易,一是以胡锦涛同志为总书记的党中央运筹帷幄、坚强领导的结果。汶川地震后,中央组织多个部门迅速编制了由一个总体规划和十个专项规划组成的灾后恢复重建规划,提出了明确的重建目标和投资项目,筹措中央、地方财政及社会募集等各项资金共 1 万亿元投入重建,并组织了 18 个省市进行对口支援,还在财政、税费、金融、土地、产业等各项政策上安排了优惠。二是以刘奇葆、蒋巨峰同志为主要领导的省委、省政府班子科学决策的结果。四川省委、省政府在中央正确领导下,紧紧依靠广大人民群众,统揽全局、统筹规划、科学决策、精心组织,通过理顺重建领导机制、完善重建规章制度、加强重建监管督查、落实重建援助规划,取得了震后恢复重建工作的伟大胜利。三是全省上下各族干部群众团结一心、艰苦奋斗的结果。面对繁重紧迫的恢复重建任务,九千万四川各族干部群众继续大力弘扬在抗震救灾斗争中用鲜血和生命铸就的抗震救灾精神,自强不息、艰苦奋斗,切实按照中央的规划和要求,全力投入到建设美好新家园的主战场,真干实干加苦干,大干快干加巧干,实现了“三年目标任务两年基本完成”,曾经满目疮痍的地震灾区,如今又四处焕发出勃勃的生机。四是各兄弟省市大力帮助的结果。18 个对口援建省市坚决贯彻落实中央决策部署,选派干部优中选优,制定规划慎之又慎,施工质量严而又严,援建承诺掷地有声、援建投入慷慨无私,累计为灾区投入重建资金 760 多亿元,到 2010 年 10 月底,基本完成对口支援任务,书写了一曲四川人民与全国人民心手相连、感恩同行的赞歌!

刚才,李崇禧同志向我们介绍了四川省人大常委会的工作。近年来,四川省人大常委会紧紧围绕中央的大政方针、紧紧围绕省委中心工作和决策部署、紧紧围绕人民群众关心的热点难点问题(三个“紧紧围绕”),依法履行职责,切实发挥作用,积极服务改革发展稳定的大局,各方面工作都取得了显著的成绩。一是服务抗震救灾、灾后恢复重建和保障经济平稳较快发展等全省工作的中心,综合采用多种方式不断加强和完善立法工作,立法步伐稳步加快,立法层次更加清晰,立法质量不断提高,地方法制体系也更加完善,在为全省改革发展稳定的大局提供法制保障上取得了新的进展。二是监督工作贴近民生,始终坚持把促进解决群众关注的热点难点问题作为监督工作的重要抓手,不断完善监督方式,充实监督内容,增强监督实效。三是扎实做好代表服务工作,进一步支持和保障人大代表依法履行职务，充分发挥人大代表的作用，并通过修订省代表法实施办法等举措，有效促使代表依法履职，使代表工作更加富有成效。四是切实创新工作方式方法，在立法、监督等各项工作中坚持倾听和吸纳民意，密切各级人大与广大群众的联系，并以此加强人大常委会机关的自身建设，提高人大干部的履职能力。这些工作的有效开展，为四川省依法推进改革开放、实现经济社会的科学发展和跨越式发展，提供了坚强的保障和助力。

同志们，今年是党的十八大的召开之年，也是贯彻落实“十二五”规划的承上启下之年。在今年三月召开的十一届全国人大五次会议上，吴邦国委员长在全国人大常委会工作报告中指出，要在完善中国特色社会主义法律体系上迈出新步伐，在推动中央重大决策部署贯彻落实上见到新成效，在代表服务、对外交往、自身建设等方面取得新进展。这就为我们在中国特色社会主义法律体系形成之后进一步开展好各级人大常委会的工作指明了方向、提出了要求。贯彻落实吴邦国委员长的指示要求，就是要紧紧围绕党和国家的中心工作，在省委的统一领导下，结合本地实际，切实加强和完善经济、社会、文化等各领域地方性法规建设，督促相关配套法规规章的制定，并将对法规、规章的修改和监督工作紧密结合起来；推动政府以科学发展为主题，以加快转变经济发展方式为主线，在转方式、调结构上取得新的进展，推动司法机关公正司法、廉洁司法；要把充分发挥代表作用作为坚持和完善人民代表大会制度的重要内容，继续加强代表服务保障工作；还要进一步做好对外交往和各级人大常委会的自身建设，以更加奋发有为的精神面貌做好各项工作。总之，就是要在省委的领导下，按照中央各项决策部署，坚定信心，锐意进取，努力坚持好、发挥好人民代表大会制度的特点和优势，不断推进人民代表大会制度的完善和发展！

我坚信，有以胡锦涛同志为总书记的党中央的坚强领导，有以刘奇葆同志为班长、蒋巨峰同志为副班长的四川省委班子的科学发展思路，有四川省各大班子的齐心协力，有九千万四川各族群众的共同团结奋斗，四川一定能够在取得抗震救灾斗争伟大胜利的基础上，继续同心同德、锐意进取，不断巩固、扩大改革开放和现代化建设的成果，在推动经济社会又好又快发展上取得新的更大跨越，以更加优异的成绩，迎接党的十八大胜利召开！

谢谢大家！

与克孜勒苏柯尔克孜自治州干部见面时的讲话

（2012 年 9 月 4 日）

司马义·铁力瓦尔地

同志们：

克州与喀什是亲戚，原本就是一家人，无论是我在自治区工作期间，还是到全国人大常委会工作以来，只要我到喀什来，就必须到克州来看望大家。我两年没来克州了，今天与大家见面，感到格外亲切、高兴。

我这次来新疆主要有三个目的：一是应新疆维吾尔自治区人民政府的邀请，参加在乌鲁木齐举办的第二届中国—亚欧博览会；二是专程来克州看望大家。长期以来，克州各族干部群众在自然环境十分艰苦的情况下，战天斗地、自力更生，努力改变克州面貌、建设美好家园，付出了大量的心血和汗水，借此机会，向你们并通过你们向克州 54 万各族人民表示亲切慰问和良好祝愿；三是就克州经济社会发展情况，特别是中央新疆工作座谈会以来的发展情况进行实地调研。

今天一整天，在自治区人大常委会副主任买买提明·牙生、克州主要领导曾存书记、帕尔哈提州长的全程陪同下，我们到阿图什市（上阿图什镇依克萨克小学、苏里唐麻扎、克州城市规划展示馆）、乌恰县（康西湾安居富民定居兴牧新村、城东戈壁产业科技生态园、特禽养殖、蔬菜大棚、智能育苗中心、阿依布拉克牧民定居新村、南山生态园、县实验小学、伊尔克什坦口岸等等）进行了实地参观考察学习，并与县、市、州领导班子进行了亲切友好交谈，就大家共同关注关心的话题深入交换了意见。刚才，曾存书记代表克州四大班子作了很好的工作汇报，帕尔哈提州长亲自主持了会议。我很感动，很受教育，也很受鼓舞。我为克州经济社会发展取得的成就感到欣慰和高兴，对克州跨越式发展和长治久安充满信心和期待。近几年来，克州党委、人民政府团结带领和紧紧依靠全州各族干部群众，坚决贯彻党的各项路线方针政策，紧紧抓住中央新疆工作座谈会和新一轮西部大开发的重要历史机遇，坚持团结稳定、改革发展"两手抓"，各项工作都很好。我可以用"六个越来越好"概括：

一是经济发展趋势越来越好。2011年全州地方生产总值（可比价）达47.75亿元，同比增长15.7%；地方财政一般预算收入6.36亿元，增长67.6%；全社会固定资产投资45.7亿元，增长50.2%。今年上半年，主要经济指标均保持了两位数以上增长，完成地方生产总值19.72亿元，同比增长10.6%；地方公共财政收入3.95亿元，增长68.5%，财政收入增速居全疆第一位。

二是民生改善越来越好。克州始终坚持"民生第一"的理念，民生建设成效显著。2011年，城镇居民人均可支配收入12090元；农牧民人均增收524元，纯收入达到2426元。今年上半年，用于民生支出22.88亿元，占一般预算支出的77.87%，增长24.3%。城镇居民可支配收入6531元，增长1.8%；农民人均纯收入923元，增长28.3%，增收261元。特别使我感动的是，老百姓的生产方式、生活方式发生了根本性的变化，可以说，实现了"三个转变"：一是生产方式由传统农业（简单粗放的养殖业、种植业、放牧业）向现代农业（立体农业、高效农业、生态农业）转变；二是居住条件由传统条件（土房、石头房）向现代条件（砖瓦平房、城市楼房）转变；三是交通工具由传统的（步行、骑马、骑毛驴）向现代的（骑摩托车打手机、开小骄车、坐公交车）转变。

三是城乡面貌越来越好。克州一大批交通、水利、能源、城市基础设施等重大项目开工建设或建成投产。科技教育、文化卫生、广播电视等事业基础设施建设加快推进，学校、医院抗震防灾工程全面实施。克州坚持"两个可持续"，实现生态立州，大力实施天然林保护、荒漠植被保护、戈壁造林等生态修复工程，全面推进农村环境综合整治，人居环境得到优化。克州的山更绿了、水更清了，到处呈现出生机勃勃的景象。

四是社会和谐稳定的局面越来越好。面对严峻复杂的维稳形势，克州党委坚决贯彻落实中央、自治区党委一系列决策部署，坚持稳定压倒一切的思想，不断完善维护稳定工作的长效机制，坚决果断处置各种暴力恐怖案件，依法打击恐怖犯罪分子，保持了社会大局的稳定。依法管理宗教事务，广泛开展民族团结教育月活动，完善信访工作体制机制，化解各种矛盾，消除激化矛盾的诱发因素，促进社会和谐进步。

五是干部精神状态越来越好。我所到之处，到处是大建设、大开发、大发展的喜人景象。各族干部群众思稳定、谋发展、盼富裕、促和谐的愿望强烈，正精神饱满、斗志昂扬投身于推进克州、新疆跨越式发展和长治久安的伟大实践。

六是人大工作越来越好。克州人大常委会在克州党委的正确领导下，积极履职，创造性地开展工作，做了大量卓有成效的工作，为克州经济社会全面可持续发展作出了重要贡献。希望你们继续发扬成绩、再接再厉，进一步加强立法、监督、发挥代表作用、自身建设等方面的工作，把人大工作的干得更出色。

这些成绩的取得，是以胡锦涛同志为总书记的党中央坚强领导、英明决策的结果，是自治区党委、人民政府和克州党委、人民政府正确领导、科学决策的结果，是江西省、江苏省和克州各族干部群众，以及兵团、中央各驻克单位、广大公安干警和武警官兵、驻克部队等齐心协力、同舟共济、共同团结奋斗的结果。在此，向你们表示衷心的感谢！

我完全同意克州第九次党代会提出的今后工作的总体战略部署、基本工作思路、主要发展目标、具体落实措施。关键是落实、落实再落实。这里，我讲几点意见：

一是经济发展要更好更快。在科学发展观的指引下，切实抓好发展这个第一要务。继续做好"三农"工作。用足用好国家和自治区支农惠农富农政策，特别是今年的中央"一号文件"和西部大开发"十二五"规划的政策。持续加大财政用于"三农"的支出；持续加大农业基础设施建设，不断夯实农业发展物质基础；千方百计增加农牧民收入；持续加大科技创新、农技推广、农民培训力度，引领支撑现代农业建设。多措并举，尽快走出一条具有新疆特点、克州特色的现代农牧业跨越式发展道路，强化农业基础、惠及农村发展、富裕农民生活。加快推进新型工业化步伐。充分利用发挥好克州独特的区位和资源优势，进一步扩大对外开放，加大招商引资力度，加强与援助省市产业对接，引进一批大企业、大集团、大公司，努力使工业成为推动克州跨越式发展的强劲动力。大力发展现代金融业、旅游业、商贸物流业，改造提升传统服务业，构建充满活力、就业容量大、社会功能全的现代服务业体系。这里，我想特别强调的是，克州生态环境比较脆弱，在加快城市发展和城镇化建设的同时，一定要加强和完善城市的抗震、防洪、排水功能。

二是民生改善要更好更快。发展的目的是为了改善民生，民生的改善促进经济社会发展。认真贯彻中央扶贫工作会议精神，加大扶贫工作力度，重点扶持“边、远、穷”的贫困人口，提高农牧民的生产生活质量，力争在“十二五”期间基本消除贫困。坚持现代化与民族特色相统一，改善生活条件与解决长远发展相结合，大力推进安居富民、定居兴牧工程。优先发展教育，继续加大对文化体育、医疗卫生等方面的投入力度。切实落实就业优先战略，解决好就业困难人员、零就业家庭以及下岗失业人员就业问题，做好农民工就业工作，做好大中专毕业生、复员转业军人安置就业工作。建立健全社会保障体系，关心低保户、贫困户、下岗失业人员和困难企业职工家庭，关爱妇女儿童，关注残疾人和丧失劳动能力等弱势群体，促进社会和谐进步。

三是社会要更和谐更稳定。团结稳定是新疆各族人民的生命线。西方敌对势力、国际反华势力、“三股势力”等一些分裂势力，不愿意看到中国的强大，总是想方设法搞破坏、制造种种事端，大肆进行“台独”、“疆独”、“藏独”、“蒙独”等分裂破坏活动。我们说，分裂与反分裂的斗争是长期的、艰巨的、复杂的，有时甚至是激烈的，比如：拉萨“3·14”事件、乌鲁木齐“7·5”事件等等。“稳定压倒一切”，在新疆没有稳定的环境，一切发展无从谈起。发展是硬道理，稳定是硬任务，在这种艰巨复杂的情况下，做好新疆工作，必须“两手抓、两手都得硬”。继续高举爱国主义和各民族大团结的旗帜，大力加强爱国主义教育和民族团结进步教育，牢牢把握各民族共同团结奋斗、共同繁荣发展的主题，唱响共产党好、社会主义好、改革开放好、伟大祖国好、各族人民好，营造良好的人文环境。大力倡导和弘扬社会主义核心价值，积极开展法制宣传和形势宣传教育，增强政治意识、国家意识、法制意识、公民意识，推动各民族和睦相处、和衷共济、和谐发展。正确对待和妥善处理人民内部矛盾，严密防范、依法严惩各类犯罪分子，确保新疆长治久安。

四是干部作风要更过硬。在党中央、国务院的坚强领导下，在对口支援省市的无私援助下，新疆各族人民迈向跨越式发展和长治久安新目标的步伐才刚刚起步，要把宏伟的蓝图变成美好的现实，仍然任重而道远。毛主席说过：政治路线确定之后，干部就是决定因素。建设一支忠于党、忠于祖国、忠于社会主义、忠于人民和忠于社会主义法制的各族干部队伍，是一件管根本、管长远的大事。全体党员干部特别是各级领导干部，理想信念要更坚定更崇高，工作作风要更务实更扎实，职业道德要更清廉更清白、堂堂正正做人、干干净净做事。这里，我还想强调一点：针对援疆干部多、异地交流干部多的实际情况，大家要学习和研究本地的历史文化、把握和理解现在的发展趋势、设计和规划好当地的前景未来。

总之，克州各级领导班子坚强得力，中央和自治区的政策有力，克州精神有动力，克州的发展充满活力。我坚信：有以胡锦涛同志为总书记的党中央的坚强领导和英明决策，有科学发展观的指引，有中央和自治区的好政策，有江西省、江苏省的大力援助，有克州党委、政府好的发展思路，有克州多年发展奠定的好基础、好条件，有克州各族干部群众好的精神状态，克州一定是个希望之州、和谐之州、幸福之州。

最后，我衷心祝愿：未来的克州更美丽！克州的未来更美好！

谢谢大家！

与喀什地区干部见面时的讲话

（2012年9月7日）

司马义·铁力瓦尔地

同志们：

我两年没回老家了，十分想念你们，今天与大家见面，感到很亲切、很高兴。我在喀什生活、工作50年，喀什是我可爱的家乡，是培养我成长的摇篮，无论我走到哪里，都会深深地眷恋她——我热爱家乡的山水！热爱家乡的人们！热爱养育我的这片土地！

我这次来新疆主要有三个目的：一是应新疆维

吾尔自治区人民政府的邀请，参加在乌鲁木齐举办的第二届中国—亚欧博览会；二是专程来喀什老家看望大家（喀什地区的主要领导程振山书记、木太力甫·吾布力专员上任以来，我还是第一次到喀什），长期以来，喀什各族干部群众为建设家乡付出了大量心血和汗水，借此机会，向你们并通过你们向喀什各族人民表示亲切慰问和良好祝愿；三是就喀什地区经济社会发展情况，特别是中央新疆工作座谈会以来的发展情况进行实地调研。

四天的时间（9 月 3、5、6、7 日），在自治区人大常委会副主任买买提明·牙生、喀什地区领导程振山、张健、王湫斌同志的陪同下，我们分别到了喀什市、疏附县、塔什库尔干县、疏勒县，深入基层乡镇（伯什克然木乡、帕哈太克里乡、提孜那甫乡）、清真寺（艾提尕尔清真寺）、城镇社区居民和农户家庭、喀什老城改造和城市规划展示馆、幼儿园（塔什库尔干县中心双语幼儿园）、学校（我的母校伯什克然木乡萨依巴克小学、喀什第一中学、喀什第六中学，以及喀什师范学院、塔什库尔干县城乡寄宿制小学）、文化事业单位（麻赫穆德·喀什噶里、玉素甫·哈斯·哈吉甫麻扎、疏附县民族乐器村、塔什库尔干县民族文化艺术中心）、对口援建项目（疏附县广州新城、疏勒县山钢项目）、边防口岸（卡拉苏、红旗拉甫）、医院（塔什库尔干县人民医院）、安居富民工程（塔什库尔干县提孜那甫乡）、疏勒县香妃湖现代农业产业高科技示范园等等，慰问基层干部、武警官兵、公安干警（盖孜公安检查站）、勉励师生员工，看望老同志、老干部和宗教人员，广泛接触各界人士（作家、文学家、艺术家、翻译家），与乡、县、市、地区领导班子进行了亲切友好交谈，就大家共同关注关心的话题交换了意见。

刚才，又听了木太力甫·吾布力专员代表喀什地区四大班子所作的工作汇报，我很感动，很受教育，也很受鼓舞。我为喀什经济社会发展取得的成就感到欣慰和高兴，对喀什跨越式发展和长治久安充满信心和期待。过去的几年，喀什地委、行署团结带领和紧紧依靠全地区各族干部群众，坚决贯彻党的各项路线方针政策，全面落实中央、自治区关于加快喀什发展的一系列指示精神，紧紧抓住中央新疆工作座谈会和新一轮西部大开发的重要历史机遇，一手抓团结稳定，一手抓改革发展，各项工作取得新成就。总体来讲，可以概括为“五个越来越好”：

*一是经济发展趋势越来越好。*2011 年地区地方生产总值（可比价）达 420.1 亿元，同比增长 15.6%；地方财政一般预算收入 28.5 亿元，增长 45.4%；全社会固定资产投资 384.2 亿元，增长 42%。今年上半年，主要经济指标均保持了两位数以上增长，完成地区生产总值 197.1 亿元，同比增长 17.9%，其中，一、二、三产增加值分别达 58.13 亿元、53.04 亿元、85.94 亿元，同比分别增长 7.79%、34.16%、16.11%；地方公共财政收入 16 亿元，增长 27.3%。

*二是民生改善越来越好。*2011 年，喀什地区向社会承诺的 22 类、79 项重点民生工程如期完成，民生支出占地方财政一般预算支出的 82.22%，各族群众得到的实惠越来越多。。安居富民、牧民定居、国有农林牧场危房改造全面展开，喀什市老城区改造进展顺利，学前教育、义务教育、高中教育、职业教育稳步扎实推进，文化体育、医疗卫生、广播影视、新闻出版、妇女儿童、老龄、残疾人等社会各项事业成效显著，就业再就业和各项社会保障体系日益健全完善。2011 年，农民人均增收 600 元，纯收入达 4270 元；今年上半年，实现农民人均纯收入 2117 元，增长 19.5%，增收 345 元。特别值得一提的是，老百姓的生产方式、生活方式有了根本性的变化，开始了“三个转变”：一是生产方式由传统农业（简单粗放的养殖业、种植业、放牧业）向现代农业（立体农业、高效农业、生态农业）转变；二是居住条件由传统条件（土房、石头房）向现代条件（砖瓦平房、城市楼房）转变；三是交通工具由传统的（步行、骑毛驴、骑马）向现代的（骑摩托车打手机、开小轿车、坐公交车）转变。

*三是城乡面貌越来越好。*2011 年，喀什地区 159 个重点建设项目进展顺利，完成投资 164.7 亿元，增长 37.3%。一大批交通、水利、能源、城市基础设施等重大项目开工建设或建成投产。科技教育、文化卫生、广播电视等事业基础设施建设加快推进，学校、医院抗震防灾工程全面实施。农村环境综合整治试点成效明显，人居环境得到优化。

*四是社会和谐稳定的局面越来越好。*面对严峻复杂的维稳形势，喀什地委坚决贯彻落实中央、自治区党委一系列决策部署，坚持稳定压倒一切的思想，不断完善维护稳定工作的长效机制，坚决果断处置各种暴力恐怖案件，依法打击恐怖犯罪分子，保持了社会大局的稳定。依法管理宗教事务，广泛开展民族团结教育月活动，完善信访工作体制机制，化解各种矛盾，消除激化矛盾的诱发因素，促进社会和谐进步。

*五是干部精神状态越来越好。*我所到之处，到

处是大建设、大开发、大发展的喜人景象。各族干部群众思稳定、谋发展、盼富裕、促和谐的愿望强烈，正精神饱满、斗志昂扬投身于推进喀什和新疆跨越式发展和长治久安的伟大实践。

这些成绩的取得，是以胡锦涛同志为总书记的党中央坚强领导、英明决策的结果，是自治区党委、人民政府和喀什地委、行署正确领导、科学决策的结果，是山东省、上海市、广东省、深圳市各援喀省市和喀什地区各族干部群众，以及兵团、中央各驻喀单位、广大公安干警和武警官兵、驻喀部队等齐心协力、同舟共济、共同团结奋斗的结果。在此，向你们表示衷心的感谢！

同志们，在全国上下迎接党的十八大胜利召开之际，温家宝总理刚刚（9 月 5 日）视察新疆来到喀什，发表了重要讲话，为新疆和喀什的发展进一步明确了方向。建设喀什经济开发区已上升为国家战略，喀什在新疆乃至全国的地位日益突现，面对这千载难逢的重大历史机遇，喀什各族干部群众要有一种“时不我待，只争朝夕”的精神，投身火热年代，创造历史伟业，为喀什的子孙谋福址，为喀什的明天普新章。

我完全同意喀什地区工作的总体部署（总体要求、奋斗目标、主要措施）。关键是落实、落实再落实。这里，我提几点建议和希望：

一是经济发展要更好更快。在科学发展观的指引下，切实抓好发展这个第一要务。继续做好“三农”工作。用足用好国家和自治区支农惠农富农政策，特别是今年的中央“一号文件”和西部大开发“十二五”规划的政策。持续加大财政用于“三农”的支出；持续加大农业基础设施建设，不断夯实农业发展物质基础；千方百计增加农牧民收入；持续加大科技创新、农技推广、农民培训力度，引领支撑现代农业建设。多措并举，尽快走出一条具有新疆特点、喀什特色的现代农牧业跨越式发展道路，强化农业基础、惠及农村发展、富裕农民生活。加快推进新型工业化步伐。抢抓国发〔2011〕33 号文件《国务院关于支持喀什、霍尔果斯经济开发区建设若干意见》重大政策机遇，充分利用好喀什历史悠久、文化荟萃、六口通五国等独特的区位和资源优势，进一步扩大对外开放，加大招商引资力度，加强与援助省市产业对接，引进一批大企业、大集团、大公司，努力使工业成为推动喀什跨越式发展的强劲动力。加快城镇化进程，统筹城乡经济，打造以“大喀什市”为重点的区域城镇集群，促进城镇一体化发展格局。在加快城市发展和城镇化建设的同时，一定要加强和完善城市的抗震、防洪、排水功能。大力发展现代金融业、旅游业、商贸物流业，改造提升传统服务业，构建充满活力、就业容量大、社会功能全的现代服务业体系。

二是民生改善要更好更快。发展的目的是为了改善民生，民生的改善促进经济社会发展。认真贯彻中央扶贫工作会议精神，加大扶贫工作力度，重点扶持“边、远、穷”的贫困人口，提高农牧民的生产生活质量，力争在“十二五”期间基本消除贫困。坚持现代化与民族特色相统一，改善生活条件与解决长远发展相结合，大力推进安居富民、定居兴牧工程。优先发展教育，继续加大对文化体育、医疗卫生等方面的投入力度。切实落实就业优先战略，解决好就业困难人员、零就业家庭以及下岗失业人员就业问题，做好农民工就业工作，做好大中专毕业生、复员转业军人安置就业工作。建立健全社会保障体系，关心低保户、贫困户、下岗失业人员和困难企业职工家庭，关爱妇女儿童，关注残疾人和丧失劳动能力等弱势群体，促进社会和谐进步。

三是社会要更和谐更稳定。团结稳定是新疆各族人民的生命线。西方敌对势力、国际反华势力、“三股势力”等一些分裂势力，不愿意看到中国的强大，总是想方设法搞破坏、制造种种事端，大肆进行“台独”、“疆独”、“藏独”、“蒙独”等分裂破坏活动。我们说，分裂与反分裂的斗争是长期的、艰巨的、复杂的，有时甚至是激烈的，比如：拉萨“3·14”事件、乌鲁木齐“7·5”事件等等。“稳定压倒一切”，在新疆没有稳定的环境，一切发展无从谈起。发展是硬道理，稳定是硬任务，在这种艰巨复杂的情况下，做好新疆工作，必须“两手抓、两手都得硬”。继续高举爱国主义和各民族大团结的旗帜，大力加强爱国主义教育和民族团结进步教育，牢牢把握各民族共同团结奋斗、共同繁荣发展的主题，唱响共产党好、社会主义好、改革开放好、伟大祖国好、各族人民好，营造良好的人文环境。大力倡导和弘扬社会主义核心价值，积极开展法制宣传和形势宣传教育，增强政治意识、国家意识、法制意识、公民意识，推动各民族和睦相处、和衷共济、和谐发展。正确对待和妥善处理人民内部矛盾，严密防范、依法严惩各类犯罪分子，确保新疆长治久安。

四是干部作风要更过硬。在党中央、国务院的坚强领导下，在对口支援省市的无私援助下，新疆各族人民迈向跨越式发展和长治久安新目标的步伐才刚刚起步，要把宏伟的蓝图变成美好的现实，仍然任重而道远。毛主席说过：政治路线确定之

后，干部就是决定因素。建设一支忠于党、忠于祖国、忠于社会主义、忠于人民和忠于社会主义法制的各族干部队伍，是一件管根本、管长远的大事。全体党员干部特别是各级领导干部，理想信念要更坚定更崇高，工作作风要更务实更扎实，职业道德要更清廉更清白、堂堂正正做人、干干净净做事。这里，我还想强调一点：针对援疆干部多、异地交流干部多的实际情况，我建议大家要学习和研究本地的历史文化（包括党的民族宗教政策）、把握和理解现代的发展趋势、设计和规划好当地的前景未来。

关于喀什地区人大工委的工作，大家一直做得很好，该讲的我前几年都讲了，由于时间关系，我就不多说了。希望人大工作的同志们再接再厉，继续发扬成绩，把人大各项工作干得更出色。

总之，喀什地区各级领导班子坚强得力，喀什的发展充满活力。我坚信：有以胡锦涛同志为总书记的党中央的坚强领导和英明决策，有科学发展观的指引，有新疆维吾尔自治区党委、人民政府的好政策，有山东省、上海市、广东省、深圳市的大力援助，有喀什地委、行署好的发展思路，有喀什多年发展奠定的好基础、好条件，喀什各族群众一定能够创造更加幸福美满的生活，喀什的明天也一定会更加灿烂辉煌。

谢谢大家！

在看望江西省人大常委会机关干部时的讲话

（2012 年 10 月 16 日）

司马义·铁力瓦尔地

同志们：

这次和陈光国同志（全国人大农业和农村委员会副主任委员）一道，来到红色革命的摇篮江西，尤其是来到江西省人大常委会机关，和大家见面，我感到非常高兴。这次来江西，主要有三件事情。一是开展执法检查，根据全国人大常委会 2012 年监督工作计划，对《中华人民共和国农业法》的贯彻实施情况进行检查。农业是我国发展的根基，“三农”问题是我国经济社会发展的重中之重，全国人大常委会始终高度关注农业和农村发展问题，农业法也是全国人大常委会检查最多的法律之一，吴邦国委员长专门对此次执法检查做出重要批示，充分体现了对农业法实施和“三农”工作的关心和重视。江西是农业大省，农业人口多、农村地域大、农业比重高，对于农业法贯彻实施和推动农业发展、农民增收、农村稳定有着许多很好的经验和成功的做法，我们一定要认真开展好这次检查，并将检查的成果切实转化为推动农业健康发展的强大动力。二是学习调研，瞻仰和缅怀江西光荣悠久的红色革命传统，考察和学习江西在新形势下贯彻落实科学发展观、推动经济社会又好又快发展的好经验、好做法，特别是对江西促进“三农”事业科学发展的做法开展调查研究。三是表示感谢，我长期在新疆工作，江西和新疆两省区人民的友谊源远流长，在新一轮对口援疆工作中，江西又对口支援克孜勒苏柯尔克孜自治州阿克陶县。江西援疆干部在阿克陶县充分发扬“井冈山精神”，真情投入，真抓实干，切实造福了当地各族群众。同时，江西省的许多领导，尤其是省人大的领导干部，对我在全国人大常委会的工作给予了很大支持。所以这次到江西，我专门提出要到省人大常委会机关来看望同志们，认认门、认认人、和大家谈心交朋友。接下来的几天，我们还要到井冈山、瑞金、赣州等市考察，在此，我要向对我们这一行检查作出周到安排的省委、省人大，向省人大常委会副主任陈达恒同志等表示衷心的感谢，向今天在座的江西省人大的各位同志表示深深的谢意，并通过你们，向自强不息、顽强拼搏的四千五百万江西人民致以崇高的敬意！

江西地理区位优势独特、历史文化积淀厚重、矿产旅游资源丰富、革命传统气息浓郁，自古就有“物华天宝、人杰地灵”的美誉。概括来说，我对江西的体会有以下几点：一是地理区位优势得天独厚。江西东南毗邻浙江、福建、广东等东部经济强省，西北地接湖南、湖北、安徽等中部省份，地处枢纽位置，承东启西、连南接北、交通发达，既是中原经济区与沿海发达地区的连结省份，又是长三角珠三角和“闽南三角洲”发达经济带的共同腹地。作为中部地区发展较早的内陆对外开放省份，江西鄱阳湖生态经济区也被列入国家级发展战略，这些都为江西的长期健康发展积蓄了强劲的动力。二是历史人文底蕴深厚。江西自古文脉昌盛，学风淳厚、英才辈出，千百年来形成了独树一帜的赣文化，宋明理学的奠基人和开创者周敦颐、朱熹、陆九渊，历史学家和文学家欧阳修、曾巩、王安石，自成一派的诗词家陶渊明、黄庭坚、杨万里、文天祥、汤显祖，自然科学家宋应星，都是出自江西而名垂民族青史的名人大家。江西还是屡出名臣高官的地方，据统计，自唐至清，江西人任宰相的28位，任副宰相的62位，任尚书、巡抚、翰林、御史的数以百计，在《二十四史》上列传的有500余人，其中许多名臣奉公守法、清廉勤政，对国家统一、民族昌盛和社会进步作出了重要贡献，具有崇高的历史地位和深远影响，至今为人民所景仰。三是近代红色革命传统浓厚。中国共产党艰苦卓绝浴血奋战28年，革命的星星之火正是从江西走向全国并最终夺取了国家政权，江西既是中国工农革命的策源地，也是孕育中国革命精神的摇篮——这里有八一军旗升起的地方——南昌，有中国革命的圣地——井冈山，有中国工人运动的发源地——安源，还有共和国的故都——瑞金。江西人民也为中国革命的胜利做出了重大牺牲，仅有名有姓的烈士就有24.7万人，许多家庭“全家革命、满门忠烈”，兴国、吉安和永新更是全国知名的将军县（分别有开国将军54人、46人、41人）。革命的遗址也遍布江西全省，现有9个国家级爱国主义教育示范基地，60个省级爱国主义教育示范基地；革命旧居旧址1500多处，其中400多处被列为文物保护单位，9处被全国重点文物保护单位。四是改革开放成就巨大。改革开放以来，特别是党的十七大以来，江西全省人民高举中国特色社会主义伟大旗帜，深入贯彻落实科学发展观，大力弘扬井冈山精神，努力探索符合江西省情的发展道路，在经济社会各领域都取得了的辉煌成绩，革命故地迸发出前所未有的巨大生机与活力，城乡面貌发生了翻天覆地的变化。五是各级干部精神面貌积极向上。江西境内山地、丘陵众多，气候、地形、水系复杂，各种自然灾害发生频繁，2011年以来，还发生了历史罕见的春夏连旱、旱涝急转现象，引发严重洪涝灾害。面对形势严峻的自然灾害和复杂多变的国内国际经济环境，江西各级各部门干部在省委的坚强领导下，团结一心，努力克服能源紧缺、通胀压力加大等不利影响，以积极饱满的精神状态深入贯彻落实中央各项路线方针政策，有效推动和保持了国民经济和各项社会事业健康发展。

近几年来，江西省基础设施建设日趋完善，特色优势产业快速成长，生态环境持续改善，法治环境不断优化，区位优势日益凸现，全省经济社会各领域发展都呈现蒸蒸日上的劲头。2011年，江西省实现生产总值11583.8亿元，增长12.5%，首次突破1万亿。财政总收入实现1645亿元，增长34.2%，其中地方财政收入1053.4亿元，增长35.4%。同时，投资、消费和出口“三驾马车”协调发展，全社会固定资产投资首次突破1万亿，总额达到11020亿元，增长25.6%；社会消费品零售总额3457.7亿元，增长17.9%；外贸出口增势强劲，出口总额突破200亿美元，达到218.81亿美元，增长63.1%。在经济形势总体向好的情况下，城乡居民收入相应持续改善，城镇居民人均可支配收入达到17495元，农民人均纯收入达6892元，分别增长13%和19.1%。在经济发展迈大步、上水平的同时，江西还按照中央统一部署，扎实推进鄱阳湖生态经济区建设，在着力打造区域经济增长极的同时，切实提升区域生态文明水平，利用国家有关优惠政策，积极开展先行先试，努力走出一条生态与经济协调发展的路子，并在民生建设、医疗卫生、社会保障、教育就业等社会事业领域加大投入，行政效能不断提高，社会管理创新扎实推进，全省科技教育、文化艺术、体育卫生事业欣欣向荣，各族群众融洽和谐，民族团结进步事业蒸蒸日上。这些成绩的取得来之不易，一是要归功于以胡锦涛同志为总书记的党中央坚强领导和科学发展观的正确指引。2012年6月，国务院发布了《关于支持赣南等原中央苏区振兴发展的若干意见》，明确指出“振兴发展赣南等原中央苏区，既是一项重大的经济任务，更是一项重大的政治任务”，对扶持这一地区发展的基本原则、战略定位和发展目标都进行了详细论述，在优先改善民生、大力发展农业、加快基础设施建设、加强生态环境保护、扩大改革开放等各方面都作出了明确规定，并辅以具体细致的财税、金融、投资、土地等优惠政策。这一文件的出台，深刻表明了党中央、国务院对推动江西老区加快发展的重视和决心，既寄托了对老区光荣历史和革命烈士的回报，也是帮助赣南等中央苏区尽快脱贫致富、确保与全国人民同步实现全面小康目标的重大举措。二是要归功于以苏荣同志、鹿心社同志为主要领导的江西省委省政府科学决策、周密部署。近年来，江西省委在立足本省实际的基础上，提出“推进科学发展、进位赶超、绿色崛起，为建设富裕和谐秀美江西而不懈奋斗”，这既是立足江西发展的阶段性特征作出的科学决策，也是深入落实中央关于加快经济发展方式转变的务实之举。三是要归功于全省四千四百多万各族干部群众的同心同德、艰苦奋斗。可歌可泣的中国革命孕育了伟大的井冈山精神,在新时期的国家建设事业中,井冈山精神继续焕发着璀璨的光芒。在省委省政府的正确领导和井冈山精神的强力感召下,四千五百万江西各族人民自强不息、艰苦奋斗,在抓好鄱阳湖生态经济区建设和新型工业化、农业现代化等奋斗目标的征程中不懈努力,取得了日新月异的成绩。我相信,有中央的高度重视、有省委的正确领导、有各族群众的团结努力,江西的经济社会发展事业一定能够迎来更新更美好的明天!

刚才,省人大陈达恒副主任就江西省人大近年来的主要工作做了介绍。在省委统一领导下,江西省人大常委会各方面工作都抓得很紧,做了大量卓有成效的工作。长期以来,江西省人大及其常委会紧紧围绕全省经济社会发展的中心任务,积极服务改革发展稳定的大局,依法履行职责,切实发挥作用,尤其是牢牢扣住鄱阳湖生态经济区规划实施这个工作主题,突出加快转变经济发展方式、促进生态与经济协调发展开展地方立法,这就为江西致力走出一条符合本省实际的特色发展道路提供了法制基础;立法工作稳步开展,立法质量不断提高,法规清理工作继续推进,地方法制体系日益完善;监督工作贴近民生,注重推动依法行政和公正司法,监督方式不断完善,监督实效有力增强;扎实开展代表工作,进一步发挥代表作用;有效履行重大事项决定和人事任免职责;切实加强自身建设,提高依法履职能力。这些工作的有效开展,都为江西深入推进改革开放、实现经济社会科学发展,提供了良好的法制环境。这些行之有效的经验和做法,也都是值得我们学习和借鉴的。

同志们,今年是党的十八大的召开之年,也是贯彻落实"十二五"规划的承上启下之年。在今年三月召开的十一届全国人大五次会议上,吴邦国委员长在全国人大常委会工作报告中指出,要在完善中国特色社会主义法律体系上迈出新步伐,在推动中央重大决策部署贯彻落实上见到新成效,在代表服务、对外交往、自身建设等方面取得新进展。这就为我们在中国特色社会主义法律体系形成之后进一步开展好各级人大常委会的工作指明了方向、提出了要求。贯彻落实吴邦国委员长的指示要求,就是要紧紧围绕党和国家的中心工作,在省委的统一领导下,结合本地实际,切实加强和完善经济、社会、文化等各领域地方性法规建设,督促相关配套法规规章的制定,并将对法规、规章的修改和监督工作紧密结合起来;推动政府以科学发展为主题,以加快转变经济发展方式为主线,在转方式、调结构上取得新的进展,推动司法机关公正司法、廉洁司法;要把充分发挥代表作用作为坚持和完善人民代表大会制度的重要内容,继续加强代表服务保障工作;还要进一步做好对外交往和各级人大常委会的自身建设,以更加奋发有为的精神面貌做好各项工作。总之,就是要在省委的领导下,按照中央各项决策部署,坚定信心,锐意进取,努力坚持好、发挥好人民代表大会制度的特点和优势,不断推进人民代表大会制度的完善和发展!

同志们,再过半个多月,我们党就要召开具有重大历史意义的十八大。这次会议对于我们凝聚党心民意,将中国特色社会主义伟大事业继续推向前进必将产生深刻而长远的影响,希望同志们各负其责,各尽其力,以昂扬的政治热情和饱满的精神状态迎接大会的胜利召开!最后,我坚信,有以胡锦涛同志为总书记的党中央的坚强领导,有以苏荣同志为班长、鹿心社同志为副班长的江西省委班子的正确发展思路,有江西省各大班子的齐心协力,有四千五百万江西人民的共同奋斗,有科学发展的良好势头和日益增强的经济实力,江西的明天一定会更美好!

谢谢大家!

在全国人大代表来宁视察座谈会上的讲话

(2012年8月8日 根据录音整理)

陈昌智

非常高兴,我们作为宁夏的全国人大代表第五次到宁夏来考察,也是来检查建议案的办理情况。刚才,听了同生副主席的介绍,感到这几年来,宁夏自治区党委、政府坚决贯彻中央的方针政策,经济社会得到了全面快速的发展,追赶东部地区的步伐不断加大,呈现出非常喜人的情况。

从去年以来到现在，整个国家的经济是在下滑，当然国际经济形势就更严峻，欧洲差不多的国家都是负增长，美国也就在1.5%左右。所以说，当前的经济形势还是非常严峻的。作为宁夏来讲，自然条件很差，环境恶劣，但是在区党委的带领下，经过全区的共同努力，在困难时期，仍然有11.4%的发展速度，这是非常难能可贵的。

还有一点，我感觉也做得很好。我们发展经济是为了什么呢？发展经济就是要改善人民的生活，最大满足人民对物质文化的需求。刚才介绍，自治区财政支出的73%都用于改善民生。我觉得这一点做得非常好。特别是我们这个地区的群众生活条件很差，收入也低，而我们的财政用70%多的力量，来解决民生的问题。我觉得这一点做得很好，也是我们发展经济的最终目的。我们要那么快干什么呢？你生活得不到改善，环境得不到改善，那就不是我们的目的，不是我们的要求。我感到，在非常艰苦的条件下，我们宁夏取得很好的发展，是很不错的，是很有成效的。再有一点，我觉得从办理代表议案的角度来看，我们人大代表，要尽我们的力量。我们作为宁夏的人大代表，要代表宁夏人民的利益，要为宁夏经济社会的发展尽我们的力量。这一点，也值得我们向我们老委员长华仁同志学习，这一点我也是坚持向华仁同志学习，把宁夏当做自己的家乡，为宁夏做贡献。我希望我们政府部门也要清楚的认识到宁夏地区的发展。国家支持宁夏的发展，是有特殊意义的。站到国家发展的高度来认识这些问题，我们在具体的解决上、在办法上、在创新上就可以做得更好一些。你说全国有多少个像宁夏这么困难的地区？数不出几个来。你看下一场雨，群众就高兴的不得了。我经常到贵州，我说你们的干旱算什么，人家天天旱、年年旱。所以说，从国家的角度讲，为了帮助我们的民族地区的发展，实现民族的平等，从更好地保证国家发展稳定这个大局来考虑，是非常重要的。特别是我们宁夏，在自治区党委、政府领导下，民族工作做得非常好，保持了长期稳定。当然除了宁夏自身努力以外，也需要我们国家部委方方面面的支持。要实现全面的小康，现在像宁夏这么一些困难的地方，差距还很大。这应该是我们实现小康要关注的重点。一定要把后进的地方帮助起来，要发展的更快一些，我们全面实现小康社会，全国才会快一些。不然因为这些地区的自然条件，总是拖后腿，全国也实现不了全面的小康，也就会慢下了。说我个人的体会，从民族团结，从全面实现小康社会，从国家社会的稳定来看，真正帮助宁夏取得发展，是有很重要的意义。当然这些是大道理，但是说穿了大道理就是管小道理的，不讲大道理是不行的。在具体的工作中，希望各个部委的同志继续努力。当然首先还是应该感谢。这五年来，我们提了很多的议案，得到了各部委的大力支持，多次来调研，在资金上、项目上给予了很大的帮助。所以说宁夏经济社会的发展，也是离不开我们各个部委的关心，或者说离不开国家的关心和扶持，这也是有我们各部委的一份功劳。

在今天谈到的具体议案上，我觉得还有工作是可以做的，就是要落实，把它具体化。关于铁路的问题，刚才韩司长介绍的比较清楚。这四条铁路的意义不说了。现在看来基本上前期工作都做得差不多，有的在进行可行性研究，有的报给了发改委，有的还需要陕西省的配合，推进总体还是不错的。但是希望铁道部进一步加大工作力度。非常感谢你们副部长带队去了陕西，和陕西沟通协调，工作做得还是很实的。需要进一步推动的，我们全国人大和铁道部共同推进。陕西当然想到铁路来了，想要带来更多的利益，这也是正常的。但同时也要想一想，也要对于我们相对后进的地区做出一点贡献。这些方面都需要我们继续做工作。启智主任谈得很好。继续做吧，做不通的话，我们全国人大和铁道部一起去做。还加上铁道部已经有些说通的方案，加上西安往东部的一些线路的疏通，对于这个问题大部分是可以解决的。这个问题要进一步加大工作力度，铁道部和全国人大民委共同努力，把它做得更好。

“黄河善谷”的问题。我觉得需要两块来解决。基础设施的问题，需要发改委来解决，具体怎么解决，自治区发改委要和国家发改委沟通协调，看看他们有什么要求，还需要我们做一些什么工作，我们怎么规划，接收什么项目。特别是这些地区，大家都知道是贫困地区，可以说全国典型的贫困地区，应该加大扶持力度，加上又是一个善谷，不仅仅是扶贫，还是扶残。这个方面可以通过发改委继续做工作。到时候你们先沟通，有什么具体问题，再和全国人大一起研究解决，有必要的话，可以把他们请来，一起商量。另外涉及贷款的问题，可以通过贴息的方式来解决。我觉得关于民贸的问题，也是可以考虑提一批企业名单，把我们“黄河善谷”的企业纳入民贸的定点企业，我们提出一些和民族贸易联系紧密的项目。这些工作应该由民委来做。

宁夏本身就是民族地区,又是一个“善谷”,又是帮助残疾人的事,很多是尽一个社会责任。这方面可以具体研究的。自治区提出一个具体的方案,哪些企业生产什么产品?吸收了多少残疾人?做了多大贡献?符合条件的我们认定就可以纳入。这都是特殊的情况,现在很少继续审核了。因为他不光是民族贸易,他是通过民族贸易来扶贫扶残的问题。这些企业来,也是一定程度上来尽社会责任做贡献,我们给予一些扶持,我觉得也是理所当然的。当然有些政策需要界限,有些政策需要突破,我们可以研究。这样做是在做善事、做好事,这样突破,我觉得应该好好的研究一下。

这次听了齐副主席介绍,各个部委都对自己的落实情况也做了介绍,总的来说非常好。需要感谢各部委的工作,做的也非常实。希望下来以后,自治区、全国人大和各部委,三方共同努力,把这些议案进一步落实好,对自治区经济社会的发展起到实实在在的推动作用。

二、有关领导讲话

在《乔石谈民主与法制》出版座谈会上的讲话

（2012 年 6 月 20 日）

全国人大常委会副秘书长　王万宾

同志们：

乔石同志长期担任党和国家重要领导职务。今天我们怀着十分崇敬和喜悦的心情，来参加《乔石谈民主与法制》这个文集出版座谈会。首先，向乔石同志和郁文同志致以崇高的敬意！对文集的出版发行表示热烈的祝贺！

文集向我们展示的是从 1985 年到 1998 年的那一段重要历程，反映的重要思想、记载的重要事情，虽然已过去十多年，今天读起来仍然感到十分熟悉、十分亲切，仿佛就发生在昨天、就发生在我们身边，令人记忆犹新，备受激励。

文集收入的重要讲话、报告、谈话、文章，内容十分丰富，其中直接涉及人大制度和人大工作的文稿就有 40 多篇，内容涵盖了坚持和完善人民代表大会制度的各个方面，包括加强人大立法工作、监督工作、代表工作、对外交往和自身建设，推进依法治国，推进社会主义民主政治建设等。我们在人大机关工作的同志尤其应当认真学习、深刻领会，从中汲取智慧和力量，更好地做好本职工作。通过初步的阅读，有以下三点体会：

一是必须坚持党的领导，巩固党的领导地位和执政地位。乔石同志《在首都各界纪念人民代表大会成立四十周年大会上的讲话》等重要文稿中指出，中国共产党是中国特色社会主义事业的领导核心，坚持和完善人民代表大会制度，必须依靠党的领导。他强调，人民代表大会制度的建立和健全，都是在党的领导下进行的，只有坚持和改善党的领导，才能充分发挥人民代表大会制度的作用，而人民代表大会制度的加强和完善可以更好地实现党对国家事务的领导。他在《要增强对人大的地位、性质和作用的认识》、《人大工作只能加强不能削弱》等讲话中反复强调，人大工作是党和国家工作的重要组成部分。党委统一领导和充分发挥人大作用是一致的。各级党委要加强对人大工作的领导，各级人大要在同级党委的领导下做好工作。在人大工作的同志们要自觉接受党的领导，依靠党的领导。

二是必须充分发扬民主，维护人民群众的根本利益。乔石同志在《努力建设有中国特色的社会主义民主政治》、《让人民来监督政府》等文稿中指出，人民的根本利益和共同意志，是一切国家机关工作的出发点。人民代表大会制度是我国的根本政治制度，是人民当家作主、管理国家的最好组织形式，我们要坚定不移地坚持和完善这一制度。人大及其常委会是代表人民行使职权的，必须向人民负责，接受人民的监督。加强同人大代表和人民群众的联系，是国家权力机关保持旺盛生命力的源泉所在，是做好人大工作的基础。各级人大代表、人大常委会组成人员要同原选举单位和人民群众保持密切联系，全心全意为人民服务。要切实转变工作作风，深入实际，调查研究，体察民情。始终把人民的利益放在首位，紧紧依靠人民群众，关心群众疾苦，倾听群众的呼声与要求。

三是必须坚持依法治国，加快建设社会主义法治国家进程。乔石同志在《努力推进依法治国的进程》、《不断总结经验，提高立法工作水平》、《切实保证法律的有效实施》等重要文稿中多次指出，依法治国是国家稳定发展、长治久安的根本保障，要在全社会树立宪法和法律的权威。他强调要学会运用法律手段管理经济和社会活动，要通过法律来规范和指导改革开放的发展，用完备的法制来保障社会主义市场经济体制的建立和完善。他深刻总结了做好立法工作的四条经验：一是制定法律必须以宪法为依据；二是立法工作要与改革和发展的实际紧密结合;三是立法要从全局出发,从人民的根本利益出发;四是立法工作要走群众路线,按民主集中制原则办事。他非常重视法律实施工作,指出如果制定的法律没有得到实施,实际上等于没有法。他要求进一步加强执法检查,把法律实施放在与制定法律同等重要的地位。他注重发挥人大在法制宣传教育方面的作用,强调要把法律知识的宣传和法制教育作为一项经常性的重要工作深入开展,提高全民族的法律意识和法制观念,使广大群众知法、守法,学会运用法律武器维护合法权益。他特别强调各级国家工作人员,特别是领导干部,要带头学法、守法,提高依法决策、依法行政、依法办事的自觉性。

《乔石谈民主与法制》一书的出版发行,是我国社会主义民主法制建设的一件大事,为我们学习研究乔石同志坚持党的基本理论、基本路线、基本纲领、基本经验,努力推进社会主义民主法制建设的重要思想提供了重要依据和珍贵史料,对我们做好新形势下的人大工作具有重要的指导意义。我们要通过学习,不断提高为全国人大及其常委会当好集体参谋助手、做好服务保障工作的能力和水平。让我们紧密团结在以胡锦涛同志为总书记的党中央周围,高举中国特色社会主义伟大旗帜,进一步增强坚持走中国特色社会主义政治发展道路的自觉性和坚定性,进一步增强坚持和完善人民代表大会制度的自觉性和坚定性,以高度的政治责任感和历史使命感,努力做好新形势下的人大工作,为社会主义民主法制建设作出新的贡献!

在《彭真传》《彭真年谱》出版座谈会上的讲话

(2012 年 10 月 17 日)

全国人大常委会副秘书长　王万宾

同志们:

在彭真同志诞辰 110 周年之际,中央文献出版社举行《彭真传》和《彭真年谱》出版座谈会,很有意义。借此机会,请允许我代表全国人大机关全体同志,向彭真同志表示深切的怀念和崇高的敬意!对《彭真传》、《彭真年谱》的出版发行表示热烈的祝贺!

彭真同志是伟大的无产阶级革命家、政治家,杰出的国务活动家,坚定的马克思主义者,我国社会主义法制的主要奠基人,党和国家的卓越领导人。他为中国人民的解放事业,为社会主义革命、建设和改革事业,建立了不朽的功绩,深受全党全国人民的尊敬和爱戴。彭真同志作为以毛泽东同志为核心的党的第一代领导集体的成员,以邓小平同志为核心的党的第二代领导集体的重要成员,长期担任党和国家的重要领导职务,为党的建设、政权建设和经济建设,为政法工作、统战工作、民族工作、思想理论工作和科学教育文化工作,贡献了自己的智慧和力量。

彭真同志长期主持全国人大常委会工作,对建立和完善人民代表大会制度进行了许多前瞻性、开拓性的思考和努力,做了大量卓有成效的工作,发挥了十分重要的作用。从 1954 年 9 月到“文化大革命”前,彭真同志历任一届、二届全国人大常委会副委员长、秘书长,三届全国人大常委会副委员长。从 1978 年 2 月到 1988 年 3 月,他历任五届全国人大常委会法制委员会主任、五届全国人大常委会副委员长、秘书长,六届全国人大常委会委员长。早在新中国建立初期,他就指出:人民代表大会制度是我们国家的根本政治制度,是人民管理国家的基本组织形式,是我们在政权工作中走群众路线的最好、最有效、最重要的形式。彭真同志一贯坚持党的领导,始终牢牢把握正确的政治方向。他说,在我们这个国家,要把事情办好,没有党的领导不行。党的领导,最根本、最主要的是思想政治领导,靠党的路线、方针、政策的正确;靠党和群众的密切联系;靠广大党员的带头和模范作用。在我们的国家,党领导人民制定宪法和法律,党又领导人民遵守、执行宪法和法律,党自己也必须在宪法和法律的范围内活动。党的领导与依法办事是一致的。发展社会主义民主、健全社会主义法制,必须加强党的领导,改善党的领导。实践中,彭真同志的一贯做法是,凡需要公开发表的重要意见和主张,首先要向党中央请示,与中央其他领导同志沟通、交换意见。他曾主持召开中共党员副委员长会议,专题研讨全国人大常委会中党的工作和领导工作问题，形成党内请示报告制度。彭真同志强调，要代表和维护人民的意志和利益，保障人民当家作主。他说，人民通过人民代表大会制度，把国家的、民族的前途和命运掌握在自己手里，这是维护人民的根本利益的可靠保证，也是我们的国家比较能够经得起各种风险、克服各种困难的可靠保证。他一再强调，我们要永远记住，人民群众是我们共产党的母亲；人民是国家的主人，这是事物的本质。他还强调，人大常委会依照宪法赋予的职责进行工作，一不要失职，二不要越权；在工作中必须严格遵守民主集中制的原则，集体行使权力，集体决定问题，在充分发扬民主的过程中统一思想，实行高度民主基础上的高度集中。

彭真同志为我国社会主义法制建设倾注了大量心血。1954 年，他参加了新中国第一部宪法的制定工作，并在一届全国人大一次会议上就宪法确定的“公民在法律上一律平等”这一社会主义法制的基本原则作了深刻阐述，明确指出：公民在法律面前一律平等，人人遵守法律，人人在法律上平等，是全体人民、全体国家工作人员和国家机关实际行动的指针，不允许有任何超于法律之外的特权分子。他是新中国第一部选举法起草工作的组织者之一，并领导了刑法、民法等基本法律的起草工作。在“文化大革命”中，即便身陷囹圄，他也从没有停止对我国民主法制建设的研究和思考。党的十一届三中全会后，彭真同志复出工作。他从党和国家长治久安的战略高度，深刻阐述发展社会主义民主、健全社会主义法制的重要意义，指出：没有健全的社会主义法制，就很难实现健全的社会主义民主。他深感“人心思法”的急切，不顾年事已高，夜以继日地忘我工作，殚精竭虑，呕心沥血，仅三个多月就主持制定了刑法、刑事诉讼法、选举法、地方组织法、人民法院组织法、人民检察院组织法和中外合资经营企业法等七部重要法律，为加强和健全我国社会主义法制作出了卓越贡献。1980 年，他担任宪法修改委员会副主任委员，亲自起草了宪法序言部分，从总体上把握宪法的基本原则，对每一条文都仔细推敲。在彭真同志担任六届全国人大常委会委员长期间，全国人大及其常委会出台了一系列有关国家机构、民事、刑事、诉讼程序、经济、涉外等方面的基本的重要的法律，国家政治生活、经济生活、社会生活的主要方面基本上实现了有法可依，为中国特色社会主义法律体系的形成奠定了坚实的基础。

彭真同志十分重视全国人大常委会依法行使监督职权，为推动人大监督工作的有效开展作出了重要的贡献。在人民代表大会制度刚刚建立之初，全国人大常委会如何监督“一府两院”的工作还是一个新课题时，他协助刘少奇同志进行了积极探索，明确了听取和审议工作报告是主要监督方式，建立了“一府两院”负责人到会听取意见制度，形成了会议简报这一反映全国人大代表和常委会组成人员审议意见的载体。就任六届全国人大常委会委员长后，他十分重视如何保障宪法法律的实施问题。他强调，宪法赋予了全国人大及其常委会监督宪法实施的职权。要认真地依法履行这个职责，纠正和追究重大违宪行为。他指出，在人大及其常委会的工作中最重要的是按宪法办事，决不允许出现不符合宪法规定的做法。他十分强调把开好代表大会和人大常委会会议，认真审议“一府两院”的工作报告，作为监督的基本形式。彭真同志阐述了人大监督的主要内容。他说，权力机关的监督有两方面，一个是工作监督，一个是法律监督。工作监督主要是审议国务院、最高人民法院、最高人民检察院的工作报告。法律监督主要的、根本的是依据宪法规定加强对法律实施的监督。

彭真同志领导和组织了人大具体制度建设，为人大工作的制度化、规范化、程序化作出了重大贡献。早在 1956 年到 1957 年上半年，根据党的八大精神和中央领导同志指示，彭真同志直接领导、具体组织全国人大常委会机关党组就如何健全人民代表大会制度进行研究和探索，围绕立法和监督两项中心任务，重点研究全国人大及其常委会如何从制度上加强经常性工作。经过研究和探索，形成关于健全我国人民代表大会制度的意见和具体方案，包括从立法和监督等方面，加强全国人大及其常委会的经常性工作；建立县以上地方各级人大常委会和常设委员会，加强对地方同级国家机关的监督；各级人大代表建立固定的联系制度，加强人大代表的工作活动等。这些相关内容被吸纳进宪法和地方组织法等法律中。在彭真同志主持下，全国人大及其常委会的各项工作逐步制度化、规范化、程序化。如，制定了全国人大常委会议事规则；每两个月召开一次常委会会议形成制度；立法程序逐步完善；代表视察制度化；人大机关建设不断得到加强等。

当前，我国经济社会各项事业不断取得新成就，社会主义民主法制建设正在深入推进。《彭真传》和《彭真年谱》的出版，对我们坚持和完善人民代表大会制度、推进社会主义民主法制建设具有重要意义。我们要通过研读《彭真传》和《彭真年谱》,学习彭真同志矢志不渝的共产主义信念和百折不挠、坚韧不拔的意志,学习他善于运用马克思主义的立场、观点和方法,创造性地开拓新局面和处理复杂问题的胆略和才能,学习他模范执行民主集中制原则,坚持党的群众路线,深入实际、联系群众的民主作风,学习他谦虚谨慎、艰苦朴实、严以律己的崇高品格。让我们紧密地团结在以胡锦涛同志为总书记的党中央周围,高举中国特色社会主义伟大旗帜,进一步增强坚持走中国特色社会主义政治发展道路的自觉性和坚定性,进一步增强坚持和完善人民代表大会制度的自觉性和坚定性,以高度的政治责任感和历史使命感,努力做好新形势下的人大工作,积极实施依法治国基本方略,以优异的成绩迎接党的十八大胜利召开!

谢谢大家!

宪法体现最广大人民共同意志和根本利益

全国人大常委会法制工作委员会主任　李适时

宪法是国家的根本法和治国安邦的总章程。现行宪法是30年前由五届全国人大五次会议通过并公布施行的,此后作过4次修改,为党在新时期领导全国人民建设中国特色社会主义提供了根本制度保障。30年来的伟大实践充分证明,现行宪法凝聚了几代中央领导集体和全党全国各族人民的智慧,体现了最广大人民的共同意志和根本利益,反映了经济社会发展的客观规律,是一部符合中国国情、展现时代特征的好宪法。

30年来,全国人大及其常委会在党中央领导下,认真履行宪法赋予的各项职权,大力推进宪法和法律的实施。一是坚持在依法立法的前提下,实行科学立法、民主立法,有目标、有计划、有步骤地推进立法工作,确立了国家发展中带有根本性、稳定性和长期性的一系列重要制度,形成了中国特色社会主义法律体系,国家经济建设、政治建设、文化建设、社会建设、生态文明建设的各个方面实现有法可依,为建设中国特色社会主义提供了坚实的法制支撑。二是不断加强和改进监督工作,着力维护宪法和法律权威,督促行政权和司法权的正确行使,保障公民、法人和其他组织合法权益得到尊重和维护,推动中央重大决策部署贯彻落实。三是自觉接受人民监督,充分发挥人大代表作用,不断密切人民代表大会与人民群众的联系,深入了解民情、充分反映民意、广泛集中民智。四是大力加强人大及其常委会的组织和工作制度建设,坚持民主集中制,严格依法办事,人大代表和人大常委会组成人员依法履职能力不断提高。

党的十八大对在新的历史阶段扩大社会主义民主、加快建设社会主义法治国家作出了战略部署。我们要把学习贯彻党的十八大精神与学习宪法、忠于宪法、实施宪法、维护宪法有机结合起来,努力开创社会主义民主法制建设新局面。

第一,始终把握正确的政治方向,坚持和完善人民代表大会制度。人民代表大会制度作为我国根本政治制度,是实现坚持党的领导、人民当家作主、依法治国有机统一的重要载体。人大工作最大的特点是依法按程序办事。人大及其常委会要依法行使立法、监督、决定、任免等职权,善于将集中全体人民意志的党的主张通过法定程序上升为国家意志,使国家上下一体遵循。要坚持人民主体地位,把人民群众的根本利益和共同意志,作为人大一切工作的出发点和归宿,使人大工作更加顺应民心、贴近民生,确保人民代表大会制度永葆旺盛的生命力。要进一步加强代表工作,支持、规范和保障代表依法履行职责和行使权力,完善代表联系群众制度,积极探索更加充分发挥代表作用的途径和方式。要进一步加强人大及其常委会自身建设,完善适合国家权力机关特点、充满活力的组织制度和运行机制,不断促进人大及其常委会、专委会工作的制度化、规范化和程序化。

第二,不断完善法律体系,进一步发挥立法在中国特色社会主义事业中的引领和推动作用。以宪法为统帅的中国特色社会主义法律体系,是中国特色社会主义制度的制度载体和法制保障。要按照坚持和完善中国特色社会主义制度的要求,全面推进科学立法、民主立法,不断完善法律体系,充分发挥人大及其常委会在立法中的主导作用,加强立法工作组织协调,为实现国家各项工作的法治化提供更加有力的保障。要适应新形势新任务的要求,在继续发挥法律的规范、教育和保障功能的同时,更加注重发挥立法在中国特色社会主义事业中的引领和推动作用。要用法治的方式、依照法定程序推进改革，努力做到立法决策与改革决策同步，着力提高立法的针对性、及时性和系统性，通过立法引领改革发展。要围绕全面建成小康社会的目标任务，加强重点领域立法，努力通过制度设计加快转变经济发展方式，推进社会主义民主，发展社会主义文化事业，保障和改善民生，破解经济社会发展与资源环境矛盾的难题。

第三，进一步保障宪法和法律的有效实施，切实发挥法治在国家治理和社会管理中的重要作用。全国人大及其常委会担负着监督宪法和法律实施的重要职责，在保证严格执法、公正司法、全民守法中发挥着极其重要的作用。要牢固树立宪法意识，在各项工作中自觉贯彻宪法的原则、精神和规定，着力维护宪法和法律的权威。要进一步提高立法质量，增强法律的可操作性，使法律确立的制度立得住、行得通、切实管用，同时督促有关方面及时制定配套法规，为宪法和法律的有效实施打下更为扎实的基础。要紧紧围绕党和国家工作大局履行监督职能，突出监督重点，注重监督实效，通过听取专项工作报告、开展专题询问，加强对计划执行情况和预算决策的监督、执法检查和规范性文件备案审查等方式，推动中央重大决策部署的贯彻落实，促进宪法和法律的全面实施。要进一步加强宪法和法律的宣传教育，引导人民群众依法按程序表达利益诉求、解决矛盾纠纷，着力提高领导干部运用法治思维和法治方式深化改革、推动发展、化解矛盾、维护稳定的能力，在全社会形成尊崇宪法、敬畏宪法、遵守宪法、维护宪法的良好氛围。

让我们紧密团结在以习近平同志为总书记的党中央周围，深入贯彻落实党的十八大精神，按照习近平总书记今天重要讲话的要求，开拓进取，扎实工作，为更好地贯彻实施宪法、加快建设社会主义法治国家作出更大的贡献！

宪法是行政机关履行职责的最高准则

国务院法制办公室主任　宋大涵

今天，首都各界隆重集会，纪念现行宪法公布施行30周年，意义十分重大。毛泽东同志曾指出："用宪法这样一个根本大法的形式，把人民民主和社会主义原则固定下来，使全国人民有一条清楚的轨道，使全国人民感到有一条清楚的明确的和正确的道路可走，就可以提高全国人民的积极性。"现行宪法以"五四宪法"为基础，经过4次修正，以根本法的形式将社会主义制度确立为我国的根本制度，提出国家的根本任务是沿着中国特色社会主义道路，集中力量进行社会主义现代化建设。30年来，中国人民在中国共产党的领导下，在宪法规定的道路上，艰苦奋斗，取得了举世公认的伟大成就。宪法实施的30年，是中国共产党带头遵守执行宪法，领导全国人民遵守执行宪法的30年。经过30年，宪法权威不断增强，宪法观念深入人心，宪法规定的各项制度在实施中不断完善。在新中国的历史上，现行宪法是实施效果最好的宪法，是最具稳定性的宪法，必将保持长期稳定。

作为具有最高法律效力的根本法，宪法是各级行政机关履行职责的最高准则。宪法明确了人民政府的权力来源和基础，规定中华人民共和国的一切权力属于人民，人民行使国家权力的机关是人民代表大会，国家行政机关由人民代表大会产生，对它负责，受它监督；宪法明确了人民政府的宗旨，要求一切国家机关和国家工作人员必须依靠人民的支持，经常保持同人民的密切联系，倾听人民的意见和建议，接受人民的监督，努力为人民服务；宪法按照民主集中制的原则，规定了各级人民政府的领导体制和相互关系；宪法赋予了人民政府管理经济社会各项事务的职权。30年来，在中国共产党的领导下，各级人民政府认真履行宪法赋予的职责，坚持全心全意为人民服务的宗旨，推动经济社会发展，改进社会管理服务，保障和改善民生，努力满足人民群众日益增长的物质文化需要；按照建设服务政府、责任政府、法治政府、廉洁政府的目标，推进行政管理体制改革，创新行政管理方式，改进工作效率和管理效能，政府依法行政的能力和水平不断提高。

党的十八大提出，到2020年全面建成小康社会时，要基本建成法治政府。国务院法制办在认真执行宪法、推进依法行政、建设法治政府方面承担着重要职责。我们要不断改进立法工作，坚持从中国的实际出发，解决中国的实际问题，努力使行政法规体现中国特色社会主义的规律和广大人民群众的意愿，使宪法和法律规定的各项原则和制度落到实处。要完善行政复议工作，建立健全多元纠纷解决机制，切实保障人民群众的合法权益，促进社会和谐稳定。要加强对政府权力的规范，维护以宪法为核心的社会主义法制统一，确保政令畅通。要认真研究解决推进依法行政过程中出现的突出问题和薄弱环节，抓住重点，加快建设法治政府步伐。

宪法的良好实施，是国家现代化的重要内容和标志。历经苦难和沧桑的中国人民，正在迈向中华民族伟大复兴的光荣时刻。这个伟大的复兴，已是“光芒四射喷薄欲出的一轮朝日”。我们坚信，在以习近平同志为总书记的党中央坚强领导下，解放思想，改革开放，凝聚力量，攻坚克难，坚定不移沿着中国特色社会主义道路奋勇前进，近代以来中华民族“最伟大的中国梦”就一定能够早日实现！

担负光荣使命　开创人民司法事业新局面

最高人民法院常务副院长　沈德咏

宪法是国家根本法。今天，我们隆重纪念现行宪法公布施行30周年，对于提高全民法治意识，推动学习宣传贯彻党的十八大精神，为全面建成小康社会而团结奋斗，具有十分重大的意义。

30年来，我们立足于司法审判工作，努力做宪法的坚定捍卫者、忠实践行者、积极宣传者，矢志不渝地推进社会主义民主法治建设，为促进经济社会又好又快发展，维护国家长治久安，作出了应有的贡献。

一是始终坚持正确的政治方向，坚定不移走中国特色社会主义道路。人民法院按照宪法的要求，牢牢把握正确的政治方向，坚持社会主义法治理念，坚持“党的事业至上、人民利益至上、宪法法律至上”，坚持为大局服务、为人民司法，坚持中国特色社会主义司法制度，确保了人民司法事业始终沿着中国特色社会主义道路健康发展。

二是始终坚持严格公正司法，依法履行宪法和法律赋予的神圣职责。作为宪法规定的国家审判机关，执法办案是人民法院第一要务，公正司法是人民法院第一责任。面对宪法和法律赋予的光荣使命，人民法院坚持依法独立公正行使审判权，努力做到有法必依、执法必严、违法必究。

三是始终坚持尊重和保障人权，切实维护最广大人民根本利益。我国宪法通篇体现了以人为本、执政为民的光辉思想。人民法院认真落实宪法要求，牢记人民性是人民法院的根本属性，不断推出切实可行的司法便民措施，下大力气化解诉讼难、执行难等问题，努力满足人民群众日益增长的司法需求。

四是始终坚持维护法制统一，推动完善以宪法为统帅的中国特色社会主义法律体系。人民法院作为法律实施部门，在维护社会主义法制统一方面肩负着重要责任。最高人民法院一直高度重视总结司法实践经验，高度重视司法解释工作，高度重视规范法官自由裁量权，确保准确适用法律，维护社会主义法制的统一、尊严和权威。

五是始终坚持加强队伍建设，为确保宪法实施提供有力保障。人民法院着力加强司法能力建设，强化业务培训和实践锻炼，努力提高广大干警适用法律、化解矛盾、做群众工作、解决实际问题的能力；着力加强司法作风建设，开展司法巡查、法官下基层、群众观点大讨论等活动，增进法官与群众感情，努力为群众排忧解难。

党的十八大对全面推进依法治国作出重大部署，特别强调法治是治国理政的基本方式，要求推进科学立法、严格执法、公正司法、全民守法。人民法院将认真学习贯彻党的十八大精神，更加注重强化宪法意识，坚决维护宪法地位，始终以宪法为根本活动准则，坚持在宪法和法律范围内开展工作，绝不允许以言代法、以权压法、徇私枉法；更加注重维护社会公平正义，以司法公正推动以权利公平、机会公平、规则公平为主要内容的社会公平保障体系建设，保证人民平等参与、平等发展权利；更加注重坚守以人为本的核心立场，坚持尊重和保障人权，统筹兼顾当事人合法权益与社会公共利益，统筹兼顾程序公正与实体公正，统筹兼顾司法工作专业化与坚持群众路线，依法保障人民各项权益；更加注重接受人大监督、政协民主监督、检察机关诉讼监督以及社会各界监督，让人民监督司法权，让司法权在阳光下运行，以公开保公正，以监督促廉洁；更加注重深化司法体制改革，按照党的十八大关于坚持和完善中国特色社会主义司法制度的要求，推进司法领域的改革创新，坚决破除一切妨碍司法公正的思想观念和体制机制弊端，不断提高司法公信力；更加注重弘扬社会主义法治精神，用人民法院的全部活动教育公民学法尊法守法用法，运用法治思维和法治方式深化改革、推动发展、化解矛盾、维护稳定，推进依法治国基本方略全面落实；更加注重加强人民法院队伍建设，按照党的十八大关于全面提高党的建设科学化水平的新要求，抓好思想理论建设这个根本，抓好党性教育这个核心，抓好道德建设这个基础，教育引导广大干警强化群众观念，提高司法能力，改进司法作风，同时抓好各级法院党组织建设，全面推进人民法院惩治和预防腐败体系建设，确保法官清正、法院清廉、司法清明。

我们将紧密团结在以习近平同志为总书记的党中央周围，高举中国特色社会主义伟大旗帜，以邓小平理论、"三个代表"重要思想、科学发展观为指导，全面贯彻落实党的十八大精神，认真履行好宪法和法律赋予的光荣使命，不断开创人民司法事业新局面，为全面建成小康社会、夺取中国特色社会主义新胜利作出新的更大贡献！

履行法律监督职责　维护宪法权威法制尊严

最高人民检察院常务副检察长　胡泽君

今天我们在这里召开大会，隆重纪念我国现行宪法公布施行30周年，充分体现了党和国家全面落实依法治国基本方略的决心，对于在全社会进一步树立宪法意识，维护社会主义法制的统一、尊严和权威，加快建设社会主义法治国家，开创中国特色社会主义事业新局面，具有重要意义。

作为国家的根本法，宪法以法律的形式确认了全国各族人民奋斗的成果，规定了国家的根本制度和根本任务，全面体现了党在社会主义初级阶段的基本路线，集中反映了全国各族人民的共同意志和根本利益。30年来，我国宪法得到全面贯彻实施，有效促进了社会主义民主法制建设，切实维护了广大人民群众的人身权利和民主权利，在保障国家统一、民族团结、经济发展、社会进步和长治久安方面发挥了重要作用，为改革开放和社会主义现代化建设提供了根本法制保证。30年来，检察机关作为宪法规定的国家法律监督机关，认真履行宪法和法律赋予的职责，依法惩治刑事犯罪活动，积极查办和预防职务犯罪，全面强化对诉讼活动的法律监督，坚决同破坏宪法权威、践踏法制尊严的行为作斗争，为维护宪法和法律的统一正确实施发挥了积极作用。

党的十八大报告把"依法治国基本方略全面落实"作为全面建成小康社会的重要目标，对全面推进依法治国进行了部署，强调更加注重发挥法治在国家治理和社会管理中的重要作用，加快建设社会主义法治国家。我们一定要把党的十八大精神学习好、贯彻好、落实好。

一要坚持党的领导、人民当家作主、依法治国有机统一，保证检察工作的正确政治方向。党的领导是人民当家作主和依法治国的根本保证，人民当家作主是社会主义民主政治的本质和核心，依法治国是党领导人民治理国家的基本方略，三者有机统一是发展社会主义民主政治的根本要求。检察机关要始终坚持党的领导，牢固树立社会主义法治理念，把依法独立公正行使检察权与坚持党的领导有机结合起来，把强化法律监督与自觉接受人大和人民群众监督有机结合起来，坚定不移地走中国特色社会主义政治发展和法治建设道路，坚定不移地做中国特色社会主义事业的建设者和捍卫者。

二要忠实履行宪法和法律赋予的职责，保障宪法和法律的统一正确实施。牢牢把握检察机关的宪法定位，坚持有法必依、执法必严、违法必究的社会主义法治方针，切实履行批捕、起诉、查办和预防职务犯罪、对诉讼活动的法律监督等职责，强化法律监督，维护公平正义，推动科学发展，促进社会和谐。更加注重围绕改革发展稳定大局，依法惩治危害国家安全、影响社会稳定、破坏市场经济秩序的刑事犯罪，加强对各种所有制经济的平等保护，维护和巩固中国特色社会主义制度，保障改革开放和社会主义现代化建设顺利进行。更加注重尊重和保障人权，坚决惩治侵犯公民人身权利、民主权利的犯罪，依法查办和积极预防发生在群众身边的职务犯罪案件，保障公民依法享有的政治、经济、文化和社会权利。更加注重强化对诉讼活动的法律监督，坚决纠正执法不严、司法不公等问题，促进严格执法和公正司法。更加注重加强法制宣传教育，弘扬社会主义法治精神，增强广大公民特别是国家工作人员的宪法意识和法治观念，推动在全社会形成学法尊法守法用法的良好氛围。

三要模范遵守宪法和法律，提高检察机关自身严格公正执法水平和执法公信力。作为国家的法律监督机关，我们要牢固树立宪法意识，模范执行宪法和法律的规定。坚持以宪法作为检察机关根本的活动准则，严格按照宪法和法律的授权，依照法定程序开展法律监督工作，确保检察权依法正确行使。坚持把强化自身监督放在与强化法律监督同等重要的位置，强化内部监督制约，深入推进执法规范化建设，完善检务公开等制度，推进检察权运行公开化、规范化。坚持从我国国情出发，适应中国特色社会主义法律体系形成的新要求，深化检察体制和工作机制改革，坚持和完善中国特色社会主义检察制度，保障依法独立公正行使检察权。坚持以建设高素质检察队伍为重点，大力强化教育、管理和监督，不断提高检察人员的政治素质、业务素质和职业道德素质，努力建设政治坚定、业务精通、作风优良、清正廉洁的检察队伍，切实担负起中国特色社会主义事业建设者和捍卫者的职责使命。

我们要在以习近平同志为总书记的党中央领导下，高举中国特色社会主义伟大旗帜，扎实开展各项工作，忠实履行法律监督职责，切实维护宪法权威和法制尊严，为推进依法治国、全面建成小康社会作出重要贡献。

深入学习宣传宪法　全面贯彻实施宪法

北京市人大常委会主任　杜德印

在全国上下认真学习贯彻党的十八大精神的热潮中，隆重纪念现行宪法公布施行30周年，对于进一步贯彻实施宪法，坚持中国特色社会主义政治发展道路，加快建设社会主义法治国家，实现全面建成小康社会的宏伟目标，具有十分重要的意义。

宪法是我国的根本法，是治国安邦的总章程，是中国特色社会主义的法律基础和法制保证，是一切组织和个人活动的根本准则。30年来，根据党中央、全国人大的部署，北京市在市委的领导下，认真学习宣传宪法，切实贯彻实施宪法，坚持宪法确立的中国特色社会主义道路和中国特色社会主义制度，扎扎实实地推进依法治国，有效地保障和促进了首都的改革开放和现代化建设。

一是加强宣传教育，切实增强全市人民特别是各级领导干部和国家机关工作人员的宪法意识。30年来，全市共制定和实施了六个五年法制宣传教育规划，市人大常委会相应作出了六个决议。这些规划和决议都把对宪法的学习、宣传和贯彻实施作为首要任务。通过这些规划和决议的执行，广大干部群众加深了对宪法的理解，增强了宪法意识和法治观念，为宪法的贯彻实施奠定了较好的思想基础。

二是坚持和完善宪法确立的重要制度，确保首都现代化建设沿着中国特色社会主义道路前进。根据宪法精神，市委带领全市人民坚持以中国特色社会主义理论体系为行动指南，以中国特色社会主义制度为根本保障，认真坚持和完善宪法确定的根本政治制度、基本政治制度、基本经济制度和各项具体制度。市委坚持每五年分别召开一次人大工作会议和政协工作会议，不断提高全市坚持和完善人民代表大会制度的自觉性和坚定性，有力推进了中国共产党领导的多党合作和政治协商制度的发展。全市按照中央的部署，根据宪法确定的重要制度要求，不断推进经济体制改革、文化体制改革和社会体制改革，有力促进了首都经济、文化和社会建设的发展。广大干部群众在实践中越来越深切地认识到，只要认真贯彻实施宪法，坚持和完善宪法确立的各方面制度和体制，就能保证改革开放和现代化建设的不断发展，保证最广大人民的根本利益不断得到实现，保证社会的和谐进步。

三是坚持和完善人民代表大会制度，支持和保证人民通过人民代表大会行使国家权力。市委领导全市人民坚持党的领导、人民当家作主、依法治国有机统一，坚持和完善人民代表大会制度，支持和保证人民通过人民代表大会行使国家权力。市人大依法行使立法、监督、决定、任免等职权，加强了对立法工作的统筹组织协调，加强了对市级国家机关权力运行和公共资源配置的监督，推进政府依法行政，推进法检两院公正司法。

四是贯彻依法治国基本方略，积极推进首都法治建设。全市认真贯彻依法治国基本方略，不断推进科学立法、严格执法、公正司法和全民守法。在坚持和维护国家法制统一的前提下，从首都实际出发,围绕保证宪法和国家法律实施,推进首都科学发展,保障人民基本权利,开展地方立法,扎实推进科学立法、民主立法,不断提高地方立法质量。到目前为止,全市现行有效的地方性法规139项。全市各方面的工作坚持依法办事,广大人民群众遵法守法的自觉性不断增强。

党的十八大高举中国特色社会主义伟大旗帜,对坚持中国特色社会主义政治发展道路,推进社会主义民主法治建设作出了新的部署,提出了新的要求。我们要认真学习贯彻党的十八大精神,以纪念宪法公布实施30周年为契机,深入学习宣传宪法,全面贯彻实施宪法。一是要在学习贯彻党的十八大精神工作中继续抓好对宪法的学习。通过对党的十八大精神和宪法的学习,增强贯彻实施宪法和推进依法治国的自觉性,在全社会进一步树立宪法意识和宪法权威。同时要通过对宪法的学习,增强贯彻落实党的十八大精神的自觉性,增强坚持中国特色社会主义道路、中国特色社会主义理论体系和中国特色社会主义制度的自觉性。二是通过贯彻落实党的十八大精神推动对宪法的全面贯彻实施。坚持中国特色社会主义重要制度和中国特色社会主义总布局,深化各项改革,完善社会主义市场经济体制,加快转变经济发展方式,推进首都科学发展。三是坚持中国特色社会主义政治发展道路,推进社会主义民主政治建设。要坚持党的领导、人民当家作主、依法治国有机统一,坚持完善人民代表大会制度,坚持完善中国共产党领导的多党合作和政治协商制度,完善基层民主制度,发展更加广泛、更加充分、更加健全的人民民主。四是全面推进依法治国。进一步加强立法、执法、司法、守法等方面的工作,确保宪法和法律的有效实施,坚决维护宪法和法律的尊严和权威。特别是要努力提高领导干部运用法治思维和法治方式深化改革、推动发展、化解矛盾、维护稳定的能力。

让我们在以习近平同志为总书记的党中央领导下,深入学习贯彻落实党的十八大精神,全面贯彻实施宪法,为实现全面建成小康社会的宏伟目标而努力奋斗!

附:《人民日报》评论员文章

维护宪法,就是维护党和人民共同意志

——一论习近平在现行宪法公布施行30周年大会上的讲话

人民日报评论员

作为国家根本法,宪法的地位至高无上。在当代中国,从国家来看,宪法是治国安邦的总章程;对人民而言,宪法是“一张写着人民权利的纸”;就我们党来说,宪法是执政兴国的法制保证。

在首都各界纪念现行宪法公布施行30周年大会上,习近平总书记从国家前途和人民命运的高度,从中国特色社会主义事业的全局,全面回顾了我国宪法制度的发展历程,深刻论述了宪法的至上地位,总结提出了全面贯彻实施宪法的四点要求,这是我们党对宪法认识的又一次升华,对我们保证宪法有效实施,推动贯彻党的十八大精神,具有十分重大的意义。

我国现行宪法是1982年公布施行的。追本溯源,可以追溯到1949年“共同纲领”和“五四宪法”;其后发展,则有1988年、1993年、1999年、2004年四次重要修正。回顾我国宪法制度发展历程,一个特点分外鲜明:我国宪法同党和人民进行的艰苦奋斗和创造的辉煌成就紧密相连,同党和人民开辟的前进道路和积累的宝贵经验紧密相连。

30年来,我国宪法以其至上的法制地位和强大的法制力量,确立中国特色社会主义道路、中国特色社会主义理论体系、中国特色社会主义制度的发展成果,有力保障了人民当家作主,有力促进了改革开放和社会主义现代化建设,有力推动了社会主义法治国家进程,有力促进了人权事业发展,有力维护了国家统一、民族团结、社会稳定,对我国政治、经济、文化、社会生活产生了极为深刻的影响。

“只要我们切实尊重和有效实施宪法,人民当家作主就有保证,党和国家事业就能顺利发展。反之,如果宪法受到漠视、削弱甚至破坏,人民权利和自由就无法保证,党和国家事业就会遭受挫折。”回顾30年来的发展历程，总结新中国成立以来60多年的历史经验，不仅可以得出一个有力结论，我国现行宪法是推动国家发展进步、保证人民创造幸福生活、保障中华民族实现伟大复兴的好宪法；更包含着一个宝贵启示：维护宪法权威，就是维护党和人民共同意志的权威。捍卫宪法尊严，就是捍卫党和人民共同意志的尊严。保证宪法实施，就是保证人民根本利益的实现。

恪守宪法原则，弘扬宪法精神，履行宪法使命。坚持正确政治方向，坚定不移走中国特色社会主义政治发展道路；落实依法治国基本方略，加快建设社会主义法治国家；坚持人民主体地位，切实保障公民享有权利和履行义务；坚持党的领导，更加注重改进党的领导方式和执政方式，按照习近平总书记提出的四点要求，我们就一定能使“纸上的宪法”转变为“现实的宪法”，把全面贯彻实施宪法提高到一个新水平，将党和人民的共同意志转化为民族复兴的强大动力。

《人民日报》2012 年 12 月 7 日

宪法的生命和权威在于实施

——二论习近平在现行宪法公布施行30周年大会上的讲话

人民日报评论员

“宪法的生命在于实施，宪法的权威也在于实施。我们要坚持不懈抓好宪法实施工作，把全面贯彻实施宪法提高到一个新水平。”习近平总书记的讲话，阐明了宪法的生命所系、力量所在，也指明了我们建设法治国家的首要任务和基础性工作。

讲宪法，关键在于实施。宪法的力量，不仅在于其崇高的地位，更在于其有效实施。无论是明确宪法的最高法律地位、法律权威、法律效力，还是强调宪法的根本性、全局性、稳定性、长期性，这既是重申宪法的至上地位，也是树立一种法治理想，更是要将我们对宪法的尊崇，转变为一种实实在在的法治实践。

加强宪法的实施，就是要使宪法从纸面上的宪法，走向现实中的宪法和行动中的宪法，实现“一切法律、行政法规和地方性法规都不得同宪法相抵触”；实现“任何组织和个人都不得有超越宪法和法律的特权”；实现“一切违反宪法的行为都必须予以追究”，让宪法通过实施获得活的生命，使宪法真正成为现实力量，从而实现宪法目的、彰显宪法价值。

今天，我们强调宪法的实施，不仅是因为我们曾经有过正反两方面的历史经验教训，也是因为宪法的实施水平与全面推进依法治国的进程息息相关。应当看到，当前宪法实施中还存在一些明显不足，主要表现在，保证宪法实施的监督机制和具体制度还不健全，有法不依、执法不严、违法不究现象在一些地方和部门依然存在；关系人民群众切身利益的执法司法问题还比较突出；一些公职人员滥用职权、失职渎职、执法犯法甚至徇私枉法严重损害国家法制权威；公民包括一些领导干部的宪法意识还有待进一步提高。提高宪法实施水平，就要对这些问题高度重视、切实解决。

宪法实施是一项系统工程。只有坚持党的领导、人民当家作主、依法治国有机统一，全面贯彻、不断发展我国宪法确立的制度和原则，我们才能把握正确政治方向，坚定不移走中国特色社会主义政治发展道路。只有以宪法为最高法律规范，全面推进科学立法、严格执法、公正司法、全民守法进程，我们才能落实依法治国基本方略，加快建设社会主义法治国家。只有保证公民在法律面前一律平等，尊重和保障人权，保证人民依法享有广泛的权利和自由，宪法才能深入人心，走入人民群众，宪法实施才能真正成为全体人民的自觉行动。只有坚持依法治国基本方略和依法执政基本方式，使党自身在宪法和法律范围内活动，真正做到党领导立法、保证执法、带头守法，我们才能使宪法成为所有国家机关及其工作人员的最高行为准则。

“只要我们切实尊重和有效实施宪法，人民当家作主就有保证，党和国家事业就能顺利发展。”保证宪法全面有效实施，我们就一定能为建设社会主义法治国家注入新的生机活力，宪法就一定能成为中华民族走向民主法治、文明富强之路的坚固基石和坚强保障。

《人民日报》2012 年 12 月 11 日

依法治国首先要依宪治国

——三论习近平在现行宪法公布施行30周年大会上的讲话

人民日报评论员

“依法治国，首先是依宪治国；依法执政，关键是依宪执政。”习近平总书记的讲话，从宪法作为国家根本法的地位出发，为全面落实依法治国基本方略、改进党的领导方式和执政方式指明了方向。

法治首先是宪法之治。依法治国的“法”，指的是以宪法为核心由各种法律规范组成的完整法律体系。其中，宪法作为国家根本大法，是所有法律中最重要的法律，是整个法律体系的核心。我国所有的法律，都是依据宪法制定的，都是对宪法精神、原则和制度的具体化。因此，依宪治国不仅是依法治国的必然要求，也是依法治国的首要之义。

我国宪法规定了国家的根本制度，规定了国家公权力的组织体系、职责权限和行为标准，确立了国家权力的分工和相互监督机制。依宪治国，就是要按照宪法的要求，规范国家公权力的良好运行，加强对公权力的有效监督。由于宪法的许多规定主要是依靠国家机关去执行的，因此强调依宪治国，一个重要方面，就是各级国家机关及其工作人员、特别是领导干部应当带头学好宪法，熟悉宪法，遵守宪法，维护宪法，严格依照宪法办事，真正把宪法作为根本活动准则。

“党领导人民制定宪法和法律，党必须在宪法和法律范围内活动。”新形势下，我们党要履行好执政兴国的重大职责，必须依据党章从严治党、依据宪法治国理政，真正做到党领导立法、保证执法、带头守法。善于使党的主张通过法定程序成为国家意志，善于使党组织推荐的人选成为国家政权机关的领导人员，善于通过国家政权机关实施党对国家和社会的领导，只有做到这三个“善于”，才能真正坚持依法治国基本方略，不断优化依法执政基本方式，更好地提升党的执政能力。

“任何组织或者个人都不得有超越宪法和法律的特权，绝不允许以言代法、以权压法、徇私枉法。”依宪治国、依宪执政，核心在理念，关键在能力，重点在落实。一方面，各级领导干部要自觉提高能力，运用法治思维和法治方式深化改革、推动发展、化解矛盾、维护稳定，努力推动形成办事依法、遇事找法、解决问题用法、化解矛盾靠法的良好法治环境，在法治轨道上推动各项工作。另一方面，我们要健全权力运行制约和监督体系，有权必有责，用权受监督，失职要问责，违法要追究，保证人民赋予的权力始终用来为人民谋利益。

宪法的至上地位，是一个国家现代化的重要内容和标志。从宪法出发，我们就会走上建设法治国家的通衢大道；以宪法为基石，我们就能获得党和国家兴旺发达的蓬勃伟力。

《人民日报》2012年12月13日

大事记

2012年大事记

一　　月

4—8日　应全国人大常委会的邀请，越南国会副主席丛氏放对我国进行访问。5日，吴邦国委员长会见越南国会副主席丛氏放。6日，路甬祥副委员长会见越南国会副主席丛氏放率领的越南国会代表团。

8—12日　应日本和印度尼西亚国会的邀请，乌云其木格副委员长率全国人大代表团出席在日本东京举行的亚太议会论坛第二十届年会，并对印尼进行友好访问。在访问印尼期间，乌云其木格副委员长与国会副议长普拉莫诺·阿依举行会谈并会见人民福利统筹部长、前议长阿贡·拉克索诺。

8—10日　吴邦国委员长出席中国共产党第十七届中央纪律检查委员会第七次全体会议。

9日　吴邦国委员长会见韩国总统李明博。

10日　河北省十一届人大五次会议选举张庆黎为河北省人大常委会主任。

同日　重庆市三届人大五次会议决定接受陈光国同志辞去重庆市三届人大常委会主任职务的请求。

11日　王兆国副委员长主持召开十一届全国人大五次会议秘书处第一次筹备工作会议并讲话，李建国副委员长兼秘书长传达经中央批准的全国人大常委会党组关于召开十一届全国人大五次会议的请示，宣布大会秘书处机构及负责人。

12—18日　应全国人大常委会委员长吴邦国的邀请，智利众议长梅莱罗率智利众议院代表团访华。12日，王兆国副委员长会见了智利众议长梅莱罗。16日，吴邦国委员长会见智利众议长梅莱罗。

13日　全国人大常委会在广东省珠海市举行报告会，李建国副委员长兼秘书长出席并讲话。李建国向香港特别行政区、澳门特别行政区十一届全国人大代表通报2011年全国人大常委会主要工作情况、2012年工作安排和十一届全国人大五次会议的主要议程建议。港澳地区全国政协委员应邀出席报告会。

同日　重庆市三届人大五次会议选举陈存根为重庆市人大常委会主任。

同日　甘肃省十一届人大五次会议选举王三运为甘肃省人大常委会主任。

16日　吴邦国委员长会见日本众议院运营委员会委员长小平忠正，李建国副委员长兼秘书长会见时在座。

同日　中国全国人大与日本国会众议院合作委员会第七次会议举行。全国人大常委会副委员长兼秘书长、合作委员会中方主席李建国与日本国会众议院运营委员会委员长、合作委员会日方主席小平忠正共同主持会议。双方与会成员就双边关系、议会交往、经贸合作、节能环保、灾后重建、人文交流以及共同关心的国际和地区问题等进行了广泛深入的交流。双方充分肯定议会交往在推动中日关系改善和发展方面发挥的积极作用，一致表示将继续巩固和深化议会定期交流机制，增进两国议员尤其是年轻议员之间的了解与友谊，为推动两国战略互惠关系的健康稳定发展做出新的贡献。双方定于明年在日本举行中国全国人大与日本国会众议院合作委员会第八次会议。

31—2月5日　王兆国副委员长在广西壮族自治区考察工作。31日，王兆国副委员长出席广西南宁人大工作座谈会并讲话。王兆国说，坚持走中国特色社会主义道路，要把人民代表大会制度坚持好完善好发展好，充分发挥人大及其常委会作为国家权力机关的作用。王兆国说，人民代表大会制度是符合中国国情和国体的根本政治制度，是国家政权中人民行使权力的最好实现形式，也是中国社会主义民主政治最鲜明的特点。把人民代表大会制度坚持好完善好发展好，最根本的是坚持党的领导、人民当家作主、依法治国有机统一。从事人大工作的同志，要切实增强坚持人民代表大会制度的自觉性和坚定性，推动人民代表大会制度与时俱进，进一步把我国社会主义政治制度的优越性发挥出来。王兆国指出，中国特色社会主义法律体系的形成，从制度上、法律上解决了国家发展中带有根本性、全局性、稳定性和长期性的问题，使国家各项事业发展实现了有法可依。法律体系形成后，有法必依、执法必严、违法必究的问题显得更为突出、更加紧迫。要在完善法律体系的同时，采取积极有效措施，维护宪法和法律的权威和尊严，切实保障宪法和法律的有效实施，推进社会主义法治国家建设。王兆国强调，随着社会主义民主政治建设不断推进，人大在国家政治生活中发挥着重要作用。要按照坚持党的领导、充分发扬民主、严格依法办事的原则，把模范遵守宪法和法律、密切联系群众、努力为人民服务、受到群众信赖的优秀分子选为人大代表。要努力提高代表素质，支持和保障代表依法履行代表职务。要完善适合国家权力机关特点的、充满活力的组织制度和运行机制，充分发挥人大及其常委会作为国家权力机关的作用，使人大及其常委会成为全面担负起宪法赋予的各项职责的工作机关，成为同人民群众保持密切联系的代表机关。座谈会由全国人大常委会副秘书长、机关党组书记王万宾主持，广西壮族自治区、南宁市、南宁市所辖区县人大常委会负责人等参加座谈会。

二 月

3 日 吴邦国委员长会见德国总理默克尔。

6 日 吴邦国委员长出席中共中央举行的元宵节联欢晚会。

同日 路甬祥副委员长会见柬埔寨副首相兼外交国际合作部大臣贺南洪。双方就发展双边关系、加强两国议会友好交流合作等交换了意见。

同日 全国人大常委会办公厅举行在京全国人大代表报告会，帮助全国人大代表出席十一届全国人大五次会议做好准备，国家发展和改革委员会主任张平、财政部部长谢旭人、人力资源和社会保障部部长尹蔚民分别报告了 2011 年国民经济和社会发展计划执行情况、2011 年中央预算执行和财政工作情况、2011 年人力资源和社会保障工作情况。民政部、司法部、国土资源部、水利部、文化部、最高人民法院和最高人民检察院向代表提交了书面报告。李建国副委员长兼秘书长主持报告会并讲话。李建国在讲话中向代表通报了全国人大常委会 2011 年的主要工作。他指出，2011 年是“十二五”时期开局之年，全国人大常委会的各项工作都取得了新的进展。共审议 24 件法律案，通过 15 个法律和有关法律问题的决定，听取和审议国务院、最高人民法院、最高人民检察院 14 个工作报告，检查 4 部法律的实施情况，开展 4 项专题调研和 3 次专题询问，听取和审议有关专门委员会关于代表议案审议结果的 9 个报告，决定批准我国与外国缔结的条约、协定以及加入国际公约 5 件，还决定和批准任免一批国家机关工作人员，发挥了最高国家权力机关的作用。在通报 2012 年全国人大常委会工作初步安排时，李建国指出，全国人大常委会将紧紧围绕党和国家工作大局依法行使职权，加强和改进立法工作，完善中国特色社会主义法律体系，加强和改进监督工作，推动中央重大决策部署贯彻落实，做好人大换届选举工作，充分发挥代表作用，团结一心、扎实工作，努力实现本届全国人大的各项目标任务，以新的成绩迎接党的十八大胜利召开。李建国还通报了十一届全国人大五次会议的主要议程建议和筹备工作等情况。

9 日 吴邦国委员长会见加拿大总理哈珀。

11 日 李建国副委员长兼秘书长会见法国前参议长、孚日省议会主席蓬斯莱一行。

同日 《人民日报》报道，记者日前从全国人大常委会法制工作委员会获悉：根据全国人大常委会有关工作部署，全国人大常委会将开展中小企业促进法有关制度立法后评估工作。这将是全国人大常委会继科技进步法、农业机械化促进法等法律立法后评估试点工作之后，再次开展立法后评估工作。

13 日 全国人大常委会副委员长、大会秘书长人选王兆国主持召开十一届全国人大五次会议秘书处第二次筹备工作会议，对大会的各项筹备工作进行检查和再部署。全国人大常委会副委员长、大会秘书长人选王兆国，全国人大常委会副委员长兼秘书长、大会副秘书长人选李建国分别作了重要讲话。

同日 海南省四届人大五次会议选举罗保铭为海南省人大常委会主任。

16 日 云南省十一届人大五次会议选举秦光荣为云南省人大常委会主任。

17 日 李建国副委员长兼秘书长主持召开会议，研究全国人大常委会办公厅关于社会主义民主法制建设专题调研报告稿。

同日 十一届全国人大常委会委员长会议召开第七十六次会议，吴邦国委员长主持。会议决定，十一届全国人大常委会第二十五次会议于 2 月 27 日至 29 日举行。

18—3 月 1 日 应沙特协商会议、约旦众议院和阿曼国家委员会的邀请，韩启德副委员长率全国人大代表团赴沙特出席第三届二十国集团议长大会并对约旦和阿曼进行友好访问。访问期间，韩启德会见了约旦国王阿卜杜拉二世、首相哈萨瓦纳、国民议会参议长米斯里以及阿曼副首相法赫德、协商会议主席哈立德，并与众议长杜格米、阿曼国家委员会主席蒙泽里举行了会谈，双方就双边关系及共同关心的地区和国际问题交换了看法。

22—26 日　应全国人大常委会委员长吴邦国的邀请，缅甸联邦议会人民院议长吴瑞曼率缅甸联邦议会人民院代表团对中国进行正式友好访问。24 日，吴邦国委员长会见缅甸联邦议会人民院议长吴瑞曼。同日，路甬祥副委员长会见缅甸联邦议会人民院议长吴瑞曼率领的缅甸联邦议会人民院代表团。

27 日　李建国副委员长兼秘书长主持召开全国人大代表团访问日本、汤加并举行全国人大与日本国会参议院定期交流机制第五次会议筹备工作会议。

27—29 日　十一届全国人大常委会举行第二十五次会议。

会议听取了全国人大法律委员会副主任委员孙安民关于清洁生产促进法修正案草案审议结果的报告。在审议的基础上，会议印发全国人大法律委员会关于修改清洁生产促进法的决定草案修改意见的报告，经过审议，会议通过《关于修改〈清洁生产促进法〉的决定》。本决定自 2012 年 7 月 1 日起施行。

会议印发了澳门特别行政区行政长官关于澳门特别行政区 2013 年立法会产生办法和 2014 年行政长官产生办法是否需要修改的报告。在审议的基础上，会议印发了全国人大常委会副秘书长乔晓阳关于澳门特别行政区 2013 年立法会产生办法和 2014 年行政长官产生办法有关问题的决定草案的说明，经过审议，会议通过《关于澳门特别行政区 2013 年立法会产生办法和 2014 年行政长官产生办法有关问题的决定》。

会议听取了全国人大财政经济委员会副主任委员乌日图关于资产评估法草案的说明，并对这部法律草案进行初次审议。

会议听取全国人大常委会代表资格审查委员会主任委员黄镇东关于个别代表的代表资格的报告。经过审议，会议通过这个审查报告。

会议通过十一届全国人大五次会议议程草案、十一届全国人大五次会议主席团和秘书长名单草案，决定提请十一届全国人大五次会议预备会审议；通过十一届全国人大五次会议列席人员名单。会议原则通过全国人大常委会工作报告稿，决定委托吴邦国委员长向十一届全国人大五次会议作报告。

会议任命陈光国为十一届全国人大农业与农村委员会副主任委员。

会议批准免去王建明的山西省人民检察院检察长职务；批准任命杨司为山西省人民检察院检察长。批准免去邢宝玉的内蒙古自治区人民检察院检察长职务；批准任命马永胜为内蒙古自治区人民检察院检察长。批准免去张金锁的吉林省人民检察院检察长职务；批准任命杨克勤为吉林省人民检察院检察长。批准免去姜伟的黑龙江省人民检察院检察长职务；批准任命徐明为黑龙江省人民检察院检察长。批准免去国家森的山东省人民检察院检察长职务；批准任命吴鹏飞为山东省人民检察院检察长。批准免去陈俊平的贵州省人民检察院检察长职务；批准任命袁本朴为贵州省人民检察院检察长。批准免去哈斯木·马木提的新疆维吾尔自治区人民检察院检察长职务；批准任命尼相·依不拉音为新疆维吾尔自治区人民检察院检察长。

会议还通过其他任免案。

会议印发全国人大代表团出席亚太议会论坛第二十届年会并访问印度尼西亚情况的书面报告。

会议闭幕时，吴邦国委员长发表重要讲话（全文见本书第 217 页）。

会议结束后，十一届全国人大常委会举行第二十六次专题讲座，由中国社科院财经战略研究院院长助理、服务经济研究室主任夏杰长讲授《推动我国服务业大发展的若干问题》。吴邦国委员长主持讲座。

28 日　十一届全国人大常委会委员长会议召开第七十七次会议，吴邦国委员长主持。会议研究提请常委会会议表决事项。

29 日　十一届全国人大常委会委员长会议召开第七十八次会议，吴邦国委员长主持。会议研究提请常委会会议表决事项。

同日　全国人大常委会发布公告。公告说，辽宁省人大常委会补选李峰为十一届全国人大代表。重庆市人大补选陈存根为十一届全国人大代表。云南省人大常委会补选廖晓军为十一届全国人大代表。全国人大常委会同意代表资格审查委员会的审查报告，确认李峰、陈存根、廖晓军的代表资格有效。

同日　全国人大常委会发布公告。公告说，十一届全国人大代表林永青、朱法臣去世，林永青、朱法臣的代表资格自然终止。全国人大常委会对林永青、朱法臣代表的去世表示哀悼。

同日 全国人大常委会发布公告。公告说，河南省人大常委会接受了吕清海提出的辞去十一届全国人大代表职务的请求。依照代表法的有关规定，吕清海的代表资格终止。现在，十一届全国人大实有代表 2978 人。

同日 吴邦国委员长，王兆国副委员长、李建国副委员长兼秘书长会见全国人大常委会第二十四次会议和第二十五次会议任命的专门委员会副主任委员、工作委员会主任。

三月

3 日 十一届全国人大五次会议、政协十一届全国委员会五次会议党员负责人会议召开，胡锦涛总书记发表讲话。

同日 李建国副委员长兼秘书长出席全国人大常委会会议厅改扩建工程设计方案和样品汇报会。

4 日 十一届全国人大常委会委员长会议召开第七十九次会议，吴邦国委员长主持。会议研究提请大会预备会议选举和表决事项。

同日 十一届全国人大五次会议举行预备会议。出席预备会议的代表 2724 人，出席人数符合法定人数。吴邦国委员长主持会议。他宣布：十一届全国人大五次会议于 3 月 5 日召开，会议的各项准备工作目前已经全部就绪。吴邦国在讲话中指出，十一届全国人大五次会议的指导思想是：全面贯彻党的十七大和十七届三中、四中、五中、六中全会及中央经济工作会议精神，以邓小平理论和“三个代表”重要思想为指导，深入贯彻落实科学发展观，坚持中国特色社会主义政治发展道路，认真行使宪法和法律赋予全国人大的职权，紧紧围绕科学发展这个主题，完成好大会的各项任务，将大会开成一个民主、团结、求实、奋进的大会，动员全国各族人民紧密地团结在以胡锦涛同志为总书记的党中央周围，团结一心、开拓进取、扎实工作，为保持经济平稳较快发展和社会和谐稳定、夺取全面建设小康社会新胜利而奋斗，以新的成绩迎接党的十八大胜利召开。

会议选举产生了由 170 人组成的大会主席团和秘书长。主席团成员有：丁晓兵、习近平、马启智、马飚、王三运、王万宾、王云龙、王正伟、王乐泉、王宁生、王刚、王兆国、王佐书、王沪宁、王珉、王树国、王晓东、王维俊、乌云其木格、方明、巴特尔、邓崎琳、力更·依明巴海、石秀诗、龙刚、卢展工、白志健、白克明、令计划、冯长根、司马义·铁力瓦尔地、吉炳轩、达列力汗·马米汗、朱国萍、乔传秀、乔晓阳、华建敏、向巴平措、刘云山、刘云耕、刘长瑜、刘志华、刘奇葆、刘绍勇、刘淇、刘焯华、刘德培、齐续春、汤小泉、许其亮、许振超、许智宏、孙安民、孙春兰、孙政才、严隽琪、苏荣、杜德印、李长春、李牧、李建华、李建国、李适时、李重庵、李继耐、李欲晞、李鸿忠、李登海、李源潮、李慎明、李肇星、杨扬、杨岳、杨贵新、杨剑、杨继钢、肖怀远、吴邦国、吴华夏、吴胜利、吴晓灵、何勇、汪光焘、汪洋、汪毅夫、张支铁、张庆黎、张伯礼、张宝顺、张春贤、张美兰、张高丽、张毅、陈存根、陈至立、陈先岩、陈全国、陈秀榕、陈昌智、陈炳德、姒健敏、范徐丽泰、林毅夫、欧广源、罗志军、罗保铭、金炳华、金硕仁、周永康、周先旺、周铁农、周强、赵乐际、赵季平、赵胜轩、赵洪祝、胡春华、胡康生、胡锦涛、钟南山、俞正声、姜异康、贺一诚、贺国强、贺铿、秦光荣、袁纯清、袁武、袁驷、栗战书、贾庆林、顾逸东、钱运录、徐才厚、徐建一、徐强、高祀仁、高洪、郭凤莲、郭声琨、郭伯雄、唐世礼、娘毛先、桑国卫、黄跃金、黄镇东、常万全、符桂花、梁国扬、梁慧星、彭先觉、彭祖意、彭清华、蒋树声、韩启德、程贻举、程津培、谢木兰、强卫、蒙兰凤、路甬祥、靖志远、褚君浩、嘉木样·洛桑久美·图丹却吉尼玛、赫冀成、管国芳、廖晓军、廖锡龙、谭永华、薄熙来。秘书长为王兆国。会议通过十一届全国人大五次会议议程。

同日 十一届全国人大五次会议主席团举行第一次会议。吴邦国委员长主持会议。会议推选吴邦国、王兆国、路甬祥、乌云其木格、韩启德、华建敏、陈至立、周铁农、李建国、司马义·铁力瓦尔地、蒋树声、陈昌智、严隽琪、桑国卫为主席团常务主席。会议通过十一届全国人大五次会议日程、大会全体会议的执行主席，决定李建国、王万宾、胡康生、李肇星、赵胜轩、尤权为大会副秘书长。李肇星兼任大会发言人。会议通过十一届全国人大五次会议表决议案办法。会议决定，代表提出议案的截止时间为 3 月 9 日 12 时。

同日　代表团、代表按法律规定讨论和提出议案或建议。

同日　十一届全国人大五次会议举行新闻发布会，大会发言人李肇星就会议议程和人大工作等问题回答中外记者提问。

5日　《人民日报》发表题为《忠实反映人民意愿　切实推动国家进步》的社论，热烈祝贺十一届全国人大五次会议开幕。

5—14日　十一届全国人大五次会议举行。

5日上午，十一届全国人大五次会议开幕。会议执行主席是吴邦国、王兆国、路甬祥、乌云其木格、韩启德、华建敏、陈至立、周铁农、李建国、司马义·铁力瓦尔地、蒋树声、陈昌智、严隽琪、桑国卫，由吴邦国主持。会议听取国务院总理温家宝作政府工作报告。报告共分三部分：(1)2011年工作回顾；(2)2012年工作总体部署；(3)2012年主要任务。根据会议议程，会议印发了关于2011年国民经济和社会发展计划执行情况与2012年国民经济和社会发展计划草案的报告、关于2011年中央和地方预算执行情况与2012年中央和地方预算草案的报告，提请审查批准。香港特别行政区行政长官曾荫权、澳门特别行政区行政长官崔世安列席会议并在主席台就座。出席全国政协十一届五次会议的政协委员列席大会。中央和国家机关有关部门、解放军及武警部队、各人民团体有关负责人列席或旁听大会。各国驻华使节旁听了大会。

同日下午，各代表团召开全体会议或小组会议进行审议。

国家主席胡锦涛参加江苏代表团审议，全国政协主席贾庆林参加北京代表团审议，中共中央政治局常委李长春参加四川代表团审议，国家副主席习近平参加上海代表团审议。

吴邦国委员长参加安徽代表团审议。代表们围绕培育战略性新兴产业、发展实体经济、统筹城乡发展等争相发言，吴邦国认真倾听，不时插话同大家讨论。在仔细听取张宝顺、吴存荣、王亚非等代表发言后，吴邦国发了言，表示完全赞同政府工作报告，并对安徽省的工作给予充分肯定。他指出，过去的一年，我国社会主义现代化建设取得新的重大成就，实现了“十二五”时期良好开局。这些成绩来之不易，是以胡锦涛同志为总书记的党中央科学决策、正确领导的结果，是全国上下齐心协力、顽强拼搏的结果。今年是我国发展进程中具有特殊重要意义的一年，我们党将召开具有重大而深远意义的第十八次全国代表大会。做好全年各项工作，保持经济社会发展良好势头，具有十分重要的意义。我们要把思想和行动统一到中央对形势的分析判断和对工作的整体部署上来，深入贯彻落实科学发展观，牢牢把握稳中求进的总基调，结合实际创造性地开展工作，努力实现经济平稳较快发展，保持社会和谐稳定，以优异成绩迎接党的十八大胜利召开。吴邦国在发言中着重强调了三点：一要在转变经济发展方式上取得新进展。要把中央关于转方式、调结构的决策部署真正落实到具体措施上、体现在实际工作中，着力扩大内需特别是消费需求，把重点更多放在保障和改善民生、加快发展服务业、提高中等收入者比重上来，推动经济增长更多依靠内需拉动；着力加快科技进步和自主创新步伐，引导支持创新要素向企业聚集，促进产业结构优化升级，推动经济增长更多依靠创新驱动；着力推进节能减排，强化法律规范和政策引导，淘汰落后产能，发展绿色产业和循环经济，推动经济增长建立在可持续发展基础上。二要在深化改革开放上取得新突破。要着眼于解决制约经济社会发展的深层次矛盾和问题，加强改革顶层设计和总体规划，努力在一些重点领域和关键环节取得突破，加快形成有利于科学发展的体制机制。要深化财税体制改革，深入研究收入分配体制改革总体方案，继续深化国有企业改革，把国有企业做优做强，深化金融体制改革，积极培育面向小型微型企业和“三农”的金融机构，加快落实促进非公有制经济健康发展的政策措施，完善促进民间投资体制。三要在改善民生上取得新成效。要正确处理发展经济和改善民生的关系，把保障和改善民生放在更加突出位置，加大财政投入力度，切实办好涉及民生的大事要事，加大大别山区扶贫工作力度，重点加强对困难群众的帮扶，保障他们的基本生活。要加强和创新社会管理，妥善解决群众合法合理诉求，努力从源头上预防和减少矛盾，维护社会和谐稳定。

王兆国副委员长参加陕西代表团审议。王兆国说，赞成政府工作报告。他说，要坚持科学发展、改革开放，着力发展实体经济这一坚实基础，大力倡导通过勤奋劳动、诚实劳动、创新劳动创造价值和财富，促进经济社会发展；落实就业优先战略，实施更加积极的就业政策，努力扩大就业，合理调整收入分配关系，缩小收入差距，切实提高劳动者收入，维护劳动者合法权益，使劳动者共享改革发展的成果；要充分发挥工青妇等人民团体的作用，密切联系群众，促进社会和谐发展；要加强法制建设，每个人都要守法，依法办事，推动法治国家的建设。

要珍惜成绩,在以胡锦涛同志为总书记的党中央领导下,同心同德,促进经济社会发展取得更大的成就。

路甬祥副委员长参加湖北代表团审议。路甬祥说,总理的报告体现了稳中求进、统筹兼顾、科学发展精神,是一个务实进取、鼓舞人心、催人奋进的报告。他说,必须深化科技与教育改革创新,大力推进科教兴国、人才强国战略,为经济社会持续发展、跨越发展、科学发展提供有力支撑。要加快从跟踪模仿走向自主创新,在重视科学原创和关键核心技术创新的同时,应充分重视创新设计和自主集成创新。要大力加强基础件、基础制造工艺、基础材料等共性技术和产业的发展,夯实基础,提升中国制造业的全球竞争力和可持续发展能力,实现由大到强的历史跨越。要深化教育改革创新,坚持立足国情、适应需求、提高质量、优化结构和区域布局,为创新型国家建设提供强大的人力资源支持。

乌云其木格副委员长参加内蒙古代表团审议。乌云其木格说,温家宝总理作的政府工作报告,脚踏实地、警醒忧患、励志践行,是个稳中求进的好报告。去年在国际国内形势复杂严峻的情况下,举国上下认真落实中央决定,以科学发展和转变经济发展方式为主旨,把短期应对措施和长期制度建设结合起来,巩固和扩大了应对国际金融危机的成果,同时保持了经济增长较快,社会事业发展,价格趋稳、民生改善的良好势头。我们能取得这样的成绩,实现政通人和,是坚持以人为本、五个统筹科学发展观的结果。由于实现公权力与社会愿望之间的关系相互衔接,体现公平公正,从而调动了各方面的积极性,使社会各层面的活力和动力不断释放。因而,我们对完成今年工作的各项目标和任务充满信心。

韩启德副委员长参加浙江代表团审议。韩启德说,今年的政府工作报告写得更加简明、务实,重点更加突出,针对复杂经济形势,提出了切实可行的应对措施,是一个很好的报告,我完全赞同。期望本届政府的工作能在以下方面取得实质性进展:切实推动垄断行业改革,要向民营企业和民间资本开放,实行市场公平竞争;大力扶助民营企业、小微型企业和科技创新型企业,减少税负,建立相应的金融机构;推进股市制度改革,保护农民土地权益,大幅提高百姓财产性收入和劳动性收入;切实推进行政管理体制改革,减少政府对市场的干预,扎实推进"三公"经费公开,遏制公款吃喝恶劣风气;保证教育投入达到 GDP 的 4%,大力推进教育公平,大幅提高农村和经济不发达地区的教育投入。

华建敏副委员长参加山东代表团审议。华建敏说,赞同政府工作报告。他说,2011 年,在十分复杂的国内外背景下,全国上下一心,贯彻落实科学发展观,加快转变发展方式,巩固了应对国际金融危机冲击成果,实现了"十二五"时期良好开局。今年国际经济环境仍然复杂严峻,未来走向难以预料。世界经济大势的不确定性,对我们分析国内经济形势、制定宏观调控政策会带来相当大的影响。要提高宏观调控水平,必须深入分析经济发展和运行趋势变化,坚持科学、民主、依法决策,切实做好顶层设计和可行性分析,加强政策储备,最重要的是要注意倾听地方和企业的意见。要在摸透情况、吃透规律的基础上,制定出真正管用、管根本、管长远的政策。

陈至立副委员长参加福建代表团审议。陈至立说,完全赞成拥护温总理的报告。报告全面深刻、内容丰富、令人鼓舞、催人奋进。报告突出科学发展主题,贯穿加快转变经济发展方式主线,充分体现以人为本、执政为民理念,充满改革创新精神;总结成绩实事求是,分析形势和挑战客观准确;部署今年工作目标明确、重点突出、思路清晰、措施有力。一大亮点是关注民生、解决民生问题,成效突出。例如,国家出台妇女小额贴息贷款政策,向城乡妇女发放了 556 亿元贷款,财政贴息 23 亿元,帮助 100 多万妇女创业,数百万妇女就业;对 1300 万农村妇女进行了宫颈癌、乳腺癌免费检查并为患者提供治疗。国务院还制定了新十年妇女和儿童发展纲要,进一步落实男女平等基本国策和儿童优先原则。

李建国副委员长兼秘书长参加山东代表团审议。李建国在参加山东团审议时说,我完全赞成温家宝总理所作的政府工作报告。2011 年,我们实现了"十二五"时期的良好开局,成绩来之不易。在新的一年里,我们要认清形势,坚定信心,把工作做得更好。尤其是要把握住稳中求进的工作总基调,处理好稳增长、控物价、调结构、惠民生、抓改革、促和谐的关系。他说,科学发展观第一要义是发展。发展是党执政兴国的第一要务,是解决我国所有问题的基础和关键。当前我们面临的许多问题,都是在发展过程中遇到的。解决这些问题,最终还是要靠发展,靠坚持不懈地办好自己的事情。因此,必须坚持科学发展,保持经济平稳较快增长,在此基础上,不断改善人民群众的生活。

司马义·铁力瓦尔地副委员长参加新疆团审

议。司马义·铁力瓦尔地说，我坚决拥护总理的报告。去年，党中央、国务院团结带领全国各族人民，牢牢把握科学发展这个主题和加快转变经济发展方式这条主线，改革开放和现代化建设取得新的巨大成就。我国的社会生产力、综合国力显著增强，经济社会又好又快发展，社会大局保持和谐稳定。这些成就的取得，得益于以胡锦涛同志为总书记的党中央的坚强领导，得益于科学发展观的正确指引，得益于社会主义政治制度的优越性，得益于各族人民的共同团结奋斗。今年是落实“十二五”规划承上启下的一年，让我们更加紧密团结在以胡锦涛同志为总书记的党中央周围，高举中国特色社会主义伟大旗帜、深入落实科学发展观，以优异的成绩迎接党的十八大胜利召开。

陈昌智副委员长参加宁夏代表团审议。陈昌智说，今年的政府工作报告是一个实事求是的报告，报告客观总结了去年我国经济社会文化等各方面的成就，同时也毫不隐晦、比较具体地谈到工作中存在的问题，尤其是谈到一定要把本届政府应该做的事在最后一年做好，体现了总理和本届政府对人民高度负责的精神。他说，去年我国面临较为复杂的国内外形势，经济依然取得丰硕成果，来之不易，令人振奋。政府工作报告将今年国内生产总值增长预期目标定为7.5%，意图是要转方式，调结构。当前世界经济形势复杂，经济发展也存在一定问题，应该抓住机会将推进经济结构调整做好，让我们以一个更崭新的面貌，迎接新一轮的市场竞争。

桑国卫副委员长参加贵州代表团审议。桑国卫说，过去的一年，党中央、国务院领导全国各族人民，积极应对来自国内外的各种风险和挑战，实现了经济平稳较快发展，进一步积累了在复杂环境里推动我国经济社会又好又快发展的新经验。他说，政府工作报告突出坚持科学发展，强调发展惠及民生，是一个求真务实、坚持以人为本和改革开放、鼓舞人心的报告。今年由于欧债危机、世界主要经济体复苏缓慢等因素影响，我国面对的发展环境更加复杂，保持经济平稳较快发展难度更大。我们要按照党中央、国务院的部署，深入分析国际国内形势的新变化，解放思想，开拓创新，坚持加强和改善宏观调控，加快推进经济发展方式转变和经济结构调整，努力实现经济平稳较快发展，保持社会和谐稳定。

同日，十一届全国人大五次会议举行记者会，国家发展和改革委员会主任张平就“宏观经济和宏观调控”回答记者提问。

6日，各代表团召开代表小组会议或全体会议进行审议。

国务院总理温家宝参加甘肃代表团审议，国务院副总理李克强参加辽宁代表团审议，中共中央政治局常委、中央纪委书记贺国强参加湖南代表团审议，中共中央政治局常委周永康参加黑龙江代表团审议。

蒋树声副委员长参加青海代表团审议。蒋树声说，政府工作报告始终贯穿科学发展观的总体要求，牢牢把握了“稳中求进”的工作总基调；总结成绩客观实在，恰如其分；分析问题不避矛盾，切中肯綮；部署工作思路清晰，任务明确；报告的一大亮点是更加重视强调保障和改善民生，爱民亲民，求真务实。他说，做好今年的工作，一要保持实体经济的优势，扶持和推动实体经济稳健发展，特别要扶持中小微型企业和科技创新型企业。二要加快城乡统筹的基本公共服务体系建设，推进基本公共服务均等化。三要加强粮食安全，依靠科技创新驱动，提升农业科技推广能力，引领支撑农业现代化建设，守住18亿亩耕地红线，千方百计提高粮食综合生产能力。

严隽琪副委员长参加上海代表团审议。严隽琪说，政府工作报告吸纳了各方面意见，提出的政策措施针对性很强，重视总体设计，亮点很多，是一个非常好的报告，我完全赞成。她说，第一，发展外交战略很重要。要从中国国家整体发展战略出发，加强战略布局，加大整体外交力度，做好争取民心的工作，为国家长远发展提供有利的国际环境。第二，产业结构调整非常关键。我们要掌握核心技术，占据高端环节。要更加重视职业教育；更加重视确立我国的“海洋战略”，希望上海在构建和形成国家海洋战略方面有所作为。第三，要高度重视创新体系的布局，实现官产学研结合与大中小企业联盟。

同日，十一届全国人大五次会议举行记者会，外交部部长杨洁篪就“我国的对外政策和对外关系”问题答记者问。

同日，十一届全国人大五次会议新闻中心举办主题为“全面落实教育规划纲要进展情况”的网络访谈，邀请3位全国人大代表，结合审议政府工作报告，与网民进行在线交流。

7日，各代表团召开全体会议和代表小组会议进行审议。

国家主席胡锦涛到云南代表团与代表一起审议，国务院总理温家宝到天津代表团与代表一起审议,全国政协主席贾庆林到台湾代表团与代表一起审议,中央政治局常委李长春到内蒙古代表团与代表一起审议,国家副主席习近平到山东代表团与代表一起审议,国务院副总理李克强到湖北代表团与代表一起审议,中共中央政治局常委、中央纪委书记贺国强到广东代表团与代表一起审议,中共中央政治局常委周永康到江西代表团与代表一起审议。

吴邦国委员长到浙江代表团与代表一起审议。吴邦国同代表们一起审议,共商发展大计。他对浙江省的工作给予充分肯定,希望浙江认真贯彻中央决策部署,适应国际环境和自身发展阶段变化,继续解放思想、勇于创新,率先转变经济发展方式,加快调整经济结构,发展现代服务业和高新技术产业,增强经济发展内生动力,提高经济发展质量,努力在推动科学发展上走在全国前列。吴邦国强调,中小企业在创造财富、吸纳就业、提高居民收入方面发挥着不可替代的作用。要完善支持中小企业发展的法律政策,放宽市场准入,降低税费负担,规范民间借贷市场,发展面向中小企业的小型金融机构和担保机构,降低企业融资成本,建设更具针对性的公共技术、信息和人才培训服务平台,引导中小企业和小企业集群加强品牌与设计、物流与销售两方面工作,促进产业结构和产品结构转型升级。

同日,全国人大财政经济委员会审查计划报告和预算报告,分别提出关于计划和预算的审查结果报告。

同日,十一届全国人大五次会议举行记者会,人力资源和社会保障部部长尹蔚民、副部长胡晓义就"当前我国的就业形势和社会保障事业发展"的相关问题回答中外记者的提问。

同日,十一届全国人大五次会议举行记者会,商务部部长陈德铭就"扩消费促流通和发展对外经贸"的相关问题回答中外记者的提问。

8日上午,十一届全国人大五次会议举行第二次全体会议。会议执行主席是:华建敏、马启智、王云龙、王珉、石秀诗、刘云耕、刘焯华、苏荣、李鸿忠、肖怀远、张庆黎、陈全国、罗志军、秦光荣、郭声琨、郭伯雄,由华建敏主持。会议听取了王兆国副委员长关于刑事诉讼法修正案草案的说明。王兆国说,刑事诉讼法是规范刑事诉讼活动的基本法律。我国现行刑事诉讼法于1979年制定,1996年八届全国人大四次会议进行了修正。实践证明,我国的刑事诉讼制度总体上是科学的、合理的。刑事诉讼法修改16年来,我国经济社会快速发展,在刑事犯罪方面也出现了新的情况,有必要在认真梳理代表议案、深入总结实践经验、广泛征求意见的基础上,按照中央深化司法体制和工作机制改革的要求,对刑事诉讼法予以修改完善。王兆国说,全国人大常委会法工委从2009年初开始着手刑事诉讼法修改方案的研究起草工作。在多次听取全国人大代表和各方面意见的基础上,经反复与中央政法机关和有关单位共同研究,形成了刑事诉讼法修正案草案稿。2011年8月,十一届全国人大常委会第二十二次会议对修正案草案进行了初次审议。会后,将草案印发中央有关部门、各地和有关方面征求意见,中国人大网站全文公布草案向社会征求意见。2011年12月,十一届全国人大常委会第二十四次会议对修正案草案进行了再次审议。会议决定将修正案草案提请十一届全国人大五次会议审议。全国人大常委会办公厅按照法定程序,于今年1月11日将刑事诉讼法修正案草案发送全国人大代表进行阅读讨论。根据常委会组成人员的审议意见和代表们在讨论中提出的意见,对修正案草案作了进一步修改完善,形成了现在提请大会审议的刑事诉讼法修正案草案。王兆国说,在修正案草案起草和修改工作中,注意把握了以下几个问题:一是坚持从我国基本国情出发,循序渐进地推进我国刑事诉讼制度的完善。二是坚持统筹处理好惩治犯罪与保障人权的关系。三是坚持着力解决在惩治犯罪和维护司法公正方面存在的突出问题。王兆国说,在全国人大常委会审议和征求意见过程中,各方面对修正案草案还提出了其他一些修改意见和建议。这些意见和建议中,有些各方面认识还不一致,有些还缺乏实践经验。考虑到刑事诉讼法的修改要根据经济社会发展的实际,循序渐进,逐步完善,对于这些问题,可以继续研究探索。王兆国着重就将"尊重和保障人权"写入刑事诉讼法、证据制度、强制措施、辩护制度、侦查措施、审判程序、执行程序、增加规定特别程序等方面的主要内容,对修正案草案作了说明。

会议听取了李建国副委员长兼秘书长关于十二届全国人大代表名额和选举问题的决定草案的说明、关于香港特别行政区选举十二届全国人大代表的办法草案和澳门特别行政区选举十二届全国人大代表的办法草案的说明。李建国说,根据宪法和有关法律的规定,十一届全国人大到2013年3月任期届满,届满之前需选举产生十二届全国人大代表。十二届全国人大代表选举是选举法修改后首次实行城乡按相同人口比例进行选举。做好这次选举工作,对于发展社会主义民主政治,保障人民当家作主,加强国家政权建设,充分发挥中国特色社会主义制度的优越性,广泛凝聚各方面的智慧和力量,推动科学发展,促进社会和谐,具有十分重要的意义。李建国说,十二届全国人大代表选举的最大特点是首次实行城乡按相同人口比例选举人大代表,需要对省、自治区、直辖市的全国人大代表名额重新进行分配,以更好地体现人人平等、地区平等、民族平等。为此,我们对十二届全国人大代表名额分配问题进行了认真研究,重点就代表名额分配的原则以及需要把握的若干问题作了深入论证,并征求了中央有关部门和各省、自治区、直辖市人大常委会的意见。在此基础上,按照宪法和选举法的有关规定,委员长会议拟订了十一届全国人大五次会议关于十二届全国人大代表名额和选举问题的决定草案。十一届全国人大常委会第二十四次会议对决定草案进行了审议,并决定提请本次大会审议。李建国说,根据选举法和香港基本法、澳门基本法的有关规定,香港特别行政区和澳门特别行政区居民中的中国公民,根据全国人民代表大会确定的名额和代表产生办法,分别在香港、澳门选出全国人大代表,参加最高国家权力机关的工作。根据全国人民代表大会和地方各级人民代表大会选举法的规定,在十一届全国人大任期届满前,需制定香港、澳门选举十二届全国人大代表的办法。全国人大常委会办事机构、工作机构会同国务院有关部门共同研究起草了两个选举办法草案,并分别召开座谈会,征询了香港特别行政区和澳门特别行政区全国人大代表、全国政协委员的意见。十一届全国人大常委会第二十四次会议审议了这两个选举办法草案,决定提请本次大会审议李建国还就三个法律案草案的主要内容作了说明。

同日下午,各代表团召开代表小组会议或全体会议进行审议。

中共中央政治局常委李长春到河北代表团与代表一起审议,国家副主席习近平分别到香港代表团、澳门代表团与代表一起审议,中共中央政治局常委周永康到重庆代表团与代表一起审议。

吴邦国委员长到青海代表团与代表一起审议。会上,代表们认真审议刑事诉讼法修正案草案、第十二届全国人大代表名额和选举问题的决定草案等。在听取强卫、骆惠宁、李承宝等代表发言后,吴邦国说,完善刑事诉讼法律制度,对于更好地依法惩治犯罪、保障人权、维护社会秩序具有重要意义。依法选举第十二届全国人大代表是国家政治生活中的一件大事,也是选举法修改后首次实行城乡按相同人口比例选举全国人大代表。我们要发扬民主、集思广益,把相关法律案审议好修改好完善好。吴邦国对青海省经济社会发展和玉树灾后重建给予充分肯定。他指出,青海资源丰富、民族众多,是全国重要的生态安全屏障,希望青海抓住深入实施西部大开发战略、中央支持四省藏区发展带来的新机遇,创新发展模式,依托资源优势发展循环经济,坚持绿色发展,加快基础设施建设,完善生态补偿机制,加强生态环境保护,避免简单重复传统发展方式,防止落后产能、过剩产能扩张,实现跨越式发展。要切实保障和改善民生,关心群众生活,落实党的民族政策和宗教政策,增进各族人民团结。

周铁农副委员长参加河北代表团审议政府工作报告。周铁农说,政府工作报告总结成绩实事求是,分析问题深刻透彻,部署任务切实可行,符合我国经济社会发展的实际情况,充分体现了党中央、国务院应对复杂局面的胆识、驾驭市场经济的能力。一是总体要求明确,工作基调鲜明,发展思路清晰,体现了求真务实的作风和与时俱进的精神,为我们做好今后的工作指明了方向。二是通篇把握改革创新,强调进一步关注民生,加强顶层设计,加大创新力度,推出一系列新政策新举措,充分回应了人民群众的热切期望,有力解决了人民群众的实际困难,必将推动重点领域和关键环节的改革取得新突破,使改革开放的成果惠及广大人民群众。三是统筹兼顾,政策措施到位,更好体现了稳增长与控物价、保速度与促效益、经济发展与社会发展的协调统一。

同日,十一届全国人大五次会议举行记者会,全国人大常委会委员、全国人大常委会法制工作委员会副主任郎胜,全国人大常委会法制工作委员会刑法室副主任李寿伟就“刑事诉讼法修改”回答中外记者提问,回应社会关切的问题。

同日,十一届全国人大五次会议新闻中心组织中国人大网、人民网、新华网、中国网、国际在线、央视网、中国经济网、中国新闻网、中国广播网、光明网和法制网等11家网站,联合开展主题为“一线工人、农民代表谈履职”的网络访谈。邀请4位全国人大代表,结合审议政府工作报告,与网民进行在线交流。

9日上午,各代表团召开代表小组会议或全体会议进行审议。

国家主席胡锦涛到西藏代表团与代表一起审议,国务院总理温家宝到广西代表团与代表一起审议，中共中央政治局常委李长春到海南代表团与代表一起审议，国家副主席习近平到新疆代表团与代表一起审议，国务院副总理李克强到福建代表团与代表一起审议，中共中央政治局常委、中央纪委书记贺国强到河南代表团与代表一起审议。

同日下午，十一届全国人大五次会议举行第三次全体会议。会议执行主席是：王兆国、王三运、白克明、刘奇葆、杜德印、李肇星、张宝顺、张春贤、陈存根、罗保铭、周强、胡康生、姜异康、袁纯清、栗战书、梁国扬，由王兆国主持。会议听取吴邦国委员长作全国人大常委会工作报告。常委会工作报告分两部分，过去一年的主要工作，主要内容是：一是立法工作继续加强。(1)刑事诉讼法修正案草案提请大会审议。(2)修改制定一批重要法律。(3)推进科学立法、民主立法。二是监督工作扎实推进。(1)推动经济发展方式转变。(2)促进保障和改善民生。(3)加强对财政预算的监督。(4)加强对司法工作的监督。三是代表工作深入开展。(1)坚持尊重代表主体地位，做好代表议案和建议办理工作。(2)坚持为代表服务的思想，提高服务保障工作水平。(3)密切与人大代表的联系，提高常委会工作质量和水平。四是对外交往积极活跃。坚持服从服务于国家外交大局，有计划、有重点地加强同外国议会和多边议会组织的友好往来，为推动国家关系全面发展、维护我国发展重要战略机遇期发挥了重要作用。五是自身建设常抓不懈。一要坚定不移走自己的路。二要进一步发挥人民代表大会制度的特点和优势。三要不断推进人民代表大会制度完善和发展。今后一年的主要任务，主要内容是：一是在完善中国特色社会主义法律体系上迈出新步伐。二是在推动中央重大决策部署贯彻落实上见到新成效。三是在代表服务、对外交往、自身建设等方面取得新进展。

同日，十一届全国人大五次会议举行记者会，农业部部长韩长赋，农业部总经济师、新闻发言人陈萌山就“推进农业科技进步，促进增产增收”的相关问题回答中外记者的提问。

同日，十一届全国人大五次会议新闻中心组织中国人大网、人民网、新华网、中国网、国际在线、央视网、中国经济网、中国新闻网、中国广播网、光明网和法制网等11家网站，联合举办主题为“农民工代表谈履职”的网络访谈。邀请3位全国人大代表中的农民工代表，结合审议常委会工作报告，与网民进行在线交流谈履职。

9—12日，全国人大法律委员会审议刑事诉讼法修正案草案、关于第十二届全国人大代表名额和选举问题的决定草案、香港特别行政区选举第十二届全国人大代表的办法草案、澳门特别行政区选举第十二届全国人大代表的办法草案，分别提出审议结果的报告和修改稿。

10日，各代表团召开代表小组会议和全体会议进行审议。

国务院总理温家宝到陕西代表团与代表一起审议，国务院副总理李克强到贵州代表团与代表一起审议，中共中央政治局常委、中央纪委书记贺国强到山西代表团与代表一起审议。

吴邦国委员长到吉林代表团与代表一起审议。孙政才、王儒林、聂文权等代表相继发言，高度评价全国人大常委会的工作，完全赞同全国人大常委会工作报告。吴邦国认真听取代表们发言，充分肯定吉林省经济社会发展取得的成绩，感谢大家对全国人大常委会工作的支持和监督。吴邦国表示，我们要在前四年工作的基础上，把今后一年的各项工作做得更好，努力实现本届全国人大的各项目标任务。他强调，坚持和完善人民代表大会制度、做好新形势下人大工作，最重要的是要坚持正确的政治方向，坚定不移走中国特色社会主义政治发展道路，坚持党的领导、人民当家作主、依法治国有机统一，牢牢把握我国人民代表大会制度本质特征，充分发挥人民代表大会制度的特点和优势，不断推进人民代表大会制度的完善和发展，为党和国家兴旺发达、长治久安提供坚实的制度保障。

同日，十一届全国人大五次会议主席团常务主席举行第一次会议。主席团常务主席、全国人大常委会委员长吴邦国主持会议。

会议听取了十一届全国人大五次会议主席团常务主席、大会副秘书长、全国人大常委会副委员长兼秘书长李建国关于十一届全国人大五次会议秘书处关于政府工作报告审议和修改情况以及决议草案代拟稿起草情况的汇报。

会议听取了全国人大财政经济委员会主任委员石秀诗关于全国人大财政经济委员会关于2011年国民经济和社会发展计划执行情况与2012年国民经济和社会发展计划草案的审查结果报告、关于2011年中央和地方预算执行情况与2012年中央和地方预算草案的审查结果报告。

会议听取了李建国关于十一届全国人大五次会议秘书处关于2011年国民经济和社会发展计划执行情况与2012年国民经济和社会发展计划的决议草案代拟稿、关于2011年中央和地方预算执行情况与2012年中央和地方预算的决议草案代拟稿的汇报。

会议还听取了大会副秘书长、全国人大法律委员会主任委员胡康生关于全国人大法律委员会关于刑事诉讼法修正案草案审议结果的报告、关于十二届全国人大代表名额和选举问题的决定草案审议结果的报告、关于香港特别行政区选举十二届全国人大代表的办法草案审议结果的报告和关于澳门特别行政区选举十二届全国人大代表的办法草案审议结果的报告。

会议同意将上述审议结果报告和关于政府工作报告、计划报告、预算报告的决议草案代拟稿，关于修改刑事诉讼法的决定草案，关于十二届全国人大代表名额和选举问题的决定草案，香港特别行政区、澳门特别行政区选举十二届全国人大代表的办法草案修改稿提交大会主席团第二次会议审议。

同日，十一届全国人大五次会议主席团举行第二次会议。主席团常务主席吴邦国主持会议。会议决定将十一届全国人大五次会议关于政府工作报告的决议草案提请各代表团审议。会后，连同修改后的政府工作报告和修改情况的说明一并印发全体代表。

会议听取和审议全国人大财政经济委员会主任委员石秀诗关于财政经济委员会关于2011年国民经济和社会发展计划执行情况与2012年国民经济和社会发展计划草案的审查结果报告。决定将关于2011年国民经济和社会发展计划执行情况与2012年国民经济和社会发展计划的决议草案提请各代表团审议。会后，连同修改后的计划报告和修改情况的说明一并印发全体代表。

会议听取和审议全国人大财政经济委员会主任委员石秀诗关于财政经济委员会关于2011年中央和地方预算执行情况与2012年中央和地方预算草案的审查结果报告。决定将关于2011年中央和地方预算执行情况与2012年中央和地方预算决议草案提请各代表团审议。会后，连同修改后的预算报告和修改情况的说明一并印发全体代表。

会议听取和审议全国人大法律委员会主任委员胡康生关于法律委员会关于刑事诉讼法修正案草案审议结果的报告。决定将关于修改刑事诉讼法的决定草案提请各代表团审议。

会议听取和审议全国人大法律委员会主任委员胡康生关于法律委员会关于第十二届全国人大代表名额和选举问题的决定草案审议结果的报告。决定将关于十二届全国人大代表名额和选举问题的决定草案修改稿提请各代表团审议。

会议听取和审议全国人大法律委员会主任委员胡康生关于法律委员会关于香港特别行政区选举十二届全国人大代表的办法草案、澳门特别行政区选举十二届全国人大代表的办法草案审议结果的报告。决定将两个办法草案修改稿提请各代表团审议。

同日，十一届全国人大五次会议新闻中心举行记者会。马小平、韩再芬、郭建华、刘丹丽、郑晓幸、王勇超等六位文化领域的代表就“促进基层文化发展”的相关问题回答中外记者的提问。

11日上午，各代表团召开代表小组会议或全体会议进行审议。

同日下午，十一届全国人大五次会议举行第四次全体会议。会议执行主席是：严隽琪、卢展工、吉炳轩、孙春兰、孙政才、汪光焘、张毅、欧广源、赵乐际、赵洪祝、胡春华、袁武、高祀仁、黄镇东、强卫，由严隽琪主持。会议听取王胜俊院长作最高人民法院工作报告，曹建明检察长作最高人民检察院工作报告。

同日，十一届全国人大五次会议新闻中心组织中国人大网、人民网、新华网、中国网、国际在线、央视网、中国经济网、中国新闻网、中国广播网、光明网和法制网等11家网站，联合举办主题为“充分发挥审判职能作用，努力推进社会管理创新”的网络访谈。邀请3位在地方法院工作的全国人大代表，结合听取和审议最高人民法院工作报告，与网民进行在线交流。

12日，各代表团召开代表小组会议和全体会议进行审议。

国家主席胡锦涛、国家副主席习近平到解放军代表团与代表一起审议，中共中央政治局常委周永康到宁夏代表团与代表一起审议。

同日，十一届全国人大五次会议主席团常务主席举行第二次会议。主席团常务主席、全国人大常委会委员长吴邦国主持会议。

会议听取了十一届全国人大五次会议副秘书长、全国人大法律委员会主任委员胡康生关于全国人大法律委员会关于修改刑事诉讼法的决定草案修改意见的报告、关于十二届全国人大代表名额和选举问题的决定草案修改意见的报告、关于香港特别行政区选举十二届全国人大代表的办法草案修改稿修改意见的报告、关于澳门特别行政区选举十二届全国人大代表的办法草案修改稿修改意见的报告。

会议听取了十一届全国人大五次会议主席团常务主席、大会副秘书长、全国人大常委会副委员长兼秘书长李建国关于大会秘书处关于全国人大常委会工作报告审议和修改情况以及决议草案代拟稿的汇报、关于最高人民法院工作报告审议和修改情况以及决议草案代拟稿的汇报、关于最高人民检察院工作报告审议和修改情况以及决议草案代拟稿的汇报。

会议还听取了大会副秘书长、全国人大常委会副秘书长王万宾作的大会秘书处关于代表提出议案处理意见的报告。

十一届全国人大五次会议主席团常务主席第二次会议同意将上述决定草案建议表决稿、办法草案建议表决稿、决议草案代拟稿和有关报告提交大会主席团第三次会议审议。

同日，十一届全国人大五次会议举行记者会，中国人民银行行长周小川、副行长胡晓炼、副行长刘士余、副行长兼国家外汇管理局局长易纲就“货币政策及金融改革”回答中外记者的提问。

同日，十一届全国人大五次会议举行集体采访，邀请刘明忠、谭旭光、杨天夫、向文波四位全国人大代表中的企业负责人围绕“推进实体经济发展”这一主题回答记者提问。

13 日，各代表团召开代表小组会议和全体会议进行审议。

同日，十一届全国人大五次会议主席团举行第三次会议。主席团常务主席吴邦国主持会议。

会议听取和审议了全国人大法律委员会主任委员胡康生关于全国人大法律委员会关于修改刑事诉讼法的决定草案修改意见的报告、关于十二届全国人大代表名额和选举问题的决定草案修改意见的报告、香港特别行政区选举十二届全国人大代表的办法草案修改稿修改意见的报告、澳门特别行政区选举十二届全国人大代表的办法草案修改稿修改意见的报告。会议分别通过了上述四个修改意见的报告，并决定将四个法律草案建议表决稿提请各代表团审议。

会议决定将关于全国人大常委会工作报告的决议草案提请各代表团审议。会后，连同修改后的工作报告和修改情况的说明一并印发全体代表。

会议决定将关于最高人民法院工作报告的决议草案、关于最高人民检察院工作报告的决议草案提请各代表团审议。会后，连同修改后的工作报告和修改情况的说明一并印发全体代表。

会议听取和审议了十一届全国人大五次会议副秘书长王万宾向主席团会议作了关于代表提出议案处理意见的报告。王万宾说，到大会规定的议案截止时间，共提出议案 489 件，其中，有关立法方面的议案有 477 件，监督方面的议案有 8 件，其他方面的议案有 4 件；以代表团名义提出议案 5 件，30 名以上代表联名提出议案 484 件。大会秘书处分析认为，代表所提议案案由鲜明、案据充分、方案具体，针对性、可操作性都较强。代表议案内容主要集中在贯彻稳中求进的工作总基调，努力实现经济平稳较快发展；切实保障和改善民生，努力保持社会和谐稳定；不断完善和有效实施法律，努力加快社会主义法治国家建设进程等方面。大会秘书处建议本次大会结束后，将代表议案分别交由全国人大有关专门委员会审议。各有关专门委员会审议后，分别依法向全国人大常委会提出审议结果的报告。为了审议好、处理好代表议案，大会秘书处建议认真研究分析代表议案，积极采纳代表议案的内容，进一步密切与代表的联系沟通。代表议案审议结果的报告经全国人大常委会审议通过后，印发十二届全国人大一次会议，同时向十一届全国人大代表作出反馈。

同日，十一届全国人大五次会议新闻中心举行记者会。王正荣、魏丽惠、王静成、沈进进、马文芳等五位卫生领域代表就“发挥医务人员医改主力军作用”的相关问题回答中外记者的提问。

14 日，十一届全国人大五次会议主席团举行第四次会议。主席团常务主席吴邦国主持会议。

会议决定将关于政府工作报告的决议草案、关于 2011 年国民经济和社会发展计划执行情况与 2012 年国民经济和社会发展计划的决议草案、关于 2011 年中央和地方预算执行情况与 2012 年中央和地方预算的决议草案、关于全国人大常委会工作报告的决议草案、关于最高人民法院工作报告的决议草案、关于最高人民检察院工作报告的决议草案、关于修改刑事诉讼法的决定草案、关于十二届全国人大代表名额和选举问题的决定草案，以及香港特别行政区、澳门特别行政区选举十二届全国人大代表的办法草案，提请大会全体会议表决。

同日，十一届全国人大五次会议举行闭幕会。会议执行主席是：吴邦国、王兆国、路甬祥、乌云其木格、韩启德、华建敏、陈至立、周铁农、李建国、司马义·铁力瓦尔地、蒋树声、陈昌智、严隽琪、桑国卫，由吴邦国主持。2872 名代表出席闭幕会，出席人数符合法定人数。

会议通过《关于政府工作报告的决议》、《关于

2011年国民经济和社会发展计划执行情况与2012年国民经济和社会发展计划的决议》、《关于2011年中央和地方预算执行情况与2012年中央和地方预算的决议》、《关于全国人大常委会工作报告的决议》、《关于最高人民法院工作报告的决议》、《关于最高人民检察院工作报告的决议》。

会议通过全国人民代表大会关于修改刑事诉讼法的决定。中华人民共和国主席胡锦涛签署第55号主席令，公布了这一决定。本决定自2013年1月1日起施行。

会议通过关于十二届全国人大代表名额和选举问题的决定、香港特别行政区选举十二届全国人大代表的办法和澳门特别行政区选举十二届全国人大代表的办法。根据关于十二届全国人大代表名额和选举问题的决定，十二届全国人大代表于2013年1月选出。

大会完成各项议程后，吴邦国发表讲话（全文见本书第173页）。中央党政军群机关负责人，各民主党派中央、全国工商联和无党派代表人士列席了大会。各国驻华使节旁听了大会。

同日，十一届全国人大五次会议举行记者会，国务院总理温家宝应大会发言人李肇星的邀请会见中外记者，并回答记者提问。

10日　吴邦国委员长出席十一届全国人大五次会议、全国政协十一届五次会议少数民族代表、委员茶话会。

13日　吴邦国委员长和王兆国副委员长，李建国副委员长兼秘书长亲切看望参加两会新闻报道的中央主要新闻媒体负责同志和工作人员。他代表全国人大常委会，向所有参加两会报道的新闻工作者表示诚挚的慰问和衷心的感谢。

14日　李建国副委员长兼秘书长出席十一届全国人大五次会议秘书处工作总结会并讲话。

15日　《人民日报》发表题为《乘势而上再谱发展新篇章》的社论，热烈祝贺十一届全国人大五次会议胜利闭幕。

15—29日　应智利、巴西及特立尼达和多巴哥议会的邀请，王兆国副委员长率全国人大代表团前往上述三国进行正式友好访问。访问期间，王兆国副委员长分别同智利总统皮涅拉、参议长希拉尔迪、众议长梅莱罗，巴西参议长兼国会主席萨尔内、众议长马亚，特立尼达和多巴哥总统理查兹、总理比塞萨尔、参议长哈梅尔—史密斯、众议长马克、反对党主席罗利等会见会谈。

3月19日　李建国副委员长兼秘书长主持召开全国人大机关外事工作会议。各专门委员会、工作委员会主要负责同志和各委员会办公室、办公厅各局室、直属事业单位主要负责人，以及各位副委员长秘书等出席了会议。

同日　李建国副委员长兼秘书长主持召开全国人大常委会委员长吴邦国访问英国、荷兰、卢森堡、克罗地亚并过境伊斯坦布尔筹备工作会议。

21—25日　应日本国会参议院邀请，李建国副委员长兼秘书长率全国人大代表团前往日本进行友好访问并出席全国人大与日本国会参议院定期交流机制第五次会议。访日期间，李建国副委员长分别会见了参议院议长平田健二、众议院议长横路孝弘、内阁官房长官藤村修，与日方代表团团长、前参议院议长江田五月共同主持中国全国人大与日本国会参议院定期交流机制第五次会议。李建国副委员长还应邀赴京都参观访问，会见了京都府知事山田启二、京都府议长近藤永太郎、京都市市长门川大作等。

22日　华建敏副委员长出席全国人大代表团访问纳米比亚、南非、肯尼亚并举行全国人大与南非国民议会机制交流第二次全团会，听取有关情况汇报。

23日　吴邦国委员长会见印尼总统苏西洛。

24—4月7日　应纳米比亚国民议会、南非国民议会和肯尼亚议会的邀请，华建敏副委员长率全国人大代表团赴上述三国进行友好访问并出席全国人大与南非国民议会机制交流第二次会议。在访问纳米比亚期间，华建敏分别会见总理安古拉和国民议会议长古里拉布，并与国民议会副议长卡辛戈举行会谈。在访问南非期间，华建敏分别会见国民议会副议长（代议长）姆费凯托和非洲人国民大会（非国大）总书记曼塔谢，并与姆费凯托副议长共同主持了中南议会定期交流机制第二次会议。在访问肯尼亚期间，华建敏会见了总统齐贝吉并与国民议会议长马伦德举行会谈。华建敏副委员长还亲切看望了我驻纳米比亚、南非和肯尼亚使馆工作人员、中资机构、医疗队和华侨华人代表，看望了中国驻纳米比亚航天测控站工作人员，并出席了在南非行政首都比勒陀利亚举行的中国与非洲传媒出版有限公司（北京周报社非洲分社）成立暨捐赠图书仪式。

27日　全国人大代表团赴乌干达出席各国议会联盟第一百二十六届大会并对博茨瓦纳、毛里求斯进行友好访问全团会议召开，桑国卫副委员长出席会议。

28 日 吴邦国委员长会见爱托尔兰总理肯尼。

29 日 吴邦国委员长会见阿联酋阿布扎比王储穆罕默德。

29—4 月 12 日 桑国卫副委员长率全国人大代表团赴乌干达出席各国议会联盟第一百二十六届大会并对博茨瓦纳和毛里求斯进行友好访问。在访问博茨瓦纳期间，桑国卫与议长纳莎举行会谈，并会见了副总统梅拉费。在访问毛里求斯期间，桑国卫与国民议会议长普里亚格举行会谈，并会见了代总统贝莱波和总理拉姆古兰。

四 月

3 日 吴邦国委员长参加北京市丰台区永定河畔首都义务植树活动。

5 日 路甬祥副委员长会见美国佐治亚州共和党联邦参议员萨克斯比·钱伯利斯率领的美国国会议员代表团。

同日 全国人大常委会文物保护法执法检查组第一次全体会议举行。吴邦国委员长作出重要批示。吴邦国指出，我国是历史悠久的文明古国，有着丰富灿烂的文化遗产。全面贯彻落实文物保护法，是继承和弘扬中华民族优秀传统文化、推动社会主义文化大发展大繁荣的必然要求。全国人大常委会这次在全国范围内开展文物保护法执法检查，主要目的就是在党的十七大和十七届六中全会精神指导下，督促、支持各级政府和有关国家机关依法履行职责，改进工作，加强管理，推动我国文物保护事业全面发展。希望检查组精心准备，扎实工作，组织开展好这次执法检查，圆满完成工作任务，为建设中华民族共有精神家园做出积极贡献。副委员长王兆国、路甬祥、韩启德、李建国、严隽琪出席会议。国家文物局、公安部、住房和城乡建设部、海关总署、国家工商行政管理总局汇报了贯彻实施文物保护法工作情况，国家发展和改革委员会、财政部、国土资源部、环境保护部、国家旅游局、国家宗教事务局等部门提交了书面汇报。在听取有关部门汇报后，王兆国作了讲话。他说，文物保护法颁布实施迄今已 30 年，但文物工作中还存在一些亟待依法加以解决的问题。文物保护法执法检查，是全国人大常委会今年开展的一项重要监督工作。要充分认识全面贯彻落实文物保护法的重要意义，高度重视并认真对待这次执法检查，确保各项工作任务顺利完成。要在全面了解法律实施情况的基础上，针对法律实施中的薄弱环节和突出问题，深入开展调查研究，认真分析问题成因，有针对性地提出意见和建议，确保法律实施中的一些重点、难点问题得到切实有效解决，为文物保护事业全面发展提供更为坚实的法制保障。此次执法检查组组长由路甬祥副委员长担任，他在会议上部署了检查工作总体安排。他说，这次执法检查的重点是文物安全情况，处理文物保护与经济建设、社会发展的关系情况，文物流通领域管理情况，执法能力建设和配套法规制定情况，以及进一步修改完善法律的意见和建议。他指出，这次执法检查时间紧、任务重，一定要突出重点，务求实效。根据安排，执法检查组分为 5 个小组，于今年 4 月至 5 月赴北京、河北、浙江、江西、山东、河南、湖北、四川、甘肃、新疆开展检查。同时，委托其他省、自治区、直辖市人大常委会对本行政区域内文物保护法的实施情况进行检查，并向检查组提供书面报告。

6 日 全国人大常委会办公厅召开十一届全国人大五次会议代表建议交办会，李建国副委员长兼秘书长出席会议并讲话。会议将十一届全国人大五次会议期间全国人大代表提出的 8189 件建议、批评和意见统一交由 171 个机关和组织研究处理，并确定 13 项内容为今年全国人大的重点办理建议。

在不久前闭幕的十一届全国人大五次会议上，全国人大代表依法履职，积极提出建议、批评和意见。代表建议有如下特点：一是数量比去年有一定幅度的提高，增加了 146 件；二是代表建议关注的问题有一些新的变化，重点集中在经济发展、改善民生、文化建设等领域；三是建议的综合性更强，多次提出尚未解决的建议和以代表团名义提出的建议数量增加，建议办理和答复工作难度增大。

李建国在讲话中说，在十一届全国人大五次会议上，代表们提出的建议、批评和意见是历次会议代表建议数量最多的一次，体现了代表对国家对人民的高度负责，对推动科学发展、切实改善民生、促进社会和谐的高度关注，对加强和改进国家机关各方面工作的殷切期望。他指出，认真办理代表建议，是各国家机关和有关组织的法定职责，也是自觉接受人大监督、积极改进工作的重要体现。今年是“十二五”时期承前启后的重要一年，也是本届全国人大及其常委会任期的最后一年，做好今年的代表建议办理工作具有特殊的意义。要高度重视、服务大局，自觉增强做好代表建议办理工作的责任感。要抓住重点、以点带面，着力推动代表建议办理工作在解决问题方面取得新成效。要总结经验、完善机制，不断提高代表建议办理工作的质量和水平，向人民交一份满意的答卷。

从2005年开始，每年全国人大都在广泛听取各方面意见的基础上确定一批重点办理建议，通过办好重点建议，推动中央各项决策部署的贯彻落实，带动代表建议办理整体质量提高。今年确定了13项重点办理建议，包括：加大农业科技投入、培养农业科技人才、加快推进基层农技推广服务体系改革和建设的建议；扶持中小企业发展、健全服务小型微型企业体制机制的建议；加强文化产业发展的建议；加快城乡养老保险工作的建议；促进慈善事业健康发展的建议；进一步深化资源税改革、扩大从价计征范围、促进资源节约开采利用的建议；支持水利基础设施建设、促进区域经济社会发展的建议；加强食品安全风险监测评估体系建设的建议；加快煤炭深加工示范工程建设、推动煤炭清洁高效利用的建议；进一步加快西部铁路建设的建议；加强金融消费者权益保护、促进金融市场健康发展的建议；提高森林资源质量、促进绿色增长、加强森林经营工作的建议；进一步提高沿边地区开发开放水平的建议等。

全国人大常委会副秘书长王万宾主持会议，全国人大常委会副秘书长何晔晖通报了代表建议提出情况和交办意见，国务院副秘书长焦焕成对国务院承办代表建议的部门和单位提出了要求，国务院有关部门、最高人民法院、最高人民检察院等承办单位负责同志参加了会议。

8—12日　周铁农副委员长率全国人大常委会执法检查组在四川省对《文物保护法》的贯彻执行情况进行检查。

9日　严隽琪副委员长会见加拿大加中议会协会共同主席、参议员佩莱特和众议员克兰普率领的加拿大加中议会协会代表团。

9—10、12日　韩启德副委员长率全国人大常委会执法检查组在北京市对《文物保护法》的贯彻执行情况进行检查。

9—14日　全国人大常委会办公厅举办2012年第一期地方人大常委会负责同志学习班，李建国副委员长兼秘书长参加开班式并作重要讲话。本期学习班是在全国部分市、县、乡三级人大换届工作基本完成后举办，办班的目的和宗旨就是通过学习，提高对人民代表大会制度这一根本政治制度的认识，增强坚持和完善人民代表大会制度的自觉性和坚定性，增强坚定不移地走中国特色社会主义政治发展道路的自觉性和坚定性，认真履行宪法和法律赋予的职责，努力做好新形势下的人大工作。学习班安排了两方面的内容：一是宪法和相关法律，包括全国人大组织法、地方组织法、选举法、代表法、立法法、监督法等。二是胡锦涛总书记和吴邦国委员长关于坚持和完善人民代表大会制度、做好人大工作的重要论述。安排了6位领导干部和专家学者分别作辅导报告，两次小组讨论。参加本期学习班学习的有来自北京、天津、黑龙江、上海、福建、江西、湖北、广东、海南、重庆、四川、甘肃12个省、直辖市人大常委会领导和换届后新当选的市、州人大常委会主任共200余人。

10日　吴邦国委员长会见土耳其总理埃尔多安。

同日　陈至立副委员长出席2012年中华环保世纪行“科技支撑、依法治理、节约资源、高效利用”主题宣传活动启动仪式。

11日　十一届全国人大常委会委员长会议召开第八十次会议，吴邦国委员长主持。会议决定，十一届全国人大常委会第二十六次会议于4月24日至27日举行。

同日　全国人大常委会副委员长路甬祥、华建敏、陈至立、李建国和全国人大常委会、全国人大专门委员会、工作委员会部分组成人员，与北京市和丰台区有关负责同志一起，在北京丰台区北宫国家森林公园参加义务植树活动。全国人大常委会领导多年来一直高度重视义务植树活动，亲自部署并持之以恒地带头参加。1981年以来，全国人大机关先后在顺义、昌平、丰台等北京郊区组织开展了义务植树活动。近几年，仅在北宫国家森林公园就种植和养护各种树木6700余棵，绿化面积达200余亩，种植树木成活率达95%以上。

12—17日　吴邦国委员长在河南省调研。吴邦国先后来到郑州、新乡、焦作、洛阳等地，就加快中原经济区建设、做好改革发展稳定工作等进行调查研究。在郑州日产、风神轮胎、中石化洛阳工程公司，他要求企业加强自主创新，不断提高核心竞争力；在旭飞光电、保绿能源、卓林数码、中航锂电、普莱柯生物工程公司，他鼓励大家集中力量突破关键核心技术，抢占战略性新兴产业制高点；在现代农业研究开发基地，他走进试验田查看良种小麦长势，了解棉花无钵移栽技术，充分肯定河南在农业科技方面取得的成绩和为保障国家粮食安全作出的重要贡献；在郑州综合交通枢纽、新郑综合保税区、郑州商品交易所、国家动漫产业基地和洛阳博物馆，他希望河南充分发挥区位优势和历史文化资源优势，大力发展文化创意、交通物流、旅游观光等现代服务业；在郑州大学新校区，他观看大学生创新成果展示，听取科研情况汇报，勉励广大师生为家乡和国家发展贡献智慧；在郑州鑫苑社区和新乡富康、祥和农村社区，他走进便民超市、服务中心和村民新居，深入了解民生改善和社会主义新农村建设情况。调研期间，吴邦国听取了河南省工作汇报，对河南的工作给予充分肯定。调研期间，吴邦国还专程到河南省人大机关看望了干部职工。他强调，在人大工作的同志要坚定不移走中国特色社会主义政治发展道路，在重大原则问题上做到头脑清醒、立场坚定、旗帜鲜明，自觉把人民代表大会制度坚持好完善好。要坚持党的领导，充分发扬民主，严格依法办事，认真做好十二届全国人大代表选举工作。李建国副委员长兼秘书长等一同调研。

12—19日 路甬祥副委员长率全国人大常委会执法检查组在江西省对《文物保护法》的贯彻实施情况进行检查。执法检查组先后深入南昌、吉安、井冈山、赣州、瑞金、景德镇等地实地考察博物馆免费开放及革命遗址保护，多次召开座谈会听取当地政府尤其是基层文博工作者的意见建议。

16日 全国人大财政经济委员会召开第六十五次全体会议，听取国家发展和改革委员会、财政部、工业和信息化部、商务部、中国人民银行、国家统计局负责同志关于今年一季度国民经济运行情况的汇报。华建敏副委员长出席会议。

16—20日 韩启德副委员长率全国人大常委会执法检查组在河北省对《文物保护法》的贯彻实施情况进行检查。执法检查组赴河北省邯郸、保定、张家口等地进行检查，并对河北省在文物抢救、普查、保护、利用等方面取得的成绩给予充分肯定。

16—22日 严隽琪副委员长率全国人大常委会执法检查组在甘肃省对文物保护法的贯彻实施情况进行检查。在陇期间，检查组先后听取甘肃省、武威市、张掖市、嘉峪关市、酒泉市及下辖敦煌市人民政府及相关部门贯彻文物保护法情况的汇报，实地考察了武威文庙、西夏博物馆、雷台汉墓、武威市博物馆建设工程、张掖大佛寺、嘉峪关城楼、长城博物馆、敦煌莫高窟、嘉峪关魏晋墓群等多个文物、博物馆单位，瞻仰了西路军烈士陵园，与基层文物、博物馆工作者进行了座谈，全面深入地了解了各地文物安全、文物保护与经济建设和社会发展关系、科技支撑文物保护事业等情况，并就进一步做好法律实施听取了意见和建议。

18日 吴邦国委员长会见泰国总理英拉。

同日 李建国副委员长兼秘书长主持召开全国人大机关党员领导干部会议并讲话。

20日 陈至立副委员长会见菲律宾众议院女议员协会主席吉娜·德贝内西亚率领的菲律宾女政治家考察团。

23日 王兆国副委员长会见智利前总统、参议员弗雷。

24—27日 十一届全国人大常委会举行第二十六次会议。

会议听取全国人大法律委员会副主任委员胡彦林关于军人保险法草案审议结果的报告。在审议的基础上，会议印发全国人大法律委员会关于军人保险法草案二次审议稿修改意见的报告，经过审议，会议通过《军人保险法》。

《军人保险法》共9章51条，包括：总则、军人伤亡保险、退役养老保险、随军未就业的军人配偶保险、军人保险基金、保险经办与监督、法律责任、附则。本法自2012年7月1日起施行。

会议听取全国人大常委会副秘书长王万宾关于第十二届全国人民代表大会代表名额分配方案草案、第十二届全国人民代表大会少数民族代表名额分配方案草案、台湾省出席第十二届全国人民代表大会代表协商选举方案草案的说明。经过审议，会议通过《第十二届全国人民代表大会代表名额分配方案》、《第十二届全国人民代表大会少数民族代表名额分配方案》、《台湾省出席第十二届全国人民代表大会代表协商选举方案》。

会议听取全国人大法律委员会副主任委员李适时关于民事诉讼法修正案草案的修改情况的汇报，全国人大法律委员会副主任委员张柏林关于出境入境管理法草案修改情况的汇报，并对这两部法律草案进行了再次审议。

会议听取全国人大农业与农村委员会主任委员王云龙关于农业技术推广法修正案草案的说明，并对这部法律草案进行了初次审议。

会议听取国家邮政局局长马军胜关于提请审议批准万国邮政联盟组织法第八附加议定书的议案所作的说明。经过审议，会议通过《关于批准〈万国邮政联盟组织法第八附加议定书〉的决定》。

会议听取并审议水利部部长陈雷关于农田水利建设工作情况的报告，司法部部长吴爱英关于监狱法实施和监狱工作情况的报告、公安部副部长杨焕宁关于外国人入出境及居留、就业管理工作情况的报告。

会议印发全国人大代表团出席第三届二十国集团议长大会并访问约旦和阿曼情况的书面报告,全国人大代表团访问智利、巴西及特立尼达和多巴哥三国情况的书面报告,全国人大代表团访问日本并出席与日本国会参议院定期交流机制第五次会议情况的书面报告,全国人大代表团访问纳米比亚、南非和肯尼亚并出席全国人大与南非国民议会定期交流机制第二次会议情况的书面报告,全国人大代表团出席各国议会联盟第一百二十六届大会并访问博茨瓦纳和毛里求斯情况的书面报告。

会议通过了任免事项。

会议闭幕时,吴邦国委员长发表讲话(全文见本书第218页)。

会议结束后,十一届全国人大常委会举行第二十七次专题讲座,由文化部党组成员、故宫博物院院长单霁翔讲授《关于城市文化建设与文化遗产保护的思考》。吴邦国委员长主持讲座。

25日　吴邦国委员长会见南苏丹总统基尔。

26日　司马义·铁力瓦尔地副委员长会见沙特协商会议沙中友好委员会主席萨利姆率领的代表团。

同日　十一届全国人大常委会委员长会议召开第八十一次会议,吴邦国委员长主持。会议研究提请常委会会议表决事项。

同日　十一届全国人大常委会第二十六次会议举行联组会议,专题询问国务院关于农田水利建设工作情况。受国务院委托,水利部、发展改革委、财政部、国土资源部、农业部、银监会等六部委负责人到会听取意见、回答询问。这是全国人大常委会2012年举行的第一次专题询问。受吴邦国委员长委托,乌云其木格副委员长主持会议。

27日　十一届全国人大常委会委员长会议召开第八十二次会议,吴邦国委员长主持。会议研究提请常委会会议表决事项。

同日　全国人大常委会法制工作委员会、中国人民解放军总后勤部负责人就新通过的军人保险法回答记者提问。

28日　李建国副委员长兼秘书长主持召开会议,研究第十八次全国地方立法研讨会准备工作和推进网络立法工作。

五　月

2日　全国人大常委会残疾人保障法执法检查组第一次全体会议举行。吴邦国委员长作出重要批示。吴邦国指出,残疾人是一个数量众多、特性突出的社会群体,关爱残疾人,保障残疾人权益,是社会文明进步的重要标志。残疾人保障法执法检查,要突出重点,注重实效,深入了解法律实施情况,督促有关方面高度重视残疾人工作,推动解决基本生活保障、教育、就业、康复等残疾人最关心、最直接、最现实的利益问题,让广大残疾人平等参与社会生活,共享改革发展成果,促进社会公平正义,促进残疾人事业与经济社会协调发展。王兆国副委员长,副委员长陈至立、周铁农、李建国、司马义·铁力瓦尔地等出席会议。国务院残疾人工作委员会、国家发展和改革委员会、教育部、民政部、人力资源和社会保障部、卫生部、最高人民法院等部门负责人分别汇报了贯彻实施残疾人保障法的情况。在听取有关部门汇报后,王兆国作了讲话。他说,残疾人同健全人一样,有权利体面而有尊严地生活,国家和社会有责任为残疾人提供必要的帮助,这不仅体现了人道主义的要求,体现了社会主义制度的本质和优越性,更体现了坚持以人为本、科学发展的理念。王兆国指出,多年来,在社会各方面的共同努力下,我国残疾人工作全面推进,残疾人事业得到快速发展,广大残疾人生活状况和精神面貌发生了深刻变化。但是,从总体上看,残疾人事业滞后于经济社会发展的局面尚未根本改变,残疾人保障法的不少规定还没有完全落实到位,有些问题还相当突出。要充分认识残疾人保障法执法检查的重要意义,增强责任感和使命感,高度重视并认真做好这次执法检查。要在全面了解法律实施情况的基础上,重点针对法律实施中的薄弱环节和突出问题,深入开展调查研究,认真分析问题成因,有针对性地提出意见和建议,努力推动法律实施中一些重点、难点问题得到切实有效的解决。此次执法检查组组长由李建国副委员长兼秘书长担任,他在会议上部署了检查工作的总体安排。他说,这次执法检查要在全面了解法律实施情况的基础上,重点检查残疾人基本生活保障情况、残疾人劳动就业情况、残疾人医疗康复情况和残疾人教育情况等。要坚持以人为本，认真倾听广大残疾人及其家属的诉求，深入了解残疾人的学习、工作、生活状况，共同把执法检查工作做好。根据安排，执法检查共分6个小组，于今年5月至6月分别赴天津、内蒙古、辽宁、山西、浙江、湖南等6省（区、市）开展检查。同时，委托其余25个省（区、市）人大常委会对本行政区域内残疾人保障法的实施情况进行检查。据了解，执法检查组将在中国人大网上向社会公开征求关于法律实施情况的意见，这是全国人大常委会执法检查的一个新尝试。

同日 路甬祥副委员长主持召开全国人大代表团访问芬兰、白俄罗斯、柬埔寨筹备会议。

3—10日 周铁农副委员长率全国人大常委会执法检查组在山东省对《文物保护法》的贯彻实施情况进行检查。

4日 吴邦国委员长同日本众议院议长横路孝弘举行会谈。李建国副委员长兼秘书长等参加会谈。

同日 李建国副委员长兼秘书长会见众议长横路孝弘率领的日本国会众议院代表团。

6—10日 全国人大常委会办公厅2012年第一期全国人大代表学习班在全国人大深圳培训基地举办。北京、天津、河北、山西、内蒙古、解放军等31个选举单位的260余名全国人大代表参加学习。其中，省部级领导干部代表、全国人大常委会委员和解放军军级代表23人参加学习。学习班的学习内容由两部分组成。一是围绕建设法治国家，全面落实依法治国基本方略，安排了关于我国民主法治建设若干问题的专题报告。同时，围绕互联网安全与管理这一专题，安排了外宣办关于互联网宣传工作的专题报告，工信部关于互联网产业的专题报告，公安部关于网络安全和打击网络犯罪的专题报告，以及国家保密局关于保密工作的专题报告，并组织代表到腾讯和华为公司进行专项考察。

7—14日 路甬祥副委员长率全国人大常委会执法检查组在浙江省对《文物保护法》的贯彻实施情况进行检查。执法检查组听取浙江省贯彻落实文物保护法的情况汇报，先后深入绍兴、宁波、嘉兴、杭州等地实地考察贯彻实施文物保护法情况，多次召开座谈会听取当地政府尤其是基层文博工作者的意见建议。

8日 严隽琪副委员长会见墨西哥参议院副议长阿罗约率领的出席第二届中墨议会对话论坛并访华的代表团。

8—10日 李建国副委员长兼秘书长率全国人大常委会执法检查组在天津市对《残疾人保障法》的贯彻实施情况进行检查。在津期间，检查组分别听取了天津市政府和北辰区、静海县、和平区政府及有关部门贯彻残疾人保障法情况的汇报，深入城市社区、乡村、学校、企业等，实地考察了静海县西双塘村、和平区劝业场街福明社区，了解残疾人的生活情况；考察了集中安排残疾人就业的北辰区津北电线电缆厂、静海县富林农业发展专业合作社，了解残疾人的就业情况；考察了天津市聋人学校、北辰区残疾人康复训练指导中心、和平区怡康家园残疾人技能培训中心，了解残疾人教育和康复情况。并且多次召开基层座谈会，与残疾人、残疾人工作者等面对面交流，全面了解法律实施的真实情况。

9—10日 陈至立副委员长率全国人大常委会执法检查组在内蒙古自治区对《残疾人保障法》的贯彻实施情况进行检查。检查组听取自治区政府、呼和浩特市和包头市政府及有关部门的汇报，并深入社区、康复训练中心、企业、残疾人家庭进行了考察。

10日 吴邦国委员长会见哥伦比亚总统桑托斯。

10—18日 司马义·铁力瓦尔地副委员长率全国人大常委会执法检查组在湖南省对《残疾人保障法》的贯彻实施情况进行检查。

11日 李建国副委员长兼秘书长接见赴欧洲议会、比利时、意大利访问的全国人大西藏代表团。

14—17日 全国人大环境与资源保护委员会全体会议暨保障饮用水安全、环境保护研讨会在湖北省武汉市召开。陈至立副委员长出席会议并讲话。陈至立副委员长还考察环境保护和妇女工作。

15—29日 应芬兰议会、白俄罗斯国民会议和柬埔寨国会的邀请，路甬祥副委员长率全国人大代表团赴上述三国进行友好访问。在访问芬兰期间，路甬祥与总理卡泰宁、议长海内卢奥马、第一副议长拉维、外长图奥米奥亚、议会芬中友好小组副主席劳丝拉赫蒂分别举行会见和会谈，并接受坦佩雷科技大学授予的名誉博士学位。在访问白俄罗斯期间，路甬祥分别会见总统卢卡申科、总理米亚斯尼科维奇、国民会议共和国院主席鲁比诺夫和代表院主席安德烈琴科，并见证签署《中白两国政府关于成立中白高科技合作委员会的协定》。在访问柬埔寨期间，路甬祥会见国王西哈莫尼、国会主席韩桑林、首相洪森、参议院第一副主席赛冲和国会第一副主席阮涅。

15—30 日 吴邦国委员长对荷兰、克罗地亚、卢森堡和西班牙进行正式访问。

15—17 日,在访问荷兰期间,吴邦国拜会女王贝娅特丽克丝陛下,分别同议会一院议长德赫拉夫、二院议长费尔贝特举行会谈,会见首相吕特。吴邦国还亲切接见我驻荷使馆工作人员,中资机构、华侨华人和留学生代表。

18—21 日,在访问克罗地亚期间,吴邦国拜会总统约西波维奇,同议长什普雷姆举行会谈,会见总理米拉诺维奇和杜布罗夫尼克市市长弗拉胡希奇。还和总理米拉诺维奇共同出席中国商务部和克罗地亚经济部关于相互投资领域合作备忘录签字仪式。出席庆祝中克建交 20 周年招待会并发表致辞。吴邦国还出席萨格勒布大学孔子学院揭牌仪式,参观萨格勒布城市博物馆,考察克罗地亚康查尔集团变压器厂。吴邦国亲切接见中国驻克使馆工作人员、中资机构、华侨华人和留学生代表。

22—23 日,在访问卢森堡期间,吴邦国拜会大公亨利,同国民议会议长莫萨举行会谈,会见首相容克。吴邦国考察中国银行卢森堡分行,亲切接见我驻卢使馆工作人员、中资机构、华侨华人和留学生代表。

24—28 日,在访问西班牙期间,吴邦国拜会国王胡安·卡洛斯一世,同众议长波萨达、参议长加西亚举行会谈,会见首相拉霍伊,还会见安达卢西亚自治区政府主席格里尼安。与首相拉霍伊共同出席中兴通讯与西班牙电信合作协议等 16 项中西两国企业合作文件的签字仪式。吴邦国专程赴华为技术西班牙公司考察,亲切看望在这里工作的中外员工。在安达卢西亚期间,专程考察赫马索拉尔太阳能电站。吴邦国亲切接见我驻西使馆工作人员、中资机构、华侨华人和留学生代表。

28—30 日,吴邦国结束欧洲四国之行过境伊斯坦布尔期间,会见土耳其伊斯坦布尔省省长穆特鲁。

16 日 中国政法大学迎来了建校 60 周年庆典。吴邦国委员长致信中国政法大学表达祝贺。他指出,中国政法大学为国家培养了一大批高素质优秀人才,为弘扬社会主义法治文化、建设社会主义法治国家作出了重要贡献。他希望中国政法大学以 60 周年校庆为新起点,秉承“厚德明法,格物致公”的校训精神,为推进我国政治进步、法制昌明、经济发展、文化繁荣和社会和谐作出新的贡献。

17—23 日 王兆国副委员长在河南省和山西省考察工作。王兆国先后在河南、山西出席了人大工作座谈会,强调要坚定不移地走中国特色社会主义政治发展道路,坚持党的领导、人民当家作主、依法治国有机统一,坚持和完善人民代表大会制度,全面落实依法治国基本方略,大力弘扬社会主义法治精神,不断推进科学立法、严格执法、公正司法、全民守法进程,实现国家各项工作法制化,加快建设社会主义法治国家。

20 日 南京大学迎来 110 周年生日,吴邦国委员长为校庆题词:“办好南京大学,为国家和民族培养高素质人才”。陈至立副委员长出席庆典。

21 日 陈昌智副委员长会见马尔代夫议会经济事务委员会主席穆罕默德·阿斯拉姆为团长的代表团一行。

22 日 严隽琪副委员长会见老挝国会副主席赛颂蓬·丰威汉率领的代表团。

28 日 陈至立副委员长会见欧盟委员会前主席普罗迪、瑞士前联邦主席施密德一行。

六 月

3 日 李建国副委员长兼秘书长和全国人大常委会各位副秘书长、机关党组成员、办公厅有关局室负责同志来到北戴河休养院,为机关服务中心北戴河休养院加挂“全国人大北戴河培训基地”正式揭牌。

4 日 全国人大财经工作座谈会在贵州省贵阳市召开。会议总结交流近五年来人大财经工作的经验和体会,研究探讨今后做好人大财经工作的措施和方法,进一步提高人大财经工作的质量和水平。华建敏副委员长发来贺信。华建敏在贺信中说,当前我国经济运行面临着错综复杂的国内外形势,切实做好今年的经济工作,确保经济平稳健康运行,为党的十八大胜利召开、明年的换届创造良好经济社会环境,是一项重要的政治任务。要进一步增强做好人大财经工作的使命感和责任感,按照十一届全国人大五次会议的要求和全国人大常委会 2012 年工作要点,忠于职守、求真务实、再接再厉、创新进取,圆满完成各项任务,以优异成绩迎接党的十八大胜利召开。各省(区、市)人大常委会及财经委、人大常委会预算工委有关负责人参加会议。

5—9 日 全国人大常委会办公厅举办第二期地方人大常委会负责同志学习班。广西壮族自治区、青海省的200余名地方三级人大常委会负责同志参加学习。

5—10 日 周铁农副委员长率全国人大常委会执法检查组在山西省对《残疾人保障法》的贯彻实施情况进行检查。检查组听取了山西省政府、太原和忻州市政府及有关部门的汇报,与当地人大代表、残疾人、残疾人工作者和专家学者进行了座谈,并深入残疾人职业教育中心、特殊教育学校、农村残疾人种植基地进行实地考察。

6 日 吴邦国委员长会见俄罗斯总统普京。

7 日 吴邦国委员长会见伊朗总统艾哈迈迪—内贾德。

同日 王兆国副委员长会见巴西众议长马亚。

8 日 吴邦国委员长与巴西众议长马亚举行会谈。乌云其木格副委员长会谈时在座。

9—17 日 应全国人大常委会委员长吴邦国的邀请,斯里兰卡议长恰马尔·拉贾帕克萨对中国进行正式友好访问。13日,吴邦国委员长会见斯里兰卡议长恰马尔·拉贾帕克萨。同日,华建敏副委员长会见恰马尔·拉贾帕克萨率领的斯里兰卡议会代表团。

11 日 吴邦国委员长出席中国科学院第十六次院士大会、中国工程院第十一次院士大会。

同日 全国人大常委会办公厅发布公告,根据《中华人民共和国香港特别行政区选举第十二届全国人民代表大会代表的办法》的规定,香港特别行政区成立第十二届全国人民代表大会代表选举会议。据介绍,符合香港第十二届全国人大代表选举会议成员资格的人士有1800多人,比上届人数增加约1/3。根据选举办法规定,香港特别行政区选举第十二届全国人民代表大会代表由全国人大常委会主持,选举会议成员名单由全国人大常委会公布,选举会议采用无记名投票方式选举香港特别行政区第十二届全国人大代表。

同日 全国人大常委会办公厅发布公告,根据《中华人民共和国澳门特别行政区选举第十二届全国人民代表大会代表的办法》的规定,澳门特别行政区成立第十二届全国人民代表大会代表选举会议。据介绍,符合澳门第十二届全国人大代表选举会议成员资格的人士有380多人,比上届增加50多人。根据选举办法规定,澳门特别行政区选举第十二届全国人民代表大会代表由全国人大常委会主持,选举会议成员名单由全国人大常委会公布,选举会议采用无记名投票方式选举澳门特别行政区第十二届全国人大代表。

12 日 吴邦国委员长,陈至立副委员长分别发贺词、贺信,祝上海文艺出版社成立60周年华诞。

12—17 日 全国人大常委会办公厅在上海市举办第二期全国人大代表学习班。北京、天津、河北、山西、甘肃、青海、新疆、香港、澳门和解放军等32个选举单位的260余名全国人大代表参加了学习。

13 日 十一届全国人大常委会委员长会议召开第八十三次会议,吴邦国委员长主持。会议决定,十一届全国人大常委会第二十七次会议于6月26日至30日举行。

14—17 日 王兆国副委员长在山东省考察工作。

15 日 路甬祥副委员长会见日本参议院前副议长角田义一。

同日 全国人大外事委员会"涉外立法培训暨工作座谈会"在湖南省长沙市召开,会议总结交流近年来人大涉外立法工作的经验和方法,研究探讨如何提高涉外立法的质量和水平。各省(区、市)及计划单列市人大常委会及外事委员会有关负责人参加会议。李建国副委员长兼秘书长发来贺信。李建国在贺信中说,人民代表大会制度是我国的根本政治制度。涉外立法工作是人大工作的重要组成部分。近年来涉外立法工作的丰富实践及其形成的好做法、好经验,值得认真总结,以推动涉外立法工作的质量和水平不断提高。希望与会同志按照十一届全国人大五次会议的要求和全国人大常委会2012年工作要点,进一步增强做好涉外立法工作的使命感和责任感,忠于职守、扎实工作,再接再厉、开拓进取,认真完成各项任务,以优异成绩迎接党的十八大胜利召开。

16 日 吴邦国委员长等在酒泉卫星发射中心观看神舟九号发射。神舟九号载人飞船发射圆满成功后,吴邦国等领导同志走到工作人员中间,同大家热情握手,对神舟九号发射成功表示祝贺,要求大家认真贯彻胡锦涛总书记重要指示精神,不断夺取载人航天工程更大胜利。在酒泉期间,吴邦国等领导同志听取了天宫一号与神舟九号载人交会对接任务和神舟九号发射任务有关情况汇报,视察了测发指挥大厅、垂直总装测试厂房和水平转载测试间,向聂荣臻元帅墓和东风革命烈士纪念碑敬献了花篮。

17 日　吴邦国委员长在酒泉卫星发射中心亲切接见天宫一号与神舟九号载人交会对接任务参研参试单位代表。他代表党中央、国务院、中央军委和胡锦涛总书记，向参加工程研制、建设、试验的同志们表示诚挚的问候和崇高的敬意。

8 时 35 分，吴邦国来到酒泉卫星发射中心试验指挥楼前广场，同天宫一号与神舟九号载人交会对接任务参研参试单位代表亲切握手、合影留念，随后发表了热情洋溢的讲话。

吴邦国说，神舟九号飞船的成功发射，标志着天宫一号与神舟九号载人交会对接任务实现良好开局、迈出重要一步。这凝聚着几代航天人的不懈追求和心血汗水，饱含着参加任务全体科技工作者、干部职工、部队官兵的辛勤劳动和聪明才智。大家为我国航天事业作出的卓越贡献，党和人民永远不会忘记。

吴邦国指出，载人航天工程实施 20 年来，在党中央、国务院、中央军委的正确领导下，在工程全线的共同努力下，全体同志脚踏实地、埋头苦干、攻坚克难，取得了一个又一个令世人瞩目的辉煌成就。我们可以自豪地说，载人航天工程已经成为中国特色社会主义蓬勃发展的重要体现，已经成为我国综合国力不断提升的重要标志。

吴邦国强调，天宫一号与神舟九号载人交会对接任务，是我国载人航天工程“三步走”战略第二步的关键之战，意义重大，影响深远。希望大家牢记党和人民的期望重托，牢记肩负的神圣使命，大力发扬“两弹一星”精神和载人航天精神，戒骄戒躁、再接再厉、顽强拼搏，确保天宫一号与神舟九号载人交会对接任务圆满成功，以优异成绩迎接党的十八大胜利召开，为中华民族伟大复兴作出更大贡献。

17—20 日　全国人大常委会办公厅在上海市举办第二期全国人大代表学习班。北京、天津、河北、山西、甘肃、青海、新疆、香港、澳门、解放军等 32 个选举单位的 260 名全国人大代表参加了学习。学习班请中宣部、国家广电总局、文化部、新闻出版总署以及上海市委宣传部有关负责人，分别围绕学习贯彻十七届六中全会精神、构建中国特色公共文化服务体系、推进广播影视大发展大繁荣、加快新闻出版事业的发展作专题报告，并组织分组讨论和学习总结。为了能使代表系统地了解我国文化事业发展的现状，学习班安排代表们到上海浦东图书馆、国家文化产业贸易基地进行专项考察。

18 日　司马义・铁力瓦尔地副委员长会见丹麦议会外交政策委员会主席叶普・塞巴斯蒂安・科福德率领的代表团。

18—21 日　吴邦国委员长在大别山革命老区调研。大别山区横跨鄂豫皖三省，既是革命老区，也是贫困山区。按照新的国家扶贫标准测算，仅安徽省大别山革命老区扶贫对象就有近 200 万人。去年，中央把大别山区列为全国 11 个连片特困地区之一，作为国家扶贫攻坚的主战场。吴邦国非常关心大别山革命老区的经济社会发展。他专程来到位于大别山区的安徽省六安市及所属金寨县、霍山县、裕安区调研，实地了解老区群众生产生活情况，主持召开专题座谈会，共商老区扶贫开发大计。调研期间，吴邦国还到安徽省人大常委会机关看望了干部职工。李建国副委员长兼秘书长陪同调研。

19 日　全国人大农业与农村委员会、国务院法制办、农业部、国家工商总局、国家林业局、中华全国供销合作总社联合召开《农民专业合作社法》实施五周年座谈会。乌云其木格副委员长出席座谈会并讲话。乌云其木格在充分肯定了农民专业合作社法颁布实施以来取得的成效后指出，当前我国正处于工业化、城镇化、农业现代化协调发展的重要时期，也处于传统农业向现代农业转型的重要时期，要进一步提高对贯彻落实农民专业合作社法重大意义的认识，全面准确把握农民专业合作社法的立法宗旨和主要内容，采取切实有效的措施，积极引导农民专业合作社健康发展。乌云其木格对进一步推进农民专业合作社健康发展提出了四点要求：一是要做好宣传培训工作。注意发挥典型示范的作用，让一批办得好、比较规范的合作社现身说法。二是要处理好发展与规范的关系。在合作社发展进入一个新的发展时期后，一定要把规范化建设放在突出的位置，要更加注重农民专业合作社发展的质量。三是要加强指导扶持。各有关部门根据各自职责分工，把中央要求、法律规定的各项扶持措施尽快落到实处。四是要加强监督检查。

20 日　由人民出版社、中国长安出版社出版的《乔石谈民主与法制》一书出版座谈会举行，王兆国副委员长出席会议。《乔石谈民主与法制》收录了从 1985 年到 1998 年乔石担任党和国家领导人期间，有关民主与法制的重要讲话、报告、谈话、文章共 102 篇，约 44 万字，其中直接涉及人大制度和人大工作的文稿有 40 多篇，内容包括坚持和完善人民代表大会制度,加强人大立法工作、监督工作、代表工作、对外交往和自身建设,推进依法治国,推进社会主义民主政治建设等。编入书中的文稿,绝大部分是第一次公开发表。全书分上下两集,反映了乔石在探索社会主义民主与法制建设的实践中所作的深入思考,展现了我国改革开放以来民主法制建设的一段重要历程,为学习研究社会主义民主法制建设伟大历程提供了珍贵史料,对于进一步推进我国社会主义民主与法制建设的深入开展与研究、做好新形势下的人大工作具有重要意义。全国人大常委会、中央政法委、最高人民法院、最高人民检察院、公安部、司法部等中央和国家机关有关部门负责同志一同参加了座谈会。

21 日 全国人大外事委员会致越南国会对外委员会的函。全文如下:中华人民共和国全国人民代表大会外事委员会向越南社会主义共和国国会对外委员会致意,并就越南国会审议通过《越南海洋法》表明如下立场:

越南十三届国会第三次会议于 2012 年 6 月 21 日审议通过《越南海洋法》,该法将中国的西沙群岛和南沙群岛包含在所谓越南“主权”和“管辖”范围内。中国对西沙群岛和南沙群岛及其附近海域拥有无可争辩的主权,越方上述做法严重侵犯了中国的领土主权,是非法和无效的。这一做法也违背了两国领导人就南海问题达成的共识,有悖于《南海各方行为宣言》的精神。中国全国人大外事委员会对此表示强烈抗议和坚决反对。希望越南国会切实尊重中国的领土主权,立即纠正错误做法,为维护中越全面战略合作伙伴关系和两国议会之间的友好关系作出应有的努力。

同日 桑国卫副委员长会见印度尼西亚地方代表理事会主席伊尔曼。

26—30 日 十一届全国人大常委会举行第二十七次会议。

会议听取全国人大法律委员会副主任委员张柏林关于出境入境管理法草案审议结果的报告。在审议的基础上,会议印发全国人大法律委员会关于出境入境管理法草案三次审议稿修改意见的报告,经过审议,会议通过《出境入境管理法》。

《出境入境管理法》共 8 章 93 条,包括:总则、中国公民出境入境、外国人入境出境、外国人停留居留、交通运输工具出境边防检查、调查和遣返、法律责任、附则。本法自 2013 年 7 月 1 日起施行。

会议听取中央军委委员、总政治部主任李继耐关于中国人民解放军选举全国人民代表大会和县级以上地方各级人民代表大会代表的办法修正案草案的说明。在审议的基础上,会议印发全国人大法律委员会关于中国人民解放军选举全国人民代表大会和县级以上地方各级人民代表大会代表的办法修正案草案审议结果的报告,经过审议,会议通过《关于修改〈中国人民解放军选举全国人民代表大会和县级以上地方各级人民代表大会代表的办法〉的决定》。本决定自公布之日起施行。

会议印发关于澳门特别行政区基本法附件一澳门特别行政区行政长官的产生办法修正案草案和关于澳门特别行政区基本法附件二澳门特别行政区立法会的产生办法修正案草案的说明。在审议的基础上,会议印发全国人大法律委员会关于澳门特别行政区基本法附件一澳门特别行政区行政长官的产生办法修正案草案审议结果的报告、澳门特别行政区基本法附件二澳门特别行政区立法会的产生办法修正案草案审查意见的报告,经过审议,会议通过《关于批准〈澳门特别行政区基本法附件一澳门特别行政区行政长官的产生办法修正案〉的决定》,该修正案自批准之日起生效。会议通过全国人大法律委员会关于澳门特别行政区基本法附件二澳门特别行政区立法会的产生办法修正案草案审查意见的报告,同意对这一修正案予以备案,自公布之日起生效。该修正案将以公告方式予以公布。

会议听取全国人大法律委员会副主任委员洪虎关于预算法修正案草案修改情况的汇报,并对这部法律草案进行再次审议。

会议听取全国人大内务司法委员会副主任委员张学忠关于老年人权益保障法修订草案的说明,全国人大财政经济委员会副主任委员乌日图关于劳动合同法修正案草案的说明、全国人大财政经济委员会副主任委员吴晓灵关于证券投资基金法修订草案的说明,并对这三部法律草案进行初次审议。

会议听取并审议财政部部长谢旭人关于 2011 年中央决算的报告,全国人大财政经济委员会主任委员石秀诗关于 2011 年中央决算审查结果的报告,经过审议,会议通过《关于批准 2011 年中央决算的决议》。

会议听取并审议国务委员、公安部部长孟建柱关于禁毒法实施和禁毒工作情况的报告,审计署审计长刘家义关于 2011 年度中央预算执行和其他财政收支的审计工作报告,国家发展和改革委员会副主任杜鹰关于保障饮用水安全工作情况的报告，路甬祥副委员长作的全国人大执法检查组关于检查文物保护法实施情况的报告。

会议审议吴邦国委员长访问荷兰、克罗地亚、卢森堡和西班牙四国情况的书面报告，全国人大代表团访问芬兰、白俄罗斯和柬埔寨三国情况的书面报告。

会议听取全国人大常委会代表资格审查委员会主任委员黄镇东关于个别代表的代表资格的报告。经过审议，会议通过这个审查报告。

会议还通过了任免事项。

会议闭幕时，吴邦国委员长发表讲话（全文见本书第219页）。

会议结束后，十一届全国人大常委会举行第二十八次专题讲座，由中国人民大学农业与农村发展学院副院长朱信凯讲授《现代农业发展视野下的国家粮食安全战略》。吴邦国委员长主持讲座。

26日　十一届全国人大常委会委员长会议召开第八十四次会议，吴邦国委员长主持。会议研究常委会会议有关议程事项。

27—7月11日　应美国国会、多米尼克议会、格林纳达议会的邀请，陈昌智副委员长率全国人大代表团赴上述三国进行友好访问。访问美国期间，陈昌智分别会见临时参议长井上健、众院少数党领袖佩洛西、参院美中议会交流机制共同主席默里和钱伯利斯。访问多米尼克期间，陈昌智分别会见总统利物浦、同议长奈茨举行会谈。总理斯凯里特专门推迟出国参加加勒比共同体首脑会议行程，率多位内阁部长会见陈昌智副委员长、陪同陈昌智副委员长在议会发表演讲，并举行欢迎晚宴。访问格林纳达期间，分别会见了总督格林、代总理伯克、反对党领袖米切尔，同参议长珀塞尔和众议长麦夸尔举行会谈。

28日　吴邦国委员长到北京国家会议中心参观信息化与工业化融合成果展。

29日　十一届全国人大常委会委员长会议召开第八十五次会议，吴邦国委员长主持。会议研究提请常委会会议表决事项。

同日　十一届全国人大常委会第二十七次会议举行联组会议，专题询问国务院关于保障饮用水安全工作情况，10位全国人大常委会委员就他们关心的问题发表意见、提出询问。受国务院委托，国家发展和改革委员会、科技部、财政部、国土资源部、环境保护部、住房和城乡建设部、水利部、农业部、卫生部、国务院法制办等10部委负责人到会听取意见、回答询问。受吴邦国委员长委托，陈至立副委员长主持会议。

30日　十一届全国人大常委会委员长会议召开第八十六次会议，吴邦国委员长主持。会议研究提请常委会会议表决事项。

同日　全国人大常委会发布公告。公告说，根据《中华人民共和国澳门特别行政区基本法》附件二、《全国人民代表大会常务委员会关于〈中华人民共和国澳门特别行政区基本法〉附件一第七条和附件二第三条的解释》和《全国人民代表大会常务委员会关于澳门特别行政区2013年立法会产生办法和2014年行政长官产生办法有关问题的决定》，全国人民代表大会常务委员会对《中华人民共和国澳门特别行政区基本法附件二澳门特别行政区立法会的产生办法修正案》予以备案，现予公布。《中华人民共和国澳门特别行政区基本法附件二澳门特别行政区立法会的产生办法修正案》自公布之日起生效。

同日　全国人大常委会发布公告。公告说，重庆市人大常委会2012年6月26日接受了王立军辞去十一届全国人大代表职务。依照代表法的有关规定，王立军的代表资格终止。现在，十一届全国人大实有代表2977人。

七　月

3日　李建国副委员长兼秘书长主持召开全国县乡换届选举工作联席会议第四次会议。

3—4日　陈至立副委员长在黑龙江省调研并就妇女土地权益保障工作召开座谈会。陈至立高度评价黑龙江省委省政府认真贯彻落实科学发展观，在经济和社会发展方面取得的成就；充分肯定黑龙江以维护妇女合法权益为重点的村规民约修订工作取得的成效。陈至立强调，《农村土地承包法》、《妇女权益保障法》和《村民委员会组织法》等法律及国务院有关通知都对保障妇女的合法权益作出了明确规定，并强调对村规民约中违反男女平等原则、侵害妇女合法权益的内容要坚决废止。她指出，目前我国的许多村规民约尚未体现甚至违背有关法律法规的精神，有必要及时进行修订。她说,依法修订村规民约是完善农村基层民主法制建设的基础性工作,是维护农村妇女合法权益、促进男女平等的重要途径,是化解基层社会矛盾、促进农村和谐稳定的重要措施,对充分调动和发挥广大农村妇女建设社会主义新农村的积极性,增强党的群众基础都具有重要意义。陈至立要求,各级妇联要在各级党委直接领导下,协同有关部门积极推进村规民约修订工作。修订工作要与加强基层民主法制建设结合起来;与进一步普及和宣传有关法律法规结合起来;与切实维护妇女权益结合起来;与化解社会矛盾、加强和创新社会管理结合起来。

4日　全国人大机关召开创先争优表彰大会,传达学习全国创先争优表彰大会精神,表彰机关创先争优先进集体和先进个人,部署安排深入创先争优工作,李建国副委员长兼秘书长出席会议。

5日　吴邦国委员长会见古巴国务委员会主席兼部长会议主席劳尔·卡斯特罗。

6—7日　吴邦国委员长出席全国科技创新大会。

8日　周铁农副委员长会见加纳议会第一副议长阿伽霍及其率领的加纳议会代表团。

12日　记者从海南省人大常委会获悉:即将召开的海南省人大常委会第三十二次会议将审议海南省人民代表大会常务委员会主任会议关于提请审议《海南省人民代表大会常务委员会关于成立三沙市第一届人民代表大会筹备组的决定(草案)》的议案。

16—17日　十一届全国人大财政经济委员会举行全体会议,听取国务院有关部门关于今年上半年经济运行情况的汇报,并进行了分析讨论。华建敏副委员长出席会议并讲话。全国人大其他专门委员会负责同志列席会议。委员们认为,上半年经济运行虽继续放缓,但缓中趋稳的迹象日益明显,主要经济指标仍处于调控预期的增长区间,经济运行总体情况是好的。当前,虽然国际市场环境依然复杂严峻,国内经济企稳回升的基础尚不稳固,但只要我们进一步提高对经济增长速度适度回落的承受能力,坚定信心,稳定预期,继续坚持稳中求进的工作总基调,继续实施积极的财政政策和稳健的货币政策,认真贯彻落实好已出台的政策措施,搞好预调和微调,提高宏观调控政策的针对性、灵活性和前瞻性,切实把稳增长、调结构和抓改革紧密结合起来,就一定能实现经济平稳较快发展。委员们强调,稳增长必须紧紧围绕科学发展的主题和转变发展方式的主线,在稳增长的同时进一步加大调结构的力度,实现"稳中有调"。现阶段,稳增长离不开投资,但要审慎把握投资力度和方向,注重改善投资结构,提升投资质量和效益,防止盲目投资加剧产能过剩矛盾和财政金融风险。要继续放宽民间资本市场准入,真正破除民间投资"玻璃门"、"弹簧门"现象,依法有效保障民间投资合法权益,提振投资者信心。要充分利用市场倒逼机制,坚决淘汰落后产能,对破产企业职工要做好再就业和社会保障工作。要加快调整收入分配结构,提高居民收入水平,缩小收入差距,扩大居民消费需求。要稳步推进城镇化,重点推进小城镇建设,统筹城乡经济社会发展。要积极发展养老等社会服务业,努力培育新的消费热点。要转变外贸发展方式,优化外贸结构,在保持传统出口市场份额的同时,努力开拓新兴市场,促进对外贸易稳定发展。

16—21日　吴邦国委员长赴黑龙江大兴安岭、佳木斯、抚远、鸡西等地调研。从广袤林区到三江平原、从农技中心到田间地头、从小城镇建设工地到农户小院,他同广大干部群众亲切交谈,共商科学发展大计。调研途中,吴邦国来到北极哨所和通江口哨所,亲切慰问了边防部队官兵。李建国副委员长兼秘书长陪同调研。

23日　吴邦国委员长出席省部级主要领导干部专题研讨班。

23—24日　路甬祥副委员长在北京就深化文化体制改革和文化事业发展情况进行调研。

26日　吴邦国委员长致信三联书店创建80周年。

同日　全国人大机关团委举行践行雷锋精神专题座谈会暨大会青年服务标兵总结表彰会。李建国副委员长兼秘书长出席会议。

27日　李建国副委员长兼秘书长主持召开吴邦国委员长访问伊朗、缅甸、斯里兰卡、斐济并过境马来西亚哥打基纳巴卢筹备工作会议。

30日　全国人大常委会《残疾人保障法》执法检查组召开第二次全体会议,李建国副委员长兼秘书长出席会议并讲话。

31日　吴邦国委员长出席国防部举行的招待会,热烈庆祝中国人民解放军建军85周年。

同日　严隽琪副委员长会见以色列议会党团主席达利娅·伊齐克率领的前进党干部考察团。

八　月

16日　吴邦国委员长、王兆国副委员长出席全国人大常委会新会议厅启用仪式,并为新会议厅揭幕。李建国副委员长主持揭幕式。全国人大常委会机关党组成员、常委会副秘书长,全国人大各专门委员会、工作委员会主要负责同志,财政部有关负责同志,北京市政府和有关部门负责同志,全国人大常委会办公厅有关部门负责同志和常委会新会议厅改扩建工程设计、施工、监理单位负责同志出席。全国人大常委会第二十八次会议将在新会议厅举行。

17日　吴邦国委员长参加会见第30届奥林匹克运动会中国体育代表团全体成员。

同日　吴邦国委员长会见哥斯达黎加总统钦奇利亚。

17—20日　全国人大常委会办公厅在北戴河举办2012年全国人大代表履职专题研讨班。黑龙江、上海、江苏等20个选举单位的150名全国人大代表和上述选举单位代表联络机构的负责同志,以及财政部、教育部、卫生部、住房和城乡建设部、银监会、民政部、国土资源部、交通运输部和商务部负责议案建议办理的同志,共190余人参加了履职专题研讨班。

研讨班共组织了两次大会交流发言和两次分组讨论。在大会交流发言中,代表们交流了履职经验以及对代表工作的意见和看法,代表联络机构的负责同志介绍了本单位代表工作的开展情况,国务院相关部委负责建议办理的同志介绍了代表建议的办理情况;在分组讨论中,全国人大代表与代表联络机构的负责同志、国务院部委负责建议办理的同志一起,以饱满的政治热情和高度负责的态度,围绕研讨班的主题进行了认真讨论,提出了很多有价值的意见和建议。

20日　李建国副委员长兼秘书长主持召开推进安徽省金寨县扶贫开发工作座谈会。

同日　十一届全国人大常委会委员长会议召开第八十七次会议,吴邦国委员长主持。会议决定,十一届全国人大常委会第二十八次会议于8月27日至31日举行。

22日　全国人大内务司法委员会在四川省成都市召开城市居委会有关问题座谈会暨西部地区人大内务司法工作座谈会,司马义·铁力瓦尔地副委员长出席会议。

26日　全国人大常委会农业法执法检查组第一次全体会议举行。吴邦国委员长作出重要批示。吴邦国指出,开展农业法执法检查,是今年常委会监督工作的一项重要内容。总结这些年我们加强对"三农"工作监督的好经验、好做法,搞好这次农业法执法检查,很重要的是在增强实效上下功夫,抓住影响农村改革发展的突出矛盾,分析问题切中要害,提出建议务实可行,跟踪落实一抓到底,切实推动法律的有效实施,更好地推进农业现代化、加快社会主义新农村建设。全国人大常委会副委员长乌云其木格、司马义·铁力瓦尔地、陈昌智、桑国卫等出席会议。会议听取了农业部、国家发展和改革委员会、财政部、国土资源部、国务院扶贫办等部门和单位负责人关于贯彻实施农业法情况的汇报。在听取有关部门汇报后,执法检查组组长乌云其木格作了讲话。根据安排,执法检查组分为5个小组,于9月到山西、内蒙古、江苏、福建、江西、山东、河南、四川、云南、新疆进行检查。全国人大常委会还委托其他省、自治区、直辖市人大常委会对本行政区域内法律实施情况进行检查。

同日　王兆国副委员长、李建国副委员长兼秘书长等领导同志接见出席全国人大华侨委员会第22次全体会议的华侨委员会组成人员。

27—31日　十一届全国人大常委会举行第二十八次会议。

会议听取全国人大法律委员会副主任委员李适时关于民事诉讼法修正案草案审议结果的报告。在审议的基础上,会议印发全国人大法律委员会关于修改民事诉讼法的决定草案修改意见的报告,经过审议,会议通过《关于修改〈民事诉讼法〉的决定》。本决定自2013年1月1日起施行。

会议听取全国人大法律委员会副主任委员李重庵关于农业技术推广法修正案草案审议结果的报告。在审议的基础上,会议印发全国人大法律委员会关于修改农业技术推广法的决定草案修改意见的报告,经过审议,会议通过《关于修改〈农业技术推广法〉的决定》。本决定自2013年1月1日起施行。

会议听取全国人大常委会副秘书长王万宾关于香港特别行政区第十二届全国人民代表大会代表选举会议成员名单草案和澳门特别行政区第十二届全国人民代表大会代表选举会议成员名单草

案的说明。经过审议，会议通过《香港特别行政区第十二届全国人民代表大会代表选举会议成员名单》和《澳门特别行政区第十二届全国人民代表大会代表选举会议成员名单》。

会议听取全国人大法律委员会副主任委员洪虎关于精神卫生法草案修改情况的汇报，并对这部法律草案进行了再次审议。

会议听取全国人大财经委副主任委员闻世震关于特种设备安全法草案的说明，全国人大财政经济委员会副主任委员尹中卿关于旅游法草案的说明，全国人大环境与资源保护委员会主任委员汪光焘关于环境保护法修正案草案的说明，并对这三部法律草案进行了初次审议。

会议还审议了全国人大内务司法委员会关于残疾人保障法立法后评估的报告。

会议听取并审议国家发展和改革委员会主任张平关于今年以来国民经济和社会发展计划执行情况的报告，财政部部长谢旭人关于今年以来预算执行情况的报告和关于县级基本财力保障机制运行情况的报告，李建国副委员长兼秘书长作的全国人大常委会执法检查组关于检查残疾人保障法实施情况的报告。

会议听取全国人大常委会代表资格审查委员会主任委员黄镇东关于个别代表的代表资格的报告。经过审议，会议通过这个审查报告。

会议决定免去李盛霖的交通运输部部长职务；任命杨传堂为交通运输部部长。

会议批准免去马勇霞的海南省人民检察院检察长职务。

会议还通过了任免事项。

会议闭幕时，吴邦国委员长发表讲话（全文见本书第 221 页）。

28 日　陈昌智副委员长会见澳大利亚议会众议员格里芬率领的代表团。

29 日　吴邦国委员长会见埃及总统穆尔西。

同日　十一届全国人大常委会委员长会议召开第八十八次会议，吴邦国委员长主持。会议研究提请常委会会议表决事项。

30 日　吴邦国委员长会见德国总理默克尔。

31 日　严隽琪副委员长会见中国全国人大与法国参议院定期交流机制第二次会议的法国参议院法中友好小组主席让·贝松一行。

同日　十一届全国人大常委会委员长会议召开第八十九次会议，吴邦国委员长主持。会议研究提请常委会会议表决事项。

同日　全国人大常委会发布公告。公告说，十一届全国人大代表孟宪忠、杨永良、阮志柏因病去世，孟宪忠、杨永良、阮志柏的代表资格自然终止。全国人大常委会对孟宪忠、杨永良、阮志柏代表的去世表示哀悼。

同日　全国人大常委会发布公告。公告说，广东省人大常委会接受钟明照辞去十一届全国人大代表职务。依照代表法的有关规定，钟明照的代表资格终止。现在，十一届全国人大实有代表 2973 人。

同日　全国人大常委会办公厅举行新闻发布会，就新表决通过的关于修改民事诉讼法的决定和关于修改农业技术推广法的决定的有关问题，邀请全国人大常委会法制工作委员会、全国人大农业与农村委员会和农业部有关负责人回答记者提问。

九　月

1—5 日　2012 年第三期地方人大常委会负责同志学习班举办，已完成换届工作的贵州省、新疆维吾尔自治区地方三级人大常委会负责同志 230 人参加了学习。为了帮助新当选的地方人大常委会负责同志熟悉人大工作的相关法律和程序，学习班共安排了五次专题辅导报告：全国人大常委会副秘书长、香港澳门基本法委员会主任乔晓阳作关于中国特色社会主义法律体系的辅导报告，全国人大法律委员会主任委员胡康生作关于宪法和人民代表大会制度的辅导报告，全国人大常委会法制工作委员会主任李适时作关于选举法和代表法的辅导报告，全国人大常委会副秘书长沈春耀作关于地方组织法和地方人大工作若干问题的辅导报告，十届全国人大法律委员会主任委员杨景宇作关于立法法和监督法的辅导报告。为了增强学习实效，根据领导同志的要求，除辅导报告外，全国人大常委会办公厅为参加培训的同志提供了学习材料：一是胡锦涛总书记、吴邦国委员长关于坚持和完善人民代表大会制度、做好人大工作的重要论述摘编；二是李建国副委员长兼秘书长在 2012 年第一期地方人大常委会负责同志学习班上的讲话；三是宪法和相关法律汇编，包括全国人大组织法、地方组织法、选举法、代表法、立法法和监督法等；四是人大相关议事规则和工作制度汇编等。学习班还安排了分组讨论和大会交流发言，并组织了参观考察。

2—14日　乌云其木格副委员长率全国人大常委会执法检查组在山东省、云南省对农业法的贯彻实施情况进行检查。在云南，检查组听取了云南省贯彻落实农业法的情况汇报，先后来到迪庆、丽江等地农村实地考察，多次深入基层农村水果产业基地、蔬菜产业基地、休闲农业与乡村旅游示范点等实地查看，召开不同形式的座谈会了解法律实施情况，听取当地政府及农民群众的意见和建议。

2—15日　应韩国国会、乌克兰议会和保加利亚国民议会的邀请，陈至立副委员长率全国人大代表团赴韩国出席全国人大与韩国国会机制交流第七次会议，并对乌克兰和保加利亚进行友好访问。在访问韩国期间，陈至立分别会见国会议长姜昌熙、国务总理金滉植、执政的新国家党总统候选人朴槿惠、女性家庭部长官金锦来、济州特别自治道知事禹瑾敏，与国会副议长李秉锡共同主持中韩议会定期交流机制第七次会议，出席纪念中韩建交20周年中韩妇女友好活动开幕式。在访问乌克兰期间，陈至立分别会见总统亚努科维奇、总理阿扎罗夫、议长利特文以及克里米亚自治共和国第一副议长东尼奇和副总理普萨廖夫，同第一副议长马丁纽克举行会谈。在访问保加利亚期间，陈至立分别会见总统普列夫内利埃夫、国民议会议长察切娃、副议长阿纳斯塔索夫、议会保中友好小组主席博伊切夫。

3日　第十八次全国地方立法研讨会召开。会前，吴邦国委员长会见全体与会代表，向前来参加会议的各省（区、市）人大常委会负责同志、法制委法工委负责同志，向辛勤工作在立法工作第一线的全国广大立法工作者致以亲切问候，并与他们合影留念。王兆国副委员长出席开幕式并讲话。开幕式由李建国副委员长兼秘书长主持。

王兆国在讲话中充分肯定了党的十六大以来我国立法工作取得的成就。他说，党的十六大以来，全国人大及其常委会、有立法权的地方人大及其常委会以形成并不断完善法律体系为目标，积极开展立法活动，立法工作取得辉煌成就：中国特色社会主义法律体系如期形成，国家经济建设、政治建设、文化建设、社会建设和生态文明建设的各个方面实现有法可依；在新的起点上继续推进立法工作，完善中国特色社会主义法律体系迈开重大步伐；在坚持依法立法的前提下深入推进科学立法、民主立法，立法质量显著提高。地方立法为确保法律体系如期形成并不断完善作出了重要贡献。成就来之不易，一定要倍加珍惜。

王兆国说，当前和今后一个时期，立法工作的任务仍然相当繁重，立法工作的难度更为突出，完善法律体系任重道远，立法工作只能加强不能削弱。要深刻把握当前面临的新形势新要求新任务，时刻保持头脑清醒，始终坚持理想信念，进一步加强和改进立法工作。要进一步发挥立法在中国特色社会主义事业中的引领和推动作用，提高立法的针对性、及时性和系统性；进一步发挥人大及其常委会在立法中的主导作用，切实加强对立法工作的统筹协调；进一步完善立法体制、工作机制和立法程序，不断提高科学立法、民主立法的成效；进一步保障宪法和法律的有效实施，使宪法和法律真正成为推进依法执政、依法治国的依据，成为促进依法行政、公正司法的准绳，成为全社会一体遵循的行为规范。

王兆国指出，着力培养高素质的立法工作人才，既是当前的紧迫需要，也是长远的战略任务。要切实加强立法工作队伍建设，为不断完善中国特色社会主义法律体系提供坚实的人才保障和智力支持。要高度重视、大力支持，把立法工作队伍建设成为民主法制建设的重要骨干力量和得力参谋助手；要着眼长远、注重实效，着力带出一支政治坚定、有真才实学、适应完善法律体系新任务的立法工作队伍；立法工作队伍要坚持理想、开拓创新，努力提高政治素质和业务素质，为不断完善法律体系作出新贡献。

这次会议的主要任务是，在中国特色社会主义法律体系形成的新起点上，按照坚持和完善中国特色社会主义制度的总体要求，全面总结近10年来特别是十一届全国人大以来的立法工作成就和经验，深入探讨今后一个时期进一步加强和改进立法工作、完善立法程序、提高立法质量的工作重点和举措，为贯彻落实党的十八大精神、积极推进新形势下立法工作做好准备。

全国人大各专门委员会、常委会办公厅和常委会各工作委员会负责人，各省（区、市）人大常委会负责人，各省（区、市）和较大的市人大法制委、常委会法工委负责人等出席会议。

同日　陈昌智副委员长率全国人大常委会执法检查组赴内蒙古自治区对农业法的贯彻落实情况进行检查。

3—5日　华建敏副委员长率全国人大常委会

执法检查组在山西省对农业法的贯彻实施情况进行检查。检查组听取山西省政府的汇报,并到太原、晋中大寨实地了解农业生产情况。

4 日 吴邦国委员长会见布隆迪参议长恩蒂塞泽拉纳。

6 日 吴邦国委员长与俄罗斯联邦委员会主席马特维延科举行会谈,并共同出席中国全国人大与俄罗斯联邦委员会合作委员会第六次会议。桑国卫副委员长等会谈时在座。

同日 李建国副委员长兼秘书长主持召开会议,研究网络信息保护立法有关工作。

7 日 吴邦国委员长会见新加坡总理李显龙。

9—11 日 华建敏副委员长率全国人大常委会执法检查组在河南省对农业法的贯彻实施情况进行检查。检查组听取河南省贯彻落实农业法工作情况汇报,并到现代农业科技实验示范基地、中牟郑银村镇银行等单位实地考察,召开座谈会,了解农业法实施情况。

9—23 日 吴邦国将对伊朗、缅甸、斯里兰卡、斐济四国进行正式友好访问。

9—11 日,在访问伊朗期间,吴邦国拜会总统艾哈迈迪—内贾德,与议长拉里贾尼举行会谈,会见第一副总统拉希米,并共同出席《中华人民共和国与伊朗伊斯兰共和国引渡条约》和《中华人民共和国与伊朗伊斯兰共和国移管被判刑人条约》的签字仪式。吴邦国还亲切接见使馆工作人员、中资机构、华侨华人和留学生代表,并前往我驻伊使馆,看望在伊中资企业员工,并听取相关项目进展情况介绍。

12—14 日,在访问缅甸期间,吴邦国拜会总统吴登盛,与联邦议会人民院议长吴瑞曼、联邦议会民族院议长吴钦昂敏举行会谈,会见仰光省行政长官吴敏瑞。吴邦国与吴登盛总统共同出席了 9 项中缅两国政府间经贸合作文件及 2 项金融合作协议的签字仪式,听取中缅油气管道建设情况汇报。吴邦国还亲切接见中国驻缅使馆工作人员、中资机构、华侨华人和留学生代表。

15—18 日,在访问斯里兰卡期间,吴邦国拜会总统拉贾帕克萨,与斯里兰卡议长恰马尔举行会谈。吴邦国和拉贾帕克萨共同出席《中华人民共和国政府和斯里兰卡民主社会主义共和国政府关于互免持外交、公务、因公普通护照人员签证协定》等 6 项两国政府间合作文件、10 项企业间合作协议的签字仪式。吴邦国还视察由中斯合作建设的科伦坡港南集装箱码头建设工地,参观中斯友谊中心,亲切接见中国驻斯里兰卡使馆工作人员、华侨华人、中资机构和留学生代表。

19 日,在过境马来西亚作短暂技术停留,吴邦国会见马来西亚沙巴州首席部长穆萨·阿曼。吴邦国亲切接见中国驻马来西亚使领馆工作人员。

20—23 日,在访问斐济期间,吴邦国拜会总统奈拉蒂考,与总理姆拜尼马拉马举行会谈,吴邦国和姆拜尼马拉马总理共同出席中斐两国政府经济技术合作协定等有关协议的签字仪式。吴邦国亲切接见驻斐使馆工作人员、中资机构、华侨华人和公派教师代表。

10—20 日 应立陶宛、丹麦、瑞典三国议会的邀请,严隽琪副委员长率全国人大代表团对上述三国进行友好访问。在访问立陶宛期间,会见议长德古婕涅、副议长尤尔舍纳斯、议会立中友好小组主席和部分成员以及政府秘书长马图利奥尼斯。在访问丹麦期间,会见第一副议长霍德、贸易和投资事务大臣迪赫尔。在访问瑞典期间,会见议长韦斯特贝里、第一副议长埃伯斯坦、外交部主管外援事务大臣卡尔松。

11 日 全国人大外事委员会就日本政府宣布“购买”钓鱼岛及其部分附属岛屿发表声明。2012年9月10日,日本政府不顾中方强烈反对,宣布“购买”钓鱼岛及其部分附属岛屿。这是日方公然侵犯中国领土主权、伤害中国人民感情、损害中日关系的又一严重事态。中国全国人民代表大会外事委员会对此表示强烈愤慨,予以严厉谴责。

钓鱼岛及其附属岛屿自古以来就是中国的固有领土,为中国人最早发现、命名和利用,中国对此拥有无可辩驳的历史和法律依据。日方对钓鱼岛及其附属岛屿采取的单方面行动完全是非法的,不具有国际法效力,丝毫动摇不了中国对这些岛屿的领土主权。

日本在甲午战争末期,以不可告人的非法手段窃取了钓鱼岛及其附属岛屿。第二次世界大战结束后,中国根据《开罗宣言》和《波茨坦公告》收回被日本侵占的领土,钓鱼岛及其附属岛屿在国际法上回归中国。其后日美两国擅自拿钓鱼岛的行政管辖权私相授受,中方对此坚决反对、不予承认。日方声称钓鱼岛是日本的“固有领土”,不仅是罔顾历史事实,也是对世界反法西斯战争胜利成果和战后国际秩序的公然挑战,全体中国人民对此决不答应。

日本应该认清世界大势。当今世界已不是列强当道、弱肉强食的世界;当今中国更不是积贫积弱、任人宰割的中国。中国政府采取必要措施捍卫国家领土主权、维护历史事实和正义理所当然。中国人民决不接受日本对钓鱼岛及其附属岛屿的非法侵占，日方任何旨在强化其对钓鱼岛地位的企图都不可能得逞。我们强烈敦促日方充分认清当前事态的危险性，在钓鱼岛问题上悬崖勒马，改弦更张，不要一错再错，否则必将搬起石头砸自己的脚。

13—17 日　桑国卫副委员长率全国人大常委会执法检查组在江苏省对农业法的贯彻实施情况进行检查。检查组先后到南京、南通和无锡及这 3 个市下辖的 7 个区县听取干部和农民的意见，实地考察了 8 个农民专业合作社，3 个万顷良田示范工程，3 个农产品市场。检查期间，桑国卫在江苏省政府关于贯彻实施农业法情况汇报会上作重要讲话。

17 日　路甬祥副委员长会见马耳他议长弗雷多。

17—29 日　应卡塔尔协商会议、俄罗斯国家杜马和沙特阿拉伯协商会议的邀请，司马义·铁力瓦尔地副委员长率全国人大代表团赴上述三国进行友好访问。在访问卡塔尔期间，司马义·铁力瓦尔地分别会见了王储塔米姆和首相兼外交大臣哈马德，与协商会议主席胡莱菲举行会谈。在访问俄罗斯期间，与国家杜马第一副主席茹科夫举行会谈，分别会见了联邦委员会副主席奥尔洛娃、地区发展部副部长帕诺夫、圣彼得堡市立法会议主席马卡罗夫。在访问沙特期间，分别会见了国王兼首相阿卜杜拉、协商会议主席阿卜杜拉和协商会议沙中友好委员会主席萨利姆，与协商会议副主席贾法里举行会谈。司马义·铁力瓦尔地还亲切看望我驻三国使馆工作人员、中资机构和华人华侨代表。

18 日　全国人大环境与资源保护委员会、水利部共同举办水法修订实施 10 周年座谈会，陈至立副委员长出席会议并讲话。

20 日　陈昌智副委员长率全国人大常委会执法检查组赴四川省对农业法的贯彻实施情况进行检查。检查组先后到南充、成都两市及其下辖的顺庆、嘉陵、西充、蒲江、崇州等 5 个区县，广泛听取各级干部和农民群众的意见，实地考察了多个农民专业合作社、现代农业产业园、连片产业扶贫开发项目和高标准农田建设项目。

23—24 日　2012 年第二期全国人大代表履职专题研讨班在江西庐山举办。北京、天津、河北等 13 个选举单位的 80 余名全国人大代表和代表联络工作机构的同志，以及国家发展与改革委员会、人力资源和社会保障部、农业部、工业和信息化部、公安部、水利部、国家能源局、科技部和环境保护部负责代表建议办理工作的同志，共 120 余人参加了研讨班。

24—28 日　桑国卫副委员长率全国人大常委会执法检查组在福建省对农业法的贯彻实施情况进行检查。检查组重点围绕农民专业合作社发展、耕地保护、农产品流通体系建设等 3 个方面情况，深入福建基层检查指导，总结经验、分析问题、提出建议，推动“三农”政策落实和农业法有效实施。

24—30 日　应全国人大常委会委员长吴邦国的邀请，佛得角国民议会议长巴西利奥·莫索·拉莫斯率议会代表团访华。28 日，吴邦国委员长会见佛得角国民议会议长拉莫斯。同日，陈至立副委员长会见佛得角国民议会议长拉莫斯一行。

25 日　李建国副委员长兼秘书长接见人民大会堂管理局第五次党员代表大会会议代表。

25—26 日　吴邦国委员长出席第十三届中国西部国际博览会开幕式，并在第五届中国西部国际合作论坛发表题为《共享西部开发开放机遇　开创互利共赢美好明天》的主旨演讲。

25 日，吴邦国委员长出席第十三届中国西部国际博览会开幕式，李建国副委员长兼秘书长等出席开幕式。中国西部国际博览会创办于 2000 年，由国务院有关部门、中央有关单位和西部 12 个省区市及新疆生产建设兵团共同主办，四川省人民政府承办。本届博览会主题为“深化国际合作，加速西部发展”，重点展示电子信息、装备制造、新能源新材料和高科技成果转化产品，还举办中国西部国际合作论坛、中国西部投资说明会暨经济合作项目签约仪式等多项活动。

同日，吴邦国委员长在四川成都会见前来出席第十三届中国西部国际博览会的孟加拉国议长哈米德、马其顿副总理佩舍夫斯基和上海合作组织实业家委员会主席梅津采夫。李建国副委员长兼秘书长等会见时在座。

26 日，吴邦国委员长在四川省成都市出席第五届中国西部国际合作论坛，并发表题为《共享西部开发开放机遇　开创互利共赢美好明天》的主旨演讲（全文见本书第 225 页）。

吴邦国在演讲中首先对论坛举办表示热烈祝贺，对各国嘉宾表示诚挚欢迎。他说，中国西部国际博览会暨西部国际合作论坛成立以来，以鲜明的主题和务实的风格，受到海内外的广泛关注，日益显示出巨大的影响力，成为促进中国西部地区与世界各国特别是泛亚国家开展经贸合作的重要平台，成为展示中国西部地区经济社会发展成果的重要窗口。

吴邦国以翔实的数据介绍了西部开发开放取得的辉煌成就。他说,2000 年开始实施的西部大开发战略,给中国西部地区发展注入了强大动力,广袤的西部大地焕发出勃勃生机。一是后发优势进一步凸显;二是经济社会发展支撑能力明显增强;三是对外开放格局初步形成。今天的中国西部地区,正在成为中国经济重要的新的增长极,不仅为中国的发展开辟了更为广阔的空间,也为世界各国特别是泛亚国家同中国加强经贸合作提供了难得机遇。

吴邦国强调,实施西部大开发战略,是中国政府基于社会主义现代化建设全局作出的重大决策,在中国区域协调发展总体战略中具有优先地位。我们将以更大的决心、更强的力度、更有效的措施,深入实施新一轮西部大开发战略,继续加大中央财政对西部地区投入力度,实行有利于西部地区加快发展的优惠政策,扩大西部地区对内对外开放。我们坚信,中国西部的未来一定更加灿烂辉煌。

吴邦国指出,国际金融危机的深层次影响仍在持续,反思危机的深刻教训,无论是发达经济体还是新兴经济体,都认识到发展实体经济的重要性。中国作为发展中大国,人口多、底子薄,历来高度重视优先发展实体经济。加强中国西部地区同世界各国特别是泛亚国家实体经济合作大有可为、大有作为。要把加强实体经济合作作为深化经贸合作的重要抓手,促进实体经济合作与各自产业转型升级有机融合,努力形成优势互补、携手并进、共享繁荣的发展格局。要强化基础设施建设合作,以交通、能源、通信为重点,推动铁路、公路、水路、航空和管道网络建设,促进跨区域跨国境基础设施互联互通。要扩大产业合作,挖掘现代农业、战略性新兴产业、先进制造业和现代服务业等领域的合作潜力,联合开发新能源和可再生能源,加强技术研发合作和转让,推动绿色经济、循环经济发展。要完善合作机制,继续抓好已有自贸区建设,加快区域经济一体化进程,积极推进贸易和投资自由化便利化,共同反对各种形式的贸易保护主义,推动建立更加公正合理的国际经济新秩序。

孟加拉国议长哈米德、马其顿副总理佩舍夫斯基、联合国助理秘书长麦守信、国家发展和改革委员会副主任杜鹰先后发表演讲。四川省委书记、省人大常委会主任刘奇葆致辞。

出席论坛的有全国人大常委会副委员长兼秘书长李建国和上海合作组织实业家委员会主席梅津采夫等。论坛由四川省省长蒋巨峰主持。

中国西部国际合作论坛创办于 2008 年,自 2011 年开始由中国西部国际博览会组委会、联合国开发计划署共同主办,本届论坛主题为"泛亚合作与实体经济发展"。

论坛开始前,吴邦国委员长来到中国西部国际博览会展馆,逐一视察了西部 12 个省区市展厅,并在四川凉山厅,同西昌市白庙村的村民视频通话,祝贺凉山彝族自治州成立 60 周年,祝愿彝族乡亲日子越过越好。

同日,吴邦国委员长在四川成都会见前来出席第十三届中国西部国际博览会的泰国国会主席兼下议院议长颂萨·革素拉暖。李建国副委员长兼秘书长等会见时在座。

29 日　吴邦国委员长出席国务院举行的国庆招待会,热烈庆祝中华人民共和国成立 63 周年。

十　月

1 日　吴邦国委员长等来到天安门广场,与首都各界代表一起,向人民英雄纪念碑敬献花篮,深切缅怀为民族独立和人民解放、国家富强和人民幸福英勇献身的革命先烈。

13 日　"第七届中国法学家论坛——宪法实施法治论坛"举行。路甬祥副委员长出席论坛开幕式并讲话。路甬祥指出,30 年来,宪法在中国特色社会主义经济建设、政治建设、文化建设、社会建设、生态文明建设中发挥了极其重要的作用。以宪法为核心和统帅的中国特色社会主义法律体系的形成,是我国法治建设的重要成果,也是我国法治发展进入新阶段的重要标志。面向未来,要深入学习宪法、宣传宪法、研究宪法,进一步树立宪法权威、倡导宪法思维、加强宪法研究、保障宪法实施,大力弘扬中国特色社会主义宪法文化。

15 日　十一届全国人大常委会委员长会议召开第九十次会议,吴邦国委员长主持。会议决定,十一届全国人大常委会第二十九次会议于 10 月 23 日至 26 日举行。

15—16 日　全国人大财政经济委员会召开第

七十一次全体会议，华建敏副委员长出席会议并讲话。会议听取国家发展和改革委员会、财政部、人力资源和社会保障部、商务部、中国人民银行、国家统计局负责同志关于今年前三季度国民经济运行情况的汇报。

16日　吴邦国委员长前往柬埔寨驻华使馆，沉痛吊唁柬埔寨太皇西哈努克逝世。

16—20日　司马义·铁力瓦尔地副委员长率全国人大常委会执法检查组在江西省对农业法的贯彻执行情况进行检查。检查组先后到南昌、吉安（井冈山）、瑞金、赣州等市，召开座谈会，广泛听取意见；深入基层，进村入户，来到田间地头，进行实地考察。此间，司马义·铁力瓦尔地在江西省人民政府关于贯彻实施农业法情况汇报会上作了重要讲话。

17日　在彭真诞辰110周年之际，《彭真传》、《彭真年谱》出版座谈会举行，王兆国副委员长，李建国副委员长兼秘书长出席会议。彭真长期担任党和国家的重要领导职务，为中国人民的解放事业，为我国的革命、建设和改革事业，建立了不朽的功绩。参加座谈会的同志讲述了彭真在新民主主义革命时期、社会主义革命和建设时期、改革开放和现代化建设新时期建立的卓越功勋，讲述了他在领导首都建设，领导全国人大工作和立法工作、政法工作等方面的杰出贡献。他们一致认为，《彭真传》、《彭真年谱》的出版，对于我们更多地了解彭真的革命经历、思想理论和品德风范，了解中国革命、建设和改革的历史，了解人民代表大会制度建设和社会主义民主法制建设的历史，是大有裨益的。《彭真传》、《彭真年谱》已由中央文献出版社出版发行。两书依据历史文献和档案资料，并汲取有关的党史研究成果，客观、全面地反映了彭真革命的一生、战斗的一生、光辉的一生。

22日　李建国副委员长兼秘书长主持召开香港、澳门特别行政区第十二届全国人大代表选举工作办公室第二次全体会议。

23日　吴邦国委员长，王兆国副委员长、乌云其木格副委员长，李建国副委员长兼秘书长接见第十一届全国人大农业与农村委员会组成人员和办事机构工作人员并合影。

23—26日　十一届全国人大常委会举行第二十九次会议。

会议听取全国人大法律委员会副主任委员洪虎关于精神卫生法草案审议结果的报告。在审议的基础上，会议印发全国人大法律委员会关于精神卫生法草案三次审议稿修改意见的报告，经过审议，会议通过《精神卫生法》。

《精神卫生法》共7章85条，包括：总则、心理健康促进和精神障碍预防、精神障碍的诊断和治疗、精神障碍的康复、保障措施、法律责任、附则。本法自2013年5月1日起施行。

会议听取全国人大常委会法制工作委员会主任李适时关于修改监狱法等七部法律个别条款的决定草案的说明。在审议的基础上，会议印发全国人大法律委员会关于修改监狱法等七部法律个别条款的决定草案审议结果的报告，经过审议，会议通过《关于修改〈监狱法〉的决定》、《关于修改〈律师法〉的决定》、《关于修改〈未成年人保护法〉的决定》、《关于修改〈预防未成年人犯罪法〉的决定》、《关于修改〈治安管理处罚法〉的决定》、《关于修改〈赔偿法〉的决定》、《关于修改〈警察法〉的决定》，这七个决定自2013年1月1日起施行。

会议听取国家邮政局局长马军胜关于邮政法修正案草案的说明。在审议的基础上，会议印发全国人大法律委员会关于邮政法草案审议结果的报告，经过审议，会议通过《关于修改〈邮政法〉的决定》，本决定自公布之日起施行。

会议听取全国人大法律委员会副主任委员孙安民关于证券投资基金法修订草案修改情况的汇报，并对这部法律草案进行再次审议。

会议听取外交部部长杨洁篪关于提请审议批准中华人民共和国、塔吉克斯坦共和国和阿富汗伊斯兰共和国关于确定三国国界交界点的协定的议案，关于提请审议批准中华人民共和国和泰王国关于移管被判刑人的条约的议案的说明。经过审议，会议通过《关于批准〈中华人民共和国、塔吉克斯坦共和国和阿富汗伊斯兰共和国关于确定三国国界交界点的协定〉的决定》、《关于批准〈中华人民共和国和泰王国关于移管被判刑人的条约〉的决定》。

会议听取并审议文化部部长蔡武关于深化文化体制改革、推动社会主义文化大发展大繁荣工作情况的报告、国务院国有资产监督管理委员会主任王勇关于国有企业改革与发展工作情况的报告、民政部部长李立国关于社会救助工作情况的报告。

会议听取全国人大常委会代表资格审查委员会主任委员黄镇东关于个别代表的代表资格的报告。经过审议，会议通过这个审查报告。

会议分别听取全国人大民族委员会主任委员

马启智、内务司法委员会副主任委员张学忠、财政经济委员会副主任委员乌日图和外事委员会主任委员李肇星关于十一届全国人大五次会议主席团交付本专门委员会审议的代表提出的议案审议结果的报告。经过审议,会议通过这四个报告。

会议审议吴邦国委员长访问伊朗、缅甸、斯里兰卡和斐济四国情况的书面报告。

会议印发全国人大代表团赴韩国出席中韩议会定期交流机制第七次会议并访问乌克兰、保加利亚情况的书面报告、全国人大代表团访问卡塔尔、俄罗斯和沙特三国情况的书面报告、全国人大代表团访问立陶宛、丹麦和瑞典三国情况的书面报告。

会议任命苏军为全国人大常委会预算工作委员会副主任。

会议免去张军的最高人民法院副院长、审判委员会委员、审判员职务。会议还通过了其他任免事项。

会议闭幕时,吴邦国委员长发表讲话(全文见本书第 222 页)。

会议结束后,十一届全国人大常委会举行第二十九次专题讲座,由环境保护部原总工程师、中国环境科学学会副理事长杨朝飞讲授《我国环境法律制度和环境保护若干问题》。吴邦国委员长主持讲座。

24 日 十一届全国人大常委会委员长会议召开第九十一次会议,吴邦国委员长主持。会议研究提请常委会会议表决事项。委员长会议还提出了香港特别行政区、澳门特别行政区第十二届全国人大代表选举会议主席团成员人选名单。

25 日 十一届全国人大常委会第二十九次会议分组审议国务院关于国有企业改革与发展工作情况的报告,并对报告进行了专题询问。数十位常委会组成人员充分发表意见,并提出询问。受国务院委托,国家发展和改革委员会、财政部、国有资产监督管理委员会等相关部委负责人到会听取意见,回答询问。

26 日 吴邦国委员长参观在北京展览馆举办的“科学发展成就辉煌”大型图片展览。

同日 全国人大教科文卫委员会召开第四十三次全体会议,听取国家体育总局负责同志关于体育工作和体育产业发展情况的汇报,路甬祥副委员长出席会议。

同日 十一届全国人大常委会委员长会议召开第九十二次会议,吴邦国委员长主持。会议研究提请常委会会议表决事项。

同日 全国人大常委会发布公告。公告说,重庆市人大常委会罢免了薄熙来的十一届全国人大代表职务。依照代表法的有关规定,薄熙来的代表资格终止。现在,十一届全国人大实有代表 2972 人。

29 日 吴邦国委员长会见汤加议长法卡法努阿。

29—11 月 7 日 应澳大利亚联邦议会和巴布亚新几内亚议会的邀请,周铁农副委员长率全国人大代表团赴上述两国进行友好访问。在访问澳大利亚期间,周铁农副委员长共同会见澳联邦议会参议长霍格和新任众议长伯克并出席两位议长联合举行的欢迎晚宴;分别会见政府代表、贸易部长埃默森和反对党自由党副领袖毕晓普;会见联邦议会外交、国防和贸易委员会贸易分委会主席萨芬及该委员会部分成员,联邦议会澳中小组主席麦克莱兰及小组部分成员并出席麦克莱兰主持的欢迎午宴,澳众议院副议长斯科特及多个专门委员会主席参加了有关活动;在新南威尔士州首府悉尼共同会见了州议会上议长哈文和下议长汉考克,在昆士兰州首府布里斯班会见了州议长辛普森并出席辛举行的晚宴,会见黄金海岸市市长,并参观了宝钢——昆士兰州大学联合研发中心。在访巴布亚新几内亚期间,周铁农副委员长分别会见总理奥尼尔和议长佐伦诺克,出席佐伦诺克举行的欢迎晚宴并转交了全国人大赠送巴新议会的一批办公用品。

30 日 全国人大教科文卫委员会召开第四十四次全体会议,听取国家文物局负责同志关于落实全国人大常委会文物保护法执法检查报告及审议意见有关情况的汇报,路甬祥副委员长出席会议。

同日 陈至立副委员长会见欧洲议会对华关系代表团团长利凡里尼率领的代表团。代表团一行是应中国全国人大—欧洲议会关系小组邀请,来华出席中欧议会定期交流机制第三十四次会议的。

同日 全国人大内务司法委员会在江苏省常州市召开座谈会,总结交流本届全国人大内司委和各省(区、市)人大内司委在开展立法、监督工作等方面的做法与经验,并就进一步做好今后人大内务司法工作进行深入研究和探讨。李建国副委员长兼秘书长出席会议并讲话。

十一月

1—4 日　吴邦国委员长出席中国共产党第十七届中央委员会第七次全体会议。全会由中央政治局主持。

8—14 日　中国共产党第十八次全国代表大会举行。吴邦国主持开幕会议，胡锦涛代表第十七届中央委员会向大会作题为《坚定不移沿着中国特色社会主义道路前进，为全面建成小康社会而奋斗》的报告。

关于科学发展观，胡锦涛指出，总结十年奋斗历程，最重要的就是我们坚持以马克思列宁主义、毛泽东思想、邓小平理论、“三个代表”重要思想为指导，勇于推进实践基础上的理论创新，围绕坚持和发展中国特色社会主义提出一系列紧密相连、相互贯通的新思想、新观点、新论断，形成和贯彻了科学发展观。科学发展观是马克思主义同当代中国实际和时代特征相结合的产物，是马克思主义关于发展的世界观和方法论的集中体现，对新形势下实现什么样的发展、怎样发展等重大问题作出了新的科学回答，把我们对中国特色社会主义规律的认识提高到新的水平，开辟了当代中国马克思主义发展新境界。科学发展观是中国特色社会主义理论体系最新成果，是中国共产党集体智慧的结晶，是指导党和国家全部工作的强大思想武器。科学发展观同马克思列宁主义、毛泽东思想、邓小平理论、“三个代表”重要思想一道，是党必须长期坚持的指导思想。

关于坚持走中国特色社会主义政治发展道路和推进政治体制改革，胡锦涛指出，人民民主是我们党始终高扬的光辉旗帜。改革开放以来，我们总结发展社会主义民主正反两方面经验，强调人民民主是社会主义的生命，坚持国家一切权力属于人民，不断推进政治体制改革，社会主义民主政治建设取得重大进展，成功开辟和坚持了中国特色社会主义政治发展道路，为实现最广泛的人民民主确立了正确方向。政治体制改革是我国全面改革的重要组成部分。必须继续积极稳妥推进政治体制改革，发展更加广泛、更加充分、更加健全的人民民主。必须坚持党的领导、人民当家作主、依法治国有机统一，以保证人民当家作主为根本，以增强党和国家活力、调动人民积极性为目标，扩大社会主义民主，加快建设社会主义法治国家，发展社会主义政治文明。要更加注重改进党的领导方式和执政方式，保证党领导人民有效治理国家；更加注重健全民主制度、丰富民主形式，保证人民依法实行民主选举、民主决策、民主管理、民主监督；更加注重发挥法治在国家治理和社会管理中的重要作用，维护国家法制统一、尊严、权威，保证人民依法享有广泛权利和自由。要把制度建设摆在突出位置，充分发挥我国社会主义政治制度优越性，积极借鉴人类政治文明有益成果，绝不照搬西方政治制度模式。

关于人民代表大会制度，胡锦涛强调，要支持和保证人民通过人民代表大会行使国家权力。人民代表大会制度是保证人民当家作主的根本政治制度。要善于使党的主张通过法定程序成为国家意志，支持人大及其常委会充分发挥国家权力机关作用，依法行使立法、监督、决定、任免等职权，加强立法工作组织协调，加强对“一府两院”的监督，加强对政府全口径预算决算的审查和监督。提高基层人大代表特别是一线工人、农民、知识分子代表比例，降低党政领导干部代表比例。在人大设立代表联络机构，完善代表联系群众制度。健全国家权力机关组织制度，优化常委会、专委会组成人员知识和年龄结构，提高专职委员比例，增强依法履职能力。

关于依法治国，胡锦涛强调，要全面推进依法治国。法治是治国理政的基本方式。要推进科学立法、严格执法、公正司法、全民守法，坚持法律面前人人平等，保证有法必依、执法必严、违法必究。完善中国特色社会主义法律体系，加强重点领域立法，拓展人民有序参与立法途径。推进依法行政，切实做到严格规范公正文明执法。进一步深化司法体制改革，坚持和完善中国特色社会主义司法制度，确保审判机关、检察机关依法独立公正行使审判权、检察权。深入开展法制宣传教育，弘扬社会主义法治精神，树立社会主义法治理念，增强全社会学法尊法守法用法意识。提高领导干部运用法治思维和法治方式深化改革、推动发展、化解矛盾、维护稳定能力。党领导人民制定宪法和法律，党必须在宪法和法律范围内活动。任何组织或者个人都不得有超越宪法和法律的特权，绝不允许以言代法、以权压法、徇私枉法。

15 日　吴邦国委员长和其他领导同志一起会见出席党的十八大的代表、特邀代表和列席人员，并同大家合影留念。

19 日　韩启德副委员长会见保加利亚副议长兼预算财政委员会主席斯托扬诺娃一行。

同日 严隽琪副委员长会见巴西参议员弗莱沙·里贝罗率领的巴西参议院巴中友好小组代表团。

19—23 日 吴邦国委员长在山西省调研。吴邦国先后来到运城、太原、晋中等地，就贯彻落实党的十八大精神进行调研。在太原重工集团高速轮对国产化项目现场，他详细了解工艺流程和技术指标，强调要发挥企业作为科技创新主体的作用，瞄准世界同行业先进水平，加大自主创新力度。在太原钢铁集团 4350 立方米高炉前，他关切询问水、热、煤气、炉渣回收利用情况，称赞公司发展循环经济不仅有利于保护生态环境，也取得了良好经济效益。在漾泉蓝焰煤层气开发公司，他同工程技术人员探讨煤层气开发的关键技术和应用前景，勉励大家为发展清洁能源、提高能源利用效率作贡献。在华通现代科技农业示范园、粟海集团，他希望企业发挥龙头和辐射作用，抓好农户基地建设，带动农民增收致富。在山西省博物院，他指出，山西历史悠久、文化底蕴深厚，发展旅游业条件得天独厚，要深挖发展潜力，打造精品旅游线路，带动相关服务业发展，将旅游资源优势转化为经济优势，造福更多百姓。在太原市锦绣苑社区，他同基层干部群众亲切交谈，了解他们所想所盼，并祝愿大家日子越过越红火。在昔阳县大寨村，他登上虎头山、来到展览馆、走进村民家，实地察看大寨发生的崭新变化，了解大寨历史和发展规划，希望大寨人民继承大寨优良传统，发扬自力更生、艰苦奋斗精神，因地制宜发展现代农业，在社会主义新农村建设中谱写辉煌。调研期间，吴邦国对山西工作给予充分肯定。他说，党的十六大以来，山西省各级党委和政府认真贯彻落实中央方针政策，结合实际创造性地开展工作，全力推动转型跨越发展，各项事业取得了很大成绩，城乡群众得到了更多实惠。希望山西以学习贯彻党的十八大精神为契机，把全省干部群众的力量凝聚到实现十八大确定的各项任务上来，解放思想、攻坚克难、扎实工作，努力走出一条资源型地区转型跨越、科学发展的新路子。一要继续推动转型发展。山西煤炭产业在全国占有举足轻重的地位，经过近年来大力整合重组，规模化、集约化、机械化、现代化水平大幅提高。要在巩固结构调整成效的基础上，进一步优化资源配置，提高产业集中度，依靠科技进步，提高煤炭资源回采率和综合利用效率，大力发展煤炭循环经济，加快煤层气产业化发展，推进输气、输电通道建设，把煤炭这篇大文章做实做好。同时，要发挥山西装备制造业基础好的优势，大力发展先进装备制造和研发、成套等服务型产业，积极培育战略性新兴产业，着力突破关键技术，提高核心竞争力，抢占产业高端市场。安全生产对山西有特殊重要的意义，要警钟长鸣、常抓不懈。二要切实保障和改善民生。要把扩大就业和增加居民收入作为保障和改善民生的重点，实施就业优先战略和更加积极的就业政策，通过承接产业转移、发展民营经济和推进城镇化，引导农村劳动力转移就业，做好高校毕业生、城镇困难人员就业工作，切实维护劳动者合法权益，深化收入分配制度改革，坚持走共同富裕道路。要统筹推进以保障和改善民生为重点的社会建设，推进基本公共服务均等化，着力解决群众关注的教育、医疗、住房、社会保障等现实问题，让人民共享改革发展成果、过上更加幸福美好的生活。三要抓好生态文明建设。党的十八大把生态文明建设纳入中国特色社会主义总体布局，既是我国经济持续发展的内在要求，也是落实科学发展观的重大举措。要把生态文明建设摆在更加突出的战略地位，加快淘汰落后产能，扎实推进节能减排，促进清洁生产和资源循环利用，抓好造林绿化、污染防治和生态修复工程，着力推进绿色发展、循环发展、低碳发展，加快建设资源节约型、环境友好型社会。调研期间，吴邦国专程到山西省人大常委会看望了机关工作人员。他强调，要坚持中国特色社会主义政治发展道路，牢牢把握人大工作正确政治方向，充分发挥国家权力机关作用，服务全面建成小康社会大局。

20 日 全国人大机关学习宣传贯彻党的十八大精神动员大会召开，李建国副委员长兼秘书长出席会议并讲话。李建国指出，全国人大机关作为全国人大及其常委会的集体参谋助手和服务保障班子，要按照中央的部署，迅速兴起学习宣传贯彻党的十八大精神的热潮。要充分认识党的十八大的重大意义，深刻领会党的十八大的精神实质，把党的十八大精神落实到人大工作的各个方面。他说，党的十八大报告对坚持和完善人民代表大会制度、对继续完善中国特色社会主义法律体系提出了一系列明确的任务和要求，要尽快提出贯彻落实的具体意见和措施。李建国强调，全国人大机关党员干部一定要坚定理想信念，永葆共产党人政治本色；要自觉维护党的集中统一，始终与以习近平同志为总书记的党中央保持高度一致；要服从服务于党和国家工作大局，切实把人民利益维护好、实现好、发展好；要坚持人大工作正确政治方向，坚定不移走中国特色社会主义政治发展道路，为坚持和完善人民代表大会这一根本政治制度作出新的贡献。全国人大常委会副秘书长、机关党组书记王万宾主持会议，并传达党的十八大和十八届一中全会精神。全国人大常委会机关有关负责同志等800多人参加会议。

22日　香港特别行政区第十二届全国人大代表选举会议第一次全体会议在香港举行，选举会议成员1274人出席会议。受全国人大常委会委托，全国人大常委会副委员长兼秘书长李建国主持会议并讲话。选举会议第一次全体会议根据全国人大常委会委员长会议的提名，推选出19位选举会议成员组成的香港第十二届全国人大代表选举会议主席团。按照选举办法规定，香港特别行政区应选第十二届全国人大代表的名额为36名。

同日　香港特别行政区第十二届全国人大代表选举会议主席团第一次会议在香港举行。主席团会议分两个阶段进行。第一阶段，由李建国副委员长兼秘书长主持，推选主席团常务主席。会议一致推选选举会议主席团成员梁振英为主席团常务主席。第二阶段，由主席团常务主席梁振英主持。主席团确定：2012年11月24日至12月4日为香港特别行政区第十二届全国人民代表大会代表候选人的提名时间；2012年12月19日上午举行选举会议第二次全体会议，投票选举香港特别行政区第十二届全国人大代表。

23—12月2日　应全国人大常委会委员长吴邦国的邀请，贝宁国民议会议长纳戈率贝宁国民议会代表团访华。24日，周铁农副委员长会见贝宁国民议会议长纳戈一行。26日，吴邦国委员长会见贝宁国民议会议长纳戈。

24日　澳门特别行政区第十二届全国人大代表选举会议第一次全体会议在澳门举行，选举会议成员346人出席了会议。受全国人大常委会委托，全国人大常委会副委员长兼秘书长李建国主持会议并讲话。选举会议第一次全体会议根据全国人大常委会委员长会议的提名，推选出11位选举会议成员组成的澳门第十二届全国人大代表选举会议主席团。按照选举办法规定，澳门特别行政区应选第十二届全国人大代表的名额为12名。

同日　澳门特别行政区第十二届全国人大代表选举会议主席团第一次会议在澳门举行。主席团会议分两个阶段进行。第一阶段，由全国人大常委会副委员长兼秘书长李建国主持，推选主席团常务主席。会议一致推选选举会议主席团成员崔世安为主席团常务主席。第二阶段，由主席团常务主席崔世安主持。主席团确定：2012年11月26日至12月6日为澳门特别行政区第十二届全国人民代表大会代表候选人的提名时间；2012年12月17日上午举行选举会议第二次全体会议，投票选举澳门特别行政区第十二届全国人大代表。

11月27日　中华环保世纪行五年工作总结座谈会在福建省厦门市举行。自1993年以来，中华环保世纪行宣传活动开展已近20年。吴邦国委员长为中华环保世纪行活动20周年题词："加强生态文明宣传，增强全民节约意识、环保意识、生态意识。"陈至立副委员长向座谈会发来贺信。贺信说，本届全国人大五年来，中华环保世纪行宣传活动高举科学发展旗帜，为宣传和推动环境资源法律法规贯彻落实，宣传和提高全社会节约资源和保护环境意识做出了重要贡献，希望中华环保世纪行继续发挥宣传品牌的作用，进一步加强生态文明的宣传教育，为建设美丽中国作出新的更大的贡献。中华环保世纪行活动紧扣全国人大常委会环境资源立法和监督工作重点，五年来先后以"节约资源，保护环境""让人们呼吸新鲜的空气"等为宣传主题，组织中央媒体记者集中进行采访报道，在增强各级领导干部的环境资源法制观念，推动环境资源法律法规的完善和实施，提高全社会环境资源法律意识等方面起到了积极作用。座谈会上，全国人大环境与资源保护委员会主任委员汪光焘表示，今后，中华环保世纪行活动要进一步完善制度，坚持创新，在大力推进生态文明建设方面更有作为。

11月28日　中国全国人大与法国国民议会合作委员会第三次会议在法国巴黎举行。法国国民议会议长巴尔托洛内出席会议并致开幕词，中国全国人大常委会委员长吴邦国致信祝贺。吴邦国致巴尔托洛内的贺信是由中国全国人大代表团团长、中法议会（国民议会）交流机制中方主席南振中宣读的。吴邦国在贺信中表示，中国全国人大和法国国民议会交流基础深厚，中法全面战略伙伴关系顺应时代潮流。中国全国人大与法国国民议会合作委员会成立以来，中法双方深入交流治国理政、立法监督等方面的经验，有利于进一步提升两国立法机构合作的质量和水平。吴邦国预祝中国全国人大与法国国民议会合作委员会第三次会议成功。会上，中法双方就双边关系、议会交往、文化遗产传承和城市管理等问题广泛深入交换了意见。27日，中国全国人大代表团应邀参加了法国参议院举办的"可持续能源"专题议员日活动。

29日　应朝鲜劳动党、老挝人民革命党、越南共产党的邀请，李建国副委员长兼秘书长前往上述三国进行友好访问。

十二月

3 日 吴邦国委员长会见玻利维亚参议长蒙塔尼奥。

同日 为纪念现行宪法公布施行 30 周年，全国人大机关举行宪法墙揭幕仪式，吴邦国委员长出席揭幕仪式并剪彩。宪法墙长 23 米、高 2.2 米，采用白色大理石墙面，镌刻《中华人民共和国宪法》全文，镶嵌在全国人大机关办公楼内。建立宪法墙，是为了铭记宪法作为国家的根本法和治国安邦的总章程，在推动和保障中国特色社会主义建设中的巨大作用，弘扬宪法精神，确保宪法和法律的实施，加快建设社会主义法治国家。王兆国副委员长、李建国副委员长兼秘书长一同出席宪法墙揭幕仪式并剪彩。全国人大法律委员会、全国人大常委会办公厅和常委会法制工作委员会负责同志等共 50 余人出席揭幕仪式。

4 日 首都各界隆重纪念中华人民共和国宪法公布施行 30 周年。吴邦国委员长主持会议，中共中央总书记、中央军委主席习近平在大会上发表重要讲话（全文见本书第 19 页）。习近平强调指出，宪法与国家前途、人民命运息息相关。维护宪法权威，就是维护党和人民共同意志的权威。捍卫宪法尊严，就是捍卫党和人民共同意志的尊严。保证宪法实施，就是保证人民根本利益的实现。只要我们切实尊重和有效实施宪法，人民当家作主就有保证，党和国家事业就能顺利发展。我们要更加自觉地恪守宪法原则、弘扬宪法精神、履行宪法使命。习近平指出，历史总能给人以深刻启示。回顾我国宪法制度发展历程，我们愈加感到，我国宪法同党和人民进行的艰苦奋斗和创造的辉煌成就紧密相连，同党和人民开辟的前进道路和积累的宝贵经验紧密相连。我国宪法以国家根本法的形式，确立了中国特色社会主义道路、中国特色社会主义理论体系、中国特色社会主义制度的发展成果，反映了我国各族人民的共同意志和根本利益，成为历史新时期党和国家的中心工作、基本原则、重大方针、重要政策在国家法制上的最高体现。习近平强调，在充分肯定成绩的同时，我们也要看到存在的不足，主要表现在：保证宪法实施的监督机制和具体制度还不健全，有法不依、执法不严、违法不究现象在一些地方和部门依然存在；关系人民群众切身利益的执法司法问题还比较突出；一些公职人员滥用职权、失职渎职、执法犯法甚至徇私枉法严重损害国家法制权威；公民包括一些领导干部的宪法意识还有待进一步提高。对这些问题，我们必须高度重视，切实加以解决。习近平指出，全面贯彻实施宪法，是建设社会主义法治国家的首要任务和基础性工作。宪法是国家的根本法，是治国安邦的总章程，具有最高的法律地位、法律权威、法律效力，具有根本性、全局性、稳定性、长期性。任何组织或者个人，都不得有超越宪法和法律的特权。一切违反宪法和法律的行为，都必须予以追究。习近平强调，宪法的生命在于实施，宪法的权威也在于实施。我们要坚持不懈抓好宪法实施工作，把全面贯彻实施宪法提高到一个新水平。一是要坚持正确政治方向，坚定不移走中国特色社会主义政治发展道路，坚持国家一切权力属于人民的宪法理念，发展更加广泛、更加充分、更加健全的人民民主，最广泛地动员和组织人民依照宪法和法律规定行使国家权力，共同建设，共同享有，共同发展，成为国家、社会和自己命运的主人。二是要落实依法治国基本方略，加快建设社会主义法治国家，以宪法为最高法律规范，维护社会主义法制的统一和尊严，全面推进科学立法、严格执法、公正司法、全民守法进程，维护社会公平正义。三是要坚持人民主体地位，切实保障公民享有权利和履行义务，宪法的根基在于人民发自内心的拥护，宪法的伟力在于人民出自真诚的信仰，只有保证公民在法律面前一律平等，尊重和保障人权，保证人民依法享有广泛的权利和自由，宪法才能深入人心，走入人民群众，宪法实施才能真正成为全体人民的自觉行动。要在全社会牢固树立宪法和法律的权威，让广大人民群众充分相信法律、自觉运用法律，使广大人民群众认识到宪法不仅是全体公民必须遵循的行为规范，而且是保障公民权利的法律武器。四是要坚持党的领导，更加注重改进党的领导方式和执政方式，依法治国首先是依宪治国，依法执政关键是依宪执政，党领导人民制定宪法和法律，党自身必须在宪法和法律范围内活动，真正做到党领导立法、保证执法、带头守法。要健全权力运行制约和监督体系，有权必有责，用权受监督，失职要问责，违法要追究，保证人民赋予的权力始终用来为人民谋利益。习近平最后强调，要坚持依法治国、依法执政、依法行政共同推进，坚持法治国家、法治政府、法治社会一体建设，扎扎实实把党的十八大精神落实到各项工作中去，为全面建成小康社会、开创中国特色社会主义事业新局面而努力奋斗。

吴邦国在主持大会时指出，习近平同志发表了十分重要的讲话，对于我们全面贯彻党的十八大精神，坚持走中国特色社会主义政治发展道路，扩大社会主义民主，加快建设社会主义法治国家，发展社会主义政治文明，具有十分重要的指导意义。我们一定要认真学习、深刻领会，把讲话精神贯彻落实到党和国家各项工作中去。让我们紧密团结在以习近平同志为总书记的党中央周围，高举中国特色社会主义伟大旗帜，以邓小平理论、“三个代表”重要思想、科学发展观为指导，全面贯彻依法治国基本方略，为夺取全面建成小康社会新胜利而奋斗。

我国现行宪法是在1954年宪法的基础上，根据党的十一届三中全会确定的路线方针政策，总结新中国成立以来建设社会主义的长期实践经验，经过全民讨论、全面修改，于1982年12月4日由五届全国人大五次会议通过并公布施行的。

马凯、王刚、王兆国、李建国、范长龙、孟建柱、赵乐际、栗战书、郭金龙、杜青林、华建敏、陈至立、周铁农、司马义·铁力瓦尔地、陈昌智、严隽琪、桑国卫、王胜俊、曹建明、白立忱、黄孟复、张梅颖、李金华、郑万通、罗富和、陈宗兴，中央党政军群有关部门负责人和首都各界群众代表约3000人出席了纪念大会。

全国人大常委会法制工作委员会主任李适时、国务院法制办公室主任宋大涵、最高人民法院常务副院长沈德咏、最高人民检察院常务副检察长胡泽君、北京市人大常委会主任杜德印分别在大会上发言。

同日　吴邦国委员长会见印度国家安全顾问梅农。

5日　全国人大机关召开学习习近平总书记在纪念现行宪法公布施行30周年大会上的重要讲话座谈会。与会人员高度评价习近平总书记重要讲话，一致表示要把学习领会重要讲话与学习贯彻十八大精神结合起来，全面贯彻实施宪法，全面落实依法治国方略，不断开创人大工作新局面。

李建国副委员长兼秘书长出席会议并讲话。李建国说，习近平总书记的讲话富有很强的政治性、思想性、时代性和人民性，是一篇马克思主义的重要文献，体现了党的十八大精神，对于全面贯彻实施宪法，加快建设社会主义法治国家，发展社会主义政治文明，具有重大的现实意义和深远的历史意义。全国人大机关要把学习习近平总书记重要讲话同学习党的十八大精神结合起来，为全国人大及其常委会监督宪法的实施当好参谋助手，把全面贯彻实施宪法提高到一个新水平。

与会人员一致表示，要按照习总书记讲话的要求，坚持正确政治方向，坚定不移走中国特色社会主义政治发展道路。坚持国家一切权力属于人民的宪法理念，坚持党的领导、人民当家作主、依法治国有机统一，充分发挥人大及其常委会作为国家权力机关的作用，依法行使立法、监督、决定、任免等职权，进一步发挥人民代表大会制度的优越性。通过坚持和完善人民代表大会制度这个重要环节，发展更加广泛、更加充分、更加健全的人民民主，充分发挥我国社会主义政治制度优越性，不断推进社会主义政治制度自我完善和发展。

与会人员普遍认为，要适应全面建成小康社会的新形势新要求，进一步加强立法工作，继续完善以宪法为统帅的中国特色社会主义法律体系，加强重点领域立法，拓展人民有序参与立法途径，通过完备的法律推动宪法实施，保证宪法确立的制度和原则得到落实。进一步加强对宪法和法律实施情况的监督检查，把改革发展稳定中的重大问题和关系人民群众切身利益的热点难点问题作为监督重点，健全监督机制和程序，坚决纠正有法不依、执法不严、违法不究等问题，确保宪法和法律得到正确实施。更好地代表人民意愿，切实保障公民享有的权利和自由，自觉接受人民监督，使人大的各项工作更好地反映民意、集中民智、贴近民生。

与会人员表示，全国人大机关担负着为确保最高国家权力机关依法履行职责当好参谋助手和提供服务保障的重要责任，使命光荣、责任重大、任务艰巨。要进一步深入系统学习重要讲话，提高认识、武装头脑、指导实践，为坚持和完善人民代表大会制度、开创人大工作新局面作出新的贡献。

全国人大常委会机关党组成员、全国人大专门委员会和常委会工作委员会负责人、部分参加现行宪法起草和修改工作的老同志等一百余人参加了座谈会。

5—12日　应全国人大常委会委员长吴邦国的邀请，特立尼达和多巴哥众议长马克、参议长史密斯率特立尼达和多巴哥议会代表团访华。7日，吴邦国委员长会见特立尼达和多巴哥议会众议长马克和参议长哈梅尔—史密斯。同日，王兆国副委员长会见特立尼达和多巴哥议会众议长马克和参议长哈梅尔—史密斯一行。

11日　纪念文物保护法颁布30周年暨修订10周年座谈会召开，路甬祥副委员长出席会议。

14日 十一届全国人大常委会委员长会议召开第九十三次会议，吴邦国委员长主持。会议决定，十一届全国人大常委会第三十次会议于12月24日至28日举行。

17日 澳门特别行政区第十二届全国人大代表选举会议第二次全体会议举行。受全国人大常委会委托，全国人大常委会副委员长兼秘书长李建国出席会议。出席会议的359位选举会议成员以无记名投票方式，选出了12名澳门特别行政区第十二届全国人大代表。会议还根据选举办法的规定，确定了2名得票数不少于选票1/3的未当选为代表的候选人在代表因故出缺时递补顺序。

同日 澳门特别行政区第十二届全国人大代表选举会议主席团第三次会议举行。李建国副委员长兼秘书长出席会议。会议决定发布关于澳门特别行政区第十二届全国人大代表选举结果的公告。根据选举办法规定，由主席团将选举结果的报告报送全国人大常委会代表资格审查委员会进行代表资格审查。

19日 香港特别行政区第十二届全国人大代表选举会议第二次全体会议举行。受全国人大常委会委托，全国人大常委会副委员长兼秘书长李建国出席会议。出席会议的1488位选举会议成员以无记名投票方式，选出了36名香港特别行政区第十二届全国人大代表。会议还根据选举办法的规定，确定了7名得票数不少于选票1/3的未当选为代表的候选人在代表因故出缺时的递补顺序。

同日 香港特别行政区第十二届全国人大代表选举会议主席团第三次会议举行。李建国副委员长兼秘书长出席会议。会议决定发布关于香港特别行政区第十二届全国人大代表选举结果的公告。根据选举办法规定，由主席团将选举结果的报告报送全国人大常委会代表资格审查委员会进行代表资格审查。

20日 司马义·铁力瓦尔地副委员长会见巴林国民议会众议院财经委员会委员哈桑·埃迪·巴克哈马斯率领的巴林国民议会众议院巴中友好委员会代表团一行。

24—28日 十一届全国人大常委会举行第三十次会议。

会议听取全国人大法律委员会副主任委员孙安民关于证券投资基金法修订草案审议结果的报告。在审议的基础上，会议印发全国人大法律委员会关于证券投资基金法修订草案三次审议稿修改意见的报告，经过审议，会议通过修订后的《证券投资基金法》，本法自2013年6月1日起施行。

会议听取全国人大法律委员会主任委员胡康生关于老年人权益保障法修订草案审议结果的报告。在审议的基础上，会议印发全国人大法律委员会关于老年人权益保障法修订草案二次审议稿修改意见的报告，经过审议，会议通过修订后的《老年人权益保障法》，本法自2013年7月1日起施行。

会议听取全国人大法律委员会副主任委员李适时关于劳动合同法修正案草案审议结果的报告。在审议的基础上，会议印发全国人大法律委员会关于修改劳动合同法的决定草案修改意见的报告，经过审议，会议通过《关于修改〈劳动合同法〉的决定》。本决定自2013年7月1日起施行。

会议听取全国人大农业与农村委员会副主任委员刘振伟关于修改农业法个别条款的决定草案的说明。在审议的基础上，会议印发全国人大法律委员会关于修改农业法个别条款的决定草案审议结果的报告，经过审议，会议通过《关于修改〈农业法〉的决定》。本决定自2013年1月1日起施行。

会议听取全国人大常委会法制工作委员会副主任李飞关于加强网络信息保护的决定草案作了说明。在审议的基础上，会议印发全国人大法律委员会关于加强网络信息保护的决定草案审议结果的报告，经过审议，会议通过《关于加强网络信息保护的决定》。本决定自公布之日起施行。

会议听取监察部部长、国务院行政审批制度改革部级联席会议召集人马馼关于授权国务院在广东省暂时调整部分法律规定的行政审批的决定草案的说明。在审议的基础上，会议印发全国人大法律委员会关于授权国务院在广东省暂时调整部分法律规定的行政审批的决定草案的议案审议结果的报告，经过审议，会议通过《关于授权国务院在广东省暂时调整部分法律规定的行政审批的决定》。

会议印发关于召开十二届全国人大一次会议的决定草案的议案，经过审议，会议通过这个决定。按照这个决定，十二届全国人大一次会议将于明年3月5日在北京召开。

会议听取全国人大法律委员会副主任委员胡彦林关于旅游法草案修改情况的汇报，并对这部法律草案进行了再次审议。

会议听取国家工商总局局长周伯华关于商标法修正案草案的说明，国务院法制办主任宋大涵关于土地管理法修正案草案的说明，并对这两部法律草案进行了初次审议。

会议审议全国人大常委会法工委关于中小企

业促进法有关制度立法后评估工作情况的报告。

会议听取并审议国土资源部部长徐绍史关于土地管理和矿产资源开发利用及保护情况的报告，最高人民法院院长王胜俊关于知识产权审判工作情况的报告，最高人民检察院检察长曹建明关于民事行政检察工作情况的报告，乌云其木格副委员长作的全国人民代表大会常务委员会执法检查组关于检查《中华人民共和国农业法》实施情况的报告。

会议分别听取全国人大法律委员会主任委员胡康生、教育科学文化卫生委员会主任委员白克明、华侨委员会主任委员高祀仁、环境与资源保护委员会主任委员汪光焘、农业与农村委员会主任委员王云龙关于十一届全国人大五次会议主席团交付本专门委员会审议的代表提出的议案审议结果的报告。经过审议，会议通过这五个报告。

会议听取全国人大常委会副秘书长何晔晖关于十一届全国人大五次会议代表建议、批评和意见办理情况的报告，工业和信息化部部长苗圩关于工业和信息化部关于十一届全国人大五次会议代表建议、批评和意见办理情况的报告。

会议印发全国人大代表团访问澳大利亚和巴布亚新几内亚情况的书面报告。

会议审议中央军事委员会关于提请审议批准中国人民解放军选举委员会人选的议案，经过审议，会议通过中国人民解放军选举委员会主任、副主任、委员名单。

会议决定免去孟建柱兼任的公安部部长职务；任命郭声琨为公安部部长。

会议还通过了其他任免事项。

会议闭幕时，吴邦国委员长发表讲话（全文见本书第 223 页）。

会议结束后，十一届全国人大常委会举行第三十次专题讲座，由全国人大常委会副秘书长、全国人大法律委员会副主任委员乔晓阳讲授《关于宪法规定的我国政治制度及其特点和优势》。吴邦国委员长主持讲座。

27 日　十一届全国人大常委会委员长会议召开第九十四次会议，吴邦国委员长主持。会议研究提请常委会会议表决事项。会议还听取全国人大常委会预算工作委员会主任廖晓军关于《国务院关于 2012 年中央国有资本经营预算超收收入安排使用情况的报告》有关情况的汇报，决定印发十一届全国人大常委会第三十次会议。

28 日　全国人大常委会办公厅举行新闻发布会，邀请有关方面负责人就十一届全国人大常委会第三十次会议表决通过的法律的有关问题回答记者提问。

同日　十一届全国人大常委会委员长会议召开第九十五次会议，吴邦国委员长主持。会议研究提请常委会会议表决事项。